SHINYOSHA'S ENCYCLOPEDIA
OF COUNSELING

カウンセリング大事典

Kobayashi Tsukasa
小林　司 編

新曜社

本書は，1993年に小社より刊行の
『カウンセリング事典』（小林司編）を大幅に増補改訂したものです。

はしがき

　旧『カウンセリング事典』発行から11年たち，社会の事情もかなり変わったし，旧版には不足していた項目も少なくなかった。旧版では179項目だったのを，今回大幅な改訂により『カウンセリング大事典』として新たなスタートを切るにあたって378項目増補して，全体では557項目とした。

　高齢社会，少子化，核家族，バブルの崩壊，経済不況，機械化，マルチメディア化，コンピュータ社会，テレビやビデオの普及，青少年の精神的未熟，交通の高速化，都市化，国際化，環境ホルモン，環境の悪化，海外旅行の増加，人間疎外，読書離れ，高学歴化，離婚の増加，晩婚化，国際的経済圏の再編成，などが現在の潮流だとすれば，それらを無視してのカウンセリングはあり得ない。神戸市の中学生による児童殺害事件などはそのことを示しているのではなかろうか。これらを考慮して，今回は，カウンセラーが遭遇しなければならない問題，例えば，性のトラブル，離婚，難民の育児・進学，などの社会現象に特に重点をおいて執筆を依頼した。

　慢性頭痛の原因が夫婦仲の悪さだと思ってカウンセリングをしていたら，実はコーヒー・アレルギーが犯人だったとか，不眠の原因が壁紙の接着剤から出るシンナーだったとか，というような例もあるので，カウンセラーが知っておくべきかなり広い範囲の関連事項をカバーするように努めた。大勢の執筆者のなかには，遅筆の方もあって，原稿が間に合わなかった項目もあり，項目に若干アンバランスがある。しかし，カウンセラーがクライエントの悩みを聴く場合に必要な知識は大体網羅できたつもりである。

　精神分裂症が統合失調症に変わり，厚生省が厚生労働省となり，看護婦が看護師になる，など名称の変更や法令の改変が相次いだ。できるだけ，それに対応して原稿を改めたが，まだ過渡期であって，言語療法士のように流動中のものもあるし，法令などに関しては旧称を残した部分もある。「痴呆」は差別用語なので，「知情意低下症」に改めた。

　旧版では見出し語にドイツ語とフランス語の訳を付けたが，本大事典では，不要と判断して，ごく一部を除けば，それらを削った。

　旧版の執筆者はほとんど全員が上智大学カウンセリング研究所関係者であった

が，今回は外部の各権威者にも特別執筆をお願いした。快くご協力いただいた執筆者全員に深く感謝している。早くに原稿をいただいたのに，いろんな事情で出版が遅れたことをお許しいただきたい。

　今回も新曜社編集部の塩浦暲さんと吉田昌代さんに大変お世話になった。厚くお礼を申し上げたい。

　　　2004年2月　　　　　　　　　　　　　　　　　　　　　　　小林　司

旧版へのはしがき

　この本は，カウンセリングを学ぼうという人に対して，カウンセリング心理学に必要な基本的術語を簡潔に説明し，同時に，カウンセラーとして知っておくべき臨床心理学や社会学の基礎知識を身につけさせることを目的として編集されている。

　社会が複雑になるにつれてカウンセラーが求められ，それに応じてカウンセラーになろうという人も急激に増えてきた。
　ところが，カウンセリングを学ぼうとしても，「自己一致」「自己開示」「自己実現」「シャドウ」「ストローク」といった聞き慣れない用語がつぎつぎに出てくるうえ，その意味もはっきりしないから，初心者はまず参考書を読みこなせないという壁にぶつかってしまう。
　上智大学カウンセリング研究所でカウンセラー志望者を教えている間に，私はそのことを痛感したので，初心者向けに要点をわかりやすく概説した「カウンセリング用語事典」があれば，どんなに学びやすくなるだろうと考えていた。
　そこで，1987年から，研究所で知り合った人たちのうちの有志に計って，分担執筆をお願いし，用語事典の編集にとりかかった。その後の1990年には，非常に便利な國分康孝編『カウンセリング辞典』が出版されたが，説明が短いし，狙いも違っており，私たちはやはり事典の編集を続けることにした。1991年10月に，私が個人的な都合で大学を辞職して著述業に変わったのを機会に，1992年9月で179項目にのぼる原稿を締切り，出版することにしたのが，この本である。
　カウンセリングは守備範囲が広くて，相談心理学はもちろんのこと，臨床心理学，精神分析学，精神医学，社会学，などいろいろの分野や，社会事情などについても通じている必要がある。たとえ心理学を大学で学んだ人でも，精神医学等の他分野については詳しくないであろうし，どのような本が出版されているのかもわからない場合が多いだろう。そこで，カウンセリングを学ぼうとする初心者が意味を推定しにくいようなカウンセリング術語を主体として，実際にカウンセリングをする時に扱う機会が多そうな精神障害や人生の転機（死別や恋愛など）に関する用語などに的をしぼり，各項目ごとに約2,000字の解説をつけることにした。ただし，心理テ

ストについては，紙面の都合で触れないことにした（付録の図書リストでも同様）。「愛情」などのごく一般的に使われる単語についても，カウンセリングの立場からそれをどう見るかという点にウェイトを置いて説明されているのが，本書の特徴である。また不登校，エイズ，高齢者，死，離婚など，今後のカウンセリングで問題になりそうな社会的トピックスについても項目を設けた。これらに関しての知識がなければ，一人前のカウンセラーとして働くことは難しいと思う。

　上述の『カウンセリング辞典』（誠信書房）の他にも，加藤正明他編『新版　精神医学事典』（弘文堂），氏原寛他編『心理臨床大事典』（培風館）などの立派な本がすでに出版されているが，比較していただけばわかるように内容が違うので，併用をお勧めしたい。

　ただし，カウンセリングの知識をもっていても，専門的な訓練を受けていない人はカウンセリングを行なうべきではない。事典によって知識を得たからといって，ただちに気軽にカウンセリングを行なったりすることのないようにお願いしておきたい。

　なお，杉山満樹也さんが努力を重ねて作ったカウンセリング関連図書の総目録を付録として付けておいたので，参考文献を探す方には便利になるはずである。

　もともと，百科全書的にあらゆる項目を網羅するつもりはなく，わかりにくい用語だけをとりあげる計画だったので，大体これぐらいで充分ではないかと考えてはいるが，もし必要な項目が欠けていれば，増補するのにやぶさかではない。読者の方からご意見を頂ければ幸である。付録についても追加をお願いしたい。

　見出し語のうち，見慣れぬ単語のフランス語訳を作家のなだいなだご夫妻に，ドイツ語訳をフランクフルトの真壁禄郎教授にお教えいただいたのでお礼を申し上げる。［注：本書では省略した。］

　終わりに，114人にのぼる分担執筆者と，新曜社編集部の塩浦障さんのご協力に対して深謝したい。

　　　　1993年秋　　　　　　　　　　　　　　　　　　　　　　　　小林　司

この事典の使い方

1. 各項目をアイウエオ順に配列してある。
2. 見出し語の邦訳が統一されていない場合には併記した。たとえば，アイデンティティ，〔自我〕同一性，主体性，存在証明。〔　〕内は省略してもよい。たとえば〔自我〕同一性は，自我同一性でも同一性でもよいことを示す。本文でも同様。
3. 見出し語の後に，英語を付けた。ただし，項目によっては，フランス語やドイツ語も付けた。
4. 1項目の解説を約2,000字に限った。もっと詳しい説明を要する時には，別項で補った。たとえば，グリーフ・ワーク，喪失，悲嘆反応は，すべて対象喪失という1項目に収めることもできるが，本書では，項目を別にした。アクセプタンス，コングルエンス，実存分析療法などについても別項を設けてある。
5. 文末に⇒印で関連項目を示しておいたので，参照されたい。
6. 見出し語は557項目あるが，その中にない術語でも，関連のある項目(文末に⇒で示した)の中で説明されていることが多いので，索引を活用されたい。
7. 頻出する外国人名の原綴と生年，死亡年は，一括して巻末に表示した(本文中には＊を付けてある)。この表にない人名については，できるだけ本文中にそれらを示すように努めた。
8. 人名表記は慣例に従った。たとえば，ロージャズが正しいが，ロジャースとした。
9. フロイトと書いてあるときは Sigmund Freud を指す。Anna Freud の場合にはアンナ・フロイトと記した。
10. 各項目の文末に付けた参考文献は，解説を書く際に参照したものばかりでなしに，初心者に薦めたいものをも記した。文献は，専門書や専門的論文よりも，わかりやすい文献に限った。
11. その項目に独自の参考文献以外の文献名は，各項目で重複するものも多いので，紙面節約のために巻末の文献リストを参照する仕組みになっている (分類記号，著者の姓または誌名，発行年を示した)。たとえば，「A－アイビイ，1985」なら，「A　カウンセリングに関する本」という分類のなかにある1985年に刊行されたアイビイの著書を指す。
12. 巻末文献リストは，日本で発行されたカウンセリング関連図書のほとんどを含んでいる。
13. 関連辞典類としては，次のものがある。それぞれ特色があるので併用されたい。
    (1) 伊藤隆二編『心理治療法ハンドブック』福村出版, 858p., 1989.
    36種類の心理療法についての概説書。うちカウンセリングが12個を占めている。クライエント中心カウンセリング，行動カウンセリング，グループ・カウンセリングなど。心理療法に関しての要約が述べられている便利な本。
    (2) 氏原寛・小川捷之・東山紘久・村瀬孝雄・山中康裕編『心理臨床大事典』培風館, 1362p., 1992.
    452名の分担執筆により大項目 (約12,000字) 82, 中項目 (約4,500～8,000字) 118, 小項

目（約2,000〜4,000字）343，計543項目を系統的配列で述べてある。① 臨床心理学総論，② 臨床心理学基礎編，③ 心理療法，④ 心理アセスメント，⑤ 精神医学，⑥ 精神分析，⑦ 人間・文化・諸外国の事情，に分かれた教科書的配列なので，辞書として引くには使いにくい。記述は高度で詳しく，初心者には難解かもしれないが，臨床心理学全般については最高の内容。もちろんカウンセリングについてもその一部で触れている。

(3) 内山喜久雄監修『児童臨床心理学事典』岩崎学術出版社，860p.，1974.
児童の臨床心理に関する約1,300項目に平均1,500字の解説を付けた百科事典。内容が古くなった項目もある。次の3冊も，似たような編集。

(4) 内山喜久雄監修『情緒障害事典』岩崎学術出版社，553p.，1977.
(5) 内山喜久雄監修『知能障害事典』岩崎学術出版社，484p.，1978.
(6) 内山喜久雄監修『言語障害事典』岩崎学術出版社，518p.，1979.
(7) 加藤正明・保崎秀夫・笠原嘉・宮本忠雄・小此木啓吾他編『新版　精神医学事典』(改訂新版) 弘文堂，1151p.，1993.
367名の分担執筆によって，1項目に約250〜2,000字の解説が付き，およそ3,000項目を収めている。228人の人名小辞典 (86p.) と文献約3,300のリスト (83p.)，および索引が付いている。しかし，項目が精神医学に限られているので，カウンセリング用語はほとんど載っていないし，カウンセリングについての記述が弱い。

(8) 國分康孝編『カウンセリング辞典』誠信書房，722p.，1990.
1項目に約400字の簡潔な解説が付き，およそ2,300項目を収めている。

(9) 小林司編『精神医学・行動科学略語辞典』星和書店，122p.，1976.
ＩＱ，ＬＤ，ＭＡなどの略語約3,000を見出し語として，略してない原型を示す。英語が大部分で，少しドイツ語も入っている。解説は付いていない。

(10) 小林司・徳田良仁編『精神医学・行動科学辞典』医学書院，860p.，1993.
英独仏ラテン・ギリシア語の見出し語約65,000を，精神医学，心理学，社会学，哲学，カウンセリングなどの関連分野から集めて，日本語の訳語だけを付けたもの。解説は付いていない。外国文献を読む人には必備の辞書。各学会の選定訳語をマーク付きで示してある。

(11) 國分康孝監修『スクールカウンセリング事典』東京書籍，573p.，1997.
111人が1頁ずつ約500項目を分担執筆している。

(12) 氏原寛他編『カウンセリング辞典』ミネルヴァ書房，692p.，1999.
大・中・小項目を500余名が執筆。

(13) 日本保健医療行動科学会監修『保健医療行動科学辞典』メヂカルフレンド社，336p.，1999.
約250の中項目辞典。

(14) C. フェルサム・W. ドライデン著，北原歌子監訳『カウンセリング辞典』ブレーン出版，371p.，2000.
約1,200の小項目の辞典。

(15) N. シラミー著，滝沢武久・加藤敏監訳『ラルース　臨床心理学事典』弘文堂，444p.，2000.

1,135の小項目の事典。フランス学派の考えが特に強く出ているわけではない。
(16) 小此木啓吾他編『精神分析事典』岩崎学術出版社，690p.，2002.
   104名の執筆者が1,000項目余を分担執筆している。文献40p.と詳しい索引が付いており，精神分析についての最高の事典。

目　次

はしがき　　　　　　　　　　　　　　　　　　　　　　　　　　　　i
旧版へのはしがき　　　　　　　　　　　　　　　　　　　　　　　　iii
この事典の使い方　　　　　　　　　　　　　　　　　　　　　　　　v
執筆者一覧　　　　　　　　　　　　　　　　　　　　　　　　　　　xvii

愛情　1	意識　37
愛着　9	意思決定モデル　38
愛着に関するカウンセリング　2	いじめ　40
アイデンティティ，〔自我〕同一性，主体性，存在証明　3	異常人格，人格障害　41
	依存性　43
アイデンティティの拡散　4	依存的人格障害　44
アクセプタンス，受容　5	偽りの自己　45
アクティブ・リスニング，積極的傾聴　6	異文化間カウンセリング　46
アセスメント，評価，査定　7	異文化間ストレス　47
遊び　8	今-ここで　49
アタッチメント，愛着　9	イメージ療法　50
アダルト・チルドレン，ＡＣ　10	癒す力　51
アトピー性皮膚炎　11	イラショナル・ビリーフ　54
アドラーの療法　13	医療ソーシャル・ワーカー，ＭＳＷ　55
アニマとアニムス　15	インテーク　56
アノミー　16	インナー・チャイルド　57
アパシー，無気力症　17	インフォームド・コンセント　58
甘え　18	インポテンス　60
アメニティ，快適さ　19	うつ状態　62
ありのままの自己　20	運転酔い　535
アルコール症　22	運動性構音障害　63
アルツハイマー病　25	運動酔い　535
アレルギー　27	エイズ，後天性免疫不全症候群　65
暗示　28	エイズ：最近の動向　67
アンビヴァレンス，両価性，両価値　30	エイズ予防教育　69
安楽死・尊厳死　31	ＨＩＶ感染者・エイズ患者へのカウンセリング　71
生きがい　32	
生きがいの要素　34	Ａ-Ｂ-Ｃ〔-Ｄ-Ｅ〕理論　72
イー・キュー，情動指数　36	エゴグラム　73

エス，イド	75	学習理論	122
エディプス・コンプレックス	76	過剰適応	123
絵本と童話にみるユング心理学	77	家族関係図	265
ＭＲＩ，核磁気共鳴画像	78	家族システム理論	124
ＭＳＳＭ＋Ｃ法	80	家族ライフ・サイクル	127
エリクソン法	80	家族療法	128
ＬＤ	119	カタルシス，浄化	129
エレクトラ・コンプレックス	81	学校における「特別活動」	130
エンカウンター・グループ	82	学校への外国人受け入れ	131
嚥下障害	83	学校臨床心理士	361
援助的人間関係，ヘルピング	85	葛藤	133
エンパワーメント	86	家庭内暴力	134
置き換え	88	過敏性大腸症候群	135
男の脳・女の脳	89	空の巣症候群	136
オペラント条件づけ	90	カルチャー・ショック	137
主な防衛機制	91	カルトによるマインド・コントロール，	
親業	92	精神操作	139
音楽療法	93	ガン（癌）	140
音声障害	94	感覚統合療法，感覚統合訓練	142
女の脳	89	関係集団	322
絵画療法	96	看護師，ナース	143
外国人労働者	97	感受性訓練	144
介護支援専門員，ケア・マネージャー	99	感情	145
介護福祉士，ケア・ワーカー	100	感性	147
介護保険	101	観念	576
外傷後ストレス障害	348	記憶障害	147
快適さ	19	飢餓	149
回避型人格障害	103	危機介入	151
快楽原理	104	帰国子女	152
解離性自己同一性障害	104	帰属療法	153
カウンセラー	105	喫煙防止	154
カウンセラーの資格認定	107	吃音	156
カウンセラーの自己評価	108	気づき	158
カウンセリング	109	機能的構音障害	159
カウンセリングと心理療法の違い	111	逆転移	442
カウンセリングにおける人間関係	112	脚本分析	161
カウンセリング・プロセス	113	キャリア・エデュケーション，進路教育	162
カウンセリング・マインド	115	キャリア・ガイダンス，進路指導	163
化学物質過敏症	117	キャリア・カウンセリング，進路相談	164
核家族	118	教育心理学	166
核磁気共鳴画像	78	教育分析	167
学習障害，ＬＤ	119	境界人	638
学習障害児の教育	121	境界パーソナリティ障害，境界人格障害，	

境界例	168	攻撃性	210
共感覚	169	高校中退	211
共感的理解	170	甲状腺機能低下症	212
教護院	301	口唇期	213
恐慌障害	553	口唇裂・口蓋裂	214
教師期待効果	565	構成的グループ・エンカウンター	215
共時性	171	肯定的尊重	216
共同作業所	172	後天性免疫不全症候群	65
恐怖症	173	行動化，行為化	217
虚弱児	174	行動カウンセリング	218
起立性調節障害	176	行動修正	218
筋弛緩法	176	行動主義	220
近親相姦	177	行動分析学	221
クオリティ・オブ・ライフ，生活の質，生命の質，生存の質，生き方の質，人生の質	179	行動療法，条件づけ療法	222
		校内暴力	223
グリーフ・ワーク，悲嘆の仕事	180	更年期障害，更年期不定愁訴症候群	226
グループ・アプローチ	182	幸福	227
グループ・カウンセリング	183	肛門期	229
グループ・ダイナミックス，集団力学	184	合理化，合理づけ	230
グレート・マザー	450	交流分析，対話分析	231
ケア・マネージャー	99	高齢社会	233
ケア・ワーカー	100	高齢者介護	234
芸術療法	185	高齢者のカウンセリング	235
系統的脱感作法	186	高齢者の知情意低下症（旧称：痴呆），熟年ボケ	236
ゲシュタルト療法	187	五月病	239
ケースワーカー	188	刻印づけ	366
ケースワーク	190	国際結婚	240
月経前緊張症	191	心の絆療法	242
結婚	192	個性化	243
ゲーム分析	194	個性化の達成	244
権威〔主義〕的態度	195	古典的条件づけ	244
元型	196	孤独	246
言語障害	197	ことばの遅れ	199
言語障害児学級	198	コミュニケーション	247
言語発達遅滞，ことばの遅れ	199	コミュニティ心理学	249
現実検討，現実吟味	201	コングルエンス，自己一致	250
現象学	202	コンサルテーション	251
健全なパーソナリティ	203	コンステレーション	252
現存在	205	コンピュータ連動断層撮影法	300
現存在分析	207	コンプレックス，心的複合体，複合	253
健忘	208	罪悪感	255
強姦	709	サイコドラマ	351

再評価カウンセリング，コ・カウンセリング	256	死への準備教育	307
催眠療法	256	社会福祉	308
作業療法	257	社会福祉協議会	309
査定	7	社会福祉士，ソーシャル・ワーカー	311
産業カウンセリング	259	社会保障	312
三歳児健診	260	シャドウ，影	313
死	264	集合無意識，集合的無意識，普遍的無意識，超個人的無意識，絶対的無意識	314
ジェノグラム，家族関係図	265	集団心理療法	315
自我	267	集団力学	184
視覚系の障害	269	周辺人	638
視覚障害者	270	自由連想法	317
〔自我〕同一性	3	熟年ボケ	236
時間の構造化	272	主張訓練法，断行訓練法	318
子宮欠如，子宮喪失	273	出産後うつ病	640
自己	274	出生前診断	319
自己愛	275	受容，アクセプタンス	321
自己一致，コングルエンス	277	準拠集団，関係集団，リファレンス・グループ	322
志向性	278	昇華	323
至高体験	280	浄化	129
自己開示	281	生涯学習	324
自己催眠	283	障害者	325
自己実現	284	照準づけ	587
自己分析	285	象徴	327
支持	287	情緒障害	328
自死と自死防止	288	情緒障害学級	330
思春期	289	焦点合わせ	587
思春期妊娠	290	情動，情緒	331
自助グループ	421	情動指数	36
システム論的家族療法，システム論的家族カウンセリング	292	少年院	332
シックハウス症候群	293	職業的リハビリテーション	334
失語症	294	助産師	335
実存心理学	296	ジョハリの窓	336
実存分析療法，ロゴセラピー	297	自律訓練法	338
嫉妬	298	自律神経失調症	339
ＣＴ，コンピュータ連動断層撮影法	300	自立性	340
児童自立支援施設（旧：教護院）	301	人格障害	41
児童相談所	302	人格心理学	372
指導的助言	364	人格的成長	341
児童福祉	304	心気症，ヒポコンドリー	342
児童分析	305	神経症	343
自閉的障害	306	人工内耳	621

心身症	345	精神保健福祉センター	397
深層心理学	346	精神保健福祉法	398
心的外傷，トラウマ	348	精神療法	355
心的外傷後ストレス障害，外傷後ストレス障害，ＰＴＳＤ	348	性脱常	399
		性治療	412
心的複合体	253	性的偏り，性脱常，性倒錯，パラフィリア	399
シンデレラ・コンプレックス	350	性的サディズム	401
心理劇，サイコドラマ	351	性倒錯	399
心理相談員，心理相談担当者	352	生徒理解	401
心理判定員	354	青年心理学	403
心理療法，精神療法	355	性〔機能〕不全，性機能障害	404
心理療法における象徴化	356	性役割	406
進路教育	162	性欲	407
進路指導	357	世界内存在	408
進路相談	164	セカンド・オピニオン	409
スキナー	359	積極的関心	410
スクールカウンセラー，学校臨床心理士	361	積極的傾聴	6
ストレス	362	セックス・カウンセリング	411
スーパーヴィジョン，指導的助言	364	セックス・セラピー，性治療	412
刷り込み〔行動〕，刻印づけ	366	摂食障害	413
ストローク	368	折衷的カウンセリング	416
性	369	折衷的カウンセリングの技術	417
生育歴	370	説得	418
性格	371	セラピスト，療法士	419
性格心理学，人格心理学	372	セルフ・カウンセリング	420
性格変容	373	セルフ・ヘルプ・グループ，自助グループ	421
生活大事件	685	禅	423
生活の質	179	尖鋭恐怖症	424
生活保護	377	前世療法	425
性器期	378	全般性不安障害	426
性機能障害	404	早期教育	427
性交痛，性交疼痛症	381	喪失	428
性差，男女の違い	382	相談学級	429
成熟	383	相談心理学	431
性障害の治療	385	疎外	432
精神医学ソーシャル・ワーク	387	ソシオメトリー	433
精神鑑定	388	ソーシャル・ワーカー	311
精神生物学	390	ソーシャル・ワーク	434
精神分析	391	蘇生後脳症	436
精神分析的カウンセリング	392	尊厳死	31
精神分析療法	394	第一次予防カウンセリング	437
精神保健	654	体外経験	438
精神保健福祉士	395	大学生無気力症	439

体験過程	440	動機づけ	483
退行	441	道具的条件づけ	484
対抗転移，逆転移	442	登校拒否	592
対抗同一性	443	統合失調症（旧称：精神分裂症）	485
対象関係論	444	統合的カウンセリング，統合的心理療法	487
体内時計	446	洞察	488
大脳半球	447	投射，投影	489
タイプA	449	同性愛	490
太母，グレート・マザー	450	盗癖	491
太母（グレート・マザー）が象徴するもの	451	特殊学級	493
対話分析	231	特殊教育	494
ダウン症〔候群〕	453	特別養護老人ホーム	495
多重人格	454	トークン	496
多世代家族療法	456	閉じられた質問	498
断行訓練法	318	トータル・ヘルス・プロモーション・プラン，健康保持増進活動計画，ＴＨＰ	499
男根期，男根段階	457		
男女の違い	382	ドラッグ	500
知情意低下症（旧称：痴呆）をもつ高齢者の介護	458	トランスパーソナル心理学	502
		トランセンデンタル・メディティション	464
父親不在，父親喪失，父権の喪失，父親なき社会	459	内観〔療〕法	504
		内潜的条件づけ	505
知的障害	460	内的対象関係	506
乳房コンプレックス	462	悩み	507
痴呆	236	ナラティヴ・セラピー	508
注意欠陥・多動性障害，ＡＤＨＤ	462	難病	509
超越瞑想，トランセンデンタル・メディティション	464	憎しみ	511
		２言語使用	542
聴覚障害	465	二重拘束	512
超自我	467	乳児心理学	513
重複障害	467	乳幼児突然死症候群	515
沈黙	469	入浴中突然死症候群	516
爪嚙み	470	ニュー・カウンセリング	517
出会い	471	人間学的カウンセリング	518
Ｔグループ	472	人間観	519
抵抗	473	人間性心理学	520
敵意	475	人間中心療法	522
適応	476	認知	522
適性	477	認知リハビリテーション	523
転移	478	ネオ・フロイディズム	525
てんかん	479	ネットワーク	527
電話カウンセリング	481	脳死	528
投影	489	脳性マヒ	529
投影法	482	脳卒中	530

脳の発達	531	開かれた質問	577
脳波	532	貧困	578
ノーマライゼイション，ノーマリゼイション	534	頻尿	579
乗り物酔い，車酔い，運動酔い	535	不安	581
バイオエナジェティックス	537	風景構成法	582
バイオフィードバック法	540	フェティシズム	583
排除	681	フェミニスト心理学	584
売買春	541	フェミニスト・セラピー	586
バイリンガリズム，2言語使用	542	フォーカシング，焦点合わせ，照準づけ	587
箱庭療法	544	複合	253
箱庭療法のすすめかた	545	福祉教育	588
パストラル・カウンセリング	623	福祉事務所	589
パーソナリティ	546	父権の喪失	459
発達	547	物質依存	591
発達課題	549	不登校，登校拒否	592
発達障害	550	不登校者の「内閉論」	594
発達段階	551	普遍的無意識	314
パトグラフィ，病跡学	552	不眠症	596
パニック障害，恐慌障害	553	フラストレーション，欲求不満	598
パブロフ	554	フリー・スクール	599
パラフィリア	399	フロイト	600
バーン・アウト・シンドローム	656	文化人類学	602
反社会的行動	557	分析心理学	603
反動形成	558	分離不安	605
ピア・カウンセリング	559	閉所恐怖〔症〕	606
被害者	561	ペット・ロス・クライシス	607
被虐待児	562	ヘルス・カウンセリング	607
被虐待児の発見と対応	563	ペルソナ	609
ピグマリオン効果，教師期待効果	565	ヘルピング	85
非言語的コミュニケーション	566	ヘルピング・モデル	610
非社会的行動	567	偏見と差別	611
ビジョン心理学	568	弁別刺激	612
悲嘆カウンセリング	570	防衛	614
悲嘆の仕事	180	防衛機制の例	615
悲嘆反応	571	保健師	616
ピック病	572	保健室登校	616
PTSD（心的外傷後ストレス障害）に対するカウンセリング	573	保健所，保健福祉センター	618
		保護司	619
ヒポコンドリー	342	ホスピス	620
肥満	575	補聴器，人工内耳	621
評価	7	牧会カウンセリング，パストラル・カウンセリング	623
表象，観念	576		
病跡学	552	ボディ・イメージ	624

ボディ・ランゲージ	625	ユング派の夢分析	676
ホームレス，路上生活者	627	養護学校	678
ホメオスタシス	628	ヨーガ療法	679
ボランティア活動	630	抑圧，排除	681
ボランティア教育	631	欲求	682
ボランティア・センター	632	欲求不満	598
マイクロ・カウンセリング	634	来談者中心療法	684
マイクロ技法	635	ライフ・イヴェンツ，生活大事件	685
マイクロ・ラボラトリー・トレーニング	637	ライフ・サイクル	686
マージナル・パースン（マージナル・マン），境界人，周辺人	638	ラベリング	687
		ラポール	689
マスターベイション	639	リエゾン精神医学	690
マタニティー・ブルーと出産後うつ病	640	リエゾン精神看護	691
麻薬	641	力動的心理学	692
マラソン・エンカウンター・グループ	643	離婚	695
マリッジ・カウンセリング	644	理性喚情療法	722
マンダラ，曼荼羅，曼陀羅	646	離人症	696
未婚の母	647	リハビリテーション	698
未熟児網膜症	649	リビドー	699
ミニ・カウンセリング	649	リビング・ウィル	700
無意識	650	リファー	701
無気力	651	リファレンス・グループ	322
瞑想	653	リプロダクティブ・ヘルスとリプロダクティブ・ライツ	702
メンタル・ヘルス，精神保健	654		
燃えつき症候群，バーン・アウト・シンドローム	656	両価価値	30
		両価性	30
モデリング	657	療法士	419
モラトリアム	658	臨死体験	704
森田神経質（症）	659	臨床心理学	705
森田療法	660	臨床心理士	707
問題解決介入	661	ルビンの盃	708
問題行動と自死	662	レイプ，強姦	709
問題児	663	劣等感	710
夜驚症	665	レム睡眠	711
優しさ	666	恋愛	712
夜尿症	667	老賢人，老賢者	715
遊戯療法	668	老年心理学	716
指しゃぶり	669	ロゴセラピー，実存分析療法	717
夢	670	ロジャース	719
夢の作業	671	ロール・プレイング	721
夢判断	673	論理療法，理性喚情療法，論理情動療法	722
ユング	674	笑い	724
ユングの〔性格〕類型論	675		

付録

カウンセラーに必要な本のリスト   725
- A　カウンセリングに関する本   727
- B　心理療法に関する本（ただし，C，Dに含まれるものを除く）   737
- C　精神分析・フロイトに関する本   750
- D　分析心理学・ユングに関する本   761
- E　人間理解に関する本（教育心理・発達心理を含む）   767
- F　子どもの心理に関する本（心身障害・不登校児・親子関係・青年を含む）   792
- G　辞典・事典・ハンドブック・マニュアル（他ページに記したものも重複して記載）   807
- H　全集・著作集・講座   815
- I　雑誌   828
- J　臨床心理学・精神医学に関する本（児童，思春期，青年はFを見よ）   844

カウンセラーに必要な住所録   864
- 1　関連学会   866
- 2　関連職種・施設の団体   870
- 3　カウンセリング機関   871
- 4　関連センター   872
- 5　関連研究所   873
- 6　関連団体   873
- 7　患者の団体   875
- 8　視覚・聴覚器障害   877
- 9　高齢者   878
- 10　アルコール   879
- 11　女性   879
- 12　思春期   880
- 13　子ども・教育   880
- 14　難病   882
- 15　住宅   882
- 16　内部障害者の厚生施設   882
- 17　臨床心理士養成指定大学院   883
- 18　全国精神保健福祉センター   885

索引   887
- 事項索引   889
- 欧文事項索引   921
- 欧文略記号一覧   932
- 人名索引   936
- 主要人名原綴一覧   943

装丁＝加藤俊二

カウンセリング大事典　執筆者

編者
小林　司

執筆者（154名）

阿久津里花	安達美月恵	阿部輝夫	荒井綾子	新井ひろみ	有田八州穂
有森直子	五十嵐克史	池亀良一	池田千津子	石川恭子	板垣昭代
市川和希子	市丸章	今村恵津子	岩田由紀子	上田郁子	氏原寛
榎薗尚子	襟川政代	遠藤浪江	太田健児	大槻優子	大山みち子
岡田すみ	緒方一子	岡本眞一郎	小倉襄二	小野敏子	各務仁美
柏木誠二	梶原洋一	加藤美代志	加藤裕一	金沢俊之	上平京子
川合正	川崎知己	川崎美智子	岸本博和	木下京子	J・クスマノ
倉田信義	黒後智彦	下司昌一	小池智子	國分康孝	小林昭彦
小林司	小林洋子	小山章文	近藤寛	齋藤哲郎	斎藤恵
坂上貴之	榊原立美	坂庭愛子	坂本富美子	桜井俊子	佐々木千代子
笹嶺千秋	佐竹嘉裕	佐藤章子	佐藤勝馬	佐藤方哉	佐藤洋子
塩田瑠美	塩塚俊子	柴山英士	嶋貫恵利子	志村玲子	尻無浜敏美
新藤緑	末松渉	杉山満樹也	鈴木健治	鈴木敏城	鈴木誠
鷲見復子	住友睦江	関野僚一	高野利雄	髙橋閑子	髙橋寛子
髙部博子	橘整	田所作太郎	田中節子	田中喜芳	谷垣和歌子
谷口千絵	田丸精彦	土屋芳子	徳納美津	土橋佐登美	冨沢由理子
中澤由理香	中谷信子	中根伸二	中村彰男	中村四郎	中山幸子
西俊幸	仁科とし子	西村正裕	野末源一	野末聖香	萩原たま代
橋本勉	長谷川保子	早坂伸子	早野洋美	原みどり	原田とも子
平木典子	平山操	廣川智子	福島章	福田哲治	福田満
福原久美	堀内勇	堀口雅子	本城慎二	益冨愛子	松岡泰夫
松島純生	丸山真佐子	水口洋	溝呂木忠	峯雅子	三村法子
宗像恒次	村瀬敦子	村田京子	持田保世	望月利将	本勝恵
本宮啓子	守谷和能	安原照雄	谷田部トシ江	矢野和代	山中康裕
山中祥男	遊佐恵美子	横山千穂子	横山千代子	吉岡昭治	吉田昭代
吉田陽子	四方田幸子	渡辺康磨	渡部鏡子		

SHINYOSHA'S ENCYCLOPEDIA
OF COUNSELING
カウンセリング大事典

あ

愛情 affection

次の2つの意味をもっている。(1) **相手にそそぐ愛の気持ち，深く愛するあたたかい心。**(2) **異性を恋慕う感情。カウンセリングでは (1) の意味で使う。**

語義的には，「愛」(love) が親子や家族間での情愛，友人相互の親愛，男女間の恋愛あるいは性愛などをはじめ動物や事物または帰属集団などへの愛着，神への敬愛，神の慈愛にまで及ぶ広範囲な場合を含むのに対して，「愛情」はもっぱら，人間関係において接近や受容，共存への欲求をともなった持続的でやさしく深い同情，共感の親密感情を意味する。愛情はわれわれの実生活における人間関係の諸局面で，きわめて重要な意義をもつ心の働きである。

人間を刺激に反応する存在とみる行動主義心理学の人間像には，人格の概念が含まれていない。人間の自由責任，意志，愛情などのような測定不能な概念は排除されている。

フロイト* は，性的エネルギー (リビドーと呼ばれている) から自我の発達や親子関係 (エディプス・コンプレックス) を考察した。愛情についても，その背後にある性的な特質を重視する。E. H. エリクソン* は，人間の基本的信頼感が生後1カ年の母子関係から経験的に獲得されると言う。母親が子の個性的な欲求に対処するなかで，信頼感を創造してゆくので，母性的な関係の質に左右されるとして，母と子の非言語的な，また言語的な人間的交わりを重視する。親の愛情が子のなかに基本的信頼感をつくり，育てるのである。

フランクル* は，実存の意味を考察するなかで，愛は時空を超越して相手の精神的人格の一回的なもの，独自的なものに向けられたものであり，その人の可能性をも含む本質を指向しているという。エロス的でない愛によって，人間は実存を自覚するのであって，心理療法には不可欠である，とする。

ロジャース* は，カウンセリング場面において，クライエントとの人間相互の出会いの質が効果性を決定すると言い，(a) 自己一致，(b) 共感，(c) 積極的関心，(d) 関心の無条件性をカウンセラーの態度としてあげている。ここで，積極的関心とは，親が子に対してもっている感情と似ていることを指摘している。それは親が子に対して，たとえ問題児でも，人格として重んじる態度である。したがって，カウンセラーがクライエントを発展の可能性のある人格として，所有的にではなく愛するという意味になる。このことは，クライエントの内にその時存在する感情が真実にそのままであるように，どんなことをもクライエントのために，喜んで望む寛大な心を含んでいる。これは，あるがままのクライエントに対する愛を意味している。

小林純一は，その人間観を，(ⅰ) 人間は自分を知ることができる存在，(ⅱ) 人間は自由と責任を生きる独立した人格的存在，(ⅲ) 人間は，他者との人格相互関係を通してのみ人間として成長することができる存在，としている。人間の成長に必須の人格的相互関係は，相互の信頼感によって確立する，とされ，相互の信頼関係を本質的きずなだとする。信頼関係とは，相手から信頼されていると確信するとき，はじめてその相手を信頼して成立するのである。したがって，信頼関係は，まず自分から他者の人格に向けて自己開示することに始まる。カウンセラーにとっては，他人を自分と同等の価値ある人格的存在として尊重する生き方をする，ということが大切である。クライエントを知ろうとする自発的意志と，同じ人間としての関心，換言すると，積極的に自己を他人に与え奉仕することが，自己を他人に伝えて，相互の信頼関係

をつくる唯一のあり方である。

「愛は我（人格）のうちにはなく，まさに我と汝の間にあるものである」とブーバー*は説く。その時，我は汝と「現実」を共にすることができ，そのなかで，人間は自由であり，一人一人がこの世における唯一の独自な存在となる。ここから，全人間的な出会いが体験され，癒しにつながる，と考えられる。

心理療法における愛情とは，他者の人格に向かって無条件にそそがれる愛であり，神学者の用語で「アガペー」と呼ばれる愛に匹敵するものと思われる。〔田丸精彦〕

⇨愛着に関するカウンセリング，アタッチメント，甘え，エディプス・コンプレックス，嫉妬，憎しみ，分離不安

文献 1. C-エリクソン，1973b；2. A-小林，1979；3. E-ブーバー，1958；4. H-『フランクル著作集』2, 1961；5. C-フロイト，1970a；6. A-モーシャー他，1966

愛着 ⇨アタッチメント

愛着に関するカウンセリング counseling relating to the attachment

幼い頃に愛着を拒否された結果，成長後に性格的ひずみが現れている人に対するカウンセリング。

母子関係理論で知られるボウルビイ*は，1940年代に愛着の研究をしたが，1976年に「愛情の絆（きずな）の形成と破綻」という講演をロンドンの英国医学心理学協会で行ない，その中で心理療法のいくつかの原則について述べている。その要点を次に紹介する。

対人関係の中でいつも自己敗北的な反応をおこす人がいる。そんな場合には，その人が，どのような感情と期待とをもつのかを調べ，それらを作りだしたと思えるクライエントの経験，特に幼児期と青年期とに愛着対象との間にもった生活経験を探るべきだ。両親がクライエントにどんな態度をとったか，それに対してクライエントがどんな反応を示したか。クライエントが認識，予測，行動する時に，自分では気づかぬうちに愛着対象から支配を受けていること，そのことが幼児期・青年期を通じて発展してきたこと，をクライエントに認識させ，もしそれを修正すべきだとクライエントが思うならばその修正を援助する。クライエントの両親が出会った感情的困難や不幸な体験をクライエントに指摘して，両親を非難するよりは両親への同情を引き出すように努める。非難すべき点を探すのではなしに，悪しき因果関係を壊して，良い結果をめざさせる。クライエントが過去や現在の，症状に関係のある状況を探すのを援助する。罪悪感，悲しみ，絶望，怒り，寂しさ，苦痛，恐怖，嫉妬など，過去に体験した時のことを探る。子どもを無視する，拒否する，捨てると脅かす，親が家出すると脅す，親が自死すると脅す，親が子どもを世話焼きの対象にしてしがみつく，などということがなかったか？

調べてみると，ある不登校の子どもは，同級生がいじめるからではなくて，登校している間に母親が自殺するかもしれないのを心配していたからだった。腹痛に苦しんでいた子どもは，母親が「家出をするぞ」とおどしていた。うつ状態の子どもは，何年も前に亡くなった父親を今でも悲しんでいるのだった。また，ある反抗的な子どもは，「産児制限に失敗した結果，望まれないのに生まれてしまったのだ」と聞かされていた子どもだった。

親を亡くして悲嘆にくれている人には，喪失を引きおこした出来事，その状況，その後の経験を思い出させて，順を追って詳しく話させることが必要である。それによって，望み，後悔，絶望，不安，怒り，罪悪感などを処理でき，今でも抱いている不適当な考えや行動に自分で気づかせることができる。過去の経験を再検討して認識できた時だけに，自分の未来が見えてきて，正しい対応と決定をすることができるようになる。このときに必要なのは，助言ではなくて情報である。

それとまったく同じように，愛着対象との間の苦しかった体験が清算されなければならない。その苦悩や悲哀にいたわりと同情を示し，理解したことをクライエントに伝え，クライエントが自分の過去を探り，かつ自分で決定を下そうとすることに対して敬意を払い，それを励ます。これまではあらさがし，攻撃，罰，復讐，

罪悪感の押しつけ，逃避，などが親からクライエントに示された態度だったが，カウンセラーはそれらの代わりに，理解と共感，正直な話し合いという新しい態度をクライエントに示して，信頼のある思いやりに満ちた真の人間関係を作る。そして，決定をクライエントにゆだねる。このようにしてクライエントの表象モデルが再構築され，人間関係のいくつかの面が再評価され，他者をどう扱うかが変わってくる。

愛されたい，世話されたいという気持ちは成人でもみられる自然な欲求であることを認識すること，その欲求を幼い頃に拒絶された場合にはそれが潜行してしまったことを認めること，クライエントが幼いときに親からされた通りのことを現在他人にしていること，自分が苦しい時には他人に圧力をかけていること，幼児期に愛と理解とを要求したのに拒絶や罰を受けたために後年に持続的失望と無力感を抱いていること，などをクライエントは学ばなければならない。（ボウルビイ，1981，p.223）〔小林　司〕

⇒愛情，アタッチメント，グリーフ・ワーク，悲嘆カウンセリング，悲嘆反応，不登校

文献　1. F-ボウルビイ，1981b；2. E-小林，1997

アイデンティティ，〔自我〕同一性，主体性，存在証明 identity

「真の私とは，これこれこういうものだ」という考え。

心理学では「〔自我〕同一性」，社会学では「存在証明」，そして哲学では「主体性」と訳されている。

アイデンティティの概念は，E. H. エリクソン*の著書『幼児期と社会』（1950）の中で初めて，心理・社会的発達の用語として用いられた。

この本の中で，エリクソンは，人間の一生を八つの発達段階にわけたライフ・サイクルを示し，その第Ⅴ段階（青年期にあたる時期）の心理・社会的危機として，アイデンティティの概念を示したのである。

このライフ・サイクルは，社会的な環境，人間関係などを重視したことから，フロイトの「心理-性的な発達」に対応して，「心理-社会的な発達」と言われている。

それぞれの段階において，心理-社会的危機を肯定的な面と否定的な面とを対にして示し，それぞれの心理-社会的危機によって獲得されるものとして「徳」が述べられている。その肯定的な面，否定的な面，そして徳を表にして示しておく。

Ⅰ	信頼 / 不信	望み
Ⅱ	自律性 / 恥，疑惑	意思
Ⅲ	自発性 / 罪悪感	目的感
Ⅳ	勤勉性 / 劣等感	有能感
Ⅴ	同一性 / 同一性拡散	忠誠心
Ⅵ	親密性 / 孤立	愛情
Ⅶ	世代性 / 停滞性	世話
Ⅷ	統合性 / 絶望	知恵

これらの心理-社会的危機の「危機」とは，危ない状態，破局を意味するものではなく，発達がなされるための必要不可欠な転回点や決定的瞬間を示すものである。さらに，心理-社会的危機の肯定的な面と否定的な面については，肯定的な面が確立されれば良いというものではなく，両者の葛藤のなかで，肯定的な面の割合が高いという前提で統合されることが大切である。この統合によって，それぞれの徳が確立されるのである。

さらに，それぞれの心理-社会的危機の統合によって，次の段階の心理-社会的危機にすすむことになる。たとえば，第Ⅰ段階の信頼と不信の統合によって，次の段階である自律性と恥，疑惑の心理-社会的危機に移ることができる。このように八つの項目が時間的空間的に，他の項目の上に発達することを「漸成（epigenesis）」といい，時間的順序だけでなく，発達段階の階層（ヒエラルキー，hierarchy）を含むと考えられている。

また，第Ⅰ段階の「信頼と不信」は，最初の葛藤があるという程度の意味であり，ここで信頼感が決まった形でできあがってしまうという意味ではない。信頼感は，この後も発達していくが，まず最初の心理-社会的危機として信頼感が問われるという意味で，第Ⅰ段階にあげられている。したがって，アイデンティティについても，第Ⅴ段階，つまり青年期になって初めて現われるものではない。それまでの発達や同一化を統合していくものとして考えられる。

エリクソンは、『青年と危機』(1968)の中で、アイデンティティの感覚として、W. ジェームスの手紙を引用している。

「人間の性格というものは、ある精神的もしくは道徳的な態度のなかにおかれたときに、はっきりしてくるものです。つまり、そのような態度が身に宿るとき、人間は、ものごとに積極的にしかも生き生きと対処できる自分を、きわめて深く感じるのです。そのような瞬間には、次のように叫ぶ内なる声が聞こえてきます。『これこそが真実のわたしだ！』」

手紙の中で「性格」とされているものこそ、アイデンティティの感覚であるとエリクソンは述べている。

このアイデンティティの感覚を得るために、子ども時代を通して身につけられる同一化群の中から有意義なものを選択的に強調し、いくつかの自己像をしだいに一個の同一性に向かって統合してゆくのであるが、この課題を達成する働きをするのが自我であり、エリクソンは最初、同一性のことを「自我同一性」と呼んでいた。

この自我同一性についてエリクソンは、自著『自我同一性』(1968)の中で、次のように述べている。

「この自己評価は、決して(もっと安易に得ることができるような)幼児的な万能感の自己愛的な確認ではない。むしろそれは、自我が確実な集団の中で、未来に向かっての有効な歩みを学ぶ途上にあるという確信へと変わってゆく。つまりそれは、自我が特定の社会的現実の枠組みの中で定義されている自我へと発達しつつあるという確信である。そして、私は、この感覚を自我同一性と呼びたいと思う。」

つまり、アイデンティティとは、「私は誰か」に対する答えという、主観的・心理的なものだけでなく、むしろ、「私とは何か」に対する答えとして、人間存在の社会的・歴史的側面を強調する概念である。そして、幼児期から今日までの自分を受け入れ、さらに、予想される未来をも考える一貫性、連続性と自分の置かれた社会的な場における、他の人々との関係の中での共通性や独自性を明確に意識することである。

アイデンティティについては、エリクソンの後、多くの人によって研究がなされている。心理学だけでなく、社会学、文化人類学、歴史学、など多くの分野で研究が行なわれ、青年期に関する研究というだけでなく、人間存在の基本的構造を表現し、解明する用語として使用されている。

また、アイデンティティという言葉は、一般にも広く使用されている。それぞれの専門性を表わした「教師アイデンティティ」や「弁護士アイデンティティ」、またその性質・独自性といった意味では、「日本人のアイデンティティ」などのように、多くの場で用いられている。

このアイデンティティという概念は、エリクソンが米国という変動の多い国において確立したものである。また、その背景には、移民が多く、多くの人種で構成された国であること、また、個の独自性が確立された国であることなどがあり、大半が同一民族で、個が明確に確立されているとは言えない日本にもそのままあてはまるかどうかという議論も生まれてくる。

しかし、米国をはじめとする西欧文化の影響もあり、選択の機会が多くなった現代において、逆に、アイデンティティの重要性を指摘する声も高くなっている。　　　　　　　〔松島純生〕

⇒アイデンティティの拡散，異文化間カウンセリング，五月病，自我，青年心理学，モラトリアム，ライフ・サイクル

文献　1. C-エヴァンズ, 1981；2. C-エリクソン, 1973a；3. C-エリクソン, 1973b；4. I-小此木編『現代のエスプリ』No.78, 1974；5. E-鑪, 1990a

アイデンティティの拡散　diffusion of the identity

「本当の自分がわからない」という不確実感。

青年期に決着をつけて、大人の社会に自分を位置づけることによって確立されるはずのアイデンティティが、何らかの理由によって確立できない場合に現れる、青年期後期に特有の状態を、E. H. エリクソン*は「アイデンティティの拡散(ぼやけ)」と名づけた。これは、精神障害というよりも、現代の青年に多く見られる「大人になりたくない」というモラトリアム現象の延長という社会心理とみなされている。

思春期になって自分が急に成長し、乳房や性器が発達し、性衝動が現れると、自分の身体イメージがあいまいになり、過去の経験との断絶が起きる。「以前の自分とは違う私は誰だろう？」という新しい疑問がわいてきて、「自分がわからない」という危機体験になる。

思春期でなくても、自分のアイデンティティが主に仕事にあった人が退職した場合とか、失業した人、子どもが成人して巣立ち、「空の巣症候群」を示す人、思わぬ障害によって将来の計画を変えざるを得なくなった人、などでもアイデンティティの危機がおきて、「今日の自分は昨日の自分とは違う人物だ」という気がすることがある。この危機をうまく乗り越えないと、心理的発達が困難になったり、病的になったりする。

アイデンティティの拡散の特徴は次の7項に要約できよう。(1) 社会的アイデンティティの選択を回避または延期する、(2) 自意識過剰のために全能感にとりつかれ、有限な現実が自分には無関係に見える、(3) すべてを暫定的なものと感じる、(4) 時間感覚を失い、生活テンポが遅くなり、無気力になる、(5) 他者と親密になれない、(6) 組織に属するのを嫌がる、(7) 既存の社会に飲み込まれるのを恐れる。

これを言い換えれば、アイデンティティ喪失、自分の性が男性なのか女性なのかはっきり自覚できない、混乱、時間の予測がつかない、何もしない、仕事ができない、他者と満足な関係をもてない、孤立、役割をこなしてみようとしない、決定困難、理想をもてない、などの症状が現れるということになる。

これをうまく解決できないと、それまで抱いていた自分の人種、性役割、宗教、社会経済的地位などについての考えを捨てたりする。価値、信仰、希望などについて決定をしなければならない場合に、危機があらわになるのだ。これを乗り越えるには、将来の職業とか、宗教などの個人的選択を通して、悩みに直面して対決し、闘わなければならない。

子どもが、アイデンティティの危機を避けて健康な心を発達させるように援助するいくつかの方法を次に述べておこう。(a) 両親や周囲の大人は、子どもに期待しすぎてはならず、高望みをしない。(b) 子どもがしようと思ってもいないのに「～してはいけない」とうるさく警告しない。力による押さえ込みは、子どもが反発して、好ましくない行動をした時にも良いことをしたような気にさせてしまう。(c) 子どもの努力をほめてやり、興味があることを遂行するように励ます。(d) 困難にぶつかった時に励ます。(e) 自分の力を試したり発達させようとしている時には援助する。(f) 自分のとった行動の結果に直面する時に責任をとることを教える。(g) 大人の期待に応えようとして失敗したときには、軽蔑しないで、人間として尊敬を示す。(h) 社会によく適応する行動を発展させるように導いてくれる他人に応えようとしたら、援助する。(i) 受け入れ可能な役割を試す機会を与える。(j) その子どもが育った文化が提供する力や選択、またその子ども自身についての知識を与える。(k) プラスの生き方の見本や、負けまいと努める小説の主人公などのモデルを提供する。〔小林 司〕

⇒アイデンティティ，空の巣症候群，危機介入，自我，思春期，発達課題，モラトリアム

文献　1. I-小此木・小川編『現代のエスプリ別冊』【臨床社会心理学】2, 1980

アクセプタンス，受容　acceptance

自己や他者あるいは自分に関わりのある環境的世界などの対象をありのままの姿で受け入れること。

カウンセリングの中ではカウンセラーのクライエントに対する「態度」に関して用いられる。

カウンセリングにおける「受容」という概念を初めて明確に示したのは、来談者中心療法の創始者であるロジャース*だった。彼は受容と同じ態度を表す言葉として、「積極的関心」という言葉を用いて、次のように述べている。「積極的関心とはカウンセラーがクライエントを人格として重んじるという意味であり、親がその子に対してもっている感情に似た性質がある。親は、自分の子がある時に異常な行動をしても、自分の子を人格として重んじる。クライエントがどのような状態にあろうと、クライエントの

そのままを認める寛大な心である。これは，あるがままのクライエントに対するある種の愛を意味している。人を他の人とは区別された一人の人として尊敬する感情であって，その人を所有する感情ではない。力を有する一種の愛であり，要求しない愛である。」

また，ロジャースは受容について次のようにも述べている。「受容とはカウンセラーがクライエントを，葛藤や不一致もあり長所や短所ももった一人の人間として，あるがままに受け入れる態度である。このような態度は価値ある人格としてクライエントを積極的に尊敬することであり，クライエントに対する評価や判断などということは行なわれないのである。クライエントは無条件に受け入れられる。すなわち，受容されるための条件などはないということである。」

渡辺三枝子は受容について次のように述べている。「受容とは，個人の独自性を尊重し，一人ひとり皆違った考え方，感じ方，そして，生き方をしていることを，心から認めることである。また，一人ひとりの経験の世界は，知的・意志的情緒的世界の複雑な絡み合いから成っていることを理解することである。」

ところで，受容はカウンセラーが受容していると思っているだけでは不十分で，クライエントが「私はこのカウンセラーから受け入れられ，わかってもらっている。」という気持ちを体験しなければならないのである。カウンセラーにとっても同じような体験がおこっている時，相互受容が行なわれている。小林純一は，相互の人格の尊重と人格の基本的理論から，カウンセラーとクライエントとが，お互いに相手を受容して，はじめてカウンセリングは効果的になると言っている。すなわち，相互の受容関係がなければ信頼関係も人間関係も継続しないと述べている。

また，小林純一は，カウンセラーの受容的態度が実現され，クライエントに伝わることによって，次のような行動がクライエントに現われてくると述べている。(1) カウンセラーの発言に対して肯定するような表現をする。(2) 自分の感情・考え・問題をさらに明瞭に表現していく。(3) 自分の消極的感情や体験的意味を受け入れる表現が増える。(4) 新しい別の面の自分を語る。(5) 自分が考え，感じ，思い，望むことを自由に表現するようになる。

ロジャースによると無条件に受容される関係をクライエントが経験することによって，クライエントは，自分の自己概念が堅く防衛的な構造になっているのをゆるめるようになり，カウンセラーのクライエントに対する態度を次第に自分のものにし，そのことを，自分の自己概念の中に組み入れていくようになる，という。このようにして，クライエントは自分を正しく評価し，価値ある人間として自分を尊重するようになっていくのである。

以上のことより，受容とはカウンセラーのクライエントに対する「態度」であって，「技術」ではないと言える。また，受容の態度とは，カウンセラーがクライエントを一人の価値ある人格的存在として，ありのままを無条件に受け入れ，尊重することである。そして，カウンセラーとクライエントの相互に受容される関係により，クライエントは自己の成長の過程を生きるようになる。大きくとらえるならば，受容とは人間への愛の実現化であると言える。

〔斎藤　恵〕

⇒愛情，受容，積極的関心

文献　1. A-小林, 1979；2. A-渡辺, 1983

アクティブ・リスニング，積極的傾聴　active listening

対話場面において，単に相手のことばを聞くというのではなく，相手の立場に立ってそのことばの意味とその背景にある感情をくみ取ろうとする聴き方のこと。テクニックではなく相手に対する関心と相手を尊重しようとする聴き手の態度が基本である。

アクティブ・リスニングは，非指示的療法というアプローチをするカウンセラーの基本的な態度であって，ロジャース*が1942年に「カウンセリングと心理療法」という論文の中で示したものである。さらに，1955年にはロジャースとファーソン(R. E. Farson)により職場での人間関係の視点から「アクティブ・リスニング」と

いう論文が著されている。
　アクティブ・リスニングの要点は，以下の3点である。
　(1) 一般にことばには二つの側面がある。一つはことばの文字どおりの意味であり，もう一つはクライエントのことばとしては表現されていない，言外の意味である。両者とも大切であり，カウンセラーは両者の意味を理解しなければならない。たとえば，何かについてクライエントが「私は，それはできない」と言った場合，ことばの文字どおりの意味は「拒否」であるが，そのことばの底に「できたらしたいと思うが，今の私にはそれをする勇気や力がわいてこない，だから，できない」といった意味が含まれていることもありうる。二つの側面からクライエントのことばを理解することによって，ことばの全体の意味が見えてくる。
　(2) ロジャースはカウンセリングにおいては，クライエントの感情に注意を向けて，それに応答していくことが大事だと考える。場合によってはことばの意味よりも，その背後にある感情の方がはるかに意味があり，重要な場合もある。クライエントを効果的に援助していくためには，カウンセラーはクライエントの話の内容に伴う感情を理解し，それに応答しなければならない。具体的には，面接を方向づけないように主観を交えずに応えることであり，クライエントが明らかに感じているものに直接的に応じることである。そしてクライエントの感情を明確にし，「自分はカウンセラーに理解されている」と相手が実感できるようにすることである。しかし，クライエントの感情を理解し，応答するということは，容易に行なえることではない。特に否定的な感情がクライエント自身やカウンセラーに向けられた時には難しい。また，クライエントが暗にほのめかしたりして表現した感情や，クライエントが抑圧している感情をカウンセラーがことばとして認知してしまう場合は，クライエントにとって非常な脅威となることがある。カウンセラーは急ぎすぎずにクライエントが表現するままに受け取り，応答していくことが大切である。
　(3) アクティブ・リスニングのもう一つの方法は，クライエントのことば以外の表現にも関心を向けることである。表情，息づかい，姿勢，視線，手の動き，態度，声の調子などの，いわゆる非言語的な表現に注意を払い，それらの背後にある意味を理解していく。
　はじめに触れたように，これらは単なるカウンセリングのテクニックではなく，クライエント個人の価値や意義を認め，尊重しようとするカウンセラーの態度に裏づけられたものでなければならない。
　アクティブ・リスニングによって期待される効果には以下のようなことがある。クライエントはカウンセラーに深く理解されていると感じ，満足を覚え，さらに進んで気持ちを話すようになる。また，クライエントは自分が話していることを自分でも注意深く聴くようになり，自分の言おうとしている考えや感情のあいまいさが明確になり，より正確にそれらを表現しようと努力するようになる。これらによってクライエントは自分の経験に目を開き，人間的な成長を促される。　　　　　　　　〔板垣昭代〕
⇒非言語的コミュニケーション，ボディ・ランゲージ，来談者中心療法

文献　1. A-岡堂，1993；2. A-佐治，1988；3. A-佐治・飯長編，1983；4. H-『ロージャズ全集』2，1966(「カウンセリングと心理療法」)；5. H-『ロージャズ全集』11，1967(「積極的な聴き方とは」)

アセスメント，評価，査定　assessment
　対象に必要な援助，指導を決定する際に対象の問題のある側面および健康な側面について情報の収集，整理，統合の一連の過程をいう。
　心理学におけるアセスメントの目的は大別して次の4項目である。(1) 精神医学的診断に必要な所見の収集。(2) 心理療法的な援助を行なうに際して有効な情報の収集。(3) 行動の予測。(4) 治療効果判定。
　実際にアセスメントする方法にはテストなどの道具を使用して行なう心理検査と，面接とがある。
【心理検査法】　心理検査は心理学の領域では心理測定学(psychometrics)として研究が進められている。心理測定とは人間の個人的特徴や人

間行動の共通的傾向，特性を数量的に記述することを目的とするものである。

心理検査には知能を測定するものと，人格の特質を検索するものとに分けられる。知能を測定する知能検査として代表的なものには，ビネー式知能検査やウェクスラー式知能検査などがある。

ビネー式知能検査は，フランスの心理学者ビネー*によって作成された初めての科学的知能検査法で，課題に日常的実際的課題を用い，また年齢的発達段階に合わせた「精神年齢」尺度を用いた。その後この知能検査はアメリカのスタンフォード大学のターマン（Lewis Madison Terman, 1877〜1956）がスタンフォード・ビネー式知能検査として普及させた。

ウェクスラー式知能検査は1950年代に入ってビネー式に代わってアメリカで普及し始めたもので，まもなく日本でも標準化された。ビネー式知能検査が言語性知能に重点が置かれていることと，主な対象が幼児から15〜16歳までの青少年であったのに対して，言語性知能と動作性知能の二つの下位検査に分け，対象者も10〜70歳までと適用範囲を広げたことに特徴がある。

一方，人格の特質を検索する検査は種類が豊富であり，おおよそ次の三つに大別される。

（a）質問紙法：被験者に多くの質問項目を自己評価させ，その結果を統計処理し，特定の理論などに従って解釈し，性格把握や診断に役立てる方法。代表的な質問紙法検査には谷田部ギルフォード（Y-G）性格検査，モーズレイ性格検査（MPI），一般健康調査質問紙法（GHQ）などがある。

（b）作業検査法：ある一定の条件のもとで，被験者に作業をさせ，その作業の経過や結果から，そこに反映するであろう性格を診断する方法である。最も代表的な検査法は内田クレペリン精神作業検査である。

（c）投影法：臨床心理学の領域で重視されている検査法であり，あいまいな刺激に対する反応の仕方から被験者の心理機制を理解し，問題の原因を明らかにしようとするものである。代表的なものにロールシャッハ・テスト（Rorschach test），TAT（主題解釈テスト，Thematic Apperception Test），SCT（文章完成法テスト，Sentence Completion Test）などがある。

【面接法】 面接は臨床的にはかなり重要な方法である。その理由として心理学的な援助は面接を行なわなければできないことが多いし，また現実の場面では心理検査ができない場合があり，面接が唯一の接近手段という例もあるからである。面接の過程は複雑で微妙な一つの有機的な流れであるが，機能面から簡単にまとめると四つに整理される。

（ⅰ）対象者の不安な気持ちを支えて安心させる。（ⅱ）対象者が自らすすんで話をできるような関わりをし，アセスメントに必要な情報を集める。（ⅲ）（ⅰ）（ⅱ）のような過程を通じて対象者との間に適切な援助的関係を作る。（ⅳ）対象者の必要に応じてアセスメントの結果を提供する。これらの四つの機能は，それぞれ他の三つの機能と互いに関わり合って効果を発揮するものである。　　　　　　　〔大槻優子〕
⇒臨床心理学

文献　1. E-岡堂, 1992；2. G-國分, 1990；3. 村瀬孝雄編著『臨床心理学』(改訂版)放送大学教育振興会(発売：日本放送出版協会), 156p., 1991

遊び　play

遊びとは一般に生存のための適応に直接関わらない，他からの定形的強制によらない，それ自体のもつ快的満足を目的とする自由で自発的な行動をいう。

遊びは仕事や学業，その他の義務として行なわなければならない現実的適応のための行動と対比される。その際，行為者がまじめに取り組んでいるか否かによって遊びでないものと遊びを区別することはできない。子どもはしばしばまじめに遊びに取り組むし，ユング*がフロイト*との別離のあと大学を辞し，湖岸での石積み遊びにまじめに取り組んだことからもそれはいえる。

遊びは通常，現実から切り離された時空で行なわれ，自由に開始され，自由に中止あるいは終了できるものであり，ふたたび現実にもどることのできるものである。この点において遊びは異常な不適応行動とは区別される。

遊びは多くの動物に見られるが一般に高度に発達した動物ほどほとんどの発達段階で見られ，遊びの種類も多岐にわたり，複雑である。人間は「ホモ・ルーデンス（遊びをする人）」と呼ばれるが，霊長類でも，子どもから大人にいたるまで遊びに興じる。下等な動物の遊びはしばしば子どもに限られ，大人は子どもの遊び相手になる以外に遊ぶことは少ない。

遊びの心理療法的機能については遊戯療法(play therapy)や芸術療法（art therapy）にとり入れられていることからもわかるように重要であると考えられている。遊びのもつ自由性は適度な退行を生じさせ，感情の不合理性を指弾することがない。それゆえ遊びによる一時的部分的退行は心理療法としてだけではなく，日常生活でも精神的健康にとってたいへん有効である。

遊びはまた単なる代償作用やカタルシス作用だけでなく定型的日常では出会うことのない自己や他者の発見をも可能にする。ウィニコット*は「精神療法は2つの遊ぶことの領域，つまり患者の領域と治療者の領域が重なり合うことにより成立する。精神療法は一緒に遊んでいる2人に関係するものである。以上のことの当然の帰結として，遊ぶことが起こり得ない場合に，治療者のなすべき作業は，患者を遊べない状態から遊べる状態へ導くように努力することである」と述べている。　　　　　　　〔山中祥男〕

⇒遊戯療法

文献　1. F-ウィニコット，1979；2. ピアジェ，J. 他，ピアーズ，M. 編，赤塚徳郎・森楙監訳『遊びと発達の心理学』黎明書房，217p.，1978；3. J-町沢・吉本，1986

アタッチメント，愛着　attachment

ボウルビイ*の愛着理論における愛着行動のこと。「**自分とは別の，好ましい，一般的により強くて賢いと考えられる個体に接近し，その関係を維持する種々の行動**」を指している。

attachmentという単語を英和辞典で調べると，「(1) 付着，(2) 付着物，(3)（意味・価値の）付与，(4) 愛着・執着，(5) 逮捕，差押え」という意味がある。イギリスの精神分析学者であるボウルビイは，「愛情による結びつき」を，アタッチメントと呼び学問的に使用した。

初期幼児期において特に顕著であるとはいえ，愛着行動は一生を通じて人間存在を特徴づけるものである。世話をしてもらいたくて泣いたり，呼んだりすること，後を追いかけたりすがりついたりすること，一人にされたり見知らぬ者の間に残されることに強い抵抗を示すこと，などはみなこの愛着行動に含まれる。年をとるにつれて，これらの行動が現われる頻度と強さは減少してくる。とはいえ，これらの行動は人間の行動機能の大切な一部分であり続ける。成人においても不遇のとき，病気のとき，何かを懸念しているときには，こうした行動があらわになる。ある人間の示す愛着行動の特徴的なパターンは，一部はその人間の現在の年齢，性別，状況などによって，また一部は幼少期に愛着した人物との関わりの経験によって，決定される。

アタッチメントは母子関係のなかで，子にとって心のよりどころとしての意味をもち，不安や不快，恐れを抱いた時に，これを鎮める効果をもっていると考えられる。子の心が危機に直面した時，これを克服するばかりか，こうした関係のなかで安心して，なじみのない人や事物や出来事と関わりをもつことができる。この結果，知能発達も実現できるわけである。

ボウルビイは，元来個別な人間が何によって結びつけられているのかだけでなく，どのように結びつけられているのか，それはどのようにして形成されていくことになるのか，を問題にしていた。

次に「依存」との相違について述べる。「依存」は，接近関係の維持と特別な関係がないし，特定の個人に向けられるものではない。長期的な結びつきを意味しているわけでもなく，強烈な感情に結びついているわけでもない。さらに依存の概念には，愛着概念が意味するものとちょうど正反対の価値意識が含まれている。「誰かが依存的だ」と言う際には，非難の意がこめられているが，「誰かが愛着している」という言い方は一種の肯定の表現と考えてよいだろう。

愛着理論は，依存理論に比べて以下の点を強調している。

(a) 特定性：愛着行動は，一人あるいは少数の特定の個人に対して向けられ，大方の場合は明確な優先順位がある。
　(b) 期間：愛着は通常ライフ・サイクルの大部分を通して続く。
　(c) 情動との関わり：強烈な情動体験の多くは，愛着関係の形成，維持，中断，更新の際におこる。
　(d) 個体発生：愛着行動は人間の子の場合，おおよそ生後9ヵ月の間に発達してくる。愛着行動は3歳の終わり頃までは容易にひきおこされる状態にあるが，それ以後は活発化することが徐々に少なくなってくる。
　(e) 学習：よく親しんでいる者を見知らぬ者から区別することを学習することこそ，愛着の発達の本質的過程にほかならない。愛着対象から繰り返し罰を与えられても，愛着は発展していく。
　(f) 機構：愛着行動の活発化を促す状況は，見慣れなさ，空腹，疲労などであり，鎮静させる状況は，母親を見たり，聞いたり，母親との幸せな交流である。
　(g) 生物学的機能：愛着行動はほとんどすべての哺乳動物の幼年期に認められ，多くの種において一生を通じて残存する。〔早野洋美〕
⇨愛情，愛情に関するカウンセリング，依存性，憎しみ，分離不安

文献　1. F-ボウルビィ，1975；2. F-ボウルビィ，1977；3. F-ボウルビィ，1981a；4. F-ボウルビィ，1981b

アダルト・チルドレン，AC　adult-children

　(1) アルコール依存症の問題を抱えた家族の中で成長した成人。(2) 親との関係の中で情緒的な傷を負いながら成長した成人。(3) 家族によって与えられた**心理的外傷（トラウマ）の後遺症に悩む成人**。(4) 虐待する親のもとで育った成人。(5) その他の機能不全家族の中で育った成人。(斎藤学による。)
　交流分析の用語でいえば，成人でありながらも「親の自我状態（P）」や「成人の自我状態（A）」が欠けていて，「子どもの自我状態（C）」それも「順応した子どもの自我状態」にとどまっている人がアダルト・チルドレン（以下 AC）なのである。
　ACというのは，30年ほど前から現れたことばであって，精神医学の分類では，「心的外傷後ストレス障害（外傷後ストレス障害，PTSD）」に含まれよう。
　PTSDは神戸の大震災以来有名になった障害で，大きなストレスを受けたあと，かなり時間がたってから（ときには何十年もあとで）突然現れる精神異常であり，パニック状態の不安，ストレスを受けた時の現場が再現されているように感じる，心的外傷を受けた時のことに関する話題に加われない，不眠，などがおきる。
　「機能不全家族」の例は，ワーカホリック（仕事のために生きている人）で家族をかえりみない父親，むやみに厳しくて冷たい母親，アルコール依存症で酒乱の父親，喧嘩の絶えない夫婦，子どもを虐待する親，薬物乱用者，強迫行動をもつ人，宗教狂信者，慢性病をかかえている患者，などがいる家族である。こんな環境で育てば，心理的影響が出ないはずがない。
　機能不全家族の中で育つ子どもは，静かでよい子であることが多く，「よい子」を続けられないと，苦しみ，罪悪感を抱く。また親に期待された英雄，「だめな子」と言われるスケープ・ゴート（犠牲の山羊），目立たない忘れ去られた子，慰め役，おどけ役，親代わりの世話焼き，などの役割を背負って成長する。彼らは，親の不幸を自分のせいだと思い込み，父母の顔色や機嫌をうかがい，親の期待に添うような生き方を選び，自分の都合をあとまわしにし，自分の欲求や感情を感じることができない。自己が失われていくような感覚をもつ。その結果，その子どもは，権威者に恐れを抱く，引っ込みがちになる，怒りを抑えてしまう，他人を信じることができない，自己嫌悪，自信がなくなる，警戒心をもつ，コミュニケーション不全になる，などの性質をもつようになる。自分の世話を待っているような人が現れれば，その人の世話をすることに熱中して，他人のために生きることを生きがいとする「共依存者」になる。
　「共依存」とは，問題がある人と，その人を支えている人との関係である。支え手は，依存症

になっている人を支えることによって，依存症を続けさせ，悪化させるのに一役かっている。

ウォイティッツによれば，ACの特徴は次のようである。(1) 普通の行動とはどういうものかを憶測で判断する。(2) 最後までやり遂げることができない。(3) 嘘つき。(4) 自分を非難する。(5) 楽しむのが下手。(6) 深刻に受け取る。(7) 親密になれない。(8) 過度に反応する。(9) 許可と承認を求める。(10) 自分は他人と違っていると感じる。(11) 責任感不適当(強すぎか弱すぎ)。(12) 忠実すぎる。(13) 衝動的。(14) 自己嫌悪。(15) 抑制がない。

以上のほかに，次をあげる人もある。疑い深い，自己評価が低い，落胆しやすい，うつ状態になる，誰も愛してくれないと思っている，自分はかわいくないと思っている，孤独，他人にほめてもらいたがる，失敗恐怖，支配したがる，頑固，一貫性のなさ。

ACは，共依存者になるか，嗜癖者になるか，その両方になるか，または精神障害者になることが多く，境界型人格障害，自己破壊型人格障害が見られる。

ACは健全な思考，行動，感情，人間関係，コミュニケーションを家庭で学習しなかったので，それらを学習し直さない限りは，親そっくりな人間になってしまって，幼児虐待を自分の子どもにも繰り返してしまう。

ACに対する治療は，個人心理療法，グループ療法，ACが自分で行なう個人療法，に分かれる。

心理療法では，まず，否認をさせないで，不全な家庭やトラウマがあったことを認めさせ，それに直面させることが必要である。安全な場所を確保し，カウンセラーは非難したりしないで安心感を与える。心に秘めていたトラウマを言語，文，絵，などによって表現させる。怒りや悲しみなどの感情を吐き出させて，グリーフ・ワークをする。家族の中で学びとった不健全な思考や行動などを調べて自己分析させる。無力な子どもだった自分のせいではなかったことを認めさせる。自分を許す。トラウマを与えた相手をもできるだけ許す。有害な経験に対してプラスの意味づけをする(「こんなトラウマに耐えてきたのはすばらしいことだ。大きく成長できるだろう」など)。今までできなかったこと，やりたかったことを表現させる。成長が止まっている傷ついた自分の中の子ども(インナー・チャイルド)を心の中に思い浮かべ，自分がその子どもをいたわり，愛のことばをかけてやって，大きくなるまで育てる。自分を評価し，肯定できるように，勇気づけることばを与える。新しい思考・感情・行動・人間関係・コミュニケーションを学ばせる。ACについての情報を与える。

個人療法では，ACについての本を読む，集会に出る，瞑想をする，自分を肯定する言葉を毎日唱える，自己肯定に関する本を読む，日記や手紙を書く，自助グループ(たとえばJACA)に参加する(西尾和美による)。

自信をもって逆境を切り抜けることができる子どもを作るには，明確な価値基準を示す，能力を要求する，問題解決に向けた道しるべを与える，ことが必要である。放任や目的のあいまいな自由からは，自信は生まれない。

子どもが自分を大切にして価値がある者だと見なすようになるのには，親の温かさ，明確に定義された境界，丁寧な扱い，という三つの条件が要る。自己評価が高ければ，外向的で，社会性があり，人と付き合うのもうまいし，自分の能力を正しく評価できる。不安感や心身症も少ない。〔小林　司〕

⇒アルコール症，インナー・チャイルド，境界パーソナリティ障害，グリーフ・ワーク，心的外傷後ストレス障害(PTSD)，PTSDに対するカウンセリング，マージナル・パースン

文献　1. 斎藤学『アダルト・チルドレンと家族』学陽書房，237p.，1996；2. I-斎藤編『現代のエスプリ』No. 358, 1997

アトピー性皮膚炎　atopic dermatitis

アレルギー疾患の一つ。アトピー素因をもつ人におこる慢性の湿疹病変。

1955～1965年頃と比べると，近年その患者数は3～4倍以上に増え，文明病などといわれて問題となっている。

あとひ

　アレルギー反応とは，抗原抗体反応の結果として人体に不都合な現象がおきることをいう。本来，人間には，身体内に異物が侵入すると，それを排除し，身体を守ろうとする働きがある。たとえば，病気から身体を守る免疫もその一つであり，アレルギーとよく似た現象である。しかし，免疫反応は誰もがもっているのに対し，アレルギー反応はすべての人におきるわけではない。アトピー体質をもっている場合におきるのである。

　アトピーということばは，1923年にアメリカのコカという学者が提唱した。この頃はまだ，アレルギー疾患の抗体の実体がつかめていなかったため，ギリシア語に由来する「奇妙な」という意味のアトピーということばを使うようになった。アレルギー反応をおこす体質を，「アトピー体質」，あるいは「アトピー素因がある」という。

　アトピーの特徴は，以下の五つにまとめることができよう。(1) 遺伝性で，家族内にさまざまなアレルギー疾患をもつ者がいる：アレルギー性の病気は，個々の病気（喘息・アレルギー性鼻炎・アトピー性皮膚炎など）が遺伝するのではなくて，共通の素因（＝アトピー素因）が遺伝すると考えられている。しかし，まだどんな遺伝の法則によるかは，わかっていない。(2) 子ども時代に発病し，同時にいくつかのアレルギー疾患を合併していることが多い。(3) 血液中のIgE（免疫グロブリンE，アレルギー患者の血清中で濃度が高い）値が高い。(4) アレルゲン皮膚反応が陽性になる。(5) 血液中と分泌物中の好酸球（白血球）の増加がある。

　アトピー性皮膚炎という診断名は，1945年以降アメリカ医学とともに日本に入ってきた。

　アトピー性皮膚炎の関連因子として，気温の急激な変化，化繊との摩擦，発汗，風邪や濃化疹などによる感染などがあげられる。また，精神的ストレスもその一つである。子どもが環境の変化などによってストレスが強いときに，アトピー性皮膚炎の湿疹が悪化することがある。また成人の場合，夏休みなどの休暇になるとガサガサの皮膚がスベスベになるという例もある。このように，ストレスの多い環境はアトピー性皮膚炎に悪い作用を及ぼす。

　アトピー性皮膚炎と湿疹の症状の区別は難しいが，アトピー性皮膚炎は年齢によって次のような特徴的な点がある。

　乳児期には，乳児湿疹と呼ばれるものから始まり，顔面を中心に湿疹がジクジクしている。かゆみが強く，夜，睡眠が十分に取れないこともある。

　幼児期には，発疹が乾燥する。顔面は減り，肘の内側や膝の裏側など，関節の折れ曲がる部分に見られるようになる。腹や胸，腕，腿などにも大きめの発疹ができ，強いかゆみを訴えるようになる。

　成人になると，皮膚は乾燥して厚くなり，関節の内側，首の回り，胸部，背部にアトピー湿疹が見られる。全身の皮膚が紅皮様になることもある。共通する点は，経過が慢性でかゆみがあり，左右対称の湿疹ができる。

　経過は，多くは，自然治癒したり，治療により幼児期から成人になる間に治癒したりして，症状が軽減する。また，別のアレルギー疾患（喘息・アレルギー性鼻炎など）に移行し（これを，アレルギー・マーチという），アトピー性皮膚炎の症状は生活するなかで気にならなくなる場合もある。しかし，子どもの頃から続いたアトピー性皮膚炎が思春期を過ぎても治らずにいたり，一度は消失したかに見えたものが成人になって再び出てくる場合もある。このように，アトピー性皮膚炎は現在の治療方法で確実に100％根治できるとはいえない。

　治療は大きく四つに分けられる。(a) 薬物療法，(b) 環境整備，(c) 食物療法，(d) 鍛錬療法である。

　薬物療法には，外用薬やかゆみをとる抗ヒスタミン剤などを使用する対症療法，薬物によるアレルギー体質を減らしていく原因療法，抗アレルギー剤を使い症状をコントロールする予防療法がある。

　環境整備（ダニ，カビなど），食物療法（卵，穀類など）はアレルゲンを除去してアレルギー反応をおこさせないようにする方法である。

　鍛錬療法は患者自身の基礎体力の向上，また，水泳など皮膚の鍛錬により自律神経の働きを良

くして，外界からの刺激に反応できるようにする療法である。

その他に漢方薬による治療法もある。

治療上での問題点は，まず，近年のアトピー性皮膚炎の患者の増加に伴い，民間療法を含めてさまざまな治療法があり，患者が迷い，混乱していることである。出版物を見ても，東洋医学，西洋医学の立場で書かれたものから，研究をしている医師が独自の療法を紹介したものまで，いろいろある。また，それぞれの療法に相反することが書いてある場合も多く，患者は自分の治療に確信をもてなくなることも多い。

また，薬物療法のステロイド軟膏使用にあたり，副作用を心配して使用を拒否したり，症状がひどいので継続使用を医師に指示されているときに急に使用を中止して，悪化させてしまうこともある。このようなことを避けるため，医師は，薬物について正しい説明をして，患者側が心配なことは何でも質問ができる信頼関係を作ることが必要である。

また，子どもはかゆみがひどい時かきむしるので，症状を悪化させてしまう上に濃化疹などを合併し，入院治療が必要になることもある。そのような時，子ども自身にかゆみを我慢させることは困難であり，ストレスもかなり高いと思われる。子どもだけでなく，それを介護する母親にとっても，ストレスは高い。子どもが睡眠時にかゆがり無意識にかくために寝具が血液で汚れる場合もある。また，乳児などはことばが話せないため泣きつづけるので，母親は寝ずに看病することになり，母親の方が精神的に疲れてしまい，母子関係に悪影響を与えかねない。治療する側は，このような状況をも予想して訴えを聞き，母親があせらずに治療に協力できるような相談体制を作るのも重要である。

思春期は，容姿を気にする年齢であり，手，顔，肘，膝のガサガサや赤みは，周囲の者が考える以上に負担になっていることがある。

〔阿久津里花〕

⇒アレルギー

文献 1. 向山徳子「子供のアレルギー：アトピー性皮膚炎を中心に」伊藤眞一編『健康教室』471号，東山書房，120p., 1990；2. 斎藤洋三編『アトピー：話題の現代病の最新知識』（有斐閣選書）有斐閣, 240p., 1990；3. 塚本祐壮『東西医学によるアトピー治療：子どもから大人まで』（2版）光雲社（発売：星雲社），203p., 1992；4. 馬場實『もっとよくなる！ 子供のアトピー・ぜんそく：目で見てわかるアレルギー読本』婦人生活社, 224p., 1992；5. 本田輝男監修『アトピー性皮膚炎はこう治す』ナツメ社, 190p., 1989；6. 矢田純一『アレルギー』（岩波新書）岩波書店, 224p., 1994

アドラーの療法　Adlerian therapy

アドラー*の理論（アドラー心理学）をもとにしたサイコセラピーおよびカウンセリング。

以下のようなアドラー心理学の基本的な考え方が療法の土台となっている。(1) 実存主義：人間は自分の運命の主人であり，いつでも自分を変えることができる。人生の全責任は自分にある。(2) 独自性：人間は一人一人違っており，個性的で創造的な存在である（人の生き方に「あたりまえ」はない）。(3) 全体性：人間は分割できない一つの主体である（意識と無意識は相補的に働き，矛盾しない）。(4) 社会性：人間は共同体に根ざした存在である。社会を離れて人間の幸福はない。共同体はヨコの関係（自立した責任ある個人による対等で協力的な人間関係）で成り立つので，健全な人は「私たちのために，私には何ができるか」を考える。不健全な人は，相手に何かさせることを，また自分の利害だけを考える。(5) 現象論：人間は主観の世界に生きているので，一人一人は固有の価値観をもち，それにもとづいて行動する。したがって歪んだ意味づけの癖がある人は誤った行動をしやすい。(6) 目的論：人間は自ら設定した目標に向かって生きていく。すべての行動には目的がある。(7) 機能主義：人間精神の構造ではなく「はたらき」に注目する。重要なことは，人が何をもって生まれたかではなく，与えられたものをどう使いこなすかである。つまり，性格とは自分をどう使うかの特徴である。(8) 実践主義：「なぜこうなったか」ではなく「どうすれば解決できるか」が大切。「やめよう」だけではやめられない。具体的な代替行動の実践が必要。

アドラー心理学では，個人のもつ固有の価値体系を「ライフ・スタイル」と呼ぶ。自分について，周囲について，理想（あるべき姿）につ

いて，もっている信念であり，ものを見，感じ，思い，考え，判断し行動する時の枠組みとなっている。これは人生という旅における「地図」の役割に例えられよう。地図のおかげで社会のなかを安全で安定した旅ができる。地図なしの放浪は，常人には困難である。人は生きていくうえで居場所があることが必要であり，その位置を獲得するために自分のありようを選んできている。そもそもライフ・スタイルはそうした過去の自分のありようを基礎として形成される。そのため，ライフ・スタイルの診断には，早期回想（10歳ぐらいまでのある日ある所での特定の出来事で，感情を伴いありありと視覚的に思い出せるもの）や家族布置（特に兄弟の配置。人数・性別・年齢差など）が有用な情報源となる。

このライフ・スタイルという地図は主観的なものであり，過去の体験を基礎としているだけに，誤りも少なくないし，現状に合わないケースも当然出てくる。しかし，いったん手にした安全な地図は，そう簡単には手放せない。また，人の思いこみはなかなか頑固であり，改訂も必ずしも容易ではないようだ。そのため誤認識による迷い，葛藤，トラブルなどがおこる。しかも，地図に縛られ，身動きがとれなくなる。人生において取り組まなければならない課題（ライフ・タスク）として，work task（職業，学業，家事などの社会生活上の慣習・ルールなど），friendship task（対人関係，つきあい，協同），love task（異性関係，家族関係）の三つがある。地図（ライフ・スタイル）が歪んでいると，これらが険しい山や谷に見え，立ちすくんだり，また実際すべったり転んだりしてしまうことがある。

そんな時うまく進んで行けるようにともに考え，教えることを「カウンセリング」と呼び，歪んだ地図を放棄させ，新しい地図をもたせる行為を「セラピー」と呼んで区別することができる。セラピーの場合は，ライフ・スタイルにまで踏み込み，クライエントに自己との対決を迫ることになる。

カウンセラーの主な役割としては，「勇気づけ」と「助言」とがある。勇気づけは，例えばクライエントの話を極力肯定的にとらえ「あなたが思っているほどには，あなたは惨めではない」ということを援助全体を通じて心から伝える（必ずしも直接言うわけではない）ことだが，それによって悩みの悲壮感・孤独感を解消し，現実を直視して前に進めるようにする。同時に友好性を育てることもできる。助言は，療法における主なる援助であるが，指示的なだけに当然抵抗がおきやすい。具体的・実践的助言であるとともにクライエントの選択の自由を奪わない配慮が大事になる。抵抗を弱めるために複数案提示，ユーモア，逆説的指示など色々な工夫が行なわれている。ふと気づいたら受け入れていたという場を提供できるか否かはカウンセラーの力量と工夫にかかっている。ただし，例えば多重カウンセリング（男女ペアのカウンセラーで，一人がクライエントの立場に立つなど），公開カウンセリングなどの方法を採ることにより，カウンセラーも孤立することなく，周囲の協力を得ることができる。教育的だが上下関係ではなく友好関係にもとづいている。

治療の究極目標は「自己疎外も他者疎外もない状態」であり，その感覚（共同体感覚）に目覚めることが肝要である。

カウンセリングを，例えば次のような過程で進めていく。

(a) 導入——問題の分析：(i) 誰の問題かを明確にする（例：不登校がある場合，それは子ども自身の問題であって，親の問題ではない。クライエントの問題しか援助できないし，周囲の人を変えようとしている限り問題は解決されない）。(ii) 何が問題かを明らかにする（例えば感情の混乱や症状そのものではなく，日常生活上具体的に困っていることを問題として取り上げる）。(iii) 治療契約を結び，解決目標を設定する（合理的な終結の目安を決める）。

(b) 再教育：(i) 問題や症状の「目的」は何かを考える。(ii) 問題行動や症状に代わって目的を果たしてくれる「代替案」を提示する。(iii) 宿題として現実の生活で代替案を実践する（必要ならば練習も行なう）。

(c) 成果の評価（終結）：特徴として，(i) 問題を分離して，現実的・合理的に扱う，(ii) 行

動（症状も含む）の（原因ではなく）「目的」に注目する，(iii) カウンセラーが積極的にカウンセリングの終了を提案する，(iv) 練習，宿題など具体的な実践を重んじる，という4点を指摘できよう。　　　　　　　　　　〔村田京子〕

文献 1. 野田俊作監修，現代アドラー心理学研究会編『アドラー心理学虎の巻』ヒューマン・ギルド出版部，183p., 1986；2. 野田俊作『アドラー心理学トーキングセミナー：性格はいつでも変えられる』（マインドエージシリーズ 9）アニマ2001（発売：星雲社），264p., 1989

アニマとアニムス　anima, animus
無意識のより深い層（集合的無意識）にある元型の一つで，夢の中の異性像として現れる内面的な「こころ」。

　ユング*は，夢の中に現れる異性像が心理的に大きな意味をもつと考え，男性の夢の中の女性像をアニマ，女性の夢の中の男性像をアニムスと呼んだ。

　ユングは，私たちが心と呼んでいるものをさらに psyche と soul（Seele）とに区別して用いた。psyche とは，意識的なものも無意識的なものも含めた心的過程の全体をさしているのに対して，soul とは，ある人間が，自分自身の内的な心的過程に対処する様式，無意識に対する関係可能性，内的な根本態度としての「こころ」を指している。そして，アニマ，アニムスは，意識的にはとらえることのできない「こころ」が心像として現れたものであると考えた。

　ユングによると，人間は，外的世界に対してペルソナ（仮面）と呼ばれる外的態度をとっている。男性の場合であれば，男性のペルソナにはいわゆる「男らしさ」が期待され，力強く，論理的であることが求められる。一方，ペルソナによって受け入れられなかった面が，「こころ」の性質となり女性像（アニマ）として現れる。アニマは，男性の心の中の抑圧されたもの，劣等なものと結びつきやすい。外的態度は非常に力強く男性的な人物が，その内面では，弱々しく非論理的なことはよくみられる。女性の場合は，一般的に期待される優しさや柔軟さなどがペルソナを形づくり，「こころ」は男性像（アニムス）として現れる。

　アニマは，母親や姉妹，女友だちなど男性がそれまでの人生で出会った異性との経験の積み重ねからできるといえるが，それにとどまらず，「女なるもの」について人類が受け継いできた普遍的なイメージを反映していると考えられる。そのため，アニマは，多種多様な現れ方をする。永遠の女性，娼婦，処女，天使，妖精，さらには雌牛など動物の姿をとる場合もある。ユングは，これを4段階に分けて，生物学的段階，ロマンチックな段階，霊的段階，叡知的段階とした。

　このように，アニマがエロスの原理を強調するのに対して，アニムスはロゴスの原理を強調するものである。エンマ・ユング（Emma Jung）は，アニムスの特徴を，力，行為，ことば，意味の4段階に分けている。力は，男性の肉体的な強さを表し，行為は，精神的なレベルで積極的で勇敢な行為を表す。ことばは知的な段階で，ロゴスそのものである。女性が，感情に裏打ちされたことばの力を発揮する時，多くの人を動かすような意味のあることばとなる。

　ペルソナとアニマ，アニムスとは相補的に働くことによって平衡をもたらす。仮に，ペルソナへの同一視が強くなりすぎると，ペルソナがその人の全人格を覆ってしまい，個性的な生き方が難しくなる。男性がいわゆる会社人間になりきってしまうなどはこの例である。また，自己主張の少ない女性は，同性からみると「個性がない」と感じられやすい。逆に，堅実さで知られた人物が，年をとってから女性に溺れてしまうなどは，アニマへの同一視が強くなりすぎた結果といえる。女性の場合は，アニムスへの同一視が強くなりすぎると，例外を許さない形で論理を主張しがちとなる。「子どもは○○大学に入らねばならない」といった願望に満ちた考えが強くなり，現実が無価値に見えたり，他者への批判がついには自分に向けられて，女性であることを悔やんだりする。

　このような同一化の危険があるものの，アニマ，アニムスの存在に気づき，それと対決したり，自分の弱点を補ったりすることによって，人は自分を豊かにし，統合性の高い人格へと発展していくことができると，ユングは考えた。

男性と女性は，相互に自分のアニマ，アニムスを相手に投影し合い，それぞれが自分の中の劣等機能を補正発達させることによって，自分の中の異性を高次元に統合していく関係であるといえる。　　　　　　　　　　〔福田哲治〕
⇨元型，ペルソナ，ユング

文献　1. D-河合, 1967；2. D-樋口, 1978；3. D-ユング, E., 1976；4. G-Hark, 1988

アノミー　anomy

(1) 社会の変動期に，共通の価値観や社会の規範が揺らぎ，欲求を拘束するものとして機能しなくなり，思考や行動の依りどころがなくなった混とん状態をアノミーという。社会的無秩序，社会道徳の崩壊を意味する。(2) 目標や規範の喪失による不安感，無規範感，無力感，不安感など，個人の心理状態。

フランスの社会学者デュルケム(Emile Durkheim, 1858～1917)が，ギリシア語の anonia(無法状態・無規範状態) を(1)の意味に定義しなおして「アノミー」と命名した。デュルケム以後，社会学の主要概念となった。

デュルケムの生きた時代は，工業化による農村社会の変容，労働問題，性道徳の退廃，家庭問題(離婚の増加)，飲酒をはじめとする年少者の非行問題，自死の増加などの社会問題が切実なものとなっていた。伝統的なカトリック信仰体系の弱体化による人々の心の一体感の欠如にその原因を求める向きもあり，まさにアノミーといえる状況であった。しかし，すでに1882年の教育法により，公立学校からカトリック教育の排除が決定されており，信仰に代わる非宗教的道徳理論を確立し，社会のアノミー状態に立ち向かったのがデュルケムであった。

デュルケムのアノミー理論の特徴は，アノミーの原因を個人的な心理状態や精神病理学的なものに還元せず，あくまでも社会と個人との連関においてとらえた点にある。すでにその著『社会分業論』(1893)において，当時の工業化による弊害として無節操な市場競争，無計画な生産，そこから帰結される労働者階級の問題など，社会におけるさまざまな次元での不統合や対立・葛藤状態を指す用語としてアノミーは登場している。

自死を学問として論じることが前代未聞であった当時，デュルケムは『自殺論』(1897)を著し，自死の発生とアノミーとを結びつけ，統計という実証データにもとづいて社会学的手法でこれを論じた。ここでは自死のタイプを，(a)自己本位的自死，(b)集団本位的自死，(c)アノミー的自死，(d)宿命的自死の四つに分類している。

(a)は，社会の統合や連帯が弱体化し，集団から個人が孤立する結果として生じる自死である。既婚者より独身者に多い点，あるいは教会中心の集団的信仰を尊重するカトリックより，個人裁量による聖書読解を許容するプロテスタントの方に自死が多い点が根拠とされている。

(b)は，社会が権威として強い統合力と拘束力とを有しており，個人がその規律を内面化し，自発的に殉死するような自死である。未開社会で首長の死の後を追う慣行，民間人よりも軍人に自死が多い点が根拠とされるが，日本の武士の切腹も一例に加えられている。

(c)こそ，社会の変動期に，共通の価値観や社会の規範が揺らぎ，欲求を拘束できなくなり，際限なく欲求が増幅・肥大し，逆にそれゆえの満たされ得ない不満感，虚無感，絶望感によって生じる自死である。ここでアノミーは社会的無秩序，社会道徳崩壊と同義であり，人々の思考や行動の依りどころがなくなった状態を意味している。アノミーは当時まったく新しいタイプの自死原因であり，当時の「現代病理」とみなされたのである。

しかし，(a)と(b)とは，あくまでも集団や全体が前提となった価値観を代弁するものであり，(c)のアノミー概念にしても，欲望の放縦さへの戒めとそれを規制する集団や全体における共通の規範の希求というニュアンスが汲み取れ，真の意味での個人の自由と尊厳という観点が後退していることは否めない。そこで活きてくるのが(d)である。(d)は，欲求に対する規制や制約が逆に強すぎるために，窮屈さ息苦しさが極度に達して生じる自死なのである。

このようにデュルケムはアノミーと自死との連関を定式化したが，その後アノミーという用

語は，目標や規範の喪失による不安，混乱，無力感，無気力といった個人の心理状態を表す概念となり，広義の意味で使われるようになってしまった。この中で，マートンは『社会理論と社会構造』(1957)において，アノミー概念を限定し，文化的理念と制度的手段との不整合による文化の崩壊や社会規範の衰退をアノミーとみなし，この観点から逸脱行動を分析した。

デュルケムが生きた時代は，今から約100年前であるが，彼が扱った問題は，現在のわれわれの社会問題そのものである。民族問題や宗教問題といった多元的価値観，相対主義の問題と向き合い「共生」せざるを得ない地球的規模の課題，あるいは年少者の学校における凶悪犯罪といった身近な問題に直面する現在，まさに時代をアノミーと診断し，処方箋を模索した姿勢は今日でも適用でき，アノミー的状況の中でのカウンセリングの意義・方法論などを再考するヒントにもなる。　　　　　　　　〔太田健児〕
⇒自死と自死防止，不安，無気力

文献　1. 小関藤一郎『デュルケムと近代社会』法政大学出版局，282p.，1978；2. 杉山光信『現代フランス社会学の革新』新曜社，256p.，1983；3. デュルケーム，E.，田原音和訳『社会分業論』青木書店，467p.，1971；4. J-デュルケーム，1985；5. 内藤莞爾『デュルケムの家族論』恒星社厚生閣，207p.，1994；6. 宮島喬『デュルケム自殺論』(有斐閣新書) 有斐閣，232p.，1979

アパシー，無気力症　apathy

　本来は真面目で目標に向かって努力を怠ることのないような，どちらかといえば優秀な青年期の若者が，ある時点を境にして急に，自分のおかれている現実社会に対し無関心になり，意欲を失い，やがて何事に対しても無気力，無感動で無為な状態になり，非社会的な行動状態を続けること。(統合失調症やうつ状態の症状の一つでもあるが，ここでは触れない。)

大学生に多くみられたこの無気力状態を米国のウォルターズ (P. A. Walters, Jr.) は1961年にスチューデント・アパシー (student apathy, 学生無気力症) と名づけた。大学生以外の，中学生や高校生，サラリーマンなどにも，この無気力症がみられたので，ファーンズワース (D. L. Farnsworth) は1973年にこの状態をアパシー・シンドローム (apathy syndrome, 無気力症候群) と総称した。日本では，丸井文男が1968年に，大学での長期留年学生を検討した際に「意欲減退学生」という言葉でこのような現象に初めて言及した。その後1970年前後より，笠原嘉も熱心にこの現象の臨床的研究をした。

E. H. エリクソン*による発達心理学的にみた場合の「青年期における自己ないし自我の同一性」が，このアパシー・シンドロームでは確立されていないことを背景として，いくつかの特徴がみられる。

まず，重症タイプでは，すべての事に対して無気力，無関心，無感動，無趣味で，対人関係がほとんどなく，外出することも少なく，引きこもりがちである。軽症タイプでは，学生であれば勉強 (サラリーマンであれば仕事) といった本来の活動に対してはやる気もなく，関心ももたないが，アルバイトや趣味に対しては人並み以上に情熱を注ぎ，懸命に活動を行なうこともある。笠原は，このような「本業」とでもいうべき生活部分だけから選択的，部分的に退却してしまう「選択的退却」という精神病理学的特徴に注目して，これを退却神経症 (withdrawal neurosis, avoidant neurosis) と命名した。軽症・重症ともに，生きがいや目標の喪失を自覚しながらも，不安や苦悶，後悔などを感じることがないため，自ら，積極的に専門家に治療を求めることはみられない。

アパシーは，一見するとただの怠け者のように解釈されてしまいがちだが，けっしてそんなことはなく，病前性格としては，真面目でおとなしく，かつ礼儀正しく，ほとんど親の手のかからない問題のない「いい子ちゃん」である。が，一方頑固で強情，融通のきかないところもある。強迫性格であり，几帳面で完全主義者であるが，小心で攻撃性や積極性に欠ける部分もある。自尊心が高いので敗北と屈辱とを異常なほどに嫌がり，そのため初めから勝負する前に降りてしまうようなところがある。学生で言えば，真面目で完全主義者であるがために，試験などでも受験する前から結果ばかりを気にするあまり，実際には受験を回避してしまい，いつまでたっても単位を取得できずに留年を続けて

しまったりする。大学受験という目標があるうちは一生懸命に頑張るが、念願の大学に合格してしまうと目標ももてず、アイデンティティが確立されていないから、「自分は何をしたらいいのか、何をしたいのか」がわからず、アパシー化してしまうというのが、大学生に多くみられるスチューデント・アパシーである。

アパシー発生の原因の一つは、上記のような本人の性格や、アイデンティティ形成上の問題である。両親やまわりの環境によって、発育段階上で性格が形成されるから、母親が過敏症であったり、父親が完全主義であったり、という親の性格や家族関係の問題も本人の性格を左右する。また、高学歴の若者に多くみられるといった点では、没個性、受験志向、管理教育といった社会における学校の位置づけ、環境の問題もあるが、いい大学に進まなければ出世ができないといった、今の日本の学歴社会や、エリート社会にも根本的な問題がある。この学歴社会の中で「子どもたちが親の言うとおりに勉強さえしていればそれでいい」と親たちは考えがちであり、「いい子ちゃん」として過保護に過干渉に育て過ぎている。知性の他にも、もっと子どもの頃に培わなければならない人間関係の基盤や、豊かな情操面、精神面の柔軟性、など子どもの無限の能力が忘れられている。

結局、大人たちが作ったこのような社会の中で彼らは甘やかされて育ち、青年期にむかえる数々の人生上での問題を精神面の未熟さゆえに乗り越えることができずに、足踏み状態を続けてしまったのがアパシーである、と言えよう。

〔冨沢由理子〕

⇒アイデンティティ、うつ状態、五月病、青年心理学、モラトリアム

文献 1. J-稲村, 1989; 2. J-笠原, 1984; 3. J-笠原, 1988; 4. J-笠原・山田, 1981; 5. 小林司編『キャンパスのメンタルヘルス』上智大学保健委員会, 133p., 1985; 6. F-山田, 1983

甘え spoiled

分離の事実を否定し、分離の痛みを味わいたくない心理。

「甘え」はもともと日常語である。甘えは、「母親が自分とは別の存在である」ということを乳児が知覚した後に、乳児が母親を求めることを指していう言葉である。土居健郎は、甘えを次のように定義している。「母子は生後明らかに物理的にも心理的にも別の存在である。しかしそれにもかかわらず、甘えの心理は母子一体感を育成することに働く。この意味で甘えの心理は人間存在に本来つきものの『分離の事実を否定し、分離の痛みを止揚すること』であると定義することができる。」甘えの心理が優勢な場合には、その陰に分離についての葛藤と不安が隠されている可能性がある。しかし、甘えがなければ、母子関係は成立できず、母子関係の成立がなければ幼児は成長することもできない。母子関係が成立した後でも、新たに人間関係が結ばれる際には、少なくともその初めには必ず甘えが発動している。したがって、甘えは人間の健康な精神的成長に欠くことのできない役割を果たしているのである。

ところで日本語には「甘え」に関係する言葉が数多くある。たとえば、すねる、ひがむ、おもねる、ひねくれる、うらむ、気にする、こだわる、くやむ、すまない、などであるが、いずれも、人との関係において、甘えが相手に受け入れられない場合や、甘えていながら、甘えさせてもらえないのではないかという不安から生まれる心理を指す言葉である。甘え感の満足は相手次第なので、傷つきやすくてもろい。甘えが拒絶されれば、なんらかの怒りの反応が現われるのであるから、甘えはアンビヴァレンスであると言うこともできよう。

甘えが満たされない場合に生まれる恨みや、こだわり、ひねくれるなどの心理は、必ずしも当人に意識されるとは限らない。にもかかわらず、第三者には、甘えている、恨んでいると映る。甘えは、自分の弱さを人前にさらけ出すことであるから、当然、心理的な抵抗感を伴う。このように、甘えを他人に隠すばかりでなくて、自分の意識からもしめ出そうとする防衛や抑圧によって、甘えの心理が自己の意識的支配外のところで作用しつづけ、結果的には、病的状態に至る場合もあろう。

以上みてきたように甘えのアンビヴァレント

な性格は，状況によっていつでも，いとも簡単に，その反対のものに転換する可能性をもっている。もちろんこれは一方通行ではなく，恨みから甘えに転換することもあり，ダイナミックに変化する性格をもつ。

さて，欧米には，日本語の甘えに相当する言葉が見当らない。これは，人間関係のあり方が，日本固有のものであることを意味しているようである。すなわち，集団の利益が，個人の権利に優先する社会構造の中では，個の自覚が生まれにくく，したがって，自立した個人が対等な相互信頼によって，人間関係をつくることは困難であった。甘えは一方が他方に依存する関係であるから，心理的に対等な関係とは言えない。にもかかわらず，日本では，甘えが，先に述べたような相互信頼によって成り立つ人間関係の代わりに，いわば人間関係の潤滑油として，日本人の中に体質化しているのである。

では，欧米には甘えは存在しないのであろうか。個人の自立と権利とが強調される欧米社会では，表向き，甘えは無用な概念であり，日本人におけるよりもはるかに強く抑圧されていると考えられる。

欧米の心理学の中で，甘えと関連する理論をみると，まず，フロイト*の同一化（identification）の概念がある。彼は「同一化は第一に対象との感情的結びつきの原初的形態である」と述べている。またバリント*の定義した「受身的対象愛」が甘えの概念に相当すると考えられる。E. H. エリクソン*の「自我同一性」は，甘えにおける自己を洞察する上で参考になる。

〔村瀬敦子〕

⇒愛情，愛着に関するカウンセリング，アイデンティティ，アタッチメント，依存性，依存的人格障害，分離不安

文献　1. C-グロデック，1991；2. E-佐藤悦子，1986；3. E-土居，1975；4. E-土居，1989；5. E-土居，1971

アメニティ，快適さ　amenity

場所，建物，気候，土地などすべての環境が，精神的にも文化的にも快適であること。

この概念が日本に導入されたのは，1961年世界保健機関（WHO）の住居衛生委員会の「健康な居住環境の基礎」の中であげられている健康な環境の目標としての四つの条件，安全性（safety），保健性（health），利便性（convenience），快適性（amenity）の一つに加えられたことによる。

建築，特にホテルの洗面所に置かれている石鹸などの小物（アメニティ・グッズ）をどう整えるか，いかに心地よいホテルをつくるか，などというあたりから発生して，機能本位からさらに1ランク上の快適な空間をめざすために盛んに使われるようになった。

人の「快」「不快」は大脳辺縁系がつかさどるのだが，アメニティは「不快」（＝ストレス）のまさに対局に位置するもので，人間の生活を考えるうえで重要な課題である。

住まいの環境が悪いとシックハウス症候群を引きおこす。また，多くの勤労者が働く職場環境のアメニティをあなどると，「シックビル症候群」という病気を引きおこす危険がある。これは，ビルの建物にいることに付随しておきるさまざまの心身の変調をいう。東京都庁の高層ビルが完成してそこへ移転したとたんに，体調が不調になり，このビルでの執務は無理となった人が数人でたという。高所そのものに不適応だった人もいたようだ。

最近のオフィス・ビルは熱効率を高めるために気密性が高いうえに，仕切りが少ないので，ビル内での喫煙も非常な悪影響を及ぼす。喫煙コーナーを設けても，完全に個室にでもしない限り伏流煙の影響がでる。結核の患者がいるとフロア全体の人が感染してしまう可能性もある。オフィス・アメニティは働く者にとってはなおざりにできない問題である。

また，コンピューター化が進み，必ずしも毎日出社して机に向かわなくともよくなった。自宅で必要な仕事をこなす，外回りだけして1週間に1度だけ出社することや，緑に囲まれた森の中のリゾート・オフィスで仕事をする，なども可能になってきている。これも，働く環境のアメニティ追及の結果であろう。自宅にコンピューターを1台備え，まったく好きな時に，好きなように仕事をするという働き方（SOHO＝small office, home office）も可能になってき

て、ライフ・スタイルそのものもアメニティ追及型になっている。

　環境政策、公害対策面での快適環境としてのアメニティの思想は1970年代後半からもたらされ、1980年代に各地でこの思想にもとづいた住民運動がおきた。日常生活の中の、飲料水・河川・大気汚染、破壊される森林などの生活環境アメニティを自分たちの手で守っていこうというものだ。

　アメニティは地球規模で考える必要があるということを世界に先駆けて提唱したのは、スウェーデンの今は亡きパメラ首相であった。1960年代に先進工業諸国の環境破壊物質が国境を越えてスウェーデンの森を酸性雨で破壊していること、さらにバルト海沿岸に打ち上げられた鳥の死体からPCB（ポリ塩化ビフェニール）が検出されたことからバルト海の海洋汚染に気づいた。「環境を守ることは1国ではできないから国際協力が必要である」と国連経済理事会に提唱し、1972年にストックホルムで国連人間環境会議を開催した。スウェーデンの先見性と積極性は素晴らしく、以後、環境外交の舞台ではつねにリーダーシップをとりつづけている。この会議は「かけがえのない地球」をスローガンとしていて、一国一国がばらばらに考えて、行動しても解決しない問題を世界会議を通じて解決していこうというものであった。ホスト国を代表してパメラ首相は「環境問題の解決は平和な世界、国際協力が行なわれる世界でのみ可能である」と述べ、この会議を後世の人は「200年前の産業革命の進行に重大な修正を加えたターニング・ポイントと呼ぶであろう」と演説した。

　1997年には日本で地球温暖化京都会議が開催され、世界各国の二酸化炭素の排出量削減目標が決められた。アメニティの追及は地球の快適空間を守ることなくしては考えられない。さらに、絵画、音楽などの文化と自然との融合をはかったトータル・コーディネイトによって個人の生活環境のアメニティを確保することがストレス回避の重要な役割を担うことにカウンセラーは注目したい。　　　　　　〔小林洋子〕
⇒シックハウス症候群、ストレス

文献　1．片方善治編『現代のエスプリ』No. 327（特集：オフィス・アメニティ）至文堂，196p.，1994；2．木原啓吉『暮らしの環境を守る：アメニティと住民運動』（朝日選書）朝日新聞社，256p.，1992；3．酒井憲一『一〇〇億人のアメニティ』（ちくま新書）筑摩書房，206p.，1998；4．I-佐藤編『現代のエスプリ』No. 315, 1993

ありのままの自己　real self

（1）自己の内面に流れるある感情の一部を否定したり、装ったりすることなく、ありのままを意識し、かつ、この感情を生きることができる自己概念。（2）カウンセリング場面でのカウンセラー、クライエントの人間相互関係において、カウンセラーに必要とされる「隠すことのない透明で真実な、自由への願いをひたむきに内包している」自己概念、態度。

　カウンセリングにおいて「自己概念（the concept of self）」は重要な意味をもっている。なかでもロジャース*は、「自己概念」に中心的な意義を見出している。クライエントの自分自身の見方がカウンセリングに大きな影響を与えることに気づいていたのである。1940年の論文「サイコセラピーの過程」の中で、彼は次のように述べている。「ラポールのある場面において、個人が批評されるよりはむしろ受容されるというところでは、だんだんと彼は、防衛体制をもたずに自由に自己自身を見ることができ、その成熟した衝動や合理化された外部はもちろんのこと、幼稚な行動型式や、攻撃的な感情や、両向性をもっている彼の『ありのままの自己』というものを認め、受け入れるようになる」と。

　レイミー（V. C. Raimy）は、1943年に書いた未発表の論文「カウンセリングとパーソナリティの体制における一つの要因としての自己概念」の中で、自己概念を包括的に次のように論じている。(1)「自己概念」は、学習された知覚体系（perceptual system）であり、それは他の知覚対象を支配するものと同じ組織原理によって支配されるものである。(2)「自己概念」は行動を規定する。カウンセリングにおいて違った自己を意識することによって、行動の変化が導かれてくる。(3)「自己概念」は分化されているけれども、体制化された体系である。それゆえ、自己を否定的に評価される局面でさえも、個人

がその個人性（individuality）を維持するために防衛されるものである。

　しかし，この洞察に通じる「ありのままの自己」の自己概念は，カウンセラーがクライエントに「与える」ことができるようなものではない。先の，ロジャースの論文のはじめに「ラポールのある場面において」とあるように，クライエントとカウンセラーとの間の感情の相互作用から発展していくものである。

　それゆえ，「ありのままの自己」概念はカウンセラーの自己概念としてまずとらえられなければならない。カウンセラー自身が「かくすことのない透明で真実な人間になる（ありのままの自己になる）」ことである。自分自身が「深く自分自身になる」「自分自身が真実である」と自覚することである。

　このことは技法としてカウンセラーが，「自分の中の内面に流れている感情，および生起する考えや望みを包み隠さず率直にクライエントに表現すべきである」ということを意味しない。また，「ありのままの自己」の意味を言語という形式で伝達することでもない。それは，クライエントとカウンセラーとの間の感情の相互作用から発展していくものなのである。

　カウンセラーが「あるがままの自己になる(letting myself to what I am)」ことで，クライエントがカウンセラーとのラポールの関係の中で，カウンセラーの中に，一人の「ありのままの人間 (a real person)」を見てくれるように念じるのである。

　クライエントが，カウンセリング場面のこういう瞬間に，有機体として自分の中におきてくるすべての情動を，「ありのままの自己」の姿として開放されたあり方で理解することを経験するならば，彼は，「自分自身」を，しかも，「その自分の中に存在するすべての豊かさ」をもちながら経験しているといえるのである。クライエントは，まさに，その時「ありのままの人間」になる。

　クライエントは「ありのままの自己」を受け容れることで，自己を変え，自己実現し始めることができるのである。

　マスロー[*]は，「自己実現する人間」について次のように述べている。「人は湿っぽいという理由から，水について不平を言うわけではない。また，固いからといって岩について不平を言う人はいない。子どもが，広い，素朴な，純粋な目で世界を見渡し，単純にそこにあるものを指差し，観察し，その事柄について議論したりせず，もっと他のものであるように要求したりしないのと同じように『自己実現』している人は，彼自身の中にも他の人の中にも水や岩のような，ありのままの人間性を見出している」と。

　ロジャースは，この「ありのままの自己」に向かっていく受容的な態度こそ，彼がセラピーのなかで見た，「クライエントの中におきている発展である」と述べている。

　「ありのままの自己」を受け容れ，「すべてを，あるがままに受け取る」ところから，「新しい洞察」が生まれるという考えは仏教にもみられる考え方である。人間が，「この苦悩は誰にもわかってもらえない」と心を閉じている時でも，その思いも含めて「あるがままの心」を，「光と陰の綾なす生命の全体像」として理解される時，深い安心を感じて心を開くという。それは，「良い悪い」という評価の次元を超えた次元に立って耳を傾けてくれているもう一人の生命にふれる経験であり，孤立していた生命が他者の生命との連帯を得て，その安心感に支えられながら，新しい人生の模索に旅立つことともいえる。

　ロジャースが，1983年に来日した折に，「あるがままを受容する」ことの機微について次のように述べている。「私たちは，美しい夕日の沈む空を眺めながら，あの雲の色はもっと赤い方がいいとか，こちらの紫色の雲は黄色でないから駄目だとか，そんなふうに思いながら眺めることがあるだろうか。おそらくは，美しい落日の光景を『あるがまま』に，全体として感動をもって眺めるのではないだろうか。人間の心を『あるがままに受容する』のも，この夕日の光景を味わうことと同じである」と。

　人は，自分の「ありのままの自己」を認知し受容することができるようになると，その時に，その人は，自分の過去および現在のいろいろな経験が，ある一つの新しいパターンへと入っていくことに気づくのである。すなわち，自分が，

新しい見通しをもって、自分が現に生きている状況にアプローチしていることに気づく。こういう「真の洞察」に引き続いておきるのが、「その状況での可能な選択の明確化」である。クライエントは、あいまいで混乱した心の状態から、自分の前途に明確な選択があることをみることができる状態へと移行する。

クライエントは、自分自身のペースで洞察を発展させることを許されなければならない。「ありのままの自己」についてのクライエントの新しい知覚は、情動的に沈潜し、彼の一部となり、感情や態度によって同化される限りにおいてのみ、外面へ現れる彼の行動へと持ち込まれるのである。　　　　　　　　　　〔有田八州穂〕
⇒偽りの自己，自己，自己一致，自己開示，自己実現，受容，情動，成熟，洞察，防衛，ラポール，ロジャーズ

文献　1.　大須賀発蔵『いのち分けあいしもの：東洋の心を生きる』柏樹社, 244p., 1987；2.　E-マスロー，1987；3.　H-『ロージャズ全集』4, 1966；4.　H-『ロージャズ全集』8, 1967；5.　H-『ロージャズ全集』11, 1967；6.　H-『ロージャズ全集』12, 1967

アルコール症　alcoholism

アルコールを慢性に大量に飲んだときの病的状態の総称。

アルコールの消費量が増えているという。1950年と比べると30年で63%増えた英国，3倍になった西独とオランダなど，各国とも軒並みに増加している。

どんな人が飲んでいるのかを調べると、若い未婚男性，離婚者，別居者が多いというから，どうやら寂しさをまぎらわす手段に使われているようだ。不安が強い人ほどよく飲むという統計もある。

アルコールでなんらかの障害をきたした場合をアルコール関連障害と総称するが、日本ではまだ「アル中」という呼び方がまかり通っている。

俗に「アル中」（アルコール中毒）といわれるアルコール症は、一つの病的状態でなく、次の四つの総称である。(1) アルコールを大量に飲む、(2) 大量に飲むことにより、精神面・身体面・社会面で障害が起きる，(3) 依存症には陥っていないが、大酒飲みによる障害がひどい，(4) アルコール依存症。

アルコール依存症になると、身体も精神も「もっとアルコールを飲み続けたい」と要求するようになり、次の一連の症状が出る。退薬症状（アルコールを飲まずにいると現われる症状＝以前，禁断症状と呼んだもの）が出るので、それを抑えるために定期的に絶えず飲む。あらゆることよりも飲酒を優先する。酒に強くなる（耐性上昇と呼ぶ）。眠っているうちにアルコールの血中濃度が薄くなると、朝目覚めた時に退薬症状が出現し、手・脚・体がふるえ、吐き気がして汗がでる。酒を飲めばすぐにこれらの症状は消えるけれども、飲まずにいると錯覚や幻覚が出る。てんかんのような全身けいれんが始まることもある。これらを避けるために朝酒を飲む。飲酒をやめることができない。

こんな依存症になってしまえば、仕事どころではなくなるので、入院して治すほかない。

そこまでいかなくても怖いのは、妊婦の飲酒によって胎児が傷つく場合である。この胎児性アルコール症候群は1968年にフランスで発見され、顔面の奇形、身長が伸びない、体重が軽い、知能が低い、落着きがないなどの症状を、生まれてきた赤ちゃんが示すと報告された。頭が小さい、目が細い、上まぶたが下がる、上あごが小さい、上あごが裂ける、下あごが小さい、股関節の脱臼、肘が曲がったままで伸ばせない、心臓奇形、性器奇形、ボタンをとめるなどの細かい動作ができない、ひどい知的障害（知能指数が50〜80くらい），身長や体重が正常の60%，などが現われる。

社会的にみると、アルコールが家庭を破壊するのも怖いが、仕事の妨げになることも多い。能率低下、下級の仕事への転落、失業といったコースをたどる原因にもなる。

もっと恐ろしいのは交通事故との関係である。英国では、路上で死んだドライバーの3分の1が飲酒運転だという。真夜中の事故に限れば、その率は50%に上昇する。それが土曜日の夜ともなれば75%になる。飲酒運転でつかまったドライバーの3分の1は慢性のアルコール乱

用者だったという統計もある。米国では毎年飲酒運転で2万5,000人が死に,15万人が身体障害者になっている。

日本では飲酒運転によるものが死亡事故の7.3%(1986年),交通事故の2.7%,運転違反の2.6%と極端に少ない。飲酒運転禁止の法律を守っている人が多いためなのか,飲まない人による事故が多すぎるのか,その少ない理由は不明である。

アルコール乱用は犯罪のもとにもなる。その多くは,窃盗,詐欺,性犯罪などの軽犯罪だが,病的酒乱が殺人をおこすこともある。

それでは,どのくらいの量までならば飲んでも安全かというと,英国の学会は男なら週に22単位,女なら14単位としている(1単位はアルコール8グラムで,ビールなら250ミリリットル,ワインならグラス1杯,ウィスキーなら13ミリリットル)。つまり,男の場合,毎食前にワインをグラス1杯飲めるだけである。有害量は,毎週,男で50単位,女で35単位とされている。男でも毎日ウィスキーをグラスで5杯も飲めば「危ない」とされているのだ。

ロンドン近郊で928人を調べたところ,25人にアルコールによる障害がみられ,さらに5人が依存症だったという。米国で6カ月間のアルコールの乱用と依存症者を調べると人口の5%であるが,一生涯という長期でみると,13.6%の高率となる。米国の別の研究によると,人口の30%は禁酒家,10%が大酒飲み,5〜10%が大酒による障害が著しい者,となっている。日本の依存症者は飲酒人口の2〜3%,220万人とされている(厚生省が1987年に行なった調査では,依存症で治療を受けたのは1万9,600人だった)。

米国の統計をみると,アルコールによる死亡者が年に20万人に達している。肝障害が死因第4位を占めており,その肝障害をおこす原因の大部分はアルコールによるものだ。大酒飲みの10%が肝硬変となり,肝硬変による死亡は年に3万2,000人弱である。大酒飲みは,うつ病や自死の率が一般と比べて9〜22倍も高い。自死者が大酒飲みの15%にのぼるという報告もある。

酒を飲んでいるうちは問題がないが,酒に飲まれるようになると,家庭や職場でトラブルをおこす。この酒に飲まれている人,つまりアルコール依存症の人は米国に900万人といわれ,その何倍もの家族を泣かせている。

なぜこんなことになるのか。なぜ酒を飲むようになるのだろう。他の人はほどよく飲んでいるのに,なぜ一部の人だけが依存症に陥ってしまうのだろう。こんな簡単そうに見えることが案外わかっていない。酒を飲むと気分が良くなるからだ,という説がある。では,もっと気分が良くなるものへなぜ走らないのか。

精神的緊張を取り除いてくれるからだ,という説も有力である。緊張が恐怖と欲求不満とを意味すると考える場合なら,当てはまるという人が多い。

ミズリー・コロンビア大学の心理学者,クシュナー(M. G. Kushner)たちは,不安があるとそれを消そうとして酒を飲むのではないかと考え,文献を調べてみた。米国精神医学雑誌1990年6月号に載ったその結果によると,驚いたことに1972年までだれも不安との関係に気づかなかったらしい。この年に10人の不安をもっている恐怖症患者が全員アルコールを乱用していることが報告されている。1979年には,飲酒問題で入院中の患者102人のうち,約3分の2が空間恐怖症と社会恐怖症だった。

空間恐怖症というのは,逃れることが難しいとか,恐怖発作がおきた時に助けを求めることができないような場所や状況にいることに対する恐怖で,エレベーター,列車,外出などを怖がる。社会恐怖症とは,他人に注目されていて,自分が恥をかいたり困ったりするかもしれないことへの恐怖で,食堂で食べることができなかったり,公衆トイレで放尿できず,他人の前で話したり字を書いたりできない。

多くの文献を調べると,不安患者がアルコール乱用に陥っている率は16〜25%だった。ところが,逆にアルコール乱用で入院している患者が不安を併発している率は22.6〜68.7%と高かった。

では,一般社会の中とアルコール乱用者の中との空間恐怖症や社会恐怖症の患者数を比べてみよう(研究者により差がある)。空間恐怖症の

患者は一般社会では5.9%，アルコール乱用者では2.4〜42.2%，社会恐怖症は同1.5%に対し同2.4%〜56.8%，全般性不安障害，つまり心配し過ぎは同5.8%に対し同8.3〜52.6%だった。

不安恐怖をもつ乱用者の91%は，不安を取り除こうとして飲酒するのだという。39.5%は，不安がおきると飲むのだと答えている。

心身ともに健康だった大学生184人を追跡調査してみると，50歳の時に14%，26人がアルコール乱用に陥り，そのなかの21人が精神科を受診していた。乱用した人には，仕事のしすぎと，家庭不和が多かったという。このような背景が不安をおこし，それが乱用の引き金になることは十分予想できる。

ひと口に不安と言っても，漠然とした不安から失業不安のように明確なものまでいろいろあるから，ひとからげにするには問題があろうが，アルコール依存症を解決するには，不安の解決が必要なようだ。

飲酒する人は，もともと，ゆううつ気分，被害妄想傾向のある人，攻撃的な人，自尊心をもてない人，責任感の弱い人，自制のきかない人，不安な人，家族に依存的な人，男らしさにこだわる人に多いというから，飲酒を止めさせる場合にそれらの点をなくすような配慮が必要であろう。むやみに酒類をとりあげてみても禁酒は永続きしない。

大量飲酒による障害を予防するために一番必要なことは，不安をなくさせることと，自分自身の問題だと自覚すること，教育であろう。もし，胎児が奇形になることをあらかじめ知っているならば，飲酒をする妊婦は激減するに違いない。高齢者の大酒飲みのうちの20〜42%が知情意低下症に陥ることを知れば，飲酒を控える高齢者も増えるだろう。飲まない人の知情意低下症が5%なのに比べると，飲む人の知情意低下症が圧倒的に高率なのを知っている人は少ない。

少量の酒は社交の潤滑油になるし，血液循環もよくなるが，度をすぎると障害をおこすことを皆が知っておくべきであろう。入院治療しても，退院後1年間断酒できる人は30%ぐらいしかいない。

ベイトソン（Gregory Bateson, 1904〜1980）は，「精神の生態学」の中で，こう考える。「世界とはこういうものだ」と思い込んでいることが，「自分はどうふるまうか」を決める。その思い込みによって周囲の事物を認識し，解釈する。「この世界とはどんなものか」という考え（存在論）と，「いかにして知るか」という考え（認識論）とは切り離すことのできない一体のものだ。アルコール依存症者が自己を間違って解釈しているとすれば，彼らの存在論や認識論に誤りがあるのだ。彼らは存在論や認識論に反抗しようとしてアルコールに溺れるのではなく，それらから脱出しようとして酒を飲むのである。

人間の態度には，シンメトリカル（対称的）とコンプリメンタル（相補的）とあり，前者は競争的，後者は相互依存的だ。アルコール依存症者と他者との関係はシンメトリカルなものであり，競争的だ。他者に負けまいとする態度は，酒ビンを敵と見なして，「俺は飲まずにいられる」「皆と同じように上手に飲んでみせる」などと，プライドのために限りなくエスカレートして，命を懸けてまで挑戦する。アルコール依存症者がしらふのときの「対称的な生き方」には無理があるので，それを相補的なものに変えようとして彼らは酒を飲むのだ。愛着と脱愛着との苦しみをアルコールは緩和してくれる。酔っぱらった時だけに，対称的な生き方がコンプリメンタルなものに変わり，プライドを気にせずに安らぐことができる。愛着欲求や葛藤解消欲求は飲酒欲求へとすり替えられ，一杯飲むと，さらに渇望が増すという泥沼状態に陥る。

酔って偉くなったと錯覚したアルコール依存症者は，すべての敵よりも偉い「神」という「自己」になり，「神」でないのは「非自己」なのだ。しかし，酔いつぶれた時，現実には，無力な「非自己」になっている。つまり「自己」は「非自己」となっているのだ。こうしたプライドの病理から解放されるためには，「神」でないことが必ずしも「非自己」ではないことを悟らねばならない。AAは彼らに自分の力の限界を知らせ，「自分は神ではない」ことを悟らせる場になる。そこでは，援助が被援助になるというダブルバインド（二重拘束）を，彼らは体験する。AAの

メンバーの各個人はお互いに無力であり，相互に対等である。自己と他の会員との間にだけ「神の配慮」を認める。「愛なる神」は，グループの中だけに姿を現す。したがって，「個は名前を必要としない」というのがAAの哲学である。

アルコール依存症者が対称的関係をエスカレートさせるのは，不快を強めてその連鎖反応によって人間の質的な変化をおこそうとしているのだ。こうしてどん底に達した時に，周りの人が相補的に接して助けてしまえば，変化はおきない。医師が「あなたはもう治らない」と言って，アルコール依存症者の心身分裂の二元論的認識論の上にダブルバインドを仕掛けると，アルコール依存症者の自己が破壊されるのだ。無意識のうちにある認識論が，自分の意志とは無関係に変化する，という霊的成長（自己と他者との関係の変化）を通してしかアルコール依存症者は自分を救えない。恨みの源でしかなかった過去の体験を組み替えて，認知の変化をおこさなければ，彼らは救われない。闘争の代わりに，自分を愛し，慰め，癒すほかないのである。

AAでは次のような「平和の祈り」を唱える。
　神様，わたしに与えてください
　変えられないものを受け入れる落ち着きを
　変えられるものを変える勇気を
　そして，それら二つを見分ける賢さを
　　　　　　　　　　　　　　〔小林　司〕

⇒甘え，依存性，二重拘束，不安，欲求

文献　1. I-榎本編『現代のエスプリ』No. 303, 1992；2. J-小林司, 1986；3. I-斎藤編『現代のエスプリ』No. 255, 1988；4. J-斎藤, 1985；5. B-斎藤学, 1995；6. J-斎藤・高木・小阪, 1989；7. J-田中, 1986；8. J-なだ, 1983；9. I-宮里編『現代のエスプリ』No. 144, 1979；10. ベイトソン, G. 佐藤良明訳『精神の生態学』思索社, 705p., 1990；11. E-Gelder *et al*., 1989；12. E-Kaplan & Sadock, 1989；13. Kushner, M. G., Sher, K. J. & Beitman, B. D.: The relation between alcohol problems and the anxiety disorders. *Amer. J. Psychiat.*, **147**(6), 685-695, 1990；14. E-Talbott *et al*., 1988

アルツハイマー病　Alzheimer's disease, A.D.

ドイツの医師アルツハイマーによって1907年に初めて報告された，原因不明の進行性知情意低下症（旧称：痴呆）。

自分の名前，いま居る場所の名，今日の日付，昨日の夕食のおかず，などを忘れる。ふつうの知能の持ち主が，いったん獲得した知能や記憶力を失って，こんな記憶障害を示すのを知情意低下症（ボケ）と呼ぶ。これが高齢者におきるのがいわゆる「老人ボケ」である。

有吉佐和子の小説『恍惚の人』で有名になったこの高齢者知情意低下症は重い症状が65歳以上の人の5％に，中等度症状が10％の人にみられる。米国では，老人ボケの半数がアルツハイマー病であり，75歳以上の人の死因の第4位だから恐ろしい。1989年12月18日号『ニューズ・ウィーク』誌がこの病気の特集号を出したほど大問題になっている。

同誌によると，現在の米国では，65歳以上の人の10％，85歳以上の人の47％，合計400万人がこの病気にかかっている。レーガン元大統領もその一人だ。あと60年たつと1,400万人に増えるというから，そうなると人口の6％に近づく。

日本の高齢者知情意低下症は，脳内の小血管がつまったり破れたためにおきる脳血管性知情意低下症のケースが多いから，アルツハイマー病は3割程度だが，それでも18万人になるから一大脅威である。アルツハイマー病は65歳以上の人，またはその少し前の45歳以上の人にいつともなく始まる。初めは行動もきちんとしているが，まず引きこもりがちとなり元気がなく，引込み思案になる，うつ状態になる，など人柄が変わったように見えるのが最初の症状で，その後は，知情意低下症がどんどん悪化する。

初期には今日が何月何日かわからなくなり，中期には自分がどこに居るのか場所がわからず，後期には周りの人が誰だかわからなくなる。

妄想，抑うつ，せん妄（夢か現実かわからぬ状態。夜中にうなされてとび起きて暴れる），おちつかない，感情爆発，あばれる，反抗的，幻覚，被害妄想（財布を自分で置き忘れたのに，盗まれたなどと言う），食欲異常，などで家族を悩ます。言語障害を伴うことが多く，目を閉じると室の入り口を指させなくなる視空間失認が早期に現れる。平均7年で死亡。

死後に脳を顕微鏡で調べる以外に診断の決め手がないので誤診が多い。アルツハイマーと言

われたケースの30〜50%は別の病気だし,逆に,別の病名をつけられる人も多い。

一般に,知情意低下症の原因としては飲酒,水銀,エイズなどたくさんあるが,アルツハイマー病の原因はナゾのままである。ウイルス説から,高齢出産説,金属中毒説までいろいろある。21番目の染色体に異常があるから遺伝も一役買っているらしく,患者の10〜30%は近親者に同病者をもつ。

患者の脳病変（プラーク）にあるアミロイドや免疫グロブリンを見ると,脳の自己免疫病だとも考えられる。抗原・抗体の変化により,血管と脳の境界をつくる網の目（血液・脳関門）が壊れて,アルミニウムなどの毒物が脳に侵入するというのだ。カルシウムとマグネシウムが欠乏すると,アルミニウムが有害になるという説がある。

乳酸アルミニウムをしみ込ませたスポンジを鼻腔に詰めておくと,実際に,アルミニウムが神経系に異常に蓄積されるので,空中のアルミニウムを吸い込むのが原因だとか,そのアルミニウムが血液・脳関門の機能を異常にし,他の毒物が脳に侵入してアルツハイマー病をおこすという人もいる。腎透析による知情意低下症の原因が液中のアルミニウムだと考えられていることがこの説を有力にしている。アミロイドが脳の神経細胞を衰弱させるという説もある。

患者の近親者の白血球をハムスターに注射すると,約半数に脳病変がおきる。このためアルツハイマー病はウイルスが原因で,近親者もこのウイルスに侵されている証拠だという話もあるが,まだ確証はない。

患者を看病する近親者は免疫能力が弱まり,伝染性の病気や関節炎にかかりやすいと言われる。これがストレスによるものなのか,病菌に侵されるためなのか,原因不明である。アルツハイマー病の患者は近親者2人を犠牲にするといわれている。治療法はないが,コエンチームQと鉄剤,ビタミンBを長期間服用させると生活に支障ないレベルまで軽快するという報告がある(兵庫県立尼崎病院)。ビタミンB_{12}大量注射も有効という。

サラソン夫妻(I. G. Sarason ＆ B. R. Sarason)の『異常心理学』(第6版,1989年) 373ページには,主な症状ごとにアルツハイマー型知情意低下症患者介助の心得が載っているので,次に紹介しておく。

(1) うつ状態(不幸感と引きこもり)に対しては,患者の活動を多くさせる。家族や友人といっしょに会話をしたり,思い出話をさせるなど。

(2) 敵意・好戦的態度・攻撃性に対しては,状況にまともにぶつかろうとしたり,患者の行動の理由を考えたりしても無駄である。敵意を減らすには,安心させ,静かにしているのがよい。ある問題への疑問から気をそらせ,何か他の方へ注意を向けさせることもよい。

(3) 見当識喪失（人・場所・時がわからなくなる)に対しては,初期には,「トイレ」とか「寝室」とか書いた札をドアに貼るとか,色分けをすると,混同を防ぐことができる。静かに話しかけ,どこに居るのか,だれといっしょにいるのかを教えて安心させると,迷ったとか孤独だとか思う心細さをなだめることができる。

(4) 徘徊（歩きまわり,落着きのなさ)に対しては,散歩や体操が有効である。家事から解放して,混乱をなくしてあげれば,昔よく知っていた環境を歩きまわって昔していた仕事を何とかやり遂げようとすることがなくなる。姓名を記した腕輪をつけさせたり,ドアに鍵をかけるのも行方不明を防ぐのに役立つ。

(5) 不安・邪推（心配と被害妄想)に対しては,患者の恐れや不安をふつうの方法で鎮めることはできない。何を恐れているのかを確かめるのもよいかもしれないが,「何々を怖がらなくてもいいのよ」と言っても無駄である。怖がっているのを静かになだめて,他のことに注意をそらせるのが良い。

以上の心得は,アルツハイマー型に限らず,脳血管性知情意低下症にあてはまることも多い。

知情意低下症者を介助する場合には,患者のペースに合わせる,情報を単純化して一つずつ伝える,言葉だけでなしに文字も併用する,1メートル以内に近づいて話す,流行語を使わない,などの注意も必要である（長谷川,1988の153ページ参照）。　　　　　　〔小林　司〕

⇒高齢社会，高齢者介護，知情意低下症，老年心理学

文献 1. J-長谷川，1988；2. E-Busse & Blazer, 1989；3. E-Heston & White, 1983；4. E-Jacoby & Oppenheimer, 1991；5. E-Sarason & Sarason, pp. 372～373, 1989

アレルギー　allergy

　免疫反応の一種。異物（抗原）に接したため体内の何かが変化し，それ以後同じ抗原に暴露されると異物に接する前とは異なった反応を生じること。「アレルギー疾患」といった時などは「異常に過敏な反応を示し生体に不都合な反応を示すこと」，つまり過敏症の意味で用いられることが多い。しかし反応の減弱する場合も含めて，もっと広い概念で使われることもある。

　アレルギーは，ギリシア語の $\alpha\lambda\lambda os$（allos, 異なった）と $\varepsilon\rho\gamma o\nu$（ergon，力）からの合成語。オーストリアの小児科医ピルケ（Clemens von Pirque）が1906年に提唱した概念。

　生物には，ウイルスや細菌などの微生物などから自己を守るために「自己」と「非自己」とを区別するシステムが備わっている。「非自己」つまり異物とされたものに対しては排除行動が開始される。つまり「非自己」は抗原として認識され，生体では免疫反応の結果として抗体（免疫グロブリン）が産生される。アレルギーをおこす抗原を特にアレルゲンという。免疫反応が生じるにはあらかじめ生体が特定のものを抗原として認識している必要があり，このプロセスを感作と呼ぶ。抗原がまったく同じでなくても抗原性が類似している場合には免疫反応が生じることがある（交叉感作）。

　一般にアレルギーはクームズ（Coombs）とゲル（Gell）により四つに分類される。

　I型アレルギーは免疫グロブリンIgEを介する。肥満細胞（マスト細胞）から脱顆粒によって放出されるヒスタミンやセロトニンなどや，細胞膜脂質から合成，遊離されるプロスタグランジン，トロンボキサン，ロイコトリエンなどによる炎症である。気管支喘息，じんましん，鼻炎，結膜炎，アナフィラキシーなどはこれによる。血清中に存在してアレルゲンと反応し，アレルギー反応をおこすものはレアギンと呼ばれていた。これがIgEであることを発見したのは石坂公成らである。

　II型アレルギーは細胞表面の抗原と抗体との結合体を大食細胞（マクロファージ）が障害したり，IgGやIgM抗体が細胞表面の抗原と結びつき，さらに補体が働くことにより細胞が融解して生じる。不適合輸血による溶血性貧血，自己免疫性溶血性貧血，特発性血小板減少性紫斑病などはこれによる。

　III型アレルギーはIgGやIgM抗体と抗原とが結合した免疫複合体が血管や他の組織に沈着し，それに補体が働きかけて生じる組織障害性反応である。糸球体腎炎，心内膜炎，血管炎，ＳＬＥや慢性関節リウマチなどの自己免疫疾患などはこれによる。アルサス（Arthus）型とも呼ばれる。

　IV型アレルギーはリンパ球の一種であるT細胞が抗原と接触することによりサイトカインを放出し，マクロファージなどを集積させていろいろな炎症反応を引きおこすものである。抗体は関与しない。この反応には少し時間がかかるのでI，II，III型アレルギーを即時型というのに対して，遅延型と呼ばれている。ツベルクリン反応，移植拒絶反応，ウルシのかぶれなどがこれによる。

　また，アレルギー反応には精神神経的要因の関与が明らかになりつつある。

　ところで，アトピー（atopy）とは，1923年にコカ（Coca）とクック（Cooke）が遺伝素因が濃厚な気管支喘息やアレルギー性鼻炎などの気道過敏症に対して用いた概念で，ギリシア語の否定辞 α（a）と場所を表わす $\tau o\pi os$（topos）から合成されたものである。転義して atopic とは strange を意味する。アトピー性皮膚炎 atopic dermatitis とは1923年にズルツバーガー（Sulzberger）らがコカらのいうアトピー素因を持つ人に生じる湿疹様病変に用いた。しかしアトピー性皮膚炎がアトピーによる疾患なのかどうかについては解明されておらず，アレルギーのどのタイプに属するのかについては，まだ定説はない。

　治療としては，アレルギーのタイプ，程度な

どに応じて抗ヒスタミン剤，副腎皮質ホルモン剤，免疫抑制剤などの内服・外用が行なわれる。

アレルギーをおこしやすい物質(代表的なもののみ)

1.	植　　　物	ウルシ，ギンナン，ハゼ，サクラソウ，カクレミノ
2.	動　　　物	イヌ，ネコ，ヒツジ，トリ(フケ，毛，唾液)
3.	食　べ　物	卵，牛乳，肉類，魚介類，穀類，大豆，野菜，果物(マンゴーなど)，ピーナッツ
4.	ハウスダスト	ダニ
5.	花　　　粉	スギ，ブタクサ，イネ科
6.	医　薬　品	造影剤，消毒薬
7.	金　　　属	ニッケル，コバルト，クロム，金
8.	化　粧　品	染毛剤
9.	そ　の　他	ゴム，ラテックス，昆虫(ユスリカ)

〔梶原洋一〕

⇒アトピー性皮膚炎，心身症

文献　1. 奥村康『免疫のはなし』東京図書, 287p., 1997；2. 多田富雄『免疫:「自己」と「非自己」の科学』(NHK人間大学）日本放送出版協会, 128p., 1998；3. 矢田純一『アレルギーの話』岩波書店, 207p., 1985

暗示　suggestion

暗示とは，知覚，観念，意図，行動などが，言葉やジェスチャー，その他のシンボルによって，直接または間接に，理性に訴えることなく，伝達・受容される心理過程や現象。また，そのための刺激となるものや企てを指す。

暗示は，心理学の分野の中では「催眠療法」において用いられることが多い。また，催眠状態で得られる特異な心理生理現象に焦点を当てた，それぞれに独自の療法として「イメージ療法」「自律訓練法」「動作訓練法」などがある。

催眠を定義すると「催眠とは，暗示によって人為的に引きおこされた，特異な心身の変性状態（トランス）と被暗示性亢進の状態」である。「催眠でみられる現象はすべて暗示によって，生起する。暗示なしでいかに催眠に似た現象がおきようともそれを催眠とはいわない。暗示は一種の課題であって，不合理で，普通の生活ではとてもできそうにないことを実現するように要求する。被催眠者になった人は自分に課されたものとしてそれを達成しようと努力する。その実現はその被催眠者の主観的な世界における無意識的努力による体験の中において初めて実現できる」といわれている。

ことばによる暗示は言語暗示といわれ，そこで使用されることばを暗示用語という。その場合，暗示の受け手がおかれている現状と食い違うことを，単に表面的な記述ではなく，具体的なことばで伝えられる。そして，その内容を直接述べる直接暗示と間接的に述べる間接暗示とがある。

催眠においてどのようなことを暗示というのか，次に例をあげて説明する。被催眠者が催眠者の「両手で合掌してください。」という要請で合掌したところで，「そのままの位置から両腕を横に開いてください。」と言われ左右に開き，さらに「両手掌の内側に注意を向けていると，自分では動かそうとしないのに両手が互いに動き出して，自然にくっついてしまいます。両手の動いていく感じにじっと注意を向けてください。さあ，動いていきますよ。」と繰り返していると，その手がだんだん動き出してついには合掌するようになる。さらに，催眠者が「くっついた両手にだんだん力が入ってきて，合掌した両手がしっかりくっついてしまいました。離そうとして頑張れば頑張るほど，よけいしっかりくっついてしまいます。さあ，離してごらんなさい。どうしても離れないでしょう。」と言うと，被催眠者は力を込めて離そうとするが，どうしても離せなくなってしまう。はじめに合掌したり，それを開いたりするのは被催眠者が相手の要請に応えて，自分の意志で意識してそうしたものである。だが，催眠術下では，開いた両手が動き出して合掌してしまうのは，当人の意志でなく，手が勝手に動いたといえる。そうなったのは，「手が動く」という催眠者のことばが原因であった。それも「動かしなさい」とか「くっつけなさい」とはっきり明示するのではなく，「動いていきます」とか「動いてくっつく」などというように暗々裡に示したのである。このような示し方を暗示といい，被催眠者に暗示どおりのことがおこったら，暗示に反応したとか暗示にかかったなどという（成瀬, 1997）。

暗示の働きがおこり，催眠がうまくいくためにはその場の雰囲気・相互のやりとり・信頼な

どが大いに作用する。また，被催眠者は自分がそうなった時点で，催眠者の暗示に対応しなければならない役割を担って，催眠者が暗示という形で提示する課題に対応してその解決・達成に向けてそれなりの努力をすることになる。暗示に対して，未知で未経験のことへの不安やストレスによって不快感や嫌悪感がつのり，抵抗し防衛的になる場合もあれば，好感をもって受け入れ，積極的に課題達成に努力することもある。自分が催眠者に期待されていると，被催眠者はそれに沿ったことをしようとして意識的・下意識的に努力する場合，そのような場面は要求特性を有するという。催眠に否定的だから暗示に反応しないとは限らず，積極的だからうまくいくともいえないが，催眠場面での暗示を受け入れるということには，強いプレッシャーがかかるということがいえる。

　暗示の場合，自分がそれをやっているのに，自分がそうしているという意識がないといってよい。だが，手が勝手に動いたとか，向こうから何かが見えてきた，と意識する程度の努力はしている。日常の行動を意識活動とする考え方によると，暗示は意識外，無意識，準意識などとして扱われ，日頃の生活では味わえない無意識的努力を引き出して活性化するための課題ということになる。また，普段の意識性でしか努力できない人に，それとは異なるタイプの努力の方法があり，どのようにすればそうした努力ができるようになるのかを経験するための方法ともいえる。

　以上のようなことから，暗示はいかに有能な催眠者がいても被催眠者が反抗心をもっていれば催眠は不可能であるし，また当人が知らないうちにまったく無関係の人を暗示にかけることは，当人が状況や課題を知らないのでできない。さらにテレパシーではないから，遠距離から電話などを使わず暗示にかけることもできない。

　催眠における暗示の種類には，次のようなものがある。(1) 覚醒暗示(催眠誘導暗示)：普通の意識状態で提示され暗示とはこんなもの，それに対する反応はこんなものですよと，被催眠者にわかるようになっている暗示。(2) 動作暗示：動作を扱う点で覚醒暗示と同種のものであるが，うまく暗示できた時には「不動」になるのでその時点で被催眠者が催眠になったと判断することができる暗示。(3) イメージ暗示：触覚，味覚，嗅覚，聴覚などの五感のイメージとして現れる暗示。(4) 年齢忘却，姓名忘却，人格交代，年齢退行などの暗示：単なる幻覚体験だけでなく，主観的な非現実の世界に入り込み，そこがあたかも現実の世界であるように感じ，そこへ身も心も没入し，その世界で積極的に適応しながら活動しようとするような体験を取り扱うことを目的とする時に行なう暗示。(5) 後催眠暗示：催眠からさめた後のことについてあらかじめ指示しておく暗示。(6) 解催眠暗示：催眠から覚醒に移るための暗示。

　この他に，生理現象に及ぼす催眠暗示については，次の二つに分けられる。(a) 直接暗示：ある現象が増大ないし減少することを被験者に直接暗示すること。たとえば，循環器系・心拍に関して，「脈が速くなる」という暗示で心拍の上昇が観察された，など。(b) 間接暗示（情動暗示）：快・不快のような感情や，何かをしている時の状態を暗示することによって，それの間接的な副次効果として生理的変化がおこるというもの。たとえば，休息，幸福，興奮などを暗示することで呼吸量や肺活量が変化する，など。

　暗示は，今日さまざまな用いられ方で，医療や教育，スポーツなどの分野で活用されている。例えば，自律訓練法や自己コントロールが偏食，夜尿，不眠などの解消に向けて行なわれたり，体育や理科，図画，作詩などの教育にイメージ暗示が取り入れられたり，教育相談や生徒指導の場で，不安や緊張を減らしていく効果もみられている。また，産科・産婦人科，皮膚科，歯科などの医療分野でも痛みに対して，暗示の効果が有効とされている場合がある。〔原みどり〕

⇒イメージ療法，エリクソン法，催眠療法，自己催眠，自律訓練法，精神分析療法，ヨーガ療法

文献　1. G-伊藤, 1989b；2. 成瀬悟策『催眠の科学』(ブルーバックス) 講談社, 216p., 1997

アンビヴァレンス，両価性，両価価値
ambivalence

同一の対象に対して，尊敬と恐れ，愛と憎しみ，高慢と卑下などのまったく相反する心的傾向や態度および感情が，一人の人間の中で，統制を失い，同時にばらばらに存在すること。

この言葉を初めて提唱したのは，スイスの精神医学者P.E.ブロイラー*で，1910年の『両価性についての講演』で次のように知・情・意の三つの心的領域について考察している。

(1) 意志の両価性：同時に，食べたがったり食べたがらなかったりする。(2) 知的な両価性：ある主張をすると同時に反対の主張も述べる。(3) 感情の両価性：同一の人物を愛しながらも憎む。

ブロイラーは，両価性を統合失調症者を特徴づける傾向の一つとしてあげている。統合失調症者では人格の統一性の障害により，物事のさまざまな側面を統合させて見る能力が衰弱し，矛盾した思考や情動が相互に影響されないまま，極端な形で出現しやすい。

しかし，統合失調症者ばかりでなく，健康人の夢にも感情および知的な両価性が存在することをも彼は認めていた。

ブロイラーによる両価性の概念は，それ以前には神経生理学的にどこにでも見られる神経伝達の拮抗性を示す特殊例にすぎないとされていたものを，精神生活のさまざまな局面に見出される根本的対立として考えている。これは，ユング*を通して親交のあったフロイトの新しい力動的洞察に影響を受けた考え方であった。

フロイト*は，さまざまな論文の中で両価性について述べているが，初めて使用したのは，『転移の力動性について』(1912)の中であり，「精神神経症の治癒可能な型のものにおいては，陰性転移がやさしい親愛的な転移と並存し，同時に同一人物に対して向けられることがしばしばある。この事情をブロイラーはアンビヴァレンツ（Ambivalenz）という功妙な表現で特徴づけた。」と述べている。

しかし，愛と憎しみの共存については，それ以前のフロイトの研究『ハンスの症例』(1905)や『ねずみ男』(1909)の中の「この恋人の心中では，同一人物に向けられた愛と憎しみの間の戦いが熾烈をきわめている」という分析に見出される。

『本能とその運命』(1915)では，性本能の発達経過について，最初に認められる口唇における合体（「可愛くて食べてしまいたいということ」）を，「これも一種の愛であり，対象の分離存在を止揚することと一致し，アンビヴァレンツと命名されうるものである」とフロイトは述べている。このように，後期では両価性を生の本能と死の本能という二元論的対立としてとらえている。

また，フロイト晩年の著作では葛藤理論における両価性の重要性が強調され，エディプス・コンプレックスを，その欲動の根元においては同一の対象に向けられた愛と憎しみの両価的葛藤であるとし，神経症の症状を，このような葛藤に対する自我の防衛としてとらえている。

アブラハム*は両価性を発達論的にとらえた。彼は，対象に対する関係という観点からリビドーの発達段階をとらえている。第一口唇期（吸うこと）では，母子が一体化し共生関係にあるので，対象の両価性は現われないとして，前両価性期であるとする。第二口唇期（咬むこと）になると，口に対象を含む活動は快感と同時に対象の破壊をも意味する。つまり，この段階になると，自我は対象に対して両価的な感情を持ち始めるというのである。そしてさらに肛門期に至って両価性は最高点に達する。これは，男根期の間も存続し，潜在期へと移行していくうちに，対象をいたわり，愛に伴う破壊から救うことを学び,性器期になってようやく消滅する。このことから,性器期を後両価性期としている。

クライン*は対象関係理論を発展させるが，その理論の中で両価性の概念を重要な位置においた。クラインは，フロイトの本能二元論を受け入れて，生の本能と死の本能との葛藤とその変遷が人格発達に影響を与えると考えた。

生後3〜4カ月までの乳児の精神生活は，全体的な存在としての対象認知がなく，部分的な対象に終始している。生後半年から1年にかけて，しだいに「良い」と「悪い」を対象および自己について統合して，全体的な存在として対

象関係をとらえるようになる。この過程で,「良い」「悪い」の両側面をめぐる両価性に悩み,対象に対する償いを通して,この両価性に耐える能力を身につける,としている。

　日本では,土居健郎が「甘え」が「恨み」に転じやすいことから,「甘え」を両価性の原型と考えた。日本人に「甘え」を生み出させる「オモテ」と「ウラ」という日本の伝統的な概念が,相互補完的な二重構造を成すことをも彼は指摘している。さらに,土居は統合失調症は「オモテ」と「ウラ」が未分化なものであるとし,統合失調症者の両価性の特異性についても言及した。　　　　　　　　　　　　〔中澤由理香〕
⇒甘え,エディプス・コンプレックス,葛藤,統合失調症,対象関係論,転移

文献　1. C-宇津木,1978;2. C-小此木,1989;3. C-スィーガル,1988;4. E-土居,1971;5. E-土居,1985;6. H-『フロイト著作集』5,1969b;7. H-『フロイト著作集』6,1970;8. H-『フロイト著作集』9,1983

安楽死・尊厳死　euthanasia

　安楽死には,死を望む末期患者に,医師が手を貸し,薬物などで致死させる「**積極的安楽死**」と,あらゆる延命操作を拒絶し,自然死を待つ「**消極的安楽死**」とがある。後者は「**尊厳死**」とほぼ同義であり,死ぬ権利を死にゆく人に与えたことばである。つまり愛する家族に見守られながら静かに**命をまっとうしたいという願いが込められている**。

　従来多くの医師たちは,死は医学の敗北であり,たとえ1秒といえど延命に努力することが最善の医療だと信じてきたが,最近では蘇生術や機器の進歩によって,死生観の見直しを迫られることになった。生と死は不可分の関係にあり,生の部分ばかりに目を向け,死を悪として無視するのは配慮が偏っているとの反省から医療系大学の教育にも死の問題が取り上げられるようになった。脳死や植物状態の知識が一般化するにつれ,人々も死を冷静に見つめ,尊厳ある最後を迎えたいと願うものが多くなり,世論調査によると65~80%に達している。

　明らかに死に至るような危険から辛うじて救命された人には,人工呼吸器をはじめ,栄養補給のための輸液,さらに排泄などに必要なさまざまなチューブが連結され,いわゆる「スパゲッティー症候群」と呼ばれるみじめな状態で意識のないまま横たわる例が後を絶たない。このように生かされ続けるのは残酷であり,むしろ死ぬ権利を認めるべきであるという「安楽死」の概念が注目されるようになった。

　終末期にあるガンあるいはエイズ患者の命を「あ・うん」の呼吸で断ち切ってきた医師は少なくないという外国における調査結果もある。このような非合法的な密室の安楽死が水面下で繰り返される動きに歯止めをかけるためにも,オランダ,オーストラリアおよびアメリカの一部の州では安楽死を合法化しようとする動きがみられる。

　しかし実際には,安楽死をめぐり次のようなさまざまな批判がある。安楽死は,手を貸した医師にとっては明らかな自死幇助で,殺人の一種であり,人倫にもとる行為ともみなせる。「人が人の命を操作する権利は,何人も持ちえない」という意見もある。尊厳死ということばの響きは美しすぎて,容易に医療を打ち切る風潮を助長しないだろうか。さらに終末期医療,特に緩和ケアへの取り組みにブレーキをかけたり,「非生産的かつ非経済的な障害者や高齢者は社会的に不要である」とする,短絡的な発想を是認することになりかねない。延命の中断は,医師や家族に罪悪感を残すことになりはしないだろうか。なにが尊厳ある死かは,人によって受けとめ方が異なり,最後まで延命に努めることこそ尊厳ある姿勢だと考える者もいよう。主観的で非科学的な尊厳死という用語にいささか疑問を感じるという指摘もある。

　日本尊厳死協会は20余年の歴史をもち,8万余の会員を擁しているが,その主旨にも反論がないわけではない。すなわち,何をもって回復の見込み無しとするのか,単に植物状態をもって生命維持操作の中断を宣言したり,緩和ケアにおける麻薬性鎮痛薬が生命の短縮をもたらすことを強調しているのは正確さを欠くといえる。

　1995年,東海大学病院の医員が家族の願いを容れ,末期ガン患者を安楽死させた裁判に際し,

提出された安楽死が許容される最低条件はきわめて示唆に富んでいる。すなわち，(1) 耐えがたい肉体的苦痛があり，(2) 明らかに死期が迫っている。(3) 苦痛を除くあらゆる方法をつくし，代替手段がなく，(4) 本人が安楽死を望む意志を明らかにしている，ことである。特に(4)の条件は重要である。将来は，あらかじめ文書による意志表示（リビング・ウィル）があること，代理は認められないこと，さらに末期状態の確認については，十分な知識をもつ複数の医師の判定を必要とすることなど，安楽死を容認するガイドラインが作成されるようになろう。さらに医師だけではなく，看護職，ソーシャル・ワーカー，薬剤師，法律家および宗教関係者を含むチームを編成し，家族などの理解を十分にし，安楽死の是非を慎重にすべきである。
〔田所作太郎〕

⇒死，社会福祉士，ホスピス

文献 1. 井田真木子『四人の科学者が語る「死」の変貌：幸せな死のために』(臨時増刊) 文芸春秋, 182p., 1997; 2. 柏木哲夫『死を看取る医学：ホスピスの現場から』(NHKライブラリー 68) 日本放送出版協会, 256p., 1997; 3. 田所作太郎『生と死をみつめる』『神経精神薬理』10月号, 星和書店, 741p., 1996; 4. 1992～1997の安楽死, 尊厳死および終末期医療に関する朝日新聞の記事

生きがい worth living, worthwhile life
生きる目的，生きる価値，生きる根拠，生きていてよかったという感じ，を統合したもの。

「仕事が生きがいだ」というような単純なものではなくて，多くの要素の複合体である。

「生きがい」という単語を各種の国語辞典で引くと，次のような意味が書かれている。

(1) 生きている意義や値打ち，価値。生きていることに意義や喜びを見出して感じる心の張り合い。生きている幸福・利益。生きているしあわせや意義を感じること。充足感。生きているという実感。世に生きてある効力。

(2) 生きるめあて。充足感をもたらすもの。生きていく上でのはりあいをもたらすもの。

(1) は，感じている精神状態（神谷美恵子はこれを「生きがい感」と呼んでいる）であり，(2) は，生きがいをもたらしてくれる源泉または対象（「生きがい対象」）（「この子は私の生きがいです」など）である。

(1) を別の表現で示せば，自分をとりまいている世界から「生きていてよかったなあ」とか，「人生っていいものだなあ」と感じることである。

「生きがい」という単語は外国語にないが，強いてこれを訳せば，「生きるに価すること」「生きる価値」「意味のある生存理由」となろうか。『大百科辞典』（平凡社）を見ると，次のように記されている。

「〔生きがい〕 人生の意味や価値など，人の生を鼓舞し，その人の生を根拠づけるものを広く指す。〈生きていく上でのはりあい〉といった消極的な生きがいから，〈人生いかに生くべきか〉といった根源的な問いへの〈解〉としてのより積極的な生きがいに至るまで，広がりがある。

生きがいは，漠然とした生の実感としてほとんど当人に無意識に生きられていく場合と，自覚的に人生の営みに取り込まれる場合とがある。また一方では，自由や平等といった社会原理，愛や正義といった宗教的格率のように，より普遍的なものに結晶化し，他方では，諸個人の日常生活に具体化されてより個別的な姿をとる。」（栗原　彬）

もちろん，辞書以外にも生きがいの定義らしいものを述べている本はいくつかある。次に二つだけを示しておこう。

「生きがいとは，各人がそれぞれの心の中にもつある価値，それによって自分の生活の意味が与えられる目標意識である。その目標がどれだけはっきりしているか，その鮮度のいかんによって生きがいもきまってくる。」（森本哲郎『生きがいへの旅』）

「自分の考えにしたがって生き，正しいと信ずることを行なうのは，僕らの本然に備わった要求であり，それを実現するために僕らはさまざまな計画をたて，努力も惜しみません。人生の意味あるいは生き甲斐はここにあると一般にされています。」（中村光夫『老いの微笑』）

「生きがい」とは何かをつかむ手がかりとして神谷は生きがい感の特徴を六つあげている。

(a) 人に生きがい感を与えるもの。
(b) 生活を営んでいくための実益とは必ずしも関係はない。

(c) やりたいからやるという自発性をもっている。

(d) まったく個性的なものであって，自分そのままの表現である。

(e) 生きがいをもつ人の心に，一つの価値体系を作る性質をもっている。

(f) 人がその中でのびのびと生きていけるような，その人独自の心の世界を作る。

しかし，ここ（『生きがいについて』）では，「生きがい対象」と「生きがい感」が混在している。

白石浩一は同じく，「生きがい」をつかむ手がかりとして，目標，手ごたえ，価値を考え，次の7項目をあげている（『夫と妻の生きがい学』）。

(a) 生きがいとは，生きる目標設定である――マイ・ホームをもちたい，お金を儲けたい，教養を豊かにしたい，など。

(b) 生きがいとは，目標への挑戦であり，戦いである――自らの内なるマイナス因子（怠け心，甘やかしなど）に対する闘い。

(c) 生きがいとは，確かな「手応え」である――「生きているんだ」という鮮烈な実感，「生けるしるし」。

(d) 目標は一生を賭けるに価するもの，生涯をかけて悔いのないものでなければならない――マージャンやパチンコでなく，もっとかけがえのない一回きりの人生を過ごすために悔いのないものを目標にする。

(e) 目標設定にあたっては，「洞察力」をできる限り働かせるべきである――洞察には経済的な生活設計，長期的展望にたっての人生プランも含まれるが，「私は何なのか」「私はどういう人になりたいのか」「私はどういう一生を送りたいのか」と自分をしっかり見つめることが真の洞察である。目標は，複数のこともあるし，年齢と共に次々と新たに変えていくことも大切である。

(f) 目標把握は価値の創造である。

(g) 生きがいとは，意識革命である――今までにできてしまっている観念，お仕着せの価値観にとらわれた考え方，を突き崩す革命をおこす必要がある。自分の意識を変える革命である。

さらに，白石は「生きがい」とは「よく生きる」ことであり，「よく生きる」とは，「美しく生きる」ことをも含んでいると述べている。「美しく生きる」というのは，顔にしわがあるかないかというような外面ではなくて，内面から滲み出てくる美しさであり，人柄，生活態度，心のもちよう，生きる姿勢などが関係している。美しく生きるためには，ポイントが三つあるともいう。

① 自分の人生に目標をもつこと。この目標は，観念的抽象的なものではなくて，ひるがえる旗のように具体的で鮮やかで生き生きとしたものでなければならない。

② 自分の世界というものをもっていること。趣味でも，学習でも，社会活動でもいいから，無我夢中で打ち込めるもの，はりあいを実感できる，自分の世界をもっていること。

③ 心にゆとりをもっていること。あるがままを受け入れる，許容の気持である。現状をあるがままに受け入れた上で，やるべきことを行ない，ゆっくりと一歩一歩自己実現を図っていく，そういう悠然とした心境がゆとりである。

自分が生きている価値や意味があるという感じや，「自分が必要とされている」という感じがあるときに，どうやら，人は生きがいを感じるものらしい。「必要とされている」ということは，自分が生きていることに対する責任感であり，人生において他ならぬ自分が果たすべき役割があるということを自覚することである。したがって世間体とか収入よりも，むしろ「自分でなくてはできない仕事」を選ぶのが生きがい感を満たす職業の選び方ということになる。

自分が生存目標を自覚し，自分が生きている必要性を確信し，その目標に向かって全力を注いで歩いている人，「ある特定のしごとが自分に課せられている」と感じている人，つまり使命感に生きる人，が一番生きがいを感じている人と言えよう。たとえ，社会的地位が高くても，自分の目標に向かわず，自分に対して合わせる顔がない人は，むやみに忙しくして自分の心の声を聞こうとせず，自分をごまかそうとする。これが生きがい感を最も損なうのである。逆に人間が最も生きがいを感じるのは，自分がしたいと思うことと義務とが一致した場合である。また，小さな自己をもっと大きなもの，自己を

越えたものに捧げ尽くしたいというのが，生きがいへの欲求の最も突き詰めた形の一つである。生きがいの中には情熱とか執念というものが，主要部分をなしている場合が多い。

生きがい感は生存充実感であって，感情の起伏や体験の変化を含み，生命を前進させるもの，つまり喜び，勇気，希望などによって，自分の生活内容が豊かに充実しているという感じなのである。森田療法を創案した森田正馬がいう「生の欲望」の中核は，この生存充実感への欲求であろう。この生の欲望がうまく満たされないと，神経症になる可能性もある。しかし生の欲望が強ければ強いほど，精神的に苦労が多いかわりに，一層豊かな生きがい感を体得することもできよう。

この生活が充実している感じは，忙しく生活しているので内容がぎっしりとつまっている時間が流れていくということのほかに，むしろ，ある程度の障害や抵抗感があることが必要のようである。したがって，生きるのに努力を要する苦しい時間の方が，かえって充実感を強めるのである。　　　　　　　　　　〔小林　司〕
⇒生きがいの要素，クオリティ・オブ・ライフ，個性化，個性化の達成，自己実現，成熟

文献　1，E-神谷，1966；2．E-小林，1983；3．E-小林，1989；4．I-小林編『現代のエスプリ』No. 281, 1990；5．白石浩一『夫と妻の生きがい学』海竜社, 213p., 1986；6．中高年齢者の健康・生きがい活動の促進に関する研究会『報告書："健康・生きがい創造士"の育成をめざして：生きがいの構造と充実への戦略』144p., 1990年6月；7．中村光夫『老いの微笑』筑摩書房, 255p., 1989；8．森本哲郎『生きがいへの旅』ダイヤモンド社, 364p., 1970

生きがいの要素　factors for the worthwhile life

神谷美恵子は生きがいの種類を次のように七つに分けている（『生きがいについて』）
(1) 生存充実感の欲求を満たすもの。
(2) 変化と成長への欲求を満たすもの。
(3) 未来性への欲求を満たすもの。
(4) 反響への欲求を満たすもの。
(5) 自由への欲求を満たすもの。
(6) 自己実現への欲求を満たすもの。
(7) 意味への欲求を満たすもの。

なお，この他に毎日生活していくことが楽しいので，「生きていること自体が生きがいである」というふうな考え方もある。

(4)の「反響への欲求」に関しては，少しわかりにくいので説明を補っておくと，これはさらに三つに分かれている。第1は共感や友情，愛の交流，第2は優越，または支配によって他人から尊敬や名誉や服従を受けること，第3は服従と奉仕によって，他から必要とされること，に分かれる。

(6)の「自己実現への欲求」は，この人でなければできないという独自性を帯びると，それが自己実現の生きがいとなる。これは結局，創造の喜びということになる。自己に与えられた命をどのように用いて生きていくかという，その生き方そのものが何よりも独自な創造である。

(7)の「意味への欲求」は，自分の存在意味が感じられるようなあらゆる仕事や使命を指している。

(1)は(7)と重なるし，(2)，(3)は(6)と重なる。そこで欲求の最高次元としての「生きがい」とは「自分自身の内にある可能性を伸ばしていく過程（自己実現）」「生きていく意味をもたらすもの」が中心になると考えてよいであろう。

人間の心には不思議な仕掛けが備わっていて，どこからか「生きがい」を分泌している。失恋した若者やうつ病の患者は生きがいを失って自死したいと考える。「生きていても仕方がないから死んでしまう」と彼らが訴える時，私たちは何と答えたらよいのだろうか。神の存在や出生の神秘，これまで育ててもらった恩，自死の罪，バラ色の未来への夢，肉親の悲しみ，などあらゆる説得もむなしく，生きがいを失った人は自らの命を絶ってしまう。逆に言えば，生きがいは人間を生かし続ける力をもっているのだ。心の不思議はこの力を生み出し，育てる。

白隠慧鶴は人間の五欲として，食欲，色欲，名誉欲，権力欲，富欲をあげているが，これだけでは不充分であり，米国の心理学者マスロー*は，欲求の5段階説を唱えた。まず低次の欲求が満たされると，次の段階の欲求が出てくるというのだ。飢え，睡眠，性などの「生理的欲求」が第1段だ。危険や苦痛から逃れたい「安全欲

求」、「愛情欲求」、承認・支配・名誉などを求める「尊敬欲求」が第2〜4段に来て、これらが満たされると、最高段で初めて「自己実現欲求」が現われるという。

なりたかった職業に就職できると「自己実現した」というふうに誤って使われることが多いが、「自己実現」の本当の意味は「自分自身になる」過程であり、「その人独自の心理学的特徴や自分の可能性を十分に伸ばす」過程である。ドングリにカシの大木になる素質が秘められているのと同じく、すべての人間には素晴らしい人間に育っていく可能性が秘められている。すべての生物は一生を通じて、自分自身の潜在力を実現したいという欲求をもっている。

人の体は18歳くらいまでで発育が止まってしまうが、心は死ぬまで育ち続ける。この伸び続ける自分の素質や可能性を十分に開花させる過程が「自己実現」なのだ。そこで、欲求の最高次元としての「自己実現」は、「自分自身の内にある可能性を伸ばしていく過程」であり、それは「生きていく意味をもたらす」ものなのだ。

オーストリア出身の米国人精神科医ベラン・ウルフ（Beran Wolfe）は人生を芸術家のように受けとめて、人生とは創造的に自分を彫刻していき、完全で幸福な人間になることだ、と述べた。親から受け継いだ素材に自力でノミをあてて一つの彫刻をつくり上げていくのが人生であり、その過程が自己実現と言えよう。

シニアプラン開発機構が1991年秋に全国の35〜74歳の男女サラリーマン3,051人（有効回収率76.3％）に行なった生きがいに関する調査では、次のようなことがわかった。まず、「生きがい」の意味は「生きる喜びや満足感をもたらすもの」（49.1％）、「生活に活力やはりあいをもたらすもの」（37.5％）、「自分自身を向上させるもの」（22.9％）、「生きる目標や目的になるもの」（22.3％）、「他人や社会の役に立っていると感じるもの」（22.0％）、「心にやすらぎを与えたり気晴らしになるもの」（21.5％）、「人生観や価値観をつくるもの」（10.0％）、「生活にリズムやメリハリをつけるもの」（7.4％）であった。次に、「生きがいをもっている」は66.2％、「もっていない」が13.1％、「わからない」が9.7％、「前は持っていたが今はもっていない」が9.2％であった。年齢が高くなるほど生きがいをもつ人が増えており、家庭や職業以外の、地域人、社会人などの「その他の立場」を重視する人ほど生きがいをもち、生きがいの意味を「他人や社会の役に立つこと」と考える人が多い。性格では、「積極性」ばかりでなく、人との和を大切にする人ほど生きがいをもっている。生涯の友をもつこと、社会活動に参加することも生きがいをもつ比率を高める。「職業人の立場」だけを重視する人では生きがいをもつ比率が低い。定年退職

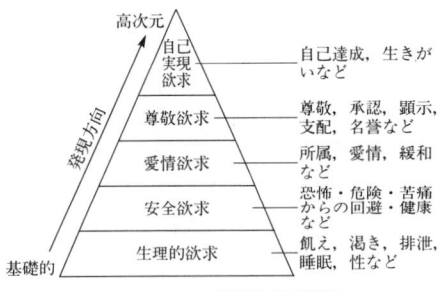

マスローの5段階欲求階層説

「生きがい」についての意識調査の結果（『世論調査年鑑』（1991年版）による）　数字は％

	A	B	C	D	E	F
趣味・娯楽	36.0	43.7	44.7	31.9	58.4	55.6
夫婦仲よく暮らす					44.8	
家族とのつながり、団らん	24.8	28.6	40.4	23.6		
勉強・学習			7.7	4.5		
仲間づくり	12.6					
子どもや孫の成長		27.3	20.8	36.5	22.5	
友人・隣人とのつきあい	7.1	17.5	33.9		16.4	36.8
旅行		25.8				
仕事	3.4	13.6	25.5	38.3	16.1	58.0
地域活動への参加		7.5	5.0			
信仰・精神修養	2.6		4.3		3.5	
社会奉仕活動		7.5			7.6	15.7
レクリエーション・スポーツ		11.5		14.2		

A：沖縄県民意識調査「老後の生きがい」1991.3.2
B：福岡県民意識調査「老後の生きがい」1991.2.7
C：横浜市民意識調査「老後の生きがい」1991.2.10
D：札幌市民の生活に関する意識調査「現在の生きがい」1991.2.11
E：読売全国世論調査「老後の生きがい」1991.2.8
F：時事世論調査「老後の生きがい」1990.5

は、それまでもっていた生きがいを失うか、新たな生きがいを獲得するかの分かれ目になっている。

「仕事こそ生きがいだ」と言う人がいるが、それは「働きがい」を「生きがい」と勘違いした結果であろう。歌人土岐善麿は「生きがいが働きがいになり、働きがいが生きがいになる世界にはたらくことが、人間存在の価値とも意義ともなる」と述べたが、働きがいは生きがいの一部分にすぎない。ゲートボールや菊づくり、俳句を生きがいだとする人がいるならば、それは「遊びがい」にすぎない。本当の生きがいとは、働きがいや、遊びがいではない。「生きる甲斐」でなければなるまい。「生きがい」に関する各地のアンケート調査では、趣味、友人とのつき合い、仕事、スポーツなどの項目に記入させるしくみになっているが、これはまちがっている。

その証拠に、最愛の子や孫が突然に事故死したとすれば、「仕事が生きがいだから仕事さえあれば平気だ」などと言っておれまい。平然と菊づくりを続ける気になる人はいないと思う。この場合には、子や孫への愛もまたその人の生きがいの一部だったのである。

この例でわかるように、生きがいは、仕事だけとか、趣味だけとか、単一なもので成り立っているわけではなく、もっとたくさんの要素からできているのだと考えたい。

イスラエルの哲学者ブーバー*は「真の生は出会いである」と言った。恋人と出会う、魂をゆさぶるような音楽と出会う、すばらしい景色に出会う、一生忘れぬ本と出会う。そうした、心と心との触れ合った瞬間だけが実際に生きているという時間である。「それ以外の、惰性で暮らしている時間は死んでいるのも同じだ」とブーバーは言っているのであろう。

ネオ・フロイディアンのフロム*は「持つことよりも在ることを大切にしよう」と言った。物をたくさん買うため、金をためるために人間は生きているのではない。人びとが所有することに熱心になったのは最近百年ほどのことで、産業革命の副産物なのである。物は豊かになったが心は貧しい。これからは「心の時代」であり、時間・友人・心などが尊ばれる時期にきている。

人間的成熟と、各種の欲求の満足、愛と幸福、出会いと触れ合い、生きる価値などの基礎の上に自己実現が進行するときに人は初めて生きがいを感じることができる。したがって生きがいとは、これら多くの要素の複合体なのである。

生きる価値をドイツの精神科医フランクル*は3つあげている。何かを創造して世に寄与する喜び（創造価値）、世の中から何かを受けとり喜ぶ体験価値（音楽や景色に感動するなど）、危機の時に自分の生き方を示す態度価値がそれだ。これらの生きる価値を生かしつつ、上述の複合体によってもたらされる、生きがいのある生活こそ、本当に人生を生きた時間だと言えるのではないだろうか。〔小林　司〕

⇒愛情，生きがい，クオリティ・オブ・ライフ，幸福，自己実現，個性化，個性化の達成，成熟，出会い

文献　1. E-神谷, 1966；2. E-小林, 1989；3. シニアプラン開発機構編『サラリーマンの生活と生きがいに関する調査』シニアプラン開発機構, 206p., 1992；4. シニアプラン開発機構編『サラリーマンの生活と生きがいに関する調査』（第2次調査）シニアプラン開発機構, 259p., 1993

イー・キュー，情動指数　E. Q., Emotional Quotient

I. Q.（知能指数 Intelligence Quotient）に相当する情動的な要因を書いたゴールマンの本（D. Goleman, 1995）を紹介した雑誌 TIME によって用いられた言葉。ウェクスラーやスタンフォード・ビネーのような従来の知能テストが測定しようとする理性的な知能と対比しての、**情動的な知能**（emotional intelligence）**を**意味している。

感情（feeling）は、主に快・不快や対象に対する美しいとか良いとかいう価値づけを意味し、情動（emotion）は喜怒哀楽のような急激な感情を指す。

E. Q. そのものを正確に測定するテストは存在していないが、I. Q. の高い人でも E. Q. が低ければその I. Q. から期待されるほどには知能がうまく機能しないことがみられるために、E. Q. が支持されるようになった。また、ある程度の I. Q. であっても、E. Q. が高ければ高いほど

人生で成功していることもみられる。言い換えれば，E.Q.は知能の一つの形でありながらも，通常考えられている知能とは区別されるような特徴のまとまりである。ゴールマンはそれらを次のように要約している。「心の知能指数（EQ）とは，自分自身を動機づけ，挫折してもしぶとくがんばれる能力のことだ。衝動をコントロールし，快楽をがまんできる能力のことだ。自分の気分をうまく整え，情動の乱れに思考力を阻害されない能力のことだ。他人に共感でき，希望を維持できる能力のことだ。」（ゴールマン，1996，p.61）。

情動的な知能の生理学的な根拠は，人間の扁桃核の機能にもみられる。通常の情報処理では，知覚データはまず視床に送られ，そこから理性的な判断のための新皮質を経て，情動的な反応をするために扁桃核に送られる。しかし，視床から直接扁桃核につながる神経回路もあり，これは感情が高まっている状況では活発になる。したがって，理性的な判断がなされる前に，ある刺激に対して情動的な把握と反応が可能ということになる。これは，理性的な判断よりも，より原始的で基本的な認識の仕方である。人生において最も重要な，たとえば伴侶との絆を作ることなども，情動的な機能によるものである。

精神的なレベルでは，自分（または他人）の情動とその傾向をよくわきまえて，自分の情動をコントロールして，他人と共感できることが重要である。そして，自分が感じていることをどれだけ上手に表現できるか，ということも重要である。理性的な知能が遺伝で決定されるものではなく，学習されうると同様に，情動的な知能も，教えたり学習したりできるものであるという主張もある。特に，その場にふさわしい情動の表現の仕方などについては，大いに当てはまるであろう。教育分野への一つの示唆は，学生は知能的にだけでなく，情動的にも教育されうるということである。情動が正しく利用されてこそ，知能のデータが有効に解釈され，正しく判断がなされるようになる。そうすれば，理性と情動は対立するものではなく，互いにパートナーになるはずである。〔J. クスマノ〕
⇒感情，感性

文献　1. ゴールマン，D., 土屋京子訳『EQ：こころの知能指数』講談社，392p., 1996

意識　consciousness
主体が客体について気づいていること。

そのためには，主体が「他ならぬ」自分に気づいている必要がある。だから，意識のはじまりとは自我意識のはじまりといえる。しかし「他ならぬ」の「他」とは自分以外の対象世界であるから，自我意識の成立は同時に対象世界の出現でもある。

ところで，人間以外の生物の中には人間よりも遙かにすぐれた感覚機能に恵まれたものがいる。大型肉食獣による狩りは，ときに人間よりも巧妙である。しかし彼らに主体としての意識があるとは考えられず，その際の行動は刺激に対する知覚にもとづく生理的な反応である。（もっとも，知覚と意識をほとんど同義に用いる人もいる。）

さらにいえば，人間は内臓器官の働きを意識することはほとんどないが，それらはつねに合目的的に機能している。侵入してきた異物に対して抗体ができるのは有機体レベルの反応であり，その際何らかの弁別機能が働いているが，このプロセスは知覚ですらない。しかし単細胞生物が酸を避けて食物に接近する働きを知覚と呼ぶ人がないとはいえない。もっとも植物の向水性なり向日性を知覚といえるかどうかは，微妙である。

ところで，ある時ある対象を意識している時，たとえば映画の一場面を見ている時，意識はその場面に集中しているけれども，実は10秒前，5分前，さらには30分前に観た場面の印象（一種の意識である）が今の意識につながっている。そうでないと「今－ここ」の意識（場面の意味）は明確にならない。ということは，意識が時間的には「今－ここ」に限定されぬ一つの流れであることを示している。音楽の場合にはこのことが一層明らかである。リズムにしろメロディにしろ，時間的な連続性ぬきには意識されることがない。

ただしこれらの場合，過去の意識（記憶というべきか印象というべきか）は，あいまいなま

まに背景にとどまっている。先の映画の例でいえば，いまここの場面がどういう成り行きでこうなっているのかがわからなければ，その意味は明らかにならない。さりとてその成行きに意識が向けられると，「今－ここ」のシーンがあいまいとなる。つまり，「今－ここ」のシーンを明確な図（figure）とし，今までの成り行きをあいまいな背景（background）とした一つの場として意識をとらえる必要がある。

それと，一生懸命映画を観ている場合には，たとえば家庭の問題などはほとんど意識されていない。しかし，その気になればいつでも意識することができる。これを前意識と呼ぶことがある。われわれは通常自分の性別，年齢，経歴などをほとんど意識しないで生活しているが，あらゆる場合，現前にあるものをそれらと照合しながら，そこでどう対応すべきか判断している。つまり，明確に意識していないことが，現在の明確な意識に決定的な影響を与えており，しかも当人はそれと気づいていないことが少なくない。

ところで，意識について「意識的」に考えるとどうしても同義反復に陥る。そこで無意識という概念が作られた。しかし定義上，無意識とは意識されていないのだから，意識の側からすればないも同然である。しかもわれわれは，意識したことにしか気づいていないのだから，無意識に気づくことはありえない。それがどうして意識されるのかについては，諸家の見解がある。大ざっぱに言って，無意識は外界の対象に投影され，間接的に意識される。この外界の対象を象徴と呼ぶ。

催眠や内観療法によって，今までまったく忘れられ（または抑圧され）て意識されなかったものが，意識されることがある。その際よく言われるのは，そのものが意識されることはなかったけれども，いつも「今－ここ」の意識の底で感じられていた，ということである。その程度には意識されていた，といえるかもしれない。これらをコンプレックスと呼んでもよい。コンプレックスが明確に意識化された時は，多かれ少なかれ身体的な解放感がある。逆に，コンプレックスが身体的緊張を生ぜしめていた，といえるのかもしれない。しかし身体的緊張は意識されていたのだから，そういう形でコンプレックスが意識されていた，ということもできる。その限り，コンプレックスを意識とするか無意識とするかは定義の問題にすぎない。その際，意識と無意識を媒介する，象徴としてのイメージに注目する必要がある。

カウンセリングでは，無意識を意識化することが心理学的健康につながる，といわれることが多いが，それは意識の領域を無意識の領域と截然と分けることに由来する。すでに述べたように，意識とは流れであり場であって，意識と無意識は連続した一つ世界を形作っている。あいまいな部分を無理に明確化することは，全体としての場における図と背景のスムーズな相互作用を妨げ，かえって緊張を生むことも考えておかなければならない。それが心理的不安定につながるからである。　　　　　　　〔氏原　寛〕

⇒健全なパーソナリティ，コンプレックス，催眠療法，自我，象徴，内観〔療〕法，無意識，ユング，抑圧，ルビンの盃

文献 1. E-エー, 1969, 1971

意思決定モデル models of decision making

意思決定とは，アメリカ心理学会のシソーラスによると「**選択行為の誘因，目標，結果の評価に関する認知的過程**」をいう。

意思決定モデルや理論は，複数の選択肢の中から一つの選択肢を抽出する場面でなされる判断（judgement）や選択（choice）に関わる問題を取り扱う。ある単一の属性についてみた時，すべての選択肢でその属性が確実に出現する場合と，そのどれか，あるいはすべての選択肢で，不確実に出現する場面とが考えられる。ここでは単一属性の出現が不確実である選択肢を含む場面について考える。

最も古典的な意思決定モデルは，17世紀の確率理論の発達の下で生み出された典型的規範理論である期待値最大化のモデルであった。このモデルでは，期待値は一つずつの結果事象の生起確率とその結果事象の価値（たとえば結果事象の貨幣換算値）との積を総和することで表さ

れ，これを最大化する選択肢の選択が最も良い選択とされる。しかしこのモデルは最良の選択への規範を明らかにはしているものの，実際の意思決定を記述するものではない。たとえば，1枚あたりの宝くじの購入金額は明らかに総枚数あたりの賞金の期待値（総賞金金額÷総発行枚数）よりも高いが，購入者は後を絶たない。そこで数学者ベルヌーイ（Daniel, Bernoulli, 1700～1782）は，結果事象の価値を適当な関数（たとえば対数関数）を用いて主観的な価値や効用に置き換えた期待効用という概念を打ち出し，この期待効用にしたがって人々は意思決定していると考えた。

フォン・ノイマン（J. von Neumann, 1903～1957）とモルゲンシュテルン（O. Morgenstern, 1902～1977）によって確立された期待効用理論（1947）は，この期待効用と生起確率の積の総和によって選択の価値が表現されるとしたもので，さらにその選択が彼らの示したいくつかの公理を満足すれば，期待効用最大化としてその選択行動を記述できるとした。現代のさまざまな意思決定モデルはこの理論を出発点としている。たとえばサベージ（L. J. Savage）の主観的効用理論（1954）は，期待効用に掛け合わせる確率についても主観的確率と置き換えるべきであるとしたものである。また典型的記述モデルであるカーネマン（D. Kahneman）とトゥバルスキー（A. Tversky）のプロスペクト理論（1979）は，期待効用理論の仮定する公理の一つが現実の場面では頻繁に侵犯されることから，生起確率0と1付近については特別の扱いを施した確率の重みづけ関数を考え，その一方で利得については嫌リスク（risk averse）を表す逓減関数，損失については好リスク（risk prone/taking）を表す逓増関数をもつ価値関数を考えて，この重みづけ関数と価値関数の二つの積によって意思決定がなされるとした。この他にも結果事象の期待値，分散，歪度に注目するモーメント（moment）理論や，期待値と選択行動から推定された知覚リスクの関数であるリスク選好にもとづくポートフォリオ（portfolio）理論，ある選択肢を選択することで同時に他の選択肢を失うことに注目した後悔（regret）理論などがある。

こうした期待効用理論を出発点としたさまざまなモデルでは，ヒトを用いて，実際には選択の結果を受けることのない判断場面での研究にそのデータを依存してきた。このようなアプローチとは別に，ヒト以外の動物も被験体とし，実際の選択場面での研究にもとづく行動的意思決定の研究からもいくつかのモデルが提案されている。たとえば二つの選択肢において提示された強化数の比が出現した反応数の比と一致するという，マッチングの法則にもとづいて考案された逐次改良（melioration）理論によれば，選択肢あたりの反応の効率（反応あたりどのくらいの強化が得られたか）を両選択肢で等しくするように選択が行なわれているという。現在，二つのアプローチの共通点や相違点が検討されている途上といえる。

意思決定をめぐる研究は，その対象が確実もしくは不確実な結果事象についての判断や選択行動であることから，そして不確実な結果事象は予測や制御が困難であり，結果によっては「損害や損失の可能性にさらされる」ことから，さまざまな学問分野がこの研究領域に注目してきた。また心理学の中でも，認知心理学，行動心理学，社会心理学，応用心理学などの多くの分野でそれぞれ研究が進められている。その研究の進められ方のうちでとりわけ大切なのは，「論理的に一貫した決定過程とはいかなるものか，どのように決定すべきなのか」という規範的モデルから，「決定はどのように実際になされているのか」という記述的モデルへ，そして「良い決定をするためにどのように援助したり，より良い決定をするためにどのような訓練があるのか」という処方的モデルへと，意思決定モデルが展開している点であろう。臨床場面におけるさまざまな日常場面での対処行動についても，このような視点からの理解が必要であろう。

〔坂上貴之〕

文献 1. 伊藤正人編「特集：選択行動研究の現在」『行動分析学研究』11, No. 1～2, p. 2～129, 1997；2. 繁桝算男編「特集 意思決定」『心理学評論』37, No. 3, p. 221～389, 1994；3. Slovic, P., Lichtenstein, S., & Fischhoff, B.: Decision making. In Atkinson, R. C., Herrnstein, R. J., Lindzey, G., Luce, R. D. (Eds.): *Stevens'*

Handbook of Experimental Psychology (2nd. Ed.), Vol. 2. John Wiley & Sons (New York), p. 673-738, 1988

いじめ　bullying

「自分より弱いものに対して一方的に，身体的・心理的攻撃を加え，相手が深刻な苦痛を感じているものであって，学校としてその事実（関係児童生徒，いじめの内容など）を確認しているもの。なお，起こった場所は学校の内外を問わないものとする。」（青少年白書平成6〔1994〕年版）としている。

いじめは，思春期におこる葛藤の表れであり，学校内での人間関係の問題だが，その背後には現代社会が抱えた諸問題が象徴的に潜んでいる。

昔から「弱いものいじめ」はあった。しかし1980年代以降，各地でいじめを原因とする自死や殺人が頻発して社会問題となった頃から，いじめは変質してきている。変化の第一は，あらゆる子どもがいじめの対象となりうるという点，すなわち他者と違う何らかの特徴をもっていると，それが何であってもいじめられる理由になるという点である。一日にして立場が入れ替わる可能性があるとともに，いじめが日常化しているともいえるだろう。第二は，逸脱のボーダー，いじめと意地悪の境目があいまいで見えにくくなっており，いじめと認知することが難しく，また本人の加害者意識も乏しいという点である。第三には，いじめの手段が執拗かつ陰湿になり，一旦いじめられっ子というレッテルが貼られると，雪だるま式に攻撃がエスカレートしていくという点である。第四は，いじめ・いじめられの当事者とともに，我が身に矛先が向けられるのを恐れるがゆえの見て見ぬふりをする傍観者と，面白がっていじめを助長させる観衆的，という4層構造になっていて，いじめに歯止めをかける役割を担う者がきわめて出にくい状況にあるという点があげられる。

いじめは，仲間はずれや無視，悪口を言う，物を隠したり相手の嫌がることをするという心理的いじめと，脅したり金品を取り上げたり，異性の前で辱めを与えるなどという物理的いじめとがあるが，相手がムカツク（イライラさせる）から，いじめ行為が面白く気分をスカッとさせるから，いじめられる相手に悪いところがあるから，という自分を正当化させる理由づけをもつことで，年齢が上がるほど過激になっていく。中学生がそのピークであるといえるだろう。

いじめが広がった背景には，第一に学校生活の価値づけの変化があげられる。都市化，遊び空間の消失により，地域の遊び集団が解体するなか，子どもたちの生活の中で学校生活が占める比率が高くなった。学校は集団生活を通し，人間関係を学んでいく場でもあるが，公より私を優先する価値観の広がりのなかで，集団としての規範が低下し，学校の公共性も低下している。そこに，攻撃的ないじめを許す隙間ができているといえるだろう。

第二に，少子化とともに親の過干渉の中に育ち，親や学校に安全に管理されて育ってきた子どもたちには，自律性が欠如し，自分で規範を考える傾向が弱まっている。それが，「悪いことだが面白いこと」を許容する意識を生み出しているといえよう。

第三は競争社会の価値観の広がりのなかで，学力を絶対とする成績至上主義が広がり，子どもたちの心理的ストレスが増し，その抑圧されたコンプレックスが攻撃性として現れることがあげられる。競争の激しい集団や優劣を競う雰囲気が，いじめを生み出す温床になっているといえよう。学力重視の評価に適さない自分への恐れが，目に見える異質な物を排除する行動を生み出すともいえよう。

第四に，人よりもモノに対する親和性をもつ社会風潮があげられる。物質的に豊かになることだけが重視されるにつれて人間疎外が進み，人をモノ扱いする見方が広がっている。人と人との関わりが希薄になり，人の痛みに対する感性が鈍り，他者への共感が失われていく。そういう時代の空気が，子どもたちの価値観や世界観に反映しているといえるだろう。

いじめの解決にむけての有効な対応策は見つけにくいが，第一にいじめが学校でおきている問題であるという視点を再確認することが大事であり，子どもたちの自尊感情を回復させるこ

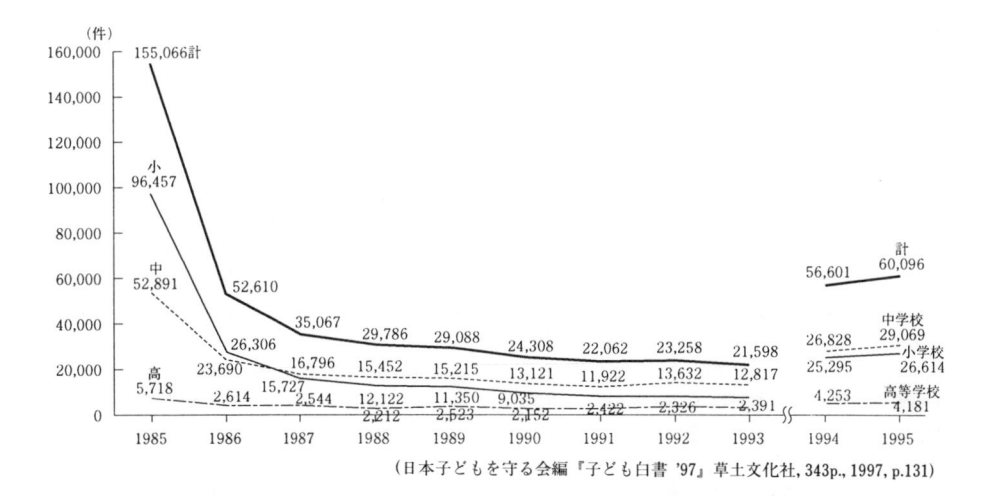

(件)
160,000 ― 155,066計
140,000
120,000
100,000 ― 小 96,457
80,000
60,000 ― 中 52,891　　　　　　　　　　　　　　　　　　　　　　　計 56,601　60,096
40,000 ― 52,610　35,067　29,786　29,088　24,308　22,062　23,258　21,598　26,828　中学校 29,069
20,000 ― 高 5,718　26,306　16,796　15,452　15,215　13,121　11,922　13,632　12,817　25,295　小学校 26,614
0 ― 23,690　2,614　15,727　2,544　12,122　11,350　9,035　　　　　　　　　　　　4,253　高等学校 7,181
　　　　　　　　　　　2,212　2,523　2,152　2,422　2,326　2,391
　1985　1986　1987　1988　1989　1990　1991　1992　1993　　1994　1995

(日本子どもを守る会編『子ども白書'97』草土文化社, 343p., 1997, p.131)

とが大切である。自分自身を受容し、相手を尊重し合う共感的精神を、体験や学習を通して育成していくことが重要であろう。第二に、学校の対応としては、いじめに敏感になるととともに、教室の閉鎖性を排除し、保護者や関係機関とのネットワークを作りつつ、いじめを認めない断固たる態度を全校的に表明して、共同で問題に取り組むことが大切であろう。第三に教師がいじめのサインを見抜き、積極的かつ迅速に事態に介入し、周囲の信頼を前提としていじめを阻止し、事実を明らかにすることだけでなく、人間性の教育のチャンスとして用いていくことが必要とされている。

2000年度に3万918件あり、小中学校の校内暴力は3万595件（その75％は中学校で）おきており、うち54％は怪我人が出ている。総務庁が1998年4月に発表したところによると小中学校のクラスの33.1％がいじめの被害経験者だという。しかも、いじめの加害経験者も30.4％もいる。1997年の中学校の統計では、いじめ被害者が52％だ。1993年には、学校でマットにくるんで窒息死させた事件がおき、新庄市、松山市、栃木県、大阪府、北海道などでも死亡事故が発生している。　　　　　　　　　　　〔水口　洋〕
⇒コンプレックス，ストレス，不登校，特殊学級

文献　1. 遠藤豊吉『弱いものいじめ』日本放送出版協会，224p., 1984；2. 竹川郁雄『いじめと不登校の社会学：集団状況と同一化意識』法律文化社, 238p., 1993；3. 法務省人権擁護局内人権実務研究会編『いじめQ＆A：子どもの人権を守ろう』ぎょうせい, 262p., 1995；4. 前島康男『いじめ：その本質と克服の道すじ』創風社, 198p., 1995；5. F-森田・清永, 1994

異常人格，人格障害 psychopathic personalities, personality disorders
平均的な人格から著しく偏っていることを指し、その人格の偏りのために自らが悩むか、あるいは社会を悩ませる、もしくはその両方をいう。犯罪や反社会的行動に結びつくことが多い。原因としては、器質的なもの、遺伝によるもの、環境による後天的なもの、の三つが考えられている。

狭義には精神病質(psychopathy)ということばも使われているが、身体的病変は存在せず、精神病には入っていない。精神医学では、精神病質＝人格障害(personality disorders)として用いられている。また、性格と人格は同義語に使用されることが多く、異常人格を人格異常、異常性格、性格異常ということばでも表している。性格(character)はヨーロッパで、人格(personality)はアメリカで多く使われる用語である。

精神病質の概念を初めて系統的に記載し，分類したのはコッホ（J. L. A. Koch）で，精神病様低格（psychopathische Minderwertigkeit）の表現のもと，正常と精神病との中間領域にある人間とした。

ツィーエン（T. Ziehen, 1862～1950）は精神病質体質（psychopathische Konstitution）という概念をたて，精神病の前段階の体質ととらえ，精神病の発生の素因ともなる，としている。

現在使われている精神病質人格（psychopathische Persönlichkeit）の語を初めて用いたのはクレペリン（Emil Kraepelin, 1856～1926）で，中間領域という概念規定に従っているが，知的障害を除外し，精神病の前段階の状態や，遺伝的素質，発育障害を重視している。

ビルンバウム（Karl Birnbaum, 1878～？）になると，中間領域という概念は捨てていないが，精神病の前段階ではなく，先天性の病的素因にもとづく人格 - 感情，意志および欲動の領域の軽度の偏りとした。

シュナイダー（Kurt Schneider, 1887～1967）は，精神病質を生来，または幼少時からのはなはだしい性格の偏りとし，遺伝的なものと考えた。そして，精神病質と精神病とを明確に区別し，正常と精神病の間の中間領域ではないとした。性格の異常のため本人が苦しむか，社会が迷惑をこうむる者で，性格の異常ゆえに犯罪に陥る場合が多いとし，精神病質を10の類型に分類した。

次に主な分類を三つあげておく。

(1) シュナイダーによる類型（ドイツ語）：(a) 発揚情性型(hyperthymishe)，(b) 抑うつ型(depressive)，(c) 自己不確実型(selbstunischere)，(d) 狂信型(fanatische)，(e) 自己顕示欲型(geltungsbedurfiige)，(f) 気分易変型(stimmungslabile)，(g) 爆発型(explosive)，(h) 情性欠如型(gemütlose)，(i) 意志欠如型(willenlose) (j) 無力型(asthenische)。

(2) 世界保健機関（WHO）による分類：(i) 妄想型（paranoid），(ii) 情動型（affective），(iii) 分裂病質型（schizoid），(iv) 爆発型（explosive），(v) 脅迫型（anankastic），(vi) ヒステリー型（hysterical），(vii) 無力型（asthenic），(viii) 反社会型（antisocial），(ix) 気分不安定型（affect labile）。

(3) 米国精神医学会による精神障害分類（DSM-IV, 1994）：① 妄想型（paranoid personality disorder），② 分裂病質型（schizoid p. d.），③ 分裂型（schizotypal p. d.），④ 反社会型（antisocial p. d.），⑤ 境界型（borderline p. d.），⑥ ヒステリー型（histrionic p. d.），⑦ 自己愛型（narcissistic p. d.），⑧ 回避型（avoidant p. d.），⑨ 依存型（dependent p. d.），⑩ 強迫型（obsessive compulsive p. d.），⑪ 他に特異化できない型。

これらの型は単独で見られるだけでなしに，いくつかが混合されたり，複数を示す複合型として現れることもある。異常人格と思われる場合は，専門家による正しい判定を待って対処することが大切である。しかし，実際に精神病質人格が実在するのかどうかについては，疑問をもつ人も少なくない。

環境による後天的な場合は，生育環境，主に家庭環境が不良であることにも起因し，親が子どもを甘やかしすぎたり，子どもに対し無関心，拒絶的であることも一因となる。

子どもが，自分で自分の状態を反省したり生活態度を改めるのはむずかしいが，子どもの場合には環境を調整し変化させることが大人の場合よりも容易なので，子どもへの親の態度を改めさせたり，子どもを新しい適切な環境に移すなど，周囲の人々の感情や態度を変えることで異常人格の改善をはかることが可能である。両親に対する指導が有効な治療方法ともなる。

〔谷田部トシ江〕

⇒性格，性格心理学，性格変容

文献 1. 新井尚賢編『異常性格：精神病質人格とその周辺』医学書院，397p.，1971；2. 懸田克躬・諏訪望・西園昌久編『人格異常　性的異常』（現代精神医学体系　8）中山書店，310p.，1981；3. シュナイデル，K.，懸田克躬・鰭崎轍訳『精神病質人格』みすず書房，260p.，1954；4. E -詫摩・依田，1974；5. ブッチャー，J. N，浅井義弘訳『異常心理学』（基礎心理学シリーズ 14）福村出版，174p.，1982；6. J-村上，1979；7. 山崎喜直『異常心理学入門』北樹出版，255p.，1987

依存性 dependency, dependancy

(1) 助力を求めたり，当てにしたり，よりどころにしたりなどの，**他者（主に，より強力な年長者）によりかかって，自分の要求を満たすためにひきおこされる行動パターン**，をいう。誰かが積極的に面倒をみてくれる保証がなければ，不全感に悩んだり，十分に働くことができなかったりすること。(2) 麻薬などの薬物摂取をやめることができなくなる状態（精神的依存と身体的依存とに分かれる）。精神療法では(1)の意味で用いる。

高橋恵子によれば，(1)の意味の依存性のあり方は次の四つに大別できる。(a)「お母さん子」にみられるように，特定の個人にだけ依存行動を向け，その個人に執拗に関心を示し，他の人々にはそれが向かない場合。(b) いわゆる，いい子ちゃんタイプの人にみられる型で，すべての人に一様に依存行動を向けている場合（これはリースマンのいう他人指向型人間に該当する）。以上の型は，従来の常識的な意味での依存性に属している。(c) 自閉的と言われる人々，頑固一徹な人々などにみられるように，すべての人間に関心を示さない場合。(d) 依存性の正しいあり方とも言える温かい関係をだれとでももてて，人間というものを信頼しているかのようにふるまえる，いわば自立的な人にみられる場合。

従来の「依存↔自立」を対概念とみる観点からは，(d)を依存性のなかに含めることには異論があるかもしれない。社会的な動物であり，相互依存の状態でしか生きることのできない運命にある人間という存在は，自立的といえる生き方を指向しながらも，心の支えとなるもの，精神がよって立つ足場を，常に求めつづけるものである，と高橋は言い，自立的とみえる人にあってさえも，内的には常に依存要求を満足させている，としている。それは，ある時には自己の「信念」という形態をとったり，「生きがい」「神」「心の故郷」という形態をとったりする。それで，依存性というのは，人間にとって常に存在しつづける重要な要求の一つだと結論している。

ハータップ(W. W. Hartup)によれば，「(依存は)人間が他の人に相対する行為に関するもので，社会的行動の一つの形式である(中略)。ある特定の行動傾向だけを指すのでなく，他人との接触あるいは養護によって生じる満足に向けられた行動のすべてにわたるものである」という。ハータップのこの定義からくみとれることは，子どもの情緒的な経験自体に，その強調点がある。依存には，「道具的」(instrumental)なものと「情緒的」(emotional or affectional)なものの二つがあることをはっきり区別する研究者もある。一方，これらの依存の概念をとらえるにあたり，動機的構成概念(motivational construct)でとらえる立場と，行動構成概念(behavioral construct)でとらえる立場とがある。どちらの立場をとるにせよ，内省や自己評価をできない乳幼児の場合には，子どもが表現している行動を観察して，実際の研究資料を得なければならない。行動観察において取り上げられる依存性の指標としては次のようなものがある。ベラー(E. K. Belleer)によれば，(1)助力を求める，(2)身体的接触を求める，(3)親近さを求める，(4)注意をひこうとする，(5)承認を求める，などである。ヘザース(G. Heathers)は，道具的依存と情緒的依存とを区別した上で，後者に属するものとして，(a)保証の欲求，(b)愛情の欲求，(c)承認の欲求，をあげている。ゲヴィルツ(J. L. Gewirtz)は，注意，承認，賞賛，身体的接触，愛撫，保証，近親感を求める，などをあげている。

依田新らは，上記の諸説を参照しながら，依存を現わす行動項目として，(i)接触を求める，(ii)注意をひく，(iii)助力を求める，(iv)承認を求める，(v)安全を求める，をあげ，それによって依存性の質問紙を作成している。青年および成人の依存的態度を測るには，エドワーズ(A. L. Edwards)のEPPSのうち恭順，救護，屈従を用いる方法，ナヴラン(L. Navran)がMMPIの項目を用いて作成した依存性尺度を用いる方法，TATを用いる方法，などがある。　　　　　　　　　　　〔緒方一子〕

⇨甘え，アルコール症，依存的人格障害，自立性，分離不安

文献　1. J-斉藤学, 1989

依存的人格障害 dependent personality disorder

　成人の初期に，世話をしてもらいたがる欲求が広範囲にわたって異常に強い性格。それが，服従的で寄りかかり的な行動や別離不安として現れる。

　米国精神医学会の精神障害分類（DSM-IV, 1994）によると，依存的性格障害とは，次の8項目のうちの5項目以上があてはまる場合である。

　(1) 他人の過剰な助言や再確認がないと，日常的なことも決定できない。(2) 自分の生活の主な部分について他人の助けがないと責任を取れない。(3) 支持や是認を失うのが怖くて，他人の意見に不賛成だと言えない。(4) 判断や能力に自信がないので，計画を先立って立てたり自分のことをしたりできない。(5) 他人の愛育や支持を得ようとして，不愉快なことでもすすんでする。(6) 自分のことをできなくなるのが心配で，一人になると不愉快になったり絶望的になる。(7) 親しい関係がなくなると，世話をしてもらったり支持を得るために，大急ぎで他の関係を求める。(8) 自分の世話を自分でしなければならなくなるのを極度に恐れている。

　書物の購入とか，論文のテーマの決定，どの服を着ようか，どの仕事に就こうか，どこに住もうか，弁当を持って行こうかどうしようかなどについて，いちいち他人の意見を聞きたがる。「一人で先に立って仕事をやれ」と言われるとできない。責任を負う地位に就くのを避け，何か決定を迫られると不安になる。社会的には，自分が依存できる狭い範囲の人としか付き合わない。過保護と，他人から優越する点とをいつも探している。「自分は無能な愚か者だ」と思い込んでいる悲観的な自信喪失者である。

　米国でアンケート調査をすると，一般住民の中に依存的性格の人が15％もいるが，実際には2～3％と考えられている。男性よりも女性が3倍ほど多いという説と，男女差はないという説とがある。末っ子に多い。依存的性格者には，気分障害（躁うつ病），不安障害，適応障害をおこす人が少なくない。依存的性格の人の80％は，他の性格障害を伴っており，境界領域とか回避性格の人が多い。不安，うつ，身体的訴えが多い人，なども多い。ことに，環境が自立を要求すると，不安，うつ，身体的不調を訴えることが多い。

　依存的性格は，以前に「意志薄弱」とか「口唇性格」とか呼ばれていたものにあたり，ホーナイ*は「不平タイプ」，フロム*は「受動的構え」と呼んだ。口唇期の乳児は，「必要なことは母親が何でもしてくれるのが当たり前だ」と思っているので口唇性格という名前がついたのである。

　1924年に精神分析学者のアブラハム*は，「乳児の口唇期に甘やかしすぎたり，甘えが足りないと依存的になる」という仮説を立てた。甘えが足りないといつも甘えを求めており，ヒルのように吸い付いて離れなくなるのだという。臨床的には，幼児期に甘えが足りないケースが多いようだ。干渉しすぎたり，気をもみすぎたりする両親が子どもの独立行動に対して厳しく育てるとこうなるのだという。たとえば，慢性疾患の患者で世話焼きが条件づけられた場合や，感情表出を制限された場合などでも，この性格が育つという。敵意とか自信過剰の表現が裏返しの形で現れたともみられる。服従は，拒否を避けることができるだけでなしに，与えられた世話に対する有罪感や負い目によって他人との結合関係をずっと維持できるという利点がある。

　社会文化的には，男性は力にもとづくヒエラルキーを強調するのに，女性は，依存・愛育・世話といった相互依存を重視する。この相互依存が不適応で歪むと依存的性格になるのであろう。6～10歳頃の子どもが受動的で依存的な性格だと，成人後に依存的性格になる可能性が濃い。服従的か支配的かという性格は，二卵性双生児よりも一卵性双生児の方が二人とも同じ場合（一致率）が多かったので，遺伝も無視できない。

　カウンセリングや精神分析，心理療法に対して依存的性格障害者は警戒心を抱くことがある。強い転移現象が見られ，依存が怒りに対する防衛反応である場合がある。自分の感情を表現することや，主張訓練法，前向きの姿勢を教

え，自尊心を高める，依存欲求を我慢させる，などが依存性を減らすのに有効である。自己決定を迫られたり自立行動を促されるなどの，不安を呼びおこす状況に対して強くなるようにさせる，などもよい。

指示性，権威的態度，再確認を与える，などは，依存や服従を強めるから禁忌である。

依存を強く押さえたり，罰したりすると，依存を失うのが恐ろしいので，その人から遠ざかってしまう。薬物療法は，不安とかうつなどの症状に対しては有効なこともあるが，依存的性格の根本に対しては無効である。〔小林　司〕
⇒甘え

文献 1. Americn Psychiatric Association: *Diagnostic and Statistical Manual of Mental Disorders*. (fourth edition, DSM-IV), Amer. Psychiat. Ass. (Washigton, D. C.), 886p., 1994；2. Gunderson, J. G. and Phillips, K. A., Personality disorders. *In* E-Kaplan, H. I. and Sadock, B. J. p. 1450-1452, 1989

偽りの自己 false self
何らかの心理，社会的な抑圧などによって，真の自己から疎外された心的，身体的状態。

心理学的な観点からは「自己」は常に何らかの意味で「偽りの自己」である。すなわち，身体的な個別性という意味では誰もが一個の自己として他者から認識されているが，その身体的な「自己」と，それを自己がどのように認識するかという問題，および身体的な「自己」と，意識する「自己」の統合としての「自己」の間には複雑な「偽り」関係がある。

この三つの自己，(身体的な自己，意識する自己＝自我，この二つを統合した自己) の相互の関係について矛盾のない状態が「真の自己」ということになる。しかしながら「真の自己」を実現することは生身の人間にはほとんど不可能に近いことであり，生きているということ自体が「偽りの自己」の原因になっているともいえる。このことを本能的(快感原則的)な自己と，社会的存在(現実原則)としての自己との関係でとらえたのがフロイト*であり，有機体(個人)の知覚的感情体験と自己概念の矛盾としてとらえたのがロジャース*であり，集合的無意識(象徴としての元型)と，それを自我がどこまで取り入れうるかを，自己の個性化の指標としたのがユング*である。

フロイトは自己をエス(Es＝本能)と自我(ego)と超自我(super ego＝良心，道徳)の層構造として構想した。人間を一個の生理的有機体としてとらえた場合，人間の生物的本能は快感原則に従って行動しようとする(緊張解除への志向)が，それは幼少年時より，両親や他者によって形成された超自我に規制される。この二者の間に立って両者の妥協をはかっているのが自我(＝自己)である。したがって，自己そのものが，生来的に偽りの自己ということもできる。人は常に偽りの自己を生きているのであるから，そこに不安が生まれるのも必然的な事態である。

フロイトは，この不安を抑圧し，偽りの自己を自己として安定したものとするためにさまざまな防衛機制が働くと説いた。すなわち，反動形成，昇華，同一視(化)，投影などである。これらの機制を発動しながら，そのことに気づかない状態こそが「偽りの自己」を生きていることにほかならない。たとえば，反動形成では，相手に憎しみを抱いているのに，それへの罪悪感のために，超自我が許容する適応的，愛情的な態度や行為を強調することがある。この場合，本人自身は相手への憎悪を自覚していない。しかし，こうした反動形成の場合，どこか不自然な誇張やわざとらしさがつきまとったり，ぎこちなさ，かたくなさなどが感じられるものである。さらに，これらの防衛機制に失敗してエスの発する欲動のために生じる不安を，他の不安に置き換えたものが神経症である。この意味で，神経症こそが最も典型的な「偽りの自己」であるともいえる。

ロジャースは，心理的不適応を次のように考えた。すなわち，人間は有機体としてさまざまな知覚的感情的な体験をもつが，これらの体験が幼少時より，形成されてきた自己概念と合致しない時，これらの体験は象徴化されえないし，自己構造の現象的な場に組み入れられず，潜在的，心理的緊張がみられる。真の自己とは，有機体としてのさなざまな知覚感情的な諸体験に対して，自己がどの程度開かれたものとしてあ

るか，また，自己概念の修正などにどの程度の柔軟性をもちうるか，によって測られるものである。ロジャースのカウンセリング理論に従えば，「自己一致」の程度のことである。したがって「偽りの自己」とは，自己一致の程度と表裏の関係の中でさまざまなレベルの心理的不適応として現れると考えられる。

ユングはフロイトやロジャースとは違って，自己(Selbst)を特別なものとみなしている。ユングは「自我(Ich)」を日常的な主観として，意識の主体（自分だと思っているところの自分）といった程度に考えている。これに対して「自己」とは個人的な内容から成るものよりも集合的無意識の核心と考えた。さらにより後期には，自我と自己とは対立的にあるものではなく，相補的(kompensatorisch)なものであり，両者で一つの全体ができていると考えるようになった。たとえばわれわれの日常生活では，「自分とはこれこれのものだ」と考えて生きているが，それに固執するあまり，ユングのいう全体的な自己という観点から離れすぎると，自分は「偽りの自己」と化して何らかのトラブルが生じてくるという。このとき相補性の原理が働いて，例えば夢の中に元型が現れて，全体的な統合性から離れすぎた自分に，自己が働きかけるということがあるという。さらに，心理療法ではこの夢にもとづいた連想などによって，真の自己への統合がはかられていくことになる。

〔原 みどり〕

⇒ありのままの自己，主な防衛機制，元型，自己一致，心理療法，不安，フロイト，防衛機制の例，ユング，ロジャース

文献 1. C-小此木，1978a；2. 梶田叡一編『自己意識心理学への招待』(有斐閣ブックス) 有斐閣，270p., 1994

異文化間カウンセリング cross-cultural counseling

「文化的背景を異にする人たちへのカウンセリング，あるいは異文化にわたる状況下で起こった障害に対してのカウンセリング」(星野，1992)。

なお，小林司によれば，カウンセリングとはクライエントに対して，面接やグループ・ワークによる言語的または非言語的コミュニケーションを通しての心理的相互作用（人間関係）により，行動や考え方の変容を試みる援助の方法であり，クライエントの人格的統合の水準を高めるための心理的方法だと定義されている。これらから，異文化間カウンセリングとは，相手の行動や考え方の変容を試みる心理的相互作用の中でも，特に文化的な面を中心として行なわれるカウンセリングだといえよう。

次に文化とは何か。これについては，文化人類学的な見方や心理学的な見方など，それぞれの立場によって違いがある。

吉田禎吾は文化人類学の立場から，文化を次の四つに分類している。(1) 特定の社会の人々によって取得され，共有され，伝達される行動様式ないしは生活様式の体系。(2) 人間が環境に適応するのに不可欠な技術や経済，生産と結びついた社会組織の諸要素。(3) キージング(F. M. Keesing)が提唱した，共有される観念の体系や概念，規則や意味の体系。または知覚や信仰，評価，通達，行為に関連する一連の基準。(4) ギアツ(Clifford Geertz, 1926～)が提唱したもので，象徴は物体や行為，出来事や性質，あるいは関係について，意味内容を表す媒介手段であり，このように，象徴的に表現され，歴史的に伝えられる意味のパターンが文化であるという見方。あるいはレヴィ＝ストロース(Claude Lévi-Strauss, 1908～)のいう，文化は「人間精神」の生み出した象徴体系である，というとらえ方。

これに対して，行動主義の創始者スキナー*は心理学の立場から，文化とは行動を引きおこし・維持する社会的強化の随伴性の集まりだと定義した。またトリアンディスは認知主義的な観点から，文化を構造物や機械類などの物質文化と，価値や態度，役割のような観念文化の二つに分類した。

このように定義された文化は地域ごと，あるいは人種ごとに異なった体系を形成しており，生活様式や規範，行動，倫理・価値観などが自分の所属する文化とは異なる文化に接触すると，人は皆カルチャー・ショックを受ける。大方の者は前向きな適応力が働いて精神的な危機

に陥る前に自然解決されるが，そうでない者は抑うつ反応やうつ病，統合失調症の症状や不安障害の症状を示すようになる。たとえば，欧米人の間にいる時には日本人の間にいる時よりも自己主張性を高めないと意志疎通が進まなかったり，反対に東南アジアや中国・韓国などでは，コミュニケーションの婉曲性や恩などへの配慮が日本以上に重要視されることはよく知られている。ピアニストの内田光子はウィーンに10年，英国に19年以上住んだ経験から「英国の気質として，人の個人性というものを認めるんです。ウィーンなんか，着る物とかお隣がピンクの靴下はいてたなんてごたごたいう人の山ですからね。英国は千差万別，普通ということがあまりない。」(「天声人語」)と言っているが，日本人から見れば，同じ欧州の国に属しながら，オーストリアと英国では，文化を生活様式という面から見た場合にこれだけの違いがあることがわかる。

日本における外国人留学生を対象に行なわれた異文化間カウンセリング活動の例として，井上孝代・鈴木康明は，次の五つを紹介している。(1) 生活や勉強面の情報提供を行なうピア・カウンセリング。(2) 異文化の理解を援助するグループ・ワーク。(3) 人間関係や情緒的な問題を援助するグループ・カウンセリング。(4) ある程度日本語が理解できる者を対象に行なわれた，自己理解を助けるカウンセリング。(5) 情緒的な問題について援助する心理・精神療法。

異文化間カウンセラーのクライエントは，まずことばのハンディキャップがあって，自分の気持ちを正確に伝えることが困難な場合が多い。したがって，カウンセラーはクライエントの文化的背景，歴史的背景を十分に理解したうえで，クライエントを十分に観察・推察し，何が問題かを気づく能力が必要とされる。なおことばのハンディを軽減するために，コラージュ療法やサンド・プレイ療法など，非言語的なアプローチを探ることや，これと平行してグループ・エンカウンター，グループ・ガイダンス，グループ・カウンセリングなど，グループを対象とするアプローチ方法を探ることも必要である。〔田中喜芳〕

⇒エンカウンター・グループ，学校への外国人受け入れ，外国人労働者，カウンセリング，カルチャー・ショック，帰国子女，グループ・アプローチ，グループ・カウンセリング，非言語的コミュニケーション

文献 1. 井上孝代・鈴木康明「留学生援助におけるカウンセリング活動の位置づけについて」異文化間教育学会第14回大会発表抄録，p.145-146，1993；2. I-井上編『現代のエスプリ』No.377，1993；3.「天声人語」朝日新聞1月3日朝刊，1997；4. 星野命『クロスカルチュア思考への招待』読売新聞社，227p.，1992；5. 森亘他『異文化への理解』(東京大学公開講座 46) 東京大学出版会，330p.，1988；6. 渡辺文夫編著『異文化接触の心理学』川島書店，242p.，1995

異文化間ストレス stress between different culture

異なる文化との出会いによるストレス。

経済発展に伴い，日本人が外国に住む機会が急速に増大し，同時に1999年末には日本の外国人登録者数は155万6,113人(法務省入国管理局，総人口の1.23％)で，日本社会では異なる文化や民族をもった多様な外国籍の人々が生活し，働いている。日本は確実に多文化，多民族国家へと移行している。

日本人が海外勤務になり家族ぐるみで移住した場合に，本人のみならず妻や子が不適応になり，ノイローゼ様状態になることが多い。生活環境の激変に加えて，ことばの壁が，不適応の引き金になっているようだ。

かつては海外駐在員に選ばれるのはエリートが多く，言語面でも国際交流経験の面でも問題のない人が多かったが，現在はより広範囲の人が海外勤務を余儀なくされている。勤務地も先進諸国ばかりではなく，地球上のさまざまな地域に及んでいる。

日本ではうさぎ小屋などと呼ばれている住宅に住んでいても，海外に出れば，庭つき，プールつき，さらに自分で運転して事故を起こすと厄介なことになるということで運転手つき，それなりの体面を保つためにメイド数人を雇うというケースも出てくる。このような生活環境の激変に加え，政治・社会面で治安が悪い，暴動，テロの不安，さらには同伴した子どもの教育へ

の配慮，日本に残してきた老親の心配，と数えあげたらきりがないほどのストレスにさらされる。

けれども，旅行者ではなく生活者として異国に暮らすことになれば見聞もひろまり，さまざまなプラスの体験もできるはずである。

異文化ストレスを克服するのは，一般的ストレスと同じことで，ストレスに面と向かって立ち向かうか，ストレスをうまくかわすか，ストレスを無視するかの三つの態度しかない。

外国へ行くと大の愛国者，日本びいきになる人と，日本をけなして先方の文化一遍倒になる人とに分かれることが多い。また，「一日も早く日本に帰りたい」と言って，飛行機をみるたびに，ああこの飛行機に乗れば日本だ……と涙ぐむ人，「もうこちらの生活が楽しくて楽しくて，帰国する気にならない」と言う人，の2パターンに分かれるとも言われている。これらの中間の道をとらないとストレスが高まる。

「泣いても一日，笑っても一日，同じ一日なら笑って過ごそう」といわれるとおり，異文化体験をプラスにとらえることが肝要である。プラスにとらえるためには，赴任前から，国際交流体験を積極的に積んでおくとよい。市民活動団体の主な活動分野についての調査が1997年に経済企画庁生活局から出されているが，社会福祉系37.4％，教育文化系16.8％，地域社会系，環境保全系それぞれ16.9％に比し，国際交流はわずかに4.6％である。

日本での国際交流体験も，最近は都道府県，市町村レベルで国際交流推進課が設置されたり，英語教師として英語国から教師を招いて各学校に配置する，などの政策がとられている。外国の学校では，現場教師とうまくコミュニケーションできないなどの問題もある。試行錯誤の段階ではあるが，おりに触れて交流体験を積んでおくといいだろう。

国際交流というと英語ができないとだめ，と思いがちだが，英語は英語国民（世界人口の17％）と一部のエリートの間で使われているだけで，一般市民レベルでは英語が通じないことも多い。英語国でないところで英語を用いて相手方の感情を害することもある。最近は経済力にものをいわせて，特にアジアで日本語を使う傾向があるが，これも相手の感情を害することが多い。言語に対する公平な考え方，言語帝国主義などという考えも海外に出る前に学んでおきたい。

また，赴任先の伝統文化を何か一つ自分のものにしてこようと計画するのもいい。アメリカに5年赴任している間にパッチワーク・キルトを学び帰国後は人に教えるほどになったとか，インドネシアにいる間にジャワ更紗（さらさ）の技法を身につけた，中国で大極拳を身につけたという例もある。学ぶことを通して，現地の人との交流の輪も広まる。日本の伝統文化のソロバンを現地の人に教えてあげて喜ばれた，茶道，華道，琴，着物などのデモンストレーションをして喜ばれたという体験を語る人も多い。

さらに，職場の同僚の他に，赴任地に同窓の先輩，同じ宗教を信じている仲間，趣味仲間などがいると，何かと力になってもらえるし，その地域に早くとけこみストレス軽減につながる。現地のエスペラント（国際共通語）仲間に着任早々，買い物の仕方から，借家の世話までしてもらい，何の不自由も感じなかったという体験をした人もいる。あるいは，地元の合唱団に入り「第九の合唱」「メサイア」を歌う，ロンドンでシャーロック・ホームズの会に入って一緒に研究をして楽しむなど，国際的に通用する趣味をもつこともいい。

海外に行った時に早く適応した人ほど日本に帰国した時に，違和感，疎外感などの逆カルチャー・ショック（reverse culture shock）が大きいといわれている。これは，日本人にマルチ・カルチャーを受け入れる素地が未熟なためで，「異文化適応への感度が低い」からである。生まれながらにして二つの言語，異民族と接するような環境に住んでいる人は，自己の文化以外に別の文化があることを体験的に知っていて，自国の文化を客観的に眺める，マルチ・カルチャーを受け入れる能力を備えている。日本ではこのマルチ・カルチャーを認識するための国際化教育，あるいは異文化教育は今まで難しいとされてきたが，国際結婚，帰国子女の教育などを通じてこの教育も可能な状況となりつつある。

他文化をあるがままに受け入れることが「国際交流」の基本的態度である。

異文化ストレスはマルチ・カルチャーの容認により緩和されるであろう。どのようにして，お互いの異文化を尊重し合い，差別なく，ともに生きられるかが課題となる。その意味からも，日本に来ている外国人ともできるだけ交流の機会をもっておきたい。〔小林洋子〕

⇨異文化間カウンセリング，カルチャー・ショック，帰国子女，ストレス

文献　1. I-井上編『現代のエスプリ』No. 377, 1998；2. コンドン, J.，近藤千恵訳『異文化間コミュニケーション：カルチャー・ギャップの理解』サイマル出版会，263 p., 1980；3. I-渡辺編『現代のエスプリ』No. 308, 1993

今 - ここで　here and now
集団が一堂に介して行うラボラトリー方式によるトレーニング（体験学習）や，カウンセリングへの実存主義的アプローチ，ゲシュタルト療法等で使用される基本的な概念用語。技法の如何を問わず，あらゆるグループ・アプローチで共通して強調される視点。「あの時 - あそこで(there and then)」に対比される用語。

Tグループやエンカウンター・グループなどのラボラトリー方式によるトレーニングでは，参加者の「今，この場」での経験と行動を基礎にして学習が進められる。すなわち，参加者が現にそこに存在し，そこに臨んでいる「その場」において生起している事実（自己・他者・グループあるいは相互関係の中におこっている事実）が学習の素材になる。「今 - ここで」の経験は，そこに参加しているすべてのメンバーにとって共通の経験であるからこそ，学習の素材となりうるわけである。ラボラトリー・トレーニングはグループ体験学習の場であり，ここでの共通の学習素材は参加者が物理的に共有している時間と空間（場）の中にしか存在しない。したがって，トレーニングは，始まりと終わりが明確に区切られた物理的時間と，日常の生活から切り離された空間のなかで行なわれ，そこでの直接的体験（「今 - ここで」の体験過程）に目を向けることが主眼とされる。

ラボラトリー・トレーニングの目的は，参加者の人格的発達であり，彼らがより一層人間らしく生きるようになると同時に，より開かれた人間として機能できるようになることである。すなわち，人間相互の信頼関係を確立する人間性の回復が究極の目的である。人格的発達とは，個人が今まで気づかなかった自己自身を発見し，かくして自己と他者および現実世界との関係を知覚することによって自己の可能性を知り，人生を積極的かつ創造的に生きていくことができるようになることである。「自己への気づき」すなわち「自己発見」は，個人の人格的成長にとって最も重要な要件であるが，ここでいう自己とは，過去や未来の自己ではなく，「今 - ここ」に生きる「ありのまま」の自己であり，それは個人のありようの変化とともに変容する可能性をもつものである。個人の人格的発達を目指すラボラトリー・トレーニングでは，過去の体験に縛られ（条件づけられ），また，未来のあるべき自己にとらわれて不自由になっている自己への「気づき（awareness）」が促され，参加者が「今 - ここで」の自己を語り，感情を表現し，行動を試み，かくして「今 - ここ」の現実を「あるがままに」生きることが勧められる。「気づき」とは，常に「今 - ここで」の発見であり，出来事であり，出会いである。われわれは，過去の体験に由来する影響やその呪縛から解き放たれ，また，未来への願望や期待に逃避することなく，なおかつ既存の知識や情報，枠組みを一時的に放下して，自由と責任を生きる実存者として「今 - ここ」の現実を主体的に引き受けて生きるとき，エネルギーに満ち，感受性が高められ，より生き生きと情感豊かに生きることができるのである。

個人の「『今 - ここで』の自己」や「『今 - ここで』の体験」という視点を重視し，強調するアプローチは実存哲学と現象学に起因している。精神分析的アプローチでは，個人の過去や生育歴などの要因が重視されるが，実存的アプローチでは過去に遡って分析することよりも，「『今 - ここで』の自己」のありように焦点を合わせる。また，「事象そのものへ(zu den Sachen selbst)」を主眼とする現象学の立場では，日常の先入観や既存の理論的枠組みを排除もしくは

留保して、「今-目の前で」生起しつつある事実に目を向け、そこから得られる直接経験を重視することが要請される。

実存的アプローチから見れば、「『今-ここで』の自己」は、「実存」と「現存在」の二つの概念から理解されるべきものである。「実存」という英語「existence」は、ラテン語の「exsistere」に由来し、「～から立ち出る」という意味である。したがって、人間が実存するということは、常に「現に今ある自己」から新しく「立ち出て」、自己の可能性を実現化するように方向づけられている存在であるということを意味する。また、人間は「現存在」として規定され、自己自身、他者、および現実世界との関連において理解されるべき存在として捉えられる。すなわち、人間は、自己を取り巻く周囲の「環境的世界」や、自己に関わりのある他者との「人間関係の世界」、それに自己に固有の秘められた「内的世界」の「なか」に生きる存在であるということを意味する。これらの「現象学的世界」は、個人が「今-ここで」知覚し、意味づけ、価値づけている世界である。実存心理学と現象学的アプローチにもとづくカウンセリングでは、カウンセラーは、カウンセリングの過程を通して、クライエントが、「今-ここで」、どのような現象学的世界に生きている人であるかを知ろうと心がける。すなわち、クライエントの現存在を、「今-ここで」、どのように彼とともに経験することができるかを考え、彼の意味づけ、価値づけ、彼の態度、および彼の選択を理解し、それによって、彼の世界を作りあげている現実をあるがままにわかろうと努力するのである。このようなカウンセラーの援助の過程を通して、クライエントは自己の現象学的世界を再構築することによって、現実の（「今-ここ」の）世界を居心地のよいものと感じるようになることができるのである。すなわち、クライエントは、カウンセラーとの関係のなかで、自己が生きる世界の意味を変えることによって自己自身を変革し、自己の行動や生き方を変えていくのである。

〔中村彰男〕

⇒エンカウンター・グループ，グループ・アプローチ，ゲシュタルト療法，Tグループ

文献　1. B-國分，1981；2. A-小林，1979；3. 竹田青嗣『ハイデガー入門』（講談社選書メチエ）講談社，284p.，1995；4. 早坂泰次郎『人間関係学』同文書院，244p.，1987；5. B-パールズ，1990

イメージ療法　image therapy

たとえば，ガン細胞に対するT-細胞の闘いをイメージすることによって，ガンを治すなどの新しい治療法を指す。

人生において、私たちが欲するもの、あるいは必要なもの、を作り出すことのできる潜在的な力が、私たち自身の心の中に存在することが現代科学によって証明されるにつれ、心と体は共鳴しており、セルフ・コントロール能力と意志力とが病気の克服に大きな影響を与えることがわかってきた。心と身体の相関関係についての研究の進展とともに、健康のための真の科学が生み出されつつある。生きることに自分が責任をもつようになると、人生の質は豊かになり、さらに深みが増してくる。イメージ療法は、健康な人にはさらに健康を、病んでいる人には救いを差しのべるためにイメージという道具を用い、自分の中の無意識を堀り起こして、一見曖昧な肉体の言語をさらけ出すことによって、目標を追及し、それを達成するという潜在的な能力を人間誰もが備えもっていることを証明する試みである。自分自身が考え、イメージし、そして感じるだけでなく、自分自身が「そうなりうるもの」なのである。私たちは、自ら自分を治す身体の驚異的な力をもっている。

ユング*は、人格の中心としてのセルフ（真の自己）の存在を大切に扱うことにより、人格の統合を通して精神の統合をはかり、「深い自分自身の中に光輝く魂の存在」、つまり子どものもつ想像力を活性化することこそが新しい第二の人生の出発点である、とした。想像力は、うつろな心に潤いを与え、失われた魂を呼び戻す力をもっており、魂に近づく事が本当の治療である。さらに、超自然現象を体験すれば、人は〔細胞〕病理学の呪いから救われるだろう、なぜなら病気そのものが超自然的な性格を帯びているからである、とも言っている。

ダンテは、「必要に迫られたものであっても、

自分の自由な意思から出たものであっても，どんな言動でもその人自身のイメージの表われであり，その人自身のイメージである以上表面に直接表われていない自己を解放しない限り何も始まらない。」と言っている。

イメージ療法の治療においては，真実を知ることが重要である。事実を曲げるのは人間同士のコミュニケーションを妨げるばかりでなく，患者自身の意識と無意識の間にも壁を造ってしまうことになるからである。病気治療の目的は，意識と無意識の壁とはまったく逆に，意識と無意識領域の間に橋を掛け，無意識に対する意識的コントロールを強くすることにあるからである。

基本的には体内を解剖学的に正しく知らなくてはならず，ときに人は体内を見るのを嫌がったり，恐れたりするが，可能なかぎり，自分の体内をイメージする「内面化」がなされなければならない。体が危険を感じたとき，人間の無意識領域は「逃げるか，闘うか」反応と呼ばれる体のシステムを通して生理的反応をすることが立証されているが，脳の中枢は実際に知覚したものとイメージによるものとの区別がつかず，受けた影響のみに反応している。

イメージ療法には，次の三つが要求される。

(1) 積極的なイメージをたくさん描くこと：ある種の力強い存在，つまり人間であれ動物であれ，意識的な意図をもち，指示によく反応するシンボルでなければならない。生命感のないシンボルは，あまり効果がない。

(2) 自我同調的であること：個人の深層にある欲望と価値に順応したイメージ（視覚化）であることと同時に「筋運動的」かつ「感覚的」であることである。つまり体内でおこっている事を自分で直接"感じられる"こと。

(3) 継続的であること：治療には，軽い痛み，絶え間ない痛み，と，痛みが付いて回る。しかしほとんどの痛みは，恐怖や緊張に対抗しようとする感情である。痛みで緊張し，その痛みに逆らおうとすればするほど，余計強い痛みとして認識され，悪循環に陥ってしまう。痛みとうまく付き合うには，嫌がらずに痛みを感じ，面倒を見てやり，さらに痛みの中に自分自身が溶け込み，拡張させ，そして痛みを別な感覚に変化させてしまうことである。たとえ一時的に苦しいものであっても，治療に対する積極的な態度，つまり痛みは本来の自分を回復するための真の助けだという気持ちを忘れず，健康な細胞は強力で，復元力があり，病害に抵抗し，それ自体で回復する力をもっているという自信をもつことである。ガン細胞は弱く，組織も乱れており，生きながらえることはできないことを知っておく必要があり，治療中は，その治療と結果に自分が加わっているのだというイメージをもつことである。

イメージ療法は，「自分とは何か，肉体とは何か，心とは何か」を問い，無意識の目標や態度を意識化させ，本来の自分に気づき，新しい生き方を意識的に選び直す手助けをするのである。またイメージ療法は，「生きる意志」の選択を迫られる，ガン治療に多く用いられている。

〔萩原たま代〕

⇒ガン，心理療法

文献 1. D-秋山, 1982b；2. D-河合, 1977a；3. D-河合, 1991；4. E-田嶌, 1992；5. J-ノリス，ポーター, 1989；6. I-水島編『現代のエスプリ』No. 275, 1990

癒す力　capacity of recovery
病気ないし病的状態や悩みから回復させる自然の回復力。

笑いの治療力を発見したジャーナリスト，ノーマン・カズンズは，医学界で「ヒーリング（癒し）」ということばがほとんど聞かれなくなったことを嘆いている。人間はもともと自分の力で病気にうちかって，健康を取り戻す力をもっている。それを抵抗力とか自己治癒力と呼ぶ。ガンや肺結核が進行し，「余命いくばくもない」と言われた患者が神様に祈ったり，フランスにある奇跡の治療泉（ルルドの泉）へ行ったりしたために奇跡的に治った症例がたくさんある。それが，どうやら「心理的にどう生きるか」ということと関係があるらしいのだ。精神免疫学の進歩によって，そのからくりが少しずつ解明されてきた。

川村則行『自己治癒力を高める』によると，自己治癒力を高める方法は次のようである。(1)

ストレスをなくす、(2) リラックスする（じつは、これがストレスをなくすいちばんよい方法)、(3) 感情を押さえつけずに素直に自分を出す、(4) 自分の心からの声に耳を傾けて自分の本来の気持ちに気づき、自分の感情を表現する、(5) 病気と共存しながらマイペースで生きていく、(6) 心の底から人生を楽しむ、(7) 毎日の生活を充実させる、(8) 生きる意志をもつ、(9) 周りとの調和のなかで無理をしないで生きる、(10) 笑う、(11) 他人を信頼する、(12) あるがままの弱い自分を認める、(13) 副交感神経系が交感神経系よりも活発になる。

精神免疫学によれば、ストレスを受けていると、免疫力が低下して風邪をひきやすくなる。たとえば、テスト期間中の大学生では、体内に進入した異物（ガンやウィルスなど）を撲滅する白血球（キラー細胞）の活動が低下している。配偶者を亡くした人は、その後の二ヵ月間免疫力が低下し、ガンなどにかかって半年か一年以内に死ぬことが多い。また、ロサンゼルス空港周辺の住民は騒音ストレスのために、高血圧、心臓病、自死が多いという。貧困、過密住宅、失業、犯罪、ホームレスなどでも病気にかかりやすいとか、英国のブリストル市で洪水の後一年以内にガンなどを発病して死亡率が高まったという事実などは、ストレスで免疫力が低下したことを示している。したがって、ストレスをなくせば自己治癒力が高まるわけだ。

特定の薬を与えられなくても、あたかも与えられたかのように、条件づけで脳は反応する。人間は自分の免疫反応を訓練できる。刺激自体よりも、過去の体験によって人間は反応する。イヌという刺激によってよりも、過去に嚙まれたことがあるか、イヌを飼っていたかなどで、われわれは逃げたり、撫でたりする。何かに強く反応しすぎると脳細胞を殺すこともある。脾臓やリンパ節の神経を取り除くと免疫反応が直ちに停止する。神経伝達物質とホルモンは免疫系に影響を与える。

電気ショックを受けるのをスイッチ押しによって防ぐことを覚えたネズミは、ショックを受ける一方のネズミよりも健康である。看護師に注射してもらうよりも、自分でモルヒネを注つ方が、モルヒネの量が少なくても痛みをより良く押さえることができる。人が自分で状況をコントロールできない時、孤独を感じる時、抑うつが激しい時に、免疫は弱まる。

カリフォルニア大学ロサンゼルス校精神医学・生物行動科学部助教授のマーガレット・ケメニーによると、喜んだり悲しんだりという感情の変化が短期間（たとえば、20分）続くと、ガン細胞などを食べるNK細胞が増えて免疫が強まるが、30分ほど静かに座っていると元に戻るそうだ。地震直後もこの細胞が増えた。感情を抑えるのは有害らしいのだ。サザンメソジスト大学のペネベイカー博士は、精神的にひどく傷ついた経験を学生に書かせて陰性感情を追体験させた。すると、免疫系の特定の機能が高まった。闘争や逃走はあまり影響がなく、むしろ抑うつが影響するという。安らぎ、愛、楽しみ、情熱、達成感、喜び、悲しみ、絶望、怒り、恐怖、苦しみ、不快、などの感情を抑えることなく、つぎつぎに受け入れるのが大事だ。一つの感情にいつまでもこだわらずに、すべての感情に心を開いてそれらをバランスよく共存させることがコツだ。感情の自己規制がよくない。森田療法では、「不安・恐怖と共存せよ」と患者に教える。不安をそのままにして、今日一日を生きがいをもって生きよ、というのだ。前向きに、目的をもって生きるのが大切になる。ガンの場合には、(a) 積極的に治療に取り組む人、(b) 自分はガンにかかっていないと否定した人、(c) 医師の指示に任せた人、(d) 絶望的になった人、の順位で生存率が下がっていくと言われ、ロンドンの王立大学医学部での10年間の調査によると、病気の回復についてプラスの態度をとった乳ガンの女性は手術後10年の生存率が70％、絶望的な態度や運命だと思った女性では25％だった。しかし、最近の研究では、「ガンなんかには負けないぞ」と闘争心を燃やすよりも「ガンと仲よく同居していこうと明るく受け入れる」場合の生存率がいちばんいいと言われるようになった。ガンをもっているという事実を素直に受け入れると、変化が可能になり、生きるためには何でもする勇気がでてくる。医療が最高の効果を発揮できるように病気に対して

患者は最善の努力をするべきだ。「生きようとする意志」が大切なのである。かりに患者が回復できなくても、自分をとがめて罪悪感をもたせてはならない。

伊丹仁朗による生きがい療法では、ガン患者に次のことをさせる。（ⅰ）自分が自分の主治医のつもりでガンと闘う。（ⅱ）今日一日を生きる目標に打ち込んで生きる。（ⅲ）人のためになることを実践する。（ⅳ）死を自然界の事実として理解し、もしもの場合の建設的準備をしておく。（ⅴ）死の不安・恐怖と共存する訓練に取り組む。ユーモア（笑い話を話す）、絵画、イメージ・トレーニング（ガン細胞を食べているNK細胞をイメージする）、社会活動を通じた体験療法も大事だという。

外科手術の後、窓の外を眺めることができた患者は、できなかった患者よりも回復が早かった。風景を見ただけでなしに、同じ乳ガン患者仲間による励ましやいたわりを受けた患者は、より良く適応し、より良い生活を送り、より長く生きた、とスピーゲル博士は言う。他人を信頼するのは、他人も同じような傷をもち、恐怖感、孤独感を抱いている時だ。いったん信頼感が生まれれば、他人の傷への配慮が始まり、癒し、癒される。ガンは取り除かれなくても、恐怖感は取り除かれる。すると、自分の話を聞いてもらう気になり、他人に自分と同じ気持ちになってもらい、硬直した気持ちから解放されれば、活力を取り戻すだろう。仮に、ガンが治らなくても、人生を失わずにすむ。人生とは、生きる長さではなく、「生きている瞬間の生き方」の問題である。生き方とは、生命を自覚し、感動し、変化し、見たり、聞いたりできることだ。「偉くなる、創造する、金持ちになる」ことではなしに、「賢く成長し、人を愛せるようになる」ことだ。

自分の偽りのない実像を見きわめると、これまでとは違った目で自分や自分の生活を見るようになる。私はまぎれもなく私で、かけがえのない独自性と、美を備えていると考えて、今の私のありかたを貫く。「自分は無価値だ」という考えを捨てて、まず自分を受け入れる自己受容が大切である。自分を愛し、治ることを信じる。

「かけがえのないユニークな人だ」と思って自分を受け入れてくれる人を人間は求めている。「自分は、愛情で迎えられ、大事にされている」と感じることが大切なのだ。受け入れられれば、活力が湧いてくる。それには、まず他人を受け入れて、その他人に自分の痛み、苦しみ、恐怖心をわかってもらうと、生きる意志が湧く。他人との交流によって孤独感が癒されると、本来の人間らしさを取り戻す。人間には、安心して身を寄せる場所が要る。安心すると、自分の実体を見られたり聞かれても抵抗を感じないで、自分のあるがままを人に話せる状態になる。「心臓の拍動を速めろ」と言われても速めることはできないが、「幽霊を思い浮かべよ」と言われると、怖くて鼓動が速まる。このように、心にイメージを描かせる心像技法（イマジェリー）を使って、安心した状態や癒された状態を創造するとよい。

褒められても、「お世辞だろう」などとひねくれて考えずに、ほめられたら大きく反応して素直に喜ぶ。叱られても「何とかなるさ」と、小さく反応して、気にしない。傷ついた自分をプラスの方向から見直す。感情にとらわれずに、意志によって楽観的に生きる。ものごとをすべてプラスに考えて、何でも良い方に解釈し、にこにこしながら暮らす。愛する対象をもつ。こういう生き方が自己治癒力を高めることになる。

そして、ときどき全身の力を抜いて筋肉をリラックスさせる。電車に乗って居眠りをして首がふらふらになっている人の首の筋肉がリラックスのお手本だ。自分は呼吸している、自分の心臓が動いている、自分の全身を感じている、ことを実感して自分の体に気づく。呼吸に意識を集中して、深く長い呼吸をするようにする。過ぎ去ったことや将来を思いわずらうことなく、ひたすら現在の「いま、ここ」に意識を集中する。これらがすべて癒しを促進するのである。〔小林　司〕

⇒生きがい，笑い

文献　1. B-オーンスタイン，ソーブル，1995；2. 川村則行『自己治癒力を高める』（ブルーバックス）講談社，190 p.，1998；3. セルビー，J.，片岡洋二訳『コンシャス・ヒ

ーリング：免疫力を高める12のイメージワーク』日本教文社，221p.，1998；4．平野勝巳『心を癒す 体を癒す：自然療法の鉄人たち』PHP研究所，237p.，1997；5．モイヤーズ，B.D.，小野善邦訳『こころと治癒力：心身医療最前線』草思社，422p.，1994；6．ワイル，A.，上野圭一訳『癒す心，治る力（実践編）』角川書店，370p.，1997

イラショナル・ビリーフ irrational belief (iBs)

「ねばならない」に代表される非論理的・非現実的思考のこと。エリス*によって提唱された論理療法の中心概念である。

論理療法においては，悩みや情緒障害・神経症の諸症状は，自分で「ねばならない」と一方的に思い込むイラショナル・ビリーフ（iBs）に起因していると考えられるとし，これらの「事実に即していない考え方」「論理的必然性の乏しい考え方」を発見し，その思考の矛盾点や非論理性を指摘し，論理的必然性のある考え方（ラショナル・ビリーフ，rB）へと修正することによって，行動の変化をもたらすことを援助の目標としている。

イラショナル・ビリーフは，「ねばならない」「なくてはならない」「べきである」「当然である」「はずである」などの表現で表され，断定的で至上命令的な文章表現として心の中で唱えられることが特徴である。

たとえば，大きな仕事を任されることになったある新入社員が，「私がこの仕事で素晴らしい業績をあげて〈当然だ〉。私は必ず成功し〈なければならない〉。もし失敗してしまったら何もかもくおしまいだ〉。もし失敗して人から非難されることになったら私は〈耐えられないだろう〉。」と不安でいたたまれなくなる，というような場合である。

日常生活において，私たちが幸福であると感じるためには，これらの絶対主義的でドグマティックな「ねばならぬ主義」から，「〈できることなら成功するにこしたことはない〉。もし失敗したら，それはとても残念だけれど，それでこの世が終り〈ということではない〉」という考え方（ラショナル・ビリーフ）へと心の中の文章記述を変化させることが必要なのである。

エリスは，イラショナル・ビリーフを次のように分類している。

(1) 受容欲求：すべての人から愛されねばならない。(2) 失敗恐怖：いつも素晴らしい業績をあげたり，どんな状況でも立派にものごとをやり遂げなければならない。(3) 非難：人が不快なことや，不正を行なった場合は，その人を非難して当然だ。(4) 欲求不満：欲求不満に陥ったり，人から拒絶されたりした時，腹が立ったり，もう破滅だ，と思ったりするのは当然だ。(5) 憂うつ：不幸は外から襲ってくるものだから，自分の力で感情（悲しみや憂うつ）をコントロールなどできない。(6) 不安：何か危険なことや恐ろしいことがおきたら，そのことに我を忘れて心を乱されたり不安に陥るのは当たり前である。(7) 怠惰：人生における困難や問題，自分の責任からはなるべく回避しているべきである。(8) 偏見の成育歴：決定的に重要なのは自分の過去であり，しかも過去において人生に影響を与えた出来事は，今にいたっても力を及ぼしている。(9) 現実拒否：何ごとにも正しく確実な答えがあり，もしすぐこの事態に対する解決策が見つからなければ破滅だ。(10) 受動的な生き方：何もせず，何の義務にも拘束されず，楽しく暮らすことこそ最大の幸福である。

さらに，エリスは，これら10の代表的なイラショナル・ビリーフを次の3種類にまとめることができる，としている。

(a) 私（自分）に関するもの：「私は成功しなくてはならない。もし成功しないと，私はどうしようもないひどい人間になってしまう。」このような考え方は無力感・無価値観・不安・憂うつの原因となるであろう。(b) あなた（他の人びと）に関するもの：「あなたは，私を公平で親切に扱わなくてはならない。もしそうしないなら，あなたはだめな人間で，罰を受けなければならない。」このような考え方は，怒り・恨み・敵意の原因となり，さらには戦争にまで発展しかねないものである。(c) 状況（環境）に関するもの：「どんな状況においても私の欲しいものは手に入らなければならない。そうでないと，とても生きていくのに耐えられない。」このような考え方は，逃避・自己憐憫・憂うつ・欲求不満の原因となるであろう。

さて，論理療法における心理治療場面において，すべてのイラショナル・ビリーフを扱い，修正するのかといえば，そんなことはない。イラショナル・ビリーフのすべてが人を不幸にするわけではなく，人を幸福にするものもあるからである。論理療法において問題とするのは，自分が要求していること，欲していること，必要だと思っていることに関する，評価的なイラショナル・ビリーフだけである。評価的なイラショナル・ビリーフは，非評価的なイラショナル・ビリーフよりも目標の実現を妨害したり，心理的な悩みの原因になりやすいからである。

論理療法家たちは，思考・感情・行動の3側面に働きかけるさまざまな技法を用いながら，クライエントのイラショナル・ビリーフを能動的・指示的に掘り下げ，症状の解消に取り組む。そして，再び不安や憂うつを感じることがあってもすぐに自分でイラショナル・ビリーフに気づき，それを修正することができるよう，クライエントの基本的な態度を根本的に変容させるよう導いていく。特に，結婚，家族，セックス・セラピーや，アルコール依存症，薬物依存症の分野で効果をあげており，今後は心理療法の場のみならず，教育・企業やセルフ・ヘルプ関係のパンフレット類による広がりも期待できよう。　　　　　　　　　　　　　〔髙橋寛子〕
⇒アルコール症，セックス・カウンセリング，ドラッグ，麻薬，論理療法

文献　1. J-エリス, 1984；2. B-エリス, 1983；3. B-エリス, 1981；4. A-國分, 1980；5. B-ゼイク, 1989；6. B-日本学生相談学会編, 1989；7. H-河合・水島・村瀬編著『臨床心理学大系』9, 1989

医療ソーシャル・ワーカー，MSW
medical social worker

医療・保健機関などにあって，病人の心理・社会的側面（生活上の諸問題）を援助するワーカー。

患者とその家族が抱える心理的問題や生活問題（医療費・生活費）について，または各種の社会資源（福祉機関，施設，社会福祉制度，社会保障など）を活用できるように紹介して，これらの問題を解決できるようにサポートするのが医療ソーシャル・ワーカー（以下 MSW）の仕事である。MSW は医療チームと協力して患者と家族が心おきなく医療を受けられるようにするために，今日の保健医療においては欠くことのできない役割を担っている。しかし，日本では MSW の身分制度の確立が十分とはいえないのが現状であり，法的資格制度の確立に向けて1989年3月に業務指針が厚生省により提示された。それによると，MSW とは，病院などの管理者の監督の下で，(1) 経済的問題の解決，調整援助，(2) 療養中の心理的・社会的問題の解決，調整援助，(3) 受診，受療援助，(4) 退院（社会復帰）援助，(5) 地域活動，の5点について，医療と福祉の連携をはかるもの，としている。

MSW が世界で初めて生まれたのは，1895年，イギリスでのことであった。次いで1905年に米国で誕生した。日本での発足は英米両国よりかなり遅れて，1919年に泉橋慈善病院（現，三井厚生病院）に2人の婦人相談員を配置して設立された。その後1925年に東京市療養所内に社会部と結核相談所が開設された。翌年の1926年には医療に恵まれない貧困患者の救済病院として設立された恩賜財団済生会芝病院に社会事業の専門的教育を受けた社会事業家として清水利子が専任の MSW として従事した。1929年には米国において社会事業教育を受け，マサチューセッツ・ゼネラル・ホスピタルの MSW に直接指導を受けた浅賀ふさ（旧名，小栗将江）によって聖ルカ病院（現，聖路加国際病院）に MSW が導入された。しかしそこでの仕事は主に結核患者への医療サービスであり，家庭訪問をなどをして医療の援助を行なったが，戦前には一般に普及されなかった。日本に本格的に MSW が導入されたのは敗戦後である。駐留していた占領軍，米軍総司令部公衆衛生局の強力な示唆にもとづき，1948年に国の公衆衛生機関である保健所に初めて MSW がおかれた。これを契機に，国立そして民間にと結核病院，療養所を中心に MSW の設置が広がった。日本の MSW の特徴は医療基盤の上に発生したものと，上記のような外来移入的なものとに分けられる。前者は医療の場ではあるが，医療とは切り離された形で

施設患者の貧困問題を相互扶助的に解決しようとする対応の中から生まれたものといえる。したがって相談者は正規の病院職員ではなく，病院とは別の慈善組織（一例をあげると泉橋慈善病院の場合は賛助婦人会），または病院で働く職員の相互組織が売店などで得た収益で人を雇い，相談に当たらせていたという。当時は福祉に対する理解が得られず，MSWに対する社会的認知も遅れていた。

しかし，最近では医療状況は大きく変化し包括的な医療へと進んできており，ターミナル・ケア（終末期医療）をも含めて全人的な医療を行なうという考え方が高まり，質的変化をもたらし，社会的期待が高まっている。それにもかかわらず，福祉の対応はきわめて遅れ，MSWの活動も，まだ十分に発揮されていない。現在，多くのMSWは，自身の仕事が社会的に意義あるものでありたいと願い，自己の仕事に誇りをもちたいと考え，患者の基本的人権を守ることの役割を自覚すればするほど，現実とのギャップの大きさに悩まされている。その一つとして社会福祉士に含まれることなく，制度的位置づけや資格を欠いていることもMSWの悩みである。1995年現在で一般病院，精神病院，保健所，老人施設，結核・ハンセン病療養所などで働いているMSWは約8,908人に及んでいる。これらMSWの質の向上も含め早期に身分補償が得られることが望ましい。〔緒方一子〕

⇒精神医学ソーシャル・ワーク，社会福祉士，ホスピス，臨床心理士

文献 1．浦辺史他編『社会福祉要論』ミネルヴァ書房，365p.，1975：2．児島美都子『医療ソーシャルワーカー論』ミネルヴァ書房，211p.，1981

インテーク intake
相談や治療に入る前に行なわれる最初の面接。

初回面接（initial interview），受理面接（intake interview）ともいわれる。

臨床における面接の種類は，大きく三つに分けられる。インテーク面接，診断的面接（diagnostic interview），治療的面接（therapeutic interview）である。インテーク面接を実施する人をインテーク・ワーカー（intake worker）という。インテーク面接は機関やカウンセラーとクライエントとの間に信頼関係ができるかどうかの第一の関門である。不安や緊張などさまざまな感情をもって来談するクライエントの感情をいかに理解し，受容するか，またクライエントのもつ問題をいかに的確に判断し，それに対応するか，高度の技術・判断力が要求される。インテーク面接は単なる「受付」と理解される場合もあるが，インテークは，後のカウンセリングを左右する重要な役割をもっているので経験豊かな優れたインテーク・ワーカーが担当するのが好ましい。

【インテークの目的】　インテーク面接は，相談や治療に入る前に行なわれる面接である。この面接では来談者の訴え（主訴：main complaint）を聞き，問題のおこり・経過，家族構成・家族との関係，生育歴などクライエントの成長・発達の過程をたどるなど情報収集により，問題を明確化し，同時にある程度の診断，ある程度の治療方針・治療計画・および面接の方針などの目処をたてることが目的である。

面接が済んだら，次回から面接がどのように進められるかを説明し，ケース・カンファレンス終了後，担当カウンセラーが決定したら窓口（受付）を通して，次回の日時についてアポイントメントを取る。

【インテーク面接から終結まで】　図は，ある相談機関で行なわれているインテーク面接から終結までの流れである。面接の流れの中でインテーク面接にもとづきインテーク・カンファレンス（intake conference）とケース・カンファレンス（case conference）の二つの会議がある。いずれも面接を進めるに当たって重要な役割を果たしている。インテーク・カンファレンスではインテーク面接によって得られたさまざまな情報をインテーク・ワーカー（カウンセラー）が治療・相談に携わる相談メンバーからなる全体会議で報告をする。この会議は，問題原因，治療方針などについてさらに検討が加えられ，相談の受理の有無（受理できない場合は他の相談機関や医療機関を紹介することもある），担当カウンセラーを決めるなど，今後の面接を左右

する重要な会議であるため，各相談機関では相当熱心に行なわれるのが普通である。ケース・カンファレンス（ケース会議）は，ケースのトリートメント（治療・援助）の成功のために行なわれる。原則としてそのケースのトリートメント（処理）に関わるすべてのスタッフと外部のスーパーバイザーが出席して面接過程の検討，方針の修正，担当カウンセラーとクライエントとの関係，情報の入手，環境整などを行なう。

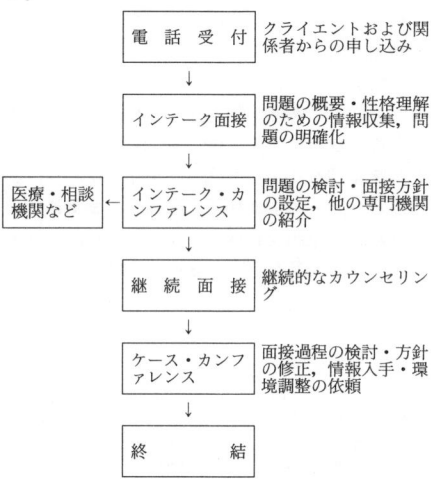

```
電話受付 ──→ クライエントおよび関係者からの申し込み
   ↓
インテーク面接 ──→ 問題の概要・性格理解のための情報収集，問題の明確化
   ↓
インテーク・カンファレンス ──→ 問題の検討・面接方針の設定，他の専門機関の紹介
   ←─ 医療・相談機関など
   ↓
継続面接 ──→ 継続的なカウンセリング
   ↓
ケース・カンファレンス ──→ 面接過程の検討・方針の修正，情報入手・環境調整の依頼
   ↓
終 結
```

インテーク面接から終結までの実際例（相談の流れ）

　正式にはインテークによって，援助を受けたいと意思表明した時に初めて，その人はクライエントと呼ばれる。　　　　　　　〔緒方一子〕
⇒ケースワーカー
文献 1．産業カウンセリング学会編『産業カウンセリング研究』No.1

インナー・チャイルド　inner child
幼かった時に傷ついた心を「インナー・チャイルド」という。

　交流分析では，これを「順応した子どもの自我状態」と呼んでいる。インナー・チャイルドを抱えたまま成人になると「アダルト・チルドレン」になってしまう。これは，成人でありながらも，「親の自我状態」や「成人の自我状態」が欠けていて，「子どもの自我状態」にとどまっている人を指し，その「子どもの自我状態」にも問題が未解決のまま残っている人になってしまう。

　交流分析の項目でも説明されているように，心の状態は「親の自我状態」「成人の自我状態」「子どもの自我状態」から成り立っている。人はこれら三つを無意識のうちに使い分けており，他の人が観察すると，その瞬間にどの自我状態にあったかがわかる。「親の自我状態」は，幼い頃に親役割を親像から取り入れた心であって，他人や自分に対して親のように行動している状態である。「子どもの自我状態」は「自由な自我状態」と「順応した自我状態」とに分かれている。

　ユング*は，交流分析における「自由な子どもの自我状態」を「ワンダー・チャイルド（すばらしい子ども）」と呼んだ。これは，文化や親のしつけによって汚染されていない子どもの心である。これは創造的で，明るく生き生きした快活な心であって，これが傷つくとインナー・チャイルドを抱えることになる。成人では，腹を抱えて大笑いをする時，創造的・自発的な時，不思議なものを見て畏怖の念に駆られる時，などに「ワンダー・チャイルド」が現れる。

　トラウマ（心理的外傷）によって傷つけられたインナー・チャイルドをいつまでも隠しもっていると，かんしゃく，過剰反応，依存症，依存的な育児，結婚の失敗，人間関係の破綻，他の人と付き合うことができない，過度のていねいさ，柔順さ，ふくれ面，子どもっぽい話し方をする，などの症状が出てくる。

　どんな親が子どもの心を傷つけるかというと，子どもの発達段階に応じた依存欲求を無視する，あるがままの子どもを愛さない，子どもを虐待する，見捨てる，依存的，衝動的，感情をコントロールできない，または社会的に未熟な親，である。

　たとえば，子どもがピアノをうまく弾いて母親の自慢の種になった時のような，母親を喜ばせた時だけしか，子どもを愛さない母親，あるがままのわんぱくな子どもを一度も愛したことのない父親，などもこれに含まれる。家族システムの機能不全にもとづく各成員の役割がはっ

きりしていない（子どもが親の役割を努めねばならないなど）場合も子どもの心に悲しみを与える。

子どもにとっては，抑うつ，怒り，自責，恥，孤独感，を感じ取ることが大切である。それらは，抑圧（見なかったことにする），切り離し（忘れたことにする），投影（自分にではなしに他人におきたとしてしまう），転換（代償的に食べたりセックスしたりする），極小化（たいしたことはないとしてしまう），置き換え（他のことがおきたとしてしまう），否認（おこっていないとしてしまう）などの自我防衛規制によって，感じられなくなっている。

機能不全家庭に育った子どもは，情動を抑制することを，次の三つの家庭環境から学び取る。(1)親が反応しないか共感しない。(2)情動の区別や表現についての健全なモデルがない。(3)情動を表した時に辱めや罰を受ける（「大きな声を出すと，ぶつわよ」）。これらをなくすことが，インナー・チャイルドの予防につながる。

子ども時代のストレスへの反応によって感情や記憶，信念を介して中核となる問題（コア・マテリアル）が作られ，その後のすべての体験はこの問題を通過することになる。うまくいくはずがない相手ばかりを選んで恋愛を繰り返すとか，心的外傷体験（トラウマ）を反復経験する人生を送る，などがその好例である。この「過去を繰り返す衝動」をフロイト*は「反復強迫」と名づけたし，アリス・ミラー（Alice Miller, 1923〜）は「論理の非論理」と呼んだ。これを自覚することも大切である。

幼時のトラウマが癒されずに，傷ついたインナー・チャイルドを心の中にもったまま大人になると，瞬間的に冷凍保存されたトラウマがいつまでも新鮮さを保っているから，その人を苦しめる。そのトラウマ体験を解凍して，普通の心の中に消化吸収させるのがインナー・チャイルドを癒すコツである。現在も心の中で生き続ける過去を，もはや過ぎ去った過去の物語に変えてしまう操作だ。トラウマとなった体験を消すことはできないが，人生においてのトラウマの意味づけを変えることはできる。

これには三つのRが必要だと言われている。

再体験（Reexperience，トラウマとなった体験を心の中によみがえらせること），解放（Release，よみがえった感情や感覚を外部に発散する），再統合（Reintegration，トラウマとなった体験を排除しないで，自分の過去の物語りにしてしまう）である。職場でおきた嫌なことを配偶者に話すと胸がスッとする経験を誰でももっているが，あれが3Rの見本だと思えばわかりやすいであろう。

悲しみはグリーフ・ワークによって癒される。なだめる，慰める，苦痛を確認する，子どもの各発達段階で必要だったのに与えられなかったストロークや養育を今から与える，などによって，悲しみの氷結が解け始めると人々は泣き出す。これらのインナー・チャイルド・ワーク（治療）を受けると，心が急速に深部で変わり，創造性とパワーが生まれて，「故郷へ帰ったような気分だ。人生が変わった」などと感じ，インナー・チャイルドを克服できるようになる。

〔小林　司〕

⇒アダルト・チルドレン，グリーフ・ワーク，交流分析，ストローク

文献　1. 西澤哲『子どものトラウマ』（講談社現代新書）講談社，220p.，1997；2. ブラッドショー, J., 新里里美監訳『インナーチャイルド：本当のあなたを取り戻す方法』日本放送出版協会，432p.，1993

インフォームド・コンセント　informed consent

医療において患者が受ける手術や治療について医者から十分に説明を受け，納得したうえで患者がそれに同意すること。

1990年に日本医師会はこのインフォームド・コンセントに対して「説明と同意」という訳語を当てた。しかし，この訳語では主体は医師であり「医師が説明をして患者が同意する」という形をとってしまう。そうではなくて，あくまでも主体は患者にあるという考えのもとに，患者の自己決定権と医療記録（カルテ）の開示を求める市民運動の展開をうけて，1992年には日本弁護士連合会が「患者が正しい説明を受け，理解したうえで，自主的に選択・同意・拒否できること」という解釈を打ち出した。

どこに視点をおくかで,解釈も異なってくる。現在はカタカナをそのまま使うことの方が多い。

「患者の権利」という考えは1970年代にアメリカに確立されて,西欧諸国に波及し,1990年代になってから日本でも考えられるようになってきた。それまでは医師と患者というのは対等の関係ではなく,お医者様と患者という一種の上下関係をもつものであった。

また,「患者をわが子を思う気持ちで診療する」というパターナリズムが日本古来の伝統「医は仁術」と結びついていた。これは,「医師は親,患者は子」という考えで,ややもすれば,医師の独善的判断が先行し,患者の権利は守られない一面もあった。

そこで,この日本的なパターナリズムを廃し,「医師と患者の対等な関係」を作ろうというのがインフォームド・コンセントの目指すものである。

具体的には患者の自己決定を次のように要約できる。(1) 自分の医師を自由に選ぶ。(2) 医師の説明でわからないことがあったら,納得するまで質問できる。(3) 十分な説明を受けた後に,治療を受けるか,または拒否することができる。(4) 医師に同意を与えた後でも,考えが変わった場合には,同意を撤回したり変更を求めることができる (秋山,1994)。

さらに,治療方法の選択にとどまらず,過剰な延命治療を拒否すること,ターミナル・ケアをどのように受け入れるかなど,かけがえのない自分の人生の選択までをも含めなければならない。

「ガンの告知」から端を発し市民運動として展開されてきたのだが,患者には「知る権利」もまた逆に「知らない権利」もある。「あなたが,ガンの場合,告知されたいか,されたくないか」「もし告知を希望するなら一人で説明を聞きたいか,家族と一緒がいいか」等をあらかじめ質問する病院もある。

医師が方針としてインフォームド・コンセントをかかげ,すべての患者に薬の副作用から,治療のリスクなどを細々と説明していたら,患者が来なくなって経営が成り立たなくなったという話もある。医学知識をもっていない患者がどこまで自分の治療方針を自己決定できるのかも,問題となってくる。

いっぽう,患者の中にはインターネットを駆使して自分の病気の最新情報から,最新治療法までを検索する,患者自身がホームページを開き自分の病状を公開する,といったことも次第に進んでいる。ハイテク技術を使えば,地元にいながらにして,大学病院などのその病気に関する専門家の意見をきくことも可能になってきている。一人の医師の意見に従わず,別の医師からも意見を求める「セカンド・オピニオン」も次第に普及している。かつて,カルテは万が一患者の目にふれても内容がわからないようにドイツ語で記されていたが,現在ではドイツ語や英語で書かれているカルテでも目にすれば理解できる患者は多い。①患者の自己決定権,②自分の情報を知りうるのが当然,という現代社会の要請からもカルテの開示を法律で定めるということが検討されている。

カルテ開示をすでに行なっている医療現場からは「カルテ開示により患者が医療チームの中心となった」「相互信頼感が生まれた」という意見が寄せられている。それでも,「ガン告知」を希望しない患者にはカルテを分冊する,精神科のカルテは例外とするなどの配慮がなされ,全面的な開示はむずかしいようだ。

臓器移植法が制定され,実際に1999年には日本で始めての脳死段階での臓器提供,移植手術が行われた。こういう場合の提供者と被提供者へのインフォームド・コンセントはいかにされるべきか,などもカルテ開示の問題とならんで,今後の重要な課題となるだろう。〔小林洋子〕
⇒クオリティ・オブ・ライフ,セカンド・オピニオン,リビング・ウィル

文献 1. 秋山秀樹『日本のインフォームド・コンセント』講談社,214p.,1994；2. 福祉士養成講座編集委員会編『社会福祉原論』中央法規,297p.,1999；3. 中村雄二郎『術語集 II』(岩波新書) 岩波書店,214p.,1997；4. 森岡恭彦『インフォームド・コンセント』(NHKブックス) 日本放送出版協会,219p.,1994；5. 平成の患者学：シンポジウム「カルテ開示をめぐって」朝日新聞3月12日付,1999

インポテンス impotence

(1) 勃起障害を意味することが多いが，(2) 膣内射精障害，(3) 性欲低下症，(4) 早漏，などの男性の性障害すべてを指すこともある。

インポテンスの定義は諸家によって異なり，混乱がみられている。今川らは「インポテンスは勃起が不十分なため，満足な性交ができないもののみをさす」と提唱し，支持されている。しかし，この勃起障害の他に男性の性障害すべてを包含してインポテンスとみなす暗黙の了解が残っていることも事実である。このようにその概念があいまいであることと，男性の能力や活力を否定した侮蔑的な用語であるという理由で，女性の「frigidity（冷感症・不感症）」とともに診断学的には死語になりつつある。

ここでは，過去13年間の筆者の外来統計（次の表）から，インポテンスの概念に該当していると考えられる5疾患についてその原因と治療法を述べることにする。

性障害の診断分類（1984～1997）

1. 勃起障害	366(例)		44.3(%)
2. 膣内射精障害	73		8.8
3. 性嫌悪症	67	(うち男性例は12例)	8.1
4. 性欲障害	65		7.9
5. 性交疼痛症	54		6.5
6. 早漏	31		3.7
7. 性転換症	30		3.6
8. オーガズム障害(女性)	15		1.8
9. 腟痙	11		1.3
10. 性同一性障害	6		0.7
11. パラフィリア	6		0.7
12. その他	103		12.5
計	827例		

「12. その他」には，アメリカ精神医学会の精神障害分類（DSM-IV）の性障害には該当しないが，性的問題が主訴となっている性格障害による性的回避（49例）や，夫婦間葛藤（24例），同性愛（15例）などが含まれている。

【勃起障害】 心因性勃起障害について述べるが，血管性や神経性，あるいは内分泌性の勃起障害との合併も少なからず存在することを念頭におかなければならない。さらに薬物，アルコール，タバコなどによる外因性勃起障害の可能性を問診により除外しておくことはいうまでもない。

心因性の病因のうち，一番高頻度にみられたのは「予期不安」である。「今夜はうまく性交できるだろうか」という不安がこれである。失敗が繰り返されることで，性交時になるとこの不安が同じパターンで出現し，条件反射的に勃起を損なってしまう。

最近増加している「パニック発作」も一因になっている。突然動悸息切れ，発汗，四肢の硬直などに襲われ，死の恐怖を体験した人は，性交時の動悸や息切れがパニック発作を誘発してしまう不安から勃起を損なってしまう。

「不妊外来」で排卵日にあわせた性交を指示されたことで，性欲を伴わない生殖を目的にした性交に抵抗を示し，勃起障害を発症することがある。

「ターン・オフ（turn off mechanism）」を提唱したのはカプラン（Helen S. Kaplan, 1929～）である。性的に欲望し，興奮して，オーガズムに至るという自然な流れを，無意識のうちに「スイッチを切って」しまう現象である。興奮相の状況下で翌日の仕事のことや，パートナーの身体的欠点などに意識を集中させたとすれば，男性は勃起障害，女性であれば潤滑不全に陥ることになる。

治療法として器質性障害に対しては，動静脈の手術療法やプロステーシス移植法，補助器具療法などが行なわれている。心因性インポテンスに対しては，従来の心理療法の他に，コミュニケーション・トレーニング，感覚集中訓練，ノン・エレクト法，自律訓練などが多く用いられている。薬物療法では，プロスタグランジンE_1の局所注射が有効性が高かったが，最近アメリカではより侵襲性の少ない同製剤の尿道坐剤や，クエン酸シルデナフィル（商品名：バイアグラ）の内服剤がFDA（米連邦薬務局）の許可を得て用いられている。日本でもバイアグラが発売された（1錠1,100～1,300円）。

【膣内射精障害】 遅漏の一型であり，自験例では次のような病因が認められた。

(1) 非用手的マスターベイション：手を使わないマスターベイションを続けていたため，その方法でないと射精反射が作動しなくなったものである。多くはシーツにこすりつけたり，布団や枕を股間に挟んでこする方法をとっていた

が，なかには畳や週刊誌のヒンヤリした感覚が射精のために欠かせない要因になっているものもある。これらに対する治療は，慣れ親しんできた刺激から手での刺激によって射精可能になり，さらに腟内で可能にするための性的訓練を重ねていく。具体的には，のりのきいたシーツから柔らかい布に，次いでガーゼに変え，枚数を減らしていき，手へと移る。

(2) 一人でないと射精できない：「そばに誰かいると気が散って射精できない」というものが多いが，これは不安や羞恥心などの葛藤や不必要な感情の高ぶりなどが射精反射を抑制し，解放できなくなっている状態である。治療的には，その不安を系統的に脱感作していく。妻の協力を得て，マスターベイションの時の2人の物理的距離を次第に近づけていく。具体的には，妻が隣室にいて射精する→同室で離れている状況で→ベットで背を向けて→妻の手を添えて→腟のそばで→射精寸前に挿入，という項目を用意しておき2人の親密さや性的熟練度に合わせてどこから練習を始めるべきかを検討する。

(3) 強すぎるグリップによる締めつけ：マスターベイションを想定してペニスに対するグリップ（握る力）を握力計で測定してみると，この群は10kgを超えている。これに比べて対照群では4.25kgであった。彼らは射精に必要な刺激が腟からは得られていなかった。治療法としては，マスターベイションでのグリップ力が弱くても射精できるよう慣らしていくことと，妻に伸展位をとることや，ブリッジテクニック（快感増強のための橋わたし技巧。性交と同時に，パートナーをオーガズムにもっていくために性感の強い箇所を刺激すること）のアドバイスも与えている。

この他にみられた本症の病因として，よくよく聴いてみると「子どもを欲しいと思っていない自分に気づいた」という子孫拒否や，ゴムや皮製品のにおいがないと射精できないというフェティッシュな症例も認められている。

【性欲低下症】　性欲を低下させる要因はさまざまであり，それに応じた治療的対応が必要であるが，鑑別診断が必要なのはうつ病性の性欲障害で，うつ病の治療を優先させなければならない。日常臨床でよく見うけるのは，勃起障害を主訴に来院した者のなかに，勃起の前段階である性欲相が障害されている場合が多いので注意を要する。

性欲低下の病因で頻度の高いのは，慢性疲労状態に伴う軽うつ状態である。これらは，うつ病としての治療は必要ないが，気分もすぐれず，意欲も低下しており，クライエントは休養をとることを希望し，疲れる性行為などもってのほかだと考えている。

治療的には，心理療法単独では，困難な場合が多い。性的空想やポルノグラフィーによる性的刺激を性中枢に与えながら行なう感覚集中訓練や男性ホルモン補充療法が有用である。

【早漏】　早漏の定義は時代によって変化してきているが，最近では，「本人が望む以前に射精がおきる場合」とされている。

病因には，早く射精をすませてしまおうとするマスターベイションや性交の習慣による条件づけと，何らかの心理的要因の関与があげられる。いずれにしても治療的には性感覚の過敏性を変化させなければならない。そのためには，ストップ・スタート法が有用である。これは，自己刺激またはパートナーの手や口の刺激で，射精寸前の独特の感覚をよく把握できるようにして，その感覚が得られたらストップし，興奮が少し消退したら再び刺激をスタートする。4回目に射精する。刺激は，手→口→乳液を使った手→腟と段階をあげていく。重症例には射精反射がおこりそうになったら亀頭部をにぎりしめるスクウィーズ法やチオリダジン少量投与の併用も行なう。

【性嫌悪症】　症例数は女性ほど多くはないが，最近増加傾向にある。自験例の12例はすべて，獲得性，状況性，心因性である。すなわち，ある時からパートナーとの場合だけに性交できなくなった例で，原因は愛情の型の変化である。従来の男女愛から家族愛や肉親愛に変化したため，パートナーが性の対象ではなくなり，性的状況になると近親姦恐怖が生じて，生理的に拒否してしまう。

治療抵抗性がきわめて高く，長期精神療法によって治癒した者はまだいない。本症を恐怖症

の一型と考えて，抗うつ剤を投与しながら行なった脱感作療法や，プロスタグランジンE_1の局所注射による挿入訓練などで数例が治癒している。

〔阿部輝夫〕

⇒うつ状態，恐怖症，系統的脱感作法，自律訓練法，マスターベイション

文献 1. A-阿部, 1997；2. 阿部輝夫「性と心身医学：男性の側面から」『心身医学』, 38(4), 247〜257p., 1998；3. J-カプラン, 1991；4. 白井将文監修，三浦一陽・石井延久編集『性機能障害』南山堂, 283p., 1998；5. Stolar, M.: *Viagra and You; New Treatments for Pobency and Sexual Health.* (Berkley Health) Berkley Books (New York), 230p., 1999

うつ状態　depression

不眠，自発性減退，ゆううつを主症状とする状態。

現代は「うつ病の時代」だと言われる。1970年ごろからうつ病が激増し始め，精神障害者のトップを占めている。

欧米では人口の15〜30%の人が生涯のいつかにこの病気を経験するから，すべての家庭が少なくとも1人のうつ病患者をもつことになる。米国，カナダ，北欧では，特に若者と女性にふえており，日本でも青年にふえつつある。これに対して，躁とうつの波を繰り返すタイプは，一生で見ても1〜2%と少ない。

遺伝については，躁とうつを繰り返す場合に，染色体異常が発見された。双生児が2人とも発病する一致率を調べると，一卵性で68%，二卵性で23%と差があるので遺伝の関与を疑わせる。しかし，うつだけを繰り返す場合については不明である。

うつ病にかかりやすい人の性格的な特徴は，きちょうめん，勤勉，良心的，義務感が強い，誠実，仕事熱心，徹底，融通がきかない，といった模範社員タイプのきまじめ人間である。自己卑下や依存的，未熟，強迫的，見えっ張り，自分を憎む，なども危ないし，有罪感や身近な人を失った悲しみも発病の引き金になる。幼時に親が死んだり別居したりした人が成長後にうつになりやすいともいう。性格を変えることが，予防につながると考えられている。

表1 大うつ状態（major depressive episode）の診断基準（DSM-IV-TRによる）

(a)を満たせば「大うつ状態症候群」である。

> (a) 下の症状のうち少なくとも5つがそろって2週間持続する。しかも，その1つは，抑うつ気分または興味や喜びを失った状態である。
> (i) ゆううつ気分（ほぼ終日，ほとんど毎日）。
> (ii) 興味または喜びが著しく減弱。
> (iii) 体重とか食欲の減少または増加（1カ月で体重の5%以上）。
> (iv) 不眠または眠りすぎが続く。
> (v) ほぼ毎日，精神的原因による運動減少または増加がある（落ちつかぬとか動きが鈍ったという主観的感じだけでなく，他人から見てのもの）。
> (vi) ほぼ毎日，疲れやすく無気力な状態が続く。
> (vii) 自分はだめな人間だと思う，あるいは過剰ないし不適当な有罪感（妄想のこともある）。
> (viii) 考えられない，集中できない，決断できない，がほぼ毎日続く。
> (ix) 死ぬことを繰り返して考え，特別の計画もなしに自死を考え続けたり，自死を試みたりする。
>
> (b) 躁とうつの混合発作でないこと。
>
> (c) 日常生活や仕事にさしさわる。
>
> (d) 薬物や向精神物質の影響によらない。
>
> (e) 死別反応ではない。

うつ病の病状は，ゆううつ気分，興味やよろこびが減る，食欲異常，睡眠の増減，動作がおそくなる，落ち着かぬ，疲れやすい，自分が役立たずとか有罪とか感じる，集中困難，自死を考える，などだ。表1に米国精神医学会のDSM-IVによる，大うつ状態の診断基準を示しておく。朝に悪化，早朝覚醒があると「メランコリー型」と呼ばれる。表2の「チェックリスト」に記入した場合に〇印が右列に多数並ぶほど病状がより悪いことがわかる。

秋から冬にかけてゆううつになり，疲れ，眠りすぎ，大食，甘いもの好き，いらいら，対人関係がうまくゆかぬ，などの症状を示すのは「季節うつ病」であり，その80%は女性である。日照時間の不足が原因だ。治療として日の出前と日没後に2〜3時間ずつ，2,500ルクス（ふつうの室内灯の約200倍明るい）の蛍光灯をつけた小部屋に入れると，2〜4日後に軽快する。しかしこの照明治療をやめると2〜4日で再発す

表2　気分状態のチェックリスト

記入日　　年　　月　　日

氏名　　　　　（男, 女）　歳

これはあなたの現在の状態をチェックするためのリストです。面接時の参考にしたいと思いますので、一日のうちでどの程度感じているかを、該当する項目に〇印を記入して下さい。

	殆どない	たまにある	ときどき	殆どいつも
1. ゆううつな気分、暗い感じ				
2. 特に午前中　気分が重苦しい				
3. お先まっくら、絶望的				
4. むなしい毎日だ				
5. 死んでしまいたい				
6. すべてがつまらない、面白くない、笑えない				
7. 何事にも興味がもてない（ニュースを見なくなった）				
8. おっくうで、やる気がない。無気力				
9. 根気が続かない				
10. 決断力がない				
11. 頭が回転しない、考えがまとまらない				
12. 自分はだめな人間だ、と感じる				
13. 他人に会いたくない				
14. 淋しい、誰か傍に居てほしい				
15. 悲しくなる				
16. 涙もろくなった				
17. 不安				
18. いらいらする、落ち着かない				
19. 頭が重い、頭が痛い				
20. 眠れない（眠りに入れない、朝早く目ざめてしまう、熟眠できない）				
21. 食欲低下				
22. 性欲低下				
23. 体重減少				
24. 便秘				
25. 脈がはやく、胸がドキドキする				
26. 疲れやすい				
27. 動作がおそくなった				

る。副作用のいらいらがおきたら照明時間を短縮すればよい。

　その他のうつ病の治療は、主に抗うつ薬による。イミプラミンなどの3環系抗うつ薬は食欲不振、不眠、意欲減退を伴うケースに50〜85%有効だが、心臓病の人には使えない。よくなってから半年か1年は服薬し続けないと再発する。

　炭酸リチウムを飲み続けると波が小さくなって、うつの再発を防ぐ。しかし、めまい、ねむけ、落ち着きのなさ、錯乱、けいれん、尿失禁などの副作用があり、死ぬこともあるので、リチウム中毒に陥らぬように用心しなければならない。

　睡眠遮断法は即効がある。21時から夜中の1時まで眠らせ、あとは眠らせないでおくと1週間くらいは軽快が続く。この方法を併用すると、薬物療法の効果が強まる。Lトリヨードサイロニンやサイロキシン、抗けいれん薬のジフェニルヒダントイン、カルバマゼピンもうつに効くことがある。これら薬物の作用を調べることにより、脳内の神経刺激伝達物質、ことにノルアドレナリンやセロトニンがうつ病に関係しているらしいことがわかってきた。　　〔小林　司〕
⇒アパシー、五月病

文献　1. I-風祭編『こころの科学』No.7, 1986 ; 2. J-広瀬, 1990 ; 3. E-Gelder et al., 1989 ; 4. E-Kaplan & Sadock, 1989 ; 5. E-Talbott et al., 1988

運転酔い　⇒乗り物酔い

運動性構音障害　dysarthria

発声・発語筋の運動異常によって引きおこされる話しことばの障害。

　原因は、中枢および末梢神経系の損傷によって発声・発語に関わる諸筋のマヒ、筋力低下、運動速度の低下、協調運動の障害、筋緊張の異常などであり、その結果、呼吸、発声、共鳴、構音、プロソディー（韻律）に異常をきたす。発声・発語器官の形態異常や心理的原因によるものは含めない。したがって、口唇・口蓋裂、不正咬合、歯牙欠損、その他の先天的・後天的な口腔・顔面の異常、吃音、心因性の失声、また、構音の発達障害を除外する。

　正常な発声・発語のメカニズムは、以下の通りである。声門は呼吸時には開いているが、発声時には閉じて声門下圧を高め、肺からの呼気流を断続的に放出して喉頭原音を生じる。発声によって声帯は、さざ波状に振動するが、声門

閉鎖の強さと時間，声帯の長さによって声の強弱，高低が決まる。次に，声道内の可動な部分（口唇，舌，下顎，軟口蓋）の働きで喉頭原音を意味ある言語音に変える。すなわち軟口蓋の動きが鼻音・非鼻音といった共鳴特性の調節をし，舌は声道内に狭めや閉鎖を作って気流を変調し，新しい音源を作る。これが構音で，構音の場所と方法により，さまざまな音が産生される。

発声・発語器官の検査は，静止時の形態と運動時の可動域，対称性，精度，速度，リズム，安定性，および筋緊張を調べる。声については，発声持続時間を測り，声の高さ，強さ，および声質を評価する。構音は，日本語のすべての音節について検査し，それらを含む単語や短文を用いて復唱，音読にて検査する。そして，語頭，語中，語尾といった語の位置による構音の安定性も見るようにする。プロソディーは，自由発話や，一定時間内に1音ないし3音を速くたくさん繰り返す検査や，長文の音読などによって調べる。さらに，発話の全体的印象として，会話明瞭度を5段階で評価する。

運動性構音障害は，病変部位によって次の六つの型に分類される。

(1) 弛緩（しかん）性構音障害：下位運動ニューロン，すなわち脳神経の体性運動核と脊髄前核から末梢の筋繊維に投射される間の神経の損傷によっておこり，球マヒと呼ばれる。声門の開閉や軟口蓋の動きを支配する迷走神経，下顎の運動を調節する三叉神経，口唇の動きを調節する顔面神経，舌の動きに関わる舌下神経にマヒや筋力低下をおこすため，すべての音が鼻にかかってしまう開鼻声，ささやき声のように息漏れのする気息声になり，子音は歪み，発話が全体に不明瞭になる。重症筋無力症では，球マヒの症状の他，発話が長くなるにつれて発話筋の疲労が明らかになり，異常が増大するのが特徴である。

(2) 痙（けい）性構音障害：上位運動ニューロンといって延髄より上の大脳神経核に投射する部分の神経の損傷によっておこる。多発性あるいは両側性の脳卒中により両側の大脳皮質が損傷を受けた場合や，脳性マヒなどがその原因となっている。舌の萎縮が認められない他は，症状は球マヒと類似しており，仮性球マヒといわれる。子音の歪み，ざらざらした感じの粗糙声，絞り出すような努力声が特徴で，発話速度は遅くて短く途切れ，声は一様に低く，翻転がおこることがある。

(3) 失調性構音障害：運動の力，速度，範囲，タイミングなどの調節に関わる小脳の損傷でおこるもので，運動の不正確さ，速度の低下，筋緊張低下を特徴とする。その結果，呼気圧，声の高低・強弱，速度，発話のリズムに乱れがおこり，構音は母音・子音とも不規則に崩れ，通常は強勢のない音節に過剰な強勢がかかったり，音素間が引き延ばされたりしてプロソディーが平板化する。

(4) 運動低下性構音障害：錐体外路系の障害で，原因疾患はパーキンソン症候群があげられる。大脳基底核の変性で，ドーパミンが不足し，黒核の色素脱失が目立つ。運動範囲は著しく制限され，運動の開始が遅れる。声は高さも大きさも一様で，強勢は減弱し，プロソディーが単調になる。短い発話が連発され，発話は徐々に加速されていく。そして不適切な沈黙がおこる。

(5) 運動過多性構音障害：線状体におけるアセチルコリンの不足によっておこる。代表的な疾患は，舞踏病である。声の大きさの過度な変動，発話速度の変動，間隔の遷延などが主な特徴である。また，これよりも緩徐型のジストニーでは，ゆっくりした付随意運動が特徴的で，声の大きさが大きくなったり小さくなったりと交互に変動し，声の震えや途絶が見られる。

(6) 混合性構音障害：主に次の三つの疾患でみられる。(a) 筋萎縮性側索硬化症（ALS）は，上位運動ニューロンと下位運動ニューロンの両方の進行性変性疾患である。発話の遂行に使われるあらゆる筋群の重度な障害が認められ，母音・子音の歪み，発話速度の低下，短く区切れた発話などの異常度が他のどの神経疾患よりも強い。(b) 多発性硬化症は，大脳の白質の炎症によっておき，声の大きさの調節の障害，粗糙声，構音の障害などを特徴とする。(c) ウィルソン病は，銅の代謝異常から進行性レンズ核変性がおこるもので，失調性，痙性，運動低下性の混合した症状がみられる。

以上の障害は，神経内科の医師が診断をし，臨床言語士が詳しい検査と訓練を行ない，また，コミュニケーションの代用手段も指導する。

〔今村恵津子〕

⇒機能的構音障害，口唇裂・口蓋裂

文献 1. ウィニッツ，H.編，船山美奈子・岡崎恵子監訳『臨床家による臨床家のための構音障害の治療』協同医書出版社，280p.，1993；2. 笹沼澄子編，柴田貞雄・森山美子『言語障害』（リハビリテーション医学全書 11）医歯薬出版，406p.，1975；3. ダーレー，F.L.・アロンソン，A.E.・ブラウン，J.R.，柴田貞雄訳『運動性構音障害』医歯薬出版，209p.，1982

運動酔い ⇒乗り物酔い

エイズ，後天性免疫不全症候群 AIDS, <u>a</u>cquired <u>i</u>mmuno<u>d</u>eficiency <u>s</u>yndrome（英）；SIDA（仏）；AIDS（独）

ことに性的接触や血液接触によって，HIV（ヒト免疫不全ウイルス，<u>H</u>uman <u>I</u>mmunodeficiency <u>V</u>irus）の感染のために，HIV感染者の10～50％にあらゆる免疫がなくなる病気。

「エイズはカリニ肺炎で死ぬ体の病気だ。精神とは関係ない」と思っている人が多い。ところが，そうではない。知情意低下症（ボケ）が早期に始まるし，感染したのではないかという不安や，感染と判定されて数年以内に死ぬ可能性が高い人のおののき，社会から差別されることによる心理的圧迫など，エイズはメンタル・ヘルス上の大きな問題になってきている。それも，HIV感染者が人口の7％のところもあるという恐ろしさだ。米国の男優ロック・ハドソンがエイズで死んでから，エイズの脅威が注目されるようになった。

全世界の感染・患者生存者総数は3,430万人，1999年の新たな感染者は540万人，同年のエイズによる死者は280万人で，累計のエイズ死者は1,880万人に達した。エイズにより両親を無くした子どもたちは1,320万人におよぶ。患者の90％は，アフリカ，中近東，南・東南アジアにいるので，この地区での対策が必要である。南アフリカには，430万人の感染者がおり，毎日1,700人が新たに感染し，毎月5,000人の新生児がウイルスを宿している（国連エイズ計画の1999年末のまとめによる）。ところが，日本国内の感染者は5,136人，累計死亡者は1,024人（2002年現在）で，2003年には感染者1万5,400人，エイズ患者3,330人になると推計されているが，数値があまりにも低いので信じがたい。

エイズはエイズ・ウイルス HIV の感染によって，ありふれた菌に対する体の抵抗力がなくなり発病する病気である。感染者の血液，精液，腟分泌物，乳汁，唾液が体内に入ったり，傷ついた粘膜や皮膚につくと，感染する。伝染力は，血液や精液が1なら，唾液は0.1くらいの強さ。涙や排せつ物にもウイルスが含まれている。

輸血や他人との性的接触，妊娠（20～40％）が主な感染の機会であり，実際には性病の一種として広まることが多い。感染している可能性が高い人は，同性愛者，注射針を共同使用した薬物中毒者，売春婦，輸血を受けた人，1977年以降に1度でも男性と性的接触をした男性。

ウイルスが体内に入ると，1～3週間後に急性症状をおこす（発熱，寝汗，食欲不振，筋肉痛，頭痛，関節痛，咳，全身のリンパ節のはれ，斑状の皮膚発疹など）。これが3～14日間続いた後に，無症状になる。HIVに感染後6～12週で抗体反応陽性となるが，それ以前だと血液検査をしても陰性である。

感染後2～14.2年で，60～70％は無症状キャリアー（ウイルス保有者）になる（一生涯）。また，23～26％が ARC（中間状態）〔微熱，寝汗，体重減少，全身（特に首，わきの下，太もものつけ根）のリンパ節が数カ月から数年間も直径1cm以上にはれる（RGL），疲れやすい，慢性下痢，気道感染〕となる。

感染後5年以内に10～30％が，また10年以内に50％がエイズを発病する。発病すると，諸種の感染に抵抗力がなくなる（原虫，真菌，細菌，ウイルスなどによる日和見感染）。エイズの症状としては，長びく咳，ノドの痛み，肺結核，陰部ヘルペスによる皮膚炎，粘膜白色肥厚（白板症），頭痛，視覚障害，精神異常（記憶力低下，知情意低下症，進行性行動変化），慢性下痢，肺結核，反復性肺炎，浸潤性子宮頸ガン，植物状態，などがおきる。最後は，カリニ肺炎（呼吸困難），カポジ肉腫（皮膚に青や紫のはれもの），

カンジダ症(舌や食道にカビが生える)，悪液質などで死亡する。発病すると，1年以内に死亡する人が50％，2～3年以内に死亡する人が80％であり，いずれにせよ数年の命しかない。

エイズが発症すると，上述の症状以外にも，10％以上の体重減少，慢性下痢，持続的発熱，発疹，不眠，集中困難，リンパ腺のはれ，口内炎，寝汗，筋や関節の痛み，浅い呼吸，皮膚の傷，皮膚の脱色，などが現われる。

全身症状の進行とともにエイズ患者の約33％は精神症状や神経症状も悪化していくが，例外もある。いったん脳が侵されると余命は短い。看護する側の実際問題としては，身体症状よりも知情意低下症やうつ状態をもてあます場合が多い。正常者に比べて21～36倍も自死率が高いのも困る点だ。

エイズにかかった人の精神症状としては，不安，うつ病，うなされ状態（麻薬，ステロイド剤，発熱，呼吸困難による），知情意低下症，化学療法の副作用，もともとあった精神病や性格障害が表立ってくる，などがある。エイズ患者の30～70％はけいれんなどの精神症状を示し，解剖してみるとそのうち90％は脳に病変がある。

エイズによる知情意低下症の初期症状は，記憶障害（姓名，約束，思い出），集中困難（会話や読書で筋がわからなくなる），頭の回転が悪くなる（口数少なく，自発性減退），思い違い（人や時），ひきこもり，抑うつ，不安興奮，幻覚などをおこす。これに伴う神経症状としては，歩行不安定，足が弱くなる，共同運動失調（歩行時に手を振れない），筆記不能，失語症，手のふるえ，早い運動ができない，目で物を追えない，などだ。

これが後期になると，広範な知情意低下症，無口，錯乱，集中困難，返事の遅れ，うつろな目，失明，落ちつきなさ，抑制がきかない，動作がおそい，運動失調，両下肢の麻痺，手足の脱力，手足のけいれん，腱反射高進，ふるえ，全身けいれん，失禁なども現われる。脳のCTスキャン（X線断層像）で正常なのは25％にすぎない。

知情意低下症の出現は非常に早期の人もいるし，一時症状が軽快したあとから出る人もいて一定しないが，エイズ患者の25％は9カ月で，またほかの25％は1年でかなり目立つようになる。しかし，1年たっても精神症状ゼロの人もいる。

エイズになると大脳の皮質下の部分が侵されて気分障害が現われ，うつ状態を示す。これは，自発性減退，とじこもり，頭の回転の鈍化，複雑な仕事を厭がる，といった形をとる。自尊心がなくなるとか罪業感に苦しむということがないので，ふつうのうつ病から区別できる。

精神的な検査だけでエイズを早期に発見することは難しいが，集中困難と記憶障害，頭の回転がおそくなる点が特徴的だ。

エイズの予防注射やワクチンはないし，治す薬もまだ発見されていない。AZT, DDIという薬の効果も不十分だ。さらに，エイズ発病者1人につき1年間に1,800万円の費用がかかると言われる。

こうなると，エイズに関する知識を広めて，HIVに感染しないように予防を組織化するほかない。すでに感染した人には，他人にうつさないようにすることを教え，残された短い命をいかに有効に生きるかを考えさせることが大切である。要するに，教育と予防組織とカウンセリングの問題である。

HIV感染に対するカウンセリングは，感染予防と，すでに感染した人に対する心理社会的支持を目的としている。感染者に対しては，自分の生活についての決断，自信をもたせること，家族やコミュニティとの関係を改善すること，クオリティ・オブ・ライフを向上させること，などを持続的に援助する。感染した人の家族や愛人を心理的に支持して，彼らが感染した人を励ましたり看護したりできるようにすることも，目的の一つである。第一次予防の対象はHIVに感染する危険性が高い人（売春婦，その客，多数のセックス・パートナーをもっている人，注射常用者，海外で性交渉をもった人，エイズ多発地域からの出かせぎ労働者）である。感染したかもしれない場合に血液検査を受けるようにすすめる場合には充分な情報を与えたあと本人の同意が必要であり，人権に配慮すべき

である。第二次予防の対象は，すでにHIVに感染してしまった人であり，カウンセラーの支持的態度を通じて，他人にうつさないように責任を感じさせ，ライフ・スタイルや行動を変えさせることが大切である。第二次予防の際には，他人にうつすのではないかという不安，隔離，孤独，入院，差別，ホームレスになること，教育の中断，経済的困難，身体症状，病気の悪化，悲しみ，怒り，後悔，うつ状態，自尊心喪失，自信喪失，有罪感，などに伴う悩みを弱めるように援助する。カウンセラーは患者の弁護人になることが多い。しかし，感染者が愛人に自分が感染したことを隠したいと主張した場合には，感染を防ごうとするカウンセラーにとって微妙な問題となる。

予防としては，他人の血液(輸血)，精液，唾液との接触(特に他人との性的接触)に用心する。涙や尿などの排せつ物にもHIVが含まれている。血液がつきやすいもの(たとえば，タオル，クシ，カミソリ，歯ブラシなど)を他人と共用しないのも大切である。

HIVは弱いので，電車の吊り皮，共同浴場，プール，西洋式便器，会話，抱擁，握手，ふつうの社会的接触，セキ，クシャミ，空気など，で伝染することはない。食器，衣類，フトン，シーツを一緒に洗っても，まず感染の恐れはない。カやハエでうつることもまずない，と言われている。

かりに職場や学校にHIV感染者が出たとしても，ふつうの日常的社会的接触によってHIV感染がおきる恐れはない。ふつうに洗えば，食器から感染する心配もない。

血液検査では，感染後平均12週間後，長ければ6カ月後に，はじめて抗体反応陽性となり，感染したことがわかる。それまでは血液検査をしてもわからないので，この期間に献血すると他人にうつす危険性がある。

匿名での血液検査を保健所が行なっており，費用は1,600円くらい，疑わしい場合にはさらに5,000円くらいかかる(保険を使わないと2万円くらい)。〔小林　司〕

⇒エイズ：最近の動向，エイズ予防教育，HIV感染者・エイズ患者へのカウンセリング

文献　1. ブローダー編，満屋裕明・塩川優一監訳『AIDS：その全貌と治療への挑戦』医学書院，222p., 1988；2. Institute of Medicine(ed.), *Confronting AIDS : Directions for public health, health care and research*. National Academy Press (Washington, D.C.), 374p., 1986；3. Mann, J., Tarantola, D. J. M. & Netter, T. W. (ed.), *AIDS in the world : A global report*. Harvard Univ. Press (Cambridge, Mass.), 1038p., 1992；4. Pain, L. (ed.), *AIDS : Psychiatric and psychosocial perspectives*. Croom Heim (London), 192p., 1988

エイズ：最近の動向　recent aspects on the AIDS

1996年3月の薬害エイズ裁判和解をきっかけに，日本では，HIV／エイズの臨床体制の見直しが急速に進み，患者のQOL(クオリティ・オブ・ライフ)を尊重したケアが非常に重要視されている。また，1998年4月からは，身体障害者福祉法施行令の改正により，身体障害者手帳1〜4級に新たにHIVによる免疫の機能障害が加えられるなど，HIV／エイズを取り巻く社会的環境はさまざまな面で変化しつつある。

WHO(世界保健機関)発表によれば，1998年11月末現在，世界の推計生存患者・HIV感染者は3,340万人，エイズ患者報告数は198万7,217人以上である。日本においては，1998年12月末現在，エイズ予防法にもとづく患者・感染者の数は4,312人，血液凝固因子製剤による患者・感染者を含む報告数は5,746人，累積死亡数は1,013人となっている。(このうち東京都ではエイズ予防法にもとづく患者・感染者数が1,427人で，全国の30％以上を占める。)

1999年4月1日施行の「感染症の予防及び感染症の患者に対する医療に関する法律(感染症予防・医療法)」において，後天性免疫不全症候群は四類感染症の一つに位置づけられた。これに伴い，「後天性免疫不全症候群の予防に関する法律(エイズ予防法)」が廃止されている。

近年，治療面では，新種の抗HIV薬であるプロテアーゼ阻害剤(硫酸インジナビル／商品名：クリキシバン，およびサキナビル／商品名：インビラーゼカプセル)の承認や，カクテル療法(作用機序の異なる数種類の薬剤を組み合わせた効果と，耐性の予防を目的とする療法。

HIV／エイズだけではなく，ガンなどの治療にも活用されている）の応用など，飛躍的な進歩がみられる。これらの進歩により死亡率が低下し，エイズは「治る病気」に近づきつつあり，米国においてはエイズ・ホスピスの倒産が伝えられている。しかし，治療に対して十分な支払い能力のある人にとって，いまやエイズは糖尿病と並ぶ「慢性疾患」となる一方では，低所得・無所得の人にとっては，依然「不治の病」であることに変わりがない。また，治療の高度化により，カウンセラーにも最新の医学知識が要求され，多剤耐性ウイルスの出現や，PLWA (people living with AIDS) の社会復帰に伴う労働機会の提供など，新しい課題が生まれている。

日本では，1993年12月に厚生省が「エイズ治療の拠点病院の整備について」を通知し，1998年1月現在，359の拠点病院の整備が進められているが，問題点としては，エイズに併発しやすいひより見感染症のほとんどが，保険診療の対象にならないことがあげられる。つまり保険外診療の分は，患者の負担か，あるいは診療を行なう病院の負担になるのである。緊急性のある治療がほとんどであることも考えると，拠点病院が腰をすえてエイズ診療に取り組むためには，保険診療の見直しが急務である。また，通常きわめてまれな病気を診断・治療するためには，医師の研修が必要である。

HIV／エイズに関する予防教育については，学校，地域，医療，企業などさまざまな現場で，効果的な教育方法に対する関心が高まっている。しかしほとんどの教育方法が「知識や情報の提供」や，感染者に対して差別をしてはいけないというような「知識としての態度形成」に終始しており，自己の行動変容のプロセスとしての「自己の意識化」に注目した教育理論が展開されていない。個人が行動を変えるためには，個人の価値観や信念に働きかけなければならず，教育の際には，対象や所属している価値体系（年齢，性，職業，ライフ・スタイルなど）のアセスメントが必要となる。個人として「感染させない，感染しない」という立場にたち，今もっているリスクを少しでもゼロに近づけるための，具体的なアクション・プランをたてることも必要である（リスク・リダクション）。

看護職域におけるHIV／エイズの課題としては，看護が医学の中でも患者の心理状態と社会的環境に対する理解が重要視される分野であることから，感染者の所属している集団や文化について理解することが必要になる。患者の所属する文化から生まれた「価値」は，看護者自身の「価値」と一致するとは限らない。看護者自身がHIV／エイズを取り巻く問題に対して自分自身の「価値」を意識化していない場合，患者に対して看護者自身の「価値」を押しつけてしまう恐れがあり，十分な配慮が必要である。

医療現場での感染予防対策としては，ユニバーサル・プリコーション（統一的予防法）の実施がある。これはすべての血液を汚染したものとして扱うことである。医療者として「患者に感染させない」「患者から感染しない」「患者から患者へ感染源を運ばない」ことを目標にしている。

なお，厚生省は1997年4月30日，「針刺し後のHIV感染防止体制の整備について」という通知を出し，エイズ拠点病院やその他の医療機関で万一針刺し事故がおきた場合に備えて，予防服用を含んだHIV感染防止対策をとるよう指導している。HIV感染防止のための予防服用とは，抗HIV薬を事故後4週間継続して内服するものであり，感染のリスクを5分の1以下に低下させるといわれている。事故後に服用すべき標準的な薬剤として，ジドブジン（略名：AZT／商品名：レトロビン），ラミブジン（略名：3TC／商品名：エピビル），硫酸インジナビル（商品名：クリキシバン）をあげ，必ず3剤を服用するよう求めている。

今後は感染予防と，労働災害補償の関連についても検討を進める必要がある。〔早野洋美〕
⇒エイズ，エイズ予防教育，クオリティ・オブ・ライフ

文献　1. 生田哲『エイズの生命科学（ライフサイエンス）』講談社, 242p., 1996；2. 池上千寿子『アダムとイブのやぶにらみ：刺激的ヒューマン・ウォッチングのすすめ』はまの出版, 246p., 1996；3. 池田恵理子『エイズと生きる時代』（岩波新書）岩波書店, 224p., 1993；4. 石田吉昭・小西熱子『そして僕らはエイズになった』（ルポルタージュ

叢書）晩聲社, 306p., 1993；5. 岩室紳也『エイズ：いま, 何を, どう伝えるか』大修館書店, 221p., 1996；6. 岡慎一『エイズ・トータルケア』不知火書房, 83p., 1994；7. 草伏村生『冬の銀河：エイズと闘うある血友病患者の訴え』不知火書房, 258p., 1993；8. 厚生省保健医療局結核感染症課『速報 感染症の予防及び感染症の患者に対する医療に関する法律』中央法規出版, 119p., 1998；9. A-野口・小島, 1993

エイズ予防教育　preventive education against the AIDS

エイズの正体を知り，感染経路を理解し，感染を防ぐ知識と行動を身につけ，感染者に対する理解を促し，人権を尊重することができるように理解させること。

HIV (Human Immunodeficiency Virus) はエイズの原因となるウイルスであり，ヒト免疫不全ウイルスと呼ばれている。HIV は弱いウイルスで，水中や空中では生きていくことはできない。しかし，いったん人の体内に入った HIV は，免疫を担当している細胞を集中的に攻撃し，それらを次々に殺してしまう。そのために免疫システムがうまく働かなくなり，さまざまな病気を防ぐことができなくなってくる。エイズ（AIDS）の略号の意味は次のとおり。

　A：Acquired（後天性）。生まれてから（遺伝ではない）。
　I：Immune（免疫）。病気になるのを防ぐシステム。
　D：Deficiency（不全）。働かなくなる，不十分になる。
　S：Syndrome（症候群）。さまざまな病気，症状のいろいろ。

エイズは，遺伝する病気ではなく，生を受けて後天的にかかる病気である。そして，病原菌などから身体を守っている免疫機構が働かなくなりさまざまな病気にかかることを意味している。つまりエイズは，HIV 感染によって直接的に発病するのではなく，HIV による免疫機構の破壊によって引きおこされる病気である。

エイズを完全に治癒させる薬はまだ開発，発見されてはいない。したがって HIV に感染しないことが重要なことである。しかし，エイズは誰でもが感染する可能性があり，今，男女間でも性行為による感染が増加している。感染の予防のために，最も重要なのは，エイズの感染経路を含めた知識と行動を身につけることであり，エイズについての啓発教育が唯一の予防法である。

AIDS 医療情報センターの桜井賢樹博士は HIV 感染の危険性とその予防について，次のように記述している。

（1）不特定多数との「危険な性行為」は避ける：HIV の感染源は血液，精液，腟分泌液であるから，この三つが粘膜や傷口に濃厚に接触するような性行為が「危険な性行為」である。その代表的なものとして，肛門性交，月経時の性交，口腔性交などをあげている。

（2）麻薬や覚醒剤には手を出さない：コカインやヘロイン，覚醒剤などの注射の回し打ち（汚染注射針から感染する）だけでなく，クラックやマリファナも「危険な性行為」や乱交，暴力行為をエスカレートさせ，HIV 感染の危険を高くする。アルコールも一種の薬物であり，正しい判断を鈍らせたり，安全な性行動に対する注意が薄れたり後悔の残る行動をしてしまうかも知れないということを理解する。

（3）エイズ以外の性感染症（STD：Sexually Transmitted Diseases）の存在が HIV 感染を助長する：自分または相手に性感染症があると，性器の潰瘍や炎症を通して HIV が感染しやすく，あるいは感染させやすくなる。さらに，HIV 感染によって免疫不全がおこるため，他の感染症に感染しやすくなったり，難治性になるという悪循環がおこる。STD に感染した恐れが

原　　因	病　　名
ウイルス	陰部ヘルペス，尖圭コンジローム，B型肝炎，C型肝炎，成人T細胞白血病，エイズ
細　　菌	梅毒，淋病，軟性下疳
真　　菌	外陰，腟カンジダ症
クラミジア	非淋菌性尿道炎，そ径リンパ肉芽腫症，子宮卵管炎，卵管炎
原　　虫	腟トリコモナス症
マイコプラズマ	非淋菌性尿道炎
寄生虫	疥癬，毛じらみ症

STD のおもな種類

ある時には，泌尿器科，性病科，産婦人科などの医師にすぐ相談することが大切である。

(4) 母子感染：HIV感染者の母親から生まれる赤ちゃんへの感染率は，約30％と報告されているが，正確な数字は把握されていない。感染経路としては，(a) 胎児が母体内にいる時に胎盤を通してHIVに感染する「子宮内感染」，(b) 胎児が生まれる時に出血している産道で感染する「産道を通過する際の感染」，(c) 母乳中に含まれるHIVによって感染する「母乳からの感染」，の三つが考えられている。新生児は母親の抗体をもって生まれてくるが6カ月ごとに3歳まで検査を行なう。その間の母親の心労は大変なものである。家族の支援と励ましは，不可欠である。

区分	感染区分	付記
キ　ス	危険性のない行為	フレンチ・キス（舌を相手の口中へ入れるキス）は危険。
口腔性交	する方（口を使用）：低 うける方（膣）：高度	・膣炎などがあれば可能性はある。 ・膣の粘膜や傷口から感染のリスクが大きい。
経膣性交	高度	他の性病があれば危険性増加。
肛門性交	する人（ペニス）：高度 受ける人（肛門）：きわめて高度	・男性の性器に傷がある時リスクは大きい。 ・性器を挿入する時に傷がつきやすく，する人よりもリスクは高い。
輸　血	心配ない	1986年11月以降，HIV抗体検査実施。
血液製剤	心配ない	1985年7月以降，加熱処理など実施。
注射器針の回し使用	きわめて高度	特に麻薬常用者。

HIV感染経路別の危険性

(5) コンドームの正しい使用が予防に有効である：パートナーか自分自身のどちらかがHIVに感染しているかもしれない場合には，必ずコンドームを使用する。コンドームは「避妊」と「病気の予防」の両方に効果がある。(i) 適切なサイズを選ぶ。(ii) 使用期限とJISマークのついた品質保証されたものを使用する。(iii) 精液だめのあるコンドームを使う。使用前に精液だまりの部分をひねり，中の空気を抜いておく。(iv) コンドームを傷つけないように扱う。(v) 勃起したら（射精直前でなくても）かぶせる。ペニスの根元までしっかりはめる。(vi) 使用後は精液がもれないように端をしばって，ティッシュ，紙袋などに包んでくずかごに捨てる。快感をそこねる，女性の方から装着を頼みづらいなどの理由で，コンドームが使用されない場合もあるが，パートナー同士で話し合って，より安全で快適な方法を発見することが大切である。

【エイズ抗体検査について】　HIVに感染してもすぐに抗体はできない。抗体ができるのは，感染してから6〜8週間後である。したがって，それ以前に検査を受けても感染の有無はわからない。検査は，感染したかも知れないという時期から約3カ月後に行なうようにすることである。エイズ抗体検査にはスクリーニング検査と確認検査がある。スクリーニング検査では，①PA法（ゼラチン粒子凝集法），②ELISA法（酵素抗体法），を用いる。

このスクリーニング検査で陽性（HIV＋，抗体あり）という結果が出た場合，さらに確認検査として，③IFA法（蛍光抗体法）や，④ウェスタン・ブロット法，というより精度の高い方法で陽性であるかどうかを確認する。

アメリカのエイズ・キャンペーンで有名なレーノウ医師は，「セックスは健康な人間生活の重要な要素であり，性的に成熟した若者に性行為をやめさせるのは不適切である。ノーセックスは非現実的であり，正確にコンドームを使うことを教えて普及すべきである。」と主張している。HIVに対する有効なワクチンや治療薬がない現在，エイズに対する知識を深め，自分の今の行動やライフ・スタイルがどの程度のリスクをもっているかを知り，そのリスクをできるだけ下げるよう，行動を変えるように努力することが大切である。

日本では，エイズ患者やHIV感染者は，プライバシーが守られているとはいえ，会社，友人，家族にも打ち明けられず，不安，恐怖心と闘い，怯えながら生活をしているのが現状である。不

安があったら早く血液検査をして，早期発見，早期治療が受けられるような，誤解や偏見のない社会が望まれる。バランスのとれた食生活，規則正しい日常生活を送ることによって，発症を遅らせることができる。誰もが堂々と血液検査を受けられるようなシステム（カウンセラーやセラピストの援助）の充実が望まれる。

　エイズを正しく理解し，正しい知識にもとづいた行動をとることによって，感染を防ぎ，エイズに対する誤解やHIV感染者やエイズ患者に対する偏見，差別を取り除き，彼らの苦しみに共感でき，心の支えとなることができると思われる。　　　　　　　　　　　〔三村法子〕
⇨エイズ，エイズ：最近の動向，エイズ予防教育，HIV感染者・エイズ患者へのカウンセリング

文献　1. エイズ予防財団『エイズ時代を生きる若者たちへ』東京法規出版，48p., 1993；2. 北沢杏子『エイズの授業：中学校・高校で行なったエイズの授業の記録』（エイズ・教育・人権シリーズ）アーニ出版，52p., 1993；3. 厚生省エイズストップ作戦本部監修『エイズリポート』中央法規出版，1993～1994；4. 根岸昌功『What is AIDS』一橋出版，18p., 1993；5. 原田幸男『エイズ＝AIDS』(Helth Care Series) 一橋出版，88p., 1993

HIV感染者・エイズ患者へのカウンセリング　counseling for the HIV-infected and the AIDS patient

　日本のHIVカウンセリングの歴史は輸入血液製剤によりHIVに感染した血友病患者，家族への援助から始まった。1981年アメリカで新しい疾患から発見されたウイルスは，1986年にHIV (Human Immunodeficiency Virus) ヒト免疫不全ウイルスと呼ぶことに決定された。

　HIV感染により，体内にHIVが侵入してからエイズ発症までの潜伏期間は，半年から15年で，平均10年と見られる。感染者はウイルスを保有しながらも無症状のために，無症候性キャリア（asymptomatic career, AC）と呼ぶ。

　無症候性キャリア期をもつHIV感染症のCDC分類（以前感染予防対策のためのセンターと呼ばれていた。Center for Disease Control，米，国立防疫センター）によれば，グループⅠ：感染初期の風邪様症状を呈する，グループⅡ：無症候性キャリア，グループⅢ：3カ月以上続くリンパ腫脹の出現，グループⅣ：グループⅠ，Ⅲの症状以外の何らかの症状をもつもの，カリニ肺炎，カンジダ症，カポジ肉腫など特定の疾患を合併した症例，をエイズと診断する。

　カウンセリングは幅広い活動であり，目的に従って，予防・啓発カウンセリング，検査前後カウンセリング，感染者と家族へのカウンセリングに分けられる。

　(1) 予防・啓発カウンセリングは医学的に有効な予防法がない現段階では感染リスクの高い行為（無防備セックス，同性愛，麻薬などの薬物乱用者との注射器の回し打ちなど）を避けるために，安全な行動の識別と援助をする。

　(2) 検査前後のカウンセリングとして，感染に不安を抱いたり，行動から疑いをもつ人にHIV抗体検査を勧め，励ます。検査の結果が陽性の場合には早い告知が必要で，治療を開始し，二次感染の予防と，ショックを受けている人に事実を受容するようにサポートする。カウンセラーは医師と連携し，感染者と信頼関係を作るための十分な時間やふさわしい場所を考慮する。

　(3) 感染者と家族へのカウンセリングをする時には，感染者に発症や死の恐怖・不安が強く長く続くので，それらの恐怖，不安を緩和する。社会のHIVに対する無知や誤解にもとづく偏見，差別も多く，本人も家族も社会からの孤独感，疎外感を味わう。身体的治療のみならず，心理的社会的援助による苦しみの緩和，援助活動が不可欠となる。また，主治医，看護職，臨床心理士，カウンセラー，ソーシャル・ワーカーおよび，トレーニングを受けたボランティア，感染者同士のチーム・ワークも必要となる。A・アイビィによるマイクロ・カウンセリング技法は有効である。

　次に感染以降の時期別カウンセリングについて述べる。

　(a) AC（無症候性キャリア）期のカウンセリング：心理的には自分に感染させた人への怒り，自分の行動への悔悟，死に直面する絶望感，エイズ発症への不安，恐怖，学業・仕事への不

安から家族・パートナーへの罪悪感が強く，死んだ方が良いと考える。まず，理解的態度で受容し，傾聴し，共感的あり方で接し，心理的安定を取り戻して感染の事実を受容するように助ける。そのうえで今後の生活を現実的・積極的に考えるための援助，ストレスの緩和をはかる。忍耐と待つ心で接し，特に性的パートナーへの告知は感染者と同様にショックをもたらすので，感染者と同様な関わり（不安ならば検査を受けさせるなど）が必要となる。感染後表面的には安定した生活が続くので，定期的なカウンセリングは打ち切る。恋人ができたり，結婚や妊娠の希望があったり，免疫の状態への不安が出て，心理的に不安定になる時に再開する。

　(b) ARC（エイズ関連症候群）期のカウンセリング：長いAC期を経て，下痢，発熱，リンパ節の腫脹などの症状が現れると不安，恐怖が強まるし，薬物治療（AZT, ddⅠ）にもかかわらずCDリンパ球の値の低下による発症の自覚が高まると無力感も強くなる。日本では日和見感染症の治療が進んでいるので悲観的にならずに治療に取り組むように援助する。ARC期の患者の多くは入退院の繰り返しとなるが，今の生活を続けてARCとともに生き，仕事，勉学，趣味などに打ち込む人もいる。これらの意志を尊重し，望む生活の実現を援助する。また，「生活の質（QOL）」を高め，生の証しを残そうとする試み（子ども，妻との交換日記など）は病気に勝つ気力維持に有効なので，医療スタッフや家族にも理解してもらうように援助する。特に家族の苦悩への援助は感染者から感染を告げられた時点から始まるが，入院するようになると社会の偏見，差別からくる家族の心身の負担が大きくなる。カウンセラーは家族の苦しみ，悩みを聴く相談相手となり，家族が安心して協力してもらえる友人，親戚を探すことに協力する。

　(c) エイズ期の患者と家族へのカウンセリング：(ⅰ) 入院の長期化からくる家族の疲労と，病名が知られることに対する恐れの苦しさをサポートする。患者の死後も家族の再適応が可能になるまで援助を続ける。(ⅱ) 感染者仲間へのサポート：仲間の死亡は自分の死の予想となり不安，恐怖，絶望感につながるので心理的危機へのサポートが必要となる。(ⅲ) 医療従事者のサポート：医療チームは無力感を味わうので，相互の連帯感を強め「燃え尽き症候群」を防ぐ援助をする。　　　　　　　　〔鷲見復子〕

⇒エイズ，エイズ：最近の動向，エイズ予防教育，クオリティ・オブ・ライフ

文献　1. 稲垣稔「HIVカウンセリング」(I-宮本編『こころの科学』No. 47, p. 2～6, 1993所収)；2. 樋口和彦「エイズ・カウンセリング」(I-宮本編『こころの科学』No. 47, p. 2～6, 1993所収)；3. 稲垣稔編『HIV／AIDSカウンセリングの実際：事例から実践のための基礎知識まで』東京法規出版, 264p., 1994；4. エイズ特別委員会編『エイズ：職員のためのガイドブック』国立大学保健管理施設協議会, 160p., 1995；5. エイズ予防財団, 安達一彦他訳『WHO AIDSシリーズ』(1991―HIV感染者に対する看護ガイドライン)；6. 厚生省保健医療局結核・感染症対策室編『HIVとカウンセリング』日本公衆衛生協会, 123p., 1990；7. 児玉憲一・一円禎紀「主治医によるHIVカウンセリングのMCT技法検討」『総合保健科学』6～8）；8. E-NHK取材班・塩川, 1992；9. 髙田昇「エイズを診るのはいい病院」『ターミナル・ケア』4, p. 37～43, 1994

Ａ‐Ｂ‐Ｃ〔‐Ｄ‐Ｅ〕理論　A-B-C(-D-E) theory

論理療法の中心理論である。

　A (activating event) とは，実際におきた事実，出来事，体験を示す。B (beliefs) とは，考え，思い込み，個人がそれぞれもっている信念の体系，枠組みを示す。C (consequence) とは，結果，結果としての情動行動，感情を意味する。

　また，A‐B‐C理論を拡大して，A‐B‐C‐D‐E理論と呼ぶことが現在では一般的になった。D (disputing) は，問い掛け，反論，論駁を意味する。E (effects) は，効果，効果的な考えを意味する。

　論理療法では，「人間には適切な感情（気になる，残念，不愉快）と不適切な感情（不安，憂うつ，怒り）がある。どちらの感情をもつかを決めるのは，出来事の体験そのものではなく，それをどうとらえるかである。」というのが，基本的な考えである。

　つまり，人間を幸福にするのはおきた事実そのものではなく，事実の受けとめ方で，思い込み（B）によるものだということである。そして思い込みには，不合理な思い込み (irrational belief) と合理的な考え (rational belief) とがあり，不合理な思い込み (irrational belief) が，Cの不安，うつ状態，怒りなどを生むということになる。

不合理な思い込み (irrational belief) を合理的な考え (rational belief) に変えることで不適切な感情から自分を解放するのを目指すのが，論理療法である。

さて，A-B-C-D-E理論を具体的な例で説明すると次のようになる。「仕事上のことでミスをしてしまった。」(A)。「仕事上のミスはあるべきではない。仕事上のミスは昇進に関わる。昇進できない自分は価値がない人間である。」(B)。不合理な思い込み (irrational belief)。「その結果，自暴自棄的な感情に陥ったり，イライラしたり，憂うつな感情に陥っている」(C)。そこで，「不合理な思い込み」(……でなければならない，……であるべきだ，という意識の枠組み)に対して，「事実にもとづいているか，論理的であるか，長い目で見て人間を不幸にする考え方であるか」といった観点から問いかけ，「思い込み」Bの非合理性を指摘，論破，打破していくのが，Dである。

その結果「仕事上のミスはしないにこしたことはないが，ときにはつきものである。」「仕事上のミスが昇進に直接関わるわけではない。また仮に昇進に関わったところで，それで会社をクビになり，生活できなくなることはない。」「昇進するに越したことはないが，昇進しなかったからといって，自分の人間的価値とは無関係である。」「昇進しなくても人生を楽しむことはできる。」などの「効果的な人生観 (rational beliefs)」へと導いていくのが，Eである。

〔川崎知己〕

⇒イラショナル・ビリーフ，論理療法

文献 1. E-國分，1991a；2. B-日本学生相談学会編，1989

エゴグラム　egogram

交流分析の基礎理論である自我の構造分析を，わかりやすくグラフに表現したもの。

フロイトの精神分析の口語版といわれる交流分析 (TA) は，バーン*によって1950年代に発表された心理療法である。エゴグラムはバーンの直弟子ジョン・デュセイ (J. M. Dusay) により1970年代に開発された。TAがわが国に紹介されたのは，1967年にバーンの『人生ゲーム入門』が南博により翻訳されたのが最初であり，1972年には池見酉次郎・杉田峰康らによって医学界にも導入された。その後20年間でTAは医学，臨床心理，教育，産業界などにも取り入れられ活用されるようになった。

TAは四つの基礎理論 (構造分析，交流パターン分析，ゲーム分析，脚本分析) と三つの理論背景 (ストローク，時間の構造化，基本の構え) によって構成されているが，エゴグラム理論は，そのうちの構造分析に属している。構造分析とは，人の「今，ここで」の自我状態を分析し，心や交流の状態を図式化するものである。自我状態を，P (親の自我状態)，A (大人の自我状態)，C (子どもの自我状態) の三つの○で描き，さらにPをCP (批判的P)・NP (養育的P) に分け，CをFC (自由なC)・AC (順応したC) に分け，計五つの自我状態で表わしている (「交流分析」の項の図を参照。)。

エゴグラムは横軸に左から，CP, NP, A, FC, ACの5つの自我状態を配し，縦軸にそれぞれの自我状態の強さを表わす棒グラフで作図される。初めのうち，エゴグラムは心理療法家の直観的な判断のもとに作成されていた。心理療法家は，クライエントの五つの自我状態の強さの配分をグラフで示し，自己への気づきや診断に役立て，クライエントのパーソナリティの変容や自己成長を促す手段とした。心理療法家はクライエントの話を注意深く聴き，身体言語 (ボディ・ランゲージ) や非言語的なコミュニケーションを十分に観察することにより，クライエントの自我状態を測定した。しかし，それは心理療法家の直観に依存しすぎており，客観性を欠くために，やがて質問紙によってエゴグラムを作成する方法がとられるようになってきた。治療の前にクライエントのエゴグラムを作成できるし，TAの知識がそれほどなくても性格検査の一種として活用できる，などの利点があったので，この方法が発達した。

日本では1974年に杉田が，1977年に岩井寛ら

表1 エゴグラム・チェックリスト

イエスなら○, どちらともきまらないなら△, ノーなら×印を右端につけて下さい。

			○	△	×
CP	1	他人のまちがいをとがめます			
	2	規則をきちんと守ります			
	3	最近の子どもは,甘えていると思います			
	4	規則や道徳を重視します			
	5	義務をはたします			
	6	責任感が強いです			
	7	まがったことを無視できません			
	8	「〜ねばならぬ」とよく言います			
	9	時間を守り,お金をきちんとする方です			
	10	理想を実現するために努力します			
NP	1	他人に親切です			
	2	頼まれれば,イヤと言えない方です			
	3	ゆうずうがききます			
	4	人情を重視します			
	5	世話好きです			
	6	他人の長所を見い出してあげる方です			
	7	他人に共感しやすい			
	8	他人の失敗をすぐに許してあげます			
	9	思いやりがあります			
	10	社会奉仕が好きです			
A	1	理性的,理論的な人です			
	2	よく調べてから決めます			
	3	よく他人の意見を聞きます			
	4	仕事をテキパキと片づけます			
	5	事実に基づいて判断します			
	6	対人関係で感情的になることはめったにありません			
	7	よく考えてから,行動します			
	8	実行する前に,損得を考えます			
	9	体を大事にします			
	10	判断を素早くできます			
FC	1	感情を顔に表わします			
	2	わがままです			
	3	思ったとおりに遠慮なく発言します			
	4	好奇心が強い方です			
	5	欲しいものは,買ってしまいます			
	6	直観で判断しがちです			
	7	怒りやすい			
	8	泣いたり,笑ったりしやすい			
	9	感情をこめた感嘆詞をよく使います			
	10	ハメをはずしやすい			
AC	1	何事にも消極的です			
	2	思っていても口に出せません			
	3	周囲を気にします			
	4	劣等感が強いほうです			
	5	いやなことでも,断らずに我慢します			
	6	他人によく思われたいです			
	7	他人の意見に妥協しやすい			
	8	年上の人の気に入るように努めます			
	9	自分の感情をハッキリ出せません			
	10	すなおに自分らしさを出せません			

が質問紙法エゴグラムを開発し,臨床にも応用した。その後1984年に石川,和田,十河らもエゴグラムの開発に成功し,市販化した。主なエゴグラム質問票は,TAOK, TEG, ECL-R, エゴグラムなどがある。

「質問紙法エゴグラム」の特徴は,各々のエゴグラム質問票に答え,それぞれの採点方法(コンピューター処理もある)で点数を計算し,指定のグラフに,それぞれの自我状態の得点を縦軸の点に示し,その点を結んだ折れ線グラフがエゴグラムとなる。エゴグラムはその人の人格

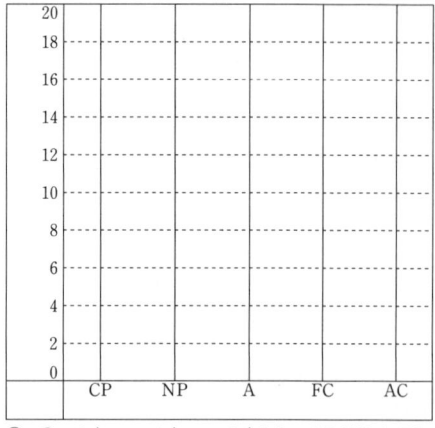

(図:縦軸0〜20, 横軸 CP NP A FC AC のグラフ)

㊟ ○=2点, △=1点, ×=0点としてCP, NP, A, FC, ACの各合計点を出し,その点数をこのエゴグラムにプロットしてグラフを描いて下さい。

図1 エゴグラム
表2 エゴグラムの点数と性格特徴

	高い点数	低い点数
AC	依存的,協調的,権力に弱い,嫉妬深い,従順,自己規制が強い,迎合的	自己中心的,自発性に富む,がんこ
FC	わがまま,創造性に富む,サッパリしている,体面を気にしない,表現が豊か	すなお,やる気が少ない,我慢する,思いを口に出せない,暗い,表現が乏しい
A	打算的,客観的に判断,理性的,能力あり	お人よし,考えまとまらず,関心少ない,感情的,好奇心少ない
NP	過保護,共感,同情的,思いやりがある,他人に甘い,温かい	冷たい
CP	きびしい,義務感,責任感が強い,理想追求,批判的,他人をとがめる	ルーズ,いいかげん,ゆうずうがきく,気弱,自信なし,他人を押さえることがへた

特徴を示すものであり，どの型が理想的で，どの型が悪いということはない。多くのエゴグラムを比較検討すると，共通したパターンには共通した性格特徴が見られる。その特徴を理解した上で，自分の性格傾向を示すエゴグラムを描くことは，交流分析の一つの目標である自己理解につながる。

まず，どの自我状態が一番高く優位であるかをみる。CP優位型は他者否定的で，理想が高い頑固者タイプ，NP優位型は自他肯定的で，世話好きタイプ，A優位型はいわゆるコンピューター・タイプ，知的で論理的，冷静な判断力をもつが，CP・ACが平均点以下だと問題が生じてくる。FC優位型は自己肯定的で，自己中心タイプであるが，創造性，芸術性が優れていることもある。AC優位型は自己否定的で，順応的であるが，甘えん坊の依存タイプであることが多い。次に，低い自我状態の特徴を併せて考え，自我状態の高低をみて総合的に判断する。CP低位型は友好的，無批判的，NP低位型は愛情不足，無関心タイプ，A低位型は非合理的，割合に優しい面がある。FC低位型は暗い感じ，AC低位型は融通がきかない，などの特徴がある。被検者は，自分の性格特徴をつかんだうえで，欠点を改めていくように努力することが望ましい。それにはグラフの極端な凸凹を少なくすることが一つのめやすになる。

質問紙法エゴグラムは，TAの知識があまりなくても簡便に使用できる半面，質問紙法の短所として，被検者が自己の理想的側面を誇張して解答した場合とか，自己像をあまり認識していない場合などには，的確なエゴグラムが表われないことがある。被検者は，自己の性格的な事実を飾りのない目で捕らえられるように努力する必要があり，そのことこそがTAの目的とする自己実現へ導くことになる。〔桜井俊子〕
⇒交流分析

文献 1. B-池見・杉田, 1974；2. E-桂, 1986；3. B-桂・杉田・白井, 1984；4. B-新里他, 1986；5. E-末松他, 1989；6. E-デュセイ, 1980；7. B-バーン, 1967

エス，イド id（英）；ça（仏）；Es（独）

心のうちで，遺伝によって規定された，生まれながらにもっている欲求（本能）を生みだす部分。

フロイト*によって用いられた本能エネルギー構造に関する精神分析の基礎概念である。彼は，その後期の研究活動において，心的装置を三つの審級（心的力域）すなわち，エス（id），自我（ego），超自我（super-ego）に区別した。

エスは人格の欲動的な領域を示す。それは生得的で，遺伝的に規定された本能的欲動であり，その心的表現は無意識的である。エスは心的エネルギーの一次的貯蔵所であり，力動的観点からは，自我および超自我と葛藤をおこす。自我と超自我は発生論的にエスから分化したものである。

「エス」（Es）という術語は，精神分析学者ゲオルグ・グロデック（G. Grodeck）によって，1923年に無意識的な本能を表わす語として使用された。(この語は，まず，ニーチェ*によって，人間の中の非人間的なもの，自然必然的なものについて，文法上の非人称の表現として，用いられたものである。）この命名法を，フロイトは論文「自我とエス」（1923）の中で採用した。

エスは，系統発生的に与えられた本能のエネルギー（攻撃的衝動リビドー）の貯蔵庫である。エスの機能は，欲動（つまりリビドー・エネルギー）を放散させることにあり，直接的，間接的な方法（症状形成や昇華）によって満足を求める。快感を求め，不快感を避ける働きをし，これは「快感原則」と呼ばれる。エスはこの快感原則に従い，無意識的であり，論理性や時間性ももたず，現実への配慮もなく，もっぱら衝動の満足を目指す，混沌とした原初的な力の場である。

このため，われわれはエスを自我機能を介してしか体験することができない。夢や精神病様体験は，エスの内容が自我機能を介して体験されたものと考えられる。フロイトは，エスの分化発達したものが自我だと考え，分析治療においても，「エスあるところに自我たらしめる」という方針を立てた。

しかし，エスがやみくもに衝動を満足させようとすると，現実世界との間に強い葛藤をひきおこす。このエスおよび現実外界の両者の要求

を顧慮し，現実的に最も危険の少ない満足法を探し出したり，時には現実の要求に従うために衝動の満足を延期・抑制したりして，人格全体の安全と統合を図るのが，自我 (ego) の働きである。

生後まもない時期のヒトは，ほとんどエスのみであるが，外界との絶え間ない接触を通じて，両者の関係を保持，調節するものとして，自我 (ego) が次第に成長してくる。超自我 (super-ego) は，両親による禁止，懲罰による恐れが内在化したもの，すなわち心的装置の中の検閲官の役割を果たすのである。そして，これゆえ，エス，超自我，現実外界という三者それぞれの要求を自我が調和させることによって，初めて人格全体の統合を完全に達成できる。

〔小池智子〕

⇒快感原理，精神分析，自我，超自我，欲求

文献　1. C-小此木，1973；2. C-グロデック，1991；3. C-フロイト，1970a；4. H-『フロイト著作集』11, 1984

エディプス・コンプレックス　Œdipus complex

子どもが両親に対して抱く愛と憎しみの感情の総体を指す。ふつうは，異性の親に愛着し，同性の親を憎むことが多い。

「エディプス・コンプレックス」という言葉はフロイト*によって，1900年『夢判断』第５章で書き記されたのが最初であり，無意識に関する精神分析の基本概念の一つである。

エディプス・コンプレックスの着想はフロイト自身の経験によるものであり，自己分析の結果，得たものである。フロイトは，父親を尊敬し，また憎みもしていたが，父の死によって，それらの感情が何であるのかを，自分の見た夢や父親にかつて言われたこと，父親に対する感情，母親に対する感情を通して分析していった。7～8歳のころ，両親のベッドにもぐりこもうとして父親に「この子はろくなものにならないぞ！」と言われたことはその後のフロイトに大きく影響している。研究の成果の出るたびに「私は役に立つ人間になったでしょう。」と父親に心の中で言っていたのである。(父親が眼科手術を行なう時に彼が発見したコカインを使って麻酔をかけた。この時，父親に勝利感を覚えたと言っている。)

父親，母親に対する自分の感情，また，フロイトが自分の子どもに対する感情を分析し，遠い過去の物語でありながら廃れることのないギリシア神話「オイディプス」に着目し，ソフォクレス (Sophokles) 作『オイディプス』の物語から，子が異性の親に愛着して同性の親を憎悪することをフロイトは「エディプス・コンプレックス」と命名した。

物語の概要は以下のとおり。

オイディプス（エディプスはドイツ語読み，オイディプスはギリシア語読みで「ふくれ足」の意味）は，テーバイ王（テーベ王）ライオス (Laios) とその妻イオカステ (Iokaste) の子。ライオスたちにもし男児が生まれればその息子によって父は殺される運命だという神託が下っていた。そしてオイディプスが生まれると，留金でその踵を貫いて，キタイロン山に捨てたが，赤児は拾われ，子どものいなかったコリント王ポリュポスの実子として育てられた。成人に達したオイディプスは，神託を受けるためにデルフォイに行き，そこで彼はその父を殺し，母を妻にすると告げられたのでコリントへ戻らない決心をする。旅の途中で偶然出会ったライオスを実父と知らず口論の末殺害，その後テーバイに行きスフィンクス退治の功績によってテーバイ王となり，知らずに実母を妻にした。ついに真相が明らかになり，オイディプスは自らの目を突いて盲目となり，イオカステは首を吊って自害した。

幼児が両親に対して抱く感情にはさまざまなものがある。フロイトはそれまで幼児にはないものとしてきた性的感情が存在するとした。男根期に入ると性の区別に目覚め，一番身近な親に関心を抱く。異性の親に対して無意識に性的な関心，愛情，愛着を覚えるために同性の親に対して敵視，嫉妬する感情をもつ。これを「陽性エディプス・コンプレックス」と呼び前記のオイディプスの物語と同じ形で表われる。そして「陰性エディプス・コンプレックス」の場合はそれとは逆に同性の親を愛し，異性の親を憎悪する。また，陽性・陰性が混合されたかたち

で現われることもある。

　日常のごく当り前な状況として，この時期の男の子は母親に，女の子は父親に主としてなつくようになる。それが強い愛情を向けるときに男の子は父親に対して嫉妬するようにみえる。「ねえママ，ママが大好きなのはボクでしょう？」と母親を独占しようとする。父親と母親が話している横から「パパ，ママとお話しちゃだめ。わたしとお話して！」と女の子もまた父親をめぐって母親をライバル視する。特に男の子の場合は母親に対して性愛を感じ父親の不在や死を願う。しかし父親を愛していないわけではなく，むしろ尊敬しているので，自分の抱いている感情を苦痛に思い，またそのことによって父親から罰せられるのではないかという去勢不安（去勢コンプレックス）がおきる（女の子の場合は男の子と違い，去勢不安とエディプス・コンプレックスの関係が異なることから別に「エレクトラ・コンプレックス」とする考え方もある）。近親相姦へのあきらめによってエディプス・コンプレックスは男根期の終わりと共に急速に終焉を迎える。

　人間は初めは誰でもリビドー（性的エネルギー）が自分のからだに向かっているが（口唇期，肛門期），その後のリビドーは男根期から他者への関心に変わってゆく。男根期の終わりにエディプス・コンプレックスが抑圧され，リビドーも性的潜在期に突入してゆく。

　異性の親への愛着，同性の親への敵意，罰せられる不安の3点，または自分，異性の親，同性の親の三者によっておこる三角構造がエディプス・コンプレックスの中核であるとする説と，第三の人物が存在しなくともよいとする説がある。

　フロイトは，エディプス・コンプレックスが超自我（良心的な働きをしようと努める心の機能）の形成に非常に大きな意義があるとしている。このコンプレックスの発達と抑圧がその人のその後の人格形成に影響を与え，超自我を形成するための要因となる。

　子どもの社会が広がり，少年期，青年期にすすみ，親以外の友人や恋人が出現するにつれて異性の親に対する強い愛情（興味関心）を無意識に自ら放棄していく。つまり，不安により抑圧された，同性の親への敵意と，異性の親への性愛感情は，衝動の質を変えて，親への反抗心を見せると同時に，親のよいところを取り入れようとする心も芽生えてきて，超自我が育つのである。ふつうの子は，両親と共に生活ができ，かつ内面的自立・独立を遂げることができるようになるのである。しかしそれができずに子どもの時の感情（異性の親に対する強い愛着＝エディプス・コンプレックス）が残ったまま，青年期を迎えると抑圧されていた感情が表面化する。下坂幸三によれば「神経症者は，フロイトによれば，エディプス・コンプレックスの克服に失敗した者であり，成人してからもそれを強く持ち続けている者である」（『世界大百科事典』）。　　　　　　　　　　〔尻無浜敏美〕
⇒エレクトラ・コンプレックス，コンプレックス，精神分析

文献　1. C-ウェルダー，1975；2. C-小此木，1973；3. C-懸田編，1966；4. D-河合，1971；5. C-ジョーンズ，1969；6. C-スティーブンス，1977；7. ソポクレス，藤沢令夫訳『オイディプス王』pp. 115-173, 田中美知太郎編『ギリシア劇集』新潮社，639p., 1963；8. C-フロイト，1970a；9. C-フロイト，1969a；10. C-フロイト，1969b；11. C-ベイカー，1975；12. C-ロゾラート，1980；13. E-Kaplan & Sadock, 1989；14. B-Corsini, 1979；15. G-Krauss, 1976

絵本と童話にみるユング心理学　Jung's psychology from the point of view on the picture books or children's books

　絵本や童話など子どもの本を，ユング派の分析心理学の観点から眺めてみると，いく多の興味深いことが取り出せる。そもそもユング派の心理学は，その基本的な理論である元型の考え方の基礎として，神話やおとぎ噺などを用いている。特に，ドイツのグリム兄弟や，フランスのペロー，あるいは，日本の関孝和によって集められたおとぎ噺などは，神話などに準ずる貴重な資料である。それらの話には人間のこころやたましいの秘密が隠されていることが多い。

　たとえば，グリムの「赤ずきん」を取り上げてみよう。赤ずきんは，お母さんのいいつけで，森の中を通って，森の奥に住むおばあさんの家

へお使いに行く。おばあさんが病気なのだ。そこへ、森に住むおおかみが、あわよくば赤ずきんのみならず、おばあさんまで食べてしまおうとする悪巧みを仕掛ける。この計略は成功しかけるが、通りかかった猟師の機転で、二人とも助かる。

さてここで、赤ずきんもお母さんもおばあさんもみんな女性であることから、この話の中軸に「女性性の成熟」のテーマが隠されていることに気づかれるだろう。ここで問題となるのは「狼」の意味であるが、「男はみんな狼だ」などといった通俗的なことわざがあることからもわかるように、通常、狼は男性のメタファーそのものでもあるが、ユング心理学では、いま一歩踏み込んで、狼に女性性のネガティヴな側面を見るのである。

もっと端的にこれを表しているのが、「白雪姫」である。「白雪姫」の冒頭では、白雪姫を生んだ後、生みの母は死んでしまい、その後にいじわるな継母がきたことになっている。ところが、グリムの元の版では、これら二人の母は、同一人物である。つまり、白雪姫にとって、母が、「よい母」から「悪い母」に変化するのである。後者は、母が、「女性」としての側面を前面に出してくるとき、実の娘とも競合する関係になる。これを子どもの話ということで、二人の母という形に分裂させてしまったのが第2版以降の話なのである。

つまり、「白雪姫」で明らかであるように、「赤ずきん」では、この狼が女性性のネガティヴな側面を代表する、と見るのである。そうして、この女性性のネガティブな側面を、赤ずきんやおばあさんを「呑み込む」ネガティヴなグレート・マザー（太母）の表現だと見ると、じつはこれも「母」のもつ2側面の片方である、との認識が成立する。

つまり、実生活に当てはめてみると、実の「母親」のこころの中に、こうした相反する二つのこころが存在することがありうるのであり、子どもの出してくるいろいろな症状や、昨今あらわになってきた、実の母親による幼児虐待や犯罪の根源にもいきつくことがわかる。

このように、「単なるおとぎ噺や童話にすぎない」として片隅に追いやられていたこれらの童話が、じつは、現代の子どもたちをめぐるさまざまな問題を解く鍵を握っている。

河合隼雄や山中康裕は、こうした問題意識のもとに、前者は『昔話の深層』、後者は、『絵本と童話のユング心理学』を書いたのである。なお、フロイト派からは、ブルーノ・ベッテルハイムが、『昔話の魔力』を書いているので、これも参照すると、精神分析や分析心理学がぐっと理解しやすくなる。自閉的障害児の姉が、妹のことをじつに優しくかつ的確に描いた『天使と話す子』（E・ワトスン、山中康裕訳、BL出版、1999）は、そうした小難しい解釈を一切ほどこさずに、こうした自閉の症状を示すこどもの本質と彼らへの最上の関わり方について述べており、必読の書である。　　　〔山中康裕〕

⇒自閉的障害，分析心理学

文献　1. D-河合, 1994；2. E-ベッテルハイム, 1978； 3. D-山中, 1997

MRI，核磁気共鳴画像 magnetic resonance imaging

核磁気共鳴現象を応用して人体の断層像を得る画像診断法のことで，強力な磁場と電波を使って体内の水素原子核の状態をとらえ，画像化したもの。

CTと比較すると、任意の断層像が得られる、X線被爆がない、コントラスト分解能が高い、骨や空気からのアーチファクト（雑音）が少ない、血管、血流が見えるなど優れた特徴があげられる。しかし、脳動脈瘤クリップや心臓のペースメーカーを装着している場合は禁忌で、また、撮影に数分かかるため、協力の得られない患者については、適用が困難である。

MRIの原理は、以下のとおりである。原子核の中の陽子は、恒常的に一つの軸を中心にして回転しており、これを陽子はスピンをもっているという。陽子はプラスの電荷を帯び、動いているためにそこには電流が生じ、固有の磁場が発生する。陽子の回転運動は、歳差運動と呼ばれ、その周波数は陽子の置かれている磁場の強さによって決まる。すなわち磁場強度が大きいほど歳差運動の周波数は高くなる。陽子は、自

然の状態ではバラバラな方向を向いているが、強力な外部磁場の中に入れると、外部磁場の方向と平行に並ぶようになり、z軸すなわち縦方向に総和される。したがって、患者がMRの磁石の中に入った時には、患者自身がMR装置のもつ磁場に対して縦方向の磁場をもつことになる。しかし、患者自身の磁場は、縦方向であるため、直接測定することはできない。そこで、陽子の歳差運動の周波数と同じ周波数のラジオ波RFパルスを送ると、陽子は共鳴によってラジオ波からエネルギーを受け取ることができる。ラジオ波は、歳差運動をしている陽子を同調させ、陽子は位相を揃えて外部磁場に対して横方向を向くようになる。つまり、ラジオ波の向きは必ず磁場と垂直で、ラジオ波の向きをx軸方向と考えると、スピンを表すベクトルはy軸方向に倒されることになる。RFパルスは、縦磁化を減少させて新たな横磁化を作り出し、このベクトルの動きはラジオ波をかけている限り続く。スピンをy軸まで倒すような大きさのラジオ波のことを90°パルス、もとの状態からまったく逆の方向に向かせるためのラジオ波は180°パルスという。RFパルスが切られると、スピンはもとの状態に戻っていき、これを緩和という。90°パルス直後のスピンはy軸方向に倒されているが、時間の経過とともに$x-y$平面上でそれぞれのスピンがばらけながら、この面内でのベクトル成分が小さくなっていく。この過程をT_2緩和(横緩和)と呼ぶ。そして、スピンはz軸方向に戻ってゆき、次第にz軸方向のベクトル成分が大きくなっていく。これをT_1緩和(縦緩和)と呼ぶ。T_1、T_2は、ともに時定数である。T_1緩和とT_2緩和は同時におこっているが、それぞれ独立した現象であり、T_1の方がT_2よりも長い。そしてT_1緩和、T_2緩和は、スピンがどのような状態にあるかにより異なっている。換言すれば、組織や病変によりT_1とT_2は違ってくるわけで、この違いがMR画像のコントラストの違いとして表現される。水などの液体は、T_1、T_2ともに脂肪よりも長い。MRIでの信号は、90°パルスにより、スピンがy軸方向にある時に検出されるようになっている。そして信号の強度は、ベクトルの大きさを表して

いる。実際には、90°パルスと180°パルスの連続した組み合わせによって信号を取るのが一般的で、この方法をスピンエコー法という。90°パルスから次の180°パルスまでの間隔の2倍の長さをエコー時間(T_E)といい、90°パルスからエコー信号を取るまでの時間である。また、90°パルスから次の90°パルスまでの時間を繰り返し時間(T_R)という。このT_EとT_Rを変化させることでコントラストの異なる画像ができる。各組織のT_1の違いが画像に反映されることをT_1コントラストがついているという意味でT_1強調画像と呼ぶ。短いT_RではT_1強調画像になる。また、T_2の違いを反映するようにしたものをT_2強調画像と呼び、長いT_Eでは、T_2強調画像になる。この他、各組織に含まれるスピン(水素原子)の密度があり、この差が反映されるような画像は、プロトン密度強調画像といわれる。

造影剤には、常磁性体であるガドリニウムを使用する。造影剤の効果は、その周囲にある陽子のT_1、T_2を短縮させることにより、信号強度を変化させることで現れてくる。

読影については、ほとんどの病変でT_1強調画像では黒く、T_2強調画像では白く見える。脳梗塞はT_1強調で低信号、T_2強調で高信号、脳出血は、初期にはT_1強調、T_2強調とも高信号、慢性期にはT_1強調、T_2強調とも低信号となる。〔今村恵津子〕

⇒ CT

文献 1. 荒木力・湯浅裕二編『誰にもわかるMRI:撮像原理から検査・読影まで』(「画像診断」別冊10)秀潤社,251p., 1991;2. 岩井喜典・斎藤雄督・今里悠一『医用画像診断装置:CT, MRIを中心として』コロナ社, 260p., 1988;3. 大澤忠・多田信平編『臨床MRI』(「画像診断」別冊6)秀潤社, 244p., 1989;4. 河野敦編『入門者のためのMRI必須知識』メジカルビュー社, 105p., 1994;5. シルド, H.H., 湯浅祐二訳『MRIわかりやすいMRI』日本シェーリング社, 105p., 1990;6. 高橋睦正編著『全身のMRI』南江堂, 694p., 1993;7. 多田信平・荒木力編『新編 誰にもわかるMRI:読影の基礎から新技術まで』秀潤社, 280p., 1995;8. 西岡清春監修, 志賀逸夫編『新画像診断のための解剖図譜(1) 脳神経』メジカルビュー社, 181p., 1990;9. ニューハウス, J.H.・ウィーナー, J.I., 平木祥夫監訳, 若林ゆかり訳『よくわかるMRI』日本アクセル・シュプリンガー出版, 90p., 1995;10. 真野勇『図説MRI』秀潤社, 178p., 1989

MSSM＋C法 Mutual Scribble Story Making with Collage Thechnique

MSSM＋C法とは，**山中康裕によって1990年に考案された描画による心理療法の一技法**。

MSSM＋C法とは，「コラージュを加味した相互ぐるぐる描き・物語統合法」のことをいう。まず最初に，描画が苦手なタイプの児童に描画を試みる方法としてナウンバーグ（Naumburg, M., 1969）が開発したスクリブル法（Scribble）や，同じく，ウィニコット*（1971）の開発したスクイッグル法（Squiggle）などを改良した中井久夫の「限界吟味を加味したスクイッグル法」(1980)がある。これを山中が改良したものがMSSM法（1984）であり，さらにコラージュを加えたものが，MSSM＋C法である。

通常Ａ４判か８ツ切大（216×165mm大）の画用紙に，まず治療者がサインペンで枠取りをし，ついで，クライエントに，その枠の中に線を引いて，全画面を６コマから８コマくらいに分割してもらう。ジャンケンをして，勝ったほうから，１コマの中に，サインペンでぐるぐる描きをまず描き込む。負けたほうは，与えられたぐるぐる描きの描線から連想するものを，色を塗ることで描きあげる。攻守交替して，今度は，先の受け手がサーヴァーになり，別のコマにぐるぐる描きの描線をサーヴする。先のサーヴァーが今度は受け手となり，その描線から連想するものを，先刻と同様に彩色することで描き出す。次は，別のコマの中に，ぐるぐる描きの代わりに何か好きなものをコラージュ（幾つかの絵を貼り合わす）する。攻守交替して，次の人が，やはり好きなものを別のコマにコラージュする。このように順にコマを埋めていき，最後に１コマ分だけ残して，このやりとりを終わる。クライエントに，これまでの各コマに登場したものすべてを組み合わせて，物語を作ってもらい，その残ったコマに治療者がその物語を書き込む（ときに，クライエント自身が書く場合もあってよい）のである。この方法の利点は，まず，絵が下手な人にも，上手な人にも，分け隔てなく施行できる，という点である。しかも，コラージュが入ることにより，相当広範な表現を可能とする点がそれに次ぐ。物語を作ることによって，無意識から投影したものを意識の糸で繋ぐかたちとなり，侵襲性が少ない分，きわめて安全性が高く，かつ，創造的である。心理治療法としてはとてもすぐれており，とくに内閉の状態にあって，しかも，昨今特徴的な，なかなか「窓」（山中，1978）（別項「不登校者の『内閉論』」参照）の見えないケースにも適応となる点で，画期的な方法である。この方法は，上に説明したように歴史的な展開を経たものであるが，１回ずつの作品が，必ず１枚の画用紙におさまるので，記録の保管も簡単で，あとで各セッションの展開過程も見やすい。しかも，この記録は，治療者との「関係性」の関数であるので，あとから治療過程を検討する際に，治療者側の逆転移を検討することも可能であり，きわめて現代的かつ有力な心理療法の方法であるといえる。たとえば，箱庭療法などではスペースや用具の準備が必要であるが，MSSM＋C法の場合，スペースは絵の描ける面積さえあれば可能であり，用具も画用紙，サインペン，彩色用具，糊，はさみ，週刊誌やパンフレットなどのイメージ素材だけで済む。きわめて安価でありながら，内容的に相当膨らみのある方法である。

〔山中康裕〕

⇒絵画療法，心理療法

文献 1. 山中康裕（佐治守夫他編『ノイローゼ：現代の精神病理 ２版』有斐閣，305p., 1984所収）；2. 山中康裕（臨床心理学大系６『人格の理解２』（臨床心理学大系 ６）金子書房，1992所収）

エリクソン法 Erikson's method

無意識へ働きかける催眠法，洞察や解釈をしない，指示，隠喩，逆説などを組み合わせた，M. H. エリクソン*による心理療法。

エリクソンは精神科医であると同時に心理学者であり，催眠を柱とした研究を行なった。彼は催眠を権威的な働きかけによって引きおこされる状態と見るそれまでの考え方を拒み，２人の人間がとる特殊な反応としてとらえた。従来の技法が意識レベルへの働きかけから始められるのに対して，エリクソンは催眠を用いて無意識レベルへ語りかけ，患者の無意識を刺激して患者のもっている可能性を引き出せると考え

た。無意識はプラスの力であり，意識以上に知恵をもっているところ，と見ている。洞察は必要ではなく，解釈はしない。むしろ，患者を変化させるには，患者を動かして何ができるのかを患者に知らせることが重要であると考えた。

精神分析を含む従来の心理療法では，できるだけ指示を与えないことに努めてきた。しかし，エリクソンは「治療的変化というものは治療者が指示的になることによってのみ引きおこすことのできるものであり，そもそも治療者の行動はいかなるものであっても，所詮は指示的なのであり，問題はいかに巧みにこれを行なうかである」と述べている。

グリム童話に『白雪姫』という作品がある。その中で，継母が鏡に向かって「この世の中でいちばんきれいなのは」と聞くと，「……だけど白雪姫のほうが千倍も美しい」と鏡が答える場面がある。これは，父親が思っていることを鏡が代弁していると考えられないだろうか。また，継母に子どもがいじめられるというけれども，継っ子があとから入ってきて，お父さんと仲よくなって，継母を憎んでいることの投影と考えられないだろうか。

このように視点を変えて考えると，人は新しい世界をつかむことができる。このような考え方をリフレイミング（新しい枠組みづけ）といい，これをエリクソンは心理療法に導入した。

エリクソンの心理療法には，このように逸話を使うという特徴がある。逸話は作り話でもある。おとぎ話，寓話，たとえ話でもある。エリクソンの語る非常に多くの逸話は，自分の人生や家族，両親の人生から出た本当のことを述べたものであり，彼は逸話にたいへん精通していたのでコミュニケーションをより強力にすることができた。

エリクソンが逸話を使ったのには次の理由があげられる。

(1) 逸話は脅迫するものではない。
(2) 逸話には魅力がある。
(3) 逸話は患者の名誉を守る。変化は治療者によるよりむしろ，患者自身から生じる。
(4) 逸話は指示や暗示を与えるとき，患者の防衛を間接的に破ることができる。

(5) 逸話は記憶にラベルをつけることができる。つまり，示された考えをより記憶しやすくする。

しかし，エリクソンは自分の治療法の概念化にふさわしい理論的枠組みをあえて作らなかった。なぜならば，「心理療法は特定の学説に患者を合わせてはならない」というエリクソンの考えがあったからである。〔小山章文〕

⇨催眠療法，心理療法

文献 1. B-大原・石川編，1986；2. B-ゼイク編，1984；3. B-バンドラー，グリンダー，1988；4. B-ヘイリー，1988

LD ⇨学習障害

エレクトラ・コンプレックス Electra complex

女の子が，父を愛し，母を憎む気持ちをもつこと。

「エレクトラ・コンプレックス」とはユング*によって『精神分析理論叙述の試み』(1913)に記された，観念複合体である。

これは，男性の場合のエディプス・コンプレックスの女性版の類似語であり，女性の発達の葛藤を述べるための用語としてたまに用いられる。（エディプス・コンプレックスと区別する必要がないとも言われているため，両者を区別せずに使うことが多い。）

「エレクトラ・コンプレックス」という言葉はギリシア悲劇『エレクトラ』（ソフォクレス(Sophokles)，エウリピデス(Euripides)は共に同じタイトルで，またアイスキュロス(Aiskhylos)は『供養する女たち』というタイトルでそれぞれ著している）から，命名された。物語の概要は以下のとおり。

ミュケナイ（ミケナイ，またはミケーナイ）の王アガメムノンはその妻クリュタイメストラと彼女の愛人アイギストスによって暗殺された。そのことを知っているアガメムノンの娘エレクトラは父をあわれに思い，弟オレステスとの再会を待って，いきさつを話し，亡き父のために協力して実の母クリュタイメストラを手にかける。(三つの話の中で設定場面や登場人物が

それぞれ異なるが概要は以上のとおり。それぞれの心の葛藤がよく表現されているのはエウリピデスの作品『エレクトラ』。

この物語からユングは女の子が母親を憎み、父親を愛することを「エレクトラ・コンプレックス」と命名し、その当時はフロイト*もこれを支持した。

女の子は、初め男の子と同様に同性の母親に依存しているが、それが父親へと変わってゆく過程がある。他の誰かがいて、母親が出掛ける時に「ママ、いってらっしゃい！」と機嫌よく送り出すのに、父親が出掛ける時には「パパ！パパ！」と泣きながら送り出す女の子をよく見かける。またこの時期、「大きくなったらパパのお嫁さんになるの」と言う女の子も少なくない。異性である父親への無意識の執着の表われである。

フロイトが「男児のエディプス・コンプレックスは去勢コンプレックスにゆき当たって滅びてゆくのだが、女性のそれは去勢コンプレックスによって可能とされ、また惹起される」(「解剖学的な性の差別の心的帰結の二，三について」より引用)と述べているように、女の子は男性性と女性性の違いを知り、つまり、男性は女性にないものを持っている（ペニス羨望）ことから自分が女性であることに失望しつつ、一番身近な異性である父親に愛情をもつ。馬場謙一によれば「女の子はこのペニス羨望にどう対処するかによって」その後の生き方が異なる。「第一は、去勢コンプレックスを抑圧して女性としての自己同一性を確立していくことであり、第二は、ペニス羨望を否認して男性的な自己主張を行なう道であり、第三は、母との初期の愛情関係に退行して、口愛的な甘えた性格を作り上げる道である」（『精神医学辞典』増補版）としている。〔尻無浜敏美〕

⇒エディプス・コンプレックス、コンプレックス、精神分析

文献　1. H-『フロイト著作集』5, 1969; 2. D-河合, 1971; 3. G-Kaplan & Sadock, 1991; 4. ソポクレス, 松平千秋訳「エレクトラ」pp. 235-283, エウリピデス, 田中美知太郎訳「エレクトラ」pp. 375-423, 田中美知太郎編『ギリシア劇集』新潮社, 639p., 1963; 5. 中村善也『ギリシア悲劇入門』岩波新書, 226p., 1974

エンカウンター・グループ　encounter group, EG

本音と本音の交流をもつためのグループ（國分康孝）、マスクを脱いだ真実の触れ合いのグループ（小林司）、一個人として他の個人と心の奥深くで出会うグループ（都留春夫）。

日本におけるエンカウンター・グループ（以下 EG と略す）の歴史と深い関わりをもつ人間関係研究会の EG プログラムには、「個人の心理的成長、人間関係の改善と発展、組織の変革のための集中的スモール・グループ体験法」と記されている。一人一人が対等な人間として出会いの原点を模索していく「計画的につくられた集中的グループ体験」（ロジャース*）と言ってよい。

EG の直接的な起源としては、大きく二つの流れがある。その一つは、T グループ（感受性訓練）と呼ばれるもので、「場の理論」で知られるレヴィン*によって始められた。1946年に米国コネティカット州で人種問題に取り組むソーシャル・ワーカーらの教育訓練のために、対人関係学習を目的とする、リーダーもプログラムも設けない新しいグループ体験法が産み出された。このグループ体験法を研究する組織として、ナショナル・トレーニング・ラボラトリー（NTL）が設立され、そこで生まれた T グループは、独自の方法論にもとづいて、ワーク・ショップによる実践を主体とするグループ学習法である。

他の一つは、ロジャースが開発したエンカウンター・グループである。ロジャースは非指示的カウンセリング、来談者中心療法といった理論を打ち立てると同時に、カウンセラー養成にも力を注いだ。大学退官後、人間研究センター（CSP）を設立し個人治療を超えるものとしてパーソン・センタード・アプローチ（person-centered approach, PCA）を提唱して後輩を育てるため独自の集団訓練プログラム（ラ・ホイヤ・プログラム）を1967年からスタートさせた。このラ・ホイヤ・プログラムこそが EG の基礎をなすものであり、集団的グループ・トレーニングへと応用されていった。1960年代には、人間性復活のためのグループ体験として全米各地に熱

狂的に広がった。

10人前後の小グループに1，2人のファシリテーターが加わり数日間の合宿形式で自由に話し合っていく。ファシリテーターはグループ活動を促進させるためのスタッフであり，Tグループではトレーナーと呼ばれる。また，初めから決められた課題なしにメンバーが自由に話し合うことでグループ体験を深めていく方式を「ベーシックEG」というのに対し，各種の課題（エクササイズ）をグループで行なう方式を「構成的EG」と呼んでいる。後者は短時間でリレーションが高められ，プログラムを定型化すれば熟練者でなくても活用できるといった長所をもち，開発的カウンセリングの訓練として実践されている。

ベーシックEGは，ファシリテーターの「では始めましょう」の一言でスタートするのだが，ファシリテーターが話し合いをリードしてくれるわけではない。参加者が流れをつくっていかなくてはならない。視線のやり場に困る者，黙想するふりをしている者，落ちつかぬ者，意を決して話し始める人……メンバーは長い沈黙や一貫性のない展開に居心地の悪さを感じ始める。人によってはイライラを吐露したり，あまりの辛さから不満をぶちまける，といった否定的感情が場を支配するようになってくる。また目立つ人やイライラさせる人，何もしてくれないファシリテーターに対して激しい感情を爆発させる人が出てくることもある。率直な本音が飛び交う段階と言えよう。最も苦しいし，最も長く感じる場である。しかし，そのうちにメンバーの一人一人の内面的な自己とグループとの関わりを各自が語り合うようになる。傍観者ではいられないし，仮面や見せかけに隠れてはいられなくなってくる。「今，ここで」おこっている出来事を「メンバーが共通に体験し，共に生きている」という感覚を通して，混乱から相互信頼の芽が生まれる。しだいに，メンバーどうしの肯定的感情が高まり，他者に対して開放的，友好的になってくる。グループにまとまりと暖かさとが生じ，より深く，より密接な関係を結んでいこうとする。この段階において，「基本的出会い」（ロジャース）が成立するのである。

EG体験によって，自然に素直な言葉が出るとか，異性や権威に対する緊張感が減るといった自己変容が認められている。感覚，能力，感受性など自己の可能性を探求していく場として，EGは現代的意義をもっている。その反面，個人が自分の深い場面をさらけ出し，問題が十分解決されないままにEGが終わってしまうことによって，急性精神障害や心理的損傷に陥ってしまうこともある。EG体験によって獲得された自己変容を実際の社会生活の中でいかに生かしていけるかという「後戻り現象の克服」がEGにとって最大の課題である。〔西村正裕〕
⇒心理療法，出会い，Tグループ

文献 1. B-ロジャーズ，1982；2. B-國分，1981；3. B-國分編，1992；4. E-小林，1983；5. E-都留，1987；6. A-畠瀬，1991；7. B-畠瀬，1990；8. E-早坂，1979；9. B-東山，1992；10. B-村山，1977

嚥下障害　dysphagia

種々の疾患により口から食物や水分を摂取して飲みこむことが困難になった状態。

正常な嚥下は，口腔から食道までの食物摂取にかかわる筋群が複雑に協調的に働く，一系列の連続的な神経過程である。嚥下の生理は，神経機構の面からは第一期（随意期），第二期（反射期），第三期（反射期）に分けられる。また，食塊の移動の面からは口腔相・咽頭相・食道相という三つの相に分けて考えられるが，その障害へのアプローチの観点から，先行期と準備期を加えた分類を用いると良い。正常嚥下では期と相とは一致しているが，嚥下障害ではズレが生じることが問題である。先行期は，食物が口に入る前の時期で，何をどのくらい，どんなふうに食べるかを決定して食べようとする時期であり，準備期は口腔内に食物を取り入れ，咀嚼し，食塊を形成する時期である。口腔相は，口腔から咽頭に食塊を送る過程，咽頭相は，咽頭の反射により食道へと食塊を送る過程で，嚥下の中心を成す。声門は閉鎖され，咽頭と気管とに遮断がおこる。食道相は，食道から胃へのぜん動運動により，食塊が搬送されていく過程である。これらのどの部分に問題があっても，嚥下障害はおこりうる。

嚥下障害を引きおこす疾患には，次のようなものがある。嚥下にかかわる神経や筋肉の異常によるものとして，脳性マヒ，脳血管障害，パーキンソン症候群，脊髄小脳変性症，筋萎縮性側索硬化症，多発性神経炎などがあげられ，口腔から胃までの飲食物の通過路におこった器質的病変や疼痛によるものでは，咽頭・喉頭，食道の炎症や腫瘍などがある。前者の神経・筋疾患の場合，口輪筋にマヒが生ずれば，取りこんだ食物をこぼしてしまうこともあるので，口唇閉鎖に注意し，老人の場合，義歯の適合状態も見る必要がある。

嚥下に障害があれば，栄養摂取が阻害され，気管防御機能も同時に障害されるため，誤嚥性肺炎の危険にさらされる。その治療のためには，種々の医療職が協力してチームを組み，リハビリテーションを行なう。すなわち耳鼻咽喉科医，神経内科医が医学的検査，診断，および目標設定を行なって訓練の指示を出し，看護師は，座位と体力アップを中心とした日常生活動作訓練，精神的支持，食前食後の口腔ケア，摂食介助を行なう。経管栄養から摂食に至る過程では，口腔・食道経管栄養法（OE法）といって経鼻栄養に使用するカテーテルを口から入れて栄養物を注入する方法を取ることもある。言語聴覚士は，発声・発語器官と失認・失行の評価を行ない，嚥下障害にしばしば伴う運動性構音障害の訓練とともに，口唇・頬・舌の運動練習を指導する。作業療法士は，日常生活動作訓練として食事動作にかかわる上肢巧緻動作の訓練をするとともに，口腔および周辺の筋肉を刺激して活性化をはかる。食物を飲み込むための諸筋群に働きかける基礎的嚥下訓練は，各病院の事情によって特に領域を限らず，看護師，言語聴覚士，作業療法士が適宜分担する。栄養士は，段階的な嚥下訓練食を作り，患者と家族の指導に当たる。

嚥下の中枢は脳幹部にあり，その形態学的診断には，MRIを用いるのが良い。実際に患者が物を飲み込む動作は，嚥下造影検査（VF検査）で詳細に調べることができる。これは，X線透視装置を用い，造影剤を嚥下させて口腔・咽頭・喉頭・食道の運動と造影剤の流れをビデオに録画する方法で，一般に耳鼻咽喉科医が行なう。VFの観察から，口腔相の障害として口腔内に造影剤を保持できずに口唇から流出するか咽頭に流入してしまうもの，舌の動きが悪く，造影剤を円滑に後方に押し出せないもの，舌の運動を代償するために顎を上げ，頚部を伸展させて飲み込むなどといった異常が見られる。咽頭相では，軟口蓋の挙上が不良のため，喉頭内に造影剤が流入することすなわち誤嚥が観察される。誤嚥がおこれば，正常ならばむせるが，感覚が鈍麻であればむせなかったり，遅れて生じる場合があるので注意を要する。また，嚥下後に梨状窩に造影剤が貯留するのが見られる。咽頭相に問題のある例では，液体の方が固形物よりも飲み込みにくい。

訓練の方法は，オリエンテーション，基礎訓練，摂食訓練に分けて考えられる。

まず，患者と家族に嚥下障害とその危険性，訓練の必要性をオリエンテーションする。多発性脳梗塞などで知情意低下症（旧：痴呆）がある場合は，介助者への指導が中心になる。

基礎訓練とは，嚥下にかかわる諸筋群の活性化と協調を目的としたもので，口唇・頬・舌の運動練習，マッサージ，ブラッシング，口すぼめ呼吸，ストローを使っての呼吸，意識的に咳をする訓練，口唇周囲のアイス・マッサージ，咽頭のアイス・マッサージと空嚥下の組み合わせ，両手で机などを一気に押すプッシング・エクササイズ，そして嚥下体操として首や口のまわりの筋肉をリラックスさせる目的で行なう呼吸と運動の訓練などをいう。VF検査である程度嚥下が可能であることが確かめられたら，以上の要素的訓練に加えて，嚥下パターン訓練を行なう。これは，息を吸って呼吸を止め，唾液または空気を飲み込み，息を吐いてさらに咳をするというサイクルを繰り返すものである。嚥下訓練の際に注意しなければならないのは，脳血管障害では痙性により異常な全身的姿勢パターンが現れ，口腔周辺の器官はその影響を受けやすいため，それを抑制するように体幹のバランスを改善させつつ訓練することである。安全姿勢として背筋を伸ばして椅子に腰掛け，患部側を枕で支えて健康側よりも上になるように

し，背中にも枕を入れて前傾姿勢を取れるようにする。頭と肩はやや前傾し，顎を下に引いて胸につける。

摂食訓練は，食事場面の観察，問診による情報を重視して，ゼリー，プリンなど粘度のあるものから始め，個人の嗜好や栄養バランスを考慮しつつ全粥，つぶし食に移行できるようにする。味は濃く，体温との温度差が大きいほど嚥下しやすいので，冷たい状態で食べさせる。食後，口腔や咽頭に食物の残留が見られることがあるため，うがいや吸引によって口腔内を清潔に保つ必要がある。梨状窩への食物貯留は，一口当たり二度嚥下させることで減少させることができる。摂食訓練中は，発熱や喀痰に注意し，嚥下性肺炎をおこしていないかをチェックする。これらは，すべて医師の指導・監督のもとにチーム医療として行なわれる。〔今村恵津子〕
⇒運動性構音障害，MRI，脳性マヒ

文献 1. 丘村煕『嚥下のしくみと臨床』(SCOM 7) 金原出版，184p.，1992；2. 金子芳洋編著，金子芳洋・向井美恵・尾本和彦『食べる機能の障害：その考え方とリハビリテーション』医歯薬出版，172p.，1987；3. グローアー，M. E. 編，塩浦政男・藤島一郎訳『嚥下障害：その病態とリハビリテーション』医歯薬出版，272p.，1989；4. 才藤栄一・向井美恵・半田幸代・藤島一郎『摂食・嚥下リハビリテーションマニュアル』医学書院，226p.，1996；5. スティーフェル，J. S.，柴田貞雄監訳，矢守茂・矢守麻奈訳『嚥下障害のリハビリテーション：訓練と食餌計画の実際』協同医書出版，140p.，1988；6. 福迫陽子・伊藤元信・笹沼澄子編『言語治療マニュアル』医歯薬出版，366p.，1984；7. 藤島一郎『脳卒中の摂食・嚥下障害』医歯薬出版，198p.，1993；8. 藤島一郎『口から食べる：嚥下障害Q & A』中央法規出版，230p.，1995

援助的人間関係，ヘルピング helping

援助とは，人間の内面的成長の過程（自己探索−自己理解−行動化）を促進し，助けることである。カーカフ(Robert R. Carkhuff, 1934～)が提唱する「援助的人間関係（ヘルピング）」とは，カウンセリングよりも意味が広く，しかも，カウンセラーとクライエントという役割分担を固定化しないで，それが仲間同士として互いに入れ替わることを前提にしている。

人々の間で，応答的，手ほどき的な相互作用があれば，いつでも援助がおきる。カウンセラーとクライエントという視点から援助を考えるのをやめて，誰もが人間的成長を目指すチームのメンバーだと考え，ヘルパー（援助する人）と，ヘルピー（援助される人）という視点に立つことをカーカフは提案している。ピア・カウンセリングとか，エンカウンター・グループなどもヘルピングの一種と考えるべきであろう。

カーカフは援助の技法を系統立てた。これまでの各派の理論や技法を折衷して取り込み，誰でもが援助をしやすくしたのである。以下にそれを説明する（カーカフ，1992）。

援助の目的は，ヘルピーを人間としての成長と発展の過程に導き入れることにあり，ヘルピーの内面の整理を助け，自分のいる場所を自覚させ，どこへ向かうかの目標地点を把握させることである。援助の具体的方法は，「応答技法」と，「行動化への手ほどき技法」による。

「応答技法」は，ヘルパーが，共感，感受性，尊敬，温かさ，理解の具体性・明確性をもちつつ，理解したことを正確にヘルピーに伝えることである。これによって，ヘルピーが自己探索するのを促し，洞察を深めるのを助ける。「行動化への手ほどき技法」は，ヘルピーの経験をヘルパーの経験というフィルターにかけて，ヘルピーが洞察から自分の問題解決に向かって行動をおこし，目標に向かって進むのを援助することである。この際には，ヘルパーの純粋性，率直さ，自己開示，分かち合いの精神，問題解決と行動計画設定の具体性・明確性，が必要である。ヘルピーの言行に不一致がみられる場合には，それを指摘し，直言することも必要である。

結局，ヘルパーとヘルピーとの間に，「関わり−参入−応答技法−自己探索−意識化−自己理解−行動化への手ほどき技法−行動化」という連鎖反応がおきる。ヘルピーの内面的成長には，経験の探索，目標の理解，計画的行動という段階が必要となる。関わりには，傾聴，観察，身体的関わり（視線を交える，など）があり，応答には，意味への応答，感情への応答，事柄への応答がある。意識化には，目標の意識化，問題の意識化，意味の意識化，がある。行動化への手ほどきとしては，各段階の検討の手ほどき，行動化の準備，スケジュールと強化法の設定，

行動計画の作成，目標の明確化，がある。

このようなヘルピングが応用される例としては，ピア・カウンセリングとか，セルフ・ヘルプ・グループをあげられよう。セルフ・ヘルプ(self help)とは，困難に出会って苦悩した時に，専門家の援助を受けずに，自分の手で解決する，あるいは非専門家の援助を受けて解決する過程を指す。セルフ・ヘルプ・グループには，吃音，アルコール症，自閉的障害，精神障害者，身体障害者，悩みを抱く人たち，などのグループとか，個人的教育相談などが含まれている。なかでもアルコール症のグループ「アルコホーリック・アノニマス（AA）」が有名である。

セルフ・ヘルプ・グループで援助を行なうためには，そのグループ活動が長続きし，メンバーが脱落しにくいようにする配慮が必要である。それには，一般に，会を構造化しないことが望ましい。具体的には，(1)固定的リーダーを作らない，(2)テーマを固定化しない，(3)参加を強制したり限定したりしない，(4)活動は各自の自発性に任される，などである。

それをうまく採り入れているグループの一つとして，インテグリティ・グループを紹介しておきたい。その要点を次に要約しておく(村山・上里，1979)。

インテグリティ・グループ(Integrity Group, I.G.)とは，疎外された人間性を回復するために，1950年代に米国のマウラーらがイリノイに作ったセルフ・ヘルプ・グループである。I.G.の活動の三大原理は，正直，責任，相互の関心と関与，である。活動は無料。援助を受けると同時に，援助を与えることをも学ぶ。

その運営には10の原則がある。(a)他人の話を妨害しない。(b)他人を非難しない。(c)否定的感情（嫉妬，ゆううつ，恨み，非難，間接的攻撃，など）をもたない。(d)サブグループを作らない（グループ全体でなしに，一部の人だけが個人的な関心事について話すことをサブグループを作るという）。(e)「……しかし……」と言ってはならない。自分の誤りをみつけたら，自分の責任を否定したり，他人を非難したりせず自分の誤りを認めて，改めることを考える。自分に何ができるかを考える。(f)論争しない。自分への批判に対しては「ありがとう」と言う。(g)他人に期待しない。他人のことを推測しない。(h)だまさない。(i)自分の言ったことは誠実に守る。(j)仕返しをしない。

I.G.の会合のルールは次のようである。(i)会合は3時間～3時間半。(ii)欠席の場合は，他のメンバーに欠席を通知し。そのメンバーが全員に欠席理由を知らせる。(iii)遅刻した場合には，遅れた理由を全員に述べる。(iv)会合の司会は順番に毎回交替する。(v)会合中，泣いたり，うなったり，声を出したりしてもよい。(vi)他のメンバーや器物に暴力をふるうとただちに除名。(vii)他のグループのメンバーに不満がある時は，自分のグループの中でまず問題にして，そこで同意が得られたら，その人のいるグループへ行って問題にしてもらう。(viii)会合中に勝手に退席した時は，グループを脱退したものと見なす。(ix)グループから脱退したい時には，いつでもやめることができる。(x)会合の終わりには全体のフィードバックを行なう。　　　　　　　　　　　〔小林　司〕

⇨アルコール症，エンカウンター・グループ，自閉的障害，セルフ・ヘルプ・グループ，ピア・カウンセリング，ヘルピング・モデル

文献　1. A-カーカフ，1992；2. H-村上・上里編『心理療法』8, 1979

エンパワーメント　empowerment

自分のもっている力を再発見するプロセス，または，それを促し，助けること。

このことばは「特別の権能を与えること(enabling)」とほとんど同義に使われるが，エンパワーメントの方が社会的・政治的意味あいが強い。以上のほかに，以下のような合計6種類の使われかたがある。(2)援助の際に，権限・責任・資源などを譲り渡して参加を保証するとともに，情報・教育・訓練を与えて，能力や潜在能力を再発見させ，それを活用させることによって自分の中に力をつけさせ，積極的な自分を作り出させるプロセス，またはそれを促し，助けること。(3)すべての人間の潜在能力を信じ，その潜在能力の発揮を可能にするような社会，人間尊重の社会，平等で公正な社会，を実現し

ようという考えに基づいて，社会的に差別や搾取を受けたために自らの能力やコントロールしていく力を奪われた人々，また潜在力としての力を獲得することを妨げられた人々が，その力を取り戻すプロセスを指す（久木田　純）。(4) 社会的弱者を，開発の意志決定や実行，評価などに参加させることによって，社会的な力をつけさせ，弱さを減らさせる政策。(5) カウンセリングでは，「暴力や家庭崩壊などによって痛めつけられた個人や家族が立ち直っていく過程」，を指す。フェミニスト・カウンセリングのキーワードになっている。(6) メンタル・ヘルスや福祉分野では，「気力を失った人が，家庭とか社会などのコミュニティの中で身体や生活のコントロールを取り戻す過程」を表す。

1980年の第2回世界女性会議，1994年の国連の国際人口・開発会議で使われたこの言葉は，1995年9月の第4回世界女性会議で，女性の地位向上，人権確立のために「女性のエンパワーメント」が会議の主要テーマとされてから一挙に広まった。エンパワーメントは，当初の意味「法律的権限を与えること，経済的発展を与えること」よりも，最近ではむしろ「男女差別，人種差別，宗教差別，貧富差別などをなくすことによって，人間の発達と能力の向上を促すこと」を意味するようになった。地域住民が，より良い社会を作るために，受け身ではなしに，差別なしに，能動的に参加して，ともに働き，新しい関係を生みだして，重要な決定を下し，責任と自信とをもって，社会を変革する力をつけ，自己発展して，その人らしく活動するなかで社会を変えていくこと，に意味が変わってきた。

力には物理的な力（暴力），経済的な力，政治的な力，知力，身体的な力，心理的な力などがある。これら各種の力によって痛めつけられた人間が，エンパワーメントによって自己の力を再発見するプロセスは，身体的，心理的な面で始まり，社会的な面が加わり，最後に政治的・経済的な面が問題になる。心理的には，エンパワーメントによって価値の意識化，潜在力への気づき，自己決定，制御感，所有感，自尊心や自信の形成，やる気，判断力，計画力，などを獲得していく。

医療分野では，初期には医師や医療において従属的立場におかれていた看護者やパラメディカル・スタッフの自立性を高めるために諸活動にエンパワーメントという単語が用いられた。次には，医療者が患者を支配し，コントロールするのではなしに，「患者自身の決定や責任を重視し，医療者と患者が対等の立場に立とうとする傾向」を指すようになった。公衆衛生分野でも健康教育の新しい考え方としてエンパワーメントが取り上げられている。健康教育はかつては，専門家による一方的な働きかけを意味していたが，エンパワーメントはむしろ，大衆が健康について学習していくことを促す過程である。大衆が自分たちの問題を認識し，問題の本質を評価し，より健康的な社会を心に描き，目標を達するための戦略を開発する努力に巻き込まれていく。これによって，自尊感情や自己効力感や保健行動が改善されるだけではなしに，個人や集団や構造が変わっていく。たとえば，精神障害者の場合に，「患者は何もできないから，治療者が面倒をみなければならぬ」という考えは間違いだった。長期にわたる入院生活によって精神障害者の自立性が奪われていただけであった。治療する者とされる者という上下関係ではなしに，お互いに平等な市民同士が手をたずさえて一緒に生きていく。障害者が主体性をもって，自分たちの生活を自分たちで管理し，社会を整備していくのがエンパワーメントである。教育や企業でも「上下関係を改めて，境界をなくし，個人の主体性を尊重して，能力を引き上げること」を意味する。

久木田純によれば，エンパワーメントのプロセスは，(a) 基本的ニーズの充足，(b) リソースへのアクセスの確保，(c) 構造的問題の意識化，(d) 意志決定への参加，(e) 力のコントロールによる価値の達成，という5段階を次第に上昇していく。また，エンパワーメントは人間の発達プロセスとほぼ同一であると彼は言う。子どもは，目新しいこと，自分の能力を高めそうなことについては，自分で行ないたいとか自分のものにしたいと思うものだ。「自分で決定し，自分の力で達成したがる」という基本的な欲求をもっていることは，成長後も変わりがな

い。生後さまざまな影響によって子どもが無力化された経過を見ると,エンパワーメントが発達と強く関わっていることがわかる。その潜在力を十分に発揮できる環境で自己の能力を高めるというエンパワーメントは,人間の発達プロセスに沿うものであり,カウンセリングのプロセスそのものでもある。　〔小林　司〕

文献　1. 菅野圭樹・石塚忠晴「精神障害者の社会復帰活動とエンパワーメント」(I-久木田・渡辺編『現代のエスプリ』No. 376, 1998, p. 62-73所収);2. 久木田純「エンパワーメントとは何か」(I-久木田・渡辺編『現代のエスプリ』No. 376, 1998, p. 10-34所収);3. 前田典子・新福尚隆「開発と精神衛生」(I-久木田・渡辺編『現代のエスプリ』No. 376, 1998, p. 169-182所収);4. 吉田亨「健康とエンパワーメント」(I-久木田・渡辺編『現代のエスプリ』No. 376, 1998, p. 146-152所収)

置き換え　displacement

無意識のうちに,ある対象に向けられた自分の感情の対象を他のものに置き換えたり,本来解決すべき問題を他の目標や他の方法で置き換えてしまうことにより,不満,恐怖,葛藤といった心の緊張を解消しようとすること。

自分の意のままに生活できれば,不自由はないが,実際にはそのようにはできない。人は,日々生活するなかで心の中にいろいろな感情をもっている。たとえば,願望,不安,不満,恐怖,衝動などといった感情が,心の緊張状態を作り出す。この心の緊張状態を解消しようとするのが「自我の防衛(適応)機制」であり,その機制のうちの一つが「置き換え」である(フロイト*)。

置き換えの例をあげてみよう。

(例1)自分の父親に対して憎しみを抱いていた娘が,男の教師に対して憎しみを抱くようになる。また,父親に対する恐怖感が,動物に対する恐怖感になる。

(例2)自分が憎んでいる相手を殴りたいが,殴ることができない。むしゃくしゃする気持ちを,物を壊して晴らそうとする。

(例3)自分の腕が未熟で上手にものを作ることができない。しかし,「悪いのは自分の腕ではなくて,道具が悪いから上手に作れないのだ」と,道具のせいにしてしまう。この例は自分自身の自尊心を傷つけないようにするために,他のものに責任をなすりつけてしまう例である。これは,物ばかりでなく,人や動物に対しても当てはまる。自分の失敗を他のものになすりつけるという例である。

(例4)実際に行動すると犯罪を犯すことになるような行動や,社会的な信頼を失墜してしまうような行動は,実行できない。そこで,別の行動によって欲求を満たそうとする。たとえば,性欲のはけ口として,スポーツで汗を流してエネルギーを発散したり,学問や芸術に熱中したりする。

(例5)潜在的な衝動や欲求を,夢の中で無意識のうちに別の対象に置き換える。父を憎んでいる人は,夢で王様を憎む,など。夢の中に現われたものが,それと関係のある別の事柄を暗示している。精神分析学で,夢の分析に使われる用語である。

置き換えは問題を根本的に解決をするわけではないので,その場の一時しのぎにすぎない。そのために,(1)現実から逃避したり,(2)合理的な解決にならなかったり,(3)不満や葛藤がなくならなかったり,(4)さらに別の問題が生じて欲求不満や葛藤が大きくなったり,ということになる。

(例1),(例2),(例3)は,ある対象に向けられた感情の対象を他のものに置き換えることによって不満による心の緊張を解消しようとする例である。(例4)は,欲求を満たす方法を,他の方法に置き換えることである。自分の欲求を社会的に価値あるものに置き換えることを「昇華」という。フロイトの娘のアンナ・フロイト*は,著書『自我と防衛』(1937)の中で,「昇華は防衛の中でもっとも正常なものであり,発達的な順応行為の基盤である」と述べている。

(例5)は,フロイトの著書『夢の解釈』(1900)によると,無意識のうちに見ている夢の内容が,自分の願望や不安,不満などと深い関係にあり,実際の願望や不安,不満などが他の内容に形を変えて夢の中に現われるという。〔五十嵐克史〕

⇒主な防衛機制,葛藤,精神分析,フラストレーション,防衛,防衛機制の例

文献　1. 懸田克躬編『現代精神医学体系』(1B1b),中山書店,237p., 1980;2. 懸田克躬編『現代精神医学体系』

(2B), 中山書店, 282p., 1980; 3. 懸田克躬編, 『現代精神医学体系』(3B), 中山書店, 396p., 1976; 4. 懸田克躬編『現代精神医学体系』(17B), 中山書店, 232p., 1980; 5. J-笠原・島薗編, 1978; 6. J-コーチン, 1980; 7. E-福島編, 1989; 8. E-平井他編, 1975

男の脳・女の脳　male brain and female brain
脳の性差。

以前は，男の脳も女の脳もまったく同じだと思われていた。脳の重量をみると男のほうが女よりも重いことはわかっていたが，ただ，身体も男のほうが大きいから当たり前だと考えられていた。しかし，20年ほど前に，脳の構造が男女で異なっていることがわかった。その構造の違いが，男と女とで性行動や性心理の差を生み出すらしいのだ。新井康允によると次のようなことが明らかになった。

男女の脳の構造の違いは，胎児期や生後まもなくの時期に作られる。したがって，この時期に異性の性ホルモンが赤ちゃんの脳にくると，その影響によって本来の性とは異なった異性の脳ができてしまう。つまり，男の外性器をもっていても，脳は女性の脳だという赤ちゃんができてしまうのである。

ダイコクネズミの脳の内側視索前野にある性的二型核では，オスのほうがメスの5倍も大きい。ここを壊すと，オスは性行動をしなくなる。胎児期のメスに男性ホルモンであるアンドロジェン（男性ホルモン）を与えると，この核の大きさがオスの大きさに近くなる。ヒトの性的二型核も男の方が女よりも大きい。ヒトの前視床下部間質核も男の方が大きいのだが，同性愛の男ではこれが女なみに小さいという。ダイコクネズミの前腹側脳室周囲核はメスの方が大きいのだが，出生前後のメスにアンドロジェンを与えると，この核がオスなみに小さくなる。これを刺激すると排卵がおきるが，壊すとメスでも排卵がなくなる。したがって，ネズミのこれら二つの核はセックス中枢だと推定できる。

ダイコクネズミでは，成熟後はオスとメスで性行動の様式が決まっていて，成熟後に男性ホルモンのアンドロジェンを注射しても，メスがオスらしい性行動をとることはない。ところが，オスの睾丸を生まれてすぐに取り除くと，成熟後に女性ホルモンのエストロジェンを注射した後は，メスの性行動を示すようになる。他方，メスが生まれてから一週間以内にアンドロジェンを注射すると，成熟後にこのメスはオスの性行動を示すようになる。脳の構造が異性化したのであろう。

ベルリンのダナー（G. Dörner）は，1944～1945年にかけて生まれた男性に同性愛者が多いことを1980年に発見した。敗戦間際にベルリンの妊婦が空爆などによって大きなストレスを受け，その結果，胎児の脳にいく性ホルモンの量が変わって，男児の脳が女児化したのではないかとダナーは考えた。その後，妊娠しているネズミやヒツジなどの動物にわざとストレスを与える実験をしてみると，生まれてくる赤ちゃん動物が成長後に同性愛のような性行動を示すことがわかった。ヒトの場合でも，妊婦にストレスを与えると，同性愛者が生まれる可能性が高くなると考えられる。各種の病気で，性ホルモンの分泌が異常になると，胎児の脳が異性化して行動も異性化することが知られている。

プレダー病では，アンドロジェンを合成できないので，男の胎児がこの病気にかかると，外性器は女の形で生まれてきて，幼児期の遊びは，ままごと好みの女性タイプである。

ヒトの先天性副腎過形成症では，生まれつき副腎皮質ホルモンを作る酵素が欠けており，副腎皮質ホルモンができない代わりに多量のアンドロジェンが副腎皮質から分泌される。女の胎児にこの病気があると，毎日アンドロジェンを注射されているのと同じことになり，生後はおてんばで男っぽい遊びを好み，攻撃的になることが多い。

キンカチョウという鳥のオスは良い声でさえずるが，メスは地味に鳴くだけだ。これは，脳のさえずり中枢の大きさがオスでは大きいからだ。ところが，生まれたてのキンカチョウのメスにアンドロジェンをしばらく与え続けると，成長してからオスに似たさえずりをする。つまり，脳の構造がアンドロジェンによってオス化したからである。

男児よりも女児の方が読み書き能力に優れているという研究もある。　　　　〔小林　司〕
⇒性差, 同性愛

文献　1. E-新井, 1986 ; 2. 新井康允『脳から見た男と女：性差の謎をさぐる』(ブルーバックス)講談社, 247p., 1983 ; 3. 新井康允『ここまでわかった！　女の脳・男の脳：性差をめぐる最新報告』(ブルーバックス)講談社, 178p., 1994 ; 4. 田中冨久子『女の脳・男の脳』(NHKブックス)日本放送出版協会, 236p., 1998

オペラント条件づけ　operant conditioning

ある行動が生起した直後に環境の変化がもたらされることによって，その行動の生起頻度が変容される過程。

スキナー* は有機体の行動を瞳孔反射のように特定の刺激に誘発されるレスポンデント行動 (respondent behavior) と自発的に生起するオペラント行動 (operant behavior) とに分類した。そしてこの分類に対応して，条件づけもレスポンデント (S型) 条件づけと，オペラント (R型) 条件づけとの2種に分類した。オペラント条件づけは弁別刺激 (S^D) →オペラント反応 (R) →強化子 (S^R) という関係から成り立つ。

弁別刺激とは，反応が生じる機会を与える刺激のことをいう。また強化子とは，反応に後続することでその反応の生起確率を増加させる機能をもつ刺激(強化刺激ともいう)のことをいい，オペラント反応が生じたことでもたらされる環境変化をさす。オペラント条件づけの典型的な実験場面はスキナー箱である。この装置は梃子を押すと食餌が出てくるようになっており，この中に食餌制限をされたネズミが入れられると，最初は偶然梃子を押すが，その時に食餌が与えられると次第に梃子を押す回数が増えてくる。人間の行動の例では，子どもが隣人にあいさつをした時に親がほめたとする。これが繰り返されると次第にこの子は隣人によくあいさつをするようになる。それぞれ，梃子および隣人が弁別刺激であり，食餌およびほめることが強化子に相当する。

強化子には正の強化子と負の強化子とがある。正の強化子とは，ある反応の生起に随伴して出現することがその反応の生起確率を高めるような刺激であり，食物やほめること，トークンなどがそれに相当する。それに対して，負の強化子とは，ある反応が生起した後でその刺激が除去または遅延されることによってその反応の生起確率を増加させるような刺激であり，嫌悪刺激ともいう。叩く，電撃，叱責，無視などがこれに相当する。

オペラント条件づけには以下の種類がある。(1) 報酬訓練：先にオペラント条件づけの典型例として示されたように，ある特定の反応，たとえば梃子を押すと食餌のような正の強化子が随伴される手続きをさす。(2) 逃避・回避訓練：逃避訓練は電撃のような嫌悪刺激を与え，梃子を押すような特定の反応をすると，この刺激が除去または停止される手続きである。これに対し回避訓練は嫌悪刺激が提示される前に音あるいは視覚的刺激が提示され，その刺激提示後に特定の反応をすると嫌悪刺激が回避または延期される手続きをさす。(3) 罰訓練：ある反応の直後に嫌悪刺激を提示する手続きで，その反応の生起確率を減少させる。

条件づけ以前のオペラント反応の自発頻度をオペラント水準という。オペラント条件づけでは反応が自発されない限り強化されないので，オペラント水準がごく低い場合には特定の反応生起を促進するためにシェーピング(反応形成)という手続きを用いる必要がある。これはまず，自発する反応のうち条件づけたいものに最も近い反応が自発した時に強化し，それが確実に学習されたら，次のより条件づけたいものに近い反応を強化するということを通して少しずつ条件づけたい反応に近づけていくという手続きである。漸次的接近あるいは反応分化ともよばれる。この手法により自発しなかったり，ごくまれにしか出現しない行動を学習することが可能となる。

【臨床場面への応用】　オペラント学派では不適応行動も他のすべての人間行動と同様に学習されたものととらえ(学習モデル)，不適応行動はすべて不適切な強化によって生起した行動であると考える。行動療法にはオペラント条件づけから，トークン・エコノミー法，シェーピング法，バイオフィードバック法，条件性制止療法，

タイム・アウト，レスポンス・コストなどの多くの技法が導入されている。トークン・エコノミー法は病院，学校，家庭内で望ましい行動が示された場合にトークンという代用貨幣を与え，それが後により高い強化価のものと交換されるという手続きである。タイム・アウトは一般にある反応をおこした後，一定時間正の強化条件下から退去させられることを指し，教室内で注意引き行動としての奇声をあげる子どもをタイム・アウト室に閉じ込めるのはその例である。これらの技法は自閉的障害，チック，夜尿症，摂食障害，アルコール依存症，肥満，性的偏り，反社会的行動に対する治療に適用され，効果をあげている。　　　　〔佐藤章子〕
⇒アルコール症，自閉的障害，性的偏り，トークン，反社会的行動，肥満，夜尿症

文献 1. E-異常行動研究会，1985；2. 岩本隆茂・高橋雅治『オペラント心理学：その基礎と応用』勁草書房，280p.，1988；3. H-佐々木編『サイコセラピー』3，1989；4. 佐々木正伸編『学習1：基礎過程』(現代基礎心理学5)東京大学出版会，271p.，1982；5. 佐藤方哉『行動理論への招待』大修館書店，304p.，1976；6. B-祐宗・春木・小林編著，1984；7. E-レイノルズ，1978

主な防衛機制　main mechanisms of defence

葛藤や欲求不満，不安，ストレスなど感情的に嫌なことを減らしたり避けたりするために，心の中で無意識に働く安全装置を防衛機制という。

防衛機制は無意識のうちに実行されるから，本人がわざとそうしているわけではないし，この安全装置が現実をゆがめてしまうのだが，当人はそのゆがみに気づかない。

主な防衛機制には，抑圧，抑制，否定，投影，転嫁，置き換え，退行，代償，反動形成，同一化，など各種の仕掛けが認められる。防衛機制の大部分は精神分析の理論としてフロイト*によって発見された。

(1) 抑圧：葛藤やストレスに関係していることだけを忘れるように働く。忘れてしまえば，嫌なことはなかったも同然になるからである。つまり，「忘れたいから忘れる」のだ。幼児期の性体験や大失敗を覚えていないのが抑圧の例である。しかし，この忘れられた事柄は，決して消え去ったのではなくて，無意識という冷蔵庫の中に冷凍保存されているにすぎないから，何かのきっかけに解凍されて意識の中であばれだすことも多い。

(2) 抑制：他のことを考えるようにして，嫌なことから目をそらすことを指す。抑圧とは違って，嫌なことを一旦は意識するが，他に目を移すことによってそれを無視するのである。はじめは，多少とも意識的に行なわれるが，繰り返しによって，習慣づけられて，無意識に行なわれるようになる。

(3) 否定：ガンだと診断されたときに，「自分がガンであるはずがない。誤診だろう」と思って他の医師を訪れる場合などの心理。

(4) 投影：自分の性格や動機を他人のもののように感じることである。ケチな人が，「あいつはケチだ」と他人をけなしやすいのがその例である。もしも他人がケチでないと，ケチな自分はその他人を尊敬しなければならず，それがストレスになるので，それを避けるために「他人もケチだ」と思い込むのである。自分が意地悪だと，他人も自分に対して意地悪をするように感じる。統合失調症の患者が「皆が自分の悪口を言う，意地悪をされる」と言うのは，投影によって自分の嫌な性格（意地悪）をカバーしようとしているからである。

(5) 転嫁：自分の失敗を他人のせいにすることである。材木をうまく削ることができないと，「カンナが悪い」というのが，その例だ。

(6) 置き換え：対象を置き換える場合と，衝動を置き換える場合とがある。ある人やものに対する感情を他の人やものに表現するのは，「対象置き換え」の例である。会社の上司に腹を立てると，帰宅後に妻に八つ当たりするなどがその例だ。愛妻を失った夫が，娘を溺愛するなども，しばしば見られる。上司に怒りをぶつけると，クビになるかもしれないし，亡くなった妻を愛することはできないからである。怒りや愛を表現しないでおくことがつらいので，どこかでそれを吐き出すのだ。危険を避け，衝動を減らすことになる。「衝動置き換え」の場合には，対象を変えずに感情だけをすり替える。性衝動

を攻撃性にすり替えたり,その逆もおきやすい。男児が好きな女児をいじめたりするのはその例である。

(7) 退行:欲求不満に陥ったとき,人生の一段若い段階へと逆戻りする現象である。そのほうが,安全で快適なのだ。弟が生まれたときに,4歳の児童が乳児返りをして,急に赤ちゃんことばをしゃべったり,おねしょをして,自分も弟なみに母にかわいがってもらおうとする。失恋した人が昔の恋人に電話するのもその一つだ。衝動退行は,衝動を別の衝動にすり替える。怒り衝動をヤケ食いの食衝動にすり替えるのがその例である。

(8) 代償:劣等感をもつと不安になるので,他の面で優れようとすることだ。学業成績が悪い児童がスポーツに励むなど。

(9) 反動形成:本心では子どもを愛していない時に,溺愛の態度を取ってしまうなどの場合である。継母が義理の子どもに何でも買い与えるなど。すぎたるは及ばざるがごとしだ。

(10) 同一化:他人の性格を取り込むことである。自信のない人が,自分の上役がいばっているのをまねて,部下をいじめたりする。

〔小林　司〕

⇒精神分析,フロイト,防衛,防衛機制の例,無意識

文献　1. G-Kaplan and Sadock, 1991

親業　parent effectiveness training, P. E. T

親としての役割を効果的に果たすための訓練。

カウンセリング的アプローチによる親子のコミュニケーション・スキルを体験学習によって学ぶ。週1回3時間,8回のセッションで終了。

ゴードン(Thomas Gordon)が開発した P. E. T. は,1962年,カリフォルニア州で始められた。出版は8年後で,*P. E. T.; Parent Effectiveness Training.* Petev H. Wyden (New York), 1970 (ゴードン, 1977)。1980年に親業訓練協会が発足して,以後,全国に6万人を越える講座受講者がいる。

先進諸国を中心とした40カ国に広がり,ヨーロッパでは隔年に各国代表者会議が開かれている。

ゴードンがこのトレーニングプログラムを開発したきっかけは,心の問題を抱えた多くの若者の背景には,共通した親の関わり方があったことによる。しかしそれは特別のことではなく,毎日の生活の中で親が子どもに話す話し方,さまざまな親子の対立の取り扱い方,しつけの仕方,力や権威で価値観をおしつけるやり方であり,親が子どものためを思ってしているごく一般的な関わり方であった。

この一般的な関わり方は12の型として分類されている。(1) 命令・指示, (2) 注意・脅迫, (3) 訓戒・説教, (4) 忠告・解決策などの提案 (5) 講義・論理の展開, (6) 批判・非難, (7) 称賛・同意, (8) 悪口を言う・ばかにする・辱しめる, (9) 分析・診断, (10) 激励・同情, (11) 質問・尋問, (12) 中止・注意を他へそらす, というものである。

親か子どものどちらかまたは両方が否定的感情をもっている時にこうした関わり方をし続けると,子どもの自立心・自尊心・思いやりを育てず,依存心・攻撃・防衛を助長する結果となる。また,こうした関わり方によって否定的感情が引きおこされることも多く,重層する否定的感情によって心理的問題を抱えていくことになったり,親子関係が破壊してしまうこともありうる。

ゴードンは信頼関係を結び,互いに相手に対し温かい気づかいをはらう関係を築く関わり方を親が訓練することが必要であると考え,トレーニング・プログラムを開発した。その基本的姿勢はカウンセリング的アプローチである。

トレーニング・プログラムは行動の四角形の理解と実用から始まる。

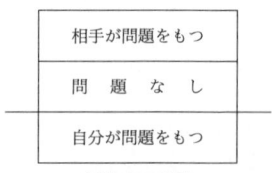

| 相手が問題をもつ |
| 問題なし |
| 自分が問題をもつ |

行動の四角形

問題をもつということは「否定的感情になっているのは誰か」ということで,行動の四角形

を学ぶ目的は，問題所有者の概念によって解決の当事者と援助者を明らかにすることである。

実際には，相手の行動から自分が否定的感情をもつならば自分が解決の当事者であるわけで，12の型ではないやり方で相手にどう関わっていくかを体験学習する。ここでは「対決のわたしメッセージ」という自己表現法によって自己を明確に伝えて理解と協力を求めていくことになる。「対決のわたしメッセージ」は，相手の行動＋自分への影響＋自分の感情，の3部構成で，行動と影響の理論と共感の理論が組み合わせられている。

相手が何らかの理由で否定的感情をもっているならば自分は援助者であり，能動的な聞き方を体験学習する。それは相手を正確に受け止めるということであり，それをすることによって相手はカウンセリング・プロセスをふんで自分の解決を導き出すことになる。

両方が否定的感情をもつ時は切り替えをして，両方を明らかにして解決に至るように親がリードすることになる。やがては子どももできるようになっていく。切り替えで解決しない場合は勝負なし法（ともに勝った感情をもてる方法）を用いる。これはデューイ*の理論を背景としている。

相手の行動が自分への影響がなくても否定的感情をもつ場合は価値観の対立である。ここではコンサルティング，「価値観に影響を与えるわたしメッセージ」，模範，自分を変える，そして祈る（願い続ける）ことを学習する。

親と子が互いに人格と人権を尊重し合うことを相互理解と協力によって実現しようとするところに真の教育があるとするのが親業であるといえる。

この姿勢と方法を学校教育現場にとりいれたものがTeacher Effectiveness Training（日本では「教師学」）であり，学校におけるカウンセリングマインドの具体的な活かし方として普及しつつある。　　　　　　　　　　〔髙野利雄〕

⇒教育心理学

文献 1. ゴードン，T., 近藤千恵訳『親業：新しい親子関係の創造』サイマル出版会, 222p., 1977 ; 2. ゴードン，T., 奥澤良雄・市川千秋・近藤千恵訳『教師学（Teacher Effectiveness Training）：効果的な教師＝生徒関係の確立』小学館, 320p., 1985

音楽療法　musicotherapy

音楽を心身の健康維持に利用したり，さらに積極的に心身の障害の回復のための補助的手段として用いること。なかでも，音楽による心理療法を指す。

アルバン（Juliette Alvin）によれば，音楽療法とは身体的，精神的，情動的失調をもつ成人・児童の治療，社会復帰，教育訓練に関する音楽の統制的活用である。どの時代においても，音楽が心身の健康にとって役立つことが経験的に知られ，治療に役立てられていた。ただ，その使われ方は大きく分けて三つに区分できる。(1)呪術的治療：悪霊を取り除くため，(2)宗教的治療：病は神の罰であるから罪を償い神をなだめるため，(3)合理的治療：疾病に対する合理的，科学的態度による。(1), (2)については，歴史的に見てルネッサンス期まで特に盛んであった。

(3)について歴史上出色なのは古代ギリシア時代である。とくにプラトン，アリストテレスは，音楽に医学的価値を与えている。統制不能の情動に悩む人たちが，魂を恍惚状態にまで高揚する旋律を聞いた後に，あたかも医療的ないし，下剤的処置を経験したかのように正常な状態に戻ると言っている。

しかし，何といっても音楽療法活動は20世紀初頭，とりわけ第二次大戦後からが重要である。それは医学の進歩とちょうど並行して進歩してきた。理論については，(a)心理療法的治療理論，(b)行動科学的治療理論が代表的であると言える。どちらもその源泉は古代ギリシアのバランス理論や，精神分析の祖，フロイトの自我の葛藤状態からの解放理論にもとづいていると言える。

心理療法的治療理論とは，アルトシュラー（Ira Altshuler）によれば，音楽は理解という行為に先立って感情の反応をおこし，これによって生理的，身体的機能に働きかけることができると考える立場である。特に，非言語的交流手段として，さまざまな精神，身体的障害の治療

に役立つとする。行動科学的治療理論とは、シアーズ(W. W. Sears)およびガストン(T. Gaston)によれば、音楽や音楽場面のもつ構造が音楽に携わるものにどんな仕方でどんな行動を要求するかを知り(過程)、それを治療的に組み立てるものである。

現在、音楽療法がどのような実践の場で用いられているかと言えば、(ⅰ)自閉的障害児に対して、音楽がリズムの原始的、生理的なレベルでコミュニケーションを可能にし、日常の会話的な言語では達成できないラポールを発展させると言われている。ハドソン(W. C. Hudson)によれば、生理的なものと音楽(リズム)との間には密接な関係が見られ、自閉的障害における未発達な生理的なものが優位にある自我のレベルでは、観念や学習された言語に先立つコミュニケーションの媒体として音楽が働く、と述べている。(ⅱ)一般に神経症と言われる人に対する環境の調整などに有効な治療手段として用いられる。(ⅲ)統合失調症(内因性精神病)に対する向精神薬の開発によって症状が緩和されるに伴い、特に急性統合失調症患者に対する治療補助手段として音楽が用いられている。(ⅳ)身体障害者のリハビリテーションに対する行動療法として、「聞く」治療から「演奏する」治療までが用いられている。 〔柴山英士〕
⇨芸術療法,心理療法

文献 1. B-アルバン, 1969;2. B-櫻林監修, 1979;3. B-田中, 1989

音声障害　voice disorders

　人の発声する声が他人から見て、**質**、**強さ**、**高さ**、**持続**、**共鳴**の点で、**年齢**、**性**、**社会集団**からかけ離れていること。

　音声障害は、専門家が声の評価を行なって診断を下し、その種類、原因、治療法を決定する。疾患の診断と医学的治療をするのは耳鼻咽喉科医だが、声の音響学的、聴覚心理学的評価およびリハビリテーション訓練を行なうのは、主に言語聴覚士である。

　音声障害は、声道(呼吸、発声、共鳴器官)の構造的・機能的異常が原因でおこり、器質的なものと機能的なものとに分類される。前者は、声道の器質的病変によっておこり、後者は、声の濫用や誤った発声法によっておこる。声の濫用とは、頻回の咳や咳払い、泣くことや笑うこと、喫煙などを含む。発声法の誤りとは、硬起声(発声の出だしが爆発的なもの)、不適切な高さでの発声、大声や話しすぎのことである。

　声の質の障害としては、気息性嗄声(息漏れのする声)、粗糙性嗄声(ざらざらしたしわがれ声)、無力性嗄声(弱々しい声)、努力性嗄声(絞り出すような苦しそうな声)などが知られている。嗄声の診断は、専門家による声の聴覚心理的評価に頼る部分が大きいが、サウンド・スペクトログラフによる音響分析によって特徴を抽出することができる。気息性嗄声の音響的特徴は、全体に雑音成分が多く、第一、第二、第三フォルマント(声道の共鳴周波数で、母音によって一定している)のはっきりした正常音声とは対照的に、周期成分に乏しいことである。非周期成分は、発話開始時に多く、声帯振動が継続するにつれて減少していく。これは、気流が声門を通過する時に声帯がゆっくり遅れて近接し、声が生成されることを裏づけている。粗糙性嗄声の音響的特徴は、非周期成分の増加、基本周波数の低下、高周波成分の乱れなどである。嗄声とは、喉頭の器質的異常の有無に関わらず、声帯の機能異常を表す音響因子である。

　音声障害を扱ううえでは、原因が喉頭の器質的異常にあるのか、発声法の誤りにあるのかを区別することが肝要である。耳鼻咽喉科医が喉頭鏡検査をして、器質的異常所見を認めなければ、機能的音声障害と診断され、音声治療によって治すことができる。他方、声帯マヒが原因でおこる嗄声は器質的音声障害であり、医学的治療と音声治療の両方が必要となる。

　機能的音声障害は、まったく声のでない失声症から、緊張の強い努力性発声を特徴とする痙攣性発声障害に至るまで多様である。本来、発声は、声帯が内転して(閉じて)得られるものであるのに、機能的失声症では外転してしまい、ささやき声でしか話せなくなる症状である。機能的失声症には器質的原因がまったく認められないため、転換型ヒステリーの一症状とも考えられている。これとは対照的に、痙攣性発声障

害では，過緊張により，声帯が過度に内転するもので，固く閉じた声門の間から呼気を押し出し，努力性の声になる。過緊張性発声が長く続くと，発声の途切れや声の翻転がおこる。

　声の濫用や，発声法の誤りといった機能的要素が主因となって発現する音声障害には，声帯結節や声帯ポリープなどの腫瘤形成，声帯の肥厚，外傷性喉頭炎があげられる。

　音声障害をきたしうる声道の器質的変化としては，次のような原因疾患があげられる。中枢神経系，末梢神経系の損傷による運動性構音障害，喉頭ガン，下垂体の機能低下や甲状腺機能低下などの内分泌異常，肉芽腫や血管腫，咽頭・喉頭の粘膜におこる角化症や白斑症，気道に発生する乳頭腫，反回神経マヒによる声帯の閉鎖の障害などである。

　共鳴の障害には，開鼻声と閉鼻声がある。開鼻声の原因は，口唇裂・口蓋裂，口蓋短縮症，脳血管障害や神経系の変性疾患に伴う軟口蓋のマヒなどである。閉鼻声は，鼻咽腔や鼻腔の閉塞でおこり，原因としてアレルギー，アデノイド肥大，重度の感冒などがあげられる。

　音声治療のポイントは，患者が呼吸，発声，共鳴の各器官を最適な状態で活動させ，生理的に出せる範囲で最良の発声をするための援助をすることである。過緊張発声の治療は，声の濫用や誤った発声を抑制し，楽で効率的な発声を習得させるために，種々のリラクセーション・テクニックを用いる。機能性失声症と声帯マヒによる失声症とは治療法が異なり，また，運動性構音障害や共鳴の障害それぞれに合った治療法を専門家が使い分けているが，無理のない楽な発声を目指し，聴覚印象の良い声を導く種々の促通法，声の衛生管理など全体に共通したものもある。

　喉頭の部分摘出の患者には，もとの声を取り戻すことでなく，できる範囲で最高の声を得るという目標をかかげ，カウンセリングを要することがある。喉頭全摘出の場合は，医学的管理の他，社会心理的適応の問題があり，また，発声法を再学習しなければならないため，術前・術後のカウンセリングが重要となる。言語聴覚士は，無喉頭音声，つまり喉頭以外の器官や機器を使った発声を指導する。空気を食道に取りこんで発声する食道発声には習練が必要であるが，人工喉頭も併用するとよい。人工喉頭には，気管孔からの呼気を管に吹きこむと，管の中に張ってある膜が振動し，振動によって生じた音を口腔内に導く笛式のものと，頸部に押し当てて振動を咽頭に伝える電気式のものとがある。喉頭摘出者の友の会の紹介も行なう。

〔今村恵津子〕

⇒運動性構音障害

文献 1. 佐藤武男『食道発声法：喉摘者のリハビリテーション』金原出版，160p.，1993；2. 日本音声言語医学会編『声の検査法　基礎編』（第2版）医歯薬出版，226p.，1994；3. ブーン，D. R.・マクファーレイン，S. C.，廣瀬肇・藤生雅子訳『音声障害と音声治療』医歯薬出版，300p.，1992

女の脳　⇒男の脳・女の脳

か

絵画療法 art therapy
　広い意味での芸術療法（arts therapy）のうち，主として絵画を媒介として行なわれる心理療法。
　長期入院患者に対するレクリエーション療法として行なわれる場合と，非言語的精神療法（nonverbal psychotherapy）として行なわれる場合とがある。絵画療法は，言語的心理療法や薬物療法などに対して補助的な治療的意義をもつが，若年児など言語によるコミュニケーションが困難なクライエントにあっては，治療的アプローチの中心ともなりうる。
　絵画療法では，以下に述べる描画表現の特徴を利用して，心身に障害のある者の診断と治療を行なう。まず，描画表現には，言語では表現できない感情が投影されたり，意識下に押さえられている問題が象徴的に表現される場合がある。そのため描画を通じて，治療者が患者の問題点を把握したり，患者が自らの内面の心理に気づくことができるほか，表現すること自体がカタルシス（浄化）の効果を有する場合がある。さらに，描画表現は，個性的であると同時に，一定のパターンに従って表出が行なわれる傾向がある。たとえば，木や人物や風景の描画は，描く人の年齢や発達に応じて一定の特徴を示す。また，統合失調症や躁うつ病あるいは神経症者の描画にそれぞれ特徴があることも知られている。それから逆に，表現された描画をみて人の発達段階や精神状態をある程度把握することも可能である。また，患者の描画の変化を継時的に追うことによって，症状の経過や予後についての知見が得られる場合もある。また，描かれたものは，治療者にも患者にも属さない第3の領域として存在する。そのため，治療者と患者とは，描かれた物について感じていること，気づいたことを余裕をもって話し合うことができる。さらに，治療者と患者の関係の中で，患者の内的なイメージを吟味することで，患者が，自分一人では受け入れることができなかった感情や感覚に触れ，洞察を深めることができる。患者が言葉をとおしては感じられなかった自分らしさに気づき，治療者もそれを感じとっていくことが，人との信頼関係を回復させることにもつながっていく。
　絵画療法の技法を大きく分けると，個別法と集団法，自由画法と課題画法などがある。自由画法とは，「今，心に浮かぶこと，気になっていることなどを，何でもいいから，自由に絵にしてみてください」などという指示によって描かせるものである。ただし，人によっては，自由に描くことがかえって困難な場合があり，絵画療法の適応の可否を確かめる意味からも次のような方法をとる場合がある。
　(1) 空間分割法：画用紙に患者が縦横の線を引いて分割する。色彩分割法では，そこに生じた小空間にクレヨンで色彩をつける。これらを患者と治療者が交互に行なう場合もある。また，先に治療者が患者の目の前で画用紙に枠を描く方法を枠づけ法と呼ぶ。
　(2) なぐり描き法：患者が自由になぐり描きをし，それに投影したものを彩色するスクリブル（scribble）法や，これを患者と治療者が交互に行なうスクイッグル（squiggle）法がある。枠づけ法が併用される場合が多い。
　その他の課題画法には以下のようなものがある。
　(3) バウムテスト：コッホ（K. Koch）によって創案された心理テストで，樹木画法ともいう。画用紙に鉛筆で樹を1本描いてもらうことによって，患者の発達段階や人格的側面を理解することに役立つ。
　(4) 人物画法：人間の全身像を描くもの。グ

ッドイナフ（F. L. Goodenough）によって，子どもの知的水準や発達段階をとらえるための心理検査とされた。

(5) 風景画法：徳田良仁らは，バック（J. N. Buck）のHTP法（家と木と人）を発展させ，1枚の紙にこれら三つのアイテムを描く統合的HTP法を考案した。さらに中井久夫は，風景構成法（画用紙に枠付けし，患者がサインペンで，川・山・田・道・家・木・人・花・動物・石を順に描き風景を完成させる。他に描きたいものがあればそれを付加し，クレヨンで色彩をつける）を創案した。

(6) 家族画法：バーンズとカウフマン（R. C. Burns & S. H. Kaufmann）は，患者の家族についての情報を得ることを目的として動的家族画法（家族が何かしているところを描く）を開発した。岩井寛は，患者個人の家族イメージを重視し，マルと家族画法（マルを使って家族を自由に描く）を提唱した。家族療法では，これらを家族の成員がそれぞれ別個に描くことにより，家族間のコミュニケーションの媒介として用いることがある。〔福田哲治〕

⇒芸術療法，心理療法

文献 1. B-岩井, 1981；2. B-河合, 1969；3. B-白橋・小倉編, 1981；4. H-徳田・村井編『サイコセラピー』7, 1988；5. B-山中編, 1984；6. H-河合監修『臨床心理学』3, 1992；7. B-山中, 1978

外国人労働者　workers from foreign countries

海外から労働することを目的にして日本へ来ている外国人。

1970年代後半から，とりわけ南北の経済格差を主な原因として日本に働きに来る外国人をニューカマーと呼ぶ。

明治以降，日本の台湾，朝鮮の植民地支配，中国大陸への侵略の結果，日本での就労を余儀なくされた人たちを「ニューカマー」に対して「オールドカマー」と呼ぶこともある。

2001年末で約168万人が外国人登録をしているが，この他に，観光などの短期在留資格で入国して長期滞在している，いわゆる不法残留者が約23万人（2002年1月現在）いる。厚生労働省によると，2002年6月時点で22万8,000人が正規の外国人労働者である。しかし，実際には，日本で働いている外国人は70万人，そのうちで，高度な仕事をしているのは17万人，工場や建設現場で「単純労働」をしている日系人や技術実習生が34万人という数字もある。不法就労者は約23万人と推定されている。

外国人労働者問題はじつは日本だけの問題ではなく国際的な問題となっており，地球規模でそれがみられる。経済先進国へ発展途上国から人が流入し経済活動を活発化させる労働力となるのだ。

1908年には日本から笠戸丸移民がブラジルに渡り，サンパウロには日系人と呼ばれる日本からの移民が約130万人いる。日本で働く日系ブラジル人20万人はその移民の子どもや孫たちで，日本のバブル期には労働者不足を補うために政策的に日系人雇用として受け入れられた。日本では単純労働に甘んじていても，本国に戻れば大きな家，土地を持つ者もある。

ブラジルからの他，タイ，フィリピン，中国，イラン，などからも労働者が来日している。特に，1993年4月には技術研修目的で来日し1年間の研修の後はそのまま就労できるという制度がスタートし，研修という名目で労働を提供するパターンの労働者も増加した。

日本経済のバブル期には珍重された外国人労働者だが，1999年6月に日本人失業率が5％となり，経済が沈滞して不景気になると真っ先に首を切られるなど，不当な扱いを受けることも多い。

19世紀にヴィクトリア朝時代の英国で産業革命の影響により田園から都市に人口が集中した頃のパターンそのままに，アジアなどの発展途上国では田園から都市へと人口が集中し，さらに海外に労働の場を求めるようになったのだ。

まずはじめに，誰かが日本のどこかの地方に働きにくるとそこへ親類，知人が彼をたよって働きにくる。「こんなに辺鄙なところにどうして」と思えるような地方の町でも彼らは働いている。合法，非合法の労働仲介業などを通して来日する場合もある。女性の場合は風俗営業などの店でセックス・ワーカーとして働かざるを

えないようなケースも多い。

　ある町の公衆浴場に外国人労働者が行くようになったら，日本人が行かなくなり，困った浴場の経営者が「外国人はお断り」の札を出したという話もあった。外国人労働者にとっては浴場が彼らの少ない情報交換の場であり，憩いの場であったのだ。浴場から締め出された彼らはスーパーの食堂などに場を替えて集っている。ことばの壁があって日本語の情報を得にくいので，同国人同士で情報を交換したいと思うのは当然のことである。外国人向けに広報を英語，中国語で出している町もあるが，まだ少数である。地元の人が積極的に彼らに情報を伝えたり，交流できる場を用意したいものだ。

　また彼らの滞在が長くなれば恋愛もあり，外国人労働者同士で結婚したり，日本人と結婚することもある。そうなれば，子どもの教育，離婚，病気，と問題は次々に出てくる。病気の時の費用を誰が負担するのか。たとえば彼らが不法滞在，不法就労だった場合はどうするのかなど，問題が多い。

　1986年より，日本に1年以上在住の全外国人に国民健康保険の加入が認められるようになったが，不法就労者には適用されない。生活に困った外国人には日本の公的扶助制度の生活保護が適用されることもあるが，あくまでも「生活保護法」を準用しているだけで，外国人労働者にこの権利を認めているわけではない。また，「短期滞在者,不法滞在者には生活保護の準用は行わない」という通達も1990年に出ている。生活保護の打ち切りに対して不服の申し立てもできなくなっていて，不法就労を余儀なくされている者にとっては厳しい状況である。

　彼らは日本人労働者が嫌がるような仕事につき，日本人より安い賃金で働き，日本の経済繁栄を支えていたのだ。好景気の時には随分と働かせておいて，不景気になれば真っ先に解雇するという，まさに弱者切り捨ての政策である。

　外国人労働者でセックス・ワーカーとして働く女性にはHIV感染の問題もある。また，日本では過去の病と思われている結核に感染したまま日本に働きにきて，職場で結核をひろめてしまうケースもある。さらに極度の異文化ストレスにより身体，精神に不調をきたして救急車で病院に運びこまれるケースも少なくない。

　外国人労働者の場合はまず，ことばの問題があり，相談したくてもどこに何を相談していいかわからない，病気になっても病院へのかかりかたもわからない，医者とのコミュニケーションもとれないなどで，問題が複雑・深刻化する。

　移住労働者条約28条により，生命に危険が及ぶような健康状態にあるときに，その外国人の就業が正規のものであるか，そうでないかを問うてはいけないことになっている。

　1996年度から重病の外国人患者の救命救急センターでの未収金は50万円を超える部分については，国，県，事業者が各1/3ずつを補助する制度が発足した。

　救命救急センターと限定されているので，運用面での問題が残されていて，結局かかわったボランティアが経済的な負担まで背負い込むということも出ている。

　「生命に国境はない」という基本的人権の国際的保障の立場からも，抜本的な制度改善が必要となろう。

　キリスト教会では外国人もみな同じ神の子だとして，早くから積極的に彼らを教会に受け入れ，支援活動を整えているが，すべての外国人労働者をカバーすることは不可能である。カウンセラーとしては彼らを精神的に温かく支持するとともに，地方自治体のケースワーカーなどと協力し合い，彼らの問題がどの機関を通じて解決できるのかを見きわめて，出身国の在日大使館，宗教団体，ボランティア団体，出身国の家族などとの調整をはかる必要がある。

　また，無事日本での労働を終えて帰国する労働者も，長期に自国での不在が続くと自国にいる家族との関係がうまくいかなくなったり，帰国後の経済感覚のずれ，文化の違いに悩むことが多いので，帰国前に特別の「リ・インテグレーション・プログラム」での支持が必要だといわれている。

　さらに，不幸にして日本で死亡した場合に，日本の慣行に従い火葬にしたところ，その国では宗教上から火葬は厳禁されていて，国元の家族から訴えられたというケースもある。宗教上

の習慣の違いも理解しておく必要がある。
〔小林洋子〕
⇒異文化間カウンセリング,異文化間ストレス,HIV感染者・エイズ患者へのカウンセリング,学校への外国人受け入れ,国際結婚,マージナル・パースン

文献 1. 江橋崇『外国人労働者と日本』(岩波ブックレット)岩波書店, 62p., 1992；2. 国際結婚を考える会編『国際結婚ハンドブック：外国人と結婚したら…』(新版)明石書店, 328p., 1994；3. 後藤純一『外国人労働者と日本経済：マイグロノミクス「外国人労働者の経済学」のすすめ』有斐閣, 209p., 1993；4. I-多文化間精神医学会編『現代のエスプリ』No. 335, 1995；5. 手塚和彰他編『外国人労働者と自治体』(シリーズ外国人労働者 5)明石書店, 232p., 1992；6. 丹羽雅雄『知っていますか？ 外国人労働者とその家族の人権一問一答』解放出版社, 132p., 1998；7. 天明佳臣編著『外国人労働者と労働災害：その現状と実務Q＆A』海風書房(発売：現代書館), 278p., 1991；8. 宮島喬『外国人労働者と日本社会』明石書店, 255p., 1993

介護支援専門員,ケア・マネージャー
care-manager

介護保険法導入にともない,要介護者のケアを調整する特別の有資格者。要介護者,または要支援者からの相談に応じて,適切な在宅,施設のサービスが受けられるように,ケア・プランを作成し,介護を必要とする者,及びその家族のニーズとサービスを提供する側との連絡調整を行なう者。

1999年3月末現在で,65歳以上の高齢者が16.53％となり,日本も本格的高齢社会となった。ちなみに「高齢化社会」とは高齢化率7％からを言い,その2倍の14％を超すと「高齢社会」となる。日本では高齢化率7％から14％に至る期間がわずか24年という世界に類を見ない急速な勢いで高齢化が進んだ。

衛生・医療,生活水準の向上から平均寿命が伸び,2000年男77.64歳,女84.62歳と世界有数の長寿国となった。一方では少子化に歯止めがかからず,1999年の合計特殊出生率は1.36と人口を維持できる水準(2.09)を大きく割り込んだ。

そのなかで,高齢社会の到来に対応するための「ゴールドプラン」(1989年),「新ゴールドプラン」(1994年)が提唱された。高齢社会となり要介護者を今まで支えてきた家族の機能の低下,つまり家族で支え切れないことを認識し,介護費用を社会保険によってまかない,介護は社会の連帯によるとした介護保険制度が2000年4月から実施された。これは,ドイツのシステムを見習ったものである。

今までも,高齢者福祉の分野で保健・医療・福祉の連携が叫ばれていたが,調整がとれなかった。この保険法の導入により,ある程度の調整が可能となる。

高齢者の生活には「住み慣れた家庭と地域社会とが最善である」という観点にたち,施設介護から在宅介護支援へと転換を計ることも介護保険の目標に掲げられている。在宅支援サービスに重点をおき,たとえ寝たきりになっても自宅で過ごせる24時間のサービス体制づくりをめざしている。

また,これらのサービスは福祉の「措置」(つまりお上から与えるものというニュアンスがあったもの)から,完全に利用者本人がサービスを「選択」するものとなった点が介護保険の特色である。

その実際の運用をつかさどるのが介護支援専門員(ケア・マネージャー)と呼ばれる国家資格を持つ人で,利用者の要介護度認定を要支援と要介護(5段階)とに分けて,在宅,あるいは施設のサービスが利用できるようにケア・プランを作成する。

国家試験合格者は2002年11月現在で23万5,764人だが,実際に働いている人は,2001年4月現在で,約5万8,000人いる(目標は4万人だったので充足)。

専門員確保のために受験資格の間口を広げ過ぎた感もあり,今後の運用に疑問は残る。この資格については介護支援専門員に関する省令(1998・4・10・厚令53)に詳細に規定されている。医師,歯科医師,薬剤師,看護師,柔道整復師など24種類の資格のいずれかを有していることが必要となる。その上で一定の条件をみたすと,国家試験の受験資格(詳細は各市町村にある受験要項を参照)が得られる。試験合格後,実務研修を修了して修了証明書を得たものが介護支援専門員の有資格者となる。

要介護度		心身の状態の例
要支援		日常生活を遂行する能力は基本的にあるが、浴槽の出入りなどに一部介助が必要
要介護	1	立ち上がりや歩行などに不安定さが見られることが多い。排せつや入浴などに一部介助が必要
	2	立ち上がりや歩行などが自力ではできない場合が多い。排せつや入浴などに一部または全面的な介助が必要
	3	立ち上がりや歩行などが自力ではできない。排せつや入浴、着替えなどに全面的な介助が必要
	4	日常生活を遂行する能力はかなり低下しており、排せつや入浴着替えなどに全面的な介助、食事に一部介助が必要
	5	日常生活を遂行する能力は著しく低下しており、生活全般にわたって全面的な介助が必要

(練馬区作成パンフレット「介護保険がはじまります」より)

　介護事業には，いわゆるシルバー産業を行なう営利企業，民間非営利団体，ボランティア団体が参入している。一個人にどのようなケア・プランを作成するかはまさにケア・マネージャーの腕のふるいどころとなるだろう。また，認定を行なう場合にはカウンセリング・マインドは忘れてはならないものである。〔小林洋子〕
⇒介護保険，高齢社会，社会福祉，社会福祉士，特別養護老人ホーム

<small>文献　1. 朝日新聞論説委員室・大熊由紀子『福祉が変わる医療が変わる――日本を変えようとした70の社説＋α』ぶどう社，207p.，1996；2. 小倉襄二ほか編『老後社会保障を学ぶ人のために』世界思想社，285p.，1998；3. 極矢宣ほか編『ケアワーク入門』第一法規，247p.，1991；4. 厚生省社会・援護局企画課監修『社会福祉の動向 '98』中央法規，440p.，1998；5. 同朋大学老人問題研究会編『改訂長寿社会における老人福祉』中央法規出版，246p.，1992；6. 日本看護協会編『介護保険とケアマネージャー』日本看護協会出版部，295p.，1998；7. ミネルヴァ書房編集部『社会福祉小六法　1999［平成11年版］』，436p.，1999；8. H-安田編『現代のエスプリ』No.380，1999</small>

介護福祉士，ケア・ワーカー (certified) care worker

　介護福祉士とは，「**専門知識及び技術をもって，身体上または精神上の障害があることによって日常生活を営むのに支障があるものにつき入浴，排泄，食事その他の介護**を行ない，並びにその者及びその介護者に対して**介護に関する指導を行なうこと（以下『介護など』と記す）を業とする者**」。（社会福祉士及び介護福祉士法第2条第2項）

　介護福祉士は，高齢化社会の進展の中で急増している知情意低下症（旧称：痴呆）高齢者や寝たきり高齢者への直接的介護，介護への知識・技術の助言・指導を想定して，日本の福祉専門職において本格的な国家資格として社会福祉士ともに1987年5月に法律が制定され，翌年の4月に資格制度が設けられた。

　その後，1989年に「高齢者保健福祉推進十か年戦略（ゴールドプラン）」が，厚生・大蔵・自治省の3省で立案され，ここで施設・在宅事業における目標が設定され，介護福祉士がこのプラン遂行における福祉マン・パワーの中核として位置づけられた。1990年には，この計画を円滑に行なうために「老人福祉法等の一部を改正する法律」が成立した。また，1993年には福祉サービスの質の向上と量的拡充のための人材を確保するため「社会福祉事業に従事する者の確保を図るための措置に関する基本的な方針」が厚生省より提出された。これによって社会福祉事業全体で75万人（1990年現在）体制から超高齢社会に備えて2000年の110万人体制が明記された。その中でも介護福祉士は人材確保がその中核として位置づけられ，資質の向上と量的確保が明示された。1994年には各自治体の老人福祉計画の立案にもとづいて現行のゴールドプランの見直しが行なわれ，前者を上回る新ゴールドプランが誕生した。

　介護福祉士の資格は医師や弁護士などのような「業務独占」ではなく，いわゆる「名称独占」である。名称独占とは，資格をもたなければその業務に携わってはならないとする排他的な規制ではなく，資格をもたないものが「介護福祉士」という名称を勝手に使用してはならない，ということである。(つまり資格のない人が福祉業務に携わることも可能であるが，これらの名称を名乗ってはならないということである。)したがって，逆の側面からいうと資格がなければ，社会福祉行政であれ，社会福祉法人の施設であれ，就職できないということにはならない。

介護福祉士が関わる人々は，身体上または精神上の障害があることにより，自力で日常生活を営むことが困難な状態にある。このような人々が，生命の維持・向上，生活の自立を得るためには，心身両面から社会生活のすべてにわたる総合的生活援助が必要である。介護は生活する人間への援助を目的にしているので関係する分野は広いが，介護福祉士は利用者に最も近い関係にあり，さまざまな職種の専門家と連携をとりながら，利用者および家族の求めるサービスを提供する立場にある。特に社会福祉士との協働は欠かせない。ホームヘルパーが在宅介護を受けもつのに対して，介護福祉士は特別養護老人ホームのような施設で働く介護職員を指す場合が多いが，ときには介護職員全般を指す。

介護福祉士の資格取得方法は(1)介護福祉士指定養成施設を卒業，(2)国家試験を受験，(3)技能検定(未実施)を受験するという3方法に大別できる(同法第39条)。また，介護福祉士の受験資格としては(a)実務経験3年以上，(b)実務3年に準ずる者(同法第40条)，となっている。なお，(b)の実務についての範囲は老人福祉法，児童福祉法，身体障害者福祉法，生活保護法，老人保健法などに規定している施設にあたって，介護業務に就いていることになっている。

ただ，介護業務は上記の範囲だけでなく，医療機関(たとえば，特例許可老人病院，療養型病床群を有する病院など)においても行なわれており，これらの業務範囲を受験資格として承認するかどうかが，今後の課題である。そして，試験には(i)筆記試験と(ii)実技試験があり，実技試験は筆記試験に合格した者に限り受験できる。また，(i)に関しては14科目の学科試験がある。(ii)に関しては介護などに関する専門技能が課せられる。詳しくは，社会福祉振興・試験センターに問い合わせるとよい。1999年3月末で13万5,058人が介護福祉士の資格を取得し，各方面で活躍している。〔緒方一子〕

⇒高齢社会，高齢者介護，高齢者の知情意低下症，特別養護老人ホーム

文献 1. 岡本民夫・成清美治・小山隆編『社会福祉援助技術論』学文社，181p.，1997；2. 社会福祉専門職問題研究会編『社会福祉士・介護福祉士になるために』(第7版)誠信書房，212p.，1997；3. 成清美治・相沢譲治編『介護福祉概論』学文社，150p.，1997

資料 社会福祉振興・試験センター

介護保険 insurance for the aged-care

介護保険〔法〕(2000年4月より施行)により実施された高齢者に対する介護に対する保険。

介護についてのニーズは21世紀に向けての「老い」をめぐる生活課題の中枢を占める領域となる。介護保険は介護の社会的・公的保障のシステムであり，多くの悲惨な介護放置による高齢者の苦難，長期にわたる介護に心身ともに消耗，生活崩壊にも至る家族にとっても待望される施策ということには合意がある。介護保険はきわめて複雑なしくみであり，日本の社会保障制度の総体，特に老後保障(年金，医療，福祉サービスなど)にとってかつてない施策効果の波及となるもので，そのゆくえは多くの不確定な部分を含蓄しているといえよう。

介護保険は社会保険として新たに創設されたものである。その制度の概略として，まず被保険者は2種類に分けられることがあげられ，国民は第1号被保険者(65歳以上の高齢者)と第2号被保険者(40歳～64歳の年齢層)とに分けられる。社会保険方式であるから，それぞれの被保険者は介護サービスを受けるためにあらかじめ拠出を義務づけられて費用を公的サイドに移転(trauster)しなくてはならない。第1号被保険者は公的年金(厚生年金や各種共済組合の老齢年金)などから原則的に天引きされる。第2号被保険者については医療保険各法律のとりきめに従って健康保険，国民健康保険などの保険者が徴収のうえ一括して納付する。

介護保険のコストについてはいろいろな試算があるが2000年では約4.2兆円で，全体の10%の介護利用者の負担を除く3.7兆円のうち，2分の1は税金などの公費で負担，残りの2分の1を上述のように拠出，つまり介護保険料で負担することになる。公費は国，都道府県，市町村の財政支出による。介護保険料は，第1号，第2号被保険者の属性によって月額に差異が生じる。

介護保険のシステムの基本は，給付としての

介護サービスの主体が身近の市町村（基礎自治体）にあることである。全国的なシステムであるが，最も重要な介護サービスの供給については市町村が責務を担うことになる。市民は被保険者として介護の必要が生じたときは，自分の住んでいる市町村の福祉担当の窓口，または申請を代行する窓口（在宅支援センター，訪問介護ステーションなど）に申請することから開始する。つまり全面的な介護保険の適用であり，国民は被介護権があると考えられ，この権利行使として，給付としての介護サービスを請求することになる。健康保険などの医療保険との違いは，保険証の提示によって医療機関の診察，投薬，入院などを直接に受給できるのではなくて，介護申請から要介護認定の手続きを必須とする点があげられる。

最も重要なのは，供給される介護サービスの中味である。それぞれに差異のある介護のニーズを決定するために，市民の申請にもとづいて介護認定審査会（市町村に複数設置）による，対象要介護世帯での聞き取り，申請理由の確認，特にかかりつけの医師の心身の障害，疾病などについての意見聴取が行なわれる。ここでは介護支援専門員（ケア・マネージャー）など有資格の専門職の役割が重視される。介護支援専門員は，介護を要する人が総合的な介護サービスを利用できるようなプログラムづくりを担当する。利用者本人，要介護者を抱える家族の願い，状況を詳細に聴取し確認する。さらに相談・指示を継続し，介護についての最も適切なサービスを提供することとなる。実施される介護サービスは，多様な役割を担う家庭奉仕員（ホームヘルパー），訪問看護師，リハビリテーション要員などによる専門性の総合など，組み合わせたサービスとして展開される点に特徴がある。今後，このきわめて複雑で専門性を各様に組み合わせた協議システムがどこまで的確に機能するかが問われてくる。申請から3日以内に市町村から認定の結果が利用者本人，家族に通知されて具体化される。

また，この介護認定の作業においては要介護度の判定も重視される。要支援に始まって，要介護度（1〜5のレベル）に基準があり，1カ月あたりの支給限度額（6〜29万円）に類別される。介護費用の10％は介護利用者の自己負担となる。介護保険は市町村レベルの計画策定によって具体化する。当然，全国の平準的一律のサービス以外に上積みのサービス，付加サービス，民間団体や事業体による介護サービスへの参入などが展開すると，市町村ごとに設定される保険料に格差が生じることになる。

新ゴールド・プランと称される介護保険のための老人保健福祉計画など基盤の整備，特に多様なホーム・ヘルパーをはじめ訪問看護や保健ワーカー，ケア・マネージャーなどの整備が緊急の課題である。先行のドイツの介護保険にも見られるような期待と不安，特に要介護認定と利用者のニーズとのギャップによる異議申し立てなどは必ず日本でもおきる問題である。

介護保険で受けられるサービス

	在宅サービス	施設サービス
要介護者	・訪問介護（ホーム・ヘルプ） ・訪問入浴 ・訪問看護 ・訪問リハビリテーション ・日帰りリハビリテーション（デイ・ケア） ・居宅療養管理指導（かかりつけ医による医学的管理など） ・日帰り介護（デイ・サービス） ・短期入所生活介護（ショートステイ） ・短期入所療養介護（ショートステイ） ・知情意低下症対応型共同生活介護（知情意低下症高齢者のグループ・ホーム） ・有料老人ホーム等における介護 ・福祉用具の貸与・購入費の支給 ・住宅改修費の支給（手すり，段差の解消など）	・介護高齢者福祉施設（特別養護老人ホーム） ・介護高齢者保健施設（老人保健施設） ・介護療養型医療施設 　療養型病床群 　高齢者知情意低下症疾患療養病棟 　介護力強化病院（施行後3年間）
要支援者	・同上（知情意低下症高齢者のグループ・ホームを除く）	・要支援者は施設入所はできません

地方分権型の福祉――この介護保険は市民主権の最も厳しい検証の場となる。市民参画，情報伝達，市民のアクセス回路などの整備の保障

や，徹底した市民の要介護をめぐる供給主体としての市・町・村自治体と被介護者の対話など，解決すべき課題が山積しており，この一つ一つの打開が介護保険の展開に求められている。
〔小倉襄二〕

⇒高齢社会，高齢者介護

文献 1. 岡本祐三監修『公的介護保険のすべて：不安なき老後への福祉革命』朝日カルチャーセンター，175p., 1995；2. 小倉襄二・浅野仁『老後保障を学ぶ人のために』世界思想社，285p., 1998；3. 介護の社会化を進める1万人市民委員会関係 NEWS LETTER. その他資料, 1998；4. 里見賢治他『公的介護保険に異議あり：もう一つの提案』ミネルヴァ書房，232p., 1996

外傷後ストレス障害 ⇒心的外傷後ストレス障害

快適さ ⇒アメニティ

回避型人格障害 avoidant personality disorder

自尊心欠如により，自己不全感が強く，自分へのマイナス評価に過敏，常に拒絶されることを恐れて他者と親しくなれず，対人的回避行動をとってしまうパーソナリティ。

乳幼児の中には，見慣れぬ人物に対して人見知りをして母親の背中に隠れてしまう子どもも少なくない。「抱っこしてあげよう」と言って両手を差し伸べると，素直に応えてもろ手を延ばしてくる子どももいれば，手を出さずに横を向いてしまう子どももいる。これが，乳幼児の場合には「あら，恥ずかしがり屋さんなのねえ」と笑って終わりになるが，成人の場合には笑って済ますわけにはいかなくなる。

大人になってもそれが直らない人を回避型人格障害と呼ぶ。「回避」とは，あらかじめ避けてしまうことをいう。この人格障害は，成人初期から現れ，「～すると笑われるのではないか」という社会的禁止感情が強すぎて，不全感があり，自分に向けられるマイナス評価に過敏なのが特徴である。

4月になり新入社員が入ってきても，「私には新しい人に教える能力もない」と小さくなっていて，親しくなりたいのにその人たちと親しくなれない。友人もほとんどいなくなり，社員食堂でもいつも一人で食べている。仕事はきちんとこなすのだが，いわば一匹狼で，他の社員との協働性に欠けている。忘年会に出ても，一緒に騒ぐこともない。さりとて行動や考えに異常が認められるわけではない。こんな人がどこの会社にでも一人ぐらいはいるものだ。こういう人は統合失調症などの精神病ではなくて，自信欠如のせいで，拒絶されるのを恐れているだけの回避型人格障害なのである。

子ども時代の恥ずかしがりは成長とともに次第に消えていくのが普通だが，回避型人格障害へと進む人では，思春期や成人初期になると，恥ずかしがりと回避行動とが次第に強くなる。「批判されると自分は赤面するに違いない」と心配し，びくびくしている様子を嘲笑されると，「自分はだめな人間なのだ」と思い込んで，自信を失い，自尊心のない人間になってしまう。

自尊心が低くて，対人関係で「拒絶されるのではないか」といつもおどおどしていると，周囲の人たちから「あいつは臆病だ」「恥ずかしがりだ」「独りぼっちだ」とレッテルを貼られてしまい，社交や仕事に差し障りを生じることもある。こういった人は，友人もなく，孤立していて，社会的支持のネットワークをもっていないから，立ち直るよすがもない。不安症とか依存的人格障害，境界人格障害などと間違われることも多い。こんな人は米国の一般人口の0.5～1％，精神科外来患者のおよそ10％もいるという。男性と女性とを比べても出現率の差はないが，民族によってつつましさを美徳にする場合などは，その影響を考慮しなければならない。

米国精神医学会編「精神障害の診断と統計マニュアル」(DSM-IV, 1994)では，次の7項目のうち4項目以上があてはまれば回避型人格障害だとしている。(1) 批判や反対，拒絶されるのを恐れて対人接触を伴う仕事を避けてしまう。(2) 好かれていることが確かでなければ他人と交わろうとしない。(3) 恥をかかされたり，笑い者にされたりするのを恐れて，親密な関係を結ばない。(4) 社会的状況の中では，必ず批判されたり拒絶されたりすると思い込んでいる。(5) 不全感があるので新しい対人関係には入れない。(6) 自分は社会的に不適切で，魅力

に欠けていると思っていて，他人に対して劣等感をもっている．(7) あとで困るのではないかと心配して，新しい活動を始めたり，個人的リスクを背負うことにはひどく消極的である．この性格を改めるには，周囲の人が本人をほめる，自信をもたせるなどによって，自尊心を高めるのがよい．　〔小林　司〕
⇒異常人格，依存的人格障害，境界パーソナリティ障害，パーソナリティ

文献　1. E-Kaplan and Sadock, 1991; 2. G-Task Force, 1994

快楽原理　pleasure principle

不快を避け，快楽を追求しようとするイド（エス）の働き．乳幼児の行動は快楽原理にもとづいているが，成長するにしたがって自我が発達してくると，行動をコントロールして，現実原理に従うようになる．

フロイト*は，いくつかの基本的原理があらゆる心的機能を規定していると仮定した．その一つが快・不快の原理である．はじめ，彼は不快原理という用語を用いたが，その後，快・不快原理となり，最終的には快楽原理という用語を採用した．いずれの場合も，基本的概念は，「不快を避けて快楽を求めようとするイドの働き」を指している．イドは，内的外的な刺激によって蓄積された多量のエネルギー（興奮あるいは緊張）を直接発散させようとする．したがって，快楽原理は，過度な緊張を避けたり解放したり，あるいは緊張をできる限り低く不変に保とうとすることをめざす．この働きは，エゴ（自我）と協調して行なわれる．緊張の増加や不安などは不快である．エゴは，現実原理を照合しつつ，スーパー・エゴ（超自我）の制限内に収まるような形でイドの要求を充足させようとする．

乳幼児や小さな子どもの行動は，主に快楽原理によって規定されている．成長する過程で，子どもは自分の望みと現実との対立を経験する．たとえば，熱いストーブにさわって火傷するといったことである．彼らは，両親からの注意，教訓などを通して現実原理を学んでいく．

快楽原理の基本的概念は，心理学の他に生物学にもみられる．フロイトが快楽原理と称したのに対して，生物学的モデルでは恒常性の原理（constancy principle）と呼ばれた．この用語は実験心理学の父，フェヒナー（G. T. Fechner, 1801～1887）によって作り出された．恒常性の原理では，生体は過度な緊張を避けたり，それらを解放しようとするものであるとしている．心理学での概念もまた同様に，人間は快楽と等しいさまざまな欲求を満足させようとし，不快を伴う過度な緊張を解放しようとするものである．フロイトは経験を積むにしたがって，性交の前戯のような状況が，衝動的緊張の快楽を増すことに関わっていることに気づいた．彼は，衝動的緊張と快・不快の関係ははじめに考えていたほど単純ではないと結論し，また，蓄積と放出の周期性と割合が快または不快の主観的経験の決定に関わっているのではないかと推測した．　〔岡本眞一郎〕
⇒エス，自我，超自我

文献　1. C-ホール，1976; 2. G-Moore & Fine, 1990. (G-ムーア&ファイン, 1995); 3. Roth I.: *Introduction to Psychology* Volume 1, Lawrence Erlbaum Associates Ltd. (Milton Keynes), 472p., 1990

解離性自己同一性障害　dissociative identity disorder

二つ以上の人格が1人の肉体に同居し，それぞれの人格が時間によって入れ替わり，しかも他の人格だった時の記憶がない場合の複数の人格に対する総称．

解離性障害の一つに，解離性自己同一性障害（いわゆる多重人格, multiple personality, MP）がある．二つ以上の異なる人格（状態）をもっている好例はスティーヴンソンの小説『ジーキル博士とハイド氏』であろう．解離というのは，「通常は統合されている意識，記憶，知覚，アイデンティティなどが断裂した状態」を意味しており，トラウマ（心理的外傷）体験を通常の記憶システムから排除するメカニズムである．多重人格については，二重人格から400重人格までが知られている．

多重人格者では，ある人格が他の人格に移ると，その両者はまるでお互いに見知らぬ他人の

ようで，他の人格の時におきたことを一切記憶していない。さらに，他の人格に移るプロセスを本人が停めたり進めたりすることもできない。

日本でも心理学者中村古峡が『変態心理の研究』(1919)の中で「二重人格の少年」を初めて報告したが，他には症例もほとんどなく，アレンの『異常心理の発見』(1983)の中のモートン・プリンスによるボーシャムについての報告(1905)が読まれた程度である。ところが，1970年代になって，米国で報告が急増し，日本でもティグペンらによる『私という他人』(講談社)，SF『アルジャーノンに花束を』で有名なダニエル・キースが書いた『五番目のサリー』『24人のビリー・ミリガン』『ビリー・ミリガンと23の棺』，ジュディス・スペンサー『ジェニーの中の400人』，ロバート・カレン『子供たちは森に消えた』，シュライバー『失われた私』(以上はいずれも早川書房)，J. F. ケイシー『踏みにじられた魂』(白揚社)などが続々と邦訳されてから，多重人格についての関心が一気に高まった。

もともと一つしかなかった人格が，圧倒されそうな出来事を通常の意識や記憶から切り離す解離作用により二つまたはそれ以上の多数の人格を作る，と考えていたフランスの心理学者ビネー*やジャネ*以来の伝統的な仮説は改められた。新しい仮説では，人間はもともと多数の人格を所有しているのであるが，普段はそれを一つに統合しているのであって，何かのきっかけでその統合が壊れると，多重人格になる，というのである。

被暗示性の高い人が，衝撃的な体験（たとえば，愛する人との急激な別れ，暴力場面の目撃，幼時の身体的ないし性的虐待，など）にさらされてトラウマを受けたとする。その記憶を通常の記憶システムから排除する解離がおきたり，自分の感情や欲求を全面的に押さえ続けると，多重人格発症の準備状態になる。そこへ他者（親）による保護（愛着）や修復が与えられず，病気や過労，困難などに長期間さらされると発症する，というわけだ。

米国では一般人口の0.1～1％，精神科入院患者の4％が多重人格者だという。多重人格者の8～9割が，幼少時に性的または身体的虐待などのトラウマを受けた人だという（米国での児童虐待は年間200～300万件，幼児をもつ父の約1割にのぼる）。そのときの自分の記憶は，その他の記憶から隔絶されて，一切連絡のない別の意識をかたちづくる。それが，本人とは別の人格にまで発達すると多重人格になる。

私たちも，夫としての自分のほかに，父，社長，同窓会員など，いくつかの顔をもっていて，それぞれ異なった人格を備えていることを思いおこせば，新しい仮説は納得しやすい。

治療としては，患者のすべての人格に治療者への信頼感と安心感とを与え，トラウマの記憶を呼びおこさせ，それにまつわる怒りや悲しみなどの感情を表すように促し，虐待がおきたのは24年も昔のことで，現在ではないことを教え，育て直しを行ない，怒りを和らげ，トラウマに直面することにより解離の必要をなくさせ，複数の人格の間の障壁を取り壊してすべての人格同士のコミュニケーションを促進させ，複数の人格を統合して，安定した一つの人格にまとめあげることが必要である。再発防止のためのフォロー・アップも必要であろう。こうした治療により，4人に1人は治るという結果も発表されている。　　　　　　　　　　〔小林　司〕

⇒多重人格

文献　1. J-アレン，1983；2. 三浦賢一・木元俊宏編『多重人格&性格の心理学』(朝日オリジナル)，朝日新聞社，113p., 1995；3. 和田秀樹『多重人格』(現代新書)，講談社，266p., 1998

カウンセラー　counsel〔l〕or（英）；conseiller, conseillère（仏）；psychologischer Berater（独）

相談心理学や臨床心理学などについての知識をもち，カウンセリングの訓練を受けた，カウンセリングについての専門家。これ以外の，単にカウンセリングを行なうだけの「自称カウンセラー」はカウンセラーと称すべきではない。

カウンセラーは人間理解の方法と，人間援助の方法とを知っており，また自分を十分によく知って，その自分を受け入れていることが必要である。そのためには，相談心理学を学ぶだけ

でなくパーソナリティ理論(発達, 異常, 測定),環境理論(心理, メンタル・ヘルス, 家族, 社会, 文化人類などの学問分野), 人間援助に必要な理論(カウンセリングの理論と技術, 心理療法の理論と技術, 精神医学, 教育学, 哲学, 集団力学など)などを学際的に広く学び, カウンセリングの実習, スーパーヴィジョン下のケース訓練(スキルの個別指導), 教育分析(自己理解, 面接技法の体験学習のため), グループ体験などが必要になる。

カウンセリングは, 技術によってではなく, 態度によってクライエントの成長を促そうというのであるから, カウンセラーには適性が重視される。つまり, 知的な点よりは, 態度や情動, 洞察が大事な要素となる。ロジャース*は, 治療者の適性として次の5点をあげている。(1) 客観性(受容, 関心, 深い積極的理解を含む), (2) 個人の尊重, (3) 自己理解(自分自身の限界や短所についての完全な理解), (4) 心理学的知識, (5) 治療者の適合性または独自性(患者とともに真の人間になれる能力)。

ストラップ(H. H. Strupp)によると, カウンセラーは, (a) 成熟した人柄, (b) 熟練, (c) 敏感さ, を備えているべきだという。ロジャースによれば「成熟した行動」とは, 防衛的でなく, 責任をとり, 経験を尊重し, 他人を受け入れ, 自他を尊重する, といった現実に沿った受け取り方だという。

フランク(J. D. Frank)は, (i) 説得力がある, (ii) 治療能力があること, をカウンセラーの適性にあげている。コレイ(Gerald Corey)は, 次の19項目を並べた。① 人生観を反映した自分のやり方をもつ, ② 自尊心, ③ 自信, ④ 変化に対して開かれている(柔軟性), ⑤ 自分や他人への気づき, ⑥ あいまいさを許せる, ⑦ アイデンティティ, ⑧ 所有的でない共感, ⑨ 生きる意欲, ⑩ 自己一致(誠実, 正直), ⑪ 愛し, 愛される, ⑫ 今に生きる, ⑬ 誤りを許せる, ⑭ 仕事に熱中できる, ⑮ 意味のあることに自分を投入できる, ⑯ 他人に感情を示せる, ⑰ 自他への以前の決定に気づいているが, それにとらわれぬ, ⑱ 非合理な仮定や自己破壊的信念には抗して闘う, ⑲ 他人の福祉に心から興味をもつ。

カウンセラーの資格に欠ける人は次のような人である。(1) 自己確立不充分, (2) 自己一致なく, 他人との関係についてよくわからぬ, (3) 自他の感情や衝動の受け入れやすい点, 受け入れにくい点がわかっていない, (4) カウンセリングをクライエントのためよりも自分のために役立てたいと思う, (5) 内気, (6) 技術や技法に頼る傾向。

これら以外にも, すぐに怒り出す(感情不安定), 同情しすぎて客観性を失いやすい, 独善的, 狂信的, 支配的, こだわる, 偏見や差別観を抱いている, 話をよく聴けない, 冷酷, 知的障害, 言葉をよく理解できない(外国人の場合), 病的嘘つき, など常識で考えてもカウンセラーに不向きの人は論外である。

カウンセラーは自分の能力の限界を熟知していて, それを超える仕事(たとえば, 精神病を治そうとするなど)を引き受けてはならない。他のカウンセラーや精神科医をクライエントの前で安易に批判, 評価したり, クライエントが他の治療者から移ってくるのを気軽に引き受けてはならない。引き受けることのできないクライエントをきちんと他の治療者に紹介することも大切である。カウンセリングの中止や継続, カウンセラーの選択については, クライエントの自由を尊重しなければならない。自分の家族や友人にカウンセリングを行なうのは好ましくない。カウンセリングの場所, 時間, 費用をきちんと決めておくことが大切である。クライエントのプライヴァシーを尊重し, 秘密を守ることは当然の倫理である。

日本では, カウンセリングというものの実体がまだよく理解されておらず, 知識もトレーニングもない定年退職後の元校長を「学校カウンセラー」と称して再雇用したりするケースが後を絶たない。病院, 学校, 企業などに, 正式のトレーニングを受けたカウンセラーを置くことが次第に広まってきているのはクライエントにとって喜ばしいが, カウンセリングの普及がカウンセラーの質の低下を招くようなことがあってはならない。〔小林 司〕

⇒カウンセラーの資格認定, カウンセラーの自己評価, カウンセリング, スーパーヴィジョ

ン，相談心理学，臨床心理学

文献 1. A-小林・桜井，1988；2. Corey, G.: *Theory and Practice of Counseling and Psychotherapy*. (3rd ed.), Books/Cole Publishing (Monterey, Calif.), p. 406, 1986

カウンセラーの資格認定　authorization of counselor's license (certification)

　カウンセリングや心理臨床を専門に行なう者は，カウンセリング心理学や臨床心理学の専門的な知識と技量と経験をもっていることが，クライエントに接するうえでの倫理であり責任である。カウンセラーや心理臨床家の倫理と責任を明確にするためには**資格の認定**が必要である。

　カウンセラーや心理臨床家は，クライエントが人生上の問題を解決するのを援助したり，心理的な発達を援助するのであるから，クライエントに与える影響は大きい。であるならば，カウンセリングや心理臨床の実力がない者が，カウンセラーや心理臨床家と自称してクライエントに面接してはならない。したがって，効果的なカウンセリングや心理臨床を行ないクライエントに対する責任を果たすためには，米国におけるように，一定の実力をもった者に与えられる公的資格の導入が望まれるところである。しかし，日本にはまだ(2002年末現在)，カウンセラーや心理臨床家の国家資格はない。

　そこでここでは，各学会や認定団体が与える資格について，おもに学校に関係するものを例にとりながら説明する。

　(1) 臨床心理士：日本臨床心理士認定協会が認定する。心理学関係の大学院修士課程を修了し，臨床経験をもって初めて受験資格を得る。

　臨床心理士は医療の分野でも病院臨床家として活躍しているが，近年は教育の分野でも，スクールカウンセラー（学校臨床心理士）として文部省の派遣事業も始まっている。現在，文部省が派遣するスクールカウンセラーの要件には，「臨床心理士など」となっており，臨床心理士以外には精神科医と，大学でカウンセリングや臨床心理学などを担当している教員が派遣されている。

　(2) カウンセリング学会認定カウンセラー：日本カウンセリング学会が認定する。日本カウンセリング学会に2年以上正会員として所属し，一定の研究歴，臨床歴，研修歴の規定を満たした者が認定される。

　まだ人数は少ないが，臨床心理学より幅の広いカウンセリング心理学に根ざした専門家として，またクライエントの人生上，哲学上の問題にも対応できるカウンセラーとして期待されている。カウンセリング学会認定カウンセラーが学校に入っていくことによって，不登校や不安障害の児童・生徒だけでなく，非行やいじめなどもカウンセリングの対象になるであろうし，個別面接だけでなく構成的グループ・エンカウンターなどのグループ・アプローチも可能となるであろう。

　(3) 学校心理士：日本教育心理学会が認定する。日本教育心理学会の正会員であって，一定の研究歴，臨床歴，研修歴をもった者が認定される。学校心理士は臨床心理学やカウンセリング心理学だけでなく，学校心理学をも視野にいれた資格である。学校心理士は学校を一つのコミュニティととらえ，児童・生徒への個別面接だけでなく担任教師に対するコンサルテーションをも行なう。学校におけるコンサルテーションとは，学校心理学の専門家である学校心理士と教育の専門家である教師とが，児童・生徒に対する援助について対等な立場で会議をもつことである。また，学校心理学の立場から学校心理士の守備範囲には学習障害児への対応なども含まれる。

　(4) 学校カウンセラー：日本学校教育相談学会が認定する。日本学校教育相談学会に正会員として5年以上所属し，一定の学校教育相談の経験と研修歴を満たした者が認定される。

　「学校教育相談学」に根ざした資格であり，一般の教員が最も取得しやすい資格である。教師が同時にカウンセラーにもなって，教師とカウンセラーの両方の視点を踏まえ，一般の教員とスクールカウンセラーとの連携の中心的役割を担うことが期待される。

　(5) その他：この他に学校関係の資格としてはキャリア・カウンセラー（日本進路指導学会）

がある。

学校以外の資格としては健康心理士（日本健康心理学会），催眠技能士（日本催眠医学心理学会）などがある。〔鈴木敏城〕
⇒学習障害児の教育，構成的グループ・エンカウンター

カウンセラーの自己評価　self-assessment of the counselor

「自分は何をしようとした自分であったか」「実際には何をした自分であったか」に気づき，「クライエントとの関係に何がおこったか」を明確にすること。

目的は，カウンセラーとしての進歩・成長であり，自分を知る過程である。カウンセリング面接における自己を反省し，真実の自己を知ることは自己の成長につながる。自己評価は，カウンセラーが面接後になすべき必要なことである。

一人で反省と吟味をできるようになるまでには，当然，スーパーヴァイザーの指導と援助によって基礎的訓練を受けていくが，自分にとってカウンセリング面接とは，どういう意味があるかを一層深く知ることができる。

さらに，小林純一は次のように述べている。「人間は，自分が何をしているか，それはどんな意味，価値，目的をもっているかを知る（意識する）ことができる存在である。カウンセラーはカウンセリングにおいて，自分がしていることを意識しなければならない。責任をもたなければならない。カウンセラーは，自己の面接過程を反省して，どんな自分であるかを知ることである。自分を知ること，自己を意識することは，気づき，発見であり，創造につながる。」

そして，次の反省項目をあげている。

【カウンセラー自身に関する反省項目】 (1) カウンセラーの態度：(a) 受容的・許容的態度：(ⅰ) クライエントの発言に対して肯定的態度や返答を示していたか。(ⅱ) 一層詳細に感情，考え，問題などを語ったか。(ⅲ) 自己の消極的感情や体験的意味を受け容れる表現が増加したか。(ⅳ) その時まで表現しなかった新しい別の面の自己を語るようになったか。(ⅴ) 考え，感じ，思い，望むことを自由に表現し始めるようになったか。(ⅵ) 姿勢や態度が楽になり，ゆとりのある自由な身体の動きが現れるようになったか。(b) 理解的態度：(ⅰ)〈感情の理解〉クライエントの内面に流動する感情をそのまま大切にしようとする態度を示すことができたか。(ⅱ)〈内的世界の理解〉クライエントのもつ価値観，考え方や見方，あるものへの姿勢や態度をそのまま大切にしようとする態度を示すことができたか。(ⅲ)〈体験的意味の世界〉クライエントの体験の世界で，彼が見出している意味をそのままわかろうとする態度を示すことができたか。(c)〈自己一致，純粋性，誠実性〉自己の内面に流れる感情を否定したり装ったりすることなく，ありのままを意識し，かつ受け容れる態度を示すことができたか。

(2) カウンセラーの自己啓示：カウンセラーは，自己の心を開いて，あるがままの自分（何を考え，感じ，思い，望んでいるかを意識し，受け容れている自分）をクライエントにわかりやすい方法で伝えることができたか。

(3) カウンセラーとしての方略：カウンセリング面接で，カウンセラーはどんな考えをもってクライエントとの対話を進めていったかを反省する。(a) まず，カウンセラーは，クライエントがどんな人であるととらえていたか，(b) カウンセラーは，クライエントの3次元的（周囲，人間関係，私的精神的）世界のどの世界に触れたか，(c) どんな仮説をもって話を進めたか，(d) 面談中，どんな自己決定をしたか，(e) 今後の面接で，どんなことをしたいと思ったか，などの問題を究明する。

【カウンセリングの面接過程に関する反省項目】

(1) クライエントの態度：(a) クライエントの自分自身に対する態度の変化：(ⅰ) そのときまで気づかなかった自分の新しい面に気づいたか，(ⅱ) 自己を肯定的に，かつ積極的に受け容れているか，(ⅲ) 混乱や苦悩の意味が少しでも理解されて，自己が明確化されたか，(ⅳ) 消極的態度が積極的態度に移ったか，(ⅴ) 自己信頼の確信をもつようになったか。(b) クライエントの，問題に対する態度の変化：クライエントは，自己の問題に対してどのような見方の

変化をしているか。(c) クライエントの，関係する人々に対する態度の変化：クライエントが，自分と関係をもつ重要な人々に対して，以前とは違って積極的な感情や見方をもつようになったか。(d) カウンセラーに対する態度の変化：クライエントがカウンセラーに信頼感をもつようになるか，それとも不信感をもつようになるか，そのいずれの方向に変化したか。

(2) クライエントの世界：(a) クライエントの感情の変化：面接中にクライエントの内面に流れている感情ではなく，クライエントの深奥にひそんでいる感情に留意できたか。(b) クライエントの体験的意味の変化：体験的世界を新しい目をもって眺めることができるようになって，体験する意味が変化する。彼は新しい体験の世界に生きる人になったか。(c) クライエントの独立・自由・責任性の変化：クライエントの人格的独立が発達する時，責任をもって自由に行動することができるようになる。自主性，自発的，創造性などの発達がみられたか。

(3) 面接の終結：カウンセラーとクライエントとの信頼関係をみる。(a) 面接の終了で，2人の人間関係は相互信頼によって確立しているかどうかをみる。どのような信頼感を各自もったかを明らかにする。(b) カウンセリングに対するクライエントの知覚：クライエントは，カウンセリングとは何か，カウンセラーとは誰か，カウンセラー室とは何をする所かをどのように知覚して去ったかを明らかにする。

面接の終結は非常に重要であり，別れる瞬間に，クライエントの感情を尊重するとともに，彼の責任ある自己決定の過程を重視し，その決定が必ず建設的で積極的内容をもつものであるように援助することは，カウンセラーの最大の関心事でなければならない。

反省項目を列挙し，5段階ないし7段階の評定尺度をもって評定する。各項目に空欄を設け反省記録を記入する。氏名，年齢，性別，面接回数，面接の年月日および所要時間，その他必要項目を記入しておく表を作れば，カウンセリング面接の進歩におおいに役立つ。〔安原照雄〕
⇒カウンセラー，肯定的尊重，自己一致，受容

文献 1. A-小林, 1979

カウンセリング counseling (英)；conseil (仏)；psychologische Beratung (独)

クライエントに対して，**面接やグループ・ワークによる言語的または非言語的コミュニケーションを通しての心理的相互作用（人間関係）によって，行動や考え方の変容を試みる援助の方法であり，クライエントの人格的統合の水準を高めるための心理的方法。**

教育や職業，結婚，病気などに関する悩みは，カウンセリングによって弱まったり消えたりするかもしれないが，その解消はいわば副産物であり，カウンセリングの主な狙いはそれらを解消することよりも，クライエントがみずからの人格的成長，人格的統合を行なうことを援助することにある。したがって，クライエントを周りの環境に単に適応させたり，順応させることがカウンセリングの目標ではない。

『大百科事典』（平凡社，1984）によると，カウンセリングとは，「カウンセラーがクライアントの悩みを共感的に理解し，受容的な態度によって接することにより，クライアントの自己実現の可能性を十分にひき出すこと」（河合隼雄）である。

ロジャース* は自己実現について次のように書いている。「暗い部屋に置かれたジャガイモから芽が出ると，それはわずかな光に向って伸びていく。これと同様に，あらゆる生物には，自分がもっている可能性を建設的な方向へ伸ばそうとする基本的傾向がある。これを自己実現傾向と呼ぶ。人間でも，複雑で完全な発達に向かう傾向がある。これは対人関係の中で開花していく。自分を理解し，自分を変えていって，自主的行動を発展させていくような力が自分の中にあり，この力は条件さえ整えば際限もなく発展していく。」

自分の中にあるこの成長への衝動に気づくように援助することこそが，カウンセリングの目的である。ロジャースはカウンセリングを「個人との持続的・直接的接触によって，その個人を援助して行動・態度の変容を図ること」と定義した。

人間はもともと，「自己実現の傾向」をもっており，たとえ挫折したり歪んだりすることがあ

っても，安易に自傷行為や自死に走るということはあまりない。人間は，自分にできる方法をつかんで，成長し，適応しようとする方向に向かって絶えず進んでいくように運命づけられている。それを援助するのがカウンセリングである。

　カウンセラーとして重要なことは，クライエントに指示をすべきかどうかといった技術的なことよりも，クライエントに対する共感的理解，自己一致(ありのままでいること)，受容，無条件の尊重，配慮，自己受容，自己開示，などによって，クライエントの体験過程に主体的にかかわっていくという態度である。その姿勢によって，クライエントの体験を通じての成長や自己実現が促進される。カウンセラーには，この他にも，洞察力，思考力，自己主張能力，が要求される。また，無批判的にひたすら傾聴するだけがカウンセリングだと誤解している人がいるが，カウンセリングには，対決・説得・助言などを含む能動的な技法も含まれていることを忘れてはならない。

　カウンセリングは，心理療法の一種とも見なされているが，心理療法が精神障害の患者を対象としているのに対して，カウンセリングでは主として患者でない健常者を扱うから，心理療法と重ならない部分をも含んでいる。扱う問題も，病気の治療ではなくて，親子関係，夫婦関係，職業選択，学業問題，対人関係，異性問題など多種多様な悩みであり，患者とは違ってすでに現実生活に何とか適応できている健常人を自己実現できるように援助するのが目的である。したがって，カウンセラーは心理療法を知らなくてもつとまるが，知っていればなお良い。カウンセラーは，幅広い種々の問題に対して科学的な判断を下したうえで，最適のカウンセリング法を選んで専門的かつ協力的な援助をできる「万能選手」であることが好ましい。カウンセリングは，特定個人の目標を達成させるための，人生における情動面からの一種の教育であり，クライエントを心理的束縛から開放して，内界の自由をとり戻させるための援助だと言えよう。

　カウンセリングは，その原型を含めても約100年，カウンセリングという名称を唱えてから約60年の歴史しかもたない新しい分野である。1908年に米国のボストン職業指導所ができて青年の職業選択を援助することになったのが発端であった。これはすぐに全米に普及し，1913年には全米職業指導協会が生まれている。1908年にはビアズ*が『己にかえった心』を出版して，精神衛生運動を始めた。1895年にフランスのビネー*が創案した知能指数測定法は1905年からフランスで実用されていたが1910年に英訳が出て米国にも広まり，職業指導に応用されるようになって，各種の心理検査法が生まれた。第一次世界大戦の時には，兵士が軍隊のどんな兵種に適しているかを測るために心理的測定が発達した。以上に述べた職業指導・精神衛生・心理測定の三つの柱が1930年の不況の折の就職競争で注目されて一本化し，ウィリアムソン(E.G. Williamson)は『学生相談をどう行なうか』(1930)を著してcounselという単語を書名に打出した。1942年にロジャースが『カウンセリングと心理療法』を書いて，医学的精神療法や精神分析とは違うカウンセリングの概念が確立された。それまでは，精神療法は精神科医の専有物であった。1946年には米国心理学協会(APA)が「カウンセリングとガイダンス」部門を，1951年には「カウンセリング心理学」部門を設けた。第二次世界大戦終了後には帰還兵士が再就職や大学入学，身のふりかたについて相談するために，米国在郷軍人会がカウンセリング心理学者を1952年から採用した。したがって，「カウンセリング」という用語が定着してカウンセリング心理学が自立したのは1942～52年と考えてよい。

　カウンセリングは上述のようにいくつかの分野を統合して発達してきた新しい領域であり，人間をどう見るか，性格をどう考えるか，なぜ病的問題がおきるか，何を目標とすべきか，などによって考え方や援助法が異っている。

　カウンセリング理論の主なものをあげると，精神分析理論，自己理論，行動主義理論，特性因子理論，実存主義理論，ゲシュタルト理論，交流分析理論，認知理論，集団療法理論，家族療法理論，折衷理論などである。このうち，ど

れか一つだけに拠ろうとこだわるよりも，クライエントや問題の性質に応じてクライエントのためになることなら何でも最適の理論を臨機応変，自由自在に応用できることが望ましい。どの理論を採るにしても，受容，感情の反射，言い換え，質問，支持などの基本的技法によって，クライエントと人間関係をつくり，問題をとらえ，適切な処置をする，というプロセスが必要になる。

カウンセリングの種類としては，次のものがある。

専門カウンセラー（スタッフ）によるプロフェッショナル・カウンセリングのほかに，次のようなカウンセリングが行なわれている。パラ・カウンセリング（ナース，寮監による），キャリア・カウンセリング（教員，職業指導員による），ライン・カウンセリング（先輩や上役による），牧会カウンセリング（牧師による），ピア・カウンセリング（友人による）。教育・開発的カウンセリングは，生きていくうえで誰もがぶつかり解決しなければならぬ問題（進路，結婚，読書，留学，親子問題，内気など）を扱うし，治療的カウンセリングは心理療法と同義で，専門的カウンセラーの守備範囲内にある。

〔小林　司〕

⇒カウンセラー，カウンセリングと心理療法の違い，カウンセリングにおける人間関係，カウンセリング・プロセス，カウンセリング・マインド，相談心理学，牧会カウンセリング，ピア・カウンセリング，臨床心理学，臨床心理士，ロジャース

文献　1. A-國分, 1980；2. A-國分・米山, 1976；3. A-小林, 1979；4. A-小林・桜井, 1988；5. A-中西他, 1983；6. A-平木, 1989；7. A-ブラマー, 1978；8. A-ブラマー・ショストロム, 1969；9. G-Brown & Lent, 1984；10. G-Brown & Lent, 1992；11. G-Wolman, 1965

カウンセリングと心理療法の違い

difference between counseling and psychotherapy

カウンセリングと心理療法はどう違うのか。まず対象が違う。カウンセリングは健常者を，心理療法は病理的人格を主たる対象としている。健常者とは現実原則に従って生きている人，病理的人格とは現実原則に従って生きるほどに精神が機能しない人という意味である。第二に，カウンセリングと心理療法は目標が違う。カウンセリングは問題解決の援助，心理療法は精神疾患の治療がそれぞれ主たる目標である。問題解決とは人生途上で誰でもが遭遇する課題（例：人間関係，進路決定，育児，老後の不安）を心的外傷の残らないように乗り越えるという意味である。精神疾患の治療とはパーソナリティの変容が主になるという意味である。つまり対照的にいえばカウンセリングは problem-solving，心理療法は personality change をそれぞれ目標にしているといえよう。

カウンセリングと心理療法の第三の違いは方法にある。カウンセリングは問題解決志向であるから，過去の生育歴とか無意識界への探究（つまり intrapersonal 志向）よりは今の状況の中でどういう行動を選択するのが目標達成のために役立つのかと考える。つまり，心理療法が intrapersonal 志向（個体内志向）であるのに対して，カウンセリングは interpersonal 志向（個体間志向）といえる。したがって，心理療法ではロールシャッハ・テスト，夢分析，箱庭療法など個体の内界を探索する方法を用いる。ところがカウンセリングでは投影法のテストを使うことはまれである。面接回数も心理療法ほど多くはない。しかし問題が多様であるから対処法も多様になる。予防・開発に関する方法が心理療法よりも多いと思われる。

カウンセリングと心理療法の識別にこだわる人とこだわらない人がいる。私はこだわる立場をとっている。その理由は二つある。

一つは両者を識別しないとカウンセリングの普及定着が妨げられるからである。わかりやすい例はロジャース*である。彼はカウンセリングと心理療法を識別しなかった。それゆえ，彼の理論が日本に導入されたとき，多くの教師は「自分のクラスには精神疾患の生徒はいない。それゆえにカウンセリングは不要である」と応じた。企業人は「なるほど，そうですか」と理解するだけでは商売にならないと冷笑した。これは要するにカウンセリングが心理療法の一種と

して学校や企業に導入されたからである。

ところが今も，同じような発想でカウンセリング界が支配されようとしている。すなわち，臨床心理士こそがプロのカウンセラーであるかのごとき印象を与えつつある。スクール・カウンセラーと称さずに学校臨床心理士と称したがる団体がある。ロジャース派がかつて通った道を繰り返している。カウンセリングという援助活動は臨床心理士のみの分野ではない。日本ではひところ(1950～1980頃)，ロジェリアンでなければカウンセラーでないと言わんばかりの風潮があったが，今（2002年）は臨床心理士でなければカウンセラーでないという風潮があるように思われる。これは日本のカウンセリングの発展を妨げるものである。

第二の理由として，職業倫理を挙げたい。心理療法はできるがキャリア・カウンセリングや矯正カウンセリングは不得意ということがある。グループ・エンカウンターのリーダーはつとまるが，心理療法家はつとまらないということがある。にもかかわらず，心理療法すなわちカウンセリングであるという観点をとると，できないことでもできるかのごとき印象をクライエントに与えることになる。歯科医が眼科医もつとまると人に告げるのと似ている。これは職業倫理に反する。同じことがカウンセリングと心理療法の関係についても言えるのではないか，と言いたい。

以上，カウンセリングと心理療法の識別の必要性を強調してきたが，識別した後どうするか。これも大事な問題である。

両者の識別をするということは両者の職業上のアイデンティティと学問上のアイデンティティをはっきりさせるということである。アイデンティティがはっきりするということは，臨床心理士とカウンセラー，臨床心理学とカウンセリング心理学がそれぞれ共存しやすくなるということである。共存する時，両者に共通する思いは，お互いに professional helper（プロとしての援助者）であり，お互い professional psychology に属する人間（心理学を職業にしている者）であるという親近感である。私のこの推論はアメリカの心理学界の現況に示唆を得ての

ことである。　　　　　　　〔國分康孝〕
⇒アイデンティティ，エンカウンター・グループ，カウンセリング，キャリア・カウンセリング，心理療法，箱庭療法，夢分析

文献　1. A-國分, 1991；2. A-國分, 1993；3. A-國分, 1996b

カウンセリングにおける人間関係
human relation in the counseling

社会におけるふつうの**人間関係**とは異った，カウンセラーとクライエントとの間にあるべき，特殊な**人間関係**。

カウンセリングの起源は，自分の間違った思いや行ないを懺悔や反省によって取り除き，心の曇りを晴らすことによって，本来の自己を取り戻すことにあった。キリスト教文化圏では，宗教関係者がその中心的役割を演じ，日本では僧侶などが担っていた。現代においては，さまざまな理由により人びとの悩み等が社会現象化し，従来の宗教関係の人たちによってだけでは解決しえないほどに広がっている。このような情況が，現在，カウンセリングが強く求められる原因と思われる。

カウンセリングは，人間の全人的成長，発達に関する心理的諸問題の解決を援助する専門分野であるから，健全な人もそうでない人も対象とする。

カウンセリングは，クライエントのパーソナリティの発達によって，日常的な心と行ないとが向上することを目的とする。クライエントは真の自分を発見することによりカウンセラーと別れられるのである。カウンセラーも，クライエントとの人間関係によって，新しいアプローチを発見したり，理論を修正したり，実践を改めたりするばかりでなく，自己のパーソナリティの成長を志すことができる。

カウンセリングの学問的基盤は心理学を主とする。その他に教育学，社会学，文化人類学，哲学および神学なども範疇とする。

カウンセリングはカウンセラーとクライエントとの対話のプロセスである。これらの過程の中でクライエントは今まで気がつかなかった自分に気づき，自ら積極的に考え，責任をもって

選択し，実行する。カウンセラーはこのプロセスを共に歩み，クライエントの成長を援助するのである。

カウンセラーとクライエントのコミュニケーションは，普通，言語が重要な役割を果たしている。それにもまして，非言語的表現（姿勢・態度・動作・振る舞い・音声・抑揚・沈黙・表情等）も大切な役割を果たす。時には，コトバそれ自体よりもコトバでないものの方がより正確に伝わることがある。

カウンセリングをするにあたっては，カウンセラーとクライエントの人間関係が特に重要である。カウンセリングにおける人間関係とは，クライエントが何らかの問題をもってカウンセラーと出会うことによって始まり，その問題解決によって終結する専門的な関係である。このような関係では，単なる友人や家族関係とは異なり，クライエントがあるがままの自分を表現できるような，さらに，自分自身で問題解決の決定をしていけるような，温かい雰囲気をもつことが求められる。したがってこのような人間関係を確立できることがカウンセラーに必要な第一の条件である。

温かい雰囲気をつくるために大切なことは，(1) 特定な理論にしばられぬ柔軟性，(2) 秘密の保持，(3) 清濁併せのむ寛容性，である。

カウンセラーの活動は，個人面接室やグループ・カウンセリング室内にとどまらず，福祉や教育，医療等広い分野で期待されている。

人間の本質には，磨けば光るダイアモンドのごとく煌き輝くものが存在していると確信することが重要である。過去につくってきたクライエントの間違った思いや行ないを取り除き，心の曇りを晴らすうえで大切なことは，クライエントの本質を進歩，発展する存在として位置づけることである。

カウンセリングのプロセスにおいて，クライエントは自己受容（あるがままの自分に気づき受け入れる）から自己発見し，自己対決，そして，問題解決に向けて自己決定をし，新しい自分へと脱皮して旅立っていく。その過程においてクライエントの本質が本来素晴らしいものであるからこそ，新しい世界への出発が可能となるのである。

したがって，カウンセラーはいつでもクライエントに未来に対する希望と勇気を呈示しうる柔軟性，寛容さ，そして豊かな人間性あふれる人間観をもつことが大切なのである。

〔安達美月恵〕

⇒カウンセラー，カウンセリング，カウンセリング・プロセス，カウンセリング・マインド，共感的理解，肯定的尊重，コングルエンス，自己一致，積極的関心，相談心理学，ロジャース

文献　1. A-伊東, 1983；2. I-岡堂編『現代のエスプリ』No. 106, 1976；3. A-小林, 1979；4. E-小林, 1983；5. A-小林純一, 1986；6. A-小林・桜井, 1988；7. A-古屋, 1971；8. A-水島他編, 1978

カウンセリング・プロセス counseling process

カウンセリングが始まってから終わるまでの経過。

それぞれのカウンセリング活動は，カウンセラーとある特定のクライエントとが初めて接触した時に始まり，目標を達成した時に終わる。カウンセリング・プロセスとは，その開始から終了までの全体のプロセスを指すと同時に，その全体を構成する継続的なセッションの一つ一つのプロセスをも意味する。（カウンセリング・セッションの大半は面接であるが，アプローチによって他の方策を用いるセッションもある。）

ウェブスター英語事典によると，「プロセスとは完成を目指して一時点から次時点へと発展的に前進する活動；あるいは，特定の目標や成果を目指して体系的に方向づけられた，一連のコントロールされた活動や動きからなる，継続的な漸進的動き；または，一連の活動や経験が継続すること」と定義されている。これをカウンセリング・プロセスにあてはめてみると，(1) カウンセリングは具体的な目標をもたなければならない，(2) カウンセリング活動は方向性をもって進展する，(3) カウンセラーとクライエントの行動は，目標達成に役立つものである，と言える。すなわち，「個人が建設的な意志決定に至り，その人なりの人になる」というカウンセ

リングの究極的目標にいたるための,クライエントとカウンセラーとの行動目標があり,カウンセラーは,クライエントとの話し合いが進展し,内容が発展しているかどうかを,絶えずチェックしなければならない。

特に初回面接と初めの数回の面接は,これから生じると思われるものに適切な舞台を用意する点できわめて重要である。このとき,来談者のカウンセリングへの疑問や期待を明らかにしていき,セッションの終わりには,治療者と来談者の間になんらかの相互の一致がなければならない。そして,セッションの終了時に,互いの考えが一致して理解しあったことをカウンセラーが実際に要約することが有益である。

カウンセリング・プロセスでの要点を並べると次のようになる。クライエントの波長をつかむ,積極的傾聴,正しい反応を示す,判断を下さない,いくつかの技法を使う(注意,訴えを言い換える,感情移入,開かれた質問,話の内容をまとめる,話のポイントに焦点をあてる,自己開示,即時性,具体性,積極的とりくみ),沈黙を建設的に利用する,クライエントのペースに合わせる,言外の意味を汲みとる,カウンセリング関係を確立する(自己決定,守秘,受容,無批判),クライエントの感情を理解したことを示す,共感を示す,支持を示す,客観性を保つ,転移を観察。

カウンセリングによるクライエントの変化に注目すると,カウンセリング・プロセスは,次の五つに分けてみることができる。クライエントは,(a) 自己の内に新しい世界を発見し,(b) 自己委託する価値を見出し,(c) 多くの可能性の中から勇気をもって選択し,(d) この価値を現実化する決断を下し,(e) 行動していく。すなわち,混乱,不確実,消極性から,秩序,確実,積極性へと変化するプロセスにおいて,クライエントは自己理解・自己洞察を深め,自己自身と他者とに対する態度を変え,自己決定によって新しい行動を始めるようになる。また,カウンセリング・プロセスの特徴は,行動目標を「内部へ下へ向かって」探索する方向と,「外部へ上方へ向かって」目標達成をめざす,二つの方向性からなるという見方もできる。

カウンセリングの効果や人格変化がどのようにして生じるのか,そのプロセスが生起する原因はどのようなもので,結果としておこる事象は何か,という問題は,カウンセリングを論じる際の中心的テーマであり,そのプロセスの展開はアプローチのしかたによって違っている。

精神分析と精神力動療法におけるアプローチは,場面構成に続いて,抵抗や転移の生起,退行の生起,抵抗や転移の解釈とクライエントの側の洞察,徹底操作,などが変化のプロセスでの重要なテーマであり,これらを通じて無意識を明らかにして,超自我,自我,イドの領域の相互交流,統合が再編されると考えられる。治療とは,クライエントが非合理的に機能していたことを納得させて,生きるためにもっと合理的な状況を教示することである。来談者中心療法におけるアプローチは,「脅威のためにクライエントが自由にかつ十分に経験することのなかった感情を,心理的に安全な関係において経験すること (the experiencing)」として,カウンセリング・プロセスを理解している。

行動療法におけるカウンセリング・プロセスは,脱感作や消去,および再条件づけを通して,望ましくない行動を除去していく過程,と言えよう。

実存主義者は,カウンセリングを情動的リレーションシップにおける2人の間の主観的出会いだとみている。

来談者中心療法の立場での,ロジャース*のカウンセリング・プロセスの研究を次に示そう。彼は,「治療過程方程式」の考えや,「治療過程スケール」の検討をした。彼は,人間相互関係の質をカウンセリングの必要にして十分な条件とし,(ⅰ) カウンセラーが純粋(自己一致している)であり,(ⅱ) 共感的に理解しており,(ⅲ) 無条件の積極的関心をもっている,ということをクライエントが深く知覚すればするほど,クライエントのパーソナリティの変化の度合い (A, B, C) はそれだけ大きいものとなる,と図式化した(過程方程式)。

治療スケール(プロセス・スケール)は,クライエントの変化の過程を客観的に評価するために,面接録音を聴くことにより,カウンセリ

ング・プロセスに表われる法則性を見出すための尺度である。変化の過程を七つの要素（ストランズ strands）に分け、それぞれを、低い段階から高い段階へと7段階に分類した。これらの要素は次のようである。

①感情と個人的意味づけ、②体験過程の様式、③不一致の度合、④自己の伝達、⑤個人的構成概念、⑥問題に対する関係、⑦関係の仕方。

低い段階の特色は、それぞれ次のようである。〔上記項目(1)～(7)に下記項目(ⅰ)～(ⅶ)が各々対応〕

(ⅰ)自分の感情と、それが自分に対してもつ意味を自覚せず、表面化もしない。(ⅱ)自らの体験を意識したり象徴化できない。(ⅲ)いま体験しつつあること、それを象徴化することとの間に、あるいは他人に伝えようとすることとの間に、不一致・矛盾がある。(ⅳ)防衛や歪曲、逃避などのため伝達をまったく行なえない。(ⅴ)自分のもつ構成概念を、まったく動かしがたい事実と信じている。(ⅵ)問題を問題として意識せず、変化の欲求もない。(ⅶ)他人との密接な関係を危険なものとして避ける。

高い段階（治療の過程で変化していく理想的な段階）の特色はそれぞれ次のようである。（上記項目(1)～(7)に下記項目(ⅰ′)～(ⅶ′)が各々対応）

(ⅰ′)自分が直接経験した感情の流れを、否定することなく自分のものとして認めて表現する。(ⅱ′)体験の流れのなかで、自己受容的に生きることができる。(ⅲ′)体験と象徴化との間の矛盾が減少し、矛盾が存在したとしても一時的で、最小限のものとなる。(ⅳ′)自己を知覚された対象としてではなく、体験しつつあるなかで反射的に意識し、いつでも自由に伝達できる。(ⅴ′)自己のもつ諸概念が、常に新しい体験に照らしあわされて、いつでも矛軟に修正され、後の構成概念として解釈される。(ⅵ′)自分の問題を自分で引き受ける責任を感じる。(ⅶ′)他人との関係において、その時の体験過程にもとづいて、自由で解放的な関係に生きることができるようになる。

以上のように、低い段階では、体験の仕方が固定的で遠く、間接的であったのに、高い段階では、流動的でより直接的、より身近に、自分のものとして、その中に生きることができるようになる。そして、それぞれの要素が相互に独立している低い状態から、互いに融合して1本のより糸（ストランズ）として区別しがたくなるような最終の段階へと変化する。

過程尺度の考え方に刺激を受けて、ジェンドリン*は来談者が自分の経験を意識することや、その体験過程(experiencing)の概念を提起し強調した。彼は、来談者中心療法家であって、このような強調は、実存主義者に最も典型的なものである。彼は、体験という主観的現象を科学的に見て、次のような特質を示した。

(1)まさしく、いま生きている感情の過程であり、(2)クライエントはカウンセリングに参加することで、この体験過程に直接に注意を向け、それに象徴を照合させることができる。すなわち言葉や考えの助けを借りずに、感情過程そのものを直接に感じ取る。(3)この感情過程に直接リファー(refer directly)することで、過程自身に自然に導かれて、概念化がすすむ。(4)この体験過程への照合は、自己理解を深め、その概念化を進め、新しい自分にとっての意味をもたらす。

一つの感情は、しばしば非常に多くの概念的な意味を暗に含んでいる。そしてこれは無意識への抑圧をこうむってはいないので、いつでも直接リファーするならば、それらの意識化も可能であるとした。この過程を一つの技法として、ジェンドリンはフォーカシング（焦点づけ focusing）技法を発展させた(1978)。

〔益冨愛子〕

⇒カウンセリング，体験過程，フォーカシング，来談者中心療法

文献 1. A-伊東編, 1964; 2. B-ガーフィールド, 1985; 3. A-パターソン, 1975; 4. H-『ロージァズ全集』2, 1966; 5. A-渡辺, 1983

カウンセリング・マインド　counseling-mind

カウンセラーがクライエントに対して、あたたかい信頼関係に満ちた人間関係をつくる姿勢・態度・心構え。

カウンセリング・マインドという言葉は，和製英語であり，学術用語としてはまだ定着していない。概念が明確にされていないからである。しかしながら，この言葉は，カウンセリング場面だけではなく，教育・医療・社会福祉などの現場を中心に，広く使われてきている。

学派によってその強調するところに違いはあるものの，ポーター（Hull E. Porter）によれば，基本的に，カウンセラーの態度には，(1) 解釈的態度（interpretative attitude），(2) 評価的態度（evaluative attitude），(3) 調査的態度（probing attitude），(4) 支持的態度（supportive attitude），(5) 理解的態度（understanding attitude）がある。この中で最も大切な態度は，理解的態度である。自分の価値観や先入観をはさまずに，相手をわかろうとする態度である。この態度の中には，許容的態度（permissive attitude）や受容的態度（acceptance attitude）が含まれる。この理解的態度が，すなわちカウンセリング・マインドである。

カウンセリングとは，クライエントが新しい自己に気づき（自己発見と問題発見），それを受け入れ（自己受容），さまざまな可能性の中から自分の生き方を選択し（自己選択），自分の責任において生き方を決定し（自己決定），自分が選び決定したものの中に，自分自身のあり方，意味を見出し，自分の人生をより建設的に，また創造的に生きていく（自己実現）プロセスである。カウンセラーは，このプロセスをクライエントと「共に考え」「共に歩む」のである。つまり，「問題を解決してあげる」とか，「成長させてあげる」，というような態度ではない。クライエントが自らの問題に気づき，自分で自分の問題を解決していけるように，援助するのである。そこには，「人間というものは，どのような人であっても，一人の人間として大切にされ，信頼されるならば，自分の力で成長の道を歩むことができる存在である」という人間観がある。この人間観は，マスロー*のいう「人間は生まれながらにして，より成長しよう，自分のもてるものを最高に発揮しよう，という動機づけをもつ存在である」ということと共通する。

クライエントからすれば，自分の良い面をも悪い面をも含めて，自分が大切にされている，一人の人間として「無条件」に大切にされていると感じるならば，それによってカウンセラーに対する信頼感が生まれてくる。そうして初めて，クライエントは自分を開き，心を開き，真実の自己を語ることができるのである。信頼関係は，相手が「この人に自分は大切にされている。信頼されている」と確信する時に初めて成り立つのである。このような信頼関係は，ただ待つだけでできるものではない。互いに努力して創っていくものである。そこには勇気が必要になる。カウンセラー自身が，相手を信頼し，自己開示していくことが必要なのである。

何をどのようにわかろうとするのか。死を宣告された入院患者，病いに倒れた身寄りのない高齢者，不登校になったわが子の将来を心配する母親，強迫神経症に悩む高校生，アパシー状態に陥っている大学生，上司や部下との人間関係に悩む会社員，老母を老人ホームに入れるかどうかで迷っている息子夫婦などなど。人はさまざまな悩み，苦しみ，迷い，寂しさ，悲しみ，孤独，失望，の中に生きている。そうした目の前にいる人の中に何がおきているのか。それを，わかろうとすること。つまり，今，目の前にいる人が，(a) 何を考えているかを聞き，これを確認すること（知的世界の理解），(b) 何を感じているかをわかろうとして聞き，それを確認すること（感情的・体験的世界の理解），(c) 何を望んでいるかを聞き，確認すること（意志的世界の理解）。いわゆる「知・情・意の世界」をわかろうとするのである。

もう一つは，目の前にいる人が生きている世界，すなわち，(i) 環境的・身体的世界，(ii) 人間関係の世界，(iii) 個人の内的な精神的世界，という3次元の世界である。この人が生きている世界を，カウンセラーの価値判断とか枠組みをできるだけとりのぞいて，相手の立場に立って「あるがままに」見ようとすることである。

換言すれば，目の前にいる人，一人ひとりの人格を尊重し，その人がどのような体験的世界に生き，その人の内面に何がおきているかを，その人の見る目で「あるがままに」わかろうと

することである。こうした態度・姿勢・心構えが，カウンセリング・マインドの中核をなしている。それはまさに，その人自身の人間性と心のあり方に深くかかわるものである。

〔中根伸二〕

⇒カウンセラー，カウンセリング，カウンセリングと心理療法の違い，カウンセリングにおける人間関係，カウンセリング・プロセス，カウンセリング・マインド

文献 1. 伊東博『新訂カウンセリング』誠信書房，470p., 1966；2. A-小林, 1979；3. E-小林, 1986；4. A-佐治, 1988；5. I-『児童心理』No.510, 1987；6. A-平木, 1989；7. 『MIND TODAY』創刊2号, 108p., 1992；8. Porter, E. H. : *An Introduction to Therapeutic Counseling*. Houghton Mifflin (Boston), pp. 223, 1950

化学物質過敏症 excessive chemical sensitivity, C. S.

化学物質を大量に浴びたり長期間接触することで身体が敏感になり，超微量の物質にも反応する症状で，化学物質により引きおこされる健康被害。

「化学物質過敏症」の一つである，新築住宅などでおこる健康被害「シックハウス症候群」の原因はある程度限定できるが，「化学物質過敏性」の原因は一つではないので特定が難しい。診断法の一つとして，光に対するひとみの反応や眼球の動きがスムーズでなくなることが多い。

普通の人なら感じないほどの，ごくわずかの物質に反応するメカニズムは解明されていない。ここ数年で，被害を受ける人が急増して注目をあびるようになった。特に，東京都杉並区のごみ焼却施設周辺の住民がのどの痛みなどを訴えたので，この病気の集団発生が指摘された。

中学生が突然強い吐き気，頭痛，めまいを訴えた例もある。授業のあいまにもトイレで吐く日が続いたが，総合病院では自律神経の異常という診断だった。しかし，4年前に家を新築した折りにも頭痛があったこと，その後，学校の改築工事が引き金になってさらにひどい症状を示すようになったということがわかり，専門病院での診断で化学物質過敏症であることが判明した。

美容院でパーマをかけた直後からの発症も多く，微熱やのどの痛み，せきこみ，胸の痛みが続く。香水，殺虫剤，農薬，タンスの防虫剤，プラスチック，殺虫剤，ドライクリーニング，香水，合成洗剤，化学繊維，染料，印刷物のインクなどあらゆるものが原因となる。形状安定加工衣料からはホルムアルデヒドが検出されている。反応する物質には個人差がある。タバコの煙は微量でもだめというケースもある。

症状はシックハウス症候群と同様で多岐にわたり，上記の他，手足の冷え，不眠，下痢，皮膚炎などさまざまである。

この病気にかかると，学校，職場，家など，どこにいても生活がしづらくなる。職場で友人が使う修正液や器物などにも反応してしまったり，喫茶店，レストランでタバコの煙がだめ，スーパーの売り場のにおいもだめ，本屋の印刷インクもだめ，と行動範囲が狭められ，つらい毎日を送ることになる。症状の重い人は部屋のカーテンの布にも反応してしまうので，カーテンもつけられず，窓ガラスにアルミホイルをはって生活している人もいる。

どこにいてもつらいという重い病状をかかえている人がいるのだが，この病気に対する理解は少なく，研究も始まったばかりで，医療関係者にさえあまり知られていないのが現状である。

日本で積極的にこの病気に取り組んでいる北里大学医学部の宮田幹夫は「化学物質の総量が問題だ，化学物質が体に入り，その適応能力を超えると過敏症になる」と言う。決定的な治療法はないが，とにかくできるだけ周囲から化学物資を遠ざけることが第一。さらに，ビタミンなどの栄養をとって解毒を促したり，運動やサウナで汗を流すことをすすめている。

アメリカのダラスに化学物質過敏症専門病院があり，そこでは症状の重い人には，郊外の人里離れたサバンナのようなところにステンレス，ホーロー，ガラスで内装したコンテナをおき，無農薬で栽培した綿花から織った純綿の布をまとって暮らさせるのだそうだ。日本ではこのような治療法は難しいだろうが，無農薬野菜の食事，不必要な化学製品を買わない，防虫剤

などを使わない，天然のもの（木酢，ヒノキオイルなど）を利用する，室内の換気に注意する，などで症状がかなり改善される。

予防は，化学物質を遠ざけることなのだが，現代社会ではどこまでそれが可能かが最大の問題点である。

最近でこそマスコミにもとりあげられるようになったが，一般的にはあまり知られておらず，不安神経症，心身症，心因性疾患，うつ状態などと誤診されるケースも多いので注意したい。

〔小林洋子〕

⇒シックハウス症候群，自律神経失調症，心身症，不安

文献 1. 石川哲『化学物質過敏性ってどんな病気』合同出版，144p.，1993；2. 小若順一・高橋元編著『健康な住まいを手に入れる本』コモンズ，218p.，1997；3. 化学物質過敏性ネットワーク『化学物質過敏性症例集』化学物質過敏性ネットワーク，57p.，1997；4. 能登春男・あきこ他「特集 病は家から：現代病『化学物質過敏性』ってなんだ?!」『週刊金曜日』1998年3月6日号，pp.9-13；5. 船瀬俊介『プロも知らない「新築」のコワサ教えます』築地書館，228p.，1998

核家族 nuclear family

おもに，(1) 夫婦とその未婚の子，(2) 夫婦のみ，(3) 父親または母親とその未婚の子，の家族形態を指していう。

米国の人類学者マードック（George Peter Murdock, 1897～1985）が1949年に創り出した用語。どんな社会にも存在する普遍的な単位の小家族を指す。マードックは『社会構造論』において，家族の形態を三つの型に分類し，その第一を「核家族」とした。これは，一般に用いられている家族形態の3分法，(a) 夫婦家族（conjugal family），(b) 直系家族（stem family），(c) 複合家族（joint family）における「夫婦家族」に当るものであるが，日常用語としては核家族という言葉が広く用いられている。また核家族は，基本家族（elementary family），単一家族（simple family）とも呼ばれる。

19世紀半ばの産業革命後，世界の先進国において大家族が解体し，小家族が家族の主要な形態となった。日本では，第二次世界大戦後「家制度」が廃止されたが，国勢調査によると，日本の世帯人員は，1960年頃までは5人前後であったが，1970年には3.69人，1980年には3.33人となった。

家族形態の変化は家族の理念を変容させた。すなわち，家族の長である父親が絶対的権利を認められており，「家」を存続させることを目的としていた日本の「家制度」における「家族」は，夫婦の愛情を基盤とした核家族へと変貌した。米国の家族精神医学研究者のリップス（J. K. Lipps）は，1950年代に健全な核家族の基準として，第一に父母の連合，第二に世代境界の確立，第三に性役割の明確化の三つの条件をあげている。日本の核家族化はこうした米国的な理念にもとづいて始まり，1960年代半ばには核家族礼賛が高まった。

核家族化は，家族の機能をも大きく変化させた。かつての大家族における家庭は，生産の場，仕事の場，生活の場であり，家族の成員全員が何らかの役割や義務を担っていた。しかし，産業化の進展につれて，それまでの家庭の機能を家庭外の社会機構が担うようになり，核家族に残された機能は大幅に縮小されて，休息・憩いの場，子どもを育てる場，経済生活の土台としての場，夫婦の愛情（セックス）の場，といった機能だけが残された。米国の社会学者パーソンズ*は，家族の機能として，(i) 子どもの社会化，(ii) 成人の精神的安定の二つをあげている。産業化の進展と高度経済成長は，日本の家庭の生活環境を急変させた。家庭にはテレビ，冷蔵庫，オーディオ製品などの電化製品が備えられ，母親の家事は減少し，父親は会社人間になり，子どもは自分の部屋をもち，家族が一堂に会してコミュニケーションをはかる機会は減少した。家庭における個人には，それぞれが果たすべき役割や義務がなくなり，家族間のルールや秩序が失われた。このような種々の変化のなかで，核家族は多くの利点を備えると同時に，多くの欠点をも抱え込むことになった。子どもによる家庭内暴力，不登校，いじめ，食欲不振症・大食症などの問題や夫婦の離婚問題，高齢者の介護や扶養などの問題の出現によって，家族の危機や家庭の崩壊が叫ばれるようになった。

こうした問題の背景の一つとして，核家族の孤立化があげられる。核家族化以前の大家族の時代においては家族と家族以外の人々との交流が密に行なわれ，相互に協力し合い，支え合う生活があった。しかし産業化の進展による社会構造の変化によって，家族は親類縁者と接触する機会も少なくなり，地域社会との繋がりや隣近所との付き合いも希薄になった。家庭内で精神的な緩和剤の役割を果たしていた祖父母やおじ・おばがいないため，何か事がおこると，それは直接に家族に影響を与えた。精神的に未熟な夫婦は，些細ないさかいから，しばしば離婚に至り，それによって片親と子どもだけの母子家庭や父子家庭が増えることになる。また，働き場所を求めて都会に出てくる若者や，成人や結婚により別の家庭をつくる子どもたちの増加とともに，故郷や家に残された高齢者たちが増加した。高齢社会に入って核家族化の進展は，子どもと同居できない高齢者の介護や扶養問題を深刻な社会問題にしている。

他者との人間的な触れ合いや人格の相互関係なしに人間は成長できない。家族はそのために不可欠な要素である。他者との断絶が叫ばれている今日，核家族が抱えている問題は少なくない。〔市川和希子〕

⇒家族システム理論，家族ライフ・サイクル，家庭内暴力，家族療法，摂食障害，父親不在，不登校

文献 1. 青井和夫『家族とは何か』(講談社現代新書)講談社, 203p., 1981；2. F-稲村, 1981；3. 小此木啓吾『家庭のない家族の時代』ABC出版, 274p., 1983；4. 家計経済研究所編『現代家族の風景』大蔵省印刷局, 166p., 1991；5. 金城清子『家族という関係』(岩波新書)岩波書店, 207p., 1992；6. 木村尚三郎『家族の時代：ヨーロッパと日本』(新潮選書)新潮社, 243p., 1991；7. A-小林, 1979；8. 袖井孝子『家族，第三の転換期』亜紀書房, 255p., 1988；9. 湯沢雍彦『図説現代日本の家族問題』(NHKブックス)日本放送出版協会, 215p., 1990

核磁気共鳴画像　⇒MRI

学習障害，LD　learning disabilities

知的な面には障害がないのにもかかわらず，学習に障害があること。たとえば，文字がうまく書けない，文章が読めない，数の概念がわからない，計算ができないなど。左右の弁別ができない，道順や方向が理解できない，日時の概念がわからない，対人関係がうまくとれない，など社会的な概念を習得するうえで困難がある場合も含まれる。

これらの障害をもつ子どもたちは，落ち着きがない(活動水準の異常，多動)，気が散りやすい(転導性)，全身を使った運動がうまくできない(協応運動のまずさ)，突発的な行動をとる(衝動性)，など行動面にも特有な症状を示すことが多い。

米国で "learning disabilities" という用語が誕生したのは，約40年前のことである。1963年にカーク(S. A. Kirk)が，精神遅滞や自閉的障害と異なる軽度の発達障害に対する呼び方として，この名称への統一を提案したことが契機となり，この用語が広く用いられるようになった，と言われている。わが国では，ジョンソン(D. J. Johnson)とマイクルバスト(H. R. Myklebust)の著書である『学習能力の障害：心理神経学的診断と治療教育』(Learning Disabilities; Educational Principles and Practices)の邦訳刊行によって，一般に知られるようになった。日本では, learning disabilities の訳語として，「学習障害」という用語が一般的に用いられてきたが，さまざまな誤解を生む恐れがあるので，最近は頭文字をとって「LD」という用語を用いることが多くなっている。

LDのとらえ方についてはさまざまな見解があるが，共通した点として次の4点があげられる。(1) 知的発達に大きな遅れがないこと(精神遅滞ではない)。(2) 学習面のつまずきやすさや行動面に特有な症状が見られること。(3) 能力面にバランスの悪さが見られること(個人内の能力差)。(4) それらの原因が，環境的要因や他の障害(感覚障害など)によるものではなく，中枢神経系の機能障害によるもの，と推定されること。つまりLDは，部分的に発達の偏りがあるために，学習面に困難を生じたり，行動面に特有な症状を示したりするのである。そのために，特異的な(specific)という呼び方をされることもある。LD児を理解し，援助していく場合に

は,一人一人のLD児の発達の偏り(個人内の能力のバランスの悪さ)に注目していく必要がある。上野一彦らは,心理教育的な観点から,LD児を,(a)言語性LD (verbal type) (b)非言語性LD (nonverbal type) (c)注意・記憶性LD (attention memory type) (d)包括性LD (global type),の四つに分けて,それぞれの指導類型に即した治療教育を試みている。

次に,LDについていくつかのとらえ方をあげてみる。まず最初は,米国において広く受け入れられてい「全米LD合同委員会(NJCLD)」の1988年の定義である。

「LDとは,聞く,話す,読む,書く,推理する,あるいは算数の諸能力の習得と使用に,著しい困難を示す,さまざまな障害を含むグループにつけられた包括的な名称である。これらの障害は,その個人に固有のものであって,中枢神経系の機能障害によるものと推定され,それは全生涯にわたっておこる可能性がある。行動の自己調整,社会的認知,社会的相互交渉における問題が,LDと共に見られることもあるが,それ自体がLDの本質ではない。LDは,他の障害(たとえば,感覚障害,精神遅滞,重度の情緒障害),あるいは環境的要因(文化の違い,不十分ないし不適切な教え方)によっておこる可能性もあるが,ここに述べるLDはこれらの障害や環境要因の結果から生じたものではない。」この定義は,米国でLDに関係している八つの団体の代表によって作られた包括的な定義である。教育の分野では,一人一人を十分に伸ばしていこうとの立場から,このような広いとらえ方を採用していることが多い。

一方,医学の分野でのとらえ方を見てみよう。米国精神医学会から出されている「DSM-Ⅲ-R (精神障害の診断と統計の手引)」には,LDという用語は用いられていない。医学では,この中で用いている「特異的発達障害(specific developmental disorder)」((a)学業技術の障害,(b)言語と会話の障害,(c)運動能力障害,(d)特定不能の特異的発達障害からなる)をLDととらえたり,その中の「学業技術の障害(academic skills disorder)」((ⅰ)発達性計算障害,(ⅱ)発達性表出性書字障害,(ⅲ)発達性読書障害)の部分をLDととらえたりしている。このように医学では,狭義のとらえ方をしている。なお「学業技術の障害」は,「学習能力障害」と訳されていることもあるが,ここでは宮本信也の指摘どおり,「学習障害(LD)」との混同を避けて「学業技術の障害」という語を採用した。"academic skills disorder"は,学業に直接関係している能力の障害だけを取り上げているので,社会性の学習能力に関する障害を含めて考えている最近のLDの概念とは一致しないからである。

米国では,1975年に制定された連邦法PL94-142「全障害児教育法」(The Education of All Handicapped Children Act)の中で,LDが障害の一つとして認められたことが,LD児教育の普及発展に大きな影響を及ぼした。同法が制定されてから10年後の1987〜1988年度において特殊教育の対象となっている障害児の中で,LD児の占める割合は46.8%(約192万人)にも達している。LDの判断(教育的診断)は,各州ごとに設けられた法律に従って,複数の専門家による評価チームによって行なわれ,LDと判断された者については保護者の同意のもとに「個別教育プログラム(Individualized Educational Plan)」が作成される。そして,各学校に設けられているリソース・ルームと呼ばれる特別教室で,それにもとづく指導が行なわれる。

日本では,LDに対する教育制度はまだ整っていない。LD児の大部分は,特別の配慮がなされないままに通常の学級で指導を受けている。文部省では,通級制の特殊学級について調査研究を行なってきた「通級学級に関する調査研究協力者会議」の中でLD児教育についても検討を加え,1992年3月に報告書を公表した。文部省がLD児の存在を認めたことにより,今後,教育関係における研究や実践が進んでいくものと思われる。なお,1992年に全国規模の「日本LD (学習障害)研究会」が設立され,医学・教育・福祉などさまざまな分野でLDに取り組んでいる専門家が一堂に会して討議することが可能になった。LDに関する研究や実践の成果が集積されることにより,日本のLD児教育の発展が期待できよう。〔下司昌一〕

⇒学習障害児の教育，注意欠陥・多動性障害

文献 1. F-上野・牟田，1992；2. F-ジョンソン，マイクルバスト，1975；3. F-宮本，1992；4. F-上村・森永，1992

学習障害児の教育　education for children with learning disorders

知的な面には障害がないにもかかわらず，学習することに困難を示す児童を学習障害児と呼ぶ。中枢神経系に何らかの機能障害があると推定される。言語性学習障害児と非言語性学習障害児に分けられる。

学習障害児について考える前に，「学習」ということばがもつ意味を明らかにしたい。広辞苑では，教育で使用する場合と心理で使用する場合とで意味が違っている。すなわち教育では過去の経験の上に立って新しい「知識や技術を習得」することであり，心理では過去の心理的・行動的な経験によって「行動の仕方が発展」することとなっている。

そもそも学校というところは，文字を修得させ，文字を使って文化遺産を伝達し学習することを中心課題として組織された場所である。特に，学歴偏重社会である日本においては，学習するとは「知識や技術を修得」することであると受け取られやすい。したがって，一般の人々が学習障害児ということばから受ける印象は，読み書き計算といった教科の学習能力に落ち込みをもつ言語性学習障害児であるという認識になりがちである。

しかし，現実には，遊びのルールが理解できないなど，社会的認知能力に落ち込みをもつために学級集団になじめず不適応をおこしている非言語性の学習障害児が見られる。非言語性学習障害児は，日常生活の中で実際の経験を積み重ねることで社会生活に必要な「行動の仕方が発展」しにくい子どもである。一般の人々の認識としては，このような子どもを学習障害児と呼ぶことに違和感を感じても当然である。

現在，学習障害児には言語性学習障害児と非言語性学習障害児の二つのタイプがあるというのが多くの研究者の見解である。佐々木徳子は教育的アプローチの観点から言語性学習障害児と非言語性学習障害児をさらに細かく分類し，教育診断の基準としている。

学習障害児の分類（佐々木，1994）

言語性学習障害児	非言語性学習障害児
(a)聴覚性言語の障害（話し言葉）	(a)空間認知の障害
(b)読みの障害	(b)時間に関する能力障害
(c)書くことの障害	(c)視覚認知能力の障害
(d)算数障害	(d)社会的認知能力の障害
	(e)粗大運動の障害
	(f)微細運動の障害
	(g)協応運動の障害

学習障害児ではないが，学習障害児の周辺の児童の存在も見逃せない。注意欠陥・多動性障害（ADHD）は，学習障害児のすべてに見られるものではなく，精神遅滞児や自閉的障害児の一部にも見られる行動特性であり，教育的には対応が急がれている問題の一つである。

学習障害児は，上記のように分類されるが，教育にとって大切なことは，診断することだけではない。児童自身が今示している問題を教育的角度から分析し，個別的プログラムを立て一人一人に合った対応をしていくことである。

学習障害児の教育にとって，今，一番大切なことは，保護者や教師が障害に気づくことができる知識をもつことである。学習障害児は発達段階によって障害の現れ方が異なる。幼児期においては，重い症例か行動上の問題が表面化していない限り，現在の療育システムの中では気づかれないままに，また何らかの問題を感じながら何の対応もされず，学齢期をむかえているのが現実である。幼稚園，保育園などの集団生活の場では，多動・執着・生活習慣がつきにくいなどの症状は，家庭のしつけの問題とされがちである。三歳時検診のあり方の検討は今後の課題となっている。児童期においては読み書きや算数に問題をもつ子どもの場合は，学習を通して問題が把握しやすいが，適切な対応を行なわないと不得意科目ができてしまう。非言語性学習障害児の場合は，学習面で問題を示すことが少なく，むしろ場にそぐわない言動を現すので，担任や友だちから理解されにくく，二次障害として集団不適応をおこす障害がより拡大しているため，本当の障害が見えにくくなっている。思春期から青年期になる過程では，社会的

不適応をおこしている者も少なくないといわれている。言語性学習障害児の場合,実習時間の多い職業高校などを選ぶなど,その子どもの特性に合った進路選択が課題である。

社会人となった学習障害児(者)は,学生時代より適応しやすいといわれている。カリキュラムにそって全課程を学習する学校と違って,特性を活かせる社会の方が困難が少ないといえる。個性を重視する教育・社会に発展することは,学習障害児にとってより生きやすくなることはいうまでもない。　　　　　〔小山章文〕

⇨学習理論,学習障害,感覚統合療法(訓練),自閉的障害,知的障害,注意欠陥・多動性障害

文献　1.　佐々木徳子「LDの見方・とらえ方：教育的アプローチを中心に」『LD』第2巻1号・2号,日本LD学会,76p.,1994；2.　田中容子・依田十久子・牟田悦子・林洋一「シンポジウム：発達とLD」『LD』第6巻1号,日本LD学会,64p.,1997

学習理論　learning theory

学習を一言で定義するのは大変に困難であり,多くの心理学の事典ではより具体的な用語(たとえば道具的学習や潜在学習)で参照することを勧めている。学習理論をあえて定義すれば,環境との個体の成長歴と現在の環境条件に対する認知のしかたによる個体の行動変容一般についての理論となろう。

学習,さらにはその基盤となる行動の生成と変容をめぐる理論的諸問題は,身体と精神,環境と個体,刺激と反応,経験と生得といった対立軸のなかで古くから議論されてきた。しかしながら近代的な科学的学習理論という観点からは,1920年代頃からの議論が対象となるであろう。この時期には,精神分析,ゲシュタルト心理学の他,条件反射理論を中核とするワトソン*の古典的行動主義が出そろっていた。近代的学習理論はこの古典的行動主義から生み出され,代表的なものにハル(Clark Leonard Hull, 1884〜1952)の仮説演繹システム,トールマン(Edward Chase Tolman, 1886〜1959)のサイン・ゲシュタルト理論,スキナー*の行動分析があった。

古典的行動主義の一部をなす刺激－反応(SR)理論では,同一の刺激からさまざまな反応が生まれたり逆に異なる刺激から同一の反応が生まれることや,誘発的機能をもった先行刺激を特定できない反応が出現することをうまく説明することができない。近代的学習理論は,刺激と反応との間に媒介変数を入れることでそれを解決しようとしたり,あるいは生体の主体的能動的な役割を見出そうとしたり,さらには反応の生成を生物の基本的特徴と考え,それに後続する環境による淘汰に注目することで,この多様な刺激－反応間の関係の問題を乗り越えようとした。

最後の立場に立つスキナーは,有名な「学習の理論は必要か」と題された論文において,当時の学習理論や心理学理論を想定しつつ,次の三つのタイプの学習理論が心理学の研究にとって必要ない,あるいは有害であるとした。

第一のタイプは生理学的理論である。心理学者は還元主義にもとづいて,その対象を行動的次元以外の次元の用語を用いて記述すべきではない。したがって心理現象についての生理学的理論は,心理学で得られた行動と環境との因果的関係についての知見をもとに,その生理学的次元で定義された用語にもとづいて,生理学者によって構築されるものであると主張する。

第二のタイプは心的(mentalistic)理論である。目的,意志,意図,意識,期待といった心的用語は,古代から現代に至るまで私たちの文化が育んできた心的な何かによって行動を説明するという伝統に根ざしていると指摘し,それゆえこのような用語によって行動の因果関係を理解しようとする心的理論は,行動の科学的理解からかけ離れた解釈や説明をもち込んでしまうとした。

第三のタイプは概念的理論である。理論的な要請によって作り出された新しい概念もしくは媒介変数,たとえば動因,習慣強度,連合などにもとづいて構成された理論は,その概念が仮想的で実証が困難であるというだけでなく,この概念を説明するために要請されるさらに新しい概念を必要とするというように,無限に後退が続くという欠陥を有していると指摘してい

る。
　このようなスキナーの主張によって，行動分析的なアプローチは，理論を否定し，個体をブラックボックスとして取り扱う心なき心理学であるという誤解を受けるようになった。しかし，同じ論文の後半でも述べているように，スキナーは理論すべてを否定したわけではなく，実験的検討にもとづく数多くの現象を縮約しうる記述的理論の役割を認め，排除すべきタイプの理論を明確にし，行動の予測と理解に寄与しない理論のもつ望ましくない効果を戒めたのであった。
　しかしその後の学習理論はこのような主張に沿って展開しなかった。認知的アプローチでは，心的用語を積極的に採用し，情報処理理論を取り入れつつ，主に言語行動に関わる学習の理論を発展させた。また，レスコーラ（Robert A. Rescorla, 1940〜）とワグナー（Allan R. Wagner）によって展開された古典的条件づけのモデルは，特にこのアプローチの影響を受け，現在も新たな説明理論を構築しつつある。行動的アプローチでは，オペラント条件づけの強化における反応遮断化（response deprivation）理論や選択におけるマッチング（matching）理論といった記述的理論が構築される一方，生物学や経済学における最適化や均衡化を前提とした行動の目的論的モデルや，物理学における力学系，カオス，線形システムを利用した行動の機械論的モデルが提案されるに至っている。さらには，これらの新しい統一を目指す，工学や神経科学の成果をふまえたニューラルネットや強化学習を利用した学習システムが現在発想されている。
　その一方で，行動療法や行動修正では，学習理論，はどちらかといえば二つの条件づけについての記述的理論，あるいは行動の「法則」や「原理」を中心に利用されているように思われる。たとえば行動修正におけるフェイディング，行動連鎖，セルフ・コントロールの技法，行動療法における系統的脱感作法などにその例を見ることができる。その意味でスキナーの批判は現在も意義をもつものと思われる。〔坂上貴之〕
⇒オペラント条件づけ，学習障害，学習障害児の教育，系統的脱感作法，行動療法，古典的条件づけ

文献 1. Mazur, J. E.: *Learning and behavior*, Englewood Cliffs, NJ, Prentice Hall, 1994（メイザー，J. E.，磯博行・坂上貴之・川合伸幸訳『メイザーの学習と行動』二瓶社, 434p., 1996）; 2. Skinner, B. F.: Are theories of learning necessary? *Psychological Review*, 57, pp. 193-216, 1950

過剰適応　over-adjustment

社会・組織へのふさわしい適応を通り越し，自分本来の欲望や志向を抑圧してまで，社会が自分に期待するものに過剰に適応した状態。

　人は，社会・家族・組織の中である特定の位置を占めて生活している。そして同時に，他の者から，その位置にふさわしい行動をとるように求められ，期待もされている。人は，他の者が自分をどのように受け取るかを予測し，あるいは，どのような期待をもっているかを感じとり，自分の行動パターンを作りあげて，遂行していこうとする。しかし，他人の要求や期待に完全に近い形で従おうとすると，その人の主体性やその人らしさを大幅に失わなければならない。
　戦後日本の高度経済成長は，日本人の国民性によるところが大きいと言われている。戦時中「滅私奉公」「忠君愛国」をうたい，個人を犠牲にして，国のため，天皇陛下のためにと捧げた精神が，戦後は一転して会社や組織のためにと変わった結果である。働き蜂，猛烈社員，はてはエコノミック・アニマルと評されながら頑張った「企業戦士」とも言われる会社人間の功績である。この仕事熱心でまじめな会社人間は，組織や他人の期待にいつも合わせようとし，自分の楽しみや家族団らんなどを犠牲にしてまで己の役割遂行に励もうとした。日本の社会で個人が適応する条件の一つとして，組織との安定した一体感を得ることがあげられる。日本の企業も，社員の一体化志向を歓迎し，それを強化してきたので，社員は（〔会社人間〕−〔会社〕=0）と言われるほどの滅私奉公型の生き方で，会社・仕事と一体感をもってつとめ，その結果として，高い能率や生産性をあげてきたのである。

ところが,会社・仕事と一体化することによって心のバランスを保っていた人も,いくら栄養がある食べ物だと言っても必要以上に食べ過ぎれば体をこわしてしまうように,一体化し適応しようとする努力も度が過ぎればバランスを失って,かえって不適応状態に陥り,心身に異常をきたしてしまう。さらに,適応=一体化がうまくいかなかった時や,一体化する対象を失った時には,(会社人間−会社=0)となってしまったことによる逆の不適応につながり,うつ病や神経症,心身症をひきおこしてしまう。こうした心身症状を過剰適応症候群と呼ぶ。

過剰適応症候群の例としては,1950年代にオーストリアの精神科医フランクル*が提唱した「日曜神経症」がある。これは,仕事だけが生き甲斐であるワーカホリックの人々が,日曜や休日になるとなぜか落ち着かず,いらいらしたり不安や憂うつに陥ることだ。また,福島章のいう「無重力症状群」もその好例であり,これは日々の生活に追われたり,育児に熱中したり,階級上昇への野心に燃えている時には決しておこらず,外からの強制や駆り立てる力がなくなってホッと一息ついた瞬間におこる症状である。他に,マネージャー病,サンドイッチ症候群,上昇停止症候群,昇進うつ病,空の巣症候群も過剰適応症候群であると言えよう。新しいものとして,コンピューターの2進法的論理に順応してしまい,対人関係がうまく結べなくなってしまうコンピューター過剰適応型がある。また,家庭内暴力の子どもたちには,乳・幼児期,少年・少女期を通して親の期待にそう「素直な」「良い子」であったという特徴がある。親にとっては,素直な良い子は理想であるが,これは,子どもの自然な成長を無視し,過剰な適応を迫った結果だと言えよう。

過剰適応から脱して,生き生きとした本来の人間の姿を取り戻すには,仕事とならんで遊びの精神を大切にすることが必要である。社会生活で抑圧されているさまざまなものにもう一度目を向け,自分の内なるものに耳を傾け,いつでも自由な,子どものような心に戻ることができる柔軟性が不可欠である。そして,仕事そのものが遊びであり,創造であり,自己実現であるような生き方を自分自身で取り戻すことができない時には,精神科医による治療やカウンセリングが有効となる。〔谷田部トシ江〕
⇒空の巣症候群,適応,フラストレーション

文献 1. J−飯田他, 1986;2. E−福島, 1982b;3. E−福島編, 1989;4. J−延島編, 1989;5. E−福島, 1981;6. J−藤本・藤井, 1989;7. E−宮本, 1983;8. E−宮本, 1987

家族関係図 ⇒ジェノグラム

家族システム理論 family systems theory

家族療法の各派の基礎になっている理論で,「家族」を一つのシステムとしてとらえる。ドイツの理論生物学者ベルタランフィ(Ludwig von Bertalanffy)の「一般システム理論」,ウィナー(Norbert Wiener, 1894〜1964)の「サイバネティクス理論」を取り入れて,治療の対象を個人ではなく家族全体に向けたところに特徴がある。

病者だけでなく病者を含む家族そのものを治療の対象とする家族療法は,1940年代に,精神分析学派のアッカーマン(Nathan W. Ackerman, 1908〜1971)やリッツ(T. Lidz)らによって始められたとされている。彼らは,統合失調症者をもつ家族に病理性があることから,その家族力動と疾患との関連性を明らかにしようとした。

1950年代から1960年代にかけては,統合失調症家族の研究を進めていくうち,統合失調症だけでなく,その他の一般的な家族の病理を理解するための理論としても家族療法理論が有効であることから,さまざまな理論が発表され,実践がなされた。1970年代になると,ドイツの理論生物学者ベルタランフィの一般システム理論(general system theory),それを精神医学の分野に応用したミラー(J. Miller)の一般生物体システム理論(general living systems theory),ウィナーのサイバネティクス理論が取り入れられるようになり,それまでの精神分析的治療論から,家族をシステムとしてとらえるアプローチへと治療の方法が変わっていった。

家族システム理論という用語は,ボウエン

(M. Bowen)が1966年に自分の家族療法理論を家族システム理論(family systems theory)と呼んだことに由来するが，システム論的なアプローチが普及した1977年，ボウエンは精神分析的枠組みに準拠していた自分の家族療法理論を「ボウエン理論」として区別している。したがって，現在，いわれている家族システム理論とは，一般システム理論，一般生物体システム理論，サイバネティクス理論の視点から，システムとしてとらえた家族の病理をどのように理解してアプローチするかの理論といえる。

この理論は，ミニューチン(S. Minuchin)の構造派，ヘイリー(J. Haley)の戦略派，ワツラウィック(P. Watzlawick)，ウィークランド(J. Weakland)のMRI(＝短期療法)派，ベイトソン(Gregory Bateson, 1904～1980)，ジャクソン(D. Jackson)，サティア*などのコミュニケーション派(＝パロアルト派)，アッカーマン，ボウエン，リッツ，ウィン(L. Wynne)などの精神分析派，パラツォーリ(M. Palazzoli-Selvini)，チキン(G. Ceechin)，プラタ(G. Prata)，ボスコロ(L. Boscolo)らのミラノ派(＝システミック家族療法)，パターソン(G. Patterson)の行動派など，家族療法の各派の基礎理論になっており，どの派もシステム理論を基礎に置いて独自の理論と，それに伴う実践技法を開発している。

ベルタランフィの一般システム理論を生物体に適用し，人間というシステムに焦点をあてたミラーは，生物体システムを開放システムと考え，このシステムを(1)細胞システム，(2)器官システム，(3)生体システム，(4)集団システム，(5)機構システム，(6)社会システム，(7)超国家システムの七つのレベルに分類した。七つのそれぞれのシステムは，内部にそのシステムを構成する成分として複数のサブシステムをもち，そのサブシステムは相互関係をもっている。すなわち，各レベルシステムは複数のサブシステムの相互作用によって成り立っている。

したがって，集団システムの一つである家族システムも，そのシステムを成立させている複数のサブシステムから成る。家族システムにおけるサブシステムとは，各個人や，2人以上の人間の集まりを指す。2人以上の人間の集まりには，世代によってできるもの(父母，子ども，祖父母など)や性別によってできるもの(兄弟，姉妹，母と娘，父と息子など)，あるいは役割によってできるもの(子どもの養育者，家事の担い手，生計を支える者など)がある。家族システムは，このようなサブシステムの相互作用によって成り立つシステムである。

また，これは開放システムであり，家族を取り巻く外部の他システムと関わりながら相互に影響し合っている。このように家族システムは，サブシステムの相互作用や他のレベルシステムとの関わりによって変化するシステムである。家族システムは開放システムであるが，この開放システムは，「全体性(wholeness)」，「関係性(relationship)」，「等終局性(equifinality)」という三つの特性をもつ。

「全体性」とは，まず第一に，家族システムは家族メンバーがただ集まって成立するのではなくて，各メンバーの相互作用によって全体として機能するということである。したがって，各メンバーは，全体を構成する一員として大きな意味をもっており，家族システムを離れて家族メンバーの1人を治療することはできない。また，家族システムに病理性がある時，システムを構成するメンバーにも問題が生じることになる。この観点に立つと，治療の対象は個人ではなく家族システムとなる。これは，レベルシステムの観点から考えると，家族というシステムを，下位の「生体システム」と，家族システムをサブシステムとする上位の「機構システム」との関わりを抜きにして考えることはできないということでもある。このような考え方から，家族療法では，治療を必要としている人を患者という見方をせず，家族の病理を代表して現わしているという意味で，患者とみなされている人(IP＝identified patient)ということばを使う。

第二に，家族システム内に連合というサブシステムができることによって，性別，世代別，役割などの境界ができ，システムが構造化されるということである。第三に，家族システムの

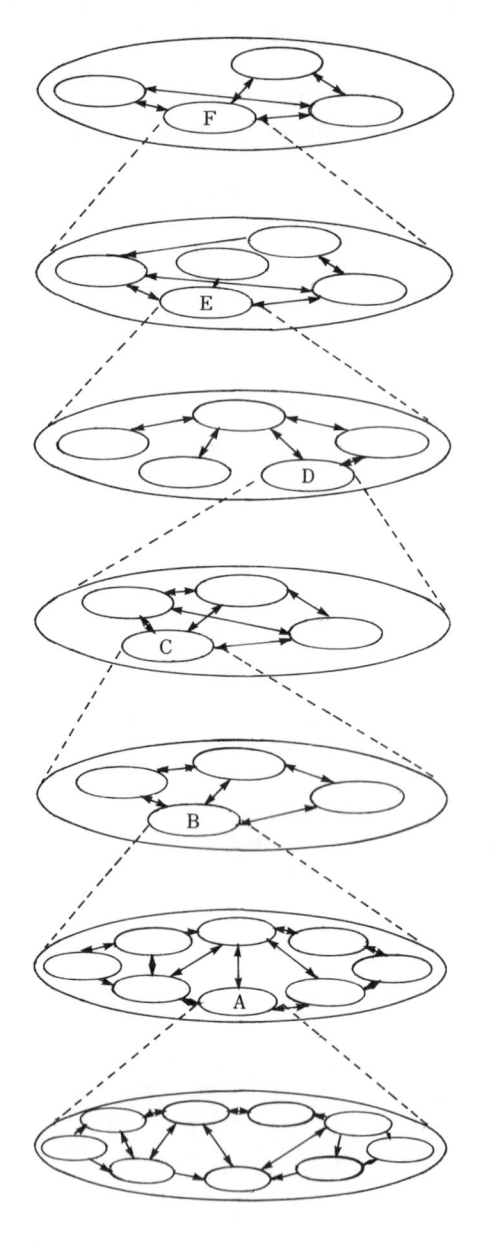

G　超国家システム
　　(Supernational System)
　　例：国際連合

F　社会システム
　　(Societal System)
　　例：国家

E　機構システム
　　(Organizational System)
　　例：会社，組合，町会

D　集団システム
　　(Group System)
　　例：家族，(会社内の)係

C　生体システム
　　(Organismic System)
　　例：人間（動物，植物）

B　器官システム
　　(Organ System)
　　例：神経システム

A　細胞システム
　　(Cell System)
　　例：脳細胞

(遊佐，1984，p. 32より)

どのサブシステムに変化が生じても，家族全体に影響が現れるということである．つまり，家族メンバーの1人や二者関係は，他のメンバーや家族全体に変化を生じさせる力をもっているということを「全体性」は意味している．以上のことから，全体性の鍵概念は，家族メンバー間や他システム間の相互作用にあるといえる．

「関係性」とは，家族システムを家族メンバーの相互作用によって成り立つシステムであると考えることからくる特性である．具体的には，相互関係の最小単位は二者関係であるから，家族は複数の二者関係から成るシステムであると考えることである．したがって，第一に，治療の対象を個人ではなく二者関係と考える．第二に，「関係性」とはその関係の質を問題にすることである．二者関係は，言語面，非言語面を含めてコミュニケーションによって成り立っている．このコミュニケーションが完結しないとき二者関係に障害が生じることになる．コミュニケーションは，送り手のメッセージが受け手に伝えられ，受け手から送り手への応答によって，送り手が意図したメッセージが相手に伝わったと確認できた時に完結する．こうしてコミュニケーションが完結した時，二者の間に初めて相互理解の土台が築かれることになる．

第三は，問題の発生を，何かの原因があって結果が生じるという直線的因果律で考えるのでなく，円環的因果律で考えるということである．円環的因果律では「Aという原因があってBという結果が生じる．→このBが原因となってCという結果が生じる．→このCが原因となって再びAという結果が生じる……」，すなわち，最初の原因が直線的に結果を規定するというようには考えないのである．直線的因果律では原因を重視し治療の対象にするのに対して，この円環的因果律では事柄がどのように連鎖しているかという連鎖関係が治療の対象となる．

「等終局性」とは，開放システムのもつ特性である．閉鎖システムでは初期条件やプロセスが異なれば最終結果も変わる．しかし，開放システムでは異なった初期条件やプロセスからも同一の結果に至ることがある．つまり，出発点が異なっていても最終的に同じ結果に至るということである．この考え方を家族システムに適用すると，家族メンバーの訴えや家族内の問題が何であっても，最終的には家族システムの問題の本質に至るということになる．したがって，たとえ家族メンバー間の相互作用についてすべてを知っていなくとも，得られた情報から治療が可能である，という大きな意味を治療者にもたらした．

このように家族システム理論は家族療法に大きな影響を及ぼし，その結果，治療を促進したことは，この理論の大きな貢献といえる．

〔加藤裕一〕

⇒コミュニケーション，システム論的家族療法

文献 1. G-伊藤編, 1989b；2. I-佐藤・稲村編『現代のエスプリ』No. 242, 1987；3. I-佐藤・稲村編『現代のエスプリ』No. 243, 1987；4. I-稲村・佐藤編『現代のエスプリ』No. 244, 1987；5. I-佐藤・稲村編『現代のエスプリ』No. 283, 1991；6. I-岡堂編『現代のエスプリ』No. 215, 1985；7. A-岡堂, 1987；8. E-岡堂, 1991；9. H-岡堂・鑪・馬場編『臨床心理学体系』4, 1990；10. E-佐藤, 1986；11. E-佐藤, 1987；12. G-シャーマン, 1990；13. J-田中, 1988；14. J-ベイトソン・ロイシュ, 1989；15. B-ヘイリィ, 1985；16. B-フォーリー, 1984；17. B-遊佐, 1984

家族ライフ・サイクル family life cycle
家族という一つの単位が形成され，いくつかの発達段階を経て，終わりを迎える過程を表す概念．

その発達をサイクル（周期）と考える理由は，一つのカップルが1単位として出発し，一連の発達段階を経て再び家族の単位がもとのカップルだけになること，数世代を通じて定期的に変化と維持の段階が繰り返されること，そのサイクルは，個人の毎日の生活の繰り返しといったミクロのサイクルと，経済的・政治的・社会的・生態的サイクルなどのマクロのサイクルに呼応していることによる．

家族ライフ・サイクルには，親からの分離，結婚，子どもの誕生と成長，親の加齢，引退，死などの段階が含まれ，一世代の家族の一生の中に幾世代かの家族の発達の繰り返しと変化・継続の影響が示される．家族のサイクルは，家族メンバー個人の発達・変化と少なくとも3世代の家族の関わり，そして家族をとり巻く社会

的・経済的・政治的変化などの相互作用によって作られていく。

家族と個人のライフ・サイクルと発達課題

	家族システムの発達課題	個人の発達課題
1. 巣立ち （若い大人） （成人前期）	a. 源家族からの自己分化	親密性 vs 孤立 （職業における自己確立・経済的自立）
2. 結婚による両家族の結合 （新婚期） （家族の成立期）	a. 夫婦システムの形成 b. 夫婦相互適応性の確立 c. 実家の親とのつき合い d. 子どもをもつ決心	友人関係の再編成
3. 幼い子どもを育てる時期 （家族の拡張期）	a. 親役割への適応（夫婦連合） b. 子どもを包含するためのシステムの調整 c. 実家との新たな関係の確立	世代性 vs 停滞 第二世代： 基本的信頼 vs 不信 自律性 vs 恥・疑惑 自主性 vs 罪悪感 勤勉さ vs 劣等感
4. 青年期の子どものいる時期 （家族の拡散期）	a. 柔軟な家族境界 b. 中年期の夫婦関係と職業上の再編成 c. 祖父母世代の世話	第二世代： 同一性確立 vs 同一性拡散
5. 子どもの巣立ちとそれに続く時期 （家族の回帰期）	a. 夫婦システムの再編成 b. 成人した子どもとの関係 c. 祖父母世代の老化・死への対処	第二世代： 親密性 vs 孤立 （家族ライフ・サイクルの第一段階）
6. 老年期の家族の時期 （家族の交替期）	a. 新たな夫婦の機能・社会的役割の取得 b. 第二世代が中心的な役割を取れるよう支持 c. 老年の知恵と経験を包含	統合 vs 絶望 （配偶者・同胞・仲間の喪失への対応。自分の死の準備） 第二世代： 世代性 vs 停滞

個人療法や家族療法において，個人のライフ・サイクルのみならず家族ライフ・サイクルを視野に入れることは，家族メンバーや家族システムが抱えているストレスや不安を理解する上で非常に役立つ。つまり，家族の問題や症状は，ある程度予測できる変化やストレス（発達的なもの）と予測できない出来事（天災や事故，早すぎる死など）との両方向から理解できるからである。また，家族のストレスや問題は，ある発達段階の課題達成に伴うものなのか，過去（現在の家族ライフ・サイクル以前の段階，ときには数世代前）に未解決で，現在までもち越された課題があり，それに現在の課題が重なっておこっているのか，あるいは突然降りかかった事件によるものなのか，などと要因を区別して理解することもできる。

家族ライフ・サイクルのモデルは，1970年代以降，家族療法家や社会学者によっていくつか提唱されてきたが，家族療法家に広く活用されているものは，カーター（Betty Carter）とマクゴールドリック（Monica McGoldrick）の6段階モデルである。「家族ライフ・サイクルと発達課題」とエリクソン*の「個人のライフ・サイクルと発達課題」とを並列して一覧表にすると左のようになる。家族療法では，各段階の移行期（つまり変化を必要とする時期）に家族内に問題や症状が現れやすいと考える。

〔平木典子〕

⇒家族療法，ジェノグラム，ストレス，不安，多世代家族療法，ライフ・サイクル

文献 1. E-岡堂, 1992；2. 平木典子『家族との心理臨床』垣内出版, 177p., 1998；3. Carter, B. & McGoldrick, M. (Eds.)：*The expanded family life cycle ; individual, family, and social perspectives*, (3rd edition), Allyn & Bacon (Boston), 541p., 1999.

家族療法　family therapy

問題行動を必要としている家族内のシステムを変えるために，家族全員または一部メンバーを対象として，心理的治療を行なうこと。

1940年代初頭に，統合失調症者のいる家族の病的側面に着目し，家族力動と精神疾患との関連性を明らかにしようとしたところからこの治療法が発生した。理論と技法がある程度，体系化されたのが1960年代である。(1) 家族力動に注目し，個人の変容を中心とする精神療法，(2) 家族を一つのシステムとみなし，全体としての家族を扱う療法，(3) その他，子に対する父母面接中心，家族内個々の相互作用の改善を中心とする療法などがある。

1970年代以降には，家族全体システムへの治療的働きかけが注目され，システム論の考え方を中心に独自に発展してきた。家族は一定の構造と機能をもって発達する。そして個人の活動も家族との関係の中でとらえられる。システム

理論における主な概念として，(a) 境界説（他の社会的なシステムと同じように，家族も情報の流れとコミュニケーションによって特徴づけられる）(b) ルール（家族の相互関係に見られるパターン）(c) 共生（家族の一人のメンバーの行動は，他のメンバーの行動によって規定されることが多い）という三つがあげられる。

ミニューチン(S. Minuchin)は，特に家族包含の面を重視し，これを記号化することによって構造論的家族療法を行なおうとした。それによると，集められた情報を家族図として表わす。治療者は，この家族図によって，手がけようと思う仮定を設定したり，有効であろう再構造化のテクニックを明確にしたり，またカウンセリングにおける短期・長期のゴールを設定させることができる。家族図を治療過程の一つ一つにおける評価としても使うことができる。その作り方は，ミニューチンによると以下のとおりである。

明確な境界	―― ―― ――
拡散境界	....
硬直化境界	――――――
提携	≡≡≡≡≡
過剰関与	≣≣≣≣≣
葛藤	――┐┌――
連合	{

これらの記号によって，家族の役割パターンと境界を表わし，アセスメントと介入を重視する。

家族員の精神病理の力動性に重点をおいたボウエン(M. Bowen)は，家族システム理論を唱えた。それによれば，家族の各メンバーは他のメンバーと互いに影響しあっている。個人個人を独立したものと考えることは意味がない。家族の中でのその個人を知るためには，その個人が他のメンバーと，どのように関係しているかに注目すべきである，と彼は述べている。

コミュニケーション理論に基づく家族療法家としては，V. サティア*があげられる。「その家族を最もよく特徴づけるものは家族内のコミュニケーションである。」というのが彼女の基本的考え方である。家族間における明瞭率直なコミュニケーションは，家族内の問題と葛藤の相互解決を促すものであり，それは温かい家族生活の営みによって見出される，とした。サティアによる家族療法の目的は，問題に対して健全な対応の方法を確立させることである。

さて，どんな場合に家族療法を行なうべきかは，(ⅰ) 両親からの独立が確立していないとき，(ⅱ) 本人の問題が小さい頃からのものであるとき，(ⅲ) 本人自身が望んでいるとき，(ⅳ) 子どもが親をつないでいる役のとき，などがあげられる。

治療する側の原則として，チームを組むことがあげられる。治療のポイントとしては，①誰か一人の味方にならない，②時間配分をも含めてできるだけ誰にも平等に，③リフレイミング，④毎週会う必要はない，などである。

〔高橋閧子・早野洋美〕

⇒核家族，家族システム理論，家族ライフ・サイクル，システム論的家族療法，父親不在

文献 1. B-鈴木浩二，1983；2. B-ヘイリィ，1985；3. B-ミニューチン，1984；4. C-山根編，1982；5. B-遊佐，1984

カタルシス，浄化 catharsis

(1) **無意識下に抑圧されていた，過去の苦痛体験を言葉や行動等を通して，自由に表現することにより，心の緊張，鬱積を解放すること。精神医学では，浄化法**(cathartical-method)**，通風療法，除反応**(abreaction)**ともいう。**

(2) **映画，劇，小説等の内容に共感することにより，抑圧された体験や，鬱積を解放，浄化すること。**

(3) **抑圧された感情，不満等を発散することにより，精神の均衡，安定を得る精神機序。**

カタルシスの語源は，浄化，排泄を意味するギリシア語であり，プラトン(Platon)の『パイドン』の中に記述がある。悲劇に対する共感が人間の生理的，心理的な鬱積を浄化するのに役立つ，とアリストテレスが説いた時に用いた語である。視力・聴覚障害，失声，四肢の攣縮などの症状のあった女性ピアニストの患者を1880年代にブロイエル*が治療している時に，この患者が夢幻の状態で言う独り言に注目し，患者を催眠状態にしてこの独り言を繰り返し患

者に語ってやった。こうして患者の心を占領していた感情的なしこりをときほぐすと，患者は催眠から醒めた後も状態が改善した。ブロイエルは，これを催眠浄化法 (hypno-catharsis) と名づけた。1890年代にブロイエルの弟弟子であるフロイト* は催眠や暗示から，のちには自由連想的な転移 (transference) の分析から，カタルシスを行なうようになった。

「もの言わぬは腹ふくるるわざ」のたとえがあるように，怒りや欲求が抑圧されると，神経症症状（チック，爪かみ，夜尿，発熱，胃痛……）が出てくる。その発散の方法としては，攻撃目標を置き換えて，カタルシスをおこすこともある。特に欲求を阻害する物や人が強い場合には，より弱い者へ攻撃が向けられる（やつあたり）。スケープゴートとしての「弱いものいじめ」や，中間階層や下層民の不満がしばしばより下層と見なしているユダヤ人などに向けられたりした例がある。しかし，このような攻撃的なカタルシスと違って，もっと建設的な心のわだかまりのカタルシスとして，カウンセリングや精神分析あるいは遊戯療法，作業療法，芸術療法などがある。絵画療法は，無意識下に抑圧されている感情を自由な絵画表現によって解放し，浄化する方法であり，フィンガー・ペインティングやなぐり描き法などがある。また悲劇映画を見て，「今の自分は画面中のあの人に比べれば幸福である」となぐさめられて，気が晴れるのも代償行為による浄化作用である。カタルシスの効果は，単に緊張の軽減をもたらすだけでなくて，自分自身で衝動を統制できるように余力を与えることである。カウンセラーがよく話を聞いてあげるだけで，不安の減少とともに，自我の統合力が急速に回復するから，症状軽減がおきる。また，カタルシスをおこすためには，患者自身が自らの抑圧された原体験を表出するだけでなく，そのような原状況に伴う感情が抑圧されてきたということを患者が洞察することが必要である。　　　　　　　　〔近藤　寛〕

⇨絵画療法，芸術療法，催眠療法，精神分析，チック，無意識，夜尿症，遊戯療法，抑圧

文献　1. E-東他編，1970；2. J-佐治・水島編，1974

学校における「特別活動」 "special activities" in school

教育課程に盛り込まれた学校での教育活動のうち，教科指導，道徳以外の教育活動を特別活動という。

学習指導要領では教科指導，道徳，特別活動が学校における三つの柱として位置づけられている。

本項では高等学校を例にとって述べる。学習指導要領によって特別活動の目標を見ると，「望ましい集団活動を通して，心身の調和のとれた発達と個性の伸長を図り，集団の一員としてよりよい生活を築こうとする自主的，実践的な態度を育てるとともに，人間としての在り方生き方についての自覚を深め，自己を生かす能力を養う」（高等学校学習指導要領第3章「特別活動」）と記されている。

ここで注目したいのは，特別活動はその目的からみて，学校における予防・開発的カウンセリングの場として活用できるということである。

つまり，特別活動の目的は，集団という人間関係の場を通して，個々の生徒が「人間としてのあり方」に気づくことである。そうであるならば，特別活動の中で構成的グループ・エンカウンターや，対人関係スキル・トレーニング，ロール・プレイングなどを取り入れることができるのではないか。

特別活動の内容はホーム・ルーム活動，生徒会活動，クラブ活動，学校行事の四つに分けられる。そこでこの四つの内容それぞれについて，予防・開発的カウンセリングからみてどのような可能性を含んでいるかを考えてみたい。

まずホーム・ルーム活動であるが，ここでは人間関係のこじれやいじめの予防などについての討議ができる。また，それらの問題をロール・プレイングで扱うことでより具体的に考えることができる。さらに，そこで明らかになった対人関係スキルについてトレーニングを行なうこともできるし，構成的グループ・エンカウンターを行なうことで一層深めることができる。そして，ロール・プレイングや対人関係スキル・トレーニング，構成的グループ・エンカウンタ

ーを通して体験したこと感じたことを，ホーム・ルームでもう一度討議して分かち合うこともできる。

次に生徒会活動であるが，ここでもホーム・ルーム活動と同じような展開が可能である。もちろん，全校集会という場で全校生徒を対象として行なうのであるから限界はある。しかしその反対に，全校集会ではクラスや学年の枠を越えた人間関係の展開も期待できる。構成的グループ・エンカウンターへの導入的なエクササイズや，いじめの予防などを目指した討議などが可能である。また，全校集会ならではの企画として心理や精神医学の専門家を招いての講演会なども考えられる。

学校行事でも，専門家によるメンタル・ヘルスについての講演会が考えられるし，文化祭などでいじめやメンタル・ヘルスをテーマとして研究することもできる。

クラブ活動では，特に運動系のクラブを中心にして，自律訓練法やイメージ・トレーニングなどのメンタル・トレーニングの導入が可能である。また，セルフ・コントロールや能力開発を目指したクラブを作ることも可能であろう。

このように，学校における特別活動の場は，予防・開発的カウンセリングの可能性を充分に秘めている。

現在は，いじめ，校内暴力，学級崩壊，援助交際，非行，中高校生による凶悪事件など，学校に関する問題が頻発しており，「心の教育」の必要性が叫ばれている。もちろん「心の教育」については学校だけでなく，家庭やコミュニティでの取り組みも重要である。しかし，学校で「心の教育」に取り組むのであれば，予防・開発的カウンセリングを中心としたサイコ・エデュケイションの重要性を強調したい。なぜなら，「心の教育」とは単なる知識の伝達では意味をなさず，人間関係の中で体験を通してなされなければ，自分の心への気づきも他人の心への気づきも深まらないからである。予防・開発的カウンセリングのアプローチには，人間関係の中での体験を重視する方法が多数蓄積されている。

このようなサイコ・エデュケイションの実践の場としては，集団という人間関係の中で個々の生徒の人間としての成長をはかることを目的とする特別活動の場が最適である。〔鈴木敏城〕
⇒いじめ，イメージ療法，構成的グループ・エンカウンター，校内暴力，自律訓練法，メンタル・ヘルス，ロール・プレイング

学校への外国人受け入れ acceptance of foreigners to the educational system in Japan

近年の日本に住む外国人増加に伴うその子女の日本の学校への受け入れ。

現在，160カ国もの外国人が日本に滞在，または居住しているといわれている。従来から，大使館員や，外国企業の駐在員といういわゆるホワイト・カラーの外国人はいたが，最近では，中国引き揚げ者(中国国籍)，アジアや中南米からの就労目的の移住者の数が増加している。

1979年の国際人権規約にもとづき，外国人であっても現地の学校に就学したいという希望があった場合，それを受け入れなければならないため，年々公立学校への外国人子女の就学者が増えている。

実際には，各地方自治体において，外国人が登録をした場合，教育委員会において就学先を指定されるという形がとられている。また，不法就労で日本に滞在している場合であっても子女がいる場合，その児童を宙ぶらりんにしておくわけにもいかず，親の処置が決まるまで，受け入れるということもある。また，ことばの問題などで通常の学齢の学習についていけないと親が判断し，本人の学齢よりも下の学年で学習させたい意向を表明した場合，認められるケースも出ている。

東京における外国人子女の就学状況

	就学者数
小 学 校	5,047
中 学 校	2,375

(人)

平成13(2001)年度　東京都教育委員会資料による。

しかしながら，経済的な問題から義務教育就学年齢であっても，学校には通わず働いている子どもも相当数いると思われるので，すべての外国人子女が通学するようになった場合，上の

受け入れの実際とその問題点であるが、就労目的のための外国人の場合、経済の好況時は大きな工場のある地域に集中しているが、景気が落ち込むと解雇され職を求めて分散していくなど、生活自体が大変流動的で学校も転々とすることが多い。そのため学校側も外国人在籍者の数が少数で固定せず通訳、教材補助などの予算処置を確定しにくいという面がある。

　また、出身地が多様化し母国語が多様化するのはもちろん、その出身国によって、あるいは滞日期間によって学習経験にも大きな差があり、外国人といっても一様に画一的なプログラムを使用することができないため初期の対応にも多様性が求められるものの、適切な指導者の確保が非常に難しい。児童の実態に即した教材はまだ乏しく、在籍者が少数の場合その子女のための特別なプログラムも立てにくい。学級担任の力量に任されるところが大きいが、ことばの問題もあって教科指導面がどうしても不十分になりやすい。

　まず日本語指導と生活適応指導を行なう。児童によって日本語能力などでかなりの差があることから、ほとんどの学校で取り出し授業（当該児童を所属学級から取り出して別室で行なわれる授業）と呼ばれる個別の指導を週に何度か行なう。就学初期の場合、指導の大部分がこの取り出しで占められる。ここでは主として日本語の指導を行なうが日本語指導の専門家が行なうわけではなく、その学校の中で割り振られた教員が行なうので、指導時間や方法の問題からその効果を十分に上げられるかが問題となる。

　日本語指導においては、日常会話は6カ月ほどで大体の児童の場合マスターするが、この際、「話す」「聞く」領域だけでなく、「読む」「書く」領域も合わせた4領域のすべてにわたって均等に進めることが望ましい。会話が可能になると、ともすれば文字の習得への意欲を喪失しがちになり、その後の学習に影響が出るからである。また日本語の指導については、日本語で直接教える直接法が最も望ましいとされる。特定の外国語に偏らず、日本語で考える力をつけることにもなる。この日本語の学習で一番障害になるのが漢字の習得である。いろいろな読み方があり、形が複雑で上手に書けないなどの理由から思うように学習が進まないことが多い。一般教科の学習にも不可欠であり、漢字の理解が進まぬために児童が劣等感にさいなまれるケースが多い。早く覚えさせようとする焦りからの押しつけが逆にやる気を喪失させることもあり、あくまで段階を追ってやさしいものから核を作っていくように地道に行なうことが必要である。

　学習面に限らず、その他の学校生活においてもしばしば問題が生じてくる。文化的な差異、生活習慣の違い、国民気質の違いなどから、日本の学校生活への適応がうまくいかないことが多い。母国では当然の衣服、装身具、愛情表現の仕方、異性との交流の仕方、善悪の基準などが、日本の学校では許容されずに、周囲の人間から特別視されたり、いじめにあったりして、スムーズに適応できないことが多い。また言語的な問題から自分の本当の意志や、感情を思うように伝えられないことでストレスを感じたり、感情表現の激しい国民性の児童の場合には、イライラを抑えきれず感情が爆発したりするなど、その心のケアをどのように進めるかが問題になる。さらに、親に対して日本の学校の教育のあり方、ルールなどを理解させることもことばの問題から困難であることが多く、そうした点が事態を複雑にすることもある。

　今後の課題であるが、まず通訳者の適正な配置が不可欠となる。児童や、親が抱える不安や、ストレスを受けとめるためにはことばの壁をクリアしなければならないからである。この部分は多分に行政の対応の問題になるが、通訳者として働けるボランティアが多く必要となることは間違いない。地域ごとに外国人子女の受け入れセンター校的なものを設置し専門の指導員による日本語教育の徹底、生活適応指導を十分に行なったうえで、各校に戻していくなどの対応方法も考えられる。また、緊急時の通訳サービスなどをセンターに設置するなどの施策も必要となろう。地域によってはボランティアの活動でその地域の外国人の孤立化を防ぐために、日本語の指導をしたりその地域の中でのネットワークづくりを支援したりする動きもみられ、こ

うした動きの広がりも期待される。

　受け入れる側の生徒たちにも，自分たちと違う文化，行動規範，生活慣習などがあることを理解させることを通して，どんな人間でも同じ人間として受容する精神を育むことができるであろう。また，外国人子女にも本人のもっている特性，自信をもてる部分を発揮し，存在感をもたせる場面を設けるなどの指導（例：ホーム・ルームでスペイン語講座を毎日やってもらうなど）も考える必要があろう。〔本城慎二〕
⇒外国人労働者，帰国子女，国際結婚

参考資料　(1) 日本語指導についての教育研究機関としては，波多野ファミリースクール（東京都新宿区下落合2-14-22，TEL 03-3954-3211）がある。ここでは，外国人子女や，帰国子女など日本語のわからない児童を実際に教育指導している機関で実際の日本語指導方法などについての相談，見学に応じてくれる。(2) 緊急時の通訳サービスとしては，海外日本人協会（東京都千代田区平河町2-7-5砂防会館，TEL 03-3261-0834）がある。外国人子女とのコミュニケーションがどうしてもとれず困った際には，ここに電話をすると，その児童が電話口で話す内容を通訳してくれる。

学校臨床心理士　⇒スクールカウンセラー

葛藤　conflict

　広義には，相反する態度・意見・要求などをもつ個人と個人との間の対立や衝突（社会的葛藤）をも意味するが，狭義には，一個人の内部で，相反する二つもしくはそれ以上の傾向（衝動・欲求・欲望など）が拮抗している状態（心理的葛藤）をいう。

　この心理的葛藤の主な説明には，次の2つがある。(1)「場」の理論にもとづく「誘意性」〔valence（英）；Aufforderungscharakter（独）〕の概念を用いたレヴィン*による説明，(2) 精神分析の理論に立つフロイト*らによる説明。

　レヴィンによれば，われわれをとりまく事象はわれわれにとって中立（中性）なものではなく，私たちを惹きつけたり忌避させたりするなんらかの心理的影響力（誘意性）をもっているものである。そして，私たちがほぼ等しい強さをもつ複数の誘意性（場の力）の間で逡巡するような場合，こうした状態を（心理的）葛藤と呼び，基本的に次の三つの型に分類される。

　(a) 接近-接近型葛藤（approach-approach conflict）：二つの正の誘意性（惹きつける力）の間にはさまれて悩む場合である〔例：（限られた時間内で）成績をあげるために，数学の勉強もしたいし，英語の勉強もしたい（と思い悩む）。映画を見に行きたいし，友だちの所へ遊びにも行きたい〕。

　(b) 回避-回避型葛藤（avoidance-avoidance conflict）：二つの負の誘意性（避けたい力）の間にはさまれて悩む場合である〔例：勉強するのはいやだが，そのために先生や両親に叱られるのもいやだ。結婚生活をこれ以上続けたくない（離婚したい）が，自活してゆく自信もない〕。

　(c) 接近-回避型葛藤（approach-avoidance conflict）：正の誘意性と負の誘意性との間にはさまれて悩む場合である〔例：某大学に入学したいが，難しい入学試験は受けたくない。海の中に入ってみたいが，波がこわい。他人のものを手にいれたいが，罰せられるのはいやだ〕。

　葛藤は，日常生活のささいな選択から人生の重大事の選択に至るまで，いろいろな場面でおこるが，言うまでもなく，後者の場合ほど，深刻で多くの情動反応を伴う。そして，葛藤が深刻であればあるほど，その葛藤場面からの逃避的な反応が現われることがある。

　レヴィンが主として意識的な葛藤を取り上げたのに対して，精神分析学の創始者フロイトは，主に無意識的な葛藤を扱った。というより，フロイトにおいても葛藤はもちろん意識に顕在的でありうるが，その多くが潜在的なままにとどまるところに種々の問題が生じてくると考えたのである。

　ところで，葛藤の概念は，フロイトの精神分析理論の中で最も根本的なものの一つでありながら，理論全体の発展に伴って，かなりの程度変化したのみならず，発展の各段階においてもその使われ方は相当に多義的である。けれども，大まかには次の三つの段階にまとめることができよう。(ⅰ) 局所論的見地から，葛藤を無意識の体系と前意識・意識の体系との対立としてとらえる場合〔たとえば『夢判断』(1900)の段階〕。この場合，前者の体系に属する最も基本的な衝

動は，抑圧された幼時期の性的願望であり，抑圧する後者の体系との間には「検閲」の働きが介在する。（ii）力動論的見地から，性本能（リビドー）と自我本能（あるいは自己保存本能）という二つの衝動力を対立させ，両者の拮抗を葛藤の本質と考える場合〔たとえば，『精神分析入門』（1917）の段階〕。要するに，（i）の抑圧する体系の中にも衝動的なものを想定したということができる。『精神分析入門』では，この二元論的力動論的立場から，錯誤行為も夢も神経症も，すべて2種類の意向・衝動・本能の葛藤と干渉の産物として説明される。（iii）新たな力動的二元論として，生の本能（エロス）と死の本能（タナトス）の対立が考えられ，葛藤の本質は，人間の生活全体を支配するこの両者の闘争と妥協のうちにあるとする場合〔『快感原則の彼岸』（1920）以降〕。（しかしながら，ここでは，二つの本能の対立によって葛藤の具体的な様相を説明することは決して容易ではない。）なお，（i）〜（iii）以外にも，『自我とエス』（1923）で述べられた「自我」「エス」「超自我」という心の三つの機関（新たな局所論といえる）および外界（外的現実）の四つをめぐる相互の力関係（葛藤と妥協の事態）を，葛藤のもう一つの局面と考えることもできよう。フロイトの精神分析理論に沿ってこの問題を追求していくと，結局のところ幼時期のエディプス・コンプレックスにまで遡ることになる。〔齋藤哲郎〕
⇨アンビヴァレンス，エディプス・コンプレックス，回避型人格障害，情動，フラストレーション

文献 1. C-宇津木他, 1978；2. C-小此木・馬場, 1977；3. C-フロイト, 1970a；4. E-マロー, 1972

家庭内暴力 domestic violence, DV
家庭の中という，社会から遮断されている場で行なわれる暴力。

かつては家庭内暴力といえば，子どもが親に対してふるう暴力行為を指していた。息子が親を殴る，ひどい場合には金属バットなどによる殺傷事件を引きおこすというのが，日本での家庭内暴力の代表例であり，こういう事件が新聞に報道されることはまれではなかった。

しかし，現在では夫が妻を，あるいは妻が夫を，息子，娘が老親を，親が子（幼児虐待）をとさまざまな形で家庭内での暴力が問題とされるようになった。幼児虐待については別項参照として，ここでは主として女性が夫あるいは親しい男性から受ける暴力について述べる。アメリカでDVはこの意味でしか使われない，ということがあり，1997年以降日本でも，この意味に限定されることが多い。女性が夫や恋人に暴力をふるうケースもあるが，女性が被害にあっている場合のほうが圧倒的に多く，より深刻である。また，老親が虐待されるケースも超高齢社会となるにつれ，激増することは間違いない。

この問題の難しい点の第一は，家庭内で繰り返し行なわれる暴力が表沙汰になりにくいことである。家庭内の暴力で負傷し，救急車で病院に運ばれるようなケースであっても，被害を受けた本人が家族を訴える意思がかなりはっきりしていなければ，警察に訴えて加害者を罰することはできない。たとえば，夫に殴る，蹴るの暴行を受けて警察に助けを求めても，警察は民事不介入の原則，つまり「公共の安全と秩序の維持に直接関係のない，私生活には関与しない」のだ。ことばを換えれば「夫婦げんかは犬もくわぬ」として助けてはもらえない。「妻から被害申告があり，夫に対する処罰意識が明確な場合は一般事件と同様に捜査を行なう」のだが，実際にはそこまで妻が意思表示をしないとか，途中で気が変わってしまう場合も多い。世間体などを考えて泣き寝入りとなるのだ。治療にあたった医師も運ばれた時点で意識不明の重体というような場合を除いて「本人が警察に言わない」と言っているのにそれをさしおいて警察に通報するようなことはない。

第二は家庭内でより弱い立場の者が被害にあうことが多いので，被害を表沙汰にして暴力から逃れることができても経済的に自立できないから，暴力行為を我慢してしまうことである。

第三は加害者がアダルト・チルドレンであったり，成育過程で精神的に大きな傷をかかえていることが多いので，まず加害者のトラウマを癒さねばならない。

第四は加害者と被害者の意識の差があげられ

る。特に，夫婦間では夫の側が当たり前と思って言う発言「誰のおかげで，お前は食べられるのか」などが妻を精神的に苦しめているということも，1997年に東京都が全国に先がけて行なった，都内男女4,500人を対象とした「日常生活における女性の人権に関する調査」で明らかになった。

アメリカでは男性による妻・恋人への暴力を特別にドメスティック・バイオレンスと呼ぶが，1970年からは真剣な取り組みが行なわれ，被害者が一時避難し，そこで精神的なケアと経済的自立を得る職業訓練を受ける「シェルター」と呼ばれる施設が充実している。

それにならい，日本でも女性団体のボランティア組織がいくつかのシェルターを作っている（巻末の住所録参照）。追って来る夫や男性から女性の身を守るためにシェルターの場所は公表されないのが原則で，シェルターには着の身着のままで逃げてきた女性でも困らないように，常に着替え，子づれのための子ども用品までが用意されている。

最近は高齢者用のシェルターも数は少ないながら用意されていて，老人ホームなどの公共施設に空きが出るまでのつなぎとして使われている。このような，施設が公共ではなく宗教や民間のボランティア組織によるものしかないというのは残念だが，家庭内暴力の被害者はまず，その現場から安全な場に逃れることが最大の問題解決であることをカウンセラーは知っておきたい。安全な場に落ちついたところでゆっくり眠り休養してこそ，初めて心のケアができるので，いつ暴力に襲われるかわからないような状況での心のケアは無理である。

できれば，加害者となった者の心のケアもしたいが，同じカウンセラーが両者のケアを行なうことは難しい。別のカウンセラーに任せるのがよいだろう。

シェルター内での同じ境遇の者同士の励まし合いも有効である。　　　　　〔小林洋子〕
〔追記〕2001年10月，DV（＝ドメスティック・バイオレンス）防止法が施行された。法律により，夫婦または夫婦と同様に暮らしている男女の間で，生命の危険を感じるような身体的暴力が行なわれている場合に，被害者の女性を暴力から守ることを目的としている。

具体的には，接近禁止命令（妻につきまとったり，妻の住いの近く，勤務先をうろつくことを6ヶ月間禁止する），退去命令（夫に家から2週間出て行くよう命令する）がある。

これらの命令に違反するときは，1年以下の懲役か百万円以下の罰金が課せられる。
⇒アダルト・チルドレン，再評価カウンセリング，被害者，被虐待児，被虐待児の発見と対応

文献　1．久野綾子編『おんなの叛逆』45（特集　女性駆け込みシェルター），久野綾子，66p., 1997；2．久野綾子編『おんなの叛逆』46（特集　夫の暴力は犯罪です），久野綾子，60p., 1997；3．東京都生活文化局女性青少年部女性計画課編『「女性に対する暴力」調査報告』東京都生活文化局女性青少年部女性計画課，200p., 1998；4．波田あい子・平川和子『シェルター：女が暴力から逃れるために』青木書店，286p., 1998

過敏性大腸症候群　irritable bowel syndrome, IBS

特に器質的病変がないのに腹痛，下痢，便秘が続く症候群。

テストの時期になると下痢をする学生が少なくない。腸は精神を敏感に反映する。そんな敏感さが慢性化したものが過敏性大腸症候群である。

3カ月以上にわたって，間欠的に軽い腹痛や腹部の不快感が続く。しかも，検査では炎症などの病変が見つからない。この痛みは排便でおさまる。排便の回数や時間帯が変わり，下痢や便秘が続いたり，交互に現われたりする。排便しにくいとか，大便が残っている感じがある，粘液がまじる，便意切迫，ガスで腹が張る，消化不良感，食物に敏感，などが症状で，波のように軽くなったり悪化したりする。

機能性大腸，神経性胃炎，けいれん性大腸，神経症性大腸，粘液性大腸炎，情動性下痢などとも呼ばれてきた。下痢や便秘を繰り返すのは，副交感神経を通じての迷走神経の刺激が不安定で，大腸の動きが増えたり減ったりしているためと考えられる。大腸の動きが減ると下痢になる。下痢する人は痛みを訴えないことが多い。

下痢を続けていると，肛門がただれるし，便秘なら痔になる。

過敏性大腸症候群は総人口の10～20%，消化器内科を受診する患者の13～52%を占めるといわれる。

ところで，最近，この患者の54～100%が精神障害を合併している，という報告が米国ワシントン大学のウォーカー（E. A. Walker）医師たちによって発表された。不安，抑うつ，ヒステリー，身体面での障害を合併している人がこの症候群の54～100%というのである。数字は研究者によって異なるが，不安は過敏性大腸症候群患者の5～24%に見られ，抑うつは8～50%，ヒステリーは13～28%，そのほかは5～35%に見られたという。

過敏性大腸症候群に悩んでいる成人患者の25%はうつ病か注意欠陥・多動性障害を併発しているという別の報告もあり，併発すると過敏性大腸症候群も重症のことが多いそうだ。そこで，この症候群は精神病の前駆症状らしいとか，精神病が形を変えて身体面に現われたものだという考えが出てくる。

疲労感，脈が速い，過敏，めまい，頭痛，手のふるえ，背痛，不眠，性的障害といった不安症状を伴っていれば過敏性大腸症候群であり，伴っていなければ他の胃腸病だと考えてもよいくらいだ。

繊維性の食物が足りないためだとか，胆汁酸の吸収が悪いためだとか，腸の動きが関係している，などといわれているものの，原因はよくわからない。

精神障害があって，二次的に過敏性大腸症候群がおきているならば，そのもとの精神障害の治療をできるかぎり行なう。ドクセピンが効くことがあるのは，それが抗コリン作用（アセチルコリンに拮抗する作用）をもっているからだと思われる。

有効成分を含んでいない「にせ薬」を飲ませてもよくなった人が20～70%もおり，にせ薬反応平均値の33%よりも暗示にかかりやすい人が多いようにみえる。

抗うつ薬は，胃腸症状を減らすこともある。抗不安薬はたいして効かないが，周期的にパニック症状のように現われるケースではアルプラゾラム（コンスタン，ソラナックス）が有効らしい。心理療法や行動療法の成果もまちまちである。適応しやすい性格に変えることが大切である。〔小林　司〕

⇒うつ状態，心身症，注意欠陥・多動性障害

文献　1. Walker, E. A., Roy-Byrne, P. P. & Katon, W. J.: Irritable bowel syndrome and psychiatric illness. Am. J. Psychiat., **147**, 565-572, 1990 ; 2. Walker, E. A. et al.: Psychiatric illness and irritable bowel syndrome. Am. J. Psychiat., **147**, 1656-1661, 1990

空の巣症候群　empty nest syndrome

子育てが終わって家庭が空になった**孤独な中年の主婦に生じる「うつ状態」**のこと。

子どもたちが青年期に入り，成人して進学，就職，結婚などで独立して巣立っていき，夫は企業戦士として家庭を省みず，それまで多忙ながら充実していた愛の巣であった家庭が空っぽになってしまった空虚感や離別感，孤独感を感じて「うつ状態」や「不安神経症」になる。ときには，アルコールで淋しさを紛らわしキッチン・ドリンカーとなりアルコール依存症になる場合もある。さらにギャンブル（特にパチンコ）依存症となり金銭の破綻を招くこともある。

子どもから「おばはん」「おばさん」「おばん」と呼ばれ，「べつに」「関係ない」ということばで世話を拒否され，どうやら疎まれていることが実感される。子どもの「心変わり」は母親を狼狽させ，失意のどん底に落とし，腹立たしさと哀しみで覆いつくす。長年にわたってできあがっていた母と子の関係パターンが揺らぎ，自分がそのような時期に入ったことに気づかされる。

思春期の子どもたちのこのような変化は，子どもと「密着」した関係にあるとずっと信じている母にとっては，強烈なパンチである。子どもが自分から巣立っていこうと感じただけでも，心理的には危機状況が生じる。子どもとの「別れ」の危機は母親にすれば相当荒っぽいかたちで迫られる感じである。母性は，密着と分離という相対する二つの機能をやりとげて初めてその役割を全うできることを承知している。し

かし母親は子どもから分離を迫られて止むなく受け止めていかなければならないのである。母親にとっての危機である。

このように，子育ての終焉は女性としての自分のライフ・サイクルを振り返らせる機会にもなる。自分の生きてきたこれまでを振り返りながら，心をよぎるのは，「これまでの自分がしてきたことは何だったのか？」「わたしの生きてきた証は何なのか？」といった，「私」のこれまでとこれからのことである。喪失体験は，次が見えないと耐えられるものではない。子育てに自分を賭けてきた母親ほど空虚感が大きく修復が難しい。子育ての終焉は母親役割の終焉でもあり，子どもから必要とされなくなった時，自分は文字どおり「無益な存在」として感じられる。

この時期は更年期と重なり，内分泌的変化も関係し，心の不安定の振幅を大きくする。女性にとって人生の大きな節目である。身体の不調は精神的不調と相まって憂うつになる。この場合には夫の理解が欠かせないが，子どもの面倒を見ることによって夫婦の関係が成り立ち調和が保たれていたり，夫婦の問題が子育ての影に隠れている場合もあり，子どもの親離れによって，夫婦の問題が露呈することもある。特に夫が仕事や趣味に多忙であったり，単身赴任などで家庭には不在がちとなり，長年別々の世界に生きるうちに考え方も感じ方も違ってきてしまっている場合には，相手の違いを感じて，配偶者を受け入れられない存在だと思うようになる。

しかし，確かに子離れは子育ての終焉であり危機でもあるが，この袋小路から抜け出るためには自分の存在意味を問い，配偶者との関係を再生することが必要である。ユング*は，この危機を乗り越えるために「再婚の儀式」が必要であるといっている。次に新しいアイデンティティとしての「社会的存在感のある生き方」の追及が必要である。なんらかの形で社会とのつながりをもった自己表現の場を求めることが必要である。たとえばパート就労，ボランティア活動，カルチャー・センターなどでの学習などが一般的であるが，最近は生涯学習の時代のうねりにのって大学や大学院に進学することも可能

である。

子どもの巣立ちにより母親としてのアイデンティティを捨てることは寂しいことではあるが，新しい自分探しの旅の始まりであると信じ，この危機を乗り越えれば女性はたくましくなるはずである。

1960年前後に，アメリカの社会心理学者が中年期危機（midlife crisis）と家庭内葛藤に関連して，親の役割を終えた（post‐parental period）母と巣立つ前後の子どもとの精神力動を取り上げて，空の巣（empty nest）に注目して，空の巣症候群ということばがつくられた。

同じ状況を父親についても言及することがある。たとえば「濡れ落ち葉族」や「俺も族」ということばがマスコミで話題になったことがある。これは，定年を迎えた男性が仕事を失ったという喪失体験により心が空っぽになり，何もしないで家庭に濡れ落ち葉のようにしがみついて妻から邪魔者扱いされる状態である。妻が家庭の外に掃きだそうとしても頑固にしがみつき，妻が外出しようとしたり，楽しみを見つけようとすると「ついてくる」。何事も一緒にしようとする。妻が拒否すると「うつ状態」となってしまう例もある。　　　　　〔緒方一子〕
⇒アイデンティティ，生きがい，依存的人格障害，うつ状態，高齢社会

文献 1. E-氏原・東山・川上編, 1992；2. H-小川・齋藤・鑪編『臨床心理学大系』3, 1990

カルチャー・ショック culture shock
「個人が自身の文化がもっている生活様式，行動，規範，人間観，価値観とは多かれ少なかれ異なる文化に接触したときの当初の感情的衝撃，認知的不一致として把握されることが多いが，決してそれだけにとどまらず，それにともなう心身症状や累積的におこる潜在的，慢性的パニック状態」（星野，1980）。

カルチャー・ショックという用語は，1957年にビールズ（R. L. Beales）とハンフリー（Humphrey）が使用したのが，はじめてと言われている。文法的には「cultural shock」（カルチュラル・ショック）が正しいが，広くは「culture shock」（カルチャー・ショック）が使用されて

いる。

　カルチャー・ショックには，大別して，(1) 外国におけるもの，(2) 自国内におけるもの，(3) 復帰ショック（re-entry shock），がある。(1)は，いわゆる外国の異文化に接することでおこるもので，留学生，研究者，役所や企業の駐在員とその家族，旅行者や一時滞在者など，海外へ移住している人すべてが対象となる。(2)は，自国内において異文化に接触しておこるもので，入学，就職，結婚，転勤，引っ越しなど，日常生活の多くの場面においておこりうる。また，国内における外国文化との接触からくるカルチャー・ショックも含まれる。(3)は，長く外国で生活し，異文化に適応した者が，帰国したときに体験するものである。中には，復帰をあきらめ再び外国へ戻るというUターン現象もみられる。

　カルチャー・ショックへの適応には，時間的・段階的変化があると言われる。アドラー（P.S. Adler, 1975）は，「異文化の移行体験」（transitional experience）を五つの体験的要素に分類し，認知面，感情面，行動面の三つの点から説明し，解釈している。五つの要素とは，(a) 異文化との接触，(b) 自己崩壊（不適応体験によりアイデンティティとパーソナリティ面に脅威を感じる），(c) 自己再統合（好き嫌いの先入観により異文化を拒絶する傾向がある。同時に，順応するための自尊心が成長する），(d) 自律（差異に対処し，新しい体験をのりこえる能力に自信がつく），(e) 独立（社会的，心理的，文化的差異が受け入れられ，生活を楽しむことができる）で，段階的に移行していくという（近藤，1981）。また，ベリー（J.W. Berry），キム（Y.Y. Kim）らは，異文化への適応を，(ⅰ) 接触の段階（準備を始める），(ⅱ) 接触の直前（異文化との接触が近づくにつれ不安が募ってくる），(ⅲ) 接触開始（好奇心が募る），(ⅳ) 「すべてバラ色」の終わり（自分の文化を基準にして相手の文化を否定的にみる時期でもある），(ⅴ) 慣れ（自分と相手を客観的にみることができるようになる），(ⅵ) 別離の予感（自国に適応できるか不安を覚える），(ⅶ) ウェルカム・ホーム（実際に帰ってみると安堵感を覚える），(ⅷ) 帰還への疑問（一時期がすぎると，自国の文化，自分の文化のさまざまな点が疑問に思える），(ⅸ) 統合の段階（自他の文化を見据えて，自分なりに納得する時期）の九つの段階に分けている（金沢，1992）。個人差もあり，必ずしもこれらすべての段階を経るわけではないが，異文化への適応のプロセスを知ることができる。

　カルチャー・ショックにおける不安の現われ方はさまざまである。心理的には，あせりやイライラ，易怒感，無力感など。身体的には，食欲不信，不眠，原因不明の下痢や発熱などをおこしたりする。重症の場合には，人格障害や情緒障害など精神医学的アプローチが必要なケースもある。

　カルチャー・ショックの予防・緩和については，事前のガイダンスやオリエンテーション，異文化間コミュニケーション・トレーニングなどを十分に行なうこと。（最近では，ロールプレイやカルチャー・アシミレーターなどを用いた異文化接触能力を高める訓練方法が開発されている。）また，海外における医療，コンサルテーション，異文化間カウンセリングなどのサポート・システム，また，帰国子女とその家族に対する帰国後の受け入れ体制の充実などが必要とされる。

　人間は，環境に適応することのみならず，環境をのりこえ，自由に自分の行動を選択し，決定し，その結果に責任を負うことができる存在である。そこに人間の人格的成長がある。国内・外を問わず，異文化に接したとき，人は誰しも少なからず「ショック」を受けるものである。その「ショック」をどのように受けとめるか，それは個人のこれまでの生き方，パーソナリティ，価値観，人生観によって違いがある。カルチャー・ショックは，必ずしもネガティヴにのみ作用するものではない。それをのりこえることによって，自分のアイデンティティを確認し，より広い視野をもった新たな人格の形成につながるとも言える。　　　　　　〔中根伸二〕

⇒異文化間カウンセリング，異文化間ストレス，外国人労働者，帰国子女，ロール・プレイング

文献　1. Adler, P.S.: The transitional experience:

An alternative view of culture shock. *J. Humanistic Psychol.*, **15**(4), 13-23, 1975；2．衛藤瀋吉編『日本をめぐる文化摩擦』弘文堂, 275p., 1980；3．大西守『カルチャー・ショック』同朋舎, 243p., 1988；4．荻野・星野, 1983；5．金沢吉展『異文化とつきあうための心理学』誠信書房, 212p., 1992；6．近藤, 1981b；7．I-星野編『現代のエスプリ』No. 161, 1980；8．箕浦康子『子供の異文化体験：人格形成過程の心理人類学的研究』思索社, 337p., 1984；9．森亘他『異文化への理解』(東京大学公開講座46) 東京大学出版会, 328p., 1988；10. Berry, J. W.: Psychological adaptation of foreign students. In Samuda, R. J. & Wolfgang, A. (ed.): *Intercultural Counselling and Assessment ; Global Respectives*. pp. 235-248, 1985；11. Young, Y. K.: Intercultural adaptation. In Asante, H. K. & Gudykunst, W. B. (ed.): *Handbook of International and Intercultural communication*. Sage (Newbury Park, CA), pp. 275-294, 1989

カルトによるマインド・コントロール，精神操作　thought control by a cult

　カルトは新興宗教の狂信的グループ。マインド・コントロールは，心理的，物理的，化学的手段によって自分ないし他人の心理を操作すること。

　マインド・コントロールは，誰をコントロールするかによって，自己コントロールと他者コントロールに分けられる。自己コントロールは自分自身を対象として行なうもので，自己暗示，自己催眠，瞑想，アルファー波学習法，リラックス法などがこれに属する。他者コントロールは，自分以外の人間に対して行なわれるもので，肉体的コントロールとして拷問，心理学的コントロールとして，洗脳，他者催眠，心理療法，カウンセリング，生理学的コントロールとして，薬物投与，脳の電気刺激，電磁波を用いる方法，などがある。マインド・コントロールの技術は，自己コントロールのために用いられるならばそれ自体は悪でも非倫理的でもない。しかし他者を支配するために用いられる時，大きな問題となる。

　日本でマインド・コントロールということばが広まったのは，1993年以降である。一部の新興宗教組織の突出した反社会的行動が，カルトによるマインド・コントロールによるものとしてマスコミに報じられ，社会に急浮上した。

　もともとマインド・コントロールという概念は，米国で，破壊的カルトによる集団自死，反社会的活動などを解明する過程で頻用されるようになったといわれている。しかし，もともとは軍事用語で，作戦手段の一つであった。米国では，1960年代から現在に至るまで，数多くの破壊的カルトが生まれ，そこで使われる信者コントロールのテクニックは最初「洗脳」と同じものだと考えられていた。洗脳とは1950年代，朝鮮戦争で捕虜になった米国兵の価値観と忠誠心の対象を強制的に逆転させるために共産側が用いたとされる手法で，通常ひどい虐待を伴い，ときには拷問も行なわれる。また，多くの共産主義国家において行なわれた思想改造のことも指す。破壊的カルトの用いるテクニックも洗脳に似ているが，もっと洗練され，穏やかで巧妙に仕組まれた方法であることがわかってきた。その結果，彼らが用いるテクニックは洗脳とは区別して扱われ，マインド・コントロールと呼ばれるようになったのである。

　では，こうしたマインド・コントロールがどうして機能するのかを検討してみよう。

　人間の行動は自由意志（個人の趣味，趣向，癖，欲求，能力，性格）にもとづいて決定されているようにみえるが，実は，環境，状況に大きく左右されている。人間の情報処理には常に確実で合理的な方法を選択するよりは，もっと簡便で効率性と経済性を重んじる方向で処理してしまう傾向がある。成功するとは限らないが，うまくいけば，楽に早くできるかもしれない方法（ヒューリスティック）をとるのである。そしてこのような情報処理に従って自動的に反応していく。たとえば，好意を示してくれる相手に対して，好意的な行動を示す。希少なものには魅力が高くなる。権威者がいると，その人に自分の行動の責任を預けて，命令に自動的に服従しやすくなる，などである。そしていったん小さな要請に応諾してしまうと，次に大きな要請を断りにくくなり，一貫性のある行動をとってしまう。また，初めは単なる外見的な追従行動であっても，行動することがしだいに認知や感情といった精神過程を変えていき，究極的には人格（信念，行動，思考，感情）まで変えてしまうに至る。

誠実で魅力的にみえる勧誘者に繰り返し誘われているうちに、ちょっとためしに入会してみようということになり、一度組織に入会すると閉鎖集団の中で自由を拘束され、常に外敵がいて攻撃される、離脱すればたたりがある、など、ゆがんだ情報処理で情報が管理される。賞と罰、厳しい行動の連続、単調な生活、異性感情の抑制、肉体疲労など、行動面でも感情面でも生活全般が管理されていく。こうして、一時的マインド・コントロールが永続的マインド・コントロールに変化していく。

さて、マインド・コントロールを解くにはどうしたらよいであろうか。現在「脱会カウンセリング」が行なわれているが、予想をはるかに上まわる困難な事態が生じる。これにたずさわるカウンセラーは、心理療法家、精神科医などの専門家であるだけでなしに、マインド・コントロールや破壊的カルトの実状を理解している必要があり、脱会カウンセリングの経験の豊富な人物が望ましい。

脱会カウンセリングの重要なポイントは、クライエントとの信頼関係であるのは言うまでもない。そのうえで、介入する理由（反社会性の指摘）を示し、親や社会に対する敵意と、カルトから離脱する恐怖心とを取り除き、「マインド・コントロールとはいかなるものか」を説明し、その思想の矛盾や問題点を指摘し、メンバーになる前の本人の記憶をよみがえらせ、もとメンバーの体験談を聴かせる、などを繰り返す。カウンセラーと家族が一丸となって取り組む必要があり、長時間かかることを覚悟しなければならない。　　　　　　　　　　〔木下京子〕

⇒暗示

文献　1. 江川紹子『救世主の野望』教育資料出版会, 256p., 1991；2. キャメリアン, R., 兼近修身訳『洗脳の科学』第三書館, 249p., 1994；3. ハッサン, S., 浅見定雄訳『マインド・コントロールの恐怖』恒友出版, 410p., 1993；4. C-西田, 1995；5. 浜田至宇『マインド・コントロールの拡張』第三書館, 333p., 1995

ガン（癌）　cancer（英, 仏）；carcinome（仏）；Krebs（独）
日本人の死因のトップを占める悪性新生物（できもの）。

ガンによる死亡率は10万人あたり、男性で286.5人（1950年には80.1人）、女性で179.1人（74.9人）と、3倍ほどに増えている（厚生労働省の『1999年人口動態統計特殊報告』による）。

ガンは身体の病気だから、心の状態とは何の関係もないと思っている人が多いが、それはとんでもない間違いで、ガンと心理は密接な関係をもっている。

なぜガンが発生するのかについては、コールタールをウサギの耳に何回も塗ってガンができた山極勝三郎の実験で証明された慢性刺激説や、タバコによる肺ガンなど以外にはよくわからないのが実情のようである。そこで、ガンの発生には心理的原因がからんでいるのではないかという説が登場する。

夫が亡くなったストレスによって、その後1年以内に妻もガンなどにかかって死亡するケースがかなりある。死別後2週間目と8週間目に調べると、免疫の力が弱まっているそうだ。したがって、抵抗力が弱まると、ガンにつけこまれるという考えもなりたつわけである。次のような性格特徴をもった人はガンにかかりやすいとも言われている。(1) うつ的性格、(2) 感情を表に出さずに抑えてしまう、(3) 心理的しなやかさがない、(4) 怒りを抑える、(5) 絶望しやすい、(6) 両親に親近感を抱かない、(7) 対人関係に満足しない、(8) 対人関係を避ける、(9) 感情両価性の人（愛と憎しみを同時に感じる）。

幼時に近親者を亡くした人や生き別れの経験者は晩年にガンにかかりやすいという説があるが、これには反論もある。

女性が絶望すると、子宮頸部ガンになる。怒りっぽい女性、感情を抑える女性は乳ガンになる。怒りを抑える女性は子宮ガンや卵巣ガンになる。こんな説もあるから、精神のコントロールがどんなに大事かがわかろう。

また、ガン患者が精神病を併発していることが少なくないのに注目して、ガンも精神病も同一の原因からおきるのではないか、と考える人さえいる。たとえば、すい臓ガンの患者では76％が精神病の症状を示していて、その大多数はうつ病だという。

さらに，ガンの悪化や再発が精神障害と密接な関係をもっていることもよく知られており，それがガンによる痛みや死への不安に誘発されたものなのか，それとも同一原因が別々の形で表面化したものなのかはわからない。

ガンにかかった人が，絶望感や無力感，無関心，無欲状態におちいると，早く悪化して亡くなってしまうようだ。

そこで米国のホスピスでは，ガン患者にペットを飼わせている。犬・猫・小鳥などをコンパニオン・アニマルとしてかわいがって飼っていると，孤独な人に比べてガンの進行が遅くなるという。ヒューマン・アニマル・ボンド（きずな）をつくって，人と動物とのふれ合いをさせようというアニマル・セラピーである。ガン細胞を移植した動物実験でも，孤独にした動物は早死にするそうである。

岡山県倉敷市にある柴田病院の伊丹仁朗医師は，ガンに対する生きがい療法を提唱している。生きようという意欲や，生きる目標をもたせると，ガンの進行がおそくなるというのである。1987年にはガン患者7人をつれてスイスのモンブランに登山し，医学界を驚かせた。

ワシントン大学のホール（N. R. Hall）は，ガンに対するイメージ療法を行なった。自分のリンパ球（白血球の一種）がガンと闘っているイメージを思い浮かべる訓練を1カ月間実施した患者の血液を調べてみると，ガン細胞を攻撃するリンパ球やインターロイキンという免疫物質が明らかに増えているという。これは精神神経免疫学という新しい分野の研究である。

ガンに侵された患者自身は精神的に動揺する。症状を恐れたり否定したりし，自分だけがなぜこんな病気で苦しまなければならぬのかと怒ったりする。

米国の精神科医キューブラ＝ロス（E. Kübler-Ross）は，死ぬとわかった時の患者の反応を次の5段階に分けた。(a) 否認・孤立 (b) 怒り，(c) 取り引き（この仕事を仕上げるまで生かしてくれるのなら何でもします），(d) うつ状態，(e) 受容（現状をありのままに受け入れる）。

この段階は必ずしもこの順番でおきるとは限らず，飛び越したりもする。初めの段階で自死する人もいる。

本人や家族のこうした不適応を救うのは，情報提供とカウンセリングであるが，「私は不安におちいっていないよ」と強がりを言うような傷つきやすい性格の患者は，カウンセリングによって逆に精神障害になることがある。

精神障害の前歴がある人，適応の悪い性格の人，支えてくれる家族がいない人などがガンにかかった場合には精神障害が出やすいので，精神科医やカウンセラーに早くから援助を求める必要がある。乳ガンで乳房を切除したり，喉頭ガンの手術で声を失ったり，子宮ガンで出産不能になったり，脚のガンで四肢の切断手術を受けたりすると，それを悲しんで精神異常になることがある。乳房切除後1年半までの期間にうつ病や不安に陥るケースが多く，切除後の再発や放射線療法の際に躁うつ状態になることも稀ではない。バストの変形による悲観や自尊心消失，性障害も少なくない。

ガンに対する放射線療法や化学療法では，副作用で不安や暗示性嘔吐がおきることがある。

また，本人ではなく，ガン患者の家族に精神障害がおきることも少なくない。子どもが白血病（血液のガン）にかかると，その母親の20%は2年以内に不安神経症やうつ病にかかる。幼時にガンになり，生き延びた場合は，社会に出る時に，障害を気にして，不適応をおこすことがある。

肺，乳房，胃腸，すい臓，前立線のガンはしばしば脳に転移するので，脳障害による精神症状を示す。

このように，ガンと精神はさまざまの面で関係しているので，ガンを防いだり，治したりするには，メンタル・ヘルスの知識を欠くことができない。〔小林　司〕

⇒イメージ療法，クオリティ・オブ・ライフ，グリーフ・ワーク，死への準備教育，心理療法，悲嘆反応，ホスピス

文献 1. E-Gelder et al., 1989；2. E-Kaplan & Sadock, 1989；3. E-Talbott et al., 1988

感覚統合療法，感覚統合訓練 sensory integration therapy〔training〕

エアーズ（A. Jean Ayers）により**開発された子どもの神経的ニーズにもとづいて，感覚刺激を適切に与え，かつその刺激への適応反応を導く治療（訓練，指導）**。

この療法を正しく理解するためには，用語がどのように定義されているかを正確にとらえておく必要がある。基本用語の一例を，エアーズ自身による定義によって述べる。まず「感覚統合」とは触覚や前庭覚（位置・平衡感覚）などの感覚入力を活用するための脳の組織化である。つまり，感覚統合を通して人が環境と効果的に関係し，適切で満足な経験ができるように神経系のいろいろな部分がいっしょに働くようにすることである。したがって「感覚統合障害」とは「感覚入力の統合を困難にするような脳機能の不規則性または異常」をいう。「感覚入力」とは，「身体の感覚受容器から脊髄と脳に行く電気的なインパルス（興奮）の流れ」である。

感覚統合療法の目的は脳が感覚を処理し，構成していく方法の改善，つまり統合の円滑化，活性化にある。つまり，ある子どもが何かの問題を示す場合，それを解決できるようにすることが目的ではなく，「その問題のもとになっている脳の力を高めること」が目的である。したがって普通この療法には，机上での活動やことばの訓練，読みの練習，あるいは特定の知覚，運動技能の訓練は含まれない。しかし結果として，机上の学習面，言語の面などでの改善が見られることはあり，それはこの療法の効果を評価するうえでの重要な知見である。

ところで感覚統合障害を有する子どもはどのような臨床像を示すのだろうか。坂本龍生らによる事例研究の中には，すべり台を恐がる子どもの記述がみられる。その子はすべり台をしっかり押さえてゆっくりでないとすべり降りようとしない。つまりスピード感を感じとることに恐怖をもっている。スピード感とは耳の奥にある前庭迷路が感じとる前庭覚である。前庭覚は地面に対して頭部がどのような位置にあるか，頭がどのような動きをしているかといった情報の源になっている。この子どもの場合，前庭迷路からの刺激に過敏に反応するといえる。この子どもは発達のいずれかの段階で前庭覚と他の感覚入力とを統合する機会を失ったと考えられる。別の例では，のりづけを嫌がる子どもが紹介されている。のりに触ろうとしない，手についたらすぐ洗おうとする現象は，ある種の触刺激を避けようとする触覚防衛によるものである。このように触刺激を遮断しようとする子どもは，学習面や人間関係の面で大きな問題をおこすことになる。さらに，手で触ってそれが何であるかを識別できる能力を阻害され，認知機能面での遅れをもたらす。

また，エアーズが指摘し，その後の多くの実践例が示すように，感覚統合障害が学習障害のいくつかの側面の原因となりうることや，感覚統合療法により学習障害児の学習面の困難を軽減できる場合があることを考慮する必要がある。

事例からわかるように，感覚統合療法の基礎理論は相互関係理論であり，個体が環境との関わりの中で自己の安定性を獲得していく過程を研究していく理論である。エアーズは子どもの感覚統合の過程が6歳頃には完了するというモデルのもとで統合のプロセスを，触刺激が統合される第1段階から，通常の生活を営むために必要な脳の統合機能がほぼ完成する第4段階まで，段階別にまとめている。

次にこの発達段階をふまえて感覚統合療法が開始される。まず感覚統合不全が疑われる子どもについて，その障害の実態を知り，どのような刺激をどの部位に与えるか，方針を決める必要がある。感覚統合障害の諸側面を知るための一つの方法としてエアーズらによって開発された南カリフォルニア感覚統合検査（SCSIT）がある。

方針が決まり，実際の指導の開始に当たって大切にする基本原理として，坂本龍生は，(1) 脳幹レベルに力を与えるため適切な発生学的系列の反復を行なうこと，(2) 一つの場面での感覚入力の統御がうまくまとまるように工夫し，適応反応になるように進めていく，の2点をあげている。これは正常な発達の順序に従って，子どもに必要な刺激をできるだけ受け入れやすい

方法で繰り返して与え,適応反応を徐々に誘発していくことを意味している。子どもの臨床像はさまざまであり,必要とする刺激の受け入れ方もさまざまであるため,この療法に用いる教材はよく吟味され,かつできる限り多く用意される必要がある。たとえば,前庭覚刺激を与えるために用意される教材は,ハンモック,エアー・マット,トランポリン,ブランコ,シーソー,揺れ木馬,ドラム缶,すべり台,子どもに合わせて独自に開発されたもの,など数十種類に及ぶ。触覚刺激,固有覚（筋や関節からの感覚）刺激などの教材も同様である。

この療法を進めるなかで指導の効果を具体的に評価するには,臨床場面での子どもの適応反応の質的,量的な変化やSCSITのような検査を定期的に実施する。また,家庭や学校生活の場での子どもの行動の観察も重要な情報になる。評価を踏まえて,より高次の統合へ導くためには,子どもの変化に応じて柔軟に指導の方針や方法を変えていくことが大切である。子どもによっては,その指導に長期にわたる計画的な働きかけが必要な場合も多く,熟達した専門技能をもつ指導者を中心として組織的に行なわれることが望ましい。　　　〔小池智子〕

⇒学習障害,学習障害児の教育

文献　1.エアーズ,A.J.,佐藤剛監訳,山田孝他訳『エアーズ研究論文集　Ⅰ：感覚統合の理論と実際』共同医書出版社,300p.,1988；2.エアーズ,A.J.,佐藤剛監訳『子どもの発達と感覚統合』共同医書出版社,289p.,1982；3.エアーズ,A.J.,宮前珠子・鎌倉矩子訳『感覚統合と学習障害』共同医書出版社,385p.,1978；4.F-坂本,1991；5.坂本龍生編著『感覚統合法の理論と実践』(障害児教育指導技術双書)　学研,240p.,1985；6.日本感覚統合障害研究会編『感覚統合研究　第1集』共同医書出版社,270p.,1985；7.日本感覚統合障害研究会編『感覚統合研究　第2集』共同医書出版社,106p.,1985；8.日本感覚統合障害研究会編『感覚統合研究　第3集』共同医書出版社,185p.,1986

関係集団　⇒準拠集団

看護師,ナース　nurse

保健師助産師看護師法（1948年公布。以下,「保助看法」という）第21条（看護師国家試験の受験資格）に定める課程を修めて,国家試験に合格し,厚生労働大臣の免許を受けて,保助看法第5条に定められた看護業務を行なう者に対して,与えられる名称。

保助看法第5条に,「看護師とは,厚生労働大臣の免許を受けて,傷病者もしくはじょく婦に対する療養上の世話または診療の補助をなすことを業とする女子をいう」とある（じょく婦というのは,妊産婦のこと）。第6条に准看護師の規定があり,「都道府県知事の免許を受けて,医師,歯科医師または看護師の指示を受けて,前条に規定することをなすことを業とする女子をいう」となっている。看護師の免許証は,厚生労働大臣から,また,准看護師の免許証は都道府県知事から交付される。男性の看護師または准看護師は第60条（1993年）で女子の規定を準用して認められた。

日本看護協会が1973年に示した看護の定義では,「看護とは,健康のあらゆるレベルにおいて個人が健康的に日常生活ができるように援助すること」としている。また,米国看護師協会（ANA）は,「看護とは,現にある,あるいはこれから起こるであろう健康問題に対する人間の反応を診断し,かつそれに対処することである。」と定義している。この定義からみても,現状での看護師が対象にしているのは,「傷病者もしくは褥婦」のみでなく,健康者をも含めており,不健康な状態への対応だけでなく,疾病予防やリハビリテーションも行なっている。看護活動の場も幅広く,医療施設のみならず,老人保健施設や職場,家庭,学校などがあり,地域における活動がますます期待されている。看護師が担うべき役割として,実践的役割,教育的役割,調整的役割,管理的役割,看護を発展させていくための研究的役割がある。看護師は,健康問題をもつ人々に対し,生活の援助,相談,指導,診療の介助などの看護行為を通して,その人が健康レベルを維持・向上でき,QOL（クオリティ・オブ・ライフ）を高められるように援助する。看護師は,医療チームの中で,医師,社会福祉士,臨床心理士,作業療法士などと連携して働いている。

看護師も准看護師も,医師の指示を受けて患者の世話をし,また医師の診療の補助をする。

看護師制度検討会（厚生省）は，1987年に准看護師の廃止か存続かを含めて検討を始め，1995年には，「准看護婦問題調査検討会」を設置しており，准看護師制度を廃止し，看護師の一本化への方向が検討されている。

就業看護師・准看護師の総数は98万人（2002年）である。看護師の就業者数が57万人，准看護師の就業者数が41万人である。就業看護師の83％は病院で，13％は診療所で働いている。

厚生省統計によると看護師の平均年齢は，36.3歳，准看護師の平均年齢は38.6歳と推計される（1996年）。なお，免許はもっているが，育児や家庭の条件などで業務から離れている，いわゆる「潜在看護師」は約43万人と推計されている（厚生省，1991年調べ）。

また，過去40年の看護師問題としては，勤務条件の低さ，看護師不足などがあげられる。看護師の夜勤回数を月8日以内にし，夜勤は複数の看護師で行なうことなどを要求する病院争議が1955年代後半に発生した。その後，看護師需給計画の策定により，看護師養成所の増設，看護師資格がありながら家庭にいる潜在看護師の再就業の促進，離職防止のための院内保育所の設置，また資質の向上をはかるための現任看護師への研修などの対策がとられ，質・量の両面から改善がはかられている。

看護教育に関しては，看護師になるには，3年課程（看護大学・看護短大・看護師養成所）と2年課程（看護短大・看護高校専攻科・看護師養成所など）がある。3年課程は，高等学校卒業後3年以上の教育を行ない，2年課程は，准看護師から看護師となるための課程である。准看護師は，中学卒業後2年以上の修業年限としており，准看護師養成所・高等学校衛生看護科がある。

1992年に，「看護婦（現：看護師）等の人材確保の促進に関する法律」が制定された。また，同年，文部省，厚生省，労働省の共同による「看護婦（現：看護師）等の確保を促進するための措置に関する基本的な方針」が定められた。この指針では，資質の高い看護師などの養成と看護師等学校養成所の優秀な教員の確保のため，看護系大学・大学院の整備充実をはかるべきことが指摘された。こうした認識を踏まえて，文部省では看護大学などの整備を進めている。

〔渡部鏡子〕

⇒クオリティ・オブ・ライフ，助産師，保健師

文献 1．看護問題研究会監修，日本看護協会出版会編，『看護関係統計資料集　平成9年』日本看護協会出版会，189p.，1997；2．厚生省『衛生行政業務広告　平成7年厚生省報告例』厚生統計協会，229p.，1996；3．日本看護協会『看護白書　平成10年版』日本看護協会出版会，182p.，1998；4．日本看護協会看護婦職能委員会編『看護婦業務指針』日本看護協会出版会，336p.，1995；5．増田れい子『看護：ベッドサイドの光景』（岩波新書）岩波書店，241p.，1996；6．向井承子『看護婦の現場から』（講談社現代新書）講談社，240p.，1993

感受性訓練　sensitivity training

小グループへの参加経験を通して自己をみつめるとともに対人関係技能を学ぶ場。現代人の病んだ心を癒す手法の一つ。

感受性訓練を，英語Training Groupから略してTグループと呼んだり，Sensitivity Trainingの頭文字をとってSTグループと呼んだりして，ほぼ同じグループと見なすこともある。

しかし，Tグループは集団や地域の発展に焦点をあて，教育的色彩が強く課題解決志向をもつのに対して，STグループは健常者向きの個人的成長の色彩が強いグループである，と厳密に区別する場合もある。本稿では，感受性訓練の中心的手法であるTグループを軸にして説明していく。

現代は高度に発達した情報化社会，ソフトな網の目が張り巡らされた管理社会と形容されることが多い。物があふれて何一つ不自由のない便利な生活。そのことへの反省や，本当の自己を喪失したことから，生きがいのある生活ができないで苦悶する人々もまた増大している。「物から心へ」と叫べば叫ぶほど，心の貧困状況が浮き彫りになる逆説社会と言えなくもない。

感受性訓練の起源は，第二次大戦終了後のアメリカでの動きに溯る。大戦終了の頃，コネチカット州人種問題委員会はユダヤ人連盟地方関係部委員会，マサチューセッツ工科大学グループ・ダイナミックス中央研究所の協力を得て人種差別改善の方法を研究し始めた。そして1946

年「地域社会のリーダーを養成するための会議」を催した。10人ずつ3グループに分け，現場の問題について参加者，リーダー，研究観察者の3者が激論を闘わせた。この経験を通して参加者は自分の行動，グループの行動について理解度が高まったとの報告から，スタッフはグループ・ワークが効果的な教育手段となりうることに気づいた。

翌1947年，メイン州ベセルにおいて最初のラボラトリー・トレーニングが開催されるに至る。実験的なコミュニティを人為的に創出し，参加者が人間関係の基本的技能を3週間にわたって学習していく，このグループ体験がTグループの出発点となった。

こうした初期の流れの中で，レヴィン*の貢献を忘れてはならないであろう。レヴィンはフロイト*の精神分析を批判し，「過去が現在を規定するのではない。過去の多くの経験の中から現在の場面に合ったものを現在の場面がすくい上げ，浮かび上がらせる」という「場の理論」を提唱した。レヴィンの理論から「今，ここでの体験」がグループワークの中で重視され，Tグループの基本的立脚点を表すのみならず，ロジャース*のエンカウンター・グループにも大きな影響を及ぼした。

やがて National Training Laboratory (NTL)が設立され，ラボラトリー・メソッドは，初期の組織変革，社会変革推進者の養成から，次第に個人の成長が強調されるようになり，Tグループの原型が確立されていった。

Tグループの実際は，10人ぐらいの異質集団（性，年齢，職業，地位などあらゆる点で性質の違う者）を形成し，「今ここでの現実」に生きるプロセスを通して社会的感受性を訓練していく。1，2名のトレーナーが「このグループは皆さんのグループですから，どうぞご自由におやり下さい」と述べてスタートする。この構造化されていない環境の中で展開される集中的グループ体験は，ロジャースの実践したベーシック（非構成的）・エンカウンター・グループとの共通性が認められる。ただ，エンカウンター・グループにはメンバー間の人間関係を促進する（ただし究極的にはグループ・メンバーの一員となることが理想とされる）ファシリテーター（世話人）が置かれるが，Tグループではトレーナーが配置される。トレーナーはファシリテーターと同様にグループが自主的に発展していくのを見守る姿勢を基本とするが，グループの進展がうまくいかない場合にはモデルを提示したり，ときには指示を出してグループ内に積極的に介入することがある。ファシリテーターよりリーダー的要素が強いといえよう。

Tグループの発達過程について，関計夫はベニス（W. G. Bennis）とロジャースの理論を土台に自分の経験を踏まえ次の表のようにまとめている。

第1段階＝依存過剰－不安，構造化の試み－逃避
第2段階＝経験のあるメンバーへの依存とそれへの疑問
第3段階＝反抗・自立・低迷
第4段階＝魅惑－逃避
第5段階＝幻滅・闘争
第6段階＝終末・反省・回顧

終局場面においてグループ参加者相互の感情交流を経て，深い理解が得られたと感じられた時，心が弾み自分の思考・行動に柔軟性が芽生えてくるはずである。　　　　〔西村正裕〕
⇒エンカウンター・グループ，Tグループ

文献　1. G-小川, 1981b；2. B-國分, 1981；3. B-関, 1965；4. B-関, 1976；5. B-山口・中川編, 1992；6. B-ロジャーズ, 1982

感情　feeling, emotion
何らかの理由もしくは原因によって心がうごくこと。心と身体を含む自己の中で「おきる」体験的事実。カウンセラーの教育訓練や対人関係などのラボラトリー・トレーニングにおいて，その意識化や表現が重視される。

類語に情動，情念，情緒，気分，気持ちなどがある。『広辞苑』によれば，感情は「喜怒哀楽や好悪など，物事に感じて起こる気持ち」であり，情動は「怒り・恐れ・喜び・悲しみなどのように，比較的急速に引き起こされた一時的で急激な感情の動き」である。感情は，英語では一般に feeling, emotion（情動，喜怒哀楽などの激しい感情の動き）と訳されるが，他に類語

としては sensation, passion, sentiment などがあげられる。英語の emotion（情動，喜怒哀楽などの激しい感情の動き）という語は，ラテン語の emovere（進み出る）から派生したものといわれ，move, motion の類語である。したがって，emotion は，本来，「うごくこと」もしくは「うごき」を表わすことばである。ちなみに，漢字の「感」は，「心がうごく」という意味とされており，やはり「うごき」を表すことばである。感情とその類語は，一時的で激しいものであるか，持続的で比較的平静なものであるかによって，さまざまなことばで表現されるが，共通しているのは「心のうごき」である。したがって，感情とは，「何らかの理由もしくは原因によって心がうごくこと」であるといえる。島崎敏樹は，感情は「心のなかで（あるいはむしろ，「身のなかで」というべきかもしれない）うごく何らかの意識」であり，「うごきの感じ」である，と説明している。別の言い方をすれば，感情は，心と身体を含む自己の中で「おきる」体験的事実であるということもできる。

感情は，知性や理性に比べて，古来，「非哲学的もしくは反哲学的なもの」「理性や思考の敵」「ひとを逸脱させる悪しき導き手」であるとして，論じられることが少なかったといわれる（中村，1993）。感情を重視したのは，キルケゴール*を始めとするハイデガー*やサルトル*などの実存哲学である。ハイデガーは，気分（Stimmung）という用語を実存範疇として用い，現に「今ここで生きている」具体的な個人としてのわれわれは，「気分」のうちでこそ自己の存在に直面する，と考えた。人間を，普遍的で抽象的な存在としてではなく，「今，ここに生きている」かけがえのない個である「私」として捉えようとすれば，「思考」や「判断」「信仰」「意志」などに先立って，「気分」や「感情」「情動」などの「情態性（Befindlichkeit）」における存在としてとらえなければならない，というのがハイデガーの主張である。われわれは，知性による認識に先立って，気分や感情を土台として世界と出会うのである。

今この場に生きている具体的な個人対個人の「出会いの質」に左右されるカウンセリングにおいては，クライエントの感情に目を向け，これを明確にしていくことはきわめて重要である。したがって，カウンセラーの教育訓練や対人関係などのラボラトリー・トレーニングにおいては，感情の意識化や明確化，それに感情表現ということが重視される。感情は，きわめて人間的な心の「働き」であり，自然なものであるにもかかわらず，必ずしも自己の中で「おきている」体験的事実として，明確に意識化されるとは限らない。怒り，恐れ，悲しみなどのネガティブな感情は，自己の中に押え込まれたり，否定されたりすることさえある。否定されたり，抑圧された感情は，自己の中に蓄積され，「失感情症（alexithymia）」といわれる心身症の原因になるともいわれる。

本人に意識されない感情は，他人によって伝えられる時，気づくことができる。感情の意識化（自己の感情に気づくこと）や受容（体験している感情を自己のものとして受け容れること）の度合いは，「感受性」の発達や人間としての成熟の度合いに関わっている。ここでいう「感受性（sensitivity）」とは，対人関係において，その場におきていること（自分や他人の感情の動きも含めて）を，ありのままに感じとれる能力のことであり，刺激に対する感じやすさや興奮しやすさを意味する「敏感性（sensibility）」とは区別される。感受性は，人間の内的世界における体験的事実に目を向け，そこに何がおきているかを冷静に眺め，そのあるがままをそのまま意識するというところに強調点がある。

「感情表現（expression of feeling）」あるいは「感情表出（disclosure of feeling）」は，対人関係における関係性のプロセスのバロメーターとしてきわめて重要であるが，体験している感情をあるがままに意識し，これを必要に応じて適切なことばで伝えることと，感情に支配され，感情のままに行動することとは区別されなければならない。人と人とが通じ合い，心と心が触れ合うためのコミュニケーションの確立や，人格と人格との対話や交わりにとって，「今，この場で」体験している感情の世界に目を向け，これを相互に理解し合い，尊重し合うことは，きわめて重要な要素である。　　〔中村彰男〕

⇒今 - ここで，世界内存在，実存的心理学，情動

文献 1. 木田元・野家啓一・村田純一・鷲田清一編『現象学事典』弘文堂, 749p., 1994；2. 熊井三治・藤井真一『失感情症の時代を生きる』朝日新聞社, 230p., 1993；3. A-小林, 1979；4. 島崎敏樹『感情の世界』(岩波新書) 岩波書店, 195p., 1952；5. 竹田青嗣『ハイデガー入門』(講談社選書メチエ) 講談社, 284p., 1995；6. 中村雄二郎『情念論』(中村雄二郎著作集 1) 岩波書店, 360p., 1993

感性　sensibility

(1) 真，善，美，聖，愛などの価値を感じて，感動する心。(2) 対象に接して揺り動かされる心。(3) 感覚や印象を空間・時間形式のもとで直感的に受容する能力。

人間の感覚は，五感 (見る，聞く，味わう，匂いを感じる，触れる) に分かれて外部を感じることができる。これとは違って，外部からの刺激に反応した心の内部を示すのは感情であって，喜怒哀楽，つまり，嬉しい，悲しい，楽しい，怒り，好き，嫌い，などを感じることができる。

しかし，これらの感覚と感情を総動員しても，第九交響楽がすばらしいとか，マザー・テレサは偉い，などの感動を測ることはできない。音が高い，ミの音だ，快い旋律だ，とかを感じることはできても，魂を揺さぶられるような感動を味わうのは別の精神機能による。それを行なうのが感性である。つまり，感じる心，感じ取る力，愛情・人情・価値・意味を感じる心，感応力，真善美聖愛の価値に感動する気持ち，が感性なのである。

遠藤友麗は感性を次の六つに分類している。(a) 生命的感性，(b) 美的感性，(c) 心情的感性，(d) 科学的感性，(e) 社会的感性，(f) 創造的感性。さらに，宗教的感性をこれに加える人もある。

哲学者のアリストテレスや中村雄二郎は，五感の根底にあってそれらを通底する連通管のようなものを考えて，五感を統合するものを共通感覚と呼び，これが勘とか第六感とかいわれてきたものの本体であろうと考えている。しかし，これはここで述べている感性とは少し違うように思える。

感性は，創造力，表現力，の源泉であって，安らぎや潤い，活力を与え，自己発見，連帯，役立つこと，ともに創る，高めるなどの喜びにつながる。感性があれば，心が豊かになり，他人とも理解し合えるし，理性を働かすこともできるようになる。

感性がないと，人間らしい人間になれず，人間性に欠ける人になってしまう。この感性を養うには，いくつかの方法が考えられる。(ⅰ) 自然や美しいものに接する，(ⅱ) 価値あるものに気づく，(ⅲ) 他に共感する，(ⅳ) 崇高なものに感動する，(ⅴ) 驚きや好奇心を大切にする，(ⅵ) 自分の気持ちを素直に表現する，(ⅶ) 他人に自分の感動を話して聞かせる，(ⅷ) 他の人の感動体験を聞く。この他にも，① 気づく，② 認める，③ 決める，④ 深める，⑤ 高める，⑥ つながる，⑦ 活かす，⑧ 与える，が研究されている (感性教育研究会による)。

感性がないと，せっかく出会いのチャンスがあっても，それを逃してしまう。それはちょうど，地面に落ちた風鈴のようなもので，風が吹いてもそれに応えて風鈴が音をたてることができない。画家の岡本太郎は若い時にパリの町角でピカソの絵に出会い，1時間ほどその前にくぎづけになってしまい，感動で涙が止まらなかったそうだ。おそらく数千人の人が同じ絵の前を通ったに違いないのだが，他の人たちは感性が鈍かったために，ピカソの絵に出会うことができなかったのであろう。恋人に出会うことができるかどうかも感性の有無に左右されよう。感性は，心にピーンと張られている，心の琴線と言ってもよいのではないか。　〔小林　司〕
⇒感情

文献 1. G-木田・栗原・野家・丸山編, 1989；2. I-高橋編『現代のエスプリ』No. 365, 1997

観念　⇒表象

記憶障害　memory disorders

頭の中に保持している情報を思い出せなくなる症状。

記憶障害には，心理的原因によっておこるものと脳の物理的損傷によっておこるものとがあ

る。前者を心因性健忘，後者を器質性（構造的解剖学的）健忘と呼ぶ。

心因性健忘には，(1)非常に混乱した出来事に続く最初の数時間におこったすべてのことを思い出せなくなる「限局性健忘」，(2)限定された時間内のすべてではなく，その内のいくつかは思い出せる「選択性健忘」，(3)自分の人生のすべてにわたることを思い出せなくなる「全般性健忘」，(4)ある特定の日時から現在までにおこったことを思い出せない「持続性健忘」，の4タイプがある。健忘の原因はストレスと考えられ，多くの場合重度の心理的・社会的ストレスに引き続いて突然始まる。回復は，健忘の解消として完全で，記憶を失っていたという自覚があり，再発することはまれである。

同じく心因性の記憶障害で，家庭や職場から突然逃走して新しい自分を装い，以前の自分に関する想起が不可能になる「心因性遁走（とんそう）」がある。回復後には，遁走の間におこったことを思い出すことはできない。過度のアルコール摂取，重度の心理的・社会的ストレス，夫婦の対立，対人拒絶，天災などに続いておこる。遁走の期間は，数時間から数日間，回復は急速で再発はめったにない。

一人の人間に二つ以上の異なった人格が存在する多重人格性障害において，人格間の移行がおきた時，その人格が失われていた期間があることには気づいているが，本人が別の人格であった時にどんなことをしたかは，まったく思い出せないことが多い。

以上の心因性の記憶障害は，ドラマに出てくるいわゆる記憶喪失のイメージで理解できよう。

これに対し，脳の器質的病変によって生じる記憶障害はそのような劇的なものでなく，症状を理解するためには，記憶という精神活動そのものの性質をより詳しく知らなければならない。記憶障害患者から得られたデータは，記憶のいろいろな側面を区別し，それらが独立した別個のシステムによって生じていることを示唆しているからである。

記憶はまず，宣言的記憶と手続的記憶に大別される。宣言的記憶とは，学習によって獲得された事実やデータに関する記憶で，命題やイメージとして心に浮かぶ明確な情報に関係し，意識的想起が可能な記憶である。宣言的記憶はさらに，エピソード記憶と意味記憶に分けられる。エピソード記憶は，個人の生涯で生じた過去の出来事の記憶にあたり，時期を特定できる情報を表している。他方，意味記憶は世間一般の知識のことで，時間的な目印を必要としない事実，概念，語彙などに関する組織化された情報を表している。

これに対して手続的記憶は，学習された技能や認知的操作を実行することに関わる記憶で，運動技能，認知技能，知覚学習，古典的条件づけ，プライミング効果，慣れ，感作，知覚残効などが含まれる。プライミング効果とは，単語などの記憶素材をあらかじめ経験させておくと，その素材の想起や再認はできないのに，それを用いた課題の成績が良くなること，つまり先行刺激の処理によって後続の処理が影響される現象である。手続的記憶では，知識内容への明確なアクセスなしに記憶システムが作動することによって，特定の技能の進歩やプライミング効果が出現する。

記憶がどのようにして成立するかは，二重貯蔵モデルによって説明される。このモデルによると，外界からの情報は，まず感覚登録器に入り，選択的注意によって選び出されたものだけが短期貯蔵庫に送られ，そこで一定期間保持される。しかし，短期貯蔵庫の容量は限られており，限界を越えて新しい情報が入ってくれば，古い情報はこぼれ出て忘却されることになる。それを防ぐためには，頭の中で繰り返し唱えるようにしてリハーサルを行ない，情報を循環させる必要がある。このような情報の一時的保持を支えるシステムを短期記憶という。リハーサルには，情報を次の貯蔵庫である長期貯蔵庫に転送する機能もある。この長期貯蔵庫に入って長く保たれる記憶を長期記憶という。なお，人間の認知活動を支える機構は，会話，読書，計算など，ある情報を頭の中で保持しながら，他の情報の処理を並行して行なうといった複雑なものである。短期貯蔵庫の概念は，情報の一時保持に重心を置くが，近年，保持と処理の両機

能を兼ね備えた作動記憶の概念が提唱された。これは，言語的な情報処理に関わる音韻ループ，視覚イメージの処理に関わる視空間的記銘メモ，そしてこれらを制御する中央実行系から成るとされている。

脳損傷の結果，認知障害を伴わずに記憶だけが選択的に障害されることがあり，その損傷部位として側頭葉，間脳（視床・視床下部を含む領域），前脳基底部などが知られている。器質性健忘では，脳の手術後または損傷を受けた後におこったことが記憶できなくなる前向性健忘と，手術または損傷以前の記憶が障害される逆向性健忘とが区別される。健忘症でも障害されずに残るものは，知覚運動技能，認知技能の習得と保持，およびプライミング効果などの手続記憶である。また，長期記憶が障害されても，短期記憶は良好に保たれている場合も多い。さらに，エピソード記憶と意味記憶が障害される割合も人によりさまざまである。

知能低下を伴わない純粋な記憶障害の研究は，てんかんの治療のために両側の側頭葉内側面を切除した症例に，前向性健忘と逆向性健忘が認められたことに始まる。この患者の短期記憶は保たれていたが，意味記憶の学習は不可能となり，エピソード記憶は，最初の大発作のあった時から手術までの11年にわたって失われた。

その他の脳疾患では，脳炎の後遺症で，側頭葉内側の海馬領域が脆弱であることから前向性ないし逆向性健忘を生じることがある。頭部外傷では，外傷から昏睡を含めて記憶の回復までの期間が長いほど重篤な障害を残し，新しい学習の速度は遅く，短期記憶も障害される。失語症では短期記憶が障害されるが，長期記憶は損われない。アルツハイマー病では，早期からエピソード記憶が障害され，遅延再生が特に困難で，反復学習の効果も低い。この他，特異な疾患としてコルサコフ症候群がある。病因は慢性アルコール中毒が中心であるが，脳腫瘍，頭部外傷，脳血管障害，初老期知情意低下症(旧称：痴呆)などさまざまである。症状は，健忘の他，場所や日付のわからなくなる「失見当」，事実でなく内容の一貫性のない話を展開してしまう「作話」が特徴的である。脳の病変部位は，前脳基底部，側頭葉，中脳・間脳領域の第3脳室壁，乳頭体，視床背内側核などが知られている。

〔今村恵津子〕

⇨アルコール症，アルツハイマー病，健忘，高齢者の知情意低下症，失語症，知的障害

文献 1．カーン，A.U.，保崎秀夫・浅井昌弘監訳『記憶障害の臨床』医学書院，348p.，1992；2．クラッキー，R.L.，梅本堯夫監修，川口潤訳『記憶と意識の情報処理』(Cognitive Science Processing 2)サイエンス社，240p.，1986；3．スクワイヤー，L.R.，河内十郎訳『記憶と脳：心理学と神経科学の統合』医学書院，332p.，1989；4．高野陽太郎編『記憶』(認知心理学 2)東京大学出版会，312p.，1995；5．八木晃監修，梅本堯夫編『記憶』(講座心理学 7)東京大学出版会，284p.，1969

飢餓 hunger, starvation
慢性的な食料不足状態，貧困，あるいは天災や戦争などの突発的な出来事により，空腹な状態がきわめて長期にわたる状況。

食糧農業機関（FAO）は，国連の専門機関の一つで1945年に設立され，ローマに本部をおき，世界の栄養水準と生活条件向上をはかるともに，農産物の生産と流通の効率をはかることを目的とし，毎年「世界食糧農業白書」を刊行している。その，1999年の資料によると，世界の開発途上国で約8億人，先進国や先進国へ移行しつつある国で約3,400万人が栄養不足や飢餓に苦しんでいる。栄養不足人口が総人口中35%以上の国は25カ国にのぼる（最高はソマリアの73%）。世界銀行の「世界開発報告2000/2001」によると，貧困国の子どもの約半数は栄養失調であり，世界の人口60億人の約半分の28億人が1日2ドル以下で生活，そのうちの12億人（世界人口の1/5）は1ドル以下で暮らしている。と推計され，開発途上国では約2億人の幼児が深刻な栄養失調に陥っているとしている。世界では毎日2万4,000人が飢餓で死んでいるが，その3/4は5歳未満の幼児である。乳幼児死亡率（Infant Mortality Rate, IMR）は，出生死1,000人中の1歳未満で死亡する人数を示す。IMRが50以下ならば，その国は飢餓をのりこえたと考えられている。1997年のIMRの統計によると，北米7，ラテンアメリカ39，ヨーロッパ10，南アジア76，サハラ南部周辺93である。

特にサハラより南のアフリカでの慢性的栄養不足人口は1990～1992年の間に2億1,500万人と，およそ20年前の1.5倍の増加となっている。彼らは難民となり，近隣諸国への流出を余儀なくされている。

冷戦が終結すると，先進諸国の関心が政情の不安定な貧しい国から遠のいたことで，アフリカ大陸のソマリア，リベリア，ルワンダなどでは権力が武装勢力の手にゆだねられたり，軍事指導者の手に移るという事態が容認されるようになった。そのため，各地で非常に激しい国内紛争がおこり，大量の難民が発生した。特に，ルワンダの民族抗争による大量難民発生はマスコミでもとりあげられた。内乱がない時には，貧しいながらもどうにか家族が命をつなぐほどの収穫があったが，戦火で家を焼かれ，働き手を失ったり，畑を荒らされて，食べるものがなく，やむなく家畜を売り払い，種もみまでも食べ尽くし，着の身着のままでどうにか国境を越えて難民キャンプにたどりつくというケースが多い。内乱で難民が出ているスーダンでは約120万人が飢餓状態にあり，すでに多くの餓死者が出ている。

世界各国から届いた救援物資も運ぶトラックがない，トラックがあってもガソリンがない，やっと運べる状況になるとトラックそのものがゲリラに襲われる，など問題が山積みになったままである。

1996年のFAOサミットでは「世界食糧安全保障のためのローマ宣言」として「すべての人は十分な食糧を得る権利，および飢餓から解放される基本的権利を有する」ことが確認さた。また，2015年までに飢餓人口を8億人から4億人へと半減するという目標を掲げた。これに，キューバのカストロ国家評議会議長は「それでは情けない」と発言し，飢餓さえも解決できないという今日の世界経済を鋭く批判した。

世界銀行によると，世界中で毎日4万人が栄養不良のために死亡しているという。アフリカばかりでなく，身近なところでは北朝鮮の食糧危機問題もある。エチオピアではこれまでに100～150万人が餓死したという。

ブラジルでも大雨と干ばつのために500万人近い人が食料不足に陥っている。インドネシアでも天候不順のために年間の米不足量は500万トンを超える。中国も長江の洪水により250万ヘクタールの農地が水没し，500万ヘクタールが収穫不能という年があった。

飢餓は干ばつ被害などによってもおきるが，地域紛争によることも多い。紛争の予防，迅速な紛争後の処理，援助も必要である。

また，食糧をビジネスの対象とせず，人と社会にとってなくてはならないものという認識のうえでの国際協力なしには，解決しない問題である。

世界の穀物消費量は先進国が1人あたり637kgなのに，途上国は235kgにすぎない（FAO資料）。

地球人口は2001年には61億3,400万人で，年間に7,700万人ずつ増加しており，2050年には93億人になる（国連人口統計部による）。開発途上国に集中している人口増加の問題も重要な課題となっている。開発途上国の人口増加抑止政策（女性の側に立ったバース・コントロールなど）の教育と援助も欠かせないし，農業指導などの食糧生産向上にむけての支援なしには解決できない問題である。

このほかに，人種差別政策の撤廃，冷戦終了，自由報道，民主主義，活発な市民社会，環境問題のクローズアップ，女性の社会参加，健康教育，食糧供与，収入保証，自然保護などが飢餓を減らす政策として欠かせない。

豊かな食生活，贅沢な物質にかこまれた日本での日常生活からは無縁のことと感じるかもしれないが，同じ地球に住む隣人，特に幼児が飢えているという事実を深刻に受け止めるべきであろう。

また，「生きがい」は，生理的欲求，安全欲求，所属と愛，承認欲求が満足されたときにのみ生じるとされている。その基本の生理的欲求の最も根底にある飲食が保障されなければ，人としての尊厳を保つことができない。空腹になると血糖値が下がってイライラしてくるのは周知の事実であるが，飢餓が闘争を招き，妊婦の低栄養が知的障害児をつくるなど，カウンセリングと飢餓は無関係ではない。〔小林洋子〕

⇒生きがい，貧困

文献 1. E-小林, 1989：2.『世界』(臨時増刊号：世界を読むキーワード) 岩波書店, 1997

危機介入 crisis intervention, predicament intervention

自死，家出，パニック，犯罪，薬物依存，抑うつなどの危機に直面する人に対して，迅速で効果的対応を行なって，危機を回避させるとともに，その後の適応をはかる援助のこと。

危機とは，これまでのやり方では乗り越えられないような問題状況に直面した時に生じるものであり，状況自体を指すのではなく，その状況に対して当人が行なう反応のことである。

危機介入の概念と方法には，いくつかの歴史的流れと理論がある。一つは，軍隊における危機介入であり，第一次世界大戦のころ，米国のサルモン (T. W. Salmon) らによって体系的に行なわれた。戦場においてみられる戦争神経症や，精神的混乱状態に対しては，迅速で速効的な治療が要求されるため，危機介入の一つの典型が，実践された。

もう一つの流れは，第二次世界大戦のころ行なわれた，米国のリンデマン (E. Lindemann) らによる急性悲嘆反応の研究である。火災や戦争で亡くなった人々の遺族の離別反応を観察し，それを分析した結果，急激な悲嘆に対する反応様式には，誰にでも共通にみられる，いわば正常な反応様式があることがわかった。しかし，病的な反応に陥る者もあり，適切な援助を行なって，これを予防したり，早く正常な反応にもどすことが必要となる。リンデマンは，誰もが直面する危機状況に対しての反応とその乗り越え方を分析することによって，地域社会のレベルで，精神障害を予防し，精神的健康を維持することに貢献した。

さらに，もう一つの流れは，第二次世界大戦後カプラン (G. Caplan) によってはじまる予防精神医学である。予防的な介入および，危機介入の考え方が，精神医療の中に明確に位置づけられた点で歴史的な意味をもつ。人は通常，心理的な平衡状態に保たれているが，危機の際には，ある個人が過去に習得した解決方法によっては問題を乗り切れなくなる。危機は個人の人格のみならず，彼を取り巻く家族，社会，文化などの特徴によって異なる。危機は，その人に退行をひきおこし，人格の統合を失わせることもあるが，問題を解決することによって学ばせ，成長させる場合もある。危機は，その意味で「分かれ目」である。したがって，危機を乗り切るためには専門家による直接，間接の援助が必要となってくる。こういう考えにもとづいて，その後具体的な，精神医療やカウンセリングが行なわれるようになった。アンナ・フロイト*，ハルトマン，E. H. エリクソン* らの諸理論も，これらの基盤になっている。

このような流れと理論や実践の中から，自死防止のため，「電話相談」が生み出され，1953年に英国で始まって以来，世界中に広まった。日本では，1971年に「いのちの電話」がつくられ，定着している。自死の危機等に，電話というコミュニケーションによって直接的，即時的に働きかける「電話相談」は，危機介入の代表例と言えるだろう。

このような歴史的経過から，危機介入の基本的な考え方は，次の五つにまとめられる。危機介入活動が効果をあげるためには，これらを十分活用することが求められる。

(1) 即時性：危機に陥った人に即時に対応する。時間が経つと有効な方法がとれなくなることがある。

(2) 接近性：本人の生活場面に，より近い所で援助し解決をはかっていくことが，その後の回復に有効である。

(3) 参加：本人が受身ではなく，意識的，積極的に問題解決に参加していくことが重要である。

(4) 連携：本人を支えていくのに必要な人々との関係をとり結んでいくことで，地域社会で生きていく力を回復させる。

(5) 期待：援助者自身が本人の健康な面に注目し，回復する可能性に期待をもつことで，本人も自分自身を肯定的に見ることができるようになる。

危機介入のアプローチとしては，次の3つがあげられる。

(a) 個人と問題についての事前評価：本人が事件をどう見ているか。活用できる社会的支持（親友，家族）はあるか。これまで危機に対して，どのように対処してきたか。自死や他殺の可能性はあるか，など危機状況に焦点を合わせ，問題点を明らかにする。

(b) 治療調整活動の計画：情報を収集しながら，可能な対処方法を一緒に考えていく。

(c) 調整活動：個人が危機に伴う自分の感情を，自由に表現できるようにし，客観的かつ現実的に問題を理解できるように援助する。そして社会的支持として他の人を活用し，新しい対処機制を見出すように援助していく。危機状態を脱したことを確認して危機に対する援助を終える。さらに場合によっては，心理療法，カウンセリングなどによる長期的な援助につなぐこともある。 〔榊原立美〕

⇒自死と自死防止，電話カウンセリング

文献 1. B-アギュララ，メズイック，1978；2. I-石井・斎藤編『現代のエスプリ』No. 222, 1986；3. A-水島他，1978；4. J-キューブラー=ロス，1971

帰国子女　children returned from foreign countries

海外勤務者の子女で，引続き1年以上海外に在留し，前年4月1日から今年の3月31日までの間に帰国した児童・生徒。

1996年現在，76万3,977人の日本人が海外に長期間滞在しており，海外永住者が27万1,035人。1996年度に帰国した生徒数は，小学生7,634名，中学生3,122名，高校生1,851名で，私立学校が受け入れた人数が2/3を占めている。日本経済の海外進出増加とともに帰国子女も増え，それに伴ういろいろな問題もでてきている。

どこの国から帰国してきたか，現地で現地校に通っていたか，日本人学校で学んでいたかなど，受けてきた教育制度により状況は異なるが，一番大切なことは，彼らが海外で学んできたこと，身につけてきたことを大切に扱うことである。ある意味で彼らは「小さな国際人」である。

子どもの視点から見れば，親の都合で友だちとも別れて海外に行かされ，帰れば待ってましたとばかりに，「遅れていた勉強を取り戻せ」「受験に備えろ」などというのは酷であろう。海外勤務が長かったり，各国を転々としたりすると自分のアイデンティティがどこにあるのかがわからなくなってしまう故郷喪失者，あるいはマージナル・パースンになってしまう。幼稚園はアメリカ，小学校は日本，中学校はイタリア，高校はイギリス，大学は日本，就職はドイツ，結婚した相手とまたヨーロッパ各地の海外勤務を続けて日本には正月くらいしか帰らないというようなケースもある。まさに，コスモポリタンである。

はたからみれば，駐在地の国の言語を習得できてうらやましいとなるが，本人は帰国後に学校で，例えば英語の時間に教科書を読まされた時，現地的発音をして友人からはやし立てられて嫌な思いをしたという経験をもつ者も多い。また，会話はよくできても文法はわからない，級友たちが当然知っているような常識がわからない。海外では日本を代表するくらいに気負って日本の文化の紹介につとめ，自分が日本人であるという意識を強くもたざるを得ない場合もあったのに，帰国すれば「逆カルチャー・ショック」をうけ，「半ジャパ」などとあざけられてしまう。

帰国したら遅れた学習を取り戻させようと親があせる前に，子どもにとって帰国がいかに大きなストレスとなるかを理解したい。

海外体験が何にもまして貴重な経験であり，親と海外生活をしたことが自分にとってかけがえのないものだと思えるようにさせたいものだ。

アメリカでは自分の意見をはっきり言うことがよしとされていたのに，日本では自分の意見を述べると生意気ととられたりする。そのため，いじめにあうこともまれではなく，不登校などさまざまな問題行動に発展することも珍しくない。

全員が一律に同じ物を食べるという給食になじめなかったり，食文化の違い，例えばひじきなど食べたことがなければ，黒い紐だと思ってびっくりしたり戸惑うこともあるし，何よりも文化と価値観の違いがストレスとなる。

また，赴任先によっては使用人が家庭に何人

もいて掃除などまったく自分では経験したことがなければ，帰国した日本の学校で掃除当番があることすら理解できないということもある。文化が違うということは，こういうことなのだということを面倒がらずに親や教師も丁寧にサポートしてあげたい。

公立，私立の学校で，帰国子女学級が用意され，大学も帰国子女に特別枠を設けて受け入れる制度も整いつつある。しかし，一昔まえには考えられないほどさまざまな地域の国から，それぞれまったく異なる文化と価値観を体験して帰国する子どもの問題に教師の側が対応しきれないのが実情である。海外子女教育振興財団の調べ（1990）によると特別の受け入れ態勢をとっている高校は71校，特別な配慮をとる学校は95校にすぎない。

彼らが海外で体験したことが彼ら自身にも，また彼らを受け入れる学校の仲間にとってもプラスとなるように，そしてプラスだと実感できるシステムの確立が必要である。

国際結婚家庭の子どもと同様に，国家を超え地球規模で活躍できる素晴らしいチャンスをもっている子どもとして温かく見守りたい。

〔小林洋子〕

⇒国際結婚，バイリンガリズム，マージナル・パーソン

文献　1. 井上治男『帰国子女の日本語教育：ことばとの格闘』日本橋書房（発売：同時代社），190p.，1989；2. 竹長吉正『帰国子女のことばと教育』（三省堂選書）三省堂，227p.，1984；3. 宮智宗七『帰国子女：逆カルチュア・ショックの波紋』（中公新書）中央公論社，206p.，1990；4. グッドマン，R.，長島信弘・清水郷美訳『帰国子女：新しい特権層の出現』岩波書店，274p.，1992

帰属療法　attribution therapy

「自分が失敗した原因は～のせいだ」と間違って思いこんでいる人の考えを改めさせる（敗因転換）心理療法。

帰属療法は，帰属理論にもとづいて心理学的問題を解決するために工夫された。帰属（～のせいだと考えること）は認知過程でもあるので，ベック（S. J. Beck, 1896～1980）とエリス*によって独自に開発された，認知療法の一種とも言えよう。

帰属理論（attribution theory）はフィリッツ・ハイダー（F. Heider, 1896～？）によって提唱されたものである。われわれが日常的に使っている常識的な心理学を考えなおすことによって彼は心理学の新しい理論をつくった。自分の行動をも含めてまわりでおこるできごとについて「なぜだろう」とその原因や理由を知りたいと思うことがある。「勉強したのに合格できなかったのはなぜだろう」とその原因について情報を集めて分析し，「使った参考書が不適当だったせいだ」などと原因を推測して失敗の因果関係を定め，安定した理解を求めようとする。帰属理論はこのように日常的におこる特定の行動の原因を説明する原理に焦点を合わせて，人間行動の理解と予測を高めることを目的とした理論体系である。

ベックによれば，人間の病理的行動は誤って学習した考え方，イメージ，記憶に支配された結果である。このような認知的歪みが固定してしまうと，自己を否定的にとらえて，偏った行動が維持されると彼は考え，認知的歪みを変えることによって行動の改善を計ろうとして認知療法をはじめた。この認知療法と帰属理論とが1980年代に結びついて，帰属療法が誕生した。したがって，帰属療法はまだ新しい心理療法の一つであり，その理論は今なお完全に確立したとは言えない。しかし，心身症や学習障害などに広く応用されている療法である。

帰属療法の目的は，不安，抑うつ，自己破壊行動のような機能障害的反応を，望ましい方向に変容することである。さらに，将来，情緒的問題にぶつかった時にも，望ましくない認知を検討して，自己を援助できる考え方をするようにクライエントを導くことである。したがって，この治療法は，「～のせいだ」という望ましくない思考（帰属）を明らかにする方法をクライエントに学習させる訓練からなりたっている。帰属療法はクライエントを自分についての個人的な科学者にすることである。帰属の型には次のようなものがある。(1) 安定帰属（原因が永続的で再現可能とみなされる）と不安定帰属（原因が一時的で再現不能とみなされる），(2) 内因的個人的帰属（原因が自己にあると認められる）

と外因的一般的帰属（原因が自分以外の他者や環境に求められる），(3) 全体的帰属（原因がさまざまな情況にわたって生じるとみなされる）と特殊帰属（原因が特殊な情況に限定される）。

　メイヤー（N. R. F. Maier, 1900～77）によれば，自分の能力が低い（内的で，安定した，全般的帰属）という自己概念をもっている人は，やさしい課題を選びとって困難な課題を避ける傾向がある。能力が低いと認知された場合には，努力は放棄され，課題解決のための耐性が低くなり，失敗の確率が高くなって，低い能力についての概念が固定化されてしまうことになる。そこで帰属の仕方や，感情や，行動への帰属の影響力を研究することによって，治療者は確信をもって原因分析をできることが望ましい。さらに治療者には，クライエントにとって望ましい再帰属（「別の～のせいだ」という考え方）を受け入れさせるための方法を発見することが大切になる。

　人生においてのつまらぬできごとから重要なことがらに至るまで，すべての誤ちを自分のせいにしがちな人がいる。その反面，すべての責任を自分以外のものになすりつける人もいる。このように，ある一定の仕方で行動を説明したがる傾向を帰属スタイル（attributional style）という。原因を求める習慣的な仕方と言える。また成功と失敗とによって帰属スタイルが異なることもある。帰属療法の目的は，不適応を起こしやすい帰属の仕方を変容させて，適応を促進するような帰属を形成することであるから，まず第一に，クライエントの帰属スタイルを知り，評価する必要がある。そのためには帰属研究にもとづく方法としては，質問をすることであり，(a) 応答法，(b) オペラント法，(c) 帰属スタイル質問紙，という三つの方法がある。認知療法や論理療法からの方法としては，(ⅰ) 言語報告をさせることによって帰属を測定しようとする現実思考サンプリング法と，(ⅱ) 直接的な質問と言語報告の長所とを組み合わせた方法としての心像法とがある。

　帰属を変容させる技術としては，最も簡便な方法として，① 情報を用いた合理的検証によって非現実的な原因帰属を変容させる情報提供法，② 認知的な洞察過程を用いる手続きとしてオペラント法，説得法，代理的学習法，③ ある事態の原因について他者の見方が行為者の帰属に影響するということを重視した間接的伝達法。これらの方法によって効果的に行動変容がもたらされても，一時的な効果にとどまることが多い。考え方を変えたことによる行動変容をどこまで維持できるかが課題である。内因的個人帰属は，外因的一般的帰属よりも，生じた変容を長く維持できると考えられる。〔田中節子〕
⇒認知，論理療法

文献　1. H-高野『サイコセラピー』5, 1989

喫煙防止　control against the smoking
　喫煙者の喫煙を抑止し，禁煙を支援するとともに，非喫煙者の喫煙を予防すること。

　そもそも喫煙習慣は15世紀にコロンブスが南米からタバコを持ち帰ったことからヨーロッパに急速に広まり，日本にもポルトガル人によって伝えられ，九州から全国に広がっていった。江戸時代には「火事の原因になる」「タバコ草の栽培が増えて米や麦の収穫が減る」などの理由から幕府が禁煙令を出すほどまでに庶民の間に定着したものとなった。明治に入ると，「煙草税則」が定められタバコの売上が税収源となり，各種のタバコが発売され始めた。その結果，喫煙習慣が拡大すると同時に，年少者の喫煙も一般化し，政府も1900年には未成年者喫煙禁止法を交付したが，喫煙人口が減ることはなかった。その後第二次大戦中にタバコが配給制になったことから，さらに習慣が広がったともいわれている。

　戦後，次第にタバコの害についての研究が進み1962年にはイギリスで，タバコと肺がんの関係の統計的，病理学的分析結果が報告されたのを皮切りに，1964年にはアメリカ公衆衛生局がタバコが肺がんの原因であると断定し，タバコの箱にタバコが有害であるとの表示が義務づけられた。これらの動きを受け，1970年にはWHOがタバコの包装に有害である旨の表示をするよう勧告を出し，さらに1979年には「喫煙の制圧」との勧告が出され，世界的に喫煙防止の動きが強まった。特にアメリカでは，喫煙が反社会的

な行動とみなされるようになって非喫煙者の権利が擁護される動きが強まり，30以上の州で喫煙制限に関する立法措置がとられ公共の場所での喫煙が制限されたり，テレビ，ラジオなどでの広告も禁止されるなど，国家的に喫煙防止の取り組みが進んでいる。それに対して日本では専売公社（現日本たばこ，JT）のタバコの販売による税収が国家財政上欠かせぬものであることから大蔵省の意向を反映して，タバコの売上の減少を恐れてタバコの有害表示も抽象的な注意表示に留まり，依然としてタバコの広告がテレビ，ラジオで流されている（放映時間帯は制限されている）。

このような結果としてアメリカでは確実に喫煙率が減少しているのに対して，日本の喫煙率減少のスピードは遅く，先進国中最も高い喫煙率となっている。

以上のことからも喫煙防止，抑止のための国家的な施策が必要とされている。タバコが有害であり健康に非常に悪い影響があることをもっと明確に示す条件整備や，タバコの自動販売機の設置制限，タバコのCMの規制など積極的な取り組みが求められる。こうしたことが喫煙を抑止する一つの力となろう。

たとえば，スウェーデンでは，21世紀にはタバコのない社会をめざして「国家喫煙コントロール・プログラム」を実施中であり，徹底したタバコの有害警告表示を義務づけ，タバコの販売促進活動を禁止している。そうしたこともあって喫煙率は着実に低下している。

次に個別的な部分で考えると，成人の喫煙者をどのように喫煙習慣から離脱させるかという点と，未成年の喫煙防止をどのように進めるかということが大きな問題となってくるだろう。

前者の問題を困難にしているのは，タバコのもつ強い習慣性である。タバコに含まれるニコチンの中毒性のため，いったん喫煙習慣を身につけるとそれから離脱することが大変難しくなる。実際，現在喫煙している人の7割近くの人が禁煙をしようと思っているとの調査がある。その理由も「健康に悪いと思う」が最も多く，健康に良くないということがわかっていながら吸い続けている喫煙者の姿が浮き彫りになる。

また禁煙への思いを強くさせるのは，禁煙者の禁煙後の健康状況の調査で，禁煙により喫煙関連疾患（肺がんや虚血性心疾患など）のリスクが低下するとの研究報告である。しかし，ある調査によると禁煙実行者のうち7割近くが喫煙を再開し，禁煙を続行している者でも4割の者が依然として吸いたくなることがあるという。結局，完全に禁煙を達成している者は禁煙実行者の2割に満たない。もちろん本人の動機の強さや，意志力の強さにもよるが，ニコチン中毒の強さと同時に，他人の喫煙，飲酒，食事，などの誘因が働くために挫折するケースが多い。

禁煙者が禁煙を持続できるような環境の整備（職場での喫煙場所の制限など）とともに，効果的な禁煙方法の普及が必要であろう。たとえば行動療法的なアプローチで，催眠療法や，嫌悪療法，内的増感法が用いられたり，5 DAY'S PLAN（5日でタバコをやめる法）などの集団療法も知られている。あるいは，薬理学的方法としてのニコチンガムの使用も効果が認められている。また医師による禁煙指導も一般人によるものより説得力があるため効果的であるといわれ，医療機関，医師団体の喫煙に対する姿勢が問われている。いずれにせよ，こうした禁煙方法も単一では効果が上がりにくいため複数の併用が望ましく，保健所などによる普及指導を強めていくことが望まれる。

次に未成年の喫煙問題であるが，タバコの国内販売量が成人喫煙量を上回っていることからもその喫煙率はかなり高いものと考えられる。発端はほんの好奇心から始めたものでも，ごく短期間に依存性が確立してしまうので真剣な取り組みが求められる。また近年喫煙経験年齢が低下し，小学校の段階での経験者がかなりいると報告されている。

小学生から中高生の段階の子どもたちにとって家庭の影響は非常に大きく，親に喫煙者がいる，特に母親が喫煙者の子どもは喫煙をする可能性が高いという調査もある。また，子どもが喫煙をした時に寛容な態度を示すともいう。こうした点を考えると，先述した成人に対する喫煙抑制策の徹底，禁煙教育の推進が青少年の喫煙防止の第一歩だといえ，学校での喫煙防止指

導の内容が，親にも伝えられるようなシステムが必要であろう。さらに小学生の喫煙が増えているということから，小学校のごく初期の段階からタバコの有害性について徹底的に指導する必要があろう。しかし，小学校の段階で喫煙防止教育に学校として取り組んでいる割合はまだ低く，今後早急な取り組みが望まれる。

また，中高生の年代では家庭の規範や親への反発心から，友人との関係を非常に重んじる傾向があり，友人の喫煙の勧めは断り難く，それが喫煙への入り口になることが多い。さらに学校での学習意欲の低下，課外活動への参加意欲の低下や，達成感経験の機会の喪失などをきっかけとして，タバコにはしる生徒が多い。このようなことから，青少年の喫煙防止のためには，タバコの有害性を十分に知らしめるための系統的なカリキュラムでの指導ももちろん必要であるが，身体に良くないことはわかっていても，精神的に満たされず，自分自身を十分に発揮する場がなく，自分自身を大切なものと思えない，そんな子どもたちがタバコを吸うことで自虐的に悪ぶっている，という場合も多いことを理解すべきである。そのうえで，非行児童・生徒として扱うのではなく，その児童・生徒が望ましい肯定的な自己イメージを作り上げることができるようにカウンセリングを進めることが必要となろう。自分を受け入れ，自分が大切な存在であると思えるようになることで，その自分を蝕むタバコから遠ざかるという指導も考えられるであろう。そしてその中で何か自分なりの目標を見出せた時，友人からの喫煙の誘いも断れる自分自身がもてるようになると考えられる。

このように青少年の喫煙防止は，タバコの害毒についての啓蒙教育と，喫煙に至る心理的な背景にまで踏み込んだカウンセリング的指導，の両面から進める必要があろう。また，当然，先に述べたように国家的な喫煙対策の推進が新たな喫煙者（特に青少年の）を生まない大きな力になることはいうまでもない。〔本城慎二〕
⇒アイデンティティ，アルコール症，依存性

文献　1．織田富士夫・小林賢二・原田幸男『喫煙防止教育の展開事例集』一橋出版，138p.，1991；2．厚生省編『喫煙と健康：喫煙と健康問題に関する報告書』（第2版）保健同人社，356p.，1993；3．日本学校保健会編『喫煙・飲酒・薬物乱用防止に関する保健指導の手引　高等学校編』第一法規出版，111p.，1988；4．山崎光博編「たばこの文化」『現代のエスプリ』No. 204，至文堂，196p.，1984

吃音 stuttering
話しことばのリズムないし流暢さの障害。

吃音の症状としては，ことばの最初の音節を繰り返す「連発」，ある音を引き延ばす「伸発」，出だしが出にくい「難発」，途中で詰まる「中阻」などがある。

吃音は3歳前後に始まり，大半は成熟に伴って自然に消失するが，幼児期から学齢期の前半にかけて症状が固定ないし悪化していく場合がある。吃り始めは，連発と軽い伸発が多く，子ども本人は無意識的で，自分の話し方がどこか変だという感じがあっても，いつまでも心にとめて苦にすることはない。これを「一次性吃り」と呼ぶ。しかし，この段階で周囲の者が異常性を指摘して心配し，矯正しようとすると，本人は吃る状態を意識してしまってそれを苦にし，話す前から吃りはしないかと予期して不安になり，固くなるためにかえって吃ってしまう。さらに，吃るまいとして目をパチパチさせたり，顔をゆがめたり，手を固く握ったり，足踏みをしたりといった余計な随伴行動が現れる。この段階では，吃症状は連発，伸発に緊張による震えが加わり，難発や中阻へと進展する一方，吃りを気づかれないようにごまかし，言いやすい表現を選んで苦手な言い回しを避け，全般に無口になる。これを回避反応といい，このような悪循環に陥った状態を「二次性吃り」という。この回避反応が現れる時期が移行期で，10～15歳頃と考えられる。こうなると吃音は固定し，単なることばの障害ではなく，心理的な問題を伴ってその人の性格，人生観，人間関係，職業選択までにも影響を及ぼすものとなる。

吃音の原因は，いまだ明確ではなく，大脳の神経機構や発声・発語器官に神経生理学的な素因があるとする考え，神経症の一つの現れとする考えなどがあるが，1920～1930年代に行なわれたアメリカでの組織的，科学的研究の結果，現代では学習によるとする説が最も有力であ

る。3歳前後の子どもは，急激な言語発達の途上にあり，総じてことばの流れがスムーズにいかず，連発や難発の頻度が高い。ところが，周囲の者，主として母親がそれを吃りではないかと疑い，口やかましく注意したり矯正したりすると，それが誘因となって子ども自身がことばの状態に意識を向け始め，二次性の吃りに移行していく。つまり吃音は，聞き手が吃音と診断するから吃音になるということで，これをジョンソン（Wendell Johnson, 1906～1965）の診断起因説という。この説を裏づける調査として，はじめて吃音と診断されたばかりの子どもを他の同年代の子どもと比較すると，話し方の非流暢性の症状も，生育歴，言語発達，知能，運動能力などのいずれをとっても，子どもの側に差異は見当たらない。ところが，吃りと診断された子どもと，吃りと見なされていない子どもの親同士を比較すると，明確な差が見られる。それは，吃りと見なされている子どもの親たちは，3歳児の平均的な話し方のサンプルを聞かされると，一般の親よりもそれに対して吃りらしいと疑う率が高かったという報告による。つまり，一部の親たちは，他の親たちが見逃しているようなことばの非流暢さに対してまでも注意を向け，それに吃りというレッテルを貼ろうとするのである。総じて吃音児の母親像は，支配的で几帳面，しつけに厳しく，要求水準が高いといわれる。

吃音の訓練・指導は，年齢と進展度合に応じて環境調整，間接的治療，直接的治療，カウンセリングを有機的に組み合わせることが必要である。つまり，問題を単なることばのリズムや発語器官の動かし方の異常としてでなく，関係因子全体の相互反応の集積として総合的にとらえることである。そのためには，専門家である臨床言語士，言語障害児学級の教師にまず相談する。

専門家の行なう検査と治療（訓練）は，次のような内容を含んでいる。検査として心身の発達，環境の変化，家族関係など生育歴に関する情報を取り，観察やテストによって現在の症状をとらえる。この時，吃音の症状と程度，周囲の者がどのような態度を取り，どういう反応をしてきたか，子どもが聞き手の態度や自分のことばの問題をどうとらえているかなどの点を考え合わせる。

治療は，3歳前後の子どもの場合，環境調整を中心とし，母親へのカウンセリングによって親子関係を望ましいものにし，子どもに対しては遊戯療法を行なうことでフラストレーションや不安を減少させる。ことばの状態を意識させることを一切しないで，聞き役にまわって自由にたくさん話させ，吃る時も吃らない時も同じ態度で接するようにする。そして話し方でなく，話の内容をよく聞いて喜んで受け応えをしていくことで，子どもは自信と安定感をもつことができる。このようにして調子の良い場面を多くして流暢に話せる経験をもたせ，吃症状を学習することのないよう，幼児期の適切な処置で進展を阻止することが必要である。二次性の吃音に移行した学齢期の子どもや成人の場合も，良い聞き手になって相手の状態を受け入れ，緊張を解くことは共通である。この時期に至っては，直接的に言語に働きかけることもする。吃症状を緩和し，楽に吃れるように，流暢性促進訓練として斉唱，復唱，音読，柔らかな起声，随意的に吃ることなどを訓練する。機器を利用したものでは，ヘッドホンで雑音を聞きながら話す聴覚マスキング，自分の声を1秒ほどの遅れで聞かせる遅延聴覚フィードバック（DAF）などがある。この他，カウンセリングにより，自己の心理状態を洞察させ，吃りを回避せずに正面からこれを受け入れる態度を作っていく。

吃音の問題は，あまりに症状に注意を集中させた結果，ことばがコミュニケーションの手段であって目的ではないことを忘れ，人との関係をもてなくしてしまうことである。吃音者は吃音にとらわれず，これと上手につき合って，明るく，積極的に生きることが大切で，これは最近の言友会（吃音者のセルフ・ヘルプ・グループ）の活動方針となっている。〔今村恵津子〕
⇒言語障害，言語障害児学級，言語発達遅滞

文献 1. 相沢浩二『吃音学を超えて』弓立社，322p., 1980；2. 飯高京子・若葉陽子・長崎勤編『吃音の診断と指導』（講座 言語障害児の診断と指導 3）学苑社，294p., 1990；3. B-内須川，1984；4. J-内須川，1986；5. B-

小林監修, 1979；6. ジョンソン, W.・ダーレー, F.・スプリースタースバッハ, D.C., 田口恒夫他訳『言語病理学診断法』協同医書出版社, 404p., 1975；7. 平井昌夫他『子どものどもり』日本文化科学社, 184p., 1963；8. 矢野武貞『「吃音」の本質：話行為の構造と病理』弓立社, 318p., 1975

気づき　awareness

(1) 自分の心の中で主観的に何かを意識している状態。(2) 注意している意識化の過程。(3)「あっ，そうか！」「なるほど！」と全身で感じる「納得したという体験」。(4) 以前には気づいていなかった実存的選択について気づくようになること。(5)「悟り」などのような，心に生まれる神秘的な状態。(6) 主に認知的な,「今－ここで」的機能としての「気づき」と，根本的にトラウマを取り去った人の肉体的と情動的なものを統合して認知されている状態としての「意識」との間にある特徴（Janovによる）。(7) 女性の意識向上グループ，人種差別についての気づきワークショップ，などといった人たちがさぐっている「社会的気づき」。

定義を補足すれば，次のようになる。

現在の状況で，その個人が何をどの程度に感じているのかという体験のレベルを示すパーソナリティのプロセス。認知的コンプレックスないしは情動的出来事を心の深部で感じるための，ごく弱い刺激を原始的に探り当てた時の主観的現象。自己についての知識（直観力の増加や，注意野の端に何かがあるのをぼんやりと感じることなどをも含めての知識）を意味する一般的用語。精神分析での「意識化」や自らについての「洞察」に近いもの。

特に人間学的カウンセラーないしトランスパーソナル的なカウンセラーによって，カウンセリングのゴールとして考えられている「気づき」は，問題になってはいるものの，定義がはっきりしない用語である。ここではゲシュタルト療法で使われている用語「気づき」について述べる。ゲシュタルト療法の創始者パールズ*によれば，「気づき」には，(a) 内層の気づき，(b) 外層の気づき，(c) 中間層の気づき，の3種がある。(a)は，身体の内部でおきていることに気づくこと。たとえば，兄のことを思い出すと，怒りがこみあげる，など。(b)は，自分の身体の外でおきていることをありのままに認知して気づくこと。たとえば，「みんなが私を見ている」「カウンセラーがほほ笑んだ」など。外界を正しく認知できないと，外界へうまく適応できなくなる。「ほほ笑んだのは私を冷笑し，ばかにしたのだ」と被害妄想につながったりする。(c)は，自分が考えていることが想像，空想だということを意識すること。たとえば，「つきあってくださいと言っても断られる」と自分で思い込んでいることに気づくなど。勇気を出して言ってみれば，断られないかもしれないと悟れば，言ってみるという行動をおこすことになろう。この気づきがないと，幻覚や妄想をもつことになる。

「あなたは，今何をしているか」「あなたは，今何を感じているのか」「あなたは，今何をしたいのか」と問いかけただけでも「気づき」がおきる。他者や自己を感じたり，イメージ化したり，そのイメージと対話したりして「気づき」を得る「イメージ法」は，自分の実体に気づき，自分がどのような人間であるかを明確にするのに役立つ。思考と感情の違い，想像と観察の違いに気づくとか，自分の欲求や気持ちに気づくなど，各種の気づきがある。

意味のある気づきは，「世界の中の自己についての気づき」であり，「世界との対話」であり，「他者についての気づき」であり，それは自己の内部へ焦点を当てた内省とは異なるものである。

気づきは，感覚領野の自己のパターンに気づくことをも含んでおり，ゲシュタルトの形成をも含んでいるので，クライエントにとっては意味のある現実がはっきり見えてきて，自分が感じていることが全体の中でどういう意味をもつのかが明らかになる。たとえば，「他者が自分を嫌っている」と感じる人がいたとすると，「自分はいつも被害的な受け取り方をする」という自己のパターンに気づけば，「嫌われている」というのは自分だけの思い込みであって，「実は嫌われていないかもしれない」と気づくであろう。

ゲシュタルト療法では，これらの「気づき」の持続を増加させるのを支援することを目標にしている。クライエントは「どうすれば気づく

ことができるようになるのか」を学んで、自分の気づきを信じてやっていくほかない。気づくのはクライエント自身であって、カウンセラーがクライエントの心の内面を外から操作して教えるのではない。「気づきをどう促すか」がカウンセラーの役割である。

パールズによれば、人間の理想的な状態は、過去にとらわれすぎない、将来を心配しすぎないことである。「今－ここ（現在性、presentness）」から常に新しいものを作り出せる。「今－ここ」が一番豊かで、ここからしか将来も生まれてはこない。このことに気づかなければ変化は生じない。変化は、人が自分自身であるときに生じる。怒りがあれば、怒りを取り去るよりも、ありのままの怒りを認め（コンタクトをもっ）て、怒りそのものになりきり、それを十分に経験し、表現する（形にする）。「ルビンの盃」における図と地（背景）との関係からいうと、形にすれば、怒りは図に留まることなく地に反転する。それが自分自身になることにつながる。「ルビンの盃」でいえば、白い杯の部分が図として眺められるときには、黒い部分は「地」になっている。図が完結すると、今までの「地」だった黒い部分の顔が「図」として見えてきて白い部分が「地」になる。感情をも含めて、心も、身体も、「今－ここ」での自分になりきる。そのような完全な「気づき」がおきると、その個人ないしその環境における最も大事な出来事にクライエントが接触することになる。それを完全に体験できると、そこでは最も大きな関心をもつ対象が意識に上ってきて前景（図）になり、次いで、その瞬間の「気づき」の焦点となっていた「図」が忘れられるか同化されて背景（地）に溶け込む（図地反転）。つまり、健康なパーソナリティでは、このような「図」と「地」の反転が連続的におきている。終わっていない経験を完結させ、まとまりのある方向へ人格を統合させることを援助するゲシュタルト療法では、この「気づき」が重要な役割をもっている。

〔小林　司〕

⇒アイデンティティ，今－ここで，ゲシュタルト療法，自我，トランスパーソナル心理学，ルビンの盃

文献　1. I-倉戸編『現代のエスプリ』No. 375, 1998；2. G-Kaplan and Sadock, 1991；3. G-Task Force, 1994

機能的構音障害　functional articulation disorders

構音器官に異常が認められないのに、特定の語音を多少とも習慣的に誤って発音する現象。

子どもが母国語の構音技術を習得する過程は、言語発達過程の一側面をなしている。すなわち、生まれた時から母親の話しかけが始まり、それによって子どもは母国語の標準パターンを印象づけられていく。乳児の構音器官は、生後数カ月はただ反射的に動き、勝手な音を出しており、それを調節するのは耳の役割である。喃語（まだ言葉にならない発音）期には、耳を働かせて自分の発した音を聴き、それを標準パターンと比較、照合している。すなわち、まず、その母国語らしい声の抑揚、リズム、アクセントを身に付け、試行錯誤しながら不快な音や標準音と異なる音は捨てていく。未発達な筋の運動感覚と聴覚をたよりに、いろいろと出し方を変えてみながら、発声や構音を調節し、標準音に近いものを残していくことで、徐々に母国語に近づいていくのである。10カ月頃から音の種類も増え、生後1年になると「ママ」「パパ」など、いくつかの決まった語を一定の構音動作をつなげて思い通りに発音できるようになる。構音の発達過程は、教えられるものでなく、母親との交流のなかで無意識的、全体的に自然に獲得するものである。発語を繰り返すことによって練習を重ね、各音は次第に標準音に近づいて安定してくるが、これは標準音を出す時の固有感覚の記憶が確立され、神経回路が決まってくるためと考えられる。

発達には個人差があるが、一般に母音とマ行、パ行、バ行、ナ行、タ、テ、ト、ダ、デ、ド、ヤ、ユ、ヨ、ワ、ンなどが最も早く獲得され、2歳頃までに構音できるようになる。その後、カ行、ガ行が加わり、5歳までにはサ行、ラ行、ツ、ズを除く大部分の音が完成される。早い子どもは4歳までにすべての音を正しく構音できるようになるが、遅い子どもでは7～8歳ぐらいである。

子どもの言語障害の中で，構音障害児は約25％を占め，言語発達遅滞に次いで多い。音の種類では，サ行，ザ行，ラ行，カ行の誤りが最も多い。構音の発達には順序性があり，幼児音が残っているなどして当該音がその年齢を過ぎても出ない場合は，構音障害を疑う。機能的構音障害は発達途上でおこる異常であり，その原因は次のようなものが考えられる。(1) 音の認知，弁別などの聴覚情報の処理能力の障害で，たとえば「キャラメル」か「キャマレル」かを正確に把握していない場合など，(2) 構音技術の発達のみが遅れ，発音以外の言語発達，および心理発達は年齢相応である場合（たとえば「さかな」が「ちゃかな」，「かえる」が「たえる」になるなど，構音操作が未熟と考えられる。），(3) 構音技術の習得の誤りとして，母親や，兄，姉に何らかの言語障害があって，その誤った手本を学習してしまうといった社会心理的問題によるものなど，である。

音の誤りの症状は次のように分類される。(a) 置換：ある音（主に子音）の代わりに他の音が構音されること。たとえば「かさ」が「かた」になるのは，「s」が「t」に置換したものである。(b) 省略：構音されるべき音が抜けてしまうこと。たとえば「はい」が「あい」になるのは，「h」が省略されたためである。(c) 歪み：はっきりと他の音に置換されるのでなく，構音点や構音様式が目的とする音のそれとはやや異なっている場合や，似ているが正しくない場合をいう。（「江戸」を「いぇど」と発音するなど）歪み音は，文字や通常の音声記号で表すことは困難である。(d) 付加：不必要な音を挿入すること。たとえば「た」が「つぁ」になるのは，「s」が付加されたためである。(e) 倒置：音や音節が入れ替わること。たとえば「くつした」が「つくした」になる場合などである。

これらの障害は，放っておいたり無理に矯正しようとしたりすると，他の努力性の構音障害に移行したり，子どもが話すことを嫌がるようになったりして治療を一層難しくさせることがあるので，言語治療部門のある病院の小児科，地域のリハビリテーション・センター，入学後であれば学校のことばの教室を訪ね，専門家の指導を受けるのが近道である。臨床言語士 (speech and language therapist, ST) は，子どもの成育歴，生活環境，情緒的な面などについて親から情報を得つつ，言語行動全般について全体的評価を行なう。そして，語音表によって音の誤りを系統的に分析し，いろいろな場面における構音異常の程度と一貫性を調べる。各子音は単語の語頭，語中，語尾の各位置にしたがって検査されるが，それによって変動のぐあいや，刺激による変化を見る。STは，検査結果からどの音から治療するか，治療回数，個人訓練と集団訓練の割合などの方針を決め，治療に入る。

機能的構音障害の治療は，聴覚訓練法が中心的位置を占めている。聴覚訓練法は，なるべく自然習得に近い形で，語音を注意深く聴く態度を養うことが目的で，子どもに正しい語音の聴覚印象をしっかりと植えつけ，正しい構音と誤った構音とを容易に耳で聴き分ける能力を身につけさせる方法である。具体的には，一つの音を取り上げて，ゲームや遊びの中でその音を集中的に聴かせ，他の音と聴き分けられるようにする，単語の中にその音が入っているかどうか区別できるようにする，単語の中のどの位置にあってもその音を取り出せるようにする，誤った発音から正しい発音を区別する，自分の発音の良し悪しを自分で判断できるようにするなど，段階を追って系統的に訓練していく。聴き分けが十分できるようになったら，構音練習に入る。子どもがその音を随意にコントロールできるようになったら，学んだ音を実際の日常場面で自然に使えるように習熟訓練を行なう。そして，いつでもどこでも周囲の人が聴いて少しも異常を感じないような構音が自動的にできるようになり，もし間違った発音をした場合には，ただちにそれに気づいて自分で訂正できるようになれば，治療は終了である。〔今村恵津子〕
⇒言語障害，言語障害児学級，言語発達遅滞

文献 1. 飯高京子・若葉陽子・長崎勤編『構音障害の診断と治療』（講座 言語障害児の診断と指導 1）学苑社，288 p., 1987；2. ウィニッツ, H. 編著，船山美奈子・岡崎恵子監訳『臨床家による臨床家のための構音障害の治療』協同医書出版社，277 p., 1993；3. カーティス, J. F. 編，笹沼澄子・伊藤元信監訳『入門コミュニケーション機能障

害』医歯薬出版, 408p., 1984；4. H-『治療教育講座』9, 1980；5. J-隅江他編, 1985；6. 全日本特殊教育研究連盟編, 大熊喜代松『言語障害児のコトバの指導』(新訂)(特殊教育双書)日本文化科学社, 321p., 1971；7. 田口恒夫『言語障害治療学』医学書院, 240p., 1966；8. トラヴィス, L. E.・切替一郎監訳『音声言語病理学：音声言語障害の臨床』医歯薬出版, 371p., 1957；9. H-小川口編『言語障害児教育の実際シリーズ』1, 1979

逆転移　⇨対抗転移

脚本分析　script analysis

「人生早期に親の影響の下に発達し,現在も進行していて個人の人生の最も重要な局面でどう行動すべきかを指図する」ものを筋書き脚本と呼ぶ(Berne, 1970)。脚本分析は,この強迫的に繰り返される筋書き脚本を交流分析で分析し,人生の計画を自らの統制のもとにおくことを目的とする心理療法である。

脚本の形成　スタイナーは脚本が形成される過程を図式化して,「脚本の母型」を考案し,「価値観」「モデル（具体的なお手本）」「禁止令」が作用して脚本ができ上がるとした。

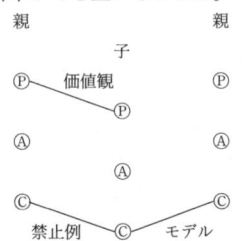

「脚本の母型」(Steiner, 1971)
交流分析でPは親の自我状態, Aは大人の自我状態, Cは子どもの自我状態を示す

価値観とは「しっかり勉強していい大学に行きなさい」「成功してお金をもうけなさい」などの教訓的な親の声である。モデルは,親から子へ示される行動様式,たとえば人との接し方,仕事の仕方,物ごとの感じ方などで,ふつう同性の親の行動から学ぶ。禁止令は,交流分析における両親の中にあるC（子どもっぽい自我）から子どもの中にあるCへ生活を通じて与えられる否定的なメッセージであり,この禁止令が脚本の形成に重要な意味をもつ。具体的には,グールディング夫妻　（M. M. Goulding, R. G. Goulding）のまとめた次の12の例がよく用いられる。

(1) Don't exist：「お前なんか生まれてこなければよかったんだ」というような拒絶,虐待,存在無視などのメッセージ。(2) Don't be the sex you are：「お前が男の子だったらよかったのに」というように,親が望んでいたのとは逆の性に生まれた子どもに与えられる。(3) Don't be a child：幼くして兄弟の世話を任されたり,父親代わりに家庭の責任を負った結果,十分甘えられず,背伸びをした子どもに育った場合。(4) Don't grow：過保護,過干渉の親,特に母親が子どもを自分の所有物のように扱う場合に発せられる。また死別,拒絶などの愛情喪失体験や年齢に応じて必要な生活体験の欠如も影響する。(5) Don't succeed：「お前は何をやっても失敗するんだから」などの親のメッセージを受けて育った場合。また,親自身が退学,離婚,失業を繰り返していると,ことば以上に明確にこの禁止令が伝わる。(6) Don't：子どもの自由な行動を禁止する場合に発せられる。(7) Don't be important：「子どもなんだから」としいたげられる,ほめてもらえない,自分の主張や役割を表現する場がないといった家庭環境で発せられる。(8) Don't belong：両親が非社交的であったり,幼少時から集団生活の体験がない場合。(9) Don't love, Don't trust：両親に十分愛された体験がなかったり,親の離婚,死,親族の争いなど親しい人間関係がこわれる場面に多く出会うと受けやすい。(10) Don't be healthy：病気の時だけ優しくされたり,親自身が健康でない家庭,また子どもが病気の時だけその世話に忙しく不和をまぬがれる場合に発せられる。(11) Don't think：知恵を働かせること,つまり交流分析におけるA（おとな,成熟した人格）の使用を禁じられる場合に発せられる。(12) Don't feel：子どもが怒りや悲しみなど自由な感情を出した時に,親がよい顔をしなかった場合に発せられる。

【脚本のタイプ】　バーン*は(a)「幼時の決断」と(b)「時間の構造化」による分類をし,スタイナーは(c)「内容と結末」からみた分類をしてい

(a)「幼時の決断」による分類。(ⅰ)勝利者の脚本：人生の目標を自分で決め，努力し，達成できる人。同じ失敗を繰り返さない。(ⅱ)非勝利者の脚本：他の人と同じレベルに達するだけで満足する人。(ⅲ)敗北者の脚本：自分の目標を達成できず，その責任を他人に転嫁する人。禁止令に人生が支配されている。

(b)「時間の構造化」によると次のようになる。①「決して」式の脚本：やりたいことを最後まで果たせない人。②「いつまでも」式の脚本：いつまでも親の罰から解放されず，問題行動をする人。③「まで」式の脚本：「～するまでは」という条件を自分に課して本来の自分の生き方をしない人。④「その後」式の脚本：ものごとが順調に進んだ後には災難がやってくると予期して生きる人。⑤「いくたびも」式の脚本：成功を目前にして失敗を繰り返す人。⑥「無計画」式の脚本：「非勝利者」の生き方。義務を果たした後どうしたらよいかわからない人。

(c)「内容と結末」からみると次の二つに分かれる。1.平凡な脚本：日常生活の中でごくふつうに演じられており，悲劇的な結果に終わることはないが，本来の生き方をゆがめているもの。2.悲劇的な脚本：禁止令の影響を強く受け，うつ病，不適応，無気力，薬物依存などを引きおこす自己破壊的なもの。

【脚本を書きかえるには】 a.スクリプト・チェック法：「あなたのお母さんはどんな人か」「お母さんはどんな時にあなたをほめたか」などの「脚本チェックリスト」に従って自分の生活歴を調べ，人生脚本を明らかにし，治療する方法。

b.再決断療法：再決断派では，禁止令が与えられてもそれを受け容れなければ，脚本はでき上がらないと考えている。そこで5～6歳までの幼い時代のある場面を思い出し，禁止令とそれに関連する幼時決断を見出す作業をし，子どもの自我状態に戻って決断をやり直し，脚本を変えていく。

c.ミニ脚本 (T. Kahler, H. Capers, 1974)：日常生活の中で短時間におこる行動で，人生脚本を強化するような言動，これを「ミニ脚本」といい，それをなくすことによって脚本からの解放をはかる。〔嶋貫恵利子〕

⇒依存的人格障害，うつ状態，交流分析，ストローク，ドラッグ，物質依存，無気力

文献 1. B-桂・杉田・白井, 1984；2. E-グールディング・グールディング, 1980；3. 杉田峰康・国谷誠朗『脚本分析』チーム医療, 100p., 1988；4. H-杉田編『サイコセラピー』8, 1985；5. B-杉田, 1990；6. Berne, E, *What do you say after you say hello?*, Grove Press, 480p., 1984

キャリア・エデュケーション，進路教育 career education

学校教育関係者が中心となって，社会生活全体における，個人の生涯にわたる職業生活を教育カリキュラムに関連づける教育システムを作り出そうとする新しい動きのことで，米国で，1977年に成立した「キャリア教育奨励法」により国の財政的援助を受け，全米に普及・発展した。

1971年1月，当時の米国連邦教育局長官マーランド (S. P. Marland) の提唱に始まり，以後約15年間，全米の学校（幼稚園から大学まで）のすべての園児，児童，生徒，学生，また成人にいたるまでを対象として推進された，組織的・系統的・継続的・計画的な進路教育改革運動を指す。

「career」には，従来「職業」の意で用いられてきた「vocation」よりも広い「生涯にわたる職業」（進路）という意味が含まれている。つまり，卒業直後における職業の選択のみを問題にするのではなく，子どもから成人に至るまでの全教育過程を通じて知的教科と職業的教科とを並行して指導し，仕事について学習し，個人の適正な進路を発見し，自我を確立させること，仕事に対する能力・価値・満足感を見出すことを目的としている。

キャリア・エデュケーションの特色は，(1)個人の全生涯のサイクルにわたる，(2)学生活動，ボランティア活動，家事，余暇の時間の活動をも含む，(3)すべての人を対象とする，(4)個人のキャリア選択の自由の保護・意思決定・実施に対する援助を中心的な関心とする，(5)必要とされる専門的知識は，学校教育に限らず，社会生活の多くの部分に存在する，などである。

具体的なプログラムとしては，(a) 学校を基盤とする総合キャリア教育モデル (comprehensive career education model, CCEM)，(b) 雇用者を基盤とするキャリア教育モデル (employer-based model)，(c) 家庭を基盤とするキャリア教育モデル (home-based model)，(d) 田園地方に居住する人を対象としたキャリア教育モデル (rural-residential model) がある。このうち，最も開発が進展したのは，(a) の「学校を基盤とする総合キャリア教育モデル (CCEM, 1972年)」であった。

これは，新たに「キャリア教育」の分野を設定するのではなく，従来の基礎的教科における教育過程全体に，キャリア発達に関する主題を浸透 (infusion) させ，その教科を再編成している点に特徴がある。具体的な方法としては，(ⅰ) 普通教育と職業教育を一体的に扱い，すべての教科を職業やキャリアと結びつける，(ⅱ) 各個人のニーズを重視したカリキュラムとする，(ⅲ) 勤労体験を重視する，(ⅳ) 指導を個別化する，などがあげられ，これらは各学年の段階ごとに，キャリア発達における具体的な目標 (キャリア意識の養成→キャリアの探求→キャリアの準備→キャリアの専門化) を掲げつつ，全校的な組織や指導体制のもとに学校の教育活動全体を通じ，計画的・組織的に実施されるものである。

また，(b)の「雇用者を基盤とするキャリア教育モデル」(今日では「経験を基盤とするキャリア教育モデル」へと変更) も発展をみたが，これは，地域社会の「リソース・パーソン (resource person)」(知識・技能・情報などの提供者) が教師・カウンセラーと連携・協力のもとに，学校外において生徒を指導・援助するものである。特に，学業に興味を示さない生徒を一定期間企業における労働に参加させ，のちに卒業資格を与えたり，復学を認めたりする教育プログラムである。

このように，学校においてはその教育の全過程を通して，また，学校外においては生涯教育として，各人の個性・能力・資質に応じた多様なキャリア教育のためのプログラムが用意され，その実践においては，ガイダンスおよびカウンセリングが必要不可欠な援助として強調された。

日本の「進路指導 (career guidance)」は，アメリカのキャリア・エデュケーションと同義語ではない。また，中等教育でしか着目されてこなかったのが現状である。しかし，1980年の『中学校・高等学校進路指導の手引き』(文部省) に見られるように，日本の「進路指導」もキャリア教育の発想に立ち，学校内外の教育活動において総合的な援助・指導を目指していこうとする動きが表れ始めている。　〔髙橋寛子〕

⇒キャリア・ガイダンス，キャリア・カウンセリング，進路指導

文献　1. 金子忠史『変革期のアメリカ教育 (学校編)』東信堂, 310p., 1985；2. 仙崎武『「キャリア教育」に学ぶもの：キャリア教育とは何か』『進路指導』日本進路指導協会, 1990；3. 中西信男・広井甫編著『進路指導の心理と技術』福村出版, 221p., 1981；4. 野田重雄「キャリア教育における相談活動のあり方」『学生相談研究』日本学生相談学会, 1990；5. 野淵龍雄「職業指導の理論と実践：アメリカ合衆国における Career Education Movement の研究(1)」『新潟大学教育学部紀要』第24巻第2号, 1983；6. 野淵龍雄「アメリカ合衆国における Career Education Movement の研究 (Ⅱ)」『新潟大学教育学紀要』第25巻第2号, 1984；7. 広井甫・中西信男『学校進路指導：その基盤と現実的諸問題』誠信書房, 246p., 1978；8. 藤本喜八「進路指導の定義について」『進路指導研究』第8号, 日本進路指導学会, 1987；9. 藤本喜八「進路指導の定義の歩み」『進路指導研究』第6号, 日本進路指導学会, 1985；10. 宮内　博『進路指導概論』文雅堂銀行研究社, 425p., 1980；11. 文部省『中学・高校進路指導の手引：個別指導編』日本進路指導協会, 164p., 1980

キャリア・ガイダンス，進路指導
career guidance

従来の職業指導・進路指導とは区別され，個人の特性に応じた自己目標や自己実現が達成されるように，カウンセラーが専門的立場から行なう指導・援助のことである。自己概念 (self-concept) が職業との関わりにおいて育成されること (キャリア発達・キャリア成熟) を目標としている。

キャリア・ガイダンスは，キャリア・エデュケーションという教育体制のもとに，互いに補い合いながら実践される。学校内においては，教師とカウンセラーの協同による「『情報』と『経

験」との組織的なプログラム」として実践され，(1)個人が自己理解や自己概念を深めること，(2)職業についての知識を得ること，(3)労働の動向や就職の仕方についての情報を増すこと，(4)キャリア選択や意思決定のプロセスを習得すること，(5)余暇活動に関する知識を広げること，などを目標として行なわれる。教師やガイダンス・カウンセラーに求められる具体的な活動としては，「カウンセリング面接」「進路情報の提供」「心理検査の実施」「学校内外の専門機関との連携」「自己啓発のためのプログラムの設定」などさまざまである。

特に，社会の変化のなかで，児童・生徒の一人一人が主体的に対応していくためには，将来についての見通しを立て，調整し，多様な価値観の中から自ら理性的に選択することができるような，「意思決定能力」や「問題解決能力」の開発が必要とされ，そのための援助活動の実践には，個人のパーソナルな側面（自己概念・自我同一性・要求・態度・価値観など）にまで働きかけ，その発達を促進させていくといった高度な専門性が要求されている。

したがって，現代のキャリア・ガイダンスにあっては，教師やカウンセラーにかかる責任が一層増大してきていると言わねばならず，その自覚とともに，学校全体の統合的な取り組みとプランニング，また，援助者の専門性を高めるためのプログラムや研修の機会が望まれる。

一方，キャリア・ガイダンスは，個人の全生涯にわたって必要な援助活動であるにもかかわらず，日本においては従来，学校教育のごく一部でしか行なわれてこなかった。しかし近年，高齢社会の到来によって，特に企業内教育を中心とした「中・高年対象のキャリア・プランニング」が盛んに行なわれている。

たとえば，40歳〜45歳を対象にした「人生設計プログラム」では，キャリア概念の理解，自己分析，キャリア目標の設定，啓発プラン案づくり，キャリア・カウンセリングなどを通して，自分をみつめなおし，一時立ち止まって将来の人生を考えるとともに，現在の自分の能力や適性について認識することによって，職業生活や家庭生活をより活性化させようとするものである。また「退職準備プログラム」においては，在職中より，定年後の人生に向けての心の準備を行ない，充実した生活がおくれるよう自覚を促し，計画を立案させ，必要な知識を提供するといった援助を行なうものである。

これらは，職業生活だけでなく家庭生活をも含めた広がりをもつことから，夫婦での参加を促している点に特長があり，個人に対するキャリア・カウンセリングも織り込まれた「総合的なキャリア・ガイダンスのプログラム」といえよう。　　　　　　　　　　　　　〔髙橋寛子〕
⇒キャリア・エデュケーション，キャリア・カウンセリング

文献　1.榎本和生「進路指導の専門性が進路相談状況に及ぼす効果」『進路指導研究』第5号，日本進路指導学会，1984；2.中西信男・広井甫編著『進路指導の心理と技術』福村出版，221p.，1981；3.野田重雄「キャリア教育における相談活動のあり方」『学生相談研究』日本学生相談学会，1990；4.野淵龍雄「職業指導の理論と実践：アメリカ合衆国における Career Education Movement の研究(1)」『新潟大学教育学部紀要』第24巻第2号，1983；5.広井甫・中西信男『学校進路指導：その基盤と現実的諸問題』誠信書房，246p.，1978；6.広井甫「職業的自己実現（要約）」『進路指導研究』第7号，日本進路指導学会，1986；7.藤本喜八「進路指導の定義の歩み」『進路指導研究』第6号，日本進路指導学会，1985；8.宮内博『進路指導概論』文雅堂銀行研究社，425p.，1980；9.宮崎春雄「キャリア・ガイダンスにおける職業興味と探索的経験：学校の教育と企業の人事管理」『進路指導研究』第3号，日本進路指導学会，1982；10.宮崎浩「中高年齢者対象のキャリアガイダンスプログラムの考察と今後の課題」『進路指導研究』第5号，1984

キャリア・カウンセリング，進路相談
career counseling

進路に関する問題をもつ人に対して，自ら責任をもって，その方向づけ，選択，決定をしていけるよう援助していく専門的活動。

キャリア・カウンセリングの目的は，児童・生徒，学生，成人の一人一人が主体的に問題解決能力を高めて積極的に自己の問題を解決し，進路や人生目標を追求して望ましい進路選択，職業的発達をはかり，社会的・職業的自己実現ができるように相談援助することにある。

学校におけるキャリア・カウンセリングの目標としては，(1)自己理解，自己への積極的な

態度を養う。(2)他者の理解，他者への思いやりの態度を養う。(3)仕事・職業への関心をもち，それを理解する。(4)将来生活への関心を高め，学業と生活・職業との関係を理解する。(5)対事物・対人技能の習得をはかる。(6)意思決定，計画・実践の技能を習得する。(7)職業技能の習得をはかる，ということに整理できるが，そこには「人間としての生き方に迫る」という視点が重要である。

プロセスについては，木村周が，カウンセリング関係作り→問題の把握→目標の設定→目標達成のための方策の決定→クライアントの積極的関与の確認→方策の実行→方策の評価→カウンセリングの終了と体系的に進めることを述べ，さらに，キャリア・カウンセリングについて詳しいハー(Edwin L. Herr)が指摘する18のステップを紹介している。(a)カウンセリングの目的，カウンセラーと生徒の役割を明確にする。(b)専門的なカウンセリング技術によって，クライアントが問題を明確にするのを助ける。(c)職業選択が第一の問題なのか，を決定する。(d)職業選択パラダイムを説明する。(e)良い決定に必要な準備行動を説明する。(f)その生徒が，十分なモチベーション(動機)をもっていることを確認する。(g)考えられるすべての可能性のある選択肢をクライアントにあげさせる。(h)合理的に考えられる他の選択肢を確認する。(i)その生徒についてのすべての関連情報(テスト結果，学業成績，職業経験や興味など)を集める。(j)その生徒についての追加情報を集める。(k)可能な職業選択に関連するその他のすべての情報を提供する。(l)すでにあげられた選択肢の有利な点，不利な点を鑑定させる。(m)その他の有利な点，不利な点を考える。(n)選択肢を評価し，選ばせる。(o)最も有望な選択肢について，追加情報を得られるようその生徒を援助する。(p)最も有望な選択肢を選ぶよう援助する。(q)選ばれた選択肢が満足できるものかどうかカウンセラーが評価する。(r)カウンセリングを終了する。

進路指導におけるカウンセリングは心理療法とは区別され，渡辺三枝子(1994)は「大部分ことばを通して行われる過程であり，その過程の中で，カウンセリングの専門家であるカウンセラーと，何らかの問題を解決すべく援助を求めているクライアント(来談者)とがダイナミックに相互作用しカウンセラーはさまざまな心理的援助行動を通して，自分に責任をもつクライアントが自己理解を深め，建設的な意志決定という形で行動がとれるようになるのを援助することである。」と述べている。さらに，この定義をもとに，独自性について，(i)生徒一人一人を独自の存在として見る姿勢をもち，教師が個々の生徒の問題や発達状況に合わせて直接関与していく援助過程であること，(ii)質疑応答とか一方的な情報提供だけでなく，教師には，対話の力，コミュニケーション能力を育てることが求められること，(iii)種々の情報，心理検査や調査の結果などを用いたり，対決や支持，勇気づけなど生徒に役立つ必要な手段を用いて，生徒が自己理解を深め，意思決定できるように援助すること，と指摘している。

キャリア・カウンセラーについては，日本進路指導学会が「認定キャリア・カウンセラー」の制度をつくり，進歩と発展に寄与している。

基本的な心構えとして，従来の進学，就職指導だけでなく，個人の状況に合わせて自己理解を深めていくなかで，自己選択し実行していけるように援助していくことがどうしても必要であり，相手が何を考え，何を感じ，どうしたいと思っているのかをありのままわかろうとして接していくことが大切である。そして，相手が安心して向き合い，「自分のことを本当にわかってもらえた」と実感できるような雰囲気を作っていくことが重要である。

産業界におけるキャリア・カウンセリングの必要性については，次の3点があげられる。①企業に入った以後のキャリア形成に対して，若年者のための援助が少ない。②女子学生の就職難に関係して進路選択の進め方を検討することと，再就職プログラムを活用しながら女性のキャリア開発への援助が進むことが期待される。③中高年齢者に対して，過去の経験や自らの価値観を整理して新しい仕事への可能性を考える方法の開発が重要になる。

最近，産業カウンセリング協会や産業カウン

セリング学会でもキャリア・カウンセリングを取り上げており，横山哲夫（1995）は個人を活かし，組織を活かす経営を進めていくためには，キャリア・カウンセリングを組織的に導入していくことがどうしても必要であると強く主張している。〔池亀良一〕
⇒キャリア・エデュケーション，キャリア・ガイダンス

文献 1. I-國分編『こころの科学』No. 58，1994；2. A-日本進路指導学会編，1996；3. 横山哲夫他『キャリア・カウンセリング：個人を活かし組織を活かす』生産性出版，242p.，1995；4. 渡辺三枝子『進路ジャーナル』実務教育出版，5p.，1994

教育心理学　educational psychology

教育心理学とは，教育を効果的に行なうための心理学である。

教育は，教師と児童・生徒の人間関係による営みであるから，その間に生じる心理的な諸問題を理解することの必要感により，教育心理学の研究が発展してきたといえる。

しかし，教育心理学の方法は，教育心理学独自のものはなく，心理学一般に用いられていることを，教育心理学の方法として用いていることが多い。古くは，エラスムス（Desiderius Erasmus, 1466～1536），ルソー（Jean Jacque Rousseau, 1712～1778），ペスタロッチ（Johann Heinrich Pestalozzi, 1746～1827）などに発している。その後多くの研究者によって，教育心理学の研究が進んできている。

その代表的な研究者と説について以下の図に記す。

エラスムス (1466～1536)	罰より賞を重んじる。
ペスタロッチ (1746～1827)	教育は，感覚知覚や理性の訓練によって目的を達する。
セ ガ ン (1812～1880)	（E. E. O. Séguin）発達遅滞児の診断と指導法を考察する。
ヴ ン ト*	心理学で発見された事実を教育に応用する実験を行なう。
ジェームス*	情緒・知性・道徳に実験を適用する。
デ ュ ー イ*	個人と集団の活動を通して，プロジェクト法で学習することを主張する。
ビ ネ ー*	個人の知能を測定するためのテストを考案する。
クレペリン (1856～1926)	（Emil Kraepelin）精神的疾病・疲労・薬物の心理学的影響について研究する。
ソーンダイク*	「教育心理学」を公にし，テストの領域を発達させる。
ワ ト ソ ン*	行動主義心理学を唱える。
パ ブ ロ フ*	条件反射の実験から，条件づけを研究する。
コ フ カ (1886～1941)	（Kurt Koffka）洞察説を唱える。
ケ ー ラ ー (1887～1967)	（Wolfgang Köhler）内的葛藤や要求阻止について研究する。
ユ ン グ	個人の内的世界を分析し，神経症の新たな治療法を唱える。
フ ロ イ ト*	精神分析を唱える。

その後，アメリカのゲーツ（A. I. Gates），クルー，スキナー*が，ドイツにおいては，カイルハッケル，トゥムリルツ（O. Tumlirz）などの「教育心理学」が，それぞれ今日の盛況の基礎を作っている。日本においては，1926年東京文理科大学から刊行された雑誌『教育心理学研究』が，日本の教育心理学に画期的な意義をもった。

1945年以前の教育心理学は，高島平三郎らによる月刊誌『児童研究』にはじまり，楢埼浅太郎の『日本教育的心理学』は，代表的なものといえる。1945年以降は，主としてアメリカやドイツの影響を受けて教育心理学が発展してきた。児童・生徒の個人差心理にもとづく教育の重要性が強調され，教職課程の必修科目となり急激な発達をみるようになった。

1989年に教員免許法が改正され教育心理学で扱われていた内容が「発達と学習」「教育の方法と技術」「特別活動」「生徒指導」などに分けられた。

教育心理学における調査研究には，(a) 実態の把握を主とした研究，(b) 教育の効果を知るための実態的調査研究，(c) 実践指導上の必要から，学習・性格・行動などの問題を抽出して，それを診断し治療することに重点をおいてなされる調査研究などがある。

教育活動に当たって用いられる教育心理学にもとづいた調査法の主なものには次のような方法がある。(ⅰ) 観察法，(ⅱ) 面接法，(ⅲ) 事例研究法，(ⅳ) 評定法，(ⅴ) ソシオメトリー（社会測定法），(ⅵ) 自叙伝，(ⅶ) 作品法，(ⅷ) 投影法テスト法，(ⅸ) 実験計画法。

近年，教育心理学の新しいあり方が研究課題

となっている。教育心理学は，理論的研究とともに現場の教師が日々の教育活動に必要な諸問題を解決し，教育効果をあげる実践的心理学となることが重要である。　　　〔本　勝恵〕
⇨教育分析，学習障害，学校における「特別活動」，虚弱児，言語障害児学級，自閉的障害，生涯学習，相談学級，大学生無気力症，知的障害，不登校，特殊学級，特殊教育，問題児

文献　1. E-岡部・沢田編, 1965；2. 高嶋正士・藤田圭一編『発達と教育の心理学』福村出版, 192p., 1996

教育分析　didactic analysis, training analysis

精神分析の専門家になろうとする者が，治療のためではなく，教育訓練の一環として自分自身が受ける精神分析。

ベルリン精神分析学会創立後2年を経た1922年の国際精神分析協会総会において，精神分析の専門家になろうと志望する者は全員，教育分析を受けなければならないことが決まった。

教育分析はこれらの専門家育成においては骨格を成すものであるが，その主な目的は分析の専門家志望の者に自己の盲点を気づかせるためである。

分析の専門家志望の者が教育分析を受けなければならないことは，今日では条件の一つになっている。しかしこれは最初から定められていたわけではなく，初期におけるフロイト*の弟子たちは，彼の講義を聞いたり，彼と議論をしたり，あるいは彼ら自身が見た夢の分析を行なうことで精神分析の専門家になる訓練を積んだ。

当初，フロイトは自己の無意識を知ることが精神分析の専門家になるための実践的訓練方法だと考えていたが，その後，自分自身が分析を受けていない分析家は，己れの無意識的な欲求や複合感情，葛藤，罪悪感，個人的な甘えや恨みなどについての洞察が不十分なため，逆転移が盲点となって患者が発する信号を正しく読み取れないという危険を指摘した。

つまり，分析の専門家は自己の抑制を取り除き，自分の神経症的な傾向を克服してこそ，患者に接しても逆転移を制御できるようになり，患者の無意識が理解できるという考えである。この考え方の背景になったのは，フロイトが理論体系をまとめるにあたって，自身の神経症的傾向を把握理解し，それを友人のフリース（Wilhelm Fliess, 1858～1928）との文通を通じて克服していった事実である。教育分析を受けた最初の例は，フェレンツィ（Sandor Ferenczi, 1873～1933）によりジョーンズ*が受けた精神分析である。フェレンツィは「患者のいかなる攻撃に対しても，ゆるがないようにするため，分析を行なおうとする者は自分自身を完璧に分析しておく必要がある。この点を強調する理由は，『教育分析は1年もかければ十分であり，後は各人が臨床を通じて会得すればよい』との風潮が見られるからである。教育分析と治療分析に違いはないが，治療の場合のゴールについては必ずしも完璧を期す必要はないものの，患者の将来について責任を負う立場にある分析者については，自己のすみずみまで把握する義務がある」と述べている。

なお，フロイト自身による教育分析の実践としてはウォーティスやブラントンの例が知られている。

今日，教育分析を受ける意義としては次の3点が考えられる。(1) 教育分析を通じて自己への洞察を深め，自己の無意識の把握や神経症的傾向を克服すること。(2) 分析の専門家になろうとする者が，はたして適した資質を有しているかどうかを探ること。これは，精神分析が患者と治療者との連携プレーを重視するようになってきた昨今では，精神分析家の個性が重要視されるようになったからに他ならない。(3) 教育分析を実際に体験して面接の技法を習得すること。

教育分析の方法や原理は，精神分析における研究者の立場の違いもあってさまざまである。しかし，一般的には，通常の神経症を患った患者が医師の治療を受けるのと同様に，時間を予約をして自由連想法による精神分析を受け料金を支払うというシステムがよく用いられている。

国際的な基準としては，国際精神分析協会の各国の支部が指定した訓練精神分析医により，

1回1時間50分で1週間に4回,カウチ(寝いす)に仰臥して行なう自由連想法を使っての訓練分析を2年以上受けるのが条件になっている。同時に,同様の週4回の精神分析療法についてのスーパーヴィジョンを受けなければならない。精神分析家の資格をとるには5～10年かかることが多い。日本でこの資格をもっているのは21名(1998年)にすぎない。しかし,これは必ずしも厳密に守られているわけではない。たとえばアメリカの大学院における例では,1回につき50分程度の面接を週1回ずつ6カ月間から10カ月間受けるというのが広く行なわれている。日本では,まだ教育分析の専門家の数が十分でないこともあって,それほど広くは普及していない。また今日では,必ずしも精神分析の専門家志望の者だけでなく,サイコ・セラピストやカウンセラーを志望する者が個人的に受けるカウンセリングも広義においては教育分析と呼ぶようになってきた。

これまでの日本には学閥や派閥など教育分析の普及を阻害するさまざまな要因があった。今後はこのような弊害を取り除くとともに,精神分析の専門家を志望する者のみならず,広くカウンセリングに関わる者なら誰でもが教育分析を受けることが必要になるであろう。

〔田中喜芳〕

⇒スーパーヴィジョン,精神分析,フロイト

文献 1. 小比木啓吾「精神分析学への誘い」(C-朝日新聞社AERA編集部編,1998所収);2. G-加藤他,1993a;3. G-國分,1990;4. G-小比木,2002

境界人 ⇒マージナル・パースン

境界人格障害 ⇒境界パーソナリティ障害

境界パーソナリティ障害,境界人格障害,境界例 borderline personality disorder

成人初期から始まる,パーソナリティ障害の一種。不安定パーソナリティ障害とでも呼ぶべきもので,統合失調症とうつ病の中間にあり,どちらかといえば,うつ病に近い人格にみえる。

その特徴は,対人関係の不安定さ,アイデンティティ障害,自己イメージがはっきりしない(自分がどんな人間なのかがはっきりわかっていない),うつから不安までの感情不安定性,対人関係における情緒的欠陥,著しい衝動性,怒りっぽさ,空虚感,見捨てられ恐怖,症状のあいまいさ,である。幼小時に分離や喪失に出会うと,自己破壊性の退行や精神病性の退行がおきやすい。性急な要求に対して答えを得ても満足を示さない。

町沢静夫によれば,この障害者には,(1)衝動性と自己表現欠如を主症状とするタイプ,(2)虚無感,うつ気分,不安,アイデンティティ障害,見捨てられ感などを主とする症例,の2種類があるという(町沢,1991)。「寄る辺なき放浪者」「何ごともぶち壊してしまう甘えん坊」にみえる。作家の太宰治やヘルマン・ヘッセが境界パーソナリティ障害者の好例である。

米国精神医学会による精神障害分類(DSM-IV,1994)では次のうちの5項目以上当てはまる場合を境界例と診断する目安にしている。(1)現実にまたは想像上で見捨てられるのを避けようとして死に物狂いで努力する(自死や自傷を除く)。(2)相手を極端に理想化したり,軽蔑したり,揺れ動く不安定な対人関係をもつ。(3)アイデンティティの障害:自己イメージ(自分というものをどう考えるか)が著しく不安定である。(4)少なくとも2カ所以上の衝動的自損行為(乱費,乱交,薬物乱用,無謀運転,暴食など)を行なう。(5)自死,自傷,またはそれをするぞと脅したり,まねごとを繰り返す。(6)気分が変わりやすくて感情が不安定(周期的不機嫌,イライラ,数時間,数日続く不安)である。(7)慢性のむなしさ感がある。(8)ふさわしくない強い怒り,抑えがきかない怒り(すぐにカーッとなる,いつも怒っている,暴力を繰り返す)がある。(9)ストレスに関連した一時的な妄想着想,または重症の解離症状群である。

生後30～36カ月の早期幼児期における分離個体化過程(自分は母親から分離したものだと自覚するプロセス)を母親がともに喜んでやることができない場合に,その発達障害が定着したものが境界例だと考える人もいる。カーンバーグ(Otto F. Kernberg, 1928～)は,これを幼

児型人格障害の一つだとみなしている。カーンバーグによれば、この中心的な心理的メカニズムは、よい・悪いの価値判断が極端で、その全体的見通しがない状態(分裂機制, splitting)である。自分に対しても、他人に対しても、よい人・悪い人のどちらかのレッテルを貼ってしまう。

境界例という考え方が出てきたのには、次のような要因がある。グリンカーらは、境界例を、抑うつ、怒り、対人関係における情緒的欠陥、アイデンティティ障害を示すものと考えている。統合失調症の概念をなるべく狭くとろうという考え、神経症者に対する心理療法の失敗、神経症と統合失調症とが必ずしも峻別できないための、移行例、心理療法の可能性もでてきた、パーソナリティ障害も治療可能である、幼児期の母子関係の重視、なども境界例という概念が必要になった要因である。また、成田善弘によれば、現代では、男と女、正業と副業、男の服装と女の服装、昼間の服装と夜の服装、文化とサブカルチャー、などの二分法による境界がしだいにあいまいになってきたことと境界例概念の登場とは無関係ではない。

米国では、このような人が一般人口の2％、精神科外来患者の10％、精神科入院患者の20％、パーソナリティ障害者の30～60％もいるという。若いうちは自死も多いが、30歳を過ぎると落ち着いてくる。一等親にこの境界例がいると、出現率は一般の5倍に増えるという。薬物乱用者に多い。　　　　　　　　　　〔小林　司〕

⇒うつ状態, 統合失調症, ドラッグ, パーソナリティ, 不安, 物質依存

文献　1. 牛島定信「境界例概念はどのように発達してきたか」I-河合・成田編『こころの科学』No. 36, p. 36-42, 1991：2. 成田善弘「境界例が精神医学に問いかけるもの」I-河合・成田編『こころの科学』No. 36, p. 30-35, 1991：3. 町沢静夫「境界例患者の内的世界」I-河合・成田編『こころの科学』No. 36, p. 43-49, 1991

共感覚　synesthesia

一つの刺激によってそれに対応する本来の反応(一次感覚)だけでなく、それ以外の別の反応(二次感覚)を同時に引きおこす現象。

感覚には、視覚・聴覚・嗅覚・味覚・皮膚感覚・運動感覚・平衡感覚・内臓感覚があるが、共感覚は、そのうちの前者四つの感覚においておこる。

共感覚の中で最も多い例は、色聴と呼ばれるもので、ある音を聞くとそのものの音が聞こえるだけではなく、ある特定の色が見える。一般には高い音に対して明るい色、低い音に対して暗い色が見えることが多いが個人差があり、一定の関係は認めにくい。母音において「i」「e」には明色が、「u」には暗色が現れるといわれる。

色聴の他にも、ある音に対して匂いを感じる・文字が見える、ある味に対して色が見える、ある匂いに対して色が見えるなど、共感覚にはさまざまな組合わせが報告されている。しかし、その個人においてはいつも同じ現象(たとえば、音階のドを聴くと茶色が見える、ラを聴くとある一定の文字が見える、など)で現れ、自己認識が十分にあり、幻覚とは違うが統合失調症やある種の薬物反応と似た症状を伴うことがある。

新生児は知覚の未発達未分化の段階にあるので、視覚・聴覚の反応に共通したものがあり、共感覚を素質的にもっていて、共感覚を通じて認知していく、とウェルナー(Heinz Werner, 1890～1964)は言っている。また、自分の考えていることをある程度伝えることができる時期になった幼児が「パパは青、ママは赤、わたしはピンク、オジイチャンは緑、オバアチャンは黄色」などと言って常に一定の色と人を結びつけることがある。このような感覚も年齢が進むにつれて減少する傾向にあり、成人まで共感覚をもつ者は1割前後である。

ある調査では、共感覚を備えている人々に、いくつかの選択された文字を見て色を選んでもらい、同様の事柄を24時間後と1年後にした結果、それぞれ一貫した解答だった。一般の人々にも同じ調査をしたが、たった1日後でも一貫性はなかったと報告されている。

このように、特有の素質をもつ人々に見られる現象ではあるが、そうでなくても「黄色い声」などの音声に対する形容は、低い音にではなく、どちらかといえば高い音に対する表現であり、一般的によくわかる例の一つである。共

感覚を説明するために，聴覚と視覚は感覚様相 (modality) が異なるにもかかわらず，両者の間に通-様相性 (intermodality) があると考える人もいる。

また，音楽においてはその曲が視覚場面を引きおこすことがあり，詩の中にも文字そのものとは異なる鮮明な知覚経験をするなど芸術的要素に関して共感覚かどうかを論議されることもある。　　　　　　　　　　　〔尻無浜敏美〕
⇒認知

文献　1. バウアー，T. G. R., 岡本夏木・野村庄吾・谷村覚・水谷宗行訳『赤ちゃんは内的言語をもって生まれてきます』ミネルヴァ書房，165p., 1984

共感的理解　empathic understanding
クライエントの現在変化しつつある「感じ」や「認識」を十分に知ろうという**積極的プロセス**。クライエントの意識を**体験**すること，意味を感じとること，それらをクライエントに伝えていくこと。

ロジャース*は，共感的理解をカウンセリングの必要条件の一つとして取り上げた。

彼は1957年に，「共感状態，あるいは共感的であることは，相手の内面的枠組みをあたかもその個人であるかのように，彼の情緒的要素や意味を正確に知覚することを意味する。この場合，『あたかも……のように』という条件を失ってはならない。その相手の個人が感じるかのように痛みや喜びを感じ取り，彼が見つめるようにその理由を知覚するのである。もちろん，彼が傷ついているごとく，彼が喜んでいるごとく，という意識を失ってはならない。この『あたかも……のように』という特性を失うなら，それは単なる同一視にすぎない。」と，定義している。

しかし，「共感」は単に「クライエントと同じように感じることである」とか，「カウンセリングの技法である」などと誤解された。

最近の論文では，ロジャースは，共感という「状態」ではない，「過程」であるとし，以下のような定義を試みている。

「他者に対して共感的であるあり方は，いくつかの側面を有する。それは，他者が私的に知覚する世界に入り込み，そこで居心地よく感じること，を意味する。他者の内部を流れており，瞬間ごとに変化する感じをつかむこと，その個人が体験しつつあるものが，恐れ，怒り，優しさ，困惑，など何であろうとつかむこと，を意味する。それは，一時的に他者の生活に入り込み，自分の判断を停止して，微妙にいっしょに動いていくことを意味する。つまり個人がほとんど認識していない意味を感じ取り，それでいて無意識の感情を暴露することはあまりに脅威的なので行なわない。それは，ある個人が恐怖感を抱いている事柄を新鮮な恐れのない目で見つめ感じ取り，それを伝えていくことを含む。あなたが感じ取ったままを，その個人と共によく検討し，相手から受け取る反応によって歩んでいくことを意味する。あなたは相手の体験過程に焦点を合わせ，その意味を十分に体験し，その経験の中で前進するように援助するのである。」すなわち，(1) 相手の私的な知覚世界に入る過程，(2) 相手が感じる意味について敏感になる過程，(3) 一時的に相手の中に生きる過程，(4) 気づいたことを相手に伝える過程，(5) 気づいたことを相手に問う過程という，クライエントの自己理解を援助する5つの過程なのである。

また，バレット＝レナード (G. T. Barrett-Lennard) は「共感的理解を質的にとらえると，相手の現在変化しつつある認識を十分に知ろうとする積極的プロセスと言える。相手が伝えようとしていることや意味を，受け止めようと手をさしのべることであり，相手の言葉やサインを，その時点でその人にとって最も重要であるような認識にふさわしい意味に翻訳してやることである。それは，外から見える表現の陰にかくれた相手の意識を体験することである。しかしこの意識は，あくまでも相手の中で芽生え進行しつつある継続的意識である」と述べている。

では，共感的応答は受け手にいかなる結果を生じているのか。ロジャースは次の3つだと述べている。(a) 共感は疎外を解き放つ。しばしの間であろうとも，人間世界につながった自分を受け手は見出す。(b) 価値，思いやり，存在を受け止められた感じを受け手がもつことであ

る。(c) 真の共感は評価的，あるいは診断的特質から切り放されたものであるから，「私というものが批判されないということは，自分が思っていたほど悪くも異常でもないのかもしれない。自分をそれほど厳しく批判する必要がないのかもしれない」と受け手が考え，自己受容の可能性が徐々に大きくなる。

共感的理解は，カウンセラーにとって必要不可欠な基本的態度であるが，カウンセリングのみに必要なものではなく，あらゆる人間関係においても重要なものである。　　〔新井ひろみ〕
⇒カウンセリングにおける人間関係，カウンセリング・プロセス，カウンセリング・マインド

文献　1. A-小林，1979；2. E-ロジャーズ，1984a；3. A-渡辺，1983

教護院　⇒児童自立支援施設

恐慌障害　⇒パニック障害

教師期待効果　⇒ピグマリオン効果

共時性　synchronicity
同時に生起した複数の事柄の中に共通する意味的な関連を認めようとするユング心理学（分析心理学）の概念。偶然の一致の中に関連する意味を認めること。意味のある偶然の一致の中に非因果的連関の可能性を認めること。因果関係によらずに物事を結びつける原理。

具体的な例としては，「ある人に電話をかけようとしたら，その人から電話がかかってきた」とか，「ある人が自分に別れを告げる夢を見て，目覚めるとその人の死の知らせが届いた。」などという時，「共時性を感じる」という。

ユング*自身は共時性に関する具体例として次のような体験をあげている。ユングはある女性の治療を行なっていた。彼女は理屈ぽく，融通がきかず，知的抵抗が強かった。ユングはそんな彼女の知的抵抗を破りたいと思っていた。ある日彼女は前の晩に見た夢について語った。夢の中で彼女は誰かから黄金でできたスカラベ（古代エジプトで神聖視されたかぶと虫で，再生や変容の象徴とみなされていた）をもらった。ユングはその話を聴きながら，自分の後ろの窓ガラスに何かが軽くぶつかる音を聞いた。そばに寄って見るとそれはかぶと虫だった。ユングは窓を開けてそのかぶと虫を室内に入れた。よく見るとそれは金色のかぶと虫だった。ユングはそのかぶと虫を彼女に渡して，「ここにあなたのスカラベがありますよ」と言った。その後その女性の知的抵抗は破れ，彼女は感情を表現するようになりユングの治療は成功した。

つまり共時性とは，時間的にほぼ同時に現れた，偶然の一致と見える異なった事象の共通性の中に，原因と結果という因果関係ではない，意味のつながりを発見することである。一見，異なった意味をもつように見える複数の事象の中に，それまでは気づかなかった意味の共通性を発見した者には，弁証法的に変化した視点が訪れる。ときには，それまで結びつかなかった二つの事象の共時性を発見したことにより，人生観や世界観の変容にまでいたる場合もある。

ユングが共時性の概念を生み出すのに影響を与えたものとしては，中国思想，特に「易」や「道教」の思想があげられる。「世界」を個別に分けてとらえず，あくまでも全体としてとらえる。一見，個別に見える多くの事象は，実は一つの大きな全体の表現の違いにすぎないととらえる中国的な思考は，ユングの共時性の概念と強い親和性をもつ。

また当然のことながら，共時性の概念は，ユング心理学に特有のその他の概念ともつながっている。なかでも「集合無意識」と「元型」の概念には特に強い関連性を有する。「集合無意識」とは，フロイト*が想定した無意識つまり「個人的無意識」に対してユング心理学の大きな特徴の一つとされているものである。個人の精神的な発達の歴史がつくる「個人的無意識」よりも深いところに，人類すべてに共通する集合的な無意識が存在すると想定する。この「集合無意識」は，神話や夢に象徴的に現れると考えられる。「集合無意識」は「世界」を一つの全体としてとらえる思考に通じる概念である。「元型」とは，「集合無意識」の類型をまとめた概念であり，次のようなものをあげることができる。

「シャドウ(影)」「ペルソナ」「アニマ」「アニムス」「グレート・マザー(太母)」「自己」「老賢人」「トリックスター」など。ここでは「元型」の一つ一つを説明することは省くが，いずれも「集合無意識」から夢などを通じて，人々のイメージの中に現れる。人々が「共時性」を感じる時には，人々は「元型」を通して「集合無意識」に触れていると考えることもできる。

最後に，この「共時性」の概念を実際のカウンセリングの中でどのように活かしていったらよいのかを考える。「共時性」とは，ほぼ同時におこる複数の事柄の中に「意味の関連」を認めることであった。カウンセリングを「意味の発見過程」としてとらえる時に，「共時性」の概念は効果的な働きをするのではないだろうか。私たちは物事をすぐに因果関係でとらえようとしがちだが，原因が分かっても解決に結びつかないことは多い。自分の悩みや行動の原因よりも，「意味に気づく」ことによって，人は新しい世界を発見したり，自分を受け入れたりできるようになるのではないか。カウンセリングはクライエントにとっての意味の発見過程であり，意味の発見のためにはカウンセラーが「共時性」という意味の概念に気づいていることが重要である。　　　　　　　　　　　〔鈴木敏城〕
⇒アニマとアニムス，元型，自己，シャドウ，集合無意識，太母，太母が象徴するもの，ペルソナ，老賢人

文献 1. ビート, F.D., 菅啓次郎訳『シンクロニシティ』朝日出版社, 344p., 1989；2. H-プログフ『ユング心理学選書』12, 1987；3. D-ホプケ, 1992；4. D-湯浅, 1987

共同作業所 community workshops for disabled persons

　その地域を対象にして，障害者が作業その他の活動を行なう小規模，法定外の通所施設。

　共同作業所とは，心身に何らかの障害があるため，一般企業などへの就労が困難な人たちが集まって生産活動を行なっている小規模な施設・事業・団体の総称である。

　これまで，日本の障害者福祉は，規模が大きくて運営が安定した法人を中心に発展してきたが，近年，既存の施設では対応しきれない重度障害者のニーズを拾い上げるようにして，各地で障害当事者や親たちによる作業所づくり運動が高まってきた。その背景には，国連の国際障害者年(1981)の制定，欧米先進諸国の影響から障害者の社会参加やノーマライゼイションが進んだことがあり，そうした社会変化の結果，社会から隔絶されがちな法人施設を中心とした従来の福祉のあり方が問われるようになった。こうして出現した小規模作業所は，地域社会に活動の基礎を置き，通所を前提としている。

　共同作業所は，歴史的には障害種別に順次設立されてきた。1960年代には，知的障害者および身体障害者のうち，先天性または低年齢で障害者になった人たちを中心とする視力障害・聴力障害者の施設づくりが開始された。1970年代の後半からは，医学の発展によって死を免れたための中途障害者が増加し，1980年代半ばに中途障害者の施設が出現した。さらに1980年代後半には，精神障害者の施設が全国で設立されるようになった。こうした流れのなかで1970年代半ば以降，共同作業所の設立が急増し，通所型の関連法定施設と比較すると，10年後にはすでに無認可の作業所の方が設置数，在籍者数ともはるかに多くなった。その背景には，次のような理由が考えられる。(1)現行法定施設は，障害の種別・程度によってふるい分けられ，共同利用が阻まれている。(2)障害者の雇用や福祉的就労は，中・軽度者が対象で，重度・重複障害者は対象から外されているのが実情である。(3)施設数の絶対的不足から定員枠の関係で相当数の障害者が排除されている。(4)1979年の養護学校義務制の実施以降，それに伴う卒業後の進路問題で，労働の場を確保しようとの意識が高まってきた。

　福祉政策の立ち遅れのなかで，作業所の設立運動に関わってきたのは障害当事者や親たちで，やむにやまれぬ思いにかられて立ち上がったのであった。そのため，作業所の運営主体は障害者団体，親や家族の会，専門家やボランティアを含めた運営委員会など，それぞれの設立事情に応じて草の根的に発生したものである。運動の過程で，運営にかかる費用の一部は，自

治体から助成金を獲得していった。1966年，東京都の「精神薄弱（ママ）者に対する授産指導費補助」をはじめとして，1986年には全都道府県・政令指定都市で制度化された。さらに国に対しても，国会請願活動などを通して働きかけた結果，国庫補助が1977年に精神薄弱（ママ）者通所援護事業として始まり，1987年からは身体障害者，精神障害者の作業所にも補助が始められた。しかし，財政面は非常に厳しく，職員確保がきわめて難しいうえに，職員数も最低限に押さえざるをえないため，介護に人手を要する重度障害者の受け入れを困難にしているという矛盾を抱えている。そのため，利用者の家族やボランティアの応援に頼ってさまざまな問題を乗り越えているのが実情である。

共同作業所づくりの運動は，当初は青年・成人期障害者の労働の保障を目的としていたが，生きがいづくり，機能訓練，生活訓練，仲間づくり，学習，リクリエーションなどを折り込み，障害者が地域で人間らしく暮らせる総合的な権利保障を目指すものになりつつある。1977年には，全国組織である共同作業所全国連絡会（きょうされん）が結成され，その後，さらに作業所設立は増加の一途をたどっている。

このような無認可の作業所の特色として，制度内の授産所と異なる点は，障害の種別や程度を超えて障害者全体の連帯を作り出してきたこと，地域における障害者とその家族の要求から出発した事業運動であること，自主的，民主的な経営を基礎に公共化を目指していることなどである。また，作業所づくりにとどまらず，ここを拠点として地域ネットワークを形成し，住民がボランティアとして協力し，作業所の行事に住民が参加・交流し，ともに生きる生活空間を共同で作りあげる地域福祉の実践ともいえる。最近では，生活共同組合や医療生活共同組合などとの連携，保健所，福祉事務所，学校，養護学校との連携も始まっている。

共同作業所と生活協同組合との提携は，1989年に第1回の交流会をもつところまで進展し，生協活動への共同作業所の意識的参加，製品の共同開発と生産・販売の追求，共同作業所作り運動への協力・援助の3点が方針として確認された。具体的には共同作業所の自主製品である洗濯ばさみ，はたき，石鹸，ふきんなどを生協で販売すること，牛乳パックの回収運動，生協の職員研修の受け入れ，生協の配送センターの業務委託などの実績がある。しかし，事業としての採算性が常に問題として指摘され，生産性，資金力，技術水準の向上などが今後の課題として残されている。　　　　　　　　　〔今村恵津子〕
⇒知的障害，ノーマライゼイション，ボランティア活動

文献　1. 共同作業所全国連絡会編『ひろがれ共同作業所：青年・成人期障害者のゆたかな未来を拓く』ぶどう社，277p., 1987：2. 鈴木勉編『青年成人期障害者の自立・発達・協同』渓水社，270p., 1992

恐怖症　phobia

普通ならば大して危険だとは感じられないものごとや状況に神経症的な恐れを示す症状。その対象に不釣り合いな恐怖を示すという点で病的恐怖であり，また自分ではその恐れが不合理であると知りながら，特定の事物，行為，場面に対して抑制できない激しい恐怖を感じてしまうという点で強迫的な恐怖である。また迷信や縁起のように社会的に共通性がなく，まったく個人特異的な現象である。

【研究史】　古くはヒポクラテス（Hippocrates, B.C. 460〜377頃）が『流行病編』に恐怖症の二つの症例を記載している。1841年にはカスパー（J. L. Casper）による赤面恐怖症の症例が記述されている。また1871年にはウェストファール（Karl F. O. Westphal, 1833〜1890）が，広場や大通りへ出るとたちまち激しい不安に襲われる三つの症例を記述し，それを広場恐怖症（agoraphobia）と名づけた。レジス（E. Régis）は1884年『精神医学提要』を著し，その中で恐怖症を強迫性の恐怖としてとらえ，強迫神経症に含めている。またレジスは恐怖症をびまん性の恐怖症と系統性の恐怖症とに分けた。前者には情動緊張の状態が習慣的にみられ，とりたてていうほどのきっかけなしにしばしば不安発作に陥る。後者は，多少とも持続的にある特定の事柄を恐れている場合を指すものとした。ジャネ* は恐怖症を精神衰弱の主要症状の一つであ

るとし,「心的機能の低下によって,注意や自由や楽しさを伴う完全な行為を遂行しえなくなっている精神衰弱の患者が,何か行おうとする時にしばしば覚える促迫興奮が系統化された型」とした(高橋,1967)。クレペリン(Emil Kraepelin, 1856～1926)は,はじめは恐怖症を神経衰弱の症状として,後に精神病質の中でそれぞれ扱っているがいずれも強迫症状の一つとして恐怖症を記述している。フロイト*は『ある5歳男子の恐怖症の分析』(1909)の中で抑圧された衝動が不安に変化する機制を明らかにし,それがヒステリーの機制に似ていることから「不安ヒステリー」と名づけ,恐怖症を不安ヒステリーとしてとらえた。学習理論の立場からは,1920年ワトソン*ら(Watson & Rayner)が,大きな音と白ネズミを同時に提示することによって生後11カ月の男の子がネズミ恐怖症をおこしたという実験結果から,恐怖症の多くは直接条件づけられたか,もしくは般化した刺激に対する情動反応であるという考えを示した。日本では森田正馬*が神経質理論の中で恐怖症を強迫観念症の主要な症状であるとした。

【恐怖症の種類】 恐怖症の様相はその恐怖主題(対象)によって異なり,それらを分類する試みがいろいろなされている。ジャネは恐怖対象の性状と対象との関わりの心理的特徴とを組み合わせて,身体に関する恐怖症,観念に関する恐怖症,事物に関する恐怖症,状況に関する恐怖症の4群に分けた。クレペリンは災害や不幸に関わるもの,責任に関わるもの,対人関係に関わるものの三つに分類した。フロイトは誰でもが多少とも恐れ忌み嫌うものごと(死,蛇など)に関わるもの,危険の可能性はあるがしかし一般にはその危険は軽視されているようなものごとに関わるもの,普通の人には危険との結びつきが理解できないようなものごとに関わるもの(例えば,広場恐怖)の三つに分けた。

恐怖症は精神症状として心身の数多くの疾患に見られる。高橋徹は,恐怖症をもっぱら恐怖症を主徴とする神経症的病態と,これとは別にうつ病や統合失調症などの精神疾患に副次的に見られるものとに分けた。前者は恐怖神経症または単に恐怖症,後者は症状性恐怖症と呼ばれている。

臨床場面で見られる恐怖症の主なものは以下のとおりである。(1)広場恐怖:人込み,慣れない場所などに対する恐怖症であり,閉所恐怖も広場恐怖に含められる。恐慌性障害に合併ないし続発してみられることがよくある。「空間恐怖」とも言う。(2)対人恐怖:他人と同席する場で,不当に強い不安と精神的緊張が生じ,そのため対人関係からできるだけ身を引こうとする恐怖症。亜型として赤面恐怖,視線恐怖,体臭恐怖,醜貌恐怖などがある。主として青年期の病態で男性に多くみられる。(3)動物恐怖:ある特定の動物に対する恐怖症の総称で問題の動物に直面した際の驚愕,その動物に対する著しい嫌悪が認められる。対象となる動物には犬,猫,鳥,蛇,くも,などがある。(4)接触恐怖:ある特定の事物に接触することを恐れるという特徴をもつ恐怖症であり,刃物恐怖,尖鋭恐怖,不潔恐怖が含まれる。

米国精神医学会による精神障害分類(DSM-IV, 1994)によると「不安障害」の中に広場恐怖(agoraphobia),特異性恐怖症(specific phobia)があり,後者は動物タイプ(ネコ恐怖症など),自然環境タイプ(高所恐怖など),血液・注射・傷害タイプ(手術恐怖など),状況タイプ(乗物恐怖,閉所恐怖など),社交恐怖(注視恐怖など)を含めており,以前の恐怖症という一括概念はなくなっている。

【治療】 治療には,主として精神分析,行動療法,集団療法が適用される。森田療法が有効なこともある。　　　　　　　　　　〔佐藤章子〕

⇒行動主義,行動療法,集団心理療法,神経症,精神分析,森田療法

文献 1. 懸田克躬責任編集,大橋博司・保崎秀夫編『精神症状学 II』(現代精神医学体系3B)中山書店,396p.,1976 ; 2. J-グッドウィン,1988b ; 3. B-祐宗・春木・小林編,1984 ; 4. 高橋徹「恐怖反応」井村恒郎他『神経症』医学書院, p.178-192, 1967 ; 5. J-高橋, 1979 ; 6. H-『異常心理学講座』4, 1987 ; 7. H-『フロイド選集』2, 1994

虚弱児　weak child, delicate child

一般的免疫力ないし抵抗力が弱いが,特別な疾患に罹患していると定めがたい小児。厚生労

働省の基準によれば，「結核発病の危険性の大きい小児，神経質な小児，体質異常のある小児，貧血症の激しい小児，特別な疾患はないのに発育が悪い小児，感冒にかかりやすく微熱の続く小児，下痢をおこしやすい小児，筋骨薄弱な小児，その他医師の診断で虚弱体質と認められた小児」とされている（これは，児童養護施設に収容する児童の範囲として定められた基準である）。

学校教育法施行令第22条の2は，「虚弱児とは，身体虚弱の状態が6カ月以上の医療または生活規則を必要とするもの」としている。これは，先天的，後天的な原因により，身体機能の異常，疾病に対する抵抗力の低下，それらの微候がおきやすく，登校停止の必要はないが，長期間にわたって健康な児童，生徒と同等の教育を行なうことで，健康を害する恐れのある程度のものである。諸機能の異常，疾病に対する抵抗力低下，微候のおきやすい程度も明確にすることは困難である。「虚弱」とは，体力がなくてひ弱い状態を指す日常的表現である。

身体虚弱児の特徴としては，(1) 病気にかかりやすく，かかると重くなりやすく治りにくい。(2) 頭痛や腹痛などの症状をしばしば訴える。(3) 疲労しやすく，回復が遅い。(4) 体質の異常がある。(5) 発育，栄養の状態が悪く，貧血の症状を示す。(6) 身体的に弱く，精神的にも情緒不安定で，意志薄弱，陰うつ，臆病であり，過敏な精神神経的反応を示すことが多い。(7) 消極的，孤立的逃避的，自閉的傾向がみられ，これらが原因と思われる問題行動がみられることがある。

虚弱児の原因としては，次のことがあげられる。

(a) 未熟児で出生：出生時体重の少ない低出生体重児（統計上2.5kg以下），出生時に機能の発達に遅れのある未熟児，早産出生児などは，生後の発育，生活上いろいろと虚弱性を現すことがある。出生児の未熟の程度，生後の健康管理によって変わってくる。

(b) 生まれながら奇形：虚弱性がその奇形から来ることがわかる。内臓が奇形のような場合はわかりにくく，原因不明のまま生まれつきの体質による身体虚弱として取り扱われることもある。

(c) 発育の遅れ：痩せていたり，背が低いなど形態上の発育の遅れは，身体性虚弱の大きな部分を占めている。生まれつきの原因か，生後の栄養や生活環境などの原因かを明らかに区別するのには困難なことも多い。

(d) 栄養不良と肥満：身体発育と栄養の採り方との関係が大きい。少食，偏食，食欲不振などが虚弱の症状としてあげられる。また，多食，大食による肥満も，皮膚が弱い，かぶれやすい，病気にかかりやすいなど，虚弱性を示している。栄養の質，量のバランスを整える必要がある。栄養失調，神経性食欲不振，内分泌異常，保育環境，生活環境，運動量が関係することもある。

(e) 生理的機能低下：原因がわからないが，身体機能が全般にわたって低下したり，自律神経の調整機能の不全，適応能力の不全，起立性調節障害，アレルギー，神経質など体質といわれているものもある。

(f) 生活環境の貧困，生活環境の不適当：過保護，神経質な保育が虚弱性を作り，心理的にも虚弱性を定着させていることもある。

児童養護施設（虚弱児施設）は，児童福祉法にもとづく児童福祉施設の一つで入所措置は都道府県知事の委任を受けた児童相談所長が行なう。児童の日常生活，診療，職業指導などに必要な施設を設けている。とくに，診察室，病室の設備がある。職員には，保育士，指導員，医師，看護婦などが配置される。厚生労働省では入所基準を定めているが，現実には判定がむずかしいこともある。入所した児童に対しては，身体虚弱の原因となる項目について精密な健康診断が行なわれ，これをもとにして指導が行なわれる。なお，1997年の児童福祉法の改正で，虚弱児施設と養護施設を児童養護施設に名称を変更している。〔安原照雄〕

⇒アレルギー，養護学校

文献　1. G-岡本・清水・村井監修，1995；2. 厚生省児童家庭局監修『社会福祉用語辞典』中央法規出版，75p.，1992；3. 社会・介護福祉士受験ワークブック編集委員会編『社会福祉士受験ワークブック'98 下』中央法規出版，294p.，1997；4. G-仲村他編，1988；5. G-依田監修，1979

起立性調節障害　orthostatic dysregulation, OD
自律神経失調症の一つ。

症状は立ちくらみ，めまい，脳貧血，動悸などの循環器症状を主とする。食欲不振，悪心，嘔吐，腹痛などの消化器症状，倦怠感，寝起きの悪さなどの精神症状を伴う。児童期，思春期（10～15歳），また春から夏にかけておきやすい。

【原因】　発症は，起立時の血管反射を調節する自律神経機能（副交換神経，交換神経）に異常があるためとされている。人の血液は重力の影響を受けて下にたまりやすい。正常な場合にはこのようなことはおこらないが，OD児では，自律神経機能が不十分のため下記のような脳貧血様症状がおこる。重力による血液の下肢への貯蓄（プーリング）→血管の拡張（特に静脈）→循環する血液量の減少→心臓に戻る血液量の減少→心泊数の減少→心臓から送り出される血液量の減少→動脈血圧の低下→脳の血液量の減少→脳貧血。

【症状】　症状は，大症状と小症状に2大別され，OD診断の基準にもなっている。

(1) 大症状：(a) 立ちくらみ，あるいはめまいをよくおこす。(b) 立っていると気持ちが悪くなる。ひどい時は倒れる。(c) 入浴時，または嫌なことを見聞きすると気持ちが悪くなる。(d) 動くと動悸，息切れがする。(e) 朝，なかなか起きられず，午前中調子が悪い。

(2) 小症状：(ⅰ) 顔色が青白い。(ⅱ) 食欲不振。(ⅲ) へそ仙痛（へその周囲の強い腹痛）。(ⅳ) けだるさ，または疲れやすい。(ⅴ) 頭痛。(ⅵ) 乗り物に酔いやすい。(ⅶ) 起立試験で脈圧狭小化16mmHg以上。(ⅷ) 起立試験で収縮期血圧低下21mmHg以上。(ⅸ) 起立試験で立位心電図T_1の0.2mV以上。(ⅹ) 起立試験で脈拍数増加1分あたり21以上。

大症状3項目以上，大症状2項目＋小症状1項目以上，大症状1項目＋小症状3項目以上あり，他の器質性疾患を除外すればODと診断する。

【予防と治療】　薬物療法，鍛錬療法，生活療法を併用する。ODの発症の基礎には，自律神経失調症や心因性の素地があり，基本的には体質改善や心理的安定をはかる。自律神経鍛錬法には，皮膚刺激，運動，生活改善などがあげられる。乾布まさつ，冷水まさつ，入浴時に膝から下に水をかける。生活改善については，毎日規則正しい生活をさせる。薬物治療は，医師の指示の下に正しい服用をする。

次のような人は発生しやすい。1. 精神的ストレスが多く，不安定な人。2. 自律神経の調節機能に弱さのある人。3. 自分を取り巻く環境に対して，感受性の高い人。〔池田千津子〕
⇒自律神経失調症，ストレス

文献　1. 東京都学校保健会編『学校保健関係者・家庭のための子どものかかりやすい病気』東山書房，180p.，1985

筋弛緩法　muscle-relaxation training
筋緊張を一定の訓練方式に従って体系的に弛緩させる方法。

特に心身症にしばしば用いられる。代表的なものにジェイコブソン（E. H. Jacobson）の漸進的筋弛緩法（progressive relaxation）とシュルツ*の自律訓練法（autogenic training）がある。そのほか催眠を利用した弛緩もある。

ジェイコブソン（1929）は，骨格筋を弛緩させることがストレス病を改善したり予防したりすることにつながると考えた。つまり，われわれが完全にリラックスしていれば，いかなる身体の部分でも神経質になることはないというのである。また完全なリラックス状態にある時は，ある種の無意識の運動さえもおきないとも述べている。ところが静かに横たわり，自分ではリラックスしていると思いこんでいる人でも細かく観察してみると呼吸が不規則であったり，目のまわりの筋肉をピクつかせていたり，口元の筋肉をときどき動かしたりしている。この状態では完全にリラックスしているとはいえず，むしろストレス状態は継続しているといえる。そしてジェイコブソンは，この残った緊張をとってやることがストレス状態の解消への近道であると考え，科学的なリラックス法として漸進的筋弛緩法を開発した。

漸進的筋弛緩法の練習姿勢は仰臥姿勢か椅子姿勢が一般的である。練習は最初1分間緊張させ，約3分間弛緩させる。これを3回繰り返す

が，時間があまった場合でもこれ以上の緊張はさせず，弛緩した状態を味わうだけにする。練習部位は，(1) 右腕(以下同時に行なっていく)，(2) 左腕，(3) 右脚，(4) 左脚，(5) 胴体(腹部と腰部)，(6) 首，(7) 額，(8) まゆ，まぶた，目，(9) 口，舌，などの順に1日1時間，少なくとも週2～3回練習し漸進的に進み，ほぼ6～8週間で全身の筋肉を弛緩できるようになる。この方法はいったん筋肉を緊張させてから弛緩させる方法をとっているので，その落差が大きく筋肉が弛緩した状態に近づきやすいという特徴がある。

今日ではジェイコブソンの方法を簡略化して学びやすくしたウォルピ*の練習方法や，さらにその変形も開発されている。

日本では原野広太郎の『自己弛緩法』(1987)が有名である。原野は臨床的経験からストレスで悩む人の多くに肩に強い緊張と上半身のこわばりが見られることに注目した。多くの場合はストレスを受けるとその反応が身体に現れるが，症状がだんだん進むとその症状に苦しむようになる。その結果，もともとの心の悩みなど忘れてしまい，この身体の症状さえなくなれば，弱くなれば，と願うようになる。子どものチックや青年期の不安や恐怖症状もその例である。

このように身体的症状(不安・恐怖症状)を伴うストレスはカウンセリングだけで除去することは難しく，弛緩訓練などが必要である。特に原野は自分自身でコントロールできなくなっている反応，つまり不随意反応を自分の意志でコントロールできるようにする自己弛緩法を考案した。

自己弛緩法の訓練は起立姿勢と椅子姿勢で行なうのが一般的であり，練習時間は1週間に3～4日で2セット行なうのが理想とされている。実際の練習はステップIとステップIIに分かれている。ステップIは主として上肢，下肢の緊張から弛緩までの訓練で身体的緊張から身体的弛緩状態を作りだし，その身体的弛緩状態から心理的弛緩を体内感覚として感得し，心理的安静状態を得ようとするものである。次にステップIIで，ステップIに続けて肩，背中，身体全体への緊張へと進む。さらに上半身を反り返して，背もたれにもたれ，そこで初めて身体全体の弛緩を行ない，ここで全身的な身体的・心理的弛緩となる。個人差があるので効果が出るのに時間を要する場合もあるが，気長に2～3カ月続けると効果が得られる。ジェイコブソンの漸進的弛緩法は緊張→弛緩を徐々に行なうので効果がゆっくりとあらわれるが，原野の自己弛緩法は緊張と弛緩の落差が大きいので肩の力がスーと抜け，弛緩したことを瞬時に味わえるところに違いがある。一般に身体的感覚の微妙な変化に気づきにくいタイプの人は緊張状態と弛緩状態とを区別できないことも多いので緊張と弛緩の落差の大きい自己弛緩法を用いたほうが，リラックスしやすい。

最近では企業のメンタル・ヘルス教育などでもリラクセイション法を活用しているが，実際には筋肉が弛緩してリラックスする体験をしてから，自律訓練法の取得をする方が効果があがるという結果も得られている。　〔緒方一子〕
⇨自律訓練法，ストレス，メンタル・ヘルス

文献 1. 河野友信・吾郷晋浩編『ストレス診療ハンドブック』メディカル・サイエンス・インターナショナル，276p., 1992；2. B-原野, 1987

近親相姦　incest
父親と娘，母親と息子，同胞，叔父と姪などの近親間の性交をいう。

近親相姦は，世間からは忌み嫌われ，原初の時代から民族や種族の間でタブー(インセスト・タブー)によって強く規制されており，古代同様に現代の社会慣習でも直接の血族関係間の性交は厳しく禁じられている。

近親相姦については，歴史的には社会的，文化的規制を背景として，道徳的，宗教的規範が生まれたことが指摘されており，近親相姦禁忌はほとんどの社会にみられるが，古代エジプト，インカ帝国などのように例外的なところもある。

欧米では，近親相姦は法的処罰の対象とされており，そのためにそれが事実として語られる時には，被害者である年少者が二重に心理的外傷を受ける問題もあるといわれている。1985年にラッセルにより明らかになった数値では，「18

歳になるまでに女性の38%が性的虐待を受けており，そのほぼ9割が近親相姦である」という。しかも被害者は女性ばかりではなく，男性でも父からアナルセックスを10年近く強制されていた高校生や，母とのセックスを続けていた大学生などの例が次々と報告され始めている。

被害者の男女の割合は1対9で，圧倒的に女性被害者のほうが多い。

ニュー・ハンプシャー大学のファミリー・リサーチ研究所は近親相姦の加害者を父親にしぼって研究を行なったが，これらの父親のなんと70%以上が自分も幼いときに性的虐待の犠牲者であったという。

1990年にワシントン大学で行なわれた国際母子看護セミナーでコーンマン（Jane Cornman）は次のように報告している。

(1) 性的虐待を受ける頻度は，18歳前の女子の3～4人に1人，男子では7～8人に1人といわれる。男子はホモであるという烙印を押されるのを恐れて口外しないので，実際にはもっと多いであろうと思われる。

(2) 加害者は，ほとんどが子どもの知っている人。85～90%以上は男性で，父親，義理の父，母親のボーイフレンドなど，父親的立場の人である。母親が加害者の場合もあるだろうが不明。加害者の中には自分が子どもの時に虐待を受けた，経験をもつ者が多い。

(3) 虐待を受けやすい子どもは，8歳ぐらいが最も多いが，10カ月から大人になるまであらゆる年代におこりうる。

しかし日本では，昔から近親相姦については密かに語られているのでその真疑や事実は明らかにされることがほとんどなく，また近親間では結婚できないという法的規制があるだけで，近親相姦そのものを処罰する規定などはない。その点，どこまでも心の問題として対処する必要があるといえる。

最近の電話相談においても，特に母親からの性的働きかけを受けたことを告白する少年が増えているといわれる。しかしこれは，当人に面接することが困難なケースなので，実際のことはわからないのであるが，相談してくる青少年が，実行のレベルでも幻想のレベルでも，母子相姦主題にとらえられていることが問題となってくるのである。

家族が一組の性関係をもつ夫婦を核に作られていることによって，それ以外の性関係が抑制されて自然発生的に家族の成員間に近親相姦のタブーが生まれたものだと考えると，家族内に形成された秩序や役割関係にひずみが生じたり，希薄化が生じたりした場合にタブーが犯されやすくなると考えられる。家庭内の変化の要因として考えられることは，夫婦の一方が欠損ないしそれに近い状態（単身赴任など）であるといった構成面での要因，また，閉鎖的家庭や貧困のような社会的・経済的な要因などをあげることができる。しかしそれが必ず近親相姦を引きおこすかというとそうではない。その中にはタブーを犯すものの性格的要因が隠されることが多い。内閉的な性格で，社会的な自己実現を達成しにくい場合には，性の対象を家庭外に求めにくくなるし，また社会的協調性に欠けると，社会的規範に従うという態度が十分に形成されず，異性の家族への性的衝動が抑制されないことも考えられる。

特に親子の近親相姦については，「エディプス・コンプレックス」という深層心理が深く関わってくる。これはフロイト*の精神分析の基本概念の一つで，一般的には「子が異性の親に愛着して同性の親を憎悪すること」を指すのであるが，その無意識の感情が近親相姦の深層心理であるといわれる。「フロイトによると，誰でもある時期には近親相姦の誘惑を意識的にまた無意識的に経験する。」（小田，1983）

しかし通常はこの近親相姦の願望は克服され，超自我（良心的な働きをしようと努める心の機能）が形成されていき，内面的自立，独立を遂げていくのである。

ところが母子密着型の関係，過保護，過干渉などが子どもの人格的成長を妨げることになり，母親の息子に対しての性的働きかけによって近親相姦が始まることも指摘されている。息子の全生活，全存在をとらえ，つかまえて離さないグレート・マザー（太母）については『昔話の深層』（河合，1977）にユング説の紹介がある。

人間における性の問題は身体的,生理的問題ではなくて,基本的には人間関係の問題であり,自己実現の問題であるともいえる。したがって異常とみえる性の現象も,それが性生理の問題だけでなく,実は人間関係の障害や人格の障害を含んでいることが多い。近親相姦の現象とその克服を考える時には,社会的適応,心理的適応がなされるように配慮すべきであろう。

近親相姦の関係に陥っている人々は,家族内での問題と,社会的に未成熟な人格あるいは無意識のコンプレックスの支配との圧力に苦しんでいる犠牲者ともいえるのである。そして近親相姦は家族の中の特定の成員の問題であり,社会に害を及ぼすことはないが,その関係にあるがゆえに,タブーを犯したものは社会の批判を気にして,罪悪感,疎外感に苦しむようになる。カウンセラーはこれを性の異常現象として批判したり,攻撃したりするのではなく,形式的な社会規範や道徳律によらず,真の人間性の問題として扱うことが必要である。〔坂本富美子〕
⇒アダルト・チルドレン,エディプス・コンプレックス,エレクトラ・コンプレックス,家庭内暴力,深層心理学,太母,太母が象徴するもの,無意識,被虐待児

文献 1. H-浅井・相場・南編『現代人の病理』4,1974;2. 小田晋「性の社会化の挫折」,飯田真・笠原 嘉・河合隼雄・佐治守夫・中井久夫編『食・性・精神』(岩波講座 精神の科学 5)岩波書店,354p.,1983;3. D-河合,1977b;4.「近親相姦」『国際母子看護セミナー記録』国際母子看護研究会,75p.,1991;5. 多賀幹子『アメリカ「性事情」報告』朝日新聞社発行,170p.,1993;6. E-田中織,1987;7. 日本いのちの電話連盟編『電話による援助活動:いのちの電話の理論と実際』学事出版,246p.,1986;8. H-『日本人の深層分析』3,1985;9. D-三木,1981;10. E-南,1984;11. 山崎喜比古『異常心理学』北樹出版,302p.,1992;12. I-依田編『現代のエスプリ』No.234,1987

クオリティ・オブ・ライフ,生活の質,生命の質,生存の質,生きかたの質,人生の質 quality of life, QOL(英);qualité de vie(仏);Lebensqualität(独)

充実感のある生きかた。

優美な環境,経済的豊かさや長生きに恵まれても,それが必ずしも生活の豊かさや幸福感をもたらすものではないことに気づいた人々が,「クオリティ・オブ・ライフ」ということを問題にし始めた。1960年頃から注目されるようになってきた言葉であって,生きがいの問題と密接に関係してくる。

個人の生活の「幸福」や「福祉」とほとんど同じ意味に用いられるこのQOLは,次のように,二つに分けて考えられる。

(1) 心理的・主観的側面を重視した場合:生きがい,幸福感,生の満足感,充実感
(2) 社会的環境や自然的環境を重視した場合:暮らしやすさ

しかしながら,これら二つがある程度重複している部分もあるので,はっきり二つに区分できないことも多い。たとえば,アウシュヴィッツ強制収容所の被収容者のような場合には,社会環境がこのうえもなく苛酷なので,心理的側面をいかに重視したところで,収容所内での抵抗運動に熱意をもやしたごく一部の人たちを除けば,何のために生きているのかわからなくなり,生の充実感どころではなかったであろう。

1988年4月,大阪大学微生物研究所長の角永武夫教授(当時50歳)はガンを発見され,あと数カ月の命だと診断された。抗ガン剤は自分のガンには効果が少ないうえに,副作用が強いので仕事もできなくなると考えた角永教授は,抗ガン剤の使用を5週間で中止し,9月に亡くなる3日前まで発ガン遺伝子の研究論文を書き続けた(朝日新聞,1989年5月21日)。もし抗ガン剤をずっと続けていれば1カ月くらいは命が延びたかもしれないが,何もできないで横になっているだけの6カ月と,最後の仕事をできた3カ月とを比べると,その3カ月のほうがQOLが高いのは明らかだ。

人が生きていく場合,各個人個人が自分に一番好ましい生活の質を考えるべきであろう。物質的な豊かさが十分になれば,心の美しさや自然の静けさなどの価値が感じられるようになり,現代は物の時代から「心の時代」に移っている。しかし,物に比べると心の場合には計量できないので,心の豊かさをとらえにくい。「本当に心豊かな充実した人生を送っているかどうか」という判断をできるのは自分しかいない。

心や質の高さを求めるからといって，量や物を完全に否定することもできない。物質的充足による快適さの追及ということは，快楽の追及と同じではない。快適さを求めるだけとか，快楽人間になるだけとかでなく，いかに質の高い人間になり，また感性豊かな人間になるかが，問題である。こうなってくると，あるべき質とは何かということを具体的に考える必要がある。「快適な生活」という価値観を変える必要もあるし，大衆主義社会がもたらしている生活の質的低下（たとえば手作りのものや名人芸が少なくなったというようなこと）も考える必要があろう。

私たちは科学技術の発達によって，快適な生活をしているし，さらに快適さを求めているけれども，そのために環境が汚染されたり，人間の精神面がスポイルされる，などのマイナス面がこれ以上進むことは望ましくない。また「豊かに末永く生きたい」という望みによって，平均寿命を伸ばすために資源を浪費し，医療技術の進歩による高い医療費を無駄に費やすことになって，お金を自由にできるごく一部の人だけが延命し，また患者自身が死のうと思っても，機械で延命を強いられるような状況になって，「クオリティ・オブ・ライフ」よりも「クオリティ・オブ・デス」が問題になってきている。「どう生きるか」ということは，「どう死ぬか」という問題である。「いかに生きるか」だけではなく「いかに死ぬか」も問われなければならない。

つまり，QOL は，生活の量から質への転換を問うだけではなくて，人間の生き方全般に関わる問題である。

また QOL については，自分個人の生き方だけを考えるにとどまることなく，国全体，あるいは地球レベルでの生き方を，考えてみることも必要である。

全地球的規模で考えれば，人口が急増しているのに，食料の増加や GNP の伸びは頭うちだから，将来，資源が不足することは目にみえている。また工業化によって環境が悪化したことなどからくる人類の成長の限界や，核爆発による人類，地球の危機などに代表される限界性も考えねばならぬ。これらの限界がみえてきた時に，自分の枠組みの中だけで QOL を向上させることはもはやできない。もし日本の QOL が高まると，他国の QOL を低め，日本の経済成長は他国の失業者をふやし，インフレの輸出になるという恐れも出てくる。こうなると，日本人自身の生活の安定や心のゆとりを乱すだけではなくて，国際社会の安定をも乱すことになる。自分たちのライフ・スタイル自体が，地球全体に影響を及ぼしていくことを自覚し，少しずつ自分の生活を物質面で変えていかなければならない。こういったなかで，社会的，あるいは文化的に，「大きいことはいいことだ」という考えから，「小さいことはいいことだ」という方向へ考えを転換することも必要になる。今後は，日本と国際社会との関係をも視野に入れて，国際的に何らかの貢献をするということも，QOL の条件に入ってくるであろう。　〔小林　司〕
⇒生きがい，生きがいの要素，ガン，ホスピス

文献　1．金子・松本，1986；2．E-小林，1989；3．都留重人他『クオリティ・ライフ』弘文堂，393p., 1983；4．J-永田，1992

グリーフ・ワーク，悲嘆の仕事　grief work

対象喪失をあるがままに受け入れるという精神的適応過程。

欲求の阻止，失敗などの経験にともなう不快感情の一つが悲しみ（sorrow）であるが，その激しく重い情動を悲嘆（グリーフ）という。ボウルビイ*は，愛情対象の喪失にはじまり，通常その放棄に導かれる心理学的過程を mourning（悲哀）と呼び，喪失と悲哀に随伴する一連の主観的状態を grief（悲嘆）と呼ぶことを提案した。フロイト*は，悲嘆を単なる受動的な感情ではなく，Trauerarbeit（独）（悲嘆の仕事）という概念で示し，能動的，積極的に達成されるべき課題とした。

人間の一生は対象喪失の繰り返しである。別離・病気・死亡などによって愛する人と分離したり，または，実際に分離していなくとも「心理学的に愛する人をなくしていること」を「対象喪失」と言う。対象喪失を内面の問題として広義に解釈するなら，日常生活でもしばしば経

験することである。たとえば，思春期における親離れとは，心の中で親は子を失い，子は親を失うことであり，結婚とは，生まれ育った家族を失うことであると言える。転勤や転職などは，今まで身に付けた役割や，生活様式に変化をもたらし，心の依り所を一時的に失うことである。このような対象の喪失を，あるがままに体験し，諦め，知的にではなくて情緒的に断念し，対象喪失を受け入れる，といった人間にとって究極的な精神的課題が「悲嘆の仕事」なのである。E. H. エリクソン*が言ったように，「悲嘆は，上手に処理されるならば，新たな社会的，心理的成長の源となり得る」のである。

対象喪失に対する悲嘆の心理過程を，最も苦痛，かつ最も深刻な喪失，である死別から捉えた研究がある。たとえば，キューブラ=ロス(E. Kübler-Ross)は死を予期した患者の多くは次の五つのプロセスを経るとした。それは，(1)拒絶：真実を否定しようとする言動や行為，(2)怒り：「どうして，この私がこんな目にあわなければならないのか」といった思い，(3)取り引き：生きる時間を少しでも長くしたいという思い（仏さま，もし娘の結婚式まで私の命をもたせて下されば，お寺を建ててあげます，など），(4)抑うつ（身を引く）：失っていく肉体・家庭・愛する者たちなどすべてに対しての別離体験。(5)受容：自分の人生の一つとして，死の事実を受け入れること。換言すれば己の人生を「受け入れる」こと。

アルフォンス・デーケン(A. Deeken)は，肉親と死別した人々には次のような12の悲嘆段階があるとしている。(a)精神的打撃とマヒ状態，(b)否認（こんなはずはない，何かの間違いだろう），(c)パニック，(d)怒りと不当感，(e)敵意とうらみ（医者が悪いのだ），(f)罪意識（私の看病が不充分だった），(g)空想形成と幻想，(h)孤独感と抑うつ，(i)精神的混乱と無関心，(j)あきらめ-受容，(k)あたらしい希望・ユーモアと笑いの再発見，(l)立ち直りの段階：新しいアイデンティティの誕生（死者なしで生きていく）。

前者は自己自身の喪失（死）の予期についてであり，後者は愛する者との別れ（死別）についての研究ではあるが，同様のプロセスをたどると言える。死別による悲嘆の心理過程は，半年から1年くらい続くのが常であり，小此木啓吾によれば，その間に人々は失った対象に対する思慕の情・悔やみ・怒り・自責・仇討心理など，その対象との関わりの中で抱いていたさまざまな愛と憎しみのアンビヴァレンス（両価性感情）を再体験する。そのプロセスを通して，その対象像を，安らかで穏やかな存在として受け入れるようになっていく，という。この「愛と憎しみのアンビヴァレンス」に関して，フロイトは「優しい愛情のかげで，無意識の内に隠れている敵意は，一定の人物と感情が強烈に結びつくほとんどすべての事例に存在する。このような両価性は，あるいは強くあるいは弱く，人間の素質の中に準備されている」と言う。このアンビヴァレンスがある故に，失った対象を断念することは大変に難しい。亡き人に対して実はマイナスの感情を抱いていたという事実を認めるには苦痛があまりにも大きくて，心の安定がおびやかされる。そして，マイナス感情を心の一番深い部分へ沈めて閉じ込めてしまうのである。さらに対象の断念を難しくさせている心理防衛として，小此木は，(i)悲哀の抑圧，(ii)対象の置き換え，(iii)対象喪失の否認，(iv)対象と関わっていた自分の排除，(v)失った対象の取り入れと同一化，という5項目をあげ，それ故に悲嘆の心理過程は完了することなく，だらだら続く経過をたどり，長びいてしまうと述べている。

悲嘆の仕事を新しい成長の源とするためには，喪失を断念する強い覚悟をもつと同時に，思慕の情はもちろんのこと，悔やみ，怒り，憎しみ，罪意識といったアンビヴァレントな感情の流れを，マイナス面を排除することなく受け入れ，あるがままに体験し尽くすことが，必要なのである。　　　　　　　　　〔丸山真佐子〕

⇒アンビヴァレンス，喪失，悲嘆カウンセリング，悲嘆反応，ホスピス

文献　1. E-小此木, 1979；2. J-デーケン・曽野, 1984；3. E-日野原他, 1988；4. I-平山・斎藤編『現代のエスプリ』No. 248, 1988；5. C-フロイト, 1970a

グループ・アプローチ group approach
グループによる「治療・個人の成長の促進・教育・対人関係改善・組織・開発」を目的とした種々の技法の総称。狭義には「集中的グループ経験」を指す。

個人を対象とした1対1の対面的方法に対比して、集団でなければ達成できないような建設的・創造的な面、すなわち集団のもつ機能や力動を使う各種アプローチの総称。集団心理療法(group psychotherapy)を含む。(1) 種々の理論的背景をもつ集団心理療法やグループ・カウンセリング、(2) 心理劇(psychodrama)、(3) 社会福祉の分野で発展したグループ・ワーク、(4) 米国で1940年代以降急速に発展した「集中的グループ体験」(the intensive group experience)と呼ばれるさまざまなラボラトリー・トレーニングなどを総称して言われる。

集団による治療効果は、オーストリアの医師メスマー*によって18世紀にほとんど偶然に発見された。伝統的な1対1の催眠療法によってヒステリー患者に治療効果をあげていたメスマーは、増える一方の患者を効率的に治療するために集団で治療を行なったところ、個別に実施するよりも効果的であるという事実を見出した。その後、20世紀に入ってから、米国の内科医プラット(J. H. Pratt)が、患者相互の励まし合いや助け合いが治療を促進するという事実に注目して、今日の集団心理療法を確立した。グループ・カウンセリングはその延長線上で発展したものである。心理劇は、公園で子どもたちと即興劇を愉しんでいた時にヒントを得た、といわれるモレノ*によって創始され発展した。これは、舞台、主演者(患者)、演出者(治療者)、助手(治療を補助する演技者)、および観客という五つの道具を使用して行なう集団心理療法の一方法である。心理劇の基本的構成要素は、役割転換法(technique of role-reversal)である。患者は、彼が実生活で関わりをもっている人物の役割を演じることによって、過去・現在・未来における自己自身に遭遇し、それによって自己の問題を解決して、新しい行動パターンを学習するように援助される。心理劇は、対人関係の測定法であるソシオメトリーや、ロール・プレイングによるトレーニング法の先駆をなすものであり、またその技法は感受性訓練やエンカウンター・グループにも影響を与えた。

グループ・ワーク(social group work)は、社会福祉の分野で発展してきたものであり、ソーシャル・ケースワークとコミュニティ・オーガニゼーションとともに、ソーシャル・ワークにおける三つの方法の一つである。背景となっている考え方によって次の四つの立場がある。(a) 民主社会を維持する手段としてグループを活用する社会変革アプローチ(social change approach)、(b) グループ・ワーカーがグループと個人の互恵的関係を促進する媒介者としての役割をはたす交互作用アプローチ(reciprocal approach)、(c) グループを成長と発達のために人々が相互に助け合っている社会の縮図とみなす発達的アプローチ(developmental approach)、(d) 不適応行動を修正し改善しようとする治療モデル(remedial model)。

1940年以降、米国を中心に華々しく発展したグループ・アプローチは、レヴィン*に端を発するTグループ(training laboratory in group dynamics)や感受性訓練(sensitivity training in human relationship)の流れをくむものと、ロジャース*によって創始されたエンカウンター・グループ(basic encounter group)という二つの流れに集約される。一般にSTと呼ばれている感受性訓練は、しばしばTグループと同じ意味で使われており、両者の違いは必ずしも明確ではない。Tグループは、歴史的には産業界の要求に応じる「組織開発」を志向するものと、個人の成長に焦点を合わせるものとに分化している。前者は、組織の変革、対人関係の改善やリーダーシップ・トレーニングなどをめざすものであり、主に経営者層、中間管理者層などのトレーニングをめざしている。後者は、トレーニングの目的を、個人を成長させるための手段とするものであり、エンカウンター・グループとともに米国西海岸、特にカリフォルニアを中心に「人間性開発運動」(Human Potential Movement)の一環として発展してきた。各地にグロース・センター(growth center)と言われる独立の組織が設立され、さまざまな形態のワ

ークショップが開催されている。その中でも，エスリン研究所（Esalen Institute）が最も有名である。日本では，ST，Tグループ，ラボラトリー・トレーニングのほかに，自己発見合宿セミナー，エンカウンター・グループ，IPRトレーニング，CSTなどがある。　〔中村ելᇱ男〕

⇒エンカウンター・グループ，感受性訓練，グループ・アプローチ，グループ・カウンセリング，集団心理療法，心理劇，心理療法，ソシオメトリー，Tグループ，マイクロ・ラボラトリー・トレーニング，ロール・プレイング

文献 1. A-小林, 1979 ; 2. B-佐治・石郷・上里編, 1977 ; 3. B-シロカ他, 1976 ; 4. B-田中, 1987 ; 5. 野島一彦「グループアプローチの理論と技法」I-岡堂編『現代のエスプリ』No. 257, pp. 179-191, 1988 ; 6. B-ビオン, 1973 ; 7. B-リヴトン, 1991 ; 8. B-ロジャーズ, 1982

グループ・カウンセリング　group counseling

グループ場面を用いるカウンセリングの総称。参加者の心理的治療，教育，成長，対人関係とコミュニケーションの改善，および組織の開発などを目的として1人または複数のカウンセラーが，グループの機能・過程・ダイナミクス・特性を利用し，心理学的に援助していくこと。

グループ・カウンセリングは健常者を，グループ・サイコセラピーは病理的パーソナリティを対象にすると区別されることもあるが，本項では同義に扱う。

グループ・カウンセリングの始まりとしては，1905年，ボストンの内科医J. S. プラットが重症の結核患者25人のグループを作り，病気について講義したり読書や話し合いをさせたりした結果，治療意欲や治療効果が促進した「クラス法」をあげることができる。グループにおける心理過程の治療効果をはっきり認識させたのは，心理劇のモレノ*と精神分析を基礎にして小集団の研究をしたT. L. バロウの影響が大きい。心理劇の創始者モレノは，1913年，ウィーンでの売春婦のグループの話し合いが治療効果を上げることを知って，その後「即興劇場」を設立，

劇を取り入れた療法を始めた。1925年アメリカに渡り心理劇を開花させた。これは，その後，監督，演者，補助自我，観客，舞台の5要素で構造化された心理劇へと発展した。

アメリカではフロイト*の精神分析理論を基礎にした各派の療法が試みられたが1930年代にはS. R. スラブソンが分析的集団療法を実践，体系化した。第二次大戦中には，アメリカでは，戦争体験者の治療，社会復帰のためにグループ・カウンセリングが盛んに行なわれたが，やがてこのような治療を目的にした流れとは別の，集団を教育や成長目的に用いる「集団的グループ経験」が盛んに行なわれるようになった。レヴィン*の流れでは，1940年代に「Tグループ」のもとになる研修会が開かれたり，人間関係トレーニングのための「ラボラトリー・トレーニング」（センシティヴィティ・トレーニング，感受性訓練とも呼ばれる）が盛んに行なわれるようになった。ロジャース*らは1940年代のカウンセラー養育のためのワーク・ショップで集団の有効性に気づき，この方法を継続的に用いるようになり，1960年頃から「ベーシック・エンカウンター・グループ」と呼ぶようになった。

1960年代のアメリカでは人間性回復運動のなかで集団の中の「今，ここでの気づき」「出会い」を重視するグループや「感覚覚醒グループ」「ゲシュタルト・グループ」「シナノン・グループ」など，さまざまな形態のグループが展開し，これらをまとめてロジャースは「集中的グループ経験」と呼んだ。

また，行動主義的集団療法も，主張訓練や1968年，B. リッターの，へび恐怖児に対する集団脱感作療法などいろいろな形態を取りつつ展開された。

日本では1949年，サリヴァン*によるグループ・ワーク講習会，1958年にTグループの研究会が行なわれ，1950年代にはカウンセリング・ワーク・ショップが開かれるようになり，1970年代にはベーシック・エンカウンター・グループが実施され，以後グループの時代ともいわれるほど盛んになってきている。1986年には，中澤次郎が行動理論を基礎にエンカウンター・グループや人間開発プログラムや内観法の理論を

取り入れた集団行動カウンセリングを開発した。近年,日本社会の顕著な問題点であるアルコール依存,摂食障害などにはそれぞれ「セルフ・ヘルプ・グループ」ができて発展してきている。1970年代からは,セルフ・ヘルプ・グループの有効性を唱えて実践,理論化してきた斉藤学の力に負うところが多い。現在,特に「セルフ・ヘルプ・グループ・カウンセリング」「家族カウンセリング」に目が向けられている。

グループ・カウンセリングは会話を中心にしたものをはじめ,劇,遊戯や,非言語的なものなどさまざまだが,理論的立場で分類すると以下のようになる。(1) フロイトの精神分析理論の流れをくむ精神分析的立場。(2) モレノの心理劇の立場。(3) 来談者中心療法の立場。これは,ロジャースの来談者中心療法の流れを基盤にしており,参加者の自発性,個人の成長力への信頼,カウンセラーの共感的理解や受容の重視が特徴である。(4) 行動主義的立場。ウォルピ*などの精神分析的行動療法の流れ,スキナー*などの精神分析と対立する行動療法の流れ,グラッサー(William Glasser, 1925〜)などの新しい行動療法の流れなどがある。(5) その他のもの。集中的グループ体験(Tグループ,感受性訓練,エンカウンター・グループ,ゲシュタルト・グループ,シナノン・グループ),セルフ・ヘルプ・グループ,家族カウンセリング,交流分析グループ,集団イメージ面接,集団意味分析など。

グループ・カウンセリングの特徴は,(a) グループ場面は,2者関係よりも現実状況に近いこと,(b) 治療や成長に役立つグループ・ダイナミックスなどグループの効果性が高いこと,(c) 多数を扱うので時間,労力,費用が経済的であること,などがあげられる。これらの特徴から,適用領域は,医療,教育,矯正などで,対象も一般人から専門家まで幅広い。

最近,日本で顕著な不登校,いじめ,アルコール依存をはじめとする各依存,摂食障害,などの病理現象は,現代人の人間関係の希薄さや断絶,孤独や疎外感の問題を提起している。また,われわれは現代社会に生きる以上,それら問題から無関係ではいられない。このような現象に対して,グループ・カウンセリングは,信頼感のもてる集団の中で自分のいろいろな良さや能力に気づいて他者と本音で関係を作ることを経験して学ぶことにより,それぞれの問題を乗り越えて人間性を回復できる点で,現代社会における意義や必要性が大きい。今後の問題としては,治療,成長,教育など目的にあった方法や技法の確立,習熟したグループ・カウンセラーを養成するシステムづくりが望まれる。

〔本宮啓子〕

⇒いじめ,エンカウンター・グループ,感受性訓練,グループ・ダイナミックス,系統的脱感作法,ゲシュタルト療法,行動療法,交流分析,システム論的家族療法,主張訓練法,心理劇,精神分析,摂食障害,セルフ・ヘルプ・グループ,Tグループ,内観〔療〕法,不登校,来談者中心療法

文献 1. I-斎藤編『こころの科学』No.23;2. A-中澤,1986;3. 野島一彦「グループカウンセリング」(G-伊藤,1989b所収);4. 野島一彦「グループ・アプローチ」(G-岡堂,1978所収)

グループ・ダイナミックス,集団力学 group dynamics

グループ・ダイナミックスとは,生活体,特に人間の集団生活に関する社会科学であり,集団の心理学的な研究分野を指していうことが多い。集団の性質,集団発達の法則,集団と個人との関係,集団とより大きな諸制度との関係などを研究の対象とする。

この用語は,1939年に,レヴィン*によって初めて使われた。

レヴィンは,ヒットラーのドイツから逃れてアメリカに渡り,アイオワ州立大学の児童福祉研究室に身をおき,心理学者,栄養学者,ソーシャル・ワーカー,工学技師たちの協力を得て,この分野における初期の研究を進めた。教師のリーダーシップの違いが,学童の行動に影響を与え,学級の雰囲気を左右することなどを実験的に立証した。

レヴィンは,『社会的空間における実験』という論文の中で,「私は,社会科学において実験を企てることが可能であると信じている。その実

験は，物理学や化学実験と呼ばれるだけの正当性をもつものである。」と述べているように，その特徴は，次の三つである。(1) 実験や調査など実証的方法を重視していること。(2) 集団のもつ力動性を重く見て，集団的な出来事（現象）の間に見られる相互関連性や，因果関係に見られる共通の法則性を発見しようとしていること。(3) 実践的な問題解決と理論的研究の連結を強く求めていること。

　グループ・ダイナミックスに関するおもな研究内容と研究者は，以下のとおりである。

　(a) 集団凝集性：集団においては，集団成員たちに対して，その集団に留まらせるように力が働く。凝集性が強いと，その集団がもっている傾向を一層強くする。研究者には，アロンソン（E. Aronson），ミルズ（J. Mills），ジャクソン（J. M. Jackson）がいる。

　(b) 集団圧力と集団規範：集団には，その成員が一定の様式で行動し，一定の態度を所有するように働きかける（集団圧力）が存在する。集団が作られてしばらくすると行動の規準枠が生まれ，みながそれに従って行動するような力が働く。研究者には，アッシュ（S. E. Asch），シェリフ（M. Sherif）がいる。

　(c) 集団目標と成員の動機づけ：集団成員によって期待されている集団の成果は集団目標であり，その期待の度合によって違いが生じる。明確な目標をもつ集団は成果が高い。目標をすこし高めに設定すると，成員は目標達成に最も強く動機づけられる。研究者には，ザンダー（A. Zander），ドイッチ（M. Deutsch）がいる。

　(d) リーダーシップ：リーダーシップ行動の機能的側面と集団のプロセスや終末結果との関係を明らかにする。集団内では，リーダーシップの違いが，目標達成と集団維持機能に対して大きな違いをもたらすなど。

　(e) 集団の構造的特性：集団の成員間の関係のあり方において，安定性を獲得するときのあり方について。コミュニケーション構造，勢力構造，ソシオメトリック構造などが考えられる。研究者には，リーヴィット（H. J. Leavitt），リピット（R. O. Lippitt）がいる。

　日本においても早くから「日本グループ・ダイナミックス学会」が組織され，機関誌として『実験社会心理学』が刊行されている。グループ・ダイナミックスは，エンカウンター・グループや集団心理療法とも密接な関係をもち，集団療法としても構築されている。　　〔本　勝恵〕
⇒エンカウンター・グループ，集団心理療法，
　ソシオメトリー

文献　1. G-岡堂編，1978

グレート・マザー　⇒太母

ケア・マネージャー　⇒介護支援専門員

ケア・ワーカー　⇒介護福祉士

芸術療法　arts therapy
　心身障害者の健康回復を援助することを目的として，描画や造形，さらには身体的活動によるイメージ表現を利用して行なわれる応用的治療手段。

　言語によるコミュニケーションを主とする心理療法（verbal psychotherapy）に対比して，芸術療法は，イメージ表現を媒介としてのコミュニケーションを主とする非言語的心理療法（nonverbal psychotherapy）と言えよう。また，慢性疾患などによる長期療養患者に対して，レクリエーションあるいはリハビリテーションの見地から導入される場合もある。

　外国では，一般に arts therapy と言えば絵画療法が中心であり，フィンガー・ペインティング，箱庭療法または粘土などの造形表現を利用した治療技法をも含める。日本では，音楽療法，心理劇，ダンス・ムーブメント療法，詩歌療法，写真療法などをも含めて，比較的広い治療技法をひとまとめにして芸術療法と呼んでいる。これら各種の技法は，言語的精神療法や薬物療法などへの補助的な治療的意義をもつ。また，構成的なものや投影的なものなどさまざまなので，患者への適応を状態や経過によって判断する必要がある。治療者の興味や特技としてではなく，患者の内的発展に沿って技法を選択することが望ましい。

　芸術療法の治療的役割は，まず自己表現をす

ることにある。人間は，心にわだかまりや不安がある時，何かに向けてそれを表現したいという衝動にかられる。それが言葉による場合もあれば，行動によって表現されることもある。イメージ表現は，それらの中間に位置する表現手段と言うことができ，意識的・無意識的な表現が混在しているという特徴がある。そのため，言葉では語りえなかった無意識的な感情が表出されたり，行動化が象徴的に行なわれ，そのことが浄化（カタルシス）となる場合が多い。また，身体を使って表現することが，感覚を刺激し，リラックスさせ，人間性の回復にもつながる。このようにイメージ表現は，精神と身体を合わせた全人格的な営みであると言える。

芸術療法のもう一つの役割は，治療者と患者のコミュニケーションを増大させることである。サリヴァン*は，精神医学を対人関係の学と規定し，「関与しながら観察する」ことの必要性を説いた。しかし，カウンセリング等の言語的心理療法は，患者側にはっきりとした病識や治療を受ける意志が無ければ，治療的な人間関係を樹立したり継続することが困難である。また，治療に対する抵抗も生じやすい。しかし，イメージ表現を使えば自発的な表現行為を比較的容易に引き出すことができ，患者をより深く理解することができる。また，笠原嘉（1966）は，「患者自身に固有の対人距離を治療者との間に見出させることが，精神療法における一つの大きな柱である」と言っており，治療者が表現される場にいて，表現されたものをめぐって，治療者と患者が「気を配り合い」「心を開き合う」ことによって，対人関係の「間合い」の感覚といきいきとしたやりとりが蘇る。この時，解釈は必ずしも必要ではないが，患者の洞察的言辞に鋭敏に応じることが必要とされる。

このように，芸術療法では，自己表現および治療者とのコミュニケーションを通じて，患者が自己洞察を深め，失った自分を取り戻し，自己を再統合する過程を経ていく。それはまた，患者が自己治癒能力を自覚する過程でもあると言える。　　　　　　　　　　〔福田哲治〕

⇨音楽療法，カタルシス，絵画療法，心理劇，心理療法，箱庭療法

文献　1. 笠原嘉「精神療法の治療機構について」『精神神経学雑誌』68巻，1966；2. J-サリヴァン，1976；3. 高江洲義英「芸術空間としての病院」（I-『Imago』2巻3号，1991所収）；4. I-徳田・村井編『サイコセラピー』7, 1988；5. H-『中井久夫著作集』2, 1985；6. C-バリント, 1978

系統的脱感作法　systematic desensitization

不安，恐怖を基盤とする神経症の治療に用いられる行動療法の一技法。

この技法は，1958年，ウォルピ*により始められた。

【成立と原理】　ジョーンズ（M. C. Jones）の子どもの恐怖症治療のための実験（1924）を基礎として，ウォルピは1946年からネコの実験神経症に関する研究に取り組んだ。そしてその研究成果を人間の神経症治療に応用した。彼は神経症を「生理学的に正常な個体において，学習によって得られた，持続的で不適応的な習慣であり，多くの場合，不安反応がその中心をなしている」と概念化し，その治療のために「クライエントがある刺激状況に対して不安反応を示す時，その状況下でこの不安反応と拮抗できる反応を生起することができるならば，クライエントの不安反応は抑制され，不安の誘発刺激と不安反応との結合は弱められていくであろう」という「逆制止（reciprocal inhibition）」の原理を導入した。逆制止とは，本来イギリスの生理学者シェリントン（C. S. Sherrington, 1861～1952）が，ある脊髄反射が別の脊髄反射によって抑制される現象に名づけた生理学上の用語であった。

ウォルピは不安反応に対して生理的に拮抗する反応として，弛緩反応，主張反応，性反応，摂食反応，運動反応，呼吸反応などが有効であると考えているが，系統的脱感作法では弛緩反応を用いることが多い。

なお，「系統的」とは治療の最初から強い恐怖や不安を喚起させる刺激をいきなり与えて脱感作を行なうのではなく，「きわめて弱い恐怖や不安をおこさせる刺激から順々に強いものへと進めていく手続き」を意味している。

【構成】　系統的脱感作法は，(1) 筋弛緩法の訓

練，(2) 不安階層表 (anxiety hierarchy) の作成，(3) 筋弛緩状態と不安階層場面を対提示する手続き，の三つから成っている。

(1) 筋弛緩法の訓練：ジェイコブソン (E. Jacobson) の漸進的弛緩法を簡便化したものを用いることが多い。この方法は，身体各部位の筋肉群を，段階的に弛緩させていくものである。ある一つの筋肉群をまず収縮させて，その緊張をクライエントは感じとる。ついでクライエントは筋収縮を漸進的に解いて，かなりリラックスしてもさらに収縮解除 (uncontractioning) の方向にもっと深く弛緩していくよう指示され，緊張感から弛緩感への変化を自覚させられる。この一連の動作を身体各部のすべての筋肉群に順次行なっていき，全身の筋肉を弛緩させていく方法である。ジェイコブソンは，深い筋弛緩によって脈拍数や血圧の減少が得られることを示した。筋弛緩法としてはジェイコブソンの方法の他，シュルツ*の自律訓練法も用いられる。

(2) 不安階層表の作成：クライエントの生活歴，病歴から，またときとして，ウィロビー人格評定表，恐怖調査表なども参考資料として用い，クライエントが不安・恐怖を示す刺激場面をできるだけ列挙する。そしてそれぞれの場面に対して，クライエントがどの程度の不安反応を示すかをクライエント自身に評定させる。この評定には，まったく平静な状態を0とし，極度の不安・恐怖状態を100とする SUD (subjective unit of disturbance：自覚的障害単位) が用いられる。次にその評定結果にもとづき，刺激価が弱から強へと段階的になるように不安場面を配列した表（不安階層表）を作成する。たとえば，高所恐怖のクライエントであれば，「階段を一段上がる」ことが最も低い段階にあり，「高層ビルの屋上の端に立つ」ことが最高の段階になる。

(3) 筋弛緩状態と不安階層場面を対提示する手続き：まず，十分な弛緩状態に入ったことをクライエントの合図により確認した後，前もって作成した不安階層表にしたがって，最も不安・恐怖の少ない刺激場面のイメージを想起させる。もしクライエントが不安を感じた時には，さらに筋弛緩を行なわせることによってその不安を弱めていく。1項目を想像することによって，不安反応をおこさなくなった時 (SUD が 0 になった時) に初めて，次の1段階上の項目へ移ることを原則とする。このような手続きを，刺激価が小さいものから大きいものへと順次繰り返していく。

【変法】以上述べたことは系統的脱感作法の原則であるが，刺激場面の与え方や操作法によりいくつかの変法が用いられている。まず，刺激場面の与え方については，不安や恐怖を喚起させる刺激場面に直接クライエントを直面させて脱感作していく現実脱感作 (invivo desensitization) がある（たとえば高所恐怖症のクライエントにつき添ってエスカレーターに乗らせる，など）。また操作法の変法としては，テープレコーダーによって脱感作を教示する自動式脱感作法が開発されている。

系統的脱感作法は今までに種々の不安神経症や恐怖症，不安を基盤とする心身症などに広く適用され，その有効性も十分に認められている。

〔佐藤章子〕

⇒イメージ療法，恐怖症，筋弛緩法，不安

文献 1. Wolpe, J., 異常行動研究会編『脱感作療法：ウオルピと行動療法』誠信書房, 287p., 1975；2. B-ウォルピ, 1977；3. ウォルピ, J., 内山喜久雄監訳『行動療法の実際』黎明書房, 263p., 1971；4. ウォルピ, J., 内山喜久雄監訳『神経症の行動療法：行動療法の実際』（新版）黎明書房, 520p., 1987；5. H-内山編『サイコセラピー』2, 1988；6. B-上里, 1983；7. B-祐宗・春木・小林編著, 1984

ゲシュタルト療法 Gestalt therapy

パールズ*らにより米国で創唱された**心理療法**。エリス*の**論理療法**，バーン*の**交流分析**などとともに，「**第三勢力**」と称される実存主義的**心理療法**の一つ。

ゲシュタルトとは「意味深い組織化された全体」という意味のドイツ語で，ゲシュタルト心理学の基本は，「知覚領域における全体的編成と相互関連性（全体は部分の総和以上のものである）」という考えである。パールズは，この概念と有機体論，精神分析，実存主義哲学，東洋思想などとを背景として，自らの経験と観察をもとにゲシュタルト療法の理論を組み立てた。

人間は、さまざまな環境と接触して相互に作用し、変化していくなかで成長し、「全体性」を達成していく。変化がおこりバランスが崩されるような状況になると、人間には各器官に平衡を保ち健康でいようとする欲求がおこり、欲求充足のプロセスがおこるという「有機体的自己制御機能」（例：血液中の水分が少なくなると、喉が渇く）が本来あるからである。そして「欲求充足」のために、人間は絶えずゲシュタルトをつくる。つまり、人間は、自分を取り巻くさまざまな要素を互いに関連性のない独立したものとして知覚しているわけではなく、それらの中から自分の現在の関心に合うものを選び出して組み合わせ、「意味のある一つのまとまり」（図）としてそれ以外の要素（地）と区別して知覚する（例：喉が渇いていると飲物が目につく）。知覚者はその欲求を満たし、ゲシュタルトを完成（閉合）することを求める。完成したゲシュタルトは「地」となって消えてしまい、また新たな欲求のもとに次のゲシュタルトが構成される。すなわちゲシュタルトを完成させる（＝欲求を満たす）には、自分自身の本来の欲求が何なのかを知ればよい。そのためには、自らの行動（action）、精神活動（fantasy）、見せかけの行動（play-acting）の意味に気づくことが必要である。

このような理論から、ゲシュタルト療法におけるセラピストは、クライエントに解釈を与えるのではなく、クライエントが本来もっている自分の能力に気づき、人間的に成長することを目的として、彼自身が「今、ここで」の自分を意識し、あるがままの自分になりきること（覚知、気づき、アウェアネス：awareness）ができるよう援助する。気づいた後に行動を変えるかどうかは、クライエント自身の責任である。

具体的には、セラピストはクライエントに「私は今……に気づいている（now I am aware of …）」という文章を作らせる、同じ句を何度も繰り返させる、質問を叙述に変えさせる、操作や不満をおこさせる、等の方法で自己の気づきを深めさせたり、本人が今まで気がつかなかったボディ・ランゲージを指摘することによって、言語表現と非言語行動との不一致を自覚させたりする。また、より効果的な気づきへと導くために、セラピストは必要に応じて種々の技法を用いる。たとえば「トップドッグ（勝者）とアンダードッグ（敗者）」というロール・プレイング・ゲームは、椅子を二つ用意し、一人で交互に席を移りながら自分の中の「勝者」（「べき」に縛られ、批判し、要求する自分）と「敗者」（「勝者」に反応して、謝ったり言い訳をしたりする弱い自分）の立場を演じ分けさせるもので、自らが作り上げていく対話のなかで、クライエントは自分の内部の葛藤に気づいていくのである。他にも「ドリーム・ワーク」（夢の中の登場人物や事物になりきる）、「ボディ・ワーク」（感情がうっ積している筋肉をほぐす）、動作の誇張、などがある。

パールズは、さらにゲシュタルト療法を「治療社会」(therapeutic community) で行なうことにより、より多くの人が、しかも短期間で、効果的な気づきを得ることができると主張し、個人の治療から集団の教育へと発展していった。「ホット・シート」（ある特定人物に対して、グループの人が感じたことを言う）、「ブラインド・ウォーク」（目かくし歩き）などはゲシュタルト療法にもとづいたグループ療法である。

〔峯 雅子〕

⇒心理療法，ルビンの盃

文献 1. A-國分, 1980；2. J-コーチン, 1980；3. B-佐治・水島編, 1977；4. A-ショストローム編, 1980；5. B-スチーブンス, 1982；6. Perls, F.S.: *The Gestalt Approach & Eye Witness to Therapy.* Bantam Books Inc., 208p., 1973；7. B-ブライ編, 1984

ケースワーカー caseworker

ケースワークを専門的に実践する人のこと。ソーシャル・ケースワーカー（social caseworker）を単に「ケースワーカー」と略称することが多い。

ケースとは、生活上の問題や課題をもつ各個人や集団（家族など）の全体を指し、この問題や課題を解決するために各ケースについて個別に直接支援する専門的働きかけをケースワークと言う。なお援助を求めて社会的機関を訪れる人をクライエント（対象者、来談者）と言い、

クライエントの状況あるいは問題をケースと呼ぶ。

【ケースワークの基本原理】 クライエントとのケースワーク関係で，たとえば(1) 個別化(individualization)の原理，(2) 受容(acceptance)の原理，(3) 自己確知(self-awareness)の原理，(4) 秘密保持の原理，(5) 専門職業的対人関係（professional relationship）の原理，(6) 自己決定(self-determination)の原理，などを活かしながら面接その他の援助をしていく。以下にこれらの原理を簡単に説明する。

(1) 個別化の原理：人間は独自性をもった社会的存在である。クライエントの状況や問題は，常に心理，社会，文化的なものであり，問題はそれをもつ人にとって特有なのである。したがってケースワーカー（以下，ワーカーとする）は個人の独自性をよく理解し，問題を個別化して，それがその人に意味するものをよく考え，個人的な差異に則した援助をしなければならない。

(2) 受容の原理：このことは，その人にとって特有の問題に煩わされている。それぞれ異なった人間を，あるがままに受け入れるというワーカーの態度を前提として成り立つ。つまりワーカーは現象として表だっている問題に眼を奪われて，批判的な態度で臨むのではなく，クライエントの行動・態度がどうであっても，一人の人間として受け入れ，問題の真の意味を理解して，客観的な態度で問題に対応しなくてはならない。

(3) 自己確知の原理：しかし普通，人間は他人を見る時，自分の道徳的標準や感情によって影響されやすく，しかもそのことに気づきにくい。もしワーカーがクライエントとの対人関係に自分自身の先入観的態度をもち込んだり，自然のままに感情で相手を律するなら，その人をあるがままに受け入れえない。そしてクライエントの事態や問題を客観的に理解できず，良い関係をもちえないかもしれない。これらのことは，自分自身を知ることによって防ぎうる。ワーカーは意識して自分の心理や行動の特異性をしっかり知ることが大切である。

(4) 秘密保持の原理：ワーカーは自己確知によって，自分の感情などを制御でき，正しい受容の態度を養い，専門的な援助者として，クライエントに接することができる。ワーカーとクライエントの信頼的対人関係（ラポール）がケースワーク過程を成立させる必修条件となる。信頼関係が作られるためには，クライエントの秘密が守られることが前提になる。

(5) 専門職業的対人関係：その対人関係は，個人的なものではなくて，専門職業的対人関係である。つまり，ワーカーがクライエントの問題解決に向かって意識的に統制操作する対人関係でなくてはならない。

(6) 自己決定の原理：問題解決に当たっては，ワーカーが自分自身の目標や行動の基準，解決方法，あるいは道義などをクライエントにおしつけるのではなくて，クライエント自身が権利に目覚め，本人が自らの意思と力で，自分のすることを計画し行動できるように，側面的に援助しなければならない。

【ケースワークの過程】 ワーカーとクライエントとの出会いから問題解決をみて終結に至るケースワークの実際は，インテーク→調査→診断→処遇の順に進められていく。

(a) インテーク（intake）：クライエントが援助を求めて機関・施設を訪れワーカーと出会う最初の，あるいは最初から2～3回の面接をいう。インテークの代りに受付面接，受理面接などということばを使う機関もあるが，最近ではインテークを日本語として使うことが多い。これを担当する人をインテーク・ワーカーと呼ぶ。インテークはケースワークの全過程の縮図と考えることができる。このなかで問題の輪郭をとらえ，仮説的な診断にもとづいて，その段階での必要な処遇も行なう。また，ワーカーとの信頼関係ができるかという第一の関門でもある。ときには，インテークを単なる受付と理解して事務的に処理されるだけのこともあるが，インテークは経験豊かなすぐれたワーカーが担当すべきものである。

(b) 調査：クライエントを援助するためにはクライエントという個人，あるいは関係する人々のもつ問題についての理解を必要とする。そのために必要な資料を収集することを調査と

呼ぶ。調査項目はクライエントによって異なるが，心理的側面，社会的側面，身体的側面，生活歴などから行なう。情報の収集で最も重要なものは，クライエントとの信頼関係によって行なわれる面接である。ことば以外の視線，表情，身体全体の表現などが物語ってくれるものも多いので，ワーカーには敏感性も要求される。

(c) 診断：面接で得た情報をもとにしてケースを分析・検討し，問題を解決していくための具体的な援助計画を立てることを診断という。この診断は5～6回の面接によって仮説的診断を立てる。その後に新しい事実が判明することもあり，仮説的診断を修正しながら診断に至る。

(d) 処遇：クライエントが自分の問題に主体的に取り組み，解決していけるようなワーカーの心理的，具体的な働きかけを（ケースワークの）処遇ないし社会的治療と呼ぶ。クライエントが最も必要としているところに焦点を合わせ，さまざまな処遇を選択する。間接的処遇は，具体的なサービスの提供や，クライエントの環境に働きかけることによって，適応しやすい条件を整える。直接的処遇とは，問題の中心に焦点をあて，直接的に働きかけることによって，クライエントが，自分自身を正しく見つめ，他人との関係のなかで自分の行動，態度，人間関係の歪みを修正し，それらのことを通して環境への適応をはかり，さらに環境を変えていく力をつけさせようとするものである。

ケースワーカーは福祉事務所や児童福祉事務所，各福祉施設で働いている。　　〔緒方一子〕
⇨インテーク，医療ソーシャル・ワーカー，ケースワーク，児童相談所，社会福祉士，ボディ・ランゲージ，精神医学ソーシャル・ワーク，福祉事務所，ラポール

文献　1. 浦辺史・岡村重夫・木村武夫他編『社会福祉要論』ミネルヴァ書房，380p., 1975；2. 磯川眞旬『社会福祉方法体系論研究』八千代出版，361p., 1982；3. 吉沢英子編『ソーシャルワークの基礎』相川書房，190p., 1977

ケースワーク　casework

社会生活を営む上での問題を自分の手で解決することができなくなって，専門的なサービスを必要としている個人または家族に対して行なう専門技術。

正確に表現する場合は「ソーシャル」をつけて「ソーシャル・ケースワーク」と言う。それに携わる専門家を総称してケースワーカー，ソーシャル・ケースワーカー，またはソーシャル・ワーカーと呼ぶ。1971年公表の「社会福祉士法制定試験」以降はソーシャル・ワーカーに定着しつつある。

ケースワークには「個別指導」（竹内愛二），「社会事件事業」（小沢一）という訳語が与えられたこともあるが，いずれもなじまず，原語のまま使われるのが通例である。

ケースワークの前身は，1869年英国ロンドンの慈善組織協会の救済費用の無駄をはぶいて，慈善活動を円滑に行なうための事業であった。それが米国に移入されて，今日のケースワークの基礎となった。当初は，無給の篤志家が行なっていたため，友愛訪問員（friendly visitor）と呼ばれていた。19世紀後半に有給のワーカーが誕生し，しだいに専門職としての地位が確立して，今日にいたっている。

(1) 友愛訪問の時代（1870～1890），(2) 基礎確立時代（1890～1920年頃），(3) 発展期（1920～1950年頃），(4) 統合期（1950～現在）とその発展をおよそ4期に分けることができる。(1)は，上述のような慈善活動，(2)は，19世紀末以降の諸科学とくに，社会学，経済学，医学などの進歩をふまえ，科学的処遇技術としてケースワークをとらえようとする時代をさす。この時期の代表者がケース―ワークの母ともいわれるメリー・リッチモンド（Mary Richmond）である。彼女のケーワークに関する定義「ソーシャル・ケースワークは，人々とその社会環境との間に個々別々に，意識的にもたらされる調整をつうじて，人格の発達をはかる諸過程からなっている」は，個人の問題は社会を改良することにより解決するものとする「環境決定論」にもとづくものであった。(3)の時代は，社会改良論よりむしろ，個人の問題が心理的・精神医学的な方向へと変更され，個人のパーソナリティの適応能力の強化におかれるようになった。そして，社会環境は見落とされ，フロイトの精神分析の亜流へと流されていく傾向が強く

なった。(4)の時期になると，世界大戦，経済恐慌を経て，再度「『社会改良』をめざしたリッチモンドの時代に戻れ」という提唱が1950年にマイルズ（A. Miles）によりなされた。現在では，社会環境の改善という社会事業全体にまたがる大きな目標を失わずに，さらに心理的・精神医学的なことにも目を向けつつ，偏向することのない，総合型のケースワークがよしとされている。

また，ケースワークがより直接的か，間接的かにより，第一次分野（primary setting）と第二次分野（secondary setting）とに分けられている。前者は，社会福祉機関，日本で言えば福祉事務所，児童相談所などの公共機関であり，後者は医療，司法，精神保健，教育，産業，などの多岐にわたる分野である。この第二次分野では面接相談の技術としてカウンセリングの知識を必要とすることが多い。さらに，クライエントがケースワークとカウンセリングの双方を必要としているケースがほとんどである。

日本では生活保護を初めとする公的扶助の給付が即ケースワークだと考えられてきた。しかし，これは間違いであり，ケースワークとは，「権利としての社会福祉」を市民としてのクライエントが主体的に利用することを多面的に援助することと認識しなければならない。

パールマン（H. H. Perlman, 1905～）によると，ケースワークの基本的要素は，①援助を求めている人，②社会的問題，③ケースワークの場所，④援助の道程の四つをいう。

クライエントへのアプローチの手法については，質問方法，傾聴法などカウンセリングに大いに学ぶべき点も多い。しかし，ケースワークの目指すものは，クライエントの困難解決のための社会的資源（公的扶助をふくむあらゆる施設・設備）を活用するための情報提供と，側面的援助，自立への道の手助けであることが，カウンセリングとは目的を異にしている。

しかしながら，ケースワークもカウンセリングも，主として面接により人間を援助するのであるから，相互の理解と協力が必要なことは言うまでもない。〔小林洋子〕
⇒カウンセリング，カウンセリングにおける人間関係，ケースワーカー，社会福祉協議会，社会福祉士

文献 1. A-アプテカー, 1964；2. 石沢克郎『ケースワークの基本問題』福村出版, 176p., 1987；3. 小野哲郎『ケースワークの基本問題』川島書店, 374p., 1986；4. 小松源助『ケースワーク論』有斐閣, 303p., 1975；5. 小松源助・山崎美貴子『ケースワークの基礎知識』有斐閣, 330p., 1977；6. 仲村優一『ケースワーク』誠信書房, 258p., 1979；7. H-畠山・吉沢『現代のエスプリ』No. 130, 1978；8. モフェット, J., 杉本一義・松本英孝訳『ケースワーク入門』川島書店, 168p., 1984；9. リッチモンド, M. E., 小松源助訳『ソーシャル・ケースワークとは何か』中央法規出版, 192p., 1991

月経前緊張症　premenstrual tension

月経前症候群ともいい，月経の約1週間前より現れる，頭痛，憂うつ感，イライラ感，食欲不振などの不快症状のことをいう。これらの症状は月経開始とともに自然に消失する。

【月経のしくみ】月経は，約1カ月の間隔でおきる子宮内膜からの出血であり，卵巣と子宮内膜の周期的変化によっておこる。卵巣内の卵胞は，脳の下垂体前葉から分泌される卵胞刺激ホルモンの作用により，原始卵胞（成熟する前の卵子）から成熟卵胞へと発育する。この過程において卵胞からエストロゲン（卵胞ホルモン）が分泌される。成熟卵胞は下垂体前葉から分泌される黄体化ホルモンの大量分泌により腹腔内に排出される。この現象を排卵と呼ぶ。また，下垂体前葉は間脳の視床下部から分泌されるホルモンの作用を受けている。排卵後，卵胞は黄体を形成し，この黄体細胞からプロゲステロン（黄体ホルモン）が分泌され，黄体は10～14日後に白体となる。ここで月経（子宮内膜の脱落と出血）がみられ，これにより次の卵胞の成熟がおこる。

このような卵巣周期と同じ周期で子宮内膜にも変化がおきる。月経末期から排卵後2～3日までの時期を卵胞ホルモン期といい，子宮内膜が増殖する時期である。その後（黄体形成時期）より，月経が始まる2～3日前までを黄体ホルモン期という。次に黄体の退行がみられ，排卵の約2週間後に相当する時期に子宮内膜の脱落と出血が生じ，これが月経となる。

以上のように女性の身体には，ホルモン分泌

の周期的な変化がみられ，このことが心身にさまざまな影響を及ぼしている。健康な女性でも約半数が月経時や月経の前に腹痛，腰痛，疲労倦怠感，食欲不振など何らかの不快症状があり，これを月経随伴症状という。そのために日常生活に支障が生じて治療が必要なものを二つに分ける。一つは月経開始と同時に症状がみられるもので「月経困難症」といい，もう一つは月経開始約1週間前から出現し，月経開始と同時に消失するものを「月経前緊張症」という。月経前緊張症は1931年にフランク（R. T. Frank）によって初めて記載された。

【月経前緊張症の症状と対処方法】 月経前緊張症の原因は黄体期における複雑な内分泌機構の変調によると考えられており，いまだに定説をみない。主な症状は，わけもなくイライラする，憂うつな気分になる，興奮しやすい，集中力がなくなる，などの精神症状と，顔や手の浮腫，1～2キログラムの体重増加，乳房の張り，乳首のチクチクする痛み，頭痛，下腹部の張りや痛み，などの身体症状である。月経困難症と比べると，既婚者の率が高く，年齢も30歳前後から40歳と高い，という報告もある。

前述のようにこれらの症状は，すべての女性にみられるものではなくて個人差が大きいが，症状を負担と感じる女性にとっては，わずらわしい現象である。一時的ではあるが学業や仕事の能率が落ち，友人や同僚などとの関係もとりにくくなることがある。家庭生活においては，イライラした気持ちが原因で子どもをむやみに叱ってしまったり，夫に理由もなく当たってしまうこともみられる。ひどい場合には衝動的に万引きなどの犯罪行為に及ぶこともありうる。

カウンセラーとして対応する時は，こういった症状の原因のすべてが月経に関連したことではないことを念頭に置き，よく話をききながら，女性が負担と感じている訴えと月経周期との関連を確かめる。場合によっては精神科領域の問題であることも考える。症状をもつ人自身が自分の身体を正しく知り，病気ではなくて生理的な変化からおこることを理解し，くよくよしないようにすることが大切である。症状を自分でコントロールできないが，症状が出ている自分を客観的に見るようにし，できるだけ気持ちに余裕をもつようにする。また，過労を避け，自分なりのリラックスできる方法を見出すことも大切である。原因が明確でないから確立した医学的治療法はないが，症状がつらい場合には，婦人科受診を勧めてみるのもよい。抗不安薬やホルモン剤の服用で効果がみられることもある。婦人科診療において，本症を主訴として受診する女性はまれであり，潜在的な症状保持者はかなり多いであろう。 〔板垣昭代〕

⇒うつ状態，リプロダクティブ・ヘルスとリプロダクティブ・ライツ

文献 1．杉山陽一，豊田長康・山本稔彦分担執筆『婦人科学』金芳堂，359p.，1986；2．中村理英子監修『絵でわかる女性の医学』西東社，256p.，1993；3．橋本正淑監修，郷久鉞二編『女性の心身医学』南山堂，541p.，1994；4．人見一彦『女性のメンタルヘルス：心のシグナル』金原出版，160p.，1994

結婚 marriage

男女が夫婦となること。婚姻。

結婚によって形成される夫婦関係は，性的・情緒的・社会的・経済的な面において，「社会的に承認され」「永続性をもち」「権利・義務を伴った」包括的で，全人格的男女の関係である。

1997年の婚姻数は，77万5,651組で，特に近年は国際結婚の増加(1965年0.4％，1996年3.6％)や多様化が進んでいる。また，平均初婚年齢は，夫28.5歳，妻26.6歳（1996年）で，晩婚化の傾向がますます顕著になってきている。

これは，(1) 女性の未婚率が上昇していること(20代後半で48.0％，30代前半で19.7％)，(2) 結婚しない男性の割合が増加する傾向にあること（生涯未婚率＝50歳時の未婚率が8.9％），などが影響していると考えられる。これらは先進諸国に共通の現象ではあるが，今や日本女性の平均初婚年齢は事実上世界最高水準にあるといわれ，日本は女性にとっての世界一の晩婚国ともいえる。

しかし，女性の生涯未婚率には変化が見られない(1970年代～80年代で4％台，1995年5.1％)ことからもうかがえるように，女性たちは決して結婚を否定しているわけではなく，ただ結婚を焦らなくなっただけである。かつての結婚が

「適齢期」にこだわったり，生活のためにしなければならないものだったのに比べると，より「付加価値のある結婚」をじっくりと選ぶことが可能となったためとも考えられよう。

樋口恵子によれば，女性を結婚にふみきらせるモチベーションは，「この人」という相手の魅力か，現在よりいい人生を約束する「楽しい結婚」であって，この二つ，あるいはどちらかにめぐり会えた女性が結婚の門をくぐるとし，一昔前までの「外的圧力」によってではないと述べている。そして，結婚を望んではいるものの，「よいめぐり合わせがなかったらそれはそれで仕方がない」と腹を据えている女性たちを，「どっちでもいい症候群」と名づけ，一種の「結婚モラトリアム症状」にあるのではないかと指摘する。

また，佐藤悦子は，心理相談の現場から，これら「決断保留の猶予型人間」では自己像が閉ざされており，自分についての新しい経験がシャット・アウトされているために，変化への可能性が失われているとし，多くのクライエントが結婚生活の中で抱える問題においても，その底に「否定的な自己像」や「自己像への固執」が見え隠れすると述べている。

グッゲンビュール−クレイグ（A. Guggenbühl-Craig）は，ユング心理学の立場から，結婚を個性化（自己実現される状態）に至る過程としてとらえた。すなわち「人は結婚することを選び，結婚に入ることを決める」のであって，結婚における個性化とは，「決断−選択」による，継続的に回避できない「対決関係」であるとしている。この長期にわたる「対決結婚」「対話的対決」を通して，それぞれの夫婦は個性化を探求していくのである。

近藤裕は，結婚の目的を「人間としての完成を目指し，人格的成長を促進する共同作業に必要な，親密な関係を築く」ことにあるとしている。そして，この目的を達成するためには，次のような素質を育てていかなければならないとしている。(a) 自由：夫婦それぞれに自由人としての個が確立し，成長していること，(b) 共同：お互いに依存し合い助け合うことができる関係にあること，(c) 創造：固定化した夫婦の関わり方から新しい関わり方を求めたり，不満足な点を改善していこうとする意思，願い，能力，(d) 信頼：相手に対する忠誠をお互いに伝え合い，確認し合うこと，(e) 柔軟：相手に合わせ，相手を受け入れていく能力，(f) 共感：お互いに相手の考え方や感情などを理解する能力。

結婚生活を充実させ，成長させるためにはコミュニケーションの技能が必要である。近藤は，その具体的な方法として，(ⅰ) コミュニケーションの範囲を拡げること：思いやりを込めたまなざしを注ぐ，手を静かに握る，慰めやねぎらいのことばをかける，贈物をするなど，(ⅱ) 相手を聞く能力を身につけること：相手の立場に身をおき，相手の心で感じ，相手の目で見，相手の耳で聞く，(ⅲ) 相手のことばの意味を確かめること：「聞こえましたか？」「分かりましたか？」「……という気持ちを言いたかったんですね？」などの表現で確かめる，(ⅳ) 自分の意見や気持ちをはっきり表現すること：言いたいことをまわりくどくなくストレートに言う，一般論を言わないで具体的に言う，相手を責めずに自分の感情を表現し，どうしてほしいのかを明確に伝える，(ⅴ) 相手のメッセージの「暗号」を読み取ること：隠されているメッセージを読み取り，本当のメッセージに対して直接に反応する，などをあげている。こうした技能の習得には，「ソーシャル・スキル・トレーニング（社会的技能訓練）」や「アサーション・トレーニング（主張訓練法）」といった方法も有効である。

結婚カウンセリングにおいては，クライエントが個人であれ夫婦であれ，「夫婦の関係」と「二人を取り巻く家族との関係」とを中心テーマとし，「非論理的な思い込み（イラショナル・ビリーフ）の修正」「互いの結婚に対する期待の調整」「夫婦のコミュニケーションの歪みの点検」「性生活におけるコミュニケーションの改善や性に関する誤った知識の修正」などを行なう。

〔髙橋寛子〕

⇒イラショナル・ビリーフ，個性化，コミュニケーション，主張訓練法，マリッジ・カウンセリング，モラトリアム，離婚，恋愛，論理療法，

文献 1. I-岡堂編『現代のエスプリ』No. 300, 1992；2. I-岡堂編『現代のエスプリ別冊』, 1992；3. H-クレイグ『ユング心理学選書』3, 1981；4. E-國分, 1987；5. E-近藤, 1981a；6. E-佐藤, 1987；7. 厚生省『平成8年度版 厚生白書』ぎょうせい, 504p., 1996；8. 厚生省『平成10年版 厚生白書』ぎょうせい, 498p., 1998；9. 望月嵩・本村汎編『現代家族の危機：新しいライフスタイルの設計』有斐閣, 300p., 1980；10. I-依田編, 『現代のエスプリ』No. 234, 1987

ゲーム分析　game analysis

　交流分析（TA）で行なわれる分析の一つ。悪循環に陥っている対人関係のパターンの分析をゲーム分析という。**人間関係のうち，悪感情（イヤな感じ）で終わるような対人関係は，相互交流のあり方に歪みがあるからで，その相互交流を分析して健全な人間関係を築こうとする。**

　この場合ゲーム分析というのは，トランプや花札などの遊びとは違うもので，TAの創始者のバーン*はその著書『人生ゲーム入門』の中でゲームとは，「予測可能な結果に向かって進行しつつある一連の相補的，気づかない交流」をいうと定義している。

　その後，ゲームの定義については，TAの研究者の中で意見が一致していない。それはバーン自身が彼の思索のさまざまな段階でゲームに異なった定義をしているためと思われる。すなわち，初期の頃は，「ゲームは弱みを伴う一面の裏面交流であり，普通はうまく隠された，ただしはっきりと規定された報酬に達するものである」といっている。しかし，最後の著書では，ゲームの方程式を明確にし，この方程式に一致するものはどれもゲームであり，これに一致しないものは，どれもゲームではないといっている。ここでいうゲームの方程式とは次のようなものである。

　　わな(餌)＋弱み＝反応→切り替え→混乱→報酬
　　　C　　＋G＝R　→　S　→X→P

　一般的には，「繰り返して人間関係をこじらせたり，非建設的な結果を招いたりする行動パターン」がゲームと呼ばれるものである。このような行動パターンの裏には必ずおかしなルールと隠された目的が潜んでいると思われる。交流分析でいえば，表面上は「おとなの心(A)」とのやりとりをしているが，当事者は気づかないうちに「親の心(P)」，または「子どもの心(C)」，の自我状態が働いているといえる。これらの特色をもって二人以上の人が巻きこまれてしまうものをゲームという。（これに対し，一人でやってしまうゲームのようなものをラケットという。）

　具体的にバーンは，ゲームがおきやすい状況に応じてゲームを次の七つに分類した。すなわち，(1) 生活のゲーム，(2) 結婚生活のゲーム，(3) パーティーゲーム，(4) セックスのゲーム，(5) 犯罪者のゲーム，(6) 診察室のゲーム，(7) いいゲーム，である。

　次にゲーム分析の方法のアウトラインを示す。すなわち次のように分けて行なう。(a) 主題，(b) 目的，(c) 役割，(d) 精神力動，(e) 実例，(f) 社会的レベルの交流，(g) 心理的レベルの交流，(h) 動き（進行過程），(i) 利益，である。そしてゲームを真に理解するためには，無意識，精神の発達段階，不安と防衛，象徴的な過程，精神病理の力動などについて，基本的知識を身につける必要があると思われる。

　精神分析医や精神分析を学んだ心理臨床家はゲームのことを，それは「ある種の性格防衛だ」という。あるいは，「性格神経症の行動様式を整理して簡潔に述べたものがゲームといえる」といっている。たとえば，「アルコール依存症」というゲームは，自罰（感情の内向），親密さの回避であり，「冷感症」は罪責感からの開放（行動化）であり，「あなたがそんな風でなかったら」は恐怖の抑圧であり，「はい，でも」は援助の拒否による安心感である，など。

　一方，交流分析では，ゲームの防衛的機能を進行過程（動き）の一部に過ぎないものとしてとらえる。バーンはゲームのもたらす病的な利益に目を向け，患者がそれに気づくことでゲームを演じないようになる指導法をとった。交流分析によるゲームの取り扱いは，過去懐古的というよりは未来志向的であり，精神分析が洞察的であるのに対して，交流分析はより教育的といえる。すなわち，ある種の問題をめぐって普遍的に行なわれやすいゲームを明らかにして，

それを参考にして，自ら歪んだ交流様式に気づくように指導していくのである。交流分析では，人はストローク（承認，愛情）を求めて互いに交流を行なうが，肯定的ストロークが得られないと，否定的ストロークを求めるようになるという。この「否定的ストロークを求めるために，非生産的な時間を構造化する交流様式」をゲームとみなすのである。

バーンの死後，交流分析はダイナミックな機能的な面に焦点をあわせて展開をし始めた。ゲームの理論もバーンが初めて紹介した時とはかなり違ってきた。カープマンのドラマ三角形を応用した迫害者，救援者，犠牲者の役割転換を中心にした分析，ゲームとラケット（厭な感じ）の病理性とを同じものとして分析する立場が台頭してきた。それに伴い，ゲーム分析も初期の精神分析に影響された立場から一層離れた形で展開されている。最近の交流分析のゲーム理論は，もう少しダイナミックになり，ラケット感情とか役割の展開というところに目をつけている。

カウンセリングや心理療法，精神療法などの臨床場面で，クライエントのゲームに巻き込まれて面接が長びくことがよくある。熱意のある人ほどこのゲームに巻き込まれる危険が大きいので，なるべく早く「おとな(A)」に切り替えて，できないことは「できない」と宣言した方がよいと思われる。　　　　　　　　　〔木下京子〕
⇨ 愛情，アルコール症，脚本分析，行動化，交流分析，心理療法における象徴化，ストローク，精神分析，発達段階，不安，防衛，無意識

文献　1. B-桂・杉田・白井，1984；2. B-杉田，1973；3. B-杉田，1976；4. B-杉田，1990；5. B-杉田他，1987；6. B-中村・杉田，1984

権威〔主義〕的態度 authoritarian attitude

多数集団・権力者・伝統や習慣・社会的規範などの権威を批判することなく承認し，これに服従依存し，賞賛する一方で，小数集団・下位者などに対して無条件の服従を要求し，自己の優位を誇示するような弱い者いじめを行なう傾向の態度や行動。権威主義。

米国に亡命したドイツの社会心理学者フロム* は『自由からの逃走』(1941) において，ファシズムの社会心理的基盤を分析し，宗教改革やナチズムなどの事例の共通の心理的要因の存在を指摘した。ナチズムの場合を例にとると，発展してくる独占の力とインフレによる経済の変化に対応しきれず，没落していくドイツ中産下層階級に，これらの脅威により無力な孤独感と懐疑的な感情が生じた。その社会的性格が，サド・マゾ的特性を急進させ，その結果生じた不安や攻撃性をユダヤ人に転稼し，他方で失われた権威を回復してくれる力の源としてナチスの権威に追従する態度——権威主義が生まれたとした。

人間は生まれると母親から分離独立するが，はじめはその独立は完全ではなく，徐々に独立した存在になる。個人が独立した存在になる前につながれていた絆をフロムは一次的絆と呼んだ。一次的絆が断ち切られるにつれて，子どもの心に自我が発達してくる。しかし，自分は他人から引き離された存在であるという孤独感，無力感，不安感が現われてくる。ここから逃れる道は二つ——愛情や仕事によって自分と世界を結びつけることと耐えがたい世界から逃れることである。彼は逃避のメカニズムとして，(1)権威主義，(2)破壊性，(3)自動人形的同調，の三つをあげた。(1)は，自己の独立性を捨てて，外部にある力，他人，制度に融合し，一次的絆の代わりに二次的絆を求めることである。これは服従と支配，マゾヒズムとサディズムの形で表われ，またこれら両方が同一人物の中に共存する。この性格の人は，弱い者に対して支配的で，強いものには服従的な行動をとる。(2)の破壊性は，外界の対象を排除することである。(3)の自動人形的同調は，自己を捨て，動物の保護色のように他の人とまったく同じようになり，彼だとわからなくすることである。以上のことからフロムはナチズムの心理を解明した。

フロムの分析をふまえて，アドルノ* らは，米国における反ユダヤ偏見の実証的研究に着手し，人種的偏見を抱きやすい人の人格構造の解明を志して，ユダヤ人の不快性，脅威性についての肯定-否定の態度を問う反ユダヤ主義尺度

(A-S尺度, anti-semitism scale), 反黒人, 一般少数集団への偏見, 愛国主義などを内容とする自国中心主義 (E尺度, ethnocentrism scale), さらに米国的生活様式の擁護, 社会変革への抵抗, 保守的価値の支持, 企業・労組・政府の勢力均衡を内容とする政治・経済的保守主義尺度 (PEC尺度, politico-economic conservatism scale) を作った。A-SとEの両尺度は, ともに信頼性・妥当性が高く, 相互に高い正相関を示し, EとPECの間にも正相関があり, 偏見と保守主義の結び付き——ファシズムとの類似性が示唆された。

このような態度関連は, 非寛容で偏狭な反民主主義的傾向(潜在的ファシズム)を表わすものとみて, そのような態度をもつ個人の人格構造を解明するために, ファシズム尺度(F尺度, fascism scale)を作った。F尺度は, 因習主義, 権威主義的従属, 権威主義的攻撃, 反内覚的傾向(想像的・主観的・内在的・思索的基準を軽視し, 外在的対象によって支配される傾向), 迷信と偏見, 権力とタフネスへの信仰, 破壊性とシニシズム, 投射性, 性に対する過度の関心, の九つの下位尺度から成る。このF尺度も信頼性, 妥当性が高く, E尺度と高い正相関をもつ。これら尺度の高得点者は, 低得点者に比べて, 抑圧, 投射が高く, 因襲を固守し, 愛情よりも権力志向で, 融通のきかない硬さを示すという特性が見られた。これらの特性を備えた人格構造を「権威主義的人格」と呼ぶ。この権威主義的人格の発生因は, 彼らの生活史を分析すると, 幼児期に権威主義的両親により厳しいしつけを受け, 権威者へのアンビヴァレンスと抑圧が高いことが推測された。フレンケル=ブルンスウィック (E. Frenkel-Brunswik) らは, これをエディプス・コンプレックス仮説にもとづいて解釈しようとした。

これに対して, 共同研究者だったサンフォード (R. N. Sanford) は, F尺度の低得点者にも高得点者と同様な硬直性, 投射性, 反内覚的傾向などが著しい類型を見出した。フレンケル=ブルンスウィックはまた, 権威主義的人格は, 社会的態度だけでなく, 認知機能においても特異であることを示した。

その後の研究では, ロキーチ (M. Rokeach) に見られるように, 早期に形成された偏狭な認知型にその根底を求める方が妥当であると見られるようになった。またレヴィンらは, リーダーに権威的, 民主的, 放任の態度をとらせ, そのようなリーダーのもとに生じる集団生活の特徴や個人の影響を研究した。 〔中谷信子〕
⇒愛情, アンビヴァレンス, 異常人格, 性格, 性格心理学

文献 1. C-小此木・馬場, 1977 ; 2. なだいなだ『権威と権力』(岩波新書)岩波書店, 242p., 1974 ; 3. H-『日本人の深層分析』2, 1984 ; 4. C-フロム, 1951 ; 5. C-フロム, 1955 ; 6. C-フロム, 1975a, 1975b ; 7. C-宮城, 1959

元型 archetype
人類の精神のうち先祖から遺伝した部分であり, 本能に結びついた心理を形に表わしたもので, イメージを生み出すときのパターン(表象可能性)。

「元型」はユング*心理学の根幹をなす理論であって, 認識論的にはプラトンのイデアに等しく, また本能にも似ているが, その成り立ちや働きを経験科学的に明らかにしようとしたところにユングの独自性がある。

ユングは, 人間の心を意識と無意識とに分け, 意識の中心を自我とした。さらに, 一度は意識されながら忘れられたり, 自我によって抑圧されたために意識から消え去った内容を個人的無意識とし, それよりも深い層にあり, 個人的に獲得されたものではなく, 人類に普遍的なものを集合的無意識と呼んだ。例として, ユングは, ある統合失調症患者の述べた「太陽のペニスが見える。私が頭を左右に動かすとそれも同じように動き, それが風の原因なのだ。」という妄想と類似の内容が, ローマ時代のミトラス教の儀典書の中にあることを示した。ユングは, このような心像が時代や文化を越えて存在するのは, 無意識内にその元となる生得的な認識・行動のパターンがあるためと考え, それを元型と名づけた。それは人類の進化と共に刻みこまれた心の型式であり, 遺伝によって受け継がれたものであるという。元型そのものは集合的無意識にあって, それを意識化することはできない。

ユングは，さまざまな神話やおとぎ話のモチーフ，夢や精神病者の妄想に現われるイメージ，未開人の心理にみられる「集団表象」などを元型の表出であると解釈し，臨床的経験を通じて，影 (shadow)，ペルソナ (persona)，アニマ (anima) とアニムス (animus)，太母 (great mother)，自己 (self)，老賢人 (wise old man) などを典型的な元型として取り上げた。

影とは，自我によって無意識下に抑圧された心的内容であり，意識によって生きられなかった部分である。個人的無意識において，なんらかの感情と結ばれた心的内容の集まりは，コンプレックスとも呼ばれる。ペルソナ（仮面）とは，人が外界に対して見せる基本的な態度であり，一方，内面的な「こころ」は，異性の像として現われる。アニマは男性の心の中の女性像であり，アニムスは女性の心の中の男性像である。ペルソナとアニマ（アニムス）は相補的に働くので，男性のペルソナが，力強く論理的である場合，そのアニマは，弱々しく非論理的である。この両者が対決を経て，よい統合が得られると，人は他人と温かい関係を築き，より豊かに創造的に生きることができる。意識と無意識とを含めた心全体の中心が自己であり，この自己のもとに，より高度の統合性へと志向する過程を，ユングは「個性化の過程」あるいは「自己実現の過程」と呼んだ。

フロイト*は，意識にとって不都合な内容を無意識内へと抑圧すること，また性的本能に由来するリビドーの固着と症状形成の関係に注目し，無意識を暗いもの，否定的なものとしてとらえた。それに対して，ユングは，人間の心に内在する可能性や，意識と無意識の相補的関係に注目し，無意識の役割を肯定的にとらえたといえる。また，元型または集合的無意識を重視することによって，人間を個人だけではなく，社会的・歴史的存在として理解し，「個性化」または「自己実現」も社会的関係なしにはありえないとした点に，ユングの思想の特徴がある。
〔福田哲治〕

⇒アニマとアニムス，個性化，個性化の達成，コンプレックス，自己，自己実現，シャドウ，集団無意識，深層心理学，太母，分析心理学，ペルソナ，ユング，老賢人

文献 1. D-河合, 1967；2. B-トリューブ, 1982；3. D-樋口, 1978；4. H-フォン・フランツ『ユング心理学選書』1, 1979；5. D-森, 1988；6. D-ユング, 1982a；7. D-ユング, 1983a；8. D-ユング, 1987a；9. D-ユング, 1989b

言語障害 speech and language disorders
人間のもつ象徴機能としての言語に障害をきたした状態。

言語障害とは，狭義には言語能力そのものの障害，広義にはことばに関わる感覚運動器官の障害が原因でおこるものも含めて，コミュニケーションに障害をきたした状態をいう。言語は一種の記号体系であり，指示するものと指示されるものとの関係を扱う。前者は「記号」で「能記(signifiant, シニフィアン)」と呼ばれ，後者は「指示物」で「所記 (signifié, シニフィエ)」と呼ばれる。言語の形成とは，この記号-指示物関係を獲得することである。言語能力は，意味，統語，音韻によって成り立つ普遍的，理想的な言語の知識であり，大脳皮質に基礎をもつ高次機能である。他方，感覚運動器官は，大脳皮質下から末梢の神経・筋の働きが関与している。

人間のコミュニケーション行動には，情報の発信者と受信者がおり，この発信-受信行動が相互に立場を交替しつつ繰り返されることによって，情報伝達ないし感情の交流が円滑になされていく。この過程を分析すると，(1) まず，話し手に何らかの発話意図があり，頭に浮かんだ概念を言語という記号に変換し，それを音声で表すために，発話のプログラミングを行なう（言語的段階）。(2) 次に発声・発語に関わる神経・筋群がそのプログラミングを実行し，実際の音声となって発語される（生理学的段階）。(3) 発語された音声は，音の粗密波となって空気中を伝播し，聞き手の耳に届く（音響学的段階）。(4) 聞き手の耳に入った音波は，鼓膜の振動として内耳に伝えられ，内耳から先は聴神経として大脳皮質の聴覚領に伝えられる（生理学的段階）。(5) 聞き手の脳では，伝えられた音が分析・統合され，その意味が解読される（言語学的段階）。(3)以外のすべての段階においてそれ

それ違った種類の言語障害がおこる可能性がある。

言語学的段階の障害は，言語の理解，表出ともにおかされるもので，言語発達遅滞（知的障害，脳性マヒ，自閉的障害に伴うもの），失語症，(2)の生理学的段階の障害は音声障害(機能的および器質的)，運動性構音障害，脳性マヒに伴う構音障害，口蓋裂言語，吃音，(4)の生理学的段階の障害は，聴覚障害というふうに分類される。このように言語障害にはさまざまな種類があり，障害がおきる原因が異なれば，おのずと治療法は違ってくる。小児の言語障害では，発達遅滞とその他の感覚器官の障害が重複して現れることが多々あるので，専門家による鑑別診断が必要である。そのうえで個々人に合った治療計画が立てられる。一般に小児の聴覚障害や言語発達遅滞では，乳幼児期は病院，学齢期は学校，重度の障害を残した場合は，卒業後に福祉関係の施設の言語治療の部署に関与することになる。口蓋裂は，医学的治療の時期を選び，それに合わせて言語治療が行なわれる。脳性マヒ，口蓋裂，一部の構音障害では，嚥下，摂食指導を平行して行なう必要がある。これらは，複数の専門職種が関わり，連携プレイが特に重要になる。失語症や運動性構音障害など，働き盛りを襲う病気では，社会復帰に向けて職場との折衝といった社会的働きかけも必要とされる。

このように多岐にわたる言語障害を扱う専門職を臨床言語士（スピーチ・セラピスト，ST）といい，その専門領域は言語病理学を中心に，言語科学系，心理・教育・社会学系，医学系，工学系に及ぶ学際的なものである。STの働く場は，医療，教育，福祉にまたがり，言語障害児（者）は，主としてその年齢に応じてこれらの機関のいずれかに照会される。STは職場において医師，看護師，リハビリテーション部門の他のスタッフ（理学療法士，作業療法士，臨床心理士，ソーシャル・ワーカー），保育士，普通学級の教師，施設の指導員，寮父母，地域のソーシャル・ワーカー，保健師，訪問看護師など多種の職種と協力し，連携しつつ，障害児（者）に関わり，また，いずれの障害でも家族指導を中心とした環境調整が必要となる。言語治療とは，ただ表出されることばを扱うだけでなく，ことばの理解や話そうとする意欲も含めて言語障害児（者）の全人格に関わっていくことであり，人間への深い理解と教養が求められる。

〔今村恵津子〕

⇒運動性構音障害，嚥下障害，吃音，言語障害児学級，言語発達遅滞，口唇裂・口蓋裂，コミュニケーション，失語症，自閉的障害，社会福祉士，知的障害，聴覚障害，発達，脳性マヒ，臨床心理士

文献 1. 笹沼澄子編，柴田貞雄・森山三保子他『言語障害』（リハビリテーション医学全書 11）医歯薬出版，406p.，1975；2. ジョンソン，W.・ダーレー，F.・スプリースタースバッハ，D.C.，田口恒夫編『言語病理学診断法』協同医書出版社，404p.，1975；3. 田口恒夫『言語障害治療学』医学書院，240p.，1966；4. 福迫陽子・伊藤元信・笹沼澄子編『言語治療マニュアル』医歯薬出版，366p.，1984

言語障害児学級 special class for children with speech and language disorders

言語障害児や難聴児のために小・中学校に設けられた特殊学級。

言語障害児を教育の対象として，障害に応じた教育がなされるようになったのは，1953年度からである。千葉県市川市立真間小学校にて，発話障害と読みの障害をもつ児童が週に1～3回，1回1～2時間当たり校内の国語科治療教室に在籍学級から通級して，障害に応じた指導を専任教師から受ける体制が採られたのがその始まりである。当教室はその後，教師の転任により，千葉市立大森小学校に移り，1959年4月には千葉市立院内小学校で特殊学級として認可された。なお，1958年4月，仙台市立通町小学校でも1学級認可されている。

1961年，当時の荒木文部大臣が病院内小学校の言語治療教室を視察したことが発端になって文部省は1963年度から言語障害児教育の実験学校および研究指定校を設けて，教育の制度や内容について研究を行なってきた。法規上は，同年10月31日改正の学校教育法第75条に言語障害児，難聴児のために特殊学級を設けることが明示された。

1965年代に入ると，言語障害児を持つ親の会の運動や，大学に言語障害教育教員養成課程が

設置されたことなどにより，学級の数は急速に増大し，発展していった。

他方，難聴については，1958年4月に学校保健法が制定され，就学時の健康診断に聴力検査が含まれるようになったのを背景に，1961年，愛知県碧南市立新川小学校に聾学校関係者の努力により，また，1962年には岡山市立内山下小学校に岡山大学医学部耳鼻咽喉科教室の協力により，難聴教室が開設された。文部省は，1962年，岡山市立内山下小学校を難聴教育の実験学校に指定して研究を進めてきた。

言語障害児学級は，「ことばの教室」とも呼ばれ，学級というよりも，資源教室として，また，地域の言語・聴覚障害児の指導センターとしての役割を果たしている。扱う障害領域は，構音障害，吃音，口蓋裂，難聴，言語発達遅滞などにわたっている。しかしながら，言語障害児学級は，設立当初からいくつかの問題を抱えていた。学級として認可を受けるためには，必要とする生徒数を設置する学校で確保し，学級編成のための名簿を作成しなければならない。つまり，制度上は特殊学級の一つとして，在籍児童数に対応する教員配置がなされる。ところで，いわゆる特殊学級では，普段子どもが在室していて，特定の教科のみ普通学級に通級するのに対し，ことばの教室の児童は，通常は普通学級に在室して普通教育を受け，放課後にことばの教室に通級する形を取っている。にもかかわらず，言語指導を受ける児童の学籍は普通学級にはなく，言語障害児学級にあることになっている。このため，もしある学校区内に対象児童がおらず，言語障害児学級の学籍を作ることができなければ，隣接の区域にいかに多くの言語障害児がいても，その学級は閉鎖される可能性があり，隣接の区域からは建て前上，対象児童を受け入れることはできないことになっている。専任の教師も，その年度の対象児の数に応じて増減されるので，立場が不安定になり，教員数の確保と質の向上を達するうえで不利が生じてくる。

この矛盾を解決するため，1993年より，従来の固定学級制に変わる通級制が文部省により打ち出された。通級制の概念は，各教科などの授業を主として通常の学級で受けながら，心身の障害の状態に応じた特別な指導を特殊学級で受ける教育の形態をいう。つまり，すべての児童が普通学級に学籍を置き，ことばの教室に通級するという，従来から現場では行なわれながら，制度上は認められなかった通級を追認する形で制度化されつつある。この背景には，近年注目されつつある学習障害児への対策に押された面も考えられる。ところで，このたびの改正によっても，いまだ学齢前の乳幼児に対する指導体制は明示されず，早期指導の重要性が指摘されながら，法規上はそれができない現状である。

言語障害児学級の今後の課題としては，施設・設備や，教材・教具の充実はもとより，学区内の障害幼児へのサービスの問題，普通学級の担任教師との協力体制づくり，専門医（口腔外科，耳鼻咽喉科，小児科，小児神経科）との連絡・提携が重要である。そして，それが実現されるためには，学校管理者や教育委員会など関係者の理解と協力が必要となる。

〔今村恵津子〕

⇒言語障害，言語発達遅滞，聴覚障害，特殊学級，特殊教育

文献 1. H-『治療教育講座』9，1980；2. 神山五郎・加藤安雄編著『言語』（双書 養護・訓練 6）明治図書，281 p.，1979；3. 全日本特殊教育研究連盟編，大熊喜代松『言語障害児のコトバの指導』（新訂）（特殊教育双書）日本文化科学社，321p.，1971；4. H-大熊編『言語障害児教育の実際シリーズ』7，1980；5. 平井久・長谷川茂編『言語習得：基礎理論と治療教育』岩崎学術出版社，223p.，1986；6. 文部省『言語障害教育の手びき』東山書房，177 p.，1975；7. 文部省『初等中等教育局長通達 平成5年1月28日 特第278号（学校教育法施行規則の一部改正などについて）』

言語発達遅滞，ことばの遅れ delayed development of the speech and language

さまざまな原因により，正常な言語の発達が阻害された状態。

子どもの言語障害の相談で最も多いのがことばの遅れである。多くの場合，親はことばが出ない，あるいは単語だけでそれ以上つながらないといった訴えで相談に来るが，その原因はさまざまで，ことばを話すことのみならず，理解することやその他の面の発達にも遅れが見られ

ることがしばしばある。そのためには，まず正常な言語発達について知っておく必要がある。

子どもが初めて「ママ」や「マンマ」など意味のある単語を話すのは，歩き始めるのとほぼ同時期の1歳前後であるが，生まれた時から周囲の物音や人の声，特に母親の話しかける声を聴き，身の回りの物を見つめ，動くものを目で追うなど視覚，聴覚を働かせている。また，手を動かしては物にさわり，つかみ，口に入れてなめるなどして，物の性質を感覚・運動的に理解していく。他方，人と視線を合わせ，笑顔を交わす，物を介して人とやりとりをするといったことを通してコミュニケーション行動の基礎が作られる。赤ん坊は4～5カ月頃から喃語を発し，将来のことばの発音練習をしているが，養育者との愛情ある関係を基盤として，1歳頃にそれが呼びかけや要求を表す有意味語に発展していくのである。これらの活動と愛着関係の中で，子どもは物には名前があることを知り，歩行ができるようになって世界が広がるとさらにいろいろな物を知り，ことばがそれと結びついて急激に語彙が増えていく。ことばの発達は，大人のことばを模倣することに始まり，模倣の基礎には愛着関係と積極的な探索行動と人に対する働きかけがある。このようにして2歳以降には，単語と単語をつなげて2語文を，3歳で3語文を話せるようになり，4歳になると色名，上・中・下，動物，果物など，やや抽象的な概念を理解できるようになる。言語発達は単なる発音の学習でなく，発達には一定の順序性があり，個人差もある。

言語発達遅滞とは，通常，乳幼児期までに育つはずの依存的，愛着的人間関係，およびその後それを基盤にして発達してくる言語および各種の能力（感覚情報の処理能力，探索行動，社会性，情緒，模倣行動，学習能力，コミュニケーション能力）の育ち方に遅れや偏りが生じることである。その症状は一様ではなく，ことばの遅れの他，目が合わずに人よりも物に執着する，落ち着きがない，運動がぎこちない，不安・緊張が高い，付き合いが下手，おうむ返しや場面に関係のないことばを言う，などの特徴を含むこともあり，これらは多動，情緒障害，自閉的障害，自閉傾向などと呼ばれている。言語発達を見るには，子どもの発達を言語能力以外の面もすべて含んだ一つの全体的な輪郭の中でとらえることと，子どもと周りの人や物との相互反応の系として考える視点が大切である。

言語発達を阻害する要因として聴覚障害，対人関係の発達が遅れる広汎性発達障害，知的発達の遅れ，脳性マヒに伴う発声発語器官の運動障害，小児失語などの後天性言語障害，不適切な言語環境などがあげられる。この他に，上記のような問題がないにもかかわらず，言語発達だけが遅れる特異的言語発達遅滞がある。その多くが学童期になって学習障害に移行することが近年指摘されており，言語性学習障害とよばれる。これらの症状の内どれが主な要因となっているのか，あるいは複数が絡みあって存在しているのかを見きわめ，鑑別をするには，専門家の評価が必要である。そのためには，児童相談所や，言語治療室のある病院の小児科，小児神経科や心身障害者福祉センターに相談することである。医師が診断をした後，臨床言語士が言語や知能の評価をしたうえで，相談，指導，言語訓練を行なう。

言語発達遅滞の評価は，親から生育歴をとり，関連領域の専門家から必要な情報を得るとともに，現在の全般的な発達状態と言語症状を把握する。子どもを遊ばせながら，自然な場面で自発話の他，遊びの内容，興味，物の扱い方，対人関係，身振りなどの非言語的コミュニケーション状況を見る。また，津守・稲毛式乳幼児精神発達質問紙，遠城寺式乳幼児分析的発達検査法，お茶大式言語能力発達質問紙などを用い，親からの報告にもとづいて言語発達の段階を評価する。子どもの言語レベルを直接的に検査するものは，絵画語彙発達検査(PVT)，ITPA日本語版などが知られているが，重度の子どもには適用できない。そこで，まったく言語表出のない子どもから検査できるものとして，国リハ式（S‐S法）言語発達遅滞検査が開発された。これは，ことばを意味するもの（言語・非言語を含めた記号形式，シニフィアン）と意味されるもの（指示内容，シニフィエ）との関係としてとらえ，その発達を段階的に評価して，種々

の要因に由来する言語症状を言語発達の水準と特徴によって分類し，言語発達を促進させる働きかけと対応させようとしたものである。まず，人との関係が良好か不良かに分け，次に音声言語の理解ができない群，音声言語の理解は可能だが表出ができない群，音声言語の理解・表出がある程度可能であるが全般的に遅れている群，がこれによって分類される。

言語発達遅滞児への治療的働きかけとしては，低年齢では，言語発達の個人差や言語環境の多様さを考慮しつつ，聞こえと全般的な発達をチェックし，遊びのなかでのやりとりを重視するが，年齢が高くなるに従い，言語訓練の比重が増す。タイプ別では，人との関係が良好な群には，言語発達水準の全般的向上と言語の諸側面のアンバランスの回復を，不良な群には，他者との交信を促す学習を中心とする。この他，親への指導として，子どもの言語発達を促すような適切な話しかけ方や発達上の問題をもつ子どもの扱い方を指導する。指導方法は，絵カードなどの教材を用いた訓練室内の構造化された治療法から，近年，日常生活に近い自然な状況での指導法に重点が移行し，大人が子どもの行動に敏感応答して子どもの反応を広げていく相互作用アプローチ（INREAL）が注目されている。また，いわゆる言語のみにとらわれず，サインやシンボルを使ったり，パソコン機器を用いたりして積極的に意志の伝達をはかる拡大代替コミュニケーションの利用も最近の傾向である。　　　　　　　　　　　　　〔今村恵津子〕

⇨愛情，愛着に関するカウンセリング，アタッチメント，運動性構音障害，機能的構音障害，言語障害，言語障害児学級，コミュニケーション，児童相談所，自閉的障害，情緒障害，知的障害，聴覚障害，発達，発達障害，非言語的コミュニケーション

文献　1. 言語発達研究会編『国リハ式（S-S法）言語発達遅滞検査マニュアル』（改訂増補版）言語発達研究会, 120p., 1992；2. 小寺富子他「言語発達遅滞」笹沼澄子編『ことばの遅れとその治療』（シリーズ・ことばの障害 3）大修館書店, 316p., 1979；3. 小寺富子他「言語発達遅滞」堀口申作編『聴覚言語障害』医歯薬出版, 358p., 1980；4. 田口恒夫編，言語臨床研究会『言語発達の臨床 第1集』光生館, 205p., 1981；5. 田口恒夫『言語発達の病理』医学書院, 264p., 1981；6. 日本言語療法士協会編著『言語聴覚療法 臨床マニュアル』協同医書出版社, 50p., 1992；7. 橋爪郁朗編，言語指導療育センター『「ことば」の遅れと指導プログラム：「自閉」児指導事例を中心に』ぶどう社, 123p., 1986；8. 村井潤一・飯高京子・若葉陽子・林部英雄編『ことばの発達とその援助』第一法規出版, 348p., 1976；9. やまだようこ『ことばの前のことば：ことばが生まれるすじみち 1』新曜社, 360p., 1987

現実検討，現実吟味　reality-testing

心理現象について，外界からくる刺激と内界からくる刺激とを吟味・区別し，**知覚と幻覚とを混同しないようにする自我（エゴ）の本質的機能およびその過程。**

フロイト*の『精神現象の二原則に関する定式』（1911）で初めて「現実検討」という語が使われた。彼は，『科学的心理学草稿』（1895）の中で観念表象と知覚との識別を問題にしたが，それらを区別する基準はないとされていた。その後『夢判断』（1900）を経て『夢理論のメタ心理学的補遺』（1917）『精神分析概説』（1938）で，この問題にふれている。

フロイトによれば，もともと人間には内外の刺激によって生じた多量の心的エネルギー（緊張や興奮など）をじかに発散させ，快を求め，苦痛を避けようという快感原則が無意識のうちにある。この快感原則は，無意識のなかでも，エスの欲動を満足させていく機能であるが，緊張に耐える力に乏しく，したがって，激しい感情状態にある場合は，妄想，幻想や夢をひきおこし，いったんこの状態に陥ると，いくら身体を動かしても快感原則の機能は低下する。さらにこのエスの欲動がエゴや超自我に妨害されると，知覚の誤り（言い間違い・記憶違いなど）をひきおこす。またこの機能は，精神内部・現時外界の正確な知覚と，それを経験すること全体からの判断とに関与するため，知覚・運動機能の未発達な幼児期では発達していない。その他に，かつて知覚されたものが外界に存在しなくても，表象に再生することによって再度現前させる能力をもつ。さらに，客観的に知覚されたものを表象されたものと比較し，その表象に歪曲が見られる場合は，修正することが可能である。（例：現実におこった，愛している対象を

喪失した際に,その主体が自分の欲望や考えを含む内部を変更する。)

しかしながら「現実吟味」という概念は,現実を吟味する意味と現実による吟味の意味とが混同されて,分析治療的に患者の個人的内界にある現実的でない部分を徐々に少なくしていくことへと意味が移り,「現実検討」とも呼ばれるにいたった。

カウンセリングの場面で,たとえば「みんなが私を殺そうとしている」という患者の内的知覚を現実吟味するには,カウンセラーは「いつ」「誰が」「どのような行動をとった」のか,できるだけ現実表象された部分だけを明確にする。たとえばまた「私は幼いころから体が弱かったのでスポーツができない」「仕事に失敗したので酒を飲む」「頭が悪いので受験に失敗した」などのさまざまな訴えに対し,患者の欲求・抑制を正しく現実知覚し,修正させるために,エゴの耐性(時には柔軟性・主張など)を訓練することもある。歪曲された内的知覚を,実際に課題遂行的に行動するなかで患者自らが気づき,修正し,行動パターンの変容を試みて積極的に生きるようになることを目標にする。ただし,その過程では,「自分の考え方が間違っていた」「他人のせいにしていた」などということがわかることによって,患者の自尊心を傷つけることがあるので,カウンセラーは充分に注意すべきである。　　　　　　　　　　　　　〔高橋閑子〕

⇒エス,快楽原理,自我,精神分析,超自我

文献　1. H-『フロイト著作集』6, 1970 ; 2. A-松原, 1988 ; 3. G-Corsini, 1984 ; 4. E-Kaplan & Sadock, 1989

現象学　phenomenology

フッサール*によって提唱された哲学的立場。日常的でごく自然なものの見方である「自然的態度」を意識的に停止し,一切の先入見を排除して「事象そのもの」へ立ち返る生成の論理。

「現象 (phenomenon, Phänomen, phénomène)」という語は,もとはギリシア語の「ファイノメノン」に由来するもので,これはギリシア語動詞の「ファイネスタイ(おのれを示す)」や「ファイノー(明るみにもたらす)」からきているといわれる。このような意味での「現象」に「ロゴス(学)」が合成されて作られた「現象学(Phänomenologie)」という用語は,ランベルト(J. H. Lambert, 1728〜1777)を先駆けとしてフィヒテ(J. G. Fichte, 1762〜1814),シュリング(F. W. J. Schelling, 1775〜1854),ヘーゲル*などのドイツ観念論期のあたりから次第に多用されるようになった。しかし,今日,一般に「現象学」といえばフッサールによって提唱された哲学的立場をさす。

フッサールの現象学は,その師ブレンターノ*が『記述的心理学』で提示した「意識の志向性」という基本概念から大きな示唆を受けている。フッサールは,「厳密な学としての哲学」を確立することを企て,一切の先入見を排除して「事象そのものへ (zu den Sachen selbst)」立ち返るという,現象学の根本テーゼともいうべきものを提唱した。フッサールによれば,われわれは,普段は事物や世界が意識の向こう側に現に存在していると素朴に信じているが,このような日常的でごく自然なものの見方や,すべての科学が共有している思考態度(フッサールはこれを「自然的態度」と呼ぶ)には,いろいろな「ドクサ(憶測・推論)」が含まれており,したがって,このようなものの見方を意識的に停止(エポケー)し,「括弧に入れる」必要がある。フッサールは,このような現象学的なものの見方に至るための方法的操作を「現象学的還元」と呼んだ。このようにして,「還元 (reduction)」の結果,最後に残される現象学的残余がフッサールのいう「純粋意識」である。ところで,この「純粋意識」は,デカルト*の「コギト(考える「我」)」のように,実在するものとして考えられているものではなく,人間の経験や世界像を可能にしている基盤の「働き」として考えられている。フッサールによれば,人間の意識は,必ず何ものか(ある対象)についての意識であり,それは常にすでにこの世界に巻き込まれて能動的に働いているものである。フッサールは,そういう意味での意識の根本特性を「志向性 (Intentionalität)」という概念で言い表した。意識の志向性は,ただ単に「対象に向かう」働き

としてだけではなく,「対象に意味を付与する」**はたらき**として規定されている。フッサールによって定式化された志向性の概念は,デカルト以来続いてきた近代哲学の根本問題,すなわち,「主観-客観」あるいは「認識-対象」の二元論と「心-身」二元論の落とし穴を解明する端緒を開いたものである。

フッサールの現象学は,ドイツにおいてハイデガー*に受け継がれ,さらにはフランスのメルロ=ポンティ*やサルトル*に影響を与え,独自の展開をみせた。現象学が人間諸科学に与えた影響は,実に多岐にわたっているが,とりわけ実存主義哲学や実存心理学の成立や,精神医学の分野での現存在分析論は現象学の貢献ぬきには考えられない。精神医学者のビンスワンガー*やミンコフスキー(E. Minkowski, 1855~1972)は,現象学の方法論を踏まえて,統合失調症をはじめとする各種の精神障害の事例について優れた研究業績を残した。またアメリカにおいても,心理学における現象学的アプローチは,1940年代にスニッグ(D. Snygg, 1904~1967)らによってその意義が強調され始め,実存心理学の台頭とあいまって関心を集めていった。特に,メイ*らの共同編集によって1958年に出版された『実存:心理学と精神医学の新しい視点』は大きな注目を集め,サイコセラピーやカウンセリングなど,精神医学や臨床心理学の分野の専門家たちに多大の影響を与え,その影響はロジャース*などにも及んでいる。

現象学の方法に立脚した現象学的心理学は,人間の内的経験を一切の先入見を排除して,その全側面において理解し探求しようとするものである。また,自然科学として位置づけられ,「刺激-反応」の図式に還元された形で進められてきた実験心理学が見逃し,切り捨ててきた,個人の経験の深い意味に光を当てようとするものである。臨床心理学における現象学的アプローチの目指すところは,個人の「生きられる世界」すなわち,「彼が生き,行動し,存在する世界」,彼にとって独自の「世界」を「ありのままに」知ろうとすることである。その「世界」とは,彼が「住む世界」であり,彼が「体験し,知覚する世界」,彼が「意味づけ,価値づけている世界」でもある。その「世界」を「ありのままに知る」というのは,彼の「生きる世界」と彼の世界を作りあげている現実を,一切の価値判断や評価を加えずに「彼の目を通して」「そのまま」知ろうとすることである。〔中村彰男〕
⇒実存心理学,世界内存在,統合失調症

文献 1. 木田元・野家啓一・村田純一・鷲田清一編『現象学事典』弘文堂, 749p., 1994; 2. キーン, E., 吉田章宏・宮崎清孝訳『現象学的心理学』東京大学出版会, 402p., 1989; 3. A-小林, 1979; 4. J-シュピーゲルベルグ, 1993; 5. 竹田青嗣『現象学入門』(NHKブックス)日本放送出版協会, 238p., 1989; 6. フッサール, E., 立松弘孝訳『現象学の理念』みすず書房, 199p., 1965; 7. フッサール, E., 細谷恒夫・木田元訳『ヨーロッパ諸学の危機と超越論的現象学』中央公論社, 425p., 1974; 8. J-メイ他編, 1977

健全なパーソナリティ　healthy personality

健全なパーソナリティとは,精神障害にかかっていない精神状態を意味するだけではなく,成熟した人格を意味する。たとえば,いくら円満でも,愛がなければ,健全なパーソナリティとはいえない。

幼児を見ていると,すぐに泣く,情動不安定,わがまま,自己中心的,身勝手,落ち着かない,などの特徴がある。しかし,成人になると,これらが消えて,しっとりと落ち着いた風情が備わってくる。これは,心理的に成長した結果である。しかし,身長と違って,誰もが一定時期に一様な心理的成熟に達するわけではなく,大人になっても未熟で,子どもっぽい人もいる。両親が未熟だと,その子どもの分化を許せずに子どももまた成熟できない。

ライフ・サイクルから見ると,乳児は生後1年の間に基本的信頼感を獲得し,生後2~3年の間に自律性を得る。生後4~5年の間に積極性を獲得する。他人を愛することのできる大人になるのは,子ども時代に無条件で客観的な愛を経験した場合だけである。最初の基本的信頼感が傷つくと,成人後に不信感が現れ,他人とうまくいかなくなった場合に,食事や慰めをも拒否して,自分の殻に閉じこもることもある。したがって,成熟した人格になるには,幼児体

験が大きな役割をもつ。

愛の衝動が拒絶されたり遮断されたりしないで受容されれば，憎しみ，攻撃，暴力はなくなる。依存が大きいと，攻撃心も大きくなる。競争的な攻撃心は未熟の証拠であり，敵対心と競争心なしに自己の人格を肯定するのが成熟である。男女の間でも，相手を衝動的に求め合うことがなくなり，お互いに補塡しあうだけでなしに，互いに相手を全一な人間として認め，与えることと受けることが等価な，「我」と「汝」とが向き合っている関係をもてるようになる。また，自己の限界や力を悟り，自己の性欲を表現できるようになり，自己の本性に忠実でいることができるようになり，これと調和していると，「自己の本能的性癖よりもっとましに行なわなければならぬ」という強迫感から解放される。

オルポート*によると，成熟した人格の基準は(1) 拡大された自己意識，(2) 他者との温かい関係，(3) 情緒的安定，(4) 現実認識，(5) 技能の活用，(6) 自己客観視，(7) 人生観に調和して生きる，である。ミッチャーリヒ*によれば，成熟した人は，自分にも社会にも距離をもって批判する勇気をもち，豊かな感情移入を行なえる人である。つまり，共感能力をもち，批判的な自我機能をもつ人である。ビューラー*によると，成熟した人は，一つまたは複数の目標に自分の人生を向ける「方向決定（Bestimmung）」(指向性)がはっきりしており，外界に焦点を合わせて生活している。

シュルツ*は，「健康な人格」として下記の7人による説を紹介しているので，これを概説しておく。

(a) オルポートによれば，健全な人は，次の特徴をもっている。(i) 目標に向けて作業を効果的に組織できる，(ii) 現実を正しく認識できる，(iii) 品性があり誠実である，(iv) 他人にも自分にも適応がよい。

(b) ロジャーズ*によれば，個人のもっている潜在的能力を，この世で可能な限り完全に表現すること，つまり「自己実現を目指す気持ち」は，すべての人に備わっている。ある種の調和，一つの内的全一性，自己と世界との間の一つの満ちたりた関係をも，人は生まれながらにもっている。いまここで自分自身であり「完全に機能している人」は，自己志向的に成長し，次の特徴を示す。(i) すべての感情や態度を抑圧せずに，経験として受け容れる，(ii) 実存のあらゆる瞬間を完全に生きる，(iii) 自分を信じ，正しいと感じる方向で行動する，(iv) 拘束や禁止を感じないで自由に生きる，(v) 創造的に生きる。

(c) フロム*によれば，(i) 連帯（他人への愛），(ii) 能動的創造，(iii) きずな（友愛による社会参加），(iv) アイデンティティの能動的感覚，(v) かまえ（理性による世界観をもちたいという欲求）という五つの欲求が満たされると，健康な人格の「生産的かまえ」をもつようになり，完全な機能，自己実現，開かれていること，経験を重んじて，自己を創造する。生産的愛情（世話，責任，受容，理解），客観性，知性，生産的思考，人間主義的良心，を備え，愛情豊かで，創造的，社会的，個性的で客観視できる幸福な人になる。これが理想的人格であるという。

(d) マズロー*によれば，人間の基本的な欲求である，(i) 生理的欲求，(ii) 安全欲求，(iii) 所属と愛情欲求，(iv) 尊重欲求，が満たされたのちに，自己実現欲求を発達させつつある人が健康な人格のもち主である。自己実現のためには，現実をありのままにみること，他人や自分を受け容れること，自発性，自然のままに行動，使命感に熱中，自立欲求，興味，至高経験（無上の喜び），社会的関心，民主的性格，善悪の区別，ユーモア感覚，創造性，社会的圧力への抵抗，などが必要である。

(e) ユング*は，人格の成長を「個性化（自己実現化）」と表現しており，かけがえのない独自な存在になる過程として考えた。個性化の目標は独自性，公私の別のない人格の統合性・一貫性，衝動からの自由，隔絶や依存のない対人関係の円熟，全一性，である。他には，意識と無意識とをともに尊重した己の全体性の中にある個人，感覚・直観・思考・感情のいずれかを優勢にすることなしにすべてがバランスのとれた状態（普遍的人格），心理的両性性（男性性と女性性）を認め，人格のすべての面を調和統合した自己

表現，受容と寛容，などが個性化の目標である。

　潜在的能力を広く活用する過程に適応すること，自己の誤りを正そうとする無意識による補償機能を活かすこと，真実についての固有の解釈を自分自身の眼をもって眺めうる一面に忠実にとどまり，深い人間関係を結ぶことのできる人が健康な人格の持ち主である。

　(f) フランクル*によれば，人間の本性は，意志の自由，意味への意志，人生の意味の上に築かれる。人間存在の本質には精神性，自由，責任の要因が含まれている。人生の意味は，(ⅰ) 創造価値，(ⅱ) 経験価値，(ⅲ) 態度価値の三つで決まる（「生きがい」の項参照）。精神的健康は，自己への関心から抜け出し，自己を超越し，自己を自分の意味と意図の中に没入させることで達成される。かけがえのないやり方で自己の天職を遂行し，社会に何かを与える。仕事を通して意味を見出す。愛を与え，愛を受け取る。愛により，自分がどんな人間になりうるかを愛する人に気づかせ，彼らの自己実現を援助する。

　(g) パールズ*によれば，精神的に健康な人は，「今，ここ」を重視し，(ⅰ) 自分を受け容れ，(ⅱ) 自分の衝動や願望を表現し，(ⅲ) 自分の人生に責任をもち，(ⅳ) 他人の責任を引き受けず，(ⅴ) 自己と世界とにふれあっている，(ⅵ) 率直に怒りを表現でき，(ⅶ) 外的制御から自由であり，(ⅷ) その瞬間の状況に反応し，(ⅸ) 自我の境界が狭まっておらず，(ⅹ) 幸福を追求せず，(ⅺ) 瞬間瞬間にありのままの自分でいる。

　S.I.ハヤカワは，正常な人間の条件を① 社会に埋もれず，反抗もしない，② 情緒が安定し，自己を受容できる，③ あけっぴろげ，④ 興味をもつ，⑤ 独創性がある，⑥ 他の人を傷つけない，⑦ 楽天性をもつ，としている。

　以上の各説を総合すると，健康な人格には，次のような特徴がみられると考えてよい。いわば，成熟した人格である。

　相手を支配もせず，支配されることもない連帯性，他人と協働関係を維持できる能力，自他の人格を認める相互承認の関係，自己の独自性の開発，個性あふれる人間，それらが健康な人格の要件であろう。健康な人格では，自分の環境を積極的に支配し，人格の一定の統一性を維持しつつ，世界と自分を正しく位置づけることができ，理性と感情の葛藤が少ない。愛，信仰，陽気，楽観，平静，情緒安定，自己洞察，自制心，社会的関心，理想，民主的，受容，をもち，事態への適切な反応，社会的責任感，仕事を楽しむ，遊びを楽しむ，目標を達成する，生存の勇気，意味の理解，などが備わっている。

〔小林　司〕

⇒愛情，アイデンティティ，生きがい，今-ここで，自己実現，受容，人格的成長，成熟，出会い，パーソナリティ，ライフ・サイクル

文献　1. E-シュルツ, 1982; 2. E-ストー, 1992; 3. E-マスロー, 1964

現存在　being-there

　ラテン語の exisitentia の訳語として作られた術語。文字通り訳せば「そこに在る（いる）」という意味。ハイデガー*，ヤスパース*などの**実存哲学で使用されて以来，人間の存在様式を意味する実存主義一般の術語**となった。

　歴史的にはヴォルフ（C. Wolff, 1679～1754）がラテン語の exisitentia（事実存在）に対する訳語として作った術語である。ドイツ語の Dasein（ダーザイン）は文字通り「そこに在る（いる）」という意味であり，「時空上のある場所を占有して現に在り，現に生きているもの」のことをいう。一般には，「現存」とか「生存」「生活」などの意味をもつ。Dasein が哲学上の特定の意味をもつものとして使用されたのはヘーゲル*に始まるが，それは「一定の場所に一定の規定をもって存在しているもの」という意味で使われ，「定有」もしくは「定在」と訳されている。しかし，ハイデガーやヤスパースなどの実存哲学で使用されて以来，Dasein は「現存在」と訳され，人間の存在様式を意味する実存主義一般の術語となっている。

　前述のように，Dasein は17世紀以来，ラテン語の exisitentia の訳語として使われてきており，そこでは essentia-exisitentia（本質存在-事実存在）という対概念がドイツ語で Wesen-Dasein と訳されていた。「事実存在」という意味

での exisitentia を哲学の主題にしようとしたのがシェリング (F. W. J. Schelling, 1775～1854) である。彼によれば，ヘーゲルに至るまでの近代哲学は，理性を究極の原理とみなし，理性によって認識可能な「本質存在」のみを問題にしてきた。しかし，人間の世界には，理性によってはとうてい理解が及ばないが，事実として受け容れざるをえないような存在があり，これが「事実存在」である。シェリングは，「本質存在」だけを問題にしてきた近代哲学を「消極(negative)哲学」と呼び，それに対して，「事実存在」を問題にする「積極(positive)哲学」を提唱した。シェリングは，晩年これを「実存哲学(Existentialphilosophie)」と呼んだといわれるが，この「実存(Existenz)」という概念に示唆を得たキルケゴール*は，事実として受け容れざるを得ない他ならぬ自分自身の存在を「実存」としてとらえ，これを自己の哲学の中心に据えた。ハイデガーは，キルケゴールからこの「実存」の概念を継承しているが，自らの思索の用語としては，exsitentia の訳語である Dasein を，そこに同じような意味を込めて選んだものと考えられる。

ハイデガーは，その著『存在と時間』において，存在の意味を問う存在論への方法的通路もしくは手がかりとして人間をとりあげ，これを「現存在（ダーザイン）」と呼んだ。ハイデガーが考察の対象にしようとした人間存在は，すでに何らかの意味でその本質が規定されている客体としての人間存在ではなく，私たちの「日常的なありよう」そのもの，すなわち，さしあたって，現に「そこに在る(da-sein)」ものとしての人間存在である。人間をわざわざ「現存在（ダーザイン）」と呼びかえたのはそこに理由がある。ハイデガーによれば，人間は，「存在」「在る」ということを漠然とではあるが理解（了解）している唯一の存在者であり，「存在」の意味が「そこで」問われ，「そこで」明らかになる「場」であるという意味で「現存在（ダーザイン）」と呼ばれるのである。ハイデガーは，「現存在とは，その存在においてみずから自己の存在に関わり合っている存在者」であり，「この存在者がみずからの存在において関わらされている存在とは，そのつど私の存在である」と規定している。つまり，現存在は，常に自己のありように関心を寄せ，自己のあり方を問う存在者であり，かつそのようなものとしての自己を了解している存在者なのである。ハイデガーは，このような現存在の特質を「実存」と呼んでいる。

実存するものとしての現存在は，それ自体で自立した「自我」や「主観」「意識」なのではなく，「周りの諸事物」や「共に生きる他者」と抜き難く関わりあって存在するものとして捉えられるべきものであり，このような現存在の基本構造をハイデガーは「世界内存在(In-der-Welt-sein)」と呼んでいる。すなわち，人間は，自己に固有の世界(Eigenwelt)，諸事物の連関から成る環境世界(Umwelt)，他者とともにある世界(Mitwelt)，といった「現象学的世界」に必然的に結ばれて存在する，という。

ハイデガーが『存在と時間』において試みた現存在の分析は，存在の意味を問うことを究極の目的とした「準備的な基礎分析」であったが，彼の哲学における人間存在へのアプローチの方法は，自然科学的な方法とは別の人間理解をめざすビンスワンガー*やボス*などの精神医学，さらにはメイ*やファン・カーム (A. van Kaam, 1920～) などの実存主義心理学に多大の影響を及ぼした。

これらの精神医学者や心理学者がめざしたのは，「世界内存在」を基本構造とする「現存在」としての人間理解することであり，それはすなわち，個々の病者や患者，クライエントが現実に経験し，生きている「世界」に注目し，これを尊重し，あるがままの現実において理解することであった。〔中村彰男〕

⇒現象学，実存心理学，実存分析療法，世界内存在

文献 1. 木田元『ハイデガー』(20世紀思想家文庫) 岩波書店, 264p., 1983 ; 2. 木田元・野家啓一・村田純一・鷲田清一編『現象学事典』弘文堂, 749p., 1994 ; 3. 高田珠樹『ハイデガー：存在の歴史』(現代思想の冒険者たち) 講談社, 337p., 1996 ; 4. 竹田青嗣『ハイデガー入門』(講談社選書メチエ) 講談社, 284p., 1995 ; 5. ハイデッガー, M., 細谷貞雄・亀井裕・船橋弘訳『存在と時間』(ハイデッガー選集 16-17) 理想社, 1963, 1964 ; 6. A-モーシャー他編, 1966

現存在分析 ontoanalysis, existential analysis

人間を測定可能なものとして対象にすることを拒否し，世界内存在としての人間を直接にありのままに理解しようとする学説。現存在の可能性としての自己と他者との「共通の世界」を重視し，病者をあくまでも統一した一個の人格として見ていこうとする。

ビンスワンガー*，ボス*に代表される人間学的な立場に立つ精神医学の学説である。フッサール*の現象学的人間論に基礎をおいて人間を理解しようとし，ハイデガー*の現存在分析論 (Daseinsanalytik) に人間存在の本質を見出そうとする学説であって，特に統合失調症の治療に大きな影響を与えた。

この学説では，20世紀はじめの精神医学に見られたような，疾病論，解剖学，生理学を基礎にした自然科学的な方法で病者を診断するのではなく，現象学的な方法によって病者を理解しようとする。つまり，病者の心に生じる出来事を，一つの概念で判断したり推論したりせず，またリビドーの抑圧によって精神医学的な症状が表われるというような精神分析的洞察をするのでもない。現存在分析に立つ治療者は，病者の世界を病者と同じように体験しようとし，病者がどのような世界に属し，どのように世界と関わっているのかを理解しようとする。そこには，病者と治療者という縦の関係はなく，治療者は病者と同じ一個の人間として，病者と共に在る。病者の世界に治療者が自らその身をおき，病者と共に在るという実存的な関係ができる時にのみ，病者が治療者への信頼を投げかけ，治療者もまたそれを感じとり，病者と治療者の間に信頼が共有される。このように，現存在分析においては，「今，ここ」における病者と治療者との共同相互関係が重要視される。病者を根源的に理解していく時にのみ，癒すという治療行為が可能であると考えるからである。

現存在分析では，人間存在の根本的構造を，環境的世界，他者との人間的な相互関係によって成り立つ社会的世界，個人の内的な精神的世界という三次元のすべての世界に存在する世界内存在としてとらえる。この世界内存在としての人間は，この世界を超越することのできる開かれた存在であり，これを現存在 (Dasein) と呼ぶ。

したがって，病を持った一患者として病者を見るのではなく，この世界に一貫性を失い，この世界との病める関係の中で適応して生きることができない孤立した存在として病者をとらえる。つまり，病者とは，本来あるべき姿を失い，他者との共存関係をもつことができずに自分だけの世界に逃避している存在であり，また，世界内存在としてその体験的世界を自分のものとして受け取ることができず，責任をもった自己として自己の可能性を求めることができない存在であると考える。

このような人間観に立って，病者の体験的世界を共に体験し，病者の人間としての在り方を明らかにしようとする。病者は，このような治療者との「出会い」によって，自己の現存在をはっきりととらえ，自己を開くことができるようになる。それに伴って，彼は主体性をもった存在として，その世界を越えることが可能になると考える。

具体的に，病者が語る言葉によって表現される本質特徴，つまり現存在の実存的な意味の世界を治療者は把握し，理解しようとする。病者が何を言わんとしているのかを治療者は理解し，病者の全存在と関わっていこうとする。

今在る病者は，過去から現在という時間の流れの中に存在するものであり，また，未来に対して開かれた存在でもある。治療者は，そのような生活史を生きる存在として病者を把握し，病者の体験してきた外的生活史を内的生活史という内的精神的な面からとらえようとする。治療者が，この創造的な関わりの中で病者の過去に留まることなく，「今ここ」の現在の在り方を問うていく時に，病者は孤立した自己の世界から解放されていく。

そのほか，具体的な治療方法の一つとして，夢の分析があげられる。現存在分析では，夢を扱うときに，フロイト*のように幼児期のリビドーに還元し，象徴を用いて解釈したりするのではなく，また，ユング*のように集合無意識という概念を使って夢を普遍的な心象の現われと

解釈するのでもない。このように，理論的な枠組みや還元によって夢を解釈するのではなくて，夢として，病者が経験したことを，現象学的にそのままとらえ，その意味の世界に触れ，それを覚醒時の心的活動と同じものとしてとらえようとする。

また，病者の内的精神的な世界を検索する方法として，ロールシャッハ検査をも用いる。検査によって表出された病者の言葉から，病者の生きる内的精神的な世界に入り，実存的意味方向を探っていこうとする。

このように，現存在分析では，現存在としての病者を表出された言語を媒介としてとらえ，その実存的意味方向を探り，世界内存在としての在り方を問うていく。

基本的な方法としては精神分析を利用しながらも，病者を生物的，医学的にとらえるのではなくて，あくまでも精神的なものに還元しつつとらえようとする。そこには，人間を物として見るのではなく，世界内存在として，また，固有の歴史性を担う，未来に開けゆく現存在として見ようという人間観がみられる。これは，人間を，生きる価値のある生命存在としてみる見方に他ならない。このような人間観にもとづいて病者を理解しないかぎり，いかなる治療も成立しない。この現存在分析の人間観は，ロジャース*の来談者中心療法へと受け継がれていく。

現存在分析に残された問題は，病者の世界を理解し，それをどのように治療に結びつけていくかということ，また，病者を理解するに当たっての人格論を一層深めていくことである。

〔加藤裕一〕

⇒現存在，実存心理学，実存分析療法，世界内存在，ロゴセラピー

文献 1. J-荻野, 1969；2. A-國分, 1980；3. A-小林, 1979；4. J-人見, 1991；5. J-ビンスワンガー, 1967；6. J-ビンスワンガー, 1972；7. ビンスワンガー, L., 宮本忠雄・関忠盛訳『妄想』みすず書房, 244p., 1990；8. B-ボス, 1962；9. C-ボス, 1970

健忘 amnesia
部分的ないし全部の記憶を失うこと。
普通の「物忘れ」は正常でもおきるが，「健忘」は病的な場合に使われる。何かがおきた後，一定期間の記憶がない場合（短期記憶 short-term memory の障害）にも，何かがおきた時よりもさかのぼって昔の記憶を呼びおこせない場合（長期記憶 long-term memory の障害）にも用いられる。健忘の一番身近な例は，酒に酔っ払った後であろう。どこで誰と飲んだのか，どうやって帰宅したのか，翌朝になると全然覚えていないことがある。ボケと違うのは，健忘が忘れるだけなのに対して，ボケは見当づけができないとか，だらしがなくなるなど，人格全体が崩れる点である。

逆行健忘（retrograde amnesia）は，かつて覚えていた過去に関する記憶を思い出せない場合であり，頭部外傷，脳出血，てんかん発作，薬物中毒，などでおきる。前向き健忘（anterograde a.）は，獲得性健忘（acquisition a.），持続性健忘（continuous a.）とも呼ばれて，それ以前の記憶は保たれているのに，ある時期以後の長期にわたる新しい出来事を記憶できない。これは，心因性のこともあるが，脳の側頭葉内側や海馬の外傷や萎縮によることが多い。催眠術後性健忘（posthypnotic a.）は，催眠術をかけられた間の記憶がないことである。「催眠から覚めた後で水を飲め」という暗示をかけると，暗示されたという事実を覚えていないにもかかわらず「喉が渇いたから」などと適当な理由をつけて暗示をかけられた人は水を飲みに行く。

健忘には，一部の記憶だけが損なわれる部分健忘（partial a.）と，出生以来のすべての記憶をずっと失う完全健忘（total a.）とがある。一定の場所や時間ないし何か一つのことだけ（たとえば母の死）に関してだけ，穴があいたように思い出せない挿話性（特定）健忘（episodic a., catathymic a., lacunar a.），出来事がおきた前後の一定期間のことを思い出せない画期的健忘（epochal a.），外傷後健忘（post-traumatic a., この術語は心理的外傷の場合にも使われる），脳の生理機能が壊れた場合の器質的健忘（organic a.），記憶や見当識を失ったという妄想にもとづく拒否的健忘（negativistic a.），など各種あるが，ほとんどの健忘は突然に始まり，数時間から数年間にわたって続く。完全健忘に

なると，家族や友人を識別できない。治る時も，突然回復し，再発はまれである。健忘がおきていても，他人が見れば，言動はまったく正常で，読み書きや，知識なども正常に保たれている場合が少なくない。ただし，記憶喪失があるので，道に迷ったり，帰路がわからずにさまようことはある。健忘の他に，錯乱や見当識（時，場所，人を識別する）喪失を伴う場合も多い。健忘の予後や持続期間は原因により異なる。

　心因性健忘（psychogenous a.）としては，恋人の交通事故死の瞬間を見たなど，何かトラウマ（心理的外傷）になるような出来事がおきてから一定時間だけ，すべての記憶がなくなる場合が多い。10年ほど前に日本の女子大生がオランダへ旅行に行って，自分の名前も思い出せない完全な記憶喪失に陥ったことがあった。何かショックになることがおきたらしく，心因性の健忘だと思われる。

　幼児性健忘（infantile a.）は，生後数年間の記憶がないことを意味する。精神分析では，これを抑圧があるから抑圧性健忘（repressive a.）がおきたのだ，と主張するが，認知心理学では，言語の獲得・発達に伴って記憶の記号化・暗号化法が変化したために当時の記憶を取り出せなくなったのだと考える。

　脳の病気でも健忘がおきることがあるが，ストレスとは無関係にゆっくり発症するし，回復しないか，回復が不完全である。注意を集中できないとか，感情失禁（わけもなく泣いたり，笑ったりする）など，他の症状を伴うので，心因性健忘から区別できる。慢性アルコール使用によるサイアミン（＝ビタミンB_1）欠乏，脳の感染，後頭葉の動脈梗塞，間脳や側頭葉の損傷，頭部外傷，などによっても健忘がおきる。映画『心の旅路』の主人公は，初めは戦場でのショックによって，2回目は交通事故で頭を打った後に，記憶を失ったのであった。ウェルニッケ病や慢性アルコール症の時に出るコルサコフ症状では，知情意低下症（旧称：痴呆）その他の症状なしに最近の出来事についての健忘だけが現れ，患者はそれをごまかそうとして（金がないのに「一流レストランで食事した」などと）ありそうもない出まかせの作り話をして嘘をつく。この場合は，海馬や視床内側に障害が見られる。

　代表的な抗不安薬であるベンゾディアゼピン系の薬には催眠作用の副作用が強いものがあり，睡眠導入剤の名をつけて睡眠薬として利用されている。しかし，前向き健忘をおこす副作用があることはあまり知られていない。ベンゾディアゼピン系の薬トリアゾラムをふだんは0.125ミリグラム飲んでいる人が，間違えて4倍量（1ミリグラム）とコップ半分の水割りウィスキーを飲んで就寝した。この人は5時間眠って，目覚まし時計で起床してから3時間ぐらいの間の記憶が完全になくなった。その後，夕方までは酔ったような状態になり，部分的に何がおきたのかを覚えていなかったという。この薬は，服薬後3時間以内にトイレに起きたりした場合には，夢遊病のようになり，長電話をしたり，料理を作ったりして，翌朝まったく覚えていないという報告もある。大脳におけるベンゾディアゼピン受容体に親和性が強く，短時間作用型の薬ほど健忘をおこしやすいと田所作太郎は推定している。ベンゾディアゼピン系の薬の作用は，用量が多くなるに従って抗不安－抗てんかん－鎮静－睡眠－健忘－運動失調－筋肉弛緩の順に右側へ進行するという。睡眠と健忘の用量が近いので，注意を要する。アルコールと併用しない，連用を避ける，就寝前に服薬する，服薬後数時間以内に起きる予定の時は服薬しない，常用者は急に服用を中止せず，徐々に減量する，などの注意をすれば，この系の薬による健忘を避けることができる。精神障害にベンゾディアゼピン系の薬が使われるのは，不安を忘れさせるという健忘の利用のように見えるかもしれないが，そうではなくて，むしろ葛藤を押さえる独特の作用を利用しているのであろうと田所は推定している（田所，1998）。

　高齢者介護に睡眠導入剤や抗不安薬が使われることが多いが，副作用としての健忘に用心すべきである。　　　　　　　　　　〔小林　司〕
⇒記憶障害，高齢者の知情意低下症，心的外傷，脳卒中

文献　1. 田所作太郎『麻薬と覚せい剤：薬物乱用のいろいろ』星和書店，215p., 1998

強姦 ⇒レイプ

攻撃性 aggressivity
　他者あるいは事物に対して有害な結果をもたらす行動を攻撃行動と称し、そのような行動様式がある程度一貫して個人内に存している場合、これを攻撃性と呼ぶ。
　しかし、有害な場合ばかりではなく、進取的・活動的な行動として現われる場合もある。(aggression や aggressive という言葉は、ひろく自己主張をして、外部に向かって働きかける積極性や積極的行動を指す場合にも用いられる。)
　精神分析では、本能ゆえに誰にでも攻撃性があると考える。フロイト*は死の欲動（タナトス）が人間の攻撃心の起源であると考えた。死の欲動とは、独立的・一時的・生得的な破壊行動であり、生きているものを無機的状態に還元しようとする傾向である。すなわち、生命の分解と、その心理的表現である自己および他者を破壊しようとする傾向である。死の欲動は、基本的には自己破壊的なものであるが、これが外部に向けられた時、他者への攻撃行動になるとされる。しかし、のちに、精神分析学者らは死の欲動という仮定を否定した。
　フラストレーション-攻撃説では、攻撃性は本能ではなく、後天的な経験の結果だと考える。ドラード（John Dollard, 1900〜？）らのエール大学グループは、1939年に、「攻撃は常にフラストレーションの結果である」というこの説を発表した。要求が満足されないときの最も基本的な反応は、妨害している対象への直接の攻撃か、あるいは、その他の対象への攻撃となって現われる。攻撃反応の現われ方は、攻撃的行動を誘起させる量の大きさ、攻撃的行動を制止する因子（罰）の大きさ、攻撃の対象ならびに攻撃の形を決定する因子、攻撃がカタルシスによって減少する仕方、によって左右される。ただし、フラストレーションによって喚起されるすべての反応が必ずしも攻撃的性質のものとは限らないし、また、攻撃には必ずフラストレーションが先行するかどうかという点については議論が分かれる。これとは別に、攻撃的行動を必然的な傾向とはせず、モデリングにより学習される、とする立場がある。現実や映像上のモデルの行動を観察したり模倣したりすることによって、もともとおこる可能性が少なかった攻撃行動が引き出され、いったん引き出された新反応は直接的強化によって強められて個人の中に定着していく、という考えである。
　この他、行動学の立場からは動物の攻撃行動の研究が進められ、また、大脳生理学では、攻撃性は間脳の一部の刺激により発生することが知られている。ヘス（W. R. Hess）は、ネコの視床下部を電気で刺激して、仮性憤怒と攻撃行動を実験的におこすことに成功した。こうした研究は、人間の攻撃を考える手掛かりになる可能性がある。
　攻撃の規定因としては、情動的要因、社会文化的要因、認知的要因が考えられる。要求が阻止されるとフラストレーションを生じ、その情動が攻撃を誘発する。しかし、それが攻撃行動となって現われるかどうかは、欲求不満耐性（フラストレーション・トレランス）の程度にかかってくる。欲求不満耐性の高い人は攻撃的にはならない。また、モデリング過程を重視する立場では、同一視が果たす役割が大きいと考え、モデルとの情動的結びつきが強いほど影響は大きいとされる。社会文化的要因としては、性差、階層差、家庭環境が考えられる。一般に、攻撃行動は女子よりも男子に多く見られる。男女の体質的差異の他に、性役割の影響もあると考えられる。階層差については、下層階級に攻撃が育ちやすいという報告がある。同じ程度のフラストレーションでも、それが攻撃行動として表現される際には、社会階層、家庭教育の方針などによって、さまざまな形態と強度で現われる。さらに、認知的要因として、攻撃行動の表現形態は、その状況に有効だと思われる様式が年齢や知能程度により認知的に選択されている。また、モデリングの場合、モデルの行動のうちのあるものは模倣され、あるものはされない。それは、その行動が観察者により、いかに認知され、いかに取り入れられたかということによるからである。
　人間の攻撃行動の表現形態は多様であり、ま

た複雑な要因に規定されている。さらに，攻撃動機をもっていても，社会的禁止によって，現実の攻撃行動ではなく，想像上の攻撃に置き換えられることも少なくない。投影法による測定もなされるが，攻撃性を数量的にとらえることは難しい。個々の攻撃性を理解するためには，多面的に検討する必要がある。〔岩田由紀子〕
⇒精神分析，フラストレーション，モデリング
文献 1. E-ダラード, 1959 ; 2. J-中尾, 1984b ; 3. I-福島編『現代のエスプリ』No. 89, 1974 ; 4. H-『フロイト著作集』6, 1970 ; 5. H-『フロイト著作集』1, 1971 ; 6. E-ローレンツ, 1985

高校中退 expulsion or quitting from high school

入学した高校に卒業まで在籍せず，中途退学すること。

1996年度が11万1,989人で，以来11万人前後を繰り返しており，2000年度は中退率（在籍者数に占める中退者の割合）が2.6％（過去最高）だった。2000年の調査でその理由を見ると，学校生活・学業不適応37.4％，もともと高校生活に熱意がない15.9％，就職を希望19.6％で，進路変更が36.5％だった。

高校の中途退学の内容は二つに分けて考えることができる。一つは，懲戒としての退学，いわゆる退学処分（expulsion）である。学校教育法施行規則第13条では「懲戒のうち，退学，停学及び訓告の処分は，校長がこれをおこなう。」とし，該当する者として，「性行不良で改善の見込みがないと認められる者」「学力劣等で成業の見込みがないと認められる者」「正当の理由がなくて出席常でない者」「学校の秩序を乱し，その他学生または生徒としての本分に反した者」の四つをあげている。もう一つは自主退学で，生徒が自分から高校を退学していく場合である。本来，退学には懲戒としての退学と自主退学の二つしかないはずであるが，実際にはこの二つの中間に「自主退学の勧奨・勧告」といわれるものがある。「自主退学の勧奨・勧告」とは，本来懲戒としての退学がふさわしい者に対して，その生徒の将来を考えて，学校側が自主退学という形をとる教育的配慮であるとされる。しかし，現実には教育的配慮ばかりではない。懲戒としての退学では高校から教育委員会に対して報告の義務がある。高校側は教育委員会への気がねから厳密な意味での退学処分を出したがらない。高校側は退学させたい生徒やその保護者に対して自主退学をするようにせまる。つまり「自主退学の勧奨・勧告」とは，高校側が教育委員会に対して体裁を整えているだけで，生徒にとっての実質は退学処分なのである。

人間は失敗を繰り返しながら成長していく存在である。このような人間観に立つ時，生徒を安易に退学させることは慎まなければならない。まして，生徒を退学に追い込むことはあってはならない。

次に，本来の意味での自主退学について考えて見よう。自主退学とは，生徒が自分の通う高校に魅力を感じられなくなって退学していくということである。入学してみたら高校は中学時代にもっていたイメージとずいぶん違うところだったという印象をもつ生徒は多いようだ。もっと自由だと思っていたが校則が厳しかったとか，友人ができない，先生が冷たいなどと感じる生徒が多い。中学と比べた高校独自の特性に新入生が戸惑っている点や，高校が変わらなければならない点も多いが，高校入学以前の中学校での進路指導にも問題点は見える。しかし，高校が細かくランク分けされていることを考えると生徒の適性が活かされた進路指導をしにくい現状がある。

このように考えると，実際に高校を辞めていく生徒は2％であるが，高校を辞めたいと考えたことのある生徒の数はもっと多いはずである。千葉県総合教育センターが1991年度に行なった調査によると，高校生の69％が学校に対して回避的な感情をもっている。この学校回避感情をもつ高校生を潜在的退学者と考えれば，学校回避感情をもつ生徒を顕在的な退学者にしないための対策こそが急務だといえよう。

1994年の鈴木敏城の研究によれば，中途退学をしたいと思ったことのある生徒は，教師をストレス源であるととらえやすく，実際にさまざまなストレス反応を示しており，コーピング（ストレス対処行動）においては，責任転嫁や問題

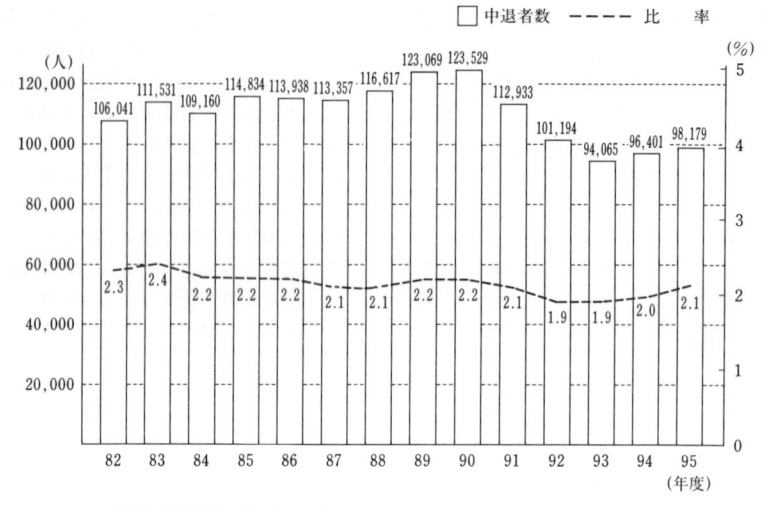

(文部省編『我が国の文教政策 1997年度』大蔵省印刷局, 608p., 1998のp.257より)

公・私立高等学校中途退学者数の推移

放棄的な傾向を示し，ソーシャル・サポート源をもたないことが明らかになった。また逆に，中途退学したいと思ったことのない生徒は，教師や友人や親をサポート源であるととらえているという結果も得られている。つまり対教師認知の，ストレス源からサポート源への変容が，潜在的退学者の減少をはかり，ひいては潜在的退学者の顕在化を防ぐ要因となるのではないだろうか。

ではどうしたら生徒の教師に対する認知を変えうるか。生徒と教師との間の心理的距離が縮まれば，対教師認知の変容の可能性も広がるのではないだろうか。生徒と教師の間の心理的距離を縮めるためには，まず，教師が自己開示することが有効だとされている。教師が自分も悩める一人の人間であることを表現し，教師が生徒とともに悩みながら問題を解決していこうという態度をとることによって，生徒は教師を身近に感じ，教師を，自分を支持してくれる存在だと認識するのではないだろうか。教師が生徒を支持してくれることを生徒に認識させたり，教師による支持を援助したり，自らも生徒を支持したりする点にカウンセラーの役割がある。

〔鈴木敏城〕

⇨校内暴力，自己開示，支持，ストレス

文献 1. 小林剛『高校中退：克服のためのカルテ』(有斐閣新書) 有斐閣，240p., 1987；2. 金賛汀『高校が変わる：親の見栄と子供のコンプレックス』情報センター出版局，224p., 1989；3. 鈴木敏城「高校生の中途退学指向性の研究」筑波大学大学院修士論文，1995；4. 千葉県総合教育センター「学校不適応状態への『初期対応』に関する研究」『千葉県総合教育センター研究報告』第302号，1992；5. 門脇厚司・飯田浩之編『高等学校の社会史：新制高校の「予期せぬ帰結」』東信堂，254p., 1992

甲状腺機能低下症　hypothireoidism

甲状腺ホルモンの働きが弱くなり，それによりさまざまな精神，身体症状が引きおこされる状態。

ホルモン異常によっておこる病気はさまざまであるが，なかでも一番多いのが甲状腺障害の患者だ。しかも，圧倒的に女性に多く，男の4～5倍多いといわれていて，男女合計で数百万人いると推定されている。甲状腺ホルモンが多すぎるバセドウ病も誤診されやすい病気だが，機能低下症のほうはさらに発見しにくい病気だ。米国の統計によると，成人男性の0.1％，女性の1.4％がこの病気にかかっているが，症状が似ているのでうつ病と間違われやすい。

甲状腺に何らかの原因で炎症がおきているものを,発見者である橋本策医師の名前をとって,橋本病と呼ぶ。その中で,炎症により機能低下がおきれば甲状腺機能低下症であって,治療が必要になってくる。橋本病患者のうちで明らかな機能低下症の者は25%,検査をして初めてわかる程度のもの25%,残りの50%は橋本病ではあるが甲状腺機能は正常な働きをしている。

橋本病と診断されても機能さえ正常ならば,6カ月か1年に1度の検査をして経過を観察するだけでよいのだが,機能低下症をおこしている場合は,必要な代謝ホルモンが少なくなるのでさまざまな支障がでてくる。

30代,40代の女性に圧倒的に多くみられる病気だが,若年でもみられるようになる傾向がある。家族内にバセドウ病,橋本病のいる人は罹病しやすいので要注意である。主な症状を記しておくと,(1)顔や手足がむくむ,(2)食べない割に体重が増える,(3)やる気がない,(4)動作がにぶくなる,(5)皮膚が乾燥する,(6)声がかすれる,(7)寒がりになる,(8)ねむくなる,(9)物忘れがひどくなる,(10)その他(便秘,貧血,月経過多,全身倦怠,食欲・性欲低下,精神不安定,汗が出ない,手足のしびれ,動悸,筋力低下,舌が厚くなる,毛がぬける,毛の艶がない),である。

これらの症状があれば,ただちに甲状腺機能低下症というわけではないが,このうちのいくつかの症状があれば,病院で一度ホルモン量の検査を受けてみるほうがよい。ただし,一般病院では検査の結果が出るまでに2週間くらいかかることもあるし,費用が高いのが難点である。また,一般的な血液検査で肝臓機能検査値が異常で,コレステロール値が比較的高く,上記のような症状があれば,この病気を疑ってみる必要がある。

うつ病だと思って長く抗うつ薬をのんでいたが,いっこうに治らず,甲状腺機能低下症とわかり,薬をのんだらすぐに治った,とか高齢でボケが始まったのだとあきらめていたら,実は甲状腺機能低下だったので服薬したらすぐ元に戻ったということも多い。

顔が急に腫れ,驚いて総合病院にかかったが,さまざまな検査でも原因がわからず,1カ月後にもしやと思って甲状腺の検査をしたところが,やっと橋本病だとわかったというケースもある。このケースでは上記の症状の(1)の他には,(2)と風邪からきたと考えられる(6)の症状がわずかにあっただけであった。

この病気は専門医師がみれば一目でわかるのだが,一般には発見されにくく,いつまでも間違った治療を続けてしまうことがある。しかし,きちんとした検査と,その結果にもとづく治療さえすれば,普通の生活を送ることができる。

治療は簡単で甲状腺ホルモン剤(一般名:サイキロシン,商品名:チラーヂンS)を毎日一定量服用するだけでよい。専門医師の指導を受けていれば,妊娠,出産も問題なくできる。風邪などの薬も併用できるが,一応薬剤師や医師に薬をのんでいることを告げる習慣にしておいた方がいい。

服薬していても,症状の重い人は疲れやすく,一日中ぼーっとしている,ぐずぐずしているなどと,周囲からは見られ,つらい思いをすることもある。

また,定期的な通院,検査と薬が必要なため,経済的な負担が多いことから,北海道では特定疾患の難病に認定されている。

小児で甲状腺機能低下症を生じる病気はクレチン病とよばれる。　　　　〔小林　司〕

⇒うつ状態,記憶障害,肥満,無気力

文献 1. 伊藤國彦『甲状腺の病気:診断と治療』(改訂第2版)全日本病院出版会, 49p., 1994;2. 鎮目和夫『治療の長びく症状はホルモン病を疑え』(ホーム・メディカ・ブックス)小学館, 238p., 1991

口唇期　oral phase

フロイト*の精神分析のリビドーの発達段階における第一段階である。リビドー活動の快感が口唇に集中する,生後18カ月位までの時期を指す。アブラハム*はこの時期を,吸う・嚙みつきの二つに分けて,早期口唇期と口唇期サディズム期としている。

乳児は乳房をくわえて吸う,のみこむ,嚙みつく,吐き出す,など口唇に刺激を与えること

により満足を経験する。この時期に、この欲求が満たされるか，満たされないか，また過剰な刺激が与えられるかどうかが，乳児の心理的な面や自我の表現に大きな意味をもつ。

生まれて初めて外界と接触をもつのは口と皮膚である。精神分析においては乳児が母親の乳房から乳を吸う際の，吸う活動と，与えられる快感は，乳房の優しさや必要性を意味すると考える。自我の表現としては，依存性・愛身性などを形成する。のみこむ活動は，接触・取り入れ・融合を意味し，自信・安心・楽天性などを形成する。吐き出す活動は，拒絶を意味し，横柄さ・ひがみなどを形成する。嚙みつく活動は，破壊を意味し，悲観・絶望・自閉などを形成する。乳は，単に食欲を満たすためだけでなく，人生で最初に人からもらう贈り物であるから，優しさや愛情の象徴である。

乳が十分に与えられないことは，愛情が十分与えられなかったことになる。そこで欲しい時に乳が十分に与えられなかった人は，愛情要求が強くなる。食べる時でもがつがつしている。食べる，吸うことは，愛情を食べることである。逆に，泣きさえすれば，3歳になっても4歳になっても授乳されていると，世の中はすべて思うがままであり，世の中は自分のためにあると誤解してしまう。それで，わがままな人間になってしまう。

離乳とは愛の対象・依存の対象から離れることで，一人立ちの訓練である。分離不安の一種ともいえよう。また逆に，あまり早期の離乳をすると，甘え体験が不足するので，慢性の淋しさをもつことになる。

以上からわかるとおり，ほどよい母性との出会いが求められる。授乳ということは，単に生存に関わっているだけでなく，心の発達に大きな影響を与えるのである。

エリクソン*によれば「この時期は主として母親との関係を通じて，人間に対する基本的な信頼か不信を形成する時期」であり，ボウルビイ*はこの口唇期をアタッチメント（愛着）形成に重要な時期と考えている。

ハーロウ*は赤毛ザルの実験によって，サルにおけるこのような口唇的満足を求める欲求が先天的な本能であることを明らかにしている。

カウンセラーはクライエントの心理・性的な発達状況をも，口唇期，肛門期などの角度から検討することが必要である。〔杉山満樹也〕
⇒愛情，アタッチメント，肛門期，自我，性器期，精神分析，出会い，発達

文献 1. A-國分，1982；2. 前田重治『続 図説 臨床精神分析学』誠信書房，198p.，1994

口唇裂・口蓋裂 cleft lip, cleft palate

先天性顔面異常の一つ。口唇，顎，口蓋の癒合不全である。

発生学的には胎生の早期に顔の中央に向かって，頭方から内側および外側鼻突起，側方から上顎突起，下方から下顎突起が現れ，妊娠5～9週頃の間に突起が癒合し，鼻腔，口腔の原型が胎児に形成される。この時期に種々の原因が複合し，癒合が妨げられると異常を生じる。一側性が多いが，両側性の場合もある。

症状は主に，三つの型に分けられる。まず口唇裂，次に唇顎口蓋裂，そして口蓋裂である。症状には段階があり，程度の差はあるが，裂の型の頻度と性差は次のとおりである。(1) 口唇裂：31％，女子がやや多い。(2) 唇顎口蓋裂：44％，男子が多く女子の約2倍。(3) 口蓋裂：26％，女子に多く男子の約2倍。

予後は，口唇裂の場合，体重が6 kgを越えた頃に口唇形成手術を受けることによりそれがあったかどうかわからないほど美しく治る。ただし，将来，上顎の発育の遅れによる，不正交合を生じる場合がある。唇顎口蓋裂および口蓋裂の場合，1歳6カ月～2歳頃に口蓋形成手術を受け，正常な言語を話すことができるようにする。術後も，言語治療士の指導のもとで発音訓練を行なうことが好ましい。

ここでいくつかの問題点をあげておこう。日本人は，昔から口唇裂・口蓋裂のことを「兎唇」や「みつくち」といい，心情的にこれを嫌う傾向がある。顔面の奇形であることや，先天性の異常で，しかも遺伝的背景があることから，患児が成人して結婚の際に問題となることなどもある。このようなことから，患児出産後，両親ばかりでなく家族の心配や不安は大きいものと

思われる。そこで治療にあたる者や関係者は，口唇裂・唇顎口蓋裂・口蓋裂の日本での先天異常発生率は約0.2%であり，先天異常の中では頻度が高いものであること，手術も以前は術後の傷跡がそれとわかるものが多々あったが，形成外科の進歩により非常に改善されてきたこと，この異常がどの程度の頻度で血族に発生するか，などを両親に説明し，より正しい理解をしてもらうことが必要であろう。

また，患児は口の形状の異常のために授乳が困難であり，母親の育児の負担は通常より大きい。そのうえ母親は出産した子どもに異常があったことで，精神的にショックを受け，不安定な状態になることが予想される。患児の手術を行なうまで数カ月～2年近くの間があるので，その間は直接育児に携わる母親にとって辛く苦しいことが多々あるであろう。母親と患児の母子相互作用が円滑に育まれるよう，治療にあたった者や父親を中心とした家族は，その点を考慮すると同時に精神的な援助を続けていくことが望まれる。

両親が次子に再発することを心配すると思われるが，家系調査を行ない，それと再発危険率について，納得のいく説明と話し合いが必要なことから，遺伝相談をできる専門のカウンセラーに相談することが大切である。患児が成長していく過程で，術後の傷跡や，病気そのものについての正しい説明も必要であろう。

〔阿久津里花〕

⇒言語障害

文献 1. 相賀徹夫編『万有百科事典 14 医学』小学館，1973；2. 大倉興司編『遺伝性疾患への対応』講談社，390p., 1991；3. 中尾喜久総合監修，植村恭夫・高久史麿・鈴木章夫『家庭医学大全科』法研，1602p., 1992

構成的グループ・エンカウンター
structured group encounter

開発的カウンセリングの一方法である。各種のエクササイズの実施が主な内容であり，そのねらいはメンバー相互の自己開示にある。各種の枠を設けて，人間関係を促進するのを援助する方法の一つ。

日本では國分康孝が1967年頃から提唱し，1990年代に急速に普及定着し始めたが，そのルーツはアメリカのエスリン研究所（Esalen Institute）での1962年以降のワークショップにある。ゲシュタルト療法のパールズ*はそのリーダーの一人であり，ワークショップの基調はヒューマニスティック・サイコロジーであった。

このワークショップの流れを汲むサイコエデュケーション風の援助法が構成的グループ・エンカウンターである。自己開示を強調する理由は，(1) それを通して自他のあるがままの姿に気づく（自他発見 discovery of self and others），(2) それを通してメンバー同士のリレーションが深まる，からである。

同じ目的を達成するもう一つのグループ・エンカウンターがある。ロジャース*の流れを汲むベーシック・エンカウンター・グループである。この派では非構成的グループ・エンカウンターとは称さないが，構成的グループ・エンカウンターの対照概念である。

構成法と非構成法のちがいは六つある。(a) 前者にはプログラムがあるが，後者にはプログラムがない。(b) 前者のメンバーには依存対象のリーダーがいるが，後者には世話人（ファシリテーター）はいるが依存の対象（親代償）はいない。(c) 前者はスケジュールに合わせてプログラム（エクササイズ）の短縮は自在である。それゆえ中途半端のままの解散を予防できる。(d) 後者にはプログラムがないので，沈黙の連続ということもありうる。エンカウンターやカウンセリングに予備知識のある人なら沈黙に意味を見出すかもしれないが，そうでない人は失望することがありうる。(e) 前者はグループサイズの指定，トピックの特定，話す持ち時間の指示，グルーピングの多様性，リーダーの介入が後者より多いので，心的外傷を予防しやすい。それゆえ，(f) 構成法は児童・生徒およびカウンセリングの学習初心者に適している。非構成法はカウンセリングのアドバンスト・コースといえる。心的外傷の危険性はあるが，自己探索の深さにおいては非構成法よりも優れているように思われる。

今のところ学校や企業研修では構成法が用いられている。アメリカでは非構成法はほとんど

用いられていない。日本では大学生対象，カウンセラー対象の非構成法（ベーシック・エンカウンター・グループ）が今も行なわれている。

さて構成法とはグループに枠を与え，プログラムに枠を与え，時間配分・役割にも枠を与えて，その中での人間関係を促進する援助法という意味である。「どうぞご自由に！」と指示する場面より「1人3分づつ○○について感じたことを語って下さい」とメンバーの言動を特定することが多い。リーダーの役割，メンバーの役割も導入時の作業同盟で契約しておく。グループ・サイズはエクササイズごとに変えることもあるし，討論時間もトピックやグループの流れによって多様である。そのつど，リーダーが指示する。すなわちメンバーの自己開示を促進するような介入をするわけである。

構成法実施の際，最も留意すべき点は心的外傷の予防である。そのための心得を四つ述べておきたい。

まず心的外傷とは何か。心的外傷とは「どうしてよいかわからない状況を体験し，その体験が尾を引いていること」である。たとえばメンバーに嫌なことをいわれ，どう反応してよいかわからず黙っていた。その屈辱感がいつまでも続いているとき，これを心的外傷という。ということはグループ・エンカウンターに参加したばかりに不幸感が増すということがありうるということである。

第一に，そうならないためにはメンバーにとってレディネスのあること，あるいは成熟度のあるエクササイズを課することである。たとえば小学校1年生のクラスでは言語表現を主にするエクササイズより，フルーツバスケットのような非言語表現を主とするエクササイズの方が心的外傷を与えない。

第二は嫌がることを無理にさせない，話させないということである。人間には表現の自由もあるけれども沈黙の自由もあるからである。自己開示を無理強いする場面にはリーダーが介入した方がよい。

第三に各エクササイズの実施に先立ち，ねらい，方法，留意点を要領よく説明しておくことである。やみくもに「○○せよ」と指示しては

ならない。インフォームド・コンセントの発想である。

第四にエクササイズの結果，気まずい雰囲気や不快感を示すメンバーがいる場合には，グループ全体に適切な説明，解釈，所信表明をして，参加者が問題を引きずらないようにすることである。　　　　　　　　　　　　〔國分康孝〕

⇒エンカウンター・グループ，自己開示，心的外傷，人間性心理学

文献　1. 國分康孝監修，縫部義憲編著『教師と生徒の人間づくり：グループ・エンカウンターを中心に，エクササイズ実践記録集』歴々社，全4巻，1986-1989；2. B-國分編，1992

肯定的尊重　positive respect
カウンセラーがクライエントを受容し，尊重する態度。

クライエントを一人の人間として，大切にする態度，つまり肯定的に尊重する態度は，知情意の世界に注目して，耳を傾けることによって実現される，と小林純一は言う。

カウンセラーに肯定的に尊重されることによって，クライエントは自分のことについて語るときに，自然に自己を見つめ，自己を客観的に眺めるようになる。クライエントは自己を知り，自分の責任において選択を行ない，決断を下す，という人格的行為の成長過程を示す。カウンセラーに肯定的に尊重されることによって，クライエント自身が「自分は今，ここで人間として大切にされている」という気持ちをもち，その時に，初めて人格的成長がおきる。

クライエントを肯定的に尊重する心を，ロジャース*は「無条件の積極的関心」(unconditional positive regard) と呼んでいる。しかし，肯定的尊重だけの温かい心を向けようとすると，相手に巻き込まれて，正確な判断ができない場合がある。そこで冷静に判断する力が必要となる。カウンセラーには，共感，温かさ，肯定的尊重，自己一致，積極的関心が要求される。

現在では，肯定的尊重を狭義の心理療法の際だけに限って重視するのではなしに，日常生活でも重視していこうという考えが広まってきた。最近では，人間関係の面でも予防医学的考

え方の重要性が強調されており，精神的疾病や，不適応状態に陥ってから治すよりも，陥る前に予防し，さらに精神的健康を増進することによってそうした状態に陥らないように精神的発達を強化するという積極的な面の重要性が強調されている。そうした面で肯定的尊重が果たす役割は大きい。　　　　　　　　〔池田千津子〕

⇒カウンセリング，カウンセリングにおける人間関係，カウンセリング・プロセス，カウンセリング・マインド，積極的関心

文献　1. E-クリューガー，1991；2. A-國分，1988；3. A-小林純一，1986；4. E-デーモン，1990；5. E-西川，1988；6. J-ベイトソン，ロイシュ，1989；7. J-ラザルス，フォルクマン，1991

後天性免疫不全症候群　⇒エイズ

行動化，行為化　acting out

言語化（verbalization）を**治療者・患者間の交流の主な手段とすべき精神療法過程で，患者が治療場面において言語を用いるかわりに，治療場面内の行動または，治療場面外の言動や態度によって自己表現を行なう現象をいう。精神分析学の概念の一つ。**

治療場面内の行動といっても，行動化を単なる症状行為（symptomatic action）と区別しなければならない。その区別として，行動化は，(1) 転移との関係で生じる。(2) 自我親和的（ego syntonic）である。(3) 一定の目的をもった，組織された行動である。他方，症状的な行為は，(a) 転移との関係がなくても生じる，(b) 自我違和的（ego alien）であることが多い。(c) 組織されない，単純な動作である場合もある（例：チック）。行動化は，たとえば，治療場面で，患者が治療者に対する不満や陰性の転移を言葉で表現せずに沈黙を続ける，ものを投げつける，などである。また，陽性の転移を言語化せずに，抱きつく，自由連想中に生じた連想を，治療場面外で他の人物に話したりする，あるいは性的な関係を結んだりする，などもある。心理療法上は，抵抗（resistance）の一種とされる。なぜなら，患者が治療者に対する転移をめぐって生じる葛藤や緊張を無意識的に行動によって解放してしまい，それを意識化，洞察することを回避する一種の反復強迫であり，内省や洞察によって自我構造を変化させようとする努力に抗するものだからである。

歴史的には，この概念は，フロイト*が1914年に「患者が行動として発現させようとしているものを，記憶を想起するという操作によって解決することに成功すれば，われわれはそれを治療の勝利として祝うわけである」と述べていることに発している。グリナッカー（P. Greenacre）は，行動化の発生的な素地について，慢性的に行動化する傾向をもつ患者は，言語機能と行動機能の関係の発達的な歪み，すなわち幼児期に言語を話すことが抑制され，それに比して運動機能が奨励されていた事実が多いことを指摘した。またグリーンソン（R. Greenson）は，特に治療場面外で他者に対して行動化が生じる場合について，治療者に対する両価的な転移関係の一方を治療者以外の人物に向けることによって，両価性をめぐる葛藤に直面するのを回避しようとする分裂（splitting）の機制を強調している。一方，抵抗としての行動化の意味を認めつつも，その中に含まれる自我成長への可能性や，治療者への交流の一手段としての意義を見出し，積極的に治療に役立つものとして行動化を理解しようとする立場もある。

この行動化をうまくとらえることができなかった失敗例をタラチョウ（S. Tarachow）の著作から引用してみると，「ある治療中の女性患者が，治療室外での恋愛関係をもつことによって（男性の）治療者に対する転移性恋愛を行動化したことに対して，この治療者は怒り，嫉妬するようになり，患者のこのような行動を転移の行動化であるとは解釈せずに，治療からはずしてしまった。（治療者は）ちょうど，ふられた男のようにふるまった。」という一文がある。これは，治療者の患者に対する転移（逆転移）の例でもあるが，本来ならば，前述したように，患者が治療者に対する転移をめぐって生じた葛藤や緊張を無意識的に行動によって解放している，と解釈すべきだったし，また治療者に対する両価的な転移関係の一方を治療者以外の人物に向けることによって葛藤を回避しようとしている，

と把握すべきだったのである。　〔橋本　勉〕
⇨転移，対抗転移，抵抗
文献　1. B-シンガー，1976

行動カウンセリング　behavioral counseling

　行動カウンセリングは，その成果を迅速・確実にするために，行動理論や学習理論の考え方を導入して行なわれるカウンセリングである。行動主義的カウンセリングまたは行動療法的カウンセリングとも呼ばれる。

　行動カウンセリングはクルボルツ（J. O. Krumboltz）とソアセン（C. E. Thoresen）によって開発された。

　主な特徴として次の四つの項目をあげることができる。

　(1) 適正な目標の設定：これには三つの要件を満たす必要がある。(a) 目標がクライエントの希望するものであること。これはできるだけ具体的かつ実現可能なものがよい。たとえば，自己実現という目標設定は漠然としているので，行動主義的な技法を適用しにくい。しかし恐怖をやわらげる，不安を除去する，悪いくせを矯正する，などは，クライエントが希望する具体的目標である。(b) カウンセラーがクライエントの目標達成に積極的に協力すること。(c) クライエントの目標達成度を測定できること。具体的な目標を個々の部分に分析して，客観的にその達成度を測定する。

　(2) 効果的技法の自由な適用：行動カウンセラーの仕事は，クライエントを温かい眼で眺め，その成長に最もふさわしい方法を多くの技法の中から選び出すことである。1年間適用してみて効果がなければ，その後も同じ原理や同じ方法を続けるべきではない。

　(3) 技法の実証的研究：カウンセリングにおいては，道義的に問題がある技法は別として，可能なあらゆる技法の効果についての実証的研究が望ましい。クライエントにとってプラス効果となる技法については，選り好みしないで，それが実際に効果をもたらすことを実験的に証明したうえで，積極的にカウンセリングの中に取り入れるべきである（たとえば集団心理療法や感受性訓練など）。

　(4) 科学的フィードバックによる手続きの改善：行動カウンセリングは，自己修正の可能な体系である。手続き，時期，クライエントの選択などについてカウンセラーが誤りを犯すことはあっても，その誤りが明瞭であるから，すぐに発見・修正できる。フィードバックが可能なのである。また人間の行動はきわめて複雑であるので，ときには不適応行動をおこす原因やこれを治療に導く原因のすべてを発見しにくいこともある。その時には，効果の上がらない技法は徹底的に検討し実験的にその原因を追及する必要がある。

　次に行動カウンセリングの技法の主なものをあげておく。

　(ⅰ) 不安を制止する技法として，①系統的脱感作法，②情動心像法，③主張訓練法，④情動提示法。(ⅱ) 望ましい行動を増大させる技法として，①積極的強化法，②トークン・エコノミー，③継続近接法，④モデリング。(ⅲ) 望ましくない行動を減少させる技法として，①処罰学習，②除外学習，③回避学習。(ⅳ) セルフ・コントロールに関する技法として，①洞察法，②思考停止法，③役割誇張法。(ⅴ) その他の技法。　〔杉山満樹也〕
⇨感受性訓練，系統的脱感作法，行動主義，行動療法，集団心理療法，主張訓練法，トークン，不安，モデリング

文献　1. 伊藤隆二編『心理治療ハンドブック』福村出版，858p.，1989；2. H-内山・高野・田畑『サイコセラピー』1，1984；3. A-中澤，1988；4. A-中澤編著，1994

行動修正　behavior modification

　行動分析学によって開発された技法を用いて，日常場面でのさまざまな人間行動を社会的に望ましいものに修正していく営み。

　行動修正が用いられている分野は，(1) 自閉的障害やダウン症などの発達障害，(2) 不安神経症や統合失調症などの精神障害，(3) 初等教育から高等教育にわたる特殊教育を含む教育問題，(4) リハビリテーション全般，(5) 夫婦関係や育児などの家庭問題，(6) 高齢者問題，(7) スポーツや芸事などの技能，(8) 摂食，飲酒，

喫煙や運動などの自己管理，(9) 疾病の予防や治療などの医療問題，(10) 会社，工場や公的機関などの組織における効率や安全などの問題，(11) リサイクル，エネルギー節約，環境保全や交通安全などの社会問題，と多岐にわたっている。行動修正がさかんになった1960年代には，(1)，(2)が中心であったが，次第に分野を拡大していった。特に，(3)，(8)，(10)，(11)は，それぞれ，(3) 行動教育 (behavioral education)，(8) 行動医学 (behavioral medicine)，(10) 組織内行動管理 (organizational behavior management) あるいはパフォーマンス・マネジメント (performance management)，(11) 行動的コミュニティ心理学 (behavioral community psychology) と呼ばれ，近年，急速に発展を遂げ，注目されている。

行動修正の目的は，社会的に望ましくない行動的問題を解決することであるが，行動的問題は，(a) 望ましい行動が身についていない場合，(b) 望ましくない行動が身についている場合，(c) 行動が望ましい場面では生じず望ましくない場面でのみ生じるか，あるいは，望ましい場面のみならず望ましくない場面でも生じる場合，に大別される。行動修正の諸技法は，このそれぞれに応じ，(i) 望ましい行動を形成ないし増加させる技法，(ii) 望ましくない行動を消滅ないし減少させる技法，(iii) 行動を望ましい場面でのみ生じさせる技法，に大別される。

(i-1) 望ましい行動を形成させる技法には，①シェイピング法 (shaping)，②チェイニング法 (chaining)，③身体的誘導法 (physical guidance)，④モデリング法 (modeling)，⑤教示法 (instruction) などがある。チェイニング法には，1. 逆向チェイニング法 (backward chaining)，2. 順向チェイニング法 (forward chaining)，3. 総課題提示法 (total task presentation) がある。

(i-2) 望ましい行動を増加させる技法には，①強化法 (reinforcement)，②強化スケジュール法 (reinforcement schedules)，③プロンプト法 (prompt) などがある。強化法には，1. 正の強化 (positive reinforcement)，2. 負の強化 (negative reinforcement) がある。強化スケジュール法には，1. 変動比率強化 (variable ratio, VR)，2. 高率分化強化 (differential reinforcement of high rate, DRH) などがある。

(ii) 望ましくない行動を消滅させる技法には，①強化スケジュール法 (reinforcement schedules)，②罰法 (punishment)，③習慣逆転法 (habit reversal) などがある。強化スケジュール法には，1. 消去 (extinction, EXT)，2. 他行動分化強化 (differential reinforcement of other behaviors, DRO)，3. 非両立行動分化強化 (differential reinforcement of incompatible behavior, DRI) などがある。罰法には，1. 正の罰 (positive punishment)，2. 負の罰 (negative punishment)，3. オーバーコレクション (overcorrection) がある。さらに2の負の罰には，a. 反応コスト (response cost)，b. タイムアウト (time-out) がある。オーバーコレクションには，a. 復元補償法 (restitution)，b. 正の練習 (positive practice) がある。

望ましくない行動を減少させる技法には，低比率分化強化 (differential reinforcement of low rate, DRL) がある。

(iii) 行動を望ましい場面でのみ生じさせる技法には，①弁別訓練 (discrimination training)，②フェイディング (fading) などがある。

行動修正は，この他にも，トークン・エコノミー (token economy)，随伴性契約法 (contingency contract) といった技法システムをはじめ，さまざまな技法パッケージを開発しつつある。

なお，応用行動分析という語が行動修正とほぼ同義に用いられることがあるが，両者を区別するならば，応用行動分析は行動分析学の一部であるから行動の分析に重点をおく科学であり，行動修正は行動の修正に重点をおく技術である。　　　　　　　　　　　　　〔佐藤方哉〕
⇒行動分析学，行動療法，トークン，モデリング

文献　1. 小林重雄監修，山本淳一・加藤哲文編著『応用行動分析学入門：障害児者のコミュニケーション行動の実現を目指す』学苑社，278p., 1997；2. 佐藤方哉「行動分析：徹底的行動主義とオペラント条件づけ」依田明・河内

十郎・佐藤方哉・小此木啓吾『臨床心理学の基礎知識』(精神衛生専門講座)安田生命社会事業団, 230p., 1987, pp. 147-192

行動主義 behaviorism
科学的に観察可能な行動だけを心理学の研究対象とする思想。

　主唱者はジョン・ブローダス・ワトソン*。彼は、それまでの心理学が「内観」によって「意識」を研究対象としてきたことに反論した。心理学から主観性を取り除き、より客観的な方法に置き換えることが必要であるとし、それには意識という概念そのものがあいまいで観察が不可能であり適切でない。内観という方法も、誰もが平等に行なえるものではなく、「結果の再現性」を欠き科学的ではない。心理学は自然科学として純粋に客観的、実験的であるべきで、その研究対象を観察可能な「行動」に限定し、法則をたてるべきであると主張した。また、心理学の目標は「行動の予測と統制」であるとしている。「行動」は、「刺激と反応の結合」によって説明され、単純な無条件反応が無数に集まって複雑な条件反応を作り上げ、それらが学習経験を通して習慣化され統合される。したがって、人の行動はそのほとんどすべてが「環境要因」で決まり、能力、才能、気性、性格、精神構造や利き手に至るまで遺伝性はなく、これらの大部分は、赤ん坊の時の訓練によると考えた。したがって、もし、人の行動を変えたいなら、適切な学習経験をさせることが必要であると考えたのである。

　彼は、人間の身体すべての働きに目を向けるべきだとし、幼児の行動を詳細に調査した。人間が備えている生物学的メカニズムとしての無条件反応を基礎に、成長するにつれてそれらが構造上の変化を生じる一方で、条件づけによって行動は統合されていくのだと主張している。したがって、「本能」「情動」といった用語を用いる必要はなく、これらは「学習行動」の側面であるととらえたのである。

　また、動物実験からは多くの知見が得られたが、人間に関する研究データの不足を嘆き、純粋に科学的に人間を研究すれば、自らの理論の正しさが証明されると自信をのぞかせた。「私に健康で体つきのよい幼児を10人預け、その子たちを育てる私独自の特別な環境を提供してみなさい。そうすれば、私が無作為にそのうちの一人を決めて訓練し、私が選ぼうとするどんな専門家、たとえば、医師、弁護士、芸術家、事業家、組織の長、そう、乞食や泥棒にでもなることを保証しよう。もちろん、その子の才能、好み、癖、能力、先祖からの素質や人種などは問わない」(Watson, 1930, p. 82)

　行動主義の問題点としては、まず、行動観察が人工的な実験状況でなされていることがあげられる。たとえば、ワトソンが感銘を受けたパブロフの犬の実験は、ベルの音(無条件刺激)を唾液の分泌に条件づけるものであるが、こうした人工的な制限された状況下で、普通の犬の行動についてどれだけ学ぶことがあるかは疑問である。

　次に、すべての学習は「刺激-反応」の結合から成り立っているとしているが、実際には過去の記憶や経験、動機などの内的要因も影響を及ぼす。さらに、遺伝は行動とは無関係であるとし、環境要因を強調しているが、近年ではむしろ、別々の環境で生育した双子の研究などによって、遺伝的要因が強調されている。

　このように、行動主義はあまりに理論を単純化しすぎた点に問題があった。もっとも、行動の観察という客観的アプローチを主張したことは、心理学にとって大きな功績であった。

　さらに、行動主義の理論が大きな影響を与えたものに行動療法がある。行動療法は、実験心理学と学習理論の原理にもとづいて、条件づけを通して行動の不適応を変えようとする治療法である。　　　　　　　　　　　〔岡本眞一郎〕
⇒行動分析学, 行動療法, 古典的条件づけ, 道具的条件づけ, パブロフ

文献　1. Eysenck, M. W.: *Perspectives on Psychology*, Lawrence Erlbaus Associates. (Hove), 182p., 1994.；2. Leahey, T. H.: *A History of Modern Psychology* (2nd ed.) Prentice-Hall, Inc. (New Jersey), 389p., 1994.；3. G-Moore & Fine, 1990.；4. Watson, J. B.: *Behaviorism* (2nd ed.), W. W. Norton (New York), 234p., 1930.

行動分析学 behavior analysis

スキナー*の創始による,「**個体はなぜそのように行動するのか?**」という問いに,行動を生起させる条件,すなわち行動の制御変数を環境の中に同定することにより答えようとする,心理学の一体系。

行動分析学は,文字通り「行動」を「分析」する学問である。行動分析学における「行動」とは,個体が外部環境と交渉をもつ営みのすべてである。したがって,行動分析学は,筋肉の運動や腺の分泌からなる他者から観察可能な公的出来事ばかりではなく,考える,喜ぶ,欲するなどの他者からは観察不可能な私的出来事,すなわち意識をも行動として取り扱う。心の働きとみなされる知・情・意のすべてが行動として分析の対象とされるのである。

行動分析学における「分析」とは,出来事を生起させる条件,すなわち制御変数を同定することである。行動分析学は,行動の制御変数として,個体内的なもの,すなわち神経生理学的出来事(たとえば神経興奮),心的出来事(たとえば感情),および内的構成概念(たとえば動因)をいっさい導入しない。行動の制御変数を神経生理学的出来事に求めるのは生理学の仕事であり,心的出来事は行動の制御変数ではなく行動そのものであり,内的構成概念は実体のない虚構だからである。

行動分析学によれば,ある個体のある時点における行動は,(1) その個体の系統発生史における環境要因(遺伝的変数),(2) その個体の個体発生史における環境要因(経験的変数),および,(3) その個体のその時点の環境要因(現環境変数),という3種類のいずれも環境に由来する制御変数群によって決定論的に制御されているのである。このように,行動を環境との交渉としてとらえ,私的出来事としての意識を心理学の資料から排除せずに行動として分析し,すべての行動の制御変数をことごとく環境の中に同定しようとする行動分析学的立場を,徹底的行動主義(radical behaviorism)と呼ぶ。これは,他者から観察不可能な私的出来事としての意識は棚上げして観察可能な行動を資料として心理学を構築しようとする立場の方法論的行動主義(methodological behaviorism)と区別される。

行動分析学では,行動を,レスポンデント行動(respondent behavior)とオペラント行動(operant behavior)とに二分する。レスポンデント行動とは,刺激により誘発(elicit)される行動で,生得的にその行動を誘発する刺激,すなわち誘発刺激(eliciting stimulus)が少なくとも一つは存在する。オペラント行動とは,個体が自発(emit)する行動で,誘発刺激は存在しない。レスポンデント行動の測度は,反応量あるいは反応潜時であり,オペラント行動の測度は反応頻度あるいは反応持続時間である。

レスポンデント行動の変容は,誘発刺激との対提示により中性刺激が誘発刺激としての機能を獲得すること(いわゆる条件反射の形成),すなわち誘発刺激の拡大である。レスポンデント行動の変容をレスポンデント条件づけ(respondent conditioning)と呼ぶ。

オペラント行動の変容には,(a) 行動の直後の環境変化による新たな行動の形成,(b) 行動の直後の環境変化による反応頻度の増減,(c) 行動の直後の環境変化による反応自発の手掛かり刺激としての弁別刺激(discriminative stimulus)の形成と変容,の3種類がある。オペラント行動の変容をオペラント条件づけ(operant conditioning)と呼ぶ。

弁別刺激-オペラント行動-環境変化の3者関係を行動随伴性(behavioral contingencies)と呼び,これが行動分析学の中心的概念である。

なお,行動分析学の方法的特徴は,実験計画として群間比較法(group designs)は用いず,原則として単一被験体法(single-subject designs)のみを用いることである。

行動分析学は,スキナーによる1930年代のラットおよび,後にはハトによるオペラント条件づけの分析に始まり,1960年頃まではもっぱら実験的行動分析(the experimental analysis of behavior)といわれていたが,1960年代から,さまざまな行動障害や教育場面などにおける日常の応用場面での人間行動を分析する応用行動分析(applied behavior analysis)といわれる分野が生まれ,1970年代には,これらに,言語

行動を含むさまざまな複雑な行動をオペラント条件づけの枠組みで思弁的に分析する理論行動分析を加えたものを統括して,行動分析学といわれるようになった。　　　　　〔佐藤方哉〕
⇒オペラント条件づけ,行動修正,行動主義,スキナー,弁別刺激

文献　1.小川隆監修,杉本助男・佐藤方哉・河嶋孝編『行動心理ハンドブック』培風館,408p.,1989；2.佐藤方哉『行動理論への招待』大修館書店,304p.,1976

行動療法,条件づけ療法 behavioral therapy

学習の諸原理を適用し,不適応行動を変容,減弱,除去するとともに,適応行動を触発,強化する治療方法。

臨床から日常生活(禁煙などの)にまで広く適用されている。

行動療法を行動主義心理学に立脚するとみるなら,米国のワトソン*が『行動主義者からみた心理学』(1913)で,心理学の客観主義,科学主義を主張したことに始まる。その後,パブロフ*,ソーンダイク*らにより,学習としての条件づけの研究が行なわれた。1924年,ジョーンズ*はウサギに対して恐怖反応を示すピーター坊やの治療に成功した。治療に条件づけ理論を適用したのは,これ以後である。1953年,スキナー*らによる米国海軍における精神病治療への新技法導入の研究により,治療法として本格化した。条件づけ療法の他,条件反射療法,学習療法,オペラント条件づけ等,それぞれの基礎となる学習理論にもとづいての諸研究を,ラザルス(Arnold A. Lazarus, 1932〜)による「行動療法」という名称をアイゼンク*が書名に使った本『行動療法と神経症』(1960)で紹介してから,行動療法の名が総称として世界的に流布した。日本ではこの本の翻訳(1965)を契機に行動療法が導入されたと言える。日本人による専門書としては,内山喜久雄『行動療法』,祐宗省三他『行動療法入門』が1972年に出版され,行動療法の本格的な実践へと発展した。

行動療法の基になっている考え方は次の四つである。

(1) 正常な行動も異常な行動も同じように学習されるものだから,正常な行動を変える方法があれば,それを異常行動を変えるためにも使うことができる。ごほうびを与えて小学生がよく勉強するようになるのなら,同じようにごほうびを与えれば無表情だった統合失調症患者が笑顔を見せるようになる。

(2) 社会環境というものは,正常な行動をも異常な行動をも生み出すもとになっている。したがって,患者の行動を変えるためには,患者の環境を変える必要がある。

(3) 治療の主な焦点は行動上の問題であるから,変えるべき行動と,異常行動をつくり出している状況とを正確につかんでおくことが大切である。

(4) 行動療法は治療に対する科学的研究にもとづいているから,マニュアルさえあれば誰が行なっても同じように治療できるはずである。

山上敏子は行動療法の基になっている思想を次の五つに要約している。

(a) 問題は,内容や機能のような在り様でみて,それを変えることで解決する。

(b) 理論モデルがいくつもあり,問題に応じてそのうちのどれかを適用できる。

(c) 行動療法はどの次元からでも治療できる方法をもっている。

(d) 実際に何かを行ないながら治療をすすめる。

(e) 自分が環境をコントロールすることによって自分の行動をコントロールする。

行動療法の中には大別して次の4種が含まれる。

(a) 古典的(レスポンデント)条件づけを用いる技法の例としては,(ⅰ)系統的脱感作法：恐怖の対象に次第に近づく10段階(たとえば航空機恐怖症なら：空港への切符を買う,空港が見えてきた,航空機に乗る,など)を設定し,最も遠い段階をまずイメージして恐怖がおきたら筋弛緩法によって恐怖を鎮め,次にもう一段近寄った段階をイメージする,という具合にして恐怖対象に慣らしていく方法,(ⅱ)ベル・パッド法：夜尿症に対する治療法,排尿により,電流が流れてベルが鳴る仕組みのフトンを尻の下に敷いて寝ると,排尿直後に目が覚めることが条件づけられる。これを繰り返しているうち

に，膀胱筋の伸展感覚によって排尿の前に目がさめるようになる，(iii) 主張訓練法（別項参照）がある。

(b) 道具的（オペラント）条件づけの例としては「トークン・エコノミー法」がある。その方法では，患者が好ましい行動をとれば，トークン（おもちゃの硬貨）をもらえる。このトークンがないと，病棟内でタバコも買えないし，TV を見ることもできない。

(c) モデリング法，(d) バイオフィードバック法：血圧や脳波などふつうなら知覚できない生体の状態をブラウン管などに表わして本人に自覚させ，その情報を手がかりとして，血圧などを自分でコントロールする方法。

行動療法は，在来の伝統的な心理療法がめざしていたパーソナリティの再構成とか，洞察とかを直接の目標にしていない。人格の外から内への効果波及を意図しており，ときに人間の自由と尊厳を犯す試みであるなどと批判を受けることがある。また，技法と適応症状の関係の明確化など，将来に残された課題がある。科学としての検討がなされる一方では，関連諸学の成果を参考にして新技法の開拓もなされているので，この療法の発展改良が期待されている。

バンデューラ* が1986年に唱えた社会的認知学習理論は，パブロフ学説やスキナー学説の要素も取り入れて，環境・行動・個人の間の相互作用と人の認知過程とを考えている。この説では，強化がごほうびのもたらす自動的な結果ではなくて，将来の行動の有効性についての情報源だとみなされている。つまり，将来の行動から何を期待できるかという予測の基になるというのだ。

また，行動療法と薬物療法との組み合せが精神障害の治療効果を高めることがしだいに注目されつつある。

行動療法が有効なのは，恐怖症，恐慌反応，不安障害，強迫障害，うつ病，摂食障害，肥満，高血圧，頭痛，入眠困難，ストレス，自閉的障害，学習障害，非行（問題児）などである。
〔荒井綾子〕
⇒オペラント条件づけ，系統的脱感作法，主張訓練法，心理療法，スキナー，道具的条件づけ，トークン，パブロフ，バイオフィードバック法，モデリング

文献　1. H-上里編『心理療法』4，1978；2. B-内山，1972；3. E-木村他，1986；4. J-佐治・水島編，1974；5. E-杉本，1984；6. B-祐宗他，1972；7. A-中澤他，1975；8. J-橋口編，1983；9. B-原野，1987；10. B-ビーチ，1974；11. B-ミクラス，1981；12. I-山上編『現代のエスプリ』No. 279，1990；13. G-Turner et al. (ed.), 1981

校内暴力　school violence（身体的危害を加えることを意図した暴力），school vandalism（物質を破壊損傷する故意かつ悪質な行為）

自分が教育を受ける権利の場であり，現実的にはそこでの成績が自分の将来を決定すると考えられている学校で，自分を導いてくれる教師，自分が使う校舎・設備，ともに学ぶ友人たちに対してふるわれる，生徒の暴力行為をいう。

しかし，学校敷地外であっても，学校生活に原因がある暴力行為をも含める。また暴力の意味としては，ことばの暴力や精神的な圧迫を含めない。学校生活を原因としていても，教師による，対生徒暴力（＝体罰）および対教師暴力を含めない。つまり校内暴力という概念は，暗黙の内に学校・教師・大人・社会の側に視点を置いて生徒たちの行為を見る見方である。校内暴力は，大きな社会問題となっているいじめ，不登校との関連でみると，その節目となっている。

【**校内暴力の背景**】　1970年代の後半から，1980年代の前半にかけて，日本中の中学校で，生徒たちが教師に対して，公然と暴力をふるいうるという状況がくりひろげられた。その暴力は，個々の教師のあり方に反抗するというのでなく，学校秩序や教師たちの価値観に対して向けられたものといえた。竹内常一（1993）は，校内暴力の社会的背景を次のように述べている。「子供の間に暴力が広がるのは第一次石油ショック（1973）後からで，この年を挟んで，親たちは学校や教師に対して『落ちこぼれ・落ちこぼし』問題に対する批判を一歩進めて，『落ちこぼさないだけでなく受験競争に勝ち抜くこと』を求めた。『学校からの落ちこぼれ』は『中流からの落ちこぼれ』という不安意識をもったので

ある。学校・教師もまた受験・管理体制を確立していった。生徒たちは自らを抑圧して、学校秩序に自らを合わせていった。この過程の中で、当初は『遊び型非行』だったものが1977〜1978を境に、対教師暴力を中心とする『校内暴力』へと転化していき1981〜1982にピークに達する。」

1982年の校内暴力発生学校数は、中学校1,388校（公立校の13.5％）、高校415校（同10.5％）であった。また中学校での対教師暴力は657校（被害教師1,715人）、生徒間暴力1,028校（2,340件）、器物損壊557校（損害額6,737万円）であり、高校ではそれぞれ118校（165人）、346校（702件）、23校（177万円）である。1998年度において、学校内で発生した暴力行為は、小学校では全学校の2.3％にあたる557校において1,528件、中学校では全学校の34.3％にあたる3,599校において2万2,991件、高等学校では全学校の43.5％にあたる1,809校において5,152件となっている。学校外で発生した暴力行為は、小学校では全学校の0.5％にあたる117校において178件、中学校では全学校の19.1％にあたる2,001校において3,792件、高等学校では全学校の24.8％にあたる1,032校において1,591件となっている（『青少年白書』1999年、p.216より）。文部科学省では「学校生活に起因して起こった暴力行為」を「校内暴力」として調査していたが、1997年から学校の内外に分けて「自校の児童生徒がおこした暴力行為」を調査対象とすることに改めた。公立小中高校生が、2000年度に学校の内外で起こした暴力行為は4万374件（小学校約1,500件、中学校約3万1,300件、高校約7,600件）。中学生徒1,000人あたり8.2件の割合。対象別では、生徒間が約2万800件、器物約1万1,900件、教員約

暴力行為の発生状況（公立学校）（1998年度）

区分	公立学校総数	発生学校数		発生件数		
		学校内（発生率）	学校外（発生率）	学校内	学校外	計
小学校	24,051校	557校（2.3％）	117校（0.5％）	1,528件	178件	1,706件
中学校	10,497件	3,599校（34.3％）	2,001校（19.1％）	22,991件	3,792件	26,783件
高等学校	4,160校	1,809校（43.5％）	1,032校（24.8％）	5,152件	1,591件	6,743件

（文部省編『青少年白書』1999年版より）

対教師暴力の発生状況（公立学校）（1998年度）

区分	学校内				学校外				合計		
	発生学校数（校）	発生件数（件）	加害児童生徒数（人）	被害教師数（人）	発生学校数（校）	発生件数（件）	加害児童生徒数（人）	被害教師数（人）	発生件数（件）	加害児童生徒数（人）	被害教師数（人）
小学校	103	192	137	144	2	3	5	3	195	142	147
中学校	1,286	3,629	3,080	3,226	53	62	61	72	3,691	3,141	3,298
高等学校	395	577	595	587	9	11	15	10	588	610	597

（同上）

器物損壊の発生状況（公立学校）

区分	中学校				高等学校			
	発生件数	発生学校数	加害生徒数	損害額	発生件数	発生学校数	加害生徒数	損害額
1985年度	件 283	校 183	人 742	万円 1,902	件 47	校 21	人 56	万円 184
1989年度	574	234	851	1,622	89	53	143	257
1993年度	711	292	1,054	2,936	111	66	161	199
1996年度	2,171	579	2,363	6,702	201	124	272	487

（日本子ども守る会編『子ども白書 '97』草土文化、343p.、1997、p.133）

5,800件、一般人約2,000件。いじめは約3万900件。公私立高校の中途退学は約10万9,100人（文部科学省の問題行動に関する調査より）。斉藤次郎（1981）は、「校内暴力発生の根源は、学校が子どもたちの教育の場でなく管理統制の場となっており、教育を、子供の中に子供達自身が有益だと感じられる内容を育てる営為なのだと、素朴にまっとうに考えることを忘れた学校への、子供達の報復と反乱。」とし「子供達の攻撃目標が、仲間から教師に向かいつつあるのは、彼らがようやく事態の本質を見ぬいたことの証明である。」とした。

【校内暴力といじめ・不登校との関係】　緊急避難的な警察力の導入、退学などの懲戒処置（高校）や出席停止措置（中学校）の他に、校内暴力の克服・再発防止に対して学校側がとった対症療法は、(1) 体罰、(2) 校則の強化、(3) 管理主義、であった（体罰による教師の懲戒処分者数は1983、1984、1985年で、それぞれ86人、131人、268人と急増している）。

その結果、1982年をピークに校内暴力は徐々に減少していったが、それと裏腹にいじめが増大していった。「校内暴力への対応措置としての体罰の強化や、児童生徒に対する過度な外面的規定など形式主義的・さまつ主義的な管理教育が、学校社会の病理の本当の解決にはつながらず、病理症状を公然たる暴力から陰湿ないじめに転化させたのではないかという専門家の指摘には、十分耳を傾ける必要があろう」と臨時教育審議会第二次答申（1986）でも触れているように、いじめは校内暴力対策の帰結であった。校内暴力は、少数のつっぱりグループが多数の生徒に迷惑をかけたり、教師に反抗するのに対して、いじめは多数派の生徒が、弱者や平均から外れている少数派の生徒に対して行なう人権侵害行為である。

いじめも1986、1987年と激減していくが、今度は、不登校児（生徒）がどんどん増加していった。つまりいじめの減少は、文部省が校則の見直しを指示したり（1988）、教師たちが教育相談やクラス運営に力を入れたこともあるが、不登校に逃げ込んでいる子どもの増加によるためではないかと考えられる。不登校児（生徒）は1992年には、小・中学校合わせて7万人（30日以上欠席）を超え現在も最高値を更新中である。

減少傾向にあった校内暴力は1988年から再び増加に転じ、1992年には、中学校1,293校（12.2%）、高校590校（14.2%）と1982年のピーク時に近づいてきた（特に中学校での生徒間暴力発生校数は1,029校と過去最高となった）。教師や学校の成長なくして、抑止力であった体罰の禁止・校則の緩和だけ行なえば校内暴力の再発も不思議ではない。

【諸外国の校内暴力】　アメリカでは、子どもに対してあまりにも許容的、黙認的、放任的な許容社会の進行が問題になっており、1950年代から校内暴力が問題になっていた。1974年に可決した「セーフスクールスタディ法案」によって全国的な調査がなされ、校内暴力の対策が提案された。その報告によると、1年間に対教師暴力事件約7万件、器物損壊は6億ドルにのぼる（1978年）。また「生徒が自分の将来に関して自分の影響力が及ばないと感じる場合、つまり自分の将来が自分自身の努力ではなく、他人の指示で決められたり、運によると感じている場合、校内暴力の発生率は高くなる傾向にある。」との記述もある。

イギリスでは、1970年代に入り校内暴力は全国に広まった。学校監視人を新設したり、警官を学校に常駐させる県もでた。フランスは家庭でも学校でも厳しいしつけをするので有名だが、1980年に校内暴力が問題になってきた。小学校最終学年で進路が決定される複線型の課程を、1975年の教育基本法で単線型に変えた。学力本位の進級で落第が多い。いずれの国も、移住労働者子弟の問題、若年層の失業問題と、青少年の将来の不安が校内暴力の背景になっており、これらは日本でも大きな問題となってくる要素であろう。

カウンセラーとしては、校内暴力に対して善悪の価値づけをするよりも、校内暴力をおこすことになった精神力動を考察し、原因除去に努めるとともに、共感的理解と受容とによって対処するようにしたい。　　　　　　　　〔橘　整〕

⇒憎しみ、反社会的行動、非社会的行動

文献　1. 稲村博・小川捷之編『校内暴力』（シリーズ現代

の子どもを考える 1）共立出版，206p., 1981；2．沖原豊編『世界の学校』有信堂，293p., 1983；3．I-松原・熊谷編『現代のエスプリ』No. 180（熊谷文枝「アメリカの校内暴力」pp. 23-37), 1982；4．月刊生徒指導編集部編『校内暴力』学事出版，279p., 1982；5．小泉栄司『中学・高校生の生徒指導：日本とアメリカの事例と対策』小学館，480p., 1989；6．斉藤次郎「中学生の反乱」月刊生徒指導編集部編『校内暴力』学事出版，280p., 1981, pp. 265-278；7．坂本秀夫・山本廣三編『文部省の研究：教育の自由と権利を考える』三一書房，311p., 1992；8．F-菅野，1986；9．総理府青少年対策本部『欧米諸国の少年非行とその対策に関する研究調査：青少年問題研究調査報告書』総理府，248p., 1981；10．竹内常一『日本の学校のゆくえ：偏差値教育はどうなる』太郎次郎社，224p., 1993；11．I-松原・熊谷編『現代のエスプリ』No. 180, 1982；12．F-瓜生・松元・村瀬他，1980；13．文部省初等中等教育局中学校課内生徒指導研究会編『データにみる生徒指導　平成5年版：平成3年度　問題行動等の全国調査と文部省の施策』第一法規出版，208p., 1993；14．文部省初頭中等教育局中学校課『生徒指導上の諸問題の現状と文部省の施策について』文部省，174p., 1994；15．山本健治編著，鈴木祥三解説『年表　子どもの事件：1945〜1989』柘植書房新社，368, 1989

更年期障害，更年期不定愁訴症候群
climacteric disorders

女性の，卵巣機能が完全に消失するまで（閉経後10年）の約12年間，実際には，40歳から55歳の閉経前後の期間に，内分秘環境が異常に変動する時期におきる不定愁訴．

更年期女性の70〜80％は何らかの症状を示す．月経困難症，月経前緊張症，高度のつわり，を経験した人が必ず更年期症状が重いとはかぎらない．

不定愁訴は，自覚症状があるだけで，他覚的変化がないか，たとえ他覚的変化があっても愁訴との間に因果関係がない．

症状としては，ほてり（熱感），<u>のぼせ</u>（顔面紅潮感），<u>疲労感</u>，無気力，<u>頭痛</u>，<u>肩こり</u>，腰痛，<u>手足の痛み</u>，頭重感，<u>息切れ</u>，<u>胸がドキドキする</u>，逆上感，腰や手足の冷え症，発汗，<u>めまい</u>，耳鳴り，難聴，<u>不眠</u>，下腹痛，筋肉痛，<u>はきけ</u>，嘔吐，怒りっぽい，<u>イライラ</u>，<u>くよくよする</u>，<u>ゆううつ</u>，食欲減退，腹が張った感じ，下痢，便秘，頻尿，口がかわく，しびれ感，無月経，月経周期異常，経血量異常，おりもの増加，不正子宮出血，外陰部のかゆみ，などがあるが，2〜7個の症状をあげる人が多い（アンダーラインをつけた症状が高頻度に出現）．

原因としては，卵胞ホルモン（エストロジェン）欠乏，性腺刺激ホルモン過剰，男性ホルモン（テストステロン）過剰，甲状腺ホルモン異常，自律神経失調，心因などが考えられているが，まだ確定されていない．

エストロジェンとプロジェステロン（黄体ホルモン）を長期間少量を内服するホルモン補充療法（hormone replacement therapy, HRT）が有効な場合が多い．エストロジェン製剤を長期内服すると子宮ガンや乳ガンになりやすいという説がある．しかし，プロジェステロンを併用すると子宮ガンの危険性が減ることがわかり，米国では50歳以上の女性の15〜20％がHRTを受けていると言われる．乳ガンの発生率については結果が一定していない（変化なしか10〜20％増加）．

エストロジェン分秘が減ると，骨粗鬆症（そしょう）になって骨折しやすいし，萎縮性膣炎がおきたり脂質代謝が変化して高脂血症（血中にコレステロールと中性脂肪がふえる）が現われやすい．HRTによって，これらを防ぐことができる．皮膚にうるおいが出てきたり，性交痛がなくなる，とぎれがちの月経が定期的にくるようになる，などの効果もある．テストステロン・プロピオネート（スナルモン，テスチノンなど）25mgを連日に3回注射すると，不眠と疲労感が消失し，気分がさわやかになることが多い．抗うつ薬や心理療法，断食療法が効くという報告もある．

月経がなくなる45〜55歳の更年期前後におきるうつ状態は初老期うつ病とも言われ，いつも罪悪感に悩まされたり，体の故障を気にすることを伴う，いらいらの強いうつで始まるのが特徴である．同様のことは男性にもおきるが，女性に比べて3分の1と少ない．

これもよく調べてみると，この年齢層で発病率がふえているわけでもないし，特別な病型でもないことがわかってきた．

これとは別に，45〜49歳の女性にもっと軽い精神症状がおきることがある．これより若い層やもっと年をとった層と比べると，この年代でまだ月経が定期的にある人に症状が出やすい．

つまり，生殖腺の変化よりも，加齢自体が原因らしいのだ。

体が熱くなったり，膣が萎縮したりといった身体的な更年期変化よりも，むしろ心理的な要素の方が関係が大きい。たとえば，生涯の節目になるような出来事，親友の数，子供との関係，遺産相続といった民族文化と結びついた期待などである。

更年期うつ状態の患者では，血しょう中遊離トリプトファンとか血小板中のセロトニン量が減っていることが最近明らかになった。

この年齢では女性の自死者が多い。その人たちでは，セロトニンが代謝された形の5ハイドロキシインドール酢酸が減っているので，どうやら，更年期女性にセロトニン量低下がおきるとうつ状態になるのではないかと推定されている。

いずれにせよ，生殖機能の衰えだけで精神病がおきることはないようだ。〔小林　司〕
⇒自死と自死防止，ライフ・サイクル

文献　1. 斉藤信彦『更年期の医学』立風書房，247p., 1991；2. 本多洋『更年期教室』同文書院，221p., 1987

更年期不定愁訴症候群　⇒更年期障害

幸福　happiness

気持ちのよい，長く続く，心安らかで心ゆたかに満足した気分の状態。

フランスの哲学者アラン（Alain, 1868～1951）は『幸福論』（1925）に，「幸福は相対的なものだ，自分で幸せを創れ（与えられるものではない），まず幸福になろうと欲して，幸せな人らしく行動してみよ」と書いている。

また，スイスの教育者ヒルティー（Carl Hilty, 1833～1909）はその『幸福論』（1891～1899）で，「働く喜びをもて，仕事に没頭せよ，仕事への愛と責任感とをもて，自分だけのためでなしに生きよ，偉大なことに生涯を捧げよ，神に近づけ」と記している。彼は熱心なクリスチャンだった。

英国の哲学者バートランド・ラッセル（Bertrand A. W. Russell, 1872～1970）は自著『幸福論』（1930）の中で，幸福をもたらすものと，不幸にするものとを23くらいずつ列挙している。それを表1に示した。

表1　先人の考えた幸福と不幸の因子

幸福		不幸	
興味	幸せになりたい意欲	恐怖	興奮
努力	幸せな行動	ねたみ	疲れ
あきらめ	幸せな態度	罪悪感	
食と住	仕事に没頭	自分への憐れみ	被害妄想
健康	義務感	自画自賛	誇大妄想
成功	責任感	自己否定	快楽追求
尊敬	人のため	競争	悲観
情熱	偉大なことのため	たいくつ	とけこめぬ
対立しない	良い習慣	死の恐れ	こだわり
		悩み	やる気なさ
熱意	神に近づけ	脅え	ゆううつ
家族	愛	愛情なし	嘘

米国の精神分析学者フロム*は，幸福が「生産的構え」からもたらされると考えた。この「生産的構え」をもつ人というのは，自分が欲するものを社会の中で積極的に創り出すことのできる人を指している。品物だけでなく，精神的なものをも含めてのことである。

米国の心理学者ロジャース*は，自己実現のために努力したときの副産物が幸福だと考えている。つまり，自分の可能性を伸ばしていく成長の過程に見出されるものこそ幸福だ，というのである。

心理療法の一つである精神分析やゲシュタルト療法は，いずれも人間を幸福にすることを目的にしている。ここでは，ゲシュタルト療法の原則九つを紹介しておこう。これを，幸福になる原則と解してもよいであろう。
 (1) 今，現在，を重視する。
 (2) ここを重視する。
 (3) 現実を体験する。
 (4) 不要な思考をやめる。
 (5) 直截に表現する。
 (6) 不快や苦痛をも経験する。
 (7) 他からの命令を我慢しない。
 (8) 自分の感情・思考・行動に責任をもつ。
 (9) 自分自身をあるがままに受け容れる。

やはり心理療法の一つである論理療法では，間違った信念をもっているのが不幸のもとだと考える。「すべての他人は自分を好いてくれるべきだ」と信じているからこそ失恋の悲哀を味わ

うのであって,「きらっている人もいるだろう」と初めから思っていれば,ショックも小さいはずである。

　幸福になるには,自分を心理的に操作することも重要な要素の一つである。

　けれども,このような心理操作だけで幸福になろうとするのは,戦時中に体験したような「耐乏生活をせよ」ということにもつながってしまう。

　さて,17世紀および18世紀の哲学者たちは,人生の目標を,すべての欲求を充たすことにおいた。もし,それが正しければ,私たちはあらゆる欲望を満足させ,そのことによって最大限の快楽や幸福を求めることになるであろう。そのためには,利己心や貪欲さ,自己中心主義が必要になる。

　ところで,欲望がすべて満たされたり,快楽さえあれば,私たちは幸福になれるものだろうか。カウンセリングの激務に疲れ果て,孤独で,不安にさいなまれていても,テレビやおいしい食物,セックスなどの快楽さえあれば幸福になれるのだろうか。そんなことは決してないだろう。欲望の充足や品物の豊かさ,金持ちになること,などは心の豊かさとは別のようだ。

　1990年12月に東京で開かれたシンポジウム『ほんとうの豊かさとは』の記録が岩波書店から発行されている(「同時代ライブラリー」No.67,1991)ので,これによって,豊かさとは何かを検討してみよう。

　仮に,給料が高くても,住宅がないとか通勤地獄が続いていれば,豊かだと感じることができないし,有給休暇,年金,社会保障の有無も関係してくるであろう。品物がどんどん手に入ったとしても,大量生産の産業廃棄物が環境を汚染したり,原料を得るために自然を破壊したりすれば,豊かな気分にはなれない。また,「もっと欲しい」という欲望は限りなく増大するであろうから,生存競争が激しくなり,勉強しすぎや働きすぎがはびこって,友情や連帯は消え去り,人間疎外が進むだろう。そんな社会では,お金や品物を山のように蓄えた人間でも,決して豊かな幸福感に浸ることはできない。

　ところが,現在の日本では「資本の論理」によって経済効率だけが問題にされ,経済的豊かさだけを追求しているように見える。

　企業や国家は増産と忠誠心とを要求し,そのための管理を強化しており,利益を最優先する社会では人間疎外が進む。そのような社会では,人間としての成長の喜びがなくなり,自立心も消え失せて,企業のために働くことこそ幸福なのだ,というニセモノの幸福感に酔わされて過労死するような人さえも出てくる。

　本当の幸せは,豊かな創造的人生を送ること,人間らしい生活を実現するために努力することによってもたらされるのではないだろうか。

　最低賃金の保障,義務教育の充実,福祉や健康保険制度の完備など,最低限の生活を保障してくれるナショナル・ミニマムが整っていることが,幸福の必要条件である。それが整ったら,生きかたの選択の機会を豊富に設けて,自由に選ばせ,好きな相手と暮らして,安心して子どもを生める,安定した自由な平和な社会において,人間は初めて自分の価値に目覚めるし,他人の価値をも尊重できるようになる。

　各自が,企業や国家によって与えられるニセの幸福感や生きがいでなしに,もっと個性的な生きがいを追究して,のびのびと好きなことをして自由に生きていける社会こそが,豊かな社会であり,本当の幸福を味わうことのできる社会なのであろう。

　しかし,各人の人格の発達や福祉を実現させ,地球的視野で自然と人類を考え,平和が保たれ,限りある自分の生活時間を大切にする,そういう理想社会がくれば,だれもが幸福になるかといえば,そうはいくまい。それは必要条件であっても,充分条件ではないからである。

　そのような必要条件の基盤の上に,さらに自己実現その他の充分条件が満たされた場合に,人は初めて幸福感を味わうことができるのである。

　ドイツの文豪として知られ,政府の高官でもあったゲーテ (Johann W. von Goethe, 1749～1832) は「75年の全生涯で,真に幸福だった日は4週間もなかった」と述べている。幸せになることがどんなに難しいか,ということをこの言葉は示している。

　フランスのモラリスト,ラ・ロシュフコー*も言っている。「幸福は感じかたにあるのであっ

て，物ごと自体にあるのではないのだ」と．
その感じかたという点に，カウンセリングが役立つのである． 〔小林 司〕
⇒ゲシュタルト療法，自己実現，論理療法

文献 1. アラン，宗左近訳『幸福論』(現代教養文庫) 社会思想社，286p., 1965；2. B-パールズ，1990；3. ヒルティ，草間平作訳『幸福論』(岩波文庫) 岩波書店，292p., 1935；4. ラッセル，B., 堀秀彦訳『幸福論』(角川文庫) 角川書店，282p., 1952；5. du Bois-Reymond, P.: *Glücklich ; Individität als Chance*. F. A. Herbig (München), 284p., 1991；6. Lermer, S.: *Die Neue Psychologie des Glücks*. Moderne Verlagsgesellschaft (München), 152p., 1991

肛門期 anal phase (stage)

フロイト*のリビドー発達理論の第2段階で，生後2～4年の間（1～3歳くらいまで）に成立する肛門愛の優勢なリビドーの発達段階．

1歳くらいになると乳児は歩行が可能になり，ことばを話すこともできるようになる．また，肛門や尿道の括約筋を支配する神経が発達して排泄の統制が可能になり，トイレット・トレーニングを中心にして自我が構造的に変化してくる．この時期（1～3歳くらいまで）を，精神分析では肛門期と呼び，肛門の粘膜に快感が移り，保持・排出の作用そのものに快感を経験したり，排泄物に愛着をおぼえるようになる．

E. H. エリクソン*は，括約筋の自律的なコントロールを意識的にできるようになる（排泄の自立）という成功的解決を通して，自尊感情を伴った自我の自律性を獲得するとした．そして，このリビドー的快感追求とトイレット・トレーニングとの間に生じる葛藤から，清潔，几帳面，自己主張や自己統制などの自我の働きが芽生えると考えた．したがってその失敗は，筋肉や肛門の無力感，自己統制の喪失感，両親からの過剰な統制から疑惑や恥の意識として，その後の自我構造に組み込まれていく．そしてこの段階への固着が，倹約・頑固・几帳面・支配性を性格特徴とした，肛門性格を形成すると考えられる．

この段階での自我は「意志するものとしての私（I am what I will）」という確信を中心に形成される．一般にこの時期は行動範囲が拡大し，当然今まで経験しなかった抵抗にぶつかったり，自己の能力の限界を意識したりする．こうして排泄についてだけでなく，自分の思うようにならないものがあるということの意識が，自己ならざる世界，すなわち「他」を意識させ，同時に「自己」を意識させる結果になる．この時期は，自我意識の発達からみて，重要な時期である．外見的には子どもの行動が急に反抗的になり，否定的になり，それゆえ，この時期は反抗期あるいは否定期などと呼ばれている．

この時期に起因する精神病理としては，強迫性格の他，強迫神経症，過補償の性格，短気でサディスティックな性格，争い好き，表面的には崇高で残忍なくらい道徳的基準を要求する偽理想主義などがあげられる．

フロイトは1915年『性欲論三篇』の中で，肛門期は能動-受動という双極性が形成される最初の段階であるとし，能動をサディズムに，受動を肛門愛に呼応させ，それに対応する部分欲動では，前者は支配欲動のための筋肉組織，後者は肛門粘膜であるとした．

アブラハム*は1924年に肛門期を二つの局面に区分することを提案した．第一の局面においては，肛門愛は排泄に，サディズム的欲動は対象破壊に結びつく．第二の局面においては，肛門愛は貯溜に，サディズム的欲動は所有的統制に結びつく．彼によると，第一の局面から第二の局面への移行は，対象愛に向かっての決定的な前進となる．このことは神経症的な退行と精神病的な退行を区別する境界線が，この二つの局面を通っているという事実によっても示されている．

福井康之は，肛門期の「自律対恥・疑惑」の葛藤は，青年期には対人恐怖のように，「自意識過剰」を生じると述べている．

また，フロム*は現代人の「社会的性格」をアメリカ文化の分析によって，いくつかの類型に分け，それをオリエンテーション（人生観あるいは生き方の意味）と呼んでいる．その中でフロイトの肛門期固着（肛門性格）に相当するものとして，貯蔵的オリエンテーションをあげた．これは，18・19世紀に典型的であった，倹約と

貯蔵を美徳とするピューリタン倫理にもとづく生活態度である。この性格は、自分の周囲に城壁をめぐらし、所有しているものを失うまいとし、消費は脅威であり愛は財産であるので、与えることをしない。外界から侵害されそうになると頑固さという反応を示し、強迫観念的几帳面さで自分を防衛する特徴があるという。

肛門期におけるトイレット・トレーニングの良否とその時生じた親子関係はその後の性格形成に多大の影響を与えるだけでなく、身体的、社会的適応にも大きな影響を与える。

森崇（1976）はトイレット・トレーニングについて、その子どもがもっている生理的・身体的成熟度との関係で、施行されるべきだ、と強調している。そして必要以上に気を使うと思春期になって神経症などを招くことを次のように記している。「将来、子供が緊張状態や不快になった時に、自律神経的にも緊張、不安が起こり、それが神経性膀胱（＝過敏性膀胱）に移行し、ストレスに直面した時、母親を求めたり、緊張を尿でコントロールしたりして、現実逃避的な子供をつくったり、心身症になる。できれば、トイレット・トレーニングでは、保護者、特に母親の手をできるだけわずらわすことなく、自分でできるように導くのがよい。」〔坂庭愛子〕
⇒自我、心身症、リビドー

文献 1. C-エリクソン、1977；2. C-エリクソン、1980；3. C-エリクソン、1989b；4. H-『精神分析セミナー』5、1985；5. E-福井、1980；6. H-『フロイト著作集』1、1971；7. H-『フロイド選集』5、1953；8. 無藤隆・苧阪直行・細野純子『心理学とは何だろうか』新曜社、241p.、1986；9. F-森、1976；10. E-依田、1982

合理化、合理づけ rationalization

自分の行為の本当の動機を隠して、もっともらしい意味づけを行なうことによって、自らを正当化したり、罪責感からまぬがれるための、心のしくみ。

合理化は、一般にはフロイト*によって明らかにされた心の防衛機制の一つだと思われている。たしかに、彼は夢の二次的加工を行なう自我の働きの一つとして、合理化を考えている。この語はジョーンズ（F. Jones）『日常生活における合理化』（1908）の中に用いられてから、精神分析学で一般化されるようになった。合理化はごくふつうに見られる心理過程である。だれでもが、自分の言動を合理的に説明できるものであり、またあらゆる行動をふつう合理的に説明できるからである。

たとえば、自分が与えられたある課題に一生懸命に取り組んだが、十分に成功しなかった時、自分の至らなさを棚上げして、自分を取り巻く状況のせいだと思い込んだり、失敗した要因が、自分の努力とは無関係なところにあったと解釈したりする心の動きを合理化と言う。それにより自らの心の痛みを感じないですむのである。アンナ・フロイト*は、『自我と防衛』（1937）の中で、上級生の妨害により自由に活躍できなくなったフットボール少年が、小説家として生活しようという企てを考え、文学的な成果をあげていき、同時にスポーツに対して軽蔑の念を示していったプロセスをあげて、合理化を説明している。

合理化は、失望感をできるだけ小さくして、失敗の原因を隠して相手をけなしてしまう「すっぱいブドウの論理」と、不満足なものを好ましいものとして無理に納得し、現状をむりやりに肯定して失敗してかえって良かったと思い込む「甘いレモンの論理」という二つに分けられる。いずれにせよ、自分の行為に対する個人的な責任を免れることができる。

したがって、合理化は、もっともらしい「言い訳」や「口実」を見つけることでもある。社会的に容認されない動機も是認されるように置き換えられていく。たとえば、おぼれている子どもを救うために川に飛び込んだ人は、自分では心からの犠牲的な行為であると思っているかもしれないが、実のところは、目立ちたがりの英雄願望にもとづいているとか、自分の過去の罪（たとえば、別の人を見殺しにした経験がある）に対する贖罪とかに動機づけられている、ということもある。しかし、これは無意識のうちに働いているから、これが適応の機制として働き、それが成功した場合に、本人は自分の行なったこと、もしくは言ったことの本当の動機を意識していないものである。合理化がその社会の既成概念、一般的な道徳、政治的な信条、

宗教的な信念によって基礎づけられている場合に，その働きはより強固なものとなる。しかし，「昇華」がより高次元の社会的な評価につながるものになっていくのに比べると，合理化は，現状にとどまってしまう傾向が強い。

しかしながら，合理化は厳密な意味では，「防衛機制」には入らない。なぜなら，防衛機制とは，それを意識することによって不安，不快，苦痛，罪悪感などをおこさせるような内的危険に対して，心の安定を保つためにそれを無意識化してしまう自我の働きであるからだ。これとは違って，合理化はその欲求の充足そのものに直接に立ち向かう機制ではなく，むしろ欲求充足と防衛機制との間に葛藤が生じたときに，その葛藤を偽装するために，もしくは葛藤を軽減するために，二次的に使われる機制である。したがって合理化は，他の防衛機制を強化し補足する役割を担うことが多い，と言えるだろう。合理化はごくふつうの人に用いられる機制ではあるが，病的な「妄想」も，しばしば自らを正当化するために用いられる。フロイトも，妄想を説明するために合理化を使うと主張している。しかし，彼は誇大妄想，被害妄想，嫉妬妄想などの種々の妄想を関連づけるために合理化という言葉を使用することには反対している。病的な合理化の例としては，神経症的な合理づけ，強迫症的な合理づけなどがある。

〔水口 洋〕
⇨主な防衛機制，昇華，精神分析，フラストレーション，防衛，防衛機制の例

文献　1. E-東他, 1970；2. C-フロイト, A., 1985；3. C-フロイト, 1970a；4. C-ホール, 1976；5. C-宮城, 1959

合理づけ　⇨合理化

交流分析，対話分析　transactional analysis, TA

自己理解の促進，自発性の増強，真の対人交流の回復，の三つを目的として，自我状態の構造分析，やりとり分析，ゲーム分析，脚本分析を行ない，人間行動を考えていこうとする，米国の精神分析医バーン*による理論と治療法。精神分析理論が基礎になっている。

交流分析は，論理療法，ゲシュタルト療法と並んで，心理療法の第三勢力の一つである。

transaction とは，表情や身ぶりをも含めた対話によるコミュニケーションのやりとりが相手に伝わっていく，その「取引」の総体を指している。

バーンは交流分析のねらいを「自律性を達成すること」と言っている。つまり「自分自身が，本来もっている能力に気づき，その能力の発揮を妨げているさまざまな要因を取り除いて，本当の自分の能力の可能性を実現して生きること」である。このねらいを達成するために，(1) 自己理解と気づき，(2) 自発性，(3) 親密さ，という三つの能力を高めることが必要である，と言われている。

交流分析では，上記のねらいを実現するために，以下に述べるような分析と考え方をする。

(a) 自我状態の分析：「これが自分である」という状態〔自我状態〕，その考え方，感情，態度，行動の様式などに気づくためにバーンは自我状態を次の三つに分けて考えている。

(ⅰ) 親の自我状態〔parent (P)〕：これは次の二つに分かれる。社会的習慣，文化，伝統を保持して伝えるという働きと，一人の個人にとっては良心の役割を果たし，自分の行動を吟味する機能の critical parent (CP) と，人を愛し，思いやりをもち，世話をしたり激励したりする nurturing parent (NP) とに分けて考える。

(ⅱ) 成人の自我状態〔adult (A)〕：冷静に客観的にデータを集め，それを論理的に考え，さまざまな方法を考えだして，それを比較検討して判断し，最も効果的に意志決定をしたり，問題解決をはかる。

(ⅲ) 子どもの自我状態〔child (C)〕：これは次の二つに分かれる。最も生き生きとしていて，エネルギーにあふれ，衝動的で，本能のおもむくままに行動する free child (FC) と，子どもが本来もっている本能的な欲求や衝動を抑制して順応した行動をとる adapted child (AC) に分けて考える。

(b) やりとり分析：上記の三つの自我状態の分析を基に，自分が他者とどのように関わり

合い方をしているのかに気づくための分析の枠組みのこと。

(c) ストロークとディスカウント：ストロークとは「他者の存在を認めるための働きかけをすること」を言う。それに対して，ディスカウントは存在を認めないこと，価値を認めないこと，関心を示さないことを言う。

(d) 対人関係における基本的態度：自己と他者とに対する基本的な信頼感の質と量とは，幼少時にどのようなストロークやディスカウントを受けたのかに強く影響される，と言われている。この自他に対する基本的な信頼感は，客観的な状況が作り出すのではなく，自らが自らの中に作り出すものだ，と考えられている。

(e) ゲーム分析：自分でも知らず知らずのうちに繰り返してしまっているある種の行動パターンをもつことがあり，それがその個人の対人関係のあり方をおおかた規定してしまうことがよくある。そうした行動のパターンを交流分析では心理ゲームと言い，無意識のうちに繰り返している心理ゲームに気づくための分析の枠組みをゲーム分析と言う。

(f) 時間の構造化：人間は一生という時間を，さまざまな使い方で構造化している。交流分析では，ストロークをどんな形で受けるように時間を使っているのかによって，その人の生き方のパターンが決まってくると考えている。この考えにたって，自分の時間の使い方を分析してみるのが時間の構造化である。

(g) 人生の脚本分析：人間は一生を通して，その人なりの脚本をもち，自分の人生の舞台で，脚本に書かれている役割を演じている，と交流分析では考えている。この人生の脚本は，子ども時代に両親や周囲の大人たちから与えられた

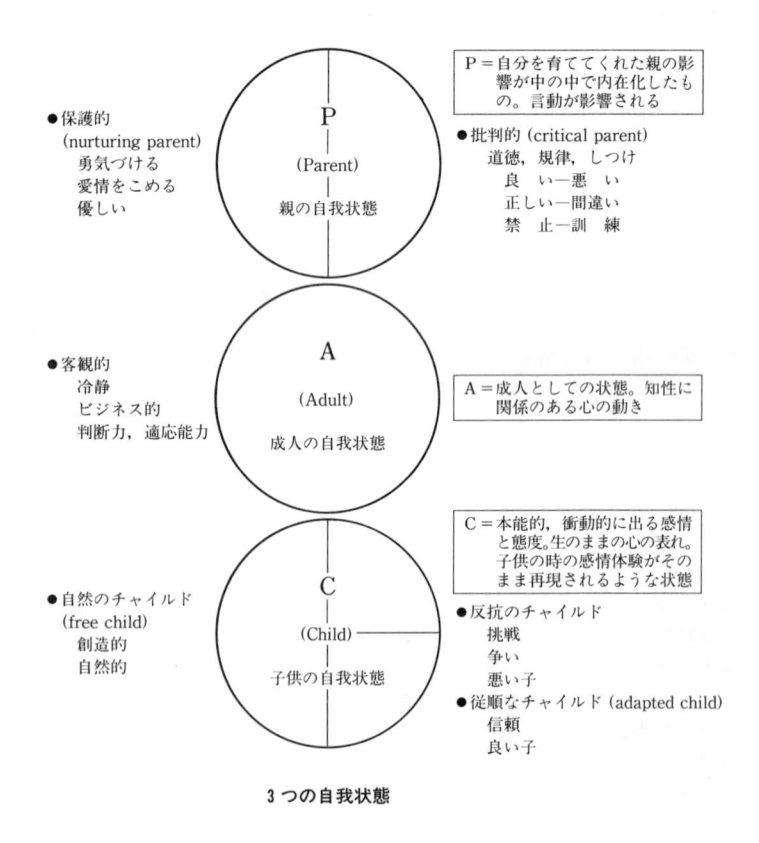

3つの自我状態

影響が基になっている。そしてその後,何かよほどの事がないかぎり,脚本が書き換えられることはなく,その役割に従って生きている。この人生脚本について,自分の脚本はどういうものか,どのようにして脚本ができ上がったのか,脚本を書き換えるにはどうしたらよいのか,等に気づいてゆく分析の枠組みのことを言う。
〔川崎知己〕
⇨エゴグラム,エス,脚本分析,ゲーム分析,自我,時間の構造化,心理療法,ストローク,精神分析

文献 1. B-池見・杉田,1974;2. B-池見・杉田・新里,1979;3. B-桂他,1984;4. A-國分,1980;5. B-新里他,1986;6. B-杉田,1976;7. B-多田・岡野,1983;8. E-デュセイ,1980;9. B-中村・杉田,1984

高齢社会 aged society
人口全体の中で**高齢者(65歳以上)の割合が7％を超え,人口の高齢化が進展しつつある社会を高齢化社会**(aging society)**という。高齢化率が14％を超し,その率が続くと高齢社会**(aged society)**と呼ぶ。**

国際連合は,高齢者の割合が7％以上の国を「高齢者の国」(aged country)としたことから,それを高齢化社会の基準としている。

日本の人口高齢化は,1970年頃から始まり,1994年には高齢化率が14％を越した。2002年9月の総務省の発表によると,日本の総人口を見ると少子高齢化が急速に進んでいる。15歳未満の子供1人に対する65歳以上の人の割合は1.3人である(1990年には0.66人)。65歳以上の高齢者は,前年よりも78万人増加して,2,362万人(総人口の18.5％,国民5.4人に1人の割合),75歳以上は1,003万人(7.9％),性別にみると,65歳以上では男性995万人,女性1,367万人,うち85歳以上は男性72万人,女性179万人(男性の2.5倍)。外国に比べると,イタリア18.2％,ドイツ16.2％を上回って,主要国のうちでは最高水準である。65歳以上の人は今後も増加して,2014年には現在の1.4倍の3,199万人となる(国立社会保障・人口問題研究所による)。2025年には総人口の28.7％,2050年には35.7％となる。65歳以上が単身で暮らす世帯は303万世帯(10年前の1.9倍),65歳以上の夫婦だけで暮らす世帯が283万世帯(10年前の2.1倍)ある(2000年国勢調査による)。地域によっては,労働できる青・壮年者が皆無という所も出てこよう。日本の高齢化は,他国に類を見ないほど急速に進んでおり,高齢対策の実施が急がれている。

高齢化社会における心理学的課題は以下のとおりである。

(1) 人生80年時代のライフ・スタイルの変化:寿命の延長と,子どもの出産数の減少により,末子独立後から,死に至るまで長い老年期を過ごすようになる。この老年期の過ごし方が個人的に大きな問題となってくる。「生きがい」「健康」「就業」「社会参加」など個人的な課題の達成を支援する必要性がある。

(2) 家族関係の変化への対応:伝統的な家族制度が崩壊し,夫婦中心の家族形態をとるようになり,核家族化が進展した。結果として老夫婦世帯や独居高齢者の世帯が増加してきている。高齢者への日常サービス,介護を誰が提供するかが問題となっている。また,老年期に入って配偶者を有する比率は男性で8割,女性は3割である。配偶者を失った後の孤独や生きがい喪失などの心理的な問題点を改善するために,老年期の結婚(再婚を含む)に対して,理解を深める必要性がある。

(3) 高齢者の能力と就業:現代の産業社会は,かつての農耕社会であった頃のような高齢者の経験と知識とを必要としなくなり,高齢者の社会における役割が減少した。したがって,その役割喪失感に悩んでいる高齢者をいかに支えるか,高齢者が発揮できる能力をいかに開発するか,高齢者に新たな役割をいかに分担させるか,が課題となる。

(4) 長寿と女性の課題:一般に女性は男性より平均寿命が5年長く,結婚する時には男性より3～4歳若い場合が多い。平均寿命は,女性84.62歳,男性77.64歳(厚生労働省『2000年の簡易生命表』)。2001年には100歳以上の人が1万5,475人おり,その83.6％が女性である。したがって,妻は夫の死亡後に8～9年間一人で生きていくことになり,「孤独」「健康」「生きがい」「経済的基盤」「介護」などの問題にどのように

対応していくか，が課題となる．
　(5) 高齢者の知情意低下症（旧称：痴呆）と介護：人口に占める高齢者の割合の増加に比例して，知情意低下症高齢者の総数も高まる．知情意低下症高齢者の在宅および施設におけるケア内容の向上と介護者に対する心理的支援が課題である．
　(6) 高齢者と死：老年期はまさに死と背中合わせに生きているといっても過言ではない．高齢者の死に対する態度や高齢者が自分の死をどう認識しているかを正しくとらえて，心理的援助プログラムを開発することや，高齢者が希望する死の見取りの場所，臨終に立ち会う人などについても，尊厳をもって一生を終わることができるように，支援するための研究も重要である．　　　　　　　　　　　　　　〔桜井俊子〕
⇒高齢者介護，高齢者の知情意低下症，死，自死と自死防止，死への準備教育

文献　清水浩昭編『高齢化と人口問題』放送大学教育振興会，183p.，1994；荒井保男・星薫編『老年心理学』放送大学教育振興会，260p.，1994

高齢者介護　nursing for elderly people
　65歳以上の高齢者の約10%は，寝たきりや知情意低下症（旧称：痴呆）のために介護を必要とする．心身の障害をもつ場合でも人間としての尊厳を保ち，自立して高齢期を過ごすことのできる社会を実現していくために必要な高齢者介護は，高齢期最大の不安要因を除く．
　日本の総人口は1996年に1億2,586万人で65歳以上の人口比率は，約15.1%（総務庁統計局推計）で，2020年には約25.5%に達すると推計（厚生省人口問題研究所）されている．
　急激な人口の高齢化は，社会保障費関係の負担の増加，年功序列賃金体系や終身雇用関係の変化，消費構造の固定化を招き，その結果として社会構造が経済，政治，文化などの各方面で停滞していく．
　75歳以上の後期高齢者は有病率が高く，寝たきり高齢者や知情意低下症高齢者の発生率が高く，介護する家族の高齢化もみられ，保健医療福祉ニーズは量・質ともに深刻化してくる．
　厚生省の「21世紀福祉ビジョン」（1994年）には，寝たきり高齢者（知情意低下症高齢者を含む）が90万人，2000年に120万人，2025年に230万人になると予測し，介護を必要とする知情意低下症高齢者（寝たきり高齢者を除く）は1993年に10万人，2000年に20万人，2025年に40万人になると予測している．「痴呆性老人対策に関する報告書」（1994年6月）では，寝たきり高齢者を含む知情意低下症高齢者の全体の数は2000年に約60万人になると，推計している．
　高齢者介護を担うマン・パワーは，1994年特別養護老人ホームなどの寮母約9万人，ホーム・ヘルパー約8万人である．施設サービス，在宅福祉サービスの整備のために，1987年に社会福祉士及び介護福祉士法が制定され，高齢者などを対象とする介護業務の福祉専門資格が制度化された．1991年に在宅介護マン・パワー確保のため，ホーム・ヘルパーの段階的養成システムが確立された．1992年，福祉人材確保法が成立，人材の養成力の強化，処遇の改善，就業の促進などを目的とした総合的な人材確保施策を推進している．1994年，高齢者介護・自立支援システム研究会の報告書で，新介護システムと社会保険方式の導入による公的介護保険制度の考え方が提唱された．その後，中央の老人保健福祉審議会が高齢者介護保険制度の創設を検討，1996年最終報告書がまとまり，同年介護保険制度大綱を作成，1997年介護保険法が国会で成立した．
　1994年大蔵，厚生，自治3大臣合意による「高齢者保健福祉推進十か年戦略の見直し（新ゴールドプラン）」が発表された．
　その内容は，以下のとおりである．(1) 在宅サービスでは，ホーム・ヘルパー17万人，ホーム・ヘルパー・ステーションは1万カ所，ショート・スティは6万人分，デイ・サービス／デイ・ケア1.7万カ所，在宅介護支援センター1万カ所，老人訪問看護ステーション5,000カ所である．(2) 施設サービスでは，特別養護老人ホームが29万人分，老人保健施設が28万人分，高齢者生活福祉センター400カ所，ケア・ハウス10万人分である．(3) マン・パワーの養成確保では，寮母，介護職員など10万人，作業療法士（OT），理学療法士（PT）が1.5万人である．

基本理念として「全ての高齢者が心身の障害をもつ場合でも尊厳を保ち、自立して高齢期を過ごすことの出来る社会を実現していくため、高齢期最大の不安要因である介護について、介護サービスを必要とする人の誰もが、自立に必要なサービスを各地域で手に入れることのできる体制を作る」としている。

また、各項目では、具体的に次のことをあげている。(a) 利用者本位・自立支援：個々人の意思を尊重した利用者本位の質の高いサービスの提供を通じて、高齢者の自立を支援する。(b) 普遍主義：支援を必要とする高齢者に対して、必要なサービスを提供する。(c) 総合的サービスの提供：在宅ケアを基本に、保健・医療・福祉を通じて高齢者の多様なニーズに的確に応えることのできる効率的・総合的サービスを提供する。(d) 地域主義：市町村を基本に、住民に最も身近な地域において必要なサービスをきめ細かく提供できる体制づくりを行なう、としている。

在宅介護の支援の方法として、老人介護支援センターが設けられた。これは、一定の実績のある特別養護老人ホーム、老人保健施設、病院などに併設されている。1993年で1,800カ所、1997年で6,172カ所設置されている。身体が虚弱、寝たきり、知情意低下症のために、日常介護を必要とする65歳以上の高齢者とその家族を対象として、ソーシャル・ワーカー、看護師などの専門家により、在宅介護の総合的相談に応じ、寝たきり高齢者や介護している人に必要な公的保健福祉サービスなどを円滑に受けられるように市町村との連絡調整を行なう。訪問による介護方法の指導、助言や介護機器の紹介をしている。センターでは、福祉機器の展示もしている。

高齢者を理解するためには、老年期を前期、中期、後期の三つに分けて考える。職業生活からの引退によって、生活のパターンが変わっても、それ以外はたいした変化のない時期が老年前期である。徐々に、または大きな病気、怪我、環境の変化などが原因となって、引退前と比べて明らかに活動性が低下し、高齢者らしい生活を送る時期がくる。しかし、日常生活については自立している時期が老年中期である。やがて、老衰期が来て、心身の機能が著しく低下し、日常的な介助、介護なしに生活していけない高齢者後期がくる。

実際の介護をする場合の介護技法の基本は、(ⅰ) 介護技術の用い方、(ⅱ) 健康や生活の観察技法、(ⅲ) 居住環境の整備、(ⅳ) 食事と排泄、(ⅴ) 衣服の着脱、(ⅵ) 入浴・身体の清潔、(ⅶ) 社会生活維持拡大のための技法、(ⅷ) 療養時の対応、(ⅸ) 緊急・事故時の対応、がある。

実際の介護をする場合の介護関係維持のための技法の基本は、①コミュニケーションの技法、②記録と情報の共有化の技法、③介護専門職と他の専門職との連携のあり方、である。

介護の原則としては、1. 日常生活習慣の尊重、2. 生活の自立性の拡大、3. 自己決定権の尊重、4. 障害をもった人の苦悩を共感する、5. 観察、6. 他職種との連携である。

高齢者の介護は、高齢化社会による高齢者の増加とともに、各家庭でのさまざまな問題を抱えてくる。それによって、カウンセラーの働きが重要となってくる。　　　　　　〔安原照雄〕

⇒介護福祉士，高齢社会，高齢者の知情意低下症，社会福祉士，知情意低下症老人の介護

文献　1. 厚生統計協会編『厚生の指標 特集 国民の福祉の動向』厚生統計協会, 362p., 1997；2. 社会福祉専門職問題研究会編『社会福祉士の基礎知識』誠信書房, 284p., 1996；3. 福祉士養成講座編集委員会編『老人福祉論』(改訂社会福祉士養成講座 2) 中央法規出版, 312p., 1997

高齢者のカウンセリング　counseling for the aged

高齢者のカウンセリングで最も気をつけなければならないのは、その目的が、医学とは異なり、いかにして彼らの寿命を延命するかではなく、やがてきたるべき「死」を彼らが受け入れられるようにすることにある。それは、彼らが生きてきた「意味」や「生きて来たあかし」を、いかに、人に語ったり示したりできるかにかかっている(山中, 1991)。また、たとえ知情意低下症 (旧称：痴呆) などで、彼らが知的・能力的に低下していても、彼らの「尊厳」を保ち (山中, 1991)、彼らへの「尊敬」の念を忘れてはな

らない。そのことがきちんと基底にあれば、あとは、ただひたすら彼らの言葉に耳かたむけるとよい。彼らの語る言葉に、いかに繰り返しが多く、いかに実際と異なった見当違いの把握や認識を示したとしても、それが事実でないということや、幻覚にすぎないということを指摘してもあまり意味はない。多くの場合、彼らの言うことをそのまま受け止めていくことのほうが大切である。

老人ホームや老人デイ・ケア施設等における知情意低下症高齢者に対する実践的なケアで必要なこととして、進藤貴子は、室伏君士の『痴呆老人のケア』から引用しながら、「老人が生きていけるように、不安を解消すること」［急激な変化を避ける。安心できる場をつくる。なじみの仲間をつくる。］「老人の言動や心理をよく把握し対処すること」［それぞれの人の行動パターンをよく把握すること。］などをあげている。

「老い」の問題にいち早く目をつけ、警鐘を打ち鳴らしたのは、1970年のボーヴォワールによる『老い』であったが、そこで、彼女は、「生に対比さるべきものは死よりもむしろ、生の滑稽で悲惨なパロディである老いなのだ」と述べ、「老いは社会の恥部であり、人々の暗黙の共犯関係（なれあい）のもとにそれは注意深く隠蔽されてきた、だからこそ、これを明るみに出さねばならない」としてこれを告発し、老いの問題を直視しなければならないことを、実存哲学を武器にして説いた。日本では、有吉佐和子が小説『恍惚の人』で、高齢者の知情意低下症を取り上げこれを前面に打ち出したのも、ほぼ同時期の1972年のことだった。筆者も1991に『老いのソウロロギー（魂学）』の中で、老いの中にも尊厳からもうろくに至るいく多の生があり、いずれをとっても何一つ無意味なものはなく、老いとは掛け替えのない生の軌跡そのものであること、もうろくも死の苦しみを和らげる神のそれとない配慮かもしれないことなどを説いた。

老いの心理を考えていく際に忘れてならないのが、「甘え」理論を提唱した精神分析学者土居健郎の「意地」の指摘である。老人、老いたりとは言え、その老骨の内部にある、「しぶとさ」「したたかさ」、つまり「意地」の心意気を看破したのであったが、老人への敬意は、この強さゆえでなければならない、と説いた。土居は、その論文「老人の死生観」(1975) で、アイデンティティの提唱者 E. H. エリクソン* を取り上げ、彼の「真に自分の人生を生きて、人間的に成長したものは、老年期に完成（ego integration）に達し、死の恐怖をほとんど感じないものだ」というのは恐らく本当であろう、と言う。しかし、南禅寺の管長まで努めた老師ですら自殺して果てるということもあり、必ずしも、そうも言えないのではないか。むしろ、老いて、もうろくし知情意低下症となることのなかに、一般人の死の恐怖の乗り切り方をみるほうが、はるかに現実的であると考えるとともに、神の摂理を感じるのである。そうであればこそ、もうろくするのもまたよし、もうろくせずに、かくしゃくとあるのもまたよしとして、いずれにせよ、高齢者への畏敬の念を忘れぬことこそ大切である。

さて、横山貞子は「……からだとつきあう。道具を選ぶ。味を伝える。旅をする。本を再読する……。時をかさね、老いを意識しはじめて、はじめて、思いがけなく見えてくる、日々の［暮らしのかたち］。……老いは、日常を楽しむという不思議な術なのだ」と書いているが、東山魁夷、高山辰雄といった、日本が世界に誇る画家たちの画業にみる、「精神性の深化」をも、「老い」の射程に入れてみることができるかもしれない。たとえば、魁夷画伯の雪の枝にただ一羽とまった孤独な鳥の後ろ姿の絵や、辰雄画伯の家の木の前の闇の中でじっとうずくまる老婆の絵、などである。また、映画監督の黒沢明の『夢』や『まあだだよ』にも現れているだろう。

〔山中康裕〕

⇒高齢社会，高齢者の知情意低下症，高齢者介護，特別養護老人ホーム，老年心理学

文献 1. E-ボーヴォワール，1972a, 1972b；2. J-山中，1991

高齢者の知情意低下症（旧称：痴呆），熟年ボケ senile demence

65歳以上におきる知情意の低下症状（いったん発達した知能が低下すること）。

日本人の平均寿命は，男78.07歳，女84.93歳（2001年）になった（厚生労働省：生命簡易表）。西暦2000年には，労働人口の4分の1が45歳以上で占められ，2002年には総人口の17.4％が65歳以上となって，人口5.7人に1人が高齢者である。

　現在でも人口の17.4％を占める65歳以上の高齢者は，2007年には世界で初めて20％を越え，2025年のピーク時には，全人口1億2,170万人の27.3％を超えるはずである。この人たちのうちの5％が高度のボケに陥るというから，少なくとも322万人のボケたお年寄りをかかえることになる（現在では100万人）。ところがボケる人の割合は年齢とともに増え，80歳では20％（軽度も含めると50％）にもなるから，この人数はもっとふえるかもしれない。このボケた高齢者と寝たきり高齢者229万人との介護を専業主婦が担っている現状が変らないとすると，現在の15人に1人の割合から，2人に1人の割合で被介護高齢者をかかえることになり，カウンセリングの面でも大問題となるに違いない。

　もし，45歳以上の人の2.5％がボケると仮定すれば，労働者160人につき一人がボケる勘定となるので，企業にとっても他人ごとではなくなる。1987年の東京都実態調査によると，高齢者の知情意低下症は65歳以上の人口の4％だった。このうち，「非常に高度」が，5.8％，「高度」が21.8％，「中等度」が24.4％，日常会話がほぼ普通にできる「軽度」が48.1％である。

　健康な人でも，50歳ぐらいから脳細胞が少しずつ減り，80歳になると脳重量で百グラムも軽くなっている。けれども，その割に精神は老化しないもので，多少もの忘れをしても，創造力，学習能力は低下しないし，判断力はむしろ良くなる。適応性が悪くなって，協調性に欠け，頑固で話がくどくなることはあるが，著しい精神障害が目立つことはない。

　正常者では，もの忘れをするといっても，昨日の会議で会った5人のうち2人の名を思い出せないという程度である。また，近頃もの忘れをするようになったな，と自覚しているし，忘れる回数がふえることはあっても，それが判断力低下とか洗濯機を操作できなくなるというふうに進行することはない。

　ところがボケの場合は，昨日の会議に出たかどうかさえも忘れてしまい，しかも忘れたという自覚がなく，判断力低下，場所や自分の名もわからなくなる，という段階へと進行していく点が，正常者とは違う。鍵の置き場所を忘れるだけでなしに，鍵は何に使うものなのかがわからなくなる。

　正常な老化では，憶えこむ力や記憶にとどめる力がゆっくりと低下するが，日常生活に困ることはない。しかし，病的な場合には，転落のスピードが速く，侵される精神面も広範囲にわたり，見当識（自分は誰か，どこにいるか，今日の日付け，など）が障害されて（見当識喪失），日常生活にさしさわるようになる。早期発見法としては，(1) もの忘れがひどい，(2) 同じ発言を繰り返す，(3) 生活がだらしなくなる，(4) 無関心（ニュースを見ない）になる，(5) 外出ぎらいになる，などがある。

　ボケは，心理的に適応能力の低い人，性格が偏っている人，強迫型性格の人がなりやすく，環境の急変（退職，転居）や経済不安，ストレスなどによって悪化する。若くて始まるボケほど転落スピードが速い。

　ボケの早期発見法は，日付を言わせる，ちょっと人柄が変わったように見える（元気がない，引込み思案になる，うつ状態になる，覇気がない）の二つである。文章の中のア行の文字だけに印をつけながら文意を読みとる「カナ拾いテスト」は，初期に衰える前頭葉の機能をチェックできる。

　ボケた人には，物忘れ（記憶障害）のほかにも，見当識障害（時，所，人名がわからなくなる），計算障害，判断力低下，子どもっぽい考え方，細やかな感情の消失，性格変化，感情不安定，幻覚，徘徊，失禁，不潔行為，昼夜逆転，被害妄想，摂食異常，多動，夜間せん妄，入浴拒否，作話（でたらめの嘘を話す），反抗，感情が鈍くなる，やる気消失，我慢できない，多幸感などが現われる。

　日本人のボケを2大別すると，60％が脳血管障害によるもので，20％～30％はアルツハイマー型知情意低下症（高齢者知情意低下症）によ

アルツハイマー型と脳血管型の知情意低下症の比較

	アルツハイマー型知情意低下症	脳血管型知情意低下症
発病のしかた	じわじわ	ある日突然
進行具合	一定パターンあり 物忘れ→判断力低下→思考力低下→徘徊→寝たきり	不定
原因	不明	脳血管の破裂または梗塞
脳萎縮・側脳室の拡大	著しい	
神経細胞消滅	側頭葉（海馬）→前頭葉→頭頂葉	
動脈硬化	軽い	著しい
梗塞	ない	あることが多い
知能低下	いっせいに起こり，重度	ムラあり
コリン作動系	活動低下（マイネルト核）	

るものだ。アルツハイマー型は予防も治療もできないが，脳血管型知情意低下症はある程度の予防も治療もできる。

このほか，脳腫瘍，アルコール症，頭部外傷，脳炎，化学物質による中毒などによっても知情意低下症がおきることがあるが，稀である。

脳血管障害は脳出血でもおきるが，大多数は脳の血管がつまる多発脳梗塞によるものだ。脳硬塞をおこした患者の約40％が知情意低下症におちいる。脳動脈硬化，動脈壊死，血管炎が脳小硬塞（ラクネ）の原因になるほか，血液が粘っていたり，固まりやすくなると血管がつまって血液が脳へ供給されなくなる。脳動脈硬化症の予防には，コレステロール摂取量を減らすとよい。ペットを飼うとコレステロール値が２％下がるというレポートもオーストラリアで報告されている。

いずれにしても，高血圧，高脂質血症，糖尿病などを予防したり治療すれば脳血管障害を減らすことができる。高血圧を防ぐには，食物中の塩分を少なくするとか，ストレスをかわす，タバコを止める,酒を減らすようにすればよい。それが年寄りボケを予防することにつながっていく。予防するには，運動をする（毎日１時間の散歩），一人暮らしの怠惰な生活を避ける（なるべく家族と同居する），コミュニケーションをとる，食事を腹八分目にする，視覚，聴覚など五官を使い続ける，成人病健康診断を受ける，熱中できる趣味をもつ，新聞を読む，日記をつける，社交的で積極的になる，など脳を活発に働かせることが大切。しかし，高齢になってからそれを始めてもだめで，若い頃から長期にわたっての心がけが必要である。

飲酒，栄養障害，甲状腺機能低下，悪性貧血，ペラグラ，尿毒症，肝障害，心不全，服薬の副作用（精神薬，血圧降下薬，抗パーキンソン薬）などでもボケがおきる。薬物によるボケは，服薬をやめれば回復する。

脳血管型のボケの特徴は，ボケが急速におき，段階的にガクンガクンと悪化し，一進一退の動揺を示す点である。このほかに，夜中にうなされる，人間らしさが比較的保たれている，感情失禁（すぐに泣いたり笑ったりする），高血圧がある，脳卒中になったことがある，動脈硬化がある，などの点で，アルツハイマー型から区別できる。

早期に発見されれば（軽いうちなら）元に戻すこともできる。毎日４kmくらい歩かせる，音楽を聴かせる，ボーと無為にすごさせず，熱中できる趣味（園芸，ししゅう，旅行，パチンコ，囲碁，俳句など何でもよい）をもたせる，新聞を読ませる，など脳を刺激し，活動させると，ボケが軽快する。

ボケが始まったとき，周囲の人が次のような接しかたを心得ていれば,ボケの進行が遅くなる。

(1) なじんでいる人が世話をする。
(2) 叱らずに，いたわる。
(3) 安心して生きていけるようにする。
(4) 言動を受け入れ，心を理解してあげる。
(5) 患者の遅いペースとレベルに合わせる。
(6) ふさわしい状況を与える。
(7) 説得せずに，納得をはかる。
(8) よい刺激を絶えず与える。
(9) 孤独にしない。
(10) 寝たきりにさせない。
(11) パターンを見せて覚えさせる（自室を忘れる人には，入口に顔写真を張るなど）
(12) 能力以上のことをさせない。
(13) 禁止事項をつくらない。

(14) 訓練するよりも，残っている機能に働きかける．
(15) 自尊心を傷つけない．
(16) 環境を変えない．
(17) 規則正しい生活をさせる．
(18) 情報を簡潔に伝える．
(19) 理解しやすい言葉で話しかける．
(20) 忍耐づよく，柔軟な態度で接する．
(21) 一度に多くの話や指示を出さない．
(22) 身のまわりを単純化する．
(23) 受け入れて，否定しない．
(24) いやな思いをさせない．
(25) 愛情と根気をもつ．　　〔小林　司〕
⇒アルツハイマー病，高齢社会，高齢者介護，ピック病

文献 1. J-飯塚，1988；2. J-NHK，1990；3. J-大友，1987；4. J-折茂・朝長，1987；5. 黒田輝政編『ぼけ：家族によるホンネの介護ブック』ミネルヴァ書房，254p.，1987；6. J-長谷川，1988；7. J-長谷川編『現代のエスプリ』No. 224, 1986；8. J-室伏，1985；9. J-室伏編，1987；10. J-室伏編，1990；11. E-Busse & Blazer, 1989；12. E-Heston & White, 1983；13. E-Jacoby & Oppenheimer, 1991

五月病　May sickness
日本で，大学新入生や新入社員が五月ないし九月に，ことに連休のあとに示す無気力状態．

過酷な入学試験を終えたばかりの大学新入生の精神状態を調べてみると，およそ14％がなんらかの精神障害を示している．この中には，統合失調症やうつ状態のほかに，心身症（十二指腸かいよう，過敏性大腸炎，ぜん息，じんましん，など）や，慢性不眠症，慢性頭痛なども含まれている．

受験までの一年間に自死を考えた者が約12％，今なお自死したいと考えている者が1％，自死未遂の経験者が0.5％もいる，ということも明らかになった．

さて，このように不安定な精神状態で入ってきた大学新入生たちが五月の連休あとに示す無気力症状を中心とする精神異常を，俗に「五月病」と呼んでいる．これは一つの疾患名ではなく，似たような症状を示す不適応の症候群につけた俗称にすぎない．最近では，大学生だけでなしに，新入社員にもおきることが知られ，さらに，5月だけではなくて，6月や9月（夏休み明け）にも見られるようになったので，「九月病」と呼ばれることもある．

新入生たちは，4月一杯くらいの間オリエンテーションや新しく始まる講義の教科書購入，クラブへの入会などに追われて，かなり忙しい．地方から来た学生ならば，下宿や寮の生活に慣れるのにも一苦労であろう．

5月の連休になって，やっと一息つける．それまで走り続けていたのをやめて，しばらく立ちどまると，考える余裕が出てくる．

その時に何を考えるかは人によってそれぞれ異なっているであろう．

大学入学を人生の最終目標だと考えていた学生は，入学によって目標を失ってしまったために茫然自失，どうしてよいかわからぬ，ということも多い．他に悩みもある．志望校に入れなかった，志望学科に入れなかった，講義が期待はずれだ，教授に失望した，校舎が汚い，級友にロクな人間がいない，クラブ活動に失望した，田舎では自分が一番よくできたのに大学ではもっと頭のよい人が多いので劣等感におちいった，自分の方言や田舎くささにひけ目を感じる，友だちをつくれない，女子学生が差別される，等々．

すこし考えこむと，もう人生がばからしくなってやる気を失う．朝起きるのも面倒だし，登校する気にもならぬ．遅刻や欠席が2〜3回続くと，あとはズルズルと泥沼に引きこまれるように欠席となる．集中力や興味がなくなるので，自室にいても勉強はできないし，本を読む気力もない．

呆然と終日寝て暮らすか，せいぜいテレビを見て過ごすのが関の山といった状態になる．

このような状態だけを見れば，うつ状態の症状とほとんど違いがない．ただ，5月の連休から6月末までの期間，ないし夏休み明けの時期におきることと，割合はっきりした理由が見出せる，という2点があり，しかも治りやすいことから，「五月病」だとわかるにすぎない．

理由を見れば明らかなように，これは病気というよりもむしろ一種の不適応であるから，本

人に環境をあきらめさせたり，心理療法を行なったりすれば治りは早い。1～2カ月のうちに，きれいさっぱり症状が消えるという点も特徴であろう。新入生の1～0.5%くらいに現われる。

治療としては，症状に応じた薬を与え，カウンセリングないし心理療法を行なう。不眠には睡眠薬，やる気のなさに対してはトリフルオペラジンかパーフェナジンなどピペラジン側鎖のついたフェノサイアジン系薬物，イライラに対しては抗不安薬，といった具合に処方する。

この発症にはいろいろの理由を考えることができよう。入試の激化，学歴社会，教育ママ，点数中心主義の教育システム，教師の質の低下，父親不在（実際の不在ではなくても父権喪失），学生の教養の低下（人生について考えないなど），などはその例である。

けれどもこれらの精神障害や行動異常に共通して言えることは，生きがいの喪失ではなかろうか。フランクル*はこれを，「生きることの意味」を喪失することによっておこる「精神因性ノイローゼ」としてまとめている。それぞれの年代で「いま」の生命を燃焼させる生きがいがあるならば，以上のような障害はおきないのではないか。

もし，上述のような原因で五月病がおきるのならば，予防法は比較的簡単である。大学受験までの教育体系を変えるか，もしくは生きがいや自分の目標をもたせればよいことになる。アラビアのロレンスは「幸福とは夢中になることだ」と言ったが，何かに夢中になっていれば確かに五月病になどかからないだろう。

E. H. エリクソン*は，アパシー・シンドロームや思春期食欲不振症などのモラトリアム状態を説明するために，「同一性（アイデンティティ）拡散症状群」を記載した。これは，次の内容のものである。(1) アイデンティティ（自分は何々であるという選択）の回避と延期，(2) 自意識過剰で，現実が自分にはふさわしくないと考える，(3) すべてを一時的なものと感じる，(4) 時間的見通しを失い，生活がゆるみ，無気力になる，(5) 他人と親しくしない（対人的距離の失調），(6) どの組織にも属したくない，(7) 既存社会にのみこまれることに対して不安が大きい。

この同一性拡散症状群をいわゆる五月病にあてはめてみると，かなりの部分が前述の原因と重なることに気づくであろう。(a) 自分は△△大学の学生なんかになりたくない，(b) 自分には〇〇大こそふさわしい，(c) こんな厭な生活など4年も続ける必要がない，(d) こんな無気力状態を続けていれば将来困るであろうことに気づかない，(e) 親しい友人をつくらない，(f) 既成の大学という組織に組みこまれることに対する不安，など。

人間にとっての自己証明には二面がある。一つは，自分が現実に生きてきたし，将来も続けていきたい生きかたと，社会や文化が受け入れてくれるであろう自分の生きかたとである。前者と後者との間にギャップが大きすぎると，たちまちその現状から退却してしまい，その行く先が五月病だとも考えられよう。むかしの大学生なら，そう簡単に退却しなかったのは，我慢や忍耐を身につけていたからかもしれない。我慢や忍耐は机上で学習できることではなくて，貧乏や空腹，ランニングなど，体で覚えるものだ。そう考えると，現代の大学生たちが高度成長と飽食の時代に何不自由なく育ったために，無菌栽培植物と同じく抵抗力を失った結果，すぐに退却して五月病に逃げこむことになったのかもしれない。　　　　　　　　〔小林　司〕

⇒アイデンティティ，アパシー，生きがい，うつ状態，青年心理学，無気力

文献　1. I-全国学生相談研究会編『現代のエスプリ』No. 293～296, 1991～1992；2. I-山崎編『現代のエスプリ』No. 266, 1989

刻印づけ　⇒刷り込み〔行動〕

国際結婚　international marriage
　国籍の違う男女が結婚すること。日常的な意味では，日本人と非日本人との結婚をいう。
　結婚とは育ってきた文化の違う男女がともに暮らすことであり，円満な結婚生活のためには互いの文化を理解し交流することが大切である。日本人同士の結婚でさえ，互いの文化の違いに悩み，結婚生活がうまくいかないことがある。国際結婚となると事態は一層むずかしくな

る。

　1990年代の国際結婚は結婚30組に1組，東京では13組に1組（約8％）にのぼり，妻の出身国はフィリピン，韓国，朝鮮，中国の順，夫の出身国は韓国，朝鮮，米国，中国の順となっている。国際結婚の相手国は90カ国あまりに及んでいる。夫が日本人の場合の方が，妻が日本人の場合に比べて約3倍多い。急激な国際化と職業観，結婚観の変化によりその数は増える傾向にある。それまで数の上で多かった日本人女性と外国人男性の結婚が，1973年には日本人男性と外国人女性のカップルの数と等しくなり，以後日本人男性の関与する国際結婚が上まわって増加の傾向にある。

　また，ここ十数年の間に，いわゆる男女が出会って愛し合い国境を越えて結婚するというケースの他に，労働力，生殖力を利用するためにフィリピン，タイなどの女性をなかばメール・オーダーのごとく農家の嫁として迎えるというケースも増え，問題が複雑化しているが，ここでは一般の国際結婚についてのみ言及する。

　国際結婚の問題点は，(1) 言語，(2) 法律，(3) 宗教，(4) アイデンティティの4点にしぼられる。

　(1) 言語：どちらの母国語で日常会話をするのか。意思の疎通が完全にはかられているのか。日本に住む場合には嫌でも日本語を覚えなくてはならないが，それが，一方の負担を重くしていないか。また，互いの平等のために，日本人とたとえばスウェーデン人とが互いに自分の言語ではない英語やエスペラントで会話しているケースもある。この場合ですら，実際には日本に住む義父母との会話は日本語でしなくてはならない。さらに，子どもが生まれたら何語で教育するのかなどの問題が出てくる。とにかく，自分の生まれた国に住んだ方がかなり優位な立場にたつことは否めない。そのぶん相手への思いやりが必要になる。

　(2) 法律：相手国の結婚，離婚，子どもの国籍などに関する法律知識を知っておく必要がある。国によっては一夫多妻が認められていたり，離婚が認められない場合もある。自分の国籍をどうするのか。日本人が外国人と結婚する場合，現在では日本国籍の留保ができるが，都合で相手国籍のみにしてしまうと，離婚になった時に問題がでてくる。愛は国境を越えるものなのだが，実際にはいったん不仲になると言語，文化，習慣の違いが破綻を促進してしまう。

　(3) 宗教：この問題もあなどれない。たとえば，日曜日に教会に行きたいのに，近くに自分の宗派の教会がないことなどが，ストレスになることもある。互いに違う宗教を信じていることが，後々に不仲の原因となったりもする。自分が信仰している宗教の教義や戒律を相手が軽んじたりすると，根本的な不信感につながってしまう。

　(4) アイデンティティ：自分のアイデンティティが確立していないと，相手のペースにまきこまれて，後に後悔してしまう。自分の国に住まない者こそ，この点を大切にしたい。外国人が日本に住む場合，日本に慣れたい一心から自分の国の文化や自己を否定しないことが肝心。山形でNGOの活動をしている精神科医の桑山紀彦は，農家の嫁として来日した多くのフィリピン女性の相談にのった経験から，自国に残った家族との国際電話でのコミュニケーション，あるいは里帰りが国際結婚のストレスを軽減する，と述べている。里帰りで忘れかけた自己のアイデンティティをとりもどせるのだろう。

　若いうちはその土地の言語の習得，経済基盤の確立，子育て，と夢中で異国に過ごすが，晩年になると望郷の念がつのる。実際は長く自国を離れていると，日本人のつもりなのに，日本人ではないような気になる。あるいは日本に長くいるのに日本人になりきれない，さりとて自国人でもないという「マージナル・パーソン（2国の国境線上をさまよう人間）」になってしまうことが多い。

　『地球家族づくり国際結婚』の著者である石川幸子は自らもフィリピン男性と結婚し，男児をもうけている。その経験から「幸せな国際結婚とは，日本人としてのしっかりした基盤（自己のアイデンティティ）の上に立ちながら，異なる文化を背負う夫（妻）と，夫婦の相違点を併せ持つ子どもとともに，世界に大きく目を見開いて，日々を送ることである」と指摘している。

国際結婚は多くの難しい問題をかかえてはいるが、相互理解がうまくいき、互いの家族や、地域社会とも上手に交流できるようになれば、民間国際交流を実践でき、地球家族が誕生するという素晴らしい側面をもっている。そういう、地球家族誕生のために、周囲の人も温かい目とやさしい心で接し、少なくとも、国際結婚して日本に住む彼らや彼らの子を「ガイジン」として特別視したり差別したりしてはならない。

カウンセラーは国際結婚カップルの相談を受けたとき、彼らの問題が上記の4点のうちのどこにあるのかを見きわめ、互いがアイデンティティ確立をはかれるように援助する。

〔小林洋子〕

⇒帰国子女、バイリンガリズム、偏見と差別、マージナル・パーソン

文献 1. 石川幸子『国際結婚：地球家族づくり』サイマル出版会, 259p., 1992；2. 桑山紀彦『国際結婚とストレス：アジアからの花嫁と変容するニッポンの家族』明石書店, 206p., 1995；3. 国際結婚を考える会『国際結婚ハンドブック：外国人と結婚したら…』（新版）明石書店, 328p., 1994；4. 国際結婚を考える会『二重国籍』時事通信社, 274p., 1991；5. 新田文輝, 藤本直訳『国際結婚とこどもたち：異文化と共存する家族』明石書店, 339p., 1992；6. 森木和美『国際結婚ガイドブック：国際家族の時代に向けて』（わかりやすいイラスト版）明石書店, 284p., 1994

心の絆療法
カウンセラーとクライエントという両者の心を結ぶつながりを重視する危機介入法の一つ。

稲村博が、自死防止の長期にわたる研究のなかから新しく作り上げた治療体系である。思春期臨床、精神医療、カウンセリング、その他の治療分野に広く応用されている。特徴をまとめると次のようになる。

(1) 絶対にあきらめない：どんな事例に対しても、また、打つ手がないようにみられる事例でも、絶対に道はある。カウンセラーに要求される資質は不屈の精神力であり、この姿勢が、クライエントや周囲を動かし、治療関係が生じ、光明が見えてくる。

(2) 息の長い取り組みを続ける：何年かかっても、結果がよくなりさえすればいいのであって、そのための息の長さが、大切である。

カウンセラーに要求されるのは、持久力である。粘り強さが、苦しむ人を救うのであり、技術的な習熟度は、本当に悩んでいるクライエントにはあまり力にはならない。

(3) 心の絆を中心にすえる：心の絆を築くために、万全の努力が必要となる。また、一旦それができてからも、常にこれを維持、強化することに努め、切ってしまってはならない。不用意に叱ったり、性急に注意を与えすぎたりすれば、すぐ切れるし、また、しばらく会わないでいても切れてしまう。

表面的には、受け身のようでいながら、実際は積極的、指示的でなければならず、しかも、細心の配慮を行き届かせる必要がある。治療者に要求される資質は、積極性と思いやりと洞察力と感受性である。

(4) 段階的に対応すること：当初は、極端なほど保護的、支持的に対応し、クライエントが立ち直るにつれて、ゆっくりと自立へと進めていく。特に、慎重で手堅いことが大切で、それを守らないと破綻をきたす。カウンセラーに要求されることは、慎重さと堅実さである。

(5) 人の輪による支援体制を作る：一つはカウンセラーたちの人の輪、もう一つはクライエント本人の周囲の人の輪である。一人では、時間的にも能力的にもやれることに限界があるが、数人いれば、知恵を出し合えるし、立体的にクライエントのことを把握できる。さらに、クライエントのみならず、家族、学校、職場、他機関などでの取り組みが必要であり、役割分担もできる。そのためには、医師、カウンセラー、ケースワーカーなどからなるチームが大切である。

ただし、場合によっては、治療者が一人でも相当なことまでやれたり、また、チームを作ると相互調整に労力を要し、ちぐはぐになる危険性もあることは留意しておく必要がある。

もう一つは、クライエントの家族が最も重要である。他に、友人、教師、上司、同僚、隣人なども重要で、事例によってさまざまである。それらが、カウンセラーの指示のもとに協力者となり、支援者となる。これは、カウンセラーとクライエントへの協力、支援の両面をもつ。

それをうまく組織化し，一糸乱れず機能させることが不可欠となる。しかし，こうした統制と方向づけをもたないまわりの人の動きは，かえって危険である。

カウンセラーに要求される資質は，組織力と指導性，協調性である。すべての治療メンバーと協調し，緊密で目的に合った関係をもつとともに，各メンバーのよさを引き出すことのできる能力である。

(6) 電話と面接を併用する：導入の電話から面接への過程を経ていくのが，自然で最も楽である。心の絆を作りやすい。

面接だけでは，どうしても足りない面があり，それを補う必要がある。電話によって危機を避けることができ，また治療効果をあげることもできる。

(7) 危機と孤独にある人を対象にする：クライエントの危機を避けるためには，面接室の対応だけでは不十分であり，電話や手紙などの他，ときには，訪問などもしなければならない。

家族や友人などクライエントの周囲の人への対応も不可欠となる。これは，クライエントのためだけでなく，周囲の人を救い，立ち直らせるためにも必要である。なぜならば，周囲の人はクライエントに振り回されたり，クライエントの言動にショックを受けたりして参っているからである。

(8) 生きる意味を体得させる：生きる意味や目標を体得させ，毎日の生活の中でそれを具体的に実行できるように，時間もかけて，取り組んでいく。

そのためには，カウンセラー自身が，生きる意味をつかんでおく必要がある。それによって，カウンセラーが生かされていることが大きな前提になろう。人生に対する何らかの確信や深い把握を行なっているべきであり，そこからは，人の可能性を信じ，それを尊重する心が生じる。したがって，カウンセラーに要求される資質は，「生への畏敬と確信」である。これのないところには，本治療法は不可能であるに違いない。

以上のように，心の絆療法は単に，臨床技法というだけにとどまらず，人の生のあり方に深く関わっていく。それによって，クライエントの生のあり方や方向を見出させる機能を果たす。対応の積み重ねによって，クライエントに人生の意味をつかませることができる。

心の絆療法は，クライエントばかりでなく，クライエントのまわりの人をも含めた家族全体や人間関係全体に取り組む療法でもある。孤独は，常に自殺の危険を伴うほか，各種の逸脱にも発展する危険性がある。

一人の事例に注がれる時間と労力，心身の総動員ぶりは，言語に尽くし難いものがある。治療者に要求される資質は，勇気と大胆さである。
〔各務仁美〕
⇒危機介入，孤独，自死と自死防止，心理療法
文献 B-稲村，1981

個性化 individu(aliz)ation
他と比較することのできない，特有の自己になる過程をいう。

ユング*やフロム*がこの用語を用いているが，多くの心理療法家は，ほとんど同義語である自己実現（self-realization）という用語を使っている。

個性化とは，「自分自身になる」ことともいえる。ここでいう自分自身とは，その個人にとって非常に深い独自性をもった存在として把握されるものである。

フロイト*の理論によると，人間は生物学的に決められているという感じが強いが，個性化という考え方は，人間が自発的意志をもって，自分自身を発展させようとする立場の表れである。

ランク（Otto Rank）は，幼児が母親からの分離によって，個人が心理的誕生を経験し，それに伴って個性を獲得していくと考えた。

マーラー（M. Mahler）も，ランクの考えをふまえた上で，母親から分離して個体化のプロセスを歩む人間の発達の仕方を重視している。

ロジャース*が人間の自己実現の傾向を重視しているのは，上述のランクの影響によるところが多い。

このように，現在では多くの心理療法家がクライエントの心の内部に存在する自己実現の傾向に信頼をおき，治療を行なおうとしている。

ユングによると，この個性化の過程は，その個人によって異なるが，心の深いところでの特定の元型的な象徴の体験として把握され，第一段階は，その人のペルソナの背後にある影（シャドウ）を体験する段階で，第二段階は，異性像で表される「心の像(soul image)」との出会いである。この象徴は男性の場合はアニマ，女性の場合はアニムスと呼ばれる。第三段階は，自己の最も本質的な原理である老賢人とか，太母（グレート・マザー）などを心像の深いところで体験し，究極的な到達点という意味での自己(self)をマンダラなどの種々の合一化象徴とともに体験することであるといわれている。
〔小林昭彦〕
⇒アニマとアニムス，元型，個性化の達成，自己，自己実現，シャドウ，太母，ペルソナ，マンダラ，老賢人
文献 1. G-新富編，1984；2. D-ユング，1991

個性化の達成　achievement of individu(aliz)ation

理想的な個別的な人間へ自己が発展した結果。自分らしい自分になったこと。

夏目漱石の『夢十夜』（第6夜）に運慶の話が出てくる。彼は彫刻の天才であって，そこらに転がっている丸太をもってきてノミをあてると，その材木の中にもともと隠されていた像が見る見るうちに形を現して，たちまち仏像が彫り上げられるのだ。見物人が言う。「なに，あれは眉や鼻をノミで作るんじゃない。あの通りの眉や鼻が木の中に埋まっているのを，ノミと槌の力で掘り出す迄だ。まるで土の中から石を掘り出すようなものだから決して間違ふ筈はない」。

この話は，私たちの自己実現に似ている。自分の中に潜んでいる「本当の自分」というものを一生かけて掘り出し，彫り刻んで一つの像を作り上げていくプロセスは，運慶がノミをふるうのと同じである。

「自己実現」という考えを最初に提唱したのは，米国に亡命したドイツの脳病理学者ゴールドシュタイン*であった。彼は脳に傷を受けた患者を観察しているうちに，患者が残っている能力を何とか発揮しようとする傾向に気づいた。つまり，人間は，生まれつき，「自分がなることのできる者になりたい」という欲求をもっており，これを「自己実現の欲求」と呼んだ。スイスの精神科医で分析心理学を作ったユング*は，自己実現を，「自分の内に潜んでいる可能性を発揮して，自己というものを伸ばしたいという気持ちが育っていくことだ」と考えた。この自己実現の欲求こそ，「生きがい」を求める心の中で大きな部分を占めているものなのである。

意識と無意識という二つのものが互いに補い合って人間の心を形作っており，その心の中心をユングは「自己」（セルフ）と名づけた。したがって，この自己は，意識と無意識とを合わせた総体ともいうべきもので，現在それがあるというよりは，むしろそうなりたいという一つの運動目標であり，状態というよりも運動なのである。

理想的な人間はどのようにあるべきか。そこへ自己が発展して行く過程をユングは「個性化」(individu(aliz)ation)または「自己実現」と呼んで，究極的な個人の姿だと考えた。

個性化が達成されると，次のような人格が実現するはずである。(1)意識と無意識の両方から自分を知っている。(2)自分の本質をあるがままに受け入れる。(3)人格のすべての側面，態度，機能を統合する。(4)他人をあるがままに受け入れる。(5)未知な神秘的なものを受け入れる。(6)調和がとれた人格。(7)意識と無意識のバランスがとれている。(8)非合理的なものも等しく重視する。(9)人生前半の目標を捨てている。(10)心理的な男女両性性を認める。(11)自分のシャドウ（悪い面）を認める。

このような人間になりたいと努める過程が「自己実現」なのであって，個別的な人間になること，最も自分らしい自分になることにほかならない。　　　　　　　　〔小林　司〕
⇒意識，自己，自己実現，シャドウ，無意識
文献 1. D-スティーヴンズ，1996；2. D-ユング，1991

古典的条件づけ　classical conditioning

中性刺激（たとえばベルの音）を無条件刺激

（肉片）と組み合わせ，くり返し呈示することによって，中性刺激だけで無条件反応（唾液）がおきるようになることを条件反応と呼ぶ。この場合のベルを聞いたあとの反射のように，何かの刺激によって反応させること。**古典的条件づけは，環境から生体への働きかけのなかで生じる生理反応を基礎にした条件づけ**といえる。

反射や行動を生じさせるように，意図的，無意図的に操作することを条件づけという。

ヒルガード（Ernest Ropiequat Hilgard, 1905〜）とマーキス（D. G. Marquis）は条件づけをその操作上の相違により，「古典的条件づけ」と「道具的条件づけ」とに分け，アメリカの著名な実験心理学者スキナー*は前者を「レスポンデント条件づけ」(respondent conditioning)と名づけた。彼は，反射的で無意志的な反応（レスポンデント行動）に対し，個体の自発的行動を「オペラント行動」と呼んで区別した。

古典的条件づけの原型はパブロフ*の条件反射であり，自律神経系，内臓血管系ならびに情動反応の変容に関係しているもので，条件反応によって環境状況に働きかけることはなく，受動的な反応である。これに対して道具的条件づけは，報酬訓練や回避訓練によって環境に積極的に働きかけ，満足が得られるという強化機能が働くものをいう。

古典的条件づけは主として大脳生理学者の関心事であったのに比べ，道具的条件づけは前者よりも巨視的な有機体全体の反応を扱い，主に心理学者の関心事であった。

いずれにしても条件反射は，大脳皮質に新しい何らかの神経経路が生じたことにより成立する。条件反射は大脳に関係し，生後獲得される反射といえる。

【古典的条件づけの発見と概略】 ロシアの生理学者パブロフは1927年にイヌを用いてベルの音を聞かせた直後にエサを与える試行を繰り返した。イヌは通常，ベルの音に対しては耳をそばだてるというような定位反応がおこるけれども，唾液反応は生じない。ところがこのような条件の下ではベルの音を聞いただけで唾液を出すようになることを見出した。元来はないベルの音と唾液分泌に結びつきができたのである。

すなわちベルの音（中性刺激）に続いて，生得的に唾液反応（無条件反応）を誘発する肉粉（無条件刺激）を口に入れるという手続きを繰り返すと，ベルの音（条件刺激）に対して，定位反応に代わって唾液反応（条件反応）がおきるようになる。このように，中性刺激を無条件刺激と対提示する手続きが，古典的条件づけである。

幼い子どもがストーブにふれ，手を反射的にひっこめる経験をしたあとで，ストーブを見ただけで手をひっこめる反応をおこすのも，古典的条件づけである。今日では，このパブロフの手続きによって，皮膚電気反応，心臓反応，血管運動反応，瞳孔反応，呼吸反応，胃腸管反応，さらにK. M. ヴィコフによって腎臓反応の条件づけが証明されている。

自律反応の古典的条件づけは比較的容易に生じ，特に条件性恐怖反応に含まれる皮膚電気反応や心拍数などは，1回の強化によって条件づけが成立し，長期間条件反応が保持される特徴をもっている。

【古典的条件づけの消去】 無条件刺激なしで，条件刺激だけ繰り返し提示すると，次第に条件反応が出現しなくなる。これを消去という。消去された条件反射は時間をおくと部分的に回復（自発的回復）し，また外刺激を加えても回復することがある(脱抑制)。しかし，消去手続きを適当な回数繰り返すと条件反射は完全におこらなくなり，回復しなくなる。

しかし，学習された恐怖・不安反応の中には，無条件刺激なしで条件刺激だけを繰り返し提示しても，なかなか消去されないものがあることがわかった。たとえば，高所恐怖の人を無理にロープウェーに乗せると，逆に恐怖・不安が強まることがある。

これに関して，ウォルピ*（1958）はネコを用いて，不安を引きおこす刺激に不安反応と両立しない食餌反応を条件づける拮抗条件づけを行ない，不安反応が消去することを実験的に示した。

【古典的条件づけの般化と分化】 条件づけは特定の刺激のみに成立するだけでなく，条件刺激を中心にしてそれと類似の刺激に対しても条件

づけが成立している。これを刺激般化という。その条件づけの強さは，類似度（距離）が異なる刺激（般化刺激）ほど弱い。これを般化勾配といっている。このような状態になった時，条件刺激には無条件刺激を必ず随伴させ，刺激般化に対しては，無条件刺激を随伴させないという手続きを繰り返すと，ついには条件刺激には反応が誘発されるが，般化刺激には反応が出なくなる。これを分化（弁別）という。この手続きを分化条件づけ（弁別学習）という。

【行動主義心理学と古典的条件づけ法】 アメリカのワトソン* とレイナー（R. Rayner）は，幼い子どもたちを，イヌと同様の方法で刺激に条件づけできることを示した(1920)。彼は，子どもにキツネのえり巻を見せながら太鼓を鳴らして子どもを怖がらせ，動物嫌いの子どもにしておいてから，今度は狐とアメ玉を組み合わせて動物好きの子どもに変えるといった精神操作をしてみせ，神経症の不安反応も同様に学習によることを示唆した。その後ワトソンは意識と内省による研究ではなく，客観的で観察可能な行動を研究すべきだとして行動主義心理学をおこした。行動療法は，条件反応を臨床的に応用することが中心になっている。

治療技法（古典的条件づけ法）としては，積極的条件づけ技法と分化条件づけ（弁別学習）技法とがある。

積極的条件づけ技法は，マウラー（Orval Hobart Mowrer, 1907〜1982）や梅津耕作により夜尿症の治療に適用されている。治療としてはアラーム・シーツを用い，排尿すると直ちにブザーが鳴って目を覚まさせる。この場合目を覚まさせるために鳴るブザーが無条件刺激であり，条件反応は覚醒すること，あるいは排尿を制止するため膀胱括約筋を収縮させることである。この無条件刺激の提示によって条件反応が形成され，膀胱の緊張や圧迫に対して覚醒や排尿の制止という反応が条件づけられる。

分化条件づけ（弁別学習）技法は，前述のように，2種の正と負の条件づけを並行して行なうものである。J. G. ソープ，L. ソイロンと S. B. ミラーらによる同性愛者に対する治療がある（ただし，現在ではこうした治療行為は好ましくないと考えられている）。AとBの二つのスイッチの前に空腹の同性愛の男子を座らせて，Aを押せば男性ヌードが目の前にあるスクリーンに映ると同時に足に電気ショックを受け，Bのスイッチを押せば，スクリーンに女性ヌードが映ると同時にパンが一切れ与えられるようにする。このようにして，不適切な刺激と結合している反応を除去し，適切な刺激への反応を強めていく。　　　　　　　　　　　〔坂庭愛子〕

⇒オペラント条件づけ，行動主義，行動療法，同性愛，夜尿症

文献 1. 糸魚川直祐・春木豊編『心理学の基礎』（有斐閣Sシリーズ）有斐閣, 294p., 1989；2. J-アレン, 1983；3. E-小林, 1987b；4. E-佐治・水島編, 1974；5. 柘植秀臣『パブロフとその弟子たち』恒星社厚生閣, 212p., 1971；6. E-レイノルズ, 1978

孤独 solitude, loneliness

(1) 身寄りや頼るものがなくひとりぼっちであること。(2) 頼りになる人や心の通じ合う人がなく，さびしい状態であること。

イギリスの精神科医ガントリップ* は, being alone, being lonely, feeling isolated, enjoying privacy を，それぞれ次のように区別している。(a) isolation（孤立）とは，あらゆる内的な対象関係の欠如である。他の人々が身体的には存在していても孤立は起こりうる。(b) feeling lonely はそれほど絶対的な概念ではなく，多くの人々は周りに人がいてもこの感じを抱く。その感情は対象関係の完全な欠如というより，その不確かさと不安定感を表現している。人々は，他者との精神的接触が不確かで，不満足であるときに lonely に感じ，おたがいに通じ合うことがない。リースマン* は，現代アメリカ人に見られる「他人志向型」（外部志向型）というべき社会的性格を重視して，みかけだけの社交性のかげで，不安と孤立化に悩んでいるこの型の人間を「孤独な群衆」と呼んだ。(c) being alone という概念は，正反対の二つのことを意味しうる。基本的に自己肯定的（ego-related）な人は，他の人々と一緒にいようといまいと alone でいることができるし，privacy をエンジョイすることができる。これは人間の成熟にとって欠く

べからざることである。ところが基本的に自己否定的(ego-unrelated)な人にとっては，being aloneは孤立の極端な体験を意味し，他の人々が目の前にいたとしても非現実的に見えるし，孤立した人自身，自分を非現実的に感じる。これは，精神的に病んでいる状態である。

孤独感に関しては，臨床心理学，精神医学，社会心理学の人々によって多く述べられているが，そのほとんどは人格形成との関連に触れている。孤独感を感じることは，人格形成上，有意義な経験であると肯定的に評価しているものと，その反対に否定的に評価しているものとがある。そのほかに治療過程において孤独感は変化していく，との論究もある。

（ⅰ）孤独感肯定説：人は，孤独感を感じることによって，自分は自分であり，自分でしかないという事実を認識し，同時に，他人は他人であって，それぞれがかけがえのない存在であるということを自覚する。このように孤独感を感じることにより，人は，自己省察を行ない，より深い哲学的な意味を含む人間観を形成することができるようになる。精神分析の立場から小此木啓吾は，「孤独に耐え，孤独に居直るところから，人生を続けることを悟る体験は，自我の自律の原体験となる」と述べた。心理学的な臨床経験にもとづいてムスターカス（C. E. Moustakas）は，「孤独という，あるがままの姿を生き抜いた時，その個人は成長し，他の人に手を差し伸べることができる」と述べている。ドイツの哲学者ヤスパース*も，孤独が出会いの条件だと述べ，フロム*は，「人間は孤独であると同時に，互いに関わり合って生きている」と言っている。

（ⅱ）孤独感否定説：孤独を感じる者は，社会性が未熟で，閉鎖的，利己的，排他的，自己縮小的，独善的傾向があり，こうした傾向が強まると，人との親密な人間関係を失い，独善的な生活態度や人生態度を発展させる。したがって，人格形成上は，孤独を感じさせないようにすることが望ましい。フロム＝ライヒマン*は，極限的孤独を「自分の過去の生活に人々がいたことが，多かれ少なかれ忘れられ，自分の将来の生活において，対人関係があるかもしれないという希望が，期待や想像からはみだしている状態である」と述べているが，長期的な孤独の感情は，心理的，身体的に大きな影響を与えることが，リンチやヘロンの研究で明らかにされている。また，心理的に抑うつ状態になり，酒におぼれやすく，アルコール依存症になりやすいなどと報告されている。

心理臨床の治療過程での孤独感の変化に論究したものには，堀淑昭，なだいなだ，小此木啓吾などの論があげられる。人間の自立にとって孤独感を感じることは有意義である。ただし，それには条件があり，人間存在に関する見方の変化があってはじめて有意義となる。この変化が生じるのは，「人との関わりにおける有限性」と「いずれ死に至るという有限性」という二つの有限性に由来する不安を自覚し，不安を恐れたり，恥じたりすることなく，他人に示すことができるようになった時である。〔原田とも子〕
⇒依存性，疎外，出会い

文献　1. E-大橋・佐々木編, 1989；2. E-小林司, 1983；3. E-斎藤勇編, 1986b；4. E-早坂, 1979

ことばの遅れ　⇒言語発達遅滞

コミュニケーション　communication

個体間の意味を共有すること。社会生活をしている人間の間に行なわれる，言語・文字・映像その他を使っての知・情・意の伝達。

カウンセリングの場は，ある意味で非日常の世界である。

人が，日常，生活の中で無意識的に行なっているコミュニケーションを，そのまま，カウンセリングの場にもち込んでいいかどうかを慎重に検討しなければならない。

日常的なコミュニケーションは，人が社会の一員として生きていくために必要な情報の交換，問題の処理，意思の疎通などを効率よく果たすことを第一に求められているのに対して，カウンセリングは，そのような日常の生活の中で心理的に「立ち止まってしまった」人たちが，カウンセラーとの人格的相互関係を通して触れ合う場である。

クライエントは，カウンセリングの場で，ま

ず日常的な諸制約から解放されることが要請される。解放とは、人がその生活の中で、身についた「こだわり、思い込み、偏見」などといったとらわれから離れて「自由」になることである。だが、これは容易には実現しない。

このことについて小林純一は、人には本性的に自由になることを実現する能力がある、として次のように述べている。「(1) 人は自分を意識できる存在である。すなわち、いま自分は何を考え、感じ、しようとしているか。自分を知り変化させることができる存在である。(2) 人は自由と責任を生きる独立した人格的存在である。すなわち、多くの制限に取り囲まれながらもそれらを超越して、多くの可能性の中から自分の道を、自由に選択する能力を持つ。(3) 人はただ一人では人格的成長を遂げることができない存在である。」

すべての人は挫折や失敗を繰り返し、悩み、時に成功し、希望に燃え、ある時はうちひしがれる、という弱い存在である。しかし、他方、すべての人は自由に生き、成長していく可能性を秘めている。ただし、これは1人では実現できない。他の人の支え・人格的相互関係によってのみ初めて成長できる。

カウンセリングでは、このような基本的な考え方の上に立って、クライエントとカウンセラーとの人格的相互関係を通して、人があらゆる束縛から自由になって、改めて自分を見つめ直し、「自分は何者なのか」「自分は今何をしようとしているのか」という問いに正面から答えられるまでに成長するように、クライエントを援助する。

では、人格的相互関係とはどのようなものであるか、そして、このような成長は何によって、どのような時におこるのであろうか？

カウンセラーとクライエントとの間のコミュニケーションが、日常生活における人々の間のコミュニケーションと異なる点は、「人を知る・わかる」ことの違いである。

日常の生活では「人を知る」ということは、たとえば対人関係においては、その肩書き・出身・学歴・趣味などの知識を得ることで達せられる。しかし、カウンセリングの場での「知る」とは、そのような個別的・表層的な知識ではなく、コミュニケーションによって「その人自身、その人全体を」知ることを意味する。

カウンセリングでのコミュニケーションは単に「知る」ために知識を得るという作業ではない。ことばを換えれば、日常生活でのコミュニケーションは自然科学的な作業であり、現象の中に普遍性・論理性・客観性を求める作業であるのに対して、カウンセリングにおけるコミュニケーションは現象学的な固有の世界・意味・価値の世界を求め、さらに身体的行為を含めて主体・客体の相互作業を前提とする作業である。

これはかなりたいへんな作業である。クライエントの成育歴などによる無意識的な抵抗もある。しかも2人の積極的な協力なしには実現できない。

努力の結果、お互いに理解し合えたとき、クライエント側から言えば「このカウンセラーにわかってもらえた」と確信でき、そしてそのことをカウンセラーに伝え得た時、クライエントは自由を実感し、成長が始まるのである。

このようなプロセスをクライエント側からみれば、カウンセラーが判断、診断、力づけ、評価ぬきであらゆるレベルに耳を傾けてくれたことがわかった喜び、また、このような人にめぐり会えた喜びを感じることである。自分のことを思い、受け容れ、尊重し、賞賛している、と感じた瞬間から、これまでの恐怖感・罪障感・絶望・混乱を超えて新しい世界へ踏み出せるのである。

また、これをカウンセラー側からみれば、クライエントのことば、態度その他から、その人が今生きている固有の世界や、意識下に含まれる意味についてともに感じ、ともに生きようと努力することである。しかし、クライエントのことばや述べる概念の背景や根底に何がおこっているかを理解することは難しいので、カウンセラーは自己の全人格をあげて取り組まなければならない。

このような両者の真剣な全人格のぶつかり合いによって「その人自身を知る」プロセスが、カウンセリングにおけるコミュニケーションの意味だと思われる。　　　　　〔金沢俊之〕

⇒現象学,人格的成長,ラポール
文献 1. A-小林,1979;2. B-ペック,1987;3. E-ロジャーズ,1984a

コミュニティ心理学 community psychology

さまざまに異なる身体的心理的文化的条件をもつ人々が,誰もが切りすてられることなくともに生きることを模索するなかで,人と環境の適合性を最大にするための基礎知識と方略に関して,実際におこるさまざまな心理的社会的問題の解決に具体的に参加しながら研究をすすめる心理学。(山本和郎による)

コミュニティ心理学ということばを初めて用いたのは1958年頃アメリカ,ピーボディ大学の臨床心理学スタッフと伝えられているが,はっきりとした目標と概念をもって登場したのは1965年「地域精神保健にたずさわる心理学者の教育に関する会議」(ボストン会議)においてである。39人の心理学者が結集し,地域社会の問題に取り組む心理臨床家の課題というテーマで熱心な討議が展開され,「個人とともに個人をとりまく環境に対してもっと積極的に働きかけコミュニティ側の変革をも含めた働きかけをなすべきである」とする参加的理論構成者モデルを提起した。

コミュニティ心理学が登場した背景として,カプラン(G. Caplan)の『予防精神医学』をあげなくてはならない。「地域社会への介入を通して精神障害を予防する」というカプランの考え方は,ピネル(Philippe Pinel, 1745〜1826),フロイト*に続いて精神医学の第三革命と呼ばれる。この精神障害の予防という理念は,1963年米国ケネディ大統領の『精神障害者と精神薄弱者に対する教書』に採用されたのちに精神衛生センター設立へと結実し,多くの精神科医,心理臨床家がスタッフとして地域社会にくり出していった。

また米国ジョンソン大統領は1965年「貧困との闘い」と称してヘッドスタート計画を発表。貧困家族の子どもの教育的救済が叫ばれ,大学の臨床心理学者がコミュニティの問題に深い関心を抱くようになった。「象牙の塔から地域へ」という声の深層には,長年実験心理学者と精神科医に対して葛藤を経てきた臨床心理学者がコミュニティ心理学という新しい領域に独自のアイデンティティを求めた動機が存在したことを否定できない。

アメリカの潮流を受けて,日本においてコミュニティ心理学は1969年日本心理学会第33回大会シンポジウムで初登場した。1960年代後半の激動期は,アメリカと同様に日本でも既成学問が批判の矢おもてに立たされ,特に臨床心理学会は資格問題をめぐって深刻な混乱に陥った。コミュニティ心理学は伝統的な心理臨床モデルを批判する土壌のなかから産まれただけに,この学会の混乱によって大きな動揺を余儀なくされたものの,山本和郎,安藤延男らの尽力によって「第1回コミュニティ心理学シンポジウム」(1975年,九州大学)が開催されるに至った。これが日本におけるコミュニティ心理学の実質的なスタートといえる。

面接室での密室型臨床から積極的に地域へ入って援助活動を説く臨床心理的地域援助の基本的視点として,次の3点が重要である。

(1)「社会的環境的要因は人の行動を変化させるに欠かせない」との認識から,人と環境の両面より介入することが人と環境との適合性を増大させる。

(2) 悩める人への援助は地域社会の人々との連携が大切であり,その連携システムの中へ心理臨床家は専門性をもち,一市民として参加していく。

(3) カプランは第一次予防(発生予防),第二次予防(早期発見対処),第三次予防(社会復帰)という地域精神衛生を展開していく上での予防概念を提起したが,コミュニティ心理学はこの考え方を軸に総合的な予防対策をくり広げる視点を重視する。

コミュニティ心理学的アプローチの具体的方法としては,コンサルテーション,危機介入,ネットワーキング,オーガナイゼーションなどがあげられる。最も重要なのはコンサルテーションである。コンサルテーションとは,コンサルティが抱えているクライエントの精神保健に関係した特定の問題を効果的に解決できるよう

にコンサルタントが援助する関係をいい，実践事例として山本和郎が「学校精神衛生コンサルテーションプログラム」(千葉県市川市)を報告している。

このように，コミュニティ心理学の対象領域は大きい。場合によっては中途半端な対応に終始してしまう恐れも十分考えられる。現在的な地域性観念の停滞状況，都市における地域解体現象さえ見られるなかにあって地域臨床家の責務は重大と言わねばならない。しかし，コミュニティを「1.人間を全体としてとらえる，2.共に生きよう，共に生きているのだ，3.切り捨てのない社会の追求，4.自分たちの責任で生きよう」(山本)と価値的態度的に把握して，柔軟な発想，主体的な参加によって地道な歩みをつみ重ねていくことが地域活性化の契機となりうる。　　　　　　　　　　　　　〔西村正裕〕
⇒危機介入，コンサルテーション，ネットワーク

文献　1. 安藤延男編『コミュニティ心理学への道』新曜社，251p., 1979；2. E-カプラン，1970；3. マレル，S. A., 安藤延男監訳『コミュニティ心理学：社会システムへの介入と変革』新曜社，316p., 1977；4. 山本和郎編『コミュニティ心理学の実際』新曜社，315p., 1984；5. E-山本，1986；6. H-鑢編『臨床心理学大系』8, 1990, pp. 233-264

コングルエンス，自己一致 〔self-〕congruence

(1) ありのままであること。(2) 自分自身になり，自分を否定しない。(3) 表裏がない。(4) 感情と行動に矛盾がない。(5) 自己の内面に流れる感情を否定したり装ったりすることなく，ありのままを意識し，かつ受け入れる態度。(6) あるがままの自分と，思い込みの自分とが一致すること。

自己一致というのは，ロジャース*の理論の中心概念である。心理的不適応は，自己不一致によるもので，自己一致によって解消するとされる。また，クライエントを援助するカウンセラーの態度として，最も重要なものである。

ロジャースによれば，人は自己概念（自分に対する受け取り方）をもっており，個人が実際に経験することによって知覚したことが，自己概念と一致しない場合，心理的緊張状態が生まれる。自己概念とまったく対立矛盾する経験は，歪曲されて知覚されるか，または，意識にのぼることを否認されることになる。例をあげると，「自分には能力がない」という自己概念をもつ人が，学校のレポートで満点に近い評価をもらったとしよう。明らかに「能力がない」という自己概念と一致しないわけだが，ここで彼は「まったく運が良かったのだ，百万年かけたって2度とやれはしない」という形で意識する。これが歪曲である。あるいは，意識にのぼることを否認することになる。自己概念を変えることを恐れて，歪曲や否認がなされるのである。来談者中心療法の目標は，クライエントの自己概念を変えて自己一致するようにさせることである。あるがままの自分と，思い込みの自分との間のギャップをできるだけ縮めることが，自己一致に近づくことになる。

ではどのようにしたら自己概念を変えることができるのか。それは，自己概念を崩すような脅威を取り除くこと，によって可能となる。クライエントにとって，カウンセラーが自己を脅かす人ではなく，何を話してもそのまま受け入れてくれる人であると思えるような人間関係がつくられた時に，クライエントは自己の経験をそのまま受け入れることができるのである。

ロジャースは，カウンセラーがクライエントと人間関係をつくる際に重要なのは，カウンセラーの態度であるという。そして最も大事なのは，自己一致であるとしている。「カウンセラーがありのままであって，クライエントとの関係において，純粋で，飾りや見せかけがなく，その瞬間に流れる感情や態度が素直に表わされている時，個人の成長が促進される」とロジャースは述べている。自分を飾る人よりも，ありのままであると感じる人を信頼することは日常経験することである。たとえ否定的な感情であっても，みせかけの好意を示すより，真実なものを示す方がよい。ただし，カウンセラーは自分の内面に流れる感情や考えをすべて表現すべきであるという意味ではない。時に応じて表現すべきかどうかを判断しなければならない。

〔関野僚一〕

⇒カウンセリング,カウンセリングにおける人間関係,自己一致,来談者中心療法,ロジャース

文献 1. A-國分,1980;2. A-小林,1979;3. A-畠瀬他,1986;4. H-『ロージャズ全集』6,1967;5. H-『ロージャズ全集』8,1967

コンサルテーション consultation

(1) 相談,協議,診察,諮問。(2) 協議会,会議。(3) ある分野の専門的知識をもつ人(コンサルタント)が,他の分野の専門家(コンサルティ)が抱える問題に対して,その問題の,解決方法や理解の仕方を,両者が話し合って解決策を見出そうとすること。

カウンセリングでは,(3)の意味で使われることが多い。コンサルテーションについて最初に理論化したのは,カプラン(G. Caplan)である。日本においても,保健所や精神保健センターを中心とする地域精神保健活動の中で使われるようになり,さらに山本和郎によって,より広い領域から注目されるようになった。今日では,精神医学,臨床心理学,社会福祉から,学校まで,広く普及している術語である。コンサルテーション理論の根底には,一人のクライエントを地域で(みんなで)支えるという発想があることに留意する必要がある。

コンサルテーションの目的の第一は,コンサルティが抱えているクライエントの問題を,コンサルティ自身の知識や経験,持ち味を活かして,問題解決をはかろうとすることである。この結果,クライエントにとっては適切な援助が受けられることになるが,そればかりでなく,コンサルティにとっては,問題の見方や取り組み方などを体験的に学ぶことができ,また,コンサルタントにとっても,自分の職域から外に出て,地域社会を知る機会ともなる。第二は,クライエントを一部の専門家だけではなく,地域社会の人々とともに支えるということである。それに必要な援助体制を作るため,コンサルタントは,人間関係を調整したり,コミュニケーションを促進する方法をも工夫する必要がある。

コンサルテーション活動の中心は現実の問題にどう取り組むかである。そのためにコンサルタントは,必要な情報や方法を提供し,コンサルティとともに,具体的で現実的な方法を見つけることが求められる。コンサルタントとコンサルティの関係は,対等であり,仕事のうえでの現実的課題において両者の接点がある。その意味でスーパーヴィジョンとは目的を異にしている。また,他の職域の専門家同士ということから,コンサルタントは,コンサルティの力量を認め,それをどう活かすかということに力点を置くため,指導助言とも違った働きである。コンサルテーションの展開は,コンサルタントとコンサルティの関係づくりから始まり,情報収集,問題の明確化,方針の決定,評価,終了と進む経過がカウンセリングの展開とよく似ている。しかし,あくまでも,焦点はコンサルティが担当している問題に当てられる。クライエントの理解において,視野の狭いコンサルティの場合,コンサルティ自身を問題にするのではなく,「事実経過の明確化によって,コンサルティの知覚を広げる」(山本,1986)ことが求められる。カプランは,相手の専門性の「ヨロイ」を尊重すると述べている。コンサルティの専門性の尊重を前提にして,課題の解決に取り組むのであって,コンサルティはクライエントではないことに注意しなければならない。その意味では,コンサルテーションには限界があることも認識すべきである。

コンサルテーションの種類を山本(1986)は次の四つに分けている。(a) コンサルタントも,コンサルティのクライエントに心理的指導を行ない,ケースに責任をもちながら,一方でコンサルティにコンサルテーションを行なう場合(クライエント中心のケース・コンサルテーション)。一般的にはこの場合がいちばん多い。(b) コンサルティが自分の抱えているクライエントに対する対応策についてコンサルテーションを受ける場合(コンサルティ中心のケース・コンサルテーション)。(c) コンサルティの相談活動や精神衛生活動の対策にとって具体的に助けになるような働きを中心に行なわれる場合(対策中心の管理的コンサルテーション)。(d) コンサルティ自身が焦点になり,彼の抱え

ている組織管理上の対策や活動計画について，コンサルタントが一緒に考え，コンサルティが対策や活動で動けるように援助する場合（コンサルティ中心の管理的コンサルテーション）。

コンサルタントに求められる能力は，高い専門性とカウンセリングの知識は当然として，地域社会の人的資源についての情報，対人的な調整能力なども必要となる。〔関野僚一〕

⇒精神医学ソーシャル・ワーク，精神保健福祉センター，リファー

文献 1. 学校教育相談研究所編『教育相談基本用語の解説』ほんの森出版, 153p., 1994；2. A-中西・渡辺編, 1994；3. A-平木, 1989；4. A-村山・山本編, 1995；5. E-山本, 1986

コンステレーション　constellation

「布置」。原義は「星座」(con＝ともに, stella＝星)。はじめ，思考や行動に及ぼすコンプレックスの影響を指したが，後に意味が拡大された。主観的な連想を引きおこすもの。無意識に何らかのコンプレックスや元型，意識的態度の結果が布置されると，意識されないまま，ある情動を伴って人の反応や行動にそれらが現れる。また，共時的に複数のものに布置されている場合，出来事や事柄に何らかの「意味」を見出すことができる。さらに，コンステレーションは時代や文化にもおこる。

ユング* は言語連想の実験で，被験者の中に「川と流れ」「テーブルと床」「ランプと油」「山と渓谷」「牢獄と罰」といった客観的な連想ではなく，「指輪と庭」（被験者は庭で金の指輪を見つけたことがあった），父と祖父（被験者には祖父が健在である），コーヒーとブラジル（被験者は何回かブラジル・コーヒーを飲んだことがある）というように，主に主観的な回想による連想がある点に注目した。こうした連想を引きおこすものがコンステレーション（布置）であると述べている。

『コンプレックス総論』の中でユングは，「布置という概念によって，外的状況によって一つの心的現象——そこには特定の内容が集められ準備されている——が引きおこされるという事実を表した。『ある人が布置されている』という言い方は，その人に決まったかたちの反応をさせることが予想されるような準備態勢が整っていることを意味する。布置とは自分の意思に関わりなくおきる自律的現象であり，自分でもそれを止めることができないものである。この布置された内容とは特定のコンプレックスのことであり，それは自分独自のエネルギーをもっている」と述べている。(ユング, 1993b, p. 220)

母と娘の場合，連想がしばしば酷似するといったことがおこる。これは，家族という環境の布置によるもので，家族の間に無意識的な連想の同一性が生じているためである。このような「無意識的な関与（participation）」の状態も布置と呼んでいる。ユングは，「発育中の人間の性格形成に影響するのは，……両親や教師たちの，自ら意識していない，特有の情動的な態度」であり，それが，最も強く彼らに働くと説明している。(ユング, 1993b, p. 118)

ユングは，非因果的な出来事が同時に生じることを「共時性」という言葉で呼んだが，ここにも布置されているものがある。彼によると，多くの人が世界中で「空飛ぶ円盤」を見たと報告しているが，これは共時的，非因果律的な意味上の一致という現象であり，円い物体は全体性のシンボル「マンダラ（曼陀羅）」（サンスクリット語で「円環」の意）ときわめて似通っていると指摘している。(ユング, 1993c, p. 11, p. 30)

また，こうした非因果的連関そのものを布置と呼ぶこともある。たとえば，「カラスが屋根に集まっているのと人の死とが布置されている」というものである。ここでは，共時性における事項間の全体的な配置そのものが布置ととらえられている。「人が死ぬとカラスがその家の屋根に集まる」という俗信があったとして，その通りに人の死とカラスの集合とが符合した場合，ユングはそのような事態を布置と呼んでいる。

河合隼雄は，「元型がコンステレートしている」という表現をあげ，たとえば，グレート・マザーのような元型が布置されてくると，自分の周囲にいろんな母親の元型的イメージが見えてきて，それが心を揺り動かすと述べている（河合, 1993b, p. 49）。さらに，全体的なコンステ

レーションを読むということが一つの文化，時代を理解するのに役立ち，また，臨床心理学に関わる者は布置を読みとることが大切であると主張している。これは，因果的な考え方を補うものであり，現代は「因果的になりすぎている」点を指摘している。〔岡本眞一郎〕
⇒共時性，元型，コンプレックス，性格，太母，太母が象徴するもの，分析心理学，マンダラ，ユング

文献 1. H-プロゴフ『ユング心理学選書』12, 1987；2. E-河合, 1993b；3. D-ユング, 1993a；4. D-ユング, 1993b；5. D-ユング, 1983b；6. D-ユング, 1993c；7. D-ユング・パウリ, 1976；8. Jung, C. G.: *Experimental Researches*, Princeton University Press (New Jersey), pp. 648, 1981

コンピュータ連動断層撮影法　⇒CT

コンプレックス，心的複合体，複合
complex

無意識内にあって，何らかの感情によって彩られ，からみ合って複雑に結ばれている心的内容の集まり。これが意識の作業を妨げたり，促したりする。無意識的わだかまり，こだわり。

「コンプレックス」という言葉は日常的に用いられるが，その意味を正確に理解している人は少ない。日本では一般に，コンプレックスという言葉が「劣等感」に近い意味で使われているが，これは誤りである。

歴史的には，コンプレックスという用語は，ブロイエル*がフロイト*との共著『ヒステリー研究』(1895) のなかで，「ヒステリーの病因として働く無意識的な観念・記憶の集合体」の意味で使用した。しかし，「コンプレックス」という用語を現在用いられているような意味で最初に用いたのは，スイスの精神科医ユング*である。彼は，1906年に発表した言語連想実験についての著作のなかで，「感情によって色づけられたコンプレックス」(gefühlsbetonter Komplex) なる語を用い，これが後に簡単に「コンプレックス」と呼ばれるようになった。

言語連想の方法を心理学に用いることは古くからなされていたが，これを臨床的に用いようとしたのはユングが最初である。彼は簡単な言語の連想でも，反応時間が相当遅くなることがあるのを認め，それが知的な問題というよりも，むしろ情動的な要因によっておこると考えた。それを臨床的に応用しようとして，言語連想実験の方法を確立したのである。連想検査において，コンプレックスの存在を示す手がかりとなるものとして，ユングは一応，コンプレックス指標 (complex indicator) と言われるものを定めている。主なものをあげてみると，(1) 反応時間の遅れ，(2) 反応語を思いつけない，(3) 刺激語をそのまま繰り返して答える，(4) 刺激語の明らかな誤解，(5) 再検査のときの忘れ，(6) 同じ反応語が繰り返される，(7) 明らかに奇妙な反応，(8) 観念の固執 (たとえば，「頭」に対して「鼻」と反応し，次の「緑」に対しても，「目」と反応したりして，前の観念が固執される) などである。ユングは連想実験によって無意識の心的過程を研究した結果，連想を妨害するもの，すなわち「意識の制御が及ばぬ心的過程」が存在することを認めざるをえないと考えた。連想過程において，いろいろなかたちで生じる多くの障害を注意深く調べていくと，障害をおこす言葉が一つのまとまりをもっていることを見出せる場合がある。多くの心的内容が同一の感情によってまとまりをかたちづくり，これに関係する外的な刺激が与えられると，その心的内容の一群が意識の制御を越えて活動する現象が認められた。無意識内に存在して，なんらかの感情によって結ばれているこのような心的内容の集まりを，ユングは「コンプレックス」と名づけたのである。

コンプレックスは，それぞれが一つのまとまりをもって存在しているが，これに対して，私たちの意識も，それなりのまとまりをもって存在している。ユングは，この意識体系の中心機能として自我 (ego) を考えた。この自我の働きにより，われわれは外界を認識し，それを判断し，対処する方法を見出していく。ところが，この統合性をもつ自我の働きを乱すものがある。それがコンプレックスである。それは，ある程度の自律性をもち，自我の統制に服さないので，実際に生活するうえでいろいろな障害を与える。一番大切な時にある人の名前が全然思

い出せなかったり,肝心のところで赤面してどもってしまったり,「お礼は決していただかぬつもり」と言うべきときに,「お礼は決していただくつもり」と言ってしまったりする。われわれの言い間違いや,偶然の失敗とみられるもののうち,実際は無意識内のコンプレックスの働きによるものがいかに多いかを,フロイトはその著『日常生活における精神病理』(1901)で,多くの例をあげて説明している。

ユングが連想実験を通じてコンプレックスの存在を考えていた頃,フロイトも夢分析や催眠現象などを通じて同様のことを考えていたのである。しかし,無意識に対するユングの見方は明らかにフロイトとの相違を示すものである。すなわち,フロイトにとって無意識の心的内容は抑圧されたもの,そして性的な欲望との関連の深いもの,と考えられたのに対して,ユングは,フロイトの説を認めながらも,無意識の内容はそれのみでなく,建設的・肯定的なものも存在することを強調しようとした。

コンプレックスの力が強くなるにしたがって,自我はその安定をはかるために,いろいろな手段を用いる。いわゆる自我防衛機制 (defense mechanism) である。自我にとっては,まずコンプレックスを完全におさえつけること,すなわち抑圧の方法が存在する。もし抑圧しきれないと,次の手段として,投影の機制に頼ることになる。投影は,自我によって受け入れ難い心的内容を他人に転嫁することで,自我の安定をはかるわけである。代償ということもよく用いられる自我防衛の方法で,コンプレックスに基づく欲求を自我が受け入れ難い時その本来の対象と異なるものを代償として選ぶ。

このように,自我とコンプレックスとの関係のあり方が問題になってくるが,いたずらにコンプレックスを拒否したり,回避したりすることなく,それとの対決を通じて,自我の力を強めていくことが自己実現の過程であり,ユングは,むしろ,その過程を重視したのである。

〔遊佐恵美子〕

⇨アドラーの療法,エディプス・コンプレックス,エレクトラ・コンプレックス,自我,自己実現,フラストレーション,分析心理学

文献 1. D-河合, 1967 ; 2. D-河合, 1971 ; 3. C-スティール, 1986a, 1986b ; 4. D-関, 1985

さ

罪悪感　sense of guilty, guiltiness
道徳や宗教の教えなどにそむく行ないをしたと後悔する気持ち。

　罪悪感と一口に言っても，個人の道徳，習慣，戒律などによって感じ方はさまざまであり，内的な問題であるだけに一線を引くことはできない。

　日本人は古来より「恥」と「罪」を同じにとらえ，罪悪感を相手への裏切りと感じてその謝罪に終わることが多い。社会規範に外れた行為に対する罪悪感を真にもたせるには，クライエントを自由で何者にもとらわれない状況下に置き，クライエントのもつ心の不安材料を取り除き，真の自分を出せるように面接場面を設定することが必要である。事実を事実として自分の内面を言語化して，今の自分を知り，さらに認めたうえで，「自分は今何をすべきなのか」に気づかせることにより，初めて罪悪感が生じてくる。それゆえに，クライエントの人格を認め，道徳や，価値観や，戒律などにとらわれずに，すべてを吐き出させることのできる関わりが重要であろう。

　個人の意識に変化がおきて，これを他者との関わりにおいて確実なものにしていくという過程を得て初めて人が変わりうるとすれば，罪悪感についても，個人の意識改革と同時に他者との関わり方が問題になってくる。いたずらに罪悪感にとらわれていては，他者との関わりにも歪みが出てくるし，自己実現も難しくなろう。

　自分とは一体何者であるかは，眺めていてわかるものでもなく，常に見たくない自分を見る勇気と，より良い自分を求めて努力する自分との戦いであるだけに，他人との関わりが不可欠になる。

　人間としての豊かな感性は，家族はもとより，友人や隣人との肌の触れ合う幼い頃からの人間関係の中でしか育たないから，真に話し合える友人を作ることは，罪悪感に対処したり自己実現を考えたりする場合に不可欠の条件であろう。思春期におけるマスターベイションや近親相姦などに関する罪悪感は，友人にも言い出し難いだけに解決困難な問題である。

　マスロー*は，人が自己実現をする方法として次の八つの行動をあげている。(1) 自己にとらわれず，無我夢中になる。(2) 不安や恐怖のために自己防衛に陥らず，成長への選択を行なう。(3) 表面を装わず，真実の自己に誠実に応える。(4) 自分自身に正直になり，その自分に責任をとる。(5) 自分自身に耳を傾け，他人とは異なる自分に正直であろうとする勇気をもつ。(6) 知性を用いて，自分がしたいと思うことをより良く成し遂げようと努力する。(7) 買い求めたり，他人からもらったり，探し求めたりして得ることのできない真善美の至高体験をする。(8) 自分が何者であるかを発見し，自分がどこに行き，使命が何であるかを見出す。

　人は自己の置かれた状況，たとえば家族，仲間，学校，仕事，そして現在の自分はどんな「人間」であるかを考える，つまり，現実の自分を素直に見て，事実を，事実として認めることから，初めて真実の自分を知ることができる。罪悪感，先入観や価値観にとらわれ，自己防衛に振り回されていては，自分自身に正直になるどころか，現実の自分を否定し，真実の自分を偶像化した自分と思い込んでしまうことになり，自分のすべてに責任を取れないだろう。

〔萩原たま代〕
⇒近親相姦，自己，自己実現，思春期，マスターベイション

サイコドラマ　⇒心理劇

再評価カウンセリング，コ・カウンセリング re-evaluation counseling, R. C., co-counseling

抑圧してきた緊張や情動，気持ちを放出させることによって，自分の過去を再評価し，全面的な自己信頼を回復することを目的にして，非専門家の仲間どうしが無料で互いに行なう相互カウンセリング。ピア・カウンセリングの一型。

専門家による他のカウンセリングでは，カウンセラーからクライエントに向けて一方通行でカウンセリングが行なわれる。それとは違って，仲間同士がペアを組んで，交互に行なうカウンセリングを再評価カウンセリングと呼ぶ。カウンセラーとクライエントの役割を15〜30分といった短時間で交替して，互いにカウンセリングをするのが特徴である。

「怒り，寂しさ，不全感，といった感情を無意識の中へ閉じ込めてあるのに気づかずにいると病気になることがある」という仮説にもとづいて，ジャキンス（Harvey Jackins）が1965年に始めた再評価カウンセリングが，互いにカウンセリングをし合うコ・カウンセリングの最初のもので，その後に多くの分派ができた。彼が再評価カウンセリングを考案した背景には，人間が次のような考えをもっているという仮説があった。「愛したい，愛されたい，世界を理解したい，自分を理解してほしい，互いに連帯したい，あなたもこの世界の主人公，私もこの世界の主人公，平等に自分の道を選択する自由をもち，自立して生きていく，自分はもっと大きな全体の一部である。」そう考えると，力もわいてくる。個人のエネルギーの目的は，それを意思表示して，この考えを実行することだ。一般には社会に適応することがよいことだとされているが，社会があって自分がいるのではなくて，自分がいて社会がある，基準は自分だと考えればもっと自由になれる。

カウンセリング料金を払わないという経済的理由，ないしは，専門家の権威主義に反対だというような政治的・社会改革的意見をもつ人がR. C. にかかわることが多い。しかし，適当な規則や内容がないので，専門的カウンセリングの代用にはなれない，という批判もある。

R. C. の方法としては，「互いに自己主張をせよ，意見を述べずにあるがままの事実を述べよ，隠されている情動を繰り返して表出せよ，思いつく考えを何でもいいから口に出せ」ということを相手に言って，カウンセリングを始め，次のようにして感情を放出させる。(1) 大声で叫んだり身体を動かして怒りを発散させる，(2) 身体を震わせて恐怖を示す，(3) 泣いて悲嘆を示す，(4) 大声で笑って当惑を示す。

カウンセラー役になった人は，クライエント役の人が抑圧された不快感情を放出するのを援助し，注意を集中して，できるだけ支持し，クライエントが自己開示するのを見守る。

再評価カウンセリングは，(a) カタルシス（感情浄化），(b) 洞察（トラウマを与えた出来事を再評価する），(c) 話す，(d) 目標を設ける，という4段階で進められる。

これによってカタルシスがおきると，それまでのぎこちなく強迫的で，効果のない行動が消える，以前にはがんじがらめになっていたエネルギーが解放される，嫌だと思っていたことから自由になる，世界とより満足のいく温かい関係を結べるようになる。

カウンセラー役の人は解釈，助言，分析，分類をしてはならず，「もっと深いレヴェルに掘り下げてみなさい」などと指示してはならない。「開かれた質問」をしたり，クライエントがとらわれから自由になるように助けを出すことはしてもよい。

電話や井戸端会議で愚痴をこぼすことは誰にでもあるが，再評価カウンセリングでは，お互いに気持ちを聞き合うという合意がある点が違う。 〔小林　司〕

⇒カタルシス，洞察，ピア・カウンセリング，開かれた質問，抑圧

文献　1. 安積遊歩「大人だって泣いていいんだ：再評価カウンセリングという戦略」『婦人公論』1998年12月7日号 (No. 1025), p. 40-43 ; 2. G-Stewart, 1997

催眠療法 hypnotherapy

催眠状態にあるクライエントに対して暗示を与えたり，話をさせたりする心理療法。

成瀬悟策によると一般的には，さまざまな心

理療法を行なうときに，催眠状態下の方が大きな効果を期待することができると言う。したがって，催眠療法の特徴は他の心理療法と併せて行なう療法であると言えよう。

夜尿，乗り物酔い，チック，不安，恐怖，イライラ，こだわり，痛みなど，心因性の行動的および身体的問題の改善や除去に催眠療法を使う。

催眠そのものには，治療的な効果はないが，催眠による心身のリラックス状態が自分自身の物の見方や考え方を変えることがある。さらに，筋肉をリラックスさせた状態から心の安定状態を導くことにより，心の緊張をときほぐすことが可能になってくる。

催眠療法には大きく分けて，二つの方法がある。

（1）催眠状態ではクライエントに暗示をかけやすくなる。暗示によって，行動を規制したり，症状を除去，改善させる。クライエントは，催眠状態で暗示をかけられることにより，自らの行動を変えていくようになる。さらに，症状を除去，改善させたいと考えているクライエント自身が暗示による指示を受けながら，自分から，より積極的に症状を除去，改善させていこうとするようになってくる。

夜尿の治療の例をあげてみよう。
（a）催眠状態の中でクライエントに夜尿をする理由や原因を説明する。
（b）昼間，起きているときの，排尿をしたくなる感じをイメージさせる。
（c）夜，眠っていても，尿意がわかるようになることを暗示する。
（d）尿意を感じたら，目が覚めるようになることを暗示する。
（e）効果が持続するようになることを暗示する。
（f）催眠後健忘のための暗示をする。
この場合，留意点として，
（i）十分に効果が認められるケースと，そうでないケースとがある。効果が認められないケースでは，この他に生活習慣や親子関係，しつけの仕方などの改善をも必要とする場合がある。
（ii）暗示の内容を理解できないクライエントや，催眠にかかりにくいクライエントもいる。
（iii）催眠状態の中では，尿意の感じをつかめないクライエントもいる。
などがあげられると言う。

（2）催眠状態にある時には，あたかも，その場面にいるような感覚を体験できる。このことを利用して，クライエントが実際に行動をすることが困難な場合でも，現実の場面にうまく行動できるように，あらかじめイメージの中で練習することができる。これを「メンタル・リハーサル法」とか「イメージ・リハーサル法」と言う。

大野清志が述べている「メンタル・リハーサル法」の要点を次に紹介しておく。
（a）催眠性イメージの現われる深さの催眠状態まで導く。
（b）楽しいイメージなどを体験させ，次のイメージが出やすくなるようにする。
（c）尿意を感じた時のイメージを体験させる
（d）夜，眠っている状態をイメージさせる。
（e）尿意を催してきていることをイメージさせる。
（f）排尿したい感じに気づいて，目が覚めることをイメージさせる。
（g）尿意を催してから，覚醒にいたる一連の行動のイメージを繰り返して強化する。
（h）イメージ体験が催眠から覚めた後も続くように強化をする。
（i）催眠後健忘の暗示をする。

〔五十嵐克史〕

⇒行動療法，心理療法

文献 1．田中熊次郎編著『教育相談臨床事例集II』254p., 1972；2．与野市教育センター編『情緒障害児研究第3集』「夜尿児理解への道」172p., 1976；3．与野市教育センター編『情緒障害児研究第4集』「神経質な子ども理解への道」152p., 1977

作業療法 occupational therapy
　精神疾患や身体的疾患のある患者に目的ある作業を与えることによって，興味や意欲を引き出し，生活への適応や生産的生活に必要な技術を学習させ，疾患の軽減をはかる治療的活動。

作業が治療の手段として用いられた歴史は古く，古代エジプトでは，神殿を建設するのにうつ病の患者が多数集まって作業を楽しんだということである。作業療法が治療として用いられた最初の記録は，B. C. 600年頃，ギリシアのアスクレピオスが譫妄の患者に音楽，歌曲，演劇などを行なわせることによって鎮静効果を上げたことが記述されている。さらにヒポクラテス(B. C. 460～377)は，身体と精神の相互関係を強調し，スポーツや労働を機能訓練として取り上げ，その効果を仕事の能力へ転換させるようにした。ギリシアの医師ガレノス（A. D. 130～201)は，「仕事をすることは自然の最も優れた医師であり，それが人間の幸福の要件である」と述べて，作業の有効性をより明確にした。近年になって，2度の世界大戦で戦傷を負った人々を社会復帰させる必要から，リハビリテーションという概念が確立され，その一分野として作業療法が位置づけられるようになった。

作業療法は，作業療法士(occupational therapist, OT)によって行なわれる。OTは，医療分野に属する専門職として，1965年に理学療法士及び作業療法士法によって資格が確立した(1996年現在，約8,000人)。作業療法は，医療分野では医師の依頼で，教育や福祉の分野ではチームを組む他の専門職の依頼で，対象となる人々の身体機能と心理的状態を評価し，各人に最も適した作業を与えることによって治療的，社会的，教育的効果をあげようとするものである。作業内容は木工，織物，粘土，手工芸，金工作業などの種目が適宜選定される。いずれも運動の繰り返しを要し，危険がなく，順応しやすく，創造力を伸ばせるものである。

OTの扱う領域は，整形外科的疾患の患者に対しては，切断の場合における義肢の装着訓練，骨格異常への装具やスプリントの製作，脳血管障害や神経筋疾患の患者に対しては筋力増強，関節可動域の増大，協調運動の促進，日常生活動作の改善，自助具の製作とその使用の指導を行なう。老人の場合には，体力，持久力の低下防止，肺炎予防のための諸活動，生きがいのためのレクリエーションや趣味の開発を指導する。精神疾患の患者に対しては，感情のはけ口を与えて昇華の一助とし，より良い人間関係を発達させる機会を提供する。

作業療法の目的は，最大の身体機能と生産性を獲得させることであり，(1)支持的，(2)機能的，(3)職業的なものに分けられる。

(1) 支持的作業療法では，長期にわたって何らかの機能障害を伴う疾病に罹患した患者，あるいは身体の一部を事故によって失った患者に対しては，障害を自覚した時に必然的に出てくる抑うつ感情を克服することを目標とする。そのためには，信頼関係を築き，身体的，心理的改善の得やすい雰囲気を作るなかで，失ったものよりもむしろ残存する能力に患者の目を向けさせ，作業経験を通じて，今後も何とかやっていけることを自覚させ，自信をつけさせる。こうして障害受容とともに，残存能力を最大限に活用しようという意志を引き出していく。

(2) 機能的作業療法では，障害の軽減に焦点を当て，感覚器官に適切な刺激を与えて反応を引き出し，関節可動域の改善，筋力増強，協調運動,巧緻動作の向上を促すことを目的とする。そして，思考または感情障害を変化させて心理的充足を得，誤った自己概念の矯正，自立への基本的態度や技術を獲得させる。作業時間，運動範囲，漸増抵抗などについては段階づけを行ない，日常生活動作は単純な運動に分解してそれを練習させる。

(3) 職業の前段階としての作業療法は，前職業的評価を行ない，患者を仕事に適応させるように導くためのものである。疾病や事故のため職業転換，配置転換を考える必要のある患者のためには，残存能力でできる仕事を探す。患者の興味を感知しつつ，手の巧緻性や，作業耐性，働く習慣づくりの面で仕事に適応できるように指導する。前職業的経験によってイニシアチブ，責任感，管理能力，整理整頓，時間厳守能力など職業への適性を測定することができる。

作業療法は，対象の評価，治療目標のたて方，治療内容の構成などの点のおいて科学性をもつが，一人一人違った能力と個性をもった人間が障害を負った時に，どのようにして生きがいを見出し，人間らしい生活を再構成するかというニーズに，ともに人格的に関わっていく点で芸

術性をももったものである。〔今村恵津子〕
⇒生きがい, クオリティ・オブ・ライフ, リハビリテーション

文献 1. 上田敏編『リハビリテーションと看護』(看護学双書 25) 文光堂, 468p., 1985；2. 田村春男・鈴木明子編『作業療法 総論』(リハビリテーション医学全書 9) 医歯薬出版, 422p., 1976；3. 日本医師会編, 林崇史監修『リハビリテーションマニュアル』(日本医師会生涯教育シリーズ) 日本医師会 (発売：日本医事新報社), 322p., 1994；4. 服部一郎・細川忠義・和才嘉昭『リハビリテーション技術全書』医学書院, 958p., 1974；5. ペドレッティ, L. W., 小川恵子・山口昇・青木真由美訳『身体障害の作業療法：症例・評価・治療の実際』協同医書出版社, 447p., 1985；6. ホプキンズ, H. L.・スミス, H. D. 編著, 小池恵子他訳『作業療法』(改訂第 5 版) 協同医書出版社, 361p., 1982；7. 前田真治『脳卒中の生活ガイド』医歯薬出版, 200p., 1992；8. 吉利和監修, 大川嗣雄編『最新看護セミナー臨床編 リハビリテーション技術ハンドブック』メヂカルフレンド社, 292p., 1980；9. ラスク, H. A. 他, 小池文英監訳『リハビリテーション医学』医歯薬出版, 671p., 1966

査定 ⇒アセスメント

産業カウンセリング industrial counseling

企業や産業領域で行われる従業員のためのカウンセリング。

カウンセリングは20世紀初頭のアメリカにおいて職業指導として発展した。この頃のアメリカでは一般従業員の適材適所を考慮することなく雇用や配属が行なわれていたので不適応をおこし, 短期間で退職する者が続出した。このような状況を改善するためにパーソンズ (F. Parsons) が「職業指導運動」をおこした。1908年にボストン市に職業指導局を開設し, 適材適所の職業指導を行なう相談員をカウンセラーと呼んだ。以来アメリカ社会にカウンセラーは浸透し「職業カウンセリング」が発展した。日本においても「キャリア・カウンセリング」が重要なカウンセリングの柱となっており, このパーソンズの職業指導が始まりである。

続いて1920年代のソーンダイク*らの精神測定運動 (教育測定運動) もカウンセリングの発展に大きく関係している。この運動はアメリカの合理主義・科学主義を反映して人間の知能や技能を測定し客観的に理解しようとする方法が重視され, そこに専門的なカウンセラーが求められるようになった。

もう一つカウンセリングの発展に寄与した運動にビアズ*の「精神衛生運動」がある。これは精神病院における患者の待遇改善を求めるものであった。

アメリカでは1920年代前半から大手企業にカウンセリングが導入されるようになったが, 最も影響を与えたのは有名なホーソン研究 (Hawthorne study) である。これは, 能率や生産性を向上させる鍵は, 作業環境や労働条件よりも従業員の「態度」であり,「やる気 (モラール)」であるとし, 監督者訓練の改善とカウンセリング・プログラムの実施を行なった。

次に1940年代半ばからアルコール依存症対策として始まった従業員援助制度 (employee assistance program, EAP) が社会のニーズに応じて次第に発展し, 現在ではアルコールや薬物依存ばかりではなく, 職場のメンタル・ヘルスを推進するシステムとしてより広い視点に立った活動を展開し, アメリカの多数の企業がこれを活用している。

日本でも企業内における相談活動は戦前にすでに行なわれていた。八幡製鉄所では大正中期に従業員福祉のための身の上相談を行なったが, カウンセリングというものではなかった。

戦後になって大学などの教育関係においてアメリカにおけるカウンセリング運動が盛んになってきた。産業関係では1954年日本電信電話公社 (現 NTT) がカウンセラー制度を試行的に導入したのが第一歩であった。続いて1956年には国際電信電話株式会社 (現 KDDI) にカウンセラーが置かれ, 1957年には松下電器産業, 明電舎, 神戸製鋼などの会社がこれにならって制度を設けた。

日本が本格的に産業カウンセリングに注目しだしたのは, 1955〜1964年のことである。1964年の東京オリンピックを境に経済大国を目指し, 三交代制や夜間勤務などによる従業員の精神的緊張が続き, ストレスという用語も使われるようになった。1970年代にはオイルショックがあり, 景気が低迷した。1989年 (昭和の終わ

りから平成にかけて), 貿易黒字, 経済摩擦, 円高問題, 女性の社会進出, 技術革新など大きく社会が変化した。さらにバブル経済が破滅し, 日本的雇用制度の崩壊につながったので, 産業カウンセリングの果たす役割も大きくなった。

産業カウンセリングの現状は, メンタル・ヘルス対策として取り入れている企業が多く, 1993年の調査では何らかの形で取り入れている企業は48.6%と半数近くになっている。規模が大きくなるほど対策も充実し, 従業員3,000人以上の企業では72.3%が導入し, 企業の規模により格差がある。このような企業で働くカウンセラーを一般には産業カウンセラーと呼ぶが, 労働省の認定資格の産業カウンセラーの数は1996年3月現在で初級産業カウンセラー4,140人, 中級カウンセラー283人である。しかし産業カウンセラーとして実際に仕事をしている人は少数であるという厳しい現実もある。この他企業で働くカウンセラーの中には臨床心理士や日本カウンセリング学会認定カウンセラーおよび労働省の外郭団体である中央労働災害協会認定心理相談員などのレベルの高い資格を得て働いている人もいる。なお, 関連機関には「日本産業カウンセラー協会」「日本産業カウンセリング学会」「心理相談学会」などがある。　　〔緒方一子〕

⇒カウンセリング, キャリア・カウンセリング, 心理相談員, 心理判定員, メンタル・ヘルス, 臨床心理士

文献　1. A-内山編, 1994;2. A-杉渓・中澤・松原・楡木編, 1995

三歳児健診　health checkups for three-year-olds

「母子保健法」第12条によって定められている健康診査。都道府県知事が, 満3歳を越え4歳に達しない幼児に対して, 毎年期日を指定して行なうことが規定されている。

乳幼児健診の中でも, 現在実施されている形式の三歳児健診は, 1969年に制度化されたもので, 精神発達, 運動機能の発達, 言語の発達, 視聴覚機能, 生活習慣, 情緒, 習癖などが健診の項目であり, 具体的には, 身体計測, 内科検診, 歯科検診(むし歯と歯ならびをみる), 尿検査, 視力検査, 聴力検査, 知能検査を行なう。その他, 栄養指導, 生活指導, 事故防止などの保健指導も行なわれている。

実施主体は主に保健所である。また上記の検査項目の中で, 視力検査は保健所から「視力検査セット」が送られてくるので, あらかじめ家庭でテストして, 健診の日に持参する。また, 保健所から前もって送られてくるアンケート用紙に記入し, 健診の時に医師が子どもの発達を把握できるようになっている。

一歳六カ月健診との違いは, 斜視や難聴など眼科的, 耳鼻科的なチェックをすること。さらに, 腎炎やネフローゼのような腎疾患や糖尿病などの早期発見のために, 蛋白尿, 糖尿, 血尿の検査が実施されることなどである。これらが大きな成果をあげ, 多くの異常が早期に発見され, 早期に適切な観察, 治療が行なわれるようになった。

【公的健診のはじまり】　乳幼児健診は1939年, 主に乳幼児の結核予防を目的に始められた。1942年には「国民体力法」にもとづいて乳幼児体力検査が実施された。戦後, 1948年, 母子手帳の配布とともに乳幼児一斉健診が年2回設定された。1962年には, 前年に制定された「児童福祉法」により, 厚生省が3歳児の一斉健診を実施。1965年, 「母子保健法」が制定され, 乳幼児健診はこの法律のもとで行なわれることとなった。1969年に「三歳児の精神発達精密健診の実施について」という通達が出された。これは, 将来, 精神発達面に障害を残すおそれのある3歳児について, 知的障害児などの早期発見・早期治療を目的とするというものである。1977年より, 三歳児健診で心身の異常を発見したのでは遅すぎるということで, 一歳六カ月健康診査が実施されている。

【乳幼児の定期健診について】　乳幼児の健康診断は, 民間の医療機関の小児科でも日時を決めて行なっている(任意健診)が, 行政的には, 現在次のようなものが行なわれることになっている(公的健診)。(1) 新生児訪問指導。(2) 三カ月児健康診査。(3) 一歳六カ月児健康診査。(4) 三歳児健康診査。(5) 以上の他, 自治体によって, 1カ月児, 5～6カ月児, 9カ月児,

三歳児健康診査票

歳児健康診査票	管轄		地区	No.	診査者名 職　医師　　保健婦		
児童名	男　女	保護者名 職　業		続　柄 第　　子	診査日 出生 年齢	年 年 年	月　日 月　日 月　日

A 家族歴	住所	近親結婚　1．あり　2．なし
	父　　才　1．健康　2．病気　3．特記事項（　　）	主な保育者
	母　　才　1．健康　2．病気　3．特記事項（　　）	1．昼間（　　）　2．夜間（　　）
	同胞　　人　　1．健康　2．病気	□保育所　□託児所　□幼稚園

B 出生歴	妊娠中の母の疾病異常　1．なし　2．あり(病名　　　)	出生時体重
	分娩異常　1．なし　2．あり(病名　　　)	g
	早期新生児期の児の状態　1．異常なし　2．仮死　3．強い黄疸　4．けいれん	在胎期間
	5．酸素使用　6．保育器使用　7．その他(病名　　　)　8．不明	週(月)

C 既往歴	経過した伝染病　1．なし　2．麻疹　3．風疹　4．水痘　5．流行性耳下腺炎　6．百日咳 　　7．その他
	経過した中等度以上の疾病　1．なし　2．肺炎・気管支炎　3．重い下痢・腸炎　4．外科手術 　　5．その他の急性疾患(病名　　　)　6．慢性疾患(喘息・その他病名　　　)
	罹患傾向　1．なし　2．ひきつけたことがある(回数　回)　3．下痢し易い　4．よく熱を出す 　　5．かぜをひき易い　6．かぜをひくと，ぜいぜいがとれにくい　7．湿疹　8．その他
	予防接種　1．種痘(善感・不善感)　2．三種混合(完・未完)　3．ポリオ(完・未完) 　　4．最終BCG　　年　月　日
	最後のツベルクリン反応　＋　±　－　（　　年　　月　　日）

D 行動発達 言語	運動機能　1．よく走る(＋　－)　2．足を交互に出して階段をのぼる(＋　－) 　　3．まねて○(マル)を描く(＋　－)
	目　1．よく見える　2．よく見えない　3．斜視
	耳　1．よく聞こえる　2．よく聞こえない
	精神発達　1．なんでも自分でしたがる(＋　－)　2．2つの数がわかる(＋　－)
	言語　1．名と姓をいう(＋　－)　2．歌をうたう(＋　－)　3．質問をよくする(＋　－)
	社会性　1．友達と遊ぶ(＋　－)　2．ごっこ遊び(＋　－)　3．大人と話しができる(＋　－) 　　4．自他の物の区別(＋　－)

E 生活習慣 しつけ	清　潔：手を自分で洗う(＋　－)
	衣服の着脱：衣服の脱ぎ着を自分でしようとする(＋　－)
	排　泄：日中おしっこがひとりでできる(＋　－)
	整理・整頓：命令されておもちゃなどを片づける(＋　－)

F 食事	ひとり食べ　1．ほぼできる　2．できない
	食事行動(食欲・偏食など)　1．よく食べる　2．普通　3．少ない　4．むら食い 　　5．ひどい偏食　6．その他
	食事内容　1．適当　2．難あり(食品構成・調理・間食・その他　　　)

G 育児上の問題	育児態度　1．普通　2．かまいすぎ　3．かまわない　4．その他
	行動上の問題　1．とくにない　2．かんが強くよくぐずる　3．異常におとなしい 　　4．周囲の人に無関心　5．その他

H 発育	これまでの発育　1．身体：順調・劣る・不明　2．運動機能：順調・遅れ・不明 　　3．知恵：順調・遅れ・不明
	身　長　　　　　　cm 体　重　　　　　　kg

I 診察	受診態度	1. 協力的　2. 非協力(a こわがる　b あばれる　c 泣く　d 無関心　e その他)	
	体格	1. 大がら　2. 普通　3. 小がら	
	栄養状態	1. 肥　2. 普通　3. やせ	
	筋骨	1. 強壮　2. 普通　3. 薄弱	
	形態異常	1. なし　2. あり(大頭・小頭・顔つき・胸郭・そけいヘルニア・四肢・その他　　)	
	皮膚	1. 異常なし　2. 湿疹　3. 不潔　4. 青白い　5. 血管腫・あざ　6. その他	
	胸部聴診	1. 異常なし　2. 異常あり	
	心雑音	1. なし　2. あり(a 機能的　b 病的)	
	腹部	1. 異常なし　2. 異常あり	
	神経学的所見および運動機能	1. 正常　2. 境界　3. 異常	
	眼	1. 視力障害(なし・あり・疑)　2. 斜視(＋　－)	
	聴覚	1. 正常　2. 難聴　3. 疑	
	その他の疾病異常		
J 検査	尿たく白　－ ± ＋	尿糖　－ ± ＋	血色素　　　　g/dl
K 総合判定	1. 健康　2. 問題あり(項目)		
L 指導区分および備考	1. 異常なし　2. 助言指導　3. 追跡観察　4. 精検(紹介)　5. 要治療　6. 施設紹介		

(ただし，A～C，G～Lの項目は他の幼児健診と共通である。楠，1994, *p.* 162より作成)

1歳児，2歳児の健康診査のうちのいくつかを行なっているところもある。(6)保育園，幼稚園に通っている場合の，年に2回以上の健康診査。

乳幼児が心身ともに健康に育っているかを確認するため，発育の時期に応じて定期的に，きめ細かく健康診断や健康相談をするシステムが，定期健診といえよう。保健所の側から記すと地域の子どもたちの発育・発達の確認をしたり，育児上の相談にのったり，医師・保健師が保育上気づいてほしいことを話したり，必要に応じて専門の機関を紹介するなどの目的がある。健康を確認する気持ちで，きちんと受けておくと安心である。また，親からみてもとりわけ心配なことがある時は是非受けるべきものである。

一般に，健診は発達の区切りとしても重要な時期にあてられている。乳幼児の脳は，複雑な神経回路がめざましい勢いで形成されて結ばれ，3歳までに，成熟状態の約8割ができあがるといわれている。

また3歳児は，社会性が出て子ども同士で友だちを求め，順番などのルールを学ぶようになる。見立ての力がつき，葉っぱをお皿に見立てて遊んだり，つもりの行動，いわゆる「ごっこ遊び」をするようになる。大きい，小さいなどの物の比較ができるようになる。会話ができるようになり，話に自分の名前を入れるということがおきてくると同時に，自分を意識し，子どもによっては照れたり，目立ちたがる。さらに，3歳児の反抗期と呼ばれる状態も始まり，大きな節目といえよう。

健診で健康な子どもに「異常の疑い」が出されることがあるのは，脳性麻痺や知的障害などいわゆる障害の早期発見，早期治療が，母子保健の重要な仕事になり，その一つの手段としてスクリーニングという，網にかけてもらさないやり方が普及したからだと考えられる。特に知能検査は検査の仕方で結果が異なるということも指摘される。

【知能検査について】　知能検査は何を測定しているかという問に対する一つの答えは，「記号」を操作する能力といえよう。タイラー（Leona Elizabeth Tyler, 1906～）と　ウォルシュ（W. Bruce Walsh, 1936～）によれば，知能検査が何を測っているかということについて，間違った，時代遅れの考え方が根強く残っていて，しばしば個人についての不当な評価の原因になってお

乳幼児の健康診査及び保健指導要領

健康診査

(1) 身体発育計測（体重，身長，胸囲，三歳児まで頭囲を含む）身体計測においては，乳児期におけると同じく継時的に順調な発育をとげているか否かに重点をおくこと。
(2) 栄養状態（筋骨の発達，皮下脂肪の充実，皮膚の緊満，血色等）
(3) 精神機能及び運動機能の発達
　育児環境の影響の大きいことを重視し，標準的な発達と比較しつつ継時的に順調な発育をとげているか否かを観察すること。とくに，精神発達については，知的発達，情緒発達並びに社会性の発達について診査し，これらのものと育児環境との関連に留意すること。
　また，運動機能については育児環境，遊び，練習の機会との関連に留意すること。
(4) 疾病または異常
　一般身体所見のほか，とくに下記の疾病または異常に注意すること。
ア．栄養の過剰または不足による身体症状及び貧血
イ．発育不全
ウ．各種心身障害（肢体不自由，精神薄弱，痙攣性疾患，聴力及び視力障害，言語障害等）の発見と教育訓練の可能性の評価
エ．慢性疾患（結核，気管支喘息，リウマチ熱，腎炎，ネフローゼ，湿疹，蕁麻疹，小児ストロフルス，瘙痒等の皮膚疾患，その他のアレルギー性疾患等）
オ．視聴覚器，呼吸器，消化器等における感染症等の軽微な疾患
カ．う歯，不正咬合等の疾病又は異常
キ．とくに疾病または異常を認めないが，虚弱で疾病罹患傾向の大なるもの
ク．行動異常，精神身体症状（早期発見につとめること）

保健指導

乳児期の保健指導の成果をさらに発展させ，身体，精神，運動機能の健全な発達に重点をおき，とくに次の事項に注意すること。
(1) 栄養指導については，幼児食にふさわしいつりあいのとれた食品構成の食事，よい食習慣の形成，食事のしつけ，間食，食欲不振，好き嫌い，食物アレルギー等について指導すること。
(2) 生活指導については，生活習慣の自立をはかり，身体の清潔，衣服の着脱，排尿，排便のしつけ，遊び，運動，集団生活，友達等について指導すること。
(3) 精神衛生については，家族関係，社会適応に留意し，行動異常，異常習癖の予防及び早期発見，矯正をはかるよう指導し，養護の過剰または不足（ひとりっ子，かぎっ子等）に注意すること。
(4) 事故防止については，環境の整備及び幼児の安全教育について指導するとともに，とくに窒息，交通事故，溺水，墜転落，火傷，熱傷，毒物誤えん等に注意するよう指導すること。
(5) 予防接種については，予防接種法及び結核予防法に基づくものは，定められた期日に所定の基礎免疫又は追加免疫をうけるよう指導し，日本脳炎，破傷風，麻しん等その他の予防接種については，各幼児の年齢，環境条件等を考慮し，必要に応じて受けるよう指導すること。
(6) 疾病予防については，とくに保育所，幼稚園等の集団生活における感染防止について指導し，環境衛生，家族の健康についても指導すること。
(7) 疾病又は異常の治療，療育の指導，育成医療，療育の給付，施設入所，慢性疾患の再発防止，社会復帰について指導すること。
　なお，肢体不自由，視覚障害，聴覚・平衡機能障害，音声・言語機能障害等の身体障害を有するもので，必要と認められるものについては，登録管理を行うようにつとめること。

(厚生省児発第688号『母性・乳幼児の健康審査及び保健指導要領』より)

り，次のように述べられている。
「テストされた知能というものは，世間で考えるものよりも『限定された』特性である。IQは人間の一般的な『質』を表す指標ではない。また美術や音楽や機械に対する才能だの，人間に対する洞察力だのを示すものでもない。新しい事態への適応力を測るものでもないし，いろいろな学校以外の場面で新しい物事を覚える速さや容易さを示すものでもない。中でも一番大事なことは，知能は『生まれつきの』能力を純粋に測るものではなくて，能力とともに経験を，適性とともに教育の成果を反映しているという点である。」　　　　　　　　〔坂庭愛子〕

⇒障害者，知的障害，難病，発達，発達課題，発達障害，発達段階，保健所

文献 1. 青木一他編『健康管理と病気の知識』（保育幼児教育体系 別巻 子どもの健康づくり）労働旬報社，188p., 1987；2. 楠智一編『最新小児保健』日本小児医事出版社，281p., 1994；3. 厚生省 児発第688号『母性・乳幼児の健康診査及び保健指導に関する実施要領（抄）』「乳幼児の健康診査及び保健指導要領」IV幼児保健；4. タイラー，リオナ，E.・ウォルシュ，W. ブルース，高田洋一郎訳『テストと測定』（新訂 現代心理学入門）岩波書店，190p., 1980；5. 毛利子来・山田真編『ちいさい・おおきい・よわい・つよい 2：こどもたちの健康診断でなにがわかるの？』ジャパンマシニスト社，96p., 1994；6. 山田真『子どもの健康診断を考える：だれのためのからだの管理か』筑摩書房，241p., 1986

死 death
生物の生活・生命機能が不可逆的に停止すること。

従来からの死の判定は，3徴候の確認によっている。すなわち，呼吸停止，心拍停止，瞳孔散大・対光反射消失である。この3徴候による医学的な死は，一般社会における人の死としても受け入れられてきた。これに対し，1950年代から脳死の概念が明らかになり，特に1967年に世界初の心臓移植手術が行なわれて以来，臓器移植との関係で心臓死に先行する脳死をもって人の死とすることができるかが問題とされてきた。心臓，肝臓，すい臓などはドナーの脳死状態（臓器には血液が循環している状態）で移植をしないと成功が期待できないとされるが，脳死が人の死と認められないならば，脳死状態での臓器の摘出は犯罪を構成するからである。脳死は，大脳・小脳・脳幹などの全脳髄の不可逆的な機能喪失と考えられている。脳死は，次の段階として心停止に至る。しかし，脳死状態で生命維持装置により心肺機能が確保されている間は，外見的には生きている状態であり，一般の人にとって死んだとは認めにくい。日本では，1992年に「臨時脳死及び臓器移植調査会」の最終報告が脳死をもって人の死と認め，臓器の摘出をしてよいという見解を出しているが，いまだ脳死が社会的に受け入れられたとは言いにくい。死亡後の臓器移植については，ドナー（臓器提供者）の家族およびレシピエント（被提供者）に対するインフォームド・コンセントが重要であり，両者がその自由意思にもとづいて決定，承諾することが前提となる。また，公平な臓器提供が行なわれなければならない。そのためには移植コーディネーターが必要とされるが，まだ日本では少ない。臓器移植はドナーの臓器がレシピエントの体内で生きていると受け取られることから，ドナーの家族およびレシピエントには心理的な援助が必要な場合がある。

死は人生における最も大きな喪失である。家族の死，友達の死，自分自身の死，と人生においてはいくつかの死を体験しなければならない。人間が死ぬべき存在であることは事実であるが，日常の生活においては自分が死ぬべき存在であると意識することは少ない。一方では，「天寿を全うした」高齢者の死亡は家族の喪失感が比較的軽いことがある。しかし働き盛りの死，幼い子どもを残しての母親の死などは本人にとっても，周囲の者にとっても辛く悲しいものとなる。本人にとっては，死ぬまでの苦しみ，死への恐怖をどう耐えていけばいいのか，家族にとっては，苦しみ，不安に耐える本人をどのように支えていったらいいのか，介護に伴う不安をどのように考えたらいいのかが問題となる。

平山正実は，人間の存在様式を実存的存在，関係的存在，時間的存在，空間的存在に分類し，臨死患者の精神病理を考察している。その中で，患者は死を目前にしながらも成長発展する自由を一方でもつと同時に，自死を選択する自由をももつ実存的存在であること，患者に対する共感，患者の生涯における生への構えの見直しと人生の意味の再発見の必要性，未来に対する希望・開かれた自由の必要性，安らぎ・親和性のある空間の必要性を述べている。厚生省は1992年度人口動態社会経済面調査（悪性新生物）において，40歳以上65歳未満の死亡者の遺族に対して「告知」「説明と同意」「末期医療の状況」などを中心に自由記載による調査を行なった。その結果から，告知がされない場合には，家族が患者本人にさとられないようにするために大きな精神的・身体的苦痛を負っていること，患者自身は痛みによる苦痛，孤独感・死への恐怖をもつことがうかがえる。

白井幸子は，死にゆく人へのカウンセリングについて，その主要な目的は問題の解決というよりは，病む人を悩ませている精神的・肉体的苦痛を軽くし，「心の平安を増すための手助け」をすることである，とする。まず，病む人の苦しみと悲しみについて，次の七つをあげる。(1)「精神的安定が痛みによって妨げられる」ことの苦しみ，(2) 肉体が衰え，機能が失われていく悲しみ，(3) 残していく家族への気がかり，(4) 自分の死を悲しむ家族のいない寂しさ，(5) 自己消滅の悲しみ，(6)「何も意味あることを成し遂げなかった」悲しみ，(7)「自分の意思や理性を越えて自分を支えてくれるもの」への願い。次に，死にゆく人を援助する時の目標として，

(a) 心の平安を増すための手助けをすること，(b) 患者の願いごとをかなえてあげること，をあげる。さらに，援助の具体的方法として，次の六つをあげる。(ⅰ) 一人の人間として患者とともにいること，(ⅱ) あるがままの自分で接すること，(ⅲ) 繰り返し訪問すること，(ⅳ)「身体言語」に注意しつつ，患者の訴えに耳を傾けること，(ⅴ) 患者のどのような小さな訴えも無視しないこと，(ⅵ) 言葉によるコミュニケーションが不可能になった時には手によるタッチでコミュニケーションをする。

また，介護する側の問題として，医療スタッフ，家族のストレスへの対応も重要である。

アルフォンス・デーケンは，死を受容する段階についてE. キューブラー＝ロス (Elisabeth Kubler-Ross) の5段階説（「グリーフ・ワーク」の項参照）に加えて，死後の永遠の生命を信じる人の場合には，永遠の未来である死後の世界での愛する人との再会を期待する，期待と希望の第6段階を加えるべきだとする。死の受容が単なる諦めでなく，何らかの意味の希望を伴うものであれば，平穏な死を迎えやすくなる。

臨死体験の研究には，臨死状態において，心の安らぎや静けさ，以前に死亡した近親者との出会い，明るい光との出会い，などの体験が共通してみられるとの報告がある。これらの体験・報告から「死を恐れることはない」とする考え方もある。チベット仏教の「チベット死者の書」は，死後の霊魂がたどる段階について書かれたものである。米国のボランティア活動の一つであるリビング・ダイング・プロジェクトでは，この「死者の書」などをもとに死への恐怖を和らげ，死を迎える準備の援助を行なっている。

キャラナン (Maggie Callanan)，ケリー (Patricia Kelley) は，従来患者の混乱とか夢にすぎないとされていたことの中に，臨死患者が死にいたる過程について語り，安らかな死を迎えるためにしてほしいことを語るメッセージを読み取ることが可能であるとし，これを臨死意識 (nearing death awareness) と呼んでいる。

死は人生の最終段階であり，死へ向かっていく生をどのように過ごしていくかも重要な問題である。死をめぐる問題は，他にもさまざまな側面をもつ。子どもの死，妊娠中絶，自死，グリーフ・カウンセリング，死生観，末期医療と生命倫理，深層心理学における死と再生，死の準備教育など。死にゆく人の手記，遺族の手記も数多く出版されている。　　　〔松岡泰夫〕

⇒安楽死・尊厳死，インフォームド・コンセント，ガン，グリーフ・ワーク，死への準備教育，脳死，悲嘆カウンセリング，悲嘆反応，臨死体験

文献 1. 雨宮育造・雨宮淑子編著『この一日を永遠に：ガン闘病ホスピス日記』キリスト新聞社, 284p., 1984；2. 河合隼雄『生きることと死ぬこと』(河合隼雄著作集 13) 岩波書店, 350p., 1994；3. 河邑厚徳・林由香里『チベット死者の書：仏典に秘められた死と転生』日本放送出版協会, 280p., 1993；4. キャラナン, M.・ケリー, P., 中村三千恵訳『死ぬ瞬間の言葉』二見書房, 290p., 1993；5. J-キューブラー＝ロス, 1971；6. 厚生省大臣官房統計情報部編『働き盛りのがん死：患者家族の声と統計』南江堂, 260p., 1994；7. 幸田文『ちぎれ雲』(講談社文芸文庫) 講談社, 196p., 1993；8. 鈴木秀子『死にゆく者からの言葉』文藝春秋, 240p., 1993；9. 立花隆『脳死』中央公論社, 492p., 1986；10. 千葉敦子『「死への準備」日記』朝日新聞社, 211p., 1987；11. デーケン, A.・メヂカルフレンド社編集部編『死を教える』(叢書 死への準備教育 1) メヂカルフレンド社, 368p., 1986；12. J-デーケン,・メヂカルフレンド社編集部編, 1986；13. デーケン, A.・メヂカルフレンド社編集部編『死を考える』(叢書 死への準備教育 3) メヂカルフレンド社, 274p., 1986；14. デーケン, A.・梅原優毅編著『死への準備教育のための120冊』吾妻書房, 274p., 1993；15. 西川喜作『輝やけ 我が命の日々：ガンを宣告された精神科医の1000日』新潮社, 224p., 1982；16. バッキンガム, R. W., 日野原重明監修, 松下祥子訳『ぼく，ガンだったの？：死にゆく子どものケア』春秋社, 238 p., 1989；17. J-平山, 1991；18. ムーディ, R. A. Jr., 中山善之訳『かいまみた死後の世界：よりすばらしい生のための福音の書！』評論社, 250p., 1977；19. 柳田邦男『犠牲 (サクリファイス)：わが息子・脳死の11日 (手記)』『文藝春秋』(1994年4月号, 5月号)

ジェノグラム，家族関係図 genogram **幾世代かを含む家族のライフ・サイクルのある段階を家族関係を中心に図示する方法。**

図示するに当たっては，多世代派の家族療法家ボウエン (M. Bowen) が作成した標準的記号を使用し，次の要素を含むことになっている。(1) 少なくとも3世代，あるいはそれ以上の情報，(2) 家族メンバーの名，年齢，(3) 生誕，

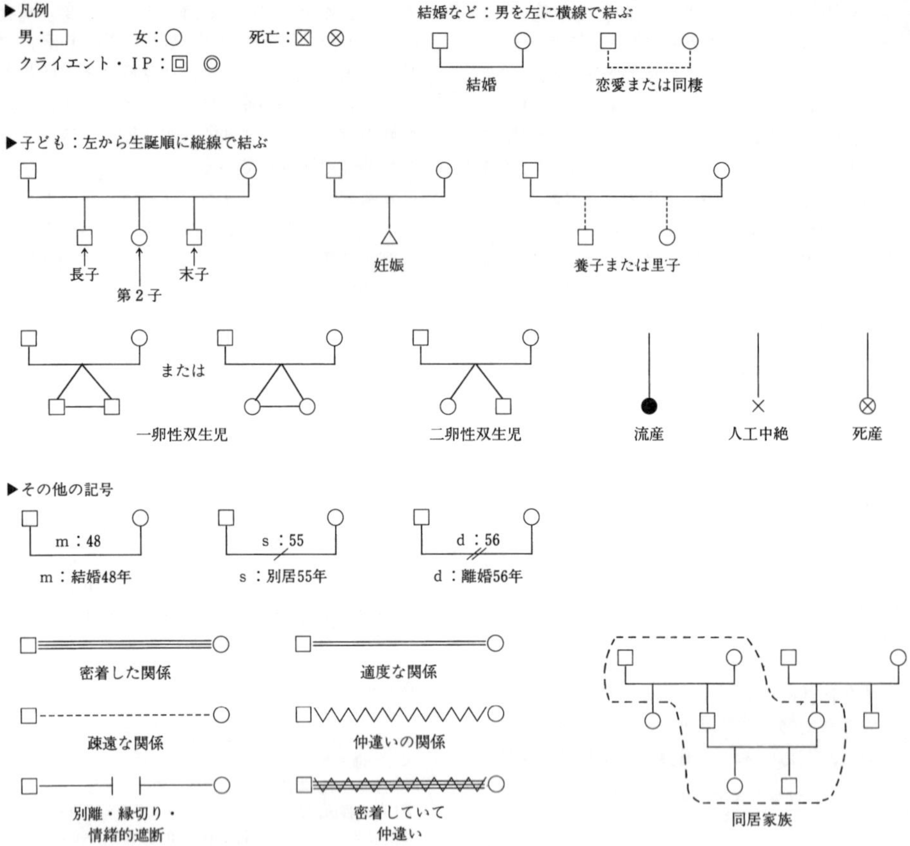
▶凡例
男：□　女：○　死亡：⊠ ⊗
クライエント・IP：回 ◎
結婚など：男を左に横線で結ぶ
結婚
恋愛または同棲
▶子ども：左から生誕順に縦線で結ぶ
長子
第２子
末子
妊娠
養子または里子
または
一卵性双生児
二卵性双生児
流産
人工中絶
死産
▶その他の記号
m：48
m：結婚48年
s：55
s：別居55年
d：56
d：離婚56年
密着した関係
適度な関係
疎遠な関係
仲違いの関係
別離・縁切り・
情緒的遮断
密着していて
仲違い
同居家族

ジェノグラムに用いる記号例

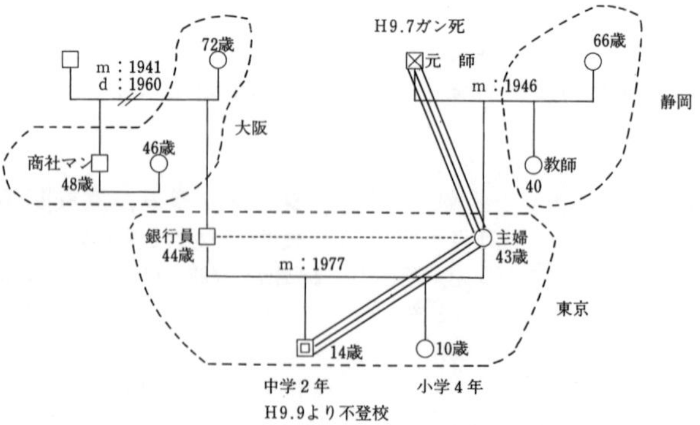
72歳
m：1941
d：1960
大阪
商社マン
48歳
46歳
H9.7ガン死
元　師
66歳
m：1946
静岡
教師
40
銀行員
44歳
主婦
43歳
m：1977
東京
14歳
10歳
中学２年
小学４年
H9.9より不登校

ジェノグラムの例

結婚，離婚，死亡など家族に影響を与えた重要な出来事の年月日。

標準的記号には以下のようなものがあるが，その他必要に応じて記号を追加したり，工夫したりすることができる。

家族療法の中で，このような家族関係図を作成することは，家族が単に親戚や出来事を思い出すだけでなく，家族の関係や情緒的つながり，家族内の自分の位置づけなどをその場で体験する機会となり，強力な援助的介入となりうる。一方，家族システムが重篤な病理を抱えている場合，家族歴や家族の秘密を公表することは，家族の大きな抵抗ともなる。ボウエンは，援助的介入をする前に，アセスメントとしてジェノグラムをとることを勧めているが，活用の場面やタイミングは十分配慮される必要があるだろう。

家族療法家・心理臨床家にとっては，ジェノグラムを用いると，家族を時間的・構造的世代間の家族関係の側面から解釈でき，同時に，家族の情緒的体験を踏まえた家族システムへのアプローチを可能にする。 〔平木典子〕
⇒家族ライフ・サイクル，多世代家族療法

文献 1. 中村伸一『家族療法の視点』金剛出版，235p., 1997；2. B-バーカー，1993；3. McGoldrick, M., Gerson, R. & Shellenberger, S.: *Genograms ; Assessment and intervention* (2nd edition), W. W. Norton (New York), 234p., 1999

自我 ego（英）；moi（仏）；Ich（独）
自我は意識するところの自分であり，その意識は，ヤスパース*の言うように，(1) **能動性**，(2) **同一瞬間には一つである(単一性)**，(3) **時間が経過しても同一である(同一性)**，(4) **外界と他人に対して画然と対立する自分が存在している(独自性)**，という4側面をもち，統一を保ちながらも内外の環境と関わりながら変化していくものである。

歴史的に見ると，自我の問題が中心課題となったのは「我思う故に我あり」という命題でデカルト*が自我を意識の中心にすえたのが最初と言えよう。そして，心理学の確立以前の19世紀には哲学者であり同時に心理学者でもあった人々の自我論があり，それは次の四つのタイプに分けられる。(a) 自我の担い手は表象であるとするヘルバルト*の自我表象(Ich-Vorstellung)，(b) ワイツ(Theodor Waitz, 1821~1864)の身体的自我(Körperlich)やマッハ*の「自我は感覚である」という感覚派，(c) 個人を越えた自我の担い手として感情を重視し，感情移入という概念をつくりだしたリップス(Theodor Lipps, 1851~1914)，(d)「自我は表象する意志である」としたヴント*。

20世紀に入ると科学としての心理学が確立されてくるが，ジェームス*がselfを客観的に知られた事物の集合体としての客我(me)と，意識そのものを所有し記憶する実体としての主我(I)とに分けている。

現在，辞書をひもとくと，自我とは「自分に対する意識」(日本国語大辞典)，「自我意識(自己についてもっている意識)をもつもの」「意識者が他の意識者および対象から，自らを区別する称」(広辞苑)とある。ただ，意識する主体を自我というとは必ずしも定義されない。類似したものに自己という概念があり，一般にはegoを自我，selfを自己と訳し，前者を主体とし，後者を客体として扱うことが多い。サイモンズ*は1951年，『自我と自己』においてegoとselfを区別し，精神分析的自我心理学の考えにたって「自我(ego)とは内的欲求を満足させるために外界への適応を決定する人格の側面を表わす」と定義しているが，理論的には必ずしも明確でない。

フロイト*は，無意識的な本能的衝動エス(Es)と，通常「良心」と呼ばれるものに相応する超自我(super-ego)，そしてそれらを調整し現実を検討し適応に努力する自我(ego)の三つを心的装置の構造だと考えた。ただ，後のネオ・フロイディアンは，抵抗から自立したもっと能動的，自律的な自我を考えたが，フロイトの場合には，終始抑圧し防衛を営むことによって，esとsuper-egoの間を調整するのが自我であった。つまり，心理療法の立場でみれば，無意識の意識化に抵抗するのが自我だった。

一方，ユング*は自我を意識の核としてとらえ，自我を含む上位概念として自己を考えた。

自我は，個性的で二つとない存在であり，ある程度の同一性を保っているが，自己によって規制されたり，発達を助けてもらったりしている。

また，ジェームスの自我論を受けたクーリー(Charles H. Cooley, 1864～1920) は，社会による自己への影響を強調し，鏡映的な自己 (the reflected or looking glass self) という概念を提唱した。これは他の人の様子から感知された，他の人々の心に映る自分の姿のことであり，自己は他の人とのコミュニケーションから生み出されるものだ，ということを意味している。このような社会的自己論の立場では，鏡映的な自己を外的客我(他人の目から見えるであろう自分)とし，対する内的客我(自己評価，内省，自己批判されたところの自分)と主我(行動する主体)の三つで自我が構成されるという見方もある。ただ，いずれにしても，自我は発達に伴って社会の中で変化していくものであろう。

E. H. エリクソン* は自我の統合機能としての自我同一性 (ego identity) という用語を用いるとともに，社会的現実との関係から自我の発達をとらえる理論を打ち出している。そして社会的な環境の中で発達分化していく自我が，過去の発達課題における失敗(信頼における不信，自律性における恥・疑惑，自主性における罪悪感，勤勉における劣等感，同一性における役割混乱)と成人期以後の危機(親密における孤立，生殖における停滞，統合における絶望)の不安から拡散症状(自分であることを失った状態)におちいることを，アイデンティティの危機としてとらえている。これらは，日本でもひろく知られているし，自我の発達や病理を考えるうえで重要な考えである。が，「アイデンティティ」という用語は強烈な個の確立と自主性を重視するユダヤ・キリスト教文化の価値観を背景として生まれており，単一民族国家であり個と社会との境界が不明確な日本においては独自の意味・病理が存在しうるだろう。このように，自我はそれぞれの時代に，さまざまな理論の中心付近に位置しているが，その概念は多様性をもっているので，必ずしも明確ではない。

そこでまとめとして，オルポート* の八種の定義をあげると以下のようになる。(i) 認識者としての ego, (ii) 認識対象としての ego, (iii) 我欲(エゴイズム)としての ego, (iv) 優越動因(優越感，支配欲)としての ego, (v) 心的過程の受動的体制としての ego (フロイトの言うエゴ), (vi) 目標への闘争者としての ego (自我の目的論的理解), (vii) 行動システムとしての ego (ゲシュタルト心理学での自我), (viii) 文化の主体的体制としての ego〔「自我はその人の社会的部分である」シェリフ (Muzafer Sherif, 1906～)〕。ただ，オルポート自身は，① 身体感覚，② 自己同一性，③ 自我高揚，④ 自我拡大，⑤ 合理機能，⑥ 自己像，⑦ 本来的希求，⑧ 認識者，という八つの側面の総合体としての固有我 (proprium) という語を使って個の独自性を強調しており，心理療法においても，診断よりは独自の個人を知ることの方が重要であり，治療は個人の成長力を解放することである，と述べている。

そして，オルポートのこのような考え方もその立場の形成に関わって，現代心理学の一つの重要な系譜として，現象論的自己論がある。ここでは，自我という概念は使われておらず，有機体，自己概念という言葉が鍵になっている。これは，これまで登場した自我と重なる部分があるので，参考までに記しておこう。有機体は，精神と肉体とを分化してしまわない人間存在全体をとらえる意味で用いられている。自己概念とは，自己の特質や他人との関係についての，知覚の流動的な，しかし体制化された概念形式である。これは，知覚における一つの内的照合枠であり，環境の中において独立し，固有の自己として存在しようとする，人間に独特な知性の働きである。が，有機体経験と自己概念が矛盾すると，知覚や意識の活動が妨げられる。そうではなくて，統合的に十分に機能していくとき，真実の自己 (real self) に近づき，自己が実現されると考えられている。

また，自己実現という考えで有名なマスロー* は，自我を主観的な意識体験を通じて理解される主体的・統合的存在，ととらえており，自己実現が高度に達せられるほど，自我は自己と他者とを分かつ肉体的な境界を越えて拡大する，と考えている。こうした自我の拡大を，深化・

向上として追求していくと, 自我は我欲, 自意識などの, 自我を縛る諸制約から解放されて自在な存在となる。また, あらゆる不純や作意から脱却して, 純粋無垢の無心の存在にかえる。つまり自我を超越し, 無我への転換に進む, と考えられる。〔村田京子〕

⇒アイデンティティ, エス, 主な防衛機制, 自己, 超自我, 防衛, 防衛機制の例

文献 1. C-エリクソン, 1973a ; 2. E-中西・鑪, 1981

視覚系の障害 visual disturbance
視力・視野・視覚認知などの障害の総称。

光による情報を受け取る感覚器官は眼であり, 外界の光刺激によって生じる感覚を視覚という。眼球は, 眼窩の中におさめられており, 大きさの異なる二つの球体, すなわち角膜の部分とその後方の強膜で包まれた部分を合わせた形をしている。成人の正常な眼球の直径は平均約24mm, 前後径は約23～25mm である。

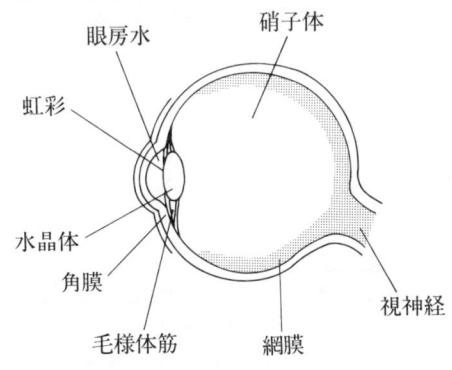

眼の構造および機能は, カメラとよく似ている。角膜はレンズの保護と, 光を屈折するフィルター, 水晶体はレンズ, 虹彩は絞りに当たり, 眼球の中に入ってくる光の量を調節する。水晶体の後ろの硝子体はゼリー状の物質で眼の形を保ち, 眼房水は水晶体と角膜に栄養を与える。網膜はフィルムに当たり, そこに映った像を電気信号に変える。網膜にある視細胞には, 暗い所で活動し, 光の明暗を識別する杆体細胞と, 明るい所で働き, 色を見分ける錐体細胞がある。視細胞はそれぞれ神経線維とつながり, 100万本ほど集まって視神経となり, 視交叉, 視索を経て中脳にある外側膝状体に終わる。ここで神経線維を換え, 視放線を経て大脳皮質の後頭葉にある視覚領に達し, 視覚が成立する。この電気信号の伝わる経路を視覚路というが, 視覚路の中で, 視交叉において両眼の視神経の内側半分は交叉して反対側の視索へ, 外側半分は同側の視索へ行く。視覚領では両眼視機能, 形態覚, 色覚が成立するが, 刺激像がより複雑になるにつれ, また動きに伴う視覚や色の心理的なイメージなどは, 視覚領を囲む視覚連合野で形成される。

視覚系の障害には, 末梢の視力障害から, 中枢の視覚認知の障害まで種々のものがある。

眼鏡によって矯正される視力障害は屈折異常であり, 近視, 遠視, 乱視, 老眼があげられる。視力とは, 1909年の国際眼科学会で二点または二線を分離して識別する能力（最小分離能）と定められ, ランドルト環の切れ目の視角を分で表したときの逆数を少数で示す。視力検査には, 0.1から2.0までの各種の視力に相当する視標を順次配列した視力表を用いる。視力に関わりのある筋肉は虹彩と毛様体と眼球移動筋で, 視力の異常や衰えは, これらの筋肉の硬化が主な原因と考えられる。対象物に焦点を合わせるには, 水晶体を周囲から引っ張っている毛様体小帯が毛様体筋の収縮によって弛緩すると, レンズの中央部分がふくらんで厚くなり, 近くの物にピントが合う。逆に毛様体筋がゆるむと, 毛様体小帯がつっぱってレンズが薄くなり, 遠くのものにピントが合う。正常な視力では, 像は網膜上に正しく焦点を結ぶが, 近視では眼軸が長過ぎたり, 水晶体の屈折力が強過ぎて網膜の手前に焦点を結び, 遠視では眼軸が短か過ぎたり, 水晶体の屈折力が弱過ぎて網膜の後ろに焦点を結んでしまう。近視は凹レンズによって, 遠視は凸レンズによって矯正される。乱視は, 眼球の経線で屈折力が異なるもので, 円柱レンズによって矯正される。老眼は, 加齢により近点が遠くなるもので, 水晶体質が硬くなるために起こる。調節力を補うためには, 凸レンズの眼鏡を使用する。レンズで矯正できないものは, 一般に弱視という。

斜視は, 目標を両眼で固視した時, 一眼の視

線が固視目標からはずれる眼位異常である。

色覚異常は,網膜にある錐体色素の欠損または異常によって生じるが,なかでも赤緑色覚異常がよく知られている。網膜の中心(黄斑)には3種の感光物質(錐体細胞)があり,長波長光に感度のよい赤錐体,中波長光に感度のよい緑錐体,短波長光に感度のよい青錐体に分けられる。すべての光はこの3種の錐体色素にスペクトル応答を起こさせ,その情報が大脳皮質の視覚領に伝えられるが,この経路のどこが侵されても色覚異常が生じる。色覚検査には,石原表が用いられている。

眼圧異常による病気は緑内障で,眼圧が上昇し,視力,視野に異常が起こり,早期の手術が必要である。他方,白内障は,水晶体が混濁して視力が低下するもので,時期を見て手術を行なう。

視野とは,ある点を固視して見える範囲をいい,視覚の感度分布として次の二つの方法で測定される。動的視野は,視標を視野の周辺から固視点の方へ動かしていき,視標を認識し得た点を見出して,固視点を中心とした何本かの等感度曲線で表す。静的視野は,視野の経線上の1点に視標を静止させ,その輝度を上げていってこれを認めた時の感度を測定し,明度識別域として表す。視野の異常は,眼・神経系の疾患において出現することがあり,診断上,重要である。周辺から視野が欠けてくるものは網膜色素変性症,ヒステリーなどで,鼻側の視野が欠けるものは緑内障,網膜剝離などである。視神経の交叉した点より上位の視覚路の障害では,両眼で中央から右ないし左,同側の半分の視野が欠損する同名半盲が起こる。

大脳に病変があれば,特異な視覚の障害,すなわち視覚認知の障害(視覚失認)が起こる。これは,視力や対象に関する知識は問題がないのに,視覚を通じて対象を認知することができない状態をいう。物を見てもわからないが,触るとわかるという物体失認,色の認知や色名の呼称ができなくなる色彩失認,熟知している人物の顔を見てもわからず,声を聞いてわかるという相貌失認などが知られており,いずれも後頭葉の病変によって起こる。色彩失認は,しば

しば純粋失読(文字を見て理解することも音読することもできないが,指で文字をなぞると読むことができる状態)に合併することがあるが,これは病変が共通して左の後頭葉にあるからである。

視空間認知の障害として,大脳皮質の頭頂葉の損傷により,半側の視野空間にある対象の存在を無視する症状があり,これを半側空間無視という。患者は,無視のある半側空間に置かれた物にぶつかる傾向があるので,注意を要する。視野空間全体に対する不注意としては,任意の視覚対象へ意図的に視線を向けることが困難で,しかもその視線の固視を持続することも難しい精神性注視マヒ,対象を視覚的にとらえても,手でそれをつかむことが困難な視覚失調,同時に二つ以上の対象をいかに接近していても知覚できない視覚性注意障害などが知られている。 〔今村恵津子〕

⇒視覚障害者

文献 1.後藤稠編『最新医学大辞典』(第2版)医歯薬出版,2333p.,1998;2.小山善子・鳥居方策「視覚失認」(鳥居方策編『神経心理学』(精神科 Mook 29),332p.,金原出版,1993,p.188-207);3.志田堅四郎「視空間失認」(鳥居方策編『神経心理学』(精神科ムック Mook),332p.,1993,金原出版,p.170-187);4.鈴木肇編『南山堂医学大辞典』(第18版)南山堂,2663p.,1999;5.高橋長雄監修・解説『からだの地図帳』講談社,162p.,1998

視覚障害者 visual handicapped

視覚に障害があり社会生活に大きな不利益をこうむる人。ただし,社会福祉サービスの対象となる人は身体障害者福祉法施行規則別表第5号(表参照)により定められ,この範囲内の人を日本では視覚障害者としてあつかう。

一般的に,視覚障害というと全盲を指すと思いがちだが,正確には視力が極端に弱い低視覚の人もふくまれる。

1996年に厚生省が行なった身体障害者実態調査によると,18歳未満の在宅視覚障害者は3,900人,18歳以上の視覚障害者は30万5,000人と推定されている。

事故や疾病によって大人になってから障害者になった人が60%,特に40歳以上になってから視覚障害者となった人が47%にものぼる。さら

に，視覚のほかに肢体，言語，聴覚などの重複障害者が4万4,000人ほどと推定され，視覚障害と知的障害を合わせ持つ重複障害児の割合は増加の傾向にある。

視覚障害によっておきる4つの不自由を谷合佰は次のように指摘している。(1)歩行の自由が奪われる。(2)文字の読み書きが困難になる。(3)身辺処理・家事動作が困難になる。(4)今までの仕事が困難になる。

この4点の不自由を解消するために次の施策が用意されている。

(1)に対しては，白い杖での歩行訓練，盲導犬訓練，ガイド・ヘルパーによる援助，点字ブロック，音響信号機の設置。(2)に対しては点字の習得，点字タイプ，仮名タイプの習得，盲人用ワープロないしパソコンの習得，点字図書館の利用，点字奉仕員の援助，録音図書の利用，朗読奉仕員の援助。(3)に対しては日常生活訓練，調理や育児の訓練，ホーム・ヘルパーの援助。(4)に対しては職業訓練，職場介助者制度，障害者雇用の促進。

これらの不自由を克服して社会生活や，自立・更生できることを障害者はめざしているが，障害者とその家族の努力だけでは限界があるので，社会的な支援と各種のボランティア活動とが欠かせないものとなっている。

コンピュータの劇的な進歩により，点訳はボランティアが自宅でパソコンに入力することが可能になり，手で一字一字点訳することに比べれば各段のスピードでこなせるようになった。中途失明者のなかには点字の習得ができない人も多く，朗読奉仕が期待されている。この，音読テープもMDにする，さらにインターネットにのせて，各自が各図書館からダウンロードできるようにする，音声読みあげソフトの開発，など環境としては整いつつある。

全盲だが晴眼の夫に助けられて，『アンネの日記』の完全翻訳版をオランダ語からエスペラントに翻訳するという偉業をなしとげたオランダ人女性，全盲にもかかわらず数ヶ国語の言語をマスターして海外旅行の一人旅までこなす男性，音楽の道に自分の才能を見つけ，演奏家として活躍するなど，晴眼者が及びもつかないほどの才能を発揮する人もいる。しかし，全盲同士の夫妻はホテルのバイキングの朝食は苦手だという。晴眼者にとってはよりどりみどりというバイキングも，視覚障害者には逆に不自由なものになるということの認識は必要だ。まわりの人のちょっとした努力で視覚障害者が生活しやすくなる。

最新の医学でも失明をくいとめることができない。さらにその患者に失明することを伝えるときの辛さ，そしてその後のケアができないことの辛さから，視覚障害者への接しかたの冊子を作成した眼科医がいる。

身体障害者障害程度等級表

身体障害者福祉法施行規則　別表第五号（第七条関係）より視覚障害に関する項目のみ抜粋

　　　（昭和25・4・6厚令15）最新改正　平成6年厚令67

級別	視　覚　障　害
一級	両眼の視力（万国式試視力表によって測ったものをいい，屈折異常のある者については，きょう正視力について測ったものをいう。以下同じ。）の和が0.01以下のもの
二級	両眼の視力の和が0.02以上0.04以下のもの
三級	両眼の視力の和が0.05以上0.08以下のもの
四級	1　両眼の視力の和が0.09以上0.12以下のもの 2　両眼の視野がそれぞれ5度以内のもの
五級	1　両眼の視力の和が0.13以上0.2以下のもの 2　両眼の視野がそれぞれ10度以内のもの 3　両眼による視野の二分の一以上が欠けているもの
六級	一眼の視力が0.02以下，他眼の視力が0.6以下のもので，両眼の視力の和が0.2を超えるもの

（介護福祉ハンドブック『視覚障害者の自立と援助』p.8より転載）

ロシア人の盲目の詩人ワシリー・エロシェンコは雑司谷墓地で自死しようとしていたところを劇作家の秋田雨雀に助けられ，その後，童話を書くようになり，童話作家として名を馳せた。

中途失明者は一度は自死を考えるとさえ言われている。また，視覚障害になったことで本人が，あるいは視覚障害の子を持ったことにより，その子の将来を心配のあまりに親が，うつ状態に陥って立ち直れないというようなケースをどうするかが，カウンセラーのかかわる問題であろう。

視覚，聴覚，言語と三重の障害をもったヘレ

ン・ケラーの有名なことばに『見えないことは不自由だが不幸でない』というのがある。

快適な生活とさまざまな分野での就業機会の確保により、彼らの不安をどれだけ取り除くことができるのかが問題解決の糸口となる。そして、見えないことの不自由がどれだけ解消されるかは、福祉面での制度の拡充とともに、晴眼者がいかに多くの手をさしのべることができるかにかかっている。

〔小林洋子〕

⇨視覚系の障害, 社会福祉

文献 1. 一番ヶ瀬康子監修, 吉野由美子『介護福祉ハンドブック視覚障害者の自立と援助』一橋出版, 134p., 1997；2. 高橋実監修『見えないってどんなこと』一橋出版, 222p., 1998；3. 谷合侑『盲人福祉事業の歴史』明石書店, 260p., 1998；4. ヘルマン・ワン・ディック, 真壁祿郎（元フランクフルト大学眼科教授）訳『そうしないでこうして下さい』視覚障害者ガイドブック普及会, 29p., 1995（〒178-0062練馬区大泉町2-55-8　エスペラント国際情報センターにて送料とも80円切手3枚にて配布中）

〔自我〕同一性　⇨アイデンティティ

時間の構造化　time-structuring
「どのようにして**時間を過ごすか**」という過ごし方。

1957年アメリカの精神科医バーン*が創案した交流分析 (transactional analysis；以下ではTAと略す) の基礎的な理論の一つ。

TAによると、人は発達段階に応じて「接触の欲求」と「承認の欲求」と「時間の構造化の欲求」という基本的欲求をもっている。まず乳児期には、抱かれたり、あやされたりするスキンシップによる接触欲求がある。幼児期になると、ほほえまれたり、ほめられたり、関心を示す言葉をかけられたりする精神的な愛情表現を求める。これが、それを受けることによって自己存在を確かにしたい、という承認欲求である。そのような肌のふれ合い、心のふれ合いをもたらす刺激を「ストローク」という。乳幼児の発達段階で、充分に欲求が満たされないと、やがてその人の人生観や人間関係に大きな影響を与えるようになる。さらに成人になるにつれ、上記のような直接的な刺激では満足が得られなくなると、複雑に社会状況や人的状況をつくって、刺激を求めていく「構造化の欲求」をもつようになる。

TAによると、人は、お互いにストロークを求めたり、与えたりするために社会生活を営んでいる。ストロークを得るためには、当然、他の人と一緒の時を過ごす必要がある。したがって、自分の欲しいストロークを得るために、対人関係をめぐって自分の生活時間をプログラミングするようになる。これを「時間の構造化」(time-structuring) という。

時間の過ごし方は、人のあり方、生き方に大きな影響を与える。たとえば登校拒否の子で、昼と夜の過ごし方が逆転していることがあるが、生活のリズム（時間の使い方）を立て直すと、登校し始めるというような場合もある。子育てを終えた母親が、やるべきことを失い、「空の巣症侯群」に陥ったりするのも、適切な時間の過ごし方を見出せないからである。このように、人が意義と喜びを見出せずにたいくつな時間を過ごすことは、ストローク欠乏と同じように、精神的・身体的な衰退をもたらす。人は基本的に、それを回避しようと望み、たいくつな時から逃れようとして、時間の構造化を図るのである。

人は、次の六つの方法で時間を構造化するが、それはストロークを得ようとする過程とも言える。図の矢印に従ってストロークの密度が濃くなっていく。

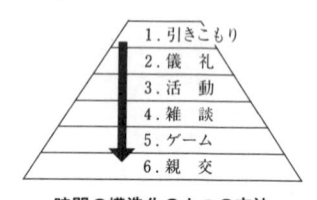

| 1. 引きこもり |
| 2. 儀　礼 |
| 3. 活　動 |
| 4. 雑　談 |
| 5. ゲーム |
| 6. 親　交 |

時間の構造化の六つの方法

(1) 引きこもり：他人から遠ざかり、夢、空想、想像の中で時間を過ごすこと。その中には、次の活動にそなえて計画的に過ごすこともあるが、大体は、現実逃避的に、自己愛のからに閉じこもることが多い。自閉的で、人との交流が少ないので傷つくことはないが、他人からのストロークを放棄している。

(2) 儀礼：あいさつ，行事，儀式など伝統や慣習に従って時間を過ごすこと。引きこもりと違って外界に向かってストロークを求めているが，個人的，直接的ではない。型通りのことをしていればよく，他人と深くかかわることもないので，安心した時間の過ごし方といえる。

(3) 活動：仕事，家事，勉強など日常従事しているさまざまなことをして時間を過ごすこと。人と一緒に仕事上の問題解決に向かったり，世話してあげることで頼りにされたり，良い成績で認められたり，良い結果を生むことが多く，その事でストロークを交換できるようになる。しかし，ここでは，材料，道具などを媒介としていることが特徴的で，その活動がなくなった時，人との交流を保てず，時間の構造化がスムーズにいかなくなる。活動を唯一の生きがいとしている人は，定年後，はやく衰えるなど，不幸になることがある。

(4) 雑談：天気，うわさ，育児など無難な話題で雑談したりして過ごすこと。深入りすることはないが，道具を介さずに，人との直接的な交流でストロークを交換する。多忙な人には，非生産的かもしれないが，人間らしい交流のやすらぎを求めている人にとっては有益な過ごし方といえる。この雑談で快適な人，不快な人を直観的に選び，ともに時間を過ごしたい人と知り合いになる場ともいえる。

(5) ゲーム：いつも同じパターンの夫婦げんかなど非生産的な交流で時間を過ごすこと。特定の人との直接的な交流であるが，信頼と愛情の裏づけがないため，マイナスのストローク交換をする。満たされることがないため，繰り返し心理的ゲームをすることで時間が過ぎていく。

(6) 親交：「私もOKであり，あなたもOKである。」という基本的な構えで，信頼し合い，親しい交流をしながら時間を過ごすこと。率直であるが，相手を操作したりしないので，自発的なストロークが多く交換されて，理想的な時間の構造化といえる。反面，親密である故に，愛着や拒絶など傷つくかもしれぬという不安をもはらんでいる。ジェームス(M. James)が「人生の勝者は，この危険を恐れずに親密の中に飛びこむ」と述べているように，これが自立的人間をめざすTAの目的であるとも言える。

〔笹嶺千秋〕

⇒交流分析，ストローク

文献 1. B-池見・杉田，1974；2. B-桂他，1984；3. B-ジェイムス，ジョングウォード，1976；4. B-白井，1983；5. H-杉田『サイコセラピー』8, 1985；6. B-杉田，1973；7. B-中村・杉田，1984；8. B-バーン，1967

子宮欠如，子宮喪失 loss of the uterus 子宮ガンや子宮筋腫などで子宮摘出手術を受けて子宮を失うこと。その女性が，手術後，女性でなくなったと感じて抑うつ状態になったり，不定愁訴を訴えたりすることを**子宮全摘症候群**という。

子宮筋腫は，何らかの原因でできた筋腫の芽が時間をかけて大きくなっていくもので，他の臓器に転移するという性質はほとんどない良性の腫瘍である。一般には成人女性10人のうち2人から4人に子宮筋腫があるのではないかと考えられており，発症年齢は40代をピークに，30代半ばから50代半ばまでに集中している。子宮筋腫の症状としては，過多月経とそれに伴う貧血，持続的な生理痛，筋腫が膀胱を圧迫することによる頻尿や排尿痛がある。以前は子宮筋腫が見つかれば即手術という傾向もあったが，1980年の富士見産婦人科病院事件（むやみに多数の女性を手術して子宮を摘出した）を契機に見直されるようになり，摘出手術の基準づくりも行なわれている。一般的に手術が必要な条件として，(1) 筋腫が手拳大（にぎりこぶし）より大きいこと，(2) 月経量が多くて期間が長い，生理痛が強い，頻尿や残尿感など膀胱への圧迫症状といった自覚症状が強いこと，(3) 貧血がひどいこと，があげられている。しかし，筋腫が大きくても自覚症状が軽い場合もあれば，筋腫が小さくても自覚症状が強い場合もある。したがって，手術が必要かどうかの決定は患者自身が自覚症状を真剣に見つめ，自分としてはこれくらいの症状なら耐えられるのか，生活に支障をきたすほどの症状があり，手術を希望するのかをしっかり判断し，その考えを医師にきちんと伝えることが大切である。妊娠を希望する

人は筋腫のこぶだけ摘出する核出手術か対症療法かの選択が必要になるし，閉経間近の人は手術をせずに様子を見ることもできる。率直に医師と話し合い，十分な説明を受け，納得したうえで手術を受けていれば，手術後の心身のトラブルは防げるはずである。

子宮摘出手術の際の卵巣の処理についても以前は，早期診断が難しいとされる卵巣ガン予防のために，卵巣に異常がなくても切除していた。しかし，温存した卵巣が悪性に変化する率と一般の女性の卵巣ガン発生率が変わらないこと，両側の卵巣摘出によって多汗・のぼせ・性欲減退などのホルモン欠落症状がひどくなること，卵巣から放出される女性ホルモンが女性の成人病予防に役立っていることなどから，現在ではできる限り卵巣を温存する方向にある。卵巣に異常があってやむを得ず両方とも摘出した場合には，上記の「更年期」の症状がでたり性交痛がおきることもあるが，これはホルモン療法やゼリーの使用など医師と相談して解決できる問題である。

手術後の心身のトラブルや喪失感の原因とそれを防ぐための手だてとして次の点が考えられる。

(a) 「産む性」としての女性への偏見：女は子を産む道具であるという差別意識があり，子どもを生み終えた子宮・卵巣はいらないという古い社会通念が残っている。それゆえに，たいした自覚症状もないのに安易に子宮摘出手術が行なわれる。ある時は母性をまつりあげたり，ある時は「産む性」であることをさげすんだりする男性社会の一方的な価値観にしばられることはない。一人の人間の臓器である子宮や卵巣を安易に取ってしまったときの，身体全体として受ける影響を考えることが大切である。

(b) 医師の説明不足と女性自身の身体に対する勉強不足：手術の必要性を十分に納得しないで手術を受けた人ほど心身の不調を訴える率が高い。また子宮摘出によって女性ホルモンが出なくなり，女性らしさを失い，性交もできなくなるという間違った考えも見られる。自分の身体のしくみについてもっと勉強し，症状をしっかり見つめたうえで医師から納得のいくまで説明を受け，治療法を一緒に考えていくことが大切である。

(c) パートナーとの人間関係：女性として完全でなくなった，夫を満足させられないのではないかというひけめから，手術後，夫との性交をやめてしまう女性も多い。背景として，手術に対して夫が無関心であることに不満があったり，浮気をするのではないかという不信感が強いなど，それまでの信頼関係が大きく影響している。ふだんから性交についてオープンに話し合える雰囲気をつくると同時に，対等な人間関係を築くことが大切である。手術に際してはパートナーも同席して，医師から手術の必要性や手術後の性生活への影響などの説明を受け，不安な点は率直に聞いておくことが大切である。

(d) 女性自身の人間としての自立度：女性性ということに自分の価値観をもっていた人にとっては，子宮や卵巣・乳房を失うことは生命を失うことにも等しい。しかし，「女らしさ」はあくまでも心に由来するものであって，子宮に由来するものではない。「子宮のない女は女ではない」という男性社会の幻想から自由になり，さらには女性らしさ・男性らしさにとらわれず，一人の人間としていかに自立して生きていくかに価値観をおいて考えることが必要である。

〔新藤　緑〕

⇒ガン，性，性差，セックス・カウンセリング，リプロダクティブ・ヘルスとリプロダクティブ・ライツ

文献　1. 植田勝間『子宮筋腫と言われたら』創元社，220 p., 1994；2. 中村智子『女の立場から医療を問う：子宮をとりたがる産婦人科医たち』田畑書店，259p., 1984；3. 藤井信吾・折井文香『子宮筋腫』(専門のお医者さんが語るＱ＆Ａ) 保健同人社，148p., 1996；4. 堀口文『女性を悩ます病気：産婦人科心身医学入門』(講談社　健康バイブル) 講談社，212p., 1991；5. 渡辺優子『子宮筋腫：女のからだの常識』河出書房新社，228p., 1996

子宮喪失　⇒子宮欠如

自己　self（英）；soi（仏）；Selbst（独）

自分自身，おのれ。意識される自我と，無意識とを含めた**全体の中心**（ユング）。

自分自身について，心理学的に体系的に論じ

たのは，ジェームス*であった。彼は自分自身を見つめ自分自身の全体を，主我(I)と客我(me)とに分けた(1891)。これ以降，多くの学者が，自我や自己の問題を取り上げるようになるが，その定義はさまざまである。

一般的に，自己は，自我の客体的意識とされることが多いが，精神分析を創始したフロイト*から決別したスイス人のユング*は，「自己」に独自の概念と意義を与えた(1921)。

彼は，事象に対する個人の意識的態度を取り上げ，人間のタイプを内向型と外向型とに分類し，この両者は1人の人間の中で補償関係にあると考えた。さらに思考と感情，感覚と直感の対立した四つの心理機能が作用し，その優位と劣性により，個人の人格の方向づけがなされるとした。そして，個人として成長をとげるためには，優位の心理機能だけでなく，劣位の機能も発展させていくことが重要であるとした。ユングは心の構造を自我，個人的無意識，集合的無意識の3層に分け，無意識に存在するコンプレックスや元型の働きにより，個人の中でその突出した一面的な面が補償されると考えた。そして「自己」は意識される自我と，無意識とを含んだ心の全体性の中心であり，対立する要素を統合する機能の中心であるとした。「自己」は自我と一致するものでなく，自我を包含する存在であり，自己そのものが意識されることはないが，自己の象徴的表現を通じて，その働きを意識化できるとした。自己の働きを意識化し，歩んでいく道すじを「個性化」「自己実現の過程」とユングは呼んだ。

他方，米国で発展したカウンセリングでは，自己が存在する場での内的世界を重視する立場から自己について論じられることが多い。

米国でのパーソナリティ理論の先駆者であったオルポート*は，「固有我」(proprium)という自己概念を考えだした(1955)。固有我は，個人の中で成長，発達するものであると言う。オルポートは，その発達の段階を示しながら，固有我の諸機能について述べている。彼は「自己」が段階的に発達して，成熟度を増していくと考えた。この考えは，後の自己意識や，自己概念の考え方に一つの示唆を与えている。

オルポートのパーソナリティ理論に刺激されて，「自己」の研究が少しずつなされてはきたが，「自己」についての研究に大きく貢献したのは，1960年代前後から台頭してきた，現象学的，実存的アプローチを重視する人間学的心理学であった。

臨床心理学者ロジャース*は，現象学的立場から自己意識と経験との関係や，行動との関連について定式化をした。ロジャースによれば，自己は絶え間なく変化する経験の世界に存在するものであり，存在していること，および機能していることの意識である。この中で「自己」は生来的に自己実現化をはかり，維持し，強化するという方向へと行動を選んでいく。そして，自分に対して肯定的に関心をもってほしいという欲求が満たされる時，自己実現が十分に行なわれるであろう，と言う。

ロジャーズは上記の自己意識，自己概念に基づき，来談者中心療法(client-centered therapy)を生み出していった。　　〔石川恭子〕
⇒自我，自己実現，成熟，分析心理学，来談者中心療法，ユング

文献　1. E-梶田, 1980 ; 2. A-小林, 1979 ; 3. H-小出『精神の科学』2, 1986 ; 4. E-依田新, 1982

自己愛 narcissism

自己自身の姿や身体，自分が行なったことなどに対する愛のことで，ギリシア神話のナルキッソスにちなむ精神分析用語。**水面に映る自己像に恋したナルキッソスのように自分・他人の心の中に，自分の気に入るような鏡像を作り上げ，それを見て安心したり，満足したりする気持ち。**

小此木啓吾は，フロイト*の認識(自我そのものが愛の対象であり，自己愛を満たすための内的な構造をもっているということ)にもとづき「私たちの自我が生きがいをもち，楽しく物事を経験し，愛し合い，仕事を達成することができるのは，自我の内的なシステムがエネルギー源になるガソリンや栄養を自我に送り込んでいるからであり，このエネルギー源が自己愛の満足である」といっている。そして，「鏡に映った自己像をできるだけ自分の気に入るように作り上

げ，その鏡像に恋している間は，人間はエネルギーを発揮するが，その陶酔がはかない錯覚にすぎないとわかると自己愛からのエネルギーの供給は止まってしまう。そこで，そうなると大変なので，人間は，容易に傷つかないようにさまざまな心のメカニズム（自己正当化・美化・合理付け・否認・投影）などで，防衛機制を発達させている。」と分析している。

自己愛について最初に考察を試みたのはフロイトである。彼は，レオナルド・ダ・ヴィンチの芸術を分析することによって，自己愛（ナルシシズム）という考えを発展させ，さらにシュレーバーという患者の分析を通して，病的なナルシシズムのメカニズムを解明した。そして，その後半生は，人間の全能感（「自分だけは特別だ」というもの）であるところの，自己愛の研究に向かった。

フロイトはシュレーバーの症例の分析を通して，ナルシシズムの問題をリビドー（性衝動のエネルギー）の発達と関連させて理論化している。子どもの性欲の発達段階において，リビドーは，まず「自体愛（一次的自己愛）」の段階から「自己愛」の段階を通り，「対象愛」に至るとしている。最初の「自体愛」の段階は赤ん坊が自分の指を口にもってきてしゃぶったりするように，外界にまったく関心がなく，自分の中で自給自足して，自分だけに引きこもっている状態であり，自分自身についての輪郭をもっていない段階である。

「自己愛」は自己の身体そのものを愛情の対象とするもので，「自分の子どもだけは特別だ」という母親の盲目的な愛情の庇護のもとに，乳幼児（生まれてから1歳半前後まで）が自己中心的な全能感をもつことをいう。ラカン*の「鏡像段階」にいうように，母親の側に子どもに対する一貫した人格像があり，その母親の愛情溢れる瞳に一貫した自分の姿を映して見出すことができる体験が，自己像の成り立ちであり，自分を愛する健康的な自己愛の起源といえる。それに対し，「対象愛」は外的な一定の愛情の対象にリビドーを向けることであり，成熟した性愛などがこれにあたる。

レオナルド・ダ・ヴィンチが同性愛傾向をもっており，一生独身だったのは，母との愛情の結びつきが異常に強く，自分が母から愛されたように，自分が少年を愛することによって，自分の「愛されたい」という自己愛を満たしたからであり，レオナルドは，芸術活動を通して健康な自己愛として同性愛衝動を昇華した，と小此木啓吾や中西信男は書いている。そしてシュレーバーの場合には，対象愛の獲得まで達していたにもかかわらず，性的発達が幼児的段階まで後戻りし，病理的自己愛になってしまったという。

フロイト以降，フェダーン（Paul Federn）は，健康な自己愛はすべての精神活動のエネルギー源であり，健康な自己愛が欠乏した場合に精神病理がおこるという理論を展開し，また，その弟子であるエリクソン*は自己愛の社会化の過程を理論づけしてアイデンティティ論を考察した。さらに，フロイトの考えとフェダーン，エリクソンの考えを統一する立場に立って，自己愛の発達論を考えたジェイコブソンや，病的自己愛や自己愛パーソナリティ障害について研究したコフート（Heinz Kohut, 1913～1981）やカーンバーグ（Otto Kernberg, 1928～）がいる。

特に，「精神分析の革命をやり遂げた」ともいわれるハインツ・コフートは，トーマス・マンの『ヴェニスに死す』の応用分析をきっかけとして独自の自己愛論を展開し，現在米国では，彼が最も専門的に自己愛について研究している，といわれている。

コフートは自己の発達を次のように捉えている（中西，1987）。すなわち，乳児はちょうど地球ができあがる前の星雲状態のようなバラバラな自己（断片的自己）（誕生から6～8ヶ月）があるのみであるが，やがてこの断片的自己が凝集し，外界からの刺激を感受して内なる自発性の中心となる自己を作り上げる凝集期（6～8ヶ月から3歳前後）となる。心気症や同性愛などの倒錯した空想や行為は，この断片的自己期への退行状態である。そして，凝集期においてもまだ，(1) 自己を誇示し見せびらかしたいという欲求（誇大自己），(2) 何でもできる親（とくに父親）の一部である自分を快く思い，満足して，その理想的な親と融合したいという理想

化された親イメージ，(3) 同じような人間と交わり，同化したい，人間の間で人間的存在になりたいという分身（双生児）欲求があるが，これらの欲求が健全に伸びるなら，誇大自己は適度な野心となり，理想化されたイメージは人生を歩むうえでの指標となり，創造的活動につながる。コフートは天才や英雄の行動のエネルギーの源には，顕示的・誇大的欲求と理想化欲求が見られるとする。

日本においては，土居健郎が「甘えの構造」という自己愛論を提示し，人は誰でも愛されたいという依存欲求（甘え）をもち，それが満たされたり，克服できると健全な自己愛となるが，そうでないと自己破壊的現象がおきたり，混乱したりするようになるとしている。また，小此木啓吾は『自己愛的人間』の中で，戦後の日本社会を「アイデンティティも自我理想もないパーソナルな自己愛をお互いに尊重し合い，自分の自己愛が満たされているというイリュージョンの中で暮らしているが，『老化』や『死』の問題はそのイリュージョンを破壊してしまうので，今後考えていくべき課題と言える。」としている。また，「今は平和で豊かな日本だが，環境破壊，戦争，飢餓，病気などの問題を抱えた国際社会の中での日本や日本人の在り方を考える際，自己愛的人間が参考になり得るかもしれない」ともいっている。

「自己愛」が強い例にあげられる人物には次のような人々がいる。ヒットラー，ドボルザーク，レオナルド・ダ・ヴィンチ，三島由紀夫，北大路魯山人，岸田劉生。　　　　　〔原みどり〕
⇨愛情，自我，自己，同性愛，フロイト，リビドー

文献　1. C-小此木, 1981；2. G-國分, 1990；3. 中西信男『ナルシズム：天才と狂気の心理学』講談社現代新書, 196p., 1987；4. 土居健郎『甘えの構造』弘文堂, 229p., 1987；5. 松村明編『大辞林』三省堂, 2960p., 1995

自己一致，コングルエンス 〔self -〕 congruence

(1) セラピスト（カウンセラー）とクライエントとの人間相互関係において，セラピストの内面に真実性(realness)と純粋性(genuineness)があること。(2) 統合された (integrated)，全体的な (whole)，純粋な (genuine)，などと同義に用いる。(3) 今，ここでの現在において感情を十分に経験し，その時，個人は（感情の）経験と（感情の）意識と（感情の）表現において自己と経験が一致していること。(4) 経験することと意識が正確に一致 (match) すること。

ロジャース*が用いた言葉。セラピーの経験の中から生じてきた基本的な概念を示す言葉である。(congruence の本来の意味は「適合」，「一致」，「適合性」を指し，また幾何学では2図形の「合同」の意味に用いられる。)

「自己一致」を経験，意識およびコミュニケーションが一致するという意味，にまで押し広げてみることもできる。またセラピーのみでなく，あらゆる人間関係にまで広げることも可能である。

ロジャースは「治療により人格変化を生じるための必要かつ十分な諸条件」(The necessary sufficient condition of therapeutic personality change) という論文 (1957) の中で，「必要にして十分な6つの条件」をあげている。その第3条件は，「第2の人――この人をセラピストと呼ぶ――は，この関係の中で一致しており (congruent)，統合されている (integrated) こと」である。このことは，セラピストとしての他の必要条件の「受容」，「共感」よりも先んじて取り上げられており，より重要視されている。つまり，セラピストがセラピーの中で統合され，かつ純粋でなければ受容も共感も満足な程度に存在することができないということを意味する。故に「一致性」とは，セラピスト側の最も基本的な条件である。彼はこの第3条件について「真に理解し，なおその上に成就することができることは決して容易なことではない」と述べている。

ロジャースは研究結果から，セラピスト（カウンセラー）がクライエントと関係をもっている際に，純粋かつ一致していればいるほど，クライエントのパーソナリティの転換が生じる可能性が大きいと仮定し，この要素がセラピーの成功に深く関与していると指摘している。

セラピストとクライエントとの関係において，人格的成長が促進されるのは，まず第一に

セラピストが「あるがままの自分」であるとき，またクライエントとの関係において純粋(genuine)——誠実な，偽りのない，真心からの——であり，「表面」を取りつくろうことなく，その時の自己の中に流れている感情や態度に率直であるときに，促進されるという仮説をたてることができるとしている。この状態を描写するために，彼は「自己一致」(congruence)という語を用いた。

つまりセラピストの自己の内面に流れるある感情の一部を否定したり装ったりすることなく，ありのままを意識し，かつこの感情を生きることができる，ということである。現に感じ，考え，思い望んでいることを，そのまま受け入れることができ，自分自身であろうとし，自由で自然な自分であろうとする態度，を言う。

このことは，「自分の中の内面に流れている感情，および生起する考えや望みを，包み隠さず率直にすべてクライエントに表現すべきだ」という意味ではない。セラピスト側がクライエントとの関係において，クライエントに及ぼす影響力をも考えて，時に応じてどう判断し，どう表現するかを考えてから伝える必要もある。「自己の内面で経験されていることを十分に自覚しているかどうか」ということが重要なのである。セラピストやカウンセラー自身が，理論や技術，自分の価値観や考えに振りまわされていて，不自由な状態になっているとき，このことを達成することは困難である。

そしてロジャースは，この「自己一致」について，常に「この関係の中で」という限定をつけている。セラピストおよびカウンセラーが生活のあらゆる領域で「自己一致」することを求めるとしたら，それはおそらく不可能なことである。自己一致は，あくまでもセラピー場面でのセラピストおよびカウンセラーのあり方，治療のあり方だ，としている。

小林純一は，さらにこの「自己一致」について「人間関係をつくる技法(skills, techniques)としてとらえるべきものではなくて，カウンセラーとしての態度(attitude)として，また人間関係を成長させる質(growth-promoting quality)である」としている。

ジェンドリン*は「体験過程」(experiencing)の概念を用いて，一致性(congruence)の概念にもっとはるかに深い，もっと適切な定義づけを与えている。

ジェンドリンによる一致性とは，「ムカデが突然，その全部の足を意識することであるかのように聞こえるが，そのようにその人の経験のすべてを意識することではない。むしろ彼の体験過程すなわち感じられている主観的な照合体(a subjective felt referent)——彼の全体的統合を含んでいる——の意識なのである。この主観的な体験過程は，その人のすべての体験を潜在的に含んでいるので，一つの指標として信頼することができるのである。この主観的な照合体を意識していること，それに対して開かれていることが『一致性』なのである。」

最後に，わかりにくい用語の簡単な定義を述べておこう。

(1) 一致(congruence)：自己と経験との一致の状態。十分に機能している人間(fully-functioning person)となること。

(2) 経験に対して開かれていること(openness to experience)：内的に一致している人が新しい経験に出会っていく仕方をさす。

(3) 心理的適応(psychological adjustment)：社会的観点からみた時の一致の状態。

(4) 外在化(extensionality)：一致している人に特有の行動の型。

(5) 成熟した(mature)，成熟(maturity)：広義の用語である。一般に，一致の状態にある人のパーソナリティの特徴や行動を表わす。

〔徳納美津〕

⇒カウンセリング，カウンセリングにおける人間関係，コングルエンス，体験過程，来談者中心療法

文献 1. J-笠原・島薗, 1978a；2. A-小林, 1979；3. A-佐治・飯長, 1983；4. B-ジェンドリン, 1966；5. A-モーシャー他, 1966；6. H-『ロージャズ全集』4, 1966；7. H-『ロージャズ全集』6, 1967；8. H-『ロージャズ全集』8, 1967；9. H-『ロージャズ全集』15, 1967

志向性 intentionality

考えたり，喜んだりする場合に，何かを対象

として考えたり，喜んだりする。このように心が常に何かに向かっている特性を志向性という。

スコラ哲学からブレンターノ*を経て，フッサール*に受け継がれ，さらにはハイデガー*やサルトル*，メルロ＝ポンティ*などの実存思想にも伝えられた現象学の主要概念。

志向性は，もとはスコラ哲学において使用された概念であり，この概念に重要な意味づけをしたのはブレンターノである。フッサールがこの概念を拡大深化して，認識と対象との根源的な関係をめぐる近代認識論の根本問題を解き明かす端緒を見出した。志向性という語は，スコラ哲学の intentio もしくは intendere からきており，このラテン語は，英語の tension, tendency, attention などの語源である tendere（向かう，目指す，努力する，などを意味する動詞）から派生した語であるといわれる。スコラ哲学では，認識の対象に向かう心の働きを「第一志向（intentio primo）」と呼び，自己へと向かう反省的な心の働きを「第二志向（intentio secundo）」と呼んでいた。

ブレンターノはこれに注目し，彼の「記述心理学」確立のための基本概念に改造した。ブレンターノによれば，スコラ哲学者たちが「志向的内在」と呼んでいたものは，人間の心の働きすべてを特徴づけるものであり，心の働きそれ自身の内にすでに何ものかを対象として含んでいる，ということを意味している。たとえば，表象においては表象される何ものかを，判断においては承認もしくは否認される何ものかを，愛においては愛される何ものかを，憎しみにおいては憎まれる何ものかを，欲求においては欲される何ものかを含んでいる，というわけである。ブレンターノは，「心の働き」を「表象」「判断」「情動（愛憎）」の3種に分け，それぞれ，それ自身の内に「志向的に」一つの対象を含むものであり，その本質的な特徴は「志向性」にある，と規定した。

フッサールはこれを受け継ぎ，「意識は常に何ものかについての意識」であるとして，意識の本質的特性は「志向性」であると規定した。フッサールによれば，意識と対象とはあらかじめ分離されて独立に存在し，事後的に両者が結ばれるのではなく，意識と対象とは常にすでに相関関係の中で結び合わされているものである。そういう意味で，志向性とは，意識が対象と出会い，関係し合う「場」を意味する概念である。フッサールは，意識がもつ志向性の特性として，「対象に向かう働き」と，「対象に意味を付与し，これを構成する働き」を指摘している。

ハイデガーは，フッサールの志向性の概念をさらに一歩進めて，人間の存在様式にまで拡大した。ハイデガーによれば，人間という存在は，自己とまわりの世界（他者や事物）の存在に気をくばり，また，自己の存在の可能性を気にかけ，自己の存在そのものを問題にしながら存在する。そのような人間存在のあり方の本質をハイデガーは「ゾルゲ（Sorge＝気遣い，関心，配慮などと訳される）」という術語で言い表した。メイ*によれば，Sorge は，「tend（へ向かう）」という意味を含むものであり，この「へ向かう」は志向性の中心概念であるという。

キーン（J. E. Keen, 1937～）は，人間の生はことごとく志向的であり，人間はその行動において何かを意味づける，と述べている。人間は世界について何らかの「方向づけ」あるいは姿勢をもっており，「志向性」は人間生活の基礎になっているのである。世界の認識はこの「方向づけ」によって大きく影響され，Aさんの世界はBさんの世界とはまったく異なるわけである。したがって，人間を理解するには，その人の生きる世界をまず理解しなければならない。

小林純一は，カウンセリングへの実存的アプローチにおいて，志向性は重要な概念であるとして，これについて詳細に論じている。小林によれば，人間は本性的に志向的な存在であり，それは「意識の世界における対象への方向づけ」を意味する。したがって，「志向性は，人間の行動の主要な決定要因である」と考えることができる。小林は，「個人が何かの行為をすれば，彼の意識には何らかの目的があり，その目的は意味づけがあるがゆえに目的となりうるのである。そして，この意味づけは，とりもなおさず，彼の価値づけでもある」と指摘している。人間は，何らかの価値づけを行なうとともに，何ら

かの意味づけを行ない，選択と決断をもって行動する。カウンセリングは，カウンセラーとクライエントとの対話のプロセスであるが，小林によれば，カウンセラーが表現することばの中には，彼が対象としている世界が存在し，志向性はこの世界とその深さに密接に関係している。人が何かを表現すれば，相手に対して何かあることを「している」ことになり，彼の意識において何かを「しようとして」発言していることになる。したがって，カウンセラーがクライエントに反応して，何かの発言をすれば，クライエントに対して「何かをしている」ことになる。小林は，「カウンセラーは，今，ここで，クライエントに対して何をしているか」という問いはきわめて重要であり，実存的アプローチの焦点である，と述べている。なぜならば，この問いに対する答えによって，カウンセラー自身の理論的アプローチが判明するばかりでなく，「彼が，どの世界に，どんな深さで関与し，何をしているか」によって，クライエントに変化がおきるからである。つまり，カウンセラーの意識，意図，志向性が，直ちにクライエントの変化のプロセスに重大な影響を与えるのである。小林は，この見地からカウンセラーの「発言内容の分析基準表」を作成し，これによって，カウンセラーがクライエントに対して何をしているかを分析することができ，したがって，カウンセリング面接のプロセスを研究する有意義な資料が得られる，と述べている。〔中村彰男〕
⇨現象学，実存心理学，世界内存在

文献 1．木田元・野家啓一・村田純一・鷲田清一編『現象学事典』弘文堂，749p.，1994；2．キーン，E. J.，板谷美代子訳『三つの存在の相(すがた)：実存臨床心理学への接近』勁草出版サービスセンター(発売：勁草書房)，420p.，1989；3．A‐小林，1979；4．竹田青嗣『現象学入門』(NHKブックス)日本放送出版協会，238p.，1989；5．竹田青嗣『ハイデガー入門』(講談社選書メチエ)講談社，284p.，1995；6．フッサール，E.，立松弘孝訳『現象学の理念』みすず書房，199p.，1965；7．フッサール，E.，細谷恒夫・木田元訳『ヨーロッパ諸学の危機と超越論的現象学』中央公論社，425p.，1974

至高体験 peak experience
米国の心理学者マスロー*によって創られた用語。ある個人が自己実現をはかる過程で体験する感動的な最もすばらしい経験を包括的に呼ぶ術語。

人はさまざまな経験により成長し，自己を形成していく。その経験はときには人間観，世界観を変え，かつ自分自身をより深く理解する契機となる。

ロジャース*やユング*らにより提出された自己実現の概念をもとに，マスローは，「自己実現的な人々」が，あるいはマスローが同様の意味で用いている「完全に成熟した人々」が，一体どのようにしてそのようなきわだった存在になったかに興味を抱いた。すなわち，「それらの自己実現的な人々は才能・能力・可能性を使用し，開発しようとしている。そして自分の資質を十分に発揮し，なしうる最大限のことをしている」ようになったのはなぜかを問い，それらの人々には何か共通に見出される特徴があるのではないかと考えた。

マスローが行なった臨床的研究は多数あるが，ある研究では約80名の成人との個人面接と190名の大学生による筆記調査を行なっている。そこでは相手におおむね「あなたの生涯のうちで，最も素晴らしい経験について考えてほしい」という問いかけで始まる質問を投げかけている。その経験とはたとえば恋愛や，音楽を聴く，あるいは書物や絵画によって感動を受けるなどなんでもよい。そして「その経験を通して最も幸福であると考えたり，恍惚感を受けたりした瞬間について考えてほしい」と促し，「どんな経験であったか」を訊いて，「そのような感動を受けた時にどう感じたか」「通常の生活で感じる感情とは違っていたか」「その時いつもの自分とは違った人になったように感じたか」を尋ねている。

この調査の結果，非常に多くの人がこの種の経験をもっていることがわかった。それらの経験を記述するのに人々が使った特徴的なキー・ワードは，真理・美・全体性・完全・成熟・単純・豊富・自己充実などであり，その経験の最中には自己が十分に機能し，自分に自信をもっていたと述べている。また，ある人々は自分が宇宙との一体感に近い神秘的な感じをもったこと，超自然的な宗教的経験に近い感じをもった

ことも報告している。

それらの人々は普通の人間であり，必ずしも心理的に健康な人ばかりではなかった。そしてマスローは，「完全に成熟した人」は，これらの経験の内容を非常にしばしば至高経験として味わっていることを見出した。この結果から，マスローは至高経験が「完全に成熟した人」，すなわち自己実現をしている人にとっては不可欠であり，「その経験を丸ごと受け入れることにより，より自己実現を図ることができる」と考えた。

またマスローは臨床観察から，至高経験を覚えぬ人，至高経験を恐れている人，抑制している人，至高経験や超越的経験を一種の精神異常と思いがちな人が一方に存在することも報告している。これらの人は至高経験を「科学的」でないという理由で排除している。これはマスローが指摘しているとおり至高経験が多かれ少なかれ宗教的側面をもつことと関係している。至高経験がときとして魂を揺さぶり，以後の人生観を変えてしまうほどの力があることも，自分が知覚できる範囲で生活したいと考える人にとっては自己を脅かす脅威となるであろう。このことが，特定の宗教をもたずに生活していることの多い日本人には至高体験をなじみにくいものとしている面がある。

しかし，至高体験を経験することが神経症の症状を除去することがあることや，アルコール中毒患者の症状を克服することに有効という報告があることを考えると，カウンセリングの過程で至高経験の有無やその価値について改めて取り上げ，見直す必要がある。　〔小池智子〕
⇒感性，自己実現，臨死体験

文献　1. ゴーブル，F., 小口忠彦監訳『マズローの心理学：第三勢力の心理学』産能大学出版部, 334p., 1972；2. E-ウィルソン, 1979；3. E-マスロー, 1972；4. E-マスロー, 1973；5. E-マスロー, 1964

自己開示　self-disclosure

(1) **自ら心を開く**。(2) **自分の心をうちあける**。(3) **自分のことについて話をする**。(4) カウンセリングで，クライエントが**本音の発言で本心をさらけだす**。カウンセラーが自分の考えや感情を適切にクライエントに伝える。

相手の人にありのままの自分をさらけ出す人がいるかと思うと，そうでない人もいる。個々の人は，多かれ少なかれ，相手の状況に応じて，自分で選択しながら自分を伝えている。この現象をはじめて心理学で研究したのがジュラード(S. M. Jourard)であり，自己開示という概念を用いた。

ジュラードは，自己開示を「個人的な情報を他者に知らせる行動」，「自分自身を表わす行為であり，他者が自分を知覚できるように自分自身を示す行為である」としている。自己開示は，言語的なものばかりでなく，身振りや表情，視線，声の調子，日記，絵，音楽，劇などで伝える非言語的なものも含まれるが，従来の心理学では，言葉による自己開示の研究が大部分である。

自己開示には，次のような働きがあるものと考えられる。(a) 自分への洞察を深める。(b) 心の中でうっ積したものを浄化する。(c) 親密な人間関係を促進する。(d) カウンセリングにおいてクライエントの本音をさらけ出させる，カウンセラーの自己開示の働き。

以上の働きを順を追って説明すると，(a) 私たちが，信頼している人，安心して話のできる人，好意をもっている人などには正直になんでも話をしたりする。悩んでいることや，人にも言えないことを相談したりもする。そこで，どこに問題があるのかが明らかになったり，今まで気づかなかった自分に気づいたりして，もやもやしたものがはっきりとし，どのように対処していったらよいかがわかってくる。

(b) ジュラードは，正常なパーソナリティと，健康なパーソナリティとを区別し，人がその社会的地位にふさわしい生き方をすれば，それは正常なパーソナリティと言われるが，決して健康ではない。社会的には成功したと言われても，その人の個性的生き方は抑えられている。それが抑え切れないほどふくれあがり「ストレス」がたまると怒りっぽくなったり，神経質になったり，心理的不適応におちいったり，神経症や身体症状を生じたりする。

こうした自分の気持や悩みをうちあけること

によって，気持がすっきりしたり，問題解決する場合もあり，自己開示による浄化作用である。

(c) 自分の好きな人や，親しい人と知り合う前には，必ず相手について何かを知るというプロセスがある。あなたの自己開示を，相手が好意・信頼の表現として受けとる。好意は相互的なものであり，自分が信頼され好意をもたれていると思うと，相手をも信頼し，相手に好意をもつことになる。自己開示することによって，相手もあなたに自己開示することになり，信頼と好意が深まり，親密な人間関係を促進してゆく。自己開示を促進する最大の要因は，相手の自己開示である。

(d) 来談者中心療法(後期ロジャース*派)のカウンセリングで強調されたものである。カウンセラーが自分の感情や考えを適切にクライエントに伝えることは，クライエントの自己表現を促進させる。カウンセラーとクライエントとの信頼関係をつくることにもなる。カウンセラーとクライエントとの関係がより平等になる効果が生じてくる。

一般に，自己開示をする動機としては，理解してほしい，共感してほしい，相談にのってほしい，親しくなりたい，情緒的解放を求めたい，などが考えられる。

マイクロ・カウンセリングでは，自己開示が技法として確立され，焦点あて方技法・積極技法がある。それは，ときにカウンセラーの心に焦点を合わせることが面接に効果があるからである。内容の表現，感情の表現，焦点のあて方，という三つの技法を組み合わせて次のように言う。

　カウンセラー：私は〜と考えます。
　カウンセラー：私は〜と感じています。
　カウンセラー：私は〜を体験しています。
　カウンセラー：私は，今あなたが表明したことを〜と思っています。

感情を表わす言葉や感情の表現は，自己開示ではとくに重要であり，カウンセラーの真実さ，タイミング，現在形で伝えられる条件がみたされたときに，自己開示がもっとも有効に発揮される。

集団で行なう行動カウンセリングでは，メンバーであるクライエント全員に熱心な自己開示の発言が期待される。クライエント全員が，相互的に公開的に集団の中で発言することを試みる。これは勇気のいることであるが，相互的・公開的な自己開示により，クライエント全員は心のふれ合いを体験し，開かれた人間関係を経験し，深い相互理解をもつようになる。これによって意識の変化を体験する。自己開示の発言が出やすいように，発言のためのテーマが指示される。クライエントの自己発表の発言行動を分析し，クライエントの「自己発表のための発言を容易にし，かつ発言の目標を明確にする」という行動分析の理論を行動集団カウンセリングの中で実践するということになる。

自己開示には，次のプロセスがある。

(i) "give and take" といったプロセスでとらえようとする。相手から自己開示を受けたら，それと同等のものを相手に返さなければならないという気持が生じてくる。

(ii) 自己開示を返す者にとって，返すことがどの程度の報酬とコストをもつかという問題に焦点を合わせる。

(iii) 相手が自分にどのような行動をとれと要求しているのかがはっきりせず，自分がどのようにふるまえばよいかわからない状況におかれると，人はその手がかりを相手の行動に求め，相手の行動を模倣する。

自己開示がまったく成り立たないこともある。一方が関わりたくないと思っている時がその一例である。また自己開示が一定のレベルを超えると，開示者への不信感が生じる。この場合には自己開示の適切さが問題となってくる。社会規範を考慮して行なわれれば，自己開示が肯定的に評価されるし，逸脱したときは否定的に評価される。カウンセリングが始まって，すぐに相手に深い自己開示をすると否定的に評価されるが，自己開示の時期が遅いと，相手をもっと知りたいという興味が強くなり，より好ましい評価が与えられるとファイア－ストーン・エリソンはいう。クライエントが行なう自己開示に対してフィードバックを行なうカウンセラーと比較して，自己開示を行なうカウンセラーは，信頼性が低く認知された。

自己開示には，男女差がある。女性の方が男性よりも自己開示度が大きく，その差は年齢と共に拡大する。子どもの母親に対する自己開示度は父親に対してよりも高い。同性の友人に対する自己開示度は年齢とともに増加する。中学生ぐらいまでは母親に次いで父親が2番目に自己開示を受けているが，高校生になると父ではなくなって友人が2位になる。高校3年生になると，大学生と同様に同性の友人が自己開示をもっとも受けやすい相手になる（リーヴェンバークによる）。青年期の終わり頃からは，異性の友人（あるいは配偶者）が自己開示の中心になることが予想される（榎本博明）。〔安原照雄〕
⇒カウンセリング，カウンセリングにおける人間関係，カタルシス，マイクロカウンセリング

文献 1. 榎本博明「対人関係を規定する要因としての自己開示」『心理学評論』Vol. 26, No. 2, pp. 148-164, 1983；2. 榎本博明「青年の自己開示」『青年心理』Vol. 37, pp. 141-147, 1983；3. 榎本博明「青年期（大学生）における自己開示性とその性差について」『心理学研究』Vol. 58, No. 2, pp. 91-97, 1987；4. E-斎藤勇, 1989

自己催眠 autohypnosis, self-hypnosis
普段は意識できない深くて広い無意識の世界に自分自身で働きかけることにより，周囲の環境に正しく対応したり，精神内部の調和をはかり，社会での生活や治療に役立てるための技法。
人間の心の中には，「意識界」と「無意識界」が存在し，感情や行動などの部分に大きく関与しているのは「無意識界」である。そこで，理性的・感情的な抵抗を受けることなく「無意識界」に，感情・思考・態度・行動に大きな影響を与えることば，イメージ，シンボルを与えることなどで働きかけ，好ましい影響を導きだそうとする技法が自己暗示法といわれるものである。自己催眠とは，暗示を受けやすい状態（トランス）に導く技法を指すが，つきつめていくと暗示法でほとんどが成り立っているので，自己暗示をかけることを「自己催眠」といっている場合が多く，「他者催眠」の対照語として用いられている。
催眠法の歴史は古く，原始宗教の時代から「病の癒し」などに利用されてきたと考えられる。日本においても臨済宗の中興の祖，白隠（1685～1768）の『内観法』『軟酥の法』などにも，自己催眠の要素がふんだんに盛り込まれている。しかし，心理学の分野においては，オーストリアの医師メスマー（F. A. Mesmer, 1734～1815）が現代催眠療法の先駆者として位置づけられている。彼は結局，詐欺師として追放されたが，催眠療法を科学的なものとして社会に示した功績は大きい。最初フロイト*もブロイエル*とともに「催眠浄化法」「煙突掃除療法」などといわれる催眠を利用してヒステリー治療などを行なったが，後には催眠から徐々に離れていった。
そんななかで，ナンシー学派（古典心理学の暗示心理学派）のリエボー，A. A. Liebault, 1823～1904ら）の「努力逆転の法則(the law of reversed effort)」は，後の時代に大きな影響を与えた。それは，(1) 意図的努力と観念（暗示，想像，イメージ）が対立する時，ほとんどの場合，圧倒的に観念の方が勝つ。(2) 意図的努力と観念が対立している時，意図的努力が勝つためには，超人的な努力が必要となる。(3) 意図的努力と観念が同一方向に協調すれば，その力は両者を掛け合わせたほどに高められる。(4) 観念は他者暗示や自己暗示で誘導することができる。ただし，観念を誘導する際，(a) こころよく，さりげなく，(b) 依頼・命令という表現はとらない，(c) 肯定的表現で，(d) 反復を繰り返すことが大切である，という論であった。
フランスのクーエ（Emile Coué, 1857～1926）は，実践的に自己暗示を利用して多くの治療を行ない実績をあげた。彼の唯一の著書『意識的自己暗示による自己支配』では，「努力逆転の法則」を，意志と想像力という言葉で説明している。この方法は，有効であり「われわれの無意識は，それ自身が引きおこした病気を回復させるだけでなく，他のさまざまなほんとうの病気を治癒させることもできる」とした。彼の暗示語は，「日々に，あらゆる面で，私はますますよくなっていく (Day by day, in every way, I'm getting better and better.)」というものであった。
その後，これはシュルツ*，ルーテ(Wolfgang

Luthe, 1922～1985)の自己催眠といえる自律訓練へと発展していく。自律訓練とは，催眠時に生じる身体の変化(手足が重いとか温かいなど)を自己暗示によって与え，自律神経系をコントロールできるようにすることを通じて，人間の自然治癒力を強める方法で，緊張状態が続いている患者や心身症治療などに利用されている。

その他，行動療法や構成的グループ・エンカウンターのエクササイズの一部などにも自己催眠の要素が取り入れられている。

自己催眠での課題の達成は，普段の生活とは違うレベルでおきるものである。意識的とか強い意志をもって，努力を重ねるという行動とは，かけ離れた部分，無意識とか変性意識の状態でおきる。その状態に導くためには，たとえば，(i)環境を整える，(ii)姿勢を正しく，(iii)リラックスするという自己暗示をかける，(iv)暗示への注意集中の動作(腹式呼吸など)を行なう，(v)自己制御，自己啓発などの暗示語(処方箋)を与える，(vi)術後暗示(さめたあとは気分がスッキリします，など)を与えて終了する，というような手続きを踏む。この過程により，今まで不可能であった課題が簡単に達成されるということもおこりうるのである。そこでの暗示は，実行力のある「意識していない自己(想像力，観念，無意識)に届いた」ということになり，今までの感情・思考・態度・行動に大きな影響を与えるとともに，それを変節していこうと働きかけるのである。この時に大切なことは，クーエのいう「自己暗示をかける際に意志を働かせてはいけない」ということである。

〔川合　正〕

⇒暗示，エンカウンター・グループ，催眠療法

文献 1. 上田紀行『スリランカの悪魔祓い』徳間書店, 248p., 1990；2. 直木公彦『白隠禅師：健康法と逸話』日本教文社, 242p., 1975；3. B-成瀬, 1992；4. B-ブルックス, クーエ, 1966；5. 山口彰『「自己暗示法」願望を思うまま実現する：プラスイメージの科学　潜在意識の巨大な力で人生に成功できる本』大和出版, 215p., 1991

自己実現 self-actualization, self-realization（英）; realisation de soi（仏）; Selbstaktualisierung, Selbstverwirklichung（独）

自発的成長力を解放して，本当の自分らしい自分になること。人格の各側面が全体としてよくバランスがとれて，自律的になり，かつ統一のとれた発達をして成熟することを言う。

ゴールドシュタイン*（ドイツ出身で晩年の30年間をアメリカで過ごした神経学者, 精神医学者。生物学に基礎をおいた有機体的全体観にたって, 独自の研究と理論を展開した）は, 食欲, 性欲, 知識欲など, すべての欲望を満足させる動因としての自己実現を考えた。たとえば, 空腹であれば食事をとることによって空腹を感じない自分自身を実現する。知識がなければ, 勉強することによって無知な自己から知識のある新しい自己を実現する。彼はこの意味に自己実現という言葉を使った。しかし, ゴールドシュタインよりも, ロジャース*やユング*における自己実現や個性化の考え方の方がカウンセリングには大きな影響を与えている。

ロジャース（アメリカの心理学者, 非指示的な来談者中心カウンセリングによって知られている。「自己」の構造と機能に関する研究により, また, 生活史における「自己実現の原理」によってパーソナリティ理論に強い影響を与えた。）によると, 自己を拡大し, 分化し, 自律的になること, より成熟すること, を自己実現という。彼は, 人格体系において単一の動機「一つの基本的な欲求」を設定している。それは, 個人のあらゆる側面を維持し, 実現し, 高めようとするものである。この傾向は生得的で, 生理的・心理的構成要素を包括している。もちろん, 人生の初期においては生理的側面に傾いているが, 年齢が増すにつれて自己が発達しはじめる。同時に, 実現したいという生理的欲求は心理的欲求へと移っていく。いったん自己が出現しはじめると, 自己実現への傾向が現われる。この生涯にわたって持続する過程は, 人の一生において最も重要な目標となる。個人には自己実現する自由, すべての可能性を発展させる自由があり, いったん自己実現の過程が進行しはじめると, 人は完全に機能する人間になるという究極目標に向かって前進し続けることができるとロジャースは言う。彼は, 完全に機能する人間の特徴を次のように五つあげている。(1)経験に対して開かれていること（柔軟な人格, 経験

をよく受容する),(2)実存主義的生活(順応的である),(3)自分自身の有機体への信頼(正しいと感じる方法で行動する),(4)自由の感覚(選択や行動が自由にできる),(5)創造性。ロジャースの言う「自己実現」は,マスロー*の言う「成長の要求」と類似している。

ユング*(近代の神経症理論や心理療法を,人類学,民族学,比較宗教史,比較宗教心理学にまで広めただけでなく,それを深める点で貢献した)の個性化(individuation)も自己実現と同じ考え方をしている。意識と無意識とは互いに補い合って1個の全体(本来的「自己」)へ至るもので,この自己を実現することをユングは「個性化」と呼んだ。これは意識的自我よりも上位の存在であると言う。個性化した人間においては,意識か無意識かのどちらか一方が優勢になることがない。あるいは,元型のどれか一つが優勢になるといった具合に,人格の一側面が優勢になるということがない。人格の全側面が調和的均衡状態になっている。しかし,そうなるためには,意識内容はもちろんのこと,集合無意識の根幹になっている元型(archetype)を意識し,最後に深奥の自己を意識するに至らなければならない。そうなって初めて完成された人格(個性)を認識できるようになる。

米国の女流精神分析学者ホーナイ*は,神経症を治すために「自己実現」という考えを取り入れた人だった。すべての人は心の中に「本当の自己」というものをもっていると彼女は言う。それは,人間全員に共通して存在する内的な力であるが,各個人で独特な性格をもっており,それぞれの人が精神的に成長するための源となっている。機会さえ与えられれば,その人に特有の,人間としての可能性を発展させる源になるのが,この「本当の自己」なのである。これが表面に出てくると,その人の感情や考え,望み,または自分の能力を発展させる力,意志の強さ,特色,才能になる。また,自分を表現するとともに,自然な感情によって自分ないし他人と関わっていく能力や,自発性にもなる。このような「本当の自己」が発展して成長していく過程を,彼女は「自己実現」と呼んだ。さまざまな生活経験を通じて,「本当の自己」が成長し,発展し,自己実現が経過していく。その経過自体が生きがいなのだ。そのことを,ホーナイは『自己実現の闘い:神経症と人間的成長』(1950)という本で詳しく説明している。

神経症というのは根源的不安によっておきる。この不安は,子どもが親から愛してもらえないときに感じる不安のことである。人間を動かしているのは,フロイト*が言ったような性欲や攻撃欲ではなくて,むしろ安定感への欲求だ,とホーナイは考えた。根源的不安があると安定感が得られない。根源的不安は,孤独感,無力感,絶望感といった形で感じられ,それをなんとか克服しようという努力が神経症的傾向という形をとる。神経症的な人は,「理想化された自分」を本当の自分だと思い込んで,嘘の人生を送るようになる。この「理想化された自分」は,「本当の自己」ではないということを悟らせるのが,精神分析療法の目標なのである。

自己実現に向かって自発的に努力する性質が人間に備わっていると信じれば,いろいろな束縛で自発性を押さえつけたり,道徳的人間にしようと自分を駆りたてる必要がなくなる。自己実現に向かう道は,自分自身についての認識や理解を深めることであり,それが自発的成長力を開放するための手段になるのである。

〔鈴木健治〕

⇒生きがい,個性化,個性化の達成,自己,人格的成長,成熟,分析心理学,ユング

文献 1. E-上田,1976;2. E-小林司,1989;3. E-駒井編,1987;4. B-ジェイムス他,1976;5. C-ホーナイ,1986;6. E-マズロー,1971

自己分析 self-analysis
自分が自分自身を分析し,自分で自分自身を理解し,改善していく方法。自分の無意識(潜在能力)を意識化し,より高度に発揮させる方法。

具体的には,(1)自分の性格や行動の仕方に気づく。(2)自分の性格や行動の意味を自覚する。(3)性格や行動の起源を認識する。(4)認識や自覚を手がかりとして,行動の変容を自ら試みる。(5)生きる力の実現をさまたげている自己の性格,行動のゆがみをたえず除去する(し

なければ行動の変容はみられない)。行動の変容を実行することで人間が誰でも有している生命力あるいは成長へのエネルギーを発揮できるようにする(内視方法)。(6) 自分の未開発能力を実現していけるような性格や行動を，自己学習し，日々成長していく過程とする（過程を助ける一つの手段である）。

すでにフロイト*自身，自己分析の努力を続けて，夢の解釈やフリース（W. Fliess）という親友の耳鼻科医との交流を通して，自分自身の幼児期体験を想起して自己分析を行なった。この場合，フリースが治療者の役目を果たしているが，フロイトがこの交流のなかで獲得した特殊な自己洞察の様式こそ精神分析の本質であり，むしろこのような自己洞察の様式を治療関係を介して身につけ，やがては終わりなき自己分析に道を拓くのが，精神分析の目標である，とエリクソン*は考えた。

そして，精神分析を介してこの種の自己分析の術を身につけることが，逆転移を洞察しながら自己を発展させていく教育分析医としての基本条件であると，精神分析臨床家の間では考えられている。

精神分析医になるためには，教育分析によって自己分析の術を身につけることの必要性をフロイト自身も説いている。また一般の人にとっても，一貫した強い意思をもった自己分析の努力は，かなりの成果をあげうるとホーナイ*は主張している。

その方法を，(a) 自由連想を自分一人で行なうこと，それをノートに記録すること，(b) 自分の行動を自己洞察のための実験と考えること，(c) 他人の批評や悪口，叱責などは分析者の解釈と考えること，(d) 夢の日記をつけ，それについて自由連想すること，に分けて考える。

フロイトの精神分析においては，分析者が患者に対して治療を行なう際に自由連想や夢の分析を用いて患者の無意識を洞察したが，ホーナイはそれをさらに発展させて，患者自らに自己観察や連想を吟味させ，精神分析を独力で行なう方法を提唱した。それが，自己分析である。ホーナイの自己分析では，日常生活において具体的に生じる障害について，そのつど，その要因を洞察し，克服していく「随時的自己分析」と，自分の能力や対人関係を改善させ，人生に一層，意欲的に立ち向かっていくような，いわば性格改造を目的とした「系統的自己分析」とがある。その方法は自由連想を軸として，夢の分析や失錯行為，言い違い，書き違い，思い違い，物忘れ，その他の失敗行為などの分析を通して行なう。

最大の困難は抵抗がおこった場合で，分析者がいないためにその処理が困難になる場合である。やはり自己分析は，正式の精神分析治療による心理的変化とは区別すべきであるが，一定の自己洞察的態度と方法をもって人生に処するという意味では独自の価値をもっている。

フロイトの厳しい自己分析も知られているが，まったく単独で行なうこと（内観療法）は困難である。

内観療法の場合，自己分析に取り入れるために自分を調べるという枠組みで考える。

内観法は周囲をついたてで囲んだ半畳の空間に座って，三つの命題について考える。(ⅰ) これまでに母親から何をもらったか，(ⅱ) 母親にどんな迷惑をかけたか，(ⅲ) 母親にどんなお返しをしたか，を幼児の頃からの出来事をこと細かに思い出す。

集中的に回顧するうちに「自分がいろいろな人に支えられて生きていることが実感されてくる」。たいしたことはない男と考えていた父親が，いかに多くの配慮をし，それで今日の自分が存在しているかもみえてくる。他人のことも思い出して，あの人にお礼の，あるいはおわびのあいさつに行かなければ，といった心境になる。静かな1週間の後，心の平静さを取り戻し，「感謝と積極的な気持ちを味わった」と思う。誰に世話になったか，誰に迷惑をかけたかが思い出される。

「人間はこの一瞬一瞬を一生懸命生きているんだ。かけがえのない命を自ら操縦して生きているんだ」という認識をもっている人と，まったくもっていない人との違いが，集中できる人とできない人との違いである。「人生を本当に一生懸命生きているんだ，この一瞬よりないんだ」と考える人はやはり生き生きとして，その一瞬

を生き切っている。
　自己分析とは「私が私になる自分さがしの,素敵な一生の旅」である。　　　〔池田千津子〕
⇒教育分析,自由連想法,精神分析,抵抗,洞察,内観〔療〕法,無意識,夢判断

文献　1. C-霜田,1972；2. E-ニイル,1962；3. C-ホーナイ,1961

支持　support

　支持とは,クライエントを温かく受容し,不安や緊張,恐怖などをやわらげる技法の総称である。**許容的援助,無条件の受容と共感,積極的関心**などにより,カウンセラーとクライエントの信頼的人間関係を作るための大切な態度の一つである。カウンセラーの支持によって相互の信頼関係ができると,クライエントは自ら問題解決の糸口を見出し,人格的成長につながる。
　まず,カウンセリングのいくつかの理論から「支持」をみていく。
　ウィリアムソン(G. Williamson, 1900～1979)および,ミネソタ学派の見解によれば「カウンセリングは一方において自己理解と自己方向づけを達成したり,見直したりするに当たっての技術の発展に個別的・許容的援助をするのである」といっている。ウィリアムソンによると支持は言語的レベルで行なわれる教授(teaching)と学習(learning)のプロセスである。それはまずラポールを作ることにより,友好的に温かくクライエントを同等の存在としてみることから始まる。カウンセラーは合理的かつ論理的に資料を整理して,クライエント自身が自分で選択し決定していくことを援助する。そうすることによって,クライエントが表現することば,感じ方,考えに判断を加えずに同意する態度として支持が表明される。
　エリス*は「論理療法」を提唱してクライエントの非理性的な考え方や思考を指摘する。つまり,エリスは情動と思考との間にある関係の理解を重視し,クライエントを支持し自らの問題を解決するのを助ける。彼の場合の支持は注釈的方法(interpretative method)の傾向が強い。
　支持的精神療法(supportive psychotherapy)は,言語的コミュニケーションを主とし

て,クライエントをありのまま受容することによって,クライエントが直面している症状を取り除くことを目的としている。それによって,今まで適応してきた能力をもう1度回復させるとともに,その状態を持続させることができるようにクライエントを支えていく治療法といわれる。主として説明をしたり,元気づけたり,助言,指導したり,セラピストが積極的に働きかけを行なう。
　ロジャース*におけるクライエントへの支持は,積極的関心(positive regard),温かさ,好きになること,尊敬,受容と共感(empathy)の中にみられる。リレーションシップはカウンセラーの知識によるものではない。個人として良い点も悪い点も含めてクライエントをあるがままに受け入れる(acceptance)ことを彼は主張する。個々のリレーションシップが重要であるとして,クライエントセンタード・アプローチを提唱した。
　カウンセリング面接におけるクライエントへの支持について,ポーター(Hull E. Porter, 1914～)は,カウンセラーの支持的態度(supportive attitude)が理解的態度とともに大切であると述べている。つまり,クライエントの痛みに対して同情し,クライエントの強い感情を緩和させ,やわらげ,安心させ,落ち着かせることである。
　ありのままのクライエントでよしとし,ともに歩み,その考え,感情を支持する時,クライエントは自らの問題に気づいていく。カウンセラーのことばによって自分が大切にされていることを感じ,問題をともに考えるカウンセラーの支えによって,クライエントは自分で自分の問題を解決していくようになる。ただし,あまり支持しすぎるとかえってクライエントの真の感情を否定してしまうこともあるので注意が必要である。
　カウンセリングの中心はあくまでも相互の人格的関わりと信頼関係であり,その基盤にはカウンセラーがリード(指示)しないで,クライエントを見て,聴いて支持していくことである。カウンセリングの基礎は,ロジャースはじめ,人間学的・実存的アプローチにみられるように,

理屈ではなく，カウンセラーとクライエントが同等の人格をもった存在としての温かい関係であることを忘れてはならない。　　〔鷲見復子〕
⇒カウンセリング，共感的理解，実存心理学，受容，積極的関心，人間性心理学，来談者中心療法，ラポール，論理療法

文献　1. I-青木・塚本編『こころの科学』No. 83, 1999; 2. A-小林, 1979; 3. A-パターソン, 1971, 1975

自死と自死防止　suicide and prevention
自分自身に向けての**破壊行動**によって自らの命を**断つ**こと。

すべての命は，均しく大切である。自ら自分の生命を絶つ自死は，人間の本質的なあり方と矛盾する行為である。

日本では，1998年には3万人を越した。50歳代の男性の自殺は1997年の1.5倍に増えている。2000年は死者96万2,000人のうち自死は約3万人である。

高橋祥友によれば，オランダの自死学者，ディークストラは，ヨーロッパ諸国での自死率の上昇理由として，社会的な変動，すなわち離婚率の上昇，失業，宗教に対する不信，暴力犯罪やアルコール依存の増加をあげている。

大原健士郎によれば，精神障害と自死の関係は深く，自死者の1～2割は精神病者である。日本の自死未遂者で84.8%，既遂者で70.6%に抑うつ感情が認められ，うつ病患者の29.7%は，自死未遂者であると報告されている。抑うつ感情と，特にあせり（未遂者の24.2%，既遂者の17.6%）が共存すると危険であり，うつ病状を特徴づける不安興奮型，敵意型といわれる諸症状が，自死の決行を促進すると言われる。

自死者には，あらかじめ自死の前兆が認められ，その75%は自死観念を明らかに示している。前兆は，直接言語(48.1%)，直接行動(11.1%)，間接言語(22.2%)，間接行動(7.4%)のいずれかの方法によって表現されている。言語的徴候としては，直接に言葉や文字によって，「死にたい」などと表現し，また，日記やノート，手紙等で間接的表現でほのめかしたりする。これら，本人の言語表現の中に自死への危険性を見いだす可能性が高いことが指摘されている。

行動としては，直接には自死未遂行為があり，自傷，刃物や薬物，紐などを準備することも含まれる。間接には，遺書を残したり，大切なものの形見分け，アルバムや日記等の身辺整理をはじめとする象徴的行為もみられる。

その他，うつ状態の身体的，心理的症状として，睡眠の乱れ，体重減少，食欲減退，無感動，無力感，興味の喪失，抑うつ的で暗く，自閉的な精神徴候がみられる。また，厭世文学や虚無思想への傾倒，自死に関する夢を見たり，罪責感，自己コントロール力の低下，妄想，考えの狭小化などは危ない徴候である。

男女別，年齢層別自死者数の状況（1998年）

年齢層別	区分	総　数	男	女
総	数(人)	32,863	23,013	9,850
少年	計	720	489	231
	0～14歳	97	65	32
	15～19	623	424	199
成人	計	31,837	22,256	9,581
	20～24	1,557	1,106	451
	25～29	1,915	1,312	603
	30～39	3,614	2,634	980
	40～49	5,359	4,187	1,172
	50～59	7,898	6,103	1,795
	60～64	3,283	2,379	904
	65以上	8,211	4,535	3,676
不	詳	306	268	38

(1999年『警察白書』より)

精神病にかかっている人の自死企図直前症状は，抑うつが最も多く(66.6%)，次いで強度の不眠(62.9%)，不安，焦燥(59.2%)などのほか，便秘(33.3%)，妄想(29.6%)，幻覚(25.9%)，食欲不振(18.5%)が認められている。

自死の危険防止対策としては，自死予告兆候や，自死しやすいタイプをなるべく早く，的確に把握することが必要である。自死企図は，典型的なうつ病というよりもむしろ診断をつけにくくて，はっきりしない非典型的な「あいまい型うつ病」に多いとされている。しかも，うつ状態の初期や回復期などの移行時に危険性が高

くなる。あらゆる自死は，複雑かつ多元的な要因がからみ合ったものに，さらに具体的要因が加わって初めておこるので，表面的な言動だけで判断せずに，内面の微妙な感情までを見極めることが大切である。比較的短い間に，種々の要因が重なることがあるので，励ましによって圧力をかけたりすることはせず，今の苦しみからの解放に希望を抱かせ，この短い危険な時間を何とか切り抜けさせることが重要である。それと同時に，うつ病の初期に服薬して病気をくい止めてしまうことも大切である。

フランクル*によれば，自死の危険性をもつ人が，本当に自死を思いとどまった場合，家族を扶養する義務などを考え，「自分や他者に対する責任を考えて自死をのり越えた」という自覚をもっていることが多い。口では死ぬのをやめたと言っても，自死を密かに決意しているうつ病者は，「なぜ自死を思いとどまったのですか」という問いに当惑したり，話題をそらそうとしたり，突然退院を要求したりすることがある。

「世間には，あなたと同じ環境，条件のもとで健康に働いている人もいるのに，あなただけがなぜ自死を選んだのですか」と尋ねると，彼らは「結局は，自分が弱かったんですね」と答える，と大原は言っている。彼らのどこが弱かったのか。その点から心理療法が始まる。受容的で信頼できる人間関係を確立し，心の絆を深め，救いを求める叫びを速やかに察知し，鋭敏な判断によって適切に対処しながら，救いの手を長期にわたって差しのべ続けることが加療の鍵であろう。

自死者の性格は，自己顕示性が強く，人格が未熟で衝動的であると言われ，うつ病者ももともと几帳面で融通性がない性格の人が多いゆえに，日頃からこうした性格を矯正するように心がけることも自死防止に役立つ。自死未遂者は，人生における一つの価値だけを重視して，他の種々の価値に対して盲目になりやすい。生命を尊重し，人生が生きるに値するものであることを体得させることが大切である。キッペス（Waldemar Kippes）によれば生きる意義は，教えられ，与えられ，さらに自分で発見していくものである。

自死のおそれのある人に，生きていることの価値や喜びを見出させることが心理療法の根本である。自分の存在の価値を自覚し，あるいは自分の使命感を深め，そして，その結果としての自分の役割を生かしながら，他人とのコミュニケーションを大事にし，他者との間に温かい信頼関係を築いていくこと，が自死予防につながってゆく。自死の問題は，人間の原点を再発見する問題にほかならない。〔佐々木千代子〕
⇒うつ状態，危機介入，死，死への準備教育，電話カウンセリング

文献 1．J-上里編，1980；2．J-稲村，1977；3．J-稲村，1978b；4．J-稲村，1978c；5．J-稲村，1987；6．J-稲村・斎藤，1980；7．J-いのちの電話編，1979；8．J-大原，1965；9．F-大原，1979；10．I-大原編『現代のエスプリ』No.16 1965；11．I-大原編『現代のエスプリ』No.151，1980；12．キッペス神父「人生の意義は与えられるもの」『カトリック新聞』1991年11月17日；13．E-ジィフィン，フェルゼンタール，1985；14．I-大原編『現代のエスプリ別冊』【自殺学】1，1974；15．I-大原編『現代のエスプリ別冊』【自殺学】2，1975；16．I-『現代のエスプリ別冊』【自殺学】3，1975；17．I-大原編『現代のエスプリ別冊』【自殺学】5，1975；18．J-ズィーグムント，1975；19．J-日本自殺予防学会，1991；20．J-ファーバー，1977；21．J-シュナイドマン，ファーブロウ，1968

思春期　puberty
第二次性徴が現れ，生殖可能になる時期（12〜17歳くらい）。

思春期は，青年期とほぼ同じ意味に用いられていることもあるが，青年期が社会的概念であるのに対して，思春期は児童期の終わりから青年期への移行する12〜13歳頃からおこる性的な成熟に焦点を合わせる生物学的概念である。

個人差や性差はあるが，この時期になると生殖器官が成熟し，乳房の発達，声変わり，性毛の発生といった第二次性徴といわれる身体的変化が現れる。また自我意識が高揚するとともに，異性に対する性的関心や恋愛感情などが現れ，それに伴って心理・社会的にも最も大きな変化が現れる時期である。人間の人格的成長においても大事な変動期である。

この時期は，肉体的成熟に伴い，自我の発達や認知能力の発達がみられ，活動の範囲と活動力が増大し，親からの分離が試みられ，同性同

世代との交流が深まるなど，独自の判断力をもつことが可能となる社会的・心理的発達を促す時期である。また，ルソーが「熱病にかかったライオン」(『エミール』1762) と記述したように，自分でも自分の身体と心が手に負えない時期でもある。依存と自立の間の葛藤，将来への不安など心身に大きな負担がかかり，肉体的成熟と心理社会的発達の歪みが生じやすく，葛藤が表面化する不安定な時期である。

思春期の葛藤の原因については，いくつかの理論的説明があるが，代表的なものとして，精神分析理論があげられる。アンナ・フロイト*は，次のように述べている。潜伏していた性的衝動が，思春期になると再び活発となり，それまでの自我とエスの均衡状態がくつがえされる。性的衝動のエネルギーの強さが，相対的に弱まった自我を脅かすため，現実不安，良心の不安，衝動に対する自我の不安などが襲ってくる。自我はそれに応じた防衛をするように努め，衝動を抑圧したり，置き換えたり，否認したり，自分自身に向きかえたりする。そこで不安や葛藤が高まっている反面，衝動の危険が自我を強化し，禁欲，知性化，同一視などの必要なことを習得する機会となっているのだ，と彼女は説明した。

一方，社会・文化理論では，思春期に身体的変化がおこることにより，性役割として，男子は成人の役割を遂行する能力や強さ，男らしさを備えたものとみなされ，女子は性的に成熟した女らしい，優しいものとみなされるようになる。そして成人としての社会・家族・性的役割の変化を要求される。その社会からの要求を果たすことが期待されることからくる混乱や不安が葛藤の原因であるとしている。

思春期は，身体的変化に対し，大人になりたいという気持ちと，大人になることを拒否したいという矛盾した両方向の感情を伴う。その際，その成熟の受け止め方には，周囲の期待や自分の構えという社会的要因が大きく関与している。女子が成人としての身体的成熟を拒否しようとする時，「思春期食欲不振症」と呼ばれる摂食障害などをおこし，男子では身体の形や体臭などを気にして，対人恐怖症などに陥る，などの精神病理的な現象がおきることがある。

変化に伴う心理的葛藤はさらに大きい。内面の落ち着きのなさ，荒々しさ，不器用さが表出する。葛藤の心理的特徴としては，すべての物事に対して否定的傾向に陥ったり，劣等感をもって歪められた自画像を作り出したりする。第二反抗期と呼ばれるように，強い自己主張をするために，派手な格好や粗野な行動に出たり，周囲を否定し，親や社会に反抗することによって自己の存在をアピールしたり，理想と現実の狭間で不器用な人間関係を形成したりする。また，孤独を味わいつつ，現実を超えたものに憧れをもち，自分を過大評価したり，過小評価したりする自我意識をもつ。

思春期は，葛藤と混乱の危機の時期であるが，それは同時に「本当の自分になっていく」ために自我を再編成していくことでもある。その再編成の途中には，自己アイデンティティを求めているにもかかわらず，自分の居場所が失われる喪失感や孤独感，焦燥感に襲われることが多い。しかも，それを感じる時期や深刻さの個人差も大きい。それが，思春期の問題を引きおこす原因にもなるが，多くの場合，同性同世代の仲間との遊びや共通体験を通してのつながりを求めたり，学習や運動を通して個人の内面で昇華したり，恋愛願望の中につながりを求めたりすることが多い。そして，自分の身体と心の変化を自分の中に取り込むことと，これらの経験を通して自分を見つめていく手がかりを探る時期であるといえよう。　　　　　〔水口　洋〕

⇒アイデンティティ，アンビヴァレンス，性差，成熟，青年心理学，性役割

文献　1．I-清水編『こころの科学』No. 44, p. 27-89, 1992；2．H-『日本人の深層分析』10, 1987；3．C-フロイト, 1958；4．無藤隆・高橋恵子・田島信元編『発達心理学入門』(2巻組) 東京大学出版会, 1990；5．ルソー, J., 今野一雄訳『エミール 上・中・下』(岩波文庫) 岩波書店, 406p., 342p., 324p., 1962, 1963, 1964

思春期妊娠　pregnancy in the puberty
10代，特に中学生から，高校生にかけての妊娠。

昭和の初期から，第二次大戦の時期までは，10代での結婚と，それに伴う出産はまれでなか

ったが、終戦後の義務教育年限の延長や、高等教育の普及に伴う結婚年齢の高齢化によって1950年以降10代の妊娠は減少を続けた。ところが、1978年を境にして増加の傾向に転じた。

10代の妊娠数の正確な統計はないが、厚生省の優生保護統計報告によれば、人工妊娠中絶の全年齢での数は、毎年減少しているにもかかわらず、10代のそれは1978年以降毎年増加している。例えば、1984年の10代の中絶件数は、28,020件で中絶総数の全体の4.9％なのに対して、1990年には、32,431件が報告され、全体の7.1％にものぼっている。またこの数字も正式に届出があったものであり、実際の総数は届出数の1.4倍程度と推定される。また、前出の厚生省の統計によれば10代の出生数は1984年が、全出生数の0.7％なのに対して、1990年には1.4％に増加している。

さらに、日本産婦人科学会小児思春期問題委員会の調査（1988年9月～1989年8月）によると10代の妊娠で分娩に至った比率は22.1％であるという。

これらの統計から、思春期妊娠の総数は、1989年で約6万件にのぼると考えられる。

こうした状況の中で、問題となるのは10代妊娠のほぼ80％が未婚で、望まない妊娠であるということである（日本産婦人科学会調査による）。

このような状況を生む背景として考えられることの第一には、現代の青少年の発達加速現象があげられる。この現象を如実に示す指標として、女子の性的成熟を示す明確な兆候である初潮年齢の調査報告がある（大阪大学発達加速現象研究グループ第7回調査、1987年）。

これによると全国平均初潮年齢は1961年の、13歳2.6ヵ月から1987年の12歳5.9ヵ月へと8.7ヵ月低年齢化している。このことは10代の性的、身体的な成熟のはやまりを示し、10代の妊娠の可能性の拡大に通じるものとなる。

第二には、その身体的、性的早熟と相まって日常的に流される多様な性的情報やその内容の過激さから、幼児期からずっと性情報をごく当たり前なものとして受け入れているという文化的な背景もあり、かつてよりも早い段階で性への関心も高まるようになっている。男子にあってはその性衝動が早期に強まり、女子の性的成熟の低年齢化とも相まって、性行動にいたるケースも低年齢化している。日本産婦人科学会調査によれば性交の経験年齢は1978年では17歳から18歳が最も多かったが、1988年には16歳が最も多く、しかも16歳以前の年齢層が増加し低年齢化している。また、若年化するほど性知識が乏しく、避妊が実行される率も低いという。さらに、女子高校生の8割が、愛さえあれば婚前性交も良いという考えをもっているという状況もあり、10代の、しかも望まない妊娠の可能性は高まっている。

これは、身体的には成熟していても精神的、社会的には未成熟であることとも通じているといえる。性的な関係がまさに人間関係であるということが十分に理解できていない状態で、真に相手のことを考え、責任をもって性行動を選択するという過程を経ずに、性的行為に至ってしまう。その結果として「妊娠」という事態が生じる。

このような背景のもと、実際に妊娠してしまった女子の多くが就学中であることが問題を一層複雑にしている。妊娠したという事実を親にもなかなか打ち明けられず、学校に知られると、学校にいられなくなるかもしれないというジレンマに苦しむことが非常に多いからである。またそのために10代の妊娠では初診が遅れるケースが多く、妊娠週数が進みその後の選択が限られ、それがもとでの苦しみも生じやすい。

このようなケースのカウンセリングでは、表面的には「産む」か、「中絶する」かという二者択一であっても、周囲のさまざまな条件から自分自身に選択が許されることは非常に限られている場合が多く、またそのカップルの今後の関係がどうなっていくかも若いだけに流動的であり、カウンセラーの果たすべき役割は、クライエントが諸々のジレンマの中で抱える不安を十分に受けとめ、そこで出された結論（不本意であることも多い）を受け入れて生きていくことを援助することにあろう。場合によっては、クライエントと周囲の人たちとの調整役を果たすことも必要になる。

さらに，10代の妊娠の特徴としてやはり「中絶」という形で問題を解消する場合が多いが，その際，胎児を殺してしまったという罪意識にさいなまれるケースもあり，十分なケアが必要となる。また，中絶経験者が「中絶」を繰り返すことも多く，今後責任をもった性行動がとれるような話し合いも求められよう。家庭内の問題，特に親子関係の問題のはけ口として性行動にはしる事例も多々見られるので，その部分の理解も深めたうえでの話し合いが要求される。

〔本城慎二〕

⇨未婚の母，リプロダクティブ・ヘルスとリプロダクティブ・ライツ

文献 1. 江幡玲子他編『少女達の性』日本放送出版協会，225p.，1985；2. 栗原志文編『ハイティーンセクシュアリティ』（「月刊高校生」増刊）高校出版，256p.，1988；3. I-河野編『現代のエスプリ』No. 245，1987；4. 河野美代子著『ティーンズボディ Q & A』東山書房，259p.，1991；5. 田能村・髙橋編『現代のエスプリ』No. 309，1993；6. 富田光一編『現代性教育研究』No. 54，小学館，144p.，1982；7. 山本直英編『Humam Sexuality』No. 14，東山書房，136p.，1994

自助グループ　⇨セルフ・ヘルプ・グループ

システム論的家族カウンセリング
　　　　　　　　　⇨システム論的家族療法

システム論的家族療法，システム論的家族カウンセリング family (psycho-)thrapy by system theory, family counseling by system theory

システム論に基づいて，家族を対象にして行なう心理療法，心理的アプローチの総称。

家族療法には，システム論的アプローチ，3世代論的アプローチ，行動論的アプローチ，精神分析的アプローチなどがあるが，今日の主流はシステム論的アプローチであり，これを指して家族療法ということが多い。その他の家族療法も，それぞれの理論にシステム論を相補的に取り入れていることが多い。

家族療法の目的は，まず患者とみなされた人の症状や苦しみの除去改善と，家族全員の心理的成長である。その目安は 1. 家族成員がそれぞれ個として自律的であるか，2. 家族のコミュニケーションに歪みがなく解放されているか，3. 各家族員の役割，機能は柔軟か，ルールに弾力性があるか，4. 各家族員は社会に開かれた関係をもっているか，などである。

いじめ，不登校，アルコール依存などのさまざまな嗜癖，幼児虐待など，現代家族の抱える今日的問題は，その問題を個人のものとしてとらえるよりも，家族システムとしてとらえる視点をもたない限り効果的に克服できない。また，家族システムと学校，地域などの上位システムとの有機的な関連を重視する視点からのケースへの介入や援助の具体化が望まれる。

家族療法は治療の焦点を，(ⅰ) 家族のコミュニケーションの変容，(ⅱ) 家族構造の変容，(ⅲ) 世代間葛藤の解決，のどこに当てるかによって次のように分類される。①精神分析から出発したシステム論者ボウエン（Murray Bowen）を代表とする「家族力動論的・世代論的家族療法」，②サティア*，ジャクソン（D. Jackson）を代表とするベイトソン（Gregory Bateson, 1904～1980）の「コミュニケーション理論にもとづく家族療法」，③ミニューチン（Salvador Minuchin）が始めた，システム論の構造に最も力を置く「構造論にもとづく家族療法」，④ベイトソンなどの MRI (Mental Research Institute) の短期療法 (Brief Therapy, BT) 研究から生まれた，クライエントの苦しみを少しでも早く軽減させる目的で行なわれる「MRI 短期集中療法」，⑤最もシステム論に忠実に沿っているので，システミック家族療法といわれている「ミラノ派の家族療法」。

家族療法の始まりは，1940年代アメリカのジャクソン（D. D. Jackson）による家族研究からといえる。これは統合失調症を中心とした精神疾患と精神力動との関連性を明らかにしようとしたものであった。1950年初頭にかけて，モレノ*の集団心理療法と心理劇などの技法が家族にも応用されるようになり，アブラハムとヴァロンの母子同席集団療法やアイゼンステインの夫婦療法などが行なわれたが，これらの療法はまだ集団力動を利用した各家族員に対する療法で，家族全体システムに働きかけるアプローチ

ではなかった。1950年代以後は家族研究が本格的に行なわれ始め、アッカーマン*の家族中心療法などの新しい概念にもとづく多くの治療法が続々と出現して、家族療法の実態がはっきりしない混迷状態となった。1966年、アメリカの精神医学の発展のための団体（Group for Advancement of Psychiatry）は混迷打開のため「家族療法家の実態調査」を行なった。その結果、それぞれの家族療法は、(1) 個人の内的システム変容を目的としたアプローチ、(2) 家族全体のシステムに働きかけるアプローチ、(3) 両者の中間にあるアプローチ、と三つの立場に分かれていることが明らかになり、これを契機に理論や技法の明確化や体系化が進んだ。1970年代に入ると、家族療法の定義もそれまでの、「2人以上の家族成員に対する合同面接」という考え方から「家族全体システムへの療法的働きかけ」へと変わってきており、多くの家族療法がシステム論にもとづいて各理論と技法を発展させている。

システム論的アプローチでは、まず「家族はシステムである」という考えに立つ。一般システム理論にもとづいて、問題とされる個人の症状行動はその家族が順調に機能していないひずみや危機のサインである、ととらえ、その個人ではなしに、その家族を一つの単位として家族全体のシステムを治療対象として働きかける。

今日、家族療法は「家族全体システムへの治療的働きかけ」の総称といえるが、その基礎となる理論は、ドイツの理論生物学者ベルタランフィ（Ludwig von Bertalanffy）の「生物、あるいは人間を含む有機体は相互依存的な部分から成り立つ生体で、その中に自己調整力を持ち、環境との相互循環的な活動を行なっている」という一般システム理論である。ベルタランフィ自身は一般システム理論によるアプローチのねらいを「生命、生活、行動、社会にある有機体的な諸特徴を見つめ、それを否定したり見逃したりせずに把握し、理論モデルを作り、これらを科学的に用いることによって、生活体、心、社会について一段と進んだ理解、予測、制御が可能になること。」と述べている（1967年アメリカ精神医学会）。この一般システム理論の視点から家族関係を論じたのが家族システム論であって、多くの家族療法は次のような考え方を取り入れている。(a) 家族の1人の変化は家族全体に伝わり、他の家族が変化する。IP（identified patient、患者とみなされている人）が変化するには家族全体システムの変化を必要とする。(b) 問題は個人の中にあるのではなく、家族システムの中に組み込まれている。IPの症状行動はその家族システム危機のサインである。(c) 家族システムでは家族員のパーソナリティの総和以上の力が働く。(d) ホメオスタシス（力動的均衡）を保つため家族の一員の症状が改善されると家族の他の一員に症状が出現したりする。家族システムには全体の急な変化に抵抗する傾向がある。(e) 問題の原因と結果は直接的でなく循環的である。(f) 家族全体システムを理解するには、家族員の相互作用よりコミュニケーションのパターンに焦点をあてる。

日本での家族療法は、1960年初頭、アッカーマンやサティアの著作が翻訳出版されたのを契機に発展し、1984年には日本家族研究・家族療法学会が発足して、今日に至っている。

〔本宮啓子〕

⇒アルコール症，いじめ，家族システム理論，家族療法，集団心理療法，心理劇，精神分析，不登校，力動的心理学

文献 1. I-岡堂編，『現代のエスプリ』No. 215, 1985; 2. 鈴木浩二「家族療法」（G-伊藤, 1989b所収）; 3. 平木典子「家族療法」（G-梅津・相良・宮城監修, 1981所収）

シックハウス症候群 sickhouse syndrome

建築物や家具に使われている種々の物質が原因と考えられるさまざまな体調の不調をいう。

この症候群の症状は目がちかちかする、吐き気、めまい、くしゃみ、喉の痛み、鼻水、記憶力減退など、実にさまざまある。やっかいなのは、その症状が一様でないことと、同じ環境に住んでいても症状の出る人、出ない人がいることである。ある人は、新築の家に引っ越して2週間後から下痢が続いて治らないが、家族にはその症状がない。別の人は、新築のマンションに引っ越して以来頭痛が続き、イライラする。

この人には，他にも，今までにはなかったアレルギーの症状が出た。

主婦に多く症状が出るのは，彼女たちが新築の家での滞在時間が最も長いからで，子どもや夫は学校，職場に出かけているから症状が現れにくいのである。

せっかく新しい家に引っ越したのに，あるいはマンションを購入したのに，妻がその直後から体の不調を訴え始める。その不調の原因が家そのものにあると気づかず，夫や子どもにその症状がないこともあって，「文句ばかり言ってうるさい」という受け止め方をし，離婚になってしまうケースさえある。

また，この症状の原因を特定できず，医者を転々としたり，心因性の不定愁訴と誤診され不適当な治療を受けてしまうケースも少なくない。

さまざまな体調の不調を訴えているケースでは，まず最近，生活環境の変化がなかったかを確認することが必要だ。新築の家やマンションに引っ越した時には，建材からでるホルムアルデヒド，トルエンなどの有機溶剤が，壁紙を張り替えた時は，その紙のコーティングと糊に使われる酢酸ビニールが，畳替をした場合は畳の防カビ・防ダニ処理に用いられる有機リン酸系の農薬，などが体調不調の原因となる。この他にも，トイレの消臭剤，服の防虫剤，殺虫剤なども原因となることがある。

対策としては，これから家を新築する人は健康に配慮した建築材料を使うとよいが，建築費用は20～30%高くなる。健康を買う先行投資と考えて納得するほかない。畳一つでも，防虫加工していないものを手軽に入手するのはむずかしい。

住宅には電池，繊維，ゴム，洗剤その他のさまざまな化学物質が充満していて，それらは「環境庁が規制を検討している有害大気汚染物質」としてあげている232の物質のいずれかを含んでいる。また，住宅建材にもわかっているだけで54種の農薬や殺菌剤のいずれかが使われている。つまり，それらから出る，ごく微量の化学物質によって，さまざまな身体的，精神的症状が現れてくる。

まず，この症状が出ている場合には，できるだけ原因物質を取り除くことを心掛ける。とはいえ，購入したばかりの家を売り払って引っ越すということはむずかしいだろうから，まず，週末だけでも実家など環境の良い状況の中で過ごす。無人の状態の時に夏でも暖房器具を使って家を暖めてから，一気に換気をするなどの工夫を2週間くらい続ける。常に換気に気をつけ，空気清浄器を設置するとかなり症状が改善される。また，観葉植物は空気中の化学的有害物質を浄化する作用があることがアメリカの研究でわかってきた。ガーベラや菊の花にもその効果がある。観葉植物，花を積極的に部屋に置いたり，もし庭があれば木や草をできるだけ残すと良い。

厚生省でも遅まきながら住まいの壁紙や合板の接着剤，塗料，石油ストーブから発生して健康に悪い影響のある「揮発性有機化合物(VOC)」についての全国的調査を始めた（朝日新聞，1997年6月29日付）。このVOCは一定の温度で揮発し，室内に漂い，種類により発ガン性もある他，頭痛やのどの痛み，不眠，うつ状態などさまざまな不調をおこす。とにかくその不調が住まいに起因しているということに早く気づくことが肝心である。原因がわかれば，手軽に改善できる点も多いし，最近は少しずつ関心をもたれるようになり，関係書も自然食品を扱う店などで入手可能である。〔小林洋子〕
⇒化学物質過敏症，自律神経失調症

文献　1．小若順一・高橋元編著『健康な住まいを手に入れる本』コモンズ，218p.，1997；2．反農薬東京グループ『住宅が体をむしばむ：深刻な室内化学物質汚染』（反農薬シリーズ9）95p.，1994；3．船瀬俊介『プロも知らない「新築」のコワサ教えます』築地書館，228p.，1998

失語症　aphasia
大脳の言語中枢の損傷によっておこる言語の理解と表出の障害。

失語症とは，正常な言語機能をいったん獲得した後に，何らかの原因により，大脳皮質の言語中枢が損傷を受け，その結果，言語表象（音声言語と文字言語）の理解と表出に障害をきたした状態をいう。正常なコミュニケーション過

程の前提となる意志，感情，記憶，見当識など の精神活動は保たれているので，失語症は精神 病や知情意低下症（旧称：痴呆）や意識障害と は異なる。また，発声・発語器官の麻痺，難聴・ 聾に伴う言語障害とも区別されなければならな い。

失語症の原因は，脳血管障害が最も多く，頭 部外傷，脳腫瘍，伝染性疾患がこれに次ぐ。脳 血管障害の場合は，主として中大脳動脈支配領 域の梗塞，塞栓，出血や，クモ膜下出血などに よっておきる。

失語症の記述は，古くヒポクラテスの時代に 遡り，また15世紀以降いくつかの臨床型の症状 が記載され，それが脳の器質的疾患によって生 じることはわかっていたが，言語機能が脳の一 定の部位に関連づけられるようになったのは， 19世紀になってからである。ダックス（M. Dax, 1836）は，40例以上の失語症患者を調べて，損 傷がすべて大脳の左半球にあることを発表し た。1861年にフランスのブローカ（P. Broca, 1824〜1880）は，言語の了解がよく，発声・発 語器官に麻痺がないにもかかわらず，ことばが ほとんど出ず，ただ「タン，タン」と言うだけ の症例を報告した。死後の剖検の結果，左半球 第三前頭回後部に病巣が見出された。その後 1874年，ドイツのウェルニッケ（C. Wernicke, 1848〜1905）は，自由に話すことができ，聴力 にも問題がないのに言語の了解ができず，誤っ た語の使用が見られる別のタイプの症例を報告 した。剖検では，左半球の第一側頭回後部に病 巣を認めた。これが失語症の研究の始まりで， 以後，いろいろな症状と脳の損傷部位とが関連 づけられ，大脳皮質に種々の言語心像の中枢と 連合繊維を仮定し，この中枢ないし連合路の破 壊が種々の型の失語を生じるという失語図式が 考案された。20世紀になると，脳外科手術の発 達に伴い，大脳皮質に電極を当てて刺激するこ とによって，さらに言語の局在が明らかにされ た。しかし，多くの症例を対象として組織的な 研究が始まったのは，第二次大戦後のことであ る。頭に砲弾を受けた軍人たちに対し，退役軍 人の病院を中心に失語症の研究が言語治療学と して確立していった。最近，アイソトープ・ス キャン，CTスキャン，MRIなど，高度の医療 機器の普及により，神経学的診断に画期的な進 展がもたらされたが，像としてとらえられた損 傷の部位や大きさは，剖検所見と正確に一致す ることが確かめられている。

失語症のタイプは，上記の古典的な類型と自 発話の特徴から，大きく二つに分けられる。一 つはブローカ失語で，聴覚理解は比較的よいが， 構音が努力性でぎごちなく，発話量と速度の減 少，リズムや抑揚の乱れと発話の単調さなどの 特徴から，非流暢性失語とも呼ばれる。重度の 場合は，まったく話すことができないか，なじ みの深い決まり文句のようなもの数語に限ら れ，回復してきた段階でも，助詞が省略されて 単語を並べただけの電報のような話し方（電文 体）をする。もう一つはウェルニッケ失語で， 聴覚理解の低下を特徴とし，発話はなめらかで あるが，情報を担う語に乏しく，語の一部の音 が間違ったり，別の語と入れ替わる錯語や新造 語が混じり，重度の場合は，外国語のように何 を言っているかわからないジャーゴンとなる。 文法の形態は豊富であるが，助詞の誤りが出現 する。発話量が多く，リズムや抑揚は正常なた め，流暢性失語とも呼ばれる。このタイプの失 語は，自分の障害を自覚していない場合が多い。 これら二つの失語は，剖検およびCT所見から 解剖学的に脳の局在が裏づけられ，非流暢性失 語は中心溝から前方に，流暢性失語は中心溝か ら後方に病巣が集中していることが明らかにさ れている。

以上の二つの類型の他，聴覚理解はよく，文 法的にも正しく，流暢に話すが，喚語困難が著 明で迂回表現が多い失名詞失語，聴覚理解がよ く，発話も流暢であるが，語の一部の音を誤る 音韻性錯語が頻出し，誤りに気づいて自己修正 を繰り返す伝導失語，復唱が他の言語力に比べ て際立って保たれている超皮質性失語，損傷が 脳の広い範囲にまたがり，言語のすべての側面 に重篤な障害が認められる全失語などが分類さ れる。

失語症は，原因疾患から，主として神経内科 や脳外科の医師が診断し，臨床言語士（ST, speech therapist）が標準化された失語症検査を

行なって失語の有無,タイプ,重症度,予後を評価し,治療計画を立てて言語訓練を実施する。多くの失語症者は,聞く,話す,読む,書く,計算のすべての側面に何らかの障害を受けているが,その症状と程度は脳損傷の部位や大きさによって一人ひとり異なるため,各人に応じた訓練プログラムを用意する。

訓練は,病状が安定した時点でなるべく早期に始めることが望ましい。急性期には,STはベッドサイドでどのような言語の側面が保たれているかを見きわめて,最低限の意志の疎通をはかる方法を家族と他のスタッフに伝える。リハビリ期には,言語室にて系統的な個人訓練を実施し,また,失語のタイプや重症度を合わせたグループ訓練によって,他者とのコミュニケーションを促進する。慢性期になって,かなりの改善をみても,人により何らかの限界を残しつつも,職業復帰ないし家庭復帰へとつなげていく。STは,医師や他のリハビリテーションのスタッフと協力して,できるだけもとの生活に近づけるよう配慮し,勤務先との折衝を行なったり,家族の協力を求めたりする。

回復の機序としては,障害された細胞ならびにその周辺領域の神経系の再編成,すなわち新しい神経結合網の形成がおきると考えられている。　　　　　　　　　　　　〔今村恵津子〕
⇒運動性構音障害,MRI,機能的構音障害,CT

文献　1.相沢豊三監修,長谷川恒雄編『失語症の基礎と臨床』金剛出版,426p.,1980;2.岩田誠『言葉を失うということ:神経内科医のカルテから』(New Science Age 23)岩波書店,145p.,1987;3.大橋博司『失語症』(中外医学双書)中外医学社,250p.,1967;4.カーテス,A.,横山巌・河内十郎監訳『失語症と関連障害:基礎・数量分類・病巣局在・回復過程』医学書院,255p.,1982;5.笹沼澄子編,柴田貞雄・森山三保子他『言語障害』(リハビリテーション医学全書11)医歯薬出版,406p.,1975;6.祖父江逸郎他編集企画『失語の経過と予後』医学教育出版社,407p.,1987;7.竹内愛子・河内十郎『脳卒中による失語症ハンドブック:家庭でもできることばの訓練』社会保険出版社,172p.,1986;8.バック,M.,竹田契一・長沢泰子訳『失語症:家族と患者への専門的助言』日本文化科学社,182p.,1969;9.ブレイン,W.R.,秋元波留夫監訳,松本秀夫・豊田он三訳『失語症』東京大学出版会,216p.,1978;10.ベンソン,D.F.,笹沼澄子・伊藤元信・福沢一吉・飯島俊子訳『失語・失読・失書』協同医書出版社,250p.,1983

実存心理学　existential psychology, psychologie existentielle

人間を一つの客体としてとらえ,個人を分析や考察の対象とする立場と異なって,患者やクライエントを治療者と同等の人格を有する存在と考え,個人が体験している「世界」と個人が生きているあるがままの「現実」を現象学的に理解しようとする心理学。

第一次世界大戦後のヨーロッパの精神状況を背景にして勃興した実存主義哲学と,ブレンターノ*からフッサール*を経て発展した現象学的方法を結合した,心理学における新しい視点。精神科医のビンスワンガー*とボス*の流れに見られる現存在分析,そしてこれらの影響を強く受けた米国の実存心理学者メイ*,ヴァン・カーム (A. van Kaam, 1920~),ブーゲンタール (James F. T. Bugental, 1915~) や,「第三勢力」の心理学または人間性心理学 (humanistic psychology) の旗手マスロー*,オルポート*,ロジャース*など,それにフランクル*の実存分析(ロゴセラピー)などを総称して言われる。オランダのヴァン・デン・ベルグ*の「現象学的心理学」もこの系譜に属する。

実存心理学の背景をなしている実存主義は,産業革命以後における資本主義の高度な発達と近代合理主義がもたらした機械文明の下で,人間がますます画一化,平均化,部品化させられていく状況を問題視し,人間に本来の自由と主体性とをとりもどさせ,人間としての主体的なあり方に目覚めさせようとした思想の動きである。実存思想は,デカルト*からヘーゲル*に至る近代の合理主義的観念論を批判するものとして登場したキルケゴール*とニーチェ*を先駆とし,20世紀に入ってヤスパース*やハイデガー*によって体系づけられた哲学である。一方,フッサールが創始した現象学は,ドイツにおいてハイデガーの「存在論」に受け継がれ,フランスにおいてはメルロ＝ポンティ*の「身体論」に影響を与え,近代哲学の根本問題である「主観と客観」あるいは「認識と対象」の二分論克服という難問に答えるものとして,現代思想に多大の影響を及ぼした哲学的方法論である。

実存主義の重要な概念の一つである実存

(existence)は，ラテン語のexistere（外へ立ちいでる）に由来し，これは日常性に埋没した自己を抜け出て真実の自己，すなわち「主体性を回復する」という意味を含むものである。また，現象学における重要な概念は志向性(intentionality)であって，ブレンターノに端を発するこの概念は，「意識とは必ず何ものかについての意識」であり，意識は対象と分離して存在するのではない，したがって，対象や事象を偏見なくあるがままに知る唯一の道は，意識の中身を吟味することによって達成される，と主張する。意識の中身を吟味するとは，個人の経験に焦点を合わせることである。行動主義が人間の行動に焦点を合わせ，精神分析が生物学的本能と性格構造の発達過程に焦点を合わせるのに対して，現象学を方法論とする実存心理学は，個人の直接経験に関心を向け，これを全側面において理解しようとする。

心理療法やカウンセリングにおける実存主義的アプローチは，クライエントの「適応」に強調点をおかない。すなわち，彼らが属する文化や社会への順応や適応を「治癒」の本質とは考えない。このアプローチの目ざすところは，クライエントの人格的な成長と発達である。すなわち，クライエントが自己と自己の可能性に気づき，他者および現実世界との関係を知覚し，抑圧された経験から自己を解放し，それによって真実の体験を生きることができ，自己の置かれた状況の限界を超越することができるようになることである。また，クライエントが自己の実存の意味を理解し，自己の人生における個人的な意味を見出し，これを探求していく責任をとっていけるように援助することが，目標である。実存主義的セラピストやカウンセラーは，一般に技法を体系づけることに関心をはらわない。その理由は，西欧の文化において人間という存在の理解を妨げているのはまさに技術を強調しすぎるからであり，人間という存在を数量化し，操作し，分析の対象とみなす傾向がある，と考えるからである。精神病や神経症に対する実存主義的アプローチの治療効果に対しては，疑問視されているむきもあるが，社会や文化のあり方が問われている今日，その意義は少なく

ない。　　　　　　　　　　〔中村彰男〕
⇒現象学，現存在，現存在分析，実存分析療法，ロゴセラピー

文献　1. キーン，E.，板谷美代子訳『三つの存在の相：実存臨床心理学への接近』勁草書房サービス・センター，429p.，1987；2. キーン，E.，吉田章宏・宮崎清孝訳『現象学的心理学』東京大学出版会，324p.，1989；3. A-小林，1979；4. ジオルジ，A.，早坂泰次郎監訳『現象学的心理学の系譜』勁草書房，321p.，1989；5. 竹田青嗣『現象学入門』日本放送出版協会，238p.，1989；6. J-メイ他編，1977；7. H-『ロロ・メイ著作集』5，1986

実存分析療法，ロゴセラピー　psychotherapy by the existential analysis

人間存在の基盤としての責任性と倫理性に着目しながら，人生の意味と価値とを分析していくフランクル*が創めた精神療法。

立場としては，人間を動物や機械とは異なるものとして位置づける人格主義的な立場であり，行動主義，実証主義，精神分析などに対して批判的である。

フランクルは1905年ウィーン生まれの精神医学者であり，第二次世界大戦中，ユダヤ人としてアウシュヴィッツ強制収容所に拘禁され，その中で人間存在の尊さと深さに触れ，独自の人間観を培った。戦後ウィーン大学医学部精神神経科教授として，ビンスワンガー*，ボス*らと共に「ウィーン第三学派」を形成した。彼は強制収容所体験を背景とする新しい人間像（苦悩の人間）を提唱する。人間を，自由によって自分を決定していく実存と考え，その根底に「人格」をおいた。人格とは，分けられない個別のもの，集団や人種などの全体に埋没しない統合不可能なもの，ユニークなもの，理性的で自由意志をもつ精神的なもの，環境に支配されない実存的なもの，はじめから自我として存在しているもの，全体としてまとまりをもつもの，ダイナミックなもの，世界と世界を超えた世界への到達が可能なもの，「神の似姿である」尊厳なもの，であると考えて，人格のもつ精神性を強調した。

彼の思想の特徴は，人間を「次元的存在」としてとらえるところにあった。彼は人間を「生物学的・身体的なもの」，「心・心理的なもの」，

「精神的なもの」の三次元により構成されている単一体であると考える。それらを実体的に区別するのではなくて，原理的に区別しようとした。つまり精神的なものの次元を設けることにより，原因と作用のみを強調する機械論的人間論，自然科学的な考え方を拒否し，同時に精神主義一元論を避けた。彼にとっては，有機体の作用としての身体と心とに対して，「精神」とは人間特有の行為ないし作用，すなわち自由意志や理性の作用とみる。同様に，自由を前提に自らのあり方を選択，決断する人間特有のあり方を「実存」と考えた。この実存により，おのずから置かれている制約された自分自身に距離をもつことができるのだ，と考えた。同時に，それゆえ人間はつねに価値を実現するという営みを続けるように運命づけられているし，その時にのみ，健康である，とした。

　フランクルはこのような人間理解を基礎にして，神経症の病因を解明しようとした。彼は次元的領域から身体因，心因，精神因に分け，疾病の起源として，原因と誘因（二次的な原因）を分けて考えた。そして身体因と心因についてはどちらが一次的かを考えた。また，時代精神などの社会的側面が誘因になることも多いと考える。精神病の原因は身体因であると考え，薬物療法とともに心理療法の可能性に言及した。つまり病むことのない精神に呼びかけることにより，疾患と対決させ，距離をもたせようとしたのである。

　治療法としての実存分析は，患者に実存性を自覚させることである。実存，すなわち人間存在の根底に向けて分析することによって，無意識中にあった精神性と責任性とを意識化させるのである。意識化された精神性と責任性に訴えるところから治療が始まる。この方法をフランクルはロゴセラピー（logotherapy）と呼んだ。彼の言うロゴスとは，意味と価値とをいう。したがってロゴセラピーとは，人間存在の意味や価値を，各個人の個別性や独自性に沿って発見することであり，責任性をもつ自分を自覚するよう，患者に訴え，励まし，援助する技法である。

　このロゴセラピーは精神因性の疾患だけでなく，身体因，心因の疾患にも適用される。人間は人格を病むことはないからである。すなわち，病むことのない精神に訴えることにより，患者が自分と疾患との間に距離をとることによって，疾患と共存できるように援助する。そのための手続きとして，病状から距離をとること，病状の客観化，病状の無視，病状の素通り，などを指摘している。このために，病的現象を主観化することを説いた。技法としては，病状を患者から引き離すことにより，悪循環から脱するようにする，患者が病気とむかい合うようにするという逆説志向と，過剰反省を除き，病状を無視する反省除去とがあげられている。

　この療法の問題点としては，次元的存在論の根拠の不十分さ，ユダヤ・キリスト教的な「人格主義」に立っているという宗教的な偏り，さらに知的なアプローチのため成人にしか適応できないという適応の限界，をあげることができる。今日では，彼の思想は精神医学よりも，宗教や教育の分野で大きくとりあげられているといえるだろう。　　　　　　　　　〔水口　洋〕
⇒現存在，現存在分析，実存心理学，ロゴセラピー

文献　1. E-トウィデイ, 1965；2. B-フランクル, 1972；3. H-『フランクル著作集』(全7巻) 1961〜1962；4. B-レスリー, 1978；5. H-小此木・成瀬・福島編『臨床心理学体系』7, 1990

嫉妬　envy, jealousy
今まで維持していた地位や自分の大切なものを他者に奪われそうになった時や，相手と自分を比較して，自分の方が劣っている，相手が立派だと感じた時におきるねたみの感情。

　ギリシア神話の神ゼウスの正妻ヘラは，嫉妬心の非常に強い妻であった。ゼウスの愛した女性やその間にできた子どもを，嫉妬心から徹底的にいじめた。日本においても，嫉妬のことは「後妻嫉妬（うわなりねたみ）」といわれ，『古事記』以来，文献にたびたび登場してくる。室町時代以降には「後妻打ち（うわなりうち）」といって，前妻が後妻の家を襲い，荒らしまわるといったことも多くあった。このように嫉妬というと，愛情関係だけに現れ，女性に多いように考えられがちであるが，男女とも

に日常のあらゆる人間関係においておきる感情である。自分と相手とを比較し,自分の方が劣性だと意識される時,常におきる可能性があるといえる。

フロイト*は,嫉妬の種類を「正常の嫉妬」「投射された嫉妬」「妄想的嫉妬」の三つに分けた。この分類によると,正常の嫉妬だけが,はっきりと原因がわかっているものであり,他の二つは疑惑感や誤認からおきる病的な嫉妬のことである。フロイトのいう妄想的な嫉妬は,抑圧された同性愛的衝動が潜んでいるというが,非難や疑問も出されており,理解しづらい。一般的には「正常の嫉妬」と「病的な嫉妬」という二つの分け方で,整理されている。

「ぼくが所有すべきもの,所有する権利のあるもの,所有して当然なもの,ぼくにこそ値するものを,ぼくが所有しておらず,あるいは,ぼくの所有が脅かされており,そして,第三者がそれを不当に所有していると思われる場合,または少なくとも,所有しているのではないかと疑われる場合,ぼくがその第三者に抱く憎しみの感情」と岸田秀は『嫉妬の時代』(岸田,1987)で的確に定義したが,これが「正常な嫉妬」である。このように定義すると,「羨望」ということばにも近く,人間が日常的に経験する感情であるといえる。誕生して自我の芽生えとともに「カイン・コンプレックス」(弟や妹ができて,母の愛が奪われると感じた時におこる嫉妬)を経験し,「エディプス・コンプレックス」で同性の親を憎み,社会に出てからも常に「ナポレオン・コンプレックス」(人と比較して背が低い)的な経験をし続けるのである。アドラー*は,「嫉妬は,他者を虜にし束縛するための手段である」とマイナス面だけでとらえたが,「ほどよいねたみは,愛を高める」といわれるように,消極的には,愛を深めたり,競争心を高めるために作用したり,さらに努力を促すというようにプラス面もある。しかし,逆に嫉妬が高じて病気に陥ることもある。

病的な嫉妬は,被害妄想と同じような嫉妬妄想をおこす。妻(夫)は,不貞をはたらいていないのに,些細なことから不貞をはたらいていると思い込んだり,幻聴,幻視もおきる。その種類としては,「アルコール性嫉妬」と「パラノイア性嫉妬」がある。倉持弘が『愛と嫉妬』(1979)で,多くの研究家の説を載せている中,クラフト-エビング(Kraft-Ebing, R. F. von, 1840～1902)の「逆説的性障害」の説では,「アルコールによって曇らされた判断力が,猜疑心や強い感情に支配され,知覚も変容する。そして解釈がより妄想的になったのが,今日言われているアルコール性嫉妬である」と定義している。パラノイア性嫉妬の考え方は,クレペリン(E. Kraepelin, 1856～1926)に始まるという(1889)。先の倉持は,「更年期の婦人に発展してくる嫉妬妄想-各種の気分変調が先行したのちに,患者は夫が明らかに他の女に性的関心を向けていることに気づく。隣の女の気になる目つきや,夫の怪しげなことばによって,その確信をたかめる」,そして,幻聴や身体で感じたり異常な体験を繰り返すことになっていく,というのである。もちろん更年期の婦人にだけおきるものではなく,男性にもおきる。ただフランスのラガーシュの「嫉妬状態の年齢分布」の研究(1947)によると,男性では35～39歳で最高に達し,後は急減していくのに対し,女性では,それ以外に50～54歳に,30代よりも高い山を作ると報告されている(倉持,1979)。この病的な嫉妬は,単にアルコールやパラノイアのせいであるというだけではなく,その人の生い立ちや環境,社会的状況など,広い視野からみていく姿勢が必要になる。

「嫉妬」は正常,病的に関わりなく,自分自身の存在が危うくなったり,自分自身に自信がなくなったりした時など,それをつなぎ止めよう,自信を取り戻そうとしておきる症状である。その結果,病気になったり,犯罪に結びついたりする危険な面も多くもっている。〔川合 正〕
⇒愛情,更年期障害,劣等感

文献 1. C-アドラー,1987;2. D-河合,1971;3. 岸田秀『嫉妬の時代』飛鳥新社,267p., 1987;4. J-倉持,1979;5. 詫摩武俊『嫉妬の心理学:人間関係のトラブルの根源』(光文社文庫)光文社,232p., 1993;6. 詫摩武俊『伸びてゆく子どもたち:幼児期の家庭教育』(中公新書773)中央公論社,216p., 1985

CT，コンピュータ連動断層撮影法
computed tomography

身体部のある断層に沿って多方向からX線を照射し，透過X線を検出器で測定し，コンピューターによって原像を復元する方法。脳などの切断面画像を得ることができる。

1973年，英国EMI社のハウンスフィールド(G. N. Hounsfield)によって実用化されたEMIスキャナーに始まる脳のX線断層撮影法で，当初は頭部撮影専用機として開発されたが，後に全身用のものが作られた。すでに1961年，オールデンドーフ(Oldendorf)がX線ビームを連続的な角度で被写体に照射して回転中心の吸収係数を測定し，また，1963年にコーマック(Cormack)はさまざまな方向の透過X線を多数測定することでX線の像ができることを考えた。これを基礎にハウンスフィールドは，X線検出器として従来のX線フィルムの代わりにヨウ化ナトリウムのシンチレーション・カウンターを用い，データの解析とディスプレイにコンピューターを使用して従来のX線撮影よりも2桁以上敏感な解像力をもつ装置を開発した。これがCTである。

CTは体部にX線を各方面から照射し，その透過X線を測定するスキャナー本体と，原像を復元するために画像再構成を行なうコンピューターと，得られた画像をディスプレイするためのモニター（ブラウン管）とから成る。

撮影方法は，X線ビームを人体の周りをまず一方向に走査し，次に1°回転したうえで逆方向に走査し，さらに1°回転するというようにして走査を180回繰り返す。こうして人体を透過したX線を検出器で受け，光電子増倍管で電子信号に変換してアナログ・データにする。この測定値をコンバータによりデジタル量に変換し，電算機に送ると，電算機は各スライスごとに多くの減弱係数のマトリックスを作る。この中に含まれる情報をコンバータにより，マトリックス化された断面上の1画素のX線吸収値としてビデオシグナルに変換し，モニター面に再構成する。すなわち，モニター上にX線吸収値が白から黒までの間の灰色の濃淡で描写された画像として見ることができる。X線吸収スケールは，EMIの原型では水を0，空気を-500，骨を+500（新型では空気を-1000，骨を+1000）という数値で表現する。なお，造影剤を使用することによって，画像のコントラストを増強することができる。CTはその後，改良を重ね，扇状のX線束と多数のX線検出器を用いて走査時間を短縮し，しかも多くの情報を得てさらに細かく像を復元できるようになった。また，後には，マイクロビーム方式でX線による走査が電子的に行なえるものが開発され，さらに時間を短縮させた。

従来の他の検査法と比較してCTは，患者に侵襲を加えることなく，副作用や危険もなく，短時間で簡便に脳の状態を直接知ることができる点で画期的なものである。CTによって初めて脳実質と脳脊髄液の区別，脳の白質と灰白質の区別が可能になった。そして病巣が脳の諸構造と同時に直接的に描き出せること，脳浮腫が視覚的にとらえられ，血腫の発見が簡単で，その位置を脳内に正確に特定できることなど利点が多く，脳出血と脳梗塞との鑑別をはじめ各種脳疾患の鑑別や脳神経外科の手術にきわめて有効である。

CTは，各種脳疾患の他，眼，上顎，甲状腺の腫瘍，胸部では肺ガン，胸膜腫，肺炎などの立体的把握，胸水，腹水などの体位変化による変位，腹部では肝臓，膵臓，腎臓，腹膜の異常，子宮，卵巣，膀胱の異常，骨関節異常など幅広く適用されている。

異常CTの判定は，脳室や脳槽系など正常構造の変位，変形，拡大，縮小の他，正常脳組織と異なるX線吸収域の出現によってなされる。髄膜腫，脳内血腫（脳出血，動脈瘤や動静脈奇形の破裂など）はX線吸収値が高く，白く造影され，脳梗塞，脳膿瘍や脳炎などの炎症性病変，脳浮腫，脂肪腫では低くなり，黒く造影される。

高血圧性または特発性脳内血腫は，初期では辺縁の明瞭な高吸収域として認められ，周囲には脳浮腫による低吸収域帯が見られるが，1週間をすぎると徐々に吸収値が減じ，辺縁も不明瞭となってくる。

脳梗塞は，発症後ごく早期には，造影されない場合が多いが，2日をすぎると，低吸収域と

してとらえられ,2週間目より,辺縁は徐々に鮮明となる.

出血性梗塞では,低吸収域の中に出血巣による高吸収部が認められる.

動脈瘤破裂の場合は,脳出血と同じ高吸収部が見られ,血管攣縮による脳梗塞を伴う.

頭部外傷によるもので急性硬膜外血腫は,頭蓋骨内側に接した凸レンズ型の均等な高吸収域として,急性硬膜下血腫は頭蓋骨内側にそれに沿った三日月型の高吸収域として造影される.

脳萎縮は,脳室,脳溝の拡大で示される.

水頭症では脳室が拡大し,脳溝は描出されない.

検査は,断層面が外眼角と外耳道を結んだ線(OMライン)に平行になるように頭部を固定し,最下位の断層面をこれより1cm上方に設定すると,高さ13mmのスリット6スライスで大脳全体をカバーできる.検査中に頭を動かしたり,手術による金属クリップが存在する場合などは,線状の高吸収部とそれに平行な低吸収部が現れ,これをアーチファクトという.そのため検査中は,患者は静止している必要がある.静止できない子どもや意識のない患者に対しては,検査前に薬物を投与して,静止を保たせなければならない. 〔今村恵津子〕

⇒ MRI

文献 1.吉利和・山村雄一監修,有水昇『CTスキャン検査:消化管疾患・肝疾患・胆道疾患・循環器疾患』(新内科学体系 追補2)中山書店,287p.,1982;2.喜多村孝一・小林直紀『頭部のCT』医学書院,288p.,1978;3.松井孝嘉・平野朝雄『CTScan診断のための脳解剖図譜』医学書院,494p.,1977

児童自立支援施設(旧:教護院)
home for resocialization minors

不良行為をしたり,またはする恐れのある児童の他,家庭環境その他環境上の理由により生活指導などを要する児童を入所または通所させ,健全に育てる児童福祉施設.

児童福祉法(1947年)第44条で「不良行為をなし,またはなす恐れのある児童および家庭環境その他の環境上の理由により生活指導を要する児童を入所させまたは保護者の下から通わせて,個々の児童の状況に応じて必要な指導を行ない,その自立を支援することを目的とする施設」と定められている児童福祉施設の一種.感化法(1900年)が成立し,感化院が全国に設置された.少年院法(1922年)と矯正院法(1922年)が成立し,福祉行政の教護院,法務行政の少年院に分かれた.

1997年の児童福祉法の改正によって「教護院」という名称は「児童自立支援施設」と改称された.全国で55カ所(公立53カ所,私立2カ所:1998年3月)である.児童自立支援施設の在籍児童数は2,039人(1997年)小学生188人,中学生1,567人,中卒者284人である.

児童自立支援施設の目的は,児童を心身ともに健全に育成することを基本とし,児童の不良性を除くことを目的としていた.不良行為をなし,または不良行為の恐れのある児童を安定させ,自分の判断で行動できるようにし,自分を大切にして,他人をも大切にできるようにする.そして,社会生活の中で自立して生きていけるようにする.心の変容だけでなく,実際の生活行動をも改善させることを重視するようにしてきた.施設内の閉鎖性や処遇内容が時代の要請に合致していないなどの問題が指摘されていたが,1997年の改正でこの要請に対応できるように改められた.

児童自立支援施設の職員は,施設長,教護(児童の教育と保護を行なう職員),教母(児童の保護を行なう職員),嘱託医,栄養士,調理職員などが配置されている.教護,教母は高い専門性が求められている.

施設内の生活内容は主に次の内容に分けられる.

(1) 生活指導:スイスの教育者ペスタロッチ(J. H. Pestalozzi, 1746~1827)の「家庭学校」の伝統を受け継ぎ,生活指導が家庭的な温かい人間関係の中で行なわれている特徴をもっている.入所してくる児童は,不健全な生活環境で過ごしてきた者が多い.生活改善のための日常生活での訓練,スポーツ活動,レクリエーション活動,余暇指導などによって衣・食・住への関心を高め,よりよい生活習慣や生活リズムをもてるようにする.社会生活をしていくうえで必要な責任感,規律を守り,礼儀を身につける

ことを目標にしている。

(2) 学科指導:将来,社会に出てから必要とする生活改善を重視し,教育によって生活水準の向上や知的能力の獲得を目標にしている。施設内における学科指導は,就学指導させることが困難な事情もあり,学習指導要領に準じた指導により,施設内で教職資格をもっている職員によって学科指導が行なわれてきた。1997年の改正によって,施設内に地域内学校の分校や分教室を設置することができ,学校教育が実施できるようになった。施設内の教育の場合は,施設長が修了証を発行することができ,学校の卒業証書と同等であることが決められている。実際には,以前に在籍していた出身学校などの卒業証書を受けている。さらに,将来の社会生活に備えて必要な生活基盤が作れるようにし,教育によって生活水準を向上し,知的な生活習慣の獲得に努めるようなことを目標としている。さらに,社会的自立を促進するために,1998年度から入所児童が高校に進学する政策をとるようになり,高等学校に進学する児童が増えてきている。

(3) 職業指導:明治・大正時代に外国から労作教育の指導理念が導入された。この理念は,労働をしながら必要な生活環境から人間形成をはかっていくことを重視している。今日は労働環境の変化が激しく,施設内の職業訓練も対応が難しくなってきているが,いろいろと試みられ効果があがるように職業教育が行なわれている。

入所中の児童へは,児童相談所の児童福祉司,心理判定員などの職員,在籍校の教員,家族などの社会福祉援助のネットワークが形成され,協力や援助が行なわれてきた。退所児童への指導は,従来も,社会生活での適応を容易にしていくために,入所中に指導にあたっていた職員の訪問指導,雇用主などの協力を得るようにして,アフターケアも行なわれてきたが,1997年の改正でこれまでの活動がさらに容易になってきた。

児童が生活している環境の変化が著しく,労働に対する考え方の多様化,非行の低年齢化や深刻化など社会環境も変化してきている。それに対応した児童への指導援助により一層の強化が望まれてきている。児童が自立に必要とする知性の発達,よりよい人間関係を築くための調整能力の取得,どのようにすれば将来,家庭を作ることができるかなどの指導体系が必要となってきている。

(4) その他の1997年の改正の要点:(a) 通所形態の導入→通所も可能とし,地域の児童や退所を前提とした通所指導も可能となった。(b) 対象児童の拡大→従来の対象児童の他に家庭において保護者の養育怠慢,放棄(ネグレクト)などの家庭環境の悪い児童も対象とした。日常生活の基本訓練によって生活習慣を習得し,自立できるようにした。〔安原照雄〕
⇒児童相談所,少年院,被虐待児

文献 1. 厚生社会・援護局・児童家庭局監修『改訂社会福祉用語辞典』中央法規出版,646p., 1995;2. 福祉士養成編集委員会編集『改訂社会福祉士養成講座④児童福祉論』中央法規出版,315p., 1997;3. 仲村優一他編『現代社会福祉辞典』全国社会福祉士協議会,528p., 1998;4. 厚生の指標特集『国民の福祉の動向』厚生統計協会,358p., 1997

児童相談所 child guidance center

児童に関する各種の問題につき,家庭その他からの相談に応じ,調査ならびに医学的,心理学的,教育学的,社会学的,および精神保健上の判定,その結果にもとづいて必要な指導,児童の一時保護を行なう公立の相談機関。

児童相談所は,児童福祉法(1947年)第15条で設置が決められ,各都道府県や指定政令都市は設置義務を負っている。児童相談所は規模によって人口150万人以上をA級,150万人未満をB級,その他をC級に区分する。都道府県で複数以上設置されているときは,そのうちの一つが中央児童相談所に指定され,センター機能をもつ。1998年5月現在174ヵ所設置され,職員数は5,495人である。児童相談所は0歳から18歳までの児童や家庭の関係機関やその他からの相談に応じ,専門的角度から児童のもっている問題や必要性,児童の家庭,社会環境などの状況を把握する。そして,児童の調和した発達を促進し,社会的責任を果たせるように援助していく。

組織は,総務,相談,判定,措置,一時保護

部門に分けられる。職員は所長,児童福祉士,相談員,心理判定員,医師,児童相談員,保育士,調理職員などが配置されている。所長は,都道府県知事の監督を受け,所の業務を遂行するとともに親権喪失宣言,後見人選定や解任を請求する権限をもち,児童福祉法第27条の都道府県知事の措置権が委任されている。

業務の体系は次の通りである。

(1) 相談所の受付：児童本人,家族,親戚,地域住民,児童委員,学校,警察署,保健所,医療機関などからの相談,関係機関からの通告,福祉事務所や家庭裁判所からの送致を受ける。具体的な問題としては,(a) 養護相談：保護者の病気,家出,離婚などによる養育困難児,棄児,被虐待児,被放任児(ネグレクト)など養育環境上に問題のある児童に関する相談。(b) 保健相談：児童の一般的健康管理に関する相談。(c) 身体障害相談：視聴覚障害,言語発達障害,注意集中障害,肢体不自由児の施設入所や通所,指導,訓練などに関する相談。(d) 精神発達障害相談：重症心身障害児,知的障害児の施設入所や通所や保護,指導や訓練など。自閉的障害,ことばの遅れに関する相談。(e) 教護,触法行為等相談：盗み,粗暴,不良交友,家出外泊,放火などの問題行為または触法行為のあった児童に関する相談。(f) その他の相談。

(2) 調査,診断,判定：受け付けた相談について,受理会議で相談の内容を報告する。児童福祉司,相談員などによる社会的診断,心理判定員による心理学的診断,医師(小児科,内科,精神科医師など)による医学的診断,一時保護部門の指導員,保育士などによる行動診断。その他の診断や判定が行なわれる。

(3) 処遇の決定：児童の処遇は,処遇会議(所長,医師,児童福祉司,心理判定員,一時保護職員などで構成)で決定する。処遇決定の内容は次の通りである。(a) 措置によらない在宅による指導には,(i) 児童福祉司などによる専門的な助言指導,(ii) 心理判定員などによるカウンセリング,ソーシャル・ワーク,集団心理療法,心理療法などの継続指導,(iii) 他機関へのあっせん,紹介がある。(b) 措置による在宅による指導には,(i) 児童福祉法第6条,第27条による児童福祉司指導および児童委員指導,(ii) 児童福祉法第27条による知的障害者福祉司指導及び社会福祉主事指導,(iii) 児童福祉法第27条による児童または保護者に対する訓戒,誓約書の提出措置,(iv) 児童福祉法第26条,第63条による福祉事務所などの送致,報告または通知がある。(c) 児童福祉施設入所措置,適所措置なども行なう。児童や保護者などを在宅で保護,指導が十分にできないと判断したときは,児童福祉法第27条により措置をとる。それらは,(i) 乳児院,児童養護施設(旧称は教護院)の入所および通所措置,(ii) 里親もしくは保護受託者に児童を委託する,(iii) 肢体不自由児,重度心身障害児の児童は,指定国立療養所などに委託する,(iv) 家庭裁判所の審判に付することが適当である児童を家庭裁判所に送致する,である。(d) 家庭裁判所家事審判請求の措置：非行や虐待など親権者,後見人の意に反して施設入所する必要のあるときは,親権喪失宣言の請求,後見人の選任請求,後見人の解任請求を求める。

(4) 一時保護：児童の一時保護は一時保護所または他の適当な者に委託して,次の場合に行われる。(a) 緊急保護：(i) 棄児,家出児童などで適当な保護者や居所がないとき,(ii) 保護者などによる虐待,放任(ネグレクト)などの理由で家庭から一時的に引き離す必要がある時,(iii) 児童が自己および他人の生命,身体,財産などに危害をおよぼす恐れのある時,(iv) 緊急に児童を保護する必要のある時,である。(b) 行動観察：適切で具体的な処遇決定に必要な行動観察を行なう。(c) 短期入所指導：短期間の心理療法や生活指導等が有効であると判断される時に行なう。一時保護中は,児童の感情の動きを十分に観察し,心身の安定をはかる生活指導を行なう。原則として,児童や保護者の同意を得るが,例外として同意を得られなくとも一時保護することもある。

(5) その他の事業：養子縁組のあっせん,特別児童扶養手当,療育手当などの判定業務,一歳六ヵ月児健診,三歳児健診,精神発達精密健康診査。1991年度から不登校相談への増加に対応して,メンタル・フレンドの派遣や「ひきこ

もり，不登校児童福祉対策モデル事業」を実施している。

1998年改正では，施設入所措置などをとる時，都道府県児童福祉審議会に法律，医学の専門家の第三者による支援の仕組みを設けた。また，保護者および児童本人の意向を聴取することが法律上明記され，児童の年齢，成熟度に応じたその意見等などへの配慮が確保された。

〔安原照雄〕

⇨知的障害，被虐待児，養護学校

文献 1．仲村優一他編『現代社会福祉辞典』全国社会福祉協議会，528p.，1988；2．三浦文夫編『社会福祉通論』第一法規出版，482p.，1990；3．福祉士養成講座編集委員会編『改訂社会福祉士養成講座④児童福祉論』中央法規出版，315p.，1997；4．厚生の指針臨時増刊『国民の福祉の動向』厚生統計協会，358p.，1998；5．東京都福祉局編『児童相談所執務ハンドブック』東京都，380p.，1993

指導的助言　⇨スーパーヴィジョン

児童福祉　child welfare

「すべての子どもは子であるまえに人間である」という視点で，その成長と自立を支援すること。

スウェーデンの女性思想家のエレン・ケイ(1849～1926)が「20世紀は児童の世紀である」と提唱した流れをくんで，第一次世界大戦の後に戦場となった地域の子どもの救済にあたった人達の努力が実をむすび，「ジュネーヴ宣言」が1924年に採択された。その中で，「人類は児童に最善のものを与えなければならない」とした「世界児童憲章」が制定された。

しかし，不幸にも第二次世界大戦をむかえ，その反省をこめて1959年に国連総会で『児童権利宣言』が採択され，「児童は特別な保護と世話を必要とし，その責任は両親と政府にあること」を明らかにした。

その後，1989年には「子どもの権利条約」が国連で採択された。それまでの子どもの権利は「保護される」という受動的な意味合いであったのに対し，これはさらに一歩すすんで，能動的に，「権利の主体はあくまでも子どもにあり」，さらに「子どもであるまえに人間である」としたものである。

日本もこの条約を遅ればせながら1994年に批准した。当時の国連加盟国185ヶ国中で158番目の批准というなさけないもので，いわゆる先進国の中では最後の未批准3ヶ国に入っていた。当時は国内法の改正をせず，予算措置もなし，というお粗末な実情であった。その後，1997年になって児童福祉法制定以来じつに50年ぶりに，この条約批准の内容を盛り込んだ大幅な児童福祉法改定が行なわれ，1998年に施行となった。

また，この改定の背景には1989年の合計特殊出生率（一人の女性が一生の間に産む子どもの数で，15歳から49歳の女性を対象として計算する）が1.57人と急激に減少した（いわゆる1.57ショック）ことから，政府の関係省庁が1994年12月にかかげた「今後の子育て支援のための施策の基本的方向について」（エンゼルプラン）をも反映したものとなっている。

エンゼルプランと呼ばれるのは文部省，厚生省，労働省，建設省がいままでの省庁の枠組みをこえて少子化をなんとかくいとめようという政策である。女性が安心して子育てができるように環境を整えようという趣旨で，乳児・障害児保育の充実，保育時間の延長など保育サービスの整備，放課後児童健全育成（学童保育の充実），家庭での子育て支援，電話相談事業，子育てコストの削減策がもりこまれている。

このままいけば，2050年には日本人の3人に1人が65歳以上となるという超高齢社会の到来も予測され，少子化傾向をなんとかくいとめなけらばいけないという，強い社会の要請がこのエンゼルプランに反映している。

その改正は保育所政策に象徴されていて，従来は保育所の入所は市町村による措置（行政処分）であったが，今回からは保護者が利用選択をすることになった。つまり「お上(かみ)のお達しによりサービスを受けさせて頂く」という発想から，自分たちでサービス内容を点検して選ぶことが可能になった。

また改正法の，第一条で「すべての児童は心身ともに健やかに生まれ，育てられ，その生活を保障される」とうたい，今までの要保護児童の保護のみを問題とした施策から，すべての児

童の生存権,発達権を認めている点も評価される。その権利保障の責任は保護者と国,地方公共団体にある,と規定している。

従来の基本理念が保護中心であったことに反し,改正後は児童の成長と自立支援に方向づけられたことは評価に値する。

子どもを産むという,きわめて個人的なレヴェルに政策が関与するということの是非も問われなければならない。

また,子どもに関係のあるカウンセリングをする場合には,家庭,学校という閉鎖されたなかで,本当に子どもの権利が守られているかについても留意しなければならない。〔小林洋子〕
⇒アダルト・チルドレン,社会福祉,被虐待児,被虐待児の発見と対応,児童相談所,リプロダクティブ・ヘルスとリプロダクティブ・ライツ

文献 1.『社会福祉研究』61号(10月号特集:児童福祉改革をめぐる焦点)鉄道弘済会,1994;2. 社会福祉専門職研究会編『社会福祉士の基礎知識』(第4版)誠信書房,287p.,1998;3. 福祉士養成講座編集委員会編『児童福祉論』中央法規,246p.,1999

児童分析 child analysis
(1) 子どもを対象とした精神分析。(2) 子どもに対する精神分析的方法による心理療法。

児童分析は,精神分析がその対象を広げ,子どもを対象として行なわれたことに始まる。そして,大人に対する精神分析で用いられる自由連想のかわりに,自由遊びを用いたことによって発展した。

現在の日本では,遊戯療法というと,ロジャース*の流れを組む,アクスライン(V. M. Axline)流のものを指すことが多いが,遊戯療法を遊戯を用いた心理療法という大きなまとまりと考えれば,児童分析もまた遊戯療法の一つである。また,児童分析は,アンナ・フロイト*とクライン*の論争によって始まり,発展し,現在に至っており,その後,アレン(F. H. Allen)の関係療法やアクスラインの非指示的な方法が生まれたことを考えると,児童分析を遊戯療法の本家ということもできる。

児童分析の発展は,アンナ・フロイトとクラインの論争によるところが大きい。2人とも,言語的な表現力が乏しい子どもとのコミュニケーションの手段として遊戯を用いたことは共通している。しかし,その意義の評価や用い方,そして,治療関係や治療理論については対照的であり,2人の論争は,1926~1948年まで続いた。

アンナ・フロイトは,遊戯を自由連想法と同じような治療上の媒体ないしは交流の手段として用いた。そして『児童分析入門』の中で,児童には,「病気に対する洞察(病識)」,治療を受けようとする「自発的な決心」,「治療への意志」が欠けているので,導入期を必要としていると述べている。また,セラピストへの陽性転移を,教育的と考えた。この意味からも導入期を必要としていた。

この導入期の問題についてクラインは,直接遊戯療法に導入することが可能で,困難があれば,その過程の中で解決していけばよいと主張した。クラインは,「遊戯分析」といっている。

児童の洞察は論理的合理的なものでなく,児童の心性に即した形でしか可能にならないという制約がある。しかし,この制約の上では,大人に対する精神分析と同様に行なうことができるということがクラインの主張である。

この点については,「防衛分析」という形によって,アンナ・フロイトも導入期の必要性を問題にしなくなり,大人の治療技術との連続性を取り戻したということができる。

現在の児童分析において,家族,特に,母親の協力は不可欠であるといえよう。しかし,クラインは,両親の治療への協力は,深層レベルでは早急に治療的に役立たないか,頼りにならない場合が多く,むしろ,治療関係を複雑化し,両親の葛藤までもが治療に介入してくる場合がある,と主張した。初期には,親との協力は,部分的なものに限られていたが,子どもが治療に対する自発的な動機づけや社会的経済的独立性が備わっていないことや,子どもが親や家族と未分化な存在であることから,親との協力の必要性をアンナ・フロイトは,組織的に論じるようになった。

治療状況で児童が治療的な退行状態になった場

合，当然に児童は，その状態を現実の過程にもち込もうとする。この現象は，大人の精神分析の場合の行動化(acting out)に相当する。その父母がこの治療的退行の行動化に対して，治療者と協力してその超自我の修正にかなうような受け入れを行なうなら，治療的に生じた葛藤的な退行は，葛藤のない退行と欲求の解放とを可能にするのである。

現在では，児童に対する治療と並行して，親，特に母親に対する，児童とは別の治療者による話し合いが同時に行なわれる並行面接の形が一般的である。また，さらに発展して，家族全体を治療対象とする，家族療法という流れも生まれている。 〔松島純生〕

⇒家族療法，行動化，システム論的家族療法，精神分析，退行，多世代家族療法，遊戯療法

文献 1. 内山喜久雄他編『児童の心理治療』(児童臨床心理学講座 3)岩崎学術出版社, 348p., 1970；2. エクスタイン, R・モト, R.L.編, 猪股丈二・岩村由美子監訳『教育と精神医学の架け橋』星和書店, 432p., 1989；3. H-『現代精神分析双書II』, 1988；4. H-『アンナ・フロイト著作集』1, 1981；5. F-中沢, 1992；6. B-山崎編, 1995

自閉的障害 autistic disorder

ふつうは3歳までに発病する，無感情なロボットのようになるコミュニケーション障害。

米国精神医学会による精神障害分類1987年版(DSM-III-R)が，カナー(L. Kanner)の命名による「幼児自閉症」という病名を「自閉的障害」に改めたのは，成人になっても治らない人を「幼児自閉症」と呼ぶわけにいかないからである。

15歳以下の子ども1万人中の4～5人が，無感情なロボットのようになるこの奇病にかかっているという。しかしその原因はわからない。この病気にかかる子どもの94％は3歳までに発病，残りも5歳までに発病している。そして男の方が女の4～5倍も多い。患者の兄弟に限ると，発生率は2％(ふつうより50倍多い)になる。また一卵性双生児で2人ともこの病気になる一致率は36％(二卵性では0％)と高い。これらのことから，遺伝も関係しているらしいが，脳の欠陥，化学的異常(患者の10％で血中セロトニン濃度が高い)など他の原因も疑われている。

最近，核磁気共鳴画像診断装置(MRI)という新しい医療機器によってこの病気のナゾを解く試みが出ている。MRIは，生体を輪切りにして，その内部構造をレントゲン断層撮影写真のように見せてくれる機器である。

米国のジョンズ・ホプキンズ大学医学部精神科のジョセフ・パイヴン(J. Piven)医師らが米国精神医学雑誌1990年6月号に発表した論文によると，このMRIで調べた結果，自閉的障害は大脳皮質の奇形が原因らしいという。パイヴン医師らは，100人の自閉的障害者から18歳以上の13人を選んで脳の断層像を調べた。(45分間の撮影時間のあいだ動かずにいることが必要なので，幼児を除いたらしい。)比較のため，同じ年齢，同じ知能指数の自閉的障害をもたない男性13人をも選んで，同様に脳の断層像を撮っている。この結果，自閉的障害をもたない人には見つからない大脳皮質の奇形が，自閉的障害者13人のうち7人(53.8％)に見つかった。

自閉的障害者の5人は大脳皮質の脳回，わかりやすく言えば脳の表面にあるひだが小さかった。その場所は，人によって異なっていて，前頭葉，頭頂葉，側頭・後頭葉などさまざまだった。1人は両側の頭頂葉の脳回が大きく，脳に裂け目があった。もう1人は片側の前頭葉の脳回が大きかった。3人は左半球に，2人は右半球に，別の2人は両側に，脳の奇形があった。

13人の自閉的障害者のうち，大脳皮質の奇形がある3人と奇形のない3人の計6人は，母親が妊娠中に原因になりそうなことを経験していた。たとえば吐き気止めの薬ベンデクティンを服用したり，胃腸をこわしてクロルディアゼポキサイドと呼ばれる薬を服用したりしている。また，インフルエンザにかかってペニシリンと解熱薬のフィオリナールを使ったり，流産防止薬を使っていたケースもある。こうした薬の服用は妊娠初期の3カ月か，その次の3カ月に集中していた。

大脳皮質の奇形は，自閉的障害だけに特有のものではない。知的障害者500人中27人は脳回が小さく，537人の小児科患者のうち13人に皮質奇

形があり，その全員がけいれんを示したとの報告もある。

いずれにしても，妊娠6カ月までの母親が，ある種の薬を服用すると胎児に脳の奇形を生じやすい。妊娠3カ月から5カ月までの期間とか，妊娠30週よりも前が脳の奇形をつくる時期だと，かねて言われていた説とも一致している。

胎児の窒息，母親のウイルス感染，染色体損傷，ウィルスによる免疫反応，特殊なたんぱく質欠乏，セロトニン異常なども脳奇形の原因になるかもしれない。

バイヴン医師らの報告では，脳奇形の種類や発見部位も一定でなく，例数も少ないので，これが自閉的障害の真因だとまでは断言できないが，脳奇形を起こしたその原因が自閉的障害をもおこした可能性が濃いと言えよう。

20歳までに患者の35〜50%がてんかんのけいれんをおこす。大多数に知的障害がみられ，5〜10%が義務教育を卒業できるにすぎない。5〜7歳の時期に多少改善されるかどうかが分かれる。3分の2は一生涯障害者のままである。発育とともに多少色彩が変わるとしても，基本症状は一生続く。脳に故障があるとすれば，「治す」よりも，生活のしつけに重点をおく方がよい。

この病気は，かつて中流以上の家庭に出現するとか，親の養育態度が悪いと発病すると言われたことがあったが，それは誤りだった。

幼時期に始まるこの病気は次の三つの症状を示す。(1) 社会的相互交流作用がないこと。(2) 言語障害と伝達障害があること。(3) 活動や関心の範囲が狭いこと。

(1)は，他人がいることや他人の感情に気づかない，苦痛を気にしない，バイバイと手をふってもまねをしない，遊びに加わらない，友だちをつくれない，などを指す。

(2)は，表情・身ぶり・言語による心の交流がない，見つめる・笑いかける・だっこをねだるなどの非言語的交流をしない，ままごとやイヌになるなどの空想遊びをできない，話し方に変化をつけることがない，話の内容や形式の異常（「ほしいのか」ときかれると「ほしいのか」と答える），他人と会話できない（ひとりごとをつぶやく）などを指している。

(3)は，頭をふるなどの単調な運動を繰り返す，玩具の自動車の車輪をまわし続ける，というふうに品物の一部にこだわる，花瓶の位置を変えるなどの環境変化をいやがる，駅などへ行くにもいつもと同じコースしか歩かぬ，天気予報だけに興味をもつなど，興味の範囲が狭い，などを意味する。

これら三つに分類した症状のうち，それぞれ各2項目ずつを含み，各項目の合計16項目中8項目あれば自閉的障害と診断される。

脳内のアヘンに感じるセンサーを働かなくさせる薬「ナロキソン」と「ナルトレキソン」を与えると，攻撃性や衝動性，多動，ひきこもりが減って，言語活動が増えたという報告があるが，根本的治療にはまだ遠い。　〔小林　司〕
⇒児童相談所

文献 1. E-Gelder *et al*., 1989；2. E-Kaplan & Sadock, 1989；3. E-Talbott *et al*., 1988

死への準備教育　death education

普段忘れている死を身近な問題としてとらえ，自己や他者の死に備えて心のトレーニングをする教育のこと。

大家族社会の頃は年寄りも子どもも一つの家の中で多数同居していることが多く，また誕生も死も家の中で迎えた。生活の1コマとして病気や死を体験することができたし，体験を通して自分の生を見つめることができた。しかし，核家族社会になった現在は，病気や死は病院の中で行なわれてしまっているので，生々しい死を身近に体験できない状況である。結末としての「死」，情報としての「死」がある日，急に飛び込んでくることになる。

アメリカやドイツでは系統だった死への準備教育が公教育のカリキュラムの中に位置づけられているが，日本では「生命尊重の教育」が織り込まれてはいるものの，死を真正面から見つめる教育はなされていない。

また，近年日本の死因の第1位はガンによる死であり，今やガン罹患率は成人5人に1人の割合といわれている。ガン患者は死を迎えるまで意識がはっきりしているため，死に怯え，悩

み，悶える時間も長く，悲惨な時を過ごす。そして，このことは患者を抱える家族にとっても同じことがいえる。

上智大学のアルフォンス・デーケン（A. Deeken）教授は，「私たちは入学試験や就職といった人生の重要な試練に望む前には，必ずや教育や訓練によって準備を整えるが，人生最大の試練であるはずの死に対して何の準備も行わないとすれば片手落ちであろう」（1986）と指摘し，死がいつ訪れても慌てないようにそれぞれの年齢（幼児期，小学校，中学校，高校，大学，成人期，老年期）に応じて危機的状況に対応できる心構えとしての，死への準備教育の必要性を力説している。

デーケンによると死への準備教育の最も重要な目標は次の15である。(1) 死へのプロセス，ならびに死にゆく患者を抱える多様な問題とニーズ，についての理解を促すこと。(2) 生涯を通じて自分自身の死を準備し，自分だけのかけがえのない死をまっとうできるように死についてのより深い思索を促すこと。(3) 身近な人の死に続いて体験される悲嘆のプロセスとその難しさ，落とし穴，そして立ち直りに至るまでの12の段階について理解すること（悲嘆教育）を目指す。(4) 死への極端な恐怖を和らげ，無用の心理的負担を取り除く。(5) 死にまつわるタブーを取り除く。(6) 自殺を考えている人の心理について理解を深める。また，いかにして自殺を予防するかを教える。(7) 告知と末期ガン患者の知る権利についての認識を徹底させる。(8) 死と死へのプロセスをめぐる倫理的な問題への認識を促す（例；植物人間，人工的延命，安楽死など）。(9) 医学と法律に関わる諸問題についての理解を深める(例；死の定義，判定，脳死，臓器移植など)。(10) 葬儀の役割について理解を深め，自身の葬儀方法を選択して準備するための助けとする。(11) 時間の貴重さを発見し，人間の創造的次元を刺激し，価値観の見直しと再評価を促す。(12) 死の芸術を積極的に習得させ，第三の人生を豊かなものとする。(13) 個人的な死の哲学の探究。(14) 宗教における死のさまざまな解釈を探る。(15) 死後の生命の可能性について，積極的に考察するよう促す。

【アメリカの例】 ベトナム戦争をきっかけとして，死に対する関心が高まったのが発端。年齢，学年に応じたカリキュラムが設定されている。(a) 入学まで：死を自然のサイクルの中に位置づけて，童話などを使いながら感情面の気づきを大切にする。(b) 低学年：生きものの生態系を観察しながら，死の原因を考えさせる。(c) 高学年：死が自分自身の問題であると認識できるようにする。(d) 中学：死に関する法律や科学的な見解についても学ぶ。校医や看護師，宗教家の協力を得る。

【ドイツの例】 死への準備教育については，豊かな伝統があり，すでに中世において教会で死への心構えについての説教が行なわれてきた。芸術分野でも死は重要なテーマであり何度となく取り上げられてきた。だが，20世紀に入ると死はタブー視されるようになった。ようやく，ここ10年あまりの間に死への準備教育の必要性が広く認識されるようになり，ドイツの公立学校では，週2時間の宗教教育の中で，死への準備教育が行なわれている。中・高生向きの教科書も何種類か用意されている。〔四方田幸子〕
⇒安楽死・尊厳死，グリーフ・ワーク，死，脳死，悲嘆反応

文献 1. イーソン，W. M., 大阪府立看護短期大学発達研究グループ訳『死にゆく子供：子供は死を理解している』医学書院, 166p., 1982；2. 稲村博・小川捷之編『死の意識』（シリーズ現代の子どもを考える 16）共立出版, 214p., 1983；3. E-神谷, 1980；4. キューブラー＝ロス, E., 川口正吉訳『死ぬ瞬間の対話』読売新聞社, 272p., 1975；5. 千葉敦子『よく死ぬことは，よく生きることだ』(文春文庫) 文藝春秋, 320p., 1990；6. デーケン, A.・メヂカルフレンド社編集部編『死を教える』（叢書 死への準備教育 1）メヂカルフレンド社, 374p., 1986；7. デーケン, A.・梅原優毅編著『死への準備教育のための120冊』吾妻書房, 274p., 1993；8. デーケン, A.『死とどう向き合うか』（人間大学テキスト）日本放送出版協会, 123p., 1993；9. バッキンガム, R. W., 日野原重明監修, 松下祥子訳『ぼく，ガンだったの？』春秋社, 266p., 1989；10. E-樋口・平山編, 1985

社会福祉　social welfare

個人や家族に生じる生活上の困難や生活障害を，社会的な努力や方策によって解決，あるいは軽減する諸活動。

社会福祉は歴史的変遷のなかで，焦点を移し

ながら，範囲を広げ，内容を深めてきた。社会福祉という言葉には「より良い生活をめざすという目的や理想を示す」意味と「社会福祉の諸制度や諸活動の実体を示す」意味とがある。「社会福祉」ということばの定義は社会福祉士養成のためのテキスト上でさえも，日本の代表的研究者によるそれぞれの定義が並列されているだけで，決定的なものはない。また，そのことが第二次世界大戦後に普及した社会福祉という新しい考えの定着と，制度のむずかしさを露呈している。

社会福祉の基本理念は，憲法第25条にかかげられている「健康で文化的な最低限度の生活をいとなむ権利」を保障するものであり，人間尊重の四原理にもとづいている。

(1) 基本的人権の尊重：生存権の保障と同時に国の保障義務を示す。社会福祉は恩恵ではなく，すべての国民の普遍的権利である。

(2) ノーマライゼーション：貧困者や障害者が地域社会から隔絶されて処遇されることなく，普通の生活を確保する。福祉の法整備だけでなく，医療，保健，教育，住宅，まちづくりなどさまざまなアプローチが必要。

(3) 自立：個々の人ができるだけ自立できるように援助する。障害があるから，高齢だからという理由で，自分の意思とは違う生活の場で生きることのないように取り組む。コミュニティ・ケア，コミュニティ・オーガニゼイションなど，地域での連帯が必要。

(4) 参加と連帯：地域で共に生きることを実践する。自分と異なる人（外国人を含めて）を排除することのないまちづくり，ボランティア活動が必要。少子化がこのまますすめば，外国人の労働者にたよって生活せざるをえなくなるだろう。

世界に類をみない超高齢社会の到来と完全な少子傾向が止まらないなかで福祉制度の抜本的見直しをせざるをえない状況になっている。

総人口の65歳以上が占める割合を高齢化率といい，1997年にすでに16％を越し，2008年には20％になるだろうと予想されている。

また，少子化を示す指標としては合計特殊出生率（一人の女性が一生の間に産む子どもの数で，15歳から49歳の女性を対象として計算する）が1989年に1.57となったとき，「1.57ショック」と呼ばれた。この数字が2.09になればおよそ現在の人口がたもたれるのだ。

それをふまえて「今後の子育て支援のための基本的方向（エンゼルプラン）」が1994年末に制定されたがその効果はほとんどみられず，1999年には合計特殊出生率は1.36に低下した。出生率を上げるには，パラサイト・シングル（親に寄生して生活する独身者）をなくすことも必要だと言われている。

高齢社会にむけては1989年高齢者保健福祉推進10か年戦略（「ゴールドプラン」），1994年にはその見直しとしての「新ゴールドプラン」が策定された。1994年には「21世紀福祉ビジョン——少子・高齢社会に向けて」という答申も出されている。

さらに，1997年には介護保険法が成立して，2000年4月から実施された。これは，高齢者の在宅ケアを推進し，なおかつ家族にだけしわ寄せがいかないよう，介護支援専門員（ケア・マネージャー）がケアプランを作成し，それにしたがってさまざまなサービスを有機的に組み合わせて豊かな老後生活をおくることを目指すものである。

社会福祉士，介護福祉士，精神保健福祉士（1999年より）と，国家資格が制定され，専門職化がすすむなかで，社会福祉関連の法律も目まぐるしくかわり，過去の知識では対応できなくなっている。このことをカウンセラーは常に念頭におき，新知識を得るように努力することが必要である。　　　　　　　　　　　〔小林洋子〕

⇒児童福祉，介護保険，精神保健福祉士

文献　1．一番ヶ瀬康子監修，大久保秀子『社会福祉とは何か』一橋出版，143p．，1996；2．小倉襄二・浅野仁編『老後保障をまなぶ』世界思想社，285p．，1998；3．社会福祉専門職問題研究会編『社会福祉士の基礎知識』（第4版）誠信書房，286p．，1998；4．福祉士養成講座編集委員会編『児童福祉』中央法規出版，246p．，1999；5．福祉士養成講座編集委員会編『社会福祉原論』中央法規出版，297p．，1999

社会福祉協議会 council of social welfare

社会福祉協議会（以下，社協）は，地域住民

の福祉向上やボランティア活動を推進することを目的とする社会福祉事業法にもとづく民間の福祉団体である。地域住民および公私の福祉関係機関・団体により構成され,調査・研究,総合的企画,連絡・調整および助成,普及および宣伝,人材開発・研修,事業の企画・運営などを行なう。

カウンセラーがカウンセリングを進める社会資源として社協を把握しておくと,福祉やボランティア活動の場面で社協を有効に活用できる。

市区町村社協の具体的な活動は,各地の特色を踏まえて多様に展開している。直接運営している主たる施設・事業を次にあげる。(1)地域福祉活動策定などの調査研究,(2)障害者団体や各種作業所への助成・介助講習会開催など障害児(者)への自立更生と福祉増進事業,(3)障害者通所訓練施設・老人福祉センターや農園貸付などの運営,(4)デイ・ホーム事業,(5)父子・母子家庭への福祉増進事業,(6)自営業を営むのに必要な経費を貸付ける生業資金・身体障害者自動車購入資金・修学資金などの生活福祉資金貸付事業,(7)心配ごと相談・法律相談などの相談事業,(8)広報紙の発行・配布,(9)ボランティア・コーナー・センターの運営,(10)住民参加型有償家事援助サービス事業,などである。また,ボランティア保険加入を受けつけている。

カウンセラーは,社協を起点にしてさまざまな地域福祉団体と連携することが可能になる。それは,社協の各事業がさまざまな地域福祉団体との連携で実施されているからである。その主な団体をあげる。(a)福祉事務所・社会福祉課・児童課などの行政機関,(b)保護司会・医師会・親の会など福祉保健関係団体,(c)肢体不自由児(者)父母の会などの当事者団体,(d)精神保健法による社会復帰施設・特別養護老人ホーム・障害者スポーツセンターなどの福祉保健関係施設,(e)精神障害者を支える会などのボランティア団体とボランティア団体連絡会,(f)民生委員協議会,(g)ライオンズ・クラブやロータリー・クラブ,(h)学校・PTA,(i)企業・労働組合,(j)町内会・自治会,などである。

カウンセラーは,社協の窓口としてボランティア・コーナー・センターを認識しておくと連絡が容易になる。ここでは,ボランティア活動のニーズの把握,ボランティア活動に必要な社会資源の確保,ボランティア活動普及拡大のための啓発が行なわれている。また,ボランティア・センターには,「民間性」を堅持するためにボランティアにより結成されたボランティア協会が運営している事務所があるが,その機能は同じである。

社協の歴史は,戦後から始まる。占領軍の指示にもとづき,厚生省の指導により1951年に中央福祉協議会(現在の全国社会福祉協議会)が,同年中に都道府県社会福祉協議会が結成された。1955年にはほぼ100%の市区町村で社会福祉協議会が結成された。1962年,「社会福祉協議会基本要項」が制定され,住民主体の原則が明確になった。ここから課題把握と解決に向けての地域組織活動が定着してきた。一方で,高齢化社会の進行などから給食サービスなど在宅福祉サービスの開拓も課題となった。厚生省は,住民ができる限り身近な地域で生活可能な条件を整備することを目指して在宅福祉を推進し,その関連制度の進展に沿って,事業受託が増え,事業体としての側面が強まってきた。

このように社会福祉協議会は,地域組織活動と事業実施の側面を抱える性格をもって現在に至っている。厚生省は,介護保険法(1997年)や特定非営利活動促進法(1998年)の成立を受けて,1998年6月「社会福祉基礎構造改革について(中間のまとめ)」を発表した。これによると社協に権利擁護,苦情処理などサービス利用を支援する事業が追加された。また,広域的事業の実施のため,複数の市区町村を範囲とする社協を可能とした。

社協の財源は,国・都道府県・市町村からの補助金,委託金などであり,公的財源への依存度が高い。寄付金,会員からの会費など自主財源率は少なく,「民間性」保持の点で問題になる場面がある。その意味からもボランティア協会を視野に入れておく必要がある。 〔田丸精彦〕
⇒福祉教育,福祉事務所,ボランティア活動,ボランティア・センター

文献 1. 竹原健二編『現代地域福祉論』法律文化社, 208 p., 1992; 2. 東京都社会福祉協議会『福祉広報』6月号, 1998

社会福祉士, ソーシャル・ワーカー
social worker

　ソーシャル・ワーカーは社会福祉事業や医療社会福祉事業で働く専門家である。国家資格としての「社会福祉士」は,複雑・困難な社会問題を抱えた人の増加に伴って,その相談援助に携わることを想定して作られた資格である。1987年5月に「介護福祉士及び社会福祉士法」が成立し,翌年の1988年4月に日本の福祉専門職における本格的な国家資格として,介護福祉士とともに社会福祉士が設けられた。

　しかし,この法には,保健・医療機関に所属し,患者とその家族を援助している医療ソーシャル・ワーカー(MSW)と精神医学ソーシャル・ワーカー(PSW)を「社会福祉士」には含めなかった。その理由としては「社会福祉士及び介護福祉士法」第2条第1項によると,社会福祉士とは「専門的知識及び技術をもって,身体上もしくは精神上の障害があること,または環境上の理由により日常生活を営むのに支障がある者の福祉に関する相談に応じ,助言,指導その他の援助を行なうこと(第7条において〈相談援助〉という)を業とする者」とされているために,保健・医療機関で患者と家族を援助対象としている医療ソーシャル・ワーカー(MSW)と精神障害者の社会復帰に関する援助をする精神医学ソーシャル・ワーカー(PSW)は社会福祉士に含まれなかった,と当時の厚生省の担当者は国会で答弁をしている。しかし実際には保健・医療機関において,医師が6年間の大学教育によって養成されるのに対し,4年制の福祉系大学を卒業した社会福祉士をこの分野に受け入れることに抵抗があった,と推測できる。当時,社会福祉士に含まれなかった,精神医学ソーシャル・ワーカー(PSW)については,遅れること10年経過したが,1997年12月12日の臨時国会で精神保健福祉士法が成立し翌年の1998年4月1日より施行となった。しかし医療ソーシャル・ワーカー(MSW)については資格から取り残された形となりいまだに検討課題となっている。

　社会福祉士の資格は医師や弁護士などのような「業務独占」ではなく,いわゆる「名称独占」である。名称独占とは資格をもたない者が,「社会福祉士」という名称を勝手に使用してはならないということである(つまり資格のない人が福祉業務に携わることも可能であるが,これらの名称を名乗ってはならないということである)。したがって逆の側面からいうと,資格がなければ社会福祉行政であれ,社会福祉法人の施設であれ就職できない,ということにはならない。

　社会福祉実践においては,直接利用者の生活や生命に関わるものであるだけに専門的知識と技術,さらにそれを活用できる経験を有した専門家の必要性が主張されるようになり,社会福祉士は,この社会福祉実践における相談援助を担う専門家として位置づけられている。しかし,この相談援助は利用者との面接相談だけを意味するのではなく,個人や集団に対する「直接的対応」と社会制度や機関・施設と対象者との「仲立ち」をすることとの二つの要素も含まれており,社会福祉士はこれら両機能を適宜組み合わせて提供する。いずれにしても社会福祉士は個人や個別世帯の生活に相当程度介入することになる。介入にあたっては,一定の経験と専門的知識や技術をもっていなくてはならない。さらに「利用者の秘密保持」が求められるが,これは単にプライバシーの保護だけではなく,利用者や関係者から得る情報も援助に必要な事柄にとどめておくことも意味している。

　これらの社会福祉士の資格は2001年2月には2万4,172人が取得し,その就労先は社会福祉事務所や児童福祉事務所などの社会福祉施設など複数の組織の中となっているので同僚や関連職種との連携が必要である。

　社会福祉士の資格取得には必ず国家試験に合格する必要がある。受験資格を得るには多様な方法があり,受験を希望する人の学歴や実務経験などが考慮される。具体的には大きく分けて8つのコースに分けられ,法律で定められている(法7条)。詳しくは文献2を参照するか,社会福祉振興・試験センター(03-3486-7521)に

問い合わせられたい。　　　〔緒方一子〕
⇨ケースワーカー，精神医学ソーシャル・ワーク，ソーシャル・ワーク

文献　1. 岡本民夫・成清美治・小山隆編『社会福祉援助技術論』学文社, 181p., 1997；2. 社会福祉専門職問題研究会編『社会福祉士・介護福祉士になるために』(第7版) 誠信書房, 212p., 1997；3. 成清美治・相沢譲治編『介護福祉概論』学文社, 150p., 1997；4.「社会福祉職をめぐる課題」『社会福祉研究』第69号, pp. 42-64

社会保障　social security
福祉国家を実現する手段としての諸制度。

社会保障という用語が使われたのは，1935年，米国のニュー・ディール政策で社会保障法が制定されたことにさかのぼるが，それが国民生活に実現し，充実したのは各国とも第二次世界大戦後のことである。日本では，1970年の社会制度審議会における「社会保障制度に関する勧告」を受けて，今日の社会保障の体系化がはかられた。この「1970年勧告」は，憲法25条の国民の生存権，国の社会的使命に関する規定を体系化したもので，それによれば社会保障制度とは，「疾病，負傷，分娩，廃失，死亡，老齢，多子その他の困窮の原因に対して，保険的方法又は直接公の負担において経済保証の途を講じ，生活困窮に陥った者に対しては，国家扶助によって最低限度の生活を保障するとともに，公衆衛生及び社会福祉の向上を図り，もって全ての国民が文化的社会の成員たるに値する生活を営むことができるようにする」ことである。

日本の社会保障制度の変遷を振り返ると，1945〜1954年代は，戦後の混乱から立ち上がるため，栄養改善，伝染病予防，生活援護を中心に医師法，新生活保護法，児童福祉法，身体障害者福祉法，失業保険法，労働者災害補償保険法の制定など，社会保障の基本理念が確立された時期である。

1955〜1964年代には経済成長のもとに，国民皆保険・皆年金が達成され，結核対策として抗生物質の普及，BCG予防接種の実施，母子保健の推進，学校保健法の制定，精神薄弱（現：知的障害）者福祉法，母子福祉法，老人福祉法の制定など，があげられる。

1965〜1974年代になると，高度経済成長を背景に医療保険における給付の充実，公害対策基本法，廃棄物処理法の制定，年金給付の充実，児童手当法の制定，雇用保険法，中高年齢者雇用促進法の制定など社会保障制度の拡充がはかられた。

1975〜1984年代は，安定成長への移行と高度経済成長の終焉を迎え，社会保障制度の見直しが行なわれた。すなわち，医療制度の改革として健康保険被保険者1割負担の導入，基礎年金の創設と開始年齢の引き上げ，高齢化社会を迎えて老人保健法の制定，施設福祉から在宅福祉への動きとしてショート・ステイ事業，デイ・サービス事業の開始，ホーム・ヘルパーの増員，成人病対策として市町村保険センターの設置，薬害問題への対応として医薬品の安全性に関する規制の強化と公的救済制度の創設，高齢者雇用安定法の制定などがあげられる。

1989年以降は，少子・高齢社会の進行に伴い，社会保障の構造改革がなされつつある。介護保険法が制定され，保険・医療・福祉が一体となって総合的に展開される方向にある。高齢者対策である新ゴールドプランでは，施設・在宅サービスの大幅改善を，児童家庭対策としてのエンゼルプランでは，保育所の増設と保育時間の延長など子育てのバック・アップを，障害者プランでは，リハビリテーションとノーマライゼイションの理念を達成し，バリア・フリー社会を実現するためのさまざまな施策をうたっている。なお，年金給付年齢は，1994年に引き下げられた。

社会保障制度の体系は，次のようである。

(1) 社会保険：保険料を支払った国民が病気・負傷・失業・老齢などにあたって各種の給付が受けられる仕組みで，強制適用となっている。(a) 年金保険：国民年金，厚生年金，共済年金。(b) 医療保険：国民健康保険，健康保険，船員保険，共済組合。(c) 雇用保険：失業時の一定期間。(d) 労災保険：業務上および通勤時の負傷・疾病。(e) 介護保険：40歳以上の国民を対象に保険料を徴収して，要介護状態になった時に，その程度に応じて公費で介護サービスを提供する。

(2) 公的扶助：国が生活困窮者に必要な保護

を行い，最低限度の生活を保障することで，生活保護と社会手当（児童扶養手当，特別児童扶養手当，特別障害者手当）に分けられる。

(3) 公衆衛生：健康増進，疾病別保健対策などの一般保険とともに，学校保険，環境保全，生活環境対策，労働衛生，精神保健などの対策が採られている。医療保障には，次のようなものがある。(ⅰ) 社会保険：医療保険（国民健康保険，健康保険，船員保険，共済組合）。(ⅱ) 老人保健：65歳以上の老人。(ⅲ) 医療扶助：生活保護者。(ⅳ) 公費負担：社会的防衛の医療費（結核，ハンセン病，精神障害，伝染病など），予算措置による医療費（スモン，小児ガンなど）。

社会福祉の領域の法律は「福祉六法」と呼ばれ，生活保護法，児童福祉法，母子及び寡婦福祉法，老人福祉法，身体障害者福祉法，知的障害者福祉法を指す。

福祉に関するさまざまなサービスは，自分から受給を申し出て初めて得られるものである。詳しくは，市町村の福祉課，高齢者福祉課に尋ねるとよい。また，入院中の者に関しては，病院の相談室で医療ソーシャル・ワーカー（MSW）が相談にのってくれる。〔今村恵津子〕
⇒医療ソーシャル・ワーカー，高齢社会

文献 1. 医療福祉相談研究会編『医療福祉相談ガイド』中央法規出版，6073p.，1991；2. 厚生大臣官房政策課調査室監修『社会保障便利事典』法研，358p.，1998；3. 社会資源研究会編著『福祉制度要覧──理解と活用のための必携書』(5訂版) 川島書店，666p.，1993；4. 栃本一三郎『社会福祉・教育』(言語聴覚士指定講習会テキスト) 医歯薬出版，287p.，1998

シャドウ，影 shadow
無意識の領域に潜んでいる人格の暗黒な部分，または劣等性。

ユング*心理学における元型的パターンの一つで，人格が意識の上で選択した態度や生き方と両立し難いため，抑圧された個人的・普遍的な心の要素の全体である。つまり，人間はどんな人でも，意識上，自分自身の価値判断にもとづいて，できるだけ悪をしりぞけ，善を選択して生きていこうとする。その場合，選択されなかった半面が無意識下に抑圧される。それが「影」である。

ユングによれば「影はその主体が自分自身について認めることを拒否しているが，それでも常に，直接または間接に自分の上に押しつけられてくるすべてのこと──たとえば，性格の劣等な傾向やその他の両立し難い傾向──を人格化したものである」と言う。

影は夢や空想の中では，夢をみた人と同性の人物像で現われることが多い。

【Aのみた夢】
Aは有名大学の入学試験を受けて現在結果待ちである。たまたま街で会った中学時代の同級生のBが同じ大学を受験して合格したと報告した。Aはまだ結果が出るはずがないのに不審に思う一方，自分より成績が悪かったBが受かって自分に連絡がないのはおかしいと憤っている。

Aは快活で積極的・行動的な性格だが，Bは沈着冷静で消極的，思考型で優柔不断，はっきりしない面がある。Aは中学時代，何事でもBを制してきたつもりだったが，冷静で思考的なBの存在が気にかかっていたと言う。

この夢の中のBは，Aの「影」をイメージ化したものである。Bの沈着冷静さ，優柔不断だが思考的な態度は，Aの生きられなかった半面にあたる。

また，秋山さと子によると，夏目漱石の『夢十夜』の第十夜の夢に出てくる庄太郎（町内一の好男子で善良・正直者だが無類の女好き）は，明治の知識人の代表である漱石の影にあたるとしている。

影には個人的影と普遍的影とがある。個人的影はある個人にとってそれぞれ特有のもの，たとえば「攻撃的」「優柔不断」「衝動的」「軽率」「派手好き」などのようなものだが，必ずしも悪とは言えないものである。一方，普遍的影は人類に共通に受け入れ難いものとして拒否している心的内容であるので，それは「絶対悪」そのものに近い。たとえば，悪魔や鬼として象徴される性質である。

個人的影が意識化される時，自己批判力があればそれを受け入れることは可能だが，普遍的影である絶対悪と目を見交わすことは非常に難しく，恐しいことだ，とユングは言っている。

ところで,一般的に影は人格の劣等性をさすが,例外がある。人格のプラスの性質が抑圧されて,自我がマイナスの役割(不都合な役割り)を演じる時,影のほうが優性になる場合がある。たとえばスイス地方で「ビッチ・バード」(駄目な奴)と呼ばれている人たちは自分を否定し,自分の影を生きている。この場合の影を特に「白い影」と呼ぶ。

影は抑圧され,否定されている。だから人間だれしも影の存在を認めたくない。そこで投影の機制がおきる。つまり自分が認めたくない影を他人に投げかけるのである。たとえば友人の行動を「軽率だ」と攻撃する人がいる。確かに攻撃された友人にそういう要素はあるのだろうが,その攻撃や批判が異常な熱心さをもって行なわれる時,攻撃した人自身の抑圧された部分にも「軽率さ」がある。攻撃した人は自分自身の「軽率さ」に気がつかないままに,自分の影を相手の姿に見てしまう。そして自分自身の問題だからこそ,冷静になれずに,必要以上に攻撃的になってしまうのである。

この場合,個人的影にとどまらず普遍的な影の投影と重なる場合があることに注意しなければならぬ。つまり「軽率な人」を「思慮が浅く,判断力がなく,どんな悪い事でも平気でしてしまう人」と絶対悪へ押しこめてしまう場合がある。

影の投影がおきた時,「ひきもどし」をしなければならない。つまり相手に投げかけていた影を自分のものとして自覚し,対決していくことである。これはかなり困難なことであるが,人格の成長のためにはどうしても必要なことである。

ある個人の自我が一つの方向に偏りすぎたために,影が抑圧されすぎると,「影の反逆」がおきる。つまり影が自我の制御からはずれて,ひとり歩きを始めるのである。『ジキル博士とハイド氏』で知られる二重人格がその好例である。セグペン(C. H. Thigpen)とクレックレイ(H. Cleckley)によって『イブの3つの顔』として発表された例は4重人格であった。

影を抑圧して生きながらも影の反逆をまったく受けない場合,身近かな人に「影の肩代わり」をさせていることがある。たとえばまったく非の打ちどころのない人格者の子どもが手のつけられない非行少年だというような場合である。集団の影の肩代わり現象を「いけにえの羊」(スケープ・ゴート)と言う。ナチス・ドイツが自分たちの悪をすべてユダヤ人のせいにしたのはその例である。会社や学級などで多数の人が,集団の影をすべて一人の人間に押しつけて,自分たちは正しい人間として行動すること(いじめのパターン)もよくみられる。

影の一種で特殊な性質をもっているものに,「道化」と「トリックスター」がある。「道化」は「いけにえの羊」としての役割を果たすが,それだけに限らずに笑いにまぎらせながら価値観の硬直化を救い,無意識の世界への橋渡しをする。「トリックスター」も同様に変幻自在に暴れまわり,失敗や間違いをしながら,眠っている無意識の要因を目覚めさせ,固定してしまった意識に反省や笑いをもたらし,心を活性化させる。孫悟空や吉ちょむさんなどがその例であり,世界中の民話やおとぎ話にその存在が認められる。　　　　　　　　　　〔岡田すみ〕
⇒元型,分析心理学,ユング

文献 1. D-秋山, 1981b；2. D-河合, 1977a；3. D-河合, 1987；4. D-ユング著, ヤッフェ編, 1973；5. D-ユング, 1976c

集合的無意識　⇒集合無意識

集合無意識,集合的無意識,普遍的無意識,超個人的無意識,絶対的無意識
collective unconscious（英）; inconscient collectif（仏）; kollektives Unbewußtes（独）

無意識を二つの層に分けて考え,個人的無意識(フロイト*の唱えたいわゆる「無意識」)の下層にある,人類全体に共通したもう一つの無意識。ユング*によって唱えられた深層心理学の概念。

個人的無意識は個人の特に乳幼児期の体験や記憶の抑圧によって形成されると考えられるものであり,本人も自覚しないまま意識に作用する。これとは違って,集合無意識は,先祖から代々受け継いだものであり,個人的に体験され

たものではない,と考える。たとえば,蛇を恐れる人が多いのは,爬虫類全盛時代に人類の祖先が襲われた記憶が伝わっているからだ。つまり,集合無意識は原始時代の人類にあったはずの集合的,根源的,超個人的な心的活動であり,人類全体に共通する知覚のパターンであり,人間を奥深いところからつき動かす強力な心的エネルギーである。個々の意識もそこから現われた。意識が瞬間的な心の活動であるのに対して,集合無意識は時間にとらわれない一般的な心であり,心の活動の源泉である。これは人類の脳構造の進化の歴史から伝えられる可能性であり,人類だけでなく動物にもつながる普遍性をもつものだ,と考えられる。ユング自身は『無意識の心理』(1943) の中で,「人類の間に広く流布している『原像』なのである」あるいは,「私はただ表象作用の可能性の遺伝ということを主張しているのである」と述べている。

集合無意識は,神話,夢,宗教,「箱庭」などに現われるが,ときには科学者の発明発見,芸術の創造,精神病による妄想などに現われることもある。ユングが集合無意識に気づいたきさつは,ある統合失調症患者が目を細めて太陽を見ていたので尋ねると,「太陽のペニスが見え,自分が頭を左右に振るとそれも同じように動く。これが風の原因だ。」と患者は答えたが,同じような内容が紀元前にギリシア語で書かれたミトラス教の儀典書の中に記述されていることを発見したことによるという。

集合無意識は「ペルソナ」(社会的に適応した顔,外界と自我を結ぶもの),「アニマ・アニムス」(アニマは男性の無意識の中の女性性,アニムスは女性の無意識の中の男性性。アニマ・アニムスは自我と無意識を結ぶもの),「太母」(グレート・マザーとも呼ばれる強力な母性のイメージで,育てる力と呑みこむ力という二面性をもつ),「老賢人」(道徳性,権威などを示す父性のイメージ),「自己」,「影」,「トリックスター」など,いくつかの象徴的な「元型」(元型とは集合無意識の内容のこと) によって表現される。

集合無意識は「共時性」や東洋思想とも深い関係にある,と考えられる。「共時性」とは因果関係によらずに複数のものごとが同時に結びつく現象で,ある人のことを考えていたら,その人から電話がかかってきた,などがその例である。

集合無意識に対しては,大人より子どものほうが敏感であるようだ。しかし自我の発達によってその感受性はしだいに薄れる。

また,フロイトのコンプレックスについての考え方の中にも,集合無意識に近い見方がある。たとえば,フロイト著『精神分析入門 (下)』の第23講には,「神経症の心理学が,人類発達史上の古代の遺物を,他のすべての源泉よりも豊富にわれわれのために保存しておいてくれたのではないか,とわれわれは繰り返し疑うに至っているのです」(日本教文社版, p.205) とある。

〔鈴木敏城〕

⇒元型,精神分析,分析心理学,無意識,ユング

文献 1. D-秋山, 1982b ; 2. D-河合, 1967 ; 3. D-ホプケ, 1992 ; 4. D-ボーレン, 1987 ; 5. H-『ユング著作集』2, 1970 ; 6. H-『ユング著作集』3, 1970 ; 7. D-ユング, 1977 ; 8. D-ユング, 1982b

集団心理療法 group psychotherapy

個人の心理的障害や行動異常を緩和し,あるいは解消するために,体系的理論にもとづいて計画的・組織的な集団的方法を用いて心理療法を行なうこと。

集団心理療法の創始者は,「結核患者集団」と名づけた教育的な治療グループを作ったボストンの内科医プラット (J. H. Pratt) であると言われている。彼は,当時不治の病とされ,社会からも偏見をもたれていた患者を集団にして,講義,読書,話し合いを通して仲間意識を育てることにより治療への意欲を向上させた。

その後,いろいろな立場・考えからさまざまな集団心理療法が開発され,今日にいたっている。それらの中から,主なものを以下にとりあげる。

(1) 精神分析的立場:精神分析理論を集団心理療法に初めて持ち込んだのはバロー (T. Burrow) である。バローは,フロイト*の精神分析が個人と社会との関係を重視していないのに不満を抱き,1925年から集団分析を開始した。ま

た，1930年代にスラブソン(S. R. Slavson)は，児童のための活動集団療法，青年期以上の人を対象とした分析的集団心理療法を開始した。スラブソンの影響を受けたジノット(H. G. Ginott)は，幼少の子どもたちの集団遊戯療法を実施している。ジノットによれば，集団の場は，治療関係を促進し，カタルシスを容易にし，洞察や昇華を助長し，しかも現実吟味の機会を増大するという。

(2) 来談者中心的立場：来談者中心療法は，ロジャース*によって創始され，個人の成長力への信頼，カウンセラーの態度(自己一致，無条件の積極的関心，共感的理解)の重視等が特徴的である。ホッブス(N. Hobbs)は，このような考え方を集団に適用し，これを集団中心療法と呼んだ。アクスライン(Virginia M. Axline, 1911～?)は，この考えを幼児の集団遊戯療法に発展させ，そこでは，治療者はリーダーシップを排し，支配や干渉を一切やめ，子どもたちの自発的行動をあるがままに受容すべきであるという。

(3) 心理劇の立場：心理劇の創始者モレノ*は，1913年にウィーンで，売春婦がグループで話し合うことを試み，互いが治療者的な役割を演じることを知った。その後，「即興劇場」を設立し，劇的療法を始めた。1925年，モレノは米国に渡り，そこで心理劇へと発展した。モレノは，「自発性」と「創造性」を何よりも重んじ，また，集団内での「今-ここで」の現象を重視した。

(4) 行動療法的立場：行動療法は学習理論にもとづく心理療法である。したがって，この立場では，不適応行動は，ある環境事態で不適切な行動を学習した結果か，または適切な行動が未学習の結果である，と考える点が特徴的である。ラザラス(Arnold A. Lazarus, 1932～?)は，ウォルピ*の創案になる系統的脱感作法を用いる集団心理療法によって，各種の恐怖症の患者の治療を行なうことを提唱した。行動療法的立場では，このほか，強化法，モデリング，行動リハーサル，リラクセーション・トレーニングなどの技法を用いて，集団心理療法を行なっている。

以上の他にも，集団心理療法には，集団交流分析，集団ゲシュタルト療法，集団実存分析，論理療法(RET)の集団法，家族療法など数多くの種類がある。

次に，集団心理療法における効果的機制(メカニズム，ダイナミックス)について，コルシニ(R. J. Corsini)とローゼンバーグ(B. Rosenberg)は約300の集団心理療法の文献を整理・分類し，次の三つの要因をあげている。

(a) 情緒的要因：(i)受容(集団，メンバー，治療者に温かく受け入れられることにより，自信，安心感が生まれる)，(ii)愛他性(自己中心的傾向を抑えて，他者を温かく励ましたり，親切な助言をしたりすることで，他者を助けることができる喜びによって安定感，生活意欲が高まる)，(iii)感情転移(集団，メンバー，治療者への転移，逆転移)。

(b) 認知的要因：(i)観察効果(他者の言動を見聞きするなかで，自分のことをふりかえったり，他者を見習ったりする)，(ii)普遍化(他者との共通点の発見,他者も同じ悩みをもっているという安心感を得る)，(iii)知性化(自己，人間関係，他者などに関して知的に理解したり，解釈をして不安を減少させる)。

(c) 行為的要因：(i)現実検討(家族関係，人間関係の問題をグループの中で再現し，その解決法を試行錯誤しつつ学ぶ事で自信をもち，適応能力が高まる)，(ii)浄化(自分の中の抑圧された感情，攻撃心等を言葉や行動で表現することにより，カタルシス，除反応，緊張解消がおこる)，(iii)相互作用(治療者とメンバー，メンバー同士でお互いに作用し合いながら，人間関係や集団の雰囲気が形成される)。

集団の効果には，プラスの面とともにマイナスの面もある。たとえば，受容とともに拒否が，愛他性とともに利己主義が経験されるであろうし，悪の感染や劣等感の強化もおこることがあるので，その点に注意が必要である。

〔佐藤章子〕

⇒家族療法，グループ・アプローチ，グループ・カウンセリング，グループ・ダイナミックス，行動療法，交流分析，実存分析療法，心理療法，論理療法

文献 1. B-アクスライン, 1985；2. B-台・増野監修, 1986；3. H-田中『サイコセラピー』10, 1987；4. B-スラブソン, 1956；5. B-田中, 1973；6. B-増野, 1990；7. B-水島・岡堂, 1969；8. B-山口他編, 1987；9. B-山口・中川編, 1992；10. B-ヤーロム他, 1989

集団力学 ⇨グループ・ダイナミックス

周辺人 ⇨マージナル・パースン

自由連想法 free association
心に浮かぶ観念を自由に連想していくこと。
　反応をある一定の方向, たとえば, 名詞だけとするような限定連想 (controlled association) に対し, 連想の方向をまったく制限せず, 自由に湧き出てくる観念を話させる方法をいう。
　(1) 発達心理学で, 意味構造や記憶構造を研究する場合, (2) 精神分析療法に用いられる場合, の二つの意味をもつ。
　(1)の場合は刺激語のリストを提示して自由に連想させ, その発達段階別の刺激に対する反応を調査する。低学年では刺激語と反応語が場面的に結びついて, 「夜」に対して「暗い」と反応するのに対して, 高学年になるに従い意味的な反応が多くなり, 「夜」に対して「昼」「夢」「怖い」などという反応を示すようになる。
　(2)は次々と心に浮かぶことを連想させていく方法であり, 心の深層を分析し, 無意識にあるコンプレックスを意識化させることにより治療を行なう方法としてフロイト*が確立した。
　ここでは, 以下(2)についての記述とする。
　フロイトが freier Einfall (ドイツ語で自由な思いつき) と呼んだものを英訳したブリル (A. A. Brill, 1874～1948) が誤訳して free association と記した訳語がそのまま定着してしまった, とライクロフト (Charles Rycloft) は述べている。本来, ドイツ語の Einfall は「乱入」あるいは「突発的な概念」という意味をもっていて, 努力なしに浮かんでくる概念を指している。だから, この療法を受ける時には自分の考えを包み隠さず素直に分析者に報告し, この間は集中していなくてはならないということが基本原則である。
　この基本原則に従って, この療法は次の三つの仮説から成り立っている。(a) どのような思考も意味のある方向に向かう, (b) 患者が「治療を受けたい」という要求と「治療を受けている」という自覚との間に抵抗が働かない限り, 連想を意味あるものにすることができる, (c) この抵抗は弛緩により少なくなり, 集中により大きくなる。
　フロイトはブロイアー (Josef Breuer, 1842～1925) とともに1890年代にヒステリー患者に実践した催眠療法から治療を出発したものの, その結果をみて思いつき, 1898年から決定的にこの自由連想法を使うようになった。
　今日でもフロイト派の分析家により広く治療に用いられている技法である。自由連想法は無意識の中にわだかまっている本人が気づいていないさまざまな観念を発見して, それにまつわる感情的なシコリを取り除く技法であり, 患者はラクな姿勢でベッドないしカウチ, ソファーに横たわり, 分析者は「なんでも頭に浮かんでくることを, そのままに, 批判や選択しないで話して下さい」と告げる。被分析者は, 浮かんできた思考, 感情, 願望, 感覚, イメージ, 記憶などを, できるだけそのままの形でことばにして分析者に報告する。論理的なつじつま合わせや道徳的な配慮を加えてはいけないことになっている。
　こうした面接を毎週4〜5回 (1回1時間, 分析は50分で残りの10分は解釈や支払いにあてる) 続けることを通して, 自我の防衛・適応パターンを修正し, 超自我を修正したり, 自律的自我を成長させたりすることによって, パーソナリティの構造的な変化を得ることができる。
　自由連想法は患者の自由意思による協力が不可欠なので, 精神病者や子どもには用いない。一見神経症のような症状を示しているものの, 実は躁うつ病や統合失調症を秘めている患者の場合には, 自由連想法の治療により症状を顕在化させる危険性があるので, 慎重な配慮が必要である。
　また, フロイトは出発点となる刺激語も患者に選ばせたのに対し, フロイトの流れをくむチ

ューリッヒ学派のユング* は分析者が刺激語を与え，患者は自由に思い浮かぶ語を発する法，あるいは100語を刺激語として選びそれに対する反応を通して患者のコンプレックスを探る方法を用いた。　　　　　　　　〔小林洋子〕
⇒主な防衛機制，コンプレックス，催眠療法，精神分析，超自我，防衛，防衛機制の例，フロイト，ユング

文献　1. G‐Eidelberg, 1968；2. G‐Moore and Fine, 1995；3. G‐ムーア，ファイン，1995；4. G‐ライクロフト，1992

熟年ボケ　⇒高齢者知情意低下症

主張訓練法，断行訓練法　assertion training, assertiveness training
自分を率直に表現できるように訓練する方法。

米国の行動主義心理学者ソルター（Andrew Salter）は『条件反射療法』（1949）の中で，「現代社会では，多くの人が社交化されすぎている」と書いた。みんなが快適にすごすことをめざして，そうしているうちに，自分の感情を無視することになってしまう。すると，心の中で葛藤がおこり，他人との真の感情的交流をえられなくなってしまうのだ。彼は，これがノイローゼの原因になるのだろうと考えていたので，ノイローゼを治すには，感情を表現する方法を教えればいいのではないかと思い，主張訓練法を考案した。

「ああしてはいけない」「こうしてはいけない」というような束縛をとり去って，社会習慣にとらわれることなく，自分の感情を存分にはばたかせるように導くのが，その目的である。それには，次の6要件が必要になる。(1) 自分の感じたことを述べる，(2) 感じたことを表現する，(3) 否定して攻撃する，(4)「私」という言葉を，よく考えて使う，(5) ほめられても，謙遜せずに，同意しておく，(6) 思いつくままに話す。

ソルターが考えたのは神経症の治療だったが，現在では，内気で困っているとか，人間関係がうまくいかないといった人たちにこの方法を応用する。この方法をウォルピ* とラザラス（A. A. Lazarus）が1958〜69年に紹介してから主張訓練法が広まってきた。1970年代に入ってからは，米国におけるウーマン・リブ運動，フェミニスト・セラピー，人種差別撤廃運動などで被抑圧者の人権を回復することと結びついて，この方法が普及した。

主張訓練法は，自分の権利の主張や，考えていることを率直に表現することの訓練である。それは，相手を攻撃するのではなく，相手を尊敬し，誠実に親愛感をもちつつ，自分の言い分をも通すという点に特徴がある。ことに子どもの場合には，甘え，怒り，不満，自己主張を十分に表現させることが大切である。自分の率直な気持ちとは何なのかをはっきりと見定め，正直に，まっすぐに，しかも適切に人とかかわっていくのが主張的態度と言えよう。

自分が尊敬している，気くばりしている，関心をもっている，温かい気持ちをもっている，愛情を抱いている，などを気おくれなしに示せるようになる，のがこの方法の特徴である。

自分を率直に表現できる，コミュニケーションが率直に行なわれる，対人関係がスムーズになる，他人にも自分を率直に表現させるように導く，自尊心を育てる，幸福であるという感じを育てる，などの利点がある。恐怖症やうつ状態，心身症などを軽くすることもわかっている。

主張訓練を受けるとよい人は次の6項にあてはまる人である。(a) 対人関係で常にオドオドして不安をもっている人，(b) 他人と巧くコミュニケーションできない人（思ったことを口に出せない人），(c) 他人よりも劣っていると感じている人，(d) 攻撃的で敵意を示す人（自己主張が強すぎるので，相手にきらわれてしまう人），(e) いつも受け身になっている人，(f) 自分をさらけ出せない人（自己否定的な認知をしているために，自己を表現できない人）。

主張訓練では次の11項目を訓練する。(ⅰ) 自分の感情を話しなさい，(ⅱ) 心におきた最初の感情を大切にせよ，(ⅲ) ほめられたら謙遜するな，(ⅳ) うまく自慢せよ，(ⅴ) ボディー・ランゲージを使え（ほほえみ，顔つき，ジェスチャー，身をのり出す，など），(ⅵ) おだやかに

反対せよ，(vii) よくわからなかったら質問し直せ，(viii) 自分の意見を徹底的に正当化するな（相手の逃げ道を残しておくこと），(ix) 話しかたを上手に（オドオドしない，誠実に，確信をもって，ためらうな，まくしたてるな，わかりやすく，率直に，など），(x) 話す場所を選べ（自分のオフィスでならホームグラウンドだから安心して話せる，など），(xi) TV などから他人の話し方を学びとれ。

実際には，次のようにさせる。
① 「お早よう」などの挨拶を，自分に気づいていない人にも投げかける，② 冗談を誰かに言ってみる，③ あまり必要でない時にも，「ごめんなさい」「ありがとう」「どうぞ」「～をしていただけませんか」を言ってみる，④ 恋人に対して，会話の途中で「あなたを愛しているよ」とはさんでみる，⑤ 後ろから来る人のためにドアを開けて支える，バスで席をゆずる，コートを着るのを手伝う，道をゆずる，などちょっとした親切をする，⑥ 道を尋ねてみる。お礼を言ったあとで「いいお天気ですね。今日一日お元気で」などとつけ加える，⑦ 店に入ったら，店員と何か話してみる（「これよりも，もうすこし小さい品はありませんか」など），⑧ お世辞やほめ言葉を言ってみる（「この店の食事はおいしいね」「君のコートの色すてきだよ」「お子さん，お元気ですか」など），⑨ 人にお世辞を言われたら，素直に受け入れる。

ロール・プレイの実況設定例をいくつかあげておこう。(1) 電話をかけていると，父がきて「急用だ，電話をあけろ」と要求した。「いま大切な話をしているから2～3分待ってください」と言ってみる，(2) 会社の上役に「外出しなければならないので，2時に戻ります」と言う，(3) 突然誘われたが，疲れているので帰宅したいときの言いわけを言う，(4) 人事部へ行って夏休の休暇予定を変更したいと言う，(5) 上役に「よくわかりませんので，もう一度説明してください」と言う。〔小林　司〕
⇒行動カウンセリング，行動主義，行動療法，フェミニスト・セラピー

文献 1. E-小林, 1988 ; 2. B-ディクソン, 1991 ; 3. B-平木, 1993 ; 4. Gentry, W. D. (ed.) : *Applied Behavioral Modification.* Mosby (St. Louis), 164p., 1974 ; 5. Redd, W. H., Portenfield, A. L. & Andersen, B. L. : *Bihavioral Modification.* Random House (New York), 477p., 1979 ; 6. Thompson, T. & Dockens, S. W. (ed.) : *Application of Behavioral Modification.* Academic Press (New York), 540p., 1975 ; 7. G-Turner, 1981

出産後うつ病　⇒マタニティー・ブルー

出生前診断　prenatal diagnosis
出生前診断は，母体の血液，羊水などを使って，出生前に胎児の障害ないし異常を診断すること。超音波を使うこともある。

母体血清マーカー試験，羊水診断，絨毛診断，超音波診断などがある。

この検査は医療行為であるから，インフォームド・コンセントが必要であり，「この結果により，中絶をするかどうかの決定をしなければならなくなることも多い重大な検査です。検査を拒否することもできます」と，事前に被験者に告げておかなければならない。

出生前診断やその結果についての十分な情報を検討した後での妊婦夫妻の自己決定を尊重して，初めて検査が行なわれるべきであろう。検査の問題点としては，多数の妊婦が安易に対象になる，受けるのが当然の検査だと誤解して受ける，担当医の理解の誤り，ダウン症などの先天性障害についての充分な知識をもったうえでのカウンセリングが必要，妊娠週数の誤り，被験者の不安・パニック，早まった選択，中絶で深く傷つく，どのような説明をするかのガイドラインが必要，ダウン症などの先天性障害に対する否定的態度，羊水検査実施時期の遅れ，家族の意志決定，検査の結果「大丈夫だ」と言われたのにダウン症児が生まれたのでどうしてよいかわからない，などがあげられよう。

朝日新聞は次のように述べている。1993年には，全国で4,113件の出生前診断が行なわれた。羊水診断には流産の恐れがあるが，その恐れがないトリプル・マーカー試験が1994年頃から急速に普及し始め，1997年9月末までに約2万2,000人が検査を受けた。これは，母体から採った血液を調べるだけの血清検査であって，妊娠15～18週に受ける。ダウン症などの先天性障害

や神経系の障害が出る神経管形成異常，18番の染色体が3本あって心臓の奇形を伴うことが多い18トリソノミー，があると母体の血液中に存在するある種のタンパク質（α胎児性タンパク），ヒト絨毛性性腺刺激ホルモン，エストリオールの濃度が正常児とは違うことを利用した検査である。1週間後に染色体異常の可能性が高いという結果が出れば，より精度の高い羊水検査を受けることになるが，その結果が出るのに2週間ほどかかる。もし中絶を選ぶなら22週が限界だから，中絶という複雑な問題を短期間に決めなければならないのは，妊婦にとってむずかしい。もし年間に100万人の妊婦がこの検査を受ければ200億円市場になるという指摘もあるが，実際には6万人以下と推定されている。

ある検査会社で，ダウン症である可能性が高い（35歳の女性のダウン症児の出生率は1/295なので，1/295以上の確率を「スクリーン陽性」という）とされたのは受験者の約15%（1,244人）。そのうちの約80%の人が羊水診断をも受け，その結果21人が出生前にダウン症と診断された。（マーカー試験で「異常の可能性が高い」と言われて羊水検査を受け，ダウン症とわかるのは40人に1人程度である）。陽性なのに，羊水診断を受けなかった20%のグループからは3人のダウン症児が生まれた。しかし，スクリーン陰性のグループからも4人のダウン症児が生まれた。（朝日新聞による）

ダウン症は，21番の染色体が過剰にある染色体異常の一種であり，知的障害（認知，概念化，言語，記憶，注意集中，衝動抑制），運動機能が傷害される疾患で，障害の程度には個人差がある。普通学級に通っている子どももいるし，経済的に自立できる場合もある。

現状では，胎児に不治または致死的な先天的異常がある場合に中絶を認める「胎児条項」を母体保護法に盛り込もうという運動が日本母性保護産婦人科医会などからおきているが，治療法のない障害を出生前に診断することが妊娠中絶につながり，障害者差別を助長する恐れもある。出生前診断がダウン症のマイナス・イメージを強めることも否定できず，日本ダウン症協会では「出生前診断は中絶につながる」として検査の凍結を要望している。

ダウン症の子どもを持つ人からは「子どものおかげで視野が広がった」「家族のきずなが強まった」「障害＝不幸ではない」「弱者を受け止めていこうとする姿勢がほしい」「障害児が生まれてはいけないという考えには賛成できない」「どんなに障害があっても前向きに育てて行きたい」「出生前診断は，障害のある子どもを受け入れる準備のための検査だと考えるべきだ」という声が寄せられている。しかし，これとは逆に，「障害をもった子どもを育てる自信がない」「かわいそうだ」という意見もある。障害をもつ人からは，「生まれてくる子どもには，自分のような惨めな思いをさせたくない」という意見も出ている。

最近では胎児の成長ぶりを調べる超音波診断で胎児のうなじのあたりに厚さ3～10mmほどの浮腫がみつかると，染色体に異常や奇形の可能性があることがわかってきた。山梨医大の深田幸仁によると，妊娠9週から調べ，浮腫60例のうち染色体異常が5例，奇形が7例あった。やがて浮腫が消え，子どもに異常がなかった例もある。

障害児を中絶しないためには，障害児支援のためのネットワークがあり，健常児と同じように育てることができる社会環境が整っているという条件が必要である。命の重さを考えて，障害児を特別視する社会の風潮や社会機構をなくさなければいけない。

優生上の見地から，不良な子孫の出生を防ぐ目的だった優生保護法の中から優生思想を削って，胎児に重い障害があるとわかった時に中絶を認めることにしたのが母体保護法（1996年第136通常国会で成立）である。これは，遺伝性の身体障害や精神障害を理由とした人工妊娠中絶や不妊手術を容認した。

生まれてくる子どもについて知りたいと思うのは人情であるが，障害の有無を出生前に知ることができるとなれば，妊婦は検査を受けるかどうかについてまず悩み，異状があると聞けば中絶するかどうかについて再び悩まなければならない。異常があったら中絶しようと考えて検査を受け，異状がないとわかっても，一瞬でも

中絶を考えたことは妊婦に罪の意識をもたらす。〔小林 司〕
⇨インフォームド・コンセント，ダウン症〔候群〕

文献 1. 松尾慈子「出生前診断」朝日新聞，1997年12月16日，17日，19日，27日付；2.『サイアス』1997年5月16日号；3. 小西宏「胎児の超音波診断」朝日新聞，1999年6月7日号

受容，アクセプタンス　acceptance

カウンセラーがクライエントをあるがままにみて，受け入れること。

カウンセリングにおいて求められる，クライエントに対するカウンセラーの態度の一つ。クライエント自身や，その人の考え，行為，感情などを評価的・分析的にみたり，批判し判断を与えるのではなく，一人の人格をもつ存在として全面的に受け入れ，その人をわかろうとする態度のこと。

カウンセラーが受容ということを知的に理解し，クライエントを受容していると思って自己満足しているだけでは，受容を実現できない。クライエントが，「私は，この人に受け入れてもらっている。わかってもらえた。」と，確信をもって感じることができて初めて，受容を実現できたと言えよう。そのためには，カウンセラーは，クライエントの言葉やその人の抱えている問題，訴えていることをよく聞き，理解していくことはもちろんのこと，相手であるクライエントが，今，ここで，何をどう感じているのか，感情がどのように動いているのかということをも敏感に感じ取っていかなくてはならない。クライエントの言葉による表現だけからでなく，声の調子・抑揚・表情・目の動き・動作・態度・ものごしなどのボディ・ランゲージにも注意を払いながら，クライエントをわかろうとすることが大切である。また，同時にカウンセラー自身も，自分が受容していることを相手に伝えなくてはならない。その際，言語的表現を用いることはもちろん，上記のような非言語的な表現も用いて伝える。カウンセラーがクライエントを受容することによって，カウンセリングに大切なリレーションがつくられる。クライエントがカウンセラーを信頼することで，話しやすい雰囲気が生まれ，さらにはクライエントのパーソナリティが変容する。

受容にどのような意味を与えるか。つまり，「受容」を目標に到達するための一つの技術と考えるのか，それとももっとカウンセリングに本質的なものと考えるかは，カウンセリングの各理論によって異なっている。人間学的なカウンセリングにあっては，受容を重視し，単なる技術ではなくて，カウンセラーに求められる本質的な態度とみることが多い。

ロジャース*は，初期のころカウンセラーの条件の一つに受容をあげた。のちに，これは「無条件の肯定的な関心」へと変化していくが，クライエントが無条件に受け入れられることによって建設的な人格発達が行なわれる，として受容を重要視している。

小林純一は，人間学的・実存的アプローチにおいて，受容に積極的な意味を与えている。彼によれば，受容とは，本質的に人間尊重の態度の実現化である。カウンセラーの受容的態度がクライエントに伝わり，「自分は受け入れられている。わかってもらえている。大切にされている。」と確信をもってクライエントが感じている時，受容が実現されている。同時にカウンセラーも同様な体験をしている時（相互受容），カウンセリングは効果的となり，2人はより強いきずなを確信できるようになる。すなわち，カウンセリングとは，2人の心と心との触れ合いであり，出会いなのである。このような深い信頼によって結ばれた関係において，クライエントは人格的成長や問題解決を実現し，行動の変容もおこってくる。　　　　　〔佐藤勝馬〕

⇨アクセプタンス，カウンセラー，カウンセリング，カウンセリングにおける人間関係，ボディ・ランゲージ

文献 1. A-河合, 1970；2. A-河合, 1975；3. D-河合・谷川, 1979；4. B-河合・中村, 1984；5. A-小林, 1979；6. A-佐治・飯長編, 1983；7. E-ベルク, 1982；8. E-ベルク, 1988

準拠集団, 関係集団, リファレンス・グループ reference group

個人が自己の態度, 行動, 判断, 評価, 比較または意識の形成と変容, などに際して, 自分自身をそれに関連づけることによって, 拠りどころにする有意味な集団。

認識や解釈, 規定をする場合に, 一定の枠組みがあって, これを「準拠枠」という。通常はこの枠の範囲内で物事を考えている。集団規範や他者の存在を内面化していくことにより準拠枠が形成される。準拠集団は, 個人に対して規準を設定し強制する規範的機能と, 個人が自分や他者を評価する基準点や比較枠としての評価的機能とをもつ。

一般に準拠集団は, 人が生まれ育った家族や現在活動している職場やサークルなどの身近な所属集団から成り立っていることが多い。このような集団に自己を関連づけることにより, 一定の態度形成を行なう。準拠集団概念は, 所属集団・非所属集団の両方が, 人の態度形成に関わっていることを明らかにするものである。

このような準拠集団概念は, ハイマン(Herbert H. Hyman, 1918～1985)によって科学的に明らかにされた。ハイマンは地位を個人の問題としてとらえ, 現代人の態度や行動が客観的地位(社会的指標によって判定された地位)というよりも, 主観的地位(個人が自分の地位について判定した地位)に深く関わっていると考えた。ハイマンにより, 人は自分の地位を判断する場合の比較対象集団を準拠集団と呼び, まったくいつも同じ集団で比較しているわけではないことがわかった。

地位判断に常用される準拠集団としては, 幻想的動機づけと現実的動機づけにより異なり, 幻想的動機づけによる準拠集団には願望が現われることが多い。ハイマンは準拠集団と地位判断の関係について, (1) 人々の地位の変化は実験的に作られる, (2) 地位間の相関は変化する, (3) 主観的地位の信頼度は準拠集団の関数である, (4) 一般的地位の合成は明示した準拠集団によって変化する, と結論づけた。

ハイマンとほぼ同じ時期, シェリフ(Muzafer Sherif, 1906～)は1935年, コロンビア大学とニューヨーク大学の学生を対象に行なった光点自動運動効果実験において, 大学生の判断が他者関連的性格をもっていることを発見した。学生が1人の場合は, 自分で主観的に作り上げた基準にもとづいて判定を行なうが, 集団場面においては, 他人との関係や, それについての自分の認識にもとづいて判定がなされる。さらに, 集団から離れて1人になった場合も, 集団状況からもち込んだ範囲と規範により判定を行なった。

以上からシェリフは, 人間は, 自己の判断や態度, 要求水準を, 一定集団から引き出し, またそれに関連づけられているとし, その集団を個人の準拠集団と呼んだ。彼は準拠集団とは「個人がその一部として自己を関連づけているか, あるいは, 心理学的に関連づけたいと思っているところの集団」としている。

ニューカム(Theodore M. Newcomb, 1903～)は, 1935年から5年間かけて行なったベニントン女子大学の学生に対する態度研究により, 積極的準拠集団と消極的準拠集団の相反する関係を提示した。彼は「人びとの態度は, 単にその所属する集団によってよりも, その人たちの積極的な準拠集団によって, よりよく理解される」と主張し, 人びとの所属集団は, 少なくとも一時的には準拠集団となるが, 常にそうなるとはかぎらないことを指摘する。そしてそれが人びとの態度に影響を与えるかぎり積極的準拠集団となるが, なんの影響も与えない場合は消極的準拠集団になるとした。

これに対しマートン(Robert King Merton, 1910～)は, 無数の集団の中で, どんな理由で準拠集団に接近するのかを研究した。彼は1950年にアメリカ兵のデータを整理・検討するなかで, 兵士の不満は「所属する集団」と「所属はしないが関係づけを行なう集団」との関係において形作られるとした。これは「将来を見越した社会化」プロセスが心に働くからである。このようにマートンは準拠集団論が機能主義社会学に結びつくことを明らかにしたのである。つまり人間はその行動や評価を決定するに当たって, 自分の属する集団以外の集団に自己を方向づける, という事実を指摘し, 所属集団と併せ

て，心理的に自己同一視している集団である準拠集団の概念を明示した。

以上より準拠集団の視点は，人々の所属する社会状況を多元的に把握しなければならないことを示しているといってよい。人々は常にその集団的事態の構造，変化に応じて規定されるが，この視点は，これを心理的，文化的側面から統合的にアプローチしようとする一つの試みであるといえよう。　　　　　　　　〔早野洋美〕

⇒解離性自己同一性障害

文献　1. シェリフ，M.・シェリフ，C.W.，重松俊明監訳『準拠集団：青少年の同調と逸脱』黎明書房，393p.，1968；2. ハイマン，H.H.，舘逸雄監訳，七森勝志訳『地位の心理学』巌松堂出版，196p.，1992；3. 船津衛『シンボリック相互作用論』(社会学叢書)恒星社厚生閣，280p.，1976；4. マートン，R.K.，森東吾・森好夫・金沢実・中島龍太郎訳『社会理論と社会構造』みすず書房，576p.，1961

昇華 sublimation

性や攻撃性など社会的に認められない衝動を芸術活動やスポーツなどの，より社会的・道徳的に価値あるものに置き換えること。自我が自分を守るための手段の一つ。

1897年フロイト*は友人のフリース（W. Fliess）宛の手紙の中でヒステリーの若い女性の症例を報告している。その女性患者は父親に対する自分の近親相姦的欲望に無意識的に罪悪感をもち，それと闘っていた。彼女はその中で解決の方法として，意識上で容認でき，より道徳的である幻想上の筋書きを作り，罪悪感を低下させた。すなわち耐え難い無意識の罪悪感は幻想の中で部分的に昇華されたのである。つまり，昇華は性的衝動に対する防衛の役割をもち，性的衝動の対象および目標を非性的なもので良心が満足できるものに置き換える操作であり，かつ，性衝動のエネルギーを変容させて，より積極的・創造的な力に転化する手段であるといえる。

また，フロイトは5歳の男児ハンスの例で昇華の過程を次のように説明している。ハンスは馬に対する恐怖症をもっていた。これは無意識下の性衝動，すなわち，母親に対するサディズム的欲動や，父親に対する敵意に満ちた同性愛傾向などの衝動のエネルギーの一部が不安へと変化し，恐怖症という形で意識化され，さらにエネルギーの他の部分が抑圧されずに昇華されて，音楽という対象に向かい，後に彼を有名な音楽家にした。

また，フロイトは性衝動が抑圧された場合も，昇華された場合も，満足は部分的にしか得られないと述べている。それは，その目標が決して完全には達成されないからであり，したがって執拗にエネルギーが持続するのである。つまり，昇華とは獲得不可能な満足感を空しく追い求めながら部分的な満足を得ることであるといえよう。性衝動以外にも，攻撃衝動も同様に，特にスポーツや格闘技などに昇華されている。

昇華の概念は，アンナ・フロイト*やフェニケル（Otto. Fenichel, 1898〜1946）などにより明確化された。アンナ・フロイトは『自我と防衛』（1937）で「昇華は衝動に対する自我の防衛であり，衝動による脅威からおきる不安や超自我（良心）のとがめが生じる不安からの防衛の手段である」としている。また，精神発達との関連では，社会的価値の理解を前提とし，超自我がなければ昇華が成立しないことから，一般に3〜5歳に抑圧とともに昇華が学習され，6〜12歳の学童期に昇華は主役となり，勉強やスポーツに熱中し，特に思春期には芸術上にも創造的な活動がみられるとしている。

フェニケルは，葛藤に対する不安を防衛したかどうかによって昇華を成功的防衛（successful defense）と不成功的防衛（unsuccessful defense）とに分けた。前者が衝動を直接に満足させる代わりに，対象を間接的なものに置き換えて，社会に適応した形で満足できるので，衝動のエネルギーが解き放されて，葛藤は適切に解決され，衝動のエネルギーを生産的で有用なエネルギーとして活用できる。一方，防衛に成功しないと，衝動は抑圧などによって無意識の中に閉じこめられ，この抑圧のために精神的エネルギーや回避するエネルギーを消費してしまうので，最終的に神経症の形を示す，と彼は考えた。

昇華は，スポーツ，芸術活動などによる満足とともに，葛藤を自ら解決した満足感で満たさ

れる。また，昇華の能力は個人による格差が大きく，衝動の強さ，資質の差，教育の差，柔軟性などによって異なる。最低限の衝動の解放ができない場合には神経症状態に陥ることから，個人の昇華能力の大小は，その人の健康のバロメーターでもある。いずれにせよ，昇華の働きは，人類が他の動物と異なった文化を創造するうえで重要な働きをしている。　〔近藤　寛〕
⇨恐怖症，罪悪感，超自我，不安，防衛，無意識，抑圧

文献　1. C-土居, 1988；2. C-ナシオ, 1990；3. H-『アンナ・フロイト著作集』2, 1982；4. フロイト, A., 菊盛英夫訳『自我とエス』(世界の大思想　3) 河出書房, 450p., 1985；5. H-『フロイド選集』1, 1953；6. H-『フロイド選集』2, 1953

浄化　⇨カタルシス

生涯学習　life-long education [learning]
人が一生にわたり**人間的・社会的・職業的発達**をはかるために，**生涯を通じて主体的に学び続ける活動の過程。生涯学習の実現をめざしてこれを支援し，援助する教育理念を生涯教育**という。

ユネスコでは生涯学習を「人間性の全般的な向上を目的とする学習」と規定している。また，「誰でも」「いつでも」「どこでも」がモットーとされ，さらに，「なんでも」「どこまでも」「ひろがる」「つながる」「かかわる」などもつけ加えられていることがある。

生活水準の向上，技術革新と社会変革による労働時間の短縮，高齢社会の出現により生涯にわたって人が学習する機会が増え，それに伴ってさまざまな体制の整備も必要となってきた。

かつては「生涯教育」という言い方をしていたが，人を生涯にわたり管理するというイメージを批判し，自らが自発的に学ぶという意味合いを込めて，生涯学習といわれるようになった。

1984年に「社会の変化及び文化の発展に対応する教育の実現」に対応すべく臨時教育審議会が総理府に設けられ，その第二次答申として出されたのが「生涯学習体系への移行」であった。この答申を受け，生涯学習都市宣言をして積極的に生涯学習に力をいれている市町村も多い。青森県八戸市では，他県にさきがけ1970年より市民大学講座を開講し，毎年5講座31講義を市民に提供している。さらに，その講義内容を本として毎年まとめ，大きな成果をあげている。

1988年には文部省社会教育局が生涯学習局に改組され，1990年には生涯学習新興法も制定され生涯学習推進センター，生涯教育センターの充実など，生涯学習環境の整備が進められた。高齢社会の到来とともに，知情意低下症(旧称：痴呆)やボケの予防策として，趣味をもつことが政策的に推奨されていて，生涯学習センターの設置・拡充がはかられた。

さらに，90年代はじめのバブル期には各地で美術館，市民センターなどハード面では充実が進んだが，景気低迷期に入ると運営資金にゆとりがなくなり，ソフト面でのいきづまりを見せているところもある。一方，運営の一切(広報活動から講師の選定にいたるまで)を住民ボランティアに任せて成功している東京都墨田区生涯学習センターには日本全国各地の生涯学習推進担当者の見学が絶えないという。

静岡県掛川市では，生涯学習計画を進めるにあたって市民に「私はこういうことを教えることができる」といった講師の募集を行ない，「教えたい人と習いたい人との出会いの場」という感覚と手軽な費用で学べることが功を奏したようだ。また，高齢者には無理と思えたピアノ講座も講師の努力で名曲を易しく，しかも親しみやすいハ長調にアレンジした楽譜を用意したところ，音楽大学をめざしたいという人まで出たという。

1997年に東京都は「東京国際フォーラム」という施設の開所記念として『生涯学習全国ネットワーク集会』という大規模な大会を2日間にわたり開催し，日本全国の都道府県の生涯学習推進課の職員，あるいは関連機関，およびその講師たちが参加した。そのテーマは実に多岐にわたっていた。ボランティアの育成，文化事業の推進発展，各種講習会・講座の充実などが分科会などでも語られた。

そこでは，生涯学習とは生涯にわたり学習し，自己を高め，啓発し，自己実現をはかるという，

「生きがい」と同意義にとらえ,その意義を主に考えている参加者がいる一方で,編み物などの趣味の講座の運営をどうしたらよいのか,「編み物教室の生徒数が減って教室を閉鎖したら,町の毛糸屋さんが経営困難に陥ったがそういう場合はどうするべきか」,といったきわめて現実的な問題までが出てきて,今後の生涯学習の問題の複雑さを露呈していた。

また,ボランティアをしたい人と,して欲しい施設などをコンピューターを使って仲介するシステムもできているが,ボランティアは,不足している職員を補うものではないことを念頭におきたい。保育園で絵本の読み聞かせのボランティアをしたいと保育園に定期的に行く人がいると,それが保育士定員の削減につながってしまうという現実もある。ボランティアの導入が福祉施設の人員不足の補給,人員削減につながりやすい点は,福祉先進国のスウェーデンでも問題になっている。

生涯学習の場としては公共施設を利用した各種の講座の他,大学の授業を一般市民に解放したり,大学がさらに市民向けの講座を開講していることもある。練馬区では地元の武蔵大学の聴講を希望する区民に受講料の半額を区が負担するという制度を設けている。地元大学と地方自治体の協力,あるいはデパートなどに併設されたカルチャー・センターなど,本人にその気がありさえすれば,学びの場は比較的多様に用意されているし,日本古来の伝統文化であるところの俳句,短歌,茶道,華道,書道などをはじめ生涯学習の対象も多い。

むしろ問題なのは,学校時代に無理に勉強をしすぎて,卒業後に学習意欲を完全に失ってしまう若者が多いという事実であろう。生涯学習にむけて,エネルギーを蓄えておきたいものだ。高齢になって,暇になったから何か新しいことを始めようとしてもなじめないこともある。若いうちから,さまざまな分野に関心をむけ,何でも少しずつ学習するという体験をしておくことも必要であろう。高齢になれば,身体に何らかの障害が出ることも多いので,その障害にも対応できるような心づもりも要る。

世界的には1960年代に経済協力開発機構(OECD)が「生涯学習の理念を具体化するためには,生涯にわたり学校やそれに準ずる組織的,計画的な教育機関での教育と職場での労働を交互にくりかえすリカレント教育が必要である」としている。「労働体験を入学資格やカリキュラムにも反映させよう」というもので,今後は注目に値する考え方となろう。

また,生涯学習は次の三つのカテゴリーに分類できると思う。これらを自分の興味と関心に合わせて,自己実現,交流,社会参加をバランスよく組み合わせていくことが大切であろう。

(1) 自己実現:個人的なさまざまな学習(開かれた大学講座,カルチャー・センター,放送大学など),(2) 交流:学習を通じてのグループ活動(コーラス,人形劇,ゲート・ボール),(3) 社会参加:国際交流,ボランティア活動など(たとえば,人形劇を仲間で練習しているときは交流活動だが,それを保育園や幼稚園の子どもたちに見せるとなると社会参加になる)。

〔小林洋子〕

⇒生きがい,高齢社会,高齢者の知情意低下症,自己実現,ボランティア活動,ボランティア・センター

文献 1. 朝倉征夫監修,佐々木賞編『私たちの生涯学習研究』学芸図書, 171p., 1994 ; 2. 日本生涯教育学会編『生涯学習事典』東京書籍, 625p., 1990 ; 3. 練馬区『自分らしさの発見:学びがつくるひとまち』練馬区教育委員会, 104p., 1995 ; 4. 望月重信他編『教育キーワード90・91』時事通信社, 234p., 1990 ; 5.『社会福祉研究』No. 71 (特集 社会福祉への「市民参加」をめぐる論点と課題) 鉄道弘済会, 1998.4.

障害者 handicapped people

身体障害者と精神障害者の総称。身体障害者は,生まれつき,または病気や外傷によって身体に障害をもつ者,精神障害者は同じく精神に障害をもつ者で,後者には知的障害(精神遅滞,生まれつきの精神の発達の遅れ,知恵おくれ)**が含まれている。**

WHOは障害者を,(1) 機能障害(impairment), (2) 能力低下(disability), (3) 社会的不利(handicap)の三つによって定義しようとしているが,まだ未確定である。

日本の障害者数は576万人と推定されており,

その内訳は身体障害者(児)が317.7万人，知的障害者(児)が41.3万人，精神障害者217万人である(2000年版「厚生白書」による)。これは人口1,000人に対して45人(4.5%)という割合となり，スウェーデンの384人と比べると1/8にすぎない。この差は，障害者の定義の違いによる。人口比でみると，障害者は，ポーランド14%，ベルギー12.5%，英国10%，オランダ10%，西独8.5%，となっている。国連の推定では地球上人口の約10%が障害者とみられている。米国では，0.4km を歩けない，買物袋を持てない，階段を休まずに登れない，新聞を読めない，などの人をも障害者に数えている。厚生省の1996年度身体障害者実態調査によれば，日本の在宅身体障害者(18歳以上)は293万3,000人。うちわけは，肢体不自由者が約165.7万人，視覚，聴覚言語障害者はそれぞれ30.5万人と35万人，内部疾患(心臓・腎臓・大腸などの疾患)が62.1万人(5年前は45.8万人)である。在宅の身体障害者(児)のなかに肢体不自由者の占める割合が圧倒的に高く，身体障害児のうちの50.7%，身体障害者のうちの56.5%が肢体不自由者である。また，内部障害者の増加と視覚障害者の減少がみられる。

高齢社会を反映して，在宅の65歳以上の身体障害者が増加し，障害者全体の半数を上まわる54.1%となっている。これは1991年の調査48.8%を大きく上まわっている。とくに70歳以上の身体障害者の増加が著しい点も注目に値する。

1998年の東京都実態調査によれば，総人口のうち65歳以上が14%で，そのうちの3.3%が寝たきりだという。1982年の総理府による実態調査によると，70～84歳で死亡した1,243人の臨終の模様は，最後に床についてから死ぬまでの期間は1カ月未満が55.3%，6カ月以上は16.8%であった。

障害者の中には難病患者が含まれている。原因不明で治療法も確定しておらず，長期にわたって家族の負担が大きい病気を難病と総称する。

厚生省は1972年に難病を次のように定義した。(a) 原因不明，治療法が未確立であり，かつ後遺症を残すおそれの少なくない疾病(たとえば，スモン，ベーチェット病，重症筋無力症，全身性エリテマトーデス)，(b) 経過が慢性にわたり，単に経済的な問題のみならず，介護等に著しく人手を要するために家族の負担が重く，また精神的にも負担の大きい疾病(たとえば，小児ガン，小児慢性腎炎，ネフローゼ，小児ぜんそく，進行性筋ジストロフィー症，腎不全〈人工透析〉，小児異常行動，重症心身障害など)。寝たきり老人やガンなど既存の対策があるものを除外している。医療費公費負担の対象疾患は23種。難病対策対象疾病は60種以上にのぼっている。

国民年金の被保険者が障害者となった場合，および20歳前に障害が生じた者が20歳になった場合には，国民年金の障害基礎年金が支給される。厚生年金保険などの被保険者には，併せて障害厚生年金なども支給される。2001年度における障害基礎年金支給月額は，1級障害者83,775円，2級障害者67,016円である。

このほかに，在宅の特別障害者には，特別障害者手当(月額26,860円)，20歳未満の重度障害児には障害児福祉手当(月額14,610円)が支給される。20歳未満の中程度以上の障害児をみている父母などには，特別児童扶養手当(1級51,250円，2級34,130円)が支給される。(以上2001年度)

医療費補助の対象は，特定疾患治療研究対象疾患と呼ばれる次の33種類の病気である。ベーチェット病，多発性硬化症，重症筋無力症，全身性エリテマトーデス，スモン，再生不良性貧血，サルコイドーシス，筋萎縮性側索硬化症，汎発性強皮症，皮膚筋炎・多発性筋炎，特発性血小板減少性紫斑病，結節性動脈周囲炎，潰瘍性大腸炎，大動脈炎症候群，バージャー病，天疱瘡，脊髄小脳変性症，クローン病，劇症肝炎，悪性関節リウマチ，パーキンソン病，アミロイドーシス(原発性アミロイド症)，後縦靱帯骨化症，ハンチントン舞踏病，ウィリス輪閉塞症，ウェジナー肉芽腫症，特発性拡張型(うっ血型)心筋症，シャイ・ドレーガー症候群，表皮水疱症(接合部型および栄養障害型)，膿疱性乾癬，広範脊柱管狭窄症，原発性胆汁性肝硬変，先天性血液凝固因子欠乏症。

この難病認定のほかに身体障害者認定を受けると各種の援助を受けることができる（車椅子の貸与，駐車の自由，乗車賃の割引など）。

難病以外に小児慢性特定疾病として，先天性代謝異常，血友病等血液疾患，悪性新生物（ガンなど），慢性腎炎，ぜん息，慢性心疾患，内分泌疾患，膠原病，糖尿病の9疾患については医療費の補助がある。

国際連合は1975年に「障害者の権利宣言」を採択し，1981年を「国際障害者年」に定めて，「完全参加と平等」という理念を実現するために，1992年までを「国連・障害者の10年」と決めて，各国による積極的な障害者対策をおしすすめることを提案した。

中央心身障害者対策協議会は1991年7月にリハビリテーションとノーマライゼーションを強調し，障害者が利用しやすい施設，障害者が住みよい街づくりをおしすすめた。

ノーマライゼイションとは，「障害者も特別視されることなしに，社会に生活する個人として，一般の社会に参加し，行動できるようにすべきである」という考え方である（厚生白書1991年版，p. 429による）。

障害者インターナショナル（Disabled Peoples' International, DPI）は国際障害者年の1981年を機会にシンガポールで結成され，約80カ国の障害者が障害の差をこえて結集している。

米国の障害者差別禁止法（Americans for Disabilities Act, ADA）は，心身に障害をもつ人たちが4,300万人雇用を目指し，また，施設，通信，交通機関や一般サービスなどで差別されないようにするための法律で，1990年7月に発効され，公共の場所（ホテル，劇場，ミュージアム，病院，スーパー，レストランなど）は障害者用の設備を設けなければならなくなった。

非障害者と障害者が，差別をなくして平等に生活できるように世界は変わりつつある。

〔小林　司〕

⇒視覚障害者，社会福祉，社会福祉協議会，偏見と差別，難病，ノーマライゼイション，ラベリング

文献　1. 大野智也『障害者は，いま』（岩波新書）岩波書店，232頁，1988；2. 小川政亮『障害者と人権』時事通信社，269頁，1974

照準づけ　⇒フォーカシング

象徴　symbol

一般的には，目に見えるかたちをもたないものあるいは抽象的な事柄を示すのに役立つかたちを意味する（鳩が平和を表わすなど）。

精神分析においては，次の意味で用いられる。**(1) 広義：無意識的思考，葛藤，欲望を間接的に視覚的イメージで示す表現形式。(2) 狭義：象徴と無意識に属する象徴されるものとの間に一定不変の関係が認められる表現様式。**

象徴という概念は，精神分析と密接に結びついている。象徴に関する語（象徴的，象徴化など）は，しばしば用いられるが，その意味・内容は必ずしも一義的ではない。また，象徴的なものの考え方，象徴がどのようにして生まれ，どのように使われてきたかなど象徴に関する問題は，心理学をはじめ言語学，人類学，宗教学，民族学など，いろいろな分野で研究されている。精神分析における象徴の研究はこれらの学問の成果に負っているところが大であり，また精神分析における研究が他の学問に影響を与えてもいる。カウンセリングとの関係では，人間を理解するにあたって，無意識がどんな働きをもっているか，無意識の世界がどのように意識化されるかを知ることが大切であり，そのためには精神分析における象徴の意味を理解することが必要である。

フロイト*は，無意識の現れとしての夢の分析と神経症の分析治療において，象徴の概念を用いている。夢を幻覚的な願望充足であるとしたうえで，理解しがたい種類の夢を，ある未知な内容のゆがめられた代用物であると仮定した。この「ゆがみ」を研究し理解するために「夢の検閲官」という概念と共に，象徴を「ゆがみ」をひきおこす因子として考える。つまり，人々が夢占いの本によって夢にみた事柄を翻訳するように，夢の要素を一定不変のものに翻訳できるとし，夢の要素とその翻訳の間の一定不変の関係をフロイトは象徴的と呼んだ。すなわち，

夢の要素それ自体が，無意識的な夢の観念の象徴であり，象徴関係の本質は比喩であるとする。夢のなかで象徴的に描写される例をあげておく。からだ全体は家，両親は王・女王，子ども・兄弟姉妹は小動物・毒虫，分娩は水中から人を救う，死は旅立ち・旅行，裸体は着物・制服など。夢のなかで非常に多く現われるのは，性の象徴である。ユング*は，象徴するものが本来もっている明らかな意味に付け加えるなんらかの特定の含蓄をもったものを象徴と呼んだ。象徴はより広い無意識の側面を有しており，夢の形態において無意識的，自然発生的に産出されるとする。フロイトが夢から自由連想法を用いてコンプレックスに到達しようとしたのに対し，ユングは夢の実際の形態や内容により注目した。そして，フロイトによって「古代の残存物」と呼ばれた，未開人の思考や神話，儀式に類似したイメージや連想に注目し，これらの「歴史的な」連想を，意識の合理的な世界と本能の世界とを結び付けるものと考える。「古代の残存物」は多くの象徴のなかで，その性質や起源において普遍的なものであり，ユングは，これを「元型」または「原始心象」と呼んだ。元型は，神話的なイメージなどのモチーフの表象を形作る傾向であり，その基本的なパターンは不変である。また，元型は，イメージであると同時に情動である。この元型を表わすものが象徴であり，ユングによれば，象徴（夢）は心の中における対立を調和させ，再統合する自然の試みである。元型を示すものとしては，英雄神話（ウイネバゴー族におけるトリックスター，うさぎ，赤い角，双生児），イニシエーション（象徴的な死と再生），アニマ，アニムス，太母，などがある。

神経症，特にヒステリーにおいて精神的葛藤と症状との間に，いわゆる象徴的関係があると言われる。特に身体的機能障害（転換型ヒステリー）における麻痺，知覚障害などの転換症状は患者の精神的葛藤に対する無意識的な意思表示（歩きたくない，現実を直視したくない，など）を意味する象徴的表現と理解されることが多い（器官言語）。そして，この葛藤自体は，患者の悩みとなっていないことが多い。ヒステリー症状によって解消または回避しているためとみられる。

また，セシュエー（Marguerite.-A. Sechehaye, ?～1964）が統合失調症者に対して行なった分析的療法として象徴的実現の方法がある。乳児に母乳を与えるようにして患者にりんごを与えるなど，象徴的に患者の欲求を満足させることにより，患者にとってより受け入れやすい方法をとりながら，現実への道を開く療法である。

「死の体験」と自死との関係について，河合隼雄は，自死を「死の体験」のイニシエーションという観点から考察し，象徴的な死の体験の必要性と自死（肉体的な死）の予防について論じている。　　　　　　　　　　　　　〔松岡泰夫〕
⇒元型，心理療法における象徴化，精神分析，フロイト，分析心理学，無意識，夢，夢の作業，夢判断，ユング

文献　1. H-『異常心理学講座』（第Ⅲ期）4, 1987 ; 2. A-河合, 1975 ; 3. B-セシュエー, 1955 ; 4. B-セシュエー 1986 ; 5. C-フロイト, 1970a ; 6. D-ユング他, 1975a, 1975b

情緒障害　emotional disturbance
何らかの原因（主として心理的原因）により，過度の不安，おそれ，敵意など情緒が一時的に混乱し，各種の不適応行動が発生している状態。
情緒障害という用語は，主として学校教育の場で子どもが示す不適応行動を広く指して用いられてきた包括的な用語である。子どもの福祉や教育の必要性から生まれた「行政用語」ともいえ，福祉行政で用いられる場合と教育行政で用いられる場合とでは，その対象とする児童生徒に違いがみられる。

日本で，最初に情緒障害という用語が用いられたのは，1961年の児童福祉法の一部改正によって開設された「情緒障害児短期治療施設」においてである。この施設の入所対象児は，「家庭，学校，近隣での人間関係のゆがみによって，感情生活に支障をきたし，社会的適応が困難になった児童」と定められ，自閉的障害児については他の施設体系を考慮すべきであるとしている。一方，教育の分野では，1969年に初めての

情緒障害学級が自閉的障害児のための教育ニーズに応えるために開設された。情緒障害という用語が用いられたのは、初めて自閉的障害の研究を行なったカナーが、自閉的障害の成因を心因に求めたため、1960年代の中頃まで、自閉的障害児に対して遊戯療法やカウンセリングなどが盛んに試みられていたこととも関連が深い。自閉的障害は現在、医学的診断においては、脳の発達障害と位置づけられている。したがって、自閉的障害児を情緒障害児と呼ぶことは、厳密な意味では正しくないが、学校教育の場では一般に定着して用いられているのが現状である。

情緒障害は、emotional disturbance の訳語であるが、この英語は、厳密には情動障害と訳されるべきもので、やや意味あいを異にする。精神医学では、広義の感情を、狭義の感情、情動、気分、情操に分けている。感情 (feeling) は、広義には意識の主観的側面であり、狭義には各種の感覚と結びついた快感、不快感である。情動 (emotion) は、歓喜、不安、苦悶、悲嘆、驚号、激怒というような激しい感情の動きで、顕著な表情の他に、自律神経系や内分泌系を通して現される生理的変動を伴う精神生理的過程である。気分 (mood) は、楽しい、淋しい、悲しい、いらいらする、というような比較的穏やかな持続的感情状態である。情操 (sentiment) は、愛情、同情、差恥心、道義心というような、人間としてもつことを要請される感情である。子どもを対象として情緒障害という用語を用いる場合、その「情緒」は、上述した「感情、情動、気分、情操」を全部含めた意味あいのものと考えられる。情緒障害と感情の障害は必ずしも同義語ではない (山崎、1993)。

情緒障害児が示す不適応行動は、子どもの神経症的発症とも位置づけられるものであり、身体的不適応と社会的不適応（集団不適応）に大別することができる。身体的不適応は、爪かみ、指しゃぶり、チック、抜毛などの神経性習癖のほか、ぜんそく、脱毛症、摂食障害、排尿障害、起立性障害などの心身症も含まれる。社会的不適応は、さらに反社会的不適応と非社会的不適応に二分される。前者は、攻撃行動（反抗、破壊、暴力）、虚言、怠学、非行（盗み、性的問題行動、薬物嗜好）などである。後者は、不登校や閉じこもり、場面かん黙、情緒不安定、学業不振、無気力、自死などである。

情緒障害は、身体的要因、心理的要因、環境的要因がさまざまに絡み合って生じる。主として心理的要因が考えられるが、それを特定することは困難である。ある出来事がきっかけ（誘因）となって不適応行動が生じても、直接の原因が他にあったり、他の要因が間接的に影響していることもある。同じような心理的要因が働いても、個体側の要因が大きく作用し、現れる臨床症状は必ずしも同一ではない。また、同じ子どもでも発達に伴って症状が変化していくこともある。

一般に、心身症症状は、最も低い年齢で現れうる。神経性習癖の形で現れるのは幼児期以降で小学生の時期に終わることが多い。社会的不適応の問題は、学齢期以降にみられることが多い。思春期以降になると、成人と同じ神経症状が出現する場合がある。したがって、情緒障害児の指導を行なう場合には、個々の症状の消長にとらわれずに、それらの症状を呈する子ども自身の発達を促進し、さまざまな心的ストレスに自ら対処する仕方を体得させることが必要である。そのためには、その子の生育歴、発達歴、生活歴、家族歴、学歴などを慎重に聞き取り、身体的要因、心理的要因、環境的要因を総合的に理解するように努めながら、受容的、共感的態度で接することが不可欠である。マイナスの側面もプラスの側面も含めた子ども全体を一人の人格をもった存在として認め、不適応行動を通じて子どもが訴えようとしている意味を理解しようとすることが、子どもの自己治癒能力を高めるといえる。

世界保健機関（WHO）は、障害を三つのレベル（回復困難な損傷、能力の不全、社会的不利）に分ける障害概念を提唱しているが、情緒障害には、回復困難な損傷 (impairment) は認められないので、他の心身障害とは分けて考える必要があるといえよう。情緒の一時的混乱という意味では、もとに復することが可能であり、正常との連続性があると考えられる。そこで、明らかに器質的な障害にもとづくものは情緒障害

から除外される。自閉的障害などの発達障害児が情緒障害を合併し，実際に情緒障害児学級などで教育を受けている場合もあるが，その場合は，その基本となる障害に対する教育のプログラムの上にいわゆる心因性の不適応行動に対するアプローチがなされるべきである。

〔福田哲治〕

⇨起立性調節障害，自閉的障害，情緒障害学級，情動，不登校，特殊学級，特殊教育

文献 1. F-石川・小倉・河合・斉藤，1988；2. F-相馬，1995；3. 中根晃・佐藤泰三編『児童精神科の実地臨床』金剛出版，264p.，1994；4. 中根晃『自閉症児の保育・子育て入門』(子育てと健康シリーズ 9) 大月書店，128p.，1996；5. 山崎晃資『臨床児童青年精神医学入門』安田生命社会事業団，238p.，1993

情緒障害学級 special class (or resource room) for children with emotional disturbance

自閉，不登校，習癖の異常などのために社会的適応の乏しい児童・生徒に，情緒障害教育を行なうための学級。

情緒障害という用語は，主として学校教育の場で子どもが示す不適応行動を広く指して用いられてきた包括的な用語である。そのため，その概念や定義は，必ずしも明確に定められてはいない。文部省は，1978年に，初等中等教育局長の通達により，「情緒障害者のための特殊学級」を学校教育の中に明確に位置づけた。その対象児については，通達と関連して出された「軽度心身障害児に対する学校教育の在り方」と題する報告書の中で，「自閉，登校拒否，習癖の異常などのために社会的適応の乏しいもの，いわゆる情緒障害者は……」としている。

これより先，1969年に，初めての情緒障害学級が自閉的障害児のための教育ニーズに応えるために開設された。それ以降，情緒障害学級は，自閉的障害児の教育を中心として発展し，地域によってはその他の情緒障害児も混在する形で学級運営がなされた。中学校においては，1970年代半ばより，増加する一方の不登校生徒の受け入れ学級として情緒障害学級を位置づける地域がみられるようになった。また，小学校においては，通常の学級に在籍している知的発達障害児への就学相談の過程において，児童の教育のニーズに応え，保護者の特殊教育への理解を促すために情緒障害学級が一定の役割を果たす場合もあり，これらの児童を受け入れることで障害の多様化が進んだ。さらに，今日では，多動や学習障害 (LD) などを有する児童・生徒の教育の場としても期待されている。このように情緒障害学級は，自閉的障害や不登校などそれぞれの時代の教育課題に応える形で対象児を広げ，それぞれの地域の実態に応じた指導内容と指導形態を形作ってきたといえる。

指導内容は，自閉的障害などの発達障害児と不登校などの情緒障害児では大きく異なる。自閉的障害児の場合は，着席，注意の持続，模倣などの学習態勢を作ることから，認知，言語・コミュニケーション，運動，社会性，各教科の補充などの指導を行なう。教育環境や指導内容・方法をできるだけ構造化し，視覚優位の特性を活かした教材の提示が有効な場合が多いとされる。不適応行動がある場合には，その低減だけを目的とするのではなく，適応行動を習得させるという観点からの指導が必要である。不登校などの情緒障害児の場合には，不適応行動をも含めた子ども全体を一人の人格のある存在として認め，さまざまな症状を通じて，子どもが訴えようとしている意味を理解しようと受容的・共感的に接することが基本である。遊戯療法やカウンセリングを個別指導で行なったり，小集団の活動を通じてグループ体験ができるように配慮した指導を行なったりして，さまざまな心的なストレスに自ら対処する方法を体得させる。

指導形態は通級制と固定制に分かれる。通級制は，通常の学級に在籍する障害の程度が比較的軽度の児童・生徒が，一定の時間や曜日に，校内や他の学校に設置された情緒障害学級に通って指導を受けるものである。指導内容は，障害の克服や改善を目指した養護・訓練が中心である。障害の状態に応じて，1対1の個別指導から小集団による指導を行なうシステムをとっている学級が多い。通常の学級で，健常児と比較的密接な関わりが保障できる反面，時間的制約から指導内容が断片的になりやすいという問

題点もある。通級制は，1993年より，「通級による指導」として制度化され，通級指導教室における指導の他，指導者が児童・生徒がいる学校を巡回して指導することもできるようになった。固定制は，他の心身障害学級と同様に，その学級に籍を置いて，全日，全領域にわたる指導を受けるものである。障害の程度が比較的重度な児童・生徒を対象としている学級が多く，指導内容や方法は，知的発達障害児の特殊学級に近い形で学級運営がなされている場合が多い。児童・生徒の能力に応じて，一部の教科や特別活動を通常の学級の生徒とともに受けさせる交流教育に取り組んでいる学級もある。固定制の場合，十分な時間を使って構造化された内容の指導を繰り返し積み上げていくことができるという長所もある。

なお1994年の情緒障害学級（通級を含む）の設置学校数は，小学校が2,844校，中学校が1,263校であった。また，1997年に情緒障害学級（固定制）で学んでいる児童・生徒の数は1万3,860名であった。そのうち小学校では自閉的障害が63.9％，LDが7.1％，注意欠陥が6.3％であり，中学校では自閉的障害が37.5％，不登校が15.2％，LDが11.1％である。ついで，情緒障害の通級指導教室で学んでいる児童・生徒の数は2,158名であった。そのうち小学校では自閉的障害が32.7％，LDが13.3％，注意欠陥が8.7％であり，中学生では登校拒否が56.6％，LDが13.9％，自閉的障害が13.2％である。　　　〔福田哲治〕
⇨学習障害，学習障害児の教育，情緒障害，特殊学級，養護学校

文献　1. F-全国情緒障害教育研究会編，1983a；2. F-全国情緒障害教育研究会編，1983b；3. F-全日本特殊教育研究連盟編，1989；4. 立川孝『不登校児からの手紙』日本評論社，204p.，1994；5. 寺山千代子『自閉症と情緒障害教育』コレール社，246p.，1991；6. 文部省初等中等教育局特殊教育課特殊教育研究会編『通級による指導の手引：解説とQ＆A』第一法規出版，150p.，1993

情緒　⇨情動

焦点合わせ　⇨フォーカシング

情動，情緒　emotion（英）；émotion（仏）；Affekt（独）

恐怖，激怒，愛情，憎悪，興奮，喜び，驚き，苦悩，激しい嫌悪，あざけり，恥ずかしさ，有罪感，などのような，感情の強い動き。激情。通常では見られないような精神的興奮状態。心搏数や発汗などの生理的変化を伴い，人を行動にかりたてることが多い。特定の考えに結び付いた感動と気分とを併せた用語。

情動とは，精神状態と身体状態と行動とが一丸となった複雑な感覚であり，affectとmoodとに2分して考えられる。

感動（affect）とは，一瞬一瞬で変わる一時的な感情の状態である。

気分（mood）とは，数時間とか，数年とか長く続いて人に体験される，体や心の調子のよしあしであり，「気分が爽快だ」はその一例である。「いい気分」「悪い気分」などと表現される。うつ状態とか躁状態，怒りなどの時に主観的に体験できる持続的な感情状態。楽器に例えれば，感動は歌曲につける特定の歌い方指示（明朗に，など）に当たり，気分は，その楽器がもっている一定の音色に当たる。

情動という単語の意味を理解しやすくするために，カプラン（H. I. Kaplan）とサドック（B. J. Sadock）による，いろいろな類似の用語の定義を次に紹介しておこう。「不適当な感動（inappropriate affect）」とは，その時の考えや会話にそぐわない感情の調子をいう。「感動麻痺（blunted affect）」とは，その強さや外に表出される感情が著しく弱まった情態。「情動鈍麻（restricted affectとかconstricted affect）」とは，感情の調子が弱まってはいるが，感動麻痺ほど著しくはない状態，「平板な情動（flat affect）」とは，声の大きさや高さが単調で，顔の表情も動きがないなど，情動表出がほとんど見られない状態。「不安定な情動（labile affect）」とは，外部からの刺激とは無関係に，情動の調子が急激に変化する状態。

「不機嫌（dysphoric mood）」は不愉快な気分。「普通気分（euthymic mood）」とは，うつや躁の気分がない，正常範囲内の気分。「誇大気分（expansive mood）」とは，自分の意味や重要さ

を過大評価している時のような奔放な感情表現。「いらだち気分 (irritable mood)」とは，イライラして，怒りっぽい気分。

「気分動揺 (mood swings)」とは，多幸からうつや怒りへとうつろいやすい気分。「高揚気分 (elevated mood)」とは，正常よりも陽気で，自信にみちあふれ，楽しい気分だが，必ずしも病的とは限らない。「多幸 (euphoria)」とは，誇大感情を伴った強い高揚気分。「恍惚感 (ecstasy)」とは，強烈な歓喜の感じ。「快感消失 (anhedonia)」とは，普通の活動または快楽行動に興味を失った状態。うつ病の時にみられることが多い。「悲哀感 (grief または mourning)」とは現実世界での喪失に対する妥当な悲しみ。「感情表出困難症 (alexithymia)」とは，自分の情動や気分を述べたり気づいたりすることができないか，困難な状態。

その他の情動には，次のものがある。「不安 (anxiety)」とは，体の内外から来る危険を予想して恐れる感情。「不特定不安感 (free-floating anxiety)」とは，特定の考えに焦点が定まっているのではない，範囲の広い恐れ感。「焦燥感 (agitation)」とは，じっとしていられない体の動きを伴った不安状態。「精神運動性焦燥感 (psychomotor agitation)」とも言う。「緊張感 (tension)」とは，体の運動や心理活動が増して，それが不快な状態。「恐慌状態 (panic)」とは，圧倒的な恐れ感と自律神経症状を伴った，急性の，予測不能な，強烈な不安発作状態。「無欲状態 (apathy)」とは，現実から離れて，すべてに無関心な時の，情動の調子が鈍い状態。「両価性 (ambivalence)」とは，同一人物に，同じ時に，同じ物に対して反対方向の刺激が並存すること。愛と憎しみ，喜びと悲しみ，など。

情動は感情や熱情 (passion) へと変わって行くことがある。

ジェームス*とランゲ (Carl Lange) は，別々にではあるが，身体的な変化によって情動が呼びおこされるのだという同じ結論に達した。「人は悲しいから泣くのではなくて，泣くから悲しいのである」というのだ。ジェームスが『心理学原論』(Principle of Psychology) でそう述べたのは1890年のことだった。これ以後，現在にいたるまで，身体的変化が情動をおこすのか，情動が身体的変化をおこすのかが，論争の的になっている。

キャノン*は，人が情動反応をおこしている時にアドレナリンが分泌されていることを発見した。実験的に人にアドレナリンを注射すると心拍や呼吸が速くなることなどを知り，副腎からアドレナリンが分泌されるのは闘争準備態勢を整えるのに好都合な「緊急反応」であって，情動は動物の生存に必要なものだと彼は考えた。彼の弟子バード (P. Bard) は，情動の表出が視床下部の作用であることを1934年に発表した。3年後にパペーズ (James Papez) は，情動をその表出と体験とに分けて考え，嗅脳の中の海馬‒脳弓‒乳頭体‒乳頭視床束‒視床前核‒帯状核が情動の回路だと唱えた。アーノルド (M. B. Arnold) は1960年に，できごとをどう評価するかが情動反応を決めるのだと考えた。アックス (A. F. Ax) は，血圧や心拍数が，怒りの時と恐れの時とでは異なるのを1953年に見つけた。シャハター (S. Schachter) とシンガー (J. Singer) とは，2要素説を唱え，身体的変化と，刺激に対する認知とが情動を決めるのだと1962年に発表した。情動をおこす脳の覚醒状態はどの刺激に対しても同じだが，もし犬が野良犬なら恐怖が，飼い犬なら愛情がおきる，というのだ。

結局，情動には視床下部と認知とが関与していることくらいしか確定されていないが，うつ病の治療その他に必要なので，情動の研究が急がれている。　　　　　　　　　　〔小林　司〕
⇒感情，心身症，ストレス，認知

文献　1. E-安田, 1993；2. Kaplan, H. I. & Sadock, B. J.: Typical signs and symptoms of psychiatric illnesses. In E-Kaplan & Sadock, 1989, p. 468；3. Yager, J.: Clinical manifestation of psychiatric disorders. In E-Kaplan & Sadock, 1989, p. 572

情動指数　⇒イー・キュー

少年院　borstal juvie
少年法（非行少年を矯正，保護するための法）にもとづき，家庭裁判所が決定する送致処分機

関。法務省矯正局管轄で,収容保護(教育や訓練など)を目的とする場所として存在し,矯正教育を中心に行なう。(少年院法,1948)

対象としては,非行少年,犯罪少年,触法少年,虞犯少年などである。犯罪少年は,罪を犯した14〜20歳未満の少年で犯罪事実が罰金以下の刑にあたる場合は,警察から直接家庭裁判所に送致され,禁錮以上の罪にあたる場合は,刑法犯少年として刑事訴訟法の一般の例に従って検察庁へ送致される。2001年の少年院への新収容者は6,008人であった。刑罰法令に触れる行為をした14歳未満の少年で,児童福祉法により措置される。児童相談所,あるいは都道府県知事により家庭裁判所へ送致される。虞犯少年は犯罪を犯した少年ではないが,その性格または環境に照らして将来罪を犯し,または刑罰法令に触れる行為をするおそれのある少年をいう。この場合,少年法によって家庭裁判所へ送致される。児童福祉法上の保護措置などを求める場合もある。虞犯少年の少年院送致については,いろいろな問題点があり現在も検討されている。判例として見てみると「虞犯性が著しい場合に限定」として許可されているが原則としては許されないとした決定もある。または少年自身の将来の健全な育成や社会への適応性の面に重点をおいて許される決定も見られる。したがって,非行要件,要保護性についての解釈が問題となっているといえる。

なお,犯罪少年および触法少年の罪種は次の通りである。(1)凶悪犯(殺人,強盗,放火,強姦),(2)粗暴犯(凶器準備集合,暴行,傷害,脅迫,恐喝),(3)窃盗犯,(4)知能犯(詐欺,横領,偽造),(5)風俗犯(賭博,猥褻),また,(6)特別法令違反少年(刑法以外の法令に違反する行為をした犯罪少年。銃砲刀剣所持等取締法,売春防止法,軽犯罪法,外国人登録法,大麻取締法,毒物及び劇物取締法など)の場合。

「少年院の前身は,矯正院である。矯正院は収容,懲罰の場という感覚であったが,少年院は収容保護や教育の場として存在する。国家が親の監督保護や教育の権利をその義務とともに代わって行うような形となっていると言える。少年院への収容は刑罰的拘束とは区別される。しかし,収容されている間は刑法99条,100条または195条2項などの『法令ニヨリ拘束セラレタル者』に該当するのではないかと考えられる場合もあり,少年院の解釈がさまざまな面からとらえられていて,理解に苦しむ点が多い。」(菊田,1991)

それは,少年院送致という保護処分が一つの保安処分として解釈されていること。また,少年院が刑務施設を管理する法務省矯正局の所管に属していることもあげられる。

少年院送致が決定した者は,年齢とその特性に応じて,(a)初等少年院(心身に著しい故障のない14歳以上16歳未満の者),(b)中等少年院(心身に著しい故障のない16歳以上20歳未満の者),(c)特別少年院(心身に著しい故障はないが,犯罪傾向が進んだなどの一定の事由のある16歳以上20歳未満の者),(d)医療少年院(心身に故障のある14歳以上26歳未満の者。裁判所では,心神喪失あるいは耗弱者を送致。精神衛生法による精神病などの収容施設不足からやむをえず医療少年院へ送致される現状もみられる。保護処分の基本的な考えからすると犯罪性があり,かつ医学的治療を必要とする者)などがある。

どの少年院へ送致するかは,家庭裁判所で決定される。全国に61施設(そのうち女子少年院は9施設)がある。収容後,少年院長が矯正教育の便宜その他の理由で,在院者を他の少年院に移送する必要のある時は,所在地矯正管区長の許可を得て,移送できる。院長はその旨をすみやかに家庭裁判所へ通知しなければならないとされている(平均収容期間は約1年2カ月)。1977年6月より,短期処遇少年院を実施するようになっている。早期改善可能者に対して一般短期処遇として,6カ月以内に出院できるものとしている(全国に21施設)。また,交通事件などによる交通短期処遇の場合は,4カ月以内に出院できる(各矯正管区ごとに1施設ずつ計8施設ある)。改善が期待できない場合は長期となる(2年以内)。法務省の少年法改正における保護処分の多様化への具体策の一つである。

院内では,生活指導として,集団活動,面接,相談助言,講話,心理療法,態度行動教育,資

質向上, 保護環境調整, 情操教育, 基本的生活習慣の取得, 保健体育, 特別活動, クラブ活動, レクリエーション, などが行なわれる。教科指導としては, 中学校レベルの学習, 高校通信教育, 大学検定試験受験など。その他に職業指導, 技術指導なども実施している。〔市丸 章〕
⇒児童自立支援施設

文献 1. 菊田幸一『少年法概説』(有斐閣双書) 有斐閣, 288p., 1991 ; 2. 総務庁青少年対策本部編『青少年白書』大蔵省印刷局, 595p., 1993 ; 3. 東京都生活文化局婦人青少年部編『青少年育成ハンドブック』189p., 1990 ; 4.『法律用語辞典』自由国民社, 1167p., 1994 ; 5. 守屋克彦『現代の非行と少年審判』勁草書房, 408p., 1998 ; 6. 法務省法務総合研究所『犯罪白書 平成 9 年度』大蔵省印刷局, 521p., 1997

職業的リハビリテーション professional rehabilitation
各種の障害を負った者がその適性と能力に応じた職業について自立した生活を営めるように援助するリハビリテーションの体系。

職業的リハビリテーションとは, 障害者に対して職業の紹介, 職業指導, 職業訓練などのサービスを行なう福祉政策全体を指す。障害者の就業の形態は, 自営以外では, 雇用就業と福祉的就業に分けられ, 雇用就業は, 健常者と同じように一般の企業に就職する一般雇用と, 雇用契約を結んで障害者に職場を提供している福祉工場に就職する保護雇用とに分けられる。福祉的就業とは, 授産施設, 小規模作業所への就業を意味する。

日本では1960年, 国際労働機関(ILO)における「身体障害者の職業更生に関する勧告」の採択などを背景に「身体障害者雇用促進法」が制定され, その後, 雇用率の達成を雇用者の義務とするなどの改正が行なわれて, 現在では法律の名称, 内容ともに改正された「身体障害者の雇用の促進に関する法律」により, 雇用促進のための諸政策が行なわれている。具体的には, (1) 官公庁および一般の事業主に対して身体障害者を一定の割合以上に雇用するよう義務づける身体障害者雇用率制度, (2) 法定率以上雇用した事業主に対して助成を行なうことにより, 障害者の雇用水準を全体的に引き上げることを目標とした身体障害者雇用納付金制度, (3) 職業的リハビリテーションの推進, などを 3 本柱とした施策である。しかし, 雇用対策が進展しても, 住宅, 交通, その他の社会環境の面で基本的な生活条件が整備されなければ, 一般企業へ就労し, 社会人として自立した生活を営むことはむずかしい。

職業的リハビリテーションのサービスのうち, 職業紹介, 職業指導については, 各都道府県に設置された公共職業安定所と障害者職業センターが担っている。公共職業安定所では, 求職登録制度を通してケース・ワークを行ない, 地域障害者職業センターは, 公共職業安定所と密接な連携を取りながら職業評価, 判定, 指導からアフターケアまでを担当するとともに, 事業主に対する受け入れ指導を行なう。

日本の職業的リハビリテーションのための施設には, 次のようなものがある。(a) 肢体不自由者更生施設, (b) 失明者更生施設, (c) 聴覚障害者更生施設, (d) 内部障害者更生施設, (e) 身体障害者授産施設, (f) 重度身体障害者授産施設, (g) 身体障害者福祉工場。

このうち肢体不自由者更生施設は, どちらかといえば医学的リハビリテーションや日常生活動作訓練などの役割が主で, 職能訓練は次の段階に振り分けるための判断, 能力の発見, 判定といったところに重点が置かれた施設である。同じ更生施設でも失明者更生施設, 聴覚障害者更生施設, 内部障害者更生施設は, 知識・技能の訓練に重点が置かれる。これらの更生施設は入所期間が定められており, 長期間滞留することは少ない。

身体障害者授産施設は, 自立した日常生活を送ることのできる者を対象として必要な訓練を行ない, かつ職業を与えて自活させることを目的とした施設である。重度身体障害者授産施設は, 同じ目的でも日常生活に介護を必要とする人を受け入れ, 入所期間も長期にわたるとしている点が異なる。これらは, 労働基準法の適用を除外されており, 利用者は福祉事務所から措置の委託を受けて入所した者である。

身体障害者福祉工場は身体障害者を雇用し, 労働法規の全面適用を受ける企業的施設であ

る。授産までの職業的リハビリテーションは終了しており、一定の条件を整えれば労働者として働くことができる能力をもっているのに、一般企業の雇用に結びつかない障害者を雇用する目的で、1972年から制度として発足した。制度上は授産施設の一種とされ、初期投資と運営費については公的補助金が支出されるが、障害者にとっては完全な就職であるので、保護雇用のための施設といえるかどうかは、議論のあるところである。事業形態としては、下請け方式、自主生産などであるが、下請け方式では高い生産性を要求される割に賃金が低く、自主生産の所は、競合のために受注不足、受注不安定が深刻である。業種では、印刷、各種部品組立て、木工、クリーニング、写真植字、歯科技工などがある。いずれにしても、企業活動を行なうための運転資金、欠損を生じた時の手当賃金などの捻出方法がなく、経済的問題に常に直面している。

職業的リハビリテーション全般として、施設の絶対数が少なく、常時待機者がいること、障害の重度化により施設の受け入れ条件に達しない多くの障害者が置き去りにされていることなど、福祉行政側の施策が現実に対応していないことからくる問題が指摘される。〔今村恵津子〕
⇒福祉事務所、リハビリテーション

文献 1. 児島美都子編『障害者福祉はいま：その自立をめざして』ミネルヴァ書房、279p., 1977 ; 2. 長尾章彦・星野貞一郎編著『障害者福祉論』圭文社、215p., 1992

助産師 midwife

保健師助産師看護師法（1948年公布。以下、「保助看法」という）第20条（助産師国家試験の受験資格）に定める課程を修めて、国家試験に合格し、厚生労働大臣の免許を受けて、保助看法第3条に定められた業務を行なう者に対して、与えられる名称。

保助看法3条に、「助産師とは、厚生労働大臣の免許を受けて、助産又は妊婦、じょく婦若しくは新生児の保健指導をなすことを業とする女子をいう」とある。「助産」とは、分娩の介助すなわち分娩開始徴候が現れてから後産が完了して分娩が終わるまでの間、産婦の身辺で分娩の世話をすることである。また、保健指導の対象である「妊婦」とは、妊娠後から分娩開始までの期間にある婦人である。「褥婦」とは、分娩終了後から母体が平常に回復するまでの期間（通常6週間）における婦人である。また、「新生児」とは出産後およそ1カ月ぐらいまでの子どもをいう。これらの自らの判断、責任において行なう正常な経過の妊産褥婦および新生児への保健指導および分娩の介助の他に、医師の指示にもとづいて行なう処置がある（保助看法第37条：医療行為の禁止、保助看法38条：異常妊産婦等の処置禁止）。

日本看護協会が示した助産師業務とは「リプロダクション（生殖）、すなわち次の世代の維持に直接関連する業務である」とし、保助看法における保健指導の対象を「思春期から更年期にいたる婦人」とさらに拡げ、「思春期前後から年齢段階に応じて心身の保健指導と性教育を積み重ね、結婚適齢期にある婦人には、結婚衛生、家族計画などを、新婚間もない夫婦には新生活の指導、家族計画、妊娠に関する指導など、また非妊婦人、更年期婦人の日常の保健指導並びに家族の保健管理ができるよう、かつ地域社会の保健活動に関心をもたせるよう指導するものである」と定義している。国際助産師連盟（ICM）もまた、「助産師は、妊産婦に対してばかりでなく、家族および地域社会における保健指導や健康教育に関して重要な役割を持っている」と定義している。

助産師の就業者数の総数は、2万4,202人（1998年）である。助産師の活動の場は、病院、診療所、保健所、助産所、あるいは家庭その他の場所とされているが、主な就業場所は、就業助産師の68.1%が病院、14.9%は診療所、10.5%が助産所で働いている。助産師は助産所の管理者となることができ、自営することができる。助産所は全国で947カ所（1996年）あり、この10年間で半数以下に減少した。出生場所も、病院が54.0%、診療所が44.8%とほとんど医療機関で出産しており、助産所での出生はわずか1.0%である。

助産師の活動の場において、思春期から更年期までの女性にはさまざまなカウンセリングが

必要な場面がある。思春期の問題としては，無月経を主訴に産婦人科を受診する思春期女子の背景には無理なダイエットによる体重減少や，思春期食欲不振症，過度な運動，心因性による続発性無月経がある。また，10代の妊娠が増加し，若年妊婦は精神的に未熟であることに加えて，配偶者がいないなど社会的にも不利な状況下におかれており，人工妊娠中絶術を希望する者が多い。妊娠を継続する場合にも，健康管理が不十分であることが多い。一般に，妊娠・出産によりホルモンの変化，体型の変化，将来の役割の変化などにより，情緒不安定になる。特に産褥期には情緒不安定や抑うつなど，多くの褥婦が「マタニティー・ブルー」と呼ばれる，一過性の気分の変調を経験する，これらは分娩後最初の3週間におきやすく，通常1～10日以内に回復する。近年，出産年齢の高齢化により出生前の遺伝検査を受ける者の増加や，不妊症の問題など，継続的なカウンセリングが必要な場面が増えてきている。

更年期はホルモンバランスの変化や子どもの自立や自分自身の退職など役割の変化がおき，更年期障害などは，医学的治療のみでは解決ができない。

助産師の活動の場において，これらの問題について知識や情報の提供，解決方法の教示などの保健指導が行なわれ，健康教育の中でカウンセリングが行なわれており，助産師は，家庭環境や経済的な問題など複雑な背景に対して，医療従事者以外にも，カウンセラーなどさまざまな職種との連携をとり，関わっていく必要がある。　　　　　　　　　　　　〔谷口千絵〕
⇒看護師，結婚，更年期障害，出生前診断，セックス・カウンセリング，マタニティー・ブルーと出産後うつ病，未婚の母，リプロダクティブ・ヘルスとリプロダクティブ・ライツ

文献　1.看護問題研究会監修，日本看護協会出版会編集『看護関係統計資料集　平成10年』日本看護協会出版会，189p.，1998；2.クラウス，M.H.・ケネル，J.H.著，竹内徹他訳『親と子のきずな』医学書院，445p.，1985；3.吉村典子『お産と出会う』勁草書房，276p.，1985；4.「女性のヘルス・プロモーション」『産科と婦人科』63(4)，診断と治療社，1996

ジョハリの窓　the Johari's window
「心の四つの窓」とも呼ばれ，**人間の心を四つの領域に分けて，モデル化した図式。対人関係のプロセスやグループの成長を考えるうえで有効である。**

人間は，人との関わりの中で人間となっていく。つまり，自分以外の他者の存在が必要であり，その他者との関わりを通して自分という存在を知っていく。同時に，この関わりによって他者を知り，相互理解を深め人格的に成長していくのである。そこには，自分を伝えること「自己開示」と，他者をわかろうとすること，そしてわかったことを伝える「フィードバック」というプロセスが必要である。この対人関係のプロセスを図解したのが「ジョハリの窓」である。

このジョハリの窓は，サンフランシスコ州立大学の臨床心理学者ラフト（Joseph Luft）と，UCLAのインガム（Harry Ingham）によって発案された。ジョハリという名称は，2人の発案者の名前をつなぎ合わせたものである。

1955年夏，彼らがアメリカ西海岸で開催されたグループ成長のためのラボラトリー・トレーニングで発表した「対人関係における気づきの図解モデル」が大きな話題を呼び，以来，ジョハリの窓として人間関係のプロセスを理解する手がかりに用いられてきた。

ジョハリの窓は，「私が知っている私」と「私が知らない私」に分けた横軸と，「他者に知られている私」と「他者に知られていない私」に分けた縦軸によって区切られた窓のように見える四つの領域から成り立っている。

Iの領域は，自分の考え，価値観，欲求，行動，態度，自己概念など，自分について自分自身が知っており，同様に他者にも知られている領域で，「開放された領域」と呼ばれている。この領域にある時，人は，他者に何かを隠したり防衛したりする必要がなく自由に振舞うことができる。

IIの領域は，自分には見えないが，他者から見ればよく見える領域である。これは，自分の盲点と考えられ，「気づいていない領域」と呼ばれる。このような領域があるということを認めることが自己理解の第一歩となる。

Ⅲの領域は，自分は知っているが，他者には知られていない領域で，意図的に他者に「隠している領域」，あるいは，意図的ではなくとも他者には知らせていないため，他者から見れば「隠れている領域」である。

Ⅳの領域は，自分にも他者にもわかっていない領域で，「未知の領域」と呼ばれている。誰もがもっている，この未知の領域が開かれていく時，隠されていたさまざまな潜在的な可能性，潜在的な能力が引き出されると，考えられている。

		私	が
		知っている	知らない
他者に	知られている	Ⅰ 開放された領域	Ⅱ 気づいていない領域
	知られていない	Ⅲ 隠している領域 隠れている領域	Ⅳ 未知の領域

ジョハリの窓

私たちが人と関わる時，この四つの領域を持ちながら関わっているといえる。さらに，互いにより深いレベルで自由に関わり合うためには，Ⅰの領域が広がっていくこと，別の見方をすればⅡやⅢの領域が狭くなっていくことが必要である。そのためには，まず第一に，今までわかっていなかった自分について，他者から知らせてもらうというフィードバックが必要である。このフィードバックによって「他者にはわかっていたが，自分ではわかっていなかった自分に気づく」ということがおきる。第二に，「今まで隠していたり，知らせていなかった自分を他者に知らせる」という自己開示が必要である。この二つのことによってⅠの「開放された領域」が広がり，より自由で安心した関わりをもつことができる。また，この時，未知の領域も変化がおこり，今まで未知であった部分が開かれ，新しい自己に目覚めるようになる。

これは，自己変容のプロセスと言えよう。

人間は，自分自身をことばによって表現することによって，自分自身をより一層明確に知り，新しい自己を発見することができる存在である。したがって，自己開示は，他者に自分を知らせるということだけではなく，自分自身を言語化することを通して，さらに深く自分自身を知っていくプロセスでもある。また，人間は，他者のコメントによって自己概念を形成していく存在でもある。したがって，フィードバックは新しい自己概念の形成を助ける。

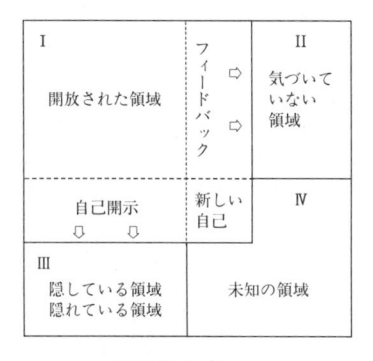

Ⅰ 開放された領域	フィードバック ⇦⇨	Ⅱ 気づいていない領域
自己開示 ⇩ ⇩	新しい自己	
Ⅲ 隠している領域 隠れている領域		Ⅳ 未知の領域

自己変容のプロセス

カウンセリングの目的は，クライエントのパーソナリティの発達と，それにもとづく行動の変化であるから，ジョハリの窓をカウンセラーとクライエントの関係に適用できるであろう。カウンセラーに自己を開くクライエントは，「今ここに生きている自己」を語り，自己を知らせると同時に，語ることを通してさらに深い自己理解に至る。また，カウンセラーの応答によって，クライエントは今まで知らなかった自己に気づいていく。この2人の相互関係によって，クライエントは自己理解と自己洞察を深めながら，自由な「開かれた領域」を広げていくとともに，新しい自己を知る。この時，他に対する態度や見方が変わり，新しい世界で自ら自己決定をし，新しい行動を始めることができる。このプロセスは，クライエントがカウンセラーとの関係の中で，より自由な自分になり，自己理解を深め，自己を受容し，自己決定をしていく

プロセスである。

　また，カウンセラー自身もクライエントとの相互関係を通して自らのありのままの真実の自分を知り，自由と責任をもつ一人の人間として生きるものとなる。これが，カウンセラーとクライエントの間におきる，「開放された領域が広がっていく時のプロセス」といえよう。

〔加藤裕一〕

⇒自己，自己開示，人格的成長

文献　1. A-工藤，1992；2. A-小林，1979；3. 坂野公信・高垣芳郎『人間開発の旅』遊戯社，259p.，1981；4. GWT研究会編『グループワークトレーニング』日本レクリエーション協会（発売：遊戯社），196p.，1976；5. E-津村・山口編，1992

自律訓練法　autogenic training

自己催眠によって，四肢が重い，四肢が温かい，など6種類の暗示を自分に与え，自律神経系をコントロールできるようにすることを通じて人間の自然治癒力を強める方法。

　ストレス等を減らすために体の機能を調整する訓練法である。訓練公式と呼ばれる一種の言葉の刺激（公式と呼ばれるいくつかの自己暗示文）に対して，受動的注意集中(passive concentration)という，さりげない心の準備をもつことにより，練習者（患者）自身が，自らの心理的，生理的な変革をはかる。(その公式を心の中で繰り返し唱えながら，自己を一種の催眠状態にもっていくのである。)一種の自己コントロール法（自己催眠によって心理的，生理的な自己コントロール）。心理学や医学の分野で，心身の治療法として広範囲に利用されている。現在では，健常者が自身の心理的，身体的な健康を維持する技法としても用いられている。

　患者に催眠状態をもたらして，ストレス，緊張，疲労，頭痛などを調整するといったドイツの神経科医オスカー・フォークト(Oskar Vogt)による自己催眠の研究から，治療法として発展。同じくドイツの精神医学者シュルツ*が，催眠中の被催眠者の共通体験として，両腕，両脚が重く感じること（重感）と温かく感じること（温感）を確認(1920)。自己催眠による心理的，生理的治療効果を検討し，自己暗示によって，そ

れと同様の効果を得る技法として，自律訓練法を創始した(1932)。その後，シュルツは，ルーテ(Wolfogng Luthe)と1956年に，また成瀬悟策と1963年に，臨床的な適用を試み，神経症，心身症に対する心理療法として確立していった。米国では，開業医が催眠療法の一つとして使用している。この方法は，精神病，心臓病には，勧められない。このトレーニングは，自発的発作を与えることによって，意識状態を変えるとも言われている。

　訓練方法としては，(1) 標準練習(standard exercise)，(a) 準備段階として，静かな部屋に横になり（または安楽椅子にゆったりすわる），全身の力を抜いてくつろいだ姿勢をとる（訓練時の姿勢は効果に影響する），そして目をとじる。(b) 安静練習（公式「気持ちがおちついている」「体全体がリラックスしている」背景公式と呼ばれ，すべての練習の基礎である）を数回繰り返す。(c) 四肢重感練習（公式「両腕が重たい」右腕から順に重く感じるまで繰り返す。マスターしたら順に体の他の部分へも広げていく）。(d) 四肢温感練習（公式「右腕が温かい」十分に温感が出たところで各場所へ広げていく）。(e) 心臓調整練習（公式「心臓が静かに規則正しく打っている」）。(f) 呼吸調整練習（公式「楽に呼吸している」）。(g) 腹部温感練習（公式「胃のあたりが温かい」おなかに手をあてて繰り返す）。(h) 額涼感練習（公式「額が涼しい」）などの各練習。注意すべき点は，各段階の内容が自分に実感できてから，次の段階へ進むこと。標準練習をマスターしたら，身体の症状，あるいは，心理的問題に合わせて公式を作る。

　(2) 瞑想練習(meditative exercise) イメージを用いて自己分析を行なう。(a) 色彩心像視（自発色，指定色）練習。（公式「何か色が見える」「赤い色が見える」など），(b) 事物心像視（具体物，抽象物）練習。（公式「花が見える」「自由」など），(c) 場面心像視練習（公式「広々とした海を見ている」など），(d) 人物心像視練習（公式「〜の顔が見える」など），(e) 自己観照（間をおいて自分を見守る）（公式「私とは何か」など）

　(3) 特殊練習（直接的な自己暗示練習を身体

の特定部位に向ける), (a) 身体疾患の生理的変化をめざす器官特殊公式(organ-specific formula)。(b) 練習者の諸問題を自己暗示により処理することを強化する意志訓練公式 (intentional formula) などがある。

一般的には,標準練習が中心である。訓練が簡単すぎると思っても続けることが大切。あまり早く効果を期待しないこと(練習効果には波がある。焦らないこと)。そして,この訓練が好きになるよう努力すること(大切なのは,心の持ち方)。自分を徹底した弛緩状態に導くことによって,心身が最もバランスのとれた態勢になり,それによって,人間の生命力,自然治癒能力が最大限に発揮されることを目的としている。普通以上の知的能力とセルフ・コントロールの能力があれば,10歳くらいから,老人に至るまで適用可能である。この点が,他者暗示の形式をとる催眠法とは違う。　〔市丸　章〕
⇒筋弛緩法,催眠療法,心身症,ストレス

文献　1. B-池見・弟子丸, 1981 ; 2. B-佐々木, 1976 ; 3. 松田岩男・藤原厚・長谷川浩一『スポーツと競技の心理』(講座現代のスポーツ科学 8) 大修館書店, 360p., 1979 ; 4. B-ミアース, 1972 ; 5. B-和歌山教育催眠研究会編, 1986

自律神経失調症　autonomic dysregulation

ストレスなどが原因で自律神経の働きが乱れ,全身のさまざまなところに症状が現れる病的状態。

自律神経失調症とは,日本心身医学会によると,「検査をしても,その症状を裏づける異常所見が見いだされず,また,器質的病変がないのに,自律神経の機能障害によって,さまざまな体の不定愁訴を訴える状態」としている。「自律神経失調症」の病名が初めて使われたのは,1961年頃で,心身医学の専門家である東邦大学の阿部達夫が,疲れやすい,動悸がする,などの漠然とした不定愁訴症状を「自律神経失調症」と呼んだのがはじまりとされている。現在,病名自体はよく使われるようになったが,その定義や,治療に対する考え方,症状の基準も医師によってまちまちというのが実情である。それは,自律神経の状態を数値的に計ることが難しく,診断基準がまだきちんと確立されていないことが大きな理由である。自律神経失調症の身体的な症状を大きく分けると,次のようになる。

(1) 全身症状:倦怠感,疲労感,熱感,不眠,朝起きるのがつらいなど。(2) 精神症状:気分の落ち込み,不安感,イライラ,記憶力や注意力の低下など。(3) 各器官の症状:頭痛,肩こり,動悸,息ぎれ,食欲不振,便秘,下痢など。

これらが,ときには単独で,ときには重なり合って,身体のあちこちに,突然,現れたり消えたりを繰り返すことが多いのも,自律神経失調症の症状の特徴である。

人間の神経系には,中枢神経系(脳,脊髄)と,末梢神経系とがあり,末梢神経系を通して,各臓器や各器官が働いている。さらに,末梢神経系を大きく分けると,体性神経(随意神経)と,自律神経(不随意神経)に分けられる。

ところで,自律神経は,交感神経と副交感神経の2種類に分かれ,お互いに相反して作用しながら,内臓をコントロールしている。たとえば心拍を交感神経は速め,副交感神経は遅くする。自律神経失調症では,この二つの自律神経のバランスが崩れて,全身のさまざまなところに,不快な症状(不定愁訴)が現れるようになるのである。

自律神経の中枢は,脳の間脳の視床下部にあり,この部位には,不安,恐怖,怒り,快・不快などの情動の中枢もあるため,自律神経は,感情の影響を受けやすい。また,ホルモンの分泌を調整している部位も視床下部にあり,思春期や更年期には,ホルモンのバランスが乱れ,自律神経失調症がおきやすくなる。

また,どんな要素がより大きく影響しているかによって,自律神経失調症はいくつかのタイプに分けられる。(a) 本態性型:自律神経失調症は認められるものの,心理的要因が明らかでなく,体質的なものが原因と考えられる。(b) 心身症型:自律神経機能検査で自律神経失調症が認められ,それに心理的要因が考えられる。(c) 神経症型:精神的症状が強いが,自律神経機能検査では正常である。(d) 抑うつ型:身体症状があり,その背後にうつ状態がある。

自律神経失調症が疑われたら，まず除外診断で他の重大な病気ではないことを明らかにし，自覚症状に対して綿密な診察と必要な検査を行ない，さらに，体質，性格，既往歴，生活環境などから総合的に診断していくことが必要である。

自律神経失調症の治療法は，薬物療法（抗不安薬，抗うつ薬，睡眠薬，自律神経調整薬，自律神経末梢作用薬など），心理療法（自律訓練法，交流分析，行動療法，森田療法など），理学療法（温熱療法，マッサージ療法，ツボ療法）に大別される。これらの治療法を単独で用いるだけでなく，最初に薬物療法で症状を落ち着かせてから心理療法を用いたり，理学療法と心理療法を並行して用いたり，いくつもの心理療法を並行して用いることがある。そうすることで，効果が高められる場合が多いからである。

このように，自律神経失調症は，心の状態が深く関わっておこるので，診断と同時に治療方針も心身両面からみて決める必要がある。身体におきている症状を取り除くだけでなく，症状をおこしやすい体質や生活環境を見直したり，症状の背景にあるストレスなどに対する耐性やこだわり，性格などについても考え，これを改善していくことによって，病気を根本的に治していくことが大切である。　〔遊佐恵美子〕
⇒行動療法，交流分析，自律訓練法，森田療法

文献　1．池下育子『自律神経失調症がわかる本』日本文芸社，205p．，1997；2．久保千春編著『自律神経失調症』（専門のお医者さんが語るQ＆A 10）保健同人社，144p．，1996；3．難波経彦『自律神経失調症の生活法』主婦と生活社，146p．，1997

自立性　independency

自らすすんで**行動すること**，**障害を克服すること**，**最後までやり遂げること**，やる意志があること，**自力でやろうとすること**（ベラー（E. K. Beller）による）。

自立性の概念はまだ確立されておらず，これまでは依存性に対立する考えだとされてきた。最近では，依存欲求が満たされた時に自立性が発達すると考えられている。河合隼雄は「依存をなくすことで自立を発達させようとするのはまちがいであり，適切に依存している人が自立しているのだ」と述べている。

乳児期：生後一年目の後半になると，乳児は母親に対する愛着を抱く。その頃から，移動できるようになるとともに，母親を「安全基地」にして周囲を探索するようになる。母親への愛着が安定していれば，探索行動が活発に行なわれ，自立性や自発性の基礎がつくられていく。信頼の基盤の上に自立が育つのである。

幼児期：幼児期の後半から幼児期の終わりまで基本的生活習慣を身につけていく。周囲に適応していくためには，まず自分のことを自分でできなければならぬ。生活習慣を覚えると，自信を増し，自我意識が発達していく。

2歳から4歳にかけて，親の権威に反抗し，自己主張が多くなる（「第一反抗期」）。これは，自我意識が発達するからで，正常な発達過程であり，将来の自立性の発達にとって必要なプロセスである。

思春期：思春期は，親に保護され，親に依存していた自我が，はっきり親から分離し，自立しようとする時期である（「第二反抗期」）。もう一度自分からすすんで，他者や世界から分離してみて，自立的な自己を確立しようとする時期である。これが第一反抗期と異なるのは，自覚的な態度だという点である。反抗する自己がつねに主題として自覚されており，反抗する私自身が，むしろ最大の主題であり，私自身に対する反抗でもある点に第二反抗期の特色がある。しかしながら，他者の協力なしに独りで生きることはできるはずもないから，現実を直視し，独善を否定し，自己の反対物を統合して，初めて人は真の自立を獲得できる。要するに依存，信頼，自信，自己主張，反抗，分離，現実直視，自由などを統合した結果が自立なのである。

しまようこは，自立を精神的自立と社会・経済的自立とに2分して考えることをやめて，「学校教育からの自立」などをも含めた新しい自立の概念を提案している。働くこと，学ぶこと，コミュニケーションという三つのことと自立との関係を，個人の暮らし，生活文化，教育・文化・社会関係，政治・経済・社会構造，国際関係という五つの層で輪切りにして考えるのだ。

たとえば，コミュニケーションと自立を生活文化の層で考えると，「対人的マナー（遠慮や自己主張）と共感」を自立の観点からとらえ直してみることになる。「結婚適齢期」などの既成概念にとらわれないで，自分自身の行動原理をもった個性ある生きかたを，他人とのコミュニケーションを通じて自己を確認しながら，相手と相互に支え合いつつ柔軟に生きること，人間として「おとな」になること（成熟），自分の頭で考えたことを自分の言葉で述べ，それについて責任を負うこと，なども自立であるとしている。
〔住友睦江〕
⇒アタッチメント，依存性，依存的人格障害，モラトリアム

文献 1. 河合隼雄『子どもと学校』（岩波新書）岩波書店，234p., 1992；2. E-國分, 1982a；3. しまようこ編『自立の心理学』(Vol.1「コミュニケーションと自立」) BOC出版, 445p., 1984；4. 布川浩「自体と自己」『看護教育』Vol. 18, No.5, 327-331p., 1977；5. Beller, E. K.: Dependence and independence in young children. *J. Genet. Psychol.*, 87, 25-35, 1955

人格障害 ⇒異常人格

人格心理学 ⇒性格心理学

人格的成長 development of the personality
人間の心理的個性が発達すること。

心理学では，personは「人」，personalityは「人格」と訳されているが，そのまま「パーソナリティ」と記されることも多い。また，人格という術語はきわめて多義的である。

人は思考や表現の習慣，態度，特性，興味，あるいは人生観などにおいて複雑な体制をもっている。すなわち人は，心理的個性としてとらえられ，そのようなものを普通，人格（パーソナリティ）と呼んでいる。personalityはラテン語のpersona（ペルソナ）に由来している。もとは劇などで使われた「仮面」の意味であったが，その後，人が「人生で演じる役割」，さらには「人がもつ内的な諸性質」の意味をもつようになった。

オルポート*は人格（パーソナリティ）を「人が現実にあるところのものである」とし，さらに次のように提示している。パーソナリティとは，心理的・物理的体系としての個人の内の力動的体制であって，環境に対する独自の適応を規定する。次の六つの基準は，人格の正常，健康，成熟の問題について見出すことができた。(1) 広く拡大された自己意識をもっている。(2) 直接あるいは非直接的な接触において，自分を他者に温かく関係づけることができる。(3) 基本的な情緒的安定をもっており，自分を受容している。(4) 外的な現実に従って喜んで知覚し，思考し，行為している。(5) 自己客観視，洞察とユーモアの能力がある。(6) 統一を与える人生観と調和して生活できる。

キャッテル（Raymond B. Cattel, 1905～？）は，人格を次のように提示している。「人格は，人がある状況におかれた時にその人がどうするかを，告げるところのものである（＝気質，性格，EQ）。人格とは，人間は知的・感情的・意志的側面からとらえられるが，これらの三つの側面をあわせた全体としての個人の特徴をいう。」

マスロー*は自己を実現したと思われる人格者の人々を調査し，その人たちは次のような特色をもっているという。(a) 現実的な思考, (b) 自己自身および他人の受容, (c) 自発的な表現, (d) 自己中心的でなく問題中心的な態度, (e) 独立心, (f) 人間性の重視, (g) 深い情動, (h) 民主的価値観, (i) 哲学的ユーモアの感覚, (j) 環境からの超越, (k) 創造性, (l) 他人への思いやり, (m) 愛情のこもった品性のある言葉づかい, (n) 物ごとの見方が肯定的である。

人格についての理論，方法の多様性は同時に定義の多様性を示し，たえず変化しつつある。人格の発達は決して完成されることのない一つの連続的発達過程である。人格と人格は相互にふれあうことができ，このふれあいを通して相互の人格が成長しあう（完成しあう）ようになる。他人を一人の人格者として尊敬すると，同時に人の心の世界にふれられる。人間は社会的存在であり，人間は一人で生きることができない。個人は他人との交わりを通して人格的に成長するのであって，それなしでは誰も人間らしく成長することができない。

一人一人の人間が人格的存在であるという人間観は，精神分析にも行動主義理論にも欠けている。しかし，自由，信仰，愛，意志，責任，創造性などを除外した人間は考えられない。人間（人格）は誰でも変化する。それは人間として，人格が成長し向上することである。人格の成長の過程には苦痛を伴うことが多い。「産みの苦しみ」ということばがあるが，何ごとも新たなものを産み出す時には苦痛を伴うものである。新しい自分自身を産みだす時にも苦痛を伴う。したがって，人格を磨き成長させ新しい自分自身に生まれ変わろうとする時は当然それなりの苦痛を伴う。人格成長というダイヤモンドの原石は，磨かなければ光らない。

〔池田千津子〕

⇨パーソナリティ，ペルソナ

文献 1. E-小林，1986；2. E-ストー，1992；3. E-対人行動学研究会編，1986；4. E-星野・河合，1975；5. 細谷俊夫・奥田真丈・河野重男他編『新教育学大事典』（全8巻）第一法規出版，平均700p.，1990

心気症，ヒポコンドリー hypochondriasis

自己の健康や心身の状態に対し過度に不安を抱き，ささいな身体の変化に対して重大な病気ではないかと常に恐れることを心気状態という。心気状態になると自分の身体に非常なこだわりや過度な関心を示し，それにとらわれてしまう。この心気状態が拡大され，多彩な不安や，しかも頑固な心身の状態を訴えるようになることを心気症という。

症状として，(1)病的なとらわれ（強く出れば心気妄想），(2)疾病恐怖（身体的な検査を徹底的にした結果，医師が病気ではないと説明したり，説得しても自分は病気ではないかといつも不安状態にある），(3)心身のささいな不調（頭痛，目まい，肩こり，眼精疲労，吐き気，胃部不快感，腹痛，排尿障害，頻尿などの不定愁訴および体感異常），(4)他者への訴え（動悸，胸内苦悶，イライラ感，手足のふるえ，物忘れ，集中力困難などによるヒステリー様症状など）。これらの四つのうちいずれを欠いても心気症からはずれることになる。

米国精神医学会による精神障害分類DSM-IV（1994）では，身体型障害という項目の中に転換障害（ヒステリーなど），心理的痛み障害，身体的欠陥妄想などと並んでこの心気症を入れている。

その診断基準は次のようである。

「身体症状を誤解して悪性の病気にかかっていると思いこみ，医学的検査で否定されてもその思いこみが続くが，妄想と呼ぶほど強くはない。社会的，職業的，その他の重要な面で生活に支障をきたすほどに強い思いこみが少なくとも6カ月以上続く。ただし，全般性不安障害，強迫性障害，パニック障害，大うつ病，別離不安，ほかの身体型障害ではないもの。」

心気状態は，統合失調症やうつ病にもみられるが，特にこれまでの古い分類での神経症（心気神経症）的状態を指し，森田正馬の普通神経症や神経衰弱に相当するものとして用いられてきた。うつ病の心気症状は初老期から老年期のうつ病の症状としてみられ，「自分は重篤な病気にかかっている」という心気妄想が現れることもある（心気性うつ病）。身体症状の訴えや不定愁訴を主な症状とする軽症うつ病（仮面うつ病）もみられる。

心気症になりやすいいくつかのタイプがある。その主なものは，幼い頃から恵まれない環境に育ち，努力をしながら自分の力で身を立ててきた人である。中年をすぎて体力の衰えを自覚した時に症状が出やすくなる。次は子どもの頃から期待され，過保護に育った，「森田神経質」といわれるパーソナリティの青年が自己を問われるような状況でおこす心気状態がある。思春期にみられる登校拒否などはこのような機制でおきたものである。その他未熟性格の者や，老人患者が支えをなくした時にも同じ機制で身体症状が出やすい。

患者の多くは身体に病気があるという思い込みが非常に強くて，医療機関を転々とする傾向があるため，治療が困難であることも少なくない。治療者は患者の身体的訴えの背後にある自己評価（self-esteem）の低さや無力感を受容する態度を保持しながら，根気よく薬物療法と心理療法，特にカウンセリングを行なって，依存

欲求と攻撃的欲求を適切に処置する。また他の精神障害があれば早期に専門医によりそちらの治療をまず行なう。　〔志村玲子〕
⇒うつ状態, 恐怖症, 神経症, 森田神経質(症)
文献　1. H-『異常心理学講座』(第II期) 4, 1967 ; 2. 大塚『心身症』(精神 15)情報開発研究所, 1989 ; 3. 岡本『臨床心理学』日本文化科学社, 224p., 1994 ; 4. 加藤正明ほか責任編集『精神医学』(看護のための臨床医学大系)情報開発研究所, 350p., 1983 ; 5. H-『人間性心理学体系』7, 1986

神経症　neurosis
心の中の葛藤の象徴的表現として症状を表わす心因性の病的状態。(現在では使われない用語)

「神経症」という単語は18世紀からいろいろな意味に使われてきたが, 最近では, フロイト*による定義「心理的原因による精神神経症の一群の症状」を指す場合が多い。これは, ストレスや持続的な社会的困難に対する正常な心理的反応が大きくなったもので, 脳に器質的異常は認められず, 患者は現実との接触を失っていない。もし, 身体面に慢性の異常が出れば, 「心身症」と呼ばれる。

WHOによる国際疾病分類 (International Classification of Diseases) 第9版 (ICD-9, 1978年) には, 神経症的異常 (Neurotic Disorders) という項目があるので, 次にその説明を転載しておく。

神経症的異常は, 器質的な原因のない精神異常であり, 病識が保たれており, 現実検討も正常であるから自分の病的な考えや体験と外界の現実を混同するようなことはない。行動異常を示しても, 普通は社会的に許される範囲にとどまっている。人格がくずれることはなく, あとに述べる8型がある ((1)〜(8))。

ICD-9で下の記述のように「神経症」として一括されていた精神異常は, 米国精神医学会による新しい疾患分類 DSM-III-R (1987) では気分障害, 不安性障害, 身体化性障害, 解離性障害, 性障害などの各項目に分けられてしまった (表1参照)。「神経症」という用語を, 「防衛機構としての無意識の抑圧に基づく症状」に厳密に限定すべきだと考え, 病像記述的というより

表1　DSM-III-Rによる精神障害のおおまかな分けかた

1. 幼児期, 児童期, 思春期に現れる障害
2. 器質的精神障害
3. 精神活性物質常用による精神障害
4. 統合失調症性障害
5. 妄想性障害
6. 他のどこにも分類されていない精神病的障害〔統合失調症様気分障害 (いわゆる境界例) など〕
7. 気分障害
8. 不安性障害
9. 身体化性障害
10. 解離性障害 (ヒステリー性神経症・解離型)
11. 性障害
12. 睡眠障害
13. 虚構性障害
14. 他に分類不能な衝動抑制障害
15. 適応障害
16. 身体状態に影響する心理因子
17. 性格異常

表2　WHOのICD-10による分類 (昔の神経症にあたる部分)

F40	恐怖・不安障害
	F40.0　空間恐怖
	F40.1　社会的恐怖
	F40.2　特異的恐怖
F41	その他の不安障害
	F41.0　恐慌障害 (エピソード様発作性不安)
	F41.1　全般化した不安障害
F42	強迫障害
F43	強いストレスに対する反応および適応障害
	F43.1　心的外傷後ストレスによる障害
	F43.2　適応障害
	F43.8　強いストレスに対する他の反応
F44	解離〔転換〕障害 (転換ヒステリーを含む)
	F44.0　解離性健忘
	F44.1　解離性とん走
	F44.3　トランス, つきもの障害(孤つきなど)
F45	身体面に出てくる障害
	F45.2　心気症障害
	F45.3　身体面の自律神経系不調 (下痢, 過呼吸, 排尿困難など)
	F45.4　慢性の痛み
	F45.8　その他の身体面の障害 (心因性月経困難症など)
F48	その他の神経症的障害
	F48.0　神経衰弱 (疲れ症侯群)
	F48.1　離人症・現実感減弱症侯群
	F48.9　特定できぬ神経症様障害

は原因を示す用語だと考えて, 使わないことにしたので, このように分類し直されることにな

った。
　WHOによる国際疾病分類第10修正版（ICD-10）（1990年）でも分類に大幅な変更がみられ，「神経症的なものと心身症的なもの」とを一括して「F40～F48 神経症様障害，ストレスに関連ある身体的障害」という項目にまとめられた（表2参照）。
　しかしながら，日本では，「ノイローゼ（ドイツ語の神経症）」という診断名が精神科医の間だけでなしに，内科医などにも常用されているため，今すぐに「神経症」の分類を廃止して，DSM-III-RやICD-10による新しい分類に切り替えることは不可能だと思われる。そこで本書では，「神経症」に関するICD-9による昔の分類と説明とを次に紹介しておく（疾患名コード番号だけはDSM-III-Rによる）。
　(1) 300.00 不安状態（anxiety states）。
　（a）持続的不安が著しい（次の4項目中3項目がある）。
　　（i）運動緊張（ふるえ，ぴくぴく，イライラ行動，緊張，筋肉痛，疲れやすさ，リラックスできない，まぶたのぴくつき，眉間にしわを寄せる，緊張した顔つき，そわそわ，落ち着きのなさ，びくびく）。
　　（ii）自律神経活動過剰（発汗，動悸，寒け，汗ばんだ手，口のかわき，めまい，気が変わりやすい，手足のうずき，胃痛，熱感または冷感，頻尿，下痢，みぞおちの不快感，のどがつかえた感，赤面，蒼白，頻脈，呼吸数増加）。
　　（iii）恐れ（不安，心配，恐怖，考え込む，自分や他人に悪いことがおきそうな予感がする）。
　　（iv）警戒と注視（気が気でない，集中困難，不眠，イライラ感，落ち着けない状態にする過剰な注意）。
　（b）不安な気分が少なくとも1ヵ月続く。
　（c）うつ状態や統合失調症など他の精神異常のせいでない。
　（d）18歳以上であること。
　(2) 300.11 ヒステリー（hysteria）：患者自身が気づいていない原因によって意識野が狭くなったり，運動障害や感覚障害がおこり，それが象徴的意味をもっていたり，心理的利益を患者にもたらしたりする。転換症状では，心理的原因により体の麻痺，ふるえ，目が見えなくなる，音が聞こえなくなる，全身痙攣をおこす，などがみられる。解離現象は，意識野が狭くなることで，これが無意識の目的に好都合となることが多く，普通は選択的な記憶喪失をおこす。劇的だが基本的には表面的な性格変化をおこすことがあり，失踪（放浪状態）することもある。行動は患者が空想している精神病にそっくりの形をとる。
　(3) 300.20 恐怖症（phobic disorders）：赤面恐怖，尖端恐怖，女性恐怖，不潔恐怖などの形をとる。恐怖の対象が特定のものあるいは一定の状態にとどまらずに，もっと広範になると不安神経症に分類する。
　(4) 300.30 強迫症状（obsessive-compulsive disorders）：ある行動をしなければならぬ，一定の考えを抱かねばならぬ，ある経験を想い出さねばならぬ，という考えが異常に強く現われることであり，そうしないではいられない。不安を取り去るための儀式の一種と考えられる（たとえば1日に手を200回も洗うなどの手洗い強迫）。
　(5) 300.40 神経症的うつ状態（neurotic depression）：がっかりさせるような経験のあとでおきる異常に強いうつ状態を指す。失った物や亡くなった人など，精神的外傷のことで頭が一杯だが，幻覚や妄想はない。
　(6) 〔DSM-III-Rではこの項目ない〕神経衰弱（neurasthenia）：疲れ，イライラ，頭痛，うつ状態，不眠，集中困難，楽しめない，などを特徴とし，伝染病や疲労あるいは情動ストレスが続いた後などにおきることが多い。
　(7) 300.60 離人症状（depersonalization syndrome）：外界とか自分の体の一部または全体が変質し，非現実的に，遠のいて，あるいは自動的になったと感じられる知覚のゆがみである。患者はこれを自覚している。うつ状態，強迫神経症，不安，統合失調症などでも現われるが，その場合にはむしろそちらの症状の一部として分類すべきである。
　(8) 300.70 心気症（hypochondriasis）：自分の健康とか精神状態について異常に強く心配

し続ける（私はガンにかかった，など）もので，不安やうつ状態を伴うことが多い。

神経症にはベンゾディアゼピン系の抗不安薬が効くが，効果は薬効持続時間内だけに限られ，その後はもとに戻ってしまうので，本格的な心理療法が必要である。　　　　　　　〔小林　司〕

⇒自律神経失調症

文献　1. E-Gelder *et al.*, 1989；2. E-Kaplan & Sadock, 1989；3. E-Talbott *et al.*, 1988

人工内耳　⇒補聴器

心身症　psychosomatic diseases

心理・社会的なストレスや不安への適応が身体の病的現象となって体に現われてきたもの。

一例をあげれば胃カイヨウなどを指し，明らかに神経症や精神病とは異なる。慢性の身体症状を示しているもののうちで，従来の身体医学的な治療を併行するか，あるいは，単独で心理療法を行なう意義をもつ疾患群，または，それが実際に可能なものに限り心身症ととらえる。したがって，身体医学的な検査や治療を無視して存在するものではなく，心身相関が比較的明らかに認められ，心理療法が有効であると考えられる身体疾患である。また，逆に言えば，心理的な要因がからんでいるために，身体医学的医療だけでは治らない内科的病気とも言える。

心身の相関を裏づける代表的な研究・学説として，次のものがあげられる。

(1) フロイト＊の「ヒステリー研究」：代表的なものとして『ドーラの症例』(1905) がある。心的外傷と，その際抑圧された無意識のうちに身体症状を作り出すという，「転換」の概念を打ち出し，身体反応は器官言語であると主張する。

(2) ダンバー＊の『心と肉体』(1935)

(3) ベルナール＊の「ホメオスタシス説」

(4) キャノン＊の「緊急反応説」(1927)

(5) ブイコフ (K. M. Bykov, 1886～1959) の『大脳皮質と内臓器官』(1942)

(6) セリエ＊の「ストレス説」(1945)：ストレスとは，刺激による防衛（適応）反応をおこしている生体の歪んだ状態をさす言葉だが，日本ではストレス状態をかきおこす刺激（ストレッサー）を「ストレス」と呼ぶ習慣がある。ストレス（刺激）が加わると，適応するために反応

心身症の種類（日本心身医学会）

1	循環器系	本態性高血圧症，本態性低血圧症，レイノー病，冠動脈疾患，一部の不整脈，いわゆる心臓神経症，血管神経症など
2	呼吸器系	気管支喘息，過換気症候群，神経性がいそう(せき)，空気飢餓，しゃっくりなど
3	消化器系	消化性潰瘍，慢性胃炎，いわゆる胃下垂症，過敏性腸症候群，潰瘍性大腸炎，胆道ジスキネジー，慢性膵炎，慢性肝炎，神経性嘔吐，発作性腹部膨満症，神経性腹部緊張症，呑気症，食道けいれんなど
4	内分泌系	単純性肥満症，糖尿病，甲状腺機能亢進症，神経性食欲不振症，過食症，心因性多飲症など
5	泌尿器系	夜尿症，インポテンツ，神経性頻尿(過敏性膀胱)など
6	神経系	偏頭痛，筋緊張性頭痛，いわゆる自律神経失調症など
7	骨筋肉系	慢性関節リウマチ，全身性筋痛症，書痙，痙性斜頸，いわゆるむち打ち症，チック，外傷神経症など
8	皮膚科領域	神経性皮膚炎，皮膚潰瘍症，アトピー性皮膚炎，円形脱毛症，多汗症，慢性じんま疹，湿疹，尋常性痤瘡など
9	耳鼻科領域	メニエール症候群，アレルギー鼻炎，慢性副鼻腔炎，咽喉頭異常感症，乗り物酔い，心因性嗄声，失声，吃音など
10	眼科領域	原発性緑内症，眼精疲労，眼瞼下垂，眼瞼けいれんなど
11	産婦人科領域	月経困難症，月経前緊張症，無月経，月経異常，機能性子宮出血，不妊症，更年期障害，不感症など
12	小児科領域	小児喘息，起立性調節障害，再発性臍疝痛，周期性嘔吐症，心因性発熱，チック，夜驚症など
13	手術前後の状態	腹部手術後愁訴（いわゆる腸管癒着症），ダンピング症候群，瀬回手術症(ポリサージャリー)，形成手術後神経症など
14	口腔領域	顎関節症，ある種の口内炎，突発性舌痛症，歯ぎしり，口臭症，唾液分泌異常，精神性脳溢血，義歯神経症，咬筋チック，口腔手術後神経症など

(以上の疾患には心身症としての病態をもつものが多い)

(汎適応反応)がおきる。それは本来は、ストレスに適応して生体を守る反応だが、その反応が過度になると、病気が体に現われる。臨床観察の例として、胃瘻をもつトムという患者の、胃と情動との関係を観察したウォルフの研究(1943)がある。

(7) 条件反射学説：ある器官に不快な刺激が与えられると、そこに緊張や機能の混乱がおき、その繰り返しのなかで、不快な刺激と器官の機能異常とが結びついて身体に異常が現われると考える説。

心身症の症状がなぜ身体化されてくるかの説明としては、不安の随伴現象、転換、心理-生理的退行による再身体化、注意の固着、暗示の作用、心的加重、行動化による身体障害等が考えられる。

代表的な心身症としては、胃・十二指腸潰瘍、潰瘍性の胃炎や大腸炎、狭心症、心筋梗塞、不整脈、気管支喘息、心因性の関節リウマチ、神経性皮膚炎、神経性食欲不振症等がある。現代では、ガン、ノイローゼ、特殊な医療環境下のストレス等も加えられている。

治療は、可能な限り精密に病理学的な面から検査したうえで、心理療法を中心とするか、薬物療法や手術を併用するかを決めるのが原則である。心理療法としては、精神分析療法、催眠法や自律訓練法、遊戯療法等がある。

心身症の症状を脳生理学の面から見ると、大脳の中の「古い皮質」(大脳辺縁系)と深い関係がある。身体の諸器官の働きを調節する自律神経と内分泌腺の中枢は間脳の視床下部にあり、それをもう一つ上から調節しているのが、「古い皮質」(リンビック・システム、情動脳、内臓脳)である。「古い皮質」はストレスに反応しやすく、また、その「海馬」と呼ばれる部分は、体験したことを記憶する役割をもつ。「古い皮質」に刻まれた幼児期の体験の影響、欲求(古い皮質で起きる)と、それを阻止しようとする条件(新しい皮質で起きる)との対立による心の葛藤、「古い皮質」に情動を押し込めてしまう抑圧等に心身症のからくりがあると考えられている。

心筋梗塞は、「タイプA」(せっかち型)性格の人に多い。1976年には、シフネオス(P.E. Sifneos)が、心身症の患者に多い特徴として「失感情症(alexi-thymia)」を発表している。感情表現が下手で、機械的に行動する。表面上は、やり手だが、過剰反応が多く、緊張状態が続く。このような人では、ストレスが高じると心身症になりやすいと考えた。

ストレスをうまくかわすために、セリエは、(a) マイペースの生きかた(カメ型はカメ型らしく、ウサギ型はウサギ型らしく暮らす)。(b) こだわらずに、さらりと忘れる。(c) 利己的と利他的な生き方のバランスをうまくとる。という三つの方法を提案している。一般的には筋弛緩法が有効とされている。

心身症を遠ざけるには、上手に感情を操作して、ストレスをうまく発散させ、雑事にこだわらず、自分のバイオリズムに合った生活を送るよう心がけることが必要である。ストレスの多い現代、くよくよせず、大らかに生きていくのが好ましい。　　　　　　　　　　〔仁科とし子〕
⇒筋弛緩法、自律訓練法、神経症、ストレス、タイプA

文献 1. J-池見, 1963；2. J-池見, 1973；3. B-池見, 1978；4. B-内山, 1985；5. J-河野, 1982；6. J-小林, 1987b；7. J-ダンバー, 1951；8. I-筒井編『現代のエスプリ』No. 186, 1983；9. I-筒井編『こころの科学』No. 15, 1987；10. B-原野, 1987；11. J-樋口, 1974；12. C-前田, 1987；13. F-泰, 1976

深層心理学　depth-psychology

心理学の中で、無意識の領域を取り扱う一分野。人間の精神現象や行動を無意識の働きから説明しようとする心理学を言う。精神分析学、分析心理学、個人心理学などに分かれている。

フロイト*は、普段意識できる上層の世界と、その奥に隠れていて気づかれないうちに強力に働きかける下層の無意識の世界とがあることを見出して、精神分析理論を打ちたてた。

フロイトによれば、無意識とは、抑圧され統制され、昇華されるべき原始的な攻撃衝動と性的衝動の詰まった否定的な容器であり、その底には心のしこりであるコンプレックスがひそんでいる。この視点から、ヒステリーの治療を通じて、心理的なメカニズムを明らかにした。すなわち、幼児期の性的外傷体験の抑圧がヒステ

リーの原因であると考え，その外傷体験は意識されることのないままに，無意識内に存在し続け，それに伴う情動は意識されずに働き続けるので，ついにはそれが身体的な症状へと転換される，と考えたのであった。そこで，患者に自由に思いつくままに観念やイメージを語らせ，それをもとにして無意識の内容を分析する自由連想法によって，無意識内に追いやられている外傷体験を呼びおこして意識化し，それに伴う情動をも合わせて体験することによって，ヒステリーを治療できると考えた。フロイトは『ヒステリー研究』(1895)を出版した後も，無意識の研究を続けた。そして，「無意識を知る王道」としての夢に着目し，1900年に『夢判断』を出版した。

ユング*はフロイトと協調して精神分析学の確立のために努力したが，1913年には独自の深層心理学である分析心理学を展開させ，訣別した。

ユングは多くの統合失調症患者に接しているうちに，フロイトの理論ではどうしても理解できない場合があることがわかり始めた。患者の述べる妄想や幻覚などの内容を，その人の幼児期における経験と関連するコンプレックスなどによって説明することは不可能であった。そこで，ユングは統合失調症患者を理解するために神話や伝説や宗教書などを読みあさった。患者が語る妄想とそれらとの間に，なんらかの類比性が存在すると感じたからである。

こうして，ユングは人間の無意識の層はその人の生活と関連している個人的無意識と，他の人間とも共通に普遍性をもつ普遍的無意識とに分けて考えられるとしたのである。ただ，それはあまりに深層に存在するので，普通人の通常の生活においては意識されることがほとんどない。

結局，ユングは，人間のパーソナリティ構造が「自我」(ego)，「個人的無意識」(the personal unconscious)そして「普遍的無意識」(the collective unconscious)の3層からなっているとした。「自我」とは，意識行為の中心である自分のことである。

「個人的無意識とは」，乳児期以来抑圧され，抑制され，阻止されてきた衝動や本能，あるいは他者に受け入れられない願望や行為や記憶であり，部分的にはフロイトのイド（エス）に似ている。「普遍的無意識」とは個人的に獲得されたものではなくて，むしろ生来的なもので，人類一般に普遍的なものである。

普遍的無意識の中で中核的な位置を占めるものをユングは「元型」と呼んだ。元型は個人的無意識を通り，意識層に達したときにあるイメージを描くことになり，意識されるのはこの段階の元型的イメージだけであるので，元型そのものを知ることはできない。

元型には次のようなものがある。アニマ，アニムス，英雄，大母（グレート・マザー），影（シャドウ），老賢人（ワイズ・オールド・マン），悪魔など。

アドラー*は1911年フロイトのもとを去った。弟子のなかではもっとも早いリビドー理論批判者と言える。アドラーは自我による人格の統一を重視し，その自主性や自立性を大事にした個人心理学を展開し，人間に関する具体的・実践的な知識を体系化した。また，アドラーは共同体への志向が強く，共同感情（人間がもともともっている集団生活への志向）という考えを打ちだした。理論にもとづいて実践的な活動も行なったアドラーのこのような考えは，後のライヒ*やE. H. エリクソン*たちに受け継がれた。

フロイトにもっとも接近し，その後もっとも離れたのはライヒ*とマルクーゼ*である。ライヒは第二次世界大戦後の性の革命をいち早く提唱した人として知られる。「性と文化の革命」「性的リビドーの抑圧からの解放」という主張を個人にも社会にも適用し，精神分析とマルクス主義とを結びつけようとした点でも，深層心理学者としては特異な存在である。ライヒの思想は，性的リビドーの抑圧と，その解放とを社会的な観点から考察するものであった。女性に対する性的抑圧と，それを基盤とした家族関係がファシズムを歓迎したとする彼の見解や，性の革命なしに社会革命はありえないとする主張は，こうした考察の所産である。ライヒの主張は，性思想の変革や，ウーマンリブ運動に引き継がれ

たと言える。

マルクーゼはフロイトの文明論に共鳴して、フロイトの中にあるマルクス的なものを追求し、精神分析史に足跡を残すことになった。フロイトは「文明や社会はエロスの抑圧のうえに成立する」と考えたが、マルクーゼは快感原則が無理のない形で働く社会を理想的な社会と考えた。しかし、しだいに理想的社会については悲観的になり、現状の否定、現実への批判という傾向を強めていく。1960年代後半には、多くの学生たちが彼に共鳴し、大きな影響を受けた。
〔四方田幸子〕

⇒アドラーの療法, 元型, 自我, シャドウ, 精神分析, 太母, フロイト, 分析心理学, 無意識, ユング, 老賢人

文献 1. B-アラン, 1990 ; 2. E-小川, 1982 ; 3. C-織田, 1991 ; 4. C-織田, 1992 ; 5. D-河合, 1977a ; 6. D-河合, 1991 ; 7. C-南, 1990

心的外傷, トラウマ psychic trauma
心理的意味での損傷体験。

フロイト*とブロイエル*による『ヒステリー研究』(1895)のなかでこの単語が初めて使われた。フロイトは、心の働きを探求して、無意識の力が人間を動かしており、無意識的エネルギーと意識的エネルギーとの関係によって、人間行動が決定すると考えた。

心的外傷は、心理的刺激により、心のバランスを失うほど強力な情緒的ショックが与えられた時、無意識のうちに心の中に残る痕跡である。自我はそのような心的外傷を無意識内へと抑圧しようとするので、抑圧された心的外傷は特定の情動と結びついてコンプレックスを生み出す。過去の特異な体験が、恐怖や不安、悲哀等の感情を伴って、その後の精神生活に悪影響を及ぼし、日常生活においては、神経症状を示すことがある。

ある神経症の少女の症例において、少女が父親の看病中で精神的に不安定な状態にあった時に受けた強烈な体験が、父の病気の影響を受けているとブロイエルは考えた。少女を催眠により、発症当時の精神状態と同じ状態にしてうっ積した感情を解放して過去の苦しみを再現した結果、症状が消失した。

これをみて、ヒステリー症状は、抑圧された心的エネルギーが転換作用によって身体的症状に変化したものであるから、催眠によってその抑圧を取り除き、心の傷となった体験を再現して心のシコリを解消させることが必要である、とブロイエルは考えたのである。

フロイトはその著『精神分析入門』(1917)のなかで次のように述べている。「外傷性神経症では、外傷をおこした事故の瞬間への固着が明らかにその病気の根底をなしている。患者は、夢の中できまって外傷の状況を繰り返す。分析可能なヒステリー型の発作の場合、この発作はその外傷の状況を完全に再現したものであることがわかる。精神生活に短時間のうちに刺激が著しく増し、この刺激を通常の方法で、放出し、除去するのに失敗し、その結果、エネルギーの分布に永続的な障害が生じた時、私たちはこれを外傷的と呼んでいる。神経症は外傷的な病気になぞらえることができ、また激しい情動を伴った体験を処理することができないために発生したものだろう。」

フロイトは、ブロイエルの催眠によるカタルシスを有効な方法と考えたが、催眠ではなく自由連想法を用いて心的外傷を治療した。

自由連想法では、患者は寝椅子に横たわってリラックスし、浮かんでくるイメージを次々に自由に医師に語っていく。この方法により、無意識の内部を探求して心のシコリを解くのである。彼はこれを精神分析と名づけた。

この精神分析療法の成績をみると、青年期以降のすべての神経症の原因を心的外傷だけで説明することはできない。〔土橋佐登美〕

⇒アダルト・チルドレン, インナー・チャイルド, 神経症, 心的外傷後ストレス障害(PTSD), 心理療法

文献 1. C-小此木, 1973 ; 2. C-フロイト, 1970a ; 3. C-宮城, 1959

心的外傷後ストレス障害, 外傷後ストレス障害, PTSD PTSD, post-traumatic stress disorder
心理的外傷の直後ないし数カ月あとからおき

る悪夢，恐怖症，行動異常など．

「心的外傷後ストレス障害(外傷後ストレス障害)」(PTSD)という病名は，新しい分類により1980年に初登場し，DSM-III-R，DSM-IV-TRでもそのまま残されている．

自分自身や子ども，配偶者，近親者，友人などの命が危うい時や，自宅や住んでいる町が破壊される，暴力を加えられたり死にかけている他人を見る，離婚などが心理的なトラウマ，つまり外傷をつくる．

トラウマの後に，悪夢にうなされる，ふるえが止まらぬ，恐怖が続くなどの現象がおきることは，シェイクスピア(William Shakespear, 1564～1616)やディケンズ(Charles Dickens, 1912～1970)の作品にも描かれている．しかし，この現象が注目され始めたのは，ベトナム戦争から帰還した米軍兵士らがこうした症状に悩まされてからのことである．近親相姦，婦女暴行，幼児誘拐，テロ，スリーマイル島の原子力発電所事故，カンボジアの強制収容所などによるトラウマでも症状がおきることがわかった．

トラウマになった体験を繰り返し思い出してしまう．その事柄の夢を何回も見る．その出来事がまたおきたかのように感じたり行動してしまう．その事柄に似た出来事に遭うと精神的に苦しくなる．こんな症状が続いていればPTSDなのである．トラウマと関連がある刺激を避け続け，そのことを考えたくない．それを思い出させるような行動や状況を避けたがる．それに関係ある重要なことをどうしても思い出せない(外傷性健忘)．幼児ならば，排便のしつけや覚えているはずの言葉を忘れる．他人から無視されるように感じる．愛情がわからない．将来のことを考えることができない．眠りに入れない．興奮しやすい．怒りの爆発．集中困難．びくびくして驚きやすい．トラウマを思い出させるような状況に入ると動悸や冷や汗など身体反応がおきてしまう．

以上に述べたような症状が1カ月以上も続くが，症状はトラウマを受けたあと6カ月以上もたってから現われること(発症遅延)もある．

DSM-IV-TR(2000)による診断基準はこれを次のようにまとめている．

A．次の心理外傷体験をもつ
　(1) 脅迫による死，重症，自他の身体への脅迫などを見たり体験する．
　(2) 強い恐怖，絶望，嫌悪などで反応した．

B．心理的外傷体験が次のような具合に繰返し体験される．
　(1) まぶたに浮ぶ，考え，知覚などの形で何回も思い出す．
　(2) その事件の夢を見る．
　(3) 事件を思い出すと行動したり感じたりしてしまう．
　(4) 事件に関係あることを見聞きするだけで強い不快を覚える．
　(5) 事件に関係あることを見聞きするだけで身体に反応がおきる．

C．事件に関係あることを避けようとする．

D．事件による興奮で不眠，怒りやすさ，集中困難，過敏，過剰反応などが続く．

E．症状が1カ月以上続く．

F．症状によって生活が仕事に支障をきたす．

ナチスの強制収容所から生還した人は85％にこんな症状が現われた．ベトナム戦兵士では17～26％だったという．第二次世界大戦の捕虜は，釈放後に67％がこうなったそうだ．

実際トラウマを受けている最中は，恐怖におののいて胸がドキドキし冷や汗が流れる．その状態が脳に焼き付けられて条件づけられたのであろう．

PTSDの患者には，入眠困難，怒りっぽい，集中困難，過度の警戒心，驚きやすさ，などの脳の興奮症状がみられる．

睡眠には，深い眠りと夢を見ている時のパラ睡眠(逆説睡眠)とがあるが，PTSDの患者では入眠後に第1回のパラ睡眠が始まるまでの時間が短く，パラ睡眠の回数も増えて，その期間中の眼球の動きも多く眠りが浅い．これはうつ病患者と同じ変化である．

パラ睡眠を減らす作用をもっているのは抗うつ薬である．その抗うつ薬の一種，アミトリプチリンやイミプラミン，フェネルジンなどを与えると，悪夢だけでなしにPTSDのほかの症状も軽快してしまうのは面白い現象である．一見，効きそうに思える抗不安薬のベンゾディアゼピ

ンを与えると，PTSDは悪化して，怒り出したりするので，使ってはならないことが意外にも知られていない。薬物によってPTSDやうつ病のカラクリがわかりかけてきた。〔小林 司〕
⇨心的外傷，ストレス，PTSDに対するカウンセリング，不眠症

文献 1. E-Gelder *et al*., 1989；2. E-Kaplan & Sadock, 1989；3. E-Talbott *et al*., 1988

心的複合体 ⇨コンプレックス

シンデレラ・コンプレックス Cinderella-complex

女性には「他者に面倒を見てもらいたい」という根強い願望があり，自分の人生を変えてくれる誰かを待ちつづけるという心理的な依存が能力を押さえつけている。この依存心理をアメリカのコレット・ダウリング (Colette Dowling, 1981) はシンデレラ・コンプレックスと名づけた。

アメリカでは，1960年代後半〜1970年代前半にかけて女性解放運動がおこり，女性が自らの人生をいかに考え，何を重要とし，何をなすべきかを選択する能力や自由に目覚めた。しかし，女性の自立が社会からも「容認」されるようになると，内的混乱をおこす女性もみられるようになった。

ダウリングによれば，この混乱は親の養育態度や文化的なものに根ざしている。女性の場合は，乳幼児期から男性のように自己主張や自立を積極的には指示されることがなく，むしろ依存に向くように育てられる。しかも，結婚という一つの逃げ道があることを教えられるからである。そのため，かつては早い結婚へせきたてられたが，現在では，成人後，しばらくは仕事をもち，自分自身で思い切ったことができるようになったが，やがては誰かがやって来て，生活の不安から救い出して，結婚へ導いてくれることを期待することが一般化している。シモーヌ・ド・ボーヴォワール (Simone de Beauvoir, 1908〜1986) は『第二の性』(1966) の中で「若い娘が独立を選ぶとしても，やはりその人生では，男性や恋愛に席を空けておき，もし自分の女性としての運命を放棄するような，仕事に全生命をかけて没頭しなければならない状況になると，躊躇する」と述べている。女性は真正な存在を引き受けることにつきまとう緊張を回避しようとして従属的な役割を受け入れるのだ，と彼女は考えた。

そして結婚に至ると，従来は自分のすべてを賭けることを強いられていたため，学問や仕事などをあっさりと投げ出し，夫や子どもに向かって，保持，支持，激励を求め，依存欲求を持ち続けることになる。

ダウリングによれば，女性にとって結婚は，扶養され支えてもらう手段であり，家庭をつくるのではなくて，家庭を手に入れる手段であり，葛藤を克服するのではなくて，葛藤を解き放つ機会である，とルービンらの自我心理学者たちは述べている。ただし，最近では仕事や学問を続け，家事と子育てとを両立させている女性も多くなり，自立への過程を歩みつつあるのも事実である。

ボーヴォワール (1966) によれば，働く女性の場合には，仕事の成功を純粋な女性としての成功と和解させようとするが，この方法では生命的関心が2分され，自分の容姿や恋愛を考えると，どうしても必要なもの以外には仕事のエネルギーを出し惜しむ，と述べている。

女性は男性をおびやかすのではなく魅力的な存在でありたいと願い，そのため，才能を十分に発揮することにより孤立したり，誰からも見向きもされなくなることを恐れる，とマティナ・ホーナー (1970) は言う。このように女性が才能を抑制する傾向を彼女は「成功の恐れ」と名づけた。既婚女性が働いている場合には，仕事上で自分で処理できないストレスが高まると，せっかくの仕事を辞めることもある。家族に献身することや出産が口実となり，これが社会活動の代償となる。一般に，夫も，積極的な果敢さ，意欲，成功を妻に対しては望まないので，これを機に妻は夫に依存する。このようにして，自立を回避する行動がとられる，としている。

ダウリングによれば，「自立を恐れる女性には次のような性格的傾向が認められる」と精神科

医たちが述べているという。

幼い頃より情緒が安定し、独立しているかのように見え、思春期に入ると力と強さを与えてくれるような技能を伸ばそうと一生懸命になり、自信過剰にさえ見える。大人になると、自己充足のイメージを強めるような仕事を選び、自分の中核にある不安感を恐れるかのごとくに要塞を築く。自信家で、魅力的な活発さを備えているようにみえるが、満たされなかった依存欲求を男性が受けとめてくれることを願う。そのため、プラスの関係をもちにくい。

彼女たちの母親の養育態度にも、以下のような傾向が見られる。

幼い娘を不安にさらさないように保護して、独立した人間になることを阻み、思春期に達すると、「男性と張り合わずに、気に入られるようにうまく世渡りをしていくことが望ましい」と教える。成人すると、娘が自由と個性化への道を疾走することを擁護する。もし、彼女たちが母親の手本から逸脱すると、適切なモデルがないために内的混乱を起こし、恐れを感じるようになる。

このシンデレラ・コンプレックスに対して、ホーナイ*（1945）は、自分の無意識内にある無力感に彩られた憤りやその背景を自覚し、自分を捕えているディレンマに気づくことが大切である、と述べている。ベティ・フリーダン（Betty Friedan, 1963）は間違って「女らしさ」だと考えられている弱さ、また消極的な子どもっぽい依存性などがいけないのであり、女性も男性と同じ能力をもっているのであるから、能力を十分に伸ばせる仕事をしてこそ自己を確認できるのであると言う。夫や子どもを通して自己を確認することはできない。女性は女としてではなく、人間として男性と競うことを学ばねばならない、と彼女は述べている。ボーヴォワール（1966）は、女性にとっての結婚が「職業」であるようなことを止めるべきで、結婚のあり方を修正して、女性の立場を変えるべきである、としており、働く女性は男性と平等に夫婦生活を維持することが大切であると考えている。ナタリー・ロジャース（Natalie Rogers）（1980）も、女性が自分の能力や自己を主張する力を自覚し

た時、男性と女性は平等の機会をもち、共に歩むことができる、としている。最近では、このような女性も増えつつある。　〔早坂伸子〕
⇒依存性、依存的人格障害、嫉妬、性役割、フェミニスト・セラピー

文献 1. E-ダウリング, 1990；2. E-フリーダン, 1965；3. ボーヴォワール, S. de, 生島遼一訳『第二の性』（ボーヴォワール著作集 6）人文書院, 450p., 1956；4. H-『ホーナイ全集』5, 1981；5. E-ロジャーズ, N., 1988

心理劇，サイコドラマ　psychodrama
20〜30人で劇を演じることを通じて葛藤や体験を表現させ、自己洞察へと導く一種の集団心理療法。

ルーマニアのブカレスト生まれのユダヤ人で、ウィーンで医学を学んだ精神科医、モレノ*によって創始された。

本格的な活動の開始は、1925年にモレノが磁気フィルムの発明者としてアメリカに移住し、心理劇の劇場をもった研修施設を建ててからである。モレノの亡き後は、妻のザーカ・モレノ（Zarka T. Moreno）が研究所を引き継ぎ、活動を続けた。その後、モレノの古典的サイコドラマだけでなく、フランスのアンジュー（D. Anzieu）を中心とした分析的心理劇などに発展している。日本では、精神病院などの臨床の場や精神保健センター、保健所、教育の分野で行なわれている。

心理劇の意義は、患者が舞台上でさまざまな役割を演じることを通して、内的葛藤や体験を表現することにより、自己洞察へと導くと同時に、新しい役割を演じることを実感をもって学習することである。

ザーカ・モレノの場合、統合失調症患者を対象として、実際に心理劇を行なったが、その指導には、特別な才能と高度な技術が必要である。一般には、神経症患者（ただし自我の保たれている者）、半健康人と言われている者などの場合に効果をあげるとされている。また、心理劇が神経症患者を対象に発展する傍ら、よりよく生きるために、家族、学級や専門職の研修などの健康な者を対象とした方法も研究されている。

心理劇の構成者は、(1) 主役(患者)、(2) 監

督(治療者)，(3)補助自我(治療者の助手の場合が多い)，(4)観衆(劇を見ている者は，世論であり，また，観衆自らも治療の一助となる)である。方法は，正式には3段の階段状になっている円形の舞台を用いて行なわれ，集団のサイズは20人〜30人ぐらいが好ましい。

(a)監督は，参加者に心理劇の目的を説明し守秘義務についても確認する。

(b)全員によるウォーミングアップ。たとえば，「魔法の店」という各自がその店で好きなものを自分の持っているものと引き替えに買うというゲーム。買うものを自由に考えればよいのだが，「勇気」や「豊かな心」というような内的イメージを表現する練習になっていくように，監督は援助する。また，監督はグループの中で，自発性の高い者やその日のグループの雰囲気をつかむ。

(c)主役を決める。自ら申し出る場合もあるが，抑制できない者が無理をして出てしまう場合もあるので，監督が選ぶ方がよい場合がある。

(d)監督は，主役に質問を繰り返して，その人が演じようとしている状況が劇の世界に表現されるよう作り上げていく。たとえば「部屋の大きさは？」「窓の大きさや開閉は？」。また，観客に「窓から入ってくるそよかぜ」等，役を割り当てる方法もある。

(e)相手役を決める。主役が決める場合と，監督の支持により，劇中で重要な役割をするので治療者である監督の助手が行なう場合がある。

主な技法としては，次のようなものがある。「役割交換」では，主役と相手役の演者を入れ替えて演じる。はじめに主役を演じた者は，相手役が主役を演じるのを見て主役の時には気がつかなかった部分に気がつくようになる。たとえば親子だった場合，母と子の役を交換して行なう。「ダブル」では，主役のもう一人の自分を相手役が演じ，2人で自分の心の中を話し合う。また，「鏡」は，主役の代わりに相手役が主役を演じる。このような技法があるが，この中で相手役は主役の自我を補助するので「補助自我」と呼ぶ。

(f)心理劇はシェアリングを行なって終える。演じ終えた主役の気持ちを聴いた後，観客は主役の気持ちを分かちあう。観客は，円を描いて座ったり，主役の横に椅子を置いて座り，劇を見ておきた自分の感情を表現する。ある者は，同じ境遇に悩んでいたことを打ち明けたりする場合もある。主役は，共に感じたものに出会うことによって勇気づけられる。そして，主役はみんなの前で自己表現したことに対し肯定的な評価を受ける。シェアリングでは「あそこの場面はこうすればよかった」などという第三者的な発言を避ける。共に同じ空間を体験したことにならないからである。

以上の過程のなかで，監督である治療者は，常に劇の進行と主役の者や観客に注意し，適切な援助をする。

この他にも，病院を舞台とし病院の生活全体を治療の場とするような治療共同体や，人形劇の形で行なう心理劇等もある。なお，心理劇の一技法のロールプレイは，時田光人を中心に，主に教育の分野で独自の発展をしてきている。このように，古典的心理劇から対象者によって，あるいは治療者の理論によっていくつかに分かれ，あるものは独自の方法が研究され，さらに発展している。　　　　　　　　〔阿久津里花〕
⇨芸術療法，心理療法，集団心理療法，ロール・プレイング

文献　1. B-台, 1984 ; 2. B-台・増野監修, 1986 ; 3. I-増野編『現代のエスプリ』No.198, 1984

心理相談員，心理相談担当者　mental intaker

労働安全衛生法にもとづいて，企業における勤労者の心の健康づくりに従事する指導者。

労働省は1988年に労働安全衛生法を改正し，「事業場における労働者の健康保持増進のための指針」に沿って，すべての人を対象とした心とからだの健康づくり運動(THP＝トータル・ヘルス・プロモーション・プラン)を進めている。

THPは産業医を中心に，心理相談員，運動指導者，産業保健指導者，産業栄養指導者が協力し合って職場における心とからだの健康を増進させようとする重要な活動であり，事業者，労

働者，行政が一体となった日本で唯一の労働政策上の活動である。

心理相談員になるためには，中央労働災害防止協会の主催する専門研修に参加し，専門的な知識や技能について研修する必要がある。

受講資格は次のとおりである。(1) 学校教育法による大学において，心理系，社会福祉系，保健系の正規の学科を修めて卒業した者。(2) 運動指導専門研修またはヘルス・ケア・トレーナー養成研修修了者。(3) 保健師の資格を有する者。(4) 看護師の資格を有する者であって，健康に関する面接または相談の経験を1年以上有している者。(5) 衛生管理者の資格を有する者であって，健康に関する面接または相談の経験を3年以上有している者。(6) その他(1)から(5)までと同等の資格を有すると認められる者。(a) 臨床心理士，(b) 認定心理士，(c) 産業カウンセラー，(d) 社会福祉士，(e) 「ヘルスリスナー技法研修」修了後，健康に関する面接または相談の経験を3年以上有している者，(f) 上記研修修了後，「メンタルヘルス専門講座」を2年間の内に全講座受講し，健康に関する面接または相談の経験を2年以上有している者，など。

健康測定の結果にもとづきメンタル・ヘルス・ケアが必要と判断された場合，または問診の際に労働者自身が希望する場合には，産業医の指示のもとに心理相談員が面接対応し，積極的な健康づくりの枠組みの中で，心とからだの両面から取り組むことが望ましい。

メンタル・ヘルス・ケアとは，積極的な健康づくりを目指す人を対象にしたものであって，その内容はストレスに対する気づきの援助，リラクセイション（筋弛緩法）の指導，良好な職場の雰囲気づくりなどである。

具体的には，相談者の話にじっくり耳を傾け，本人がストレスのレベルを知り，ストレスのサインに気づき，自分でストレスをコントロールしていけるよう援助し，効果的ストレス・コーピングの助言，指導することである。

リラクセイションの指導としては，ストレッチング，ヨーガ，音楽療法，自律訓練法，太極拳などがある。

心理相談員の役割は面接相談だけでなく，メンタル・ヘルス組織のコーディネーターとして，さらに組織の健康度向上のための教育担当者をも兼ねており，相談しやすい職場の雰囲気づくりのためには，次のような活動が効果的である。(ⅰ) 講演，体験的研修，印刷物による教育と啓蒙活動を通して，メンタル・ヘルスに対する正しい知識の普及。(ⅱ) 相談しやすい条件設定と秘密保持による信頼関係にもとづく相談活動。(ⅲ) メンタル・ヘルス・ケアに役立つシステムの確立。(ⅳ) ストレス対応のための環境管理に役立つ資料の作成。(ⅴ) ストレス耐性向上のための具体的な方法の紹介。

良好な職場の雰囲気づくりの基礎は，管理監督者を含めた良好な人間関係を築いていくことであり，そのためには職場の中で気楽に話し合い相談できる者（リスナー）を確保し，職場の悩みごとなどをいち早く受け止めることができる体制を整備していくことが大切である。

1998年度までに研修終了者は1万人を越え，相互の研鑽を目的として組織された心理相談員会では，次の8本の柱を指針として掲げて活動している。①心の健康についての職場や家庭における状態やその取り組みについての理解を深める。②ヒューマン・エラー，ストレスに対しての取り組み，職場環境や快適環境をどう作っていくのかについて理解を深める。③リスニング・マインドやスキルについて体験的学習を積みあげていくことが必要。④心の健康を崩した人との対応のしかたについて，産業医や保健師との連携，協力について理解を深める。⑤事例を検討し，さまざまな生き方を学び，自ら成長していくことを心がける。⑥メンタル・ヘルス活動について企画を立て，自らもメンタル・ヘルス教育の実践者として力を発揮していくことが期待される。⑦人事，労務，健康管理室のスタッフと協力し地域社会の医療機関と連携をはかる。⑧公的機関と連携をはかり，新しい情報の収集を行ない，働きやすい仲間づくりをすることも必要。

産業界において，ますます多様化するストレスの中にあって，心理相談員は産業カウンセラーとともに，心の健康づくりのための心理的援助，さらに予防的，開発的な取り組みが大いに

期待されている。　　　　　〔池亀良一〕
⇨キャリア・エデュケーション，キャリア・ガイダンス，筋弛緩法，心理判定員，ストレス，トータル・ヘルス・プロモーション・プラン，メンタル・ヘルス，臨床心理士

文献　1. A-梅沢監修，1995；2. 中央労働災害防止協会編『心理相談員養成テキスト』中央労働災害防止協会，434 p., 1994

心理相談担当者　⇨心理相談員

心理判定員　psychological diagnostician
相談所にもち込まれた相談に対する判定を，医師，心理療法専門家，職能判定員らとチームを組んで心理学的判定および指導を行なう専門職。臨床心理学の専門教育を受けた者があたる。児童相談所(児童福祉法第15条)，身体障害者更生相談所(身体障害者福祉法第29条)，知的障害者更生相談所(知的障害者福祉法第12条)，に配置されている専門職である。

児童相談所では，児童福祉法に規定された「判定を掌る職員」として精神科医，児童福祉司，一時保護職員などと，「心理学的判定を掌る職員」として，児童指導計画を立てる臨床心理学の知識を備えた専門職員である。児童関係の心理判定員の人数は，798人(1998年5月)である。児童の知識発達や情緒などの心理判定，遊戯や面接などによる行動観察，親・保護者・教師などとの面接によって児童処遇に必要とする資料を作成する。他の職員との専門的な協議や，普段から研究活動も要求される。心理判定によって，対象児童の心理上の障害，情緒障害，自閉的障害，発達障害の区別や程度を判定する。判定は面接，自由行動観察，諸心理テスト，障害チェックリスト，脳波検査などによる。障害の程度は重度，中度，軽度に区別する。児童の処遇を決定する処遇会議で述べ，協議し，決定する。

心理療法，カウンセリング，グループワークなどを必要とする児童に対し，通所させて継続指導をする。情緒障害児に対し，個別または集団によるカウンセリングや各種心理療法，治療指導キャンプ，一時保護による指導などが心理判定員を中心に行なわれている。医学的治療，教育的援助を要する児童は，それぞれ医療機関，教育委員会や教育相談所などと連携して援助を行なっている。

身体障害者更生相談所は，都道府県に設置が義務づけられている。全国で，69カ所(1997年)設置されている。身体障害者のための専門的相談および指導している。医学的，心理学的，職能的判定，補装具の処方，適合判定が業務である。職員は，所長，身体障害者福祉士，医師，職能判定員，保健師または看護師，理学療法士，作業療法士，補装具技師，その他の職員や心理学的判定を行なうために心理判定員が配置されている。取り扱い実人数は，27万314人で心理判定件数は，8,139件(1998年)である。

心理学的検査により心理学的特性をつかみ，その人格の総合的判定，人格に影響している身体的，心理的影響因子の判定，心理的影響因子および心理的特性などに関する適応訓練の要否の判定，精神的障害の有無の判定，施設利用の要否の判定を行なっている。必要に応じ，地域の巡回業務を行なっている。

知的障害者更生相談所は，都道府県に設置が義務づけられ，全国で，72カ所(1996年)設置されている。18歳以上の知的障害者の相談に応じている。知的障害者の医学的，心理学的，職能的判定や指導が業務である。

職員は，所長，知的障害者福祉士，医師，ケースワーカー，看護師，その他の職員とともに心理学的判定などを行なうために心理判定員が配置されている。取扱実人数は，7万8,687人で，心理職能判定は，6万235件(1997年)である。福祉事務所に配置されている知的障害者福祉士などに対して技術的な指導を行なう。

福祉事務所長から福祉事務所の取り扱うケースの医学的，心理学的，職能的判定を求められたときは，すみやかに必要な指導を行なっている。必要に応じ，地域の巡回業務を行なっている。

なお，従来は法律では，「精神薄弱」の用語を使用していたが，「精神薄弱の用語の整理のための関係法律の一部を改正する法律について(1998年9月)」により1999年4月1日から知的障害の用語に変更して使用することになった。

〔安原照雄〕

文献 1. 厚生省社会・援護局,児童家庭局監修『改訂社会福祉辞典』中央法規出版,646p.,1995;2. 仲村優一他編『社会福祉辞典』誠心書房,487p.,1974;3. 仲村優一他編『現代社会福祉事典』全国社会福祉協議会,528p.,1990;4. 福祉士養成講座編集委員会編『改訂社会福祉士養成講座③障害者福祉論』中央法規出版,331p.,1997;5. 福祉士養成講座編集委員会編集『改訂社会福祉士養成講座④児童福祉論』中央法規出版,315p.,1997;6. 三浦文雄編『社会福祉通論』第一法規出版,482p.,1990

心理療法,精神療法 psychotherapy (英);psychothérapie(仏);Psychotherapie(独)

悩みや問題の解決のために来談した人に対して,専門的な訓練を受けた者が,主として心理的な接近法によって,可能な限り来談者の全存在に対する配慮をもちつつ,来談者が人生の過程を発見的に歩むのを援助すること(河合隼雄)。

精神療法という語が,歴史的には,より精神医学の領域を背景にもつ語であるのに対して,心理療法という用語はアングロ・アメリカ系の臨床心理学もしくは力動精神医学の領域を背景にもって生まれてきた語である。したがって,これらは訳語上の差異であって,治療プロセスとしては,同義と考えてさしつかえない。狭い意味では精神分析療法をさすこともある。

心理療法(精神療法)は神経症の症状の除去という実際的な目的をもって始められたものであり,ごく大まかに言って,与薬などの化学(薬物)療法や物理療法,あるいは電気けいれんのような身体的療法によらず,心理的な方法を用いて,来談者のメンタル・ヘルスと人生の歩みかたを援助しようとするものである。

目標として考えられることは,(1)心身の種々の問題症状の除去,(2)対人関係の調整,(3)不適応者の行動・態度の改変,(4)人格の成長,にまとめることができる。関心,理解,尊敬,共感,勇気づけ,などを通して,治療者に信頼感を抱かせ,心理的援助によって,慰め,支持し,ガイダンスを行ない,元気づけ,罪の意識を弱める,希望をもたせる。これらによって,不安や恐れが減って,問題に直面する勇気をもたせるのが,心理療法の目的である。具体的には,無意識の幻想を解釈する,信念を変えさせる,暗示を与える,恐れのない行動の見本を示す,合理性を例証する,洞察により自己理解を深めさせる,などを目標にする。

心理療法に関する理論は,(a)治療過程,(b)治療者とクライエントの人間関係,(c)人格理論,などに分けて考えられるが,学派の相違によって,このうちのどれかが強調されていることもある。およその共通原理を以下にあげる。

(ⅰ)自由な自己表現によって,緊張の解消,弛緩,葛藤の解放,をもたらす。これは単なるカタルシスにとどまらず,洞察・自己体得と不可分になる。ただし自律訓練法や東洋的心理療法においては,自己表現抑制の中に,精神的ないし,心身的機能が再編成されるという過程も含まれる。

(ⅱ)心的過程を実感的に体験し,その意味を全体的に把握し,自己および外界に対する認知を,開かれた,ありのままのものにすること(洞察)。精神分析療法では,過去の再現や心因の理解が強調されるが,単なる知的理解によっては治療的転換はもたらされない。また,遊戯療法,芸術療法,ゲシュタルト療法,東洋的治療では,概念化されない自己体得が重要な位置を占める。

(ⅲ)以上のような体験過程に対して働く抵抗,防衛機制を問題にし,取り除いていく。ただし防衛機制を働かせざるをえない,あるがままの自己を受容していくことの意味も無視しえない。

(ⅳ)治療関係の中でおこってくる治療者への感情や態度(転移)の意味を明確にし,それによって洞察を深め,またその人間関係を通じて,新しい人間関係のもち方を学んでいくこと。

(ⅴ)以上の過程を促進するものとして,治療者の共感的理解,心的世界の明確化,場合によっては介入や解釈(特に分析的治療の場合),支持,指導(特に指示的治療の場合)が要求される。治療者が患者・クライエントを,かけがえのない一人の人間として尊重し,基本的な理解と受容性をもち,主体的な関与をなしうることが大切である。

心理療法（精神療法）には多くの技法があるが，そのうち特定の学派と結びついているものと，一般的に多くの学派に共通のものとがある。集団療法ではクライエントの数が複数になるが，治療者も複数になることがある。モレノの心理劇や，ロジャース*のエンカウンター・グループなども，集団療法の特殊な形態と考えられる。

精神分析療法では，自由連想法のフロイト派，分析心理学のユング派，個人心理学のアドラー派，社会的視点を採り入れたネオ・フロイディアン（フロム*，ホーナイ*，サリヴァン*），などの学派がある。

心理療法の一種としてのカウンセリングは，言語的手段を媒介として直接面接による心理的相互作用によって，クライエントの問題解決を援助することであるが，これも治療者によって依拠する理論はさまざまである。ロジャースのクライエント中心療法では，治療者のクライエントに対する無条件で積極的な尊重，共感的理解，治療者自身の自己一致などが治療を促進させるための必要にして十分な条件である，と考えられている。カウンセリングの枠の中には，精神分析的なカウンセリング（別項参照）や，行動〔療法的〕カウンセリング（別項参照）もある。

行動療法は，学習理論にもとづいて人間の行動を変容させようとする技法の総称であり，レスポンデント的方法，オペラント的方法，認知的方法などがある。　　　　　　〔遠藤浪江〕

⇒オペラント条件づけ，カウンセリング，カウンセリングと心理療法の違い，家族療法，カタルシス，古典的条件づけ，芸術療法，ゲシュタルト療法，行動カウンセリング，行動療法，交流分析，自律訓練法，精神分析的カウンセリング，内観〔療〕法，箱庭療法，森田療法，遊戯療法，論理療法

文献　1. E-岡堂, 1985；2. I-岡堂編『現代のエスプリ』No. 106, 1976；3. B-河合, 1992；4. I-北山・妙木編『現代のエスプリ』No. 264, 1989；5. B-クレッチマー, 1958；6. I-大原・岡堂編『現代のエスプリ別冊』【現代人の異常性】5, 1976；7. A-佐治・飯長編, 1983；8. J-佐治・水島編, 1974；9. B-タラチョウ, 1982；10. B-ブライ, 1984

心理療法における象徴化　symbolization in psychotherapy

無意識における観念，葛藤，願望，衝動を間接的な視覚的イメージとして表現する過程を象徴化という。この過程は無意識的な表象作用であり，主体には意識されない。象徴されるもの（無意識）と象徴するものとの間には恒常性がみられ，心理療法に利用される。

象徴については，無意識の潜在観念と象徴との対応関係として記号的に考える立場（フロイト*）と，その存在を仮定できるが混沌とした未知なものを最も適切に表現できるものと考える立場（ユング*）とがある。対応関係として広く考えると，ことばとことばが表すもの（事柄）との関係も象徴ととらえることが可能となる。このように，象徴をどのように考えるかによって，象徴化の意味（機能）も異なってくる。

フロイトは，夢のゆがみをもたらす作用の一つとして象徴化を考える。夢の中のある一定の要素（もの，事柄）は，特定の潜在観念に翻訳できるとした。この夢の要素と翻訳との間の一定不変の関係（恒常性）をフロイトは象徴的とする。夢に見る内容は，無意識における激しい衝動・願望などの潜在観念が自我あるいは超自我によって受け容れられるかたちに変容されたもの（ゆがみ）となっている。圧縮，強調点の移動，視覚化などと並んで象徴化もこの夢のゆがみをもたらす作用である。たとえば，自慰行為を直接夢に見るのではなく，無意識の自慰行為の衝動を表すものとしてピアノを演奏する夢を見る場合など。

そして，他の作用と異なって，象徴化においては夢の要素から連想を経ずに潜在観念を知ることができる（一定の対応関係）ところに特徴がある。フロイトは，これらの夢の作用を解明し，自由連想と象徴を解釈することによって患者の無意識の世界を明らかにしていった。

夢は特定の潜在観念だけを象徴化する傾向がある。フロイトは，自己（身体），直接の血縁関係（親子・兄弟など），出生，死，性に関するものを例示する。なぜこのような象徴化がおこるのだろうか。フロイトは，象徴化の過程は無意識に属しており，象徴関係はそのたびごとに新

しく作られるものではなく，すでにでき上がっているものだとする。すなわち，象徴は神話・おとぎばなしや，われわれの身近な冗談，洒落など，風俗・慣習のなかに数多く存在している。夢の象徴関係は，そのような象徴の世界の一部分にすぎない。さらに，現在象徴関係にあるものは，歴史的な言語の発達段階において概念的に同じであったり，一つのことばで表されていた経過をもつことによって，対応関係を形成すると考えた。

フロイトによって，神話，言語，民俗，宗教と深い関係にあることが示された象徴あるいは夢を，ユングは個人を超えた人間として共通な無意識の世界（普遍的無意識）の表象としてとらえることを重視し，自己実現の過程との関係を研究した。

ユングは，フロイトのいう象徴を，無意識への鍵を提供する意識内容であって，記号ないし徴候にすぎないとし，象徴は，比較的未知なものを表現しようとして生じた最も適切なものであり，完全には説明しきれない無意識の側面をもつとする。河合隼雄によれば，それは意識的には明確に把握しえない何かを表現し，非常に高い意味をもつものとされる。

そして，夢についてもフロイトが願望充足を願う心理的刺激の放出としたのに対し，夢は無意識の中の何か特別のことを表現しているとして，あるいは生きた象徴として重視する。夢，象徴を生命力（心的エネルギー）に満ちたイメージの世界としてとらえている。河合によれば，心象（イメージ）と象徴との関係は次のように考えられる。イメージは，自律性・具象性・集約性・直接性・象徴性・創造性の特性をもつ。したがって，イメージの中で特に象徴性の高いものが象徴（シンボル）として理解される。象徴には創造的な面が最も顕著にみられ，ユングはこの創造性の意義を強調し，単なる記号と区別して考えた。また，あるものが象徴であるかどうかは，それを受け取る人の態度のいかんによることも大切な事実であるとして指摘する。

さらに河合は象徴形成過程（象徴化）における統合性・創造性について，幼稚園児の，自立性の発達を象徴する絵を例に，次のように述べ

る。すべて，象徴は対立するものの統合性をもつことが特徴である。象徴が生じる前は，（自我には）相反する二つの傾向が意識され，その完全な対立をどちらかに加担することなく経験する。この両者の対立は，自我に一種の停止状態を味あわせる。ここで心的エネルギーは，自我からその源泉である無意識へと退行し，無意識の活動が始まる。強い退行現象の中で，自我がその機能を弱めながらも，それに耐えて働いている時，無意識の傾向と自我の働きが統合された心象が現れてくることがある。このように，統合性が高く，今までの立場を超えて創造的な内容をもつものが象徴であり，このような象徴を通して，無意識へと退行していた心的エネルギーは進行を開始し，自我は新たなエネルギーを得て再び活動する。このような象徴を形成する能力が人間にあることをユングは重要視し，これを「超越的機能」と呼んでいる。そして，このような心的エネルギーの変容が象徴や宗教の儀式によって生じることを彼は指摘して，これらに高い心理療法的意義を見出した。

〔松岡泰夫〕

⇒象徴，自我，自己実現，退行，フロイト，マスターベイション，無意識，夢，夢の作業，夢判断，ユング

文献 1. D-織田, 1986；2. 河合隼雄『ユング心理学入門』(河合隼雄著作集)岩波書店, 366p., 1994；3. 河合隼雄『ユング心理学の展開』(河合隼雄著作集)岩波書店, 341p., 1994；4. B-河合, 1990；5. キャンベル, J.・モイヤーズ, B., 飛田茂雄訳『神話の力』早川書房, 411p., 1992；6. C-フロイト, 1970a；7. C-フロイト, 1969a；8. C-フロイト, 1969b；9. C-鑪, 1976；10. C-鑪, 1979b

進路教育 ⇒キャリア・エデュケーション

進路指導 career education, career guidance

生徒一人ひとりが自らの生き方を考え，進んで自己の将来の可能性を切り開くことができるように，学校の教育活動全体を通じ，計画的・組織的に指導・援助すること。

戦後の経済発展の時代には，少しでも生活を向上させようと国民が一体となって働き，人々

の間に共通の目標とでもいうべき「生き方」が存在した。仕事に対する勤勉さは最も重要な社会的規範であった。

　しかし，物質的には豊かな社会となった今，そのような「生き方」は存在しなくなり，自分なりの働く意義や目的を探究し続けなければならなくなった。職業生活だけでなく，社会生活や家庭生活の面でも選択肢が広がり，価値観が多様化している。ところが価値観の多様化は，モデルとなる価値観や生き方がないということにもなり，生徒が生き方を選択することを難しくしている。一方では人並みの将来の安定を求めて，多様な選択肢や個性的な生き方を拒否し，エリート・コースのエスカレーターに乗せようという風潮が後を絶たず，受験競争はますます過熱化し，不登校やいじめ，問題行動の一因となっている。無目的入学や不本意入学による高校中退者の増加，大学入学後の目的喪失，就職者の早期離職など問題点も多い。

　そのような問題の原因として，中学校や高校の進路指導が，卒業時の進学や就職の「出口指導」にとどまっていることがあげられる。生徒の進路選択力を育てる指導の積み重ねがないままに，単なる上級学校への合格可能性の判定や求人企業・職業の紹介・斡旋にすぎないものとなってしまい，生徒の将来の生き方に深く関わる指導になっていない。もう一つの原因として，学力偏重による進学指導があげられる。業者テストによる偏差値は追放されたものの，相変らず内申点や学力が学校選択の重要な基準となっているのが現状である。1996年の中央教育審議会第一次答申にもあるように，高校や大学の入学者選抜の改善，企業・官公庁が学歴によらない採用・昇進などを決める，といった思い切った改革が望まれる。

　生徒自身が，自己理解を深め，自己と将来の職業生活との関わり方について考え，理想を抱き，その実現を目指して自らの意思と責任で進路を選択することができるよう指導・援助するために学校は何をしたらよいのだろうか。

　まず個々の教師が，教科指導などにおいて真摯な態度や情熱を示し，その中で無言の内に職業観や人生観を語り，生徒から信頼され尊敬されることによってその役目を果たしている。同時に，進路指導はすべての教師の共通理解の下に，教科・道徳・特別活動などを通じて取り組まなければならない。そのためにはまず，指導のための環境を整えることから始める。

　(1) 進路指導の全体計画を立てる。具体的には，(a) 学校としての進路指導の目標，(b) その年度の取り組みの重点，(c) 学年別の指導の目標，(d) 科目，道徳，学級活動，進路相談，進路に関する啓発的な経験などの指導内容，(e) 保護者，地域との連携など，が考えられる。(2) 計画を実施するために，進路指導部，進路指導推進委員会などの組織を確立する。

　以上のような指導計画と組織の下で，次のような場面での進路指導が進められる。

　(ⅰ) 学級活動における指導：① 将来の夢や希望を育てる。② 自己および職業や将来の生活についての理解を深める。③ 望ましい職業観を形成する。④ 進路計画を立案する。⑤ 進路情報を収集・活用する。以上のような内容を，生徒の発達段階に応じて繰り返し指導すると同時に，進路相談や体験活動などとの関連をはかりながら進めることが大切である。また，学級活動の中心となる担任教師は，生徒一人ひとりの観察，検査・調査の結果の分析・理解，進路の相談，他の教師の観察結果などの集約を通して深く生徒を理解したうえで個々の指導に当たると同時に，生徒との信頼関係をもとに望ましい学級集団の育成に努めることも重要である。

　(ⅱ) 進路相談における指導：学級活動での集団活動の指導と，進路相談での個別指導とは，いわば車の両輪といえる。進路相談の内容としては，自己理解の深化，進路情報の収集・検討，将来の計画の立案，検査結果などの解釈，進路希望の現実性，進路の意思決定，問題点と解決方法，悩みや不安の解決，などである。相談の機会としては，年間指導計画に位置づけて実施される定期相談と，必要に応じて行なわれる随時相談とがある。自発的に来談しない生徒に対しては，日常生活の中で生徒に接する機会を利用して相談するなど(チャンス相談)，積極的に働きかけていく必要がある。

　進路相談に当たっては，生徒をかけがえのな

い個人として尊重すること，どんな内容の話にも受容的に耳を傾けること，相談内容を援助する過程では早急な結論を出さないこと，などが基本的な態度といえる。担任の教師は日頃から生徒との好ましい人間関係の確立に努めると同時に，相談技術の向上に努めることが大切である。

(iii) 家庭・地域との連携：保護者はわが子の進路に関して多大な関心と期待を抱いているが，その関心・期待は安定した将来を保障してくれそうな「よい」高校・大学への進学にある場合が少なくない。進路指導が，ただ単に合格可能な上級学校を選定したり，就職先を紹介・斡旋する活動ではなく，生徒の夢や希望を育て，将来の可能性を広げる生き方の指導であることを保護者に理解してもらう必要がある。そのためには入学時から保護者会，面談，PTAの研修会や広報活動，学校だよりなどを通じて，学校の進路指導方針や指導内容を説明し，理解を得ることが大切である。また，保護者の人生経験や職業観，価値観を学ぶために，「わが子への手紙」や学級活動での保護者の講話，保護者の職場見学などの機会を計画的に設け，保護者とともに進路指導を進めることも必要である。同様に地域の教育力を活用した体験学習によって，資料・書物などでは得られない成果を期待できる。例としては，地域の産業調べ，身近で働く人の意識調査，職場見学・実習，地域で働く人の講話，ボランティア活動などがあげられる。

〔新藤　緑〕

⇒キャリア・エデュケーション，キャリア・ガイダンス

文献 1. 文部省編『個性を生かす進路指導をめざして：生き方の探求と自己実現への道程』(中学校・高等学校進路指導資料 第1分冊) 海文堂出版, 76p., 1992；2. 文部省編『個性を生かす進路指導をめざして：生徒ひとりひとりの夢と希望を育むために』(中学校進路指導資料 第2分冊) 日本進路指導協会, 180p., 1993；3. 教育開発研究所編『進路指導読本：はじめての人にもよくわかる進路指導のすべて』(『教職研修』増刊, No. 56) 教育開発研究所, 347p., 1989

進路相談　⇒キャリア・カウンセリング

スキナー　Burrhus Frederic Skinner, (1904～1990)

アメリカの心理学者。「オペラント行動理論」を提唱し，今日の行動主義心理学に多大な影響を与えた。

1931年ハーバード大学で博士号取得。ミネソタ大学準教授，インディアナ大学教授を経て，1948年からハーバード大学教授となった。

行動および行動の一環としての言語の諸問題を，動物実験の積極的導入によって，実証的に研究した。この実験から得られた事実にのみもとづき理論を打ち立てた。この実証的な研究方法は，今日の自然科学あるいは社会科学の実証的方法論からみても徹底したものであった。ティーチング・マシンの開発，これに伴うプログラム学習の考案，教育機器の開発などの教育工学は，オペラント行動理論に根拠を得て，その後盛んになったといわれている。

人間の行動は環境からのさまざまな刺激に対する反応とみなされるが，この観点をとると，外部からの触発という行動の受動性が強調される。スキナーはこれを応答行動（respondent behavior）と定義する。しかし，人間は必ずしも刺激がなくとも能動的に環境に働きかけもする。これは刺激が先行するのではなく，反応が先行するものであり，スキナーはこれを自発行動（emitted behavior）と定義して，応答行動と区別した。この自発行動は，その行動の結果を自覚し，次の自分の行動の変化も引きおこす。スキナーはこの点を強調し，「働きかける」（operate）の派生語 operant を使い，「オペラント行動」と定義した。このオペラント行動理論はさらに「強化」と「学習」という概念によって厳密に規定される。

では，いかにして行動が強化され学習されるのか。スキナーは，鳩がある高さまで頭を上げると（反応），餌を与え，この反応の発生頻度を調べ，強化・学習の具合を観察した。従来の理論は，先行刺激に着目したが（たとえば，パブロフ*の犬の実験における鈴の音という先行刺激の方の強調），スキナーは，鳩がその後，頭上げをどう自発反応化していくかという点に着目した。これは刺激後の反応というより，反応後，

さらにいかなる刺激によってその反応が一層強化されるのかという学習の観点の導入を意味する。これは行なった反応が正しい反応であるという自覚、つまり反応の結果についての自己認識という側面が考察対象となったことも意味する。

教育の分野にとっては、この反応の正しさを学習者にいかに認識させるかが問題提起されたわけであり、この学習の強化の最善策がティーチング・マシンであるとスキナーは考えた。

この強化に関する実験は、箱に鳩を入れ、円盤をついばむと餌を与えるようにあらかじめセットしておき、その餌を与える間隔を3パターンに分けて観察するというものであった。これらは、(1) 鳩のついばみが一定回数に達した場合に餌を与える、(2) 鳩のついばみに関係なく一定の時間に餌を与える、(3) 鳩のついばみに関係なく、しかも餌を与える時間も不定にする、というものであった。(1)では、餌が与えられる限り鳩は継続的に反応するが、そのつど小刻みに餌を与え続けないと、反応は減退した。これは、自発的な継続性への転化あるいは自己学習とは断言できない。(2)では、逆に餌が与えられるとついばみを止めてしまった。そして後になって突発的についばみが再発するという具合で、継続性・習慣性はつきにくく、学習効果は確認できない。(3)では、鳩はいつ餌を期待できるのかわからず、むしろ継続的についばみを繰り返した。いわば絶えず緊張状態が持続しているようなものである。このような実験結果が出たので、スキナーは最も学習効果が高いのは(3)であるとした。

しかし、以上の結果は、当時の学校制度では、一斉教授の形態、生徒何十人に教師1人が対応すること、一つのクラスという枠、授業時間の問題、教材作成の労苦と評価の問題など、さまざまな困難があったので、現場への適用は不可能であった。そこでスキナーはこれを最もよく実現できうるものとしてティーチング・マシンに着目した。これは、同じ教室にいながら、個別学習、習熟度別学習を可能とする点に特徴がある。今日のような学校教育へのパソコン導入は、確かにティーチング・マシンの現在版といいうるものである。

ティーチング・マシンによる学習は、当然、緻密に組織されたプログラムを必要とする。そのプログラムは細分化され、同時に系統的なプログラムである必要があり、プログラム学習の基本理論がここに至って提示された。スキナーは強化・学習の正の要因（ほめるなど）と負の要因（体罰、罵倒などの軽蔑的行為）とを区別しているが、ティーチング・マシンは負の要因を除去できうるものと期待した。

しかし、ティーチング・マシンは、教材をいかに効率よく生徒に注入するかを主眼とし、皆が同じ教材を学習し、同じ到達点が設定されていることに変わりはなく、その画一性を否めない。

スキナーの業績は、刺激による反応という受動性よりも、反応そのものの自発性への着目、その後の学習強化への着目、その論証方法としての実証研究の徹底、教育の科学化あるいは工学化という問題提起、オペラント行動理論の行動療法への応用、などに要約できる。

彼は、行動主義的アプローチを社会的行為の分析に活かそうと考えて、自分と他者が交わす行為の系列を一連の交換過程とみなした。しかし、この点だけでは、カウンセラーとクライエントの関係を説明するには不充分である。

オペラント行動理論は、臨床心理学において、逸脱行動などを変容させる場合に応用される。逸脱行動もまた自発的な強化・学習による形成なのである。それゆえ、その行動を修正し、望ましい行動出現の強化・学習を可能とする状況設定が大事である。その際、行動が修正できるようクライエントに根気よく持続的に接すること、ていねいな観察と細やかな配慮とがポイントとなる。この点をカウンセラーも視野に収める必要があり、カウンセリング行為そのものが行動修正の最善の状況設定となりうる可能性も十分考慮すべきである。　　〔太田健児〕

⇒オペラント条件づけ、行動主義、道具的条件づけ、パブロフ

文献　1. 岩本隆茂・高橋雅春『オペラント心理学』勁草書房、287p.、1988；2. スキナー, B. F.、犬田充訳『行動工学とはなにか：スキナー心理学入門』佑学社、296p.、

1975 ; 3. スキナー, B. F., 宇津木保・宇津木正訳『ウォールデン・ツー:森の生活, 心理学的ユートピア』誠信書房, 345p., 1983 ; 4. Skinner, B. F.: *The behavior of organisms : an experimental analysis*, Appleton-Century-Crofts (New York), 457p., 1938. ; 5. Skinner, B. F.: *Science and human behavior*, Free Press (New York), 461p., 1953. ; 6. Skinner, B. F.: *The technology of teaching*, Appleton-Century-Crofts (New York), 271p., 1968(村井実・沼野一男監訳, 慶応義塾大学学習科学研究センター訳『教授工学』東洋館出版社, 293p., 1969) ; 7. Skinner, B. F.: *Verbal behavior*, Appleton-Century-Crofts (New York), 478p., 1957.

スクールカウンセラー，学校臨床心理士 school counselor

公立の小・中・高等学校に配属された学校臨床心理士。

旧文部省（初等中等教育局中学課）のスクールカウンセラー活用調査研究委託事業として1995年からスタートし, 2000年まで6年間行われた後に, 2001年からは, 文部科学省により5ヶ年計画で全公立中学校1万校に配置する事業となりスクールカウンセラー配置を制度化することになった。

誕生の背景となる経緯は近年「いじめ」や「不登校」の問題が大変複雑になってきたため, その一つの対策としてカウンセラーの充実が課題となり, 主に臨床心理士の資格を有した者が中心となって始まった。

「スクールカウンセラー」と呼称される専門職種は大塚（2000）によれば1960年の初めにアメリカの各州で大学院修士課程終了を基礎受験資格として制度化されたものであるが, 各州により資格条件や試験内容も多少異なり, 学校心理士（school psychologist）と呼称する場合もある。

米国では1953年に米国学校カウンセラー協会（ASCA）の発足以来, 紆余曲折を経て今日の姿に至っている。スクールカウンセラーは米国の場合, 学校組織内にこれを位置づけており, 学習指導の専門家としての教師（日本では教諭）と, 生活指導の専門家としてのスクールカウンセラーが子供に保証されている。

日本では現場の教師をスクールカウンセラーとして養成するのではなく, 心理臨床の専門家を配置したところに特色がある。

【制度の実際】（2001.5現在）予算規模：40億600万円。3,750校。都道府県政令指定都市。補助率2分の1。2分の1は地方交付税をあてる。配置校：中学校中心。中学校を拠点校とし, 区域内の小学校などへの配置も認める。資格：(1)臨床心理士, (2) 精神科医, (3) 心理系の大学教授。経過措置として1〜3と同程度の専門知識と臨床経験を有する者とする。勤務時間：週8時間以上12時間以内とする。

【スクールカウンセラーの職務内容】　スクールカウンセラーは校長等の指揮監督の下に, おおむね以下の職務を行う。(a) 児童生徒へのカウンセリング, (b) カウンセリング等に関する教職員及び保護者に対する助言, 援助, (c) 児童生徒のカウンセリング等に関する情報収集・提供, (d) その他の児童生徒のカウンセリング等に関し, 各学校において適当と認められるもの。

【スクールカウンセラーのためのガイドライン】（1995）(i) 文部科学省のスクールカウンセラーに関連して, 学校（小・中・高）に関与する認定臨床心理士を「学校臨床心理士」と呼称し, 現場の教諭で教育相談活動を行っている者を「教師カウンセラー」と呼称することにする。学校臨床心理士が現場教師の行っている活動を援助こそすれ, 代換しようとするものではないことを明確にするためである。(ii) 各地域や学校の実状は区々としている。一律的な対応技法のないことを認識し, 柔軟かつ総合的に判断して, かかわること。(iii) 不適応状態の児童・生徒の担任への助言と援助を優先し, 本人や保護者への直接的なかかわりは十分慎重に行うこと。(iv) 学校内関係者の小グループ形式等による話し合いや学内研修の開催などに配慮し, 校内関係者の相談活動を活性化させるよう努力すること。(v) 学校組織, 校務分掌, 生徒指導等の役割と機能に精通するよう努力すると共に, これらをふまえた学校臨床心理士と教師との連携・協力体制・協力要請等のあり方を明確にすること。(vi) 学校外の地域関連機関（教育委員会, 児童相談所, 医療機関等）との連携的援助のあり方についても配慮すること。これらの関連資源の活用には, 当該コーディネーター担当

者と常々コンタクトを図っておくこと。(vii) 狭義の守秘義務を前面に出すのではなく、学校全体で守秘義務の大切さを考えていく方向を念頭におくこと。

【スクールカウンセラー ワーキンググループ対応について】 日本心理臨床学会、日本臨床心理士会、日本臨床心理士資格認定協会の3団体で組織的に対応している。

【今後の課題】 ①学校という組織の中で子どもを援助する。全体の体制の中の仕事という位置づけで任務を果たすと同時に外部の専門家と連携し、チーム教育をしていくことである。メンタル・ヘルスが社会全体の課題にならなくてはいけない。②スクールカウンセラーの人材確保と養成過程の充実をはかること（巻末に指定大学院コース一覧を添付した）及び身分保障をすること。③予防教育、開発啓蒙教育への協力。④こころの相談員との連携とスーパーヴィジョンの必要性。

なお、スクールカウンセラー資格取得のための指定大学院専攻コース一覧を巻末に入れたが、新規指定、指定変更がしばしば行われるので、受験される場合には関係機関に最新情報を問い合わせてほしい。〔早坂伸子〕
⇒カウンセラーの資格認定、臨床心理士

文献　1. 氏原寛・村山正治編『今なぜスクールカウンセラーなのか』ミネルヴァ書房、240p.、1998；2. I-岡堂・平尾編『現代のエスプリ別冊』【スクール・カウンセリングシリーズ】1, 1995, p. 9-21；3. 大塚義孝「臨床心理士とスクールカウンセラー」『臨床心理士会報』12.1, p. 13-16, ㈶日本臨床心理士資格認定協会、2000；4. 村山正治『学校臨床心理士（スクールカウンセラー）の活動と展開』学校臨床心理士ワーキンググループ、1997；5. 村山正治「5ヶ年計画で全公立中学校にスクールカウンセラー配置とその制度化」『臨床心理士報』12.1., p. 17-18, ㈶日本臨床心理士資格認定協会、2000；6. 村山正治「6年間にわたるスクールカウンセラー活用調査研究事業の終了と新しい事業への展開──学校臨床心理士ワーキンググループ第18項」『臨床心理士会報』10.1, p. 4-6, 日本臨床心理士会、2001

ストレス　stress

人間の身体や心にかかる圧力（ストレッサー）によってひずんだ状態。しかし、日本ではむしろ圧力の方を「ストレス」と呼ぶ習慣が定着している。

産業社会が複雑に発展するとともに、社会、職場、学校、家庭などで葛藤が増加し、社会的環境にもとづく、職場の人間関係や労働条件、労働時間、作業管理などからくるストレスがふえている。感情を率直に表現できない人（アレキシサイミア）やいわゆる「いい子」はストレスの処理が下手で、慢性ストレスによる心身症にかかりやすい。これには、大脳皮質→視床下部→副腎皮質という神経刺激と自律神経系、内分泌系、免疫系という3系が関与している。

強いストレスが長く続くと、脳からのコントロールが不調をきたして免疫力も低下し、心身症がおきることは別項で述べるが、最近では個人的悩みによるストレスよりも、社会的環境要因によるストレスの方が多くなっている。ロサンゼルス空港近くの住民は、航空機騒音によるストレスで高血圧や心臓病ばかりでなしに自死まで多いという。貧困・過密・失業・犯罪・ホームレスなどでもストレスが大きいらしく、高血圧にかかりやすい。ボストンのロクスバリー黒人居住区では、高血圧やガン患者が全国平均よりも37%も多く、死亡率は全米第1位である。災害もまた大きなストレスとなる。暴風、地震、洪水、津波、火山爆発、火事、なだれ、戦争、原子炉事故、強制収容所へ入れられることなどによる影響は予想以上に深刻である。英国のブリストル市で1970年に大洪水があり、町の半分の家が水につかった。冠水しなかった家の人に比べると、その後の12カ月間に病気になったり死んだりした人が冠水地区の人に著しく多かった。アウシュヴィッツ強制収容所からの奇跡的生還者では、40年以上たってもガス室に入れられた夢にうなされたり、疲れやすい、集中できない、やる気が出ない、カゼを引きやすい、などの悪影響が残っていると報告されている。

ストレスを薬物によって減らすことはある程度有効である。単語を暗記させ、失敗したら電気ショックを与えるストレス実験では、少量のアルコールが成績を向上させた。グライダー操縦のストレスで尿中に排泄されるノルアドレナリン量増加はアルコールで予防される。適量のアルコールはストレスを減らすが、飲酒癖が高じてアルコール症になる恐れもある。抗不安薬

がストレスをかなり減らすことが明らかになっているが、日本では処方箋がないと買うことができない。したがって、ストレス対策としては薬物以外の方法を考えるほうがよい。

ストレスを避ける方法は、強盗に銃で射たれるのを避ける場合と同じで、3種類しかない。(1) 逃げる、(2) 相手を倒す、(3) 自分の気持ちを変えて「当っても痛くない」「かえって快適だ」と思う、の三つである。

ストレスを分類すれば、社会的、家庭的、個人的に分けることができるし、ストレスをコントロールする手段としては、生理学的方法、行動的方法、認知的方法がある。

社会的ストレスを避けるには、仕事に没頭しすぎないことだ。残業しすぎたり、帰宅後も仕事のことが気になるようではよくない。重要なものや難しい仕事から先に片づけて、長期間重荷にならぬようにする。仕事のあいまに気分転換をはかる、休憩時間を入れる、なども大切だ。対人関係がストレスになる場合は、その人との接触をへらす、その人のことをいつまでも考えずに他のことを考える、何か言われても馬耳東風と聞き流す、相手の長所を見る、寛容になる、彼の方がまちがっているなどの固定観念（ビリーフ）を捨てる、世の中はこんなものさという「ありのまま」を受け入れる一種のあきらめ、が解決への一助となろう。家庭内ストレスは、愛情と思いやり、多少の遠慮、時間の共有などによって解消することが多い。個人的ストレスは、生きがいがない、劣等感に悩む、責任感が大きすぎる、など自分の心の中での考え方の問題である。これは、考え方を変えるほかない。タイプA（急げ病、せっかちのあせりタイプ）の性格の人は、タイプBに自分を変えていかないと、自分の中からくるストレスによって潰れてしまう。カメはカメらしく、ウサギはウサギらしく、マイペースで歩いていくことも必要な知恵である。

生理学的にストレスを和らげる方法としては、筋弛緩法や自律訓練法がある。筋弛緩法は全身の筋肉の力をぬけばよいのだが、力を入れる（重い物をもち上げるなどの）訓練をしてきただけの人が大部分だから、力のぬきかたがわからない。電車に坐っている人が居眠りをした時に頭がガクンと前に垂れる、あの筋肉が脱力の見本である。片方の手首から先だけ、ひじから先だけ、というふうに体の一部分だけの脱力訓練から始めて、次第に全身に拡げていくとよい。

行動的方法には系統的脱感作法がある。ストレスをもたらす刺激を特定して、その小さな場合から大きな場合までの10段階階層表をつくり、筋弛緩法と組み合せてストレスに慣らしていくのである（詳細は「行動療法」の項参照）。

認知的方法は、不合理的ビリーフ（信念）を合理的ビリーフにおきかえることによってストレスを減らすのである。失恋のストレスで苦しむのは、「自分は必ず成功する」とか「あの人は自分を必ず愛してくれる」という誤ったビリーフをもっているからこそ苦しむのであって、「初めての恋は必ず不成功に終わる」といった別のビリーフをもっていれば苦しまないはずだ（詳細は「論理療法」の項参照）。

ストレス対策を整理すると次の9項目になる。(a) 原因除去：悪い環境から離れる、対人関係をよくする、仕事や職場のストレスを減らす、など。(b) 心身の十分な休養と弛緩：睡眠不足を防ぐ、10分間でも昼寝をする、脳波のα波が出る状態にする、など。(c) 身体のケア：健康に注意、体の弱点に注目、適量の運動〔汗をかかない程度、散歩が良い〕、規則的に3度の食事をとる、よく噛み、ゆっくり食べる、カルシウム・ビタミンB_1・黄緑野菜を沢山食べる、塩分と燐を減らす、など。(d) 薬物：抗不安薬やアルコールを摂る。(e) 生きかた：荷物を背負いこまない、自分を追込まない、時に退け、変化を歓迎せよ、息抜きの余裕をもつ、生活をコントロールして自然な生き方をする、生涯目標をもって、有意義な生き方をしているという自信をもつ。(f) 性格変容：タイプAをタイプBに変える、前向きに考えよ、問題に積極的に立ち向かう、物事を良い方に解釈せよ、自己主張・情動を発散させよ。(g) カウンセリング：話を聞いてもらう、友人や家族による援助や励ましも効果がある。(h) 気分転換：生活に変化をつけ、打ち込める趣味をもて。(i) モデリン

グ：他人がストレスを如何に処理しているかを観察して真似る。

つまり，ストレスを減らすには多くの方法が考えられるのであるから，積極的にストレス対策にとりくむとよい。

ホームズ（T. H. Holmes）やレイ（R. H. Rahe）によって，ライフ・イヴェンツ（生活大事件）がストレスとして病気の発生に大きな意味をもつと言われてきたが，近年は，それよりもより日常的なわずらわしいことや快いことを合わせた「日常生活ストレス」の方が健康状態に影響しやすいと考えられるようになった。つまり，日常生活への感じ方が問題であり，環境への認知的評価の問題となる。音がきこえるのは知覚であり，その音がベートーヴェンの第九交響曲だと判断するのは認識である。さらに，それを快適と感じるかうるさくて厭な曲だと思うかは認知の作業だ。日常生活でのさまざまな小さな事柄をどう感じるかという認知がストレスを有害にも無害にもする。この感じ方を心理的対処行動（coping behavior）と呼ぶ。ストレス対策は，コーピングをどうするかという問題とも言えよう。直面している問題に正面からとり組もうという積極的な姿勢が望ましいコーピングだと言われている。

これまでのストレスのほかにも，最近では「テクノストレス」がふえてきている。

OA機器による過度の緊張がひきおこす状態をブロードはテクノストレスと呼び，頭脳労働の負担の増大，時間感覚のゆがみ，主導権喪失，社会的孤立感，欲求不満などの心理的特徴をあげている。これへの対策には，次のようなものが考えられる。（i）物事に白黒をつけない。（ii）家柄や財力にこだわらない。（iii）問題解決法は一つだけしかない，と思わない。（iv）内的体験の重要性を忘れない。（v）建設的プランをすすめる。（vi）他人と親密な時間をもつ。（vii）スキンシップをふやす。（viii）気持ちを率直に表わす。（ix）VDT コンピュータのモニタ（ディスプレイ）に向かう時間を制限する。（x）一人でとじこもらない。（xi）こだわらない。（xii）内なる欲求を無視しない。（xiii）愛や創造性を大切にする。

ともすれば，ストレスを俗説のように軽く考える風潮がある。しかし，今後は高齢社会と人間疎外によるストレスがふえると予想され，エイズ・高齢者の知情意低下症と並んで21世紀におけるメンタル・ヘルス上の重要な課題になると思われるので，電話相談をも含めた適当な相談窓口をふやして，真剣に対策を用意しておく必要があろう。

職場でのストレス対策は，労働時間を年間1,800時間以下に減らして，それによってふえた自由時間を自己実現や創造のために使うことができるかどうか，といった基本的な問題にもつながっている。職場でのストレス対策を，福祉や健康の面からではなしに，生産性を上げたり，効率を上げるため，または弱者切り捨ての方便として，安易に考えてはならない。対策を考えることも大切だが，ストレスをかわす方法を相談できる相談窓口をどのような形で設けるのかが重要になる。また，来談することが，勤務状態の査定に際して，マイナス評価の要因にされたり，出世コースのラインからはずされる理由にされたりすることがないようにしない限り，職場でのストレス対策は意味がない。職場でのストレス・コントロールにカウンセラーがかかわる場合には，個人の病的状態を診断するだけではなしに，それを第三者の目で客観的に評価し，個人に問題があれば個人の相談にものるが，組織に問題がある時には組織を改善させるように，個人と組織の間をとりもつ中立の立場を守ることが必要になる。　　　　　　〔小林　司〕

⇒系統的脱感作法，行動療法，自律訓練法，心身症，心的外傷後ストレス障害，タイプA，論理療法

文献　1. J-内薗, 1989；2. J-内山, 1985；3. 雑誌『世界』特集号「ストレスと癒し」p. 31〜82, 1993年2月号, 4. J-日本化学会, 1992；5. B-原野, 1987；6. J-樋口, 1974；7. J-ブロード, 1984；8. J-マクナブ, 1991；9. E-宮城, 1981；10. E-宗像, 1991；11. E-ラザルス, 1990；12. J-ラザルス, フォルクマン, 1991；13. G-Goldberger & Breznitz, 1982

スーパーヴィジョン，指導的助言
supervision

非熟練者（被助言者，supervisee）によるカウ

ンセリングないし心理療法に対して，熟練したカウンセラーが指導的に助言すること。

　スーパーヴィジョンは，カウンセリングないし心理療法を教えたり，学んだりするのに最も強力な手段であり，「スーパーヴァイザー中心の仕事」でも「被助言者中心の仕事」でもなく，「クライエント中心のスーパービジョン」でなければならない。英国カウンセリング協会（BAC）の規約によると，カウンセラーは定期的なスーパーヴィジョンなしにカウンセリングを行なってはならない。

　スーパーヴィジョンの実施は，まず，カルテ，メモ，録音テープ，ビデオテープなどを利用して，被助言者がクライエントに何を行なったかを，スーパーヴァイザーが個人またはグループに対して明らかにする。鏡のように見えるガラス窓（マジック・ミラー）を通しての被助言者のカウンセリングの様子をスーパーヴァイザーが観察して行なうことも多いが，初心者がそのことを気にして，うまくカウンセリングできなくなることをも考慮しなければならない。

　ここで，スーパーヴァイザーが果たす役割の例を一つあげておこう。「父親によって段ボール箱に入れられてふたを閉められた夢を見た」とクライエントがカウンセラーに話した時に，被助言者はこのクライエントの不安が父親との関係からおきていることを推定できると思った。しかし，スーパーヴァイザーによると，それは被助言者がクライエントを次から次に質問攻めにして，自分が言いたいことも言えずにいたクライエントの悩みを示しているのである。こんな場合には，被助言者だけでは，いつまでたっても夢の本当の意味に気づくことができない。

　スーパーヴィジョンの役割は次の8項目である。(1) 被助言者による精神療法ないしカウンセリングの問題点を指摘し，方向づけを助言し，どうすればより良い治療ないしはカウンセリングを行なうことができるのかを被助言者とともに検討，指導する。(2) 被助言者とカウンセリングとの両方についての理解を深める。(3) 被助言者が個人として，また，専門家として成長するために必要な援助となる。(4) 被助言者が自分の力と限界に気づき，カウンセリングが孤立した個人的経験になることを防ぐ。(5) クライエントが話すイメージを被助言者に通訳してあげる。(6) 被助言者に心理療法家としてのアイデンティティをもたせる。(7) クライエント，相談機関，大衆のために，質の高いサービスを与えることを保証する。(8) コントロールの一形ではあるが，革新と創造との機会にもなる。

　教師，両親，友人としてのスーパーヴァイザーは，被助言者と一緒になってカウンセリングを進めていき，良い人間関係をもって信頼しあって，支持的な関係を維持するように努めなければならない。また，被助言者を見守り，成長させることを含んではいるものの，被助言者を管理したり，命令したり，子分にしたり，あやつったり，揺り動かしたり，支配したり，規制したりしてはならない。

　スーパーヴィジョンの記録は，意識的に残さずにおく伝統があるが，最近ではクライエントのカルテとは別にした記録簿を残すように変わりつつある。スーパーヴァイザーによる主な決定，初心者がクライエントをどう評価しているか，治療計画，クライエントの変化，治療計画の変更，などを記録する。ただし，クライエントの秘密については十分の注意が必要である。被助言者を教育するための記録ではあっても，法律的にはカルテと同様の扱いを要する。

　スーパーヴァイザーは，クライエントに対しては被助言者よりも重い責任をもつ。たとえば，クライエントが自死した時などにはその責任が問題になろう。被助言者が行なう行動，決定，治療についてもスーパーヴァイザーに責任がある。倫理的には，カウンセリングを利己的に利用しないという暗黙の了解が社会にはあり，スーパーヴァイザーは被助言者がその線を逸脱しないように配慮しなければならない。何かがおきた時には，法律的には共同責任であって，施設の中の二人委員会なみの責任を負うと考えればよい。

　ときにはスーパーヴァイザーが症例を誤解したまま指導を行ない，被助言者がそれに気づいていても遠慮して言い出せずにいて，指導が行き詰まることがある。通常は，4週間たっても被助言者の学習に進歩が見られない場合には，

行き詰まりを検討すべきである。

スーパーヴァイザーと被助言者との間に恋愛などの性的関係があると，指導が偏る恐れがあるので，その場合には指導関係を解消するのが好ましい。カナダでは10%ぐらいの割合で性的関係がおきているという。

カナダの「オンタリオ精神医学協会とオンタリオ医師会精神医学部会との合同委員会」によるスーパーヴァイザーの条件は次の通りである。(a) 自分の学派ないしは立場（精神分析学派とかロジャース学派とか）を明らかにしておく。(b) 自分の学派だけでなしに，他の学派についての知識をもっている。(c) 自分の学派の正式な訓練を受けている。(d) 最近の文献の知識に明るい。(e) 学会発表とか研究論文執筆の意欲をもっている。(f) 最低でも2年に1回ぐらいの指導者訓練プログラムに参加している。(g) 指導を始める前に，指導者訓練プログラムに参加しておく。

スーパーヴァイザーの実力を高めるには次のような方法がある。(i) 症例検討会(case conferense)で率直な討論をする（少なくても隔週1回）。(ii) スーパーヴァイザーの集会を開き，情報を交換する。(iii) 文献抄読会を開く。(iv) 講師を招いて講演をしてもらう。(v) セミナーになるべく参加する。(vi) 研究集会や学会になるべく参加する。(vii) 症例をたくさん読む。(viii) 文献をたくさん読む。

カウンセリングにスーパーヴィジョンが必要なことは誰もが認めているが，「親分が子分を従わせ，何をなすべきかを指示し，子分の行動に責任をとる」というニュアンスをもつ「スーパーヴィジョン」という単語を使うことは妥当でないという議論がある。この単語は，もともとは精神分析の訓練で使われてきた用語をそのまま流用したのであって，カウンセリングの場合にはふさわしくない。BACではcounselling-supervisionという単語を1995年から使うようになった。カウンセリングでは，「上下関係を使って管理する，コントロールする，監督する」という意味をもつ「親分モデル」ではなしに，「助言による支持モデル」が望ましい。supervisionという単語の代わりに，super-vision, consultation (諮問), mentor (指導的助言) などの単語を使うことが提案されている。mentorは，ギリシア神話のオデッセウスが自分の子どもの教育を託した良い指導教師の名に由来している。〔小林　司〕

文献　1. Bond, T.: Counselling-supervision-Ethical issues. In Palmer, S., Dainow, S. and Milner, P. (ed.): Counselling: The BAC (British Ass. for Counselling) Counselling Reader. Sage Publications (London), p. 430-439, 1996 ; 2. Ennis, J., Cameron, P. and Chagoya, L.: Guideline for psychotherapy supervision. In Cameron, P., Ennis, J. and Deadman, J. (ed.): Standard and Guidelines for the Psychotherapies. Univ. of Toronto Press (Toronto), p. 371-390, 1998 ; 3. Justice, P.: How supervision relates to families from ethnic minorities. In Palmer, S., Dainow, S. and Milner, P. (ed.): Counselling: The BAC (British Ass. for Counselling) Counselling Reader. Sage Publications (London), p. 443-446, 1996 ; 4. Smith, D. L.: The communicative approach to supervision. Ibid. p. 426-429, 1996 ; 5. Watts, A. G.: Mentoring. Ibid. p. 447-450, 1996 ; 6. Williams, D. I.: Supervision: a new word is desperately needed. Ibid. p. 440-443, 1996

刷りこみ〔行動〕，刻印づけ imprinting
ある動物が誕生直後に初めて出会った対象（生物でも無生物でもよい）に接近したり，あるいはその対象の後を追う現象。動物行動学(ethology)の用語，概念。

刷りこみ行動はガン，カモ，ニワトリ，コクマルガラス，ヒツジ，ヤギ，アリ，寄生バチ，など多くの動物でみられる。これらは，誕生後短時間で立ち上がり，自力歩行，自力行動をする動物である。

スパルディング(D. A. Spalding)が，孵化たばかりのヒヨコが初めて出会った動く対象に追従することを観察(1873)。その後ハインロート(O. Heinroth)が，孵化器で孵化したばかりのハイイロガンのヒナが，きわめて短時間でも人間に出会うと，追従し，かつそのハイイロガンはその後，他のヒヨコとともに自分の家族には入れないことを観察(1910)。さらにハインロートの弟子の一人であるローレンツ (K. Lorenz, 1903～1989)が「鳥の環境世界における仲間」という論文で，刷りこみ(Pragung)ということばを用いて詳しく述べた(1935)。

ローレンツが発表して以来，多くの論争がおきた。特にアメリカの学習心理学者たちからは，それは，単なる学習にすぎないのではないかという疑問が多く出された。ローレンツ自身，1964年それらの批判に答えて，ニワトリのヒナの後追い反応は，刷りこみの典型的な例ではなく，多かれ少なかれ学習されたものであることを認めている。しかし，以下の点で刷りこみは普通の学習とは異なっているといえる。

第一は，特定の時期があって，その時期をのがすと，刷りこみ行動はもはや形成されないこと。これは，臨界期(critical period：個体の生活史のなかで，ある特定の時期)あるいは感受期(sensitive period：敏感期とも呼ばれ，感受性の高い時期)と呼ばれる。第二は，生涯にたった一度だけおきる現象であるが，一度刷りこまれると，一生の間保持される(学習では，獲得されたものは，強化がなければ次第に忘却していく)。そして，性成熟に達すると，刷りこまれた対象と同種のものと生殖しようとする(性的刷りこみ，sexual imprinting)。第三は，特定の対象のみに特定の反応だけが刷りこまれ，対象の消去や変更はほとんどみられない。第四に刷りこみの対象は，単にある個体のもつ特徴にとどまらず，その種の仲間のもっている特徴が刷りこまれる場合がある。

また，刷りこみ行動は，単に子どもにおいてのみみられるわけではない。宝石魚においては，逆に親が自分の子を刷りこむ。宝石魚のまだ孵化していない卵を取り除いて別の卵を入れると，親はその卵から生まれた稚魚を自分の子として刷りこんでしまう。そしてその後，自分の子どもが生まれても受け入れず，自分の子どもを育てることができなくなってしまうのである。このように刷りこみという現象は，たった一度の体験で習得され，その後強化に相当するものが何もないことから，非常に特殊な学習された行動であり，生得的行動と紙一重であるともいえる。

自然環境においては，親以外のものが刷りこまれることはありえない。刷りこみが早い時期に短時間で形成されることは，子どもを自分の種に仲間入りさせ，他の種にまぎれこませないためには重要な行動であるといえる。

また社会心理学の観点からみると，刷りこみは親子関係の確立という点で，重要な意味をもっている。すなわち，たいていの種は，親が子どもを養育し保護してやらなければ，子どもは生存の危機に陥るので，この危機を乗り越えるためには，親と子どもが強く結びつき，子どもはいつも親の傍にいる必要があるのである。

さて，ふりかえって人間の世界，精神医学，心理学の面を注目してみると，多くの研究者たちが，中核性別同一性(core gender identity)をこの刷りこみという用語で説明しようとしている。中核性別同一性というのは，自分が男性であるか，女性であるかについての基本的確信または自己認知であり，生物学上の雌雄という両極を心的に反映したものである。その特徴は，第一に発達のきわめて早期(およそ生後18カ月)に形成されてしまうこと，第二に一度形成されると外的環境や刺激からの影響，修整を受けつけず，変化を被ることもないことである。こうした特徴が刷りこみ行動の特徴と一致している。またこうした性差の分化の「臨界期」が，言語習得の「臨界期」に一致するという考えもある。すなわち，言語もそれをいったん第一言語(母国語)として獲得してしまうと中核性別同一性とまったく同様に，一生涯それを変更することができないこと，たとえば，日本人であったとしても，生まれた時から外国で育つと，その外国語を母国語として，その国の文化，習慣を身につけた人間になってしまうことから，中核性別同一性と言語の類似性が認められる。

また一方，福島章は，刷りこみの現象が精神分析学者の考えとうまく重なりあうと述べている。いわゆる「臨界期」というのが，小児性欲の各段階，いわゆる口唇期，肛門期，男根期，および思春期にあたるという。特に人間の特徴と思われる現象は，長い複雑な刷りこみの期間として幼児期をもつばかりでなく，思春期にもかなり重要な刷りこみを受ける可能性があるという。つまり，人間の刷りこみ行動は，動物行動の観察や実験で明らかにされたモデルによって説明される点が多いのだが，はるかに重層的，多元的で複雑である。このことは，ローレンツ

自身がある対談の中で刷りこみを人間のレベルにもってくると、青年が親の文化に疑いをもち、信ずべき新たな主義を探し求めるあの危機的な時期であろうと答え、それが、エリクソン*のいう青年たちの努力、すなわちアイデンティティ構成にいかに似ているかを述べていることは、彼が医学博士であることを考慮しても大変興味深い。

なお、この刷りこみ行動は、他の動物における親子関係の成立や性格形成の問題、人間の初期経験、初期学習など、さまざまな研究分野に応用され、広く関心が寄せられている。

〔木下京子〕

⇒アタッチメント、口唇期、肛門期、思春期、男根期

文献 1. エヴァンズ, R., 日高敏隆訳『ローレンツの思想』思索社, 359p., 1979；2. 懸田克躬編『人格異常・性的異常』(現代精神医学大系 8) 中山書店, 280p., 1981；3. 藤岡喜愛『イメージと人間：精神人類学の視野』(NHKブックス) 日本放送出版協会, 246p., 1974；4. ブロイラー, E., 切替辰哉訳『精神医学総論』中央洋書出版部, 383p., 1988；5. マグアイア, M. T.・フェアバンクス, L. A., 加藤信他訳『エソロジーと精神医学：進化論から見た精神病理』星和書店, 336p., 1986；6. 宮司正男『動物社会心理学：コミュニケーション基礎論』(社会心理学選書3) 勁草書房, 200p., 1982；7. 山岸宏『行動の生物学』講談社, 216p., 1980；8. E-ローレンツ, K., 1970；9. ローレンツ, K., 丘直通・日高敏隆訳『動物行動学』思索社, 515p., 1958

ストローク stroke

他者の存在や価値を認めることを意味する、なんらかの言動や働きかけ。

交流分析の中心となる基本概念のうちの一つである。相手のことをほめてあげることもストロークであるし、悪く言うこともストロークである。

人は誰でも他者から温かく接して欲しい、認めてもらいたい、と思っており、有意義な人生を過ごしたいと願っている。人が心身共に健全な発達をとげるためには、それぞれの発達段階（乳児期、幼児期、大人）におけるストロークの欲求が充足されねばならぬ、というのが交流分析の基本にある人間観である。

乳児期においては、接触（肌の触れあい）の欲求があり、これが満たされないと正常な心身の発達が防げられるので、その欲求を満たす方法としてストロークが必要である、と考える。すなわち、乳児に対しては、両親が優しく抱きあげ、抱き寄せたり、乳児の目を見ながら話しかけたりするといったスキンシップそのものがストロークである。愛情をこめて母乳を与える姿はまさしくストロークである。幼児期においてのストローク欲求は、承認（心の触れあい）の欲求である。これが満たされないと、自己否定の感情を抱くことになり、やがて、その人の人生観、対人関係に好ましくない影響を及ぼすようになる。幼児に接する時、ほほ笑んだり、うなずいたり、わかっていることを身振りで表わすなどして、相手の存在を認めていることを伝えることが大切である。幼児が話を聞いてもらいたい、こちらを見てもらいたいと願っている時に、無視するなどの否定的なストロークを与えることを慎まなければならない。白井幸子によれば「積極的に耳を傾けて聞いてあげることは、他人に与えることのできる最高のストローク」である。大人になると、時間の構造化の欲求（生きがいの欲求）が現われてくる。

ストロークの種類としては、大きく二つに分類される。肯定的ストローク（陽性のストローク, positive stroke）と否定的ストローク（陰性のストローク, negative stroke）である。

肯定的ストロークとは、なでたり、抱擁したり、握手するなど（肉体的ストローク）、ほほ笑んだり、うなずいたり、傾聴するなど（心理的ストローク）、ほめたり、語りかけたり、励ますなど（言葉によるストローク）を指す。肯定的ストロークは、相手に喜びや自信を与えるものであり、その人のかけがえのない存在や価値を認めるものである。受け手にとっては、心の栄養となり、成長の糧になる。これとは逆に、否定的ストロークとは「あなたを承認していません」というメッセージを送るものであり、相手に自信を失わせることになる。否定的なストロークとは、殴る、蹴る、その他の暴力行為（肉体的ストローク）、返事をしない、にらみつける、信頼しないなど（心理的ストローク）、非難する、責める、悪口を言うなど（言葉によるストロー

ク）を指す．

　交流分析では，幼児期に両親からどのようなストロークを与えられて育ったかによって，人生における基本的な態度（構え）が四つに分かれると考える．肯定的ストロークをたくさん与えられて育つと，人は自分自身に対しても，他者に対しても「私は OK である．他人も OK である」という自他共に尊重し，信頼する態度をとるようになる．しかし，否定的ストロークをたくさん与えられて育つと，「私は OK でない，他人は OK である」「私は OK である．他人は OK でない」「私は OK でない．他人も OK でない」という3種の態度をとるようになると考えられる．

　条件つきのストロークと，無条件のストローク，と呼ぶ分け方もある．前者は，相手の行為に対するストロークのことであり，後者は，相手の存在そのものへのストロークのことである．たとえば，教師が生徒に「テストでは良い点も取るし，親からも信用されているし，君はとてもすばらしい子だね」という言い方をしたとしたら，これは条件つきストロークである．「君は，この世の中でかけがえのない人なんだよ」と言ったとしたら，これは無条件のストロークである．

　ストロークについては，ストロークの法則とでも呼べるものがある．和田迪子によれば，それは次の五つである．(1) 肯定的ストロークを無条件に得ている限り，人の心は安定している．(2) 肯定的ストロークが不足してくると，人は否定的ストロークを集めはじめる．(3) 条件つきストロークばかりを得ていると，人は否定的ストロークを集めはじめる．(4) 否定的ストローク集めは，肯定的ストロークが与えられない限り永久に続く．(5) ストロークがないことは，人にとって最大の価値低下（ディスカウント）である．

　また，米国の精神科医であり，交流分析の研究者であるクロード・スタイナー（C. Steiner）は，私たちがお互いに幸福になるためには，次にあげる五つの「ストローク節約の法則」を打ち破らなければならないと主張している．(a) 与えるべきストロークがあってもそれを他人に与えてはならない．(b) 欲しいストロークを他人に要求してはならない．(c) 欲しいストロークがきても，受けとってはならない．(d) 欲しくないストロークがきたときには，それを拒否してはいけない．(e) 自分自身にストロークを与えてはいけない． 〔倉田信義〕
⇒交流分析，時間の構造化

文献 1. B-池見・杉田，1973；2. B-桂・杉田・白井，1984；3. B-ジェイムス，ジョングウォード，1976；4. B-白井，1983；5. 中島美知子・白井幸子『死と闘う人々に学ぶ』医学書院，252p., 1981；6. B-中村・杉田，1984

性　sex

(1) 性（sex）：男女または雌雄の区別という生物学的な性という意味．(2) ジェンダー（gender，性役割）：歴史的に作られた性差や性別．つまり社会的文化的な性という意味．(3) セクシュアリティ（sexuality）：性交やさまざまな性行動，性的欲求など．性的存在としての人間のさまざまな事象・文化としての性のあり方．

　性を生物学的な性別として考える時，決定的な違いがどこにあるのかについては大いに議論のあるところである．新生児の性別は一般的に外性器によって判断されるが，数少ないとはいえ中間の性器をもつ新生児の存在をも含めて，両性の性器は連続した存在であると今日では考えられている．またY染色体はあってもその上にTDF（精巣決定遺伝子）が作用しなければ男性性器が形成されないといわれている．また性器の性分化と脳の性分化の時期がずれていて適当な時期に男性ホルモンが作用しなければ性器の性と脳の性が異なることもわかってきている．こうした生命発生の過程でおこるトラブルなどによって性器転換願望（トランス・セクシュアル）や性器とは異なったジェンダーを生きたい人（トランス・ジェンダー）というような悩みをもつ人がいることを念頭におく必要がある．さらにどちらの性にも属さない半陰陽者（インター・セクシュアル）の存在もある．両性の相違を生殖機能の有無とする考え方も，不妊者を考慮すれば絶対的とはいえない．

　このように生物学的な性差の問題も連続性の中で理解することが重要といえよう．

そしてこの連続性の中で両性をとらえなおすことは,ジェンダーを考えるうえでより一層大きな意味をもっている。なぜなら,ある社会で男らしいと思われることが別の社会ないし別の時代では,必ずしもそうでないからである。にもかかわらず,「男はこうでなければいけない」とか,「そうすることこそが女にふさわしい」というような,文化的に両性を分割する社会,性別社会をわれわれは生きている。そのために作られた性差や性別役割に抗して生きることは非常に難しい。

ところが,生物学的な性について述べたように,人間の性は男と女に画然と分かれるものではなく,むしろその性差はファジーというべきである。このために人によっては,その社会の求めるジェンダー(性役割)に適応できずに悩むことになる。この点について,これまで女らしさを強要される女性が性役割の縛りによって抑圧されていることが強調され,作られた女らしさからの解放がフェミニズムという考え方によって唱えられてきている。このことの重要性は依然として変わらないが,同時に性役割を強いられることによって男性もまたいきいきと自分を生きられないでいることがわかってきた。性別の強調,性別役割に封じ込める生き方の強制は両性をともに生き苦しくさせる。

セクシュアリティ,性的欲求や性行動,性のあり方にはもって生まれた「自然」と社会的に作られたものの両方が混合している。それが何であるのか,何が自然で何が文化なのか,これも画然と分かちがたい。たとえば性的欲求一つとってみても,両性の特徴を明言することは困難であり,むしろ一人一人の個性とか個人的特徴というべきことの方が多い。また性行動の対象が人間であると考えれば,その対象となる人間の個性や性のあり方についても深く理解することが求められる。

このようにセクシュアリティは,学習や教育によって相互の間で形成されるもの,創造されるものともいえる。ここに人間の性の豊かさと同時に難しさも存在する。〔村瀬敦子〕
⇒性差,性役割,性欲,フェミニスト心理学,フェミニスト・セラピー

文献 1. 石元清英他『ジェンダーとセクシュアリティ:「性」と「生」を考える:ワークブック』嵯峨野書院, 241p., 1996;2. 江原由美子・長谷川公一・山田昌弘他『ジェンダーの社会学:女たち/男たちの世界』新曜社, 251p., 1989;3. 川村邦光『セクシュアリティの近代』(講談社メチエ)講談社, 244p., 1996;4. 村瀬幸浩編著『ニュー・セクソロジー・ノート:性……もっとやさしくもっとたしかに……』東山書房, 189p., 1996

生育歴 life history, developmental history

生まれてから育ってきた成長の個人史。

個人のパーソナリティ形成,不適応行動,問題行動,障害の状況が形成されていった過程などを明らかにするために,個人の胎生期から成長,発達の過程やそれとともに生じた環境上の状況などを聴き取り,記述した資料である。

子どもの問題の解決の一助となり,胎生期,乳児期を経て現在まで育ってきた資料である。広くとらえるならば,日常の記録もその中に含まれることになる。

用途としては,(1) 不適応な行動や障害状況がどのように形成されたかを明らかにする資料。(2) 主訴にもとづき多くの検査や観察を通して問題の状況を明らかにしていく診断の資料。(3) どのような経過を経て,形成されていったかを明らかにして,現在から将来への教育,治療の見通しを立てるための資料など,に用いる。

生育歴の聴き取りの内容としては,(a) 胎生期(母体の異常,在胎週数など),(b) 分娩時の状況(分娩時の異常,出生時体重,仮死の異常,黄疸の有無),(c) 新生児期,乳幼児期の養育状況(授乳方式,離乳,排泄訓練,マザリングなど),(d) 新生児期,乳幼児期の発育状況(首のすわり,独り座り,歩行開始,初語などの初期の発達状況),(e) 入園・入学時の状況と在園・在学時の状況,(f) 家族歴および家族の状況,(g) 本人の病歴や家族の病歴,家族の遺伝的疾患の有無など,(h) その他,である。

一般的には,乳・幼児期までは親を通して聴き取ることが多い。記憶違いや勘違いもあり,正確な情報が得にくいので,母子手帳,療育手帳,保険証や医師のカルテなどで確かめるよう

にする。

個人的な秘密事項に属する内容がかなりの部分を占めるから，十分な情報を得るためにはラポールをつけてから行なうことが必要である。また，必要以上の内容を聴くことを避け，守秘義務を守ることが大切になる。

以上の項目で，面接者は必要最小限の事項と，ケースによっては特に掘り下げていく必要のある項目を弁別しながらデータを収集していくが，記入しても聴き落としのないように「首のすわり，歯のはえ始め，両親を見分ける，人見知り，独り座り，はいはい，伝え歩きなど」の欄をあらかじめ設定してある場合もあるが，不必要なデータまでを逐一収集するために，時間がかかり，多くの項目に振りまわされて，データの相互関連的な把握や洞察を欠くことになる。

生育歴で，重要で聴き落としやすい項目としては，（ⅰ）遺伝的なこと，身体的条件の関係を確かめる，（ⅱ）母親，家族が無意識に本人に対して拒否しているか，（ⅲ）マザリングの質と量の問題，（ⅳ）母子関係，父子関係，家族以外の人たちとの人間関係の成立の有無や範囲，（ⅴ）今までの知的発達の経過とレベルなど，である。
〔安原照雄〕

⇒インテーク，ラポール

文献 1. G-岡本・清水・村井監修, 1995；2. G-山本監修, 1991；3. G-依田監修, 1979

性格　character

多様な個体差を説明・理解するために設定された一つの総体的な概念であり，心理・行動面に現れるその人らしい特徴およびそれを生み出し続けている源を指す。

類似の概念はいくつもあるが，たとえば「気性」「気質」は気分や反応の特徴など，生理的，生得的要素の強い傾向や特質を示している。「性分」も生来の質という意味合いが強い。一方逆に後天的に環境によって培われたり，学習によって身につくものとして「態度」や「役割性格」がある。そして風土，文化の影響を受けた「県民性」「国民性」などもあろう。また「持ち味」「個性」は個人差や独自性が強調された概念である。性格はこれらすべてを含んでおり，複雑多様な様相をもっている。きわめて近似した概念としては，人格（personality）があり，より一般的でよく使われているが，ここでは特に区別しない。日常的なことばとしては「人柄」が最も近いだろうか。

性格について書かれた書物で現存する最古のものは，紀元前3世紀にギリシアのテオフラストス（Theophrastus, 前373～287年頃）によって著された『エチコイ・カラクテレス』（邦訳『人さまざま』）であるとされている。たとえば，「尊大とは自分自身をのぞく他のものをさげすむことである。（略）友人を招待しておいて自分は食事を共にとらず，下僚に命じて接待にあたらせる。（略）手紙を書く時も，どうぞとは書かないでそのように望んでいますと書く」。

これほど昔から性格に関心が注がれ記述されていたわけである。人が人と接して暮らしていく時，その生き方，考え方，行動の差異は両者の関係に波紋を投げかけ，軋轢や葛藤をしばしば引きおこす。多くの人が自分の思いと食い違う相手の対応を面白がったり悩まされたりしてきただろう。その違い，その人らしさ，その人らしい行動を生み出すものを理解しよう，その正体を探ろう，というのが性格の研究である。それは，大別すると，(1) 定義・構造，(2) 形成・発達，(3) 測定・診断，の三つの角度からのアプローチとなるが，性格理解の方法としては特性論と類型論が代表的である。

特性論は因子分析など統計的手法によって導き出されたいくつもの特性（因子）をもとにして，たとえばそれらの程度をプロフィールとして表して理解する。統計にもとづくだけに操作は厳密で，詳細な把握が可能だが，全体像として理解するにはもう一段高い視点が必要になる。類型論は性格についての理論や臨床における観察にもとづいて設定された典型的な像を通して理解する。全体像としてとらえやすいが，型（タイプ）に分類し，あてはめるだけで満足しやすい。本来の目的は，典型の姿を通して性格の正体を探究し，実際の性格とその底にある可能性を理解することである。

性格は実に複雑であり，微妙な「味」のよう

なものである。今後の研究によっては，脳の構造や神経細胞のネットワーク，伝達物質の量や質の相違で精神活動の個人差を説明できるかもしれない。しかし，解明はできても，「味」そのものを十分に表すことは困難だろう。また，個人差を性格とするなら，比較する対象，また差異を認識する人なくして性格は存在しない。つまり性格は対人関係の中にあるともいえる。

たとえば「明るい性格」は，人との関わりにおいて示されるはじけるような笑顔，いきいきした言動，それが場の雰囲気を活気づかせるなどのゆえに名づけられる。そこに見られる，感じられる特徴が「明るい」のである。そして「Aさんは明るい性格だ」という時，それはAさんと他の人との比較，Aさんがいる時といない時の比較など，何らかの条件のもとに浮かび上がり，見出された特徴であり，判断者がそれ以前からもっていた「明るい」という概念，イメージにあてはまったということである。しかもたいていは「明るくて良い」という評価を含んでいる。性格は比較対象や効果を及ぼす場など，存在するための背景が必要であり，多くの場合，適 - 不適，良い - 悪い，好き - 嫌いなどの「評価」を伴う。このように性格には相対的，社会的価値という面がある。そして，この場合に，性格は，(a) 評価する側の条件，(b) 光背効果（美人は性格がよさそうに見えるなど），(c) 場面の効果，(d) 見せかけの（演じる）効果，などの影響を受ける。人は必ずしも正体を表に出しておらず，限られた場面の判断では誤りがおこりやすい。また，評価する側の感性，価値観，態度などが投影され，何よりも，その人の辞書にない性格は発見され得ない。

「性格変容」の項で取り上げているように，人の性格は変わりうる，そしてよい性格にもなれる。アドラー心理学では，性格は自分の「使用法」といわれてもいる。よりよい使用法を心がけるべきであるし，そうできるのが人間である。性格を言いわけにしたり，それを盾に開き直ったりするのは卑怯である。人は生涯をかけて自分の性格と格闘していくともいえるであろう。もちろん，変えない自由もある。たとえ性格が歪んでいたとしても，存在の意味，その人なり

の役割がある。一人ひとりの性格は固有でかけがえのないものであって，いわば実存的価値をもっている。どんな性格でも，それは人として愛すべきものである。ある人の性格が気にくわない，あるいは問題があると感じることがある。しかし，その判断が真実かどうか，そして性格変更をできるか，性格矯正をしていいか，については慎重であらねばならない。〔村田京子〕
⇨異常人格，境界パーソナリティ障害，人格的成長，性格心理学，性格変容，パーソナリティ，ペルソナ

文献　1. 相場均『性格：素質とのたたかい』（中公新書）中央公論社，200p.，1963；2. 祖父江孝男『県民性：文化人類学的考察』（中公新書）中央公論社，224p.，1971；3. 詫摩武俊『性格』（講談社現代新書）講談社，200p.，1971；4. テオプラストス，森進一訳『人さまざま』（岩波文庫）岩波書店，162p.，1982；5. E-増永，1961；6. 渡邊芳之・佐藤達哉『性格は変わる変えられる：地面性格と性格変容の心理学』自由国民社，191p.，1996

性格心理学，人格心理学　psychology of character〔personality〕

人がそれぞれにもつ性格の特徴，構造，特性，機能，タイプ，評価などを研究し人間理解に役立てようとする心理学の一分野。

性格はキャラクター (character)，人格はパーソナリティ (personality) の訳語である。キャラクター (character) とは，もともとギリシア語では，標識を意味する単語であって，固定的なイメージが強く，パーソナリティは，古典劇にかぶる仮面 (persona) から生まれた単語で，他人から見られる変わりやすい表面的な性質を表していた。もともと違いはあったが，現代心理学では，パーソナリティ，人格，性格は，同じような意味で用いられている。オルポート*によれば，パーソナリティとは「個人を特徴づけている行動と思考とを決定するところの精神・身体的システムであって，その個人の内部に存在する力動的な組織」である。現在ではこの定義が広く受け入れられている。

性格についての研究は，古くアリストテレスに始まる。その弟子テオフラストスの『人さまざま』では，「空とぼけ，へつらい，無駄口」など30ほどの性格についてふれている。身体的な

ものをベースにしての性格論は，ガレノスの『4気質説』(多血質，胆汁質，憂うつ質，粘液質)が最初であり，この流れは，クレッチマー＊やシェルドン(W. H. Sheldon, 1899～1977)らの「類型論」に通じるものがある。

性格をいくつかの典型的なタイプに分け，性格の理解と研究に役立てようとするのが「類型論」である。クレッチマーは，体型(肥満型，やせ型，斗士型)と性格(気質)との関連性に注目し，躁うつ気質，分裂気質，粘着気質の分類を行なった。シェルドンも，体格の測定をもとに，内胚葉型(内臓緊張性)，中胚葉型(身体緊張性)，外胚葉型(頭脳緊張性)の三つに分けた。ユング＊は，フロイト＊のリビドー説とアドラー＊の自我優越説を取り入れ，外向型・内向型の性格類型を提起した。これらの「類型論」が，ドイツ，フランスを中心に発達したのに対し，イギリス，アメリカにおいて発達したものに「特性論」がある。特性論では，パーソナリティを比較的多数の基本的単位(特性)に分け，特性の組み合せで性格を説明しようとする。この説によると性格の特徴の個人差というものは，程度の差であって質の差ではないと考えることになる。今日では，因子分析の方法によってこの立場の研究が飛躍的に発展し，パーソナリティ特性を客観的にまた能率的に測定するためには，有効な方法となっている。しかし，客観的測定を目指すため，個人の全体性や独自性を見逃しやすい欠点をもっている。主な特性論としては，オルポート＊，ギルフォード(J. P. Guilford, 1897～1987)，キャッテル(R. B. Cattell, 1905～)，アイゼンク＊などのものがある。

パーソナリティの理論としては，フロイト，ユング，アドラー，ランク(Otto Rank)，エリクソン＊などに代表される，無意識に焦点をあてる精神分析理論，ゲシュタルト心理学の創設者の一人レヴィン＊らの「性格は環境から離れて存在するものではない」という場の理論，ダラード(J. Dollard, 1900～1980)やミラー(N. E. Miller, 1909～)の「性格は，多くの習慣が集まった束」と考える学習の理論，カウンセリングの実践家ロジャース＊の「人間がとらえることのできるのは現象だけである」という現象学

的理論など，さまざまな論が提出されている。

このように，とらえることの容易ではない性格を測定する方法として，(1) 面接法，(2) 行動観察法，(3) 実験法，(4) テスト法などがある。この中で，テスト法(性格検査)は，あらかじめ性格のどの部分を測定するかを明確にしてあり，客観的なデータを提供できるという長所があるので，多く利用され，質問紙法，投影法，作業検査法に分類できる。質問紙法は，応用範囲も広く実施も簡単で多数の者に同時に実施できる利点があり，Y‐G (矢田部・ギルフォード性格検査)，MMPI (ミネソタ多面人格検査)，MPI(モーズレイ性格検査)，TPI(東大版総合性格検査)，EPPS (エドワーズの性格検査)，MAS (顕在不安測定尺度)などが利用されている。投影法は，比較的あいまいな刺激素材(図形，絵，文など)を与え，できるだけ自由な反応を引き出し個人の性格を測定しようとする方法で，有名なものにロールシャッハ・テスト，TAT (絵画統覚テスト)，PF スタディ(絵画欲求不満テスト)，人物画テスト，樹木画テスト，SCT (文章完成法テスト)，言語連想テスト，箱庭療法などがある。作業検査では，内田クレペリン検査が現在日本で用いられているものであり，単純な連続加算から仕事ぶり，作業ぶりの特徴を明らかにし，精神の健康度を測定しようとするものである。これらの検査は，客観的な情報を知る点では有効であるが，ある程度限定された性格の特性についての検査であることに留意し，その人の全体像について即断してはならない。　　　　　　　　　　　〔川合　正〕

⇒人格的成長，性格，性格変容

文献　1. 青柳肇他編著『こころのサイエンス』福村出版, 208p., 1989；2. 瀧本孝雄・鈴木乙史・清水弘司編著『性格の心理』福村出版, 223p., 1985；3. E-詫摩・依田編, 1974；4. E-詫摩・瀧本・鈴木・松井, 1990；5. テオフラストス, 森進一訳『人さまざま』(岩波文庫)岩波書店, 162 p., 1997；6. 福島章『性格をどう生きるか：人格形成の病理と思春期の病理』(サイコブックス)彩古書房, 220p., 1984

性格変容　modification of character
意図的に性格を変えること。
　カウンセラーに相談する内容の統計をみる

と，他の人たちにとけこめない，自分の性格を変えたい，という類が圧倒的に多い。とけこめないというのは内向型，分裂気質の人に多く，このいわゆる内気な性格の人は，米国人で40％もいるというから，相談も多いわけである。ガンにかかる人，心筋梗塞にかかりやすいタイプA（せっかちのあせりタイプ），うつ病にかかりやすい「執着気質」など，特定の病気と性格との関係も次第に明らかとなり，最近では予防医学の観点からも性格を変える必要が叫ばれるようになった。

ところで，性格を変えることができるものだろうか。答えはイエスである。人間の性格は二層構造になっていて，基礎の性格を変えるのは難しいが，その上に乗っている表層的性格を変えるのは割合に簡単だと言われている。社交べたな人が営業マンになって働いているうちに社交的になるなどはその例である。

ドイツの精神医学者クレッチマー*は，自閉的気質，同調性気質，粘着性気質の三つを分け，ユング*は思考型，感情型，感覚型，直観型という4タイプそれぞれに，さらに内向性と外向性とがあるという八つの性格類型を考えた。例えば，内向性思考タイプを外向性感情タイプに変えたいという人がいるとすると，これは相当困難な課題であり，ほとんど不可能なように見える。しかし，思考型といっても，思考だけで生きているわけではなくて，感情もあるし，感覚や直観も働いているのであって，ただ，思考が多少優勢だというに過ぎないことは，すこし考えればすぐにわかることだ。それだから，感情を次第に豊かに加えていくことは，できない相談ではない。具体的には，別に述べるエゴグラムの項の変容法を利用すると良い。内向か外向かという問題も同様であって，内向だけという人はいない。つまり，いくぶんかは外向的な部分をも含んでいるのが普通であるから，両者の割合を少し動かすことぐらいはできないはずがない。このように，分解して考えれば，性格を変えることが不可能ではないことを理解できよう。

性格を変えたい場合には，誰でも「魅力のある性格」を目標にする。しかし，この魅力ある性格とはどのような性格を指すのだろうか。

魅力的な性格とは必ずしも「外交的で社交性に富んだ人」とは限らない。具体的に，親切とか，気がきく，など細かいことではなくて，むしろ「深みのある人物」というふうな，その人の周りに漂っている雰囲気に人はひきつけられるらしい。魅力的な人とは次のような人である。

気立てのいい人，人柄が良くて，上品，高潔，知的であること。周りになごやかな雰囲気が漂っており，出しゃばらず，礼儀正しく，控えめであること。適当に丸く穏やかで，ほぼ笑みを絶やさない。余裕のある表情をもっているが，おごりのようなものを感じさせない。明るくて，繊細，格好よく，女性の場合には性格にかわいさがある。気配りがよく，いつでも態度が変わらなくて，自分の位置が決まっている。個性をもち，自分の信念を貫く，自分に正直，気弱さからの妥協はしない，他人をうらやんだり，ねたんだりしない。嫌なことは忘れてしまう。

職場で魅力のある人というのは，自分の仕事を愛し，楽しんで働き，約束事や仕事をきちんと片づける。骨惜しみしない。文句を言わない。責任を転嫁しない。誠意をもって事にあたり，困難に直面してもできそうな方法を積極的に考える。他人への優しい思いやり，心の温かさ，おおらかさ，協調性豊か，周囲とのバランス感覚があり，他人に積極的に関心をもつ，相手を立てる，相手の話をよく聞く，という具合である。

世間一般で言われている魅力的性格とは，およそ以上のようなものであるが，心理学者は魅力的人間の要素を六つあげている。それは，格好よく，美しくて，能力があり，相手に好意をもち，自分に似た面と似ていない面との両面を備えており，しかも近くにいてくれる人である。松井豊の『恋ごころの科学』によると，魅力ある異性像は，男女間でも，日米間でも若者に共通しており，「思いやりのある」「明るい」「やさしい」「知的な」「生き生きしている」「清潔な」人だという。

世の中には，完全な人間などいないから，これらすべての要素を満たす人などいるはずがない。しかし，これらを目標にして，次第に自分

を魅力的に変えていくことはすばらしい努力だと思う。

性格変容の方法としては、(1) 行動療法、(2) 主張訓練法、(3) 自己暗示、(4) 瞑想、(5) 交流分析（エゴグラム）の五つがしばしば使われる。

(1) 行動療法：人の精神活動を知・情・意の三つに分けることができる。別の言葉で言えば、思考・感情・意志（行動）であろう。性格を外から見ていると、他人の性格は思考・感情・行動の様式に表われるから、性格を変えるということは、思考や感情や行動のパターンを変えるということになる。この三つの中では、行動を変えるのが一番たやすいように思える。ゆっくりしていたのを、素早い動作に切り換える、人の後ろについていたのを、先に立つようにする、無口だったのを多弁にする、消極的だったのを積極的にする、などを実行すれば、随分性格が変わったように見えるに違いない。悲観的な性格を、楽観的な性格に変えるのはそれほど簡単にはできないかもしれないが、顔面に笑みを絶やさず、声をいつもより大きめにして、冗談でも言うように心掛ければ、楽観的な人物に見えるであろう。それが他人を引き寄せることになれば、いやでも会話の輪にはいることになり、口数も自然に多くなる。このようにして、まず行動を変えると、性格もつられて変わっていくことが多い。したがって、性格を変えようとするのではなしに、まず行動を変えることを実行するのが性格変容のコツである。

「内気」とか「消極的」という心の状態を変えるのは簡単でないが、内気に見える行動を変えるのは割合にたやすい。これは「筋弛緩法」の原理に似ている。あがりやすい人に「あがるな」と命じても実行できないものだが、「全身の筋肉の力を抜きなさい」と命じると実行可能になる。つまり筋肉の力を抜くという身体的変化につられて、心の緊張もほぐれてしまうことをねらうのが筋弛緩法である。同じように、まず行動を変えて、それにつられて内気な性格も改まるという点を狙ったのが行動療法である。

「今日は内気だけど、明日からは社交的になるよ」などと口では言えても、実行できるはずが

ないが、生活するなかで、行動を変えることはそれほど難しくない。行動療法に限らず、性格を変えるにはまず、自分の行動をチェックして、自分の性格をよく知ることから始める。自分の好ましくない性格が、いつ、どんな所で、どういう状態の時に現れるかという時間、場所、状況、反応、影響を日ごろから記録し、そこから自分の弱点を読みとって、それを一つずつなくしていくのである。

しかし記録をつけただけで、性格が変わるはずがない。自分の行動を変えたいときは、目標をはっきりと決めておく必要がある。自分のどういうところを変えたいのか、いつまでに自己改造を完成したいのか、自分の変化をどうやって測定するのか、などの目標である。母親や友達に点数づけを頼むとか、自分でチェック・リストを作るなどの工夫が必要になる。もし目標を達成できたときには、何かほうびを自分に与え、達成できなかったときには罰を与える、ということをあらかじめ決めておく。

実際には、目標をどのように立てればいいのかを、「内気を改める」人の場合を例にとって、示しておこう。

(a) 他人が自分をどう見ているかを気にしない。

(b) 自分に対するイメージを良くして、自分の長所を見る。

(c) 一つのことでいいから権威者になる。

(d) 改善されたという自己暗示をかける。

(e) 積極的になる。

(f) 社交上手になる。

(g) 話の輪に入っていく。

(h) 質問をする。

(i) 1日に少なくとも3回、お世辞を言う。

(j) できるだけ多くの人に会う。

(k) 社会的役割に徹して、それを演じる。

(l) 好きな人には、惜しみなく与える。

また、P.G. ジンバルドーは、次の12項目をあげている。

(ⅰ) 他人と協力して行動する。

(ⅱ) 失敗しても、個人的な恥としない。

(ⅲ) 成功を望まない。

(ⅳ) 自分の感情を表現する。

（v）他人と感情を共にする。
（vi）異性と仲よくする。
（vii）性的表現をタブーにしない。
（viii）利己的にならない。
（ix）受容と愛を実行。
（x）現在の経験を重視。
（xi）離婚，経済的不安などでおきる不安定さを最小にとどめる。
（xii）共通の社会的目標に対する信念や，特定のグループに属していることに誇りをもつ。

ここでは，最も多数の人が悩んでいる「内気を改めたい」の例を述べたが，ほかの場合でも同じように具体的な目標を設ければよい。

(2) 主張訓練法：(別項参照)

(3) 自己暗示：筋肉を弛緩させておいて，エスカレーターで地下3階まで降りていくことをイメージし，「だんだん深く下りていく」という暗示を自分にかける。次に，なるべく否定的でない，肯定的暗示をかける。「明日は内気な行動をしないだろう」よりも「明日は，明朗快活な行動をするだろう」の方が実行されやすい。威圧的命令よりも任意的暗示の方がいい。「自分は～する」よりも「自分は～できる」とするのである。こういった暗示を3～4回繰り返す。「今すぐ～」よりも，「次第に～」「明日は～」というふうに時間を与え，言葉だけよりは，自分が実際に～しているという視覚的なイメージを加えるほうが強力に働く。深呼吸をしながら，「自分は～できる」などの暗示することに注意を集中し，次に集中をやめ，再び集中することを拍動的に繰り返すのもよい。また，自分が達成したいことをまず詳しく記し，次に細かい点を省いて，望んでいる結果を述べた二つほどの文にそれを圧縮する。その文から，キーワード又はごく短い句を選び，これを数回唱えると，自己暗示がよく効く。「毎日，あらゆる点で私は次第によくなっていきます」という暗示を日々，何度も繰り返すことによって効果を上げた人もいる。不眠症の人は「今晩も眠れないのではないか」と否定的暗示を考えると眠れない。「絶対によく眠れる」というような「絶対に～できる」の肯定的暗示をかけることが大切である。

(4) 瞑想：瞑想は感受性を鋭くする。ラジオのダイアルを回してチューニングをする時のように，しだいにはっきりした音が聞こえるようになり，内面の声に耳を傾けることができる。その時本当の自分というものがわかるようになるのである。本当の自分自身として生きるようになれば，喜びを感じて楽しく幸せになり，それによって好ましい性格になれる。幸せな人が，意地悪とか，ひがみっぽいなどの嫌な性格をもつはずがないだろう。

けんかの時は感情に流されて相手の言うことがわからなくなっても，瞑想して落ち着いてくると「相手の方が正しかったなあ」とわかることがある。瞑想にはそのように，心を落ち着かせる効果があり，自分の内面を見ることができるようになるので，個性を確立でき，自信ができて，恐れがなくなる。そういう人が，非常に好ましい性格になれるのである。

(5) 交流分析(別項参照)：エゴグラムは，自分の性格をわかりやすく示してくれるグラフだから，こんな形になると良いとか，悪いとかいうことはない。しかし，原則として，あまりデコボコしない，なだらかなグラフになる方が好ましいのである。特にNP（養育的親），A（大人），FC（自由な子ども）の得点が低いのは感心できない。エゴグラムで自分の性格がわかったら，得点の低い項目を高くする努力をしてほしい。

デュセイ（J. M. Dusay）と桂載作は，その方法を，次のように述べている。

CP（批判的親）を強めるには，「二つの椅子」法を使う。自分が一つの椅子に腰かけ，空いている椅子には不公平な上司が腰かけていると空想して，具体的に批判をする。枕たたき法では，怒りの対象を殴るつもりで枕を棒で叩く。

NP（養育的な親）を強めるには，「抱きしめる」「肩を叩く」「同情のまなざしを投げかける」「不幸な人に同情する」「他人をほめる」「他人のために料理をつくる」「プレゼントをあげる」「相手の拒否的態度に反応しない」などの方法がある。

自分に対して厳しい人は，二つの椅子法を使って，自分を慰めていたわってあげるのがよい。

NP（養育的な親）を弱めるには，相手の気持

ちを考えず，助けようとしない，しかる，アラ探しをする，説得する，などの態度をとる。

A（大人）を強めるには，科学的な考え方を練習するのが有効である。つまり，「観察する」「仮説をたてる」「実験してみる」「結論を出す」のいずれかを行なうのである。「思っていることや行なうことを紙に書いてみる」「学習をする」などもいい。行動を分析したり，他人ならどう思うかと考えてみる。自律訓練法やリラックスすることも役立つ。「考えさせて下さい」と言うのもよいだろう。

A（大人）を弱めるには，相手の話を最後まで聞かず，すぐに感情的に反応し，反省をせず，情報に無関心，「なぜ」を考えない，などを実行する。「わかりません」「できません」などと言ってみるのもよい。

FC（自由な子ども）を強めるには「周りの人がどんなヘソを持っているのかを空想してみる」「下着をつけない他人がどの動物に似ているかを考えてみる」「他人のヌードを空想してみる」「頭を横に8度ほど傾けて眺める」「幼時に歌った歌を歌う」「歩きながらすれ違う人におどけてみせる」「芸術や娯楽を楽しむ」などの方法がある。冗談を言ったり，感じたことを口に出すのも，一法。

FC（自由な子ども）を弱めるには，「相手の気持ちを拒絶する」「人生の暗い面ばかりを見る」「楽しまない」「受身姿勢」などを実行する。

AC（順応した子ども）を強めるには，1呼吸おいて相手の立場を考慮してから返事をする，我慢を学ぶ，などもいい。

以上に述べた「自分」改造を実行して，あまりデコボコのない性格に直していくと，人に好かれる性格になる。　　　　　〔小林　司〕
⇨エゴグラム，行動療法，交流分析，主張訓練法，性格，性格心理学

文献　1. 秋月菜史『ケビン・ライアーソンの自己変革セミナー』二見書房，254p.，1993；2. B-伊藤，1990；3. 稲田太作『性格改造実践講座』二期出版，213p.，1991；4. B-片山，1990；5. E-桂，1986；6. 桑名一央『自己を変える』（知的生き方文庫）三笠書房，254p.，1987；7. E-國分，1991；8. B-小林司，1986；9. E-小林司，1988；10. 小林司「どうすれば性格を変えられるか」樺旦純他『ココロビクス入門』pp. 41〜64，1993；11. E-星野・詫摩編，1985；12. 本明寛『性格改造』番町書房，270p.，1968；13. 宮城音弥『性格を変える方法』（山手新書）山手書房，246p.，1976；14. レ・レクロン，小野浩三訳『自己改善法：潜在意識と自己催眠』創元社，280p.，1970

生活大事件　⇨ライフ・イヴェンツ

生活の質　⇨クオリティ・オブ・ライフ

生活保護　economic support for living
生活保護とは，国民のうちの生活困窮者に対して提供される社会的援助の仕組み。

生活困窮者を救済しようとする制度は，日本では，古くは大宝律令（701）にそのはじまりがみられる。徳川時代にも，藩主や幕府がさまざまな救済事業を行なっている。

しかし近代的な公的扶助は，1874年の「恤救(じゅっきゅう)規則」が最初であり，1929年に「救護法」が制定されたことで，法律的に整備された救護制度が確立したといえる。しかしこの法律は，失業による困窮は救護の対象としないように差別的，制限的であったため，不備な点が多く，さらに補足する制度を作らざるを得ない状態だった。

1945年に敗戦をむかえ，国内には生活困窮者があふれ，従来の「救護法」では対応できなくなったため，1946年，旧「生活保護法」が制定された。その後社会情勢の変化から，この制度の拡充強化の必要に迫られ，1950年5月全文改正され，現在の「生活保護法」が制定施行され，現在に至っている。

生活保護法は，日本国憲法第25条の，「国民は健康で文化的な最低限度の生活を営む権利を有する」との規定により保障される生存権を，国の義務として実現するための制度として制定された。生活に困窮している国民に対して，最低限度の生活を保障すると同時に，それら人々の自立の助長をはかることを目的としている。

運用するに当たっては，三つの基本原理がある。対象の差別的な限定をせずに，生活に困窮しているかどうかに着目する「無差別平等の原理」，健康で文化的な生活水準を維持するための最低限度の生活水準を規定した「最低生活の原

理」，保護を受けるためには，利用できる能力や資産を活用し，扶養義務者の扶養や他の法律による扶助はこれを優先する「補足性の原理」である。

生活保護を実施していくうえでは，四つの原則がある。生活に困窮する国民は保護を請求する権利が保障されているが，これは(1) 申請行為によるとした「申請保護の原則」，(2) 保護の実施は厚生大臣が定める基準にもとづき，その不足分を補う程度に行なうとする「基準及び程度の原則」，(3) 保護は年齢や健康などの個々の事情を考慮して，有効に適切に行なわれることを規定した「必要即応の原則」，(4) 特別な場合を除いて，保護はその者が属する世帯単位で，要否や程度を決定する「世帯単位の原則」である。生活保護の種類は生活，教育，住宅，医療，出産，生業，葬祭の七つの扶助である。2種類以上の扶助を同時に受ける場合を併給と呼び，1種類の扶助だけを受ける場合を単給と呼ぶ。保護は，全部が金銭によって支給されるとは限らず，医療扶助のように現物で支給されるものもある。また居宅で保護を受ける場合と，施設に入所して保護を受ける場合とがある。施設には，救護施設，更生施設，医療保護施設，授産施設，宿所提供施設がある。

生活保護の実施責任は国にあるが，その実施については各都道府県知事，市長に機関委任され，さらに福祉事務所長に委任されている。福祉事務所には，現業員（地区担当員，あるいはソーシャル・ワーカーと呼ばれる），査察指導員が配置され，要保護者の調査，保護決定，自立のための援助に当たる。個人の生活に深く関わる仕事であり，高い人権意識や面接技術が要求されるが，専門性という点では，地域によってばらつきがあり問題も多い。民生委員は，協力機関として，担当地区の実態把握をし，これらの活動に協力することとされている。

保護基準の算定は，マーケット・バスケット方式，エンゲル方式，格差縮小方式を経て現在は，政府経済見通しにおけるその年の民間最終消費支出の伸び率を基礎として，前年度までの一般国民の消費水準との調整を行ない改定する水準均衡方式を採用している。基準生活費は飲食費，被服費，光熱費など日常生活に必要な費用である。これに障害，妊娠などの個々の事情に対応するための費用を，加算として加えて支給している。また地域の生活様式，物価の違いによる生活水準の差に対応して，全国を6区分の級地に分け，基準額に格差を設けている。最高の地域（東京23区1-1級地）の場合，1997年には月額16万1,859円であった。全国保護率は，1951年の24.2‰（千分比）が最高で，地域による差はあるもののその後低下し続け，1996年度で7.1‰であり，1996年に被保護者は1ヵ月平均613万世帯877万人，扶助人員は1ヵ月平均219万7,404人であった。〔榊原立美〕

⇒社会福祉士，貧困，福祉事務所

文献 1. 籠山京『公的扶助論』(社会福祉選書 6)光生館，326p., 1978；2. 厚生省社会局保護課・厚生省社会局監査指導課監修，全国社会福祉協議会編『生活保護手帳（平成6年度版）』全国社会福祉協議会出版部，463p., 1994；3. 厚生省社会援護局保護課監修『保護のてびき（平成6年度版）』財団法人社会福祉振興試験センター，63p., 1994；4. 小山進次郎『生活保護法の解釈と運用』(改訂増補) 全国社会福祉協議会，942p., 1975；5. 建石一郎『福祉が人を生かすとき：ドキュメント・「落ちこぼれ」たちの勉強会』あけび書房，248p., 1989；6. 寺久保光良『「福祉」が人を殺すとき：ルポルタージュ・飽食時代の餓死』あけび書房，264p., 1988；7. 寺久保光良『続「福祉」が人を殺すとき：ルポルタージュ・棄てられし民の反骨』あけび書房，224p., 1991；8. 東京ソーシャルワーク編『How to 生活保護：暮らしに困ったときの生活保護のすすめ』現代書館，175p., 1991；9. 尾藤廣喜・木下秀雄・中川健太朗編著『誰も書かなかった生活保護法：社会福祉の再生に向けて』法律文化社，276p., 1991

性器期 genital phase〔stage〕

性器統裁期ともいう。フロイト*のリビドー発達理論の第5段階で，身体的成熟に伴い，それまでの幼児性欲の各部分欲動が，性器愛または性器的体制によって統合される段階。

1905年，フロイトは，『性に関する三つの論文』で，青年期について初めて精神分析のメスを入れ，次の4点を主張した。

(1) 精神性的発達は乳幼児期に一度，前性器的体制を整え，思春期に変容するという二相説。(幼児性欲は性的ではあるが性器的ではない，と区別して規定した。)

(2) 出生後5, 6歳までに乳幼児は，口唇期，

肛門期，男根期の幼児性欲をもつ。思春期（12，13歳以降）以前のこの幼児性欲は，自体愛としてそれぞれ独立して存在しているのであるが，思春期になると，リビドーの活動が再び盛んになり，性器を性感刺激帯とする性器的性欲を頂点に，連続性のある興奮系として統合される。（この性の発達段階を性器期，性器愛期，または性器統裁期と呼ぶ。性器的体制が，性器期以前の性的部分欲動に対して，優位を確立することを「性器性欲の優位」または「統裁」という。そして，性器性欲の優位が確立した性格を「性器的性格」という。）

（3）男性らしさと女性らしさが分化する。

（4）近親相姦禁止の社会的規範にしたがって，新たに性器統裁された性愛の対象が，幼児性欲の対象である両親に代わって，家族外に求められるようになる。

上記の（4）に関連してライヒ*は，彼の性格分析の理論（1933）の中で，成熟した健康な精神生活を送る人物は，この性器愛を中心とした性器的性格を形成するとした。すなわち性器愛は，成人の正常な性愛を意味する。

思春期以後の成人の性活動において，幼児性欲の部分欲動や幼児的・近親愛的な愛情対象（例えば父母）への固着が強く，正常な性器愛の発達が完全でない場合には，さまざまの性的活動の障害が生じ，または性的倒錯が生じると考えられる。

小此木啓吾は，青年の発達段階は，一般に三つの段階に分けられるとしている。まず第一は「思春期から前期青年期」で，これは性器性欲を自己の人格の内面に統合する段階である。第二は「中期青年期」で，これは性器愛的な異性愛を身につけた男性，女性としての社会的態度や役割，対人関係様式を体得する段階，第三は「後期青年期」で，これは具体的異性愛関係を学習し，実行する段階である。

また，E. H. エリクソン*（1950）は，性器愛の理想的条件として，(a) パートナーとのオーガズム体験の共有，(b) 精神性と官能性の融合，(c) 近親愛や性器期以前の倒錯的傾向からの解放，(d) パートナーとの相互的な信頼，(e) パートナーとの仕事・生殖・休養・のサイクル共有，(f) 親になることの肯定，などをあげている。

思春期の若者は，性的なことに大いに関心をもつと同時に異性への興味もつのる。森崇は，「本来，性のめざめは，生命の尊さを知ることにつながるものだが，現在の性というものは，むしろ興味半分の遊びという要素が前面に出すぎて，うすっぺらな存在になっている。そのため，性というものが，時には本能をコントロールできない罪悪的なものとしてとらえられたり，自己の性器が享楽の対象として，耐え得るものかどうかなどと考え，種々の悩みが生じてくる。また，マスターベーションが，恥ずかしい行為であると思い込み，ややもすると性の行為との関連で，罪の意識をもちやすくなる」と，日本の若者が罪悪感をもちやすいことを指摘している。

性器期は思春期に始まる精神性的な成熟期で，青年期（adolescence, 青春期）に相当する。身体的にはまったくの大人になり，家庭から離れ，社会に向けて自立の準備を始める。より広がった人々との出会いや体験の中で，自己探求と自己発見を試みる。

エリクソンにとって，青年期において解決すべき主要な発達課題は，青年がアイデンティティ（自我同一性）を獲得しなければならないということである。アイデンティティとは，簡単に言えば，「自分が何者であるかについての確固たる信念」のことであるが，これは青年期における最も有効で包括的な概念と言えるであろう。青年たちにとってこの時期，職業的同一性（professional identity）と性的同一性（sexual identity）の確立とそれらを統合する自我同一性（ego identity）の確立が焦点となってくる。

思春期になればすぐ性器愛が完成するわけではない。第二次性徴の発達，成熟にしたがって，エディプス的関心をはじめ前性器期幼児性欲の個人的特徴が同時に再現し，不安や罪悪感による動揺が激しくなるが，そうした諸特徴が性器愛により統合され，自我同一性が確立して，異性との性器的結合，およびそれだけでなく全人的対象愛が実現されることが課題となる。したがって，この段階で初めて，官能性と愛情性の

融合が達成されると言える。

エリクソンはライフ・サイクルの中で青年期を自我同一性の混乱,危機として述べている。青年期の知的・感覚的能力の増大は,自己のパーソナリティ,すなわち自我構造が,自分が理解している現実社会の中で有効であるかどうかを自己反省し,大人の文化への加入,帰依を模索するのを促す。

青年たちはまた,自分自身の変化を自我に鋭敏に意識させることができるようになる。土居健郎は,同一性の要求は変化を経験し意識するから生じると述べている。

中井久夫は思春期の世界を個別的に生きねばならぬ予感と兆候に満ちた世界とし,その時代の特徴として,「知的・感覚的能力の増大——大人の文化への加入,帰依——と経験の乏しさとの平衡がつくり出す,さだかならぬ未来への兆候性をあらわす時代,単に第二次性徴の出現のみによらず,学童期のようにはっきりした身体言語を語らず,成人のように精神症状という言語を巧みにもちいない,自己表現の困難な過渡的な時期,困惑の時期,また,大人の世界に囲い込まれたくない,規定されたくないという強い指向性を示すため,レッテルを貼られることを嫌う時期」などをあげている。

神経症などはこの課題実現の困難により説明される。ステューデント・アパシーや,非行,自死,離人体験などの多少とも病的な現象のほとんどは,アイデンティティ拡散(同一性確立の失敗)の概念によって,適切に理解しうる。対人関係の病理の中には,否定的同一性の範疇に入るものもあると考えられる。

また,河合隼雄は,急変化を遂げてくる身体を己のものとして受け容れる際の男女差について言及している。女性の場合は,それを受け容れる時に多くの問題が生じるのに対して,男性の場合は,自分の身体を己のものとして積極的に行為させていく時に問題が生じる。したがって,青年期における重いノイローゼは,一般に女性の場合は初期に,男性の場合は後期に多いという。

自分の身体をどう受けとめるかということと,自分自身をどう感じるかということは,女性の場合には分かち難く結びついている。女子青年の中には女性としての身体と出会い,それを受け容れていくこと(性的同一性)が,時として困難な発達課題となって,摂食障害を招くことがある。その原因として,自己同一化しえない,陰性な母性化を抱くに至る,幼少時期からの親子関係の歪みが原因していることが多い。

福井康之によると,青年期は「自我同一性の危機」であり,この危機は個人の生育歴のあり方によって,いくつかの類型をもつことになるとして,次のように述べている。口唇期の「信頼対不信」の葛藤は,青年期には永遠の少年・少女のごとき「時間展望の混乱」という形で姿をとどめる。肛門期の「自律対恥・疑惑」の葛藤は,対人恐怖のように,青年期には「自意識過剰」になり,男根期の「自発対罪」の葛藤は,不登校や意欲減退学生にみられる自発性の欠如の例のように「役割固着」を生じる。

エリクソンは,青年期の同一性の葛藤を解決する一方法として,青年期の猶予期間(モラトリアム)の設定を提案した。

そして,エリクソンを日本に紹介した一人である小此木啓吾は,エリクソンが提出した概念を拡大して,現代の「社会的性格」が,青年期の自我同一性の拡散像の特徴を示していることから,「モラトリアム人間」という流行語を作り出した。さらに彼は,新しいタイプの人間像として,転身するどの段階でも,自己の最終的な同一性の選択を常に保留し,モラトリアムに自己を置くことを積極的に肯定して,それを逆手にとって,変幻自在で有能な自己を実現していく「プロテウス的人間」への変身を提案している。　　　　　　　　　　　〔坂庭愛子〕

⇒アイデンティティ,口唇期,肛門期,摂食障害,男根期,ライフ・サイクル,リビドー

文献　1. C-エリクソン,1989b;2. 小此木啓吾編『青年の精神病理 2』(精神医学叢書)弘文堂,368p.,1980;3. C-小此木・岩崎・橋本・皆川編,1985;4. E-河合,1983;5. E-神保編,1988;6. 土居健郎『甘えの構造』弘文堂,229p.,1971;7. H-『中井久夫著作集』3,1985;8. E-福井,1980;9. 無藤隆・苧阪直行・倉光修『心理学とは何だろうか』新曜社,206p.,1986;10. F-森,1976

性機能障害 ⇒性〔機能〕不全

性交痛，性交疼痛症 dyspareunia, coital pain

腟けいとともに**性交**の際の**疼痛**障害の一つ。

米国精神医学会による精神障害分類（DSM-IV, 1994）の診断基準では次のようになっている。「（身体疾患によらないものとして）A．男性，女性をとわず，性交に関連した反復的または持続的な性器痛。B．その障害によって著しい苦痛が生じ，または対人関係が困難になっている。C．この障害は腟けいれんまたは潤滑液欠如のみでおこったものではなく，他の第1軸の障害（他の性機能不全を除く）では上手く説明されないし，物質（例：乱用薬物，与薬）または他の一般身体疾患の直接的な生理学的作用のみによるものでないもの。」

一般に性交痛は女性に多く，日本産科婦人科学会は次のように解説している。「有痛性交または性交困難症とも呼ばれ，不感症の原因となる。器質的原因のほか，女性の性に関する心理的問題，夫婦の性格不一致などの心因性なものがある。」異性の研究・性教育は，思春期から老年期・死に至るまで必要である。

原因と治療法はそれぞれ次のように二大別できる。

(1) 身体的原因：(a) 性的刺激時および挿入時の場合は，外陰炎・腟炎，処女膜強靱，腟狭窄，加齢や女性ホルモン不足に伴う萎縮性外陰炎・腟炎。(b) 腟深部挿入時の場合は骨盤内炎症・子宮内膜症など。(c) その他，腰痛症なども考えられる。

(2) 心理的原因：夫に対する敵意や抗議，妊娠に対する恐怖，性交に対する拒否などを，性交痛という身体症状で表現している場合がある。原因のうちでは，初交時の痛み，難産，人工妊娠中絶，レイプなどの影響を受けたものの頻度が比較的高い。未完成婚の原因にもなる。

他に時期が特定される原因として以下がある。

（ⅰ）産後：会陰切開縫合部の痛みや不安，卵巣機能の回復がまだ十分でないための腟の潤滑不足など局所的な疼痛以外に，初めての授乳・育児による疲労，不安，妊娠を避けたい思いなど心理面の問題が大きい。局所への医学的説明，精神面への夫の理解と具体的支援が必要である。

（ⅱ）術後：子宮筋腫など術後1カ月の診察で性交可能と告げても性交をできない，またはしない人たちがいる。卵巣が残されていればホルモンの働きも十分なのに，「子宮を失い，女でなくなった」との誤った考え，その他複雑な心理的なものが女性，相手の男性，あるいは双方にあることを考えて対応する必要がある。

（ⅲ）中高年以降(中年35〜49歳，高年50〜64歳，老年65〜79歳)：多くは閉経（平均50歳）以降，次第に性欲の低下，性刺激に反応の乏しい，腟の潤いの少ない（萎縮性腟炎）状態をきたす。萎縮性腟炎では，腟粘膜の薄化があるだけで，腟が狭くなるのではない。女性に比して，男性は急激な精巣からの男性ホルモン低下がないから，性的欲求が長く保たれる。双方に理解がないとお互いに不満が生じる。潤いのない状態での性器挿入・ピストン運動は女性にとって苦痛以外の何ものでもない。ホルモン療法により潤いが生じても心が伴わなければ苦痛の連続である。自己主張のない男性主導型など，それまでの二人の性生活・生活全体が中高年の性行動に反映している。また自己の性行為に対する男性の画一的な思いこみ（性欲，勃起，挿入，射精，満足は女性も同様という考え）からの開放，「抱き合う，触る，優しい会話も性行為」と考える柔軟性が必要である。

【身体的治療】 炎症に対する原因菌の検出と与薬。処女膜強靱には小切開。腟狭窄には時間をかけて非観血的拡張法。子宮内膜症には薬物や手術療法。加齢に伴うホルモン不足には女性外陰部や男性亀頭に潤滑剤塗布・ホルモン剤与薬。深部の疼痛には体位変換など。心理面の配慮も不可欠である。

【心理的治療】 具体的指導と，心理的アプローチを伴うセックス・カウンセリングが必要である。男性の性交痛は，主に，身体的原因として陰部ヘルペスのような炎症やアレルギー，精巣の炎症や腫瘍，ヘルニアが考えられ，皮膚科・泌尿器科・外科の受診が必要である。

性交不能の場合，まず自分の身体に関する正しい認識と，性が卑しいものではなくて大切なものであることを知ってもらう。生理・解剖学的に問題はないケースが多い。リラックスが必要なので自律訓練法を併用する。自分の身体を触り，眺め，いたわってもらう。この障害があっても，性器挿入・挿入以外の性行動（手・口による接触，見る，など）が可能である。腟入口部の筋緊張はあたかも腟けい（vaginismus）を思わせ，それと区別しにくい性交痛も見られる。心理的背景として，生育歴・相手との関係などが問題になる。指を腟口に並行に近づけても平気なのに，直角に近づけただけで，突き刺されるという恐怖感を示す。実際は根気よく，細い綿棒，太い綿棒，診療者の指や相手の指を5mm，10mmと挿入，小・中・大の腟鏡挿入，と段階的に進め，恐怖からの脱作を行なう。レイプなどの心的外傷がある場合には，無機質のタンポンなどの自己挿入，または相手の指の挿入まで可能になっても，生身の人間の性器に対する嫌悪感をなかなか変えられない。性器挿入に固執せず，むしろそれを禁じて，戯れの中で自然の結合を望むのもよい。〔堀口雅子〕
⇒子宮欠如，性障害の治療，性〔機能〕不全，セックス・カウンセリング，セックス・セラピー

文献 1. J-カプラン，1982；2. 日本産科婦人科学会編『産科婦人科用語解説集』金原出版，236p.，1988；3. 日本性科学会・日本セックスカウンセラー・セラピスト協会監修『セックス・カウンセリング入門』金原出版，340p.，1995；4. 堀口雅子「女子性機能障害について」心身医療研究会『心身医療 3巻』医薬ジャーナル社，1991, pp. 1567-1573；5. 堀口雅子「更年期の性問題」心身医療研究会『心身医療』第8巻，医薬ジャーナル社，1996, pp. 573-579；6. 村瀬敦子・村瀬幸浩『素敵にパートナーシップ：40歳からの性と生』大月書店，192p.，1997；7. American Psychiatric Association : *Diagnostic and statistical manual of mental disorders* (DSM-IV), 4th ed. American Psychiatric Association (Washington, D. C.)，1994（高橋三郎他訳『精神疾患の分類と診断の手引き』医学書院，291p.，1995）

性交疼痛症 ⇒性交痛

性差，男女の違い sexual difference
生物学的な性による心理や身体の差。

子どもを見ていると，男児は乱暴で，女児は優しいような気がする。そういう先入観が社会的にできあがっているから，そう見えるのか，そのようにしつけられるのか，それとも，遺伝的にそう運命づけられているのか。ボーヴォワールは「女はつくられるのだ」と言った。教育やしつけで女らしく形成されるのだというわけだ。

この疑問を調べる学問を性差心理学という。田中冨久子は，性差が生物学的要因によるのか，生後に学習的・適応的に作られたのかを脳の視点から扱っており，性差については下記のことがわかっている。

幼児期の特徴が大人になっても残る性質をネオテニー（幼形成熟）という。ヒトは類人猿に比べると発育が遅くて「ネオテニー的」といわれるが，米国の人類学者A.モンタギューによると男よりも女のほうが一層ネオテニー的なのだそうだ。そういわれてみれば，高校生ぐらいになっても女はキャーキャー騒いだりしてどことなく幼児っぽいようにも思える。

男の脳は，女の脳よりも138グラム重いといった大きさの違いよりも，脳の中でたくさんの神経細胞が集まっている神経核の大きさが男女で異なっていることの方が性差の原因だと考える人の方が多い。神経核を顕微鏡で見ると，脳という田園の中に広がる市街地のように見える。

ダイコクネズミの視床下部にある視束前野内側にある性的二形核（SDN-POA）はオスの方がメスの5倍も大きく，神経細胞の数も多いことを20年ほど前に発見したのはカリフォルニア大学の解剖学者R.ゴースキーであった。ヒトのSDN-POAの大きさの男女差は2倍ほどで，男が東京なら，女は横浜といった具合だ。この他にも，いくつかの神経核の大きさに性差があることが発見されている。男性ホルモンであるアンドロジェンが出生直後までの時期に脳に働くと差ができるらしい。

ヒトの男性では，大食，攻撃的，視覚・空間認知・数学や科学が得意。幼児期には差がないが，青年期になると，男の方が数学能力が優れているのは，遺伝よりは教育環境のせいだという主張が強まっている。女性では書字能力が得

意，情動にもとづく発話がおきやすい，相手が話したあとで間をおかずに話す，などの特徴があるのでオシャベリだとみられやすい．空間認知をつかさどる右脳の発達を性ホルモンが促すから，アンドロジェン不適応症候群の女性では空間認知能力が低い．

脳卒中による言語障害の回復は女性の方がいい．男では言語機能が左半球に集中しているが，女では右半球にも分散しているので，右半球が空間認知に専念できない可能性があり，そのために女性に方向オンチの人が多いのかもしれない．

ダイコクネズミでは，メスの方が甘さ，塩辛さを好み，新生児期にアンドロジェンを与えるとその傾向が抑えられるという．ヒトでも，一般的には女性の方がオシルコ好きだ．

ダイコクネズミの大脳皮質の厚さは，オスでは右が左より厚くて左右差があるが，メスには左右差が見られない．性ホルモンの影響を調べると，女性ホルモンであるエストロジェンがこの遺伝的な左右差をなくす方向に働き，メスの新皮質の構造と機能を未熟にすると，米国の解剖学者M.ダイアモンドは述べている．現段階では，脳の構造の差が，男女の精神構造に結びつくかどうかはわかっていないが，男なのに女になりたがる性転換希望者の脳では，分界条床核が普通の男の大きさの半分しかなく，女性なみだというし，同性愛の男性の脳は，前交連，脳梁膨部などの構造が女性のそれに近いなど，脳構造と心理との関連も次第に明らかになっている．　〔小林　司〕

⇒男の脳・女の脳，性役割，脳卒中

文献　1．田中冨久子『女の脳・男の脳』（NHKブックス）日本放送出版協会，236p.，1998；2．E-間宮，1979

成熟　maturity, maturation

生物学では，生活体の構造や機能の有機的成長過程において，種としての完全な発達の状態にいたること，あるいは，このような完態に到達する過程をいう．心理学では，内部からの自己調節機制によって，個体の属する種の発達方向，順序，顕現の時期などを規定していく過程をいう．

心理社会的成熟（psychosocial maturity, PSM）**のモデル**（近田輝行訳による）（1974）

[1] 個人としての適切な機能
　(1) 自己信頼感
　　(a) 他者への過度な依存がないこと
　　(b) 自分が人生をコントロールしているという感覚
　　(c) 主導性
　(2) アイデンティティ
　　(a) 自己概念の明確化
　　(b) 人生の目標に思いをめぐらしていること
　　(c) 自尊感情
　　(d) 価値の内面化
　(3) 仕事に対する心構え
　　(a) 日常生活上の仕事ができること
　　(b) 課せられた仕事ができること
　　(c) 仕事によろこびを見出だす能力
[2] 他者と適切に関わる能力
　(1) コミュニケーションの技術
　　(a) 言語的・非言語的メッセージを伝える能力
　　(b) 言語的・非言語的メッセージを受け取る能力
　　(c) 共感性
　(2) （十分な理解と）信頼感
　　(a) 他者に対する基本的信頼感
　　(b) 人間性を単純に善悪に分ける考え方を否定すること
　　(c) 時と場合によっては，頼ることができないということの認識
　(3) 重要な役割を知ること
　　(a) 役割に伴う義務の自覚（役割にふさわしい行動）
　　(b) 役割に伴う葛藤解決の優先順位の自覚（役割に伴う葛藤のやりくり）
[3] 社会の維持（結合）に貢献する能力
　(1) 社会への積極的関与
　　(a) 他者と共に生きているという感覚
　　(b) 社会の目標という公益のためにならば個人的な目標をよろこんで変更または放棄できること
　　(c) 社会の目標に近づくために他者と協力する準備のあること
　　(d) 長期的な社会目標に力を注ぐこと
　(2) 社会・政治的な変化に対する開かれた態度
　　(a) 変化一般に対しての開かれた態度
　　(b) 現状の損得の認識
　　(c) 変化に伴う損得の認識
　(3) 個人的・文化的な差異に対する寛容さ
　　(a) 標準とは異なった個人や集団に喜んで接すること
　　(b) 標準とは異なった個人や集団の権利を尊重すること
　　(c) 寛容さの代償と利益の自覚

「成熟」の用語は，従来心理学では，遺伝的要因を前提とし，環境的要因にもとづく学習および経験の概念と対立的に用いられていた．しか

し, 発達心理学の発展により, 今日では, 成熟も学習も発達を促進する原動力として, ともに重要な要因であり, しかも両者は分離することのできない相乗的関係で関わり合っているとする相互作用説が主流をなすに至った。

生物学では, 特に「性的成熟」に, 心理学では「社会的成熟」「情緒的成熟」に, 重きをおいている。また, 自分の年齢にふさわしい行動のできない人を未成熟, 未熟人格という。ときには, 神経症的人格と同義語に用いられる場合もある。その場合は感情や情緒を自分で統制することができず, 情緒不安定で気分の変化が著しく, 怒りや敵意をそのまま表現してしまう人を指す。

カウンセリングの分野では, 多数の方法論があるにもかかわらず, カウンセリングが個人の人格的成長と人間的発達とを目標とする創造的活動であり, 人格的成熟への過程であるという点が共通している。

小林純一は, 人格を要約し, (1) そのものとしての存在論的価値を有する存在であり, 他の有限な存在者にまさる存在である。(2) 人格の尊厳性は, それが自己自身を認識することができ, 人間性から生じるすべての行為の究極的主体であると同時に, 自己自身において存在し, 自分自身のために存在する自立的存在であるということ。また, 人格は他者から離れて, 独立して自立する存在である。(3) 以上のことから, 各人は「自分が自分を認識することができる」こと, すなわち「自分は何であるか, 何をしようとしているか」を知ることができる存在であり, これは, 自己尊重, 自己認識, 自己探求という概念をも含んでいる。(4) したがって,「自分は自分で決定し, これに対する責任をとる存在である」ということをも認識する存在である。すなわち, 自己決定, 自己と他人とに対する責任, が人格の特徴となる。(5) さらに, 人格は以上の点から理性的本性と自由とを所有していることを知る。したがって, 人格は最も神秘的存在であると同時に, 最も不可解な秘儀である, としている。また, 人格は, 他の人格との関係においてのみ, 成長し発達することができる。すなわち, 成熟期を経過した成人は, 相互依存的存在として他人と出会うことによって自己を成長させ, 十分に人間らしく機能する人間となる。人格の相互依存性は, 人格の相互関係を意味する。それゆえ, 人間は他の人間との人格的結合によって, いつまでも常に発達すべき存在である, と言っている。

また, オルポート*は,「自我(人格)の成熟」として求められるものとして次の点をあげている。(a) いろいろな心理的関心や内臓的欲求の範囲を越えて, 理想的対象や価値に関わってくる, もろもろの心理発生的関心が要求される。(b) 自分自身を客観化する能力, 自分自身について反省的であり, 自覚的でありうる能力, が求められる。個人が, 自分自身を他人が見るように自分を見, あるいは宇宙的展望で自分を眺める。(c) 統一した人生観を有することが求められる。彼によると, 以上のほかに, 成熟の基準は次の四つである。(ⅰ) 自己意識(自己感覚)の拡大 (私の家庭, 私の国など), (ⅱ) 他人との温かいつながり, (ⅲ) 情動の安定, (ⅳ) 現実を正確に認知し, 問題解決の技能をもち, 自分の課題にうちこむ。さらに, ジョン・パウエル (John Powell) は, 人間はその生涯の間, 完全な成熟を目指して, 未熟な自己中心性から脱し, 絶えず成長していかなければならないとし, 成熟した人の具体的に現われるふるまいとして, 他人に対して積極的になる, 他人と一緒に生きる, 適当な自己充足感をもつようになる, 現実的な目標をたてる, 分別をもつ, 生活の中で大切なものとそうでないものとの区別ができる, 柔軟性がある, 適応力がある, 情緒的に安定している, 等をあげている。

グリーンベルガー (E. Greenberger) ら (1975) は心理社会的成熟についての質問表を作るために, 前ページの表のような具体的な項目をあげている。しかし, これには, 親密さや衝動コントロール, 遊び, などが欠けている, と近田輝行は指摘している。 〔塩塚俊子〕

⇒アイデンティティ, カウンセリング, 自我

文献 1. A-小林純一, 1979;2. 近田輝行「心理社会的成熟について」『立教大学学生相談所報告書』No.8, 9合併号, p.16-24, 1989;3. パウエル, ジョン『愛することをなぜ恐れるのか?』女子パウロ会, 123p., 1982;4. Greenberger, E. & Sørensen, A. B.: Toward a concept of psychospcial maturity. *J. Youth and Adolescence*, 3, p. 329-358, 1974

性障害の治療 therapy for the sexual disorders

性障害とは性交ができない状態を指していることが多い。挿入できないか，性交を喜びの感情をもって行なえない場合が一番多く，相談を受ける件数もまた多い。広い意味では，性嫌悪を感じたり，性的感情をもてなかったりする場合をも含める。

【性反応各期の障害】　性反応とは，エロチックな気分になり（欲望相），性器，乳房に充血がおこり（充血期），オーガズムになる（オーガズム期），そして興奮がおさまる（消退期）という一連の生体反応である。病的でない限り，この反応は欲望相，充血期，オーガズム期さらには消退期と順序立てておきる。マスターズ（W. H. Masters）とジョンソン（V. E. Johnson）は初めてこのサイクルの概念を導入した。この性反応のサイクルは，交感神経と副交感神経の微妙なバランスによっておきる。充血期では，男性では勃起現象，女性では腟が拡張して分泌物が多量に出るが，これは主に副交感神経の作用による。これに反し射精は主に交感神経の作用により，精子の移動は，交感神経と副交感神経の協調による，とされている。したがって，女性のオーガズムの場合にも同様なメカニズムが想像される。女性にあっては，オーガズム期では，腟周辺の筋肉の周期的な収縮（0.8秒間隔）がおきることが男性の射精現象と同じく特徴的である。しかしながらこの性反応のサイクルは，容易に大脳皮質からの干渉によって，作用しなくなったり，順番通りにならなくなったりする。カウンセリングにあたっては身体的要因（器質的病因）を区別することが必要である。アメリカ精神医学会による精神障害分類（DSM-IV, 1994）では，性機能不全を性反応の各相にしたがって分類し，これに腟けいを加えている。

　(1) 欲望相の異常（不全）：欲望相にあっては，女性であっても男性ホルモンのテストステロンの支配下にある。卵巣と副腎の外科的切除で男性ホルモンであるアンドロゲンのすべての源を奪われた女性は，性的欲求をまったく失い，性的な夢を見たり空想をもつこともなく，以前には効果的であった性的刺激によっても興奮しないことが見出されてきた。さらに臨床的にも，更年期以降における女性のテストステロン欠乏症では，乳頭およびクリトリスからの性的刺激に反応し難くなり，陰毛が薄くなることがあげられている。男性におけるテストステロンのリビドー効果は以前から明白に理解されていたが，このテストステロンが女性にとっても欲望相の基本的な要素であることが認識されてきている。テストステロンは血中では蛋白に結合している部分と，遊離している部分があり，遊離しているテストステロンが性中枢や性器のリセプター（受容器）に結合して作用する。テストステロンの血中濃度の男女比は7対1とされている。補充療法として，テストステロンを与えることも欲望相に対する有効な方法であり，現在一部で行なわれている。またホルモンは短時間に排泄されるので，その分泌機能が欲望相に多くの影響を与える。ストレスがテストステロンの低下を促し，欲望相，さらには充血相にまで影響を及ぼすことはよく知られていて，ストレスが減って情緒が安定し回復するまで性障害の治療を延期するほうが賢明な場合もあるほどである。

　(2) 充血期の異常（不全）：女性が性行為時において，性的に適当な刺激が与えられていても，分泌・腟の拡大がいつもまたは繰り返しみられない場合をいう。これも器質的な異常と心理的な異常とに分けることができる。器質的な原因としては，腟の炎症，たとえばカンジダ症，更年期後のエストロゲンの減少による，腟の乾きと性交痛などがある。心理的な原因も多く，その中でも配偶者間での軋轢が多い。女性では充血期の異常はオーガズム不全に比べれば頻度が少ない。

　(3) 女性のオーガズム不全：女性のオーガズム不全は男性の射精障害に相当する。男性の場合は射精障害に比べて，勃起障害である充血期の異常が圧倒的に多い。女性の場合には逆で，分泌や腟の拡張はあるがオーガズムにならない

という人の方が多い。性反応のサイクルで充血期までは正常におきる,引き続いてオーガズム期に入らない場合をいう。身体的な異常を除けば,充血期からオーガズム期に入るのは,性反応のサイクルの中でちょっとしたきっかけであり,それは一つの反射であると概念化したのは,カプラン (Helen Kaplan, 1929〜) であった。クリトリス,外陰,腟からの刺激が集積され,高まることによって,オーガズム期に突然入る。私たちがよく見る反射は膝蓋反射であろう。膝を軽く打つことによって,ポンと足が跳ねたようにあがる。ところが打つことを気にしていたり,足が跳ねることを期待しているとこの反射がおきない。大脳皮質の干渉とはこれを指し,できるだけリラックスすることが必要である。

オーガズムは性反応のサイクルの中の一つではあるが,充血期とは独立した別の機能である。このオーガズムのみの障害で悩む女性は,強い性衝動をもつことが多い。恋もするし,前戯を楽しみ,十分に腟が粘滑化し,ペニスを挿入される感覚を好むが,オーガズムにいたらない。オーガズム反射がおきる前に「行き止まってしまう」。このような女性は,性的刺激を十分受け,クライマックスになることを切望しながらも,オーガズム相に入れない。

【女性のオーガズム期不全(不感症)の治療法】
身体中のすべての知覚機能が性的刺激を分担して受け取る。性的想像,視覚,触覚など幅広いが,その中でオーガズム反射がおきるためには特にクリトリスと腟からの刺激が(大部分の女性にとって)必要である。しかも,クリトリスを触るだけで十分な人もいるし,バイブレーターを使用しないと有効な刺激にならない人もいるほど,その感受性には個人差が多い。そのような刺激があってもオーガズム期に入らない最大の原因は,オーガズム反射を自分で無意識に抑制するからである。

治療としては,先に述べたように身体的な異常と心理的異常とを区別することが必要である。カウンセリングにおける治療法としては,次のようなものがある。

(a) 心理的な治療の主体は,オーガズム反射を遮断している不随意のコントロール過剰を少なくするか,できれば消滅させることである。適当な性的刺激の積み重ねで,オーガズムの前に生じる感覚がわかるので,その感情を自然に大きくするように,何事も考えないようにする。オーガズム反射は反射機能の不随意な過コントロールによる頑固な便秘の病因と類似性がある。排便時,本を読むとスムーズに排便できると同じように,人によっては性交中に性的空想を試みるのも抑制を取る一つの方法である。それ以外に,後で述べる会陰筋の収縮を試み,相手の反応,ペニスの動き,息づかいに注意を払うことも勧められている。

(b) オーガズムに際しては,会陰筋の律動的な収縮がおきるが,この力を腟の中にセンサーを入れて測ると,収縮力が強いほどオーガズムを経験する度合が多いことが判明している。アメリカの産婦人科医ケーゲル (Kegel) は尿失禁の治療に会陰筋の収縮練習をさせたところ,尿失禁に有効なだけでなく,オーガズムになる回数も多くなることが認められた。この運動をケーゲル運動というが,オーガズム不全の治療に用いられる。この運動は排尿時,途中で尿を止めるような筋肉の使い方で,会陰筋の収縮練習を続けて10回ほど行なう。これを1日に1〜2回程度行なう。

(c) マスターベイションを行なわせる。行為それ自体に罪悪感を感じている場合は十分納得させてから,指示をする。オーガズムの一歩手前でマスターベイションを中止するような場合には,次回からその気持ちがあっても続けるように指示する。1回オーガズムを感じると一般的にオーガズムになるまでの時間が短縮する。

(d) 手だけでオーガズムにならない場合はバイブレーターの使用を試みる。

【腟けい(腟痙)】 腟けいとは,挿入の時に,腟の下1/3を囲む筋肉が意志とは関係なしに不随意的に収縮する疾患である。すべての年齢に認められ,その収縮程度にも幅がある。極端な例では,収縮のために腟が完全に閉じ,挿入不可能である。また内診時にも指の挿入ができない。男性は腟が壁のようであると表現し2次的にインポテンスになることもある。軽いものでは,挿入はできるが,いかに男性が優しく扱っても

痛みを伴う。
　条件反射による病態生理だと理論づけすることができる。パニック状態を伴う場合もある。病因としては，過去のしつけ，愛撫の経験のない場合，恐怖として思い出す性経験など，多くの因子が考えられる。器質的な疾患の場合，化膿性バルトリン腺炎，処女膜強靱，腟炎の際におこりうる。この場合は原因を取り除く必要がある。これらの場合は，器質的な疾患が原因で腟けい症状を伴うと理解する。治療は，患者と夫が明るい部屋で性器の解剖を知り，夫の指一本から挿入を初めて，徐々に慣れていく。夫の協力を避けたい女性には，腟けい用の拡張器具を使用して，大きなものまで入るように訓練する。一般的練習として，腟を収縮させたり，いきんだりして腟のコントロールをいつも心がけ，月経の場合にはタンポンを使うように努めさせる。　　　　　　　　　　　　　〔野末源一〕
⇒性交痛・性交疼痛症，性〔機能〕不全，セックス・カウンセリング

文献　1. J-カプラン，1982；2. カプラン，H.S.，野口昌也・崎尾英子訳『続ニュー・セックス・セラピー：性的欲望の障害とセックス・セラピーにおける新しい概念と技法』星和書店，336p.，1982；3. J-カプラン，1991；4. E-マネー，1987

精神医学ソーシャル・ワーク　psychiatric social work
　精神的および情緒的問題をもつ人々を対象として行なわれる，ソーシャル・ワークの分野。精神保健福祉士（psychiatric social worker, PSW）**は，精神科医や精神保健チームの他のメンバーと協同して，精神療法や他のソーシャル・ワーク・サービスを提供したり，家族に働きかけたりする専門家を指す。**
　精神医学ソーシャル・ワークという名称は，1913年にボストン精神病院のジャーレットによってつけられ，活動が開始されたのが，始まりである。それは，ソーシャル・ワークに精神医学的観点が重要であるという見解に基づいたソーシャル・ワークの新しい分野として確立され，1926年に精神保健領域のソーシャル・ワーカーの職能団体 American Association of Psychiatric Social Workers (AAPSW) が設立され，さらに発展した。しかし，PSWの特殊性を模索する一方で，精神疾患の患者と家族を対象とするだけでなく，情緒的問題をもつ患者・家族への治療的ケースワークへも関心が向けられるようになり，長期にわたる論議の末，ソーシャル・ワーカーの専門性は，多角的な特性の中の共通の原理を強調するものであって，分野を強調するものではないとし，1955年に他のソーシャル・ワーカー7団体を併合して，National Association of Social Workers (NASW) が設立された。現在精神医学ソーシャル・ワークは，以前のように他の分野との相違が強調され，区別されることはなく，新たに，clinical social work という用語を用いる傾向がみられる。
　日本においては，1948年に国立国府台病院精神科に専任のPSWが置かれたのが最初である。日本はアメリカやイギリスなどの諸外国に比べると，ソーシャル・ワークの導入そのものが歴史的に浅く，いまだPSWは，他のソーシャル・ワークと別個のものとしてとらえられる傾向がある。
　PSWの資格は，1997年（平成9年）12月19日に精神保健福祉士法が制定され，1999年1月に第1回精神保健福祉士国家試験が行なわれ，4,328人が合格した。
　この法律において，精神保健福祉士とは，精神障害者の保健及び福祉に関する専門知識及び技術をもって，精神病院その他の医療施設において精神障害の医療を受け，または精神障害者の社会復帰の促進を図ることを目的とする施設を利用している者の社会復帰に関する相談に応じ，助言，指導，日常生活への適応のために必要な訓練その他の援助を行うことを業とする者とされた。
　受験資格は，(1) 大学等で指定科目を履修した者，(2) 精神保健福祉士養成施設を卒業した者，であるが，(1)(2)とも，3年制短大，2年制短大等を卒業の場合は，それぞれ1年，2年の実務経験を要する。
　精神保健福祉士の国家試験は，厚生労働大臣指定の(財)社会福祉試験センターで実施されているので，詳しくは問いあわせてほしい。

このPSWの資格化は，制定前から社会福祉士資格との関係など，大きな論議があり，資格制度創設の際，衆参両厚生委員会において，医療ソーシャルワーカーの資格制度について速やかに検討すること，その際には，ソーシャルワーカー全般の資格制度のあり方を踏まえること，という付帯決議がなされ，ソーシャルワーカー全般の資格化の問題が未解決であること，社会福祉士との整合性の問題，養成過程，試験科目から老人福祉論，児童福祉論などが除かれていること，援助内容が社会復帰に限定されていることなど，課題があり改善が必要とされている。

PSWは，主に精神科のある病院や保健所，精神保健センターなどに所属し，クライエントの相談を受けるが，それは精神疾患の患者だけでなく，その家族からの相談であったり，まだ精神科を受診していない患者や家族，関係者であったりする。PSWは，クライエントの抱えている諸困難や問題をインテーク面接によりアセスメントを行ない，援助を開始する。その相談内容は，受診や服薬など治療上の不安，対人関係など仕事上の悩み，家族関係の問題，症状が重い場合には，外出できない，食事ができない，精神不安定でさまざまな行動で家族をふりまわすといった問題など多岐にわたる。

援助の方法としては，患者・家族を対象にしたカウンセリングのみならず，治療者を交えた面接，治療的・教育的グループ・ワークや患者に関係する治療者や他機関との調整，患者・家族のサポートとなる社会資源の紹介と具体的な手続きの助言などを必要に応じて行なう。緊急性が高い，あるいは専門的な治療が必要と判断された場合には，患者や家族に対して治療への動機づけを行ない，医師や他の専門治療機関へ紹介し，調整することで治療へ結びつけるような援助を優先させる。

この分野における知識としては，ソーシャル・ワークの基本的な知識や技術に加え，精神医学や治療についての知識，専門治療機関（精神科のある病院やクリニックなど）で行なわれる治療やデイケアなどのプログラム，社会復帰の施設（心身障害者センター，精神障害者リハビリテーションセンター，精神障害者作業所，職業相談センターなど）の利用，精神障害や情緒障害者に対する社会保障の施策（精神保健福祉手帳・障害年金など）やサービス（訪問看護など），その他民間のサポート団体（患者団体）などの社会資源に関する知識が必要である。

〔原田とも子〕

⇨カウンセリング，ケースワーク，社会福祉士，医療ソーシャル・ワーカー，ノーマライゼイション

文献　1. G-氏原・小川・東山・村瀬・山中編，1992；2. 小倉襄二・小松源助・高島進編『社会福祉の基礎知識：概念・制度・課題の把握』（有斐閣ブックス）有斐閣，489p., 1983；3. 木田徹郎・竹中和郎・副田義也編，『社会福祉の方法』（改訂版）誠信書房，311p., 1966；4. 京極高宣監修『現代福祉学レキシコン』雄山閣，582p., 1993；5. 見浦康文・大野勇夫編『精神障害・薄弱百問百答』（医療福祉シリーズ）中央法規出版，268p., 1983；6. 杉本照子・森野郁子監修，大本和子他編著『ソーシャルワークの業務マニュアル：実践に役立つエッセンスとノウハウ』川島書店，186p., 1996；7. テーラー，R.・フォード，J.編著，小松源助監訳『ソーシャルワークとヘルスケア：イギリスの実践に学ぶ』中央法規出版，247p., 1993；8. 中島さつき『医療ソーシャルワーク』誠信書房，288p., 1975；9. G-仲村他，1988；10. 仲村優一他編『ワークブック社会福祉：質問と解答』（有斐閣選書）有斐閣，231p., 1979；11. 仲村優一・三浦文夫・阿部志郎編『社会福祉教室』（増補改訂版）（有斐閣選書）有斐閣，370p., 1989；12. G-日本社会福祉実践理論学会編，1989；13. パドウイ，M.・ピアモンティ，B.編著，児島美都子・中村永司監訳『医療ソーシャルワークの実践』中央法規出版，245p., 1994；14. Robert L. Barker, *The Social Work Dictionary* 3rd ed., NASW Press, 447, 1995

精神鑑定 psychiatric expert testimony
精神科医が裁判官，検察官などの依頼に応じて，刑事事件をおこした被疑者・被告人などの精神医学的診断を行ない，犯行当時の刑事責任能力を判定すること。

精神鑑定には，刑事鑑定，民事鑑定の2種があるが，数としては，犯罪者を対象とする刑事精神鑑定が圧倒的に多い。

刑事精神鑑定の依頼者は，起訴前にはおおむね検察官であり，起訴前鑑定と呼ばれる。警察官が依頼者となることはまれである（例外は日航機羽田沖墜落事故くらいである）。なお，起訴前鑑定には「簡易鑑定」と「正式鑑定」の2種

があるが，実際には，1日1回数時間の面接で診断をつけ，「起訴すべきか，精神保健福祉法による通報をすべきか」について検察官に助言する「簡易鑑定」が9割前後を占め，実務上は重要な役割を果たしている。他方，起訴された被告人については，裁判官が鑑定命令を下し，この場合は必ず正式の司法鑑定が行なわれる。

正式の精神鑑定では，精神鑑定を受命した鑑定人は，まず裁判記録を借り出して読み，被告人・被疑者についてそれまで明らかにされていること，裁判の中で争われていることなどを頭に入れる。それから被鑑定人に直接に面接し，生活史，犯行の経過，現在の心情などについて問診を進める。同時に，表情・態度・応答などを観察し，精神医学的診断に役立つ情報を集める。内科学的・神経学的な検査をし，病院に連行させて脳波検査，血液検査，脳のCT，MRIなどの臨床検査も実施する。鑑定人自身，または鑑定助手に心理士を依頼して，知能検査，質問紙検査，投影法など，10種類前後のテストを行ない，診断の補助とする。これは，後に鑑定人が証人尋問などを受ける際，臨床検査所見とともに，診断の客観性を担保する重要な資料となる。鑑定期間は2～3カ月が多いが，場合によっては，(宮崎勤被告のように)数年を要する場合もある。

鑑定人と被鑑定人との人間関係は，病院臨床の治療者−クライエント関係とはまた違って，司法官から枠を設定された強制的な人間関係である。また，診断が目的であって，治療が求められているわけでもない。しかし，精神鑑定関係も，人間同士の深い関わりとなるので，その面接過程でおこることは精神分析療法やカウンセリングの過程で観察され，学問的に体系化された出会いのプロセスと本質的に同じである。

したがって，最初の出会いにおいて，鑑定人は自己紹介をするとともに，面接の外側の枠組を明らかにし，今後の面接の目的となすべき仕事，おおよその面接回数や期間を教示し，相手の合意を得ることで「契約」を結ぶ。臨床家として「面接構造」を形成するのである。次に，面接を重ねるにしたがって，被鑑定人はしだいに心を開き，感情転移をおこすようになるが，

これに対応して鑑定人の側にも「逆転移」を生じることが避けがたい。鑑定人がこの逆転移に気づかずこれに支配されたり，これを解離・抑圧するようなことがあると，面接を続けていても見るべきものが見えなくなり，誤診や誤判の危険が生じる。ここで，精神鑑定の相手は，凶悪な犯罪を犯した人間であったり，犯罪を繰り返している人間であったり，ときには死刑の宣告が予想される人間であったりするから，鑑定人の側にもそれに対応した特殊な感情(怒り，嫌悪，攻撃心，同情，憐憫など)がおきやすい。したがって，精神鑑定を行なう者は，ただ臨床精神医学の知識に通じるだけでなく，心理療法やカウンセリングの技法も学び，十分な臨床経験を積んで，自分の逆転移を自覚したり，それを処理する術を心得ていなければならない。

ただし，精神鑑定においては，必ず相手と共感的な関係になって心を開いてもらわねばならないということもない。鑑定を拒否する被告人もいるし，最後まで不信感を拭いきれない人もいる。さらには，さまざまなアクティング・インによって鑑定人を操作しようとする者もいる。このような場合には，客観的な観察と言語レベルでの質疑応答に交流の範囲を限定し，精神鑑定から必要十分な情報を得るにとどめるという「禁欲的態度」がむしろ適している。

精神鑑定と臨床の診療との相違は，精神鑑定の方が対象者に対する情報が圧倒的に多いということ，対象者の言葉が必ずしも真実だという保証がないことである。したがって，裁判記録，捜査記録などからたどれる客観的事実の情報と，面接によって得られた情報とをたえず照合・検討し，客観的な事実関係や主観的な心的現実が何であるかを識別しなければならない。つまり鑑定人には，全人的・共感的な態度とともに，主客の異同を検討する複眼視的な態度も必要となる。

精神鑑定には，この他に弁護人や検察官などから私的に依頼されて，与えられた資料をもとに，「鑑定意見書」「意見書」などをまとめる場合もある。また，事情によっては，裁判所からの正式の鑑定でも，被告人に会わずに，裁判記録だけを渉猟して結論を出す「書類鑑定」を命

じられる場合もある。この場合の仕事は，歴史家の方法であって，カウンセラーのそれではない。　　　　　　　　　　　〔福島　章〕
⇨ MRI，カウンセリング，共感的理解，CT，心理療法，出会い，転移，脳波

文献 1．J-内村・吉益監슀，1973；2．風祭元・山上晧責任編『司法精神医学・精神鑑定』(臨床精神医学講座 19) 中山書店，438p.，1998；3．福島章『精神鑑定：犯罪心理と責任能力』(有斐閣選書)有斐閣，318p.，1985；4．福島章『精神鑑定とは何か』(ブルーバックス)講談社，238p.，1995；5．福島章『彼女は，なぜ人を殺したのか：精神鑑定医の証言』講談社，262p.，1997

精神生物学　psychobiology

米国の精神科医マイヤー*が提唱した，力動精神医学の中の一学派の思想。現代のアメリカの精神医学にフロイト*とともに大きな影響を及ぼした。

アメリカの精神医学の歴史的背景を考えると，第一次世界大戦，および第二次世界大戦の影響なしに考えることはできない。すなわち，多くの兵士たちが戦争のストレスで心因反応をおこし，いわゆる情緒障害などが身近で一般的な問題となった。また，戦争で多数の神経症患者が発生したり，精神医学的理由で除隊させられる兵士の数も増大した。戦後は多くの帰還者の社会復帰の問題もあった。政府はこれらを社会問題として真剣に受けとめ，多額の援助金を出して援助活動を強化するとともに，多くの精神科医の養成に努めたのである。その流れの中で発展を遂げたのがいわゆる力動精神医学で，その基礎を与えたのがフロイト一派による精神分析学理論であり，もう一方が，このマイヤー一派による精神生物学理論なのである。

マイヤーはアメリカ精神医学の長老，または，父とも呼ばれている。また，一方で社会的要因を重視しており，精神医学の中に，すでにソーシャル・ワークの概念を1904年に導入し，現在のアメリカにおけるソーシャル・ワークの基礎を作った。いわゆる，社会精神医学，地域精神医学を啓蒙したのである。そのため，マイヤー自身は，地域精神医学の祖とも呼ばれている。

マイヤーは，スイスの牧師の子として生まれ，パリ，ロンドン，エジンバラで学んだ後26歳の時にシカゴに赴任し，精神医学の修業をアメリカの病院で行なった。したがって，生粋のアメリカの精神医学者といえる。牧師の子としての宗教体験があり，ギリシア，ドイツの哲学書を読み，スコットランドの常識哲学（人間の普遍的な共通の意識としての常識，共通心性を究極の原理とする）などを身につけており，かつ神経学を専門としたため，後に，宗教，哲学，科学のドグマに対抗することになる。今日アメリカの精神医学が，きわめて常識的に精神病を了解して，精神的治療活動をしている現実は，ある意味で，非常にマイヤー的であるといえる。

マイヤーは発生力動的精神医学に大変興味をもち，患者の毎日の生活や病気の発生における環境の意義や関わりについての研究，考察を深めた。神経学から臨床精神医学にきたので，何の学派にも属さなかった。患者の病前性格，家族歴を臨床観察し，身体的，環境的因子を広く考慮したのである。そのため，独自の新しい精神生物学を築くこととなった。

彼は，すべての人間がそれぞれ生活歴をもつように，精神障害者も同じように，その病歴をもつと考えた。つまり精神障害者の病歴はその人の生活歴とともに発展すると考えたのである。個人のパーソナリティは，生物学的（身体的），心理学的，社会学的，文化的と多面的要素に対応するところの統合，総合された存在であり，精神障害は，それらの多面的要素が，環境に対してとる病的反応であり，個人がある事態，状況に対して呈する反応である，と考えた（彼はこれを「アーゲイジア（ergasia）」と呼んだ）。そして，精神障害になる前の人格の発達を精神病の発生や病気の種類に強く影響するものとして重視した。人格形成に決定的である児童から青少年時代の模様，特に児童期における親子関係のもつ意味は重要な要素を決定するので重視した。たとえば日常生活のさまざまの要求の精神的葛藤が社会的に適応しえなくなって精神障害が生じると考え，人間を心情的にみて，悩みやストレスから精神障害がおきることが多く，脳に変化がおきるようなことではないと考えた。しかし，この「……反応」という言い方は，後にクレペリンの精神医学における疾病概念と

著しく対立することになる。

「多面的な要素に対する反応である」という考えは,今日,アメリカの精神医学の用語の中に,「……反応」つまり,「分裂反応」「感情反応」「器質反応」という名称として残っている。また,患者が現在おかれている社会的環境や文化的環境を重視する立場は,いろいろな文化や人種の混合によって成り立っているアメリカの文化によく馴染んで一般に受け容れられている。そして現在でも,たとえば,統合失調症は,体質,遺伝,家族,急慢性ストレス,生物学的な要因が絡みあっておきる反応であるというマイヤーの考えを受け継いでいる。

マイヤーはフロイトの精神分析学を高く評価し,アメリカに精神分析学を導入するのに一役買ったが,自らは精神分析学派と一線を画し,批判的でもあった。マイヤーは,無意識の問題を多くとりあげなかったのである。マイヤーの精神生物学は,生活歴を重視したパーソナリティ研究であったから,そのパーソナリティ研究の際に力動的相関関係の追求が不足したり,精神内界の機構にあまり触れず,深く入らなかったことなどから,フロイトの精神分析学が注目をあびるようになった。そして,最近におけるアメリカの精神医学の傾向は,統合失調症概念の縮小,再検討,統一診断基準の作成,力動論,精神分析論の退潮があり,マイヤーのこの精神生物学も同様に退潮していると言える。

〔木下京子〕

⇒情緒障害,人格的成長,神経症,精神分析,パーソナリティ,力動的心理学

文献 1. G-加藤・保崎・笠原・宮本・小此木, 1993a;2. 中久喜雅文『精神医学総論 1』(現代精神医学体系 1A)中山書店, 357p., 1979;3. 西丸四方『精神医学の古典を読む』みすず書房, 321p., 1989;4. C-福島, 1986a;5. J-マティス, 1975

精神分析 psychoanalysis

ウィーンの開業医フロイト*によって創始された心理学的学問体系。次の四つの意味で使われる。

(1) 精神機能の中に無意識過程が含まれることを仮定して,人間の言葉,思考,行動の無意識的意味を自由連想法などにより,明らかにしていく深層心理学的方法(無意識を研究する方法)。

(2) この(1)の方法を基本とした心理的療法(精神分析療法)。

(3) 精神分析的解明方法と精神分析療法によって発見された事実を集大成した,精神機能に関する理論(深層心理学)。

(4) 精神分析の考え方を拡めようと努める普及運動(精神分析運動)。

ここでは(3)の精神分析理論および理論発展史を述べよう(精神分析療法については別項に譲る)。

フロイトの精神分析理論は時代とともに変化・発展している。彼は人間の心を局所論的・力動論的・経済論的という三つの観点から述べていたが,その観点は時代とともに変った。米国のラパポート(D. Rapaport)は精神分析の理論の基本的観点として次の六つをあげている。

(a) 局所(場所)論的観点(topographical aspect):心の世界を意識・前意識・無意識の領域に分けて,精神活動がどの領域で行なわれているかを明らかにする。意識とは自分自身で自覚できる心の場所である。前意識とは普段は忘れているが,自分で思い出そうとすれば思い出せる心の場所である。無意識とは自分で思い出そうとしても意志の力では思い出せない,つまり催眠や自由連想等によって初めて意識化できる心の場所である。フロイトはこの無意識に着目して精神分析の理論を構築していった。

(b) 構造論的観点(structural aspect):人格はエス(イド)・自我・超自我の層からなり,これらはそれぞれに機能・特性・内容・力学をもっている。また,各層は相互に関連をもち,それらが統合され体系化されていると考える。エス(イド)とは心の最も原始的な基礎となる層である。無意識的な本能衝動を意味し,快・不快によってのみ働く。自我とは人格の主体であり,本能衝動に働きかけようとする。エス(イド)を支配して外界の現実の要請に合わせ,現実原則に従って機能する層である。自我は抑圧・防衛機制によって外界が許容する形にエス(イド)の働きを調整する。超自我は,人間社会

の道徳が個人の中に内在化され,自我から分化して形成された層である。たとえば,飛行機を操縦する時のエンジンがエス（イド），パイロットが自我,航空法規が超自我である。

（c）力動論的観点（dynamic aspect）：心の現象を理解するのに力学的概念を導入し,欲動から生じるさまざまな力の葛藤と力の組み合わせとから精神活動を把握する。人間の心の現象は偶然の産物ではなく,一定の因果関係にもとづき,無意識的な願望や意図の相互作用によって生み出される。この観点には,心的葛藤,欲動,防衛機制,が含まれる。心的葛藤とは,心の中に二つ以上の欲求が対立または拮抗している状態のことである。欲動とは,自分の意志ではどうにもならない力に動かされておきる本能衝動のことである。防衛機制とは,不快な状況や欲求の不満足を避けようとして,またはそれに適応しようとして,自動的におこってくるコントロールの仕組みである。

（d）経済論的観点（economic aspect）：心の現象は増減可能な欲動エルルギーの配分と循環とによっておきると考える。心の現象や行動を生み出すエネルギーを,フロイトは,リビドーと呼んだ。このリビドーの発達段階に応じて,口唇期・肛門期・男根期・性器期の4段階を区別した。

（e）発達論的観点（developmental aspect）：すべての心の現象は過去に精神的起源をもち,その後も発達過程によって影響を受ける。つまり,幼児期に獲得した精神的活動の型はいったんは消えたように見えても再び活動的になる可能性をもっている。

（f）適応論的観点（adaptational aspect）：すべての心の現象は環境と密接に関連し合っていると考え,人格と環境の相互関係を問題にする。

次に精神分析の発達を振り返ってみよう。精神分析は発展途上にあり,常に修正変化を繰り返している。

第1期（1855～1910）：フロイトは暗示療法から自由連想法を発見し,人間の心も科学的に分析できるものとして研究を始めた。性格形成の核としてのエディプス・コンプレックスやリビ

ドー論を唱える等,性的志向の強かった時期である。

第2期（1910～1934）：ユング*,ホーナイ*,サリヴァン*,ライヒ*等が現われ,人間の活動源は性的欲求以外にもあるという考えが提唱された時期。

第3期（1934～1939）：精神分析が病気の治療だけにとどまらず,社会・戦争・平和・運命・宗教等の問題にも関心を示し,文化に大きな影響を与え始めた時期。

第4期（1939～）：第二次世界大戦前後に,精神分析学者が米国と英国に大移動したことに始まり,米国ではアンナ・フロイト*,ハルトマン*等による「自我心理学」として発展。英国ではクライン*,ウィニコット*等によって「対象関係論」として精神現象を理解しようとする立場が発展した。

フロイトから始まった精神分析は,思想界のあらゆる面に衝撃を与え,その影響は今日もなお衰えていない。精神分析は,単なる心の病の治療法としてだけではなく,人間の一生を通じての精神発達を研究し,さらに文化の本質を研究することによって,人間学としての壮大な学問体系を築きつつある。　　　　〔杉山満樹也〕
⇒人格的成長,深層心理学,精神分析療法,フラストレーション,フロイト,ユング

文献　1. C-宇津木他, 1978；2. C-小此木, 1971a；3. C-小此木, 1971b；4. C-小此木, 1985b；5. C-小此木・馬場, 1977；6. J-笠原・島薗, 1978a；7. J-下坂・諏訪・西園編, 1978a, p.109-139；8. A-國分, 1982；9. C-佐々木, 1987a；10. C-ジャカール, 1987；11. C-外林, 1983；12. C-浜川他, 1978；13. C-フロイト, 1970a；14. C-フロム, 1959b；15. C-宮城, 1959

精神分析的カウンセリング　analytically oriented counseling

フロイト*およびその後継者が築いた**精神分析の理論と実践の立場に立って行なわれるカウンセリング**。本格的な精神分析とは異なり,**より消極的で,踏み込み方が弱く,面接回数も少なく,期間も短い**。

クライエントが示す現在の行動の意味を明らかにすることを通じて,個人の困難を解決し,クライエントの洞察を育てることを援助し,ク

ライエントの精神力動を明らかにすることがその目的である。

無意識の存在や，内的衝動と葛藤，自我の防衛機制，幼児期の体験を重視して抵抗，転移，逆転移といった現象の解釈を取り入れて，自由連想的な面接と解釈とを中心として進める。さらに洞察がクライエントに改善をもたらすことを重要に考えて行なうカウンセリングである。

精神分析的カウンセリングでは，クライエントが自分の内的世界に向かって歩く旅にカウンセラーも伴奏者のようにゆっくり一緒に歩いて，カウンセラーの心の世界と照らし合わせながら，クライエントが内的世界の目的に向かって近づいていく援助を行なう。その目的は，クライエント自身の感情や無意識に気づかせることと，今までの対人関係を見つめ直させ，クライエント自身の心の痛みやつらさを受け容れ，そして，そのことを通じて悩みや問題からクライエントを自由にさせることである。

精神分析的カウンセリングには大きく三つの特徴がある。

(1) その第一の特徴は，意識の世界だけでなく，無意識の世界を含めた大きな広がりと豊かさを人間の心がもっていることをカウンセリングの前提にしていることである。フロイトはさまざまな神経症的な症状を理解する手掛かりとして，無意識の世界の存在を考えた。そして，無意識の世界は，たとえば，読み違い，書き違い，言い違い，夢など，きわめて日常的な生活の中で示される。これらは意識している世界とは違った，心の中の別世界があることを表している。この無意識の世界からのメッセージを読み取ることによって，クライエントの心の大きな広がりと豊かさを発見することができる。そして，クライエントに対する言語連想検査などを通じて，クライエントの無意識の世界の意味や，物語を明らかにしていく。

(2) 第二の特徴は，幼児期からの心の発達段階の内的世界を考えることである。クライエントの現在の悩みや課題を，幼児期から現在にいたる経験に関連させながらクライエントの心を探ろうとする。経験の中で受けた心理的な傷が大きな意味をもっていると考える。また，現在の悩みや，課題を乗り越えて解決するエネルギーがない時は，過去の，より未熟な過程へ逆戻りした退行と考える。

(3) 第三の特徴は，面接の内容だけでなく，カウンセラーはクライエントとの関係のもち方にも注意を払い，カウンセラーに向けられた感情をクライエントの過去の精神史と結びつけながら，クライエントの心の世界を理解しようとすることである。たとえば次の四つのことを重視する。(a) 関係を作ること，(b) 受け止めること，(c) 問うこと，伝えること，(d) 抵抗，転移を扱うこと，である。

(a) 関係を作ること：最初の面接でどのような関係を作るかが大切になる。クライエントが何について困っているか，なぜ来談したのかなど，相談内容を理解する。時間や場所など，具体的な進め方に合意する作業を進めることを通じて信頼関係を作っていく。クライエントに対してカウンセラーはどのように理解したかを伝えることも信頼関係を作るのには必要である。この治療同盟（therapeutic alliance）がクライエントを支え，クライエントの変化を促す。

(b) 受け止めること：クライエントの立場に立って話を聞くことが大切であるのと同じように，クライエントにとって重要な感情をめぐる事実をカウンセラーがしっかり理解できるまで詳しく聞く。そのことが，カウンセラーとクライエントの関係を作るのに大切である。

(c) 問うこと，伝えること：クライエントが無意識を意識化できるように意識が無意識を知ることを援助する。問う時には「なぜ」ではなく「どのように」と問う。クライエントのことばをカウンセラーがどのように受け止め，どのように理解したかを，クライエントに伝えることが大切である。

(d) 抵抗や転移を扱うこと：カウンセラーとクライエントの信頼関係が形成され，カウンセラーとの関係のもち方が意味をもつ時期がある。面接が進んで深まるにつれて，一方では深い心の世界を見つめようとする動きが現れ，他方では深い心の世界を見つめることへの無意識的反動が現れる。たとえば，面接外での行動（遅刻，沈黙，知性化など）で示される抵抗がある。

このような時は，抵抗を扱うことが必要になる。また，転移が現れる時期でもある。つまり，クライエントにとって重要な過去の人物への感情が，カウンセラーに向けられる。カウンセラーは，それに注目することによって，クライエントの今までの対人関係のトラウマや記憶を体験的に理解できる。さらに転移の分析や自己解釈や自己理解を通じて，自分の症状や悩みの深い部分にある無意識の意識にクライエントが気づき，そのような気づきを現実生活での対人関係に結びつけさせるプロセスを経て，カウンセリングの終結へと導く。

なお，精神分析的カウンセリングについての批判としては，意識面を軽視すること，「今−ここ」を重視しないこと，理論の裏づけが弱いこと，などがあげられている。　〔杉山満樹也〕
⇨意識，カウンセリング，心的外傷，精神分析，退行，抵抗，転移，無意識

文献　1. A-国分，1982；2. J-田畑・蔭山編，1992；3. H-『フロイド選集』15，1969

精神分析療法　psychoanalystic therapy
フロイト*によって創始された**精神分析の理論を基にして行なわれる心理療法**。

精神分析の理論が神経症の治療から発生したので，当初は神経症の治療に用いられたが，今日では神経症患者のみならず，性格異常，性倒錯，躁うつ病，境界例，統合失調症の患者，また児童，思春期，老人といった人々にまで幅広く適用されるようになった。

この療法の最終的目標は，分析者（治療者）・被分析者（患者）の人格的触れ合いを通じて，治療者の助けを借りながら，患者が自分自身の内に封じ込められた無意識的葛藤を洞察し，本来の自我を回復することにある。つまり，患者が気づかぬうちに無意識の中にしまい込んでしまった何か（こだわり）をはっきり意識の中で自覚することによってそれから解放され，また病的症状や不安を消失させて，社会生活をおくることができるようにすることである。言い換えれば，患者が神経症的な自己執着から脱出して，「理想化された自分」は本当の自分ではないということを患者に悟らせ，自由に自己実現できるようにさせることが目標である。

治療は，患者がどのような生活をしてきたのかを浮彫りにさせ，「患者の問題を患者自身が解決する（自覚する）」ということを双方が合意・確認したうえで始めることが望まれる。

具体的作業としては，基本原則と呼ばれる自由連想法や，夢の報告，患者によっては九十度面接法や対面法などを用い，患者が自分の内にあるものを語るということが行なわれる。その中で，治療者は一方的に患者の話を聞いたり，質問によって患者を不安に直面させたり，あるいは患者の言葉からその無意識を理解し，それを患者に意識の中で認めさせるように導いたりもする。また，それらの過程において患者に表われた抵抗や，患者なりに得た洞察に対して，精神構造にまで変化をもたらすようにするためになんらかの操作を加えることもある。

家庭にいると逃避的になったり攻撃性が増す場合や，家庭にいることがその症状を強めているといった場合を除いては，外来治療という形がとられる。それは一つには，入院してしまうと，社会的・家庭的責任から免れることになるし，さらに病気を盾に周囲を動かすという二次的疾病が出てくるのを防ぐためでもある。そしてもう一つは，患者と治療者の関係を適正に保たなければならないからである。治療（面接）時間と回数については，1回50分・毎週4〜5回が通例であり，期間は1〜数年かかる。

治療の際の心得としては，治療者と患者は治療同盟（作業同盟）を結ばなければならない。患者は，何ものにもとらわれることなく，自由に思い浮かべたことや夢などを治療者に告げなければならぬ。患者はさまざまな連想をするなかで，過去に満たされなかった欲求や感情を現在目の前にある対象，すなわち治療者に向けて，それによって満足を得ようとする傾向がしばしば見受けられる。これは転移と呼ばれているが，現実にはそれは満たされることはなく，またそれを望んでもいけない。これを禁欲規則という。しかし，それでも患者は治療を続ける意志をもち続けることが必要とされる。一方治療者には，患者との関係はあくまでも治療のうえでの関係であるということを常に念頭におき，現実的関

係に陥らないようにすること，すなわち中立性が求められる。また，治療者も患者に対して個人的感情反応を示すことがある。これは対抗転移と呼ばれ，その中には理解や思いやりなど治療に必要なものもあるが，患者を不安にさせる，など治療の妨げになる場合もある。これについて治療者は十分に理解したうえで，自らをコントロールしなければならない。

こうして，さまざまな条件を整えたうえで，患者-治療者間で無意識を意識化させるように工夫して治療を行なう。それ繰り返すうちに，原因が見つかり，しだいに症状が消失すれば治療は終了する。また症状が消失しないまでも，ある程度の対処法を獲得でき，それを基に日常生活が正常に営めるようになった段階で治療を終えることもある。　　　　　　〔杉山満樹也〕
⇒攻撃性，自己実現，神経症，深層心理学，心理療法，精神分析，対抗転移，転移，洞察，不安，フロイト，無意識

文献　1. C-小此木・馬場, 1977；2. J-笠原・島薗, 1978 a；3. J-下坂・諏訪・西園編, 1978a, p.109-139；4. H-『フロイド選集』15, 1964；5. H-『フロイト著作集』3, 1969；6. C-フロイト, 1970a

精神保健　⇒メンタル・ヘルス

精神保健福祉士　psychiatric social worker

精神保健福祉士は1997年12月，第141臨時国会で成立した「精神保健福祉士法」によって定められた精神医学ソーシャル・ワーカーの国家資格である。精神医学ソーシャル・ワーク(Psychiatric Social Work)は精神的健康に問題を抱える人々に対して福祉サービスを提供する専門職業のことであり，PSWは精神医学ソーシャル・ワーカーの略称となっている。

専門職種としての誕生は1905年アメリカ，マサチューセッツ州ボストン市のマサチューセッツ総合病院(現在のマサチューセッツ精神保健センター)であるといわれている。日本の精神科ソーシャル・ワーカーの始まりは，第二次大戦後の1948年に，村松常雄により国立国府台病院に「社会事業婦」という名称で精神科臨床チームに配置されたことによる。続いて1952年には，精神衛生法の施行とともに国立精神衛生研究所が千葉県市川市に設立され，精神科医，臨床心理学者及び精神医学ソーシャル・ワーカーからなる精神科における臨床チームの試みが初めて導入された。(1955年頃，精神医学ソーシャル・ワーカーは全国で70名程度であった。)

その後，徐々に精神科医療機関を中心に精神科ソーシャル・ワーカーが採用され，1964年に，日本精神医学ソーシャルワーカー協会が専門職団体として発足して以来，精神医学ソーシャル・ワーカーの数が一気に増えていった。

精神保健福祉士法第1条ではこの法律の目的を「この法律は，精神保健福祉士の資格を定めて，その業務の適性を図り，もって精神保健の向上及び精神障害者の福祉の増進に寄与することを目的とする」としている。対象となる精神障害者は，精神疾患を有する傷病者であるとともに，精神疾患のために日常生活または社会生活を営む上で制限を受けている障害者であり，社会復帰には医療的ケアとその他の支援が必要である。

精神保健福祉士は医療的ケア以外の視点から，精神障害者の社会復帰を支援する役割を担い，その業務の主たる対象者は，精神病院等からの社会復帰途上にある精神障害者である。精神症状が安定していない者に対して，その病状に配慮しつつ医療的ケア以外からの支援を行う。社会福祉士の業務が福祉の領域に限定して成立していることに比較し，精神保健福祉士が保健と福祉にまたがる資格とされたことでチーム医療を担う一員として業務を行なう根拠が与えられたといえる。

精神保健福祉士法41条では，チーム医療における精神保健福祉士と医師との関係は，「指示ではなく指導であること」とされている。精神症状が安定していない社会復帰途上の精神障害者の円滑な社会復帰のためには，精神障害者の疾患の状態や治療計画等について十分に把握した上での相談援助が必要である。そのため精神保健福祉士は，業務を行なうにあたり，精神障害者に主治医がいればその指導を受けなければならないとされる。

しかし主治医の指導は医学的観点から行なわれるものであり，精神保健福祉士が医師の専門領域外にある社会福祉の専門性に基づいて行なう具体的業務内容についてまで拘束されるものではない。つまり主治医の指導に従うかどうかは精神保健福祉士の独自の専門性に基づく判断に委ねられており，主治医の指導に従わなかった場合にも，義務違反とはならない。また精神保健福祉士が指導を求めても主治医がこれに応じない場合でも，精神保健福祉士は主治医の指導を仰ぐという義務を果たしたことになり，他の医療関係者からの情報や自らの精神保健福祉に関する知識及び技術に基づく専門的判断により，相談援助の業務を行なえることになる。

精神保健福祉士法第42条では精神保健福祉士は名称独占資格であるとしている。つまり，医師法などの業務独占資格と異なり，精神保健福祉士でないものが精神障害者の社会復帰に関する相談援助を行なっても法令違反とはならない。しかしながら精神保健福祉士でないものが精神保健福祉士という名称を使用することは当該資格に対する信用を著しく失墜することとなるので，このような行為に対しては30万円以下の罰金が課せられる（精神保健福祉士法第47条2項）。

精神保健福祉士の義務に関しては，「信用失墜行為の禁止」（精神保健福祉士法第39条），「秘密保持義務」（精神保健福祉士法第40条）がある。精神保健福祉士がその業務を円滑に遂行し精神障害者の社会復帰に貢献するためには，相談援助の対象である精神障害者及び国民一般との信頼関係を確立する必要がある。したがって信用を失墜させるような行為（例：①業務に直接関連して刑法上の罪に科せられた場合，②相談援助業務の対価として不当な報酬を請求し，相談者に多大な経済的負担を生じさせた場合，③精神保健福祉士の素行が著しく不良である場合）を行なった者については，登録の取り消し等の制裁措置を講じることとしている。

また精神保健福祉士は業務上，精神疾患の状態，病歴・経歴，家族関係等の個人の秘密を知ることが必要であるが，これらの個人情報を不必要に外部に洩らせば，精神障害者に対する誤解や差別を生みかねない。したがって相談者のプライバシーを保護し，クライエントが安心して相談援助を受けられるようにするために，精神保健福祉士に守秘義務を課したのである。精神保健福祉士が秘密を漏洩した場合には，精神保健福祉士の信用を失墜させるだけでなく，精神障害者自身の利益を侵害することになるため，単に登録を取り消すだけでなく，1年以下の懲役または30万円以下の罰金が科せられる。これは精神保健福祉士でなくなった後においても同様としている。(懲役刑が科せられるという点において，保健師助産師看護師法をはじめ，他の関連資格法と比較して格段に重い規定となっている。精神保健福祉士の社会的責任をあらわしているといえる。)

今日，精神医学ソーシャル・ワーカーの業務は，ケース・ワーク，グループ・ワーク，コミュニティ・ケアを主軸に，受診や入院援助，あらゆる生活問題に対する援助，調整業務の活動を行なっている。日本精神医学ソーシャル・ワーカー協会は1988年に業務指針を策定し，精神医学ソーシャル・ワーカーの基本視点を(1) 基本的人権の尊重と人権擁護，(2) 主体性の尊重，(3) 知る権利の優先，(4) 自己決定の保障，(5) プライバシーの尊重，という5項目に整理している。また同年，日本精神医学ソーシャル・ワーカー協会は専門職団体として独自の職業倫理を定めた倫理綱領を持つに至っている。

こうした視点を要求される精神医学ソーシャル・ワーカーの職場は，精神科医療機関とデイ・ケア施設，保健所および精神保健福祉センター，精神障害者社会復帰施設等がある。精神保健福祉士試験の受験資格については4年制大学において厚生大臣の指定する科目を修めて卒業した者，及びこれに相当する者に受験資格を与えることとしている。また精神保健福祉士試験に合格後，精神保健福祉士登録簿に登録を完了して初めて精神保健福祉士の資格を取得することとなる。なお，2002年2月現在の資格保持者は，9,310人，国家試験合格率は89.1％である。

〔早野洋美〕

⇒社会福祉士，医療ソーシャル・ワーカー，精神医学ソーシャル・ワーク

文献 1. 厚生省大臣官房障害保健福祉部精神保健福祉課『精神保健福祉士法詳解』ぎょうせい, 275p., 1998；2. 精神保健福祉士養成セミナー編集委員会（第4巻編集代表：大野和男・柏木昭）『精神保健福祉士養成セミナー第4巻：精神保健福祉論』へるす出版, 322p., 1998；3. 精神保健福祉士養成セミナー編集委員会（第5巻編集代表：大野和男・柏木昭）『精神保健福祉士養成セミナー第5巻：精神保健福祉援助技術総論』へるす出版, 171p., 1998；4. 精神保健福祉士養成セミナー編集委員会（第6巻編集代表：荒田寛・牧野田恵美子）『精神保健福祉士養成セミナー第6巻：精神保健福祉援助技術各論』へるす出版, 226p., 1998；5. 精神保健福祉士養成セミナー編集委員会（第7巻編集代表：石川到覚・佐藤三四郎）『精神保健福祉士養成セミナー第7巻：精神保健福祉援助演習』へるす出版, 179p., 1998；6. 日本精神医学ソーシャル・ワーカー協会『改訂これからの精神保健福祉；精神保健福祉士ガイドブック』へるす出版, 255p., 1998

精神保健福祉センター　center for the mental health and welfare

精神保健の向上および精神障害者の福祉の向上をはかるための総合的技術センターとして，都道府県が設ける施設。

日本においては，1965年の精神衛生法改正により，新たに都道府県における精神保健に関する総合的技術センターとして精神衛生センターが設けられることになった。同センターは1995年の法改正により，精神保健福祉センターと改称された。

都道府県は，精神保健の向上および精神障害者の福祉の増進をはかるための精神保健福祉センターを設置できる（2001年10月現在で59カ所）。

精神保健福祉センターは，精神保健および精神障害者福祉に関する法律にもとづいて，地域精神保健福祉活動の中核となる機関であり，精神保健および精神障害者の福祉に関する知識の普及，調査研究ならびに複雑困難な相談指導事業を行なう。また，保健所，市町村その他精神保健福祉関係機関に対し，技術指導や技術援助を行なう施設である。1994年に，すべての都道府県に設置されたが，社会復帰施設（通所訓練・入所訓練）については不十分であり早急な整備拡充が望まれる。

精神保健福祉センターの組織は，総務部，地域精神保健福祉部，教育研究部，精神保健福祉相談部などが設けられている。職員には，精神科医，精神保健福祉士，臨床心理技術者，保健師，看護師，作業療法士，その他必要な職員が配置されている。精神保健福祉センターの規模としては，A級・B級の区別があるが，それぞれ，相談室，診療室，検査室，研究室，資料保存室，会議室，事務室など必要な部屋が設けられ，必要な機械器具が整備されている。

精神保健福祉センターの業務は以下七つに大別できる。(1) 企画立案：都道府県の精神保健福祉主管部局や関係機関に対し，専門的立場から提案などを行なう。(2) 技術指導，技術援助：保健所・市町村および関係機関に対し，専門的立場から，積極的な技術指導や技術援助を行なう。(3) 教育研修：保健所，市町村福祉事務所，社会復帰施設など関係機関の職員などに，専門的な教育研修を行ない，技術水準の向上をはかる。(4) 啓発普及：一般住民に対し，精神保健福祉の知識，精神障害についての正しい知識や精神障害者の権利擁護などについて普及啓発活動を行なうとともに，保健所や市町村が行なう普及啓発活動に対して，専門的な立場から協力，指導および援助を行なう。(5) 調査研究：地域精神保健福祉活動の推進などについての調査研究，統計資料の収集整備を行ない，都道府県，保健所，市町村などが行なう精神保健福祉活動のための資料として提供する。(6) 精神保健福祉相談：複雑困難な心の相談から，精神医療に関わる相談，社会復帰相談，アルコール，薬物，思春期，知情意低下症などの特定の相談を含め，精神保健福祉全般の相談を実施する。(7) 組織育成：家族会，患者会，社会復帰事業団など，組織の育成や活動に協力する。

地域精神保健福祉活動の具体的内容は，(a) 社会諸資源の活用によって，精神障害者を地域社会へできるだけ早くもどすための運動を行なう。(b) 精神科通院治療，精神医学的ケース・ワークの普及をはかる。(c) デイ・ケア施設などの社会復帰施設を含む社会資源の充実と形成をはかる。(d) 精神障害者が社会復帰可能であることを，地域住民に理解してもらう。(e) 地域社会に，精神障害の他，人間心理についての知識を普及し，明るい家庭，明るい社会を築く

運動をおこすことである。
　地域精神保健福祉活動は，保健所，市町村，精神保健福祉センターなどを中心として行なわれているが，あくまでも地域社会の人々が主体となるべきものであり，地域住民の参加をできるだけ求めて行なわなければならない。
　精神保健福祉センターおよび保健所は，これまで精神障害者などの保健対策の拠点としての役割を果たしてきた。今後はそれぞれの機能に加え，その導入業務として，精神障害者の社会復帰などの福祉対策を推進するとともに，医療施設および社会復帰施設との連絡のための拠点としての役割が求められている。
　これらをふまえて，精神保健福祉センターおよび保健所などの行政機関においては，精神障害者の社会復帰・社会参加の促進を最重要の課題として位置づけ，保健・医療・福祉の連携のもとに一層推進していかなければならない。
〔早野洋美〕
⇒作業療法，精神保健福祉法，メンタル・ヘルス

文献 1. 厚生省保健医療局精神保健課『我が国の精神保健福祉：精神保健福祉ハンドブック』(平成7年度版)厚健出版，548p., 1996；2. 竹村堅次『患者は教科書：精神科医療・今昔談』(改訂版)りん書房，147p., 1994；3. E-蜂矢，1993；4. 蜂矢英彦監修，見浦康文・藤本豊編『コメディカルスタッフのための精神障害Q＆A：生活支援ハンドブック』中央法規出版，227p., 1995

精神保健福祉法　mental health and welfare act

精神保健と精神障害者福祉に関して1995年に制定された法律。
　日本の精神保健の歩みは，1899年の「精神病者監護法」の制定にさかのぼる。これは相馬事件（奥州のもと相馬藩主であった相馬誠胤〔ともたね〕が1876年に精神障害となり，3年後に父の手で監禁されたが，これを家令による主家のっとりの陰謀と誤解した家臣錦織剛清が裁判所に家令らを訴した事件）を契機とする。治安の要請の強い「私宅監置」の合法化であった。1919年，全国各府県に公立病院を設置すべきこという趣旨の精神病院法が公布されたが，病院の設置は十分進まなかった。

　1950年，「精神衛生法」の制定により，都道府県に精神病院の設置義務・精神衛生相談所，精神衛生鑑定医制度の設立・自傷他害のおそれのある精神障害者の措置入院と保護義務者の同意による同意入院・措置入院の経路として一般人や警察官などの通報・私宅監置の廃止が決められた。1964年におきた統合失調症患者によるライシャワー米国大使刺傷事件により，精神衛生法改正への拍車がかかった。
　1965年の改正は，通報や入院制度の強化など保安的色彩の強い内容であり，また通院公費負担医療の創設により在宅患者の治療が促進された。この頃までの精神病院収容主義の時代は，薬物療法も1953年頃に始まったばかりであったため収容保護が主たる対処方法であり，社会防衛的機能に重点が置かれがちという時代背景があった。
　1955～1965年頃に精神病院の大増設が進められた。施設整備費と運営費への公費補助の導入により，1955年の4万44床から1970年には25万床と，ベッド数も大幅に増加した。措置入院も低所得者の経済的救済措置として幅広く適用された。
　薬物療法を中心とした精神医療の技術的進歩と，人権思想や開放処遇の考え方の高まりにより，看護職員の暴行により入院患者が死亡した宇都宮病院事件（1984）を契機に，精神医療審査会，入院時の告知義務，退院請求，処遇改善請求，処遇の基準，定期病状報告の審査など入院患者の人権保護の制度を整備した「精神保健法」が，それまでの「精神衛生法」に代わって1987年に制定された。また社会復帰施設の制度を創設し，法律の目的や責務規定に社会復帰の促進を加えた。
　1993年の法改正では地域生活援助事業（グループ・ホーム）の法定化，精神障害者社会復帰促進センターの設置，大都市特例（道府県の事務を政令指定都市に委譲），栄養士・調理師など5資格の絶対的欠格事由（精神障害者は免許を取得できない）を相対的欠格事由に改めることなどが行なわれた。同年12月に「障害者基本法」が成立し，福祉施策の対象となる障害者として精神障害者を明確に位置づけた。1994年7月に

は「地域保健法」が成立し，国・都道府県および市町村の役割分担を初めとする地域保健推進の新たな枠組みが定められた。

この頃強制入院は減少したが，入院患者は33万人となお多く，その中で数万人は保健福祉施策が整えば社会復帰が可能とされた。こうした状況を踏まえて，精神障害者の福祉施策や地域精神保健施策の充実をはかるとともに，適正な精神医療の確保と公費負担医療については，公費優先の仕組みから保健優先の仕組みに改めるなどの観点から1995年7月に大改正が行なわれた。法律名も「精神保健及び精神障害者福祉に関する法律」と変更された。法律の目的として，これまでの「医療及び保護」「社会復帰の促進」「国民の精神的健康の保持増進」に加え，「自立と社会参加のための援助」が加えられた。社会復帰などの保健福祉施策の充実として(1) 精神障害者保健福祉手帳の制度の創設，(2) 社会復帰施設の4類型の規定を明記（援護寮，援産施設，福祉ホーム，福祉工場)，(3) 社会適応訓練などの法定化，(4) 正しい知識の普及や相談指導などの地域精神保健福祉施策の充実と市町村の役割明記，がある。

よりよい精神医療を確保するためには，(a) 指定医制度の充実，(b) 入院時の告知義務の徹底，(c) 公費負担医療の保険優先化と合理化，があげられる。

精神障害者保健福祉手帳は一定の精神障害の状態にあることを証明する手段となる。手帳の交付を受けた者に対し各種の支援策をたてて，自立と社会復帰および社会参加の促進をはかることを目的としている。手帳の対象者は精神疾患を有する者のうち，精神障害のため長期にわたり日常生活または社会生活に制約のある者とされる。障害等級は1級から3級までの3等級とされ，1級および2級は国民年金の中の障害基礎年金の1級および2級と同程度である。手帳の3級は厚生年金の3級よりも広い範囲のものとする。手帳の交付は申請を原則とし，申請窓口は保健所である。交付主体は都道府県知事である（政令指定都市ではその市長）。手帳の表紙は単に「障害者手帳」とし医療機関名や疾患名は記載せず，顔写真を貼付しない。

手帳にもとづく支援施策として，(i) 通院医療費の公費負担申請の簡素化，(ii) 税制の優遇措置に関する手続きの簡素化と対象拡大，(iii) 生活保護の障害者加算，(iv) 公共交通機関の運賃割引や各種施設の利用料割引などがあげられる。〔早野洋美〕

⇒精神保健福祉センター，偏見と差別，メンタル・ヘルス

文献 1. 厚生省大臣官房障害保健福祉部精神保健福祉課『我が国の精神保健福祉：精神保健福祉ハンドブック』(平成10年度版) 厚健出版，494p., 1998；2. 厚生省精神保健福祉法規研究会『精神保健福祉法詳解』中央法規出版，835p., 1998；3. J-蜂矢，1993； 4. 蜂矢英彦監修，見浦康文・藤本豊編『コメディカルスタッフのための精神障害Q＆A：生活支援ハンドブック』中央法規出版，227p., 1995

精神療法 ⇒心理療法

性脱常 ⇒性的偏り

性治療 ⇒セックス・セラピー

性的偏り，性脱常，性倒錯，パラフィリア paraphilia, sexual deviation

普通には性的興奮を引きおこさないような物や状況を，見たり空想したりすることによって性的に興奮して，性衝動を感じたり，性行動に移ったりすること。また，それがない限りは性的興奮がおきないこと。

米国精神医学会による精神障害分類（DSM-IV, 1994）はパラフィリアを次のように規定している。「人間以外の対象，自分または自分のパートナー，小児または同意しない人に対して，強い性的幻想，強い性衝動，強い性行動を6カ月以上にわたって繰り返すこと。ある人では，このパラフィリアの幻想や刺激が性的興奮ないし性行動にとって欠くべからざるものであるし，また，別の人にとってはある期間だけその傾向が出る。この幻想，性衝動，性行動は，社会的，職業的，または重要な面で臨床的に大きな苦痛，障害をもたらす。普通ならば興奮しないような対象とか状況ないしはその幻想に対して性的興奮を覚え，その衝動があること，ない

しはその衝動を行動に移すことによって，何も手につかぬほどに苦しむ。

性的偏りは，程度によって，社会によって，必ずしも異常ではない。軽いサディズム傾向などは普通の人にもみられる場合がある。しかし，婦人用の靴（ハイヒール）を見ない限りは性的興奮がおきないといって，ハイヒールを撫でている人がいれば，他の動物種にはみられない現象であるという視点から，これを異常とみなす社会が少なくない。

歴史的にみると，性的偏りも精神病的現象と見られた時代から，次第にそうではないと考えられるように変わってきている。同性愛をかつては精神異常とか犯罪だとみなした社会が多かったが，最近の脳研究の進歩によって，それが胎生期のホルモン分泌の異常によっておきる現象であることが明らかとなり，精神異常や犯罪ではないと考えられるようになった。このように，性的現象に対する考えは多分に相対的・流動的・社会的なものであるから，性的現象をもとにして差別や偏見を抱くべきではない。

以前（DSM-Ⅰ，1952）は，性的偏りを社会病質的人格障害の中の一つに分類していた。1968年（DSM-Ⅱ）になると，人格障害およびある種の他の非精神病的精神障害の中に，人格障害と性的偏りとが並んで入っていた。1980年（DSM-Ⅲ）では，心理性的障害を三大別して，「性的偏り，心理性的機能障害，その他の心理性的障害」としている。1987年（DSM-Ⅲ-R）では性的偏りをどこかの項目に押し込めることをやめて，睡眠障害などと同列に「性障害」という独立の一項目をたてている。1994年（DSM-Ⅳ）になると，「性障害とジェンダー・アイデンティティ障害」という項目の中に次の表のものが含まれることになった。

表の各項目を簡単に解説しておく。

露出症では，予期していない他人に外陰部を露呈したいという衝動または幻想や行動が自分を性的に興奮させる。

フェティシズムでは，非生物（たとえば女性の下着，靴）が対象になる。

さわり（快擦症，frotteurism）では，同意していない人に触ったり，自分の身体をこすりつけたりしたいという衝動または幻想や行動が自分を性的に興奮させる。

小児愛症では，思春期（13歳）以前の小児が対象になる。本人は16歳以上で，小児よりも5歳以上年上である。

性的マゾヒズムでは，辱められ，縛られ，叩かれるなど，苦しめられたいという衝動または幻想や行動が自分を性的に興奮させる。

性的サディズムでは，他人に心理的ないし肉体的な苦痛を与えたいという衝動または幻想や行動が自分を性的に興奮させる。

異性装症では，異性の服装を身につけたいという衝動または幻想や行動が自分を性的に興奮させる。

のぞき（窃視症）では，裸体，脱衣中または

DSM-Ⅳによる「性障害とジェンダー・アイデンティティ障害」の分類

①性機能障害 (sexual dysfunctions)	性欲障害，性欲減退障害
	性的嫌悪障害
	性的興奮障害—女性性的興奮障害
	男性勃起障害
	オーガスム障害
	—女性オーガスム障害
	男性オーガスム障害
	早漏射精（早漏）
	性交痛障害（dyspareunia）
	腟けいれん
	全身疾患にもとづく性障害
	薬物乱用にもとづく性障害
	他に特異化できない性機能障害
②性的偏り (paraphilias)	露出症（exhibitionism）
	フェティシズム（fetishism）
	さわり（快擦症，frotteurism）
	小児愛症（pedophilia）
	性的マゾヒズム（sexual masochism）
	性的サディズム（sexual sadism）
	異性装症（transvestic fetishism）
	のぞき（窃視症）（voyeurism）
	他に特異化できない性的偏り（paraphilia not otherwise specified）
③ジェンダー・アイデンティティ（性役割自我同一性）の障害（gender identity disorders） 他に特異化できないジェンダー・アイデンティティ（gender identity disorder not otherwise specified）	
④他に特異化できない性障害（sexual disorder not otherwise specified）	

性行動中の，見られることを予期していない他人を観察したいという強い衝動または幻想や行動が自分を性的に興奮させる。

ジェンダー・アイデンティティ（性役割自我同一性）障害では，思春期ないし成人期に自分の本質は異性であり，手術その他の手段によって異性に変わりたいという強い衝動をもつ。

〔小林　司〕

⇒性〔機能〕不全，同性愛

文献　1. 小林司「性機能障害の概念の変遷」『日本ー性研究会議会報』6巻1号, 74-82 pp., 1994；2. G-Taskforce, 1994

性的サディズム　sexual sadism

性的脱常（パラフィリア）の一型。他の生物に痛みや苦痛を与えて快感を味わうのがサディズムであり，そうする人をサディストと呼ぶ。それが性的興奮に結びつけば，性的サディズムである。

米国精神医学会による精神障害分類（DSM-IV, 1994）では，性的サディズムを次のように規定している。「心理的ないし肉体的苦痛（屈辱を含む）を相手に与えることによって強く性的に興奮する空想や，性衝動，あるいは性行動が，少なくとも6カ月以上にわたり繰り返されること。これらの空想，性衝動，行動が社会的，職業的またはその他の機能のうちでも重要な方面で臨床的な苦痛や障害を引きおこす場合」。

サディズムというのは，『ジュスティーヌ』や『ジュリエット』などを書いたフランスのエッセイストでサディストだったサド侯爵ドナスィアン・アルフォンス・フランソワ（1740〜1814）の名にもとづく。

一般人口のうちでも，拷問や緊縛などの空想によって性的興奮を感じるものの，パートナーとの性行動にそれを実行するには至らない人は多いが，この人たちはサディストではない。

相手が人間の場合のサディズムは，屈辱・人格的堕落・搾取などの心理的な痛みを与えることをも含んでいる。マゾヒズムは，痛みや苦痛を与えられることによって快感を味わうことであり，その人をマゾヒストと呼んでいる。純粋なサディストはまれで，マゾヒストを兼ねることが多いから，「サド・マゾヒズム」とひとまとめにして扱うことが多い。

これらの傾向をもつ人のうち，純粋なサディストは，男性で9％，女性で7％，純粋なマゾヒストは，男性で8％，女性で17％，その他の大多数はサド・マゾヒストだといわれている。

自分が不安をもっていると，それを解消するためには，自分よりもっと弱い人をいじめて「自分は強いぞ」と思い込むか，自分より強い人の手下になって庇護してもらうか，しかない。この支配と服従がサディズムとマゾヒズムの基本的心理構造であるから，サディズムとマゾヒズムは一見対立する心理であるように見えるが，実は同じ楯の両面にすぎないのである。中間管理職の人が，部下いじめをする一方で上役にへつらうのも，この一型であり，これを権威主義的性格と呼ぶ。

サディズムの空想や行動は，その人が相手を支配して優位に立つこと（たとえば，這わせる，おりに入れる，監禁，目隠し，殴打，鞭打ち，つねる，火傷をおわせる，電気ショック，強姦，切り傷をおわせる，刃物で刺す，紐で締め上げる，拷問，不具にする，殺人）を含んでいる。これが反社会的人格障害と一緒になると犠牲者の傷害や殺害を引きおこす。サディズムは，普通は成人初期頃から始まる。慢性に経過し，次第に強くなることが多いが，長期間にわたっても強まることなく，相手にひどい身体的障害を与えずに経過することもある。〔小林　司〕

⇒権威〔主義〕的態度

文献　1. G-Kaplan and Sadock, 1991；2. G-Task Force, 1994

性倒錯　⇒性的偏り

生徒理解　understanding on a child in the school

子どもたちが学校生活に適応し，自己実現をはかれるように援助するために，多面的・総合的に子どもをとらえ理解すること。

生徒理解には大きく二つの迫り方がある。一つは臨床的理解や客観的理解と呼ばれるもので，生徒の問題行動やその背後にあるものをで

きるだけ正確に客観的に理解するために，多くの資料（学力，知能，健康状態，家庭環境，性格や行動の特性，友だち関係など）を収集し，分析検討して指導方針を立てる。もう一つはカウンセリング的理解，共感的理解と呼ばれるもので，目の前にいる生徒の存在そのものをまず肯定的に受け止め，生徒が今感じているもの，考えていることなどをありのままに共感的に理解しようというものである。生徒は「先生にわかってもらえた」という安心感からさらに心を開き本音で語れるようになる。客観的・科学的な資料にもとづく理解と同時に，生徒の変容を促すカウンセリング的理解が重要といえる。

生徒理解には一般的に五つの方法が用いられる。

(1) 観察法：学校生活のあらゆる場面(授業，学級活動，係活動，生徒会活動，クラブ活動，清掃活動，昼食時間，休み時間，放課後，遠足・運動会・修学旅行などの学校行事など）において教育に携わるすべての者（学級担任，教科担任，クラブ顧問，生徒会担当，養護教諭など）がすべての生徒を対象に，日常の自然な姿をありのままに観察し記録する方法である。個人別のノートやカードを用意し，生徒の行動を観察して，気がついたことを自由に記述する方法，あらかじめチェック項目を作成し，一定期間を区切って学習態度や生活習慣を評価する方法などがある。

(2) 検査法：心理テストはより客観的に生徒を理解し，指導の手がかりとなる資料として利用されるもので，次のようなものがある。(a) 知能検査：精神発達の様相，常識・判断力・注意力の程度，環境適応性の程度を理解する。田中A式知能検査，田中B式知能検査。(b) 性格検査：質問紙法としてY-G性格検査，ゲス・フー・テストなど，作業検査法として内田クレペリン精神作業検査，投影法としてロールシャッハ・テスト，TAT（絵画統覚検査），文章完成法などがある。(c) 行動検査：対人関係に問題のある生徒の級友に対する働きかけや反応，状況を把握するもので，一定の時間，学級全員を校庭などの観察場所で自由に遊ばせて観察する。(d) 向性検査：従来，内向－外向の一次元で測定されていた向性を，因子分析により社会的向性と思考的向性，劣等感，神経質，感情安定性の5次元で測定する。(e) 進路診断検査：進路指導において生徒の興味・関心，能力，性格，適性などを客観的に理解するためのもので，職業適性検査，進学適性検査，職業興味検査，職業レディネス・テスト，進路適性診断検査などがある。(f) 道徳性検査：子どもの道徳性を客観的に測定・評価するもので，日文式道徳診断検査MORAL，教研式道徳性検査などがある。(g) ソシオメトリー：ソシオメトリック・テストによって，集団内のグループの構成やまとまりの強さ，リーダーや仲間外れなどの人間関係をつかむことができる。(h) 学力検査：ふだん教室で行なう教師自作の学力テストではなく，標準化された学力検査を指すことが多い。(i) 学習要因診断検査：学力向上のための手がかりや学力不振児の原因診断，学習法の良し悪しなどをみるためのもので，学力向上要因診断検査，能率的学習法診断検査，学習適応性検査，学習意欲診断検査などがある。(j) 親子関係検査：親の子どもに対する望ましくない態度に注目し評価する診断的新親子関係検査，家庭教育について両親の意見を調べる両親意見診断検査などがある。いずれの心理検査においてもその結果から断定的に判断するのではなく，指導の手がかりや生徒理解の糸口をつかむための補助資料であり，主観的な理解の偏りを正す資料であると考えて活用していく態度が大切である。

(3) 調査法：生徒の学校や家庭での生活の様子，友人関係，将来の希望，悩みなどについて質問紙を用意して調査するもので，同時に多数の生徒に実施できること，短時間に資料を収集できること，回答を数量化して分析できることなどの長所がある。調査用紙に質問だけ印刷して自由に生徒に答えさせる自由記述法と，「はい」「いいえ」「どちらでもない」などいくつかの答えから選ばせる選択肢法とがある。調査結果を指導に活かすためには記名式にし，記載事項の秘密を厳守する約束をしておくことが大切である。

(4) 面接法：カウンセラー（教師）とクライエント（生徒）がことばによる自己表現を中心

において，相互の対話交流形式で生徒の理解や指導を進める方法である。しかし，ことばだけでは的確に伝わらない場合も多く，まなざし，顔の表情，声の調子，雰囲気，アクションなどにも注目する必要がある。面接は，問題をおこした生徒に対して，その改善を促すために行なう治療的カウンセリングと，問題行動が表面に現れていなくても，生徒理解を深めたり，パーソナリティの健全な発達を援助するために行なう開発的カウンセリングとがある。面接の形式には，1対1で行なう個人カウンセリング，数人の生徒が同席して行なうグループ・カウンセリング，親子や家族が同席して行なう家族カウンセリングがある。学級のすべての生徒を対象に，定期的に個人またはグループによる開発的カウンセリングを実施し，深い生徒理解を行なう必要がある。

(5) 業績表出法：作文や日記・作品などによる生徒理解。日頃から生徒の作文をていねいに意味づけしながら読むように心がけ，その背後に隠されている生徒の気持ちや感情をくみ取ることが大切である。日記や日誌は個別でもグループのリレー形式でもよいが，これを生徒と教師の対話の場，心の交流の場とするように，必ず教師もひとこと感想を書くことが必要である。

以上，客観的な検査・調査の結果と主観的な教師の観察や面接の記録，生徒の作文や日記などの諸資料が学級担任のもとで集約される。学級担任は学年担当，生活指導部，教育相談係，養護教諭，教科担任，クラブ顧問などとともに，これらの資料をもとに総合的に生徒理解を深め，今後の生徒指導に活かしていくことが大切である。　　　　　　　　　　　〔新藤　緑〕
⇒グループ・ダイナミックス，教育心理学，スクールカウンセラー，ソシオメトリー

文献　1. 十束文男・関根正明・須藤らん子・尾木和英『生徒理解とカウンセリング』(中学校・生徒指導改善双書 3) 文教書院，230p., 1986；2. 文部省「生徒理解に関する諸問題」文部省編『生徒指導資料 第5集』大蔵省印刷局，87p., 1969；3. 教育開発研究所編『児童生徒理解読本』(教職研修総合特集 45) 教育開発研究所，360p., 1988

青年心理学　psychology of adolescence
青年期特有の行動およびその発達過程を明らかにしようとする，発達心理学の一分野。小学校高学年における性の目覚めの頃から，22〜23歳頃までを対象とするが，30歳頃までとする説もある。

ひと以外の動物は，身体的成熟の如何によって子どもと大人に分けられるが，ひとの場合は身体的成熟だけでは大人と認められない。内面的成熟＝自我の確立，情緒，知性，社会性が問われる。ここに子どもから大人になるまでの長くて重要な過渡期としての青年期がある。

青年心理学の研究としての草分けはホール (G. Stanley Hall, 1844〜1924) である。彼は著書『青年期 (Adolescence)──その心理学並びにそれと生理学，人類学，社会学，性，犯罪および教育との関係』(1904)を著し，質問紙と伝記などの資料によって統計的データを多く示し，進化論の立場に立つ深い洞察力で青年期を研究した。これを機にアメリカでは質問紙と統計法による研究が盛んになった。

ドイツの青年心理学は，自然科学的立場に立つものと精神科学的立場に立つものとがあった。後者にシュプランガー (Eduard Spranger, 1882〜1963) がいる。彼は青年期の特徴の一つとして「自我の発見」をあげ，主観をこの世のすべてのものから，孤島のように離れた独自の存在として発見することであり，大きな孤独の体験を伴うものであると論じている。

行動における場の要因の重要性を説いたレヴィン*は，青年の社会心理的研究を発展させた。彼は青年期について，場理論の立場から，彼らの生活空間の構造を分析し，そこから青年の行動の特徴を導き出そうとした。

青年期は「第二の誕生」といわれるように，心の構造が急激に変わる時期である。今までより強力に自分自身に目が向き，自分を自覚しながらも他者の視点が気にかかるといった不安定の中で自分づくりをする時期である。すなわちE. H. エリクソン*のいうアイデンティティ (自我同一性，ego identity) の確立が最大のテーマとなる(1973)。自我同一性の獲得なしには，社会に生きる一人前の人間としての資格を得たこ

とにはならない。

自我同一性とは，生きていくうえでの確信，つまり他人と違う自分を認め，自分に肯定観をもち，将来に対する自己実現への意欲と目標をもっている，ということである。

青年期はアイデンティティ獲得までの暗中模索の時期であり，「モラトリアム」と呼ばれている。情報化社会の今日は，情報にふりまわされて，自分は何をしたいのかがつかめずに精神的不安定が長く続く傾向にある。青年期の終期に至っても，大人になろうとしない「モラトリアム人間」(小此木，1978)が増えているといわれている。これは，大人になりたくない，お金は欲しいが就職したくない，快の刺激にだけ反応しようとする若者である。

ハヴィガースト (Robert J. Havighurst) によれば青年期の発達課題は次の八つである (1972)。(1) 同年齢の両性の友人と新しくより成熟した関係を確立する。(2) 男性として，または女性としてその社会的役割を確立する。(3) 自己の身体を受容し，適性に身体を活用する。(4) 両親や他の大人から情緒的に自立する。(5) 結婚と家庭生活への準備を行なう。(6) 収入を得るための職業への準備を行なう。(7) 行動の指針としての価値観と倫理観の体系を確立する。(8) 社会的に責任のある行動をとれるようにする。以上の八つが達成されたとき，内面的成熟がはかられ，社会に生きる一人前の人間としての資格が得られたとみなされる。

〔四方田幸子〕

⇨アイデンティティ，自我，成熟，性役割，発達課題，モラトリアム

文献　1. E-小此木，1978b；2. 笠原嘉『青年期：精神病理学から』(中公文庫)中央公論社，244p.，1977；3. F-久世・加藤・五味他，1980；4. 高石昌弘『からだの発達』(改訂版)(体育・保健学入門シリーズ)大修館書店，408p.，1981；5. 竹内常一『子どもの自分くずしと自分づくり』(UP選書) 東京大学出版会，224p.，1987；6. 西平真喜「青年期における発達の特徴と教育」(大田堯『発達段階と教育 3：青年期』)(講座 子どもの発達と教育 6)岩波書店，349p.，1979所収)；7. 平山諭・鈴木隆男編著『発達心理学の基礎 II 機能の発達』ミネルヴァ書房，208p.，1994；8. 深沢道子『子どもをダメにした親たち』(現代教養文庫) 社会思想社，272p.，1992；9. F-藤永，1982；10. 無藤隆・高橋惠子・田島信元編『発達心理学入門 II：

青年・成人・老人』東京大学出版会，248p.，1990；11. H-『現代青年心理学講座』1，1976.

性〔機能〕不全，性機能障害　sexual dysfunction

性欲，性的興奮，オーガズム，性交に関する機能の障害。ただし器質障害(器官の構造や形態の障害)のものは含まない。

性的な興味，快感，性交に必要な身体の変化，などいろいろな面で性行為に，障害が生じる可能性がある。さらに，どの時期（最初から？ある時期から？）に始まり，どのような条件下(特定のパートナーとか否か？)，どのようなきっかけで発症するか。病気や服用中の薬剤の影響はないか。心または身体が原因か，あるいはその両方が原因か。障害の内容が男女によりかなり異なることもある。治療は，これらを念頭に，医学・心理学・社会学などの知識を統合して行なわれる。

以前は，性についての問題は口にしがたいものと考えられており，妻が不妊で受診して，はじめて夫の性不全が判明する程度であったが，今では恋人や夫婦間の性障害，手術後の不調などでも受診するようになった。また，労働過重や情報過多によると思われるセックスレス，寿命延長に伴う更年期・老年期の性，障害をもつ者にも必要な性など，多彩な性のあり方が問われるようになった。幅広いセックス・カウンセリングが必要な時代である。

米国精神医学会では，性機能不全を次のように分類している (DSM-IV, 1994)。

(1) 性的欲求の障害 (sexual desire disorders)：(a) 性欲不足・欠如：年令・性別・生活状況など性機能に影響する因子を考慮し判定する。(b) 性嫌悪：相手との性行為が予想されると強い否定的感情がおき，性行為を回避するほどの恐怖や不安が生じる。

(2) 性的興奮の障害 (sexual arousal disorders) (a) 女性：性行為の間，性的興奮や喜びを欠く。主に腟の乾燥・潤滑不全による。心理的原因の他に，身体的原因として，腟炎・卵巣機能低下(女性ホルモン減少)による腟分泌物減少も考えられる。(b) 男性：勃起障害。満

足のいく性交をするにたるペニスの勃起とその持続が困難な状態。夜間やマスターベイションあるいは異なる相手ならば可能だという場合は，心理的障害と考える。その他の心理的原因解明には諸検査が必要。これらが性不全原因のトップを占める。うまくできるかという予想不安など，ほとんどが不安にもとづく。

(3) オーガズム障害 (orgasmic disorders)：オーガズムがまったくおきないか，非常に遅れる。(a) 女性：男性より多く見られ，大抵は限定された状態でおこり，心因性と思われる。恒常的な場合，心理的処置に反応する場合以外は身体的なものを否定できない。(b) 男性：腟内射精困難。心因性と刺激方法の不適切によるものがある。この障害の一つである早漏は，相手が十分性交を楽しむほど十分に射精をコントロールできないことである。腟に挿入以前，勃起以前におきることもある。勃起障害で刺激に長い時間を要したり，勃起障害に対する心理的反応としておきる。

(4) 性交疼痛障害 (sexual pain disorders)：性交疼痛症は，男性にも女性にもおきる。性交前，性交中，性交後の反復的・持続的性器の痛み。腟潤滑欠如・腟痙のみでおきたものは除く。誘因として女性では初交時疼痛，難産，人工妊娠中絶，強姦体験などがある。

(5) 腟痙 (vaginismus)：腟を囲む骨盤底筋肉の攣縮のため腟にペニスを挿入できない，あるいは痛みを伴う状態。

性機能障害の病型にはいろいろな分類法がある

（ⅰ）発症によるもの：生来型(性機能発現以来存続) および獲得型（正常に機能した期間後の発現）。

（ⅱ）状況によるもの：全般型（特定の刺激，状況，パートナーに限られていない）および状況型（特定の刺激，状況，パートナーに限られている）。多くの機能不全はパートナーとのあいだにおきるが，症例によってはマスターベイション行為中におきることもある。

（ⅲ）病因によるもの：心理的(心理的要因が発症，重症度，悪化，維持に主要な役を果たしていると思われ，一般身体疾患や物質が原因で

ない)。混合型(心理的要因の他，一般身体疾患または物質の使用も関与するが，それだけでは十分説明できない要因がある。点薬の副作用を含む)。① 一般身体疾患を示す場合：たとえば，糖尿病で勃起障害があり，そのために著しい苦悩や対人関係の困難をきたしており，糖尿病そのものより性障害が臨床的に優位な場合。② 物質誘発性の場合：物質中毒や医薬品使用と関係し，性機能不全の臨床像が優位で，著しい苦痛や対人関係上の困難を示しており，その状態が物質の使用により十分説明できる場合。アルコール，コカイン，鎮静薬，催眠薬，抗不安薬など。③ 特定不能の性機能不全：特定の性機能不全基準を満たさないもの。

【性〔機能〕不全の治療】 性機能不全の治療には心理療法とその他の療法とがある。身体的要因には潤滑剤，手術，ホルモン剤，その他の薬剤で対応する。

1. 疾患による性障害：原病治療医との密な連絡が必要。(1) 糖尿病によるもの：男性の勃起障害の3～5割という報告もある。勃起不十分，持続しない。性欲，治療意欲の消失。心理的か，神経障害などの器質的かの鑑別が必要。(2) 高血圧・心疾患によるもの：性行為による身体への負担が心配な場合や，薬剤が原因になっていることが多い。高血圧に関してはコントロールが良ければ血圧・心臓・脳の急変はない。心臓に関しては，少しずつ行動を広げさせて自信をもたせる。薬剤の変更については主治医と相談のこと。(3) 精神障害によるもの：性障害よりも基礎疾患治療を優先し，性に関しては，性教育程度に留めるべきであろう。(4) 術前・術後によるもの：特に子宮，乳腺，前立腺，大腸，人工肛門に関する手術と性機能の関係，心理面の不安，具体的処理法の頻回な指導・支持が必要である。(5) 高齢化によるもの：性行為は，必ずしも性器の結合を意味するだけでなく，多様な性のかかわり方があることを伝える。性交痛はホルモン減少・腟分泌物の不足によることが多いので潤滑剤の塗布や女性のホルモン使用を勧める。

2. 与薬による性障害：降圧利尿剤，抗神経薬，抗潰瘍薬，制吐剤，ホルモン剤で各段階の

性機能障害が生じるので,たいていは,与薬中止や変更で改善されるが,基礎疾患への悪影響,薬の変更・中止による不安など心理面の影響を無視できない。原病治療医との密な連絡が必要である。心理療法では支持のほかに,深層心理的アプローチが必要である。〔堀口雅子〕
⇒インポテンス,性交痛・性交疼痛症,性障害の治療,性的偏り,性的サディズム,性欲,セックス・カウンセリング,セックス・セラピー

文献 1. American Psychiatric Association編,高橋三郎・大野裕・染矢俊幸訳『DSM-IV 精神疾患の分類と診断の手引』医学書院, 315p., 1995;2. J-カプラン,1982;3. 現代性科学・性教育事典編纂委員会編『現代性科学・性教育事典』小学館, 565p., 1995;4. 国連世界保健機関編,融流道男・中根允文・小宮山実監訳『ICD-10 精神および行動の障害:臨床記述と診断ガイドライン』医学書院, 349p., 1993;5. 小山内美智子『車椅子で夜明けのコーヒー:障害者の性』ネスコ(発売:文藝春秋), 249p., 1995;6. 障害者の生と性の研究会『障害者が恋愛と性を語りはじめた』かもがわ出版, 258p., 1994;7. E-大工原, 1979;8. 大工原秀子『性(Sex)ぬきに老後は語れない:続・老年期の性』(OP 叢書)ミネルヴァ書房, 271p., 1991;9. 日本性科学会・日本セックスカウンセラー・セラピスト協会監修『セックス・カウンセリング入門』金原出版, 341p., 1995;10. 穂積純『甦える魂:性暴力の後遺症を生きぬいて;なぜ生きるのがつらいのか,人にとって子供時代とは』高文研, 371p., 1994;11. 村瀬敦子・村瀬幸浩『素敵にパートナーシップ:40歳からの性と生』大月書店, 195p., 1997;12. 山本直英・北山郁子編『老年の性:茜色に染まる性愛を』(人間の生涯と性 4)大月書店, 139p., 1994

性役割　sex role

男性と女性とに対して,それぞれの性別に応じて期待されている行動,性格,態度。

人間の性差には,大きく分けて生物学的(身体的)性差と,心理的・社会的性差とが認められる。前者は,男女の生来的な生物学的差異にもとづいて規定されており,時代,文化,場所によって大きく変わることはない。これに対し後者は,生来備わった差異ではなく,生後の環境の中で学習し獲得していくものである。文化人類学者ミード*は,ニューギニアの3種族の社会的性差について研究報告をしている。チャンブリ族では,女性が農耕,狩り,漁業などの役割を担い,男性は家で子どもの面倒を見たり,儀礼的な仕事に携わっている。またアラペシュ族では男女ともに温厚で協調的であるのに対し,ムンドグモル族は男女とも攻撃的,非協調的であるが,両種族とも男女の役割に関しては,目立った性差は認められないと言う。このように,文明社会に共通した男女の役割とは反対に,女性が積極的でたくましく,男性は依存的で従順である社会や,性別による差異がほとんど観察されない社会が,存在しているのである。このような文化人類学的な知見に裏づけられるように,それぞれの文化や社会の中で,男性・女性に対して性別に応じて期待されている行動・性格・態度などの特性がある。「男らしさ」「女らしさ」などもこの中に含まれるものであるが,これらの特性を性役割という。

性役割は,男あるいは女として誕生すると同時に,周囲からの働きかけにより習得される。その社会の中で期待されている性にふさわしい名前がつけられ,玩具が与えられ,しつけられる(性別しつけ sex-differentiated discipline)。そして性の型づけ(sex-typing)がなされるのである。性別しつけは強化学習であり,親はときには賞罰を用いながら,その子どもの性にふさわしいと思われる行動を奨励し,逆の場合は抑制する。また男子と女子を比べると,親の側からみて男子の方には特に配慮をしないが,女子には女子であることを強調してしつけをする傾向があるという報告もある。

親からの強化学習にならんで,性役割獲得の役割を果たすのが観察学習(モデリング modeling)である。これは子どもが自分と同性の親を観察することにより,親をその性のモデルとしてとらえ,特徴を学習していくものである。また同性の親のもつ特性を能動的に取り入れ,親と同一視する発達過程は,精神分析の発達的同一視理論により説明される。このように獲得された性役割や性別による役割分業は,社会一般からはかなり伝統的な期待によって認知されており,性役割のステレオタイプとして考えられやすい。

青年期になると,社会一般でのステレオタイプの性役割観とは別に,自分自身の理想とする,自己の価値観にもとづいた性役割観を抱くよう

になる。ステレオタイプと,青年の理想とする性役割観との間にはしばしばギャップが認められ,葛藤が生じる。とくに女子は著しいギャップを感じる傾向があり,社会一般のステレオタイプを受容することに葛藤や困難さを感じ,性役割に関し適応上の問題となりやすい。

しかし,さまざまな分野で女性の進出がめざましい半面,いままでステレオタイプとされてきた男らしさを考えなおし,さらにその役割を降りようとしている男性(Mew Men)が徐々に増えている,という調査結果も示されている。今後,社会でのステレオタイプが少しずつ変化することが推測されるなかで,自分自身の性役割観をどのように実行に移していくかが課題である。 〔上平京子〕
⇒性,性差,フェミニスト・セラピー,モデリング

文献 1. E-東清和, 1979; 2. F-東・小倉, 1982; 3. E-小川・椎名, 1983; 4. E-柏木, 1973; 5. I-袖井編『現代のエスプリ』No.174, 1982; 6. E-原, 1988; 7. E-ブルックス=ガン・マチュウス, 1982; 8. E-間宮, 1979; 9. 山本真理子「性役割」日本児童研究所編『児童心理学の進歩』23巻, p.137-165, 1989; 10. E-湯沢・坂井編, 1984

性欲 sexual desire, sex drive

生物が種族保存の目的を達成するための本能。男女または雌雄両性間に生じる性交への欲求。

一般に人間を含めてすべての動物は,性腺や脳下垂体などをはじめとした,いわゆる内分泌腺から分泌されるホルモンの複雑な作用によって性欲がおきるといわれている。

人の性欲は,単なる性本能の発現ではなくて,体験,学習,外的刺激に依存しており,個人の生育史,社会,文化の影響を著しく受ける。

【性欲発生のメカニズム】 人間の場合,性欲(性衝動)は「性ホルモン」「外的刺激」が性中枢(視床下部,大脳新皮質)を刺激することによっておきるといわれている。

性ホルモンは,思春期に分泌が著しく,加齢とともに減少するが一生涯を通じて分泌されている。

性中枢は間脳の視床下部漏斗部および大脳辺縁系にあることが明らかにされている。視床下部の中枢は何らかの刺激によってインパルスを出し,それを大脳辺縁系が受けて性欲の動因を形成する。中枢を刺激する最大の因子は性ホルモンである。

さらに,性中枢には性衝動を促進する場所(内側視索前野,背内側索)とこれを抑制する部位(外側視索前野や室傍核)が存在することも確認されている。サルを用いた実験によると,内側視索前野,背内側索を刺激すると性衝動が亢進し,勃起して交尾を開始する。一方,この部位を破壊すると,交尾行動をまったく行なわなくなる。また,外側視索前野や室傍核を刺激すると,性行動が抑制され,この部位を破壊すると,動物では発情期以外でも連続的に交尾しつづけることが証明されている。

性中枢の存在している間脳には,性中枢の他に,食中枢・睡眠中枢・自律神経中枢などが存在している。特に,自律神経はすべての内臓・血管・内分泌腺を支配している重要な神経である。したがって,性中枢周辺に自律神経の中枢があるということは,自律神経の微妙な変調が性行動に大きな影響を与えることになる。

性欲に関係した外的刺激としては,視覚,聴覚,嗅覚,触覚,味覚などの五感からの刺激がある。これら五感からの刺激はすべて大脳皮質を経由して性中枢に伝えられる。さらに,大脳皮質で発生するイメージなども性中枢に伝えられる。

【性欲の発達】 人間の性欲は大脳皮質の働きによるものであり,大脳皮質が発育するにつれて学習する結果,あるプログラムが大脳皮質に組みこまれ,それに従って,大脳辺縁系がコントロールされる。

精神分析学者のフロイト*によると,人間は幼児期からすでに一種の性意識をもち性行動を行なうといわれており,幼児性欲説(infantile sexuality)が説かれた。それによると,幼児期のセクシュアリティの発達は4段階に分けられる。

(1) 器官愛(organ-erotism):最も原始的な性的表現であり,一般に,乳・幼児期のセクシュアリティがこれに相当する。さらに,器官愛は以下の段階を経るといわれている。(a) 口唇

期 (oral stage, 生後1歳半くらいまで)：乳を吸うという自己保存本能の活動に依存しながら乳房などを吸う快感（口愛）を満足させる性感帯の機能の発達。(b) 肛門期 (anal stage, 生後2〜4歳くらいまで)：肛門がもつ大便の保持・排出の機能と関係し、直腸粘膜と肛門括約筋による快感と結びついている。(c) 男根期 (phallic stage, 3〜5歳くらいまで)：ペニスに関心が集中する時期であり、男の子はペニスで、女の子はクリトリスで快感を獲得するようになる。

(2) 自己愛 (narcissism)：自分の肉体に愛着をもち、しばしば鏡の中の自分に見とれ、陶酔する。性欲の対象を他に移す能力のない時期で、幼児期および学童期頃に見られるものである。

(3) 同性愛 (homosexuality)：愛する対象を自分以外の同性に求める時期である。他人の中でも自分に似た姿・形・性格をもった同性を対象とし、幼児期の終り頃から学童期にかけて見られる。しかし、ときに思春期、あるいはそれ以降も続くこともある。

(4) 異性愛 (heterosexuality)：幼児期の終り頃になると次第に他人、それも異性に対して興味をもつようになる。

以上のような段階的展開をし、成人になるとそれまでの幼児的な欲動が性器の欲動に統合され、性器期として成熟するといわれている。

キンゼイ (Alfred Kinsey, 1894〜1956) の報告 (1948) では、比較的年少の幼少時期から、性的満足感や自慰感覚が発達しているといわれている。

人間の性欲形成、発達の背景には心理的なエロスの発達、性的感覚の発達、そして性的能力の成熟、の三者が一体となった展開があるといえる。〔大槻優子〕

⇒口唇期、肛門期、自己愛、性器期、性的偏り、性的サディズム、性〔機能〕不全、男根期、同性愛

文献 1. 石濱淳美『セクシュアリティ入門』(第2版)(性のヘルスケア 1) メディカ出版, 232p., 1992；2. 石濱淳美編著『新編セクソロジー辞典』メディカ出版, 583p., 1994；3. H―『精神分析セミナー』5, 1985； 4. 現代性科学・性教育事典編纂委員会編『現代性科学・性教育事典』小学館, 565p., 1995

世界内存在　being-in-the-world

ハイデガー* の『存在と時間』執筆期の思想における中心概念の一つ。人間は、常にすでに「世界の‐内に‐在る」という形で自己を発見するしかない存在である、ということを強調したもの。

ハイデガーは、人間が人間として存在する存在の仕方を「現存在 (Dasein)」と呼び、これを特徴づけるものとして規定した概念が「世界‐内‐存在 In-der-Welt-sein」である。この概念は、認識主体としての人間が外的世界に対して向かい合い、これに接近していくという近代哲学の基本構図を排斥し、そもそも人間が存在するということは、常にすでに「世界の‐内に‐在る」という形で自己を発見するしかない存在であることを強調したものである。この場合、「内に‐在る」すなわち「内‐存在」というのは、「水がコップの中（内）に在る」という時のような物理的、空間的な意味での「内‐存在」を意味しない。それは、人間が人間として存在するのは、あるものと関係したり、あるものを作ったり、用いたり、観察したりというように、さまざまなかかわり方をしながら、(つまり、ハイデガーの用語でいうならば「気を配る (Besorgen)」という仕方で) 存在するということを意味している。また、「世界‐内‐存在」の「世界」とは、いわゆる「自然世界」という時のように、客観的に存在するという意味での「世界」を意味しない。この場合の「世界」は、個々の人間によって「生きられている世界」、言い換えれば、「体験されている世界」を意味している。

ハイデガーは、われわれが生きている世界、体験している世界、すなわち自己が周りに「気を配り」、かかわりながら存在する世界として、まず、「環境世界 (Umwelt)」をあげている。すなわち、われわれはさしあたっては誰でも、身近に出会う諸々の事物、ハイデガーのいうところの「道具存在 (Zuhandensein)」に「気を配り」、それらとかかわりあいながら存在している。次に、他者と「共に在る世界 (Mitwelt)」があげられている。つまり、人間存在は決して孤立して存在するものではなく、常に他者と「共に在る」のだ。われわれは誰でも他者とのかかわり

のなかで，他者に「気を遣う (Forsorgen)」ながら存在するということを意味している。さらに人間存在は，自己自身については，自分を「気にする (Sorgen)」という在り方で，自己とかかわりながら，彼に固有の「個人的世界 (eigen Welt)」に存在する。そういう意味で，個々の人間が「現にいま，ここに存在する」（現存在）ということは，彼に特有の「物理的環境の世界」と，彼に固有の「他者と共に在る世界」，彼に独自の「個人的世界」——この三つの世界に同時に分かちがたく結びつけられて存在するということであり，人間存在が「世界内存在」であるというのはそのことを意味している。

精神医学や心理療法，カウンセリングにおける現象学的・実存的アプローチにとって，「世界内存在」はきわめて重要な概念である。米国の実存心理学者メイ*によれば，問題は，いかにしてわれわれが他者の世界をありのままの現実において理解できるかであり，そのためには，他者を外側から眺める外部的な対象の集積として理解すべきでもないし，あるいはまた感傷的同一化によって理解すべきでもない。要求されているのは，伝統的な主観・客観という二分論の「ガン」を断ち切ったうえでの，他者の世界へのアプローチなのである。

カウンセリングにおいて「人間学的・実存的アプローチ」を標榜する小林純一は，ハイデガーのいう「環境世界 (Umwelt)」「共に在る世界 (Mitwelt)」「個人的世界 (Eigenwelt)」を個人の生きる「三次元の世界」と呼び，これをクライエント理解のためのきわめて重要な通路であるとしている。小林によれば，人間は「対象の世界に直接的かつ必然的に結ばれている存在」であり，したがって，クライエントをありのままに理解するためには，彼がどんな世界に生きている人であるかを知ることが重要であり，彼が日常的に「感じ取っている世界」を知る必要がある。また，人間の行動は，彼の生きている世界が，彼によっていかに知覚されるかによって変化するという見解から，カウンセラーは，クライエントの「知覚世界」に入ろうとする，としている。つまり，クライエントが生きる「三次元の世界」は，彼によって意味づけられ，価値づけられている世界でもあるから，彼の「知覚する世界」に変化がおこれば，（すなわち，「世界」を見る見方が変われば），クライエントの行動に変化がおきるのである。知覚する世界に変化がおき，行動に変化がおきるということは，自己への「気づき」や「自己発見」によるクライエントの人格的成長を意味するのであり，カウンセラーは，このプロセスをクライエントとともに生きるのである。　　　〔中村彰男〕

⇒今‐ここで，実存心理学，人格的成長，人間性心理学

文献　1. 木田元・野家啓一・村田純一・鷲田清一『現象学事典』弘文堂，749p.，1994；2. A-小林，1979；3. 竹田青嗣『ハイデガー入門』（講談社選書メチエ）講談社，284 p.，1995；4. ハイデッガー，M.，細谷貞雄・亀井裕・船橋弘訳『存在と時間 上・下』理想社，420p.，395p.，1963，1964；5. J-メイ他編，1977

セカンド・オピニオン　second opinion
主治医以外の医師の意見。最適の医師から最適の医療を受けるために，インフォームド・コンセントを補うもの。

病気やケガのときに，医師の治療を受けるが，専門の違いや経験不足による誤診や治療の間違いがないとはいえない。ともすれば，外科医は手術を勧めがちであり，内科医が診れば，服薬だけで治ると言われる場合が多い。これを未然に防げば，患者の被害も減るし医療費も節約できる。他の医師の目があれば，医師も過剰診療などをしにくくなるし，知らない知識を得ることもある。医療全体の質も上がる。今後は，重い病気の場合には，患者がセカンド・オピニオンを求めることを最初の医師に話し，最初の医師もデータを提供してそれに協力するのが常識になるだろう。それには，まず，医師の意識改革，患者の自立が必要だと辻本好子は述べている。

セカンド・オピニオンを求められた医師は，最初の医師にデータを要求できる。患者が医師の説明を十分に理解しているかどうかも明らかになる。ただし，セカンド・オピニオンに対する特別の診療報酬は，現時点では初診料や文書代くらいしか認められていないので，早急に改めるべきである。

適切な医療を受けるために，セカンド・オピニオンを求める運動が広がっている。これを「セカンド・オピニオン運動」という。

患者中心の開かれた医療をめざす大阪市の市民グループ「ささえあい医療人権センター(COML: Consumer Organization for Medicine and Law, 医療と法の消費者組織)」(代表：辻本好子)が素案を作り，厚生省研究班が作った「医者にかかる10カ条」は次のとおり。(1)伝えたいことはメモして準備，(2)対話の始まりは挨拶から，(3)よりよい関係づくりはあなたにも責任が，(4)自覚症状と病歴はあなたの伝える大切な情報，(5)これからの見通しを聞きましょう，(6)その後の変化も伝える努力を，(7)大事なことはメモをとって確認，(8)納得できない時は何度でも質問を，(9)治療効果を上げるために，お互いに理解が必要，(10)よく相談して治療方法を決めましょう。

最近では，インターネットでセカンド・オピニオンを提供するヴァーチャル・ドクターも登場している(http://www.v-doctor.net/)。

以上は，医療に関してであるが，カウンセリングについても当てはまることが多い。
〔小林　司〕
⇒インフォームド・コンセント

文献　1. 朝日新聞1999年1月31日付
資料　ささえあい医療人材センター(COML, Consumer Organization for Medicine and Lan, 医療と法の消費者組織)，〒530-0047　大阪市北区西天満3-13-9 西天満パーラビル4号館5階, Tel　06-6314-1652, Fax　06-6314-3696, インターネット　http://www.asahi-net.or.jp/~wu5t-kmnu/coml-htm

積極的関心　positive regard
他者の自己経験のすべての側面を知覚すること。

これによって，人の経験する世界の中で積極性に関する違いが生じる。価値ある存在としての，他者の自己経験を差別なく知覚することは，「無条件の積極的関心」(unconditional positive regard)と言われる。一般に，暖かさ(warmth)，好きになること(liking)，尊敬(respect)，同情(sympathy)，受容(acceptance)，などの態度を含むものとして定義される。この，スタンダル(S. Standal)の考案による概念の提唱後，「肯定的な配慮」と訳されてきた"positive regard"という言葉は「積極的関心」と訳されて広く用いられるようになった。

「純粋性」(genuineness)または「自己一致」(congruence)および「共感的，感情移入的理解」(empathic understanding)と並んで，「積極的関心」は，カウンセリングにおける基本的な態度とされている。

非指示的カウンセリング，来談者中心療法の提唱者であるロジャース*は「治療により人格変化が生じるための必要かつ十分な諸条件」(1957)として六つの条件をあげ，これらがかなりの間継続することが必要であるというが，その条件の第4に，「セラピストはクライエントに対して無条件の肯定的関心(unconditional positive regard)を経験していること」とある。たとえば，カウンセラーがクライエントを人格をもった一人の人間として，彼に深い純粋な心配りを伝えることであったり，カウンセラーは，クライエントの経験をその人の一部であるものとして温かく受容しており，しかもその受容や温かさに何の条件もついていないことであったり，クライエントの中にある感情の一部は受容するが他の感情を否定する，というのではなくて，全体としてクライエントを認めることであり，無条件の積極的関心を感じるということは，その人を「尊重する」ということ(J. デューイ*の言葉)である。そこには保留も評価もない。あふれ出てくる積極的な感情なのであり，「判断しない」ということである。一人の独立した人間としてのクライエントに対する非所有的な心配りなのである。クライエントは，彼自身の感情と彼自身の体験過程をもつ。あるクライエントは次のように述べている。「(カウンセラーは)わたくし自身の経験をわたくしが所有するようにしてくれるので，実際にわたくしは自分の経験を所有している。つまり，わたくしの感じることを感じ，わたくしの欲することを欲し，わたくしの恐れることを恐れている。ここには，『もしも』とか『しかし』とか『ほんとうにそうではない』というようなことは何もない。」

積極的関心が，カウンセリングの過程にクラ

イエントが入ることを促進し，また建設的なパーソナリティ変化へとクライエントを導くような関係を導入することになる。カウンセラーが積極的な関心を示すとき，クライエントはその内面的自己の最も深くにおおいかくしている要素を探求し経験することができるようになる。自己自身を探求し，他の人間と深く心を交えることができるようになる。カウンセラーが，クライエントの内部にあるものにあたたかく，積極的で受容的な態度で接すればするほど，クライエントの成長と変化が遂げられる。

積極的関心が，他の諸条件とともに必要十分条件であるか否かは，それほど容易には証明されないが，心理療法に関するリサーチによれば，積極的関心がない場合には，クライエントに積極的変化がおきないことがトゥルアクス（C. Truax）によって証明されている。

ロジャースによると，積極的関心というのは，親と乳児，セラピストと言語の不自由な精神病患者，医師と重病患者，のような非言語的関係をもつ場合に最も有意義である。

小林純一によると，成熟した各個人が積極的に人格と人格との結び付きを可能とする関係をもつように努力することは，他者に対する積極的な関心であり，愛である。　〔榎薗尚子〕
⇒アクセプタンス，カウンセリング，カウンセリングにおける人間関係，共感的理解，肯定的尊重，自己一致，受容

文献　1. B-ガーフィールド, 1985；2. A-小林, 1979；3. A-パターソン, 1962；4. H-『ロージァズ全集』4, 1966；5. H-『ロージァズ全集』8, 1967；6. H-『ロージァズ全集』15, 1967

積極的傾聴　⇒アクティブ・リスニング

セックス・カウンセリング　sex counseling

カウンセリング技法およびセクソロジーの知識を基礎として行なわれる，性に関するカウンセリング。

セックス・カウンセリングでは，性機能不全を中心として，それに関係する問題が対象となる。セックス・セラピーという用語もあるが，日本性科学会ではセックス・カウンセラーとセックス・セラピストの区別を次のようにしている。

セックス・カウンセラーとは，クライエントの性に関する不安や悩みに対し，カウンセリング技法や各種相談過程を通して，広く性相談に関わるカウンセラーである。間接的に性機能障害に関わり，結果的にこの障害を解消することもあるが，これが主目的ではない。

セックス・セラピストは，より限定された専門的機能により，性機能障害の直接的な治療を行なう者である。このためには，セックス・セラピストは医師，臨床心理士，保健師，助産師，看護師，その他医療職としての資格，あるいはこれらと同程度の技能を有する人でなければならない。

セックス・カウンセリングは一般的に，(1) インテーク，(2) クライエントについての精神的，身体的情報の収集，(3) 性機能障害があるか否かの確認，(4) 性機能障害に対する対応，(5) フォロー・アップ，から成り立っている。以下この5項目について述べる。

(1) インテーク：主訴をまず確認する。セックス・カウンセリングのクライエントは主訴の大部分が性機能不全であるから，系統的なチェックがあったほうが望ましい。まず「性機能不全を患者が本当にもっているか否か？」を大まかにクライエントから聞き出す。クライエントの訴えの中には十分な検討を必要とする場合もある。一例として，ある女性がオーガズム不全の訴えで来所。よく聞いてみると，「夫がそういっているので自分でもそう思っている」とのこと。実は夫に他の女性ができたので，問いつめたところ，「どうもお前にはオーガズムがないようだ」と言われたところからその主訴となった。よく話を聞くとオーガズム反応はある。主訴を十分に把握すれば，この例では，性機能が正常であると考えられ，精神的な異常がなければ，サポートするだけでよい。また別に勃起不全を訴え，来所したが，客観的に勃起不全はなく，統合失調症であることが判明したケースもある。主訴を十分に聞き性機能不全がないと思われる場合には，精神的な異常があるか否かを十

分に注意するために,情報を集める必要がある。性機能不全がある場合には,身体的な原因なのか,心理的なものなのかを検討する。診察だけでは,身体的なものを完全に除外することが難しいので,種々の検査を系統的に行なうことができれば一番よい。

(2) クライエントについての精神的,身体的情報の収集:クライエントの性的状態(the sexual status)をインテークに際して十分に聞く。クライエントの性についての情報を集めるために問診を行なう。その際には,一定の質問順序を立てておけば情報の収集が洩れなく取れるし,後の調査にも役立つ。一例として次のものが考えられる。(a) 性交頻度,性交の相手,勃起または膣分泌が十分にあるか,(b) マスターベイションの有無,頻度,射精,オーガズムの状態,(c) パートナーについて,(d) 寝室の状況,などについての情報を集める。カップルで来所した場合は,一人一人別々にインテークをすると,より真実がわかることが多い。

(3) 性機能障害があるか否かの確認:カップルの性機能異常が考えられる場合,性反応の中でどの相が侵されているか,あるいは身体的なもの(たとえば糖尿病)であるか,ストレスなどの精神的なものであるか,薬品の作用によるのかなどについて性障害の治療の模式に従って作業仮説ともいうべき一応の診断をする。たとえばあるパートナーとのみ性機能不全がある場合には,ほとんどが心理的な原因による。性機能障害の多くは,精神的・心理的なものであるが,40歳を過ぎると器質的な原因が増えてくる。

(4) 性機能障害に対する対応:身体的異常がある場合にはそれぞれの専門医に紹介する。精神的心理的の場合には種々の技法を用いる。家族療法,ゲシュタルト療法,絵画療法,交流分析,夢分析も用いられる。また視聴覚教材として特に映画が有効であって,性機能不全の人々のために作られた映画はクライエントの役に立つ。一般的なやり方としては,家庭で性機能訓練を行なうために,宿題を与える。どのような宿題を与えるかは,カウンセラーが決めたり,クライエントと相談のうえで決める。そして宿題の記録を残しておき,後で検討する。

(5) フォロー・アップ:幸いにも性機能不全が問題にならなくなった場合でも,不安が再び生じた場合,気軽に来所できるように相談の道を残しておくほうがよい。

当然のことながら,性について人に知られるのを嫌うので,守秘義務はカウンセラーの第一に守るべき義務である。〔野末源一〕

⇒絵画療法,家族療法,ゲシュタルト療法,交流分析,性〔機能〕不全,性交痛・性交疼痛症,性障害の治療,セックス・セラピー,夢判断

文献 1. 日本性科学会・日本セックスカウンセラー・セラピスト協会監修『セックス・カウンセリング入門』金原出版, 340p., 1995

セックス・セラピー,性治療 sex therapy

心因性性機能不全に対する治療法で,カップルが現在抱えている問題に焦点を絞り,困っている症状をまず解決することを目標とする。

従来,性障害に対する治療は,フロイト*やその分派による精神分析療法が用いられていたが,膨大な時間を費やす割には治療成績が思わしくなかった。ウォルピ*らの行動療法学派は,系統的脱感作法を治療に導入して好成績をおさめるようになった。しかし心因性性機能不全は夫婦相互関係の改善をみずには真の解決を望めないこと,または生育史で獲得した性に対する否定的感情の処理は,心理療法によらなければ解決困難である場合が多いことも事実である。セックス・セラピーはこのような二つの治療法の長所と短所を相補しあう形で考案された。

セックス・セラピーはアメリカのマスターズ(W. Masters)とジョンソン(V. Johnson)の著書『人間の性反応』(1966)にその基礎がおかれる。本書はこれまで不明確であった性反応を科学的に検討した。人間の性のサイクルを4相に分け(興奮相,上昇相,オーガズム相,消退相),それぞれの相の男女の性の解剖と生理を明らかにし,これまで謎の多かったオーガズム反応についてもいくつかの新しい発見をしている。彼らが引き続き出版した『人間の性不全』(1970)では,セックス・セラピーが性機能不全に対し

て高い治療率をおさめたことを報告している。治療成績のよい理由としては、症例を選別していることもあるが、何よりも行動療法を中心にした、カップルでの2週間「カンヅメ」での集中治療が有効であったろうと思われる。また彼らは一時、訓練されたサラゲート（代理妻）を治療に使ったこともあったが、倫理的理由で後に中止している。

しかしこのマスターズとジョンソンのインポテンスに対する治療失敗率が36%もあったということは、心因性の中でも深層心理に根ざした病理をもつものに対しては、苦手であったものと推察される。

カプラン(H. S. Kaplan)は、1974年『ニュー・セックス・セラピー』を出版し、心理療法的介入に主眼をおきながら従来行なわれてきた行動療法の他、あらゆる有用と思われる治療法を導入したことで、性的機能不全の治療をより実際の臨床に即したものに改変したといってよかろう。カプランは、家庭に帰ってからの宿題(assignment)として、行動療法的性的訓練を課し、次回来院時にその成果を聴取し、次の宿題に進める方法をとっている。この宿題に対して現れた抵抗や、性的訓練中に誘発された心的葛藤などを心理療法のセッションで操作して解決し、さらに行動療法を重ねていくのがカプラン派のセックス・セラピーの特徴である。

セックス・セラピーがときに有効性を発揮できる対象は、性障害の中でも勃起障害や早漏、性交疼痛症、腟痙などの性機能不全であり、しかもその病因である心理的要因がそれほど重要性をもたないような症例では、短期間に改善可能である。逆にセックス・セラピーに抵抗を示す疾患には、生活史に根ざした先天性の性欲抑制や性嫌悪症があげられる。なお、性的偏り（パラフィリア）は、どの治療法も有効性を示すことが困難であるが、セックス・セラピーもまた例外ではない。

人間の正常な性反応は「欲望」があって「興奮」し、「オーガズム」に至るという三つの相が自然に展開する。日常臨床では、その性機能不全がどのレベルの相で障害されているのかをまず確認する必要がある。興奮相の障害である勃起障害も、欲望相の段階ですでに障害されている場合もあれば、オーガズム相の障害である早漏を合併している場合もある。この3相のそれぞれの障害を病因論的にながめると器質性（構造的障害）や外因性の要因は他の相のものとは異なり、それぞれの場合に応じた治療的対応が必要になるが、心理的な病因はとみると、不安などのように3相いずれにも共通したものが多い。セックス・セラピーでは、この共通した心理的病因を除去すべく、各障害ごとに考案された特殊療法があり、効果をおさめている。

セックス・セラピーにはいくつかの特徴があげられる。(1) 宿題として家庭で行なう性的訓練が、無意識下の精神的葛藤やカップル間の葛藤を引き出すことが多く、心理療法的介入が容易になる。(2) カップルが互いに感情を伝達しあうことを学習することで、自分が本当に何を欲し、どう感じているかを話しあえるようになる。(3) 以前に回避していた性体験を行なうことで、性的葛藤の解消が容易になる。(4) 従来のカップルの好ましくない性システムを変化させ、気楽に楽しんで愛の行為をすることを学習する機会を与える。(5) 性に対して抱いている否定的態度を変化させていく。

症例の中には、症状の背景に重大な心理的要因を抱えている場合もある。しかしこれを正面から取り組んで解決を目指さなくてもよい場合がみられる。つまり、宿題を抵抗の少ないものから繰り返して行なうことで、性機能不全は治癒し、二次的に重大な心因もその問題の意味を失ってしまうことがあることを特記しておく。

〔阿部輝夫〕

⇒インポテンス，系統的脱感作法，行動療法，性交痛，性〔機能〕不全，性障害の治療，性的偏り，セックス・カウンセリング，性欲

文献　1. J-カプラン，1982；2. マスターズ，W. H.・ジョンソン, V. E., 謝国権，ロバート・Y・竜岡訳『人間の性反応』（マスターズ報告1）池田書店，396p., 1980；3. マスターズ，W. H.・ジョンソン, V. E., 謝国権訳『人間の性不全』（マスターズ報告2）池田書店，438p., 1980

摂食障害　eating disorders

神経性食欲不振症（anorexia nervosa）と神

経性大食症(bulimia nervosa)を合わせた概念。
ボディ・イメージの障害と食行動の異常を有する，10代後半〜20代前半の若い女性に認められる疾患である。

表1　神経性食欲不振症の診断基準（DSM-IV-TR，2000による）

A．標準体重の −15% 以上のやせ
B．体重が標準以下であっても，体重増加や太ることを極度に恐れる
C．体重や体形について歪んだ認識
D．（初経以後の女性ならば）3カ月以上続く無月経

厚生省（当時）の神経性食欲不振症調査研究班（1990）は，次のように述べている。

1. 食べないばかりでなく，経過中には大食いになることが多い。大食には，しばしば自己誘発性嘔吐や下痢・利尿剤乱用を伴う。その他，食物の貯蔵，盗食などがみられる。また，過度に活動する傾向を伴うことが多い。

2. 極端なやせ願望，ボディ・イメージの障害（たとえば，ひどくやせていてもこれでよいと考えたり，肥っていると感じたり，下腹や足など体のある部分がひどく肥っていると信じたりすること）などを含む。これらの点では病的とは思っていないことが多い。この項は，自分の希望する体重について問診したり，低体重を維持しようとする患者の言動に着目すると明らかになることがある。

3. まれに30歳をこえる。ほとんどは25歳以下で思春期に多い。

4. 性器出血がホルモン投与によってのみ起こる場合は無月経とする。その他の身体症状としては，うぶ毛密生，徐脈，便秘，低血圧，低体温，浮腫などを伴うことがある。ときに，男性例がある。

5. 統合失調症による奇異な拒食，うつ病による食欲不振，単なる心因反応(身内の死亡など)による一時的な摂食低下などを鑑別する。

神経性大食症については，米国の基準を表2に示した。

神経性食欲不振症については，すでに文献上では16世紀にヨーロッパで記載されており，ガル（W. W. Gull, 1894）が詳細な観察をして，これをanorexia nervosaと命名したが，心因論

表2　神経性大食症の診断基準（DSM-IV-TR，2000）

307.51　神経性大食症（bulimia nervosa）
(a) 大量の食べ物を短時間ごと(たとえば2時間)で食べる発作の繰り返し。
(b) 大食のとき，自分でコントロールできないという感じがする。
(c) 嘔吐，下剤，利尿剤，浣腸，断食，激しい運動などにより体重減少を図る。
(d) 3カ月間以上にわたって，1週間2度以上の大食発作が続く。
(e) 体形や体重を常に気にしすぎる。
(f) 神経性食欲不振症の発作中にはおきない。

の中で扱われていた。症状として食欲不振，やせ，無月経，便秘，徐脈を掲げ，食欲不振は病的な精神状態のせいであるとし，落ち着きがなく，活動的であるなどの精神的特徴をも記載している。ところが，シモンズ*（1914）により脳下垂体による器質論が唱えられた。しかしマンフレッド・ブロイラー*（1954）はこれに反論して，脳下垂体の障害の特徴がみられないので，その変化は飢餓の結果であるとし，器質論は否定された。その本態については，今なお不明であるが，最近の神経科学領域の知見の中で内分泌機能障害が推定されコルチコトロピン放出因子（corticortropin releasing factor, CRF）の関与の可能性が考えられている。

本症は近年増加傾向にあり，米国では女性の0.5%（男性は女性の1/10）と言う（女性の大食症は1〜3%，男性は女性の1/10）。出村博（1992）は，日本人での有病率を女子中学生10万人に対し30〜80人，女子高校生では50〜120人と推定し，発症年齢も上下に拡大する傾向を示している，と言う。日本の女子大生では300〜400人という説もある。

神経性食欲不振症については，下坂幸三（1988）が本症の家族について，社会的階層が比較的高く，多くの場合父親が無口で母親が優勢であり，母親の支配的，抑制的または拒否的な養育と，父親の無関心ないしは放任とにより，本症患者の人格の発達が愛情欲求をめぐって口愛期より阻害されているとしている。しかも母を実質的な主権者とみなし，反抗期もなく，外見上では目立たず従順すぎる適応を示すが，内

心では意識的，無意識的な敵意を抱き，両価的な態度を持ち続け，自己同一化し得ぬ陰性な母性化を根強く抱くようになり，本症の準備状態を形成する主要な心的状況がある，としている。

本症患者の性格傾向は潔癖，わがまま，頑固，完全癖，勝ち気，依存的，未熟，けち，目立ちたがりや，活発で，要約すればヒステリー性格，分裂気質，執着気質と考えられるが，時には統合失調症に移行するケースも見られる。3～6年後の予後は，治癒44％，軽快39％，不変14％，死亡3％という（末松弘行）。

心理的特徴としては，(1) 成熟嫌悪，(2) 幼児期への憧景，(3) 男子羨望，(4) 厭世的観念，(5) 肥満嫌悪（やせ願望），(6) 禁欲主義，(7) 主知主義が認められ，知的能力も比較的高い者が多い。誘因としては，学業やクラブ活動のストレス，いじめ，転校，愛情の喪失，受験や就職の挫折，など青年期ストレスへの不適応と思われる例も多い。

次に神経性大食症と共通する点として，ガーフィンケル(P. E. Garfinkel)は，(a) 成熟恐怖と成人としての責任保持の抵抗，(b) 体重のコントロールがその人のすべてである，(c) コントロールを失うことへの恐怖や肥満への恐怖が極端である，(d) 完全主義である，(e) 自己評価が低く外的基準に結びついている，などを掲げている。

早期発見，早期加療が治癒率を上げる。原則としては入院治療が望ましいが，病態が軽くて，保証や説得が可能な場合には，薬物を併用しながら外来で治療も可能である。しかし，飢餓による二次的な精神障害が生じている場合には，ある程度体重の増加をはかり，後に心理的な調整をする方法がとられている。

最近では，行動療法を主流とし薬物を補助的に使用する傾向にある。一例として深町建(1987)の行動制限療法プログラムを表3に示した。

なお末松弘行(1977)は精神分析的な方向づけをもった心理療法も行なわれているが，患者の精神力動に対する深い理解が必要であるとし，ただし主知的な傾向をしりぞけた方がよいとしている。

表3 行動制限療法（深町，1989，p.20）

―入院後の治療プログラム―

第1週 (800 Cal)	:	行動観察期間 面会・電話・手紙・読書・音楽は，この週のみ許可
第2週 (1000 Cal)	:	行動制限開始 この週より面会・電話・読書・音楽などすべて禁止し，所持金も全額預かる。
第3週 (1200 Cal)	:	
第4週 (1400 Cal)	:	
第5週 (1600 Cal)	:	音楽または読書1時間許可
第6週 (1800 Cal)	:	音楽または読書2時間許可
第7週 (1800 Cal)	:	退院目標体重の-2kgに達していれば，音楽・読書以外に，外出1時間許可
第8週 (1800 Cal)	:	外出2時間許可。小遣い週3000円渡す。
第9週 (1800 Cal)	:	外出2時間許可。
第10週 (1800 Cal)	:	退院目標体重の-1kgに達していれば，外泊一泊許可。
第11週 (1800 Cal)	:	外泊2日許可
第12週 (1800 Cal)	:	以上を問題なく通過し，退院目標に達していれば退院。

＊入院期間中，入浴・洗濯・同室者との会話，病棟のロビー，屋上に行くことは許可。

＊入院期間中，毎朝回診の際，前日までに書いた感想文（レポート）を提出。感想文を書くための辞書の携帯は許可。

＊入院期間中，病院食以外の食べ物の摂取，及び毎週日曜日の体重測定日以外の体重測定は禁止（体重は自己申告でなく，看護師が確認）

＊摂取カロリーは，現在の食事が全部摂れるようになり，体重測定後患者が納得した時のみ上げる。

＊緊急を要する家族との連絡は，第1週以外はすべて主治医を通してなすこと。

＊週1回程度，主治医は患者の入院中の経過報告をし，その際親から聞いた子供に対する親の思いを患者に伝えること。

摂食障害の発症には家族の相互作用のパターンが密接に関連しており，その根底にある家族の問題を解決しなければならない。母親の過干渉は症状を悪化させる。

退院後の生活指導についても，患者がまわりの環境に対し被害意識や受け取り方に歪みをもっているため，治療者は共感的に理解を示し自己実現への方向を見出せるように中立的な立場で見守ることが大切である。薬物療法については，抗うつ薬が著効を示すことがある。また，抗不安作用，下垂体副腎系の抑制などの作用を

有するベンゾディアゼピン系薬物が有効な場合もある。　　　　　　　　　　　〔早坂伸子〕
⇨アイデンティティ，心身症，肥満，モラトリアム

文献　1. J-下坂，1988；2. 末松弘行他「神経性食欲不振症」『治療』Vol. 59, p. 789-792, 1977；3. 末松弘行（班長）『厚生省特定疾患神経性食欲不振症調査研究班平成2年度調査報告書総括研究報告』p. 19-25, 1991；4. 末松弘行「心身医学」『日本医事新報』No. 3541, p. 28-230, 1992；5. J-深町，1989；6. 堀田真理・出村博他「神経性食欲不振症」『治療』Vol. 74, p. 1607-1618, 1992；7. G-Work Group, 1987

折衷的カウンセリング　eclectic counseling

折衷的カウンセリングとは，特定のカウンセリング理論・技法にとらわれずに，目の前にいるクライエントのために，複数のカウンセリング理論・技法を駆使して，そのクライエントに最善の方法で接していこうという，カウンセリングの理論であり，カウンセラーの態度，立場，哲学である。統合主義，選択主義ともいう。

すでに，1955年にオールセン（M. M. Ohlsen）は支持的な方法と非支持的な方法とを統合することを記している。支持的技術によって診断を非支持的技術によって感情への反応を目指した。彼は別のクライエントに別の技術を使うばかりでなしに，同一のクライエントに対しても，時期によって，これらを交互に使うことを考えた。ラガルス（A. A. Lagarus）はクライエントのパーソナリティが次の七つの機能を統合したものからなると考え，これらに対してかわるがわる働きかけることを提案した。(1) 行動，(2) 情動プロセス，(3) 感覚，(4) イメージ，(5) 認知，(6) 対人関係，(7) 生物学的機能（Biggs）。

現在ではカウンセラーの30～50％が折衷的カウンセリングを行なっているといわれている。しかし，これは「ごった煮」だという批判もあり，混乱を引きおこしかねない。これを防ぐためにはカウンセラーの技術のレベルが高くなければならぬ。

最近では，ジェラルド・イーガン（Gerard Egan）によるイーガン・アプローチ（1990年）が各種の理論から採った「問題を扱うためのモデル」を系統的に使うことによって安定した援助をできる点で注目されている。

問題を正確にとらえ，問題をおこしている状況を明確にして，問題をおこす機会を減らそうというものである。

対人関係の態度とコミュニケーション技術を統合し，目標を定めることで，影響力・行動を強調する（発展的折衷的カウンセリングまたは系統的折衷的カウンセリング Feltheam and Drydenn）。

さまざまな悩みや問題をかかえて相談に訪れるさまざまな個性のクライエントに対して，ただ一つのカウンセリング理論・技法だけに固執して面接を行なうのは，理論中心のカウンセリングであり，真の意味での来談者のためのカウンセリングではない。もちろん極端に自分の専門から離れた問題をもちこんだクライエントについては，その問題を専門とする他のカウンセラーにリファーしなければならないし，それが倫理でもある。しかし，さまざまな個性をもったクライエントがさまざまな問題を抱えているのが現実であるから，カウンセラーが自分の好みに合わない問題を抱えているクライエントには面接しないというのでは，カウンセリング理論のためにクライエントをさがしているようなもので，カウンセラーが自分のためにカウンセリングを行なっているということになる。

ある特定のカウンセリング理論・技法の研究者であるならそれでよいであろうが，カウンセラーの仕事は臨床が主である。少しでも多くのカウンセリング理論や技法に精通し，より多くの症例に接して自分の技量を鍛え，クライエントの個別の問題に対して，それまでの自分の全経験の中からそのクライエントの問題に最も適する理論・技法を選んで面接に当たるのが，本来の意味でのカウンセリングではないだろうか。このように考えるのが折衷的カウンセラーの立場である。

國分康孝によれば，カウンセラーは精神分析，来談者中心療法，行動療法，特性・因子理論，実存主義的アプローチ，交流分析，ゲシュタルト療法，論理療法など八つの方法の理論と技法を身につけることが必要である。この中で國分

が特に強調するのは精神分析,来談者中心療法,行動療法の三つである。この三つの理論と技法に精通していれば,基本的にはほとんどのクライエントを援助できる。精神分析理論でクライエントの問題をつかみ,来談者中心療法でクライエントとのリレーション(関係)を作り,行動療法の技法を用いてクライエントの問題解決を援助する。折衷主義の立場に立つカウンセラーは少なくともこの三つの理論と技法を自分のものにしておく必要がある。

アメリカにおける折衷的カウンセリングの動向としては,アイビイ*の「マイクロ・カウンセリング」,カーカフ(Robert R. Carkhuff)の「ヘルピング」,エリス*の「論理療法」の三つをあげることができる。

アイビイの「マイクロカウンセリング」は,さまざまなカウンセリングの技法を受身的なものから能動的なものへと,直線的・段階的に並べて,クライエントの問題によって段階的に技法を選択して面接を行なう。選択主義的な折衷主義である。

カーカフの「ヘルピング」では,カウンセリングを日常的な援助活動(ヘルピング)ととらえ,援助過程を関わり技法,応答技法,意識化技法,手ほどき技法の4段階にまとめた統合主義的な折衷主義である。

エリスの「論理療法」は,それまでのさまざまなカウンセリング理論と技法を,ビリーフの修正に効果が上がるように統合した折衷主義である。

最後に,折衷主義の立場に立つカウンセラーの心構えについて述べておきたい。折衷的カウンセリングはさまざまなカウンセリング理論の技法を用いるために,ややもするとそれらの技法をモザイク的に並べることになってしまうことがある。これを防ぐためには,多くのカウンセリング理論の中から,核になる理論を一つか二つ決めておくと混乱しなくてよいであろう。また,さまざまな技法に振り回されずに,それらの技法を使いこなすためには,自分の哲学をきちんともつことが重要である。人間観,治療観が揺れ動くようではカウンセリングはできない。自分のよって立つ哲学をはっきりさせることで,人間観,治療観をゆるぎないものにしておく必要がある。さらに折衷的カウンセラーの中にはさまざまな理論や技法を知っているだけに,一人のクライエントにさまざまな技法を試みようとして,クライエントを抱え込みすぎるカウンセラーが現れる可能性も否めない。自分の手にあまるクライエントをベテランのカウンセラーにリファーすることも,カウンセラーとしての倫理であり勇気である。　　〔鈴木敏城〕

⇨イラショナル・ビリーフ,ゲシュタルト療法,構成的グループ・エンカウンター,行動療法,交流分析,実存分析療法,精神分析,ヘルピング,マイクロカウンセリング,来談者中心療法,リファー,論理療法

文献 1. A-アイビイ,1985;2. A-カーカフ,1992;3. A-國分,1980;4. A-國分,1979;5. A-國分,1991

折衷的カウンセリングの技術　　technique of the eclectic counseling

折衷主義の立場に立って,特定の理論や技法にこだわらず,クライエントに役立つことなら何でも取り入れる技術。

折衷的カウンセリングの目標は,三つある。

(1) クライエントの幸福感や適応感の向上:適応状態に満足できないクライエントの個人的適応感を増加させ,満足な状態にまで高める。

(2) 環境に対する適応の改善:社会的適応の増進である。たとえば,対人関係の改善・学力の向上・現実的な職業選択・幸福な結婚など社会的目標の達成を援助する。

(3) 不適応の徴候の除去:それは,問題行動の単なる禁圧ではない。すなわち,すべての問題徴候の改善を望ましい方向へのパーソナリティ変容によってもたらすように努める。

技術については,次の四つの特徴があげられる。

(a) クライエントの受容:受容的態度はすべてのカウンセリングに一致しているのであるが次の4点に折衷的カウンセリングの技術の特徴がある。(ⅰ) 受容を重視する程度の違い。すなわちここでは,「受容と同様に他の次元も重要である」と考える。(ⅱ) 受容すなわち,温かさの程度をコントロールする。(ⅲ) 受容の撤回を

治療への動機づけに利用する。(iv) 報酬としての受容的態度を用いる。

　(b) クライエントの発言の理解と反応：クライエントの発言を形成している本質的な考え方を正しく理解することが大切である。また，話の内容と感情とのどちらが重要であるかを決定しなければならない。

　(c) 責任の分担：カウンセリングは，その時の場面に適応するために責任が移動する共同作業である。クライエントが自己の問題の探究についての責任をとろうとする意欲を向上させるために，責任の分担ということはカウンセリングでは重要な側面である。

　(d) リード：クライエントと責任を分担する程度をあんばいする技術をリードと呼ぶ。リードの技術として次の14種がある。(i) 沈黙，(ii) 受容，(iii) 繰り返し，(iv) 明瞭化，(v) 要約，(vi) 是認，(vii) 一般的リード，(viii) 仮の分析，(ix) 解釈，(x) 説得，(xi) 深層解釈，(xii) 否認，(xiii) 保証，(xiv) 新しい問題の導入。

　現在は不適応の現れ方が複雑になったために一つの理論のみで対応ができなくなってきているので，たいがいのカウンセラーは折衷的立場でカウンセリングをしている。〔杉山満樹也〕
⇨折衷的カウンセリング，適応

文献　1. H-内山・髙野・田畑『サイコセラピー』1, 1984；2. A-國分編, 1995；3. 高野清純監修, 杉山一昭・渡辺弘純編『事例 発達臨床心理学事典』福村書房, 368p., 1994；4. G-Biggs, 1994；5. G-Feltham and Dryden, 1993

説得　persuasion

相手の意見，態度，行動を意図的な一定の方向に変えようとするコミュニケーションの方法。

　これは主として説得する側の論理的コミュニケーションで行なわれることが一般的である。説得は，強制的な指示とは性質が異なり，説得を受ける側（受け手）の情緒的，感覚的側面に訴えることを意図する操作とも異なる。受け手は説得する側の知性や感情に影響を受けるのである。

　説得は，1949年以来ホヴランド（C. I. Hovland）を中心とした共同研究者たちによって説得的コミュニケーションとして研究され，その結果は以下のように報告されている。

　(1) 説得する側の要因：受け手は，説得に際して，説得する側の専門家としての程度(地位，威光)や信頼性の高低に左右される。同一の内容であっても，信頼性が低ければ，受け手に偏った不公平な印象を与え，高ければ，受け手に大きい影響を与える。しかし，たとえ信頼性が低くても，一定時間経過後には否定的な威光(疑念)は消滅してしまう傾向があり，説得の効果が現われる（スリーパー効果）。

　(2) 受け手の要因：自尊心の低い人，抑うつ的な人，自己不全感の強い人，攻撃性の弱い人，男性よりも女性は，説得されやすいとされている。慢性的に疑い深い人は，説得の影響を受けにくく，激しい神経症的な症状をもつ人は説得に抵抗する傾向がある。

　(3) コミュニケーションの内容・方法：説得する側は，新しい信念の受容を強化させるために受け手にまず情緒的緊張をおこさせ，次にそれを緩和していく。

　説得的コミュニケーションには，(a) 受け手が提示内容を結論的には正しいと判断するように導く実証的または具体的な議論，つまり相反する結論となる可能性を示す「二面提示」と，一つの結論だけを示す「一面提示」がある。受け手が，説得する側の意見と一致していたり，話題についての知識や情報が不足している場合には，一面提示が有効である。二面提示の場合は，説得する側が自分の立場を先に述べたほうが，説得の効果は大きい。(b) 説得する側の結論に応じれば，受け手に良い結果が得られるという「積極的アピール」と，説得する側の結論を受け入れられないために生じる受け手の不快感や恐怖をおこさせる「消極的アピール」などがある。強い恐怖アピールの使用は，受け手には脅威が先立ってかえって逆効果となる場合がある。

　説得する側が結論をはっきり述べるほうがいいかどうか，それとも受け手が自分で結果を導き出すに任せるかどうかについては答が二つに

分かれる。複雑な問題の場合には、はっきりと結論を表明したほうがいいが、それほど複雑でない問題では、受け手の多くが自主的に結論を導き出せる。知的な人は、そうでない人より、自主的な結論が出てくるのを期待できる。また、専門家に頼る傾向が少なく、他人の働きかけにかたくなに抵抗しやすい人に対しては、暗黙のうちに論じるほうが有効である。このやり方は「非指示的」方法が求められる心理療法では有効である。どちらの方法をとるかは、相手にとって望ましいか否かを十分に考えてみる必要がある。

以上のことから、カウンセリングにおける説得は、一種のカウンセラー中心の指示的方法(説得療法あるいは論理療法)であるが、相手の状況と障害との関係を明らかにし、相手の意見、態度、行動を意図的なある方向に導き、それを克服させるための手段である。しかし、説得という方法は、ロジャース*の来談者中心の非指示的療法とは逆なので、説得する側(カウンセラー)の能動、指示、権威の姿勢が受け手(クライエント)に抵抗、反感を招くおそれがあり、逆効果ともなりうる。したがって説得は、好ましくないとも言われるが、非指示的な場合であっても、クライエントが問題を回避しやすい場合もあるから、説得が良いか悪いかは一長一短である。説得のような指示的手段を避けるべきであるという考えも確かにあるが、相手の状況によって用いるほうが効果的な場合も考えられる。いずれにしても、カウンセリングの過程では、相手を受容、理解し、信頼関係を築くことがまず前提条件であり、カウンセラーの一方的行為としての説得にならぬように気をつけながら、お互いの信頼関係の中から、クライエントが自ら自分の適応の仕方を反省し、洞察し始めた時に時期をみてほどほどに説得することが好ましい。〔廣川智子〕

⇒コミュニケーション、来談者中心療法、論理療法

文献 1. A-國分, 1980; 2. ホブランド他, 辻正三・今井省吾訳「コミュニケーションと説得」誠信書房, 340p., 1960; 3. 原岡一馬「態度とその変化(4)」『更正保護』(日本更正保護協会) Vol. 35, No. 8, p. 54-59, 1984

セラピスト、療法士 therapist

各種のリハビリテーションにおいて**治療的、教育的働きをする療法士の総称**。(なお、米国では大衆が心理療法を行なう専門家をセラピストと呼ぶことが多いが、ここでは心理療法専門家を除外する。)

高度の救急医療の発達に伴い、以前は助からなかった疾患からの生還も可能となってきた。たとえば新生児医学においては、脳性マヒや代謝異常、先天性の奇形や心臓疾患などを負い、重度障害や重複障害をもって生き延びるケースが増大した。脳神経外科領域の発展の結果からは、事故や災害、脳血管障害などで脳に重大な損傷を受けた場合でも、手術によって生還する可能性が増し、その際、何らかの後遺症が残ることも避けられなくなった。このような場合、患者は、原因疾患が固定した後も、最低限の医学的管理のもとに医療機関ないし福祉施設においてリハビリテーションを受けつつ、社会生活を営むこととなる。そのためには、一つの診療科の中の医師と看護師といった従来の医療の枠組みではおさまらず、障害のケアを中心として各診療科が協力していく医療体制が新たに作られた。そして、その中で障害の状態を評価し、その軽減をはかり、残存する機能を最大限に引き出すことによって患者の社会適応を援助する、セラピストという新しい専門職が出現した。これは、患者の疾患そのものに目を向けた科学的な医学とは視点が異なり、障害とともに生きて行く人間としての患者に関わる人間学的医学に立脚するリハビリテーション医学である。

リハビリテーションのスタッフとして知られているのは理学療法士 (physical therapist, P. T.)、作業療法士 (occupational therapist, O. T.)、言語聴覚士 (speech and language therapist, S. T.) などである。これらの専門職は、コ・メディカル (co-medical) スタッフとしてチーム医療に関わっている。その仕事は、マン・ツー・マンで障害をもつ人に全人間的に関わり、各人の可能な目標に向かって忍耐強く指導を繰り返すことで、彼らの自立を援助していく。これは、医療と教育の間に位置する性質の仕事である。疾患ではなしに、人間を対象とするゆえ

に，セラピストは患者に対して感情移入的関係を築くが，同時に感情に流されず，そのような関係を冷静に客観的に見る目も必要であり，当然，大人としてのコミュニケーションができなければならない。単なる技術者でなく，また，安易なヒューマニズムでできるものでもない。障害をもった人に関わるには，セラピストの側の人間観を問われることになる。いずれの領域も歴史が浅い分野なので，各々のセラピストが日々の臨床の中で創造していく要素が大きい。仕事内容は，健常者が当然のこととして行なっている歩く動作，手を使う動作，そしてことばを話すことをいくつもの基本的な要素に分割するなどして，単純なことを忍耐強く繰り返し指導するのであるが，それを慎重に観察しながら微妙な改善をとらえて喜び，励まし，その変化の中に次のステップを見出していく。改善の度合は人それぞれ違うので，その人に合った最適なアプローチの方法を考える必要があり，そのためには，毎回の記録をきちんと取って整理，統合しなければならない。セラピストは，臨床の実践を通してセラピストとしてのアイデンティティを確立していくのである。その養成，教育は，知識や技術の獲得だけでなく，人格的なものを大切にする人間科学系の科目を多く導入することが望ましい。

セラピストの仕事は，各専門領域の技術をもってクライエントに心理療法的に関わるものと考えられる。クライエントが何らかの変容をするということは，自分がどんな人間であるかに気づき，そのような自己を受け入れ，これからいかに生きるかを選択し，自己決定していくプロセスを経るもので，セラピストは，こうしたクライエントの自己実現を援助する立場にある。それゆえ，セラピストには，人間理解のための理論とともに，ある種のセンスが必要である。それは，子どもが象徴的に表現するものを直観的に全体の布置のなかで読み取る能力，言語障害者の非言語的コミュニケーションを感じ取る能力，精神疾患をもつ人の抑圧された心を包み込めるような感受性と包容力，などである。セラピストのあり方としては，知性と感性を統合的に働かせ，クライエントとの関係において

は受容性，共感性，純粋性をもたねばならない。そして，相手に働きかけることによって，自分もともに成長していくことができれば，有効なセラピー関係が築かれたものと解釈できる。

セラピストは，クライエントとは1対1の関係を築くが，同時にリハビリテーションの一員としてチームワークを組むうえで協調性が必要とされる。公式，非公式の会議において，クライエントの改善や問題点について絶えず情報交換を行ない，いろいろな側面から一人のクライエントを見る目を養い，それによって自分の関わり方を柔軟に変えていくことも大切である。

〔今村恵津子〕

⇒作業療法，障害者，聴覚障害，脳卒中，リハビリテーション

セルフ・カウンセリング self-counseling
ひとりでできる，書くカウンセリング。**自分の問題を自分で発見し自分で解決していく力を身につける自己発見法。**

1968年に，渡辺康麿により自己形成史分析という自己発見法が作られた。自己形成史分析とは，一定の視点に立って自分の自己形成過程を体系的に解明する方法である。

セルフ・カウンセリングは，この自己形成史分析を基盤にして生まれてきた，自分のための，自分による，自分についての書くカウンセリングである。

日常生活の一場面をとりあげ，記述し洞察していくことによって，自分の既成の価値概念（モノサシ）に気づき，そのとらわれから解放され，新しい未来を切り開いていける方法として生み出された。

話す，聞く，というトーク・カウンセリングでは，聞き手を必ず必要とするが，読む，書く，というセルフ・カウンセリングでは，読み手を必ずしも必要としない。書き手がそのまま読み手となりうるからである。言い換えると，自分が自分のカウンセラーとなり，1人でできるカウンセリングである。また，自分で自分を理解し，受容していく，この方法は，自己教育の方法である，ということもできるだろう。書かれたものは，文字となって残る。そのことから，

書かれたものをさまざまな角度から吟味，検討することができる。セルフ・カウンセリングは，自分をつき離して客観的に見つめることに適した方法である。

この方法で自己探究すると，既成の価値概念のとらわれから解放される。自他境界線にもとづき，自己を自己として，そして他者を他者として，ありのままに受け止めることが可能となる。セルフ・カウンセリングはその意味では，あらゆる種類のカウンセリングの基礎となるカウンセリングであるということもできるだろう。

したがって家庭，職場，学校，病院などあらゆる分野のコミュニケーションに活用できる。たとえば，学校であれば生徒指導などに活用できる。生徒自身がセルフ・カウンセリングに取り組むことで，自分の問題を自分で発見し，自分の解答を見出すことができる。このように応用範囲が広いことも，その特徴の一つといえよう。

セルフ・カウンセリングの狙いは相手や自分についての抽象的で一面的な価値概念（モノサシ）を打ち破ることにある。

私たちは，たいてい，自分が知らず知らずに身につけてきた既成のモノサシにはめ込んでものごとを見たり，聞いたり，値踏みしたりしている。そのモノサシにとらわれている限り，自分と相手との関わりをリアルにとらえることができない。

セルフ・カウンセリングは，まず，あらゆるモノサシのとらわれから自由になって事実を事実として受け止めることを目指す。自分と相手をあるがままに受け止めることによって，はじめて相手を活かし，自分を活かす可能性が開かれてくる。

セルフ・カウンセリングは，ある日，ある時，ある所で生じた日常生活の一場面をとりあげて，自己探究する。

まず一本の自他境界線にもとづき，自分の行動と相手の行動を書き分けて記述する。外側の言動だけでなく，内面的な意識の動きをも表現する。

記述の仕方には，具体性，継起性，相互性の三つのルールがある。これらルールのねらいはいずれも，自分や相手に対する既成概念を打ち破ることにある。ルールに沿って書くことで，自分と相手がより具体的に見えてくる。

次に，自分と相手の行動の背後に流れている感情を洞察する。その感情表現を手がかりとして，その奥に潜んでいる欲求を洞察する。さらに，自分と相手の感情や欲求のくい違いを研究する。すると，自分や相手の行動の意味が理解できるようになる。

セルフ・カウンセリングには初級・中級・上級のプログラムがある。どのプログラムも誰もが無理なく自己探究できるように，系統的に，一つ一つ段階的に進んでいけるように構成されている。

他に，他者理解に焦点を絞ったプログラムや，カウンセラーの研修のためのセルフ・トレーニング・プログラムなど，それぞれの用途に応じたプログラムがある。　　　　　　〔渡辺康麿〕
⇒カウンセリング

文献　1. A-渡辺，1999；2. 渡辺康麿『先生のためのセルフ・カウンセリング：先生が変わると，生徒も変わる』学事出版，171p.，1997；3. 渡辺康麿『子どものやる気を引き出すセルフ・カウンセリング』明治図書出版，144p.，1998

セルフ・ヘルプ・グループ，自助グループ　self-help groups（英）；aide-group du soi（仏）；Selbst-hilfe-gruppen（独）

共通の障害や問題，特定の目的をもった人々が出会い，相互援助によって，問題解決，新たな自己発見，目的達成などのために自発的に結成した自律的小グループ，およびその一連の自己治療的活動。

グループを機能させているのはメンバー自身であり，専門家や専門機関が主導するグループ・アプローチとは区別されている。

このグループは，通常，定期的にミーティング，セッション等の集会をもつ。そこでは，相互援助的仲間意識の中で，個人的な話し合いや分かち合いが行なわれ，メンバーの抱えている共通の障害や問題に取り組み，問題解決を目指す。あるいは，自己成長や社会での特定の目的

達成を目指す。本来，援助される側の人々が援助する側の立場をとることにより，新しい自分を発見したり，自分の抱えている問題の本質を理解したりする。セルフ・ヘルプ・グループは，社会からの疎外感，無力感や孤独感を克服すること，好ましい人間関係を回復すること，一人の人間としての自立，などの本来的意義や役割をもっている。

セルフ・ヘルプ・グループの始まりは，1935年にアメリカで創立されたアルコール依存症者たちのグループAA（Alcoholics Anonymous）である。その後，一つの運動として盛んになり，1960年頃を頂点として今日に至っている。AAは歴史的に最初に成功したセルフ・ヘルプ・グループであり，その規模は世界最大で75万人のメンバーをもつ。AAはその基本的考え方と方法を示した「12のステップと伝統」というユニークな回復プログラムをもち，専門家も敬遠しがちな，最も回復困難といわれるアルコール依存症から，多くの回復者を生み出している。AAはセルフ・ヘルプ・グループの考え方を明確化し，その実践活動を通して有効性を立証している点で，セルフ・ヘルプ・グループのモデルと言える。

AAの成功以来，その方法をモデルとして多くのグループが生まれた。それらは，アラノン（アルコール依存症者の家族のグループ），AC（アルコール依存症者の子どもとして育ち，問題を感じる人たちのグループ），アラティーン（アルコール依存症者の子どもで10代のグループ），NA（薬物依存症者のグループ），BA（過食症者のグループ），GA（ギャンブル中毒者のグループ），最近では，幼児虐待をする母親のグループ，働き過ぎの男たちのグループも発足した。現在，世界中に50万以上のさまざまなグループが存在する。日本では1948年の日本患者同盟を初めとして，1960年から70年代にかけて多くのグループが生まれ，現在も増加傾向にある。

セルフ・ヘルプ・グループの特徴は，次の五つである。(1)基本的目的は，相互援助による共通の問題解決，あるいは自己成長や社会での特定目的の達成。(2)グループの出発は，常に自発的であり，外部の力によらない。組織，運営もメンバーにより自律的である。(3)メンバーへの援助は，メンバー自身の経験や知識，努力や関心が主であり，活動は非専門的である。本来，援助される者が援助することによって助けられるというヘルピー・セラピー原則が見られる。(4)グループでは，常に，仲間意識の中で対面的な（face to face）分ち合いの相互作用が見られる。(5)グループの発足メンバーは，既成の機関や施設で自分のニードが満たされなかったか，その可能性がないだろう，と考えている。

セルフ・ヘルプ・グループの類型は次のように分けられる。(a)なんらかの問題行動のコントロールと矯正を目ざすもの。AAやシナノン（麻薬中毒者のグループ）など。(b)共通の状況や境遇にあり，悩みや苦しみの克服を目ざすもの。アラノン，互療会（人工肛門造設者の会）など。(c)生活様式，価値観等で社会的に差別されたり，異端者扱いされている人々の差別やレッテル除去を目ざすもの。ゲイ・グループなど。(d)自己成長と自己実現を目ざすもの。イリノイのインテグリティ・グループ，エンカウンター技法を取り入れた体験グループなど。

セルフ・ヘルプ・グループは，既成の専門機関や施設の対応の枠外で育ち，効果をあげ，セルフ・ヘルプ・グループの原理を明確化した。それはAAを例にとるとよくわかる。つまり，専門機関から治療困難として敬遠，見放されたアルコール依存症者たちが，自分たちのグループを最後で唯一の場として生きざるを得なかったからであった。セルフ・ヘルプ・グループの有効性は，この専門機関の枠外で育ったという特殊性と密接な関連をもっている。

現代社会においては，「同じ問題をもつ仲間の中で，自分の問題の本質を理解し，成長しつつ，新しい仲間を助ける」というセルフ・ヘルプ・グループの活動がますます大きな意義と必要性をもつ。そのためにも，今後，セルフ・ヘルプ・グループの有効性と特殊性の観点から専門家や専門機関との関わり方や位置づけなどを明確にしなければならない。〔本宮啓子〕

⇒アルコール症，依存性，援助的人間関係（ヘルピング），ヘルピング・モデル，ピア・カウ

ンセリング

文献 1. A-ガートナー・リースマン,1985；2. I-斎藤編『現代のエスプリ』No. 255, 1988；3. I-斎藤編『こころの科学』No. 23, 1987；4. 斎藤学「こころとセルフヘルプ・グループ」I-『こころの科学』No. 43～46, 1992；5. 野島一彦「小集団の心理療法的アプローチ」I-岡堂編『現代のエスプリ』No. 257, pp. 179～191, 1988；6. A-村山・上里編,1979；7. AA文書委員会訳編『Alcoholics Anonymous,アルコール中毒からの回復』AA日本サービス・オフィス,565p., 1979；8. AA文書委員会訳編『12のステップと伝統』AA日本サービス・オフィス,283p., 1980

禅　zen

8世紀,初唐の頃,中国において発達した仏教の一形態。

いろいろな説があるが,6世紀初め南インドから中国へ来た菩薩達磨を初祖とする説が一般的である。その後6代の祖を経て五家七宗に分化。宋代のなかでの臨済宗と曹洞宗が特に命脈を保ち日本へ伝えられた。教義としては大乗仏教の一般教義と変わりないが,理論と言語的解釈を超えたところにあるもの,私たちの存在の深層から現れてくるもの,を追求し,心の状態を心理的に高めていく。座禅は禅の一方法である。現代になって東洋人の特異気質として注目をあび,その方法の一つである座禅とともに,鈴木大拙によって西洋への普及が進んだ。

禅は,サンスクリット語で"dhyana"(静慮：心を静めて一つに集中すること。心を落ち着かせ一つのことに心を統一していくこと)の意。その俗語が漢語音写して「禅(zen)」となった。宗教としてのみならず,精神的健康,身体的健康にも寄与する面をもっているといわれる。現在では,「心療内科」で自然治癒力の向上に役立つとされている。また,日本人の性格を基盤に,日常の生活と各種芸術に影響し,感情性を鍛えることにも寄与しているとされる。禅は,密教においては次のように分類されている。

(1) 外道禅：インドのヨーガ,サーンキャ(数論派)など仏教以外の教えにみられる一種の瞑想的教え(天に上がることを願う)。

(2) 凡夫禅：仏教の基本的な教えに及ばない教え。凡夫が因果を信じて,天に上がることを願う。

(3) 小乗禅：四祥八定といった教え(小乗仏教)。自分だけの悟りを目的とする。我空偏真といった教え。

(4) 大乗禅：「我空二空の理を悟りて修する」(三昧の教え)。主体と客体との両者の空を知る。

(5) 如来清浄禅(中国と日本の禅宗の禅)：達磨の禅(最上の禅)。仏陀自身の根本精神,仏陀の精神を直接に見ようと欲する。ことばに頼らないもの。内容としては,(a) 不立文字：文字にしても伝えることができない悟りの境地は,文字で表しえない純粋経験である。(b) 直指人心：あれこれ考えずに,眼を外界に向けることなく,じかに自分の心をまっすぐに見つめる。(c) 教外別伝：以心伝心,経典では伝えられないありのままの自分の眼をもつことが大切である。(d) 見性成仏：仏性に目覚めれば,おのずと自分が仏になる。本来の自分に戻る。

禅を瞑想の一方法として考えるならば,インドのヨーガもまた禅といえる。ヨーガでは,人間の生活上では奇跡のようなことが,精神的訓練によってなされる。達磨以前の禅として考えられているのは,284年竺法護が翻訳した『修行道地経』に禅による修道の階梯(ヨーガの階梯)が説かれているが,インド古来の瞑想の行法ヨーガは,数息観という方法に共通点がみられる。数息観は,不浄,慈心,観縁,念仏,安般の五つの心を整える方法(五門)で座禅への初歩的修行法(心身鍛練法)である。座禅を通して,「調息の法」(吸気と呼気の調和をはかり,気を養う)を実践するのである。また,「止観の法」(止は心を静めて心を散らさない。観はそのことによって正しく対象を観ずること)も同時に体得するのである。それらにより究極のよりどころに達し,安心を得るのに身体を整え,心を整え,最高の人格を築き上げる(生命力を盛んにする)ことを目的としている。

また,禅を科学的に見た場合には,修行僧の座禅時における脳波の変化があげられる。目覚めている時はベータ波を示し,座禅に入っていくとアルファー波(安静波型,気持ちがゆったりと落ち着いて快い状態を生む)へと変化し,シータ波へと移行する動きがみられる。シータ波への移行は,脳の働きが安定化し,意識状態

ではリラクセイションと柔軟な心のはたらきが実現されることを意味している。したがって、禅が精神分析の一つの方法として利用されることもある。悩みを客観視せずに、悩みに没頭し、悩みそのものになりきることによって、これを超える道を探究しようとするのである。座禅による心身の調整によって人格自体の自己調整力の強化をはかることができる。人間の心の状態を心理的に進めていくと、人間性の回復につながる。森田療法、自律訓練法などにもこれらに共通する点がみられる。　　　　　〔市丸　章〕
⇒筋弛緩法,自律訓練法,トランセンデンタル・メディティション,脳波,瞑想,森田療法,ヨーガ療法

文献　1. B-池見・弟子丸, 1981; 2. 鎌田茂雄『禅とはなにか』(講談社学術文庫)講談社, 195p., 1979; 3. 佐藤幸治『禅のすすめ』(講談社現代新書)講談社, 197p., 1964; 4. 鈴木大拙『禅とは何か』(新版)(鈴木大拙選集 8)春秋社, 272p., 1991; 5. 鈴木大拙, 北川桃雄訳『禅と日本文化』(岩波新書)岩波書店, 196p., 1940; 6. 平井富雄『禅と精神医学』(講談社学術文庫)講談社, 290p., 1990; 7. 平田精耕『禅からの発想』春秋社, 259p., 1991; 8. ヘリゲル, E., 榎木真吉訳『禅の道』(講談社学術文庫)講談社, 208p., 1991

尖鋭恐怖症　aichmophobia
尖端のとがった物体に対する恐怖症。

尖鋭,刃尖,尖端恐怖〔症〕ともいう。

指や細くとがった物体(針,鉛筆,ペン,カサなど)が自分の目や眉間,心臓などに突き刺さるのではないか,誰かを傷つけてしまうのではないか,と恐れる。当人にとっては,そんなことはありえないと考えても絶えず頭にこびりついて意識的に除去しようにも除けず,発汗,動悸,めまい,ふるえ,しびれ,胸痛,気が遠くなる,などの身体症状を表す。抑うつや統合失調症とは異なり,恐怖症は内面的に大変苦しんでも,社会的生活面では重大な異常がほとんどない。健康範囲の恐怖と比較すると,表のようになる。

一般性不安障害,強迫神経症,恐怖症は互いに似ており,米国精神医学会の精神障害分類DSM-IV分類では一つにまとめ,不安障害(anxiety disorder)と呼ぶことも提唱されている。恐怖症は,不合理でばかばかしいと知ってはいても,自分の意志ではどうしようもない強迫性があり,強迫神経症の一型態として恐怖症を位置づける場合も多い。不安は不安対象が多く,また,転移するが,恐怖症は対象が一つに絞られていることが特徴である。

恐怖症はギリシア時代から多くの種類が知られており,その分類も多くの人によってなされた。ジャネ*は次のように分類している。

身体に対する恐怖症	疾病(ガン・性病)恐怖症
事柄に対する恐怖症	不潔恐怖症・尖(先)端恐怖症
状況に対する恐怖症：	・生理的状況……高所恐怖症
	閉所恐怖症
	・社会的状況……赤面恐怖症
	視線恐怖症
観念による恐怖症	縁起恐怖症

尖端恐怖症の原因は他の恐怖症と同様に,(1)本能的にもつ性や攻撃衝動に対する良心の葛藤による緊張・不安の回避や,うまくそれらを昇華できない場合の表現の一つ,(2)母親との分離不安(無意識下の),(3)幼小時の不快体験,特に尖端物に対する恐怖体験,(4)自己不確実感を背景にもつ不安,(5)強迫性格(ねばならない),(6)心身の過労・不眠,(7)遺伝的な神経過敏性格,などが考えられる。サルズマン(L. Salzman, 1915～)は,恐怖症は自分とその周囲を自分のコントロール下におこうとし,それができなくて不完全さをさらけ出してしまう恐怖から回避するための症状としている。一般に不安障害をもつ人は身体運動を好まない。身体運動に必要な我を忘れることは自己のコントロール喪失と感じて恐れるからであろう。ことに,水泳などを最も苦手とするのはよく見ることである。また,サリヴァン*は対人関係の極端な不安をごまかすための行動であるとしている。

恐怖症になりやすい性格は一般に几帳面,まじめ,完全癖(強迫性質)でプライドが高く決

健康範囲の恐怖	恐　怖　症
・恐怖は長く続かない	・長く続く
・いったん去れば気にならない	・再びおこらないかと不安である
・なんとか我慢できる	・我慢しにくい
・人にわかってもらえる	・人にわかってもらいにくい

断力に乏しい特性がある。親が完全主義で干渉が多く,親の考えをきちんと守るいわゆる良い子で自己確立ができない子が,思春期・青年期に恐怖症を発症する場合が多い。

尖端恐怖症の治療には,心の葛藤が解決されねばならないが,100%解決というより日常生活に支障のない程度に解決されればよい。治療法には,カウンセリング,精神分析による心の傷の発見,夢分析,森田療法による「あるがまま」の体得,行動療法による恐怖に慣れる再学習(系統的脱感作法)など多くの方法がある。また,年齢の増加により自然に治ることもある。

〔近藤 寛〕

⇒ありのままの自己,恐怖症,系統的脱感作法,行動療法,森田療法,夢分析

文献 1.笠原嘉・風祭元・武正建一編著『必修 精神医学』南江堂, 362p., 1984;2. J-サルズマン, 1985;3. J-高橋, 1979;4. 高橋徹『不安神経症:パニック障害とその周辺』(改訂第2版)金原出版, 287p., 1992;5. H-『異常心理学講座』(第Ⅲ期) 4, 1987;6. 保崎秀夫編著『新精神医学』文光堂, 594p., 1983

前世療法 past life therapy

退行催眠により,前世まで記憶をさかのぼり,いくつかの前世で受けた精神的外傷(トラウマ)体験が原因で生じた現在の心理的問題を探り出し,治療する方法。

人間の心には無意識の世界があり,心の傷などは抑えつけられたままこの無意識に貯えられ,神経症などの症状として現れると考えられている。この無意識下に記憶された体験を探るのに精神分析などが用いられているが,催眠もその一つである。催眠は,ヨーロッパでは18世紀頃から心理的問題の治療法として使われていた。イギリスやアメリカでは1950年代後半に,催眠を医療に使用することが医学界で正式に認められるようになって以来,心理療法などに催眠が多く用いられるようになった。その中でも退行催眠は,被験者を過去に連れ戻し,抑圧されたり意識のうえでは忘れ去られた記憶を浮かび上がらせることにより,心に傷を残した幼児体験などを見つけ出し,心理療法の手がかりとして用いられてきた。マイアミ大学医学部精神科教授のワイス(Brian L. Weiss, 1944～)の『前世療法』によると,催眠療法による退行催眠の治療の過程で突然被験者が前世に戻り,現在抱えている心理的問題の原因が,今世の過去ではなく,はるか以前の前世(過去世)にあったことがわかり,その結果,被験者はめきめきと回復した。さらに精神面のみならず,身体面でもその治療に効果があがるケースが生じ,その後もいくつかのケースに同じようなことがおこり,それらに関する研究が進められ,「前世療法」と呼ばれて,次第に広まっていった。

前世療法の基本は,フロイト*のいう「心的なものに偶然はなく,考えや行動にはすべてそれに先行する原因がある」とする考えに帰依しているとも言える。

トランス状態の被験者が,退行催眠による年齢退行をさらに進めて前世で生じた精神的外傷を見つけ出し,再体験することで,患者の症状は消え,劇的に回復していく。さらに死んで次に生まれ変わるまでの間(中間世)を体験することで病気が治っていった人もいる。しかし,なぜそうなるかはまだわかっていない。また,実際に前世を体験したという客観的な証拠が少ない(今のところ状況証拠にすぎない)ため,議論をよんでいるが,被験者たちは,皆その体験が真実であると確信している。

たとえば,前述のワイスやホイットン(Joel L. Whitton, 1945～)らの報告によると,暗がりや水に対する異常なまでの恐怖感をもっていたある人が,退行催眠により,それが前世で溺れた体験の記憶によるものであることがわかり,すっかり治ってしまったという例がある。また,人間関係がうまくいくようになった人も多い。姉と仲が悪かったある男性は,姉との今世での関係は,前世からの深いつながりによるものであることがわかり,今は非常にいい形で仲良く暮らしている。前世の存在を裏づけるものとして,次のような事例がある。被験者が紀元1000年頃に生きていたヴァイキングの侵略者だったとわかった時,催眠中に使っていることばを発音どおりに書き留めさせた。当の被験者自身は,そのことばのどれも理解できなかったが,言語学の権威者たちによって,これらはヴァイキングの言語であり,現代アイスランド語の先駆と

なった古北欧語であることが確認されたケースもある。他にも，メソポタミアで使われたが，現在は使われなくなっている言語を書き記した者もいる。これらは，前世の信憑性を示す論証となるものである。

米国バージニア大学の精神科医イアン・スティーブンソンは，前世の記憶をもつ子どもを2,500人調べた。その一例をあげると，北インドのある村で生れつき右手に指のない子が生まれた。彼は8キロほど離れた別の村で牧草を切る器械で指を切り落とされて死んだ子どもの生まれ替わりだと主張し，死んだ子の兄弟や両親を大勢の人の中で見分けたという。

また，前世における死の体験はいわゆる「臨死体験」者が語る内容と非常に共通している。前世での死を再体験した者も臨死体験者同様，明るい光や安らかな心地を感じ，そして死に対する恐怖感がなくなっている。

これらの体験が，真実として一般に浸透していくには，まだ資料が必要と思われるが，現に被験者たちの症状が回復していったことは事実であり，結果として，そのことは医学的な効果があったといえる。また，最近では，前世療法に関する本が，アメリカを中心に徐々に増えてきているし，アメリカでは前世療法の研究協会が設立され，機関紙も刊行されている。

ただし，前世療法は，催眠にかかりにくい人には使えず，深いトランス状態に入れるのは，人口の約4～10%といわれる。また，アメリカで前世療法を行なっているのは，精神科医・心理療法家のうちの5～10%程度という。

〔平山 操〕

⇒暗示，催眠療法，心的外傷，トランセンデンタル・メディティション，無意識，瞑想，抑圧，臨死体験

文献 1. アイバーソン, J., 片山陽子訳『死後の生』日本放送出版協会, 320p., 1993 ; 2. 今村光一『生まれ変わりの瞬間』叢文社, 239p., 1984 ; 3. ウィルソン, I., 池上良正・池上富美子訳『死後体験』未来社, 384p., 1990 ; 4. ベッカー, K.『死の体験：臨死現象の探究』法藏館, 227p., 1992 ; 5. ホイットン, J.L.・フィッシャー, J., 片桐すみ子訳『輪廻転生：驚くべき現代の神話』人文書院, 288p., 1989 ; 6. マクレーン, S., 山川紘矢・山川亜希子訳『アウト・オン・ア・リム：愛さえも越えて』地湧社, 421p., 1986 ; 7. ワイス, B.L., 山川紘矢・山川亜希子訳『前世療法：米国精神科医が体験した輪廻転生の神秘』PHP研究所, 280p., 1991

全般性不安障害 generalized anxiety disorder

仕事や学業成績などいろいろなことについて，特別な理由なく，表現できず，他人に理解してもらえず，コントロールできず，6カ月以上も続く，再発しやすい過度の不安と心配にとりつかれている状態。

お化け恐怖の恐怖は，対象がお化けであり，はっきり限定されている。しかし，不安の対象がはっきりしない，何となく不安だというのが特徴である。100年ほど前に，「この不安が神経症の中核だ」と指摘したのはフロイト*であった。

人生に不安はつきものである。仕事の責任を果たせるか，家計の心配，家族の健康，子どもの将来，地震，核戦争，学業成績，自家用車の修理，約束に遅れないか，など。誰でもそういう不安を多少とも抱えてはいるが，それが精神面のすべてを占領して，他のことを考えることができなくなるようなことはない。普通は，それにふさわしい理由があり，それを表現できるし，他人にもわかってもらえる。自制できる。それほど長くは続かない。いったん消えれば簡単には再発しないものだ。

上述の定義にあるような不安は，完全癖や自信喪失の人に多くおきるのであるが，そうした不安や心配のために勉強や，仕事，社会的役割などができなくなるのは病的である。その状態を全般性不安障害という。これを，古い分類では不安神経症と呼んでいた。

自分が何となく死ぬような気がして，2～3分おきに医師のところへ駆けつけて「私は大丈夫でしょうか」と尋ねずにはいられない入院患者がいた。医師は気休めに「大丈夫ですよ」と言うだろうが，本当のことをいえば，1分後に人の命がなくなるかどうかは，誰にもわからない。自分の頭上に飛行機が墜落してきて，巻き添えになって死ぬかもしれないのだ。しかし，普通の人はそんなことをいちいち心配しないも

のだ。そんな不要な不安・心配が頭一杯に広がってこびりつき、取り払うことができないのが全般性不安障害なのである。

この状態になると、仕事とか学業などいくつかのことについての極度の不安がおこり、将来についての取り越し苦労が止まない。それらを自分で制御できない状態が数日続く発作が6ヵ月以上継続し、1年ぐらい続く場合も多い。周囲の状況に関係のない、自由に浮動する全般的持続的な不安が中心にあり、将来についての心配を止めることができない。米国精神医学会による精神障害分類（DSM-IV, 1994）によれば、冒頭の定義の他に、(1) 落ち着きのなさ、(2) 疲れやすさ、(3) 集中困難、(4) イライラ、(5) 筋緊張、(6) 不眠（入眠困難、熟眠感のなさ）、などの、6項目のうちの3項目以上の症状を伴うものを全般性不安障害の診断基準に入れている。

震え、くつろげない、ふらつき、発汗、頻脈、めまい、口渇、呼吸促迫、胸の不快感などを伴うこともある。

米国での調査によると、全般性不安障害が一般住民の約3％に認められ、一生の間には5％の人がかかるという。女性の方がわずかに多い。家族内で多発することがある。

経過は慢性で、波があり、ストレスがあると悪化する。年齢が若い時に発生しやすいが、20歳以後に初発することもまれではない。

この症例の大部分は他の症状を併発しており、対人恐怖、パニック障害、単一恐怖、強迫性障害、気分変調、大うつ病、などが14〜59％に認められた。しかし、パニック障害、社会恐怖、強迫障害、別離不安性障害、思春期食欲不振症、心気症、心的外傷後ストレス障害、などの症状が中心であって、その一部として示される不安や心配があっても、それを全般性不安障害とは呼ばない。以前の不安神経症には、現在のパニック障害が含まれていたが、この全般性不安障害にはそれが含まれていない。

また、薬物乱用、甲状腺疾患などのような身体疾患、気分変調(躁うつ病)、統合失調症などの時におきる不安も、全般性不安障害には含まれない。〔小林　司〕

⇒恐怖症，心気症，神経症，心身症，心的外傷後ストレス障害（PTSD），ストレス，パニック障害，分離不安，不安，閉所恐怖〔症〕

文献　1. J-笠原, 1981；2. 髙橋徹「全般性不安障害」山下編『こころの科学』No. 76, 21-31pp., 1997；3. G-Task Force, 1994

早期教育　early education

3〜5歳の小学校入学前の子ども教育を早期教育と呼ぶ。

1980年代から流行し始めた早期教育の強調には、ピアジェ*やモンテッソーリ（Maria Montessori, 1870〜1952）らの理論も影響しており、家庭や知能教育センターといった施設で行なわれている。胎児に対して妊婦が「リンゴは赤くて丸い果物よ」と教えたりすることも流行しているが、胎児はまだ視覚も認知力もないから、母の声に慣れる程度の効果しかないであろう。しかし、出生直後でも高音と低音の区別ができるという実験があるから、胎児でも音波を識別できるらしい。したがって、胎児にバロックの曲を聞かせると右脳が発達するという説を否定できない。

生まれたばかりの脳は、まだハードウェアだけしかなく、脳の発達は、学ぶことや経験によってソフトウェアを組み込んでいって、脳の運転法を獲得していく点に特徴がある。乳幼児期に各発達段階に応じて適当な刺激を与えれば、脳の能力が伸びることは確かだ。その好例は運動神経であって、2〜11歳の期間に運動神経や視覚を訓練しないと、絶対に一流の運動選手になれない。この期間に、各運動に合わせた脳の電線にあたる神経（軸索と樹状突起）の配線（1.4×10^{14} 個にのぼるシナプスを介しての回路網）が終わってしまうからだ。遊びと運動によって筋肉に力がつく他に、各筋肉の共同運動の道がつき、筋肉と運動神経がうまく連動するようになる。バイオリンなどの楽器演奏や知能も同じことである。絶対音感の獲得も3〜6歳の期間にピークがあって、6歳半以後だと獲得できないらしい。外国語の発音も1歳半以降では学習困難だといわれている。

狼に育てられたらしい野生児が幼児期に人間

に発見され，教育しても，ことばや人間らしい感情を覚えることはできなかったという事実を見ても，広義の早期教育の重要性を否定できない。

学習するための最初の道具として，遊びを活用するのが大事だ。イタリアのモンテッソーリ方式では，子どもの運動，感覚，言語を発達させる教材（遊び道具）を用意して遊びの環境を整え，教師が手本を示すにとどめてなるべく干渉しない。1人の教師がなるべく少人数の児童を扱って，自由行動で子どもの自発性を尊重し，訓練によって感受性を高め，自分自身や自分の持ち物について気配りをする価値を強調できるようにできる熟練した教師を養成することも大切だ。子どもには創造力が高まる「感覚の時期」が何回かあるので，この時期を利用して学習をさせ，子どもの興味に合わせることが大事だとモンテッソーリは，述べている。家庭で，乳幼児の運動，認識，言語を発達させるには，わざわざ特殊な知育玩具を買わなくても，積み木やおはじき，「いない，いない，バー」などで十分である。

思考だけでなしに，感情，意志，模倣衝動，感覚体験も重視すべきであろう。

両親の積極的関与が，早期教育成功のカギであり，(1) 親子関係の確立，(2) 出生前から十分な物理的環境を整える，(3) 0〜3歳の時期に親子の絆を強め，主に家庭でのプログラムに親が関わる，(4) 4〜6歳では両親の関与を続けながら，施設のプログラムにもとづいて児童の認知能力の発達に焦点をあてる，が大切である。　　　　　　　　　　　　　　〔小林　司〕

⇒脳の発達

文献　1. 髙良聖編著『警告！早期教育が危ない：臨床現場からの報告』日本評論社，179p.，1996；2. 無藤隆『早期教育を考える』(NHKブックス）日本放送出版協会，226p.，1998

喪失　loss

ある人がもっている現存在が奪われるか，無くなった状態。なくすこと，失うこと。

人間は対象の世界に直接かつ必然的に結ばれている存在であり，これを「現存在」と呼ぶ。

人間の住むこの世界は，次の三つから成っている。(1) 周囲の世界または環境（物質的・生物的世界が含まれる），(2) 共同の世界または社会的世界（他者との人間相互関係の世界が含まれる），(3) 個人の内的世界または個人的・精神的世界（自己の世界が含まれる）。これら三つの世界は，相互に関連し合っている。その人のもっている現存在が，意図的・必然的のいずれかにより奪われる状態，または無くなった状態が「喪失」である。外的喪失は，カウンセリングの場合，現存在の (1) と (2) を失うことを意味することが多く，内的喪失は(3)の個人の内的世界において，対象との相互関係のなかから自己概念が障害されていくことを意味する。

小此木啓吾は対象喪失 (object loss) の意味として次の三つをあげている。(a) 愛情・依存の対象であった親しい一体感をもった人の喪失，(b) 自己を一体化させていた環境の喪失，(c) 環境に適応するための役割や様式の喪失。この他に，対象としての自己の喪失がある。これらは一般的に次のような3種の喪失体験によっておこる。(i) アイデンティティの喪失：自分自身の自己価値や自分の人格を重んじ，品位を高めていくような精神的対象の喪失，(ii) 社会的役割の喪失：人間は社会・環境との関わりの中で生きている。それぞれが集団（家族，学校，職場，国家）のなかで社会的役割を担っており，それらの対象と一体化することで安定し，社会的承認が得られるように努力している。しかし，これらの集団において，自己の役割・能力を見出せなくなって自分と一体化していた対象を見失うことにより，自己の存在価値が感じられなくなり，自己喪失をひきおこす。また，人間にとって，自己の精神を司り，理性や知識を支配し，人格を統一する役割を担っている意識を喪失する場合もありうる。人間は自分の能力や特性，行動，他人や環境との関係における自己を認知することによって安心を得る。意識，特に記憶が障害されると自分が何者であるかという帰属性が脅かされるので不安になる。(iii) 身体的自己の喪失：人間は，その時々の自分の体について身体像 (body image) ＝心的観念をもっている。それが，病気，手術，事故による

身体損傷や加齢(老化)により身体の構造・機能・外形に変化をきたす。この変化は一時的なものと永続的なものとがある。もし身体の変化が一時的なものであれば,不自由な時間に適応して回復を待てばよいが,永続的な場合には,深い愛情の対象であり依存の対象でもある身体が障害(ハンディキャップ)されることになる。その結果として自己の価値観・行動様式(習慣)・社会的役割の変容を余儀なくされ,さまざまな喪失体験をひきおこす。

自己=対象喪失としての自己の死について心理学的には,(1)自己の死:深い愛情の対象である自己を死によって失うことを予期する心理過程。これは予期される自己の喪失(=死)に対する喪失反応である。(2)近親者や愛情の対象である人々の死がひきおこす,自己の死に対する予期不安の心理:自分と経験をともにし,なんらかの意味において対象と一体化した自己の喪失反応である。

これらの喪失体験に伴い,目的や目標達成の欲望を失い,信頼・希望・勇気といった感情を失うことが多い。

英国の精神分析学者,児童精神医学者ボウルビイ*は,最愛の対象とみなしている母親から乳幼児が分離されることにより,心の中でその対象への関心や欲求が失われることを研究して,一連の時間的な心理過程にそって,これを次の3段階に分けた。(a)抗議(protest):母親が戻ってくるかもしれないという強い期待だけで占められている時期,(b)あきらめと悲嘆(grief):母親を求める事も少なくなり,おとなしく,深い悲しみの状態像を示す,(c)離脱(detachment):表向きは微笑さえ示すが,母親への関心をすべて失ったように無関心となり,やがてそれに代わる新しい対象を発見して心を再建する。

以上の3段階では,対象との愛情・依存の程度や,発達段階により,対象喪失が示す症状,今後の発達に与える影響に差がみられるであろう。成人の心理は複雑に分化しているが,対象喪失によっておきる心理過程はほぼ同様の経過をたどる。そして,対象喪失を,その時点だけの問題として考えるのではなく,プロセスとして理解することが大切である。その心理過程をみると,「対象を失うのではないか」という予期不安の段階があるし,対象を失ってもその事実への否認や執着が続き,心の中では対象を失っていない段階もある。一方では,現実を認知・知覚することにより,対象がいなくなったことを受容していく。

米国の精神分析学者エンジェル(G. Angel)は,現実に,対象喪失がおこっているにもかかわらず,心の中では,対象を手放そうとしない心の部分を「対象を失っていく部分」(giving-up part)と呼び,対象の喪失という現実とあきらめとを受け入れてしまった心の部分を「対象を失った部分」(given-up part)と呼んだ。対象喪失の心理過程は,常にこの二つの心の部分から成り立っているとし,彼はこれを giving up and given up-complex と呼んだ。

喪失は,人間にとって辛く苦しい体験であり,時には自分自身が脅かされる危機的体験となる。そして,人間の一生の中でいく度となく繰り返される体験でもある。この危機的な現実から早期に回復できるように,適切な社会的指示を得ながら,自身でも現実をよく見つめ,喪失体験を人間としての成長へと結びつけていくことが大切である。 〔加藤美代志〕

⇒グリーフ・ワーク,悲嘆カウンセリング,悲嘆反応,ホスピス

文献 1. E-アギュララ・メズイック, 1978; 2. A-國分, 1980; 3. E-小此木, 1979; 4. F-小嶋, 1988; 5. A-小林, 1979; 6. A-小林・桜井, 1988; 7. J-曽野・デーケン編, 1984; 8. C-ニューマン・ニューマン, 1988; 9. J-平山, 1991; 10. I-平山・斎藤編『現代のエスプリ』No. 248, 1988; 11. フィブス, W. J.・ロング, B. C.・ウッズ, N. F. 編, 高橋シュン日本語版監修『新臨床看護学体系 臨床看護学 I』医学書院, 603p., 1983; 12. H-『フロイト著作集』6 (悲哀とメランコリー) pp. 137-149, 1970

相談学級 special class (or retreat room) for children with neurotic school refusal

不登校(登校拒否)の児童・生徒に,主として教育相談を行ないながら,社会性の育成と学習の援助を行なう指導の場。

不登校の児童・生徒のために,民間のフリー・スクールが各地に設立されているが,公立の施

設の中で，フリー・スクールに近い機能を果たしているものとして，中学校の情緒障害学級と教育センターなどに設置されている適応指導教室がある。それぞれが地域によって，「相談学級」「チャレンジ学級」「トライ学級」などとさまざまな通称で呼ばれているが，情緒障害学級が教育課程の届け出にもとづく特殊学級であるのに対して，後者は，教育相談室の一形態といえるものである。

1960年前後より，怠学や経済的理由による長期欠席とは異なる神経症的登校拒否（neurotic school refusal）が「学校恐怖症」として専門家の関心を集めた。当時，神経症的登校拒否は，「特定の子ども，または特定の家庭の子どもの行動異常」として，心理学的，医学的な治療の対象と考えられた。そして，これらの子どもに対して，教育相談室などでのカウンセリングやプレイセラピーなどが行なわれた。しかし，相談が進み心理的な葛藤が克服されたとしても，遅れた学力をどのように補うか，また，カウンセリングにおける1対1の人間関係から通常の学級集団へどのように移行するのか，といった問題があった。さらに，出席日数の不足による進級や卒業の問題などが復帰のさまたげとなることがあった。そこで，1970年代半ばより，地域によって中学校の情緒障害学級で不登校生徒を受け入れ，生活リズムの立て直し，学力の補充，小集団活動への参加などを通じて段階的に学校への復帰をはかる指導が行なわれるようになった。また，学校への復帰が難しい場合にも，生徒が自己理解を深め，適切な進路選択が可能となるよう援助が行なわれた。しかし，その一方で，学校復帰を目的とした指導のあり方や，不登校の児童生徒を特殊教育の対象とすることに疑問の声が出されるようになった。

1989年，文部省は，増加する一方の不登校の問題に対処するため，「学校不適応対策調査研究協力者会議」を発足させ，その中間報告で，「登校拒否はどの子にもおきうるものである」という見解を発表した。こうした視点の変化の背景には，不登校の児童生徒数の増大，神経症的な症状を伴わない「現代型」の不登校の増加，学校へ行きたくない感情を経験したことがある子どもが過半数を越えるという実態などがあげられる。さらに，同会議は，1992年，学校が児童生徒にとって「心の居場所」となることを求める最終報告書を提出した。「心の居場所」とは，「教師と児童生徒が人間愛で結ばれ，学校が児童生徒にとって自己の存在感を実感でき，精神的に安定していることのできる場所」のことである。この報告書以来，文部省は，教育相談室やフリー・スクールの役割を積極的に認め，それらへの通所日数を学校長の判断で登校日数に加えることを可能とした。また，各自治体が不登校の児童・生徒の指導の場として適応指導教室を設置することをモデル地域を指定して推奨した。適応指導教室の指導内容は，情緒障害学級と類似した部分も多いが，学校教育の規制を受けないために設置が容易なことから，各自治体で急速に普及した。指導者として，教員経験者の他に，心理相談員や芸術の専門家などを非常勤職員として雇い，特色ある指導を行なっている適応指導教室もある。

情緒障害学級および適応指導教室に共通する課題としては，児童・生徒が小集団活動に参加する前に，個別の教育相談の機会を十分にもち，継続していくことである。基本的安心感が得られにくい子どもの場合，退行したり逸脱行動を繰り返したりして人との関わりを得ようとする傾向がある。そうした行動の意味を理解して，指導者と子どもとの信頼関係を築くことがまず必要である。また，不登校に至った経緯を個々に理解し，社会性を育てる指導と学習の援助のバランスを適切に保つことも必要である。友だちづきあいにしろ学習にしろ，無理のない課題から徐々に取り組み，自信や自己肯定感を得られるように配慮する。さらに，在籍学校との連絡を十分にとることが大切だが，「学校復帰」を目標とするかどうかは児童・生徒の実態によって慎重に検討する必要がある。むしろ，何を目標とするかを子どもと一緒に考えることに意義があるといえる。子どもが心を開いて参加できる活動や自分の可能性を試せる活動を多様に用意して，子ども自身に見えてきた自分の姿を指導者がともに確認し，これからの生き方を自己決定することを援助することが大切である。

なお，1997年の適応指導教室は714施設であった。　　　　　　　　　　　〔福田哲治〕
⇒情緒障害学級，心理相談員，フリー・スクール

文献　1. F-猪俣・本吉・山崎編, 1994；2. 佐藤修策『登校拒否ノート：いま，むかし，そしてこれから』北大路書房, 335p., 1996；3. G-下司・神保編, 1990；4. 立川孝『不登校児からの手紙』日本評論社, 204p., 1994

相談心理学　counseling psychology

応用心理学の一部門である臨床心理学の一分野であり，カウンセリングについての心理学的研究とその応用を行なう。

臨床心理学は病的な人々の治療や研究を重んじる傾向があるのに対して，相談心理学は健康な人々のカウンセリングを重視し，「治療」という用語をほとんど用いない。しかし，これら健康者の精神的健康を維持増進することは臨床心理学の主要な課題でもあるし，相談心理学が，積極的な予防的な面をもっているので，相談心理学は臨床心理学の課題の一部を担っていると言えよう。臨床心理学は，治療過程そのものよりも，診断の過程と技術を重視しているが，相談心理学では，治療の過程と技術，治療が行なわれるカウンセリング関係を重視している。このことは，非指示的カウンセリングが臨床的な診断に依存せず，むしろ治療過程の研究を対象としていることからもうかがえる。相談心理学は，個人的相談，職業的相談（適性など），進路進学相談などを取り扱う。

相談心理学は，(ⅰ) 職業選択の指導，(ⅱ) 知能テスト，(ⅲ) 心理療法，という三つの分野が発達してできあがったものである。

米国におけるカウンセリングの起源は職業指導運動（1900年代）であり，個人の測定（興味，能力，資源），環境の測定（感動できる条件，職業についての知識）および，これら両者の関係を合理的に考えあわせることが，就職針路指導には必要だと，20世紀初めにパースン*が唱えたのが初まりであった。

カウンセラーはガイダンスの中で，職業やカリキュラム選択の問題の他に，学生が個人的，人格的な問題（たとえば，愛情の問題など）に悩んでいることに気づいた。それらを扱うには，教育指導や職業指導と分けて扱う必要があり，そこから臨床的カウンセリングが発達していった。

第一次世界大戦中とその後に兵士を採用するために知能テストが盛んとなり，それが上記の測定に結びついて就職進路指導へとつながった。

1930年代の終わりから1940年代初めにかけては心理療法の興隆がみられた。精神分析の流行のほかにも，1942年にロジャース*による『カウンセリングと心理療法』が出版され，非指示的カウンセリングが登場して，指示派・非指示派の間に論争を生み，諸学派が各々の体系を批判的に再吟味する機会を得た。

1953年に，アメリカ心理学会は「カウンセリング・ガイダンス部会」を「相談心理学部会」と改め，「相談心理学者」という名称を採用したり，「相談心理学」の特別免許を与えたりして，相談心理学が応用心理学の一部門として公認されるようになった。

カウンセリングは初めは，個々の人が最も適した職業を選ぶのを助けることから出発したが，しだいにその領域が広がり，比較的健常な人たちが人生のあらゆる分野で自分がもっている力を最大に発揮できるように援助するようになった。そうなると，人びとを環境に適応させるように援助するだけでなしに，人間のニーズに合うように環境を変えるようにも努める心理学的介入が必要になってきた。

相談心理学は次のような五つの特色をもっている。

(1) 臨床的，方法的，医学的というよりも教育的である。

(2) ストレスと闘い，日常生活に苦しむ健常なクライエントを助ける。

(3) クライエントがすでにもっている力や，より好ましい力を最大限に発揮させるためには，どうすればよいのかということと，新しい行動とをクライエントに教える。

(4) 欠点を克服するというよりも，クライエントがもっている力を強調して，再教育をする。

(5) クライエントが変化と適当な成長をとげ

るのに対する障害を除くのを援助する。

相談心理学はカウンセリングに関する心理学である。それはクライエントの問題解決を助け，自らの成長を促進させるカウンセラーとの人間関係（カウンセリング関係）の目的や方法，過程，用いる技術，などを明らかにしようとする。

相談心理学の任務には次の五つがある。

（a）カウンセリングの必要性，意味，目標，方法などに関する理論を明らかにし，理論的統一をはかる。

（b）効果的なカウンセリングの実験的分析により，カウンセリング過程の法則性を明らかにする。

（c）カウンセリングの技術について効果を検証し，適用の条件や範囲を検討する。

（d）カウンセラーの資格，養成，倫理についての規準を検討し，その専門的性格を高める。

（e）カウンセリングが行なわれる施設，機関，学校などにおける，運営の仕方や管理の方法を明らかにする。　　　　〔守谷和能〕
⇨カウンセリング，臨床心理学
文献　1. A-沢田, 1957；2. A-鈴木, 1968

疎外　alienation
人間が自分自身のために作り出した観念，思想，生産物などが，それ自身独立した他者として力をもち，逆にそれらを生み出した人間を支配し，制約すること。

このことによって，人間の活動がその人間に属さない外的で疎遠なものとして現われ，人間の本質にもとづいている活動から当の本質が取り除かれる結果をもたらす。そしてその結果，心理的には，こうありたいと願う自己と現実の自己との間に，越え難い隔たりや違和感を生む。

もともとドイツ語の疎外（Entfremdung）は，「よそよそしくする」「心が離反する」といった意味をもつが，ヘーゲル*はこの言葉を著書『精神現象学』(1807)の中で，精神の対象化とそれを否定することによって自己を見出す，いわば自己実現の契機であるという積極的な術語として用いた。

その後マルクス*がこの言葉をヘーゲルから取り出し，(1)労働の成果からの疎外，(2)労働そのものが目的であることをやめ手段と化するとする自己疎外，(3)人間の存在を，個人的な肉体的生存の手段にしてしまう人間の普遍性の疎外，などの点から把握し，社会制度の変革を通して疎外を克服しようとした。

一方，キルケゴール*は，疎外を単に外面的，客観的な問題に終始するものではなくて，個人の内面性，主体性の問題でもある，とする実存主義の立場から疎外の克服に取り組んだ。この流れをくむものにサルトル*，ハイデガー*，ヤスパース*らがいる。

特にヤスパースは，本来一人一人の人間は独自な者として他者と代わることのできないユニークな存在であるにもかかわらず，現存在としての人間は社会や組織の歯車の一つとなり，独自性を失って単なる数としての意味しかもたない存在として扱われているにすぎない状態にあり，ここから脱却して自己を取り戻すためには，一度大衆から自己を引き離して，改めて本来的な自己が何であるのかを自分自身に問い直さなければならない，とした。

20世紀に入ると産業の巨大化と科学技術の進歩に伴って，社会の組織化，情報化が進み，人間の画一化，平均化，非個性化の傾向が一層深まっていくが，こうした中で現代社会における社会的性格を社会心理学の立場から「生産的構え」と「非生産的構え」に分類し，後者において疎外が現われる，とフロム*は考えた。そして，自己の行為とその結果とをあたかも自己の主人とみなし，それに従い，崇拝さえすることになる，とした。そこでは，人間は自分自身を，自己の力や豊かさの積極的な担い手として感じるのではなく，自己の生きた本質，実質，内容を客観化した一個の貧しい「物」として感じることになるため，こうした疎外された人間は，他人ばかりでなく，自分自身にすらも触れ合ったり一致することがない，と考えた。

フロムが政治・社会の動向を重視したのに対し，「行為者の個人的観点」からとらえようと試みたのが，米国の社会学者シーマン（Melvin Seeman, 1918〜）である。彼は，疎外概念を，(a) 無力 (powerlessness), (b) 無意味 (meaninglessness), (c) 無規範 (normlessness），(d) 孤立(isolation)，(e) 自己疎隔(self-estrangement)の5類型に整理し，経験レベルでの調査から疎外をとらえようとした。

疎外に関連するものとして，シーマンの論文を受けた社会心理学者ディーン (D. Deen) は，「無関心」「権威主義」「同調性」「シニシズム」「浮浪性」「政治的無関心」「政治的過敏行動性」「政治におけるパーソナリズム」「偏見」「私生活化」「精神異常」「退行」「自死」をあげている。

疎外に対する課題は時代によって，貧困の問題から官僚制や工業化の問題を経て，生きがいや自己実現に関することへと大きくうつり変わってきている。現代においては，疎外は精神的な質の問題を多くはらみ，客観的側面よりも主観的な側面に，社会構造よりも人間自体に，イデオロギーよりも実証的な側面に，重きを置いて考える傾向にある。カウンセリングの目的は，カウンセラーが人間疎外を克服して，真の人間性を回復するのを援助することにある，とも言えよう。　　　　　　　　　　〔黒後智彦〕

⇒アイデンティティ，生きがい，孤独，実存心理学，実存分析，退行，ロゴセラピー

文献　1. E-池田, 1991；2. E-稲葉, 1977；3. E-北川, 1963；4.『現代と思想』(特集：現代の疎外)1971年12月号 (No. 6), 296p.；5. ゴルツ，アンドレ，権寧訳『疎外の構造』合同出版, 267p., 1972；6. E-斎藤, 268p., 1982；7. E-清水, 1982；8.『思想』(特集：現代の人間疎外) 1962年10月号, 164p.；9. E-シャワ, 1984；10. 城塚登『新人間主義の哲学-疎外の克服は可能か』(NHKブックス)日本放送出版協会, 217p., 1972；11. 田崎醇之助・吉川栄一『疎外感：人間性回復の組織』(現代心理学ブックス)大日本図書, 240p., 1972；12. E-谷口, 1961；13. E-富田, 1981；14. 外山滋比古他編『疎外とのたたかい』(人間の発見5) 三省堂, 271p., 1974；15. パッペンハイム, F., 栗田賢三訳『近代人の疎外』(岩波新書)岩波書店, 210p., 1960；16. E-ポーピッツ, 1979；17. I-松浪編『現代のエスプリ』No. 33, 1968；18. E-ミュラー, 1974；19. I-宮島編『現代のエスプリ』No. 153, 1980；20. E-渡辺, 1981

ソシオメトリー　sociometry

ある集団に属する成員の相互作用や集団構造を測定・分析する理論の一つである。モレノ*やその学派によって，体系づけられた。

sosioは社会，metryは測定を意味しているから，広く人間社会の集団を測定する「社会測定」という意味であるが，実際にはある集団に属する成員間の選択（好き）排斥（嫌い）関係を調べ，集団の中での成員の位置や集団そのものの特徴を測定・分析しようとする方法をいい，学校教育の学級集団に適用・応用されることが多い。

(1) 測定の分析方法：さまざまなテストを通して測定される。知己テスト，ソシオメトリック・テスト，自発性テスト，状況テスト，役割演技テストなどである。これらの中で人間関係や集団構造の測定・分析に有効なのはソシオメトリック・テストである。

(2) ソシオメトリック・テスト：このテストはある特定の場面を設定して，選択・排斥関係にある成員を指名させる。例えば，学級成員全員に「今度一緒のグループになりたい人は誰か？」「なりたくない人は誰か？」をたずね，回答させる。そこから成員間の選択・排斥関係の資料が得られる。この資料を直観的にわかりやすく図示したものがソシオマトリックスやソシオグラムである。

(3) ソシオメトリック・テスト実施上の注意：学級成員間の人間関係を成長させ，好ましい力動的変化をもたらすために行なうものであるから，回答の秘密の保持はもちろん，テスト実施後の分析を行なった後，目的に合った集団再編成を実施することが大切である。指名させる人数は，40人学級の場合3名くらいが分析がしやすいであろう。生徒によっては3名に絞るのが難しい場合がある。そのような場合には幅をもたせた対応をする。排斥を指名させることは，排斥を強化することにつながるとの批判もあることを心得ておこう。

(4) ソシオマトリックス：ソシオメトリック・テストの結果は，選択を行，被選択を列にとればn×nの行列に表せる。このマトリックスに操作を加えて分析する。ソシオグラムよりも集団構造が明瞭に表れるが，操作がかなり困難である。

(5) ソシオグラム：ソシオメトリック・テストによって得られた資料を実線や破線を使って直観的にわかりやすく図示したもの。集団の構造を視覚的にとらえられ，原理的に容易であるので，最もよく利用されている。

例えば，図のように個人は○印で示され，選択は実線，排斥は破線で示される。

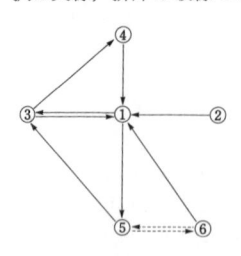

①と③は2本の実線で結ばれており，互いに選択し合って仲がよい。
⑤と⑥は2本の破線で結ばれており，互いに排斥し合って仲が悪い。
②は誰からも選択も排斥もされず，孤立している。

モレノはソシオメトリーによって明らかにされる人間関係を6つのパターンに分類する。

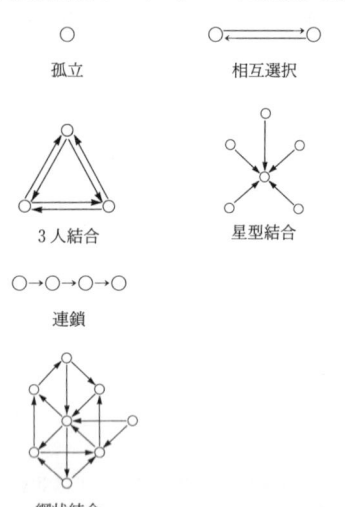

孤立　　　相互選択

3人結合　　星型結合

連鎖

網状結合

これらはいずれも選択・排斥を含む対人関係の典型である。

モレノは，ルーマニア生まれの心理学者。1928年アメリカに移住。「心理劇」による集団心理療法，および「ソシオメトリー」による社会集団の分析法の開発者である。その背景には自発性の理論，役割理論などがある。〔四方田幸子〕
⇨心理劇

文献 1. 田中熊次郎『ソシオメトリーの理論と方法』明治図書出版, 327p., 1959；2. 田中熊次郎『児童集団心理学』(新訂) 明治図書出版, 298p., 1975；3. 田中裕次『ソシオメトリックテストの理論と実際』才能開発教育研究財団, 96p., 1988；4. 田中裕次『論文集 4』文教大学情報学部, 94p., 1991

ソーシャル・ワーカー ⇨社会福祉士

ソーシャル・ワーク　social work

ソーシャル・ワークは，**社会福祉援助の方法の総称**であり，その目標は，さまざまな人々がそれぞれの**生活状況**に対処していく**過程を側面的に援助**することにある。

ソーシャル・ワーカーは，ソーシャル・ワークの知識と技術を用いて，クライエントにソーシャル・サービスを提供する専門職である。ソーシャル・ワーカーは，問題をかかえたクライエント（個人）や家族，グループ，地域，組織，一般社会の人々が，問題に対処する能力を高めたり，必要とする資源を得られるようにしたり，個人とその人を取り巻く環境の相互作用を促進したり，組織や社会へ働きかけたりすることで，問題を解決あるいは軽減することを援助する。

一般的にソーシャル・ワークは，19世紀後半に始まったイギリスやアメリカの慈善組織協会 (Charity Organization Society) やセツルメント運動が始源とされている。1910～1920年代にかけて徐々に専門職として確立し，発展した。日本においては，特に第二次大戦後，アメリカのソーシャル・ワークに大きな影響を受け発展してきている。

現在「ソーシャル・ワーカー」は，社会福祉の専門職の呼称として国際的に承認されており，国によっては資格にもとづく名称であるが，日本においては，ようやく認知されつつあるのが現状である。日本では，1987年に「社会福祉士及び介護福祉士法」が制定され，社会福祉分野の従事者の国家資格化がはかられた。

また，1997年に「精神保健福祉士法」が制定された。精神保健福祉士とは，「精神障害者の保健及び福祉に関する専門的知識及び技術をもって，精神病院その他の医療施設において精神障害の医療を受け，または精神障害者の社会復帰の促進を図ることを目的とする施設を利用している者の社会復帰に関する相談に応じ，助言，指導，日常生活への適応のために必要な訓練その他の援助を行うことを業とする者」（「精神保健福祉士法」第2条）とされている。

これらの資格は，社会福祉士については，名

称独占であり，業務独占でなく，援助対象が限定されており，保健・医療機関や司法機関は部分的に入っているのみであること，精神保健福祉士については，精神障害者のみを限定した対象とされ，ノーマライゼイションの概念（正常化，障害者を特別視しない）にも反し，差別を助長する危険性があるとの見解も一方ではあり，統合化されたアメリカやイギリスの資格と同等のものとは言いがたく，多くの課題が残されている。

ソーシャル・ワークの方法は，伝統的にはケース・ワーク，グループ・ワーク，コミュニティ・オーガニゼーションがあり，その領域は，社会福祉機関や施設のみならず，医療，教育，司法，産業と多領域にわたり，それぞれ専門分化され発展してきた。全米ソーシャル・ワーカー協会（National Association of Social Workers, NASW）は，長年統合化の試みを経て，1958年ソーシャル・ワークの共通基盤を確立した。バートレット（H. M. Bartlet）は，その共通基盤の概念として「社会生活機能——生活課題と環境からの要求に対応する対処行動——を促進すること」を重要な焦点として強調した。

その後も NASW は，共通基盤の再構築をはかり，定義や宣言を表明してきている。1981年の「ソーシャル・ワークの目的に関する作業宣言」では，活動目標として，(1) 人々が資源活用能力を拡大し，自分自身の問題解決能力や対処能力を強化するのを援助する。(2) 人々が資源を得るよう援助する。(3) 組織が人々に対する責任を果たせるように働きかける。(4) 個人と彼らを取り巻く環境にある他者との相互作用を促進する。(5) 組織と制度間の相互作用に関与する。(6) 社会および環境に関わる政策に関与する，と表明した。

ソーシャル・ワークには，精神分析理論，自我心理学，一般システム理論，クライシス理論，役割理論，組織論，コミュニケーション論，学習理論，生態学などが導入され，発展してきた。ソーシャル・ワークの実践モデルとしては，問題解決モデル，心理・社会療法モデル，機能派モデル，行動変容モデル，危機介入モデル，課題中心ケース・ワーク・モデル，システム・モデル，ユニタリー・アプローチ・モデルなどがある。

カウンセリングとの関係については，ソーシャル・ワーカーは，問題解決を求めているクライエントに対して，一つの方法としてカウンセリングを用いて援助を行なうこともあるが，同時にクライエントとクライエントを支援する人々や所属する職場や地域の機関などへ働きかけて，相互作用を促進することで解決していくというところに，ソーシャル・ワークの独自性がある。援助の手順として，面接を中心としたアセスメントを行ない，援助計画をたて，援助を実施するが，アセスメントの結果によっては，医師ないし適切なカウンセリング機関へ紹介する。

今後の日本の課題としては，専門職養成の教育の問題，社会福祉士に含まれていない領域のソーシャル・ワーカーの資格の問題などが緊急な課題であるといえよう。〔原田とも子〕
⇒インテーク，家族システム理論，危機介入，ケースワーカー，行動修正，精神分析，精神医学ソーシャル・ワーク，ノーマライゼイション，医療ソーシャル・ワーカー

文献 1. 秋山智久監修『社会福祉・プロ養成ガイド』信山社出版, 56p., 1993；2. 奥田いさよ『社会福祉専門職性の研究』川島書店, 252p., 1992；3. 京極高宣監修『現代福祉学レキシコン』雄山閣, 582p., 1993；4. 杉本照子・森野郁子監修, 大本和子・笹岡眞弓・高山恵理子編著『ソーシャルワークの業務マニュアル』川島書店, 186p., 1996；5. デイ, P., J.・メイシー, H.・ジャクソン, E.・松本栄二他訳『社会福祉援助技術総論：基礎と演習』筒井書房, 299p., 1995；6. 仲村優一・秋山智久編『福祉のマンパワー』中央法規出版, 352p., 1988；7. G-仲村他編, 1988；8. G-日本社会福祉実践理論学会編, 1989；9. 日本ソーシャル・ワーカー協会編『各国のソーシャル・ワーカー』日本ソーシャル・ワーカー協会, 98p., 1985；10. バドウィ, M.・ピアモンティ, B. 編著, 児島美都子・中村永司監訳『医療ソーシャルワークの実践』中央法規出版, 245p., 1994；11. バートレット, H. M., 小松源助訳『社会福祉実践の共通基盤』ミネルヴァ書房, 260p., 1978；12. ブトゥリム, Z., 川田誉音訳『ソーシャル・ワークとは何か』川島書店, 214p., 1986；13. G-マドックス編, 1990；14. Robert L. Barker, *The Social Work Dictionary* 3rd ed., NASW Press, 447p., 1995

蘇生後脳症 encephalopathia after revification [resuscitation]
心肺停止後の後遺症としての脳障害。

急性一酸化炭素中毒，各種の事故，心臓疾患，喘息などによる呼吸不全で心肺が停止すると，脳は低酸素状態となり，虚血がおこる。脳は十数分血流が途絶えると，酸素が行かないために神経細胞が壊死してしまう。意識を維持するために必要な脳血流量は，正常の50％，神経細胞が生存するために必要な脳血流量は20％といわれている。このため，心肺停止後は，意識障害（睡眠と覚醒のリズムを失い昏睡状態が続く）が長びき，失外套症候群となることが多い。この症候群は，大脳皮質という脳の表面を覆う外套の諸機能が侵されて運動機能も精神的な活動もまったく示さない状態のことである。大脳皮質より下位の脳組織の機能で生きる植物人間に近く，睡眠や覚醒のリズムが保たれている点で，意識障害とは異なる。自発もしくは刺激に対して開眼することがあるが，認識力はなく，虚空を見つめるような様子である。急性一酸化炭素中毒の場合は，一酸化炭素と赤血球ヘモグロビンが固く結合するので，酸素が赤血球と結合できなくなり，酸素が脳に転送されないために低酸素脳症となる。この場合，一酸化炭素とヘモグロビンとの結合が40％で虚脱状態になり，60％を超すと意識を失い，70％で死亡する。

救命できた場合，心停止から蘇生術開始までの時間が蘇生後の脳障害の程度に最も影響するが，蘇生術開始から心拍再開までの時間も関係する。後遺症としてどの程度の脳障害が残るかは，CTの画像により段階づけられる。脳の一過性の機能障害で最も軽い場合は，記憶をつかさどり，脳の中で一番弱いといわれている海馬に部分的な神経細胞壊死が生じ，意識消失前後の記憶を失いやすい。辺縁系脳炎後にしばしば見られる症状である。脳全体に虚血がおこると，CT像は，脳浮腫や基底核および視床の低吸収域を呈する。さらに，動脈支配領域の境目となる大脳皮質に梗塞巣が生じる。大脳皮質の広範な神経細胞死が強ければ，大脳半球全体で灰白質と白質との境界が不明瞭になり，脳溝はほとんど消失する。最も重篤になると，脳溝は消失し，脳室は圧排され，脳循環は停止して脳死となる。

予後は，12時間以内に意識が回復して命令に応じられるようになる場合，数日間にわたり健忘や錯乱を認めることがあっても，ほとんど完全に回復する。24時間以内に痛み刺激に対して払いのける反応が出現する場合，意識は徐々に回復するが，健忘や意欲低下，知能低下などの後遺症を残すことが多く，職業復帰は難しくなる。一酸化炭素中毒の場合は，頭頂葉・後頭葉の障害が強い。急性期の意識障害の持続時間と失語・失行・失認といった神経心理学的症状の度合は，相関する。動脈支配領域の境目となる大脳皮質に広範な神経細胞死が生じた場合，失外套症候群となり，意識は回復しない。全脳虚血後の脳浮腫は，48～72時間後に極点に達する。脳障害は，早期に急速に回復した後，72時間以降は緩徐にしか回復しなくなり，医学的診断は，この時期を待てば正確になる。

記憶障害，健忘，意欲低下，知能低下に対しては，一連の認知リハビリテーションを行なうことが望ましい。　　　　　　　　〔今村恵津子〕
⇨ CT，脳死，脳卒中

文献　1．阿部正和ほか編『新臨床内科学』（第3版）医学書院，969p.，1980；2．荒木淑郎『神経内科学』金芳堂，736p.，1974；3．坂本哲也「脳虚血と脳死：脳障害の可逆性はどこまでわかるか」『LiSA』2 (7) 1995, pp. 48-51；4．志田堅四郎・松本富枝・内田忠「CO中毒例に見る高次機能障害の経過：炭鉱爆発事故死の30年間の経過」『失語症研究』16(2) 1996, pp. 163-171；5．濱中淑彦『臨床神経精神医学：意識・知能・記憶の病理』医学書院，494p.，1986

尊厳死　⇨安楽死

た

第一次予防カウンセリング　first preventive counseling

予防・開発的カウンセリングの第1段階。問題が発生してからの治療援助的なカウンセリングではなく，問題が発生する前の予防や能力開発を目的にしたカウンセリングの初期段階での援助。

第一次予防カウンセリングとは，問題の発生を予測し，その顕在化を防ぐための援助である。心理面での発達援助や人間関係能力を高める援助が中心となる。

第一次予防カウンセリングに続く段階が，第二次予防カウンセリングである。第二次予防カウンセリングは，具体的なクライエントの早期発見と初期的対応である。さらにその次の段階が治療援助的なカウンセリングの段階である。

したがって，第一次予防カウンセリングでは，特定のクライエントの問題に個別に関わるわけではない。むしろ，集団に対して行なわれる心理教育や能力開発に関する一般的な援助である。つまり第一次予防カウンセリングは，学校教育など集団に対する働きかけを主とする場で行なわれることが効果的である。

日本教育心理学会では石隈利紀らが中心となって，学校心理学にもとづくスクール・サイコロジスト（スクールカウンセラー）の行なう教育援助を3段階に分けて説明している。(1) 1次的教育援助は，入学時の適応，学習スキル，対人関係能力などすべての子どもがもつ発達上のニーズに対応する援助。(2) 2次的教育援助は，一部の子どもの登校しぶり，学習意欲の低下などに対する教育援助。(3) 3次的教育援助は，不登校，いじめ，LD（学習障害児）など特定の子どもに対する教育援助。1次的教育援助は多くの子どもが出会う課題を予測して，前もって行なう予防的援助であるとしている。1次的教育援助がここでいう第一次予防カウンセリングにあたる。つまり，第一次予防カウンセリングとは，「多くの人が人生の中で出会う課題を予測して，前もって援助することである」と定義できる。

第一次予防カウンセリングの具体的な内容としては，入学時の適応援助，ガイダンス教育，入社時の適応援助，人間関係スキルのトレーニング，転勤時の適応援助，ストレス・マネージメント教育，発達および心理機制のメカニズムの学習，夫婦・親子関係の理解と調整法の学習，退職時の適応援助，病気や死への適応援助などが考えられる。

また，方法としては，メンタル・ヘルス教育や構成的グループ・エンカウンター，主張訓練，心理劇やロール・プレイングなどが考えられる。

日本でも1997年に入ってから，「心の教育」の必要性が叫ばれているが，アメリカでは以前からサイコ・エデュケイション（心理教育）の重要性が注目されている。サイコ・エデュケイションとは，「発達心理的な課題や，予想されるさまざまな不適応について，それらのメカニズムや乗り切り方を前もって学習させることにより成長を援助するという方法」である。つまりサイコ・エデュケイションとは，個別の治療的援助から集団に対する予防的援助への発想の転換であり，予防・開発という，より積極的なカウンセリングの方法である。サイコ・エデュケイションは学校における第一次予防カウンセリングのモデルの一つになる。さらに，学校を一つのコミュニティと見るコミュニティ心理学の発想を取り入れることも重要である。

第一次予防カウンセリングは，集団に対する予防教育的色彩が強いが，指導者は単に予防教育をできればいいというわけではない。指導者に治療援助的カウンセリングの経験と能力がな

ければ，予防援助的カウンセリングの効果も発揮されにくい。したがって，治療援助的カウンセリングの経験豊かなカウンセラーが治療援助の実践を活かして，予防援助教育を行なうべきである。

また，学校教育においては，学級活動，クラブ活動，学校行事などの特別活動や道徳教育と関連させて進めることが重要である。

〔鈴木敏城〕

⇒学校における「特別活動」，構成的グループ・エンカウンター，コミュニティ心理学，スクールカウンセラー，メンタル・ヘルス，ロール・プレイング

文献 1. H‐内山・高野・田畑『サイコセラピー』1, 1984；2. 岡林春雄『心理教育』金子書房, 208p., 1997；3. J‐カプラン, 1970；4. E‐山本, 1986

体外経験 extra-somatic experience, secession of ectoplasm

意識と身体とが分離し，意識が身体の外に離脱した経験，または意識が身体の外に離脱したように感じた経験。体外離脱，幽体離脱などともいう。

臨死体験者の報告の中で臨死体験の一つの要素として取り上げられることが多い。「瀕死の重傷を負った者が，『魂』だけが身体から抜け出してしまったように感じ，傷ついた自分の肉体を上から見た」とか，「手術室で自分が手術を受けている様子を手術室の天井近くから見おろした」，さらには「手術中，手術されている肉体から抜け出した『魂』が手術室の外に移動し，待合室で心配している家族の姿を見た」などの体験として語られることが多い。中には自分が手術されている光景を天井近くの視点から，医師や看護師の手の動きにいたるまでの記憶をこと細かく述べる例や，待ち合い室で心配する家族の様子を，家族同士の会話の細部に至るまで述べる例などもあるという。

臨死体験自体の解釈が，現実の死後の世界の体験であるという説と脳内現象であるという説の二つに分かれている。したがって体外経験についても，本当に意識が身体から離脱するのか，脳内現象による幻覚であるのか，解釈は二つに分かれている。

また，臨死体験によらない体外経験もある。入眠時などに，覚醒の状態でも睡眠の状態でもない，それらの中間的な状態である変性意識状態（トランス状態）が現れることがあり，この時に体外経験をする者がいる。「布団に横になり眠ろうとしていると，はっきり起きているわけでも，すっかり眠ってしまったわけでもないような感じで，意識はあるが身体の感覚はあまりはっきりしない。ボーっと暖かい感じがして体が宙に浮いたなあ，と思って下を見ると，布団の上に自分が寝ている姿が見えた」とか，「眠ろうと布団に入り，うとうとしていたら，身体がふわふわと天井の近くまで浮かび上がった。下を見ると自分の身体が横になっているのが見えた。どこへでも自由に飛んで行くことができた」，あるいは「起きているのか寝ているのかわからないような感じで，ふと気がつくと身体がふわふわと浮いていくような気がした。天井のあたりまで上がっていった時，下を見ると自分の身体が布団の上にそのままになっているのが見えた。このままでは自分の身体に戻れなくなるのではないかと思ったら，自分の身体に戻っていた」などという体験が多い。

入眠時のこのような体外経験に対しても，現実の体験であるのか，入眠時幻覚（hypnagogic hallucination）による脳内現象であるのか，解釈は二つに分かれている。

さらに，催眠療法では変性意識状態を積極的に利用して，暗示を与えたりイメージをふくらませることによって心理療法を行なう。催眠誘導のレベルを知覚催眠の段階（暗示の影響が知覚に変化を及ぼすほど意識レベルが下がった状態）まで深めると身体が宙空に浮いたイメージを作ることは容易であるし，意識が身体から分離したように感じさせることも可能である。このように考えると，体外経験とは変性意識状態で現れる脳内現象であると解釈することが妥当であると思われる。

ここでもう一度入眠時の変性意識状態に戻って考えてみよう。入眠時によく体験されるもう一つの現象に「金縛り」があり，「金縛り」についてはそのメカニズムがかなり解明されてい

る。ノンレム睡眠では脳が休息して身体はおきている（寝がえりをうつなど）のに対して、レム睡眠中は脳はおきているが身体は休息している。夢を見るのもレム睡眠中に多い。このレム睡眠中に恐い夢などを見て目が醒めると、目が醒めた直後は身体がまだ休息状態なので、いくら脳が身体を動かそうと思っても動かない。これが「金縛り」と呼ばれる現象である。「金縛り」の場合には身体の感覚がないこと、身体が動かないことが恐怖や不快といった感情と結びついている。そこで「幽霊に襲われた」とか、「悪霊が自分の身体の上に乗っている」という判断に陥りやすい。

しかし、身体の感覚がないことが恐怖や不快といったマイナスの感情と結びつかない場合、むしろ、身体の感覚がないことが喜びや満足などのプラスの感情と結びついた場合を考えてみたらどうであろうか。おそらく意識が身体から自由になったように、意識が身体から離脱して自由に飛び回れるように感じるのではないか。

つまり、体外経験とは、レム睡眠時に身体感覚を失った脳が、不完全に覚醒することにより、変性意識状態で体験する、強いマイナスの感情を伴わない幻覚であると結論できるのではないだろうか。　　　　　　　　　　〔鈴木敏城〕
⇒催眠療法，トランセンデンタル・メディティション，臨死体験，レム睡眠

文献　1. 立花隆『臨死体験 上・下』文藝春秋, 448p., 448p., 1994, 1994；2. 中村希明『「怪談」の心理学：学校に生まれる怖い話』（講談社現代新書）講談社, 220p., 1994；3. ピクネット, L., 関口篤訳『超常現象の事典』青土社, 626p., 1994

大学生無気力症　student apathy
まじめで順調であった大学生が急速に無気力状態に長期間陥ること。

それまでまじめで問題なく、むしろよく勉強のできる、いわゆる優秀であった学生が外面的には特に理由もなく、ある時を境に急速に意欲を失い、無気力状態に陥る状態であり、普通の一時的なやる気のなさ、五月病やスランプとは異なり、年単位で継続し、留年を繰り返すような状態になる。一般に男子大学生に多く、学業に関したことにのみ無気力で、アルバイトや遊びには意欲的な場合が多いが、学生生活すべてに無気力状態になる場合もある。米国や日本では多発するが、ヨーロッパにはその報告がほとんどない。これは、社会のあり方の違いによると考えられる。

最初に大学生の無気力症をステューデント・アパシーとして報告したのは、米国のウォルターズ（P. A. Walters, Jr.）であり、彼はハーバード大学生の無気力症について1961年に発表している。日本では1955年以後から1965年代にかけて、高度経済成長とともに多数出現し、留年生の増大を検討した丸井文男が1968年に大学生の「意欲減退症候群」として報告している。また、笠原嘉は1973年に日本の大学生の統合失調症やうつ病とは異なる学生の無気力症を研究し、ステューデント・アパシーと呼び、日本でもこの語が定着している。ステューデント・アパシーは以前は大学生がほとんどであったが、近年、高校生にも増加している。笠原（1973）はこの現象が中学・高校の不登校、若年社員の出社拒否とも共通の心理現象であり、本業に対する選択的な退却・避難ということから、「退却神経症」という名称を提唱している。

無気力症とともに家庭内暴力、家出あるいは完全に閉じこもって部屋から一歩も出ない状態になる場合もある。学生の無気力症は自身の意志や努力だけでは回復が難しく、また、一般に自らの無気力状態について深く悩むことが少ないのも特徴であり、カウンセラーや専門医に治療をまったく求めず、したがって長期にわたり無気力症が続くことがある。

大学生の無気力症が日本において多数発生する社会的な背景としては高度経済成長に伴う社会の大幅な変貌がある。すなわち、物質の氾濫、情報の激増、都市化、高学歴志向、競争社会化、核家族化、少子化などである。かつてごく自然に地域の中、大家族の中、また、家業の手助けなどのもと、人間の生き方、人との関わりを、また困難に対する克服法などを学び、身につけ、自己確立ができたが、現在それが非常に困難になっている。

厳しい入試を突破して入学したが、合格する

ことが目的であり、そのためには人間関係も、家の仕事を手伝うことも省略してきた彼らにとって、目標を失って、自分は一体何をしたらよいのかわからず、無気力に陥る場合が多いと考えられる。学校での教育をみると、現在のところでは、知育主体であり、偏差値による過剰な競争のもとに、覚えること、理解することが中心で、自ら考え、創造し、決断する力を養っていない。また、家庭においても、少子化による親の過保護と過干渉から、親の気持ち、考えに沿ったよい子を演じ、まじめ・几帳面・完全主義で人間関係に過敏で融通のきかない性格(強迫性格)が作られてしまう。また、親の希望に合わせた自分であり、自分の本来の願いに沿った自分でなく、したがって自己不確実性が強く、「自分って何？」「自分は何をしたいのかわからない」といった状態になる。このように自信のない状態に陥り、アパシーになると考えられる。つまり大学生の無気力症はまた、親・家族・学校・社会の中で知識だけで、困難なハードルを越える創造力・勇気を養わず、複雑な人間関係を乗り切れず、アイデンティティの混乱を生じ、立ち止まり、避難している状態であるといえる。卒業して社会人になると、学生としての特権を失い、社会人としての責任(親を扶養するなど)をとることになる。それは嫌だから、今しばらく学生の身分にとどまりたいという立ち止まり(モラトリアム)現象が大学生無気力症の本態だと考える人もいる。

稲村博は大学生無気力症のタイプを以下のように分類している。

(1)登校拒否遷延型(挫折型)、(2)虚脱型(荷おろし型)、(3)消耗型(燃えつき型)、(4)社会生活拒否型(モラトリアム型)、(5)怠け型、(6)このいくつかがからみ合っている場合。実際には(6)が多いように思える。

前述したように、大学生無気力症に対する治療は本人がアパシーである認識が少なく、自己不確実性が背景にあるので長期間を有する。カウンセリングや行動療法などにより、ねばり強く治療されねばならない。〔近藤 寛〕

⇒アパシー、無気力、燃えつき症候群、モラトリアム

文献 1. H-石井・笠原編『現代のエスプリ』No.168, 1981；2. J-稲村, 1989；3. H-『異常心理学』3, 1980；4. J-笠原, 1984；5. J-笠原, 1988；6. J-土川編, 1990；7. J-笠原・山田編, 1981

体験過程 experiencing

人間がいま、この瞬間に経験している感情や気持ち。その体験され感じられている何らかの流れを体験過程という。それは、知的に考えるとか言語で表現できるようなものではない。

experiencing という語における ing は、「体験」(experience)を一つの過程と考えていることを示す。体験過程という用語は過程という枠組みによって見られたすべての「体験」を指している。心理学において「体験」という言葉は、それがどこで用いられようと、具体的な心理学的事象を意味している。体験過程は、具体的にまさに進行している種々の事柄の一過程である。

体験過程は、一つの感じられた過程 (a felt process)を意味する。その意味は内部的に感覚され、身体的に感じられた諸事象ということでもあり、人格、あるいは心理学的諸事象を構成している具体的な「もの」は、この身体的に感覚され、感じられたことの流れである。それは、具体的、身体的な感情の過程であり、それは心理学的および人格の現象に関する基本を構成している。

心理療法とは、個人が概念というものを用いながらも、それをただ単に理論的にのみ用いては決して得られないような、何かそれ以上のものを達成し得るところの一つの方法である。その本質を一言でいうならば、人間の感情と人間が用いる概念との間に存在する種々の関係の新しい認識である。体験過程は、この心理療法過程を理解するのに役立つ概念として、ジェンドリン* が1955年に提唱したもので、以下のような六つの特質を備えている。

(1) 感情の一つの過程であり、知的理解とは区別される。体験過程とは、感じられる (feel) ものであって、単に、思考されたり、知られたり、あるいは言語的に表現されるようなものではない。

(2) 今，この瞬間において，おきる一つの過程である。今，ここに感じることにほかならない。

(3) 個人による現象的場における一つの感じられた素材として，直接に問い合わせることができ，指摘できる。体験過程は，自らの内面に目を向け，この流れという一つの素材を直接指示し，言及できるものである。

(4) それは言葉以前に感じられるものであり，個人は自らの現象的場における一つの素材としてそれに直接指示し，それに導かれて概念を形成する。

(5) 潜在的な暗黙の豊かな意味をもっている。暗に含まれている意味は，単に感じられるだけのものであり，後に至るまで明示されないかもしれない。だが，この暗に含まれた意味が足がかりとなって概念的明瞭化が可能になる。

(6) 前概念的，有機体的な過程であり，身体を通して感じられるものである。ある瞬間に体験しつつあることがもつ多くの暗黙の意味・含蓄は，かつて一度概念化されたものが抑圧されたというものではなく，これらの意味は，前概念的なもの，気づかれてはいるが，まだ分化されていないもの，と考えるべきである。

体験過程の理論はカウンセリング・心理療法・人格論や創造性などにも影響を与え，またカウンセラーの技法の精密化をもたらした。

〔三村法子〕

⇒今-ここで，カウンセリング・プロセス，感情，自己一致，心理療法，フォーカシング

文献 1. B-ザロ他, 1987 ; 2. B-ジェンドリン, 1966

退行 regression

ある時点において，それまでに発達した状態や機能あるいは体制が，それ以前のもっと低次の状態や機能ないし体制にまで逆戻りすること。

心理学ないし，精神病理学的現象を説明する理論概念として用いられる。この概念を最初に精神病理学に導入したのは，ジャクソン*である。

退行は，主としてフラストレーション反応として，病理と関連づけて研究されてきた。

退行というのは「幼児返り」とも言われ，その人の人生の早期の心理状態に立ち戻っていくことを指す。精神分析においては，幼児期の記憶や葛藤または感情が抑圧されて，無意識の中に閉じこめられていて，それがその後のさまざまな症状をつくったり，その人の性格や行動を支配するようになると考えられている。たとえば，日常生活を元気に送っていた児童が，下の赤ちゃんの誕生直後に夜泣き等の不安症状を示し，保育所でもおもらしをしたり，保育士の世話を多く必要とするようになり，母親の姿を追い求めるようになった，という例がある。さらに，小学校入学直前，高熱のため緊急入院した夜半，母親を呼んだが，赤ちゃんとともに別室にいたため，来てもらえなかったというショックから，それ以後，頻尿と強い分離不安を示し，片時も母親から離れられなくなった児童もいる。しかし，母親の付添なしには日常生活を送れなくなった児童も，母親が積極的に愛情を示し，こまかく面倒を見てくれるにつれ，安心感を覚え，少しずつ落ち着きを見せるようになってくる。また，一人で食事のできた子が，再び介助を必要とするようになったという例もある。

フロイト*は，ジャクソンの解体という考え方を退行の概念にまで発展させた。やがて，精神分析によって観察された心理学的，精神病理学的現象を説明する深層心理学的理論の中で，退行が中心概念になった。そして，精神分析理論では，個人発達的に，より以前の段階に戻るという意味での退行を重視した。精神発達がつまずくと，固着した発達段階に退行するものと考えられる。これは，ある発達段階においての固着が強いと，何らかのフラストレーションによって，その固着した段階へと退行しやすいことを意味している。たとえば，病者の排便へのこだわりが，肛門期への退行とみなされ，子どもに見られる指しゃぶりは口唇期への退行とみなされる。

また，心理療法においては，治療的退行，病的退行，健康な退行として，治療に役立っている。「治療的退行」とは，治療のために操作的に，一時的に退行状態へ導いたもので，自由連想法，催眠，自律訓練法，箱庭療法などで用いられる。

「病的退行」は，患者の病理現象としてみられ，固着点への退行，外傷的段階への退行，防衛的退行，葛藤の退行として現われる。これらは，各種の神経症や，ある種の心身症，境界例などに顕著である。また，「健康な退行」は，自我の一時的，部分的退行であって「創造的退行」とも言われる。この適応的退行は，日常生活で自我が常に緊張し続けているのをゆるめ，リフレッシュすることを助ける。

このように，フロイト以後の精神分析は，退行論をさらに発展させ，一方で操作的退行を，他方で健康な退行を解明し，むしろ，退行を正常にも病的にも働くものとみなして，自我の基本的機能の一つと考えるようになった。

一方，レヴィン*らは，フラストレーションによって，未分化で単純，しかも原始的な行動が現われることに着眼し，構造的退行を重視した(1941)。たとえば，幼児の遊びにフラストレーション状況を与えると，遊びの構成度が低下して，より原始的な遊びが現われたり，不安定行動が増したりすることが見出されている。発達を個人の内部領域の分化とみるレヴィンは，退行を，目標阻止による個人の未分化化，原始化と定義して，個人の生活史における過去の行動型への「後戻り」と区別した。

一般に，発達史的退行と構造的退行は，異なった観点として記述されていることが多いが，最近の臨床心理学では，双方が不可分に関わっている事例が多く観察されており，発達史的にも構造的にも退行する現象の理解が進んでいる。また，心理療法における治療的退行も，発達史的に固着点が解決されるためだと解される一方，構造的な退行が不適切な構造をゆるめて基礎に立ち返らせ，再構造化を可能にするためだ，と解されている。いずれにせよ，心理療法における転移現象としての退行は，病者の幼児的依存が再体験されることであり，こののちに内的成熟に至るのである。それゆえに，治療関係の中で退行を有効に取り扱う必要がある。

〔吉田陽子〕

⇒深層心理学，心理療法，精神分析，転移，発達，発達段階，フラストレーション，無意識

文献 1. C-小川・前田・岩崎他, 1987；2. C-前田. 1985

b：3. C-フロイト, 1970a

対抗転移，逆転移　counter‐transference

(1) 被分析者に対する分析者の無意識的反応の総体。(2) 特に被分析者の転移に対して，分析者自身の無意識的，不合理，幼児的な感情，思考，態度が，被分析者に繰り返し向けられる現象。

対抗転移は，1910年にフロイト*により初めて精神療法に導入された概念で，転移と同様に重要な役割を果たしている。フロイトは，「被分析者が分析者に対して向ける特殊な感情や態度のこと」を「転移」と呼び，これとは逆方向に，「分析者の側が，無意識のうちに被分析者に対して個人的な感情を向けたり，私的な反応をすること」を「対抗転移」と呼んだ。

被分析者の無意識の葛藤を正しく解釈するのに重要な分析者の中立性を対抗転移が損なう恐れがあるとフロイトは考えた。そこで，当初対抗転移を分析者の抵抗と考え，被分析者を治療するうえでの障害であるから，できるだけ避けるべきであり，分析，あるいは少なくとも自己分析によって消滅されるべきだ，とされた。

これに対してユング*は，分析者も人間である以上，いかに受身的，中立的態度を保持しようとしても，ときには被分析者に深く影響されざるを得ない。だから，この事実を，受け入れ可能なかぎり意識化する方がよい，とした。そこで，分析者が自己の無意識過程を熟知するために，教育分析を受ける必要があることを力説した。

このように，対抗転移には，歴史的に治療の妨げになるので，できるだけ排除しようとする立場と，対抗転移を自覚，理解し，柔軟適切に治療に活用しようとする立場との二つがある。

当初，対抗転移は，内容が分析者自身にかかわることであるだけに，あいまいにされていたきらいがあった。しかし，1950年以降，治療が人間関係によることがますます理解され，分析者の反応がより重要視されるようになったことにより，治療を進めるうえで，対抗転移も積極的な意義があるものとして注目されるようにな

った。

ハインリッヒ・ラッカー（Heinrich Racker）は，「転移状況は必ず対抗転移状況を誘発する。そしてそれは普遍的な，そして個人に固有な無意識の法則に従っている」と述べ，対抗転移の特徴を次の三つに分けた。(a) 転移と同様に分析作業にとって最大の危険物である。(b) 患者を理解する最上の手段である。(c) 解釈する人としての分析医を補助するものである。

アニイ・ライヒ（A. Reich）は，「対抗転移は（ただ不可避な事象であるだけでなく，また）分析治療に必要な前提条件でもあるのだ。もしもそれが存在しないならば，分析治療に必要な才能や興味が失われてしまう。しかしそれは，影のように背景にとどまっていなければならない」と述べ，対抗転移の重要性と特質とを説明している。

メニンガー（K. A. Menninger）は対抗転移の一般的な現われ方を次のように四つあげている。(i) 嫌悪感，不快感，不安，抑うつ感，無力感，焦り，などの感情。(ii) 共感できない特定の話題にとらわれる，眠くなる，身構える，自分のことにとらわれる，遅刻する，度忘れ。(iii) 過度に好意をむける，援助したがる，恋愛的，性愛的な感情が続く。(iv) 患者の夢を見る。

このように，対抗転移を理解し，この存在に注意を払っていなければならないが，ただ，対抗転移を恐れるあまり，治療が不毛になってはならない。また，自分の対抗転移の分析に夢中になりすぎて，治療本来の対象を忘れてしまったり，知的に分析するだけで事足れりという態度は治療の妨げになるので分析者はたびたび教育分析を受け，治療過程を見つめなおす必要がある。

現在では，シンガー（E. Singer）の立場が一般に広く受け入れられている。対抗転移は，「治療者が自分自身について何かを知ったり，学んだりすることへの治療者自身の抵抗の現われとして，また自分自身のある側面を忘却し，未解決の葛藤を隠しておきたいという願望の反映として考えられる」と述べている。

精神分析療法は，病める人と健康な人との間の相互関係とみなされがちであるが，本来は，2人の人格の相互関係である。二つの全人格がそれぞれに，分析状況の一つ一つの出来事に影響しているのである。したがって，治療関係において，分析者は，被分析者の転移や防衛を理解しようとすることだけでなく，自分自身の中におこっているいろいろな対抗転移を認識，コントロールすることが被分析者の理解につながる，という相互作用を重要視する必要がある。

〔土屋芳子〕

⇒葛藤，心理療法，精神分析，転移

文献 1. C-小此木他，1982；2. C-前田，1985a；3. B-三浦，1964；4. 皆川邦直「沈黙・転移・逆転移」『精神分析研究』Vol. 29, No. 3, pp. 125〜132, 1985；5. H-メニンガー『現代精神分析双書 I』，1969；6. H-ヤコビィ『ユング心理学選書』7, 1985；7. C-ラッカー，1982

対抗同一性　counter identity

「社会的・文化的・政治的・経済的・人種的・思想的に，少数者・辺縁性にある人々が，その独自の生き方に積極的な価値を認め，多数者や体制・体系に対して，彼らの独自な価値を主張する際に形成される同一性（福島章）。

自分はこの世でいったい何者であるのか？このアイデンティティ（＝自我同一性）の概念を提起したのは E. H. エリクソン*であった。エリクソンは，精神発達を性的衝突の発展としてとらえたフロイト*の発達論に，社会的責任や義務といった社会的・対人的な要素を加味して独自のライフ・サイクル論を構成した。その年齢に要求される社会的な課題を解決することができずに，精神的問題が発生し，困惑の状態になることも少なくない。そこで人間生涯の全体（乳児期から老年期まで）を，変化していく主体の発達として彼はとらえなおした。青年期において獲得されなければならない社会的・心理的課題として，エリクソンは自我同一性を重視した。自分が自分の主人公となっていく過程，正真正銘の自分を形成していく時期，が青年期なのである。エリクソンは，アイデンティティを「自分が他ならぬ自分として，生き生きとした生命的存在として生き続けているという実存的な意識だ」と述べている。

この青年期におけるアイデンティティ獲得を

達成できなかった場合には，人生の危機を現わす普遍的徴候（急性の同一性拡散）が顕在化してくる（エリクソン）。

社会的に受け入れられる価値や役割が自分の器に収まっていく（肯定的同一性）のに対して，自己意識のまとまりがつかなくなってしまったり，自己意識が分解・断片化状態になることによって，社会的には否定的な価値や役割とみなされているものを受け入れる方向で積極的に行動しようとする。これを「否定的同一性」と名づけ，エリクソンは危機的な段階とした。犯罪者，アルコール症者や薬物中毒者，やくざ，非行少年など，社会の多数者から批難・排斥されるような人たちが，否定的同一性を受け入れて行動するカテゴリーに属している。

否定的同一性を詳細に検討してみると，社会的に受け入れられない客観的評価を受けながらも，主観的には社会的有用性・正当性を主張する一群がいる。多数者に対する反抗や闘争を企て，実行している少数者や，新しい価値や新しい世界観を唱えながらも，社会的承認をえられず，精神異常者とか犯罪者とかのレッテルを貼られて獄につながれている人々がそれである。否定的同一性は「否定的」という価値的評価を含むが，こうした人々の主張を単一に「善・悪」の尺度で測れない場合がある。なぜなら，その時代や文化によって善悪の価値が逆転することがあるからである。

こうした多数者，既成のシステムや体制，権威や権力などに果敢に闘いをいどむ生き方を選択した人々の同一性を，福島章は「対抗同一性」と命名した。

対抗同一性を選択した基礎として福島は次の三つをあげている。

(1) 弱者への同一化：抑圧され，疎外され，虐げられ，虫けらのように無視されようとする人々（例：精神病者，身体障害者，知的障害者，在日韓国朝鮮人，被差別集落民などに熱い連帯感と同一視を向けようとする人たち）。(2) 反対する価値への同一化：社会で公認される価値とは逆の価値を選択（例：天皇制の崩壊と国の破滅的壊滅を予言したラジカルな宗教家，出口なお）。また，異端の少数者としてイエス・キリスト，ガリレオ，マルチン・ルターも彼らの時代においては対抗同一性を志向した人物とみなすこともできよう。(3) 超越的な同一化：現存の価値を無視，超越する価値を選択するが，必ずしも激しくは対立しない（例：競争社会，資本主義社会からのドロップアウトを叫んだヒッピーたち）。

政治的信条にせよ，宗的的信条にせよ，価値感の根源的な変革によって，彼らが既成社会との強い緊張関係にさらされることは間違いない。激しい対立と葛藤とによって，闘争的エネルギーが高まり，ますますはっきりとした主張を形成していく。しかし，その反面，対抗すべき対象が失われた場合には，対抗同一性もあわせて消滅の運命をたどらざるを得ない。その意味では相対的つまり対抗すべき相手を必要とする寄生的な同一性とも言えよう。青年期から成人期，壮年期へと移行するにしたがって，それが恒久的な同一性へと移り変わっていくことも考えられるが，「通りすぎる同一性」（エリクソン）に表現されるように対抗同一性は，青年期における過渡的な同一性にすぎないことが多い，とも言われている。〔西村正裕〕

⇒アイデンティティ，偏見と差別，マージナル・パースン，ライフ・サイクル

文献 1. C-エリクソン, 1973b；2. E-鑪, 1990a；3. E-福島, 1976；4. C-福島, 1979；5. E-福島, 1982b

対象関係論 object relationship theory, object relational thinking

外界に存在する対象（ことに母親）と自我（乳児の）との関係が，部分対象関係から始まって全体対象関係へと発達していく過程で，生後4カ月位までの妄想的－分裂的立場を経て，生後1年ぐらいまでの抑うつ的立場を通り，外的環境である母親への依存的関係の中で乳児の自我が発達していくという精神分析的理論。

対象関係論は，フロイト*以後の精神分析の二つの大きな流れの一つとして発展してきた。フロイトは精神分析を生物学的心理学に基礎をおいて構築してきたが，フロイト以後，この生物学的心理学にもとづいた理論展開をしつつ，①エディプス期以前の乳幼児の発達過程の解明

を試みた自我心理学と，②クライン*を中心とする，乳幼児期における母親との対象関係を重視した，いわゆる対象関係論がそれである。

対象関係論の先駆者は，アブラハム*であると言われている。彼はリビドーの発達段階を考察するうちに，リビドーとその対象との関係に注目し，人の生物学的満足の追求とは別に，対象との関係に満足の起源があることを示唆し，自我と対象の関係に目を向けた最初の精神分析家であった。この見解をさらに押し進め，深めたのがクラインである。

クラインによると，口唇期における乳児は，母親（乳房）との関係において，死の本能（攻撃と破壊）と生の本能（生命維持）との葛藤の中で，自分を守るためのさまざまな幻想をもつ，と指摘する。すなわち，乳児は乳児自身の中にある死の本能を母親の乳房に投影（projection）して「悪い対象」とし，生の本能を投影して「よい対象」とする。これらは分裂（split）したまま乳児の心的現実（psychic reality）として存在し続け，自己もそれに対応（内在化）した「悪い自己」と「よい自己」とに分裂していると言う。やがて乳児の生理学的，身体的発達によって，母親を自分とは別個の存在として認識し，自分をも外界から独立した一個の存在と認識するようになり，その過程で分裂した自己も統合されていく，と考える。

クラインは，この過程を主要な二つの態勢（＝position）に分けた。

(1) 妄想・分裂ポジション（paranoid schizoid position）：生後4カ月ぐらいまでの間にみられるもので，乳児の自己が望ましくない状態（フラストレーションを与える体験）に強くさらされると，その状態を母親の乳房に投影し，「悪い対象」（母の乳房）に迫害され自分が破壊されるという妄想をもち，強い不安を感じる。成人における妄想や統合失調症的心性は，この時期への退行として考えられている。

(2) 抑うつポジション（depressive position）：生後6カ月前後から1年半くらいの期間では，乳児が母親を一人の全体的な人間とみなすようになり，その母親との関係の中で現われる心性である。乳児は自分自身の破壊的衝動によって，自分が愛し，かつ全面的に依存している母を，破壊してしまったのではないかという不安をもつ。そして，もし乳児が母を破壊してしまったと感じた時，「喪」（mourning）と呼ばれる感情や罪悪感から，抑うつ的体験をする。この場合，乳児は「償い」，「躁的防衛」，「再建」等の防衛機制を働かせながら抑うつ不安をやわらげ，これの繰り返しのなかで「昇華」や「創造性」の形成が準備される，と言う。

このようにクラインは，前エディプス期，それも人生最早期における乳児の原始的な自我の機能としての主観的幻想を主に研究した。これによってエディプス期において父母との関係の中で現実的他者を内在化して超自我を形成していく過程がもっと早期に生じることを解明した。しかし，クラインは外的環境としての母親（の乳房）との相互作用を無視したが故に，「エロスとタナトスの神秘的哲学」（ガントリップ*）との批判も受けた。

対象関係論はイギリスにおいて展開されたため「英国対象関係論」とも呼ばれるが，これにはクラインのほかに，彼女の学説を批判的に継承発展させた人々として，フェアバーン*，ウィニコット*，ガントリップ，ビオン*などがいる。

彼らは，前記のように，クラインが死の本能にもとづいて，乳幼児の内的世界すなわちその無意識的幻想にのみ焦点を合わせて，現実的外界としての母親の役割を無視している点を批判して，自説を展開していった。

フェアバーンは「自我は本来対象希求的」（object seeking）であるとして，自我はリビドーの満足のために対象を求めるというフロイトの考えを否定し，リビドーが対象に向かおうとする機能そのものを「自我」，または「パーソン自我」（person-ego）と呼んだ。このパーソン自我が外的環境としての母親（の乳房）との相互作用を営むという認識に立って，母親が健康で全体的な自我である場合には，乳幼児もまたこの母親との対象関係の中で，一個の自我としての自分の全体性を認知し，発達させていくことができる，と主張する。

さらに小児科医であったウィニコット*は，その長い臨床経験と精神分析とを結びつけるこ

とによって，乳児が「一者関係」（出生直後から数カ月間の自他未分化な状態）から「二者関係」（自己と外界を区別できる状態）へ移行する過程を研究した。乳児にとって母親は，母親＝乳房として自分の生命を保証してくれる外的環境であり，それに絶対的に依存しているが，やがて乳児は乳房をもてあそんだりして楽しみを体験する。この時の乳房は依然として自分（が幻想的につくりだす乳房）であり，また母親のものである。このような乳房という客観的対象と，それに対する乳児の錯覚（自分のもの）とがうまく出会った状態の中で，安定と満足とを得，さらに着衣や玩具に対する愛着へと関心が移り変わっていく過程を経て，現実的対象をそれとして認識する，という発達過程を唱えた。

対象関係論は，フロイトの生物学的心理学のくびきから精神分析を解き放ち，欲動とその抑制のシステムとしての自我（system-ego）という観点を否定し，自我そのものの対象希求性に立脚して，その理論を構築してきた。もちろん，フロイトの超自我形成に関する考察の中に，すでに対象関係的思考の萌芽はあったが，アブラハム，クラインを経てガントリップ，カーンバーグ（O. Kernberg）に至る発展の中で，統合失調症や境界例人格障害の精神病理学的解明とその精神療法に大きな貢献をもたらした。

〔柏木誠二〕
⇒アタッチメント，自我，精神分析，対象関係，投射，内的対象関係

文献 1. I-小此木編『現代のエスプリ』No.148, 1979；2. C-ガントリップ, 1981；3. H-カンバーグ『現代精神分析双書 II』10, 1983；4. C-西園, 1985

体内時計　biological clock
動物の体内にあると考えられている仮想的な時計。

動物は身体の中に時計を持っていると考えられており，これを「生物学的体内時計」と呼ぶ。だから，12時頃になると空腹になるし，あすは遠足だから5時に起きようと思って就寝すると不思議にもだいたいその頃に目が覚めるものだ。はじめは，これが日照時間に支配されているのだと誤解されていたのだが，暗い洞窟などに人間を閉じこめて光や外部からの刺激を遮断して，時計を持たせずに睡眠周期を記録してみると，光とは無関係に睡眠が約25時間ごとに始まることがわかった。つまり，その人独自の体内時計にもとづいて睡眠や目覚め，体温，ホルモンなどの周期が自動的に繰り返されているのである。

だいたい1日の周期で移り変わる睡眠と覚醒のような生物のリズムを「概日リズム」（サーカディアン・リズム）と呼ぶ。脳の中の視交叉上核（SCN）がマスター・クロック（体内時計の本体）の役割をしているという説と，各器官がそれぞれ独立に体内時計を持っているという説とがある。ショウジョウバエやネズミには体内時計に関わるピリオドと呼ばれる遺伝子がある。この遺伝子をネズミの肺，心臓など各臓器で調べると，夜は活発で昼は鈍い。しかし，SCNを破壊したネズミでは，ピリオド遺伝子の働きの周期性がなくなり，昼夜の行動パターンが崩れてしまう。SCNから何かの物質が出てピリオド遺伝子の働きに影響を与えるらしい（朝日新聞，1998年10月17日付）。米国コーネル大学のS. キャンベル博士によると，ひざの後ろの皮膚にあるセンサーが光を感じ，血中の何らかの物質がその情報をこの視交叉上核に伝えるらしい。時計を進ませるか遅らせるかは光を当てる時間帯によって決まる（朝日新聞，1998年1月26日付）。人の体温もほぼ24時間周期で上下し，就眠数時間前に最高になり，目覚めの1～2時間前に最低になる。だから，病気で発熱している日の早朝に体温を計っても低めに出てしまうのであてにできない。治ったのかと勘違いすると，午後になって高熱に上がるかも知れない。

一群のダイコクネズミにアンフェタミン（ヒロポンに似た薬）を注射する場合，午前3時だと群の78％が死ぬのに，午前6時だと7％しか死なない。塩酸リドカインを午後3時に注射すると6％にけいれんがおきるが，午後9時だと83％に激増する。薬の治療効果や副作用も，服用時間によって強さが変わってくる。アレルギー反応も午前中よりも夕方に強く出る。

生物がもっている概日リズムをつかさどる体内時計と現地の生活時間，外界の時計とが一致

しない状態を「時差ボケ」と呼ぶ。日本から東西への飛行時間が4時間以上ある場所（ハワイかモスクワ以遠）に行くとおきる。昼間でも眠い，食欲がない，頭が重い，などの症状を示す「時差ボケ」を直すには，理論上は体内時計をリセットすればいいのだが，そう簡単にはできない。日本から西へ飛ぶ場合は，現地時間に適応しやすいが，東へ行くと睡眠障害がおきる。日本から米国へ朝飛びたつと，日本にいれば夜になる頃に，朝を迎えた米国に到着する。頭の中は夜だから，当然眠くなる。到着したら3～4時間眠ってから外出するとよいという説もある。現地で外出して，日光とか2,500ルクス以上の蛍光灯のような強い光を浴びると，体内時計が前に進み，頭の中も夜ではなしに翌朝になるので，眠くなくなる。現地の昼間には，眠くても我慢して活動的に過ごし，暗くなれば，眠くなくても眠るというふうに，現地の時間に合わせると，時差ボケが早く消失する。対策は，到着時間によっても違ってくる。目的地に朝着くならば，機内で眠っておくし，昼に着くなら，現地時間に従って昼食をとって身体を覚醒させておく。夜着くなら，眠らずにおいて，現地に着いてから眠るのがよい。いずれにしても，到着日が時差ボケを軽くする勝負の日だ。東へ行くときは，出発前の数日間に就寝時間を少しずつ早めておき，機内で酒でも飲んで眠っておくとよい。西へ行くときは，逆に就寝を遅くして夜更かししておくとよい。抗うつ薬のイミプラミンを飲むと，時差ボケになりにくい。高齢者になるほど時差ボケから抜け出すのに日数がかかる。到着後24時間ぐらいは時差ボケの可能性があるから，重要な決定を避け，健康や交通事故に注意する必要がある。

8時，16時，24時の3回に勤務交代をする3交代制の看護体制は病院でごく一般的に行なわれているが，深夜勤務の者は永久にそれを続けるわけにもいかないから，いつか昼間勤務ないしは夕刻勤務に移らねばならぬ。深夜勤務から夕刻勤務に移したところ，医療事故がたくさんおきたが，深夜勤務から昼間勤務に移すようにしたら事故が激減したという報告がある。労働条件に概日リズムを考慮すべき好例であろう。

〔小林　司〕

⇒不眠症

文献 1. G-Kaplan and Sadock, 1991；2. G-Corsini and Auerbach, 1996

大脳半球　cerebral hemisphere
大脳を左右二つに分けた呼び方。

大脳は構造上，脳梁によって左右に分けられ，それぞれを左半球，右半球と呼ぶ。左右の大脳半球は，同質のものでなく，種々の機能が分化している。しかし，左右の半球が分離して別々に働くわけではなく，機能的に統合されて高度な精神活動を営んでいる。

大脳半球は，主に言語機能とその障害をめぐって，それが一方の側に解剖学的基礎をもつという，半球優位性の観点から扱われてきた。古くはヒポクラテスの時代（B.C. 400頃）から，大脳半球の病巣で反対側の手足にマヒやけいれんを生じることが知られていたが，19世紀になってダックス（M. Dax）は，失語症患者40例以上がすべて左半球に損傷があると発表した（1836）。その後，ブローカ（P. Broca, 1824～80）が言語表出の中枢を左半球の前頭葉に（1861），ウェルニッケ（C. Wernicke, 1848～1905）が言語理解の中枢を左半球の側頭葉に定位（1874）して，言語が左半球優位であることが明確になった。

半球優位性の問題は，利き手との関連でも研究されてきた。右利きの人は，左半球優位性が強いが，左利きではその傾向が多少弱く，半球優位性の分化度が著明でないといわれ，言語機能が右半球にある人も見受けられる。

発達的には，小児は生後6～12カ月の頃から次第に片方の手をより多く使用するようになり，一側化が強まって5～10歳ぐらいには，利き手が決まってくる。言語機能も発達に伴って一側化が進み，5～10歳で左右の分化が明らかになるという。半球優位性が未分化な小児の後天性失語症は，右半球の損傷でもおこることがある。年少であるほど脳は可塑性に富み，損傷を受けても回復力があるが，それは，損傷のない方の半球によって機能が代償されるためと考えられる。2～3歳では，てんかんなどの手術

で大脳の半球を切除してしまっても，その後ほとんど問題なく各種の脳機能が発達するとの報告がある。

大脳半球は，形態学的にも左右差があり，大脳を真上から見た水平断では，左半球の方が右半球に比べて，言語野のある側頭平面が大きいといわれている。両半球の機能にも，当然左右差があり，左半球は論理的，分析的，概念的な働きをし，右半球は直観的，総合的，空間的な働きをつかさどっている。左は意図的，命題的言語にとって主導的な半球，右は視覚過程にとって主導的な半球である。

脳の研究史の流れの中で，剖検，外科手術，電気刺激などを通して大脳の種々の機能が特定されるに従い，あらゆる機能が各領野に限局していると考える局在論に傾いていった。これに対抗して，脳は全体として働いているという全体論が出てきた。これら二つの流れは，現在，統合の方向に向かいつつあり，二つの半球は異なってはいるが，統合されつつ同等の責任を果たしていると考えられるようになった。

言語機能についても19世紀以来，もっぱら左半球優位とされてきたが，それは言語の構文，文法，音韻といった形式的側面を中心とした見方であって，言語の自動的，感情的な側面は，右半球の働きであるとする考え方が全体論者の中から提起された。最近では，右半球損傷例で語の主観的，内包的な意味の把握が困難で，情動的な言語の理解と表出に障害があるとの報告がみられる。右半球は言語の内容的枠組み，展開，まとまりなど，語用論的な側面に関与していることが知られており，左半球が担う言語の処理過程と相補的な関係をもって機能すると考えられている。

具体的にどちらの脳が優位であるかを調べる方法としては，両耳分離能といって，両方の耳に同時に異なった音や数字を多数聞かせて，左右の耳について正答率を比較する方法がある。また，視覚的には，タキストスコープという瞬間露出装置を用い，左右の視野に別々の刺激を呈示して呼称，書字，描画などによって再生させる方法が知られている。てんかんや腫瘍のために脳梁の交連繊維を切断された患者では，左右の半球が分離され，互いの連絡が断たれるので，タキストスコープを使って各半球の働きを直接調べることができる。この他，脳手術前に優位側を調べるために，アミタール・ソーダを頸動脈に注入して片側の脳の機能を一過性に停止させ，数を数えさせたり，物品の呼称をさせたりして言語による反応を調べる方法（和田法）もある。

次に，何らかの原因によって一側の半球の特定部位が障害された場合，どのような臨床症状が出現するかを述べる。左半球損傷では，言語の障害として失語，失読，失書，計算の障害である失算，行為の障害として一連の複合的な系列動作で行為の順序立てを誤る観念失行，自発的な行為はできても，命じられた行為を意図的に行なえない観念運動失行，幾何学図形を描いたり積木で立体を作ることが困難になる構成失行，手指の指示ができない手指失認，左右の弁別ができない左右失認，聴力に問題がないのに音の認知・弁別ができない聴覚失認，文字は書けても読むことができない純粋失読，色の認知ができない色彩失認などがあげられる。

右半球損傷では視空間の認知障害に関連して，さまざまな障害がみられる。視空間の半側（左）にある対象が無視される半側空間失認，体の半側を無視する半側身体失認，それを基礎とした疾病否認，半側無視の結果として生じる準空間的失書，左の桁を無視するためにおきる準空間的失算，構成失行，着衣失行などがあげられる。なお，地誌的見当識や地誌的記憶の障害，人の顔貌や表情の認知ができなくなる相貌失認は，主として右半球の障害といわれるが，両方の半球が関与しているという説もある。

これらの失認・失行症状は，大脳の限局した損傷が前提になって出現するものであって，知情意低下症とは区別されなければならないし，一般的な物事の得手・不得手とも異なるので，診断・評価は神経内科医およびリハビリテーション・スタッフによらなければならない。

〔今村恵津子〕

⇒言語障害，失語症，てんかん，認知

文献 1. 大橋博司『失語症』（中外医学双書）中外医学社，250p., 1967；2. クラーク，E.・デュハースト，K., 松下

正明訳『図説脳の歴史:絵で見る大脳局在論の歴史』木村書店, 159p., 1984; 3. E-ゲシュヴィンド, 1984; 4. コード, C., 宮森孝史他訳『言語と失語と右半球』中央洋書出版部, 293p., 1990; 5. シーヴ, E.・フライシュタート, B., 福井彦・河内十郎監訳『失認・失行の評価と治療:成人片麻痺を中心に』医学書院, 113p., 1980; 6. ストラブ, R. L.・ブラック, F. W., 上田敏監訳, 江藤文夫訳『高次脳機能検査法:失行・失認・失語の本態と診断』医歯薬出版, 214p., 1981; 7. 角田忠信『日本人の脳:脳の働きと東西の文化』大修館書店, 384p., 1978; 8. 角田忠信『続日本人の脳:脳の働きと東西の文化』大修館書店, 304p., 1985; 二木宏明『脳と心理学:適応行動の生理心理学』朝倉書店, 308p., 1984; 9. 長谷川恒雄編『失語症の基礎と臨床』金剛出版, 426p., 1980; 10. ブラウン, M., 新井康充訳『右と左の脳生理学:右脳思考と左脳思考』東京図書, 142p., 1981; 11. ペンフィールド, W.・ラスミュッセン, T., 岩本隆茂・中原淳一・西里静彦訳『脳の機能と行動』福村出版, 301p., 1986

タイプA　type A
狭心症や心筋梗塞などの冠動脈疾患にかかりやすい人の行動パターン。

最近になって, 企業戦士と言われた人たちの過労死が労働災害として認められるようになった。経済大国日本の現状は複雑化, 国際化する反面で, 人間らしさが失われつつある社会において, エリート社員として稼働する企業戦士は増すばかりである。また, 中堅幹部として, 受験期を迎える子の父親として, さらには, 日本人生来の倫理観, 人生観に支えられた勤勉と, 会社に対する忠誠心と, 報酬を求める経済情勢とが重なり, 残業に追われる40代後半の男性のストレスも増加の道をたどっている。男性に限らず, 高度情報化社会(OA 社会)では, 好むと好まざるとにかかわらず, ストレスは容赦なく私たち人間に襲いかかってくる。

カナダのセリエ*が1935年の論文で,「生体が外部からある刺激を受けて, 緊張状態をおこすと, これらの刺激(ストレッサー)に適応しようとして生体内部に非特異的(一般的)な反応がおこる。これらの反応をストレス状態と呼び, 刺激の種類に関係なく, 防衛反応として交感神経系の活動が始まり, 反応として現われてくる。」と発表した。ストレスの反応は, 複雑な心理と生理作用が相互に作用して, 体や心の働きの中でも特にもろくて弱い部分に現われ, 機能障害をおこし, 一人一人部位や種類が違い, 精神的徴候として現われることがある。「ときには人間を死へも追い込んでしまう」ものであるだけに, 減少することのないストレスにうまく対応していくことを各自学ばなければならない時代である。

心理的な刺激が肉体的な状態に影響を及ぼすことを「心身相関」と呼び, この影響が著しいと「心身症」が現われてくる。つまり, 心理社会的ストレスによって身体の病気が起きることを「心身症」と呼んでおり, 心身症の中の循環系として, 神経性狭心症, 期外収縮, 不整脈などがある。

症状の出方と行動パターンとの間に関連のあることが, 知られている。1954年にダンバー(F. Dunbar)が, 野心的で欲望の強い人が心臓の冠動脈閉塞をおこしやすい, と発表した。1959年, サンフランシスコのマウント・ザイオン病院ハロルドブラン心臓血管研究所の医師マイヤー・フリードマン(M. Friedman)とローゼンマン(R. H. Rosenman)は, 狭心症や心筋梗塞などの冠動脈疾患にかかりやすい人には特有の行動パターンがある, と発表した。この特有の行動パターンをタイプAと名づけ, それ以外の行動パターンをタイプBとした。それ以後は, タイプA(血液型とはまったく違う)とタイプBは, 性格特徴を表現する言葉として, 使用されるようになった。発表のヒントについて, フリードマンの所に椅子の前縁の修理に来た職人に「先生の患者さんはどうしてみんなせっかちなんですかね」と言われたことがヒントになった, とフリードマンは記している。

冠動脈疾患の多くは俗に, 自己の作り出したストレスと密接な関係があると言われ, タイプAの人が冠動脈疾患にかかる危険率はタイプBの人の2〜3倍も高いことから, タイプAの人の行動には, ストレスをひきおこす性格要因が十分にあることが判明した。

タイプAは, 別名を「急げ急げ病」とも言われる。中年になってやる気満々で競争心やライバル意識, 野心や欲望が強く, 活動的で熱くなりやすく, 四六時中せかせかと時間に追われているのが特徴である。社会的には賞賛され, 物

質面でも報われるが，攻撃的で，いつも時間に追い立てられる生活によって強いストレス反応をおこしてしまう。このタイプAは，男性に限らず，最近では女性にも増えつつある。

ここでタイプAの特徴を列記すると
(1) 急ぎ病（仕事をてきぱき片付ける），(2) 点数至上主義（得点を重要視し，心理的な余裕なし），(3) 一流指向（目標に向けてまい進し，何でも一番を目指す），(4) 上昇指向（偉くなりたい，スーパー・スターを望む），(5) 敵がい心と攻撃性（競争心旺盛），などがあげられる。

自分がタイプAか否かのチェックポイントについて，ジェア・イェイツが『働き盛りのストレス管理法』で下記のとおりに紹介している。
(a) 早口でしゃべる。また，不必要に強いアクセントをつけてしゃべる。(b) 忙しそうに歩きまわり，食事もあっという間に済ませてしまうことがある。(c) 事の進行具合がおそいと耐えられないことがある。または，その気持ちを他の人に口に出して言うことがある。(d) 同時にいくつものことを考えたり，したりするほうである。(e) 興味のないことに耳を傾けるひまなどない。(f) 何もすることがないと，申し訳なく思えてくる。(g) 周辺の身近で，大切なものにもそう長いこと目を向けてはいられない。(h) 短い時間に，いろいろなことをいくつもやってしまおうとする。(i) タイプAの人に出会ったとき，自分と比較するのでなく，その人と張り合ってしまう。(j) 表情の癖や，神経症性チックが出ることがある。(k) 現在の成功は他の人よりも仕事が早いために勝ち得たものと思う。また，そうできなくなりはしないかと気がかりである。(l) 自分のはもちろん，他人の営業成績を示す数字がひどく気になる。

これに対してタイプBの特徴は，
(ⅰ) タイプAの特徴なし，(ⅱ) のんびり屋，敵意なし，(ⅲ) 緊急より大志を抱いている，(ⅳ) ゲームの勝敗よりもゲームを楽しんでいる，(ⅴ) ゆったりしている，などである。

狭心症の予防にはタイプAからタイプBに性格や行動を変化させる必要があり，そのためには，①あくせくしない，②自分を笑うことができる，③興味の範囲を広げる，④義務感を捨てる，⑤競争心を捨て，助け合う，⑥所有することより存在することに価値をおく，⑦ゆったりする，の転換が必要であると言われている。

タイプAの人が必ず突然死，心筋梗塞発作，不整脈等になるとは言えないが，身体の病気の予防にメンタル・ヘルスが重要な役割を占める好例がタイプAだと言えよう。〔荻原たま代〕
⇒心身症，ストレス，性格，性格心理学

文献 1. B-内山, 1985；2. J-小林司, 1987b；3. D-河合, 1977a

太母，グレート・マザー the great mother

養育に代表される包みこむ基本的性格と，出産に代表される変容的性格とをもつ，女性というもの全体に共通のイメージが無意識のうちに存在する。ユング*はこれを太母と呼び，元型の一つと考えた。

「グレート・マザー」の象徴的表現としては，太古の時代から世界の各地で地母神や女神といった大いなる女性の神々の姿として，壁画や神話に描かれているものがある。そして，この大いなる女性の元型の作用を，いかなる時代にも人々の夢や空想や創造物のなかに見出すことができる。このことから，ユングは，人類が個人としての母ではなく，この大いなる女性の共通のイメージをもつことに注目し，大いなる女性の元型である「グレート・マザー」が人間の無意識のなかに存在する，と考えた。

「グレート・マザー」それ自体には，基本的性格と変容的性格とがあり，それぞれが両価性をもっている(図)。そして，それらは相互に浸透し，共存し，対立しあって，全体を作っている。

まず，基本的性格の特徴は，養育，保護，拘束など「包みこむ」働きである。現象物としては，旧石器時代の土偶であるヴィレンドルフのヴィーナスなどをあげることができよう。そして，基本的性格の肯定的な面は，「養い育てる」「包みこむ愛」などであり，象徴としては，キリスト教のマリアなどである。否定的な面は，「固執する」「捕らえておく」などであり，いろいろな国のさまざまな時代の民族のお伽話や神話のなかに，魔女や吸血鬼（日本では山姥など）と

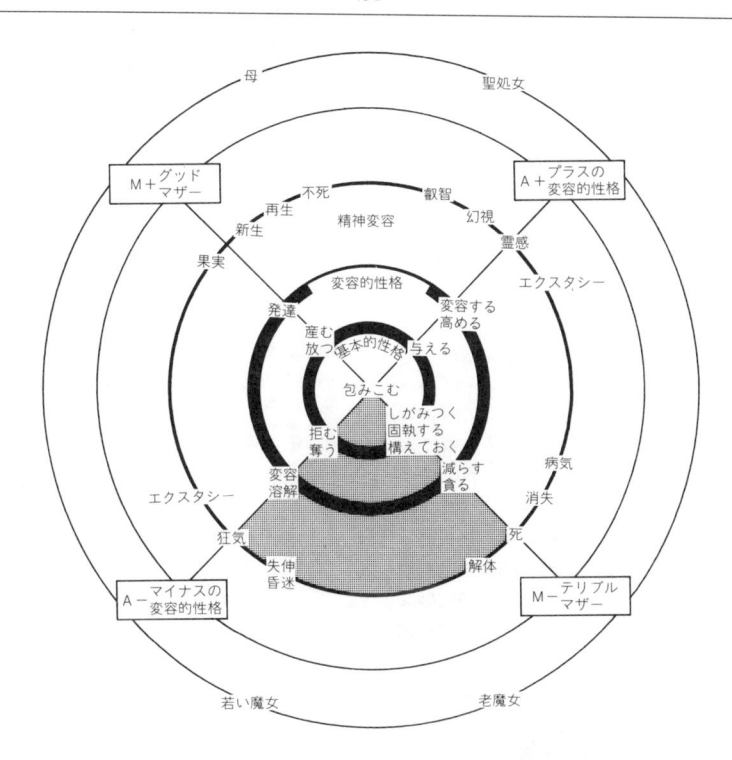

エリック・ノイマン著『グレート・マザー』より太母の模式図
(一部修正)

して現われる。さらに，女神イーシスは肯定と否定の両面を兼ね備えており，「グレート・マザー」の元型に対応している。

次に変容的性格は，心の力動的要素である。変容的性格は初め基本的性格に「支配」されているが，次第に分離し，固有の独立性を獲得する。ここで男性が変容的性格を体験するのと，女性自身が体験するのとは違っている。女性は初潮-妊娠-出産-授乳を通して，血の変容の秘儀を経験する。女性は，自ら変容的性格を体験するが，男性も，女性性のこの側面を，直接・間接に自らを動かし変化させ，さらに変容させる力として体験する。

また，運命的な初潮と創造的な出産は，死から再生のプロセスであり，「それ自体が創造的なるもの」である。「グレート・マザー」は，その基本的性格と変容的性格をもつことによって世界全体を包み，そこからすべての生命が生じ，展開し，最高の変容形態として精神をも生じる，自然の全体性を表わしている。〔阿久津里花〕
⇒元型，集合無意識，分析心理学

文献 1. D-秋山, 1990b；2. D-エヴァンス, 1978；3. D-河合, 1977a；4. D-ノイマン, 1982

太母（グレート・マザー）が象徴するもの　symbols by great mother
すべてを包含する母なるものの象徴。

母性には生み育て，庇護し，自己のすべてを注ぎ出して与えるという側面と，その度が過ぎれば子どもを抱えこみ，自立を妨げてしまう，つまり呑み込み，ついには死に至らしめるという側面とがある。そこに共通するのは「包含する」という機能である。このような母性は，個人の母親を超えてすべての母に共通で，普遍的

無意識の中に見られるものと考えられる。このような母なるものの元型を「グレート・マザー（太母）」と呼ぶ。

メソポタミアなど古代の出土品には，しばしば円状の模様や円形の蛇が描かれている。たとえば，シュメールの古代都市ウルとウルクの遺跡の最下層部には，母神とその子どもによるシュメール文化の最古の祭礼の様子が描かれているが，そこでは2人とも蛇の頭をもっている。最古の母神像は，大地，奈落，冥界の女主人としての蛇であり，彼女からまだ分離していない幼児もまた，蛇である。幼児元型においては，意識の自己からの離脱はまだ完全ではなく，原始的神性であるウロボロスに包み込まれており，それは大いなる円で表される。未開人や子どもの意識の中心にある，完全性を表すウロボロスのイメージは，満ち足りた円であり，幼児の描く最初期の絵において円が大きな役割を果たすことに対応している。ウロボロスの大いなる円は，始源においては幼児期初期に人間を包み込み，終末においては彼を再び受け入れて，人生のはじめと終わりを架橋する。幼児と乳を与える母の関係は，人間と大地が自然に対応しており，幼児－人間－自我－意識の系列が母－大地－自然－無意識の系列に対応している。太母の中に包まれている状態が幼児的なあり方であり，先史時代に崇拝の対象であった地母神の像は，あらゆる文化に見出される。そこでは，大きな乳房など，女性の性が強調され，多産の女神が描かれている。

母性の二面性のうち，無意識の威圧的な姿は，呑み込み，破壊する側面に由来する。この側面は悪い母としてイメージされ，死，ペスト，飢饉，洪水，本能の猛威，奈落へ引きずり込む甘美さなどをつかさどる残酷な女主人のイメージである。一方，良い母としてのイメージは，豊かに贈り与え，生に至福を与える幸福の授け手，自然の豊饒な大地，産み出す子宮，創造的な根源の慈悲であり，恩寵である。このようにはじめから存在しているのは母なる大地であり，男性は彼女から生まれたものとして，母性原理に従属する第二の地位に甘んじる。ここに古代の女性支配制の基礎がある。

大地の母体は授精されることを望み，血の供え物と屍体は彼女の大好物である。これは，大地の恐ろしい側面である。初期の豊饒の祭礼では，聖なる生け贄は八つ裂きにされ，その血まみれの部分が大地に捧げられ，大地の豊饒性を作り出した。大地を豊饒にするためのこうした人身御供は，世界中の儀式の中に普遍的に見られる。血は妊娠と生命に関係し，同時に流血が生命の喪失と死を意味する。それゆえ，血を注ぐことは，元来，常に宗教的な行為である。大地は，妊娠するために血を飲まなければならない。こうして女性は，生命を産み出す血の魔術を握っている。だからこそ，同一の女神が豊饒，戦い，狩猟の女主人を兼ねる場合がきわめて多い。恐ろしい地母元型の背後には死の体験があり，死によって大地は自ら生んだものを死者として取り戻し，死者を引き裂き溶かし込んで自らが受胎する。

グレート・マザーの原型は，神話の中ではバビロニアのイシュタル，フェニキアのアスタルテ，エジプトのイシス，インドのカーリ・ドゥルガ，ギリシアのガイアやデーメーテルなど，女性の神々に見出される。お伽話の中にも，グレート・マザーの原型が見出され，やさしい母親やおばあさん，美しい妖精や女神として，また，意地悪で恐ろしい継母や魔法使い，魔女，山姥として，肯定的な面と否定的な面の両方をもっている。

個体の自我が発達するということは，ウロボロス的な母子一体の段階から，その支配を脱して自我を切り離し始めることである。グレート・マザーからの出立は，胎児が母胎内での原結合を断って危険をはらんだ現実世界に誕生することを意味し，こうして自らを形成しつつある自我は，快と不快を感じ分けるようになり，世界は自我にとって両義的なものとなる。個の自立と発達の過程では，絶えず母なるものとの葛藤が生じ，母なる元型は肯定的，否定的両義性をもって現れることになる。最近増えている不登校の問題に対して，弱い父親像の背後にある強く，過保護な母親像を，何ものをも呑み尽くす力をもったグレート・マザー元型の概念から説明する立場もある。　〔今村恵津子〕

⇒元型,自我,太母,分析心理学
文献 1. D-オエリ,1985;2. D-河合,1976b;3. D-ノイマン,1982;4. D-ノイマン,1984

対話分析 ⇒交流分析

ダウン症〔候群〕 Down's syndrome
イギリス人医師ダウン(Langdon Down,1828~96)によって1866年に報告された特異な顔貌,先天性疾病,知能障害などを有する症候群。この疾病を有する者の顔貌が蒙古人に似ているため長いあいだ蒙古症(mongolism)と称されていた。

人種や国による発生率の違いはない。現在は原因が判明し,モンゴリズムの名称は用いない。原因は先天性の染色体異常による。最も多いタイプ(全体の90~95%)は21番の染色体が1本多い21-トリソミーである。次いで多いタイプ(3~5%)は過剰染色体がD群やG群に転座している転座型トリソミーで,染色体数は通常と同じ46本である。また一般に軽い臨床症状,知能障害を示すタイプ(1~2%)に正常細胞と21トリソミー細胞が種々の割合で混合している正常/21トリソミーモザイク型がある。出産時における出現率は600~700人に1人ぐらいといわれている。再発危険率は1%,といわれているから,1996年には日本で1,200人ぐらいのダウン症児が生まれた勘定になる。発生要因としては母体の高年齢出産が有名である。母体が15~29歳の場合はほぼ新生児1,500人に1人の割合で出現するが,35歳で295人に1人,45歳以上では50人に1人の割合になるという統計もある。他に季節,生殖周期,避妊法などが発生要因と考えられる。

新生児の一般的な特徴としては,抱くとだらんとした感じがする低筋緊張,モロー反射の減弱,関節の過伸展,低い鼻に象徴される平坦な顔貌,皮膚(特に指先,手掌,足底部)の特異な皺などがあげられる。種々の奇形を合併し,特に先天性の心臓疾患を合併する割合は40%に達する。またダウン症者は一般に短命といわれている。日暮眞らの調査によると1981年当時で日本においては平均40歳という結果である。しかし適切な医療と生活面の援助により年々生存年齢は長くなってきている。知能については,池田由紀江による1978年発表の知能指数の調査結果によれば,ほぼ30~70の間にあり,年齢とともに緩やかに低下している。加えて言語発達の遅滞や,特有の構音・発声障害がほぼ例外なくみられる。

医学による治療は現在のところ対症療法に限られている。工藤純らによる最近の研究では,最も多い発症原因である21番染色体上の特有な異常領域(ダウン症候群領域)の他にも21番染色体上には遺伝子レベルの異常が存在することが明らかになっている。これらはダウン症のさまざまな臨床症状の原因になっていることが推察される。医学による根本的な治療に向けて,21番染色体上のすべての遺伝子を明らかにする試みが現在進められている。

このように多くの問題を有するダウン症児が一般の家庭に生まれた場合,親はどのように対処していったらよいのか。池田による関東地区のダウン症児をもつ40人の親に対して行なったアンケート調査(1982)では,医師に対して「育児,訓練,教育などをどのようにしたらよいか教えてほしかった」と感じた親が38%にのぼることが報告され,適切にカウンセリングされたと感じた親が少ないことが指摘されている。逆に医師から「短命である」ことを告げられて育てる意欲をなくしたり,「こういう子は長生きしない方がよい」ということばに非常に傷つけられたという記述がある。このような状況下では親は絶望し,ときには死を考えることもある。徳田茂はダウン症児をもつ親としてその著書の中で,わが子がダウン症と診断された時,「この子がいる限り,俺の一生はもうだめだ」と感じたことを述べている。このことは多くの親の感じるところである。このような場合,まず親の心情を十分くみ取ったうえで,障害を正しく理解し,現実を受け入れ,まず親が未来への展望をもてるようにすることが大切である。

池田はダウン症児をもつ母親との対談の中で次のように助言している。「心臓の合併症を持っているお子さんの場合は,将来の方針が立たないでしょうけれども,そこを何とか将来の教育

方針を立てていかなくちゃいけないんですね。心臓が悪くても，もう20歳なり25歳になっているお子さんがいるわけです。ところがそのお子さんの場合は心臓，心臓と過保護になって教育の方はほとんど見ないから，その子の持っている能力を十分発揮できなくて，いろいろな問題が出てきて社会復帰ができないという形になっているんです。ですから心臓に関する医療と，教育というか発達面を小さいうちから見ていて，そのお子さんに合った方針をうまく立てなきゃいけないと思うんです」(丹羽，1984)このように障害だけに目を向けず，ダウン症をもつことを一人ひとりの個性ととらえ，その能力を精一杯発揮して，生きがいをもって生活できるように援助する姿勢を周囲をとりまくすべての者がもち，環境を整えることが大切である。また山下勲は，最新の研究的・実践的成果はダウン症児の障害の内容が早期からの適切な対応によって，大いに変化可能であることを実証しており，従来のダウン症児に対する「古典的概念」は再検討をせまられつつあることを関係者が認識すべきであると説いている。最近では，短大を卒業できたダウン症児もでている。ダウン症児の周囲をとりまく者の中で一番大切な親・家族へのアプローチについては，研究と実践的取り組みが今後も積み上げられていくことが重要である。

ダウン症は診断が新生児期に可能なこともあり，超早期（0歳台）からの教育の可能性が指摘され実践研究が行なわれている。ダウン症児は，たとえば障害に動揺した母親が，子どもに拒否的になったり，逆に子どもからの反応の無さに意欲をなくしたりして，発達上非常に重要な母子相互の関係が正常に育ちにくい傾向にある。また自発的な動きが乏しいため環境からの刺激も少なくなりがちである。これらを是正し，ダウン症児も正常な発達段階を踏んで発達するという前提のもとに適切な働きかけを系統的，継続的に行なう必要がある。山下は，ダウン症児への「早期からの発達介入」という語を用いて，発達障害の軽減，発達の維持，促進をはかるためのプログラムの実践・検討を行なっている。そのなかで課題によっては0歳台から発達に介入した群が有意に早い発達を遂げるものがあることを指摘している。

早期教育の他に，成人のダウン症者の生活の充実も大きな課題である。この点について64歳まで生存した更正施設在籍のダウン症者についての堀本久美子による生活記録は，成人のダウン症者がどのように生活すればよいかについての示唆を含んでいる。その中で，堀本は長生きの秘訣として，(1) 過保護の中で育てないこと，(2) 日光に当たること，(3) 運動すること（歩くこと），(4) 円滑な人間関係をもつこと（孤独ではいけない），(5) 適当に周囲から刺激を受けること，(6) 医学の力，をあげている。また，ダウン症者本人が生きることに強い意欲をもつことの大切さを説いている。これらの秘訣のなかには，成人になって生活習慣が確立した後ではなかなか身につきにくいものもある。個々のダウン症児の個性を尊重しながら，早期からの習慣づけが高齢になってからの生活の質を高める鍵になる。　　　　　　　　　　〔小池智子〕

⇒出生前診断，知的障害，特殊学級，特殊教育，養護学校

文献　1．飯沼和三『ダウン症は病気じゃない：正しい理解と保育・療育のために』(子育てと健康シリーズ 8) 大月書店，144p.，1996；2．池田由紀江『ダウン症児の発達と教育』明治図書出版，172p.，1992；3．池田由紀江編『ダウン症児の早期療育プログラム：0歳から6歳までの発達と指導』ぶどう社，240p.，1984；4．池田由紀江・菅野敦編著『ダウン症児のことばを育てる：0歳から生活のなかで』福村出版，168p.，1994；5．岩谷力・土肥信之編『小児リハビリテーション Ⅱ：二分脊椎・筋ジストロフィー・ダウン症候群・小児切断』(臨床リハビリテーション) 医歯薬出版，322p.，1991；6．工藤純ほか「ダウン症候群関連遺伝子の同定と機能解析」文部省科学研究費補助金 (基礎研究(B)(2))研究成果報告書，1998；7．徳田茂『知行とともに：ダウン症児の父親の記』川島書店，268p.，1994；8．丹羽淑子編著『ダウン症児の家庭教育』学苑社，348p.，1984；9．日暮真・飯沼和三・池田由紀江『ダウン症』(小児のメディカル・ケア・シリーズ 29) 医歯薬出版，192p.，1983；10．堀本久美子「あるダウン症者の一生」水田善次郎編著『ダウン症者の社会生活』学苑社，239p.，1982；11．山下勲『ダウン症児の発達への早期介入の方法と効果に関する教育・臨床心理学的研究』風間書房，335p.，1992

多重人格　multiple personality, MP

1人の人間の中に複数の人格や人格に近い状

態が存在し,最初の人格が完全に変換して第二の人格となり,その状態が一定期間続き,再び最初の人格に戻ったとき,第二の人格だった期間のことを意識していない現象を二重人格という。同様にして,三つあるいはそれ以上の人格が変換して現れる場合を多重人格と呼ぶ。

多重人格は,心理的に人格が交代するだけでなく,身体の全体的な交代なのであり,1人の人間の中に複数の人間が存在する状態である。

多重人格は,17世紀から知られ,19世紀から20世紀の初期にかけてヨーロッパで治療や研究が行なわれ,心理的障害として位置づけられていた。その後,1920年代より報告は減り,もはや存在しない古典的な障害ととらえられるようになっていった。

ところが1970年代に入り,北アメリカを中心にして再び報告されるようになり,1980年以来米国における精神医学は,多重人格を正式な診断名として認めている。さらに,1980年代半ばより,米国の各地に多重人格を専門的に治療するような精神科病棟や専門外来が設けられていった。

そもそも,多重人格は,伝統的に「ヒステリー」のタイプの一つとして分類され,ヒステリー者に共通する大げさ,演技的などという性格や行動特徴が認められ報告されてきた。その後,人格によってアレルギーが生じたり,嗜好が変わったりすることが観察され,最近の研究では,人格ごとに心理検査の結果のみにとどまらず,脳波・皮膚電位までも異なることが明らかにされている。

1920年代と1970年代に報告された多重人格の事例を比較すると,発病要因・状態に違いが認められる。両年代ともに被暗示性が高いという共通的な特徴があげられるが,1920年代の報告においては,外傷体験に性的虐待といった破壊的なものがない。しかし北アメリカで1970年代から報告されている多重人格の発症要因では,たび重なる長期にわたる性的虐待といった心的外傷体験が強く作用している。

なぜなら,9割以上が親や成人から虐待を受けていることが明らかになったからである。虐待は,身体的・心理的なものの両方を含むが,多くは性的な虐待である。ところが,多重人格の発症者は,この時期に親から受けた性的虐待といったような「心的外傷(トラウマ)」は,自分にはなかったのだとして,「無意識」へと切り離すことで自己の一貫性を維持しようとする。このような無意識の心の働きは「解離のメカニズム」と呼ばれている。被暗示性の高い人が性的虐待といったようなトラウマを受け,それが解離されたり,感情や欲求を全面的に抑えつけ続けると,多重人格発症の準備となる。このような状態で,病気,過労,自分では対処できない困難な状況が長期化したりすると,それが契機となり,多重人格が発症する,とされている。

多重人格では,無意識へ追いやられたはずの記憶が,消え去らずに発達し,それが通常の自己を圧倒することによって,人格交代が行なわれる。「自分らしさ」を維持するための解離のメカニズムが,自分を失わせ,別な自分を誕生させ,自己の連続性や一貫性を失わせてしまう。

米国社会では,離婚の頻度も高く,子どもが複数の養育者に育てられることも多くなり,「幼児虐待」,それも「性的虐待」が珍しくなくなった。このことからも,「性的虐待」を受けた多重人格の発症者は,虐待者が多くの場合には親であることから,トラウマを癒す機能が家族にないことがわかる。

1994年に発表されたアメリカ精神医学会の精神障害分類(DSM-IV, 1994)から「多重人格障害(multiple personality disorder)」という正式な診断名が消え,「解離性自己同一性障害(dissociative identity disorder)」へと変わった。この診断基準での焦点は,「いくつものアイデンティティないしは人格状態が存在することであり,それらが周期的に行動を支配し,人格が病的に解離されたままでいて,統合された一つの自我同一性(アイデンティティ)や記憶,意識を形成しえないこと」に関心が向けられたのである。

現在,多重人格障害の心的外傷の治療法として,精神分析療法があげられる。この療法では,トラウマを治療する場合と,催眠法を利用して解離状態を作り出して治療する場合などがある。

日本におけるこれまでの多重人格の報告は、中村古峡による「二重人格の少年」(『変態心理の研究』, 1919)による2事例を含めても10事例に満たないほどで、近年になって報告が増加していることもない。しかし、多重人格は、幼児期に虐待を受けてもすぐに発症するわけではなく、約20年間ほどの潜伏期間があって発症するものである。したがって、多重人格の研究・治療は、これからの課題であろう。〔鈴木　誠〕
⇒解離性自己同一性障害, 催眠療法, 心的外傷, 精神分析

文献　1. J-大熊, 1994 ; 2. G-國分, 1990 ; 3. 酒井和夫『分析・多重人格のすべて：知られざる世界の探究』リヨン社（発売：二見書房）, 252p., 1995 ; 4. 藤田和幸他「過去へと退行を繰り返す"多重人格"の1症例について」『臨床精神医学』24(4), 1995, p. 407-415 ; 5. American Psychiatric Association編, 高橋三郎・大野裕・染矢俊幸訳『DSM-IV 精神疾患の分類と診断の手引』医学書院, 315p., 1995, p. 186-187 ; 6. 三浦賢一・木元俊宏編『多重人格&性格の心理学』（朝日オリジナル）朝日新聞社, 113p., 1995 ; 7. G-Task Force, 1994

多世代家族療法　transgenerational family therapy

ボウエン (M. Bowen)、ナージ (I. Boszormenyi Nazy)、フラモ (J. Framo)、ウィタカー (C. Whitaker) らによって代表される多世代の家族関係を視野に入れた家族療法の理論と技法の総称。

人間の問題の発生・解決は多世代にわたって受け継がれると考え、人間の作るシステムを発達や親子関係といった歴史的・世代的観点から理解し、援助しようとする。この理論は、他の家族療法理論の基盤でもある家族システム理論のパラダイムを共有しながら、同時に、精神分析、特に自我心理学の理論を取り入れて家族を理解しようとする。家族メンバー個々人の精神内界と同居家族、世代間の家族の関わりを視野に入れたアプローチである。

多世代派の家族療法は、家族療法の歴史では最も早く確立したが、創唱者の理論・技法の強調点の違いによって、それぞれボウエンの「自然システムモデル」、ナージの「文脈モデル」、ウィタカーの「象徴的・体験的モデル」、そしてフラモの「源家族モデル」などと呼ばれている。どのモデルも拡大家族のネットワークを視野に入れ、少なくとも3世代の時間軸を重視して家族援助を行なおうとするところに共通点がある。

ボウエンがその理論「自然システムモデル」の中で最も強調し、多くの家族療法家に影響を与えてきた概念は自己分化 (differentiation of self) である。子どもの自律性の発達に与える家族の影響が決定的であり、特に両親の自己分化の程度と源家族の情緒的雰囲気は多世代を通じて伝達されるとボウエンは主張する。自己分化は、人のもつ情緒機能と知性機能の融合と分化の程度で示され、融合の度合いが大きい（自己分化が低い）人は情緒に支配され、主観的、本能的反応をしやすく、重篤な病理を示す可能性が高い。逆に、自己分化が高い人は、冷静な時には論理的に物事を考え、感情の表現も適切で混乱が少ない。自己分化の低い人は、同じように低い人を仲間や配偶者として選びやすく、その子どもは2人の情緒的融合に巻き込まれて三角関係化をおこしたり、親役割代行をする羽目に陥りやすい。ボウエンの家族療法は、特に夫婦の自己分化の促進を目標とする。

ナージの理論「文脈モデル」の中核となる概念は公平さ (fairness) と忠誠心 (loyalty) である。公平さとは、家族が物理的に一緒であろうと分かれていようと、家族のシステムを平衡に保ち、家族関係を倫理的、実存的につなぐものである。安定したシステムは家族内の公平な授受の関係によって維持され、この原則を尊重し合うことが家族内の信頼を確立する鍵となる。

忠誠心とは、集団をつなぐ見えない期待の糸であり、集団への所属の証である。それは、個人の態度や集団の特徴として示され、生物学的生命と血統、同族意識を維持する機能をもつ。

集団に忠誠なメンバーは、集団の期待を精神的に内面化して実現しようと努め、それに失敗すると罪悪感をもつ。それは集団の平衡を保つ働きをする。家族内で前の世代に向けられる忠誠心（親子など）を「垂直の忠誠心」、同世代に向けられる忠誠心（夫婦、同胞など）を「水平の忠誠心」と呼ぶ。子どもの誕生や結婚など新

たな関係の確立時は，新たな忠誠心ができる時であり，垂直の忠誠心と水平の忠誠心の葛藤がおこりやすい。先に成立したシステムにおける忠誠心が硬直しているほど，葛藤は厳しくなる。たとえば，両親が矛盾した要求を子どもに向けると，子どもは忠誠心の葛藤をおこして「分裂した忠誠心」をもつことになる。それは，病理的な言動の引き金となりやすい。

また，親との情緒的分離ができていない人は，無意識に源家族への過剰な忠誠心を持ち越し，結果として，達成されなかった依存心，攻撃心，性的欲求などを自分の子どもに向けることがある。このような忠誠心を「見えない忠誠心」という。たとえば，親への借りに罪悪感があり，それを返すべく，自分の子どもに犠牲的に奉仕するが，その子どもは親の親の代理をさせられることになる。ナージの療法では，忠誠心をオープンにし，授受の関係の公平さを獲得することで，家族がもてる資源を相互に活用できるよう援助する。

ウィタカーの家族療法の中核となる考え方「象徴的・体験的モデル」では，変化とは，体験的学習と自己評価によってもたらされるとする。したがって，治療における「今-ここで」の相互交流の過程での家族メンバーの気づきが重視され，それは家族関係についての比喩的，象徴的解釈によって最も有効にもたらされるとする。症状や問題の裏には，多世代にわたる硬直した，慢性的な愛情欠如の関係パターンがあり，不安と愛情の表現を奨励することが変化のきっかけとなる。したがって，できるかぎり多世代にわたる家族メンバーを集めて，セラピスト2人による共同治療を奨励する。2人は，家族にとって違った関係モデルとの家族擬似体験をするチャンスになる。

フラモの「源家族モデル」でも，家族の問題や症状は，源家族の過去あるいは現在の問題の再演だと考え，家族療法における源家族とのセッションを重視する。理論の基礎となっているのはフェアバーン*の対象関係論であり，近しい人々とのやり取りの関係には，内的対象の世界が投影されやすく，人々はお互いに他者の心理の一部になって相互にフィードバックし合い，個人の行動が規制されていくとする。つまり，源家族から引き継がれた心理内界の葛藤は，配偶者，子ども，その他の親しい人々との関係の中で繰り返され，守られ，生き残り，習得されていくとする。彼のセラピーでは，精神力動とシステムの概念，心理内界（intrapsychic）と対人間（interpersonal）の側面を統合したアプローチを試みる。フラモは，この理論とアプローチは，個人，カップル，家族に関わる広い範囲の情緒的問題に適用することができると主張している。

多世代派のアプローチは，個人のアイデンティティや家族の凝集性，個人の成長と関係の成長の有機的な関わりなどを重視するので，1990年代に入ってアメリカの家族の物理的，精神的離散状態が出現するに及んで，再び注目を集め始めた。特に，複雑な夫婦・カップルの問題の援助には，多世代を視野に入れた対象関係とそこから生じる二者関係，三者関係へのアプローチが有効だとされている。〔平木典子〕

⇒愛情，アイデンティティ，依存性，家族システム理論，家族ライフ・サイクル，家族療法，攻撃性，ジェノグラム，精神分析，対象関係論，不安

文献 1. B-ナピア，ウィタカー，1990；2. 平木典子『家族との心理臨床』垣内出版, 177p., 1998；3. Roberto, L. G.: *Transgenerational family therapies*. The Guilford Press (New York), pp. 219, 1992.

断行訓練法 ⇒主張訓練法

男根期，男根段階 phallic phase, phallic period, phallic stage

フロイト*の精神分析におけるリビドー発達段階の一つである。口唇期・肛門期に次ぐ3歳ぐらいから6歳ぐらいまでの時期を指す。また，エディプス期とも呼ばれる。リビドー活動の快感やエネルギーが性器に向けられる時期である。

ファルス（phallus, 男根）はペニスを意味するラテン語で，もともとギリシア語である。古代から自然の生産力のたとえとして使われていた。精神分析においては，人間の肉体的な意味

と象徴的な意味とを併せたものである。すなわち，ファルスの肉体的な意味としては，男性のペニス，女性のクリトリスを指しており，胎児を作ることを意味する。

男児にとってのファルスの象徴的な意味としては，力強さ，自己主張性，攻撃性などがある。男根の誇示や去勢不安の活動は，心理的には母親の独占，父との競争，父を憎む，父を恐れる，を意味する。自我の表現としては，見栄っぱり，でしゃばり，競争，強気，優越感，積極性，などの男性的な自我を意味する。

男根の誇示とは，男らしい自分を誇るということになる。ぼくにはペニスがある，力がある，ペニスは優秀である，力のある男らしい男である，という心理が働く。

女児にとってのファルスの象徴的意味は，男根羨望や去勢不安に現れる。それらの活動は，心理的には父親を独占，母と競争，母を憎む，母を恐れること，を意味する。自我の表現としては，引っ込み思案，弱気，失敗不安，劣等感，消極性，など女性的な自我を形成する。すなわち男らしさや女らしさの学習の時である。

男根羨望とは，たとえば保育園で女児が，男子トイレで用をたして保育者を困らせる場合である。止めさせると，「いいもん，O子だっていまに生えてくるよ」と言う。このように女性の男性に対するあこがれ，劣等感，反感などは，自分にペニスがないことを認識することから始まる。

去勢不安とは，たとえば，「そんなことをするとオチンチンを切ってしまうよ」とおどされたことによって，不安や恐怖に襲われる場合である。女児は去勢されたという想像を抱き，これが心のシコリになっている。

この時期，男児は，「ぼくは母親をお嫁さんにしたいくらい好きである。しかし，母はすでに父親のものである。そこで母のような女性をお嫁さんにするには父親のような男になることだ」と考える。そこで父親を模倣してとりいれるようになる。

女児の場合は，父親のお嫁さんになりたいと父親に愛着する。しかし父はすでに母のものである。父親のような男性のお嫁さんになるためには母のような女性になることだ，と考えて母親の特徴をとりいれるようになる。

自分が男であり，女であることを意識し始めると，男児は母親，女児は父親という，身近にいる異性へと接近したい心理が働く。この感情が上手に処理されないとエディプス・コンプレックス（同性の親を憎む心理）をもつようになる。

カウンセラーは父性愛と母性愛の両方を備えていなくてはならない。他人として冷静に話を聞くだけでは不十分であり，父性的感情・母性的感情を表現できなければならない。

〔杉山満樹也〕

⇨エディプス・コンプレックス，口唇期，肛門期，性器期，性役割，リビドー

文献 1. A-國分，1982：2. 前田重治『続　図説臨床精神分析学』誠信書房，198p.，1994

男根段階　⇨男根期

男女の違い　⇨性差

知情意低下症（旧称：痴呆）をもつ高齢者の介護　care for the aged people with demence

老年性の知情意低下症は生理的な老化現象ではなく，病的な老化であり，正しい知識と適切な介護を必要とする。基本症状としては，物忘れがひどい，失見当識（日時，場所，人や物がわからない）であり，身体症状として，歩行障害，言語障害などがあり，排尿・排便，食事摂取，着脱衣，入浴，寝たきり，会話などの面で日常生活を障害されることが多い。

介護の基本として，以下の点があげられよう。(1) 高齢者を安心させる：記憶障害・判断力が低下することで対処方法が分からずに，不安，抑うつ傾向となったり，怒りをぶつけたりする場合もあるが，話を聞き，安心させる。(2) プライドを傷つけない：失敗や誤った言動をしても，それを誤りと判断できないので，叱ったり，訂正したりしても効果はない。むしろ，本人に危険が加わらなければ，高齢者の言動を受け容れる。(3) 高齢者のペースに合わせる：誘導し

ても応じない時,施設などではグループで一緒に行なうと効果がみられる場合がある。また高齢者の機能低下をきたさないためにも,できることは介護者の時間が許す限り自分でできるよう支援する。(4)事故の防止:危険物を置かず,安全な環境を整備し,騒音のない環境にも配慮する。

また接し方の基本として,会話については,はっきりとゆっくり,簡単なことばで話し,老人の人格を尊重し,子ども扱いをしたような言動をさけ,理解を高めるために絵や文字・写真なども使う,などの工夫も必要である。

環境面での配慮としては,慣れ親しんだ環境での日常生活を送れるように施設などでも,本人の行動をみて,本人がなじみやすい場所を見出せるようにする。

問題行動に対して,次のような場合には,精神科診療を受ける必要がある。家族や他人に攻撃的となり,暴力を振るう場合,また,せん妄,妄想,幻覚などの精神症状がある時,著しい徘徊や長引く睡眠障害の場合など。

知情意低下症の高齢者は健康を自己管理できないので,慢性疾患の管理(服薬,通院),新しい病気の発見,便秘,脱水,栄養,転倒骨折などには特に注意する。

次に介護者の負担の軽減について考えなければならない。

途切れることのない介護は,介護者の心身の疲労を増強させる。特定の介護者に全権を一任しないように,家族で配慮しあうようにする。また,介護者間の情報交換・知識の向上の場として,介護者教室や介護者の会などを利用して,同じ境遇の人との交流を深めることは介護ストレスの軽減にもなり,活用したい。

次に,社会資源の活用が重要である。市町村レベルで内容が異なるので,それぞれで確認を要する。一般的には,ショート・ステイ,ミドル・ステイ,デイ・サービス,訪問看護,家庭奉仕員の派遣,給食サービス,入浴サービスなど,他にもさまざまなサービスが試みられている。介護者の負担の軽減と,知情意低下症の高齢者の機能維持や人との交流をはかるうえでも,大いに利用すべきである。

なお,2002年現在で,日本には約115万人の知情意低下症患者がいる(症状の程度により,数値が異なってくる)。厚生省(当時)の1997年9月の老人保健施設調査によると,1,853施設の入所者16万2,971人中32%の5万2,116人は主な傷病が知情意低下症だった。主な傷病ではないが軽い知情意低下症がある人も含めると,知情意低下症状がある人は全体の74.4%を占めた。知情意低下症のある人の平均入所日数は,124.3日だった(朝日新聞1998年10月20日付)。

〔桜井俊子〕

⇒介護福祉士,高齢社会,高齢者の知情意低下症,社会福祉士,福祉事務所,ボランティア・センター,高齢者介護

文献 1.東京都老人総合研究所編『痴呆性老人の介護』(中高年と健康 6)東京化学同人,154p., 1993 ; 2.長谷川和夫・五島シズ『痴呆のお年寄りの介護』(あたたかい医学のシリーズ)東洋出版,209p., 1993

父親喪失 ⇒父親不在

父親不在,父親喪失,父権の喪失,父親なき社会 absentee father, society without the father

人間形成のプロセスにおいて,父親ないしはそれに相当する権威,あるいは父親的なものが欠けていること。

従来の伝統的心理学では,人間の成熟過程にあって母子関係に焦点を合わせた研究が盛んであったが,フロイト*のエディプス・コンプレックスの仮説以来,父親と子どもの関係がその子の人格形成上重要である視点が確立された。

フロイトによれば幼い男児は母親に性的に引きつけられ,父親による去勢におびえている。男児は父親を同一視することによってこの葛藤を克服する。その結果,男児は父親の原則厳守の根底にある理念を取り入れると同時に,父親の理想をも数多く取り入れる。「父親を同一視する」とは,父親が男児のモデルになって,男児が父親に似ようと努力するということである。父親は私たちすべてにとって社会の権威を象徴する親であるとフロイトは考えていた。

その後,精神分析や臨床心理学,発達心理学,

社会心理学,家族心理学などさまざまな精神・心理学の分野において父親と子どもの関係についての研究が盛んになった。なかでもE.H.エリクソン*はフロイトの理論をさらに心理・社会学的に押し進め,人間形成における文化,社会的要素を止揚した形で自我概念を構成した。

また,パーソンズ*やバンデューラ*は役割論を展開した。パーソンズによれば,父親は家庭の中で道具的役割を果たし,母親は表出的役割を果たすと考えられている。父親は,家族の中での社会の代表者であり,社会の中では家族の代表者である。ところが,現代では,家族の中に父親は存在するはずであるが,父親が家庭の中で権威を代表せず,父親がいてもなきに等しいものとなってしまった。また社会,文化を大きな家族に見立てた見方からすると,やはりここにも父親像が存在しなくなってしまったと言われる。歴史的,文化的に見て多少の例外はあるにせよ,父性中心の社会形態で人類の歴史は時を重ねてきた。しかし,産業革命以降さらには2度にわたる世界大戦を通して,社会の価値変動とともにこの父性中心の社会形態にも変化のきざしが訪れた。たとえば,わが国にあっても「戦後強くなったのは女性とストッキングだ。」などと言われるぐらいに,男性の地位や,社会的権威が家族内でも,また社会でも失われてしまった。

ドイツの精神分析学者,ミッチャーリヒ*は自著の題名に『父親なき社会』というタイトルをつけている。彼によれば,かつて父権主義社会にあっては父親像が権威の基礎であった。子どもたちは父親の働く姿から自己形成と生活実践の仕方を学び取っていた。しかし,現代社会は工業化と都市化の波にのまれ,父親と社会の父親像は衰退しきっている。そのために社会は疎外,無責任,不安,攻撃などのような病態にかかりやすくなっている。個人にあっても,この影響の大きさは計り知れず,「同一化しうる個人がいない」ゆえに自己形成のためには新しい秩序と保証が与えられなければならないと言う。精神分析や臨床心理学の領域では,父親の研究が盛んに行なわれ,一応の成果を見てはいるものの,この研究の難しさも浮き彫りになっている。それは,ある個人にとっての父親の役割やその意味づけがわかったとしても,その結果を一般に当てはめるには疑問が生じてくるというわけである。しかしながら,子どもの成熟過程に父親の果たす役割と意味とがある以上,それがなくなってしまっているのではないかと言われる現在の社会状況への認識は,子どもたちの正常な人格形成にとって危機的状況であることには間違いない。ミード*等が報告しているように,確かに父親の役割やその意味はその文化,社会によって異なっているが,子どもの成熟過程において多大な影響を与えていることは間違いないであろう。また,社会の変化に伴って新たな役割や意味づけがなされなければならないことも事実である。父親の役割やその意味づけが変化するにしても,子どもたちにとって父親との関係が,母子関係と共に人格形成上重要な位置を占めていることに変わりはない。

〔柴山英士〕

⇒核家族,家族療法

文献 1. F-稲村, 1981;2. C-宇津木他, 1978;3. F-柏木他, 1978;4. E-土居, 1971;5. E-ミッチャーリヒ, 1972;6. E-ミード, 1961ab;7. I-依田・小川編『現代のエスプリ』No. 96, 1975;8. F-リン, 1981

知的障害 mental handicap

知能,記憶,および思考の障害により能力低下や社会的不利を生じ,生活全般に支障をきたす可能性があるため,医療・福祉・教育・労働などの面で援助を必要とする状態。

世界保健機関(WHO)は,1980年に国際障害分類試案(International Classification of Impairments, Disabilities, and Handicaps: ICIDH)を作成し,知的機能障害を知能の障害,記憶の障害,思考の障害,その他の知的機能障害に分類した。さらに,知能の障害を,精神遅滞(最重度精神遅滞,重度精神遅滞,中等度精神遅滞,その他の精神遅滞)とその他の知能の障害としての知情意低下と習得した技能の喪失などに分類した。記憶の障害を,健忘と,その他の記憶の障害として作話に分類。思考過程の流れおよび形成の障害として,概念化または抽象化の障害,論理的思考の障害,強迫観念など

に分類思考内容の障害として妄想などを分類。その他の知的機能障害として，失認，失行，失算，新しい観念を受け入れることに対する障害などに分類している。

知的障害という用語は，広義には上記の障害を指すが，狭義には，精神遅滞を指す。以下，精神遅滞について述べる。

精神遅滞は精神薄弱，知能障害と同義語で，米国では mental retardation（精神遅滞）が公的用語として用いられているが，「知的障害」を用いる人が多くなりつつある。日本では，欧米ですでに廃止されていた，feeblemindedness（精神薄弱）という用語が長い間生きていた。しかし，医学分野においては，「精神遅滞」が用いられてきた。福祉・教育などの分野においては，「精神薄弱」という用語を差別的であるから不適切として知的障害が使われている。

精神遅滞の定義と分類は次のようになっている。

APA の定義（DSM-Ⅳ，1994）

明らかに標準以下の知的機能（おおよそIQ70かそれ以下）が特徴であり，18歳未満に発症し，適応機能の欠陥または不全を伴う。

WHO による重症度分類（1992）

軽度精神遅滞	IQ50～69	成人の場合の精神年齢：9～12歳未満
中等度精神遅滞	IQ35～49	6～9歳未満
重度精神遅滞	IQ20～34	3～6歳未満
最重度精神遅滞	IQ20未満	3歳未満
他の精神遅滞		
特定不能の精神遅滞		

WHO による原因的分類（1992）

①感染症および中毒によるもの
②外傷または物理的要因によるもの
③代謝，成長または栄養の障害に伴うもの
④出生前粗大脳疾患に伴うもの
⑤不明の出生前影響にもとづく疾患および状態に伴うもの
⑥染色体異常に伴うもの
⑦未熟産に伴うもの
⑧精神医学的障害によるもの
⑨心理社会的環境喪失に伴うもの
⑩上記臨床的要因のいずれにも見られない遅滞ケース

国際的には WHO の国際疾病分類第10版（International Statistical Classification of Diseases：ICD-10），アメリカ精神医学会（APA）による精神障害分類（DSM-Ⅳ，1994），米国精神遅滞学会（American Academy of Mental Retardation：AAMR）による分類などが代表的であるが，ここでは，APA の定義と WHO の分類を記載する。

上記のなかで治療法が確立され，知的障害を予防することができるようになったものもあるが，大部分では治療法が確立されていない。

知的障害者の実態は，1997年6月の『厚生白書』（厚生省）によると，在宅の知的障害者は，29万7,000人，知的障害児施設などに入所中の知的障害者は11万6,000人で，合計41万3,000人になる。知的障害児施設は295，通園施設は222（通園者6,785人）ある。

知的障害児（者）の福祉対策と相談機関は以下のようである。

保健所での一歳六カ月・三歳児健診においては，相談機能が強化され，専門医療機関・療育機関の紹介などが行なわれている。

医療費については，養育医療・育成医療・小児慢性特定疾患医療費助成・心身障害者医療費助成などの医療費助成制度がある。行政の相談窓口は18歳未満は児童相談所，18歳以上は福祉事務所および知的障害者更正相談所である。

児童相談所では，医学的・心理学的検査を実施し，療育手帳の交付をする他，知的障害児施設への入所・通所の相談を受ける。福祉事務所および知的障害者更正相談所では，知的障害者援護施設への入所・通所の相談を受ける。2001年の知的障害療育手帳交付台帳の登録者は59万2,088人，知的障害者更生施設が1,740，知的障害者授産施設が89ある。施設入所は，基本的に保護者のいない者や家庭においての適切な保護を受けられない者が対象とされる。その他，家庭状況や緊急度に応じてホームヘルパーの派遣，ショート・ステイ（施設での短期一時預かり）や福祉手当の支給，職業や進路の相談などを行なっている。

所得保障の制度では，20歳以上の重度・中度の知的障害者には障害基礎年金が支給される。

教育の相談窓口は教育相談所である。教育委員会では,就学時健康診断の結果にもとづき,就学指導を行なっている（原則として,障害の重い子どもは養護学校へ,軽い子どもは小学校や中学校の特殊学級または通常の学級へと指導される）。なお,保護者に対して特殊教育就学奨励費が支給される。

この他に,専門医療機関での相談,東京知的障害者・痴呆性高齢者権利擁護センター,全日本手をつなぐ育成会（旧 全日本精神薄弱者育成会）,全国重症心身障害児（者）を守る会などの相談窓口がある。ノーマライゼイションが進められるなか,知的障害児（者）本人,親の抱える社会生活上の問題や悩みは深刻である。障害を受容していく心理的な過程での相談は,適切な関係機関への紹介と連携をとりながら援助を行なっていく必要がある。〔原田とも子〕

⇒三歳児健診,児童相談所,特殊学級,特殊教育,ノーマライゼイション,福祉事務所,養護学校

文献 1. G-東・繁多・田島編,1992；2. F-伊藤,1990c；3. 妹尾正『発達障害と福祉の本質：擁い合う心』日本文化科学社,220p.,1993；4. 厚生統計協会編『国民福祉の動向』『厚生の指標 臨時増刊』第39巻第12号,厚生統計協会,346p.,1992；5. 竹下研三,「特集『精神薄弱』用語問題を考える：国際的な動き」『発達障害研究』日本文化科学社,80p.,1992；6. 鳥薗安雄・保崎秀夫・徳田良仁・風祭元編『図説臨床精神医学講座 第3巻：児童精神医学』メジカルビュー社,242p.,1987；7. 日本精神薄弱者福祉連盟編『精神薄弱問題白書』日本文化科学社,1994；8. 藤田和宏編『障害のある子についての相談』（実践教育相談シリーズ 9）279p.,1993；9. 厚生省大臣官房統計情報部『WHO国際障害分類試案（仮訳）』厚生統計協会,373p.,1985；10. G-Task force,1994；11. World Health Organization, *International statistical classification of diseases and related health problems 10th revision (ICD-10)*, World Health Organization (Geneva), 1992, pp. 1243

乳房コンプレックス breasts-complex
自分の乳房についての劣等感。

乳房の本質的な働きは乳児への授乳にある。出産を終えた母親が,次に直面する課題の一つである。その際,乳頭が扁平または陥没している場合や,乳房が大きすぎる場合,乳児には吸いにくい。また,いかに努力しても母乳が不足したり,母親の仕事の都合,乳児または母親の病気などの場合には,人工乳（ミルク）で育てることになる。そのような時には,母乳保育が最善といわれている昨今,人工乳での育児をしている母親の劣等感をあおることになる。

出産によって胎盤が消失すると,妊娠中に胎盤から分泌されていたホルモンが急に分泌されなくなり,産褥期に精神不安定な状態が多かれ少なかれおきる。「赤ちゃんには母乳？ それともミルク？ 混合？」などの質問も母親にとっては自分の乳房がいかに不能かと問われているかに思える。母乳を満足に与えられないことがその後の育児に対する不安につながり,母子関係に影響を与えることもある。

乳房には授乳の働きとは別に,大きさや形などの外見が魅力の判断基準になる場合がある。思春期における女子の身体的変化の一つである乳房の発達において,その大小が優劣の基準になり,他者との比較の対象となったりする。また,青年期において,発達が終了し,同性間の比較のみならず,異性からの評価も加わり,身体的劣等感の一つとなる。乳房の大きさや形は定められた基準がなく,大きい,小さい,良い形,悪い形などは,他者あるいは自己の主観的な判断による。機能に問題があるわけではなくても,そのことによって行動などに,意識的・無意識的の影響が現れる。

乳ガンなどの病気または事故などによって,乳房除去・全摘出または乳房切除をしなければならない場合がある。今まで自己の一部として存在していたものが失われる感情は,他者の視線を意識したものから自身の喪失感・不安感などさまざまである。これにはグリーフ・ワークなどが有効である。〔尻無浜敏美〕

⇒グリーフ・ワーク

痴呆 ⇒知情意低下症

注意欠陥・多動性障害,ADHD attention deficit-hyperactivity disorder, ADHD
成長期に現われる注意集中困難,衝動行為,多動の三つを主症状とする障害。

知能は普通なのに,集中力がなく,教室でも

落ち着かず，騒いだりするため，勉強に身が入らず，したがって成績が悪い。多動性「学習障害児」の多くが，脳に障害のあるらしいことが最近の医学の進歩で判明してきた。この障害を以前は，脳微細機能障害（minimal brain dysfunction, MBD）と呼んでいた。現在は，WHOの疾病分類（ICD-9）では「児童の多動性候群」として，また，1987年版の米国精神医学会の精神障害分類第3版修正版（DSM-III-R）とDSM-III-RT（2000）では注意欠陥・多動性障害（attention deficit-hyperactivity disorder, ADHD）と呼ばれている。この障害は，7歳以前に現われ，多くは3歳くらいから始まり，小学校に行くようになって異常に気がつくことが多い。

DSM-IV-TRによれば，(1)か(2)のいずれかを示すもの。

(1) 次の注意欠陥症状が6個以上，6カ月以上続く場合。(a) 学業や仕事などで細かい点に注意を払うことができず，不注意による失敗が多い。(b) 作業や遊びに注意を持続できない。(c) 話し手の言うことを傾聴できない。(d) 指示に従えない。(e) 作業がまとまらない。(f) 頭を使う作業を嫌う。(g) 作業や遊びに必要な品を失いやすい。(h) ほかの刺激に移りやすい。(i) 日常生活で忘れっぽい。

(2) 次の多動症状が6個以上，6カ月以上続く場合。(a) たびたび手足をそわそわと動かしたりいじったりし，椅子でもじもじする。(b) 座ったままでいるように命じられても，できない。(c) 不適当な状況で走り回ったり登ったりする。(d) 静かに遊べない。(e) モーターで動かされているかのようにみえる。(f) しゃべりすぎる。(g) 質問が終わる前に答え始める。(h) 自分の順番を待てない。(i) たびたび他人の邪魔をしたり，さえぎったりする（例：他の子どもたちのゲームの邪魔をしたり，口をはさんだりする）。

以上のような症状の他にも，共同運動（脳からの指令によって，多くの筋肉が同時に伸びたり縮んだりして複雑な運動をすること。たとえば，ボタンをかける，ファスナーをしめる，靴ひもを結ぶ，はさみで切る，マッチをするといった運動）が不得意である。

注意欠陥・多動性障害児は，共同運動が苦手であるといった「ソフト神経学的症状」を示すので，このソフト神経学的症状の有無を次のようにして調べれば，注意欠陥・多動性障害を診断しやすい。

(ⅰ) 頭を両親がつかんで回すと，体も回ってしまう（6歳以上の正常児では頭だけ回って，体は回らない）。(ⅱ) 座っている子の目の前30センチほどのところで100円玉を見せ，それを右や左にゆっくり動かすと頭も動く（6歳以上の正常児では眼球だけが動くが頭は動かない）。(ⅲ) 目を閉じて立たせ，両手を前に伸ばして手指を開かせると，手指が上下にゆらゆら動く。(ⅳ) 直立したまま目を閉じて舌を出させると，その状態を続けることができない。(ⅴ) 畳の端の線上を一直線に歩かせると，バランスがうまくとれない。(ⅵ) 片足とびを繰り返せない。(ⅶ) 手のひらを，上に向けたり下に向けたり急速に繰り返す手首の回転運動がうまくできない。(ⅷ) 両足をそろえて直立させ，両腕を前に伸ばして指をいっぱいに広げさせた姿勢を20秒続けさせると，手足がピクッと引きつけるように動いてしまう。6歳以上なら，目を閉じて，口を開け，舌を出させると，ピクつきが現われやすい。(ⅸ) 両腕を前に出させ，親の腕の上にのせさせて指や手首の関節の力を抜かせる。目を閉じて口を開き，舌を出させると，扇子を広げるように手指の間隔が広くなってしまう。

ただし，このテストは年齢を考慮する必要があり，6歳から10歳くらいになっても上記のような症状があれば，注意欠陥・多動性障害の疑いが濃い。

注意欠陥・多動性障害児を落ち着かせる一つの方法は，薬物療法である。メチルフェニデイト（商品名はリタリン，5〜40ミリグラム）という中枢神経刺激薬を飲ませると，多動と衝動性が減り，集中力を高めるのに役立つ。この薬は，多動を押さえる脳のセンターの働きを強めるので，子どもの多動がおさまるのであろうと推定されている。ただし，薬効が消える時間になれば症状は再発する。朝，コーヒーをカップ1杯のませるのも有効である。

また，生活面での配慮も忘れてはならない。

環境を調整し，フラストレーションをできるだけ取り除くようにしてあげることが大切である。注意欠陥・多動性障害児の良い面を伸ばすように心掛け，劣っている面を補うように指導することが必要で，子どもに過大な要求をしないで，何かをさせるときは，集中できるように訓練をして短時間で切り上げることが大事である。

注意欠陥・多動性障害の疑いのある時には，専門家に受診することが望ましい。〔西　俊幸〕
⇨学習障害

文献　1. F-上野, 1984；2. F-上野, 1991；3. F-上野・牟田, 1992；4. F-上村他, 1988；5. F-下司, 1991；6. J-小林, 1987b

超越瞑想，トランセンデンタル・メディティション transcendental meditation, TM

現代インドのヨーガ思想家，マハリシ・マヘーシュ・ヨーギー（Maharisi Mahesh Yogi）が創始した瞑想法。簡単な祈りのことば（マントラ＝Mantra, Skt.）を唱えながら朝，夕，20分程度の瞑想を行なうことで，**心身の安定，精神的能力の開発，絶対的真理の認識をめざす方法**。

マハリシの考えによれば，現実のこの世界の根底に抽象的で絶対的な純粋「存在」の領域があるという。この「存在」領域は物質でもエネルギーでもない超越的領域である。これが宇宙万物の根底にあり，この「存在」が外側に現れて生物や物質になる。したがって，生命のあらゆる面はこの「存在」に基礎をおいている。また，宇宙創造の究極の真実がこの「存在」である，とされる。

トランセンデンタル・メディティション（以下TM）の目的はこの「存在」を認識することであり，この「存在」の認識を「『純粋意識』を体験すること」としている。「純粋意識」とは，安らいだ静寂の場であり，古来多くの聖人が経験した境地である。

この考えは，古代インドのバラモン教の聖典「ヴェーダ」の究極的な哲学といわれている「ウパニシャッド哲学」の「梵我一如」の思想をマハリシ流に表現したものと考えられる。すなわち「梵我一如」の考えとは，宇宙の根本原理である「梵（ブラフマン）」と，個人の根本原理としての「我（アートマン）」は同じものであり，一人の人間は小宇宙であると考える。さらにこの真実を認識することにより人は輪廻の苦しみから「解脱」できるという。

マハリシは「存在」がもととなり，宇宙と生命が生成していくとするが，この「存在」こそ梵や我に共通する究極的存在である。彼はまたその著作の中でこの「ヴェーダ」の真理が次のように述べられていると紹介している。

　我は「それ」なり。
　汝は「それ」なり。
　これすべては「それ」なり
　ただ「それ」あるのみ
　ほかはみなあることなし
　　　　　　　　　　（『超越瞑想法入門』）

ここでいう「それ」が，究極的存在であり，こうした真理を認識するために，マハリシは，1957年超越瞑想の方法を創始し，翌年この瞑想法の実践により人々の精神を復活させる「精神復活運動」を開始した。この超越瞑想の実践，修得には，師が弟子を直接的に指導していくという方法がとられる。そのために，世界各地にマハリシ総合研究所および瞑想センターが設立され，瞑想法の講習を受けられるようになっていて，日本にも埼玉県与野市に研究所（本部）がおかれている。

瞑想法の講習の内容は，2時間半の講義と1日1～2時間，連続して4日間の講習コースを受講する。さらに，この講習後も月に1回程度フォローのための教師との面接が設けられている。講習では教師から受講者にふさわしいマントラ（祈りのことば，仏教，特に密教においては真言といわれる，宗教的真理を現した呪文的な語句）が与えられ瞑想実践者はこのマントラを唱えて毎日朝夕2回，15～20分の瞑想を実践することになっている。

この瞑想の効用としては，マハリシ研究所での調査によれば，個人の面では深い休息，精神の安定，ストレスに対する順応性の高まり，自律神経の安定，知的能力の開発が得られること

などがあげられている。

『TM がよくわかる本』によれば，TM 実践中は酸素消費量が平均16％減少し，この減少率は睡眠中よりも大きい。また，心拍数も，平均して1分間に5拍減少し，高血圧患者に対しては，TMを実践し血圧が低下することが報告されている。

不眠症に対しては，TM 開始前は寝つくまで1時間以上かかっていた時間が TM 開始後30日で，20分以下に短縮されたとしている。不安感についても，TM 実践により，大きく減少されるという。

人間集団としては職場の人間関係の改善，犯罪の発生率の減少（集団内で1％の TM 実践者がいると犯罪が有意に減少するという）などをあげ，また世界平和にも貢献しうるとしている。

特に現代社会において，不適応状態に陥っている人間にとって，自律訓練法やその他の瞑想法同様に安定した心理をもたらし，自律神経を調整する作用を果たすことから，心身症や神経症の治療にも有効と思われる点で注目される。

〔福田　満〕

⇒瞑想

文献　1. B-石川，1981；2. 川畑愛義『瞑想のすすめ』日本実業出版社，246p.，1979；3. 佐保田鶴治『ウパニシャッド』平河出版社，385p.，1979；4. 佐保田鶴治『ウパニシャッドからヨーガへ』平河出版社，252p.，1977；5. 佐保田鶴治『ヨーガの宗教理念』平河出版社，320p.，1976；6. 内藤景代『ヨガと冥想：入門から神秘体験まで』実業之日本社，288p.，1991；7. 長尾雅人責任編集『バラモン教典／原始仏典』（中公バックス世界の名著1）中央公論社，580p.，1979；8. マハリシ総合研究所『TM がよくわかる本』ダイヤモンド社，233p.，1987；9. マハリシ・マヘーシ・ヨーギー，マハリシ総合研究所『超越瞑想入門』読売新聞社，466p.，1971；10. 山崎正『生活ヨーガ：健康回復から生死のコントロールへ』白揚社，271p.，1989；11. ラム・ダス『覚醒への旅：瞑想者のガイドブック』（マインド・ブックス）平河出版社，272p.，1980

聴覚障害　hearing impairment

聴力障害，聴覚過敏，聴野障害，音方向感障害，錯聴，複聴，耳鳴り，中枢性の皮質聾，聴覚失認等を含む聴覚異常の総称。

聴覚は外耳道，鼓膜，中耳，内耳（耳小骨，鼓室）から成る伝音系と，内耳の蝸牛から発する聴神経が蝸牛神経核，上オリーブ核，外側毛帯核，内側膝状体を経由して大脳皮質の聴覚領に至る感音系によって成り立つ。伝音系の障害によっておこる難聴は伝音難聴，感音系の障害によっておこる難聴は感音難聴といって，質的に区別されている。

聴覚障害を検出するには，まず耳鼻咽喉科医が伝音系の障害の有無と，医学的治療の要否を明らかにする。そしてオージオロジストないし言語聴覚士により，聴力検査が行なわれる。聴力検査には，次のような種類のものがある。

(1) 純音聴力検査：オージオメータという機械で単一周波数から成る音（純音）を聴かせ，最小可聴域を測定する。気導聴力検査と骨導聴力検査があり，診断用には125，250，500，1000，2000，4000，8000ヘルツを用いて，被検耳の感度が正常耳と同じか否か，感度が落ちているとすればどの程度落ちているかを各周波数別に測定する。空気伝導音は伝音系→感音系→中枢と伝わるので，そのいずれの部分に問題があっても気導聴力は障害される。他方，骨伝導音は主として直接感音系に入るため，骨導聴力検査は，感音系の障害を調べることができる。これは，骨導受話器を耳のうしろにある乳様突起に当てて測定する方法を取る。結果は，横軸に周波数，縦軸に聴力損失を示すオージオグラムに記入し，その聴力型からある種の難聴のパターンがわかる。

(2) 語音聴力検査：検査語音をテープ録音して一定にし，これを電気的に再生，増幅し，任意の強さの語音を被検者に聴かせてことばによる聴力を調べるものである。検査用語を最初は十分に理解できる音の強さで聴かせ，1語につき10デシベルずつ弱くしていく。正答率が50％になる語音の強さを語音聴取域値とする。また，1音節語表を用い，10デシベルごとに検査を繰り返して正答率を求め，それらを結んで語音明瞭度曲線を描く。この曲線の最高点をその耳の語音弁別能力といい，パーセンテージで表す。

(3) 幼児聴力検査：遊戯聴力検査の一つに，音が聞こえた時にスイッチを押すと覗き窓の内部が照明されて，絵が見えたり模型が動く仕組みになった覗き窓（peep show）検査があり，3歳児以上に適用できる。3歳未満児では，条

件詮索反応聴力検査といって，音刺激に続いて光刺激を与え，音源にある玩具への振り向き反応を惹起する方法を用いる。また1歳未満児では，部屋の四隅にスピーカーを置き，被検児を抱いた母親を中央に座らせて被検児の音に対する反応を観察する聴性行動反応聴力検査を行なう。

(4) 他覚的聴力検査：脳波を用いて，被験者が聞こえているとの認識をもたなくても聞こえの状態を調べることができる。これは，低年齢の幼児や乳児，詐病の疑いのある者，精神異常者，心因性難聴者等，検査に非協力的な者を対象とする。

伝音難聴は，音が物理的に内耳に伝わる過程の障害で，聴力検査では60デシベル以下の軽度から中度の聴力損失を引きおこす。原因疾患としては，先天性の外耳道閉塞または高度狭窄，外傷や炎症による鼓膜穿孔，耳管疾患，種々の中耳疾患があげられる。中耳病変による難聴は，手術的治療が適用になり，補聴器によって聞こえをよくすることができる。聴力検査では，気導聴力のみ低下し，骨導聴力は正常に保たれている。語音聴力域値は，純音気導域値とほぼ平行する。

感音難聴は，音，ことばを分析する過程の障害である。聴力検査では，気導聴力，骨導聴力ともほぼ一致して低下する。補聴器で音を増幅しても，聴き取りの悪さは必ずしも改善されず，コミュニケーションに問題をおこす。語音聴力も低下し，純音域値に比べて，言語明瞭度が悪い。これは，リクルートメント現象といって，小さな音は聞こえないのに聴力の域値を越えて音を増幅すると，異常に大きく感じるためで，音が割れて正常に聴きとれなくなるからである。原因は，先天性のものでは，遺伝性のもの，妊婦のウイルス性疾患(主として風疹)，栄養障害，薬物，妊娠中毒症，内分泌疾患，放射線障害等による胎生期の問題，未熟児，高ビリルビン血症，新生児仮死など周産期の問題があげられる。後天性のものでは，麻疹(はしか)，熱性疾患，耳下腺炎，内耳炎，髄膜炎等の感染症，ストレプトマイシン，カナマイシン等の薬物中毒，頭部外傷，メニエール病周辺のもの，急性音響性外傷，職業性の慢性騒音性難聴，老人性難聴等，多岐にわたっている。

先天性の難聴では，乳児期に音や話しかけに対する反応が鈍く，声を出すことが少ない。語は抑揚が単調で語音の種類も少なく，聴覚的な補強がないために消失する。1～2歳になってことばの理解が悪く，始語が遅れるために気づかれることになる。発声はできても，声の使い方が不自然で抑揚に乏しい。中等度以上の難聴があると言語発達が著しく阻害されるので，早期発見をして適切な治療教育を受けることが肝要である。言語治療を行なっている病院の耳鼻咽喉科に照会し，聴能訓練を受ける。これは補聴器を装用し，残聴を最大限に活用して音の存在に気づかせ，ことばの聴き取りを正確にし，正しく発語できるようにするものである。この他，相手の唇の動きを読む読話訓練によって，視覚的手掛かりを利用してことばを理解するようにし，表情や身振りに注意を向ける習慣をつける。難聴児が言語を獲得していくためには，長期にわたる一貫した訓練システムと家族の協力が必要であり，家族指導も併せて行なう。学齢期には，聴力損失の程度に応じて難聴学級か聾学校のいずれかに入学するが，普通学級へ入る場合もある。聾学校には，口話法を中心としているところと口話と手話・指文字を併用するところがある。

高齢者の難聴は，会話が困難になるため人との温かい交流が失われ，身体機能の低下や種々の慢性疾患の出現と相まって高齢者の適応力を制限し，新しいことへの学習力をなくして知能減退をきたす因子となる。補聴器への適応のためには，聴力の特性にあったものを専門家が選び，慣れて使いこなせるようになるまで段階的に使用訓練と聴き取りの訓練を行なうことが望ましい。　〔今村恵津子〕
⇒障害者

文献　1. 医療研修推進財団監『言語聴覚士指定講習会テキスト』医歯薬出版, 287p., 1998 ; 2. 岩城謙『聴覚障害児の言語とコミュニケーション』教育出版, 185p., 1987 ; 3. 内山喜久雄監, 佐藤泰正・吉江信夫・岡田明編『視覚聴覚障害事典』岩崎学術出版社, 603p., 1984 ; 4. エバンズ, L., 草薙進郎他訳『トータルコミュニケーション：その構造と方略』学苑社, 228p., 1983 ; 5. 大和田健

次郎・中西靖子『聴こえとことばの障害』医学書院, 368p., 1981；6. 岡田明『聴覚障害児の心理と教育』学芸図書, 263p., 1985；7. デイヴィス, H.・シルヴァーマン, S. R., 江口実美・大西信次郎・大沼直紀・賀戸久・星名信昭訳『聴覚障害学』協同医書出版社, 587p., 1988；8. 中野善達編『聴覚障害児の早期教育』福村出版, 315p., 1991；9. 難波精一郎編『聴覚ハンドブック』ナカニシヤ出版, 414p., 1984；10. 日本言語療法士協会編著『言語聴覚療法 臨床マニュアル』協同医書出版, 506p., 1992；11. F-松沢・中野, 1982；12. リング, D.編, 中野善達訳編『聴覚障害児の早期口話教育』湘南出版, 392p., 1988

超自我 super-ego（英）；sur-moi（仏）；Über-ich（独）

フロイトが名づけた,心の中の一部分であり,自我に対して裁判官のような役割をする良心ともいうべき部分。

フロイト*は，パーソナリティを，エス（Es），自我（ego），超自我（super-ego）の三つの体系からなると考えた。

エスは，人のあらゆる欲望や衝動の源泉であり，出生の時にすでにその個体がもっており，体質的に決定されているものである。新生児のパーソナリティは，初めはエスがすべてであるが現実社会と接触するようになると，その抑制や干渉を受け，自我がしだいに（エスから）分化していく。

このように発達的に出現した自我は，外界の現実の状態に適した充足の方法を獲得して，エスによって生じた個体内の緊張を解決しようと試みる。自我はエスから分化したものであり，エスと外界との間に媒介の役を果たす精神活動である。

超自我は自我が形成されたのちに，両親のしつけ，あるいは社会の要求を自己の中に取り入れて内在化することによって形成される。子どもは両親の態度，意見，判断を受け入れ，ほめられたり，叱られたりしながら，自分自身の行動や考え方を社会的に是認させるような方向に形成していく。人間の心に潜む良心や道徳律は，この超自我の働きによるものである。また，自分の行動に対する反省，批判，理想の形成なども，超自我の働きによるものである。これに背くと，恥，恐れ，罪悪感が生じる。このように，超自我はエスと対立し，ときには自我とも対決しながら発展していくが，それは価値への志向傾向をもたらすという重要な意義をもっている。

超自我形成の条件としては，次のことが考えられる。人間の子どもは他の動物に比べて父母に長期間育てられ，心理的に初めは自分と他を区別できない。したがって，超自我形成のために取り入れられたイメージが，大部分は両親の超自我のイメージと一致する。自分の子どもを育てるときには，自分が両親に育てられたのと同じ方法で，自分の子どもをしつけることが多い。これが一つの社会の道徳的な規範を長続きさせる原因であり，また同時に社会が変化に対して抵抗する保守的傾向をもっている原因でもある。種族や民族の歴史的伝統が継承されるのは，超自我の働きによる。

このように，はじめは両親の内在化として出発する超自我は，やがて成長するにつれて教師や，歴史上の人物，小説の主人公などの超自我を取り入れ，それを内在化することによって，ますます形成・発展させていく。〔小山章文〕
⇒エス，自我，精神分析，パーソナリティ，フロイト，無意識

文献 1. C-鈴村, 1966；2. C-外林, 1983；3. C-外林, 1988；4. A-詫摩編著, 1967

重複障害 combined impairment
視覚障害・聴覚障害など二つ以上の障害を合わせもつこと。

見えない，聞こえない，話せないといった三重苦を負いながら偉大な業績を残したヘレン・ケラーのことは，伝記の他『奇跡の人』として映画化され，劇化されて多くの人の知るところである。目からも耳からも刺激が入らず，凶暴な幼年期を過ごしていた彼女が家庭教師サリバン先生の愛と忍耐強い関わりの末，ものには名前があるということを発見して最後に「水」と叫ぶくだりは感動的である。彼女は，唇に手を当ててその動きを読むという方法で，触覚を入口として外界の刺激を取り入れ，言語を獲得していったのであった。

ヘレン・ケラーは，幼い時の重い病気の後遺症として三重苦を負ったが，医学が発達した今

日においては，重複障害はその原因を出生前に求める出生前医学の対象であることが多い。出生前医学が対象にする疾病は，原因や発現時期によって遺伝病，染色体異常，胎芽病・胎児病，周産期障害に分けられる。遺伝子疾患の中では，先天性代謝異常が重要で，脳・神経に異常をもたらすものが多いが，マス・スクリーニングで早期発見されるようになった。染色体異常では，知的発達と成長が障害される。胎芽病・胎児病は放射線，薬剤，ウイルス感染などによるもので，風疹と難聴との因果関係が知られている。周産期障害としては，低出生体重児におこる脳障害が主であり，極低出生体重児の5〜10％に脳性マヒ，4〜5％に精神発達遅滞が見られる。視覚障害は未熟児網膜症が中心で，出生体重1000グラム未満の場合38〜54％に発生し，そのうちの一部は永続的な視力障害をきたすという。また，極低出生体重児には，難聴の発生頻度が高い。

このような出生前の問題に由来する障害をもつ児は，出生時にすでに致命的なハイリスクをもって生まれてくるため，NICU（新生児集中治療室）で生命のスタートを迎えることになり，コミュニケーション行動の発達の観点からは身体的にも，環境的にも危険因子を背負うことになる。患児にとって最も大切な養育者は，わが子の生死を案じるといった大きな心理的ストレスにさらされ，かつ身体的接触の最も必要な時期に母子が切り離された状態で数十日から数ヵ月を過ごさなければならないのである。スキンシップも言語刺激も極端に少ない環境に置かれることから，障害に加えて対人的発達も言語発達もきわめて不利な影響を受けるわけである。

NICUにおいては，患児が致死的状態を脱してからは，言語聴覚士がコミュニケーションに有効な刺激経路として聴覚，視覚の評価を，反応手段として音声面と運動面の評価を行いつつ，患児の対人行動とコミュニケーション行動の発達を援助する。すなわち，患児のコミュニケーション行動を促進させるための言語刺激の重要性を看護師や養育者に理解させ，評価に基づいて行なう患児への訓練をデモンストレーションし，それを毎日実行してもらう。その内容は，各対象児にとって有効なコミュニケーションの刺激経路と反応手段を確保し，各対象児の身体的条件に応じたコミュニケーション行動を形成して，言語発達を促すことである。方法は，できるだけ多くの聴覚，視覚，身体接触刺激を与えること，患児からの行動にはすぐに反応することである。

重複障害児は，視覚，聴覚という外界からの最も重要な刺激経路が閉ざされているため，その教育的関わりには独特の配慮が必要である。まず言語聴覚士は子どもを自分の目で観察し，子どもの外界との接点や，外界の取り入れ方を発見し，子どもと外界との相互交渉を助ける黒子の役割を果たす。健常児の発達は，手足を動かし，音声を発して環境に働きかけることによって環境からの刺激を自ら引き出し，環境の変化を目で見，耳で聞いて認識し，それに対してまた反応を形成するといったことが自然になされていく。ところが，視覚・聴覚など感覚入力が障害されている子どもの場合，外界に対して無関心，無反応で，ときに爆発的で無秩序な行動をとり，外界との対応行動はきわめて微弱である。刺激を取り入れるには，身振りサインとして触覚利用が中心となるが，手で触るのみならず，背中や口も重要な触知覚の窓口である。サインは，象徴記号として言葉と同じ働きをし，行動と事象の対応づけ，および自分の行動をきわだたせる役割を果たす。身振りサインは，子どもの内部状況に合わせて子どもが自発しやすいようにすでにもっている行動パターンを使うとよい。そして，サインを使ったら，続いて対応する状況が示されることが重要で，それによってサインとその指し示す事柄とが結びつけられる。自分のおこした行動の結果を身体的に実感できるように働きかけると，子どもにはわかりやすい。また，働きかけを子どもが受容するばかりでなく，子どもからの自発を促す工夫が大切である。

言葉がなくても可能な学習法に見本合わせがある。見本合わせには，同一の実物と実物，形，色，大きさの異なる同種の実物と実物，絵や写真と実物のマッチングなどといった方法がある。用いられる見本は，外界の何をきわだたせ

るかを示す信号の役割を果たすものである。こうした学習の結果，ものには名前があることがわかると，サインを一種の言語体系として使用することが可能となり，手のひらに指文字を打って受信，発信し合うことができるようになる。そこに至るまでには，多大な努力と忍耐が必要で，まわりの者が協力し，意思統一して子どもに働きかけることが大切である。〔今村恵津子〕
⇨聴覚障害

文献 1. 相野田紀子・細川多佳子・和泉慶子・山下公一「NICU（Neonatal Intensive Care Unit）入院児のコミュニケーション・ケアの試み」『音声言語医学』32(4)，pp. 397-405，1991；2. 鴨下重彦『小児科学』（言語聴覚士指定講習会テキスト）医歯薬出版，pp. 34-44，1997

沈黙 silence

(1) 黙っていること，口をきかぬこと。(2) 人間関係の基底に存在するとされる独自の現象。

沈黙は，一般的には，無言，静寂，無音の状態を指すが，カウンセリングの分野では，単にそのような中間的な何もない状態としてでなく，それ自体を，充実した意味を有する独自の現象として考える。

ピカート（Max Picard, 1888~1965）は，沈黙について，人が日常会話の中で，語るのをやめた時とか，自分の都合で勝手に口を閉ざした時のような空白状態をいうのではなく，それ以上のもの，ことばがそこから生まれ，語り終わると再びそこへ帰っていくような，存在すること自体に意味があるような根源的なものである，と考えている。

たとえば2人が話し合っているとすると，そこには沈黙という第三者がいて，2人の話に耳を傾けている。そのような状態で交される会話は，単に2人だけの間で直接やりとりされる会話よりも遥かに多くのものが相手に伝えられる。なぜなら，その時交される会話は，直接，2人の間で交されている，というよりも，遠くから2人を見守っている沈黙という第三者から語りかけられたかのように受け容れられるから，という。

沈黙は単なる空白状態でなくて充実した意味を有する現象である，ということは，能の世界にもあてはまる。太鼓の達人といわれた川崎九淵（人間国宝）は，能における真の音は一粒一粒の打音そのものではなく，空気の振動を超えた気魄，緊張，充実の実在感が「舞台に匂いでる」ことであるという。また，舞や音曲を謡いやめた「せぬひまを心につなぐ」という世阿弥のことばにも同じ思いが込められているように感じられる。

【現代と沈黙】 現代における情報化社会の進展は，好むと好まざるとにかかわりなく人々の生活態様，意識の変容を促した。

情報の大量供給という状況下で，その対極にあるかに見える沈黙は，どのように受け止められているであろうか？

ムスターカス（Clark Moustakas）は，現代におけるコミュニケーションの消失について，「話し合っていても本当の事は何も語られてはいない。言っていることは，本当に伝えたいこととは違う。いかにも聞いているような振りをしているけれども，何も聞いていない。近くにいても疎遠である。いったい現代人の魂に何が起こったのであろうか？」と問いかけている。

メイ*は典型的な例として，避暑地で毎年繰り返される，裕福な人々の社交振りをあげている。連日のパーティで，いつも同じ顔ぶれ，同じカクテル，同じ話題の飽きもせぬ繰り返し。大切なのは，話の内容ではない。何かが常に話されていることである。こうした人々すべてが何かに脅えているような不思議な印象を受ける，と彼は述べている。

これらの指摘は，情報の大量供給とは対照的に，コミュニケーションの衰退と，それとは裏腹に勢いを増した饒舌，そしてコミュニケーションが途絶えることへの恐れが拡大していることを示している。

なぜ，沈黙が恐いのか？ これまで大空や空気と同じように人をしっかりと受け止め，支えていた沈黙という存在を見失った人々が自らのアイデンティティを信じることができなくなり，自らの存在の証明のためにも，饒舌によって空白を埋めざるを得なくなったからだ，と考えられる。

【カウンセリングと沈黙】 次に，カウンセラー

にとっての沈黙を考えてみよう。沈黙はカウンセリングのあらゆる場面に出現する。(a) 何を話したらよいかわからずにカウンセラーを待つ時。(b) 自分の考えをまとめたりことばを選んでいる時。(c) 互いに相手の出方を待っている時。(d) 一段落して次の段階に進もうとしている時。(e) ともに安らぎをもつ時。(f) クライエントが混乱している時。(g) クライエントがカウンセラーに敵意、反感をもつ時。(h) カウンセリングに失望した時。

このように、さまざまなケースがあり、ときに、沈黙が続いて不安や焦りを経験することも多いが、それへの対処を考える前に、なぜ自分がそのような感情をもったか、カウンセリングの場に現代人的日常性をもち込んできてはいなかったか、を自問することから、新しいプロセスへの展開も期待できるのではなかろうか。

「沈黙に身をゆだねる」ということは同時にカウンセリングの原点である。「stand by(傍らに立つ)」「ともにこの時を分かつ」という基本姿勢に通じると思われる。

愛しあっている人たちの間にある沈黙を、沈黙しあえるほどに愛している証拠だと評価して、ピカートは言う。「十分に愛しあい、理解しあい、長く長く、静かな道に沿って歩く。十分一緒に寄り添って、十分同じことを感じるところの人たち、共に沈黙しあえるだけに愛し合って」と。　　　　　　　　　　〔金沢俊之〕

⇒愛情,カウンセリング,不安

文献 1. ピカート, M., 佐野利勝訳『沈黙の世界』みすず書房, 278p., 1964 ; 2. E-ブーバー, 1979 ; 3. 増田正造『能の表現：その逆説の美学』(中公新書) 中央公論社, 198p., 1971 ; 4. E-ムスターカス, 1984 ; 5. H-『ロロ・メイ著作集』1, 1970

爪嚙み　nail-biting, onychophagia

心の緊張がはげしい時、爪を嚙むことによって緊張を和らげようとする自虐的な行動をいう。

幼児期後半から見られ、成人にまで続く行為で、「指しゃぶり」がぼんやりした時に出現するのに比べて、爪かみは緊張したり、友人関係に不安を抱いたりする時に顕著に現れる。嚙む指の爪は、特定のものを残す場合と、手指全部にわたる場合とがある。爪嚙みがひどくなるにつれ、爪を切る必要がないくらい嚙む度合いが高くなり、爪にかくれた肉の部分が露出するようなこともある。

小学校の教室などで見られる爪嚙みの子どもの実態を観察してみると、次のようなことがその原因として考えられる。

【友人関係に不安をもっている場合】　小学校低学年では、学校の中で友だちができることが、情緒の安定に不可欠である。ところが、現代のような核家族化が進むにつれ、友だちとのコミュニケーションがとれない子がふえてきた。家庭の中でも、1人で遊んでいたり、親とのつきあいだけで幼児期を過ごしてしまう子どもも多くなってきた。

このように、幼児期に友だちとのつき合い方を学習してこなかったために、小学校入学時にさまざまな問題を引きおこすことになる。教室の隅で、たった1人でぽつんといたり、遊んでいる最中に、自分の思い通りにならないと泣きわめき、遊び仲間に不愉快な思いをさせるため、ますます孤立してしまう、といったケースがある。

こうした状態が続くと、友だちとのちょっとした言動にも敏感に反応し、必要以上に神経過敏になり、自分が攻撃されているような感情を抱くようになる。このため、授業中でも他の児童から笑われたくない、ばかにされたくないといった自己防衛的な態度を取るようになり、心の緊張を爪を嚙むことによって和げようとする行動がおこる。

【親の養育態度が厳格すぎたり,罰を受けるのではないか,という不安を抱く場合】　爪嚙みをする子どもの家庭環境を調べてみると、しつけに厳しい祖父母が両親よりも養育の主導権をもっていて、失敗を許されないような環境におかれているケースがある。また、母親がしつけに厳しくて、失敗をすると罰を与えたりするケースもある。

こうした、たえず緊張を強いられた家庭環境で育てられた子どもが、学校現場でも同じように緊張を強いられると、他の児童の行動が気に

なり，落ち着きを取り戻そうとして爪噛みという行動がおこる。
【対処方法】 こうした爪噛みをする幼児・児童に対してどのような対処の仕方をしたらよいのだろうか。

この問題に対する解答は，そう簡単には得られないが，少なくとも，次のような手立ては有効かと思う。(1) 爪噛みをやめさせようとして，頻繁に口うるさく注意したり，罰を与えたりしないこと。(2) 爪噛みという行動が病的なものであると決めつけないで接すること。

結論からいうと，子どもがおかれている心の内的世界を理解しようと親教師は努め，友だちができるように援助したり，その子のもっている長所を積極的にほめてやり，欲求不満を少しずつ解消してやって，家庭やクラスの中での自己実現の場を作ってやることが肝要である。

〔小林昭彦〕

⇒不安，防衛，欲求

文献 1. 後藤稠編『最新医学大辞典』医歯薬出版，1844 p., 1987；2. G-依田監修, 1979

出会い encounter (英)；rencontre (仏)；Begegnung (独)

(1) 人と人，人と物が偶然に出くわす。(2) 将来，友人・恋人・妻などとなるだろう人と偶然に知り合いになる。(3) 人と人，人と物がともに生活することになったときの，**持続的接触による精神的影響**。(4) 心と心のふれ合い（による自己内面の変革）。

カウンセリングでは，(2)以下の意味で使うことが多い。フランスの哲学者マルセル*は，相手を所属や経歴によってではなくて，個々の具体的な一人の人間としてとらえることが大切だと考えて，呼びかけ合い，交わりつつ「あなた」と「わたし」とがお互いの違いを認めながらも愛の交響曲を奏でる人間関係の存在を考えた。したがって，最も充実した出会いは，内面性をそなえ，決して具象化の誘惑に陥ることのない人間にのみ考えられ，手探りで進んできた孤独の道を照らす光であり，創造的発展の次元に位置するものである。

インドの心理学者マチャド (M. A. Machado) は，精神的「出会い」の特性を五つあげている。(a) 2人の間の相互性，(b) 特定の人だけにおきるユニークな体験，(c) どれぐらいの強さでどれぐらいの時間にわたって何がおきたのか，を客観的に説明できない。(d) 当事者だけの個人的な関係，(e) 2人の人がお互いの全存在でつき合う。この他にも，人間が他者に出会う状況を自由に決めることができる，また，常に身体性を媒介としての出会いの可能性がある，などの特徴をあげることができよう。ドイツの精神科医テレンバッハ (H. Tellenbach) は，出会いを身体の最深部知覚の一種だと考え，精神的な味やにおいとでもいうべきものであって，言葉や思考による以上に人間同士を内的に結び付けるものと見なしている。エンカウンター・セラピーでの「出会い」は，「マスクをぬいだ真実の触れ合い」を意味している。心と心の通い合い，ホンネとホンネとの触れ合い，とも表現できよう。

出会いの相手の人格との生き生きとした交わりの世界では，それが不確実で不安定な出来事ではあるが，「あなた」との人格的な共同生活の中にとけこんでいるので，自分もほんとうに生き生きとした人格としての「わたし」になれる。ここで言う「あなた」とは，人格として認める特定の相手のことであり，この相手に呼びかけることによって人間関係を取り結ぼうとする「わたし」は特定の私であるから，ある物体に向かう「わたし」とは生活態度が異なっている。このことをイスラエルの哲学者ブーバー*は『我と汝』(1923) という著書の中で詳しく説明し，2人の他者が融合するのではなくて，お互いに他者であるままで向き合って出会うのであり，どちらか一方だけが相手に向かって働きかけるのではなくて，能動も受動も一緒になって同時に出会いがおきるところに特徴がある，と述べている。関係は相互的であり，わたしが「あなた」に働きかけるように，わたしの「あなた」は「わたし」に働きかけるのである。これこそが出会いの特徴である。

2人の人間が出会い，自分が相手によって受け入れられているという安心感と，重んじられているというお互いの信頼感があり，心からし

みじみ語り合って，その人本来の自分自身，人間の本質を互いにあらわにして，お互いの魂に触れ合うとき，2人の人格はお互いに対する意識をもちつつ，それぞれの人格全体で互いに影響し合う。このとき，互いに相手の人だけを意識することで，2人の間に深いコミュニケーションができ，一体になったという感じがする。この決定的な内面的経験によって，それまでの無知や幻想から突然に目覚め，精神世界が突然に広がって，まったく新しい考えがその人に現われ，世界観や人格構造が変わって，人生に新しい意味を見出す。

一個の人格として生きていくためには「あなた」との出会いが，欠くことのできない重要な意味をもっている。そこで，ブーバーは，「真の生は出会いである」と言っているのだ。出会いのない人生は，真に生きたとは言えない人生であり，人間として生きたというよりは物質として存在したに過ぎない。

人間の治療的変化を決める最も重要な決定的要因は，治療者との「対人的な出会いの質」だ，とロジャース*は述べている。それが，人間の成長や発達をどの程度促すかの決め手になるのであって，心理学の知識の有無などはクライエントに決定的な影響を与えるものではない。ストルヒ（A. Storch）が，統合失調症の患者に人格的出会いの空間を用意してやれば，新しい交わりができると同時に自立性や現実を回復する，と述べているように，「出会い」は，人間の相互存在，相手との生きられた関係を回復させる癒しにつながるのである。　　　　〔小林 司〕

⇒エンカウンター・グループ，実存心理学，実存分析療法，来談者中心療法，ロジャース

文献 1. 朝日新聞「こころ」のページ編『自分と出会う』朝日新聞社, 244p., 1990；2. 朝日新聞「こころ」のページ編『自分と出会う 2』朝日新聞社, 217p., 1990；3. 稲村秀一『ブーバーの人間学』教文館, 506p., 1987；4. 菊池多嘉子『看護のなかの出会い』日本看護協会出版会, 113p., 1987；5. E-小林司, 1983；6. 小林政吉『ブーバー研究：思想の成長過程と情熱』創文社, 455p., 1978；7. 谷口龍男『出会いの哲学』北樹出版, 212p., 1978；8. 谷口龍男『「われとなんじ」の哲学：マルティン・ブーバー論』北樹出版, 186p., 1980；9. E-都留, 1987；10. A-畠瀬, 1991；11. E-ブーバー, 1979；12. I-福島・石川・麻生編『青年心理』No. 69, 1988；13. Bockenhoff, J.: *Die Begegungsphilosophie ; Ihre Geschichte, Ihre Aspekte.* Karl Alber (Freiburg), 464p., 1970

Tグループ　T-group

参加者相互の自由な（非指示的な）コミュニケーションによって，人間としての人格的成長をもたらそうというグループ・アプローチ。

トレーニング・グループ（training group）の略称。ラボラトリー・トレーニングと呼ばれることもある。

こんにちTグループと呼ばれるようになったグループ・トレーニング法は，ドイツ生まれの米国の心理学者レヴィン*が，あるきっかけから偶然に発見したものだった。1930年代にレヴィンは，大学でいくつかの実験を行ない，そこから，民主主義的に運営される作業グループのほうが，権威主義的に運営されるグループよりも課題達成の効率がよい，ということを明らかにして注目をあびた。その後，レヴィンは，より効果的にグループを導く教育に関心を深め，何人かの仲間と，あらかじめリーダーや議事日程などを決めずにおくディスカッション・グループを教育訓練の手段にする，というアイディアを思いついた。レヴィンの死後，彼の同僚たちがこのアイディアを実際に試してみたいということから，NTL（National Training Laboratories）を創設した（1947）。ここで実践され始めたトレーニングがTグループ・モデルの先駆であり，「感受性訓練」（sensitivity training in human relationship）という呼称はここから派生したものである。

Tグループの歴史には流れが二つある。その一つは，組織の変革を目指すものであり，ワークショップという名のもとに企業のトップ・マネージャーたちのリーダーシップ訓練がさかんに行なわれた。もう一つの流れは，1960年代になって目立ち始めたもので，Tグループを「個人の成長のための手段」と見なすものである。この流れにそって，5〜6年の間に100を越すヒューマン・グロース・センター（Human Growth Center）が全米各地に設立され，人間性開発運動（Human Potential Movement）と呼ばれる動向に多大の影響を与えた。

当初米国で行なわれていたラボラトリー・トレーニングは，たとえばシーズン・オフのリゾート・ホテルのような，日常生活から隔離された場所（文化的孤島）で行なわれ，複数の指導者（トレーナーと呼ばれる）と10〜20人のトレーニング参加者が5〜6日，ときには2週間もの間宿泊を共にして，1回およそ2時間のグループ・セッションを10〜30回行なうものである。セッションの内容は，参加者がトレーナーの働きかけによって相互の自由な（課題のない）コミュニケーションを行ない，その体験プロセスを相互にフィードバックすることによって対人関係における各自の気づきを促進しようとするものであった。

ラボラトリー・トレーニングにおいて重視される基本的枠組みと目標は，次のように要約される。

(1) 日常の先入観や既存の理論的枠組み・知識をできるだけ排除，もしくは留保し，トレーニング参加者自らの「今，ここ」(here-and-now)での経験（トレーニングの場で現におこっている現象）を学習の素材として重視する。

(2) トレーニングにおける指導者（トレーナー）とトレーニング参加者の関係は伝統的な師弟関係ではなく，トレーナーの役割は援助者であり，参加者自身が学習プロセスの自由な主体，自律的な人間と見なされる。

(3) 個人の気づきや成長は他人を必要とする，という前提に立ち，参加者相互のフィード・バックと相互援助関係が重視される。

(4) 体験のプロセスをフィードバックすることによって，個人の問題，個人と個人の関係における問題，さらには集団や組織における諸問題を明らかにする。

Tグループの流れをくむ訓練法が，わが国で本格的に実践されるようになったのは1960年代である。今日，Tグループの流れをくみ，独自の研究の成果を踏まえて開発が進められ，実践されているものとしては，IPRトレーニング(Interpersonal Relationship Training, 東京国際大学人間関係学研究所)とMLT (Micro-Laboratory Training, 上智大学カウンセリング研究所)などがある。前者は，現象学的視点にたった研究・実践を踏まえたものであり，後者は，人間性心理学（humanistic psychology）および実存心理学（existential psychology）を理論的背景とするものである。IPRトレーニングで狙いとされていることは，(a) 今まで気づかなかった自分に気づく，(b) 新しい他人を発見し，信頼関係を築く，(c) お互いが主体的になる，(d) 組織の中で自由に動ける喜びを発見する，(e) 一人一人を生かす真のリーダーシップを体験的に学ぶ，(f) 新しい建設的な動きや創造性が発揮できる，などである。一方，MLTの目的とするところは，(i) 今まで気づかなかった自己を発見することによって，新しい目で自己と他人を見ることができるようになる，(ii) 今までとは違った新しい世界で，積極的かつ創造的に生きていくことができるようになる，(iii) 人と人とが知り合うということがどういうことであるかを体験的に学ぶ，(iv) 他の人々と共に生きることがどういう意味であるか，人を信頼するとはどういうことであるかを体験的に学ぶ，(v) 人が自由に行動するとはどういうことであるか，を体験的に学ぶ，(vi) 私は何者であり，私はいったい誰であるか，を知る，などである。両者におけるセッションの進め方にはかなりの相違があるが，共通して目指しているのは，人間としての人格的成長である。
〔中村彰男〕

⇒エンカウンター・グループ，グループ・アプローチ，コミュニケーション，実存心理学，人間性心理学

文献 1. A-小林, 1979；2. B-シャイン・ベニス, 1969a；3. B-シロカ他, 1976；4. E-早坂, 1978；5. E-早坂, 1991

抵抗 resistance

(1) 変化させようとする力に対して，変化させまいとする力，(2) 電流（流体）の通過を拒もうとする性質，(3) 権力・道徳・社会・文化に従うまいとはむかうこと，(4) 人間の尊厳を守る戦い，(5) 夢解釈や連想を介して患者の無意識に到達しようとするのを妨げる言動・態度。（カウンセリングで用いられる意味。）

フロイト*は夢から無意識を発見する過程で

「抵抗」という言葉を用いた。以下にフロイトの考えを述べる。睡眠中は、人の外界に対する興味は退き、外界からの刺激も受けないので、普段は無意識の中に押し込められている、不都合なことや不道徳的な願望が、夢となって現われる。しかし精神には検閲作用があって、無意識の中の願望はそのままの形では夢として現われない。この検閲は、意識が嫌う傾向を意識から抑圧して無意識に留める。カウンセリングによって、この意識が嫌う傾向を患者の意識にあげようとすると、患者は「抵抗」する。無意識の中にある、倫理的・美的・社会的見地からみて望ましくない願望は、夢に現われる時も検閲にあい、変形されて出てくる。この夢の内容（＝無意識の変形された代用物）から、本当の無意識を発見することが、夢を解釈する目的である。夢の解釈も、抵抗に逆らってなされる。解釈の時に現われる抵抗と、願望を変形して夢にする役割（＝検閲）は同じものである。この抵抗の大小によって、無意識の変形の度合が決まる。抵抗が大きければ大きい程、無意識と、無意識の変形された代用物との間の隔たりは大きい。

夢形成と夢解釈のメカニズムは、そのまま神経症にも当てはまる。神経症患者は、苦痛である症状を取り除こうとしてくれる医者に対して、執拗かつ強力な抵抗をみせる。それは、患者自身はこれが抵抗とは気づかないが、患者の無意識にとっては、病気のままでいる方が有利なので、精一杯反抗するからである。患者にとってつらい、新たな題材を、意識にのぼらせようとすると、患者は極度に批判的になる。状態を変化させまいとする力は、かつてこの症状を生み出したものと同じである。症状が作られるということは、ある精神過程が、まともには目的地に到達できずに、意識になることができなかった、ということである。だから症状は、そこで留まってしまったものの代理として現われたのである。問題としている精神過程を、意識に出すまいとして激しい反抗がおこり、その結果、この精神過程が無意識に留まることになったのである。留まったこの精神過程は、無意識として症状を作り出す作用をもつ。また、これと同じ反抗は分析療法中にも働き、無意識を意識に移そうとする努力に、再度逆らおうとする。この反抗を、私たちは抵抗と感じ、この病原的な過程を抑圧と呼ぶ。では、どのようにしてこの抵抗を取り除くのか？　抵抗は、不道徳な行動を抑圧するためにわきあがった反対充当によって作られる。この抵抗は、無意識に属さず、自我に属している。だから解釈し、推測して患者に知らせれば、患者の自我が、これは抵抗だと認識し、反対充当は引っ込む。このように、抵抗を発見し克服して抑圧を取り除けば、無意識を意識に変えることができ、症状も消える。

転移（患者がある人に抱いていた感情を、医者に移しかえること）が抵抗に変わった時は、ここに注目して、抵抗に変わった転移を克服することが、病気を治すことと一致する。ヒステリー、不安神経症、強迫神経症における治療の主役は、転移である。そこでこれらを転移神経症とまとめて呼ぶことになる。ナルシシズム的神経症患者は、転移能力をもたないので、医者の言うことを聞かず、症状の原因となる葛藤の再生、抑圧による抵抗を克服できない。つまり精神分析療法では治らない。分析療法では、転移自体を治療対象とし、分析療法終了時には、転移そのものも消え去っていることが必要である。治療が好結果を生み、その状態が永く持続するのは、暗示によるのではなくて、暗示の助けにより患者の心の内部でなし得た、内部抵抗の克服によるものである。このように抵抗を打ち破るという仕事が、精神分析療法の根本をなしている。催眠術では、抵抗を知ることはできない。催眠状態は抵抗を追い払い、分析のためにある領域を開けはするが、それ以上深く進もうとすると、領域の境界でくいとめられてしまう。だからフロイトは、本当の精神分析は、催眠術の助けを借りることをやめたときから始まった、と言っている。

フロイトは、『制止・症状・不安』（1926）の中で、それまでの見解の修正として、抵抗について次のように述べている。自我に属する抵抗を取り去るだけでは、抑圧が完全に解消されず、なお残る抑圧を解消するため、「仕上げ」と呼ばれる時期が必要である。この「仕上げ」は、反

復強迫の克服であるが，反復強迫の契機は，"無意識の抵抗"と呼ばれるものである。そこでフロイトは，分析で遭遇する，克服せねばならない抵抗として，次の5種類をあげている。

まず自我に属する抵抗は3種類。

(1) 抑圧抵抗：前に述べた抵抗である。(2) 転移抵抗：抑圧抵抗から分離したもの。抑圧を目の前に再現させる働きをする。(3) その他の抵抗：疾病利得から出る。満足や安心を放棄することに対する反抗。

また無意識の抵抗と呼ぶべき次の2種類。

(4) エスの抵抗：反復強迫の契機となる抵抗。(5) 超自我の抵抗：罪の意識・処罰の要求にもとづく。すべての効力にはむかい，分析治療にも逆らう。

カウンセリングを受けるということは，今までの自分が，何らかの問題を抱えていることや，自分が変化をする必要があること，を認めることにもつながる。また未知のカウンセラーの前で，裸の自分をさらけだす危険を犯すわけで，カウンセリングに行くこと自体に対する抵抗が，まずある。カウンリング中には，自分の気づきたくない現実や，認めたくない事実に直面せざるを得ない時，当然のことながら，大きな抵抗が起きる。誰でも，今までの生き方や考え方を変えることに対しては，無意識に抵抗する。カウンセラーの援助・指摘によって，この抵抗に本人が気づき，抵抗が取り除かれれば，自由な精神が動きだす。一方，自由な精神運動を少しずつ強めていけば，自然に抵抗を打ち破って行ける場合もある。　　　　　　〔橘　整〕

⇒神経症，心理療法，精神分析，対抗転移，転移，夢

文献 1. C-フロイト, 1970a

敵意　hostility

個人あるいは集団に対して怒りを感じ，それに害を加えようとしたり，拒否しようとしたりする傾向，あるいは態度。

特に，幼児期に，子どもに愛情をもっていない両親との間で生じる敵意が，人格形成上に大きなひずみを生じさせる。

ホーナイ*は，敵意が，神経症的人格を形成する役割をになうことを指摘している。両親が，えこひいき，過度の甘やかしや干渉，拒否的な態度など，結果として，子どもの意志を台無しにするような態度で子どもを教育した場合に，子どもの中に，親に対する敵意を生じる。子どもは親の愛情が本物でないこと，自分が愛されていないことを敏感に感じるからである。しかし，子どもは親を必要としているし，親が怖い。また，親の愛情を失うのが恐ろしいし，親に敵意を抱くような悪い子にはなりたくないと思っている。そこで，親と自分の関係を損なうことを恐れて，子どもは親に対する敵意を，抑圧してしまう。この敵意の抑圧が不安を作り出す。子どもが親の態度に順応して，家族に対する怒りを抑圧すればするほど，不安はますます外界に投射されて，子どもは「世界」全体が危険で恐ろしい所だと信じ込むようになる。その結果，子どもは，「敵意に満ちた世界に，自分がたった一人でいる」という感情をもち，それを育てていくことになる。この感情はしだいに増大し，あらゆるものに浸透する。個々の挑発的事態に対する個々の急性の反応は，やがて結晶して慢性の性格態度となる。

この態度そのものは，神経症の本質をなすわけではないが，その上に立って，神経症がきわめて発達しやすい温床となる。この態度は神経症において基本的な役割をなすので，ホーナイはこれを「基本的不安」と名づけた。この基本的不安から逃れるために，現代文化の中では，四つの手段がよく使われるとホーナイは指摘している。すなわち，(1) 愛情の獲得，(2) 屈従，(3) 力の獲得，(4) ひきこもり，である。

神経症的な人は，あまりにも無理な愛情を人に要求するので，相手がこたえられなくなることがしばしばある。そうすると，拒否されたと感じ，「やっぱり私は愛されていない」と思い込む。拒否されたと感じると相手に敵意を抱くが，敵意をもつことによって相手に愛されなくなるのが何よりも怖いので，この敵意を抑圧する。そのため，不安がますます大きくなる，という悪循環がおこる。悪循環を大ざっぱに図式化すると，次のようになる。不安→愛情への過度の要求（これは無条件の愛を独占したいという要

請を含む)→これらの要求が満たされないために生じる「拒絶された」という感情→拒絶に対する反応としての激しい敵意→愛情を失うことの恐れと,そのために敵意を抑圧する必要性→対象のない怒りが生み出す緊張→不安の増大→安全感への要求の増大……こうして,本来ならば,「基本的不安」から逃れるための手段であった愛情の獲得が,新たな敵意と不安とを作り出す結果になる。この悪循環とその結果のすべてを明るみに出すことが,精神分析の主要な作業の一つである。

エリス*は,敵意を二つの部分,つまり健全な部分と,不健全な部分とに分けて考えた。健全な部分には,不愉快な場面とか困難な人間についての,いわゆる不快,不満,迷惑,イライラ,のようなものが含まれると指摘している。これらには以下の二つの観念が含まれている。

(a) ある物,あるいは人物が,私にとって不愉快でいらいらする。

(b) したがって,私は,その物や人物を変えることによって,イライラを最小限に抑えるために何かをするべきである。

敵意は,次の第3の考えを含むという点で,不快とか迷惑とは根本的に異なる。これが敵意の不健全な部分である。「この私を悩ましている物や人物は明らかに有害であり,そんな物が理論的に存在するはずがないし,また,そんな人物が理論上,まともな人であるはずがない。したがって,私の出す次の結論は正しいのである。すなわち,そんな物は存在すべきではないし,また,そんな人物をそのままにしておくべきではない。」別の言い方で言うとすれば,「私はそんな物(あるいは人)を,嫌いなのだ。したがって,そんな物(あるいは人)は存在すべきではないのだ」という大げさであやまった結論になる。

迷惑に感じたり,イライラしている人間の場合だと,しばしば,何かそのいらだち原因を取り除くのに役立つようなことをしようとする。しかし,怒りを感じたり,敵意をもった人間の場合には,自業自得で苦しむことが多く,時間とエネルギーを何かそのイライラを変化させるために使うというよりは,むしろ,そのいらだちを呪うことに費やす。そしてたいていは,彼が怒っている相手からの抵抗を受け,それによりさらにイライラをつのらせ,さらにそれが促進される,というように,結局,敵意を自らくりだし,自らそれを長引かせ,その悪循環の真ただ中にいることになる。

不安や敵意を抱いて行動していると,時間とエネルギーは,絶えずその方に費やされ,自己非難したり,あるいは他の人々に怒ったりする以外に,ほとんど何もできなくなってしまう。不必要に不満や敵意をもっている限り,人間は,精神的に健康な人間として生きられないのである。

エリスの提唱した,論理療法(Rational Emotive Therapy, RET)は,ほとんどすべての精神病の兆候の最初の原因のように思われる不安や敵意を,また,ほとんどの人間行動の背後にある,あやまった非理性的な,哲学的な仮定から順次作り出される不安や敵意を,永久的に弱め,そして,消し去るための最も有効な手段である。〔岸本博和〕

⇨愛情,攻撃性,神経症,論理療法

文献 1. B-エリス, 1983 ; 2. E-斉藤勇, 1986 ; 3. H-『ホーナイ全集』2, 1973

適応 adjustment

有機体がその環境と望ましい関係を作り出していること(ワレン*)。

生物学では,環境によく適合して生き残ることを自然淘汰というが,望ましい関係を作るのは無意識な生理的変化なので順応(adaptation)と呼んで区別する。

ゲーツ(A. I. Gates)は適応を,「個人のその環境に対する関係が,有効とか幸福とかいう言葉で現わされるような状態にあるとき」と説明している。

では,どんな環境かというと,自然的環境,社会的環境,あるいは自分自身の心理的世界の三つであり,特に人が,社会制度,組織の中で,適切な対人関係と心理的安定性を保ちながら環境に適応する行動をとることのできる状態をさす。適応は,米国行動主義の基礎をなす機能主義が基本概念となっており,精神分析の概念で

ある防衛機制と結びついて,個人の行動発達や情動障害,行動障害,神経症症状などを説明する際にも用いられる。

カウンセリングでは,特に適応を全人格的行動としてとらえる。つまり,パーソナリティ内の心理的諸領域が,力学的に均衡がとれているか否かということになる。心理的適応が進むと,それまで自分らしくないと排除していた経験や行動を包含したり,それらをありのままに受容することになるので,完全に自己受容し,「本当の自分になれる」わけで,適応が自己実現の重要な基礎となる。

河合隼雄は次のように述べている。適応には,環境に自分を合わすという意味での消極的適応と,別に積極的適応とがある。たとえば,職場にうまく適応できないので会社をやめたいという人の話を,カウンセラーがじっくり聞き,その人の話を受け入れると,その人は,自分が生きていけるように環境を変えてみせて,積極的適応をしていくという。また,心理的適応にもう一つ別の次元を考える必要がある。すなわち,人間というのは,必ずしも現在のままではなく,何か変わろうとしている,と考える次元である。人間は,可能性として発展させねばならないことにも適応するので,適応を動的に考えねばならない。人間も環境もともに変化し,成長していく。特に,人間は生まれつきもっている可能性や,成長していく可能性などを秘めている。むしろ有能な人が高い適応をしようとして猛烈な対決をするので,一時的に不適応をおこすことさえある。そして最終的には「死んでいく私」との適応をどう考えるかが問題であり,この意味を深めていくと,適応という言葉は,自己実現という言葉におきかえられていくであろう。

〔木下京子〕
⇒過剰適応,自己実現,人格的成長,成熟

文献 1. A-飯塚,1973;2. A-河合,1975;3. I-福島・石川・麻生編『青年心理』No.76,1989;4. E-福島責任編集,1989

適性 aptitude
適した(ふさわしい,向いている)性質がそなわっていること。またその**性質**。

適性とは「〜適性」というように,何らかの課題なり仕事という目標があり,それを対象とした時の人の性質を表す概念である。人には個人差があることが前提となっており,適したものを「選ぶ自由」があってこそ意味をもつ。

カウンセリングのルーツは,20世紀初め産業革命から工業化が進み,若年労働者の身の処し方(非行など)が問題となったアメリカにおける職業指導といわれるが,そうした相談機関において,適性が考えられ,研究されてきた。職業選択,つまり本人にふさわしい職業を選ぶ場合の適性である。

一般に職業適性というと,その職務に適した人を選ぶという採用選抜,およびその人材を有効に使おうとする人事管理の面を思い浮かべるが,「選ぶ自由」は双方にある。職業の場合,どちらにどの程度選ぶ自由があるかは国情によって異なり,景気の波にも左右されようが,職業選択の自由は憲法(第22条)でも保障されている。人に適した職を選ぶ,そして職に適した人が選ばれる。適材適所は社会にとっても,個人にとっても幸せなはずである。もちろん「下手の横好き」もあり,適性に合うことと個人の好みは必ずしも一致しない。しかし,力が十分に発揮できるところを選ぶことは,満足につながる。双方の選ぶ自由が「適性」によって,うまく結びつけられることが理想である。

ところで「適する」とはどういうことか。まず能率面でのレベルとして,(1) 目標達成上最低限の条件をクリアする,と(2) 普通以上にやれる場合,とがあろう。特にレベルが高い場合は「才能」と呼ばれる。内容的には,(a) 能力,(b) 能力以外,に分けられる。能力以外とはたとえば意欲,興味,性格などである。課題や仕事という目標を考える場合,それを適切にかつ効果的にこなせることが大事であり,まず必要なものはそれに関わる能力である。身体的機能も含めて,ある程度の技能,そして知識が必要である。また,センスが大きくものをいう場合もあろう。同時に大切なのは学習能力である。今できなくても習えばできるのか,あるいはできないのかによって能力の容量は大きく異なる。また,意欲も重要である。「好きこそ物の上

手なれ」でもあろうが，たとえば足の指を使って素晴らしい絵を描く人がいるように，意欲はときには身体的ハンディキャップを補って余りある才能を開花させる。興味や価値観，もっと言えば生きる姿勢が課題達成に影響を及ぼす。さらに，課題が集団や組織の中で行なわれる場合，あるいは課題そのものが人間関係を含んでいる場合，いかにうまくやっていけるか，いわば対人関係能力が大切になる。人と話ができる，助け合えるという基本的な社会性もさることながら，もう一段進んだ，たとえばリーダーシップや品性などが必要とされることもある。また，さまざまな人の中で適応していけるか，あるいは組織や集団の風土になじめるかが問題となることもあろう。

類似の概念に「適応性」や「適格性」があるが，「適応性」は環境との関わり方を意味し，上記のように適性の一部を担うことがある。一方，「適格性」は条件に適うという意味であり，現時点での一方向的当てはめという点では適性と明確に区別すべきである。適性における「適する」はもっと動的で幅のある意味をもっている。すなわち条件にその人が合うか否かだけでなく，たとえばこの人にはどんな条件がふさわしいか，また，望ましい育成が可能か，あるいは今後どの方向へ努力すべきか，などの意味をもつ。適性は将来の可能性，方向性を見出すための概念である。

ところが実際には，適性が人を規定しやすく，固定的，宿命的に受け取られがちである。これは一つには人間が，多様であり，かつ弾力があることによるのかもしれない。複雑な人に適した課題を選ぶより，柔軟性ある人が課題に合わせる方がたやすい。したがって課題に人をあてはめようとしがちになるのだろう。そして，もっと大きな原因は選択-診断-測定（テスト）という文脈にあると考えられる。適性には予測診断的意味合いがある。将来の成果を見込んで現時点での選択が迫られるのである。これはなかなか難しいことであり，そのために適性診断が必要とされ，各種の測定法（心理検査）が開発された。そして，検査結果によって人に診断が下され，それをもとに選択が行なわれるという過程が成立した。一般に「検査結果」は絶対的なものだと受け取られやすい。しかも，統計的手法の進歩やコンピュータの導入によって，検査の精度いわば客観性が高まることで，ますます結果が重みを増す。こうして，適性検査は選択の自由を奪うものともいわれ，さらにプライバシーの侵害の問題も絡み，その廃止が叫ばれることさえおきた。

確かに選択することは可能性を狭めていくことでもあろう。そして，適性が診断や検査結果としてあまりに宿命的，固定的に受け取られたために，その悪しき役を担わされた，と言えようか。前述のように，適性は育成できるものであり，可能性，方向性を見出すものである。選択肢を奪うものではなく，むしろ発見し，育てるためのものである。そして，適性検査はそのための一つの道具にすぎない。検査結果を過信せず，育成，発見という視点を忘れなければ，決して個人の自由を侵害することはなく，むしろ可能性を広げ，伸ばしてくれる。「適性」は本来，個人と社会の幸せに役立つはずの概念である。　　　　　　　　　　　　　〔村田京子〕
⇒キャリア・ガイダンス，キャリア・カウンセリング

文献 1. 詫摩武俊『個性と適性の心理学』（講談社現代新書）講談社，195p.，1984；2. 豊原恒男『職業適性』（ブルーバックス）講談社，236p.，1965；3. 山田雄一『適性：職場ノイローゼからの解放』筑摩書房，222p.，1963

転移　transference
精神分析療法中に，患者が幼小児期の感情をそのまま，治療者に向けること。

フロイト*の精神分析療法は，自由連想法により，無意識の中にひそんでいる過去の心理的外傷体験や，欲求，葛藤などの要因をさぐり，神経症やヒステリーを治療する。この自由連想法では，思いつくことを何でも，かくすことなく，治療者に語ることを患者に求める。しかし患者は，いつ治るとも知れぬ治療のために，毎回，連想を続けるなかで，（日本では通例，週1回，50分治療を行なう），欲求不満を強めていき，葛藤状態におちいり，退行といわれる形で，幼小児期にとった防衛や，適応のパターンに戻っ

ていく（治療的退行）。

この退行の中で，分析治療をすすめる際の重要な手がかりとなる抵抗や転移がおきる。たとえば治療を行なうなかで，分析に遅刻したり，欠席する，沈黙や議論，日常会話のような雑談に話が流れる，治療者に反抗したり，甘えたりすることがある。こうした行動は，症状を治療するという分析目的から考えるなら，抵抗であり，治療者への態度という点では，転移と考えられる。すなわち，ここにおいて患者は，幼小児期において患者にとっての重要な人物である父，母などに対してとった行動パターンや，感情的葛藤を無意識的に繰り返して，治療者に向けてくる。これが転移である。

患者が示すこうした転移には，その感情的内容により，陽性転移と，陰性転移の2種類がある。(a) 陽性転移では，尊敬，親しみ，信頼，感謝などの感情を示し，(b) 陰性転移では，敵意，攻撃，嫉妬，嫌悪などの感情が示される。しかし，実際の治療場面での転移には，両価的転移といわれるような陰，陽両方の転移を，対立させて含む転移が多くみられる。たとえば，恋愛転移のように，好意や親しみとともに，うらみや，嫉妬などのアンビヴァレントな感情（相互に対立する感情）をもつものも多い。

転移は，幼小児期の行動や，感情パターンの繰り返しであるが，そこにおいて中心となるのが，エディプス・コンプレックスである。すなわち，男の子であれば，母親の愛をめぐって，父と心理的に敵対し，父を憎悪し，また，それゆえに父を恐れる。その一方で父のような人物になろうとして，父と同一化しようとする。また，女児であれば，父に愛を向け，母を退け，母と対立するようになる（エレクトラ・コンプレックス）。こうした，父母への感情も，現実の場面では愛憎の両面をもつアンビヴァレントなものとなる。

このような，父母に対する幼児期の感情をそのまま治療者に向けるのが転移である。精神分析では，こうした父母に対してもつ感情的葛藤が原因で，神経症や，ヒステリーなどの症状が現われる，としている。また，このような神経症を，起源神経症と呼ぶ。この起源神経症の治療中に，患者と治療者との間に転移が成立すると，この両者の関係から神経症症状が重くなったり，軽くなったりするようになる。これが，転移神経症である。すなわち，対父，対母との関係で成立した神経症が，対治療者との関係での神経症におきかえられたことになる。治療者は，この転移神経症を分析の対象として治療する。すなわち，患者のもつ感情，態度は，過去において，両親に対してもっていたものの再現であることや，そうした感情，態度は，空想的で，現実にそぐわぬものであることをクライエントが理解するように分析をすすめていく。このように，転移の分析を通して，病的精神力動を克服していくのが精神分析であり，転移は，その作業上の，きわめて重要なポイントの一つである。　　　　　　　　　　　〔福田　満〕

⇨アンビヴァレンス，エディプス・コンプレックス，エレクトラ・コンプレックス，精神分析療法，対抗転移，抵抗，フロイト，無意識

文献　1. B-池見・弟子丸, 1981；2. E-小川, 1982；3. C-霜田, 1951；4. C-福島, 1986b；5. C-フロイト, 1973；6. C-前田・小川, 1981；7. C-宮城, 1959；8. C-米山, 1988a；9. B-和歌山教育催眠研究会, 1986

てんかん　epilepsy

「てんかんは単一の疾患名ではなくて，さまざまな原因でおきた慢性の脳障害にもとづく症状名である。脳細胞の過剰な発射（異常放電）に由来する反復発作（てんかん発作）を主徴とし，これに種々の臨床症状と検査所見を伴う」（世界保健機関，WHO，によるてんかんの定義）が一般的に受け入れられている。臨床上では，てんかん発作が確認され，脳波検査で異常波（発作波）が出現する，という2要素が見られる場合にてんかんとする。

てんかんは，日本では人口の0.3％にみられ，患者の4分の3以上が春思期までの小児期に発症するといわれている。

てんかんの原因は種々あるが，器質性要因と，遺伝要因とに二大別できる（表1）。

器質性（脳の構造や形態に異常がある）要因としては，脳奇形，周産期障害，脳炎，髄膜炎，頭部外傷，脳腫瘍，脳血管疾患などがある。X

線検査やCT検査などにより，脳の器質的疾患を明らかにできることもある。

遺伝要因としては，脳の器質的変化は明らかにされないのに，家族歴があるてんかん患者の一部には，てんかん素因（てんかんを発症しやすい傾向）の遺伝をもつ人があるという事実は否定できない。この場合，片親がてんかんの時，子どもにてんかんが出現する確率は5％といわれる。

表1　てんかんの原因

病因	器質性要因	・脳奇形 ・周産期障害 ・脳　炎 ・髄膜炎 ・頭部外傷 ・脳腫瘍 ・脳血管疾患
	遺伝要因	・家族歴 ・てんかん素因

てんかんは，その病態生理にもとづいて表2のように分けられる。

表2　てんかん発作の国際分類

1	部分発作	単純部分発作 複雑部分発作 部分発作の二次的全汎
2	全汎発作	欠神発作 ミオクロニー発作 間代性発作 強直性発作 強直間代発作 脱力発作
3	分類不能のてんかん発作	

発作性症状は部分発作と全汎発作に分けられる。部分発作の中で意識を失わないものは単純部分発作，意識を失うものは複雑部分発作といわれる。全汎発作は発作開始時から大脳両半球が巻き込まれていることが特徴である。

(1) 単純部分発作：一次性焦点が大脳皮質にある。一次焦点の部位によって違った症状が現れる。運動皮質であればけいれん，感覚皮質であればそれぞれの部位に応じて，しびれ感，異常な臭い，視覚障害などである。自律神経の中枢であれば自律神経症状（腹痛，嘔吐，発汗など）側頭葉であれば精神症状（幻聴，幻覚など）が現れる。

(2) 複雑部分発作：単純部分発作の症状に，意識障害が加わったもので精神運動発作といわれるものである。手をたたいたり，歩き回ったりする行動がみられるが，意識消失のため本人は何も覚えていない。てんかんの中で，割合に頻度の高い発作である。

(3) 部分発作の二次的全汎化：発作の起始は単純部分発作か複雑部分発作であり引き続いて次の全汎発作に移行する。以下(a)〜(f)の六つの発作型はいずれも全汎発作である。(a) 欠神(意識喪失)発作：数秒間意識がなくなるのが主症状である。その他に発作中に目的のない運動や，軽いけいれんが見られる場合もある。患者は発作中の動作を覚えていない（以前は小発作といわれていた）。(b) ミオクロニー発作：上肢や体幹など，両側対称性の瞬時のけいれんであり，意識がある場合もある。(c) 間代性発作：両側または全身の筋肉の収縮と弛緩が交代で現れる。数秒から数十秒続く。(d) 強直発作：両側，全身の筋肉の強直けいれんが数十秒ほどつづき，この間呼吸は停止している。(e) 強直間代性発作：発作の全経過は1分ほどである。その後睡眠に移行したり，もうろうとなる場合もある（以前は大発作といわれていた）。(f) 脱力発作：姿勢を保持している筋の緊張が突然なくなり倒れる。

非発作性症状には表3のようなものがある。性格障害においては粘着性(しつこさ)，爆発性，緩徐（行動がのろい）が見られる。てんかん発作回数が多い場合は，知能水準が下がる場合がある。

表3　てんかんの症状

発作性症状	・てんかん発作の各型
非発作性症状	・てんかん不機嫌症 ・精神病（統合失調症，躁うつ病） ・性格障害 ・知能障害 ・てんかん性精神病

てんかんの治療としてはてんかん発作自体を抑制する薬物療法が原則である。医師の指示通り，服薬を1回も抜かずに持続することが必要。日常における生活態度（暴飲暴食や過労を避け

る)も発作の誘引を避けるためには大切である。

てんかんの予後は,その病型と原因によって異なる。発作は服薬により70％が完全に抑制できる。残りの30％は,発作回数は減少するが,完全な抑制は難しく「難治てんかん」と呼ばれている。てんかん患者に対しての差別をなくし,家庭,学校,職場での理解と協力が必要である。
〔志村玲子〕

⇒難病

文献 1.織田他『医学全書』1,中山書店,501p.,1990;2.吉利和編著『内科診断学』(改訂6版)金芳堂,945p.,1990;3.日野原重明総監修,新川善博他編『精神障害・心身症看護マニュアル』(ナーシング・マニュアル 12;重症疾患編)学習研究社,278p.,1987

電話カウンセリング counseling by telephone

電話を媒介として何らかの問題を抱え,その援助を求めている人,解決しないまでも,悩み,苦しみを分かち合いたいと願っている人(かけ手)に対して,聴き手が主に傾聴することにより,かけ手の苦しみを和らげ援助する活動。

カウンセリングの本質を考えた場合,電話カウンセリングははたしてカウンセリングに値するかという疑問もあるであろうが,特に危機介入に対して大きな効力を発揮していること,電話をかけたことによって,側に寄り沿い聴いてくれることを心の支えにしている人が現実に多くいること,電話による相談活動が増えていること等を考えあわせると,今日では,カウンセリング活動の一分野であると言えよう。

電話カウンセリングは,1953年にイギリスのロンドンで,牧師のチャド・バラーが月経を梅毒だと思いこんで自死した少女に深く心を痛め,電話カウンセリング活動を思いつき,聖書の「良きサマリア人」に由来する「サマリタンズ」と呼ぶ電話カウンセリング組織を創始したことに始まる。

1963年,オーストラリアのシドニーでも,牧師のアラン・ウォーカーが,自死予告の電話を受けたことをきっかけに「ライフ・ライン」と呼ぶ電話カウンセリング活動を始めている。以後,世界各国に活動の意義が認められて広がり,現在では,国際緊急電話相談連盟(IFOTES)と,ライフライン・インターナショナルという二つの国際的な連盟を結成するまでになっている。

日本では,1969年に東京で,ドイツの宣教師ルツ・ヘットカンプ女史が電話カウンセリング活動の準備を他のボランティアとともに始め,1971年10月1日「いのちの電話」として最初のスタートを切ったのが始まりである。「いのちの電話」も全国に広がり,現在では,「日本いのちの電話連盟」を結成しており,その他,「こころの電話」「ヤングテレフォン」等,各地でさまざまなカウンセリング活動がすすめられている。

意義として,(1)自死で代表される危機的状況にある人々への援助が可能であること(危機介入),(2)活動を支えているのが多くのボランティアであることの2点があげられる。自死を図ることを思い,心が揺れている人,犯罪などの被害にあったり,病気などで死の恐怖にさいなまれ,生きがいを失っている人が実際にいるが,それらの人々が,カウンセリングの専門家のところへ面接に行くとは限らない。しかし,電話なら,「今,ここで」おきている自らの思いを聴き手に直接訴えやすいと言える。また,危機介入では,ボランティアの力が発揮される。素人であるが故に,良き隣人として,専門的なことを知らないだけに,対等の関係で,かけ手に共感,傾聴することができる。電話カウンセリングを24時間体制で継続していくためにも,ボランティアの存在は貴重である。

電話カウンセリングは,「いつでも」「どこからでも」「だれでも」という電話の利点をフルに生かして,面接の予約をとったうえで相談室まで足を運ばなければならぬ従来のカウンセリングのもつ障壁を取り払った。次のような電話の利点が,電話カウンセリングの特性でもある。
(a) 即時性(いつでも):ダイヤルを回しさえすればよい。予約不要,時間の制限もないから初期の段階からの援助や緊急時の対応が可能。
(b) 便利性(どこからでも):どこにいても相談できる。出向かずとも相談可能なため心理的抵抗が少なく,高齢者,病弱者など,対象者の拡大もある。(c) 匿名性(だれでも):顔が見えないため,かけ手が名乗らなければどこの誰か

わからずに済む。かけ手の素直な自己開示を期待できる。(d) かけ手に中断の自由：必要な時に話したいことだけを話し、いつでもやめることができる。かけ手に主導権がある。(e) カウンセラーの匿名性：カウンセラーは個人名を名乗らずに対応するため、かけ手はカウンセラーを自分の望むがままの姿に仕立てることができ（転移）、この転移をかけ手の成長を推進するのに利用できる。(f) 1回性：特定のかけ手とカウンセラーとの相談は1回限り。1回1回の出会いに集中することで心のふれ合いが成立し、援助が可能となる。(g) 密室性：音声以外の刺激がなく、他からの邪魔が入らない2人だけの密室という関係のため、親密感が生まれ、かけ手のプライバシーをはじめ、心の深層の問題が吐露されやすい。(h) 経済性：かけ手の負担は電話料だけ。経済的負担が少ないので、ゆとりのない人、年少者でも相談できる。

電話カウンセリングの特性は電話の利点を生かしたものであるから、当然、電話という制約による欠点もある。

「いつでも」「どこからでも」「だれでも」というしくみでは、治療構造や治療契約が曖昧になりやすく、対面せずに特殊な専門的技法を展開することが非常に困難である。そして、1回限りの出会いでは、継続的なカウンセリングにおけるような長期間にわたってのクライエントの成長への援助を望めない。また、かけ手の主導性が100%保証されるという関係は、かけ手がいつでも電話を中断できるということで、無責任さ、気まぐれをもたらす危険性があり、電話依存的なかけ手や、ワイセツ電話のかけ手を生む可能性をも秘めている。密室性による親密度の増大も、逆に社交的会話に陥りやすく、視覚的手がかりに欠けるため、うつ病の発見が遅れるなどという限界もある。さらに、匿名であるがゆえに緊急時の対応を困難にすることもある。

電話を媒体としたカウンセリングの欠点や限界をどう解決するかが、電話カウンセリングの今後の課題の一つと言える。

〔谷田部トシ江・倉田信義〕
⇒カウンセリング、危機介入、自死と自死防止
文献 1. I-石井・斎藤編『現代のエスプリ』No. 222, 1986；2. A-長谷川浩一, 1990；3. A-レスター他, 1982

投影 ⇒投射

投影法 projective methods, projective technique

ある事物や状況、刺激に対しての見方や解釈の方法・判断に、心の内面が表現され、その人の人格や心理状態が反映されることを投影という。これを応用したアセスメントや心理療法を投影法という。防衛機制の一つで、自分の欠点や弱点を認めると不安が生じるので、自分以外のものに責任を転嫁する心の働き。または、自分の感情や衝動を対象物のせいにすることも投影という。

最も一般的な投影は無意識の、劣等（未発達）な面の投影であるとユング*は述べている。たとえば、未発達な思考しかできず、自分の独断的な言動や非合理的な自己中心性に悩んでいる女性が、男性を自分勝手で自己中心的だと非難するのは、自分の未発達な思考面を投影しているといえよう。そして、この投影を行なうことによって自分の分裂を癒し、全人格的統合を目指そうとしていると考えられる。

自分の無意識の中の、「他人を出し抜きたい」という願望を、他人に投影し、「他人の方が自分を出し抜いてしまう」と常に感じるようなことがおこりやすいと河合隼雄は書いている。また、むやみやたらと他人を救いたがる人の中には、他人に親切にしたり慈善事業に参加することによって、他人に自分の劣等感を投影し、自分は優越感を得て、自分の劣等感には目を背けている場合があるとも書いている。

ユングのいう「シャドウ（影）」は、人がその人生を過ごす過程で「生きられていない半面」であるといわれているが、自分の「シャドウ」の存在を認めないようにするのが、投影という防衛機制であり、投影は、自分のシャドウをもつ相手に向けておこり、その相手の人格や生き方などを攻撃したり、嫌ったりすることも多い。たとえば、思春期にある子どもが自立しようとする時には、自分の親の否定的な面が見え始め、親の像と自分の「シャドウ」が重なり合って、

親を徹底的に悪者にする。しかし，次第に親の中の自分の「シャドウ」を自分の方に引き戻して，「シャドウ」をもつ自分を認めたうえで，生きていこうと思うようになると，自立が成り立っていく。このように，相手の中にある自分の「シャドウ」に気づき，自分の無意識の中の傾向と向き合って，自分なりのよりよい生き方を考えることが必要である。自分の劣等感や，未発達な部分に触れるのは勇気がいるが，その人がそれを問題として抱えている場合はなおさら，その「シャドウ」に気づき，向き合えるようにしてあげる援助が大切である。

投影法とは，人格検査の中で一群の領域に含まれる検査方法の総称である。1939年，フランク（L.K. Frank）の「人格研究のための投影的方法」の中で初めて提唱された。この方法の目的は，被検者のパーソナリティの特徴を，行動的な表現から，内面の感情や葛藤など，できる限り導き出すことであるとされている。この方法では被検者が，表面的，形式的な対応をしたり，慣習的な判断に頼ったりすることができないような課題が設定されており，その刺激的素材は，未組織，未分化，多義的，不完全である方が望ましい。被験者は，それらの刺激的素材に，自分独自の固有な想像や判断を加え，それらを完成する。その過程で，被験者の連想の内容や判断の仕方，表現の形式，課題解決を通して，その葛藤や願望，性格傾向などが反映される。

この方法が作成されたのは，1920年代から1940年代にかけての頃が最も多いとされている。具体的な方法として知られているのは，ロールシャッハ・テスト，描画法，TAT（主題解釈テスト），文章完成法（SCT），P－Fスタディ，ワルテッグ・テスト，ソンディ・テスト，色彩象徴法（CST），言語連想法，MAPSである。また，心理劇，箱庭（サンド・プレー），フィンガー・ペインティングも治療法ではあるが，検査方法としても用いることができる。知能検査や視覚運動機能検査（ベンダー・ゲシュタルト・テスト）なども，投影法的な用い方が可能である。

これらの方法では，質問紙法などで，おこりやすいとされるテストへの抵抗や構えが生じにくくなるので，心の深いところまで触れることが可能であるといわれている。しかし，検査結果の解釈や分類，整理などが検者の主観に頼らざるを得ないので，検者には回数を重ねた熟練と，深く鋭い洞察力が要求される。また，被検者の意欲や検査に対する理解度によって検査結果が左右されたり，被検者の拒否感や警戒心が強いと表面的なものに終わってしまうことが考えられるので，検査の前には十分な動機づけが望ましい。さらに，どの検査方法も，完全に心の内面を把握できるとは言いきれないので，複数の検査法を用いる方がより好ましい。

〔原みどり〕

⇒主な防衛機制，シャドウ，心理劇，箱庭療法，防衛機制の例，ユング，

文献 1. D-河合，1977b；2. G-國分，1990；3. A-佐治，1992

動機づけ　motivation
行動の原因，行動をおこさせたり継続させたりする全般的な機能や過程。

動機づけについての研究は，はじめは，本能に注目した。ジェームス*は「人間が他の動物よりも多くの本能を持ち，行動はすべて本能による」と考えたが，実験的証拠に欠けたために科学的価値がないとして受け入れられなかった。しかし，動機づけの概念はフロイト*やウッドワース（Robert Sessions Woodworth, 1869～1962）らに引き継がれ，行動のエネルギー源としての本能が論じられるようになった。

現在では，「動機づけ」は「行動の原動力」という意味で使われることが多い。一般的に行動の原因は，空腹や情熱など内的なものによって喚起される動因と，聴覚や視覚からの外的刺激によって喚起される誘因とに分けられる。動因と誘因とを総称して動機づけという。

動機づけは，通常，内発的な動機づけと外発的な動機づけとに分けられる。前者は行動それ自身に関心を示して行動するようになることであり，後者は賞賛や賞品を得るために一定の行動をするというように目的が行動の外にある場合をいう。

たとえば，英語の成績が伸び悩んでいた時に，米国留学が決まった。それで，英語の勉強に励むようになり，その結果英語が好きになった。この場合は，「留学決定」が外発的動機づけである。

動機づけは経験にもとづいた予想や計画と密接な関係がある。効果が認められれば，予想や計画に従った行動が維持されるし，効果が認められなければ，変更されたり，あるいは中止される。動機づけは計画と実行との間を橋渡しするような関係にある。

動機づけられた行動が滞りなく実行されるには，自己制御が必要とされるとともに，支持的な環境もなくてはならない。英語学習が好きになれば，学校生活で疲れて帰宅しても，英語を学習しようとする。それが他の要求や障害によって阻止され続けると，攻撃，転位，代償などの防衛機制の働きがおこる。

英語の学習の場合を例にとって，動機づけを支える条件をあげるとおよそ次のことがある。

(1) 学習者の能力に適した教材。(2) 学習者が好む形態の教材。(3) 学習者の興味関心に合った教材。(4) 教え方に工夫を凝らし，学習者が学びやすくする。(5) 外国語としての英語を学習する雰囲気。(6) 英語を学習する明確な目的。(7) 単調さを避ける。(8) 学習者に進歩や学習効果をはっきりと体験させる。(9) 英語でコミュニケーションできることを体験させ，学習する喜びを与える。(10) 適度な競争。(11) 学習行動に賞や罰を加え，学習者に刺激を与える。(12) 指導者の人格や言語能力や指導能力が高い。(13) できなかったことに対するマイナスの評価ではなく，できたことに対するプラスの評価を与える。　　　　　　　　〔五十嵐克史〕

⇒行動療法

文献 1. 大沢茂『現代英語科教育法の研究：学習心理学的考察』大阪教育図書, 204p., 1960；2. 梶田叡一『教育における評価の理論』金子書房, 205p., 1975；3. A-詫摩編著, 1978

道具的条件づけ　instrumental conditioning

有機体が一定の反応を示した場合に強化が与えられる条件づけ（オペラント条件づけ）。

道具的条件づけとは，条件づけ（条件反応を形成させる手続き，またはその手続きに含まれる有機体の過程）の一分類である。スキナー*は，有機体の反応には（無条件）刺激によって一義的に喚起される反応と，そのような刺激を指摘することが困難な（自発的といわれる）反応があるとして，前者をレスポンデント（応答反応），後者をオペラント（操作反応）と呼んだ。そして，学習過程にもこれらに対応して二つの型があり，パブロフ*が示すような型をレスポンデント条件づけと呼び，スキナーが示すような型をオペラント条件づけと呼んだ。ヒルガード（E. R. Hilgard）は，おおむねこの分類にしたがって，前者を古典的条件づけ，後者を道具的条件づけと呼んだ。この「道具的」とは「手段としての反応の」という意味である。道具的条件づけでは，条件反応の生起が強化をもたらす手段となっている，ということである。古典的条件づけが信号関係の学習であるのに対して，道具的条件づけはある刺激においておこる反応の範囲が限定される，いわば手段-目的関係の学習と特徴づけられる。さらに古典的条件づけにおいて条件刺激と条件反射の結合は，まったく新たに形成されるものであるが，道具的条件づけにおいて条件づけられる反応は，その場面であらかじめ自発的能動的におこりうる反応としてすでに有機体がもっているものである。

道具的条件づけは非常に多種多様であり，さまざまな方法で分類されている。ヒルガードは報酬訓練，逃避訓練，回避訓練および二次的強化訓練に分類している。逃避訓練と回避訓練は手続き上は量的な相違であり，二次的強化訓練は今日では古典的条件づけの性質をもったものとみなされている。また，キンブルは道具的条件づけを道具的な特定反応の有無と，それに伴う強化の正負によって，次の4種類に分類している。

(1) 報酬訓練：この方法では，有機体が正しい反応を行なった時にだけ報酬が与えられるようになっていて，何か望ましい反応を形成しようとした時に用いられる。この訓練法によく用いられる典型的装置にスキナー箱や走路などが

ある。たとえばスキナー箱では，ネズミがレバーを押す（ハトの場合には，一定の刺激面をつつく）と，餌が与えられるようになっている。パチンコで玉が出るのもこの例である。

(2) 逃避・回避訓練：この方法では，有機体が正しい反応をすれば有害あるいは不快な刺激を避けることができるようになっている。実験において，もっとも一般に用いられる有害刺激は電気ショックである。たとえばブザーが鳴って間もなく電気ショックがくるような箱で，中のペダルを押せばショックがこないようにしておくと，その中に入れられたネズミは，ブザーが鳴ればペダルを押してショックを避けること（回避）を学習する。逃避訓練の場合には，電撃の来ることを予告する信号が与えられていない。

(3) 脱落訓練：特定の反応が行なわれない時に報酬が与えられる方法である。これは日常的場面で独立して存在することはまれで，有効な効果を期待するために罰訓練と組み合わせる場合が多い。子どもが好ましくない行動をした時におやつをやらないというしつけが，その例である。

(4) 罰訓練：これは特定の反応が行なわれたときに有害あるいは不快な刺激が与えられる方法である。罰は報酬にくらべて一般にその効果が直接的かつ経済的であるので，少なくとも日常的場面では多く用いられやすい。悪いことをした子を叱るのがその例である。〔長谷川保子〕
⇒オペラント条件づけ，行動療法，スキナー，パブロフ

文献 1. E-メドニック, 1966；2. E-能見, 1976

登校拒否 ⇒不登校

統合失調症（旧称：精神分裂症）
schizophrenia

多くは青年期に発病する内因性精神病で，連合（連想や，観念と感情との結びつき）障害と「現実との生ける接触の喪失」（内閉性）を特徴とする。有病率は人口の0.2～1.0％。

ドイツの精神科医クレペリン（E. Kraepelin）が1899年に早発痴呆（dementia praecox）と名づけた病気を，スイスの精神科医オイゲン・ブロイラー*は1911年に精神分裂症（Schizophrenie）と命名した。心理的に思考と感情と体験とがばらばらに分裂し，連想が弛緩し，人格の構造連関を喪失しているところからこう名づけた。以来約80年の間にこの原因不明の病気の定義も変わり，現在ではこれが単一疾患ではなくて，130ほどの異なった疾患が似た症状を示す症状群だと言う人も多い。したがってその全部が遺伝性とは考えられない。日本では，この病名だと差別を生みやすいので，2002年に，統合失調症という病名に改められた。早期に発見して，薬物療法を行なえば治すことができるが，未熟なカウンセラーが診断を誤って統合失調症を見破れなかったり，統合失調症だと診断できたにしてもカウンセリングによって治そうと考えて患者をかかえこんだりすると，病状は次第に悪化して，一生治らず，患者と家族を長期にわたって苦しめることになる。確信がなくても，統合失調症かもしれないと思ったケースは，一刻も早く精神科医に紹介しなければならない。

不特定多数の「みんな」が私を見ている，すれ違う人が私の顔を見る，電車の乗客が私を見る，観察されている，大勢が私の噂をしている，悪口を言われる，みんなで意地悪をする，といった形で相談に来たケースはまず統合失調症を疑うべきである。夜，一人で勉強しているときとかベッドに入った直後，周囲に誰も居ないのに人声で悪口が聞こえてくる（幻聴）ようになっていれば，すでに発病後数カ月から数年たっており，手おくれになってしまった場合が多い。

15～20歳の人で，身辺がだらしなくなり（衣類が不潔，爪を切らぬ，入浴しない，身だしなみが悪い，など），朝起きない，学業成績低下，不眠などが見られれば統合失調症の可能性が濃いが，最近ではうつ状態や五月病，無気力症なども似た症状を示すようになったので鑑別診断が必要になる。

派手な陽性症状としては，幻聴（実在しない声を感じる），妄想（被害妄想，注視妄想〔見られていると思う〕，関係妄想〔すべてが自分に関係あるような気がする〕が多い），支離滅裂な会話，まとまらない行動が現われ，地味な陰性症状としては感情鈍化，無口，ひきこもり，意欲

減退などが現われる。

1987年に公にされた米国精神医学会の診断基準改訂第3版修正版（DSM-III-R）の要点を次に紹介しておく。
● 次のような症状のいくつかが，さきがけ（前駆症）として現われる。（治療後の後遺症も同じ症状である）
　1．著しい社会的孤立，ひきこもり。
　2．仕事や学業の低下。
　3．奇妙な行動（食物を隠して貯える，独り言を言うなど）。
　4．清潔と身だしなみが低下。だらしない。
　5．感情は，起伏がなく，にぶくなるか不適切。
　6．話が，まわりくどい，あいまい，内容に乏しい，脱線，など。
　7．風変りな考え（他人が自分の感情を感じとる，すべてが自分に関係あり，など）。
　8．異常知覚（実在しない人物の存在を感じる，など）。
　9．自発性・興味・気力が著しく低下。
● 2000年に発表された改訂4版（DSM-IV-TR）によれば，この病気になると，以下のうち二つが1カ月にわたり現れる。
　ⓐ妄想（根拠のない考え），ⓑ幻覚（実在しない感覚,幻聴は，実在しない声が聞こえる），ⓒ話の内容がつながらない（支離滅裂），ⓓ緊張病の行動（後述），ⓔ感情は，起伏がなくて鈍いか不適切。
● 病型は次の3種に分かれる。
A　妄想型
　体系化された妄想（自分は貴族だ，その証拠にアザがある。これは貴族のマークだ，など）または幻聴だけがあり，BやCの症状がない。
B　まとまりが崩れる型
　1．考えが一貫せず，とりとめがなくてまとまらない，話が支離滅裂，内容がつながらない，不合理な行動
　2．感情は起伏がなくて鈍く，不適切
C　緊張型
　動けない，運動過剰興奮，極端な拒絶症，沈黙，奇妙な自発運動，反響言語，反響行動などの精神運動性障害が特徴。

上の診断基準の一つ前の改訂第3版（DSM-III，1980年）では次のようになっていた。すこし古いが，これも参考になるので記しておく。

統合失調症の急性期の症状は，病識なし〔自分が病気だと思わない〕，幻聴，すべてのことが自分と関係があるように思い込む関係妄想，考えに干渉されるような気がする，などである。引きこもり，自発性減退，関心減弱，行動が緩慢，奇妙な思考，などの慢性症状に移ると，治りにくい。

統合失調症になると，次の症状の中の一つ以上が短くても6カ月は続く。(1)原因なしの奇妙な妄想（自分はあやつられている，自分の考えが皆にわかる，考えを引抜かれる，考えを吹きこまれる，考えが湧かない，など），(2)誇大妄想，宗教妄想，虚無妄想，身体妄想（ただし被害的ないし嫉妬的内容を含まぬもの），(3)被害妄想か嫉妬妄想。幻覚を伴うことあり，(4)自分の行動や考えを問題にする声の幻聴，(5)躁やうつ状態を伴わないで，3語以上のことばが聞こえる幻聴，(6)滅裂な考え，論理的でない考え，話の内容のなさ，が次の中の一つを伴う〔(a)鈍くて，上り下り（抑揚）のない，場にそぐわぬ情動　(b)妄想や幻覚　(c)緊張病的ないし崩れた行動〕。以上のほか，仕事や社会生活，日常の身のまわりのことなどを，きちんとできなくなる。

治療は抗精神病薬の内服が主である。数年にわたって持続的に服用しないと，すぐに悪化，再発する。たとえ症状が消えても，医師が指示するまでは服薬を中止してはならない。多少の副作用（ねむけ，口の乾き，手のふるえ）が出るが，副作用どめの別の薬（トリヘキシフェニジールなど）をも併用すれば消えることが多い。カウンセラーも治療に関与している場合には，服薬を続けているか，定期に精神科を受診しているかを観察し，そうするようにすすめるべきである。非指示的なクライエント中心療法などを適用してはならぬ。

服薬によって症状がおさまり，職場や学校，社会へ復帰したケースをカウンセラーが扱う機会が多いと思われるが，精神科の持続的服薬が

主体で，カウンセリングはあくまで副次的な役割にすぎない．自発性減退が現われる場合が少なくないので，配置転換とか，周囲の人への配慮要請などが必要になる．　〔小林　司〕
⇒うつ状態，五月病，無気力
文献　1. E-Gelder *et al*., 1989; 2. E-Kaplan, & Sadock, 1989; 3. E-Talbott, et al., 1988; 4. G-Work Group, 1987

統合的カウンセリング，統合的心理療法　integrative counseling, integrative psychotherapy

多種多様な心理療法・カウンセリングの理論と技法を整理・統合して，一貫性のある，有効で，活用可能な理論・技法を作りあげようとしたアプローチ．

今世紀初め，精神分析によって開かれた心理療法の世界は，第二次世界大戦後急速な発展を見せ，1980年代には400を超す理論・技法が発表されていたという．そのような多様化と氾濫のプロセスでは，早くから異なった療法からの技法が折衷的に取り入れられ，また，1970年代には精神分析と行動療法の理論的統合も試みられ始めていた．ところが，1980年代に入り，各理論の創唱者が亡くなり，弟子たちの相互交流も盛んになり，さらに，カウンセリングや心理療法に関する実証的研究が進むにつれて，理論・技法の統合による心理療法の洗練を志す人々が出てきた．整理・統合の方法は大きく4通りあるといわれている．(1) 技法的折衷，(2) 理論的統合，(3) 共通因子の抽出，そして(4) システミックな統合である．これらの方法の共通点は，伝統的な理論にまつわる単一学派の理論・技法の限界を超えて，臨床の効果と適用性を高めようとする指向性にあり，統合を異なったレベル，方法で行なおうとするところに違いがある．

(1) 技法的折衷とは，主に一つの理論（たとえば行動療法）の理論の枠組みを基礎にしながら，概念的に矛盾しない範囲で，クライエントや問題に応じて最適な技法を選択する能力を高め，適用しようとすることである．取り入れの基準は，類似の問題・症状やクライエントの特徴に対する実証的研究のデータであり，問題と技法を機能的に組み合わせることにより効果を期待する．

(2) 理論的統合とは，いくつかの技法の混合を超えて，二つあるいは三つの理論を結合，調和させて，概念的にも理論的にもよりよい一つの理論を創造しようとする試みである．たとえば，精神分析の概念を学習理論の言語に翻訳して，抑圧の概念と消去や制止の概念との類似性を論じて，二つの理論を結びつけようとする．実践面では，カウンセラー‐クライエント関係の確立には来談者中心療法，症状や心理力動の理解には精神分析，介入の技法としては認知行動療法といった具合に，いくつかの理論の最も優れたところを相補的に統合することもある．ノークロス（J. C. Norcross）とニューマン（C. F. Newman）によれば，折衷と統合の違いは以下の表に示す通りである．

折衷的カウンセリングと統合的カウンセリングの違いの特徴

折　衷　的	統　合　的
技法的	理論的
相違点	共通点
多様性の中からの選択	多様性の統合
存在するものの適用	新しいものの創造
収　集	統　合
部分の適用	部分の統合
実験的だが非理論的	実験的というより理論的
部分の総計	部分の総計以上
現実的	理想的

(3) 共通因子の抽出とは，異なった心理療法が基本的に共通にもっている中核的な要素を探そうとするものである．まったく異なって見える理論や技法にもかかわらず，実際に心理療法家が行なっていることは非常に似かよっていることを強調し，それは何かを抽出しようとする．その中には，たとえば，心理療法の最も重要な要素は理論や技法ではなく，セラピストの態度や能力とか，セラピスト‐クライエント関係の確立，といった実証研究の結果などが影響している．この方法の利点は，共通の因子や要素が特定されることで，リサーチの仮説が立てやすく，比較検討が可能になることである．

(4) システミックな統合とは，心理療法を生

態システム間の相互交流ととらえる観点から行なおうとするものである。つまり、治療的変化における最も重要な媒介変数は、生態の全体的進化における関係性であり、個人も家族も、さらにセラピストも同時に存在する多くのシステムの中の一部ととらえる。すべては、問題を作ることにも関わっているが、また問題を解決する資源でもある。したがって、セラピーとは、問題の発生と解決に関わるシステム間のあらゆるレベルの相互作用の中でクライエントが作りあげてきた物事の解釈（物語）に関わることであり、セラピストとは、専門家として外から問題や症状を治す人ではなく、「無知の人」ではあるがより有効な物語づくりの媒介の一つとなる試みをする人ということになる。〔平木典子〕
⇒カウンセリング，学習理論，行動療法，心理療法，精神分析，折衷的カウンセリング，折衷的カウンセリングの技術，多世代家族療法，ナラティヴ・セラピー，来談者中心療法

文献 1. 平木典子「個人カウンセリングと家族カウンセリングの統合」『カウンセリング研究』Vol. 29, No. 1, pp. 68-76, 1996；2. 平木典子『家族との心理臨床』垣内出版, 177p., 1998

統合的心理療法　⇒統合的カウンセリング

洞察　insight（英）：intuition（仏）；Einsicht（独）

直観による特殊な理解を通じてまったく新しい認識をうること。精神分析では、過去の経験と現在の自分の行動との間に関係があることに気づくことを指す。カウンセリングでは、自分の感情と、その意味に気づくこと。

洞察の概念には，(1) 課題解決における洞察と，(2) 治療における洞察とがある。

(1) 課題解決における洞察：課題解決の方法には，機械的解決(試行錯誤による解決)，過去の記憶による経験的解決のほかに，突然に新しい考えがひらめくような解決法がある。この突然の認知の再体制化（ゲシュタルト心理学）を洞察（あるいは見通し）という。類人猿の知恵試験（チンパンジーがバナナを手にいれるために，さまざまな棒をつないだり，箱を積み重ねたりする方法を突然に発見する）においてケーラー（W. Köhler）が提出した概念。思考中に生じる場合の洞察には，「ああそうか」（ああ体験）というような直感的な体験的洞察（体得とか体悟とも呼ばれる）（K. Bühler）もある。

(2) 治療における洞察：クライエントが治療者との受容的関係において、さまざまな契機によって新しい認識を得ることを言う。治療における洞察を、(a) 知的傾向の強い知的洞察と、(b) 感情的情緒的傾向の強い感情的洞察とに分けることができるが、両者が一体となっている場合が多い。また治療的洞察は、(i) 心的な内容の心理的な因果関係、機能関係、意味関係、類型的パターン、などに気づき、全体的な有機的関係の中で再構成しようとする力動的洞察 (dynamic insight)、(ii) 現在の事象を過去の心理的体験系列と関連づけ、理解しようとする発生的洞察 (genetic insight)、(iii) これらの各事象の志向する意図や目的について総合的理解を得ようとする目的発見的洞察 (heuristic insight)、(iv) その価値的な意味を問い、それを発見しようとするロゴス発見的洞察、などに区別される。

ロジャース*は初期には自己の状況の概念洞察（自己に対する症状、自己に対する否定的感情、減少した防衛性と、防衛性についてのより深い自覚に対する多くの防衛）を治療の重要な目標と考えた。しかし、1955年以降は、クライエントが概念的な洞察を得るよりも、自己の感情とその意味を理解し、意識すること（自己洞察）がより重要だとしている。自己洞察は、次の5点で、カウンセリングにとって欠くことができない。①現実の世界に適応する能力を向上させる。②抑圧されているものと徴候との関係を発見することによって、情動的生活を変え、それに伴っていた不安をなくし、あるいは軽減することができる。③一般的な問題についても考える能力が養われ、問題を現実的に規定する力が向上する。④洞察を得る時、仕事を完成したときと同じ喜びをもつ。そのためにクライエントの問題解決への熱意をさらに盛りたてることができ、これは、カウンセリングの過程を成功へと導く重大な動機となる。⑤カウンセリン

グ終結後も，問題に対処するすぐれた方法を発見し，用いることができる。

精神分析心理療法においては，洞察についての考え方がかならずしも一致していないが，治療中に感情転移，抵抗の指摘などによって，クライエントが抑圧していた衝動や，願望，さらに抑圧するようしむけた個人的・環境的道徳的基準をも意識化することが洞察である。この洞察によって，クライエントは自我をコントロールできるようになり，このことによって抑圧された衝動や願望は自由になる。

実存分析では，予期不安に際して不安の対象から逃れるのではなく，それを逆に志向しようと努める逆説志向と，他のものごとに専念することによって，過剰な注意を症状から解放する反省除去により，人間を不安そのものに直面させ，そこでの存在の意味を問い，また具体的に何がクライエントをそこに存在させているのかという意味の「洞察」を得させようとしている。

心理劇においては，クライエントに役割演技を通して人間関係における問題解決を行なわせるが，その過程で役割を通り越した主体的内面的人間理解が開けるという体験があり，これを「洞察」と呼ぶこともある。

以上のように，洞察とはさまざまな契機によって生じる体験であるが，共通していることは，まったく新しい体験であることだ。それまではまったく違った面からの認識であること，その認識が，主観的のみならず，客観的にも生産的・創造的な解決へと結びつく可能性があること，それによって，今までの苦痛や悩みが解消する方向に向かうこと，などである。洞察とは，心理療法（洞察療法）における治療の指標となるものであって，重要な治療契機となりうる。洞察によって，行動の変容が容易になるが，必ずしも行動を生み出さない場合もある。知的な洞察の比重が増すにつれて，行動の変容は表面的になる。　　　　　　　　　〔望月利将〕

⇒カウンセリング，実存分析療法，心理劇，心理療法，精神分析療法，不安，防衛

文献　1. A-沢田, 1957；2. B-シンガー, 1976；3. C-土居, 1961；4. A-ブラマー・ショストロム, 1969

投射，投影　projection

神経生理学的ないしは心理学的な事柄が，外部に局在化される作用。

精神分析では，自分の中にそれがあることを気づかなかったり，それがあることを認めたくなかったりする資質，感情，欲望，対象などを，自分の外に出して，他の人や物の中にそれがあるように思う作用をいう。

神経学での投射の意味は，幾何学から派生しており，点と点との対応などある対応が一定の法則に従って成り立っていることを指す。たとえば，触覚は，実は脳の一定部分で感覚するのであるが，皮膚の接触部分に投射される。

心理学での投射は次のように使われる。

（1）ある人がある特定の人物を他の特定の人物に同化させているのを態度によって示すこと（例：母親像を友人のお姉さんに「投射して」その人を好きになる）。精神分析が，はじめ転移の名で発見した現象である。

（2）ある人が他人に自分を同化する。逆に，人や生物，花などを自分に同化させること（例：読者が，物語の主人公に自分を投射する。テレビや映画の主人公になったかのごとくにドキドキしたりする）。精神分析では，同一化と呼ばれる。

（3）ある人が，周囲の環境を知覚し，それに，その人自身の関心，資質，習慣，持続的ないしその時々の感情状態，期待，欲望などで答える。それは，人格の本質や特性が行動として出てくることがあること（例：嬉しいことがあると，世の中すべてが浮き浮きしてピンク色に見える，など）。

（4）ある人が，自分の内に認めたくない欲望や傾向を，他の人に転嫁すること（例：神経症の人たちは，自分が他人の上に描いた偉大な理想像とか，高い水準に他人が合致しないゆえに，その人たちを拒絶する）。

フロイト*は，次のような心理学での現象を説明するために，「投射」という言葉を使っている。

（a）パラノイアにかかっている人の防衛機制の一部として。

（b）恐怖症がおきるのは，欲動に由来する危険が現実へ「投射」されるからだとして。

(c)「投射性嫉妬」(浮気したいという自分自身の欲望を，配偶者が浮気しているのだから，私もしてよいのだ)の説明として。
(d) 正常な投射の機制。迷信や神話や「アニミズム」に，投射が見られる。
(e) 分析にかかわる投射。被分析者が，実際は彼自身のものである思考や言語を分析者に転嫁する場合もある(例:「先生はケチですね」——実際には，被分析者がケチなのである)。

投射を使ったアセスメント(心理テスト)や心理療法には次のようにいろいろある。ロールシャッハテスト，TAT(主題統覚検査)，描画法，文章完成テスト，人物描画法，樹木画，家族画法，など。 〔谷垣和歌子〕
⇒主な防衛機制，深層心理学，精神分析，フラストレーション，防衛機制の例

文献 1. A-小林純一，1979 ; 2. B-ジェイムス・ジョングウォード，1976 ; 3. J-藤永他，1987 ; 4. A-渡辺，1987

同性愛 homosexuality
異性をではなく，同性を性的対象として熱愛すること。

男性が男性を愛する場合にこの言葉が使われ，女性どうしの場合はレスビアン(lesbian)と呼ばれることが多いが，学術論文では，女性どうしの場合もホモセクシュアルと呼ぶことがある。

キンゼイ報告によると，1万1,000人の米国人成人に面接した結果，男性の4％が完全な同性愛者であったという。それ以外にも13％が16〜55歳の間に少なくとも3年間，おもに同性愛の生活を送っていた。男子の3分の1は，同性愛行動をした経験があるという。20〜35歳の女性の2％〜6％，既婚女性の1％が同性愛で，28％がその体験をもっていた。

米国精神医学会は，かつて同性愛を異常性格だとする見解をとっていたが，1952年からは社会病的人格障害，1968年からは人格障害およびその他の非精神病的精神障害と考えるようになった。1974年になると精神障害ではなくて性的見当づけ障害，1980年には精神・性的障害の中の自我異常緊張同性愛と規定した。1987年にはついに正常だとみなすことにした。このように，同性愛は，科学的根拠なしに偏見にみちた社会的見解によって異常だと見なされてきた。

非西欧的な文化をもつ76の社会を調べると，そのうち64が同性愛を正常と考え，社会的に受け入れられるものとみなしている。最近まで，同性愛を犯罪と同じに扱って刑罰を科していた西欧各国も，しだいに同性愛を正常な行動だと考えるように変わってきている。

ダイコクネズミのオスの脳とメスの脳に違いがあることを1980年に発見したのはクリスチャンセン(L. W. Christiansen)とゴルスキー(Roger A. Gorski)という2人の科学者である。内側視索前野の神経核の大きさがオスではメスの5倍も大きい。この大きさは，脳が発達する途上の一定時期に男性ホルモン(テストステロン)を多量に与えれば大きくなるし，逆に精巣摘出により男性ホルモンを減らせば小さくなる。この一定時期を性分化の臨界期と呼び，これを過ぎるといくらアンドロゲンという男性ホルモンを与えても性分化は影響を受けなくなる。

人の脳でも，視床下部にある性行動コントロール・センターが男性は女性の2倍以上大きいことをカリフォルニア大学ロサンゼルス校の研究チームがみつけた。

カリフォルニア州ソーク研究所の神経科学者サイモン・ルベイは，同性愛者19人を含む41人の死体の脳を調べて，性行動をコントロールする領域，視床下部の神経束INAH3の大きさが，同性愛者男性の場合には，異性愛者の男性の半分以下で，女性とほぼ同じ大きさだった。

胎児の脳が形づくられる時期に，性ホルモンの影響を受けて，男らしい脳や女らしい脳へと脳が分化していくことは周知の事実となった。したがって，体が男なのに女性ホルモンを大量に受けた胎児は女の脳を造ってしまうから，体の外見は男でも精神的には女だという人間が生まれることとなり，思春期になると男を好きになる。つまり，同性愛者の脳は，身体の性とは違う異性の脳の構造を持っているのである。

カンザス大学のフェニクス(C. H. Phoenix)らは，モルモットの妊娠中に男性ホルモンを注射してみた。すると，生まれてくるメスのモル

モットは，外見上メスであるにもかかわらず，オスそっくりの性行動をすることを1959年に発見した。人間でいうならば，同性愛である。逆に，抗アンドロゲン作用をもつシプロテロンを妊娠中ラットに注射すると，生まれてくるオスのラットはメスと同じ性行動をする。これを1967年に発見したのはベルリンのノイマンであった。

ドイツのフンボルト大学のダーナー（G. Dörner）によると，ラットの遺伝上の性に関係なく，脳内の視床下部分化期に男性ホルモンのアンドロゲン濃度を高くすればするほど，思春期後のオスらしい性行動が強まり，メスらしい性行動は弱くなる。性行動が完全に逆転するのは，オスの場合ならアンドロゲン欠乏，メスの場合ならアンドロゲン過剰が視床下部分化期におきた時である。したがって，この時期におけるアンドロゲンの量によって，成熟後の異性愛，同性愛，両性愛などが分かれるのではないかと，彼は1969年に予測していた。

このダーナーは，同性愛者ができるのは，母親が妊娠中に強いストレスを受けた影響ではないかと考えている。その証拠として，同性愛者794人を調べてみると，1942～47年に生まれた者が多く，ことに44～45年生まれの男子に同性愛者出現頻度が高かったことをあげている。41年以前と48年以降は人口10万人あたり18～40人であるのに，この時期では50～80人だという。つまり，第二次世界大戦中および敗戦後の混乱のうちに生まれた男児の母親は，ベルリン空襲などの激しいストレスにさらされたに違いないというわけだ。同性愛者72人の母親を調査すると，約3分の1が妊娠中に強いストレス（夫の戦死など）を受け，残り3分の2も中程度のストレスを受けていたことがわかった。ストレスにより，副腎からステロイドホルモン（性ホルモンに似た化学構造をもつ）が多量に分泌され，それを胎児の脳が性ホルモンと誤認して，胎児の本来の性とは別の性の脳をつくり上げたために，同性愛になったのであろう。ワードらのストレス実験，フンボルト大学のゲッツ博士や帝京大学の大川博士らによっても，この説は再確認されている。

ヒトの脳の臨界期は胎児期の5～7カ月であり，この時期に胎児の脳が男性ホルモンにさらされると男性型の脳ができる。また，アンドロゲンがなければ女性型の脳になる。こうして胎児期のホルモン異常にもとづく脳の異常形成が同性愛を作るらしいことがわかってきた。つまり，「遺伝による性」とは異なった異性の脳ができれば同性愛になるらしい。体形は男でも，脳の中身が女なら，女らしい発想をするから，男を好きになっても当然なのである。

同性愛者の脳が特異かどうかを調べるために女性ホルモンのプレマリンを注射する。注射後72～96時間で，女性なら黄体形成ホルモン量が2倍になるが，男性では増加しない。ところが，同性愛の男性に注射すると，1.4倍に増える。つまり，女性の脳に近い反応を示している。

男の場合はアンドロゲン不足により女性脳ができ，女の場合はアンドロゲン過剰によって男性脳ができる。これが同性愛を作る秘密だというのだ。

しかし，同性愛は遺伝によると唱える人もいる。ノースウェスタン大学の心理学者マイケル・ベイリーとボストン大学の精神医学者リチャード・ピラートは双生児に同性愛が現われる率を調べた。一卵性双生児では56組中52組が両方とも同性愛だったのに，遺伝的要素の弱い二卵性双生児では22％だったという。しかし，片方が同性愛でない場合を遺伝説では説明できない。権威のない，よそよそしい態度の父親と，横暴で気むずかしい妻との間の不和が子どもを同性愛に導くという，家族環境説もある。いずれにしても，同性愛を性的異常者とみなして差別したり，これを修正しようとしたりするのは正しくない。ありのままを受け入れることが，本人にとっても社会にとっても大切である。

〔小林　司〕

⇒ストレス，性，性差，性的偏り

文献　1. 川上正澄『男の脳と女の脳』（叢書・脳を考える）紀伊國屋書店，182p., 1982；2. E-小林・徳田，1977, p. 55-58；3. G-マネー・ムサフ，1985

盗癖　kleptomaia
衝動的に窃盗を繰り返す性癖をいう。

窃盗は，人間の基本的人権である「所有権」を侵害する犯罪で，古来より悪とされ，処罰の対象になり，幼少時から「盗みは悪いこと」というしつけがなされてきた。

窃盗の種類は多岐にわたるが，単純なものは，「万引き」や「自転車盗」「オートバイ盗」，車の中から金品を盗む「車上ねらい」，また「かっぱらい」「置き引き」などであるが，「ひったくり」などの凶悪な手口や，高度な技術を要する「すり」や，「空き巣」「事務所荒らし」などの侵入盗といった道具や技術を要する手口のものまである。1995年の窃盗犯総数は157万492件，窃盗犯検挙総数は58万7,266件だった。

盗みは，成功すれば，即座に金品が得られるので，繰り返しがちである。

幼少時には，行動範囲が狭く，親の金品を持ち出すことから始まり，次第に行動範囲が広がるとともにその態様も広がりをみせる。

中学・高校生では，遊びとしての「万引き」「オートバイ盗」が多くみられるが，これは，盗むという行為のスリルを味わい楽しむ，遊び感覚で行動する場合が多い。またグループで実行する場合には，グループに従わなければ仲間はずれになってしまう心配から追従的に犯行に加わっている場合もあり，遊びとしての盗みは，繰り返し行なっても，罪悪感が薄く，一過性のものが多い。1995年の刑法犯少年のうち窃盗は8万1,060人，触法少年のうち窃盗は1万8,016人だった。

しかし，性的偏りや異性の下着収集を趣味とするフェティシズムや，本人の意識的または無意識的愛情飢餓感による精神的な飢えや渇きを物質的満足によって代償しようとするために，経済的に困っていないにもかかわらず，万引きや友人の金品を盗んだりして，窃盗を繰り返すものもある。

森武夫は犯罪や非行は，危機に対する反応の一つとみている。危機は，基本的危機，個人的危機，人生各期の危機に分けられる。基本的危機は，本人の資質，人格，環境などに多くの問題性が認められ，それゆえ比較的長期にわたる危機があるものである。個人的危機は，社会生活で出会った，主として突発的な，その人を苦境に追い込むような状況，本人の理性を失わせるような状況や状態である。人生各期の危機とは，正常な発達過程で遭遇する危機で，青年期，中年期，老年などである。これらの危機はいくつか重なっているのが一般的であるが，克服できないと神経症や社会的不適応をおこしたり，さらに進んだ犯罪や非行を引きおこしたりする。青年期危機の窃盗で遊び型のものは一過的で，ある時期がくれば立ち直りは難しくないと考えられるが，児童期までに基本的危機がある場合は青年期の課題を順調にこなせないか，不完全な形で青年期を経過する。基本的危機の場合，十分な愛情や親の庇護を受けずに育ち，学校にも適応できず，幼・児童期から放火や盗みなどの非行を行ない，施設に送られたりしても，なかなか非行から抜け出せず，常習的な犯罪者になっていく例がまれではない。

成人してもなお，繰り返し盗みを行ない，職業的行為として繰り返しているものについては，福島章による研究がある。累犯者で窃盗の前科のないものは18％で，累犯者のなかで終始窃盗だけを反復する者について研究した結果，典型的なパーソナリティとして「本能的諸欲動が弱く，自発性や意欲や持続性に乏しく，感情が単調・平板で，個性や生彩に欠ける，きわめて無気力な人格である」という特異な性格が取り出されている。また，彼らは「彼らはその貧しい資質と無能力のために，きわめて限定された生活空間にしか適応できず，不適応に対する反応として最も安易な行動様式に退行する。窃盗は，その非欲動性・原始性（容易さ）・非暴力性・隠微性のゆえに，他の犯罪を遂行する能力や意欲を持たない人々にとっても実行容易な行為であり，そのために彼らに固執されることになる」という。

犯罪行為の抑制力となる社会的規範や道徳性は，幼児期から児童期にかけて基本となる良心が形成され，それにより犯罪や非行などの逸脱行為に対する抵抗が強化され作られていくものである。この時期に親とうまくいかず，葛藤処理に失敗すると，良心形成が順調にいかずにイド（本能的衝動）のままに行動するようになる。

つまり，幼少時には，十分な愛情と優しさを

もった養育者に恵まれ,自立の準備に向かって段階を経た躾(しつけ)と訓練がなされることが重要である。

盗癖に対する対応はなるべく早期になされるのが望ましく,心理療法やカウンセリングにより,人格の成長を促し,相手(窃盗の被害者)の立場にたって共感できるように指導していく必要がある。〔土橋佐登美〕
⇨愛情,エス,葛藤,危機介入,人格的成長,性的偏り,退行,適応,パーソナリティ,ライフ・サイクル

文献 1. 安香宏・麦島文夫編『犯罪心理学:犯罪行動の現代的理解』(有斐閣大学双書)有斐閣,524p.,1975;2. J-坪内,1989;3. 森武夫『かれらはなぜ犯罪をおかしたか:8人の鑑定ノートと危機理論』専修大学出版局,288p.,1996

特殊学級 special class for handicapped children

特殊学級は,心身の障害が比較的軽度な児童生徒のために必要に応じて小学校や中学校に置かれた特別に編成された学級である。

学校教育法第75条には,「小学校,中学校及び高等学校には,次の各号の一に該当する児童及び生徒のために,特殊学級を置くことができる。①知的障害者,②肢体不自由者,③身体虚弱者,④弱視者,⑤難聴者,⑥その他心身に故障のある者で,特殊学級において教育を行うことが適当なもの」と示されている。

特殊学級の教育は,原則として小学校学習指導要領あるいは中学校学習指導要領に沿って行なわれる。さらに児童・生徒の障害の実態に即した少人数の学級が編成され,児童・生徒一人ひとりの具体的な目標を設定した指導が行なわれている。

特殊学級の区分には,知的障害,肢体不自由,病弱・身体虚弱,弱視,難聴,言語障害,情緒障害がある。

特殊学級には,通常学級に籍を置きながら特殊学級に通う通級制をとっている学級もある。

(1) 知的障害学級:知的障害(知恵おくれ)とは,精神発達に遅れがあり,適応行動に障害がある状態をいう。知的障害障害については,器質的障害,知的障害,社会生活へのハンディキャップの三つの面からみることができる。この学級では知的発達に遅れがみられる児童生徒を対象に指導を行ない,教育的対応により障害を軽減し,生活力,社会的適応力を高めることに重点を置いた指導を行なっている。主に,健康な身体づくり,基本的生活習慣の育成,社会生活に必要な言語表現や数量計算,豊かな情操の涵養,対人関係,職業訓練などの指導が中心になっている。

(2) 肢体不自由学級:肢体不自由とは,身体の運動・動作が不自由な状態,神経や筋肉,骨,関節など,事故による外傷や脳性マヒなどの病気がもとで運動機能が損なわれ,長期にわたって日常生活や学校生活を自立して行なうことが困難な状態をいう。肢体不自由学級では比較的軽度の児童・生徒を対象に指導を行なっている。各教科,特別活動,運動,歩行,対人関係,さらに認知や弁別の指導・訓練が行なわれている。

(3) 病弱・身体虚弱学級:学校教育の立場でいう病弱とはその病気を慢性的なものに限定している。身体虚弱とは,これといった病気は認められないが,疲れやすく回復しにくかったり,体質的に特異な面が見られたり,先天的または後天的な原因により身体機能に異常を示したり,病気に対する抵抗力が低下したりすることをいう。この学級は慢性疾患などの病弱や身体虚弱の児童・生徒のうち,原則として6カ月未満の医療,または生活規制を必要とする程度の者を対象としている。入院を必要としない児童・生徒を対象とした小・中学校に設置されている学級,あるいは入院治療が必要な児童・生徒を対象とした病院内に設置されている学級がある。小・中学校に設置された学級に通う児童・生徒には,通常学級とほぼ同様の授業が行なわれ,併せて健康状態を改善し体力を高める指導を行なっている。病院内の学級では,治療や生活上の規制が加わるため,授業内容を精選したり時数を少なくし,基礎的な事柄に重点を置いた指導を行なっている。

(4) 弱視学級:両眼の矯正視力が0.04以上ある場合は,特に配慮を行なうことで視覚による教育が可能であり,このような弱視児童・生徒

を対象とした学級が弱視学級である。弱視学級では教材を拡大したりして見やすい環境を整え、対象を正確に見る訓練を重ねて上手な見方ができるよう配慮をしながら指導を行なっている。あるいは弱視レンズなどの機器の使い方の指導も併せて行なわれている。

(5) 難聴学級:両耳の聴力レベルが100デシベル未満で、補聴器を使って相手の話す内容が理解できる程度の児童・生徒を対象としている。個々の聴力を最大限に活用できるよう補聴器をつける指導、音やことばを聞き取りそれらを弁別したり理解したりする指導に重点が置かれている。併せて発音・発語指導も行なわれている。また「言難学級」、あるいは「ことばきこえの学級」という名称で難聴児童・生徒と言語障害児童・生徒の両者に指導を行なっている学級もある。

(6) 言語障害学級:吃音や構音障害、言語に障害や発達の遅れがみられる児童・生徒を対象としているのが言語障害学級である。言語障害の多くは、話し手が引け目を感じたり、思ったことを表現することが困難になり、その結果、聞き手との人間関係に支障をきたすコミュニケーション障害を伴うことが多い。そのため、特に担当者との信頼関係に重点が置かれ、そのうえで話し方や表現の仕方についての指導が行なわれている。

(7) 情緒障害学級:情緒障害とは、親子関係、友人関係など人間関係の軋轢などにより情緒が不安定になり、社会的に不適応な状態に陥り、人との関わりに困難を示し全般的な発達にひずみのある状態をいう。この学級では、心理的な要因により音声を発することができないかん黙、常同運動やチックなどの習癖の異常、自閉と社会的適応力に乏しい児童・生徒、また近年では不登校児童・生徒も対象にしている。運動や制作学習で情緒の安定をはかり、個別指導や小集団指導を適切に組み合わせ円滑な対人関係が保てるよう指導を行なっている。

〔五十嵐克史〕

⇨言語障害児学級、自閉的障害、情緒障害学級、聴覚障害、特殊教育、養護学校

文献 1.全国特殊教育推進連盟『入学する子のために』44p., 1999;2.文部省編『心身障害児と地域社会の人々との交流』大蔵省印刷局, 64p., 1989;3.文部省『心身障害児の理解』大蔵省印刷局, 112p., 1990;4.文部省『特殊学級を置く小・中学校の学校経営』大蔵省印刷局, 64p., 1991;5.文部省編『心身障害理解のための指導の実際』大蔵省印刷局, 64p., 1992;6.文部省編『心身障害児の理解と配慮』大蔵省印刷局, 64p., 1993

特殊教育 special education

心身障害をもつ児童・生徒について、その障害の状態や発達段階、特性に応じた指導を行なう学校教育の一分野。法令上は、障害児教育として扱われ、行政上は、視覚障害、聴覚障害、知的障害、肢体不自由、病弱虚弱、言語障害、情緒障害に分類される。

盲学校71校(在籍者4,089人)、聾学校107校(6,818人)、養護学校814校(7万9,197人)小中学校の特殊学級(約7万3,000人)、通級による指導(約2万7,000人)、小中学校の特殊学級と通級による指導を併せると約19万人となり、そのうち約15万人が義務教育の児童生徒であり、在籍者全体の1.3%にあたる(2000年)。

学校教育法第6章、第71条から第76条において特殊教育が定められている。学校教育法第71条において「盲学校、聾学校または養護学校は、それぞれ盲者(強度の弱視者を含む)、聾者(強度の難聴者を含む)又は知的障害者、肢体不自由者若しくは病弱者(身体虚弱者を含む)に対して、幼稚園、小学校、中学校又は高等学校に準ずる教育を施し、あわせてその欠陥を補うために、必要な知識技能を授けることを目的とする」と特殊教育の目的を定め、74条では盲学校、聾学校、養護学校の設置を都道府県に義務づけている。

心身障害とは、(1)目が見えない、あるいは見えにくい視覚障害、(2)耳が聞こえない、あるいは聞こえにくい聴覚障害、(3)精神発達に遅れがある知的障害、(4)姿勢の保持や運動・動作が不自由な肢体不自由、(5)慢性の病気にかかっていたり、身体が弱く病気になりやすい病弱・身体虚弱、(6)発音や発語に不自由がある言語障害、(7)情緒が不安定で適切な行動がとりにくい情緒障害がある。

これらの心身障害をもつ児童・生徒について、

個々の障害の状態，発達段階，特性に応じて可能性を引き出し，自立できるように特別な指導や配慮を行なうことが特殊教育である。盲学校，聾学校，養護学校，あるいは小学校や中学校の特殊学級などで行なわれる教育を指して特殊教育という。学校教育施行令第2章で，心身の故障の程度が規定されている。

一般的に盲学校，聾学校，養護学校は重度の障害をもつ児童・生徒を対象にし，小中学校の特殊学級では比較的軽度の障害をもつ者が対象とされている。養護学校には知的障害児童・生徒，肢体不自由児童・生徒，病弱・身体虚弱である者を対象とする3種の学校があり，小学校および中学校の義務教育に対応して，それぞれ小学部と中学部が置かれている。さらに幼稚部と高等部を置くことができる。

特殊教育では，各教科，道徳，特別活動のほかに，養護・訓練という特別な領域を設けて指導を行ない，児童・生徒の心身の障害の状態を改善し，または克服するために必要な知識，技能，態度および習慣を養うことにより，心身の調和的発達の基盤を培うことを目的としている。養護・訓練の指導は教科や領域を合わせた指導など教育活動全体を通じて指導する場合と，養護・訓練の時間を設けて指導する場合とがあり，児童・生徒の状態に応じて，できる限り個別に，あるいは小集団での指導を行なっている。心身障害の程度が重く，学校生活に適応することが著しく困難な児童・生徒については，可能な限り教育を受ける機会を提供するという趣旨から，養護学校などから教員を派遣する訪問教育も行なわれている。

特殊教育では医療面や心理面において専門機関との連携を積極的にはかっている。例えば情緒障害児童・生徒の指導に当たっては精神科の医師や心理学の専門家などの診断や助言を得て，教育効果を高めている。一口に情緒障害といっても，全般的な発達のひずみから生じる自閉的障害，心因性の行動上の問題をもつかん黙や習癖異常，不登校などがあり，児童・生徒一人一人の状態もさまざまであるため，専門家の協力や助言は適切な指導を行なううえで重要である。

養護学校などの就学については，都道府県および市町村によって就学指導委員会が設置され，児童・生徒の障害の種類，程度などについて就学指導員，医師などの専門家が調査，審議し，保護者を交えて就学相談を行なったうえで就学を決定する。

心身障害児童・生徒に対する誤解や偏見をなくし，正しい理解と認識を深めるため，通常学級との交流教育や心身障害児理解教育が実施されている。　　　　　　　　〔五十嵐克史〕

⇒言語障害児学級，自閉的障害，情緒障害学級，聴覚障害，適応，特殊学級，養護学校

文献 1. 全国特殊教育推進連盟『入学する子のために』44p., 1999；2. 文部省編『心身障害児と地域社会の人々との交流』大蔵省印刷局，64p., 1989；3. 文部省『心身障害児の理解』大蔵省印刷局，112p., 1990；4. 文部省『特殊学級を置く小・中学校の学校経営』大蔵省印刷局，64p., 1991；5. 文部省編『心身障害児理解のための指導の実際』大蔵省印刷局，64p., 1992；6. 文部省編『心身障害児の理解と配慮』大蔵省印刷局，64p., 1993

特別養護老人ホーム（特養）residential home

老人福祉法にいう入所施設の一つである。入所要件は「原則として65歳以上で身体上または精神上著しい障害があるため，常時の介護を必要とし，居宅でこれを受けることが困難な者」。

この他には老人短期入所施設（ショート・ステイ），養護老人ホーム，軽費老人ホーム（A型，B型，ケアハウス）がある。

厚生省，大蔵省，自治省は，1989年に「高齢者保健福祉推進10ヶ年戦略（ゴールドプラン）」を立てた。それによりその後10年間の目標を定め，さらに1994年に計画の見直しを行なった（新ゴールドプラン）。その中で，特別養護老人ホーム29万人分，デイ・サービス1.7万カ所，ショート・ステイ6万人分，ホーム・ヘルパー17万人，老人訪問看護ステーション5,000カ所を目標とした。全国の特別養護老人ホーム数は，3,201カ所（定員22万0,916人），養護老人ホームは947カ所（定員6万7,219人），軽費老人ホーム（A型）252カ所（定員1万5,152人），同（B型）38カ所（定員1,808人），同（ケア・ハウス）261カ所（定員1万0,706人）である（1995年10月）。

特別養護老人ホームでは安全や健康の管理が優先され,とかく自由が制限されがちであった。しかしそこは日常生活の不自由さを設備や人手で補い,できるだけ普通の生活を送れるように配慮されるべき場である。厚生省は,施設のサービスの質を向上させるため1993年より「特別養護老人ホーム・老人保健施設サービス評価事業」を開始した。都道府県ごとに各分野からの代表者で構成された委員会を設けて質の向上を支援するものである。利用者の自己決定,残存能力の活用,サービスの継続性を基本理念としている。また同年,個々人に合わせたケアを提供するため介護計画検討会を設置し,米国で開発された評価法(Resident Assessment Instrument, RAI)を応用した個別ケアのガイド・ラインを提案した。最近試みられているグループホームは,9人以下の規模で個室と共用スペースとが組み合わされている。入所者からは個室化を望む声が強いが,まだ一般化していない。省令では居室の定員は4人以下。

特別養護老人ホームは,最近では生活の場を提供するだけでなく,地域で暮らす高齢者や家族のための在宅福祉サービスの拠点として幅広い機能が求められている。具体的にはショート・ステイ,デイ・サービス,入浴サービス,訪問給食サービス,ホーム・ヘルプ・サービスや在宅介護支援センターなどの事業を併せて行なうようになってきている。しかし多くが都市から離れた場所にあり,住み慣れた地域から遠い施設に入所すると家族や友人との交流が困難になる。

利用者は長期間を施設で過ごし,次第に機能障害が重度化していく。知情意低下症(旧称:痴呆)や精神疾患をもつ利用者の比率も高い。また,社会の価値観を反映して病院でなしにホームで死を迎えたいと考える利用者も増えている。介護職員に幅広い資質が要求され,介護福祉士や社会福祉士などの資格をもつ職員が一般的になった。

特別養護老人ホーム以外の施設と入所要件は次の通りである。

(1) 老人短期入所施設:おおむね65歳以上の要介護の高齢者で,介護者の疾病その他の理由により,居宅において介護を受けることが一時的に困難となった者。入所期間はおおよそ1週間。

(2) 養護老人ホーム:原則として65歳以上の者で,身体上,精神上または環境上の理由および経済的な理由により,居宅で生活することが困難な者。

(3) 軽費老人ホーム(A型):原則として60歳以上の者で,身寄りがないか,または家庭の事情で同居できない者で,基本利用料の2倍程度以下の収入である者(ねたきりを除く)。

(4) 軽費老人ホーム(B型):原則として60歳以上の者で,家庭環境,住宅事情などの理由で居宅で生活が困難な者(ただし自炊が原則なので,これが可能な程度の健康状態であること)。

(5) 軽費老人ホーム(ケアハウス):原則として60歳以上の者で,自炊ができない程度の健康状態で,居宅において生活することが困難な者。

〔溝呂木忠〕

⇒高齢社会,特別養護老人ホーム,高齢者介護

文献 1.厚生省社会・援護局企画課監『社会福祉の動向'96』全国社会福祉協議会出版部,541p.,1996;2.厚生省老人保健福祉局監『特別養護老人ホーム・老人保健施設のサービス評価基準』全国社会福祉協議会出版部,89p.,1994;3.厚生省老人保健福祉局老人福祉計画課・厚生省老人保健福祉局老人福祉振興課監『全国老人福祉施設要覧:平成8年度版』長寿社会開発センター,891p.,1994;4.厚生省老人保健福祉局老人福祉計画課監『高齢者ケアプラン策定指針』厚生科学研究所,244p.,1994

トークン token

代用貨幣ともいい,**その会社,病院,遊園地内だけで通用するオモチャの10円玉のようなもの。行動療法においては,行動を繰り返させる強化子として使われる。**

トークンは,行動分析的なアプローチでなされる行動の形成や維持,変容の場面で用いられる般性条件強化子(generalized conditioned reinforcer)の一つである。無条件強化子(unconditioned reinforcer)もしくは一次強化子(primary reinforcer)とは,オペラント行動に後続して生起し,その生起頻度を生得的に増加させることができる刺激をいう。一般には,食

物や，水などがこれにあたる。強化子としての機能をもっていない中性刺激と，すでに強化子としての機能を獲得した刺激とを古典的条件づけのパラダイムにしたがって対呈示すると，この中性刺激は，オペラント行動を強化する機能をもつようになる。このような刺激のことを条件強化子（conditioned reinforcer）あるいは二次強化子（secondary reinforcer）と呼ぶ。

さまざまな刺激が条件強化子になりうる。動物実験では，オペラント行動（たとえばハトのキーつつき行動，ラットのレバー押し行動，サルの鎖引き行動）の出現に引き続いて，餌を呈示するとともにランプや音を対呈示してやると，このランプや音は条件強化子としての機能をもつようになる。行動の出現と強化子の呈示の間に遅延（強化遅延）があると，行動の時間当たりの出現頻度（反応率）は低下することが一般に知られているが，もしもこの遅延時間の間に条件強化子を呈示すると反応率の低下を抑えることができる。われわれの生活場面では，このようなランプや音といった単純な刺激だけでなく，他者によるうなずきや賞賛のことばといった社会的な条件強化子も行動の増加や維持にとって重要な役割を果たしている。

また条件強化子は，複数の行動からなる行動連鎖（behavior chain）を形成する時に重要な働きをする。電話のベルが鳴って受話器を取り，「もしもし」と話しかける場面を考えてみよう。まず電話のベルの音（弁別刺激1）を手がかりとして自発された電話器を手にとるというオペラント行動1は，電話が通じていることを示す適切な刺激（強化子1）によって強化されることによって，増加させられたり維持されたりする。さて，電話をとって，相手の話を求めるならば，「もしもし」とこちらから話しかけるオペラント行動2は，相手の返事「はい，こちらは〇〇です」（強化子2）によって強化される。この話しかける行動は，電話が通じていることを示す適切な刺激（弁別刺激2），たとえばツーとかツーツーといった音がしていないこと，を手がかりにして自発される。つまり，「電話をとる」行動1の強化子1は，同時に次の「話しかける」行動2の弁別刺激2の役割をも担っているわけで，このように一つの刺激が条件強化子と弁別刺激の二つの機能を併せもつことで行動連鎖が形成される。複雑な行動の一部はこのような行動連鎖によって形成されているので，これを利用して現在のレパートリーにはない行動を新たに形成することが可能になる。

条件強化子は，これをバックアップしている無条件（あるいは条件）強化子の機能が失われると，オペラント行動を強化する機能を失ってしまう。一方，条件強化子がそれをバックアップしている無条件強化子を複数もっている場合，この条件強化子の強化機能は大変高いものとなり，特に般性条件強化子と呼ばれるようになる。代表的な般性条件強化子には貨幣がある。貨幣にはそれをバックアップしているさまざまな無条件強化子があり，それが流通している社会では犯罪行為をも生み出す大変強力な強化子となっている反面，流通しない社会やインフレーションの下では行動を強化する機能をほとんどもっていない。現実の社会で用いられる代表的なトークンには，後で現金や品物と交換できるポーカーチップ，スタンプ，パチンコの玉などがあげられるが，同じことが臨床場合におけるトークンについてもいえる。

臨床場面，特に行動分析的アプローチにもとづく行動修正では，無条件強化子と比べて強化子の機能が飽和しにくいこと，即座に行動を強化することができることなどから，トークンは広く利用されてきた。その最も代表的な研究はエイロン（Teodoro Ayllon, 1929〜）らによって1960年代になされた一連の研究であろう。彼らの被験者は精神障害をもつ患者たちであり，その病棟内での患者のオペラント行動の強化子としてトークンが使用された。オペラント行動には，たとえば食事の準備，病棟の清掃，レクリエーション，アイロンがけといったスタッフへの援助行動や，自分自身の身繕いに関する行動，笑顔を示すことなどが選ばれた。トークンはナース・ステーションで与えられる金属製のコインで，バックアップ強化子としては，等級の高い部屋の使用，長い散歩時間，スタッフとの社会的交流，テレビや映画鑑賞などのレクリエーション，お菓子やタバコ，日用品などさま

ざまなものが用いられた。このように望ましい標的行動を増加したり維持したりするために，組織的にトークンを用いるシステムをトークン・エコノミーと呼ぶ。

トークン・エコノミーは，このような臨床場面で大きな成果を上げるとともに，閉じられた世界でのヒトの経済的な行動のモデルを提供するものとして多くの注目を集め，その分析の一部は現在の行動経済学の基盤を形成する一助を果たした。しかしながら，このような閉鎖的な世界で特定の行動を促すシステムは，同時に，患者の権利や自由に関する倫理的あるいは法的な問題をはらんでおり，現在では大規模なトークン・エコノミーの実施はなされていない。

〔坂上貴之〕
⇒オペラント条件づけ，行動修正，道具的条件づけ

文献 1. Ayllon, T. & Azrin, N. H.: The measurement and reinforcement of behavior of psychotics. *Journal of the Experimental Analysis of Behavior*, 8, p. 357-383, 1965 ; 2. Kazdin, A. E.: *The Token Economy*, Plenum (New York) 342p., 1977

閉じられた質問　closed question

カウンセラーが会話の主導権をとり，特定の情報を求め，一つか二つのことば（イエスとかノーなど）でクライエントが答えられる質問である。

「あなたは眠れませんか」というのは「閉じられた質問」であり，「どうしましたか」は「開かれた質問」である。カウンセラーが，知りたいと思っている情報を質問すると返答は質問への答に限られてしまう。また，カウンセラーの意識が次の質問を考えることに集中し，クライエントを観察したり，傾聴することがおろそかになる。さらに，カウンセリングの主導権を，カウンセラーだけがもつことになり，カウンセリングにふさわしくない形でクライエントを導くことになるかもしれない。クライエントは，「閉じられた質問」に答える過程で，「自分が脅かされている」と受け取る可能性が高くなる。

初回面接などでカウンセラーが項目を印刷した記録用紙などをもっている場合には，カウンセラーがクライエントにたくさんの質問をしなければいけないと思いこむかも知れない。そんな場合でも，必要な事項をなるべく他の質問方法を用いて記入するようにしたほうがよい。やむをえない時は，質問を面接時間に分散させ，初期に集中させない方がよい。

面接の初めから，閉じられた質問をするとクライエントの言いたいことを抑制することになるので，最初はなるべく言いたいことを何でも言えるような「開かれた質問」をして，クライエントの話す意欲を高めたい。

「なぜ（Why）」で始まる質問は，なるべく避けたほうがよい。カウンセラーは理由を問うことに集中してしまいがちになり，ときにはクライエントを防衛的にさせ，クライエントは自分の行動を説明するように要求されているように感じがちになる。

カウンセラー自身が一般的に不安になると，「閉じられた質問」をする回数が増えてくる。もしそのことに気づいたならば，質問のスピードをゆるめ，相づちをいれる方法を使い，クライエントが話したいと思っている話題に近づけることを心がける。

誘導的な質問（leading question）も「閉じられた質問」の一種である。これは，ある確かな回答を期待しながら，それを暗示して質問する場合である。「勉強したくないようですね」などという場合である。これも形を変えたカウンセラー主導であるので，使わない方がよい。

カウンセラーがクライエントにする質問は，クライエントの訴えを聞き出すために大切なものである。その時のクライエントの訴えは，小林純一が述べるように，クライエントの「自己を開いて相手に伝えることによって応えを待つ自己啓示である」。したがって，「閉じられた質問」は，きわめて特定な情報を必要とする時に限って使うように心がけたい。　〔田丸精彦〕
⇒開かれた質問

文献 1. A-小林・桜井，1988 ; 2. A-メイヤー，1993

トータル・ヘルス・プロモーション・プラン，健康保持増進活動計画，THP，Total Health Promotion Plan

　1988年に行なわれた**労働安全衛生法一部改正**による，**全労働者**の**心身両面**にわたるトータルな健康の**保持増進措置**を体系的に推進する**計画**。

　健康の保持増進措置は産業医を中心に実施される健康測定とその結果にもとづいて産業医が作成する指導票により，各指導者が実施する健康指導（運動指導，保健指導，心理指導，栄養指導）から成っている。健康指導のうち運動と保健については，ほとんどの労働者が何らかの問題をもっているところから，原則として全員を対象に指導を行なうこととしている。これに対して，心の健康と食生活については，主として問題をもっている人々に対して行なうこととしている。この体系を示すと図のようになる。

　健康測定および健康指導は，労働時間内に事業者が時間の負担をして行なうことが望ましいが，健康の保持増進措置の目的は，日常生活習慣の改善であり，具体的な実践は労働者本人が労働生活，日常生活のなかで広く行なうべきものである。

【企業における健康保持増進推進対策のための体制】　(1) 推進組織の役割：企業における健康保持増進対策を推進することは，その対象が集団であるため組織的に活動することが必要となる。常に50人以上の労働者を使用している事業場には，労働安全衛生法で「衛生委員会」の設置が義務づけられ，月1回の頻度で委員会がもたれることになっている。

　(2) 健康保持増進チームの活動：個々の労働者を対象として，具体的に健康保持増進措置を実行していくためには，(a) 産業医，(b) ヘルス・ケア・トレーナー，(c) ヘルス・ケア・リーダー，(d) 心理相談員，(e) 産業栄養指導者，(f) 産業保健指導者，の6名の専門スタッフが必要となる。

　企業内での健康保持増進活動を実施する場合に，これらの専門スタッフがどのようなかたちで関わるかを図に示したが，この活動のリーダーは産業医であり，産業医の積極的な関与が得られないと，この体制は機能しない。「事業場に

健康保持増進活動（トータル・ヘルス・プロモーション・プラン）の内容

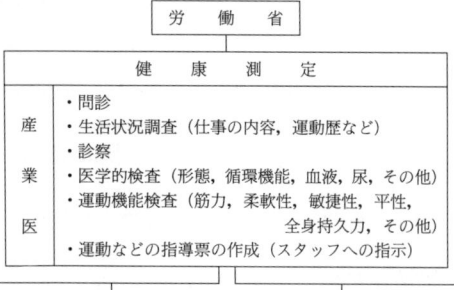

	労働省
	健康測定
産業医	・問診 ・生活状況調査（仕事の内容，運動歴など） ・診察 ・医学的検査（形態，循環機能，血液，尿，その他） ・運動機能検査（筋力，柔軟性，敏捷性，平性，全身持久力，その他） ・運動などの指導票の作成（スタッフへの指示）

運動指導	保健指導	心理相談	栄養指導
ヘルスケア・トレーナー：☆運動指導プログラムの作成（健康的な生活習慣を確立するための視点） ヘルスケア・リーダー：☆運動の実践のための指導	産業保健指導者など：☆勤務形態や生活習慣に配慮した健康的な生活指導・教育（睡眠・喫煙・飲酒・口腔保健・その他）	心理相談員：☆メンタル・ヘルス・ケアの実施 ・ストレスに対する気づきの援助 ・リラクセイション（筋弛緩法）の指導 ・良好な職場の雰囲気づくり（相談しやすい環境）	産業栄養指導者：☆食習慣・食行動の評価とその改善の指導

おける健康保持増進のための指針」では、これらの専門スタッフを育成し、事業場内にチームを作って労働者の健康保持増進推進活動を行なうことになるが、そのための専門家としての一定の資質が要求される。また、労働者に関する労働衛生や労働生理などについての知識も必要なので6種類の「健康づくりスタッフ」の養成研修は不可欠である。

(3) 心理相談員が行なうメンタル・ヘルス・ケア：メンタル・ヘルス・ケアというと、どうしても心の面のみに目が向きがちであるが、心の問題が労働者の身体的健康に影響を与えることも多く、身体的な自覚症状（不定愁訴と呼ばれる、めまい感、頭重感、頭痛、肩凝り、腰痛、手足のしびれ、下痢、食欲不振、不眠などの症状）、身体の変化、日常行動の変化などに心の状態が反映されることも多い。したがって健康測定の結果、健康の保持増進活動としてメンタル・ヘルス・ケアが必要と判断されたり、健康測定の際に労働者自身がメンタル・ヘルス・ケアを希望する場合には産業医の指示のもとに心理相談員が面接対応し、積極的な健康づくりの枠組みのなかで、心と身体の両面から取り組むことが望ましい。なお、メンタル・ヘルス・ケアの具体的な方法としては、ストレスに対する気づきへの援助やリラクセイションの指導などがある。〔緒方一子〕
⇒心理相談員，メンタル・ヘルス，筋弛緩法

文献 1. 心理相談員会編『心をささえる：事例集／心理相談員の活動』働く人の健康づくり協会（中央労働災害防止協会）224p., 1995；2. 中央労働災害防止協会『心理相談員養成研修テキスト』中央労働災害防止協会, 430p., 1991；3. 藤井久和『働く人の心理相談いろはがるた：健康づくり担当者，管理者，人事担当者のために』働く人の健康づくり協会（中央労働災害防止協会）165p., 1992

ドラッグ drug

麻薬および陶酔・覚醒などの向精神作用をもつとみなされる薬物の俗称。麻薬とは、微量で強い鎮痛作用や麻酔作用を現し、耐性上昇があるので乱用に陥りやすく、精神的・身体的依存性があるので急に使用をやめると激しい退薬(禁断)症状をおこす薬が多い。

このドラッグといわれているものの中には、覚醒剤，コカイン，ヘロイン，大麻，スピード，LSD，などが含まれる。覚醒剤や大麻は法律上は麻薬ではない。

覚醒剤はメスアンフェタミン（商品名：ヒロポン）やアンフェタミン類似の興奮薬の総称である。中毒になると骨までシャブられるので隠語で「シャブ」といわれ、注射をすると身体が寒くなる(サブイ)、注射をする水溶液を作る際振るとシャブシャブという音がするという語源からこのような名前がつけられたといわれている。中枢神経興奮・覚醒作用があり、体内に入ると非常に爽快な気分となり疲労感や眠気がなくなり、頭がすっきりし、冴えたような錯覚に陥るが、効果が切れると激しい虚脱感に襲われる。その苦しみから逃げるためと、爽快な気分を求めて再び薬物を使うことになり、ますます依存症状が進んでしまう。この薬物の蓄積が精神に障害をおこしたり、殺人、傷害などの犯罪を引きおこすこともある。身体的には、心不全などの死亡原因にもなる。メスアンフェタミンを慢性に使うと統合失調症に似た症状をおこす。

コカインは、コカの木に含まれるアルカロイドが主成分である。全世界に供給される約3分の2が、ペルー産のコカの葉から生産されており、米国では、毎年数十トンという量が国内で消費されることから、深刻な問題となっている。日本では、「麻薬及び向精神薬取締法」で麻薬に指定されている。医学的には眼科や耳鼻咽喉科における局部麻酔薬として利用されている。コカインは鼻から吸入することから、覚醒剤のように注射や経口による摂取と違って耐性ができにくく、継続時間が覚醒剤の4時間に対し、30分前後と短いことから1日に何回も吸入することになる。妄想，幻覚などの中毒症状が現れやすく、殺人，強盗などきわめて危険な反社会的行動を引きおこすことにつながる。中枢神経系興奮薬であって、精神昂揚がおこり、眠気や疲労感を消失させ気分を爽快にさせる症状は、覚醒剤に似ているものの、自分の意思でやめられない強い精神的依存がある。しかしヘロインにみられるような身体的依存性はみられないので、身体の痛み、悪寒などの退薬（禁断）症状

はない。過敏な人は，少量でもショック症状をおこし，血圧低下などにより死亡することがある。

ヘロイン（ジアセチルモルヒネ）の原料となるアヘンの世界の70％は，黄金の三角地帯（ミャンマー，ラオス，タイにまたがる地域）で，20％は黄金の三日月地帯（アフガニスタン・パキスタン・イラン）で不法に栽培されるケシから造られ，前者だけでも1,000万トンの生アヘンが生産されると推定されている。中枢神経抑制剤の一種で陶酔感を覚え，不安感や身体的苦痛を除去する効果をもっている。身体的依存をおこしやすく，2～3時間ごとに使用しなければ，激しい退薬（禁断）症状が現れ，末期には異常な興奮，全身のけいれん，失神，筋肉・関節の激痛，体内を虫がうごめく不快感，が断続的におきる。最後には精神異常をきたす。

大麻（マリウァナ）は，麻科の一年草で「大麻取締法」によって規制され，通称ハシッシュ，ガンジャといわれ，東南アジアから密輸入されることが多い。若年層（30歳未満）による使用が全体の7割を占めており，陶酔感を好む「サーファーまたはミュージシャン」が使うことが多い。米国の保健・教育・福祉省（日本の厚生省にあたるもの）の「マリウァナと健康」第4回報告書（1975）によるとマリウァナの主観的作用は次の10項に要約できる。(1) 時間空間感覚の変化，(2) 多幸感，(3) ゆったりとした気分，(4) 幸福で，抑制のとれた解放感，(5) 注意力低下，(6) 思考がまとまらない，(7) いま覚えたことを忘れっぽくなる，(8) 立体感の変化，(9) 笑えてくる，(10) 被暗示性昂進。この他に，めまい，身体が軽くなった感じ，はき気，空腹感，不安，パニックなどがおきることもある。大量に摂取すると次の7項がおきる。(a) 思考のゆがみ，(b) 体が中断されたような感じ，(c) 非現実感，(d) 視覚のゆがみ，(e) 幻覚，(f) 妄想，(g) 精神病様興奮状態。身体面では，頻脈，眼の充血，口やのどのかわき，がおきる。

シンナーは，一般的に塗料の粘度を減少させるために使用される有機溶剤の総称である。「毒物及び劇物取締法」で吸入，所持，授与，販売などは禁止されているが，少年を中心に乱用されている。シンナー吸入からさらに強度な刺激を求めて覚醒剤に移行するケースが多く，乱用の一般的な症状は，初期に頭痛や吐き気を感じるが，酒に酔ったような感じや感覚鈍麻がおきる。乱用を続けると記憶力の低下，幻覚，妄想が現れ，大脳の萎縮，肝臓，呼吸器系，網膜，血管，生殖器官などに障害が生じ，けいれんがしばしばおこり，死亡することもある。他の薬物に比べて手に入りやすいことから「いつでもやめられる」と安易に始めたシンナーが他の薬物同様に身体に致命的な打撃を与えてしまう。

向精神薬は，中枢神経系に作用して精神機能に影響（鎮静，興奮および幻覚，睡眠など）を及ぼす物質の総称として使用されており，「麻薬及び向精神薬取締法」の10物質，麻薬および向精神薬を指定する政令の63物質，合計73物質が指定されている。薬理作用によって抑制剤系，興奮剤系の二つに大別され，抑制剤はさらに化学構造からバルビツール酸系，ベンゾジアゼピン系，その他と分けられ，乱用の危険性の度合いに応じて第一，第二，第三に分けられ，その取扱いが異なっている。

スピードボールとは，コカインとヘロインを混ぜて吸ったり射ったりする混合薬をいい，中枢神経系の刺激作用と抑制作用とが交互に現れる結果，心臓が激しく拍動したかと思うと，止まりそうになるという反応が数秒おきに繰り返され，心臓停止をおこしてしまう致死度の高い，特に危険な薬物である。

LSDは，1960年代に世界各国が製造を禁止した薬物であり，現在出回っているのは，密造されたものである。麦角に含まれる麦角アルカロイドを原料として化学的に合成された物質で，ものが歪んで見えたり，大小さまざまに見えたり，気分がハイ状態になり窓から飛び降りるなどの行動をおこしてしまう。依存性については，精神的依存性があっても，身体的依存性は生じないといわれているが，強烈な幻覚作用から精神障害をもたらすことが確認されている。

クラックは，1981年アメリカ，カリフォルニア州で初めて発見された新種の密造コカインで，コカインと重曹を1対2の割合で混合して加熱中和させ製造される。タバコに混ぜたりパ

イプで吸入される。中枢神経を興奮させ、きわめて強烈で吸入後10数秒で突然激しい衝動に襲われ強烈な陶酔感をもたらすといわれている。コカインの量が微量なため、陶酔感の持続力が5～20分と短く、強い不快感に襲われる。量を増やすことで悪循環を繰り返し短期間で中毒症状をおこし、錯乱、肺気腫などや呼吸停止、心不整脈、心臓発作を引きおこし死亡にいたる。

MDAは、化学的に合成された幻覚剤で、化学名「3,4-メチレンジオキシアンフェタミン」の別名で性快感を高めるので「ラブ・ドラック」ともいわれている。

以上、現在よく知られているものを具体的に列挙したが、なぜドラッグは禁止されるのかという理由を述べておこう。

これらの薬物は、一度使うとなかなかやめられないという性質(依存性)があるので習慣性となり、次々と量を増やしていく耐性上昇がある。薬物使用者は、(i)興奮させる作用(眠気や疲労軽減、爽快な気分など)、(ii)抑制する作用(不安感の除去、落ち着かせるなど)、(iii)幻覚作用(幻視、幻聴など)が生じることで自制心が打ち負かされ、薬物摂取が反復されて、さらに同じ効果を得ようと回を重ねるごとに量が増え、いつしか薬物の虜になってしまう。

薬物入手のためには手段を選ばなくなり、中毒症状の現れとして強盗、傷害、殺人など凶悪な犯罪を引きおこすに至る。たとえ乱用をやめても心理的ストレス、睡眠不足、飲酒、他の薬物の使用などをきっかけに突然、慢性中毒同様の症状(フラッシュ・バック現象)が現れることもある。個人の精神力だけでは解決されにくい問題であり、反社会的な人が薬物乱用にはしりやすく、社会的、現実的なものをつかの間でも拒否するという共通点がうかがえるだけに、これら薬物の特性を深く理解した第三者の継続的な援助が不可欠である。国連においても1990年8月13日以降「麻薬新条約」のもとに、薬物の不正取り引きで得る利益については、国家という枠を越えて国際的捜査ができるようになり、マネーロンダリング、コントロールド・デリバリーなどに対する捜査方法が生まれた。法律においても罰則が非常に重くなっている実状からも、人間そのものを台無しにしてしまう薬物乱用がいかに恐ろしいものであるかを知ることができよう。〔萩原たま代〕

⇒依存性,物質依存,麻薬

文献 小林司編『キャンパスのメンタルヘルス』上智大学保健委員会, 133p., 1985

トランスパーソナル心理学 transpersonal psychology

個人や理性を中心に考えてもわからない、人間の普遍的、自己超越的な面を考えていこうとする心理学。

トランスパーソナルとは、国籍や文化、考え方や人格など、個人と個人との間にあると思われている境界を超越して、もっと基本的な層で人間に共通な面をもっていることに注目していこうという意味。無意識、悟り体験、至高体験、ヨーガの修行体験などを主なテーマとしている。トランスパーソナルの領域は幅が広く、*Journal of Transpersonal Psychology* (*J. T. P.*)に取り上げられている主な項目には次のようなものがある。メタ欲求、トランスパーソナルなプロセス、その価値観と諸状態、統合意識、至高体験、エクスタシー、神秘体験、存在、本質、至福、畏怖、驚嘆、自己超越、精神、日常生活の神聖化、一体化、宇宙意識、コズミック・プレイ、個人と種全体に及ぶシナジー、瞑想の理論と実践、霊的道、慈悲、トランスパーソナルな協調、トランスパーソナルな自覚と実現、それに関連した概念・体験・活動。

マスロー*が、トランスパーソナル心理学を心理学の「第四勢力」と呼んでいたことは、よく知られている。「第一勢力」とは、人間の精神の病理的な側面に注目するフロイト*の精神分析。「第二勢力」とは、人間の生物機械的な側面を追究する行動主義心理学。「第三勢力」とは、人間の潜在的可能性に着目し、自己実現を目指すマスロー自身が唱えた人間性心理学である。

マスローは「欲求の階層論」を提唱し、自己を超越するという最高段階の欲求が人間にあると考えて「トランスパーソナル心理学」の概念を確立した。1969年にトランスパーソナル心理学会が発足した。その中核となったのは、マス

ローとフリッチョフ・カプラ（F. Capra），精神科医のスタニスラフ・グロフ（Stanislav Grof, 1931〜）であった。ケン・ウィルバー（Ken Wilber, 1949〜），ジョン・ウェルウッド（J. Wellwood），ロジャー・ウォルシュ（Roger N. Walsh），フランシス・ヴォーン（Frances Vaughan），ダニエル・ゴールマン（D. Goleman），ディーン・シャピロ（D. Shapiro），チャールズ・タート（C. Tart），ロベルト・アサジョーリー（Roberto Assagioli, 1888〜1974），ダニエル・ブラウン（D. Brown）などもこの一派に属するとみられる。基本的には，人間性心理学とユング心理学（一人の人間の中に，個人を超える「集合無意識」の領域があり，合理的な発想だけでは人間を解釈できないと考える）を統合して新しい学問分野を設けた。トランスパーソナル心理学は1960年代に始まったヒューマン・ポテンシャル運動を基盤にしているので，心身の統合，個人性の確立，普遍的な精神や宗教性を強調している。また，ニュー・レリジョン運動の「神秘主義や修行実践を重視する傾向」とか，ニュー・エイジ運動の「物質の上位に心を位置づける傾向」をも採り入れている。

　トランスパーソナル心理学はこれまでの伝統的心理学が唱えたパーソナリティの成長と，宗教が説く超越性の発達との接点に自我の確立を考え，伝統的心理学と宗教，科学と宗教を統合しようとしている。これまでの宗教が無視してきた身体，欲求，情動，世俗性などをも重視して，芸術的創造性や宗教的精神性をも取り入れた，新しい人間モデルをうちたてようとしている。トランスパーソナル心理学では，セラピーを次の三つの角度から考える。
　(1) コンテクスト（文脈，背景，環境）
　(2) コンテント（内容）
　(3) プロセス（過程，技法の進行）
　従来は，個々の人が体験していることの内容の現象面に目を向けることが多かったが，トランスパーソナル・セラピーの場合には，その人が何を体験しているかよりも，その体験のプロセス自体が大切で，その内容を当人がどうとらえているかという内容と当人との関係性が重要になる。これを自己治癒，自己実現，自己超越という三つのプロセスに分けて考える。本当の自己にふれあった後に必要になるのは，自分自身が1人で存在するのではなくて，ありとあらゆるものとのつながりの中に存在していることを強く実感することである。トランスパーソナル・セラピーの特徴は，伝統的な西洋の心理療法とヒューマン・ポテンシャル・ムーブメント（人間の潜在力開発運動）の自己実現の技法とを土台にして，意識状態を重視し，東西の宗教的技法を加えているところにある。　　〔襟川政代〕
⇒行動主義，至高体験，自己実現，集合無意識，
　人格的成長，精神分析，分析心理学，人間性
　心理学

文献　1. E-岡部, 1989；2. E-河合・吉福編, 1986；3. E-吉福, 1987；4. E-吉福, 1988

トランセンデンタル・メディティション
⇒超越瞑想

な

内観〔療〕法 introspection

周りから隔離された場所で，一人だけで1日15時間以上座って，**過去から現在までの「他人にしてもらったこと」「して返したこと」「迷惑をかけたこと」を調べていき，自分の罪と他者からの愛を自覚する心理療法**。

これは，吉本伊信（1916～88）が創始した自己探究法である。内観法には，(1) 精神的に健康な人が，より人間的に成長するのを援助する教育的自己啓発的機能と，(2) 精神的に問題のある人に対する心理療法的機能がある。(1)を強調する時には，内観法と呼び，(2)を強調する時には，内観療法と呼ぶこともある。

内観法のもとになったのは，浄土真宗の一派に伝わる「身調べ」という修行法である。一人だけ隔離され，断食，断水，断眠，という厳しい条件下で，自分を内省し，深い宗教的体験を求めるものである。吉本伊信は，奈良県大和郡郡山市に生まれ，母の影響で，早くから仏教に親しみ，後に，妻となるキヌ子の影響も加わり，信仰を深めていった。何度か「身調べ」に精進するが，途中で挫折。1937年宿願を果たし，ざんげの極みが，感謝の極みに連なるような感動的な体験をした。

この体験を一宗一派の求道法にとどめるのではなく，一般の人々ができる自己探究法にしようと，宗教色を取り除き，条件を和らげ，1940年頃に，現在の内観法の原型を整えた。自己の内心を観察するという意味で，「内観」と名づけた。彼はレザー・クロスを扱う会社にはいり，社長となって事業を拡大する一方で，社員や知人に内観の指導をしていった。1953年社長を引退し，自宅を内観研修所として開放し，内観の有効性を訴えた。こうして内観の存在が知られるようになり，少年院や，刑務所などの矯正施設や，私立高校で採用されたり，病院の精神科や心療内科で治療の一環として行なわれるようになった。各地に内観研修所がつくられ，1978年には日本内観学会が作られた。

内観の方法には，集中内観と日常内観がある。集中内観では，1週間，1日15時間以上，食事やトイレ，入浴等以外は周りから遮断された場所で，1人静かに座って自分と向かい合い，過去から現在までの自分を調べていく。母，父，配偶者，子ども，友人の順で，「してもらったこと」「してかえしたこと」「迷惑をかけたこと」を年代順に具体的に思い出す。「してもらったこと」に2割，「して返したこと」に2割，「迷惑をかけたこと」に6割の時間をかけて調べていく。嘘と盗みについて年代順に調べるように指示したり，アルコール依存症の場合は，酒代の計算をテーマとすることもある。この間2時間に1回程度，指導者と3～5分の面接を1日7～8回繰り返す。

日常内観は，集中内観のあと，これを持続させるために，毎日一定時間内観することを言う。日記を書いて，1週間に1回，指導者に見せることもある。

内観をしていくと，どういう変化がおこるか。内観についてオリエンテーションをし，動機づけをしたあと内観に入るが，しばらくすると，内観への抵抗が出てくる。身体的な苦痛，遮断による不安，孤独感，退屈などを訴えたり，内観的思考様式に対する反発もでてくる。指導者への依存，自己の姿を見ることの恐怖等も見られる。指導者は，謙虚で共感的な姿勢をもって面接を繰り返し，内観者が，自己を見つめていくプロセスに寄り添う。信頼関係は不可欠だが，他の療法と比べると，指導者と内観者との関係のもつ意味は薄い。むしろ内観者自身の，内における他者のイメージとの交わりが，決定的影響を及ぼす。抵抗にあって内観を中断する者も

いるが，大部分は，自己探究の深まりや，指導者への信頼によって，抵抗を解消していく。

内観を続けていくと，徐々にあるいは突然に洞察が生まれ，それに伴って強いあるいはしみじみとした情動体験が心を揺り動かす。自分がいかに自己中心的であったか，他人がいかに自分を愛してくれたかがわかり，罪悪感，感謝の気持ち，自己発見，他者発見の喜び，自己受容，他者受容による安らぎ，開放感等を体験する。内観中も行動の落着等の変化が見られるようになり，内観後は，情緒の安定，社会的な適応力が高まり，活動的になる。

内観法の特色は，自己の罪を自覚（いままでいかに自分が罪深かかったか）と，他者の愛を自覚（それなのに人々は自分を愛してくれた）にある。そして必ず自己の罪の自覚と，他者の愛の発見とを表裏一体で体験するというところに特徴がある。そこから感謝の念が生まれ，幼児的自己愛的な甘えを脱却して，大人としてもつべき社会性，責任感，思いやりへと発展していく。内観法における世界観は，人は無力な存在であり，これまで生きてこれたのは，周囲の人の恩恵によるという慈悲の世界観である。

内観法の適用範囲は広いが，内観によって生じる罪悪感が，うつ病患者や強迫神経症の患者には，かえって悲観的な罪意識を強めてしまうことがある。指導技術の向上や，カウンセリングや精神分析，その他の心理療法との併用も今後の課題であろう。　〔榊原立美〕
⇒心理療法
文献　1. B-吉本，1976；2. I-竹元編『現代のエスプリ』No. 202，1984

内潜的条件づけ　covert conditioning

行動療法におけるオペラント条件づけの原理を，人間の内潜的な過程（covert process）**に適用し，イメージを媒介として人の行動変容を計ろうとするもの。**

コーテラ（J. R. Cautela）によって理論化された（1967），行動療法の技法の中でも比較的新しいものである。

従来，伝統的な行動療法においては，治療の対象を行動だけに限り，認知（内潜的過程）を排除してきたが，コーテラは，行動変容の基本的な原理は実際の行動に限らず，イメージの現象にも適用できると考え，条件づけの理論をイメージの世界にまで拡張した。「イメージの中で生じた行動変容は，実際の行動変容にも現われる」という仮定にたち，刺激も，反応も，強化も，イメージで代用することで来談者の不適応行動（飲酒・過食・喫煙・主張行動・不安・同性愛・恐怖症など）の変容を試みている。

具体的手続きとしては，次のような技法に整理することができる。

(1) 内潜増感法（covert sensitization）：オペラント条件づけ法における嫌悪条件づけ法をイメージに適用したもの。ある不適応行動のイメージに対して，嫌悪刺激のイメージを条件づけ，嫌悪事態からの逃避が行なわれることで，不適応行動を回避させようとする。たとえば，来談者が飲酒（不適応行動）をイメージするときには，これに続いて胃がむかつき，嘔吐する（嫌悪刺激あるいは嫌悪事態）というシーンをイメージし，飲酒をやめてその場所を離れると気分がよくなってくることをイメージする，という教示を行ない，これを繰り返す。

(2) 内潜正強化法（covert positive reinforcement）：現実場面での望ましい行動を確立するために，イメージの中でこれを行ない，望ましい行動ができた場合に，それを正の強化因子（たとえば，来談者が最も快いと感じるシーン，人からほめられているイメージなど）で，繰り返し強化していく方法。

(3) 内潜負強化法（covert negative reinforcement）：現実場面での目標行動を確立するために，イメージの中で"不適切な行動のイメージ"を出現させ，これに対して負の強化因子（嫌悪刺激）のイメージを行なう。そのイメージが鮮明になったところで，急激に望ましいイメージに切り換え，これにより目標反応のイメージを強化させるという方法。

(4) 内潜消去法（covert extinction）：来談者が不適応行動をイメージしても，何ら強化の与えられないことをイメージする。不適応行動の強化因子となっているものをイメージの中で徹底的に排除することにより，現実場面での不適

応行動の消去をはかる方法。

以上のように,これらの技法はすべて,オペラント条件づけの手続きをイメージに適用しているものである。また,イメージを媒介として行動変容を計ろうとする点で共通しているものに,カズイン(A. E. Kazdin)による内潜モデリング法(covert modeling)があるが,これは来談者のイメージの体験の仕方や,イメージの内容によって,内潜的条件づけ法とは区別されている。

内潜的モデリング法では,イメージに出てくるモデルは他者であり,イメージに与えられる強化も他者に対して行なわれる。このため,来談者の体験のしかたは,あたかも映画を見ているようなものとなる。一方,内潜的条件づけ法では,イメージの中での行動者は来談者自身であり,強化もイメージの中の自分に対して与えられ,したがって,来談者自身が実感をともなって体験することになる。

内潜的条件づけによる各技法は,まだ理論の段階にとどまるものもあり,「イメージの中でなされた行動」が,「行動療法においてなされる実際のオペラント行動」と同じ効果を期待することができるかどうかについては,今後の実証的研究の課題である。　　　　〔髙橋寛子〕

⇒アルコール症,イメージ療法,オペラント条件づけ,行動療法,スキナー,道具的条件づけ,モデリング

文献　1. H-上里編『講座心理療法』4, 1978；2. H-小此木他編著『臨床心理学体系』7, 1990；3. J-コーチン, 1980；4. B-祐宗他編著, 1972；5. E-水島編, 1983

内的対象関係 internalized object relation

精神分析で,主体とその対象との関係や,その関係のあり方を対象関係と呼ぶ。それを内的なものとしてとらえたのが内的対象関係である。過去の現実的対象関係と妄想的対象関係と,その両者に対する防衛とから成る。

対象関係における主体とは,自我や自己であり,その対象は,「人」だけでなく,「もの」をも含み,あらゆるものが対象となる。また,その関係についても,生理的適応の関係から,知的認識の関係までのさまざまな関係を含む。したがって,対象には,一人の人そのものを対象とする全体対象(whole objects),乳房や手など,対象の一部,一面を指す部分対象(part objects),現実の対象,幻想上の対象など,さまざまな場合がある。

重要なのは,自我と,自我が依存や愛着を示す対象との間の情緒的発達の関係である。その中でも,乳児と母親の関係が考察されることが多く,乳児の愛が向けられる重要な他者と乳児との関係という意味の「対象関係」がその中心となっている。

対象関係については,フロイト*も「快感原則の彼岸」において,幼児が母親に対してアンビヴァレント(両価的)な感情をもち,その矛盾する感情を幼児自身が処理しなくてはならないことを認めている。これを対象関係論の芽生えとみることができる。これをうけて,対象関係論を確立したのはクライン*である。そして,クラインに続く人々によって発展してきた。これらの人々の中には,フェアバーン*,ウィニコット*などの中間派と呼ばれる人々と,クラインを受け継ぐクライン派と呼ばれる人々とがいる。そして,これらを総称して,対象関係論学派と呼んでいる。

クラインは,内的対象関係を,妄想・分裂態勢(paranoid-schizoid-position)と抑うつ態勢(depressive position)の二つの時期に分けた。

妄想・分裂態勢は,生後数カ月から始まり,投射,同一化,分裂などの心的メカニズムによって説明される。幼児は,自分の満足した気持ちを母親の一部である乳房に投射することによって,良い乳房,つまり,良い母親イメージを,また,欲求不満などから悪い母親イメージを形作る。さらに,これらに同一化することから良い自己イメージ,悪い自己イメージを形作る。そして,それらの自己イメージを分裂させることによって,良い自己イメージを守ろうとするのである。

この時,欲求を充たしてくれる「良い母親」と,じらして欲求不満に陥らせる「悪い母親」が別々に認識されるが,これらが,部分対象である。

この「良い母親」、「悪い母親」が同一の母親の二つの側面であることがしだいに理解されることによって、全体対象となり、乳児期後期の「抑うつ態勢」となる。

このように、クラインは、対象関係を内的なものとしてとらえた。むしろ、内的なものだけに限定しすぎたとの批判さえある。しかし、この内的対象（internal object）と無意識的空想（unconscious phantasy）などの発見によって、転移を、過去からの投射、過去の遺物としてとらえるのではなく、「今-ここで」（here and now）という、時間・空間における内的状態の外在化（externalization）という側面を強調した。このことが、境界例、さらに、統合失調症患者に対する分析などにつながるものとなった。

フェアバーンは、クラインの妄想・分裂態勢および抑うつ態勢という発達早期の対象関係論をもとに、それを修正・発展させた。そこで彼は、フロイトの快楽原則に従ったリビドー論を批判し、「リビドーは本来対象希求的である」と主張した。

乳を飲むことは、母への愛の表現でもあるが、その飲みつくすこと（体内化）によって、愛の対象である母親を傷つけてしまうという錯覚をもたらし、それが、分裂気質（ジゾイド）の問題となる。つまり、自らの愛が愛の対象を傷つけてしまうことから、人を愛することを回避してしまうというジレンマは、分裂パーソナリティの本質そのものである。

ウィニコットは、クラインが内的対象を重視したために、外的環境である母親を軽くみたことに対して、「抱きかかえる環境」として、母親の養育態度を重視した。

乳児期の自己は、まず最初に、現実の乳房を自分の万能感によって作り出した理想の乳房だと「錯覚」する。その後、母親とのほど良い関わりによって、欲求不満を感じることから「脱錯覚」がおこり、現実の乳房として認識できるようになる。この錯覚から脱錯覚への移行を媒介するものとして、ぬいぐるみなどの「移行対象」が重要な意味をもつ。また、ウィニコットは、この移行期における、乳児の、欲求不満からくる怒りに対して、母親がやさしくあり続けることの重要性を指摘している。〔松島純生〕

⇒愛情, アンビヴァレンス, 今-ここで, 快楽原理, 対象関係論, 転移, 投射, 欲求, リビドー

文献 1. 牛島定信・北山修編『ウィニコットの遊びとその概念』岩崎学術出版社, 215p., 1995；2. C-スィーガル, H., 1977；3. H-スィーガル『現代精神分析双書 II』15, 1988；4. フェアベーン, W. R. D., 山口泰司訳『人格の対象関係論』文化書房博文社, 403p., 1986；5. 松本邦裕『対象関係論を学ぶ：クライン派精神分析入門』岩崎学術出版社, 153p., 1996；6. C-前田, 1985a

悩み suffering, worry

(1) 自分の価値観や理想像と、現実の自分や社会の矛盾に気づき、自分の問題としてこれを解決しようとするが容易に解決できないで苦しんでいる状態。(2) 二つ以上の相反する要求をもち、これを同時に満足させることができないときに生じる、不快を伴った不安定な心理状態（葛藤）。

レヴィン*によれば、(2)の場合はさらに次の三つの類型に分けられるという。(a) 接近-接近型。夏休みに家族と旅行にも行きたいが、学校の部活動にも参加したいというように、二つのプラスの欲求にはさまれて、どちらにも行きたいが、決めかねている場合。(b) 回避-回避型。宿題はやりたくないが、先生に叱られるのもいやだというように、二つのマイナスの欲求にはさまれて、どちらも回避したいが、前進も後退もできずにいる状態。この場合、両方とも避けて第3の方向（転校）に逃げようとすることがある。それが可能であれば悩みは解決するが、多くの場合、それは不可能であり、悩みは増大する。(c) 接近-回避型。勉強はしたくないが、試験には合格したいというように、プラスとマイナスの欲求が同時に存在する場合。

悩みは自我の発達と密接な関係がある。自我の未発達な幼児や児童は、苦しんだり困ったりするものの、悩みはないといわれている。この場合、内部の感情の高まりが怒りや恐れ、号泣などのかたちで放出・発散されるために、悩みのかたちで持続されることが少ない。青年期には、自我の発達に伴い、論理的思考や社会的関心の増大などの知的発達、急激な身体の変化と

性的な成熟がみられる。これらの発達は，青年に自信，自由，独立，希望を与える一方で，未知の変化にどう適応したらよいのか，という不安，孤独，緊張，苦悩をもたらす。

青年期に多くみられる悩みの内容としては，(ⅰ) 勉強や進路に関すること，(ⅱ) 容姿やファッションに関すること，(ⅲ) 親の無理解などの親子関係，(ⅳ) 異性関係，(ⅴ) 友人関係，(ⅵ) 健康や性に関すること，(ⅶ) 自分の性格に関すること，などがあげられる。客観的には些細な問題でも，動揺期の複雑な心理過程にある青年にとっては，真剣な悩みである場合が多い。また，現実的な原因にもとづく悩みだけではなくて，想像にもとづく悩みも少なくない。年齢とともに性格や人生観，健康に関する悩みが増え，職業に就いている人では仕事に関する悩みが多くなる。一般的傾向として，女性は男性よりも対人関係や容姿についての悩みが多い。

悩みを把握するには，次のような方法がある。① 質問紙による調査。悩みの一般的傾向を理解するのには役立つが，表面的な把握になりやすい。② 信頼関係のある面接や日記。悩みは個人の内面的な世界の問題で，誰にも知られたくない反面，誰かに打ち明け聞いてもらいたいものである。その点で，②の方法は，真の悩みを把握するのに有効である。

悩みの真の解決は，あるがままの現実を素直に見つめることから始まる。悩みは，ときに不適応の原因となるマイナスの面もあるが，悩みとその解決への模索を通して，その人の価値観が創造され，人格的成長がなされる，というプラスの面をももっている。　　　〔新藤 緑〕
⇒カウンセリング，葛藤，自我，不安

文献 1. E-桂, 1957 ; 2. F-藤永・永野・依田, 1977

ナラティヴ・セラピー narrative therapy

人の問題や症状は，その人独自の生きられた豊かな経験が社会的・歴史的・文化的に存在する支配的なストーリー (story) または物語 (narrative) と矛盾することによって形成され，維持されているという考えのもと，支配的なストーリーの外側にとり残されたその人自身のストーリー（物語）を創生する援助を目指す心理療法の理論的枠組みとアプローチ。

このセラピーの中核には，1990年代の初めに台頭してきた「現実とは人々の間で構成される」というポスト・モダニズム，あるいは社会構成主義 (social constructionism) の理論と思想とがある。つまり，人々は，それまでの人生で得てきた体験を通して物事を見て，理解しており，いわゆる客観的現実が存在するわけではないと考える。また，そうした現実は言語を通して構成され，ある見方が記述され，説明され，意味づけられ，正当化されていくので，「人は，あらかじめ用意された理解の方法をもって人生のさまざまな局面に臨み，何を問題とすべきかを知る」ことになる。問題や症状は，個人や家族の機能不全の結果ではなく，文化的，社会的文脈の中で人々が共同制作してきた現実認識の産物ということになる。

特に，この考え方に従えば，科学者といえども自分の感情，価値観，動機などに左右されることなく，また観察対象にも影響されずに，客観的立場に立つことは不可能ということになる。一般の人々が陥っている機能不全という「問題」は，これまで，客観的，かつ科学的専門家とされる治療者の「正常」とか「機能的」といった基準に従って判断されてきたが，そのような専門家の姿勢そのものが「問題」を形成することになる。

この考え方は，従来のいわゆる「客観的・科学的治療者」を標榜する精神分析，行動療法，認知療法，来談者中心療法などの個人療法家はもとより，システム理論（第一次サイバネティクス）にもとづいた家族療法家に対しても，第二次サイバネティクスによる援助法の再考と転換の揺さぶりをもたらした。

心理療法，特に家族療法の世界におけるこの動きの旗手は，「治療的対話」を強調したアンダーソン (H. Anderson) とグーリシャン (H. Goolishian)，ならびにナラティヴ・セラピーを提唱したオーストラリアのホワイト (Michael White) とニュージーランドのエプストン (David Epston) である。

アンダーソンとグーリシャンは,「共同的言語システム」とか「治療的対話」「ナラティヴ・セラピー」などと呼ばれるアプローチを開発したが,そのモデルは,クライエントとともに新たな意味が創生されるようなケアと共感的な対話のプロセスを強調し,特定の技法を作りだすことを拒否する。それは,人間とは情報を処理する生きものではなく,意味を生成する生きものだという考え方に由来する。セラピーとは,「共働的対話（collaborative conversation）」の中でおこる言語的出来事であり,相互交流の探索の中でアイデアの交換を通じて新しい意味を発展させることである。治療の場における理解とは,対話から生まれた結果ではなく対話そのものであり,このような対話は,専門家という位置にいるセラピストの先入観や先行経験が重視されるような状況では不可能となる。セラピストとは,「自分についての専門家」であるクライエントの前では「無知の人」「学ぶ人」であり,会話的な質問を用いて,対話プロセスの発生を促進してセラピーという芸術を実践する人である。セラピーで扱われる問題は,人の主体性や自由の感覚を損なうような形で表現された物語であり,セラピストとクライエントは,共同探索の対話を通して新しい意味,新しい現実,新しい物語を開発する。その意味で,セラピストは物語の編集者ではなく,対話の参加者であり,このアプローチはモデルというよりも態度と言えるものである。

ホワイトとエプストンのアプローチも前記の2者と同じく,人がどのような道筋をたどって自己の経験世界を自分にとってまた他人にとって意義あるものとして定着させていくのかという点に注目するが,アプローチの中に「外在化（externalization）」などの手法を用いるところが異なっている。

このセラピーの前提は,人の人生や社会での営みは,その人が自分の経験に意味をもたせてまとめあげた知識やストーリーによって構成され,人々は,社会で標準的原則と決めたストーリーや物語にそって自分の経験を理解し,解釈する,ということである。しかし,問題は,個人の生きられた経験すべてが標準的ストーリーによって説明されることは決してないことである。

人が問題をもつ時,人は専門家が真実として規定し,また社会が標準化した客観的枠組みという支配的なストーリー（dominant story）に照らし合わせてそれを分類している。そのプロセスで,人は自分の「生きられた体験」の大部分,つまり自分自身のストーリーを否定したり,排除したりすることになる。ホワイトとエプストンのセラピーは,クライエント自身の体験からセラピストと協力して代案のストーリー（alternative story）を導き出して作り,クライエントが自分のユニークなストーリーを生きられるようにすることである。

そのために,セラピストは,問題や問題に侵されているストーリーを外在化させて,問題,知識,物語からその人が離れられるように手助けをする。たとえば,「その問題はあなたの生活にどんな影響を与えていますか」とか「問題の発展にあなたはどんな影響をもってきましたか」といった質問をして,問題をその人から分離する。そうすることで,支配的ストーリーに沿って演じられてきた自分の人生や自分への疑い,不安などを自分と切り離し,問題とその影響から自分の生を回復する道を開こうとするのである。　　　　　　　〔平木典子〕

⇒家族システム理論,家族療法,行動療法,心理療法,統合的カウンセリング,来談者中心療法

文献　1. A-平木, 1998 ; 2. E-ホワイト, エプストン, 1992 ; 3. マクナミー, S.・ガーゲン, K. J. 編, 野口裕二・野村直樹訳『ナラティヴ・セラピー：社会構成主義の実践』金剛出版, 232p., 1997

難病　incurable diseases

原因不明,治療法が確立していない,後遺症が残る恐れが濃い,経過が慢性,経済的・家庭的・精神的に負担が大きい,治りにくい病気。（厚生省の「難病対策要綱」〔1972〕による。ただし,ガン,脳卒中,心筋梗塞,精神病などを除く。)「特定疾患」とも呼び,免疫系や神経系の病気が多い。

現在43疾患が特定疾患調査研究の対象に指定

されている。このうち下記の39疾患が特定疾患治療研究対象疾患に指定されていて，指定医による診断書と申請手続きにより，1997年には医療費が公費から35万8,834人に支払われている。(差額ベッド料金，介護人費の公費負担はない)。1度認定されても，毎年更新の手続きが必要である。視聴覚障害，言語障害，肢体不自由，関節障害，重症臓器障害などのある病気ならば，この他に身体障害者認定を受けて，医療費補助や給付金，公的援助（車椅子や酸素吸入器の貸与，駐車許可証など），交通機関の利用料割り引，などを受けることができるし，国が認定する厚生施設もある。HIV感染者，心臓・腎臓・呼吸器・ぼうこうまたは直腸・小腸など，身体の内部に障害をもつ人は内部障害者（現在約72万人）と呼ばれ，身体障害者福祉法に定められた身体障害者の一部である。身体障害者認定を受けるには，法律で定める指定医の診断書をもらって市区町村に申請して，1～2ヵ月後に身体障害者手帳をもらう。日常生活の困難さに応じて等級があり，1～7級までのランクによって，受けるサービスが異なってくる。その数が少ないほど重症。

次の39疾患が，特定疾患治療研究対象疾患とされている。(1) 悪性関節リュウマチ, (2) アミロイドーシス(原発性アミロイド症), (3) ウィリス動脈輪閉塞症, (4) ウェゲナー肉芽腫症, (5) 潰瘍性大腸炎, (6) 強皮症，皮膚筋炎および多発性筋炎, (7) 筋萎縮性側索硬化症, (8) クロイツフェルト・ヤコブ病, (9) クローン病, (10) 劇症肝炎, (11) 結節性動脈周囲炎, (12) 原発性胆汁性肝硬変, (13) 原発性肺高血圧症, (14) 原発性免疫不全症候群, (15) 後縦靱帯骨化症, (16) 広範脊柱管狭窄症, (17) 混合性結合組織病, (18) 再生不良性貧血, (19) サルコイドーシス, (20) シャイ・ドレーガー症候群, (21) 重症急性膵炎, (22) 重症筋無力症, (23) スモン, (24) 脊髄小脳変性症, (25) 全身性エリトマトーデス, (26) 大動脈炎症候群, (27) 多発性硬化症, (28) 天疱瘡, (29) 特発性拡張型(ウッ血型)心筋症, (30) 特発性間質性肺炎, (31) 特発性血小板減少性紫斑病, (32) 特発性大腿骨頭壊死症, (33) 膿疱性乾癬, (34) パーキンソン病, (35) ハンチントン舞踏病, (36) ビュルガー病, (37) 表皮水泡症(接合部型及び栄養障害型), (38) ベーチェット病, (39) 網膜色素変性症.

以上の他に，東京都では他に13疾患を特定疾患として指定し，公費負担をしている。

他の府県でも独自に難病を指定している場合があるので，自分が住んでいる都道府県の衛生部や保健所に問い合わせるとよい。

この他に，治療が困難な子どもの慢性の病気を「小児難病」という。このうちで，「経済的な問題のみならず，介護などに著しく人手を要するために，家庭の負担が重く，精神的にも負担の大きい疾病」を「小児慢性特定疾患」に指定し，医療費を公的に助成している。病名は500以上に上り，全国で約12万3,000人が受給中である。原因不明・治療法が未確定であることを条件にして指定される「特定疾患」や，筋ジストロフィーなども含めると，約20万人が小児難病にかかっているとみられる（朝日新聞1998年3月8日）。主なものに，(1) 悪性新生物, (2) 血友病等血液疾患, (3) 膠原病, (4) 神経・筋疾患, (5) ぜんそく, (6) 先天性代謝異常, (7) 糖尿病, (8) 内分泌疾患, (9) 慢性心疾患, (10) 慢性腎疾患, がある。

経験を分かち合いながら，共通の課題に取り組んだり，学びあったりして，親を支えていくために，民間の医師・看護師・保育士や各患者団体でつくるボランティア組織「難病の子ども支援全国ネットワーク」がある。親の会の設立・運営への助言，医療・教育・福祉についてのセミナー，子どもを亡くした親の集い，ボランティア養成などを行なう。

主な難病疾患について次に簡潔に述べる。

(a) 悪性関節リュウマチ：自己免疫にもとづく膠原病の一種，女性に8倍多い，疲労感，手足の関節の痛み，朝のこわばり感，小動脈血管炎，複数の関節炎，手首と中手指関節の腫れ，皮下結節がおきる。波状に進行。

(b) 潰瘍性大腸炎：免疫異常らしく，20歳代に多い。大腸粘膜にびらん・潰瘍ができる。粘液・血便，腹痛，発熱，頻脈，1日数回の便意，大出血，大腸穿孔がおきる。波状に進行。

(c) 筋萎縮性側索硬化症：20～60歳の男性に多い運動ニューロンの障害。進行性。両手の脱力，指の運動障害，手のひら・手の甲の筋肉のやせ，前腕・上腕筋のやせ，言語障害がおこり，嚙めない，飲めない。下肢脱力。数年で死亡。

(d) ベーチェット病：40歳代に多い，再発性口内アフタ，皮膚症状（にきび，結節性紅斑），外性器潰瘍，眼症状（虹彩毛様体炎，網脈絡膜炎）がおきる。

(e) 重症筋無力症：女性に多い。自己免疫異常らしく，まずまぶたの下垂（午後や夕刻に悪化），複視がおきる。嚙む力が弱まる。鼻声。長く歩けない。呼吸困難。波状に進行。

(f) 全身性エリトマトーデス：免疫系の異常，膠原病の一種。90％は女性，20～30歳に発病し，波状に進行する。疲れやすく，発熱，鼻を中心とする蝶型紅斑，関節痛，リンパ節腫張，貧血，腎臓障害がおきる。

(g) パーキンソン病：中高年に多い，脳の黒質線状体の異常によるドーパミン欠乏が原因。疲労感，腕と肩の筋肉痛，筋のこわばり感が生じ，動作が遅くなる。手足の震え，前屈姿勢，小刻み歩行がみられ，つまずきやすくなる。手足を振らない歩行，表情無変化，ぼけもみられる。進行する。

(h) レックリングハウゼン病：遺伝病。1万人に3～4人に発症。前身末梢神経繊維に腫瘍が多発する，皮膚のあちこちに茶褐色（コーヒー様）の色素沈着がみられる。

〔小林　司〕

⇒ネットワーク

文献　厚生省編『厚生白書』，1998

憎しみ hatred

人が自由を放棄しなければならず，また，人間として存在するための権利や機会のいくつかを断念しなければならないときに，だれかに対して向ける気持ち。

フロイト*は，『本能とその運命』(1915)の中で，憎しみの起源は自己保存欲動であり，その原型は，自己を持続し，確立しようとする自我の戦いのうちにある，と述べている。

また，オルポート*は，『人格と社会との出会い』(1960)の中で，次のように述べている。

人々は，家庭にいる時と同じように，仕事場においても，一人の統合された人間でありたいと思っている。学校や仕事場や戦争に行くのは，全人格的な個人なのである。人は，気の合った格式張らない関係を同僚と結びたいと望んでおり，自分自身の運命に参加したいと願っている。

どのような種類の人間関係においても，人々は，自尊心，または，自己愛とも名づけられるものを護持していきたいと願っている。それと同時に，同僚との間には温かい親密な関係をもちたいとも願っている。誰一人として，初めから人を憎みたいなどと思っているようにはみえない。しかし，自尊心の挫折や，愛情関係の行き詰まりの結果として，憎しみは，やはり，多くの人の内に育っていくのである。

スティーは，「もともと憎しみは存在しない。ただ，愛が憎しみに変わったのだ」という。それ故に，人間のもつ数多くの敵意感情を，単なる攻撃本能の流出だと考えるのは間違いである。憎しみは，随伴現象であるから，少なくとも理論的には避けることができるものである。つまり，子どもであろうと，大人であろうと，その個人が仲間と協同の事業をするときに，できる限り対等の立場にたち，この仕事に十分参加できるような環境を作り出してやれば，人々は，親密な関係を実感し，自尊心を護り，敵意を減らすことができるであろう。

メイ*は『失われし自我を求めて』(1953)でおよそ次のように述べている。自分がとらわれの身とわかった時，その人間に押し寄せてくるのは，憎しみの気持ちである。人が，自己の自由を断念しなければならない時，このように大きな憎しみが生まれてくる事実は，自由という価値が当人にとっていかに本質的なものであるかを示している。実際，人が自由を断念する時，その内的バランスを回復するために何かが入り込んでくる。それは，外なる自由が否定される時，内なる自由から出てくるものであって，いわば，彼の圧制者に対する憎しみである。

憎しみ，恨みというのは，しばしば，心理的精神的自死をさける唯一の方法である。それは，ある威厳，自己同一性の感情を保有するという

機能を果たしている。いわば，個人，ないし国家の場合には国民が，あたかもその征服者に対して，沈黙の中で「お前はおれを征服した。しかし，自分はなお，お前を憎む権利を失ってはいない」と告げているかのようである。重症の神経症や精神病のケースでは，幼児期の不幸な境遇によって壁に押しやられてきた人間が，その憎悪を内なるとりでとしており，威厳と自負の最後のよりどころにしている。

さて，治療の場面を考えてみると，人間としての力の行使が，徹底的にもぎとられている人が，一定期間を経て，その憎悪や怨恨を感じたり，あるいは，それをぶちまけることができない場合には，予後がさらに悪い。幼児が両親に向かって反抗できる能力は，自由な人間として生まれた者にとって欠くことのできないものである。同じく，傷つけられた人間が憎んだり，怒りを感じたりできる能力は，とりもなおさず，その圧制者に対して反抗できるという，その人の内的潜在力を示すものである。もちろん，われわれは，憎悪がよいものだとは思わないし，あるいは，どれほど憎んでいるかをもって，健康な人間の印であると言うつもりはない。憎悪や怨恨は破壊的な情動であり，人間成熟の印は，それらの情動を建設的なものに変形することである。

憎悪と怨恨は一般に抑圧されてきた。しかし，実際には，そのようにして憎悪をまぬがれることはない。たいてい，その情動をほかの人の上に置き換えるなり，それらを自己憎悪に変えてしまう。このように，私たちが自分の憎悪に正面きって遭遇できるということは，きわめて重大なことである。

さらに，もし，私たちが，憎しみや恨みごとに素直に立ち向かわないなら，それは，だれにも役に立たない自己憐憫に変わっていく。この自己憐憫は，憎しみの「保有された」形態である。私たちは，そのとき，自分の憎しみを「はぐくむ」ことができる。そして，それによって自己の心的バランスを保ち，自ら何も手を下さずにいられる。

私たちが，憎しみを真の自由再建のための動機づけとして用いるために，まずなすべきこと

は，いったい自分を，だれを，もしくは何を，憎んでいるのか，その対象を確かめてみることである。　　　　　　　　　　〔横山千穂子〕

⇒愛情，アタッチメント，攻撃性，自死と自死防止

文献 1. E-オルポート，1972；2. C-フロイト，1970a；3. H-『ロロ・メイ著作集』1，1970

2 言語使用　⇒バイリンガリズム

二重拘束　double bind

イギリスの人類学者ベイトソン（Gregory Bateson, 1904～1980）が提唱した，**統合失調症の発生因としての家族内のコミュニケーション・パターンのこと。親から二つの相矛盾するメッセージを伝えられた子どもが，その矛盾を指摘することを許されず，同時に何らかの応答を強制されるといった状況のこと。**

たとえば，親が子どもに「あなたは，学校で優秀な成績が取れるように，毎日しっかり勉強しなければだめよ」というメッセージを伝える。しかし，子どもが勉強していると，「どうして，勉強ばかりしているの。顔色が悪いわよ。他の子は，外で元気よく遊んでいるわよ」というような，相反するメッセージを伝えるとする。子どもは，勉強しても叱られるし，勉強しなくても親の気分を損なうことになる。子どもは，親によって相反する二重の束縛を受けることになり，動きがとれない状態になる。

このように二つ以上の相反する不調和なメッセージを子どもが受ければ，その状況の不合理を指摘することによってそこから自由になることは，きわめて困難なことである。大人であれば，このようなメッセージを受け取ったとしても，その不合理性を指摘することによって，完全には拘束されない自由がある。したがって，日常生活を正常に続けることができるであろう。しかし，幼い子どもであれば，親に依存しなければならない度合いが強く，拘束された状態で日常生活を続けなければならない。このような状況が長く続けば，子どもは親に対して何の応答もすることができなくなり，自閉的になる。そして，自立を妨げられて統合失調症が発

症するに至る，とベイトソンは考えた。彼は，二重拘束状況を構成する必要要件を次のようにみている。

(1) 2人，あるいはそれ以上の人間の間で成立する。犠牲者に対して，二重拘束を課すのは，親1人とは限らない。親1人の場合もあるし，他の家族が複数関わる場合もある。(2) 犠牲者の経験の中に繰り返し現れる。この経験の中で，二重拘束の状況に対する構えが習慣として形成される。(3) 最初に否定的な命令が出される。次のうち，どちらかの形式をとることになる。「これをすると，おまえを罰する」「これをしないと，おまえを罰する」(4) 次に，それとは矛盾する第二の否定的な命令が出される。これは，最初のものとは異なるもっと抽象的な水準の命令である。この第二の否定的な命令は，言語的な手段だけでなく，非言語的手段によっても伝えられる。態度，身振り，表情，声の調子，ことばに隠された別の意味といったものなど。(5) 第三の命令が伝えられる。犠牲者は，この矛盾する状況から逃げてはならない，というメッセージである。上記の例でいえば，「お前は，お母さんを嫌いだから，言うことを聞けないのね」といったメッセージ。(6) 犠牲者が，この矛盾した形で世界を知覚するようになる。

現在では，この二重拘束理論を統合失調症の発生原因とする考え方は否定されている。しかし，家庭内のコミュニケーションの状況を理解したり，子どもの行動を理解したりするには，有効な知識である。また，家族療法を行なう際の家族関係の理解とセラピーの展開にも有効なアプローチとなる。

小さな子どもが継続的に長期間にわたってこのような状況を与えられれば，人格の形成や精神の発達，好ましい行動形成にとって，よい環境とならないことは明らかである。カウンセラーは，子どもの行動に問題があれば，子ども自身の問題として捉えるだけではなしに，親の養育態度や親自身の問題傾向，家族間のコミュニケーションなどについても目を向ける必要がある。そのとき，もし二重拘束の状況があれば，それを親や家族が取り除くことができるように援助するべきである。

ベイトソンは，統合失調症を育む家庭状況には次のような一般的特徴がみられる，という仮説を立てている。

(a) 母からの愛を感じて近寄っていくと，母が不安から身を引いてしまう，そういう母親をもつ子どもがいる。つまり，子どもの存在が母親にとって特別の意味をもち，子どもとの親密な場に引き入れられそうになると母親の中に不安と敵意がおこるという状況がある。(b) わが子に対して不安や敵意をもっていることを認めることができない母親がいる。そうした感情を否定するために，子どもを愛していることを強調する行動をわざと子どもの前でとる。そして，そのとき子どもから返ってくる反応が，自分を愛情に満ちた母親として見るものでない場合，彼女はその場から身を引いてしまう。(c) 母子関係の間に割り込み，矛盾のしがらみに捉えられた子の支えになるような存在（洞察力のある父親など）がいない。

このような，二重拘束状況を作り出す親や家族をみると，親自身にも問題があることが多い。カウンセラーは，親ができるだけ自分自身を内省したり，家族全体の問題としてとらえながら問題を解決していけるように，援助を続けていくことが大切である。　〔佐藤勝馬〕

⇒アルコール症，アンビヴァレンス，親業，非言語的コミュニケーション

文献　1. ベイトソン，G., 佐藤良明訳『精神の生態学』新思索社，705p., 1990

乳児心理学　infant psychology

乳児期を通して，その精神，運動，知覚・認知，社会性・情緒，自我などの発達がどのようなものであるかを探る心理学。発達心理学や児童心理学の一分野として考えられることもある。

児童福祉法では，満1歳に満たない者を乳児と定義しているが，心理学では新生児期（生後4週間）を含む1歳半くらいまでの時期——離乳が完了し（母乳または人工乳でなく，さまざまな食物から栄養補給ができる），歩行がおおよそ可能となり，喃語から言語に移行する時期——を乳児としている。

乳児はヒトとしての出発点において、長い間、「無力で無能な存在」である（生後3カ月くらいまでは何も見えず、何も感じない）とみなされてきた。ポルトマン（Adolf Portmann, 1897～）によると人間は「生理的早産」であるため、生まれた時はまだ未熟であり、もしも1歳まで胎内にいることができればより成熟度の高い状態で生まれてくるだろうと述べている。しかし、現在は心理学の進歩によって新生児の生理的、心理的能力を詳しく調べることができるようになり、以前に考えられていたよりもずっと「有能な存在」であることがわかってきた。生後まもない乳児でも、形の違いを見分ける目、音の高低を感じ聞き分ける耳、匂いの差を嗅ぎ分ける嗅覚をもっていることが確認されている。また、ウェルナー（Werner）などは新生児の段階で素質的に視・聴・触・味・嗅の五感をバラバラのものとして感じるのではなく、統合して受け止める共感覚が備わっており、それを通じて世界を認知していくとしている。

運動の発達は、初めはもっぱら反射によるが（ex. モロー反射）その後、しだいに意図的になっていく。運動発達には方向性があり、頭の方から下の方へ、内から外へ向かっていく（ex. 首がすわる→おすわり→はいはい→歩行、手を動かす→指先で物をつかむ）。誰もがよく見かける乳児の行動として、生後3、4カ月の頃に自身の手を注視するハンド・リガード（hand regard）がある。これは周囲に刺激のない時、自己の手をかざしてじっと見つめ、遊んでいるかのように思えるものだが自我の発達のステップの一つである。

新生児の運動と認知の能力を具体的に示す例に、共鳴動作がある。新生児は30cmほど離れて正面にあるものを見ることができる。その位置に母親（または実験者）が座り、乳児に意図的に笑う・舌を出すなどの動作をすると、乳児は同じ表情をすることができる。これは他者の動作を見るという視覚能力と、同じ動作を自分がするという運動能力の両方が必要であり、それが何も学習していない新生児の段階でできるのである。

母親が乳児に笑いかけると乳児は同じ表情をする。すると母親は嬉しくなってますます笑いかけ、「あなたも嬉しいのね。おかあさんも嬉しいわ」などということばで表現しながら微笑むだろう。乳児はそれを見てさらに笑い（共鳴動作の繰返し）、「嬉しい」というのは、こういう顔であり、こういう感情なのだ、ということを認識していく。乳児の笑顔が母親の感情を刺激して双方の感情交換となる。共鳴動作は模倣のように意識して行なっている段階ではないが、他者との関係に対して敏感に働く能力の一つであり、乳児が無能ではないということの実証でもある。この共鳴動作が成長の段階を経て模倣につながり、さらには共感性へと移行していく。人見知りや分離不安など否定的な行動もまたこのような成長の過程で現れる。

このように、ある個人が別の個人に対して作っていく関係の絆が愛着であるが、乳児にとって特定の養育者（多くの場合は親、特に母親）との愛着関係は、その後の性格形成、精神形成および人間関係などのうえで重要な意味をもつ。

フロイト*は『性理論に関する三つの論文』(1905)で、人間の発達の第一段階として口唇期について述べている。乳児の快感は口や舌が中心である。その基本的原型は母子間で行なわれる授乳であり、ただ生きる糧としての授乳ではなく、母親に抱かれ見つめられ、肌の接触も伴いつつ乳房を吸うことはこのうえない幸福であり快感である。

また、ハーロウ*は接触慰安説を発表している。赤毛ザルの赤ちゃんザルを、針金模型でできたミルクの出る代理母とやわらかい布製模型のミルクの出ない代理母の置いてある部屋に入れて、子ザルの行動を観察した。その結果、空腹になれば針金模型のもとへ行くが通常は布製模型の方へ行く。さらにその場に異質なものを登場させた時、子ザルは布製模型のもとへ逃げ、布製模型を安全地帯として使いながら行動範囲を広げていった。この実験から、人間の乳児にも皮膚と皮膚との接触（スキンシップ）が大切であると示唆される。愛着行動の形成が、成長した後も人と人とのかかわりや信頼感などに大きな意味をもつと考えられている。

ウィニコット*は母親と乳児の関係のあり方に焦点をあてている。絶対的依存期（生後6カ月くらいまで）は、母親自身がホルモン・バランスの関係で周囲のことに気がまわらず、乳児と同一化し、乳児のことのみにかかわりやすい原初的没頭の時期である。ウィニコットは「good enough mothering＝ほどよい母」でいることの重要性を述べている。たとえば「すごくよい母」であると乳児がおなかがすく前に、またはおむつがぬれる前に気づき、先取りして快適な状態を与える。すると乳児は積極的に行動を開始する必要がなく、自己信頼が育たない。逆に、乳児の繰返しの訴えに対して「気づかぬ母」であったとすると、乳児は泣いて訴えてもその後快適な状態にならないことを学習し、泣くことも訴えることもしなくなり、感情が育たない結果になることもある。乳児にとっての「ほどよい母」とは、不快さを感じてそのことを訴えた時、それに応えて快適な状態にしてくれる母である。

この絶対的依存期を過ぎると、母親との二者関係である相対的依存期に入る。その移行段階で、母親に近いけれど違う物（移行対象物）としてタオルやぬいぐるみを持ち歩く乳児もいる。自分がコントロールできる物であたかも母親がいるような安心感を得るのである。母親と自分は違う存在だが信頼できる母親がいるという安心感によって、しだいに第三者とよい関係をもてるようになっていく。

ボウルビィ*は乳児の愛着行動を、定位行動（母親を見る、目で追う）、発信行動（母親に声を出す、信号を発する）、接近行動（月齢が高くなると自分から母親の方へ行く）の三つからなるとしている。なお、愛着行動はほぼ3歳までにつくられる。

しかしながら愛着欲求には個人差があり、文化（国）によってもかなり異なる。さらに現代においては家庭外で仕事をもつ母親が増え、他の養育者に育てられたり集団保育をされる乳児も少なくない。そうした場合でも十分な配慮のある保育の場合には問題がないと考えられる。また、父親の存在は、ともに過ごす時間の多少にかかわらず影響が大きく、間接的に母親を支えるという点でも、ともに育児に関わっていくという意味においても重要である。

乳児の認知的な面の発達については、ピアジェ*によって広範に研究された。彼は生後から12歳以降までの思考の発達段階を4期に分けて設定している。はほぼ24カ月までの乳児の認知発達段階を感覚運動的段階とし、乳児に特徴的な認知的能力を明らかにした。〔尻無浜敏美〕
⇒アタッチメント

文献 1. ウェルチ, M., 石田遊子訳『抱く子は育つ』学苑社, 312p., 1992；2. F-川上, 1989；3. 小嶋謙四郎編著『乳児心理学』川島書店, 230p., 1997；4. 小嶋秀夫, 大日向雅美『母性』(『こころの科学』30) 日本評論社, 77p., 1990；5. E-小林, 1983；6. 下條信輔『まなざしの誕生：あかちゃん学革命』新曜社, 376p., 1988；7. ドーマン, G・ドーマン, D・ヘイギー, B., 小出照子訳『赤ちゃんは運動の天才：運動は脳を発達させる』サイマル出版, 416p., 1993；8. F-野村, 1980；9. バウアー, T.G.R., 岡本夏木・野村庄吾・谷村覚・水谷宗行訳『赤ちゃんは内的言語をもって生まれてきます』ミネルヴァ書房, 165p., 1984；10. 平яр勝巳『輪廻する赤ちゃん：誕生の神秘』人文書院, ○○ p., 1996；11. I-平山・斎藤編『現代のエスプリ』No. 248, 1988；12. C-フロイト, 1970；13. C-ベイカー, 1975；14. ポルトマン, A., 髙木正孝訳『人間はどこまで動物か：新しい人間像のために』(岩波新書) 岩波書店, 254p., 1961；15. 三宅和夫『子どもの個性：生後2年間を中心に』(シリーズ・人間の発達 5) 東京大学出版会, 216p., 1990；16. ローゼンブルース, D., 繁多進・新倉涼子訳『タビストック子どもの発達と心理 0歳』あすなろ書店, 232p., 1982；17. ローゼンブルース, D., 繁多進・新倉涼子訳『タビストック子どもの発達と心理 1歳』あすなろ書店, 198p., 1982

乳幼児突然死症候群 sudden infant death syndrome, SIDS

何の原因も前触れもなしに、乳幼児が突然死亡する病気。日本では年間500～600人がこれによって死亡している。

以前からこの現象はあったが、1969年に米国で乳幼児突然死症候群(SIDS)と命名され、1979年には世界保健機関(WHO)もこれを病気と認めた。原因は不明だが、厚生省の危険因子調査によると、うつ伏せ寝が仰向け寝に比べて3倍、人工乳が母乳に比べて4.8倍、両親の喫煙が非喫煙に比べて4.7倍、SIDSの発生数が多いという。呼吸中枢からの呼吸せよという指令が突然停まるのだという説があるが、それが原因かど

うかは確かめられていない。

予防法としては、(1) なるべくうつ伏せ寝を避ける、(2) 乳幼児を暖めすぎない、(3) 妊娠中、また、乳幼児のそばで喫煙しない、(4) なるべく母乳で育てる、(5) 乳幼児の呼吸が停まったら警報ブザーが鳴るモニターを備える、(6) 乳幼児を一人にしない、(7) 早期発見をして人工呼吸や心臓マッサージをする、ぐらいしかない。

SIDSによって乳幼児を突然失った両親は、「自分が目を離したのが悪かった」「子どもを殺したのは自分だ」「子どもの死は、自分に責任がある」などと考えて、そのショックからいつまでも立ち直れずに苦しむ。それで、SIDSで子どもを亡くした430家族が集まって「SIDS家族の会」を作り、遺族を支えるガイドラインを作った。

遺族の悲しみを癒すには、グリーフ・ワークが必要であるから、このガイドラインもその原則に従っているものと思われる。カウンセラーが心得ておくべきグリーフ・ワークの要点は次のようである。(a) SIDSは病気であることを納得する、(b) SIDSについての基礎知識を勉強してその実体をつかむ、(c) 子どもが死んだのは親の過失によるものではない、(d) 親の責任ではない、(e) 周囲の者(家族や警官など)が親の責任だと言ったりしないように配慮する、(f) 葬式の時に子どもの名前を呼んで心ゆくまで別れを告げるようはげます、(g) 悲しみを閉じ込めずに、十分に表すようはげます、(h) 死んだ子どもについての話題を避けない、(i) 死んだ子どもの思い出を話しあう、(j) SIDSで子どもを失った他の親と語り合う、(k) SIDSで子どもを失ったのは自分一人ではないことを言い聞かせる、(l) 自分の体験を伝えて他の遺族の支えになる。

東京都ではSIDSについての電話サービスを始めたが、全国的に公的支援をするのが望ましい。　　　　　　　　　　　〔小林　司〕
⇒グリーフ・ワーク, 悲嘆カウンセリング, 悲嘆反応

文献　1. NHK総合テレビ, 1998年10月18日;2. ゴールディング, J. ほか, 戸苅創監訳『乳幼児突然死症候群—その解明とファミリーサポートのために』メディカ出版, 321p., 1995;3. 仁志田博司編『SIDSの手引』東京医学社, 91p., 1993;4. 仁志田博司『乳幼児突然死症候群とその家族のために』東京書籍, 168p., 1995;5. インターネット　http://www.hi-ho.ne.jp/hotta/sids/html

入浴中突然死症候群　sudden death syndrome in the bath-tab

高齢者が入浴中に突然死亡する症状。

こうしたケースは東京都だけでも1年間に500人近い。その原因は「寒い脱衣場と熱い風呂」といった急激な温度変化による血圧の変化と考えられ、特に冬に多い。入浴開始の数分後に血圧が200近くまで急上昇する場合もあって脳出血をおこすためと、上昇後に血圧が急に低下して心血管の虚血発作をおこすためと推定されている。血圧は、脱衣後に上がり、湯に入ると下がり、身体を洗うと上がり、再度湯船に入ると下がる。これらの血圧の急激な変動がよくない。

安原正博(京都府立医大)によると、1993年4月～1997年12月までの入浴中の死亡事故2,736例の約80%は65歳以上(約60%は75歳以上)。11月から3月、特に12月に多い。心筋梗塞などの循環器疾患が1,998件(約70%)、脳内出血などの脳血管系疾患が407件、病気以外には水死、酩酊、やけど、が原因、という。

したがって、その予防法としては次のことが有効であろう。(1) 日頃から高血圧がないか、ときどき血圧を測ってみる。(2) 高血圧や狭心症の前歴がある人は特に用心する。(3) なるべく身体を温度差が大きくなる環境にさらさない。(a) 脱衣場や浴室内の空気を暖めておく。(b) 浴槽に入る前に肩から湯を数回かけて身体を暖める。(c) 風呂の湯の温度をぬるめにする(38～40度)。(4) 42度以上の高温の風呂には入らない(39度くらいがいい)。(5) 体温が2度上がると脳血栓になりやすいので気をつける。(6) 入浴前に1杯、入浴中に1杯、入浴後に1杯、水分をとる。(7) 他の人が入った後の湯に入る。(8) 入浴前に家族に「今から入るよ」と声をかける。(9) 5分おきくらいに家族が声をかけて、安全を確かめる。(10) 家族が誰もいない時には入浴をしない。(11) 20分以上の長湯を

しない。(12) 長く浴槽に浸からない。(13) 飲酒後の入浴をしない。(14) 入浴中に居眠りをしない。(15) 気分が悪くなるなどの前駆症があれば、すぐに家族を呼んで入浴を中止する。(16) もし入浴中に異常を感じたら軽視しないで、ただちに対策をたてる(救急車を呼ぶなど)。発作後30分の処置の良し悪しが予後を決める。(17) 浴室内に電話機を設ける。　　　〔小林　司〕
文献　朝日新聞1999年2月1日付

ニュー・カウンセリング　new counseling

伊東博が創始した、自己実現を目標とするカウンセリングの体系。

従来のカウンセリングが、言葉に頼り過ぎ身体を軽視し、操作主義・科学主義の弊害に陥っていると考え、伊東博は自己実現がカウンセリングの本来の姿であるとした。このカウンセリングが、従来の問題解決や治療または社会文化への適応だけの手段ではないことを明確にするために「ニュー・カウンセリング」と命名し、実習を中心として新しく体系化し、理論を構築した。

伊東は1949年アメリカのミズーリ大学に留学してカウンセリングを学んだ。帰国後、ロジャース*の『ロジャーズ全集』の編集、翻訳に加わり、実存心理療法や老・荘思想および仏教思想にも目を向けたが、理論の中心的支柱はロジャース理論の延長上にある。1970年前後から「カウンセリング・ワークショップ」を通してトレーニング・グループ、エンカウンター・グループを実践した。その後、人間開発運動を展開し、アメリカ演習からニュー・カウンセリングへと実習を再体系化していった。

ニュー・カウンセリングは、「トータル・ファンクショニング」つまり十分に機能する人間よりも、身体を含めて全体として機能する人間を理想とし、問題解決や治療よりも「アウェアネス(気づき、覚醒)」に焦点を合わせている。そして、「人間中心の教育を現実化する会」(英語公式名称：Japan Association for Humanistic Education (JAHE) 人現会と称する：1973年創立)が1976年から毎年開催するワークショップで実習を重ねて体系化した。1982年からは「ニュー・カウンセリング・ワークショップ」(New Counseling Workshop：NCW) と呼ばれ、年5〜8回、3泊4日ぐらいの宿泊体験学習を行なっている。

NCWの実習は、言語的手段だけに依存せず、「動く身体」を取り入れ、心身の統合を目指す100種近くの実習内容からプログラムを組み、感情体験学習として行なっている。

実習では常に、(1) センサリー・アウェアネス(sensory awareness, 感覚の覚醒)、(2) 動く身体、(3) 自己への気づき(self awareness)、(4) 対人関係、(5) 表出・表現の五つの要素を同時に含んでいる。たとえば、センサリー・アウェアネスの実習では、「こころ・身体・その動き」に注意を集中する。自分自身が活動する時にどのように動いているか、自分自身が人・もの・環境とどのように関わっているかを学ぶ。まず、足の感覚から入って、手の感覚や五感のそれぞれの覚醒を図る。動く身体では、瞑想、ファンタジー・身体の動き方等を、自己への気付きでは、ファンタジーによる自己探求・自己発見の旅・強制選択による自己理解等を体験する。対人関係では、自己紹介・信頼実習等を、表出・表現では、鏡になって動く・やってみるなど、NCWの100種以上の内容の中から選択し、それぞれ実習を通して体験する。NCWの指導者は、ファシリテーターと呼ばれ、身体を開くことで心を開くことを強調するが、操作的に心や身体をコントロールしないように配慮している。感性や身体は、訓練したり調教するものではないと考えるからである。

最近は、センサリー・アウェアネス、アレクサンダー・テクニーク、瞑想、腹式呼吸等、操作的でないものを統合しつつある。

さらに、NCWの効果については、(a) 自己肯定度インベトリー(SEI)、(b) 心理的徴候チェックリスト(PSC)、(c) 医学的徴候チェックリスト(MSC)、(d) 身長差、(e) 上半身写真(初日と最終日)、(f) 最終フィードバック等の項目を、数値差に表わして効果の尺度としている。

今後の課題は、次の3点である。(i) 理論的問題として、精神・身体・感覚の関わりについ

ての哲学的・実証的な研究。(ⅱ) 実践的な問題として，人間のトータル・ファンクショニングを実現する方法論を展開し，新しい実習を創意工夫し指導者を養成すること。(ⅲ) 評価の問題として，パーソナリティの変化だけでなく，身体感覚などの効果測定の方法の探求。

現在ニュー・カウンセリングを取り入れた感情体験学習が，企業や教育現場で行なわれているが，ニュー・カウンセリング・ワークショップは人現会でしか行なわれていない。

〔吉田陽子〕

⇒カウンセリング，気づき，自己実現，人格的成長

文献　1. A-伊東, 1983

人間学的カウンセリング　humanistic counseling

人間学的心理学の見地に立ったカウンセリング。

カウンセリング心理学は1957～1962年の間に理論が多様化し，カウンセリング・プロセスおよび目標も多様化してきた。オルポート*は当時発表されたカウンセリング理論を，背景にある人間観から次の三つのカテゴリーに分類整理した。(1)「深層で反応する存在としての人間」：この人間観にもとづく理論の代表は精神分析理論である。(2)「反応する存在としての人間」：この人間観にもとづく理論の代表は行動主義理論である。(3)「生成の過程にある存在としての人間」：この人間観にもとづく理論の代表は人間学的心理学（humanistic psychology）や実存的心理学（existential psychology）である。

人間学的心理学は精神分析学，行動主義心理学の両者を含み，さらにそれらの不充分な点を補おうとする。人間学的心理学の目標は，出会う諸問題の解決をしつつ，「人間であるとはどういうことか」の答えを個人が見出していくことを援助することにある。つまり，一人の人間として，「私は何者であり，生きているとはどういうことか」の回答発見を援助するのである。人間学的・実存的アプローチの重要な概念の一つは「実存」である。人間は行動し，反応する存在，意識する存在，選択することができる存在，志向的存在，世界内存在，超越的存在であるという人間観をもつ。「今，ここで，何をしているか，何をしようとしているか，何をするつもりか」という問いかけは，ビューラー*，ロジャース*，ジェンドリン*，メイ*，クーパー（C. L. Cooper），リーゴン（M. Ligon），マックダニエル（S. W. McDaniel）など多くの研究者にみられる人間学的・実存的アプローチの焦点である。

カウンセラーは，カウンセリング過程の中でクライエントが自己の可能性に気づき，自分の責任を引き受けていけるように援助する。すなわち，個人が，自分が何であり誰であるかをよりよく知覚することにより，抑圧や，捕われから，不自由になっている自分自身を解放し自由にする。この経験は，クライエントの人間関係を改善し，自分自身および自分の置かれた状況の限界を超越してクライエントに新たな可能性を見出させる。その結果，クライエントは，自分自身が責任を取り，自分の望むあり方を選び取り，人間としての基本的態度を身につけ，自己実現，人格的成長のプロセスを歩むことになる。「環境の世界（Umwelt），関係の世界（Mitwelt），固有の内的世界（Eigenwelt）」というクライエントの3次元の世界における考え方，見方をカウンセラーは知り，(人生の深い諸体験を与えることのできる不安，喜びなどと関係をもつ）時間の意味を理解する必要がある。カウンセリングにおいて，カウンセラーは個人の内的世界を重視するとともに，クライエントの行動そのものよりも知覚の世界に焦点をおく。人間行動は物事がどのように知覚されたかにより変化するからである。

人間学的・実存的カウンセリングは技術や方法ではない。このアプローチはすべての人を対象としており，その理論の中核は，人間の人格的相互関係，人と人との出会いという相互依存関係である。すなわち，「人間は他者との関係の中で成長する」という人間成長の原理が人間観の基礎にある。他者との対話の中で「相手が自分をどのように見ているか」を感じとり，どのように関係を作るかを選び取る過程がカウンセリングの人間関係の場であり，対話の時間を共

有する中で人間観が伝えられていく。この人間観にもとづき、カウンセリング過程では自由と責任をもつ独立した人間存在を強調し、カウンセラーはクライエントを一つの人格として尊重する。クライエントに対する温かさ、積極的関心をもち、評価も判断も下さず、クライエントをあるがままに受け入れるという態度をもつことにより、クライエントの成長、変化が見られるようになる。カウンセラーは言語的、非言語的な方法を通して自己を自然に表現する。この表現は強制的でも学ばれる技術でもなく、カウンセラーの自己一致から出る態度であり自発的表現である。人間学的カウンセリングは、こうしたカウンセラーの態度を重視し、カウンセリングを技術としてでなく、「カウンセラーとクライエントとの人格的出会い」として見る実存的なアプローチの一つとして考える。このアプローチは、自由と責任をもつ、独立した存在としての人間を強調する。

カウンセリングは、カウンセラーとクライエントとの出会いと対話のプロセスであり、言語を媒体として行なわれる。表現することばには、それぞれが対象としている世界が存在しており、世界に関与する深さがある。その関係の中での「今、ここで何をしているか、何をしようとしているか、何をするつもりか」という問いは人間学的・実存的アプローチの焦点である。この問いに対するカウンセラーの答えによって、また、カウンセラーの表現することばによって、クライエントの変化のプロセスは影響を受ける。

人間学的心理学者・実存的心理学者としては、ビンスワンガー*、ビューゲンタル (J.F.T. Bugental)、エリクソン*、フランクル*、マスロー*、メイ*、ロジャース*、ファン・カーム (A. van Kaam) などがあげられる。〔鷲見復子〕
⇒実存分析療法、人間性心理学、人間中心療法、ロゴセラピー

文献 1. A-小林、1979；2. ボルノー、O. T.、峰島旭雄訳『実存哲学と教育学』(実存主義双書14)理想社、336p.、1966；3. A-渡辺、1996

人間観 view of human being, view of life
人が、人間という存在をどう見ているか、ということ。

カウンセリングに限らず、人間関係の中で、「人は、自分を含めて人間をどのように見ているか?」という問題に対する解答は難しく、また人それぞれで異なっている。しかし、人間観は、それによって人の生き方がまったく変わるほどにその人にとっての基本的な問題なのである。

カウンセリングやサイコセラピーでは、その背景となる心理学や他の分野の知識、技術、経験なども必要とされる。けれども、それ以前に、特にカウンセラーやサイコセラピストの基本的な姿勢として要請されるのが、その人自身の人間観である。

以下に、現代の心理学研究を代表するとされる2種の人間観についてのアプローチを示してみたい。

その一つは、自然科学的アプローチであり、他は、人間学的・実存的アプローチである。

自然科学的アプローチは、18世紀以降、めざましい成果をあげてきた実証科学の手法をいちはやく取り入れた当時の実験心理学に始まる心理学研究の一アプローチである。このアプローチは、自然科学研究の場で進められてきた普遍性、論理性、客観性の追求という原理を人間の心の領域にも当てはめ、可能な限り厳密な意味での科学性を保とうとする。そして、現在はまだ解明の対象となし得ない現象であっても、いずれは科学的に説明し得る、とするアプローチである。

たとえば、行動理論では、「人間の行動は刺激に対する反応である」とし、両者間の法則性を見出し、これを応用して望ましい行動をおこさせることができるというものである。人間の行動は学習されたものであるから、望ましい行動を再学習させることができる、と考える。そして、このようにして得られた理論と技術とによって、問題行動などを、望ましい行動に変える技法を考案し、あたかも治療を施すようにそれらを実施するというアプローチである。自然科学的アプローチにおけるキーワードをあげると、たとえば、刺激-反応説、強化説、学習理論、

行動療法（脱感作法，暗示法，セルフコントロール法他），条件づけ，オペラント条件づけ，などである。

次に，人間学的・実存的アプローチは，自然科学的研究の成果と限界とを認めつつ，さらにこれを包含し統合しようとするアプローチである。

約80年前，現象学を提唱したフッサール*は「空間時間的な物体界のみが，すぐれた意味での自然である。その他のあらゆる個別的存在，つまり心的なものは，第二義的な意味での自然である。このことが，自然科学の方法と心理学の方法との本質的な違いである。」と述べているが，人間学的・実存的アプローチは現象学の視点を取り入れ，人間学的心理学と実存心理学という二つの理論と方法の結合をはかったものである。

その一つ，人間学的心理学は従来の自然科学が扱うことを避けてきた価値や意味の問題に踏み込んで「人間であることはどういうことであるか」を，個々の人々が見出していくのを援助することを目標とした心理学である。

他の一つ，実存心理学は，人間の自己意識性と自由性とを強調する実存哲学の要請に応えつつ，個人の精神現象をあるがままに直接体験するという現象学の方法をとっている。

これらの統合として人間学的・実存的アプローチでは，個人が自己の実存に気づくことを目標とし，自己の実存の意味をよりよく理解して自己決定し自己責任がとれるように援助しようとするものである。

人間学的・実存的アプローチにおけるキーワードをあげると，たとえば，自由，責任，自己受容，自己選択，自己実現，成長，出会い，共感，信頼，愛，意味，世界内存性，来談者中心療法，自我心理学，現存在分析，交流分析，などとなろう。

おわりに，さきに人間観は人それぞれで異なる，と述べたが，個人がどのような人間観をもつかはその人の自由であり，各自の人間観はすべて尊重されるべきである。しかし，カウンセリングの場合は，カウンセラーがどのような人間観をもつかが，クライエントの生き方に深く関わってくるので，カウンセラーの責任は重い。このように考えるとき「人間はすべて同等の価値を有する固有の存在である」という認識から生まれた「人間への尊敬」を自己の人間観の根底に据えたカウンセラーやサイコセラピストが，行動療法や精神分析療法等の領域の人にも共通して多くを占めつつある現状は，自己の人間観を振り返る時の参考となろう。

人間観は固定されたものではない。カウンセラーの成長と共に，検証され修正され，新しい仮説からさらにより有意義な人間観への成長が，あるべき姿と思われる。〔金沢俊之〕
⇒現象学，実存心理学，心理療法，人間性心理学

文献 1. J-河合，1989；2. J-岸本，1973；3. A-小林純一，1979；4. E-小林司，1989；5. E-対馬，1979；6. 中村雄二郎『臨床の知とは何か』岩波書店，223p.，1992；7. フッサール，小池稔訳『厳密な学としての哲学』中央公論社，578p.，1977；8. ボーヴォワール，S. de，青柳瑞穂訳『人間について』新潮社，140p.，1955；9. E-ポラニー，1985；10. 八杉龍一『生物学的人間像』青土社，357p.，1976；11. ロジャーズ，1984a

人間性心理学 humanistic psychology
人間を人間たらしめている「人間の本質」という考え方が顕著な特徴をなす心理学。

人間は自律的なものであり，自由意志をもって，選択する主体であり，常に変化していく，生成の過程の中にある存在であるとし，すべての人間のユニークな可能性の実現を信頼し，人間の成長に対する関心がその特色である。

人間性心理学は，精神分析と行動主義心理学という二大勢力に不満を抱いていた心理学者たちが，自分たちを「第三勢力」と呼ぶようになり，誕生した。特定の創始者あるいは指導者はいないが，『ヒューマニスティック心理学会雑誌』の創刊（1961）や「ヒューマニスティック心理学会」の創設（1963）にかかわったマスロー*，ロジャース*，メイ*，オルポート*などが中心的役割を果した。人間性心理学は，行動主義心理学と精神分析を否定し，それにとって代わるものではなく，むしろこの両者を補完し，包括しようとするものである。

人間性心理学がそれまでの心理学に不満を抱

いた点は、「人間性（人間の本質）」の理解の仕方であった。

行動主義心理学は、「外部から観察できる対象の研究こそが科学の名に値する」という、極端に客観性を重視する研究を推し進めた結果、明確に観察しうる人間の行動のみにその研究対象を限定するようになり、人間の感覚・欲求・感情など、内省によってとらえられる心理現象を非科学的なものとして排除した。人間の意識的な経験を研究対象外とすることで、人間は単なる外界からの刺激に反応する存在となり、人間は外的な環境によって決定されるものとなった。一方、精神分析学は、人間の無意識が人間の行動に与える影響に注目し、人間の本能衝動は反社会的であるがゆえに、社会的な道徳や習慣によって制御されるべきものになった。そこでは幼児期の体験が重視され、その人間の生涯の基本的方向は過去の経験によって決定されるとされた。

確かに人間の行動が環境的力あるいは身体的機能によって決められることはあるにしても、これは人間の一側面であり、この側面があたかも人間の全体であるかのように強調され、焦点をあてられることに対して人間性心理学は反対し、人間の主観的経験を重視し、意識する存在として、自己理解、自己選択、自己決断でき、人間が過去、現在、未来に対して開かれた存在であることを主張した。

また、人間性心理学はその研究対象についても疑問を投げかけた。

行動主義心理学は動物の研究から発見されたことを人間性理解の基礎にし、精神分析学は神経症患者や精神病患者を研究し、精神障害の面から人間性に焦点をあてているが、本来の人間性を研究するには不十分ではないかという疑問である。人間性心理学は、精神的に健康な人、健全な人を対象とすることで、人間の成長、発達、生成という側面を重視し、それを人間がより高い人間性を獲得する過程（プロセス）としてとらえた。

人間性心理学の代表者ともいえるオルポート、マズロー、ロジャースの動機づけおよび人間性についての考え方の特徴を述べる。

オルポートは、人間の行動の原因である動機には、乳幼児の場合のように先天的・生理起源的なものと、青年や成人になった場合のときのように、自律性をもっているものとがあることを指摘した。自律的動機は目的的、能動的な本性をもつ。人は全生涯を通じて自律的な生成の過程を歩むのであり、「自己感覚の拡大」「自己の客観化」「統合的・統一的な人生哲学」が成熟の三つの指標であるとした。

マスローは、人間の目標・願望・欲求の研究を行ない、人間の欲求は「生理的欲求」「安全の欲求」「所属と愛情の欲求」「承認の欲求」などの欠乏欲求の充足の上に、成長欲求として「自己実現の欲求」があるとする欲求段階説を提示した。彼は、この自己実現の欲求を充足した人間を心理学的に最も健康な人間としてとらえ、人間は誰でも「自己実現」を目指す生得的な傾向をもっているとした。自己実現した人間の特徴として自己・他者・自然の受容、自発性、単純さ、自然さ、自律性、民主的、ユーモア、創造性などをあげた。

ロジャースは、「有機体を維持し強化する方向に全能力を発展させようとする、有機体に内在する傾向（実現傾向）」を仮定した。人間の動機は、目的的なものであり、そして自律的なものであるから、人間は主体的な価値をもって、自分の生き方に方向を与えるものであることを強調した。

このように、「人間性」を追求した人間性心理学の立場から見た、カウンセリングの目標といえば、自己発見と自己選択のできるような条件を作り上げることであり、「人間が人間として生きることはどういうことであるか」を個人が見出すこと、および自己実現を援助することであるといえよう。　　　　　　　　　〔佐藤洋子〕

⇒行動主義，成熟，精神分析，実存心理学，人格的成長，ロジャース

文献　1. A-佐治・飯長編，1983；2. シュルツ，D., 村田孝次訳『現代心理学の歴史』培風館，452p., 1986；3. デカヴァロー, R.J., 伊東博訳『ヒューマニスティック心理学入門：マズローとロジャーズ』新水社，240p., 1994；4. E-星野・青木・宮本・青木・野村，1982；5. E-マスロー，1964；6. H-『ロージャズ全集』8, 1967

人間中心療法 person-centered therapy

ロジャース*の提唱した療法。わが国では,パーソン・センタード・アプローチ(person-centered approach, PCA),**人間中心のアプローチ**,などと呼ばれている。

この,人間中心療法の考え方はもともと,「非指示的療法」「来談者中心療法」と名称を変えながら発展してきた。この経過について岸田博のカール・ロジャースの年譜を参考にしてまとめると以下のようになる。

1940年代前半にロジャースは,療法の目的をクライエント個人が成長するのを援助することとして,次の点を強調している。(1) 情緒・感情を重視すること,(2) 現在を重視すること,(3) 治療関係は成長関係であること。

以上のことを踏まえて,彼は1942年「非指示的療法」を唱えた。その焦点は,カウンセラーとクライエントとの言語的コミュニケーションにあった。この療法では,従来の伝統的療法が行なっていた「助言」「励まし」「解釈」といったことをしない「非指示的」なことを特色とした。

ロジャースは,この療法の名を1948年「来談者中心療法」に変えた。ロジャースの基本的な考え方によれば,心理療法は「技法」より「クライエントの自己実現」を純粋に尊重する態度であるから,「非指示的」という言葉がテクニックのように見えてしまい,これを固定化することに抵抗があった。

1950年代に入って「受容」「共感的理解」「自己一致」の概念が確立した。ロジャースの心理療法の考え方は,教育・ソーシャルワーク・看護・宗教・経営などの各方面に拡がっていった。彼は1957年に「治療により人格変化が生じるための必要かつ十分な諸条件」の理論を発表した。

1964年,個人治療からの考えを一般対人関係の改善・促進にも応用し,関係を発展させようとしてベーシック・エンカウンター・グループを始めた。西部行動科学研究所(WBSI)で目指したものは,個人の尊厳と可能性に対する関心,質の深い人間関係,人間の信頼関係を築く力を土台とした集団の形成であった。これは,人間性をひき出すための活動(人間の潜在力開発運動, Human Potential Movement)であって,来談者中心療法は人間中心療法へと変化していった。さらに,彼は1968年に人間研究センター(Center for the Studies of the Person, CSP)を創設した。ロジャースの関心は,エンカウンター・グループと学習者中心教育との統合,教育体系の変容,組織の変革,地域的文化葛藤の解決,国際的紛争の解決という方向性をとった。1970～1987年に,エンカウンター・グループ・ワークショップとカウンセリングとは,同じ方向を目指すものとなっていった。

このことについて,伊藤義美は,治療者とクライエントの間で真実であるものは,結婚,家庭,学校,管理機構,異文化間,国際関係においても真実である,という認識がなされていると述べている。また,田畑治は,1960年代以降での来談者中心療法でのカウンセリングでは,
(a) カウンセラー自身の率直な「自己開示」,
(b) 自己表現,が重視されたとしている。

近年では,「自己開示」と「フィードバック」とがクライエントの自己探求や自己吟味を促進すると説明している。

人間中心療法は,治療と援助の体系であり,この療法は人間の成長と変容に対して,絶えず継続的に発展しつつある療法だといえよう。

〔鈴木 誠〕

⇒エンカウンター・グループ,共感的理解,自己一致,自己実現,受容,来談者中心療法,ロジャース

文献 1. I-岡堂編『現代のエスプリ』No. 252, 1988;2. I-岡堂編『現代のエスプリ』No. 253, 1988;3. I-岡堂編『現代のエスプリ』No. 263, 1989;4. A-國分, 1980;5. A-國分, 1979;6. 日本カウンセリング学会編『カウンセリング研究』Vol. 20, No. 2, p. 87-186, 1988

認知 cognition

単に認めるとか,知覚するだけではなくて,意味づけて知る,感情的に知る,価値あることを知ること。知識によって,対象の意味を認識すること。体の内外からくる感覚入力(情報)が変容され,推敲され,貯蔵され,再生され,利用される過程。つまり,知ることに含まれるすべての過程。

赤いと思うのは感覚であり、リンゴであると思うのは知覚である。おいしくて栄養に富む果物だと思うのが認知である。

デカルト*に「私は考える、それ故に、私は存在する」(Cogito, ergo sum) という有名な言葉があるが、この「考える」＝"cogito"が現在の"cognition"＝「認知」ないし「認識」の語源とみなされる。この言葉を語頭につけた「心(知)の科学」が今日の「認知科学」や「認知心理学」である。

「認知科学」とは、人間や生物の認識過程を対象にして、知識の表現、推論、学習、機構、視覚、聴覚などのメカニズムを研究する科学である。その基本的テーマは、人間の示す知性、認識力の究明であり、それらの個別テーマは、知識、学習、理解、記憶、思考、問題解決、推論、言語、感情、意識、価値観、などである。そして、それらの背後にある物質過程や大脳中枢神経過程を中心とする神経機構について、心理学、哲学、言語学、教育学、コンピューター科学、技術、工学、脳神経科学、医学などの分野で研究が進められている。

「認知心理学」とは、客観的行動を対象とする行動心理学に対し、行動の主観的な側面を重視し、知識獲得の内面的過程を研究対象としている。その基本となる考えは、「人間の行動(言語、意識を含む広義の行動)は、二つの側面に分けられ、その一つが『遂行の過程』であり、もう一方が『認知の過程』である。遂行過程は認知の過程を規制し、逆に認知過程は遂行過程を統制している。また、認知する、知覚するということは、能動的に対象を選択し、体制化する過程だと言われる。この能動的に選択、体制化する過程は、人によりさまざまであり、過去の体験、知識体系により違っている。」

「認知」は、心理療法の中でヒントとなるものを与えている。「論理療法」(RET)では、さまざまな問題を認知や情緒、行動的な立場から積極的に解決しようとする。治療者は、個人Aの情緒的反応や無駄な表出行動の背後には不合理で哲学的な前提にたった動かしがたい価値体系や構え、つまり、Aに特有の認知のしかたがあり、それにとらわれ、それを信じ込むことによって彼独特の感情や行動が生じ、拡大するということを説明し、最終的に彼がその考えに挑戦し、解決していけるようにする。またこの「論理療法」の他にも、「認知療法」「社会技能・問題解決技能訓練、自己制御法」などさまざまな立場を含んだ「認知的行動修正」の考え方により、心理療法の研究が進められている。

うつ病の患者では、自己、世界、未来に対する否定的な考えが支配的になる。他人の一言を自分への非難と受け取り、愛されていない、見捨てられたと考えて、抑うつ、不安、自責の念、罪業感をおこす。これらの解釈は現実と一致しておらず、まちがった認知から情動的な反応(抑うつ)をおこすのである。したがって、うつ病患者を治すには、認知のしかたを改めさせることが必要になる。　　　　　〔原みどり〕

⇒心理療法、論理療法

文献 1. E-伊藤編, 1982；2. G-大島, 1986；3. E-小谷津・星, 1992；4. E-ゴールドシュタイン・ブラックマン, 1982；5. E-ナイサー, 1981；6. E-西川, 1988；7. E-メドニック, 1979

認知リハビリテーション neuropsychological rehabilitation

脳損傷後の認知機能障害に対し、知的能力、対人関係の改善をはかることによって、社会適応を目指すリハビリテーションの体系。

近年のモータリゼーションの進歩に伴って、交通事故の増加が社会問題となり、頭部外傷による身体および認知機能の障害に対するリハビリテーションが、学校や職業に復帰するべき若年層に特に必要とされるようになった。脳の局所性の出血や梗塞と違い、頭部外傷では、頭蓋骨内におさめられた脳に外から回転加速が加わるという機序によって軸索が切れ、脳実質が広範に損傷される。損傷は、大脳の白質や脳幹部にびまん性に見られ、びまん性軸索損傷と呼ばれる。脳の構造上、外力を受けると前頭葉、側頭葉、大脳基底核、海馬が特に傷つきやすいことが知られている。その結果、症状は知能や行動面にまで及び、多彩な様相を呈するが、身体にマヒがないことも多いため、日常生活動作が自立している場合など、認知機能障害は見すご

されやすく、現実社会でさまざまな適応障害をおこすことになる。

認知とは、脳が情報を処理し、貯蔵し、検索し、操作するための基本的能力を指し、注意、記憶、情動、動機づけなどの影響を受ける。認知リハビリテーションとは、これらの機能が頭部外傷などの後天的な原因で障害された場合に、認知科学にもとづく方法論を用いてアプローチするものである。

認知機能障害の症状には、注意と集中力の障害、知的能力の障害、記憶障害、行動障害、言語障害などがある。

注意は、持続性、選択性、随意性といった低次から高次まで階層を成す概念で分別される。(1) 持続性とは、一定の対象に必要な時間、注意を向け続けることで、覚醒水準を反映し、個体のもつ注意の総量を決定する。脳幹網様体や辺縁系の機能不全があれば、この注意の興奮過程が障害を受ける。(2) 選択性とは、複数の刺激から注意対象を選択することで、これが障害されると簡単に注意が他に向いてしまうため (転導性)、学習が困難となる。(3) 随意性とは、個体の要求や興味によって意図的に決定される注意量の配分のことである。低次から高次になるにしたがって、同時に複数の刺激を受容し、連続的にすばやく注意の対象を切り替え、一方を無意識の自動的処理でまかなうことが要求される。注意障害のリハビリテーションには、処理容量を調節し、自動的処理の量を拡大すること、言語的指示を与えて注意を喚起すること、複数の刺激項目の中から特定の課題刺激を選び出す訓練などが考えられる。

知的能力の障害としては、反応時間が遅延し、話す、書く、作業するなどの精神運動活動が遅延するといった情報処理速度の低下、抽象的・論理的思考の障害、意味記憶の障害などがあり、リハビリテーションには、受傷前のその人の学業成績、社会的背景、職業的知識などを考慮して低下したレベルを評価し、再学習を行なう必要がある。この他、他者の行為や意図を誤解する、多くの情報があると混乱する、自己の認知障害や残存能力についての評価が非現実的であるなどの問題がしばしば見られるため、注意を要する。

記憶障害は、海馬や大脳基底核の虚血性損傷に起因する。一度に記憶できる容量が少なくなってしまう短期記憶の障害は、脳損傷後に広く認められるが、頭部外傷では受傷前の一定期間の記憶を失う逆向性健忘、受傷後の一定期間の記憶を失う前向性健忘が見られることがある。

行動の障害とは、認知機能障害を基礎とした自己の行動を管理する能力の障害と、その結果おこる不適応行動の総称である。代表的な問題として易怒性、無為、不適切な行動、障害の否認、性的行動の変化などがあげられる。易怒性とは、何でもないことをきっかけにして生じる急激な興奮や攻撃的行動で、前頭葉の損傷による抑制機構の障害と考えられる。無為は、必要性がわかっていても行動に移せない、あるいはどこから始めてよいかわからない状態である。実際には、注意障害、記憶障害、知的機能の障害などに修飾されて、行動障害は多彩な様相を呈し、パーソナリティの変化として家族関係や交友関係に不和と深刻な影響を及ぼす。すなわち落ち着きのなさ、衝動的、社会的に不適切なふるまい、他人に対する配慮の欠如、欲求不満に対する耐性の低下、無力感、意欲の低下などのパーソナリティ特徴が共通して観察される。リハビリテーションには、不適応行動を減少させ、望ましい行動の増大をはかる行動療法が中心となる。その際、各治療スタッフ間でアプローチの仕方について意志統一をしておくことが必要である。

言語障害は、失語症と診断されなくても、認知機能障害から二次的に派生する独特のコミュニケーション障害が認められることがしばしばある。症状は、失名詞、特定の語句の頻繁な使用、口数が多くて話がまとまらないこと、話題のずれ、話の内容に首尾一貫性がないこと、不自然な比喩や自分に対する第三者的な言いまわし、卑猥語の使用など語の選択における抑制のなさなどが観察される。

これらの症状を見きわめ、適切な訓練を行なって社会生活を送れるようにするには、神経心理学、臨床心理学、精神医学、神経学など多方面からの知見を集め、リハビリテーション・プ

ログラムを実施するために各科スタッフの連携と協力とが必要である。認知能力とパーソナリティの障害は長期にわたるため,脳損傷後には認知訓練と心理療法の両方が実施されるべきである。認知能力そのものを改善する直接的訓練のみならず,患者に自分の能力や障害に気づかせ,困難に直面した時の方策を工夫することや,対人関係において補償的な行動がとれるような指導を行なう。また,グループを通して,患者が自己を客観的に見ることができるようになる機会を提供し,対人関係の訓練を行なうことも有意義である。心理療法の目指すものは,終局的には自己の受容と現実的な希望をもたせることである。

なお,認知障害に対する一般の理解は乏しく,いまだ障害者手帳の対象になっていないため,雇用その他の面で患者は非常に不利な立場に立たされているのが現状である。 〔今村恵津子〕
⇒記憶障害,言語障害,健忘,失語症,認知,無気力,リハビリテーション

文献 1. プリガタノ,G.P.,八田武志他訳『脳損傷のリハビリテーション:神経心理学的療法』医歯薬出版,186 p., 1988

ネオ・フロイディズム neo-Freudism

正当的精神分析の理論や技法に疑問をもち,1920~1930年代に米国でおこった新しい精神分析の一派の考え方。基本的にはフロイト*の力動的視点を維持しながらも,社会,文化,人間関係に重点をおくのが特徴。

米国に亡命してきたヨーロッパからの精神分析医と,米国のマイヤー*およびワシントンD.C.にあるセント・エリザベス病院のウィリアム・ホワイト(W. A. White, 1870~1937)の影響を受けた若い精神科医たち(サリヴァン*,ホーナイ*,フロム-ライヒマン*など)とが中心になって,ネオ・フロイディアンを形成した。彼らは,リビドー仮説ないし,汎性欲説に疑問を抱き,文化や社会の影響を重視した。この派に属した主な人と思想とをあげておく。

ホーナイは,ドイツのハンブルグに生まれ,フライブルグ,ゲッチンゲン大学を経て,1911年にベルリン大学医学部を卒業。在学中にアブラハム*に精神分析を学び,1911年からベルリン精神分析会会員となり,女性心理を研究,1920年からベルリン精神分析研究所の分析訓練員と講師になる。1932年に渡米してシカゴ精神分析研究所で働き,1934年,ニューヨークに移って社会研究新学校,ワシントン・ボルチモア精神分析研究所とニューヨーク精神分析研究所で働いたが,正統精神分析派と意見が合わず,1941年に精神分析振興協会を創立した。1920年代には,女性心理に関するフロイトの説に世界で初めて反対し,1937年には,文化の影響を力説した。サリヴァン,フロム゠ライヒマン,ラルフ・グリーンソン,ハインツ・コフート(Heinz Kohut, 1913~1981)なども彼女の説を支持したので,ネオ・フロイディアンが重視されるようになった。

ホーナイは,神経症患者を研究して,それが,文化的環境要因や人間関係の障害によっておきると考え,本能の破壊衝動を操作するだけでは神経症の治療は不十分だとした。また,フロイトによるリビドー理論,死の本能の理論,を受け入れず,ペニス羨望,エディプス・コンプレックスなどは,神経症の原因ではなくて,むしろその結果だとした。彼女は,パーソナリティには社会・文化が及ぼす影響が大きいと唱えた。幼児期に愛に恵まれないと,敵意をおこし,それを抑圧すると不安を増す。それを「基底不安」と呼んだ。基底不安を克服しようとする努力が神経症を引きおこすのだ。人間を動かすのは,フロイトが言うような性欲や攻撃欲ではなくて,むしろ基底不安をなくそうとする「安定感への欲求」である。彼女は,自己主張や攻撃性を成人の普通の性質だと信じ,現在の神経症の困難さが重要だと力説して,神経症患者を人間全体としてとらえようとした。もっとも自分らしい自分,「真実の自分」を実現(自己実現)するように人間は作られており,その建設的なエネルギーを浪費すると神経症になる。神経症の人は「理想の自分」を本当の自分だと思い込んでいるが,それが真の自分ではないことを悟らせ,自己実現を妨げる力を弱めるのが精神分析療法の目標だとした。「真の自分」は,その人に特有な,人間としての可能性を発展させる力な

のである。自己実現に必要なものは,(1)よい人間関係を作る能力,(2)創造的な仕事をする能力,(3)自分で責任を引き受ける能力,だと彼女は考えた。対人関係の基本は,(a)人々への動き,(b)人々に反対の動き,(c)人々から遠ざかる動き,の三つである。カウンセリングがクライエントの自己実現を援助する仕事であるとすれば,ホーナイの説を再評価する必要があろう。

　サリヴァンは,ニューヨーク州に生まれ,コーネル大学を経て,1917年にシカゴ大学医学部を卒業した。1918～1919年に軍医になり,1922年にワシントンD.C.に来て,セント・エリザベス病院でホワイトの指導を受ける。翌年から7年間,シェパード=エノック・プラット病院で統合失調症患者に心理療法を行なった。1930年,ニューヨークに戻って開業し,9年間,強迫神経症の治療に当たり,同時にワシントン精神医学校で教えた。1939～1949年,ワシントンD.C.にウィリアム・アランソン・ホワイト精神医学研究所を設立し,晩年は政治精神医学に関心を深めた。

　彼は,ドイツから亡命してきたホーナイやフロム*と一緒に研究して,ネオ・フロイディアン学派を作ったが,ドイツで教育を受けたこの二人とは違って,ホワイトやマイヤー*の影響が大きかった米国精神医学の臨床経験から,精神医学を対人関係の学であるとみなし,次のように考えた。対人関係からしか人間を理解することはできない。精神障害は,幼児期の対人関係からおきる障害であり,対人関係によって明らかになる障害である。統合失調症は対人関係の軋轢によって自己のシステムが歪んでいくプロセスである。したがって,その治療も治療者と患者との間の対人関係によってしか成功しない。この点は,カウンセリングの役割を高く評価することになる。精神医学のエッセンスである,患者を尊重し,患者の自尊心を保たせることは,カウンセリングの原則でもある。彼は,人間の発達を,衝動の形成よりも対人関係の経験の過程としてとらえた。幼児と養育者との間はエンパシー(感情移入)により交通する。人間の基本的欲求には,身体的欲求と,社会的・文化的欲求を満足させるべき安全欲求,の二つがある。人間の体験様式としては,(ⅰ)その発達段階に応じて非連続的で瞬間ごとの全感覚にもとづく把握の段階(prototaxic),(ⅱ)パターンを見出して統合し,シンボルとして操作する段階(parataxic),(ⅲ)合意による確認を経たシンボル操作の段階(syntaxic)の三つがある,と彼は考えた。彼のparataxisとは,言語が発達すると同時に始まる象徴形成による体験様式を指している。

　フロム*はドイツのフランクフルトにユダヤ人として生まれ,フランクフルト,ハイデルベルク,ミュンヘンの大学で社会学と心理学を学んだ後,1923～1924年にミュンヘンで精神医学と心理学を研究し,1928～1931年にドイツ精神分析学会会員,ベルリン精神分析研究所の訓練生になり,1929～1932年にはフランクフルト精神分析研究所とフランクフルト大学社会研究所の講師になった。フランクフルト社会研究所の所員の多くはユダヤ人のマルクス主義者だったので,マルクス主義について学ぶところが多かった。1933～1934年にジュネーブの社会研究国際研究所所員,1934年,ナチスの台頭とともに,かっての指導者であったホーナイの援助によりシカゴ精神分析研究所に亡命。1年後にニューヨークで開業とともに,1940～1941年,コロンビア大学講師。1940～1941年にもアメリカ精神分析研究所所員。1941年『自由からの逃走』の好評はホーナイとの別れを余儀なくさせ,1945年,ウィリアム・アランソン・ホワイト研究所所員。1949年から病弱な妻の転地療養のためにメキシコに移り,1951～1965年までメキシコ国立大学医学部の精神分析学教授。社会,愛,憎しみ,権威主義的性格を考察して,生産的性格や市場的性格の概念を作った。『正気の社会』『愛するということ』『禅と精神分析』『人間の勝利を求めて』『疑惑と行動』『悪について』『希望の革命』『破壊』などの著作が邦訳されている。

　カウンセラーにとって,多くの重要なことを彼は書いているが,その主な説は次のようである。もの,力,支配などを所有することよりも,愛,分かち合い,創造的生産,存在することの方が大切である。仕事を通しての生産的性格は,

愛と理性の社会化を促す。愛は，学び取るものであり，与えるものである。利己的な考えは，本当に自分を愛しているのではない。もし人が自分を本当に愛するならば，気配り，尊重，責任，知性を通じて利他主義がみられるはずである。本能的に備わっている攻撃性は，対象を除去しようとする破壊性と同じものではない。無力感や孤独感に起因する破壊性を除去することは，外界の脅威から自分を救ってくれる。

〔小林　司〕

⇒愛情，エディプス・コンプレックス，権威〔主義〕的態度，自己実現，神経症，精神分析，統合失調症，不安，リビドー

文献　1. Devine, E. et al, (ed.) : Thinkers of the Twentieth Century——A Biographical, Bibliographical and Critical Dictionary, Macmillan (London), 643p, 1983 ; 2. E-Kaplan and Sadock, 1989

ネットワーク　network

英語で網状のもの，網状組織，放送網といった意味をもつ。ネットワークの概念には，ソーシャル・ネットワーク，サービス・ネットワーク，サポート・ネットワークなどさまざまな意味が含まれている。(1) ソーシャル・ネットワークとは，社会的相互関係の組み合わせ，複数の個人，小集団を構成している者の間にある連携網である。また，各々の地位とか役割の複合関係も含まれている。(2) ヒューマン・ネットワークとは，社会生活の中で個人が構成している身近な人間関係。自由意思や自然発生的なつながりによって社会的関係網をもつ。

援助を必要としても，その人のもっている人的資源とかヒューマン・ネットワークにも限界があり，ネットワークが十分に構成されておらず，他からの援助を得ながら計画的に構成されていく社会福祉に必要な社会的関係網をソーシャル・サポート・ネットワークという。

カウンセリングは，企業でのカウンセリングルーム（相談室）または相談機関でのカウンセリングルームにおいてカウンセラーとクライエントとの間で行なわれるカウンセリングが一般的である。

カウンセラーにとって，ケースの相談内容がカウンセラーとうまく適合すればよいが，カウンセラーの守備範囲を超えていたり，得意分野でないとき，他の相談機関（カウンセラー）に紹介することがある。その時にカウンセラーが，自分のネットワークを活かしてどのぐらいそうした相談機関を紹介することができるかが問われてくる。

専門機関を利用した方が，本人のためでもあり，企業のためにも効果的となる。紹介する他の機関としては，具体的に保健所，病院，精神保健福祉センター，家庭裁判所，児童相談所などがあげられる。カウンセラーは，こうした諸機関の実態や機能を理解し，普段から十分に連携をもつことが望まれる。これらの機関では，どのような相談，治療などを行なっているのかということを知識として十分に知っておくとともに，人脈を作ることが大切となる。

企業で働く産業カウンセラーの場合は，相談室の運営を円滑にするために他の社内組織との連絡調整が必要になってくる。社長，副社長，重役などの経営陣，部課長などの幹部職員，カウンセリング・ルーム（相談室）が所属している部課の協力関係が必要になってくる。同じカウンセリング・ルーム（相談室）内でも，カウンセラーがもっている資源をお互いに活用しあえることが必要となる。企業内にある保健医療機関との協力も必要になる。連絡調整を円滑にしていくためには，上述の各部所に，理解と協力の得られる人材を常に確保しておく必要がある。それが，企業内におけるネットワークとなる。

クライエントも老若男女とさまざまであり，それぞれに対応していかなければならない。そのために，必然的に地域社会にいる他のカウンセラーとの連携，協力が必要となり，お互いに業務を助け合っていくことが大切である。普段から地域社会のカウンセラーとの情報交換などを行ない企業外でのネットワークづくりが大切である。

〔安原照雄〕

⇒児童相談所，精神保健福祉センター，保健所

文献　1. 厚生省児童家庭局監修『社会福祉用語辞典』（改訂版）中央法規出版, 646p., 1994 ; 2. A-杉渓・中澤・松原・楡木, 1995 ; 3. 日本産業カウンセラー協会関東部会

編『初級産業カウンセラー養成講座理論学習資料』日本産業カウンセラー協会関東部会, 153p., 1997；4. 福祉士養成講座編集委員会編『社会福祉援助技術総論』（第2版）（社会福祉士養成講座 8）中央法規出版, 253p., 1996

脳死　brain death

深い昏睡状態が続いていて, 意識がなく, 心臓が動いていても自発呼吸がなく, 脳波が平坦になった状態。

脳死の判定については, 1985年厚生省脳死研究班（班長：竹内一夫）が提出した, いわゆる「竹内基準」が基本になっている。すなわち, (1) 深い昏睡, (2) 自発呼吸の停止, (3) 瞳孔の散大固定化, (4) 対光反射, 聴性脳幹反応など七つに及ぶ脳幹反射の消失, (5) 脳波の平坦化, の5条件であり, 主として電子機器を駆使して確認される。特に自発呼吸の停止は最大の鍵とされているので, 人工呼吸器の停止テストは最終手段として慎重に行なうべきである。

古来, 呼吸および心拍動が停止し, 瞳孔が散大したまま固定され（死の3徴候）, さらにあらゆる反射が消失し, 時が経つにつれ身体が冷たくなれば, 誰もが疑うことなく死を認めてきた（心臓死, 自然死）。しかし1970年代になり, 医療技術の進歩はヒトの終末期を変え, 死の判定を考え直さなければならなくなった。蘇生技術の発展と人工呼吸器の開発, あるいは高カロリー輸液の普及は, いったん停止した心機能を再開させ, 人工的に酸素と栄養を体内に送り込むことによって, 失われるはずの生命を延ばし, ときには意識が回復しないまま長期にわたり生かし続けることを可能にした（朝日新聞, 1997年5月4日付）。

脳科学の進歩は, ヒトのヒトたる本源が脳にあることを明示し, 全脳の全面的かつ不可逆的な機能消失, とくに呼吸および循環中枢が存在する脳幹の機能が停止すると, ほとんど生存することができないので, これを脳死としてヒトの死と認めるべきであるとした。しかし脳幹の機能だけを残し, 他のほとんどの脳機能が障害された時には, 辛うじて自発呼吸は認められ, 意識はないが, 良好な看護のもとでは昏睡のまま生き続ける。この状態が3カ月以上持続した際には,「植物状態」と呼んで脳死とは区別される。脳死の場合には, たとえ蘇生処置が十分に行なわれていても1～2週間以内に心臓が停止することが多い。図は脳死と植物状態の差異を脳機能の障害部位で示している。

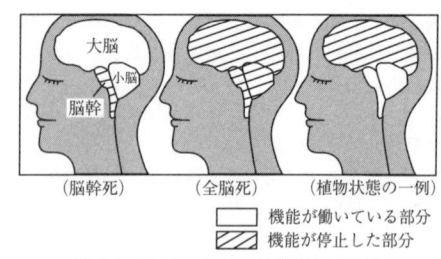

障害部位による脳死と植物状態の差異

臓器移植にとっては, 臓器が新鮮であるほど成功率は高いので, 脳死体からの摘出は必須の条件となる。そこで脳死をヒトの死と認めるか否か, またその判定についての議論が日本においても1985年以降繰り返されてきた。しかし人工的な呼吸のもとで心臓が拍動を続けている状態とはいえ, 身体は温かく, あたかも眠っているようなヒトの生命維持装置を外すことに大きな迷いが生じるのは当然の人情である（田所, 1996）。一方臓器移植のみが唯一残された治療として, 臓器提供者の出現に一縷の望みをかけている多数の患者がおり, さらに今や臓器移植が医療の一環として世界的に普及している現状から, 1997年7月には, 日本においてもようやく臓器移植を実施する時に限り, 脳死をもってヒトの死とする「臓器の移植に関する法律」が可決されるに至った。しかし, 日本ではまだ脳死をヒトの死とするには社会的, 倫理的, 宗教的あるいは経済的なコンセンサスが完全とはいえず, 脳死の概念が定着するには時間が必要なようにも思われる（田所, 1997）。

脳死の判定には, 移植に関与する医師を除外し, 十分な知識と経験を有する複数の医師が担当し, 原則として第1回の判定の6時間後に第2回の判定を繰り返して確認する。また6歳未満の小児や急性薬物中毒, 代謝異常あるいは内分泌障害の場合は, 移植のための脳死判定から

除外しなければならない。

　脳死判定の手順の作製,臓器提供の意志確認(ドナー・カードの作製),脳死から臓器移植に至る各種情報あるいは医療サービスなどの公開に配慮しない限り,脳死は移植のために医師が作った新しい死の概念と解釈され,ヒト臓器の商品化にもつながり,宗教的,倫理的な矛盾を内包し続け,脳死の正しい姿が定着しにくい。

　正確に脳死が判定されたときには,人工呼吸器を取り外すと15分以内に心拍動は停止する。患者に無駄な痛苦を強いることなく尊厳死させるためにも,また時間的,経済的な配慮からも脳死の認知には重要な意味がある。

〔田所作太郎〕

⇒安楽死・尊厳死

文献　1. 1992-1997の安楽死,尊厳死および終末期医療に関する朝日新聞の記事;2. 井田真木子「四人の科学者が語る『死』の変貌:幸せな死のために」『文藝春秋　臨時増刊』文藝春秋,182p.,1997;3. 田所作太郎「生と死をみつめる」『神経精神薬理』10月号,741p.,1996

脳性マヒ　cerebral palsy

出生前後の種々の原因による脳病変の結果生じた非進行性の永続的な中枢性運動障害の総称。

　1861年,イギリスのリットル(W. J. Little)によって発見され,リットル氏病と命名された。その後,オスラー(William Osler, 1849~1919)が初めて脳性マヒということばを用いた。また,アメリカのフェルプス(W. M. Phelps)は,これを「随意運動に障害があり,その原因が大脳各部の病変にもとづいている状態の総称」と定義し,1953年の米国脳性マヒ学会により,正式に脳性マヒという名称が採用された。

　原因は,胎生期の早期に受けたウイルス感染,放射線曝射,重度栄養障害などによる先天性脳奇形,周産期におこった頭蓋内出血,新生児仮死,低出生体重,新生児期の核黄疸,脳炎,髄膜炎などがあげられる。発現率は,極低出生体重児の5~10%,出生数1,000人に対して1~2.5人で,新生児医療の進歩につれ,分娩時の問題よりも出生前の因子が絡みあった場合の率が多くなった。妊娠初期から2歳頃までは,中枢神経系の本質的な成長,分化の過程が進展する時期であり,脳性マヒとは,この期間におこった神経学的疾患の複合体,すなわち一つの症候群に対してつけられた名称である。

　定義は,福山幸夫(1961)によれば,「受胎から新生児期(生後1ヶ月)の間に生じた大脳の非進行性病変にもとづく永続的な,しかし変化しうる運動および肢位の異常」で,その症状は,満2歳までに発現する。進行性疾患や一過性運動障害または将来正常化するであろうと思われる運動発達の遅延を,除外する。原因を時期別にみると,胎児期に由来するものは,遺伝と母体内の障害,周産期に由来するものは,分娩後の無酸素症,外傷および出血,新生児期に由来するものは,脳硬膜下血腫,頭蓋骨骨折,外傷,感染症,中毒症などである。

　合併症として,しばしば知能障害,けいれん発作,聴力,視力などの感覚障害,言語障害,認知障害,多動などの行動異常を伴う。小児科医は,運動発達の遅延を調べる包括的な評価を行ない,定期検診にてフォローし,親に対して説明と指示を与える。脳性マヒ児は,特に感冒,胸部感染に注意しなければならないので,口腔衛生に心を配ることが必要である。65~90%の割合で言語障害を伴う。表出面では,声と構音の異常,話し方のプロソディー(リズム,アクセント,イントネーション)の障害,談話時の随伴運動による聴き取りにくさ,コミュニケーション意欲の問題,書字や描画など話し言葉以外の表現手段の障害など,理解面では,言語発達の遅れ,難聴など種々の問題が複合しておこる。

　脳性マヒは,筋緊張の種類により,筋痙直型,アテトーゼ型,強剛型,失調型,振せん型,無緊張型などのタイプに分類される。痙直型の原因は血管障害と低酸素症が多い。上肢屈筋群,下肢伸筋群に緊張が強く,特に上肢より下肢に強い両マヒを呈する。片マヒのため身体は低成長で,感覚障害もしばしばある。また,けいれん発作がおきやすく,知的発達も阻害される。アテトーゼ型の原因は核黄疸と低酸素症が多く,間欠的に異常姿勢が出現し,全身的に伸筋優位の緊張が見られる。不随意的で不規則,粗

大で持続的に身体をねじったり，もがいたりする動きが特徴的で，立ち直り反射（頭や身体を重力に対して正しい位置に復元・維持して直立姿勢をとらせる反射）に対する力のバランスが不良である。動作の開始時や，心理的緊張によって，アテトーゼが増強する。吸うこと，吹くこと，咀嚼，嚥下に障害を伴いやすいため，摂食指導が必要である。また，難聴を合併することも多い。

脳性マヒ児の療育は，早期発見と治療から発達指導へと重心が移り，以前は肢体不自由児施設に収容する形を取っていたが，現在では乳幼児期から小人数の母子合同活動や個人指導を行ない，病院の発達相談を介して肢体不自由児通園施設を利用させる。療育にあたるスタッフは，医療を越えた教育，生活指導，更生訓練の役割をもつため，医師，理学療法士，作業療法士，言語聴覚士，看護師，ソーシャル・ワーカーなどのリハビリテーションの各専門職と保育士が療育チームを組んで行なう。療育内容は，呼吸機能，摂食機能，運動，感覚，陰性徴候と陽性徴候を中心とした身体的評価，心理学的評価を行ない，身体機能訓練，日常生活動作訓練，言語訓練，認知発達指導，情緒的・社会的発達指導などを行なう。療育の方法は，神経生理学的アプローチが主体である。これは，脳に損傷はあるものの，治療によっては変化しうる可塑性をもった障害として見る立場で，ボバース法やヴォイタ法などが知られている。脳性マヒ児が学齢期に達すると，障害の重症度により普通学級，肢体不自由児特殊学級，肢体不自由児養護学校を選択し，卒業後は，職業訓練校で技術を身につけることができる。学校卒業後は，心身障害者福祉センターで種々のサービスを受け，また，自主活動の場も提供される。

〔今村恵津子〕

⇒作業療法，難病，リハビリテーション

文献 1. カルペ，U., 福嶋正和訳『脳性まひ児の診断と訓練』同朋舎出版，116p., 1987；2. クリックメイ，M. C., 井上明生・嵯峨崎順子・和田文子・森山三保子・綿森淑子訳『ボバース法による脳性まひの言語治療』医歯薬出版，192p., 1981；3. 五味重春『脳性麻痺』（リハビリテーション医学全書 15）（第2版）医歯薬出版，516p., 1992；4. サミルソン，R.L., 編著，鈴木良平監訳『脳性麻痺の評価と治療：整形外科的チームアプローチ』協同医書出版社，273p., 1986；5. F-高橋編，1983；6. H-中田編『言語障害児教育の実際シリーズ』5, 1982；7. 橋本重治編著『脳性まひ児の心理と教育』金子書房，224p., 1976；8. フィニー，N.R., 梶浦一郎監訳『脳性まひ児の家庭療育』(第2版) 医歯薬出版，397p., 1976

脳卒中　apoplexy

脳の急激な血液循環障害をおこす，脳出血と脳梗塞（脳血管が詰まること）とクモ膜下出血との総称。急に意識を失って倒れ，手足の随意運動や会話ができなくなることが多い。

脳卒中は日本の死因の第3位（15.9%）を占め，長期入院患者の中でも大きな割合になっている。退院後に在宅看護を必要とする患者の40%は脳卒中後遺症である。脳血管疾患による受療者は年間約142万人，死亡者は約15万人，その死亡率は人口10万人中117.9人（数字はいずれも1998年）である。死亡率が高いし，延命しても障害が残ることが多い。CT（コンピュータ断層撮影装置）やMRI（磁気共鳴画像診断装置）で診断を確定できる。日本では脳梗塞よりも脳出血が多いといわれていたが，近年両者はほぼ同数に近づいた。完全治癒は困難なので，予防と，発病後の社会的支援が大切になる。

脳出血の予防には，高血圧を防ぐために塩分を制限（1日8グラムくらい）する。脳梗塞を防ぐためには，コレステロール摂取を減らすことが必要である（コレステロール含有量の多い食品をなるべく食べない）。予防のためには，年齢，高血圧，糖尿病，高脂血症，肥満，喫煙，大量飲酒などが危険因子だということを知らせることも必要である。

脳出血は，突然に出血の反対側の手足の動きがマヒし，頭痛，いびきを伴う昏睡状態がおきるのが症状。出血巣が大きいと意識障害も長い。24時間昏睡が続くと死亡の危険が大きい。予後は，出血巣の大きさと位置とに左右される。

脳梗塞は，突然の激しい頭痛，吐き気，嘔吐，突然の半身麻痺，失語症が主な症状。前触れとしては一過性脳虚血発作（TIA：一時的に手足のマヒや言語障害がおきるが，24時間以内，多くは10～30分以内に消える）がある。暑い日にゴルフをするなどの脱水状態は，脳梗塞を誘発

しやすい。就眠前に水を1杯飲むとよい。発作後4〜14日間は頭を持ち上げたり，座位をとったりしない方がよい。意識障害から死に至ることもある。経口避妊薬が誘発することもある。脳梗塞の場合は血栓溶解療法が発作後3時間以内に行なわれれば有効といわれているので，早期受診がより良い結果をもたらす。

クモ膜下出血は，光がまぶしい，めまい，頭痛などの前触れの後で，頭を殴られたような激痛，嘔吐，吐き気がおこり，そのうち半数は10分後に意識を失う。意識喪失が30分以上続くと死亡の危険がある。麻痺や失語症は少ない。発作の5〜10日後に血管攣縮発作が30%におきる。飲酒や精神緊張が誘発しやすい。なるべく手術で治すのがよい。

脳卒中には急性期，回復期，維持期の3段階がある。命を救う，障害を少なくするように初期治療を行なう，リハビリテーションをできるだけ早く始める，なるべく早く家庭復帰・社会復帰させる，など各段階ごとに，違った治療・違ったサービスが行なわれるべきであり，各段階の間に切れ目のないケア（シームレス・ケア）が必要である。二次的障害（床ずれなど）を予防する必要もある。医師と言語聴覚士（ST），臨床言語士（LT），作業療法士（OT），理学療法士（PT）の協力が大事であるし，「脳卒中は治らない病気だ」というイメージを変えなければならない。「あなたはもう駄目だ」は禁句。「もうすぐ回復する，必ず治る」と励ます。甘えにつながる恐れがあるので，患者に幼児語を使って話しかけない。失語症の人の多くは，相手の話を理解できるが，自分では表現できない。一方通行でいいから失語症の患者には話しかけるようにする。機能回復訓練と同時に精神的訓練が大事であり，治療環境の整備のためには，脳卒中病棟の開設も必要である。転院の際には検査データを添えた紹介状を付けるようにしたい。退院前に，在宅サービスなどについての情報を提供して患者の不安を取り除く。患者会の会報には，どこへ行けばどんなサポートを受けられるか，リハビリテーションのノウハウ，励ましのことば，家族の楽しみのための旅行情報，患者会のアドレス，などを載せる。家族には患者の心理を教える。脳卒中患者の集いを開いて社会化を促進する，家族が介護の悩みを打ち明けあう機会を作って心理的負担を減らす。失語症に対しては，退院後に自宅をボランティアが訪問して言語訓練をする。

脳卒中の予防と社会的支援のためには，医師，患者，言語聴覚士，作業療法士，理学療法士などで作った日本脳卒中協会がある。外国では，アメリカ心臓協会，アメリカ脳卒中協会，ドイツ脳卒中財団，英国脳卒中協会，デンマーク脳卒中協会，オーストラリア脳卒中財団が予防と支援を行なっている。

カウンセラーは，病気だけを見るのではなしに，患者が人間として生きるためには，何に困っているのかという，患者の生活全体を見る視点が必要である。家族は，発病後1〜2年は必死で努力しても，3〜5年になると疲れてくることも知っておくべきであろう。〔小林 司〕

⇒ MRI，言語障害，作業療法，失語症，CT，リハビリテーション

文献 1.「脳卒中の患者・家族への支援を」『医学界新聞』2268号，1997年12月8日付

脳の発達　development of the brain

動物実験の結果を人間に当てはめて考えると，頭の善し悪しは3歳までの栄養で決まるといえよう。

大脳半球の神経細胞（電話機にあたる）の数と，それから出てくる長い枝ともいうべき軸索（電話線にあたる）と短かい枝（樹状突起）が他の神経細胞の枝とつながるからみあいの接続数が多いと，人間の知能は発達する。このからみあいは3歳までに60%ができ，10歳頃までに95%が完成する。残りの5%は20歳までにできる。その数は一つの神経細胞で，5,000〜10万個の接続点（シナプス）をもち，脳全体では1.4×10^{14}個のシナプスをもつ。

生まれた時には脳細胞から枝（樹状突起と軸索）がまだ出ておらず，3歳ぐらいまでに，1本の枝と他の枝との間に3,000カ所以上の接続ができあがる。神経細胞の軸索を包む髄鞘（電話線の回りを包む絶縁用ビニール被覆にあたるもの）は，受胎後第18週にでき始めて，生後2

歳頃に最も活発に作られ，4歳まで続く。神経細胞が長い枝（軸索）を出して，大人なみの大脳皮質の構造（細胞が6層に重なって並ぶ）をもつのは，受胎後6〜8カ月頃である。

大脳に神経細胞が現れ始めるのは，受胎後第9〜20週であり，二つの時期に急速に増える。それは受胎後第10〜18週にかけてと，生後3カ月くらいの時である。これとは別に，神経細胞どうしの連絡や，神経細胞に栄養を与える役目をするグリア細胞が増えるのは受胎後第18週から生後2歳近くまでで，特に出生時に盛んに分裂して増える（約400億個になる）。運動をコントロールする小脳の神経細胞は出生後に最も急速に分裂して数が増える。こうして脳の各部分は別々の時期に細胞が増えるが，生後18カ月で大脳・小脳・脳幹ともに神経細胞数がピークに達して，成人と同数（大脳皮質で約140億個）になり，これ以後には，もう数が増えない。

脳の重さと，脳内タンパク質は3歳を越す頃まで増え続けるが，脳重量が最も急速に増えるのは，出生前後の時期である。平均重量は，成人男子で，1,330グラム，女子で1,240グラムであり，4〜20歳までの間に脳重量が増えるのはわずかに120グラムにすぎない。重量で見れば，4歳までにほぼ成人並に成長してしまうのである。1歳半以降は，細胞数が増えるのではなくて，一定の数の細胞が大きさを増すだけにすぎない。ネズミの場合には，出生後21日の離乳時期までの栄養が悪いと，脳細胞の数が増えないので，脳が小さく，成長してからでも治らない行動異常が現れる。つまり，初期の栄養不良が脳の構造や働きを悪くする。ラットの実験では，早期の栄養失調によって，大脳皮質の厚みが薄くなり，神経細胞に対するグリア細胞の比率が変わってくる。グリア細胞と小脳細胞が少なく，軸索のからみあいが少ない。神経繊維の継ぎ目（シナプス）も少なく，これらの変化は一生涯回復しない。

人間では，妊娠第9週から脳細胞数が増える生後18カ月目までの期間に，もし栄養失調がおきると，脳細胞の数は一生涯少ないままで，知恵遅れになり，その後で栄養を与えても回復できない。アウシュヴィッツなどの強制収容所で生まれた赤ちゃんは，妊婦が栄養失調だったので，総カロリーもタンパク質も少なく，脂肪はほとんどゼロという状態で脳が作られた場合の人体実験ともみなされる。この子どもたちは，成人後も記憶力が劣っており，集中力がなく，無気力で，イライラしやすく，すぐにかっとなるなど情緒不安定で，知能も普通以下だった。疲れやすく，対人関係がうまくいかず，ときには精神異常を示す。その精神症状は，幼時に長期間下痢を続けて栄養を摂れなかった子どもや，脳に傷を受けた子どもが成人後に示す症状に似ている。栄養失調は脳の働きが不充分な子どもを作る。したがって，脳の働きが優れている子どもを作るには，胎児期と生後3年間の期間に，脳細胞や軸索を作るのに必要な栄養を十分に与えることが必要になる。

胎児期の栄養は妊婦の食べ物から与えられるのであるから，妊婦はバランスのよい栄養をきちんと摂らなければならない。特に，ゴマ，納豆，牛乳を勧めたい。胎児の脳に栄養や酸素が届かなくなるので，妊婦の貧血や酸欠（自動車の排気ガスや，タバコ，暖房の不完全燃焼）は胎児の脳の発達を悪くする。乳児の栄養失調や下痢，ぜんそくによる酸欠も知能の発達を妨げる。〔小林 司〕

文献 1. 小林司『知能が決まる三歳までの栄養：秀才赤ちゃんをつくる』社会保険出版社，268p.，1988；2. Klosovskii, B. N. (ed.): *The Development of the Brain and Its Disturbance by Hormful Factors*, Pergamon (New York), 264p., 1963；3. Parmelee, A. H. and Sigman, M. D.: Perinatal brain development and behovior. In Mussen P. H. (ed.): *Handbook of Child Psychology* (4th edition) vol.2., John Wiley & Sons (New York), pp. 95-155, 1983

脳波 electroencephalogram, EEG
脳波とは，脳の神経細胞が発する電気（電位変動）を頭皮上から誘導し記録したもの。

脳波記録の創始者はバーガー（Hans Berger, 1873〜1941）であり，彼は1924年に人の脳の電気活動を記録し，脳波と名づけた。これ以来，脳波は複雑な脳の機能状態を表す客観的な方法として進歩してきた電気生理学的検査法の一つである。脳波は非常に微弱な数μV〜数100μV

(マイクロボルトと読む，$1\mu\mathrm{V}$ は10万分の1ボルト)の電位変動を100万倍に増幅記録したものであり，複雑な連続波形を呈する。その電位を振幅(波の谷から頂点までの大きさ)，時間を周期(波の山と山，あるいは谷と谷の距離を進むに要する時間)として表す。周波数は1秒間に山と山，あるいは谷と谷がいくつ現れるかによって表され(単位は Hz，ヘルツ)，$0.5\sim3\mathrm{Hz}$ を δ(デルタ)波，$4\sim7\mathrm{Hz}$ を θ(シータ)波，$8\sim13\mathrm{Hz}$ を α(アルファ)波，$14\mathrm{Hz}$ 以上を β(ベータ)波に分類される。また，鋭くとがった波をスパイク(spike)という。これらの波の形，連続性，局在性などを総合的にみて脳の器質的な障害や機能的な変化を判定する。

(1) 検査方法：検査は，頭皮上および耳たぶに約20個の皿電極あるいは針電極をつけ，脳波計で記録して行なわれる。皿電極はペーストをつけて接着し，針電極はごく細い針を頭皮内に刺して接着する。脳波記録のしやすさからいえば針電極の方が優れているが，接着の際に多少の痛みを伴うので子どもには適さず，一般には皿電極がよく用いられる。検査方法としては検査を受ける人にほとんど苦痛を与えず，無害な検査である。検査に要する時間は約1時間程度である。

(2) 正常脳波：脳波は覚醒と睡眠で大きく異なる。正常な成人の安静覚醒閉眼状態で現れる脳波は α 波帯域の波を中心として，それに β 波が混入し左右の脳で対称である。これを基本の脳波活動とする。また，開眼や精神活動時には α 波が抑制され β 波が現れる。α 波と β 波の量的関係，振幅については個人差がある。この他，年齢，意識状態(睡眠時と覚醒の違いなど)，精神状態(興奮，緊張，不穏など)，薬物などによっても変化する。ある種の刺激を与えると，それへの反応の仕方の中で異常な脳波所見が明らかになることがあり，このことを脳波の賦活という。このため，脳波測定は，一般的に，開閉眼，光(ストロボ連続発光)刺激，過呼吸，睡眠誘発(薬物を用いて眠らせることもある)などの刺激を与えながら行なう。

睡眠に入ると脳波は，α 波が少なくなり，次第に各睡眠段階に特有な波形を呈する。以下の図にそれぞれの脳波を示す。睡眠中の脳波は1段階から始まり順次，下から2段目のレム段階までをたどり，これを1回の睡眠中に周期的に繰り返す。レム (rapid eye movements, REM) 睡眠といわれるのは，レム段階の睡眠のことで，急速な眼球運動が認められ，脳波の他に眼球運動(図では最下段)なども同時に測定しながら判断される。この段階で眠っている人を起こすと夢をみていた，という報告が多い。

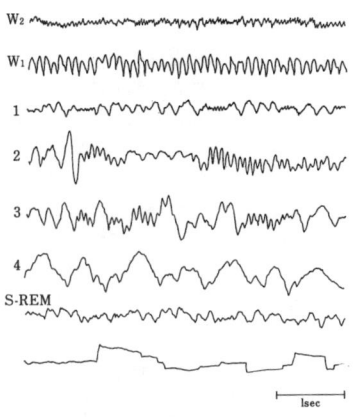

各睡眠段階の脳波の模式図

W_1：覚醒閉眼時，W_2：覚醒開眼時，S-REM：REM 段階(最下例は REM 段階の眼球運動)，$1\sim4$：各睡眠段階
(大熊，1987)

(3) 対象疾患：中枢神経系に器質的，または機能的な変化が疑われる場合はすべて脳波検査の対象となる。特にてんかんが疑われる場合には必須の検査である。てんかんは脳の神経細胞の異常放電によって引きおこされ，発作のない時でもこの異常放電により特有の脳波像を呈する。なお，脳波によって意識状態，睡眠の深さを判定できるが，精神病や知能の状態を判断することはできない。〔板垣昭代〕

⇒てんかん，不眠症

文献 1. 市川忠彦『脳波の旅への誘い：楽しく学べるわかりやすい脳波入門』星和書店，232p.，1993；2. 大熊輝雄『脳波判読 step by step』(入門編)(症例編)医学書院，389p.，235p.，1986，1986；3. 金谷春之監修『脳神経疾患領域スタッフの検査ハンドブック』メディカ出版，358p.，1990；4. ダイロ，F.M.，木下眞男監訳『臨床脳

波ハンドブック』メディカル・サイエンス・インターナショナル, 138p., 1989

ノーマライゼイション，ノーマリゼイション　normalization

障害をもつ人々に可能な限り，普通の人と同じ生活を確保するという思想とその運動。

適切な日本語訳がないため，英語のまま使用される。対人サービス (human service) の分野における，新しいイデオロギーである。患者や障害者，高齢者などを隔離された施設や病院において処遇するのではなく，地域での生活を実現する援助システムを重視する。

この概念は第二次世界大戦後にデンマークのミッケルセン (B. Mikkelsen) によって提起され，スウェーデンのニルジェ (B. Nirje) によって体系化された。知的障害者（精神遅滞者）の処遇に対する原理に源を発している。国連は1948年に「世界人権宣言」を採択し，障害者を含めた，すべての人類のもつ基本的人権を「すべての人間は生まれながらにして自由であり，尊厳と権利において平等である」として確認した。日本では1949年に身体障害者福祉法が制定され，障害者が障害のゆえに国の援助対象となりうるという権利が，日本の障害者福祉史上，初めて成立した。だが，法の発足当時は社会全体が戦争の復興途上にあったので，障害者の所得保障もリハビリテーションも一足飛びに完備されるには至らなかった。

1950年代までは，自宅での扶養が困難な重度の障害者にとっては，まずは家庭に代わる長期滞在型の施設への入所が最も安全で確実な道であると考えられていた。欧米においても，施設収容主義の流れは1960年代まで続いたが，1970年代のはじめに現れたオイルショックを機に政府財政は緊迫し，福祉の見直しが迫られた。「それだけの社会コストが本当に障害者のためになっているのか」という疑問は行政にも障害者にも投げかけられた。そして単に経済的理由のみならず，障害者が「家庭と共に一般社会に生活し社会活動に参加する権利」（「障害者の権利宣言」第9項）の視点と，ノーマライゼイションの思想に照らして，自他ともに安易に選ぶ施設収容のあり方は反省すべきである，という世論が盛り上がってきた。

そして1970年代半ばまでには，自己意識に目覚めたアメリカやスウェーデンの障害者リーダーたちを先頭に運動がおこった。この世界各地での障害者市民の生活の場の確保と自立生活の実現を目指す運動は，法律による援助を重度者援助に振り向けさせるように政治や行政に対する発言を行ない，市民啓発活動を波及させた。

障害者運動の指導者たちは，施設職員の管理下で他動的に生かされる生活に甘んじることなく，たとえ日常生活動作 (ADL) レベルでは乗り越えられない不自由があったとしても，自らのおかれた地域の資源を活用し，生存の条件を整えることこそが，障害者の主体的な力量だとし，精神の自立性を尊重する自立生活概念を打ち立てた。

1980年代には国連が，1981年の国連障害者年を期して，障害者福祉の一大キャンペーンに乗り出し，障害者福祉の思想をその「国際障害者年行動計画」の中に明示した。一方，障害者福祉の非政府国際機関 (NGO) である国際障害者インターナショナル (Disabled International) が誕生し，世界の障害者運動の牽引力となっている。1980年代は，いまだ原始的な生存問題さえ片づかない多くの発展途上国をかえりみて，日本の実態を含め世界先進国の障害者福祉が，共存の条件づけを示す実験例を示し出した時代だといえる。

国連の定義によれば，「機会の均等化とは，物理的環境，住宅と交通，社会サービスと保健サービス，教育や労働の機会，スポーツやレクリエーションの施設を含めた文化・社会生活という社会の全体的な機構を，すべての人が利用できるようにしていくプロセスである」（国連「世界行動計画」第12項）という。障害者が障害という特徴をもった一人の社会構成員である限り，すべての人々の共有する物・心の社会的資源は障害者にも解放されるべきであり，別枠の生活の場や障害者だけの施設に収容・隔離するというのは，そもそも不自然である。機会均等の原則に立てば一般の社会関係を障害者に開いていくことこそが，障害者福祉の使命である。

たとえば学校,職場,公共交通機関の中などで,機会の均等化が達成されたとき,障害者は,あたり前のこととして一般社会の営みを経験することができる。障害者の生活と健常者の生活との間に垣根が取り除かれ,あたり前になった場合に「対等にされた（ノーマライズ）」といい,機会均等化の原理によって実現された,差別なく,すべての人に開かれた状態がノーマライゼイションといわれるのである。

最近では「高齢者も若者も障害者もそうでないものも,すべて人間として普通（ノーマル）の生活を送るため,ともに暮らし,ともに生き抜くような社会こそ,ノーマルである」という考え方に立っている。つまり,高齢者や障害者の施設を作り,しかも遠く隔離・分断するような社会はアブノーマルなのである。〔緒方一子〕
⇒福祉教育,偏見と差別,リハビリテーション

文献 1. 浦辺史他編『社会福祉要論』ミネルヴァ書房,365p.,1981；2. 福祉士養成講座編集委員会編『障害者福祉論』中央法規出版,225p.,1988；3. 福祉士養成講座編集委員会編『障害形態別介護技術』中央法規出版,235p.,1989

ノーマリゼイション
⇒ノーマライゼイション

乗り物酔い,車酔い,運動酔い kinetosis

乗り物の揺れによって一過性に病的な反応をおこすことをいう。

耳の中には耳石器と三半規管があり,これらは身体のバランスを保ち,直線的移動や重力の加速度やあらゆる方向の回転の加速度を感知し,そしてその情報をすばやく脳に伝える働きをもっている。

乗り物による動揺の刺激が強すぎたり,長かったり,あるいは感知する側に問題があると,運動感覚や平衡感覚が混乱し,やがて自律神経の異常興奮がおこり自律神経失調症状を呈する。これが乗り物酔いである。

耳の機能がまだ未熟な乳幼児,あるいは少し衰えてきている高齢者にはあまりおこらず,また内耳機能が著しく低下している聾者にもあまりおきないが,それ以外では誰にでもおきる症状である。

一番多くみられるのは学童で,高学年になるに従って増加する傾向にあり（5年生が多い）,中学生になると減少してくる（大人では船酔いが多い）。

小中学生の時期は,身体の成長とともに変動する自律神経や内分泌系が不安定となり,乗り物酔いがおこりやすいと考えられる。起立性調節障害の子どもに多くみられる。起立性調節障害は女子に多くみられることから,乗り物酔いも女子に多い。

症状は,あくび,生つば,冷や汗,気分不快,めまい,頭痛,顔面蒼白,疲労感,悪心など。脈は速く弱くなる。そしてついには吐く。この場合吐いてしまった方が改善に向かうことが多いので,吐きたい時は吐かせてしまう。これらの症状は車から降りてしばらくすると治る。

誘因として,動く景色からの眼球振とうや目まい,乗り物内のガソリンの臭いやむし暑さ,そして寝不足や疲れ,食べすぎ,飲みすぎ,などが考えられる。体質的に胃腸の弱い人は酔いやすい。そして何より大きな因子として占めるのは心理的な面であり,これらが重なりあって乗り物酔いがおこる。

この心理的因子には,以前酔ったことがあり,また酔うのではないかと思う恐怖感や不安,「自分は車に弱い」「いつも酔う」という決めつけ,人が酔っていると自分も酔ってしまう暗示作用などが考えられる。

乗る前から不安があるので,まだ発車しないのに気分不快を訴えたり,乗物に弱い子どもは,発車と同時に吐き,下車するまで続き,目的地に着く時にはグッタリしてしまう場合もみられ,修学旅行や遠足では楽しさも半減してしまうので対応が必要になってくる。

予防として,乗る前に気をつけることは,身体の調子を整える（前日は睡眠を十分にとる,食べすぎ,飲みすぎに注意）,酔いどめ薬をのむ,乗ってからは,座席は車輌前寄りに座り,姿勢はゆったりとし,身体の力を抜く,服装はゆったりしたものがよい。目の位置はなるべく遠くの景色で水平線を眺める方がよく,読書や近く

の景色を見続けるのはよくない(一番酔わないのは目をとじて眠ること)。炭酸飲料はよくない。また車の動きを予測し,乗り物の揺れに任せる(運転手と同じような姿勢をとる)のも酔いを軽くする。そして気をまぎらわすように歌を歌ったり,ゲームに参加して楽しむことが大切である。

乗り物酔いは自律神経の異常興奮でおきるものなので,日常生活の中で鍛錬を行ない,体質の改善をしていく。具体的には乾布まさつや冷水まさつ,入浴では冷水と温水を交互にかけたり,薄着に心がけ,規則正しい生活リズムを作り自律神経を鍛えていく。

また回転や上下,左右の加速に弱いことから,訓練により耐性を獲得していく。弱い刺激や短時間の刺激に慣れることから始め,次第に強い刺激,あるいは長い時間に耐えられるようにする。普段のスポーツの中に,縄とび,自転車乗り,かけっこ,マットでの前後転,鉄棒,平均台,跳び箱,ボール運動(ジグザグドリブル)などを取り入れるのが有効であり,日常生活の中で鍛錬していく。

また今の子どもたちは戸外運動が減り,身体の平衡保持能力や自律神経の鍛錬が不足しているので,戸外での遊びやスポーツの時間を多くするように勧め,また学校における体育の授業やその他の活動などで,平衡機能全体を鍛える運動をも取り入れていくことが望ましい。

酔わないように日頃から加速度に慣れ,乗る前は体調を整えるようにする。大きな要因である心理面に働きかけることが必要で,不安を除き,自己暗示をし,酔わない自信をつけさせることが肝要である。

乗り物酔いは,軽催眠レベルのメンタル・リハーサルによって簡単に治すことが可能なので,学校現場で行なうことがある。三井田惇郎は集団催眠療法を用いた手順を次のように述べているので要点を紹介する。(知覚催眠に誘導されている状態から)(1)中性イメージ投与:公園や海岸をイメージさせる。身体はポカポカとし,揺れてくる。そしてぼんやりしてくる。(2)フィードバック・メンタル・リハーサル:乗り物酔いのリハーサルを体験させ,苦しくなったところで深呼吸をすればリラクセイションでき,気分が良くなってくることを条件づける。そして深呼吸をし,成功したイメージを体験させ(友だちはまだ酔っているが自分は酔っていないなど)強化を行なう。(3)条件づけ強化:帰路を想定させ,深呼吸をすればリラクセイションでき,酔わないことをもう一度強化する。(4)解催眠を行なう。〔塩田瑠美〕

⇒暗示,イメージ療法,催眠療法

文献 1. 川崎憲一『こんなときあなたはどうしますか』東山書房,全6集,1979;2. 川崎憲一『保健室の救急事典』東山書房,295p.,1881;3. 調所広之「乗り物酔い」『学校保健ニュース』日本写真新聞社,4p.,1994;4. 日本学校保健会編『姿勢・運動・乗り物酔いと平衡機能:学校生活とからだのバランス』第一法規出版,86p.,1984

は

バイオエナジェティックス bioenergetics

心の問題を身体の動きを用いて癒そうとするセラピー。

バイオエナジェティック療法（bioenergetic therapy）ともいう。バイオエナジェティックスは，精神分析学者ライヒ*の研究成果を基盤にし，その研究を活かして，ローウェン（Alexander Lowen, 1910〜）が提唱した療法である。

基本になっているのは，心身は相関関係にあるという考えである。すなわち心の問題は筋肉のしこりや呼吸の滞りとなって現れる，という考え方である。したがって，ことばのやりとりを主とする伝統的な治療法とは対照的に，呼吸法やマッサージ，そしてローウェンが生み出したさまざまな基本姿勢やエクササイズを用いて，心身両面からのアプローチが行なわれる。

【バイオエナジェティックスの特徴】バイオエナジェティックスとは，身体のエネルギー・プロセスをもとにしてパーソナリティを研究する実践的理論である。それは，人間の身体に照らしてパーソナリティを理解しようとする点で，他の自己探求とは異なっている。身体のエネルギー・プロセスは，身体でおこっていることを決定するのとちょうど同じように，心の中でおこっていることをも決定する。

バイオエナジェティックスのセラピーでは，抑圧された感情に吐け口を与えてやることが一貫した基本戦略である。というのは，感情の放出が変化のプロセスに必要なエネルギーをもたらしてくれると考えられているからである。人は成長に必要なエネルギーを得るために，抑圧された感情を利用しなければならないと考えられる。

菅靖彦はローウェンの『バイオエナジェティックス』（1994）の訳者あとがきで，バイオエナジェティックスを要約して述べているので，その一部を要約して以下に記す。

ヨーガをはじめとする東洋の身体技法が，外界の刺激にわずらわされない「不動の自己」を育むことを目指すのに対して，外界の刺激に生き生きと反応する自己，つまり豊かな自己表現を育むことに重点をおくのがバイオエナジェティックスの特徴である。そうしたアプローチをローウェンは，機械論やその対局に位置する神秘主義と区別し，機能主義としている。人工的な環境に住み，絶えず過剰な刺激にさらされ続けている現代人にとって，生の充実感の喪失は，空虚，不安，憂うつ，欲求不満を生み出す温床となり，さらに過激な刺激へと人間を駆り立て，際限のない悪循環に巻き込んでいる。そうした悪循環を断ち切ることこそ，バイオエナジェティックスが目指しているものに他ならない。

生き生きとした反応を取り戻すには，自分と世界の間にはりめぐらしている厚い防衛の壁をとり払わなければならない。その壁は単なる心理的なものではなく，筋肉の鎧として身体にも刻印されている。したがって，心身両面からのアプローチが不可欠である。そうした考えにもとづいてローウェンは，さまざまなエクササイズを生み出したが，最も基本的なエクササイズはグラウンディング（地に足をつけるという意味）と呼ばれるもので，頭脳に偏りがちな現代人をより深く身体に根づかせること，つまり，心身のバランスをとること，それがローウェンの狙いである。

人間は本来，多次元的な生き物である。心と身体，理性と感情，言葉と無意識，見えるものと見えないもの，そうした異なった次元にまたがって人間は生きている。だが，行きすぎた科学的思考と個人主義が，人間からそうした多次元性を奪い去り，人間の生を平板化してしまっ

た。言い換えれば、人間の中にあって密接不可分であるはずの、「生きること」と「語ること」とが分断されてしまったのである。いま、必要なのは、この分裂を癒すことである。「語ること」によっては、癒されないだろう。というのも、「語ること」は、「生きること」に裏打ちされてこそ、初めて柔軟性を取り戻し、生の糧になりうるからである。「生きること」の次元を取り戻すには、まず感じることを自らの身体を通して学ばなければならない。ローウェンはこの二つの次元のことを統合性（生きること）と二元性（語ること）ということばで語り、それらの次元を自在に行き来できるようになることこそ、機能主義の立場だと述べている。こうした立場は、個のアイデンティティを保ちながら、個を超えたトランスパーソナルな次元との接触に人間解放の契機を見出そうとする、トランスパーソナル心理学の立場につらなっている。

【バイオエナジェティックスの成立】 バイオエナジェティックスの体系は、ライヒの研究を基盤とし、その上に築かれた。そこで、ローウェンとライヒの出会いとその後の経過および、バイオエナジェティックスとライヒの理論との相違について記しておく。

1940～1952年までライヒが私の教師であった、とローウェンは述べている。

フロイト*の弟子であるライヒは、「性格構造」について初めて精神分析学的な考え方をした精神科医で、主著『性格分析』で性格抵抗（抵抗として働く性格の総体）への積極的な攻撃を提唱した。また、神経症の問題を唯物論の立場から社会的、文化的に取り扱おうとした初めての人である。さらに、西洋において心と身体の直接的関係に着目したのも彼が最初である。彼は、1933年の精神分析のセッションで、エネルギーが慢性的筋緊張によって封じ込められることを認識した。そして、腹部に緊張を示さない神経症患者はいないことを観察するなど研究を続け、いかなるパーソナリティ理論においても、身体が中心的役割を果たさなければならないことを明確に述べた。さらに彼はフロイトの仮定した性的エネルギー（リビドー）が実在し、実測可能なことを証明し、そのエネルギー（生命エネルギー、バイオエネルギー）が心（性格）と身体（筋肉の鎧）に同一機能をもって現れると考えていた。

一方、アメリカのブルックリン法学校を卒業したローウェンは、心身の相関性に強い関心を抱いており、ちょうど第二次大戦勃発による政情不安でヨーロッパからアメリカに移住したライヒのニュー・スクール・フォー・ソーシャル・リサーチでの講座を受けた(1940)。ここでの「性格形成の生物学的側面」と題されたコースは、初回からローウェンの心をとらえ、人生を変えたといっても過言ではない。約10名の共鳴した仲間とともに、ライヒ宅で隔週開かれたセミナーに通い、1942年春からは教育分析をライヒから直接受け始めた。以後、途中で中断した時期もあるが、1945年までライヒの分析を受け続け、同年秋からはライヒ派のセラピストとしてクライエントをとり始めた。

ライヒは、精神分析理論に欠けているのは、時間の要素の理解であると述べた。「なぜ、その症状は、それより早くも遅くもなく、その時に発生したのか？」その疑問に答えるには、症状が発生するまでの潜伏期に患者の生活の中で何がおきているかを知らねばならない。つまり潜伏期の期間に、患者がセクシュアリティに対してとった行動や態度を考慮することで、神経症の問題に「経済的」要因と呼ばれる力が導入された。「経済的」ということばは、神経症的症状を発達させる素因を作る諸力を指す。経済的要因は、当人が自らの性的エネルギーやエネルギー全般をどのように扱うかを問題にするので、パーソナリティを理解する重要な鍵となる。低レベルのエネルギー経済は、現代人に多くみられる特徴であり、現代文化に蔓延する抑うつ傾向の原因となっている、とライヒは指摘した。

1943年、ライヒは治療を押し進める過程で、患者と向かいあい、必要とあらば、あるいは望ましいと思われる場合、直接身体に触れた。それまでの精神分析ではタブー視されていたことであった。身体的圧力の使用は、感情の突破を促進し、それに対応する記憶の回復を促し、療法プロセスを加速する役目を果たした。

当時、ライヒは自らのセラピーを性格分析的

ヴェジトセラピー（vegetoは植物の意，自律神経系を指す）と呼んでいた。ヴェジトセラピーは，精神分析からの離反の証しとされた。これは，呼吸その他の身体的テクニックを通して，不随系の中心（自律神経の中枢）を活性化し，「無意識の」エネルギーを解き放つことによって感情の流れを良くするものである。セラピーの最終目標は自我と快楽や性的充足を求める身体とを統合することにある。

その後，「性格の鎧」（自然な感情を封じこめた神経症的性格）は「筋肉の鎧」にとってかわられ，ライヒは自分のセラピーの名称をヴェジトセラピーからオルゴン療法へと変えた（1949）。オルゴンというのは，ライヒが根源的な宇宙エネルギーに与えた名称で，人体を流れるエネルギーと同様のエネルギーが宇宙大気中にも存在することを発見したとするオルゴン学説（医学的実証性はない）を発表した。これは，身体のエネルギー・プロセスへの直接的な働きかけによってパーソナリティにおける重要な改善を引きおこすことができる，という信念をライヒがもった時期と一致する。とはいえ，セラピーの目標を唯一，オーガズム体験能力の獲得にかかげ，ワークの中ではオーガズム反射を追求し，セクシュアリティをあまりにも強調したライヒに対しては，精神分析家を中心に根深い反発や憎悪があった。そこにオラヌール実験（オルゴン・エネルギーと放射能の相互作用に関する実験）の失敗が加わって，FBIを巻き込んだ医学・科学界からの猛攻撃が開始された。「性格分析」の功績で正統精神分析の世界でも高い評価を得ていたライヒが，狂気の世界に足を踏み入れたとされるのがこの時期である。この間ローウェンは1947年から4年間，医師の免許をとるため，スイスのジュネーブ大学医学部に留学していたので，この落胆ムードは共有しなかった。スイスから帰ったローウェンを待っていたこのようなライヒをめぐる社会情勢を前にして，自らのワークの体験からライヒのセクシュアリティ重視の姿勢の正しさを確信していたローウェンは独自の方法でライヒの考え方を守ろうとした。後にローウェンは，オルゴン・セラピストの狂信的な態度が独創的な研究を窒息させてしまうことは明白で，そうしたことを熟慮したうえで，独自の立場を維持することになったと述べている。このような心境にあった時，ルイス・G・ペレティエと話す機会を得，ライヒのセラピー技法を修正ないし発展させる可能性に目を開かされた。

1956年バイオエナジェティックス分析協会が公式に発足した。これは，臨床セミナーのプログラムにより，患者に自らの問題のより深い理解を可能にさせること，そして他のセラピストたちに身体アプローチの基本的な概念を教えること，などを遂行する非営利団体である。一方ライヒは，1957年ルイスバーグ刑務所で非業の死を遂げた。

ローウェンは3年の月日をかけて徹底的に自らワークを行ない，バイオエナジェティックスの基本姿勢とエクササイズを一つずつ編み出していった。以前のライヒのセラピーを通しても十分に解決されなかった深い性の喜びを基本テーマに，仲間のジョン・ピエラコスとのワークを行ない，自分の身体を実験台にした研究に没頭した。このワークで，自分が傷つくことがあっても，けっして壊れることはないと感じ，苦痛に対するいわれのない恐怖も消え失せた。そして苦痛の正体が緊張だということを学んだ，と彼は述べている。さらに苦痛に身を任せれば，それを生み出している緊張を理解できること，その結果，必然的に緊張が解放されることを見出した。

彼は優美（graceful）な身体の動き，振る舞いをセラピーの目標に掲げた。graceには神の恩寵の意味があり，自然，調和，気品を含んだ高次の生命を指している。そして，人は大地（自然）に対する立ち方によって自らを示していると考え，徹底した足・脚のワークを行ない，バイオエナジェティックスの重要概念の一つ，「グラウンディング」を生み出した。

彼はまた，行動パターンの精神力学と身体的力学を関連づける性格類型の集中的研究を行ない，『性格構造の身体的力学』（1958）を出版した。これは，バイオエナジェティックスで行なわれているあらゆる性格ワークの基礎になっている。

【現在のバイオエナジェティックス】 1975年,彼はバイオエナジェティックスについて次のように述べている。

「バイオエナジェティックスとは,人が自分の身体との一体感をとり戻し,身体的働きの可能性を最大限に享受するのを助けるセラピー・テクニックである。こうした身体の重視は,身体の基本的機能の一つであるセクシュアリティをふくんでいる。だが,それはまた,呼吸,運動,感情,自己表現といった,より基本的機能をも包含している。

バイオエナジェティックスの目標は,人々が本来備えている自由で優雅で美しい本性の回復を助けることにある。自由と優雅さと美しさはすべての動物が備えもつ自然の性質である。自由とは感情の流れの内的規制がない状態であり,優雅さとはそうした流れの動的表現である。一方,美しさとは,そのような流れが生み出す内的調和の現れである。それらは健康な身体を表わす。ということは,健康な心をも表すということだ。」

バイオエナジェティックスの日本での普及に尽力してきた国永史子は,『バイオエナジェティックス』の訳者あとがきの中で,「体の生命ともいえる感情,情動の表出,とりわけ女性の怒りや男性の涙を許さない日本の文化の中にあって,無意識に抑圧される感情ゆえに苦しんでいる多くの人々にとって,ライヒほどには性を前面におし出さず,より自然との調和をうたうローウェンのバイオエナジェティックスは,日本人にとって大いなる福音になるものと信じている」と述べている。　　　　〔坂庭愛子〕

⇒神経症,精神分析,パーソナリティ

文献　1. J-アレン,1983；2. C-ウィルソン,1975；3. J-ローウェン,1978；4. B-ローウェン,1988；5. ローエン,A.,菅靖彦・国永史子訳『バイオエナジェティックス：原理と実践』春秋社,448p.,1994

バイオフィードバック法 biofeedback
通常では知覚しにくい生体の状態や変化を機械的装置を用いて知覚できるようにして,生体の状態を好ましい方向に調整していく方法。

このことばは1969年に新しく作られた学術用語で,「バイオ」は生体を意味し,「フィードバック」は生体の情報を知覚可能な形で知らせる(＝還元する)ことを意味する。

このバイオフィードバック法は,行動療法の条件づけ学習理論を治療場面に応用したものである。

ここでいう条件づけ理論では,次の二つが有名である。(1)古典的条件づけ(パブロフの犬を使っての実験例),(2)オペラント条件づけ(スキナーの実験例。レバーを押すとえさが出る箱にネズミを入れると,レバーを押すようになる)。

このうち,オペラント条件づけは,筋肉運動にのみあてはまり,自律神経や,脳波などの生体機能は意識的にコントロールできないと考えられていた。しかし1960年代になり,特にアメリカを中心として生理学の実験などが盛んに行なわれ,こうした生体の状態(血圧や脳波,筋肉の緊張,心拍数など)にも,条件づけ学習理論があてはまることが,証明されるようになった。たとえば1966年,ミラーらがネズミを使って,血圧や血管の収縮反応などの自律的反応に対して条件づけを行なった実験や,エンゲルらによる人間の心拍数についての条件づけの実験などである。

このように自律反応にも条件づけが可能なことがわかってくると,これを実際の治療場面に応用することが試みられた。すなわち,これらの生体の状態を知覚させ,それに対して何らかの報酬を与えることで,生体の状態をより望ましい方向に条件づけ,調整していくという試みである。むろんこのことは,こうした生体の状態を的確に測定し,わかりやすく知らせる医療用電子機器が発達したことに負うところが大きい。

たとえば人間について実際の実験例でいうと,血圧の状態を被験者に知らせ,血圧が下がったら何らかの報酬(高血圧に悩む患者にとって血圧の低下が一つの報酬であるが)を与え,上がったら与えないようにする。この場合多くの被験者の血圧が下がる。こうした実験結果を実際の治療に役立てるというのがバイオフィードバック法の考え方である。

この方法は，高血圧の治療以外にもさまざまな臨床場面で応用されている。たとえば，痙性斜頸，書痙，筋緊張性頭痛，手指のふるえ，チックなどの神経筋肉系心身症，レイノー症状(四肢の小動脈が発作性に攣縮して血液循環を妨げる)による手足の冷え，偏頭痛などである。このほかにも気管支ぜんそく，てんかん，種々の不安，不眠などにも適用し効果を認めるものもあるが，一般的ではないとされる。また不整脈，頻脈などにも心拍数をフィードバックすることで効果をあげたという報告もあるが，まだ実用化されていない。通常はストレスなどによる緊張から生じた心身症の症状に対しての効果が高い。

治療の際には，これらの疾患について筋電図，皮膚温，脳波などを測定してフィードバック信号として提示し，患者は自律訓練法，弛緩法，瞑想などにより心身をリラックスさせ，症状の軽減をはかる。ここでは症状の軽減が報酬となり，条件づけが行なわれる。実際の治療は週に2～3回，1回のセッションは0～50分の訓練を行う。最終的には，こうした機材の援助なしに，自分なりの感覚や方法をみつけて自己の状態をコントロールしていけるようになること，が目的となる。

この方法の限界は医療機器の測定できない分野には応用できないこと，また測定可能であっても測定した時点での測定値が，即座に表示されなくては，治療や訓練が成り立たないことである。したがってこのような医療機器の限界が同時にこの治療法の限界でもある。さらに，高血圧の治療などでは，自律訓練や筋弛緩法などを行なった場合と血圧の低下の程度は変わらない。そうなると，高価な医療機器を用いてまでこの療法を適用する意義が薄れてしまう。

しかしながら，科学技術の発展とともにこの療法の適用される分野はますます増えていくものと思われる。また，薬物療法を助け，場合によっては薬物を用いず，自己の治癒力を十分に機能させ治療していくという点からもこの療法はこれからますます応用されていくであろう。無論その際に，他の心身症などと同様，手術が必要とされるような疾患を見落とすことのない

よう十分慎重な診断が必要であることは言うまでもない。 〔福田 満〕
⇒オペラント条件づけ，筋弛緩法，古典的条件づけ，自律訓練法，パブロフ，瞑想

文献 1. B-池見，1987；2. J-池見，1963；3. J-池見，1973；4. 石川中『心身症を自分で治す』主婦と生活社，150p.，1982；5. B-小川，1993；6. B-佐々木，1976；7. H-鑪編『臨床心理学大系』8, 336p.，1990；8. I-筒井編『こころの科学』No. 15, 1987；9. F-成瀬，1969；10. B-バイオフィードバック研究会編，1980；11. B-平井，1967

排除 ⇒抑圧

売買春 prostitution, sexual intercourse by money

代金を受けまたは与える約束で，不特定の相手と性交すること。

売春防止法では，公然とした勧誘に対して処罰すると同時に売春の周旋，場所提供などについても罰則がある。しかし買う側については，「その相手方となってはならない」とあるにすぎない。これに対して女性団体などから粘り強い批判が出されるなかで，近年「買春」という言い方が使われるようになった。「売買春」とは売る側，買う側双方の問題として考える立場から使われる単語である。

この単語は上述したように比較的新しいものである。1970年代，日本人男性による韓国への買春めあてのいわゆる「キーセン(妓生)観光」が大いに批判を浴び，さらに1980年代に東南アジア諸国への徒党を組んでの買春旅行が反日感情をかき立て，外遊した首相(鈴木善幸)に厳しい抗議の声がつきつけられた。こうした出来事を通じて，買う男性の問題，「買春」について論じられるようになったのである。そうした事態を迎えるまで，日本では「売る女性」のことは論じられても，「買う男性」が問題にされることはなかった。男性の買春行為が当然のこととされていたからである。

1956年に売春防止法ができたのは，明治以来の粘り強い廃娼運動の成果でもあるが，売春を公認したままにすることが近代国家として見苦しいという虚栄心理的外圧があったことを無視

することはできない。したがって，日本では売春防止法制定後もキャバレーなどの風俗営業や個室付浴場（ソープランド）などで売春の実質は継続したのである。

さらに愛人バンクやデート・クラブ，テレホン・クラブなどでは自由恋愛を装うなど，売春はさまざまに多様化しつつ一般化，低年齢化してきている。「援助交際」という名の売買春は，携帯電話やポケベルの一般化に伴い特定の場所へ出向くことなく売買春へアクセスできることによって可能になったといえる。またフィリピン，タイなど東南アジア諸国の女性をダンサーとしての出稼ぎだなどとだまして来日させ，売春を強要するなど，暴力団による組織的な形のものもあとを絶たない。とくにHIV／エイズ感染の恐れからの回避という意味もあって，子どもへの性的搾取，虐待・買春行為が国際問題（1996年ストックホルムでの世界会議）となりつつある。

他方では，売春を合法的な仕事として規定しなおし，売春婦を合法的な市民として規定しなおすように求める運動も存在している。性労働の強制，搾取，管理が人権侵害であり，犯罪であることは明白である。しかし自らすすんで行なう性労働を職業として認めるのかどうか。このことは人間にとって性行為とは何かという問題を根本からつきつけている。1986年，欧州議会は，この職業の非処罰化と売春婦の独立・健康・安全を守る決議案を採択した。いわゆるセックス・ワーカー（性労働者，CSW）である。

貧困のための身売り，人権無視の性行為，搾取，人身売買など，こうした売春は現在もあるが，そうではなくて，自らすすんで行なう売春もありうることを欧州議会は指唆しているように見える。仮に自ら進んで行なう売春が存在し，非処罰化されることを容認するとしても，子どもによる売春春までは認められまい。このように子どもと大人の間に明確な一線を画しながら，子どもに対して性的自己決定の力を育てる努力が大人の責任として課せられるべきであろう。

この問題は，性と愛の関わり，肉体と精神のつながり，そして根源的には人間にとって性とは何であるのかという問いかけを意味している。〔村瀬敦子〕

⇒性，性欲

文献　1. 田崎英明編著『売る身体／買う身体：セックスワーク論の射程』（クリティーズ叢書 15）青弓社，288p., 1997；2. 谷口和憲『性を買う男』パンドラ（発売：現代書館），238p., 1997；3. デラコステ，F.・アレキサンダー，P.『セックス・ワーク：性産業に携わる女性たちの声』パンドラ（発売：現代書館），452p., 1993；4. 福島瑞穂編『男たちの誤算』径書房，214p., 1990

バイリンガリズム，2言語使用　bilingualism

(1) 二つの言語を母国語話者のようにコントロールできること。(2) 二つの異なる言語が出会う時に，個人あるいは社会が経験する言語状況。

異言語の集団，あるいは異言語の個人が接触するときにバイリンガリズムが発生する。国際結婚によって生まれた子どもが，両親のそれぞれから異なる2言語を同時に習得する，あるいは家庭内の言語と定住する国の言語が異なっている時，その言語の2言語を同時に習得する，などがバイリンガリズムの代表例である。

山本雅代の研究によると，生後1歳までは英語を母語にしている子どもと日本語を母語にしている子どもに発音の差はなかったが，1歳半ごろから英語，日本語にそれぞれ特有の発音をするという。つまり，生まれた時は世界共通の泣き声だが，その後にどの言語で話しかけられるかによって子どもは言語を習得していく。

言語機能は脳の左半球にあるというのが，脳研究の一般論であるが，このバイリンガリズムの者は言語習得に右半球も関与しているということが失語症の研究を通してわかってきた。とりわけ，自然な環境で第2言語に接した場合に右脳の関与がはっきりするという。

日本では2言語使用者でさえめずらしいが，フランスのアルザス・ローレンス地方などのように支配国が紛争のたびに変わる地域では2言語使用者はさほどめずらしいことではなく，その土地で話されている言語，家庭内の言語，国の言語がすべて異なり3言語を同時に習得するということさえある。

国際結婚した家庭での2言語教育で一番の問題点は、その子のアイデンティティをどこに置くのかであろう。非常に微妙な問題であるから、その子が将来どこに住むのかなども考え併せて、夫婦間でよく話し合って決めなければならない。両親のそれぞれの自国文化へのアイデンティティ確立が国際結婚には欠かせないが、それと同時にその子どもには両親の持つそれぞれの文化を保障しなければならない。

とはいえ、2言語を子どもに習得させるにはそれなりの両親の努力が必要である。ある程度成功した例としては、英国に住む日本人母と英国人父の場合で、子どもが生れた時から母は日本語で父は英語で話しかけたケースがある。その子どもは母とは日本語で父とは英語で話すものと思い、うまく2言語を習得し、さらに補強のため日本へ何回も里帰りをした。

外国に住んでいる場合、母が日本人であるとその子どもはかなり上手に日本語を習得するが、父の場合はうまくいかないケースが多い。父との接触時間が母に比べると短いためであろう。母国語とはまさに言いえている。

また、日本に住むアメリカ人父と日本人母の場合、両親の日常会話が英語であったにもかかわらず、子どもはまったく英語を話せず、子どもと母だけが一家族のようになってしまい、父が孤独に耐えられずついに離婚してしまったということもある。このケースでは、父は英会話教室の先生で日本人に英語を教えていたが、子どもとはうまくコミュニケーションできなかった。逆に子どもが「お父さんがアメリカ人なら英語はペラペラだろう」という周囲のことばに反発してかたくなに英語を口にしなくなったという悲劇的なケースもある。

日本人男性と結婚して日本に住むあるポーランド人は息子が金髪でいかにも外国人らしい風貌なので、将来外国語が話せないと困るだろうと、日本語しか話せないのを心配している。

子どもが幼児や低学年のうちに海外に長く転勤になった場合には、日本人両親の子どもでさえ日本語の習得があやしくなることがある。日常会話は両親の話を聞いてわかるし、何とか話せるのだが、現地の学校での生活時間が家庭で過ごすより長いと、兄弟同士だったら現地語での方が自由で、たまに日本に帰ってきても駅の案内板を読めない、切符を買えない、交通機関の利用法もわからない、とまったくの外国人状態になってしまうケースもある。

いずれの場合も、親はそれ相当の努力をしたのだろうが、2言語教育がうまくいかないこともある。なんといっても一番大変なのは子ども当人で、2言語習得の努力は大変である。日本では低学年のうちはいいが、受験勉強だ、入試だといっている間に片方の言語を忘れてしまう。また、2言語教育を無理強いすれば、そのことがストレスになり、不登校になったり、言語拒否症になったり、対人関係がうまくいかなくなったり、さまざまな身体的不調を訴えたりすることになる。

2言語教育は、あくまでも、子どもを中心に考えて無理のないようにしたいものだ。

とくに、国際結婚の子は「ガイジン」「ハーフ」「混血」などといった奇異な目でみられることが多い。現在は、彼らは二つの文化をもつ子どもということで「ダブル」と呼ぼうと提唱されている。二つの文化をあわせもっていることを自分も誇りとし、他人もそれを認めることが大切だ。彼らこそが、国家・民族を越えた地球家族の一員として、世界平和の担い手になるのである。

さらに視点を世界に移せば、地球上で話される言語は8,000語といわれ、アメリカ合衆国内だけで300言語が話されていて、自国内コミュニケーションのための2言語教育が多大な努力と費用のもとに行なわれている。

カウンセラーはバイリンガル教育が子どもにとって負担になっていないか、そのことがストレスとなっていないかのチェックを忘れないようにしたい。 〔小林洋子〕

⇒帰国子女、国際結婚、マージナル・パースン

文献 1. 大沢周子『バイリンガル・ファミリー：国際結婚の妻たち』筑摩書房、261p.、1989；2. 唐須教光『バイリンガルの子供たち』(丸善ライブラリー) 丸善、154p.、1993；3. 新田文輝、藤本直訳『国際結婚とこどもたち：異文化と共存する家族』明石書店、339p.、1992；4. 芳賀純『二言語併用の心理：言語心理学的研究』朝倉書店、160p.、1979；5. 森木和美『国際結婚ガイドブック：国際家

族の時代に向けて』(わかりやすいイラスト版)明石書店，284p., 1994；6. 山本雅代『バイリンガル：その実像と問題点』大修館書店, 7. 山本雅代『バイリンガルはどのようにして言語を習得するのか』明石書店, 229p., 1996

箱庭療法 sand play technique

ミニチュア玩具を素材として用い，砂箱の中に描き出される情景表現から心の内的世界をとらえ，かつ表現することにより心理的な調和を図ることを目的とした心理療法の一種。

そこに表現されるものは，作者のもつ世界観につながるものであり，自身を取り巻く世界に対しての総合的な感覚と言える。その表現は，意識性の強い言語による理解では把握できない無意識の領域をも内包した情景であり，作者はその情景を作ることで，特に説明や解釈を必要とせず，自然に自分自身のこの世界内での位置を知り，現実と心の内的世界両者の統合と調和を図りうるのである。

箱庭療法が自己治癒的である理由もここにある。非言語的療法であるために，言語表現を不得手とする人にも，幼児にも適応し得る。また，人間が本来もっていると考えられる総体的な感覚と自己統合性の働きを利用したものなので，特に言語による説明，または解釈を必要としない。しかし，それゆえに他の療法に比して，どこか漠然としてつかみどころのない感じを免れない。

箱庭療法は，イギリスのローエンフェルト*が，子どものための治療技法として考案した「世界技法」(world technique)が原形となっている。次いでスイスの心理療法家カルフ(D. Kalff)が，この世界技法にユングの分析心理学の考えを導入し，Sandspielと称して，子どものみならず，成人にも適応できる表現療法として確立した。一方，世界技法の診断性に注目したC. B. ビューラー*はこれを投影法の一種として米国において標準化し，「世界テスト」(World Test, 1950)を作成した。

日本においては，カルフに教えを受けた河合隼雄が，1965年に「箱庭療法」という呼称で紹介して以来，今日に至るまで非常な普及をみた。こうした小世界の表現が日本人の心性に親しみやすいものであったからだと言われている。

カルフはセラピスト-クライエントの関係を重視し，クライエントの表現は，セラピストとの関係のもとに作られると考えた。さらに，すべての人の内にある自己治癒の力を信じ，そうした安定した治療的人間関係と，守られた空間の中でこそ，人間は自ら成長変化し，表現も象徴性の高さをもつとした。

箱庭療法の砂箱は，内のり57×72×7cmで，制作者の腰のあたりに置き，一目で全体が見渡せるくらいの大きさである。砂を掻き分けた時に海や川が表われる感じを出すために，底を水色に塗っておく。

この砂箱の深さの7分目ほどに砂を入れて使用する。いくらか粘着力のある粒子の細かいものが望ましいが，そうでない場合は，やや湿らせて，山や谷を作りやすいようにする。人によっては湿った砂の感触を嫌うこともあるため，ケースによって臨機応変に対処する。

自由に好きな情景を作ることができるように次のようなミニチュア玩具をできるだけたくさん用意しておく。

〈動物〉犬・猫・牛・馬・羊などの家畜，狐・さる・しま馬・キリン・ライオンなどの野生の動物，鳥類，昆虫，魚，蛇・亀などの爬虫類，恐竜，ドラゴンなど創造上の怪獣。

〈人間〉なるべく性的特徴のあるもの：楽しそうな子ども，悲しそうな少女，愉快な叔母さん，怖そうな叔父さんなど。職業を表わすもの：警官，泥棒，先生，兵隊，カウボーイなど。おとぎ話の登場人物：魔法使い，仙女，女神，人魚など。

〈植物〉大木，芝生，枯れ木，草花，花の咲く木，実のなる木など。

〈乗り物〉パトカー，消防自動車，救急車，船，飛行機，自転車など。

〈建物〉学校，教会，病院，大小の家，橋，古城，田舎家，神社，鳥居，トンネル，線路，踏切り，塀，柵など。

〈家具〉椅子，テーブル，ベッドなど。

〈宗教的なもの〉天使，マリア像，観音像，地蔵，十字架，墓など。

〈その他〉交通標識，大小さまざまな石，ビー

玉，色ガラス，タイル片など。

箱庭療法は箱庭づくりのみで治療が進んでいくわけではなく，ほとんどの場合に遊戯療法やカウンセリングの過程で，クライエントが作りたくなった時に表現するという形をとる。箱庭用具はプレイ・ルームや面接室に何気なく置いておく。

箱庭制作は治療の流れの中でクライエントの自由な意欲に応じて行なわれるものであり，強制されるべきではない。興味はあるが，ためらっているような場合は，箱庭について簡単に説明し，軽く誘ってみる。

次に箱の中に，心に浮かぶ情景を作ってもらう。未完のままで終わることもあるが，できるだけ何らかの形を作り上げてから終わりにするよう指導する。時間は人によって，またその時の気分によって違うが，1時間以内がよい。クライエントが制作している間，セラピストは，クライエントの制作に干渉せず，2人の関係の中で最も自然な位置で，受容的な態度で見守る。

制作後はあまり質問をしつこくせず，表現されていく過程を共に体験し，できた作品を共に味わい，鑑賞するような姿勢で関わることが治療的には望ましい。

箱庭の見方としては，次の5点に注目する。

(1) 系列的理解：箱庭表現は一度限りの場合もあるが，多くはクライエントが治療の中で繰り返し制作するものである。単独の作品のみを見て，内容を云々することは難しく，独断や当て物的興味にはしってはならない。セラピストがクライエントとの関係の中で，作られていく過程をシリーズとしてみていけば，テーマが明確になり，クライエントの問題や表現の意味を了解することができる。

(2) 統合性：作品を見たとき，その全体から受ける感じをセラピストは大切にし，そうした印象について敏感でなければならぬ。全体の印象がどの様な感じであるかは，制作者のパーソナリティ・イメージを反映する。治療のプロセスの中で全体の感じがいかにまとまり，より高い統合へ進んでいくかに注目していくのが好ましい。

(3) 配置空間：箱庭の世界の構成に関して，箱のスペースをどのように使ったかについての視点も解釈上重要である。

(4) テーマ：箱庭作品の中には多くの場合，テーマと言ってよい何らかの視点を見出すことができる。箱庭表現の流れの中に一連のテーマを見出し，その変化に注目していくことが重要である。

箱庭作品ではいくつかの典型的なテーマがあることが知られている。たとえば，自己像の成長や，戦いが繰り返し行なわれることによる制作者のエネルギーの統合が，死と再生などがある。どのようなテーマが，クライエントのその時点での問題の中心であるかに治療者は敏感になり，それを見守っていくことで，クライエントは自らの世界の展開を進めていくことができる。

(5) 使われたものの象徴的意味：箱庭作品の中に使われたさまざまな事物の分析的意味から，象徴的解釈をする場合もある。たとえば，蛇は変化を暗示するシンボルであるとか，海や貝を女性や母性のシンボルとみる，などである。
〔小池智子〕

⇒心理療法，投影法，分析心理学

文献 1. B-岡田, 1984；2. B-カルフ, 1972；3. B-河合, 1969；4. B-河合・中村, 1984；5. B-河合・山中, 1982；6. B-木村, 1985

箱庭療法のすすめかた　Sandplay-therapy

スイスのユング派の流れを汲む心理療法家のドーラ・M・カルフ（D. M. Kalff, 1904-1990）が創始した心理療法である箱庭療法は，ユング派の心理療法家である河合隼雄によって，1965年にスイスから日本に導入された。この治療法はわが国のみならず，今では日本が再起点になったかたちで世界に拡がり，米，英，独，伊，加，スイス，オーストリア，韓国，ブラジルなどに浸透しつつある。

棚に揃える玩具は，別項にあるようにいろいろあり，どんなものを用意してもよい。発泡スチロール，おが屑，セロハン紙の屑切りなども，子どもたちのファンタジーの能力にかかれば，たちまち，雲や霧や波などに変わる。

教示は簡単である。通常，子供たちはこの砂箱と棚の玩具らを見ただけで何をすべきか悟るものだが，一応，次のように言う。「ここにある砂箱と，玩具を使って，何か作ってみてください」。

子どもが箱庭製作にとりかかったら，セラピストはじっとこれを見守る。簡単にスケッチしたり作られていく順番などを記載するのはよい。声かけや問いは発しないほうがよい。しかし，子どもの方からたずねてきたり，話しかけてきたりするのにはごく自然に答えたほうがよい。製作が終わったら，おおむね次のことを聞いてみる。(1)「これは何を作ったのですか？」(2)「ここには無かったけど，もしあったら置きたいものはありましたか？」(3)「置いてみて，どんな感じでしたか？」

子どもが部屋を出たあと，治療者は次のことをしておくとよい。(1) スライド写真を撮っておく（この際，子どもが主に製作していた方向からと，最低もう一枚，90度別の方向から撮っておくとよい）。(2) 予備として，ポラロイド写真をとっておくと便利である。(3) 記録用紙に，製作順序や，子どもの述べたことを簡単に記載しておく。これが終わったら，箱庭の中のものを片付ける。

原則として，解釈（子どもに作品の意味を伝えること）はしないほうがよい。治療者がクライエントの製作中にすべきことは，じっくりと付き従い，作られていく過程を共にし，じっくりとそれを味わうことに尽きる（これを理解しようと努めることは大切である）。

作られた作品をシリーズとしてみていくと，1回では見えなかったことがわかってくることが往々にしてある。できれば，スーパーヴァイザーに箱庭作品のシリーズを見てもらうとよい（その前に治療者自身が，そのスーパーヴァイザーの前で，2，3回自分で作ってみることを勧めたい。自分が作ってみると，ただ客観的にみているだけに比して，格段に，理解が進むからである）。〔山中康裕〕

⇨箱庭療法，分析心理学，遊戯療法

文献 1. B-河合・山中編, 1982-1987；2. B-河合編, 1969；3. 河合隼雄「箱庭療法 (Sand-PlayTechnique)——技法と治療的意義について」『京都市カウンセリングセンター研究紀要』2, pp. 1-9, 1966；4. Kalff, D. M.: Sandspiel, seine therapeutische Wirkung auf die Psyche, Rascher Verlag, Zürich und Stuttgart, 1966; Ernst Reinhaldt Verlag, 1996（『カルフ箱庭療法』新版, 山中康裕監訳, 誠信書房, 1999）

パストラル・カウンセリング
⇨牧会カウンセリング

パーソナリティ　personality

人間の行動には，状況が異なっても，その人らしい**一貫性**と**安定性**がある。そのような，**その人を統合された全体として特徴づけている基本的な行動傾向**がパーソナリティである。

性格とパーソナリティは，ほぼ，同じ意味で使われることも多いが，性格は character の訳語で，「刻み込まれたもの」「彫り付けられたもの」という意味であり，比較的変わりにくい個人的特徴を強調している。パーソナリティ（人格）は，ラテン語のペルソナ (persona) に由来し，社会的役割，外見的な自分という意味であり，環境との関係によって形成され変容されるものとして使われることが多い。

また，character はヨーロッパで中心に使われているが，personality は1920年にアメリカで初めて人格心理学の講義をしたオルポート[*]が使用したこともあり，米国で多い。日本では人格と訳されたが，人格には「高潔な人格」というように，道徳的な意味を含む場合があって誤解されやすいので，現在では「パーソナリティ」とカタカナで表されることが多くなった。

パーソナリティの説明にはいろいろな方法があるが，ここでは，(1) 類型論と特性論，(2) パーソナリティ理解の三つのアプローチ，について述べる。

【パーソナリティの記述：類型論と特性論】　類型論は歴史的には，ドイツやフランスの性格学に基礎を置くものが多く，人間を統一的，全体的とらえ，典型的な性格像によって把握しようとする。類型論の代表は，ドイツの精神医学者のクレッチマー[*]である。彼は，精神病の患者の統計をもとに，統合失調症，躁うつ病，てんかんを基本に体型と性格との関係づけを行なっ

た。この関係は,健常者における体型と性格(気質)の関係にも適用されると考え,細長型－分裂気質,肥満型－躁うつ気質,闘士型－粘着気質と分類した。

　特性論は,主としてイギリス,アメリカで発展をとげた。特性論は,性格を比較的多数の基本的単位に分け,統計的手法を用いて,各特性の組み合わせによって人格を記述しようとする。性格特性ということばを初めて使用したのは,アメリカの心理学者オルポートである。彼は,ウェブスターの辞典から,人間の態度や行動の特徴に関することば,「明るさ」「気の弱さ」などを取り出し,それらをまとめて分類した。また,成熟した健康なパーソナリティを「自分の環境を能動的に支配し,世界と自分自身とを正しく知覚することができる」ものとして定義し,当時の科学的方法から無視されていた個人に焦点をあて,未来に向かって成長発展しつつある個人の独自性を強調した。

　カウンセリング場面での個人の理解という点からすると,類型論も特性論も複雑で多様な人間理解の一つの着眼点を提供するという意味では有意義であるが,いずれにしても,パーソナリティの記述は近似的な姿でしかなく,その限界を意識することが大切である。

【パーソナリティ理解の三つのアプローチ】
(a) 精神分析的アプローチ：精神分析学の創始者であるフロイト*は,人間の心を一つの装置(心的装置)として考え,パーソナリティの構造として,エス・自我・超自我の三つの領域を考えた。エスは本能的衝動であり,即時的満足を求め,快楽原則に従う。自我は,エスの衝動と,超自我の要求と外界の現実を認識し,三者の調整役になり,現実原則に従う。超自我は両親のしつけを通して,禁止的な良心の働きをする。このアプローチは,本能的衝動と幼児期の体験によってパーソナリティが形成され,その過程で抑圧されたものが意識化されることによってパーソナリティの成長が可能であるとする。

(b) 行動主義的アプローチ：心理学者ワトソン*は,人間のすべての行動はS(刺激)－R(反応)に還元され,パーソナリティは,学習さ れたいろいろな習慣の複合体であると考えた。人間の自主的と思われる行動も,何らかの刺激(外的環境条件)の反応であるとし,人間の内的原因を一切研究対象としなかった。環境の変化こそが,個人の行動を変容させ,その結果としてパーソナリティの変化が可能であるとする。

(c) 現象学的アプローチ：このアプローチを代表するのは来談者(クライエント)中心療法の創始者であるロジャース*である。精神分析的アプローチや,行動主義的アプローチにみられる過去や環境による決定論的見解と異なり,人間の現在の意識的経験を重要視する。ロジャースのパーソナリティ理論は自己理論と呼ばれ,人間は見,聞き,感じている主観的な世界に存在し,自分が主観的に知覚したままの現象の場に反応している。パーソナリティの構造は,「経験」としての感覚の場と,「自己概念」としての自分自身の性質と行動について日常考えていることとで構成される。「経験」と「自己概念」の不一致が脅威,不安を感じさせ,自己概念の維持を目的とした,意識することへの否認,意識における歪曲という防衛が生じる。「自己概念」と個人の「経験」の場が一致することがパーソナリティ発達の目標であるとした。

〔佐藤洋子〕

⇒エス,自我,健全なパーソナリティ,行動主義,自己,人格的成長,性格,性格心理学,精神分析,超自我,防衛,抑圧

文献 1. E・星野他, 1982；2. 佐々木正宏・鈴木乙史『人格心理学』日本放送出版協会, 209p., 1996；A－佐治, 1992；3. 佐治守夫他『パーソナリティ』(岩波講座精神の科学 2)岩波書店, 307p., 1983；4. E・詫摩・瀧本・鈴木・松井, 1990；5. ロジャース, C., 伊東博編訳『パーソナリティ理論』岩崎学術出版社, 302p., 1979

発達　development

　発達とは,人の個体としての発生(受胎)から出生を経て死に至るまでの時間的経過の中で,**生理的,身体的,精神的変容過程で偶発的なものや一時的な状態の変化と考えられるものでなく,方向性をもって進行し,ある程度持続的,構造的な変化と見なしうるもののすべてを指す。**

「(1) 発育して完全な形態に近づくこと。(2)

進歩してよりすぐれた形態に近づくこと。」(広辞苑)と一般的には解されるが、心理学の専門用語としての発達は必ずしもこの意味ではない。研究者によってさまざまな定義づけがなされている。

一昔前までは、個体の発生から青年期までの上昇的変化(成熟した大人になること)のみを発達と理解していたようであるが、近年は受精の瞬間から死ぬまでの人間の生涯全般(ライフ・サイクル)を「発達」としてとらえようとするのが一般的傾向である。乳児が単に身体的に大きくなっていくことばかりでなく、たとえば乳歯が抜け落ちていくことや、大人になって子どもの時にくらべ記憶力が衰えていくこともすべて「発達」というわけである。

発達の研究はそもそも発達自体が生物学的な過程に深く根ざしていることから、生物進化学や生物発生学などと密接に結びついて発展してきた。歴史的には、生物進化論の祖であるダーウィン(Charles Robert Darwin, 1809〜1882)に代表されるように、生物学の発展の恩恵の中で発達理論は発展した。

その理論の中心は大きく分けて遺伝(素質)によるか、環境によるか、もしくは双方と育っていく人との相互作用による、と考えるものとに分けられる。遺伝か環境かは、成熟か学習かという観点から論争されることもある。発達の内因性(遺伝・素質)を重視する立場をとった代表的な心理学者はホール(Granville Stanley Hall, 1846〜1924)やゲゼル*である。ゲゼルによれば「発達は基本的には人の生物学的本性にしたがって一定の法則のもとに生じる成長」である。環境条件の役割を重視する立場では行動主義の祖であるワトソン*が有名である。彼によれば、「環境刺激とそれへの反射あるいは反応を基盤とする学習経験の集積が発達」である。しかし、近年ではこの二者択一的な立場や理論ではなく、遺伝と環境の双方と育っていく人が生活している文化や社会の枠組みとが一緒になって発達を規定しているとする見方がなされるようになっている。ピアジェ*は環境を自分の活動に適するように変える(同化)とともに、活動を環境に合わせていく(調節)という能動

的相互作用の立場に立っていたし、エリクソン*は、ライフ・サイクルという考えを取り入れて、個人の発達を社会や文化との関連の中で論じている。

発達心理学(developmental psychology)とは、受胎から死に至る人間の生涯にわたって生じる生理的、身体的、精神的、および社会的な機能のすべての変化を研究し、理論的に解き明かそうとする心理学の一分野である。歴史的にみて「発達」についての理論的研究は大きく三つにまとめられる。一つは成熟理論と呼ばれるゲゼルに代表される理論である。すなわち、発達の大部分は身体内部に生得的に備わっている図式(scheme)ないしプラン(plan)に起因すると考える。二つ目は精神分析理論で、その祖フロイト*は後の心理学全般に多大な影響を与えた。彼は「初期経験がその後の人間の生活を貫いて維持されるパターンを形成するために重要な役割を果たす」とし、大人の心理から逆に子どもの発達心理を理解しようと試みた。三つ目は社会的学習理論(環境重視論)である。これはワトソンが有名であるがその後ソーンダイク*、バンデューラ*らにも受け継がれた。子どもは、生得的なものよりも、社会的な文脈の中で、経験によって学習することで発達していくとした。また、発達研究に発達段階説を唱えて発達を理論的に体系づけることもしばしば行なわれた。なかでもピアジェやエリクソンの発達段階が有名である。

これらの理論は時代によって示された観点とみるべきであって、現在では人間の生涯全般にわたる発達研究に目が注がれている。

〔柴山英士〕

⇒精神分析、発達段階、ライフ・サイクル

文献 1. アイゼンク H. J, ウィルソン G. D, 塩見邦雄他訳『心理学概論』創元社、396p., 1984; 2. 市川典義・氏原寛・成田善弘編『人のこころ人のからだ』ミネルヴァ書房, 242p., 1996; 3. 大山正・託摩武俊・中島力『心理学』有斐閣, 291p., 1985; 4. E−小島・根本編, 1989; 5. 託摩武俊・飯島婦佐子編『発達心理学の展開』新曜社, 410p., 1982; 6. 麦島文夫・安香宏・森ής夫『心理学要論』有斐閣, 242p., 1985; 7. 無藤隆・高橋惠子・田島信元編集『発達心理学入門 I』東京大学出版会, 267p., 1990; 8. リーバート, R. M. 他, 村田孝次訳『発達心理学 上』新曜社, 289p., 1978

発達課題 developmental tasks

人の発達を,いくつかの段階(発達段階)に分け,その段階それぞれにおいて達成(獲得)すべき課題。

発達課題という術語は,ハヴィガースト(R. J. Havighurst)が作ったもので,その後,多くの発達課題が作られている。その多くは,各発達段階における人の発達の可能性と,社会的に要求されることとの関係によって設定されたものである。この発達課題は,その段階の発達の可能性すべてを示すものではなく,その中の基本的なこと,その発達が社会的に要求されることによって決定されるものである。特に子どもに対しては,子どもの発達に対する社会的要求であり,教育の具体的目標とみなすこともできる。

このような課題を習得することによって,その個人が生活している社会における正常ないしは健全な発達を遂げることが可能となる。そして,特定の発達段階における課題の成就は,個人的,社会的適応を保証するものであると同時に,次の段階での発達課題の達成の基礎ともなる。ハヴィガースト(1953)は,「各段階の課題を達成すれば個人は幸福になり,その後の課題にも成功するが,失敗すれば個人は不幸になり,社会で認められず,その後の課題の達成も困難になる」と述べている。

ハヴィガースト(1953)は,発達段階を幼児期,児童期,青年期,壮年初期,中年期,老年期の六つの発達段階に分け,それぞれの発達段階について,6〜10個の具体的な課題を設定している。たとえば幼児期については,次の9個の課題を設定している。(1)歩行の学習,(2)固形の食物をとることの学習,(3)話すことの学習,(4)排泄の仕方を学ぶこと,(5)性の相違を知り,性に対する慎みを学ぶこと,(6)生理的安定を得ること,(7)社会や事物についての単純な概念を形成すること,(8)両親や兄弟姉妹や他人と情緒的に結びつくこと,(9)善悪を区別することの学習と良心を発達させること。

このハヴィガーストの発達課題については,通俗的,外面的であるという批判もされてはいるが,最も知られている具体的な発達課題である。

三宅和夫(1968)は,人間の発達を臨界期の連続とみることによって,児童期までを,乳児期,幼児前期,幼児後期,学童期の四つに分け,それぞれのの臨界的問題としての発達課題をそれぞれ3〜6項目,設定している。たとえば,幼児期後期については,次の6項目をあげている。(a)両親との同一視が始まること,(b)さまざまな行動基準の獲得と行動基準からの逸脱に対する不安の出現,(c)不安に対するさまざまな防衛の出現,(d)攻撃行動・依存行動・達成行動の発達,(e)認知的な発達,特に象徴的活動の出現,(f)仲間との密接な交渉関係。

この臨界期については,刷り込み行動を生じなくなる時期ということで,人間における臨界期については確認されておらず,その意味からの否定的な見解もある。

この他にも,いろいろな発達課題が設定されており,各種の発達検査における検査項目もまた,その発達段階における課題を示しており,発達課題とすることができる。

また,エリクソン*のライフ・サイクル論を発達課題に含める考え方もある。たとえば,ライフ・サイクル論では,幼児期後期(遊戯期)にあたる時期について,自発性と罪悪感という心理‐社会的危機から見たペア概念を示している。そして,その二つの統合の結果,得られるものとして,目的感をあげている。したがって,発達課題としては,目的感となるのであろうが,ライフ・サイクル論においては,課題の達成と考えるのではなく,この場合は,自発性と罪悪感という,両面の統合を重視するものであり,その意味から,発達課題とは考えにくい。

以上のように,さまざまの発達課題が作られているが,加藤隆勝(1973)は,次の三つから発達課題が生じるとしている。(ⅰ)身体的成熟(例:歩行),(ⅱ)社会的文化的圧力(例:読み書きの学習,適切な性役割),(ⅲ)個人的価値や野心(例:職業の選択)。

このようにさまざまの発達課題が存在するが,これは,発達段階をどのように分け,その段階ごとにどこに重点を置くか,人の発達や社会的要請,そして,個人の価値観をどのように

とらえるかによって違ってくるからである。
　その意味からは，多くの発達課題があるが，その多くに共通するものも多く，人の発達をとらえる視点，また教育などの具体的な目標となるものである。さらに，カウンセリングにおいても，来談者に対する理解を助けるとともに，その目標を考えるうえでも有効である。
　しかし，現代の子どもの発達をみると，身体面や知的な面の発達速度は早まっており，いわゆる発達加速現象（developmental acceleration)が顕著になっている。また，外での遊びが減り，テレビゲームなどによって，遊びの集団が小さくなっている現在において，児童期の発達課題の一つである遊び仲間への帰属について問題が生じているといわれている。さらに，子どもの成長の節目もあいまいになっており，発達課題も大きく変化しつつある。〔松島純生〕
⇨刷り込み〔行動〕，成熟，発達，発達障害，ライフ・サイクル

文献　1．柏木恵子『こどもの発達・学習・社会化』有斐閣，316p., 1978；2．F-杉田・島・鳥山，1989；3．関峋一編『幼児・児童期の心理』福村出版，188p., 1979；4．E-鑪，1990a；5．ハヴィガースト，R. J., 庄司雅子他訳『人間の発達課題と教育：幼年期から老年期まで』牧書店，328p., 1958

発達障害　developmental disorders
　生後の年月とともにおきる心身の諸機能の分化と統合，構造の変化を発達という。発達障害とは何らかの原因によって一つの発達段階から次の段階に移行することが困難な状況をいう。
　この用語が初めて使用されたのはアメリカの発達障害サービス法（1970年）であり，これは臨床的用語ではなく，ケア，教育，経済的・法律的な援助を行なう際の行政や福祉のための概念規定である。1975年に自閉の障害や一部の学習障害がつけ加えられた。1978年には，(1) 重度の慢性的な障害，(2) 精神的あるいは身体的障害に起因する，(3) 22歳以前に発症，(4) 恒久的に持続することが予測される，(5) 生活の主要な7領域の活動（身辺処理，学習，移動，自己決定力，経済的自立，言語，自立能力）のうち3領域で重大な機能的限界をもたらす，(6) 生涯を通じ個別的に計画されたサービスを必要とする，の6点が定義に含まれた。
　「精神遅滞，広汎性発達障害，特異的発達障害を包括する。」この概念が明確化されたのはアメリカ精神医学会による精神障害分類（DSM-Ⅲ, 1980)による。同精神医学会のDSM-Ⅲ(改訂版, 1987) では下位分類が具体的にされた。DSM-Ⅳ(1994)でもその考え方が受けつがれている。
　その特徴として，認知・言語・運動・社会的技能における著しい障害が基本的特徴であり，「精神遅滞」は全般的な遅れ，「特異的発達障害」は特定の技能領域の獲得の遅れまたは失敗，「広汎性発達障害（自閉的障害を含む）」は多様な領域における発達の質的な歪みであるとしている。
　世界保健機関（WHO）による疾病分類ICD-10では，発達障害に共通する項目として，(a) 発症時期が幼児期か小児期であり，(b) 中枢神経系の生物学的成熟に密接に関連した機能発達の障害が遅滞であり，(c) 寛解と再発を伴わない安定した過程を示すことがあげられている。
　発達障害の概念は，1955年頃に反社会的な問題行動（非行，盗癖，家庭内暴力，校内暴力）や非社会的な問題行動（不登校，かん黙）を示す子どもが増加し，その原因の一つは自己の感情のコントロールができないことであると思われた。行政としては，これらの状態群に「情緒障害」という症状名をあて，政策・処遇方針を立てて児童福祉法の一部を改正した。
　心理的な治療を必要とする子どもには情緒障害児短期治療施設を設けて対応した。
　情緒障害児短期治療施設内に情緒障害児学級が設けられていたが，1969年から文部行政の方針で，短期で改善された子どもは普通学校内で教育するようになり，普通学校内に情緒障害学級が設けられた。
　その後，現実に学校教育体制にまったく適応のできない自閉的障害児が多く通学していた。
　自閉的障害児は心因性の障害や神経症でもないから情緒障害児を発達障害から除く主張も出たが，自閉的障害児や知的障害児は，環境から多くの圧力を受けやすく，人間関係の発達に好ましい状態においておけない。そこで広義に発

達をとらえて心理状態と行動障害を改善する特別な環境が望ましいという考えが出てきた。それで，自閉的障害児も情緒障害学級で治療的に教育する対象にされた。

治療や教育に関わる者は，子どもが考えている理屈にしたがって状況をみる姿勢が大切である。共感的土壌に立って問題症状にさいなまれている子どもを積極的に守っていくことが必要とされる。

問題行動を治すよりも，子どもの内面（自我）を整理し，現実に向けることが優先されることもある。問題行動をひたすら排除しようとする社会的枠組から解放された後に，子どもに関わることが大切である。子どもの自己主張の場が問題行動以外に見出され，その機会が存分に与えられると，不適応状態が軽減されると考えられている。

問題行動の治療には，行動療法，遊戯療法，カウンセリング，家族療法，薬物療法などさまざまな対処法がある。基本的には，子どもを受容し，信頼関係を形成し，発展させ，基本的な人間関係と構築し直すプロセスが療育にとって重要である。 〔安原照雄〕

⇒カウンセリング，家族療法，行動療法，自閉的障害，情緒障害，情緒障害学級，知的障害，盗癖，反社会的行動，非社会的行動，遊戯療法

文献 1. G-岡本・清水・村井監修，1995；2. G-仲村他編，1988；3. 山崎晃資編著『子どもの発達とその障害：世界の子どもは，今』日本放送出版協会，171p., 1997

発達段階 developmental stages

人間の発生（受精）から死亡までの過程の中で，徐々にもしくは突然に変化がおこってくる。ある時期の機能の変化の特徴を前後の時期との質的変化ととらえ，それぞれの時期の特徴と独自の構造を見出し，それを一つの時期として他の時期と区別して，発達の道筋や移行の過程を説明しようとする時，発達段階が設定される。発達心理学では，胎生期，新生児期，乳児期，幼児期，児童期，青年期，成人期，壮年期，老年期という区分が用いられる。

しかし，発達区分の仕方は心身の発達のどこに焦点をあてるかによって次のように異なっている。

第一の発達の区分は，社会的慣習にもとづく区分である。人生を年齢で区切ってそれを発達の節目とする考え方であり，子どもの社会的扱いを年齢で変化させる慣習が古くから行なわれていた。また，慣習的な発達段階はしつけや教育と結びついていた。歴史的にも，子ども組や元服などの年齢によって規定された制度がみられ，現在は小学生時代から大学時代という学校制度による区分や少年法の適用などの法的区分などが，年齢によって定められている。

第二の考え方は，フロイト*による精神性欲理論やエリクソン*の心理社会的理論の中にみられる。人間の行動は精神生物学的要因（内的要因）と環境（外的要因）との相互作用によって動機づけられて変化がおこるという理論を精神力動理論という。フロイトは，リビドーにもとづく発達段階として，(1) 口愛期，(2) 肛門愛期，(3) 男根期，(4) 潜伏期，(5) 性器期，の5段階を設定し，乳幼児の体験に特別な意義をおく発達段階説を考えた。彼の影響を受けたエリクソンは，性的側面のみではなく，文化・社会的要因を重視し，自我の発達は各時期に現れる，個人と社会との相互の緊張関係の中での関わりにより達成されるとし，各発達段階とその危機を，(a) 乳児期における信頼対不信，(b) 幼児期における自律対羞恥・疑惑，(c) 遊戯期における自発性対罪悪感，(d) 学童期における勤勉対劣等感，(e) 青年期における同一性対同一性の混乱，(f) 前成人期における親密対孤独，(g) 成人期における生殖性対停滞性，(h) 老年期における自我の統合対絶望，と8段階に分類した。彼は，対立する危機と葛藤の解決の仕方を強調し，ライフ・サイクルという人生全体を視野に入れた発達段階を考えた。

第三の考え方は，ピアジェ*に代表される構造主義的発達理論である。彼は個人と環境との均衡を維持するための適応行動の機能を強調し，認識の発達に関して，その出現順序が一定であり，発達段階を特徴づける全体構造をもつものと考えた。認識は均衡状態を保つために同化，修正，調節をしつつ，前の段階から次の段

階へと統合的に移行していくものであるとした。この基準をもとに，（ⅰ）感覚運動期（0～1歳6カ月，感覚入力に対して運動で反応することで外界の事物を認識して，新しい場面に適応する時期），（ⅱ）前操作期（1歳6カ月～6,7歳，言語とイメージを媒介に認識が表象によってなされる段階で，まだ全体構造や系統的操作はできない），（ⅲ）具体的操作期（6, 7歳～11, 12歳，体系的に思考でき，論理的判断や数や量，時間・空間など科学的基礎概念が獲得されるが，具体的・実際的問題への適用しか可能ではない），（ⅳ）形式的操作期（11, 12歳以後，現実も一つの可能性の現れと考え，演繹的思考ができる），の4段階に発達の段階を区分した。道徳性の発達を考えたコールバーグ（Lawrence Kohlberg, 1927～87）は，ピアジェと同様に共通の発達の順序性の存在を考え，道徳性の発達を文化的に普遍的なものであるとみなし，①罰と服従への志向，②道具主義的な相対主義的志向，③対人的同調，④法と秩序志向，⑤社会契約的な法律志向，⑥普遍的な倫理的原理の志向の六つの段階に区分して考えた。

このように発達段階を提示することは，各時期の発達課題を明確にし，教育的目標を提示することを可能にするが，発達段階を設定することは，いくつかの問題性をはらんでいる。第一に，発達段階をはたして設定できるかという問題である。普遍性と，どの領域でも同じ段階を追って発達するという発達段階説の仮定は設定しにくい。ピアジェをはじめとする多くの発達理論は認知機能を中心としていて，発達全体をとらえてはいない。第二に，発達段階を設定することで，かえって理論に現実を当てはめたり，本来の子どもの成長を歪めたりすることになるのではないかという恐れ，とりわけ認知技能が学習と結びついてしまい，本来の生活から遊離して論じられることになってしまう可能性などが問題点としてあげられている。〔水口　洋〕
⇒発達，ライフ・サイクル

<small>文献　1. C-エリクソン, 1973 ; 2. 滝沢武久・園原太郎他編著『発達と教育の基礎理論』（岩波講座・子どもの発達と教育 3）岩波書店, 330p., 1979 ; 3. 永野重史編『道徳性の発達と教育：コールバーグ理論の展開』新曜社, 288p., 1985 ; 4. ピアジェ, J.・イネルデ, B. 著, 波多野完治他訳『新しい児童心理学』（文庫クセジュ）白水社, 161p., 1969 ; 5. H-『フロイド選集』4, 1954 ; 6. 無藤隆・高橋恵子・田島信元編『発達心理学入門』東京大学出版会, I 267p., II 233p., 1990, 1990</small>

パトグラフィ，病跡学　pathography

精神医学・心理学の視点から，天才など精神的に卓越した人物の創造の心理を研究する学問。

19世紀の末，イタリアの医師ロンブローゾ（Cesare Lombroso, 1835～1902）は『天才論』を書いて，天才と呼ばれる人々が多彩な精神障害の徴候（変質徴候）を示していたとして，「天才と狂気」問題を提起し，当時の知識人に大きなインパクトを与えた。

その後，ドイツの医師メビウス（P. J. Möbius）は，精神病理学の立場からの天才研究に「パトグラフィ」（病誌という意味。病跡学と訳されている）ということばを与えた。

『体格と性格』で有名なドイツの医師クレッチマー*は，1927年に『天才の心理学』を書いて，天才も，気質・体型・病気などの生物学的な要因に規定されてその才能の開花の方向が決定されていること，特にゲーテのような躁うつ病圏の天才は，「凡人が生涯に一度しか体験しない青年期を病相期に何度も繰り返して体験することによって豊富な創造性を獲得する」こと，などを指摘した。

同年，ランゲ＝アイヒバウム（Wilhelm Lange-Eichbaum, 1875～1950）は『天才，狂気，名声』を書いた。狂気のデモニッシュなるものが人を引きつけるが，「天才は名声を獲得することによって初めて天才となる」と主張した。

このような概論的な研究の後，ヨーロッパでは個々の天才を詳細，精密に研究する個別病跡学がさかんになり，多くの天才が研究の対象とされた。1954年に増補されたランゲ＝アイヒバウムの本には，この個別研究の膨大なリストが添付されている。このうち，ヤスパース*，ブロンデル（Charles Blondel, 1876～1939），ドレー（Jean Delay, 1907～87），ランゲ＝アイヒバウムらの労作は日本語にも翻訳され，60年代にみ

すず書房から出版された。

一方,精神分析学の祖フロイト*は,深層心理学,力動心理学の立場から天才の創造過程や心理を分析した。その結果,臨床家が何年もの辛苦の後で到達した人間心理についての洞察を,天才たちがやすやすと直観によって記述していることを発見して敬意を表し,臨床家が「天才から学ぶ」ことの必要を説いた。彼は,天才や芸術を研究することで多くの啓示を得たと述べている。ダ・ヴィンチ,ミケランジェロ,ドストエフスキー,シェイクスピアについての彼の論文は,現在でも精神分析や心理療法を学ぶうえで必読の論文である。

実際,われわれが精神分析学や心理療法学を学ぶ場合,病跡学的研究はきわめて有用な方法の一つとなりうる。上智大学心理学科では,精神医学ゼミの最初に学生はパトグラフィを学び,ケース研究の具体的方法を体得し,深層心理学や診断学の初歩を体験する。

フロイトの弟子たちも,それぞれ興味ある考察を進めた。たとえばクリス(Ernst Kris, 1900～57)は,創造やユーモアの研究から,「自我による自我のための退行」という過程を発見し,これは後にシェーファーによって「創造的退行」と呼ばれた。この概念は精神分析療法における治療的退行を考察するうえで大いに貢献した。キュービー(L. Kubie)は,創造や治癒過程における前意識の重要性を指摘した。エリクソン*は,個人の生活史と国家の歴史における心理社会的課題のまさに交錯点において偉大な業績が成しとげられることを,ルター,ガンジー,ジェファーソン,フロイトなどを例として示した。彼の方法は精神歴史学(サイコヒストリー)と呼ばれる。人間をかけがえのない一個の歴史的存在と考えて尊重した師フロイトの精神を発展させたものである。

日本においても,夏目漱石,芥川龍之介,太宰治,宮沢賢治,高村光太郎,古賀春江らが早くから精神医学者の研究対象として取り上げられ,それぞれ70年代に金剛出版から「パトグラフィ双書」として刊行された。最近,研究対象は従来の文学者,画家などにとどまらず,音楽家,政治家,宗教家,科学者,写真家,漫画家,ポップアーティスト,タレントなど,広範囲の有名人に拡大してきた。また,「日本病跡学会」には,精神科医だけでなく,心理学者,作家,文学者,音楽家など,多くの領域の人々が参加し,パトグラフィは今や学際学となった。

天才と呼ばれる人々を精神医学的・心理学的に研究するのは,研究対象となる人々にただ診断名をつけたり,心理学的な術語によって創造の心理機制を解明したりすることだけが目的ではない。フロイトや土居健郎もいうように,天才の精神と創造の軌跡を辿ることによって,天才から多くの事柄を学ぶためである。独創的な業績をあげた人々は,われわれが体験する以上の体験領域に恵まれ,われわれが見聞する以上の真実を洞察しているものである。われわれは,天才を,意識も無意識も,正気も狂気も含めて,その全人間像を学ぶことによって,自身の人間性を豊かにし,世界の秘密を洞察することが可能となるのである。それは,臨床経験とはまた違った側面から,カウンセラーとしての適性や能力を向上させるものとなるに違いない。

〔福島 章〕

⇒自我,深層心理学,精神分析,退行,洞察,無意識

文献 1. エリクソン, E.H., 『青年ルター:精神分析的・歴史的研究』教文館, 515p., 教文館;2. C-エリクソン, 1973, 1974;3. クレッチュマー, E., 内村祐之訳『天才の心理学』(岩波文庫)岩波書店, 376p., 1982;4. C-福島, 1978;5. C-福島, 1984;6. C-福島, 1990;7. 福島章『創造の病:天才たちの肖像』新曜社, 248p., 1997;8. E-福島, 1984a;9. 福島章・中谷陽二編『パトグラフィーへの招待』金剛出版, 215p., 2000;10. H-『フロイド選集』7, 1953;11. 宮城音弥『天才』(岩波新書)岩波書店, 203p., 1967;12. 宮本忠雄『病跡研究集成』金剛出版, 363p., 1997;13. ランゲ=アイヒバウム, W., 島崎敏樹・高橋義夫訳『天才:その矛盾と宿命』みすず書房, 198p., 1953;14. ロンブロオゾオ, C., 辻潤訳『天才論』(改造文庫)改造社, 515p., 1930

パニック障害,恐慌障害 panic disorder

特に原因もないのに極度の不安発作が繰り返しおきることをいう。

何の理由も前ぶれもなしに動悸がして,胸が痛み,呼吸も苦しくなり,「心臓病がおきたので

死ぬのではないか」と誤解して，強い不安に襲われる。病院に駆け込んで検査をしても身体に異状がない。こんな発作がたび重なると「またおきるのではないか」と不安になって，外出もできない。「気が狂うかも」と心配する。これがパニック障害である。これまでは心臓神経症，自律神経失調症，不安神経症などと呼ばれていた。

症状は(1) 動悸，脈拍数の増加，(2) 発汗，(3) 身体や手足のふるえ，(4) 息苦しさ，(5) 窒息感，(6) 胸の痛み，(7) 吐き気，腹部不快感，(8) めまい，ふらつき，(9) 現実ではないという感じ，自分が自分ではない感じ(離人症)，(10) 気が狂ってしまうのではないかという恐怖，(11) 死ぬのではないかという恐怖，(12) 手足のしびれなどの異常感覚，(13) 冷感または熱感，(14) 強い不安，(15) 差し迫った破滅感，である。毎週1回とか，それ以上の頻度でおきることが多い。約半数の人がうつ病を併発している。いつ，どこでおきるか予測もできないままに，突然のパニック発作がおきて，しばしばそれを繰り返す。発作が再発したときに助けを求められない状況を恐れるようになる人もある。公衆電話ボックス，列車乗車，橋の上にいる時や，1人で留守番している時などにおきやすい。それで，乗り物に乗ることができなくなったり，外出恐怖に陥ったりする。米国では生涯でみると人口の3.5％の人におき，思春期後半と30歳代半ばに多い。他の不安症状をもった患者の80％にパニック障害が見られる。日本では30歳代後半に多い。電車の中，高速道路，トンネルの中で最初の発作をおこしやすい。

二卵性双生児よりも一卵性双生児の方が発病一致率が格段に高いので遺伝性があると考えられ，親や兄弟にこの症状を示す人がいることが多い。炭酸ガス，カフェイン，乳酸ソーダなどでも発作が誘発されやすい。これらは脳内で神経伝達物質のノルアドレナリンを増やすので，この物質が過剰に分泌されると発作がおきるのではないかといわれている。ノルアドレナリン過剰分泌の肉体的素因をもつ人に心理的なストレスが加わると発作になる。ベーター・アドレナリンが働く神経系の活動を抑える薬が不安を和らげるのに有効なのは，この系の過剰興奮が症状を引きおこしている証拠である。しかし，乳酸ソーダが引きおこすパニック症状を抗うつ薬イミプラミンで予防できるのに，ベーター・アドレナリン作動神経系遮断薬を与えても予防できない，などをみると，発生の仕組みは単純ではない。自律神経系の混乱をおこすことがわかっている過呼吸もパニック症状を引きおこす。

症状を抑えるには抗うつ薬イミプラミンが効く。軽症ならば，ベンゾディアゼピンなどの抗不安薬，特にフルオキセチンなどのSSRI(選択的セロトニン再取り込み阻害薬）が有効のこともある。

過呼吸が高濃度の炭酸ガスを含んでいることを考え併せると，炭酸ガス過敏性がパニック症状をおこすのではないかともいわれている。したがって，ゆっくり呼吸をするとパニック症状が収まる。系統的脱感作法が有効なこともある。これは，たとえば，電車に乗れない人なら，はじめは電車に近づくところから始めて，1駅乗ってみる，次は2駅に延ばす，というふうに次第に刺激に慣らしていく方法である。

〔小林　司〕

⇒系統的脱感作法，自律神経失調症，不安

文献 1. G-Kaplan and Sadock, 1991；2. E-Talbott et al., 1988；3. G-Task Force, 1994

パブロフ　Ivan Petorovich Pavlov (1849～1936)

ロシアの生理学者で，19世紀末から神経調節および消化腺の活動を研究していたのを基礎とし，20世紀はじめから条件反射の研究を続けた。**生得的反射を基礎とした条件反射が，中枢神経系の機能に依存することに注目し，大脳生理解明のための条件反射学を提唱した。**

パブロフは，1849年，モスクワの南東の田舎町リャザンに牧師の長男として生まれた。神学校に進学したが，19世紀中頃のロシアの啓蒙思想家と民主主義者が普及させた，自然科学における進歩的思想の影響をうけ，自然科学を志した。セーチェノフ(I. M. Siechenoff)の『脳の反射』(1863)に感銘したのもこの頃である。1870年にペテルブルク大学物理数学部へ入学し，ツ

ィオンのもとで生理学を専攻した。以後彼の独創的才能は多方面にわたったが，その著名な研究は生理学の三分野，すなわち血液循環，主要消化腺，大脳半球に関するものであった。以下，彼の研究をその三段階に分けて記すことにする。

【第一期 循環系の神経支配の研究】 学生助手としてすい臓の神経支配を研究する中で，手術技術の必要性を痛感した。軍医学校に転校し，1875年に選ばれてツィオンの助手となった。しかし，ツィオンが，突然パリに招かれることになった時，彼は後任者のもとで働くことを拒絶したため，パブロフは経済的に苦しむことになった。1877年奨学金でドイツに留学し，血管の神経支配を研究。翌年帰国後，内科のS. P. ボトキン教授の臨床研究室で循環系の神経調節を研究した。その間1879年に大学卒業し，ボトキンのもとで研究を続けた。1880年同大学の教育学科の学生，セラフィーマ・ワシリエブナに会い，結婚したが，無一文だったので，ハネムーンに必要な費用を義妹から借りなければならなかった。妻は，彼が好きな研究にうちこめるようにと，あらゆることをしてくれたという。1883年「心臓の遠心性神経の研究」で医学博士。1884年からの2年間，再度ドイツのライプチヒ大学とブレスラウ大学に留学し，ハイデンハインとルードウィヒのもとで19世紀ドイツ生理学の精髄を学び，循環系の神経調節を研究した。

この初期の段階でそれまでと異なる生理学の研究方法の視点を開拓した。彼は「自然科学者にとっては，一切は方法にかかっている」と断言してはばからなかった。方法の第一は，機能の観察にあたって，あらかじめ手術を施しておき，実験の時には動物体をできるだけ自然のままにしておくことである。第二は個々の器官の固有な神経調節であっても，全体としての生体の利益という面からも考えるという姿勢である。

【第二期 消化腺の神経支配の研究と条件反射の発見】 帰国後，彼はボトキン研究所の所長となり，消化生理学に専念した。1889年にはイヌを用いて，胃液の分泌機構を明らかにする実験を試みた。有名な「ニセの餌」の実験（つまり，食物を動物に与えはするが，食道の分断手術をあらかじめ施しているので，それは途中で外へこぼれてしまって胃には入らない）に成功した。

1890年ペテルブルクの軍医学校薬理学教授となり，1891年にはその地に手術室と犬病舎のある実験医学研究所が建てられ，そこの生理学主任となった（彼はその後45年間，この生理学部の長であった）。純粋な消化液の採取に成功し，その分泌の概念と機構を確立するなど，消化生理学に画期的な業績をあげた。ここでの消化腺の実験生理学の研究は，15年間にわたって継続された。1894年，小胃の手術に成功。1895年に軍医学校生理学教授。実験医学研究所生理学部長を兼任。1897年ボトキンを追憶して医師会で行なった講演をもとにして，消化腺の活動を体系的に明らかにした第一の主著『講義録』が出版され，世界的に名声をはせた。

1904年，パブロフは，消化器の分泌機能に対する神経作用の解明，さらには，腸の消化酵素エンテロキナーゼの発見などの業績により，生理学者としては世界で初めてノーベル医学生理学賞を受賞した。

ところでパブロフは1890年代はじめ，消化腺の研究をしているうちに，唾液は単に食事をしたり，すっぱいものを口に入れたりした時にだけ分泌されるものではなく，実験用のイヌが飼い主の足音を聞いただけでも唾液を分泌することを発見した。

彼は胃腺の「心理的刺激」の性質と「機構」とその基因の解明に夢中になり，すばやく変化していく生存条件に生物が驚くほど巧妙かつ正確に適応していくこの種の現象を，どういう方法で研究すればよいのかという疑問に没頭するようになった。「この問題について根気強く考えぬき，精神的な一大闘争を行なった末，私は純粋な生理学者として，つまり，もっぱら外的現象とその関係のみを扱う客観的な外界からの観察者および実験者として，いわゆる心理的刺激をも考慮しつづける決心をした」とパブロフは述懐している。

時代背景としてこの時代は，1870年代のフリッシュとヒッツィヒによる大脳損傷による骨格筋の運動障害の研究，1883年，マーシャル・ホ

ールによる反射弓の概念の成立,さらには,1897年のシェリントンによる脊髄に関する「連合概念」の導入などによって,人体の最後のブラック・ボックスともいうべき大脳も,ようやく科学的に探求されるようになっていた。ロシアにも,思考・情動のような精神活動を大脳の反射活動の一種に帰すという大胆な思想を強く主張するセーチェノフが出て,前述のように,その著『脳の反射』は,パブロフの若き日の愛読書の一つであった。

精神科医アレン（Cliford Allen）は『異常心理の発見』の中で,条件反射の発見について次のように記している。「これはだれでも知っているあの『思っただけでもつばが出る』のと同じものである。すなわち音や形や匂いなど遠くから作用するどんな動因でも,動物の注意をひくものは消化液の分泌を促す。パブロフはこれを『精神的刺激』と名づけた。固い,乾いた食物は,多量の唾液を分泌するのに,水状の食物はそれほど多くの唾液を必要としない。これまでは,こうした現象が精神の表明として簡単に片づけられ,実際に何がおこっているかを正確に調べてみようとした人は一人もいなかった。パブロフは,この問題を簡単に片づけないで,わかっていることを使ってまだわからないことを説明するという,科学の一般的な手順をふんだのである。この心理的な分泌は,ある種の反射作用だと考えたが,このような混み入った行動を説明するために反射の原理を用いた人はまだおらず,実際に用いたのはパブロフが初めてであった。」

「条件反射」が初めて公表されたのは,ノーベル賞受賞の前年1903年,マドリッドの国際医学会での「動物における実験心理学と精神病理学」と題する講演であった。そしてこの第一報は,動物の行動を「直観」により説明する動物心理学に代わり,厳密な科学としての生理学による大脳の生理作用へのアプローチを主眼としていた。しかしこれは,犬の訓練士なら誰でも,とっくの昔にそんなことは知っていた,と多くの嫉妬と非難を買った。

この中期の研究では,消化作用に関与する神経を切除することなしに,それらの関連を探っていくという方法論の延長として,条件反射の現象を見出し,青年時代に大きな影響を受けたセーチェノフの思想である個体と環境との一体的統一という命題に対し,心理的分泌という第三の視点を確立したといえよう。

【第三期 条件反射による高次神経回路の客観的研究】 1912年モスクワのある篤志実業家の寄付を受け,パブロフ待望の研究所が建てられた。「沈黙の塔」と名づけられたその建物は,パブロフ自身の説明によると次のようなものであった。「周囲を堀で囲まれ,実験室のある2階と1階を隔離するため中2階が設けられ,実験室の中では,動物のいる部分と実験者が操作する部分とは特に注意して何種類かの防音材を用いて仕切り,動物に刺激を与えたり,その反応を観察するためには空気,または電気による伝達が用いられる。」こうしてイヌに条件づけの実験を施し,研究を進め,大脳の高次の働き方を動物についても唾液の分泌から研究しうるものであることを明らかにした。これが「条件反射学」と呼ばれるもので,脳の働きについても自然科学の方法で研究できることを実践していった。

1917年第1回ロシア生理学会発起人となる。この年,ソビエト社会主義革命。多くの学者が亡命した中にあって,祖国の研究室を守りぬく。1921年,レーニンはパブロフの業績を高く評価し,ソビエト人民委員会は,パブロフに対する最善の援助を決議した。

高次神経活動の客観的研究の根幹は,その名を不朽にした。その根幹は1924年に軍医学校で行なった大脳両半球の働きに関する体系的な連続講義に詳述されている（第二の主著『条件反射学』）。

パブロフのいう客観的研究とは,行動心理学などで,刺激と応答の対応関係を研究課題とするのとは異なり,その状況下でおこっている大脳皮質過程を法則的にとらえようとするものである。したがって対象の主観に立ち入った表現は排するが,複雑な精神現象を上記の生理学的法則で統一しようとした。

1921年から死の前年まで続く「水曜日の集談会」の記録はその批判精神と創造の過程がうかがえる貴重な文献である。大脳生理学者パブロ

フは，刺激－反応系を，ブラック・ボックス内部の回路に結びつけて説明するため，大脳半球の部分的な破壊，個々の部分の切除を行なって研究した。これは，パブロフ自身が意識していたように，欠陥の多い方法だった。脳の欠損手術自体が刺激や，新たな破壊の原因となった。さらに，生体には，局所の破壊に対する予備能力がある。神経系では特にこれが著しい。つまり，脳の一部を破壊しても，それを補うルートが生じ，因果関係をあいまいにしてしまうのである。とはいえ，天才的な外科手術能力と，組織能力を併せもったパブロフは，この手段を用いて精力的に条件反射の研究を進めた。

1924年，ペトログラードが大洪水に見舞われた年，軍医学校教授を辞任した。パブロフの75歳を記念し，科学学士院所属パブロフ生理学研究所が完成し，1935年新しくパブロフ生理学研究所が設立されたが，翌年レニングラードで肺炎のため死去した(86歳)。

第三の主著『条件反射による動物高次神経活動(行動)の客観的研究20年』は1932年の初版では39篇の講演集であったが，心理学，実験病理学，精神医学，言語などの研究に関する晩年の思索が加えられ，1951年版では65篇の講演が収められている。

パブロフは，若い科学者に，科学的研究を行なううえで最も大切なこととして，彼の生涯を貫く信条である，「徹底，謙遜，情熱」を要望している(『若い人々への手紙』)。

彼が発見した条件反射は，行動心理学やバイオフィードバックなどを介して，カウンセリングの考え方にも大きな影響を与えている。

〔坂庭愛子〕

⇒行動主義，行動療法，古典的条件づけ，バイオフィードバック法

文献 1. J-アレン, 1983；2. コシトヤンツ編, 東大ソヴェト医学研究会編『パブロフ選集 上』蒼樹社, 348p., 1955；3. コシトヤンツ編, 東大ソヴェト医学研究会編『パブロフ選集 下』合同出版社, 716p., 1962；4. スツヅツキー, N. A., 川村浩訳『パヴロフの生涯』新時代社, 410p., 1973；5. 柘植秀臣編『パヴロフとその弟子たち』恒星社厚生閣, 212p., 1971；6. 東京工業大学科学史ゼミナール編『英文で読む大科学者のことば II : 物質と生命をめぐって』(KS専門書)講談社, 194p., 1985；7. パブロフ, I. P., 川村浩訳『大脳半球の働きについて 上・下』(岩波文庫)岩波書店, 259p., 250p., 1975, 1975；8. 林髞監修『世界名作で学ぶ大脳生理学』(ブルーバックス)講談社, 239p., 1965；10. E-ワトソン, 1980

パラフィリア ⇒性的偏り

バーン・アウト・シンドローム
⇒燃えつき症候群

反社会的行動　antisocial behavior

社会や社会的な組織，法律，規則，道徳，慣習に対して反抗したり敵意をもち，社会規範を遵守しようとせず，逸脱したり，破る行動。

反社会的行動の「社会」とは，社会のルールという概念が強い。したがって，価値観やものの考え方，時代や国などの地域，慣習などによって反社会的行動は異なってくる。現在では，一般的に刑罰法令に違反する犯罪行動や，非行も含めて反社会的行動と解釈されることが多い。

しかし，未成年の飲酒や喫煙を反社会的行動と解釈するか否かは，解釈する側の考え方によって異なる。それは，飲酒や喫煙に至った状況，経過，環境あるいは解釈する倫理的価値観が異なるからである。

牧田清志は非行や，非行に至る前非行的行動として，反抗，虚言，火遊び，破壊，残酷性，怠学，喫煙，薬物濫用などをあげ，初犯は情緒反応と考えたいとしている。

なお，2000年に警察が受けた少年相談は10万7,330件である。防犯連絡所は2000年12月現在で45万7,239カ所，少年補導センターは708カ所，少年補導委員(ボランティア)は約7万4,000人，補導された少年は約35万8,000人，少年相談件数は約15万6000件である。また1999年に検察庁が受けた少年事件被疑者数は27万9,774人であり，家庭裁判所で終局処分を受けた少年は22万3,385人(刑事処分相当14.5％，少年院送致相当10.8％，保護観察相当16.4％，その他の処分相当74.9％)である。全犯行の12.8％が少年によるものである。

プラント(J. S. Plant)は非行の原因は両親の

不仲，離婚，養育姿勢や態度などとともに，学力不振や身体状況，友人関係などとも複雑に絡みあい，はじめは「偶然の挫折」という反社会的不適応行動が生じる，と示唆している。反社会的行動を示す児童・生徒は人一倍認められたがり，温かい人間関係を求めているという一面をもっている。

今日では，児童・生徒は多種多様な人間関係や生活体験に恵まれず，社会的発達も阻害されがちである。不満に対する耐性に乏しく，自己中心性が強く，善悪のけじめや基本的な生活習慣や社会規範を遵守する意識が十分でない。その原因や背景には次のようなことがあげられる。(1) 家庭環境の変化：核家族化が進み，過保護，放任など家庭の教育力が低下し，本来家庭で行なわれるべき，基本的なしつけや体験がなされていない。(2) 学校環境の変化：教師の指導力や協力体制が低下し，勉強についていけない児童・生徒が増加している。(3) 社会的風潮：善悪の判断，他人や弱者への思いやり，いたわりなど人間として基本的な精神が見失われがちな風潮がある。(4) 社会の急激な変化：情報が氾濫し，価値観の多様化，都市化にともない地域社会との連帯感が希薄になりつつある。(5) 過度の受験競争：受験競争が激しく，学校教育が本来の機能を発揮できなくなってきている。(6) マスメディアなど青少年をとりまく環境の影響：テレビ，雑誌などのマスメディアの影響や，有害な環境が身近にある。

現在では，このような環境の中では，誰でも健全な発達が阻害される，という考え方が一般的になりつつある。家庭，学校，社会の三者がそれぞれの責任を果たし，連携をとりあうことの大切さが見直されねばならない。

〔五十嵐克史〕

⇒児童自立支援施設，少年院，盗癖，非社会的行動

文献 1. 相部和男『非行の火種は3歳に始まる』(PHP文庫) PHP研究所, 222p., 1988 ; 2. J-上里・飯田・内山・小林・筒井監修, 1989 ; 3. F-江幡, 1986 ; 4. 加藤諦三『アメリカインディアンの教え』扶桑社, 188p., 1994 ; 5. 仙崎武他編著『生徒指導論』福村出版, 205p., 1991 ; 6. J-牧田監著, 1982 ; 7. 三上満『非行問題と学校』新日本出版, 221p., 1982

反動形成 reaction formation

内心で欲している要求に正反対の要求を意識面にもってくること。言い変えれば，欲求が満たされない時に，その欲求とは正反対の欲求を発展させ，心的平衡を保つこと。つまり「抑圧された衝動とは正反対の事を行動に表現する無意識の過程」であり，抑圧と正反対の行動と言えよう。

人が社会生活を営んでいくうえでは，他の人々との関係や社会規範，秩序などに対して調和や適応が必要となってくる。したがって，そのために自分を外的環境に合うよう調節したりする。しかし，調節することだけに重点がおかれると内的要求との間に不適応が生じるようになる。

フロイト* は人が葛藤状態におちいると精神内部の安定を保とうとする無意識の機制（防衛機制）が生じると考え，防衛機制の基本型として抑圧，逃避，投射，合理化，昇華，置きかえ，取り入れ，同一視，自責，攻撃，分離，取り消し，妥協などをあげているが，反動形成もその一つである。

一般的に反動形成によって意識面へもってこられた感情や態度は大げさで不自然であり，必要以上に過剰なのが特徴である。たとえば，「負け犬の遠ぼえ」と言われるように，小心者がかえって虚勢をはることや，嫌っている養子などに継母が一生懸命献身的に尽くしたり，また嫌いな母親に対して一生懸命に手伝いをしたりすることなどである。不潔恐怖症者が極端に清潔好きなのは，本来，肛門期的な不潔な生活をしたいことに対する反動形成であり，また児童の強迫症状（儀礼的行動，計算癖，整理癖，不潔恐怖）も一種の反動形成として出現する場合があると言われている。

反動形成は局部的で特定の行動として現われることもあれば，一般化されて人格全体に統合され，性格的特徴になることもある。ぎこちなく，わざとらしく，強迫的であるという点で，症状とみなすことができよう。フロイトは反動形成が性愛潜在期にできあがるとし，すべての人々の成長とともに形成されることを重視している。

トイレット・トレーニングが開始される1～3歳の時期には、それらの活動をめぐって母子間の心理的交流が活発になる。排泄のしつけを通じて、清潔、几帳面、自己制御など精神的な機能が訓練される。したがって、快感を全面的に他者に依存していた口愛期とは違って、自律性や自己主張の獲得が始まるのもこの時期である。

個体にとって不要なもの、不快なものを吐き出したり排出したりする生物学的機制が、生物的な側面と心理・社会的側面と表裏一体になって人格発達が進むのである。ものを貯めること、放出することの葛藤、自他に対する支配、などの精神的特徴は、強迫性格や強迫神経症との関係が深い。また、人の性格と道徳観が形成される際に自分の欲求を我慢したり無理に頑張ったりすると、昇華や反動形成過程が発達することになると、フロイトは強調している。

同類語として、恐怖対抗行動、反動強化、防衛反応などがあげられる。　　〔横山千代子〕
⇨主な防衛機制, 葛藤, 深層心理学, 精神分析, フラストレーション, 防衛機制の例, 抑圧, 欲求

文献　1. E-大熊, 1990 ; 2. C-宮城, 1959

ピア・カウンセリング　peer counseling
似たような経験や背景をもつ人同士で行なう非専門家によるカウンセリング。ただし、助言や指示を行なわない。準専門家（パラ・カウンセラー）による（物質的援助ではない）対人的人間的援助行動。狭義には、「障害者が他の障害者の自立を援助するために行なうカウンセリング」を意味することもある。

準専門家（専門的カウンセラーでない人、たとえば大学生など）が、カウンセリングについてある程度の訓練を受けて、専門家によるスーパーヴァイズ（監督）を受けつつ、専門的カウンセリングを受けることのできない（主に同年輩の）仲間を、傾聴、支持、選択などの言語的・非言語的介入により、心理的・社会的に成長するように人間的に援助すること。

ピア・カウンセリングの「ピア」は、「同じものを共有する対等の仲間」を意味する。専門家によるカウンセリングが得られない場合に、その代わりとして多少の訓練を受けた準カウンセラーによるカウンセリングを与えるのがピア・カウンセリングの目的である。クライエントが「自分の感情を説明して、自分の状況を客観的に考え、どうすればそれを克服できるかという方法を、自分で責任をもって決定できるように援助」する。カウンセラーとクライエントとは、情報を分かち合い、心理的に支持しあう。

1961年に米国の精神病とメンタル・ヘルスの合同委員会の報告書 Action for Mental Health が出版されて、訓練を受けた専門家が不足していることに注目が集まり、メンタル・ヘルスの準専門家（パラ・プロフェッショナル）を使うことによってこのギャップを埋めようと提案されたのがピア・カウンセリングの始まりである。この計画によって、8人の主婦が選ばれて、2年間にわたって毎月数回の訓練を受け、後に6カ月で51人の精神障害者を扱った。そのうちの32人がよくなったことから、ピア・カウンセリングが定着した。ピア・カウンセリングは、多忙な専門的カウンセラーの負担を減らし、同時に、これまでのカウンセリングのサービスからもれてしまっている人を援助する。どちらかといえば、理論よりは実地について勘や必要性にもとづいて発達してきた。1965～1968年頃には、このパラ・プロフェッショナルを専門的カウンセラーに対してどう位置づけるかが問題になってきたが、1969年には大学生（特にカリフォルニア州のパロ・アルト）と、障害者の間でこのピア・カウンセリングが広まった。ピア・カウンセラーになる人への訓練としては、(1)他人の考えや感情を聴く、(2)自分の感情を知る、(3)他人を正確に知る、(4)自分を理解する、(5)他人と関係できるようにする、(6)人間個人の意味や哲学を理解させる、などが考えられた。

1960年代中頃から高まってきた米国の公民権運動の中で、障害をもった市民の市民運動から自立生活運動（independent living movement）が生まれた。これは、医師や医療スタッフ、福祉関係職員などのように権力をもつ者ないしは聖職者による上下関係から離れた、対等の一般

市民同士の助け合いを基本として，障害者の人権を守り，障害者が自己をコントロールして地域で生活していけるように支持する運動であり，社会変革につながっていた。その運動の中からもピア・カウンセリングが発展して，メンタル・ヘルス運動の中の「革命」だと評価された。同じ地域で生活している人同士が，互いに存在を認め合い，受容し合い，市民としての権利や役割を分かち合おうとするものである。カウンセリング・ルームに閉じ込められたものではなくて，地域に密着した一種の人権運動的色彩をもってスタートした市民運動だったところが，他のカウンセリングとは異なり，米国の障害者自立センター (CIL) を中心にして広く行なわれるようになった。

もし，同じ障害（たとえば，片足を失ったとか，乳房を切除されたなど）を抱えている人同士が話し合えば，ピア・カウンセラーは，クライエントの悩みを聞いてあげるだけでなしに，同じ体験をもつモデルとして，必要な情報を与えることができる。ピア・カウンセラーは，自分の経験から，自分を否定的に考えたり，積極性を失ったりする原因をよく理解できるので，クライエントがそれらを克服できるように，より具体的に援助できる。他の障害者が人生を肯定的に生きていけるように，また，生活を自立的に管理できるように援助することもできる。たとえば，障害者にとって使いやすい住居の斡旋，輸送手段，介助サービスの紹介，助成金の受け方を教える，各種の権利の獲得（優先的に駐車できるなど），職業訓練所の紹介，就職の斡旋など，有効な資源の発見に関して，することはいくらでもある。

もしそれが大学生同士の場合ならば，よい下宿の斡旋，友人の紹介，適当なクラブの選択，単位修得の相談，保健センターの利用，専門家カウンセラー・ルームを教える，奨学金の応募方法を教える，アルバイトの斡旋，などの資源の有効な利用を援助する。

これらすべてについて，ピア・カウンセラーは，専門的カウンセラーよりも有利な面をたくさんもっていることが多い。それは，(a) 悩んでいる人の環境に入っていきやすい，(b) 仲間としてクライエントのニーズを理解しやすい，(c) クライエントの生活様式をよく理解できる，(d) クライエントの生活のワク内でより有効な行動をクライエントに教えることができる，(e) クライエントの社会体系の中でより高いレベルの有効な方法を提供できる，などである。

不快な体験に悩み，情報が不足していると，人間は防衛的になりがちであり，臆病になって，生きる熱意を失い，よりよい人生を送ることができなくなってしまう。そのときに同じような体験をもった者が，自分の体験を話し，クライエントの感情を支持して，ストレスに満ちた苦しみを減らすことができれば，クライエントは合理的に思考できるようになり，建設的な決定を下すことができるようになる。

ピア・カウンセラーが一人で相談を聞く場合を「一対一のセッション (one on one session)」と呼び，クライエントが利用できる資源を確認し，目標設定を援助できる。クライエントのトラウマが大きいような場合には，サポート・グループの場合よりも，より密着して綿密に作業できる。

ピア・カウンセラーがグループで相談して援助を行なう場合を，「サポート・グループによるピア・カウンセリング」と呼ぶ。参加者が連れだって買い物や旅行に出かけて，情報を交換しあったり，楽しみ合ったりするので，カウンセラーの孤立を避けることができる。ピア・カウンセラー同士が互いの仕事を話し合うのは，情報の交換にもなるし，互いに支え合う機会にもなる。クライエントの訴えを聞いているうちに，カウンセラーが自分のトラウマを思い出して苦しくなることもあるが，そんなときには仲間が支持して癒す援助をすることが必要になる。

ピア・カウンセラーは，「あらゆる人間は善良である」という前提のもとに，個人の成長を援助し，社会的サービスの一つとして貢献することを目的として，(ⅰ) 傾聴はするが，助言や判断を与えない，(ⅱ) クライエントが自分のニーズを決定するのを援助し，自分の生活に責任をもつことを奨励する，(ⅲ) より優れた人的・社会的資源（専門家や施設など）を利用するのを

助ける，(iv) クライエントに「自分が有能である」という自信をもたせる，などを行なう。

ピア・カウンセラーは，カウンセリングの技術をある程度心得ていて，クライエントに役立つ地域の資源やプログラムについての十分な知識をもっていなければならない。地域の中で個人として自立して生活するためには何が必要なのかをよく理解し，公的援助や権利について情報を提供できなければならない。

ローリン・サマーズ（Laureen Summers）はワシントンD.C.にある自立生活センターの「ピア・カウンセリング・マニュアル」にもとづいて次のように述べている。カウンセリングの技術については，注視，観察，傾聴，応答，パーソナライジング（抽象的な一般的な話ではなくて，自分の場合を話すこと），目標設定，感情の解放，秘密保持，優しさ，気遣い，自分に誇りをもつこと，自己評価を高めること，などが必要である，と。しかし，これだけでは不十分である。「気軽に相談にのる」という程度に理解してピア・カウンセリングを始めてはならない。「カウンセリングは技術ではなくて態度である」「カウンセリングは人と人との出会いである」など，カウンセリングの本質についての教育と訓練とを徹底させねばならぬことが，ピア・カウンセリングの条件である。情報を与えることに熱中するあまりに，クライエントの悩みを傾聴して，精神的に癒すことをおろそかにしがちであることも自戒しなければなるまい。

ピア・カウンセリングについては，訓練プログラムの作成，特殊なクライエントのニーズに合わせたプログラムの開発，クライエントの成果を評価する方法の開発，クライエントのゴールとピア・カウンセラーのゴールとを区別するプログラムの開発，長期にわたる成果の評価法の開発，などが今後の課題である。〔小林　司〕
⇒再評価カウンセリング

文献　1. ヒューマンケア協会編『自立生活への鍵：ピア・カウンセリングの研究』(第2版) ヒューマンケア協会, 110p., 1995；2. Varenhorst, B. B.: Peer counseling ; Past promises, current status, and futur edirections. In G-Brown and Lent, 1984

被害者　victim, survivor

犯罪あるいは災害などの害を受けた人。直接の被害者本人だけではなく，より広義には，その家族や遺族らも被害者としてとらえられる。また自然災害については被災者・罹災者という呼び方もあるが，現状では総称して被害者と呼ぶ傾向がある。

虐待や家庭内での暴力，性暴力などの被害者で，現行の法制上，被害と認められない場合でも，カウンセリングにおいては被害者としての援助の対象となりうる。近年，被害者の権利回復の気運から，被害者に対して，「victim」ではなく「survivor」ということばを選んで用いる傾向がある。「ヴィクティム」ということばには，無力で主体性を奪われた者としての意味あいが感じられるとし，より肯定的に敬意を込めて，その状況から生き残った者「サバイバー」としてとらえようとする意図がみられる。

その精神的なダメージは，長期間にわたる場合や，解離などの深刻な症状を含む場合があり，専門的なケアを必要とすることがまれではない。被害者の心理的な反応について，医学モデルでとらえた代表的なものは，アメリカ精神医学協会による精神障害分類（DSM-IV，1994）が規定した，PTSD（心的外傷後ストレス障害）およびASD（急性ストレス障害）である。そこで掲げる典型的な症状は，「出来事の反復的で，侵入的で，苦痛な想起」「外傷の重要な側面の想起不能」「孤立・疎遠の感覚」「過度の警戒心」などである。この他にも，「被害にあったのは自分が悪かったからではないか」と自責感を抱く傾向ももっている。これらの症状があることから，自分からカウンセリングを積極的に求めるには至らず，周囲からも被害の反応として理解されにくかったり，援助を得られにくいことが多い。

被害者は，事件などの直接の被害の後も，さまざまなストレスにさらされる。マスコミの取材や裁判での尋問などで，被害者が事件後にそれに関連して新たな傷を受けることを，「二次被害（二次受傷）」という。被害者のプライバシーが取りざたされたり，公の場で落ち度を問われることは，被害そのものに勝るとも劣らない精

神的な負担となりうる。二次被害を受ける要因として、上記のほかに、友人や家族、医療関係者をはじめとした援助の専門家によるものがあげられる。たとえば、被害者へのカウンセリングにおいて、不適切な扱い（安易な慰めや過度の同情など）で、かえって傷つく場合があり、これも二次被害にあたる。したがって、援助に当たっては、慎重な配慮と専門的な研鑽が望ましい。

カウンセリングにあたっては、信頼と安全の確保が大切である。被害者は、信頼と安全を脅かされた体験をしていることが特徴であり、援助にあたっては、信頼と安全を回復できるようにはかることが望ましい。また「自分で判断し、行動できる」という自信や主体性の回復も重要である。まずはクライエントの訴えをていねいに聴くことが大切であるが、単に訴えを受けとめることでは十分ではない。それに加えて心理教育的な側面は重要であり、たとえば「自分がこの時間に家にいたから強盗にあった、だから自分が悪い」といった、被害者が抱きがちな自責感に関しては、その気持ちを受けとめつつも、折に触れて「あなたのせいではない」といったメッセージを与えることが必要である。

また、カウンセラーとの関係においては、カウンセラーに対して容易に信頼できない感じを抱いたり、あるいは逆に、この人だけはわかってくれる、といった強い期待を抱くことがあるので、適切な距離を保てるよう留意したい。さらに、カウンセラー自身も、クライエントの傷つきを聞き取り、受けとめる際に、無力感をはじめとしたつらい気持ちになることがままあることから、カウンセラー自身のケアも重要である。

援助にあたっては、早期の介入が有効ではあるが、功を焦らず、時間をかけて援助するシステムが望ましい。日本でも、枠組みや専門性はさまざまであるが、被害者のための相談室や、サポートグループ、シェルターなどが認知されつつある。この他、警察や法律家などの間でも、それぞれ取り組みがなされつつあり、カウンセリングの枠組み以外での支援が視野に入れられるようになってきている。ことに、身体的な後遺障害を伴ったときや、一家の働き手を失った時などの、生活上の支障が大きい場合、また裁判などについて専門的な知識や情報を必要とする場合など、カウンセリング以外の援助が重要な役割を果たすと考えられることも多い。こうした場合は、多方面からの支援を考慮することが望ましい。〔大山みち子〕

⇨家庭内暴力、心的外傷後ストレス障害、被虐待児、PTSDに対するカウンセリング

文献 1. 小西聖子『犯罪被害者の心の傷』白水社、260p.、1996；2.「犯罪被害者：その権利と対策」（I-諸澤編『現代のエスプリ』No. 336、1995所収）

被虐待児　abused child, battered child
虐待を受けた・あるいは受けている児童。

虐待（abuse）の内容は、身体的・心理的（情緒的）・性的な虐待に大別され、それに加えて遺棄（放置）や無視（neglect）も虐待の範囲に入れる見方が多い。近年注目されるようになってきているが、今なお暗数が多いといわれる。

大人は何をおいても児童の命と成長を尊ぶのが社会通念である一方で、児童への虐待は、子殺し（間引き）・人身売買といった極端なものをも含めて、隠然とではあるが行なわれてきたといえる。子どもを扱った内外の文学においても、「ヘンゼルとグレーテル」「山椒太夫」など虐待的テーマのものは多い。しかし、児童への虐待は、その歴史の古さの一方で、公然と取り扱われるようになったのは比較的新しい。最初に報告したのは1946年のキャフィー（J. Caffy）による、虐待の可能性を示唆した、乳児の多発性骨折・硬膜下血腫の事例であるといわれる。その後、1962年にはケンプ（C. H. Kempe）らによって被殴打児（battered child）特有の症状が報告されるなど、1960年代から現在に至るまで多くの研究が発表されるようになった。そこでは、初期に報告された身体的な虐待に限らず、性的な虐待や無視を含めた概念で虐待をとらえるのが通常である。

日本では、たとえば、親が子を巻き込んで自殺した場合、かつては「親子心中」ととらえ、「子殺しは気の毒であるが仕方がない」とする社会的風潮があった。しかし、今では、「子殺しを

伴う自殺」としてとらえ，親の行動を非難する見方に変化してきている。これらの変化の背景には，「子どもは親の所有物ではなく，独自の権利をもつ人格である」とする人権意識の昂揚が考えられる。この他にも，性的な虐待をかつて受けたとする人々が自分の体験を公にするようになるなどの，社会的変化が大きく認められる。こうした変化が虐待の認識を促しているといえ，全国の児童相談所での相談件数も，2000年度は1990年度の約15倍に増加している。

身体的な虐待などが深刻な場合には，当然のこととして最悪の場合死に至る。一般的に，年齢が幼いほど，また虐待が生じた期間が長いほどその衝撃は大きいといわれている。大人とは違って，自力で生活できず保護を必要とする児童は，適切に対処する力をもたず，周囲からの攻撃について感じる自分の無力感や周囲への恐れはとりわけ大きいと考えられる。また発達途上でもあることから，その後の自他への信頼感や希望を損なう恐れも強い。さらに養育者が虐待をする場合には一層，その後の対人関係のあり方や自己イメージに及ぼす影響が複雑で深刻である。

被虐待児は，周囲を信頼できない，助けを求めても得られないと感じるようになることから，自ら進んで虐待の事実を打ち明け，援助を求めることは困難であるといわれる。

被虐待児の行動の特徴は，食事が与えられない場合の盗み食いなど理解しやすいものから，虐待する養育者に対して，かばったり離れまいとするといった，複雑な機制によるものまでさまざまである。例をあげると，下記をはじめとした影響あるいは特徴が報告されており，これらが虐待の発見と援助のための手がかりとなりうる。なお，うそをつく，不自然な大人っぽさがあるといった特徴は，子どもらしい活発さやかわいらしさが乏しいともいえ，周囲の理解や共感を得られにくいことがあるので，援助にあたっては留意が必要である。

身体面では，発育不良（低身長・低体重），不審なけが，身体や衣服の不潔など。心理面・行動面では，無表情（凍りついた凝視：frozen watchfulnessといわれる），学業不振，落ち着きのなさ，うそ，おびえや夜驚，他の子どもや動物への攻撃，自傷，年齢に見合わない性的な知識や行動，家出や盗みといった非行など。

さまざまなアプローチがあるが，児童，ことに虐待を受けた児童は，ことばでの表現や受けとめがうまくできないこともあり，プレイセラピーが効果的であるとされている。そこでは，セラピストとの関係を介して安定した関係を体験させること，カタルシス，適切な自己主張ができるよう促すこと，健全な価値観の取り入れ，行動観察・査定の効果など，さまざまな効果が期待できる。なお，児童自身に対する援助だけではなく，虐待の再発を防止するためには，養育者への介入や援助，生活面での支援などが必要である場合が多く，専門機関が多角的に連携し，息の長い援助をすることが求められる。

〔大山みち子〕

⇒アダルト・チルドレン，インナー・チャイルド，心的外傷後ストレス障害，被害者，被虐待児の発見と対応，PTSDに対するカウンセリング

文献 1. イギリス保健省編，森野郁子監訳『児童虐待：ソーシャルワークアセスメント』ミネルヴァ書房，171p.，1992；2. 池田由子『児童虐待：ゆがんだ親子関係』(中公新書) 中央公論社，228p.，1987；3. ギル，E.，西澤哲訳『虐待を受けた子どものプレイセラピー』誠信書房，261p.，1997；4. ケンプ，C. H.，中尾睦宏訳「幼児虐待症候群」(I-『imago』4巻6号，1993所収)；5. 子どもの虐待防止センター報告書編集委員会編『子どもの虐待防止センター報告書 1995年版』子どもの虐待防止センター，1996；6. B-斎藤，1994；7. 女性ライフサイクル研究所編『子ども虐待（いじめ）の防止力を育てる：子どもの権利とエンパワメント』法政出版，176p.，1997；8. バス，E.・ソーントン，L. 編，森田ゆり訳『誰にも言えなかった：子ども時代に性暴力を受けた女性たちの体験記』築地書館，256p.，1991；9. Caffey, J.: Multiple fracture in the long bones of infants suffering from chronic subdural hematoma, *American Journal of Roentogenology*, 56, 163-173. 1946

被虐待児の発見と対応 finding and treatment of an abused child

その児童にとって，身近な養育者から加えられる身体的・精神的傷害によって現れた，骨折や打撲，脳損傷，栄養不良などを**被虐待児症候群（the battered child syndrome, child abuse** syndrome, maltreatment syndrome）と総称し，永久的な，あるいは死に至るほどの心身の障害を残す結果となる。

これは，偶発的事故でおきたものではなく，多くは大人から，意識的，無意識的あるいは無自覚的に加えられた傷害を意味する。これらの傷害について親の述べる状況と実際の損傷とが一致しないために発覚することが多い。

以前は，3歳以下に多く，保護者の暴力によって，はなはだしい損傷を被るというのがその特徴であったが，最近はさらにその対象や範囲が拡大され，放置や監禁，暴言などの心理的虐待，性的暴行等も含められている。

虐待を内容から，次の5つに分類される。

(1) 身体的虐待 (physical abuse)：直接，身体に加えられる暴行で，傷が残ったり，生命に危険を及ぼすものもある。例えば，殴る，蹴る，噛みつく，叩きつける，逆さ吊りにする，布団むしにする，溺れさせる，首をしめる，火傷させる，刃物で刺すなど。

(2) 精神的虐待 (emotional abuse)：現在あるいは将来にかけて，心の傷として大きな影響を及ぼすようなもので，外観では見えにくいことが多い。暴言，罵倒，愚痴，恨み，いやみ，無視，物体のように扱うなど。やがて，日常生活に支障をきたすほどの精神症状が現れてくることがある。

(3) 性的虐待 (sexual abuse)：児童に対する性的行為やわいせつ行為などである。例えば，近親相姦，強姦，誘惑など。加害者は男性で，被害者は女児の場合が圧倒的に多いが，加害者が女性で，被害者が男児のこともある。被害者が拒否すると，暴力などの身体的虐待を加える。

(4) 養育保護の拒否 (refusal of bringing up)：適切な生活環境や保護を与えない。例えば，食物を与えない，適切な衣類を与えない，学校に登校させない，病気でも治療を受けさせない，何日もの監禁，放置，遺棄などである。

(5) 社会的不当な扱い (socially unreasonable handling)：戦争や貧困，身売りなど。

被虐待児症候群が社会的な問題になってきたのは，1960年代になってからである。しかし，19世紀後半（1874年）にニューヨークでおきたメアリー・エレン（Mary Ellen）の事件をきっかけに英・米を中心として，すでにヨーロッパ各地に児童虐待防止のための団体が作られていた。西ドイツやオーストリアでは，刑法に規定されている。日本でも1948年に児童福祉法，2000年には児童虐待の防止等に関する法律（通称児童虐待防止法）が公布され，児童の福祉や人権が尊重されるようになったとはいえ，実際には虐待の数は増加している。被虐待児の発見・保護には，幼稚園，学校，児童相談所，隣人，警察などさまざまな人たちが関わっており，統計上の数値は明らかではない。日本の児童相談所における取り扱い件数は，年々増加の傾向にあり，1995年度は年間2,722件で，1996年度は4,102件と発表されている。しかし，この数は全体の30％程度で，潜在しているケースははるかに多く，実際はこれの約3～4倍の発生数といわれている。

原因あるいは誘因となるものとして，虐待前の母子別居体験があげられている。例えば，未熟児・仮死・先天異常児の出生，入院，母親の病気，お手伝いさんに育てられるなどである。しかし，これら一つの要因だけで片づけることはできない。虐待のケースをまとめてみると次のような特徴がみられる。(a) 母親に問題がある場合：人格の偏り，統合失調症，身体疾患など。(b) 父親に問題がある場合：妻を支えられない未熟な人，多忙，経済力がないなど。(c) 夫婦不和や貧困など家庭内が安定していない場合。(d) 加害者自身も幼児期に虐待を受けた体験をもっている場合。

虐待は，できるだけ早期に発見し，対処する必要がある。関わりとして，次のようなことが重要となる。(ⅰ) 緊急保護：虐待は出生後間もなくから始まっていることもある。初期の段階で見逃されることが多いため，気がついたときは，生死に関わるところまできていることもある。早期発見が大切であり，発見したら緊急入院もしくは緊急保護が重要である。(ⅱ) 子どもへの身体的治療：正確な情報が得られないこともあるので，全身の注意深い診察が必要である。安静にし，状態に応じた身体の世話をする。(ⅲ) 子どもへの精神的治療：傷ついた心の治療は，

最も大切なことであり,長期間を要する可能性が高い。日々の生活が治療の連続となる。心理的治療としては,遊戯療法,箱庭療法,絵画療法などが行なわれる。(iv) 両親への援助と治療:子どもを保護し,治療する必要性を納得してもらう。また,両親へも心理療法,薬物療法,入院あるいは通院などの治療を行なう。(v) 長期的見通しをもったケースワーク:慎重に,しかも敏速にケースワークにかかる必要がある。加害者が虐待の事実を認めず,相談を拒否することもあるからである。しかも時間をかけすぎると子どもの生命が危険である。そして,子どもを施設に収容するだけでなく,将来,家庭復帰がスムーズにいくように援助を継続していく必要がある。(vi) 虐待の予防:虐待を未然に防ぐ対策として,母子の早期分離をできるだけ避ける工夫や,加害者への地域住民や関係機関のサポートなどが必要であろう。また,早期に対処するために学校,保育所,児童相談所,保健所,病院などの連携が重要である。

最近では,虐待防止センターが設置され,予防としてのマザリング教育が行なわれたり,虐待をしてしまう親たちへのカウンセリングが行なわれている。〔平山 操〕

⇒アダルト・チルドレン,被虐待児

文献 1. 宇佐美秀慧『砂の上のガラスの家』現代書林,237p., 1990;2. E-佐藤,1985;3. 平岡 昭『お父さんお母さん子供の心が見えますか』心の教室,259p., 1985;4. 柳田鶴声『愛の心理療法内観』いなほ書房,204 p., 1989;5. 柳澤正義監修『子ども虐待:その発見と初期対応』母子保健事業団,215p., 1997;6. David N. Jones 編,鈴木敦子他訳『児童虐待防止ハンドブック』医学書院,270p., 1995

ピグマリオン効果,教師期待効果
Pygmalion effect

教師が児童・生徒の能力や学業成績に対してひそかに期待をもっていると,その期待が児童・生徒の能力や学業成績を向上させる現象。

ピグマリオンはギリシア神話の中のキプロス島の若い王の名前である。彼は何よりも彫刻が好きだった。妙技を駆使して一つの大理石でおとめの像を刻んだ。その像の美しさは生きた女が誰一人足元にも寄りつけないほどまったく申し分ないおとめの姿で,まるで生きているように見えた。ピグマリオンは,自分の彫った美女の像にほれこんでしまい,昼も夜もこの像のことを思い続けて,心の休まる時がなかった。ある日,アフロディティを祭った神殿にきて祈りを捧げた。「愛の女神よ,どうぞ私に,私の造ったあの像とそっくりのおとめを与えて下さい。」女神は,この王の本当の気持ちがわかっていた。本当に好きなのは,あの像だけである。女神は彼の願いを聞き届けて,大理石の像に生命を与えた。二人はやがて結婚する。「ピグマリオン効果」は,この神話に由来している。

ピグマリオン効果を明らかにしたのは,ローゼンサール(Robert Rosenthal)とジャコブソン(Lenore Jacobson)である。二人は小学校の1年生から6年生を対象にして,ある知能テストを行ない,その結果とは無関係に無作為に20%の児童を選び出し,その児童の担任教師に将来学業成績や能力が著しく高く伸びる児童であることを伝えた。その8カ月後に再び知能テストを実施すると,成績が伸びるという予測を担任教師に伝えた児童の知能指数が,その他の児童の知能指数に比べて著しく伸びていた。

児童・生徒の学習成果を左右する原因については,知的能力が高いから,あるいは低いからとか,よく努力したから,あるいは怠けていたからなどのように,児童・生徒の側にあるとする考え方がこれまでよくとられてきたが,「ピグマリオン効果」の存在が示されてから,教師の期待がなぜ児童・生徒の学習効果を左右するのかについて研究が進み,従来の考え方を大きく変更しなければならなくなった。

教師と児童・生徒の関係には次の三つが考えられる。(1) 権力と支配の関係:すなわち威圧による強制的な関係で結ばれる。そこでおこる感情は恐怖や離反や反抗である。態度は無視である。(2) 権威と尊敬の関係:すなわち心服の関係で結ばれる。お互いに理性的で尊敬と信頼する感情で結ばれる。教師の影響が大きい。(3) 出会いの関係:すなわち愛情と信頼の関係である。同じような人間の弱さや不安を自覚して,お互いに出会う関係である。同じ人間として協同して導いたり,相談したりする関係である。

どのような関係が優勢となるかは，教師の教育観によるところが大きい。また，児童・生徒の発達の段階や教育の内容や実践においてさまざまに現れるものである。教師の児童・生徒への影響のプロセスは大変複雑なものがあり，このことについては今後十分な研究と分析が必要である。

カウンセリングでは，カウンセラーがクライエントに期待をかけるとクライエントが大きく成長するというピグマリオン効果を十分理解し，児童・生徒，またはクライエントの側に立って上述の(3)の関係をもつように心がけ，できるだけ受容的，共感的にクライエントを理解していくことが必要である。〔杉山満樹也〕
⇒共感的理解，受容，出会い

文献 1. 東江平之・前原武子編著『教育心理学コンピテンスを育てる』福村出版，235p.，1989；2. 山室静『ギリシャ神話』社会思想社（教養文庫）社会思想社，350p.，1962

非言語的コミュニケーション non-verbal communication

言語（音声・文字）以外の伝達手段を用いたコミュニケーションの総称。

言語は，人間のコミュニケーションに特有なものであるが，ことばそのものによらなくても何らかの意志の伝達は可能であり，実際にはことばと併用する形でさまざまな伝達手段が使用されている。非言語的コミュニケーションは，言語に伴うもの，言語に代わるもの，広く言語以前の文脈的要素を含めたものに分けられよう。

言語に伴うものとしては，声の大きさ，発話速度，発話量，間合い，音調・イントネーションなどで，これらによって情緒的なメッセージが伝わる。話し手の性格，その時の感情や健康状態などがときにはことばの内容とは裏腹に，正直に伝わることになる。演説は，訴える内容の深みや論理の組み立てのうまさだけでなく，こうした話し方の要素によって，説得力が加わるものである。落語や漫才は，間合いをうまく使った話術であるといえよう。方言に伴うアクセントやイントネーションは，出身地を告げ，素朴さや親愛の情を誘ったりする要素となるが，国によっては，社会階層を表すことにもなる。

言語に代わるものは，ジェスチャー，モールス信号，手旗信号，スポーツにおいて選手同士や監督と選手の間で交わされるサイン，車のドライバーのライトやクラクションを使った伝達行動などで，主としてことばが使えないか，あるいは隠語が必要な状況，音声の届かない距離において使用される。非言語的シンボルとして体系化されたものでは，聾唖者の言語である手話や指文字がある。手話には，普通のジェスチャーと共通のもの，形や動作や状態の特徴をとらえたもの，漢字を語源にしたもの，意味を象徴的に表したものなどもあるが，多くは学習しなければならず，記号（サイン）と指示物の結びつきが恣意的で，分節的な構造をもつ点で言語と共通した特徴がある。他方，指文字は，それぞれ一つの記号が仮名の1文字と対応している。指文字には，指で仮名の形を作ったもの，1音節単語の意味を象徴的に表したものも含まれている。言語によるメッセージをより端的にし，視覚化したものでは，交通信号や標識，各種の記号やイラストがあり，文化が違っても共通に理解されるものが多い。

言語以前の文脈的要素とは，対人空間，距離，身体接触，精神生理的随伴現象（顔色，表情，手の震え，筋緊張，姿勢などのボディ・ランゲージ）などがあげられる。コミュニケーションをことばのやりとりのみならず，話し手（発信者）と聞き手（受信者）の間の伝達行動ととらえれば，人間同士が互いに影響を与えるプロセスのすべての要素が非言語的コミュニケーションに包含されうるのである。髪型，服装，動作なども意図すると否とにかかわらず，他の人間に何らかの影響を及ぼしている。これは行為言語とも呼ばれ，行為者自身が必ずしもその行為によってコミュニケーションすることを意図しなくても，その行為の観察者が意味を汲み取るような行為をいう。たとえば，バスの運転手がバス停近くで走る人を見たら，その人がこのバスに乗りたいのだと思い，緊張した場面で煙草をスパスパ吸う人は落ち着きがないと思われる，ポケットをひっくり返している人は捜し物

をしていることがわかるなど，一方では行為者の必要に応じた行為であり，他方では観察者に意味解釈を許す行為である。また，時計を何度も見ることによって人を追い返すなど，こうした行為で必要を装うこともある。この他，物言語といって行為者の残した物理的痕跡によって，観察者がその行為を推測できることがあり，探偵はこの能力にたけている。動きを極限まで抑えながらその動作によって感情を表現する能は，非言語的な芸術の極致である。

エドワード・ホールは，『沈黙の言語』の中で時間のもつコミュニケーション的側面について語っている。電話のベルが朝食中に鳴れば急ぎの用件，深夜に鳴れば生死にかかわる連絡であろう。パーティーに行く時間にも，開始後30分以内といった暗黙のルールがあり，文化の一部となっている。ジャパニーズ・スマイルも，一つの文化としてとらえられている。

沈黙すら，逆説的に多くを語ることがある。気まずさ，相手への不快感や拒否，自己への深い沈潜，自己防衛，裁判での黙秘権の行使，思考の整理，放心状態など，解釈は状況いかんと，関わる人間との関係から推測するしかない。カウンセリングにおいて沈黙は，何らかの新しいことの始まりとして，建設的で貴重な時間であることが多い。カウンセラーは間をもたせようとして軽々しくことばでその時間を満たしてはならず，沈黙の重さ，つらさに耐えて相手を受け止める姿勢でいなければならない。

〔今村恵津子〕

⇒ボディ・ランゲージ

文献 1.エンゲル，R.編著，本名信行・井出祥子編訳『ノンバーバル・コミュニケーション：ことばによらない伝達』大修館書店，282p.，1981；2.加藤秀俊『文化とコミュニケイション』思索社，328p.，1971；3.カールスウェル，E.A.・メトハイト，R.R.編，池内一・広井脩訳『言語の社会心理学メッセージの社会的脈絡』誠心書房，211p.，1979；4.竹内敬人編『言語とコミュニケーション』（シリーズ・人間と文化 1）東京大学出版会，260p.，1988；5.中島平三・外池滋生編著『言語学への招待』大修館書店，296p.，1994；6.ナップ，M.L.，牧野成一・牧野泰子訳『人間関係における非言語情報伝達』東海大学出版会，228p.，1979；7.マレービアン，A.，西田司他訳『非言語コミュニケーション』聖文社，252p.，1986；8.ミニス，N.編，中島文雄監訳『概説言語学』三省堂，421p.，1973；9.リーチ，E.R.，青木保・宮坂敬造訳『文化とコミュニケーション：構造人類学入門』（文化人類学叢書）紀伊國屋書店，206p.，1981

非社会的行動 asocial behavior

児童期は社会適応を達成していく時期であるが，それができずに，児童期以降，長期にわたり人との社会的な接触を避けようとする行動。**内気，無口，集団不適応，不登校，かん黙，拒食，抑うつ状態，自死などを指す**。非社会的行動の「社会」とは，望ましい社会生活をなしうる態度や能力，資質を意味する。

アメリカの精神科医カナー（Leo Kanner, 1894～1981）は社会化の達成が最終的な成熟であるとして，社会適応の課程を「基本的社会化」「家庭内の社会化」「地域での社会化」に分けている。

エリクソン*は，児童期には周囲の社会環境を支配するようになるが，満足が得られずに不適応状態に陥ると考えた。そのための発達課題を「勤勉」とし，不適応の背景に「劣等感」があるとしている。この時期には集団に入り，その集団の中で評価されるように知識や技能，技術，感性を学習し，人間関係を保つための知恵を修得していく。遊び，勉強，学校での集団活動など，他の人々と一緒にさまざまなことをすること，多くのことをまわりの子どもたちの中から学ぶこと，を勤勉としている。しかし，集団活動ができなかったり，集団活動に対する意欲や希望を失ったりすると，劣等感やどうすることもできない意識に悩み「孤独なエディプス時代」へ退行する，と指摘している。

さらに，学校生活などに参加する希望を失った者同士が，同じような仲間と集団行動を行なうことで，逃避や退行への不安から逃れようとするケースも少なくない。このようなケースには，しばしば反社会的な行動を伴うことがある。

非社会的行動には，(1) 社会性が未発達なために対人関係を保てずに適応できないケース，(2) 心身に何らかの問題があることが原因となって対人関係が保てず適応できないケース，と大きく2種類に分けられる。いずれの場合も，心身の健全な発達を阻害するという点から問題行動の一つと考えることができる。

社会性が未発達だと，適切な対人関係を保つことができない。白紙の状態で生まれた子どもは成長過程の中で，多くの体験を通して，望ましい社会生活の仕方や知恵を身につけていく。その課程を「社会化」という。社会化が不十分で精神的に成長していないと，年相応の考え方や常識が理解できず，その結果，世間が自分を受け入れてくれないという意識から周囲との接触を避けるようになり，対人関係に不安や苦痛を感じるようになって孤立を招いてしまう。

たとえば，神経質，完全主義，過干渉，情緒不安の親に育てられた子どもには，人間関係を保つために必要な幼少の頃からの集団適応に要求される学習が不十分なことがあり，不登校になる確率が高い。さらには，親の無神経さから，通学を強要され，家庭内暴力や引きこもり状態に陥ることがある。社会的な人間関係は家庭内の人間関係が基礎となり培われるものであり，学校や地域での人間関係も当然影響を受けると考えられる。

また，性格的に内気で神経質な人の場合には，不安や恐怖，こだわり，葛藤，劣等感などが高まり，他人から何か言われたり，言われたことに対して思うように自己表現できなかったり，本人にとって恥ずかしいと思うような体験をさせられたりして，本人が対人関係を苦痛と感じてしまうようになると，自ら人との接触を避けるようになってしまうことがある。その結果，社会的な引きこもりを招いてしまう。

このような状態の改善には，教育相談室や心理カウンセラー，思春期外来や精神科医師などの専門機関での指導や受診が重要になる。

情緒的，社会的に未熟なために，周囲とのコミュニケーションが十分にとれず人間関係が保てなくなることが多いため，学校教育においても相手を受容し，自己表現力を高める教育が重視されるようになってきている。さらには教育相談の充実をはかるために，学校へのカウンセラーの配属なども具体化されている。

〔五十嵐克史〕

⇒自死と自死防止，自閉的障害，反社会的行動

文献 1. J-上里・飯田・内山・小林・筒井監修, 1989；2. 加藤諦三『アメリカインディアンの教え』扶桑社, 188p., 1994；3. F-下司, 1991；4. 近藤薫樹『集団保育とこころの発達』新日本出版社, 201p., 1975；5. 仙崎武・渡辺三枝子・野々村新編著『生徒指導論』福村出版, 205p., 1991；6. J-牧田, 1982；7. 森崇『青春期内科診療ノート』(講談社現代新書) 講談社, 196p., 1987

ビジョン心理学 psychology of vision

ビジョンを生き，すべての人と最高のパートナーシップを築くことによって成長を目指す，愛と恩恵の心理学。

ビジョン心理学は，チャック・スペザーノが1977年に創始した実践的な心理学の理論で，70年代にセラピストとしてドラッグ中毒患者のリハビリテーションに関わった経験から編み出されたものである。そのなかで彼は，問題自体を解決するよりも，人生の目的すなわちビジョンをもつことが心理的な問題から開放される近道であると考えた。治すのでなく，ビジョンをもつことで人は癒されるのである。実際のセミナーでは，トレーナーの直感によってヒプノセラピー，ゲシュタルト，ロールプレイ，NLP，誘導瞑想などさまざまな手法を用いて，人間関係のなかで気づきがおこるようにしている。

その理論は，深層心理学の知見にもとづき，ニューエイジの影響も受けて，人の心を四つの層から成るとする。すなわち私たちが普段感じたり考えたりしている表面意識，胎児期・幼児期から現在に至るまでのさまざまな記憶がしまわれている潜在意識，自分の家族や先祖，民族や人類の過去がしまわれている無意識，そして一番奥底に高次の意識，真の自己であり，自然や宇宙と結びついている愛のエネルギー，ハイヤー・マインドがある。セラピーは，潜在意識，無意識に働きかけて，問題の根底にあるパターンを癒すのである。

ビジョン心理学では次の三つの側面を大切にする。

(1) リーダーシップ：リーダーシップの原則は，助けを求めている人の声を聴き，友となること，自分を与え，つながることである。自分の傷や痛みに直面しながら，もっと助けを必要としている人がいるのを見出して，自分の傷を越え，リーダーとして生きることを選択する。

人間関係で勝ち負けを作らず，まわりの人とのパートナーシップを通して，全員が勝つことを目指す。

(2) リレーションシップ：まわりの人は，自分の心を写す鏡である。もし相手の中にいやな部分を見つけたなら，それは生育過程で自分のいやな部分を心の奥に埋めてしまったのを，いま，相手に投影して見ているのである。まわりの人が示しているのは，自分が子どもの時に捨ててしまったもので，相手がいるからこそ，自分の中の分裂した断片に気づくことができる。そして相手を受け入れ，自分を受け入れ，人とつながることによって自己を癒し，回復するのである。

(3) スピリチュアリティ：魂，霊性を大切にし，自分の力だけでなんとかしようとすることをやめて，ハイヤー・マインドに任せた時，天の恩恵がやってくる。

スペザーノはまた，人の成長の道筋として「三角モデル」を提起した。これによれば，人間の魂の成長過程は，依存→自立→相互依存というプロセスをとる。「依存」の段階では，真実ではない女性性を表し，未熟で被害者的である。この段階で裏切られ，拒絶されたと感じると，傷ついて，人との関係の扉を閉ざしてしまい，自分の人生を自分の力で切り開いていこうとして自立の段階に移行する。これは，真実ではない男性性を表す。自分で判断して行動することができるが，自分の肩にかつごうとして他から受け取ろうとしないため，幸せを感じることができない。次の相互依存の段階に至ってはじめて男性性と女性性のバランスがとれ，切れてしまった関係の配線がつながって与え合う愛，一体感，親密さ，分かち合い，共感，癒しを味わうことができる。しかし，そこに至る過程にはさまざまな罠があり，それらをうまく切り抜けなければならない。

自分がなろうとしているもの，すなわちビジョンを実現しようとする時，過去の記憶がそれを妨害する。実際，思考や行動の90％以上は，過去の体験が作り出したもの，考え方，感じ方，反応のパターン，セルフイメージ，に知らず知らず縛られている。そこで過去に握られている人生の主導権を取り戻し，意識的に未来を思い描いてビジョンを生きることによって，現在を支配することができる。ここで過去かビジョンかの選択を迫られるのであるが，いまの現実が変化するのを恐れる気持ちから，心は変化を望まないことがある。エゴの正体は，成長の過程で体験した傷や痛みであり，未知のものや変化に対して恐れや不安を生じさせるのである。自分が大きく変わる可能性がある時ほどエゴは抵抗するものだが，そこには大きなチャンスがあるわけで，自己防衛を捨ててエゴを越えれば，ビジョンに近づく。そして自分が変われば，まわりが変わる。ビジョンとは，意識的に生きることの選択と決意であり，目の前の現実に責任をもつ時，現実の主人公になって状況を変えることができるようになるのである。

前進のチャンスは，しばしばトラブルの形をとって訪れるが，問題の下には必ず人生の目的とギフトが隠れている。それぞれの人生の目的があまりにも大きすぎて背負いきれないために，人はわざわざ問題を作ってしまうのだと，ビジョン心理学では考える。ゆえに，問題を解決することは，同時にギフトを受け取ることになるのであり，そこにこそ，その人の才能と人生の目的が見出される。

人間関係の問題は，相手が自分のニーズを満たすために存在すると考えるところから出てくる。相手は，そのニーズに使われないように身を引き，それぞれが自分の立場を主張して闘いが始まる。そこから抜け出すには，お互いに与え合う関係を創造していく必要がある。与えるだけで満たされていくのが真実の愛であり，愛を与える時こそ，自分の価値と自分を愛する心を受け取れるのである。期待と犠牲は，愛の本質を損ってしまう。期待とは，見返りを求めることであり，犠牲とは，愛を失うのを恐れて相手のために払う自己犠牲である。愛の危機を乗り越えるためには，ともに成功するように，ビジョンを分かち合うことである。人生のどの段階でもパートナーとの争いはあるが，創造とビジョンを共有してそれを越えれば，蜜月と同じ次の段階に進むことができる。人とつながり，自分を与えることで，人は成長していけるから

である。　　　　　　　〔今村恵津子〕
⇒ゲシュタルト療法，ロール・プレイング

文献　1. 栗原英彰，祢津弘美『こころのビタミン』現代書林，217p., 1996；2. スペザーノ, C., 高橋裕子訳『30日間で理想のパートナーを見つける法』ヴォイス, 214p., 1994；3. スペザーノ, C., 大空夢湧子訳『傷つくならば, それは愛ではない』ヴォイス, 471p., 1997；4. スペザーノ, C., 伊藤由紀子訳『30日間でどんな人でもあなたの味方にする法』ヴォイス, 208p., 1998；5. スペザーノ, C., 栗原弘美訳『幸福は最大の復讐である』ヴォイス, 164p., 1999

悲嘆カウンセリング　grief counseling
愛するものの死などさまざまな喪失体験によって引きおこされる悲嘆の解決を心理的に援助すること。

人間はたとえば愛する人，夢，健康などかけがえのないものを失った時，悲しみ，嘆く。胸が締めつけられるほどのつらく切ない気持ち，ときには憤り，哀願し，取り返しのつかない事態に溜息をつき，涙する。悲嘆反応は孤独や絶望感，さまざまな身体症状，ときには妄想や引きこもりなどを伴い，危機的な状況を呈する。しかし，これらは基本的には喪失体験に対する自然で正常な反応であり，むしろ，こうした反応があるからこそ，耐え難い喪失体験を受け止められる。

たとえば正常な悲嘆反応は次のような過程をたどる。(1) 呆然(麻痺，非現実感，パニック)，(2) 抵抗(否認，苦悶)，(3) 怒り(不当感，敵意，罪責感)，(4) 抑うつ(空想，無関心，孤独，無力感)，(5) 諦め(回想，受容，平静)，(6) 希望(解放，決意，再生)。

人は受け入れがたい苦痛に出会った時，何らかの緩衝工作をしながら徐々にそれを乗り越えていく。「日薬」といわれるように時間の経過が役に立つし，わけもわからず泣いているうちに現実がしっかり見えてきたり，涙を流すことで気が晴れてくることがある。また，思い出に浸ることが心を浄化することもあろう。一方，逆に無理をし，あわてて現実適応しようとすることで障害がおきることがある。たとえばパニック状態にありながらも「しっかりせねば」と平静さを装う。事態を非現実感によって隔絶し，行動する自分と感じる自分をむりやり切り離そうとする。その結果，自我が極端に引き裂かれる恐れがある。また，怒りの表出を抑圧するとその攻撃性が自己破壊(自死)に向かうことがある，など。

悲嘆はその過程を通じて次のような仕事をなすと考えられる。(a) 喪失についての現実感をもつ。(b) 気持ちに正直になることで，喪失を過不足なく受け止める。(c) 喪失後のさまざまな障害をクリアし，適応のための準備をする。(d) 失ったものに「さようなら」を言い，それなしに生きる新しい人生のスタートラインにつく。(e) これらの仕事を行なうための時をかせぐ。

この過程をとばしたり，抑圧することなく体験することで，その仕事を完遂させることが大切であり，援助の目的もそこにある。

悲嘆の仕事がうまく達成されないと，新しい人生が始められないだけでなく，病的な悲嘆反応がおきることがある。悲嘆の仕事を阻む過剰な身構えが認知や感情にひずみを与える。防衛によって内的な傷も生まれる。喪失という精神的外傷にこうしたひずみや傷が加わることで症状が複雑に，わかりにくくなり，解決を難しくしてしまう。病的な悲嘆反応としては慢性的，時期はずれ(遅延化)など悲嘆が終わらないケース，喪失対象以外にも罪責感が及んだり，全生活が不安感に覆われるなどの誇張された悲嘆，身体症状や不適応行動の仮面で装い，喪失の認識をもたない場合などがある。このような病的な悲嘆を扱う場合を「セラピー」としてカウンセリングと区別する人もいる。悲嘆の仕事のどこが滞っているか，それを阻んでいるのは何かをまず見つけ出すことが必要になる。

喪失体験は心理的な外傷だけでなく，現実問題として生活上の大きな負担を伴うことが少なくない。そのために無理をせざるを得なくなる。また，失くしたものは，もともと心の支えであったはずであり，それを欠いた心はもろくなるか，守りを固めてかたくなになるかであろう。したがって，他者の支えが大きな意味をもつ。愛ゆえに別れや悲しみが生まれるが，それを癒すのもまた人の愛といえようか。

援助者の役割としては次のようなことがある。（i）悲嘆を時で癒すよう，中・長期的な見通しをもつとともに，必要な時期にそばにいる（接触をもつ）ようにする。（ii）（わかってはいるが認めたくないというような）あいまいな気持ちに寄り添いながらも，喪失を現実のものとして認めるように援助する。（iii）悲嘆の過程を理解し，ことばにできる感情もできないものも，抑圧することなくできるだけ表現するように促す。（iv）失ったものなしに生きていく気持ちと行動の準備をサポートする。（v）病的な反応を識別し，必要に応じて精神科医などにリファーする。

悲嘆の強さや内容は①当事者の年齢，性別やパーソナリティ，および環境，②失ったもの，およびそれとの関係，③失った状況（特に予期されたものか否か），によって大きく違ってくる。そもそも喪失体験はプライベートな出来事であり，悲嘆反応は固有のものである。したがって，援助者はその個人差を大いに認識し，柔軟な対応を心がける必要がある。一方，悲嘆はまた人生において誰もが直面する普遍的な感情でもある。それだけに援助者は自分の体験が呼びおこされ，混乱したり傷ついたりすることがある。限界を認識し，自分自身が燃え尽きてしまうことのないよう注意したい。しかしもちろん，つらいばかりではない。悲嘆は喪失から誕生への橋渡しの作業である。病的な悲嘆に陥る危険性をもちながら，喪失という大きな荷を引き受け，より豊かな人生へと旅立っていく姿は感動的でさえある。援助者はそれに立ち会える喜びがあろう。

残念ながら，日本では悲嘆への援助に関する実証的な研究が遅れている。大地震で被災した住民に向けての心理的ケアの手引書の作成，犯罪被害者相談室，赤ちゃんを亡くした人のためのサポート・グループなど社会的な取り組みもないわけではない。しかし，航空機事故などの際のマスコミの遺族へのインタビュー，補償問題の折衝など悲嘆についての理解や配慮が不足した場面も間々見られる。また，日本人の場合は専門家というより，まず身近な人の援助がなじみやすく，重要なのかもしれない。しかし，その割には核家族化が進み，病院での死が圧倒的に多いなか，「死」についての感じ方が変容してきており，悲嘆代理者（死にゆく者を心から悲しんでくれるのは家族ではなく，医療や福祉の担い手）という呼び名も耳にするようになった。喪失体験や悲嘆反応は，社会によってまた時代によっての差異も大いにあるだろう。調査・研究そして理解の必要が高まっている。

〔村田京子〕

⇒グリーフ・ワーク，喪失，悲嘆反応，ホスピス

文献 1．A-ウォーデン，1993；2．小西聖子『犯罪被害者の心の傷』白水社，260p.，1996；3．野田正彰『喪の途上にて』岩波書店，392p.，1992；4．I-平山・斎藤編『現代のエスプリ』No.248，1988

悲嘆の仕事　⇒グリーフ・ワーク

悲嘆反応　grief reaction

人間が体験するもっとも激しい情緒状態の一つであり，文字どおり嘆き悲しむ心理状態を指し，苦痛，空虚感，絶望的な感情が現われる。

悲嘆反応は，喪失の体験から人間が受けるストレスを克服しようとする健全な，適応的分離過程であり，ストレスを及ぼすものに対する一種の適応反応である。

英国の精神分析学者・児童精神医学者であるボウルビイ*によると，「悲哀は，喪失によってもたらされる一連の意識的，無意識的なすべての心理過程を指し，悲嘆とは，対象喪失によって，苦悩に陥っている人物や，また多少ともあからさまな態度で苦悩を表現する人物の状態のこと」である。対象喪失とは，その人がもっている，意味のある何かが奪われる状態，また，なくなってしまった状態をいうが，これが引金となって悲嘆反応が起こるのである。対象喪失には以下のようなものがある。

（1）愛情や依存の対象の喪失：この喪失の中には，死別や離別，失恋，子どもの成長に伴う父母の子離れ，子どもの親離れ，など。

（2）地位や役割の喪失：職場での転職や退職，また家庭での役割（父，母，妻，夫など）を失うこと。

(3) 身体的自己の喪失：疾病や外傷，手術などによって身体の一部やその機能を欠損すること。

(4) 慣れ親しんだ環境の喪失：転居や転勤，海外赴任，進学，転校など，これまで慣れてきた土地や環境（人的，物的）からの別れ。

(5) 自己の所有物の喪失：大切にしていた宝物や財産，能力を失うこと。

(6) アイデンティティの喪失：自分の誇りや理想，信念，自信や自分のあり方の喪失。

人間が体験できる恐れ，喜び，不安，愛情，怒り，悲しみ，驚き，といった多様な情動は，すべての人間に伴う健全な状態である。悲嘆反応は，愛する人，物の喪失に対する情動反応として，誰もが生涯のあるときに体験する普遍的なものであり，それを経ることによって喪失に対して適応していくことができるようになるために必要不可欠なものである。これは，通常，時の経過と共に変化し，一つの過程をたどるが，それが健全な適応に向かう正常な悲嘆反応の過程と，抑圧された病的な反応の過程とがある。現実に適応するまでの長さは，その人が健全な方法で充分に悲嘆作業を行なっていたかどうか，にかかっている。個人の悲嘆反応を理解するためには，その個人のパーソナリティ構造だけでなしに，失った対象との関係パターン，それに対する価値のおきかたをも考慮にいれる必要がある。パーソナリティ構造について言えば，いろいろ困難な状況に対して柔軟に対処していけるか，あるいは非常に固定した条件のもとでだけしか状況を処理していけないか，という二つに大別できる。

適応的な反応は，不意の喪失，出来事に対する心づもりや，喪失体験が緩和される，という終始一貫した経過をたどる。それに対して，不適応反応あるいは病的な反応は，さまざまな経過を呈し，これは何かが正常な経過を妨げていることを意味しており，意識的，あるいは無意識的に情動が抑圧されていることからくる反応なのである。このことは，自分の中でおこっている感情を否認したり，他に対する関心の欠如，あるいは情動の世界に関わるすべての面での内面化として現われる。一時的に感情を抑えることは，悲劇に対する初期の事態に対処するために，時には必要であるかもしれないが，長時間にわたって情動を抑えることは，最終的には効果的な適応を妨げることになる。たとえば，いつまでも失った対象を思い続ける永続的悲嘆の心理過程をたどったり（悲嘆の遅延），喪失時には悲嘆反応が僅か，ないしほとんど無く，数カ月からときには何年も経ってから突然現われる（悲嘆の遅発），あるいはまったく悲嘆反応が現われない悲嘆の欠如などの形をとる。

悲嘆を体験する能力は，正常な発達段階の中で徐々に形成され，重要な他者との関係を構築するための能力の開発と密接な関係がある。成長と発達の過程というものは，内的，外的問題を処理していくなかで，危機を切り抜けたり，新しいやり方でそれを克服したりする経験によって，パーソナリティが豊かになっていくことである。したがって，喪失体験と悲嘆を単に否定的な経験としてとらえるのではなしに，人間としての成長の糧として肯定的にとらえ，これを乗り越えることによって，さらに人格的成熟を目指すことが，精神保健上大切なことである。
〔板垣昭代〕

⇒グリーフ・ワーク，心的外傷，喪失，悲嘆カウンセリング，ペット・ロス・クライシス

文献　1. J-岡堂・鈴木，1987；2. J-カプラン，1968；3. E-スチュアート・サンディーン，1986；4. J-デーケン・メヂカルフレンド社編集部編，1986；5. E-ボウルビィ，1991

ピック病　Pick's disease
特有の人格障害を呈する初老期知情意低下症（旧称：痴呆）。

プラハ大学のピック（Arnold Pick）が初めてこの病気を発見し，「進行性限局性脳萎縮」という診断名で発表した（1898）。50代，60代といった初老期に発病することが多いが，37～73歳のこともある。初期に特有の人格障害を呈し，次第に記銘・記憶の障害を伴う知情意低下症が進行するもので，脳血管性知情意低下症や同じく初老期知情意低下症のアルツハイマー病に比べて，出現はまれである。大脳は全般的に萎縮するが，特に強く限局した部位によって前頭葉型，

側頭葉型，頭頂葉型などに分類される。このなかで最も多いのが前頭葉型と側頭葉型である。光学顕微鏡では，大脳皮質および皮質下白質に高度の神経細胞の脱落と，膠質症（グリオーシス）が観察される。また，ピック細胞またはピック小体と呼ばれる胞体が異常に腫大した細胞が見られ，核周囲の胞体内に嗜銀性の物質（嗜銀球）を貯留していることが特徴である。萎縮部の皮質に対応する白質には，髄鞘の脱落が見られる。

ピック病の原因はまだ不明であるが，家族性に出現することがあり，一種の遺伝性変性疾患または系統的変性疾患の疑いがある。

次に，症状および8〜10年にわたる経過を3期に分けて詳述する。

初期から抽象，判断，自己批判能力を失い，社会的行動異常，注意力低下，情動の弛緩，道徳心・抑制力の低下などが前景に出てくる。これまで通常の社会生活を送ってきた者が特別な理由なしに社会や家庭に対して無頓着になり，自己中心的で抑制に欠けた行動を示し，不正，虚言，性的逸脱行為，暴力，窃盗などの犯罪的行為に陥りやすい。これらに対して注意を与えても反省がみられず，人格水準の低下が著明である。他人に対して真面目に接することをせず，相手を無視したり小馬鹿にしたようにふるまい，時に怒りっぽく，あるいは上機嫌で冗談を言ったりする。他方，要素的な知的能力や記憶の障害は，ほとんど目立たない。活動性については，多弁，多動，外出や徘徊が多く，衝動的行為がみられ，多幸症，児戯症を呈する型と，無関心，無欲で自発性減退を示す型とがある。この他，種々の常同症（同じことを繰り返す行動。いつまでも両手をこすり合わせ続ける，など）が目立ち，大食する。

中期には，病状の進行に伴い，記憶障害，記銘障害が現れ，言語面では滞続言語（同一または類似した語句が日常会話の中にたえず反復して挿入される現象）が特徴的に現れる。健忘失語や，超皮質性感覚失語（他人のことばを理解できない），反響言語（他人のことばをすぐに繰り返して言う。「ご飯を食べたか」と尋ねると「ご飯を食べたか」と答える，など）を伴うこともある。この時期には，初期の症状が一層明確になり，前頭葉型では，自発性欠如から無表情，感情鈍麻を伴う完全な無為に，側頭葉型では，児戯症（幼児のような落つきのない行動），衝動行為などを伴う精神運動性興奮が前景に出てくる。

末期には，精神荒廃が著しく，無言，筋固縮（筋肉のこわばり），寡動などのパーキンソン症状が出現する。最終的には，寝たきりとなり，拘縮（関節の固定化）も目立ち，3〜2年ほどの経過で死の転帰をとる。

現在，ピック病に対する根本的な治療薬はないが，前頭葉や側頭葉の血流が低下することから，脳循環改善薬や脳代謝賦活薬を使用することがある。また，人格変化に伴う脱抑制行為や逸脱行為に対しては，向精神薬が有効なこともある。

ピック病では，特有の人格障害が初期から見られるため，遅発性の統合失調症との鑑別が重要である。また，アルツハイマー病との鑑別は，ピック病では初期の記銘障害や知情意低下症は軽度で，滞続言語が見られ，対人関係が早期から高度に障害されることによってなされる。総合病院の神経内科へ照会するとよい。

〔今村恵津子〕

⇒アルツハイマー病，高齢者の知情意低下症，失語症，高齢者介護

文献 1. 濱中淑彦『臨床神経精神医学：意識・知能・記憶の病理』医学書院, 477p., 1986；2. 宮岸勉・十束支朗・柿本泰男編『標準精神医学』医学書院, 310p., 1986；3. レイ，R.・ポスト，F.，加藤伸勝監訳『老年の精神医学』医学書院, 358p., 1985

PTSD（心的外傷後ストレス障害）に対するカウンセリング counselling for the PTSD

PTSDに悩むクライエントに対するカウンセリング。

PTSD (post-traumatic stress disorder, 心的外傷後ストレス障害，外傷後ストレス障害）の概念は，1960年以降ベトナム戦争体験者の心理行動上の特有な症状が社会問題化したことに起因する。PTSDとは，戦闘体験，自動車・航

空機事故，火災，地震，津波，拷問，ホロコースト，虐待(レイプ，児童の性的虐待)，サリンなどの有毒ガスや有害物質，原発事故に関係する放射能汚染などから生じるストレスが，「心理的に苦痛な出来事で，通常の人間の体験(死別，慢性疾患，本業の失敗，夫婦間の葛藤などを超えたもの)に続く強い恐怖，驚愕，絶望などを伴って経験される症状」として現れる場合をいう。

(1) 外傷事件の生々しい再体験，(2) 事件に関連した刺激の極度の回避，または広汎な反応性の麻痺，(3) 覚醒の異常な増強を特徴として，そうした症状が1ヵ月以上持続する場合をPTSDと診断し，判定する。

こうした症状には急性のもの（心的外傷後3カ月以内に発症），慢性のもの(外傷後3カ月以後に発症)，遅発性のもの(外傷後6カ月月以降に発症）の3種に分類される（アメリカ精神医学会による精神障害分類DSM-IV, 1994による）。医療とともに心理的ケア（心のケア）が必要となる。不安障害の一つであり，次のような症状が見られる。(a) 外傷と関連した，または外傷を想起することで興味の減退，周囲への無関心，疎外感，感情の萎縮，未来の短縮化がみられる。(b) 苦痛な出来事が繰り返し意識に上る，その夢を見る，体験の再現状態を感じ心理的苦痛・生理的反応が出現する。(c) 睡眠困難，イライラ，怒りの爆発，注意集中の困難，過度の警戒心，類似状況における身体反応の出現。

カウンセリングでは，感情，行動に関する症状がある場合には，このような症状は個人にとって特異なことでなく正当な感情であると告げ，対象により関わり方の違いはあるとしても，次の点に心がける。

（i）感情的なショック状態に対しては，相手のことばをまず聴いて，安全であることをことばで強調して確認させる。また，このような状態は正常のことであると安心させる。

（ii）恐怖が強く，落ち込みが激しい場合には，安心できる場所を確保したり，家族や大切な人に側にいてもらうようにして，家族との連携を大切にする。

（iii）人間関係が難しく，孤独感を感じているならば，窓口になる家族，友人を探し，話しやすい話題を提供して問題を解決するための援助をする。

（iv）話すことに困難を感じている場合は，無理強いせずに時を待つ。また相談室に来たがらないクライエントに対しても，何らかの方法でコンタクトをもつか，カウンセラーがクライエントの方に出向くことも必要である（たとえば阪神大震災の罹災者の場合など）。

（v）ラポールを作るには，クライエントの現状をそのまま受容，尊重する柔軟性に富んだ謙虚な姿勢が有効である。

（vi）同様な体験をした人とのグループ・ワークも有効な場合がある。この場合，秘密の保持，話したくなければ沈黙していてもよいこと，人のためでなく自分のためにのみ話すこと，などをグループ内で約束をして，安心感を与える。クライエントが他者の話を聴くときには，批判・評価・先入観をもたずに聴き，過度のディスカッションを避け，感情的になりすぎたり，自分をさらけ出しすぎないように，と教えておく。ファシリテーター（グループで話しあう場合に，グループが自主的に発展していくのを見守り，どうしても必要な際にだけ発言する世話人）は，すべての参加者が話せるように配慮することも大切である。このことは相互の尊重と信頼関係を深めるのに役立つ。

PTSDに対処するためには，実用的かつ有効的な心理療法の開発，カウンセリングの実践的プログラムの開発が必要である。また，個人的外傷体験（死別体験，虐待，レイプなど）のみならず，震災，津波，事故などの罹災者への援助には，地域精神保健サービスとの積極的ネットワークづくりも必要である。地域の医療チーム，教育，精神保健関係者との連携が不可欠となる。悲嘆の状態が長引くときには専門家へのリファーも必要になる。　　〔鷲見復子〕
⇒アダルト・チルドレン，インナー・チャイルド，近親相姦，グリーフ・ワーク，心的外傷後ストレス障害（PTSD），悲嘆反応

文献 1. アメリカ合衆国災害対策本部（U.S. Department of Health and Human Services）本田恵子ED. D. 訳『大災害時におけるヒューマン・サービス従事者のト

ーニングマニュアル』, 1995；2．ウォーデン, J.K., 鳴澤實監訳, 大学専任カウンセラー会訳『グリーフ・カウンセリング：悲しみを癒すためのハンドブック』川島書店, 244p., 1993；3．河合隼雄編著, 日本臨床心理学会・日本臨床心理士会著『こころを蘇らせる：心の傷を癒すこれからの災害カウンセリング』講談社, 372p., 1995；4．藤森立男・藤森和美『災害を体験した子供達：危機介入ハンドブック』北海道教育大学函館校人間科学教室, 1995（非売品）；5．藤森立男・藤森和美「北海道南西沖地震災害による被災者の精神健康に関する研究」『季刊　精神科診断学』No. 7, 医学振興社, pp. 65-76, 1996；6．G-Task force, 1994；7．*Training Manual*, The Dougy Center for Grieving Children, Portland, Oregon, USA

ヒポコンドリー　⇨心気症

肥満　obesity
脂肪組織が過剰に蓄積した状態のこと。
　肥満を正確に測定するためには体脂肪量の測定が必要であるが，身長に対する体重の比率は脂肪の蓄積量に関係が深いので，身長・体重比による測定方法が一般的である。肥満を判定する指数として，カウプ指数［体重(g)÷身長(cm)^2×10^4：乳幼児に使用］，ローレル指数［体重(kg)÷身長(cm)^3×10^7：学童に使用］，ブローカ桂変法［{身長(cm)－100}×0.9：成人に使用］が主に用いられてきた。現在，国際的に最も広く使われている体格指数は BMI (body mass index) で，体重kg/{身長(m)}^{2}で求められる。日本肥満学会では，この BMI と疾病・異常の合併率を参考に，標準体重を提言し，さらに，肥満度の算出方式として肥満度(%)＝(実測体重－標準体重)÷標準体重×100と定めた。肥満度が±10％の範囲が普通，＋10％〜＋20％未満を過体重，＋20％以上を肥満としている。
　肥満には，原発性肥満（食習慣，運動不足，環境因子，遺伝的要素などによっておこるもの）と，二次性肥満（原因となる疾病が起因するもの）の 2 種類がある。肥満者の95％が，原発性肥満である。医学的にみて減量治療の必要な肥満を「肥満症」といい，単なる「肥満」と区別する必要がある。また，同程度の肥満でも，治療を伴う肥満とそうでない肥満があることを分別することも必要である。
　アメリカの生命保険会社が肥満度と死亡率について調査を行なったが，肥満度が20％を越えると死亡率は正常体重者のおよそ1.2倍，肥満度が40％を越えると1.5〜1.6倍，50％以上では 2 倍近くにもなるという結果になった。これは，肥満が糖尿病・高脂血症・高血圧などの多様な疾病異常を合併しやすいためである。
　肥満の原因には，(1) 過食，(2) 摂食パターンの異常，(3) 遺伝，(4) 運動不足，(5) 熱産生障害（褐色脂肪細胞のダメージで貯蔵エネルギーの増大がおこり，肥満の成因になる），などの因子が，複雑に絡み合っているが，一般的には，過食と運動不足を生じさせるライフ・スタイルに関わる問題が重要な成因とみられている。これらの対策が，肥満の予防と治療につながる。なかでも，過食の原因にはインスリンの過剰分泌，体内ホルモンのバランスの乱れがあるが，ストレスの影響も大きい。不安や心理的ストレスから逃れるための過食は，空腹でなくても物を食べるという代理摂食で，「気晴らし食い」「いらいら食い」などと呼ばれる。食べることでストレスを解消しているわけである。これらの行動が一定の範囲を超えた場合は摂食障害を引きおこすことになる。
　肥満の原因を成長過程によってみよう。(a) 胎児期から幼児期：妊娠中の母親の栄養過多，母乳から乳児食製品への早期移行と栄養バランスに問題のある製品の存在。(b) 学童・思春期：両親の離婚，自分の病気や入院，転校などの出来事がきっかけとなることが多い。特に，思春期では，自分に対し歪んだボディ・イメージをもち，神経性食欲不振症などの摂食行動異常をおこす場合もある。(c) 青年期：抑うつ不安や心理的ストレスからの逃避による過食は，思春期から青年期の女性に，特に目立つ。神経性食思不振症や多食症を含めた心因性摂食行動異常がみられる場合は，精神科あるいは心療内科を受診し，診断を受けることが大事である。(d) 成人期：女性では，結婚・妊娠・出産・閉経，男性では就職・結婚・子供の誕生・転勤・昇進などがきっかけとなる。
　肥満の治療法として，食事療法，運動療法，行動療法，薬物療法，外科治療法などがある。行動療法は，不適切な食習慣，摂食行動を本人

が認知し，修正し，ライフ・スタイルの改善をはかりながら減量する方法である。個人を個別に治療する場合と，グループを形成して，相互扶助的な連帯感，グループ成員による賞賛や励ましを相互に与えることにより，好ましい行動の強化をより効果的なものにすることができる。また，家族や友人の援助も大きな影響を与えるので，生活上，身近にいる者の協力は大切である。心因性でおこる肥満には，精神的，心理的な援助により，肥満の背後にある情動・葛藤を解消することが重視されてきている。そのためには，肥満が医学的なものか心因的なものか，的確な診断を行なう。心理的トラブルであれば，共感と傾聴を主体としたヘルス・カウンセリングを行ない，個人の悩みや困難の解決を通して，望ましい人格形成が遂げられることが目的ともなる。そういう意味では，ただ，医学的に肥満を解消し健康な体重を維持するということだけに終わらない。

肥満は，社会的な背景も含めたいろいろな要因からおきる「生活習慣病」ともいえ，治療は難しく，脱落者も多い。肥満者のロールシャッハ・テストによる，パーソナリティ分類についての千葉大学グループの研究などもあり，今後は，医学だけでなく性格心理学やカウンセリングなどの多方面からの協力システムを統合して，より効果的な治療法の開発が期待される。
〔佐藤洋子〕

⇒カウンセリング，葛藤，結婚，行動療法，思春期，情動，性格心理学，摂食障害，パーソナリティ，ボディ・イメージ，離婚

文献 1. 飯田真・笠原嘉・河合隼雄・佐治守夫・中井久夫編『食・性・精神』(岩波講座精神の科学 5)岩波書店，354p.，1983；2. A-國分編，1995；3. 坂田利家編『肥満症治療マニュアル』医歯薬出版，212p.，1996；4. 徳永勝人編『肥満Q＆A』医薬ジャーナル社，179p.，1997；5. 日本肥満学会肥満症診療のてびき編集委員会編『肥満 診断・治療・指導のてびき』医歯薬出版，254p.，1996；6. 日本肥満学会肥満症診療のてびき編集委員会編『肥満・肥満症の指導マニュアル』医歯薬出版，190p.，1997；7. 村田光範・山崎公恵『こどもの肥満』日本小児医事出版社，162p.，1996

評価 ⇒アセスメント

表象，観念 idea, presentation, representation

感覚の複合体として心に思い浮かべられる外的対象の像。内容・記憶・知覚像など，心に生起するもの。直観的な点で，概念や理念の非直観作用と異なる。心像。

自分以外の外界の事象・対象やそれに働きかける活動を何らかの手段で代表する働きやその代表物を指す。行動上の差異を説明する場合の観念として用いられることが多い。

たとえば将棋の初心者とプロの対局の記憶の方法の違いなどを指して，両者の表象が違っているなどという。

「表象」ということばは以下の5通りの用いられ方をしている。

(1) 一般には「観念」と同様の意味に用いられることが多い。(2)「感覚」と対立的に用いられ，「感覚」が，客観的刺激によって生じる単純な意識内容であるのに対して，「表象」は，外的原因がなく，内的原因から生じるものとする説もある。(3) 知覚表象，記憶表象など直観的意識内容を指す場合もある。(4) 知覚に対して，再生心像による対象意識のみを「表象」とする場合もあり，「再生表象」と呼ぶ。(5)「概念表象」と呼ばれ，対象意識の非直観作用の性質をもつ概念に名づけられるものもあり，ビネー*やシャルコー(Jean Martin Charcot, 1825～93)などによる視覚型，聴覚型，運動型，混合型などの分類がされている。

(a) 表象的思考：ピアジェ*によって考察されたもので，人間の発達的変化は，1歳半頃までは外界を感覚運動的に知り，その後は感覚運動的シェマが心の内部で引きおこされるようになり，それが表象的思考(内化したシェマ)と呼ばれる。表象的思考は，前操作的，具体的操作，形式的操作という3段階をたどるとされ，表象的思考では，外界の対象となるものが実際に知覚しえない時でも，その活動や対象を自由に思い浮かべることができなければならないとされる。感覚運動的段階の模倣と遊びの発達を通して，象徴機能が獲得されて表象の思考になっていく。

(b) 動作的表象，映像的表象，象徴的表象：

ブルーナー（Jerome S. Bruner, 1915～）は，動作によって知ること，イメージによって知ること，記号や言語によって知ることを，それぞれ，動作的表象，映像的表象，象徴的表象と名づけて，区別した。人間が，あることを「知る」場合，動作的表象，映像的表象，象徴的表象，の順で新しく「知る」手段を獲得していき，次々に概念を膨らませていくことができる。また，これらの表象のシステムはそれぞれ独自性をもったうえで，互いに関連し合っている。

(c) 表象型：表象像の種類は，視覚的心像，聴覚的心像，運動的心像の三つに分けられ，想像や想起，学習，思考などの場合において，どの心像が主として働くかは，個人により異なる。視覚的心像が優勢な人にとっては，文字や数字，資料の図式などにおいて，視覚的処理が優先される。その場合，形の記憶が優先的な場合と，色の記憶が優先的な場合というように個人差がある。聴覚的心像が優勢に働く人は，想像や想起の場合，人のことばの音声的特徴や事物の発する音響のような聴覚的情報を好む。運動的心像が優勢に働く人は，想像や想起において，自分自身の身体的動作や発言，発声，筆記動作などから表象像を得る。さらに，前記の混合タイプの場合も多く，対象の直感的内容の再生が優勢なタイプは「事物表象型」，言語的再生が優勢なタイプは，「言語表象型」とすることもある。

(d) 表象力学説：ドイツのヘルバルト*が考察したもので，彼は，表象とは独自の力で他の表象に作用したり，作用されたりする力学的・能動的なものと想定した。表象においての明瞭さや不明瞭さは，その表象から人が受ける禁止や抑制の総量に比例するというものである。たとえば，赤い色や青い色という表象は相対するものであり，禁止度が大きいので双方を合わせても不完全な表象しか作れず，意識の下になってしまうが，川のせせらぎの音と川の流れる風景は，それぞれの表象の相互の禁止度が少ないので，融合表象，複合表象といわれ，意識に残ることが多い。ただし，不完全な表象も，意識の下に抑制されていても，対立する表象がなくなれば，意識の上に戻ってくる。このことをフロイト*は「精神分析学」において応用したとみ

なされる説もある。

フロイトは，精神分析の治療を「自由連想法」を用いて行ない，ことばを手段として，被分析者に，無意識的葛藤を意識的葛藤に置き換える作業をさせた。分析者は被分析者のことばによって，無意識の表象を意識化に導き，その被分析者の症状の原因を探し，その動機を解明しようとしたのである。

また，ユング*は，個人的無意識の他に集合無意識を取り上げ，これを「表象可能性の遺産」として，人類全体に普遍的なものであるとし，個人の心の中の基礎を形作るものとして重要視した。　　　　　　　　　　　　　〔原みどり〕

⇒葛藤，自由連想法，集合無意識，象徴，精神分析，フロイト，ユング

文献　1. D-河合, 1967；2. 新田義弘他編『無意識の発見』（岩波講座　現代思想　3）岩波書店, 354p., 1993

病跡学　⇒パトグラフィ

開かれた質問　open question

「何か……ありますか」「……はどうですか」などと質問し，カウンセラーがクライエントに会話の主導権を渡してしまう質問。カウンセラーにとっては，クライエントが何を考えているか，何に関心をもっているのか，どんなことを感じているのか，どんな態度をとろうとしているのか，という全般的な気持ちを広く知るのに役立つ。

たとえば「胃が痛むのですか」はYesかNoで答えれば終ってしまう閉じられた質問であるが，「どうかなさいましたか」は開かれた質問である。

クライエントは，カウンセラーからの開かれた質問に答える過程で，(1) 抑圧されている感情や態度から情動的に解放される。(2) 自分の状況を探索できるようになる。(3) 自分をよく理解して，防衛をやめ，自分のさまざまなことに直面できるようになる。(4) 自分の話を聴いてくれる相手に受容されていることに気づき，それまでは自分にもわからなかった自己を自分の一部として受け容れることができるようになる。つまり，自己概念と自己意識とが，細かく，

深くなっていく。このことは，クライエントが変化するために何をすべきかという情報を提供し，治療に役立つ。望ましい効果を作り上げるために，どんな行動がよいのかクライエントがわかれば，比較的すぐよくなる場合もある。

開かれた質問には「何か……ありますか(What)」や，「どのように(How)」で始まる質問や，「……はどうですか(How)」「……について話していただけませんか」で終わる質問がある。この時，普段の会話の調子より声の高さを少し低くすれば，より親密な感じをかもし出せる。話す速度を遅くし，確かめる色合いが強く出るようにすれば，尋問とは区別された建設的な質問になる。

「何」で始まる質問は，具体的な事項を述べてもらうのに役に立つ。「どのように」とか「……はどうですか」の質問は，経過や結果および感情面まで述べてもらうのによい。「……について話してみていただけませんか」は，もっと自由に話してもらうための質問である。

「なぜ(Why)」で始まる質問は，なるべく避けたほうがよい。理由を問うことに集中してしまいがちであり，ときにはクライエントが問いつめられているように感じる場合がある。

ブーバー*は，対話を次の3種類に分けている。(a) 真の対話：これは口で語られたか，沈黙のままだったかの区別なしに，対話者双方がそれぞれ相手と自分との間に相互性が打ち立てられることを念じながら相手に向かっている場合である。(b) 実務的な対話：これは即物的な了解をとる必要性から，話が交わされる。(c) 対話のように見せかけた独り言：同じ場所に集まった2人以上の人間がそれぞれ自分自身を相手だと考えて話しており，しかもそのことを自覚するのが苦痛なので，対話していると錯覚している場合。

カウンセリングのためには(a)が要求される。カウンセラーがクライエントに対して，心に浮かんだことをそのまま口に出す気になるように働きかけ，クライエントの話の内容と感情とを理解しようとする発展的な質問は，クライエントをよく理解するための第一歩である。

〔田丸精彦〕

⇒閉じられた質問

文献 1. A-小林・桜井, 1988；2. A-メイヤー, 1993

貧困 poverty

瞬間的あるいは一時的ではなく，ある一定期間の生活において「人間らしく生きる」ことを不可能にする経済状態。

1995年3月にデンマークのコペンハーゲンで国連世界社会開発サミットが開催され，世界120カ国あまりの首脳と2000にのぼる非政府組織(NGO)が参加し「貧困の根絶，失業の削減と生産的雇用の拡大，社会的統合」の3課題について討議が行なわれた。これが，世界規模で貧困に真剣に取り組んだ史上初の会議であった。

そこで確認されたことの概要は次のようであった。

(1) 世界人口の5人に1人(12億人，2000年)は1日あたり1ドル以下（2001年現在約120円）の収入しかなく，最低生活が保障されていない。失業者は世界で1億2,000万人，より多くの人が半失業状態で生活を保障するだけの仕事がない。

(2) 貧困ライン以下で暮らす人々の割合が30％を超す地域は，南アジア地域，サハラ以南のアフリカ地域，中東と北アフリカ地域などいわゆる発展途上国に偏在しているが，西欧諸国にも10％の失業者がいて，どの国も貧困・失業・社会統合の問題を抱えている。

(3) 国家の安全保障重視よりも，国民の安全保障重視が必要であると認識して軍事優先から国民生活優先の政治への転換をはからなければならない。

(4) 自由主義経済のあり方に反省を求めるとともに，社会保障の役割を積極的に評価することの重要性を認識する。

さらに，これを受けて貧困撲滅への取り組みを，単に所得面の貧困に注目するばかりでなく，人間開発の観点からの貧困，つまり我慢できる程度のまずまずの生活を営むために必要な選択の幅と機会がまったく与えられていないという状況に着目すべきであるとして，国連から『人間開発報告書 1997』が出された。「国連貧困撲滅のための10年」の初年度であることも考慮に

いれ、今までの所得面での貧困に加え、「人間貧困」という概念を新たに導入した点が画期的である。

人間貧困（人間としての貧しさ）とは「短命」「初等教育の欠如（読み書きができない）」「疎外（情報、資源などあらゆるものから隔離されている）」「物質的資源の欠乏（公的・私的資源を利用できない）」の4点がさまざまに重複している状況をいう。人間貧困指数（Human Poverty Index＝HPI）は新しい概念である。

このHPIの高い人が最も多く見られるのは、ニジェール、シェラレオネ、ブルキナファソ、エチオピア、マリ、カンボジア、モザンビークの7カ国で、HPIは50％を超えている。つまり、国民の半数以上が何らかの貧困にあえいでいるということである。

その地では5歳未満児の死亡率が高く、HIV感染者の90％までが発展途上国の人で占められているという事実もある。女性の地位の低さ、妊娠・出産による死亡率の高さなども、みなHPIの高い国に集中している。

また、先進国については人間開発指数（Human Development Index＝HDI）が発表されている。これは社会指標の一種であり、1998年のノーベル経済学賞受賞したインド出身のアマーティア・セン博士が提唱したものである。①平均寿命、②教育達成度（成人識字率と平均教育年数から算出）、③購売力平価による1人あたりの実質所得の三つより成る合成指標である。ちなみに1997年報告によると、1位から、カナダ、フランス、ノルウェー、米国、アイスランド、オランダ、日本の順になっている。低所得国にもかかわらず中国、ベトナム、スリランカ、タンザニアなどは高い。福祉先進国としてのスウェーデンが10位というのはうなずけない気がするが、これは、あくまでも統計上のことである。世界銀行の「世界開発報告」（2000～2001年）による貧困対策は、①民主化、法や行政改革など、貧困層のエンパワーメント、②感染、失業、災害などから貧困層を守る安全保証、③物的・人的資本への貧困層のアクセス促進、④収入増大、である。日本は2000年から100億円を出資して「貧困削減日本基金」を設けてアジアの開発途上国を援助している。

日本国内に視点を移したとき、戦後の経済発展、社会保障・福祉は一応の進歩がみられ、生活必需品購入に事欠くような貧しさはなくなったように見える。しかし、国民年金だけの収入（2000年度老齢基礎年金＝1人あたり80万4,200円、1カ月に6万7,017〔40年間保険料を納めた場合〕円）しかない高齢者の場合には生活水準がきわめて低い。実際問題として、これだけの金額で独立した生計を営むことはかなり難しいであろう。母子家庭全体では低所得、貧困世帯が65％にもなっている。離婚、未婚者の出産により、これからも母子家庭は増加の傾向にある。

バブル崩壊後は大都市周辺に極度の貧しさにより野宿せざるをえない人たち、いわゆるホームレスの人たちが目立っている。労働能力のある人には更生施設の提供などもあるが、各種の福祉を受け、制限された日常生活を送るよりも気ままな路上生活を好むという人が増加しているのも事実である。彼らは日本の福祉政策に新しい課題を突きつけている。

失業（2001年8月末で5％）、長引く経済不況、超高齢社会、外国人労働者の増加などにより、日本の誰もが一瞬で貧困に転落する可能性がある。

さらに、日本においては貧困への引き金は病気によることが一番多いことも知っておきたい。　　　　　　　　　　　　　　〔小林洋子〕
⇒飢餓、生活保護、ホームレス、リプロダクティブ・ヘルスとリプロダクティブ・ライツ

文献　1. 国連開発計画編、広野良吉他監修『貧困と人間開発』国際協力出版会（発売：古今書院）、273p.、1997；2. 庄司洋子・杉村宏・藤村正之編『貧困・不平等と社会福祉』（これからの社会福祉　2）有斐閣、252p.、1997；3. 西川潤『貧困』（新版）（岩波ブックレット）岩波書店、79p.、1994

頻尿　frequent urination, pollakiuria
排尿回数の増加。尿意頻数ともいう。

排尿は、健康者の場合、1日5～6回、多くても10回ぐらいであるが、それ以上回数が増えても、尿の量が増えているとは限らず、1回の尿量は少ないことが多い。

原因としては、身体的原因と神経性（心因性）

原因がある。また暴飲や冷えが原因のこともある。

身体的原因には、糖尿病や尿崩症、膀胱炎、膀胱内腫瘍など、膀胱や尿道の疾患がある。

神経性（心因性）原因には、精神的緊張や不安、また生活環境の変化がある。子どもの場合にみられる頻尿は神経性（心因性）原因によるものが多い。過敏性膀胱ともいわれる。

身体的原因による場合は、排尿痛や残尿感、そして尿の中に白血球や細菌を認め発熱などの症状がみられるが、神経性（心因性）原因によるものにはそのような症状がみられない。

また身体的原因による頻尿は夜間にもみられるし、夜尿もあるが、神経性（心因性）の場合は熟睡中にはみられず、夜間はよく眠ることができる。

膀胱は、緊張や心配ごと、不安、恐怖などのちょっとした心の動揺に過敏に反応して小さくなる。そのため誰にでも大きな行事の前や試験に臨む時、発表会や運動会の出番の前など、精神的ストレスが膀胱機能へ作用し、尿間隔の短縮がおこり頻尿になることがある。その場合は、排尿することで落ち着き、緊張や不安が解消されると症状は消える。

しかし1日に何十回も、また5分おきに尿意をもよおすなどの症状が長引く場合は、生活に支障をきたすため、治療を要する。

なお学齢期において長期にわたる場合は、不安や劣等感のため学校不適応になったり、あるいは逆に学校不適応の症状とも考えられ、その対応は早急かつ慎重に行なう必要がある。

神経性（心因性）頻尿の一因としては、トイレット・トレーニングがスムーズに行なわれなかったことがあげられる

排尿は、身体的に成長してくる2～3歳ぐらいになると肛門括約筋をコントロールできるようになり、自分の意志で排尿をコントロールできるようになる。しかし母親が神経的過敏で、オムツが汚れすぎないように頻回に交換したり、また尿意を知らせてもすぐ応じてくれなかったりすると、排尿のコントロールが未成熟となってくる。またおもらしをしてひどい叱責を受けた体験を重ねると、過度に緊張し、ストレスに直面した時に緊張を尿でコントロールしたりするようになる。

このトイレット・トレーニングの誤りをおこしやすい母親のタイプは、神経症的性格の中でも完全癖をもつ母親や虐待型に属する母親が多い。

このトイレット・トレーニングの時期はフロイト*による性愛の発達の肛門期と重なり、排泄をめぐって母子関係やその周りとの関係により、愛情のアンビヴァレンスが生まれ、清潔さ（不潔恐怖の傾向）や几帳面さ、けち、頑固さ、神経質などの性格特性が身につくといわれる。

膀胱はストレスに過敏なことから、母親の過干渉に対する葛藤や同胞の誕生、母親の不在によって嫉妬心や寂しさから母親の愛情を求め、自分に関心を向けようとして症状がでる場合も多い。この母子間の感情の抑圧は頻尿だけでなく、夜尿症や遺尿、遺糞の原因としても考えられる。

神経的な頻尿の場合には、心理療法を行なう。まず本人の情緒不安や恐怖心そして嫌悪感や欲求不満などの原因をさぐる。

原因が母子間にあれば、親子一緒のカウンセリングが必要であり、また学校、職場などに不適応をおこしているのであれば、それぞれの場で本人と関わっている人たちと原因解消について話し合うなど、本人を取り巻く環境の調整および改善を行なっていく。

本人に対しては、不安を引きおこす原因に対して本人のペースで脱感作を行ない、不安を和らげ、慣れさせていく。また心の不安を表現できない場合などは、遊戯療法を通して表出させ、悩みの解放を行なっていく方法をとる。

一方、排尿を不快と感じるまでできるだけ我慢させ、その時間を少しずつ延長していく排尿抑制法や、膀胱が一杯になる感覚を覚えさせ、一杯になったら排尿をする、などの排尿の再教育を行なっていく。

頻尿者の性格は、感受性が強く神経質で、自信がなく引っ込みがちであり、また緊張や不安状態になった時に現実から逃避的になったり、依存心が強い傾向にあるので、生活のきまりや目標を立て、それをやり遂げさせながら自立心

を育てていくことが大切である。
　なお初期に，頻尿を否定的にとらえず，本人の苦しみを受け止めることも大事で，悪化防止につながる。
　このような方法を講じても改善しない場合は，薬物療法を併用していくこともある。
　なおストレスによって頻尿が始まり，夜尿症になった症例が報告されているので，夜尿の有無についても注意する必要がある。〔塩田瑠美〕
⇒筋弛緩法，肛門期，ストレス，系統的脱感作，夜尿症

文献 1. J-石川, 1977；2. C-小川・前田・岩崎他, 1987；3. 黒丸正四郎『子どもの精神医学』(創元医学新書31) 創元社, 240p., 1975；4. 児玉省・中村孝他『小児の問題行動：心配な行動・性格とその対策』(小児のメディカル・ケア・シリーズ) 医歯薬出版, 268p., 1982；5. 益田総子『子どもと病気』大月書店, 230p., 1985；6. 三好邦雄『夜尿症』医歯薬出版, 175p., 1981

不安 anxiety

落ち着かず，筋肉が緊張し，心臓の鼓動が速くなり，心配で眠れない，といった生理現象を伴った，対象がはっきりしない恐れ。

　恐れと不安との違いは，対象の有無によって区別される。不安には，対象がない。
　フロイト*が取り上げるまでは，哲学(特に実存哲学)で取り上げられていた。しかし，その後，心理学，生理学，社会学などにおいても重要な問題となった。現代の神経症論では，基礎概念であり，神経症の症状や神経症的人格の形成過程で大きな要因とみなされている。不安の心理的な特質として，小此木啓吾は次の五つをあげている。(1) 不安は，未来における危険に対する予測を含む。(2) この予測は，可能性ないしは蓋然性に関する確率的なもので，それだけに漠然と，不確定である。(3) それ故，しばしば不安の主体である当事者には，予測される危険や挫折の真の対象が不明確で，はっきりと自覚されない。(4) なすべき欲求や目的が，当事者にとって切実なものであればあるほど，その危険や挫折することに対する不安も切迫したものになる。(5) この危険や挫折の予測に対して，それを予測しながら，どうにもならないという無力感，自信の欠乏を感じる。

　キルケゴール*は，「正しく不安になることを学んだ者は最高のことを学んだ」，「人は不覚不安になればなるほど偉大だ」と述べて，人生で重要な役割を果たすものとして不安をとらえている。彼は，この言葉にも示されているように，人間存在の本来の在り方(在るべき姿)に目を向けさせるものとして，不安をとらえる。実存主義的心理学に影響を与えたハイデガー*は，世界内存在としての人間が主体性を失った生き方をしている状態を，不安から逃避しているものとし，不安の中にこそ，自己の真の在り方が現われるとする。つまり，人間の在り方は「不安」を根本的なものとしているのであって，不安があるのは人間が死へと向かう存在であることに由来する有限性に根ざしているからだ，という。不安の状態は人間として当然のものであり，むしろ，不安でない状態こそ問題なのである。
　フロイトは，「不安の問題とは，それを解決すれば，私どもの心的生活の全体の上に豊かな光をそそぐに違いないと思われる謎である」(『精神分析入門』第25講)と言う。彼は，不安を客観的不安と，神経症的不安とに分ける。前者は現実的不安ともいい，外的危険に対して合理的なものであり，人間の成長にとっても有用なものである。健常者が不安になる場合とならない場合の区別があるのに対して，後者は，その区別のない，般化された状態をいう。さらに，不安の原因は，幼少期の心的外傷にあるとしている。また，不安に伴って自己の心身が脅かされるのを自衛する手段が防衛機制であるが，対人関係において不安が「般化」されるのは異常である。
　フロイトは，不安を危険に対する信号としてとらえたが，実存主義的立場では，これを一歩進めて，人間の精神的自覚にとって不可欠で建設的な意味をもつものと考える。人間には，自己実現傾向が本来ある，とするゴールドシュタイン*は，不安に耐える能力は不可欠だとしている。また，タンナー(Ira J. Tanner, 1928～)は「一人ぽっちのときに下す選択や決心は，われわれのものであり，われわれだけのものである。われわれは内的資質を開花させ，われわれ

でなくてはできない決断を下し、その過程において、われわれ自身の資質を徐々に信頼するようになる」と述べて、分離不安を建設的にとらえることの大切さを説く。

　私たちは、生活のすべてにおいて孤独の決断をしているといえる。カウンセリングは、この孤独な作業における同行者としての役割を果たすもの、といえよう。互いに孤独な存在ではあっても、より充実して生きるうえで、他者の存在は必要で欠くことのできないものである。このことを自身の臨床経験から述べている小此木の次の言葉は示唆に富んでいる。「治療上の大きな転換がおきるのは、治療者自身のうちに、そのような、人間的な有限性や、それに由来する不安が、率直に自覚されており、しかもそれを他人に示し、共感しあうことを、恐れも恥もしていないとの事実が、伝達される際である。」さらに「不安が自覚される過程で、われわれが直視せねばならない孤独を支えるのは、このような人間的な共感であり、そのような意味での親密さである」と。カウンセリングにおいて、人間関係をつくること、共感、自己一致、受容の大切さ、が言われる。これらは、不安の中に生き、また誰にもとってかわることのできない人間同士が表わしうる、「相互尊重」を具体化したものといえよう。　　　　　　　　　〔末松　渉〕
⇒カウンセリング，実存心理学，心理療法，世界内存在

文献　1. I-大原『現代のエスプリ』No. 37, 1969；2. J-笠原, 1981；3. A-國分, 1982；4. E-ジャネ, 1980；5. C-フロイト, 1970a

風景構成法　The Landscape Montage Technique, LMT
　精神療法家，中井久夫の創案（1969）になる描画投影法。描かれた風景を，その人の「心象スケッチ」として見て，人格アセスメントおよび予後判断手段として利用する。
　以下に示す順で描かれた風景画を用いる。この方法は『風景構成法』および『風景構成法その後の発展』によって，精神科領域のみならず心理臨床領域に広範に広がった。基本的な基礎は固まったといえるが，まだ，その信頼性，妥当性が完全に実証されたわけではないので，今後のさらなる研究がみこまれる，まだ発展途上だが，きわめて可能性に富んだ方法である。
　中井が示した風景構成法の手順は下記のようである。(1) 画用紙を提出し，枠取りをしてから，「今から私がいうものを，一つ一つ唱えるそばからこの枠の中に描込んで，全体として一つの風景になるようにしてください」と告げ，サインペンを手渡す。(2) 下記を順に言う。(a) 川，(b) 山，(c) 田，(d) 道(以上大景群)，(e) 家，(f) 木，(g) 人(以上中景群)，(h) 花，(i) 動物，(j) 石(以上近景群)，(k) 足りないと思うもの（付加）。(3) 彩色をして，完成させる。(4) 必要な質問をする（季節，時刻，天候，川の流れの方向，人と家，田などの関係，人は何をしているかなど）。連想，説明など。
　画用紙は，当初，8ツ切大 (216×165mm 大) の大きさのものを用いていたが，クライエントの心的負担が大きく，時間がかかり過ぎるため，現在ではA 4版 (297×210mm) の大きさのものを用いている。ケント紙も用いられるが，普通の画用紙でかまわない。サインペンはフェルトペンの細字用を用いる。これは，彩色によって線が塗りつぶされても，裏から見ればもとの線が見えるからであり，その理由で，通常のペンや鉛筆を用いない。彩色には，（筆者は）微妙な色合いが可能なカランダーシュ製のクレヨンを用いるが，通常のクレパスやクレヨンでかまわない。なお，色鉛筆やカラーペンではないほうがいい。色鉛筆は薄すぎ，カラーペンは，色が少しきつい感じがするからである。なお，質問の答えは，そのまま，鉛筆やペンで，画面や枠外に書き込むことが多い。
　さて，描かれた風景画を一枚見ただけで，その人の内的世界を象徴的にうかがい知り，ひいては，その人の人となりを診断することも可能だ，というのは，考えてみればまことに不思議なことである。一枚一枚無造作に描かれた風景画が，描いた人物を深く知れば知るほど，その人のある側面をじつに見事に語っていることに気づかされていくのであるが，その度に，深い感動とある心地よい驚きをうける。「風景構成法」による風景画の場合，そのアイテムの順番

とそのアイテムの数とがきちんと決まっているだけに、他者のそれとの比較研究が可能となるため、すぐれて診断的、予後予測的な側面をも兼ね備えた人格アセスメントの資材となりうる。　　　　　　　　　　　　　〔山中康裕〕
⇒絵画療法, 投影法

文献　1. B-皆藤、1994；2. 中井久夫「描画を通してみた精神障害者」『分裂病』(中井久夫著作集 1)岩崎学術出版社, 412p., 1984；3. B-山中編, 1984；4. 山中康裕「風景構成法に関する2, 3の興味ある知見」山中康裕編『風景構成法その後の発展』岩崎学術出版社, 349p., 1996

フェティシズム　fetishism

異性の存在全体ではなく、その身体の一部や身につけているものの一部を、また、異性の象徴となりうるものを性愛の対象とし、それを見たり、触れたり、空想したりすることによって通常の性交と同じ、あるいは、それ以上の性的満足や興奮を得ている現象。

ビネー*の命名による。パラフィリアのうちの一つである。

性愛の対象の一部に特に心ひかれること(例えば、愛する人の瞳や指先や肩などに魅力を感じること)は誰にも理解できることである。しかし、その場合は、一部分だけに心ひかれているわけではなくて、あくまでもその人自体に強い関心を寄せているのである。また、その人が身につけているものや持っているものを、特に大切に思い、意味あるものに思うことも自然なことである。それらの衣服や装飾品、小物は、関心を寄せているその人のものだからこそ意味をもつのである。この場合、フェティシズムとかフェティッシュと呼ぶことはない。

フェティシズムとは、たとえば、異性の手や足、爪、耳、髪や下着、靴下、衣服、ハンカチ、靴など、あるいは、毛皮、皮革製品などにしか性的衝動、興奮、満足を得られない場合を指す(それ自体が性対象)。

フェティシストにとって、性愛の対象になるものをフェティッシュと呼ぶ。フェティッシュが目の前にあり、それを触ったり、嗅いだりなめたりして性的満足が得られる場合があるが、フェティッシュを空想し、マスターベーションをして満足を得る場合もある。いずれにしても、異性にではなくフェティッシュそのものが対象なのである。

また、フェティッシュを媒介として、初めて性的衝動がおこり、性交が可能になる場合もある。たとえば、黒いストッキングをはいていない女性とは性交ができないなどである。

フェティッシュを空想することによって、それら、たとえば下着を盗んだり、スカートを切ってしまうといった犯罪に及ぶこともある。

フェティシズムにサディズム、マゾヒズムが合併することもあり、衣服、縄、排せつ物、ハイヒールなどがフェティッシュになる。これらは、性目標の異常であるといえる。

心理については、ビネー*は学習心理学的な立場から、幼児期の最初の性的興奮に際して、その時、そこに偶然存在して、強く印象づけられたものがフェティッシュになると考えた。これをシュルツ-ヘンケ(H. Schultz-Hencke)は、「体験の結合」と呼んでいる。

力動的な解釈もあり、自分の性的な欲求に不安や罪悪感を感じている子どもが、その不安や罪悪感を回避するために、人間ではない「もの」に性的な欲求を向けていると考えられている。

フロイト*は、フェティッシュの対象は性的象徴であると考えた。たとえば、足フェティシストにとって、足はペニスの象徴であるとしている。足を見ることによって、男性の去勢不安を打ち消していると考えるのである。

人間学的な解釈として、ゲープザッテル(V. E. von Gebsattel, 1883～1976)は、異性の存在全体を対象とする正常な性愛に対立するものとしてフェティシズムをとらえており、真の全体を除外して、部分を全体にまで高めることに意味を見出している。

米国精神医学会による精神障害分類(DSM-IV, 1994)によるフェティシズムの要点を紹介しておく。(1)少なくとも6カ月間にわたり、生命のない対象物(例：女性の下着)の使用に関する、強烈な性的に興奮する空想、性的衝動、または行動が反復する。(2)その空想、性的衝動、または行動が臨床的に著しい苦痛や、社会的、職業的、他の重要な領域における機能の障

害を引きおこしている。(3) フェティシズムの対象物は,(服装倒錯的フェティシズムにおけるように)女装に用いられる女性の着用品,または性的感覚刺激を目的として作られた道具(例:バイブレーター)のみに限定されていない。

また,DSM-IVの異性装症的フェティシズムの要点も紹介しておこう。(a) 少なくとも6カ月間にわたり,異性愛の男性が,異性の服装をすることに関する,性的に興奮する強烈な空想,性的衝動,または行動が反復する。(b) その空想,性的衝動または行動が臨床的に著しい苦痛や,社会的,職業的,他の重要な領域における機能の障害を引きおこしている。

〔倉田信義〕

⇒性,性的偏り,性的サディズム

文献 1. J-高橋・柏瀬編, 1983;2. 福島章『異常性愛:ある精神科医の臨床ノート』メディカルトリビューン日本支社, 202p., 1976;3. H-『フロイト著作集』5, 1969;4. ボス, M.,村上仁・吉田和夫訳『性的倒錯:恋愛の精神病理学』みすず書房, 182p., 1957

フェミニスト心理学 feminist psychology

政治や経済,社会での男女の平等を達成するために必要なのは,個人の変容よりも法律や社会の変革であるというフェミニズムの立場に立ち,男女の性差よりも,人類としての共通性(両性具有性)に注目する心理学。

女性に対する偏見の原型は神話や宗教のなかにみられる。男性に従属する者として描かれたり,不可解な魔女にされたり,大地母神として祭られたりしている。そうした性の偏見が無意識の領域に根を張り,意識の領域でも性差別を形成してきた。心理学においても男性を人間の典型として研究が進められてきたところがある。女性は半人前の人間でも女神でも魔女でもなく,ただ人間であるという事実を確認し,女性がどこまで男性と共通性をもち,人類としての定義を構成するのか,またどこに男性との差異があり,人類の2分の1としての定義を構成するのか,を研究するのがフェミニスト心理学であろう。

女性をめぐる心理学理論には次のようなものがあげられる。

(1) 精神分析学:フロイト*によれば,受動性,マゾヒズム,ナルシシズムの三つが女性のパーソナリティ特性であり,女性は去勢された男性であるからペニス羨望がある,という男根主義をとる。しかし,精神分析学派でありながら,アドラー*,ホーナイ*,エリクソン*などはフロイトとは学説を異にしている。

(2) 社会生物学:なぜ女性が子育てをするのかという理由として,生理的・生物学的根拠をあげている。卵子は1カ月に1個と貴重であるが,精子は1回の射精に2～5億も含まれるので稀少価値がない。女にとって産んだ子を育てるのは一種の投資であるが,男にとっては多数の子を生ませることが種の保存に有利になるので,男の浮気に寛大になっても当然と考えられている。

(3) 社会学習説:性差の発達には模倣や観察学習が重要であるという説。子どもは母親に気に入られようと,男らしく,女らしく振る舞う。また親や権威のある人の行動を観察し,まねをしたり,何年もたってから同じように行動する,と考える。

(4) 認知発達モデル:性役割学習は外から課せられたものでなく,内的な動機づけによるものである。性にふさわしい行動に自己を社会化し,自分自身の性を尊重しようとする。

(5) 性シェマ理論:性タイプ化の発達は社会の性シェマ(一般知識の枠組み)の内容を次第に学習する結果である。たとえばきれいな服を着たがるのは女の子,というように社会の性役割に合うように,内的に動機づけられるので,そのように行動すればよい,と考える。

(6) フェミニズムの視点:フェミニズムは心理学説というよりも,むしろ女性開放運動として有名である。女性の問題を考えるために成長してきた思想が,女性や性差をどのようにとらえているのか見過ごすわけにいかない。また,これまでの学説や理論が一人の天才的な学者を中心としてできあがっているのに対し,多くの研究者や活動家の仕事が次第に積み重なって,一つの流れを形成してきているところにも特色

がある。

　フェミニズムは大きく三つに大別できる。(a) リベラルで穏健なフェミニズム：平等権の確立を目指し、正義と自由が男性だけのものでないようにする。アカデミックな女性心理学はこの範疇に入る。(b) マルキストや社会主義フェミニズム：資本主義に差別の根源をみる。(c) 急進派フェミニスト：生物学的な差が女性の地位をおとしめているので、試験管ベビーに期待すれば、性差が社会的にも生物学的にもなくなるはずと考える。

　フェミニズムの考え方は、社会的領域においても個人的領域においても地位と権力の男女差があるという事実から出発している。男女で構成されたグループでは決まって男がリーダーになる。男であるという事実が地位であることを示している。男性が政治その他のあらゆる分野で権力を握っているから、女性の人生に支配力をもつ法律についても決定権を握っている。たとえば強姦のように女性が被害者になった場合に、女性側に原因があるかのように解釈されるのも、権力者の論理によるものである。強姦は個人的な事件やセックス行為としてとらえるのではなく、女性に対する男性の権力の表出や行使とみなされるべきである。

　フェミニズムは性役割の社会化を重視する社会学習説に賛同する。なぜ男が強姦者になり、女が犠牲者になるかというと、男は強さ、体力、支配力、力を示さなければならず、女は弱さ、受け身、愛他主義、養育者であり、戦うのは女らしくなく、性犯罪を恐れるようにしつけられるからである。夫の妻への殴打も、社会における男女の力の不平等の原因と結果である。

　男女平等の第一歩は、E (Education：教育)、S (Sex：セックス)、E (Economy：経済) の平等であるとされている。教育の機会均等や家庭科の男女学習、男女平等教育などの実践がなされているが、いまだに生徒会長は男子が選ばれる率が高いし、進路に関しても「女の子だから」という風潮が消えていない。男だから、女だからという枠組みでなく、人間としての生き方を早い時期から考えさせることが大切である。

　セックスの平等というのは、100％確実安全な避妊法があって初めて成立する。今後いかに女性が開放され、社会的にますます進出しても、妊娠・出産という役割は残されるだろう。しかし、そのような役割を選ぶのかどうかという選択はできる。結婚か仕事か、という二者択一ではなく、もっと多様なライフスタイルを自由に選べるような社会にしなければならない。

　男女雇用機会均等法の制定などにより、表面的には女性の社会進出への道は大きく開かれてきたようにみえる。しかし、女子大生の就職は相変わらず厳しく、就職できても男性と同等に働き続けるには、独身か、子どもを持たないという選択をしなければならない。その最大の原因は「育児は母親がするものである」という伝統的な性役割観に縛られていることによる。「母子分離」が子どもに外傷体験を引きおこしたり、人格を歪めるという学説や、「最初の3年間は母親がかかりっきりにならないと育てられない」という育児法、心理的な問題の原因をすべて過去の幼児体験に求める精神分析流の考え方、子どもの問題はすなわち母親の責任であるという「母原病」などが、母親が仕事をもつことを躊躇させ、自分の可能性を試せないでいる主婦を生み出してきた。罪悪感を感じながら保育園に子どもを預けて働いている母親の場合は、その不安な気持ちが子どもに反映し悪循環になってしまう。子育ての成功だけが女性の人生の成功を決めるのではないし、逆に、子育ては女性だけの特権でもない。幼い子を保護し育んでやりたいという本能は、男女、老若を問わず人類の遺伝子に組み込まれており、人類に普遍的な現象なのである。男性が子育てに参画することによって、男性も子どもとの交流のなかで自分の感情の表出がいっそう自由になり、ときには子育てが思いどおりにいかないことに不満を感じ、外で働く以上に重い責任があることに気づくだろう。人生には権力を握ることを目的にする以外に、他人のために何か役立ちたいとか、自分を犠牲にして他人の幸福のために奉仕するという生き方があり、そのような生き方こそ人間として素晴らしい生き方であることを知るだろう。男性が家庭を省みずに企業戦士として働きつづけ、あげくの果てに過労死や退職後の離婚とな

るような人生を生きるのではなく,男女がともに生きがいのある仕事をもち,子育てや家事を平等に分担し,伴侶を対等な人格として認め合い,それぞれが自己実現をはかれるような社会環境を築くために,長期的展望に立つ検討が必要である。そのような場合にフェミニスト心理学は,人間の可能性について説得できるデータを提供し,さらに進んで,発達とは何か,役割とは何か,社会化とは何か,という伝統的なテーマに関して人生の具体的な問題を解決できる水準のものでなければならない。〔新藤 緑〕
⇒性差,精神分析,フェミニスト・セラピー,リプロダクティブ・ヘルスとリプロダクティブ・ライツ

文献 1. B-アイケンバウム・オーバック,1988;2. 尼川洋子『女の本がいっぱい:時代と自分に出会う716冊』創元社, 296p., 1987;3. A-河野, 1991;4. E-村山, 1987

フェミニスト・セラピー feminist therapy

性別と性差を理由とする差別(男性優位)から生じる諸問題を抱える女性が,その解決を通して「私はだれなの」という問いに答えを見つけることができるように個別に援助する,フェミニズムの視点から行なう心理療法。

ベティ・フリーダン(Betty Friedan)は著書『新しい女性の創造』(*The Feminine Mystique*, 1963)の中で,「アメリカ女性の心のなかに長年にわたって語られず,埋められてきた問題がある。この20世紀中葉,アメリカで女性がとらわれている奇妙なイライラ,不充足感,渇望……。郊外に住む主婦は一人で苦しんでいた。ベッドメイクをし,買物をし,カバーの色合せに心をくだき,子どもたちとピーナッツ・バター付サンドを食べ,彼らをカブ・スカウトやガール・スカウトに送り届け,夜,夫の側に身を横たえる——彼女は言葉にならない質問『(人生とは)こんなものなの?』と自問することさえ怖がりながら。」(河野貴代美『フェミニスト・カウンセリング』より引用)と述べて,これらの「奇妙なイライラ,不充足感,渇望」を「名前がない病気」(The problem that has no name)と名づけ,女性の「私はだれなの」という問いかけの重要性を指摘した。この著書は1960年代後半からの女性解放運動の導火線となり,「私はだれなの」という私(アイデンティティ)探しの問いかけは女性解放運動に関わる女性の課題になり,また,「名前のない病気」の治療はフェミニスト・セラピーの対象になった。母や妻であるという社会的役割に満足できず,一人の人間として社会に参加して自己実現の機会をもちたいという女性の欲求を援助するのである。自信のなさや,自己評価の低さも社会的差別が一因ではないかと考える。

女性解放運動の高まりの中で誕生したフェミニスト・セラピーの基盤となったのは次の三つの活動である。(1) CR(Consciousness-Raising,意識覚醒)グループの活動:10名前後の女性が週に1回集まり,あるテーマについて2時間ほど話し合う。その過程で,女性である自分の価値観や考え方,感じ方,イメージ,態度,行動が,性別と性差にもとづく差別によって形成されたり歪められたりしてきたことに気づき,それを表現できるようになっていく。グループ活動を通して自分の内面や社会変革に目を向けることが可能となった。(2) 草の根の組織:夫の暴力や性的虐待にあっている女性のための援助組織の結成。(3) 「ボストン女の健康集団」による "*Our Bodies, Ourselves*" (1971)の発行:この本は,女性の身体を男性によってではなくて女性自身によってコントロールするのだ,ということを明確に示した。

CRグループは,自己表現,自己主張の重視という形で受け継がれ,特に1970年代のセラピーの特徴を形成した。草の根の組織は,日本におけるフェミニスト・セラピーの実践団体の設立経緯にも,援助システムの拡大方法にも反映されている。自分の体を自分のものとして取り戻す過程は,私探しの過程とも重なり合っている。

フェミニスト・セラピーにおけるセラピストとクライエントの関係は対等である。専門的な援助関係があるが,それは上下や強弱の関係とは異なる。クライエントを一人の人間として尊重するセラピストの,受容的な態度,あたかもその人であるかのように理解しようとする理解

的で共感的な態度,誠実な態度などによって信頼関係が構築される。クライエント個人の理解とその問題解決の援助には,政治的,社会的,文化的要因の解明が不可欠だ,と考えるセラピストは,クライエントが自己の存在を政治的,社会的,文化的にとらえ,「私はだれなの」という問いに自ら答を出し,「私は,これからどのように生きていくか」を考えて行動に移せるようになることを援助する。そこでは,精神医学を「対人関係の学」として規定し,「人間のあらゆる経験および人格はその人の他人に対処するところからしか理解されない」と考えた,サリヴァン*による「対人関係療法」や,CRグループを起源とする自己表現トレーニングやグループ活動を主な技法として用いる。

現在の性的不平等社会で,他者のために自分を犠牲にすることを母親が習得し,自分の欲求も,娘の欲求も見えなくなっている。自分の欲求を正当なものとして認めてもらえない娘は母親向けの「いつわりの自己」の仮装のかげにその欲求をかくすようになる。母親が原因になって生じたこうした防衛を,セラピストとクライエントの関係の中で今一度経験し直すことによって解くのが,フェミニスト・セラピーの仕事の一つである。また,マザリングとそれに含まれる母子同一化の他には,自己実現の機会をほとんど与えられなかった女性に,その機会を与えるように援助することも重要な仕事だ。具体的には,下記のような心の問題をどう処理するかが課題となる。クライエントの依存要求,すべてを満足させてくれる母親と裏切る母親とからくる二面性をもった女性イメージをもつこと,新たな防衛機制,セラピストによる愛育を採り入れての内面化,分離独立する時の不安,など。

フェミニスト・セラピーは現在,個人のアイデンティティだけでなく,女性や子どもに対する暴力,強姦,売春,離婚,セクシャル・ハラスメントなどの問題までをその対象とし,性差による差別が存在し続ける社会の変革を一層明確に意識するようになっている。今後は,フェミニスト・セラピーにおける平等・専門性・治療概念の明確化,技法の確立,医療,社会福祉などの関係諸機関との連携,フェミニスト・セラピストの養成,などが課題となる。

〔髙部博子〕

⇒自己実現,主張訓練法,シンデレラ・コンプレックス,心理療法,性差,性役割,セルフ・ヘルプ・グループ,フェミニスト心理学,偏見と差別,防衛

文献 1. B-アイケンバウム・オーバック,1988;2. A-河野,1991;3. A-河野他,1986;4. I-河野・平木『現代のエスプリ』No. 278, 1990;5. 国立婦人教育会館『女性学講座報告集:性役割の固定化・流動化』第一法規出版,319p., 1989;6. しまようこ『フェミニスト・サイコロジー』垣内出版,346p., 1985;7. B-チャップマン,1979;8. フリーダン,B.,三浦冨美子訳『増補・新しい女性の創造』大和書房,312p., 1977;9. A-森,1988

フォーカシング,焦点合わせ,照準づけ focus(s)ing

まず,気がかりなことを思い浮かべて,それを頭がどう理解しているかではなしに,**身体の中で感じられている感覚に注意を向け,問題を全部包みこんでいる丸ごと,全体としての一つの大きな気分を感じるようにし,経験そのものに触れることによって,そこから自然に示されてくる意味に気づき,新しい力や方向性を得るようにさせる心理療法。**

フォーカシングは,心理療法の一つであり,自己理解と体験学習を促すための方法である。1960年代から,アメリカのジェンドリン*によって開発され,他には,ヒンターコック法などもある。しかし,フォーカサー(フォーカシングをする人)が,自分にとって最もわかりやすい方法を開発することが大切であると言われている。

「体験学習」を具体的に言えば,人間の内的変容である。内的変容とは,外界の出来事にとどまることなく内面深く物事を感じることにより問題解決を生み出す現象を意味している。これを具体的に段階化すると,次のようになる。

(1) 外界の出来事にふれる。

(2) 外界の出来事+自分についてふれる。

(3) 外界の出来事+個人的反応についてふれる。

(4) 反応的感情+内的感情を表現する。

(5) 自己描写＋問題提起をする。
(6) 問題提起＋答を見出す。
(7) (6)以上の答に対し確信的であり拡張的である。

　フォーカシングの特徴は，以上の過程のうちで一つの問題について身体感覚に注目するところにある。漠然としているが，明確に感じられる身体感覚「何かの感じ」（フェルト・センス，felt sense）にいろいろ問い合わせると，新たな問題が見え，その問題についての身体感覚から，また別の問題が問題となっていき，問題の変容の間に関連性がつき，また個人にとって，より中核的だと思われる問題の出現によって身体感覚から OK というサイン（フェルト・シフト，felt shift）が出てくる。このような身体感覚に注目し，これを利用して個人の心の「問題」について何らかの変容を図るのが，フォーカシングである。これは，外界の出来事だけを話すクライエントよりも，「感じ」を話すクライエントの方が治りやすい，というジェンドリンの発見にもとづいている。

　次に，フォーカシングの方法についてジェンドリンの提起しているものを取り上げて述べることにする。

　フォーカシングを始める前には，まず，リラックスすることが必要である。一般的には，座位の状態がよいとされており，自律訓練法などの深いリラックス状態に慣れている人は，自律状態に入らないようにすることが大切である。

　(a) 間（クリアリング・スペース）を置く：日常的な心配事に入りこまず，それについては，脇に置くようにする。そして，「どうしていますか。」「何か気になっていることがありますか」と自分で自分に問いかけてみる。

　(b) (a)で列挙された気になることの中から一つを選ぶ：気がかりな事の中から一つ選ぶ。これは，具体的な事柄の方がよい（例：母が口うるさいこと）。

　(c) フェルト・センスをつかむ：胸部や腹部にあるまだ明確でない意味を含んだ感覚をつかむ（例：さみしいような，なんとなく胸がつまったような……という感じ）。

　(d) 取っ手〔鞄の〕（ハンドル）を付ける：フェルト・センスに，それにぴったりくる言葉やイメージをつける（例：胸を風船で押された感じ）。

　(e) 取っ手の確認：取っ手を確認し，言葉やイメージを身体の中に響かせ，その見出しを使うとフェルト・センスの全体が現われるかどうか，やってみる。

　(f) 問いかけ：問いかけを行なう。このことの何が～みたいな感じなのか。何があれば（起これば）いいのだろう。この取っ手が一番ひどくなったら，どうなるのだろう。

　ここで，問題の感じ方に変化をおこして開放感を得る。そして，開放感とともに気づきを待つ（フェルト・シフト）。ここでフェルト・シフトがおきない場合は，フェルト・センスに戻り2ラウンド・フォーカシング，3ラウンド・フォーカシングを行なう。

　(g) 受容：自分の気づきや気持ちを優しく肯定的に扱うこと。

　以上のような体験過程を経て，内的変容に至る心理療法をフォーカシングという。フォーカシングは，セラピストを必要とせず，いつ，どのように沈黙するかを心得てさえいれば，自分一人でできる心理療法である。　〔本　勝恵〕
⇨カウンセリング・プロセス，受容，自律訓練法，心理療法

文献 1. B-ジェンドリン, 1982；2. B-村山他, 1984

複合 ⇨コンプレックス

福祉教育 education for social welfare
社会福祉への理解と関心を深めるとともに，ボランティア活動などの体験活動に参加し，高齢化社会の問題や環境問題などの解決のために社会福祉への参加を進めることを目的に行なわれる教育活動。

　ボランティア活動には，一時的なボランティア体験活動であっても，そのなかに「学習性」が含まれてくる。これを学校教育や社会教育で利用する。「学習性」を最大限に引き出す条件は，ボランティア活動の参加者がボランティア活動の対象者を受け手としてのみとらえる関係ではなく，友人として協働者としてとらえる関係を

もつことである。また，参加者が「与える」「恵む」視点ではなく，「共に生きる」視点を育てることである。この関係と視点をもたないかぎり，人間形成につながる「学習性」は少ない。ボランティア活動に必然的に含まれてくる人格と人格の対等な関係と「学習性」は，カウンセラーとクライエントの関係によく似ている。

高齢者や障害者などとの人格の触れ合いを通して学習されることには，自己有用感，多様な価値観の認識，人間の尊厳性などがある。ありのままの自分を受け容れながら積極的になっていくことは，クライエントがカウンセラーとの関係のなかで自己理解することと同質である。

福祉教育は，はじめ高齢化社会の到来などとの関わりのなかで，厚生省などの社会福祉機関・団体が主導していたが，文部省でも，ボランティア活動体験のもつ教育的側面を認め，1983年「高校生等青少年社会参加事業」を始めた。1989年告示の学習指導要領では，特別活動の中に「奉仕等体験学習」として明記された。今日では，それが広い意味での社会福祉教育としてとらえられている。

福祉教育は，成人に対する福祉教育，専門従業者を養成する福祉教育，児童・生徒に対する福祉教育に分けられる。学校教育との関わりでは，児童・生徒の福祉の心を育てる教育とされている。

厚生省が1977年，「学童・生徒のボランティア活動普及事業」を始め，福祉協力校を指定して，組織的な働きかけを行なった。現在では東京都の全小・中・高校から約330校が指定され，全国小・中・高校約4万2,000校の1割をこえる学校で取り組まれている。また，文部省が地域社会に対して閉鎖的であった学校教育に，地域社会への窓口となる「奉仕等体験学習」を設定した。したがって，これから福祉協力校は，増加する傾向にある。また，学校は，地域福祉推進組織・団体である社会福祉協議会やボランティア・センターまたボランティア協会との連携を進めていかなければならない。

福祉教育は，ボランティア活動や一時的なボランティア体験活動という社会的経験を通して，社会的な視野を広げ，生きがいや自己実現を目ざしている。そのために，社会福祉政策推進の立場からは，福祉理解の方策として推進されている。また，知識偏重の弊害が現れている学校教育の現場や行政からは，人間形成の役割が期待されている。

カウンセラーとしては，福祉教育をクライエントの人間的な成長・成熟の場としてとらえ，ボランティア・センターなどと連携してカウンセリングに活かすことが必要である。

〔田丸精彦〕

⇒人格的成長，成熟，福祉事務所，ボランティア・センター，ボランティア活動，ボランティア教育，社会福祉協議会

文献 1.一番ヶ瀬康子・大橋謙策編『シリーズ・福祉教育』250p., 1986；2.東京都ボランティア学習連絡協議会編『いつでもどこでもだれにでも：14人の先生の"ボランティア学習"実践報告』筒井書房，257p., 1992

福祉事務所　social welfare office

社会福祉事業法（1991年；以下「法」という）第3章に設置・組織・所員の定数・服務が定められている社会福祉行政の現業機関。

児童福祉法(1947年)，身体障害者福祉法(1949年)，生活保護法（1950年），精神薄弱者福祉法(1960年；現知的障害者福祉法)，老人福祉法(1963年)，母子福祉法(現母子及び寡婦福祉法)(1964年)の福祉六法に定められている援護・育成・更生の措置に関する業務を実施している総合的な第一線の社会福祉行政機関として設置され，社会福祉行政を実施している。必要に応じて民生委員，災害救助等の関連事務をしている。都道府県・市は必置することになっているが，町村は都道府県知事の承認により設置することができる。法第13条に設置基準が定められ，都道府県では，地方事務所または支庁ごとに1カ所，その他の区域，指定都市および特別区では，おおむね人口10万人ごとに1カ所，人口20万人以上の市では，条例で福祉地区を設けてその地区ごとに1カ所設置できる。全国では1,193カ所(都道府県338カ所，市852カ所，町村3カ所)(1996年10月)設置されている。実態としては，人口15万人未満で27.1％，人口20万人以上で12％であり，その格差は拡がっている。

組織は，所長，所長の指揮監督を受けて現業事務の指揮監督を行なう職員（社会福祉主事でなければならない），現業を行なう現業員（社会福祉主事でなければならない）よりなる。援護，育成，更正の措置を必要とする人たちの家庭訪問，または面接し，本人の資産，環境などの調査を行なう。生活保護法による生活保護その他の措置の必要な有無，種類を判断し，本人に対して生活指導などを行なう事務職員，庶務を行なう所員によって構成されている。

専門性が求められるために老人福祉の業務を担当する老人福祉主事(老人福祉法第6条)，身体障害者の業務を担当する身体障害者福祉司(身体障害者福祉法第11条の2)，知的障害者の業務を担当する知的障害者福祉司（知的障害者福祉法第10条）が置かれている。(市の場合は任意設置である)

所員の定数は条例で定められているため，現業を行なう所員は社会福祉主事の有資格者をあてることになっている。

従来は生活保護事務が主体となっていたために1968年から地方交付税により生活保護法を除く，福祉五法を専門に担当する現業員の増員措置がとられた。

福祉事務所の業務は次の通りである。生活保護法の業務では，生活保護の決定，実施に関する権限は，国から都道府県知事，市長に委任されている。さらに都道府県知事，市長から生活保護法の実施機関としての福祉事務所を設置しており，福祉事務所長に委任している。福祉事務所長と設置していない町村長は，都道府県の設置する福祉事務所長と協力することになっている。

被保護世帯数は，1ヶ月平均で80万5,169世帯（前年よりも5万3,866世帯増加）(2001年現在)，約92万人（1999年3月現在）である。保護開始の理由は，世帯主の傷病によるもの，その他働きによる収入減，稼働以外の収入の減少・喪失，働いていた者の死亡，離別等の順である。保護廃止の理由は，その他働きによる収入増，世帯主の傷病治癒，死亡・失踪，世帯員の傷病の治癒の順である。

児童福祉の業務では児童や妊産婦の福祉に関わる実情の把握につとめ，相談，調査，個別または集団的に指導を行なっている。助産施設，母子生活支援施設(旧称は母子寮)，保育所の入所措置を行なっている。

児童の健全育成をはかるため，家庭への相談指導の強化，充実をするために福祉事務所内に家庭児童相談室が1996年4月現在で980カ所設けられている。社会福祉主事や家庭相談員が対応し児童相談所との連携を密にして援助している。

老人福祉の業務では，必要な実情の把握につとめ，情報の提供，相談に応じ，調査や指導を行なっている。1990年老人福祉法の一部改正によって，養護老人ホーム，特別養護老人ホームの入所措置の決定は，市町村で行なうようになった。高齢者サービス総合調整推進事業では，高齢者サービス総合調整推進会議を都道府県・指定都市に設置し，市町村には高齢者サービス調整チームを設けている。福祉事務所も推進会議の構成者に福祉事務所の老人福祉指導主事が構成員として入り，老人福祉の充実をはかっている。

身体障害者福祉法では，身体障害者の定義では，身体の障害のある18歳以上の者で，身体障害者手帳の交付を受けた者としている。それ以外では身体に障害のある者は，「身体に障害のある者」としている。身体に障害のある者の実情を把握し，1993年の法律改正により，身体障害者に対する援護は市町村で行なわれることになった。市町村の援護事務は市町村の福祉事務所長に委任され，身体に障害のある者の実情の把握・指導，更生援護施設の入所措置・診査・更生相談・更生医療の給付・補装具の交付などの業務を行なっている。都道府県の福祉事務所は広域の連絡調整機関としての役割をもち，情報の提供，市町村間の連絡調整，福祉サービスの適正な実施のための援助や指導を行なっている。

知的障害者の業務では知的障害者の相談に応じて，実情の把握，必要な調査や指導を行なっている。18歳以上の知的障害者の場合は，必要に応じて医学的，心理的，職能的判定を必要とする場合は知的障害者更生相談所の判定を求め

〔安原照雄〕

文献 1. 厚生省社会・援護局, 児童家庭局監修『改訂社会福祉用語辞典』中央法規出版, 646p., 1995；2. 福祉士養成講座編集委員会編『改訂社会福祉士養成講座⑥公的扶助論』中央法規出版, 223p., 1996；3. 福祉士養成講座編集委員会編『改訂社会福祉士養成講座①社会福祉原論』中央法規出版, 287p., 1997；4. 福祉士養成講座編集委員会編『改訂社会福祉士養成講座②老人福祉論』中央法規出版, 312p., 1997；5. 福祉士養成講座編集委員会編『改訂社会福祉士養成講座③障害者福祉論』中央法規出版, 331p., 1997；6. 福祉士養成講座編集委員会編『改訂社会福祉士養成講座④児童福祉論』中央法規出版, 315p., 1997；7. 三浦文夫編著『社会福祉通論』第一法規出版, 482p., 1990；8. 厚生の指標臨時増刊『国民の福祉の動向』厚生統計協会, 358p., 1998

父権の喪失 ⇒父親不在

物質依存 substance dependence
　下記のうちのある**物質**を強迫的に使わずにはいられなくなる行動を指す。
　ここでいう**物質**とは，セメントとか水とかでなく，アルコール，アンフェタミン類(MDMA [Ecstasy]やヒロポンなどの**覚醒剤**)，カフェイン，カンナビス(マリウァナ)，コカイン，**精神異常発現物質(幻覚剤)**，揮発性物質(シンナーなど)，アヘン類，フェンサイクリディン(**幻覚発現薬**)，鎮静薬・睡眠薬・抗不安薬，タバコなどの類を指している。
　以前は，主に麻薬を念頭に置いて，次に述べるような退薬症状(禁断症状)を目安にして依存かどうかを決めていた。依存には，身体的依存と精神的依存がある。身体的依存は，肉体が「もっとその物質をくれ」と要求するもので，指が震える，痛い，けいれんする，発熱する，などの症状をおこし，その物質が与えられると症状はたちまち消失する。精神的依存は，「もっとその物質をほしい」と思う衝動が押さえ切れないほど強く，他のことを考えることができなくなり，落ち着かないが，その物質が与えられると瞬時でそのような精神症状が消える。モルヒネとかアルコールの例を考えると理解しやすいであろう。しかし，依存をおこすものは，麻薬やアルコール以外にも覚醒剤(アンフェタミン類)，シンナーなどいろいろな物質があることがわかってきたので，退薬症状の他にも詳しい目安を設ける必要が出てきた。そこで，米国精神医学会による精神障害分類(DSM-IV, 1994)は，下記の7項目のうち，1年間に3項目以上があって，臨床的に障害がおきれば，依存症ということに決めている。
　(1) 耐性上昇がある：(a) ある物質を使った場合に，中毒や自分が望む効果をもたらすのに必要な量が著しく増えていく。(b) 同じ物質の同じ量を使っても効果が著しく弱まっていく。
　(2) 退薬症状(禁断症状)：(a) ある特定の物質を使うのをやめると特異な退薬症状(禁断症状)がおきる。(b) その物質を使えば，この退薬症状(禁断症状)をなくしたり予防したりできる。
　(3) その物質を大量に長期間にわたって使う。
　(4) その物質の使用をやめようとか減らそうと努力しても，成功できない。
　(5) その物質を使ったり，それを断ち切るために大変な時間を使う。
　(6) その物質を使うために，重要な社会面，職業面，レクリエーションの面での差し障りがおきる。
　(7) 身体的ないし心理的な問題がおきることを知っているにもかかわらず，その物質を使い続けることをやめられない。
　ある物質を不適切に使って臨床的に障害をおこすのを乱用という。乱用かどうかの判断基準は次の4項目に合っているかどうかである。
(i) 職業，学業，家事などの義務を果たせなくなるほどに，ある物質を繰り返して使う。(ii) 身体的な危険(自動車運転などの場合)をもたらすような状況でもその物質を繰り返して使う。(iii) 法律違反になっても使う。(iv) その物質運用が原因で社会的問題または対人関係の問題をおこしても使用をやめることができない。
　中毒は，ある物質を飲んだ時の身体・精神の異常を意味している。つまり，① その物質を飲んだり吸入したりした時に，その物質特有の可逆的な症状(注意力変化，情動不安定，知覚異

常,思考異常,判断力低下,仕事の能力低下,対人行動の障害など)がおきる。②その物質の中枢神経系に及ぼす影響によっておきる不適切な行動変化や心理的変化,を意味している。中毒には個人差が大きく,それまでにその物質を使った経験があるかどうかによっても,中毒の程度が異なってくる。慢性中毒症状か急性中毒症状かによっても,症状に差がある。たとえば,メスアンフェタミン(商品名:ヒロポン)の場合,急性中毒では,不眠,興奮,けいれんなどがみられるが,慢性中毒では統合失調症に似た幻聴などの症状が出てくる。

物質でおきる症状には,せん妄(熱にうなされたときのような意識障害),知情意低下症(旧:痴呆)(忘れっぽさを含む),躁うつ状態,不安状態,性不全,不眠,知覚異常,精神病状態(統合失調症に似た状態)などがある。

アルコールと薬物(タバコを除く)の乱用による経済的損失は,米国だけでも年間14兆8,200億円(1985年)にのぼっている。物質乱用の対策を考える場合に,物質乱用自体と,物質乱用が引きおこす精神異常などの状態とに分けて考える必要がある。　　　　　　　　〔小林　司〕
⇒依存性,ドラッグ,麻薬
文献　1. J-小林司, 1993 ; 2. G-Task force, 1994

不登校,登校拒否 nonattendance at school, school refusal

病気やけがなどの身体的な理由,経済的な理由,家庭の事情などの明確な原因がないのにもかかわらず登校できない状態。

不登校(当初は登校拒否)がわが国の学会や相談機関で取り上げられるようになったのは,昭和30年代の後半から昭和40年代の前半にかけてのことである。当時は,学校に行きたいと思っていても朝になると頭痛・腹痛などの症状が現われて登校できなくなってしまう子どもたちの存在に関心が向けられ,医学や心理学に関する学会で実態調査や症例の報告が数多くなされた。

不登校児童生徒とは,年間30日以上の長期欠席者を指し,1980年頃から毎年増加し,1999年度には小学生2万6,047人,中学生10万4,180人,2000年度には,小学生2万6,372人,中学生10万7,910人であった。これ以外にも,欠席日数が年間30日以下の不登校児や,登校はしているもののいつ休み出してもおかしくない子どもたち(潜在的不登校児)が相当数いるものと考えられる。

不登校児の出現率は学年が進むにつれて増す傾向にあり,学校基本調査の結果から考えると,小学生の約0.1%,中学生の約1%がそれにあたると捉えられる。高等学校では,欠席日数が一定の基準を越えると休学や退学になってしまうため実数の把握が困難であるが,中途退学者の数が年間約12万人という現状から判断すると,かなりの不登校生徒が存在するものと推定される。

不登校の要因として,当初は親の養育態度や本人の性格傾向が不登校の発現に関係が深いと言われてきた。しかし,最近は,そのような考え方が見直されてきている。「学校不適応対策調査研究協力者会議」(文部省,1962)の報告にも,「登校拒否問題は,学校や家庭,さらには社会全体にも関っている問題であり,登校拒否は特定の子どもにしかみられない現象であるといった固定的な観念でとらえるのではなく,現代の子どもに対する新しい児童生徒観を基本として総合的な角度から問題を認識し,指導・援助していくことが必要」であると述べられている。つまり,「登校拒否はどの子どもにもおこりうるものである」という視点に立ってとらえていくことが必要であり,不登校問題は,学校だけではなく,大きな社会問題となっているのである。

不登校児は,次のような過程をたどることが多い。(1)朝になると,頭痛・発熱・おう吐などの身体症状を示し,登校できなくなる(初期)。(2)登校を強要されると,自分の部屋に閉じこもったり暴力を振るったりする(進行期)。(3)何もしないで一見無気力な生活を送る(停滞期)。(4)部屋を掃除する,床屋に行く,友達と外出する,先生と話ができる,休日に学校に出かけるなどの動きが見え始まる(回復期)。しかし,子どもの性格特性や周囲の働きかけによって,この過程は変わってくる。最近は,不登校に関する知識が普及したため,保護者や教師か

らの登校刺激が少なくなっており,そのために家庭内暴力に発展する事例が減ってきている。

「不登校」という語は,広義には心理的理由によって学校を休んでいる児童生徒全体を指すが,狭義にはいわゆる「神経症的な不登校」を指している。つまり,学校に行こうと思っても身体症状があらわれたために行けなくなった子どもたちである。両者を区別する場合には,広義には「不登校」,狭義には「登校拒否」という語が用いられている。

不登校のとらえ方は,研究者によってさまざまである。梅垣は,子どもたちの示す行動特性を重視する視点から不登校を「心因性の学校欠席を繰り返す子どもが,周囲との関わりの中でさまざまな特徴的な心身不調や問題行動を呈する現象」と定義し,さらに不登校児には,次のような行動が見られると述べている。(a) 理由のはっきりしない欠席を繰り返す。(b) 一過性の心身不調を呈する。(c) 登校刺激に対して敏感に反応する。(d) すくみ反応を呈する。(e) 長期化に伴い多彩な経過をたどる。

なお三好邦雄は,不登校の原因が親子関係にあるとする「親子関係原因論」を否定し,長期化した不登校児の家庭における歪んだ親子関係は,不登校がもたらす二次反応だと考えることから出発した。そして不登校は,子どもと学校の間に働くプラスとマイナスの力関係によっておこると考えた。つまり不登校を学校に対する適応障害としてとらえ,独自の治療法を提案している。

これまで不登校児は心理療法の対象と考えられ,子どもへの遊戯療法(中・高学生にはカウンセリング)と保護者へのカウンセリングが行なわれていた。しかし,心理状態が安定してきた場合には,週に1回の遊戯療法やカウンセリングでは効果が上がりにくいことから,いつでも通うことができる学級や施設での対応が必要と考えられている。各地方自治体は,不登校児のための相談学級(情緒障害特殊学級)や適応指導教室を設けるなどさまざまな方策をとっている。また,民間の塾や施設も増加している。文部省(現文部科学省)が適切な民間の相談・

登校拒否児童生徒数の推移(30日以上欠席した者)

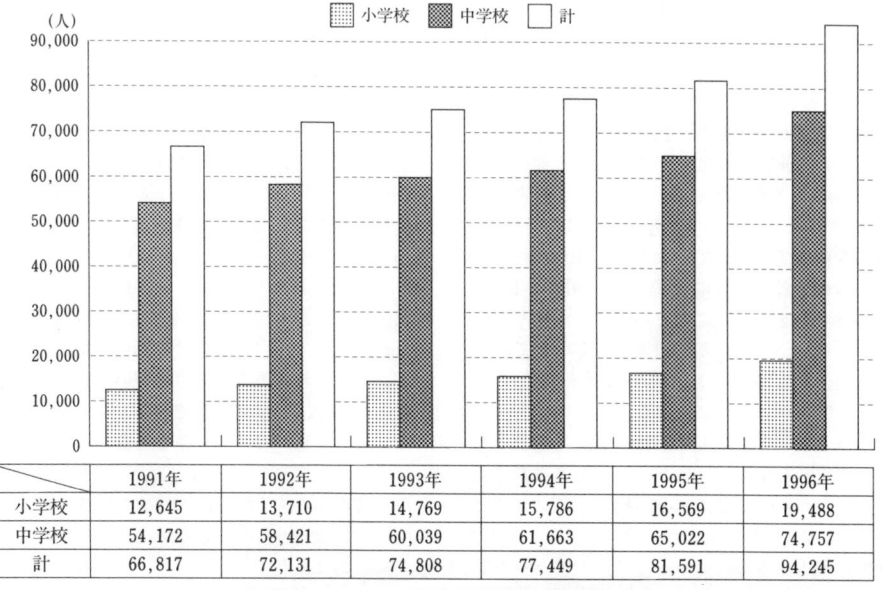

	1991年	1992年	1993年	1994年	1995年	1996年
小学校	12,645	13,710	14,769	15,786	16,569	19,488
中学校	54,172	58,421	60,039	61,663	65,022	74,757
計	66,817	72,131	74,808	77,449	81,591	94,245

登校拒否児童生徒数の推移(30日以上欠席した者)

(日本子どもを守る会編『子ども白書'97』草土文化,343p.,1997,p.133より)

指導施設に通った場合も出席扱いとする方向を打ち出したので，今後，民間施設が増加するものと思われる。〔下司昌一〕
⇒保健室登校，遊戯療法

文献 1. 下司昌一, p. 122-131 (I-神保・山崎編『現代のエスプリ』No. 250) 1988；2. G-下司・神保, 1990；3. F-神保, 1984；4. 橋本, p. 1-20 (F-稲村他編, 1990)；5. F-星野・熊代, 1990；6. F-三好, 1988；7. 三好邦雄『不登校児のタイプ別対処法』(小児科MOOK, No. 60 子どもの心の問題) p. 104-113, 金原出版, 1991；8. F-文部省, 1992a；9. F-文部省, 1992b；10. F-横湯, 1981

不登校者の「内閉論」 "The Seclusion Theory" for the School Non-attendant

不登校の歴史は，不登校の状態を示す子どもへの呼称変化の歴史でもある。ここで問題にしようとしている不登校児童について，文献上で最初に言及されたのはアメリカにおいてであり，1932年のI.T.ブロードウィンによる「怠学(Truancy)研究に関する一考察」である。ついで，1941年，やはりアメリカのA.M.ジョンソンという学者が，「学校恐怖症(School Phobia)」という論文を発表した。

必ずしもこれらの子どもたちは学校に恐怖を抱いているわけではなく，これらが日本の学校に登場するのは1950年代以降のことである。ついで，「登校拒否(School refusal)」(伊藤, 1962)という呼称が登場した。教師や学校に問題があったり，児童自身に何らかの拒否する理由があるために，学校に行くことを敢然と「拒否」する児童もいく人かはいたが，やはりこの名称も，全体を代表するものではなかった。山中康裕は，これらの子どもたちに「登校強迫」(山中, 1979)という名称を与えたこともある。こうした学校へいかない子どもたちが増えていくなかで，これらの子どもの状態への呼称も，「不登校」と中立的に呼ばれるようになった。

こうした子どもたちも，1964年に若林慎一郎らが調査した頃には，1000人に4人ほどの発生率だったが，今では，どの学校でも各クラスに1人はいる。こうした状態を病気と考える視点，性格に起因するものであると考える視点もあるが，以前は，とにかく本人の欠陥，または家族の欠陥である，と言われた時代があり，本人も家族も肩身の狭い思いをしていた。最近では，家族の考え方も積極的になり，わざわざ学校などに行くよりも，自家独自の教育プランで教育すればよいと考える人たちも現れた。文部省も，「誰がなってもおかしくない」という文書を出し，「不登校」は社会現象としての性格をも有するように変化してきている。

不登校の成因論については，これまでにいく多の説が現れては消えていった。まず，先にあげた学校恐怖症を報告したA.ジョンソン(1941)や，L.アイゼンバーグ(1958)といった人たちは，「母子分離不安(Separation Anxiety)」が根底にある，と考えた。これは，母親の心の中に，何らかの理由で子どもを手放したくない，という心性があり，それを子どもが無意識的に察知して，家を離れられなくなるものである。いわゆる不登校と呼ばれる状態のうち，母子分離不安の概念を用いることで，神経症性による不登校の約半数に当たる事例の原因を説明できる。この説はいまだに力をもっている説の一つである（しかし前述したように，すべての不登校児に当てはまるというわけではない。不登校はいろいろな原因でおきるものであり，単一の原因によるものではないからだ）。母親の心の中の何らかの理由とは，たとえば母親自体が，子どもの頃にその母親との分離に成功していなかったり，まだ未解決のままその問題を引きずっている，といったこともある。また，現在の夫との関係のなかで，子どもを自分にひきつけておきたいという心性がある，などいろいろな場合が考えられる。

ついで，T.ルヴェンソール(Leventhal, T)(1964)の，過大自己像説がある。それは，子どもが心の中で，自己に対して過大な期待をもっており，それが現実にそぐわない過大な自己像であるため，それを維持できなくなった時，破綻してしまう，というものである。

また，S.アグラス(Agrass, S.)(1959)のうつ病説がある。それは，不登校を示す子どもの周辺にうつ病の発症をみるケースが多い，という臨床的な事実から発したものである。表面的には普通の不登校とかわらぬ形をとっていても，そこにより重篤な精神疾患が隠されている

場合もときにはあるので,軽軽には扱えない。日本の不登校研究の草分けの一人である佐藤修作(1967)は,過保護的母子関係のなかでの子どもの心理的独立の挫折をあげており,大切なのは不登校の子どもを早期に学校復帰させることではなくて,未熟な自我を変容強化させることだと説いたところにある。高木隆郎(1964)は,これらの子どもたちの症状形成の過程をつぶさに観察し,かつ,家族の力動を検討した結果,社会化のモデルとしての父親像の不在を指摘した。

その他にも,たとえば優等生の息切れ型とか,甘やかされタイプの自我未成熟型,無気力傾向の目立つ無気力型,萎縮型,あるいは発達遅滞を伴う型などいくつかの類型が作られ,それらの成因が論じられている。

【山中康裕の内閉論】

山中康裕(1978)は,「思春期内閉」と題する論文において,何とか早く学校へ復帰させようと躍起になるのではなく,子どもらの状態をいわゆる「サナギ」の時期(これを「セクルージョン seclusion」と呼ぶ)とみたてて,彼らが固有のアイデンティティを形成するまで徹底的にこの状況を守ることがこの時期にしなければならないことであり,そうしてじっとクライエントに同行しながら待てば,かならずいつか,いわゆる「蟬脱(せんだつ)」,「啐啄(そったく)」と呼ばれる脱皮の時期が到来し,彼らは自ら「出立」していくものである,と説いた。その際,彼らが世界とわずかにコミュニケートしている「窓」が,じつは通常は家族や周囲にとっては,ほとんど何の価値もないものとして位置づけられている,たとえば,テレビゲームだったり,アニメやマンガや釣りとか,プラモデルづくりといった,一見他愛もないものであり,これのみに没頭することが多い点に山中は目をつけた。彼らは,わずかに開いたこれらの窓で,彼らなりのやり方で,世界と関係性をもっているのである。たとえば,「釣り」をすることでしか毎日を過ごしていなくても,彼らはその「釣り」を通して,魚と付き合い,魚をつつむ周囲の状況,つまり天候や風や周囲の草むらや日光との関わりなどに目をむける。そして結局は,世界との関わりの原点をつかむ。「セクルージョン」とは,通常は「閉じこもる／排他する」などの意味をもつ動詞 seclude の名詞化であるが,これは,徳川時代にみられた「鎖国」をあらわす言葉でもある。山中は,彼ら不登校児の「外界にむけてはもっぱら閉じこも」る姿と,鎖国政策において長崎の「出島」一カ所のみを開港してそこからのみ世界と関わるあり方と,彼ら不登校児がわずかな「窓」を通して世界とコミュニケーションするあり方とのアナロジー(類似)からこう呼んだ。鎖国政策により江戸幕府が守ったのは,イスパニア・ポルトガル列強から流入されるキリスト教や鉄砲に代表される外界の脅威を防いで日本の安全を守りつつ,かつ,その独自な文化(俳諧,歌舞伎,茶道,花道など,江戸において成熟した日本独自の文化)の醸成であったと言えるが,これを,不登校児に当てはめれば,外界の脅威から自我を守りつつ彼らのアイデンティティを醸成することとなる。この考え方は,現在ある治療論の中では中核というよりいく分周辺に属するものではあるが,こうした子どもたちの不登校という表現型は,単に社会的逸脱や病気としてネガティヴ面からのみ見られるべきではない。彼らには彼らなりの内的意味が隠されているのであり,その理解の延長上に,こうした治療論が成りたつ。

最近,頻繁におきる少年事件が不登校に関連していることもわかった。また,これらを取り囲む状況をみていると,一般の不登校の子どもたちの中に,上述の「窓」すら見えない――つまり,窓が開かないか,開いていても,それらは「虚無」に向かっているとしかいえない――ものも現れてきている。この論の限界を感じると同時に,こうした方向を見据えた新しい理論の展開が待たれる。　〔山中康裕〕

⇒自閉的障害,不登校

文献　1. 伊藤克彦「登校拒否女子学童の2症例について」『児童精神医学』3(3), 1962;2. F-佐藤, 1967;3. 高木隆郎「学校恐怖症の典型像(1)」『児童精神医学』6(3), 1964;4. 立花隆「正常と異常の間」文芸春秋編集部『少年A犯罪の全貌』文芸春秋, 94-160, 3, 1998;5. B-山中, 1978;6. 山中康裕「思春期内閉」J-中井・山中, 1978所収;7. 山中康裕「登校強迫」大原健士郎編『子どもの心理』1, 至文堂, 1979;8. 山中康裕「心の内にある悪――どう

表現し，発散させるか，神戸小学生殺害事件」『児童心理』11月号別冊，金子書房，155p.，1997；9. 山中康裕「ゆらぐ少年たちの深層心理」『中央公論』7，中央公論新社，pp. 208-221, 1998；10. 山中康裕「『登校拒否』および「いじめ」と文化変容」松下正明総編集『多文化間精神医学』(臨床精神医学講座) 中山書店，pp. 111-120, 1998；11. 若林慎一郎他「学校恐怖症または登校拒否児の実態調査」『児童精神医学』6(2), 1964；11. Broadwin, I. T.: A Contribution to the study of truancy, American Journal of Orthopsychiat, 2, 253, 1932；12. Johnson, A. M. et al.: School Phobia, American Journal of Orthopsychiat, 11, 702, 1941；13. Eisenberg, L.: School Phobia, A Study in the communication of Anxiety, American Journal of Orthopsychiat, 114, 718, 1958；14. Leventhal, T. et al.: Selfimage in school phobia, American Journal of Orthopsychiat, 34, 685, 1964；15. Agrass, S.: The relatiomship of school to childhood depression, American Journal of Psychiat., 116, 533, 1959；16. Jung, C. G.: The psychological types, Princeton University Press, 1921

普遍的無意識 ⇨集合無意識

不眠症 insomnia
夜になっても眠れないことを指すが，広義には睡眠様式の異常をも含めることがある。

人はなぜ眠るのか。その理由はまだ明らかではないが，眠りに2種類あることはすでに常識となった。睡眠中の脳波の観察によって，人の睡眠をノンレム睡眠と呼ばれる大きなゆっくりした波型を示す徐波睡眠と，逆説睡眠とかレム睡眠，急速眼球運動期などと呼ばれる小さな速い波型を示すパラ睡眠とに2分することができる。

パラ睡眠の時には，眼球がキョロキョロと動き，夢を見ていることが多い。この時には，身体が眠っているので動くことができず，脳は覚醒している。だから，「金縛り」にあったように感じることもある。逆に，徐波睡眠の時には，体が目覚めているので寝返りを打つが，脳は眠っているので夢も見ない。

8時間眠る間には，徐波睡眠とパラ睡眠とを4～6回ずつ繰り返す。パラ睡眠の始まりから次のパラ睡眠の始まりまでは平均90分ほど。最初のパラ睡眠は約15分間続く。徐波睡眠の継続時間は，睡眠時間の後半ほど短くなり，逆にパラ睡眠時間が長くなる。

睡眠の様式は，3歳ごろ，思春期，30～40歳の3回，著しく変わる。年とともに睡眠時間は短縮され，目覚める回数も多くなるのが普通である。深く眠っている徐波睡眠の時間は，青年で睡眠時間の15％，中年で3％，老年で0％となる。パラ睡眠時間も，青年の28％から老年の18％に減っていく。60歳以上の人の20～30％は睡眠障害による呼吸障害や夜間筋肉けいれんを起こしている。

もし眠りを妨げると，意識がもうろうとするとともに，自律神経系が興奮するので，脈拍や呼吸が多くなる。眠りを妨げるのをやめると，最初の1時間は徐波睡眠が増えるが，その後にはパラ睡眠時間が長くなる。断眠が長びくと，錯乱，幻覚，妄想，疲労が出てくる。

パラ睡眠が始まるたびに揺り起こしてパラ睡眠だけを妨げると，反動的にパラ睡眠が頻発するようになり，いらいらして非社交的になる。80％の人では幻覚がおきる。この妨げをやめると，急にパラ睡眠の持続時間がぐっと増える。徐波睡眠を妨げると，肉体的疲労感が大きい。

長く眠らないと駄目だという人と，短時間睡眠でも大丈夫な人といるが，徐波睡眠時間は両者とも同じであるから，両者の差は，パラ睡眠時間を長くとるか，短くてもすむか，という差らしい。長く眠る人は，軽いうつ状態や不安，心配性などを示しやすい。短い睡眠ですむ人は，くよくよせず，世渡りがうまくて，野心的，精力的，自分や生活に満足していることが多い。つまり，くよくよしたり，心配したりすると，脳の疲れをとるためのパラ睡眠が長時間必要になるらしいのだ。何かに熱中していたり，満ち足りた気持ちでいると，短時間の睡眠で足りる。だが，転職や精神作業，抑うつ，驚き，ストレス，肉体労働などの後は，長く眠らないと疲れてしまうようだ。

うつ病の人の80～85％は不眠であり，15～20％は眠りすぎである。いずれにしても睡眠が正常でなくなっている。一晩徹夜させると，うつ病患者の3人に2人は一時的に軽快する。それどころか，そう状態に変化して，それが数日から数週間も続くこともある。これが断眠自体の影響なのか，光が長時間目に入る影響なのかは

まだわかっていない。

中沢洋一によると，睡眠障害には次の4種類がある。(1) 不眠症，(2) 過眠症，(3) 睡眠リズムの障害，(4) 睡眠時異常現象。(1) には，(a) 神経質な性格，(b) 精神病（統合失調症やうつ病，アルコール症など），(c) ミオクローヌス（足のピクツキ）がある。(1) に対しては，眠れないと思いこんでいるだけのことが多いので，睡眠についての正しい知識を説明し，眠れないことへの恐怖感を減らし，睡眠薬を与え，生活を規則正しくさせて，（朝寝坊させないなど），昼間活動するように指導すれば軽快する。睡眠薬はパラ睡眠を減らすので，その服用を急に中止すると反動的にパラ睡眠が増え，その結果として患者は眠れなかったように感じる。したがって，睡眠薬を持続的に服用した場合には急に止めないで漸減する方が好ましい。

(2) の過眠症には，女性が月経前に眠くなったりするほか，若い男性にも大食症とともに現われる眠け（クライネ・レヴィン症候群）がある。さらにうつ病に伴う過眠など，昼の眠さにもいろいろあるが，昼間の過眠の80～90％はナルコレプシー・カタプレキシーと睡眠中無呼吸症候群である。

昼間も眠い人の30～40％はナルコレプシー・カタプレキシーと言われる。これは男女ともにみられ，思春期に発見されることが多いが，30歳までに現われるようである。電車を運転中に急に眠って事故をおこしたケースがあった。

ナルコレプシーは，(ⅰ) 運転中など不適当な状況で日中に発作的な眠さにおそわれる，(ⅱ) 笑い，怒り，性的興奮などの際に急に体の一部または全身の筋肉の力がぬける（カタプレキシー），(ⅲ) 入眠直前や覚醒直後に体を動かせなくなる（だれかがさわると動けるようになる），(ⅳ) 入眠時に恐ろしい幻覚がある——という特徴を示す。しかしこの四つともあるのは患者の11～14％にすぎない。

ナルコレプシーの患者は，人口の0.02～0.09％で，米国には50万人もいるという。日本でも30万人以上いるであろう。同一家族内におきることが多い。患者の15～30％は夜間にミオクローヌス発作（筋肉のピクツキ）と睡眠中無呼吸をおこしている。

ナルコレプシー患者に，昼間「眠りなさい」と命じると，5分以内に眠りにおち，しかも10分以内に逆説睡眠（夢を見る）を脳波で確認できる。

メチルフェニデイトやペモリンなどの中枢興奮薬，イミプラミンやプロトリプチリンなどの三環系抗うつ薬を少量，長期服用すると睡眠発作が消える。コデインやGHB(ガンマハイドロキシブチレイト）が有効という報告がある。

慢性不眠症の10％は，脳に異常があって睡眠中に時々呼吸がとまる中枢性睡眠中無呼吸症候群である。これに対して，昼間も眠い人の50～60％は閉塞性睡眠中無呼吸症候群といって，上気道（のどの奥）がつまるために呼吸できなくなるケースだ。

閉塞性によるものは中年の太った高血圧の男性に多く，女性は20％にすぎない。つまった気道で無理に呼吸をするから，高いいびきをかく。不整脈，うつ病，脳の器質障害（時間や場所，人などがわからなくなる），インポテンツ，高血圧，心臓肥大，などを併発している人が多い。

中枢性にせよ閉塞性にせよ，睡眠中無呼吸症候群では，一夜の睡眠中に30～800回の呼吸停止がおこり，10秒強も息をしない。2分間も止まると，酸素欠乏がおきて心臓の拍動が欠けることがある。夢を見ている逆説睡眠期に呼吸停止が長引くことが多く，いったん目を覚まさないと呼吸を再開できない。体をよじり，あえぐような高イビキをかくのが特徴。本人には，無呼吸の自覚がない。女性ホルモンの欠乏が疑われており，卵巣ホルモンを与えると，軽快するケースがある。

軽い閉塞性睡眠中無呼吸症候群は，体重を減らすとか，仰向けでなしに横向きになって寝るだけで治ることが多い。しかしながら，重症になると気管切開手術が要るから大変だ。中枢性の場合には，イミプラミンなどの三環系抗うつ薬とかアセタゾールアマイド，ロベリン，酸素吸入などが効く。睡眠薬やアルコールは症状を悪化させる。

(3) の睡眠リズムの障害は，睡眠時間がずれて夜と昼が逆転するような場合である。欧米へ

旅行するとか,夜勤の時間帯を変更したときなどにみられる。交替の時に時間帯をくり上げて,時計の針と逆方向に変更するとおこることが多い。

(4)には(a)夜尿症,(b)悪夢,(c)夜驚症が含まれる。(a)には抗うつ薬イミプラミンが著効を表わすことがある。　　　〔小林　司〕

⇨うつ状態,体内時計,夜驚症,夜尿症

文献　1. E-鳥居, 1987 ; 2. E-鳥居, 1985 ; 3. E-Gelder *et al*., 1989 ; 4. E-Kaplan & Sadock, 1989 ; 5. E-Talbott *et al*., 1988

フラストレーション,欲求不満 frustration

欲求の満足が阻止され,心の内部に緊張が高まり欲求不満の状態になること。

欲求が阻止される条件には,物理的(山がある,川がある,お金がない等)条件や,本人自身(能力の欠如,身体的な事,心理面等)の条件がある。

フラストレーション発生時においてひきおこされる反応には次のようなものがある。

(1)緊張した行動:顔面が紅潮したり,身体が震えたりする。

(2)攻撃的行動:阻止する人や物を攻撃し,そのことによって緊張を解消しようとする働き。直接かかわった人や物に対する直接的行動と,直接攻撃を加えることが困難な場合,かかわりのない人に対して攻撃する置き換えられた攻撃がある(やつあたり)。

(3)また攻撃とは反対に,攻撃が禁止されると,無感動,無関心,消極的な態度をとることがある。

(4)退行:俗に言う「子ども返り」の状態で,現実から未熟な段階に戻ることによって,不安を解消しようとする働き。

(5)固執:フラストレーションを繰り返し経験すると,柔軟性が無くなり,解決に役に立たない無意味な行動を繰り返す働き。

このような反応は,その時の障害の種類や強度,与えられ方の事情にもよるが,幼児時からの,生育条件によって養われ形成されてきた,本人がもっているフラストレーション耐性によっても違ってくる。

フラストレーションの状態におちいった時,このような不安定な自己を守って適応しようとする試みが無意識的または意識的になされる。この自己を守るための手段を防衛機制という。防衛機制はフロイト*の概念である。

防衛機制の主なものは次のとおりである。

(a)抑圧:破局をまねく恐れのある要求や観念を,無意識裡に自ら認めないようにする働き。しかし無意識下に残った要求は不安を生じ,場合によっては病的な形をとることもある。精神分析理論によれば,抑圧は最も基本的な防衛機制である。

(b)合理化:素直に自分の失敗や欠点を認めるのが苦痛なので,正当な理由よりも,適当な理由によって自己を擁護し,精神の安定を保とうとする働き。イソップ物語のキツネがおいしそうなブドウをみつけてとろうとしたが,何度とびあがってもとどかなかったので,「あんな酸っぱいものは欲しくない」と立ち去った。このキツネの言動はその例である。

(c)投影:自分の弱点や欠点を認めると不安が生じるので,自分以外のものに責任を転嫁する働き。ボールを打ち損じた人がラケットをひっぱたく心理。

(d)逃避:苦しい現状から心理的に逃げることによって自らを守り,不安を打ち消そうとする消極的な防衛機制である。この逃避には,現実への逃避(直接関係のない行動を行なう),空想への逃避(白日夢),病気への逃避がある。

(e)同一化:不安が大きいと,自己を他に同一化させようとする働き。いばっている上役をまねて,自分もいばるのはこの例である。

(f)昇華:抑圧された衝動の欲求を社会的に承認される好ましい傾向に変容して発散させる働き。健康な成功した防衛機制といえる。スポーツや芸術的活動を性衝動のはけ口にしようとするのはこの例である。

(g)補償:この防衛機制はアドラー*によって説かれたものである。劣等感の反応で,自分の弱点は別に置いて,自分が達成しやすい行為で弱点を補う働き。建設的な防衛機制といえる。学業に苦手な子が得意なスポーツで良い成

績を上げ,劣等感を補おうとするのはこの例である。しかし,補償は反社会的行動（いじめ,盗み等）に現われることもある。

以上の他に,劣等感のある人ほど威張るなど,自分の弱点を人に知られたくないためにそれを強化する(h)反動形成,父に甘えられない娘が年上の男性に甘えるなどの(i)感情転移,英語の先生を好きになると,英語を勉強し好きになるという(j)置き換え等がある。

防衛機制は日常いろいろな場面でおこるが,防衛機制は真の問題解決にはならず,フラストレーションが完全に消滅するというわけではない。

またこの防衛機制が成功した場合には,それを繰り返し行ない,その人を特色づける性格特徴になることもある。　　　　　〔塩田瑠美〕
⇒主な防衛機制,葛藤,攻撃,合理化,深層心理学,精神分析,退行,投射,反動形成,防衛,防衛機制の例,抑圧,欲求

文献 1. I-大原編『現代のエスプリ』No. 41, 1970;2. 大山正・詫摩武俊・中島力『心理学』(改訂版)有斐閣, 225 p., 1985;3. A-國分, 1980;4. E-高木, 1977;5. 中川大倫『心理学概論 II』放送大学教育振興会, 163p., 1985;6. C-宮城, 1959

フリー・スクール　free school

権威主義的で画一的な管理教育に対し,子どもの自主性を尊重する自由(主義)教育を標榜して創られた公私立学校の総称。

近年では,オールタナティブ・スクール(alternative school)と呼ばれることの方が一般的となってきている。なお,日本では,不登校を中心とする学校不適応の子どもたちのためのさまざまな「居場所」の意味に限定して,「フリー・スクール」あるいは「フリー・スペース(free space)」という呼称が用いられることが少なくない。

今世紀に入って独創的な自由教育を実践した先人としては,イタリアのモンテッソーリ(Maria Montessori, 1870～1952),ドイツのシュタイナー(Rudolf Steiner, 1861～1925),フランスのフレネ(Célestin Freinet, 1896～1966)らが有名であるが,1960年代以降のイギリスやアメリカのフリー・スクール運動に大きな影響を与えたのは,デューイ*とニイル(Alexander S. Neil, 1883～1973)であるといわれている。

アメリカについて見てみると,1896年にデューイによって,シカゴ大学に実験学校が開かれたが,「為すことによって学ぶ」という彼の経験主義あるいは実験主義の思想は,その後1920年代頃より,進歩主義の学校(progressive school)として広く実践された。これらの学校は,その後,第二次大戦を経て衰退を余儀なくされたが,1960年にニイルの著書『人間育成の基礎』が出版されるに及んで,イギリスのサマーヒル(Summerhill)・スクールでの彼の実践に強い感銘を受けた人々が,デューイの進歩主義の復活という認識も同時にもちつつ,続々とフリー・スクールを開校させることとなった。ニイルは,「フリー・スクールの祖父」と称され,彼のサマーヒル・スクールは,その後のフリー・スクール運動の基本理念において重要なモデルとなったのである。彼は,自発性の徹底的な尊重と感情的解放の重視を基本原理として掲げ,出欠自由の授業,自治,権威主義の否定(子どもたちは教師をファーストネームで呼ぶ),創作活動と遊びの重視などの特徴をもった実践を展開したのであった。ただ,具体的な学習内容や指導方法においては,彼は教師主導から抜けきれなかったと評されることがあり,その点ではむしろ,体験学習,総合学習の先駆を示したデューイから学ぶ者が多かったとされる。

1960年代後半以降のアメリカには,多彩なフリー・スクール(オールタナティブ・スクール)の形態が登場している。たとえば,1967年に開校したクロンララ(Clonlara)・スクールは,自校の生徒に対する自由教育のみならず,自宅で学習するホーム・スクーラー(home schooler)の支援まで行なっているし,時を同じくして,フィラデルフィア市の教育委員会は,伝統的な校舎をもたない公立高校であるパークウェイ・プログラム(parkway program)の試みを開始している(教会,図書館,市役所など地域のさまざまな社会資源を活用して教育を行なうもの)。また,特別のカリキュラムをもち,それに関心のある子ども達を磁石のように惹きつける

という公立のマグネット（magnet）・スクールなども現れている。

1970年代半ばには，百花繚乱，玉石混淆であったフリー・スクールが自然に淘汰され，一時，フリー・スクール運動が停滞したかにも見えたが，1979年には，クロンララ・スクールのモンゴメリー（P. Montgomery）を議長としてNCACS（全米フリー・スクール連合）が結成され，新たな運動を拡大することが可能となった。しかし，一方では，アメリカ経済の衰退に伴って，基礎学力の低下を懸念する声が強まり，標準カリキュラムの導入に踏み切る自治体が増え，その結果，30年前のように再び落ちこぼれる生徒が増加したといわれる。

その後も「新しい学校」の形態は模索され続けるが，やがて1990年代に入り，チャーター（charter）・スクールが登場する。これは，公的な権限を付与された開設認可者にチャーター（特許状）を申請して認可されれば，教師はもちろん，父母，時には子どもであっても，公立学校を新設できるという画期的なものである。3年ないし5年の契約期間内の学力向上に責任をもち，それが達せられない場合には閉校を余儀なくされるが，その代わり，従来の公立校が縛られていた制限や規制から解放される，という特色をもつ。

日本に目を向けると，戦前では，成城小中学校，池袋児童の村小学校，玉川学園などの独創的な教育が知られており，最近では，きのくに子どもの村学園の実践が注目されるなどしているが，1980年代以降，にわかに高まりを見せたフリー・スクール運動は，不登校の問題を抜きにしては語ることができない。すなわち，欧米の運動の報告に刺激を受けつつも，理念先行ではなく，急増する不登校の子ども達の居場所の確保という現実の切実な必要性に迫られて，「もう一つの学校」を作らざるをえなかったという性格が強いのである（たとえば「東京シューレ」など）。

近年では，各地の自治体が，適応指導教室を設置するようになっているし，学校法人としての認可を受けるところも現れ始めているが，ほとんどのフリー・スクールは，小・中学生を対象とした無認可の私塾の形態をとっている（フリー・スクールの範囲を決めるのはきわめて困難な問題であるが，1970年代より増え始め，現在では全国に800校近くある）。各地にフリー・スクール研究会などが結成され，運営は苦しいながらも無認可であることに存在意義や可能性を見出そうとする運動の高まりも認められる。また，原籍校の校長の判断により，フリー・スクールへの登校を原籍校の出席扱いとすることを認めるケースも増えてきている。さらには，中学校を不登校のまま卒業したり，高校を中退したりした子どもが通信制高校へ入学することが少なくないため，その卒業を援助するサポート校（無認可）の試みも登場して注目を集めており，多様な教育の場を求める模索が続けられている。〔佐竹嘉裕〕

⇒不登校

文献　1. I-伊藤・堀編『こころの科学』No. 18, 1988；2. 大沼安史『教育に強制はいらない：欧米のフリースクール取材の旅』一光社, 278p., 1982；3. E-ニイル, 1962；4. 21世紀教育研究所編『もうひとつの「学校」案内：不登校だって中退だってあきらめるのはまだ早い！』主婦の友社, 287p., 1998；5. ネイサン, J., 大沼安史訳『チャータースクール：あなたも公立学校が創れる：アメリカの教育改革』（「超」学校 II）一光社, 190p., 1997；6. 不登校情報センター編『'99～2000年版登校拒否関係団体全国リスト』（別冊「こみゅんと」）あゆみ出版, 285p., 1999；7. 堀真一郎『自由学校の設計：きのくに子どもの村の生活と学習』黎明書房, 254p., 1997

フロイト　Sigmund Freud（1856～1939）
オーストリアの精神科医，精神病理学者，精神分析学の創始者，20世紀最大の思想家の一人。

1856年5月6日に，チェコのモラヴィアにあるプリーヴォル（ドイツ名フライベルグ）にユダヤ人商人の子として生まれた。4歳の時ウィーンに転居し，ウィーン大学で医学を学び（1874～1879），エルンスト・ブリュッケ（Ernst Wilhelm von Brücke, 1819～1892）教授のもとで神経生理学を研究（1881～1882），24歳で医学博士，ウィーン総合病院勤務（1882～1885），精神医学者テオドーア・マイネルト（Theodor Meynert, 1833～1892）のもとで2年間神経伝道路の研究を行なって，1885年に神経病理学の私講師の資格を取った。パリのシャルコー（Jean

Martin Charcot, 1825～1893)のもとに約5カ月間留学してヒステリーや暗示を学び（1885～1886），ハンブルグの名門の娘マルタ・ベルナイス（Martha Bernays）と4年2カ月の交際の後に結婚（1886）してアンナ・フロイト*を含めて6人の子どもを持つ。アンナは後に精神分析学の後継者となって児童分析に貢献した。ウィーン大学講師（1985）を経て，ウィーン市ベルクガッセ19に30歳で神経科医開業(1986～)。米国クラーク大学で招待講演(1909)，ロンドン大学でハクスレイ記念講演(1931)，ウィーン精神分析学会創立(1902)，国際精神分析学大会(1908)，ゲーテ賞受賞（1931），クラーク大学名誉博士(1909)，オーストリア医師会，米国精神医学会，米国精神分析協会，ニューヨーク神経学会，フランス精神分析学会，英国王立医学的心理協会の各名誉会員(1931)，王立ロンドン医学会フェロー（1935），ロンドン・ロイヤル・ソサイエティー・文通会員（1936）。1923年からの16年間は上顎部のガンに苦しめられ，33回の手術を受けたのちに，この病気によって命を奪われた。彼はユダヤ教を放棄したが，自分がユダヤ人であることを終生意識して，ユダヤ人結社であるプナイ・プリーズ協会の集会に毎月2回出席し，ユダヤ人社会との接触を保っており，彼の学問にもそれが反映している。1938年3月，オーストリアはナチス・ドイツに併合され，ユダヤ人だったフロイト一家は自宅に軟禁された。ジョーンズ*やギリシア王弟の妻マリー・ボナパルト（Marie Bonaparte, 1881～1962）らの援助により82歳の時にかろうじてロンドンに亡命（1938）し，1939年9月23日死亡。

精神科開業医として52年間をウィーンに過ごした間に，臨床で多くの症例を治療し，人間の人格や行動，芸術，文化にまで及ぶ精神分析学を創始し，膨大な著作を残した。晩年には単なる臨床家としてではなしに，優れた著作家，評論家，思想家として有名であった。その影響は，精神医学や心理学だけでなしに，歴史学，人類学，宗教，芸術，社会学，教育学など広く文化全体に及んでいる。

彼の方法は神秘的・宗教的ではなくて，臨床経験を通した科学的・実証的である点に特色がある。古典に通暁し，文学から得た発想を症例に当てはめてユニークな解釈をした。1885～1905に無意識の概念を作り上げ，精神分析学を国際的に広め，1920年以降には著述に励み，無意識の精神過程，神経症，幼児の性行動，夢の解釈などに独創的な見解を創案し，現代的な心理療法に大きな影響を及ぼした。

「精神分析」という述語は，(1)深層心理学研究方法，(2)精神分析療法，(3)深層心理学理論，(4)精神分析普及運動，の四つの意味で使われるが，そのすべてに彼は深く関わった。彼が学んだ当時の精神医学は，症状を詳細に記述して脳病理との関係を探ろうとしていたから，行動の心理学的意味は重視されていなかった。その盲点に彼は着目したのである。パリに留学する前に，彼はコカインの興奮作用を研究し，「コカについて」という世界最初の研究論文を発表したが，眼科手術における局所麻酔作用を同僚のコラー（Carl Koller, 1875～1944）に先に発表されたために，名声を逃した。フランスの有名な神経科医シャルコーのもとではヒステリーと心理的原因や暗示効果について学んだ。ウィーンに戻って開業してから彼はヒステリーの患者の治療に専念し，同業者ヨーゼフ・ブロイアー（Josef Breuer, 1842～1925）医師から，ヒステリー患者の症状が父親の臨終の際に受けたトラウマの結果だという発見を催眠術によって教えられた。その事実を患者がブロイアーに語ったことによって症状が消えたのを見て，フロイトは抑圧された情動がヒステリーの原因であり，カタルシスによってそれが治るのだと考えた。このことをブロイアーと共著で書いた『ヒステリー研究』(1895)が彼の方向を決定した。夢が無意識の現れであるとする『夢判断』(1901)は，無意識の研究に画期的な進展をもたらした。治療面では，1892～1895年に催眠法をやめて，患者に自由に話させる自由連想法を開発した。これは，カウンセリングの来談者中心療法の着想のもとになった。言い間違いや，失策行為なども無意識の現れだとする『日常生活における精神病理』(1901)を初めとして，その後はたくさんの著作が書かれた。彼の思想の基本は，性と死，親と子，男と女，という三つの対立をも

ととして人間の心理や社会現象を理解し、自己を洞察して自我を確立することにあった。

1908年にザルツブルグで第1回国際精神分析学会が開かれ、1909年に米国マサチューセッツ州のクラーク大学学長スタンリー・ホール (G. Stanley Hall, 1844〜1924) に招かれて五つの講演を行なったことで、精神分析学が公に認められたと、フロイトは考えた。1906年〜1910年までは、ユング*を介してチューリッヒのE.ブロイラー*やビンスワンガー*らと学問的協力が行なわれ、共同で雑誌を刊行した。はじめはフロイトの同志であったのに、意見が異なったために分派を作った人たちには、ユング、アドラー*、シュテーケル*、オットー・ランク (Otto Rank, 1884〜1939)、ライヒ*などがいる。精神分析学の継承者としては、フロイディアン、ネオ・フロイディアン、クライニアン、自我心理学派、などがある。その他に、ボス*、ラカン*、マノーニ (Octave Mannoni)、マルクーゼ*、フロム*、ビンスワンガーなどが、別々の立場からフロイトの仕事を受け継いで発展させている。

フロイトがカウンセリングに及ぼした影響は、(a) 対話的な心理学的解明法を開拓した、(b) 無意識に関する深層心理学を創案した、(c) 心理療法の基礎を築いた、(d) 心身相関機制を明らかにした、などである。〔小林　司〕

⇒エス、エディプス・コンプレックス、主な防衛機制、カタルシス、自由連想法、深層心理学、精神分析、精神分析的カウンセリング、精神分析療法、防衛機制の例、夢、夢の作業、夢判断、リビドー

文献　1. C-ジョーンズ、1969；2. ゲイ、P.、鈴木晶訳『フロイト』(第1巻) みすず書房、488p.、1997；3. E. Devine et al. (ed.) : *Thinkers of the twentieth centuriy*. Macmillan (London), 643p., 1983 ; 4. J. H. Schultz : Sigmund Freud. In Kurt Kolle (ed.) : *Grosse Nervenärzte*. George Thieme (Stuttgart), pp. 99-114, 1956

文化人類学　cultural anthropology

自文化あるいは自民族を自明視し絶対化することなく、自らの発想、認識、理解の仕方を相対化して、異文化・異民族の存在を尊重し、その姿をあるがままに記述しようと試みる学問分野。人類という発想そのものが西洋中心のものであることに警鐘を鳴らし、真の意味での「人類」概念を模索する。

文化人類学の歴史は19世紀半ばにさかのぼるが、当初は植民地の原住民保護のための抗議運動、人道的博愛運動から派生したものであった。1839年フランスでパリ人種学会、1843年イギリスでロンドン人種学会が設立されたこととも関連しており、1892年イギリスのリバプール大学に世界最初の人類学の講座が設置された。ただし、文化人類学者が原住民保護を訴える時、人種・部族が混血したり絶滅する前にその最も純粋な状態で調査したいという研究動機が絡んでいたことは否めない。初期の文化人類学は、現地人と直接交わる経験をもたず間接的な情報提供に基づいた研究も多かったが、第一次世界大戦後に、マリノウスキー (Bronislaw Malinowski, 1884〜1942) とラドクリフ-ブラウン (Alfred Reginald Radcliffe-Brown, 1881〜1955) とによってこの傾向は一新された。彼らは参与観察（現地で直接生活しその様子を記述する）という方法を確立した。また西洋の進化論者たちが自文化の至上性と優位とを自明視し自文化中心主義に立脚したため、人種主義という発想が形成されていたが、これに対抗して米国のボアズ (Franz Boas, 1858〜1942) は、文化相対主義を主張した。第二次世界大戦後になり数々の研究成果が出たが、その筆頭にレヴィ=ストロース (Claude Lévi-Strauss, 1908〜) があげられる。未開社会の親族構造の解明、自民族中心主義の批判、構造主義の提唱などが彼の業績として知られている。これらの研究結果にもとづき、西欧近代を特徴づける理性（または合理性）、論理、科学性といったものが、未開社会にも西欧近代に劣ることなく別な様相で存在していることを証明した功績が大きい。それまでの西洋哲学の地盤そのものを粉砕し、西欧近代の相対化の大きなきっかけとなった彼の研究は、単なる未開社会研究を超えて、哲学の最先端の理論として君臨し、各分野に大きな衝撃と影響とを与えた。その後1980年代になって、文化人類学に対してさまざまな批判が浴びせられることとなるが、その端緒となったのが、サイードのオリエンタリズム批判であった。サイードに

よれば，西洋のオリエント研究（主に中近東を対象）が，いかに参与観察を重ね文献が完備されたとしても，すでにその段階で欧米的な認識の図式で処理されてしまっており，その結果形成されたオリエント像は，現地の真のオリエント像とはかけ離れてしまっているのである。これは普段自分では気づきにくいレベルでの認識の図式が指摘されたのであって，この図式にのっとって普段われわれは思考し行動しており，われわれの生活そのものである。しかしこのサイードの批判は，他者表象という認識構造そのものまで追求した点に意義があった。つまり具体的には，異文化，異民族と自分との間にある壁をどう取り除き，お互いに違いを認め合いながらも理解し合いどう共生していくか，という問題提起なのである。これは異文化，異民族という大きな単位だけではなく，日常生活における他人と自分という単位でのコミュニケーションでも同様の問題である。つまり他者と自分との間の壁をどう乗り越え，他者を自分の中にどう受け入れて一体化していくのか，という問題が突きつけられたのであり，カウンセリングの最も根本的な問題そのものに通じてくることは明瞭である。

さて文化人類学の研究報告は，その参与観察による記述の法則やスタイルを総称して民族誌（エスノグラフィ）と命名されるようになっていたのだが，1990年代に，民族誌の書き方，つまりその作成自体が着目されるに至る。そもそも民族誌を書くこと自体が何だったのか，人類学者としての自分のアイデンティティとは何だったのか，むしろ書かない方がよかったのではないか，という次元にまで論点が移行した。このため，文化人類学の研究は，むしろ文学理論研究と類似し，重複することとなり，文学理論を摂取した研究も出てきており，文化人類学の研究対象は，他ならぬ人類学自身であるとさえいわれているのが現状である。　〔太田健児〕

⇒異文化間カウンセリング，コミュニケーション，外国人労働者，学校への外国人受け入れ

文献　1.　青木保他編『思想化される周辺世界』（岩波講座文化人類学　第12巻）岩波書店，307p., 1996；2.　川田順造他編『反開発の思想』（岩波講座開発と文化　第3巻）岩波書店，250p., 1997；3.　クリフォード，J.・マーカス，G. E. 編，春日直樹他訳『文化を書く』紀伊國屋書店，546p., 1996；4.　サイード，E.W., 板垣雄三・杉田英明監訳　今沢紀子訳『オリエンタリズム　上・下』（平凡社ライブラリー　11, 12）平凡社，上464p., 下464p., 1993；5.　テイラー，C.・ガットマン，A. 編，佐々木毅他訳『マルチカルチュラリズム』岩波書店，240p., 1996；6.「文化節合のポリティクス：文化人類学の新しい段階」『現代思想』6月号，青土社，270p., 1998；7.「民族問題の根源へ：消えゆく国民国家」『現代思想』5月号，青土社，246p., 1998

分析心理学　analytical psychology

人間の性格の内向性・外向性，コンプレックス，普遍的無意識，元型，個性化などについて独創的に考察した，ユング*による心理学体系。

スイスの精神医学者ユング自身が分析心理学と呼んだこの心理学はフロイト*の精神分析と同じく，多くの治療経験を重ねていくなかから生まれた学問体系である。

この学説では，人間の自己実現の過程をイメージやシンボルによって把握しようとしたこと，およびsymbol-formationの創造的な意味を見出そうとした点が大きな特徴であり，宗教，教育，芸術などの問題と深いつながりをもっている。次に分析心理学のあらましを述べよう。

ユングは心理療法の過程を告白（confession），解明（elucidation），教育（education），変容（transformation）の四つに分けている（1931年）。「告白」はカタルシス法を重要視するものであり，「解明」はフロイトの転移現象等の解釈の方法である。神経症の原因を因果律的に解明し，その原因を解釈することにより治療する。フロイトにとっての，過去の経験の結果としての神経症の症状は，ユングにとっては患者の未来に対する一つの目的をもった設定（teleological arrangement）と考えられた。このためユングの方法は社会との連携をより重んじ，「教育」的な方法に重点をおくことになった。

フロイトが性欲に因果的説明を唱えたのに対し，アドラー*は権力への意志を第一の動因と考え，目的論的な説明を重んじた。このように異なった見方が生じるのは，人格の違いによると推定したユングは，基本的な態度としての外向的・内向的の2型を考えた。そしてこの2つ

の型は相互に補い合うべきものと考えた。

治療場面では，治療者は患者に対して，単にその過去の経験にさかのぼって因果律的に説明するのみならず，将来に対する目的をもったものとしても理解しなければならない。つまり過去と未来との両方を背負ったものとしての現在の意義を理解しなければならないと考える。次にユングは治療者として「自分の意識（conscious mind）がなんらの可能な方法を見出せぬとき，自分の無意識がそれを打破すべく反応する」と考え，あらゆる先入観を取り去り，人間対人間として相対するよりほかにないという。このような治療過程をユングは「変容」と呼んでいる。したがって無意識の産物である夢の分析へと重点が置かれたのは当然であった。夢を一つの媒介として治療者と患者の２人の人格がぶつかりあい，両者共に「変容」をとげていくのである。

人間は生まれてから成長するに応じて意識体系も複雑になるが，意識体系はつねに一貫した統合性をもち，それが個性ともなっている。その意識体系の中心的機能として自我（ego）を考える。この自我の働きにより，われわれは外界を認識し，判断し，対処していくが，この自我の働きを乱すものがコンプレックスである。コンプレックスは自我が受け入れがたい心的内容の集まりであり，これには，同一視，反動形成，投影と投影のひきもどしといった自我防衛機制が働く。ユングはこの投影と投影のひきもどしの過程から，個人的無意識（personal unconscious）と普遍的無意識（collective unconscious）を区別した。個人的な無意識とは，意識内容が忘れられたものや意識が抑圧した内容のことであり，普遍的無意識とは，世界中の神話やおとぎ話，夢，未開人の心性などに認められる人類共通の普遍的な無意識のことである。個人的無意識内にはコンプレックスがあり，普遍的無意識の内容には元型があるとユングは考え（1919年）。元型を意識によってとらえることはできない。元型は，意識に与える効果によってのみ認識されるものであり，心の奥深く隠れている基本的要素である。元型として，ユングは影（shadow），ペルソナ（persona）とアニマ（anima），アニムス（animus），自己（self），太母（great mother），老賢者（wise old man）をあげている。元型は人間が生来もっている行動様式（pattern behavior）とでも言うべきものであり，意識に対する効果（心像）として把握することができる。心像は意識と無意識の相互関係の間に成立するもので，心の状況の集約的な表現であり，その心像の意味を読みとることが非常に大切である。心像の研究は必然的に象徴の研究となり，心像と象徴の宝庫として，夢の分析は ユング心理学において中核をなすものである。夢は，その時の意識に対応する無意識の状態が何らかの心像によって表現した自画像であり，夢を見る事自体が治療的な意味をもつとさえ考えられる。

ユングは，個人に内在する可能性を実現し，その自我を高次の全体性へと志向せしめる努力の過程を個性化の過程（individuation process）あるいは自己実現（self-realization）の過程と呼び，人生の究極の目的と考えた。自我の一面性に対し，無意識は補償的な象徴を生じさせて，自我と無意識との間に橋渡しをしようとする。自我が無意識の世界に対して自らを開き，自己との相互的な対決と協同が可能になってこそ，人は自己実現の道を歩むことができる。自己実現の過程を内的なイメージの世界において追求すると，影，アニマ，自己といった順で段階に分かれているのが認められる。

ユング派の心理療法は，夢・箱庭・絵画などのイメージを積極的に取り扱い，現代の心理療法に対し，直接的，間接的に大きな影響を与えている。　　　　　　　　　　　　〔吉田昭代〕

⇒アニマとアニムス，元型，個性化，個性化の達成，コンプレックス，自己，自己実現，シャドウ，集合無意識，深層心理学，精神分析，太母，ペルソナ，無意識，ユング

文献　1. D-秋山, 1981b；2. D-秋山, 1982b；3. E-小川, 1982；4. D-河合, 1967；5. D-河合, 1971；6. D-河合, 1977a；7. D-河合, 1978；8. B-河合, 1986；9. D-河合, 1991；10. H-クレイグ『ユング心理学選書』2, 1981；11. D-サミュエルズ, 1990；12. ストー, A., 河合隼雄訳『ユング』（岩波現代新書）岩波書店, 198p., 1978；13. D-林, 1980；14. D-樋口, 1978；15. D-ヤコービ, 1973；16. D-ユング, 1972, 1973；17. D-ユング, 1975a, 1975b；18.

D-ユング, 1976c;19. D-ユング, 1976d;20. D-ユング, 1982a;21. D-ユング, 1986, 1987a;22. D-ユング, 1984;23. ユング心理学資料集刊行委員会編『ユング心理学資料集1990年度版』山王出版, 160頁, 1990

分離不安　separation anxiety

乳児期から児童期にかけて、子どもが母親と分離された状況にさらされた時、その直後または後年にわたって好ましくない状況が生じること。

分離不安に関する研究では、1926年にフロイト*は『制止、症状、不安』のなかで分離不安について組織的な関心を示した。彼は、「子どもの不安というものは、愛情対象を喪失するという感情の表出以外のなにものでもない」と述べている。その後、アンナ・フロイト*は、分離に対して幼児がどのように反応するかを孤児院において直接観察し、分離不安を発達の第一段階における生物的な母子関係の破壊に対する反応とみなした。ボウルビイ*が1951年にWHO(世界保健機構)に報告した論文「乳幼児の精神衛生(Maternal Care and Mental Health)」(黒田実郎訳, 1961)は児童福祉行政や臨床分野に大きな反響を呼び、それにより乳児院や昼間保育(day care)のあり方などが見直されるきっかけとなった。その後の論文や著書、『分離不安』(1960)「分離不安に対する文献評論」(1961)、『母子関係の理論』(1969)なども母子分離についての研究に多くの示唆と影響を与えている。彼は特に母子関係における連続性の必要や、母子間の結びつきの重要性を指摘しているが、ボウルビイが指摘する母子分離が子どもの性格や知能の発達に与える影響の大きさについては、広範囲にわたるさまざまな経験や環境のあり方をも大きな要素として考慮しなければならないものであり、一元論的に考えることの危険性を1970年代に入ってラター (L. M. Rutter) らは指摘している。分離にもさまざまなタイプや種類があり、それに対応する子どもの反応も同一ではなく、年齢によっても差異がある。また、分離がおこる前の生活や母子関係が影響するとも考えられている。

短期に分離された子どもが示す反応としては、三つの時期に分けて考えることができる。急性の悲痛と泣き叫び、いわゆる抗議の時期(protest)、ついで絶望して無感動になる時期(despair)、最後に親に対する関心を失い、現状に満足しているかに見える脱愛着(detachment)の時期である。

また、分離の結果と考えられていた異常状態は、発達遅滞(全面的な発達障害、特に言語と社会反応性の遅れなど)、非行、抑うつ、矮人症、急性の悲痛反応 (acute distress)、愛情欠損性精神病質 (affectionless psychopathy) などであった。しかし、これらのすべてが同一の要因によるものではない。悲痛反応(抗議、絶望、デタッチメント)は母親または母親的な結び付きへの愛着行動 (attachment) を妨げられたことの結果としてとらえられるが、発達遅滞の原因としては、社会的、視覚的、聴覚的刺激の欠乏などがあげられている。また、矮人症には栄養不良が考えられる、など多角的にとらえ検討していく必要がある。母子関係の崩壊と社会的な側面とを分けて考えるべきであろう。

「母子分離」における「母子」について、ボウルビイは「子どもは、特定の一人に特に愛着を形成する傾向がある」とした。最近の研究によれば、これは同一人物が子どもの愛着形成に十分なだけの接触がもてた結果である」ということであり、母子が子どもと接触した時間的な量ではなく、相互交流の質的な量が問題になるとされている。

さらに検討されるべき側面は、母子分離にかかわる子どもの側の条件の分析である。母子分離がすべての子どもに同じような障害をひきおこすとは限らない。それが生じたときの子どもの性別、年齢、気質、発達段階や、それまでの家族環境による要因、などの相互関係による影響がさらに考慮されなくてはならない。またそれらの障害が母子分離のみによってもたらされるのではなく、それまでの社会的環境条件のあり方と個体との相互関係によるものであり、乳児期にさかのぼってのさまざまな要因を考慮することが大切である。　　　　〔中山幸子〕

⇒愛情, 愛着に関するカウンセリング, アタッチメント, 喪失, 対象関係論, 悲嘆反応, 不安

文献 1. E-岡・小倉・上出・福田，1984；2. E-福島，1985；3. F-ボウルビィ，1967；4. F-ボウルビィ，1981a；5. F-ボウルビィ，1991a；6. E-ボウルビィ，1991b；7. F-ラター，1979

閉所恐怖〔症〕 claustrophobia
閉ざされた狭い場所に対する恐怖〔症〕。

一人で天井の低い，窓の小さな室にいることに気づくと，閉じこめられるのではないか，出られなくなるのではないか，火事に遭ったら逃げられないなどの不安が襲い，動悸，発汗，ふるえ，めまい，下痢，呼吸困難などの症状が出る。「ばかげたことだ。何とかしてこれを排除しよう」と努力すると，ますます意識し，苦しんでしまう。しかし，自分の好きなことに熱中している時には気づかないこともある。また，他の恐怖症と併発することはほとんどない。閉所恐怖は狭い閉ざされた場所，地下鉄，飛行機，エレベーター，トンネル，トイレ，教室などでおきるが，親しい人といっしょにいる場合や，相手の手をにぎっている時には症状が軽減されるので独居恐怖〔症〕と呼ぶこともある。

閉所恐怖症は恐怖症の一種であり，恐怖症についてはギリシア時代から多く伝えられている。日本でも，今昔物語にヘビ恐怖症の話などがある。近代になり，1871年，ウェストファール（Karl F. O. Westphal, 1833～1890）が広場恐怖症（広い場所に対する恐怖）について，また，前後して，ラッギ（A. Raggi），ビアード（George. M. Beard, 1839～1883）が閉所恐怖症を報告した。

恐怖症には多くの分類があり，その一つを示しておく。(1) 事物に対する恐怖症：尖端恐怖症・不潔恐怖症。(2) 場所に対する恐怖症：閉所恐怖症・高所恐怖症。(3) 自然界に対する恐怖症：雷恐怖症・夜恐怖症。(4) 身体に対する恐怖症：赤面恐怖症・疾病恐怖症。

恐怖症が単なる健常者の恐怖と異なるのは，自分の合理的な判断や意志に反して恐怖が生じる強迫性に特徴がある。つまり，恐怖症は直接対象に対する恐怖以上に非合理性，すなわちばかばかしいとわかっていても，意識はさらに強くなり抵抗のしようがないという不安，苦悩の恐怖であり，したがって，強迫神経症の一形態として位置づける場合も多い。

ジャネ*は広場に一人でいる時におきる広場恐怖症（agoraphobia）も閉所恐怖症と本質的に同じで，恐怖を生み出すのは広場や閉所そのものではなく，慣れ親しんだ場で知人がいなくなり，自分一人が孤立してしまうという恐怖であると述べている。

恐怖症がおきる原因には，以下が考えられる。(a) 性や攻撃性などの本能的衝動に対して，良心の葛藤がおこり，その不安を回避するために，抑圧，置き換えなどのもとにおきる一つの表現。(b) 幼児期に恐怖の原体験を学習している。(c) 母親との分離不安。(d) 遺伝的に神経過敏体質を受け継いでいる。(e) 自己不確実感からくる不安。(f) 性格的に几帳面・完全癖などの強迫性格。(g) 過労・不眠などのエネルギー消耗。

フェニケル（O. Fenichel）は，閉所恐怖症を自慰の誘惑を満足させる場とみなし，去勢恐怖と結びついて，女性マゾヒステックな願望の表れと考えている。

閉所恐怖などの恐怖症を示す人の共通性格としては，几帳面，きまじめ，完全癖，強迫性格をもち，決断力に乏しく，自己不確実である場合が多い。その背景としては，核家族化・少子化のもとでの親の過剰期待と干渉，さらに学校も管理的になっているため，子どものストレスが多くなっており，また，子どもの意志を尊重しているように見せかけながら，親や教師の意志をおしつけていることが考えられる。したがって子どもは疲れているうえに自己不確実感が強く，自信をもてず，イライラと不安を多く抱えている。これらのことが恐怖症をおこす背景と考えられる。

閉所恐怖症は年を経て自然に治癒する場合も多いが，治療としては，一般にカウンセリングによる自己実現への支持，精神分析における心の傷の発見，抑圧の意識化，森田療法におけるあるがままの体得，行動療法における再学習，催眠療法，作業療法などが有効である。薬物療法は一時的効果しかない。〔近藤 寛〕
⇒恐怖症

文献 1. J-サルズマン，1985；2. J-高橋，1979；3. 高

橋　徹『不安神経症：パニック障害とその周辺』(改訂第2版) 金原出版, 296p., 1992；4. H-『異常心理学講座』第Ⅲ期4, 1987；5. 保崎秀夫編『新　精神医学』文光堂, 594p., 1983

ペット・ロス・クライシス　pet-loss crisis

ペットの家出や死亡の後に，飼い主が悲嘆反応をおこして，心や身体の不調も訴える人がいる。これをペット・ロス・クライシス（ペットを失った危機）という。

大家族制度が崩れて，核家族になり，さらに子どもが育った後は高齢者夫婦だけの生活になるとか，離婚や晩婚が増えて独身生活者が増加する，などの社会的変化によって，ペットに慰めを求める人が少なくない。それ以外にも，コンピュータの出現その他にもとづく人間疎外によって人間的絆が弱くなったせいもあり，ペットに心の絆を見出して慰めを得ている人も増えた。犬や猫を飼うのを禁止されているマンションも多いから，ペットの種類も，イヌ，ネコだけでなく，ハムスター，カナリア，文鳥，カメ，ヘビ，虫，など多岐にわたる。ペットを愛していれば，それを失った時の悲しみも大きい。

ペットがいなくなった後で，悲しみ，喪失感を抱き，抑うつ，後悔，虚脱感，疲労，不眠，感覚鈍麻などの症状が現れる。もっと早く獣医に見せれば死なせずにすんだのではないかと自分を責めたりする。なぜ，私のペットに限ってこんなに短命なの，と神を恨んだり，怒ったりする。食欲を失い，何もする気がなくなって，呆然と日を送る人もいる。これは，喪失の体験から受けるストレスを克服するための健全な悲嘆反応であり，一種の適応反応である。

これらの症状は，肉親や財産などを失った時に現れる対象喪失症状の一つであるから，特別に異常な精神症状ではない。対象喪失は，引越，罹災，死別，生別，離婚などの生活重大事件によって，自分がそれまでもっていた「意味のある何か」が奪われる状態，またはなくなってしまう状態，心の絆を失う状態である。具体的にいえば，それまで大事にしてきた肉親，友人，ペット，家，家具，本，宝物，コレクションなどを失うことである。

ペットを失った悲しみを乗り越えるのには，(1) 存分に泣く，(2) 悲しみをこらえない，(3) ペットが亡くなった時の状況を，知人などに詳しく話す，(4) 亡くなった事実を受け容れる（まだ生きているなどと思わない），(5) 墓を作ったり，葬式をしたりして，死亡の事実を認識する，(6) 喪失したものをあきらめる，(7) 思慕の情，後悔，怒り，憎しみ，罪意識などすべての感情を排除しないであるがままに体験しつくす，(8) 似た状況の人と話し合う，(9) ペット・ロス・クライシスに陥った人のリポートや小説を読む，(10) 軽い仕事をして気を紛らす，(11) 閉じこもらない（外出する），(12) 自分の精神症状が当然の反応であると考えて隠さない，などの方法があるが，基本的には肉親を失った人の「喪の仕事（グリーフ・ワーク）」と呼ばれる癒しの手段と同じである。これは，喪失をあるがままに受け容れるという心の仕事である。対象が肉親であろうと，ペットであろうと，心理的には同じ痛みなのだ。回復までに3カ月～2年かかるケースが多い。　　　　　〔小林　司〕

⇒グリーフ・ワーク，悲嘆カウンセリング，悲嘆反応

文献　1. 代居真知子「愛犬の死が悲しくて会社へ行けない」『婦人公論』(1998年5月7日号) pp. 154-157

ヘルス・カウンセリング　health counseling

ヘルス・カウンセリングとは，「健康（精神健康を含む）にかかわる問題解決のための気づきや行動変容，そして自己成長を支援するカウンセリング」（宗像恒次，1997）のことで，「教育カウンセリング」や「結婚カウンセリング」などという呼称と同様，領域別に区別されたカウンセリングの名称といえる。健康相談法(health consulting)は相手の健康上の悩みをきき，アドバイスをする方法であるが，ヘルス・カウンセリング法 (health counseling) とは，本人の隠れた感情や要求の気づき，本人の記憶イメージの中にある過去の未解決の問題を解決することで，今かかえている健康問題の解決法を見出すことを促す支援法である。

これまで保健医療者が人々の健康管理のために対人的に援助する方法は，主として「保健指導」，「健康相談」と呼ばれてきた。その目的は，専門家の指示や助言に応じること，すなわちコンプライアンス（すなおに従うこと）を人々に求めることを意味する。これまでの保健医療は，どちらかというと一方的な善意にもとづく裁量で行なわれてきた（パターナリズム＝父権主義）が，そうした援助は必要な行動変容やその継続にほとんど効果がなく，むしろかえってその利用者に依存心を増長させ，セルフ・ケアの力を弱める面があった。またたとえ短期的にコンプライアンスが続いても不安や不満や苦しさなどストレスフルな状態が継続し，それによって気分転換を余儀なくされるためかえって不健康行動につながっていることが多い。最近では，成人病が「生活習慣病」と改称されたように，予防にも治療にも自己責任があると考えるようになってきた。そのような人々の主体に働きかけ，セルフ・ケアや自己治療を促す支援法としてヘルス・カウンセリング法が注目されてきている。

健康問題はただちに命にかかわることが少なくないから，できるだけ限られた時間で，カウンセラーに過度に依存させることなく比較的短期間に修了することが必要である。その意味ではこれまでのカウンセリング法であるクライエント中心療法（マイクロカウンセリングを含む），精神分析療法，交流分析療法を用いたヘルス・カウンセリングでは時間がかかりすぎたり，クライエントを過度に依存させるなど難点が多い。ここで述べるヘルス・カウンセリング法は構造化連想法（Structured Association Technique：SAT）を用いた構造化カウンセリング法である。これはヘルス・カウンセリング学会方式とも呼ばれ，保健医療従事者を中心に現在2,200人を超える学会員が学んでいる。これまでのカウンセリングの常識を超える速さでセルフ・ケア行動を促すことができる。それは右脳機能による連想，ひらめき，直感を構造化された方法で用い，心的防衛機制を超えて隠れた本当の感情に気づけるように助ける方法である。SAT法は訓練を受ければ，誰もが行なえる構造化された問い掛けによる連想法である。例えば「〜というとき，どのような気持ちや感情がありますか」というように共感的に繰り返し質問しながら連想させ，感情に関するガイドラインを用いて感情を明確化する。そして，悲しさ，あきらめ，怖さ，強い不安など心的外傷（トラウマ）感情があれば，心的外傷風景連想法を用いその体験を想起させ，癒しの技法を用いる。

SAT法の応用によるヘルス・カウンセリング法の考え方では，理屈ではわかるが実際には実行できないなど，本人が健康のために自ら望む行動，つまり保健行動がとれないのは，まず第一に保健行動をとろうとしても，その瞬間強い不安，恐さ，強い怒り，あきらめなど過去の心的外傷による感情がフラッシュバックして蘇るが，そのときの感情エネルギーの源泉は行動をおこそうとする時点の感情ではなく，過去の感情であるため，本人自らコントロールしようとしてもできないからだと考える。例えば，タバコをやめようとしても，「なぜか怒りがおこる」「どうせやってもだめ」という強い怒りやあきらめの感情が生じるから行動を改められないというわけである。したがって，過去の心的外傷体験を癒せれば，それら保健行動の負担となる感情や，また自己決定を妨げる感情が減弱化したり，あるいは消去され自らの意思で決定できるようになると考えるのである。

またもう一つの要因は，自らの問題に対する逃避的，悪循環的な行動を産み出す心理パターンの存在によって，自らの健康を守る自己決定ができないことによる。健康問題の背後にあるこれまでの自分を守ろうとする感情（自己防衛心）とこれまでの自分を変えて成長しようとする感情（自己成長心）の矛盾する感情を見出し，心的外傷風景連想法を用いて，過去に作られた逃避的，悪循環的対処行動をとらせる心理パターンの特定の心の声を見出すことを促す。そしてその心的外傷体験を癒し，その心理パターンにもとづく特定の心の声を，他人の評価はどうあれ自らを信じられる心の声に変更してもらう。それによってまわりを気にしすぎない，また，まわりに甘えすぎない自己への効力感が高まり，健康上必要な自己決定ができるようになるのである。前向きで積極的な問題解決行動を

促し，自立的な自分らしさへの自己成長を促すことになる。　　　　　　　　〔宗像恒次〕
⇒カウンセリング，保健所

文献　1，宗像恒次『行動科学からみた健康と病気』メヂカルフレンド社，298p.，1994；2，A-宗像，1997；3，A-宗像，1997；4，宗像恒次『自己カウンセリングで成長する本』DANぼ，126p.，1997；5，I-宗像編『現代のエスプリ』No. 379, 1999

ペルソナ　persona

人間が，この世で生きていく時，社会に適応し，人間関係を円滑にするためにつけている仮面のこと。

ペルソナとは，もともとギリシアの古典劇で役者が用いた仮面のことを表す用語で，古くから使われてきたことばである。古代ローマの哲学者ボエティウス（Anicius Manlius Severinus Boethius, 480～524）は，『『ペルソナと2つの本性について』という書の中で，ペルソナとは，〈理性的本性を有する個別的実態〉であると定義した」（小林，1979）。その後西欧中世のスコ・ラ学者たち，特にトマス・アクィナス（Thomas Aquinas, 1225～1274）もボエティウスの説を受け，さらに研究を続けている。このことから考えても，ペルソナは古くから人間を理解するうえでの重要なキーワードであったといえる。

しかし，現在心理学の用語として使う場合は，ユング*の『無意識の構造』（1916）が出発点となっている。ユング心理学においては，「アニマ・アニムス」と対になる大切な要素として取り上げられ，人間関係を理解するうえで重要な概念となっている。われわれがこの社会で自分を表現していくとき，その人個人の本来もっているもので表現しているのではなく，社会や周りから要求されている要素に影響されているという考えである。「男らしく」「女らしく」「教師らしく」「会社員らしく」「警察官らしく」振る舞うということは，社会がわれわれに求めているものであり，われわれはその求めに応じて仮面をつけて行動しているのである。

ユングの集合無意識（普遍的無意識）という概念は，長い歴史の流れのなかで人間の心の深層に共通して存在するようになったと仮定されたものであり，その中に「アニマ・アニムス」といわれるものがある。アニマは男性の心の中に現れる女性像で，アニムスは女性の心の中に現れる男性像のことである。この「アニマ・アニムス」は，無意識界に現れるため把握しづらいが，個人的，内的で個別的なものへの適応に関わる。それと相補的に存在する「ペルソナ」は外界との関わりであって意識的・集合的な適応にかかわるので，理解されやすい。たとえば，家庭において男性は「父親らしく」振る舞うことを期待され，そのように行動している。仕事が教師であるなら学校でこの男性は「教師らしく」振る舞うであろうし，社会の中では「男性らしく」行動しようとしているだろう。このように人間は，外界への適応を常に試み，社会生活を円滑に送れるよう努力している。もし，この男性が，要求されている「らしさ」を発揮できないならばその所属する社会から糾弾され，はじき出されることになる。

このように社会に適応するためのペルソナは，この世で生きていくためには非常に重要なものである。ペルソナをもてないなら，それは人前に赤裸で立っているようなものである。ペルソナをもつことは，社会の中で自分を守るとともに，相手に対しての心遣いでもあり，人間関係を円滑にする武器であるといえるだろう。しかし，ペルソナというのは，その人のすべてではなく，外界に対している時だけつけている仮面にすぎない。それにも関わらず，対している人は仮面の相手を，その人のすべてであると思い込み，本人も仮面の自分が本当の自分であると思ってしまう可能性も出てくる。こうなると非常な危険性をもちあわせていることになる。たとえば，学校の中で「生徒に何でも指図する教師」の仮面をもっている人が，「他人は何でも俺の言うとおりになる」と思い込み，町中でも家庭でも友達の中でも同じ仮面をかぶり続けているとすれば，それは喜劇でもあり，悲劇でもある。

現代社会は，周りから見られた時「かっこいい」ということが，重要視される社会である。女の子は「制服」で中学・高校を選び，男子学

生も靴や鞄などに対するブランド志向がはなはだしい。就職の時も「有名企業」や「見てくれの良さ」を第一条件にし，3K，4Kといわれ，見てくれの悪い職種は敬遠されている。このことは，現代の風潮がまわりからの評価を最重要視するということであって，ペルソナ（仮面）を磨くことだけに気をとられていることになる。ペルソナは，夢の中では，服や帽子，靴，仮面などで表わされ，人格として現れることはほとんどない。相補的に働くという「アニマ・アニムス」は，夢の中で人格をもった存在として登場してくる。社会から望まれているものがペルソナで表現されるとすれば，それだけを頼りに生きていくと，そのうち本来の自分を見失って空虚感に襲われることもおきるであろう。対社会的な配慮ばかりではなく，自分の「心」をも見つめ直し，バランスのとれた生活をすることが，最も大切なことである。　〔川合　正〕
⇒アニマとアニムス，集合無意識，元型，分析心理学，ユング

文献　1. D-秋山, 1982；2. D-河合, 1967；3. D-河合, 1977a；4. A-小林, 1979；5. J-福島, 1992；6. D-ユング, 1982a

ヘルピング　⇒援助的人間関係

ヘルピング・モデル　helping model

カーカフ（Robert R. Carkhuff, 1934～）が開発した，援助的人間関係技法にもとづいたカウンセリング的援助の体系的なモデル。統合（折衷）主義的なカウンセリング・アプローチの代表的理論の一つ。

実は，カーカフ自身はカウンセリングとは言わず，あくまでもヘルピング（援助的人間関係）ということばを用いる。ヘルピングでは，カウンセラー，クライエントという用語を使わず，ヘルパー（援助者），ヘルピー（被援助者）ということばを使う。ヘルピングとは，ヘルパーとヘルピーの相互作用だ，とカーカフは考える。また，ヘルパーとヘルピーの役割がいつも固定しているとも考えない。つまり，ある時にヘルパーとしてヘルピーを援助した人物が，別のある時にはかつてのヘルピーにヘルパーになってもらい，今度は自分がヘルピーとして援助を受けることもある。したがって，ヘルピングはカウンセリングの普及版として，職場や学校や病院でのピア・カウンセリング（peer counseling），パラ・カウンセリング（para c.），ライン・カウンセリング（line c.）の有効な理論でもある。

ヘルピングでは，援助的人間関係のプロセスを四つの段階に分けてとらえている。四つの段階とは，「事前段階」「第一段階」「第二段階」「第三段階」である。この四つの段階それぞれに技法が整理されているが，重要なことは，ヘルパーがとるべき「援助的人間関係技法」の他に，ヘルピーの役割が「内面的成長技法」として整理されていることである。

(1) 事前段階：ヘルパーのとる技法は「かかわり技法」である。「かかわり技法」は観察や傾聴などを基本的な内容としている。目的は，ヘルパーがヘルピーに関心をもっていることを，ヘルピーに知らせて，ヘルピーが援助的人間関係に参入しやすくすることである。「事前段階」でヘルピーがとる技法が「参入」であり，ヘルパーに対して自己開示していこうという態度である。

(2) 第一段階：ヘルパーのとる技法は「応答技法」である。「応答技法」は反射，繰り返し，言い換え，を中心とする技法であり，事柄への応答，感情への応答，意味への応答という段階がある。目的は，ヘルピーが自らの抱える問題，感情，内面の整理を援助することである。「第一段階」でヘルピーがとる技法が「自己探索」であり，ヘルピーは自分の経験と内面を探り，自分の置かれている現在の状況を把握できるよう努力することである。

(3) 第二段階：ヘルパーのとる技法は「意識化技法」である。「意識化技法」はヘルピーが探ったものを，ヘルピーが自分自身に属するものとして意識するのを援助することであり，意味の意識化，問題の意識化，目標の意識化という段階がある。目的は，ヘルピーが目標達成の責任は自分にあるという積極的な態度をもてるようになることである。「第二段階」でヘルピーがとる技法が「自己理解」であり，ヘルピーは自

分の目標を把握し，それに伴う自分の内面の変化や問題点の理解に努める態度である。

(4) 第三段階：ヘルパーのとる技法は「手ほどき技法」である。「手ほどき技法」はヘルピーがはっきりと意識した目標を達成できるように援助することが目的となり，具体的な行動計画の作成や行動への強化法などが中心的な内容である。「第三段階」でヘルピーがとる技法が「行動化」であり，目標達成のために具体的に行動することであり，その意志をもつことである。

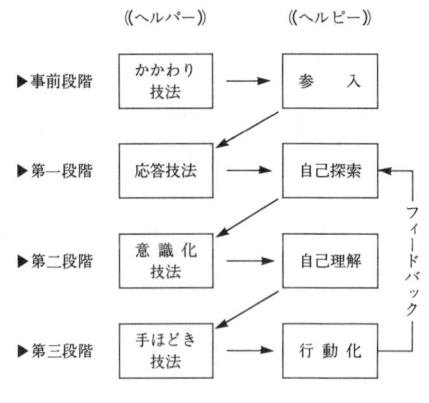

	《ヘルパー》		《ヘルピー》
▶事前段階	かかわり技法	→	参　入
▶第一段階	応答技法	→	自己探索
▶第二段階	意識化技法	→	自己理解
▶第三段階	手ほどき技法	→	行動化

（フィードバック）

ヘルピング・モデルの四段階
(カーカフ，1992，p.25より)

このようなプロセスによって，ヘルピーは内面的に成長していく。ここで重要なことは，「第三段階」での行動が新たな経験となり，そこからヘルピーの次の「自己探索」が始まるということである。したがって，一つの行動による結果がこのプロセスの終了ではなく，結果はヘルピーにフィードバックされ，新しい「第二段階」から再度成長のプロセスが続くのである。

〔鈴木敏城〕

⇒援助的人間関係（ヘルピング）

文献 1. A-カーカフ，1992；2. カーカフ，R.R.，國分康孝監修，日本産業カウンセラー協会訳『ヘルピング・ワークブック』日本産業カウンセラー協会発行，154p.，1993；3. カーカフ，R.R.，國分康孝監修，日本産業カウンセラー協会訳『ヘルピング・トレーナー・ガイド』日本産業カウンセラー協会発行，134p.，1994

偏見と差別　prejudice and discrimination

正当な理由がないのに，中正でない偏った意見を抱くのが偏見であり，劣ったものとして不当に取り扱うことが差別である。

古代ローマの裁判では，公判前に訴訟関係者たちの社会的地位を裁判官が確認した。判決に大きく影響するこの手続きがプレジュディクムであり，「偏見（プレジュディス）」の語源となった。

鈴木二郎は偏見を次のように定義している。「集団や個人に対して正確かつ十分に知ろうとはしないで，それがどんな民族・人種・性・生まれ・身分・階級・職業・社会的地位・宗教・思想・服装に属するかということだけを基準にして，憎い，こわい，ずるい，不潔だ，怠け者だ，うそつきだ，乱暴だ，つきあいたくない，結婚したくないなどという評価と判断をくだすこと。誤った，柔軟性のない，一般化にもとづいた非友好的な態度，つまり集団全員に対してか，その集団のメンバーであるという理由だけで，ある個人に対して，好意的でないか不利益をもたらすような仕方で，知覚したり感じたりする傾向」。

鶴見俊輔は「偏見は片刃のカミソリだ」と述べている。偏見は，他人を切るが，自分を傷つけることはないからだ。偏見にもとづいた不面目を「スティグマ」と呼ぶことがある。これは，もともと肉体上のシルシを表わす言葉だった。ギリシア時代に，泥棒など，性格上どこか悪い所がある人を一般大衆に知らせるために考案されたマークだったのだ。しかし，それは「不面目」を指すように意味が変わってきた。精神異常，麻薬中毒，アルコール依存症，投獄の前科，身体的奇形などのほかに，ユダヤ人などの人種・民族・宗教を指す集団的スティグマがある。その特徴は，ゴッフマン（Erving Goffman）によれば，「ある個人が，われわれの注意を惹き，出会った者の顔をそむけさせ，他の属性がわれわれにもつ要請はそれがあるために無視されるような，しかもそれさえなければ，彼は問題なく通常の社会的交渉で受け容れられるはずの一つの性質をもっている」。

こうしたスティグマのある人を，私たちは「完全な人間ではない」と思いこむ傾向がある。たとえば，精神障害者，エイズ患者，寝たきり高齢者などはクライエントとしてカウンセラーが接することが多い人々であろうが，カウンセラーが偏見を抱いてこれらの人々に接したり，スティグマを感じたりすることがあってはならない。「エイズ患者は好色根性のなれのはてだから天罰だ。同情できない」と考えている人が多いと言われている。しかし，エイズにかかっている人でも，輸血や歯科治療，家族から感染させられた人もいるであろう。そうでなく，かりに売春婦から感染したとしても，道徳的批判や価値づけをぬきにして，クライエントを悩んでいる病人として胃ガンや感冒の患者と同じく一人の平等な人間として扱わない限りは，カウンセリングは成立しない。犯罪者のレッテルを貼って価値の低い人間のように見たりすることがあってはならない。

偏見は，ふつう，差別へとつながっていく。差別する人は次のような四つの態度をとる，とメンミは言う。(1) 自分と，その被害者との間にある（またはあるように思える）差異を強調する。(2) 被害者の犠牲をかえりみずに，差異に価値づけをする。(3) この差異を一般化し，決定的だと断言し，それを絶対化する。(4) 攻撃や特権を正当化する。

差別を作り出しているのは，社会と教育である。伊藤正孝は黒人差別についての本の中で「差別とは感情ではなく，構造である。そして私たちの下部構造が競争の原理に立つかぎり，同じ人種の中にたえず『黒人』を作り出す」と書いたし，マルクス*も1844年の著『ユダヤ人問題によせて』の中ですでに「市民社会はそれ自身の胎内から，たえずユダヤ人を生み出すのである」と述べた。アーサー・ミラー (Arthur Miller) は「ユダヤ人とはひとつの民族のことではない。それは資本にとっての他者なのだ」(「ヴィシーでの出来事」) と言った。

大島渚は「足を踏まれたことのない人には，踏まれた時の痛みはわからない」と記したが，私たちが他者を冷く突き放して他者として見る限りは，偏見も差別もなくならず，自分がその他者の立場に立ち，その他者の身になって考えることができて初めて偏見・差別をなくすことができるのであろう。前の例で言えば，エイズに自分もかかれば「同情できない」などとは言えなくなる。しかし，人間には想像力が備わっているのであるから，カウンセラーはクライエントの立場に立ってみて，偏見や差別をなくし，虚心に話を聴かなければならない。〔小林　司〕

⇒異文化間カウンセリング，エイズ，障害者，マージナル・パースン，ラベリング

文献　1. 川那部浩哉『偏見の生態学』(人間選書) 農山漁村文化協会, 252p., 1987；2. ゴッフマン, E., 石黒毅訳『スティグマの社会学：傷つけられたアイデンティティ』せりか書房, 300p., 1970；3. 小林, 1972；4. 今野敏彦『差別を見る』明石書店, 164p., 1989；5. サルトル, J-P., 安堂信也訳『ユダヤ人』(岩波新書) 岩波書店, 189p., 1956；6. 忍博次『偏見の断層：福祉を考える友へ』(ぽぷら選書) 187p., 1987；7. 高杉晋吾『差別構造の解体へ：保安処分とファシズム「医」思想』三一書房, 284p., 1972；8. 野間宏・安岡章太郎編『差別：その根源を問う』(朝日選書), 上 224p., 下 256p., 1984；9. 平岡敬『偏見と差別：ヒロシマそして被爆朝鮮人』未来社, 280p., 1972；10. E-オルポート, 1968ab；11. 山下恒男『差別の心的世界』現代書館, 382p., 1984；12. 我妻洋・米山俊直『偏見の構造：日本人の人種観』(NHKブックス) 日本放送出版協会, 252p., 1967

弁別刺激　discriminative stimulus

行動分析で取り上げられる刺激クラス（刺激種）の一つ。オペラント行動に先行し，オペラント行動の自発の機会を提供する機能を有する環境の変化をいう。日常的なことばでは「手がかり」ということばが用法としては近い。記号で，S^D と表記される。

行動分析的アプローチでは，後続する環境の変化（刺激）によって変容する行動をオペラント行動と呼ぶ。そのもたらされた変容が単位時間当たりの行動の出現頻度の増加である場合には，後続する刺激を強化刺激 (reinforcing stimulus) もしくは強化子 (reinforcer) と呼び，逆に減少である場合には，罰刺激 (punishing stimulus) もしくは罰子 (punisher) と呼ぶ。オペラント行動と強化子（もしくは罰子）との時間的な生起関係を強化随伴性と呼ぶ。

この強化随伴性にやや先行するか，あるいは同時に存在する刺激は，このような事態が繰り

返されることによって，オペラント行動の自発の機会を提供する機能をもつようになり，弁別刺激と呼ばれる。つまり個体は，次第に特定の弁別刺激の下で当該オペラント行動を自発する頻度が増加するようになる。このような弁別刺激－オペラント行動－強化子という三つの項の関係を三項強化随伴性と呼び，行動分析におけるオペラント行動の最も重要な単位とされている。しばしば行動修正では，このような単位を見出す分析を，先行事象（Antecedent）－行動（Behavior）－後続事象（Consequence）の頭文字をとってABC分析と呼んでいる。

　三項強化随伴性がきわめて強固に形成されると，弁別刺激は古典的（レスポンデント）条件づけにおける条件性・無条件性の誘発刺激（条件刺激・無条件刺激）と同じように行動に常に先行するので，観察しただけでは両者を区別することができなくなる。そのために，今までSR（刺激-反応）理論にもとづいて弁別刺激を誘発刺激とする多くの誤解が生まれた。先行刺激が弁別刺激であるのか誘発刺激であるのかを区別する最も有効な方法は，行動に後続する刺激が何であるかを決めて，それを操作することである。もしもこの操作によって行動が変容すれば，その行動はオペラント行動であり，先行刺激は弁別刺激である。このように，ある刺激が行動を誘発しているのか，反応の機会を設定しているのかを定めるには，実験や介入が必要となる。

　その実例として，「泣く」という行動を取り上げてみよう。幼児が泣く行動を示している場合には，それに先行する刺激との関係から次の二つのケースが考えられる。一つはレスポンデント条件づけによって形成された場合で，白い犬のぬいぐるみを与えられると同時に，大きな音（無条件性の誘発刺激）を突然幼児の耳元でならすことで，泣く行動を誘発させた時である。元来中性刺激であった白い犬のぬいぐるみは，この条件づけを通して条件性の誘発刺激となるであろう。最終的には，白いぬいぐるみを見ただけで幼児は泣き出すようになる。もう一つはオペラント条件づけによって形成された場合である。白い犬のぬいぐるみが欲しくて親の前で泣きだした幼児に対して，親がそれを与えた後に，同様な場面で幼児が泣く行動の頻度の増加が観察されれば，泣くというオペラント行動が強化されたということができる（この場合，泣くという行動は，それが欲しいという行動と同じ機能をもっていることに注意）。白い犬のぬいぐるみが呈示され，同様に泣き出した場合，ここでのぬいぐるみは，泣く行動の弁別刺激の役割を果たしている。いずれの場合にも「白い犬のぬいぐるみの呈示－泣く行動の出現」という点では同じであるが，後者の行動は，親がそれを与えないことによって減少させることができるが，親がそれを与えても，泣くことの増減はみられない。

　臨床場面においても，対象とする行動がレスポンデント行動であるのかオペラント行動であるのかは重要な問題である。もしもオペラント行動であるならば，その変容は先行刺激と後続刺激の二つについて問題にしなければならないからである。たとえば，先の泣く行動の例において，これが「オペラント泣き」であればぬいぐるみを見せない（先行刺激）ということは泣くという行動を解決する本質的な手続きとはならず，親が与えない（後続刺激）ということのほうが解決に結びつく重要な手続きとなるからである。

　三項強化随伴性（犬のぬいぐるみを見せる－泣く－ぬいぐるみを与える）で用いられた弁別刺激（ぬいぐるみを見せる）と物理的な次元などで類似した刺激（クマのぬいぐるみを見せる）を呈示した場合にも，反応の自発が観察されることがある。この時，新しい刺激（クマのぬいぐるみ）に（刺激）般化（generalization）したといわれる。われわれが複数の事物をカテゴリー化するというのは，異なる複数の弁別刺激の下で，同一のオペラント行動を自発しているということにほかならない。一方，二つ以上の弁別刺激（特にある次元において類似した）が，異なるオペラント行動の自発の機会を与えている場合には，個体はこれらの刺激を弁別（discrimination）しているといわれる。般化と弁別とはこのように互いに相補的な関係にある。

　弁別刺激とオペラント行動との関係を刺激性制御（stimulus control）と呼ぶ。般化や弁別に

おける刺激次元の問題，注意，カテゴリー化，概念形成，さらにはイメージ，記憶，計時，計数，問題解決，言語など，この刺激性制御の領域での研究課題は現在膨大なものとなっている。とりわけ弁別刺激を参照する別の弁別刺激による刺激性制御の研究は，条件性弁別(conditional discrimination)と呼ばれる実験のパラダイムをもたらし，その一つの実験法である見本合わせ課題(matching to sample)とともに，この分野に大きな貢献を果たした。行動修正では，このパラダイムの延長上にある刺激等価性(stimulus equivalence)の研究にもとづいた障害児の言語訓練が現在試みられている。

〔坂上貴之〕

⇒オペラント条件づけ，行動修正，行動主義，行動分析学，古典的条件づけ

文献 1，メイザー，J.E., 磯博行・坂上貴之・川合伸幸訳『メイザーの学習と行動』(第3版) 二瓶社, 421p., 1996

防衛 defense

神経症にもなりかねないような葛藤の中で，自我が自分を守ろうとするすべての心理的手段。

エスに対する自我の防衛は，静かに気づかれないところで行なわれるので，直接に知ることはできず，推測によって，それが利用されていることを再構成できるだけである。子どもがまだ小さい時には，環境に適応するために防衛する。防衛はまた人格全体の均衡を維持する心理的過程でもある。防衛は，いくつか組み合わされて複雑な現象として姿を現わしてくることが多い。

防衛という用語が初めて使われたのは，フロイト*の論文「防衛：神経精神病」(1894)においてである。この論文でフロイトは，ヒステリー，強迫神経症，幻覚的錯乱状態として分類される精神病の差異を，自我にとって耐えがたい観念表象およびそれに伴う感情(興奮量)に対する防衛機制の差異によって説明している。また，フロイトは，『制止，症状，不安』(1926)で「神経症をおこすもとになるかもしれないような葛藤状態におかれる時に，自我が利用するあらゆる手段を一般に防衛という用語で呼ぶこ

とにする。」と述べている。アンナ・フロイト*は『自我と防衛』(1937)で，「精神分析の研究で，今までのところはっきりわかっていることは，防衛法は衝動的なものに対する自我の戦いであり，自我が次のような3種類の不安にさらされるとき，防衛がおこる。すなわち，(1) 衝動による脅威からの不安，(2) 現実の危険からくる不安，(3) 超自我(良心)のとがめから生じる不安。さらに，「矛盾する衝動の間に葛藤が生じる時にも防衛がおこる」と述べており，不安を防衛する自我機能を彼女が重視していることがわかる。続けて「だが，自我は内から生じる不快に対してのみ防衛するものではない。(中略)外の環境に対して，積極的に抵抗することができない小さい子どもの自我は，あらゆる方法をつくして，自我におそいかかる現実の不快や危険を防衛しようと努力する」と言って，臨床例を出して考察している。

ここでは，現実の環境の不快に対する防衛に，エスに対する防衛が含まれている動物恐怖症の少年の事例「ハンスの動物恐怖症」を取り上げてみたい。この少年の神経症はエディプス・コンプレックスの正常な興奮にもとづいており，内部と外部に向かって，同時に防衛過程がおきている。5歳の少年ハンスは，母親を愛し，父親に対しては嫉妬のために攻撃的態度をとっていた。その結果，父親に対するやさしい愛情と攻撃的態度との間に葛藤が生まれざるをえなくなった。父親に対する攻撃的衝動の罰として，自分は去勢されるのではないか，という不安がおきた。彼はこの去勢不安を現実の不安と同じように恐れた。そのため，あらゆる衝動に対する防衛が動員されるに至った。この神経症では「置き換え」という方法が利用された。父親に対する去勢不安は，動物に対する不安に置き換えられた。父親に対する恐怖を「反転」して，父親から迫害されているという不安に変えた。さらに，現実の実状を完全にゆがめてしまうために，口唇期の特性である，咬みきられるのではないか，という不安にまで「退行」したのである。これらの防衛機制によって衝動に対する防衛の目的は完全に満たされた。しかし，恐怖症という機構の助けを借りて不安の発作をさける

ためには，神経症によくあるように，ある特定の行動を制止しなければならなかった。だから，戸外に出ることを断念しなければならなかったのだ。フロイトはこれらの防衛機構をとりのぞきながら分析治療を進めていき，ハンスの神経症を治療したのである。

代表的な防衛機構（defense mechanism：自我が自己の存在を守るため，人格の統一，あるいは，人格の一貫性を維持するために，自我に対して心理的圧力をもつ現実や超自我などに対して，抵抗し，防衛することをいう）には，次のようなものがある。(a) 抑圧：衝動やその観念的表象，願望を拒否し，意識に現われないようにする無意識的過程，(b) 退行：前生殖器段階の未発達な段階に逆戻りすること，(c) 反動形成：承認することのできない興奮が意識に現われたときに，反対の興奮に変化すること，(d) 隔離：他人を攻撃したり，叱ったりした場合，攻撃したり，叱ったことだけを記憶して，その時の感情に関係あることがらをすべて忘れてしまうこと，(e) 打ち消し：他人を攻撃，非難しておきながら，そのあとになって，あたかも，攻撃，非難しなかったように親切になること，(f) 投影：すべてのものに，生命や魂があると考える児童のアニミズムは，正常な精神発達において現われる投影である，自分がケチだと，他人がケチだと思う，(g) 取り入れ：口に適したものはなんでも食べる。同一視は取り入れによって生じる，上役がいばると，自分もいばる，(h) 自己愛的内向，(i) 転倒，(j) 昇華，(k) 置き換え，(l) 合理化，知性化など。〔矢野True代〕
⇒エディプス・コンプレックス，置き換え，主な防衛機制，昇華，精神分析，退行，投射，反動形成，防衛機制の例，フラストレーション，フロイト，無意識，抑圧

文献 1. C-フロイト, A., 1985

防衛機制の例 examples of defense mechanisms
(1)心の緊張や不安を回避し，自分自身の気持ちを安定させようとする無意識の働き。(2)超自我・エス・現実からの要求による圧力に対して，自我を守るために無意識に行なわれる適応方法。

防衛機制の概念を提唱したのはフロイト*である。彼は精神分析理論の中で，自我の機能の一つは外部からの危機を避けることであり，自我が現実からの要求，超自我，エスという三者の圧力の中で無意識にとる適応方法として防衛機制を説いた。

わたしたちは，生活を営むうえで環境に適応し，さまざまな欲求を叶え，不安や不満，恐怖を除くことで満足が得られる。しかし，いつも現実的な解決をできるとは限らない。無意識のうちに心の中で環境に適応しようとして，葛藤や欲求を処理し，不安から解放され心の安定を得るために働く機制を防衛機制という。防衛機制は心の緊張を解放しようとするものであるが，無意識に働くので合理的解決が得られず，その解決が現実的な解決ではないから，欲求が解消しない限り再び同じ現実の場面に戻されてしまうという問題点がある。さらには現実からの逃避という形であるために，不適応行動として現れる場合もある。そのため，ヒステリーや強迫神経症，うつ病との関係が指摘されている。

主な防衛機制には，抑圧，投影，摂取，同一化，転換，置き換え，反動形成，打ち消し，合理化，昇華，逃避，退行などがある。昇華という形で現れた防衛機制では，ときとして詩，小説，絵画や彫刻など文学や芸術の面で優れた作品を生み出すことがある。

たとえば家庭をもっているA男を愛してしまったB子は，防衛機制として以下のような行動に出ることが考えられる。

防衛機制	例
抑　　圧	A男を忘れようと努力する。
投　　影	A男も自分を愛していると信じる。
摂　　取	A男の行動を真似る。
同 一 化	自分がA男になった気がして，A男が危機に立てば自分もドキドキする。
転　　換	A男との思い出の場所に来るとドキドキする。
置き換え	A男に似た人を好きになる。
反動形成	A男に対して無関心を装ったり，故意に冷たく接する。
打ち消し	教会や寺院などに行きA男を愛してしまったことを懺悔し，なかったことにする。

合理化	A男はすばらしい人間で,A男を愛することは正しく,当然のことと考え,もっともらしい理由をつけて不倫を正当化しようとする。
昇華	欲求不満をスポーツで解消したり,想いを詩に託す。
逃避	A男に自分の感情を悟られないようにA男の姿を見ると物陰に隠れたり,あるいは空想の世界に浸ってしまったりする。

防衛機制は日常誰にでもおこりうる。ある場合に成功した防衛機制は,繰り返し現れる傾向がみられる。その人の行動の特徴としてパーソナリティを形成する重要な要素となる。

〔五十嵐克史〕

⇒エス,置き換え,主な防衛機制,自我,昇華,退行,超自我,投影法,投射,反動形成,防衛,抑圧

文献 1. J-上里・飯田・内山・小林監修,1989;2. 懸田克躬他編『精神医学総論』(現代精神医学大系 1B)中山書店,237p.,1980;3. 川北幸男他編『精神医学総論』(現代精神医学大系 2B)中山書店,282p.,1980;4. A-詫摩,1967

保健師 public health nurse

保健婦助産婦看護婦法(1948年制定)によると「厚生労働大臣の免許を受けて保健婦の名称を用いて,保健指導に従事することを業とする女子」と規定されていたが,1993年(平成11年)に一部改正され,第59条の2により男子も保健指導ができる保健師制度ができた。(現在は,保健師助産師看護師法)

1994年3月の保健師国家試験から男子受験が可能になり4月には保健師第1号が誕生した。保健師の国家試験とは保健師として必要な知識および技能を試すために厚生労働大臣が行なう試験である。看護師国家試験に合格した者,または看護師国家試験の受験資格を有する者で,厚生労働大臣または文部科学大臣の指定する学校において6ヶ月以上,保健師になるのに必要な学科を修めた者,厚生労働大臣の指定した保健師養成所を卒業した者,あるいは外国でこれと同等の資格を得た者で厚生労働大臣が適当と認めた者でなければ受験資格を与えられない。試験は年1回以上行なわれることになっている。

保健師は,保健所,市町村,事業所,病院,学校に勤務し療養指導や保健指導を行なっている。その就業保健師数は,34,468人(1998年)である。そのうち8,304人が保健所で働いている。

641(1999年)の保健所における保健師の活動は対人保健サービスの中心となる極めて重要な仕事であり,家庭訪問と訪問以外の活動とに分けられる。保健師が家庭訪問をして療養指導,保健指導をしたなかでは成人病が1番多く,次に精神障害などであり,これらは訪問指導の約半数を占めている。3番目には乳幼児,結核の順である。訪問以外での保健師の仕事は,大半が健康相談,衛生教育,集団検診,予防接種,機能訓練の順である。時代の変化に対応して,精神障害や成人病,衛生教育としてエイズの問題が増加の傾向にある。

1630(1999年)の市町村保健センターで働いている市町村保健師も18,794人(1997年)同等の活動を行なっており,地域住民の生活に密着した頻度の高い対人保健サービスに重点がおかれ,保健所の保健師とともに今後ますますその需要が増えていくことが予想される。老人保健対策など最近の公衆衛生行政の需要に対しては,保健師の数がまだ十分とはいえない。

〔志村玲子〕

⇒看護師,助産師,保健所,メンタル・ヘルス

文献 1. 厚生統計協会編『国民衛生の動向』厚生統計協会,514p.,1994;2. 厚生省健康政策局看護課監修『看護六法 平成11年度版』新日本法規出版,1387p.,1994

保健室登校 schooling at the health care room in the school

児童・生徒が一過性の心の問題が原因で,決められた時間に一定の教室へ行くという通常の登校ができず,教室ではなくて保健室に登校し養護教諭の管理のもとで学校生活を行なうこと。

保健室登校の始まりは,1955〜1970年に不登校の事例が学会などで発表される頃から,保健室登校ということばではないものの,実際には養護教諭の働きかけで保健室へ長期欠席者を登校させて健康相談を行なった事例があり,「登校拒否」ということばの登場とほぼ同じ頃と考えられる。1975年頃になると不登校の児童・生徒

の増加に伴い学校には登校するが教室に入ることができないといった理由で保健室に登校する事例が増え保健室登校ということばが学校現場でたびたび聞かれるようになった。現在は，不登校の増加に伴い，保健室登校も増加し学校現場だけでなしに一般にも知られるようになった。

不登校児童・生徒の生活の場となる保健室とは，学校保健法第19条および学校保健法施行規則第1条の規定により「学校には，健康診断，健康相談，救急処置などを行なうため保健室を設けるものとする」と定められており，全国全校配置ではないがほとんどの学校に保健室経営を行なう専門の養護教諭が在籍している。

保健室登校の重要な役割を担う養護教諭の機能は，(1) 救急処置など看護の機能，(2) 主体，環境，生活の管理機能，(3) 学校保健の立場から健康相談や保健指導において専門的助言・支援を行なう機能，および教諭に対し保健学習への保健の科学についての専門的知識の提供，(4) 個人に対する人間的成長を支援する機能，に分けられる。保健室登校が生まれたのは特に(4)の機能からである。養護教諭は日常，学校の中で児童・生徒を個人の側から見ることができ，学業の成績にこだわらずに接することができるという特徴がある。また，相手もそのことを気にしないで話すことができる。この特質によって，児童・生徒からさまざまな悩みや相談などが話されることが多い。養護教諭はその子どもに対し，一人の人間として受容し，認め，ある時は励まし，人間として成長する過程を温かく支援し，相談活動を行なうことができる立場にある。

保健室登校の経緯はケースによりさまざまだが，いくつかのパターンに分けることができる。(a) 不登校の回復期において教室復帰の前段階としての保健室登校，(b) 断続的な欠席と，登校時の不定愁訴の訴えが多く，休業をたてまえとした断続的な保健室登校，(c) いじめや，教師あるいは生徒間のトラブルなどによる，教室からの一時非難所的保健室登校などが主である。

内容はその子どもによってさまざまであり，週のうち全部通う子どもから1〜2日の子どもher，登校時間も目標時間は設定するが，その子の状態によって変わることが多い。また，期間も長い子は1〜2年，短い子は1週間以内ということもある。保健室での過ごし方は，自主学習，養護教諭の軽い手伝い，読書，日記・作文などを書く，アニメなどを描く，面談（養護教諭や担任と），教科担任による個人指導，保健室に出入りする児童・生徒または教職員との会話，自律訓練法，複数の場合には，百人一首やトランプなどリラックスをするような遊戯的なもの，保健室の清掃，食事（給食または弁当）などである。大きな枠組みとして授業時間，休み時間，給食，清掃は学校の生活リズムと同じであるが，養護教諭の判断で臨機応変に対応する。保健室登校は，その子どもの問題の深さ，校内の協力体制，家庭の協力，子どもの成長の進度などさまざまなことが複雑に絡みあっている。そのため，直接関わりをもつ養護教諭は個々のケースごとに対応することになり，マニュアルのようなものも作成しにくく，手探りで対応してきたのが現状である。このような状況を受け1990年11月から12月の連続6日間，約1,000校を対象に保健室利用者調査が行なわれ，保健室における相談活動の手引きが1995年に日本学校保健会から発行され全国の小・中・高の学校に配布された。

次に保健室登校の意義として，研究発表や事例などから次のようなことがあげられる。(ⅰ) 養護教諭と一対一の人間関係を確立し不安や緊張を和らげることができる。(ⅱ) 児童・生徒とともに問題を考え，悩みの本質や解決方法を発見してじっくり話しあい，具体的な対処の仕方を支援できる。(ⅲ) 児童・生徒に対し学級，担任教諭，学年主任，教育相談組織あるいは児童・生徒の親との連携をはかり，一体となった支援が行なわれるよう養護教諭が中心となることで，保健室がステーションとしての役割を担うことができる。(ⅳ) 養護教諭（保健室）は相談機関，医療機関などへ紹介する場合，家庭と学校とで一貫した支援が行なわれるように継続的に情報交換を行ない，校内体制の下にコーディネーターとしての役割を担う。さらに，不登校の回復期の教室復帰に向けワン・クッションと

なり教育効果を高める。

今後，増え続ける不登校児童・生徒の現状から，保健室に教育相談的要素がますます求められていくことが予想される。それに伴い保健室登校者も増えるであろう。しかし，いくつかの課題も残されている。まず，養護教諭の専門性の中に，児童・生徒の保健管理・指導などの全体に関わる執務と，個人指導などの実際面の執務とを活動時間内にどのように位置づけるのかが問題である。また，保健室のスペースは限られており保健室登校児童・生徒のプライバシーを守ることが難しいのが現状である。また，保健室登校の受け入れには地域差や校内体制の違いなどによりその対応も異なり差がある。今後，そのあり方について，児童・生徒の心身の健康を維持・増進するため，さらなる研究が求められる。　　　　　　　　　　　　　〔阿久津里花〕

⇒特殊学級，養護学校

文献　1．日本学校保健会『保健室における相談活動の手引』日本学校保健会，88p.，1995；2．日本学校保健学会編「『保健室登校』をめぐって」『学校保健研究』Vol. 34, No. 9，保健研究社，432p.，1992；3．森田光子・中村泰子・菊地寿江他『養護教諭の相談的対応：子どものこころに寄り添う』学事出版，306p.，1993；4．「特集　養護教諭の相談的かかわりとは」『月刊　生徒指導』5月号，学事出版，136p.，1987

保健所，保健福祉センター　Health and Welfare Center

保健所法の定めるところにより疾病の予防，健康増進，環境衛生など地域公衆活動の中心となることを目的として，都道府県または政令で定める市が設置する公的機関。(保健所法第1条 1947年法律101号)

保健所は，人口10万人に1ヶ所をめやすに設置されており，地域住民の生活と健康に重要な役割をもつ。1997年4月1日現在，都道府県立525，政令市（32市）立142，特別区（23区）立39，合わせて706ヶ所の保健所が設置されている。第2条により保健所の行なっている業務内容を表に示す。

保健所の業務（地域保健法第六条）

1．地域保健に関する思想の普及及び向上に関する事項
2．人口動態統計その他地域保健に係る統計に関する事項
3．栄養の改善及び食品衛生に関する事項
4．住宅，水道，下水道，廃棄物の処理，清掃その他の環境衛生に関する事項
5．医事及び薬事に関する事項
6．保健師に関する事項
7．公共医療事業の向上及び増進に関する事項
8．母性及び乳幼児並びに老人の保健に関する事項
9．歯科保健に関する事項
10．精神保健福祉に関する事項
11．治療方法が確立していない疾病その他の特殊な疾病により長期に療養を必要とする者
12．エイズ，結核，性病，伝染病その他の疾病の予防に関する事項
13．衛生上の試験及び検査に関する事項
14．その他地域住民の健康の保持及び増進に関する事項

学校保健行政，労働衛生行政および環境衛生行政を除く一般衛生行政における保健所の占める組織上の地位は次のようになる。都道府県においては国（厚生省）──都道府県（衛生主管部局）──保健所──市町村（衛生主管課係）の体系である。

保健所には医師，歯科医師，保健師，助産師，獣医師，栄養士など多くの専門職種を配置して，地域住民の公衆衛生等の事業をおこなっている。

保健所の主な活動内容としては，健康診断が所内，所外ともに多く，へき地や特別地域に対する保健サービスの強化に力をいれている。母子衛生などでは妊産婦保健指導，乳幼児保健指導，三歳児検診があり，保健師による訪問指導も行なわれている。歯科衛生は歯科検診および保健指導など個別または集団指導が実施されている。衛生教育としては，結核，性病，そしてエイズと，その時代のニーズにあった教育が必要とされている。環境衛生業務や食品衛生指導など食品衛生監視員らの活動により，安心して生活できる環境が保証されている。精神保健面では，精神保健法（1988年7月1日施行）において，精神障害者の医療保護，社会復帰の促進と，国民の精神的健康の保持増進，精神障害の発生予防を目的としている。保健師による精神科訪問看護や保健指導も行なわれている。老人保健として自宅で病弱で寝たきりになった場合

も保健師が保健指導を行なっている。
　保健所の組織は，所長(医師に限られている)の下に総務課，衛生課，保健予防課，普及課の4課17係を置いているのが一般的であるが，最近の経済社会の変動に伴い規模と組織が多様化している。特に1969年からは公害技術担当者が配置された。
　昭和60（1985）年代の急激な社会構造の変動の疾病構造や人口構造の変化，医療および福祉の近代化に伴って，保健所のあり方についても大きな転換期が近づきつつある。　〔志村玲子〕
⇨メンタル・ヘルス
文献　1.『国民衛生の動向』厚生統計協会編，1993；2. 厚生省統計協会厚生省大臣官房統計情報部編『保健所運営報告』，1992

保健福祉センター　⇨保健所

保護司　volunteer probation officer

　犯罪を犯した者への善導，更生，仮釈放，保護観察などの活動を通して犯罪予防の活動を助長し，社会防衛と個人の福祉を増進することを目的として，法務大臣が委嘱する役職。
　保護司は保護司法（1950年）によって定められている。保護観察所長の推薦した社会的信望の厚い篤志家のうちから法務大臣が，保護司選考会の規則にもとづいて選考された者を委嘱する。
　保護司は無給であるが，職務のために使った経費の実費，または一部が実費弁償金として支払われている。身分は非常勤の国家公務員である。任期は2年間で再任は妨げられない。法務大臣が定めた844の保護区にそれぞれ所属している。保護司の人数は，4万8,815人（1999年1月）である。地区の保護区では，地区保護司会が組織され所属している。活動としては，研修，地域犯罪の予防活動，犯罪や非行を行なった者への善導，更生，仮釈放，保護観察などの活動を保護観察官の補佐的役割をもって活動している。補佐性，地域活動，民間人への委嘱，継続性，補充性などは，保護観察官にない特色をもっている。老齢化，社会の変化，奉仕活動の価値観の変化などの課題も多い。

　保護観察官は，犯罪者更生法（1949年）により，地方更生保護委員会，保護観察所に配置されている。業務は，在監（院）者の仮釈放審査資料を作成し委員の補佐業務，保護観察および環境調整などである。引致などの強権的権限をもっている。ケースワーク，医学，心理学，社会学，教育学，更生保護などの専門知識をもち，刑事政策の重要な部分を担当している。しかし，人数が少なく担当ケースが多い。大多数のケースを保護司にまかさざるをえない，などの課題がある。家庭裁判所調査官と同じ職種で，調査，診断機能の関連性があるが，保護観察官との処遇活動がうまくかみ合わないこともある。
　保護司制度は，旧少年法（1922年）の委嘱少年保護司，司法保護事業法（1939年）の司法保護委員制度を引き継いでいる。更生緊急保護法（1950年）の更生保護会が行なっている対象者の施設収容処遇と，保護司の対象者の一般家庭での保護観察して補導援護活動は更生保護事業を支えている。
　保護観察は，旧少年法（1922年）の保護処分「少年保護司の観察」，思想犯保護観察法（1936年の日本で初めての保護観察立法），司法保護事業法（1939年）で採用された。戦後は，少年法（1947年），犯罪者予防更生法（1949年），執行猶予者保護観察法（1954年）で採用され，保護処分少年，仮釈放者，一部執行猶予者に対する措置となった。保護観察は，国家の刑罰権行使の一環として行なわれているが，社会の進歩とともに教育や福祉の性格が求められてきている。
　また，保護司など，社会奉仕活動をしている民間のボランティアで，行政から委嘱されているボランティアを委嘱ボランティアという。委嘱ボランティアは，法律や条例に定められているそれぞれの行政の任命権者から委嘱または任命されており，特定の職務や秘密の保持など活動に制約がある。委嘱期間または任命の期間が限定していて，名誉的性格をもつ。〔安原照雄〕
文献　1. 氏原寛・小川捷之・東山紘久編『心理臨床大辞典』培風舘，400p.，1972；2. 厚生省社会・援護局，児童家庭局監修『改訂社会福祉用語辞典』中央法規出版，646p.，1995；3. 仲村優一編『社会福祉辞典』誠信書房，487p.，1974；4. G-仲村他編，1988；5. 京極高宣監修『現代福祉学レキシコン』雄山閣出版，582p.，1993

ホスピス hospice

ガンなどのような、死が確実な病気の末期にある患者が死を安らかに迎えることができるように心理的・社会的・宗教的援助を行なう各種の活動の総称。人間の生きる意味、人間の尊厳を見直そうという医療運動をホスピス運動と言う。

施設やプログラムを含む実践の総称であるホスピス・ケアは、末期ガンの患者を主に、治癒の見込みがなく、短期間しか生きることができない人とその家族を対象とし、身体的、精神的苦痛をやわらげ、死に至るまでの生の過程を人間としての尊厳を保ちながらできるだけ快適に充実した人生を送り、けんめいに生き生きと生きていけるように、そして安らかに死を迎えることができるように、専門的かつ全人的に援助すること。

英語のホスピス(hospice)は、(1) 参拝者や巡礼者のための宿泊所、(2) 病人、貧困者などの慈善収容所、ホーム、を意味する。ホスピスの語源は、ラテン語のホスピティウム(hospitium)で、これは「親切にもてなすこと、宿屋」のことである。さらにホスピティウムの語源は、ホスペス (hospes) で、ホスト（客をもてなす主人）とゲスト（招かれた客）の両方を意味した。中世のヨーロッパにおいて、疲労、空腹、病気の巡礼者や旅人、兵士に、修道院の一角で宿と食事を提供し、手厚くもてなし看護したのがホスピスの始まりと言われる。その後、さまざまな変遷を経て、1967年、世界のホスピスのメッカと言われる「聖クリストファー・ホスピス」が、イギリスの医師、シシリー・ソンダース (Cicely Saunders, 1918～) によってロンドンに設立され、これを機にホスピス運動が世界各地に広がり、1980年代初めに日本にも紹介された。ホスピスとは生を支えるケアの一つの概念である。

ホスピスの形態には、(a) 在宅ケア、(b) 独立した施設、(c) 一般病院の中の特定の一部門〔緩和ケア病棟（Palliative Care Unit, PCU)〕、(d) ボランティア・プログラム、の四つの形態がある。ホスピス運動の背景には、それを支えるものとして、次のような死生観、人間観、価値観がある。すなわち、「死はだれにでも平等に訪れるものであり、人はだれでもみな死という限界を背負った存在であり、その意味で人間はすべて基本的に同等な存在である。それゆえ、死を否定し、死から逃れるのではなく、死を見つめ、死を生の貴重な一部として受け入れるとき、人は充実した生を生きることができ、人間として成長する」という考えである。死は人を恐怖と不安に閉じ込め、孤独に陥れ、死を前にして人はだれでも悲嘆にくれる。死が訪れる時には、誰でもが同じ体験をする。いま看取る立場にいる者も、いつかは看取られる立場になる。それゆえ、人は、その人の死に至る過程に参加し、生と死をともに分かち合い、支え合うことが大切である。「人は、死と対決する時、成長できる。言いかえれば、人は死ぬ瞬間まで成長できる存在であり、人と人とが支え合う人格的相互関係を通して初めて人間らしく充実した生を生きることができる」というのがホスピスの基本理念である。

現代の医学では、治療と延命が第一の目的となっている。しかし、ホスピスは延命を第一の目的とはしない。末期患者にとって大切なことは、延命ではなく自然の生命力を最大限に引き出して、与えられた命を全うすることであり、また生命の質 (quality of life, QOL) であると考えるからである。生命の質を問題にするから、末期の状態になって、たとえ短期間しか生きられなくても、人間としての尊厳を失わないような生活を維持して、さいごまで充実した人生を生き抜けるように援助しようとする。

ホスピスの主な働きとしては、(ⅰ) 苦痛の緩和、(ⅱ) コミュニケーションの供給、(ⅲ) 患者の家族と遺族に対してのケア、(ⅳ) 環境への配慮、(ⅴ) ボランティア活動、などがある。

(ⅰ) 苦痛には、身体的、精神的、社会的、経済的苦痛がある。ホスピス・ケアでは、末期患者が人間らしく生きるためには身体的苦痛をやわらげることが第一の条件であると考える。ソンダースは、モルヒネを主剤として末期ガンの激痛を取り去る鎮痛薬の処方を考案し、痛みが始まる前に薬を与えることにした。また、恐怖、不安、怒り、悲しみ、孤独などの心理的・精神

的苦痛や，家族，仕事，子ども，親についての心配，入院費用の心配といった社会的・経済的苦痛に対する援助として，人と人との触れ合いを提供する。

（ii）末期患者が切実に必要としているものはコミュニケーションである。人の孤独や悲しみを救えるのは，人間であり対話である。患者が何を考え，何を感じ，何を望んでいるかについて目と耳と心を傾け，時にはユーモアを交えて語りあい，同等の人間として，本当のことを話せる関係を通じて苦痛を緩和し，援助することが大切である。また，手を握ってあげるなどの非言語的援助も重要である。具体的には，病名や病状についての疑問を話しあう，患者と家族が気持ちを通じあう，死を見つめる，死について語りあう，死後のことを話しあう，などが問題になる。

（iii）病名や予後を知らされた家族の精神的苦痛や，看護に伴う家族の心身の疲労，社会的経済的負担などの苦痛に対しては，医療関係者やソーシャル・ワーカーなどの援助が必要とされる。また，患者の死後に，遺族が死別の悲しみから立ち直るまでの半年から1年間，スタッフが家族を定期的に訪問し，カウンセリングを行なう。

（iv）ホスピス・ケアは，患者が過ごしやすく，家族が看護しやすい病室を提供することを配慮する。

（v）ホスピスは中世のボランティア活動に支えられて出発し，現代においてもホスピス・ケアの重要な部分をボランティアが担っている。ホスピス・ケアが求めているのは，ボランティア活動が原動力となって地域社会が連帯し，人間性回復の目標に向けて真の共同社会が築かれることである。ホスピス・ケアの重要な一環として，在宅ケアがあるが，日本においては，核家族化や住宅の問題，ホスピス・ケアをするスタッフ不足などもあり，現在のところ実行が難しい。また，末期患者，ガン患者への病名告知の問題は日本のホスピスにおける今後の重要な課題である。

いつかは必ず死を迎える人間にとって，ホスピスの意義とその果たす役割は限りなく大きい。　　　　　　　　　　　　　〔市川和希子〕

⇒生きがい，ガン，クオリティ・オブ・ライフ，グリーフ・ワーク，死への準備教育，喪失，悲嘆カウンセリング，悲嘆反応

文献　1. I-柏木『現代のエスプリ』No. 189, 1983；2. 柏木哲夫『生と死を考える』（朝日選書）朝日新聞社, 28p., 1991；3. J-キューブラー＝ロス, 1975；4. J-キューブラー＝ロス, 1977；5. A-小林, 1979；6. J-デーケン・飯塚, 1991；7. J-中村, 1992；8. J-平山, 1991；9. I-長谷川編『現代のエスプリ』No. 274, 1990；10.「こころと体のケア」『ターミナル・ケア』1992年5月号, 三輪書店

補聴器，人工内耳　hearing aid and cochlear implant

難聴のために会話音を聴取できない者の聴覚を補助する機器。

補聴器は，外界の音を増幅して耳に伝える機器で，基本的構造は，音を受けてその空気の振動を電気信号に変換するマイクロホン，電気信号を増幅する増幅器，増幅された電気信号を音に変換するイヤホンから成っている。電源は電池で，電源のオン・オフを行うスイッチ，音の大きさを調節するダイヤル，外耳道に装着する耳栓も基本的な部品である。

補聴器の代表的な種類としては，箱型，耳掛け型，挿耳型などがある。箱型は，イヤホンと本体がコードで接続され，本体はポケットなどに入れて携帯する。長所は，操作が容易でイヤホンの性能が良く，価格が安価であるが，大きくて活動の邪魔になりやすいのが欠点である。耳掛け型は，耳介上部にイヤフックを引っかけ，耳介の背面に本体を乗せて装着する。長所は，箱型よりも目立たず，生活の邪魔にならないが，操作しにくく，価格も高いのが欠点である。挿耳型は，合成樹脂製の型の内部に補聴器の部品を組み込み，耳穴に収まるようにしたものである。眼鏡の邪魔にならなくて便利であるが，ハウリングが起きやすく，高出力のものがないこと，価格が耳掛け型よりもさらに高いことが欠点である。

難聴は，しかし，原因となる疾患によって症状が異なるため，補聴器が一様にすべての難聴者に有効とは限らない。外耳・中耳の障害に起因するものは，伝音難聴といって音を増幅すれ

ば聞こえるようになるため、補聴器が適用になる。他方、内耳の感覚細胞とこれにつながる蝸牛神経から大脳までの聴覚伝導路に障害がある場合は、感音難聴といって音の感知、分析、統合がおかされるため、音を大きくしても聞き取りの能力は必ずしも改善されず、かえって音が割れて不快に感じることがある。それでも、ハンディキャップを少しでも改善する効果は、ほとんどの難聴者に期待できる。

補聴器にはいくつかの種類があり、難聴の症状も人によって異なるため、入手して使いこなせるようになるには、専門家の援助が必要である。老人性の難聴は感音難聴であり、老人にとって新しい機器になじむのは難しいこともある。敬老の日のプレゼントなどに、まわりの者が高価な方が性能が良いだろうと思って買っても、十分役に立たずに箪笥に眠っているといったこともよく聞く。補聴器を買うには、まず耳鼻咽喉科医が聴力検査に基づいて適応を決定し、難聴者は補聴器販売業者から購入する。補聴器の適合と、装用して音の聴き取りを訓練する聴能訓練は、病院や福祉施設で働く言語聴覚士が担当し、聴覚管理は耳鼻咽喉科医が、補聴器の修理などは販売業者が行う。

補聴器の装用に際しては、純音聴力検査、語音聴力検査、不快閾値検査が重要である。平均聴力レベルが30〜40dBの難聴では、静かな所での対話は不自由を感じないことが多いが、騒音が加わると困難になるので、軽度の難聴でも補聴器の適用となる。補聴器の適用は、一般には45dB以上と言われるが、平均聴力レベルが55〜80dBの中等度難聴者で最も効果が高い。100dB以上の難聴でも、120dB以内であれば、何らかの補聴効果は得られる。

補聴器を選定した後は、最大出力、音質、利得の仮調整を行ない、試用して装用状態を評価し、そして再調整という流れを踏む。語音聴力検査により、補聴器装用時の語音弁別能を測定し、裸耳の場合と比較する。語音弁別能が裸耳の時より悪かったり、うるさく感じるなどの問題は、音質調整器、利得調整器、最大出力制限装置、イヤホン、フィルタなどの再調整が必要である。装着上の違和感、心理的違和感、煩わしさ、運動機能上の問題などは、慣れとともに変化することが多い。

難聴は、原因疾患の進行によって悪化することもあるので、聴力管理が肝要である。そのためには、定期的に聴力検査を行い、まわりの者は難聴児・者の聞こえの状態に注意することが必要である。小児の伝音難聴による聴力悪化は、0〜8歳に多発する滲出性中耳炎によるものが多く、その原因となっている鼻炎の治療が中心で、手術的治療もある。感音難聴によるものは、音響外傷、ウイルス感染、遺伝性、聴器毒性薬物などがあるが、原因不明のものも少なくない。感音難聴による悪化は回復が困難になるが、保存的治療としては薬物、高圧酸素療法、星状神経節ブロックなどがあり、また、補聴器の装用を中止して休息を取るようにする。

人工内耳は、聴覚を利用できない聾のような高度の感音難聴（純音聴力検査で100dBを超える難聴）を対象に開発された補聴装置である。その構造は、手術で体内に埋め込むコクレアインプラントと、そこに音声信号と電源を送る体外部から成る。コクレアインプラントは、側頭部の皮下に埋め込まれる本体部（IC回路）と内耳の蝸牛に挿入される電極リード部から成る。体外に携帯する装置はスピーチ・プロセッサーといい、マイクロホンに入った音を分析してどの電極をどの程度刺激するかを決定する。その信号は、側頭部に置かれたアンテナから体内のIC回路に電磁波で送られる。内耳の感覚細胞が全く消失しても、それ以降の神経が残っている場合には、このようにして内耳に埋め込んだ電極により、直接に神経を刺激して聴覚を生じさせるのである。

人工内耳の手術は、手術実施の承認を受けた病院で受けることができる。人工内耳体外部の調整をマッピングといい、言語聴覚士が行なう。手術を受けても直ちに語音を聞き取ることができるわけではなく、聴き取りを良くするために聴能訓練が必要であり、これも言語聴覚士の仕事である。ステップを踏んで週2回の聴能訓練を1〜2ヶ月行なえば、日常会話はほぼ可能になるという。聴能訓練終了後の語音弁別能は、単音節、単語、文のいずれにおいても20〜30%

と低いが，読話を併用することによって理解力は向上する。現在の人工内耳では，類似した子音間の弁別が困難であるが，有声・無声，鼻音・非鼻音の区別は，より易しい。人工内耳で音を聞いた場合，中途失聴者が以前に聞いていた音とはまったく異なるという。そこでまず，母音，簡単な単語，社会音などを用いて，聞こえる音の意味を記憶することから訓練を始める。母音の弁別は，訓練開始後2～6ヶ月で最高値になり，子音の弁別は，1年以上かけて最高値に達するという。難聴は目に見えない障害であるだけに，このような困難に対してまわりの者の理解が必要である。〔今村恵津子〕

⇒聴覚障害

文献 1. 船坂宗太郎「言語聴取機能について」『音声言語医学』30号, 1989, p. 377-380 ; 2. 船坂宗太郎ほか「人工内耳患者における単音節・単語・文の認識能」『Audiology Japan』32号, 1989, p. 195-199 ; 3. 日本聴覚医学会「聴覚検査法(1990)の制定について」『Audiology Japan』33号, 1990, p. 792-806 ; 4. 日本言語療法士協会編『言語聴覚療法臨床マニュアル』協同医書出版社, 506p., 1992 ; 5. 小寺一興「補聴器・人工内耳」医療研修推進財団監修『言語聴覚士指定講習会テキスト』医歯薬出版, 287p., 1998

牧会カウンセリング，パストラル・カウンセリング pastoral counseling

人間には身体的必要や社会・心理的必要とともに，精神的次元すなわち魂に対する必要があると考え，その点を根本に据えて，おきてくる問題や悩みに対処して，援助を与えようとするカウンセリングの一方法。プロテスタント教会の牧師が中心となって行なっている。

牧会とは魂に対する配慮（care）を意味することばであり，必ずしも教会の牧師だけに限定される手法ではない。魂に対しての配慮とは，ある意味で教会それ自体の目的と同じであり，互いに隣人に対して負いあうべき責任である。目の前にいる相手の痛み，苦しみ，嘆きをともに味わうことであり，相手の話をよく聴いて，その苦悩に共感と理解をもつように努力することである。これは，ともに苦しむところから始まる，互いに仕えあうキリスト教会の本来的な形であるといえよう。この牧会カウンセリングは，日本ではまだあまり大きな影響力をもっていないが，教会だけではなく，ホスピスなどの病院や学校のチャプレン（牧師），いのちの電話などの相談員という形で広く実践されている。

牧会カウンセリングが実践神学の一領域として広がったのは，20世紀に入ってからである。16世紀にドイツでルター（Martin Luther, 1483～1546）が宗教改革運動をおこした時，その精神において，個人の人格の尊重と一人の魂の自由とを掲げた。「万人祭司」として，お互いがお互いに対して魂への配慮の責任を担いあうことが期待され，牧師がその世話役の位置づけを与えられた時点から，牧会カウンセリングが意識されてきたといえよう。また，18世紀のイギリスの改革者であったウェスレー（John Wesley, 1703～1791）も，組会という相互に重荷を負いあう交わりを組織化して，悩む者や社会から見捨てられた人々たちの魂への配慮を目指して，イギリスの社会改革運動を指導した。これらの宗教的伝統の上に20世紀になると，フロイト*の精神分析などの発達の刺激を受け，牧会における人間心理の解明とそれによって牧会活動を円滑に進めようとする実践神学の一部門として，アメリカに発達した牧会心理学を現場で実践するために，牧会カウンセリングが進められた。現実世界の混乱と心理的混迷が人々を不安と閉塞感に陥れた時代の要求に，従来の説教による伝道だけでは十分に個々の魂に届きえない時代状況の中で，人々の魂の飢えに応えるものであったといえるだろう。

日本では戦後，急速に広がったロジャース*の人間尊重のカウンセリング理論の背景が，一人一人がかけがえのない存在であると考える，キリスト教的人間観と共通する点が多かった。その共通点ゆえに，人々の心の痛みに共感しながらこの世に仕えていく牧会カウンセリングが，次第に広がってきた。

牧会カウンセリングの独自性は，第一に神を中心とした人格関係という点にある。最終的に神への人格的応答が，カウンセラーとクライエントに志向される。むろんクライエントが信じる宗教の違いや信仰の有無がカウンセリングの条件にはなっていないし，キリスト教的人間理解を強要するものでもない。しかし魂への配慮

の最終目標は、神との関係が正しく位置づけられることであり、神の前にますます人格的に成長し、クライエントが神との成熟した関係に入ることができるような援助をすることである。第二に、問題をかかえたクライエントが、神による救いと癒しが得られるように牧会者が祈り求めるという点である。すなわち、カウンセラーは、自分自身は何もできない無力な者であることを認識しつつ、神によって人々の痛みや苦しみ、嘆きや悲しみが、癒されていくことを信じて祈り求めていく姿勢をもつことが大事であるとされる。

したがって牧会カウンセラーは、宗教的資源としての聖書や祈りなどを用いながら、その姿勢において自らが神との人格的関係の中に生きているかが問われるものであり、聖書によって示される福音理解が基礎となっている。さらに、苦しんでいる人や問題を抱えている人の隣人となり続けることを通して、教会とこの世に仕える姿勢が絶えず問われ、人々がそれぞれの苦しみの中から立ち上がり、成長できるような方向性をともに見出していこうとすることが必要とされる。そのためには、カウンセラーとしての訓練とともに、心理的清潔さや徹底的に人々に仕えていくという使命感が大事であり、祈りを深めていく姿勢が要求される。　〔水口 洋〕
⇒人格的成長，精神分析，ロジャース

文献　1. A-有馬, 1996；2. クラインベル, H., 佐藤陽二訳『牧会カウンセリングの基礎理論と実際』聖文舎, 478 p., 1980；3. ナラモア, C. M., 小助川次男訳『クリスチャンカウンセリングの実際』いのちのことば社, 384p., 1987；4. ヒルトナー, S., 西垣二一訳『牧会カウンセリング』日本基督教団出版局, 452p., 1969；5. 三永恭平『こころに聴く牧会カウンセリング読本』日本基督教団出版局, 262p., 1986

ボディ・イメージ　body image

自分の身体の心理像もしくは自分の身体が自分にどう見えているかという概念のこと。

通常は順応によって意識の中心から外れているが、知らず知らずにもっている自分自身の身体に関する全体または部分の像、空間的位置関係を示すもの。

人は生存している限り身体とともに存在しており、身体なしには感じることも思考することもできない。それにもかかわらず、私たちは日常生活の中で身体のイメージを意識することは少ない。健康な時には自分の身体をほとんど意識しないが、いったん不健康に陥ると否応なく身体に注意を向けざるを得ない。

ボディ・イメージについてはさまざまな定義がなされている。ボディ・イメージは身体そのものが受ける影響に応じて変動する動的概念であるとウッドは述べている。ボディ・イメージの変化は加齢や病気、事故や障害などでおこる。ある程度のボディ・イメージの変化は誰にでもある。しかし、病気や手術で自分がまったく変わってしまったらどんな気持ちがするだろうか？　乳ガンで乳房切断を受けて乳房がなくなった場合、スポーツ万能であった若い男性が下肢の切断を受けた場合、直腸ガンで人工肛門を付ける場合など。ボディ・イメージの変化は一時的なもの、回復不能なもの、目に見えるもの、見えないものさまざまであるが、今までの対応のしかたでは調整がつかず危機が生じ、十分な対応ができないことが多い。

ボディ・イメージの変化に対する受け止め方は、その人の態度や感情、価値観によるものであるから、不適応に陥らないように援助を考えていくことが必要である。

また、ボディ・イメージは、成長に伴ってさまざまに形成されていく概念であり、その人の受けた教育、環境要因と社会のあり方の両側面から影響を受ける。子どもには健康なボディ・イメージがあるが、その発達に関して家族の態度や行動が影響を及ぼす。子どもの時に、良いところも悪いところも認められるような環境の中で育っていれば、そしてほめられるべき時に必ずほめられていれば、自分を認めることにつながっていく。子どもの時に自分の身体に対して過剰な誇りをもったり、嫌悪を抱くような環境におかれた場合には、自己概念の形成に影響を受ける。

なかでも青年期は、子どものイメージが大人のイメージに変わっていく時期であり、危機に直面しやすいといわれている。

今日、新聞、テレビ、雑誌などのマスメディ

アは，魅力的な身体をもっていることに非常に重要な意味をおいている。映画やテレビ，週刊誌の広告は，魅力的といわれる人のイメージを大量に提示し，それに合わせるようにとしている。社会が強調している魅力的な身体像を肯定し，無理なダイエットをして，自分の健康までを犠牲にしてしまうこともある。また，このようなボディ・イメージの障害として，摂食障害がおこりやすい。ブルックは，肥満，やせの両者に共通して乳幼児期からの飢餓感覚と身体感覚の学習の歪みと，それに伴う認知力の発達障害の存在を認めた(1975)。たとえば，思春期食欲不振症のある人は，自分がいくら痩せていても痩せた状態とは認識せず，「もっと痩せたい」と主張する。摂食障害の人は，乳幼児期の子どもからの要求が，母親によって無視されたり，不適切，不統一にしか応答されなかった生活史がみられるという。乳幼児期に母親からの反応が一方的で，自分の出す信号が無視されていると，他者からの刺激に反応するだけの存在となる。自分自身の内部に生じている感覚や考えや行動を体験する能力を欠いて成長することになる。

ボディ・イメージの障害を広い観点からとらえると，この中には，自分のアイデンティティに関する感情の障害も含まれていることがわかる。自分の感情を認識し，それを受け入れることができないのである。そのような場合，さまざまな自己表現の手段を使うことが問題の解決に役立つ。カウンセリングや絵画療法など多くの心理療法が必要となる。

ボディ・イメージは簡単に「自己の身体の空間像」と表現されるより以上に，さまざまな意味を含んでおり，意味や価値をもった環境の中で形成され，その世界の中で具体的な行動を通してとらえられるものだともいえる。ボディ・イメージの問題は，単なる身体の問題ではなく，深く人格にかかわる現象である。それは身体を媒介にした適応の問題に深くかかわっている。

〔小野敏子〕
⇒アイデンティティ，摂食障害

文献 1. シルダー，P., 稲永和豊監修，秋本辰雄・秋山俊夫編訳『身体の心理学：身体のイメージとその現象』星和書店, 364p., 1987；2. 末松弘行他編『神経性食思不振症：その病態と治療』医学書院, 345p., 1985；3. メイブ・ソルター編，前川厚子訳『ボディ・イメージと看護』医学書院, 252p., 1992

ボディ・ランゲージ body language
人体を使っての非言語的コミュニケーション。

紀元100年頃，すでにローマの修辞学者クインティリアヌス (M. F. Quintilianus, c. 35～95) はジェスチャーによって演説の効果を強めると述べていたから，ボディ・ランゲージは人類の歴史と共に使われてきたに違いない。「目は口ほどに物を言い」「口も八丁，手も八丁」「身ぶり，手ぶり」などの句は，日本にも昔からボディ・ランゲージがあった証拠である。頭を横に数回回転させれば「ノー」の意味になる（インドの一部やブルガリアでは「イエス」の意味になる）とか，手のひらを地面と平行に下に向けて上下に波うたせると「こちらへ来なさい」という意味（ただし，米国では「さよなら」の意味になる），くらいは誰でも知っているが，難聴者用の手話や潜水艦乗組員の指信号となると，特に学習しなければ理解できない。

石川弘義によると，ボディ・ランゲージについての研究には三つのルーツがあるという。(1) 精神医学的研究（面接中に患者が話している内容と身体の動きとが一致しない，など），(2) 文化人類学者による発見（異文化ではジェスチャーの示す意味が異なって使われる），(3) 動物行動学での研究（テリトリー「なわばり」の意味など），がそれである。(3)には『マン・ウォッチング』の著者デズモンド・モリス (Desmond Morris) や，アイブル・アイベス-フェルト (Irenäus Eibl-Eibesfeldt, 1928～) の研究が含まれる。最近では社会心理学や美術批評にも採り入れられるようになった。

カリフォルニア大学社会学教授のディン・アーチャー (Dane Archer) は，人びとの関係，人びとの感情や関心事，個性などを理解する能力——つまり社会的知能 (social intelligence) ——を高めるためには，ボディ・ランゲージ解読法を学習することが必要だと主張している。

カウンセリングでは，クライエントを理解しなければならないので，言語的コミュニケーションだけでなしに，ボディ・ランゲージをも正しく受け取る必要がある。

芥川龍之介の小説『手巾(ハンケチ)』には，大学生だった息子を失ったばかりの母親が顔では笑っているものの，テーブルの陰の手が激しくふるえており，ハンカチーフを両手で裂かんばかりに固く握っているシーンが描かれている。「口角には微笑さえ浮かんでいるが，実はさっきから全身で泣いているのである」。フロイト*も次のように書いている。「たとえ彼の唇が沈黙していたとしても，彼の指先は雄弁に物語っている。密告の言葉は彼の毛穴という毛穴からひっそりともれ続けている。」

ボディ・ランゲージ解読法の好例は，コナン・ドイルが書いたシャーロック・ホームズ物語の各所に見られるが，『ギリシャ語通訳』の冒頭では「いやしくも人間を研究しようとする者にとっては特徴をとらえねばならない」というホームズと兄との会話が出てくる。2人は，窓の外を2階から見おろして，立ちどまった男を推定しはじめた。「軍人あがりだろう」「ごく最近に除隊したばかりだね」「インド勤務だった」「下士官だよ」「砲兵だと思う」「細君を亡くした」「でも子どもが1人ある」「1人じゃあない，何人かだ」。男の態度，威張った顔つき，日やけ，軍隊靴，帽子を斜にかぶったための額の白さの偏り，喪章，ガラガラと絵本をたずさえている，などの情報から一瞬のうちに2人は以上のことを推理したのである。この推理法を，ドイルは母校エディンバラ大学医学部の外科医ベル博士から学んだというから，ボディ・ランゲージ解読法のパイオニアはベルと言えるかもしれない。

机をはさんで向かいあって腰かけている時に，相手が身をのり出したり，両手を机の上にのせて前の方へ伸ばしたりすると，相手のナワバリ（支配領域）がこちらへ拡がったように感じて，威圧感を覚えてしまう，といった，ごく基本的なボディ・ランゲージ解読法は，カウンセラーにとっての必須知識である。

次にその代表的なものをあげておく。

喫茶店で，面と向かわずに横に並んで座っているのは恋人。話をしないのは既婚カップル。一方が新聞や本を読むのも既婚夫婦。並んで座っている2人の間の距離は親密度に比例する。

歩くときに相手の肩を抱くのは，目上の人。

左手薬指に指輪をしていれば既婚者。

衣服に食べもののしみがあれば，幼児をかかえている母親である。

独身女性は既婚者よりも服装に金をかけている。

恋愛中の男女は体型が互いに似ている。結婚すると，片方が太ったりする。

じっと見つめるのは相手に興味を抱いている証拠。

腕ぐみするのは，防衛的態度，抵抗または傲慢な考えを抱いているか，相手を威圧する場合。

視線が合わないのは表面的な関係。

老齢，風采，体格，服装，魅力，生活様式が似ているのは夫婦。

右手は利き腕，意識，理性，積極性を，左手は不貞，誘惑，挑発，消極性を示す。

腰かけた時に脚を組むのは，くつろぎを示す。

両腕を横に拡げるのは，愛している，許している，私のもとへいらっしゃい，の意。

肩をすくめ，両腕をすこし拡げるのは，「どうしようもない」という意志表示。

手を腰のうしろで組むのは，意志表示の必要がない，優越の意。

唇をなめるのは，過去のいまわしい思い出を拭い去りたい，同情してほしいの意。

眼球をキョロキョロ動かすのは不安感，落着かない，不慣れを示す。

手で顔をなでるのは，消し去りたい記憶があることを示す。

肩を叩いたり，腕をとったりする身体的接触は親愛感を示す。　　　　　　　〔有森直子〕

⇒コミュニケーション

文献　1. E-アーチャー，1988；2. ヴァーガス，M. F.，石丸正訳『非言語コミュニケーション』新潮社，255p.，1987；3. エンゲル，R. 編，本名信行・月出祥子訳『ノンバーバル・コミュニケーション』大修館書店，282p.，1981；4. カーカップ，J.，中野道雄訳『日英比較ボディランゲージ事典』大修館書店，261p.，1985；5. 篠田雄次郎『ボディ・ランゲージのすすめ』マネジメント社，246p.，1983；6. 野村雅一『ボディランゲージを読む』平凡社，280

p., 1984；7. ファスト，J.，石川弘義『ボディ・ランゲージQ&A』読売新聞社，292p., 1983；8. ファスト，J.，石川弘義訳『ボディ・ランゲージ』三笠書房，288p., 1985；9. ホール，E. T.，国弘正雄・長井善見他訳『沈黙のことば』南雲堂，254p., 1966；10. E-ラム・ウォトソン，1981

ホームレス，路上生活者　homeless

家なき人。一部の辞典には「浮浪者」という説明がついているが，家がないために放浪生活を余儀なくされているだけのすべての人を「浮浪者」とみなすことには問題がある。

1982～1983年の不況期にアメリカの大都会に目立ちはじめたころから社会問題としてとりあげられ，こう呼ばれるようになった。スーパーマーケットの紙袋に身の回り品を入れて路上生活する女性をショッピング・バッグ・レディ(shopping bag ladies) とも言う。

米国の『タイム』誌が1990年12月17日号で「ホームレス特集号」をだした。それによれば，ホームレスは米国で30万から100万人。英国で13万人，ドイツで80万人である。

また，1990年の米国大統領経済諮問委員会の経済報告は，ホームレスを，(1) 重度の精神障害者（全体の約1/3），(2) ホームレスの家族，主に低所得母子家庭 (1/4)，(3) 労働と非労働を繰り返す独身男性，に分類している。(1)は住宅保護施設を用意しても定着が難しいが，(2)と(3)に関しては地価と家賃の高騰のために，それまで住んでいた住宅を追い出されたというケースが多い。

米国のホームレスは2000年2月に約60万人で，アフリカ系の人に多く，ホームレス経験者は約300万人という。ホームレスの15%が幼児をかかえる女性で，レーガン大統領が社会保障プログラムを大幅に減らしてからホームレスがふえた。失業保険や養老年金の打ち切り，福祉手当て，住宅補助金の削減，アルコールや麻薬への依存症がホームレスをふやしている。

ハワイのオアフ島では住民84万人のうち約1万人がホームレスである。温暖な地を求めて他州から飛行機でこの地へホームレスが集まってくるので，飛行場での入国審査が厳しくなっているという。ここでの主原因は，観光開発によ
り地価が高騰し，地主が土地を転売したために，いままでの住まいを失うケースがほとんどである。

1991年の湾岸戦争の帰還兵が早くも，ホームレスとなっているケースもニューヨークでは報告されている。

米国では25%の住民が，安全でまともな住宅を自己の支払可能な価格では入手できない。アパートの改築のために，母子家庭が家を追い出されてしまう，長期間の家賃の滞納で退居せざるをえなくなるなど，ホームレスになる原因は日本人にとっても身近におこりうることであるから，米国のこの状況を対岸の火事として眺めることはできない。事実，1992年9月25日の朝日新聞の記事によれば，「高齢者（75歳の女性）が現在住むアパートが取り壊しになるため転居しようとしたところ，一般の不動産業者の仲介では新居を見つけるのが困難で，知人の紹介によりやっと部屋を借りることができた」とある。日本でも，女性の単身高齢者，母子家庭で母親が自由業の場合などには，アパートを借りるのが非常に困難である。

ホームレス対策としては，体育館のような広い建物に100以上のベッドを並べた「シェルター」と呼ばれる施設を米国政府は用意した。しかし，寝る場所さえ提供すれば済むという問題ではない。逆にこのシェルターで強引に麻薬をすすめられたり，暴力支配が行なわれたりして，一層悪い状況へと陥るケースも少なくない。ホームレス問題は20世紀末の文明社会の病んだ姿そのもので，治療方法はきわめて難しい。住まいを与えたり，最低生活を維持できるだけの給付金を与えるだけでは解決できない。キリスト教会などさまざまなボランティア団体が砂漠に水をまくような努力をかさねつつ彼らが根本的に新しい生活を立て直せるようにと住民定着センターなどを作り，援助の手をさしのべているのが現状である。

日本に目をむければホームレスは，1999年には2万451人だったのが，2001年12月には18%増加して2万4,090人になった（厚生労働省による）。山谷のいわゆる「ドヤ」（第二次世界大戦後の混乱期に造られた簡易宿泊施設）を根拠として日本経済の高度成長を最低辺で支えてき

た,日雇い労働者は約3万人と推定されており,その半数が60歳以上となって高齢化がすすみ,外国人労働者に仕事を奪われ,ドヤの宿泊料金を払えずにホームレス化し,冬期に凍死する人さえでている。

また,その一方では,「迫害や差別などによる人権侵害の他,戦火や飢餓などのために生命の危険にさらされるなどの理由により,生活基盤のある土地から根こぎにされ,他国へ逃れなければならなかった人々」と広義に定義されている「難民」も世界各地に約1,890万人〔国連難民高等弁務官事務所(UNHCR),1993〕と推定される(3,800万人という説もある)。彼らもホームレスなのである。さらに,米国においてはホームレスのうち15%がエイズという報告ともあいまって,ホームレスがエイズと並ぶ最大の関心事になっている。日本においても行政を含めて,緊急の対応策が必要である。〔小林洋子〕
⇒エイズ,社会保障

文献 1.朝日新聞「ホームレスの15%がエイズに感染」1992年7月20日(夕);2.朝日新聞「高齢者住み替え先はみつからず」1992年9月25日;3.『情報・知識・imidas・イミダス』集英社,1632p.,1991;4.『世界』(臨時増刊号・新世界を読むキーワード)岩波書店,No. 150,1989年7月号;5.『山谷の概況』(パンフレット)山友会発行;6.ホリーマン, S. 写真,アーウィン, V. 著,関元訳『我ら家なき者:ホームレスと冷たいアメリカ』JICC出版,110p.,1991

ホメオスタシス　homeostasis

内部環境と外部環境の間の平衡を維持する複雑な過程。恒常性または恒常性の維持ともいう。これによって身体の化学的均衡が保たれ,社会的・生物的欲求が満たされる。生理的レベルでのホメオスタシスは一般的に自動的である。

ベルナール*の概念がキャノン*によって大きく進展した。語源は,変化しつつも安定した定常的状態を意味するギリシア語からの造語で,キャノンが提唱したものである。

生理学的な意味で使う場合と,カウンセリングや心理療法で使う場合とでは,ニュアンスに少し差がある。

【生理学的意味:体内の状態を一定に保つしくみ】 ベルナールは,生体の細胞が体液からなる媒質によって維持されていることを見出し,この媒質を内部環境と呼んだ(1856)。彼は生体が外部環境の変化に対して,内部環境を変化させて平衡を維持して,細胞活動の安定化を達成していると考えた。キャノンは,「生体が環境への適応や生命維持のために営む動的な平衡状態」をホメオスタシスと名づけた(1929)。

高等脊椎動物においては,調節機構がよく発達している。生体の外部環境や内部環境に生じた変化は,まず受容器でとらえられ,次にその変化を生体に備わっている一定の標準値に照らし,ずれを補正する反応がおこる。これらの反応のすべてを単一の器官が営む場合もあるが,中枢神経系が反応の大きさを制御している場合が多い。最終的に反応する筋肉や内分泌器官をはじめとする内臓諸器官の働きによりホメオスタシスが維持されるのだが,これらの器官も動物が高等であればあるほど,より発達している。中枢神経系や内分泌系の働きは,フィードバック機構によって自動的に制御されているという特徴をもっている。

生理的現象に注目したホメオスタシスの概念は,遺伝子ホメオスタシス,発生的ホメオスタシス,生体的ホメオスタシスなどの用語にみられるように,生物学の各方面に拡大して適用されている。

人間のホメオスタシスの調節機構は,神経系と内分泌系という2大システムに免疫系が加わった(3大システム)共同作業によっているが,これらは脳に支配されている。この他にまだ知られていないさまざまな生体調節のためのネットワークがあって,生体はそれによって正常な範囲を逸脱しないように環境に適応し,一定の状態で働くように仕組まれている。この状態をホメオスタシスと呼ぶ。一定の状態とは,変化の幅が生命の維持に必要な限度を越えないことで,ある程度の小きざみな変化を絶えず繰り返している。同じようなことが心についてもいえよう。心の状態を一定の安定した状態に維持する仕組みを精神分析学では適応機制または防衛機制と呼ぶ。心と身体を仲介する結び目に脳があり,近年,免疫と脳との関係がわかってきて,

脳を介した心と身体の仕組みが詳しくわかってきた。

【心理学的意味】 キャノンの唱えた概念(1929)は，個体内だけでなく，集団や社会のレベルに拡大して考えられ，後に一般システム理論やサイバネティクスに取り入れられることになった。キャノンの定義は「生物体の物質的・エネルギー的条件が一定に保たれるような過程」であった。このように，生体にはいつも内的状態を一定の安定した状態に維持するホメオスタシスの働きがある。同様に，生活体システムにも，力動的な均衡維持作用がある。このシステム内の調和が保たれるような過程，またはその結果生まれる調和のとれた状態をホメオスタシスと呼ぶ。この用語は一般システム理論が主流になっている家族療法において，家族には家族ホメオスタシスがあると考えられており，最もよく用いられている。

以下に家族療法におけるホメオスタシスの活用について述べる。

【家族システム理論】 家族療法や家族カウンセリングは，はじめは，精神力動的な個人心理療法を補う形で出発したのであるが，やがて一般システム理論，生態系理論，サイバネティクス，コミュニケーション情報理論など自然科学的な取り組みの影響を受けるようになり，家族を一つのまとまりをもつシステムとみなし，クライエント個人ではなく家族全体（家族システム）を援助的介入の対象とする家族システム理論（広義）が主流になってきた。

【ホメオスタシスと変遷】 岡堂哲雄は，家族ホメオスタシスの働きを示すものとして次のような例をあげている。「母親が急病で入院した家族システムでは，父親が母親代理の役目をにない，子どもに朝食をつくって与えるであろう。家族システム内で安定を回復できなければ，その境界外からの入力で，安定がはかられるかもしれない。母方の祖母が来訪し，孫の世話にあたるのは，この例である。」

平木典子は，家族構造の変遷にポイントをおいた論文を発表しているが，その中で，家族システムは，ホメオスタシス（恒常性）とトランスフォーメーション（変遷）に特徴があるとしている。家族システムでのホメオスタシスとは，家族の成員が，ちょうど自然界が相互に補いあって平衡を保っているように，お互いがある限界内で，相互に作用し合いながら持続的に内的均衡を維持しようとする傾向のこと，すなわち，「家族のメンバーが相互に内的均衡を維持する働き」をいう。

それに対して，変遷は，「内外からの必然的な力によって成長し変容する現象」で，これもまた家族に不可避のプロセスである。したがって，家族は，ホメオスタシスと変遷とによってもたらされる「おだやかな不安定性」と呼ばれる特徴をもっているといえる。過度にホメオスタシスを保とうとすれば，家族メンバーの成長は阻まれることになるし，急激な変遷は家族に心理不安をもたらすことになる。

平木典子は，さらに，家族システムの存続には，(1) 家族成員の変動，(2) 家族成員の生物的・心理的変化，(3) 家庭外から誘発された変化，の3種類の変化に対応しなければならないとして，これらの変化への対応のあり方が，家族病理を生みだすと指摘している。

このように，家族システムは内外の不可避の変化に影響されて，その構造も変遷していかざるを得ない。家族システムが開放的で，柔軟であれば，家族は変遷をとげながらも，再び健全なホメオスタシスを回復し，維持できるようになる。しかし，家族システムが閉鎖的で，メンバーに自尊心が欠けていると，変化によって引きおこされる葛藤に対処できず，家族システムにひずみがもたらされる。それが家族の病理である。

【家族カウンセリング】 家族システム論を背景として，実際の家族カウンセリングや家族療法での援助が検討されている。ホメオスタシスのメカニズムが働いているかぎり，家族の誰かがちょっとやり方を変えてみても，家族システムはまたもとに戻ってしまう。このホメオスタシスを変えるには，家族のコミュニケーションのパターン，家族の交流パターンを変えなくてはいけないと考えられている。したがって，カウンセラーは，自分自身が，患者とみなされた者をとりまく状況の一部となることによって家族

に不均衡をもたらすように介入し，家族構造を変え，新たな構造によって成員がバランスを維持するよう支持する。

このように，家族カウンセリングは，問題や症状そのものにアプローチする心理療法ではない。むしろ，問題は人間関係そのものであり，一人一人は問題がなくても，2人の組合せが問題を作る可能性がある。したがって，犯人探しや，犯人への責任追求をするのではなく，メンバー全員に，バランスと変化の取り方を教えることが，カウンセラーの仕事になる。

家族システムに不均衡が生じたとき，家族のうちの他の成員は，ストレスを体験するし，システムの変化に抵抗を示し，古いシステムの方を維持しようとする。しかし，カウンセラーは，家族員の力動的な動きに敏感に反応し，家族員の不安定さに耐える力を支持し，切実な欲求を理解し，支えて，構造に変化をもたらすようにしていくのである。　　　　　〔坂庭愛子〕

⇒主な防衛機制，家族システム理論，家族療法，システム論的家族療法，防衛機制の例

文献　1. I-岡堂編『現代のエスプリ』No. 215, 1985；2. I-岡堂編『現代のエスプリ』No. 252, 1988；3. 平泉悦郎『家族療法：「病める心」が劇的になおった！』PHP研究所, 242p., 1986；4. A-平木, 1989；5. B-ホフマン, 1986；6. B-遊佐, 1984；7. 吉川悟『家族療法：システムズ・アプローチの〈ものの見方〉』ミネルヴァ書房, 336p., 1993

ボランティア活動　volunteer activity

自発的意志によって，人間社会が抱える課題（問題）の解決にむかって積極的に関わる市民（住民）による継続的な実践的な活動。

ボランティア活動は，現実の社会で個人の自立性を強化する働きがある。カウンセラーは，ボランティア活動に含まれるこの「学習性」を認識して，クライエントを援助するために必要な場面でボランティア・センターなどを社会資源として利用することができる。

ボランティア活動によって学習される内容は，(1) 人間への信頼感をもつこと，(2) 多様な価値を認識すること，(3) 独自な価値をもつ自己に気づくこと，(4) 人間の尊厳性を認識すること，(5) 自己有用感を獲得すること，(6) 社会福祉や地方自治のあり方を身近に知ること，などが含まれる。これらはカウンセリングの内容と重なる場合がある。

学習性は，高齢者や障害者とのふれあいなど直接的な人と人とのふれあいを体験するボランティア活動にたくさん含まれる。カウンセラー自らがボランティアとして実際に体験や一時的体験をすると，学習性の理解がさらに深まる。

ボランティア活動における人間関係は，受け手に働きかける一方的な関係から始まるが，やがて，ボランティアと受け手は，対等な関係に変わっていく。その対等な関係の中で，働きかけられている受け手も，働きかけているボランティアも自己学習が進み，さらに相互学習する関係に変化していく。このような人格と人格の相互関係は，カウンセラーとクライエントのカウンセリング関係によく似ている。

ボランティアとは，ラテン語の「意志する」という意味をもつ「ヴォロ(Volo)」に語源がある。ここから派生した「ヴォルンタス(Voluntas)」という自由意志を意味することばに人名称のerをつけてできあがったことばである。辞書では，名詞として「志願兵」「奉仕者」，動詞では「自らすすんで提供する」「自発的に申し出る」「志願する」という意味になる。したがって，狭い意味での福祉分野だけに留まらず，自分の住んでいる地域社会から国際的な領域までの広がりをもち，障害や環境破壊などの社会的な課題に直面している人に対して，その人とともに課題に立ち向かい，解決しようとする人もボランティアである。

「ボランタリズム(voluntarism)」とは，哲学や神学では「主意主義」と訳され，国家や制度や慣習を超えて行動する人間の自発的な自由意志を重んじる立場を表すことばである。ボランティアは，この自由意志に精神基盤をおいている。

社会福祉分野では，憲法第25条「国民の生活権」規定により福祉問題の解決に対する国家責任が明確化されることにより，社会福祉の制度化が行なわれ，「制度および専門職」と「ボランティア活動」に分化された。社会福祉分野のボランティア活動は，行政や専門職が「できない

領域・してはならない領域・していない未開拓の領域」に一市民として自発的に関わる活動である。

ボランティア活動の性格は，「自発性，社会性，無償性，開拓性（先駆性）」とされている。自発性とは，社会的な問題に一市民として積極的に行動することである。社会性とは，自発性にもとづく行為が自己のみの利益ではなく，人間全体の福祉を向上させるもので，基本的な人権の擁護や社会の文化また自治を高める方向性をもつものである。無償性とは，非営利的な行為であることを意味するが，自発性の下位の属性としてあるので，交通費などの実費は，活動先の状況に応じて支払われることもある。開拓性（先駆性）とは，現状の活動を見直すとともに，地域社会の新しい課題を積極的に発見し，解決しようとするボランティア活動の働きである。しかし，開拓性を失ったボランティア活動は，行政の施策の下請けや代替的役割を担わされる危険性を否定できない。

ボランティア活動は，社会性をもった実践的活動そのものである。したがって，活動の原則を明確にしておくことが大切である。大阪ボランティア協会では，次の3原則を設けている。(a) 活動の原点を基本的人権の擁護におく，(b) 民主主義の精神と手続きを尊重する，(c) 市民的な性格を堅持する。これらの原則は，相補関係にある。これら原則は，これからも検討され，修正される可能性がある。

ボランティア保険は，ボランティアが万一の事故に備え，安心して取り組めるよう創設された保険である。自分の「障害保険部分」と第三者の身体や財物に損害を与えた場合の見舞金（慰謝料）など賠償金を支払うための「賠償責任保険部分」に分かれている。1999年現在，一人1年間掛金300円，500円，700円とある。500円の場合，障害部分は，死亡1,956万円，後遺障害1,956万円まで，入院1日7,600円（180日分限度），通院1日5,000円（90日分限度），手術と付添費用が付加している。また，賠償部分は，対人・対物共通で一事故につき3.5億円（限度額）である。　　　　　　　　　〔田丸精彦〕

⇒生涯学習，ボランティア教育，ボランティア・センター，社会福祉協議会

文献　1. 竹原健二編『現代地域福祉論』法律文化社，208 p., 1992

ボランティア教育　volunteer education

これまで学習指導要領の特別活動で示されていた「奉仕的な活動」をさらに充実させるために，学校にボランティア活動を取り入れて行なわれる教育のこと。目的は，体験を通じて，福祉の理解を深め，勤労の尊さや社会に奉仕する精神を養うことにある。

これまでも学校やボランティア推進団体においてボランティア活動への取り組みが蓄積されてきた。1990年代に入り，高齢化社会の到来や生涯学習の観点が強調されるようになった。1995年，阪神・淡路大震災ではボランティアの活躍により，この年はボランティア元年と呼ばれ，ボランティア活動への期待がさらに高まった。

1991年，郵政省は「国際ボランティア貯金」を始め，海外協力を行なうNGOへの資金協力を開始した。1993年，厚生省の中央福祉審議会地域福祉部会は，意見具申の中で21世紀までに「国民の過半数がボランティア活動に参加する」ことを目標に掲げた。このように行政主導のボランティア推進が急速に強まってきたなかで，文部省もボランティアと教育の結びつきを取り上げるようになった。

1992年，文部省の生涯学習審議会は，その答申「今後の社会の動向に対応する生涯学習の振興方策について」の中でボランティア活動の振興を重要視している。1994年，文部省は「高校入試の内申書におけるボランティア活動歴の積極的評価」を全国の教育委員会に通達し，高校入学試験にボランティア活動の評価を取り入れることになった。1996年，第15期中央教育審議会は，第一次答申「21世紀を展望した我が国の教育の在り方について」において，いじめや不登校，受験競争などの深刻な問題を抱えた学校がこれから家庭や地域社会との連携の中で「ゆとり」と子どもたちの「生きる力」の育成に取り組むことを提言している。また，自分で課題を見つけ，自ら学び，考え，判断し，行動して，

よりよく問題を解決する能力を育てる必要を強調している。この答申の中では、ボランティア活動がそのための一つの方法として取り上げられている。また、1996年度『我が国の文教政策：生涯学習社会の課題と展望——進む多様化と高度化』（文部省編）の「第3章　初等中等教育のより一層の充実のために」の中にある「豊かな心の醸成」には道徳教育、ボランティア教育の充実が記載されている。この中でボランティア教育について、「近年、高齢化の進展などに対応し、福祉の重要性や高齢者、障害者に対する認識や理解を深めることや、他の人々に対する思いやりの心や公共のために尽くす心を養うこと、また、都市化、少子化、核家族が進む中で生活体験の希薄化している児童・生徒が、体験を通じて勤労の尊さや社会に奉仕する精神を養うこと」と記されている。

ボランティア教育の目的は、次のようにまとめられる。(1) 福祉への認識を深めること、(2) 道徳性を育成すること、(3) 社会性を養うこと。また、これらは「体験を通じて」達成されることが必要であるとされ、体験としては「地域の清掃活動」「公共の場での花壇や花づくり」「老人ホームで奉仕活動」の例があげられている。

ボランティア教育は、福祉の認識を深める点で、厚生省が先行して取り組んでいる「福祉教育」と重なる部分があるが、ボランティア活動への参加を通じて社会奉仕の精神を育成する、とその道徳性を強調している。

ボランティア活動には、自発性、社会性、無償性、開拓性などの原則がある。強制的・義務的ではなく、自ら、報酬を期待することなく、社会的課題に取り組む活動で、主体的な活動参加は、自ら生きる意欲を高めるといわれている。ボランティア教育が社会奉仕性を育成する観点からのみ取り組まれるのではなく、ボランティア活動に含まれる課題発見、自己学習、実践、問題解決、評価の過程を取り入れながら展開されることが必要である。

カウンセラーとしては、ボランティア教育を学校におけるクライエントの人間的な成長の機会としてとらえ、クライエントの変化を見守ることが求められる。　　　　　〔田丸精彦〕

⇒高齢社会、生涯学習、福祉教育、ボランティア活動、ボランティア・センター

文献　1．東京ボランティアセンター『ボランティアネットワーク』10月号，1996；2．ボランティア白書編集委員会編『ボランティア白書 1995年版：「ボランティアライフ」新時代』日本青年奉仕協会，248p.，1995；3．文部省第15期中央教育審議会第一次答申『21世紀を展望した我が国の教育の在り方について』110p.，1996；4．文部省編『我が国の文教政策　平成8年版：生涯学習社会の課題と展望——進む多様化と高度化』大蔵省印刷局，350p.，1996

ボランティア・センター　volunteer action center

地域社会全体の住民を対象に，ボランティア活動の受け手とボランティアとの間の需給調整や広報や研修を通してのボランティア活動の拡大・普及など，ボランティア活動を活性化するための推進組織。

ボランティア・センターは、社会福祉協議会やボランティア協会などの中に開設されている。各団体の事業として設置されているので、専門的なコーディネーターを配置しているところから非常勤職員だけのところまで規模はさまざまである。

その機能は、(1) 福祉思想の普及とボランティアの主体性の形成を担っている教育的機能、(2) 研究調査的機能、(3) 情報収集と提供的機能、(4) 需給および連絡調整的機能、(5) 器材の貸し出しや場の提供などの活動援助および新しいグループづくりをするなどの開発的機能、である。

(4)の需給および連絡調整的機能は、ボランティア・センターの中心的な機能である。需給調整活動は、さまざまなボランティアに関するニードをつなぐ役割である。その内容は多岐にわたり、その一つ一つは「個別性」をもっており、専門性を必要としているため、コーディネーターが担当する場合が多い。

ボランティア・センターでは、この機能を円滑にすすめるために、まず第一に、ニードや社会資源の把握をする。(a) ボランティア（個人・グループ）、(b) 難病団体などの当事者団体、(c) 精神障害者の通所作業所などの福祉施設、

(d) 市報や新聞社などの広報機関，(e) 福祉事務所，児童相談所，保健所などの行政機関，(f) 野外活動振興協会といった福祉団体，(g) 民生委員，(h) 学校，(i) 企業や労働組合などとの関わり，を密にしている。第二に，ときとして行政的対応のケースをボランティアに代替させることがないように適正な判断をする。第三に，他の機関や他のボランティア・センターなどと連絡をとり，新しくボランティア活動を開拓する。第四に，他のセンターや施設のコーディネーターとの連絡調整の場をもっている。

ボランティア・センターには，福祉施設や福祉機関などの福祉の現場と，当事者や住民やボランティアとの接点に立ち，双方の地域社会のさまざまなボランティアや福祉情報を収集する機能がある。

カウンセラーは，ボランティア・センターにおいて精神保健法関係の社会復帰施設情報やボランティア活動情報などを入手できる。

ボランティア・センターには，(ⅰ) 社会福祉協議会，(ⅱ) 善意銀行，(ⅲ) ボランティア自身が集まってボランティア協会を作り，「民間性」を堅持しながら運営するセンター，の3系列がある。機能は，それぞれ同じである。

ボランティア協会としては，日本青年奉仕協会，富士福祉事業団(東京)，世田谷ボランティア協会，東京YMCA山手センター，大阪ボランティア協会，静岡ボランティア協会などが各地にある。　　　　　　　　　　〔田丸精彦〕

⇒児童相談所，社会福祉協議会，精神保健福祉法，難病，ネットワーク，福祉事務所，保健所，ボランティア活動，ボランティア教育

文献　1. 大阪ボランティア協会編『ボランティア：参加する福祉』ミネルヴァ書房, 317p., 1981

ま

マイクロ・カウンセリング microcounseling

アイビイ*等によって**開発されたカウンセラー養成のためのトレーニング・プログラム**。

マイクロ・カウンセリングは「マイクロ・カウンセリング／トレーニング」と称しているように，カウンセリングの一理論を提供するのではなく，カウンセリング諸理論のスキル(技法)を，アイビイがいくつかに分けた指標（マイクロ技法と言う）にもとづいて詳細に分析したものである。諸理論の各技法はその指標によっていくつかの階層の中に位置づけられ，各指標の活用程度に応じて諸理論の特質を分類することが可能となる。その結果，カウンセリング諸理論を同一の土俵のもとで，より客観的に考察することが可能となる。つまりマイクロ・カウンセリングはカウンセリング面接をより実効あるものにするための理論的体系であり，トレーニングの体系であると言うことができる。

こうした体系の基礎にあるアイビイの考えは「意図的面接（インタビュー）」への志向である。アイビイは『マイクロカウンセリング』(1985)の中で意図的面接について次のように述べている。「意図的面接では，一つの応答だけが正しいのではなく，いかに数多くの応答が援助の可能性をもっているかということに注目する。意図性こそが，効果的な面接を行なうさいの中心的なゴール」なのである。「意図性」とは，いつどんな面接場面でのどのような応答がより効果的であるのかについての自覚的なカウンセリングを目標とするということである。また，この体系にそって学習することが，有能なカウンセラーの養成にとって不可欠であると主張する。

さてこの指標をアイビイは「マイクロ技法(microskills)」と呼び，「面接の時のコミュニケーションの技法の単位」と定義している。前掲書中のマイクロ技法階層表によれば，「マイクロ技法」は，「基本的なかかわり技法（かかわり行動）・（クライエント観察法）・（開かれた，閉ざされた質問）・（はげまし）・（言いかえ）・（要約）・（感情の反映）・（意味の反映）」→「焦点のあてかた」→「積極技法（指示）・（論理的帰結）・（解釈）・（自己開示）・（助言）・（情報提供）・（説明）・（教示）・（フィードバック）・（カウンセラーの発言要約）」→「対決（矛盾）・（不一致）」→「技法の連鎖および面接の構造化」→「技法の統合」の順で階層の高位に位置し，最上位の「技法の統合」の段階では面接に対するカウンセラー自身の概念と目標を作り出すことが可能になるという。

また，前述のマイクロ技法は，クライエントとカウンセラー間のコミュニケーションの基本的な要素の分類にも有用であるとされている。

たとえば，「感情の反映」技法はロジャース派のカウンセリングでは最も重要視されるものであるのに対して，行動療法ではほとんど用いられない。精神分析や特性因子理論ではある程度用いられる。また，「解釈」技法はロジャース派ではほとんど用いられないが，「精神分析」や「ゲシュタルト療法」では多用されている。

このようにカウンセリング・心理療法各派の技法はさまざまであるが，それらをマイクロ技法によって分類することで，各理論の特質を明確にし，意図的な面接を実現することができるという。また，カウンセラーのトレーニングにおいても上記の目標を明確にし，被訓練者にカウンセリング・心理療法についての客観的な知見と目標を与えうると主張する。

マイクロ・カウンセリングは専門的なカウンセラー養成のためのプログラムであるとともに，さまざまな場所，状況における人間関係の改善やコミュニケーションの促進にとってもま

た有用であるとアイビイは主張する。たとえばビジネスやマネージメント，警察官の被害者に対する事情聴取において，またソーシャルワーカーや看護師，医師が正確な診断を行なう時にも活用される。さらに異文化間に共通して用いられる技法は何かといった文化人類学的な視点の構築にも寄与するところがある。たとえば，「かかわり技法」，「積極技法」は「どんな文化においても何かに形を変えて用いられている」(前掲書)し，マイクロ技法は「コミュニケーションにおける文化の差違を分析したり理解したりするのに有力な手段となるのである。」もしマイクロ技法を意識し，意図的に用いるようになれば伝統的な文化障壁を越えて，お互いの意志伝達を促進することが可能になるという。

〔柏木誠二〕

⇒カウンセリング，心理療法，マイクロ技法，マイクロ・ラボラトリー・トレーニング

文献 1. A-アイビイ, 1985

マイクロ技法　microskills

さまざまなカウンセリング理論から技法を抽出し，それらの意味と目的を整理，統合したカウンセリング技法。カウンセリング・プロセスを12段階に細かく分割し，それぞれの段階ごとに既存のさまざまなカウンセリング・アプローチから抽出し，再配分したカウンセリング技法のまとまりを指す。

アイビイ*は，効果のあるカウンセリングとは，技法の一つ一つに意図的な意味をもった面接技法が用いられている場合であるととらえた。そして，統合（折衷）主義的な立場から，既存のさまざまなカウンセリング理論で用いられる技法の意味を再検討し，それらをさらに段階的に細密に組み合わせて，マイクロ・カウンセリングの理論と技法を開発した。

マイクロ・カウンセリングの中には，非指示的療法，エンカウンター，行動療法，精神分析，ゲシュタルト療法，特性因子理論，あるいは伝統的な教育の技法などといったように，一見矛盾対立すると思われるような理論や立場の技法が，それぞれの意味を明確化された上で統合されている。つまり，マイクロ・カウンセリングとは各カウンセリング理論の理念にこだわらずに，それぞれのクライエントの状態に適合した技法を，それぞれの目的と意図とを明確に意識して各技法を整理統合し，段階的に行なうカウンセリング・アプローチである。

マイクロ・カウンセリングは，単に専門的なカウンセリングのモデルとしてだけでなく，教育や看護などさまざまな分野におけるパラ・カウンセリング(非専門家によるカウンセリング)にも応用できるモデルとしても注目されている。

マイクロ技法は，大きくは二つの段階に分けられる。基本的かかわりを目指す「基本的かかわり技法」の段階と，それよりもさらに高度な段階とである。そしてこの二つをさらに細かく分けて考える。(マイクロ技法階層表を参照)

マイクロ・カウンセリングは，「基本的かかわり技法」のレベルからクライエントの状態に合わせて段階的に上位のレベルに進めていくものであるが，あるレベルの技法を試みている時にクライエントが，まだそのレベルに達していないと感じられたならば，先へと進まずに，下位のレベルに戻り，その段階の技法を丁寧にやり直すことがポイントとなる。

マイクロ・カウンセリングは，クライエントに対する実際の援助の技法としてだけでなく，カウンセラーの訓練においても有効な方法である。カウンセラーのクライエントへの対応を下位レベルから上位レベルへと段階的に訓練していくのに便利な方法である。また，カウンセラーがカウンセリングのプロセスを振り返る場合にも役立つ。つまり，どの場面でどの技法が使われているのか，クライエントのどんな発言に対してどの技法が使われ，その技法にクライエントがどんな反応を示しているのかを確認することで，カウンセリングの問題点に気づき改善策の発見に役立つ。

マイクロ・カウンセリングは統合（折衷）主義の立場に立ったカウンセリング（カウンセラー）教育の理論である。また，マイクロ・カウンセリングはマイクロ・カウンセリング独自のトレーニング法でもあるが，さまざまなカウンセリング理論から技法を取り入れているため

に，もとのそれぞれのカウンセリング理論にもとづいたアプローチのトレーニング法としても応用できる。

マイクロ技法を段階的にわかりやすく配置したものがマイクロ技法階層表である。この階層表は，12の段階に分かれている。基本的なレベルから順次説明すると次のようになる。

(1)「かかわり行動」は，視線の合わせ方，言

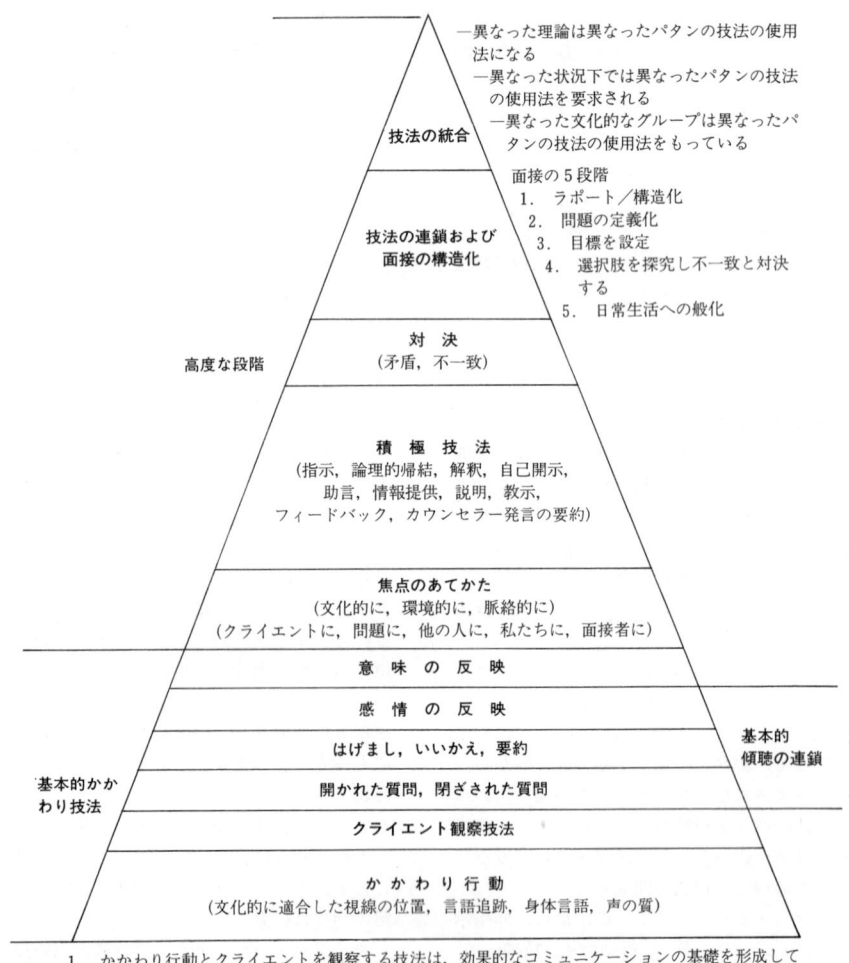

ピラミッド図（上から下へ）：

技法の統合
— 異なった理論は異なったパタンの技法の使用法になる
— 異なった状況下では異なったパタンの技法の使用法を要求される
— 異なった文化的なグループは異なったパタンの技法の使用法をもっている

技法の連鎖および面接の構造化
面接の5段階
1. ラポート／構造化
2. 問題の定義化
3. 目標を設定
4. 選択肢を探究し不一致と対決する
5. 日常生活への般化

対決
（矛盾，不一致）

積極技法
（指示，論理的帰結，解釈，自己開示，助言，情報提供，説明，教示，フィードバック，カウンセラー発言の要約）

焦点のあてかた
（文化的に，環境的に，脈絡的に）
（クライエントに，問題に，他の人に，私たちに，面接者に）

意味の反映

感情の反映

はげまし，いいかえ，要約

開かれた質問，閉ざされた質問

クライエント観察技法

かかわり行動
（文化的に適合した視線の位置，言語追跡，身体言語，声の質）

左側ラベル：高度な段階／基本的かかわり技法
右側ラベル：基本的傾聴の連鎖

1. かかわり行動とクライエントを観察する技法は，効果的なコミュニケーションの基礎を形成しているが，これはかならずしも訓練のはじめがふさわしい場所であるというわけではない。
2. かかわり技法（開かれた質問と閉ざされた質問，はげまし，いいかえ，感情の反映，要約）の基本的傾聴の連鎖は，効果的な面接，マネージメント，ソーシャルワーク，内科医の診療時の面接やその他の状況下でたびたび見い出される。

マイクロ技法階層表 microskills hierarchy
（アイビイ，1985, p.8 より。一部加筆）

語追跡および身体言語や声の調子への気配りなど傾聴の態度をとることである。

(2)「クライエント観察技法」は，クライエントの非言語的なコミュニケーションに注意を払うことである。

(3)「開かれた質問，閉じられた質問」は，質問技法としてまとめられるが，「閉じられた質問」はイエス・ノーで答えられる質問であり，「開かれた質問」はクライエントに内容を具体的に答えさせるような質問である。

(4)「はげまし，いいかえ，要約」は，応答や明確化のことである。「はげまし」は，「あいづち」や「うなずき」のことで，カウンセラーがクライエントの話を聞いていることを伝える技法である。「いいかえ」は，クライエントのことばをカウンセラーの心の中で再体験しカウンセラーのことばで返すことである。「要約」はクライエントのことばを整理し，明確にして伝え返すことである。

(5)「感情の反映」は，クライエントの感情に対して応答することであり，カウンセラーが理解したクライエントの感情を伝え返すことである。

(6)「意味の反映」は，行動，感情，思考をつなぐクライエント独自の意味を，クライエント自身が探り，発見することを援助することである。

(7)「焦点のあてかた」は，クライエントの多岐にわたる訴えのなかから，クライエント自身が何に対して焦点をあてていくのかを援助するものである。

(8)「積極技法」は，指示，論理的帰結，自己開示，フィードバック，解釈，積極的要約，情報提供，助言，教示，意見，示唆など，より積極的，直接的にクライエントに影響を与えようとする技法である。

(9)「対決」は，クライエントの矛盾，混乱，葛藤に非審判的な態度で対決していく技法である。

(10)「技法の連鎖および面接の構造化」は，マイクロ技法を用いてカウンセリング・プロセスを組み立てていくことである。

(11)「技法の統合」とは，マイクロ技法を用いて，効果的なカウンセリングを行なうことである。その時，そのカウンセラーは「技法の統合」に達したといえる。〔鈴木敏城〕

⇒自己開示，折衷的カウンセリング，統合的カウンセリング，閉じられた質問，開かれた質問，ボディ・ランゲージ，マイクロカウンセリング

文献　1. A-アイビイ，1985；2. A-アイビイ，1991

マイクロ・ラボラトリー・トレーニング　micro-laboratory training, MLT

小林純一が，カウンセラーの基本的態度の学習や人間関係のトレーニングに役立つ，日本人に適切と思われるトレーニング法として開発したグループ体験学習法。

今日，Tグループや感受性訓練，エンカウンター・グループなどの名は，誰にも知られているが，これらの集中的体験学習法は，いずれも米国で開発されたものである。小林は，日本人とアメリカ人とは文化的・社会的背景が異なるのであるから，日本人には日本人にふさわしいトレーニング法があるべきだと考え，長年の臨床実践と研究を経て，1973年に独自のトレーニング法としてマイクロ・ラボラトリー・トレーニング（以下 MLT）を発表した。

MLT の特徴は，全参加者がディスカッション・グループと，これを観察するグループに別れ，参加者全員が各自の役割をもってグループ・インタラクションに参加するところにある。とりわけ，他のグループ体験学習と比較して大きな特徴となっている点は，目の前の個人およびグループに「何がおこっているか」を，できるだけ「ありのままに」見る訓練にある。したがって，MLT は，クライエントに「何がおこっているか」（体験されていること）を知ることがきわめて重要なカウンセラーにとって，最も効果的な訓練法であるといえる。目の前の他者に「おこっていること」に敏感であるためには，自分自身の中に「おきていること」に対しても敏感でなければならない。したがって，このトレーニングにおいては，目の前の他者を目で観察し，耳で発言内容を聞きながら，相手が何を伝えたいか，何を体験しているかを，ありのまま

に（自分の枠組をはずして）理解しようとする態度の育成が目指されると同時に，自分自身についても，自己の内的体験や行動の意図を集中的に吟味し，意識化する訓練が目指される。このことは，カウンセリングにおいては，カウンセラーの行動の意図（何をしようとしていたかということ）と，実際の発言内容とが一致していることがきわめて重要視されるということと関連している。

MLTは，普通1グループ15～21名で行なうことが可能であるが，18名が理想である。MLTのトレーナーは1グループにつき1名でトレーニングを行なう。通常このトレーニングは，4泊5日の集中合宿で行ない，1回2～2時間30分のセッションを1日に3～4セッション，全部で13～15セッション行なう。各セッションは，1グループ18名の場合，メンバーを6名ずつ3グループに分け，それぞれ，「ディスカッション・グループ」「個人観察グループ」「全体観察グループ」というふうに役割を与える。ディスカッション・グループは，部屋の中央で円形になって椅子に座る。個人観察グループと全体観察グループは，ディスカッション・グループのメンバーを外側から取り囲むようにして椅子に座り，二重の円になる。ディスカッショングループは，はじめ「お互いに知り合うために，自由に話し合って下さい」というようなトレーナーの指示で話し合いを始める。個人観察グループと全体観察グループはこの話し合いには加わらない。話し合いの時間は，トレーナーが適当なところで切るが，普通15～20分である。この時間，個人観察グループは，ディスカッション・グループの各メンバーを一人ずつパートナーにして，自分のパートナーが「何を伝えているか，何を伝えようとしているか」（話の内容）と，話しながら「何を感じているか」（感情）を，メモをとりながらできるだけありのままにわかろうとして観察する。全体観察グループは，ディスカッション・グループ全体を見て，彼らが「何をしているか」，また，グループ全体に「何がおきているか」，グループの中に「どんな雰囲気が流れているか」をありのままにわかろうとして観察する。

トレーナーの指示でディスカッション・グループの話し合いが終わった後，個人観察グループは，自分のパートナーが話したかったこと，伝えようとしていたこと，話し合いのあいだ感じていた感情をパートナーにフィードバックしていき，パートナーはそれが正しいかどうかを答える。このフィードバックは，1ペアずつ順次行なう。トレーナーは，個人観察グループとディスカッション・グループとのやりとり（フィードバック）を聞きながら，適宜介入し，援助する。その目的は，個人観察グループとディスカッション・グループの各パートナー同士の相互理解を促進することである。ディスカッション・グループの全員について，個人観察グループのフィードバックが終わった後，全体観察グループが1人ずつ自分が観察したことを発表する。トレーナーは，全体観察グループの人々のフィードバックに，評価や価値判断（話し合いがよかったとか悪かったとか）が入らないように介入し，事実としてあったことをありのままに表現できるように援助する。パートナー観察と全体観察のフィードバックが終わった後，ディスカッション・グループは，個人観察グループ，全体観察グループの人々に答えるような気持ちで，はじめの話し合いを振り返って「自分たちはどうだったか，何をしたか」などについて自由に話し合う。この話し合いが終わった後，ディスカッション・グループ，個人観察グループ，全体観察グループ全員で話し合う。以上が1セッションの流れである。〔中村彰男〕
⇒エンカウンター・グループ，グループ・アプローチ，Tグループ

文献 1. A-小林，1979；2. B-シャイン・ベニス，1969；3. B-ロジャーズ，1982

マージナル・パーソン（マージナル・マン），境界人，周辺人， marginal person, marginal man

互いに浸透しあわず，融合もしない異なる文化をもつ複数の社会あるいは集団に属することから，どちらの社会あるいは集団にも属することができず，それぞれの社会や集団の境界にたたずむ人間のこと。

マージナル・マンという用語は1928年にパーク (Robert E. Park) によって The American Journal of Sociology に紹介された。

ある個人が二つ以上の集団に属していて、その集団が重要な点で、互いに相容れないものがあり、そのどちらの集団にも自分が所属する資格が不十分と考える不安定な状況。たとえばA集団の方がB集団よりも、社会的に階層序列が高いとみなされている場合、A集団からは所属していないのに入ろうとしているとされ、B集団からは所属しているのに抜けようとしているとみられるので、葛藤がいっそう強化されてしまう。

ブラジルに移民した日本人の二世がブラジル人になりきれないといったような場合など、2世代目の移民、白人と有色人種との混血者、人種的少数集団の成員、がその例である。

文化と人種の入り交じったアメリカ社会におけるムラート (mulatto) と呼ばれる混血児にこのマージナル・パーソンの典型をみると、社会学者のパークは指摘している。また、歴史的にみれば、世界各地にディアスポラ（離散）しているユダヤ人、アジアやアフリカにいるキリスト教への改宗者もマージナル・パーソンである。

ときとしては、青年もこの徴候を示すことがある。つまり、身体的な成熟とうらはらに、知的、情緒的、経済的には大人になりきれず、かといって児童期ほど安定した子どもの地位に甘んじてもいられない。つまり、大人でもなく、子どもでもない状態に陥る。

また、国際結婚したカップル、帰国子女、長く海外で学んだり、働いていた者もマージナル・パーソンの様相を呈しやすい。

社会学者ジンメル (Georg Simmel, 1858〜1918) によれば、マージナル・パーソンは「異邦人 (stranger)」の社会学的な特徴をもっていて、潜在的な漂泊者であり、一種のコスモポリタンでもある。そして、その社会心理の特徴は、(1) 異なる複数文化の併存の中にいるため、統一的な信念や行動様式が確立できない、(2) たえず内的な緊張がつづく、(3) 自己や現実に対して否定的、攻撃的、厭世的な対応をとりやすい、(4)「あれか、これか」の道徳的二分法の心理葛藤と不安定に陥りやすい、(5)「引き裂かれた自己像」を結びやすい、があげられる。

しかし、自己の内にある文化的境界性を活かし、自分の属する社会や文化からある程度距離をとることも可能であり、そのことによって、単に融合・同化するにとどまらず、人生や現実に対して創造的に働きかける力を内に秘めている。

マージナル・パーソンの問題は国家、あるいは社会、文化という個人の力が及ばない変動、変革の過程が個人のパーソナリティに与える影響であり、心理学的にも社会学的にも重要な課題である。

国際化が急速に進んでいる現在、このマージナル・パーソンを人種的、文化的ハイブリッド的な存在として認めて、彼らが社会に重要な影響を与える能力を発揮できるように心理的な支持が必要となろう。

異国で長期間生活してきた人が帰国した時に、円滑にもとのコミュニティに溶け込めるような援助をするという「リ・インテグレーション・プログラム」が出稼ぎの外国人労働者などに向けてキリスト教の団体によって行なわれている。これは、長期間不在にしていた自分の国に帰った時に困らないように、帰国前に経済、家族との関係、感情の3面からの支援をしておこうというものだ。

社会・文化・経済あるいはその家族関係も視野に入れて、それぞれの個人がアイデンティティを確立できるように支持することがカウンセラーの役割である。〔小林洋子〕

⇒異文化間カウンセリング、外国人労働者、帰国子女、国際結婚、偏見と差別

文献 1. 折原浩『危機における人間と学問：マージナル・マンの理論とウェーバー像の変貌』未来社、452p.、1969；2. I-坂田編『現代のエスプリ』No. 211、1985

マージナル・マン ⇒マージナル・パースン

マスターベイション masturbation
手や身体の部分・道具などを使って自分の性器を刺激し快感を得る行為。通常、性的ファンタジーを伴う。オナニーともいう。

英語のマスターベイションはラテン語のmasturbareが語源で、「手で汚す」の意味。「手淫」「自瀆」とも訳されたが、現在では「自慰」が一般的に使われている。

マスターベイションを罪深い背教の行為とみなしたのは、ユダヤ教、キリスト教、イスラム教であって、生殖に貢献しない性行為を厳しく禁じた。タイラー(G. R. Taylor)は、宗教とマスターベイションの因果関係について「マスターベイション・タブーの役割は、罪悪感をつくり出し、人々を神の前に跪かせることにあった」と述べている。「第二次大戦後のアメリカにおいてもなお、ユダヤ人の少年は昔のヘブライ法の厳格な影響を受け、宗教的に積極的でない少年すらマスターベイションを行う率は低い」(『キンゼイ・リポート』)という事実は注目に値する。18世紀になり、宗教的禁忌は弱まったものの、身体・精神上有害であるとの説がちまたに流布された。著者不明の『オナニア』という本は「マスターベイションはてんかんや狂気の原因となりうる」と述べ、フランスでは、著名な医師ティソー(S. A. Tissot)がその著書でマスターベイションは失明、インポテンス、結核などの障害をもたらす可能性があると発表し、その影響力は多大なものであった。20世紀に入り、イギリスの性学者エリス(Havelock Ellis, 1859〜1939)、精神科医のフロイト*らが、世間でいうほど激甚な害などないと反論している。

マスターベイション有害説に科学的データをもって止めを刺したのは、『キンゼイ・リポート』であった。第二次大戦後にキンゼイ(Alfred C. Kinsey, 1894〜1956)とそのグループは、アメリカ人の性意識と性行動について大規模な調査を行なった。成人男性の94%、女性の40%がマスターベイションによってオーガズムを得ているが、いかなる身体的弊害も認められないと報告した。ちなみにキンゼイ研究所の最近の調査(1991)では、体験率は男性の横ばいに対し女性は70%以上に増加したと報告されている。

日本では義務教育に性の学習が位置づけられ(1992)、また、性情報が氾濫する昨今であるが、青少年の性相談の中に、マスターベイションに関する悩みや不安は多い。「子ども110番」のトップは男子の場合、性に関する相談であり、マスターベイションはそのうちの53%を占めている。なお、幼児のマスターベイションは、遊びの延長で問題に値しない場合もあれば、不安、寂しさ、親子関係のゆがみ、充たされない心の隠れたメッセージである場合もあり、子どもの養育環境や家族の人間関係を見直すことが大切である。

個人の性の好みがさまざまであるように、マスターベイションの頻度も方法もファンタジーも、まったく個性的であり自由であってよい(身体や器官にダメージを与えない限り)。その個体によって必要以上の刺激が加われば、身体は反応しなくなるだけのことである。

性の自己管理・自己決定という視点に立てば、マスターベイションは自分の性の欲求を自分で手なずけ、性的緊張を解き放つ方法としてパートナーの有無にかかわらず役立つし、また自分の性の感覚や感受性を知る一つの方法でもある。ある調査によれば、マスターベイションでオーガズムに達したことのある女性は、パートナーとの性行動でも容易にオーガズムを経験できるようになる。自分の性的感覚を大事にして、パートナーにもそれを伝えることは、パートナーとの相互の対等な性関係を実現するためにも重要である。

以上のように、マスターベイションの積極的肯定的意味が認められるようになり、最近では、「セルフ・プレジャー」という語も使われている。
〔村瀬敦子〕

⇒性、性〔機能〕不全、性欲

文献 1. J-カプラン, 1991; 2. 木本至『オナニーと日本人』すばる書房, 288p., 1978; 3. 村瀬幸浩『男性解体新書』大修館書店, 224p., 1993; 4. 村瀬幸浩編著『ニュー・セクソロジー・ノート:性……もっとやさしくもっとたしかに……』東山書房, 189p., 1996; 5. E-マネー, 1987; 6. ライニッシュ, J. M.・ビーズリー, R., 小曽戸明子・宮原忍訳『最新キンゼイ・リポート』小学館, 537p., 1991

マタニティー・ブルーと出産後うつ病 maternity blue and postpartum depression

赤ちゃんを産んだ直後の産婦の15〜20%程度に現れる軽いうつ状態。

出産によって，胎盤中心のホルモン分泌が脳下垂体中心の正常なホルモン分泌に移行して，ホルモンのバランスが崩れることが主な原因と考えられる。しかし，睡眠不足や疲労，育児についての不安，病院の環境，ストレス，授乳，薬の副作用，なども一因かもしれない。

マタニティー・ブルーの予防には，家族の温かい援助や，面会，夫の立会い分娩，母子同室などが有効と言われている。

症状は，涙もろい，声をあげて泣く，ゆううつ，情動不安定，不安，イライラ感，集中困難，物忘れ，頭痛，心気症(検査で異常がないのに，自分は病気だと思い込むこと)，不眠，疲労感，食欲不振，便秘など。このような症状が出産後3〜4日で軽く現れて，2〜3日続き，体が回復するにつれて消えていく。しかし，なかにはうつ病や不安神経症などに移行するケースもあるので，症状が長引いたら，精神科医に相談するほうがよい。抗うつ薬が効かないケースもある。

以前に精神障害を経験したことのある人は，マタニティー・ブルーを契機としてそれが再発することもある。一般に，出産後6〜8週間は精神障害の発生率が高く，産褥期精神障害と呼ばれて，幻覚，錯乱，躁とうつの気分の波が，現れることがある。

マタニティー・ブルーを経験した産婦は，第2子出産後に，出産後うつ病にかかりやすい。マタニティー・ブルーは症状が軽くて短期間しか続かない，半ば生理的なものであるが，これは，出産直後に発病して，半年から1年続くかなり重いうつ病である。罪業感，絶望感，疲労感，集中困難が強く，自死や赤ちゃん殺しに発展するケースもある。出産後うつ病の特徴は，年齢に関係なく，妊娠回数に無関係。一度かかると次の出産時に再発しやすい，以前に他の精神障害にかかった経験者はかかりやすい，肉親に精神障害者がいるとかかりやすい，妊娠前に月経前困難症だった女性がかかりやすい，などといわれているが，確実な統計がない。米国では，産婦の30％に出産後うつ病がおきるという統計があるが，これは多すぎで，出産しなかった女性のうつ病発症率よりも少し多いだけだという統計もある。妊娠中絶では出産に比べて1/5程度の発生率である。出産後うつ病の原因は，出産後のホルモンの変化だと考えられているが，それだけではない。葛藤，個人的失敗，生活重大事件(肉親の死や離婚など)，社会的支持の欠如，なども出産後うつ病発症のきっかけになりうる。出産後うつ病にかかった女性は，更年期うつ病など，他のうつ状態にもかかりやすくなる。　　　　　　　　　　　〔小林　司〕

⇒うつ状態，更年期障害，自死と自死防止，助産師，心気症

文献 1. E-Kaplan and Sadock, 1992

麻薬　narcotics

法律上は，日本の麻薬及び向精神薬取締法で規定されている131の物質。(LSDやMDMAは医学で使われる「麻薬」の定義にあてはまらない。また，覚醒剤も麻薬ではない)

法律上の麻薬は，(1) ヘロイン，モルヒネなど（ケシ植物から採取されたアヘンを原料にして精製される麻薬），(2) コカインなど（コカ植物を原料にして精製される麻薬），(3) LSD-25, MDMAなど（薬品から化学的手段によって合成された麻薬），の三つに分類され，その乱用は依存を伴いやすく精神障害を引きおこすこともあるため，上記の法により規制されている。

歴史的にみると，アヘンは紀元前5000年〜3000年に中近東，東部地中海沿岸地域で鎮痛薬として用いられ，紀元前13世紀にはペルシア，インド，中国などへ拡散し，医療，宗教，占術，快楽用に使用されていたが，19世紀には慢性中毒症状を生じる害悪が警告されるようになった。今日的意味での乱用は，中国では19世紀はじめ以降，米国では南北戦争(1861〜1865)以降，ヨーロッパでは第一次世界大戦(1914〜1918)以降に始まった。

コカインは，その原料となるコカの木が南米に自生し，インカ帝国時代からコカの葉の麻酔作用が知られて外科医学に用いられてきた。また貴族の間ではコカの葉を咀嚼する習慣があり，宗教的儀式にも用いられ，コカの葉は神聖なものと考えられていた。しかし，16世紀にスペイン人が侵入して土着の宗教体系が崩壊し，

単なる嗜好品として一般化し，ヨーロッパに伝えられた。今日でもアンデス地方のインディオたちにはコカの葉を咀嚼する風習が残っている。1860年，ドイツでコカの葉からアルカロイド（コカイン）を抽出することに成功し，第一次世界大戦中，ヨーロッパでコカイン常用者が増大し，今日の北米ではクラック（コカインに炭酸ナトリウムを加えた固形のもの）が，犯罪や精神障害の原因として多くの社会病理を生み出している。

合成麻薬に分類されるLSDは，1938年にスイスのホフマン（A. Hoffman）によって合成され，止血，鎮痛，アルコール症の治療薬として使用されていたが，強烈な幻覚作用と精神障害をもたらすことが確認され，1960年代に世界各国で製造使用が禁止された。

次に，日本における薬物乱用の歴史を概観しておく。

日本では，万葉の昔から大麻草を栽培して繊維を採っており，麻畑の中で仕事をしているとき，「麻酔い」といって一種の酩酊状態に陥ることが知られていたが，麻を燃やした煙や麻の樹液で陶酔することは覚えなかった。室町時代にケシが伝えられ，江戸時代には医療用として使用されてきたが，取り締まりは厳重で，乱用は抑止されていた。鎖国を解き明治政府になってからは，アヘン戦争でアヘン吸煙は罪悪であり国家を衰退させるという国民観念が国民の間に定着し，第二次大戦の終戦まで日本における薬物乱用者はほぼ皆無であった。

薬物乱用のはじめは，第二次大戦中に兵士や工員の士気高揚のため大量の覚醒剤（メトアンフェタミン）が製造されたことだった。戦後はそれがヒロポンという商品名で大量に闇市で売られ，夜間労働者，復員軍人，学生，芸能人，作家の間で大流行した。しかし，数年後には取り締まりの法律「覚醒剤取締法」が制定され，撲滅運動が展開されて鎮静した。1955～1965年になるとヒロポンに代わりヘロインが流行し，1960～1965年には少年層にハイミナールなどを用いる睡眠薬遊びが流行し，1965～1975年にはシンナーなどの有機溶剤乱用へと移行した。1970～1975年頃から暴力団密売組織を通じて再び覚醒剤乱用が増加し始めてそれが続いている。日本人には，その国民性や文化的背景から，ヘロインや大麻のような幻想作用を主とする薬物よりも覚醒剤などの精神高揚作用のある薬物に親和性をもち，社会病理がもたらされている。

医学でいう麻薬とは，少量を使用しただけでも快楽や陶酔感が得られるため乱用され，習慣となり，耐性（同じ効果を得るために薬の量が増えること）が生じる薬物を指している。慢性的使用を中断すると身体的苦痛をおこす退薬症状（禁断症状）を生じるものもあり，さらに摂取への欲望が強まる。身体的ばかりでなく精神依存も生じ，多量を長期に摂取することとなり，使用を中止できない状態となる。しかし，麻薬には鎮痛，鎮静，鎮咳，催眠，麻酔などの薬理効果をもっているものも多く，市販のかぜ薬や鎮痛薬の中にも一定濃度の麻薬を含むものもあり，鎮静，傾眠状態が現れ精神状態の安定や多幸感を誘発して，ガンの末期症状を抑えるのに役立つことも無視できない。大量与薬により呼吸麻痺による中毒事故をおこすこともある。

主な麻薬がどのようなものか，またそれらを使用するとどうなるかは以下のとおりである。

(a) ヘロイン：生アヘン（原料はケシ）からモルヒネを作り，さらに精製した薬物。純粋なヘロインは白色粉末状結晶であるが，純度が低下するに従い，灰色や灰褐色を呈してくる。形状は粉末の他に棒状，板状，粒状などさまざまである。一般的には無臭であるが，なかには酢酸の臭いがするものもある。

精神を抑制する作用があり，使用すると強い陶酔感を覚え，乱用者はこの快感が忘れられず，再び快い状態になりたいとの欲求がおこるため，使用を繰り返すようになる。

ひとたび身体的依存性が形成されると2～3時間ごとに使用しなければ，激しい退薬症状が現れる。末期段階になると，異常な興奮，全身的なけいれん，失神，筋肉・関節の言語に絶する痛み，皮膚の至る所に虫のうごめくような不快感などが生じ，これらの状態が断続的に繰り返されるようになり，最後には精神異常をきたす。

中枢神経を抑制する作用があり，鎮痛，呼吸

抑制,悪心嘔吐,抑制が生じる。精神的依存性,身体的依存性がきわめて強く,3～4回の連用で形成され,耐性も早く形成される。

致死量0.2～0.6グラム。1回の使用量は0.002～0.1グラムで,注射したりあるいは鼻から吸引する。持続時間は3時間程度。

(b) コカイン:無色の結晶または白色の結晶性粉末で無臭で苦みがある。コカインと炭酸ナトリウムを混ぜたクラックは塩酸を含まないコカインフリーベースの結晶(白色の薄片状)または白色粉末。薬理作用はきわめて強烈で,効果の持続時間は20分～30分と短く(覚醒剤は4時間程度),短期間のうちに中毒になる。興奮作用が働いて,多幸感が生じ,多弁になり,気分が高揚し,疲労感・空腹感がなくなり,さらに身体が軽く感じられ,腕力,知力がついたという錯覚がおこる。大量に摂取すると精神錯乱,幻覚・妄想,せん妄,けいれんなどを誘発し,意識消失,呼吸麻痺で死亡することもある。精神的依存性が非常に強い。

身体的依存性はないとされており,退薬症状はなく,耐性上昇もない。致死量は1.5～2.0グラム。1回の使用量は0.01～0.05グラムで,注射したり,鼻から吸引したりする。

(c) 合成麻薬:LSD-25は,強烈な幻覚作用があり,使用すると物の形が歪んで見えたり,浮き浮きした気分になり,無限の力がみなぎった感じになる。錠剤,カプセル,ゼラチン,水溶液に浸した紙を乾燥させたものなど。2万分の1グラムという微量で著効を示す。MDMA(=3.4-methylenedioxymethampheta-mine)は,ヒロポンに似た化学構造で,Ecstasy(恍惚)の別名をもつ。視覚,聴覚を敏感にさせる作用があり,多幸感を感じ,社交性が高まるといわれている。純粋なものは白色粉末で,純度に従って黄色または茶色まである。〔土橋佐登美〕
⇒ドラッグ

文献 1. 剣持加津夫『これが麻薬だ』立風書房,143p., 1984;2. J-小林,1993

マラソン・エンカウンター・グループ
marathon encounter group

グループ・ワークとしての効果をあげるため,24時間もしくはそれ以上,一度始めたら,寝ることも休むこともなく,継続して集中的に行なうエンカウンター・グループ。

計画的につくられた集中的グループ経験を,ロジャース* は「今世紀最も急速に拡大している社会的発明,おそらく最も将来性のある発明」と力説した。グループとは,ロジャースが練り上げてきたエンカウンター・グループ(以下EG)に限定されない。Tグループ,感受性訓練,人間関係ラボラトリー,ゲシュタルト・グループ,麻薬常用者のためのシナノン・グループなど,人間の心理的成長を目指すさまざまなグループがこのカテゴリーに入る。1970年代前半に,アメリカではこうしたグループへの参加者が飛躍的に増大し,一種の社会的ブームにまでなっていった。

村山正治は,アメリカにおけるEGの意味として,(1) 潜在能力啓発運動,(2) スモール・インテンシブ・グループの総称,(3) ベーシックEG,の3種をあげ,伝統的価値観再検討の潮流の一端を担っていたと述べている。

その中でベーシックEGは,ロジャースの理論と実践にもとづくグループであり,非構成的EGとも呼ばれる。一方,EGの中に計画と演習(エクササイズ,セッションなど)を導入したのが構成的EGである。ともに人間の心理的成長と対人関係コミュニケーションの改善に焦点をおくが,構成的EGではどのような演習を導入するかによってバラエティに富んだEGが考案されていった。その実践例の一つとして長時間にわたるマラソンEGが位置づけられる。

マラソンEGがその名を全世界に知らしめたのは,「裸の16時間」というEGレポートの題名にもあるように,ヌードをセッションに採用したことにある。

このマラソンEGは,マーチン・シェパード(精神科医)をリーダー,マージョリー・リー(心理学者)をオブザーバーかつ記録者として10人の人間が16時間継続してEGを行なったものである。会場は,ニューヨークのシェパード医師のオフィスだった。

まず,三つのルールが呈示される。(a) この部屋からもし出たければいつでも自由に出てい

い。(b) 話す時は，自分の感情を抑えないで感じたままを話す。(c) やりたいと思ったことをやる。ただ，何かやりたい衝動を感じても自分は立派な大人だということを忘れない。

そして，リーダーが具体的な指示を出してセッションが進行していく。各セッション（S）の内容の一部を列挙してみよう。S1:〈第1印象ゲーム〉真ん中に1人ずつかわるがわる黙って立つ。周りの人が印象だけでこの人はどういう人だろうか，それぞれが報告する。S2:〈最も大きな悩み〉現在の生活で一番つらいと思っていることをそれぞれ3分で話す。S3:〈一番恥ずかしいこと〉現在の生活で一番恥ずかしいと思っていることをそれぞれ3分で話す。S4:〈冒険〉「冒険——自分がそれを考えると非常に不安になる，体が緊張する，そういう冒険とは一体自分にとって何だろうということを考えてほしい」S5:〈ヌード〉「やりにくいことをお願いするわけだが，僕はこれから服を脱ぐ。で，みんなにも脱いでもらいたいんだ」S6:〈身体の評価〉人が自分の身体に抱いている感情について考える。一人ずつ部屋の真ん中に立ち，他の人はその人の身体で一番好きなところ嫌いなところをごく簡単に述べる。

この他にも，「支配と服従のゲーム」「愛のつながり」「出てけ！」などユニークなセッションが展開された。総じて，リーダーは自ら率先して身体，固く閉ざされがちな性意識をEGを通して俎上に乗せようとしているのが窺える。S3ではマスターベーション体験，S4ではペッティング体験，またS5では現実のヌード体験がテーマとなっている。ヌードでは，参加者のうち3人の女性が服を脱がなかった。その中の1人は，「覗き魔になったみたいで，非常に落ちつかない気分だ」と語っている。参加者たちはいろいろな社会的制約から解放されて生きていくことの意味を学んでいったといえる。

マラソンEGのヌード体験は，大きな反響を呼んだ。EGはいかがわしいグループとして，攻撃の格好の対象ともなったようだ。ロジャース自身も，「ヌード・マラソンは集中的グループ経験の1％のそのまた10分の1より少ない」と否定的ニュアンスで語り，EGへの誤解を解こうとした。しかし，親密で真実な関係を築くEGから身体やセックスの問題を切り離すことも不自然な話である。EGも時代も変化しつつあるとロジャースが吐露したように，EGも性意識に柔軟に対応して，身体接触を積極的に取り入れる形態が模索されていった。マラソンEGは，その契機となった点で大きな意義があったと思われる。　　　　　　　　　　　　　〔西村正裕〕

⇒エンカウンター・グループ，グループ・アプローチ

文献 1. B-グラバア，1988；2. E-小林，1983；3. シェパード，M.・リー，M.，石川弘義訳『裸の16時間：集団／心理実験レポート』リーダース・ダイジェスト，395 p.，1973；4. E-立花，1979；5. B-東山，1992；6. B-村山，1993；7. B-ロジャース，1982

マリッジ・カウンセリング　marriage counseling

結婚しようとしているカップル，ないし結婚（同棲を含む）しているカップルのうまくいかない関係を変容するために，カウンセリング技術を系統的に用いること。

これは，第一次，第二次世界大戦後にみられた家族崩壊に対する対策として発足し，まずニューヨーク，ロサンゼルス，フィラデルフィアの3都市にそのセンターが設けられた。

初期には，次のように，3通りの方法でカウンセリングが行なわれた。(1) 精神分析学にもとづくカウンセリングで，夫婦各個人の精神力動を同一の精神分析医が扱った。(2) 結婚関係だけを扱おうとして夫婦間の葛藤やゆがみに注目し，各個人のパーソナリティの力動を無視した。(3) 夫婦各個人の精神力動と，夫婦間の関係や相互作用によるゆがみとの両方に注目した。

1940年代からは，家族療法への拡大も求められ始め，1960年代に，米国マリッジ・カウンセラー協会（現在の米国結婚療法・家族療法協会）の幹部がマリッジ・カウンセリングについての記事を一般人向けの全国誌にのせてから，「マリッジ・カウンセリング」という言葉や考えが拡まった。

そのうちに，夫婦関係のゆがみの原因として

は，家族関係や社会環境にも問題があることが定説となった。つまり，現代でのマリッジ・カウンセリングは，各個人の精神力動，夫婦相互関係，家族全体，社会環境，という四つの面から総合的に扱われている。

夫婦間の愛情は幸福な生活の第1条件と見なされており，その愛情の欠如による離婚の増加は，マリッジ・カウンセリングのブームを呼ぶことになった。結婚生活を成功させることは，うつ病や心筋硬塞を減らしたり，子どもの精神障害を予防することにもつながるので，今やメンタル・ヘルスの重要な課題の一つである。

結婚生活の失敗は，夫婦のどちらか1人の個人に病的な問題があるというよりも，夫婦双方の関係に問題があるのであるから，夫婦がそろってカウンセリングを受けることが望ましい。カウンセラーが1度も会ったことのない配偶者についての一方的な訴えをもとにして問題を解決しようとしても不可能である。

氏（家柄）や育ち，性格，性役割，支配力などが異なる2人が，責任と権利だけを等しくもって生活するのであるから，夫婦というものはもともと不安定なものと言えよう。

夫婦の一方から他方へ移動していく弾力性をベイトソン（Gregory Bateson, 1904～1980）は対称的関係（symmetrical relationship）（対等な両者間の競合，葛藤を解決することが問題である）と相補的関係（面倒をみる側とみられる側という対等でない2人のうちで，どちらがどんな面倒をみており，その役割の交替があるのかどうかを知ることが問題である）とに2大別してとらえた。このほかに，支配性（どちらが強いか）がマリッジ・カウンセリングの基本的な問題となる。

夫婦の両親，子ども，ライバルなどの第三者が夫婦に加わると，夫婦と三つ巴となって上述の関係にさらに不安定性をもたらす。一時的にカウンセラーがこの第三者の役割を代行して不安定性をやわらげることができる。

システム理論によると，結婚関係は各個人の間の相互作用のシステムの内にあるので，そのパターンを判別できれば問題を解決しやすくなるはずであり，夫婦各人の自立性，親密性，自尊心，明確なコミュニケーションの確立，を目標として家族の役割の再構成や洞察をもたらすようにカウンセラーが援助する。

行動理論では，行動を強化するのは配偶者であって，相互の強化こそが問題となるので，プラスの行動を増やし，マイナスの行動を減らすようにカウンセラーが導いて，結婚関係の感覚や認知を変えていく。

具体的治療法としては，発言の内容や命令をうまく伝達できないというコミュニケーションの欠陥をモデリングを使うなどの方法によって改め，相手のニーズを理解できるようにする。各々の役割の障害や相互作用の障害を行動療法によってなくしていく。

情動中心マリッジ療法（emotionally focused marital therapy）では，配偶者が求めている親密さにいかにして気づくかという方法が問題になる。すべての人はアタッチメントのきずなを求めているのだが，近づきすぎると拒絶や攻撃にあうかもしれないという無意識の恐れによって防衛機制が働いてしまう。配偶者の表現を確実に理解して自分の感情を示すことができるように導く。

性機能障害があれば，性治療の専門家に受診させる。家族が治療に参加してくれる場合には家族療法に持ちこむとよい。乳幼児期のアタッチメント，両親の離婚や別居，家族内の不和などが配偶者選択の際に悪影響を及ぼすことがある。これらは，結婚はバラ色の天国だと信じて期待しすぎたり，親密にしてもらえるという幻想を抱いたり，子どもっぽく甘えたり，といった自立性を欠いた未熟さをもたらして，結婚生活を破壊するもとになることがある。

マリッジ・カウンセリングによって，個人的洞察が深まり，夫婦の関係の力学を理解して，非現実的な要求（配偶者への過度の甘え，甘やかしと突き放しの繰り返し，強迫的ないしヒステリー的な神経症的相互作用，防衛機制）を自覚したり見抜いたりできるようになる。

〔持田保世〕

⇒愛情，家族システム理論，家族療法，結婚，システム論的家族療法，性差，性役割，離婚，恋愛

文献 1. I-岡堂編『現代のエスプリ別冊 マリッジ・カウンセリング』1992；2. Beels, C.C.: Marital therapy, In E-Talbott *et al*., pp. 931-935, 1988；3. Everett, C. A. & Leddick, G. R.: Marriage counseling. In G-Corsini, Vol. 2, pp. 338-339, 1984

マンダラ，曼荼羅，曼陀羅 mandala

真理，本質を得たもの，あるいは円形，方形に区画した聖なる空間のこと。仏教においては仏の悟りの世界を表した図。あるいは，悟りを得た場所。もしくは仏，菩薩の集まる場所（檀）やその具体的な表現としての仏像を配置した世界のことを指す。

本来このmandalaということばは古代インドのサンスクリット語で，mandaは牛乳から精製されて作られる「醍醐」（ヨーグルト，チーズなどの乳精）を表し，そのものの「本質」，「真理」の意味，もしくは「円」や「輪」などの意味を有する。またlaは「得る」の意味の接尾語。したがってマンダラは，宗教的な真理を表し，聖なる空間を意味する。

マンダラは，漢訳経典では音訳されて「曼荼羅」とされたり，意味から「円輪具足」とか単に「檀」と訳される。

特に密教においては法身（真理そのものを身体として現した仏）としての大日如来の悟りの境地を表現したもの，もしくは修法を行なうための聖なる空間（壇）とされる。

このマンダラには通常，本尊（大日如来）を中央に置き，その周囲を菩薩や守護神たちが取り囲む形式をとる。こうして表された世界は悟りを得た仏や修行中の菩薩，怒りの表現としての明王や神々など，さまざまな要素を含みながらも悟りの世界としての調和を示している。

こうしたマンダラは地域において表され方が大きく異なる。まずインドにおいてマンダラは地面の上に土で壇を作り，その上に着色された砂などで如来や菩薩などを描き宗教儀式の終了後は破壊してしまう。このためマンダラそのものは残されていない。

チベットではタンカと呼ばれ，壁画，あるいは壁掛け画の形式を取る。主尊として大日如来の他に，特に後期密教の性的な要素を取り入れ「ヤブユム（合歓像）」といわれる男女合体尊が描かれることも多い。

中国，日本では紙や布（絹）に彩色され，壁に掛ける形式をとる。特に日本では両界曼荼羅として主尊に大日如来をおき，周囲に四仏，四菩薩を配置した胎蔵界曼荼羅と，九等分され九会曼荼羅ともいわれる金剛界曼陀羅が有名である。このほかにも大日如来以外を主尊にした別尊曼荼羅もある。

このマンダラはユング心理学において独特な解釈をされ，新しい意味づけをされるようになった。

ユング*は意識と無意識の世界を統合する心の全体を自己（セルフ）と名づけ，人間に共通した集合無意識の存在を想定した。この集合無意識は人間の個人的な体験の違いの有無に関係なくすべての人間がもつものであり，共通したイメージのことである。このイメージは，人々の夢や幻想あるいは神話，昔話の中，箱庭療法において製作された箱庭の中などに現れる。

この共通したイメージを「元型（アーキタイプ）」と呼び，この元型にはシャドウ（影），老賢人，異性像としてのアニムス・アニマ，グレート・マザー（太母），そして自己（セルフ）などがあると想定されている。

ユングはこの自己（セルフ）を象徴的に表すイメージの総称をマンダラと呼んだ。人間の中には男性的要素と女性的要素，明るい部分と暗い部分，優しい母と呑みつくす母などの対立する要素が含まれている。密教のマンダラにおいても複雑な要素とその統合が描かれている。

さらに，このマンダラのイメージは西欧世界，キリスト教世界においてもイコン像（キリストや聖母を描いた絵画）や十字架象徴などのようにしばしば見られ，仏教のマンダラ同様，円や四角で構成され，中心をもち，宗教的聖なる世界を示すなどの共通の性格をもっている。

聖と俗，悟りと迷い，明と暗など，複雑な要素をもちつつ調和している人間の心そのものの象徴がマンダラである。

人間の性格の表面的部分を自覚するのみでなく，自覚されにくい影の部分を自覚することが自己実現だと考えるユングの人間理解の姿勢が

マンダラに対して新しい解釈を加えたといえる。　　　　　　　　　　　〔福田 満〕
⇒アニマとアニムス，元型，自己，シャドウ，太母，太母が象徴するもの，無意識，ユング

文献 1. D-秋山，1991；2. D-秋山，1986；3. D-秋山，1982；4. トゥッチ，G., ロルフ・ギーブル訳『マンダラの理論と実践』平河出版社, 260p., 1984；5. 内藤景代実『ヨガと冥想：入門から神秘体験まで』実業之日本社, 288p., 1991；6. D-樋口，1978；7. 松長有慶『密教の歴史』（サーラ叢書 19）平楽寺書店, 322p., 1969；8. 松長有慶『密教』（岩波新書 新赤179）岩波書店, 224p., 1991；9. 真鍋俊照『マンダラは何を語っているか』（講談社現代新書）講談社, 222p., 1991；10. D-ユング，1983b；11. D-ユング，1991；12. 頼富本宏『密教：悟りとほとけへの道』（講談社現代新書）講談社, 234p., 1988；13. 日本放送協会編『密教とマンダラ』（NHK市民大学テキスト）日本放送出版協会, 153p., 1988

未婚の母　unmarried mother, single mother

婚姻をしないで子どもを産んだ女性。

現在，女性の結婚観も大きく変わり，結婚モラトリアム化の進展するなかにあって，日本は35歳以上の人口の9割強が結婚しているという皆婚社会である。世界的にも類例の少ない戸籍制度で国に管理され，高い婚姻率とともにほぼ同一民族による社会を作ってきたといえる。しかし女性の高学歴化と就業率の上昇で，経済的自立の高まりや個のライフ・スタイルへのこだわりが強まり，結婚の選択も多様化してきた。

シングルを選択し，仕事や社会活動や自己実現を重視する生き方，結婚をできるだけ遅くし，しばらくのシングル・ライフを謳歌しようとする者，事実婚を選ぶ者，結婚しないでも子どもだけは欲しいという者，などさまざまである。このような多様な結婚様式を選択できる社会になってきている現在，多少差別的なニュアンスを含んでいる「未婚の母」ということば自体はあまり遣われなくなってきており，それに代わって「シングル・マザー」という語が用いられる場合が多くなっている。

しかし結婚が多様化しているといっても日本における「非嫡出子（婚姻していない男女間に生まれた子ども）」の出生率は，スウェーデン，フランス，アメリカなどに比べると極端に少ない。これらの国では，一般的に母性そのものに対する法的保護が厚く，経済的にも援助が大きいのに対し，日本では，「非嫡出子」であるということは社会的，経済的に不利な立場に立たされることが多く，また戸籍や相続に関しても制度的差別が存在している。戸籍の続柄欄において，嫡出子は「長男（女）」「二男（女）」と記載されるが，非嫡出子は「男」「女」と記載される。住民票においては，自治省がすべての子どもは平等に「子」と記載するように通達を出し（1994年）住民票の記載は同一となった。また，民法の規定では非嫡出子の相続分を二分の一としており，差別をなくす改正が求められている。その後，フランス，アメリカでは増加しているが，日本では横這い状態。

経済企画庁の『国民生活白書』（1992）によると，全出生率に対する婚外子の割合（1989）は，スウェーデンで51.8％，フランス28.2％，アメリカ25.7％，旧西ドイツ10.2％，日本1.0％である。『現代アメリカデータ総覧』（1994）によれば，アメリカにおける未婚の母親による出生率は，1980年で18.4％，1991年で29.2％である。日本では，1997年の「人口動態統計」によると，出生総数119万1,665人に対し，嫡出子は98.6％（117万5,006人），非嫡出子は1.4％（1万6,659人）である。

女性の自由と解放の運動としてのフェミニズムは，「社会のさまざまな制度, 慣習, そして人々の意識の中にセクシズム（sexism）が存在すると認識し，それに反対し，その撤廃をめざす思想と運動」（伊藤，1992）であるが，戦後の世界においてボーヴォワール（Simone de Beauvoir, 1908〜1986）の『第二の性』（1949）は，女性解放論に圧倒的影響力を与えた。「人は女に生まれない。女になるのだ。」(Le deuxième Sexe, p. 13) とはあまりにも有名な一節である。男性が支配する社会においては，女性がいかにして従属的な客体として形成されるか，この世界の「女らしさ」が男性の主体確認のために作られたもの（他者）でしかないということについて，社会的・文化的・心理的・生理的プロセスに分け入って読み解いたのが『第二の性』であった（金井，1989）。

母子世帯になった理由

	年　次	総　数	死　別	生　別			
				総　数	離　婚	未婚の母	その他
推計数 (千世帯)	1973年	626.2	387.3	238.9	165.1	15.3	58.5
	1983年	718.1	259.3	458.7	352.5	38.3	67.9
	1993年	789.9	194.5	578.4	507.6	37.5	33.4
構成割合 (%)	1973年	100.0	61.9	38.2	26.4	2.4	9.4
	1983年	100.0	36.1	63.9	49.1	5.3	9.5
	1993年	100.0	24.6	73.2	64.3	4.7	4.2

(『平成10年版　厚生白書』より)

　このボーヴォワールの女性論は、アメリカで始まったウーマンリブの理論的背景を作り、70年代には日本においても「母でもない妻でもない女としての『私』のアイデンティティ」を求めて、制度化された女らしさへの異議申し立てとしてウーマンリブ運動が登場した。80年代には「未婚の母」を主体的に選びとって、社会の婚外子、私生児差別と闘う運動などにもリブの思想は引き継がれていったのである。80年代後半では日本のフェミニズムも「性関係としての女性論」が論じられ始め、シングル論、非婚・反結婚論、さらにアンドロジナス論に至るまでさまざまに愛の行方が論じられるようになった。

　多くの「未婚の母」たちは男の意に反して、自分の決意と責任で子どもを産む。「産む、産まないは女の自由」をも含めて、それは女性が自ら性的主体として性と身体を自分に取り戻そうという、きわめて個性的な実存的な自由の行使であるといえる。

　また「未婚の母」の存在要求は、一つの文明の転換をも意味する(海老坂、1986)。つまり彼女らは子どもを産むのは女であって、男の同意、男の援助、男の名前がなくても子どもを産むことができるのだという事実を権利として要求し、そのことによって、男の性的アイデンティティを根底からゆるがせたのである。

　「未婚の母」というのはこのように意図的に未婚、非婚の母としての生活を選択した場合と、止むを得ぬ事情で婚姻しないまま子どもを産む場合との両方のケースを含んでいるが、どちらにしても「未婚の母」になることは大体におい て家族との葛藤をひきおこし、世間からも精神的な圧迫を受けることが多い。

　母と子の関係に焦点をあてた「マザリング」は精神分析の枠組みを大きく変えたが、マザリング経験を活かして、理論を生み出した一人であるヘレーネ・ドイッチ(Helene Deutsch, 1884～1992)自身もマザリングが女の自己価値に負わせる問題には社会的原因もあることに注目して、「マザリング以外の面でも女が自己実現できる手段を社会が提供するなら、それらの葛藤は軽減されるだろう」と感想を述べている。そして「未婚の母」の問題をとりあげて社会の押す烙印が彼女たちの苦境をどれほど大きくしているかを指摘している。そのような「未婚の母」が抱える精神的苦しみに対して、自己実現の欲求を援助するフェミニスト・セラピーがある。しかし精神的援助のみならず制度的な戸籍・相続の問題の解決や経済的、社会的支援のシステムの確立が待たれる。　〔坂本富美子〕

⇒アイデンティティ，性役割，フェミニスト・セラピー，リプロダクティブ・ヘルスとリプロダクティブ・ライツ

文献　1. 池上千寿子『シングル・マザー』学陽書房，236p.，1982；2. 伊藤セツ・掛川典子・内藤和美『女性学：入門から実践・応用まで』同文書院，208p.，1992；3. 江原由美子『フェミニズムと権力作用』勁草書房，240p.，1988；4. 海老坂武『シングル・ライフ：女と男の解放学』中央公論社，203p.，1986；5. 大橋照枝『未婚化の社会学』NHK出版，224p.，1993；6. I-岡堂編『現代のエスプリ』No.117，1977；7. 金井淑子『ポストモダン・フェミニズム：差異と女性』勁草書房，256p.，1989；8. H-『ユング心理学選書』3，1981；9. I-河野・平木編『現代のエスプリ』No.278，1990；10. C-セイヤーズ，1993

未熟児網膜症　retinopathy of prematured infant

網膜，ことにその血管の未熟性にもとづいておこる眼底の増殖性変化を主体とする疾患である。かなり多くの例では自然に改善するが，不幸な例では血管増殖が進行し，最悪の場合には，後水晶体繊維増殖症となり失明することもある。

未熟児網膜症は，低出生体重児で在胎週数が短いほど発生頻度が高い。未熟児で生まれた場合，その生命や脳を守るため，保育器内で高濃度の酸素投与が必要となるが，この過剰な酸素投与がその進行を促進するとされている。しかし，酸素をまったく使用しない例にも発症すること，酸素管理を含めた保育技術が向上している現在でも網膜症の発症がみられることから，未熟児における危険因子が相互に関与しておこる多因子性疾患と考えられる。

【原因と症状】　発症の正確なメカニズムは明らかではないが，基本となるものは未熟性である。出生後のさまざまな因子がそれに加わって発症するものと考えられている。

網膜血管は，胎生4カ月より視神経乳頭から網膜周辺部に向かって伸展を始める。その発育は鼻側では胎生8カ月，耳側では9カ月になって完成する。したがってそれ以前に出生すれば，網膜の周辺部には，血管のない領域が存在することになり，この部分への血管の発育は胎外で行なわれる。未熟な血管が生後順調に発育すれば問題はないが，ここに種々な因子が関与して本症が発症する。その中でも最も重要な因子は酸素投与である。この未発達の血管は供給された酸素濃度に敏感で，さまざまな反応をする。発病初期には血管が収縮し，その先端は閉塞する。さらに新生血管ができても，この血管はもろくて破れやすいため，出血や混濁をおこす。この病変は網膜の末端のほうなので，眼底病変であり外観的には網膜症の発症を予測する徴候がない。散瞳不良や瞳孔縁のうっ血などの症状は，むしろ網膜症の進行例に見られるものであり，在胎週数，出生時体重を考慮にいれて，早より定期的な眼底検査を行なうしかない。

症状が進むと，出血や混濁をおこしたところに異常な組織が増殖し，網膜を脈絡膜から引き離すようになる。さらに病状が進むと，網膜は広く剝離して失明に至る場合もある。

臨床的には2型に分けられ，Ⅰ型は比較的ゆっくりした経過をとり，自然治癒の傾向が強い。Ⅱ型は強い浸出傾向を伴い，比較的早い経過で網膜剝離をおこすことがある。大部分の網膜症は自然寛解が期待でき，すべての症例に治療が必要なわけではない。しかし，保育技術の進歩とともに，極小・超未熟児の生存率が増加し，重症例が増加していることも事実である。出生体重1500g以下の約60％に発症し，このうち20％近くに治療が必要で，治療した症例の10％近くに失明や重度の視力障害が残るといわれている。

【診断と治療】　発症の時期は，在胎週数によりばらつきがあるが，生後3週から1カ月後に発症することが多いので，この時期から眼底検査を開始し，定期的に検査を行ない経過を見ていくことが重要である。治療には光凝固，冷凍凝固術が行なわれる。網膜剝離がある症例では硝子体手術を行なう場合もある。

【合併症と予後】　強い網膜症を発症した症例には，強度の近視を伴うことが多い。また学童期以後に晩発性網膜剝離などの重症な合併症がおこることがあるので，長期にわたって経過観察を行ない，軽症のうちに発見し，治療することが大切である。　　　　　　　　　　〔小野敏子〕

文献　1．伊藤大蔵「未熟児網膜症」『小児内科』vol.29，東京医学社，p.132，1997；2．植村恭夫「未熟児網膜症の病態」『周産期医学』東京医学社，1123p.，1986；3．羅錦營「未熟児管理のすべて：未熟児網膜症」『小児看護』(第5巻10号) へるす出版，p.124，1982

ミニ・カウンセリング　mini-counseling

1973年に岸田博，中村喜久子，楡木満生が中心になり，創案，開発したカウンセラーのトレーニング方法。この目的は，実際のカウンセリングを行なう場合に，クライエントが自分の気持ちを打ち明ける難しさや，カウンセラーが相手の気持ちを受け止めることに熟練が必要なことを学ぶことである。

具体的には，8人のカウンセラー希望者に1人の世話役をつけて，グループを作り，カウンセラー役とクライエント役の2人1組で15分のロール・プレイをする。クライエント役は自分の気持ちを話しやすいところから話す。役を交代してもう1度行なう。さらに録音や録画をして一字一句もらさず，逐語録を起こして，早い時期に8人のグループに戻り，テープを聞きながら，全体の流れを聞いて，2度目に詳しく検討する。

ミニ・カウンセリングを実施すると次のような法則性をみつけることができる。(1) 面接時間が15分と短かく，検討しやすい枠がある，(2) 主題（主訴）を発見しやすい，(3) 主題が時間を経て繰り返される，(4) クライエントの話には必ず段落があり，段落時にクライエントはその時の気持ちを集約して語る，(5) つぶやきがある，(6) キーワードを発見しやすい。

標準的なミニ・カウンセリング・トレーニングの日程は3泊4日で行なわれる。

（第1日目） 13〜14時集合，約1時間ミニ・カウンセリングの説明を行なう。その後なるべく受講者が希望通りに世話人のところに入れるように配慮しながらグループ編成を行ない，8名を1グループにする。その後，各グループに分かれ，世話人の話と各受講者の自己紹介が行なわれる。この自己紹介の後，第一印象でそれぞれペアの相手を決める。さらに，夕食から入浴の合間の時間を利用して交互にカウンセラー役とクライエント役の面接を行ないテープに録音する。

第1日目の夜はこの録音を逐語録に直す。

（第2日目） 朝食後，グループごとに集まり，事例検討を行なう。1回目の事例検討が終わるのに3日目の朝までかかる。事例検討が終わった人から順に空いている時間を利用して第2回目の面接を行ない第1回目の事例検討で指摘された短所を直すようにする。

（第3日目） 第1回目の事例検討が終わりしだい続いて第2回目の事例検討を行なう。第1回目の事例検討で細かく注意された結果，第2回目はめざましく改善されるので，事例検討もスムースに進む。

第3日目の夜はレクレーションの企画を行なう。

（第4日目） 2回目の検討を終わった人の中には3回目の面接を行なう人もいる。やはり3回目の面接まで行なうと，応答の仕方もかなり上達してくるが，逐語に直している時間がないので，テープを聞くだけになる。お互いの関係が深まる。4日目の夜に解散。（岸田・中村・楡木，1984，p. 83〜84）

ミニ・カウンセリングはカウンセリングそのものである。カウンセラーの応答がクライエントの心の中にピタリとしたものであれば，クライエントはカウンセラーが応答するたびに成長の方向へ動き出す。　〔杉山満樹也〕
⇒カウンセリング，マイクロカウンセリング

文献　1. A-岸田, 1990；2. A-岸田・中村・楡木, 1984

無意識 unconscious〔ness〕(英)；inconscient (仏)；Unbewußte (独)

(1) **意識を失っていること。**(2) **あることをしながら気づかないこと。**(3) **夢・催眠・精神分析によらないではとらえられない状態で，日常の精神に影響を与えている心の深層。心理学的につかう時は，(3) の意味で使う。**

フロイト*の研究によって，無意識という深層心理に，急に光が当てられるようになった。フロイトによれば無意識とは，「パーソナリティ内にある力動的過程が存在して，意識作用に影響を与えているにもかかわらず，いくらそれをとらえようと努力してもそれが意識の表面に現われてこない状態。そして，催眠や，精神分析などの技法は，それを意識化させたものと言っていいだろう」。フロイト以前の学者たちは，精神生活がすなわち意識生活であると考えていた。デカルト*は自我を思考する事物として，無意識を生理現象とした。しかし17世紀にラ・ロシュフコー*は，人間には意識的思考のあずかり知らない心理的力が存在していると主張した。同じ頃，哲学者ライプニッツ*は動物的本能の精神的側面を解明するために無意識という概念が必要だ，と主張した。19世紀になって，ショーペンハウエル*は，「知性は，意志の行なう決断と無関係である」と言い，哲学者ニーチェ*

は,「人間を動かしている真の動機は,人間が自分の決意に与えている動機と必ずしも同じでない」と主張した。そして,フロイトの天才的発見とほぼ同じ頃,フランスの心理学者ジャネ*は,人格がいくつかの階層を成していると考え,私たちが知っているのは,意識的階層だけであるとして,意識の下部形態を取り上げた。このような,学者や,哲学者,宗教家の考えや思想を土台として,フロイトの無意識への概念がはっきりしてきたのである。

フロイトは,意識は心全体から見れば,氷山の海面上に現われた部分であり,本当の心は,むしろ海面(意識面)の下にある無意識であるとした。そして,無意識は,前意識と固有の無意識とに分かれており,抵抗が弱く,たやすく意識的になりうる観念や記憶などと言われるものが前意識であり,それとは異なって,抵抗が激しく,意識化するのに苦い思いをするものを,無意識と呼んだ。彼は,「催眠後暗示」という実験によって,(a) 無意識的精神が存在していること,(b) 一定の時間を経てから,無意識が意識に影響を与えること,(c) 意識的精神は,無意識や,前意識に影響されて行動をおこすが,そのような時には,無意識にそそのかされた行動に,偽りの動機を付与する,などを明らかにした。

つまり,私たちが日常行なう,頭をかく,言い間違えをする,なども,すべて,無意識という心の作用であり,何ら,意味もない行動ではないのである。また,私たちは日常生活の中で,同じものを見ているのに,ある人には,まったく記憶が残らなかったりする。これも無意識的に,過去の経験が構築されたり,対象はこうあるべきだという無意識が働いたり,逆に見たくないという無意識が働いたりしているからである。こっくりさんなども,無意識的思考によって,無意識的に筋肉を動かす結果であり,「心霊」などではない。これらのことは,シュヴルールの実験的アプローチで明らかにされている。また,ゴールトンに言わせると,応答は口からでまかせに出るのではなく,その人の思考,感情,記憶に関連がある。そこで,ユング*は,言語連想テストを作り,このテストを無意識の表象検出法に用いた。そして,無意識を自己に取り入れた自己表現こそ,人間の生き方の理想だと考えた。

このように,無意識とは,意識の表面にこそ出てこないが,パーソナリティや自我に影響を与えていて,いろいろな行動として,ふだんの生活に出てくることがわかった。忘却していた記憶が呼び戻されること,ヒステリー,霊媒,自動書字,衝動行為,恐怖症,強迫観念症など,である。フロイトは,夢の分析の中で,無意識の中に抑圧された願望が睡眠の中に現われたものである夢こそは,無意識に至る,もっとも大きな道だとしている。夢は無意識の産物である。「無意識に」といって,目的もなく,何気なく行なっている行動も,実は,幼い頃の体験や傷跡が抑圧やコンプレックスとなって無意識の世界に組み込まれていて,影響を受けているのである。無意識が個人のパーソナリティにも関与するから,カウンセリングを行なう際にも,行動や言語に表出した部分だけで相手をとらえるのではなく,無意識の世界を引き出し,理解していくことが大切であろう。ただし,どんな方法で無意識をさぐるのか,また無意識を知り得た後に,それをどのように,クライエント理解に結びつけるのかは,カウンセラーの研鑽と自覚に関わってくる。

なお,フロイトは1923年,心の構造について意識と無意識との対比を放棄して,新たな3機関(エス,自我,超自我)を提唱したのは周知のとおりである。　〔川崎美智子〕
⇒自己,自己実現,集合無意識,深層心理学,精神分析,フロイト,分析心理学,ユング

文献 1. J-アレン, 1983;2. C-エレンベルガー, 1980ab;3. D-河合, 1977a;4. J-小林, 1985;5. C-シャリエ, 1970;6. C-フロイト, 1969ab;7. ホール, C.S., 西川好夫訳『フロイド心理学入門』(河出新書)河出書房, 185 p., 1956

無気力 loss of initiative
　やる気のなさ。積極的に物ごとをしようとする意欲がないこと。
　人の心は常に,いつも決まった状態を望む「頑健性」と,変化に対応できる「柔軟性」という

矛盾した二面性をもつという。このバランスが崩れると，不安定感という一種の警報を出し始めると考えられる。

現代は自己の行為と環境とがほとんど無関係に独立して存在する時代である。物質的な豊かさと管理された社会は，一見，個人の意思や主張，努力を受け入れているかに見えても，現実にはそれらとは無関係に動いていくことが多い。

しかし日常，そのような環境の下でも適時何らかのフィードバックがあれば，関与にともなう努力感，達成感，自信などを得ることができるが，反面，フィードバックがなければ，不安定感が大きくなり，それへの対応が適切でなければ，あきらめ・無力感につながる。

現代的状況の中でも特に顕著な「受験・就職戦争」は，これらに直面している青少年にとっては過酷な環境となっている。1898年には上級学校へ進学を勧めるために学校側が3日がかりで親を口説いたという記録があるのに，1923年にはすでに「受験戦争」という文字が現れるほど急速に進んだ「選別としての教育」は，現代でも相変わらず重く青少年にのしかかっている。

その結果として，身体的にはどこも悪くなく，経済的にも恵まれ，成績もほどほどなのに，それまでの生活に耐えられなくなる，努力したいができない，という無気力な現象が突然におこる。

セリグマン（H. E. P. Seligman）は，犬の実験（1975）で，電気ショックを用いて，あらかじめ逃げる方法を覚えたグループと，無防備のまま置かれたグループとの比較によって「学習性無力感」の存在を明らかにした。前者は電気ショックを与えられてもこれから逃げることを続けたが，後者ははじめのうちこそショックを免れるために前者と同様，努力したものの，やがてその努力を放棄し，何もしなくなった，という。セリグマンはこれにもとづいて，上のような症状を示す人を対象とした一つの治療法を発表した。被験者に木片磨きの課題を与えて，木目に沿って磨くと誤りと言って叱り，木目に逆らって磨いても誤りと叱ることを続け，抗議されると陳謝するということを重ねて本人に自信をつけさせるという方法である。

また，現代における無気力感の形成に関して，ポランニー（Michael Polanyi, 1891～1976）は『個人的知識』（1958）の中で，アフリカのアザンデ族における毒に対する託宣信仰について，興味あるレポートを紹介している。それによると，ある2人の男が森に獲物を探しに出かけた。一方の男は多くの獲物を獲た。もう一方の男は少なかった。その後，多くの獲物を獲た男は不幸にも森の中で突然，猛獣に襲われて殺されてしまった。託宣はもう一方の男が犯人だと出た。部族にとって託宣は絶対である。もう一方の男は抗弁した。しかし託宣は動かない。抗弁は必死で続けられたが，やがて時間の経過とともに次第に弱まり，やがて自然に自分のせいであると納得し，処刑された，という。

自分の自信〈過去の経験によって作られたもの〉が圧倒的な力で打ち破られ，しかも外からではなく自分の内からも自然にそうなってしまう一つの例として，ポランニーはそこで，定理や公理など自然科学的な考え方からの自由，すなわちそれらを絶対的と考えてしまうことの怖さについても言及している。

自己の作り出した世界から出られなくなったとき，多くの場合人はさまざまに試行錯誤などの努力によって困難から抜け出すことができる。しかしその世界のみが絶対と思い込んで動けなくなったときに，人の援助が必要となる。

無気力症状の治療法については，例えば，達成感や自信をつけさせるための行動療法がある。容易に達成できる課題を与えて，まず自信をつけさせることから始めて，次第にレベルを上げ，「困難な課題でもやればできるんだ」ということを体験によって学ばせる。

また，身体症状として現れた変調を手がかりとしてその固有の世界に注目していくプロセス心理療法など，多くの治療法がある。

いずれも過去の失敗，挫折などの経験から形成された自分だけの世界にとらわれてそこから抜け出せないという現状を超越して，新しい目で眺められるように援助することを目指していると考えられる。

いわゆる「無気力」と対極にいる人、やる気のある人は次の性質をもっているという。(1)中程度の難しさの課題で最もやる気を示す。(2)努力をすれば達成可能な水準に目標を設定する。(3)自己が試されるような場面を好む。(4)課題達成の困難や障害への耐性がつくように努力の持続性を高める。(5)自己の能力を高く評価し、成功を自己の能力に帰属させ、失敗を努力不足に帰属させやすい。(6)長期的な目標、将来への展望をもつ。

これは、自己の生きる世界を見直し、新しい世界に向かって自己実現していくプロセスを援助する、というカウンセリングの基本的な目標に関わるものである。

神谷美恵子は、現代の無気力について次のように触れている（1982）。「豊さとは物資の豊富さよりも、むしろ裸一貫でも出発できるような、身についた技能や意欲が心にみちみちていることを言うのではなかろうか。この方が失われにくい富ではないか。とにかく身についたもの、心にあふれるものがあれば、きびしさの体験は個人にも社会にも新しい段階への飛躍のバネとなることが決して少なくはない。」

ヴォルテールの詩編（1759）の主人公カンディードが世の中が思わしくないときには「われらの畝(うね)を耕していなくてはならない。」と言ったように、こつこつと耕したいものだ。

〔金沢俊之〕

⇒大学生無気力症

文献 1. E-小川・椎名編著, 1984b；2. E-神谷, 1982；3. 斎藤洋典『心のモデル：揺れと統合の世界』（フロンティア・テクノロジー・シリーズ 005）丸善, 137p., 1986；4. E-ポラニー, 1985；5. 山中祥男・山内宏太朗編著『人間理解の心理学』北樹出版, 211p., 1985

瞑想　meditation

心の活動を止めること。目の前の世界を忘れて想像すること。宗教上の真理を認識するため、もしくは心身の健康を得るために精神を集中し安定させる方法。東洋においては、仏教の座禅やヨーガの瞑想法があり、西洋ではキリスト教の黙想などがある。

一般的には、目を閉じて静かに座り、心を静めることが瞑想と考えられている。しかし宗教的な目的を達成するための瞑想には、さまざまな形式がある。例えば、何かのことば（マントラ、真言）を唱えるものや、動きを伴うもの、心に何かのイメージを浮かべるもの、集中して考えたり見つめたりするもの、また宗教と離れた単なる健康法としての瞑想もある。

代表的な例を示すと、仏教では、禅宗（曹洞宗）の何も考えずにひたすら集中して座る坐禅、おなじく禅宗（臨済宗）の問題（公案）を集中して考える公案禅、真言宗の阿字観（梵字の阿を見つめて瞑想するもの）、観無量寿経に示される観想念仏（浄土のイメージを心に描くもの）、などがある。あるいは日蓮宗の題目（南無妙法蓮華経）や浄土宗、浄土真宗の念仏（南無阿弥陀仏）を繰り返し唱えることなども瞑想の一種と考えられる。

このほかにもバラモン教の流れをくむものとして、ヨーガの瞑想法や、その現代版ともいえるマハリシ・マヘーシュ・ヨーギー（Maharishi Mahesh Yogi）の創始したマントラを用いるTM（transcendental meditation）、あるいはラージニーシ（Bhagwan Shree Rajineesh, 1931～1990）の考案した激しい動きを伴うダイナミック・メディテイションなどがある。また、中国古来の健康法である気功法にも宇宙や天、地との一体感をイメージするなど瞑想の要素がある。

いずれにせよ、瞑想は現実の世俗世界の事柄から心を離して、この世ならぬものに心を集中するか、心そのものの働きを止めてしまうことを目指す。この点では、パタンジャリ（Patanjali, 前2世紀頃のインドの思想家）のヨーガ・スートラの冒頭部分で「ヨーガとは、心の活動の止滅である」と定義しているが、それがそのまま瞑想全般にあてはまる定義ともいえる。

瞑想によって得られるものは、精神の安定、不眠症、高血圧の症状改善、神経症的な不安の軽減などがあり、心身症の治療に適用されたりする。しかし、これらは、瞑想以外のリラクセーションによっても得られ、その効果も大差がないという指摘もある。

しかしながら、瞑想のもつもっとも大きな意義は、精神的な面での変化にあると考える人も

人間の自己超越的側面に関心をよせるトランスパーソナル（超個）心理学では瞑想によって生じる意識の変革をより重視する。例えば，瞑想により，宇宙との一体感，神の存在の実感，魂が身体から離脱する感覚などが生じるが，こうした体験により生き方そのものが変化する。これらの体験は，マスロー*の至高体験にもつながるものであり，超越意識とか変成意識と呼ばれている。しかしながら従来の心理学や精神医学では，これらは一種の精神的退行，あるいは精神異常の現れと考えられ否定的に見なされていた。しかし，トランスパーソナル心理学ではこうした意識の積極的意義を認め，研究対象としている。

実際，身体の健康のみならず人間の意識面に与える瞑想の影響は功罪ともにある。瞑想により心身が健康になるという一方，瞑想の弊害も指摘されている。例えば瞑想により憂うつ感や不安，いらだちが高まったり，禅病といわれるような神経症状態に陥ることがある。こうした心理状態はその功罪ともども体験者にしかわからない独自なものである。

従来の「科学的」研究方法では，瞑想の効用のみを指摘するか，瞑想のもたらす精神状況を調査不能とし，病的状態として排斥してきた。しかし今後は瞑想が心身に与える影響について効用と弊害の両面から研究していくことが必要である。〔福田 満〕

⇒至高体験，禅，トランスパーソナル心理学，トランセンデンタル・メディテイション，不眠症

文献 1. 安藤治『瞑想の精神医学』春秋社，329p., 1993；2. B-石川，1981；3. 帯津良一『気功専科』日本放送出版協会，111p., 1992；4. 川畑愛義『瞑想のすすめ』日本実業出版社，246p., 1979；5. 佐藤幸治『心理禅』創元社，307p., 1961；6. 佐保田鶴治『ヨーガ根本教典』平河出版社，285p., 1973；7. 佐保田鶴治『ヨーガ入門』池田書店，240p., 1983；8. 関口真大『くらしにいきる坐禅教室』（現代教養文庫）社会思想社，179p., 1966；9. 関口真大訳註『天台小止観』（岩波文庫）岩波書店，212p., 1974；10. ラジニーシ『瞑想』めるくまーる，448p., 1984；11. 平井富雄『瞑想と人間学のすすめ』日貿出版社，245p., 1979；12. 平井富雄『坐禅健康法』ごま書房，236p., 1974；13. E-マスロー，1964；14. ヨーギ，マハリシ・マヘーシュ『超越瞑想入門』読売新聞社，466p., 1993；15. 山崎泰廣『密教瞑想と深層心理』創元社，270p., 1981；16. D-ユング，1983b；17. B-吉福，1989；18. ラム・ダス『覚醒への旅』平河出版社，270p., 1970

メンタル・ヘルス，精神保健 mental health（英）；santé mentale（仏）；seelische Gesundheit（独）

心の健康を守ること。心の不健康を予防し，心の障害や病気からの回復を早め，より健康な心をつくること。

1930年頃までは心の健康を守ることを精神衛生（mental hygiene）と呼んだ。日本政府が「精神衛生」というあいまいな表現をやめて「メンタル・ヘルス」に改めたのは，1990年代に入ってからのことである。

1948年に開かれた国際精神保健会議の準備委員会は，メンタル・ヘルスを次のように定義した。「(1) メンタル・ヘルスとは，身体・知能および感情の点で，他の人々のメンタル・ヘルスと矛盾しない範囲で，個人を最適に発達させる状態を言う。(2) 良い社会とは，その成員に，自己の発達を，他の社会に許容される範囲内で，保証するような社会を言う。(3) 世界市民権は，世界的規模での良い社会を包含する。」

トラメール（1968）によれば，「精神保健学とは，心理的健康を保持するための理論的および実際的学術を対称としている独特の科学部門である。精神保健学がなすべき主な仕事は，(a) 予防，(b) 児童青年の発達援助，(c) 治療，の三つである。」

世界精神保健連盟（WFMH）が掲げている目的は，「あらゆる人々とあらゆる国民の間に，広く生物学的・医学的・教育的および社会的な面で，精神保健の標準を高めること」となっており，メンタル・ヘルスが医学的な面だけに留まらないことを明らかにしている。世界保健機関（WHO）は「健康」の定義を「たんに病気でないというだけではなくて，肉体的にも，心理的にも，社会的にも幸福（well-being）な状態にあること」と述べている。メンタル・ヘルスの役割は，心理的・社会的な幸福状態をもたらすことと言えよう。

大谷藤郎は，精神衛生を狭義と広義に2大別している。狭義には，精神障害の発見・診断・治療・社会復帰のための社会的・医学的諸対策を指す。広義には一般の精神健康者の精神健康を積極的に保持向上させること，を指す。これには，適応障害，不安，葛藤などを対象とし，精神的に健康な人間，精神的に健康な社会を作る活動が含まれている。

上記の狭義のメンタル・ヘルスを予防医学の立場からみると，次の三つに分類されよう。（ⅰ）第一次予防(精神障害の発生を減らす)，（ⅱ）第二次予防（精神障害になってしまった者の罹病期間を減らす），（ⅲ）第三次予防（精神障害がもとでおきる地域社会の機能的欠陥を少なくする）。

メンタル・ヘルスを，家庭，学校，職場，地域社会，と地理的に分けて考えたり，胎児期，乳幼児期，学童期，思春期，成人期，初老期，高齢期と発達史的なライフ・サイクルで分ける考え方もある。

メンタル・ヘルスを，「心の健康を守る運動」としてとらえる場合には，表1に示すような具体例が考えられる。精神障害を不眠や葛藤までをも含める広義のものと考えれば，人間的成長を目的とするカウンセリングの位置は1cに入るであろう。

表1 「心の健康を守る運動」の具体例

手段＼目的	1.精神活動面での社会生活改善	2.精神障害に対する予防と治療	3.精神障害者とその家族を守る
a.精神の働きや障害についての知識を大衆にひろめる	より人間らしく生活する運動	早期発見と自発的来診とをすすめる運動	偏見，差別をなくす運動
b.精神機能についての研究を深める	社会生活改善法の研究 公害研究	予防と治療法の研究	行政や法律を検討する
c.上記研究の進歩を応用する	公害予防 精神生活の合理化と能率化 社会変革 より人間らしい生活 カウンセリング	スクリーニング 速効治療 早くよく治す	処遇改善 人権を守る 法律改正 福祉改善

メンタル・ヘルスを生理学的視点からみると，「脳の働きを正常に保ち，脳がもっている能力を育てて充分に発揮させること」と言えよう。

mental hygiene（精神衛生）という単語を初めて使ったのは，米国のベルモント大学の物理学教授だったスウィーツアー（William Sweetser, 1797～1875）で，著書（1843）の表題にしたのであった。1859年にはクック（George Cook）が"Mental hygiene"という論文を『米国精神病雑誌』("*American Journal of Insanity*")に書いている。その内容は，精神病の多くは子ども時代に原因があるのだから発病を予防すべきだ，というものであった。続いて1863年には米国の有名な精神科医レイ（Isaac Ray, 1807～81）が"*Mental Hygiene*"という本を書いた。「精神衛生とは，心の健康を守る方法であって，精神を質的に低下させるとか，精神エネルギーを損うとか，精神の動きを乱すようなあらゆる影響を防ぐことを指す」と，彼は述べている。

米国のビアズ*は，10代の後半で躁うつ病にかかり，合計三つの精神病院へ1900年から3年にわたって入院した。その時に，精神障害者に対する医師・ナース・社会人の非人間的取り扱いを体験して，それを『正気に戻った心』("*A Mind That Found Itself*", 1908)という著書に記し，1908年5月6日にコネティカット州ニューヘヴン市に13名の同志を集めて精神病院における患者の取り扱いや施設の改善をめざす市民運動の会「コネティカット精神衛生会」を創立した。これが，精神衛生運動の最初であり，上記のように初めは患者取扱いの改善を目的としていたが，しだいに範囲を拡げ，名前も精神保健運動（mental health movement）へと変わった。

日本では東京帝国大学教授（精神医学）だった呉秀三の提唱によって精神病者慈善救治会が1902年10月10日に設立されたが，むしろ患者への慈善事業を主にしていた。1927年には東京帝国大学で呉の後任になった三宅鉱一教授を会長とする日本精神衛生協会ができて，第二次世界大戦直前の1941年11月に政府の圧力で解散し，1943年には救治会と日本精神病院協会とを合併

した精神厚生会ができた。この会は敗戦によって1952年に日本精神衛生会と改名された。1951年にはこの中から新しく再生した日本精神病院協会が独立している。したがって日本のメンタル・ヘルス運動は，1902年以来の伝統をうけ継ぐ日本精神衛生会が中心とみるべきであろうが，会員500人ほどの大部分が精神科医であって，市民運動とは言えず，活動も不活発である。これとはまったく別に日本精神衛生学会が1975年に当時市川市にあった国立精神衛生研究所の所員らを中心として創立されたが，研究集会を開くにとどまっており，日本のメンタル・ヘルス運動は厚生省精神保健課を中心とする精神障害者指置入院対策のみに留まっていて，市民運動としては一貫して不活発であった。

今日では，人口の約10%が何らかの精神障害に悩んでいると言われ，文部省の調査によると公立学校教師の病気休職全体中に精神疾患が占める割合は全国平均で30%，東京で47%，大阪で54%にも達している。このような現状では，メンタル・ヘルスが重視されるのも当然であるが，その美名のもとにメンタル・ヘルスが生産性向上や人員整理，職場管理のためだけに利用される恐れもある。カウンセラーがその利用のための道具にされることがあってはならない。

労働省（現厚生労働省）の「労働者の健康状況調査報告」の中にある「心の健康対策の実施状況」を見ると，心の健康対策を実施している事業所は，5,000人以上規模で94.9%だが，30〜99人規模では32.5%，10〜29人規模となると僅かに26.9%と，小規模になるほど少ない。生産性向上を目的とするのではなしに，個人の健康と福祉のために，また自己実現のために，メンタル・ヘルスが完全にゆきわたる必要がある。

何をもって，心が健康であることの指標にするかについては諸説がある。松原達哉らは，①とらわれのなさ，②自己信頼，③独立性をとりあげている。シュルツ（Duane Schultz）は，その著書『健康な人格』の中で心の健康のモデルを次のように七つあげている。①成熟した人（オルポート*），②完全に機能している人（ロジャース*），③生産的人間（フロム*），④自己実現する人（マスロー*），⑤個性化した人（ユング*），⑥自己超越した人（フランクル*），⑦いま，ここに生きる人（パールズ*）。物質的に豊かにはなったものの，人間疎外が進む高齢社会の中で，民族紛争，公害，核の脅威，エイズなどに脅かされつつある人々の「心の健康」とはいったいどのようにあるべきなのかは，今後のメンタル・ヘルスの最大の課題であろう。

〔小林　司〕

⇨今‐ここで，幸福，個性化，自己実現，障害者，精神保険福祉士，精神保険福祉法

文献　1. 大谷藤郎『地域・精神衛生活動指針』医学書院，251頁，1966；2. 小林司「日本の精神衛生運動とは何であったのか」『心と社会』（日本精神衛生会機関誌特集号・日本の精神衛生）pp. 97-134, 1973；3. G-Arieti, Vol. 2, Vol. 6；4. E-Kaplan& Sadock, 1989；5. J-シュルツ，1982；6. Soddy, K.: The mental hygiene movement and the problem of preventive mental health. *In* Gruhle, H. W. *et al.*(ed.): *Psychiatrie der Gegenwart*. Springer (Berlin), **3**, 36-50, 1961；7. E-Talbott *et al.*, 1988

燃えつき症候群，バーン・アウト・シンドローム　burn out syndrome

援助を職業としている者が全力をつぎこんでいる仕事でのストレスや，個人的欲求不満を強く継続的に感じている時の不適応反応として，やる気を失う，仕事ができない，仕事の失敗が多い，などがおきること。

燃えつき症候群とは，今まで，全精力をつぎこんでがむしゃらに一つの物事に没頭していた人が，身体的・情緒的な極度の疲労によって急に無気力や自己嫌悪，仕事拒否になること。特に援助者（医師・看護師・心理療法家）におきることが多い。それまで働きがい，生きがいを感じて充実感に満ちて仕事をしていたような人間に多くみられるスランプ状態である。飲酒量が増え，薬物乱用に陥ったりする。精神障害をおこしたり，家庭崩壊，冷酷な人間になる，などもおきる。

燃えつき症候群は，1974年にニューヨークの精神科医ハーバード・フロイデン・バーガー（Harvard Freuden Berger）が用いた用語である。

「燃えつき」には，モーターが燃え切れた，電球が急に切れて真っ暗になった，それまで有効

に燃焼していた燃料が燃えつきた,などの意味がある。

エネルギッシュで理想が高く,仕事に全力で取り組む猛烈社員や過剰適応人間に多くみられる。このような人はそれまで一生懸命仕事に夢中になってそれ以外のことに関心をもたず,心にゆとりがなく,日常生活での人との団欒や趣味に没頭するなどの気分転換ができない,いつも自分は成功しなければならない,完璧でなければならないというストレスに追いかけられ,仕事をしていないと気が休まらない,などの特徴を示す。したがって仕事の成功・不成功が自身の心の状態を全面的に左右する。

こうした状態で仕事本位に暮らしていた人物が突然その仕事との一体感を失う時におきるのが,燃えつき症候群である。

米国では地域精神保健センターのスタッフについて見出されたものであるが,正式には幹部候補生のナースの例で初めて報告された。最近ではビジネスマンでも,研究者でも,一般の働く人たちの間でも見られる現代病の一つだと考えられるようになった。

たとえば,プロジェクト・チームなどを任されて,一生懸命に仕事をしている人が,やる気は大いにあるのに,仕事上の隘路にぶつかったり,あるいは多忙のために時間に追われ体力を消耗してしまうことがある。心理療法家の場合,共感と集中に力を注ぎすぎるとおきやすい。その際,本人はやる気があると思っているが,身体のほうがついてこない。実際におきる症状としては,朝起きて,仕事に出かけようとすると,頭が痛いとか,胸のところが締めつけられるような感じがする,といった訴えをするようになる。それでも会社に出勤するが,気持ちが焦るばかりで仕事はいっこうにはかどらず,まとまらないという状態になってしまう。

症状は(1)エネルギーの慢性低下,(2)防衛的行動,(3)他の人たちから情動的に自分を引き離しておく,の三つに要約されよう。これを予防するには,あまり一途にならずに,柔軟にゆとりをもって仕事をする,帰宅したら仕事を忘れて趣味に没頭する,仕事だけが人生だと思わない,などの生活態度が望ましい。労働環境を変えることもよい。この症候群に陥った人に対しては,まず肉体的に十分な休養をとらせ,それまでの生活に無理があったことを本人に悟らせる。ストレスを減らさせる。過重な負担に対して,身体が危険信号を発して,拒否反応を示してくれていることを理解させ,今後の生き方や考え方を改めるように援助するとよい。

〔緒方一子〕

⇨ストレス,大学生無気力症,無気力

文献 1. 小田晋『職場ストレスとメンタル・ヘルス』社会生産性本部, 228p., 1989;2. 小田晋『人はなぜ,気が狂うのか?』はまの出版, 254p., 1987;3. Pines, A. M. and Arunsen, E.: *Burn Out*. Free Press (New York), 1981;4. Jones, J. W. (ed.): *The Burnout Syndrome ; Current Research, Theory Interventions*, London House Press (Park Ridge, Ill) 1981

モデリング modeling

他人の行動や行動の結果を見て,自分の行動を変えること。

英語でモデリングといえば,「模型をつくる」「設計する」などの意味である。しかし田中熊次郎によると,臨床心理学で最近使われている意味は,ある個人(A)が,ある個人(B)の行動や,その行動の結果を観察して,自己(A)の行動を変容することを指す。つまり,人は自分で経験しなくても,自分以外の人々の行動の様子を観察し,模倣することによって,新しい行動を獲得したり,反応のパターンを変えることが可能である。この過程をモデリングと言う。

そして,モデリングには次の三つの効果が考えられる。(1)観察によって新しい行動の型を獲得すること。(2)観察者の禁止反応が,モデルの行動を観察することで強められたり,弱められたりすること。(3)モデルの行動は,観察者にとって弁別刺激となって作用すること。この場合は,モデルの行動によって,以前に自分がもっていた反応を再現し,これを促進するのであり,新しい反応の獲得はない。

したがって,モデリングは,社会的模倣(imitation)または代理学習(observational learning)などとほとんど同じ意味であるが,上の三つの効果を予想できる臨床的技法であるところにその意義がある。

模倣は学習である。学習とは，学習者の行動変容を意味するから，カウンセリングにおいて，この臨床的技法を用いて，学習，再学習によって，望ましい行動変容をもたらすことができる。

さて，その主なものをあげてみると，

（a）接触脱感作法（contact desensitization）：生きたサンプル（カウンセラーあるいは補助者，協力者）がクライエントのとるべき手本を示す（デモンストレーション）。たとえば，道路の横断がこわくてできない人がいるとすると，その人の前でまずカウンセラーが渡ってみせる。何回もしてみせて慣れたところで，次にカウンセラーが，クライエントの身体を支え（接触），一緒に横断する。これを何回も繰り返す。最終的には，クライエントが1人で横断する。その後ろからカウンセラーがついていく（参加）。つまり，デモンストレーション，接触，参加の3段階を漸次進めていく。その間，カウンセラーが言葉による強化を与えることも大切である。バンデューラ*（1967）らの行なった動物恐怖症の子どもに対する治療などもこの方法の一例である。

（b）映像模倣法：これは，生きた人のかわりにフィルム（映画，スライド），テープ（録音テープ，VTR）をモデルとする。1968年，クルンボルツ（J. D. Krumboltz）とソアセン（C. E. Thoresen）は共同研究の形で，この方法による高校生の進路指導に関する研究を発表した。自己の将来の職業決定に悩む高校生に，同じ悩みをもつ他の高校生が，カウンセラーと相談している録音テープを聴かせ，それによってカウンセリング効果を高めようとする研究だった。

この方法の長所は，モデルの行動を事前にコントロールできるし，反復して観察できる点である。

（c）その他・知的認識法など：書物の活用などもある。カウンセラーは，クライエントの行動変容に有益と思われる自伝，日記，文学書を読むことをすすめ，その後，問題点を討議し，必要な強化を与える。

ただ，これらの方法は，個々に成果が発表されてはいるが，模倣またはモデリングの学習理論的研究はまだ始まったばかりであり，わからない点も多い。モデルの反応が，観察者にうまく伝達される機構がどのようになっているのかが今後の課題である。〔堀内　勇〕

⇒恐怖症，行動療法

文献 1. H-内山・高野・田畑『サイコセラピー』1, 1984；2. A-國分, 1980；3. B-祐宗他, 1972；4. A-中澤他, 1975

モラトリアム　moratorium

青年が身体的な面や性的な面で思春期を迎え，急速に大人としての条件を満たすことになるが，心理的，社会的に一人前になるためには，さらにしばらくの猶予期間（時間）を必要とする。このように子どもと大人の中間にあって，まだ大人としての社会的義務や責任を問われないですむ（心理社会的）猶予期間（E. H. エリクソン*による）。

E. H. エリクソンは，青年期を「自我同一性対　同一性拡散」の危機の時期とした。私たちは青年期に至るまでに，親を中心にさまざまな人に同一化して，多様な特性を取り入れ「自分は〜である」と言えるような自分の物の見方や行動様式を身につけている。青年期になると，それまで意識されずに取り入れてきた自分に，意識を向けるようになる。自分を意識化して見つめた時，青年はそれまでに採り入れてきた多様な特性のうちのどれが本当の自分なのかわからず，「本当の自分は何か？」という疑問をもつ。今まで自分だと思っていた自分が，自分で作りあげたのではなく，親から言われるままに生きてきた自分であり，「これこそ自分だ！」と言えるものがないことに気づく。

エリクソンは，青年期とは，「自分がない」「本当の自分がわからない」という同一性の危機に直面しながら，本当の自分を模索し見つけていく過程であると言う。それを解決するために社会が与えた猶予期間が青年期のモラトリアムであるとした。

モラトリアムにおいてなされることは，役割実験，社会的遊びである。青年は社会的責任や義務を免除され，今まで拘束された「育ち」からも自由になって，理想的と思える人物やイデオロギーに試みに同一化して，さまざまな可能

性を演じ、自分にぴったり合う生き方を模索する。そして「これこそが真の自分だ」と納得できる自分を選びとった時、自我同一性（アイデンティティ）が確立される。

最近では、青年たちの立場や価値が社会から受け入れられ、モラトリアムは過渡期としての意味が消えて、むしろモラトリアムであること自体を目的とするまでに至っている。青年はモラトリアムに安住し、アイデンティティの追求をおろそかにする現象が指摘されている。「社会において責任のある立場につくことを回避したい」という意識から、就職を避けるために大学や大学院へと進学する青年の増加が指摘されているし、結婚して親になった場合や、就職しても、それぞれの立場に応じた責任や役割を受容することに躊躇する人々が増加し、一つの社会的性格をなしている。

いつまでも自我同一性を確立させず、モラトリアムの状態にいつづける同一性の拡散状態を呈する青年期延長型の青年を、小此木啓吾は「モラトリアム人間」と呼んだ。　　　　〔志村玲子〕
⇒アイデンティティ，アイデンティティの拡散，アパシー，五月病，青年心理学，無気力，ライフ・サイクル

文献　1. C-エリクソン, 1973a；2. C-エリクソン, 1973b；3. 久世妙子・勝部篤美・山下冨美子『発達心理学入門』(有斐閣新書) 有斐閣, 212p., 1978

森田神経質〔症〕　Morita's neurosis

森田療法の創設者，森田正馬*が「神経質」と名づけた神経症の一症状をいう。強迫神経症や不安神経症などを指すが，性格傾向を表す言葉と紛らわしいため，後に「神経質症」と呼ばれるようになった。

森田神経質の特徴は，森田自身の肯定的な人間観を基礎とし，神経症発生の心理的メカニズムを，神経症者にとどまらず，一般の正常者にも共通するものであるとみるところにある。

森田神経質は次の三つの神経症に類型化されている。(1) 強迫神経症：対人恐怖，疾病恐怖，雑念恐怖，不完全恐怖，不潔恐怖，体臭恐怖，縁起恐怖，吃音恐怖，瀆神恐怖，尖鋭恐怖，頻尿恐怖など。(2) 不安神経症：心悸亢進，めまい，卒倒，呼吸困難，四肢脱力，震顫発作，漠然とした不安発作など。(3) 普通神経症：頭痛，頭重，不眠，胃部不快感，眼精疲労，耳鳴，嘔吐感，身体動揺感，身体の搔痒感，疲労感，記憶力減退，注意集中不能，性器短小恐怖など性に関するこだわりなど。ただし，森田神経質は神経症といっても，性格の偏り程度のものを指すと考えるべきである。

森田は神経質の特徴として，次の三つをあげている。

(a) 自己内省的で理知的である。物事をよく考え慎重であるが，その反面，行動力，決断力が鈍りやすい傾向をもつ。(b) 感情を抑える傾向が強く，地味であり，真面目である。しかし，一方では他人に対しては愛情に欠けることがある。(c) 向上心や完全欲が強く，高望みをしすぎて自己嫌悪，劣等感に陥ることがある。仕事を放り出したり，首尾一貫しないこともある。

神経症が生じる要因として，森田は素質に加えて，「ある偶然の機会から，一定の不快の感を気にするようになり，これに執着することからおこる」と述べている。森田は何かを気にする背景に「生の欲望」の存在をあげ，何かに執着することを「ヒポコンドリー性基調」と呼んでいる。

「生の欲望」とは，人間に内在する，向上発展の欲望であり，よりよく生きたいという意欲である。自己実現への欲求とも考えられる。当然のことであるが，「生の欲望」はすべての人間がもっているわけで，ただ神経質者は，これが強く，理想的な自己像を描きがちである。

「ヒポコンドリー」とは，ギリシア語で「胸部の下」という意味で，もともとは，強いストレスを感じたときに胸が圧迫され苦しくなる，そのような状態を表現したことばである。(現代では，hypochondria〔sis〕は身体症状をすべて病気のせいだと信じこむ「心気症」を指す。胃が痛むと，胃ガンだと信じるなど) 森田は「ヒポコンドリーとは，自分の不快気分，病気，死ということに関して，これを気にやみ，取り越し苦労する信条であって，これがもとになって，神経質の症状がおこる」と述べている。身体や対人関係において，人一倍心配が強くなる傾向

もまた「ヒポコンドリー性基調」という。

森田の考える神経質の心理的メカニズムは，神経質者だけでなく，すべての人間に共通するものである。したがって，個人が社会とかかわる場面でおきるさまざまな心理的葛藤に対処する手掛かりを与えてくれるものである。

〔関野僚一〕

⇒恐怖症，心気症，神経症，全般性不安障害，不安，森田療法

文献 1．青木薫久編著『ノイローゼは自分でなおせる』白揚社, 248p., 1976；2．B-岩井, 1986；3．水谷啓二編『森田療法入門 上・下：ノイローゼを活かす正しい人間学』白揚社, 238p., 288p., 1970, 1970；4．森田正馬著, 水谷啓二編『神経質問答：新しい生き甲斐の発見』白揚社, 244p., 1960

森田療法 Morita's therapy
森田正馬*によって創始された神経症の治療法で，絶対臥褥と作業，日記を主体とする。

従来の森田療法の対象は神経症であったが，現在では，うつ病，躁うつ病，心気症，不登校などにも適応を広めている。ただし，森田療法を行なうには，本人が自分で治していこうという一定程度の意欲と，自分を客観的にみられる一定程度の知能を前提としている。

創始者である森田自身，死の恐怖を感じ，神経症で悩んでいた。40歳頃，「死は恐れざるをえず」という思想に到達し，死の恐怖に対するはからいを超克した。このことがその後の，神経症のさまざまな不安に対するはからいを捨てるという，森田療法の精神指導法の原形となっていると言われている。

1919年，森田が45歳のとき，巣鴨病院の永松元婦長を自宅で治療したのが森田療法の初めといわれ，その後，自宅を開放し，「家庭療法」を始めた。

森田療法では，神経症者の不安や葛藤を異物として取り除くのではなく，誰もがもっている不安や葛藤が，「かくあるべし」という理想志向性と「かくある」という現実志向性が離れてしまうことによって強められ，現実と離反してしまったと考えており，不安や葛藤を認めたうえで，現実を認めながら行動できるようにしていこうとする。

発症については，素質の他に，精神相互作用の悪循環が言われている。この「精神相互作用の悪循環」とは，一般的な刺激による心身の反応を，自分にとって都合の悪い反応として拒否するが，拒否すればするほど，そのことが新たな刺激となって，さらに心身の変化が増強され，具体的に心身の変化が現われ，さらにそれをなんとかして打ち消そうとすることがまた新しい刺激となる，という悪循環である。このように，「観念上の悪循環」と言われる誤った認識と，それにともなって，「実生活上の悪循環」と言われる誤った行動や行動の後退がおこると考えられている。

したがって，治療では，「観念上の悪循環」，「実生活上の悪循環」を打破することが目標となり，不安や恐れの気持ちをそのままにして，自分がやりたいという気持ちを大切に行動するという，「あるがまま」を受け容れるという禅宗に似た考え方が強調されるのである。

基本的な治療法である入院治療は約30～50日を要し，大きく，(1) 臥褥期と(2) 作業期とに分けられている。作業期は，さらに，(a) 軽作業期，(b) 日常作業期(重作業期)，(c) 生活訓練期の三つの時期に分けられる。

(1) 臥褥期の臥褥とは，静かに寝ていることで，「絶対臥褥」とも言われ，洗面・排泄・食事などの基本的な行動を除き，刺激(TV，ラジオ，新聞，読書などをも含む)を与えず，ベッドに横たわっている。

(2) 作業期の(a)の軽作業期は，重い作業に携わらず，他人との対話をも制限し，庭の木を観察したり，簡単に身体を動かして静かな生活をさせる。

さらに(b)日常作業期になると台所の仕事，配膳，拭き掃除，その他，日常と変わりのない生活をさせる。また，スポーツやゲームなどが行なわれ，最近は，レクリエーション活動が重視されることが多い。

そして，(c)生活訓練期になると，病院から学校や会社に通わせる。

軽作業期からは日記を書かせて，1日にあったことを中心に記載させ，治療者，被治療者の意思の疎通をはかる。しかし，被治療者の内界

の深層を「不問」にする森田療法の考えで,不安・葛藤を日記にあまり書かせないようにしている。この日記は,森田療法の一つの特徴となっている。

強迫神経症である赤面恐怖,視線恐怖などの対人恐怖症には特に治療効果が期待できる。これらは,人が怖いのではなく,人にどう見られるかが怖いのであり,同様に,書痙にも効果が高い。

森田療法における外来療法では,治療者と被治療者が病院で話し合ったことを,被治療者が日常生活のなかで実践していくことが重要である。被治療者が,自分の内面には弱さがあり,不安に悩むこともあるが,よりよく自己実現をしていきたいという気持ちもあることを,自覚できるようにする。この自覚を治療者が説得によるのではなく,日常行動を通じてよりよい態度が被治療者の中に形成され,内面的な自覚が深まるのを待つのである。

さらに,森田療法を受けたり,自分で実践している人たちで構成されている自助グループとして,「生活の発見会」(巻末の住所録を参照)がある。この生活の発見会は,1971年3月,埼玉県越生(おごせ)の龍穏寺で,第1回合宿学習会(3泊4日)が行なわれ,その後,1980年,現在の基準学習と言われるカリキュラムが確立し,集団学習運動は急速に発展した。修了者は,神経症的な悩みを乗り越え,今度は,先輩として,後輩を援助,指導するようになる。現在,会員は6,000人を越え,その半数近くが在会5年以上であって,森田理論の集団学習を生涯学習として受けとめていると言える。〔松島純生〕
⇒葛藤,恐怖症,自己実現,生涯学習,神経症,心理療法,禅,内観〔療〕法,不安

文献 1. B-岩井, 1986 ; 2. B-鈴木, 1986 ; 3. B-長谷川他, 1990 ; 4. A-増野, 1991 ; 5. B-レイノルズ, 1980

問題解決介入 predicament intervention
重要な問題の処理に対して,問題の確認をし,解決するための援助。

人生のライフ・サイクルでは年齢に応じた発達課題がある。親からの自立,進学,卒業,就職,恋愛,結婚,第一子誕生,子どもの独立,転職,定年退職,転居,死別などに際して,それぞれに応じた新しい対処が求められている。また,病気,事故,天災,戦争などによって,親,子ども,妻,夫を失うこともある。これらの人生の節目や,偶発的脅威,喪失,挑戦などの際に問題が発生する。

こうした問題発生状況を調べてみると,人により苦痛,ストレス,刺激の度合いが異なる。

その人のパーソナリティ特性,状況の認め方,今までの経験による対処の見通しから脅威の感じ方が違ってくる。問題が生じた時,その苦痛から逃れようとして,今までの経験から身につけた防御法,対処法などを使うが,どれを使ってもうまくいかない時に,危機の状況が生まれる。さらに,追い打ちをかけるような出来事が重なり,危機が現実化していくことが多い。これを追い込み要因または結果要因という。

カウンセリングが重要問題の決定や解決に役立つ時に,次の二つの利点を期待できる。(1) 困難な問題が解決できる。(2) クライエントが将来に備えて,問題解決の技術を学ぶ。

アメリカの従業員援助活動 (EAP) の活動を中沢二郎が紹介している。それによれば,イーガン (Egan, 1982) は,3段階方式による問題処理方式を説明している。第1段階では,クライエントが自分の問題の本質を見きわめ,明確にすることをカウンセラーは援助する。第2段階では,クライエントが自分の問題を違った側面から見ることと,問題の理解を深めて解決の目標を設定することとを援助し,解決のための行動計画を決める。第3段階でその行動を実施する。それぞれの段階でクライエントを成功させるためには,カウンセラーの技法とクライエントの行動の交流にかかっている。

先行的カウンセリングでルイス (1983) らによって開発された問題解決方法は,問題発生と解決の両方の環境的要因に注意を払うことだった。カウンセリングのプロセスで,個人の行動や態度の変化だけで問題の解決が可能であれば,クライエントはカウンセラーとの協力で個人的変化を強める選択的方法を利用する。問題解決に環境の変化を必要とするものならば,環境上の困難に対決する方法を工夫することにな

個人が精神疾患に苦しんでいるのではなく，前述のように生活上の重大な変化が生まれた時や，より困難な問題と出会った時，危機を経験する。危機が一時的なものであり，それが，新しい効果的な問題解決技法を活用する機会だということをクライエントが理解できれば，肯定的な成長体験となる。危機に対決しないで，これを乗り越える努力をしなければ，危機は否定的な刺激のままで終わる。危機は個人生活の変わり目に生じるので，その時期に適した援助が最も大切になってくる。

オカン（Okun, 1982）は，構成要因を次のようにあげている。(a) 危機介入の中心を，特定の期間になされる治療目標におく。(b) クライエントのストレスの原因を明らかにし，それを正確に評価し，行動的で直接的に介入し，問題解決のためにはっきりと認めるように再構成できるようにする。(c) クライエントが危機を迎える前までのレベルに戻ることを期待し，クライエントが問題解決の方法をもてるように援助する。(d) 現実的で必要な状態の考え方を明らかにし，否定的な認識と対決する方法をとり，情緒的にクライエントを支持する。(e) クライエントを可能な限り支持し，効果的に対応できる方法を決め，それを実行できるように援助する。クライエントの問題に関係あるネットワークを活用できるように援助する。(f) 今後の治療に必要な治療の開始の役割を果たす。

危機介入は，非常に現実的な問題であり，クライエントが問題を明確化することをカウンセラーは援助しながら現在の問題解決に集中できるようにする必要がある。クライエントは問題解決に注意を集中できる状態ではなく，他の方法で問題を解決することが困難な状況である。カウンセラーは，クライエントが一層明確な考え方に戻るように，比較的，直接的な方法を取っていく。クライエントとカウンセラーの交流のなかで，適切な感情的支持をしつつ問題解決に役立つネットワークを確認していく。

プロセスとしては，次の九つが考えられる。(ⅰ) 危機の性質の判断する。(ⅱ) 現在の問題が何なのかをクライエントが明確にすることができるように援助する。(ⅲ) 問題解決をしやすいかたちに整理していく。(ⅳ) クライエントを支えるために役立つ資源を確認する。(ⅴ) 個人的にどのくらいの力量をもっているのかを確認する。(ⅵ) クライエントの感情を見きわめる。(ⅶ) 危機場面に対応できる方法を開発し，緊急の問題を解決する。(ⅷ) 将来の危機を予防するために活動する。(ⅸ) クライエントを長期的援助の資源と結びつける。〔安原照雄〕
⇒心的外傷，心的外傷後ストレス障害（PTSD），ストレス，ネットワーク，ライフ・イヴェンツ

文献 1. G-氏原・小川・東山・村瀬・山中編, 1992；2. ルイス, J. A., ・ルイス, M. D., 中沢次郎編訳『EAP-アメリカの産業カウンセリング』日本文化科学社, 273p., 1997

問題行動と自死 problematic behavior and suicide

いじめにまつわる自死が増え，子どもの問題行動に対していかに関わるか，これらをどう理解するのか，が問われている。この問題に対して最も重要なことの一つは，「子どもの問題行動一般があるわけではない」ということである。「問題」とする立場や解決の方向性のほうこそが問題なのであり，「一人ひとりの子どもの将来」を考えた対応こそが希求されるのである。そうでない対応は意味をなさないどころか有害ですらある。

学校現場では，教師とスクールカウンセラーがどのように協力していけるか，ということが問題になっている。

「問題行動一般があるわけではない」というのは，「問題」とする人の立場こそが問題とされるべき場合があるからである。たとえば，あるクラスに「反抗」がとてもはげしい子どもがいた場合には，その反抗がどこに起因しているのか，何に向けてのものであるのか，ということの考察が大切である。誤解をさけるために極端な例をあげれば，教室で，教師が子どものこころの実情に無関係に規則を強制しているようなことがあれば，そうした体制に反抗する子どもこそが真に健康な子どもである，と考えられる。

「問題行動」とは,「状況との関数」であり,必ずしも問題行動一般があるのではない。

こうした「個々の異常現象」を一つ一つ詳らかにしていく一方で,この視点とはまったく逆に,社会文化現象の総体として「問題行動」を考えることも必要である。その端的な例が,全国で「不登校」が多発しているということに現れている。その理由の一つは,「学校」がおかれている現状に重大な「異変」がおこっている可能性であり,おなじく,「家庭」での可能性である。つまり,「不登校」は学校や家庭の「不健康さ」の現れではないか,という視点も必要である。

子どもの「安易すぎる死」をみると,彼らが本当に「死」の意味を知っていて自死に走っているとはとても思えない。彼らは,確かに追い詰められ,死ぬしかない,というかたちでどん底に落ちていくのであるが,その残された遺書や発表された遺書を読む限りでは,「死」の真の怖さ,おぞましさ,醜さ,汚さなどの意味をまったくわかっていないことが知られる。極端な表現と思われるかもしれないが,彼らが,テレビやマスコミ,あるいはマンガやアニメ,テレビゲームの中で,いやというほど多くの「偽の死」を見過ぎていながら,(死がほとんど病院の密室の中に取り込まれてしまったために)畳の上で苦しみながら死んで逝く「本当の死」をほとんど体験していないため,いわゆるバーチャル・リアリティの延長上に,死んでも簡単に生まれ替われる,と信じ込んでいるフシがあるのではないか,とすら思われる。一方で,新聞やテレビの報道の仕方は,まるでこういうふうに死ぬと英雄のように扱われますよ,と言わんばかりであり,「自死」予防どころか,推奨しているとしか思えない。

子どもの問題行動に対して,抑圧的,支配的に接するのでなく,そこに訴えられている真の意味は何か,といったん立ち止まり,その意味するところを考えて対応していけるカウンセラーになるのが望ましい。〔山中康裕〕

⇒危機介入,自死と自死防止,不登校

文献 1. J-山中編, 1982

問題児　problem child, difficult child

主に情緒面の障害のために行動上ないし,人格上の不適応や問題を一次的に示す児童。

最も広くとらえた場合,精神科で扱う子どもすべてを含む。一般的には,身体的もしくは知的な諸能力,機能の異常性ないしは欠陥にもとづく問題をもつ児童を除外する。

しかし,障害を一次的,二次的と区別しようとする立場は理念的で,実際には,一次的か,二次的かの区別は難しく,区別できないこともある。

さらに,内山喜久雄は,問題児としてのはっきりした情緒的,行動的な問題はないが,そうなる恐れのある子どもを指して,潜在的問題児 (latent problem child) と呼ぶ,としている。

この問題児という定義の困難性は,当の問題がほとんど周囲の成人社会から出されているため,それぞれの時代や地域のもつ価値体系がどの程度に脅かされるかによって,問題意識が異なるためである。

このためもあり,最近では,このようなあいまいな「問題児」という包括的な概念を使わない傾向にある。また,「問題児」としてでなく,「問題行動」としてとらえると,その範囲は,不登校のような非社会的行動から,暴力行為や異性交遊などの反社会的行動や非行までが含まれる。

問題行動についても,その顕在化以前に,小児期より前兆が現れ,行動自体が学習され,発展していくこともしばしばあるので,症状記述的な方向で,子どもにおける情緒的,行動的な障害を整理しようとする動きが出てきている。この考えは,子どもにとって重要な障害を未然に防ぐという積極的な内容を含んでいる。また,子どもの精神保健にとっても大切な考えである。

しかし,問題行動という用語の定義があいまいであると,教育の場において差別されたり,不適切な心理療法が行なわれることにより,子どもの人権が大きく侵害される恐れがある。なぜなら,若干の情緒障害は,問題行動として顕在化しないし,その逆に,問題児としてラベリングされた児童がそのために情緒障害児に陥る

こともあるからだ。このような状況では，単に問題児ということばだけを問題にして，ことばの上で言い換えるにとどまらず，その子どもの背景に潜んでいる問題に目を向けなければならない。

大切なことは，単に問題児ということばを使うか使わないかの問題ではなく，問題児ということばを使う側の精神の問題が問われることになる。たとえば，教室の中で，教師からみて指導するうえで，気になったり，手を焼く子どもを仮に「問題児」と呼ぶなら，教室には，そのような子どもは必ず何人か存在する。しかし，教室の中での問題児なる考えには，一教師の児童観・人間観によって左右される偏りが生じる。つまり，同じ子どもが教師の見方によって，問題児と呼ばれたり，呼ばれなかったりすることになる。

こうした場合には，教師は，教室の中での何をもって問題としているのかを，指導するうえで明確に示していく必要がある。さらに，どうしてそのような行動をとったのか，どうしたら解決できるのかを，教師は探求すべきである。

また，教師のみならず「問題児」ということばを使うに当たっては，児童・生徒への影響を考えて慎重に取り扱うべきである。

今後は，精神障害の予防においても，この「問題児」の概念をきちんと整理して発展させていくことが大切である。　　　　　　〔鈴木　誠〕

文献　1. 河井芳文「教室における問題児の指導」『児童心理』金子書房, 1987, p.595-598；2. G-國分, 1990；4. 平山宗宏他編『現代子ども大百科』中央法規出版, 1471p., 1988

や

夜驚症　night terrors, nightmare

睡眠中に突然起き上がって叫んだり，泣いたり走り回ったりするもので，その時に強い不安や興奮を示すものをいう。翌日覚醒した時にはその内容を思い出すことはできない。これらの多くは病的なものでなく，中枢神経系の発達過程において，覚醒系の発達遅滞でおこる一過性の覚醒障害と考えられる。

乳児期の多相性睡眠から成人の夜間睡眠へ移る過程として，小児期には睡眠上の問題がいくつか出現する。夜驚は睡眠の第3～4段階の深い眠りでおこるといわれている。そのため夜間の睡眠の前半に出現することが多い。一般小児の中での発症頻度は1～4％と報告されている。

睡眠中，突然覚醒するというエピソードの反復で，1回の持続時間は1～10分，回数は1晩に2～3回から，週や月に1回などである。発症は幼児期で，ともに3～6歳での出現が多く，いずれも大部分は10歳までに消失する。男女比でみると男児におきやすく，同様に覚醒障害と考えられる夜尿の合併が多く，熱性けいれん，てんかんとの合併がみられることもある。1歳前から頻回の夜泣きが持続し，3～6歳で夜驚に変わる場合があるが，多くは突然発症する。夜驚とともに睡眠時異常行動としては夢中遊行がみられる。その違いは，恐怖におびえた動作を伴っていれば夜驚と考えられる。

発症時には誘因がみられないことが多いが，恐怖の体験や興奮，緊張，不安などが誘因となることがある。また経過中は，恐怖や興奮，緊張だけでなく，上気道感染，発熱，疲労などが増強因子となる。また次子出産，登園開始，転居などの社会的要因も発症や増悪因子となる。

夜驚症は多くは年齢とともに消失するが，類似した症状を示すてんかん発作との鑑別が問題になってくる。あまりたびたび夜驚を繰り返すときには，生活歴の調査，脳波検査により原因を検討しておく必要がある。

【対応・治療】　夜間大きな声をあげて起き上がるなど，その症状の特異性や激しさから，家族は驚き不安になることがある。症状の激しさ，頻度，家族がその状況に耐えられるかどうか，などによって治療法を考える。家族の不安をなくすような十分な説明を行なうことが必要である。

また，夜驚のために親が睡眠不足になり，イライラして必要以上に子どもを叱りつけたりすることは，症状を強くする可能性もある。家族の不安が軽減されるだけで，頻度が減少，消失することがある。

また，夜驚をおこしている間は，親がいくらなだめても効果はない。危険なものにぶつかったりしないよう注意しながら，刺激をせずに自然に興奮がおさまるのを待つとよい。それほど頻度の高くない場合は心理療法，たとえば箱庭療法などでも軽減，消失することがある。心理社会的原因に対しては，親子関係の緊張緩和を中心に，また幼稚園・保育園・学校関係も含めて環境調整を行なう。

1晩に2回以上の発作がみられたり，持続時間が長い場合には，ニトラゼパム（ベンゾジアゼピン系抗不安薬）の服薬で経過をみる場合もある。

【経過・予後】　多くは年齢とともに消失するので，積極的な治療が必要なものは少数である。しかし，一部には成人期まで持続し，心理的要素も大きく，心理療法でしか治癒しないものがあるといわれている。発症年齢が10歳後の場合，発作がしばしばある場合，発症時に大きなストレスの原因となる出来事があった場合，などは心理的治療が必要となる。　〔小野敏子〕

⇒心理療法，ストレス，箱庭療法，不眠症，夜尿症，夢

文献 1. 大熊輝雄『睡眠の臨床』医学書院，307p., 1977；2. 黒丸正四郎・花田雅憲編『乳幼児の精神健康』（精神科 MOOK 25）金原出版，196p., 1990；3. 星加明徳・宮島祐也「睡眠障害」『小児内科』Vol.23, 東京医学社，440p., 1991

優しさ　tenderness

おとなしくて好感がもてる，実際に親切で思いやりがある，そして，優美である，などと幅の広い意味を有し，非常に便利なことばであるが，あいまいさも残る。

英語の gentleness, tenderness, meekness, mildness, delicacy, grace, daintiness などの単語は，どれも「優しさ」という意味をもつことばである。しかし，それぞれに微妙な違いがあり，それが「優しさ」の特徴ともなっている。日本語では「やさしい」という語一つが，いろいろな場面に用いられ，非常にあいまいな側面を有している。語源は「痩す」であるという説（大野，1966など）があるように『万葉集』以来，自分の行為や態度，状態にひけ目を感じて気恥ずかしいとか，みっともなくて恥ずかしいという意味あいで多く使われてきた（「世の中を憂しと優しと思へども飛び立ちかねつ鳥にしあらねば」『万葉集』）。また，自分の本能や欲求を抑え遠慮深く（つつましく）振る舞う態度などを，好ましいものとして称賛する場合などにも使われた（「このふたたびは内覧ばかりにて関白にはならせ給はざりけりやさしきことなり」『愚管抄』）。本来「やさしさ」（易しいということばは除く）には，他人と比較して自分の「劣等感」からくる，恥ずかしくて自分を抑えるという場合と，逆に他人に期待されるように行動しようとして自分の欲望を抑えるという二つの側面があり，自分を積極的に表現しない場合や，相手のことを大切に思う時の表現などに幅広く用いられてきたのである。

『和英大辞典』（研究社）で「優しい」の項目を検索すると，柔和な (gentle, tender, soft, meek)，優雅な (graceful, delicate)，愛情ある (affectionate, sweet)，温和な (mild, meek)，親切な (kind, kindly)，温順な (suave, quiet)，人付きのよい (amiable, sweet) とある。心理学でこれらのことばが大切になってくるのは，その人のどのようなパーソナリティからこの感情がおこってきたかということが第1点である。たとえば，「彼女は，いつも優しく笑っている」と言っただけでは彼女の優しい笑いは，どのような感情からおこってきたのかはっきりしないからである。彼女は上品な育ちなのか，彼のことに関心をもっているからなのか，それとも仲間に加わり，話をするのを恐れているからなのかもわからない。このように「優しさ」ということばが使われたときは，どのような感情の起点があるのかを見ていく態度が大切である。2点目として，「あの先生は，子どもたちのことを考える優しい心をもっている」という場合でも，先生が子どもたちを叱ることもせずやりたい放題やらせているのか，それとも，子どもたちの将来のためにと考え「愛の鞭」で厳しく教育をしているのか判然としない。相手のことを愛し，将来のことを考えてやるという立場から考えると，厳しさも優しさの一種であるという論理まで飛び出してくる可能性もある。ただ，この例では「今のこの場の相手の希望や立場を視点に入れていない」という点から「甘やかし」も「厳しさ」も優しさとは違うといえるが，何もしないことや一方的に相手のためにという行為まで優しさであると判断されてしまう危険性も含んでいる。このように正反対の解釈が出てくるのも，優しさということばが多くの要素を含んでいるからであり，自分を生かし相手のためになる優しさとは何かを常に考えておく必要がある。

カウンセリングにおいて大切な態度である「受容（acceptance）」のことをロジャース*は「無条件の肯定的配慮」と呼んだ。これは話し手に対する優しさであるといえる。「何を話しても，この人は私のことを馬鹿にしたりせずに聴いてくれる，私のことを尊重して聴いてくれている」と相手が思えるような聴き方が，今の時代には大切である。現代社会が，科学，機械，産業優先の時代となり，個々の人間の存在が否定されていったなかで，「無条件の肯定的配慮」は，それぞれの人間をありのままに認め大切に

していこうとする「積極的な優しさ」の態度である。これとは逆に，現代社会に圧倒され，自己保身的，秩序志向型の「消極的な優しさ」も社会に蔓延している。「優しい人」と言われるのが，みんなの理想になり，自分のささやかな生活を守るため，社会に逆らわず，会社のためと家族のためとだけに全精力を注ぎ込むという画一的な人間が，1970年以降急増していったといわれる。エリクソン*は「アイデンティティ」とか「モラトリアム」ということばでこの傾向を説明した。彼は現代を「アイデンティティを混乱させる危機の時代である」と考え，青年期の「心理＝社会的モラトリアム」を支配的秩序に従う「消極的優しさ」の表われと考え，「生きられる時空」であるとした。現代の若者は多く「おとなしく」「従順」で，みんなに合わせて生きていこうとしている優しい傾向がまだまだ強いようである。 〔川合 正〕

⇨アイデンティティ，肯定的尊重，モラトリアム，ロジャース

文献 1. 大野晋『日本語の年輪』(新潮文庫)新潮社，246p., 1966；2. 栗原淋『やさしさのゆくえ：現代青年論』筑摩書房, 201p., 1981

夜尿症 nocturnal enuresis

3歳以上になっても無意識に排尿し，下着や布団をぬらすことを夜尿といい，6歳を過ぎてもみられる場合を「夜尿症」という。

昼間無意識に排尿してしまうものを昼尿といい，両者が併存する場合もある。明白に器質的に障害のある場合を尿失禁と呼んで区別している。これらを総称して遺尿という。

夜尿症はほとんどが自然治癒するので，神経質にならずに気長におおらかに待つことも大切である。「起こすな。怒るな。気にするな」とは，この辺りの機微を言い表すことばである。しかし，6歳を過ぎても毎日のように夜尿が見られる場合は問題になる。小学校高学年にもなると，移動教室などの合宿生活があるので，知られることを恐れるあまり内向的になる，などの二次障害の心配も出てくる。

排尿を自分でコントロールできる時期は，子どもによってかなり個人差があるが，一般的には3歳頃までに，膀胱括約筋のコントロール力を身につけるようになるものである。しかし，3歳以上になっても，無意識の排尿を繰り返す多くの場合は，乳幼児期から引き続いている場合が多い。

いったん消えた夜尿が何かのきっかけで再発する場合がある。弟妹が生まれたなどで親の愛情を独占できなくなったとき再発する場合がよくみられる。今までの家族との関係を維持したいという心理機制によるところが大きいといわれる。

【症状】 夜尿は一晩に1～2回おこり，毎晩続くものが多いが，個人差が大きく，さまざまである。一晩の回数と尿の量，毎日か数日おきか，寝ついて間もなくか，深夜か明け方か，季節はいつ頃かなど，さまざまである。

【原因】 原因については多くの考え方があり，確定していないが，いくつかの原因が複合されていることが多い。(1) 身体的原因：尿路に疾病があって膀胱の調節機能が弱い場合など。(2) 生活的原因：トイレット・トレーニングの失敗やトイレが暗いなどの生活条件による場合。または，遺伝による過敏な膀胱のため，少しのストレスにも反応し，夜尿につながりやすい場合。(3) 心理的原因：何らかの心理的葛藤や心理的緊張による場合。

【治療】 排尿をコントロールできるようにすることが目標であり，病的感情から解放して，広く発達の視点から取り組むことが大切である。原因を正しく把握し，治療可能な身体的原因の場合は必ず治ることを本人に告げながら根気強く医学的治療を施し，身体的な原因が認められない場合は，心理療法・訓練・薬物療法などが必要になってくる。(a) 心理療法：夜尿が心理的原因にもとづいているものならば，心理的問題の解決を目指す。両親に対する感情のもつれが背後にある場合が多い。父と母の関係，父と子，母と子の関係を知り，養育態度や家族成員間の感情の流れを変えることも必要となる。また，夜尿は必ず治ることを伝え，自信をもたせるなどの暗示を与えることも有効である。(b) 訓練：夜尿の症状のくせを把握し，夜尿のおこりやすい時間を見はからって起こして排尿させ

る。この時に十分目覚めていることが必要である。不完全覚醒はかえって夜尿の習慣を強化させることになる。(c) 与薬：夜尿が神経症的症状の一つと考えられる場合，精神安定剤や抗うつ剤（特にイミプラミン）の使用が有効の場合がある。イミプラミン1〜3mgを就寝前に3日与えたら治ったケースもある。　〔四方田幸子〕
⇒暗示，心理療法，退行，頻尿

文献　1. 甲賀正聰『子どもの病気・新時代：治療と予防の処方箋』中央法規出版, 248p., 1990；2. 幼児開発協会企画室『トイレット・コミュニケーションのすすめ：母と子のチャレンジ』幼児開発協会, 222p., 1992；3. 梅村浄『ハイ，こども診療所です』晶文社, 195p., 1995

遊戯療法　play therapy

言語の代わりに遊びを媒介にした心理療法の総称。

大人の心理療法(psychotherapy)は，主に言語を媒介にして行なわれる。しかし，子どもは言語能力が未発達なので，遊びを通して心理療法を行なう。これを遊戯療法と呼んでいる。つまり遊戯療法は，「子どもに対する心理療法」という程度の漠然とした意味をもつ用語である。遊戯療法は，一つの技法として確立したものではなく，児童分析，関係療法，来談者中心療法，行動療法など，心理治療者(therapist)の立場によって，さまざまな遊戯療法が存在する。

遊戯療法の対象は，幼児から小学生程度である。だが，遊びの種類によっては，中学生や高校生にも用いられるし，箱庭療法や描画療法は成人にも適用できる。対象となる子どもの数によって，個人遊戯療法と集団遊戯療法とに分けることができる。遊戯療法に用いるプレイルーム(playroom)は，狭すぎると圧迫感があるし広すぎると落ち着かない。広さは，個人の場合には15〜20m²，数人の集団の場合には30〜40m²が適当であろう。付属する設備としては，ワンウェイ・ヴィジョン・グラス付きの観察室・砂場・水道・流し・落書き用の白板（黒板）・遊具整理棚・遊具収納用倉庫などが考えられる。なかでも，遊具収納用倉庫は，一人一人の子どもに応じて取り出せるようにするためにぜひ必要である。刺激が多すぎると気が散ってしまい落ち着かない子どもがいるので，色鮮やかな遊具が数多く置いてあるプレイルームは好ましくない。むろん，施設設備が整備されていれば理想的であるが，施設がなければ遊戯療法を行なえないと考えるのは誤りである。整っていない場合には，空いている部屋さえあれば，新聞紙やダンボールなどありあわせの物を用いて行なうことも可能である。なお，深谷和子は，遊具の選択に当たって次のような原理を示している。(1) 子どもの興味をひくもの。(2) 感情を解放するもの。(3) 子どもとの関係を深めるもの。(4) 未分化で構成度の低いもの。(5) 丈夫なもの。(6) 子どもに万能感を与えるもの。(7) 集団の場合，メンバーの交流を促進するもの。なお，プレイルームの施設設備や遊具については，安全や衛生の面から十分に検討を加えておく必要がある。

遊戯療法は，一般に毎週1回50分ずつ行なわれる。心理的に不安定な状態にある子どもや情緒面で混乱している子どもに対してきわめて有効である。知的障害や自閉的障害の子どもたちにも試みられており，二次的な情緒障害を取り除き積極的に生きる姿勢を育てるためには有効であるが，障害の根本的な解決には結びつかないので，限界を意識しながら行なうべきである。

日本の遊戯療法に大きな影響を与えたのは，ロジャース*の弟子アクスライン(V. M. Axline)の著書『遊戯療法』(1947)である。彼女は，ロジャースが提唱した非指示的療法の立場を発展させて，遊戯療法の中で子どもの自己治癒力を発揮させることを考えて，遊戯療法の治療者に必要な八つの基本原理を提唱した（文献1, 13）。(a) よい治療関係(rapport)を成立させる。(b) あるがままの受容(acceptance)を行なう。(c) 許容的雰囲気(feeling of permissiveness)を作る。(d) 適切な情緒的反射(emotional reflexions)を行なう。(e) 子どもに自信と責任をもたせる。(f) 非指示的態度をとり，治療者は子どもの後に従う。(g) 治療はゆっくり進む過程であるから，じっくり待つ。(h) 必要な制限(limitation)を与える。このアクスラインの八原則は，日本で遊戯療法を行なっている治療者に広く受け入れられている。

遊戯療法の過程は次のように三つに分けられる。（ⅰ）初期（導入期）：治療者は，受容的，許容的，共感的な態度で子どもに接し，信頼関係（rapport）を確立する。大まかな制限の枠を示し，その枠内で子どもに最大限の自由が約束されることを知らせて，治療関係を確立する。（ⅱ）中間期：治療者との関係で安定している子どもは，自発的に遊びに取り組み，次第に否定的な感情を表出したり攻撃的な行動をぶつけるなどの自己表現を示すようになる。この時期には，治療者に対する直接的攻撃，玩具の破壊や持ち出し，治療時間の延長など制限事項にふれてくることが多くなり，心理治療上大きな転機を迎える。（ⅲ）終結期：自己を肯定的に受け止めることができるようになり，現実場面への適応が進んでくる。問題行動が消失し，子ども自身から終結の宣言がなされる。

治療者は，子どもと同じレベルに立って子どもと世界を共有するとともに，そのような状態の自分や子どもおよびその関係を客観的に冷静に見つめていることが大切である。そのような矛盾しているように見える態度を，自分の中で統合していることが治療者にとって必要なのである。村瀬嘉代子は，治療の展開を効果的にすすめるために考慮すべき条件として，次の五つをあげている。①治療的距離を適切にとり，治療者は新鮮で，中立的であること。②自然さ，時熱を大切に。③性急な解釈，意味づけを行うより，子ども自身の気づきや発見をめざす。④受容（acceptance）・共感（empathy）は改めて言うまでもなく大切であり，その子どもに身を寄り添わせる心もちで物を見，考える努力が必要である。反面，「わからなさ」や，そこからくる居心地の悪さに耐えつつ，疑問や仮説を検証しながら，自ずと事柄の意味が明らかになるのを「待つ」ことも肝要である。⑤治療者は自己覚知をいつも心掛けていたい。開かれた素直な態度で，自分の内に生起してくるさまざまな心の動きを見つめ，その意味を考えていくことが，治療を展開させていく鍵であろう。治療者は，自分の感情や欲求（ことに不安や攻撃性，自分自身の未解決な発達課題など）を自覚する自我の強さが望まれる。

現在，日本では多くの相談機関において遊戯療法が行なわれているが，カウンセリング，行動療法などの大人に対する心理療法に比べて，基礎的な実践研究の積み重ねが少ない。子どもの状態に即した技法を確立するために，研究と実践の累積が今後の課題である。　〔下司昌一〕
⇒共感的理解，攻撃性，自我，児童分析，受容，心理療法，不安

文献　1. B-アクスライン，1985；2. F-アクスライン，1987；3. B-アレン，1955；4. E-カイヨワ，1970；5. B-河合編，1969；6. H-佐藤・山下編『講座心理療法』2, 1978；7. B-ジノット，1965；8. 橋本雅雄「子どもにとっての遊び」H-馬場他編『日本人の深層分析』9, pp.143～164, 1984；9. B-東山，1982；10. B-深谷，1974；11. B-三木他，1991；12. B-ムスターカス，1985；13. 村瀬嘉代子「子どもにとっての遊び」H-鑪編『臨床心理学大系』8, pp.157～186, 1990

指しゃぶり　thumb sucking

(1) **主に親指をしゃぶる癖で，乳幼児によく見られる一過性の身体いじりの一つ。** (2) **精神的緊張が原因となっておこる神経性習癖の一つ。** (3) **退行（幼児がえり）の一つとして現れることもある。**

指をしゃぶる癖は，生後2～3カ月の乳児のほとんどに見られ，2～3歳の子どもにもごくありふれて出現する現象である。なめる指はどちらかの親指が多いが，人差し指と中指の2本をしゃぶる子どももいる。指しゃぶりは，舌で指を愛撫するのであって歯でこするのではないが，指の歯のあたる部分にタコができることもある。

四六時中，指をしゃぶる子どもはほとんどいない。夜寝つく前，退屈した時，空腹時，悲しい時，テレビを見ている時など，他にやることがない時に多く，遊んでいる時には，ほとんど見られない。

2～3歳までは，そのまま放置しておいてもかまわない。ほとんどの子どもは，自然に減少し，やがてしなくなる。幼稚園の入園，医師の注意など，何かのきっかけでやめる子どももいる。無理に禁じるのは最も悪く，問題視する親の態度や行動（指に薬品を塗ったり，テープを貼るなど）が，治りにくくすることがある。10

歳以上の子どもに指しゃぶりはほとんど見られない。

子どもに心理的な問題がある場合，神経性習癖や退行の一現象として指しゃぶりが見られることがある。たとえば，弟や妹が生まれた子どもに指しゃぶりが出現したりする。また，かん黙・自閉的障害・精神遅滞の子どもにはよく見られる。自閉症児の場合，指しゃぶりは主な問題行動と考えられている。不安，緊張，さびしさ，年齢相応の行動ができないことの不満，過干渉，などが背景にある。

指しゃぶりを問題ととらえてよい場合でも，叱ったり，物理的な手段で矯正しようとするのはかえって悪い。背景にある心理的な問題に焦点をあてて，その改善に努めるべきである。
〔関野僚一〕

⇒退行，自閉的障害

文献 1. 平尾美生子他『教育相談基本用語の解説：断然よくわかる！』(「生徒指導の基本と実践」シリーズ20) 学事出版, 153p., 1994；2. 神保信一他『学校相談心理学』金子書房, 309p., 1978；3. 松田道雄『育児の百科』岩波書店, 827p., 1987；4. J-山中編, 1982

夢　dream

睡眠中，とくにレム (Rapid Eye Movement, REM) 睡眠時における橋脳幹部の感覚。運動神経細胞に，覚醒時とは異なって無秩序な強い賦活がおこり，これが大脳を刺激して感覚や運動情報に最もよく合う過去の記憶が引き出され，それが視覚心象や，聴覚心象となる電気生理学的なプロセス。

1953年，クライトマン(Nathaniel Kleitman)とアセリンスキー(Aserinsky)は，睡眠は，その全期間を通して一様のものではなく，一晩の睡眠中に約1時間半おきに10〜30分間，明らかに眠っている状態にもかかわらず，脳波が低振幅速波化して眼球が左右に急速に動くことを発見し，この期間を「レム睡眠」と名づけた。さらに，1957年，デメント(W. C. Dement)とクライトマンは夢体験と睡眠との関係を調査し，レム睡眠下で覚醒させると約80％の人に視覚的な夢が想起され，ノン・レム睡眠には7％の人に夢の想起があったと発表した。現在ではノン・レム睡眠時においても夢を見ることはわかっているが，レム睡眠と夢の関係は確定的なものとして，ここから夢と睡眠に関わる客観的研究が始まった。

その後の研究によれば，夢における視覚性心象は橋脳幹の内因性神経活動に由来する急速眼球運動や，相動性統合電流(PIP)による相動性活動がレム睡眠で活発になるためにおきるという。また，レム睡眠では相動性の中耳筋活動(MEMA)が生じるが，MEMAは種々の強さや高さの音に対する応答として覚醒時にみられる中耳筋の活動と同じものである。この観察から，レム睡眠中にMEMAの活動が増加し，聴覚性心象を伴った夢があることもわかってきた。さらに，日常生活ではあまり体験しない，飛んでいたり，落下するといった夢も，レム睡眠中にMEMAに伴って，空間の身体位置感覚に関係する前庭機能が賦活されるためであるといわれている。

さて，人間は夢と古来からさまざまな関わりをもち，人間の意識や行動に大きな影響を与えてきた。テイラー(E. B. Taylor)によれば，未開人では夢に亡き親や兄弟が現れた時はそれらのイメージを死後も存続している霊の現れと考えたという。ユング*はこのような素朴な実在論を夢の客観段階の解釈と呼んでいる。しかし，こうした心性は今日でも残っており，夢に見る死者などをたたりや怨念をもった霊の仕業として，これを供養することで苦悩から救われるといった観念が人々の間に根強く残っている。文化が発達すると，夢に対する象徴的な解釈が現れてきた。それは，夢のもつ具体的なイメージよりも，夢のもつ寓意や象徴的な意味をくみ取ろうとする態度である。このような解釈態度は，夢そのものが何者かから送られてきたメッセージであると考えることに由来している。いわゆる神仏のお告げと考える例は，洋の東西を問わず普遍的な事象である。たとえば，旧約聖書(創世記40章)に見られるファラオの夢解きや，古代ギリシアにおける医師アスクレピオスの夢による治療の例がある。また日本においても聖徳太子が夢殿にこもり，その夢告によって「三教義疏」を完成させた例や，親鸞が比叡山にこもって修行をしていた際，夢に救世観音が現れて

修行中の親鸞の性的苦悩を救ったという話が残っている(親鸞夢記)。これらは、夢をわれわれよりも高次の存在から送られた恩寵や智恵に満ちたメッセージであると考えている。こうした事例は近代においてもみられ、19世紀のドイツにおいて、化学者ケクレがベンゼンの分子構造(6個の炭素原子がそれぞれつながりながら一つの環を形成している、いわゆる亀の子構造)を発見した際、夢の中で1匹の蛇が自分の尾をくわえている様子を見たことが大きなヒントになったといわれている。

20世紀になると、夢は心理学的な検討課題になり、フロイト*やユングにより、その深い意味が明らかにされてきた。

フロイトは「夢は無意識への王道である」として、『夢判断』(1900)を著し、夢の心理学的分析を行なった。フロイトによれば夢は無意識の願望や欲求の充足である。しかし、無意識の願望がそのままの形で夢の中に現れることは自我にとって脅威であるので、さまざまな夢の作業(検閲、圧縮、移動、象徴化、二次加工)によって変容させたものがわれわれの見る夢であるとした。この無意識の願望や欲求を潜在夢(夢思想)と呼び、変形されて夢に現れる内容を顕在夢(夢内容)と呼んだ。フロイトの夢判断(解釈)はしたがって、報告された夢についての患者の連想や日常生活、人間関係などをもとにし、顕在夢から潜在夢を再構成していく過程であるとした。

一方ユングはフロイトと同様に夢が無意識に深く関わるものとしたが、無意識の構造を二つに分けて個人的無意識とその下にさらに集合無意識があるとした。とくに集合無意識には人類の太古からのイメージや人の生き方を根底から規定している元型が潜んでいるとした。それはたとえば、人間が生きていく中で、切り捨ててきた要素(シャドウ=影)や理想的異性像(アニマ・アニムス)などであり、それらが夢に出現することによって意識の一面性を補償していると主張する。さらに、ユングは心の全体性という考え方に立ち、夢は心の全体性を構成する一部であり、意識と無意識(夢)の統合が個性化の過程であるとした。

また、夢は絵画や文学、音楽などにも大きな影響を与えている。そこでは夢体験そのものを題材とした作品(夏目漱石『夢十夜』)や夢や精神分析をストーリーの中に組み入れた作品(三島由紀夫『音楽』)などがある。シュールレアリズムは絵画に夢や無意識の表現といわれるものを取り入れ、覚醒時の社会的、道徳的、美術上の制約を除いた純粋な人間の思考や表現を描こうとした。音楽においても、夢の場面や夢の中で現れた旋律をもとに作曲するということが行なわれてきた。また、日本の伝統芸術である能にも、夢幻能と呼ばれる形式がある。

〔柏木誠二〕

⇒アニマとアニムス、意識、元型、個性化、シャドウ、集合無意識、精神分析、フロイト、無意識、夢の作業、夢判断、ユング、レム睡眠

文献 以下すべてI-山中編『こころの科学』No. 41, 1992より。1. 織田尚生「ユング」;2. 小鳥居湛「夢とレム睡眠」;3. 高江洲義英「夢と音楽」;4. 柘植光彦「夢と文学」;5. 徳田良仁「夢と絵画」;6. 村上陽一郎「夢と科学」;7. 山中康裕「夢と人間」;8. 渡辺学「夢と宗教」

夢の作業　dream work

夢の思想(潜在夢)は超自我による検閲作用によって変装され、無意識の願望や欲求、思考はそのままの形では意識されないように抑圧される。この無意識の葛藤を解決するために夢の思想に対して(1)検閲、(2)圧縮、(3)移動、(4)象徴化などの心的機制、が行なわれ、(5)潜在夢は顕在夢に変形、加工(二次加工)、される。これらを夢の作業という。

(1) フロイト*によれば、夢の思想すなわち潜在夢は、無意識内に閉じ込められた願望や欲求ということであるが、これがそのままわれわれのいう夢(顕在夢、夢の内容)に現れてくることはないという。なぜなら、無意識の願望の中には、わがままで利己的な願望や、その人の倫理観に反する性的な内容や願望など、本人がはっきりと自覚すると罪悪感や嫌悪感を生じるものがあるので、睡眠中の心の動きの中でもその願望を点検し、押し戻して、直接的な表現のままに明るみに出すことを避けようとする。こ

の時のさまざまな変装，加工の過程を作り出すものが「検閲」と呼ばれ，夢の作業の第一のものである。

(2) 第二に「圧縮」という作業がある。「圧縮ということは，省略という方法によって行なわれると結論すべきであろう。つまり，夢というものは，それら夢思想に忠実な翻訳でもなければ，一点一画をすらおろそかにせぬその投影図でもなく，そのひどく不完全な欠点だらけの再現なのである。」とフロイトはいっている。つまり，われわれが見る夢の一つ一つの要素や断片が夢の潜在内容の中で，多面的に，重層的にその意味するものをもっているということである。このことをフロイトは「顕在夢の一要素から連想の道はいくつもの夢思想へと走っており，一つの夢思想から道はいくつもの夢の要素へと走っている」と述べている。たとえば，フロイトは「イルマの夢」について，顕在夢のイルマは，夢の思想ではフロイトの長女，中毒のために死んだ女性患者，小児診療所で取り扱った子どもたちの一人などの混合した人物を暗示しているという。このように，夢思想の中の要素が，顕在夢では一つの要素として選択されて出現したり，新たな統一的形象の形成（総合的人物，混合形成物），中間的な共通のものを作製することなどが夢の圧縮作業の個々の特色であるとしている。

(3) 夢の作業の第三は「移動」と呼ばれるものである。フロイトによれば，「夢思想中では明らかに本質的な内容とみなされるものが，必ずしも夢内容中に現れてこない」という。すなわち，顕在夢には，いわば夢思想の中心点とは別の中心点があり，この二つの中心点は検閲によって意図的にずらされている。たとえば，「伯父の夢」では，夢思想の核心は立身出世の願望であるが，夢内容での核心はブロンドのひげであった。また，「サッフォーの夢」では登り，下り，上にいる，下にいる，が中心点になっているが，夢思想の核心は，低いところにいる人間に対する，性的関係のもつ危険性ということであった。

これらの操作は夢の作業に，ある心的な力が働いていることによるといわれている。この心的な力は，一方では心的に価値度の高い諸要素からそのエネルギーを奪いとり，他方では価値度の低い諸要素を変形して新しい価値ある諸要素に作り変えるのである。このようにして夢内容の形成においては個々の要素の心的強度の移動が行なわれていく。

さらに移動は，ある特定の観念の近くにある別の観念でその観念を置き換えるということであるが，これら二つの要素の代わりに，これら2要素間の中間的な共通物が夢内容に採用されることによって移動ということが圧縮の作業に役立つ場合もある。また，問題となっている夢思想の言語的表現の取り替えという方法をとることもある。

(4) 夢作業の第四は「象徴化」である。象徴化とは，夢思想の中のある種の要素，すなわち性的材料が顕在夢に直接現れるのを防ぐためになされる，恒常的，固定的な偽装的表現である。これは，フロイトの夢理論の中で最も特徴的なものであるが，これが安易な夢判断や，通俗的な解釈を生み，批判されることも多い。しかし，象徴化は夢特有のものではないし，また夢の象徴性は精神分析によって発見されたものでもない。絵画や文学などの芸術表現にも，神話や格言，俗語などにも象徴は瀕出している。夢において象徴関係は固定化されたものが多く，これらの夢を定型夢という。定型夢に現れる主な象徴には次のようなものがある。

人間の身体全体（→家屋），両親（→王や王妃），子どもや同胞（→小動物や害虫），誕生（→水中への落下），陰茎（→ステッキ，傘，棒，水道の栓，ピストル，鉛筆など），女性器（→穴，窪み，ビン，トランク，船など），子宮（→戸棚，炉），乳房・おしり（→りんご，桃，果実），性交（→ダンス，乗馬，山登り，車にひかれるような乱暴な経験），性的享楽（→甘いもの），性的満足（→あらゆる種類の遊技）など。

(5) 夢作業の第5番目は「二次加工」と呼ばれるものである。夢はその素材や筋書きに相互に関連がなくばらばらなことが多い。夢の中でそれらをつなげて，つじつまを合わせ，全体として調和のとれたものにする作業が二次加工である。　　　　　　　　　　　〔柏木誠二〕

⇒象徴，心理療法における象徴化，精神分析，

フロイト，夢，夢判断
文献 1. H-『フロイト著作集』2, 1968, p. 234, pp. 236-237, p. 243, p. 246, pp. 254-255, p. 257, p. 292；2. C-小此木，1978a；3. 馬場禮子「『フロイト』：夢分析の先駆者たちの足跡より」（H-山中編『こころの科学』No. 41, pp. 82-84所収）

夢判断　dream-interpretation

夢が示す意味を推定すること。顕在夢から潜在夢を推理して，その意味づけを推定すること。

精神分析療法においては，自由連想の分析と同時に夢の分析が行なわれる。思い出された夢の順序に従い，個々の内容について自由連想をしていき，夢全体の統一的な解釈をする。本人の前日の体験や，すでにわかっている問題点，性格傾向，生育歴などをも参考にして，連想内容との関連を考慮して夢の意味を見出していくものである。

夢は，古代においては，洋の東西を問わず神の言葉を伝えるものとしてあがめられた。やがて，夢は共同社会，地域集団の重要な儀式にとり入れられていく。一般にこれらの儀式は宗教と深く結びついていたから，夢判断の仕事も，それら宗教家の仕事であった。

しかし，時代が進むと共に，夢判断は世俗化していく。そして，一種の迷信として生き続けるようになった。

1900年に『夢判断』を発表したフロイト*によって，夢に関する真に科学的な探求が始まった。フロイトより19年遅く生まれたユング*は，フロイトに出会い，お互いに触発しあう。フロイトの夢の考えは，精神分析の基礎となり，フロイトとユングの両者は，医学や心理学，社会科学に大きな影響を与え，多くの夢判断の実践家を生んでいった。

フロイトは，夢を無意識的な願望の充足であると考えた。また，報告されたままの形で外に現われた「顕在夢」は，それだけでは意味をはっきりとは表わしておらず，そこには隠された意味や意図があると言う。夢のもつ隠された内容を，フロイトは「潜在夢」と呼んだ。

夢は，無意識内にある願望と，日中の体験の残りとによる潜在夢が意識によって把握されたものである。夢を見る際に，それを見ている人が脅かされないように，また夢を受け入れやすいように，「検閲」が行なわれている。したがって，人が見る夢は検閲後の顕在夢である。潜在夢が，検閲などの機制によって顕在夢へと作られていく過程を，フロイトは，「夢の仕事」と呼んでいる。

夢の仕事は，(1) 圧縮（いろいろな人物が1人に圧縮されるなど），(2) 強調点の移動（重大であるものを他によってほのめかしたり，他に移したりすること），(3) 劇化（思考を視覚化，劇化すること），(4) 象徴化（性器などを他の類似物によって示すこと），(5) 二次的加工（以上のような作業をしていきながら，意識にとって受け入れやすいようにストーリーを組み立てたり，「これは夢にすぎない」という言いわけを与えたりすること）である。

したがって，フロイトの夢判断は，夢の仕事の逆を行なって，顕在夢から潜在夢を引き出す方法を使う。

ユングは自分の夢を1961年に『思い出・夢・思想』に記した。

ユングは，フロイトよりも夢そのものを重視する立場をとった。ユングは，フロイトのやり方では，夢そのものの特別の意味については何も学べないことになる，と言う。夢そのもの，夢の中心に像があって，それから遠ざからずにその周辺をめぐり歩くような方法が大事である，と言った。

ユングは，夢の種々の機能のうち，補償ということを強調した。無意識は，常に意識の一面性を補償する傾向があるので，夢の意味するところを知り，それを生かすことによって全体性へと向かうことが必要で，そこにユングの夢判断の特色がある。また，主体水準と客体水準の2様の解釈があることを示した。母について夢見る時，主体水準では，母によって表わされる自分の心の内部を示しているのであり，客体水準では，母そのものを示しているのである。

その後，ユング以外にも，多くの学者が夢判断を研究したのでそのいくつかを次に紹介しておく。

シュテーケル*はフロイトが精神分析を創始した初期の時代からの弟子の1人であった。精

神分析を単に医学的治療技術の学問体系ということから，もっと大きな人間の学として発展させる土台を作った。彼は1911年に，『夢のことば』を著わし，その後大幅に改訂して1935年に『夢判断』として出版した。

フロム*は，フロイトとユングの夢の理論と分析の技法を統合し，そこから自分のものを生み出そうとした。

ボス*は，解釈的，分析的立場を強く否定する。そして，夢は夢自体が人間存在の本質構造をあらわに示しているもので，分析も解釈も必要ないと言う。

パールズ*は，夢を「統合への道すじ」であると考えた。つまり，夢には人格の失われた部分を補って完全にしていく働きがあるという観点から夢の解釈をしようとした。　　〔上田郁子〕
⇒深層心理学，精神分析，フロイト，分析心理学，無意識，夢，夢の作業

文献　1. D-秋山，1981b；2. D-アードラー，1979ab；3. E-小川，1982；4. I-大原編『現代のエスプリ』No.67, 1973；5. I-『imago』3巻14号，1991；6. C-鑪，1976；7. C-鑪，1979b；8. フォッシジ，J.L.・ローヴ，C.A.編，遠藤みどり監訳『夢の解釈と臨床』星和書店，540p., 1983；9. C-フロイト，1969ab；10. C-フロム，1952；11. I-『別冊宝島』No.15, 1979；12. H-ホール『ユング心理学選書』9，1985；13. I-山中編『こころの科学』No.41, 1992

ユング　Carl Gustav Jung (1875～1961)
スイスの**精神科医**。**分析心理学**の**創始者**。

カール・グスタフ・ユングは，1875年にスイスで生まれた。1900年にバーゼル大学医学部を卒業して，ブルグヘルツリ精神病院の助手となった。1905年にはチューリッヒ大学精神科講師，およびブルグヘルツリ病院の常勤主任医に任命された。この間，言語連想テストを使った心理学的研究を行なった。この研究は，「無意識におけるコンプレックスの存在とその機能」を明らかにしたものであった。

1900年にフロイト*は『夢判断』を出版している。ユングは1903年にそれを読んでフロイトにたいへん魅かれた。当時，心の発達において夢に重要な役割を認めるユングの考え方はまだまだ理解されていなかったからである。1907年，ユングはフロイトに連絡をとり，ウィーンにフロイトを訪ねている。こののち，ユングの分析家としての仕事は，フロイトとの協同によって進められ，精神分析運動を世界的な運動に高めるために一役買った。1910年には，国際精神分析学会が創設され，ユングは初代会長に選ばれ，辞任する1914年までその職を努めた。しかし，すでにユングは性を基本的なものとみなすフロイトに疑問を抱いており，ユングには，フロイトが性の理論に常軌を逸したといえるほど傾注しているように思えた。

フロイトとユングが決別するきっかけとなった事件は，1909年，アメリカへの旅行中におこった。ユングは旅行中に見た夢をフロイトに語ったが，その解釈は，ユングにとってひどく的はずれであった。その後もユングは心ひそかにこの夢について考え続けた。この夢についての解釈の相違は，ユングにとって，フロイトとの関係の分岐点となり，ユングにとっては考古学や神学や比較宗教学について興味を増すきっかけとなった。

『リビドーの変容と象徴』(1911, 1912)は，ユングの精神分析運動からの別離を告げるものであった。この書では，「集合無意識」の仮説を提示し，さらに，リビドーを性的なものとみなすフロイトの見解を否定した。また，ユングは精神分析のもう一つの教義であるエディプス・コンプレックスについて，次のように考えた。男児は母親に強い愛着を示すようになると，それが父親との間に嫉妬という葛藤を引きおこすようになりはするが，息子の母に対する気持ちは，欲望というよりはむしろ精神的なものであり，精神発達の手段である，と。

1914年から1918年にかけて，ユングには心理的動揺を示す諸症状が現れ，長期間苦しむことになった。ユングはこの経験を心理学を深めるための好機としてとらえ，病の期間中，自分の無意識から沸き上がってきたと思われる膨大な夢や考え，イメージなどを丹念に記録した。ユングは自ら経験したことについて，その意義を見出すための研究にその後の人生を費やし，治療システムを開発した。この治療システムをフロイトの「精神分析」と区別するために当初は「コンプレックス心理学」とよんだが，後に，「分

析心理学」と改めた。

ユングは1923年にチューリッヒ湖畔のボーリンゲンに館の建設を始めた。館の中心には誰も入室を許さない部屋があった。そこでユングは著作と瞑想にふけった。そこでの生活は質素で原始的生活に近いものであった。なぜなら，西洋の進歩した社会から離れて生活することによって，現代人がどのように病んでいるのか理解しようとしたからである。ボーリンゲンでの日々はユングにとって，すでに受け入れられている意味やシンボルと縁を切り，集合無意識における元型を意識化する，自己から自我への「個性化」の過程であった。

ユングはさまざまな旅をしているが，1924～1925年に，ニューメキシコのプエブロ・インディアン，1925～1926年には，ケニアのエルゴ族に対する文化人類学研究の旅に出ている。当時のヨーロッパ社会にはひずみがあり病んでいるので，外側からヨーロッパ社会を見たいと考えたからである。その結果，未開社会には豊かな象徴が生きており，その点でヨーロッパ社会より進んでいると考えるに至った。また，ヨーロッパでは物事を因果律で考えるが，東洋には，「原因がなくても結果だけを生きなければならないと」いう考えがあることに関心をもった。この研究は，人生は単なる因果関係を超えて発展するという「共時性」の理論へと発展する。

ユングは1933年，マジョレー湖畔のアスコーナで行なわれた，一緒に生活しながら議論するエラノス会議に参加する。この会議には東西からさまざまな人々が集まって一種の共同体を作り，さまざまな思想的試みがなされていた。ユングはその年『個性化過程の経験について』を発表している。そして，ユングのエラノス会議への参加は，1952年まで続くことになる。

1945年ユングは70歳の誕生日を迎え，老齢期を「十全なる可能性に向かって成長する時期」と考えた。彼が思考を流れにまかせると，問題の方がユングの前に現れてきて形をなしていった。したがって，ユングの晩年は執筆に力が注がれ，主要な著作のほとんどは70歳以後に書かれることになった。

このように，1961年85歳で永眠するまでのユングの人生における関心事は，無意識から沸き上がるイメージやシンボルを理解する「自己完成」への旅であり，執筆することで確かなものにしていく自己と社会との「全体性」の追求であった。　　　　　　　　　　〔小山章文〕

⇒エディプス・コンプレックス，元型，個性化，コンプレックス，集合無意識，象徴，深層心理学，精神分析，フロイト，分析心理学，無意識，リビドー

文献　1．河合隼雄『ユング心理学入門』（河合隼雄著作集1）岩波書店, 366p., 1994；2．D-スティーヴンズ, 1993；3．樋口和彦『20世紀の群像　ユング』NHKテレビ放映, 1990年

ユングの〔性格〕類型論 typology by Jung

ユング*は意識には内向と外向の二つの態度があり，それとは別に，思考，感情，感覚，直観の四つの機能がある，とした。そして上述の態度と機能を組み合わせて，たとえば内向思考型とか外向直観型とかの八つの性格類型を考案した。

ただし，彼には意識と無意識との相補性という考え方があり，意識的に内向思考型の人は無意識的には外向感情型である，ということになり，実際に1人の人をどう類型化するかはかなり難しい。また，彼のいう個性化（自己実現）は，こうした態度なり機能なりを十全に活かすことと考えられているから，類型化され分化されたものがどのように統合されるかを視野に入れないと，その説明が入り組んでいるだけにただ混乱しているようにしか見えないことがある。

外向とは，心的エネルギーが外に向かう傾向をいう。たとえばリンゴを見てそれに惹きつけられる場合。これは，無意識的なものが外的対象に投影され，つまりエネルギーが外の世界に流れ出し，それを象徴的レベルで意識することである。しかしそのためには，外的対象に触発されてまず無意識的，すなわち内的なものが動き出さねばならない。その動きに多かれ少なかれ意識的な気づきが必要だとすれば，そのプロセスは内的なものへのエネルギーの流れに負っ

ている。するとこれは内向的な動きになる。だから主体が客体に出会う時，内向的な動きと外向的な動きとはほとんど並行的に生じているのであり，そのどちらが強調されるかによって態度類型が分かれる。だから内向・外向がつねに相反的というわけではなく，そこに，内向的な人が外向性をとり込んでいわゆる個性化の道を歩む可能性がある。

　機能についていうと，思考－感情，感覚－直観の4機能が対になっている。だから思考機能優位の人は感情機能が劣位にあるとされる。感覚－直観についても同じことがいえる。しかし内向・外向についてと同じく，意識的に劣位のものは無意識レベルで補償されるから，直観優位の人が感覚機能を開発することが不可能というわけではない。

　また，思考・感情機能は合理的機能とされ，意味や価値はそこから生じる。ただし思考機能は対象をできるだけ客観的にとらえようとするので，そこに個人的なものの入りこむ余地はない。つまり，私の認識がつねにあなたの認識でもあらねばならない。それに対して感情機能は，つねに対象を自分との関わりにおいてとらえる。たとえば百万円のダイヤは誰にとっても同じ百万円の価値をもつが，それが友人の指を飾っている場合と自分のものである場合とでは，感じ方が大幅に変わる。客観的（つまり思考機能を用いて考えた場合）には安物の指輪が，祖母から母を通して娘に伝えられた場合，娘には何物にも代えがたい価値をもつことがある。いずれにしろ，この機能が対象を判断する合理的機能であることには変わりない。ただし意識的レベルで思考優位の人の感情機能は，無意識レベルでは劣位にあり，その限り相反的とされる。

　感覚－直観機能が相反的であることは，思考－感情機能の場合と変わらない。しかしこれらの機能は，受動的であることにおいて思考－感情機能と異なる。つまり暑さ寒さにしろ天来のひらめきにしろ，そういうことがおのずから主体に生じるのであって，主体が能動的に判断するプロセスではない。もっとも，感情機能は，気がついたら喜びがこみ上げていたり，怒りでムカムカしていたりしているのであって，主体が能動的に引きおこせるプロセスではない。しかし感情機能の場合，ほとんど意識されていないようでも，つねに自分との関わりが照合されている。だからこそ意味が生じ価値が測られる。判断的合理機能とされるゆえんである。

　ところで四つの意識的機能は，優位の機能と劣位の機能の二つがペアを形作るとされるが，残りの二つのペアも，比較的優位のものと劣位のものに分けられる。だから内向的直観的思考型（ユングは自分をそのように分類していた，といわれる）には外向的感覚的感情型が対置される。そうすると八つの類型がさらに細かく分れることになる。しかしこれらの分類は，もっぱら臨床的にどう活用するかが目指されており，いたずらに類型化することが目的ではないので，クライエントをどの型に当てはめるかにエネルギーを費すのは本末を転倒したことになる。

　ユングのいう相補性の概念が，相反的なものこそ相補的であるとする逆説を生み，それがユングの類型論をわかりにくくさせている。しかし，臨床的見地からはそれらがきわめて有用なものであることは，ユング派ならずとも納得できるものと思われる。　　　　〔氏原　寛〕
⇒意識，個性化，自己実現，性格，性格心理学，分析心理学，ユング

文献　1. D-秋山，1988b；2. D-マイヤー，1993；3. D-ユング，1986，1987a

ユング派の夢分析　Jungian Dream Analysis

ユング心理学にもとづく夢分析。

　フロイト*もユング*もその治療の根幹に夢分析をおいたが，フロイトは自由連想にその主座を譲ったのに対し，ユングはそのまま夢分析をその治療の中心とした。

　二人の夢理論は異なっており，特に「象徴」概念の差異に現れている。フロイトは夢を解釈するにあたって，象徴解釈として，たとえば靴や鞄や容器が女性性器を象徴し，傘や棒は男性性器を象徴していると捉えた。しかし，ユングから見るとそれはユングにとっての記号（sign）

にすぎない。ユングの「象徴」とは、それ以外では考えられない独自性をもった表現，特に「自己」が顕現するときに現れてくる独特の表現である。たとえば「マンダラ」や，ルドルフ・オットーのヌミノーゼのような身体の底から揺るがすような宗教的イメージを伴った体験を指す。

また，「無意識」という意識の下に横たわるものを想定するという点で二人は一致しているが，解釈は異なる。フロイトによると無意識とは，「エス」（本能衝動の渦巻く部分）であり，「超自我」によって調節される部分であり，日常生活の残渣（さんさ）や自我にとって具合の悪いものが「抑圧」されたもの，である。しかしユングは，それを「個人的無意識」と考え，人類にはその下に，動物やひいては生物全般が共通して保有する「集合的無意識（普遍的無意識）」をもっていると考える。この「集合的無意識」の中には，悪の要素や人間のもつ象徴性や宗教性や創造性の根源も詰まっていると考えられている。

よって，フロイトにとっては精神分析療法の根幹が「エスを意識に統合すること」「無意識を意識化する」ことであるが，ユングの場合は，無意識を意識化することよりも「心の自然な流れを回復すること」が目的であるといえるだろう。つまり，ユング派の夢分析は，意識と無意識の「補償」作用が働くよう推進するための治療であるといえる。

通常，クライエントと治療契約をしたら，クライエントに見た夢を紙に記載して，可能であれば，同じものを2枚作ってもらう。記載の方法は自由であるが，筆者の場合，夢をみた順に番号を振ってその日付を書いてもらっている（通算番号などは分析者があとで整理してつけてもよい）。

治療セッションはおおむね，週1回50分である。流れは次のようである。簡単に，その週の外的出来事や身体的な変調がある場合はそれを聞く。見た夢の全部を朗読してもらう。その日の最初の夢に戻って，そこから個々の夢に関して，連想することを言ってもらい，それらについて話し合う。最初の夢が終わると次の夢について同様に連想を聞き，話し合っていく。連想の過程で，拡充法（amplification, Amplifikation）といって，治療者のほうからそのイメージにまつわる神話やおとぎ噺や伝説などの一般に流布しているものを共有する場合もある。しかし，まず夢見者本人の個人的な連想が第一であり，そこからイメージを膨らましていくのがよい。

全部の夢について，上述のように連想等を調べたら，次は，その回に報告されたすべての夢に共通するテーマなり，イメージや連想がないかを話し合う。複数の夢にわたって，共通する何らかの布置が見いだせる場合もあるし，まったく混沌として明らかにならない時もある。フロイト派と異なって，ユング派の夢分析では解釈しないことが肝要である。ときに，深くインパクトの強い元型夢（archetypal dream）を見ることもあるが，いつもいつもそういう類いの夢をみるわけではない。イメージの流れを壊さないことが大切なのである。このようにしてイメージの流れを追っていくと，おのずからイメージが展開してくるものである。

さて，夢をまったく見ない，という状態や，夢が多すぎて困る，という事態が生じることがある。

まったく報告されない，まったく見られない，というのは明らかに「抵抗（resistance）」のサインであるが，それは，無意識が自身の内面に立ち向かうことを拒んでいるのであり，それには何らかの理由が伏在していることが多い。あるいは単純に，まだ夢を扱うのは不適当だという場合もあろう。そんな時は，焦らず，急ぎすぎず，じっと待ち，まず，クライエントのおかれている「現実」の問題のほうから順に聞いていくことが要請されているのだと考えたほうがよい。

逆に，夢が多すぎる場合も，同様に「抵抗」の姿の一つであるが，何度調節の警告を発しても夢過剰の事態が続くようなら，夢分析は不適当と判断したほうがよい。そうでない時は，次のような方法もある。「夢を5，6個見たら，もうその後は記載しないでください」とか，「夢が少なくなるように配慮してください」と治療者

が言う。すると，不思議なことであるが，夢の量は調節されていくものである。

この方法を適用しないほうがいい疾患は，統合失調症，そして，妄想病などの精神病圏のもの，および大感情病つまり，躁病，うつ病などの感情病圏のものの，いずれも急性期には用いないほうがよい。また，神経症圏でも，もうろう状態にある患者や，不安が強い患者にも用いないほうがよい。人格障害の場合は，治療構造を明確にすることなどの条件の下で用いる（適応）。　　　　　　　　　　　　〔山中康裕〕
⇒エス，元型，象徴，抵抗，超自我，分析心理学，無意識，夢判断，抑圧

文献　1. D-サミュエルズ，1993；2. 山中康裕「鬱病者の夢分析の一例」H-『心理臨床ケース研究』Vol. 1, 1983所収；3. ユング，C. G.，山中康裕監修『エセンシャル・ユング：ユングが語るユング心理学』創元社，491p., 1997；4. Jung. C. G.: The development of Personality, Bollingen, Princeton, 1954；5. Jung, C. G.: Symbols of Transformation, Bollingen, Princeton, 1956

養護学校 special school for physically and mentally handicapped children

盲学校，聾学校とともに特殊教育を行なう教育機関。知的障害者，肢体不自由者，もしくは病弱者に対して幼稚園，小学校，中学校，高等学校に，準ずる教育を施し，あわせてその障害にもとづく種々の困難を克服するために必要な知識，技能，態度，習慣を養うことを目的とする特殊教育諸学校の一つである（学校教育法第71条）。

学校とは，小学校，中学校，高等学校，大学，高等専門学校，盲学校，聾学校，養護学校および幼稚園と定められている（学校教育法第1条，1947年3月31日制定）。

都道府県は，その区域内にある学齢の児童・生徒のうち，政令で定められた障害程度の者を就学させるのに必要な養護学校を設置しなければならない（学校教育法第74条）。障害の程度の基準については学校教育法の施行令に心身故障の程度を定めると政令に示されている。養護学校数は1999年度で810，在籍者数は7万7,818人である。2000年は814校である。学校の内訳は，知的障害養護学校（437），肢体不自由養護学校（181），病弱・身体虚弱養護学校（95）（1983年現在）となっている。他に重複障害児を対象とした養護学校（国立久里浜養護学校・神奈川県）が特例的に1校ある。

養護学校の教育計画は4つの部門から構成されている。(1) 観察検査部門は，対象者の実態を把握して指導方法を立案し，試行的に指導を実施する。(2) 指導訓練部門は，観察部門で決められた指導方法にもとづき，教育課程も各教科，道徳，特別活動のほかに，養護・訓練，作業，運動，生活規制などの領域を指導する，(3) 普及啓発部門は，相談，広報，研修の3業務を担当する。(4) 管理運営部門は，指導の内容，方法，効果などを検討し，その結果を実戦に反映させるとともに学校独自の教育組織を維持する。

養護学校の教育内容は，障害の程度によりそれぞれ異なった指導が行なわれている。

知的障害養護学校における教育方針は，生活経験の学習に重点がおかれている。各種の精神検査，身体の能力測定などの検査結果のデータにもとづいてケース・カンファレンスを行ない，指導の内容や方法について集団討議をし，指導方法を検討して訓練の指標をたてる。小学部段階では家庭生活を延長した雰囲気の中で基本的な生活習慣を身につける学習をする。中学部段階になると作業，学習のほかに社会生活を経験させるための応用的な作業が加わる。高等部では製造作業の学習および授産作業が主体になる。養護・訓練には，心身の適応，感覚機能の向上，運動機能の向上，意志の伝達をそれぞれ個々に扱うものと，これらを総合的に扱う日常生活訓練とがある。

肢体不自由児養護学校における教育方針は，機能訓練に重点がおかれている。日常生活動作訓練，職能訓練，言語訓練など個々の障害に応じた指導をしている。

病弱・虚弱児の養護学校の場合は，治療に重きをおいているので医療機関と連携しながら情緒の安定をはかるとともに，学習意欲の向上をを促すような指導方針をたてている。病弱・虚弱児が日常生活に復帰する指導として段階的に，病気で教育を受けられない状態から床頭教

育，病院内学級，病院から養護学校への通学，寄宿舎から一般学校への通学，そして家庭から一般学校への通学へといたるまでの段階があり，それぞれが学習形態を選択できる。

最近の調査によると，病弱養護学校に入る子どもの約20%が不登校を主な原因にしていることがわかった。それに次いで，脳性マヒ14.8%，筋ジストロフィー8.9%，ぜんそく8%が多い（朝日新聞1998年10月19日）。不登校児を安易に病弱養護学校にまわすのは，好ましくない。

養護学校のあり方としては，心身の障害が人格を左右するものではないから，障害のある子どもも普通の子どもといっしょに差別されることなく，一般の学校で皆と一緒に教育を受けるのが理想である。そうするためにはすべての条件が揃わなければ混乱を招きやすい。

養護学校の教員は，幼稚部，小学部，中学部，高等部の各部に相当する学校の教員の免許の他に養護学校教員の免許状を有しなければならない。

養護学校では専門の指導者が充実した設備の中で指導するので，高度の教育が受けられるが，人間関係が障害者同士となるため，一般の子どもたちとの触れ合いが少なくなる。障害があることによる人間関係のゆがみや，劣等感を克服させていくために，カウンセリングが必要になる。また児童・生徒のカウンセリングだけではなく教師間や保護者に対してのカウンセリングも大切である。

養護学校は閉ざされた教育の実践の場にとどまることなく，家庭・学校・社会のサイクルの中で開かれた形の将来性のある学校へと変わりつつある。　　　　　　　　　　〔志村玲子〕

文献　1. 兼子仁他編『教育小六法　平成5年版』学陽書房，1993；2. 小柴『特殊教育諸学校：建築学便覧』（改訂2版）丸善

ヨーガ療法　therapy by yoga

真の自我を虚妄の自我から解放することを目的としているヨーガによる心理療法。

人間は，時間的，物理的，社会的，心理的な束縛の支配する牢獄のような窮屈きわまりない世界に生き，苦しんでいる。苦しみの原因は，無知のために，真の自我（真我）を見失って，虚妄の自我（ふつう私たちが自我とみなしているもの）を，真我と思い込んでしまうからである。そのため，利己主義や欲望（愛と憎しみ），死の恐怖，生への執着がもたらされ，さまざまな不幸がもたらされる。

ヨーガにより，真の自我と虚妄の自我とを区別し，真の自我を虚妄の自我から解放できた時，平和で調和のとれた状態の中で，人間は，本来もっている絶対的自由を得ることができる。

また，西洋医学の立場からヨーガを研究しているS.F.ブレナによると，人間は，体性神経系（感覚器官や運動器官を司る）と自律神経系（内臓器官を司る），内分泌腺（ホルモンを出し生命活動の調整をする）の三つの部分が合体したものだが，大多数の人間は，体性神経系のみを自分とみなし，残りの2/3には気づいていない。そのような不完全な人間が，自分本来の完全な姿へと自分自身を呼びもどし，人間の三つの部分を意識的にコントロールする力を回復することがヨーガであるという。

感覚器官から入ってくる外界のさまざまな情報により，人間の心はとどまることなくいつも動きまわっている。その散漫な心の動きを精神集中という技法によりコントロールし，虚妄の自我意識が消える時，真我が現われてくる。ヨーガにはさまざまな流派があるが，共通して言えることは，自己の内部に向かう静思瞑想の要素が何らかの形で存在していることである。以下，行法について述べる。

(1) ラージャ・ヨーガ：瞑想による心のコントロール。(2) ハタ・ヨーガ：肉体的，生理的な修練を通して解脱に至る。(3) バクティ・ヨーガ：神々を熱狂的に讃仰し，心身を献身的に委ねることにより精神集中する。(4) カルマ・ヨーガ：物質的な利益を追求する利己的欲望を排し，純粋な形で仕事と義務にあたる生活態度を通して解脱にいたる。(5) ジュニャーナ・ヨーガ：正しい思考を通じて解脱に至る。(6) マントラ・ヨーガ：呪文，真言の誦唱を通して解脱に至る。

『ヨーガ・スートラ』（ヨーガの聖典）には，ヨーガの8部門と呼ばれる基本的な方法論が述

べられており，あらゆるヨーガの道場が，この8部門を，ヨーガの基本とみなしている。この8部門は，はっきりした段階やステップではない。一つの部門を実行することで，必然的にその後の部門が動き出し，すべての部門は，他の部門を強化し，最終的に自己解脱にいたる。

(a) 禁戒（ヤマ）　　　｝道徳
(b) 勧戒（ニヤマ）
(c) 体位法（アーサナ）――体操
(d) 調気法（プラーナーヤマ）――呼吸
(e) 制感（プラチャーハラ）
　　　　　　――調気法と凝念の橋わたし
(f) 凝念（ダーラ）
(g) 静慮（ディアーナ）　｝瞑想
(h) 三昧（サマーディ）

インド哲学では，人間は，大宇宙から分離して考えることのできない小宇宙であり（一元論），大宇宙のエネルギーのプラーナにより成長したり運動したりしている。人間は自分自身の中にプラーナの巨大倉庫をもっているが，それをうまく使うすべを知らない。そこで，8部門の修業をすることによって，潜在的にもつプラーナを呼びさまし，しかも，それをコントロールすることを学ぶことにより，精神力が最大限に発揮される意識状態である超意識に達するという。

また，ブレナによると，ヨーガの修業は，ある意味で，人類の歴史上，最も古い，最も包括的なオペラント条件づけの技術だと考えることができる。ヨーガの人間に対するアプローチの仕方は，まさに，全体的であり，食事，肉体と精神の鍛練，仕事，休息，これらすべてが注意の対象となる。そして，一つの部門を行なうたびに，健康，心の安らぎ，知的な目が開かれる，などの報酬が得られるようになっている。しかし，ヨーガ式オペラント条件づけ技術は，西洋式のオペラント条件づけと大いに違っている。西洋式の場合には，術者がいて，術者が外部から患者を操作するので，患者は術者以上によい結果になることはあり得ない。これに対しヨーガでは，その人個人の努力する意志の力こそ成功のポイントであり，魂の導師は，ヨーガの技術を弟子に与えはするが，決して外部から操作することをしない。技術を教示しても，それを各個人が内面から経験するのでなければ本物にならないのである。

現在，ヨーガ療法では，一般的には統合的ヨーガ法を使っている。これは，（ⅰ）体位法（アーサナ），（ⅱ）呼吸法，（ⅲ）マントラの唱和，（ⅳ）瞑想法を組み合わせたものである。

統合的ヨーガの実践により，静かなとらわれのない精神状態になり，真我を体験するようになる。それが心や体の安定につながり，精神的ストレスからくる高血圧，胃・十二指腸潰瘍，ぜん息，糖尿病，リウマチなどの心身症の治療にはきわめて効果的である。また，神経症や精神病の治療にも役立つ。不安神経症，強迫神経症（高所恐怖症，広場恐怖症，先端恐怖症等），心気症，抑うつ神経症，軽度のうつ状態などに有効である。

ただし，精神病の場合，特にその急性期にはまず薬物療法を行なうべきである。重症のうつ病や統合失調症などはヨーガ（特に瞑想法）が逆効果になることもある。

ヨーガ療法によって自主性が高まり，感情表現が豊かになり，より幸福な状態になるので，アルコール，抗不安薬，コカイン等による薬物中毒の治療への期待も高まっている。

ヨーガ療法はその治療的効果もさることながら，神経症，精神病などの治療後のリハビリテーション（社会復帰・社会適応）や，心身症の治療後の症状の改善の持続にきわめて効果がある。ヨーガ療法によって社会の中で積極的に生きる意欲をもち，自分をセルフ・コントロールできるようになるからである。

セルフ・コントロールという観点からみれば予防医学としての統合的ヨーガの役割は重要である。現代社会の中ではすべての人が多かれ少なかれ心の悩みをもっているので，セルフ・コントロールをし，ストレスを少なくすることによって，神経症や心身症を予防することが可能になる。

古代インドに発生したヨーガをそのまま現代の治療法とすることには無理があるため，いろいろな立場でヨーガの根本理念にもとづいたそれぞれの治療法が確立されている。

ヨーガの目標は,宇宙との合一,真我の発見ということにあるが,その目標にむかう時は,副産物として病気が治りやすくなる。その立場にたって,ヨーガ道場を作り,民間療法なども取り入れながら独自のヨーガ法を確立して身体的治療に取り組んでいるのが沖正弘である。また,山崎正は,ヨーガ療法を単に治療に終わらせず,より積極的・全人的な人間の成長を目標にヨーガ心理療法・ヨーガ・カウンセリングという立場で取り組んでいる。

ブラック・ボックス原理などの四つの原理からなるサイバネーション療法という形をとったのは石川中である。彼はヨーガ療法と自律訓練法,ゲシュタルト療法などいろいろな療法を組み合わせた。

その他に米国のローウェン(Alexander Lowen, 1910〜)の生体エネルギー法(バイオエナジェティクス),インドのマハリシ・マヘッシ(TM法,超越瞑想法),インドのバグアン・ラジニーシ(Bhagwan Shree Rajneesh)のダイナミック・メディティション,米国のミラー(N. E. Miller)やカミヤ(J. Kamiya)によるバイオフィードバック法など多様な亜流がある。

〔横山千穂子,岡田すみ〕
⇒ゲシュタルト療法,自律訓練法,心身症,ストレス,超越瞑想,バイオエナジェティックス,バイオフィードバック法

文献 1. B-石川, 1981;2. B-石川, 1982b;3. J-沖, 1965;4. 佐保田鶴治『ヨーガのすすめ:現代人のための完全健康法』ベースボール・マガジン社, 188p., 1967;5. B-番場, 1986;6. E-ブレナ, 1980;7. B-山崎, 1983

抑圧, 排除 repression

個人をおびやかしたり,不安を生むような欲求やその欲求と結びついている考え,感情を個人の意識の中で禁止し,意識的に努力することなしに無意識の中へ移してしまうこと。

抑圧によって個人は本来危険な欲求や考えをもっていなかったように振舞うことができる。抑圧は,フロイト*によって仮説された防衛機制の基本的なものである。防衛機制とは重要な欲求が葛藤をおこし,それが大きな心理的圧力になった時に,それに対処しようとする機制のことを言う。この機制は無意識的に働くもので,そのために意識的努力を必要としない。フロイトの仮説では,抑圧されて無意識化された欲求・考えは,そのまま解消されるものではなく,無意識界で活動し,意識に再び現われようとする傾向をもっている。この抑圧と意識界へ浮かび上がろうとする力とが葛藤するような事情が持続すると,神経症の症状をおこすと彼は考えた。神経症者のもつ不安は,この抑圧された欲求によるものである。

抑圧は発生的,構造・力動的に次のように2大別される。(1) 一次的抑圧 (primal repression, repression proper):観念や衝動の無意識への進入を否定し禁止する最初の基本的な抑圧であり,乳幼児期に形成される。(2) 二次的抑圧 (secondary repression):一次的抑圧内容やそれと結びついた諸傾向の意識化を防ぐ働きであり,超自我形成以後におこる抑圧を言う。

アンナ・フロイト*は,児童を発達的に考察して,抑圧は自我とエスとが分化して超自我が形成され始める4,5歳以後に成立し,それ以前にみられる幼児の否認 (denial;劣等感情や不安感情をさけるために嘘をつくこと。子どもは空想の中で,現実の生活を否認する)の働きを,抑圧の先駆であるとする。したがって,抑圧,特に一次的抑圧は,必ずしも内的不安の処理という防衛機制のみとは言えず,自我の成長を保護し,自我や超自我の発達には不可欠な,現実適応機制としての意味をもつことになる。つまり,抑圧にも,昇華など健全な適応機制の発達を可能とする「成功した抑圧」と,絶えざるエスの突出と,それに対する自我の防衛とを余儀なくさせ,神経症の症状形成に導く「不成功な抑圧」とがあることになる。

一般に,社会的に非難を受ける好ましくない,危険な欲求行動が抑圧される。たとえば,他人の妻や夫との性的交渉,近親相姦など,社会的に許されていない性欲求・願望である。幼児期から性愛的欲求を認めるフロイトの立場では,個人の性格形成にこの抑圧の効果が大きい,と考えられている(たとえば,エディプス・コンプレックス)。社会的非難を受ける他の欲求としては,不道徳行為,特に他人への攻撃の欲求や,

情動的行為も抑圧の対象となる。抑圧されて無意識化された体験は忘却されるので,現在の心の安定をおびやかす過去の体験は抑圧される。恥をかいたこと,苦しんだこと,恐ろしかったこと,などは抑圧されて忘れられる。

抑圧は,自分に対するごまかしである。この自己欺瞞が成功すれば,一時的に安定した状態を得るが,失敗したり,抑圧した欲求・傾向が強力であると,真の原因は意識されないで,不安だけが感じられる結果となる。抑うつ状態は,抑圧された反道徳行為,大きな失敗などに対する罪悪感・羞恥心が心に圧力を加えるために生じる。こうした場合には,苦しみの原因がわからなくて,憂うつ感だけが感じられる。抑圧は,人間生活の一つの技術であるという点からは,適応機制であるが,またこの機制が容易に作動し,強い心理葛藤を招くという点では,問題行動の原因にもなる。

健全な抑圧機制の成立は,性格形成の基礎条件となるため,幼児期を主とする性格発達途上での基本的・適応的抑圧形成の未発達は,その後の防衛・適応諸機制の発達や,自我の組織化を遅らせ,種々の人格障害(欲求不満耐性の欠如,意志薄弱,過度な空想傾向など)や学習障害(注意散漫,学習意欲の欠如)を生むことが知られている。

抑圧それ自体は病理的な機制ではなく,正常心理でも,たえず機能している。しかし,未熟な自我が素朴な防衛手段として用いた抑圧が固着されて残り,後に自我機能を制限する場合がある。分析場面では,症状,夢,そして自由連想を介して,分析者との関係のなかで,抑圧されていたものが新たに展開され,その本来の意味が意識化されていく。この過程の途上で行なわれる抑圧の修正が,神経症の分析治療の重要な一段階となる。〔福原久美〕

⇒エディプス・コンプレックス,主な防衛機制,葛藤,深層心理学,精神分析,フラストレーション,防衛,防衛機制の例,無意識

文献 1. C-フロイト, 1970a ; 2. C-宮城, 1959

欲求 need

(1) ほしがり求めること。(2) 欲望を満たすために要求すること。(3) 動物や人間が行動をおこそうとする緊張状態。

心理学では(3)の意味に使われる。要求と同義語に用いられることが多いが,両者の定義を厳密に区別する人もいる(佐久間鼎『ゲスタルトの立場』)。欲求は動因(drive)とも言われ,人間の行動,人間そのもの,パーソナリティを理解するために設けられた説明概念である。心理学の「動因低減説」によれば,人間にも動物と同じようにさまざまの動因(欲求)があり,人間が行動をするのはもっぱら動因を低めるためである。人間にとって必要なものが与えられない場合には,これを得るために行動をおこそうとする緊張状態が生じる。このような緊張,またはその原因と考えられるものを,欲求と言う。欲求は生活体の内部でホメオスタティックな均衡が崩れた時に,ホメオスタシスにもとづく生理的要求に要請されておこる。すなわち,人間が生物である以上は,生活体は一つの要求体系とみることができ,この生活体が生存し,発達する過程において,種々の要求が発生し,生活体はその要求を満足させようとして,種々の行動を行なう。

マレー(H.A. Murray, 1893〜?)の「欲求-圧力理論」(need-press theory)によると,一個のパーソナリティに生じた出来事の構造は,生活体がおかれている環境の性質と,それに対する生活体の反応の性質の力学的相互関係(B-E形式)であり,それがパーソナリティを形成する。その反応を生じさせる源泉を欲求と言う。欲求を充足させることは適応過程の基本的な条件となるが,欲求の満足が阻止されると欲求不満(フラストレーション)を生じる。

フロイト*は人間を一つのエネルギー体系として把握し,人間が生きるとは,欲求充足をはかることだと考え,リビドーと命名した性欲を表出して,解消していくプロセスだとした。そして欲求充足の方法を性格だと考えた。欲求にどのようなものがあるかについては,心理学者,社会学者,精神医学者の間でかなりの違いがあるが,一次的欲求と二次的欲求,臓器起因性欲求と心因性欲求,生理的欲求と社会的欲求,顕在欲求と潜在欲求などを2分類している点では

共通している。

相良守次は変わる欲求，変わらない欲求があるとし，変わらない欲求を「基本的欲求」と呼んだ。基本的欲求は一定の状況のもとに身をおくと，その欲求が自然におこってくるものを言う。基本的とは一定の条件の下で，それ自身が独立して喚起されるものである。したがって基本的欲求は，生まれながらにして生じるところから，「生来的欲求」「生得的欲求」とも言われる。また，こういう欲求が基礎になって，他の欲求が派生すると考えられることから，「一次的欲求」とも言う。これに対し，生後の生活，経験から生じてくる欲求は基本的に対して「派生的欲求」，生後の学習によって生じたという点で「習得的欲求」，一次的欲求を基にしているという点で「二次的欲求」と呼ばれ，生活の向上とともにふくらみ変化する，と考える。基本的欲求と派生的欲求とを区別することは難しいけれども，区別することは重要である。なぜなら，基本的欲求であれば，一定の条件が揃えばおこり，すべての人間に共有であるから，これを抑えることは難しく，無理に禁止すればフラストレーションをおこすことになるからである。また二次的欲求は基本的欲求を基礎にして派生するのであるから，欲求発生のメカニズムを解明する手がかりを与えることになるからである。

基本的欲求としては以下のものがある。

(a) ホメオスタシス性欲求：飢えや渇きのように，身体の維持と結び付いた欲求である。生活体の内部には，内部環境をいつも一定の状態に保ち，もしそのバランスが崩れたら，もとに戻そうとする自己調節の機能が備わっている。(その仕組みをキャノン*がホメオスタシスと名づけた。) 脳や神経系統その他の内蔵器官などが全体で協働し，複雑な仕方でそれを実現する。けれどもホメオスタシスに頼っていても，生理的欲求が満たされないことがしばしばおこる。そこでそれが動因となって欲求を満たすために行動がおこるのだと考える。

(b) 性欲求：性欲求は食欲，物欲とならんで人間の三大欲求とも言われるが，ホルモンの量や年齢によって強さが異なるなど，ホメオスタシス性の欲求とはかなり違った特色をもつ。

(c) 情動性欲求：人間の欲求は快適状態を求め，不快を避けるのが基本原理であるとする立場から，快・不快という情動が行動に対して動因として働く。恐怖，不安，怒りなどが，行動そのものを左右する積極的効果をもつ。

(d) 内的欲求：人間は本来，環境との相互交渉を積極的に行ないつつ，みずから有能感 (competence) を追求していく存在であるという考えから，新しい経験を求める好奇心や，探求心と呼ばれる欲求，自分でやりたいという独立の欲求，ある課題を設定してそれを達成しようという欲求，自己を向上させ，自己実現したいという欲求，などを指して言う。

(e) 対人的欲求：アヴェロンの野生児や狼少女の例は，人間が人間に育てられることの大切さを教えている。人間関係のはじまりは母子の結びつきであり，母親から愛されることである。他から愛されることを求める欲求が対人的欲求であり，これが満たされないと人格の形成に大きな影響をもたらす。

(f) 社会的欲求：自分の属する集団や，まわりの集団の成員との間でおこってくる欲求で，これによって社会行動が行なわれる。何が人間に備わる生来的・一次的社会的欲求であるかを充分に見きわめることは難しいが，群居，親和の欲求，依存心の欲求，支配，攻撃の欲求，模倣と同調の欲求，などを指して言う。

以上の基本的欲求は生物として生命を保ち，子孫を遺すために必要で欠くことのできないものであり，人間として社会生活を営むうえで重要なものである。これらの欲求が欠けていると，その個体の生活は多かれ少なかれ歪みをもつことになる。これらの欲求を基礎にして，二次的欲求が派生するのであるが，経済が進歩し，社会が豊かになるにしたがって，多種多様となり，その発生の過程を学問的に追求したものはまだ少ない。それぞれの人が抱く価値観が重要な鍵を握っていると考えられる。　　〔田中節子〕
⇒快感原理，フラストレーション

文献　1. E-斎藤勇編, 1986b

欲求不満　⇒フラストレーション

ら

来談者中心療法 client‐centered therapy

1940年代にロジャース*によって開発された，カウンセリングのアプローチ法。

狭義には，彼の開発した「個人療法としてのクライエント中心療法」をさす。しかし現在では，ロジャースの理論は，単なるカウンセリングの理論を超えて，人間の成長と変容に関する一つのアプローチにまで発展し，1970年代からはロジャース自身によって「パーソン・センタード・アプローチ」(person-centered approach) と呼ばれるようになった。彼の考えは，個人を対象とした心理療法の範囲にとどまらず，グループや社会の人間関係にまで広がってきたのである。このようなロジャースの説く，人間関係の成長に関する幅広い取り組みの総称を，来談者中心療法と呼ぶこともある。

ロジャースは，人間の本質を「自己実現への傾向をもつ有機体 (organism)」と捉えている。つまり，人間には成長への傾向が内在していると考えるのである。したがって，ロジャースは，意識的な判断よりも体感 (organismic experiencing) 的な判断に従うべきと考える。そして，有機体として最も実現された状態を，「十分に機能している人間」(fully-functioning person) と呼んでいる。自分自身をそのまま受け入れているあるがままの人間，これが治療の目標であり，また社会進化の目標でもある。

人間のパーソナリティを，ロジャースは現象学の考えを取り入れて「自己概念」(self concept)「自己一致」(self-congruence) という概念で説明している。事実 (客観的世界) は一つでも，受けとり方や意味づけ (主観的世界) は人によって異なる。その受けとり方・認知の世界が，自分自身の世界 (私的な世界・内的な世界) である。人は事実をそのまま受け入れるわけではなく，周囲の人々の価値観を取り入れながら自分に対する見方・受けとり方 (自己概念) を形成していく。それは，体感 (感覚的・内臓的経験) と離れることもある。そのような状態を，自己不一致 (self-incongruence) と言う。感覚的・内臓的経験と自己概念とが一致している状態 (自己一致) が理想なのである。

人間は，自分自身に対する自分の見方 (自己概念) にもとづいて行動するから，パーソナリティを変えることは自己概念を変えることになる。思い込みによって作り上げられた自己概念を捨て，自己をありのままに受け入れること (自己一致) が，治療の目標になる。つまり，自己概念の変容が，パーソナリティの変容に結びつくのである。

しかし，一度作り上げられた自己概念はなかなか変容しない。変容をおこすには，自分の世界をありのままに受け入れてくれる人 (カウンセラー) との出会いが必要になる。このような関係がありさえすれば，クライエントは自分で自己概念を見つめ直し変容していくのである。では，どうすれば，そのような関係ができるのだろうか。

ロジャースは，クライエントが変容するには，次のような六つの条件があればよいと述べている。(1) カウンセラーとクライエントとが心理的な接触をもっていること。(2) クライエントが自己不一致 (incongruence) の状態にあること。(3) カウンセラーが自己一致 (congruence) の状態にあること。(4) カウンセラーはクライエントに対して無条件の肯定的な配慮 (unconditional positive regard) を経験していること。(5) カウンセラーはクライエントの世界を共感的に理解 (empathic understanding) し，その経験をクライエントに伝達するように努めていること。(6) カウンセラーが(4)と(5)の状態に

あることを，クライエントが知覚していること。

これらの条件の中で，(3)の「自己一致，純粋性(genuineness)，真実であること(real)」，(4)の「無条件の肯定的な配慮(積極的関心)，受容(acceptance)，配慮(caring)，所有欲のない愛情(non-possessive love)」，(5)の「共感的(感情移入的)理解」の三つが，カウンセラー側の条件とされている。つまり単なる技法でなく，カウンセラーの姿勢や態度(パーソナリティ)が，カウンセリングの成否に重大な影響を及ぼすと考えたのである。

1940年から1950年にかけて，来談者中心療法は日本に導入され，カウンセリング界に多大な影響を与えた。ロジャースの著作も翻訳され，各地でワークショップが盛んに行なわれた。わかりやすい理論，科学的な方法(逐語録の作成，過程尺度を用いての分析)，カウンセラーのパーソナリティの重視など，来談者中心療法のもつ特徴を，カウンセリングの専門家だけでなく教員など一般人にも普及させた功績は大である。

しかし，この立場にも限界がある。相手の受けとり方(内面の世界)に注目するあまり，環境への働きかけを考慮しない，いわゆる現状肯定主義(適応主義)に陥りがちになること。相手の内面にある成長への欲求を重視するあまり，教えたり説得したりするような相手への積極的な働きかけに対して罪悪感を抱きがちになること。診断を排除するあまり，相手への客観的な理解が得られないままに，いたずらに面接を繰り返す恐れがあること，など実施に際しては，これらを考慮すべきであろう。

ともあれ来談者中心療法は，現在の日本において各種の心理療法を学ぶ際の基本として，すべてのカウンセラーが学ぶべきものと言えよう。また，現在用いられているカウンセリングや心理療法の理論や技術は，多かれ少なかれ来談者中心療法の影響を受けていると言うことができよう。　　　　　　　　〔下司昌一〕

⇒カウンセラーの自己評価，カウンセリング，カウンセリングにおける人間関係，共感的理解，肯定的尊重，コングルエンス，自己一致，受容，積極的関心，人間性心理学，人間中心療法，ロジャース

文献 1. A-飯塚, 1973；2. A-飯塚・関口, 1977；3. A-岸田, 1990；4. A-佐治・飯長, 1983；5. H-田畑他『心理療法』1, 1977；6. A-村山, 1971；7. H-『ロージァズ全集』4, 1966；8. H-『ロージァズ全集』23, 1972

ライフ・イヴェンツ，生活大事件
life-events

一生涯のうちで遭遇する大事件。

最近のストレス研究では，光や音といった物質的な刺激よりも，むしろ社会心理的な刺激のほうをストレス源として重視している。なかでもライフ・イヴェンツ，つまり一生涯の間の大事件，生活の変わり目でひきおこされたストレスが発病に大きな影響を及ぼすようだ。

自分の結婚式，妊娠，近親者の死，退職などのライフ・イヴェンツに重みを考慮して適応努

ホームズらによる社会適応スケール

順位	生活事件 (life events)	平均値	順位	生活事件 (life events)	平均値
1	配偶者の死亡	100	23	子どもが家を去ってゆく	29
2	離婚	73	24	姻戚とのトラブル	29
3	別居	65	25	業績アップ	28
4	留置所拘留	63	26	妻が仕事を始める，あるいは中止する	26
5	家族の一員の死亡	63	27	学校が始まる	26
6	自分の病気あるいは傷害	53	28	生活状況の変化	25
7	結婚	50	29	習慣を改める	24
8	解雇される	47	30	上司とのトラブル	23
9	夫婦の和解	45	31	仕事の状況が変わる	20
10	退職	45	32	住居が変わる	20
11	家族の一員が健康を害する	44	33	学校が変わる	20
12	妊娠	40	34	レクリエーションの変化	19
13	性的困難	39	35	教会活動の変化	19
14	新しい家族の一員が増える	39	36	社会活動の変化	18
15	仕事の再適応	39	37	1万ドル以下の抵当か借金	17
16	経済状態の変化	38	38	睡眠習慣の変化	16
17	親友の死亡	37	39	家族が団らんする回数の変化	15
18	異なった仕事への配置換え	36	40	食習慣の変化	15
19	配偶者との論争回数の変化	35	41	休暇	13
20	1万ドル以上の抵当か借金	31	42	クリスマス	12
21	担保物件の受戻し権喪失	30	43	ちょっとした違反行為	11
22	仕事上の責任変化	29			

(長谷川和夫,「ストレスと精神病」,『医学のあゆみ』125巻, 5号, p. 403, 1983より転載)

力点数を割り当てた「社会的再適応評価尺度」をつくったのは米国の医師ホームズ（T. H. Holmes）とレイ（R. H. Rahe）だった。調査サンプルの平均値でみると，配偶者の死は100点，離婚は73点，別居65点という具合である。1年間の点数（ストレス値）を加算すると，その人が翌年にかかる病気を予測できるそうだ。

『石狩平野』を書いた作家の船山馨の場合には，本人の死後14時間で夫人も亡くなられている。夫が亡くなったストレスによって，その後1年以内に妻も死亡するケースがかなりある。死別後2週間目と8週間目に調べると免疫力が弱まっているという。

妻を失った夫4,000人を調べた結果，妻の死後6ヵ月以内に夫が死亡する率は，妻を失わぬ人より67％も高かったという報告が1969年に出ている。

しかし，定年退職や悲哀が必ずしも健康を損ねるもとになるとは言えないという反論も出てきた。死亡率だけに関して言えば，1981年に米国のジョンズ・ホプキンス大学で調べたところ，配偶者を亡くした4,032人を12年間追跡しても，55〜75歳の男性が死別後2年目に死亡率がわずかに高かったにすぎず，女性や他の年齢層の男性では違いはみられなかったという報告もある。心臓病による死も特にふえてはいない。配偶者を亡くした悲しみよりも，むしろ食事の変化とか，老人ホームに入るなどの生活激変が余命に影響するらしい。社会的孤立や，支えのなさも大きく影響するようである。

その証拠に再婚した夫の死亡率は普通並みに戻っている。カリフォルニアで7,000人を調べた研究によると，地域社会とのつながりや支えが切れた人は亡くなりやすい，という。それにライフ・イヴェンツが重なると4倍も亡くなりやすいそうだ。

ところが，心臓発作に関しては，ライフ・イヴェンツもあまり関係がないらしい。5,000人の中年労働者を15ヵ月にわたって調べたデータによると，このうち心臓発作をおこした32人ではライフ・イヴェンツが無関係だったという。社会的支えの有無や，どんな状況でライフ・イヴェンツがおきたかによってストレスの強さが変わるのだろう。

心臓病の人の死亡率に影響するのは，悲哀感よりもむしろうつ病だと言われ始めた。心筋梗塞の後には，うつ病を併発しやすい。

あせりや強迫的な考えを伴ううつ病は心臓発作を悪化させる。うつ病では血中にカテコールアミンや副腎皮質ホルモンが増えるので，心臓に悪いのだろう。しかし急激な感情的ストレスで突然死がおきることも確かで，突然死100人中23人は数時間前のストレスが原因だったという。カッとしやすい人では，怒りで不整脈がおきるし，心室細動で突然死となるらしい。

怒りのほかに要注意なのは敵意である。これも心臓病者の死亡率を高めるし，ガンにかかりやすくもする。怒りをぐっとこらえておいて敵意を燃やすと一番危ないそうだから，「気にしない」という生き方が理想的なのだろう。

〔小林　司〕

⇒ガン，ストレス，タイプA，ライフ・サイクル

文献 1. J-内薗, 1989；2. 長谷川和夫「ストレスと精神病」『医学のあゆみ』125巻5号, pp. 401-404, 1983；3. J-林, 1993；4. G-Goldberger & Breznitz, 1982

ライフ・サイクル　life cycle

一人の人間または家族の連続的発展を一つの周期と見なす考え方。それが世代間で繰り返されていく。

C. ブースは，19世紀末に十数年かけてロンドン市イーストエンドで精密な民衆の実態調査を行なった。その結果，労働者の貧困の実態を明らかにした。

ロウントリーは，1899年地方都市ヨーク市で労働者世帯の調査を行ない『貧困の研究：都市生活の研究』(1901)にまとめた。日本では『最低生活研究』（長沼弘毅訳, 1943）が出ている。そこで，個人のライフ・コース，家族の経済状況から労働者家族の貧困性の継続性を説明しようとし，労働者家族が一世代の貧困状態を繰り返す経験，世代間において貧困状態が再生産される構造の存在を明らかにした。貧困再生産の悪循環を断ち切るために，社会保証制度の充実を唱えた。同じテーマで，ロウントリーは，1936

年，1950年に追跡調査を行なっている。ロウントリー研究の追試は，他の研究者によっても行なわれ，エリクソン*らによって，1967年，1980年スウェーデンで収集したデータで再検討された。1978年，イギリスの研究グループがヨーク市で研究して，ライフコースを通じて，所得と貧困の類似性を見出した。

エリクソンの著書『幼児期と社会』(1950) 第7章に「人間の八つの発達段階」としてライフ・サイクル論にもとづく発達論がある。この特徴は，「心理的・社会的」という見方と，人間が生涯にわたって発達するという考えである。個体発達分化の図式で，精神発達の問題を人間生涯の全体を見通して考察した発達観が見事に展望されている。この「エリクソンのライフ・サイクル論」をもとにしてライフ・サイクル論が発達してきた。

家族としては，最初は一組の夫婦が世帯を形成し，子どもが出生し，子どもの数が増えるにしたがって家族構成がピークに達する。子ども達が就職し，結婚して独立していく。やがて夫婦のみとなり，死去によって消滅する。

この生活の循環過程を前提として，人間，家族が生活していくうえで当面する生活の不安，貧困原因となる病気や事故，社会的状況に対して，人間，家族の生活維持のために必要な公的な所得の保障，社会サービス保障，住宅，教育，医療などの生活関連施策を総合的に措置し，再生産の確保のために生活基盤の強化が試みられている。

経済的には，生活段階の発展に伴って家計の消費パターンの変化，貯蓄は個人における所得と養老，親子世代間の扶養と被扶養といった長期の対応関係が重要視されてくる。

女性の就労がクローズアップされたのは，質の内容の変化による。既婚女性の職場進出が増加し，女性雇用者の6割を占めるようになった。これはライフ・サイクルの変化である。女性の出産期の短縮，子離れ期ができ，夫婦同居期間も伸びた。技術文明の発達から家庭電化製品が生み出され，家事労働が軽減された。サービス産業の発達により，原料から製品になるまでの過程までは，家庭で手をいれず，仕上げだけを

家庭でする状態となった。家事労働は簡便化して，能率化が進み，主婦に時間的余裕を与えた。日常の家庭生活に生じた自由時間をいかに有効に過ごすかが専業主婦の生活上の重要な課題となった。

家族の大きな変化は，家族形態でもみられる変化であり，家族構成における核家族化と，家族規模における小家族化がおきた。家族のライフ・サイクルの変化，見合い結婚から恋愛結婚という結婚方式の変化，家族イデオロギーの変化もある。家族関係も，親子関係重視から夫婦関係重視へと変わった。日本の家族も大きく変わりつつあり，家族の多様化は家族の危機をもたらしている。

危機は，人間がその生活を存続できるか，どうかの分岐点に立たされた状況である。これは，個人や家族でも発生する。家族危機の際には，今までの生活様式では対処できなくなる。生活様式を変革しなければ，こうした事態を乗り越えられなくなる。家族はもっている力を発揮して家族生活を維持していく。ここで対応に失敗すれば，家族は崩壊し，家族の機能が失われたり，逸脱行動が生じる。こうした病理現象によって，家庭崩壊を招く。この危機を乗り越えることができると，一度は動揺した家庭生活も安定し，危機以前よりも家族の結合が強まり，より充実した生活を家族にもたらす。家族危機は，対処のいかんによって，プラスにもマイナスにも作用するという特徴をもっている。

〔安原照雄〕

⇒家族システム理論，家族ライフ・サイクル，家族療法，発達段階，ライフ・イヴェンツ

文献 1. C-エリクソン，1977, 1980；2. C-鑪，1990；3. G-仲村他編，1988；4. 仲村優一他編『社会福祉教室：健康で文化的な生活の原点を探る』(増補改訂版)(有斐閣選書)有斐閣，338p., 1989；5. 正岡寛司『家族過程論：現代家族のダイナミックス』(放送大学教材)日本放送出版協会．243p., 1995；6. 望月嵩『家族関係論』(放送大学参考図書)日本放送出版協会，176p., 1991

ラベリング　labeling

周囲が個人を一言で形容できるようにその個人の特性を強調し際立たせることをラベル貼りに例えたもの。あだ名の類いから，逸脱行動の

形成過程に作用するものまで、ラベリングの作用は広範囲とみなされている。

　社会学分野ではラベリングを逸脱行動の形成に作用すると考え，教育社会学分野では，生徒の逸脱行動とともに学力形成や人格形成に作用するものと考える。いずれにも共通する点は，個人的要因や動機より，その当人と周囲の人々との相互関係の中で逸脱行動や学力などが形成されると考える点であり，その際，周囲が当人にラベルを貼ること自体その形成に決定的な影響を与えると考える点である。

　たとえば，犯罪者に対する社会の反応がその経歴をさらに固定し（ラベリング），以後当人は一生犯罪者というラベルが貼られたまま人生を送る。もし，再び犯罪に走った場合，「前科者」というラベリングがなされていた時と，社会復帰の意欲がわくような好意的なラベリングがなされていた時とでは結果は違うという前提に立つのがラベリング理論の特徴である。これは1960年頃から，米国の社会学において理論化されたものである。

　他方，学校や家庭，その他におけるラベリング問題も非常に重要かつ深刻である。

　一例として，ハーバード習熟度テストの実験があげられる。あらかじめ教師には，そのテストの効用（来学年最も伸びる生徒を選抜するのに有効なテストであるという情報）と生徒に関する前情報（前回のテストの上位20％の生徒名簿を配布）とを教える。だが，そのテストは実際には標準的な知能テスト程度であり，生徒に関する情報はまったくの嘘なのである。しかし結果は，それら上位20％の生徒たちが，他の生徒たちよりも良い成績をとる傾向にあることが判明した。これは教育現場においても，一度レッテルが貼られると，実際にその生徒は貼られたレッテルにふさわしい存在になることを示す典型例であり，別名「ピグマリオン効果」といわれる現象である。ギリシア神話に登場する彫刻家ピグマリオンが，自作の彫像と結婚したいと強く願ったところ，神が彫像に生命を吹き込みその期待が成就したことに例えてこの用語は生まれた。さらに，人種，民族，階級，性別，容姿などのラベリングが教師の期待に影響を与えるという研究報告もある。このようなラベリングは，プラスに働く場合には大いに活用する価値があるが，成績が伸びなかったその他の生徒たちの問題は未解決のままである。

　そして負のラベリングがなされた場合の弊害に，カウンセラーが常に敏感でなければならないことを示している次のような報告もある。ある研究者が臨床心理学専攻の大学院生たちとともに周到に準備したうえで，精神病と偽って精神科の病院で診断を受けたところ，統合失調症と診断された。そして，入院し，治療を受け，治療のありさまをつぶさに観察し，記述し続けた。ある時点から偽装をやめて正常に振る舞ったところ，他の真性の患者たちは偽装であったことに気づいたが，統合失調症とラベリングした精神科医と看護師は，正常であること自体を疾患の一様態とみなし，最後まで気づかなかった，という。これはラベリングがいかに根強く私たちの心に巣食って慣習化しているかを象徴する実験報告である。

　その後，ラベリング理論は，ジェンダー，セクシュアリティの問題にもつながり，ラベリングされ，ねつ造された「性」という観点から，その形成過程の分析がなされている。さらには「プリティー・ウーマン」（かわい子ちゃん）といったイメージ形成とラベリングとの関わりを考察する試みもある。

　ラベリングは，クライエントにとってのプラスのラベリングをいち早く見抜くことと同時に，負のラベリング効果からどのようにして脱却させるかというカウンセリングの課題を問わず語りに表している。　　　　　〔太田健児〕

⇒性役割，偏見と差別

文献　1. 小野俊太郎『ピグマリオン・コンプレックス：プリティ・ウーマンの系譜』ありな書房, 227p., 1997 ; 2. ハルゼー, A. H.・カラベル, J. 編, 潮木守一他編訳『教育と社会変動：教育社会学のパラダイム変換』上・下, 東京大学出版会, 280p., 280p., 1980, 1980, 205-225p. ; 3. 徳岡秀雄『社会病理の分析視角：ラベリング論・再考』（現代社会学叢書）東京大学出版会, 296p., 1987 ; 4. 藤木哲也「ラベリング理論の学説史的展望」『犯罪社会学』1978年3月号, 立花書房, p. 88-105 ; 5. 森田洋司「犯罪社会学とラベリング論」『犯罪社会学』1977年2月号, 立花書房, p. 120-141 ; 6. 横山実「犯罪社会学とラベリング論：レマート，ベッカー，エリクソンの理論をめぐって」『犯罪社

会学』1978年3月号，立花書房，p.106-124；7. 横山実「ラベリング論の問題点：特に脱刑事司法過程の提言をめぐって」『犯罪社会学』1980年5月号，立花書房，p.118-141

ラポール　rapport

治療者と被治療者との間にあたたかい感情の交流があり，(1) 両者共にうちとけて，自由に振る舞える安心感をもち，(2) 相手に対する尊敬と信頼の念を抱き，(3) 感情や意志の自在な交流・理解が可能であるような状態。

ラテン語の re（戻って）と apporter（持ってくる）の組み合せが語源であり，報告，つながり，関係などの意味をもつ。もともとこの用語は，催眠法の創始者メスマー*が彼のいわゆる「動物磁気」に感応したクライエントとセラピストとの間に生じた関係を表わすのに用いた。しかし，現代で使われている「ラポール」は，そういう狭い意味ではなく，対人関係におけるなめらかな精神的交流を指し，主として心理療法場面におけるセラピスト-クライエント関係を表わす言葉と考えられている。

カウンセリングまたは心理療法成立の最小限の条件は，セラピストとクライエントの間に，一定の心理的接触があること，つまり，両者の間の心理的相互作用が両者に知覚・認知されていること，さらに，言語的コミュニケーションが可能であることなどである。効果的なセラピー過程（カウンセリング・プロセス）が生じるためには，それ以上に，両者の間に一種の「あたたかい感情の交流」が必要とされ，こういう状態のことを「ラポール」という。このような両者の関係は，カウンセリング関係を受容的・許容的関係ととらえるにしても，情報提供的関係ととらえるにしても，また，診断治療的関係ととらえるにしても，どの立場においても共通に重要視されている。

ソーン*は，彼のパーソナリティ・カウンセリングの原理の中で，カウンセリング関係に関して次のように述べている。「クライエントを数とか事物として取り扱うことはできず，人格として考えなければならない。カウンセラーは，哲学に確実に基礎づけられ，臨床実践という芸術に有能であるとともに，個人を規定する客観的かつ主観的諸力の全分野において敏感であり，温かい人間でなければならない。」つづいて，「ラポール」について次のような定義を与えている。「ラポールとは，調和のとれた関係であって，人々が互いに信頼し，信用し，敬意を払う時に生じる，高められた被暗示性と感情の転移とから，結果としておこってくる相互反応である。」

小林純一は，カウンセリング関係が十分成立するための（カウンセラーに必要な）条件として，次の2点をあげている。(a) 人格(person)としてのクライエントに対する尊重心の存在，(b) クライエント自身を，そのあるがままにみる受容的態度の存在。この2条件は，カウンセラーとクライエントとの相互理解に必要な根本的要素であり，カウンセリング関係を成立させ，また，相互の信頼と尊重にもとづく「ラポール」という雰囲気をつくる要素なのである，と彼は述べている。「ラポール」があるところに，クライエントの率直な自己表明が促進されてくると言える。そして，これは，カウンセリング初期に，重要視されなければならない。

深いカウンセリング関係が生まれた時には，カウンセラーとクライエントはともに一体感(togetherness)を感じる瞬間を経験するが，これが「出会い」(encounter)であり，この「出会い」を準備する感情状態が「ラポール」であると言ってよい。こういうカウンセリング関係の背景となる哲学にマルチン・ブーバー*の「我と汝との出会い」の思想があると言える。人間と世界の関係には，「我-汝」および，「我-それ」の二つの関係があり，「我-汝」の関係においてだけ，「ラポール」そして「出会い」が可能であり，そこに人生の意味がある，とする。「我-汝」は，「我」の全存在をこめて語りかけられねばならぬ関係であり，「我-それ」は，「我」の一部が対象を経験し，利用する関係である。「我」は，「それ」という対象の性質によって決まるのではなく，この対象が人であれ物であれ，「我」が全存在をこめて「汝」と呼びかけることによって，「出会う」のである。そして，この関係は，相互的であり，「我が汝を」と生かすと同時に，「我」もまた「汝」によって生かされるものであると

している。この思想は，実存主義的立場のカウンセラーにとって支柱となる思想と言える。
〔有田八州穂〕
⇒カウンセリングにおける人間関係，コミュニケーション，心理療法，出会い

文献 1. A-河合, 1975；2. A-小林, 1979；3. E-小林, 1983；4 B-ゼイク, 1989；5. A-パターソン, 1962；6. A-畠瀬, 1991；7. E-ブーバー, 1966；8. A-古屋, 1971；9. B-マラン, 1992；10. H-『ロージァズ全集』4, 1966

リエゾン精神医学 liaison psychiatry

他科の患者と治療スタッフをめぐるさまざまな治療関係に働きかけて，よりよい総合的な医療を実現することを目指す精神医学。

リエゾンということばは，1920年代のアメリカの文献に出現するが，リエゾン精神医学という用語が最初に使われたのは，1934年にコロラド大学病院に「リエゾン精神科」が創設されてからのことであろう。リエゾン精神医学は，一般にはコンサルテーション精神医学および各科の患者の併診に関わる精神医学も含めた意味で用いられている。コンサルテーションとは，その分野の専門家に相談して意見を求めることで，コンサルテーション精神医学とは，各科の医師が患者の精神的な問題への対応について精神科医に相談し，それに対して精神科医が助言することを意味する。

相談を受ける側は助言・提案を行なうのみで，それを実行することに関しては来談者の主体性に任せられる。両者の関係は対等で，コンサルタントには，指示や命令の権限はない。

リエゾン精神医学そのものの本質は，これとは区別され，しばしば連携と訳されるように，他の職種との関係において機能し，患者をめぐるさまざまな治療関係を対象として，患者をとりまく人間関係を適切につなぐ役割をもつ。その理念は，人間を生物的，心理的，社会的な全体的存在として把握し，医学はそれらを包括した総合医療でなければならないことを強調し，精神科はすべての総合病院で必要とされるべきであると考える。

特に重要なのは，対象としての治療関係とそこに働く精神力動である。つまり，転移，逆転移（カウンセラーがクライエントに転移すること），防衛機制など治療における人間関係をめぐる力動精神医学である。

日本には，1977年に「精神医学」誌でリエゾン精神医学が紹介され，この概念を中心に据えて，1988年，日本総合病院精神医学会が設立された。臨床研修指定病院では，すべて診療科として精神科をもつことが教育上必要であるし，リエゾン精神医学の専門医制度を設けることも必要と思われる。診療報酬に関連した経済的裏づけの確立がリエゾン精神医学の今後の発展のためには不可欠である。

臨床場面で具体的に関わる対象には，各種精神障害，精神障害に各種の身体疾患を合併したもの，心身症，身体疾患に対する患者の心理的反応，医療スタッフや家族，他の患者など治療をめぐる人間関係上の問題，医療スタッフ同士の関係の問題，患者と学校ないし職場といった社会的関係をめぐる問題，特殊な医療状況をめぐる問題などがある。

次に，各医療状況に特有な問題と精神科医の働きについて述べる。リエゾン精神医学の実践に際し，対象となる診療科における精神医学的問題を把握したうえで，それに対応するための方法論を明確にしておくことが重要である。その臨床形態は，依頼票に回答する，定期的にカンファレンスを開く，他科のカンファレンスに出席する，病棟を定期的に回診する，などの方法がある。

リエゾン・カンファレンスが最も有効に働きうる場として，リハビリテーションがあげられる。リハビリテーション医療は，一人の患者に多くの職種が関わり，長期間を要するという治療構造のため，治療の目標や契約をめぐる問題，転移・逆転移，医療チーム間の問題，家族の理解と協力などの要因が影響する。片マヒ，対マヒ，切断，発達障害，慢性疾患による機能不全のために，身体の一部や機能を喪失し，社会的ハンディキャップを負った人が対象となるので，心理・社会的関わりが中心となる。そこで，各職種の役割を明確にし，相補的に働く治療チームの統制を行なう。

リエゾン精神医学は，内科領域に対しては，

身体疾患の経過中に見られる抑うつや心身症的病態に対して，正確な診断と治療を行なう。外科では，手術前の不安に対応し，また，術後のせん妄や抑うつ，社会復帰の時期に生じる心理的問題に関わる。産婦人科では，産褥期精神障害に対して妊娠中からの予防を含めた対応を行なう。小児科では，高度に専門化した特殊な治療環境における子どもへの心理的配慮が必要である。子どもは，精神医学的問題をもつ場合でも，身体症状を前面に出しやすいことに注意する。救急救命センターでは，受傷機転が自死企図である場合も多く，身体的治療を円滑に進めるために精神医学的配慮が必要である。無菌病棟では，常に変化する病状に対応するためにいかに連携できるか，徹底した感染対策のため患者の孤独感を緩和する配慮，スタッフ，家族，患者に対して情報交換を密にすることが重要である。子どもに対しては年齢に応じて精神発達に沿った扱い方をする。死亡した家族に対しては，喪の作業（グリーフ・ワーク）を扱う必要もある。腎透析においては，特有のストレスから治療意欲の低下，失感情症など自己管理能力を左右する要因が問題となる。慢性疼痛の患者に対しては，痛み行動を観察して心理的要素があるかどうかを診断し，理学療法を併用したり，抗うつ剤を利用したりする。高齢者では，身体的，精神的機能の老化が関与して精神障害が発現することがあり，症状は，非定型的なものが多い。高齢者を取り巻く環境の変化，性格の偏り，身体疾患などさまざまな要因を考慮してアプローチを行なう。ターミナル・ケアにおいては，末期患者の心理，日本人の家族観，死生観を知り，鎮痛法にも精通しておく必要がある。ケアに関与するスタッフと，場合によっては宗教家，ボランティアをも含めたカンファレンスを開いて情報交換をし，患者と家族とのコミュニケーションを絶えずはかっていく。

この他，リエゾン精神医学が機能する場は，総合病院に限らず，学校，産業，地域など広い領域にわたっている。病院外では，学校場面で精神科医による教員のための研修会，教育相談へのコンサルテーションなどがありうる。産業社会での精神保健相談では，一般社員に共通したストレス要因や不適応の問題をあらかじめ知っておき，当該社員の内的問題を明確にし，職場環境を適切にすることにより，力動的に対処する。地域医療においては，地域の病院，開業医との連携を密にしていく。このような広い対象に働きかけるリエゾン精神医学の方法論には，コミュニケーション論，役割論，システム理論，集団力動論，社会学，心理学などの関連領域の研究成果が役立つ。〔今村恵津子〕

⇒主な防衛機制，グリーフ・ワーク，孤独，自死と自死防止，喪失，転移，悲嘆カウンセリング，防衛機制の例，リエゾン精神看護，力動的心理学

文献 1．岩崎徹也編『コンサルテーション・リエゾン精神医学』（精神科 MOOK 27）金原出版，201p., 1991

リエゾン精神看護 psychiatric liaison nursing

リエゾン（liaison）とは，**連携する，つなげる，橋渡しをする**，という意味である。リエゾン精神看護は，精神看護の知識や技術を他の領域の看護に応用し，また関係者間の連携を促進して，より包括的で質の高い看護サービスを提供するものである。リエゾン精神看護はリエゾン精神専門看護師（psychiatric liaison clinical nurse specialist：通称「リエゾン・ナース」）によって行なわれる活動であり，その**機能には，(1) 患者や家族の直接ケア，(2) 患者ケアに関するコンサルテーション，(3) 看護師に対するメンタル・ヘルス支援，(4) 教育，(5) 研究，(6) 連携・調整**，などが含まれる。

昨今，医療はめざましく進歩し，人々の寿命も延びた。しかし一方でさまざまな問題も出てきている。検査や治療が高度化・複雑化し，それに伴う苦痛や不安はむしろ高まっている。慢性疾患を抱えながら生きること，治療法や生き方を自分で選択すること，予後への不安，経済的不安を抱いたまま入院するなど，医療現場で体験する患者のストレスは大きい。自我が耐えうる以上のストレス状態においては，人はいつもの自分ではいられなくなり，さまざまな精神的な問題，行動上の問題をおこす。たとえば，抑うつ状態，過緊張，攻撃的・退行的・依存的

言動, などがそうである。また, 心の問題が病状そのものや療養の仕方に影響を及ぼしている人もいる。また, 身体疾患の一症状として, あるいは治療薬の副作用として精神症状を呈する人もいる。さらに, 病気を機会として自らの生や死について考えたいと望む人もいる。リエゾン・ナースは, このような身体疾患を抱える患者や, 彼らと接する医療スタッフの精神的な諸問題・課題に対して, 以下のような諸側面から取り組む専門看護師である。

リエゾン精神看護の対象と働きかけには次のようなものがある。第一に「患者・家族の直接ケア」がある。精神的な問題や行動上の問題を抱える患者に対して, カウンセリングやリラクセイションを行ない, 不安に対して患者が適切に対処でき, また, 自分の課題に取り組むことができるように支援する。第二に「患者ケアに関するコンサルテーション」がある。コンサルテーションでは患者の精神状態のアセスメントやケア方法についてのアドバイスを行なう。同時に, 患者ケアに行き詰まりを感じている医療スタッフの心理的な立て直しを支援する。患者は不安が高まると, 医療スタッフに対して不合理な怒り, 非現実的な期待, 過度の依存などの無意識的な欲求や感情(=転移:transference)を向けることが多い。そうすると医療スタッフも, 必要以上に無力感にさいなまれたり, 強い怒りを感じたり, 過保護になったりして, 患者や家族に巻き込まれ, 適切な判断が難しくなる。このような場合には, コンサルテーションによって医療スタッフが自分たちの反応の仕方に気づいたり, 関わり方を冷静にとらえ直して治療や看護に取り組めるように働きかけることが必要である。第三に「看護師に対するメンタル・ヘルス支援」がある。看護師の精神の健康状態は, 患者ケアの質に直接影響を及ぼす。看護師個人やグループの相談役となり, メンタル・ヘルスの向上をはかる。第四に「教育」がある。精神看護やコミュニケーションに関連した講義やセミナーなどの教育活動を通して, 看護師の精神看護学的な知識や技術を高める。第五に「研究」がある。精神看護の視点から看護婦の研究を指導したり, 自ら研究を行なって, その結果を看護実践に還元する。最後に, チーム医療を推進するための「連携・調整」の役割がある。

リエゾン精神看護がアメリカにおいて一つの専門領域として位置づけられるようになったのは1960年代であり, コンサルテーション・リエゾン精神医学の始まりから約30年後のことであった。日本においては, 1977年にコンサルテーション・リエゾン精神医学が, 1980年半ばにリエゾン精神看護が, 紹介された。その後大学院レベルでリエゾン精神看護の教育が行なわれるようになり, 1996年には専門看護師の認定が始まった。医療の複雑化高度化に伴い, 患者の抱える問題も多種多様になってきた。患者に効率的で質の高い医療サービスを提供するためには, 看護が諸領域での専門性を高めつつ, 領域を越えて協働して問題解決に取り組む看護提供システムを発展させることが必要である。リエゾン精神看護はその看護提供システムの一つである。　　　　　　　　　　　〔野末聖香〕
⇨コンサルテーション, 看護師, 精神医学ソーシャル・ワーク, メンタル・ヘルス

文献 1. 荒木富士夫編著『コンサルテーション・リエゾン精神医学の課題』東海大学出版会, 356p., 1989 ; 2. 黒沢尚・市橋秀夫・皆川邦直編『コンサルテーション・リエゾン精神医学』(精神科プラクティス 4)星和書店, 276p., 1996 ; 3. ステュアート, G.W.・サンディーン S.J., 稲岡文昭訳「リエイゾンナーシング:看護実践のための 1 モデル」(J-スチュアート, サンディーン, 1986, 643-656所収) ; 4. 野末聖香「リエゾン精神専門看護婦の活動の実際」『看護管理』7 (5), 1997, p.326-333 ; 5. 野末聖香「身体を病む人への精神看護の展開:リエゾン精神看護」山崎智子・野嶋佐由美編著『精神看護学』(明解看護学双書 3) 金芳堂, 244p., 1997, p.115-128 ; 6. 南 裕子「看護婦のための看護婦:精神看護の日本的方向性」『精神治療学』5 (5), 1990, p.601-607 ; 7. Lewis, A. and Levy, J.S.: *Psychiatric Liaison Nursing—the theory & practice.* Reston, 1982 ; 8. Luna-Raines, M.: Psychiatric Liaison Nursing, In Birckhead, L.M.: *Psychiatric/Mental Health Nursing.* J.B. Lippincott (Philadelphia), 1987

力動的心理学　dynamic psychology
　思考や行動の背後にあってそれを決定する内的相互プロセス, つまり動機と原因, 内的な力(動因, 衝動, 目的, 情動, 欲望)に焦点をあて, 特に無意識の動因を強調する心理学。

「力動的な」「動力学的な」(dynamic)という言葉は，一つのシステムに及ぼす力のあり方を意味しており，物理学では，ある力が働く下でのシステムの運動と平衡とを扱う力学を指す。心理学では，「力動」はある生物の行動を決める，各種の動機づけの力または各種の動因の力の間の相互作用を意味する。

歯車やゼンマイなどを単に機械的に集めて組みたてただけの時計が動くのとは違って，生体はもっと全体としてまとまりのある一つのシステムであると考えて，心理学的な力の衝突や合力による表現として心理現象を説明しようとするのが力動的心理学である。また，意識の力と無意識の力との間の相互作用，つまり，動因，動機，欲求，本能，欲望などの力が行動を決定するということを強調する心理学説を力動的心理学と呼ぶこともある。人間の思考や行動にはいろいろな動機があると考え，無意識的な動機が果たす役割をも考えていこうとするのである。

デューイ*とジェームス*の機能主義をさらに発展させたものとして，力動的心理学では，行動をおこす原因を考え，これを力動的因子(dynamic factor)と呼ぶ。生体は刺激（S）に反応（R）するというS－R形で行動をおこすように見えるが，じつは，そのからくりの裏側には衝動の力がひそんでいて，その力が行動へと駆りたてるのである。つまりS－Rではなくて，S－O－Rという連鎖が行動をおこさせる。Oとは生体（organism）の構造と機能を指す。動機づけの衝動には，飢えや睡眠のような有機的，本能的な一次的衝動と，好奇心のような無機的で経験により学習する二次的衝動とがある。動機としてのこれらの衝動に，外から目に見える刺激が加わると生体は初めて行動をおこすのだ，と米国の心理学者ウッドワース(Robert Sessions Woodworth, 1869〜1962)は考えた。言い換えれば，生物を行動に駆り立てる原因とは何か，活動の方向を決めるのは何か，同じ環境刺激の下でも反応が個体によって異なるのはなぜか，ある行動をおこし，それを維持し，その行動をやめさせるのは何か，これらの疑問を考察するのが力動的心理学である。

その主な学説は，(1) 快楽説，(2) 認知学説，(3) 成長学説，(4) 精神分析学説，(5) 脳・神経構造学説である。

(1)の快楽説では，生物は快楽に向かうか，または緊張や不快を減らす方向に向かって行動する，と考える。ウッドワースは動機づけに衝動(動因，drive)という術語をあて，1918年に『力動的心理学』(Dynamic Psychology)という本を書いた。彼は，本能的な動因と学習した動因，一次的動因と二次的動因，身体的動因と心理的動因，を区別した。痛みや飢えを避けたいというのは本能的ないし一次的動因であり，金もうけをしたいとか恐怖を避けたいというのは学習した動因，ないし二次的動因の例である。痛みを避けたいという一次的動因から不安を避けたいという二次的動因が生まれる。臨床的には，接近－回避型葛藤（エサは欲しいがネズミトリを怖がっているネズミ，良い成績をとりたいが勉強するのは厭だという学生，など）のような二つの動因の間の葛藤が神経症的行動の原因になると考える。円形を見た時にスイッチを押せばエサが出るが，楕円形を見た時に押すと電気ショックが与えられるように設定した実験で，円を次第に楕円に近づけていくと，エサも欲しいが電撃も怖いので，スイッチを押すべきかどうか悩み，実験動物は神経症的行動を示すようになる。ミラー(Neal Edger Miller, 1909〜)とドラード(John Dollard)は『パーソナリティと心理療法』(Personality and Psychotherapy) (1950)の中で，ハル(Clark Leonard Hull, 1884〜1952)のS－R学習理論とフロイト*の精神分析理論とを，この動因葛藤論によって統合しようとした。レヴィン*は，すべての行動は動機づけによっておきると考え，ハルが考えたのと同じく，欲求を生物学的に決まった一次的欲求と，経験から学んだ二次的欲求とに分けた。この欲求が緊張をもたらし，それを解消させようとして行動がおきる。生物は，多くの欲求が行動をひきおこすという力動的な一つのシステムだ，と彼は考えた。

内・外からくる刺激はプラスまたはマイナスの情動と結びついて誘因としての価値をもつ。その経験を繰り返すと，人は価値体系をもつよ

うになる。

　(2) 認知学説は，衝動や欲求よりも認知（知りたいという要求）を重視する。ピアジェ*の影響を受けたハント(J. M. Hunt)は，生物が常に新しい情報を求めていると考えた。その情報量が多すぎたり少なすぎると不快刺激になるが，適量だと快感となり行動をおこさせる。

　(3) 成長と実現説：これを唱えたのはアンギアル(Andras Angyal)，ゴールドシュタイン*，マスロー*，ロジャース*であった。人は自分の成長とか自己実現のために行動するという。この考えは，人間の潜在力開発運動（Human Potential Movement）とも結びついている。マスローは，生物学的欲求（食欲，睡眠，安全など）が充たされると心理的欲求（愛情欲求，承認欲求，所属欲求など）が現われ，これらがすべて充たされると最後に自己実現欲求が出てくるという。ロジャースも，人間は生来的に自己実現欲求をもっているものだと考えた。

　(4) 精神分析学説：性衝動と攻撃衝動とを強調し，葛藤，不安，防衛などの無意識的からくりによって人間行動を力学的に説明しようとする。フロイトの精神分析，アドラー*の個人心理学，ユング*の分析心理学はいずれも無意識の力を重視している点で共通している。

　(5) 脳・神経構造学説（一般システム理論）：ドイツの理論生物学者フォン・ベルタランフィ(L. von Bertaranffi)が，生物・経済・物理などあらゆるシステムには構造上の同一性があって，そのシステム内の相互作用も同じ法則に従っている，と1948年に唱えた説。機械論的な受動的世界観に対置させて，有機体的・生活体的能動的世界観によって，生活体の力動的な全体性を重視する。

　ところで，力動的精神医学とは何を意味するのであろうか。人間を静的にとらえて観察し，客観的因子を記述して，主に症状と現象とを研究するのは「記述精神医学(descriptive psychiatry)」である。これに対置して，人間の多くの精神現象の裏面にあって奥底にひそんでいる内部の力（動機と心的力との間の葛藤）によって力動的に異常心理現象がおきると考え，人間行動を決定している動因（無意識の衝動やエネルギーをも含めて）を研究するのを「力動的精神医学(dynamic psychiatry)」と呼ぶ。

　この力動的精神医学の考え方は，精神分析学の一部と重なるので，精神分析学的精神医学と力動的精神医学とを同義に使うことも多い。

　さらに，力動的精神医学という単語によって，マイヤー*の「精神生物学」を指すこともある。これは，社会の中での適応に失敗した精神障害者を，前述の精神分析学の考え方をも含めて，生物学的・心理学的・社会学的な各次元を総合した視点でとらえようというものである。

　また，狭義には，サリヴァン*の「対人関係学派」を意味することもある。

　しかし，一般的には，米国の精神医学における力動的な考え方をもつ諸学派全体を力動的精神医学と呼ぶ。この中には上述のマイヤーやサリヴァン学派はもちろん，ブリル(A. A. Brill)やホワイト(W. A. White)，メニンガー(K. A. Menninger)などの米国精神分析学派やアレキサンダー(Franz Alexander)の心身医学の立場，ハルトマン*らの自我心理学の立場，E. H. エリクソン*らのアイデンティティとライフサイクル学派，コフート(H. Kohut)の自己心理学の立場，など各種の考え方がすべて含まれている。マッサーマン(J. H. Masserman)は，力動的精神医学を，生物学的力動，心理学的力動，社会学的力動の三つを考慮に入れた総合的精神医学だと考えている。

　ピーターズ(U. H. Peters)によれば，精神医学の歴史をみると，精神面での力学を次のようにいろいろな人が考えている。①静的なものに対比して動的に考えるヘルバルト*，フェヒネル(G. T. Fechner)，フロイトなどの立場。生の本能や死の本能は動因の一つ。これらの力が葛藤をおこす。②シャルコー(J. M. Charcot)の心因性麻痺のような機能的考え方，③神経系の一部を刺激すると他が反応するという現象Dynamogeneseを考えるブラウン-セカール(C. -E. Brown-Séquard)による機能刺激説。④ベルネーム(Bernheim)による催眠状態をひきおこすエネルギーという考え方。⑤モロー・ドゥ・トゥール(Moreau de Tours)による退行的視点。⑥ヤンツァリク(W. Janzarik)による

力動的・構造的・心理的視点。
〔小林　司〕
⇨深層心理学，精神分析，フロイト
文献　1. Masserman, J. H.: *Principles of Dynamic Psychiatry*. (2nd ed.), W. B. Saunders (Philadelphia), pp. 332, 1961

離婚　divorce

結婚（婚姻）関係を生きているうちに解消すること。

日本の離婚率は，人口1,000人当たり，1975年は1.0人だったが，1997年には1.78人に増えた。米国4.2人，英国2.9人，ドイツ2.1人などに比べると，まだ少ない。婚姻数は，2000年に約79万8,000組（1999年より3万6,000組増加），離婚は約26万4,000組（1万4,000組増加）で，9年連続で増え続けている。日本では，平均婚姻期間は9.6年であり，10年以上も結婚生活を続けたのちに離婚するケースが40%以上（1990年の統計）で，中高年者の離婚増加が最近の傾向と言えよう。

社会主義諸国で離婚率が高かったので，妻が家庭外就労すると離婚が増えるように見える。また，米国でも離婚率が高いのは，都市化と産業化の影響と考える人もいたが，最近では，結婚の意義を夫婦の情緒的調和だけに求める気持ちが強過ぎるために欲求不満に陥りやすく，しかも離婚を悪とは考えず，失敗の救済策と見なす考え方のためと思われている。軽率な早婚，経済的自立，性関係の寛容さ，再婚の容易さ，なども離婚を促す要因になっている。

離婚後の子どもの親権を妻がもつ場合が71.4%に達し，離婚が原因の母子家庭が急増している。その75%は養育費を貰っておらず，家をもっているのは20%余りにすぎない。平均年収は185万円であるから，借家から立ち退きを迫られたりすればホームレスに転落する可能性が濃い。

経済的理由や世間体を気にして離婚できずにいる「家庭内離婚」も増えているという。司法統計年報（最高裁判所，1989）によると，離婚を申し立てる動機としては，性格が合わない（46.0%），暴力をふるう（34.5%），異性関係（31.2%），生活費を渡さない（21.8%），精神的虐待（19.7%），家庭を捨ててかえりみない（17.6%），酒を飲みすぎる（15.5%），浪費（15.5%），家族親族と折り合いが悪い（13.6%），異常性格（9.1%），性的不満（5.4%），同居に応じない（5.0%），病気（2.0%），となっている。裁判にもちこまれたケースだけの統計であるから，この割合をそのまま離婚全体に当てはめることはできないが，婚前カウンセリングその他によって，離婚を減らすことができよう。

佐藤悦子によると，夫婦間の葛藤の要因は，(1)支配力，(2)重要関心事，(3)親密性の三つが主である。葛藤を解決させるための援助としては，(a)相手に向けている各々の目を自分に向けさせる，(b)自分の不適応感に気づきそれを受容させる，という戦略を立てたうえで，実際には夫婦間のコミュニケーションの内容のひずみ，コミュニケーション・プロセスのひずみ，コミュニケーションの方法，を点検してカウンセリングを行なう。

離婚しようという人たちは，お互いに，一方的なものの見方をして，自分の利益だけを考える傾向が強い。相手の立場に立って考え，相手の主張にもよく耳を傾けるという態度が必要である。そこで，マリッジ・カウンセリングが必要となる。

大宮録郎によると，夫婦間に問題がおきた場合，次の三つの視点で問題を考えなければならない。(ⅰ)条件発生的考察（なぜおきたのか），(ⅱ)全体的状況の中での把握（人と環境とのかかわり合い），(ⅲ)緊張を解消する過程としての症状。

ここでは，離婚や不幸な結婚を防ぐための，婚前と新婚期のカウンセリングについて述べておく。

婚前カウンセリング（premarital counseling）とは，結婚の可能性をさぐっている男女がかかえる各種の問題の解決や選択の可否，課題の達成を援助するのがその目的である。杉渓一言によれば，(1)各自のアイデンティティの確立，(2)コミュニケーション・スキルの習得，(3)新家庭をつくる創造への動機づけ，が具体的な目標となる。当時者の間だけでは話せない

こと，尋ねにくいこと，気づかないこと，についての理解を促進させ，自己への気づきを深め，自己成長によって，カップルとしての成長をうながす。心理的離乳（親離れ），心理的自立，互いの類似性と相違性（相補性）の確認，相手の長所を見出してプラスのストロークを出すことができるように援助する。

両者が十分にコミュニケーションを交わして，人間的理解を深め，双方の家族についても理解が得られていることが結婚には必要である。また，結婚式ないし同棲開始から第一子が生まれるまでのカップルに対するカウンセリングを「新婚期カウンセリング」と呼ぶ。

生活習慣や考え方，環境などが全く異なっている異文化の2人が一緒に暮らしはじめるのであるから，新しい共同生活にうまく適応できるまでには葛藤が生じても当然である。問題になりやすいのは平木典子によれば，(a) コミュニケーション，(b) ライフ・スタイル，(c) 実家や親戚との関係，(d) 子どもづくり，(e) 経済，(f) セックス，(g) 価値観，(h) 興味，(i) 友人，(j) 役割分担，でありその他に，(k) 不倫，(l) 論争，(m) 情緒的欲求，(n) アルコール，(o) 暴力，もある。

結婚への期待は，次のようなお互いの思いこみをつくる。(ⅰ) 相手が献身的に愛し続けてくれるべきだ，(ⅱ) 相手が優しくしてくれるべきだ，(ⅲ) 結婚すれば孤独ではなくなる，(ⅳ) 夫婦は喧嘩をするべきでない。

このような間違ったビリーフ（信念）をもてば，現実と一致するはずがないので，失望したり，落胆したり，怒りに変わったりする。次のような多くの困難に直面するのが当然だということをあらかじめ認めるべきである。

平木は，新婚期の問題の背後には無意識にもとづく次のような問題がひそんでいることを指摘している。

(1) 親からの自立ができていない，(2) 親密さをもてない，(3) 支配と服従関係をつくってしまう，(4) 捨てられることを恐れている，(5) 性について不器用（性役割や愛情表現をも含めて），(6) 自己を十分に受容できない（他人をも受容できない）。

こうした問題がカウンセリングによって処理されないと，やがて離婚へとつながっていく。
〔小林　司〕

⇨家族システム理論，家族療法，結婚，システム論的家族療法，マリッジ・カウンセリング，恋愛，論理療法

文献 1. E-有地，1987；2. E-アルヴァレス，1989；3. E-大宮，1987；4. 佐藤悦子「夫婦の間の葛藤とカウンセリング」I-『現代のエスプリ別冊　マリッジ・カウンセリング』pp. 249-259，1992；5. 杉渓一言「結婚前のカウンセリング」I-『現代のエスプリ別冊　マリッジ・カウンセリング』pp. 208-220，1992；6. 平木典子「新婚時代のカウンセリング」I-『現代のエスプリ別冊　マリッジ・カウンセリング』pp. 221-228，1992

理性喚情療法　⇨論理療法

離人症　depersonalization

自己・他人・外部世界の具体的な存在感・生命感が失われ，対象を完全に知覚しながらも，それらと自己との有機的なつながりを実感しえない精神状態。

自我は知覚・思考・感情・行為などをつかさどり，これを統合する人格の中枢部であり，これら諸機能の要(かなめ)である。この自我あるいは自我意識には，能動性の意識，単一性の意識，同一性の意識，外界や他者に対立するものとしての自我の意識の四つの標識がある。離人症はこのうちの，主として能動性の意識に関わる。

症状を大きく三つに分けると，(1) 自己意識の離人症，(2) 身体意識の離人症，(3) 外界意識の離人症，がある。

(1) 自己意識の離人症（autopsychic depersonalization）：自分が存在しないような気がする，もとの自分ではないような気がするなどの訴えは，自己存在感や自己同一性意識が希薄になったものと考えられる。また，惰性で考えている，これが自分の考えだという気がしない，自分の感情がない，何をしても夢のようだ，自分の行為に実感がないなどは，それぞれ思考，感情，行為に関する自己所属感，あるいは能動性の意識が減弱したものである。

(2) 身体意識の離人症（somatopsychic depersonalization）：自分の身体，手や足が自分

のものではないような気がする，身体が入れ替わったような感じがする，ロボットになったような気がするというのは，身体における能動性の意識や同一性の意識の減弱である。

(3) 外界意識の離人症（allopsychic depersonalization）：世界が色あせて見える，ガラスやベールを隔てて見ているようだ，景色がぴったりこないなどは知覚対象に関して訴えられた離人症である。

離人症は，解離性障害の一種である離人障害として発症することが多いが，うつ病や統合失調症，てんかんの部分症状として発現することもある。また，健康な者でも，極度の疲労や高熱からの回復時などに経験することがある。離人神経症には既視感（デジャ・ヴュ，déjà-vu：以前にこれを一度見たことがあるという感じ）や未視感（ジャメ・ヴュ，jamais-vu：将来もう一度これを見るに違いないという感じ）がみられることもある。また，統合失調症においてはシュナイダー（Kurt Schneider, 1887～1967）による2級症状として，急性期に見られる他，偽神経症型（pseudoneurotic type）の統合失調症においても，ときに，身体感覚の錯覚と離人症が見られる。

離人症の成因については諸説があるが，定説となっているものはない。たとえば，シルダー（P. Schilder）による，過度の自己観察という考え方がある(1914)。このモデルとして，たとえば，熟知している文字をじっと見つめていると，その文字の意味伝達性が消失して，見慣れない，無意味な形象として感じられるようになってしまう現象がある。このような過度の観察を自己に向けたとき，生き生きとした自己存在感の希薄化がおきるのではないかといわれている。また，ストーチ（E. Storch）の「筋肉感覚」と「感官感覚」との解離という考え方がある（1901）。知覚は純粋感覚的内容に能動的な「筋肉感覚」が伴うことによってのみ知覚対象の現実感や熟知感を帯びることができる，というものである。

情緒不安や自己愛，自己防衛の傾向をもつ人が，対人関係などで強い精神的葛藤や興奮，過労などを契機にして，強い不安や緊張を経験し，その防衛に失敗したときに生じると考えられている。

最近の研究では，現象学的精神病理学の視点が有益な考察を提出している。木村敏（1978）は，「私」や「存在」の存立の契機は，「もの」（ノエマ的：中立的・無差別的な客観的対象）と「もの」のあいだにあるのではなく，「こと」（ノエシス的：実践的な関与を促す働きかけ，志向性）と「こと」のあいだに成立する事態である，ととらえ，「私」や「私の身体」あるいは「私をとりまく外部世界」に対する知覚が生き生きとした実感を伴ったものになっている状態を「私と世界が実践的に出会っていることについての感覚」であるとした。たとえば，ここに一輪の花があるとする。ものとしての「私」と，ものとしての「花」とのあいだには物理的近接関係以上のものはない。花は1個の無意味な物体にすぎない。「花」やそれを見ている「私」が生き生きとした実感を得るためには「私」と「花」のあいだに実践的に関与する志向性が介在していなければならないという。木村はこれをアリストテレスのいう「共通感覚（sensus communis）」であるともいっている。「共通感覚」とは「視・聴・触・味・嗅の5つの個別感覚のすべてに共有されていて，これらの個別感覚を統一する，より高次の感覚」であり，「これらの感覚や表象は，物質的もしくは観念的な対象が私たちに認知されるための素材を提供してくれる」が，「ものがものとしてあるということが実現するためには，これらの素材を私たちと世界との現実的な関わりのなかへ取り込んでこれに肉付きを与える総合的な作用」が必要であるとしている。そして離人症とは，この共通感覚の機能喪失であるとの見解を提出している。

さらに，木村は，思春期から青春期にかけて好発する統合失調症や境界例，離人症，対人恐怖などはすべて，実践的関与を媒介する働きとしてのノエシス的自己と身体の物質的，物理的個別性に即したノエマ的自己との二重性の統合に，部分的に，あるいは全体的に失敗した結果であるという。換言すれば，思春期においては，自分のノエマ的身体とそれを支配しようとするノエシス的精神としての自己との主導権をめぐっての角遂が生じているということができる。

身体的存在として，常に，ここにある身体的自己という場において，絶えず実践的働きを媒介する志向作用としてのノエシス的自己が活動しなければならないことの両立に失敗し，この志向作用がその機能を停止したとき，私たちは生き生きとした躍動感をもった知覚を失う。これが離人症の成因であると木村は述べている。

〔柏木誠二〕

⇒意識，自我

文献 1．大原健士郎・高橋三郎編『現代の精神医学』（改訂第2版）431p.，金原出版，1990；2．木村敏『自分ということ』（レグルス文庫）第三文明社，208p.，1983

リハビリテーション rehabilitation

心身に障害を負った人間の全人的回復を目指す医学的，心理的，社会的，教育的側面からの総合的アプローチ。

リハビリテーションということばの語源は，中世において教会から破門された者が許されて，再び宗教上の権利を取り戻したことにさかのぼり，本来，社会的復権を意味していた。リハビリテーションは，従来，更生指導，社会復帰などと訳されてきたが，その全貌を表現する適切な訳語はない。なぜなら，それは生理的，心理的，社会的な人間のあらゆる側面を含む全人的な復権を意味するからである。

リハビリテーションが医学の専門科として独立した契機は，第二次大戦後，大量の傷痍軍人の社会復帰を目的としたことにあり，これを通して頭に砲弾を受けた兵士たちに対する脳外科的治療・研究が進んでいった。また，近年，医学のめざましい進歩によって平均寿命が延び，人口の高齢化とともに，高度医療のもとで心身に障害を残しつつ生還するケースが増え，リハビリテーションは慢性疾患をもつ老人の寝たきり防止と日常生活の自立の援助までを射程に入れるものとなった。現在では，リハビリテーションの対象となる医学的領域には脳血管障害，心臓疾患，抹消血管疾患，呼吸器疾患，整形外科的疾患，尿路疾患，知情意低下症などの精神障害が含まれている。

リハビリテーションは，治療医学，予防医学に次ぐ第三の医学といわれ，人間を全人的な統一体としてみていこうとする立場を背景に，各人の障害レベルに応じた自立を援助するものである。それは医療に始まるが，障害を負った人間をできるだけ以前の生活の状態に戻し，職業復帰を含めて社会への再適応をはかるものであるから，急性期の医学的処置を一応終了した後にも，医療，福祉，教育の領域にまたがってサービスが提供されることになる。そのため，一人の障害者をめぐって，数多くのスタッフがチームを組んで協力的に働く体制をとっている。病院のチームには，医師，看護師，理学療法士（PT），作業療法士（OT），言語聴覚士（ST），臨床心理士，ソーシャル・ワーカー，義肢装具士などが関わり，情報交換をしつつ，各スタッフが専門性を活かして働いている。医療の場以外では，職業カウンセラー，授産施設の指導員，療護施設の指導員，レクリエーション・ワーカー，介護福祉士，対象が学童の場合は特殊学級や養護学校の教師がリハビリテーションを担う者として，相互に連携を取り合っている。よって，リハビリテーションの研究領域は，医学，臨床心理学，神経心理学，理学療法学，作業療法学，言語病理学，精神医学，社会福祉学，教育学，工学など多岐にわたった学際的な総合科学となる。

リハビリテーションの方法は，各専門職がそれぞれの領域で患者の障害を正確に評価することから始まり，長期目標，短期目標を立てて治療を行ない，定期的にスタッフが集まってカンファレンスを開いては意見交換をしつつ，一人の患者の全体象をとらえようとするものである。一定期間が経過すると，障害の再評価を行ない，治療方針の再検討ないし修正をして最大限の回復をはかるようにする。病気の急性期からリハビリ期，慢性期へとこれを繰り返し，復職する者には，職場との折衝を行なって社会復帰につなげていく。

リハビリテーションを妨げるものとして，脳障害に起因するものでは意識障害，知能低下，自発性や意欲の低下，感情失禁，失認，失行などがあげられ，心理面では抑うつ，不安，焦りなど，また性格的には依存傾向，自尊心欠如などが考えられる。リハビリテーションの効果を

左右する要因としては、年齢、発病からの経過日数、障害の重複や合併症の有無、家族の理解、患者の自我の強さ、人生観、動機づけの有無などがあげられよう。

ところで障害には次の三つのものが区別される。すなわち、医学的な側面から見た器官そのものの障害(impairment)、それによって引きおこされる個人の動作能力の障害(disability)、その結果、社会活動が制限されたり、何らかの社会的不利を被ること(handicap)である。実際、障害をもつと、社会生活を営むうえでの物理的不自由さ、行動範囲の制限、社会的地位や役割の変化ないし喪失を引きおこし、家庭にあっては、家族構成における立場の変化、経済的問題、家族心理的問題をもたらす可能性がある。リハビリテーションは、これらの諸問題を見すえたうえで、障害をもつ人ももたない人も同じ地域社会でともに生き、健康であった時と変わらないできるだけ普通の生活を目指すというノーマライゼイションを目標とするものである。

〔今村恵津子〕
⇒作業療法、社会福祉士、ノーマライゼイション

文献 1. 上田敏編著『リハビリテーションと看護』(看護学双書 25) 文光堂、468p.、1985；2. 江藤文夫『やさしいリハビリテーション』(第2版) 日本医事新報社、216p.、1998；3. 小山充道『障害者の心理臨床：病める心のリハビリテーション』学苑社、286p.、1985；4. 砂原茂一編『リハビリテーション概論』(リハビリテーション医学全書 1) 医歯薬出版、380p.、1984；5. 中村隆一監『入門リハビリテーション医学』医歯薬出版、404p.、1996；6. 林泰史監修『リハビリテーションマニュアル』(日本医師会生涯教育シリーズ 35) 日本醫事新報社、370p.、1994；7. 福井圀彦『老人のリハビリテーション』医学書院、279p.、1975；8. 前田真治『脳卒中の生活ガイド』医歯薬出版、200p.、1992；9. 大川嗣雄責任編集『リハビリテーション技術ハンドブック』(最新看護セミナー 臨床編) メヂカルフレンド社、292p.、1980；10. ラスク、H.A.、小池文英監訳『リハビリテーション医学』医歯薬出版、671p.、1966

リビドー libido
人間が生得的にもっている、生命活動の根底にある本能エネルギーであり、発達とともに成熟するエネルギーである。(非専門的には、「性欲」の意味で使われることが多い)

リビドーということばはラテン語で、欲望、羨望という意味をもち、フロイト*はこのリビドーを、A.モル(『性リビドーに関する研究』第1巻、1898)から借用したと述べている。最初は、食欲を引きおこす飢えのように、性欲を引きおこす性のエネルギーを、ダイナミックに表すことばとしてリビドーと呼んでいた。

フロイトはその後、本能衝動論と結びつけて、この用語を専門的な意味で使うようになった。飢えが食欲本能に対しているように、愛情欲求に対する満足を求める生物学的な性欲に似たものとして、リビドーが「生活力の源としての愛欲」として扱われるようになったのである。そして、このリビドーが、ある対象に集中する、固着する、または別な対象に移る、対象を放棄するなどのダイナミックな過程を問題にした。さらに、フロイトは物理学のエネルギー恒存の法則にヒントを得て、1914年頃にエネルギー論的にリビドーを考え始め、リビドーを心理現象に対して質的、量的にとらえようとした。

リビドーは、質的には、非特異的な心的エネルギーに還元できるものではないし、すべての欲動領域を覆うものでもない。リビドーと自己保存欲動との対立、リビドーと死の欲動との対立をも考えた。

リビドーはまた量的に変化する力であるとして、その力で性的興奮の領域におきる経過や変化を測ることができると考え、リビドーの生産増大または減少、配分および移動などを観察した。そのことにより精神・性的現象を解明できると考えたのである。

リビドーを、心理的なエネルギーの一つの形態とみることによって、さまざまな心的表象や心の構造に対して充当されるものと考えた。しかし物理的なエネルギーの一形態ではなく、それに似たものにすぎないので、どんな工夫をしても量として測ることはできない。

リビドーは、次の三つの関連でさまざまに変容して現れるが、あくまでもその根底にあるものとしてのエネルギーである。

(1) 備給(カセクシス)の移動との関連：リビドー(心的エネルギー)は増加したり、減少したり、置き換わったり、放出されたりする。

すなわち関心や注意や情緒の充当を意味している。たとえば，電気エネルギーがバッテリーに貯えられて，そのエネルギーが光か熱として放出されるように，リビドーはある対象に向けられるエネルギーである。

(2) 性感帯の多様性との関連：性的興奮の変化のもとになる中核をいう。性的な欲求は思春期になって現れるものではなくて，幼児期から性的快感があると仮定し，口唇性欲，肛門性欲などの形で存在すると考える。その中核にあるものがリビドーである（リビドーの発達段階理論）。リビドーの概念が役立つ領域は，リビドーの質的特性または本能的エネルギー，衝動の構造，過程，組織を説明する際と，心理・性的な面ないしは対象関係の発達過程に関してである。自分の身体を愛する段階から，ナルシシズム，他人を愛するに至るまでの段階的発達を説明するにはリビドー概念が有用である。

(3) 目標との関連：リビドーを間接的に充足するのを昇華という。たとえば，性的欲求を直接解消するのではなくて，仕事や勉強，あるいはスポーツ，音楽などの中に，目標，動因，形，対象をすり変えて，間接的に充足して性衝動を解消する。

1916年に，ユング*はリビドーを性的エネルギーだけと考えずに，広く，生命のエネルギーとみなした。ラパポート（David Rapaport）はリビドーの概念を一般的な衝動エネルギーと考えた。最近，衝動放出モデルが消えるとともに，リビドー理論も影が薄くなりつつある。

〔杉山満樹也〕

⇒口唇期，肛門期，昇華，性，成熟，精神分析，発達段階，ユング

文献 1. A-国分，1982；2. G-ムーア・ファイン，1995；3. 前田重治『続図説臨床精神分析』誠信書房，198 p.，1994；4. G-ラプランシュ・ポンタリス，1977

リビング・ウィル　living will

「生者の意思」という意味であるが，「人間らしく死にたい」といういわゆる「尊厳死」と同意味に使われることが多い。

日本では尊厳死協会（2001年の会員9万5千人，旧名，日本安楽死協会）が率先してリビング・ウィルの普及に努めている。同会では次のような内容の尊厳死宣言書に署名することにより，末期医療の現場での不必要な延命措置を排除し，そうしたことに対する責任の所在を明らかにし，その後のトラブルを避けようとしている。

(1) 私の病気が，現在の医学では治る見込みがなく，死期が迫っていると診断されたときには，いたずらに死期をひきのばすだけの措置はいっさい，お断りします。〔延命医療の拒否〕

(2) ただし，私の苦痛をやわらげるための医療は最大限に施してください。その結果，死期が早められてもかまいません。〔苦痛の除去〕

(3) もし，数カ月以上にわたって私の意識が戻らず，植物状態に陥ったまま回復の見込みがないときは，いっさいの生命維持措置をとりやめてください。〔植物状態の場合の生命維持措置中止〕

以上の私の宣言に従ってくださったとき，すべての責任はこの私自身にあります。

（日本尊厳死協会編『尊厳死』講談社，より転載）

1935年に英国で世界初の安楽死協会が発足して，その代表がローマの国際麻酔学会にオブザバーとして出席し「死の瞬間は医師の決める仕事であり，意識を回復しないものの延命治療は意味がない」と非公式ながら声明を発表した。それを受けて，日本でも安楽死協会の設立が準備されたが，不発に終わり，実際に協会が設立されたのは1976年になってからで，太田典禮が初代の会長を努めた。同会は末期医療に関する法制化を目指し，草案を発表したり，国会議員へのアンケート活動などを行なってきた。1983年には不必要な末期の延命措置を改善すべく，1万人の署名を添えて「末期医療の特別措置法」に関する請願書を提出したが，法制化は2002年現在ではまだなされていない。

この宣言はあくまでも個人の意思を明確にするためのものであり，上記(1)(2)(3)の事項に限定されているし，法的強制力がない点に問題がある。

末期ガンの患者の家族に依頼されて，患者に大量の塩化カリウムを注射した大学の助手が殺

人罪で告訴されるというケースも現実におこっている。たとえ、リビング・ウィル宣言をしておいても、自分が死を迎える時の担当医師がそれを快く宣言どおりに実行してくれるかどうかについては疑問がのこる。医師のなかには、尊厳死を認めないという立場をとっている者がいることも事実である。さらに医学知識がない患者にどこまでが無意味な延命措置で、どこからが痛みをやわらげる措置なのかを区別するすべがない。それを可能にするには、まず、医療においてインフォームド・コンセント（informed consent＝情報を与えられたうえでの同意、知らされたうえでの同意、説明後の同意）がしっかり根づかねばならないであろう。また、病院における末期濃厚治療の医療費による健康保険料金収入が病院の赤字補填に役立っているという揺るぎない事実をみると、日本の医療制度そのものの見直しにまで踏みこまなければ、この問題を論じられない。

リビング・ウィルとは別に、西村文夫は「終末期宣言」を提案している。これは、終末期に、病名やその性質についての告知、治療方針（延命か、苦痛除去か、安楽死か）、脳死状態での臓器の提供（許容か拒否か）、その他の自分の希望と意志を担当医師に伝えるために、心身ともに健全な時に書いて署名し捺印したものを指す。

今なお医学界をバイタリズム（vitalism＝延命至上主義）が支配していることも見逃せない。かつて、生も死も自然のできごとであったのが、いつのまにか人間がその生をも死をも操るようになってしまった。それを再び自然にかえそうという、生命倫理運動が米国では1960年頃から活発に行なわれ始めた。それは、命の長さよりも、その質を問うクオリティ・オブ・ライフ（QOL）を高める医療を求める市民運動であり、日本にも定着しつつある。その運動主張の延長線上にリヴィング・ウィルはある。〔小林洋子〕
⇒インフォームド・コンセント、クオリティ・オブ・ライフ

文献　1. 日本尊厳死協会編『誰もが知っておきたいリビング・ウィル：尊厳死の宣言書』（安楽死論集11）人間の科学社、233p.、1988；2. 日本尊厳死協会編『尊厳死：充実した生を生きるために』講談社、264p.、1990；3. 保坂正康『安楽死と尊厳死：医療の中の生と死』（現代新書）講談社、199p.、1993；4.『別冊宝島』No. 152「病院で死ぬ！　終末期医療の現場から」JICC出版、255p.、1992；5. 水野肇『インフォームド・コンセプト：医療現場における説明と同意』（中公新書）中央公論社、216p.、1990

リファー　refer

クライエントを援助する方法の一つとして、他の機関に依頼すること。

自分の守備範囲を超える場合（精神疾患、自死企図、アルコール問題、サラ金、法律問題など複雑化しているもの）、自分と利害関係がある場合、面接時間の予定が立たない、などの場合には、ためらわず関係諸機関などに依頼する。

重要なことは、カウンセラーが自分の力量や限界を理解し、クライエントの状況によってリファーするかどうかを判断することである。

【精神疾患の場合】　精神疾患らしいと思うときは、迷わず精神科医にリファーすべきである。本来、医者にリファーすべき患者をカウンセラーが抱え込んでいたとしたら、倫理上の問題にもつながる。医者にリファーすべきかどうか見分ける一つの判断基準として、(1) クライエントに病識があるかどうか。(2) 幻覚・幻聴など健常者には見えないものが見えるとか聞こえないものが聞こえるという場合、(3) 時間の観念の乱れ、過去のことと現在のことの判断がつかない場合、(4) 場所の観念の乱れ、会社でも自宅にいる時と同じ行動をとるなど場所をわきまえない行動をする場合、(5) 自死願望の強い場合、は迷わず精神科医にリファーすべきである。

リファー先については、大学病院や総合病院などがあるが、診療時間に制約もあるので、カウンセラーは時間外でも診療可能な地域の病院をはじめ、保健所・精神保健センターなどと平常からラポールをつけておくことが大切である。

【アルコール問題が関係する場合】　アルコール問題の治療はクライエントの身体障害（肝機能障害、栄養障害など）、退薬症候、性格上の問題、反社会的行動とともに家族や社会の側の問題と切り離しては成り立たない。それゆえ、アルコール依存症の治療の目標は身体的、精神的症状

の改善にとどまらず，いかにして酒を飲まないで社会に適応できるか（断酒）の動機づけにおかねばならない。アルコール依存者の約5割は一般内科で治療を受けているのが現状である。そのために入院したとしても身体面だけの治療に終わって「飲酒可能な身体」となって退院し結果的には飲酒を繰り返すことになり再発しやすい。そのためアルコールの専門機関での徹底的な治療が必要となってくる。多くの身体疾患の背景にアルコールが病因となっていることが少なくないので，カウンセラーとしての役割はクライエントの状況を判断し適切な治療機関にリファーすることである。

【利害関係のある場合】 自分と深い関係にある人のカウンセリングを担当すると現実生活に戻った時にお互いにやりにくいことが生じやすいので，他の機関や別のカウンセラーにリファーしたほうがよい。

【法律問題が関係する場合】 離婚の手続き，財産の相続，家屋・土地の問題，交通事故，サラ金問題など法律の絡んでいるケースは専門家にリファーすべきである。一般社会人を対象にカウンセリングルームを開設すると，半数以上は法律相談に類するものと考えてもよいくらいである。ある企業の相談室では心理相談以外に弁護士と契約をして法律相談の二本立てで開設しているところもあり，成果をあげている。

【面接の予定が立たない場合】 出張や会議のため長期にわたり一定曜日に限り面接ができなくなった場合は面接を中断したりしないで時間と曜日に余裕のあるカウンセラーにリファーするのがよい。

どのような要因によるものでも，リファーする時の注意点はクライエントに拒否感を与えないことである。「カウンセラーから嫌われた。重症だから受けつけてくれなかった」という誤解をされないように配慮すべきである。たとえば「あなたの問題については私より〇〇先生が詳しいので，ご紹介しましょうか？ もし会ってみて満足しなかった場合は，また来て下さって構わないのですが，いかがでしょうか？」という主旨のことを伝えると，大抵の場合は承知するようである。

このように，精神疾患，アルコール問題など緊急に専門の医療機関へのリファーが必要な場合があっても，紹介する機関を知らないと援助できないこともあるので，平常からリファー先の開拓に努め，他機関とのリレーションを作っておくこともカウンセラーとしての重要な仕事の一つとされている。

企業内の場合は「どのセクションの誰になら，こういうことをお願いできる」というように職場の管理者とカウンセラーとのリレーション作りも重要である。

さらに関係機関のリストを資料として作成しておくことも必要である。たとえば地域の保健所，精神保健センター，大学病院の精神科，診療時間外や夜間でも受付をしてくれるクリニックなどである。 〔緒方一子〕

⇒アルコール症，精神保健福祉センター，ラポール

文献 1. 稲村博・宮本光雄監修『職場のメンタルヘルス相談』商事法務研究会, 417p., 1992；2. A-國分, 1979

リファレンス・グループ ⇒準拠集団

リプロダクティブ・ヘルスとリプロダクティブ・ライツ reproductive health, R. H., reproductive rights, R. R.

性と生殖に関する健康。性と身体を含む自分の人生について主体性をもって選択し自己決定する女性の権利。

【リプロダクティブ・ヘルス (R. H.)】 世界保健機関（WHO）によると，「生殖の過程に，単に病気にかかっていない・病的状態が存在しないというだけではなく，身体的・精神的および社会的観点からみて完全に良好な状態（Well-being）」(1991) をいう。

この当初の内容は，世界全体のスケールで，地球上のすべての人々（男・女）を対象にするものであった。具体的には，次のような条件を満たす状態と定義することができる。

(1) 人々は子どもをもつことが可能であると同時に，自分たち自身の受胎を調節して希望する数の子どもを希望する時にもつことができなければならない。(2) 女性は安全に妊娠・出産

を経験できなければならない。(3) 妊娠・出産は母子の生命・健康にとって安全でなければならない。(4) すべての夫婦は望まない妊娠や病気に感染する恐れなしに性的関係をもつことができなければならない。

【リプロダクティブ・ライツ (R.R.)】 1994年の国連開催の第3回国際人口・開発会議（カイロ会議）では，従来，この会議で重視されていた「人間の数」という視点でなく，「個人（特に女性）の意志・権利」を尊重する立場から討議が進められた。そこでの行動計画文書には「リプロダクティブ・ライツは，国内法，人権に関する国際文書，ならびに国連で合意したその他の関連文書の中で，すでに認められた人権の一部をなす。これらの権利は，すべてのカップルと個人が，自分たちの子供の数，出産間隔ならびに出産する時を責任をもって自由に決定でき，そのための情報と手段を得ることが出来る基本的権利，ならびに最高水準の性に関する健康およびリプロダクティブ・ヘルスを得る権利を認めることから成り立っている。人権に関する文書にうたわれているように，差別，強制，暴力を受けることなく，生殖に関して決定する権利も含まれている」，さらに「そのために高度の情報，医療サービスの準備を確実にすること。政府は，早急に国や地方自治体の援助により適切な家族計画の普及，情報に基づいた選択，教育を提供し経済的に入手可能なサービスが利用できる状態をつくり，カウンセリングを充実させるべきである」と書かれている。

【R.H., R.R. をめぐって】 1995年，北京で開かれた第4回世界女性会議ではR.H.・R.R.が再確認され，「リプロダクティブ・ヘルスを含め，セクシュアリティに関することを自ら管理し，自由に，かつ責任を持って決定する権利は女性の人権のひとつである」と示された。

国内の「グループ・女の人権と性」では，R.H.を次のように規定している。「女性の性と生殖に関する健康のこと。さらに女性の人生そのものの健康までをトータルにいう。初経，月経，思春期，避妊，不妊，妊娠，人工妊娠中絶，出産，授乳，更年期，閉経，女性特有の病気，及びセクシュアリティを女性の健康という視点から捕らえ直す，新しい考え方」。

R.H.は女性の基本的人権の確立のために欠かせない要素である。R.H.に関する女性の自己決定権R.R.を重んじ，社会にその保証を求める「女性と健康」運動は，今世界的に繰り広げられている。

これらを見ると，最初の定義から離れてしまっており，女性のみの性と生に限定されているではないか，という反論，および，同じ生殖に携わる男性の性と生殖はどうなるのか，という異論がわいてくるかもしれない。

しかし，女性の身体には，自分の体内に宿し育てるという生殖のメカニズムが，厳然と存在する。これは，「生む，生まない，生めない」とは関係ないメカニズムである。男子は，精子の放出という生殖行為に関わるが，体内に女性のような生殖のメカニズムを背負っていない。生殖に関する準備期としての思春期，妊娠・出産可能な成熟期，生殖の時期を終えた更年・老年期のすべてを包括する女性の一生を通しての健康が，問題にされているのである。

したがって，今までの母子保健という一面からの支援以外に，女性の社会進出などの時代に応じて，男性社会の中で考えられていた基準を打ち破る対応が必要とされている。

開発途上国の中には，次のような場合がある。男が生まれるまで出産を強いられる，女性には家族計画の主導権がない，避妊の知識が乏しい，コンドームがあまりにも高価である，幼女が非情な男性社会のエゴのため無麻酔で外性器を切除される，その後遺症として心を傷つけられる，性感染その他さまざまな身体的障害を伴いやすい，など。だからこそ，上述のカイロでの宣言がなされたのであろう。

われわれは，これらの国々に比べ，また，昔，人口の供給源とさせられ，自分の健康や生き方と関係なしに子どもを生まされてきた時代と比べ，不自由ながらも，避妊や人工妊娠中絶の選択ができる。「生む，生まない」という生活設計が立てられる。しかし，まだ，無自覚な性を生きている人も多い。性の健康，自己決定権は男女の幸せにつながるものとして大切にしたい。

〔堀口雅子〕

文献　1．我妻堯「リプロダクティブヘルス：周産期医学における国際協力の必要性」『周産期医学』22巻5号，1992，pp. 697-701；2．グループ女の人権と性編『リプロダクティブ・ヘルスを私たちの手に：性と生殖に関する女の健康』グループ女の人権と性発行（婦人協同法律事務所気付け）：TEL：03-3985-3303），50p.，1990；3．堀口雅子「性教育への期待：リプロダクテイブ・ヘルスの立場から」『母子保健情報』28号，1993，pp. 12-16；4．松本清一訳「性の権利，生殖の権利とは何か」『性と生殖の権利に関するIPPF憲章』（日本語版）日本家族計画協会，13p.，1998，（IPPF：国際家族計画連盟）；5．松本清一「リプロダクテイブ・ヘルスの概念」『助産婦の担う道：著作・講演集』日本家族計画協会，1996，pp. 224-231

リプロダクティブ・ライツ
　　　　　　　⇨リプロダクティブ・ヘルス

両価価値　⇨アンビヴァレンス

両価性　⇨アンビヴァレンス

療法士　⇨セラピスト

臨死体験　near-death experience，NDE
仮死状態に陥ったときの体験。

　交通事故や心臓発作（冠動脈閉塞）などによっていったん心拍が止まり，仮死状態に陥ったあとで，心臓電気ショックの結果生き返る人がいる。このような仮死状態の時の体験を後で聞いてみるとだれもが同じような思い出を語るので，その150例を米国の哲学者で精神科医でもあるレイモンド・ムーディ（R. A. Moody）が『かいまみた死後の世界』（1975年，邦訳は評論社）という本で紹介した。しかし，それが不完全な内容だったので，フロリダ大学とアトランタ在郷軍人医療センターで働いていた心臓病専門医のセイボム（Michael B. Sabom）は，1976年から5年かけて116人の症例を集めた。その報告『「あの世」からの帰還』（1982年，邦訳は日本教文社）にもとづいて，死にかけた時の心理状態をまとめてみたい。

　この報告によれば，まず，落ち着いた気分，安らかになる，自分が肉体から離れる感じ（体脱体験）を全員が感じた。それから，自分が死んだということがわかるらしい。半数ぐらいの人は，自分の肉体が横たわっている所や，周りを医師や看護師が駆け回っている風景を見下ろした記憶がある。超俗的世界に入り，他者と出会ったという人も半数ぐらいいる。4分の1の人は，暗い空間に入ったとか，神を見た，音楽が聞こえた，光を見たと答えている。3％の人は自分の一生を振り返ったそうだ。

　手術中に死にかけた場合には，麻酔薬の影響を考えなければならないので除外し，それ以外の78人にインタビューしてみると，43％の34人は臨死体験があったと答えている。その全員が，これまでの人生のなかで，最大級の驚くべき出来事だし，この体験によって，死に対する不安が劇的に減ったと述べている。

　それ以前には「死にたくない」と話していた男が，臨死体験の後には「できる限りのことをしようと思っている。その時がくれば覚悟はできている」というように考えが変わった。

　ある男は心臓発作で倒れ，意識を失った後の思い出をこう語っている。「どこか上の方で座っていると，下の台車の上に自分が横たわっているのが見下ろせた。医師が自分の胸をたたいたり，ビニール管を口に押し込むのが見える。電気ショックの器械やオシロスコープがあった。電気ショックをかけると私の体が50センチも飛び上がった。もう一度体内に戻るか，それとも戻らずに死ぬか，自分で決めることができるのがわかった。2回目のショックで私は体内に戻り，生き返ったのです。」カルテを調べると，実際に2回ショックを与えていた。

　このような自己視型体験では，肉体から分離した自分が天井くらいの高さにいるように感じられ，見下ろした風景は非常に明瞭らしい。

　超俗的体験の場合には，うねっている真っ暗なトンネルに入って，トンネルの出口が太陽のように見えたり，神の声が聞こえたり，すでに亡くなった友人や家族の姿が見えたりする。

　オシスとハラルドソンによる『人は死ぬ時何を見るのか』は，超心理現象を専攻する2人の心理学者が，米国とインドで1,000人以上の医師や看護師から聞き集めた各受持患者の臨死体験をまとめた本である。医学的条件，心理学的条件，文化的条件だけでは臨終時の幻影を完全に

は説明できない。たとえば，自分が手術される現場を天井近くから見下ろして，当事者以外には知るはずがないことを記憶している上述の自己視型体験などがその好例である。だれかが自分を迎えにきたという死者の霊姿を見た人の83％は近親者を見たのだという。

明るい光を見て，天国にいく幻に包まれ，安らかに息を引き取った例が多いという報告は私たちを安心させるが，それが霊魂が体から抜け出したのではなくて，むしろ死亡時の脳の酸素欠乏による幻覚やモルヒネに似たエンドルフィンの放出のせいではないか，という疑念を否定するには，まだ資料が不足しているようである。

死に瀕した人間の体験は，全員に共通した内容であり，キリスト教徒でもヒンドゥー教徒でもたいして差がない。差があるとすれば宗教の差ではなくて，信仰心があついかどうかによって違ってくるようである。　　　　〔小林　司〕
⇒グリーフ・ワーク，死，死への準備教育，喪失，悲嘆反応

文献 1. オシス，K.・ハラルドソン，E.，笠原敏雄訳『人は死ぬ時何を見るのか』日本教文社, 370p., 1991；2. J‐グレイソン・フリン, 1991；3. 高田明和『臨死体験の不思議』(ブルーバックス)講談社, 261p., 1991；4. ムーディ, R. A., 中山善之訳『かいまみた死後の世界』評論社, 240p., 1977；5. ムーディ, R. A., 駒谷昭子訳『続・かいまみた死後の世界』評論社, 214p., 1989

臨床心理学　clinical psychology

心身の健康に関する心理学的研究方法や心理学的研究成果を臨床的に応用することを目的にしており，人間行動は理解可能なものだという前提のもとに，ヒトの思考，感覚，行動の異常を心理学的手段によって変えることによって，幸福をもたらそうとする心理学。

米国心理学会（APA）は1934年に臨床心理学を次のように定義した。「臨床心理学は応用心理学の一つである。測定，分析，観察することによって，個人の行動能力と行動特性を明らかにし，またこれらの所見を総合して治療（処置）に結びつけるものである。」

臨床という言葉は，元来「病人の寝ている床に臨む」，あるいは「死の床に臨む」ということを意味していた。病人や臨終の床にある人に対して，そばに一緒にいて，苦しみや痛みを聞いて安心させてあげようという，きわめてヒューマニスティックな動機にもとづいた活動や行為を意味していたとも言えよう。医療では，病人を診断し，薬を処方し，手術を施す医者を臨床医とも言うし，それと医療実践に関する医学知識の体系を臨床医学と呼んでいる。

しかしながら，臨床心理学は臨床医学とは異なっている。臨床医学が身体の病気やけがなどで苦しんでいる人の治療を行なうのに対して，臨床心理学は心理的な要因が原因となって，病的な状態に陥っている人に対して援助を行なう。さらに，精神医学とは異なって，必ずしも病的とは言えない範囲にまで，現在ではその対象が広がってきている。たとえば，家庭における親子や夫婦間の葛藤や不和，あるいは職場や学校などでみられる不適応および非行なども，その対象に含まれている。

このように臨床心理学は，人の行動障害，精神障害，適応障害などについて心理学的方法で援助することへの理解を深め，臨床実践を積み重ねるところにその特徴があげられる。

ウィトマー*は障害のある子どもに関心を示し，1896年ペンシルバニア大学に心理学のクリニックを初めて開き，その時に臨床心理学という言葉を使った。次いで，ウォーレン（J. E. W. Wallin）が，1909年に内科や歯科の検診と同じように，子どもの心理テストの必要性を説き，ピッツバーグ大学に心理教育のクリニックを設立した。

心理テストは，アメリカ心理学の発展に重要な方向をもたらしたが，1905年にフランスでビネー・シモン式知能検査が発案され，その後改良を加え，アメリカで1916年ターマン（L. M. Terman）により標準スタンフォード・ビネー式知能検査が考案され，広く用いられてきた。

臨床心理学にとっても，カウンセリングにとっても，20世紀初頭に始められた精神分析の影響を無視することはできない。

フロイト*がエミー・フォン・N.の症例で使い始めた「自由連想法」は，エリザベト・フォン・R.の症例で効果を発揮した。思い浮かべるものを何でも話させるという技法は，カタルシ

スや除反応にもつながるのであるが,クライエントの無意識をさぐる糸口にもなるという意味で大きな役割を担うこととなる。

フロイトの『ヒステリー研究』(1895)や『夢判断』(1900)以来,無意識の重要性は無視できぬものとなり,精神分析理論や深層心理学は臨床心理学の重要な武器の一つとなった。ロールシャッハ・テストなどの心理アセスメントや,芸術療法,心理療法などの治療面でも,今や精神分析的な考えを抜きにして語ることは不可能である。

米国の臨床心理学が大発展する契機になったのは,第一次世界大戦での傷病兵の心理測定とリハビリテーションへの応用,心理テストによる能力の選別,知的障害の問題などであった。

それまで臨床心理学者は子どもの問題に取り組むことが多く,その仕事は非行少年などの施設に負うところが多かった。知能・学業成績・特別な適性に関するデータにもとづく研究が行なわれていった。

第二次世界大戦の勃発は,臨床心理学者の軍に対する貢献,あるいは精神病者の治療に対する関心を強めていった。さまざまな臨機の方法が試みられ,心理療法が行なわれた。そして,この時期におけるロジャース*の心理療法の分野における仕事は,広い範囲にわたって興味をひきおこしたのである。

これら二つの大戦の間にあって,さまざまな産業分野で心理学者の貢献がみられ,応用心理学に携わる研究者が激増した。1937年には米国心理学会(APA)から独立して,米国応用心理学会(AAAP)が設立された。

1949年には,臨床心理学者の養成に関するボルダー会議が開かれた。この会議で,博士号学位取得を条件に臨床心理学者の名称を承認しようとした。需要がたいへん多いために各方面で働く臨床心理学者の数はますます増えてきた。

1960年から1980年にかけて,臨床心理学者の数が特に急増し,多くは大学・精神病院・精神保健クリニックなどで従事していることが多い。そして,その仕事も心理療法など専門的な内容に関わっていることが多い。

学会においても,米国心理学会(APA)の中でも臨床心理学部局は最大で,1981年にはAPA会員の8％以上を占めている。また,臨床心理学者は,カウンセリング,リハビリテーション,コミュニティ,催眠,遅滞,青少年の六つの各部局と密接な関連を保っている。

日本では,1960年代に入ってようやく臨床心理学が注目をあびるようになって,激しい社会的変動の時期を経た後,1988年に日本臨床心理士資格認定協会が創設され,専門家として臨床心理士の資格が確立されるに至っている。

臨床心理学は,そうした臨床心理の専門家の活動をみれば,具体的な輪郭が明確になってくる。それは,心理測定,診断,治療,研究,教育,行政の各分野であり,取り扱う範囲は,精神障害,社会病理的諸問題(犯罪,非行,自死),知能,性格,身体障害,社会への適応,など幅広い。臨床心理の専門家の活動の場は,精神科,神経科,心療内科,小児科などの病院,児童相談所,養護施設などの児童福祉施設,家庭裁判所,少年院などの少年保護関係機関,精神保健センター,保健所などの保健行政機関,さらに教育研究所などである。その中で要求される大切な実践的役割を次のようにまとめることができる。

(1) 臨床心理的測定:クライエントの知能・性格を含むパーソナリティ全般を解明。心理テストなどの技法を用いる。

(2) 臨床心理面接:クライエントを心理的に援助。カウンセリング,心理療法,集団心理療法,家族療法などの技法を用いる。

(3) 臨床心理学的地域援助:クライエントの所属する社会の諸システムに心理学的な介入をもたらすことによって,クライエントの心理面の健康障害からの回復をはかる。

以上が実践的な役割として重要な点であるが,加えて,それにもとづく理論的な研究も,車の両輪の如く重要であり,心理学,精神医学,教育学,社会学,福祉学などとの交流が必要と考えられる。〔中村四郎〕

⇒カウンセリング,深層心理学,心理療法,相談心理学,臨床心理士

文献 1. J-井上他編, 1986 ; 2. J-岡堂編, 1989 ; 3. B-河合, 1992 ; 4. E-河合, 1992 ; 5. J-佐治・水島, 1974 ;

6. E-山本, 1986；7. ロッター, J. B., 詫摩武俊訳『ロッター臨床心理学』岩波書店, 160p., 1980

臨床心理士　clinical psychologist

　心を痛む人々に対して，臨床心理的な手段で援助する専門家。現在は，日本臨床心理士資格認定協会が認定する資格。

　日本では，「臨床心理士」という用語は，以前には医療，福祉，教育などの分野で心理検査，カウンセリング，心理療法などに従事している者を呼ぶ一般的な名称だった。つまり，「カウンセラー」「心理相談員」「臨床心理技術者」「心理療法士」などの用語と同様に気軽に用いられていた。

　しかし，日本心理臨床学会が中心となり他の関連学会の賛同を得て，1988年3月8日に「日本臨床心理士資格認定協会」が発足した時から，「臨床心理士」という用語の意味が変わってきた。同認定協会が，心を病む人々に臨床心理的な手法を用いて援助していく専門家を一定の基準で認定し，「臨床心理士」(certified clinical psychologist) という資格を与えることにしたからである。社会の要請に応えて，心の専門家の認定が開始されたのであった。そして現在では，日本にも3,000名以上の認定された臨床心理士が誕生している。なお同認定協会は，1990年8月1日付で文部省から公益法人格をもつ「財団法人　日本臨床心理士資格認定協会」として認められ，新たな出発をした。

　欧米などの先進諸国では，心の専門家の認定制度がかなり以前から当然のこととして行なわれてきた。高度な専門教育を受けた者を社会的に認定することは，専門家が各分野で活躍しやすくなるだけでなく，心理的な援助を必要としている人たちを保護するためにも必要なことである。アメリカでは1947年に心理臨床の専門家を認定しようとの運動が始まり，1951年に世界で初めての「臨床心理士」(clinical psychologist)の有資格者が誕生した。その後各国で同様の制度化が進められており，心理検査の器具を購入する場合には臨床心理士のIDカードの提示が必要な国もあるとのことである（文献3）。

　次に，現在日本で行なわれている臨床心理士資格制度の概要を述べる。資格には，児童相談所の心理判定員のような職務上の資格と，医師，弁護士のような個人に付与されるものとがあるが，臨床心理士は後者に該当するものである。認定に当たる「財団法人　日本臨床心理士資格認定協会」は，当初日本心理臨床学会など16に及ぶ関連学会の賛同のもとに，わが国における心理臨床家の専門性を社会的に確立させるために設立され，臨床心理士の資格認定に取り組んでいる。

　臨床心理士の資格を得るためには，同認定協会が行なう資格審査に合格しなければならない。現在，この審査は，従来から行なわれてきた経過措置による書類審査のみによるもの（B審査）と，1991年に開始された筆記試験と口述審査によるもの（A審査），との2種の審査が実施されている。この中で経過措置によるB審査は，現在心理臨床に携わっている人のために行なわれているものであり，1996年3月31日まで実施された。それ以降は，A審査だけが行なわれている。A審査を受けるためには，心理学領域の大学院修士課程を終了後，1年以上の心理臨床経験をもつことが原則となっている。

　では，どのような専門性を身につけた者を「臨床心理士」と呼ぶのだろうか。同認定協会が定める「臨床心理士資格審査規定」には，「臨床心理士」の業務が次のようにまとめられている（文献3）。

◇臨床心理士は，学校教育法に基づいた大学，大学院教育で得られる高度な心理学的知識と技術を用いて臨床心理査定，臨床心理面接，臨床心理的地域援助およびそれらの研究調査等の業務を行なう（第11条）。

◇臨床心理士は本協会が定める倫理規定を守らなければならない（第12条）。

　つまり臨床心理士は，(1) 行動観察・調査面接・心理検査等を用いた心理アセスメント（査定）(psychological assessment)に精通していること，(2) カウンセリングや心理療法の理論と技法を修得し，臨床心理面接を用いて心理面への的確な援助が行なえること，(3) 危機介入法 (crisis intervention) やコンサルテーション (consultation) 等の地域精神保健にかかわる援

助技法を身につけていること，(4) 心理臨床に関する研究や調査が行なえること。この4種の領域に関する一定の能力をもつとともに，さらに専門家として自分の行なう専門的業務に責任をもち，たえず研鑽を積んでいくことを要求されるのである。

臨床心理士が，専門性を社会のために活かしていくためには，専門的な知識・技術の向上を目指した研修を継続していく必要がある。そのために，臨床心理士の資格を取得した日から5年ごとに，その間の研修証明書等を添えて再登録することになっている。もし5年間に一定の基準以上の研修が行なわれていないと，臨床心理士としての登録が抹消されてしまうという厳しい制度が定められているのである。そのためもあって，ここ数年，心理臨床関係の研修が各地で活発に行なわれている。臨床心理士の認定制度が，わが国の関連領域全体を活性化させているように思われる。

以上，日本における臨床心理士認定制度について概要を述べた。この制度はまだスタートしたばかりであるが，「臨床心理士」という名称は心理臨床に従事している者の専門的職種名としてしだいに定着してきている。この制度が，今後どのような社会的な評価を得ていくかは，一人ひとりの臨床心理士のあり方によって決まってくる部分が大きいように思える。認定制度が定着していくためには，臨床心理士の養成が可能な大学や大学院の充実が望まれよう。

〔下司昌一〕
⇒カウンセラーの資格認定，カウンセリング，心理療法，臨床心理学

文献 1. 大塚義孝「資格制度の現状と展望」I-『こころの科学』No. 33, pp. 86-93, 1990；2. 大塚義孝「『臨床心理士』資格認定制度続報」『心理臨床学研究』(誠信書房) Vol. 9, No. 3, 92-95, 1992；3. I-大塚『こころの科学増刊 臨床心理士入門』1992；4. E-日本臨床心理士資格認定協会監修, 1992

ルビンの盃 goblet-profile figure

エドガー・ルビン (Edger Rubin, 1886〜1951) によって「図がらと地づら」の研究において1921年に発表された反転図形 (reversible figure)，多義図形と呼ばれるもの。同じ図形を見ているうちに別の形（盃と向き合う横顔）が見えてくるものとして有名である。

私たちは，見る，聴くなどの感覚をもっており，それを通して，身の回りの状況や，物の性質，自分の内部の状況を知ることができる。それを知覚という。

意識下の知覚の一つとして，図 (figure) と地 (ground) がある。私たちが物を見るとき，視覚がとらえている物すべてを見ているわけではない。人や物が知覚されるとき，見ようとするものが背景から浮かび上がり，他はそれを支える役割を果たす。ルビンはそれを図と地という関係で説明する。上図は「ルビンの盃」であるが，白地を「図」としてみれば盃に見え，黒地は背景となる。中央のくびれた黒地の部分を「図」としてみると，向かい合う横顔に見えて，盃に見えていた白地は，単なる背景「地」となる。このように形が見られている側面を「図」と呼び，「図」はそれを見るものと「地」（背景）の間にあるように見えるし，「地」は「図」のバックにある不確定な距離に広がっているように見える。

私たちは「図」として浮かび上がったものだけを知覚できるのであって，「地」の部分に対しては盲目の状態になるといわれる。ゲシュタルト理論によると体制化の法則によって，「まとまりのある形」が「図」として知覚され，他は「地」として区別されて，初めて認知が成立すると説明している。ただし，ルビンの盃のようなあいまい図形の場合には，どれを認知の主体＝「図」として選択するのかは，その人の注意が白・黒のいずれに向けられているかによる。中村希明 (1991) によれば，このような知覚は能動的，選択的なものであり，注意や欲求などの主体的要因によって左右される。つまり，のどが渇いて何か飲みたいという欲求が高まっている人にとっては，注意が盃の形をした白地の上の部分に集中して「図」となる。ルビンは，いずれの領域が図になるか地になるかは，主として刺激条

件によって規定される (1921) と述べているが，決定的というより，確率的な規定であり，持続して見るかどうか，観察者の経験，態度などによっても影響される。

あいまい図形では，このように見方によって知覚するものが異なってくる。他の図形の例としては「若い女性と老婆」「男と女」(Fishir, 1967) などがあり，かくし絵も同じ原理である。

カウンセリングにおいては，カウンセラーがクライエントをどう見るかによってその関係は変わってくる。たとえば，クライエントの話の内容に焦点を当てるか，感情面に焦点を当てるかによってクライエント像は変わってくるであろう。反転図形として有名な「ルビンの盃」が，二つの様相としてとらえられるのと同様に，いずれを認知の主体とするかによって，とらえる像が異なってくる。　　　　　　　〔鷲見復子〕

⇒カウンセリング

文献　1. 外林大作・辻正三・島津一夫・能見義博編『心理学辞典』誠信書房，682p., 1971；2. 中村希明『心理学おもしろ入門』(ブルーバックス) 講談社，270p., 1991；3. B-パールズ，1990；4. ホッホバーグ，田中良久訳『知覚』(現代心理学入門 7) 岩波書店，164p., 1966；5. G-宮城編，1979；6. 和田陽平・大山正・今井省吾編『感覚＋知覚心理学ハンドブック』1069p., 1969

レイプ，強姦　rape

日本の刑法では，強姦とは「13歳以上の女子を暴行又は脅迫を用いて姦淫したもの」であり，限定的に定義している。しかし，こうした項目に厳密には該当しなくとも，**本人の望まない性行為は夫婦同士の場合を含め，すべてレイプであるとする見方が，フェミニストを中心に広まっている。**

現行法制上では強姦とみなされにくい例としては，「恋人と会食した後の不本意な性交」があげられる。こうしたタイプを「デート・レイプ」と呼び，レイプの範囲に入れるなど，より広いとらえ方をする流れがみられる。なお，行きずりの見知らぬ者からの暴力を伴う被害を，上記に対比させて「古典的レイプ」と呼んでいる。昨今の調査結果では，こうした古典的レイプは，知人からの被害や，ことばでの脅しによるものに比べると，むしろ少数である。さらに，「姦」の字が女性を不当におとしめるとの見方，ことばのどぎつさを感じるとの見方などから，伝統的な強姦という呼称を避け，「レイプ」と表現することがしばしばある。ただしその一方で，「レイプ」「暴行」といった呼び名は，事実の重さを感じさせず，婉曲にあいまいにするだけであるとして，あえて「強姦」の語を用いる者もいる。

なお，刑法では，強姦の場合で 2 年以上の懲役刑，強制わいせつでは 6 月以上 7 年以下の懲役刑に相当する。強姦は被害者の届出を必要とする親告罪であるが，共犯がいる場合は該当しない。また 13 歳未満の場合も該当しない。男性や幼少児が被害者の場合は，通常，強制わいせつや傷害が当てはめられる。

被害後，民間の心理相談室やグループに援助を求めるに至ったクライエントであっても，警察に届け出をしている者は少数である。暗数はかなり多いと考えられ，警察で把握する年間約 2,000 件 (強姦・同未遂) は実数のごく一部と言わざるを得ない。その背景には，事実を公表することでより傷つくのを恐れる気持ちが関わっている。また，被害者全般におきやすい心理でもある自責感や自己評価の低下と関連して，レイプについて，「自分にすきがあったからではないか」「自分が悪かったのだから我慢するほかない」といったとらえ方をし，隠すべき恥であると考えて，苦痛を抱え込んだままになりやすいことがあげられる。

心理的な反応としては，他の犯罪被害者の反応と共通するものも多いが，ことに，自分が汚れてしまった感じや，弱くて主体性の乏しい感じ，希望のもてない感じ，周囲への不信感や恐怖などが特徴であり，深刻な場合は解離などの精神症状を伴い，専門的な治療を必要とすることもある。

なお，心理的な被害の他にも，妊娠や性感染症の危険，身体的な外傷も考慮すべきであり，医療的配慮も重要である。

レイプの被害者は，被害の時点に限らず，その後も継続してストレスにさらされる傾向が大きい。レイプは，性や暴力，対人関係，文化と深い関連のある被害であることから，適切な理解や援助が得られにくく，本人にとっても苦痛

が大きいと考えられる。現状では、一般的な性行為の延長としてとらえられ、その苦痛が看過されたり、被害者の落ち度が問われがちである。また、周囲の者が事実を知っても、上記と同様な被害者のとらえ方をしたり、叱咤・激励・困惑といった反応をすると、被害者の負担が強まる結果となり、適切な被害者の支えとはなりにくい。法的な手続きをする場合においても、目撃者がいない場合が多いこと、現実には証拠を保管することが困難で心理的な苦痛を伴うことなどから、事件としての立証が難しい。さらに、取り調べ・裁判などの流れにおいても、私生活や事件の状況などを詳しく述べることを求められること、被害者が証人として扱われ被告の弁護側の尋問にさらされることなど、被害者の負担や苦痛は大きい。また、マスコミにおける報道でも、誇りを傷つけられるなど、二次的な被害を受けることがしばしばある。これらについて、事件そのものに劣らない苦痛があるとして、二次的な被害という観点から、「二次的レイプ」「セカンドレイプ」(second rape)と呼びならわしている。なお、これらの点に着目するにあたっても、女性の権利を主張する運動とともに伸びてきた面が大きい。たとえば、開放的な服装をしていると被害にあいやすい、被害にあう者は何かしら落ち度がある、抵抗すれば強姦は防げるはずだ、といった被害者を咎める見方を、「レイプ神話」すなわち偏見であるとして排除するのも同様の動きである。

これらに対するカウンセリングや援助は、被害者全般への援助と基本的には同じであり、自信と主体性を取り戻す過程が重要である。フェミニスト的あるいはセルフ・ヘルプ的アプローチが盛んであるのが特徴である。〔大山みち子〕
⇒心的外傷後ストレス障害,被害者,PTSDに対するカウンセリング

文献 1.小西聖子『犯罪被害者の心の傷』白水社,260p., 1996; 2. ジンガロ, L., 田上時子監訳『あなたが悪いのではない:子ども時代に性的虐待を受けた女性たちをカウンセリングする』(宝塚)ビデオ・ドック,木犀社(発売), 196p., 1994; 3. バス, E.・ソーントン, L. 編, 森田ゆり訳『誰にも言えなかった:子ども時代に性暴力を受けた女性たちの体験記』築地書館, 256p., 1991; 4. 福島瑞穂『裁判の女性学』有斐閣, 322p., 1997; 5. 「犯罪被害者:その権利と対策」(I-諸澤編『現代のエスプリ』No.336, 1995所収)

劣等感 inferiority feeling
自分を他人と比較して、自分の弱点・無力を意識したとき、「ひけめ」と表現されるような不快感。

劣等感自体は普遍的で、いわば正常な現象であるが、しばしば、不安、恐怖、無力感、絶望、嫉妬、羨望、反感、敵意などと結びつく。身体的劣等感(容姿、体力に関する劣等感)、心理的劣等感(知的・性格的劣等感)、社会的劣等感(家族・家庭の生活水準、所属集団をめぐる劣等感)などを区別できるが、ときには明確な領域や比較対象をもたず、漠然とした劣等感や無能感に悩む場合もある。

スイスの心理学者クラパレード (Edouard Claparede, 1873~1940) は、『子どもの劣等感』を著し、劣等感は支配欲が失敗したとき生じるとした。オーストリアの精神科医アドラー*は、その人格形成の理論の中で劣等感の役割を中心にすえている。彼によれば、子どもは「自分は身体器官が未熟で、全く無力であり、大人の支配下にある」と感じるところから、自己の存在に深い劣等感を抱き、またこの劣等感は一生持続する、という。劣等感からは、それを解消し、克服するために、他人にまさる力をもとうとする欲求、挫かれた自尊心を回復し高めようとする欲求が生まれてくる。これは、個人的名声・他人の支配、などの社会的重要性(社会的な力)を求める欲求として現われてくるが、アドラーは、それを「権力への意志」と呼び、この意志こそが人間の行動を規定する基本的要因である、とした。劣等感を何とか克服して自分の弱点を補おうとする心の動きを、アドラーは「補償」と呼んだ。また、その劣等感の源泉を除去するにとどまらず、それを越えて必要以上の努力をすることを「過補償」と呼ぶ。どもりを克服しようとかえって雄弁家になったデモステネスは、その例である。過補償には、この他、心的事実とは正反対の行動をとる、反動形成的な、好ましくない補償もある。また、ハンディキャップを直接除去できない時に、代償的な方法あ

るいは対照的な能力の活用によって満足することを「代償的補償」と言う。劣等感の処理に失敗した時に，個人の中に生じる感情的なしこりやあつれきを，アドラーは「劣等コンプレックス」と呼んだ。このように劣等感がコンプレックスを形成し，無意識の部分にまで根が広がっていると，自我の統制からはずれた，わけのわからない行動をとるようになる。たとえば，劣等感が感じられそうな状況を極端に回避したり，少しでも劣等感が刺激されると，激しい攻撃行動に出たりする。ここからしばしば，神経症的な行動や症状が発展するという。

米国の心理学者オルポート＊は，「劣等感とは，ある人が個人的資質の中に感じている欠陥に対して抱く，いくらか病的な情動的態度から生じる，強い持続的な緊張である」と定義し，「良心」とともにパーソナリティ心理学の多くの重要な問題に接近する手段だ，と述べた。また，米国の大学生の調査において，身体的，社会的，知的，道徳的な劣等感が90％以上の人にあることを示した。

心理学者関計夫によれば，劣等感の心理には次のような特徴がある。(1) 劣等感は，主観的なものである。客観的には劣っていなくても本人がそう思い込んでいるので，要求水準の高低によって左右される。(2) 劣等感は，自尊心を傷つけられる領域に限られる。(3) 劣等感は，自我意識にめざめる青年期に深刻である。(4) 劣等感を裏返しにしたものが優越感であり，この二つは同根である。(5) 劣等感は，社会が階層的で，立身出世主義の競争をする場合におこりやすい。また成功と失敗，敵と味方，すべてか無か，というように二分法が支配しているところにおこりやすい。(6) 劣等感があると，補償行動がおこる。それゆえ，適度の劣等感は，人間を向上させ，進歩させる。しかし，強い劣等感は，それがために引っ込み思案，非行，邪推，反抗，退行，攻撃，逃避などの防衛行動に導く。

劣等感は，正常者の大部分にあり，また向上・進歩の跳躍台として不可欠でさえあるので，すべての劣等感を取り除こうとするのは無意味であるし，不可能である。しかし，客観的には大した劣性が認められないのに，それをひどく悩む時，また自己全体の無力感・無意義感の形をとって悩む時にはなんらかの対処が必要である。このような場合には，治療者は「無条件の積極的関心」によって，劣等感の根本原因である「おびやかし」または「おびやかされている感じ」を薄め，除去することができる。直接的指示や強制・激励はかえって弱者の「抵抗」を生じて効果が薄い。

劣等感の治療には，自己および人生一般に対する態度が積極的に転換することを促す方法が，望ましい。〔佐藤章子〕
⇒アドラーの療法，主な防衛機制，コンプレックス，防衛，防衛機制の例

文献 1. C-アドラー，1962；2. C-アドラー，1984；3. E-ウルフ，1960ab；4. C-オーグラー，1977；5. E-関，1981

レム睡眠 REM sleep
 REMは睡眠期に出現する急速眼球運動 (Rapid Eye Movement) の略。逆説睡眠，パラ睡眠，速波睡眠，賦活睡眠とも呼ばれる。睡眠中に脳波が覚醒時と似た波形を示す時期。一晩に3～6回くらい現れる。

1953年にアセリンスキー (E. Aserinsky) とクライトマン (Nathaniel Kleitman, 1895～?) によって発見された。レム睡眠期には，骨格筋はほぼ完全に弛緩しているにもかかわらず，覚醒時と似た脳波（脳の活動は活発）を示し，眼球がきょろきょろ動いたり，顔面筋や手足の筋がピクピクと痙攣したりする。眼球はゆっくり動くこともある。心拍は速くなり，血圧は上昇し，呼吸は，呼気と呼気の間が不規則となり，呼吸数は増加するなど，自律神経が不安定になる傾向がある。またペニスやクリトリスが勃起し，子宮も筋収縮活動が高まる。この時期に夢を見ていることが多く，その記憶が鮮明である場合も多い。レム睡眠中に目が覚めると，覚醒していても筋緊張の低下によって身体が自由に動かないので，「金縛り」になったように感じる。

睡眠はレム睡眠と，これ以外の睡眠，ノンレム睡眠 (non-REM sleep) とに分けられ，睡眠中この二つが交互に繰り返される。ノンレム睡

眠は脳波の種類から4段階に分けられ、第1・2段階は、浅いノンレム睡眠（浅睡眠・紡錘波睡眠）で、第3・4段階は熟睡期（深睡眠・徐波睡眠）に相当する。

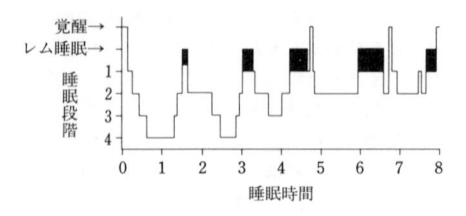

睡眠周期

入眠するとノンレム睡眠が現れ、浅い眠りから深い眠りになり、やがてレム睡眠に入り、ふたたび眠りは浅くなる。これが睡眠周期で、時間は90〜100分ほどである。この繰り返しは一晩で3〜6回ほどおこる。初期周期では、深い眠りである徐波睡眠の割合が多く、それに比べレム睡眠は短い。ところが時間を経るにしたがって、徐波睡眠は短くなり、それに反比例するようにレム睡眠が増加する。

レム睡眠は、新生児では睡眠量の75%を占め、小さな子どもで50%、成人で20〜25%程度である。レム睡眠は他の動物にも認められており、哺乳動物のほとんどにレム睡眠があるといわれている。ネコやイヌはレム睡眠の割合が20%を超えている。筋肉が完全に弛緩することから、海に生息するイルカにはレム睡眠はなく、外敵に狙われやすい草食動物はレム睡眠が短いとされている。

レム睡眠の役割については諸説がある。井上昌次郎（1988）は次のように整理しているが、現在のところ、確かなことは何もわかっていない。(1) 見張り説：レム睡眠の直後にしばしば短い覚醒期があることから、動物は定期的に覚醒に近づき周囲のようすを見張っているという説。(2) 模擬演習説：脳の中で、行動のプログラムの雛形が作られているとする説。(3) 逆学習説：覚醒中にとりこんだ情報のうち、誤りや不要な情報を消去するためにある、とする説。(4) 睡眠回復説：レム睡眠が不足すると、いらいらしたり、もの覚えがわるくなるという説。(5) 学習と関係があるとする説。(6) 幼児期のレム睡眠には、感覚系の成熟とか、神経回路の柔軟性を促進するうえで重要な働きをしているのではないかという説もある。

レム睡眠だけを奪うという実験も試みられているが、動物実験では支障がなかったというものもあれば、いろいろな異常がおこるという結果もある。人間の睡眠からレム睡眠を奪う実験では、いくらかの影響はあるようだが、しだいにレム睡眠の時間が増える（はねかえり現象）ため、はっきりしたことはわかっていない。

レム睡眠時に夢を見ることはよく知られており、70〜80%の想起率である。ノンレム睡眠でも夢見はあるが、ただ想起率が低いだけである。これは脳の活動が覚醒時に近いため、夢をよく覚えているということらしい。レム睡眠と夢の関係についても、確定的な説はない。

病気との関連では、夜間狭心症は、レム睡眠中夢を見ている際に悪化するし、睡眠に伴う頭痛や悪夢もレム睡眠と関連がある。インポテンスの診断では、レム睡眠時に勃起がおこれば、原因は心因性と判断される。また、突然寝てしまうナルコレプシーでは、いきなりレム睡眠が現れる。病気ではないが、いびきや歯ぎしりは、レム睡眠時にはまったくないか、ほとんど見られない。

脳波や脳の中の睡眠中枢、睡眠物質などの研究から、レム睡眠の実状はかなり解明されている。しかし、夢をはじめとして、未解明の問題は依然たくさん残されている。　〔関野僚一〕
⇒不眠症, 夢

文献　1. 井上昌次郎『睡眠の不思議』（講談社現代新書）講談社, 219p., 1988；2. 高田明和『脳とこころのしくみ』（角川選書）角川書店, 250p., 1992；3. 養老孟司『唯脳論』青土社, 270p., 1989

恋愛　love（英）；amour（仏）；Liebe（独）
異性に対する情熱的な愛。これが同性に向かうと同性愛と呼ばれる。

國分康孝によると、オーセンティックな男女交友、つまり恋愛には、次の五つの特徴がある。① 役割にとらわれない〔男だから食事代を払う、など〕、② 相手に対する防衛が少ない、③ 損得計算をしない〔出世に役立つ、など〕、④ 沈黙

が苦にならない，⑤互いに競争心がない。無条件に相手を愛し，一緒にいるだけで楽しければ，それは恋愛である。

　ニューヨーク大学教授の臨床心理学者で結婚カウンセリングの専門家でもあるクリアンスキー（Judy Kuriansky）はその著書で恋愛や失恋について，深層心理を加味した適切な指摘をしている。次にその要点に若干加筆したものを紹介しておく。恋愛や失恋はライフ・イヴェンツのうちでも重要な一つであり，一生の幸・不幸を左右する場合も多いので，マリッジ・カウンセリングや家族療法の立場からも，真剣に採り上げるべきテーマである。

A．〔恋人を評価する法〕
　(1) 他人の評判や親の目に頼らずに，自分の眼で評価せよ。自分の判断力を信じなさい。
　(2) 相手を恋人としてだけでなしに，一人の人間としてみつめよ。
　(3) 自分のニーズにとらわれることなく，もっと基本的なことを見落とすな。
　(4) 自分の感情と，事実とを半々にとり上げよ。
　(5) 相手のよさを探しなさい。
　(6) 精神面の長所〔正直，親切など〕を探しなさい。
　(7) 相手の魅力の意味を考えよ（金持ちのどこがいいか，など）。
　(8) 相手が，自分をどんな気持ちにさせるかを考えよ。
　(9) 相手が素顔（ありのままの姿）を示すまで，判断を待ちなさい。
　(10) アバタもエクボに見えがちだから，割り引きして考えよ。
　(11) 他人に愛される自信がある人かどうか。
B．〔友人にとどまるか，恋人にするかのキメテ〕
　(1) シンデレラ・コンプレックス（理想のパートナーが現われるだろうという期待）を捨てよ。
　(2) パートナーを選択するのは，自分なのだ。
　(3) 自分の人生を自分で選べ。他人が作ったシナリオを演じるな。
　(4) 打算（有名人，金持ちだから）を捨てよ。玉のコシに乗ろうと考えるな。
　(5) 相手の価値を社会的スティタスで測るな。
　(6) 男と女は平等だと考えている人を選べ。
　(7) 充実した人生を送りたいという気持ちを大切にする人を選べ。
　(8) 助け合う気持ちをもっている人を選べ。
　(9) 向上心を抱いている人を選べ。
　(10) 「一緒にいるだけで楽しい」と感じる人を選べ。
　(11) 相手のありのままと，自分のありのままとを直視せよ。お互いに劣等感をもたないこと。
　(12) 相手をひきたてる気配りをせよ。
　(13) 一人の人を愛しぬきたいという感情を大切にせよ。
　(14) 自分のニーズをよく検討せよ。
　　（a）物質的ニーズ（背が高い，収入が安定，など）。
　　（b）精神的ニーズ（保護されたい，自由にさせてほしい，など）。
　(15) お互いに無条件の愛（母の愛のような）を相手に与えることができるか。
　(16) あるライフ・スタイルを実現させようとして相手を利用するな。
　(17) 第一印象や第六感に従いなさい。
　(18) ウマが合わなければ，やめなさい。
　(19) 地位や外見にとらわれるな。
　(20) 適応力，順応力に富んだ人を選べ。
　(21) 口やかましくない，許容性のある人を選べ。
　(22) コミュニケーションがつかぬなら，やめなさい。
　(23) お互いに好きか，お互いに大事にしているか，お互いに信頼しているか。
　(24) デートのあとで，時間を損したと思わない。
　(25) 共通の話題があり，ツーと言えばカーとなるか。
　(26) 困っているときにお互いに助けたことがあるか。
C．〔恋人としてふさわしい相手を選べ〕
　外面（たとえば3高——背が高い，学歴が高い，収入が高い）よりも，心が問題であり，人生を豊かにしてくれる人〔必ずしも金持ちでは

ない〕，一緒にいるだけで楽しくなる人を選べ。2人だけで孤島に住んでも楽しいか，どうか，を考えてみるとよい。

D．〔おちいりやすいオトシ穴〕
(1) 自分の欠点〔社交下手〕を気にしていると，同じ欠点をもたない相手を選んでしまう。
(2) 自分がもっと伸ばしたい点（テニスが上手）を備えている相手を選んでしまう。
(3) 自分は感情的だと思うと，理知的な相手を選んでしまう。
(4) 自分が上等品であることを証明するために，つり合わせようとして上等の相手を選んでしまう。
(5) 自分が面倒をみてもらっている（親などから）と，相手の面倒をみてしまう。
(6) 愛される自信のない人は，自分を認めてくれる人をつい選んでしまう。
(7) 権力志向の人は，権力者を相手に選んでしまい，相手が支配をふるうための道具にされてしまう。
(8) 自分が異性に対する決断力がないと思うと，幼小時のような行動をとってしまう。
(9) 昔の体験を繰り返したい願望がある（父が乱暴なら，乱暴な相手を求める。初恋の相手に似た相手を求める）。
(10) 今度こそ成功させて傷心を癒そうとして，過去の辛い経験を繰り返す。
(11) 長所に目がくらむと，欠点に気づかない。
(12) 過去に学んだ不適切なメッセージによって現在の幸福が妨げられやすい。
(13) 孤独が怖い，自分を安心させたいという欲求が強すぎて，相手は，そんな欲求をとても満たせないとあきらめてしまう。
(14) おどし，依存性，罪業感，嫉妬などによって，自分の人生が奪われると思って恋愛をこわしてしまう。

E．〔無意識への家族関係の影響を自覚せよ〕
ふつうの人は，次のような傾向に陥りやすい。自分が主体であることを忘れてはいけない。
(1) 両親の生き方や面影を相手の中に求めてしまう（代役を探す）。
(2) 親に対する自分の幼小時の行動を相手に向かって再演する（幸福だったならば，夢よもう一度と望み，不幸だったのならば，今度こそ理想的に幸福な家族をつくりたい，と考える人が多い）。
(3) 親が自分を扱ったように，自分が相手を扱ってしまう（相手を親の代役とみなすと，近親相姦の連想から，性行動障害に陥る）。
(4) 自分を愛してくれた親にほめられたいと考えるように，相手にもほめられようとする。
(5) 親に愛されていることを喜んでいると，自分を不完全な子どもとして扱ってくれる相手ばかりを選んでしまう。
(6) 親が書いたシナリオに従って親が喜びそうな相手を選んだり，逆に反対しそうな相手を選んでしまう。
(7) 親を完璧な人間だと思って尊敬していると，相手が劣っているように見えてしまう。
(8) 親の目で自分や相手を眺めてしまう。
(9) 親の目の方が自分の目より正しいと思いこんでいる。
(10) 兄弟姉妹に似た相手を選んでしまう。
(11) 兄弟姉妹に負けている人は，自分が勝てそうな弱い相手を選ぶ。
(12) 親を喜ばせることばかりを考えてしまう。
(13) 親ばなれしていないと，セックスに対して罪業感を抱いてしまう。

F．〔失恋の傷心を癒す法〕
(1) 早く忘れる。会うな，離れよ。
(2) 相手を思い出したら，すぐに他のことに考えを転換せよ（楽しかった趣味のことなど）。
(3) 自分にとってふさわしい相手ではなかったと思え。
(4) かえって幸運だった（後で離婚になったりするよりもまし）と考えよ。
(5) 自分の欠点（美しくない，頭が悪い）のせいで失恋したのではないと認めよ。
(6) 相手の欠点（嫌いな点）を思い浮かべよ。
(7) 2人の行動を映画のシーンとして思い浮かべ，相手が自分をどう扱ったかを批判せよ。
(8) 「恋愛は必ずうまくいくべきだ」という思いこみを捨てよ。大多数の恋は失恋に終わることを知れ。

(9) 依存性が強すぎる，幼時の生き方を再現している〔父に気に入られようとした子は，恋人にも気に入られようとして奴隷になる〕，恋人のおかげで自分のアイデンティティが辛うじて保たれている，事実を直視しないで合理化（こじつけ）をしている（冷たくされるのも愛を確かめるためだ），などのことがあると，別れを恐れる。(國分)

(10) 恋人なしでも自力で生きられる，愛がすべてではない，良心もほどほどにする，自分の嫉妬心を愛しているのと勘ちがいしないこと，別れてよかったということもある，別れのつらさも一時だけのもの，別れたとしても自分の人間としての価値は不変だ，と考えよ。(國分)

G. 〔カップルの人間関係を改めさせる法〕

(1) 問題を明確にする：問題行動と，それが続いてしまう条件を明らかにする。

(2) コミュニケーションをよくする訓練：言い替えたり，相手の表情を反映させることなどをビデオ・テープや実演により教える。

(3) 葛藤解決の練習：葛藤をもつ他の夫婦が巧みに（あるいは下手に）それを処理しているビデオ・テープを見せる。

(4) 有用性基盤成立：自分たちが何をすべきで，何をしてはならぬかについて，お互いに結んだ契約の中に賞と罰とを設けて，なすべきことを強化する。

(5) 相談と「事故契約」：コミュニケーションを改善後に行動契約を相談して作り，賞をふやし罰をへらすように努める。〔小林　司〕

⇨愛情，アタッチメント，家族システム理論，家族ライフ・サイクル，結婚，システム論的家族療法，マリッジ・カウンセリング，離婚

文献　1. B-クリアンスキー，1992；2. E-國分，1982a；3. E-國分，1982b；4. E-國分，1987；5. E-國分，1992

老賢者　⇨老賢人

老賢人，老賢者　wise old man

ユング*心理学の元型の一つで，父なるもの・権威・倫理・秩序などを表すとされる。

老賢人は，昔話の仙人や，中国の思想家の老子などのイメージとして東洋人にはなじみ深い。自己のある側面をシンボルとして把握する場合，多くは，それは超人間的な姿をとる。そのシンボルは，昔話の主人公が困っている時，助言や貴重な品を与え，消え去ることが多い。その助言や知恵，品物は常に常識とはかけ離れており，それを受け入れるかどうかはその主人公に後々大きな影響を与える。他に神話やお伽噺では，道を教えるこびと・親切な老人，また，女性の場合は，大地なる母の神や，至高の愛の女神として現れる場合もあり，自然現象の高山・太陽などもそのイメージとされる。

河合隼雄は，老賢人のことを次のように述べている。「老いているが故に知恵深く，それは一般の常識や，結果を焦る壮年者の気持ちなどを越えきっていて，思いがけない洞察を与えてくれる。」

ユングは自分自身の夢に現れた老賢人に，フィレモンと名づけ，対話を試みて多くの知恵を授かったという。空想的にこれらの人物と対話することを彼は能動的想像（active imagination）と呼び，自分の心の中に自我とはまったく違う意図や方向づけをもった存在があることを実感した。イギリスの精神科医ストー（Anthony Storr, 1920〜）の『ユング』によれば，「ユングは12歳の時，すでに自分の中に非常な権威をもつ老人が第2の人格として住んでいた」という。

「難題や道徳的ジレンマに直面した時，意識的思考が達成しうるものには限界があることは誰でも知っており，待っていたり，一晩寝てから考えてみたりする期間が，意識的な努力では発見し得なかった解決をもたらすことがよくある。このようにして啓示は，その主体にとって意識を越えた源泉からやって来たように感じられる。老賢人はこの良く知られた人間経験の，ユングによる人格化のように思われる。」とストーは述べている。

河合は，日本人に比較的イメージしやすい老賢人の例として「老子」をあげているが，その特徴は，福永光司のことばを借りると『老子』という書物では「現実の己を生きる個としての人間が，道の普遍とそのまま結びついている。個と普遍の中間に何の媒介者も必要とせず，己

が道を見，道が己を見ているといったような直截的な関係，もしくは己が道であり，道が己であるような一体的な境地が実現している。」ということであり，河合は，「個が直截的に普遍と結びつくイメージは老賢人を示すのにぴったりであり，このような老賢人像は，科学の知を補償するものとして必要なもの，というべきではなかろうか」と言っている。

自己（セルフ）の人格化された像としては，「老人の知恵を持った子ども」として現れる時もある。ユングの編集した本の中に取り上げられた「聖クリストファー」の物語では，大変な力持ちである主人公クリストファーが最も強い人にのみ仕えようと思い，最初王様に仕え，王様が悪魔を恐れているのを知って，次は悪魔に仕え，悪魔が十字架を恐れていることを知ってキリストに仕えようとする。そして，ある牧師が，キリストに会いたいなら，ある川で待つようにと，忠告してくれたので，その川で多くの人を肩に乗せてキリストを待った。すると，1人の子どもが川を渡して欲しいと言うので，その子を乗せて川を渡っていくと，背中の子はだんだんと重くなり，向こう岸に渡ったときには，クリストファーはまるで全世界を背負っているように感じ，自分の背中の子が実はキリストだったということを悟り，キリストはクリストファーの罪を許して永遠の命を与えてやる，ということが書かれている。河合はこのことを取り上げ，「この話における子供の姿をしたキリストは，自己についての多くのことを示しており，クリストファーが強さを誇っていても，一人の子供を背負いかねるところは，自我がいかにその強さに頼っていても，自己の働きに対して，いかに無力感を味わわねばならないかを如実に示している。」といっている。そして，「クリストファーがキリストの重みに耐えかねるところは，自己実現の道がときには重荷として感じられることも示しており，自己が子供の姿をとって現れることは，それが無限の発展の可能性を示すとともに，反面一見するところ弱いものとか，あまり価値のないもののような感じを与えることを示している。」ともいっている。

また，河合は，ユングが「始源児」と名づけた元型を例にあげ，元型が幼児の姿や小さい者として現れる場合は，未来への生成の可能性や，純粋無垢な状態に強調点がおかれているとしている。「始源児」は知恵ばかりでなく，ギリシアのヘラクレスや桃太郎，一寸法師のように超越的な力をもっていることもあるという。さらに，世界各国のファンタジーにおいて少年と老人がペアで登場する例をあげ，老人の心に少年が住み，少年の心に老人が住むというペアの関係によって，お互いはその働きを十分にすることができるとしているが，このことは，老人と少年が相補う関係であり，そのように自己はその全体性を統一しているともいえる。

老賢人は，人を高い心理的境地に導く案内者だが，そのイメージが強すぎると，かえって束縛されて心が自由に動かなくなると秋山さと子は警告している。これは，河合が『心理療法序説』の中で，ジェームス・ヒルマンが呈した問題点としてあげていることにも通じるようである。その問題点とは，「自己が老賢人として顕現し，実際の『長老』と結びつくと，『長老』のもつネガティブな面『神学的一神論のかたくなな固執，宗教的寛容のなさ，優越に対する確信』が強くでてきたとしても，他の者はそれに反抗できない。」ということである。そして，このような「長老」のイメージが心理療法家に投影されることがあるので，そのことをよく意識しておくべきだと河合は述べている。

ユングが老賢人フィレモンを必要としたように，誰しも，このような魂の導き手を必要としているものであるが，それとの対話は心的エネルギーを必要とすることを忘れてはならない。

〔原　みどり〕

⇒元型，自我，自己，分析心理学，ユング

文献　1. D-河合, 1977a；2. D-河合, 1967；3. D-河合, 1989；4. B-河合, 1992；5. D-河合・谷川, 1979；6. G-國分編, 1990；7. D-ストー, 1990；8. 松村明編『大辞林』（第2版）三省堂, 2927p., 1995

老年心理学　psychology of old age [aging]

高齢者（65歳以上）が示す特徴的な心理状態を解明する学問。

日本は他国に類をみない速度で人口の高齢化が進展し、高齢者に対する各方面からの対策が急がれている。高齢者を正しく理解するうえで、高齢者の心理についても注目されており、高齢者が、長い老年期の生活の質を維持しながら生活するためにも、老年心理学が果たす役割は大きい。

老年心理学が担う領域は、高齢者に関する心理領域のすべてが含まれるので広範囲である。大きく分類すると、(1) 老化を扱う生物学・生理学的な基礎分野、(2) 感覚、知覚、記憶、学習、知能などの心理学的な基礎分野、(3) 仕事、家族、生きがい、性、死などの哲学的な分野、(4) 言語障害、知情意低下症(旧称：痴呆)、介護などの臨床的な分野、などであり、今日の老年心理学は各方面で活発に研究が進められてきている。また、生涯発達心理学では、生まれてから死ぬまでの人間の最終段階として老年期をとらえ、人生における老年期の意義を明らかにしている。各分野での研究の現状の概略を次に述べておく。

(a) 老年期の人格的特徴：老年期の人格的特徴は、従来の諸説によると、わがまま、頑固、保守的、疑い深い、心気的、愚痴っぽい、などと論じられてきたが、これらは若年者との比較などの横断的な研究が多く、十分に高齢者の特性を表していなかった。最近では、発達論的な視点から、幼年期から老年期に至るまでに形成されてきた人格の加齢による変化としてとらえようとされている。加齢による人格変化の傾向としては、内向性（外的世界から内的世界へと傾く）、慎重さ（失敗をさける用心深さ）、性役割の逆転（男性が受身的になり、女性が自己主張的になるなど）などがあげられている。しかし、一律にすべての高齢者が加齢による人格変容をするわけではなく、適応している人格特性についての研究が進められている。

(b) 老化の概念と老いの自覚：老化とは、加齢による身体的および精神的な機能低下であるが、身体・精神の各機能が一律に低下するわけではない。上記の各分野で研究が進められている。また、生理的老化と病的老化とに分ける場合もある。人はその老化をどのように自覚するのか。老いを受容して適応してくいくために「老いの自覚」の研究は老年心理学の重要な課題である。

(c) 心理学的基礎分野の研究：高齢者の記憶、知能などは高齢者に対応した研究手法が取られるようになり、保持されている能力が徐々に明らかにされてきている。

(d) 仕事、家族、生きがい、性、死などの研究：核家族化による老夫婦世帯、独身世帯の増加は、生きがいの発見、孤独からの回避、高齢者の結婚の社会的意義、死の受容と看とりの重要性など心理学的な解明の役割は大きい。しかし、それぞれの状況が複雑に絡み合っており、多方面にわたる学際的な研究が進められ、さらに協調して研究が行なわれていく必要性がある。

(e) 臨床的な分野の研究：老年期の知情意低下症は人口高齢化の進展により今後さらに増加する。知情意低下症高齢者のもつ不安感、徘徊行動など心理学的問題点の解明が山積している。介護者のストレスも大きく、知情意低下症の実態の解明と、知情意低下症高齢者の心理状況の解明が待たれている。〔桜井俊子〕

⇒生きがい，高齢社会，高齢者介護，高齢者の知情意低下症，死，知情意低下症高齢者の介護，ライフ・サイクル，高齢者介護

文献 1. 荒井保男・星薫『老年心理学』日本放送出版協会，264p.，1994；2. 井上勝也・木村周編『新版 老年心理学』朝倉書店，224p.，1993

ロゴセラピー，実存分析療法 logotherapy

人生の意味の探求を中心とする，フランクル*がはじめた心理療法。

実存分析は、フランクルの理論の根拠となっている人間学的な面を示し、ロゴセラピーは、彼の心理療法の実際的な理論と方法を示している。

ギリシア語のlogosは、「意義」あるいは「精神」を意味している。フランクルは、精神分析学派の「快楽への意志」や、アドラー派の「権力への意志」に対比して、「意義への意志」こそ人間の実存の本質であると考えた。その扱う範

囲は神経症を中心として広く人生の目的の無さに悩む現代人の問題にまで及ぶ。また，精神病の場合でも，患者のパーソナリティのうちの健全な部分に対して行なわれる。

フランクルによれば，人間の行動は無意識の心理的，生理的な衝動といったものにもとづいた理論によってすべてを説明することはできない。人間の真の動機づけを客観的な意味と価値におき，人は意味への意志によって動機づけられる，と彼は考えた。つまり，意味ある目的のために自己を捧げて努力する度合に応じて，自己実現することができる。したがって，人は意味が満たされないと「実存的欲求不満」になる。この状態を彼は「実存的空虚」と呼んだ。実存的空虚は，神経症の温床となりやすく，こうした神経症を心因的なものに対して「精神因性神経症」と呼ぶ。これは，パーソナリティの精神的な次元に根ざすものである。

実存分析は，現代哲学の一分野である実存主義と関連がある。実存とは，「人間が真に人間であるという独自性をもった特別な存在であること」を意味する。故に，ロゴセラピーの人間観は，人を反射のメカニズムによってではなくて，それぞれ別個の人格をもった精神的，実存的な存在としてとらえる。つまり，人間を，身体・心・精神の統一体ともいうべき全体としてとらえ，数多くの可能性の中から自分がどうあるべきかを決断する主体であり，また自由で責任ある存在と見なす。この自由とは，「あるものからの自由」(freedom from)ではなく，「あるものへの自由」(freedom for)，責任への自由である。人間の責任とは，意義と価値の達成のことであり，この点で実存分析はなんらかの束縛から自由になることばかりを問題にしている他の実存哲学と異なる。

心理療法は，患者のユニークな個性と治療者のパーソナリティの範囲内で行なわれる両者の間の実存的な関係である。その過程は，人間的な親密さと，科学的な客観性を両極とする牽引関係で，治療者はそのどちらにも偏ってはならない。第一に考慮されるべきものは，患者と治療者の人間としての交わりであり，技術は第二義的なものである。

治療とは，患者に意味と目的とを取り戻させることであり，患者を，自分がとらわれているものや，心理的に強制されているものから解放することによって，諸々の症状を減退させることである。ロゴセラピーは，人間の精神を扱う治療であり，対象は，主として神経症となる。神経症においては，体の異常が同じような状況下で再びおきるのではないかという期待不安をおこさせ，期待不安が体の異常をさらに増大させるという悪循環をおこす。これは，自己観察が強すぎるためであり，神経症的な実存では，本来，第一義的であるはずの人生の目的と方向づけが傷つれられて，自己に対する関心が異常に強まっている。ロゴセラピーは，精神性という人間独特の能力によって，患者に自己を超越することを要求し，その結果，患者と病気を分離させようとする。すなわち，状況を変化させようとする精神の抵抗力に訴え，症状に対する患者の態度を変えることによって，症状の影響をも変化させるのである。このような自己超越が，実存の本質である。

ロゴセラピーの具体的な技法としては，逆説的思考と反省除去が知られている。逆説的思考は，不安神経症，強迫神経症のほとんどの原因が，これらを排除したり，戦おうとしたりする努力によっておこる不安や妄想の増大にあるという事実にもとづいて，患者に適用される治療手段である。これは，ロゴセラピーの人間学的原理から生まれたもので，精神-心理の分離という人間的な能力を行使する。すなわち，患者は自分の症状に対して，それを避けようとするのでなく，むしろそれを望むという努力へと変えることにより，自己の不安を客観視し，それを皮肉ったりあざ笑うようになる。このようなユーモアのある態度を実践することにより，症状から距離をおき，自己を神経症から引き離すことができるようになる。反省除去は，神経症的反応に付随する強迫的な自己観察や，極度の反省を中和するために用いられる。これは，患者の注意を自分自身から離し，仕事などの積極的な活動へ向かわせて，症状を無視させようとするものである。

これらの技法は，神経症の原因が何であるか

にかかわりなく，その効果を発揮する。病気の主因は期待不安であり，過去の心理的外傷ではないと考えるから，ロゴセラピーの目標は症状の除去ではなくて，症状に対する患者の態度の変容である。したがって症状の除去は，生き方の実存的決定の副産物と言えよう。

〔今村恵津子〕

⇒現存在，実存心理学，実存分析療法

文献 1. E-トウィディ, 1965；2. E-フランクル, 1972；3. B-フランクル, 1972；4. H-『フランクル著作集』(全7巻)，1961～62

ロジャース Carl Ransom Rogers (1902～1987)

米国の心理学者。来談者中心療法 (client-centered therapy) の創始者。

ロジャースは建設業，後に農場経営者だった厳格なプロテスタントの家庭に三男としてイリノイ州で生まれた。ウィスコンシン大学，ユニオン神学校，コロンビア大学（～1931）に学ぶ。空軍の心理相談員(1944)，連合サービス機構カウンセリング部長（1944～1945）を務め，ヘレン・エリオットと結婚（1928），ニューヨーク児童相談所員（1927～1928），ロチェスター児童虐待防止会心理学者（1928～1930），児童研究部長（1930～1938），ロチェスター相談センター所長（1939），オハイオ州立大学臨床心理学教授（1940～1945），シカゴ大学心理学教授兼カウンセリング・センター長（1945～1957），ウィスコンシン大学心理学・精神医学教授（1957～1963），行動科学研究センター研究員（1962～1963），西部行動科学研究所研究員（1964～1968），人間研究センター研究員（1968～）を歴任した。

オハイオ大学で大学院生の臨床心理実習をスーパーヴァイズした経験から1940年12月11日にミネソタ大学で「心理療法における新しい概念」を講演し，来談者中心療法の考えを初めて発表した。2年後，面接の逐語記録を含む『カウンセリングと心理療法：実践における新概念』(1942)を出版した。患者という単語の代わりにクライエントという単語がこの本によって広まり，非指示的アプローチの技術が有名になった。クライエントや共感という単語は，1936年6月に接触した精神分析学者ランク（Otto Rank, 1884～1939）の用語をロジャースが採り入れたものだ。

「真の自己」についてはホーナイ*が，また，「経験が意識に採り入れられるあり方」についてはサリヴァン*が，より精密な掘り下げを行なっていたにもかかわらず，ロジャースはこれを採り入れていない。彼の思想的発展に他の学派の思想がどの程度に影響しているかについては，よくわかっていない。

シカゴ大学にいたときに，科学的な実証的研究を重視して大規模な心理療法の研究を行ない，その結果を『サイコセラピーとパーソナリティの変化』(1954)に発表し，米国心理学会の特別貢献賞を与えられた。『治療により人格変化が生じるための必要かつ十分な諸条件』(1957)では，治療的人格変容のための有名な彼の3条件「自己一致（純粋性）」「無条件の肯定的尊重（配慮，関心）」「共感的理解」があげられており，これらが人間的成長にとって必要であることが認識されるようになった。この3条件を村瀬孝雄は次のように言い換えている。「一人一人のかけがえのない存在を大切にいとおしく思い，相手の身になって気持を汲み，素直にあるがままに接していきさえすれば，どんな人でも素直に生き生きとなり，本来の力や希望がわいてくる」（村瀬，1990）。「これは，あまりにも理想主義，単純化，原理主義すぎるし，人格的成長の可能性に信頼を置きすぎており，こうした理想的な関係性をいかにしてもつかという技術については何も述べていない」という批判もある。1956年には，スキナーと論争し，1957年には，マルティン・ブーバー*と対話を行ない，この頃から実存主義的になって，1961年に書いた『生成する人間』は人間性心理学の基本概念を普及し，やがてマスロー*やメイ*といっしょに人間性心理学会を1962年に設立した。

シカゴに12年とどまったあいだに，技法としての非指示的アプローチは来談者中心療法へと質的に変化した。『来談者中心療法：その現時点での実践，さまざまな適用可能性と理論』(1951)では，技法よりも，クライエントの主体的な成長力を尊重する，セラピストの態度を重視した。

彼は人格理論と心理療法を発達させ，精神分析や行動療法のアンチテーゼとして来談者中心療法（client-centered therapy, CCT）を開発した。彼の科学者としての態度の裏側には，ピューリタンとしてのキリスト者の愛があったが，「クライエントの社会的問題に目をつぶっている」という批判もある。母性社会といわれる日本では，CCT の本質的な理解がなされず，ロジャースが本来目指したものとは違ったふうに熱狂的に CCT が流行してしまった。精神障害者に CCT は有効かどうかの検討，CCT の限界と改良などの問題も残されている。

あらゆる有機体は，自らを維持し，実現し，強化する方向に向かっていくようにできているという実現傾向（actualizing tendency）を人間の中に認める，という彼の核心的仮説も楽観主義だと批判されている。「人間は本来，健康な方角に伸びて行こうとする傾向をもっている，人間は何がいいことか悪いことかを判断できる，有機体の評価過程をもっている」という仮説がもし真実ならば，殺人を喜ぶ人はいないということになる。両親が子どもに無条件の積極的尊重を与えないで，気に入ったことをした時だけにほめると，有機体の評価過程が働かなくなり，自分自身よりも他人に暗示された線に沿って発達して，神経症的になるから，無条件の積極的尊重が大切だ，と彼はいう。「価値評価とは無関係にカウンセラーがクライエントを尊重せねばならぬというのならば，殺人犯人のような性格異常者とか，妹を殴っている兄に対しても無条件の積極的尊重を与えるべきなのか。ロジャースにしたがうならば，妹を殺した兄に『おまえをもう愛さないぞ』と言ってはいけないことになってしまう」という批判がある。

聴いたことをクライエントに伝える「反射（reflection）」は，ただ同じことばを機械的に繰り返す「おうむ返し」だなどという批判もあるが，これは，彼が技術の説明をしなかったために生まれた誤解であろう。これは感情を反射する「伝え返し」であるべきであって，クライエントのことばを自分の中に取り入れたり，ことばに込められている感じやニュアンスを自分も感じとって，表明された気持ちや，表明の核心，クライエントにとって大切なことばや言いまわしなどをカウンセラーがクライエントに伝え返すべきなのである。

ウィスコンシン大学では，個人心理療法の力を過信して，治療的変化に必要な諸条件が統合失調症者に対する心理療法にも当てはまることを立証しようとしたが，うまくいかなかった。ジェンドリン*の体験過程（いま経験している感情や気持ち），フォーカシングなどの実りはあったものの，苦痛と苦悩の7年を送った後に，1964年に彼はラ・ホイアにあった西部行動科学研究所（WBSI）に移り，これ以後は，病人や不適応者よりも健常者や平和問題に関心が移った。ここでは健常者の個人的成長に焦点を当てたエンカウンター・グループを開発し，1968年にはその記録映画『出会いへの道』でアカデミー賞長編記録映画最優秀作品賞を得た。『自由への教育』（1969），『エンカウンター・グループ』（1970），『結婚革命：パートナーになること』（1972）を一般向けに書いて，教育界その他に大きな影響を与えた。しかし，彼が有名になるにつれて研究所内に対立が生まれたので，1968年にラ・ホイアに人間科学センター（CSP）を作って独立した。エンカウンター・グループを発展させたパーソン・センタード・アプローチ（person-centered approach, PCA）は，個人への信頼を人間コミュニティへの信頼へと拡げたもので，それを国際的に広め，国際平和を目指して，アイルランド紛争や中米紛争，南アフリカの人種差別闘争などを解決しようとした。「カウンセラーとクライエントとの間で真実である事柄は，結婚，家族，学校，異文化間，国家間でもまた真実である」と彼はいって，価値の相対性や文化の多元性を認め，それを実践した。クライエント中心療法の名を PCA と変えた方が適切だ，と彼は考えていた。国際間・異文化間の相互理解に PCA が有効かどうかには，人間の潜在能力を活かす見地から再検討の余地がある。『人間の潜在力：個人尊重のアプローチ』（1977）では PCA を「静かなる革命」と呼んだ。1982年にはアメリカ心理学会の調査で，最も影響力のある心理療法家に選ばれている。彼の晩年の仕事には，神秘的現象への関心やトランス

パーソナルな傾向が認められる。1987年2月，85歳で亡くなった。彼の後継者たちは，古典的ロジャーズ派，パーソン・センタード派，体験的心理療法派の三つに分裂している。

〔小林　司〕

⇒エンカウンター・グループ，共感的理解，肯定的尊重，行動療法，自己一致，実存心理学，人格的成長，心理療法，精神分析，体験過程，トランスパーソナル心理学，人間性心理学，パーソナリティ，フォーカシング，来談者中心療法

文献　1.飯長喜一郎「ロジャーズの生涯と思想」(A-佐治・飯長，1983所収）；2. I-村瀬編『こころの科学』No.74,1997；3.村瀬孝雄・保坂亨「ロジャーズ」(H-小川編『臨床心理学大系』16，1990所収）；4. E-ロジャーズ，1984 a；5. ロジャーズ，C.，村山正治訳「ロジャーズ」佐藤幸治・安宅孝治編『現代心理学の系譜：その人と学説と』（第1巻）岩崎学術出版社，1975

ロール・プレイング　role-playing

体験学習（experiential learning）の一つで，ロール（役割）を演ずるという擬似体験を通して，概念的にというよりも実感としてわかるということをねらいとした**学習方法**。

カウンセリングを学ぶうえで，ロール・プレイングは有効な学習方法の一つである。ロール・プレイングの方法の一例を紹介し，あわせてそのねらい，留意点を述べる。

学習者の中から，カウンセラーとクライエントの役割を演じる人を決める。それ以外の学習者はオブザーバー（観察者）となる。カウンセラー役は，クライエント役の話をよく聴き，クライエントがカウンセラーによくわかってもらえたと思えるように，自分がしようと思うことをしてみる。成功や失敗などにとらわれずに，まず体験してみること。大切なことは，自分がしようと思うことをして，その面接の中で何がおこったかを明確にしていくことである。

クライエント役は，自分が本当のクライエントになったつもりで，体験する。その際に取り扱うケースでは，現在自分が抱えている深刻な問題を避ける。理由は，その場が練習の場であり，また相手も必ずしも専門のカウンセラーではないからである。

したがって，他人のケース，または解決済みの過去の自分の問題を扱うのがよい。ロール・プレイングは，シナリオにもとづいて演じる芝居ではない。たとえケースは借り物でも，その場での体験（自分の中におこってくるもの）は自分の体験になる。男性は男性のロール，女性は女性のロールをとることが望ましい。

オブザーバーは，次の5項目を観察し，その場に何がおきているかをつかむ。(1) カウンセラーが主に何をしているか（解釈，調査，評価，支持，理解，アドバイス，説教など）。(2) カウンセラーの感情の変化（クライエントの相談を受けて，どのようなことを感じているか）。(3) クライエントは主に何を伝えているのか（クライエントの問題の本質，表面上の問題など）。(4) クライエントの感情の変化（カウンセラーと話していて，どのようなことを感じているか，相談内容からくる感情の流れなど）。(5) カウンセラーとクライエントの人間関係の変化。

ロール・プレイング終了後のふりかえりで，前述の(1)〜(5)に関してフィードバック（確認）し，そのロール・プレイングについて検討する。

以上が，ロール・プレイングのすすめ方の一例である。

トレーナー（指導者）は，ロール・プレイング全体をよく観察し，カウンセラー役，クライエント役がそれぞれに体験したことの意味を知るように，またオブザーバーが単に批判的・評価的にそのロール・プレイングを観るのではなく，そこに何がおこっているのかを把握するように援助する。

ロール・プレイングとそのふりかえりを通して，カウンセラー役が「自分が何をしようとして，実際は何をしたか」に気づき，「クライエントとの関係に何がおこったか」を明確にすることは，面接における自己を知るという意味で自己の成長につながる。

クライエント役は，他人のケースを借りながら，その人がどのような思いで相談していたかを知ることになる。またクライエントの体験を通して，自分の中に流れる感情の変化に気づくことになる。それはまさにそのときの自分に気づくことでもある。

ロール・プレイングでは，特にカウンセラー役は，成功とか失敗とかにとらわれず，自分がしようと思うことをしてみること，そしてその結果を吟味してみることが大切である。

一般的には，「ここが悪かった」「あそこが悪かった」とか，「こうした方がいい」とか，「ああした方がいい」というように，方法にとらわれがちであるが，それはこの学習の目的ではない。実際の面接においては，1対1で話しながら自分の中に何がおこっているか，目の前にいるクライエントの中に何がおこっているか，そして2人（カウンセラーとクライエント）の人間関係の中に何がおこっているかということをカウンセラーが自分でつかんでいかなければならないからである。

実際のカウンセリング場面で，クライエントを傷つけることは許されない。ロール・プレイングという練習の場で，むしろ大いに失敗し，そこから学ぶことが大切である。

ロール・プレイングにおける擬似的な体験の限界が指摘される。確かにその限界はあろう。しかしながら，たとえ擬似的な体験であっても，そこから学ぶことは多い。ロール・プレイングという体験学習が広く用いられる理由でもある。　　　　　　　　　　　　〔中根伸二〕
⇒カウンセリング，マイクロカウンセリング

文献　1. A-小林, 1979 ; 2. A-田畑, 1982 ; 3. E-津村・山口, 1992 ; 4. A-渡辺, 1996

論理情動療法　⇒論理療法

論理療法，理性喚情療法，論理情動療法 rational-emotive therapy, RET
あるできごとに対して悲しんだり悩んだりするのは「〜すべきである」という**不合理な思い込み**に支配されるからである。その誤った思い込みを捨てて，「できれば〜にこしたことはない」というもっと**合理的な考え方へと修正して**いくのを援けることによって**悩みをなくさせる心理療法**。

創始者はアルバート・エリス*。エリスは，はじめ精神分析療法家を志していたが，しだいに幻滅を深め，1955年頃，論理療法を創始した。当初，rational therapy（RT）と称していたが，やがて rational-emotive therapy（RET）と改称した。わが国で論理療法と訳しているのは，RT 時代の訳語が，そのまま使われているためである。精神分析療法や来談者中心療法にくらべて，その技法が能動的・積極的で，指示・説得・対決をふんだんに使うことが特徴である。非論理的な信念や，思い込みにすぎない価値感（irrational belief）をつくりやすい青年や学生には有効な方法とされている。

論理療法の中心理念は，A-B-C 理論と呼ぶものに簡潔にまとめられている。A は activating event のことで，実際におこった事実を示し，B は belief system で，個人がそれぞれもっている信念の体系，C は consequence で，結果としての情動障害や不適切な感情を指す。

事実（A）は同じであっても，人によって感情（C）は異なる。人は見たままの物理的世界に生きているのではなく，それらをどう受け取ったかの現象学的世界に生きている。論理療法では，神経症や人生の悩みなどの諸悪の根元は，個人の思い込み，考え方（B）にある，と考える。個人を不安・憂鬱（C）にしているのは，出来事（A）ではなくて，個人の「ねばならない」「べきである」という不合理な思い込み（B）である，と考える。この不合理な思い込み（irrational belief）は後天的な経験によってつくられ，いわば洗脳された結果である。そこで，イラショナル・ビリーフを捨て，「できるなら〜であるにこしたことはない」「できなくとも，自分はまったくだめだというわけではない」という合理的な考え方（rational belief）に修正するよう援助していく。

A-B-C 理論を拡張して，A-B-C-D-E 理論と呼ぶこともある。D は dispute で論駁，E は effect で効果という意味である。不合理な思い込みを論駁によって粉砕して，修正し，その効果が生じて行動が変容することを表わしている。

論理療法は，認知面を重要視すると受け取られがちだが，そうではない。思考を変えれば，感情と行動も変化し，感情と行動とが変化すると，思考も変わると考えている。RET では，認

知-感情-行動の三つの側面に統合的に働きかけ，治療を行なうのである。

　論理療法は，折衷的・統合的アプローチを行なう。それゆえ，A-B-C理論の枠内で使えるものをすべて活用する。特定の方法だけを重んじることをしない。たとえば，認知面へは，論駁法(disputing)，感情面へは，論理療法的イメージ技法(rational-emotive imagery, REI)や，わざと嫌なことをやらせる羞恥心粉砕法，そして行動面へは，賞と罰を与えるといったように，行動療法の多くを使うことができる。

他に，体でおぼえる(in vivo)脱感作法も用いられ，恐れているものを想像するだけでなく，実際に恐れているものに直面することによって治していく方法もとる。〔吉岡昭治〕

⇨イメージ療法，帰属療法，A-B-C〔-D-E〕理論，心理療法，認知

文献　1. B-伊藤, 1990；2. B-エリス, 1981；3. A-國分, 1980；4. B-日本学生相談学会編, 1989；5. B-長谷川「論理療法の理論と技法」I-岡堂編『現代のエスプリ』No.257, pp.119-129, 1988

笑い laughter

心理的緊張が急速に解消される際に愉快な気分とともに出現する情動反応の一つ.

笑いは多くの場合,状況を傍観する態度を維持することができ,緊張解消後も多少の違和感を感じながらもおおむね安心にむかっている時にみられる.この情動反応は一般に生得的とされているが,どんな理由で生じるかについては経験的要因が関係する.

笑いの基本的パターンは,頰筋の緊縮,それに伴う口角・口唇の拡張,歯の露出,眼輪筋の軽微な収縮などであり,周囲からは表情の柔和な崩れとみられる.さらに呼吸筋の間代けいれん性収縮による発生(笑い声)を伴う場合が多い.

大別すると笑いには,(1) くすぐりや揺すりなどの身体刺激による笑い,(2) うれしさの笑い,(3) おかしさの笑い,(4) 挨拶など社会的象徴機能としての笑い,(5) 病的な笑いなど,がある.病的な笑いの中には,笑いの表情運動だけが発現する強迫的な笑いやけいれん性の笑いがあり,精神病やヒステリーにしばしばみられる.

笑いが何ゆえに生じるかについては,三つの理論がある.

(a) 優越説:これはプラトン,アリストテレスに端を発する古典的理論であり,ホッブス(Thomas Hobbes, 1588〜1679) が定式化した.ホッブスによれば,笑いは「他人の弱点あるいは以前の自分と比較することによって,自己のうちの何らかの卓越性を何らかのかたちで認識することから生じる突然の大得意」を表すものとされる.

(b) ズレ説:これはカント(Immanuel Kant, 1724〜1804) やショーペンハウエル*が提唱した理論であり,笑いを認知的側面からとらえている.彼らは観念と現実の矛盾が笑いを生むと唱えた.笑いの愉快さは,予期されざる,非論理的な,何らかの意味で不適切な何ごとかに対する知的反応であるとされている.

(c) 放出説:笑いは神経エネルギーの放出,発散であると主張するこの理論はスペンサー(H. Spencer, 1820〜1903),フロイト*らによって提唱された.たとえば,フロイトは機知による笑いは性や攻撃などの抑圧に必要な精神エネルギーの節約によって産み出されるとしている.

(a)のメカニズムによって生じる笑いはしばしば他者を傷つけ,人間関係の悪化を招くものであるが,(b),(c)による笑いは精神衛生上心理的開放をもたらす作用をもっている.実際,最近ではリウマチなどの痛み治療に落語を聴かせ,おおいに笑ってもらうという方法なども用いられているし,心理療法の場面でも笑いの観察から得られるものは少なくない.笑いの機能を再評価する必要性が唱えられている.

〔山中祥男〕

⇨感情,情動

文献 1. ベルグソン,H., 林達夫訳『笑い』(岩波文庫)岩波書店, 208p., 1976;2. モリオール,J., 森下伸也訳『ユーモア社会をもとめて:笑いの人間学』新曜社, 272p., 1995

カウンセラーに必要な本のリスト

小林 司・杉山満樹也編

分類記号は下記のとおりである。

A	カウンセリングに関する本	727
B	心理療法に関する本（ただし，C，Dに含まれるものを除く）	737
C	精神分析・フロイトに関する本	750
D	分析心理学・ユングに関する本	761
E	人間理解に関する本（教育心理・発達心理を含む）	767
F	子どもの心理に関する本（心身障害・不登校児・親子関係・青年を含む）	792
G	辞典・事典・ハンドブック・マニュアル（他ページに記したものも重複して記載）	807
H	全集・著作集・講座	815
I	雑誌	828
J	臨床心理学・精神医学に関する本（児童，思春期，青年はFを見よ）	844

【1】 収録

1. 学術書だけではなくて，初心者や一般人向けの解説書，新書，文庫本など，読みやすくて入手しやすい本に重点をおいて広く収録した。
2. カウンセラーが治療する機会がほとんどないと思われる病気（統合失調症など）に関する本は，1～2冊にとどめた。
3. 精神医学概論，心理学概論（教科書的なもの）をほとんど収録しなかった。
4. 心理テストに関する本を収録しなかった。
5. 事典以外には，洋書をほとんど収録しなかった。

【2】 配列順序

1. 各分類ごとに著者のアイウエオ順にならべた。
   ただし，「H　全集・著作集・講座」と「I　雑誌」については，シリーズ名，雑誌名で配列してある。
2. 同一著者が複数の本の著者である場合は，書名のアイウエオ順に並べた。
3. 著者が複数の場合は，単数の場合の後ろに置き，第2番目の著者のアイウエオ順に配列した。
4. 著者名の長音（例；オーヤマ）は長音をないものとみなして（オヤマ）並べた。

【3】 参考文献の記載法

本文各項目の末尾に記載した参考文献は，本文各項目末に文献名を完全な形で記載するものと，この文献リストに一括して載せて，本文末には記号だけで示すものとに分けた。文献リストを参照するものについては，各項目末に下記のように記載した。

〈例〉分類記号（例えばE）-著者名，発行年度

A　カウンセリングに関する本

あ行

愛知電話相談ネットワーク編『地域における電話相談活動の実態：東海3県の電話相談調査報告第1報』愛知電話相談ネットワーク, 9p., 1994.

アイビイ, A., 福原真知子・椙山喜代子・國分久子・楡木満生訳編『マイクロカウンセリング』川島書店, 266p., 1985.

アイビイ, A.E., 福原真知子・仁科弥生訳『発達心理療法：実践と一体化したカウンセリング理論』丸善, 406p., 1991.

アウグスバーガー, D., 棚瀬多喜雄訳『聞く：心を通わせるために』すぐ書房, 206p., 1985.

赤塚大樹・森谷寛之編『医療・看護系のための心理臨床実習：心理面接の技法と実際』培風館, 176p., 1993.

アーキン, A., 今江祥智・遠藤育枝訳『カウンセリング熊』原生林, 314p., 1988.

アダムス, J.E., 柿谷正期・窪寺俊之訳『カウンセリングの新しいアプローチ』いのちのことば社, 472p., 1978.

アプテカー, H.H., 坪上　宏訳『ケースワークとカウンセリング』誠信書房, 268p., 1964.

阿部輝夫『セックスレス・カウンセリング』小学館, 226p., 1997.

アマティー, E.S., 市川千秋・宇田　光訳『学校での問題行動をいかに解決するか：短期戦略的アプローチの実際』二瓶社, 200p., 1996.

アメリカ心理学会編, 佐藤倚男・栗栖瑛子訳『心理学者のための倫理基準・事例集』誠信書房, 168p., 1982.

天羽大平『心理相談　上・下』新書館, 277p., 281p., 1961.

有馬夫『牧会カウンセリング入門』新教出版社, 222p., 1996.

飯塚銀次『人間探究と創造性の開発：カウンセリングにおける人格変化の理論と実際』高陵社書店, 330p., 1973.

飯塚銀次他『カウンセリング：自己の探究と開発』芸林書房, 305p., 1976.

飯塚銀次他編『カウンセリングの評価』全日本カウンセリング協議会, 40p., 1980.

飯塚銀次・関口和夫編『カウンセリング代表事例選』学苑社, 315p., 1977.

飯長喜一郎『実践カウンセリング初歩：若い人のために』（心理臨床セミナー 1）垣内出版, 152p., 1998.

五十嵐正美他編『カウンセラーの姿勢 II』日本カウンセリング協議会, 40p., 1978.

イーガン, G., 福井康之・飯田　栄訳『カウンセリング・ワークブック：熟練カウンセラーをめざす』創元社, 270p., 1992.

池田光幸『傷ついた心への援助：カウンセリングの基本にあるもの』医学書院, 185p., 1994.

池見　陽『心のメッセージを聴く：実感が語る心理学』（講談社現代新書）講談社, 237p., 1995.

井坂行男編『カウンセリングと教師教育』協同出版, 173p., 1985.

石井完一郎『自立のすすめ：学生相談27年から』弘文堂, 278p., 1984.

石井完一郎『青年の生と死との間：出会いへの軌跡から』弘文堂, 304p., 1984.

石郷岡泰『登校拒否・子どもを救うカウンセリング：親と教師原因説』（ブルーバックス）講談社, 238p., 1993.

石原　潔『マリジ・カウンセリングと家族診断』（岩崎学術双書 6）岩崎学術出版社, 151p., 1971.

石原文里『こころは生きている：ある看護婦とのカウンセリングプロセスに学ぶ』医学書院, 252p., 1992.

市川伸一編『学習を支える認知カウンセリング：心理学と教育の新たな接点』ブレーン出版, 198p., 1993.

一ノ瀬節子『カウンセリングの部屋から』梓書院, 146p., 1993.

伊藤重平『ゆるす愛の奇跡：わが路傍のカウンセリング』黎明書房, 228p., 1986.

伊藤友八郎『カウンセラー入門ハンドブック』オーエス出版社, 216p., 1994.

伊東　博『カウンセリング』ダイヤモンド社, 197p., 1970.

伊東　博『カウンセリング』（第4版）誠信書房, 256p., 1995.

伊東　博『カウンセリング概論』全日本カウンセリング協議会, 102p., 1977.

A　カウンセリングに関する本

伊東　博『カウンセリング入門』誠信書房，292p.，1959．
伊東　博『管理者のためのカウンセリング入門』鷹書房，238p.，1973．
伊東　博『ニュー・カウンセリング：「からだ」にとどく新しいタイプのカウンセリング』誠信書房，422p.，1983．
伊東　博編『カウンセリングの過程』誠信書房，428p.，1964．
伊東　博訳編『カウンセリング論集 1』誠信書房，332p.，1960．
伊東　博訳編『カウンセリング論集 2』誠信書房，430p.，1962．
伊東　博訳編『カウンセリング論集 3』誠信書房，412p.，1964．
伊東　博訳編『カウンセリング論集 4』誠信書房，380p.，1965．
稲村　博『カウンセリングの基礎訓練：これからカウンセリングを始める人のために』誠信書房，334p.，1986．
稲村　博・林　義子・斎藤友紀雄編『眠らぬダイヤル：いのちの電話』新曜社，256p.，1981．
乾　吉佑『こころのつき合い方：カウンセリングによる50の回答』広済堂出版，237p.，1994．
井上敏明『心のカルテ：カウンセリングにみる思春期の内面』朱鷺書房，256p.，1980．
上地安昭『学校教師のカウンセリング基本訓練：先生と生徒のコミュニケーション入門』北大路書房，200p.，1990．
上野　矗『カウンセリングのすすめ方』（ぎょうせいヘルス・ライブラリー）ぎょうせい，200p.，1983．
ウォーデン，J.W.，鳴澤　寛監訳『グリーフカウンセリング』川島書店，244p.，1993．
ウォボルディング，R.E.，柿谷正期訳『セルフ・コントロール：リアリティ・セラピーによるカウンセリング』サイマル出版会，259p.，1992．
牛窪　浩『職場のカウンセリング』日本労働協会，166p.，1972．
氏原　寛『カウンセリングの心』創元社，288p.，1997．
氏原　寛『カウンセリングの実際』創元社，260p.，1975．
氏原　寛『カウンセリングの実践』誠信書房，268p.，1985．
氏原　寛『カウンセリングはなぜ効くのか：心理臨床の専門性と独自性』創元社，200p.，1995．
氏原　寛『心理臨床の実際：続・カウンセラーを志す人のために』創元社，250p.，1980．
氏原　寛『臨床心理学入門：カウンセラーを志す人のために』創元社，250p.，1974．
氏原　寛編『ロールプレイとスーパーヴィジョン：カウンセリングを学ぶ人のために』ミネルヴァ書房，231p.，1997．
氏原　寛・東山紘久『カウンセリング初歩』ミネルヴァ書房，240p.，1992．
氏原　寛・東山紘久編『カウンセリング事例集』（別冊『発達』17）ミネルヴァ書房，256p.，1994．
氏原　寛・東山紘久編『カウンセリング入門』（別冊『発達』13）ミネルヴァ書房，256p.，1992．
氏原　寛・東山紘久編『カウンセリングの理論と技法』（別冊『発達』16）ミネルヴァ書房，320p.，1993．
氏原　寛・東山紘久編『発達とカウンセリング』（別冊『発達』18）ミネルヴァ書房，312p.，1994．
氏原　寛・東山紘久編『幼児保育とカウンセリングマインド』ミネルヴァ書房，280p.，1995．
氏原　寛・岡田康伸・東山紘久編『心理面接のノウハウ』誠信書房，261p.，1993．
氏原　寛・谷口正己・東山弘子編『学校カウンセリング』ミネルヴァ書房，220p.，1991．
氏原　寛・東山紘久・村瀬孝雄・山中康裕編『カウンセラーのための104冊』創元社，250p.，1986．
内山喜久雄編『産業カウンセリング』（実践・カウンセリングシリーズ 1）日本文化科学社，208p.，1994．
内山喜久雄・神保信一・國分康孝他『カウンセリング　今これから：理論・方法・技法を語る』誠信書房，248p.，1986．
内山喜久雄・高野清純編『講座心理療法　第1巻』日本文化科学社，279p.，1973．
台　利夫・長谷川孫一郎編『カウンセラー：さまざまな出会いと実践にまなぶ』有斐閣，250p.，1982．
梅沢　勉監修，心理相談員会編『マインドケア　気づきへのサポート：心理相談の活動から』日本文化科学社，300p.，1995．
江川玟成『職場で役だつカウンセリング』チクマ秀版社，216p.，1980．
エリス，A.，國分康孝他訳『どんなことがあっても自分をみじめにしないためには』川島書店，318p.，1996．
遠藤　勉『カウンセリングと人間尊重』大阪心理出版，126p.，1982．
遠藤　勉『カウンセリングの目的　基本姿勢と効果』大阪心理出版，168p.，1985．

大須賀克己『自己開発への道：カウンセリングによる人間理解』マネジメント社，216p.，1985．
大段智亮・池谷允男『カウンセリングに学ぶもの』誠信書房，244p.，1964．
岡堂哲雄『ファミリー・カウンセリング：家族の危機を救う』(有斐閣新書) 有斐閣，216p.，1987．
岡堂哲雄編『カウンセリングの理論：カウンセリングシリーズ 1』至文堂，216p.，1983．
岡堂哲雄『心理面接学』垣内出版，518p.，1993．
奥田いさよ編『対人援助のカウンセリング』川島書店，258p.，1991．
尾崎　勝・西　君子編『カウンセリング・マインド：子どもの可能性を引き出す教師の基本姿勢』教育出版，184p.，1984．
小野浩三『会社人間の心理相談室』東洋経済新報社，210p.，1983．
小野直広『こころの相談：カウンセリングを超える新技法：誰もが使える，短期療法での解決策』日総研出版，255p.，1995．

か行

カイリー，D.，近藤　裕訳『女と男の人生相談（カウンセリング）』社会思想社，304p.，1988．
カーカフ，R.R.，國分康孝監修，日本産業カウンセラー協会訳『ヘルピングの心理学：すこやかな人間関係のために』(講談社現代新書) 講談社，260p.，1992．
ガートナー，A.・リースマン，F.，久保紘章監訳『セルフ・ヘルプ・グループの理論と実際』川島書店，202p.，1985．
カリア，V.F.・コルシニ，R.J.，沢田慶輔監訳『学校カウンセリングの実際』誠信書房，420p.，1981．
河合隼雄『カウンセリングと人間性』創元社，300p.，1975．
河合隼雄『カウンセリングの実際問題』誠信書房，290p.，1970．
河合隼雄『カウンセリングを語る　上・下』創元社，217p. 270p.，1985．
河合隼雄『カウンセリングを考える　上・下』創元社，264p. 224p.，1995．
川喜田好恵『自分でできるカウンセリング：女性のためのメンタルトレーニング』創元社，228p.，1995．
川中なほ子『女子学生相談室から』福武書店，221p.，1983．
河野貴代美『フェミニスト・カウンセリング』(ウイメンズブックス 9) 新水社，276p.，1991．
河野貴代美・平川和子・小柳茂子・山崎礼子『フェミニストセラピー』垣内出版，304p.，1986．
菅野　純『教師のためのカウンセリングゼミナール』実務教育出版，240p.，1995．
岸田　博『気づかされていく私のこころ：カウンセリングとは』道和書院，260p.，1995．
岸田　博『来談者中心カウンセリング私論』道和書院，280p.，1990．
岸田　博・中村喜久子・楡木満生『カウンセリングの学び方』道和書院，200p.，1984．
木戸幸聖『面接入門：コミュニケーションの精神医学』創元社，300p.，1976．
木原孝博『カウンセリングマインドと教育活動』(学校改善実践全集 21) ぎょうせい，320p.，1986．
ギャレット，A.，武沢信一・平井隆太郎・早坂泰次郎訳『職場のための人事相談：カウンセリングの心理と技術』同学社，240p.，1955．
工藤信夫『援助者とカウンセリング』(心の援助シリーズ) いのちのことば社，459p.，1992．
工藤信夫『牧会者と心の援助：牧会事例研究』(心の援助シリーズ) いのちのことば社，425p.，1993．
国谷誠朗『カウンセリング上達のために』チーム医療，42p.，1993．
久保紘章『自立のための援助論：セルフ・ヘルプ・グループ』川島書店，230p.，1988．
グランウォルド，B.B.・マッカビー，H.V.，坂本洲子・江口真理子訳『家族カウンセリングの技法：家族を援助するアドラー心理学』一光社，361p.，1997．
クルンボルツ，J.D.・ソールセン，C.E.，沢田慶輔・中澤次郎訳編『行動カウンセリング』誠信書房，692p.，1974．
黒川昭登『不登校カウンセリング：母子関係の改善でよくなる』朱鷺書房，272p.，1997．
黒橋粂一他編著『カウンセリングの社会性 Ⅰ：カウンセリング 11-1』全日本カウンセリング協議会，40p.，1979．
黒橋粂一他編著『カウンセリングの立場：カウンセリング 6-4』全日本カウンセリング協議会，40p.，1974．
黒橋粂一他編著『カウンセリングの領域 Ⅱ：カウンセリング 12-3』全日本カウンセリング協議会，40p.，1980．

A カウンセリングに関する本

ケネディ, E., 秋山俊夫監訳『セクシャル・カウンセリング：人間的な性の悩みに応えるため』北大路書房, 214p., 1991.
コウイー, H.・シャープ, S.編, 高橋通子訳『学校でのピア・カウンセリング：いじめ問題の解決にむけて』川島書店, 210p., 1997.
國分康孝『愛育通信より：カウンセリング心理学が語る人間関係, 人間技法』瀝々社, 273p., 1996a.
國分康孝『カウンセラーのための6章：カウンセリング・マインドの展開』誠信書房, 222p., 1991.
國分康孝『カウンセリング教授法』誠信書房, 208p., 1984.
國分康孝『カウンセリングと精神分析』誠信書房, 252p., 1982.
國分康孝『カウンセリングの技法』誠信書房, 234p., 1979.
國分康孝『カウンセリングの原理』誠信書房, 208p., 1996b.
國分康孝『カウンセリングの理論』誠信書房, 336p., 1980.
國分康孝『カウンセリング・マインド』誠信書房, 244p., 1981.
國分康孝『カウンセリング・マインド：人を育てる』日本生産性本部, 283p., 1989.
國分康孝『カウンセリング・リサーチ入門：調査・研究の方法』誠信書房, 206p., 1993.
國分康孝『カウンセリング・ワークブック』誠信書房, 272p., 1986.
國分康孝『カウンセリングを生かした人間関係：教師の自学自習法』瀝々社, 192p., 1984.
國分康孝『学校カウンセリングの基本問題』誠信書房, 202p., 1987.
國分康孝『心とこころのふれあうとき：カウンセリングの技法をこえて』黎明書房, 227p., 1988.
國分康孝『心を開いて生きる：カウンセリングマインドとの出会い』広池学園出版部, 221p., 1986.
國分康孝編『カウンセリング・トピックス100』誠信書房, 246p., 1995.
國分康孝・國分久子『カウンセリングQ&A 1・2・3』誠信書房, 234p., 234p., 232p., 1984, 1985, 1987.
國分康孝・米山正信『学校カウンセリング』誠信書房, 242p., 1976.
「こころの相談室ガイドブック」編集委員会編『こころの相談室ガイドブック 1996年版』日本文化科学社, 184p., 1995.
小谷英文『ガイダンスとカウンセリング：指導から自己実現への共同作業へ』北樹出版, 224p., 1993.
小谷 等・神谷ゆかり『教育現場のカウンセリング：中・高・大学における25か年の実践』渓水社, 170p., 1995.
小林純一『カウンセリング序説：人間学的・実存的アプローチの一試み』金子書房, 304p., 1979.
小林純一『創造的に生きる：人格的成長への期待』金子書房, 328p., 1986.
小林 司・桜井俊子『患者の心を開く：看護とカウンセリング』メジカルフレンド社, 215p., 1988.
小林俊雄『子どもの心が分かる：心理カウンセラーのノートから』家政教育社, 350p., 1995.
コームズ, A.W., 大沢 博・菅原由美子訳『援助関係：援助専門職のための基本概念』ブレーン出版, 258p., 1985.
近藤 裕『こころのケア：カウンセリングマインドへの招き』日本能率協会マネジメントセンター, 235p., 1997.

さ行

西光義敞『暮らしの中のカウンセリング：育ち合う人間関係』(有斐閣選書) 有斐閣, 268p., 1984.
西光義敞編『親鸞とカウンセリング』永田文昌堂, 454p., 1996.
酒井和夫・山賀邦子『こころの声に耳をすませば：精神科医とカウンセラーからのメッセージ』リヨン社, 237p., 1996.
坂野雄二編『登校拒否・不登校』(メンタルヘルス・シリーズ) 同朋舎出版, 262p., 1990.
坂野雄二・宮川充司・大野木裕明編『生徒指導と学校カウンセリング』ナカニシヤ出版, 202p., 1994.
坂本昇一『カウンセリングのポイント12章』青少年育成国民会議, 64p., 1982.
佐治守夫『カウンセラーの〈こころ〉』みすず書房, 296p., 1996.
佐治守夫『カウンセリング』(放送大学教材) 日本放送出版協会, 201p., 1988 (改訂版, 1992).
佐治守夫『カウンセリング入門』(国土新書) 国土社, 211p., 1966.
佐治守夫『カウンセリングの基礎』全日本カウンセリング協議会, 16p., 1979.

A　カウンセリングに関する本

佐治守夫他編著『カウンセリングと教育の接点：カウンセリング 20-2』全日本カウンセリング協議会，40p.，1988．
佐治守夫他編著『カウンセリングの社会性 II：カウンセリング 11-2』全日本カウンセリング協議会，40p.，1979．
佐治守夫他編著『カウンセリングの展望 I：カウンセリング 11-4』全日本カウンセリング協議会，40p.，1979．
佐治守夫・飯長喜一郎編『ロジャーズ　クライエント中心療法』（有斐閣新書）有斐閣，218p.，1983．
佐治守夫・岡村達也・保坂亨『カウンセリングを学ぶ：理論・体験・実習』東京大学出版会，280p.，1996．
沢田慶輔編『相談心理学：カウンセリングの理論と技術』朝倉書店，471p.，1957．
澤田秀一『カウンセリング経験と問題：カウンセリング 26-1』全日本カウンセリング協議会，40p.，1995．
澤田秀一『カウンセリングとケース研究：子どもの心の世界と出会う』全日本カウンセリング協議会，298p.，1989．
下程勇吉編『増補　カウンセリングの心：人間関係の「合鍵」を求めて』広池学園出版部，264p.，1987．
シナダス編集委員会，品川博二監修『シナダス：ケア・カウンセリングへの招待』関西看護出版，75p.，1997．
篠木満『心理カウンセラーが書いた気持ちが軽くなる心理相談88』日新報道，220p.，1997．
嶋田津矢子『結婚カウンセリング』ミネルヴァ書房，307p.，1963．
ショストローム編，平木典子訳『グロリアと3人のセラピスト』日本精神技術研究所，60p.，1980．（ビデオ有り）
白井幸子『医療の現場におけるこんな時のカウンセリング』医学書院，246p.，1993．
白石大介『対人援助技術の実際：面接技法を中心に』創元社，260p.，1988．
白石大介・立木茂雄編著『カウンセリングの成功と失敗：失敗事例から学ぶ』創元社，278p.，1991．
菅野泰蔵編『こころの日曜日：45人のカウンセラーが語る心と気持ちのほぐし方』法研，232p.，1994．
菅野泰蔵編『こころの日曜日　2：46人のカウンセラーが語る心と気持ちのほぐし方』法研，264p.，1994．
菅野泰蔵編『こころの日曜日　3：46人のカウンセラーが語る心と気持ちのほぐし方』法研，224p.，1995．
菅野泰蔵編『こころの日曜日　4：42人のカウンセラーが語る心と気持ちのほぐし方』法研，232p.，1996．
菅野泰蔵編『私の「こころの日曜日」：虹色の小さな物語』法研，240p.，1997．
杉渓一言編著『カウンセラーの悩みと生きがい』川島書店，228p.，1990．
杉渓一言・中澤次郎・松原達哉・楡木満生編著『産業カウンセリング入門：産業カウンセラーになりたい人のために』日本文化科学社，244p.，1995．
鈴木清他編著『最新相談心理学』文教書院，386p.，1968．
スチュアート，I.，酒井敦子・杉村省吾・本多修他訳『交流分析のカウンセリング』川島書店，248p.，1995．
関口和夫他編著『カウンセリングと人間関係 II：カウンセリング 9-1』全日本カウンセリング協議会，40p.，1977．
全国学生相談研究会議専任カウンセラー懇話会・学生相談ガイド編集委員会編『全国大学学生相談ガイド：こころのオアシス156』実務教育出版，248p.，1996．

た行

高野清純編著『家庭カウンセリング』（実践・カウンセリングシリーズ 6）日本文化科学社，200p.，1990．
高柳信子他編著『カウンセリングと人間関係 I：カウンセリング 8-4』全日本カウンセリング協議会，40p.，1976．
高山浩子『シェイクスピア劇の登場人物：その性格と心理』こびあん書房，202p.，1987．
瀧本孝雄・鈴木乙史・林潔編『カウンセラーのためのガイダンス』ブレーン出版，256p.，1997．
詫摩武俊編著『性格の理論』誠信書房，398p.，1967（第2版，1978）．
武田建『カウンセラー入門：多角的アプローチ』誠信書房，272p.，1983．
武田建『カウンセリングの進め方』誠信書房，270p.，1992．
武田建『カウンセリングの理論と方法』理想社，272p.，1967．
武田建・白石大介『保育カウンセリング：しつけに悩む親と保育者ために』創元社，300p.，1983．
多田治夫他編著『カウンセラーの姿勢 I：カウンセリング 10-3』全日本カウンセリング協議会，40p.，1978．
鑪幹八郎『試行カウンセリング：臨床心理学実習　その2』誠信書房，316p.，1977．

A　カウンセリングに関する本

田中正一編著『カウンセリングと生涯学習』共栄出版，275p.，1986．
田畑　治『カウンセリング実習入門』新曜社，296p.，1982．
田原克拓『カウンセリング・シミュレーション：性格教育センター・カウンセリング指導教書』性格教育センター，86p.，1986．
玉瀬耕治『カウンセリング技法入門』教育出版，176p.，1998．
丹下庄一編『カウンセリングと家庭教育』創元社，250p.，1986．
チャップマン，E. N.・ノーデル，R. L.，西田英一訳『カウンセリング〈基本の基本〉』日本能率協会マネジメントセンター，90p.，1991．
塚本　哲『心の相談室：カウンセリングと人間性』誠信書房，242p.，1964．
辻村英夫・又吉正治『カウンセリングと人間関係』学文社，135p.，1996．
堤よし子『カウンセリング・マインド：若者の心のSOS解決策』三五館，224p.，1996．
都留春夫『カウンセリングから学んだこと：カウンセリング　24-3』全日本カウンセリング協議会，40p.，1993．
都留春夫監修，小谷英文・平木典子編『学生相談：理念・実践・理論化』星和書店，304p.，1994．
都留春夫他編著『カウンセリングの可能性 II：カウンセリング 10-2』全日本カウンセリング協議会，40p.，1978．
デール，ケネス，窪寺俊之訳『キリスト教カウンセリングの方法と実際』日本ルーテル神学大学附属人間成長とカウンセリング研究所，310p.，1992．
遠山　敏編著『矯正・保護カウンセリング』（実践・カウンセリングシリーズ　4）日本文化科学社，204p.，1990．
十束文男編『「カウンセリング・マインド」が生きる教師の活動』文教書院，174p.，1985．
富田嘉郎『職場カウンセリングの理論と実際』ミネルヴァ書房，154p.，1978．
友田不二男『カウンセリングの技術：来談者中心法による』誠信書房，298p.，1956．
友田不二男他編『カウンセリングにおける自由：カウンセリング　5-3』全日本カウンセリング協議会，40p.，1973．
友田不二男他編著『カウンセリングの技術：カウンセリング 5-2』全日本カウンセリング協議会，40p.，1973．
友田不二男他編著『カウンセリングの基盤：カウンセリング 5-1』全日本カウンセリング協議会，40p.，1973．
ドライデン，W.・デジサッピ，R.，菅沼憲治訳『実践論理療法入門：カウンセリングを学ぶ人のために』岩崎学術出版社，112p.，1997．
トルアックス，C. B. 他，西園寺二郎訳『有効なカウンセリング：実施と訓練　上』（岩崎学術双書　22）岩崎学術出版社，391p.，1973．
トローワー，P.・ケーシー，A.・ドライデン，W.，内山喜久雄監訳『実践認知行動カウンセリング：最新の援助技法ガイドブック』川島書店，232p.，1997．

な行

長井　進『カウンセリング概論』ナカニシヤ出版，184p.，1997．
永井　徹『不登校の心理：カウンセラーの立場から』（ライブラリ思春期の"こころのSOS" 2）サイエンス社，208p.，1996．
長尾　博『学校カウンセリング』ナカニシヤ出版，120p.，1991．
中澤次郎『行動集団カウンセリング』川島書店，208p.，1986．
中澤次郎『行動集団カウンセリングの実践』川島書店，246p.，1988．
中澤次郎編著『総合的カウンセリングへの学習と実践』不昧堂出版，200p.，1994．
中澤次郎・林　潔・清野美佐緒『行動カウンセリング入門』川島書店，221p.，1975．
永瀬純三・石井　明・宮本一史編著『カウンセリング・マインドを生かす教師』ぎょうせい，418p.，1989．
中西信男・佐方哲彦・那須光章・古市裕一『カウンセリングのすすめ方：あなたもカウンセラー』（有斐閣新書）有斐閣，227p.，1983．
中西信男・佐方哲彦・古市裕一・三川俊樹『子どものためのカウンセリング』（有斐閣新書）有斐閣，212p.，1988．
中西信男・古市裕一・三川俊樹『ストレス克服のためのカウンセリング』（有斐閣選書）有斐閣，220p.，1993．
中西信男・渡辺三枝子編『最新カウンセリング入門：理論・技法とその実際』ナカニシヤ出版，210p.，1994．

A　カウンセリングに関する本

中村喜久子『私のカウンセリング：いっぱいの清水を求めて』道和書院，250p.，1991.
中村喜久子・中原射鹿止『カウンセリングにおけるカウンセラーの経験クライエントの経験』道和書院，206p.，1997.
中村延江『ようこそカウンセリングルームへ：いまを生きる女性のための心理学』大和書房，216p.，1992.
鳴澤　實編著『学生・生徒相談入門』川島書店，296p.，1986.
新村　豊『みんなでカウンセリング』日本YMCA同盟出版部，276p.，1979.
西谷　裕監修『カウンセリングと心理検査』（やさしい医療福祉シリーズ 6）嵯峨野書院，256p.，1996.
西来武治『電話カウンセリング41章：ダイヤルフレンド』（臨床仏教学実例集）探究社，284p.，1994.
日本学生相談研究会編『大学教師とカウンセリング：新しいカウンセリングの動向』芸林書房，232p.，1981.
日本家族心理学会編『家族カウンセリングの実際　1985年版』（家族心理学年報 3）金子書房，300p.，1985.
日本産業訓練協会編『産業カウンセリング読本』（産業訓練特別資料 10）日本産業訓練協会，325p.，1961.
日本精神技術研究所編『独習入門　カウンセリング・ワークブック』金子書房，160p.，1986.
日本精神技術研究所心理臨床センター編『実践カウンセリング・ワークブック』金子書房，208p.，1992.
日本精神技術研究所心理臨床センター・福山清蔵編『独習入門カウンセリング・ワークブック』金子書房，154p.，1986.
日本障害者雇用促進協会障害者職業総合センター編『アメリカのカウンセリング用ソフトウェア』（資料シリーズ no. 6）日本障害者雇用促進協会障害者職業総合センター，222p.，1992.
日本進路指導学会編『キャリア・カウンセリング：その基礎と技法，実際』実務教育出版，312p.，1996.
日本ルーテル神学大学附属人間成長とカウンセリング研究所『人間成長をめざすカウンセリング：10年間の記録』（PGCシリーズ no. 3）日本ルーテル神学大学附属人間成長とカウンセリング研究所，68p.，1992.
楡木満生編著『医療カウンセリング』（実践・カウンセリングシリーズ 3）日本文化科学社，220p.，1991.
人間学的カウンセリング研究会編『カウンセリングのための人間学』北海道教育社，355p.，1994.
野口正成・小島賢一『エイズ・カウンセリング：心の叫びをつかまえる』福村出版，224p.，1993.
野田愛子他編『ファミリー・カウンセリング：家族葛藤の理解と対処』日本評論社，276p.，1989.
野田愛子・前澤智恵子編『ファミリー・カウンセリングQ＆A』日本評論社，220p.，1990.

は行

パスターカンプ，J.，真殿輝子訳『真理による自由：聖書的カウンセリングの実践　上・下』一粒社，224p.，259p.，1992，1992.
長谷川浩一責任編集，横浜いのちの電話調査研究部編『電話相談の基礎と実際』川島書店，174p.，1990.
畠瀬直子『カウンセリングと「出会い」』創元社，420p.，1991.
畠瀬直子・畠瀬　稔・村山正治編『カール・ロジャーズとともに：カール＆ナタリー・ロジャーズ来日ワークショップの記録』創元社，286p.，1986.
パターソン，C. H.，小林純一訳『カウンセリングとサイコセラピィ　上・下』岩崎学術出版社，400p.，468p.，1971，1975.
パターソン，C. H.，伊藤　博訳『カウンセリングと心理療法』誠信書房，338p.，1962.
バートン，A. 編，氏家　寛訳『カウンセリングと心理療法』人文書院，348p.，1982.
林　潔編『カウンセリングと関係領域の訓練の評価』小林出版，101p.，1985.
林　潔編『成人期，老年期とカウンセリング：コミュニティ・カウンセリングへの課題』敬文堂，105p.，1987.
林　潔他編『カウンセリングと心理テスト』おうふう，148p.，1994.
林　潔・滝本孝雄・鈴木乙史『カウンセリングと心理テスト』ブレーン出版，148p.，1989.
原田正文・府川満晴・林　秀子『スクールカウンセリング再考：コーディネーター型教育相談の実践』朱鷺書房，272p.，1997.
原野広太郎編『カウンセリングと心理療法』（性格心理学新講座 5）金子書房，324p.，1989.
原野広太郎編『生徒指導・教育相談・心理指導：教職課程　中・高校用』日本文化科学社，160p.，1993.
原野広太郎編『生徒指導・教育相談・進路指導：教職課程　小学校用』日本文化科学社，144p.，1993.

A　カウンセリングに関する本

ハンブリー, G. C., 西垣二一訳『電話カウンセリング：支える心をめざして』日本YMCA同盟出版部, 154p., 1988.
東山紘久『女坂：夢分析の世界』（シリーズ　カウンセリングの記録）ミネルヴァ書房, 260p., 1994.
東山紘久『カウンセラーへの道：訓練の実際』創元社, 200p., 1986.
東山紘久・薮添隆一『学校カウンセリングの実際：システマティックアプローチによる』創元社, 260p., 1992.
ヒューマン・リーグ編『女性のためのカウンセリング情報：カウンセリングを受けたい人に・カウンセラーになりたい人に』千早書房, 245p., 1995.
平井信義『子ども教育相談』新曜社, 260p., 1978.
平尾美生子他編著『カウンセリングの新しい動き　Ⅱ：カウンセリング 18-3』全日本カウンセリング協議会, 40p., 1987.
平木典子『カウンセリングとは何か』（朝日選書）朝日新聞社, 208p., 1997.
平木典子『カウンセリングの話』（増補版）（朝日選書）朝日新聞社, 224p., 1989.
平木典子・袰岩秀章編著『カウンセリングの基礎：臨床の心理学を学ぶ』北樹出版, 222p., 1997.
平河内健治『カウンセリングと言語学：「あるがまま」の文法』松柏社, 256p., 1996.
平野　馨『カウンセリング概説』東京布井出版, 144p., 1985.
平野信喜『自分を好きになるカウンセリング：セルフ・カウンセリング入門』日本図書刊行会（発売：近代文芸社）, 136p., 1997.
広瀬米夫『カウンセラーの自己訓練』岩崎学術出版社, 244p., 1966.
ファックス口濱, L. J., 小林秀夫編『傾聴学入門：カウンセリング的対人観』（8版）一世出版, 113p., 1990.
フォード, J. K.・メリマン, P., 小田兼三・小田るみ子訳『ボランティアのカウンセリング技法：傾聴という優しさの芸術』新教出版社, 208p., 1995.
福井悦男『人格解放のカウンセリング』誠信書房, 336p., 1970.
福島脩美『カウンセリング演習』金子書房, 172p., 1997.
福原真知子『カウンセリングの新しい教え方：マイクロカウンセリングの視点から』（製薬協教育研修シリーズ）薬事日報社, 91p., 1991.
福原真知子『来談行動の規定因：カウンセリング心理学的研究』風間書房, 352p., 1961.
福屋武人「「寂しさ」と「絶望」の癒し方：追いつめられた心を救う安らぎのカウンセリング』PHP研究所, 202p., 1996.
藤田雅子編著『福祉カウンセリング』（実践・カウンセリングシリーズ　5）日本文化科学社, 220p., 1990.
ブラッカー, D. H., 神保信一・中西信男訳『開発的カウンセリング』国土社, 280p., 1972.
ブラマー, L. M., 対馬　忠・対馬ユキ子訳『人間援助の心理学：新しい生きがいの探究』サイマル出版会, 274p., 1978.
ブラマー, L. M.・ショストロム, E. L., 対馬　忠・岨中　達訳『治療心理学：カウンセリングと心理療法』誠信書房, 576p., 1969.
古屋健治『カウンセリング』文教書院, 390p., 1971.
古屋健治『カウンセリングの基本問題』全日本カウンセリング協議会, 40p., 1984.
古屋健治他編著『カウンセリング展望　Ⅱ：カウンセリング 12-1』全日本カウンセリング協議会, 40p., 1980.
古屋健治他編著『カウンセリングと教育の接点：カウンセリング 22-1』全日本カウンセリング協議会, 40p., 1990.
古屋健治他編著『カウンセリングの方向　Ⅰ・Ⅱ：カウンセリング 7-2, 7-3』全日本カウンセリング協議会, 40p., 40p., 1975.
ブレイン, B., 池見酉次郎・中川哲也・新里里春訳『面接による患者理解：患者心理を含めて』（改訂版）診断と治療社, 432p., 1991.
ベンジャミン, A., 林　義子・上杉　明訳『援助する面接』春秋社, 389p., 1990.
ベンジャミン, A., 林　義子・上杉　明訳『カウンセリング入門：支援する心と技術』春秋社, 390p., 1997.
細木照敏・平木典子編『学生相談室』同文書院, 300p., 1976.
細野純子「「心の病い」の臨床報告：こころの輝きをたずねるカウンセリング15年の記録から』泰流社, 230p.,

1987．

ボーディン，E. S.，森野礼一・斉藤久美子訳『心理学的カウンセリング理論と実際』（2冊組：理論編，実際編）（精神科学全書 17-18）岩崎学術出版社，1969．
ホール，L.・コーン，L.，マケーレブ恒子訳『自分が好きになる20の方法：心を丈夫にするセルフ・カウンセリング』光文社，212p.，1995．
堀　淑昭・滝沢清人・中沢次郎編『カウンセリング入門』芸林書房，254p.，1971．
堀内　聡『子どもをつかむカウンセリング』金子書房，256p.，1987．
本多信一『本多信一の人生相談法則：相談する人，される人のための本』ビジネス社，254p.，1989．

ま行

前田重治編『カウンセリング入門：カウンセラーへの道』（有斐閣選書）有斐閣，318p.，1986．
増田　實編著『健康カウンセリング』（実践・カウンセリングシリーズ 2）日本文化科学社，220p.，1991．
増野　肇『森田式カウンセリングの実際』白揚社，286p.，1991．
松浦健児『精神健康・カウンセリング』ぎょうせい，193p.，1991．
松原達哉編『カウンセリング入門』（学校カウンセリング講座 1）ぎょうせい，294p.，1988．
松村康平・林　潔『身上相談の心理学』新書館，276p.，1965．
松本文男『心の談話室』近代文芸社，307p.，1986．
松本文男他編著『カウンセリングの可能性 I：カウンセリング 10-1』全日本カウンセリング協議会，40p.，1978．
松本文男他編著『カウンセリングの領域 I：カウンセリング 12-2』全日本カウンセリング協議会，40p.，1980．
真仁田昭編著『学校カウンセリング：その方法と実践』金子書房，288p.，1990．
三木善彦・黒木賢一編『カウンセラーの仕事』朱鷺書房，258p.，1995．
水島恵一『親と子のカウンセリング』（現代心理学ブックス）大日本図書，176p.，1983．
水島恵一『カウンセリング』（人間性心理学大系 2）大日本図書，340p.，1985．
水島恵一『カウンセリング』（放送大学教材）日本放送出版協会，155p.，1996．
水島恵一『カウンセリング入門：なやみの解決と人間性の開発』（現代心理学ブックス）大日本図書，208p.，1969．
水島恵一『自己探求と人間回復：カウンセリングとTグループ』（現代心理学ブックス）大日本図書，204p.，1973．
水島恵一『深層の自己探求：カウンセリングとイメージの世界』（現代心理学ブックス）大日本図書，256p.，1973．
水島恵一『青年カウンセリング：青年の悩みと反抗』（現代心理学ブックス）大日本図書，208p.，1973．
水島恵一・岡堂哲雄・田畑　治編『カウンセリングを学ぶ』（新版）（有斐閣選書）有斐閣，244p.，1978．
源　勁一『カウンセリングの目を生かす人権教育』（21世紀への人権教育 2）明治図書出版，176p.，1996．
三好　稔編『相談心理学の理論と実際』明治図書出版，395p.，1966．
六浦　基『カウンセリング詩：自分とひとが大好きになる』星雲社，144p.，1993．
武藤清栄『カウンセリングに行こう：療法・症例から受け方・選び方のポイントまで』サンマーク出版，238p.，1997．
武藤清栄『心のヘルスケア：リスニングの秘訣』日本文化科学社，144p.，1993．
宗像恒次『SATカウンセリング技法』広英社，263p.，1997．
宗像恒次『新　行動変容のヘルスカウンセリング：自己成長への支援』医療タイムズ社，169p.，1997．
村山正治『カウンセリングと教育』ナカニシヤ出版，226p.，1992．
村山正治『クライエント中心療法の臨床的適用』岩崎学術出版社，282p.，1971．
村山正治他編著『カウンセリングの新しい動き I：カウンセリング 18-2』全日本カウンセリング協議会，40p.，1986．
村山正治・山本和郎編『スクールカウンセラー：その理論と展望』ミネルヴァ書房，290p.，1995．
メイ，R.，黒川昭登訳『カウンセリングの技術』岩崎学術出版社，286p.，1966．
メイ，R.，黒川昭登訳『ロロ・メイの新・カウンセリング技術』岩崎学術出版社，224p.，1992．
メイヤー，S. T.，クスマノ，J.，森平直子訳『サクセスフル・カウンセリング：成功するカウンセリングのための40のポイント』ブレーン出版，161p.，1993．

モーシャー, R. 他, 小林純一訳『現代カウンセリング論』（精神科学全書 5）岩崎学術出版社, 348p., 1966.
森　瑤子『叫ぶ私』（集英社文庫）集英社, 362p., 1988.
森田　清『出会いとカウンセリング』黎明書房, 290p., 1973.
森戸富仁子『実践カウンセリング：日本的考え方とすすめ方』インパルス, 207p., 1973.
諸富祥彦『カウンセラーが語るこころの教育の進め方：「生きる意味と目的」を見つけるために』教育開発研究所, 208p., 1996.
諸富祥彦『カウンセラーが語る自分を変える「哲学」：生きるのが「むなしい」人のために』教育開発研究所, 292p., 1996.

や行

山下一夫『カウンセリングの知と心』日本評論社, 282p., 1994.
ヤング-エイゼンドラス, P., 村本詔司・織田元子訳『夫婦カウンセリング：女が真に求めるものは何か』（ユング心理学選書 11）創元社, 364p., 1987.
ユイ, D. H.・ユイ, R. F., 梅津祐良・梅津ジーン訳『赤ちゃんを亡くした両親への援助』（新装普及版）メディカ出版, 281p., 1988.
横山定雄『職場管理とカウンセリング』藤沢池田書店, 284p., 1964.
横湯園子・高垣忠一郎編『心の視点：カウンセリング・トレーニング』青木書店, 209p., 1997.
吉川ちひろ『モントリオールの学校で：カナダ・スクールカウンセラー体験記』ブレーン出版, 157p., 1997.
吉田　哲『看護とカウンセリング』メディカ出版, 178p., 1988.
米山正信『カウンセリング・プロセス実習：精神分析的面接を通して』誠信書房, 218p., 1978.
米山正信『学校カウンセリングの援助：作文・日記・交換ノートの活用』誠信書房, 278p., 1979.

ら行

ラーソン, R. E., Jr., 関西いのちの電話訳編『孤独なこころを支える：愛と共感の電話カウンセリング』朱鷺書房, 262p., 1983.
李　光濬『カウンセリングにおける禅心理学的研究：韓国人の心理学的構造の見地から』山喜房仏書林, 380p., 1994.
ルイス, E. C., 行田忠雄訳『カウンセリングの心理学』関西大学出版部, 436p., 1976.
ルイス, J. A.・ルイス, M. D., 中澤次郎編訳『EAP―アメリカの産業カウンセリング』日本文化科学社, 288p., 1997.
レスター, D. 他編, 多田治夫・田中富士夫監訳『電話カウンセリングの技法と実際』川島書店, 304p., 1982.
レン, C. G., 高藤　昇・石井　博訳『若者の生きる世界：カウンセリングのために』大学教育社, 409p., 1977.
労働省婦人少年局編『産業カウンセリング制度普及状況調査結果報告書』（年少労働一般資料 No. 24）労働省婦人少年局, 84p., 1967.
ロジャーズ, C. R.・スティヴンス, B., 拓殖明子・竹内　粲訳『人は人によりてのみ：されど…心理学におけるこの新しい潮流』（海外名著選 43）明治図書出版, 393p., 1974.

わ行

渡辺三枝子『カウンセリング心理学：変動する社会とカウンセラー』ナカニシヤ出版, 152p., 1996.
渡辺三枝子『カウンセリングとは何か』上智大学カウンセリング研究所, 55p., 1983.
渡辺三枝子『患者との接し方：看護活動とカウンセリング』へるす出版, 237p., 1987.
渡辺康麿『セルフ・カウンセリング：ひとりでできる自己発見法』ミネルヴァ書房, 208p., 1990 (第16刷, 1999).
渡辺康麿『セルフ・カウンセリングの方法：本当の自分の姿が見える』日本実業出版社, 230p., 1996.

B 心理療法に関する本 (ただし,C,Dに含まれるものを除く)

あ行

アイケンバウム,L.・オーバック,S.,長田妙子・長田光展訳『フェミニスト・セラピー:女性を知るために』新水社,339p., 1988.
藍沢鎮雄・岩井 寛・熊野明夫・清水 信・増野 肇『森田正馬精神療法入門』(有斐閣新書) 有斐閣,198p., 1978.
上里一郎編『行動療法:現状と課題』福村出版,212p., 1983.
秋谷たつ子編『心理療法を学ぶ』金剛出版,217p., 1994.
アクスライン,V.M.,小林治夫訳『遊戯療法』岩崎学術出版社,384p., 1985.
東 正『子どもの行動変容』(新版) 川島書店,240p., 1987.
アッカーマン,N.W.,小此木啓吾・石原 潔訳『家族関係の病理と治療:家族生活の精神力学 上・下』岩崎学術出版社,266p.,372p., 1967, 1970.
アムブロス,G.,黒田健次・内山三郎訳『子どもの催眠療法』日本文化科学社,184p., 1980.
アラン,J.,阿部秀雄監訳『描画から箱庭まで』学苑社,305p., 1990.
アルバン,J.,桜林 仁・貫 行子訳『音楽療法』音楽之友社,211p., 1969.
アルベルティ,R.E.・エモンズ,M.L.,菅沼憲治・ミラー,H.訳『自己主張(アサーティブネス)トレーニング:人に操らされず人を操らず』東京図書,328p., 1994.
アレン,F.H.,黒丸正四郎訳『問題児の心理療法』みすず書房,307p., 1955.
飯田 宏『新・自律訓練法:驚くべき効力を生む自家療法』双葉社,244p., 1985.
生月 誠『自分を生かす自己催眠法』(講談社現代新書) 講談社,196p., 1992.
池見酉次郎『心のセルフ・ケア』講談社,292p., 1985.
池見酉次郎『催眠:心の平安への医学』(NHKブックス) 日本放送出版協会,308p., 1978.
池見酉次郎『自己分析:心身医学からみた人間形成』(講談社現代新書) 講談社,212p., 1987.
池見酉次郎『セルフ・コントロールの医学』(NHKブックス) 日本放送出版協会,308p., 1978.
池見酉次郎・杉田峰康『交流分析と心身症』医歯薬出版,198p., 1973.
池見酉次郎・杉田峰康『セルフ・コントロール:交流分析の実際』(創元新書) 創元社,252p., 1974.
池見酉次郎・杉田峰康・新里里春『続セルフ・コントロール:交流分析の日本的展開』(創元新書) 創元社,278p., 1979.
池見酉次郎・弟子丸泰仙『セルフ・コントロールと禅』(NHKブックス) 日本放送出版協会,256p., 1981.
石川 元『家系図と家族療法』(家族療法セミナー 2) 金剛出版,240p., 1988.
石川 元『「家族」と治療する:私の家族療法を振り返る』未来社,302p., 1990.
石川 中『心とからだ:どうしたら自分をコントロールできるか』(ブルーバックス) 講談社,226p., 1982a.
石川 中『セルフコントロール医学への道』紀伊國屋書店,148p., 1982b.
石川 中『瞑想の科学:新しい精神世界への飛翔』(ブルーバックス) 講談社,221p., 1981.
石川 元編『「家」と家族療法』(家族療法セミナー 1) 金剛出版,208p., 1987.
石川 元編『境界例』(家族療法ケース研究 3) 金剛出版,250p., 1989.
石川義博・青木丸四郎『思春期危機と家族:登校拒否・家庭内暴力のチーム治療』岩崎学術出版社,288p., 1986.
石田行仁『心身医学療法入門』(誠信心身選書) 誠信書房,240p., 1977.
伊藤順康『自己変革の心理学:論理療法入門』(講談社現代新書) 講談社,178p., 1990.
伊藤芳宏『自律訓練法の医学』(中公新書) 中央公論社,183p., 1982.
稲村 博『心の絆療法』誠信書房,372p., 1981.
岩井 寛『森田療法』(講談社現代新書) 講談社,204p., 1986.

B 心理療法に関する本

岩井　寛編著『描画による心の診断』日本文化科学社，187p.，1981．
岩井　寛・阿部　亨『森田療法の理論と実際』金剛出版，272p.，1975．
ウィークス，G.R.・ラベイト，L.，篠木　満他訳『逆説心理療法』星和書店，384p.，1986．
ヴィノグラードフ，S.・ヤーロム，I.D.，川室　優訳『グループサイコセラピー：ヤーロムの集団精神療法の手引き』金剛出版，206p.，1991．
ウィリアムス，J.M.G.，中村昭之監訳『抑うつの認知行動療法』誠信書房，280p.，1993
ウィリアムズ，R.・ウィリアムズ，V.，河野友信監修，岩坂　彰訳『怒りのセルフコントロール』創元社，336p.，1995．
ヴィリィ，J.，奥村満佐子訳『夫婦関係の治療』法政大学出版局，440p.，1991．
ウィルバー，K.，吉福伸逸訳『無境界：自己成長のセラピー論』平河出版社，302p.，1986．
ウェスト，M.A.編，春木　豊・清水義治・水沼　寛監訳『瞑想の心理学』川島書店，292p.，1991．
上地安昭『時間制限心理療法の理論と実際』金剛出版，250p.，1984．
ウォルピ，V.，金久卓也監訳『逆制止による心理療法』誠信書房，292p.，1977．
ウォン，N.，秋山　剛訳『グループリーダーのあり方』（ウォン教授の集団精神療法セミナー　続）日本集団精神療法学会・第二回ウォン教授集団精神療法セミナー実行委員会（発売：星和書店），96p.，1986．
宇佐晋一・木下勇作『あるがままの世界：仏教と森田療法』東方出版，210p.，1987．
宇佐晋一・木下勇作『続　あるがままの世界：宗教と森田療法の接点』東方出版，182p.，1995．
内村英幸編『森田療法を超えて：神経質から境界例へ』金剛出版，292p.，1992．
内山喜久雄『行動療法』（サイコセラピー・シリーズ）文光堂，424p.，1972．
内山喜久雄『心の健康：自己コントロールの科学』日本生産性本部，218p.，1979．
内山喜久雄『ストレス・コントロール』（講談社現代新書）講談社，203p.，1985．
内山喜久雄・河合隼雄・村瀬孝雄編『心理臨床家と精神療法』金剛出版，220p.，1985．
台　利夫『心理劇と分裂病患者』星和書店，248p.，1984．
台　利夫『臨床心理劇入門』ブレーン出版，234p.，1982．
台　利夫『ロールプレイング』（講座・サイコセラピー 9）日本文化科学社，196p.，1986．
台　利夫・増野　肇監修，長谷川行雄他『心理劇の実際』金剛出版，206p.，1986．
梅津耕作『自閉児：お母さんと先生のための行動療法入門』（有斐閣選書）有斐閣，260p.，1981．
エリス，A.，沢田慶輔・橋口英俊訳『人間性主義心理療法：RET 入門』サイエンス社，352p.，1983．
エリス，A. 他，北見芳雄監修，國分康孝・伊藤順康訳『論理療法』川島書店，328p.，1981．
エレンボーゲン，G.C.，篠木　満訳『星の王子さまと野菜人格：卓越した心理療法家のための参考書』星和書店，328p.，1987．
大槻憲二『夢の分析法：不眠症療法』育文社，314p.，1965．
大原健士郎他編『森田療法』（サイコセラピー・シリーズ）文光堂，282p.，1970．
大原健士郎・石川　元編『家族療法の理論と実際 I・II』星和書店，290p.，384p.，1986，1988．
大原健士郎・レウィンソン，P.M. 他，熊谷久代訳『うつのセルフ・コントロール』創元社，218p.，1993．
大原浩一・大原健士郎『森田療法とネオモリタセラピー』日本文化科学社，184p.，1993．
大原　貢編『てんかんの精神病理と精神療法』金剛出版，274p.，1982．
大村政男・花沢成一・佐藤　誠他『心理検査の理論と実際』（新訂版）駿河台出版社，309p.，1985．
岡田康伸『箱庭療法の基礎』誠信書房，228p.，1984．
岡田康伸『箱庭療法の展開』誠信書房，174p.，1993．
小川捷之『心理療法入門』金子書房，352p.，1993．
小倉　清編著『子どもの精神療法』岩崎学術出版社，432p.，1980．
小此木啓吾・岩崎徹也・橋本政雄・皆川邦直編『精神療法の基礎』岩崎学術出版社，272p.，1981．
尾崎　新『対人援助の技法』誠信書房，224p.，1996．
長田一臣『スポーツと催眠』道和書院，320p.，1975．
長田一臣『人間は変わりうるか：催眠法を用いた実験』道和書院，150p.，1979．
オハンロン，W.H.，森　俊夫・菊池安希子訳『ミルトン・エリクソン入門』金剛出版，220p.，1995．

帯津良一監修『ホリスティック医学の治癒力：心の力で病気が早く治る』法研，288p.，1993．
オーンスタイン，R.・ソーベル，D.，鈴木賢英訳『心の治癒力』東京図書，312p.，1995．

か行

皆藤　章『風景構成法：その基礎と実践』誠信書房，334p.，1994．
家族画研究会編『臨床描画研究　1～10』金剛出版，平均210p.，1986～1995．
片山交右『自分を変える31の方法』星雲社，143p.，1990．
カッツ，A.，足達淑子訳『後悔せずに食べる本：強迫摂食の克服』二瓶社，128p.，1994．
桂　戴作・杉田峰康・白井幸子『交流分析入門』（TA シリーズ 2）チーム医療，152p.，1984．
加藤伸勝監修，山田　寛・小島　忠訳『精神療法のすすめ』創造出版，228p.，1987．
加藤美知子他『音楽療法の実践：日米の現場から』星和書店，240p.，1995．
カパチオーネ，L.，長谷川寿美訳『アート・ヒーリング：アートセラピーの実践テキスト』たま出版，233p.，1993．
ガーフィールド，S. L.，高橋雅春・高橋依子訳『心理療法：統合的アプローチ』ナカニシヤ出版，324p.，1985．
ガヤシ，J.，野田照実・粟生修司訳『ヨーガと心理療法』（誠信心身選書）誠信書房，170p.，1979．
カールソン，R.・シールド，B. 編，上野圭一監訳『癒しのメッセージ：現代のヒーラーたちが語るやすらぎと治療の秘訣』（ヒーリング・ライブラリー）春秋社，324p.，1991．
カルフ，D. M.，河合隼雄監修，山中康裕・大原　貢訳『カルフ箱庭療法』誠信書房，198p.，1972．
カレック，D. J.，高野清純他訳『児童心理療法の原理』日本文化科学社，228p.，1974．
河合隼雄『心理療法序説』岩波書店，291p.，1992．
河合隼雄『心理療法の実際』誠信書房，284p.，1977．
河合隼雄『心理療法論考』新曜社，352p.，1986．
河合隼雄『ブックガイド心理療法：河合隼雄が読む』日本評論社，216p.，1993．
河合隼雄編『箱庭療法入門』誠信書房，158p.，1969．
河合隼雄編著『事例に学ぶ心理療法』日本評論社，304p.，1990．
河合隼雄・岩井　寛・福島　章編『家族精神療法』金剛出版，290p.，1984．
河合隼雄・鑪　幹八郎編『夢の臨床』金剛出版，250p.，1988．
河合隼雄・中村雄二郎・明石箱庭療法研究会『トポスの知・箱庭療法の世界』TBS ブリタニカ，222p.，1984．
河合隼雄・山中康裕編『箱庭療法研究　1・2・3』誠信書房，250p.，236p.，238p.，1982，1985，1987．
神田橋篠治『精神療法面接のコツ』岩崎学術出版社，256p.，1990．
北原歌子『コミュニケーティング：子どもとサイコドラマ』誠信書房，214p.，1983．
キーニー，B. P.，亀口憲治訳『即興心理療法：創造的臨床技法のすすめ』垣内出版，190p.，1992．
ギブソン，H. B.，林　茂男訳『催眠の科学と神話』誠信書房，328p.，1982．
木村　定『精神療法入門：症例中心』金剛出版，180p.，1989．
木村晴子『箱庭療法：基礎的研究と実践』創元社，270p.，1985．
クーパー，S.・ワナーマン，L.，作田　勉監訳『初心者のための子どもの精神療法』星和書店，248p.，1979．
熊倉伸宏『「甘え」理論と精神療法：臨床における他者理解（精神療法論の構築をめざして）』岩崎学術出版社，208p.，1993．
久米　勝『自己改造法：TA（交流分析）の理論と実際』チクマ秀版社，263p.，1976．
倉田百三『絶対的生活』（新装）（倉田百三選集 3）春秋社，383p.，1976．
グラッサー，W.，堀たお子訳『人生はセルフ・コントロール：落ちこまないための現実療法』サイマル出版，304p.，1985．
グラバア俊子『ボディー・ワークのすすめ：からだと自己発見』創元社，200p.，1988．
クリアンスキー，J.，木村奈保子訳『恋愛セラピィ』フローラル出版，333p.，1992．
グリック，I. D.・ケスラー，D. R.，鈴木浩二訳『夫婦家族療法』誠信書房，446p.，1983．
グリーンヒル，M. H. 他編，日向野春総・霜山徳爾訳『精神療法と向精神薬』産業図書，232p.，1984．
グールディング，M. M.・グールディング，R. L.，深沢道子訳『自己実現への再決断：TA ゲシュタルト療法入

B 心理療法に関する本 740

　　門』星和書店, 608p., 1980.
クレッチマー, E., 新海安彦訳『精神療法』岩崎書店, 294p., 1958.
クレメント, P., 公木五郎訳『自己暗示トレーニング』東京図書, 240p., 1989.
黒川昭登『スーパービジョンの理論と実際』岩崎学術出版社, 320p., 1992.
黒川昭登『非行をどのように治すか:反逆と自己実現の論理』誠信書房, 260p., 1978.
黒田淑子『心理劇の創造』学献社, 206p., 1989.
グロフ, S., 吉福伸逸・菅　靖彦訳『自己発見の冒険 1:ホロトロピック・セラピー』春秋社, 296p., 1988.
行動療法ケース研究編集委員会編『歯科心身症と行動療法』(行動療法ケース研究 3) 岩崎学術出版社, 160p., 1986.
行動療法ケース研究編集委員会編『自閉症児の行動療法』(行動療法ケース研究 8) 岩崎学術出版社, 176p., 1979.
行動療法ケース研究編集委員会編『神経症食思不振症』(行動療法ケース研究 5) 岩崎学術出版社, 152p., 1987.
行動療法ケース研究編集委員会編『心身症 1』(行動療法ケース研究 4) 岩崎学術出版社, 152p., 1988.
行動療法ケース研究編集委員会編『心身症 2』(行動療法ケース研究 6) 岩崎学術出版社, 216p., 1988.
行動療法ケース研究編集委員会編『登校拒否』(行動療法ケース研究 2) 岩崎学術出版社, 160p., 1985.
行動療法ケース研究編集委員会編『不安定症候群』(行動療法ケース研究 1) 岩崎学術出版社, 160p., 1984.
行動療法ケース研究編集委員会・上里一郎編『登校拒否 II』(行動療法ケース研究 9) 岩崎学術出版社, 184p., 1993.
小森康永・野口裕二・野村直樹編著『ナラティブ・セラピーの世界』日本評論社, 1999
河野良和『催眠療法入門:催眠とは何か』河野心理教育研究所, 240p., 1970.
河野良和『自己催眠術:潜在能力開発法』河野心理教育研究所, 258p., 1969.
河野良和『自己催眠入門:自立訓練法の効果的進め方』河野心理教育研究所, 262p., 1973.
高良武久・大原健士郎・森　温理編『森田療法ワークショップ』星和書店, 184p., 1986.
コーエン, R. K. 編, 馬場艶子監訳『ハンドブック　グループワーク』岩崎学術出版社, 384p., 1989.
國分康孝『エンカウンター:心とこころのふれあい』誠信書房, 280p., 1981.
國分康孝監修『エンカウンターで学級が変わる　小学校編』図書文化, 192p., 1996.
國分康孝編『構成的グループ・エンカウンター』誠信書房, 366p., 1992.
小林重雄監修, 遠藤　眞『吃音児の行動療法』川島書店, 172p., 1979.
小林　司『なりたい自分になれる本:奇跡の行動療法』(カッパ・ブックス) 光文社, 238p., 1986.
近藤章久『文化と精神療法:日本と自然』(山王クリニカルシリーズ) 山王出版, 90p., 1988.

さ行

ザイク, J. K., 中野善行・青木省三監訳『ミルトン・エリクソンの心理療法:出会いの三日間』二瓶社, 262p., 1993.
斎藤国保『内観健康法入門』春秋社, 222p., 1984.
斎藤稔正『催眠法の実際』創元社, 270p., 1987.
斎藤　学『魂の家族を求めて:私のセルフ・グループ論』日本評論社, 288p., 1995;(小学館文庫) 小学館, 313p., 1998.
斎藤　学編『児童虐待　危機介入編』金剛出版, 220p., 1994.
サイモントン, C. 他, 近藤　裕監訳『がんのセルフ・コントロール:サイモントン療法の理論と実際』創元社, 380p., 1982.
坂野雄二『認知行動療法』日本評論社, 192p., 1995.
阪本良男編『精神療法家への道:その出発』金原出版, 138p., 1986.
作田　勉編『強迫神経症の治療』金剛出版, 200p., 1990.
櫻林　仁『生活の芸術:新しい芸術心理学の立場』誠信書房, 284p., 1966.
櫻林　仁監修, 村井靖児・林　庸二他『音楽療法入門』芸術現代社, 264p., 1979.
佐々木雄二『自律訓練法の実際:心身の健康のために』創元社, 220p., 1976.

佐々木雄二編著『自律訓練法』(講座・サイコセラピー 3) 日本文化科学社, 224p., 1989.
佐治守夫・石郷岡　泰・上里一郎編『グループ・アプローチ』誠信書房, 264p., 1977.
佐治守夫・水島恵一編『心理療法の基礎知識』有斐閣, 293p., 1977.
佐治守夫・村上英治・福井康之編『グループ・アプローチの展開』誠信書房, 260p., 1981.
サーストン, M., 永島洋子編『セルフ・コントロール：真の自由をもたらすマインド・テキスト』たま出版, 331p., 1994.
サリヴァン, H. S., 中井久夫・宮崎隆吉・髙木敬三・鑪　幹八郎訳『精神医学は対人関係論である』みすず書房, 528p., 1990.
サールズ, H. F., 田原明夫訳『逆転移：分裂病精神療法論集 1』みすず書房, 248p., 1995.
サールズ, H. F., 松本雅彦他訳『逆転移：分裂病精神療法論集 2』みすず書房, 240p., 1991.
ザロ, J. S.・バラック, R.・ネーデルマン, D. J.・ドレイブラッド, I. S., 森野礼一・倉光　修訳『心理療法入門』誠信書房, 230p., 1987.
ジェイムス, M., 近藤　裕訳『結婚における自己実現への道：TA（交流分析）の結婚・夫婦編』社会思想社, 360p., 1989.
ジェイムス, M., 深沢道子訳『突破への道：新しい人生のためのセルフ・リペアレンティング』社会思想社, 360p., 1984.
ジェイムス, M., 諸永好孝訳『ふれあい教育の実践：子育てのやさしい TA 心理学』社会思想社, 180p., 1985.
ジェイムス, M.・ジョングウォード, D., 本明　寛・織田正美・深沢道子訳『自己実現への道：交流分析（TA）の理論と応用』社会思想社, 465p., 1976.
ジェンドリン, E. T., 村瀬孝雄訳『体験過程と心理療法』牧書店, 232p., 1966.
ジェンドリン, E. T., 村山正治訳『夢とフォーカシング：からだによる夢解釈』福村出版, 256p., 1988.
ジェンドリン, E. T., 村山正治・都留春夫・村瀬孝雄訳『フォーカシング』福村出版, 240p., 1982.
ジェーンバーグ, A. M., 海塚敏郎監訳『セラプレイ：感覚運動遊びによる治療』ミネルヴァ書房, 416p., 1987.
ジノット, H. G., 中村悦子訳『児童集団心理療法』新書館, 240p., 1965.
柴田　出『視線の克服：対人恐怖症の治し方』河野心理教育研究所, 286p., 1975.
シフニオス, P. E., 丸田俊彦・丸太純子訳『短期力動精神療法：不安挑発的精神療法の技法』岩崎学術出版社, 340p., 1984.
島　久洋『こころのであい：心理学のかんがえ』ナカニシヤ出版, 120p., 1991.
清水將之編『今日の神経症治療』金剛出版, 210p., 1988.
下坂幸三『精神療法の条件』金剛出版, 210p., 1988.
下坂幸三編『食の病理と治療』金剛出版, 244p., 1984.
下坂幸三編著『精神療法の条件』金剛出版, 210p., 1988.
下坂幸三・秋谷たつ子編『摂食障害』(家族療法ケース研究 1) 金剛出版, 230p., 1988.
下坂幸三・飯田　真編『うつ病』(家族療法ケース研究 5) 金剛出版, 250p., 1993.
霜山德爾『素足の心理療法』みすず書房, 312p., 1989.
霜山德爾監修, 鍋田恭孝編『心理療法を学ぶ：基礎理論から臨床まで』(有斐閣選書) 有斐閣, 319p., 1993.
シャイン, E. H.・ベニス, W. G., 古屋健治訳編『Tグループの実際：人間と組織の変革 I・II』岩崎学術出版社, 370p., 186p., 1969a, 1969b.
シャンポルスキー, J.・シリンショーネ, D., 石井朝子訳『やすらぎ療法：愛はすべてを癒す』春秋社, 264p., 1991.
シュヴィング, G., 小川信男・船渡川佐和子訳『精神病者の魂への道』みすず書房, 172p., 1966.
シュテットハーバー, J. K., 山下公子訳『こころの傷は必ず癒える：抑圧された子ども時代に向きあう療法』新曜社, 192p., 1993.
シュピーゲルマン, J. M., 小川捷之監訳『心理療法家の自己開示と傷つき：心理療法における相互的プロセス』山王出版, 165p., 1992.
シュピーゲルマン, J. M.・河合隼雄・町沢静夫・森　文彦訳『能動的想像法』創元社, 232p., 1994.
シューラー, D., 高橋祥友訳『シューラーの認知療法入門』金剛出版, 210p., 1991.

B 心理療法に関する本

シュルツ, J. H., 成瀬悟策訳『自己催眠』(増訂) 誠信書房, 444p., 1968.
シュワルツ, G. E., 平井 久・渡辺尊巳編訳『バイオフィードバック 上・下』誠信書房, 258p., 302p., 1975, 1979.
ショシャール, P., 吉岡修一郎・新福尚武訳『催眠法と暗示：思考と行動の自由』(文庫クセジュ) 白水社, 142p., 1952.
白井幸子『看護にいかす交流分析』医学書院, 234p., 1983.
シロカ, R. 他編, 伊東博也訳『グループ・エンカウンター入門』誠信書房, 482p., 1976.
白橋宏一郎・小倉 清編『治療関係の成立と展開』(児童精神科臨床 2) 星和書店, 288p., 1981.
シンガー, E., 鑪 幹八郎・丸藤太郎編訳『心理療法の鍵概念』誠信書房, 339p., 1976.
新里里春・杉田峰康・水野正憲・桂 載作『交流分析とエゴグラム』チーム医療, 190p., 1986.
ジンバルド, P.・イブセン, E. B., 高木 修訳『態度変容と行動の心理学』誠信書房, 318p., 1979.
新福尚武編『アルコール症の精神療法』金剛出版, 232p., 1984.
菅 佐和子『思春期女性の心理療法：揺れ動く心の危機』創元社, 250p., 1988.
杉浦京子『コラージュ療法』川島書店, 230p., 1994.
杉浦京子・森谷寛之他『体験コラージュ療法』山王出版, 160p., 1992.
杉田峰康『交流分析と心身症：臨床家のための精神分析的療法』医歯薬出版, 198p., 1973.
杉田峰康『交流分析のすすめ：人間関係に悩むあなたへ』(日分選書) 日本文化科学社, 184p., 1990.
杉田峰康『こじれる人間関係：ドラマ的交流の分析』創元社, 300p., 1983.
杉田峰康『人生ドラマの自己分析：交流分析の実際』創元社, 280p., 1976.
杉田峰康『役割交換書簡法 (ロール・レタリング)：人間関係のこじれを洞察する』創元社, 308p., 1987.
杉田峰康他『ゲーム分析』(TA シリーズ 4) チーム医療, 138p., 1987.
杉村省吾『子どもの心と身体：小児心身症と心理療法』培風館, 304p., 1993.
祐宗省三・春木 豊・小林重雄編著『行動療法入門』川島書店, 361p., 1972 (新版, 1984).
鈴木浩二『家族救助信号：家族システム論と家族療法』朝日出版社, 215p., 1983.
鈴木浩二監修, 中村はるみ・光元和憲・生島 浩編『家族に学ぶ家族療法：研修・実践・展開』金剛出版, 240p., 1991.
鈴木浩二編『登校拒否』(家族療法ケース研究 2) 金剛出版, 230p., 1988.
鈴木知準『神経症はこんな風に全治する：森田療法の道』誠信書房, 142p., 1986.
鈴木知準『不安解決の講義：神経症の苦しみを救う』誠信書房, 228p., 1987.
鈴木知準『ノイローゼ全治の道を語る』誠信書房, 348p., 1984.
鈴木知準『ノイローゼの積極的解決』誠信書房, 252p., 1980.
鈴木知準『ノイローゼの体験療法：森田療法について』誠信書房, 288p., 1976.
鈴木知準『ノイローゼの話し合い療法』誠信書房, 288p., 1976.
鈴木知準『森田療法を語る：ノイローゼの人達・専門医に』誠信書房, 308p., 1977.
スタウファー, E., 国谷誠朗・平松園枝訳『無条件の愛とゆるし』(サイコシンセシス叢書 2) 誠信書房, 286p., 1990.
スチーブンス, J. O., 岡野嘉宏・多田徹佑・リード恵津訳『気づき：ゲシュタルト・セラピーの実習指導者』社会産業教育研究所, 346p., 1982.
スチュアート, I.・ジョインズ, V., 深沢道子監訳『TA Today：最新・交流分析入門』実務教育出版, 326p., 1991.
ストー, A. C., 山口泰司訳『精神療法と人間関係』理想社, 266p., 1982.
スラブソン, S. R., 小川太郎他訳『集団心理療法入門』誠信書房, 318p., 1956.
ズリラ, T. J., 丸山 晋監訳, 中田洋二郎・椎谷淳二・杉山佳子訳『問題解決療法：臨床的介入への社会的コンピテンス・アプローチ』金剛出版, 280p., 1995.
ゼイク, J. K. 編, 成瀬悟策監訳『21世紀の心理療法 I・II』誠信書房, 430p., 384p., 1989, 1990.
ゼイク, J. K. 編, 成瀬悟策監訳, 宮田敬一訳『ミルトン・エリクソンの心理療法セミナー』星和書店, 520p., 1984.

関　計夫『感受性訓練』誠信書房, 300p., 1965.
関　計夫『続　感受性訓練』誠信書房, 282p., 1976.
セシュエー, M.A., 三好暁光・橋本やよい訳『象徴的実現：分裂病少女の新しい精神療法』みすず書房, 215p., 1986.
セシュエー, M.A., 村上　仁・平野　恵訳『分裂病の少女の手記』みすず書房, 164p., 1955.
セシュエー・M.A., 三好暁光訳『分裂病の精神療法：象徴的実現への道』みすず書房, 302p., 1974.
園田順一・高山　巌『子どもの臨床行動療法』川島書店, 202p., 1978.

た行

高野清純・杉原一昭編著『新しい遊戯療法：セラプレイ』日本文化科学社, 200p., 1985.
高橋雅春・北村依子『幼児の心理療法』新曜社, 240p., 1982.
竹山恒寿『催眠術と暗示療法』医学書院, 71p., 1950.
多湖　輝・加藤隆吉・高木重朗『催眠誘導の技法』誠信書房, 142p., 1968.
多田徹祐・岡野嘉宏『新しい自己への出発：マネジメントのためのTA』自己啓発トレーニングセンター, 165p., 1983.
ターナー, I.J., 新里里春訳『孤独：愛情恐怖症＝交流分析の応用』社会思想社, 256p., 1978.
田中克江『思春期危機をのりこえて：セラピーと家族の役割』（ライブラリ明日に育つ子どもたち　4）サイエンス社, 224p., 1992.
田中熊次郎『教育的集団心理療法』日本分化科学社, 308p., 1973.
田中多聞『第五の医学　音楽』人間と歴史社, 350p., 1989.
玉谷直實『乳房よかえっておいで：心理療法家の乳ガン体験記』春秋社, 224p., 1986.
タラチョウ, S., 児玉憲典訳『精神療法入門』川島書店, 370p., 1982.
ダラード, J・ミラー, N.E., 河合伊六・稲田準子訳『人格と心理療法』誠信書房, 594p., 1972.
団　士郎・柴田長生・川崎二三彦・早樫一男・川畑　隆『登校拒否と家族療法』（シリーズ家族の居心地）ミネルヴァ書房, 200p., 1991.
団　士郎・柴田長生・川崎二三彦・早樫一男・川畑　隆『非行と家族療法』（シリーズ家族の居心地）ミネルヴァ書房, 220p., 1992.
タンナー, I.J., 新里里春訳『孤独－愛情恐怖症：交流分析の応用』社会思想社, 256p., 1978.
千葉康則『自己暗示術：私は日に日によくなっていく！』（カッパ・ブックス）光文社, 222p., 1988.
チャップマン, A.H., 作田勉監訳『サリヴァン治療技法入門』星和書店, 304p., 1979.
ツヴァイク, S., 高橋義孝・中山　誠・佐々木斐夫訳『精神による治療』（ツヴァイク全集 10）みすず書房, 405p., 1963.
ディクソン, A., 山本光子訳『アサーティブネス(積極的自己主張)のすすめ：前向きに生きようよ　女性たち！』拓植書房, 256p., 1991.
土居健郎編『精神療法の臨床と指導』医学書院, 302p., 1967.
ドゥ・シェイザー, S., 小森康永訳『ブリーフ・セラピーを読む』金剛出版, 237p., 1994.
徳田良仁監修, 飯森眞喜雄・浅野欣也編『俳句・連句療法』創元社, 395p., 1990.
ド・シェーザー, S., 小野直広訳『短期療法　解決の鍵』誠信書房, 252p., 1994.
トリューブ, H., 宮本忠雄・石福恒雄訳『出会いによる精神療法』全剛出版, 200p., 1982.

な行

ナウムブルグ, M., 中井久夫監訳, 内藤あかね編『力動指向的芸術療法』金剛出版, 250p., 1995.
中西信男『コフートの心理療法：自己心理学的精神分析の理論と技法』ナカニシヤ出版, 160p., 1991.
中村和子・杉田峰康『わかりやすい交流分析』チーム医療, 102p., 1984.
中村はるみ他編『家族に学ぶ家族療法：研修・実践・展開』金剛出版, 250p., 1991.

B 心理療法に関する本

中村征利『何のために心理療法を学ぶのか』勁草書房，264p., 1986.
ナピア，A.Y.・ウィテカー，C.A., 藤縄 昭監修，葵橋ファミリー・クリニック訳『ブライス家の人々：家族療法の記録』家政教育社，524p., 1990.
成田善弘『精神療法の経験』金剛出版，280p., 1993.
成田善弘編『精神療法の実際』新興医学出版社，178p., 1989.
成田善弘・関口純一・小林 進・近藤三男・水野信義・渡辺久雄編『精神療法の探究』金剛出版，248p., 1994.
成瀬悟策『催眠』誠信書房，372p., 1960.
成瀬悟策『催眠面接法』誠信書房，456p., 1968.
成瀬悟策『自己コントロール法』誠信書房，346p., 1988.
成瀬悟策監修，田嶌誠一編著『壺イメージ療法：その生いたちと事例研究』創元社，356p., 1987.
成瀬悟策編『イメージ療法』（催眠シンポジアム 10）誠信書房，384p., 1980.
成瀬悟策編『行動療法』（催眠シンポジアム 6）誠信書房，228p., 1975.
成瀬悟策編『サイコフィードバック』（催眠シンポジアム 7）誠信書房，252p., 1977.
成瀬悟策編『催眠療法』（サイコセラピー・シリーズ）文光堂，356p., 1972.
成瀬悟策編『催眠療法を考える』誠信書房，252p., 1992.
成瀬悟策編『心理療法におけるイメージ』（催眠シンポジアム 7）誠信書房，306p., 1979.
西澤 哲『子どもの虐待：子どもと家族への治療的アプローチ』誠信書房，220p., 1994.
西村良二『心理面接のすすめ方：精神力動的心理療法入門』ナカニシヤ出版，192p., 1993.
日本学生相談学会編，今村義正・國分康孝編『論理療法にまなぶ』川島書店，238p., 1989.
日本家族研究・家族療法学会セミナー委員会編『家系図と家族療法』（家族療法セミナー 2）金剛出版，240p., 1988.
日本家族心理学会・岡堂哲雄編『ライフサイクルと家族の危機』（家族心理学年報 6）金子書房，300p., 1986.
日本家族心理学研究会・岡堂哲雄編『家族臨床心理の展望』（家族心理学年報 1）金子書房，320p., 1983.
日本臨床心理学会編『心理治療を問う』現代書館，448p., 1985.
丹羽基二編，日本ユニバック『日本姓氏大辞典』（3冊組：解説編，表音編，表記編）角川書店，399p., 814p., 825p., 1985, 1985, 1985.
ノブロフ，F.・ノブロフ，I., 山口 隆他監訳『総合精神療法』星和書店，480p., 1984.

は行

バイオフィードバック研究会編，石川 中代表編集『バイオフィードバックと瞑想』誠信書房，140p., 1980.
バーカー，P., 中村伸一・信国恵子監訳『家族療法の基礎』金剛出版，422p., 1993.
パース，J.K.・フリードマン，L.J.編，阪本良男訳『ボストンの家族療法：精神力動とシステム論をつなぐアプローチ』メディカ出版，260p., 1991.
バスカン，M.・デュヴィソン，P.・サミュエル＝ラジュネス，B.・テストゥマル＝モノ，G., 荻野恒一・久世順子訳『サイコドラマ：精神分析的アプローチ』誠信書房，246p., 1981.
長谷川洋三他『森田理論で自分発見』白揚社，363p., 1990.
パーソンズ，J., 大野 裕監訳『実践的認知療法：事例定式化アプローチ』金剛出版，320p., 1993.
バター，J., 勝田吉彰訳『不安，ときどき認知療法…のち心は晴れ：不安や対人恐怖を克服するための練習帳』星和書店，154p., 1993.
畠瀬 稔『エンカウンター・グループと心理的成長』創元社，392p., 1990.
パターソン，G.R., 大渕憲一訳，春木 豊監修『家族変容の技法をまなぶ』川島書店，182p., 1987.
馬場謙一編『青年期の精神療法』（増補版）金剛出版，341p., 1991.
馬場禮子編著，加藤志ほ子・佐伯喜和子・餅田彰子・吉田直子『境界例：ロールシャッハテストと精神療法』岩崎学術出版社，292p., 1983.
バーバー，T.X., 成瀬悟策監修，戸田 晋訳『催眠』（催眠名著シリーズ 2）誠信書房，262p., 1975.
林 茂男『催眠入門』誠信書房，184p., 1964.

林　直樹『境界例の精神病理と精神療法』金剛出版, 240p., 1990.
原野広太郎『自己弛緩法』(講談社現代新書) 講談社, 230p., 1987.
パールズ, F. S., 倉戸ヨシヤ監訳『ゲシュタルト療法：その理論と実際』ナカニシヤ出版, 256p., 1990.
バーン, E., 南　博訳『人生ゲーム入門：人間関係の心理学』河出書房新社, 298p., 1967 (改訂版, 1976).
バーンズ, D. D., 野村総一郎・夏刈郁子・山岡功一他訳『いやな気分よ, さようなら：自分で学ぶ「抑うつ」克服法』星和書店, 500p., 1990.
バーンズ, R. C., 加藤孝正・江口昇勇訳『円枠家族描画法入門』金剛出版, 210p., 1991.
バンドラー, R.・グリンダー, J., 吉本武史・越川弘吉訳『リフレーミング』星和書店, 303p., 1988.
番場一雄『ヨーガの思想：心と体の調和を求めて』日本放送出版協会, 224p., 1986.
ビオン, W. R., 対馬　忠著訳『グループ・アプローチ：集団力学と集団心理療法の画期的業績・人間援助の心理学』サイマル出版会, 266p., 1973.
東　豊『セラピスト入門：システムズアプローチへの招待』日本評論社, 272p., 1993.
東山紘久『愛・孤独・出会い：エンカウンター・グループと集団療法』福村出版, 229p., 1992.
東山紘久『箱庭療法の世界』誠信書房, 164p., 1994.
東山紘久『遊戯療法の世界：子どもの内的世界を読む』創元社, 250p., 1982.
ピーチ, H. R., 藤野　武訳『人間行動の変容：行動療法の原理と技法』誠信書房, 386p., 1974.
平井富雄『自己催眠術：劣等感からの解放・6つの方法』(カッパ・ブックス) 光文社, 215p., 1967.
平木典子『アサーション・トレーニング：さわやかな「自己表現」のために』日本・精神技術研究所, 186p., 1993.
平木典子『家族との心理臨床：初心者のために』(心理臨床セミナー 2) 垣内出版, 180p., 1998
平木典子・岡堂哲устい・山田和夫他『家族の病理と家族療法』安田生命社会事業団, 146p., 1987.
平野信喜『セルフ・ヘルプ：セルフ・セラピー入門』ナカニシヤ出版, 212p., 1994.
ビンスワンガー, L., 宮本忠雄・関　忠盛訳『瞑想』みすず書房, 244p., 1990.
フィッシュ, R.・ウィークランド, J. H. 他, 鈴木浩二・鈴木和子監修, 岩村由美子他訳『変化の技法：MRI 短期集中療法』金剛出版, 372p., 1986.
フェルプス, S., 園田雅代・中釜洋子訳『アサーティブ・ウーマン：自分も相手も大切にする自己表現』(わたしらしさの発見 5) 誠信書房, 400p., 1995.
フェルッチ, P., 国谷誠朗・平松園枝訳『内なる可能性』(サイコシンセシス叢書) 誠信書房, 384p., 1994.
フォーリー, V., 藤縄　昭・新宮一成・福山和女訳『家族療法：初心者のために』創元社, 320p., 1984.
深谷和子『幼児・児童の遊戯療法』黎明書房, 279p., 1974.
福島　章編『境界例の精神療法』金剛出版, 302p., 1992.
ブザンジャン, R. D. de, 内薗耕二訳『ストレスからの解放：弛緩療法の理論と実際』(文庫クセジュ) 白水社, 148p., 1962.
藤縄　昭『精神療法とエロス』(精神医学叢書) 弘文堂, 302p., 1987.
藤縄　昭・高井昭裕編『精神分裂病の心理社会治療』金剛出版, 140p., 1995.
布施豊正『心の危機と民族文化療法』(中公新書) 中央公論社, 206p., 1992.
船井幸雄・加藤修一監修, マハリシ総合研究所『超瞑想法 TM の奇跡：「第四の意識」であなたは変わる』PHP 研究所, 206p., 1985.
フューギット, E., 平松園枝・手塚郁恵訳『子どもと親と教師のためのやさしいサイコシンセシス』春秋社, 232p., 1979.
プライ, A. 編, 空井健三・市間洋子訳『心理療法とは何か：9人の心理療法家にきく』新曜社, 272p., 1984.
フランクル, V. E., 中村友太郎訳『生きがい喪失の悩み：現代の精神療法』エンデルレ書店, 200p., 1982.
フランクル, V. E., 大沢　博訳『意味への意志：ロゴセラピィの基礎と適用』ブレーン出版, 196p., 1986.
フランクル, V. E., 高島　博・長沢順治訳『現代人の病：心理療法と実在哲学』丸善, 304p., 1972.
フランクル, V. E., 霜山徳爾訳『死と愛：実存分析入門』みすず書房, 280p., 1985.
フランクル, V. E., 宮本忠雄訳『心理療法の26章』みすず書房, 214p., 1957.
フリーマン, A., 遊佐安一郎監訳『認知療法入門』星和書店, 296p., 1989.
ブルック, H., 鑪　幹八郎・一丸藤太郎訳『心理療法を学ぶ：インテンシブ・サイコセラピーの基本原則』誠信

B 心理療法に関する本

　　　書房, 208p., 1978.
ブルックス, C. H.・クーエ, E., 河野　徹訳『自己暗示』法政大学出版局, 178p., 1966.
ブルックス, C. V. W., 伊東　博訳『センサリー・アウェアネス：「気づき」―自己・体・環境との豊かなかかわり』誠信書房, 318p., 1986.
フレティニ, R.・ヴァレル, A., 渡辺寛美・湯原かの子訳『夢療法入門：心理療法におけるメンタル・イメージ』金剛出版, 280p., 1986.
フロム＝ライヒマン, F., 阪本健二訳『積極的心理療法：その理論と技法』誠信書房, 282p., 1964.
ヘイリー, J., 高石　昇・横田恵子訳『戦略的心理療法の展開』星和書店, 297p., 1988.
ヘイリィ, J., 佐藤悦子訳『家族療法：問題解決の戦略と実際』川島書店, 258p., 1985.
ベッカー, R. E.・ハイムバーグ, R. G.・ベラック, A. S., 高山　厳監訳『うつ病の対人行動治療』岩崎学術出版社, 176p., 1990.
ベック, A. T., 大野　裕訳『認知療法：精神療法の新しい発展』岩崎学術出版社, 320p., 1990.
ベック, A. T. 他, 坂野雄二監訳, 神村栄一・清水里美・前田基成訳『うつ病の認知療法』（認知療法シリーズ）岩崎学術出版社, 520p., 1992.
ベック, M. S., 氏原　寛・矢野隆子訳『愛と心理療法』創元社, 302p., 1987.
ヘンドリックス, G.・ウィルズ, R., 手塚郁恵訳, 吉富伸逸解説『センタリング・ブック』春秋社, 216p., 1990.
ホイットモア, D., 手塚郁恵訳『喜びの教育：サイコシンセシス教育入門』春秋社, 408p., 1990.
ボス, M., 三好郁男訳『夢：その現存在分析』みすず書房, 304p., 1970.
ボニーム, W., 鑢　幹八郎・一丸藤太郎・山本　力訳『夢の臨床的利用』誠信書房, 590p., 1987.
ポープ, A. W.・ミッキヘイル, S. M.・グレイグヘッド, W. E., 高山　厳監訳『自尊心の発達と認知行動療法』岩崎学術出版社, 240p., 1992.
ホフマン, L., 亀口憲治訳『システムと進化・家族療法の基礎理論』（思考の響応 2）朝日出版社, 504p., 1986.
ポリセンコ, J., 伊東　博訳『からだに聞いてこころを調える：だれにでも, 今すぐできる瞑想の本』誠信書房, 278p., 1990.

ま行

マイケンバウム, D., 上里一郎監訳, 根建金男・大河内浩人・田中共子訳『ストレス免疫訓練：認知的行動療法の手引き』岩崎学術出版社, 170p., 1989.
マイケンバウム, D., 根建金男監訳『認知行動療法：心理療法の新しい展開』同朋舎出版, 297p., 1992.
前田重治『心理面接の技術：精神分析的心理療法入門』慶應通信, 286p., 1976.
前田重治『心理療法の進め方：簡易分析の実際』創元社, 310p., 1978.
牧原　浩編『精神分裂病』（家族療法ケース研究 4）金剛出版, 250p., 1991.
マクギーガン, F. J., 三谷恵一・森　昭胤訳『リラックスの科学』（ブルーバックス）講談社, 224p., 1988.
マークス, I. M., 竹内龍雄他訳『行動精神療法：モーズレイ病院ハンドブック』中央洋書出版部, 190p., 1988.
マクナブ, F., 福原真知子他訳『喪失の悲しみを越えて』川島書店, 220p., 1994.
マクマナス, M. L., 林　春男訳『災害ストレス：心をやわらげるヒント』法研, 112p., 1995.
マクマリン, R. E.・ギルス, T. R., 岩本隆茂・齋藤　巌・奥瀬　哲訳編著『認知行動療法入門』川島書店, 218p., 1990.
マクレイ, M., 秋谷たつ子他訳『うつ病女性の手記：心理療法の記録』中央洋書出版部, 374p., 1991.
マスターソン, J. F., 作田　勉他訳『青年期境界例の精神療法：その治療効果と時間的経過』星和書店, 376p., 1982.
マスターソン, J. F., 成田善弘訳『逆転移と精神療法の技法』星和書店, 488p., 1987.
増野　肇『サイコドラマのすすめ方』金剛出版, 200p., 1990.
増野　肇『心理劇とその世界』金剛出版, 170p., 1989.
増野　肇・山口　隆・中川賢幸編『やさしい集団精神療法入門』星和書店, 420p., 1987.
町沢静夫『心は癒される：絶望が希望に変わるまで』大和書房, 224p., 1995.

松本和雄他編著『心理治療入門』日本文化科学社, 232p., 1984.
マラン, D. H., 鈴木　龍訳『心理療法の臨床と科学』誠信書房, 374p., 1992.
丸田俊彦『サイコセラピー練習帳：グレーテルの宝捜し』岩崎学術出版社, 224p., 1986.
丸田俊彦『サイコセラピー練習帳 II：Dr. Mへの手紙』岩崎学術出版社, 240p., 1988.
丸野　廣『「からだと心」のリラックス法』(知的生きかた文庫) 三笠書房, 247p., 1989.
マン, J., 上地安昭訳『時間制限心理療法』誠信書房, 270p., 1980.
ミアース, A., 池見酉次郎・鶴見孝子訳『自律訓練法：不安と痛みの自己コントロール』創元社, 200p., 1972.
三井田惇郎監修『教育催眠とその技法』文化書房博文社, 210p., 1988.
三浦岱栄監修, 小此木啓吾編『精神療法の理論と実際』医学書院, 510p., 1964.
三木アヤ『自己への道：箱庭療法による内的訓育』(増補) 黎明書房, 206p., 1992.
三木アヤ・光元和憲・田中千穂子『体験箱庭療法：箱庭療法の基礎と実際』山王出版, 160p., 1991.
三木善彦『内観療法入門：日本的自己探究の世界』創元社, 340p., 1976.
ミクラス, W. L., 斎藤義夫・中村哲雄訳『臨床行動変容法』金子書房, 262p., 1981.
水口禮治『適応の社会心理学的心理療法：コントロール・トレーニングの理論と技法』駿河台出版社, 206p., 1993.
水島恵一・岡堂哲雄編『集団心理療法』金子書房, 410p., 1969.
水谷久二郎『親と子の交流分析：心のふれあいを求めて』(教養学校叢書 6) 法政大学出版局, 218p., 1990.
水野昭夫『家族がひらく：登校拒否・非行の往診家族療法』日本評論社, 280p., 1991.
ミニューチン, S., 山根常男監訳『家族と家族療法』誠信書房, 340p., 1984.
ミニューチン, S. 他, 福田俊一監訳, 増井昌美訳『思春期やせ症の家族：心身症の家族療法』星和書店, 529p., 1987.
三村寛子『瞑想感覚』大陸書房, 206p., 1983.
宮田敬一編『解決志向ブリーフセラピーの実際』金剛出版, 266p., 1997.
宮田敬一編『ブリーフセラピー入門』金剛出版, 246p., 1994.
宮本忠雄『精神分裂病の精神療法』金剛出版, 246p., 1984.
ムスターカス, C. E., 國分康孝・國分久子訳『人間存在の心理療法』誠信書房, 190p., 1992.
ムスターカス, C. E., 古屋健治訳『児童の心理療法：遊戯療法を中心として』岩崎学術出版社, 428p., 1985.
村瀬孝雄編『内観法入門：安らぎと喜びにみちた生活をもとめて』誠信書房, 216p., 1993.
村山正治『エンカウンター・グループ』福村出版, 208p., 1977.
村山正治『エンカウンターグループとコミュニティ：パーソン・センタード・アプローチの展開』ナカニシヤ出版, 170p., 1993.
村山正治他『フォーカシングの理論と実際』福村出版, 264p., 1984.
村山正治編『フォーカシング・セミナー』福村出版, 200p., 1991.
村山正治・見藤隆子・野島一彦・渡辺　忠編『エンカウンター・グループから学ぶ：新しい人間関係の探求』九州大学出版会, 270p., 1992.
瞑想情報センター編『現代瞑想の世界：総解説』(名著・総解説ダイヤル 11) 自由国民社, 268p., 1982.
本山　博『催眠現象と宗教経験』宗教心理出版, 133p., 1975.
森　温理・北里憲二編『森田療法の研究：新たな展開をめざして』金剛出版, 400p., 1989.
森　省二編『子どもの精神療法：症例とスーパービジョン』金剛出版, 330p., 1991.
森　規悦『絵を描いてストレスをなくす本：きっと, あなたも変わっていける』法研, 112p., 1993.
森谷寛之『子どものアートセラピー：箱庭・描画・コラージュ』金剛出版, 230p., 1995.
森谷寛之『チックの心理療法』金剛出版, 230p., 1990.
森谷寛之・杉浦京子・入江　茂・山中康裕編『コラージュ療法入門』創元社, 232p., 1993.
森田療法学会編『続森田療法ワークショップ』星和書店, 106p., 1990.
森脇　要・池田数好・高木俊一郎『子供の心理療法：サイコセラピーの理論と実際』慶應通信, 376p., 1959.
門前　進『イメージ自己体験法：心を味わい豊かにするために』誠信書房, 176p., 1995.
門前　進『催眠法による意志動機実現の二重過程』風間書房, 194p., 1990.
門前　進『入門　自己催眠法：生き方をリフレッシュするために』誠信書房, 198p., 1993.

や行

安永　浩『症状論と精神療法』(安永浩著作集 IV) 金剛出版, 330p., 1992.
山内孝道『アル中になって良かった』星和書店, 288p., 1989.
山上敏子『行動療法』岩崎学術出版社, 244p., 1990.
山口　隆・中川賢幸編『集団精神療法の進め方』星和書店, 480p., 1992.
山口　隆・増野　肇・中川賢幸編『やさしい集団精神療法入門』星和書店, 420p., 1987.
山口　隆・松原太郎監修『ウォン教授の集団精神療法セミナー』星和書店, 140p., 1985.
山崎晃資編『プレイ・セラピィ』金剛出版, 274p., 1995.
山崎　正『ヨーガ：教育的治療心理学』日本文化科学社, 216p., 1983.
山崎　正監修, 山田冨美雄編『癒しの科学　瞑想法：神秘主義を超えて』北大路書房, 298p., 1995.
山中康裕『少年期の心：精神療法を通してみた影』(中公新書) 中央公論社, 216p., 1978.
山中康裕『禅画牧牛図と精神療法過程：精神療法における仏教的救い』(山王クリニカル・シリーズ) 山王出版, 112p., 1987.
山中康裕編『H. Nakai 風景構成法』岩崎学術出版社, 296p., 1984.
山中康裕・岡田康伸編『身体像とこころの癒し』岩崎学術出版社, 312p., 1994.
山中康裕・徳田良仁編『芸術療法講座 2』星和書店, 192p., 1980.
山松質文『自閉症児の治療教育：音楽療法と箱庭療法』岩崎学術出版社, 408p., 1975.
山松質文『障害児のための音楽療法』(現代心理学ブックス) 大日本図書, 185p., 1984.
山松質文『ミュージックセラピィ：音楽による心理療法』岩崎学術出版社, 212p., 1966.
山松質文・小花和昭介『心理診断と心理治療』(心理学双書) 福村出版, 264p., 1980.
ヤーロム, I.D. 他, 川室　優訳『グループサイコセラピー：ヤーロムの集団精神療法の手引き』金剛出版, 206p., 1989.
遊佐安一郎『家族療法入門：システム・アプローチの理論と実際』星和書店, 288p., 1984.
吉田圭吾・武藤晃子・高良　聖他訳『心理療法とドラマツルギー』(シリーズ・心理臨床学の冒険) 星和書店, 256p., 1993.
吉福伸逸『トランスパーソナル・セラピー入門』平河出版社, 317p., 1989.
吉松和哉『精神療法の実際』(精神科 Mook 15) 金原出版, 226p., 1986.
吉本伊信『内観の道』内観研究所, 235p., 1976.
吉本伊信『内観への招待：愛情の再発見と自己洞察のすすめ』朱鷺書房, 262p., 1983.
吉本伊信『内観法：40年の歩み』春秋社, 296p., 1989.
頼藤和寛・中川　晶・中尾和久『心理療法：その有効性を検証する』朱鷺書房, 254p., 1993.

ら行

ラザルス, R.講演, 林俊一郎編訳『ストレスとコーピング：ラザルス理論への招待』星和書店, 120p., 1990.
ラックマン, S., 木村　駿監修, 北山　修訳『恐怖の意味：行動療法の立場から』誠信書房, 172p., 1979.
ランゲン, D., 里村　淳訳『精神療法学概論』誠信書房, 200p., 1980.
リヴトン, E., 上芝功博・石井春子訳『臆病な臨床家のためのサイコドラマの技法：自由自在に使いこなすために』ナカニシヤ出版, 202p., 1991.
リード, K.E., 大利一雄訳『グループワークの歴史』勁草書房, 265p., 1992.
リネツキー, M.L., 金光不二夫・山田泰彦訳『暗示の話：心と体のコントロール』文一総合出版, 187p., 1987.
臨床心理ケース研究編集委員会編, 河合隼雄他編『臨床心理ケース研究 1～5』誠信書房, 1977, 1979, 1980, 1982, 1983.
ルシャン, L., 大窪一志訳『やせる瞑想：1日30分でやせる』図書出版社, 264p., 1995.
ルーテ, W.編, 池見酉次郎監修『自律訓練法 1：自律訓練』誠信書房, 388p., 1971.

ルーテ, W. 編, 池見酉次郎監修『自律訓練法 2：医学的応用』誠信書房, 336p., 1971.
ルーテ, W. 編, 池見酉次郎監修『自律訓練法 3：心理療法における諸適用』誠信書房, 350p., 1973.
ルーテ, W. 編, 池見酉次郎監修『自律訓練法 4：研究と理論』誠信書房, 288p., 1971.
ルーテ, W. 編, 池見酉次郎監修『自律訓練法 5：自律中和のダイナミックス』誠信書房, 380p., 1973.
ルーテ, W. 編, 池見酉次郎監修『自律訓練法 6：自律性中和と治療』誠信書房, 478p., 1977.
レイノルズ, D.K., 長谷川洋三監修, 山本桂子訳『行動的な生き方：森田と内観に学ぶ』創元社, 230p., 1989.
レイノルズ, D.K., 大原健士郎訳監修, 岩田真理訳『悩みを活かす：森田療法による建設的な生き方』創元社, 230p., 1986.
レイノルズ, D.K., 近藤章久監訳『日本人と森田療法』ナツメ出版, 307p., 1980.
レウィンソン, P.M.・ムーニョ, R.F. 他, 大原健士郎監修, 熊谷久代訳『うつのセルフ・コントロール』創元社, 232p., 1993.
レスリー, R.C., 萬代慎逸訳『イエスとロゴセラピー：実在分析入門』ルガール社, 209p., 1978.
レフコ, H., 平井タカネ監訳『ダンスセラピー：グループセッションのダイナミクス』創元社, 208p., 1994.
ローウェン, A., 村本詔司・国永史子訳『からだと性格：生体エネルギー法入門』創元社, 390p., 1988.
ローガン, R., 田村博一訳『心の病が癒されるとき』晶文社, 224p., 1993.
ロジャーズ, C.R., 畠瀬 稔・畠瀬直子訳『エンカウンター・グループ：人間信頼の原点を求めて』創元社, 270p., 1982.
ロバーティエロ, R.・シャインウルフ, G., 霜山徳爾監訳『ありがちな心理療法の失敗例101：もしかして, 逆転移？』星和書店, 376p., 1995.
ローマス, P., 鈴木二郎訳『愛と真実：現象学的精神療法への道』（りぶらりあ選書）法政大学出版局, 224p., 1980.

わ行

ワイス, L.・カッツマン, M.・ウォルチック, S., 末松弘行監訳『食べたい！ でもやせたい：過食症の認知行動療法』星和書店, 208p., 1991.
ワイナー, I.B., 秋谷たつ子・小川俊樹・中村伸一訳『心理療法の諸原則　上・下』星和書店, 240p., 1984；352p., 1986.
ワイナー, M.F., 佐治守夫監訳, 飯長喜一郎訳『人間としての心理治療者：自己開示の適用と禁忌』有斐閣, 282p., 1983.
ワイル, A., 上野圭一訳『癒す心, 治る力：自発的治癒とは何か』（角川文庫）角川書店, 463p., 1998.
和歌山教育催眠研究会編『入門自律訓練法』朱鷺書房, 209p., 1986.
渡辺俊男『ビジネスマンのためのリラクセーション：さよならストレス』日本生産性本部, 235p., 1988.
渡辺雄三『心理療法と症例理解：病院心理臨床の実際』誠信書房, 236p., 1988.
渡辺雄三『夢分析による心理療法：ユング心理学の臨床』金剛出版, 342p., 1995.
ワッツ, A., 滝野 功訳『心理療法東と西：道（タオ）の遊び』誠信書房, 260p., 1985.
ワーマン, D.S., 亀田英明訳『支持的精神療法の上手な使い方』星和書店, 265p., 1988.

洋書

Corsini, R. J. & Contributors : *Current Psychotherapies*. (2rd edition), Peacock Pubilishers (Itasca, III), 552p., 1979. (3rd edition, 1984)
Goleman, D. & Speeth, K. R. (ed.) : *The Essential Psychotherapies : Theory and Practice by the Masters*. (Mentor Book), New American Library, 308p., 1982.
Kovel, J. : *A Complete Guide to Therapy : From Psychoanalysis to Behaviour Modification*. (Pelican Books), Penguin Books (Harmondsworth), 3369p., 1981.

C 精神分析・フロイトに関する本

あ行

アイゼンク, H. J., 宮内　勝他訳『精神分析に別れを告げよう：フロイト帝国の衰退と没落』批評社, 245p., 1988.
赤間啓之『ラカンもしくは小説の視線』弘文堂, 236p., 1988.
上里一郎・鑪　幹八郎編『自我同一性の病理と臨床』(シンポジウム青年期 1) ナカニシヤ出版, 191p., 1979.
朝日新聞社 AERA 編集部編『精神分析学がわかる』(AERA MOOK) 朝日新聞社, 175p., 1998.
アッピグナネッセイ, R. 文, サーラティ, O. 絵, 加瀬亮志訳『フロイト』(For Beginners シリーズ 1) 現代書館, 174p., 1980.
アドラー, A., 山下　肇訳『現代人のこころ：個人心理学入門』(潮文庫) 潮出版社, 328p., 1971.
アドラー, A., 山下　肇訳『現代人の心理構造』日本教文社, 356p., 1957.
アドラー, A., 高橋堆治訳『子どもの劣等感：問題児の分析と教育』誠信書房, 322p., 1962.
アドラー, A., 高尾利数訳『人生の意味の心理学』春秋社, 352p., 1984.
アドラー, A., 高尾利数訳『人間知の心理学』春秋社, 352p., 1987.
アーブラハム, K., 下坂幸三・前野光弘・大野美都子訳『アーブラハム論文集：抑うつ強迫・去勢の精神分析』(現代精神分析双書 II期18) 岩崎学術出版社, 264p., 1993.
アモン, G., 青木宏之訳『精神分析と心身医学』岩崎学術出版社, 416p., 1979.
アレクサンダー, F., 加藤正明・加藤浩一訳『現代の精神分析』筑摩書房, 305p., 1953.
アンジュー, A., 高井邦子・岩見祥子訳『特性のない女：女であることの精神分析的素描』言叢社, 274p., 1996.
石田浩之『負のラカン：精神分析と能記の存在論』誠信書房, 206p., 1992.
ウィニコット, D. W., 牛島定信訳『情緒発達の精神分析理論：自我の芽ばえと母なるもの』岩崎学術出版社, 356p., 1977.
ウィニコット, D. W., 北山　修監訳『抱えることと解釈：精神分析治療の記録』岩崎学術出版社, 380p., 1989.
ウィニコット, D. W., 北山　修監訳『児童分析から精神分析へ』岩崎学術出版社, 380p., 1990.
ウィニコット, D. W., 猪股丈二・前田陽子訳『ピグル：分析医の治療ノート』星和書店, 272p., 1980.
ヴィリィ, J., 中野良平・奥村満佐子訳『夫婦関係の精神分析』(りぶらりあ選書) 法政大学出版局, 360p., 1985.
ウィルソン, C., 鈴木　晶訳『性と文化の革命家：ライヒの悲劇』筑摩書房, 424p., 1975.
植村　彰『神経症の精神分析・精神療法』(臨床精神医学叢書 6) 星和書店, 172p., 1989.
上山安敏『フロイトとユング：精神分析運動とヨーロッパ知識社会』岩波書店, 550p., 1989.
ウェルズ, H. K., 岸田　秀訳『精神分析の破綻：フロイトからフロムへ』大月書店, 305p., 1969.
ウェルダー, B. 編, 村上　仁訳『フロイト』(永遠の言葉叢書) 創元社, 156p., 1953.
ウェルダー, R., 村上　仁訳『フロイト入門』みすず書房, 168p., 1975.
ヴォネガット, M., 衣更着信・笠原　嘉訳『エデン特急：ヒッピーと狂気の記録』みすず書房, 364p., 1979.
ウォルティス, J., 前田重治監訳『フロイト体験：ある精神科医の分析の記録』岩崎学術出版社, 240p., 1989.
ウォルハイム, R., 伏見俊則訳『現代の思想家：フロイト』新潮社, 222p., 1973.
牛島定信『思春期の対象関係論』金剛出版, 240p., 1988.
氏原　寛・山中康裕編『寂しい女』(症例研究) 人文書院, 208p., 1991.
宇津木保他『フロイト：著作と思想』(有斐閣新書) 有斐閣, 224p., 1978.
ウルフ, S., 河野良和監訳, 内村節子訳『子供の精神分析：ストレスに遭った子供たち』河野心理教育研究所, 240p., 1977.
エヴァンズ, R. I., 岡堂哲雄・中薗正身訳『エリクソンは語る：アイデンティティの心理学』新曜社, 208p., 1981.
エヴァンズ, R. I., 牧　泰夫訳『フロムとの対話』みすず書房, 192p., 1970.
エスナール, A., 影山任佐訳『フロイトからラカンへ』金剛出版, 194p., 1983.

C 精神分析・フロイトに関する本

エリクソン, E. H., 岩瀬康理訳『アイデンティティ：青年と危機』金沢文庫, 486p., 1973a.
エリクソン, E. H., 星野美賀子訳『ガンディーの真理：戦闘的非暴力の起源 1・2』みすず書房, 334p., 354p., 1989a, 1974.
エリクソン, E. H., 小此木啓吾訳『自我同一性：アイデンティティとライフサイクル』誠信書房, 302p., 1973b.
エリクソン, E. H., 鑢 幹八郎訳『洞察と責任：精神分析の臨床と倫理』誠信書房, 316p., 1971.
エリクソン, E. H., 仁科弥生訳『幼児期と社会 1・2』みすず書房, 368p., 247p., 1977, 1980.
エリクソン, E. H., 村瀬孝雄・近藤邦夫訳『ライフサイクル、その完結』みすず書房, 167p., 1989b.
エリクソン, E. H. 他, 朝長正徳・梨 枝子訳『老年期：生き生きしたかかわりあい』みすず書房, 376p., 1990.
エルソン, M. 編, 伊藤 洸監訳『コフート自己心理学セミナー 1・2・3』金剛出版, 190p., 200p., 190p., 1989, 1990, 1992.
エレンベルガー, H. F., 木村 敏・中井久夫監訳『無意識の発見：力動精神医学発達史 上・下』弘文堂, 512p., 648p., 1980a, 1980b.
遠藤辰雄編『アイデンティティの心理学』ナカニシヤ出版, 350p., 1981.
大嶋 仁『精神分析の都：ブエノス・アイレス幻視』（福武ブックス）福武書店, 224p., 1990.
大槻憲二『医学と精神分析』臼井書房, 257p., 1949.
大槻憲二『精神分析学概論』岩崎書店, 294p., 1948.
大槻憲二『精神分析図解入門』育文社, 314p., 1965.
大橋秀雄『精神分析読本』（人文社会叢書 7）サイエンス社, 272p., 1981.
大村敏輔『精神分析のメタ心理学』九州大学出版会, 312p., 1992.
小笠原晋也『ジャック・ラカンの書：その説明のひとつの試み』金剛出版, 200p., 1989.
小川捷之『自分を読む精神分析』（ゴマブックス）ごま書房, 224p., 1980.
小川捷之・前田重治・岩崎徹也他『精神分析の基礎知識』安田生命社会事業団, 142p., 1987.
オーグラー, H., 西川良夫訳『アドラー心理学入門』清水弘文堂, 327p., 1977.
小此木啓吾『あなたの身近な「困った人たち」の精神分析：パーソナリティ、そのミクロな狂い』大和書房, 256p., 1995
小此木啓吾『生きている人間関係』（精神分析ノート 2）日本教文社, 245p., 1984.
小此木啓吾『エロス的人間論：フロイトを超えるもの』（講談社現代新書）講談社, 330p., 1960.
小此木啓吾『現代精神分析の基礎理論』弘文堂, 448p., 1985a.
小此木啓吾『自我理論と人間のなりたち』（現代精神分析 2）誠信書房, 409p., 1971a.
小此木啓吾『自己愛人間：現代ナルシシズム論』朝日出版社, 400p., 1981（講談社文庫, 1984）.
小此木啓吾『精神分析ノート 1』日本教文社, 274p., 1964.
小此木啓吾『精神分析の成り立ちと発展』（精神医学叢書）弘文堂, 464p., 1985b.
小此木啓吾『精神分析の臨床的課題』金剛出版, 412p., 1985c.
小此木啓吾『日本人の阿闇世コンプレックス』（中公新書）中央公論社, 231p., 1984.
小此木啓吾『人間理解の発展』（現代精神分析 1）誠信書房, 393p., 1971b.
小此木啓吾『ヒューマン・マインド：愛と哀しみの精神分析』金子書房, 240p., 1991.
小此木啓吾『フロイト』（講談社学術文庫）講談社, 478p., 1989.
小此木啓吾『フロイト』（人類の知的遺産 56）講談社, 420p., 1978a.
小此木啓吾『フロイト：その自我の軌跡』（NHKブックス）日本放送出版協会, 256p., 1973.
小此木啓吾『フロイトとの出会い』人文書院, 289p., 1978b.
小此木啓吾『"私"との対面』（精神分析ノート 3）日本教文社, 245p., 1984.
小此木啓吾『笑い・人みしり・秘密：心的現象の精神分析』創元社, 250p., 1979.
小此木啓吾編『現代の精神分析』（こころの科学セレクション）日本評論社, 279p., 1998.
小此木啓吾編『フロイト』（世界の思想家 18）平凡社, 250p., 1977.
小此木啓吾・岩崎徹也・橋本雅雄・皆川邦直編『精神分析の治療機序』（精神分析セミナー 2）岩崎学術出版社, 228p., 1982.
小此木啓吾・岩崎徹也・橋本雅雄・皆川邦直編『精神療法の基礎』（精神分析セミナー 1）岩崎学術出版社, 280

p., 1981.
小此木啓吾・岩崎徹也・橋本雅雄・皆川邦直編『発達とライフサイクルの観点』(精神分析セミナー 5) 岩崎学術出版社，284p.，1985.
小此木啓吾・岩崎徹也・橋本雅雄・皆川邦直編『フロイトの精神病理学理論』(精神分析セミナー 4) 岩崎学術出版社，336p.，1987.
小此木啓吾・岩崎徹也・橋本雅雄・皆川邦直編『フロイトの治療技法論』(精神分析セミナー 3) 岩崎学術出版社，324p.，1983.
小此木啓吾・河合隼雄『フロイトとユング』(レグルス文庫) 第三文明社，232p.，1989.
小此木啓吾・馬場謙一編『フロイト精神分析入門』(有斐閣新書) 有斐閣，238p.，1977.
小此木啓吾・馬場禮子『精神力動論：ロールシャッハ解釈と自我心理学の統合』(新版) 金子書房，472p.，1989.
オズボーン，A.，黒沢バリー訳『分析医イザベル』星和書店，472p.，1980.
織田尚生『深層心理学』(改訂版) 放送大学教育振興会，141p.，1991.
織田尚生『深層心理の世界』(レグルス文庫) 第三文明社，294p.，1992.
オーンスタイン，P. H. 編，伊藤 洸監訳『コフート入門：自己の探求』岩崎学術出版社，346p.，1987.

か行

懸田克躬『フロイト』(井村恒郎他編，第一次異常心理学講座 第 4 巻第 4 部「異常心理学史の代表者たち」) (分冊函入) みすず書房，289～340p.，1954.
懸田克躬責任編集『フロイト：精神分析入門』(中公バックス・世界の名著) 中央公論社，558p.，1966.
金子武蔵『フロイディズム』清水弘文堂，250p.，1973.
ガントリップ，H.，小此木啓吾・柏瀬宏隆訳『対象関係論の展開：精神分析・フロイト以後』誠信書房，328p.，1981.
カーンバーグ，O. F.，山口泰司訳『内的世界と外的現実　上：対象関係論の検討　上・下』文化書房博文社，192p.，320p.，1992，1993.
岸田　秀『幻想を語る』青土社，311p.，1984.
岸田　秀『続　ものぐさ精神分析』(中公文庫) 中央公論社，316p.，1982.
岸田　秀『出がらしものぐさ精神分析』青土社，386p.，1980.
岸田　秀『二番煎ものぐさ精神分析』青土社，338p.，1978.
岸田　秀『ものぐさ精神分析』(中公文庫) 中央公論社，339p.，1982.
岸田　秀・伊丹十三『哺育器の中の大人』(精神分析講義) 朝日出版社，247p.，1978.
岸田　秀・八木　誠『対談　自我の行方』(増補版) 春秋社，240p.，1985.
木田恵子『親たちの過誤：精神分析の現場から』(サイコブックス) 彩古書房，244p.，1984.
北見芳雄・佐藤紀子『生活の中の精神分析：心の健康と幸福のために』誠信書房，304p.，1964.
北山　修『錯覚と脱錯覚：ウィニコットの臨床感覚』岩崎学術出版社，288p.，1985.
北山　修『悲劇の発生論』(増補版) 金剛出版，206p.，1988.
木村治美『こころの時代に：私の精神分析入門』文芸春秋社，296p.，1986.
ギャロップ，J.，富山太佳夫・椎名美智・三好みゆき訳『ラカンを読む』岩波書店，269p.，1990.
キュービー，R. S.，土居健郎訳『精神分析への手引：理論と実際』日本教文社，254p.，1952.
キュング，H.，鈴木　晶訳『フロイトと神』教文館，190p.，1987.
クセナキス，F.，福井美津子訳『フロイト夫人の場合』山口書店，334p.，1987.
熊倉伸宏・伊東正裕『「甘え」理論の研究：精神分析的精神病理学の方法論の問題』星和書店，264p.，1984.
クライン，M.，松本善男訳『羨望と感謝：無意識の源泉について』みすず書房，208p.，1975.
グラノン=ラフォン，J.，中島伸子・吉永良正訳『ラカンのトポロジー：精神分析空間の位相構造』白揚社，202p.，1991.
クリス，A. O.，神田橋篠治・藤川尚宏訳『自由連想：過程として方法として』岩崎学術出版社，170p.，1987.
クリステヴァ，J.，枝川昌雄訳『初めに愛があった：精神分析と信仰』(叢書・ウニベルシタス) 法政大学出版局，

146p., 1987.
クリュル, M., 水野節夫・山下公子訳『フロイトとその父』思索社, 436p., 1987.
グリンベルグ, L.・ソール, D.・ビアンチェディ, E. T., 高橋哲郎訳『ビオン入門』岩崎学術出版社, 184p., 1982.
グローヴァー, E., 岸田 秀訳『フロイトかユングか』せりか書房, 280p., 1971.
グロデック, G., 岸田 秀・山下公子訳『エスの本:無意識の探究』誠信書房, 424p., 1991.
ゲイ, P., 入江良平訳『神なきユダヤ人』みすず書房, 210p., 1992.
ケースメント, P., 松木邦裕訳『患者から学ぶ:ウィニコットとビオンの臨床応用』岩崎学術出版社, 296p., 1991.
小出浩之『ラカンと精神分析の基本問題』弘文堂, 264p., 1993.
小出浩之編『ラカンと臨床問題』弘文堂, 272p., 1990.
コフート, H., 本城秀次・笠原 嘉訳『自己の治癒』みすず書房, 328p., 1995.
コフート, H., 水野信義・笠原 嘉監訳『自己の分析』みすず書房, 341p., 1994.
コーホン, G. 編, 西園昌久監訳『英国独立学派の精神分析:対象関係論の展開』(現代精神分析双書 II期17)岩崎学術出版社, 296p., 1992.
小牧源太郎他『教養としての精神分析』推古書院, 203p., 1949.

さ行

坂野 登『意識とはなにか:フロイト=ユング批判』青木書店, 276p., 1985.
坂本健二・笠原 嘉『サリヴァン』(第II期異常心理学講座 第9巻) みすず書房, 471〜525p., 1973.
佐々木孝次『甦るフロイト思想』(講談社現代新書) 講談社, 212p., 1987a.
佐々木孝次『ラカンの世界』弘文堂, 358p., 1987b.
佐々木孝次・伊丹十三『快の打ち出の小槌:日本人の精神分析講義』朝日出版社, 529p., 1980.
定方 晟『阿闍世のさとり:仏と文殊の空の教え』人文書院, 240p., 1989.
定方 晟『阿闍世のすくい:仏教における罪と救済』人文書院, 248p., 1984.
サールズ, H. F., 松本雅彦他訳『逆転移 1』(分裂病精神療法論集) みすず書房, 241p., 1991.
サルトル, J. P., 西永良成訳『フロイト:シナリオ』人文書院, 360p., 1987.
サレッキー, T. 編, 福原泰平・大川理恵訳『フロイトの「セックス・テニス」:性衝動とスポーツ』青土社, 234p., 1990.
ザロメ, L., 塚越 敏・小林 真訳『フロイトへの感謝』(新装版) (ルー・ザロメ著作集 5)以文社, 320p., 1986.
サンドラー, J.・ケネディ, H.・タイソン, R. L., 作田 勉監訳『児童分析の技法:アンナ・フロイトのケース・セミナー』星和書店, 368p., 1983.
サンドラー, J.・デア, C.・ホルダー, A., 前田重治監訳『患者と分析者:精神分析臨床の基礎』誠信書房, 166p., 1980.
シェルトーク, L.・ソシュール, F. de, 長井真理訳『精神分析学の誕生:メスメルからフロイトへ』岩波書店, 338p., 1987.
シーガル, H., 新宮一成他訳『夢・幻想・芸術:象徴作用の精神分析理論』金剛出版, 206p., 1996.
児童研究会編『教育と精神分析』金子書房, 226p., 1950.
シメオン, S. 画・アリエル, R. 文, 岸田 秀・鈴木 晶訳『フロイド:精神分析の冒険』リブロポート, 54p., 1981.
霜田静志『児童の精神分析』(現代精神分析学 2) 誠文堂新光社, 343p., 1951.
霜田静志『性格形成と性格分析:人間練成のための精神分析』誠信書房, 408p., 1972.
霜田静志・國分康孝編著『自己分析を語る』誠信書房, 366p., 1971.
ジャカール, R., 福本 修訳『フロイト』(りぶらりあ選書) 法政大学出版局, 160p., 1987.
シャリエ, J-P., 岸田 秀訳『無意識と精神分析』せりか書房, 178p., 1970.
シュナイダーマン, S., 石田浩之訳『ラカンの〈死〉:精神分析と死のレトリック』誠信書房, 272p., 1985.
ジュランヴィル, A., 高橋哲哉・内海 健・関 直彦他訳『ラカンと哲学』産業図書, 508p., 1991.

C 精神分析・フロイトに関する本

シュール, M., 安田一郎・岸田　秀訳『フロイト生と死　上・下』(誠信フロイト選書) 誠信書房, 338p., 310p., 1978, 1979.
シュレーバー, D.P., 渡辺哲夫訳『ある神経病者の回想録』筑摩書房, 460p., 1990.
シュレーバー, D.P., 尾川　浩・金関　猛訳『シュレーバー回想録：ある神経病患者の手記』平凡社, 534p., 1991.
ジョーンズ, E., 竹友安彦・藤井治彦訳『フロイトの生涯』紀伊國屋書店, 620p., 1969.
新宮一成『意味の彼方へ：ラカンの治療学』金剛出版, 269p., 1996.
新宮一成『無意識の病理学：クラインとラカン』金剛出版, 240p., 1989.
新宮一成『夢と構造：フロイトからラカンへの隠された道』(精神医学叢書) 弘文堂, 234p., 1988.
スィーガル, H. 著, 岩崎徹也訳『メラニー・クライン入門』岩崎学術出版社, 266p., 1977.
杉田直樹『現代の精神分析』羽田書店, 228p., 1947.
鈴木　晶『フロイト以後』(講談社現代新書) 講談社, 212p., 1992.
鈴村金弥『フロイト』(人と思想シリーズ) 清水書院, 188p., 1966.
スタナード, D.E., 南　博訳『歴史は精神分析する：フロイトと心理歴史学の失敗』岩波書店, 290p., 1986.
スタフォード゠クラーク, D., 大久保良一・新川文雄訳『フロイト入門』(UL双書) 中央大学出版部, 261p., 1973.
スターン, D., 小此木啓吾・丸田俊彦監訳, 神庭靖子・神庭重信訳『乳児の対人世界：理論編』岩崎学術出版社, 280p., 1989.
スティーブンス, N.W., 山根常男他訳『エディプス・コンプレックス：通文化的実証』誠信書房, 260p., 1977.
スティール, R.S., 久米　博・下田節夫訳『フロイトとユング　上・下』紀伊國屋書店, 400p., 352p., 1986a, 1986b.
ステッドマン, R., 井口大介訳『フロイト』ブレーン出版, 108p., 1985.
ストリーン, H., 岡野憲一郎訳『ある精神分析家の告白』岩崎学術出版社, 264p., 1993.
ストーン, I., 橋本福夫訳『青春のウィーン』(小説フロイト 1) 早川書房, 523p., 1984.
ストーン, I., 橋本福夫訳『心の探究』(小説フロイト 2) 早川書房, 498p., 1984.
ストーン, I., 橋本福夫訳『名声と苦悩』(小説フロイト 3) 早川書房, 547p., 1984.
スパイロ, M., 井上兼行訳『母系社会のエディプス：フロイト理論は普遍的か』(文化人類学叢書) 紀伊國屋書店, 282p., 1990.
スペクター, J.J., 秋山信道・小山睦央訳『フロイトの美学：芸術と精神分析』(りぶらりあ選書) 法政大学出版局, 380p., 1979.
セイヤーズ, J., 大島かおり訳『20世紀の女性精神分析家たち』晶文社, 472p., 1993.
ゼド, J.E.・ゴールドバーグ, A., 前田重治訳『心の階層モデル：精神分析理解のために』誠信書房, 252p., 1982.
外林大作『ナルシズムの喪失』(フロイトの読み方 2) 誠信書房, 230p., 1988.
外林大作『フロイトの読み方』(フロイトの読み方 1) 誠信書房, 227p., 1983.
ソンプソン, C., 懸田克躬訳『精神分析の発達』(角川新書) 角川書店, 250p., 1957.

た行

高橋義孝『芸術と精神分析』人文書院, 208p., 1979.
高橋義孝『無意識』(一時間文庫) 新潮社, 149p., 1955.
武田　専『精神分析と仏教』(新潮選書) 新潮社, 229p., 1990.
鑪　幹八郎『アイデンティティの心理学』(講談社現代新書) 講談社, 198p., 1990.
鑪　幹八郎『夢で自己分析してみよう』日新報道, 219p., 1979a.
鑪　幹八郎『夢分析入門』創元社, 335p., 1976.
鑪　幹八郎『夢分析の実際：心の世界の探究』創元社, 290p., 1979b.
鑪　幹八郎・宮下一博・岡本祐子編『アイデンティティ研究の展望　I・II・III』ナカニシヤ出版, 364p., 371p., 324p., 1995, 1995, 1995.

C 精神分析・フロイトに関する本

鑪　幹八郎・山本　力・宮下一博編『自我同一性の研究の展望』(シンポジウム青年期 3) ナカニシヤ出版，371p.，1984.
タタール，M.，鈴木　晶他訳『グリム童話　その隠されたメッセージ』新曜社，402p.，1990.
谷口雅春『新版 精神分析の話』日本教文社，352p.，1987.
千葉胤成『無意識の心理学』(千葉胤成著作集 2) 協同出版，440p.，1972.
ツヴァイク，S.，佐々木斐夫訳『フロイド：その人と思想』みすず書房，186p.，1952.
デービス，M. 他，猪股丈二監訳『情緒発達の境界と空間：ウィニコット理論入門』星和書店，256p.，1984.
土居健郎『精神分析』(講談社学術文庫) 講談社，324p.，1988.
土居健郎『精神分析と精神病理』(第 2 版) 医学書院，280p.，1970.
土居健郎『精神療法と精神分析』金子書房，265p.，1961.
ドゥリトル，H.，鈴木重吉訳『フロイトにささぐ』みすず書房，246p.，1983.
ドール，J.，小出浩之訳『ラカン読解入門』岩波書店，234p.，1989.
トンプソン，C.M.，大羽　蓁・沢田丞司訳『人間関係の精神分析』誠信書房，564p.，1972.

な行

中西信男・水野正憲・古市祐一・佐方哲彦『アイデンティティの心理』有斐閣，292p.，1985.
中野久夫『日本歴史の精神分析』時事通信社，252p.，1987.
中野良平『精神分析の技法』金剛出版，250p.，1991.
中野良平『精神分析のスーパーヴィジョン』金剛出版，210p.，1993.
中本征利『精神分析技法論』ミネルヴァ書房，426p.，1995.
中本征利『フロイトとヘーゲル：性の思想史』勁草出版サービスセンター（発売：勁草出版書房），212p.，1985.
ナクト，S.，山田悠紀明訳『マゾヒズム：被虐症の精神分析』同朋舎出版，208p.，1988.
ナシオ，J.D.，榎本　譲訳『精神分析 7 つのキーワード：フロイトからラカンへ』新曜社，328p.，1990.
西園昌久『精神分析治療の進歩』金剛出版，290p.，1988.
西園昌久『精神分析治療の展開』金剛出版，310p.，1983.
西園昌久『精神分析を語る：こころの深層への道』岩崎学術出版社，224p.，1985.
西園昌久監修，福岡精神分析研究会編『今日の精神分析』金剛出版，290p.，1993.
西平　直『エリクソンの人間学』東京大学出版会，306p.，1993.
ニューマン，B.M.・ニューマン，P.R.，福富　護訳『生涯発達心理学：エリクソンによる人間の一生とその可能性』(新版) 川島書店，540p.，1988.
ニューランド，C.A.，川口正吉訳『私の自己と私：LSD25の精神分析』河野心理教育研究所，397p.，1977.
ネズ，A.M.・ネズ，C.M.・ペリ，M.G.，高山　巌監訳『うつ病の問題解決療法』岩崎学術出版社，352p.，1993.

は行

パイン，F.，斎藤久美子・水田一郎監訳『臨床過程と発達 1：精神分析的考え方・かかわり方の実際』岩崎学術出版社，252p.，1993.
バシュラール，G.，前田耕作訳『火の精神分析』せりか書房，304p.，1977.
バートン，A.，馬場禮子監訳，井原成男・三上直子・三沢英夫訳『フロイト，ユング，ロジャーズ』岩崎学術出版社，356p.，1985.
馬場禮子『ロールシャッハ法と精神分析：継起分析入門』岩崎学術出版社，184p.，1995.
ババン，P.，小此木啓吾監訳『フロイト：無意識の扉を開く』(「知の再発見」叢書 24) 創元社，160p.，1992.
バフチン，M.，磯谷　孝・齋藤俊雄訳『フロイト主義』(ミハイル・バフチン著作集 1) 新時代社，280p.，1979.
浜川祥枝・生松敬三・馬場謙一編『フロイト精神分析物語：フロイト思想の実像を描く』(有斐閣ブックス) 有斐閣，320p.，1978.
バリント，M.，中井久夫訳『治療論からみた退行：基底欠損の精神分析』金剛出版，296p.，1978.

C 精神分析・フロイトに関する本

パンゴー, B. 編, 宮本忠雄他訳『フロイトと今日の精神分析』(現代思想叢書) 青土社, 239p., 1976.
ヒギンス, M. 他編, 小野泰博訳『宇宙・生命・エゴ：ライヒは語る』現代思潮社, 359p., 1972.
ファアベーン, D., 山口泰司・原田千恵子訳『人格の精神分析学的研究』文化書房博文社, 744p., 1992.
フィルー, J-C., 新福尚武訳『精神分析』(改訂新版) (文庫クセジュ) 白水社, 148p., 1974.
フェニヘル, O., 安岡　誉訳『精神分析技法の基本問題』金剛出版, 160p., 1988.
フェルマン, S., 森泉弘次訳『ラカンと洞察の冒険：現代文化における精神分析』誠信書房, 312p., 1990
福島　章『愛の幻想：対人病理の精神分析』(中公新書) 中央公論社, 192p., 1986a.
福島　章『音楽と音楽家の精神分析』新曜社, 224p., 1990.
福島　章『精神分析で何がわかるか』(ブルーバックス) 講談社, 248p., 1986b.
福島　章『続　天才の精神分析』新曜社, 328p., 1984.
福島　章『対抗同一性』(精神医学文庫) 金剛出版, 191p., 1979.
福島　章『天才の精神分析：パトグラフィの冒険』新曜社, 392p., 1978.
ブライト, T., 深町　建訳『精神分析技法の基礎』岩崎学術出版社, 608p., 1985.
ブラウン, J.A.C., 宇津木　保・大羽　秦訳『フロイトの系譜』誠信書房, 383p., 1963.
ブラム, G.S.・ウォーカー, E.L. 編, 佐藤　誠訳『無意識の心理学』(基礎心理学シリーズ 7) 福村出版, 118 p., 1979.
ブラントン, S., 馬場謙一訳『フロイトとの日々：教育分析の記録』日本教文社, 227p., 1972.
プリブラム, K.H.・ギル, M.M., 安野英紀訳『フロイト草稿の再評価：現代認知理論と神経心理学への序文』金剛出版, 220p., 1988.
ブレナー, C., 山根常男訳『精神分析の理論』(新装版) 誠信書房, 334p., 1980.
フロイト, A., 外林大作訳『自我と防衛』誠信書房, 272p., 1958 (第 2 版, 1985).
フロイト, A., 北見芳雄・佐藤紀子訳『児童分析：教育と精神分析療法入門』誠信書房, 290p., 1961.
フロイト, S., 安田徳太郎・安田一郎訳『改訳　精神分析入門』(角川文庫) 角川書店, 578p., 1970a.
フロイト, S., 生松敬三訳『自叙・精神分析』みすず書房, 104p., 1975.
フロイト, S., 安田一郎編訳『失語症と神経症』精神書房, 214p., 1974
フロイト, S., 金関　猛訳, 石澤誠一解題『失語論：批判的研究』平凡社, 312p., 1995.
フロイト, S., 小此木啓吾・馬場謙一郎編『精神分析入門』(有斐閣新書) 有斐閣, 226p., 1977.
フロイト, S., 懸田克躬訳『精神分析入門』(中公文庫) 中央公論社, 662p., 1973.
フロイト, S., 高橋義孝・下坂幸三訳『精神分析入門　上・下』(新潮文庫) 新潮社, 418p., 428p., 1977, 1977.
フロイト, S., 安田徳太郎・安田一郎訳『性と愛情の心理』(角川文庫) 角川書店, 222p., 1955.
フロイト, S., 菊盛英夫訳『造形美術と文学』河出書房新社, 328p., 1972.
フロイト, S., 菊盛英夫訳『フロイト』(完訳世界の大思想 3) 河出書房新社, 450p., 1985.
フロイト, S., 吉田正巳訳『文化論』日本教文社, 398p., 1970b.
フロイト, S., 高橋義孝訳『夢判断　上・下』(新潮文庫) 新潮社, 400p., 398p., 1969a, 1969b.
フロイド, S.・イェンゼン, W., 安田徳太郎・安田洋治訳『文学と精神分析：グラディヴァ』(角川文庫) 角川書店, 227p., 1960.
フロイド, S.・イェンゼン, W., 安田徳太郎・安田洋治訳『妄想と夢：文学と精神分析』誠信書房, 240p., 1975.
ブロス, P., 児玉憲典訳『息子と父親：エディプス・コンプレックス論を越えて：青年期臨床の精神分析理論』誠信書房, 270p., 1990.
フロム, E., 懸田克躬訳『愛するということ』紀伊國屋書店, 192p., 1959a.
フロム, E., 鈴木重吉訳『悪について』紀伊國屋書店, 209p., 1965. (改訂版, 鈴木　晶訳, 214p., 1991).
フロム, E., 谷口隆之助訳『革命的人間』(現代社会科学叢書) 東京創元社, 242p., 1965.
フロム, E., 作田啓一・佐野哲郎訳『希望の革命』(改訂版) 紀伊國屋書店, 237p., 1970.
フロム, E., 阪本健二・志貴春彦訳『疑惑と行動：マルクスとフロイトとわたくし』(現代社会科学叢書) 東京創元社, 229p., 1965.
フロム, E., 安田一郎訳『権威と家族』(現代思想叢書) 青土社, 214p., 1977.
フロム, E., 加藤正明・佐瀬隆夫訳『正気の社会』(社会思想選書) 社会思想研究会出版部, 408p., 1958.

C 精神分析・フロイトに関する本

フロム, E., 日高六郎訳『自由からの逃走』(現代社会科学叢書) 東京創元新社, 337p., 1951.
フロム, E., 谷口隆之助・早坂泰次郎訳『精神分析と宗教』(現代社会科学叢書) 東京創元社, 158p., 1978.
フロム, E., 岡部慶三訳『精神分析の危機：フロイト・マルクスおよび社会心理学』(現代社会科学叢書) 東京創元社, 260p., 1974.
フロム, E.・鈴木大拙, 小堀宗柏訳『禅と精神分析』(現代社会科学叢書) 東京創元社, 326p., 1960.
フロム, E., 谷口隆之助・早坂泰次郎訳『人間における自由』(現代社会科学叢書) 東京創元社, 300p., 1955 (改訳, 1972).
フロム, E., 作田啓一・佐野哲郎訳『破壊：人間性の解剖　上・下』紀伊國屋書店, 425p., 257p., 1975a, 1975b.
フロム, E., 佐治守夫訳『フロイトの使命』(みすず・ぶっくす) みすず書房, 185p., 1959b.
フロム, E., 佐野哲郎訳『フロイトを超えて』紀伊國屋書店, 202p., 1980.
フロム, E., 飯坂良明訳『ユダヤ教の人間観：旧約聖書を読む』(河出・現代の名著) 河出書房新社, 339p., 1996.
フロム, E., 外林大作訳『夢の精神分析：忘れられた言語』(改訂新版) (現代社会科学叢書) 東京創元社, 278p., 1985 (第一版, 1952).
ベイカー, R., 宮城音弥訳『フロイト：その思想と生涯』(講談社現代新書) 講談社, 248p., 1975.
米国精神分析学会編著, 日本精神分析協会編訳『精神分析学の新しい動向：米国精神分析論集 1973～1982』岩崎学術出版社, 532p., 1984.
ベーカン, D., 岸田　秀他訳『ユダヤ神秘主義とフロイド』紀伊國屋書店, 358p., 1976.
ベッテルハイム, B., 森泉弘次訳『フロイトのウィーン』みすず書房, 472p., 1992.
ベテルハイム, B., 藤瀬恭子訳『フロイトと人間の魂』(叢書・ウニベルシタス) 法政大学出版局, 174p., 1989.
ペリー, H. S., 中井久夫・今川正樹訳『サリヴァンの生涯 1・2』みすず書房, 376p., 372p., 1985, 1988.
ベルサーニ, L., 山県直之訳『ボードレールとフロイト』(叢書・ウニベルシタス) 法政大学出版局, 240p., 1984.
ベルマン＝ノエル, J., 石木隆治訳『精神分析と文学』(文庫クセジュ) 白水社, 160p., 1990.
ベンテルセン, D., 石光泰夫・石光輝子訳『フロイト家の日常生活』(20世紀メモリアル) 平凡社, 288p., 1991.
ヘンドリック, I., 前田重治・杉田峰康訳『フロイド心理学入門：その理論と実際』岩崎学術出版社, 336p., 1975.
ボス, M., 笠原　嘉監修, 三好和夫訳『精神分析と現存在分析論』みすず書房, 212p., 1962.
ホートン, P. C., 児玉憲典訳『移行対象の理論と臨床：ぬいぐるみから大洋体験へ』金剛出版, 270p., 1985.
ホーナイ, K., 対馬　忠監訳, 藤沢みほ子・対馬ユキ子訳『自己実現の闘い：神経症と人間的成長』(叢書：人間なるもの) アカデミア出版会, 382p., 1986.
ホーナイ, K., 霜田静志・國分康孝訳『自己分析：精神分析は自分でできる』(新装版) 誠信書房, 368p., 1961.
ホーナイ, K., 安田一郎訳『精神分析の新しい道』(ホーナイ全集 3) 誠信書房, 346p., 1972.
ボナッフェ, R., 山田悠紀男訳『僕は分裂病です：ある精神分裂病患者の物語』同朋舎出版, 176p., 1985.
ボナパルト, M., 佐々木孝次訳『女性と性：その精神分析的考察』弘文堂, 260p., 1970.
ボナパルト, M., 林　俊一郎訳『精神分析と文化論』弘文堂, 314p., 1971.
ホフマン, F. J., 重信千秋・宮里政邦編註『フロイディアニズム：An Interpretation of Freudianism』旺文社, 104p., 1979.
ホームズ, P., 台　利夫・小川俊樹・島谷まき子『心の世界と現実の世界の出会い：サイコドラマと対象関係論』ブレーン出版, 320p., 1995.
ホール, C. S., 西川好夫訳『フロイト心理学入門』清水弘文堂書房, 243p., 1976.
ホルネイ, K., 霜田静志・國分康孝訳『自己分析：精神分析は自分でできる』誠信書房, 290p., 1961.
ホルネイ, K., 井村恒郎・加藤浩一訳『精神分析の新しい道』日本教文社, 248p., 1952.
ホワイト, R. W., 中園正身訳『自我のエネルギー：精神分析とコンピテンス』新曜社, 304p., 1985.
ポングラチュ, M.・ザントナー, I., 種村季弘監訳『夢の王国：夢解釈の四千年』河出書房新社, 418p., 1987.

ま行

マイヤー, C. A., 秋山さと子訳『夢の治癒力：古代ギリシャの医学と現代精神分析』筑摩書房, 200p., 1986.
前田重治『個人的分析：ある分析医の情景』誠信書房, 254p., 1988.

前田重治『自由連想法覚え書き:古沢平作博士による精神分析』岩崎学術出版社, 240p., 1984.
前田重治『図説 臨床精神分析学』誠信書房, 200p., 1985a.
前田重治『精神分析応用論』誠信書房, 310p., 1987.
前田重治『精神分析の視点:心理臨床エッセー集』誠信書房, 270p., 1992.
前田重治『不適応の精神分析:心の健康を育てる』慶應通信, 266p., 1988.
前田重治『夢・空想・倒錯:退行の精神分析』彩古書房, 245p., 1985b.
前田重治・小川捷之編『精神分析を学ぶ:病める心の深層を解明』(有斐閣選書) 有斐閣, 233p., 1981.
マーガレット, I. L., 神田橋篠治訳『精神病水準の不安と庇護:ウィニコットとの精神分析の記録』岩崎学術出版社, 128p., 1992.
牧 康夫『フロイトの方法』(岩波新書) 岩波書店, 229p., 1977.
マグァイア, W.編, 平田武靖訳『フロイト/ユング往復書簡集 上・下』誠信書房, 466p., 462p., 1979, 1987.
マット, P. von, 高田 淑訳『文芸学と精神分析』人文書院, 192p., 1980.
マノーニ, M., 松本雅彦・山口俊郎・西田 稔訳『母と子の精神分析』人文書院, 250p., 1984.
マノーニ, O., 村上 仁訳『フロイト:無意識の世界の探究者』(人文選書) 人文書院, 198p., 1970.
マリーニ, M., 榎本 譲訳『ラカン:思想・生涯・作品』新曜社, 472p., 1989.
丸井清泰『精神分析学入門』共同出版, 362p., 1950.
マルクーゼ, H., 南 博訳『エロス的文明』紀伊國屋書店, 300p., 1958.
マルクーゼ, H., 寺門泰彦・山本貞夫訳『フロイト論』(太陽選書) 大洋社, 153p., 1974.
マルクーゼ, L., 高橋義孝・高田 淑訳『フロイト:その人間像』日本教文社, 260p., 1972.
丸田俊彦『コフート理論とその周辺:自己心理学をめぐって』岩崎学術出版社, 224p., 1992.
ミッチェル, J., 上田 昊訳『精神分析と女の解放』合同出版, 302p., 1977.
南 博『深層心理なるほど講座』日本実業出版社, 272p., 1990.
宮城音弥『精神分析入門』(岩波新書) 岩波書店, 209p., 1959.
ミラー, A., 山下公子訳『禁じられた知:精神分析と子どもの真実』新曜社, 512p., 1985.
ミラー, A., 山下公子訳『魂の殺人:親は子どもに何をしたか』新曜社, 400p., 1983.
ミルネール, M., 市村卓彦訳『フロイトと文学解釈:道具としての精神分析』ユニテ, 272p., 1989.
ミレール, J-A.編, 小出浩之他訳『ジャック・ラカン 精神病 上・下』岩波書店, 274p., 300p., 1987, 1987.
ミレール, J-A.編, 小出浩之他訳『ジャック・ラカン フロイトの技法論 上・下』岩波書店, 274p., 224p., 1991, 1991.
向井雅明『ラカン対ラカン』金剛出版, 250p., 1988.

や行

安田一郎『精神分析入門:夢と性欲と攻撃』光文社, 231p., 1959.
安田一郎『フロム』(センチュリー・ブックス) 清水書院, 208p., 1980.
山 祐嗣・山 愛美『行動と深層の心理学』学術図書出版社, 200p., 1993.
山根常男訳編『家族の社会学と精神分析』(家族研究リーディングス 3) 誠信書房, 270p., 1982.
湯田 豊『ジークムント・フロイト』勁草書房, 252p., 1988.
ユリネッツ, W.他, 安田一郎訳編『フロイトとマルクス』誠信書房, 464p., 1971.
横井 晋『無意識の人間学』星和書店, 224p., 1984.
米山正信『親と教師のための精神分析の話』黎明書房, 263p., 1988a.
米山正信『教師のための実例による精神分析入門』黎明書房, 284p., 1995.
米山正信『実例による親と教師のための精神分析の話』黎明書房, 264p., 1988b.

ら行

ライクロフト, C., 志摩 隆訳『現代の思想家:ライヒ』新潮社, 135p., 1973.

C　精神分析・フロイトに関する本

ライヒ, I.O., 平田武靖訳『ライヒの生涯』せりか書房, 302p., 1970.
ライヒ, W., 渡辺武達訳『オルガズムの機能：セクソロジーにおけるマルクス, フロイト, ファシズム批判 上・下』(ライヒ著作集 1・2) 大平出版社, 259p., 267p., 1970, 1972.
ライヒ, W., 片桐ユズル訳『きけ小人物よ！』(ライヒ著作集 3) 大平出版社, 214p., 1970.
ライヒ, W., 片岡啓治訳『衝動的性格』イザラ書房, 203p., 1973.
ライヒ, W.・フロム, E., 山崎カヲル・岩永達郎訳『精神分析と唯物論』イザラ書房, 203p., 1971.
ライヒ, W., 片岡啓治訳『性道徳の出現』(ライヒ著作集 2) 大平出版社, 259p., 1976.
ライヒ, W., 山崎カヲル訳『青年の性的闘争』イザラ書房, 222p., 1972.
ライヒ, W., 安田一郎訳『性の革命』(角川文庫) 角川書店, 515p., 1974.
ライヒ, W., 小野泰博・藤沢敏雄訳『セクシャル・レボリューション：文化革命における性』現代思潮社, 326p., 1970.
ライヒ, W., 平田武靖訳『ファシズムの大衆心理　上・下』(せりか叢書) せりか書房, 307p., 253p., 1970, 1970.
ライヒ, W., 片岡啓治訳『弁証法的唯物論と精神分析』(ライヒ著作集 8) 大平出版社, 183p., 1972.
ラカン, J., 宮本忠雄・高橋　徹・佐々木孝次他訳『エクリ I・II・III』弘文堂, 500p., 406p., 452p., 1972, 1977, 1981.
ラッカー, H., 坂口信貴訳『転移と逆転移』岩崎学術出版社, 324p., 1982.
ラング, H., 石田浩之訳『言語と無意識』(言語・思想叢書) 誠信書房, 342p., 1983.
リー, R.R.・マーティン, J.T., 竹友安彦・堀史郎監訳『自己心理学精神療法：コフート以前からコフート以後へ』岩崎学術出版社, 424p., 1993.
リヴィエール, J., 岩崎　力訳『フロイトとプルースト』(リヴィエール選集 2) 彌生書房, 205p., 1981.
リクール, P., 久米　博訳『フロイトを読む：解釈学試論』新曜社, 631p., 1982.
リフトン, R.J., 渡辺　牧・水野節夫訳『現代, 死にふれて生きる：精神分析から自己形成パラダイムへ』有信堂高文社, 250p., 1989.
ルボルスキー, L., 竹友安彦監訳『精神分析的精神療法の原則：支持・表出法マニュアル』岩崎学術出版社, 280p., 1990.
ルメール, A., 長岡興樹訳『ジャック・ラカン入門』(言語・思想叢書) 誠信書房, 430p., 1983.
レー, P., 小笠原晋也訳『ラカンのところで過ごした季節』紀伊國屋書店, 272p., 1994.
ローゼン, P., 福島　章・高原恵子・大沼隆博訳『アイデンティティ論を超えて』誠信書房, 288p., 1984.
ローゼン, P., 小此木啓吾訳編『ブラザー・アニマル：フロイト, ザロメ, タウスクの世界』(誠信フロイト選書) 誠信書房, 296p., 写真16p., 1987.
ローゼン, P., 岸田　秀・富田達彦訳『フロイトと後継者たち　上・下』(誠信フロイト選書) 誠信書房, 556p., 456p., 1986, 1988.
ローゼン, P., 馬場謙一・小松　啓訳『フロイトと社会思想：政治・宗教・文明の精神分析』(誠信フロイト選書) 誠信書房, 378p., 1986.
ロゾラート, G., 佐々木孝次訳『精神分析における象徴界』(叢書・ウニベルシタス) 法政大学出版局, 508p., 1980.
ローハイム, G., 小田　晋・黒田信一訳『精神分析と人類学　上・下』思索社, 290p., 256p., 1980, 1980.
ロビンソン, P.A., 平田武靖訳『フロイト左派：ライヒ　ローハイム　マルクーゼ』せりか書房, 300p., 1971.
ロペール, M., 東　宏治訳『エディプスからモーゼへ：フロイトのユダヤ人意識』人文書院, 276p., 1977.
ロペール, M., 安田一郎・安田朝子訳『精神分析革命：フロイトの生涯と著作　上・下』河出書房新社, 284p., 289p., 1976, 1976.
ローランド, S.・シュニーア, H.I.編, 青年病理研究会訳『青年期の精神分析 I・II』誠信書房, 278p., 288p., 1975, 1978.
ロレンス, D.H., 小川和夫訳『精神分析と無意識／無意識の幻想』(D.H.・ロレンス紀行・評論選集 5) 南雲堂, 384p., 1987.
ロレンツァー, A., 河田　晃訳『精神分析の考古学：親密性生と社会的苦悩』誠信書房, 286p., 1987.
ロレンツァー, A., 河田　晃訳『精神分析の認識論』誠信書房, 350p., 1985.

わ行

若林栄樹『精神分析の空間:ラカンの分析理論』弘文堂,348p.,1988.
渡辺哲夫『シュレーバー』筑摩書房,224p.,1993.

D　分析心理学・ユングに関する本

あ行

秋山さと子『秋山さと子の「女性論」』福村出版，232p.，1988a．
秋山さと子『運命の不思議を知る本：ユング心理学と占い』史輝出版，253p.，1990a．
秋山さと子『永遠の子どもたち』法蔵館，249p.，1994．
秋山さと子『家族という名の幻想』PHP研究所，237p.，1990b．
秋山さと子『心ってなに？』（科学者からの手紙 2）ほるぷ出版，47p.，1986．
秋山さと子『悟りの分析：ユング心理学との接点』朝日出版社，235p.，1980．（PHP文庫，1991）
秋山さと子『自分という宇宙：ユング派心理学の立場から』青土社，252p.，1983．
秋山さと子『聖なる次元』（叢書・人間の心理）新思索社，280p.，1991．
秋山さと子『聖なる男女：深層への旅』（増補新版）青土社，258p.，1987．
秋山さと子『チューリッヒ夢日記』筑摩書房，248p.，1985．
秋山さと子『母と子の深層』青土社，275p.，1981a．（PHP文庫，1991）
秋山さと子『夢診断』（講談社現代新書）講談社，214p.，1981b．
秋山さと子『夢で自分がわかる本』史輝出版，198p.，1989．（PHP文庫，1992）
秋山さと子『ユング心理学からみた子どもの深層』海鳴社，222p.，1978．
秋山さと子『ユング心理学へのいざない：内なる世界への旅』サイエンス社，280p.，1982a．
秋山さと子『ユングとオカルト』（講談社現代新書）講談社，217p.，1987．
秋山さと子『ユングの心理学』（講談社現代新書）講談社，208p.，1982b．
秋山さと子『ユングの性格分析』（講談社現代新書）講談社，200p.，1988b．
秋山さと子『ユング・ブッダの夢』法蔵館，234p.，1994．
アードラー，G．，氏原　寛・多田健治訳『生きている象徴　上・下』人文書院，302p.，262p.，1979a，1979b．
アードラー，G．，野田　偵訳『魂の発見：深層心理学入門』人文書院，179p.，1987．
アンソニー，M．，宮島　磨訳『ユングをめぐる女性たち』青土社，220p.，1995．
石田おさむ画『コミック　ユング：深層心理学入門』理想社，222p.，1989．
ヴァイプリンガー，A．，入江良平・富山典彦訳『おとぎ話にみる愛とエロス：「いばら姫」の深層』新曜社，206p.，1995．
ヴァン・デン・ベルク，J.H．，足立　叡・田中一彦訳『疑わしき母性愛』川島書店，166p.，1977．
ウィルソン，C．，安田一郎訳『ユング：地下の大王』（河出文庫）河出書房新社，244p.，1993．
ヴェーア，G．，石井　良・深沢英隆訳『ユングとシュタイナー：対質と共観』人智学出版社，440p.，1982．
ヴェーア，G．，山中康裕・藤原三枝子訳『ユング』（ロ・ロ・ロ伝記叢書）理想社，258p.，1987．
ヴェーア・G．，村本詔司訳『ユング伝：人生・仕事・影響』創元社，448p.，1994．
氏原　寛『意識の場理論と心理臨床：ユング派的実践をめざして』誠信書房，222p.，1993．
氏原　寛『心の一生：ユング派によるこころの原風景』（発達選書）ミネルヴァ書房，252p.，1990．
エヴァンス，R.I．，浪花　博・岡田康伸訳『無意識の探求：ユングとの対話』誠信書房，246p.，1978．
オエリ，S.B．，氏原　寛訳『おとぎ話における母』人文書院，372p.，1985．
大住　誠・田島美童絵『ユング』（For Beginnersシリーズ）現代書館，176p.，1993．
織田尚生『王権の心理学：ユング心理学と日本神話』第三文明社，264p.，1990．
織田尚生『昔話と夢分析：自分を生きる女性たち』創元社，296p.，1993．
織田尚生『ユング心理学の実際』誠信書房，154p.，1986．

D 分析心理学・ユングに関する本

か行

懸田克躬責任編集『ユング/フロム:心理学』(中公バックス 世界の名著)中央公論社,580p., 1979.
カースト, V., 入江良平・河合節子訳『おとぎ話にみる人間の運命:個人の生を超えるものへ』新曜社, 148p., 1995.
カースト, V., 松代洋一訳『おとぎ話にみる男と女:ユング心理学の視点から』新曜社, 232p., 1985.
カースト, V., 渡辺 学訳『砂漠の夢:生の限界経験について』(シリーズ・夢の道しるべ)春秋社, 184p., 1992.
カロテヌート, A., 入江良平・村木詔司監訳, 小川捷之訳『秘密のシンメトリー:ユング/シュピールライン/フロイト』みすず書房, 462p., 1991.
河合隼雄『イメージの心理学』青土社, 236p., 1991.
河合隼雄『影の現象学』(叢書・人間の心理)思索社, 260p., 1976a. (講談社学術文庫, 1987)
河合隼雄『家族関係を考える』(講談社現代新書)講談社, 188p., 1980.
河合隼雄『コンプレックス』(岩波新書)岩波書店, 221p., 1971.
河合隼雄『生と死の接点』岩波書店, 370p., 1989.
河合隼雄『中空構造日本の深層』(中公叢書)中央公論社, 221p., 1982. (中公文庫, 1999)
河合隼雄『日本とアイデンティティ:心理療法家の眼』創元社, 350p., 1984.
河合隼雄『人間の深層にひそむもの:おとなとこどもの心理療法』(新装版)大和書房, 236p., 1995.
河合隼雄『働きざかりの心理学』(新潮文庫)新潮社, 211p., 1995.
河合隼雄『母性社会日本の病理』(中公叢書)中央公論社, 265p., 1976b. (講談社+α文庫, 1997c)
河合隼雄『明恵 夢を生きる』法蔵館, 318p., 1987.
河合隼雄『無意識の構造』(中公新書)中央公論社, 191p., 1977a.
河合隼雄『昔話と日本人の心』岩波書店, 386p., 1982.
河合隼雄『昔話の深層』福音館書店, 353p., 1977b. (講談社+α文庫, 1994a)
河合隼雄『夢と昔話の深層心理』(小学館創造選書)小学館, 150p., 1982.
河合隼雄『ユング:魂の現実性』(現代思想の冒険者たち 3)講談社, 304p., 1998.
河合隼雄『ユング心理学と仏教』岩波書店, 224p., 1995.
河合隼雄『ユング心理学入門』培風館, 336p., 1967.
河合隼雄『ユングの生涯』第三文明社, 212p., 1978 (新装版, 1994b).
河合隼雄編『ユング派の心理療法』(こころの科学セレクション)日本評論社, 183p., 1998.
河合隼雄・谷川俊太郎『魂にメスはいらない』(ユング心理学講義)朝日出版社, 252p., 1979. (講談社+α文庫, 1993)
河合隼雄・樋口和彦・小川捷之編『ユング心理学―男性と女性:第2回ユング心理学・国際シンポジウム』新曜社, 208p., 1986.
河合隼雄・樋口和彦・小川捷之編『ユング心理学―東と西の出会い:第1回ユング心理学・国際シンポジウム』新曜社, 216p., 1984.
河合隼雄・吉福伸逸編『宇宙意識への接近:伝統と科学の融和』春秋社, 280p., 1986.
河野博臣『生と死の心理:ユングの心理学と心身症』創元社, 316p., 1977.
北山 修『見るなの禁止』岩崎学術出版社, 256p., 1993.
クラーク, J. J., 若山 浩訳『ユングを求めて:歴史的・哲学的探究』富士書店, 320p., 1994.
ケースメント, P., 矢崎直人訳『さらに患者から学ぶ:分析空間と分析過程』岩崎学術出版社, 264p., 1995.

さ行

ザイフェルト, T., 入江良平訳『おとぎ話にみる死と再生:「白雪姫」の深層』新曜社, 210p., 1989.
サミュエルズ, A., 村本詔司・村本邦子訳『ユングとポスト・ユンギアン』創元社, 520p., 1990.
サミュエルズ, A.編, 小川捷之監訳『父親:ユング心理学の視点から』紀伊國屋書店, 340p., 1987.

サミュエルズ, A.・ショーター, B.・プラウト, F., 山中康裕他監修『ユング心理学辞典』創元社, 207p., 1993.
シュワルツ-サラント, N., 織田尚生監訳『境界例と想像力：現代分析心理学の技法』金剛出版, 326p., 1997.
ジョンソン, R., 長田光展訳『現代人と愛：ユング心理学からみた「トリスタンとイゾルデ」物語』新水社, 278p., 1989.
シンガー, J., 藤瀬恭子訳『男女両性具有：性意識の新しい理論を求めて Ⅰ・Ⅱ』人文書院, 328p., 234p., 1981, 1982.
スティーヴンズ, A., 相馬寿明訳『自己実現の心理学：元型論入門』どうぶつ社, 354p., 1996.
スティーヴンズ, A., 鈴木　晶訳『ユング』（講談社選書メチエ）講談社, 252p., 1995.
スティーヴンズ, A., 佐山菫子訳『ユング：その生涯と心理学』新曜社, 432p., 1993.
ストー, A., 河合隼雄訳『ユング』（同時代ライブラリー）岩波書店, 230p., 1990.
スピーゲルマン, M., 目幸黙僊訳『仏教とユング心理学』春秋社, 336p., 1990.
関　計夫『コンプレックス：あなたの知らないあなた』金子書房, 256p., 1985.
セラノ, M., 小川捷之・永野藤夫訳『ヘルメティック・サークル：晩年のユングとヘッセ』みすず書房, 188p., 1985.

た行

タタール, M., 鈴木　晶他訳『グリム童話：その隠されたメッセージ』新曜社, 402p., 1990.
玉谷直實『女性の心の成熟』創元社, 240p., 1985.
ディークマン, H., 安溪真一訳『「おとぎ話」を生きる人たち：症例が語る心の深層』創元社, 260p., 1992.
ディークマン, H., 野村美紀子訳『魂の言葉としての夢：ユング心理学の夢分析』紀伊國屋書店, 272p., 1988.
ドゥアリィ, J.P., 久保田圭吾・河東　仁訳『ユングとティリッヒ』大明堂, 290p., 1985.

な行

ノイマン, E., 河合隼雄監修, 玉谷真實・井上博嗣訳『アモールとプシケー：女性の自己実現』紀伊國屋書店, 212p., 1973.
ノイマン, E., 林　道義訳『意識の起源史 上・下』紀伊國屋書店, 412p., 344p., 1984, 1985.
ノイマン, E., 福島　章・町沢静夫・大平　健・渡辺寛美・矢野昌史訳『グレート・マザー』ナツメ社, 580p., 1982.
ノイマン, E., 松代洋一・鎌田輝男訳『女性の深層』紀伊國屋書店, 210p., 1980.
ノイマン, E., 石渡隆司訳『深層心理学と新しい倫理』人文書院, 172p., 1987.
ノル, R., 月森左知訳『ユング・カルト』新評論, 600p., 1998.
ノル, R., 老松克博訳『ユングという名の〈神〉』新曜社, 576p., 1999.

は行

ハイジック, J., 縄縋康兵・渡辺　学訳『ユングの宗教心理学：神の像をめぐって』春秋社, 337p., 1985.
ハイド, M., マックギネス絵, 村本詔司訳『ユング』（知的常識シリーズ 1）心交社, 176p., 1994.
ハナー, B., 鳥山平三・後藤佳珠他訳『評伝　ユング：その生涯と業績 Ⅰ・Ⅱ』人文書院, 320p., 312p., 1987, 1987.
林　道義『無意識の人間学：ユング心理学の視点から』紀伊國屋書店, 248p., 1981.
林　道義『ユング』（人と思想シリーズ）清水書院, 224p., 1980.
林　道義『ユング心理学の応用』みすず書房, 269p., 1988.
林　道義編『ユング思想の真髄』朝日新聞社, 424p., 1998.
樋口和彦『「永遠の少年」元型／女神の元型』（山王クリニカル・シリーズ）山王出版, 76p., 1986.
樋口和彦『ユング心理学の世界』創元社, 320p., 1978.

フィールツ，H.K.，吉本千鶴子訳『ユング心理学と精神医学』ルガール社，290p.，1987．
フォーダム，F.，吉元清彦・福士久夫訳『ユング心理学入門』国文社，267p.，1974．
フランツ，G.，リース－タキ－サチコ・安島智子訳『花咲く木ぎれ／誕生の悲惨な秘密』（山王クリニカル・シリーズ）山王出版，70p.，1987．
フランツ，M-L. von，松代洋一・椎名恵子訳『永遠の少年：「星の王子さま」の深層』紀伊國屋書店，300p.，1982．
フランツ，M-L. von，後藤佳珠・鳥山平三訳『おとぎ話と個性化：鳥をめぐるモティーフ』人文書院，320p.，1990．
フランツ，M-L. von，氏原 寛訳『おとぎ話における悪』人文書院，264p.，1981．
フランツ，M-L. von，濱野恵一・治部眞里訳『偶然の一致の心理学：ユング心理学による占いと共時性の原理』（ニューパラダイム・シリーズ）たま出版，291p.，1990．
フランツ，M-L. von，富山太佳夫他訳『世界創造の神話』人文書院，352p.，1990．
フランツ，M-L. von，松沢洋一・高後美奈子訳『男性の誕生：「黄金のろば」の深層』紀伊國屋書店，312p.，1988．
フランツ，M-L. von，秋山さと子・野村美紀子訳『メルヘンと女性心理』海鳴社，245p.，1979．
フランツ，M-L. von，氏原 寛訳『夢と死：死の間際に見る夢の分析』人文書院，244p.，1987．
フランツ，M-L. von，高橋 巖訳『ユング：現代の神話』紀伊國屋書店，344p.，1978．
ベネット，E.A.，鈴木 晶・入江良平訳『ユングが本当に言ったこと』新思索社，310p.，1985．
ペレラ，S.B.，河東 仁・田口秀明訳『スケープゴート・コンプレックス：影と罪の神話学への試み』大明堂，230p.，1992．
ヘンダーソン，J.，河合隼雄・浪花 博訳『夢と神話の世界：通過儀礼の深層心理学的解明』（新装版）新泉社，320p.，1985．
ベンネット，E.A.，萩尾重樹訳『ユングの世界：こころの分析とその生涯』（新装版）川島書店，259p.，1994．
ホプケ，R.H.，入江良平訳『ユング心理学への招待：ユング全集ツアーガイド』青土社，278p.，1992．
ホーマンズ，P.，村本詔司訳『ユングと脱近代：心理学人間の誕生』人文書院，352p.，1986．
ホール，C.S.，岸田 秀訳『ユング心理学入門』清水弘文堂，210p.，1974．
ボーレン，J.S.，村本詔司・村本邦子訳『女はみんな女神』（ウイメンズブックス）新水社，400p.，1991．
ボーレン，J.S.，湯浅泰雄監訳，渡辺 学・阿内正弘・白濱好明訳『タオ心理学：ユングの共時性と自己性』春秋社，214p.，1987．

ま行

マイヤー，C.A.，河合隼雄監修，氏原 寛訳『個性化の過程：ユングの類型論よりみた人格論』（ユング心理学概説 4）創元社，272p.，1993．
マイヤー，C.A.，秋山さと子訳『ソウル・アンド・ボディ』法蔵館，260p.，1989．
マイヤー，C.A.，河合隼雄監修，河合俊雄訳『夢の意味』（ユング心理学概説 2）創元社，220p.，1989．
マレ，C-H.，小川真一訳『〈おとな〉の発見：続グリム・メルヘンの世界』みすず書房，267p.，1984．
マレ，C-H.，小川真一訳『首をはねろ！：メルヘンの中の暴力』（新装版）みすず書房，307p.，1998．
マレ，C-H.，小川真一訳『〈子供〉の発見：グリム・メルヘンの世界』みすず書房，288p.，1984．
三木アヤ『女性の心の謎：グレート・マザーと日本の母性』太陽出版，238p.，1981．
三木 博『ユング個性化思想の構造』福村出版，256p.，1995．
目幸黙僊『宗教とユング心理学：「個性化」について』（山王クリニカル・シリーズ）山王出版，92p.，1987．
ミンデル，A.，吉福伸逸編監訳『ユング心理学の新たな発展』（山王クリニカル・シリーズ）山王出版，72p.，1989．
村本詔司『ユングとゲーテ』人文書院，586p.，1992．
村本詔司『ユングとファウスト』人文書院，578p.，1993．
森 省二『アンデルセン童話の深層：作品と生いたちの分析』創元社，300p.，1988．
森 省二・氏原 寛編『名作童話の深層』創元社，320p.，1989．

や行

ヤコービ, J., 高橋義孝監修, 石田行仁訳『ユング心理学』日本教文社, 304p., 1973.
ヤッフェ, A., 氏原 寛訳『ユング:そのイメージとことば』誠信書房, 238p., 1995.
山里一晴『夢 心の映像化:ユング心理学と夢の構造』冬樹社, 224p., 1990.
山中康裕『絵本と童話のユング心理学』(朝日カルチャーブックス) 大阪書籍, 280p., 1986. (ちくま学芸文庫, 1997)
山中康裕・斎藤久美子編『臨床的知の探究:河合隼雄教授還暦記念論文集 上・下』創元社, 320p., 310p., 1988, 1988.
湯浅泰雄『共時性とは何か』(山王クリニカル・シリーズ) 山王出版, 82p., 1987.
湯浅泰雄『ユングとキリスト教』講談社, 400p., 1996.
湯浅泰雄『ユングと東洋 上・下』人文書院, 320p., 352p., 1989, 1989.
湯浅泰雄『ユングとヨーロッパ精神』人文書院, 304p., 1979.
ユング, C.G., 島津彬郎・松田誠思編訳『オカルトの心理学:生と死の謎』サイマル出版会, 288p., 1989a.
ユング, C.G., 林 道義訳『元型論:無意識の構造』紀伊國屋書店, 244p., 1982a.
ユング, C.G., 林 道義訳『個性化とマンダラ』みすず書房, 282p., 1991.
ユング, C.G., 氏原 寛監訳『子どもの夢 I・II』(ユング・コレクション 8・9) 人文書院, 470p., 370p., 1992, 1992.
ユング, C.G., 松代洋一・渡辺 学訳『自我と無意識』新思索社, 203p., 1984.
ユング, C.G., 野田 倬訳『自我と無意識の関係』人文書院, 216p., 1982b. (上記と同一原書)
ユング, C.G., 高尾浩幸訳『診断学的連想研究』(ユング・コレクション 7) 人文書院, 486p., 1993a.
ユング, C.G., 佐藤正樹他訳『心理学的類型 I・II』(ユング・コレクション 1・2) 人文書院, 368p., 1986, 1987a.
ユング, C.G., 村本詔司訳『心理学と宗教』(ユング・コレクション 3) 人文書院, 600p., 1989b.
ユング, C.G., 池田紘一・鎌田道生訳『心理学と錬金術 I・II』人文書院, 328p., 404p., 1976a, 1976b.
ユング, C.G., 林 道義編訳『心理療法論』みすず書房, 263p., 1989c.
ユング, C.G., 宇野昌人・岩堀капш司訳『心霊現象の心理と病理』法政大学出版局, 170p., 1981.
ユング, C.G., 林 道義訳『続 元型論』紀伊國屋書店, 244p., 1983a.
ユング, C.G., 松代洋一訳『空飛ぶ円盤』(エピステーメー叢書) 朝日出版社, 256p., 1976c. (ちくま学芸文庫, 1993c).
ユング, C.G., 林 道義訳『タイプ論』みすず書房, 656p., 1987b.
ユング, C.G., 林 道義・磯上恵子訳『転移の心理学』みすず書房, 316p., 1994.
ユング, C.G., 湯浅泰雄・黒木幹雄訳『東洋的瞑想の心理学』(ユング心理学選書 5) 創元社, 350p., 1983b.
ユング, C.G., 河合隼雄訳『人間と象徴:無意識の世界 上・下』河出書房新社, 256p., 304p., 1975a, 1975b.
ユング, C.G., 榎木真吉訳『パラケルスス論』みすず書房, 242p., 1992.
ユング, C.G., 小川捷之訳『分析心理学』みすず書房, 318p., 1976d.
ユング, C.G., 安田一郎訳『分裂病の心理』(新版) 青土社, 309p., 1995.
ユング, C.G., 野村美紀子訳『変容の象徴 上・下』(ちくま学芸文庫) 筑摩書房, 532p., 400p., 1992, 1992.
ユング, C.G., 高橋義孝訳『無意識の心理:人生の午後三時』人文書院, 200p., 1977.
ユング, C.G., ヤッフェ, A.編, 河合隼雄・藤縄 昭・出井淑子訳『ユング自伝 1・2』みすず書房, 290p., 284p., 1972, 1973.
ユング, C.G., 秋山さと子編, 野村美紀子訳『ユングの象徴論』新思索社, 290p., 1981.
ユング, C.G., 秋山さと子編, 野村美紀子他訳『ユングの人間論』新思索社, 272p., 1980.
ユング, C.G., 松代洋一編訳『ユングの文明論』新思索社, 254p., 1979.
ユング, C.G., 林 道義訳『ヨブへの答え』みすず書房, 200p., 1988.
ユング, C.G, 林 道義訳『連想実験』みすず書房, 264p., 1993b.

D 分析心理学・ユングに関する本

ユング，C.G.・ヴィルヘルム，R.，湯浅泰雄・定方昭夫訳『黄金の華の秘密』人文書院，338p.，1980.
ユング，C.G.・パウリ，W.，河合隼雄・村上陽一郎訳『自然現象と心の構造：非因果的連関の原理』海鳴社，270p.，1976.
ユング，C.G.・フランツ，M-L. von，野田倬訳『アイオーン』（ユング・コレクション 4）人文書院，552p.，1990.
ユング，E.，笠原嘉・吉本千鶴子訳『内なる異性：アニムスとアニマ』海鳴社，141p.，1976.
ユング心理学資料集刊行委員会編『ユング心理学資料集 1990年度版』山王出版，180p.，1990.

ら行

リース，G.，渡辺学訳『火の夢：元素的な変容の力について』（シリーズ・夢のみちしるべ）春秋社，199p.，1992.
ロリンズ，W.G.，野村美紀子訳『ユングと聖書』教文館，270p.，1986.

わ行

渡辺学『ユング心理学と宗教』第三文明社，256p.，1994.

E 人間理解に関する本(教育心理・発達心理を含む)

あ行

アイザクソン,R.L.他,平井 久・山崎勝男・山中祥男・小嶋祥三訳『生理心理学入門』誠信書房,350p.,1973.
アイゼンク,H.J.,清水義治他監訳『たばこ・ストレス・性格のどれが健康を害するか:癌と心臓病の有効な予防法を探る』星和書店,232p.,1993.
アイゼンク,H.J.,大原健士郎監訳『知能の構造と測定』星和書店,384p.,1981.
アイゼンク,H.J.他,岩脇三良訳『性・暴力・メディア:マスコミの影響力についての真実』新曜社,368p.,1982.
アイゼンク,H.J.・ウィルソン,G.D.,塩見邦雄訳『社会態度:パーソナリティとイデオロギィ』ナカニシヤ出版,130p.,1981.
相場 均『うその心理学』(講談社現代新書)講談社,223p.,1965.
青木やよひ編『母性とは何か:新しい知と科学の視点から』金子書房,264p.,1986.
青柳 肇・瀧本孝雄・杉山憲司・矢澤圭介編『トピックス こころのサイエンス』福村出版,192p.,1989.
アーガイル,M.,・ヘンダーソン,M.,吉森 護訳『人間関係のルールとスキル』北大路書房,392p.,1992.
東江平之・前原武子編『教育心理学:コンピテンスを育てる』福村出版,240p.,1989.
穐山貞登『気だてのよさ:個性の心理学』(やさしい心理学)教育出版,188p.,1986.
浅井 潔編『人間理解のための心理学』日本文化科学社,158p.,1995.
アサジョーリ,R.,国谷誠朗・平松園枝訳『意志のはたらき』(サイコシンセシス叢書 1)誠信書房,332p.,1989.
浅野八郎『絵でわかる心理学:不可思議な心の秘密を探り出す』日本実業出版社,272p.,1989.
浅野八郎『目の前の相手の心理を見ぬく法』日本実業出版社,232p.,1983.
朝日新聞社科学部編『心のプリズム』朝日新聞社,318p.,1972.
アージル,M.,辻 正三・中村陽吉訳『対人行動の心理』誠信書房,316p.,1972.
東 清和『性差の社会心理:つくられる男女差』大日本図書,79p.,1979.
東 清和・小倉千加子『性役割の心理』(現代心理学ブックス)大日本図書,200p.,1987.
東 洋他編『心理学の基礎知識:補習と復習のために』(有斐閣ブックス)有斐閣,490p.,1970.
足達淑子『99%成功するダイエット』法研,208p.,1995.
アーチャー,D.,工藤 力・市村英次訳『ボディ・ランゲージ解読法』誠信書房,254p.,1988.
安倍北夫『災害心理学序説:生と死をわけるもの』(心理学叢書)サイエンス社,256p.,1982.
阿倍淳吉『犯罪の社会心理学』新曜社,288p.,1978.
新井康允『男と女の脳をさぐる』東京図書,208p.,1986.
荒木紀幸編『生きることへの心理学』ナカニシヤ出版,278p.,1993.
荒木紀幸編『わたしがわかるあなたがわかる心理学』ナカニシヤ出版,254p.,1987.
荒木冨士夫編,鈴木道子・山川哲也『コンサルテーション・リエゾンの実際』岩崎学術出版社,384p.,1992.
蘭 千尋・外山みどり『帰属過程の心理学』ナカニシヤ出版,230p.,1991.
アリエティ,S.,加藤正明・清水博之訳『創造力:原初からの統合』新曜社,416p.,1980.
アリエティ,S.・アリエティ,J.A.,平井富雄・横山和子訳『求められる愛』誠信書房,256p.,1979.
有地 亨『離婚』(有斐閣選書)有斐閣,265p.,1987.
アルヴァレズ,A.,高見安規子訳『離婚の研究』晶文社,393p.,1989.
アレン,R.M.,日比裕泰訳『パーソナリティ:理論と検査』岩崎学術出版社,116p.,1972.
アンガス,B.,江上 茂訳『ネコとあなたの心理学』汐文社,213p.,1992.
安溪真一・矢吹省二『日本的父性の発見:母性社会論をこえて』有斐閣,234p.,1989.
アンジュー,D.,福田素子訳『皮膚─自我』言叢社,432p.,1993.

E 人間理解に関する本

アンダーソン，J.R., 富田達彦・増井　透・川崎恵理子・岸　学訳『認知心理学概論』誠信書房，564p.，1982.
アンデルセン，K., 渡辺　学訳『水の夢：心のダイナミズムについて』(シリーズ・夢の道しるべ) 春秋社，184p.，1992.
安藤清志『見せる自分・見せない自分：自己呈示の社会心理学』(セレクション社会心理学　1) サイエンス社，320p.，1994.
安藤公平・妻倉昌太郎・大村政男・山岡　淳『こころの科学』駿河台出版社，368p.，1975.
安東末廣・佐伯榮三編『人間関係を学ぶ：本質・トレーニング・援助』ナカニシヤ出版，196p.，1995.
安藤延男編『人間関係入門：いきいきした人生のために』ナカニシヤ出版，272p.，1988.
安藤瑞夫編『産業心理学』(有斐閣双書) 有斐閣，266p.，1986.
アンドレアス，S.・アンドレアス，C., 酒井一夫訳『心の扉を開く：神経言語プログラミング実践事例集』東京図書，256p.，1995.
アンドレアッシ，J.L., 辻　敬一郎他訳『心理生理学：人の行動と生理的反応』ナカニシヤ出版，444p.，1985.
池田勝徳『疎外論へのアプローチ：その系譜と文献』ミネルヴァ書房，330p.，1991.
池田　央『テストの科学：試験にかかわるすべての人に』日本文化科学社，240p.，1992.
池田行伸『教養としての心理学：心のハードとソフト』ナカニシヤ出版，204p.，1986.
石川弘義『ふれあい：愛のコミュニケーション』平凡社，334p.，1982.
石田春夫『「ふり」の自己分析：他者と根源自己』(講談社現代新書) 講談社，190p.，1989.
石原岩太郎『意味と記号の世界：人間理解をめざす心理学』誠信書房，316p.，1982.
石原邦雄編『家族生活とストレス』(講座・生活ストレスを考える) 垣内出版，420p.，1985.
石原邦雄・坂本　弘・山本和郎・安藤延男編『生活ストレスとは何か』(講座・生活ストレスを考える) 垣内出版，320p.，1985.
異常行動研究会編，岩本隆茂編集代表『オペラント行動の基礎と臨床』川島書店，362p.，1985.
和泉育子『性格タイプの色模様』春秋社，224p.，1991.
磯貝芳郎『上手な自己表現：豊かな人間関係を育むために』(有斐閣選書) 有斐閣，228p.，1992.
磯貝芳郎・福島脩美『自己抑制と自己実現：がまんの心理学』(講談社現代新書) 講談社，211p.，1987.
板倉昭二編『こころのしくみ：現代教養心理学』学術図書出版社，224p.，1992.
市村　潤『ヒトの行動科学』ナカニシヤ出版，206p.，1992.
伊藤正男編『脳と認識』(平凡社選書) 平凡社，328p.，1982.
稲越孝雄編『「わかりあい」の科学：行動科学の基礎』福村出版，256p.，1986.
稲葉　稔『疎外の問題』創文社，316p.，1977.
井上忠司『まなざしの人間関係：視線の作法』(講談社現代新書) 講談社，184p.，1982.
今栄国晴編著『教育の情報化と認知科学：教育の方法と技術の革新』福村出版，256p.，1992.
イリイチ，I., 玉野井芳郎訳『ジェンダー：女と男の世界』(岩波現代選書) 岩波書店，429p.，1985.
岩井　寛『〈立場〉の狂いと世代の病』春秋社，304p.，1984.
岩井　寛『人はなぜ悩むのか』(講談社現代新書) 講談社，230p.，1987.
岩田寿美男・無藤　隆・岩田純一・松沢哲郎編『発達論の現在』(別冊『発達』10) ミネルヴァ書房，302p.，1990.
ヴァイツゼッカー，C.F.von, 木村　敏・浜中淑彦訳『ゲシュタルトクライス』みすず書房，398p.，1974.
ヴァン・デン・ベルク，J.H., 立教大学早坂研究室編訳『現象学の発見』勁草書房，220p.，1988.
ヴァン・デン・ベルク，J.H., 早坂泰次郎訳『現象学への招待』川島書店，240p.，1982.
ヴィノキュアー，S., 佐久間　徹・久野能弘訳『スキナーの言語行動理論入門』ナカニシヤ出版，213p.，1984.
ウィリアムズ，D.L., 鈴木研二・堀　裕子訳『境界を越えて：シャーマニズムの心理学』創元社，296p.，1995.
ウィルソン，C., 由良君美・四方田犬彦訳『至高体験』河出書房新社，336p.，1979.
ウィルソン，C., 大竹　勝訳『性の衝動：新実在主義への道』竹内書店，282p.，1964.
ウィルソン，J., 相場寿明訳『無意識の構造：脳と心の生物学』(自然誌選書) どうぶつ社，320p.，1987.
ウィルバー，K., 吉福伸逸・菅　靖彦訳『アートマン・プロジェクト』(トランスパーソナル心理学) 春秋社，448p.，1986.
ウィルバー，K., 吉福伸逸・菅　靖彦訳『意識のスペクトル：意識の進化　1・2』(トランスパーソナル心理学)

E 人間理解に関する本

春秋社, 360p., 360p., 1985, 1985.
ウィルバー, K. 編, 井上　忠他訳『空像としての世界』青土社, 544p., 1984.
ウェイク, K. E., 金児暁嗣訳『組織化の心理学』(現代社会心理学の動向 6) 誠信書房, 240p., 1980.
ウェイド, N., 近藤倫明訳『ビジュアル・アリュージョン：知覚における絵画の意味』ナカニシヤ出版, 292p., 1991.
ウェグナー, D.・ヴァレカー, R., 倉智佐一監訳『暗黙の心理：何が人をそうさせるのか』創元社, 396p., 1988.
上田宣子『異国体験と日本人：比較文化精神医学から』創元社, 230p., 1982.
上田吉一『自己表現の心理』誠信書房, 236p., 1976.
上田吉一『動機と人間性』誠信書房, 254p., 1983.
上田吉一『人間の完成：マスロー心理学研究』誠信書房, 324p., 1988.
上田吉一・塩見邦雄編『最高人格への道』川島書店, 236p., 1991.
ウェルナー, H.・カプラン, B., 柿崎祐一監訳『シンボルの形成』ミネルヴァ書房, 576p., 1974.
ウォルシュ, R. N.・ヴォーン, F. E. 編, 吉福伸逸訳編『トランスパーソナル宣言：自我を越えて』(トランスパーソナル心理学) 春秋社, 396p., 1986.
ウォールマン, B. B. 編, 杉原一昭監訳『知能心理学ハンドブック』(第3編) 田研出版, 360p., 1995.
宇治芳雄『洗脳の時代』(同時代叢書) 汐文社, 247p., 1987.
氏原　寛・並河信子・浪花　博編『心理学：こころの表と裏を探る』学術図書出版社, 252p., 1981.
氏原　寛・東山紘久・川上範夫編『中年期のこころ：その心理的危機を考える』培風館, 240p., 1992.
氏原　寛・山中康裕編『老年期のこころ：男の本音・女の真実』ミネルヴァ書房, 320p., 1990.
ウスラー, D. V., 谷　徹訳『世界としての夢：夢の存在論と現象学』(叢書・ウニベルシタス) 法政大学出版局, 566p., 1990.
内山喜久雄・筒井未春・上里一郎監修, 大西　守編『カルチャーショック』(メンタルヘルス・シリーズ) 同朋舎出版, 258p., 1988.
内山喜久雄・野田正彰編『コンピュータリズム』(メンタルヘルス・シリーズ) 同朋舎出版, 242p., 1990.
宇津木　保『ことわざの心理学』ブレーン出版, 294p., 1984.
ウッドマン, M., 桑原知子・山口素子訳『女性性の再発見：肥満とやせ症を通して』創元社, 250p., 1987.
梅津耕作・大久保康彦・大島貞夫・袴田　明『教育心理学入門』サイエンス社, 250p., 1989.
梅本尭夫『音楽心理学』誠信書房, 612p., 1966.
梅本尭夫・大山　正編著『心理学への招待：こころの科学を知る』(新心理学ライブラリ 1) サイエンス社, 288p., 1992.
浦　光博『支えあう人と人：ソーシャル・サポートの社会心理学』(セレクション社会心理学 8) サイエンス社, 144p., 1992.
ウルフ, T. H., 宇津木　保訳『ビネの生涯：知能検査のはじまり』誠信書房, 434p., 1979.
ウルフ, W. B., 周郷　博訳『どうしたら幸福になれるか　上・下』岩波書店, 222p., 237p., 1960a, 1960b.
エー, H., 大橋博司訳『意識 1・2』みすず書房, 276p., 270p., 1969, 1971.
エヴァンズ, R. I., 宇津木保・青木孝悦・青木邦子訳『オルポートとの対話』誠信書房, 228p., 1974.
エクマン, P.・フリーセン, W. V., 工藤　力訳編『表情分析入門』誠信書房, 286p., 1987.
エックルス, J.・ロビンソン, D., 大村裕他訳　『こころは脳を超える：人間存在の不思議』紀伊國屋書店, 272p., 1989.
NIP研究会『新しい産業心理：21世紀のライフ・スタイルを求めて』福村出版, 272p., 1990.
MPI研究会編『新・性格検査法』誠信書房, 268p., 1969.
エリアーデ, M., 風間敏夫訳『聖と俗：宗教的なるものの本質について』(叢書・ウニベルシタス) 法政大学出版局, 286p., 1969.
遠藤汪吉『ことばの心理学』ナカニシヤ出版, 231p., 1983.
遠藤辰雄・井上祥治・蘭　千尋編『セルフ・エスティームの心理学：自己価値の探求』ナカニシヤ出版, 286p., 1992.
太田信夫・多鹿秀継編『認知心理学：理論とデータ』誠信書房, 238p., 1991.

太田　龍『性の革命』現代書館, 238p., 1982.
大多和二郎, 河野良和監修『自分を活かす心理学的方法』(感情モニタリング双書　1)河野心理教育研究所, 178p., 1989.
大段智亮『人間関係：かかわりと対話能力の活性化』川島書店, 226p., 1978.
大塚久雄・川島武宜・土居健郎『「甘え」と社会科学』弘文堂, 270p., 1976.
大塚義孝『迷説・妄言・沈思：わが心理臨床の轍から』至文堂, 284p., 1991.
大西　守編『カルチャーショック』(メンタルヘルス・シリーズ) 同朋舎出版, 258p., 1988.
大貫敬一・佐々木正宏編『パーソナリティーの心理学』福村出版, 224p., 1987.
大野木裕明『テストの心理学』ナカニシヤ出版, 192p., 1994.
大羽　蓁『現代機能主義知覚論』ナカニシヤ出版, 132p., 1988.
大橋博司・濱中淑彦編『Broca 中枢の謎：言語機能局在をめぐる失語研究の軌跡』金剛出版, 192p., 1985.
大橋正夫・長田雅喜編『対人関係の心理学』(有斐閣大学双書) 有斐閣, 412p., 1987.
大橋正夫・佐々木薫編『社会心理学を学ぶ』(有斐閣選書) 有斐閣, 318p., 1989.
大原健士郎『夢の不思議がわかる本』(知的生きかた文庫) 三笠書房, 253p., 1992.
大淵憲一『人を傷つける心：攻撃性の社会心理学』(セレクション社会心理学　9) サイエンス社, 376p., 1993.
大宮録郎『離婚』(現代心理学ブックス) 大日本図書, 202p., 1987.
大村政男『血液型と性格』福村出版, 256p., 1990.
岡　宏子・小倉　清・上出弘之・福田垂穂編『家族と社会』(親子関係の理論　2) 岩崎学術出版社, 208p., 1985.
岡　宏子・小倉　清・上出弘之・福田垂穂編『成立と発達』(親子関係の理論　1) 岩崎学術出版社, 184p., 1984.
岡　宏子・小倉　清・上出弘之・福田垂穂編『病理と治療』(親子関係の理論　3) 岩崎学術出版社, 240p., 1985.
岡堂哲雄『家族心理学講義』金子書房, 302p., 1991.
岡堂哲雄『心理学：ヒューマンサイエンス』金子書房, 236p., 1985.
岡堂哲雄編『家族関係の発達と危機』(メンタルヘルス・シリーズ) 同朋舎出版, 316p., 1989.
岡堂哲雄編『家族心理学入門』培風館, 272p., 1992.
岡堂哲雄編『中高年の心理と健康：21世紀の高齢者に幸福な環境とは』(揺らぐ家族と心の健康シリーズ　III) 至文堂, 216p., 1994.
岡堂哲雄編『つれあいの心理と幸福：21世紀の夫婦の関係を展望する』(揺らぐ家族と心の健康シリーズ　I) 至文堂, 200p., 1994.
岡野恒也・平澤尚孝編『教育心理論』(University Text Book) 酒井書店育英堂, 210p., 1995.
岡野美年子『もう一人のわからんちん：心理学者わが子とチンパンジーを育てる』(新版) ブレーン出版, 306p., 1979.
岡部守也『トランスパーソナル心理学』青土社, 262p., 1989.
岡部弥太郎・沢田慶輔編『教育心理学』(新版) 東京大学出版会, 290p., 1965.
岡本浩一『痩せたい気持ちの心理学：メンタル・ダイエットのすすめ』日本文化科学社, 200p., 1990.
岡本正善『ここ一番に強くなるメンタルトレーニング：潜在能力を全開させる本』法研, 222p., 1996.
岡本祐子『成人期における自我同一性の発達過程とその要因に関する研究』風間書房, 334p., 1994.
岡本祐子・松下美知子編『女性のためのライフサイクル心理学』福村出版, 248p., 1994.
小川捷之『性格分析』(講談社現代新書) 講談社, 240p., 1985.
小川捷之『夢分析：深層の読み方』朝日出版社, 260p., 1982.
小川捷之・椎名　健編著『心の世界が見えてくる』(心理学パッケージ Part 4) ブレーン出版, 220p., 1984a.
小川捷之・椎名　健編著『心の世界の検索する』(心理学パッケージ Part 3) ブレーン出版, 221p., 1984b.
小川捷之・椎名　健編著『心の世界の扉を開く』(心理学パッケージ Part 2) ブレーン出版, 221p., 1983.
小川捷之・椎名　健編著『心の世界を拡大する』(心理学パッケージ Part 6) ブレーン出版, 212p., 1989.
小川捷之・椎名　健編著『心の世界を解きあかす』(心理学パッケージ Part 5) ブレーン出版, 220p., 1984c.
小川捷之・椎名　健編著『不思議な世界・心の世界』(心理学パッケージ Part 1) ブレーン出版, 239p., 1982.
荻野恒一・星野　命編『カルチュア・ショックと日本人：異文化対応の時代を生きる』有斐閣, 251p., 1983.
小此木啓吾『一・五の時代』(ちくまライブラリー) 筑摩書房, 188p., 1987.

E　人間理解に関する本

小此木啓吾『エロス的人間論』(講談社現代新書) 講談社, 330p., 1970.
小此木啓吾『シゾイド人間：内なる母子関係をさぐる』(講談社文庫) 講談社, 292p., 1984.
小此木啓吾『対象喪失：悲しむということ』(中公新書) 中央公論社, 343p., 1979.
小此木啓吾『モラトリアム人間の時代』(中公文庫) 中央公論社, 343p., 1978b.
長田雅喜編『家族関係の社会心理学』福村出版, 244p., 1987.
押見輝男『自分を見つめる自分：自己フォーカスの社会心理学』(セレクション社会心理学 2) サイエンス社, 168p., 1992.
オズワイド, I., 安田一郎訳『睡眠と夢』誠信書房, 246p., 1984.
落合良行『孤独な心：孤独感の心理学』(セレクション社会心理学 11) サイエンス社, 175p., 1999.
小山田義文『夢・狂気・神話：創造力の根としての』中央大学出版部, 280p., 1988.
オリアリー, P.H.・ビーシング, M.・ノコゼック, R.J., 堀口委希子・鈴木秀子訳『エニアグラム入門：性格の9タイプとその改善』春秋社, 284p., 1987.
オルポート, G.W., 今田　恵監訳『人格心理学　上・下』誠信書房, 414p., 384p., 1968a, 1968b.
オルポート, G.W., 星野　命・原　一雄訳『人格と社会との出会い』誠信書房, 518p., 1972.
オルポート, G.W., 依田　新・星野　命訳『心理学における人間』培風館, 352p., 1977.
オルポート, G.W., 詫摩武俊・青木孝悦・近藤由紀子・堀　正訳『パーソナリティ：心理学的解釈』新曜社, 506p., 1982.
オルンスタイン, R.E., 本田時雄訳『時間体験の心理』岩崎学術出版社, 132p., 1975.

か行

カイザー, T.W.・カイザー, J.L., マインド・コントロール問題研究会訳『あやつられる心：破壊的カルトのマインド・コントロール戦略』福村出版, 272p., 1995.
カイヨワ, R., 清水幾太郎・霧生和夫訳『遊びと人間』岩波書店, 300p., 1970. (多田道太郎・塚崎幹夫訳, 講談社学術文庫, 1990)
カイヨワ, R., 他編, 三好郁郎他訳『夢と人間社会　上・下』(叢書・ウニベルシタス) 法政大学出版局, 344p., 324p., 1978, 1985.
カイヨワ, R., 金井　裕訳『夢の現象学』思潮社, 140p., 1986.
カイリー, D., 深沢道子監訳, 岡　達子訳『結婚していてもなお孤独：LTL症候群の女たち』社会思想社, 264p., 1990.
懸田克躬『眠りと夢』(岩波新書) 岩波書店, 182p., 1957.
ガーゲン, K.J., 清水　徇訳『社会交換の心理学』誠信書房, 198p., 1977.
梶田叡一『生き方の心理学』(有斐閣選書) 有斐閣, 226p., 1990.
梶田叡一『生き方の人間教育を：自己実現の力を育む』金子書房, 260p., 1993.
梶田叡一『自己意識の心理学』(第2版) (UP選書) 東京大学出版会, 250p., 1980.
梶田叡一『たくましい人間教育を：真の自己教育力を育てる』金子書房, 228p., 1986.
梶田叡一『内面性の人間教育を：真の自立を育む』金子書房, 220p., 1989.
梶田叡一編『自己意識の発達心理学』金子書房, 312p., 1989.
梶田叡一編著『教育心理学への招待』ミネルヴァ書房, 248p., 1995.
梶田正巳『授業を支える学習指導論：PLATT』金子書房, 214p., 1986.
柏木恵子編著『父親の発達心理学』川島書店, 426p., 1993.
柏木恵子他『性格の発達と形成』(パッケージ・性格の心理 1) ブレーン出版, 252p., 1985.
柏木恵子・高橋恵子編著『発達心理学とフェミニズム』ミネルヴァ書房, 290p., 1995.
カスタニエダ, J.・長島　正編『ライフサイクルと人間の意識』金子書房, 320p., 1989.
片口安史『性格のはなし』誠信書房, 268p., 1969.
桂　広介『心理学入門』金子書房, 231p., 1957.
桂　戴作『自分発見テスト：エゴグラム診断法』(講談社文庫) 講談社, 200p., 1986.

E 人間理解に関する本

加藤諦三『愛される「自分」の確信：心と心の結びつきに大切なこと』（加藤諦三エッセンス 4）大和出版，232p., 1992.
加藤諦三『「愛する能力」と「楽しむ能力」：人を思いやる心，自分をいたわる心』大和出版，224p., 1991.
加藤諦三『「甘え」の心理：会いに出会う時，愛を失う時』大和出版，232p., 1986.（PHP 文庫，1994）
加藤諦三『いい「人間関係」の獲得：嫌われるのを恐れるより好きになる』（加藤諦三エッセンス 2）大和出版，232p., 1992.
加藤諦三『「思いやり」の心理：自分が大きくなる人間関係の方法』大和出版，240p., 1985.（PHP 文庫，1993）
加藤諦三『価値ある「生きがい」の探求：生き苦しさはどこからくるのか』（加藤諦三エッセンス 1）大和出版，232p., 1992.
加藤諦三『行動してみることで人生は開ける：まず，できることから，やってみる』大和出版，208p., 1993.
加藤諦三『「こだわり」の心理：自分の障害となる人，自分の救いになる人』大和出版，240p., 1987.（PHP 文庫，1995）
加藤諦三『「自分づくり」の法則：他人に"心"を支配されるな』大和出版，240p., 1984.（PHP 文庫，1995）
加藤諦三『素直な「自己尊敬」の英知：他人との比較にとらわれない』（加藤諦三エッセンス 3）大和出版，224p., 1992.
加藤諦三『「不機嫌」になる心理：生きることが楽しくなる"心"の持ち方』大和出版，224p., 1990.
加藤諦三『柔らかい「人間」としての成熟：自分を偽って生きてはいけない』（加藤諦三エッセンス 5）大和出版，224p., 1992.
加藤諦三ほか『劣等感と自我：悩むからこそ"自分"が生まれてくる』大和出版，240p., 1976.
加藤豊比古編『人間行動の基礎と諸問題：ヒトはどのように生きていくのか』福村出版，288p., 1992.
加藤義明・塚田紘一編著『図説　教育心理学入門』建帛社，256p., 1987.
カートライト，D.・ザンダー，A.，三隅二不二・佐々木　薫訳編『グループ・ダイナミックス Ⅰ・Ⅱ』誠信書房，424p., 602p., 1969, 1970.
金澤忠博・佐藤浩一・清水　聡・武田庄平他『こころをさぐる9つの扉』学術図書出版社，196p., 1994.
金沢吉展『異文化とつき合うための心理学』誠信書房，220p., 1992.
金盛浦子『ありのままの自分を愛してあげよう：だいじょうぶ，我慢しなくてもうまくいく』大和出版，224p., 1995.
ガニェ，R.M.，北尾倫彦訳『教授のための学習心理学』（ライブラリ教育の心理学 2）サイエンス社，208p., 1982.
金子　勇・松本　洸編『クオリティ・オブ・ライフ』福村出版，216p., 1986.
狩野素朗『個と集団の社会心理学』ナカニシヤ出版，232p., 1985.
ガーフィールド，P.L.，花野秀男訳『夢クリニック：夢を実生活に活用する』白揚社，250p., 1984.
神谷美恵子『生きがいについて』みすず書房，276p., 1966（神谷美恵子著作集1，1980）．
神谷美恵子『こころの旅』日本評論社，236p., 1974（みすず書房，神谷美恵子著作集3，1982）．
神谷育司・梶田正巳・杉江修治編『テキスト　教育心理学』福村出版，224p., 1985.
亀口憲治『家族システムの心理学：〈境界膜〉の視点から家族を理解する』北大路書房，190p., 1992.
茅野良男『実存主義入門：新しい生き方を求めて』（講談社現代新書）講談社，264p., 1968.
ガラルダ，J.『自己愛とエゴイズム』（講談社現代新書）講談社，232p., 1989.
河合隼雄『新しい教育と文化の探求：カウンセラーの提言』創元社，290p., 1978.
河合隼雄『大人になることのむずかしさ：青年期の問題』（子どもと教育を考える 2）岩波書店，221p., 1983.
河合隼雄『家族関係を考える』（講談社現代新書）講談社，188p., 1970.
河合隼雄『こころの処方箋』新潮社，231p., 1992.
河合隼雄『対話する人間』潮出版社，357p., 1992.
河合隼雄『中年クライシス』朝日新聞社，220p., 1993a.
河合隼雄『物語と人間の科学：講演集』岩波書店，274p., 1993b.
河合隼雄講演『河合隼雄講演　現代人と心の問題』（岩波カセット）岩波書店，82分，1992.
河合隼雄他談『河合隼雄　その多様な世界：講演とシンポジウム』岩波書店，250p., 1992.

河合隼雄・吉福伸逸編『宇宙意識への接近：伝統と科学の融和』（トランスパーソナル心理学）春秋社，280p.，1986．
川田三夫『意識の心理学』績文堂，166p.，1983．
川床靖子・大山俊男編著『教育心理学入門』八千代出版，194p.，1987．
神田橋條治『発想の航跡』（神田橋條治著作集）岩崎学術出版社，528p.，1988．
菊池章夫『思いやりを科学する』川島書店，212p.，1988．
岸　良範・若山隆良編著『人間理解の心理学』八千代出版，254p.，1991．
岸田元美・細田和雅編『教育心理学』ナカニシヤ出版，258p.，1985．
キースラー，C. A.・キースラー，S. B.，早川昌範訳『同調行動の心理学』（現代社会心理学の動向 3）誠信書房，236p.，1978．
北尾倫彦『意欲と理解力を育てる』（ラポール双書）金子書房，214p.，1984．
北尾倫彦他『発達・学習・教育：新しい教育心理学』福村出版，176p.，1993．
北尾倫彦編『自己教育の心理学』（有斐閣選書）有斐閣，244p.，1994．
北尾倫彦・杉村　健・山内弘継・梶田正巳『教育心理学』（新版）（有斐閣選書）有斐閣，258p.，1991．
北尾倫彦・速水敏彦『わかる授業の心理学：教育心理学入門』（有斐閣選書）有斐閣，274p.，1986．
北川隆吉編『疎外の社会学』（現代社会学講座）有斐閣，250p.，1963．
北村晴朗『希望の心理：自分を生かす』（ラポール双書）金子書房，258p.，1993．
北村晴朗『自我の心理』（新版）川島書店，384p.，1991．
北村晴朗『心像表象の心理』誠信書房，270p.，1982．
北山　修『心の消化と排出：文字通りの体験が比喩になる過程』創元社，230p.，1988．
北山　修『言葉の橋渡し機能』（北山修著作集・日本語臨床の深層 2）岩崎学術出版社，208p.，1993．
北山　修『自分と居場所』（北山修著作集・日本語臨床の深層 3）岩崎学術出版社，208p.，1993．
北山　修『人形は語らない：出合いの不在・不在の出合い』（叢書プシケ）朝日出版社，270p.，1983．
北山　修『見るなの禁止』（北山修著作集・日本語臨床の深層 1）岩崎学術出版社，256p.，1993．
木下　清『結婚モラトリアム：結婚をめぐる現代女性の悩み』創元社，246p.，1983．
木下冨雄監修『現代かしこさ考』（別冊『発達』2）ミネルヴァ書房，196p.，1984．
木村忠雄・瀬島順一郎・東福寺一郎他『人間行動の心理』福村出版，228p.，1986．
キャッテル，R. B.，斎藤耕二・安塚俊行・米田弘枝訳『パーソナリティの心理学：パーソナリティの理論と科学的研究』（改訂版）金子書房，404p.，1981．
キャノン，W. B.，舘　鄰・舘　澄江訳『からだの知恵：この不思議なはたらき』（講談社学術文庫）講談社，354p.，1981．
キャンベル，J.，鈴木　晶・入江良平訳『宇宙意識：神話的アプローチ』人文書院，238p.，1991．
キューブラー＝ロス，E. 文，ワルショウ，M. 写真，霜山徳爾・沼野元義訳『生命ある限り：生と死のドキュメント』産業図書，180p.，1982．
教育行動研究会編『要説教育心理学』ナカニシヤ出版，222p.，1986．
教育心理編集委員会編『教師に役立つ教育・心理学の基礎知識』（『教育心理』別冊 2）日本文化科学社，192p.，1989．
教育心理編集委員会編『勉強が好きになる本』（『教育心理』別冊 1）日本文化科学社，192p.，1982．
教師養成研究会教育心理学部会編著『新教育心理学』学芸図書，200p.，1981．
久世敏雄『変貌する社会と青年の心理』福村出版，288p.，1990．
久世敏雄編『教育の心理』名古屋大学出版会，304p.，1988．
久世敏雄・梶田正巳『教育の心理を探る』（Introduction to Psychology 2）福村出版，180p.，1991．
グーチ，S.，川澄英男訳『悪魔：内部空間からの来訪者』未来社，342p.，1989．
グッドジョンソン，G.，庭山英雄他訳『取調べ・自白・証言の心理学』酒井書店，500p.，1994．
久保松喜信『教育心理学提要』（総合科学シリーズ）日新出版，166p.，1982．
久保松喜信『人権教育ノート』（総合科学シリーズ）日新出版，94p.，1993．
久米　博『夢の解釈学』北斗出版，214p.，1982．

E 人間理解に関する本

クラウスニッツァー, J.E., 山崎紀美子訳『IQ 自己診断』東京図書, 136p., 1982.
倉地暁美『対話からの異文化理解』勁草書房, 270p., 1992.
倉持　弘『変身願望：人間の仮面と素顔』創元社, 230p., 1989.
クリスタル, L., 池上千寿子訳『生きやすくする心理学入門』鎌倉書房, 122p., 1983.
クリューガー, D., 早坂泰次郎訳『変貌する人間：現象学的研究』勁草書房, 142p., 1991.
グリンダー, J.・バンドラー, R., 尾川丈一訳『人間コミュニケーションの意味論 2』ナカニシヤ出版, 233p., 1999.
グールディング, M.M.・グールディング, R.L., 深沢道子・木村　泉訳『心配性をやめる本』日本評論社, 336p., 1995.
グレイザー, R., 吉田　甫訳『適合的教育：個に応じた教育』(ライブラリ教育の心理学 4) サイエンス社, 224p., 1983.
黒川昭登『看護の人間関係：リーダーシップと自己管理』誠信書房, 178p., 1983.
黒田輝政編, 瀬戸内寂聴・柏木哲夫・道子・樋口和彦・増田英昭・谷　嘉代子『いのちを見つめて生きる』(シリーズ生と死を考える 2) ミネルヴァ書房, 308p., 1989.
黒田輝政編『自分を支え人を支える』(シリーズ生と死を考える 3) ミネルヴァ書房, 296p., 1992.
黒田正典『書の心理：筆跡心理学の発達と課題』(改訂) 誠信書房, 398p., 1980.
グロフ, S., 吉福伸逸・星川　淳・管　靖彦訳『脳を越えて』春秋社, 640p., 1988.
ゲシュヴィンド, N., 河内十郎訳『高次脳機能の基礎：動物と人間における離断症候群』新曜社, 272p., 1984.
ケリー, H.H.・ティボー, J.W., 黒川正流監訳『対人関係論』誠信書房, 348p., 1995.
河野義章編著『教育心理学』川島書店, 218p., 1993.
河野良和『感情のコントロール』河野心理教育研究所, 272p., 1978.
河野良和『感情モニタリング（実際編）：悩みを活かす心の技術』河野心理教育研究所, 336p., 1989.
古浦一郎編著『認知の発達心理学』誠信書房, 344p., 1977.
コクスヘッド, D.・ヒラー, S., 河合隼雄・氏原　寛訳『夢：時空を越える旅路』(イメージの博物誌 3) 平凡社, 110p., 1977.
國分康孝『結婚の心理：男と女の間に横たわるもの』(知的生きかた文庫) 三笠書房, 261p., 1987.
國分康孝『「自己発見」の心理学』(講談社現代新書) 講談社, 196p., 1991a.
國分康孝『自分を変える心理学』PHP研究所, 205p., 1991b.
國分康孝『女性の心理』(知的生きかた文庫) 三笠書房, 267p., 1988.
國分康孝『「自立」の心理学』(講談社現代新書) 講談社, 199p., 1982a.
國分康孝『つきあいの心理学』(講談社現代新書) 講談社, 208p., 1982b.
國分康孝『恋愛の心理』三笠書房, 210p., 1992.
國分康孝・國分久子『男性の心理：金太郎コンプレックス』福村出版, 228p., 1987.
小嶋謙四郎・槙田　仁・佐野勝男・山元和郎『絵画空想法解説』金子書房, 134p., 1978.
小島康次・根本和雄編『理解とふれあいの心理学』(第 2 版) ミネルヴァ書房, 276p., 1989.
小竹正美・山口政志・吉田辰雄『進路指導の理論と実践』日本文化科学社, 248p., 1988.
ゴッフマン, E., 石黒　毅訳『アサイラム：施設被収容者の日常世界』(ゴッフマンの社会学 3) 誠信書房, 502p., 1983.
ゴッフマン, E., 佐藤　毅・折橋徹彦訳『出会い：相互行為の社会学』(ゴッフマンの社会学 2) 誠信書房, 268p., 1985.
小林　進編著『学習指導・生徒指導・進路指導の視点』(教育の心理を探る 2) ナカニシヤ出版, 150p., 1994.
小林　進編著『発達・学習の視点』(教育の心理を探る 1) ナカニシヤ出版, 150p., 1995.
小林　進編著, 末田啓二・藤本浩一・小林恵子『現代教育心理学の新展開　上・下』啓文社, 170p., 150p., 1995, 1995.
小林　司『愛とは何か』日本放送出版協会, 277p., 1997.
小林　司『「生きがい」とは何か：自己実現へのみち』(NHKブックス) 日本放送出版協会, 238p., 1989.
小林　司『心の科学』あすなろ出版, 221p., 2001.

E 人間理解に関する本

小林　司『性格を変えたいと思ったとき読む本：新しい自分への17章』PHP 研究所，233p.，1988．（PHP 文庫，1994）
小林　司『出会いについて：神経科医のノートから』（NHK ブックス）日本放送出版協会，258p.，1983．
小林　司・徳田良仁『人間の心と性科学　1』星和書店，580p.，1977．
小林利宜編『教育相談の心理学』東信堂，270p.，1984．
小林利宜編著『新教育心理学図説』福村出版，256p.，1986．
コフカ，K.，鈴木正彌監訳『ゲシュタルト心理学の原理』（新装版）福村出版，849p.，1998．
駒井　洋編『自己実現社会』有斐閣，301p.，1987．
駒崎　勉『人間研究の心理学：パーソナリティの問題を中心に』八千代出版，288p.，1992．
ゴーマン，W.，村山久美子訳『ボディ・イメージ：心の目で見るからだと脳』誠信書房，320p.，1981．
小見山栄一『教育心理学要説』（改訂版）（教職課程シリーズ）金子書房，232p.，1986．
小谷津孝明・星　薫編『認知心理学』（放送大学教材）放送大学教育振興会，206p.，1992．
コーリバス，M. C.・ビール，I. L.，白井　常他訳『左と右の心理学』紀伊國屋書店，352p.，1978．
御領　謙・菊地　正・江草浩幸『最新認知心理学への招待：心の働きとしくみを探る』（新心理学ライブラリ　7）サイエンス社，288p.，1993．
コールダー，N.，中村嘉男訳『心の科学』みすず書房，496p.，1987．
ゴールドシュタイン，K. M.・ブラックマン，S.，水口礼治・島津一夫訳『認知のスタイル』誠信書房，290p.，1982．
近藤　裕『夫と妻の心理学：豊かな結婚生活のために』創元社，240p.，1981a．
近藤　裕『夫と妻の人間学：愛と性の成熟を求めて』創元社，200p.，1992．
近藤　裕『カルチュア・ショックの心理：異文化とつきあうために』創元社，268p.，1981b．
近藤　裕『自分の心が見える本：疲れた心を健康にする処方箋』法研，224p.，1993．
近藤　裕『ほんとうの自分と出会う本』法研，264p.，1995．

さ行

齊藤　勇『自己表現上達法』（講談社現代新書）講談社，234p.，1989．
齊藤　勇『対人感情の心理学』誠信書房，270p.，1990．
齊藤　勇『対人心理学トピックス100』誠信書房，230p.，1985．
齊藤　勇『対人心理の分解図』誠信書房，254p.，1986．
齊藤　勇『人間関係の分解図』誠信書房，234p.，1987．
齊藤　勇編『学力アップの心理学』誠信書房，235p.，1990．
齊藤　勇編『環境文化と社会化の心理』（対人社会心理学重要研究集　4）誠信書房，256p.，1988．
齊藤　勇編『感情と人間関係の心理：その25のアプローチ』川島書店，288p.，1986a．
齊藤　勇編『社会的勢力と集団組織の心理』（対人社会心理学重要研究集　1）誠信書房，230p.，1987．
齊藤　勇編『心理学ビギナーズ・トピックス100』誠信書房，228p.，1989．
齊藤　勇編『対人コミュニケーションの心理』（対人社会心理学重要研究集　3）誠信書房，270p.，1987．
齊藤　勇編『対人知覚と社会的認知の心理』（対人社会心理学重要研究集　5）誠信書房，254p.，1988．
齊藤　勇編『対人魅力と対人欲求の心理』（対人社会心理学重要研究集　2）誠信書房，230p.，1987．
齊藤　勇編『人間関係の心理学』誠信書房，244p.，1983．
齊藤　勇編『欲求心理学トピックス100　』誠信書房，254p.，1986b．
斎藤幸一郎・並木　博編『教育心理学：個に帰する教育のために』慶應義塾大学出版会，180p.，1986．
斎藤正二『疎外論：その系普と実証的研究』多賀出版，268p.，1982．
斎藤　学編『依存と虐待』（こころの科学セレクション）日本評論社，182p.，1999．
サイモンズ，P. M.，畠山　忠訳『人間適応の心理：適応機制』風間書房，850p.，1982．
坂野　登『脳を教育する：そのシステムとメカニズム』（ラポール双書）金子書房，285p.，1985．
坂野　登『無意識の脳心理学』青木書店，212p.，1990．

坂野雄二『モデリングと言語：認知的行動変容の基礎と臨床』岩崎学術出版社, 176p., 1986.
サーガント, W., 佐藤俊男訳『人間改造の生理』みすず書房, 269p., 1961.
櫻林　仁『生活の芸術：新しい芸術心理学の立場』(増補版) 誠信書房, 284p., 1966.
佐々木孝次『愛することと愛させること』弘文堂, 222p., 1981.
佐々木孝次『蟲物としての言葉』有斐閣, 252p., 1989.
定藤丈弘・岡本栄一・北野誠一編『自立生活の思想と展望：福祉のまちづくりと新しい地域福祉の創造をめざして』ミネルヴァ書房, 344p., 1993.
佐藤愛子『日本人の感覚と生活』ナカニシヤ出版, 328p., 1982.
佐藤悦子『家族内コミュニケーション』勁草書房, 291p., 1986.
佐藤悦子『向かいあう夫と妻』創元社, 250p., 1987.
佐藤紀子『白雪姫コンプレックス：白雪姫の母の物語でもあれば、コロシヤ・マザーとコロサレヤ・チャイルドの物語でもあるもの』金子書房, 232p., 1985.
サーバー, J.・ホワイト, E.B., 寺沢芳隆訳『性の心理』(角川新書) 角川書店, 152p., 1954.
サーファン, M., 佐々木孝次・海老原英彦・八島章太郎訳『女性のセクシュアリティ』弘文堂, 265p., 1982.
サルキンド, N.J., 黒田聖一訳『発達心理学理論』岩崎学術出版社, 360p., 1989.
サルダ, F., 森岡恭彦訳『生きる権利と死ぬ権利』みすず書房, 336p., 1988.
沢田慶輔・古畑和孝共編『人間科学としての心理学』(ライブラリ心理学 1) 勁草書房, 272p., 1991.
澤田瑞也『共感の心理学：そのメカニズムと発達』(世界思想ゼミナール) 世界思想社, 236p., 1992.
サンクレール, H., 山内光哉『ことばの獲得と思考の発達』誠信書房, 266p., 1978.
三遊亭楽太郎『こころの日向ぼっこ』法研, 224p., 1995.
ジェイコブソン, E., 伊藤　洸訳『自己と対象世界：アイデンティティの起源とその展開』岩崎学術出版社, 304p., 1981.
シェーバー, K.G., 稲松信雄・生熊譲二訳『帰属理論入門：対人行動の理解と予測』誠信書房, 224p., 1981.
シェフ, A.W., 斎藤　学監訳『嗜癖する社会』誠信書房, 246p., 1993.
シェポヴァリニコフ, A.H., 黒田直実・小林久男訳『愛のサイエンス：みたい夢みたくない夢』青木書店, 226p., 1991.
塩見邦雄『発達心理学総論：エイジングの心理学』ナカニシヤ出版, 252p., 1986.
塩見邦雄編『教育心理学』(第2版) ナカニシヤ出版, 248p., 1990.
ジオルジ, A., 早坂泰次郎監訳『心理学の転換：行動の科学から人間科学へ』勁草書房, 224p., 1984.
重永幸男・岡村浩志・木村士郎他『教育心理学：その理論と実際』福村出版, 184p., 1974.
重久　剛『人間の心理と教育：人と人の間の心理学』八千代出版, 324p., 1982.
品川嘉也『意識と脳：精神と物質の科学哲学』(叢書・脳を考える) 紀伊國屋書店, 202p., 1982.
シニアプラン開発機構『サラリーマンの生活と生きがいに関する調査』シニアプラン開発機構, 206p., 1992.
柴田　博・芳賀　博・古谷野亘・長田久雄『間違いだらけの老人像』川島書店, 194p., 1985.
島崎敏樹『生きるとは何か』(岩波新書) 岩波書店, 215p., 1974.
島崎敏樹『心で見る世界』(岩波新書) 岩波書店, 198p., 1960.
島崎敏樹『孤独の世界』(中公新書) 中央公論社, 172p., 1970.
島田睦雄『脳の心理学：臨床神経心理学入門』誠信書房, 350p., 1991.
清水正徳『人間疎外論』紀伊國屋書店, 202p., 1982 (精選復刻紀伊國屋新書).
清水將之『青い鳥症候群：偏差値エリートの末路』弘文堂, 236p., 1983.
霜田静志・國分康孝編『自己分析を語る』誠信書房, 366p., 1981.
霜山徳爾『仮象の世界』(叢書：人間の心理) 思索社, 260p., 1990.
霜山徳爾『人間へのまなざし』(中公叢書) 中央公論社, 284p., 1977.
ジャカール, R., 目黒士門訳『内面への亡命』誠信書房, 172p., 1980.
ジャーシルド, A., 船岡三郎訳『自己をみつめる：不安の解決と共感』創元社, 220p., 1975.
シャッツマン, M., 岸田　秀訳『魂の殺害者：教育における愛という名の迫害』(新装版)草思社, 236p., 1975.
ジャネ, J.J., 新里里春訳『孤独』社会思想社, 240p., 1980.

E 人間理解に関する本

ジャネー, P., 関　計夫訳『人格の心理的発達』慶応義塾大学出版会, 536p., 1955.
シャワ, A., 花崎皋平訳『社会現象としての疎外』岩波書店, 454p., 1984.
シュタイナー, R., 坂野雄二・落合幸子訳『教育術』みすず書房, 242p., 1986.
城　仁士『立体の投影・構成行為の発達と形成』風間書房, 332p., 1990.
翔文会編『動作とこころ：成瀬悟策教授退官記念シンポジウム』九州大学出版会, 666p., 1989.
ジョリー, A., 矢野喜夫・菅原和孝訳『ヒトの行動の起源：霊長類の行動進化学』ミネルヴァ書房, 520p., 1982.
ジョンズ, J.M., 野村　昭訳『人間関係の心理学』誠信書房, 398p., 1984.
白佐俊憲『教育心理学基本テキスト：教員採用試験出題事項解説』（新課程版）川島書店, 202p., 1990.
白佐俊憲編『教育心理学ワークブック：教員採用試験問題精選収録』（新課程版）川島書店, 176p., 1990.
新教育心理学研究会編『教育心理学入門：生涯教育の視点から』八千代出版, 228p., 1994.
ジング, R.M. 他, 中野善達編訳『遺伝と環境』（野生児の記録　4）福村出版, 224p., 1978.
新福尚武『ミドルエイジ・シンドローム』朝日出版社, 206p., 1983.
神保信一編『キャンパス・トピックス：こころ探し　入学から卒業まで』誠信書房, 206p., 1988.
心理科学研究会編『中学・高校教師になるための教育心理学』（有斐閣選書）有斐閣, 258p., 1993.
末利　博・鷹野健次・柏原健三編『スポーツの心理学』（応用心理学講座　8）福村出版, 288p., 1988.
末松弘行・野村　忍・和田迪子『TEG〈東大式エゴグラム〉手引』（第2版）金子書房, 37p., 1993.
末松弘行・和田迪子・野村　忍・俵理英子『エゴグラム・パターン：TEGエゴグラムによる性格分析』金子書房, 168p., 1989.
管　靖彦『心はどこに向かうのか：トランスパーソナルの視点』（NHKブックス）日本放送出版協会, 208p., 1995.
杉原一昭・海保博之編『事例で学ぶ教育心理学』福村出版, 244p., 1986.
杉本助男『心理学30講』北大路書房, 255p., 1984.
鈴木　清・深山富男・伊吹昌夫共編『教育心理学概説』ミネルヴァ書房, 306p., 1979.
鈴木研二『悟りの冒険：深層心理学と東洋思想』創元社, 280p., 1990.
スティーブンス, W.N., 山根常男・野々山久也訳『家族と結婚：その比較文化的解明』誠信書房, 408p., 1971.
スチュアート, E.C., 久米昭元訳『アメリカ人の思考法：文化摩擦とコミュニケーション』創元社, 240p., 1982.
スチュアート＝ハミルトン, I., 石丸　正訳『老いの心理学：満ちたりた老年期のために』岩崎学術出版社, 232p., 1995.
ストー, A., 山口泰司訳『人格の成熟』（同時代ライブラリー）岩波書店, 279p., 1992.
ストー, A., 塚本利明訳『人間の破壊性』（りぶらりあ選書）法政大学出版局, 170p., 1979.
スペンス, K.W., 三谷恵一訳『行動理論と条件づけ：スペンスの心理学講義』ナカニシヤ出版, 282p., 1982.
住田幸次郎『初歩の心理・教育統計法』ナカニシヤ出版, 255p., 1988.
関　計夫『愛のきずな：サルに学ぶやさしさと思いやり』誠信書房, 222p., 1987.
関　計夫『人間関係をよくする』（講談社現代新書）講談社, 242p., 1986.
関　計夫『劣等感の心理』金子書房, 298p., 1981.
関　峋一編『成人期の人間関係：人間関係の発達心理学　5』培風館, 162p., 1999.
関根牧彦『こころを求めて：1人の人間としての裁判官』騒人社, 302p., 1997.
瀬谷正敏・三浦　武編『行動理解の心理学』垣内出版, 324p., 1976.
世良正利『日本人のパーソナリティ』（精選復刻）紀伊國屋書店, 194p., 1994.
荘厳舜哉・異動行動研究会編『ノンバーバル行動の実験的研究』川島書店, 320p., 1993.
荘厳舜哉・根ヶ山光一編著『行動の発達を科学する』福村出版, 288p., 1990.
相馬　勇『教育現実の科学』（相馬　勇著作集　2）金子書房, 410p., 1982.
相馬　勇『教育的真実の探究』（相馬　勇著作集　1）金子書房, 410p., 1982.
外林大作監修, 千葉ロール・プレイング研究会『教育の現場における　ロール・プレイングの手引き』誠信書房, 206p., 1981.
園田富雄監修, 山崎史郎編『教育心理学ルック・アラウンド』（新版）ブレーン出版, 162p., 1992.
ソレ, J., 西川長夫・奥村　功・川久保輝興・湯浅康正訳『性愛の社会史：近代西欧における愛』人文書院, 412

p., 1985.

た行

対人行動学研究会編『対人行動の心理学』誠信書房, 382p., 1986.
大坊郁夫・安藤清志編『社会の中の人間理解:社会心理学への招待』ナカニシヤ出版, 200p., 1992.
ダウリング, C., 柳瀬尚紀訳『シンデレラ・コンプレックス』(新装版) 三笠書房, 317p., 1990. (木村治美訳, 知的生きかた文庫, 三笠書房, 1984)
田尾雅夫『組織の心理学』(有斐閣ブックス) 有斐閣, 278p., 1991.
高木貞二編『心理学』(第3版) 東京大学出版会, 300p., 1977.
高瀬常男『教育的人間学』(高瀬常男著作集 1) 金子書房, 282p., 1979.
高瀬常男『人格性の心理』(高瀬常男著作集 2) 金子書房, 276p., 1979.
高野清純『感情の発達と障害』福村出版, 256p., 1995.
高野清純『無気力:原因とその克服』(やさしい心理学) 教育出版, 198p., 1988.
高野清純監修, 新井邦二郎編『学習』(図でよむ心理学) 福村出版, 196p., 1991.
高野清純監修, 川島一夫編『発達』(図でよむ心理学) 福村出版, 192p., 1991.
高橋和己『人は変われる』三五館, 238p., 1992.
高橋恵子・波多野誼余夫『生涯発達の心理学』(岩波新書) 岩波書店, 209p., 1990.
高橋純平・藤田綾子編『コミュニケーションとこれからの社会』ナカニシヤ出版, 218p., 1994.
高見令英・向後礼子・徳田克己・桐原宏行『わかりやすい教育心理学』文化書房博文社, 240p., 1995.
滝沢清人『深層心理テスト:目にみえない心を読む』(新訂) 創拓社, 240p., 1991.
滝沢武久『知能指数:発達心理学からみた IQ』(中公新書) 中央公論社, 166p., 1971.
滝沢武久『ピアジェ理論の展開:現代教育への視座』(国土社の教育選書 26) 国土社, 232p., 1993.
滝沢武久・山内光哉・落合正行・芳賀　純『ピアジェ知能の心理学:知能はいかに働きどう発達していくか』(有斐閣新書) 有斐閣, 198p., 1980.
詫摩武俊『性格はいかにつくられるか』(岩波新書) 岩波書店, 185p., 1967.
詫摩武俊他『性格の諸側面』(パッケージ・性格の心理 4) ブレーン出版, 314p., 1986.
詫摩武俊・瀧本孝雄・鈴木乙史・松井　豊『性格心理学への招待:自分を知り他者を理解するために』(新心理学ライブラリ 9) サイエンス社, 272p., 1990.
詫摩武俊・依田　新『性格心理学』(心理学ガイドブックス) 大日本図書, 344p., 1974.
竹内敏晴『ことばが劈かれるとき』(第2版) 思想の科学社, 280p., 1980.
竹内　宏・木村尚三郎・寿岳章子・外山滋比古・日野原重明共著『"こころの時代"を生きる』(朝日ゼミシリーズ) 金子書房, 240p., 1987.
竹下節子『聖女伝:自己を癒す力』筑摩書房, 208p., 1995.
武田　建『コーチング:人を育てる心理学』誠信書房, 262p., 1985.
竹本忠雄・伊東俊太郎・池見酉次郎編『ニューサイエンスと東洋:橋を架ける人々』誠信書房, 318p., 1987.
多鹿秀継・鈴木眞雄編著『発達と学習の基礎』福村出版, 224p., 1992.
田嶌誠一『イメージ体験の心理学』(講談社現代新書) 講談社, 254p., 1992.
多田智満子『夢の神話学』第三文明社, 206p., 1989.
鑪　幹八郎『アイデンティティの心理学』講談社, 198p., 1990a.
鑪　幹八郎『夢の心理学:心の宇宙を探検する』(アポロシリーズ) 山海堂, 184p., 1990b.
橘　覚勝『老年学:その問題と考察』誠信書房, 624p., 1971.
立花　隆『アメリカ性革命報告』(文春文庫) 文藝春秋社288p., 1984 (文藝春秋, 1979).
辰野千寿『授業の心理学:授業の基礎・基本』(シリーズやさしい心理学) 教育出版, 176p., 1992.
辰見敏夫・木村　裕編『要説教育心理学』実務教育出版, 346p., 1985.
ターナー, R.M.・ブッシュ=ロスナーガル, N.A.編, 上田礼子訳『生涯発達学:人生のプロデューサーとしての個人』岩崎学術出版社, 380p., 1990.

E 人間理解に関する本

田中　敏『心のプログラム：心理学の基礎から現代社会の心の喪失まで』啓文社，193p.，1994．
田中敏明編『性と愛の心理』福村出版，240p.，1987．
田中未来『生きること育てること：日本の教育史の一側面』福村出版，224p.，1987．
谷　俊治『愛して育てる：こころとからだとことばの相談室』（有斐閣新書）有斐閣，208p.，1984．
谷口隆之助『疎外からの自由：現代に生きる知恵』誠信書房，226p.，1961．
玉谷直實『女性の心の成熟』創元社，240p.，1985．
ダラード，J. 他，宇津木　保訳『欲求不満と暴力』誠信書房，298p.，1959．
丹治光浩『こころのワーク21：自分がわかる・自分が変わる心理学』ナカニシヤ出版，176p.，1995．
チェリス，M.，河野貴代美訳『人生を切り拓く女たち』ブレーン出版，288p.，1993．
千葉大学医学部肥満症研究グループ『ふとる性格　やせる生活：最先端医学による知的ダイエット法』法研，160p.，1993．
千葉　堯『教育・発達の心理学』ナカニシヤ出版，140p.，1991．
千葉康則『脳と現代』（教養選書）法政大学出版局，240p.，1971．
千葉康則『脳と人間と社会』（教養選書）法政大学出版局，196p.，1996．
塚本伸一編著『こころの科学』ソフィア，212p.，1994．
辻　平治郎『自己意識と他者意識』北大路書房，246p.，1993．
対馬　忠編『人間性の心理学：精神の栄養失調現象と治療』サイマル出版会，274p.，1979．
津村俊充・山口真人編『人間関係トレーニング：私を育てる教育への人間学的アプローチ』ナカニシヤ出版，176p.，1992．
都留春夫『出会いの心理学』（講談社現代新書）講談社，252p.，1987．
津留　宏『青年と人生：手記による心の分析』日本文化科学社，228p.，1980．
津留　宏編『青年心理学』（有斐閣双書）有斐閣，254p.，1976．
ディーズ，J.，片山他訳『心理言語学』（増補）ナカニシヤ出版，240p.，1984．
ティネス，G.，小野章夫訳『現象学と心理学』誠信書房，286p.，1982．
テイラー，G. R.，田中　淳訳『幸福の実験：疑似原始社会へ向かって』みすず書房，354p.，1975．
テイラー，H. F，三隅二不二監訳『集団システム論』誠信書房，378p.，1978．
デーヴィス，J. H.，永田良昭訳『集団行動の心理学』（現代社会心理学の動向 8）誠信書房，246p.，1982．
デシ，E. L.，石田梅男訳『自己決定の心理学：内発的動機づけの鍵概念をめぐって』誠信書房，326p.，1985．
デシ，E. L.，安藤延男・石田梅男訳『内発的動機づけ：実験社会心理学的アプローチ』誠信書房，384p.，1980．
デメント，W. G.，大熊輝雄訳『夜明かしする人，眠る人：睡眠と夢の世界』みすず書房，210p.，1975．
デーモン，W.，山本多喜司訳『社会性と人格の発達心理学』北大路書房，175p.，1990．
デュセイ，J. M.，池見酉次郎監訳，新里里春訳『エゴグラム：簡易自己診断法の実際』創元社，280p.，1980．
デュビー，G.・ル＝ゴフ，J. 他，福井憲彦・松本雅弘訳『愛と結婚とセクシュアリテの歴史』（増補・愛とセクシュアリテの歴史）新曜社，424p.，1993．
デルレガ，V. J.・チェイキン，A. L.，福屋武人・榎本博明訳『ふれあいの心理学：孤独からの脱出』有斐閣，260p.，1983．
土居健郎『「甘え」雑稿』弘文堂，208p.，1975．
土居健郎『「甘え」さまざま』弘文堂，251p.，1989．
土居健郎『「甘え」の構造』弘文堂，229p.，1971（第3版，1991）．
土居健郎『「甘え」の周辺』弘文堂，296p.，1987．
土居健郎『表と裏』弘文堂，192p.，1985．
土居健郎『漱石の心的世界：「甘え」による作品分析』弘文堂，272p.，1994．
土居健郎『注釈「甘え」の構造』弘文堂，288p.，1993．
トゥィディ，D.，武田　建訳『フランクルの心理学』みくに書房，284p.，1965．
東郷豊治『性格の見わけ方』（創元新書）創元社，270p.，1972．
ドゥニ，M.，寺内　礼監訳『イメージの心理学：心象論のすべて』勁草書房，308p.，1989．
ドゥローシス，H. A.，斉藤　学訳『女性の不安：ウーマン・パワーとしての不安エネルギー活用法』誠信書房，

422p., 1983.
戸川行男『意識心理学：人間とは何か』（戸川行男論集）金子書房, 304p., 1987.
戸川行男『意識心理学への道』（ラポール双書 4）金子書房, 236p., 1984.
戸川行男『意志と性格の心理学』（戸川行男論集）金子書房, 276p., 1979.
戸川行男『自我心理学』金子書房, 258p., 1973.
戸川行男『適応と欲求』金子書房, 478p., 1956.
徳田良仁・小林　司編『人間の心と性科学 II』星和書店, 557p., 1977.
土佐林　一『この一歩から』誠信書房, 310p., 1982.
利島　保『心から脳をみる：神経心理学への誘い』福村出版, 278p., 1987.
利島　保・中邑賢龍『障害者のための小さなハイテク』福村出版, 136p., 1986.
十島雍蔵『心理サイバネティクス』ナカニシヤ出版, 256p., 1989.
十島雍蔵『心理随想：ワレ思ウ　ゴトク　ワレ有リ』ナカニシヤ出版, 233p., 1984.
戸田正直・阿部純一・桃内佳雄・徃住彰文著『認知科学入門：「知」の構造へのアプローチ』（Cognitive Science & Information Processing 1）サイエンス社, 312p., 1986.
トマス，P.G., 十島雍蔵監訳『自己変革への道』（心理サイバネティクス・シリーズ　2）ナカニシヤ出版, 270p., 1991.
富田嘉郎『人間疎外』ミネルヴァ書房, 141p., 1981.
外山みどり他『性格の理解と把握』（パッケージ・性格の心理 6）ブレーン出版, 292p., 1986.
トーランス，E.P., 佐藤三郎訳『創造性の教育』誠信書房, 406p., 1966.
鳥居鎮夫『行動としての睡眠』青土社, 252p., 1985.
鳥居鎮夫『夢を見る脳：脳生理学からのアプローチ』（中公新書）中央公論社, 207p., 1987.

な行

ナイサー，U.編, 富田達彦訳『観察された記憶　上・下』誠信書房, 286p., 250p., 1988, 1989.
ナイサー，U.編, 大羽　蓁訳『認知心理学』誠信書房, 454p., 1981.
中里至正『道徳的行動の心理学』有斐閣, 230p., 1985.
永沢幸七『女子大生の生活と心理』（現代心理学ブックス）大日本図書, 232p., 1979.
中島俊介『こころと人間：ヤングへのアドバイス』ナカニシヤ出版, 171p., 1991.
中嶋真澄『こころの温度計：あったかい人間関係がはかれる』法研, 229p., 1997.
中島義明・井上　俊・友田泰正編『人間科学への招待』有斐閣, 227p., 1992.
中西信男『アメリカ大統領の深層：最高権力者の心理と素顔』（有斐閣新書）有斐閣, 184p., 1988.
中西信男『性格を知る：人格心理学のあゆみ』（有斐閣双書）有斐閣, 232p., 1985.
中西信男編『人間形成の心理学：ライフサイクルを解明する』ナカニシヤ出版, 200p., 1989.
中西信男・鑪　幹八郎編『心理学 10：自我・自己』（有斐閣双書）有斐閣, 266p., 1981.
中西信男・松浦　宏・内山武治他編『教育心理学』日本文化科学社, 200p., 1985.
中西信男・三川俊樹編『新教職過程の教育心理学』ナカニシヤ出版, 194p., 1995.
中西信男・水野正憲・古市　裕・佐古哲彦『アイデンティティの心理』有斐閣, 292p., 1985.
中根千枝『タテ社会の人間関係』（講談社現代新書）講談社, 200p., 1967.
中野久夫『現代芸術の心理』星和書店, 230p., 1977.
中野久夫・河田　宏『日本人の攻撃性』三一書房, 192p., 1984.
永野重史・依田　明編『教育心理学入門』新曜社, 288p., 1976.
中原淳一・岩本隆茂編『行動と体験：現代心理学入門』福村出版, 240p., 1990.
中村延江『女性のセルフ・フィットネス：自分らしさと心の調和』誠信書房, 236p., 1990.
中村延江『男性のセルフ・フィットネス：現代的男らしさとは』（わたしらしさの発見 2）誠信書房, 264p., 1992.
中村陽吉『集団の心理：グループ・ダイナミックス入門』（現代心理学ブックス）大日本図書, 200p., 1964.
中村陽吉『対人関係の心理：攻撃か援助か』（現代心理学ブックス）大日本図書, 172p., 1976.

中村陽吉『呼べばくる亀：亀，心理学に出会う』誠信書房，184p.，1991．
中山和彦編『教師のためのコンピューター読本』(『教育心理』別冊3) 日本文化科学社，192p.，1990．
並木　博『個性と教育環境の交互作用：教育心理学の課題』培風館，224p.，1997．
並木　博編，安藤寿康・藤谷智子他『教育心理学へのいざない』八千代出版，224p.，1994．
ニイル，A.S.，霜田静志訳『人間育成の基礎：サマーヒルの教育』誠信書房，484p.，1962 (改訂版，1971)．
ニコルス，R.E.，十島雍蔵監訳『豊かな人生への道』(心理サシバネテイクスシリーズ　1) ナカニシヤ出版，410p.，1987．
西尾和美『今日一日のアファメーション：自分を愛する365日』ヘルスワーク協会，400p.，1996．
西岡忠義・西側明和『リーダーシップの心理』(現代心理学ブックス) 大日本図書，264p.，1976．
西川泰夫『「認知」のかたち：自分を知るための心理学』誠信書房，147p.，1988．
西川隆蔵他『自己理解のための心理学：性格心理学入門』福村出版，224p.，1992．
西田公昭『マインド・コントロールとは何か』紀伊國屋書店，248p.，1995．
西平直喜・五味義夫『自己をみつめる：青年分析の展開』(現代心理学ブックス) 大日本図書，200p.，1979．
西山　啓・山内光哉監修『新教育心理学入門』ナカニシヤ出版，214p.，1990．
西山　啓・山内光哉監修『目でみる教育心理学』ナカニシヤ出版，186p.，1978．
西山　豊『くらしのアルゴリズム：情報処理の周辺』ナカニシヤ出版，172p.，1989．
西来武治『西来武治のダイヤル相談室：中高年の悩みＱ＆Ａ』(OP叢書) ミネルヴァ書房，282p.，1983．
新田健一・田中マユミ編『こころの科学：もだん・さいころじぃ』尚学社，154p.，1991．
新田健一・田中マユミ編『新・こころの科学：もだん・さいころじぃ』尚学社，153p.，1996．
日本エニアグラム学会編『自分探しの本：エニアグラムによる性格分析』春秋社，208p.，1990．
根本和雄『人間理解の心理学』学術図書出版社，158p.，1990．
ネルソン＝ジョーンズ，R.，相川　充訳『思いやりの人間関係スキル：一人でできるトレーニング』誠信書房，396p.，1993．
ノイマン，E.，林　道義訳『意識の起源史　上・下』紀伊國屋書店，412p.，344p.，1984，1985．
野田正彰『文化に囚われた心：不安からの脱出』人文書院，186p.，1987．
野々村　新編著『こころへのアプローチ』田研出版，300p.，1995．
ノーマン，D.A.，富田達彦訳『認知心理学入門：学習と記憶』誠信書房，206p.，1984．
野村幸正『生きるもの・生きること：新・心理学試論』福村出版，240p.，1992．
野村幸正『関係の認識：インドに心理学を求めて』ナカニシヤ出版，188p.，1991．

は行

ハイダー，F.，大橋正夫訳『対人関係の心理学』誠信書房，418p.，1978．
ハウエル，W.S.，・久米昭元『感性のコミュニケーション：対人融和のダイナミズムを探る』大修館書店，270p.，1992．
パヴロフ，I.P.，岡田靖雄・横山恒子訳『高次神経活動の客観的研究』岩崎学術出版社，640p.，1979．
芳賀　純・子安増生編『メタファーの心理学』誠信書房，222p.，1990．
パークス，C.M.ワイス，R.S.，池辺明子訳『死別からの恢復：遺された人の心理学』図書出版社，288p.，1987．
箱田裕司編『イメージング：表象・創造・技能』サイエンス社，200p.，1991．
箱田裕司編『認知科学のフロンティア　I・II・III』サイエンス社，224p.，224p.，208p.，1991，1992，1993．
パーシェイド，E.・ハットフィールド，E.H.，蜂屋良彦訳『対人的魅力の心理学』(現代社会心理学の動向　5) 誠信書房，246p.，1978．
橋本仁司編『入門心理学』(新版) 北樹出版，232p.，1992．
バシュラール，G.，宇佐見英治訳『空と夢：運動の想像力にかんする試論』法政大学出版局，442p.，1968．
ハストーフ，A.H.・シュネイダー，D.J.・ポルフカ，J.，高橋雅春訳『対人知覚の心理学』(現代社会心理学の動向　2) 誠信書房，200p.，1978．
長谷川浩一『心像の鮮明性尺度の作成に関する研究』風間書房，258p.，1993．

波多野完治『〔学ぶ〕心理学』金子書房，216p.，1985．
波多野完治監修，大浜幾久子編『ピアジェの発生的心理学』（ピアジェ双書 1）国土社，220p.，1982．
波多野完治監修，中垣 啓編『ピアジェの発生的認識論』（ピアジェ双書 4）国土社，230p.，1984．
波多野完治監修，天岩静子編『ピアジェ派心理学の発展 II：認知発達研究』（ピアジェ双書 5）国土社，232p.，1982．
波多野完治監修，高橋恵子編『ピアジェ理論と自我心理学』（ピアジェ双書 6）国土社，172p.，1983．
波多野誼余夫・稲垣佳世子『無気力の心理学：やりがいの条件』（中公新書）中央公論社，173p.，1981．
パッカード，V.O.，中村保雄訳『人間操作の時代』（プレジデントブックス）プレジデント社，600p.，1978．
八田武志『教育心理学』培風館，208p.，1987．
ハーディン，P.P.，松岡敬子訳『豊かに老いる：中高年世代必読の実用的ガイドブック』たま出版，399p.，1994．
ハーディング，M.E.，織огnails尚生・鳥山芳三訳『心的エネルギー 上・下』人文書院，332p.，324p.，1986，1986．
埴谷雄高編『夢』（日本の名随筆 14）作品社，255p.，1984．
馬場敬三『無意識のマネジメント：日本の経営 強さの根源』中央経済社，244p.，1989．
馬場禮司他『性格の変化と適応』（パッケージ・性格の心理 2）ブレーン出版，276p.，1986．
浜田寿美男『発達心理学再考のための序説』ミネルヴァ書房，312p.，1993．
浜田寿美男『「私」というもののなりたち：自我形成論のこころみ』ミネルヴァ書房，328p.，1992．
早坂泰次郎『人間関係学序説：現象学的社会心理学の展開』川島書店，312p.，1991．
早坂泰次郎『人間関係の心理学』（講談社現代新書）講談社，206p.，1979．
早坂泰次郎『人間関係のトレーニング：新しい自他を発見し信頼関係を築く』講談社，220p.，1978
早坂泰次郎編『〈関係性〉の人間学』川島書店，222p.，1994．
早坂泰次郎編『人間世界の心理学：日常経験の現象学的人間学をめざして』川島書店，234p.，1978．
早坂泰次郎・北林才知『喜怒哀楽の心理学』創元社，250p.，1984．
林 保・山内弘継『達成動機の研究』誠信書房，226p.，1978．
原 ひろこ『女性と社会』（NHK市民大学）日本放送出版協会，144p.，1988．
原岡一馬編『教師の成長を考える』（これからの教育 1），ナカニシヤ出版，122p.，1990．
原岡一馬編『人間とコミュニケーション』ナカニシヤ出版，232p.，1990．
原岡一馬・長田雅喜編『社会の中の人間』（Introduction to Psychology 5）福村出版，216p.，1990．
原岡一馬・若林 満編『組織の中の人間』（Introduction to Psychology 6）福村出版，216p.，1989．
バラシュ，D.P.，中元藤茂訳『エイジング 老いの発見』人文書院，324p.，1986．
パラツォーリ，M.S.・ボスコロ，L.・チキン，G.・プラータ，G.，鈴木浩二監訳『逆説と対抗逆説』星和書店，224p.，1989．
バリント，M.，中井久夫・滝野 功・森 茂起訳『スリルと退行』岩崎学術出版社，240p.，1989．
ハル，C.L.，河合伊六訳『行動の基本』ナカニシヤ出版，146p.，1980．
ハルク，H.，渡辺 学訳『木の夢：魂の根底について』春秋社，172p.，1992．
パルツ，H.，林 道義訳『青髭：愛する女性を殺すとは？』新曜社，188p.，1992．
パルマー，P.，eqPress訳『おとなになる本』径書房，56p.，1994．
パルマー，P.，eqPress訳『自分を好きになる本』径書房，58p.，1991．
バーレット，F.C.，宇津木 保・辻 正三訳『想起の心理学：実験的社会的心理学における一研究』誠信書房，371p.，1983．
ハーロウ，H.F.，浜田寿美男訳『愛のなりたち』ミネルヴァ書房，250p.，1978．
バーロウ，W.，伊東 博訳『アレクサンダー・テクニーク：姿勢が変わる・からだが変わる・生き方が変わる』誠信書房，216p.，1989．
バーンズ，D.，野村総一郎・夏刈郁子・山岡功一・成瀬梨花訳『いやな気分よ，さようなら：自分で学ぶ「抑うつ」克服法』星和書店，500p.，1990．
繁多 進・青柳 肇・田島信元・矢澤圭介編『社会性の発達心理学』福村出版，276p.，1991．
半田智久『パースナリティ：性格の正体』（ワードマップ）新曜社，272p.，1994．
ハント，M.，窪田高明訳『ゲイ：新しき隣人たち』河出書房新社，208p.，1982．

バンドラー, R., 酒井一夫訳『神経言語プログラミング：頭脳をつかえば自分も変わる』東京図書, 208p., 1986.
バンドラー, R.・グリンダー, J., 酒井一夫訳『王子さまになったカエル：神経言語プログラミング』東京図書, 192p., 1991.
バンドラー, R.・グリンダー, J., 尾川丈一訳『人間コミュニュケーションの意味論 1：臨床生成文法』ナカニシヤ出版, 288p., 1993.
ピアジェ, J., 滝沢武久訳『思考の心理学：発達心理学の6研究』みすず書房, 210p., 1968.
ピアジェ, J., 滝沢武久訳『心理学と認識論』（誠信ピアジェ選書 2）誠信書房, 188p., 1977.
ピアジェ, J., 波多野完治・滝沢武久訳『知能の心理学の研究』みすず書房, 336p., 1989.
東山紘久『教育カウンセリングの実際』培風館, 256p., 1992.
東山紘久『夢分析初歩』ミネルヴァ書房, 264p., 1993.
東山紘久・杉野要人・西田吉男編『「夢」を知るための109冊』創元社, 258p., 1992.
樋口幸吉『犯罪の心理』大日本図書, 212p., 1972.
ビショップ, N., 今泉みね子訳『ローレンツとは誰だったのか：あるサイコグラムの試み』白水社, 194p., 1992.
肥田野 直・本明 寛・山本多喜司監修『健康教育の心理学』実務教育出版, 216p., 1995.
美童春彦『夢分析：あなたの幸福度をテストする』牧野出版, 184p., 1986.
人見一彦『女性の成長と心の悩み：女子学生の自分史を通して』創元社, 250p., 1987.
ビネー, A.・シモン, T., 中野善達・大沢正子訳『知能の発達と評価：知能検査の誕生』福村出版, 420p., 1982.
日野原重明『人生の四季に生きる』岩波書店, 216p., 1987.
平井富雄『現代人の心理と病理』サイエンス社, 384p., 1987.
平井富雄『脳と心』（中公新書）中央公論社, 182p., 1983.
平田武靖『エロスの存在論素描』誠信書房, 278p., 1978.
平野信喜『リポートライティングで学ぶ人間科学』ナカニシヤ出版, 219p., 1993.
平山 諭・鈴木隆男編『ライフサイクル』（発達心理学の基礎 I）ミネルヴァ書房, 208p., 1993.
ヒル, K., 外口玉子監修, 岩田泰夫・岡 知史訳著『患者・家族会のつくり方と進め方』川島書店, 194p., 1988.
ビンスワンガー, L., 宮本忠雄・関 忠監訳『思い上がり ひねくれ わざとらしさ：失敗した現存在の三形態』みすず書房, 376p., 1995.
ファイッシャー, S., 村山久美子・小松 啓訳『からだの意識』誠信書房, 276p., 1973.
ファラデー, A., 中野久夫・佐波克美訳『ドリーム・パワー』時事通信社, 254p., 1973.
フィッシャー, S., 村山久美子・小松 啓訳『からだの意識』誠信書房, 276p., 1979.
フィルー, J-C., 村上 仁訳『精神力とは何か：心的緊張とその異常』（改訳）（文庫クセジュ）白水社, 152p., 1972.
フォイエルバッハ, A. von, 中野善達・生和秀敏訳『カスパー・ハウザー：地下牢の17年』（野生児の記録 3）福村出版, 176p., 1977.（西村克彦訳, 福武文庫, 1991.）
深田尚彦『描画を探る：その体験と思考』日本文化科学社, 228p., 1992.
深谷昌志・深谷和子編『ファミコン・シンドローム』（メンタルヘルス・シリーズ）同朋舎出版, 262p., 1989.
福井康之『青年期の不安と成長：自己実現への道』（有斐閣新書）有斐閣, 228p., 1980.
福井康之『まなざしの心理学』創元社, 360p., 1984.
福沢周亮編『現代教育心理学』教育出版, 216p., 1982.
福島 章『甘えと反抗の心理』日本経済新聞社, 187p., 1976.（講談社学術文庫, 1988）
福島 章『機械じかけの葦：過剰適応の病理』朝日出版社, 234p., 1981.
福島 章『現代人の攻撃性：人はなぜ攻撃するのか』太陽出版, 274p., 1982.
福島 章『性と暴力の世代』サイエンス社, 180p., 1982.
福島 章『天才：創造のパトグラフィー』（講談社現代新書）講談社, 233p., 1984a.
福島 章『働きざかりの過剰適応症候群』大和書房, 221p., 1982a.
福島 章『犯罪心理学研究 II』金剛出版, 294p., 1984b.
福島 章『犯罪心理学入門』（中公新書）中央公論社, 216p., 1982b.
福島 章『非行心理学入門』（中公新書）中央公論社, 222p., 1985.

福島　章責任編集『適応と不適応』(性格心理学新講座 3) 金子書房, 336p., 1989.
福島　章他『問題行動と性格』(パッケージ・性格の心理 3) ブレーン出版, 274p., 1986.
福屋武人・浅田隆夫・都築忠義・成田弘子共編『こころのサイエンス』学術図書出版社, 216p., 1984.
フーコー, M., 渡辺守章・田村　淑訳『性と歴史 1, 2, 3』新潮社, 217p., 338p., 328p., 1986, 1986, 1987.
藤岡淳子・中村紀子・佐藤　豊『エクスナー法によるロールシャッハ解釈の実際』金剛出版, 206p., 1995.
藤岡喜愛『イメージの旅』日本評論社, 304p., 1993.
藤木建夫編『こころの気功：臨床医4人がすすめる「気」健康法』法研, 236p., 1995.
藤田主一・高嶋正士・大村政男編著『こころのゼミナール』福村出版, 208p., 1992.
藤田　正「「別れ」事例　内なる赤穂浪士：江戸期武士集団の社会心理学的考察』ナカニシヤ出版, 234p., 1990.
藤田智子『パートナー』川島書房, 82p., 1989.
藤永　保『思想と人格：人格心理学への途』筑摩書房, 328p., 1991.
藤永　保監修, 大日向雅美・毛塚恵美子・田中みどり・仲　真紀子・藤﨑眞知代・吉田博子『人間発達の心理学』サイエンス社, 264p., 1990.
藤永　保・斎賀久敬・春日　喬・内田伸子『人間発達と初期環境：初期環境の貧困に基づく発達遅滞児の長期追跡研究』有斐閣, 374p., 1997.
ブーバー, M., 野口啓祐訳『孤独と愛：我と汝の問題』創文社, 201p., 1958.
ブーバー, M., 児島　洋訳『出会い：自伝的断片』(改訂増補版) (実存主義叢書) 理想社, 116p., 1968 (初版, 1966).
ブーバー, M., 田口義弘訳『我と汝：対話』みすず書房, 284p., 1978. (植田重雄訳『我と汝・対話』岩波文庫, 1979.)
ブラウン, A.L., 湯川良三・石田裕久訳『メタ認知：認知についての知識』(ライブラリ教育方法の心理学 2) サイエンス社, 208p., 1984.
フランクリン, A.W. 編, 作田　勉訳編『母性愛の危機：体罰と虐待』日本文化科学社, 200p., 1981.
フランクル, V.E., 真行寺功訳『苦悩の存在論』(新版) 新泉社, 240p., 1998 (新装, 1972).
フリスビー, J.P., 村山久美子訳『シーイング：錯視, 脳と心のメカニズム』誠信書房, 204p., 1982.
フリーダン, B., 三浦富美子訳『新しい女性の創造』(増補新装版) 大和書房, 310p., 1986 (初版, 1965).
ブリッジズ, W., 倉光　修・小林哲郎訳『トランジション：人生の転機』創元社, 228p., 1994.
プリブラム, K.H., 須田　勇監修, 岩原信九郎・酒井　誠訳『脳の言語：実験上のパラドックスと神経心理学の原理』誠信書房, 462p., 1978.
古川真人・藤田宗和『新・教育心理学』尚学社, 174p., 1994.
ブルックス=ガン, J.・マチュウズ, W.S., 遠藤由美訳『性別役割：その形成と役割』家政教育社, 432p., 1982.
ブルーナー, J., 田中一彦訳『心を探して：ブルーナー自伝』みすず書房, 512p., 1993.
古畑和孝『好きと嫌いの人間関係：魅力と愛の心理学』(有斐閣選書) 有斐閣, 248p., 1993.
古畑和孝編『人間関係の社会心理学』(心理学叢書 1) サイエンス社, 352p., 1980.
古畑和孝・児島秀夫編『心理学 7：家族心理』(有斐閣双書) 有斐閣, 270p., 1979.
古屋和雄『「愛されたい」症候群』(講談社文庫) 講談社, 232p., 1990.
フレイジャー, R.・ファディマン, J., 吉福伸逸監訳『自己成長の基礎知識 1：深層心理学』(トランスパーソナル心理学) 春秋社, 392p., 1989
フレイジャー, R.・ファディマン, J., 吉福伸逸監訳『自己成長の基礎知識 2：身体・意識・行動・人間性の心理学』(トランスパーソナル心理学) 春秋社, 320p., 1991.
フレイジャー, R.・ファディマン, J. 吉福伸逸監訳, 星川　淳訳『自己成長の基礎知識 3：東洋の心理学』(トランスパーソナル心理学) 春秋社, 264p., 1989.
ブレナ, S.F., 百瀬春生訳『ヨーガと医学』紀伊國屋書店, 296p., 1980.
フロウデンバーガー, H.・ノース, C., 小此木啓吾訳『女性たちのバーナウト：燃えつき症候群』コンパニオン出版, 281p., 1988.
フロム, E., 佐野哲郎・佐野五郎訳『人生と愛』紀伊國屋書店, 264p., 1986.
フロム, E., 佐野哲郎訳『反抗と自由』紀伊國屋書店, 192p., 1983.

ベッテルハイム, B., 波多野完治・乾侑美子訳『昔話の魔力』評論社, 434p., 1978.
ベッテルハイム, B.・ジャノウィッツ, M., 高坂健次訳『社会変動と偏見』新曜社, 490p., 1986.
ヘッブ, D.O., 白井 常他訳『行動学入門：生物科学としての心理学』(第3版) 紀伊國屋書店, 440p., 1975.
ヘッブ, D.O., 白井 常他訳『心について』紀伊國屋書店, 320p., 1987.
ベネット, A.・ハウスフェルド, S.・リーブ, R.A.・スミス, J., 西本武彦訳『認知心理学への招待』サイエンス社, 232p., 1984.
ペプロー, L.A.・パールマン, D. 編, 加藤義明監訳『孤独感の心理学』誠信書房, 302p., 1988.
ヘラー, R., 佐藤節子訳『エドヴァルト・ムンク：叫び』(アート・イン・コンテクスト 7) みすず書房, 128p., 1981.
ベラー, R.N. 他, 島薗 進・中村圭志訳『心の習慣：アメリカ個人主義のゆくえ』みすず書房, 438p., 1991.
ベラック, L., 小此木啓吾訳『山アラシのジレンマ：人間的過疎をどう生きるか』(ダイヤモンド現代選書) ダイヤモンド社, 266p., 1988.
ペンフィールド, W., 塚田裕三・山河 宏訳『脳と心の正体』(教養選書) 法政大学出版局, 198p., 1987.
ペンフィールド, W.・ロバーツ, L., 上村忠雄・前田利男訳『言語と大脳：言語と脳のメカニズム』誠信書房, 314p., 1965.
ボウルビィ, J., 黒田実郎・吉田恒子・横浜恵美子訳『対象喪失』(母子関係の理論 3) 岩崎学術出版社, 560p., 1991.
ボーヴォワール, S. de, 朝吹三吉訳『老い 上・下』人文書院, 324p., 384p., 1972a, 1972b.
星野 命・青木孝悦・宮本美沙子・青木邦子・野村 昭『オルポート・パーソナリティーの心理学』(有斐閣新書) 有斐閣, 198p., 1982.
星野 命・河合隼雄編『心理学 4：人格』(有斐閣双書) 有斐閣, 224p., 1975.
星野 命・詫摩武俊編『性格は変えられるか：新しい自己の発見と創造』(新版) (有斐閣選書) 有斐閣, 299p., 1985.
ボスナック, R., 渡辺寛美訳『夢体験を深める：ドリームワークの方法』創元社, 192p., 1992.
ホートン, P.C., 児玉憲典訳『移行対象の理論と臨床：ぬいぐるみから大洋体験へ』金剛出版, 270p., 1985.
ボニーム, W., 鑪 幹八郎・一丸藤太郎・山本 力訳『夢の臨床的利用』誠信書房, 590p., 1987.
ポーピッツ, H., 小野八十吉訳『疎外された人間』未来社, 259p., 1979.
ホフマン, E., 上田吉一訳『真実の人間：アブラハム・マスローの生涯』誠信書房, 462p., 1995,
ポラニー, M., 長尾史郎訳『個人的知識』ハーベスト社, 460p., 1985.
堀 忠雄・斉藤 勇編『意識と行動』(脳生理心理学重要研究集 1) 誠信書房, 280p., 1992.
堀 忠雄・斉藤 勇編『情報処理と行動』(脳生理心理学重要研究集 2) 誠信書房, 221p., 1995.
堀 忠雄・斎藤 勇編『脳と心のトピックス100』誠信書房, 242p., 1989.
ボーレン, J.S., 村本詔司・村本邦子訳『女はみんな女神』(ウイメンズブックス 7) 新水社, 400p., 1991.
ホワイト, M.・エプストン, D., 小森康永訳『物語としての家族：研修・実践・展開』金剛出版, 292p., 1992.
ポングラチュ, M.・ザントリー, I., 種村季弘他訳『夢の王国：夢解釈の四千年』河出書房新社, 408p., 1987.
本多一郎『ことばの分析』ナカニシヤ出版, 122p., 1980.
本多信一『心が疲れたら「ありのままの自分」で生きなさい：のびやかな気分になれる「老子発想」のすすめ』大和出版, 192p., 1991.
本多信一『内向型人間には「逆発想」の生き方がある："自分を好きになる"考え方のヒント』大和出版, 224p., 1989.
本多信一『内向型人間の心がラクになる生き方：うまくより、自分らしく生きるコツ』大和出版, 224p., 1997.
本多信一『内向型人間の成功にはコツがある：マイナスに思える性格をプラスに活かす法則29』大和出版, 216p., 1993.
ポンタリス, J.B., 藤谷興一訳『魅きつける力：夢・転移・言葉』みすず書房, 200p., 1993.

ま行

マァレー，H. A. 編，外林大作訳編『パーソナリティ I・II』誠信書房，380p.，380p.，1961，1962.
マウラー，O. H.，上里一郎訳編『疎外と実在的対話』誠信書房，416p.，1969.
前田俊男編訳『言語の構造と病理』誠信書房，226p.，1971.
牧　康夫『人間探求の心理学』（アカデミア・ブックス）アカデミア出版会，296p.，1982.
槇田　仁『パーソナリティの診断 I：理論篇』金子書房，312p.，1995.
槇田　仁『パーソナリティの診断 II：実践篇』金子書房，312p.，1995.
槇田　仁『筆跡性格学入門』金子書房，165p.，1992.
マクラレン，A.，荻野美穂訳『性の儀礼：近世イギリスの産の風景』人文書院，300p.，1989.
正木　正『性格の心理』金子書房，276p.，1976.
正田　亘・松平信久編『教育心理学』晃洋書房，364p.，1981.
増永篤彦『性格の発見』誠信書房，288p.，1961.
マスロー，A. H.，上田吉一訳『完全なる人間：魂のめざすもの』誠信書房，328p.，1964.
マスロー，A. H.，佐藤三郎・佐藤全弘訳『創造的人間：宗教・価値・至高経験』誠信書房，248p.，1972.
マスロー，A. H.，上田吉一訳『人間性の最高価値』誠信書房，481p.，1973.
マズロー，A. H.，小口忠彦訳『人間性の心理学』産業能率大学出版部，476p.，1971（改訂新版，1987）.
松井　豊他『自分の性格と他人の性格』（パッケージ・性格の心理 5）ブレーン出版，252p.，1986.
松井洋子『癒しのパフォーマンス：カルト・いじめ・男と女・虐待・差別』メディカ出版，228p.，1995.
マッセン，P. H.・コンガー，J. J.・ケイガン，J.，三宅和夫・若井邦夫監訳『発達心理学概論 I・II』誠信書房，438p.，366p.，1984，1984.
松永勝也『瞳孔運動の心理学』ナカニシヤ出版，152p.，1990.
マツモト，D.，工藤　力訳『日本人の感情世界：ミステリアスな文化の謎を解く』誠信書房，222p.，1996.
マドモアゼル・愛『自分を愛することから始めよう：あなたはあなたのままでいい』大和出版，184p.，1993.
マネー，J.，朝山春江・朝山耿吉訳『ラブ・アンド・ラブシックネス』人文書院，392p.，1987.
マネー，J.・タッカー，P.，朝山新一他訳『性の署名：問い直される男と女の意味』人文書院，312p.，1979.
間々田孝夫『行動理論の再構成：心理主義と客観主義を超えて』福村出版，288p.，1991.
間宮　武『性差心理学』金子書房，370p.，1979.
マルツ，M.，小圷　弘訳『自分を動かす：マルツ博士の実践的自己改善法』知道出版，218p.，1986.
マロー，A. J.，望月　衛・宇津木保訳『KURT LEWIN：その生涯と業績』誠信書房，512p.，1972.
マンドラー，G.，田中正敏・津田　彰監訳『情動とストレス』誠信書房，462p.，1987.
マンドラー，G.，大村彰道・馬場久志・秋田喜代美訳『認知心理学の展望』紀伊國屋書店，240p.，1990.
三木福治郎『「性」の医学読本』川島書店，64p.，1987.
三木善彦『答えは自分の中に：人生案内の窓から』ブレーン出版，162p.，1995.
水口禮治『無気力からの脱出』福村出版，248p.，1958.
水島恵一『人間学』（有斐閣双書）有斐閣，326p.，1977.
水島恵一編『イメージの基礎心理学』（イメージ心理学 1）誠信書房，326p.，1983.
三隅二不二『リーダーシップ行動の科学』有斐閣，544p.，1984.
三隅二不二・木下富雄『社会心理学の発展 2』ナカニシヤ出版，427p.，1991.
ミッシェル，W.，詫摩武俊監訳『パーソナリティの理論：状況主義的アプローチ』誠信書房，390p.，1992.
ミッシルダイン，W. H.，泉　ひさ訳『幼児的人間』黎明書房，368p.，1983.
ミッチャーリヒ，A.，中野良平・白滝貞昭訳『葛藤としての病』（りぶらりあ選書）法政大学出版局，210p.，1973.
ミッチャーリヒ，A.，竹中豊治訳『攻撃する人間』（りぶらりあ選書）法政大学出版局，164p.，1970.
ミッチャーリヒ，A.，小見山実訳『父親なき社会』新泉社，368p.，1972.
ミッチャーリヒ，A.・ミッチャーリヒ，M.，林峻一郎・馬場健一訳『喪われた悲哀』（現代思想選 18）河出書房新社，442p.，1984.

ミッチャーリヒ，M.，山下公子訳『過去を抹殺する社会：ナチズムの深層心理』新曜社，264p.，1989.
ミード，M.，田中寿美子・加藤秀俊訳『男性と女性：移りゆく世界における両性の研究　上・下』創元社，312p.，248p.，1961a，1961b.
南　博『家族内性愛』(叢書プシケ）朝日出版社，218p.，1984.
南　博『日本人の心理』（岩波新書）岩波書店，212p.，1974.
南　博編著『原典による心理学入門』（講談社学術文庫）講談社，628p.，1993.
南　博・社会心理研究所『くちコミュニケーション』（書き下しシリーズ）誠信書房，289p.，1976.
ミニューチン，S.，信国恵子訳『家族万華鏡』誠信書房，406p.，1961.
宮城音弥『愛と憎しみ：その心理と病理』（岩波新書）岩波書店，192p.，1984.
宮城音弥『新・心理学入門』（岩波新書）岩波書店，224p.，1981.
宮城音弥『ストレス』（講談社現代新書）講談社，211p.，1981.
宮城音弥『性格』（岩波新書）岩波書店，245p.，1960.
宮城音弥『人間性の心理学』（岩波新書）岩波書店，208p.，1968.
宮城音弥『夢』（第2版）（岩波新書）岩波書店，200p.，1972.
宮城音弥『劣等感：その本体と克服』（東書選書）東京書籍，228p.，1979.
宮沢秀次・二宮克美・大野木裕明編『自分でできる心理学』ナカニシヤ出版，100p.，1991.
宮田加久子『無気力のメカニズム：その予防と克服のために』誠信書房，238p.，1991.
宮本忠雄『心がなくなる』思潮社，236p.，1983.
宮本忠雄『半未来社会の狂気と正気』東京書籍，209p.，1987.
宮本暉久『無意識への教育：子どもを伸ばす睡眠の原理』朱鷺書房，214p.，1982.
ミュラー，F.，清水正徳・山本道雄訳『疎外と国家』福村出版，185p.，1974.
ミラー，G. A.・ギャランター，E.・プリブラム，K. H.，十島雍蔵・佐久間　章『プランと行動の構造』誠信書房，262p.，1980.
ミラー，H. L.・シーゲル，P. S.，藤原武弘訳編『ラブ：愛の心理学』福村出版，240p.，1983.
ムスターカス，C. E.，片岡　康・東山紘久訳『愛と孤独』創元社，210p.，1984.
ムスターカス，C. E.，飯鉢和子訳『孤独：体験から自己発見の研究』（岩崎学術双書）岩崎学術出版社，171p.，1986.
無藤　隆編『現代発達心理学入門』（別冊『発達』15）ミネルヴァ書房，280p.，1993.
無藤　隆・藤﨑眞知代・市川伸一『教育心理学』（有斐閣Sシリーズ）有斐閣，300p.，1991.
村井潤一『言語と言語障害を考える』（村井潤一著作集成3部作 II）ミネルヴァ書房，242p.，1987.
村井潤一編『発達の理論をきずく』（別冊『発達』4）ミネルヴァ書房，278p.，1986.
村上英治編『人間性心理学への道：現象学からの提言』誠信書房，186p.，1986.
村瀬隆二編『教育実践のための教育心理学』新曜社，240p.，1989.
村松基之亮『あしたの家族：信じること・愛すること』（シリーズ「女・いま生きる」）ミネルヴァ書房，275p.，1989.
村山久美子『ウーマンズ・ラブ：女性の人間関係学』創元社，220p.，1990.
村山久美子『女性心理学入門』誠信書房，182p.，1987.
村山正治編『ヒューマニティ：新たな深まりと広がりを求めて』九州大学出版会，150p.，1993.
メイ，R.，小野泰博訳『愛と意志』（ロロ・メイ著作集　2）誠信書房，534p.，1972.
メイ，R.，小野泰博・小野和哉訳『失われし自我をもとめて』（改訳版）（ロロ・メイ著作集　1）誠信書房，348p.，1995.
メイ，R.，伊東　博・伊東順子訳『自由と運命』（ロロ・メイ著作集　6）誠信書房，462p.，1988.
メイ，R.，小野泰博訳『創造への勇気』（ロロ・メイ著作集　4）誠信書房，210p.，1981.
メイ，R.，伊東　博・伊東順子訳『存在の発見』（ロロ・メイ著作集　5）誠信書房，294p.，1986.
メイ，R.，伊東　博訳『美は世界を救う』誠信書房，254p.，1992.
メイ，R.，小野泰博訳『不安の人間学』誠信書房，404p.，1963.
メイ，R.，小野泰博訳『わが内なる暴力』（ロロ・メイ著作集　3）誠信書房，380p.，1980.

E 人間理解に関する本

メイヤー, R.E., 佐古順彦訳『新思考心理学入門：人間の認知と学習へのてびき』(サイエンスライブラリ心理学 10) サイエンス社, 272p., 1979.
メイヤー, R.E., 多鹿秀継訳『認知心理学のすすめ』サイエンス社, 176p., 1983.
メドニック, S.A., 八木 晃訳『学習』(現代心理学入門 7) 岩波書店, 162p., 1966.
メドニック, S.A., 外林大作・島津一夫編訳『心理学概論』誠信書房, 424p., 1979.
望月享子『日常の不器用：もたもた, とちり, あがり等の効用』誠信書房, 252p., 1993.
本明 寛『「生きる」心理学』金子書房, 224p., 1985.
本明 寛『人格診断法：ロールシャッハ・テスト』金子書房, 290p., 1974.
本明 寛編『新・心理学序説』(改訂) 金子書房, 340p., 1991.
本山 博『経絡-臓器機能測定について』宗教心理学研究所, 155p., 1974.
本山 博『東洋医学気の流れの測定・診断と治療』宗教心理出版, 307p., 1985.
森岡正芳『こころの生態学：臨床人間科学のすすめ』朱鷺書房, 288p., 1995.
森正義彦編『教育心理学要論』(有斐閣双書) 有斐閣, 228p., 1986.
守屋慶子『心・からだ・ことば・』ミネルヴァ書房, 300p., 1982.
モレンハウアー, K., 今井康雄訳『忘れられた連関：「教える-学ぶ」とは何か』みすず書房, 252p., 1987.

や行

ヤコービ, M., 松代洋一訳『楽園願望』紀伊國屋書店, 272p., 1988.
安田一郎『感情の心理学：脳と情動』青土社, 308p., 1993.
矢野喜夫・落合正行『発達心理学への招待：人間発達の全体像をさぐる』(新心理学ライブラリ 5) サイエンス社, 328p., 1991.
ヤノフ, A., 中山善之訳『原初からの叫び：抑圧された心のための原初理論』講談社, 364p., 1975.
山内隆久編『人間関係事例ノート：心のネットワークを求めて』ナカニシヤ出版, 210p., 1995.
山内光哉編『発達心理学 上：周産・新生児・乳幼児・児童期』ナカニシヤ出版, 170p., 1988.
山内光哉編『発達心理学 下：青年・成人・老年期』ナカニシヤ出版, 156p., 1990.
山口昌男『道化的世界』(ちくま文庫) 筑摩書房, 412p., 1986.
山崎 正・対馬 忠編『現代教育心理学：人間形成への道』ナカニシヤ出版, 248p., 1982.
山崎喜直『教育心理学の基礎』北樹出版, 269p., 1993.
山田雄一編『組織心理学』(有斐閣双書) 有斐閣, 205p., 1971.
山田雄一・清水 信・依田 明・生田目常光『定年期の心理：人生の転機をどう生きるか』(有斐閣新書) 有斐閣, 192p., 1979.
やまだようこ『私をつつむ母なるもの：イメージ画にみる日本文化の心理』有斐閣, 328p., 1988.
山根清道編『犯罪心理学』新曜社, 304p., 1974.
山野 保『「うらみ」の心理：その洞察と解消のために』創元社, 250p., 1989.
山松質文『臨床教育心理学』(現代心理学ブックス) 大日本図書, 200p., 1971.
山本和郎『コミュニティ心理学：地域臨床の理論と実際』東京大学出版会, 255p., 1986.
山本和郎編『生活環境とストレス』(講座・生活ストレスを考える 2) 垣内出版, 330p., 1985.
湯沢雍彦・坂井敏郎共編『現代の性差と性役割：性別と家族の社会学』培風館, 248p., 1984.
横山雅臣・徳田克己編『こころのサイエンス：若い女性のための心理学入門』文化書房博文社, 280p., 1988.
吉田辰雄・平出仁編『臨床教育心理学』(現代心理学ブックス) 垣内出版, 342p., 1978.
吉田俊郎『基礎心理学』北樹出版, 212p., 1983.
吉田正昭『心理学史から 1』(心理学叢書) サイエンス社, 240p., 1983.
吉福伸逸『トランスパーソナルとは何か』春秋社, 320p., 1987.
吉福伸逸『無意識の探検：トランスパーソナル心理学最前線』TBSブリタニカ, 273p., 1988.
吉福伸逸・岡野守也『テーマは〈意識の変容〉』春秋社, 280p., 1991.
能見義博編『学習心理学』大日本図書, 292p., 1976.

能見義博編『教育心理学序説』八千代出版, 192p., 1988.
依田　明『家族関係の心理』(有斐閣新書) 有斐閣, 200p., 1978.
依田　新『人間理解の心理学』金子書房, 236p., 1982.
依田　新編『教育心理学』金子書房, 416p., 1974.
米山正信『文学作品に学ぶ心の秘密』誠信書房, 276p., 1985.
頼藤和寛『自我の狂宴：エロス・心・神秘』創元社, 240p., 1986.
頼藤和寛『性格をつかむ：幸福への処世学』創元社, 270p., 1983.
頼藤和寛『だれかがどうにか症候群：現代人を理解する新しい視点』日本評論社, 224p., 1995.
頼藤和寛『人間関係ゲーム：タテマエとホンネの研究』創元社, 230p., 1984.

ら行

ライクロフト, C., 神田橋條治・石川　元訳『想像と現実』岩崎学術出版社, 224p., 1979.
ライト, A., 藤田綾子他訳『サクセス・コミュニケーション：心理学者がすすめる上手なつきあい方』ナカニシヤ出版, 156p., 1992.
ラッセル, R., ・レイン, R.D., 岸　良範・若山隆良訳『愛のレッスン：レインと私』新曜社, 416p., 1994.
ラーナー, R.M.・ブッシュ＝ロスナーガル, N.A.編, 上田礼子訳『生涯発達学：人生のプロデューサーとしての個人』岩崎学術出版社, 380p., 1990.
ラマニシャイン, R.D., 田中一彦訳『科学からメタファーへ：映像としての心理学世界』誠信書房, 316p., 1984.
ラム, W., ・ウォトソン, E., 小津次郎・大橋洋一・秋山　喜・村上　建訳『ボディ・コード：からだの表情』紀伊國屋書店, 300p., 1981.
ランク, O., 野田　倬訳『英雄誕生の神話』人文書院, 248p., 1986.
ランディス, B., 馬場禮子・小出れい子訳『自我境界』岩崎学術出版社, 224p., 1981.
ランバウ, S.S., 小島哲也訳『チンパンジーの言語研究：シンボルの成立とコミュニケーション』ミネルヴァ書房, 520p., 1992.
リアリー, M.R.・ミラー, R.S., 安藤清志・渡辺浪二・大坊邦夫訳『不適応と臨床の社会心理学』誠信書房, 356p., 1989.
リース, G., 渡辺　学訳『火の夢：元素的な変容の力について』(シリーズ夢の道しるべ) 春秋社, 199p., 1992.
リースマン, D., 加藤秀俊訳『孤独な群衆』みすず書房, 350p., 1964.
リソ, D.R., 鈴木秀子監修, 橋村令助・俵　晶子訳『性格タイプの分析：エニアグラムの実践ガイド』春秋社, 352p., 1991.
リード, D., 辻　和子・笠原　嘉訳『アンナ』みすず書房, 283p., 1987.
リーバーマン, J.N., 沢田慶輔・沢田瑞也訳『「遊び方」の心理学：遊びの中にみる想像と創造性』(心理学叢書 8) サイエンス社, 304p., 1980.
リーヒー, T.H., 宇津木　保訳『心理学史：心理学的思想の主要な潮流』誠信書房, 622p., 1986.
リフトン, R.J., 小野泰博・吉松和哉訳『終りなき現代史の課題：死と不死のシンボル体験』(人間科学叢書) 誠信書房, 434p., 1974.
リフトン, R.J., 小野泰博訳『思想改造の心理：中国における洗脳の研究』誠信書房, 540p., 1979.
リン, R., 岩脇三良・宇津木　保・望月　衛訳『性格と国民性：不安と繁栄』誠信書房, 332p., 1973.
ルシュラン, M., 豊田三郎訳『心理学の歴史』(文庫クセジュ) 白水社, 160p., 1990.
ルーテ, W., 内山喜久雄訳『創造性開発法』誠信書房, 372p., 1981.
レイノルズ, G.S., 浅野俊夫訳『オペラント心理学入門：行動分析への道』(サイエンスライブラリ心理学 9) サイエンス社, 176p., 1978.
レイヒ, B.B.・ジョンソン, M.S., 宮原英種監訳『教室で生きる教育心理学』新曜社, 496p., 1983.
レイン, R.D., 坂本良男・笠原　嘉訳『家族の政治学』みすず書房, 200p., 1979.
レイン, R.D., 笠原　嘉・志貴春彦訳『自己と他者』みすず書房, 240p., 1975.
レイン, R.D., 村上光彦訳『結ぼれ』みすず書房, 158p., 1973.

E 人間理解に関する本

レヴィット, E. E., 西川好夫訳『不安の心理学』法政大学出版局, 336p., 1969.
レスタック, R. M., 河内十郎訳『脳の人間学：脳研究と人間の可能性』新曜社, 496p., 1982.
レーナー, H. G., 園田雅代訳『怒りのダンス：人間関係のパターンを変えるには』（わたしらしさの発見 3）誠信書房, 326p., 1993.
レーナー, H. G., 中釜洋子訳『親密さのダンス：身近な人間関係を変える』（わたしらしさの発見 4）誠信書房, 310p., 1994.
レナード, P., 茂木俊彦・宗沢忠雄訳『人格とイデオロギー』大月書店, 228p., 1988.
レビンソン, D., 南 博訳『ライフサイクルの心理学 上・下』（講談社学術文庫）講談社, 342p., 290p., 1992, 1992.
レベンクロン, S., 杵淵幸子・森川那智子訳『鏡の中の孤独』（集英社文庫）集英社, 383p., 1991.
レーマン, W. E., 新田健一訳『アダム・コンプレックス：自己発見のための男性心理学』勁草書房, 208p., 1995.
ロウ, G., 西川好夫訳『人間性の発達』法政大学出版局, 350p., 1975.
ロジャーズ, C. R., 友田不二男監訳『教育への挑戦』岩崎学術出版社, 184p., 1985.
ロジャーズ, C. R., 畠瀬直子監訳『人間尊重の心理学：わが人生と思想を語る』創元社, 370p., 1984a.
ロジャーズ, C. R., 伊東 博監訳『人間中心の教師』岩崎学術出版社, 196p., 1984b.
ロジャーズ, C. R., 畠瀬 稔・畠瀬直子訳『人間の潜在力：個人尊重のアプローチ』創元社, 380p., 1980.
ロジャーズ, N., 拓植明子監修, 秋山惠子他訳『啓かれゆく女性：中年における変革の10年』創元社, 320p., 1988.
ロッター, J. B.・ホックレイク, D. J., 詫摩武俊・次良丸睦子・佐山薫子訳『パーソナリティの心理学』新曜社, 224p., 1980.
ローラッヘル, H., 宮本忠雄訳『性格学入門』みすず書房, 302p., 1966.
ローレンツ, K., 日高敏隆・久保和彦訳『攻撃：悪の自然誌』（新装版）みすず書房, 386p., 1985.
ローレンツ, K., 日高敏隆訳『ソロモンの指輪：動物行動学入門』早川書房, 240p., 1970.

わ行

ワイス, R. D. 他, 和田清他訳『コカイン』星和書店, 320p., 1991.
ワイナー, B., 林 保・宮本美沙子監訳『ヒューマン・モチベーション：動機つけの心理学』金子書房, 368p., 1989.
若き認知心理学者の会『認知心理学者教育を語る』北大路書房, 238p., 1994.
我妻 洋『家族の崩壊』文藝春秋, 280p., 1985.
ワーグナー, A., 諸永好孝訳『率直に話そう：よりよい人間関係を築く14の秘訣』社会思想社, 192p., 1990.
渡辺俊男『自由と疎外：近代的自由とその崩壊』ミネルヴァ書房, 301p., 1973.
わたなべやすまろ『自分ってなんだろう：現代日本人の自己形成』日本エディタースクール出版部, 200p., 1993.
ワツラウィック, P., 長谷川啓三訳『希望の心理学：そのパラドキシカルアプローチ』（りぶらりあ選書）法政大学出版局, 154p., 1987.
ワトソン, J. B., 安田一郎訳『行動主義の心理学』（現代思想選）河出書房新社, 392p., 1980.
ワン, T. W. 編, 村山正治編訳『行動主義と現象学：現代心理学の対立する基盤』岩崎学術出版社, 308p., 1980.

洋書

Busse, E. W. & Blazer, D. G. (ed) : *Geriatric Pyschiatry*. American Psychiatric Press (Washington, D. C.), 725p., 1989.
Davison, G. C. und Neale, J. M. : *Klinische Psyhologie : ein Lehrbuch*. (3 Auflage) Psychologie Verlags Union (München), 869p., 1988.
Gelder, M., Gath, D. & Mayou, R. : *Oxford Textbook of Psychiatry*. (2nd edition) Oxford Univ. Press (Oxford), 1079p., 1989.
Heston, L. L. & White, J. A. : *The Vanishing Mind : A Practecal Guide to Alzheimer's Disease and Other*

Dementias. W. H. Freeman (New York), 191p., 1983.
Jacoby, R. R. & Oppenheimer, C. (ed) : *Psychiatry in the Elderly*. Oxford Univ. Press (Oxford), 969p., 1991.
Kaplan, H. I. & Sadock, B. J. (ed.) : *Comprehensive Textbook of Psychiatry*. (5th edition) Williams & Wikins (Baltimore, Md.), 2229p., 1989.
Peters, U. H. (herausgegeben) : *Kindlers "Psychologie des 20 Jahrhunderts" Psychiatrie*. Beltz Verlag (Basel), Band I, 588p.; Band II, 581p., 1983.
Sarason, I. G. & Sarason, B. R.: *Abnormal Psychology*. (6th edition) Prentice-Hall (Englewood Cliffs, N. J.), 526p., 1989.
Talbott, J. A. Hales, R. E. & Yudofsky, S. C. (ed.) : *The American Psyhiatric Press Textbook of Psychiatry*. American Psyhiatric Press (Washington, D. C.), 1324p., 1988.

F 子どもの心理に関する本（心身障害・不登校児・親子関係・青年を含む）

あ行

アイゼンバーグ，N., 二宮克美・首藤敏元訳『思いやりのある子どもたち：向社会的行動の発達心理』北大路書房，222p., 1995.
アイゼンバーグ，N.・マッセン，P. H., 菊池章夫・二宮克美訳『思いやり行動の発達心理』金子書房，264p., 1991.
アイヒホルン，A., 三沢泰太郎訳『手におえない子』誠信書房，276p., 1981.
アクスライン，V. M., 岡本浜江訳『開かれた小さな扉：ある自閉児をめぐる愛の記録』日本エディタースクール出版部，328p., 1987.
秋葉英則他『小・中学生の発達と教育』創元社，236p., 1978.
安香　宏・瓜生　武・中里至正・松本良夫『非行少年の心理』（有斐閣新書）有斐閣，202p., 1979.
東　清和・小倉千加子『性差の発達心理』（現代心理学ブックス）大日本図書，216p., 1982.
東　正『行動教育への招待：その子どもの可能性を切り開く心理学的アプローチ』川島書店，228p., 1991.
東　正『子どもは変わる：お母さん・先生のための行動変容の心理学入門』川島書店，152p., 1985.
東　正『女子学生のための幼児・児童教育心理学：大学・短期大学の心理学入門』（新版）川島書店，176p., 1991.
東　正編『学生・教師のための精神遅滞概説』川島書店，202p., 1985.
東　正責任編集『教育心理学要説』川島書店，190p., 1982.
東　洋『子どもの能力と教育評価』（UP選書）東京大学出版会，220p., 1979.
東　洋・柏木惠子編『教育の心理学：学習・発達・動機の視点』有斐閣，288p., 1989.
足立正常・秋山俊夫編『乳幼児教育心理学』（幼児教育・保育講座 3）福村出版，224p., 1990.
新しい教育心理学者の会『心理学者　教科教育を語る』北大路書房，250p., 1995.
渥美美恵子・松尾宣武編『発達の遅れた子どもを育てる方へ：家庭でできる教育の実際』星和書房，256p., 1983.
阿部和彦編『小児の問題行動と自覚症状』（精神医学文庫）金剛出版，160p., 1982.
阿倍北夫・古谷妙子編『教育心理学入門』ブレーン社，218p., 1985.
阿倍芳久『入門障害児教育の授業』日本文化科学社，192p., 1990.
天野隆雄『女子生徒の教育』成文堂，210p., 1986.
新井清三郎『発達診断の理論と実際』福村出版，240p., 1980.
アリエス，P., 杉山光信・杉山恵美子訳『〈子供〉の誕生：アンシャン・レジーム期の子供と家族生活』みすず書房，424p., 1980.
有川正祐『教育における心理の問題』八千代出版，240p., 1992.
安藤延男編『学校社会のストレス』（生活ストレスを考える 5）垣内出版，328p., 1985.
安藤延男編『教育心理学入門』福村出版，256p., 1982.
イェイツ，E., 諸岡敏行訳『子どもたちの心の病を治した犬』草思社，168p., 1991.
イェッゲ，J., 小川真一訳『むずかしい時期の子供たち』みすず書房，392p., 1988.
池田太郎『こんとん君立ちなさい』（有斐閣新書）有斐閣，200p., 1983.
池田由子『やさしい精神保健：保母・教諭・養護教諭のために』教育出版，192p., 1993.
石井澄生・松田淳之助編『発達心理学』ミネルヴァ書房，230p., 1986.
石川憲彦・小倉　清・河合　洋・斎藤慶子『子どもの心身症』岩崎学術出版社，208p., 1988.
石田幸平・武井槇次『失われた子ども空間：登校拒否・いじめ・女子非行』新曜社，264p., 1987.
石田幸平・武井槇次編『犯罪心理学：青少年犯罪者の生活空間と類型論』東海大学出版会，212p., 1984.
石田恒好・阿部　勲編『教育心理学』協同出版，189p., 1953.
磯貝芳郎編『教育心理学の世界』福村出版，340p., 1981.

F 子どもの心理に関する本

イタール，J.M.G.，古武彌正訳『アヴェロンの野生児』福村出版，128p.，1975.
イタール，J.M.G.，中野善達他訳『新訳　アヴェロンの野生児：ヴィクトールの発達と教育』(野生児の記録 7) 福村出版，200p.，1978.
一番ヶ瀬康子・長谷川重夫・吉沢英子『子どもの権利条約と児童の福祉』(別冊『発達』12) ミネルヴァ書房，296p.，1992.
伊藤友宣『しつける：生きる基本を身につけさせる本』金子書房，272p.，1993.
位頭義仁『遅れのある子どもの指導法入門：教育現場のためのガイドブック』川島書店，200p.，1987.
伊藤隆二『学習障害の診断と指導』(伊藤隆二著作集　3) 岩崎学術出版社，272p.，1990a.
伊藤隆二『こころの時代の教育』慶応義塾大学出版会，280p.，1989.
伊藤隆二『子どもたちに未来を』福村出版，224p.，1983.
伊藤隆二『障害児教育とは何かを問う』福村出版，216p.，1984.
伊藤隆二『障害児に学ぶ』福村出版，256p.，1981.
伊藤隆二『障害児福祉と教育を考える』福村出版，200p.，1986.
伊藤隆二『新・教育心理学』八千代出版，256p.，1988.
伊藤隆二『知能の心理と創造性教育』(伊藤隆二著作集　1) 岩崎学術出版社，288p.，1990b.
伊藤隆二『知能の病理と治療教育』(伊藤隆二著作集　2) 岩崎学術出版社，288p.，1990c.
伊藤隆二『幼児の人生相談』有斐閣，234p.，1984.
伊藤隆二・坂野　登・鑪　幹八郎編『教育心理学を学ぶ』(新版) (有斐閣選書) 有斐閣，334p.，1988.
稲垣　卓『登校拒否児への援助』金剛出版，200p.，1991.
稲越孝雄・藤原正光・安塚俊行編『育み・かかわり・学びあう：教育心理学の視点から』福村出版，240p.，1994.
稲村　博『親子関係学』(講談社現代新書) 講談社，200p.，1981.
稲村　博『子供の自殺』東京大学出版会，252p.，1978.
稲村　博『しつけ相談室』弘文堂，252p.，1983.
稲村　博『登校拒否の克服：続・思春期挫折症候群』新曜社，368p.，1988.
稲村　博『不登校の研究』新曜社，584p.，1994.
稲村　博『不登校・ひきこもりQ&A』誠信書房，246p.，1993.
稲村　博他編『登校拒否のすべて：学校教育相談の理論・実践事例集』第一法規出版，加除式，1990-.
乾　吉佑・飯長喜一郎編『産業心理臨床』(心理臨床プラクティス　4) 星和書店，384p.，1993.
乾　吉佑・飯長喜一郎・篠木　満編『教育心理臨床』(心理臨床プラクティス　2) 星和書店，290p.，1991.
井上敏明『無気力症：子どものサインをどう理解するか』朱鷺書房，272p.，1979.
猪俣丈二・本吉鼎三・山崎晃資編『学校精神保健ガイドブック』誠信書房，272p.，1994.
今栄国晴編『教育の情報化と認知科学：教育の方法と技術の革新』福村出版，256p.，1992.
岩井勇児編『発達と学習の心理』福村出版，208p.，1991.
岩城正彦・岩城富美子・淵上継雄・堺　太郎『乳幼児臨床心理学』川島書店，238p.，1973.
岩田純一・梅本堯夫編『教育心理学を学ぶ人のために』世界思想社，254p.，1995.
岩田純一・吉田直子・山上雅子・岡本夏木『発達心理学』有斐閣，292p.，1992.
岩堂美智子・松島恭子編『発達臨床心理学：子ども・生活・ヒューマニティ』創元社，257p.，1991.
ヴァレンタイン，C.W.，柏木恵子・古崎愛子訳『正常児の中の異常』河野心理教育研究所，368p.，1975.
ヴァン・デン・ベルク，J.H.，足立　叡・田中一彦訳『疑わしき母性愛』川島書店，166p.，1977.
ウィックス，F.G.，秋山さと子・國分久子訳『子ども時代の内的世界』海鳴社，372p.，1983.
ウィニコット，D.W.，猪俣丈二訳『赤ちゃんはなぜなくの：子どもと家族とまわりの世界　上』星和書店，224p.，1985.
ウィニコット，D.W.，成田善弘・根本真弓訳『赤ん坊と母親』(ウィニコット著作集　1) 岩崎学術出版社，128p.，1993.
ウィニコット，D.W.，橋本雅雄訳『遊ぶことと現実』岩崎学術出版社，280p.，1979.
ウィニコット，D.W.，牛島定信監訳『子どもと家庭：その発達と病理』誠信書房，250p.，1984.
ウィニコット，D.W.，猪俣丈二訳『子どもはなぜあそぶの：子どもと家族とまわりの世界　下』星和書店，256

p., 1986.
ウィニコット, D. W., 北山　修監訳『小児医学から児童分析へ』(ウィニコット臨床論文集　1) 岩崎学術出版社, 256p., 1989.
ウィニコット, D. W., 橋本雅雄監訳『適応障害・学業不振・神経症 (子どもの治療相談　1)』岩崎学術出版社, 240p., 1987.
ウィニコット, D. W., 橋本雅雄監訳『反社会的傾向・盗みと愛情剥奪 (子どもの治療相談　2)』岩崎学術出版社, 240p., 1987.
ウエストン, P. T. B. 編, 牧田清志訳『自閉児の教育』岩崎学術出版社, 126p., 1971.
上田　薫『教師も親もまずわが足もとを見よ：人間観の変革』金子書房, 248p., 1989.
上野一彦『学習障害児の相談室』(有斐閣選書) 有斐閣, 240p., 1987.
上野一彦『教室のなかの学習障害』(有斐閣新書) 有斐閣, 190p., 1984.
上野一彦編, 小林　玄絵『きみならどうする：LDのためのソーシャルスキル』日本文化科学社, 64p., 1991.
上野一彦・牟田悦子共編著『学習障害児の教育：診断と指導のための実践事例集』日本文化科学社, 264p., 1992.
ウェルナー, P.・リニ, L., 昇地勝人他訳『発達を促す指導法：自作の教具によるトレーニング』ナカニシヤ出版, 194p., 1985.
ウォルマン, B., 作田　勉訳編『子どもの恐怖』誠信書房, 230p., 1980.
牛島定信『不良化傾向の早期発見』金子書房, 194p., 1975.
牛島義友・木田市治・森沢　要・入沢寿夫『乳幼児精神発達検査：乳幼児簡易検査の解説』金子書房, 332p., 1959.
牛島義友・星　美智子『幼児総合精神検査』金子書房, 192p., 1976.
氏原　寛・東山紘久・倉戸ヨシヤ編『臨床教育心理学』創元社, 330p., 1983.
内須川　洸編『吃音の心理臨床』(講座・心理臨床の実際) 福村出版, 200p., 1984.
内田伸子『ごっこからファンタジーへ：子どもの想像世界』新曜社, 336p., 1986.
内田伸子『幼児心理学への招待：子どもの世界づくり』(新心理学ライブラリ　2) サイエンス社, 296p., 1989.
内山喜久雄編『児童臨床心理学の諸理論』岩崎学術出版社, 266p., 1969.
内山喜久雄編『登校拒否』金剛出版, 252p., 1983.
内山喜久雄・上出弘之・高野清純編『教育障害の治療と指導』(講座・発達障害の臨床　2) 岩崎学術出版社, 272p., 1979.
内山喜久雄・上出弘之・高野清純編『脳・身体障害の治療と教育』(講座・発達障害の臨床　5) 岩崎学術出版社, 338p., 1979.
梅津耕作編『自閉児の行動評定』金子書房, 264p., 1980.
瓜生　武・松元泰儀・村瀬嘉代子・屋久孝夫・渡辺　進『学校内暴力・家庭内暴力』(有斐閣新書) 有斐閣, 212p., 1980.
エヴァンズ, R. I., 宇津木　保訳『ピアジェとの対話』(誠信ピアジェ選書　3) 誠信書房, 260p., 1973.
江川玖成『いじめから学ぶ：望ましい人間関係の育成』大日本図書, 203p., 1986.
エスティズ, W. K., 小牧純爾訳『学習理論と精神発達』ナカニシヤ出版, 256p., 1985.
江幡玲子『思春期とは：愛することを求める子どもたち』小学館, 256p., 1986.
エリクソン, E. H., 仁科弥生訳『幼児期と社会　1・2』みすず書房, 366p., 248p., 1977, 1980.
エリクソン, E. H.・ニュートン, H., 近藤邦夫訳『エリクソン vs ニュートン』みすず書房, 200p., 1975.
エルカインド, D., 久米　稔・三島正英・大木桃代訳『居場所のない若者たち：危機のティーンエイジャー』家政教育社, 342p., 1994.
遠藤豊吉・深谷昌志・岡　宏子他『子どもが見えない：今の子どもをどうとらえるか』(朝日ゼミシリーズ　5) 金子書房, 240p., 1987.
大井清吉・山本良典編『ちえおくれの子の性指導』福村出版, 224p., 1989.
大井先生退官記念論文集刊行委員会編『障害児教育の探求』田研出版, 390p., 1995.
大熊喜代松『ことば・発音・話し方を育てる：ことばの発達相談』日本文化科学社, 256p., 1988.
大熊喜代松『ボクもワタシも話したい：ことばを育てる親と教師』日本文化科学社, 216p., 1986.
大西誠一郎『新・中学生の心理と教育』(改訂版) 金子書房, 244p., 1980.

大西誠一郎編『親子関係の心理』金子書房, 308p., 1976.
大野清志・江草安彦編『指導法・脳性マヒ』(講座・発達障害 6) 日本文化科学社, 248p., 1987.
大野木裕明・森田英嗣・田中博之『教育の方法と技術を探る：教育工学・教育心理学からの接近』ナカニシヤ出版, 212p., 1991.
大原健士郎『子どもの自殺』(児童精神医学シリーズ 3) 安田生命社会事業団, 98p., 1979.
大東祥孝・松本雅彦・新宮一成・山中康裕編『青年期, 美と苦悩』金剛出版, 395p., 1990.
岡 宏子・稲村 博・福島 章他『自立への道：子が背をむけるとき』(朝日ゼミシリーズ 2) 金子書房, 248p., 1984.
岡 宏子・中村桂子・新井康允他『男の子・女の子：そのちがいと育て方』(朝日ゼミシリーズ 7) 金子書房, 200p., 1989.
岡田敬司『かかわりの教育学：教育役割くずし試論』ミネルヴァ書房, 256p., 1993.
岡堂哲雄編『親子の心理とウエルネス：21世紀の幸福な親子関係を目指して』(揺らぐ家族と心の健康シリーズ II) 至文堂, 192p., 1994.
岡堂哲雄編『非行の心理臨床』(講座・心理臨床の実際) 福村出版, 160p., 1990.
岡本夏木編『認識とことばの発達心理学』ミネルヴァ書房, 370p., 1988.
小川隆雄『障害児の力を引き出す87のツボ』日本文化科学社, 208p., 1992.
隠岐忠彦『心を閉ざした子どもたち：自閉症の発達精神病理』ミネルヴァ書房, 236p., 1978.
隠岐忠彦『自閉症の人間発達学』誠信書房, 496p., 1982.
小此木啓吾・小嶋謙四郎・渡辺久子『乳幼児精神医学の方法論』岩崎学術出版社, 288p., 1994.
小此木啓吾・渡辺久子編『乳幼児精神医学への招待：あなたは赤ちゃんとどのようにつきあいますか？』(別冊『発達』9) ミネルヴァ書房, 266p., 1989.
小野瀬雅人『入門期の書字学習に関する教育心理学的研究』風間書房, 158p., 1995.
オルウェーズ, D., 松井賚夫・角山 剛・都築幸恵訳『いじめ：こうすれば防げる』川島書店, 172p., 1995.
オレム, R.C.編, 平井 久・三谷嘉明監訳『新しいモンテッソーリ教育：恵まれない子どものために』誠信書房, 214p., 1989.
恩田 彰『創造性教育の展開』恒星社厚生閣, 318p., 1994.

か行

カイリー, D., 小此木啓吾訳『ピーターパン・シンドローム：なぜ彼らは大人になれないのか』祥伝社, 309p., 1984.
カーク, S.A.他, 伊藤隆二・上野一彦他訳『おくれている子どもの家庭指導』日本文化科学社, 272p., 1984.
梶田叡一『子どもの自己概念と教育』(増補版) (UP選書) 東京大学出版会, 200p., 1985.
梶田叡一『内面性の人間教育を：真の自立を育む』金子書房, 224p., 1989.
梶田正巳編『成長への人間的かかわり：心理学・教育学的アプローチ』(有斐閣選書) 有斐閣, 290p., 1995.
梶田正巳・太田信夫編『学習心理学』福村出版, 240p., 1985.
柏木恵子・松田 惺・宮本美沙子『親子関係の心理』有斐閣, 213p., 1978.
加藤隆勝編『思春期の人間関係：両親・先生・友だち』(現代心理学ブックス) 大日本図書, 208p., 1984.
加藤隆勝編『女子中学生の心理』(現代心理学ブックス) 大日本図書, 200p., 1981.
加藤隆勝編『青年期の意識構造：その変容と多様化』誠信書房, 282p., 1987.
金沢素朗・遠藤知見編『障害が重い子の教材・教具』日本文化科学社, 230p., 1979.
狩野朝朗・田崎敏昭『学級集団理解の社会心理学』ナカニシヤ出版, 172p., 1990.
上出弘之・小嶋謙四郎・伊藤隆二編『こども相談：こころとからだの健康カルテ』有斐閣, 256p., 1974.
上出弘之・山口 薫『精神遅滞児の病理・心理・教育』東京大学出版会, 272p., 1988.
上村菊朗・森永良子『LD―学習障害：治療教育的アプローチ』(改訂2版) (小児のメディカル・ケア・シリーズ 6) 医歯薬出版, 216p., 1992 (初版, 1988).
加用文男『忍者にであった子どもたち：遊びの中間形態論』ミネルヴァ書房, 328p., 1994.

河合伊六『登校拒否:再登校の指導』ナカニシヤ出版, 162p., 1991.
河合隼雄『子どもの宇宙』(岩波新書) 岩波書店, 224p., 1987.
河合隼雄編『子どもと生きる』創元社, 300p., 1985.
河合隼雄・小林　登・中根千枝編『親と子の絆』創元社, 350p., 1983.
河井芳文・河井英子『場面緘黙児の心理と指導:担任と父母の協力のために』田研出版, 223p., 1994.
川上清文『乳児期の対人関係』川島書店, 176p., 1989.
川村秀忠『学習障害:その早期発見と取り組み』(新版) 慶應義塾大学出版会, 254p., 1993.
菊池章夫『育つ・育てる』その関わりの社会心理』川島書店, 194p., 1983.
北山秋雄『子どもの性的虐待:その理解と対応をもとめて』大修館書店, 136p., 1994.
キッシンジャー, E.M., 石部元雄監訳『障害が重い子どものための指導カリキュラム』福村出版, 200p., 1986.
木村治美・木村　駿『ピーターパンとシンデレラ:こころの時代をどう生きるのか』廣済堂出版, 258p., 1986.
ギャベル, S. 他, 石坂好樹他訳『治療をみだす子どもたち:子どもの精神療法中に起きる困った事態!!　どう対処する』星和書店, 288p., 1992.
九州大学教育学部附属障害児臨床センター編『発達と障害の心理臨床』九州大学出版会, 316p., 1994.
教育心理編集委員会編, 山根　薫責任編集『学習指導と生徒指導』(現代教育心理学シリーズ) 日本文化科学社, 222p., 1979.
教育心理編集委員会編, 高橋省己責任編集『子どもの精神衛生』(現代教育心理学シリーズ) 日本文化科学社, 228p., 1974.
教育心理編集委員会編, 高橋省己責任編集『障害児の心理と教育』(現代教育心理学シリーズ) 日本文化科学社, 260p., 1979.
教員養成大学・学部教官研究集会特殊教育部会編『特殊教育の研究:精神薄弱教育の理論と実践』金子書房, 322p., 1987.
久世妙子他『ほめて育てる:のびのびした「しつけ」の復権』(有斐閣新書) 有斐閣, 210p., 1984.
久世妙子編『発達心理学』(実践を支える保育 2) 福村出版, 176p., 1991.
久世敏雄編『青年の心理を探る』(Introduction to psychology 2) 福村出版, 216p., 1989.
久世敏雄・加藤隆勝・五味義夫他『青年心理学入門』(有斐閣新書) 有斐閣, 206p., 1980.
久世敏雄・久世妙子・長田雅喜『自立心を育てる』(有斐閣新書) 有斐閣, 192p., 1980.
久保田　勉『Q&A病弱児の養護・訓練の実際』岩崎学術出版社, 176p., 1991.
久保田正人・阿部芳久・早坂保文『実践自閉児の学習:指導プログラムによる展開』日本文化科学社, 244p., 1985.
クラフト, A.・クラフト, M.編, 田川元康監訳『精神遅滞児(者)と性教育』岩崎学術出版社, 352p., 1987.
クリュックシャンク, W.M., 伊藤隆二・中野善達訳『学習障害児の心理と教育』誠信書房, 384p., 1980.
黒川昭登『親と教師のための登校拒否読本』誠信書房, 236p., 1991.
黒川昭登『登校拒否こうすれば治る:その原因と治療』誠信書房, 250p., 1990.
黒川昭登『母とともに治す登校拒否:母子分離不安の治療研究』岩崎学術出版社, 248p., 1993.
ケイセン, S., 吉田利子訳『思春期病棟の少女たち』草思社, 216p., 1994.
ケーゲル, R.L., 高木俊一郎・佐久間徹監訳『新しい自閉症教育:その理解と指導』岩崎学術出版社, 360p., 1985.
下司昌一『相談室ものがたり:親・子・教師との出会いから』(日文選書) 日本文化科学社, 228p., 1991.
ゲゼル, A.L.・トンプソン, H. 他, 新井清三郎訳『小児の発達と行動』福村出版, 352p., 1982.
小出　進責任編集『精神遅滞』(講座・発達障害 3) 日本文化科学社, 280p., 1982.
國分康孝『ポジティブ教師の自己管理術:教師のメンタルヘルス向上宣言』図書文化, 224p., 1996.
小嶋謙四郎『子どもの発達臨床心理学』川島書店, 200p., 1987.
小嶋謙四郎『母子関係と子どもの性格』川島書店, 322p., 1988.
小嶋秀夫・速水敏彦編『子どもの発達を探る』(Introduction to Psychology 3) 福村出版, 200p., 1990.
コッホ, R. 他, 伊藤隆二・稲浪正充他訳『精神遅滞児の理解のために』日本文化科学社, 248p., 1981.
コッホ, R.・ドブソン, J.C.編, 櫻井芳郎編訳『精神遅滞児(者)の医療・教育・福祉』岩崎学術出版社, 616p., 1983.

小中陽太郎『教育の誤算：教育荒廃をうちやぶれ』金子書房，244p., 1987.
小林重雄『自閉症：その治療教育システム』岩崎学術出版社，244p., 1980.
小林重雄編『子どものかかわり障害』（メンタルヘルス・シリーズ）同朋舎出版，266p., 1989.
小林重雄・杉山雅彦編『自閉児のことばの指導』日本文化科学社，280p., 1984.
小宮三弥・山内光哉編著『精神遅滞児の心理学』川島書店，240p., 1993.
小宮山 倭『特殊教育の理念』日本文化科学社，472p., 1984.
コール, J. D. 他編, 小此木啓吾監訳, 慶応乳幼児精神医学研究グループ訳『乳幼児精神医学』岩崎学術出版社，544p., 1988.
ゴールドシュタイン, A. P., 他, 内山喜久男監訳『スクール・バイオレンス』日本文化科学社，352p., 1988.
近藤邦夫『教師と子どもの関係づくり：学校の臨床心理学』東京大学出版会，328p., 1994.

さ行

斎藤耕二・加藤隆勝編『高校生の心理：受験体制のなかの青春を生きる』（有斐閣選書）有斐閣，296p., 1981.
坂野雄二・宮川充司・大野木裕明編『生徒指導と学校カウンセリング』ナカニシヤ出版，202p., 1994.
坂本龍生『絵でわかる障害児を育てる感覚統合法』日本文化科学社，244p., 1991.
作田 勉・猪股丈二編『思春期対策』（思春期対策 1）誠信書房，278p., 1985.
作田 勉・猪股丈二編『思春期と家庭』（思春期対策 3）誠信書房，270p., 1992.
作田 勉・猪股丈二編『思春期の性』（思春期対策 2）誠信書房，270p., 1987.
酒向 健・加藤十八編『生徒指導・教育相談・進路指導を学ぶ』福村出版，184p., 1991.
佐々木雄二編『生徒指導・教育相談』（図でよむ心理学）福村出版，176p., 1991.
佐藤修策編『登校拒否児』国土社，224p., 1968.
佐藤 望編『自閉症の医療・教育・福祉』日本文化科学社，216p., 1993.
佐野良五郎・権field俊子・小山一宏『子どもの集団生活：指導と観察の要点』慶應義塾大学出版会，224p., 1973.
塩見邦雄・吉野 要『中学・高校生の心理と指導』ナカニシヤ出版，170p., 1990.
シェイン, R. J., 斉藤義夫・池田由紀江他訳『学習障害児の教育と医学』金子書房，176p., 1984.
ジグラー, E.・ホダップ, R. M. 他, 小松秀茂・清水貞夫編訳『障害児理解の到達点：ジグラー学派の発達論的アプローチ』田研出版，435p., 1994.
シーゲル, I. E.・コッキング, R. R., 子安増生訳『認知の発達：乳児期から青年期まで』（ライブラリ教育の心理学 3）サイエンス社，304p., 1983.
シコレル, A. V. 他, 山村賢明・瀬戸知也訳『だれが進学を決定するか：選別機関としての学校』金子書房，220p., 1985.
品川浩三『自閉児：その発達と指導』福村出版，256p., 1984.
清水 勇『なぜ学校へ行けないのか：登校拒否児の理解とその援助』ブレーン出版，154p., 1992.
志村正子『子どもが病むとき育つとき：心とからだと免疫の科学』（ライブラリ明日に育つ子どもたち 5）サイエンス社，224p., 1993.
霜田静志『自由のともしび〈ニイル伝〉：児童理解へ新しい道をもとめて』誠信書房，370p., 1962.
シャタック, R., 生月雅子訳『アヴェロンの野生児：禁じられた実験』家政教育社，248p., 1982.
重度・重複障害児指導研究会編『基本的行動の指導』（講座・重度・重複障害児の指導技術 4）岩崎学術出版社，266p., 1979.
シュトラウス, A. A.・ケファート, N. C., 伊藤隆二他訳『続 脳障害児と精神病理と教育』福村出版，368p., 1983.
シュトラウス, A. A.・レーチネン, L. E., 伊藤隆二他訳『脳障害児の精神病理と教育』福村出版，264p., 1979.
シュマールオア, E., 西谷謙堂監訳『子にとって母とは何か：サルとヒトとの比較心理学』慶応義塾大学出版会，216p., 1975.
庄井良信・中瀬古哲『子どもの自立と授業の科学』渓水社，240p., 1991.
荘司修久『精薄児の遊びとゲーム』日本文化科学社，172p., 1970.

F 子どもの心理に関する本

昇地三郎『しいのみ学園』福村出版, 280p., 1957.
ショプラー, E.他, 佐々木正美監訳『CARS(カーズ):小児自閉症評定尺度』岩崎学術出版社, 92p., 評定シート30葉, 1989.
ショプラー, E.他編, 佐々木正美・青山　均監訳『自閉児の発達単元267:個別指導のアイディアと方法』岩崎学術出版社, 400p., 1988..
ショプラー, E.他編, 佐々木正美・青山　均監訳『自閉症のコミュニケーション指導法』岩崎学術出版社, 272p., 1995.
ショプラー, E.・メジボブ, G.B.編, 田川元康監訳『自閉児と家族』黎明書房, 502p., 1986.
ショプラー, E.・メジボブ, G.B.編, 久野能弘・宮下照子監訳『自閉児の社会行動』岩崎学術出版社, 256p., 1990.
ジョンソン, D.J.・マイクルバスト, H.R., 森永良子・上村菊郎訳『学習能力の障害:心理神経学的診断と治療教育』日本文化科学社, 428p., 1975.
白佐俊恵『発達心理学要説テキスト』川島書店, 206p., 1979.
シング, J.A.L., 中野善達他訳『狼に育てられた子:カマラとアマラの養育日記』(野生児の記録 1)福村出版, 216p., 1977.
ジング, R.M., 中野善達・福田　廣訳『野生児の世界:35例の検討』(野生児の記録 2)福村出版, 288p., 1978.
神保信一『学校相談心理学の展開』金子書房, 192p., 1975.
神保信一編『登校拒否児の理解と指導』日本文化科学社, 240p., 1984.
神保信一・下司昌一編著『登校拒否がわかる本:教師と親のためのハンドブック』日本文化科学社, 240p., 1995.
杉岡津岐子編『子ども学:子どもの宇宙を知るために』ナカニシヤ出版, 240p., 1994.
杉田千鶴子・島　久洋・鳥山平三編著『教えと育ちの心理学』ミネルヴァ書房, 344p., 1989.
杉田千鶴子・島　久洋編著『人の成長をひきだすものさまたげるもの:子どもと親・生徒と教師の心理学』ミネルヴァ書房, 376p., 1982.
菅原盾樹『いじめ:学級の人間学』新曜社, 239p., 1986(増補版, 308p., 1997).
祐宗省三監修, 福島脩美編『乳幼児保育臨床学』(乳幼児学叢書)福村出版, 196p., 1991.
祐宗省三・堂野恵子・松崎　学『思いやりの心を育てる:幼児期からの人間教育』有斐閣, 186p., 1983.
鈴木康平・松田　惺編『現代青年心理学』(有斐閣ブックス)有斐閣, 238p., 1987.
鈴村健治『重度・最重度精神遅滞の実践指導』川島書店, 228p., 1986.
鈴村健治編『障害児の育て方・指導法』ミネルヴァ書房, 208p., 1991.
鈴村健治・佐々木徳子『LD児の指導法入門』川島書店, 186p., 1992.
鈴村健治・高山佳子編『障害児の教育心理学:子どもの心理とその指導』川島書店, 218p., 1991.
スターン, D., 小此木啓吾・丸田俊彦監訳『乳児の対人世界　理論編』岩崎学術出版社, 280p., 1989.
スターン, D., 小此木啓吾・丸田俊彦監訳『乳児の対人世界　臨床編』岩崎学術出版社, 160p., 1991.
スティペック, D.J., 佐久間　徹監訳『子どものモティベーション:「やる気」をうみだす行動学』二瓶社, 208p., 1990.
須永和宏『不登校児が問いかけるもの』慶應義塾大学出版会, 252p., 1993.
スポック, B.・レリゴ, M., 上田　敏・上田礼子・石坂直行訳『スポック博士の心身障害児の療育:親のためのアドバイス』岩崎学術出版社, 520p., 1976.
住田幸次郎『創造力を育てる:21世紀の育児学』(有斐閣新書)有斐閣, 206p., 1985.
諏訪　望・三宅和夫編者『乳幼児の発達と精神衛生』川島書店, 228p., 1976.
セガン, E., 中野善達訳『知能障害児の教育』福村出版, 224p., 1980.
関　崎一・返田　健『大学生の心理:自立とモラトリアムの間にゆれる』(有斐閣選書)有斐閣, 276p., 1983.
関　忠文・大村政男・岡村一成編『教育心理学セミナー』福村出版, 192p., 1988.
全国情緒障害教育研究会編『情緒障害児の教育　上・下』(新版)日本文化科学社, 240p., 240p., 1983a, 1983b.
全日本特殊教育研究連盟編『自閉児指導のすべて』日本文化科学社, 184p., 1989.
全日本特殊教育研究連盟編『最新　世界の特殊教育』(『発達の遅れと教育』別冊 4)日本文化科学社, 180p., 1991.

全日本特殊教育研究連盟編『問題行動Q＆A』(『発達の遅れと教育』別冊　3) 日本文化科学社, 164p., 1990.
相馬壽明『情緒障害児の治療と教育：治療教育と心理臨床の接点』田研出版, 220p., 1995.
外林大作監修, 千葉R・P研究会『教育の現場におけるロール・プレイングの手引き』誠信書房, 206p., 1981.

た行

ダヴィッド, R., 若森栄樹・荻本芳信訳『子どもは絵で語る』紀伊國屋書店, 272p., 1984.
田浦武雄・久世敏雄編『発達と教育』(発達と教育　1) 福村出版, 208p., 1982.
高垣忠一郎『大事な忘れもの：登校拒否のはなし』(Space A Books 1) 京都・法政出版, 73p., 1994.
高木俊一郎監修, 猪岡　武他編『障害児臨床学』福村出版, 280p., 1983.
高木隆郎『児童精神科のお話：自閉症・多動・登校拒否・うつ病・自殺を診る』合同出版, 226p., 1985.
高木隆郎・ウィング, L.編『児童精神医学への挑戦：自閉症を考える』岩崎学術出版社, 272p., 1988.
高田利武・丹野義彦・渡辺孝憲『自己形勢の心理学：青年期のアンデンティティ』川島書店, 240p., 1987.
高野清純監修, 佐々木雄二編『生徒指導・教育相談』(図でよむ心理学) 福村出版, 180p., 1991.
高野清純・多田俊文編『児童心理学を学ぶ』(新版)(有斐閣選書)有斐閣, 302p., 1986.
高野清純・深谷和子編『乳幼児心理学を学ぶ』(新版)(有斐閣選書)有斐閣, 256, 1987.
高橋　純編『脳性まひ児の発達と指導』福村出版, 264p., 1983.
高橋哲郎『子どもの心と精神病理：力動精神医学の臨床』岩崎学術出版社, 280p., 1988.
高橋省己編著『子どもの精神保健』日本文化科学社, 240p., 1993.
滝沢武久『子どもの思考のはたらき：その成長のすじ道と導き方』大日本図書, 192p., 1965.
田口則良『精神遅滞児の認知的動機に基づく指導法の研究』北大路書房, 328p., 1994.
詫摩武俊『いじめ：のりこえるにはどうするか』(ライブラリ思春期の"こころのSOS" 1) サイエンス社, 208p., 1995.
詫摩武俊・石井富美子・田村雅幸・勝俣暎史・滝本孝雄・村武精一『思春期の心理』(新装版)(有斐閣新書)有斐閣, 206p., 1982.
詫摩武俊・稲村　博編『登校拒否：どうしたら立ち直れるか』(有斐閣選書)有斐閣, 266p., 1980.
竹内健児・小林哲郎共編『生活の中に学ぶ心理学：大学生の視座から』培風館, 224p., 1997.
武田　建『心を育てる：パーソナリティとしつけ』誠信書房, 254p., 1985.
田島信元・撫尾知信・田島啓子編著『発達と学習：現代教育心理学のすすめ』福村出版, 224p., 1990.
田島信元・西野泰広・矢澤圭介編著『子どもの発達心理学』福村出版, 224p., 1985.
立川　勲著『着実に育てる方法：お子さんの成長に不安のあるお母さんへ』至文堂, 236p., 1993.
辰巳敏夫編『児童期の臨床心理』岩崎学術出版社, 274p., 1981.
田中俊雄『発達のすじみちと障害児の指導』福村出版, 224p., 1985.
田中農夫男編『障害児教育入門』福村出版, 288p., 1988.
田中農夫男編『心身障害児の心理』福村出版, 232p., 1980.
田中美郷・石原佳敏・鈴木陽子編『障害児教育概論』川島書店, 228p., 1984.
玉井収介『自閉児の行動』日本文化科学社, 180p., 1982.
玉井美知子『十代のパスポート　心理と非行Q＆A』(シリーズ・暮らしの科学　6) ミネルヴァ書房, 176p., 1994.
チェス, S.・トマス, A., 林　雅次監訳『子供の気質と心理的発達』星和書店, 328p., 1981.
チェンバレン, D., 片山陽子訳『誕生を記憶する子どもたち』春秋社, 320p., 1991.
聴覚・言語障害児教育関係教育連絡会議編『言語障害児教育』日本文化科学社, 224p., 1989.
堤　雅雄『矛盾する心：青年期心性の理解のために』晃洋書房, 170p., 1995.
角田忠信・昌子武司・岡　宏子他『能力をどう伸ばすか：新しい時代の子育て』(朝日ゼミシリーズ　6) 金子書房, 192p., 1988.
津村俊充・山口真人編『人間関係トレーニング：私を育てる教育への人間的アプローチ』ナカニシヤ出版, 176p., 1992.
ティーメ, G., 中野善達他訳『自閉の扉をひらく』福村出版, 200p., 1980.

F　子どもの心理に関する本

テイラー，E.，門　眞一郎・清水里見訳『落ち着きのない子ども：多動児をもつ親のためのガイド』（メディカセレクション）メディカ出版，212p.，1991．
デヴソン，A.，堂浦恵津子訳『心病むわが子』晶文社，480p.，1995．
手島茂樹・齋藤善郎編著『子育てのこころを探る：母と子のかかわりの心理学』福村出版，208p.，1995．
デニス，W.，三谷恵一訳『子どもの知的発達と環境：クレーシュの子どもたち』福村出版，240p.，1991．
寺田　晃・斎藤耕二編『テキスト教育心理学要説』八千代出版，256p.，1995．
寺田　晃・村井憲男編『きずな：母と乳幼児メンタルヘルス・エッセンス』（メンタルヘルス・エッセンスシリーズ　1）日本文化科学社，224p.，1995．
寺山千代子『遅れを持つ子どもの国語指導』日本文化科学社，208p.，1985．
寺山千代子『障害をもつ幼児の保育』日本文化科学社，192p.，1982．
東京都精神医学総合研究所編『思春期暴力』（有斐閣新書）有斐閣，208p.，1983．
戸川行男編『幼児・児童絵画統覚検査解説：CAT日本版』金子書房，188p.，1975．
徳重篤史編『子どもの性』（メンタルヘルス・シリーズ）同朋舎出版，254p.，1989．
土佐林　一『きこえと話しことばの教育』誠信書房，210p.，1981．
十島雍蔵『子どもの心理と精神衛生：健やかな子どもを育てるために』ナカニシヤ出版，240p.，1985．
外山滋比古・渡辺　茂・岡　宏子他『環境としての人間：子どもの心を育てる』（朝日ゼミシリーズ　4）金子書房，208p.，1986．
トーランド，G.A.，下山　剛・河井芳文・渡辺祥子訳『記憶と学習の異常』岩崎学術出版，184p.，1975．
ドルト，F.，村上光彦訳『子どもが登場するとき　1：分析医の心理相談』みすず書房，281p.，1981．
ドルト，F.，高山　晶訳『子どもが登場するとき　2：分析医の心理相談』みすず書房，290p.，1982．
ドルト，F.，宮崎康子訳『子どもが登場するとき　3：分析医の心理相談』みすず書房，226p.，1984．
ドルト，F.，榎本　譲訳『無意識的身体像　1：子どもの心の発達と病理』言叢社，314p.，1994．

な行

内藤哲雄・島崎　保編『人と人とのかかわりとしての教育心理学』福村出版，200p.，1988．
長尾　博『ケース青年心理学』（有斐閣ブックス）有斐閣，246p.，1991．
中沢たえ子『子どもの心の臨床：こころの問題の発生予防のために』岩崎学術出版社，256p.，1992．
長島　正・福島　章・江幡玲子編『親と子のかかわり』金子書房，256p.，1986．
中西信男・神保信一編『生徒指導・相談の心理と方法』日本文化科学社，204p.，1991．
中根　晃『自閉症研究』（改訂増補）金剛出版，310p.，1982．
中根　晃『自閉症の臨床』岩崎学術出版社，240p.，1983．
中根　晃・市川宏伸・内山登紀夫編『自閉症治療スペクトラム：臨床家のためのガイドライン』金剛出版，240p.，1997．
中野善達責任編集『指導法　言語遅滞・学習障害』（講座・発達障害　4）日本文化科学社，264p.，1985．
中野善達監修，村中義夫他編『障害児教育と福祉』（講座・障害児教育　6）福村出版，232p.，1978．
中野善達監修，菅田洋一郎編『障害児教育の基本問題』（講座・障害児教育　1）福村出版，256p.，1978．
中野善達監修，大塚明敏他編『障害児教育の展開　1，2』（講座・障害児教育　3・4）福村出版，207p.，223p.，1977，1977．
中野善達監修，小出　進他編『障害児の心理的問題』（講座・障害児教育　2）福村出版，208p.，1978．
中野善達監修，髙野　武他編『障害児理解の方法』（講座・障害児教育　5）福村出版，212p.，1977．
中原弘之『子どもの発達と家族関係』（現代心理学ブックス）大日本図書，196p.，1983．
成瀬娯策『自己コントロール』（講談社現代新書）講談社，240p.，1969．
成瀬娯策『心理リハビリテイション：脳性マヒ児の動作と訓練』誠信書房，826p.，1973．
成瀬悟策『動作訓練の理論：脳性マヒ児のために』誠信書房，200p.，1985．
成瀬悟策編『脳性マヒの子と生きるお母さんへ』（この子と生きる　1）ブレーン出版，158p.，1981．
成瀬悟策編『脳性マヒの子と母の生き方52章』（この子と生きる　1）ブレーン出版，254p.，1981．

成瀬悟策編『発達障害児の心理臨床』九州大学出版会, 392p., 1985.
成瀬悟策監修, 安好敏子編『幼児臨床心理学』ブレーン出版, 250p., 1978.
西谷三四郎監修『障害児全員就学』日本文化科学社, 296p., 1976.
西平直喜『幼い日々にきいた心の詩』有斐閣, 366p., 1981.
西平直喜『子どもが世界に出会う日:伝記に見る人間形成物語 2 』(有斐閣選書)有斐閣, 360p., 1981.
西丸四方『病める心の記録:ある精神分裂病者の世界』(中公新書)中央公論社, 184p., 1968.
日本精神薄弱者福祉連盟編『重いちえ遅れの子どもの教育と福祉:ピーター・ミットラー講演集』日本文化科学社, 164p., 1978.
日本道徳性心理学研究会編『道徳性心理学:道徳教育のための心理学』北大路書房, 390p., 1992.
野沢栄司『思春期の心理と病理』(心の健康ブックス)弘文堂, 243p., 1981.
根ヶ山光一・鈴木晶夫編『子別れの心理学:新しい親子関係像の提唱』福村出版, 256p., 1995.
野田俊作・萩 昌子『クラスはよみがえる:学校教育に生かすアドラー心理』創元社, 280p., 1989.
野村庄吾『乳幼児の世界:こころの発達』(岩波新書)岩波書店, 224p., 1980.
野村東助・上出弘之責任編集『自閉症　指導法3』(講座・発達障害 5)日本文化科学社, 288p., 1985.

は行

ハイスラー, V., 稲浪正充訳『家族のなかの障害児:ユング派心理療法家による親への助言』ミネルヴァ書房, 192p., 1990.
バウアー, T. G. R., 岡本夏木, 野村省吾他訳『乳児期:可能性を生きる』ミネルヴァ書房, 232p., 1980.
バウアー, T. G. R., 岡本夏木, 野村省吾他訳『乳児の世界』ミネルヴァ書房, 292p., 1979.
バーカー, F., 大瀧和男訳『子どもの臨床面接』金剛出版, 193p., 1994.
萩 吉康他編『障害児保育』(保育叢書)福村出版, 208p., 1983.
橋本重治『肢体不自由児の心理と教育』金子書房, 204p., 1976.
橋本重治『新・教育評価法総説 上・下』金子書房, 1976.
波多野完治『子どもの心理』(講談社学術文庫)講談社, 145p., 1976.
波多野完治『授業の心理学』(小学館創造選書)小学館, 226p., 1987.
波多野誼余夫編『自己学習能力を育てる:学校の新しい役割』(UP選書)東京大学出版会, 250p., 1980.
ハット, S. J.・ハット, C. 編, 平井 久・中川四郎監訳『自閉児の行動学:精神医学における行動研究』(心身障害双書)岩崎学術出版社, 272p., 1979.
服部祥子編『こころの危険信号:小学生メンタルヘルス・エッセンス』(メンタルヘルス・エッセンスシリーズ 2)日本文化科学社, 208p., 1995.
服部祥子編『障害児と性:思春期の実像』日本文化科学社, 208p., 1989.
ハートレイ, R. E.・フランク, L. K.・ゴールデンソン, R. M., 上田礼子他訳『子どもの発達と遊び』岩崎学術出版社, 440p., 1978.
花田雅憲『落ちつきのない子どもたち』(臨床精神医学叢書 13)星和書店, 196p., 1981.
浜田寿美男・山口俊郎『子どもの生活世界のはじまり』ミネルヴァ書房, 320p., 1984.
ハームリン, B.・オコナー, N., 平井 久・佐藤加津子訳『自閉児の知覚』岩崎学術出版社, 256p., 1977.
ハラス, C. H., 菅野重道他訳『精神薄弱児(者)のケアーと訓練』(心身障害双書 10)岩崎学術出版社, 304p., 1975.
原田正文『不登校をプラス思考でのりこえる:親子の道しるべ30の事例』(健康双書)農山漁村文化協会, 248p., 1994.
原田政美監修, 村中義夫他編『視覚障害』(障害児[者]の生涯と教育 1)福村出版, 216p., 1977.
原田政美監修, 高橋彰彦他編『重度・重複障害』(障害児[者]の生涯と教育 5)福村出版, 196p., 1977.
原野広太郎『教育指導の心理』金子書房, 342p., 1978.
原野広太郎『教師のための児童生徒理解』(ラポール双書)金子書房, 296p., 1989.
原野広太郎『教育臨床の心理』金子書房, 304p., 1980.

パルズニー，M. J.，中根　晃監訳『自閉症児の医学と教育：臨床家と両親のための実際的手引』岩崎学術出版社，254p.，1981.
ハンソン，M. J.・ハリス，S. R.，藤田和弘監訳『運動に遅れのある子どもの指導プログラム：全人的発達を促すために』日本文化科学社，288p.，1988.
ピアジェ，J.，谷村　覚・浜田寿美男訳『知能の誕生』ミネルヴァ書房，560p.，1978.
ピアジェ，J.，芳賀　純訳『発生的心理学』（誠信ピアジェ選書　1）誠信書房，198p.，1975.
ピアジェ，J.，芳賀　純訳『発達の条件と学習』（誠信ピアジェ選書　4）誠信書房，226p.，1979.
東山紘久『母親と教師がなおす登校拒否：母親ノート法のすすめ』創元社，200p.，1984.
人見一彦『子どもの心のシグナル：教師と親への精神保健コンサルテーション』朱鷺書房，248p.，1995.
ビューラー，C. 他，利島　保訳編『幼児・児童の発達と精神衛生』福村出版，304p.，1981.
平井孝男他編『思春期相談：第二反抗期の子どもたち』（第一版）（有斐閣選書）有斐閣，205p.，1975（第二版，1983）.
平井信義『児童臨床入門』（改訂版）（平井信義の児童相談　1）新曜社，256p.，1984.
平井信義『登校拒否児：学校ぎらいの理解と教育』（平井信義の児童相談　2）新曜社，244p.，1978.
平井信義『乳幼児期の精神衛生』診断と治療社，244p.，1981.
平井信義・山田まり子『子どものユーモア：おどけ・ふざけの心理』創元社，200p.，1989.
平野信喜『心の遅れた子どもたち：教育の視点からとらえた自閉症』福村出版，256p.，1986.
平野信喜・高木俊一郎『自閉症：情緒遅滞児の視点から』福村出版，352p.，1984.
広瀬俊雄『シュタイナー人間観と教育方法：幼児期から青年期まで』ミネルヴァ書房，320p.，1988.
ファーナム＝ディゴリイ，S.，上野一彦訳『学習障害：認知心理学からの接近』（育ちゆく子ども：0歳からの心と行動の世界　7）サイエンス社，192p.，1981.
フェファー，C. R.，高橋祥友訳『死に急ぐ子供たち：小児の自殺の臨床精神医学的研究』中央洋書出版部，380p.，1990.
深谷和子編『子どもと生きがい』（現代心理学ブックス）大日本図書，196p.，1979.
福島　章『青年期のカルテ：受験世代の心理と病理』新曜社，248p.，1981.
福島　章『青年期の心』（講談社現代新書）講談社，262p.，1992.
福島脩美・松村茂治『子どもの臨床指導：教育臨床心理学序説』金子書房，284p.，1982.
福島県自治体問題研究所編『子どもの心・からだと学力』九州大学出版会，356p.，1985.
福永昭三『ねえおはなしきいて：知恵遅れの子供達に心ひらかれ』ミネルヴァ書房，192p.，1985.
藤崎春代・常田秀子・西本絹子他『保育のなかのコミュニケーション』ミネルヴァ書房，228p.，1992.
藤永　保『発達の心理学』（岩波新書）岩波書店，222p.，1982.
藤永　保『幼児の発達と教育』有斐閣，206p.，1979.
藤永　保編『児童心理学：現代の発達理論と児童研究』（有斐閣大学双書）有斐閣，492p.，1973.
藤永　保・高野清純編『発達の障害』（幼児心理学講座　5）日本文化科学社，244p.，1976.
藤永　保・永野重史・依田　明編『児童心理学入門』新曜社，360p.，1977.
藤原喜悦編『児童生徒理解と指導の基本：人間と教育』金子書房，227p.，1988.
ブラック，C.，斎藤　学監訳『私は親のようにならない：アルコホリックの子供たち』誠信書房，302p.，1989.
ブラックラー，R.，佐治守夫・林　仁忠・近藤邦夫訳『非行少女』（UP選書）東京大学出版会，200p.，1979.
フランクル，M. G. 他，田川元康・今道宗孝他訳『ちえおくれの子の機能の訓練用教材教具』日本文化科学社，266p.，1974.
ブルーナ，J. S.，佐藤三郎編訳『乳幼児の知性』誠信書房，276p.，1978.
ブレニック，R.，大阪ドイツ文化センター翻訳グループ訳『創造的な保育』同朋舎出版，324p.，1987.
ブロフィ，J. E.・グッド，T. L.，浜名外喜男他訳『教師と生徒の人間関係：新しい教育指導の原点』北大路書房，526p.，1985.
ベッテルハイム，B.，村瀬孝雄・村瀬嘉代子訳『愛はすべてではない：情緒障害児の治療と教育』誠信書房，452p.，1968.
ベッテルハイム，B.，黒丸正四郎・岡田幸夫他訳『自閉症・うつろな砦　1，2』みすず書房，371p.，439p.，1973，

1975.
ベッテルハイム, B., 中野善達編訳『情緒的な死と再生：情緒障害児のリハビリテーション』福村出版, 528p., 1989.
ベッテルハイム, B. 他, 中野善達編訳『野生児と自閉症児：狼っ子たちを追って』(野生児の記録　6) 福村出版, 248p., 1978.
ボウルビィ, J., 黒田実郎・吉田恒子・横浜恵美子訳『愛情喪失』(母子関係の理論　3) 岩崎学術出版社, 538p., 1981a.
ボウルビィ, J., 黒田実郎・大羽　泰・岡田洋子訳『愛着行動』(母子関係の理論　1) 岩崎学術出版社, 479p., 1975 (新版, 1991a).
ボウルビィ, J., 黒田実郎訳『乳幼児の精神衛生』岩崎学術出版社, 180p., 1967.
ボウルビィ, J., 黒田実郎・岡田洋子・吉田恒子訳『分離不安』(母子関係の理論　2) 岩崎学術出版社, 480p., 1977 (新版, 1991b).
ボウルビィ, J., 作田　勉監訳『ボウルビィ母子関係入門』星和書店, 256p., 1981b.
星野喜久三監修, 奥山冽編『創る　発達と教育』川島書店, 164p., 1993.
星野仁彦・熊代　永『登校拒否児の治療と教育：教師・医師・家族のチームアプローチ』日本文化科学社, 280p., 1990.
ボージャー, R.・シーボン, A. E. M., 能見義博・中里至正訳『学習の心理学』誠信書房, 324p., 1969.
本田和子『異文化としての子ども』紀伊國屋書店, 216p., 1982.（ちくま学芸文庫, 1992）

ま行

前川喜平・三宅和夫編『障害児・病児のための発達援助と生活指導』(別冊『発達』11) ミネルヴァ書房, 250p., 1990.
前川喜平・三宅和夫編『発達検査と発達援助』(別冊『発達』8) ミネルヴァ書房, 280p., 1988.
牧田清志『児童精神医学』(改訂版) 岩崎学術出版社, 436p., 1977.
マクリーン, C., 中野善達訳編『ウルフ・チャイルド：カマラとアマラの物語』福村出版, 324p., 1984.
正木　正『道徳教育の研究』(正木　正選集　1) 金子書房, 280p., 1963.
増田末雄編『教授・学習の心理』福村出版, 296p., 1994.
マーゾッロ, J.・ロイド, J., 南　博訳『あそびながら学ぶ：手作り幼児教育のすすめ』誠信書房, 222p., 1986.
松坂清俊『トータル・アプローチによることばの育て方』日本文化科学社, 224p., 1987.
松沢　豪・中野善達『聴覚障害児のことばの指導』福村出版, 244p., 1982.
松下美知子『女子高校生の心理：自分らしい生き方を求めて』大日本図書, 184p., 1983.
松原達哉編『メンタルヘルスガイド：充実した大学生活をおくるために』教育出版, 240p., 1994.
松原隆三・宮崎直男編『重度障害児の指導』福村出版, 212p., 1985.
松村茂治『教室でいかす学級臨床心理学：学級担任と子どもたちのために』福村出版, 192p., 1994.
松本恒之・浅野敬子編『教室の中の心理学』ブレーン出版, 195p., 1991.
松本良枝『少女の非行と立ち直り』(現代心理学ブックス) 大日本図書, 213p., 1995.
松本良枝『非行少女の心理』大日本図書, 214p., 1982.
マーテンズ, D. M.・マクロリーン, J. A., 中野善達・佐藤至英編訳『障害児教育の研究法』田研出版, 232p., 1995.
マトソン, J. L.・オレンディック, T. H., 佐藤容子・佐藤正二・高山　巖訳『子どもの社会的スキル訓練：社会性を育てるプログラム』金剛出版, 167p., 1993.
マーラー, M. S. 他, 高橋雅士・織田正美・浜畑　紀訳『乳幼児の心理的誕生：母子共生と個体化』黎明書房, 350p., 1981.
マルソン, L., 中野善達・南　直樹訳『野生児：その神話と真実』(野生の記録　5) 福村出版, 184p., 1977.
マレ, C. H., 小川真一訳『冷血の教育学：だれが子供の魂を殺したか』新曜社, 464p., 1995.
三池輝久・友田朋美『学校過労死：不登校状態の子供の身体には何が起こっているか』診断と治療社, 146p., 1994.

F 子どもの心理に関する本

三浦　武・森　重敏編『教育過程の心理学』垣内出版，322p.，1976．
三神廣子・梶田正巳・中野靖彦編『子どもの心理』福村出版，288p.，1989．
ミショー，L.，山田悠紀男・竹原一雄訳『倒錯児：倫理に背を向ける子ら』同朋舎出版，160p.，1984．
水田善次郎編『登校拒否児に学ぶ』ナカニシヤ出版，204p.，1994．
溝上　脩・西本順次郎・東　正編『5つの類型化による精神遅滞児の教育理論と方法：発達・生活・行動の原理とその指導法入門』川島書店，208p.，1988．
ミッチェルソン，L. 他，高山　巖・佐藤正二他訳『子どもの対人行動：社会的スキル訓練の実際』岩崎学術出版社，352p.，1987．
ミード，M.，畑中幸子訳『サモアの思春期』蒼樹書房，250p.，1976．
三宅俊治・谷口俊治編『心理から教育へ』ナカニシヤ出版，192p.，1994．
宮崎直男編『自閉児のいる学級経営』日本文化科学社，224p.，1982．
宮本健作『母と子の絆：その出発点をさぐる』（中公新書）中央公論社，225p.，1990．
宮本信也『幼児期から学童前期のこころのクリニック：臨床小児精神医学入門』安田生命社会事業団，99p.，1992．
宮本美沙子・加藤千佐子『やる気を育てる』有斐閣，188p.，1982．
三好邦雄『登校拒否をみなおす：タイプ別の診断と治療』（有斐閣選書）有斐閣，244p.，1988．
ミラー，A.，山下公子訳『才能ある子のドラマ』（新版）新曜社，224p.，1996．
ミラー，A.，山下公子訳『魂の殺人：親は子どもに何をしたか』新曜社，400p.，1983．
ミラー，A.，山下公子訳『沈黙の壁を打ち砕く：子どもの魂を殺さないために』新曜社，232p.，1994．
ミンスキー，L.・シェパード，M. J.，諏訪　望監訳，山崎晃資訳『コミュニケーション障害児』（心身障害双書　4）岩崎学術出版社，240p.，1976．
麦島文夫『非行の原因』（シリーズ・人間の発達　2）東京大学出版会，256p.，1990．
無藤　隆『子どもの生活における発達と学習』ミネルヴァ書房，230p.，1992．
村井潤一『子育てと教育を考える』（村井潤一著作集成3部作 III）ミネルヴァ書房，242p.，1987．
村井潤一『発達と早期教育を考える』（村井潤一著作集成3部作 I）ミネルヴァ書房，240p.，1987．
村井潤一・森上史郎編『保育の科学：知っておきたい基本と新しい理論の創造のために』（別冊『発達』6）ミネルヴァ書房，236p.，1987．
村上英治『重度心身障害児』（増補版）川島書店，248p.，1988．
村上英治・後藤秀爾編『障害重い子どもたち：集団療育の場で』福村出版，200p.，1982．
村上義雄編『いま，子どもがオモシロい』（村上義雄のトークマラソン　3）金子書房，216p.，1987．
村上義雄編『子どもたちがタイヘンだ！』（村上義雄のトークマラソン　1）金子書房，200p.，1985．
村上義雄編『子どもの警報をキャッチする』（村上義雄のトークマラソン　2）金子書房，192p.，1986．
村瀬嘉代子『子どもと大人の心の架け橋：心理療法の原則と過程』金剛出版，220p.，1995．
村瀬嘉代子『子どもの心に出会うとき：心理療法の技法』金剛出版，243p.，1996．
村瀬孝雄『青年期危機の心理臨床』（講座・心理臨床の実際）福村出版，176p.，1984．
村瀬孝雄『中学生の心とからだ：思春期の危機を探る』岩波書店，256p.，1984．
茂木俊彦『障害児と教育』（岩波新書）岩波書店，212p.，1990．
森　省二『子どもの対象喪失：その悲しみの世界』創元社，320p.，1990．
森　崇『思春期内科』（NHKブックス）日本放送出版協会，228p.，1976．
森上史郎編『新・保育入門』（別冊『発達』14）ミネルヴァ書房，232p.，1993．
森上史郎・大場幸夫・無藤　隆・柴崎正行編『乳幼児保育実践研究の手びき：保育実践のすすめ方，まとめ方，文章化のコツ』（別冊『発達』7）ミネルヴァ書房，270p.，1988．
森田洋司・清永賢二『いじめ：教室の病い』（新版）金子書房，248p.，1994．
森正義彦『学習指導法の心理学：理論的アプローチ』有斐閣，286p.，1993．
モロエ，J. S.，松岡　武・佐々木五律子訳『母が育てるちえ遅れの子の話しことば』日本文化科学社，224p.，1978．
文部省中学校課内生徒指導研究会編『今，登校拒否問題を考える』（「学校経営」5月号臨時増刊）第一法規，184p.，1992a．
文部省中学校課内生徒指導研究会編『データにみる生徒指導：生徒指導上の諸問題と文部省の施策について』第

一法規, 173p., 1992b.

や行

屋久孝夫編『暴走族』(メンタルヘルス・シリーズ) 同朋舎出版, 266p., 1989.
柳井　修・野島一彦・林　幹男編『生徒指導の心理と方法』ナカニシヤ出版, 216p., 1995.
箭内　仁他『いじめ―見えない子供の世界』慶應義塾大学出版会, 256p., 1986.
山下　功編『障害児教育総説』九州大学出版会, 224p., 1990.
山下　功編『障害児の心理と指導』(新装版) 九州大学出版会, 300p., 1993.
山下　勲・鉢嶺清融編『精神発達遅滞児の心理と指導』北大路書房, 442p., 1991.
山下栄一・加藤誠一編『教育状況の現象学』金子書房, 280p., 1981.
山下文雄編集企画『子どもの心の問題』(小児科 MOOK 60) 金原出版, 250p., 1991.
山下富美代・望月享子『忍耐力を育てる』有斐閣, 218p., 1982.
山田和夫『成熟拒否：おとなになれない青年たち』新曜社, 248p., 1983.
山中康裕・野沢栄司編『初回面接』(児童精神科臨床　1) 星和書店, 272p., 1980.
山松質文『臨床教育心理学』(現代心理学ブックス) 大日本図書, 200p., 1971.
家森百合子・神田豊子・弓削マリ子『子どもの姿勢運動発達：早期判断／早期治療への道』(別冊『発達』3)
　ミネルヴァ書房, 232p., 1985.
横田和子編, 井上和子『ぜんそくに苦しむ子』(子ども医療相談　2) 新曜社, 200p., 1988.
横田和子編, 新居美都子『夜尿をなおすには』(子ども医療相談　1) 新曜社, 256p., 1988.
横湯園子『登校拒否：専門機関での援助と指導の記録』あゆみ出版, 248p., 1981.
吉川正義『ルポルタージュ自閉症：障害児をもつ母たちの軌跡』有斐閣, 183p., 1986.
吉田　甫・栗山和広編『教室でどう教えるかどう学ぶか：認知心理学からの教育方法論』北大路書房, 238p., 1992.
依田　明『檻の中の子どもたち：日本的母子関係がもたらしたもの』大日本図書, 192p., 1986.
依田　明『ひとりっ子・すえっ子』(現代心理学ブックス) 大日本図書, 228p., 1967.
依田　明『母子関係の心理学』大日本図書, 176p., 1982.
依田　新他編『現代青年の性意識』(現代青年心理学講座　5) 金子書房, 1946.

ら行

ライヒ, W., 幾島幸子訳『未来の子どもたち：性の病理を防ぐために』(未来のこども) 思索社, 278p., 1986.
ラインホルド, M., 朝長梨枝子『わが子を愛するレッスン：「傷ついた子ども」だった両親 (あなた) へ』朝日
　新聞社, 352p., 1995.
ラター, M., 北見芳雄・佐藤紀子・辻　祥子訳『続・母親剥奪理論の功罪：マターナル・デプリベーションの再
　検討』誠信書房, 218p., 1984.
ラター, M., 北見芳雄・佐藤紀子・辻　祥子訳『母親剥奪理論の功罪：マターナル・デプリベーションの再検討』
　誠信書房, 250p., 1979.
リーズ, H. W., 杉村　健訳『子どもの学習過程』(ライブラリ教育の心理学) サイエンス社, 184p., 1982.
リッジウェイ, R., 濱野恵一・治部眞里訳『子宮の記憶はよみがえる』めるくまーる, 288p., 1993.
リップル, M., 津守　真・野田雅子訳『乳児の精神衛生』法政大学出版局, 194p., 1968.
リディック, B., 土佐林　一訳『障害児のおもちゃとあそび』誠信書房, 268p., 1985.
リン, D. B., 今泉信人他訳『父親：その役割と子供の発達』北大路書房, 526p., 1981.
ルーケ, B. P., 森永良子監訳『非言語性学習能力障害：神経心理学的症状とその下位分類』岩崎学術出版社, 280
　p., 1995.
ルブラン, Y.・ザァングウィル, O.編, 柏原恵龍・水谷宗行訳『子どもの脳：言語機能の左右差』ミネルヴァ書
　房, 218p., 1986.
レーウィス, R. S., 伊藤隆二他訳『脳障害児は育つ：シュトラウス教育法の輝かしい成果』福村出版, 308p., 1986.

レナード,L.S.,藤瀬恭子訳『娘の心が傷つく時:父・娘関係の治癒』人文書院,267p.,1987.
レンボイツ,J.,沢村潅・久保紘章訳『幼児虐待:原因と予防』星和書店,330p.,1977.
ロージァズ,C.R.,友田不二男監訳『自由の教室』(新・創造への教育 1)岩崎学術出版社,204p.,1984.
ロビンソン,N.M.他,伊藤隆二編訳『精神遅滞児の心理学』日本文化科学社,928p.,1980.
ロレンツァー,A.,青木基次訳『母子間のコミュニケーション:唯物論的社会化理論の基礎づけのために』(言語・思想叢書)誠信書房,180p.,1986.

わ行

若林愼一郎『自閉症児の発達』岩崎学術出版社,336p.,1988.
若林愼一郎・西村辨作『自閉症児の言語治療』岩崎学術出版社,296p.,1988.
若林 実『アインシュタインも学校嫌いだった:小児医から見た「登校拒否」』筑摩書房,246p.,1993.
若林 実『エジソンも不登校児だった:小児科医から見た「登校拒否」』(ちくま文庫)筑摩書房,250p.,1994.
和田重正『生きることを考える本:精選あしかび』地湧社,270p.,1983.
和田重正『教育は生活から:成長の下地を養うために』地湧社,204p.,1983.
渡辺健朗『新精神遅滞児の教育』(改訂版)川島書店,218p.,1995.
ワロン,H.,浜田寿美男訳『身体・自我・社会:子どものうけとる世界と子どもの働きかける世界』ミネルヴァ書房,276p.,1983.

G 辞典・事典・ハンドブック・マニュアル

（他ページに記したものも重複して記載）

あ行

アイゼンク，M. W. 編，野島久雄・重野　純・半田智久訳『認知心理学事典』新曜社，548p.，1998.
上里一郎・飯田　眞・内山喜久雄他監修『メンタルヘルス・ハンドブック』同朋社出版，854p.，1989.
東　洋・大山　正・託摩武俊他編『心理用語の基礎知識：概念の正確な理解と整理』（有斐閣ブックス）有斐閣，634p.，1973.
東　洋・芝　祐順・梶田叡一編『現代教育評価事典』金子書房，648p.，1988.
東　洋・繁多　進・田島信元『発達心理学ハンドブック』福村出版，1456p.，1992.
アメリカ精神医学会編，加藤伸勝監訳『APA 精神医学用語集』医学書院，188p.，1986.
アメリカ精神医学会編，高橋三郎・花田耕一・藤縄　昭訳『DSM－Ⅲ－R　精神障害の分類と診断の手引』（第 2 版）医学書院，278p.，1988.
アメリカ夫婦家族療法学会編，日本家族心理学会訳編『家族療法事典』星和書店，156p.，1986.
石部元雄・伊藤隆二・鈴木昌樹編『心身障害辞典』福村出版，400p.，1981.
伊藤隆二編『教育治療法ハンドブック』福村出版，784p.，1989a.
伊藤隆二編『心理治療法ハンドブック』福村出版，864p.，1989b.
伊藤隆二編『養護訓練法ハンドブック』福村出版，848p.，1989c.
イリングワース，R. S.，松見富士夫訳『HAND BOOK　乳幼児の発達診断：知能・身体の正常と異常』岩崎学術出版社，500p.，1989.
ウェスクタイン，L.，大原健士郎監訳『自殺学ハンドブック』星和書店，376p.，1981.
牛島義友他編『教育心理学新辞典』（第12版）金子書房，1065p.，1985.
氏原　寛・小川捷之・東山紘久・村瀬孝雄・山中康裕編『心理臨床大事典』培風館，1362p.，1992.
内須川　洸監修『言語障害用語辞典』風間書房，266p.，1991.
内山喜久雄監修，上出弘之・高野清純・小川捷之編『児童臨床心理学事典』岩崎学術出版社，860p.，1974.
内山喜久雄監修，高野清純・稲村　博編『情緒障害事典』（心身障害事典シリーズ 1）岩崎学術出版社，590p.，1978.
内山喜久雄監修，小池文英・林　邦雄編『身体障害事典』（心身障害事典シリーズ 3）岩崎学術出版社，522p.，1978.
内山喜久雄監修，斉藤義夫・小林重雄編『知能障害事典』（心身障害事典シリーズ 2）岩崎学術出版社，502p.，1978.
内山喜久雄・内須川　洸・高野清純監修『言語障害事典』（心身障害事典シリーズ 5）岩崎学術出版社，518p.，1979.
梅津八三・相良守次・宮城音弥監修，藤永　保他編『心理学事典』（新版）平凡社，988p.，1981.
大川原潔他編『養護・訓練指導事典』第一法規，418p.，1975.
大島　尚編『認知科学』（ワードマップ）新曜社，182p.，1986.
大槻憲二編『精神分析心理学辞典』岩崎書店，315p.，1951.
大南英明・富岡達夫・松原隆三編『作業学習ハンドブック：心身障害児の働く力を育てる』福村出版，264p.，1987.
大原健士郎編『精神科治療ハンドブック』南山堂，378p.，1988.
大山　正・今井省吾・和気典二編『感覚・知覚心理学ハンドブック』（新版）誠信書房，1784p.，1994.
大山　正・藤永　保・吉田正昭編『心理学小辞典』（有斐閣小辞典シリーズ）有斐閣，320p.，1978.
岡堂哲雄編『社会心理用語事典』（『現代のエスプリ』別冊）至文社，358p.，1978.
岡本夏木・清水御代明・村井潤一監修『発達心理学辞典』ミネルヴァ書房，868p.，1995.

小川捷之編『臨床心理学用語事典 1：用語・人名篇』(「現代のエスプリ」別冊) 至文堂, 428p., 1981a.
小川捷之編『臨床心理学用語事典 2：診断・症状・治療篇』(「現代のエスプリ」別冊) 至文堂, 452p., 1981b.
小此木啓吾編集代表『精神分析事典』岩崎学術出版社, 690p., 2002.

か行

桂　広介他編『教育相談ハンドブックＱ＆Ａ』(児童心理ブックス　7) 金子書房, 276p., 1988.
桂　広介・倉石精一・沢田慶輔編『教育相談辞典』金子書房, 756p., 1975.
加藤正明・保崎秀夫監修, 三浦四郎衛・大塚俊男・浅井昌弘編『精神科ポケット辞典：資料付』(増正版) 弘文堂, 360p., 1989.
加藤正明・保崎秀夫・笠原　嘉・宮本忠雄・小此木啓吾編『精神医学事典』(新版) 弘文堂, 1151p., 1993a.
加藤隆吉・高木重朗編『催眠技法の事典』東京堂出版, 180p., 1993b.
金子隆芳・台　利夫・亀山貞登編『多項目心理学辞典』教育出版, 412p., 1991.
上武正二・辰野千尋・石田恒好編『児童心理学事典』協同出版, 616p., 1974.
木田　元・栗原　彬・野家啓一・丸山圭三郎編『コンサイス20世紀思想事典』三省堂, 1045p., 1989 (第2版, 1997).
北村晴朗監修『心理学小辞典』(3版) 協同出版, 300p., 1986.
北山　修編『ことばの心理学：日常臨床語辞典』(『Imago』第3巻第9号) 青土社, 334p., 1992.
黒田実郎監修, 伊藤隆二・隠岐忠彦・花田雅憲他編『乳幼児発達辞典』岩崎学術出版社, 656p., 1985.
下司昌一・神保信一編『登校拒否がわかる本：教師と親のためのハンドブック』(『教育心理』別冊 4) 日本文化科学社, 192p., 1990.
古賀行義監修『教育心理学小辞典』協同出版, 192p., 1972.
國分康孝編『カウンセリング辞典』誠信書房, 720p., 1990.
「こころの相談室ガイドブック」編集委員会編『こころの相談室ガイドブック』日本文化科学社, 171p., 1995.
小林　司『心の謎を解く150のキーワード』(ブルーバックス) 講談社, 336p., 2000.
小林　司編『精神医学・行動科学略語辞典』星和書店, 122p., 1976.
小林　司編『精神医学図書総覧』岩崎学術出版社, 568p., 1975.
小林　司・徳田良仁編『精神医学・行動科学辞典：英独仏ラ-和』医学書院, 860p., 1993.
小林利宣編『教育・臨床心理学中辞典』(再版) 北大路書房, 504p., 1992.
コフマン, P. 編, 佐々木孝次監訳『フロイト＆ラカン事典』弘文堂, 612p., 1997.
駒米勝利『カウンセリング〈心理療法〉文献小事典』全国カウンセリング協議会, 282p., 1985.

さ行

斎藤　学・髙木　敏編『アルコール臨床ハンドブック』金剛出版, 490p., 1982.
サミュエルズ, A.・ショーター, B.・プラウト, F., 山中康裕他監修『ユング心理学辞典』創元社, 207p., 1993.
シェママ, R. 編, 小出浩之・新宮一成・加藤　敏他訳『精神分析事典』(ラルース版) 弘文堂, 480p., 1995.
シャゾー, J., 佐々木孝次訳『精神分析50語』朝日出版社, 192p., 1975.
シャーマン, R., 岡堂哲雄訳『家族療法技法ハンドブック』星和書店, 436p., 1990.
シラミー, N., 滝沢武久・加藤　敏監訳『ラルース　臨床心理学事典』弘文堂, 444p., 1999.
新福尚武編『精神医学大事典』講談社, 1024p., 1984.
『心理学辞典』(新版) 平凡社, 1981.
『心理図書総目録』人文図書目録刊行会, 204p., 1990.
鈴木　清他編『臨床心理事典』岩崎書店, 534p., 1964.
ストラットン, P.・ヘイズ, N., 依田　明・福田幸男訳『人間理解のための心理学辞典』ブレーン出版, 400p., 1996.
全日本特殊教育研究連盟編『すぐ役に立つ　作業学習ハンドブック』(『発達の遅れと教育』別冊 5) 日本文化

科学社，168p．，1991．
全日本特殊教育研究連盟編『生活を整える　日常生活の指導ハンドブック』（『発達の遅れと教育』別冊　6）日本文化科学社，168p．，1992．
外林大作・辻　正三・島津一夫他編『心理学辞典』誠信書房，686p．，1981．
園原太郎・柿崎祐一・本吉良治監修『心理学辞典』ミネルヴァ書房，467p．，1971．

た行

高野清純・國分康孝・西　君子編『学校教育相談カウンセリング事典』教育出版，584p．，1994．
高橋雅春編『心理療法小事典』文教書院，389p．，1966．
田口恒夫編『言語治療用ハンドブック』（新訂）日本文化科学社，276p．，1996．
多湖　輝『現代人の心理と行動事典』講談社，523p．，1982．
田嶋信元編『心理学キーワード』（有斐閣双書Kシリーズ）有斐閣，238p．，1989．
辰野千寿・高野清純・加藤隆勝編『多項目教育心理学辞典』教育出版，520p．，1986．
ターナー，S.M.・カルフーン，K.S・アダムス，H.E.編，小林利宜監訳，更井啓介校閲『臨床行動療法ハンドブック』金剛出版，370p．，1983．
田中平八編著『現代心理学用語事典：クローズアップ〈こころの科学〉を読みこなす』垣内出版，352p．，1988．

な行

中島義昭他編『心理学辞典』有斐閣，1086p．，1999．
長島貞夫監修『性格心理学ハンドブック』金子書房，408p．，1983．
仲村優一他編『現代社会福祉事典』全国社会福祉協議会出版部，540p．，1988．
ナシオ，J-D．，榎本　譲訳『精神分析7つのキーワード：フロイトからラカンへ』新曜社，328p．，1990．
西丸四方編『臨床精神医学辞典』南山堂，372p．，1985．
西村直喜・久世敏雄編『青年心理学ハンドブック』福村出版，1122p．，1988．
日外アソシエーツ編『心理学の本　全情報（'45〜92）』日外アソシエーツ，1186p．，1993．
日外アソシエーツ編『心理学の本　全情報（'93〜97）』日外アソシエーツ，767p．，1998．（8384点を収録）
日本社会福祉実践理論学会編『社会福祉実践基本用語辞典』川島書店，182p．，1989（改版，1993）．
日本心理学会監修，岡堂哲雄他編『家族心理学事典』金子書房，332p．，1999．
日本精神科看護技術協会・精神科看護用語辞典編集委員会編『精神科看護用語辞典』（第5版）メヂカルフレンド社，464p．，1993．
ノーザン，J.L.編，ロベルジュ，C.・神山五郎監訳『聴覚言語障害学マニュアル：ノーザン　上・下』岩崎学術出版社，288p．，256p．，1989，1989．

は行

林　達夫・野田又夫・久野　収他監修『哲学事典』（改訂新版）平凡社，1700p．，1971．
廣松　渉他編『岩波哲学・思想事典』岩波書店，1929p．，1998．
福武　直他編『社会学辞典』有斐閣，1060p．，1958．
藤永　保監修『こころの問題事典』平凡社，390p．，1984．
フリーマン，A.・プレッツァー，J.・フレミング，B.・サイモン，K.M.・高橋祥友訳『認知療法臨床ハンドブック』金剛出版，470p．，1993．
ブルノー，F.J.・安田一郎訳『実例心理学事典』青土社，286p．，1989．
古畑和孝編『社会心理学小辞典』有斐閣，319p．，1994．
ベラック，A.S.・ハーセン，M.・山上敏子監訳『行動療法事典』岩崎学術出版社，240p．，1987．

ま行

松井　豊・林　もも子・賀陽　済・井上果子・沢崎達夫他編『臨床心理リーディング・ガイド』サイエンス社，280p.，1991.
マックグリン，T. J.・メットキャルフ，H. L.，越野好文訳『不安障害臨床ハンドブック』金剛出版，211p.，1994.
松田伯彦・松田文子編『教育心理学研究法ハンドブック：教師教育のために』（新版）北大路書房，382p.，1991.
松本和夫・吉田煕延『児童精神衛生マニュアル』日本文化科学社，256p.，1978.
マドックス，G. L. 編，エイジング大事典刊行委員会監訳『エイジング大事典』早稲田大学出版部，858p.，1990.
マネー，J.・ムサフ，H.，小宅　洋他監訳『マネー・ムサフ　性科学大事典』西村書店，972p.，1985.
見田宗介・栗原　彬・田中義久編『社会学事典』（縮刷版）弘文堂，1064p.，1994.
南　博編『心理学がわかる事典』日本実業出版，320p.，1994.
宮城音弥編『岩波心理学小辞典』（改訂改題）岩波書店，345p.，1979.
三宅和夫・北尾倫彦・小嶋秀夫編『教育心理学小辞典』（有斐閣小辞典シリーズ）有斐閣，382p.，1991.
三宅和夫・村井潤一編『波多野・依田児童心理学ハンドブック』金子書房，1200p.，1983.
ムーア，B. E.・ファイン，B. D. 編，福島　章監訳『アメリカ精神分析学会　精神分析事典』新曜社，366p.，1995.
村井健祐編『心理学基本用語インデックス：英・独・仏・羅』啓明出版，468p.，1983.
本明　寛監修『評価・診断心理学辞典』実務教育出版，528p.，1989.
森岡清美・塩原　勉・本間康平編『新社会学辞典』有斐閣，1736p.，1993.

や行

山本多喜司監修『発達心理学用語辞典』北大路書房，430p.，1991.
吉田敦也・蓮花一己・金川智恵・米田淳他編『行動科学ハンドブック』福村出版，280p.，1989.
依田　明監修，藤原喜悦・礒貝芳郎・永野重史他編『新・教育心理学辞典』（普及版）金子書房，896p.，1979.

ら行

ライクロフト，C.，岩永達郎・山口泰司訳『精神分析学辞典』河出書房新社，254p.，1992.
ラプランシュ，J.・ポンタリス，J. B. 編，村上　仁監訳『精神分析用語辞典』みすず書房，588p.，1977.

洋書

Asanger, R. und Wenninger, G. (ed.) : *Handwörterbuch Psychologie*. Psychologie Verlags Union (Weinheim), 924p., 1992.
Arieti, S. (ed.) : *American Handbook of Psychiatry*. (2nd edition), vol. 1-8, Basic Books (New York), 1974-1986, (each volume has ca. 1150p.).
Arnold, W., Eysenck, H. J. und Meili, R. (ed.) : *Lexikon der Psychologie*. 3 Vol., Herder (Freiburg), 2611p., 1980 (1971-1972).
Asanger, R. und Wenninger, G. (ed.) : *Handwörterbuch Psychologie*. (4te Auflage), psychologie Verlags Union (Weinheim), 924p., 1992.
Baladier, C. et al. : *Dictionnaire de la Psychanalyse*. Encyclopaedia Universalis et Albin Michel (Paris), 919p., 1997.
Beaumont, J. G., Kenealy, P. M. and Rogers, M. J. C. (ed.) : *The Blackwell Dictionary of Neuropsychology*. Blackwell (Oxford), 788p., 1996.
Bellack, A. S. & Hersen, M. (ed.) : *Dictionary of Behavior Therapy Techniques*. Pergamon (New York), 234p., 1985. (ベラック，A.・ハーセン，M.，山上敏子監訳『行動療法事典』岩崎学術出版社，223p.，1987.)

Benesch, H.: *dtv-Wörterbuch zur Klinischen Psychologie*. Deutscher Taschenbuch Verlag (München), Vol. 1-2, 423p., 493p., 1981, 1981.
Biggs, D. A.: *Dictionary of Counseling*. Greenwood Press (London), 229p., 1994.
Bloch, H. et al. (ed.): *Dictionnaire Fondamental de la Psychologie*. (in extenso), Larousse-Bordas (Paris), 1425p., 1997.
Bloch, H. et al. (ed.): *Grand Dictionnaire de la Psychologie*. Larousse (Paris), 862p., 1991.
Brown, S. D. & Lent, R. W. (ed.): *Handbook of Counseling Psychology*. John Wiley & Sons (New York), 982p., 1984.
Brown, S. D. & Lent, R. W. (ed.): *Handbook of Counseling Psychology*. (2nd edition), John Wiley & Sons (New York), 861p., 1992.
Brunner. R., Kausen. R. und Titze, M. (ed.): *Wörterbuch der Individual Psychologie*. Ernst Reinhardt (München), 544p., 1985.
Buruno, F.: *The Familiy Encyclopedia of Child Psychology and Development*. John Wiley & Sons (New York), 417p., 1972.
Buruno, F.: *Dictionary of Key Words in Psychology*. Routledge & Kegam Paul (London), 275p., 1986.
Campbell, R. J. (ed): *Psychiatric Dictionary*. (7th edition), Oxford University Press (Oxford), 799p., 1996.
Chemama, R.: *Dictionnaire de la Psychanalyse*. Larousse (Paris), 307p., 1993. (シェママ, R., 小出浩之他訳『精神分析事典』ラルース版, 弘文堂, 464p., 1995.)
Chemama, R.: *Dictionnaire de la Psychanalyse*. (Références Larousse), Larousse-Bordas (Paris), 356p., 1997.
Colman, A. M. (ed.): *A Dictionary of Psychology*. Oxford University Press (Oxford), 844p., 2001.
Corsini, R. J. (ed.): *Encyclopedia of Psychology*. John Wiley & Sons (New York), 4 vol., 481+500+487+466p., 1984.
Corsini, R. J. & Auerbach, A. J. (ed.): *Concise Encyclopedia of Psychology*. (2nd edition), John Wiley & Sons (New York), 1035p., 1996.
Doron, R. et Parot, F.: *Dictionaire de Psychologie*. PUF (Paris), 761p., 1991.
Dorsch, F.: *Psychologisches Wörterbuch*. (11 Auflage), Richard Meiner (Hamburg), 907p., 1987.
Ebon, M. (ed.): *The Sigent Handbook of Parapsychology*. (Sigent Book), New American Library (New York), 518p., 1978.
Edgerton, J. E. & Campbell, R. J. (ed.): *American Psychiatric Glossary*. (7th edition), American Psychiatric Press (Washington D. C.), 274p., 1994.
Eidelberg, L.: *Encyclopedia of Psychoanalysis*. Free Press (New York), 571p., 1968.
English, H. B.: *A Students Dictionary of Psychological Terms*. (4th edition), Harper & Brothers (New York), 131p., 1934.
English, H. B. & English, A. C.: *A Comprehensive Dictionary of Psychological and Psychoanalytical Terms*. Longman, Green (New York), 594p., 1958.
Evans, D.: *An Introductory Dictionary of Lacanian Psychoanalysis*. Routledge (London), 239p., 1996.
Eysenck, H. J. (ed.): *Handbook of Abnormal Psychology*. (2nd edition), Pitman & Sons (London), 906p., 1973.
Eysenck, H. J., Arnold, W. & Meili, R. M. (ed.): *Encyclopedia of Psychology*. Search Press (London), 3 vol., 396+390+401p., 1972.
Feltham, C. & Dryden, W.: *Dictionary of Counseling*. Whurr Publishers (London), 216p., 1993.
Fodor, N. & Gaynor, F.: *Freud ; Dictionary of Psychoanalysis*. Philosophical Library (New York), 280p., 1958.
Fröhlich, W. D.: *Dictionnaire de la Psychologie*. (Encyclopedies d'aujourd'hui), La Pochotheque (Paris), 275p., 1997.
Fröhlich, W. D. and Drever, J.: *dtv-Wörterbuch zur Psychologie*. (13th edition), Deutscher Taschenbuch

Verlag (München), 443p., 1981.
Garfield, S. L. & Bergin, A. E. (ed.) : *Handbook of Psychotherapy and Behavioral Change ; An empirical analysis*. (2nd edition), John Wiley & Sons (New York), 1024p., 1978. (3rd edition, 886p., 1986).
Goldberger, L. & Breznitz, S. (ed.) : *Handbook of Stress : Theoretical and clinical aspects*. Free Press (New York), 804p., 1982.
Goldenson, R. M. (ed.) : *Longman Dictionary of Psychology and Psychiatry*. Longman (New York), 816p., 1984.
Hark, H. (ed.) : *Lexikon Jungscher Grundbegriffe*. Walter (Freiburg im Breisgau), 197p., 1988.
Harré, R. & Lamb, R. (ed.) : *The Dictionary of Physiological and Clinical Psychology*. Blackwell (Oxford), 314p., 1986.
Harré, R. & Lamb, R. (ed.) : *The Encyclopedic Dictionary of Psychology*. Basil Blackwell (Oxford), 718p., 1983.
Hinshelwood, R. D.: *A Dictionary of Kleinian Thought*. Free Association Books (London), 503p., 1994.
Juilliard, O. (ed.) : *L'apport freudien ; Éléments pour une Encyclopédie de la Psychanalyse*. Bordas (Paris), 635p., 1993.
Kalat, J. W.: *Dictionary of Biological Psychology*. (5th edition) Pacific Grove (CA : Brooks/Cole), 671p., 1995.
Kaplan, H. I. & Sadock, B. J.: *Comprehensive Glossary of Psychiatry and Psychology*. Williams & Wilkins (Baltimore, Md.), 215p., 1991.
Kaufmann, P.: *L'apport Freudien ; Éléments pour une Encyclopédie de la Psychanalyse*. Bordas (Paris), 635p., 1993. (コフマン, P., 佐々木孝次監訳『フロイト&ラカン事典』弘文堂, 611p., 1997.)
Krauss, S. (ed.) : *Encyclopedic Handbook of Medical Psychology*. Butterworths (London), 585p., 1976.
Laplanche, J. et Pontalis, J. B.: *Vocabulaire de la Psychoanalyse*. P. U. F. (Paris), 520p., 1967.
Laplanche, J. und Pontalis, J. B.: *Das Vokabular der Psychoanalyse*. Suhrkamp (Frankfurt am Main), 612p. (in 2 Volumes), 1972.
Leupold-Löwenthal, H.: *Handbuch der Psychoanalyse*. ORAC (Wien), 312p., 1986.
Loring, D. W. (ed.) : *INS (:International Neuropsychological Society) Dictionary of Neuropsychogy*. Oxford University Press (Oxford), 173p., 1999.
Magill, F. N. (ed.) : *Intennational Encyclopedia of Psychology*. Vol. 1 & 2, Fitzroy Dearborn (London), 1886p., 1996.
Manstead, A. S. R. and Hewstone, M. (ed.) : *The Blackwell Encyclopedia of Social Psychology*. Blackwell (Oxford), 1995.
Moor, L.: *Lexique Fance-Anglais-Allemand des Termes Usuels un Psychiatrie, Neuropsychiatrie Infantile et Psychologie Pathologique*. L'expansion Scientifique Française (Paris), 198p., 1965.
Moore, B. E. & Fine, B. D.: *A Glossary of Psychoanalytic Terms and Concepts*. The American Psychoanalytic Association (New York), 96p., 1967. (ムーア, B. E.・ファイン, B. D., 福島　章監訳『アメリカ精神分析学会編　精神分析事典』新曜社, 336p., 1995.)
Moore, B. & Fine, B. D.: *Psychoanalysis——the Major Consepts*. Yale University Press (New Haven), 577p., 1995.
Moore, B. E. & Fine, B. D. (ed.) : *Psychoanalytic Terms and Concepts*. (3rd edition), American Psychoanalytic Association & Yale University Press (New Haven), 210p., 1990.
Mühlleitner, E.: *Biographisches Lexikon der Psychoanalyse*. editon discord (Tubingen), 400p., 1992.
Müller, C. (ed.) : *Lexikon der Psychiatrie : Gesammelte Abhandlungen der Gebräuchlichsten Psychopathologischen Begriffe*. Springer (Berlin), 592p., 1975.
Neugebauer, J. & Weil, C.: *Common Psychiatric Terms in 4 Languages*. World Psychiatric Association and Sandoz (Basel), 149p., 1971.
Parot, R. D.: *Dictionnaire de Psychologie*. Press Universitaires de France (Paris), 761p., 1991.

Peters, U. H.: *Wörterbuch der Psychiatrie und Medizinischen Psychologie.* (4 Auflage), Urban & Schwarzenberg (München), 676p., 1990.
Peters, U. H.: *Wörterbuch der Tiefenpsychologie.* Kindler (München), 182p., 1978.
Piéron, H.: *Vocabulaire de la Psychologie.* Presses Universitaires de France (Paris), 589p., 1992.
Pinney, E. L. & Slipp, S.: *Glossary of Group and Family Therapy.* Brunner/Mazel (New York), 149p., 1982.
Podolsky, E.: *Encyclopedia of Aberrations.* Philosophical Library (New York), 549p., 1955.
Porot, A.: *Manuel Alphabétique de Psychiatrie.* Presses Universitaires de France (Paris), 755p., 1996.
Postel, J.: *Dictionnaire de la Psychiatrie et de Psychopathologie Clinique.* Larousse-Bordas (Paris), 531p., 1998.
Reber, A.: *The Penguin Dictionary of Psychology.* (2nd edition), Penguin Books (Harmondsworth), 880p., 1995.
Roudinesco, E. et Plon, M.: *Dictionnaire de la Psychanalyse.* Fayard, 1191p., 1997.
Rycroft, C.: *A Critical Dictionary of Psychoanalysis.* Penguin Books (Harmondsworth), 189p., 1972, (Nelsen, London, 189p., 1968). (ライクロフト，C.，山口泰司訳『精神分析学辞典』再版，河出書房新社，254p., 1995.)
Samuels, A., Shorter, B. & Plaut, F.: *A Critical Dictionary of Jungian Analysis.* Routledge & Kegan Paul (London), 171p., 1986. (サミュエルズ，A.・ショーター，B.・プラウト，F.，濱野清志・垂谷茂弘訳『ユング心理学辞典』創元社，207p., 1993.)
Schmidbauer, W.: *Psychologie ; Lexikon der Grundbegriffe (ro ro ro).* Rowohlt (Hamburg), 216p., 1991.
Sillamy, N.: *Dictionnaire de Psychologie.* (Références Larousse), Larousse-Bordas (Paris), 275p., 1997.
Sillamy, N.: *Dictionnarie de la Psychologie.* Bordas (Paris), 1287p. (in 2 volumes), 1989.
Skinner, S. W.: *Dictionary of Psychotherapy.* Routledge (London), 512p., 1986.
Stewart, W.: *An A-Z of Counselling Theory and Practice.* (2nd edition), Stanley Thornes (Cheltenham), 481p., 1997.
Strachey, A.: *A New German-English Psychoanalytical Vocabulary.* The Institute of Psychoanalysis (London), 84p., 1943.
Stuart-Hamilton, I.: *Dictionary of Cognitive Psychology.* Jessica Kingsley (London), 1955.
Stuart-Hamilton, I.: *Dictionary of Developmental Psychology.* Jessica Kingsley (London), 1995.
Sury, K. von: *Wörterbuch der Psychologie und Ihrer Grenzgebiete.* (2te Auflage), Walter (Olben), 464p., 1958.
Sutherland, S.: *Macmillan Dictionary of Psychology.* Mcmillan (London), 491p., 1989.
Stutker, P. B. & Adams, H. E. (ed.): *Comprehensive Handbook of Psychopathology.* (2nd edition), Plenum Press (New York), 864p., 1993.
Task Force on DSM-IV & other Committees & Work Group of the American Psychiatric Associstion: *Diagnostic and Statistical Manual of Mental Disorders.* (4th edition), American Psychiatric Association (Washington D. C.), 886p., 1994. (アメリカ精神分析学会編，高橋三郎・大野　裕・染矢俊幸訳『DSM-IV精神疾患の診断・統計マニュアル』医学書院，834p., 1996.)
Turner, S. M., Calhoun, K. S. & Adams, H. E. (ed.): *Handbook of Clinical Behavior Therapy.* John Wiley & Sons (New York), 765p., 1981. (ターナー，S. M. 他編，小林利宣監訳『臨床行動療法ハンドブック』金剛出版，369p., 1983.)
Verplanck, W. S.: *A Glossary of Some Terms Used in the Objective Science of Behavior.* American Psychological Association (Psychological Review 64, 6, Suppl), 142p., 1957.
Walrond-Skinner, S.: *A Dictionary of Psychotherapy.* Routledge & Kegan Paul (London), 379p., 1986.
Wolman, B. B. (ed.): *The Encyclopedia of Psychiatry, Psychology, and Psychoanalysis.* Henry Holt (New York), 649p., 1996.
Wolman, B. B. (ed.): *Dictionary of Behavioral Science.* Ven Nostrand Reihold (New York), 478p., 1975.

Wolman, B. B. (ed.) : *Handbook of Clinical Psychology.* McGraw-Hill (New York), 1596p., 1965.

Woolfe, R. & Dryden, W. (ed.) : *Handbook of Counselling Psychology.* SAGE Publications (London), 662p., 1996.

Work Groups for the DSM-IV Text Revision (ed.) : *Diagnostic and Statistical Manual of Mental Disorders* (Fourth Edition) (DSM-IV-TR). American Psychiatric Association (Washington, D. C.), 943p., 2000.

Work Group to Revise DSM-III of the American Psychiatric Association : *Diagnostic and Statistical Manual of Mental Disorders* (3rd ed. revised DSM-III-R), American Psychiatric Association (Washington, D. C.), 567p., 1987.

H　全集・著作集・講座（「講座」「叢書」などの語を削ったシリーズ名順）

あ行

【アンナ・フロイト著作集】（全10巻）牧田清志・黒丸正四郎監修，岩崎学術出版社．
1　岩村由美子・中沢たえ子訳『児童分析入門：児童分析家と教師のための講義』220p．，1981．
2　黒丸正四郎・中野良平訳『自我と防衛機制』176p．，1982．
3　中沢たえ子訳『家庭なき幼児たち　上』344p．，1982．
4　中沢たえ子訳『家庭なき幼児たち　下』300p．，1982．
5　黒丸正四郎・中野良平訳『児童分析の指針　上』280p．，1984．
6　黒丸正四郎・中野良平訳『児童分析の指針　下』320p．，1984．
7　牧田清志他訳『ハムステッドにおける研究　上』264p．，1983．
8　牧田清志他訳『ハムステッドにおける研究　下』292p．，1983．
9　黒丸正四郎・中野良平訳『児童期の正常と異常』264p．，1981．
10　佐藤紀子他訳『児童分析の訓練』304p．，1982．

【講座　異常心理学】（全4巻）大原健士郎・岡堂哲雄編，新曜社．
1　『総論』354p．，1980．
2　『幼児期・児童期の異常心理』304p．，1980．
3　『思春期・青年期の異常心理』328p．，1980．
4　『壮年期・老年期の異常心理』336p．，1980．

【異常心理学講座】（第Ⅱ期）（全10巻）井村恒郎・懸田克躬・島崎敏樹・村上　仁編，みすず書房．
1　『異常心理学　Ⅰ』479p．，1966．
2　『心理学テスト』436p．，1966．
3　『心理療法』404p．，1968．
4　『異常心理　Ⅱ』371p．，1967．
5　『社会病理学』503p．，1965．
6　『精神薬理と脳病理』330p．，1972．
7　『精神病理学　1』444p．，1966．
8　『精神病理学　2』390p．，1968．
9　『精神病理学　3』525p．，1973．
10　『精神病理学　4』425p．，1965．

【異常心理学講座】（第Ⅲ期）（全10巻）土居健郎・笠原　嘉・宮本忠雄・木村　敏編，みすず書房．
1　『学派と方法』388p．，1988．
2　『精神病理学の潮流』（未刊）
3　『人間の生涯と心理』339p．，1987．
4　『神経症と精神病　1』419p．，1987．
5　『神経症と精神病　2』460p．，1988．
6　『神経症と精神病　3』320p．，1990．
7　『脳と心理』（未刊）
8　『テストと診断』346p．，1990．
9　『治療学』462p．，1989．

10 『文化・社会の病理』392p., 1992.

か行

【講座　家族心理学】（全6巻）星野　命・平木典子他編, 金子書房.
 1 星野　命編『変貌する家族：その現実と未来』300p., 1989.
 2 平木典子編『夫と妻：その親密化と破綻』292p., 1988.
 3 国谷誠郎編『親と子：その発達と病理』304p., 1988.
 4 杉渓一言編『家族と社会』300p., 1989.
 5 長谷川　浩編『生と死と家族』312p., 1988.
 6 岡堂哲雄編『家族心理学の理論と実際』312p., 1988.

【講座　家族精神医学】（全4巻）加藤正明・藤縄　昭・小此木啓吾編, 弘文堂.
 1 『家族精神医学の基礎理論』456p., 1982.
 2 『精神障害と家族・文化と家族』432p., 1982.
 3 『ライフサイクルと家族の病理』560p., 1982.
 4 『家族の診断と治療・家族危機』472p., 1982.

【河合隼雄全対話】（全5巻）河合隼雄, 第三文明社.
 I 『ユング心理学と日本人』242p., 1989.
 II 『ユング心理学と東洋思想』256p., 1989.
 III 『父性原理と母性原理』248p., 1989.
 IV 『無意識への旅』245p., 1990.
 V 『人間, この不思議なるもの』216p., 1990.

【教育心理学講座】（全6巻）東　洋監修, 朝倉書店.
 1 東　洋編『教育の心理学的基礎』288p., 1982.
 2 大村彰道編『学習』240p., 1985.
 3 吉田章宏編『授業』232p., 1983.
 4 波多野誼余夫編『発達』208p., 1982.
 5 （未刊）
 6 永田良昭編『社会』228p., 1987.

【言語障害児教育の実際シリーズ】日本言語学障害児教育研究会編, 日本文化科学社.
 1 小川口　宏責任編集『構音障害』224p., 1979.
 2 山口次郎責任編集『どもり』250p., 1983.
 3 田口恒夫・牧田和子責任編集『言語発達の遅れ』216p., 1981.
 4 谷　俊治・羽田紘一責任編集『難聴』232p., 1979.
 5 中田雅子責任編集『脳性まひ』216p., 1982.
 6 湧井　豊責任編集『口蓋裂』232p., 1981.
 7 大熊喜代松責任編集『教室経営』208p., 1980.

【現代人の病理】（全5巻）加藤正明他編, 誠信書房.
 1 加藤正明・相場　均・南　博編『文化の臨床社会心理学』485p., 1972.
 2 木村　駿・相場　均・南　博編『人間関係の臨床社会心理学』517p., 1972.
 3 滝沢清人・相場　均・南　博編『家族の臨床社会心理学』477p., 1974.
 4 浅井正昭・相場　均・南　博編『エロスの臨床社会心理学』453p., 1974.

5　荻野恒一・相場　均・南　博編『臨床社会心理学の基礎』468p., 1975.

【現代精神分析双書　I】小此木啓吾・西園昌久監修, 岩崎学術出版社.
  1　ライヒ, W., 小此木啓吾訳『性格分析：その技法と理論』436p., 1966.
  2　メニンガー, K., 小此木啓吾・岩崎徹也訳『精神分析技法論』304p., 1969.
  3　アラーズ, R., 西園昌久・板谷順二訳『実存主義と精神医学』136p., 1969.
  4　アッカーマン, N. W.,『家族関係の理論と診断：家族生活の精神力学　上』266p., 1967.
  5　アッカーマン, N. W., 小此木啓吾・石原　潔訳『家族関係の理論と診断：家族生活の精神力学　下』372p., 1970.
  6　ホリス, F., 本出佑之・黒川昭登・森野郁子訳『ケースワーク』424p., 1966.
  7　ピアソン, G. H. J., 北見芳雄・小沢頼雄・佐藤紀子・辻　祥子訳『精神分析と教育』440p., 1967.
  8　ドラクーリデス, N. N., 中野久夫訳『芸術家と作品の精神分析』292p., 1967.
  9　リッツ, T., 鈴木浩二訳『家族と人間の順応』122p., 1966.
 10　フライターク, F. F., 前田重治・蔵内宏和・秋本辰雄訳『睡眠分析の基礎』268p., 1969.
 11　ビンスワンガー, L., 竹内直治・竹内光子訳『フロイトへの道：精神分析から現存分析へ』206p., 1969.
 12　パンピアン=ミンドリン, E., 編『科学としての精神分析』252p., 1969.
 13　アッカーマン, N. W.・ビートマン, F. L.・シャーマン, S. N. 編, 岩井佑彦訳『家庭治療の基礎理論』232p., 1969.
 14　サティア, V., 鈴木浩二訳『合同家族療法』308p., 1970.
 15　パンコフ, G., 三好暁光訳『身体像の回復』272p., 1970.
 16　プラトイ, T., 深町　建訳『精神分析技法の基礎』608p., 1971.
 17　ビオン, W. R., 池田数好訳『集団精神療法の基礎』206p., 1973.
 18　スポトニッツ, H., 神田橋條治・坂口信貴訳『精神分裂病の精神分析：技法と理論』340p., 1974.
 19　エンジェル, G. L., 小此木啓吾他訳『心身の力動的発達』392p., 1976.
 20　クリス, E., 馬場禮子訳『芸術の精神分析的研究』324p., 1976.

【現代精神分析双書　II】小此木啓吾・西園昌久監修, 岩崎学術出版社.
  1　スィーガル, H., 岩崎徹也訳『メラニー・クライン入門』266p., 1977.
  2　ウィニコット, D. W., 牛島定信訳『情緒発達の精神分析理論：自我の芽ばえとなるもの』352p., 1977.
  3　シャルマン, B. H., 坂口信貴他訳『精神分裂病者への接近：目的論的見解とその実践』282p., 1978.
  4　ウィニコット, D. W., 橋本雅雄訳『遊ぶことと現実』280p., 1979.
  5　ライクロフト, C., 神田橋條治・石川　元訳『創造と現実』222p., 1979.
  6　ジェイコブソン, E., 伊藤　洸訳『自己と対象世界：アイデンティティの起源とその展開』304p., 1980.
  7　ランディス, B., 馬場禮子・小出れい子訳『自我境界』222p., 1981.
  8　グリンベルグ, L. 他, 高橋哲郎訳『ビオン入門』184p., 1982.
  9　ラッカー, H., 坂口信貴訳『転移と逆転移』322p., 1982.
 10　カーンバーグ, O., 前田重治監訳, 岡　秀樹・竹野孝一郎訳『対象関係論とその臨床』288p., 1983.
 11　ジェイコブソン, E., 牛島定信他訳『うつ病の精神分析』324p., 1983.
 12　シフニオス, P. E., 丸田俊彦・丸田純子訳『短期力動精神療法：診断・治療面接の実際』340p., 1984.
 13　クリス, A. O., 神田橋條治・藤川尚宏訳『自由連想：過程として方法として』178p., 1987.
 14　オーンスタイン, P. H. 編, 伊藤　洸監訳『コフート入門：自己の探求』346p., 1987.
 15　スィーガル, H., 松木邦裕訳『クライン派の臨床：ハンナ・スィーガル論文集』344p., 1988.
 16　ゴールドバーグ, A. 編, 岡　秀樹訳『自己心理学とその臨床：コフートとその後継者たち』362p., 1991.
 17　コーホン, G. 編, 西園昌久監訳『英国独立学派の精神分析：対象関係論の展開』296p., 1992.
 18　アーブラハム, K., 下坂幸三・前野光弘・大野美都子訳『アーブラハム論文集：抑うつ強迫・去勢の精神分析』264p., 1993.
 19　カーンバーグ, O. F., 西園昌久監訳『重症パーソナリティ障害：精神療法的方略』292p., 1996.

20 アンダーソン, R.編, 木部則雄・平井正三・佐藤理香訳『クラインとビオンの臨床講義』234p., 1996.
別巻 米国精神分析学会編著, 日本精神分析協会編訳『精神分析学の新しい動向：米国精神分析論集 1973-1982』536p., 1984.

【現代青年心理学講座】（全7巻）依田 新・大西誠一郎・津留 宏他編, 金子書房.
 1 『青年心理学研究の課題と方法』298p., 1976.
 2 『青年期の比較文化的考察』278p., 1975.
 3 『青年期の発達的意義』218p., 1975.
 4 『青年の性格形成』258p., 1976.
 5 『現代青年の性意識』278p., 1976.
 6 『現代青年の社会参加』280p., 1975.
 7 『現代青年の生きがい』286p., 1976.

【行動療法ケース研究】行動療法ケース研究編集委員会編, 岩崎学術出版社.
 1 内山喜久雄編集『不安症候群』152p., 1984.
 2 上里一郎編『登校拒否 1』140p., 1985.
 3 内田安信編『歯科心身症と行動療法』158p., 1986.
 4 中川哲也編『心身症 1』141p., 1987.
 5 野添新一・金久卓也編『神経性食思不振症』139p., 1987.
 6 中川哲也編『心身症 2』209p., 1988.
 7 原野広太郎編『非社会的問題行動』115p., 1989.
 8 高木俊一郎編『自閉症児の行動療法』158p., 1990.
 9 上里一郎編『登校拒否 2』170p., 1993.
10 小林重雄編集『自閉症児の行動療法』182p., 1994.

【こころの科学】（全7巻）大村政男監修, 福村出版.
 1 岡村一成・浮谷秀一編『行動の科学』144p., 1994.
 2 岡村一成・若林明雄編『性格の科学』144p., 1994.
 3 岡村一成・西澤泰広編『発達の科学』144p., 1994.
 4 岡村一成・藤田主一編『教育の科学』144p., 1994.
 5 岡村一成・松田浩平編『人間関係の科学』144p., 1994.
 6 岡村一成・外島 裕編『経営の科学』144p., 1994.
 7 岡村一成・手島茂樹編『援助の科学』144p., 1994.

さ行

【講座 サイコセラピー】（全10巻）内山喜久雄・高野清純監修, 日本文化科学社.
 1 内山喜久雄・高野清純・田畑 治『カウンセリング』304p., 1984.
 2 内山喜久雄『行動療法』196p., 1988.
 3 佐々木雄二編著『自律訓練法』224p., 1989.
 4 内山喜久雄編著『セルフコントロール』220p., 1986.
 5 高野清純『帰属療法』216p., 1989.
 6 高野清純『プレイセラピー』208p., 1988.
 7 徳田良仁・村井靖児編著『アートセラピー』268p., 1988.
 8 杉田峰康『交流分析』232p., 1985.
 9 台 利夫『ロールプレイング』196p., 1986.
10 田中熊次郎『グループセラピー』208p., 1987.

【講座　障害児教育】中野善達監修，福村出版．
1　菅田洋一郎編『障害児教育の基本問題』256p．，1978．
2　小出　進他編『障害児の心理的問題』208p．，1978．
3　大塚明敏他編『障害児教育の展開 1』216p．，1977．
4　大塚明敏他編『障害児教育の展開 2』223p．，1977．
5　高野　武他編『障害児理解の方法』212p．，1977．
6　村中義夫他編『障害児教育と福祉』232p．，1978．

【講座　心理療法】（全 8 巻）福村出版．
1　田畑　治他編『来談者中心療法』202p．，1977．
2　佐藤修作・山下　勲編『遊戯療法』211p．，1978．
3　鑪　幹八郎編『精神分析』208p．，1977．
4　上里一郎編『行動療法』256p．，1978．
5　栗山一八他編『催眠療法』186p．，1977．
6　多田治夫他編『集団心理療法』212p．，1977．
7　村山正治編『エンカウンター・グループ』204p．，1977．
8　村山正治・上里一郎編『セルフ・ヘルプ・カウンセリング』244p．，1979．

【心理臨床ケース研究】日本心理臨床学会編，誠信書房．
Vol. 1　212p．，1983．
Vol. 2　228p．，1984．
Vol. 3　242p．，1985．
Vol. 4　246p．，1986．
Vol. 5　318p．，1987．
Vol. 6　242p．，1988．

【性格心理学新講座】（全 6 巻）金子書房．
1　本明　寛『性格の理論』300p．，1989．
2　依田　新『性格形成』300p．，1989．
3　福島　章『適応と不適応』300p．，1989．
4　安香　宏『性格の理解』300p．，1989．
5　原野広太郎『カウンセリングと心理治療』300p．，1989．
6　星野　命『ケース研究：個性の形態と展開』300p．，1989．

【叢書　精神の科学】（全16巻）岩波書店．（第 3，9，16巻は未刊）
1　安永　浩『精神の幾何学』280p．，1987．
2　小出浩之『シニフィアンの病い』280p．，1986．
4　阪本暢典『治療の場から見た分裂病』260p．，1987．
5　内沼幸雄『正気の発見：パラノイア中核論』350p．，1987．
6　成田善弘『心身症と心身医学』245p．，1986．
7　河合逸雄『意識障害の人間学』241p．，1987．
8　鈴木　茂『境界事象と精神医学』248p．，1986．
10　遠藤みどり『精神と身体：精神疾患の身体的基盤』270p．，1988．
11　野上芳美『脳と言語』238p．，1987．
12　大平　健『貧困の精神病理：ペルー社会とマチスタ』288p．，1986．
13　佐々木　譲・石附　敦『「非行」が語る親子関係』248p．，1988．
14　轟　俊一・渡辺　登『治療のダイナミックス』270p．，1986．

15 吉松和哉『医者と患者』270p., 1987.

【精神薄弱問題白書】日本精神薄弱者福祉連盟編, 日本文化科学社.
・'89年版, 336p., 1989.
・'90年版, 320p., 1990.
・'91・'92年版, 360p., 1991.
・'94年版, 333p., 1993.
 (改称して続刊→【発達障害白書】)

【精神分析セミナー】(全5巻) 小此木啓吾・岩崎徹也・橋本雅雄・皆川邦直編, 岩崎学術出版社.
 1 『精神療法の基礎』280p., 1981.
 2 『精神分析の治療機序』228p., 1982.
 3 『フロイトの治療技法論』324p., 1983.
 4 『フロイトの精神病理学理論』336p., 1987.
 5 『発達とライフサイクルの観点』292p., 1985.

た行

【治療教育講座】(全15巻) 上出弘之・伊藤隆二編, 福村出版.
 1 『神経性習癖をもつ子ども』228p., 1980.
 2 『乱暴な子ども・多動性の子ども』192p., 1981.
 3 『無気力な子ども・神経質な子ども』200p., 1980.
 4 『自閉傾向のある子ども』208p., 1981.
 5 『学校ぎらいの子ども』212p., 1980.
 6 『学業不振の子ども』208p., 1980.
 7 『知恵おくれの子ども』196p., 1981.
 8 『目や耳の不自由な子ども』196p., 1981.
 9 『ことばの問題をもつ子ども』200p., 1980.
 10 『からだの弱い子ども』232p., 1980.
 11 『肢体の不自由な子ども』208p., 1980.
 12 『非行傾向のある子ども』208p., 1980.
 13 『子どもと性』208p., 1980.
 14 『子どもと遊び』192p., 1980.
 15 『子どもと生活環境』212p., 1980.

な行

【中井久夫著作集 精神医学の経験】(全8巻) 中井久夫, 岩崎学術出版社.
 1 『分裂病』432p., 1984.
 2 『治療』456p., 1985.
 3 『社会・文化』464p., 1985.
 4 『治療と治療関係』320p., 1991.
 5 『病者と社会』324p., 1991.
 6 『個人とその家族』324p., 1991.
 別巻1 山中康裕編『風景構成法』296p., 1984.
 別巻2 『共著編文集』352p., 1991.

【日本人の深層分析】（全12巻）馬場謙一・福島　章・小川捷之・山中康裕編，有斐閣．
 1 『母親の深層』331p., 1984.
 2 『父親の深層』285p., 1984.
 3 『エロスの深層』294p., 1985.
 4 『攻撃性の深層』333p., 1985.
 5 『夢と象徴の深層』363p., 1984.
 6 『創造性深層』314p., 1984.
 7 『病める心の深層』359p., 1986.
 8 『日本人の深層』296p., 1990.
 9 『子どもの深層』311p., 1984.
10 『青年期の深層』292p., 1987.
11 『老いと死の深層』279p., 1985.
12 『現代社会の深層』281p., 1987.

【日本の精神薄弱教育：戦後30年】（全6巻）全日本特殊教育研究連盟編，日本文化科学社．
 1 『教育の制度』240p., 1979.
 2 『教育の方法』250p., 1979.
 3 『教育の研究・運動』286p., 1979.
 4 『地域史Ⅰ・東日本』236p., 1979.
 5 『地域史Ⅱ・中部日本』282p., 1979.
 6 『地域史Ⅲ・西日本』276p., 1979.

【人間性心理学大系】（全12巻）水島恵一，大日本図書．
 1 『人間性の探究：人間科学としての人間学』360p., 1985.
 2 『カウンセリング』340p., 1985.
 3 『イメージと芸術療法』287p., 1985.
 4 『教育と福祉：心理・社会的実践への視点』310p., 1987.
 5 『自己と存在感』336p., 1986.
 6 『意識の深層と超越』250p., 1988.
 7 『臨床心理学』368p., 1986.
 8 『非行・社会病理学』392p., 1987.
 9 『イメージ心理学』384p., 1988.
10 『人間学への道』388p., 1989.
別巻Ⅰ　『愛と反抗の群像』322p., 1991.
別巻Ⅱ　『深層の世界』252p., 1991.

【講座　人間の発達と臨床心理学】（全6巻）伊藤隆二・橋口英俊・春日　喬編，駿河台出版社．
 1 『生涯発達と臨床心理学』330p., 1994.
 2 『乳幼児期の臨床心理学』370p., 1994.
 3 『学齢期の臨床心理学』370p., 1994.
 4 『思春期・青年期の臨床心理学』370p., 1994.
 5 『成人期の臨床心理学』340p., 1994.
 6 『老年期の臨床心理学』300., 1994.

は行

【発達障害白書】日本精神薄弱者福祉連盟編, 日本文化科学社.
・'95年版, 283p., 1994.
・'96年版, 330p., 1995.
・'97年版, 361p., 1996.
・'98年版, 379p., 1997.
・戦後50年史, 761p., 1997.
　('95年版より以前は→【精神薄弱問題白書】)

【発達心理学への招待】(全7巻) 永野重史・依田　明編, 新曜社.
1　『母と子の出会い』240p., 1983.
2　『子どもの世界』244p., 1983.
3　『子どもの知的発達』208p., 1983.
4　『教育と発達』276p., 1983.
5　『こころの歪み』224p., 1983.
6　『ひととのふれあい』240p., 1983.
7　『文化のなかの人間』312p., 1983.

【パトグラフィ双書】(全13巻) 金剛出版.
1　野村章恒著『E・アラン・ポオ』440p., 1969.
2　岩井　寛『芥川龍之介』302p., 1969.
3　福島　章『宮沢賢治』324p., 1970.
4　三島　寛『辻　潤』356p., 1970.
5　吉村博任『泉　鏡花』312p., 1970.
6　荻野恒一『ドフトエフスキー』258p., 1971.
7　梶谷哲男『三島由紀夫』328p., 1971.
8　伊東高麗夫『ヘミングウェイ』230p., 1972.
9　鹿野達夫『志賀直哉：芸術と病理』318p., 1975.
10　稲村　博『川端康成』386p., 1975.
11　中野嘉一『古賀春江：芸術と病理』330p., 1977.
12　町沢静夫『高村光太郎』278p., 1979.
別巻　春原千秋・梶谷哲男『昭和の作家：芸術と病理』350p., 1975.

【フランクル著作集】(全7巻) フランクル, V.E., みすず書房.
1　霜山徳爾訳『夜と霧』212p., 1961.
2　霜山徳爾訳『死と愛』284p., 1961.
3　宮本忠雄訳『時代精神の病理学』214p., 1961.
4　小田　晋訳『神経症 I』238p., 1961.
5　小田　晋訳『神経症 II』168p., 1961.
6　宮本忠雄訳『精神医学的人間像』157p., 1961.
7　佐野利勝・木村　敏訳『識られざる神』210p., 1962.

【誠信フロイト選書】誠信書房.
1　シュール, M., 安田一郎・岸田　秀訳『フロイト：生と死　上・下』331p., 294p., 1978, 1979.
2　ローゼン, P., 馬場謙一・小松　啓訳『フロイトの社会思想：政治・宗教・文明の精神分析』372p., 1986.

3 ローゼン, P., 岸田　秀・富田達彦・高橋健次訳『フロイトと後継者たち　上・下』517p., 432p., 1987, 1988.
4 ローゼン, P., 小此木啓吾訳編『ブラザー・アニマル：フロイト, ザロメ, タウスクの世界』296p., 写真16p., 1987.
5 ロレンツァー, A., 河田　晃訳『精神分析の考古学：緻密性と社会的苦悩』248p., 1987.

【フロイト著作集】(全11巻) 井村恒郎・小此木啓吾・懸田克躬・高橋義孝・土居健郎編, 人文書院.
1 懸田克躬・高橋義孝訳『精神分析入門 (全)』546p., 1971.
2 懸田克躬・高橋義孝訳『夢判断』535p., 1968.
3 池田紘一・高橋義孝他訳『文化・芸術論』520p., 1969.
4 生松敬三・懸田克躬他訳『日常生活の精神病理学』488p., 1970.
5 懸田克躬・高橋義孝他訳『性欲論・症例研究』436p., 1969.
6 井村恒郎・小此木啓吾他訳『自我論・不安本能論』464p., 1970.
7 小此木啓吾・懸田克躬他訳『ヒステリー研究他』338p., 1970.
8 生松敬三・池田紘一他訳『書簡集』496p., 1974.
9 小此木啓吾訳『技法・症例篇』520p., 1983.
10 高橋義孝・生松敬三他訳『文学・思想篇　1』392p., 1983.
11 高橋義孝他訳『文学・思想篇　2』424p., 1984.

【フロイド選集】(全17巻) (改訂版) 日本教文社.
1 井村恒郎他訳『精神分析入門　上』348p., 1953 (改装版, 1994).
2 馬場謙一他訳『精神分析入門　下』338p., 1953 (改装版, 1994).
3 古沢平作訳『続　精神分析入門』310p., 1953.
4 井村恒郎訳『自我論』348p., 1954.
5 懸田克躬訳『性欲論』302p., 1953.
6 吉田正己訳『文化論』452p., 1953.
7 高橋義孝・池田紘一訳『芸術論』372p., 1953.
8 土居正徳・吉田正己訳『幻想の未来』348p., 1954.
9 懸田克躬訳『ヒステリー研究』404p., 1955.
10 加藤正明訳『不安の問題』304p., 1955.
11 高橋義孝訳『夢判断　上』342p., 1954.
12 高橋義孝訳『夢判断　下』416p., 1955.
13 浜川祥枝訳『生活心理の錯誤』384p., 1958.
14 高橋義孝訳『愛情の心理学』234p., 1960.
15 古沢平作訳『精神分析療法』430p., 1964 (改訂版, 小此木啓吾訳, 1969).
16 熊田正春・小此木啓吾訳『症例の研究』388p., 1959.
17 懸田克躬訳『自らを語る』283p., 1959.

【分析心理学シリーズ】培風館.
1 サミュエルズ, A. 編, 氏原　寛・李　敏子訳『こころの病理学：現代ユング派の臨床的アプローチ』320p., 1991.
2 フォーダム, M.・ゴードン, R.・ハバック, J.・ランバート, K. 編, 氏原　寛・李　敏子訳『ユング派の分析技法：転移と逆転移をめぐって』304p., 1992.
3 シドリ, M.・ディヴィス, M. 編, 氏原　寛・山下景子訳『子どもの個性化：ユング派の子どもの心理治療』224p., 1992.

【ホーナイ全集】（全7巻）我妻　洋・安田一郎編，誠信書房．
1　我妻　洋・安田一郎・佐々木　譲訳『女性の心理』346p., 1982.
2　我妻　洋訳『現代の神経症的人格』310p., 1973.
3　安田一郎訳『精神分析の新しい道』346p., 1972.
4　霜田静志・國分康孝訳『自己分析』308p., 1998.
5　我妻　洋・佐々木　譲訳『心の葛藤』282p., 1981.
6　榎本　譲・丹治竜郎訳『神経症と人間の成長』530p., 1998.
7　我妻　洋・川口茂雄・西上裕司訳『精神分析とは何か』274p., 1976.

ま行

【無意識】（全5巻）エー，H.編，大橋博司監訳，金剛出版．
I　『無意識へのプロレゴメーナ』218p., 1986.
II　『無意識と言語』216p., 1986.
III　『神経学と無意識』200p., 1986.
IV　『無意識と精神医学的諸問題』200p., 1986.
V　『無意識の社会学・哲学への影響』192p., 1986.

【メラニー・クライン著作集】（全7巻）小此木啓吾・西園昌久・岩崎徹也・牛島定信監修，誠信書房．
1　西園昌久・牛島定信責任編訳『こどもの心的発達：1921-31』350p., 1983.
2　小此木啓吾・岩崎徹也・衣笠隆幸責任編訳『児童の精神分析：1932』398p., 1997.
3　西園昌久・牛島定信責任編訳『愛，罪そして償い：1933-45』262p., 1983.
4　小此木啓吾・岩崎徹也責任編訳『妄想的・分裂的世界：1946-55』256p., 1985.
5　小此木啓吾・岩崎徹也責任編訳『羨望と感謝：1957-63』236p., 1996.
6　山上千鶴子訳『児童分析の記録 I：1961』338p., 1987.
7　山上千鶴子訳『児童分析の記録 II：1961』322p., 1988.

や行

【ユング心理学選書】創元社．
1　フォン・フランツ，M-L., 氏原　寛訳『おとぎ話の心理学』280p., 1979.
2　クレイグ，G., 樋口和彦・安溪真一訳『心理療法の光と影：援助専門家の「力」』230p., 1981.
3　クレイグ，G., 樋口和彦・武田憲道訳『結婚の深層』220p., 1981.
4　ヒルマン，J., 樋口和彦・武田憲道訳『自殺と魂』220p., 1982.
5　ユング，C.G., 湯浅泰雄・黒木幹雄訳『東洋的瞑想の心理学』350p., 1983.
6　ノイマン，E., 氏原　寛・野村美紀子訳『芸術と創造的無意識』180p., 1984.
7　ヤコビィ，M., 氏原　寛・丹下庄一訳『分析的人間関係』200p., 1985.
8　ハーディング，M.E., 樋口和彦・武田憲道訳『女性の神秘：月の神話と女性原理』330p., 1985.
9　ホール，J.A., 氏原　寛・片岡　康訳『ユング派の夢解釈：理論と実際』210p., 1985.
10　マンコイッツ，A., 三木あや監修，渥美桂子・加藤容子訳『更年期と個性化』210p., 1986.
11　ヤング＝エイゼンドラス，P., 村本詔司・織田元子訳『夫婦カウンセリング：女が真に求めるものは何か』320p., 1987.
12　プロゴフ，I., 河合隼雄・河合幹雄訳『ユングと共時性』220p., 1987.
13　マリオン，W., 桑原知子・山口素子訳『女性性の再発見：肥満とやせ症を通して』250p., 1987.
14　イエンゼン，F.・マレン，S.編，藤瀬恭子訳『回想のユング：ユングをめぐる二人の女性』250p., 1988.
15　ゴードン，R., 氏原　寛訳『死と創造』278p., 1989.
16　クレイグ，G., 長井真理訳『魂の荒野』200p., 1989.

17　カースト, V., 山中康裕監訳『おとぎ話にみる家族の深層』220p., 1989.
18　カースト, V., 吉本千鶴子訳『童話を活かす心理療法』300p., 1989.
19　ヒルマン, J., 樋口和彦・武田憲道訳『内的世界への探求』180p., 1990.

【ユング著作集】(全5巻) 日本教文社.
 1　高橋義孝訳『人間のタイプ』314p., 1970.
 2　高橋義孝・江野専次郎訳『現代人のたましい』318p., 1970.
 3　江野専次郎訳『こころの構造:近代心理学の応用と進歩』266p., 1970.
 4　浜川祥枝訳『人間心理と宗教』314p., 1970.
 5　西丸四方訳『人間心理と教育』262p., 1970.

ら行

【ライヒ著作集】大平出版社.
 1　渡辺武達訳『オルガズムの機能:セクソメジーにおけるマルクス, フロイト, ファシズム批判　上』259p., 1970.
 2　渡辺武達訳『オルガズムの機能:セクソメジーにおけるマルクス, フロイト, ファシズム批判　下』267p., 1972.
 3　片岡啓治訳『性道徳の出現』259p., 1976.
 4　片桐ユズル訳『きけ小人物よ!』214p., 1970.
 5　片桐ユズル・中山容共訳『キリストの殺害』276p., 1979.
 6　片岡啓治訳『弁証法的唯物論と精神分析』183p., 1972.

【臨床心理学】(全5巻) 河合隼雄監修, 創元社.
 1　山中康裕・森野礼一・村山正治編『原理・理論』311p., 1995.
 2　三好暁光・氏原　寛編『アセスメント』1991.
 3　岡田康伸・田畑　治・東山紘久『心理療法』306p., 1992.
 4　斎藤久美子・鑪　幹八郎・藤井　虔編『実践と教育訓練』313p., 1994.
 5　山中康裕・西村洲衛男・川上範夫編『文化・背景』1992.

【臨床心理学講座】(全8巻) 誠信書房.
 1　佐治守夫・水島恵一・星野　命編『臨床心理学の基礎』330p., 1968.
 2　片口安史・秋山誠一郎・空井健三編『人格診断』293p., 1969.
 3　水島恵一・村瀬孝雄編『心理療法』374p., 1967.
 4　玉井収介・小嶋謙四郎・片口安史『臨床心理学の現状と活動』382p., 1968.
 5　玉井収介・成瀬悟策編『児童の心理臨床』264p., 1970.
 6　水島恵一・台　利夫・空井健三編『青年の心理臨床』456p., 1974.
 7　水島恵一・岡部祥平・細木照敏編『成人の心理臨床』350p., 1979.
 8　星野　命・山本和郎編『社会・文化の変化と臨床心理学』246p., 1976.

【臨床心理学大系】(全16巻) 河合隼雄他編, 金子書房.
 1　河合隼雄・福島　章・村瀬孝雄編著『臨床心理学の科学的基礎』300p., 1991.
 2　小川捷之・詫摩武俊・三好暁光編著『パーソナリティ』320p., 1990.
 3　小川捷之・齋藤久美子・鑪　幹八郎編著『ライフサイクル』320p., 1990.
 4　岡堂哲雄・鑪　幹八郎・馬場禮子編著『家族と社会』310p., 1990.
 5　安香　宏・福島　章編, 田中富士夫編著『人格の理解 1』300p., 1991.
 6　安香　宏・大塚義孝・村瀬孝雄編著『人格の理解 2』316p., 1992.

7 小此木啓吾・成瀬悟策・福島　章編著『心理療法 1』328p., 1990.
 8 鑪　幹八郎編，上里一郎・前田重治編著『心理療法 2』336p., 1990.
 9 河合隼雄・水島恵一・村瀬孝雄編著『心理療法 3』320p., 1989.
10 安香　宏・小川捷之編，空井健三編著『適応障害の心理臨床』320p., 1992.
11 福島　章・村瀬孝雄・山中康裕編著『精神障害・心身症の心理臨床』312p., 1990.
12 鑪　幹八郎・村上英治編，山中康裕編著『発達障害の心理臨床』320p., 1990.
13 小川捷之・鑪　幹八郎・本明　寛編著『臨床心理学を学ぶ』328p., 1990.
14 安香　宏・小川捷之・河合隼雄編著『教育と心理臨床』288p., 1990.
15 河合隼雄編著，福島　章・星野　命編『臨床心理学の周辺』300p., 1991.
16 小川捷之編，福島　章・村瀬孝雄編著『臨床心理学の先駆者たち』352p., 1991.

【ロージァズ全集】（全23巻）友田不二男・伊東　博・堀　淑昭・佐治守夫・畠瀬　稔・村山正治編，岩崎学術出版社.
 1 堀　淑昭編，小野　修訳『問題児の治療』456p., 1966.
 2 佐治守夫編，友田不二男訳『カウンセリング』408p., 1966.
 3 友田不二男編訳『サイコセラピィ』400p., 1966.
 4 伊東　博編訳『サイコセラピィの過程』316p., 1966.
 5 畠瀬　稔編訳『カウンセリングと教育』264p., 1967.
 6 畠瀬　稔編訳『人間関係論』284p., 1967.
 7 畠瀬　稔編訳『プレイグループセラピィ・集団管理』272p., 1967.
 8 伊東　博編訳『パースナリティ理論』328p., 1967.
 9 友田不二男編，児玉亨子訳『カウンセリングの技術』336p., 1967.
10 友田不二男編訳『成功・失敗事例の研究』420p., 1967.
11 友田不二男編訳『カウンセリングの立場』404p., 1967.
12 村山正治編訳『人間論』512p., 1967.
13 友田不二男編訳『パースナリティの変化』444p., 1967.
14 伊東　博編訳『クライエント中心療法の初期の発展』396p., 1967.
15 伊東　博編訳『クライエント中心療法の最近の発展』432p., 1967.
16 友田不二男編訳『カウンセリングの訓練』492p., 1968.
17 伊東　博編訳『クライエント中心療法の評価』444p., 1968.
18 友田不二男他編『わが国のクライエント中心療法の研究』584p., 1968.
19 友田不二男編，手塚郁恵訳『サイコセラピィの研究』404p., 1968.
20 古屋健治編，中野良顕他訳『サイコセラピィの成果』276p., 1968.
21 伊東　博編訳『サイコセラピィの実践：分裂病へのアプローチ』376p., 1972.
22 友田不二男編，伊東　博他訳『創造への教育：学習心理への挑戦上』296p., 1972.
23 友田不二男編，手塚郁恵訳『創造への教育：学習心理への挑戦下』252p., 1972.

【ロージァズ選書】（全7巻）岩崎書店.
 1 友田不二男訳『カウンセリング』（第6版）354p., 1959.
 2 友田不二男訳『精神療法』370p., 1955.
 3 友田不二男訳『遊戯療法：集団療法』153p., 1956.
 4 友田不二男訳『人格の心理と教育』186p., 1956.
 5 友田不二男訳『人格転換の心理』406p., 1957.
 6 西園寺二郎『カウンセリングの訓練』118p., 1962.
 7 畠瀬　稔・阿部八郎編訳『来談者中心療法：その発展と現状』411p., 1964.

【ロロ・メイ著作集】（全6巻）誠信書房.
1　小野泰博訳『失われし自我をもとめて』344p., 1970.
2　小野泰博訳『愛と意志』554p., 1972.
3　小野泰博訳『わが内なる暴力』380p., 1980.
4　小野泰博訳『創造への勇気』210p., 1981.
5　伊東　博・伊東順子訳『存在の発見』294p., 1986.
6　伊東　博・伊東順子訳『自由と運命』462p., 1988.

I 雑誌 (雑誌名順)

あ行

『アズ』(季刊) 新人物往来社.
No. 27「特集：ユング——現代の神話」170p., 1993月5月号.

『imago』(月刊) 青土社.
1巻2号「異常性愛」1990年2月.
　　3号「超心理と気の科学」1990年3月.
　　4号「ガイド性格学」1990年4月.
　　6号「ストレス」1990年6月.
　　7号「麻薬」1990年7月.
　　8号「睡眠術」1990年8月.
　　10号「境界例」1990年10月.
2巻3号「芸術療法」1991年3月.
　　5号「家族」1991年5月.
　　6号「精神分裂病」1991年6月.
　　8号「レズビアン」1991年8月.
　　11号「躁うつ病」1991年11月.
　　11月 臨時増刊号：「夢」1991年11月.
　　12号「フェティシズム」1991年12月.
3巻1号「精神医学の新しい流れ」1992年1月.
　　2号「はやり神の心理学」1992年2月.
　　3号「エロスとタナトス」1992年3月.
　　4号「神経心理学の現在」1992年4月.
　　6号「認知心理学への招待」1992年6月.
　　7号「政治の心理学」1992年7月.
　　8号「精神病理学のパラダイム」1992年8月.
　　8号「ことばの心理学：日常臨床語辞典」(臨時増刊) 1992年9月.
　　9号「子宮感覚」1992年9月.
　　10号「精神分析学の現在」1992年11月.
　　11号「映画の心理学」1992年11月.
　　12号「ホリスティック心理学」1992年12月.
　　12号「映画の心理学」1992年11月.
　　13号「ホリスティック医学：精神神経免疫学のパラダイム」1992年12月.
　　14号「夢」(臨時増刊) 1992年12月.
4巻1号「脳内物質のドラマ」1993年1月.
　　2号「性的倒錯」1993年2月.
　　3号「多重人格」1993年3月.
　　4号「レイプ：性と暴力の深層」1993年4月.
　　5号「心身症」1993年5月.
　　6号「幼児虐待」1993年6月.
　　7号「トランスパーソナル心理学」1993年7月.

    8号　「マインド・コントロール」1993年8月.
    9号　「食の心理学」1993年9月.
    10号　「変容するテレビ：視聴率の心理学」1993年10月.
    11号　「性と燃えない症候群」1993年11月.
    12号　「恋愛の生物学」1993年12月.
5巻1号　「文化摩擦：異文化と狂気」1994年1月.
    2号　「視覚の心理学」1994年2月.
    3号　「ラカン以後」（臨時増刊）1994年2月.
    4号　「恐怖の構造」1994年3月.
    5号　「犯罪の心理学」1994年4月.
    6号　「離婚の心理学」1994年5月.
    7号　「お産の心理学」1994年6月.
    8号　「心の傷とは何か：トラウマとコンプレクス」1994年7月.
    9号　「エディプスの神話」1994年8月.
    10号　「死の心理学」1994年9月.
    11号　「生物にとって時間とは何か」1994年10月.
    12号　臨時増刊号　「ラカン：精神分析の最前線」1994年10月.
    14号　「脳の地図」1994年12月.
6巻1号　「ボディ・イメージ」1995年1月.
    2号　「いじめの心理」1995年2月.
    3号　「笑い」1995年3月.
    5号　「夢の技法」1995年5月.
    6号　「脳とセックス」1995年6月.
    7号　「味覚の心理学」1995年7月.
    8号　「カルトと終末論」1995年8月.
    9号　「狂気と妄想：オウム真理教の深層」1995年9月.
    10号　「エスとは何か」1995年10月.
    11号　「ゲイ・リベレーション」1995年11月.
7巻1号　「ヒトの意識の誕生」1996年1月.
    2号　「ボディ・デザイン：現代人の変身願望」1996年2月.
    3号　「サイコセラピー入門」1996年3月.
    4号　「メルヘンの深層」1996年4月.
    5号　「セクシュアリティ」1996年5月.
    6号　「コフート」1996年6月.
    7号　「ヒステリー」1996年7月.
    8号　「ニュー・セラピー」1996年8月.
    9号　「ターミナル・ケア」1996年9月.
    10号　「自閉症」1996年10月.
    11号　「ユング心理学の新たな地平」1996年11月.
    12号　「心はどこへ行くのか」1996年12月.
(終刊)

『エピステーメー』（季刊）朝日出版社.
「C・G・ユング特集号」236p., 1977年5月号.

か行

『からだの科学』（年6回刊）日本評論社．
No. 134　吉利　和・小林　登編「ストレスと健康」112p., 1987.
No. 140　中川哲也編「自律神経失調症」116p., 1988.
No. 149　豊倉康夫編「老年痴呆とパーキンソン病」112p., 1989.

『からだの科学　増刊』日本評論社．
・大友英一編「老年学読本」192p., 1985.
・小此木啓吾編「医療心理学読本」228p., 1979.
・尾前照雄編「脳卒中」167p., 1993.
・塩川優一編「エイズ」180p., 1994.
・長谷川和夫編「アルツハイマー病」191p., 1992.

『からだの科学　別巻』日本評論社．
1　山下　格編「こころとからだの科学」（精神医学入門シリーズ 1）188p., 1984年8月．
2　風祭　元編「こころの科学と人間」（精神医学入門シリーズ 2）208p., 1984年9月．
3　宮本忠雄編「こころの科学と現代」（精神医学入門シリーズ 3）192p., 1984年10月．

『からだの科学　臨時増刊』日本評論社．
・大島良雄編「難病の事典」220p., 1977.
・岡本祐三編「『論争』高齢者福祉：公的介護保険でなにが変わるか」151p., 1996.
・岡本祐三・菅原弘子編「介護保険NOW：ケアマネージャーと基礎自治体の課題」128p., 2000.
・岡本祐三・池田省三編「介護保険元年2000：ケアマネジャーと自治体の役割」143p., 1999.
・小此木啓吾編「新医療心理学読本」247p., 1989.
・熊本悦明編「現代の性」184p., 1981
・五島雄一郎編「成人病の事典」236p., 1983.
・塩川優一編「エイズ戦略」172p., 1989.
・高木健太郎編「現代の生と死」180p., 1984.
・吉　利和編「難病の事典」192p., 1986.

『現代思想』（月刊）青土社．
「総特集・ユング」348p., 1979年4月号．
「総特集・フロイト」326p., 1977年別冊．
「特集・フロイトと今日の精神分析」97〜226p., 1973年3月号．
第24巻第2号「精神医学のフロント」282p., 1996年2月．

『現代思想　臨時増刊』青土社．
第3巻第9号　「精神分裂病：文明の中の人間存在」222p., 1975年9月．
第5巻第6号　「フロイト」326p., 1983年．
第6巻第6号　「近親相姦」246p., 1978年5月．
第7巻第5号　「ユング」348p., 1985年．
第9巻第8号　「ラカン」302p., 1981年7月．
第10巻第12号　「日本人の心の歴史」478p., 1982年9月．
第14巻第13号　「精神異常：現代フランスの精神医学」254p., 1986年11月．
第15巻第11号　「AIDS：アイデンティティの病い」131p., 1987年9月．

第28巻第3号 「現代思想のキーワード」246p., 2000年2月.

『現代のエスプリ』（月刊）至文堂．（カウンセリング関係特集号のみのリスト）
- No. 2   吉田精一編「夫婦」248p., 1965.
- No. 4   望月　衛・前田嘉明編・解説「性」202p., 1963.
- No. 9   梅棹忠夫編「日本人のこころ」248p., 1965.
- No. 16 大原健士郎編「自殺」264p., 1965.
- No. 20 樋口幸吉編・解説「犯罪」258p., 1966.
- No. 25 佐藤幸治編「禅への招待」266p., 1967.
- No. 27 詫摩武俊編「性格」174p., 1967.
- No. 30 加賀乙彦編「異常心理」283p., 1968.
- No. 33 松浪信三郎編「人間疎外」227p., 1968.
- No. 34 佐藤幸治編「死との対話」284p., 1968.
- No. 37 大原健士郎編「不安」261p., 1969.
- No. 40 土居健郎・小此木啓吾編「精神分析」376p., 1969.
- No. 41 大原健士郎編「フラストレーション」263p., 1970.
- No. 43 詫摩武俊・松原治郎編「親と子」302p., 1970.
- No. 44 南　博・犬田　充編・解説「行動の科学」238p., 1970.
- No. 47 小此木啓吾編「フロイト」291p., 1971.
- No. 50 大原健士郎編「ノイローゼ」284p., 1971.
- No. 51 加賀乙彦編「作家の病跡」292p., 1971.
- No. 59 大原健士郎編「こころ」218p., 1972.
- No. 61 相場均編「異常性欲」211p., 1972.
- No. 63 岩井　寛編「エロス」224p., 1972.
- No. 67 大原健士郎編「夢」206p., 1973.
- No. 70 福島　章編「犯罪の人間学」224p., 1973.
- No. 73 宮本忠雄編「現代人の精神構造」180p., 1973.
- No. 78 小此木啓吾「アイデンティティ」244p., 1974.
- No. 83 長谷川　泉編「安楽死」204p., 1974.
- No. 85 藤永　保・星野　命編「ことばと心理」219p., 1974.
- No. 87 大原健士郎・三浦文夫編「老人問題」216p., 1974.
- No. 88 飯田　真編「躁うつ病」232p., 1974.
- No. 89 福島　章編「現代人の攻撃性」224p., 1974.
- No. 96 依田　明・小川捷之編「父親」212p., 1975.
- No. 97 岡堂哲雄編「知能」200p., 1975.
- No. 98 畑下一男編「現代人の性意識」208p., 1975.
- No. 99 岩井　寛・中野久夫編「性格は変わるか」196p., 1975.
- No. 100 大原健士郎・解説「管理社会：歯車のなかの人間関係」192p., 1975.
- No. 101 松村博雄・岡本一彦編「性教育」224p., 1975.
- No. 105 徳田良仁・中野久夫編「絵画と精神病理」180p., 1976.
- No. 106 岡堂哲雄編「治療の心理学」186p., 1976.
- No. 115 依田　明編・小川捷之編「母親」220p., 1977.
- No. 117 岡堂哲雄編「現代女性の精神構造」188p., 1977.
- No. 120 山中康裕編「自閉症」208p., 1977.
- No. 122 徳田良仁編「創造性」211p., 1977.
- No. 123 石川　中編「こころとからだ」194p., 1977.
- No. 127 小川捷之編「対人恐怖」212p., 1978.

| 雑誌

No. 128　大原健士郎編・解説「パニック」192p., 1978.
No. 130　畠山龍郎・吉沢　勲編「ケースワーク」228p., 1978.
No. 131　岡堂哲雄編「グループ・ダイナミックス」180p., 1978.
No. 134　河合隼雄・樋口和彦編「ユング心理学」228p., 1978.
No. 139　佐治守夫・神保信一編「登校拒否」216p., 1979.
No. 144　宮里勝政編「アルコール症」208p., 1979.
No. 148　小此木啓吾編「精神分析・フロイト以後」248p., 1979.
No. 150　宮本忠雄編「精神分裂病」200p., 1980.
No. 151　大原健士郎編「現代の自殺」218p., 1980.
No. 153　宮島　喬編「現代と疎外」212p., 1980.
No. 154　福島　章編「現代の犯罪」192p., 1980.
No. 155　石川　元編「鏡と人間の心理」204p., 1980.
No. 157　山中康裕編「少年期の精神病理」180p., 1980.
No. 159　依田　明・清水弘司編「きょうだい」200p., 1980.
No. 161　星野　命編「カルチャー・ショック」232p., 1980.
No. 168　石井完一郎・笠原　嘉編「スチューデント・アパシー」232p., 1981.
No. 170　荻野恒一編「比較文化と精神医学」220p., 1981.
No. 174　袖井孝子編「性役割」202p., 1982.
No. 175　山中康裕・森　省二編「境界例の精神病理」228p., 1982.
No. 177　福島　章編「天才の精神病理」228p., 1982.
No. 178　濱口惠俊編・解説「日本人の間柄」221p., 1982.
No. 179　岡堂哲雄編「患者の心理」224p., 1982.
No. 180　松原治郎・熊谷文枝編・解説「校内暴力」228p., 1982.
No. 186　筒井末春編「心身症」208p., 1983.
No. 189　柏木哲夫編「ホスピスと末期ケア」216p., 1983.
No. 192　岡堂哲雄編「熟年の危機」196p., 1983.
No. 197　筒井末春編「食・性・こころ」220p., 1983.
No. 198　増野　肇編「サイコドラマ」216p., 1984.
No. 199　石川　元編「表情の精神病理」234p., 1984.
No. 202　竹元隆洋編「瞑想の精神療法：内観療法の理論と実際」228p., 1984.
No. 206　池田由子編「被虐待児症候群」224p., 1984.
No. 211　坂田義教編「マージナルマン」216p., 1985.
No. 215　岡堂哲雄編「家庭療法と親教育」188p., 1985.
No. 217　福井康之編「まなざしの心理」212p., 1985.
No. 220　森　省二編「乳幼児期の精神病理」192p., 1985.
No. 222　石井完一郎・斎藤友紀雄編「いのちの電話」180p., 1986.
No. 224　長谷川和夫編「ぼけとは何か」188p., 1986.
No. 225　岡堂哲雄編「男性のストレス」188p., 1986.
No. 226　岡堂哲雄編「女性のストレス」196p., 1986.
No. 227　岡堂哲雄編「子どものストレス」200p., 1986.
No. 229　徳田良仁編「色彩とこころ」208p., 1986.
No. 232　馬場謙一郎編「思春期の拒食症と過食症」252p., 1986.
No. 233　依田　明編「愛と性の心理」168p., 1986.
No. 234　依田　明編「結婚の情景」185p., 1987.
No. 235　依田　明編「家庭の風景」192p., 1987.
No. 236　稲村　博編「女30代にして惑う」216p., 1987.
No. 239　岡堂哲雄編「性と愛の異常性」176p., 1987.

| 雑誌

No. 240　岡堂哲雄編「結婚と家族の異常性」180p., 1987.
No. 241　稲村　博編「ビジネスマンの海外適応」208p., 1987.
No. 242　佐藤悦子・稲村　博編「家族療法の理論と技法」176p., 1987.
No. 243　佐藤悦子・稲村　博編「家族療法の実際」192p., 1987.
No. 244　稲村　博・佐藤悦子編「日本的家族療法の模索」192p., 1987.
No. 245　河野美代子編「変貌する10代の性」192p., 1987.
No. 248　平山正実・斎藤友紀雄編「悲しみへの援助」200p., 1988.
No. 250　神保信一・山崎久美子「学校に行けない子どもたち」240p., 1988.
No. 252　岡堂哲雄編「カウンセリングの理論」216p., 1988.
No. 253　岡堂哲雄編「カウンセリングの技術」208p., 1988.
No. 254　岡堂哲雄編「カウンセリングの実際」200p., 1988.
No. 255　斎藤　学編「アルコホリクスの物語」256p., 1988.
No. 256　森　省二編「メルヘンの心理学」212p., 1988.
No. 257　岡堂哲雄編「カウンセラーのための心理療法Q&A」248p., 1988.
No. 258　杉下守弘編「脳とこころ」208p., 1989.
No. 259　小泉英二・稲村　博編「学校のメンタルヘルス」216p., 1989.
No. 262　南　博・佐藤悦子編「カップルズ」176p., 1989.
No. 263　岡堂哲雄編「カウンセリングの道標」176p., 1989.
No. 264　北山　修・妙木浩之編「言葉と精神療法」196p., 1989.
No. 266　山崎久美子編「大学生のメンタルヘルス」184p., 1989.
No. 267　石川　元編「家族療法と絵画療法」200p., 1989.
No. 268　水口公信・山中祥男編「痛みの世界」232p., 1989.
No. 270　金子郁容編「関係変化のネットワーク：医療・保健・福祉・看護の現場からの報告」172p., 1990.
No. 271　亀口憲治編「家族の風景」208p., 1990.
No. 272　石川　元編「家族療法と行動法」248p., 1990.
No. 273　大塚義孝編「運命分析」208p., 1990.
No. 274　長谷川浩編「ホスピスケアの展望」184p., 1990.
No. 275　水島恵一編「イメージの心理とセラピー」228p., 1990.
No. 276　徳田良仁編「芸術と表現病理」228p., 1990.
No. 277　蔦森　樹編「トランス・ジェンダー現象」220p., 1990.
No. 278　河野貴代美・平木典子編「フェミニストセラピィ」240p., 1990.
No. 279　山上敏子編「行動療法」196p., 1990.
No. 281　小林　司編「現代の生きがい」208p., 1990.
No. 283　佐藤悦子・稲村　博編「ニューセラピー」204p., 1991.
No. 285　新田健一編「少年非行の変貌」210p., 1991.
No. 286　田中一彦編「メタファーの心理」192p., 1991.
No. 287　長谷川啓三編「構成主義：ことばと短期療法」244p., 1991.
No. 289　田中正敏・津田　彰編「ストレスと突然死」204p., 1991.
No. 290　田中正敏・津田　彰編「ストレスと過労死」223p., 1991.
No. 291　菊池章夫編「思いやりの心理」200p., 1991.
No. 292　小田　晋編「宗教・オカルト時代の心理学」224p., 1991.
No. 293　全国学生相談研究会議編「キャンパスのカウンセリング」212p., 1991.
No. 294　全国学生相談研究会議編「現代学生へのアプローチ」196p., 1992.
No. 295　全国学生相談研究会議編「発達カウンセリング」184p., 1992.
No. 296　全国学生相談研究会議編「キャンパスでの心理臨床」188p., 1992.
No. 297　成瀬悟策編「催眠療法」220p., 1992.
No. 300　岡堂哲雄編「結婚と家族のストレス」208p., 1992.

| 雑誌 |

No. 301　井上勝也・荒木乳根子編「老いと性」216p., 1992.
No. 303　榎本　稔編「アルコール依存症」220p., 1992.
No. 305　阪本良男編「分裂病と治療の現在(いま)」196p., 1992.
No. 307　梶田叡一編「自己という意識」194p., 1993.
No. 308　渡辺文夫編「異文化間コンプリクト・マネジメント」207p., 1993.
No. 309　田能村裕麒・高橋史朗編「性と生命の教育」228p., 1993.
No. 310　山崎美貴子・斎藤友紀雄編「コミュニティと民間相談活動」236p., 1993.
No. 311　平井　久・廣田昭久編「リラクセイション」198p., 1993.
No. 313　中川米造・藤崎和彦編「良い医者を育てる」228p., 1993.
No. 314　丸野俊一編「自己モニタリング」187p., 1993.
No. 315　佐藤方彦編「アメニティの科学」205p., 1993.
No. 316　武田　敏・松岡　弘編「エイズと教育」225p., 1993.
No. 317　吾妻ゆかり・妙木浩之編「フロイトの症例」228p., 1993.
No. 318　亀口憲治編「愛と癒し：心理臨床への新たな期待」206p., 1994.
No. 320　大渕憲一編「暴力の行動科学」206p., 1994.
No. 321　森井利夫編「ボランティア」201p., 1994.
No. 322　横田雅弘・堀江　学編「異文化接触と日本人」185p., 1994.
No. 323　武藤清栄編「教師のメンタルヘルス」180p., 1994.
No. 324　詫摩武俊・佐藤達哉編「血液型と性格：その史的展開と現在の問題点」204p., 1994.
No. 328　倉沢　進編「地域社会を生きる」181p., 1994.
No. 329　稲村　博編「出勤拒否」176p., 1994.
No. 330　馬場謙一編「学校臨床」186p., 1995.
No. 331　柏木恵子編「女性の発達」215p., 1995.
No. 332　児玉隆治編「組織の健康」187p., 1995.
No. 333　東　洋編「意欲」204p., 1995.
No. 335　多文化間精神医学会編「外国人労働者とこころ」213p., 1995.
No. 336　諸澤英道編「犯罪被害者」244p., 1995.
No. 337　山崎勝之編「タイプAからみた世界：ストレスの知られざる姿」204p., 1995.
No. 339　中島一憲編「インフォームド・コンセント」191p., 1995.
No. 340　福西勇夫編「リエゾン：身体疾患患者の心のケア」192p., 1995.
No. 342　大日向雅美・佐藤達哉編「子育て不安・子育て支援」224p., 1996.
No. 343　保坂　隆編「リハビリテーション心理学」205p., 1996.
No. 345　本間　昭・新名理恵編「痴呆性老人の介護」205p., 1996.
No. 346　福西勇夫編「パニック・ディスオーダー」182p., 1996.
No. 347　野呂影勇編「バーチャル・リアリティ」217p., 1996.
No. 349　杉下守弘編「脳の知られざる世界」190p., 1996.
No. 351　斎藤友紀雄編「危機カウンセリング」223p., 1996.
No. 353　平木典子編「親密さの心理」206p., 1996.
No. 355　石川光男・高橋史朗編「ホリスティック医学友教育」192p., 1997.
No. 357　福西勇夫・勢井宏義編「睡眠」196p., 1997.
No. 358　斎藤　学編「トラウマとアダルト・チルドレン」226p., 1997.
No. 360　河野友信編「心身症の理論と療法」216p., 1997.
No. 361　河野友信編「心身症の治療と展開」215p., 1997.
No. 362　西川泰夫編「認知科学」190p., 1997.
No. 363　福西勇夫編「ソーシャル・サポート」195p., 1997.
No. 364　大澤　光・西川泰夫編「印象の工学：印象はどう測ればよいか」204p., 1997.
No. 365　高橋史朗編「感性教育」196p., 1997.

| 雑誌

No. 366 坂田義教編「性の諸相」202p., 1998.
No. 367 岡上和雄編「『精神障害』を生きる」200p., 1998.
No. 368 松井　豊編「恋愛の心理」224p., 1998.
No. 369 安藤清心・西田公昭編「マインド・コントロールと心理学」209p., 1998.
No. 371 福西勇夫・岡田宏基編「先端医療と心のケア」224p., 1998.
No. 372 佐藤達哉編「性格のための心理学」227p., 1998.
No. 373 西川泰夫・山崎久美子編「生活習慣病」188p., 1998.
No. 374 田畑　治編「クライエント中心療法」208p., 1998.
No. 375 倉戸ヨシヤ編「ゲシュタルト療法」199p., 1998.
No. 376 久木田　純・渡辺文夫編「エンパワーメント」194p., 1998.
No. 377 井上孝代編「多文化時代のカウンセリング」206p., 1998.
No. 378 河野友信編「ターミナルケアの周辺」207p., 1999.
No. 379 宗像恒次編「ヘルス・カウンセリング」212p., 1999.
No. 381 峰島旭雄編「『こころ』の時代としての21世紀：比較文化の視座から」196p., 1999.
No. 382 村山正治編「フォーカシング」228p., 1999.
No. 383 岡堂哲雄・関井友子編「ファミリー・バイオレンス：家庭内の虐待と暴力」204p., 1999.
No. 384 岡　隆・佐藤達哉・池上知子編「偏見とステレオタイプの心理学」228p., 1999.
No. 385 野島一彦編「グループ・アプローチ」212p., 1999.
No. 386 森谷寛之・杉浦京子編「コラージュ療法」228p., 1999.
No. 387 藤原勝紀編「イメージ療法」212p., 1999.
No. 388 倉本英彦・斎藤友紀雄編「思春期挫折とその克服」212p., 1999.
No. 389 弘中正美編「遊戯療法」212p., 1999.
No. 390 福西勇夫・菊池道子編「心の病の治療と描画法」204p., 2000.
No. 391 川浦康至編「日記コミュニケーション：自己を綴る，他者に語る」204p., 2000.
No. 392 丹野義彦編「認知行動アプローチ：臨床心理学のニューウェーブ」228p., 2000.
No. 393 畠中宗一編「臨床社会学の展開」212p., 2000.
No. 394 鈴木康明編「生と死から学ぶいのちの教育」212p., 2000.
No. 395 深澤道子・江幡玲子編「スーパービジョン・コンサルテーション実践のすすめ」212p., 2000.
No. 396 笠井　仁・佐々木雄二編「自律訓練法」212p., 2000.
No. 397 福西勇夫・天保英明編「現代社会のうつ病」204p., 2000.
No. 398 石川　元編「LD（学習障害）の臨床：その背景理論と実際」220p., 2000.
No. 403 武藤清栄・渡辺　健編「ひきこもり」220p., 2001.
No. 407 亀口憲治編「学校心理臨床と家族支援」212p., 2001.

『現代のエスプリ　別冊』至文堂.
・稲村　博編『職場のメンタルヘルスQ＆A』272p., 1988.
・稲村　博編『対談・思春期の危険信号』226p., 1988.
・稲村　博・斎藤友紀雄編『いじめ自殺』256p., 1995.
・大原健士郎編『うちの子に限って：異常性発見234のチェックポイント』331p., 1983.
・岡堂哲雄編『看護と介護の人間関係』272p., 1997.
・岡堂哲雄編『社会心理用語事典』358p., 1982.
・岡堂哲雄編『被災者の心のケア』240p., 1996.
・岡堂哲雄編『マリッジ・カウンセリング』272p., 1992.
・小川捷之編『臨床心理用語事典』(1 用語・人名篇, 2 診断・症状・治療篇) 200p., 200p., 1981, 1981.
・小此木啓吾・妙木浩之編『精神分析の現在』344p., 1995.
・成田善弘編『人格障害』350p., 1997.
・成瀬悟策編『実験動作学：からだを動かすこころの仕組み』256p., 2000.

- 深谷昌志編『シンポジウム・子ども』210p., 1990.
- 妙木浩之編『夢の分析』256p., 1997.
- 村山正治編『臨床心理士によるスクールカウンセラー：実際と展望』392p., 2000.
- 【家族とは，家庭とは：いま世界で，日本で】
    1 松原治郎編『家族の社会学』244p., 1983.
    2 大原健士郎編『家族と精神医学』212p., 1983.
    4 小倉志祥編『人間と家庭生活』255p., 1983.
    5 勝部真長編『現代家族の現況』199p., 1983.
- 【現代人の異常性】大原健士郎・岡堂哲雄編.
    1 『日本人の精神病理』242p., 1975.
    2 『精神の異常とはなにか』254p., 1975.
    3 『性と愛の異常』238p., 1976.
    4 『現代家族と異常性』259p., 1976p.
    5 『異常の心理治療：サイコセラピー』263p., 1976.
    6 『異常の発見：心理テスト』244p., 1976.
- 【現代人の断絶】大原健士郎編.
    1 『家族内の断絶』204p., 1977.
    2 『性の断絶』204p., 1977.
    4 『断絶の精神病理』172p., 1977.
    5 『分化と断絶』187p., 1978.
- 【現代のストレスシリーズ】
    1 河野友信・石川俊男編『ストレス研究の基礎と臨床』278p., 1999.
    2 河野友信・山岡昌之編『ストレスの臨床』262p., 1999.
    3 河野友信・久保木富房編『現代的ストレスの課題と対応』264p., 1999.
    4 河野友信・久保千春編『ストレス研究と臨床の軌跡と展望』262p., 1999.
- 【現代の文化人類学】
    2 祖父江孝男編『医療人類学・映像人類学・教育人類学』230p., 1982.
- 【子どもの心理】
    1 大原健士郎編『児童期の心理と精神病理』197p., 1979.
    2 大原健士郎編『思春期の心理と精神病理』187p., 1979.
- 【自殺学】大原健士郎編.
    1 『自殺の精神病理』242p., 1974.
    2 『自殺の心理学・精神医学』226p., 1975.
    3 『自殺の社会学・生態学』203p., 1975.
    4 『自殺と文化』231p., 1975.
    5 『自殺の防止』263p., 1975.
- 【スクール・カウンセリングシリーズ】岡堂哲雄・平尾美生子編.
    1 『スクール・カウンセリングの要請と理念』200p., 1995.
    2 『スクール・カウンセリングの技法と実際』200p., 1995.
- 【青年：社会・心理・病理】松原治郎・岡堂哲雄編
    1 『現代的状況』204p., 1977.
    2 『意識と行動』226p., 1977.
    3 『分化と生態』173p., 1977.
    4 『心理と生理』214p., 1977.
    5 『不安と病理』188p., 1978.
- 【ヒューマン・ケア心理学シリーズ】
    岡堂哲雄編『患者の心理』280p., 2000.

岡堂哲雄・上野 矗・志賀令明編『病気と痛みの心理』264p., 2000.
岡堂哲雄・小玉正博編『生活習慣の心理と病気』272p., 2000.
・【揺らぐ家族と心の健康シリーズ】岡堂哲雄編.
　1　『つれあいの心理と幸福』200p., 1994.
　2　『親子の心理とウェルネス』192p., 1994.
　3　『中高年の心理と健康』216p., 1995.
・【臨床社会心理学】小此木啓吾・小川捷之編.
　1　『自律と依存』236p., 1980.
　2　『統合と拡散』264p., 1980.
　3　『成熟と喪失』272p., 1980.
・【臨床心理学シリーズ】
　1　大塚義孝編『心の病理学』252p., 1998.
　2　岡堂哲雄編『心理査定プラクティス』272p., 1998.
　3　大塚義孝編『心理面接プラクティス』272p., 1998.
　4　岡堂哲雄編『貢献者の肖像と寄与』250p., 1998.
・【臨床心理テスト・シリーズ】岡堂哲雄編.
　1　『潜在能力の発見』240p., 1993.
　2　『精神病理の探究』240p., 1994.
・【臨床動作法シリーズ】成瀬悟策編.
　1　『臨床動作法の理論と実際』284p., 1992.
　2　『教育臨床動作法』264p., 1992.
　3　『健康とスポーツの臨床動作法』264p., 1992.

『国文学解釈と鑑賞　臨時増刊号』至文堂.
『病跡からみた作家の軌跡』長谷川　泉, 至文堂, 463p., 1983年4月号.

『心と社会』(季刊) 日本精神衛生会機関誌
No. 34　「特集・精神療法・心理療法の総合的マニュアル」106p., 1981.
No. 35　「特集・相談のすべて」105p., 1982.

『こころの科学』(隔月刊), 宮本忠雄・山下　格・風祭　元監修, 日本評論社.
No. 1　山下　格編「神経症」75p., 1985年5月.
No. 2　平井信義編「子どもの精神衛生」94p., 1985年7月.
No. 3　宮本忠雄編「表現の光と影」87p., 1985年11月.
No. 4　岡堂哲雄編「心理テスト」83p., 1985年9月.
No. 5　長谷川和夫編「老年期のこころ」79p., 86年1月.
No. 6　佐治守夫・村瀬孝雄編「中学生」83p., 86年3月.
No. 7　風祭　元編「うつ病」75p., 1986年5月.
No. 8　日高敏隆編「ヒューマン・エソロジーに向けて」68p., 1986年7月.
No. 9　田村健二・田村満喜枝編「離婚」85p., 1986年9月.
No. 10　宮本忠雄・山下　格・風祭　元編「精神分裂病」139p., 1986年11月.
No. 11　小倉　学・河野友信編「発達と学校保健」95p., 1987年1月.
No. 12　星野　命編「対人関係の心理学」71p., 1987年3月.
No. 13　小此木啓吾編「現代の精神分析」152p., 1987年5月.
No. 14　東　洋・藤永　保編「現代心理学への招待」87p., 1987年7月.
No. 15　筒井末春編「心身症」117p., 1987年7月.
No. 16　河合隼雄「カウンセリングの現在」75p., 1987p., 11月.

| 雑誌

No. 17　大塚恭男編「こころの病気と東洋医学」83p., 1988年1月.
No. 18　伊藤隆二・堀　真一郎編「フリースクール」79p., 1988年3月.
No. 19　増野　肇編「こころの危機への援助」128p., 1988年5月.
No. 20　詫魔武俊編「性格」81p., 1988年7月.
No. 21　平井富雄・関谷　透編「働き盛りのメンタルヘルス」81p., 1988年9月.
No. 22　水島恵一・安香　宏編「非行」65p., 1988年11月.
No. 23　斎藤　学編「こころのセルフヘルプ」67p., 1987年1月.
No. 24　小田　晋・佐藤光源編「薬物依存」71p., 1989年3月.
No. 25　熊本悦明編「性とこころ」61p., 1989年5月.
No. 26　丸野　廣編「ストレスとつきあう」61p., 1989年7月.
No. 27　河合隼雄編「無意識の世界」71p., 1989年9月.
No. 28　西園昌久編「パーソナリティの障害」67p., 1989年11月.
No. 29　外口玉子・久保鉱章編「病みつつ生きる支え」65p., 1990年1月.
No. 30　小嶋秀夫・大日向雅美編「母性」77p., 1990年3月.
No. 31　本明　寛編「ブックガイド心理学」103p., 1990年5月.
No. 32　依田　明編「現代とともだち考」81p., 1990年7月.
No. 33　大塚議孝編「臨床心理士：その養成と機能」71p., 1990年9月.
No. 34　下坂幸三編「家族を援助する」76p., 1990年11月.
No. 35　河野博臣編「死を生きる」90p., 1991年1月.
No. 36　河合隼雄・成田善弘編「境界線」82p., 1991年3月.
No. 37　中根　晃編「自閉症」82p., 1991年5月.
No. 38　藤縄　昭・北村俊則編「診断の基準」91p., 1991年7月.
No. 39　吉松和哉編「中年紀期のこころ」65p., 1991年9月.
No. 40　高橋　徹編「不安」65p., 1991年11月.
No. 41　山中康裕編「夢」86p., 1992年1月.
No. 42　上野一彦編「学習障害」81p., 1992年3月.
No. 43　宮本忠雄編「癒しとしての宗教」60p., 1992年5月.
No. 44　清水將之編「思春期」63p., 1992年7月.
No. 45　佐藤壹三編「こころのケア」65p., 1992年9月.
No. 46　杉下守弘編「記憶と脳」59p., 1992年11月.
No. 47　宮本忠雄編「シングルライフ」45p., 1993年1月.
No. 48　加藤尚武編「笑いとユーモア」81p., 1993年3月.
No. 49　河野友信編「心身医学と人間」71p., 1993年5月.
No. 50　風祭　元編「現代の抑うつ」66p., 1993年7月.
No. 51　山崎晃資編「不登校」71p., 1993年9月.
No. 52　野上芳美編「摂食障害」59p., 1993年11月.
No. 53　鑪　幹八郎・山下　格編「アイデンティティ」68p., 1994年1月.
No. 54　大熊輝雄・宮本忠雄編「睡眠障害」54p., 1994年3月.
No. 55　河合隼雄編「ユング派の心理療法」70p., 1994年5.
No. 56　馬場謙一編「女子高生」73p., 1994年7月.
No. 57　風祭　元編「こころの病気と薬」67p., 1994年9月.
No. 58　國分康孝編「学校カウンセリング」86p., 1994年11月.
No. 59　斉藤　学編「依存と虐待」71p., 1995年1月.
No. 60　宮本忠雄・山下　格・風祭　元編「分裂病の現在」101p., 1995年3月.
No. 61　牛島定信編「フロイト入門」74p., 1995年5月.
No. 62　河合洋編「子どもの精神障害」99p., 1995年7月.
No. 63　高橋祥友編「自殺」72p., 1995年9月.

No. 64　清水將之編「生徒のこころを支える」73p., 1995年11月.
No. 65　河野博臣編「大震災とこころのケア」74p., 1996年1月.
No. 66　渡辺久子編「母子臨床」60p., 1996年3月.
No. 67　江畑敬介編「精神障害者の社会参加」79p., 1996年5月.
No. 68　広瀬徹也編「躁うつ病」80p., 1996年7月.
No. 69　峰松　修編「大学生のこころの風景」73p., 1996年9月.
No. 70　河合隼雄編「いじめ」114p., 1996年11月.
No. 71　大塚俊男編「高齢者を介護する」68p., 1997年1月.
No. 72　清水將之編「家庭調査官」73p., 1997年3月.
No. 73　太田昌孝編「発達障害」67p., 1997年5月.
No. 74　村瀬孝雄編「ロジャーズ：クライエント中心療法の現在」84p., 1997年7月.
No. 75　山上　晧編「精神鑑定」79p., 1997年9月.
No. 76　山下　格編「神経症の現在」70p., 1997年11月.
No. 77　秋山　剛編「異文化とメンタルヘルス」73p., 1998年1月.
No. 78　滝川一廣編「中学生は、いま」77p., 1998年3月.
No. 79　仙波恒雄・風祭　元編「日本の精神病院」111p., 1998年5月.
No. 80　鹿島晴雄編「神経心理学入門」73p., 1998年7月.
No. 81　山崎晃資・伊藤則博編「特殊教育」90p., 1998年9月.
No. 82　牛島定信編「自己の心理学」84p., 1998年1月.
No. 83　青木省三・塚本千秋編「心理療法における支持」136p., 1999年1月.
No. 84　宮岡　等編「心療内科」140p., 1999年3月.
No. 85　鈴木浩二編「現代の家族」120p., 1999年4月.
No. 87　鍋田恭孝編「学校不適応とひきこもり：特別企画」122p., 1999年9月.
No. 88　安西信雄・高橋　一編「精神保健福祉士」136p., 1999年11月.
No. 92　飯森眞喜雄編「芸術療法」148p., 2000年7月.
No. 93　福島　章編「人格障害」128p., 2000年9月.

『こころの科学　増刊号』日本評論社.
岡　宏子・東　洋編「心理学と教育の対話」200p., 1986.
大塚義孝編「臨床心理士入門」188p., 1992.
岡堂哲雄編「心理テスト入門」183p., 1993.9.
河合隼雄・山中康裕編「臨床心理学入門」175p., 1994.9.
大塚義孝・小川捷之編「臨床心理士職域ガイド」159p., 1995.7.
大塚義孝編「臨床心理士入門」（改訂版）191p., 1995.9.
大塚義孝編「スクールカウンセラーの実際」179p., 1996.4.
大塚義孝編「臨床心理士入門　大学院編」152p., 1998.10.
大塚義孝編「臨床心理士入門　大学編」233p., 1999.

さ行

『サイコロジー』サイエンス社.
「特集：無意識の底にひそむもの」81p., 1980.

『思想』岩波書店.
「フロイト特集号」152p., 1969年2月号.

I 雑誌

『児童心理』（月刊）金子書房．
- No. 450 「子どもの非行」240p., 1983年6月．
- No. 471 「子どもの教育相談」203p., 1984年12月．
- No. 477 「中学生の相談室」207p., 1985年5月．
- No. 479 「子どもの相談事例集」191p., 1985年6月．
- No. 484 「いじめを超える」223p., 1985年10月．
- No. 487 臨時増刊「『いじめ』の心理と指導」214p., 1985年12月．
- No. 510 「カウンセリング・マインド」189p., 1987年6月．
- No. 513 「子どものストレス」156p., 1987年9月．
- No. 531 「登校拒否」180p., 1988年10月．
- No. 534 「先生と親のこころの健康と悩み」202p., 1988年12月．
- No. 543 「問題行動の発見と対応」164p., 1989年7月．
- No. 558 「登校拒否の心理と指導」199p., 1990年6月．
- No. 560 「子どもの非行を防ぐ」160p., 1990年8月．
- No. 563 「入門学校カウンセリング」189p., 1990年10月．
- No. 569 「自律心を育てる」160p., 1991年3月．
- No. 574 「学校カウンセリング研修」190p., 1991年6月．
- No. 583 「学習障害」13p., 1992年1月．
- No. 589 「登校拒否は防げる」145p., 1992年6月．
- No. 591 「いじめを超えよう」145p., 1992年7月．
- No. 593 「子どもの心は大丈夫」141p., 1992年9月．
- No. 606 「登校拒否の対応の決め手」121p., 1993年6月．
- No. 624 「登校拒否の理解と支援」143p., 1994年6月．
- No. 628 臨時増刊「学校カウンセリング・ハンドブック」158p., 1994年8月．
- No. 631 臨時増刊「不登校・登校拒否ハンドブック」158p., 1994年10月．
- No. 635 「子どもの生きがいを育てる」149p., 1995年1月．
- No. 643 臨時増刊「いじめ対応登校拒否予防読本」195p., 1995年6月．
- No. 649 臨時増刊「子どもの性格がわかる本」181p., 1995年10月．
- No. 655 臨時増刊「小学生の性 指導読本」207p., 1996年2月．
- No. 660 「不登校気分」121p., 1996年6月．
- No. 664 臨時増刊「問題行動の理解と援助」195p., 1996年8月．
- No. 665 「ストレスにつよい子」134p., 1996年9月．
- No. 667 臨時増刊「いじめない子、いじめられない子」189p., 1996年10月．
- No. 670 臨時増刊「『育てるカウンセリング』入門」1996年12月．
- No. 673 臨時増刊「思春期の心理登校行動」199p., 1997年2月．
- No. 678 「学校嫌い――不登校」110p., 1997年6月．
- No. 685 「スクール・カウンセリング入門」185p., 1997年10月．
- No. 687 別冊「神戸小学生殺害事件」155p., 1997年11月．
- No. 688 「友だちができない子」144p., 1997年12月．
- No. 692 臨時増刊「上手な気持の伝え方」181p., 1998年2月．
- No. 697 「暴力をふるう子」111p., 1998年6月．
- No. 698 臨時増刊「不登校・登校拒否」98p., 1998年6月．
- No. 705 「大人になれない親」88p., 1998年11月．
- No. 709 臨時増刊「思春期のゆらぎと危機」180p., 1999年2月．
- No. 712 臨時増刊「児童虐待」184p., 1999年4月．
- No. 713 臨時増刊「児童虐待：子どもいじめの背景と対応」183p., 1999年4月．
- No. 727 「キレない子に育てる」144p., 2000年2月．

『情況』情況出版．
「W. ライヒ特集：性の抑圧と革命の論理」226p.，1971．

『心理臨床』（季刊）星和書店．（既刊特集テーマ）
1巻1号　「心理臨床の可能性：さまざまな視点から」1988年3月．
　　2号　「分裂病者と心理面接」1988年6月．
　　3号　「心理アセスメント」1988年9月．
　　4号　「課題・問題としての子供」1988年12月．
2巻1号　「サイコロジストの開業」1989年3月．
　　2号　「境界例の心理治療をめぐって」1989年6月．
　　3号　「心理臨床家のアイデンティティをめぐって」1989年9月．
　　4号　「グループ・アプローチの現状と問題」1989年12月．
3巻1号　「大人にひそむ思春期心性」1990年3月．
　　2号　「心身症をいやすために」1990年6月．
　　3号　「心理臨床家のアイデンティティをめぐって（2）」1990年9月．
　　4号　「臨床心理士認定：2年目の現状」1990年12月．
4巻1号　「追いつめられる中年」1991年3月．
　　2号　「神経症の現代」1991年6月．
　　3号　「心理臨床における援助のありかた：新しい心理臨床のパラダイムに向けて」1991年9月．
　　4号　「心理臨床における記録」1991年12月．
5巻1号　「ニュー・エイジ・セラピー」1992年3月．
　　2号　「現代メディアから学ぶ」1992年6月．
　　3号　「スーパーヴィジョンについて改めて考える」1992年9月．
　　4号　「心理学と医学との架け橋」1992年12月．
6巻1号　「心理臨床家の職業病」1993年3月．
　　2号　「『失敗』から考える」1993年6月．
　　3号　「心理療法の終わり方」1993年9月．
　　4号　「女性セラピスト」1993年12月．
7巻1号　「心理臨床と信仰」1994年3月．
　　2号　「多文化と心理臨床」1994年6月．
　　3号　「それぞれの教育相談」1994年9月．
　　4号　「エイジレスの時代」1994年12月．
8巻1号　「緊急特集：阪神大震災と臨床心理士」1995年3月．
　　2号　「子どもたちの行方」1995年6月．
　　3号　「心理臨床の〈壁〉」1995年9月．
　　4号　「挨拶・身なり・目線・表情…」1995年12月．
9巻1号　「震災後の一年・臨床心理士の模索」1996年3月．
　　2号　「学校臨床心理士とバックグラウンド」1996年6月．
　　3号　「電話とその周辺」1996年9月．
　　4号　「心理臨床家の仕事感覚」1996年12月．
10巻1号　「臨床心理士の新時代」1997年3月．
　　2号　「その後のボーダーライン」1997年6月．
　　3号　「社会に出ていく臨床心理士」1997年9月．
　　4号　「スクールカウンセリングの方法（こつ）」1997年12月．
11巻1号　「心理臨床と暴力」1998年3月．
　　2号　「心理臨床家の常識を考える」1998年6月．
　　3号　「心理臨床の現在・過去・未来（上）」1998年9月．

4号　「心理臨床の現在・過去・未来（下）」1998年12月．
（以後休刊）

『青年心理』（月刊）金子書房．
No. 64　石川弘義・麻生　誠・福島　章編「特集・カウンセリング」122p., 1987年7月号．
No. 67　石川弘義・麻生　誠・福島　章編「ストレス」121p., 1988年1月号．
No. 69　福島　章・石川弘義・麻生　誠編「出会いの心理学」135p., 1988年5月．
No. 72　福島　章・石川弘義・麻生　誠編「夢の心理学」145p., 1988年11月号．
No. 73　石川弘義・麻生　誠・福島　章編「自己愛　ナルシシズム」148p., 1989年1月号．
No. 76　福島　章・石川弘義・麻生　誠編「適応と不適応」139p., 1989年7月号．
No. 78　福島　章・石川弘義・麻生　誠・藤田英典編「思春期臨床」160p., 1989年11月号．
No. 85　小川捷之・石川弘義・藤田英典編「カウンセリング最前線」160p., 1991年1月号．
（1992年より誌名を改称して続刊→『Mind Today』）

は行

『別冊宝島』JICC（ジック）出版局．
No. 15　別冊宝島編集部編「夢の本：インナースペースを旅してごらん！」268p., 1979．
No. 16　別冊宝島編集部編「精神世界マップ：精神世界を旅する人のためのガイドブック」268p., 1980．
No. 53　「精神病を知る本：狂気と理性をめぐるあなたのまなざしが変わる！」281p., 1986．

『プシケー』（年刊）日本ユングクラブ編．1～9号：思索社，10号～：新曜社．
1号　創刊号，1982．
2号　「海外寄稿」1983．
3号　1984．
4号　「ユング心理学と女性」1985．
5号　ユング「クンダリニ・ヨガの心理学的注解　1」1986．
6号　ユング「クンダリニ・ヨガの心理学的注解　2」1987．
7号　ユング「クンダリニ・ヨガの心理学的注解　3」1988．
8号　ユング「心理療法の実践における諸原則」1989．
9号　1990．
10号　「個性化」136p., 1991．
11号　「物語」192p., 1992．
12号　「女性」128p., 1993．
13号　「死と再生」144p., 1994．
14号　「子ども」136p., 1995．
15号　「影」128p., 1996．
16号　「フィクションとノンフィクション」144p., 1997．
17号　「攻撃性」164p., 1998．
18号　「魔」160p., 1999．
19号　「ミレニアム──根源」152p., 2000．
20号　「テクノロジー・魂・ユング」120p., 2001．
21号　「フロイトとユング」2002．
22号　「魂の現実性」120p., 2003．
23号　「エロス」120p., 2004．

『法学セミナー』日本評論社.
No. 40 「増刊:これからの男の自立」264p., 1988年2月.

ま行

『Mind Today』金子書房.
No. 1 「心理療法入門」14p., 1992年4月.
No. 2 「こころの本114冊」14p., 1992年4月.
No. 3 「カウンセリング・マインド」44p., 1992年5月.
No. 6 「ストレスとともに生きる」14p., 1992年7月.
No. 7 「企業のメンタル・ヘルス」13p., 1992年9月.
No. 8 「職場の人間関係」11p., 1992年11月.
No. 9 「現代人のこころの悩み」48p., 1992年12月.
No. 10 「カウンセラーという職業」22p., 1993年1月.
(以後休刊)

や行

『ユング研究』(年3回刊行)日本ユング研究会編, 林　道義責任編集, 1～2巻:ABC出版, 3巻～:名著刊行会.
1号 「父性・分析論論争」1990年11月.
2号 「ユングと神秘主義」1991年5月.
3号 「初期ユング・ノイローゼ論」1991年11月.
4号 「転移-逆転移」1992年5月.
5号 「芸術とユング心理学」1992年11月.
6号 「イメージ・シンボル」1993年5月.
7号 「エロスと攻撃性」1993年11月.
8号 「哲学・文学・キリスト教」1994年5月.
9号 「家族と子供の心」1994年11月.
10号 「日本ユング派」1995年5月.

ら行

『理想』(年刊) 理想社.
「フロイドと現代」81p., 1965年7月号.

J 臨床心理学・精神医学に関する本（児童，思春期，青年はFを見よ）

あ行

アイゼンク，H. J.，塩見邦雄・岸本陽一訳『神経症はなおせる』ナカニシヤ出版，213p.，1982．
アイゼンク，H. J.，岩脇三良・清水秀美・千原孝司訳『世間知の心理学』誠信書房，366p.，1977．
相原貞夫・大日方重利・小林芳郎・速水敏彦『発達臨床心理学』朝倉書店，200p.，1981．
相場　均『異常の心理学』（講談社現代新書）講談社，253p.，1969．
相場　均・荻野恒一監修『現代精神病理学のエッセンス：フロイト以後23人の生涯と業績』（ぺりかん・エッセンス・シリーズ）ぺりかん社，486p.，1979．
青木省三・清水將之編『青年期の精神医学』金剛出版，360p.，1995．
上里一郎編『自殺行動の心理と指導』（シンポジアム青年期　2）ナカニシヤ出版，276p.，1980．
上里一郎編，内山喜久雄・筒井末春監修『青少年の自殺』（メンタルヘルス・シリーズ）同朋舎出版，270p.，1988．
上里一郎・飯田　真・内山喜久雄・小林重雄・筒井末春監修『メンタルヘルス・ハンドブック』同朋舎出版，839p.，1989．
安芸元司雄『意識障害の現象学　上・下』世界書院，600p.，600p.，1990，1990．
秋元波留夫・山内俊雄編『てんかん学』岩崎学術出版社，730p.，1984．
秋元波留夫・山内俊雄編『てんかん学の進歩』岩崎学術出版社，400p.，1991．
秋山誠一郎・加藤雄司編『心理学　9：異常心理』（有斐閣双書）有斐閣，228p.，1982．
アギュララ，D. C.・メズイック，J. M.，小松源助・荒川義子訳『危機療法の理論と実際』川島書店，216p.，1978．
安香　宏『非行少年の人間像：現代の若者のこころ』有斐閣，228p.，1981．
安香　宏・小川捷之・空井健三編『適応障害の心理臨床』（臨床心理学大系 10）金子書房，352p.，1992．
朝日新聞社モダンメディシン編集部編『生きる悩みを診る悩み：精神科診療日記』朝日新聞社，254p.，1985．
旭出学園教育研究所編『ITPAの理論とその活用：学習障害児の教育と指導のために』日本文化科学社，194p.，1975．
アブラハム，S. 他，中根允文・藤田長太郎訳『摂食障害の事実』星和書店，328p.，1988．
網野武博・乾　吉祐・飯長喜一郎編『福祉心理臨床』（心理臨床プラクティス　6）星和書店，344p.，1992．
荒木富士夫編，鈴木道子・山川哲也『コンサルテーション・リエゾンの実際』岩崎学術出版社，384p.，1992．
荒木松生『こころへの聴診器：精神科医のエッセイ』星和書店，144p.，1983．
アラーズ，R.，西園昌久・板倉順二訳『実存主義と精神医学』岩崎学術出版社，136p.，1969．
アリエス，P.，伊藤　晃・成瀬駒男訳『死と歴史：西欧中世から現代へ』みすず書房，280p.，1983．
アリエス，P.，成瀬駒男訳『死を前にした人間』みすず書房，616p.，1990．
アリエティ，S.，近藤喬一訳『アリエティ分裂病入門：病める人々への理解』星和書店，320p.，1980．
アリエティ，S.・ベムポード，J.，水上忠臣・横山和子・平井富雄訳『うつ病の心理』誠信書房，542p.，1989．
有留照周『危機の精神病理』金剛出版，160p.，1983．
アレキサンダー，F.，末松弘行訳『心理医学の誕生』中央洋書出版部，285p.，1989．
アレン，C.，小林　司訳『異常心理の発見』（角川選書）角川書店，356p.，1983．
アングスト，J.・ディンケルカンプ，T.，宇野昌人他訳『分裂病の身体療法　上・下』星和書店，各223p.，1986．
アンダーソン，C. M.・レイス，D. J.・ハガティ，G. E.，鈴木浩二・鈴木和子監訳『分裂病と家族　上・下：心理教育とその実践の手引き』金剛出版，290p.，220p.，1988，1990．
安藤延男・村田豊久編『これからのメンタルヘルス』ナカニシヤ出版，272p.，1989．
アンドリアセン，N. C.，岡崎祐士・安西信雄・斎藤　治・福田正人訳『故障した脳：脳から心の病をみる』紀伊國屋書店，388p.，1986．
飯田　真・岩井　寛・吉松和哉編『対人恐怖：人づきあいが苦手なあなたに』（有斐閣選書）有斐閣，305p.，1985．

J　臨床心理学・精神医学に関する本

飯田　真・風祭　元編『分裂病：引き裂かれた自己の克服』（有斐閣選書）有斐閣，314p.，1982．
飯田　真・下坂幸三編『うつ病』（家族療法ケース研究 5）金剛出版，256p.，1992．
飯田　真・吉松和哉・町沢静夫編『中年期の心の危機』（有斐閣選書）有斐閣，253p.，1986．
飯塚礼二編『老年期の痴呆』（有斐閣選書）有斐閣，213p.，1988．
イエイツ，J．，大原健士郎・枝窪俊夫訳『働き盛りのストレス管理法』（生活と健康シリーズ）時事通信社，224p.，1981．
池末美穂子・佐藤久夫・本家慶昭・森川英一『「精神障害」のベクトル：病棟から地域へ・患者から生活者への道』ミネルヴァ書房，208p.，1986．
池田行伸『心の機能と病理』ナカニシヤ出版，272p.，1994．
池田由子『妻が危ない：主婦の精神衛生相談』弘文堂，296p.，1984．
池見酉次郎『心で起こる体の病：その実体となおし方』慶應義塾大学出版会，270p.，1970．
池見酉次郎『診療内科：「病は気から」の医学』（中公新書）中央公論社，215p.，1963．
池見酉次郎『続・診療内科：人間回復をめざす医学』（中公新書）中央公論社，246p.，1973．
池見酉次郎編『精神身体医学の理論と実際　各論』医学書院，348p.，1964．
池見酉次郎・永田勝太郎編『死の臨床：わが国における末期患者ケアの実際』誠信書房，290p.，1982．
池見酉次郎・永田勝太郎編『日本のターミナル・ケア：末期医療学の実践』誠信書房，324p.，1984．
石井哲夫・白石雅一『自閉症とこだわり行動』東京書籍，352p.，1993．
石川　中『心身症の話』（誠信心身選書）誠信書房，190p.，1977．
石川　中編『心身医学のすすめ』（新・学問のすすめ）筑摩書房，330p.，1985．
石川　中・末松弘行編『心身症』日本文化科学社，272p.，1983．
石川信義『心病める人たち：開かれた精神医療へ』（岩波新書）岩波書店，224p.，1990．
石川弘義『死の社会心理』金子書房，264p.，1990．
石川義博『非行の病理と治療』金剛出版，272p.，1985．
石川義博『非行の臨床』金剛出版，260p.，1991．
石田春夫『セルフ・クライシス』（講談社現代新書）講談社，187p.，1885．
石津　宏編『インポテンス』（メンタルヘルス・シリーズ）同朋舎出版，356p.，1990．
石部元雄編『現代心身障害学入門』福村出版，256p.，1987．
石谷直子『精神科作業療法』（臨床精神医学叢書 8）星和書店，232p.，1984．
異常行動研究会編『行動病理学シンポジアム』誠信書房，214p.，1973．
市川隆一郎・堤　賢・藤野信行編『障害者心理学』（改訂版）（介護福祉士選書 8）建帛社，227p.，1996．
一番ヶ瀬康子・北川隆吉・中村優一編『高齢化社会と介護福祉』ミネルヴァ書房，260p.，1988．
逸見武光・大原健士郎・岡堂哲雄『精神健康の基礎』（書き下ろしシリーズ）誠信書房，200p.，1975．
イーデルソン，J.S.・ライアンズ，W.H.，長谷川和夫・浅野　仁監訳『痴呆性老人のケアの実際：人間性に基づく理念とそのアプローチ』川島書店，244p.，1988．
伊藤比呂美・斎藤　学『あかるく拒食　ゲンキに過食』平凡社，235p.，1992．
稲村　博『家庭内暴力：日本型親子関係の病理』新曜社，258p.，1980．
稲村　博『子殺し：その精神病理』誠信書房，270p.，1978a．
稲村　博『自殺学：その治療と予防のために』東京大学出版会，376p.，1977．
稲村　博『自殺のサインをみのがすな』（健康双書）農山漁村文化協会，230p.，1987．
稲村　博『自殺防止：再生への歩み』創元社，287p.，1978b．
稲村　博『若年化する自殺』誠信書房，326p.，1978c．
稲村　博『思春期挫折症候群：現代の国民病』新曜社，288p.，1983．
稲村　博『精神衛生徴候：心の悩みを読みとる法』（サイコブックス）彩古書房，264p.，1985．
稲村　博『天才の人間学：創造と病理』新曜社，272p.，1983．
稲村　博『ミドルエイジ症候群』（講談社現代新書）講談社，214p.，1984．
稲村　博『若者・アパシーの時代：急増する無気力とその背景』（NHKブックス）日本放送出版協会，240p.，1989．

J 臨床心理学・精神医学に関する本　　846

稲村　博編『中高年の自殺』(メンタルヘルス・シリーズ) 同朋舎出版, 260p., 1990.
稲村　博・斎藤友紀雄『自殺の予防と対策：わが子に限って』鷹書房, 286p., 1980.
稲村　博・林　義子・斎藤友紀雄編『眠らぬダイヤル—いのちの電話』新曜社, 256p., 1981.
乾　吉佑・飯長喜一郎・篠木　満編『開業心理臨床』(心理臨床プラクティス 1) 星和書店, 352p., 1990.
乾　吉佑・飯長喜一郎・篠木　満編『医療心理臨床』(心理臨床プラクティス 3) 星和書店, 416p., 1991.
井上勝也編『老年期の臨床心理学』川島書店, 252p., 1983.
井上公大『非行臨床：実践のための基礎理論』創元社, 220p., 1980.
井上　肇・佐藤修策・笹原完二編『臨床心理学』ナカニシヤ出版, 225p., 1986.
いのちの電話編『自殺予防と死生観』星和書店, 251p., 1979.
井村恒郎『脳病理学・神経症』(井村恒郎著作集 2) みすず書房, 416p., 1983.
岩井　寛『ヒューマニズムとしての狂気』(NHK ブックス) 日本放送出版協会, 218p., 1981.
岩井　寛『歪められた鏡像：日本人の対人恐怖』(叢書プシケ) 朝日出版会, 246p., 1987.
岩井　寛編『神経症』(精神医学入門) 日本文化科学社, 264p., 1982.
岩井　寛・北西憲二編『うつ病』(精神医学入門) 日本文化科学社, 264p., 1982.
岩崎徹也他編『治療構造論』岩崎学術出版社, 568p., 1990.
岩崎徹也・相田信男・乾　吉佑・狩野力八郎編『治療構造論』岩崎学術図書出版社, 568p., 1990.
イン・デア・ベーク, M., 徳田良仁訳『真実のゴッホ：ある精神科医の考察』西村書店, 192p., 1992.
ヴァンダーリンデン, J. 他, 末松弘行・熊野宏昭監訳『ストップ・ザ・過食！：実践的治療のためのガイドブック』星和書店, 270p., 1995.
ヴァン・デン・ベルク, J.H., 早坂泰次郎・上野　矗訳『病床の心理学』(現代社白鳳選書) 現代社, 184p., 1975.
ヴィドロシェ, D., 古川冬彦訳『うつの理論』岩波書店, 240p., 1987.
ウィノカー, G., 中根允文・内村公義訳『うつ病の事実』(ファクトシリーズ 3) 星和書店, 280p., 1988.
ウィング, J.K. 他, 高木隆郎監訳『精神科リハビリテーション』岩崎学術出版社, 288p., 1989.
ウィング, J.K.・モリス, B. 編, 高木隆郎監訳『精神化リハビリテーション：イギリスの経験』岩崎学術出版社, 288p., 1991.
ウェスト, D.J.・ロイ, C.・ニコルス, F.L., 作田　明訳『性的攻撃：強姦の精神病理』金剛出版, 282p., 1985.
ウエスト, L.J.・フリン, D.E. 編, 石井　毅訳『精神分裂病の治療』星和書店, 328p., 1978.
上田吉一『精神的に健康な人間』川島書店, 342p., 1969.
上野　矗『患者に対する精神的援助に関する研究：現象学的方法による"病気との和解"の方途を探って』風間書房, 212p., 1994.
ウェンダー, P.H.・クライン, D.F., 松浪克文・福本　修訳『現代精神医学への招待：生物学的アプローチの射程　上・下』紀伊國屋書店, 344p., 280p., 1990, 1990.
牛島定信『境界例の臨床』金剛出版, 290p., 1991.
牛島定信・館　直彦編『境界例：パーソナリティの病理と治療』(思春期青年期ケース研究 2) 岩崎学術出版社, 200p., 1995.
氏原　寛『臨床心理学入門』創元社, 256p., 1988.
氏原　寛・小川捷之・東山紘久・山中康裕編『心理臨床家のための119冊』創元社, 320p., 1992.
氏原　寛・東山紘久・一瀬正央編『臨床心理学』培風館, 256p., 1988.
内須川　洸編『吃音の心理臨床』(講座心理臨床の実際 6) 福village出版, 200p., 1984.
内薗耕二編『睡眠とストレス』(講談社サイエンティフィク) 講談社, 116p., 1989.
内沼幸雄『対人恐怖』(講談社現代新書) 講談社, 226p., 1990.
内沼幸雄『対人恐怖の人間学：恥・罪・善悪の彼岸』弘文堂, 512p., 1977.
内村英幸編『情動と脳：精神疾患の物質的基礎』金剛出版, 356p., 1981.
内村祐之・吉益脩夫監修『日本の精神鑑定』みすず書房, 652p., 1973.
内山喜久雄『ストレス・コントロール』(講談社現代新書) 講談社, 227p., 1985.
内山喜久雄編『行動臨床心理学』岩崎学術出版社, 344p., 1980.
内山喜久雄・小田　晋編『職場のメンタル・ヘルス：「心身症社会」を生きる』(有斐閣選書) 有斐閣, 298p.,

1982.
内山喜久雄・上出弘之・高野清純編『精神障害の治療と教育』(講座・発達障害の臨床 4) 岩崎学術出版社, 298p., 1979.
台　利夫『集団臨床心理学の視点：心理劇を軸にして』誠信書房, 170p., 1991.
台　利夫・小川俊樹編『現代臨床心理学』教育出版, 216p., 1990.
台　利夫・新田健一・長谷川孫一郎編『心理臨床家の目指すもの：社会適応と自己実現』金剛出版, 240p., 1990.
台　利夫・屋久孝夫編『現代の非行：その心理と対策』教育出版, 296p., 1983.
宇内康郎『精神分裂病の臨床と本質：予後・再発・慢性化』金剛出版, 270p., 1988.
エイムス, L. B., 黒田健次・日比裕泰他訳『高齢者の心理臨床学：ロールシャッハ・テストによる』ナカニシヤ出版, 272p., 1993.
エジャトン, R. B., 上野一彦・牟田悦子訳『精神遅滞：心身に障害をもつ子どもたち』(ライブラリ育ちゆく子ども 8) サイエンス社, 128p., 1981.
NHK 取材班『痴呆症：謎はどこまで解明されたか』日本放送出版協会, 254p., 1990.
NHK 取材班・塩川優一監修『エイズ危機：NHK スペシャル』日本放送出版協会, 214p., 1992.
エメット, S. W. 編, 篠木 満・根岸 鋼訳『神経性食思不振症と過食症』星和書店, 520p., 1986.
エリス, A., 國分康孝監訳『神経症者とつきあうには』川島書店, 232p., 1984.
遠藤四郎・奥平進之編『不眠症：どうしたらよくねむれるか』有斐閣, 320p., 1981.
遠藤雅之・田辺 等『心病む人への理解：家族のための分裂病講座』星和書店, 148p., 1994.
大海作夫・高石 昇・柏木哲夫・松本和雄他『現代と心身症：健やかに生きるために』(朝日カルチャーブックス) 大阪書籍, 302p., 1983.
大國美智子・黒田輝政編『ぼけ相談室：理解と介護の手引き』(改訂版) (OP 叢書) ミネルヴァ書房, 264p., 1992.
大熊輝雄『現代臨床精神医学』(改訂 4 版) 金原出版, 540p., 1990 (改訂 5 版, 1994).
大熊文男『うつ病の臨床』(第 2 版) 金剛出版, 246p., 1985.
大熊文男『精神科の外来治療』金剛出版, 218p., 1989.
大沢　博『食原性症候群：食事できまる体と心』ブレーン出版, 238p., 1986.
大島正光監修, 飯田恭子『ストレスに強くなる心の健康学』(アポロ・シリーズ) 山海堂, 258p., 1991.
大段智亮『看護のなかの人間』(新装版) 川島書店, 274p., 1994.
大塚恭男・永田勝太郎・池見酉次郎・村山良介編『プライマリ・ケアと東洋医学』誠信書房, 506p., 1986.
大友英一『ボケに強くなる：痴呆のすべてを科学する』(ブルーバックス) 講談社, 212p., 1987.
大貫敬一・佐々木正宏編『心の健康と適応：パーソナリティの心理』福村出版, 232p., 1992.
大野智也『障害者は, いま』(岩波新書) 岩波書店, 232p., 1988.
大野　裕『「うつ」を生かす：うつ病の認知療法』星和書店, 280p., 1990.
大原健士郎『うつ病の時代』(講談社現代新書) 講談社, 196p., 1981.
大原健士郎『心の健康学：ケース・スタディ』(丸善ライブラリー) 丸善, 192p., 1991.
大原健士郎『生と死の心模様』(岩波新書) 岩波書店, 208p., 1991.
大原健士郎『日本の自殺：孤独と不安の解明』誠信書房, 288p., 1965.
大原健士郎『働く人の心の健康』朝日新聞社, 208p., 1991.
大原健士郎監訳, 石川　元・大原浩一訳『精神病理学ケースブック (DSM‐III による)』金剛出版, 422p., 1987.
大原健士郎・融　道男・山本和郎編『鬱病：管理社会のゆううつ』有斐閣, 258p., 1977.
大原健士郎・渡辺昌佑編『精神科・治療の発見』星和書店, 376p., 1988.
大平　健『精神科医のモノ・グラフ』岩波書店, 240p., 1994.
大平　健・町沢静夫編『精神医学と文化人類学』金剛出版, 208p., 1988.
大道　明『職場の精神衛生』(創元医学新書) 創元社, 291p., 1967.
大森健一・高江州義英編『精神分裂病：その理解と接し方』(精神医学入門) 日本文化科学社, 264p., 1983.
岡上和雄・大島　巌・荒井元傳編『日本の精神障害者：その生活と家族』ミネルヴァ書房, 316p., 1988.
岡田靖雄『精神科慢性病棟・松沢病院 1958-1962』岩崎学術出版社, 292p., 1979.
岡田靖雄・浜田　晋・江熊要一・佐藤壱三・立津政順・長谷川源助編『精神科症例集　上・下』岩崎学術出版社,

440p., 446p., 1975, 1975.
岡田隆介・岩崎貞徳編『精神衛生』（幼児教育・保育講座）福村出版, 218p., 1988.
岡堂哲雄編『健康心理学：健康の回復・維持・増進を目指して』誠信書房, 282p., 1991.
岡堂哲雄編『心理臨床入門』新曜社, 360p., 1979.
岡堂哲雄編『非行の心理臨床』（講座心理臨床の実際 3）福村出版, 160p., 1990.
岡堂哲雄編『臨床心理学』日本文化科学社, 232p., 1989.
岡堂哲雄・佐藤悦子編『結婚と離婚の間：夫と妻メンタルヘルス・エッセンス』（メンタルヘルス・エッセンスシリーズ 5）日本文化科学社, 208p., 1995.
岡堂哲雄・鈴木志津枝『危機的患者の心理と看護』中央法規出版, 238p., 1987.
岡野憲一郎『外傷性精神障害：心の傷の病理と治療』岩崎学術出版社, 296p., 1995.
小川捷之編『心理臨床入門：臨床発達心理学の基礎 I・II』山王出版, 392p., 468p., 1988, 1991.
小川三郎『心身保健学』日本文化科学社, 198p., 1967.
小川信男『精神分裂病と境界例』金剛出版, 330p., 1991.
沖　正弘『ヨガによる病気の治し方：病気を活用した自己改造法』白陽社, 280p., 1965.
荻野恒一『過疎地帯の文化と狂気：奥能登の社会精神病理』新泉社, 339p., 1977.
荻野恒一『現存在分析』（紀伊國屋新書）紀伊國屋書店, 202p., 1969.
荻野恒一『現代の病むこころ：文明の発達と人類の未来』有斐閣, 250p., 1984.
荻野恒一『精神病理学研究』誠信書房, （2冊組）, 558p., 1974-1977.
荻野恒一『「文化摩擦」と精神病理』新曜社, 264p., 1981.
荻野恒一『文明と狂気：精神病はなにを語るか』（講談社現代新書）講談社, 189p., 1969.
沖原　豊・西元幸男編『精神衛生：家庭・学校・職場』（心理学双書）福村出版, 288p., 1979.
奥村幸夫『高齢者の精神的危機と病態』（臨床精神医学叢書 25）星和書店, 224p., 1985.
小倉　清・狩野力八郎編『摂食障害：拒食と過食』（思春期青年期ケース研究 1）岩崎学術出版社, 160p., 1994.
小此木啓吾『対象喪失：悲しむということ』（中公新書）中央公論社, 227p., 1979.
小此木啓吾『メンタルヘルスのすすめ』新曜社, 197p., 1988.
小此木啓吾・末松弘行編『今日の心身症治療』金剛出版, 350p., 1991.
尾崎　新『臨床・精神科デイケア論：デイケアの「ほどよさ」と「大きなお世話」』岩崎学術出版社, 176p., 1992.
オースチン, J.H., 横井　晋訳『ある神経学者の歩いた道：追求・チャンス・創造性』金剛出版, 320p., 1989.
オストローム, N., 本間光夫監訳, 久保　明訳『慢性疲労症候群（CFS）：ポスト・エイズの主役』診断と治療社, 188p., 1992.
小田　晋『社会病理診断』（中公新書）中央公論社, 236p., 1986.
小田　晋『日本の狂気誌』（叢書・人間の心理）思索社, 357p., 1990.
織田敏次・阿部裕他編『うつ病』（内科セミナー PN 6）永井書店, 274p., 1982.
オニール, C.B., 長崎紘仁訳『拒食症を克服した私：チェリーは食べるのが恐い』（新装）河出書房新社, 288p., 1995.
オーバック, S., 鈴木二郎・天野裕子・黒川由紀子・林　百合訳『拒食症：女たちの誇りと高い抗議と苦悩』新曜社, 315p., 1992.
折茂　肇・朝長正徳編『痴呆を考える』（講談社サイエンティフィク）講談社, 146p., 1987.

か行

海保博之・次良丸睦子編『患者を知るための心理学』福村出版, 176p., 1987.
懸田克躬『病的性格：10の類型とその行動』（中公新書）中央公論社, 199p., 1965.
笠原　嘉『アパシー・シンドローム：高学歴社会の青年心理』岩波書店, 320p., 1984.
笠原　嘉『精神科医のノート』みすず書房, 216p., 1976.
笠原　嘉『退却神経症』（講談社現代新書）講談社, 229p., 1988.
笠原　嘉『不安の病理』（岩波新書）岩波書店, 216p., 1981.

笠原　嘉『朝刊シンドローム：サラリーマンのうつ病操縦法』弘文堂, 212p., 1985.
笠原　嘉『ユキの日記：病める少女の20年』みすず書房, 334p., 1978.
笠原　嘉・島薗安雄編『精神科治療学 Ⅰ・Ⅱ・Ⅲ』（現代精神医学大系 5A・5B・5C）中山書店, 422p., 440p., 452p., 1978a, 1977, 1978b.
笠原　嘉・山田和夫編『キャンパスの症状群：現代学生の不安と葛藤』弘文堂, 306p., 1981.
風祭　元『うつ病：現代人のこころの病気』（家庭の医学シリーズ）主婦の友社, 208p., 1987.
風祭　元編『心の病に効く薬：向精神薬入門』（有斐閣選書）有斐閣, 248p., 1980.
柏木　昭編著『精神医学ソーシャル・ワーク』（3訂）岩崎学術出版社, 192p., 1996.
カスロー, F. W. 編, 岡堂哲雄・平木典子編訳『心理臨床スーパーヴィジョン』誠信書房, 224p., 1990.
家族画研究会編『家族イメージとその投影』（臨床描画研究 Annex 1）金剛出版, 180p., 1990.
家族画研究会編『特集　イメージと臨床』（臨床描画研究 5）金剛出版, 250p., 1990.
家族画研究会編『特集　家族画による診断と治療』（臨床描画研究 2）金剛出版, 200p., 1987.
家族画研究会編『特集　思春期・青年期の病理と描画』（臨床描画研究 3）金剛出版, 220p., 1988.
家族画研究会編『特集　シンボルと臨床』（臨床描画研究 6）金剛出版, 246p., 1991.
家族画研究会編『特集　描画テストの読み方』（臨床描画研究 1）金剛出版, 208p., 1986.
家族画研究会編『特集　描画の臨床的活用』（臨床描画研究 4）金剛出版, 220p., 1989.
家族画研究会編『私の表現病理学』（臨床描画研究 Annex 2）金剛出版, 170p., 1990.
家族画研究会編『描画を読むための理論背景』（臨床描画研究 Annex 3）金剛出版, 185p., 1991.
片口安史・大山　正編『医学のための心理学』誠信書房, 346p., 1962.
片山義弘編『家庭崩壊』（メンタルヘルス・シリーズ）同朋舎出版, 288p., 1990.
桂　載作『心身症患者学入門：心療内科の専門医が語る』合同出版, 270p., 1982.
加藤正明『ノイローゼ：神経症とは何か』（創元医学新書）創元社, 174p., 1955.
加藤正明『メンタルヘルス：病気と事例をめぐるこころの健康学』創元社, 320p., 1986.
加藤正明・精神衛生普及会編『職場のメンタル・ヘルス：ビジネスマンの心の健康づくり』保健同人社, 256p., 1986.
加藤雄司『薬物依存付：戦後日本の流行史』金剛出版, 200p., 1988.
ガードナー, H., 酒井　誠・大嶋美登子訳『砕かれた心：脳損傷の犠牲者たち』誠信書房, 482p., 1986.
金沢吉展『医療心理学入門：医療の場における心理臨床家の役割』誠信書房, 320p., 1995.
金子仁郎『老年の心理と精神医学』金剛出版, 270p., 1985.
兼子　宙『老いを生きる：高齢化社会をむかえて』（現代心理学ブックス）大日本図書, 160p., 1987.
兼子　宙監修, 田崎醇之介・八木孝彦『職場のストレス：心を分析する法』（新・産業心理学入門 5）大日本図書, 200p., 1975.
金子善彦『老人虐待』星和書店, 400p., 1987.
カプラン, G., 加藤正明監訳『地域精神衛生の理論と実際』医学書院, 263p., 1968.
カプラン, G., 新福尚武訳『予防精神医学』朝倉書店, 344p., 1970.
カプラン, H. S., 阿部輝夫監訳『図解セックス・セラピー・マニュアル』星和書店, 164p., 1991.
カプラン, H. S., 野末源一訳『ニュー・セックス・セラピー』星和書店, 696p., 1982（軽装版, 1991）.
ガベル, J., 木村洋二訳『虚偽意識：物象化と分裂病の社会学』人文書院, 394p., 1980.
上島国利『躁うつ病の臨床』金剛出版, 312p., 1983.
上島国利編『今日のうつ病治療』金剛出版, 340p., 1990.
上出弘之・山口　薫責任編集『原因と診断』（講座・発達障害 1）日本文化科学社, 260p., 1983.
神谷美恵子『精神医学と人間：精神医学論文集』ルガール社, 338p., 1978.
カラーリ, E. S., 重兼芳子・森　文彦訳『おだやかな死』春秋社, 208p., 1989.
カールソン, R.・シールド, B. 編, 上野圭一監訳『癒しのメッセージ：現代のヒーラーたちが語るやすらぎと治癒の秘訣』（ヒーリング・ライブラリー）春秋社, 311p., 1991.
河合逸雄『意識障害の人間学：てんかんの精神病理』（叢書精神の科学 7）岩波書店, 256p., 1987.
河合隼雄『生と死の接点』岩波書店, 358p., 1989.

J 臨床心理学・精神医学に関する本

河合隼雄・鑪 幹八郎編『夢の臨床』金剛出版，250p.，1988.
川越知勝『心の医者が語る　老いと痴ほうのＱ＆Ａ』(シリーズ・暮らしの科学　8) ミネルヴァ書房，192p.，1995.
河野友信『心身症のはなし』(創元クリニック・シリーズ　5) 創元社，240p.，1982.
河野博臣『ガンの人間学』弘文堂，316p.，1984.
河野博臣『病気と自己実現：真の治療関係を求めて』創元社，280p.，1984.
ガンダーソン，J.G.，松本雅彦・石坂好樹・金吉　晴訳『境界パーソナリティ障害：その臨床病理と治療』岩崎学術出版社，256p.，1988.
神田橋條治『精神科診断面接のコツ』岩崎学術出版社，224p.，1984.
キエフ，A.編，新福尚武・太田不二雄訳著『うつ病の身体症状：その本態，発生機序，および治療』金剛出版，272p.，1981.
菊池武剋編『働くこと・楽しむこと：おとなのメンタルヘルス・エッセンス』(メンタルヘルス・エッセンスシリーズ　4) 日本文化科学社，224p.，1995.
岸本英夫『死を見つめる心：ガンとたたかった十年間』(講談社文庫) 講談社，226p.，1973.
北島治彦『さまざまな死：医療のなかの「メメント・モリ」』春秋社，224p.，1992.
北田穣之介・馬場謙一・下坂幸三編『精神発達と精神病理』(増補) 金剛出版，384p.，1990.
北村俊則『精神症状測定の理論と実際：評価尺度，質問票，面接基準の方法論的考察』海鳴社，329p.，1988.
木戸幸聖『臨床におけるコミュニケーション：よりよき治療関係のために』創元社，250p.，1983.
木村　敏『自覚の精神病理：自分ということ』(新装版) 紀伊國屋書店，208p.，1978.
木村　敏『自己・あいだ・時間：現象学的精神病理学』(精神医学叢書) 弘文堂，342p.，1981.
木村　敏『人と人との間：精神病理学的日本論』(弘文堂選書) 弘文堂，250p.，1976.
木村　敏『分裂病と他者』(精神医学叢書) 弘文堂，320p.，1990.
木村　敏『分裂病の現象学』弘文堂，384p.，1975.
木村　敏編『てんかんの人間学』東京大学出版会，250p.，1980.
キーフ，A.，近藤喬一監訳『トランス文化精神医学』誠信書房，338p.，1982.
キャッセル，E.J.，土居健郎・大橋秀夫訳『癒し人のわざ：医療の新しいあり方を求めて』(改訂版) 新曜社，280p.，1991.
九徳重盛編『精神衛生』(保育叢書) 福村出版，212p.，1982.
キューブラー＝ロス，E.，霜山徳爾・沼田元義訳『生命尽くして：生と死のワークショップ』産業図書，190p.，1984.
キューブラー＝ロス，E.，読売新聞科学部訳『エイズ・死ぬ瞬間』読売新聞社，350p.，1991.
キューブラー＝ロス，E.，川口正吉訳『死ぬ瞬間：死にゆく人々との対話』読売新聞社，315p.，1971.
キューブラー＝ロス，E.，秋山　剛・早川東作訳『新・死ぬ瞬間』読売新聞社，360p.，1985.
キューブラー＝ロス，E.，川口正吉訳『続・死ぬ瞬間』読売新聞社，288p.，1977.
清田一民『正常な「老い」と異常な「老い」：晩年を美しく生きるために』星和書店，288p.，1991.
清田一民『分裂病心性の原点：相ართ性思考の喪失』東京大学出版会，370p.，1984.
グッドウィン，D.W.，太田保之・林田健太郎訳『アルコール症の事実』星和書店，256p.，1988a.
グッドウィン，D.W.，太田保之・国島乙二・林田健太郎訳『恐怖症の事実』星和書店，312p.，1988b.
隈江月晴他編『言語障害の診断と治療』ナカニシヤ出版，201p.，1985.
倉石精一編『臨床心理学実習：心理検査法と治療技法』誠信書房，346p.，1973.
倉持　弘『愛と嫉妬：感性体験の精神病理』創元社，290p.，1979.
倉持　弘『女性の幻覚と妄想』金剛出版，224p.，1984.
クリスプ，A.H.，高木隆郎・石坂好樹訳『思春期やせ症の世界：その患者と家族のために』紀伊國屋書店，304p.，1985.
グリックマン，L.S.，荒木志朗他訳『精神科コンサルテーションの技術』岩崎学術出版社，360p.，1983.
グリーン，H.，佐伯わか子・笠原　嘉訳『分裂病の少女デボラの世界』みすず書房，370p.，1971.
クルーチェ，F.，吉倉範光訳『心の健康：精神衛生』(文庫クセジュ) 白水社，128p.，1967.
グールディング，M.M.，深沢道子訳『さようならを告げるとき』日本評論社，231p.，1997.

グルーレ，H.W.，中田　修訳『精神鑑定と犯罪心理』金剛出版，304p.，1979．
グレイソン，B.・フリン，C.編，笠原敏雄監訳『臨死体験：生と死の境界で人はなにを見るのか』春秋社，402p.，1991．
クレッチマー，E.，西丸四方・高橋義夫『医学的心理学』（新装版）みすず書房，379p.，1985．
クレッチマー，E.，湯沢千尋訳『精神医学論集　1914-1962』みすず書房，400p.，1991．
クレッチマー，E.，吉益脩夫訳『ヒステリーの心理　上・下』みすず書房，167p.，195p.，1955，1955．
クレペリン，E.，遠藤みどり・稲浪正充訳『強迫神経症』（精神医学　4）みすず書房，352p.，1989．
クレペリン，E.，遠藤みどり訳『心因性疾患とヒステリー』（精神医学　3）みすず書房，298p.，1987．
クロウクロフト，A.，藤縄　昭・三好暁光他訳『精神医学への招待：心の病を理解するために』創元社，310p.，1980．
黒川昭登『非行をどのように治すか：反逆と自己実現の論理』誠信書房，254p.，1978．
黒澤　尚『捨てるな！命：自殺予防への対話と握手』弘文堂，219p.，1987．
黒澤　尚編『心に配慮する看護』星和書店，208p.，1991．
黒澤　尚・市橋秀夫・皆川邦直編『精神分裂病』（精神科プラクティス　1）星和書店，352p.，1991．
クロセティ，G.M.，加藤正明監訳『偏見・スティグマ・精神病』（社会精神医学双書　1）星和書店，280p.，1978．
黒田洋一郎『ボケの原因を探る』（岩波新書）岩波書店，223p.，1992．
グロルマン，E.A.編，日野原重明監訳，松田敬一訳『愛する人を亡くした時』春秋社，256p.，1986．
桑原知子『もう一人の私』創元社，304p.，1994．
ゲアレス，S.・ハンゼン，G.編，三原博光訳『ドイツにおける精神遅滞者への治療理論と方法：心理・教育・福祉の諸アプローチ』岩崎学術出版社，198p.，1995．
ケッセル，N.・ウォールトン，H.，山上龍太郎訳『アルコール中毒』（精神医学文庫）金剛出版，204p.，1978．
ゲラトゥリ，A.著，サラーティ，O.画，小林　司訳『マンガ　脳科学入門』（ブルーバックス）講談社，204p.，2001．
行動療法ケース研究編集委員会編・原野広太郎担当『非社会的問題行動』（行動療法ケース研究　7）岩崎学術出版社，128p.，1989．
高良武久『神経症と心のからくり：どうすればとらわれから解放されるか』ナツメ社，217p.，1982．
コーエン，J.・クラーク，J.H.，石川　中・小野章夫監訳『医学心理学概論：行動医学からのアプローチ』誠信書房，414p.，1984．
小木貞孝『死刑囚と無期囚の心理』金剛出版，312p.，1974．
小阪憲司『老人性痴呆の臨床』金剛出版，330p.，1987．
越賀一雄『クレッチメルの医学心理学』（新版）金芸堂，213p.，1974．
越賀一雄『大脳病理と精神病理のあいだ』金剛出版，230p.，1982．
小杉正太郎編『精神衛生』（改訂新版）川島書店，264p.，1988．
小杉正太郎・長田久雄編著『リハビリテーションと心理臨床』川島書店，208p.，1991．
コーチン，S.J.，村瀬孝雄監訳『現代臨床心理学：クリニックとコミュニティにおける介入の原理』弘文堂，888p.，1980．
後藤　毅監修，川端啓之・杉野欽吾・二ノ宮　良『自閉症児：その過去と現在』ナカニシヤ出版，180p.，1993．
小林　司『心にはたらく薬たち：精神世界を拡げるために』（新版）人文書院，234p.，1993．
小林　司『心の健康学入門：ストレスからの脱出』国土社，221p.，1987a．
小林　司『サラリーマンの心の病：仕事と遊びとノイローゼ』（改定新版）日本労働機構，265p.，1986．
小林　司『精神医療と現代』日本放送出版協会，234p.，1972．
小林　司『悩んだら読む本：メンタル・ヘルス111のＱ＆Ａ』PHP研究所，240p.，1989
小林　司『脳を育てる　脳を守る』日本放送出版協会，241p.，1987b．
小林万佐子『拒食しか知らなかった：何もかも否定してきた』星和書店，264p.，1995．
コリガン，D.・ロック，S.，池見酉次郎監修，田中　彰訳『内なる治癒力：心と免疫をめぐる新しい医学』創元社，342p.，1990．
近藤章久『ノイローゼ』（心の健康ブックス　1）弘文堂，296p.，1987．

近藤　裕『「自分の死」入門』春秋社，240p.，1982．
近藤廉治『解放病棟で診る：続解放病棟・13年間の体験とデータから』合同出版，270p.，1985．

さ行

サイズモア，C.C.・ピティロ，E.S.，川口正吉訳『私は多重人格だった』講談社，331p.，1978．
斎藤　学『アルコール依存症の精神病理』金剛出版，250p.，1985．
斎藤　学『家族依存症：仕事中毒から過食まで』誠信書房，212p.，1989．
斎藤　学『嗜癖行動と家族：過食アルコール依存症からの回復』（有斐閣選書）有斐閣，220p.，1984．
斎藤　学編『アルコール依存症に関する12章』（有斐閣新書）有斐閣，192p.，1986．
斎藤　学・高木　敏・小阪憲司編『アルコール依存症の最新治療』金剛出版，364p.，1989．
斎藤　学・波田あい子編『女らしさの病い：臨床精神医学と女性論』誠信書房，310p.，1986．
斎藤　学・柳田知司・島田一男編『アルコール依存症：あなたの飲み方は大丈夫か』（有斐閣選書）有斐閣，282p.，1979．
サイモン，B.，石渡隆司・藤原　博・酒井明夫訳『ギリシア文明と狂気』人文書院，272p.，1989．
坂口哲司『看護と保育のためのコミュニケーション：対人関係の心理学』ナカニシヤ出版，175p.，1991．
阪本健二『人間関係の病：分裂病論』弘文堂，244p.，1979．
坂本　弘編『職場集団にみるストレス』（講座生活ストレスを考える　4）垣内出版，298p.，1985．
作田　勉『自閉症の言語治療』金剛出版，160p.，1987．
作田　勉編『強迫神経症の治療』金剛出版，198p.，1990．
作田　勉編『精神医学と言語学』金剛出版，196p.，1984．
佐々木時雄『流離の精神病理』金剛出版，180p.，1985．
佐々木敏裕『こころの健康相談室』朝日新聞社，259p.，1983．
佐々木保行・高野　陽・大日向雅美・神馬由貴子・芹沢茂登子『育児ノイローゼ』（有斐閣新書）有斐閣，244p.，1982．
佐々木雄司『宗教から精神衛生へ』金剛出版，290p.，1986．
笹森貞子・内田玲子『ぼけ老人110番』社会保険出版，209p.，1988．
サザランド，S.，鑪　幹八郎・羽生義正編訳『ブレイクダウン：ある心理学者の入院体験』北大路書房，456p.，1981．
佐治守夫監修『思春期の心理臨床：学校現場に学ぶ「居場所」づくり』日本評論社，256p.，1995．
佐治守夫・福島　章・越智浩次郎編『ノイローゼ：現代の精神病理』（第2版）（有斐閣選書）有斐閣，306p.，1984．
佐治守夫・水島恵一編『臨床心理学の基礎知識』（有斐閣ブックス）有斐閣，324p.，1974（新装版，1979）．
佐藤光源・柏原健一『覚せい剤精神病』（臨床と基礎）金剛出版，216p.，1986．
佐藤泰正編『心身障害学』（改訂）岩崎学術出版社，272p.，1980．
郷久鉞二編『マタニティ・ブルー』（メンタルヘルス・シリーズ）同朋舎出版，290p.，1989．
サリヴァン，H.S.，中井久夫・山口　隆訳『現代精神医学の概念』みすず書房，348p.，1976．
サリヴァン，H.S.，中井久夫他訳『精神医学的面接』みすず書房，328p.，1986．
サリヴァン，H.S.，中井久夫・山口直彦・松川周悟訳『精神医学の臨床研究』みすず書房，416p.，1983．
サルズマン，L.，成田義弘・笠原　嘉訳『強迫パーソナリティ』みすず書房，342p.，1985．
沢田　淳編『ここまできた早期発見・早期治療』（別冊『発達』5）ミネルヴァ書房，268p.，1986．
ジィフィン，M.・フェルゼンタール，C.，霜山徳爾・妙気浩之訳『自殺のシグナル：青年期前後の記録』産業図書，324p.，1985．
シェフ，T.J.，真田孝昭・市川孝一訳『狂気の烙印』誠信書房，236p.，1979．
柴田　出『こころの自己分析：精神科医の診察室から』（有斐閣選書）有斐閣，218p.，1985．
島薗安雄・藤縄　昭編『今日の分裂病治療』金剛出版，390p.，1990．
清水新二『アルコール依存症と家族』（現代家族問題シリーズ　3）培風館，288p.，1992．
清水將之『今日の神経症治療』金剛出版，300p.，1987．

清水將之編・北村陽英編『青年期精神衛生事例集』星和書店，272p.，1985．
下坂幸三『アノレクシア・ネルヴォーザ論考』金剛出版，350p.，1988．
下坂幸三編『過食の病理と治療』金剛出版，210p.，1991．
下坂幸三・諏訪 望・西園昌久編『神経症と心因反応 I・II』(現代精神医学大系 6A・6B) 中山書店，260p.，244p.，1978a，1978b．
下仲順子『老人と人格：自己概念の生涯発達プログラム』川島書店，200p.，1988．
霜山徳爾『黄昏の精神病理学—マーヤの果てに』産業図書，366p.，1985．
社会福祉実践理論学会監修，根元博司編『アルツハイマー病の妻とその夫に対する援助』(教材・社会福祉実践事例集 1) 川島書店，76p.，1991．
ジャニス，I. L.，秋山俊夫編訳『ストレスと欲求不満：こころの健康のために』北大路書房，256p.，1984．
ジャネ，P.，松本雅彦訳『心理学的医学』みすず書房，284p.，1981．
ジャミソン，K.，田中啓子訳『躁うつ病を生きる：わたしはこの残酷で魅惑的な病気を愛せるか？』新曜社，272p.，1998．
シャルマン，B. H.，坂口信貴・上村 彰・皿田洋子訳『精神分裂病者への接近：日本論的見解とその実践』(現代精神分析双書 II) 岩崎学術出版社，284p.，1978．
シャロック，R. L.，雇用職業総合研究所訳『精神遅滞者のための職業自立訓練マニュアル』日本文化科学社，288p.，1988．
シュヴァルツバーグ，A. Z. 編，清水將之監訳・木村文隆・榎本良廣訳『青年期境界例入門』岩崎学術出版社，240p.，1984．
シュナイダー，K.，西丸四方訳『臨床精神病学序説』みすず書房，164p.，1977．
シュナイドマン，E. S.，白井徳満・白井幸子訳『自殺とは何か』誠信書房，320p.，1993．
シュナイドマン，E. S.，白井徳満・白井幸子訳『死にゆくとき：そして残されるもの』誠信書房，318p.，1980．
シュナイドマン，E. S.，白井徳満・白井幸子訳『死の声：遺言，刑死者の手記，末期癌患者との対話より』誠信書房，302p.，1983
シュナイドマン，E. S.・ファーブロウ，N. L.，大原健士郎・清水 信訳『自殺に関する十八章：自殺解明への手がかり』誠信書房，341p.，1968．
シュピーゲルベルグ，H.，西村良二・土岐真司訳『精神医学・心理学と現象学』金剛出版，466p.，1993．
シュライバー，F. R.，巻 正平訳『失われた私：多重人格・シビルの記録』(ハヤカワ文庫) 早川書房，602p.，1978．
シュルツ，D. P.，上田吉一監訳，中西信男・古市裕一訳『健康な人格：人間の可能性と七つのモデル』川島書店，266p.，1982．
城 紘一郎『魔がさすとき：事件に学ぶこころの健康』法研，256p.，1995．
ショシャール，P.，吉倉範光訳『精神身体医学』(文庫クセジュ) 白水社，136p.，1656．
ショプラー，E.・メジボブ，G. B. 編，中根 晃・太田昌孝監訳『青年期の自閉症 1』岩崎学術出版社，292p.，1988．
ショプラー，E.・メジボブ，G. B. 編，中根 晃他訳『自閉症と脳：神経生物学的研究の展望』岩崎学術出版社，232p.，1992．
白橋宏一郎・小倉 清編『治療関係の成立と展開』(児童精神科臨床 2) 星和書店，288p.，1981．
シールド，J.，南光進一郎訳『分裂病の遺伝と環境』東京大学出版会，290p.，1985．
ジルボーグ，G.，神谷美恵子訳『医学的心理学史』みすず書房，456p.，1958．
ズィーグムント，G.，中村友太郎訳『生か死か：自殺の問題』エンデルレ書店，390p.，1975．
末松弘行監修，菊池孝則・久保木富房・松波聖治・大林正博編『心理医学オリエンテーション・レクチャー』金剛出版，236p.，1992．
末松弘行監修，野村 忍編『心療内科入門』金子書房，272p.，1993．
杉田峰康『人間関係のゆがみ：心身症への全人的アプローチ』朱鷺書房，288p.，1995．
杉田峰康・国谷誠一郎・桂 戴作『臨床児童心理学の実際』昭和堂，316p.，1980．
鈴木國文『神経症概念はいま：我々はフロイトのために百年の回り道をしたのだろうか』金剛出版，272p.，1995．

鈴木　茂『境界例 vs 分裂病：言語と主観性の臨床精神病理学』金剛出版，350p.，1991．
鈴木知準『ノイローゼ全治の道を語る』誠信書房，348p.，1984．
鈴木裕也『神経性食欲不振症：正しい理解への手がかり』（栄大選書）女子栄養大学出版部，294p.，1983．
スチュアート，G.W.・サンディーン，S.J.，樋口康子他監修『精神看護学』（新臨床看護学大系 1・2）医学書院（2冊組），268p.，1986．
ストーン，A.，山口泰司訳『性の逸脱』理想社，256p.，1985．
ストランド，M.・シーグラー，I.C.・エリアス，M.F.，下仲順子・中里克治訳『老人の臨床心理学』誠信書房，252p.，1982．
ストーン，G.C. 他，本明　寛・内山喜久雄訳『健康心理学：専門教育と活動領域』実業教育出版，418p.，1990．
スナイダー，S.H.，加藤　信他訳『狂気と脳：分裂病の精神薬理』海鳴社，312p.，1976．
スピッツァー，R. 他，石川　元・大原浩一訳『DSM-IIIによる精神病理学ケースブック』金剛出版，422p.，1987．
洲脇　寛『薬物・アルコール依存の臨床』金剛出版，153p.，1986．
精研デイ・ケア研究会編『精神科デイ・ケア』岩崎学術出版社，184p.，1989．
関　計夫『患者の心理：病気と仲よくつき合う』慶應義塾大学出版会，278p.，1986．
関　計夫『ガンの心理学：その克服の体験』誠信書房，278p.，1984．
関　峋一・篠置昭男・中西信男編『青年臨床心理学』朝倉書店，208p.，1983．
セグペン，C.H.・クレックレー，H.M.，川口正吉訳『私という他人』（講談社＋α文庫）講談社，302p.，1996．
セリグマン，M.E.P.，平井　久・木村　駿監訳『うつ病の行動学：学習性絶望感とは何か』誠信書房，254p.，1985．
仙波恒雄・高柳　功『精神保健法：その実務のすべて』星和書店，256p.，1990．
躁うつ病の薬理・生化学的研究懇話会編『躁うつ病の薬理生化学 II』金剛出版，234p.，1992．
曽野綾子・デーケン，A.編『生と死を考える』春秋社，200p.，1984．
空井健三『臨床心理学の発想：アセスメントの効用から諸領域へ』誠信書房，198p.，1991．

た行

大工原秀子『老年期の性』（OP叢書）ミネルヴァ書房，276p.，1979．
「第12回国際児童青年精神医学会論文集」編集委員会編『児童青年精神医学への挑戦：21世紀に向けて』（第12回国際児童青年精神医学会論文集）星和書店，664p.，1992．
高臣武史『分裂病者と家族』岩崎学術出版社，338p.，1985．
高木四郎・中野佐三編『精神衛生』金子書房，380p.，1974．
高瀬安貞『身障者の心の世界：リハビリテーションのために』有斐閣，292p.，1982．
高橋　進・柏瀬宏隆編『性的異常の臨床』金剛出版，180p.，1983．
高橋艶子『家庭臨床心理学』（5版）金子書房，200p.，1982．
高橋　徹『恐怖とイメージ』（精神医学文庫）金剛出版，194p.，1979．
高橋俊彦『妄想症例の研究』金剛出版，282p.，1995．
高橋雅春・高橋依子『臨床心理学序説』ナカニシヤ出版，200p.，1993．
高橋祥友『自殺の危険：臨床的評価と危機介入』金剛出版，258p.，1992．
高橋　良・中根允文訳『精神症状の測定と分類：現在症診察表とカテゴプログラムのための指導手引』医学書院，236p.，1981．
竹内知夫『心の病気：やさしく理解しよう』（増補改訂版）星和書店，324p.，1995．
竹江　孝・乾　吉佑・飯長喜一郎編『司法心理臨床』（心理臨床プラクティス 5）星和書店，392p.，1992．
武田　建『親と子の臨床心理』創元社，260p.，1975．
武田　専他『境界線例』金剛出版，200p.，1985．
武村信義『精神病質の概念』（精神医学文庫）金剛出版，176p.，1983．
多田富雄・今村仁司編『老いの様式：その現代的省察』誠信書房，330p.，1987．
多田富雄・河合隼雄編『生と死の様式：脳死時代を迎える日本人の死生感』誠信書房，276p.，1991．

田多井吉之介『酒飲みの医学』(創元医学新書)創元社, 249p., 1968.
鑪　幹八郎『リッグスだより：治療共同体の経験』誠信書房, 208p., 1986.
鑪　幹八郎・名島潤慈編『心理臨床家の手引』誠信書房, 322p., 1983.
橘　覚勝『老いの探求』誠信書房, 284p., 1975.
橘　覚勝『老年学：その問題と考察』誠信書房, 624p., 1971.
田所作太郎編『こころとくすり：脳は永遠にブラックボックスか』星和書店, 224p., 1983.
田中孝雄『飲酒症：アルコール中毒の本態』(中公新書)中央公論社, 226p., 1986.
田中孝雄編『アルコール症』(メンタルヘルス・シリーズ)同朋舎出版, 290p., 1988.
田中恒孝編『脳卒中の精神医学：リハビリテーションの立場から』金剛出版, 230p., 1989.
田中富士夫編『臨床心理学概説』北樹出版, 235p., 1988.
種田真砂雄『認知精神医学序説：言語・イメージ・精神』金剛出版, 228p., 1988.
田畑　治・蔭山英順編『心の健康を探る』(Introduction to psychology 7) 福村出版, 208p., 1992.
ターヒューン, T., 池見酉次郎訳『心の健康法：ノイローゼの治療と予防』診断と治療社, 230p., 1986.
玉井収介『自閉症』(講談社現代新書)講談社, 136p., 1983.
田村　博他『VDT・健康セミナー：テクノストレスとその対策』労働経済社, 288p., 1984.
ダレイソン, B.・フリン, C.P., 笠原敏雄監訳『臨床体験：生と死の境界で人は何を見るのか』春秋社, 358p., 1991.
ダンバー, H.F., 古野清人・金久卓也訳『心と肉体：精神身体医学』善徳社, 426p., 1951.
地域アルコール対策「仲間と共に歩む会」編『ハンドブックアルコール問題を考える本：不安はありませんかお酒の飲み方に』川島書店, 300p., 1992.
チャップマン, A.H.・チャップマン, M.C.M.S., 山中康裕監修, 武野俊弥・皆藤　章訳『サリヴァン入門：その人格発達理論と疾病論』岩崎学術出版社, 240p., 1994.
チョプラ, D., 上野圭一監訳, 秘田涼子訳『クォンタム・ヒーリング：心身医学の最前線を探る』春秋社, 352p., 1990.
ツァン, M.Y., 中根允文・藤原妙子訳『精神分裂病の事実』(ファクトシリーズ 1) 星和書店, 176p., 1987.
ツェン, W.他, 江畑敬介・箕口雅博訳『文化と心の臨床』星和書店, 456p., 1984.
塚本嘉壽『漱石, もう一つの宇宙：病跡学的アプローチ』新曜社, 266p., 1994.
土川隆史編『スチューデント・アパシー』(メンタルヘルス・シリーズ)同朋舎出版, 264p., 1990.
筒井末春『うつ病：こころの病を治す』(名医の医書シリーズ 2) 法研, 224p., 1994.
筒井末春『ストレス状態と心身医学的アプローチ：医療の現場から』診断と治療社, 344p., 1989.
筒井末春編『食行動異常』(メンタルヘルス・シリーズ)同朋舎出版, 244p., 1989.
筒井末春編『肥満』(メンタルヘルス・シリーズ)同朋舎出版, 268p., 1989.
筒井末春監修編『主婦症候群』(メンタルヘルス・シリーズ)同朋舎出版, 250p., 1988.
ツット, J., 山本巌夫他訳『自由の喪失と自由の剥奪：いわゆる精神障害者の運命』岩崎学術出版社, 170p., 1974.
坪井孝幸『遺伝精神医学』金剛出版, 344p., 1980.
坪内宏介編『非行』(メンタルヘルス・シリーズ)同朋舎出版, 250p., 1989.
津本一郎『理念と妄想のあいだ』(精神医学文庫)金剛出版, 160p., 1985.
ディマイヤー, M.K., 久保紘章・入谷好樹訳『自閉症と家族　児童篇』岩崎学術出版社, 200p., 1986.
ディマイヤー, M.K., 久保紘章・入谷好樹訳『自閉症と家族　青年篇』岩崎学術出版社, 200p., 1987.
出口ひろ子『わがいのちの出会い：がんを明るく楽しく』(シリーズ・生と死を考える 1) ミネルヴァ書房, 266p., 1986.
デーケン, A.・メヂカルフレンド社編集部編『死を看取る』(死への準備教育 2) メヂカルフレンド社, 295p., 1986.
デーケン, A.・飯塚眞之編『日本のホスピスと終末期医療』(生と死を考えるセミナー 4) 春秋社, 360p., 1991.
デーケン, A.・重兼芳子編『伴侶に先立たれた時』(生と死を考えるセミナー 3) 春秋社, 280p., 1988.
デーケン, A.・曽野綾子編『生と死を考える』(生と死を考えるセミナー 1) 春秋社, 200p., 1984.
デーケン, A.・平山正実編『身近な死の経験に学ぶ』(生と死を考えるセミナー 2) 春秋社, 298p., 1986.

デュルケーム, E., 宮島　喬訳『自殺論』(中公文庫) 中央公論社, 568p., 1985.
寺田　晃・佐々木英忠編『老いとこころ：熟年からのメンタルヘルス・エッセンス』(メンタルヘルス・エッセンスシリーズ 6) 日本文化科学社, 224p., 1995.
デルーク, A. V. S.・ポーター, R.編, 大原健士郎・清水　信訳『比較精神医学』誠信書房, 376p., 1971.
テレンバッハ, H., 木村　敏訳『メランコリー』(改訂増補版) みすず書房, 504p., 1985.
土居健郎監修, 宗像恒次・稲岡文昭・高橋　徹・川野雅資『燃えつき症候群：医師・看護婦・教師のメンタル・ヘルス』金剛出版, 210p., 1988.
土居健郎・大平　健編『精神病理学の新次元 3』金剛出版, 250p., 1987.
東京都精神医学総合研究所編『思春期暴力：おとなたちの死角』(有斐閣新書) 有斐閣, 201p., 1983.
融　道男編『精神疾患の病因研究：生物学的精神医学のストラテジー』金剛出版, 266p., 1980.
戸川行男『臨床心理学論考』金子書房, 490p., 1975.
徳田良仁・小林　司編『学校精神衛生の展望』日本精神衛生会, 217p., 1975.
十束支朗・高嶋正士『精神衛生・臨床心理』医学出版社, 258p., 1983.
ドニケル, P., 松岡芳隆・松岡廣子訳『向精神薬：精神薬理学入門』(交庫クセジュ) 白水社, 151p., 1968.
トーマス, G., 吉本晋一郎訳『拷問と医者：人間の心をもてあそぶ人々』朝日新聞社, 538p., 1991.
ドーリン, A. O., 岡田靖雄・柘植秀臣訳『ノイローゼの生理学』(現代ソヴィエト条件反射選書) 世界書院, 371p., 1966.
ドールトン, K., 上島国利・児玉憲典訳『マタニティ・ブルー：産後の心の健康と治療』誠信書房, 210p., 1982.

な行

内藤　健・町沢静夫・大平　健他『分裂病者の情報処理過程』金剛出版, 260p., 1984.
中井久夫『分裂病と人類』東京大学出版会, 260p., 1982.
中井久夫・山中康裕編『思春期の精神病理』岩崎学術出版社, 360p., 1978.
永井　徹『対人恐怖の心理：対人関係の悩みの分析』サイエンス社, 184p., 1994.
中尾弘之編『葛藤：心理学・生物学・精神医学』金剛出版, 400p., 1984a.
中尾弘之編『攻撃性の精神医学』医学書院, 370p., 1984b.
長尾　博『病院心理臨床入門』ナカニシヤ出版, 188p., 1992.
中川四郎・望月　昴・大熊文男『心身医学』(創元医学新書) 創元社, 232p., 1967.
中川賢幸・藤土圭三編『病院心理臨床』(有斐閣ブックス) 有斐閣, 346p., 1984.
中川米造・宗像恒次編『医療・健康心理学』(応用心理学講座 13) 福村出版, 404p., 1989.
中河原通夫『こころの治療薬』弘文堂, 256p., 1993.
中河原通夫『精神科治療薬の上手な使い方』金剛出版, 210p., 1995.
長倉　功『老人ボケがなおる：世話をする家族へのアドバイス』社会保険出版社, 504p., 1986.
中澤洋一編『私の分裂病観』金剛出版, 176p., 1995.
中島　誠編, 成田明子・高橋依子・庄司留美子『発達臨床心理学』ミネルヴァ書房, 212p., 1992.
中田　修『犯罪精神医学』(増補) 金剛出版, 410p., 1987.
永田勝太郎『QOL：全人的医療がめざすもの』講談社, 238p., 1992.
中西陽二編『精神障害者の責任能力』(法と精神医学の対話) 金剛出版, 334p., 1993.
中根允文『うつ病：児童期・青年期を中心に』医歯薬出版, 218p., 1990.
中野弘一『厄年の男たち：揺れるこころとからだの処方箋』法研, 256p., 1996.
寺村一夫『自殺：精神病理学的考察』(精選復刻・紀伊國屋新書) 紀伊國屋書店, 197p., 1963.
中村希明『アルコール症治療読本：断酒会とA・Aの治療メカニズム』星和書店, 256p., 1982.
中村雄二郎『臨床の知とは何か』岩波書店, 223p., 1992.
中安信夫『初期分裂病』星和書店, 152p., 1990.
中安信夫『分裂病症候学：記述現象学的記載から神経心理学的理解へ』星和書店, 550p., 1991.
中安信夫編著『対談　初期分裂病を語る』星和書店, 112p., 1991.

那須宗一・大橋　薫・四方寿雄・光川晴之編『家族集団の病理』（家族病理学講座　2）誠信書房, 244p., 1979.
那須宗一・大橋　薫・四方寿雄・光川晴之編『家族病理学』（家族病理学講座　1）誠信書房, 234p., 1980.
那須宗一・大橋　薫・四方寿雄・光川晴之編『家族病理と逸脱行動』（家族病理学講座　3）誠信書房, 242p., 1978.
なだいなだ『アルコール中毒』（改訂版）紀伊國屋書店, 193p., 1981.
なだいなだ『アルコール中毒物語』五月書房, 197p., 1996.
並木正義編『生涯各期の心身症とその周辺疾患』診断と治療社, 200p., 1985.
成田善弘『青年期境界例』金剛出版, 200p., 1989.
成田善弘編『青年期患者の入院治療』金剛出版, 220p., 1991.
成瀬悟策編『心理学的リハビリテイション』（催眠シンポジウム　1）誠信書房, 238p., 1968.
成瀬悟策編『続・心理リハビリテイション：ケース研究編』誠信書房, 450p., 1977.
西園昌久編『青年期の精神病理と治療』金剛出版, 352p., 1983.
西園昌久監修『ブックガイド・精神科医のための160冊』エクセプタ・メディカ, 277p., 1985.
西谷三四郎『精神の生理と病理』福村出版, 240p., 1979.
西村良二『医療・看護・メンタルヘルスの心理学』ナカニシヤ出版, 188p., 1992.
新田健一『非行：悪に魅せられる少年少女』金子書房, 223p., 1986.
日本化学会編『ストレスを科学する』大日本図書, 215p., 1992.
日本家族心理学会編『家族臨床心理の展望1983年版』（家族心理学年報　1）金子書房, 340p., 1983.
日本看護協会協力『こころのナースコール』法研, 212p., 1996.
日本自殺予防学会『自殺予防と危機介入　No. 15』岩崎学術出版社, 156p., 1991.
日本精神薄弱者愛護協会編『高齢化と精神遅滞』日本文化科学社, 244p., 1990.
日本聴能言語士協会編『臨床言語士になるために』誠信書房, 126p., 1990.
日本臨床心理士資格認定協会監修『臨床心理士になるために』（第5版）誠信書房, 184p., 1992.
ノイマン, E., 石渡隆司訳『深層心理学と新しい倫理』人文書院, 172p., 1987.
野島一彦編『臨床心理学への招待』ミネルヴァ書房, 264p., 1995.
延島信也『迷路の中の女たち：女性のノイローゼ・予防と治療の知識』知道出版, 218p., 1990.
延島信也編『サラリーマン・アパシー』同朋舎出版, 245p., 1989.
ノリス, P.・ポーター, G., 平松園枝監修, 上田洋介訳『自己治癒力の医学：イメージ療法の勝利』光文社, 237p., 1989.

は行

バイヤー, W. V., 大橋正和・迎　豊訳『妄想の現象学』金剛出版, 320p., 1994.
ハウエルズ, J. G.編, 大原健士郎・清水　信・藍沢鎮雄・児島　洋訳『家族精神医学　実際編』岩崎学術出版社, 428p., 1970.
ハウエルズ, J. G.編, 大原健士郎・清水　信・藍沢鎮雄・児島　洋訳『家族精神医学　理論編』岩崎学術出版社, 542p., 1970.
バーガー, M., 江畑敬介訳『病むということ』星和書店, 208p., 1978.
橋口英俊編『新臨床心理学入門』建帛社, 292p., 1983.
長谷川和夫編『高齢期の痴呆』（メンタルヘルス・シリーズ）同朋舎出版, 250p., 1988.
長谷川和夫編『痴ほう性老人の介護はどうすればよいか』平凡社, 340p., 1992.
長谷川和夫監修, 加藤信司編『痴呆性老人の心理学』（高年期の痴呆シリーズ　5）中央法規出版, 232p., 1992.
長谷川浩一編『心の健康を考える：臨床心理学トゥディ』ミネルヴァ書房, 242p., 1994.
蜂矢英彦『心の病と社会復帰』（岩波新書）岩波書店, 210p., 1993.
蜂矢英彦『精神障害者の社会参加への援助』金剛出版, 220p., 1991.
八田武志・三戸秀樹・中迫　勝・田尾雅夫『ストレスとつきあう法』（有斐閣選書）有斐閣, 232p., 1993.
ハート, C., 高見安規子訳『見えない病：自閉症者と家族の記録』晶文社, 384p., 1992.
バートン, R., 正田　亘監訳『施設神経症：病院が精神病をつくる』晃洋書房, 206p., 1984.

J 臨床心理学・精神医学に関する本

馬場謙一編『臨床心理学』(弘文堂入門双書) 弘文堂, 248p., 1995.
馬場房子編『働く女性のメンタルヘルス』(メンタルヘルス・シリーズ) 同朋舎出版, 266p., 1989.
林　竣一郎『「ストレス」の肖像：環境と生命の対話』(中公新書) 中央公論社, 283p., 1993.
原　俊夫・鹿野達男『攻撃性：精神科医の立場から』岩崎学術出版社, 282p., 1979.
原　常勝・星　昭輝・秋山泰子『てんかん：正しい理解と克服へのガイド』有斐閣, 272p., 1981.
原井利夫『精神薄弱者の福祉』日本文化科学社, 256p., 1979.
原野広太郎編『精神衛生』共同出版, 235p., 1988.
バリュック, H., 村上　仁・荻野恒一訳『精神病と神経症』(文庫クセジュ) 白水社, 128p., 1954.
バリュック, H., 中田　修監修, 影山任佐訳『フランス精神医学の流れ：ピネルから現代へ』東京大学出版会, 270p., 1982.
バリント, M., 池見酉次郎他訳『プライマリ・ケアにおける心身医学：バリント・グループの実際』診断と治療社, 492p., 1981.
春木　豊編『心理臨床のノンバーバル・コミュニケーション』川島書店, 180p., 1987.
春原千秋・梶谷哲男『精神医学からみた現代作家』毎日新聞社, 305p., 1979.
春原千秋・梶谷哲男『精神医学からみた西欧作家』毎日新聞社, 292p., 1979.
バーロー, D.H・サーニー, J.A., 上里一郎監訳『恐慌性障害：その治療と実際』金剛出版, 256p., 1992.
ビーアズ, C.W., 江畑敬介訳『わが魂にあうまで』星和書店, 288p., 1980.
東　雄司『精神障害者・自立への道：和歌山からの報告』ミネルヴァ書房, 232p., 1991.
樋口和彦・平山正実編『生と死の教育：デス・エデュケーションのすすめ』創元社, 310p., 1985.
樋口正元『情動のしくみと心身症』医歯薬出版, 261p., 1974.
人見一彦『悩みのチェック90：心の健康を守るために』創元社, 216p., 1990.
人見一彦『人間学的精神医学』勁草書房, 133p., 1991.
日野原重明『いのちの終末をどう生きるか』春秋社, 216p., 1987.
日野原重明『老いと死の受容』春秋社, 200p., 1987.
日野原重明他編『死から生の意味を考える』(死生学・Thanatology 1) 技術出版, 224p., 1988.
ヒューバー, J.T., 林　勝造他訳『心理学と精神医学の分野での報告書の書き方』ナカニシヤ出版, 160p., 1981.
平井孝男『うつの時代を生きる：ビジネスマンの心の健康』(ちくま文庫) 筑摩書房, 221p., 1989.
平井孝男『心の病の治療ポイント：事例を通しての理解』創元社, 300p., 1989.
平井孝男『神経症　夏目漱石』福武書店, 425p., 1990.
平井孝男『ストレスと自己コントロール』(講談社学術文庫) 講談社, 301p., 1989.
平尾　靖『犯罪と非行の心理』川島書店, 238p., 1974.
平山正実『死生学とはなにか』日本評論社, 335p., 1991.
ビリッグ, N., 幾島幸子訳『老年期のうつ』(こころの本) 筑摩書房, 180p., 1989.
昼田源四郎『分裂病者の行動特性』金剛出版, 246p., 1989.
廣瀬勝世『女性と犯罪』(精神医学文庫) 金剛出版, 174p., 1981.
広瀬徹也編『うつ病』(メンタルヘルス・シリーズ) 同朋舎出版, 274p., 1990.
ビンスワンガー, L., 山本巌夫・宇野昌人・森山公夫訳『うつ病と躁病』みすず書房, 172p., 1972.
ビンスワンガー, L., 荻野恒一・宮本忠雄・木村　敏訳『現象学的人間学』みすず書房, 316p., 1967.
ビンスワンガー, L., 新海安彦・宮本忠雄・木村　敏訳『精神分裂病 I・II』みすず書房, 310p., 498p., 1960, 1961.
ファーバー, M.L., 大原健士郎・勝俣暎史訳『自殺の理論：精神的打撃と自殺行動』岩崎学術出版社, 144p., 1977.
フィアー, H., 大西造生他訳『うつ病と分裂病の精神医学：サイバネティクス的解釈』星和書店, 144p., 1983.
フィッシュ, F.J., ハミルトン, M.改訂, 山下　格監訳『精神分裂病』金剛出版, 254p., 1980.
フィンク, M., 清水　信訳『電気けいれん療法』星和書店, 416p., 1980.
ブーシャール, R.他, 大原　貢・平井　浩・伊達　徹訳『小児の真性てんかん：小児科学的および精神医学的接近』金剛出版, 190p., 1981.

フォッシジ，J. L.，ローヴ，C. A. 編，遠藤みどり監訳『夢の解釈と臨床』星和書店，540p.，1983.
深町　建『摂食異常症の治療　正・続』金剛出版，160p.，350p.，1987，1989.
福島　章『精神医学と社会学』金剛出版，208p.，1992.
福島　章『犯罪心理学研究　Ⅰ』金剛出版，334p.，1977.
福島　章・町沢静夫・大野　裕編『人格障害』金剛出版，560p.，1995.
福島脩美『心へのアプローチ』福村出版，200p.，1988.
福島　裕・兼子　直編『てんかんと妊娠・出産』岩崎学術出版社，360p.，1993.
福田哲雄『現代人の精神異常：精神病学入門』（改訂増補版）（社会事業新書）ミネルヴァ書房，232p.，1971.
福田俊一・増井昌美『職場のストレス・マネジメント』メディカ出版，282p.，1989.
フーコー，M.，神谷美恵子訳『精神疾患と心理学』みすず書房，174p.，1970.
フーコー，M.，神谷美恵子訳『臨床医学の誕生：医学的まなざしの考古学』みすず書房，332p.，1969.
藤田雅子『心身障害人間学：その基本的視点』（改訂）岩崎学術出版社，272p.，1987.
藤永　保他『臨床心理学』（有斐閣ブックス）有斐閣，267p.，1987.
藤野信行編『介護のこころを探る：介護はこころの援助学』福村出版，208p.，1995.
藤本　修・藤井久和編『メンタルヘルス入門』創元社，353p.，1989.
布施豊正『自殺学入門：クロス・カルチュラル的考察』誠信書房，280p.，1990.
布施豊正『死の横顔：なぜ彼らは自殺したのか』誠信書房，276p.，1991.
仏教ホスピスの会編『がん体験：「がん患者・家族の語らいの集い」からのメッセージ』春秋社，244p.，1991.
フーバー，G.・グロス，G.，木村　定・池村義明訳『妄想：分裂病妄想の記述現象学的研究』金剛出版，300p.，1983.
ブラウン，N. O.，秋山さと子訳『エロスとタナトス』（AL選書）竹内書店新社，394p.，1970.
フリス，U.，冨田真紀・清水康夫訳『自閉症の謎を解き明かす』東京書籍，352p.，1991.
フリス，U. 編著，冨田真紀訳『自閉症とアスペルガー症候群』東京書籍，464p.，1994.
フリードマン，M.・ローゼンマン，R. H.，河野友信監修『タイプＡ：性格と心臓病』創元社，264p.，1993.
ブルック，H.，岡部祥平・溝口純二訳『思春期やせ症の謎：ゴールデンケージ』星和書店，228p.，1979.
フルトン，R.，斉藤　武・若林一美訳『デス・エデュケーション：死生観への挑戦』現代出版，304p.，1984.
プロゴフ，I.，渡辺　学訳『心理学の死と再生』春秋社，312p.，1989.
ブロス，P.，野沢栄司訳『青年期の精神医学』誠信書房，402p.，1962.
ブロック，S.・レダウェイ，P.，秋元波留夫他訳『政治と精神医学：ソヴェトの場合』みすず書房，416p.，1983.
ブロード，C.，池　央耿・高見　浩訳『テクノストレス』新潮社，309p.，1984.
フロム=ライヒマン，F.，早坂泰次郎訳『人間関係の病理学』誠信書房，496p.，1963.
ベイカル，D. A.，岡堂哲雄監訳『病気と痛みの心理学』新曜社，312p.，1983.
ベイトソン，G.・ロイシュ，J.，佐藤悦子・ボスバーグ，R. 訳『コミュニケーション：精神医学の社会的マトリックス』思索社，335p.，1989.
ヘザーリントン，R. R. 他，清水　信訳『医学生のための心理学』弘文堂，288p.，1978.
ベッテルハイム，B.，丸山修吉訳『鍛えられた心：強制収容所における心理と行動』（叢書・ウニベルシタス）法政大学出版局，340p.，1975.
ベネデッティ，G.，馬場謙一訳『精神分裂病論』みすず書房，330p.，1987.
ヘネンホッファー，G.・ハイル，K. D.，生和秀敏・生和禎子訳『不安の克服：不安の行動論と自己訓練法』北大路書房，206p.，1993.
ペリシェ，Y.，三好暁光訳『精神医学の歴史』（文庫クセジュ）白水社，182p.，1974.
ベル，Q.，黒沢　茂訳『ヴァージニア・ウルフ伝』みすず書房，536p.，1977.
ベンソン，D. F.・ブラマー，D. 編，山下　格監訳『精神医学と神経学の境界領域』金剛出版，378p.，1982.
北米神経科学協会編・野田照実訳『脳のしくみと健康』誠信書房，94p.，1993.
保健同人社編『ノイローゼと心の健康百科』（家庭の医学百科シリーズ）保健同人社，490p.，1987.
保崎秀夫『精神分裂病の概念：歴史と分類』（精神医学文庫）金剛出版，160p.，1978.
保崎秀夫監訳，八木剛平編『精神病治療薬の原点』（国外重要文献全訳集）金剛出版，180p.，1987.

保崎秀夫・作田　勉編『精神病理学の新次元　1～3』金剛出版，252p.，260p.，225p.，1985，1986，1987．
保崎秀夫・高橋　徹編『近代精神病理学の思想』金剛出版，230p.，1983．
星野　命・詫摩武俊編『臨床心理学』新曜社，288p.，1972．
ボスキン＝ホワイト，M.・ホワイト，W.C. Jr.，杵淵幸子他訳『過食と女性の心理：ブリマレキシアは，現代の女性を理解するキーワード』星和書店，314p.，1991．
ポッシュ，U.G.，鹿島晴雄・古田香織訳『うつ病女性の日記：こころの病からの脱出』同朋舎出版，198p.，1988．
ホッフマイスター，E.編，福西勇夫訳『死の病いを共に生きる：腎透析・腎移植患者から治療者へのメッセージ』星和書店，160p.，1992．
ホッフマン，A.，福屋武人監訳『LSD—幻想世界への旅』新曜社，280p.，1984．
ホーナイ，K.，対馬　忠監修，藤沢みほ子・対馬ユキ子訳『自己実現の闘い：神経症と人間的成長』（叢書・人間なるもの）アカデミア出版会，382p.，1986．
ボニーム，W.，鑪　幹八郎・一丸藤太郎・山本　力訳『夢の臨床的応用』誠信書房，545p.，1987．
堀　忠雄編『不眠』（メンタヘルス・シリーズ）同朋舎出版，290p.，1988．
ホール，C.S.・リンド，R.E.，外林大作訳『カフカの夢』誠信書房，184p.，1976．
ホワイト，J.，石井朝子訳『死と友になる』春秋社，272p.，1990．
ホワイト，J.H.，上島国利監訳『小児の向精神薬療法』星和書店，256p.，1979．

ま行

前田重治『心理臨床』（臨床精神医学叢書　9）星和書店，240p.，1981．
牧　正興・高尾兼利・平山　論編著『臨床心理学の理論と実践』ミネルヴァ書房，264p.，1990．
牧田清志監著，岩崎徹也・白倉克之・山崎晃資『精神医学ノート』岩崎学術出版社，488p.，1982．
マクナブ，F.，祐宗省三監訳『ストレス・マネジメント』北大路書房，448p.，1991．
マクファーソン，A.・マクファーレン，A.，重兼裕子訳『10代のからだ日記〈男の子編〉』春秋社，200p.，1991．
マクファーソン，A.・マクファーレン，A.，重兼裕子訳『10代のからだ日記〈女の子編〉』春秋社，202p.，1991．
正木　正『強迫観念』（現代心理学ブックス）大日本図書，232p.，1966．
マスターソン，J.F.，富山幸佑・尾崎　新訳『自己愛と境界例：発達理論に基づく統合的アプローチ』星和書店，278p.，1990．
マスターソン，J.F.，成田善弘・笠原　嘉訳『青年期境界例の治療』金剛出版，426p.，1979．
町沢静夫『ボーダーラインの心の病理：自己不確実に悩む人々』創元社，204p.，1990．
町沢静夫編，吉本隆明対談『遊びと精神医学：こころの全体性を求めて』創元社，230p.，1986．
町山幸輝・樋口照彦編『精神分裂病はどこまでわかったか』星和書店，288p.，1992．
マッギー，A.，松平順一・岡田守弘訳『注意の行動病理学』岩崎学術出版社，168p.，1975．
マッコイ，K.，片岡しのぶ訳『どうすればいいか　10代心身症』晶文社，440p.，1984．
真鶴　栄『アルツハイマーの夜明け：解けた老人性痴呆の謎』山手書房新社，203p.，1993．
松橋俊夫編『精神科漢方治療集』金剛出版，301p.，1991．
松橋俊夫編『青年期漢方治療ケース集』誠信書房，230p.，1992．
松本　啓『神経疾患の臨床診断』金剛出版，282p.，1980．
松本雅彦『精神病理学とは何だろうか』悠久書房，236p.，1987．
松本侑子『巨食症の明けない夜明け』（集英社文庫）集英社，183p.，1991．
松本よし子『わたしのこころへ：ある臨床心理士のこころの記録』日本評論社，232p.，1993．
マティス，J.他編，熊代　永・荘司修久訳『短時間で習得できる精神医学の基礎知識』日本文化科学社，192p.，1975．
マーフィー，H.B.M.，内沼幸雄・江畑敬介他訳『比較精神医学：精神障害の国際的・文化的広がり』星和書店，488p.，1992．
丸山澄子『人格と臨床の心理：治療と教育へのかかわりを求めて』文化書房博文社，304p.，1989．
三浦勇夫・加藤雄司編『精神衛生』八千代出版，266p.，1987．

三浦四郎衛『アルコール症』（心の健康ブックス 3）弘文堂，216p., 1980.
水島恵一・小川捷之編『イメージの臨床心理学』（イメージ心理学 2）誠信書房，286p., 1984.
水田恵三編『犯罪・非行の社会心理学』ブレーン出版，415p., 1994.
水野　肇『エイズのなにが恐いのか』中央公論社，182p., 1992.
水野　肇『ストレス時代』日本評論社，224p., 1987.
水山進吾編『臨床心理学』（保育叢書 14）福村出版，192p., 1981.
ミッチャーリヒ，A., 中野良平・大西道生・奥村武久訳『心身症：葛藤としての病 2』（りぶらりあ選書）法政大学出版局，214p., 1983.
宮内　勝『精神科デイケアマニュアル』（増補版）金剛出版，203p., 1997.
宮城音弥『ノイローゼ』（講談社現代新書）講談社，232p., 1973.
宮本忠雄『精神分裂病の世界』紀伊國屋書店，224p., 1977.
宮本忠雄・中根　晃・小見山　実・大森健一編『分裂の世界』岩崎学術出版社，208p., 1992.
ミュラー，C., 市川　潤・森　荘祐訳『臨床老年精神医学』岩崎学術出版社，278p., 1976.
ミレール，J. A. 編，小出浩之・鈴木国文・川津芳照・笠原　嘉訳『ジャック・ラカン　精神病　上・下』岩波書店，288p., 288p., 1987, 1987.
ミンコフスキー，E., 中江育生・清水　誠訳『生きられる時間：現象学的・精神病理学的研究 1・2』みすず書房，252p., 330p., 1972, 1973.
ミンコフスキー，E., 村上　仁訳『精神分裂病：分裂性性格者及び精神分裂病者の精神病理学』みすず書房，272p., 1988.
宗像恒次『エイズの常識』（講談社現代新書）講談社，179p., 1993.
宗像恒次『ストレス解消学』小学館，287p., 1991.
宗像恒次編著『海外生活者のメンタルヘルス：こころのトラブルを防ぐ本』（ソシオヘルスブック）法研，136p., 1994.
宗像恒次・川野雅資編『高齢化社会のメンタルヘルス』金剛出版，237p., 1994.
村上英治監修，池田豊鷹・赤塚大樹・後藤秀爾編『生きること・かかわること：人間への臨床心理学的接近』名古屋大学出版会，366p., 1984.
村上英治・池田豊鷹・渡辺雄三編『心理臨床家：病院臨床の実践』誠信書房，266p., 1982.
村上　仁『異常心理学』（増補改訂版）（岩波全書）岩波書店，304p., 1979.
村瀬嘉代子編『心理臨床の実践：つなぐこと，支えること，さまざまな工夫，共に育つ』誠信書房，218p., 1990.
村瀬孝雄編『青年期危機の心理臨床』（講座心理臨床の実際 8）福村出版，176p., 1984.
村瀬孝雄・野村東助・山本和郎編『心理臨床の探究：ロジャーズからの出立』（有斐閣選書）有斐閣，418p., 1984.
村田忠良『断酒学』星和書店，176p., 1983.
村松常雄『人間の心のふしぎ：一精神科医の人間観』（講談社現代新書）講談社，202p., 1966.
室伏君士『痴呆老人の理解とケア』金剛出版，190p., 1985.
室伏君士『老年期の精神科臨床』金剛出版，184p., 1984.
室伏君士編『老年期精神障害の臨床』金剛出版，271p., 1987.
室伏君士編『老年期痴呆の医療と看護』金剛出版，250p., 1990.
室伏君士編『老年精神疾患へのアプローチ』金剛出版，244p., 1993.
メイ，R. 他編，伊東　博他訳『実存：心理学と精神医学の新しい視点』岩崎学術出版社，331p., 1977.
メルザック，R., 橋口英俊・大西文行訳編『痛みのパズル』誠信書房，236p., 1983.
メルザック，R.・ウォール，P. D., 中村嘉男監訳『痛みへの挑戦』誠信書房，454p., 1986.
本明　寛編『心理臨床入門：診断・治療の臨床心理学』川島書店，244p., 1990.
本明　寛他編『現代の心理臨床』（応用心理学講座 10）福村出版，324p., 1989.
モートン，P., 児玉憲典訳『ミス・ビーチャムあるいは失われた自己』中央洋書出版部，583p., 1991.
桃生寛和・早野順一郎・保坂　隆他編『タイプA行動パターン』星和書店，355p., 1993.
森　省二『正常と異常のはざま：境界線上の精神病理』（講談社現代新書）講談社，248p., 1989.
森　三樹三郎『生と死の思想』人文書院，224p., 1990.

森岡　洋『誌上アル中教室：アルコール依存症―回復のための講義録』星和書店，352p.，1992．
森谷寛之他『心理臨床学の冒険』星和書店，200p.，1991．
森山公夫『狂気の軌跡：構造論的歴史主義の視座』岩崎学術出版社，632p.，1988．

や行

安永　浩『分裂病の症状論』金剛出版，170p.，1987．
ヤスパース，K.，西丸四方訳『精神病理学原論』みすず書房，408p.，1971．
柳田邦男『「死の医学」への序章』(新潮文庫) 新潮社，326p.，1990．
山折哲雄『臨死の思想：老いと死のかなた』人文書院，240p.，1991．
山縣　博『神経症の臨床』金剛出版，204p.，1984．
山上　皓『精神分裂病と犯罪』金剛出版，172p.，1992．
山崎章郎『病院で死ぬということ』主婦の友社，223p.，1990．
山下　格・森田昭之助編『覚醒剤中毒』金剛出版，136p.，1980．
山田和夫『家という病巣：ファミリー・アイデンティティー』(叢書プシケ) 朝日出版社，212p.，1984．
山中康裕『老いのソウロロギー (魂学)：老人臨床での「たましい」の交流録』有斐閣，272p.，1991．
山中康裕編『問題行動』(精神医学入門) 日本文化科学社，264p.，1982．
山中康裕・山田宗良編『分裂病者と生きる』金剛出版，209p.，1993．
山本直樹・山本美智子『エイズの基礎知識』(岩波ジュニア新書) 岩波書店，194p.，1993．
ヤンツァーリク，W.，藤森英之訳『分裂病の経過：構造力動的解釈』みすず書房，272p.，1993．
湯沢千尋『内省型の精神病理』金剛出版，180p.，1986．
吉川武彦『こころの手紙：悩むあなたと医師との往復書簡』法研，256p.，1992．
吉川武彦『地域精神保険活動入門』金剛出版，194p.，1994．
吉川武彦『日本人の心の病い』径書房，221p.，1988．
吉川武彦『ゆううつ症候群：こころが風邪をひいたとき』法研，234p.，1996．
吉川武彦編『地域精神保健活動の実際』金剛出版，236p.，1993．
吉田脩二『心の病は人間関係の病』朱鷺書房，214p.，1989．
吉福伸逸『生老病死の心理学』春秋社，256p.，1990．
米倉育男『薬物依存者の生と死：無頼派作家のパトグラフィ』有斐閣，264p.，1982．
米田栄之『酒害についての手紙：アルコール依存症とその回復』星和書店，288p.，1989．

ら行

ライスマン，J.M.，茨木俊夫訳『臨床心理学の歴史』誠信書房，428p.，1982．
ラザルス，S.R.フォルクマン，S.，本明　寛他監訳『ストレスの心理学：認知的評価と対処の研究』実務教育出版，416p.，1991．
ラックマン，S.・フィリップス，C.，平井富雄他訳『心理学と医学のあいだ』紀伊國屋書店，256p.，1978．
ランカスター，E.，川口正吉訳『私の中の不思議な他人』読売新聞社，360p.，1974．
ランク，O.，有内嘉宏訳『分身 (ドッペルゲンガー)』人文書院，162p.，1988．
ランゲ＝アイヒバウム，西丸四方訳『ヘルダリン：病跡学的考察』みすず書房，464p.，1989．
リッツ，T.・フレック，S.・コーネリソン，A.R.，高臣武史・鈴木浩二・佐竹洋日訳『精神分裂病と家族』誠信書房，494p.，1971．
リーフ，H.I.編，小林　司訳『現代の性医学』星和書店，528p.，1979．
林　宗義『精神医学への道：東西文化に跨って』東京大学出版会，320p.，1984．
林　宗義『分裂病は治るか』弘文社，240p.，1982．
リンズレー，D.B.，岡部祥平・馬場謙一・奥村茉莉子訳『思春期病棟・理論と臨床』(有斐閣選書) 有斐閣，312p.，1986．

リンチ, J. J., 柿木昇治監修, 堂野佐俊編訳『現代人の愛と孤独：心臓（こころ）の医学心理学』北大路書房, 270p., 1985.
ルーテ, W.・シュルツ, J. H., 佐々木雄二訳『医学的応用』誠信書房, 336p., 1971.
レイノルズ, D. K.・ファーブロウ, N. L., 大原健士郎監訳『内からみた自殺』星和書店, 312p., 1984.
レイン, R. D., 阪本健二・志貴春彦他訳『ひき裂かれた自己：分裂病と分裂病質の実存的研究』みすず書房, 310p., 1971.
レイン, R. D., 中村保男訳『レインわが半生：精神医学への道』岩波書店, 288p., 1986.
レイン, R. D.・エスターソン, A., 笠原 嘉・辻 和子訳『狂気と家族』みすず書房, 362p., 1972.
レスター, D., 斎藤友紀雄訳『自殺予防Q＆A』川島書店, 184p., 1995.
レフ, J.・ヴォーン, C., 三野善央・牛島定信訳『分裂病と家族の感情表出』金剛出版, 270p., 1991.
レペニース, W., 岩田行一・小竹澄栄訳『メランコリーと社会』法政大学出版局, 380p., 1987.
レムケ, R., 福屋武人訳『狂気の絵画：美術作品にみる精神病理』（有斐閣選書）有斐閣, 216p., 1981.
レンボイツ, J., 山口哲生・久保紘章訳『家族内暴力』星和書店, 416p., 1982.
ロア, M.・クレット, C. J.・マックネア, D. M., 浅野長一郎・小川暢也訳『精神分裂病：そのパターン認識』岩崎学術出版社, 224p., 1980.
ローウェン, A., 池見酉次郎監修『引き裂かれた心と体：身体の背信』創元社, 296p., 1978.
ローウェン, A., 森下伸也訳『ナルシシズムという病い：文化・心理・身体の病理』新曜社, 344p., 1990.
ローゼンタール, N. E., 太田龍朗訳『季節性うつ病』（講談社現代新書）講談社, 254p., 1992.
ロック, S.・コリガン, D., 池見酉次郎監修『内なる治癒力：こころと免疫をめぐる新しい医学』創元社, 344p., 1990.
ロッター, J. B., 詫摩武俊訳『ロッター臨床心理学』岩波書店, 160p., 1980.
ロバーツ, B., 雨宮一郎・志賀ミチ訳『自己喪失の体験』紀伊國屋書店, 184p., 1989.
ロワ, G. R., 茨木俊夫訳『精神障害と人間関係』（双書現代の心理学）岩崎学術出版社, 144p., 1975.

わ行

若林慎一郎・本城秀次『家庭内暴力』金剛出版, 148p., 1987.
若林慎一郎編『児童青年精神科：現代社会の病理と臨床』金剛出版, 230p., 1989.
若林慎一郎編『青年期の病理と治療』金剛出版, 220p., 1992.
若林慎一郎教授退官記念行事委員会編『思春期精神科症例集：若林慎一郎教授退官記念論文集』金剛出版, 250p., 1993.
渡辺文夫・山崎久美子・久田 満『医療への心理学的パースペクティヴ』ナカニシヤ出版, 170p., 1994.
ワッツ, F. N.・ベネット, D. H.編, 福島 裕監訳『精神科リハビリテーションの実際 1：臨床編』岩崎学術出版社, 288p., 1991.
ワッツ, F. N.・ベネット, D. H.編, 福島 裕監訳『精神科リハビリテーションの実際 2：地域の実践編』岩崎学術出版社, 272p., 1991.
ワルシュ, F.・アンダーソン, C. M., 野中 猛・白石弘巳監訳『慢性疾患と家族』金剛出版, 224p., 1994.

カウンセラーに必要な住所録

各種団体の連絡先は変わることも多く，また最近では，このような団体をインターネットで探すことも容易になったので，本書では多くを取りあげないことにした。ここに掲載した団体のほとんどがホームページをもっているので，詳細はそこから得ることができる。また，それらのホームページから関連団体にリンクを張っていることも多く，参考になるだろう。

個人のクリニックについては『臨床心理士に出会うには』（日本臨床心理士会編，発行：日本臨床心理士会，製作：創元社，1999）が参考になる。また児童相談所，教育研究所，教育センターについては最寄りの行政機関に問い合わせて頂きたい。

1	関連学会	866
2	関連職種・施設の団体	870
3	カウンセリング機関	871
4	関連センター	872
5	関連研究所	873
6	関連団体	873
7	患者の団体	875
8	視覚・聴覚器障害	877
9	高齢者	878
10	アルコール	879
11	女性	879
12	思春期	880
13	子ども・教育	880
14	難病	882
15	住宅	882
16	内部障害者の厚生施設	882
17	臨床心理士養成指定大学院	883
18	全国精神保健福祉センター	885

● よいカウンセラーの見分け方
 (1) 話をすることですっきりする
 (2) 自由に話し合える
 (3) 悩みを受け入れてくれる
 (4) 過去より，現在に焦点がある
 (5) 具体的なアドバイスをしてくれる
 (6) 適切な時期に，適切な量の励まし，アドバイスをしてくれる
 (7) 方法論をいくつももっていて，本人の納得のいく方法を考えてくれる
 (8) 批判や非難をしない
 (9) 本人のみでなく，周囲のことも視野に入っている
 (10) 本人の心を開いてくれる

● よくないカウンセラーの見分け方
 (1) 「親の育て方が悪いからこうなるんだ」という
 (2) 本人に「学校へ行け」「働け」と強制し，納得のいく話がない
 (3) 批判，非難されているような気がする
 (4) 過去の話に終始する
 (5) 単に相づちを打っているだけ
 (6) カウンセラーのやり方を押しつける，カウンセラーの体験と意見だけで終始する
 (7) 本人や親の悪いところを言って，直そうとする
 (8) むやみに励ます
 (9) 一つの方法のみにこだわる
 (10) 「正しい発達課題」の話をしてくれ，遅れているところを話してくれる

（武藤清栄ほか編『こころの相談室ガイドブック』日本文化科学社，159p., 1992, pp. 9～10より許可を得て転載）

1　関連学会

日本アルコール・薬物医学会	602-8566　京都市上京区河原町通広小路上ル梶井町465　京都府立医大法医学内	Tel075(251)5343 Fax075(241)0749
日本医学会	113-8621　東京都文京区本駒込2-28-16 日本医師会館内	Tel03(3946)2121 Fax03(3946)6295
日本医学哲学・倫理学会	333-0831　埼玉県川口市木曽呂1510 埼玉学園大学尾崎研究室内	Tel048(294)1356 Fax048(294)0294
日本エイズ学会	113-8622　東京都文京区本駒込5-16-9 学会センターC21 日本学会事務センター内	Tel03(5814)5801 Fax03(5814)5820
日本LD学会	320-0851　栃木県宇都宮市鶴田町687-9 ムギショウビル2階 栃木県カウンセリングセンター内	Tel028(647)1717
日本応用心理学会（応心）	169-0075　東京都新宿区高田馬場3-8-8 国際文献印刷社内	Tel03(5389)6491 Fax03(3368)2822
日本音響学会	101-0021　東京都千代田区外神田2-18-20 ナカウラ第5ビル	Tel03(5256)1020 Fax03(5256)1022
日本音声言語医学会	112-0004　東京都文京区後楽2-3-10 白王ビル5階	Tel03(5684)5954 Fax03(5684)5954
日本カウンセリング学会	112-0012　東京都文京区大塚3-29-1 筑波大学教育研究科田上研究室気付	Tel03(3942)6833 Fax03(3942)6833
日本家族研究・家族療法学会	520-2144　滋賀県大津市大萱1-19-25 湖南クリニック内	Tel077(545)8514 Fax077(543)9095
日本家族心理学会	214-8565　神奈川県川崎市多摩区西生田1-1-1 日本女子大学人間社会学心理学科 平木研究室内	Tel044(952)6894 Fax044(952)6894
日本学校教育相談学会	190-0022　東京都立川市錦町2-1-21-501 学校教育相談研究所内	Tel042(548)8669 Fax042(522)1523
日本看護科学学会	113-0033　東京都文京区本郷3-37-3 富士見ビル503	Tel03(5805)1280 Fax03(5805)1281
日本感情心理学会	602-8580　京都府京都市上京区烏丸今出川通東入　同志社大学文学部心理学研究室内	Tel075(251)3384 Fax075(251)3384
日本教育学会	113-0033　東京都文京区本郷2-29-3 UK's ビル3階	Tel03(3818)2505 Fax03(3816)6898
日本教育社会学会	113-0021　東京都文京区本駒込5-16-9 日本学会事務センター内	Tel03(5814)5810 Fax03(5814)5825
日本教育心理学会（日教心）	113-0033　東京都文京区本郷2-40-14 山崎ビル602	Tel03(3818)1534 Fax03(3818)1575
日本グループ・ダイナミックス学会	565-0871　大阪府吹田市山田丘1-2 大阪大学大学院人間科学研究科	Tel06(6879)8066 Fax06(6879)8066

	渥美研究室内	
日本芸術療法学会	162-0851　東京都新宿区弁天町91	Tel 03 (3260) 5598
	神経研究所内	Fax 03 (3260) 5598
日本健康心理学会	162-8644　東京都新宿区戸山1-24-1	Tel 03 (5286) 3563
	早稲田大学文学部織田研究室内	Fax 03 (3203) 7718
日本高次脳機能障害学会	133-0052　東京都江戸川区東小岩2-24-18	Tel 03 (3673) 1557
（旧 日本失語症学会）	江戸川病院内	Fax 03 (3673) 1512
日本行動科学学会	602-8580　京都府京都市上京区烏丸今出川通	Tel 075 (251) 4095
	東入　同志社大学文学部心理学研究室内	Fax 075 (251) 3077
日本行動分析学会	102-8554　東京都千代田区紀尾井町7-1	Fax 03 (3238) 3658
	上智大学心理学科学習心理学研究室内	
日本行動療法学会	889-2192　宮崎県宮崎市学園木花台西1-1	Tel 098 (58) 7458
	宮崎大学教育文化学部　佐藤正二研究室内	Fax 098 (58) 7458
日本交流分析学会	173-0032　東京都板橋区大谷口上町30-1	Tel 03 (3972) 8111
	日本大学板橋病院心療内科内	(内) 3222
日本サイコオンコロジー学会	272-0033　千葉県市川市市川2-7-2	Tel 047 (324) 5977
	弘文社内	Fax 047 (323) 1106
日本催眠医学心理学会	112-0012　東京都文京区大塚3-29-1	Tel 03 (3942) 6848
	筑波大学教育研究科　笠井研究室気付	Fax 03 (3942) 6848
日本催眠学会	181-8611　東京都三鷹市新川6-20-2	Tel 0422 (47) 5511
	杏林大学医学部精神神経科学教室内	(内) 2885
日本産業カウンセリング学会	112-0012　東京都文京区大塚2-1-1	Tel 03 (5978) 5785
	お茶の水女子大学生活科学部	Fax 03 (5978) 5777
	発達臨床学講座楡木研究室内	
産業・組織心理学会	169-0075　東京都新宿区高田馬場3-8-1	Tel 03 (3362) 2251
	東京富士大学岡村研究室内	Fax 03 (3362) 2251
日本色彩学会	161-0033　東京都新宿区下落合3-17-42-302	Tel 03 (3565) 7716
		Fax 03 (3565) 7717
日本思春期学会	162-0843　東京都新宿区市谷田町1-10	Tel 03 (3269) 4738
	健保会館新館	Fax 03 (3269) 4750
日本思春期青年期精神医学会	160-8582　東京都新宿区信濃町35	Tel 03 (3353) 1221
	慶應義塾大学医学部精神神経科学教室内	(内) 62453
日本児童青年精神医学会	603-8148　京都府京都市北区小山西花池町1-8	Tel 075 (451) 4844
	土倉事務所内	Fax 075 (441) 0436
日本社会精神医学会	272-0827　千葉県市川市国府台1-7-3	Tel 047 (375) 4742
	国立精神・神経センター精神保健研究所内	Fax 047 (371) 2900
日本集団精神療法学会	130-0013　東京都墨田区錦糸2-6-10-B1	Tel 03 (3623) 1835
	クボタ心理福祉研究所内	Fax 03 (3623) 1835
日本受精着床学会	106-0041　東京都港区麻布台2-3-22	Tel 03 (3589) 3460
	一乗寺ビル　株式会社コンベックス内	Fax 03 (3505) 2126
日本小児心身医学会	550-0001　大阪府大阪市西区土佐堀1-4-6	Tel 06 (6455) 8701
	肥後橋新興産ビル3階	Fax 06 (6445) 7341
	こども心身医療研究所内	

1 関連学会

学会名	住所	連絡先
日本小児精神神経学会	160-0023 東京都新宿区西新宿6-7-1 東京医科大学小児科内	Tel03(3342)6111 (内)5803～5805
日本自律訓練学会	305-8574 茨城県つくば市天王台1-1-1 筑波大学体育科学系坂入研究室気付	Tel0298(53)7517 Fax0298(53)7517
日本自律神経学会	162-0051 東京都新宿区西早稲田2-2-8 全身心身障害児福祉財団ビル5階	Tel03(3203)0242 Fax03(3232)3132
日本神経学会	113-0034 東京都文京区湯島2-31-21 一丸ビル	Tel03(3815)1080 Fax03(3815)1931
日本神経心理学会	162-8666 東京都新宿区河田町8-1 東京女子医大脳神経センター神経内科	Tel03(3353)8111 (内)26211
日本神経治療学会	130-0012 東京都墨田区太平4-6-17 シェグランほり川209	Tel03(5610)1350 Fax03(5610)1360
日本心身医学会	167-0051 東京都杉並区荻窪5-27-8 第一荻窪ビル7階3号室	Tel03(3398)8030 Fax03(3398)8031
日本心理学会	113-0033 東京都文京区本郷5-23-13 田村ビル	Tel03(3814)3953 Fax03(3814)3954
日本心理臨床学会	113-8622 東京都文京区本駒込5-16-9 日本学会事務センター内	Tel03(3817)5851 Fax03(3817)5858
日本進路指導学会	448-8542 愛知県刈谷市井ヶ谷町広沢1 愛知教育大学学校教育講座 竹内登規夫研究室内	Tel0566(26)2236
日本睡眠学会	272-8516 千葉県市川市国府台1-7-3 国立精神・神経センター精神保健研究所内	Tel047(375)4756 Fax047(375)4771
日本スポーツ心理学会	156-8550 東京都世田谷区桜上水3-25-40 日本大学文理学部体育学研究室内	Tel03(5317)9717 Fax03(5317)9426
日本性科学会	107-0062 東京都港区南青山1-1-1 新青山ビル西館3階　長谷クリニック内	Tel03(3475)1780 Fax03(3475)1739
日本性格心理学会	356-8533 埼玉県入間郡大井町亀久保1196 文京女子大学人間学部心理学研究室内	Tel0492(61)6663 Fax0492(61)6496
日本性機能学会(旧 日本インポテンス学会)	143-8541 東京都大田区大森西6-11-1 東邦大学医学部第1泌尿器科内	Tel03(3762)4151 Fax03(3768)8817
日本精神神経学会	113-0033 東京都文京区本郷5-25-18 ハイテク本郷ビル	Tel03(3814)2991 Fax03(3814)2992
日本精神病理学会	565-0871 大阪府吹田市山田丘2-2 大阪大学医学部精神医学教室	Tel06(6879)3056 Fax06(6877)7430
日本精神分析学会	113-8622 東京都文京区本駒込5-16-9 日本学会事務センター内	Tel03(5814)5801 Fax03(5814)5820
日本生物学的精神医学会	113-8622 東京都文京区本駒込5-16-9 日本学会事務センター内	Tel03(5814)5801 Fax03(5814)5820
日本生命倫理学会	102-8554 東京都千代田区紀尾井町7-1 上智大学生命科学研究所生命倫理部門内	Tel03(3238)3443 Fax03(3238)3443
日本先天異常学会	560-0082 大阪府豊中市新千里東町1-4-2 千里LCビル14階	Tel06(6873)2301 Fax06(6873)2300

	日本学会事務センター大阪事務所内	
日本聴覚医学会	108-0074　東京都港区高輪2-14-14	Tel03(3445)5834
	高輪グランドハイツ707	Fax03(3445)7880
日本てんかん学会	420-8688　静岡県静岡市漆山886	Tel054(248)9077
	国立療養所静岡神経医療センター	Fax054(248)9077
	（てんかんセンター）内	
日本頭頚部腫瘍学会	135-0033　東京都江東区深川2-4-11	Tel03(5620)1953-5
	一ツ橋印刷　学会事務センター内	Fax03(5620)1960
日本特殊教育学会	305-0005　茨城県つくば市天久保2-20-7	Tel0298(51)7778
	レガートホソダ203	Fax0298(51)7778
日本人間工学会	107-0052　東京都港区赤坂2-10-9	Tel03(3587)0278
	ランディック第2赤坂ビル6階	Fax03(3587)0284
日本人間性心理学会	343-0804　埼玉県越谷市南荻島3337	Tel0489(74)8811
	文教大学人間科学部心理学研究室内	（内）309
日本認知科学会	464-8601　愛知県名古屋市千種区不老町	Tel052(789)4747
	名古屋大学大学院人間情報学研究科	Fax052(789)4752
	認知情報論講座内	
	人間情報学研究科棟407室　三輪宛	
日本脳神経外科学会	113-0033　東京都文京区本郷5-27-8	Tel03(3812)6226
	赤門前岩田ビル2階	Fax03(3812)2090
日本バイオフィードバック学会	143-8540　東京都大田区大森西6-11-1	Tel03(3762)4151
	東邦大学医学部心身医学講座内	（内）2560
日本発達障害学会(旧 日本精神薄弱研究協会)	102-0072　東京都千代田区飯田橋2-4-3	Tel03(5275)6670
	ルート飯田橋ビル4階	Fax03(5275)6670
日本発達心理学会	160-0023　東京都新宿区西新宿8-5-9-10A	Tel03(5348)5902
		Fax03(5348)5902
日本犯罪心理学会（犯心）	179-0084　東京都練馬区氷川台2-11-7	Fax03(3559)5084
日本ヒューマン・ケア心理学会	980-8579　仙台市青葉区荒巻青葉	Tel022(217)4529
	東北大学大学院情報科学研究科	Fax022(217)4529
	認知心理情報　岩崎祥一宛	
日本病院・地域精神医学会	187-8551　東京都小平市小川東町4-1-1	Tel042(341)2711
	国立精神・神経センター内	（内）3259
日本病跡学会	305-8575　茨城県つくば市天王台1-1-1	Tel0298(53)3068
	筑波大社会医学系精神衛生学内	Fax0298(53)3068
日本ブリーフサイコセラピー学会	113-0033　東京都文京区本郷7-3-1	Tel03(5841)3586
	東京大学大学院医学系研究科	Fax03(5841)3586
	精神保健学教室内	
日本保健医療行動科学会	272-0021　千葉県市川市八幡2-6-18-401	Tel047(332)0726
		Fax047(332)5631
日本めまい平衡医学会（旧 日本平衡神経科学会）	606-8395　京都府京都市左京区丸太町	Tel075(751)0068
	通川端東39	Fax075(751)0068
日本薬物脳波学会	570-8506　大阪府守口市文園町10-15	Fax06(6992)7756
	関西医科大学精神神経科教室	

日本リハビリテーション医学会	173-0037　東京都板橋区小茂根1-1-7	Tel03(5966)2031 Fax03(5966)2033
日本臨床神経生理学会(旧 日本脳波・筋電図学会)	113-0033　東京都文京区本郷3-14-15 　　　　　美工本郷第2ビル	Tel03(3815)0843 Fax03(3815)0843
日本臨床心理学会	192-0064　東京都八王子市田町4-4	Tel0426(24)1615 Fax0426(24)1615
日本老年医学会	113-0034　東京都文京区湯島4-2-1 　　　　　杏林ビル702	Tel03(3814)8104 Fax03(3814)8604
日本老年精神医学会	173-0015　東京都板橋区栄町35-2 　　　　　東京都老人総合研究所 　　　　　痴呆介入研究グループ内	

2　関連職種・施設の団体

日本医師会	113-8621　東京都文京区本駒込2-28-16	Tel03(3946)2121 Fax03(3946)6295
新日本医師協会	171-0021　東京都豊島区西池袋1-10-2 　　　　　日高ビル	Tel03(3985)8387
日本看護協会	101-0003　東京都千代田区一ツ橋2-4-3 　　　　　光文恒産ビル	Tel03(5275)5871
日本看護連盟	101-0003　東京都東京都千代田区一ツ橋2-4-3	Tel03(5275)6880 Fax03(5275)6883
日本国際医療団	162-0843　東京都新宿区市谷田町2-17 　　　　　八重洲市谷ビル4階	Tel03(3235)3012 Fax03(3235)3017
日本作業療法士協会	111-0042　東京都台東区寿1-5-9 　　　　　盛光伸光ビル7階	Tel03(5826)7871 Fax03(5826)7872
日本産業カウンセラー協会	105-0012　東京都港区芝大門1-1-35 　　　　　大門佐野ビル3階	Tel03(3438)4568 Fax03(3438)4487
日本社会福祉士会	102-0083　東京都千代田区麹町5-1 　　　　　鉄道弘済会社会福祉部内	Tel03(5275)3580
心理相談員会	171-0033　東京都豊島区高田1-36-22-705	Tel03(3986)1625
日本精神科看護技術協会 （東京都支部）	156-0057　東京都世田谷区上北沢2-1-1 　　　　　東京都立松沢病院　深渡一志	Tel03(5317)3797
日本精神病院協会	108-8554　東京都港区芝浦3-15-14	Tel03(5232)3311 Fax03(5232)3309
日本精神保健福祉士協会	160-0022　東京都新宿区新宿1-11-4 　　　　　TSKビル7階-B	Tel03(5366)3152 Fax03(5366)2993
日本ソーシャルワーカー協会	102-0083　東京都千代田区麹町4-5 　　　　　第6麹町ビル5階, 50-A	Tel03(3221)1877
日本理学療法士協会	151-0051　東京都渋谷区千駄ヶ谷3-8-5	Tel03(5414)7911 Fax03(5414)7913
日本リハビリテーション病	860-8518　熊本県熊本市山室6-8-1	Tel096(345)8111

院・施設協会（旧　日本リハビリテーション病院協会）	熊本機能病院内	Fax096(346)1325
日本臨床心理士資格認定協会	113-0033　東京都文京区本郷2-40-14 　　　　　　山崎ビル4階	Tel03(3817)0020 Fax03(3817)5858

3　カウンセリング機関

アドラーギルド 　（アドラー心理学）	532-0011　大阪府大阪市淀川区西中島5-12-15 　　　　　　双葉ビル3階	Tel06(6306)4699
アレルギー相談	135-0002　東京都江東区住吉2-6-5 　　　　　　インテグレート村上ビル3階 　　　　　　日本アレルギー友の会	Tel03-3634-0865 Fax03-3634-0850
遺伝相談センター	162-0843　東京都新宿区市谷田町1-10 　　　　　　保健会館新館2階　日本家族計画協会内	Tel03(3267)2600
いのちの電話	102-0071　東京都千代田区富士見1-2-32	Tel03(3263)5794 Fax03(3264)4949
医療消費者ネットワーク	167-0054　東京都杉並区松庵3-32-11-403	Tel03(3332)8119
がん電話相談室	170-8455　東京都豊島区上池袋1-37-1 　　　　　　癌研究会内	Tel03(3918)0110
きょうされん（旧　共同作業所 　全国連絡会）	164-0011　東京都中野区中央5-41-18-5階	Tel03(5385)2223 Fax03(5385)2299
禁煙110番	464-0850　愛知県名古屋市千種区今池1丁目18-15 　　　　　　愛知県肺癌対策協会内	Tel052(731)1168
薬の相談室	150-8389　東京都渋谷区渋谷2-12-15 　　　　　　長井記念館4階 　　　　　　日本薬剤師会消費者薬相談窓口	Tel03(3406)9140
山王教育研究所 　（深層心理学，力動心理学）	146-0085　東京都大田区久が原6-18-8	Tel03(5748)5020
ジェイカ（JACA＝日本アダルトチルドレン協会）	156-0056　東京都世田谷区八幡山3-12-11-101	Tel03(3329)2555
失禁電話相談窓口	167-0041　東京都杉並区善福寺1-4-2 　　　　　　樹里ハイム103　日本コンチネンス協会内	Tel03-3301-0725
死別の悲しみ110番	160-0004　東京都新宿区四谷2-5-3 　　　　　　木村ビル2-101　生と死を考える会	Tel03(3225)0755 Fax03(5361)8792
食の生活110番	東京ガス内	Tel03-3423-0110
大正大学カウンセリング研究所	170-8470　東京都豊島区西巣鴨3-20-1	Tel03(5394)3035 Fax03(5394)3041
中央労働災害防止協会	108-0014　東京都港区芝5-35-1	Tel03(3452)6841 Fax03(3454)8034
鉄道弘済会社会福祉部福祉相談室	102-0083　東京都千代田区麹町5-1 　　　　　　弘済会館内	Tel03(5276)0311

4 関連センター

東京都医療社会事業協会	162-0051 東京都新宿区西早稲田2-2-8 全国心身障害児童財団ビル	Tel03(5272)4732
東京都社会福祉協議会	162-8953 東京都新宿区神楽河岸1-1 セントラルプラザ（東京都飯田橋庁舎）内	Tel03(3268)7171 Fax03(3268)7433
東京メンタルヘルスアカデミー（東京センター）	171-0033 東京都豊島区高田1-36-22 朝日第2目白台M7階	Tel03(3986)3220 Fax03(3986)3240
日本社会事業大学福祉臨床相談室	204-0024 東京都清瀬市竹丘3-1-30 日本社会事業大学内	Tel0424(96)3170
ヒューマンギルド（アドラー心理学中心）	162-0808 東京都新宿区天神町6番地Mビル3階	Tel03(3235)6741 Fax03(3235)6625
保健医療福祉相談	160-0021 東京都新宿区歌舞伎町2-44-1 東京都健康プラザ（ハイジア）3階 東京都保健医療情報センター内	Tel03(5272)0303
明治学院大学社会学部付属研究所	108-8636 東京都港区白金台1-2-37 明治学院大学本館北ウィング地下1階	Tel03(5421)5204 Fax03(5421)5205
めぐみ会（キリスト教メンタル・ケア・センター（CMCC）東京事務所）		Tel03(5350)4239 Fax03(5350)4239
良い医者様探し110番	581-0003 大阪府八尾市本町3-10-10 関西消費者連合会内	Tel0729-22-6185

4 関連センター

AMDA（アムダ）国際医療情報センター	160-0021 東京都新宿区歌舞伎町2-44-1 東京都健康プラザ3階	Tel03(5285)8086
国立国際医療センター	162-8655 東京都新宿区戸山1-21-1	Tel03(3202)7181
国立身体障害者リハビリテーションセンター	359-8555 埼玉県所沢市並木4-1	Tel042(995)3100 Fax042(995)3102
国立成育医療センター	154-8567 東京都世田谷区太子堂3-35-31	Tel03(3416)0181 Fax03(3414)3208
国立精神・神経センター（神経研究所／武蔵病院）	187-8551 東京都小平市小川東町4-1-1	Tel042(341)2711
国立長寿医療研究センター	474-8522 愛知県大府市森岡町源吾36-3	
国立水俣病総合研究センター	867-0008 熊本県水俣市浜4058-18	Tel0966(63)3111
障害者職能訓練センター（旧 肢体不自由者機能開発センター）	166-0012 東京都杉並区和田1-5-18 アテナビル2階	Tel03(3381)2289 Fax03(3381)2289
東京都心身障害者福祉センター	162-0052 東京都新宿区戸山3-17-2	Tel03(3203)6141 Fax03(3203)6185

5　関連研究所

科学警察研究所	277-0882　千葉県柏市柏の葉6-3-1	Tel047(135)8001
		Fax047(133)9153
国立教育政策研究所	153-8681　東京都目黒区下目黒6-5-22	Tel03(5721)5150
（文部科学省）		
国立特殊教育総合研究所	239-0841　神奈川県横須賀市野比5-1-1	Tel0468(48)4121
産業医学総合研究所	214-8585　神奈川県川崎市多摩区長尾6-21-1	Tel044(865)6111
（厚生労働省）		Fax044(865)6116
順天堂精神医学研究所	343-0032　埼玉県越谷市袋山560	Tel048(975)0321
	順天堂越谷病院内	
上智大学カウンセリング研究所	102-0094　東京都千代田区紀尾井町7-1	Tel03(3238)3958
神経研究所（晴和病院）	162-0851　東京都新宿区弁天町91	Tel03(3260)9171
		Fax03(3235)9191
精神医学研究所	173-0037　東京都板橋区小茂根4-11-11	Tel03(3956)2136
（東京武蔵野病院）		Fax03(3956)9644
精神保健研究所（国立精神・	272-0827　千葉県市川市国府台1-7-3	Tel047(372)0141
神経センター国府台病院）		Fax047(371)2900
東京都神経科学総合研究所	183-8526　東京都府中市武蔵台2-6	Tel042(325)3881
		Fax042(321)8678
東京都精神医学総合研究所	156-8585　世田谷区上北沢2-1-8	Tel03(3304)5701
		Fax03(3329)8035
日本子ども家庭総合研究所	106-8580　東京都港区南麻布5-6-8	Tel03(3473)8311
（社会福祉法人　恩賜財団母子愛育会）		
日本労働研究機構	177-8502　東京都練馬区上石神井4-8-23	Tel03(5991)5103
（研究所。厚生労働省）		Fax03(3594)1112
労働科学研究所	216-8501　神奈川県川崎市宮前区菅生2-8-14	Tel044(977)2121
		Fax044(977)7504

6　関連団体

アムネスティ・インターナショナル日本支部	101-0048　東京都千代田区神田司町2-7	Tel03(3518)6777
	小笠原ビル7階	Fax03(3518)6778
（人権擁護のための団体）		
エイズ予防財団	105-0001　東京都港区虎ノ門1-23-11	Tel03(3592)1181
	寺山パシフィックビル4階	Fax03(3592)1182
きょうされん(旧　共同作業所全国連絡会)	164-0011　東京都中野区中央5-41-18-5F	Tel03(5385)2223
		Fax03(5385)2299

6 関連団体

団体名	住所	連絡先
健康・生きがい開発財団	112-0002 東京都文京区小石川5-2-2 小石川古久根ビル4階	Tel 03 (3818) 1451 Fax 03 (3818) 3725
国際協力医学研究振興財団	162-0052 東京都新宿区戸山1-21-13	Tel 03 (3208) 5571 Fax 03 (3208) 5572
国際協力事業団（JICA）	151-8558 東京都渋谷区代々木2-1-1 新宿マインズタワー6〜13階	Tel 03 (5352) 5311
社会福祉・医療事業団 （03年10月より独立行政法人福祉医療機構）	105-8486 東京都港区虎ノ門4-3-13 秀和神谷町ビル9階	Tel 03 (3438) 0211
自由人権協会（JCLU）	105-0002 東京都港区愛宕1-6-7 愛宕山弁護士ビル306	Tel 03 (3437) 5466 Fax 03 (3578) 6687
スペシャルオリンピックス日本・東京	000-0000 東京都江東区東陽2-2-20 東京YMCA東陽町センター内	Tel 03 (3615) 5569 Fax 03 (3615) 5581
生と死を考える会	160-0004 東京都新宿区四谷2-5-3 木村ビル2-101	Tel 03 (5361) 8719 Fax 03 (5361) 8792
世界身体障害者芸術家協会 （日本代表機関 オールメル出版社）	162-8703 東京都新宿区市谷砂土原町3-4 生泉市ヶ谷ビル	Tel 03 (3267) 2881 Fax 03 (3267) 5766
全国里親会	107-0052 東京都港区赤坂9-1-7 秀和レジデンシャルホテル856	Tel 03 (3404) 2024
全国社会福祉協議会	100-8980 東京都千代田区霞が関3-3-2 新霞が関ビル	Tel 03 (3581) 7851 Fax 03 (3581) 7854
全国障害者問題研究会	169-0051 東京都新宿区西早稲田2-15-10 西早稲田関口ビル4階	Tel 03 (5285) 2601 Fax 03 (5285) 2603
全国保育協議会	100-8980 東京都千代田区霞が関3-2-2 新霞が関ビル	Tel 03 (3581) 6503 Fax 03 (3581) 6509
ゼンコロ（障害者職業訓練・雇用促進）	165-0023 東京都中野区江原町2-6-7	Tel 03 (3952) 6166 Fax 03 (3952) 6664
てんかん治療研究振興財団	540-0045 大阪府大阪市中央区道修町2-6-8	Tel 06 (6203) 1819 Fax 06 (6203) 5816
東京コロニー中野（障害者の働く場を広げる活動）	165-0023 東京都中野区江原町2-6-7	Tel 03 (3953) 3541 Fax 03 (3951) 9639
東京都身体障害者団体連合会	162-0823 東京都新宿区神楽河岸1-1 セントラルプラザビル5階	Tel 03 (3268) 7184 Fax 03 (3268) 7228
奈良たんぽぽの会 （身障者の自立を目的に活動するボランティア団体）	630-8044 奈良県奈良市六条西3-25-4	Tel 0742 (43) 7055 Fax 0742 (49) 5501
日本アノレキシア・ブリミア協会（NABA）(摂食障害)	156-0057 東京都世田谷区上北沢4-19-12 シャンボール上北沢212	Tel 03 (3302) 0710
日本医療社会事業協会	162-0065 東京都新宿区住吉町2-18 ウイン四谷607	Tel 03 (5366) 1057 Fax 03 (5366) 1058
日本死の臨床研究会	102-0074 東京都千代田区九段南3-8-8 第2稲穂ビル5階エルビーエス内	Tel 03 (3512) 2575 Fax 03 (3512) 2576

日本障害者協議会（JD） （国際障害者年日本推進協議会が発展して設立）	162-0052　東京都新宿区戸山1-22-1 　　　　　　日本障害者リハビリテーション協会内	Tel03(5287)2346 Fax03(5287)2347
日本障害者雇用促進協会	105-0022　東京都港区海岸1-11-1 　　　　　　ニューピア竹芝ノースタワー	Tel03(5400)1600 Fax03(5400)1638
日本障害者スポーツ協会	162-0051　東京都新宿区西早稲田2-2-8 　　　　　　全国心身障害児福祉財団ビル3階	Tel03(3204)3993 Fax03(5273)2850
日本障害者リハビリテーション協会	162-0052　東京都新宿区戸山1-22-1	Tel03(5273)0601 Fax03(5273)1523
日本身体障害者団体連合会	171-0031　東京都豊島区目白3-4-3	Tel03(3565)3399 Fax03(3565)3349
日本心理検査協会	112-0012　東京都文京区大塚1-4-5	Tel03(3943)2511
日本精神衛生会	162-0851　東京都新宿区弁天町91 　　　　　　神経研究所内	Tel03(3269)6932 Fax03(3269)6932
日本赤十字社（本社）	105-8521　東京都港区芝大門1-1-3	Tel03(3438)1311
日本WHO協会	604-0862　京都府京都市中京区烏丸通夷川上る 　　　　　　少将井町240　京都商工会議所ビル4階10	Tel075(211)4905
日本知的障害者福祉協会（旧日本精神薄弱者愛護協会）	105-0003　東京都港区西新橋2-16-1 　　　　　　全国たばこセンタービル7階	Tel03(3438)0466 Fax03(3431)1803
日本チャリティ協会	160-0003　東京都新宿区本塩町1-7千陽ビル5階	Tel03(3341)0803 Fax03(3359)7964
日本チャリティプレート協会	166-0012　東京都杉並区和田1-5-18 　　　　　　アテナビル2階	Tel03(3381)4071 Fax03(3381)2289
日本てんかん協会	162-0051　東京都新宿区西早稲田2-2-8 　　　　　　全国心身障害児福祉財団ビル5階	Tel03(3202)5661 Fax03(3202)7235
日本脳神経財団	102-0074　東京都千代田区九段南3-5-6 　　　　　　スマイルビル3階	Tel03(3262)8786
日本脳卒中協会	545-0052　大阪府大阪市阿倍野区阿倍野筋1-3-15 　　　　　　共同ビル4階	Tel06(6629)7378 Fax06(6629)7377
日本ユングクラブ	145-0085　東京都大田区久が原6-18-8 　　　　　　山王教育研究所内	Tel03(5748)5020
メンタルヘルス岡本記念財団	541-0056　大阪府大阪市中央区久太郎町1-9-18 　　　　　　三栄ビル7階	Tel06(6262)6862 Fax06(6262)6805
労働福祉事業団	212-0013　神奈川県川崎市幸区堀川町580 　　　　　　ソリッドスクエア東館	Tel044(556)9835 Fax044(556)9919
わたぼうし文化基金	630-8044　奈良県奈良市六条西3-25-4 　　　　　　たんぽぽの家	Tel0742(43)7055 Fax0742(49)5501

7　患者の団体

あけぼの会 （乳がん手術体験者の会）	153-0043　東京都目黒区東山3-1-4-701	Tel03(3792)1204 Fax03(3792)1533

7　患者の団体

いしずえ（サリドマイド被害者の会）	153-0063　東京都目黒区目黒1-9-19	Tel03(5437)5491 Fax03(5437)5492
川崎公害病友の会	210-0006　神奈川県川崎市川崎区砂子2-11-19 大幸ビル3階	Tel044(211)0391 Fax044(233)4689
銀鈴会（咽喉がんで声帯をとった人たちの集まり）	105-0004　東京都港区新橋5-7-13 ビューロー新橋901	Tel03(3436)1820 Fax03(3436)3497
口唇・口蓋裂友の会（口友会）	140-0001　東京都品川区北品川2-23-2 金子ビル202	Tel03(5479)8941 Fax03(5479)8925
生活の発見会（森田療法）	112-0012　東京都文京区大塚4-41-12 第2マルナカビル3階	Tel03(3947)1011 Fax03(3947)1018
全国肝臓病患者連合会	156-0043　東京都世田谷区松原1-12-3-102	Fax03(3323)2287
全国筋無力症友の会	170-0002　東京都豊島区巣鴨1-11-2 巣鴨陽光ハイツ502	Tel03(3947)2128 Fax03(3947)5222
全国言友会連絡協議会（吃音者の会）	170-0005　東京都豊島区南大塚1-30-15	Tel03(3942)9436 Fax03(3942)9438
全国肢体不自由児・者父母の会連合会	171-0021　東京都豊島区西池袋4-3-12	Tel03(3971)0666 Fax03(3982)2913
全国失語症友の会連合会	162-0067　東京都新宿区富久町2-29 ハイム富田103	Tel03(3357)9493 Fax03(3357)4456
全国重症心身障害児(者)を守る会	154-0005　東京都世田谷区三宿2-30-9	Tel03(3413)6781 Fax03(3413)6919
全国障害者とともに歩む兄弟姉妹の会(略称 きょうだいの会)（旧 全国心身障害者をもつ兄弟姉妹の会）	136-0072　東京都江東区北砂1-15-8 地域交流支援センター内	Tel03(5634)8790 Fax03(3644)6808
全国腎臓病協議会(旧 全国腎臓病患者連絡協議会)	170-0002　東京都豊島区巣鴨1-20-9 巣鴨ファーストビル3階	Tel03(5395)2631 Fax03(5395)2831
全国じん肺患者同盟	431-0431　静岡県湖西市鷲津1544-14	Tel053(576)3184
全国精神障害者家族会連合会（全国精神障害者社会復帰促進センター）	110-0004　東京都台東区下谷1-4-5 恵友記念会館	Tel03(3845)5084 Fax03(3845)5974
全国脊髄損傷者連合会	134-0085　東京都江戸川区南葛西5-13-6	Tel03(5605)0871 Fax03(5605)0872
全日本手をつなぐ育成会（旧 全日本精神薄弱者育成会）	105-0003　東京都港区西新橋2-16-1 全国たばこセンタービル8階	Tel03(3431)0668 Fax03(3578)6935
痛風友の会	105-0001　東京都港区虎ノ門1-1-25 虎ノ門一丁目ビル	Tel03(3593)0714
東京進行性筋萎縮症協会	143-0025　東京都大田区南馬込2-9-6	Tel03(3773)8331 Fax03(3773)8331
日本アレルギー協会	102-0074　東京都千代田区九段南4-5-11 富士ビル4階	Tel03(3222)3437 Fax03(3222)3438
日本アレルギー友の会	135-0002　東京都江東区住吉2-6-5 インテグレート村上ビル3階	Tel03(3634)0865 Fax03(3634)0850

日本オストミー協会 （人工肛門・人工膀胱造設者友の会。旧 互療会）	124-0023　東京都葛飾区東新小岩1-1-1 　　　　　トラスト新小岩901	Tel03(5670)7681 Fax03(5670)7682
日本患者同盟 （結核患者の集まり）	204-0022　清瀬市松山2-13-12	Tel0424(91)0058 Fax0424(91)0178
日本筋ジストロフィー協会	162-0051　東京都新宿区西早稲田2-2-8 　　　　　全国療育相談センター内	Tel03(5273)2930 Fax03(3208)7030
日本自閉症協会	162-0051　東京都新宿区西早稲田2-2-8 　　　　　全国心身障害児福祉財団内5階	Tel03(3232)6478 Fax03(5273)8438
日本心臓ペースメーカー友の会	156-0052　東京都世田谷区経堂2-1-26-535	Tel03(3420)1200 Fax03(3420)1200
日本リウマチ友の会	101-0047　東京都千代田区内神田2-7-7 　　　　　新内神田ビル3階	Tel03(3258)6565
百万人の広場 （障害者の結婚の促進）	150-0012　東京都渋谷区広尾5-7-1-1309 　　　　　丸山信也方	

8　視覚・聴覚器障害

アイメイト協会 （盲導犬の育成訓練と盲導犬による盲人の歩行指導を行う団体）	177-0051　東京都練馬区関町北5-8-7	Tel03(3920)6162 Fax03(3920)6063
全国難聴児を持つ親の会	162-0051　東京都新宿区西早稲田2-2-8 　　　　　全国心身障害児福祉財団内	Tel03(5292)2882 Fax03(5292)2882
全日本視覚障害者協議会 （旧 全日本視力障害者協議会）	169-0072　東京都新宿区大久保1-1-2 　　　　　富士一ビル4階　日本障害者センター内	Tel03(3207)5871 Fax03(3207)5872
全日本難聴者・中途失聴者団体連合会（全難聴）（旧 全国難聴者連絡協議会）	162-0066　東京都新宿区市谷台町14 　　　　　ＭＳビル市ヶ谷台2階	Tel03(3225)5600 Fax03(3354)0046
全日本ろうあ連盟	162-0801　東京都新宿区山吹町130 　　　　　ＳＫビル8階	Tel03(3268)8847 Fax03(3267)3445
中途視覚障害者の復職を考える会（タートルの会）	160-0003　東京都新宿区本塩町10-3	Tel03(3351)3188 Fax03(3351)3189
東京都視覚障害者生活支援センター	162-0054　東京都新宿区河田町10-10 　　　　　（東京都失明更正訓練施設）	Tel03(3353)1277 Fax03(3353)1279
東京ヘレンケラー協会 （点字印刷物作成など）	169-0072　新宿区大久保3-14-4 　　　　　毎日新聞社早稲田別館内	Tel03(3200)1310 Fax03(3200)2582
日本点字図書館	169-8586　東京都新宿区高田馬場1-23-4	Tel03(3209)0241 Fax03(3204)5641
日本盲人会連合	169-8664　東京都新宿区高田馬場1-10-33	Tel03(3200)0011 Fax03(3200)7755

日本盲人職能開発センター	160-0003　東京都新宿区本塩町10-3	Tel03(3341)0900 Fax03(3341)0967
日本盲導犬協会	150-0002　東京都渋谷区渋谷3-18-7 　　　　　渋谷一号館ビル6階	Tel03(5766)3871 Fax03(5766)3872
日本ライトハウス （視覚障害者の職業・生活指 導・情報供給をはかる団体）	538-0042　大阪府大阪市鶴見区今津中2-4-37	Tel06(6961)5521 Fax06(6968)2059
目の110番	101-0064　東京都千代田区猿楽町2-4-11 　　　　　犬塚ビル1階　日本眼科医会内	Tel03(3292)5701 Fax03(3294)0997
網膜剥離友の会	107-8880　東京都港区赤坂8-4-17 　　　　　赤坂郵便局留	Tel03(5770)5026 Fax03(5770)5026

9　高齢者

おとしより介護相談センター		Tel0120(086)138
介護相談センター 　ハローインSARA	530-0001　大阪市北区梅田3-3-30 　　　　　健保連大阪中央病院13階 　　　　　健康保険組合連合会大阪連合会内	Tel0120(08)6138
シニアプラン開発機構	160-0023　東京都新宿区西新宿4-34-1 　　　　　東京年金基金センター2階	Tel03(5371)2022 Fax03(5371)2100
シニアライフ情報センター	151-0053　東京都渋谷区代々木1-10-7-406	Tel03(5350)8491
全国シルバー人材センター事 業協会(旧　全国シルバー人 材センター協会)	112-0004　東京都文京区後楽2-3-21 　　　　　住友不動産飯田橋ビル2階	Tel03(5802)6333 Fax03(5802)6344
全国老人クラブ連合会	100-8917　東京都千代田区霞が関3-3-2 　　　　　新霞が関ビル5階	Tel03(3581)5658 Fax03(3597)9447
全国老人福祉施設協議会	100-8980　東京都千代田区霞が関3-3-2 　　　　　新霞が関ビル	Tel03(3581)6501 Fax03(3581)6505
全国老人保健施設協会	160-0004　東京都新宿区四谷4-28-4 　　　　　YKBエンサインビル3階	Tel03(3225)4165 Fax03(3225)4856
中高年齢者雇用福祉協会	105-0004　東京都港区新橋6-16-12 　　　　　御成門第2ビル	Tel03(3432)6381 Fax03(3432)3370
東京高齢者協同組合	170-0005　東京都豊島区南大塚2-33-10 　　　　　東京労働会館3階	Tel03(5978)2186
東京都高齢者事業振興財団	102-0072　東京都千代田区飯田橋3-10-3	Tel03(5211)2310
東京都老人総合研究所	173-0015　東京都板橋区栄町35-2	Tel03(3964)3241 　　　(内)3008
ぼけ110番	100-8051　東京都千代田区一ツ橋1-1-1 　　　　　毎日新聞社1階　ぼけ予防協会内	Tel0120(654)874
呆け老人をかかえる家族の会 （国際名　日本アルツハイマ ー病協会）	602-8143　京都府京都市上京区堀川丸太町下ル 　　　　　京都社会福祉会館内	Tel075(811)8195 Fax075(811)8188

10 アルコール

ASK（アルコール薬物問題全国市民協会）	103-0007　東京都中央区日本橋浜町3-19-3　ソグノ21ビル	Tel03(3249)2551 Fax03(3249)2553
アルコール健康医学協会	113-0033　東京都文京区本郷3-25-13　本郷川上ビル4階	Tel03(5802)8761 Fax03(5802)8763
AA日本ゼネラル・サービス・オフィス（JSO）（AA＝アルコホーリクス・アノニマス）	171-0014　東京都豊島区池袋4-17-10　土屋ビル4階	Tel03(3590)5377 Fax03(3590)5419
AKK（エイ・ケイ・ケイ）（アディクション問題を考える市民の会）（旧 アルコール問題を考える会）	156-0057　東京都世田谷区上北沢4-32-11　上北沢コーポラス707	Tel03(3329)0130 Fax03(3329)0518
酒害相談電話	171-0031　東京都豊島区目白4-19-28　全日本断酒連盟内	Tel03(3953)0921
全日本断酒連盟	171-0031　東京都豊島区目白4-19-28	Tel03(3953)0921 Fax03(3952)6650
ダルク女性ハウス（断酒会。アルコール・薬物依存症からの回復支援）	111-0042　東京都台東区寿3-5-9　後藤ビル203　日本ダルク内	Tel03(3844)4777 Tel03(3810)0376

11　女　性

ウィメンズカウンセリング京都	602-8027　京都市上京区東立売町203　大京ビル2階	Tel075(222)2133 Fax075(222)1822
AKK女性シェルター（家庭内暴力の被害女性のため）	156-0057　東京都世田谷区上北沢4-32-11　上北沢第1コーポラス707	Tel03(3329)0122
グループカウンセリングゆらぎ（静岡）		Tel054(283)0011
江東区女性センター	135-0011　東京都江東区扇橋3-22-2	Tel03(5683)0341 Fax03(5683)0340
性と健康を考える女性専門家の会	104-0045　東京都中央区築地1-9-4　ちとせビル3階　朝日エル内	Tel03(5565)3588 Fax03(5565)4914
テナーネットワーク（性暴力や性的な虐待を受けた被害者のため）		Tel090(1701)9336
東京・強姦救援センター	136-8691　東京都江東区城東郵便局私書箱7号	Tel03(3207)3692
東京フェミニストセラピィセンター	130-0012　東京都墨田区太平2-3-1　第3寺田ビル4階	Tel03(5608)0127

ハンド・イン・ハンドの会 （離婚した女性の会）	150-0001　東京都渋谷区神宮前6-34-3-201	Tel03(5512)2738 Fax03(5512)2738
ピルダイヤル	162-0843　東京都新宿区市谷田町1-10 　　　　　保健会館新館2階　日本家族計画協会内	Tel03(3267)7776
不妊ホットライン	162-0843　東京都新宿区市谷田町1-10 　　　　　保健会館新館2階　日本家族計画協会内	Tel03(3235)7455
目黒区女性情報センター	153-0061　東京都目黒区中目黒2-10-13 　　　　　中目黒スクエア内	Tel03(5721)8572

12　思春期

思春期ホットライン	162-0843　東京都新宿区市谷田町1-10 　　　　　保健会館新館2階　日本家族計画協会内	Tel03-3235-2638
性の悩み電話相談	150-0002　東京都渋谷区渋谷1-18-24 　　　　　東京都児童会館子供相談室内	Tel03-3409-6361
日赤医療センター　性の相談	150-8935　東京都渋谷区広尾4-1-22	Tel03(3400)1311 　　　(内)2754

13　子ども・教育

SIDS（乳幼児突然死症候群） 　家族の会	150-0001　東京都渋谷区神宮前5-53-1 　　　　　国立児童総合センター　母子衛生研究会内	Tel03(3499)3111
葛飾子どもの園幼稚園（情緒 　障害・精薄・肢体不自由）	124-0012　東京都葛飾区立石2-29-6	Tel03(3697)7216 Fax03(3697)6388
川崎病の子供をもつ親の会	214-0036　神奈川県川崎市多摩区南生田6-34-16 　　　　　浅井宛	Tel044(977)8451 Fax044(977)8451
がんの子供を守る会	136-0071　東京都江東区亀戸6-24-4	Tel03(3638)6551 Fax03(3638)6553
教師のためのリスニング講座	171-0033　東京都豊島区高田1-36-22 　　　　　朝日第2目白台M7階　東京メンタルヘル 　　　　　スアカデミー・東京センター	Tel03(3986)3220 Fax03(3986)3240
高校中退者を守る会	160-0013　東京都新宿区霞岳町15 　　　　　日本青年館内　日本産業開発青年協会内	Tel03(3475)2541 Fax03(5410)2729
佼成病院（こどもの心の病・ 　家族療法）	164-8617　東京都中野区弥生町5-25-15	Tel03(3383)1281 Fax03(3382)8972
国立国府台病院(不登校関連)	272-8516　千葉県市川市国府台1-7-1	Tel047(372)3501
子どもが考える中退・不登校 　の会		Tel03(3672)7551
子どもの虐待防止センター	156-0043　東京都世田谷区松原1-38-19 　　　　　東建ビル202	Tel03(5300)2451 Fax03(5300)2452

子どもの人権110番 （東京弁護士会）	100-0013	東京都千代田区霞が関1-1-3 弁護士会館6階	Tel03(3503)0110
子ども110番		東　京	Tel03(3470)0110
		名古屋	Tel052(962)0110
障害者の教育権を実現する会	336-0001	埼玉県浦和市常盤3-18-19-401	Tel048(832)6966 Fax048(822)6551
障害児を普通学校へ・全国連絡会	157-0062	東京都世田谷区南烏山6-8-7 楽多ビル3階	Tel03(5313)7832 Fax03(5313)8052
水曜会　土曜会	164-8617	東京都中野区弥生町5-25-15 佼成病院心理室内	Tel03(3383)1281 Fax03(3382)8972
全国ＬＤ（学習障害）親の会 （旧　全国学習障害児・者親の会連絡会）	162-0823	東京都新宿区神楽河岸1-1 東京ボランティアセンター気付27号	
全国心臓病の子供を守る会	161-0033	東京都新宿区下落合3-15-22 ランドール目白	Tel03(5982)4933 Fax03(5982)4934
全国二分脊椎症児者を守る会	173-0037	東京都板橋区小茂根1-1-10 心身総合医療療育センター内 ＳＢ情報ネットワーク室相談係	Tel03(3974)1800
胆道閉鎖症の子供を守る会 （CBAの会）	170-0002	東京都豊島区巣鴨3-2-5　豊ビル202	Tel03(3940)3150 Fax03(3940)8525
知的障害者育成会親子工芸教室			Tel03(3315)3376
東京都教育庁指導部（都立校・公立小中学校関連の学校教育・トラブル相談）	163-8001	東京都新宿区西新宿2-8-1	Tel03(5320)6836
東京都総務局総務部（私立・各種学校等認可校関連の学校教育・トラブル相談）	163-8001	東京都新宿区西新宿2-8-1	Tel03(5388)2313
日本肢体不自由児協会	173-0037	東京都板橋区小茂根1-1-7	Tel03(5995)4511 Fax03(5995)4515
日本ダウン症協会（ダウン症児の親の集い。小鳩の会とこやぎの会が合併）	162-0051	東京都新宿区西早稲田2-2-8 全国心身障害児福祉財団内	Tel03(5287)6418 Fax03(5287)4735
安田生命社会事業団 （発達について支援を必要とする子ども，通常学級で特別な配慮が必要な子ども，子ども全般）	170-0013	東京都豊島区東池袋1-34-5	Tel03(3986)7021 Fax03(3590)7705
臨床教育研究所「虹」 （所長　尾木直樹）	151-0053	東京都渋谷区代々木2-23-1-727	Tel03(5351)2603

14 難　　病

あせび会	113-0021　東京都文京区本駒込6-5-19-102	Tel03(3943)7008
（稀少難病者全国連合会）		Fax03(3944)6460
全国膠原病友の会	102-0071　東京都千代田区富士見町2-4-9	Tel03(3288)0721
	千代田富士見マンション203	Fax03(3288)0722
全国多発性硬化症友の会	175-0082　東京都板橋区徳丸5-11-5　坂本方	Tel03(3934)3060
全国難病団体連絡協議会	102-0071　東京都千代田区富士見2-4-9-203	Tel03(3288)8166
		Fax03(3288)8166
全国パーキンソン病友の会	107-0052　東京都港区赤坂1-9-13	Tel03(3560)3355
	三会堂ビル8階	Fax03(3560)3356
東京難病団体連絡協議会	101-0064　千代田区猿楽町2-2-1　澤田ビル205	Tel03(3291)6275
		Fax03(3291)6243
難病医学研究財団	101-0052　東京都千代田区神田小川町1-6-3	Tel03(3257)9021
	川新ビル5階	Fax03(3257)4788
難病情報センター	101-0052　東京都千代田区神田小川町1-6-3	Tel03(3257)9021
	川新ビル5階　難病医学研究財団内	Fax03(3257)4788
難病のこども支援全国ネット	113-0033　東京都文京区本郷1-15-4	Tel03(5840)5973
ワーク	文京尚学ビル6階	Fax03(5840)5974
ぶどうのいえ	113-0032　東京都文京区弥生1-3-12	Tel03(3818)3362
（難病の子どもを東京で治		Fax03(3818)3392
療する際の長期滞在施設)		
ベーチェット病友の会	173-8605　東京都板橋区加賀2-1-11	Tel03(3964)3315
	帝京大学医学部内	Fax03(3964)3315
北海道難病連	064-8506　北海道札幌市中央区南4条西10丁目	Tel011(512)3233
	北海道難病センター	Fax011(512)4807

15 住　　宅

健康住宅相談コーナー	532-0011　大阪府大阪市淀川区西中島6-8-31	Tel06(6390)8277
	花原第6ビル9階901　日本健康住宅協会内	
健康住宅110番	177-0014　東京都豊島区池袋2-46-7	Tel03(5992)1110
	立花ビル3階　パルカ技研内	Fax03(3987)3510
健康住宅普及協会	550-0003　大阪府大阪市西区京町堀1-4-8	Tel06-6441-0181
	京一ビル4階	Fax06-6441-0184

16 内部障害者の厚生施設

群馬県前橋市三友会桂荘	371-0007　前橋市上泉町1858-1	Tel027(269)2594

17 臨床心理士養成指定大学院

(平成15年3月27現在)

第1種（国公立）

秋田大学大学院	教育学研究科学校教育専攻臨床心理学分野
筑波大学大学院	人間総合科学研究科ヒューマン・ケア科学専攻発達臨床心理学・臨床心理学分野
お茶の水女子大学大学院	人間文化研究科発達社会科学専攻発達臨床心理学コース
横浜国立大学大学院	教育学研究科学校教育臨床専攻臨床心理学コース
上越教育大学大学院	学校教育研究科学校教育専攻発達臨床コース・臨床心理学分野
岐阜大学大学院	教育学研究科学校教育専攻学校教育専修・学校臨床心理学領域
名古屋大学大学院	教育発達科学研究科心理発達科学専攻心理臨床科学領域
愛知教育大学大学院	教育学研究科学校教育臨床専攻臨床心理学コース
京都大学大学院	教育学研究科臨床教育学専攻心理臨床学領域
大阪大学大学院	人間科学研究科人間科学専攻臨床心理学研究分野
兵庫教育大学大学院	学校教育研究科学校教育専攻教育臨床心理コース
神戸大学大学院	総合人間科学研究科人間発達科学専攻臨床心理学コース
広島大学大学院	教育学研究科心理学専攻心理臨床学コース
山口大学大学院	教育学研究科学校教育専攻学校臨床心理学専修
鳴門教育大学大学院	学校教育研究科学校教育専攻臨床心理分野
九州大学大学院	人間環境学府人間共生システム専攻心理臨床学コース
大阪市立大学大学院	生活科学研究科生活科学専攻臨床心理学コース

第1種（私立）

札幌学院大学大学院	臨床心理学研究科臨床心理学専攻
東北福祉大学大学院	総合社会福祉学研究科福祉心理学専攻臨床心理学分野
文教大学大学院	人間科学研究科臨床心理学専攻
東京家政大学大学院	文学研究科心理教育学専攻臨床心理学コース
文京学院大学大学院	人間学研究科心理学専攻臨床心理学コース
早稲田大学大学院	人間科学研究科行動科学・臨床心理学研究領域臨床心理学コース
日本女子大学大学院	人間社会研究科心理学専攻臨床心理学領域
専修大学大学院	文学研究科心理学専攻臨床心理学領域
東洋英和女学院大学大学院	人間科学研究科人間科学専攻臨床心理学領域
東京成徳大学大学院	心理学研究科臨床心理学専攻
青山学院大学大学院	文学研究科心理学専攻臨床心理学コース
駒澤大学大学院	人文科学研究科心理学専攻臨床心理学コース
昭和女子大学大学院	生活機構研究科生活文化研究専攻心理学講座・臨床心理士養成コース
東京国際大学大学院	臨床心理学研究科臨床心理学専攻
大正大学大学院	人間学研究科臨床心理学専攻
立教大学大学院	文学研究科心理学専攻臨床心理学領域

17　臨床心理士養成指定大学院

白百合女子大学大学院	文学研究科発達心理学専攻発達臨床心理学コース
明星大学大学院	人文学研究科心理学専攻臨床心理学コース
帝京大学大学院	文学研究科臨床心理学専攻
創価大学大学院	文学研究科教育学専攻臨床心理学専修
武蔵野女子大学大学院	人間社会・文化研究科人間社会専攻臨床心理学コース
金城学院大学大学院	人間生活学研究科人間発達学専攻臨床心理学分野
椙山女学園大学大学院	人間関係学研究科人間関係学専攻臨床心理学領域
愛知学院大学大学院	文学研究科心理学専攻臨床心理士養成コース
愛知淑徳大学大学院	コミュニケーション研究科心理学専攻臨床心理学コース
佛教大学大学院	教育学研究科臨床心理学専攻
京都文教大学大学院	臨床心理学研究科臨床心理学専攻
関西大学大学院	社会学研究科社会心理学専攻臨床心理学専修
甲南大学大学院	人文科学研究科人間科学専攻心理臨床領域
神戸女学院大学大学院	人間科学研究科人間科学専攻臨床心理学分野
武庫川女子大学大学院	文学研究科心理臨床学専攻
立命館大学大学院	応用人間科学研究科応用人間科学専攻臨床心理学領域
甲子園大学大学院	人間文化学研究科人間文化学専攻臨床心理学コース
川崎医療福祉大学大学院	医療福祉学研究科臨床心理学専攻
安田女子大学大学院	文学研究科教育学専攻臨床心理学コース
東亜大学大学院	総合学術研究科臨床心理学専攻
徳島文理大学大学院	家政学研究科児童学専攻臨床心理学コース
福岡大学大学院	人文科学研究科教育・臨床心理専攻臨床心理分野
久留米大学大学院	心理学研究科臨床心理学専攻

第2種（国公立）

茨城大学大学院	教育学研究科学校臨床心理専攻学校臨床心理専修
東京学芸大学大学院	教育学研究科学校教育専攻心理学講座・臨床心理領域
新潟大学大学院	教育学研究科学校教育専攻臨床心理学分野
静岡大学大学院	人文社会科学研究科比較地域文化専攻臨床心理学研究指導分野
京都教育大学大学院	教育学研究科学校教育専攻教育臨床心理学分野
岡山大学大学院	教育学研究科学校教育臨床専攻臨床心理学コース
香川大学大学院	教育学研究科学校教育専攻心理学分野臨床心理学系
愛媛大学大学院	教育学研究科学校教育専攻臨床心理学分野
福岡教育大学大学院	教育学研究科学校教育専攻教育臨床心理学分野
熊本大学大学院	教育学研究科学校教育専攻教育臨床心理学分野
大分大学大学院	教育学研究科学校教育専攻教育臨床心理学コース
鹿児島大学大学院	人文社会科学研究科臨床心理学専攻
福岡県立大学大学院	人間社会学研究科生涯発達専攻心理臨床分野
東京都立大学大学院	人文科学研究科心理学専攻臨床心理学コース

第2種（私立）

北星学園大学大学院	社会福祉学研究科心理学専攻臨床心理学領域
北海道医療大学大学院	看護福祉学研究科臨床福祉・心理学専攻臨床心理学分野

淑徳大学大学院	社会学研究科社会福祉学専攻臨床心理学コース	
川村学園女子大学大学院	人文科学研究科心理学専攻臨床心理学領域	
聖徳大学大学院	児童学研究科児童学専攻臨床心理学コース	
東海大学大学院	文学研究科コミュニケーション学専攻臨床心理学系	
上智大学大学院	文学研究科心理学専攻臨床心理学コース	
聖心女子大学大学院	文学研究科人間科学専攻臨床心理学研究領域	
日本大学大学院	文学研究科心理学専攻臨床心理学コース	
東京女子大学大学院	文学研究科心理学専攻臨床心理学分野	
学習院大学大学院	人文科学研究科心理学専攻臨床心理学コース	
京都女子大学大学院	文学研究科教育学専攻臨床心理学領域	
追手門学院大学大学院	文学研究科心理学専攻臨床心理学コース	
甲南女子大学大学院	文学研究科心理学専攻臨床心理士養成コース	
広島文教女子大学大学院	文学研究科教育学専攻臨床心理学コース	
長崎純心大学大学院	人間文化研究科人間文化専攻臨床心理学分野	

18　全国精神保健福祉センター

北 海 道	003-0027	札幌市白石区本通16丁目北6-34	Tel011(864)7121
札 幌 市	060-0042	札幌市中央区大通西19-1-6	Tel011(622)2561
青 森 県	038-0031	青森市大字三内字沢部353-92	Tel017(787)3951
秋 田 県	019-2413	仙北郡協和町上淀川五百刈田352	Tel018(892)3773
岩 手 県	020-0015	盛岡市本町通3-19-1　岩手県福祉総合相談センター内	Tel019(629)9600
山 形 県	990-0041	山形市緑町1-9-30	Tel023(624)1217
宮 城 県	989-6117	古川市旭5-7-20	Tel0229(23)0021
仙 台 市	980-0845	仙台市青葉区荒巻三居沢1-6	Tel022(265)2191
福 島 県	960-8012	福島市御山町8-30	Tel024(535)3556
新 潟 県	951-8233	新潟市川岸町1-57-1	Tel025(231)6111
富 山 県	939-8222	富山市蜷川459-1　富山県心の健康センター内	Tel076(428)1511
石 川 県	924-0864	松任市馬場2-7　こころの健康センター内	Tel076(238)5761
福 井 県	910-0846	福井市四ツ井2-12-1　福井県立精神病院内	Tel0776(53)6767
茨 城 県	310-0852	水戸市笠原町993-2	Tel029(243)2870
栃 木 県	329-1104	栃木県河内郡河内町下岡本2145-13	Tel028(673)8785
群 馬 県	379-2166	前橋市野中町368	Tel027(263)1166
埼 玉 県	362-0806	北足立郡伊奈町小室818-2	Tel048(723)1111
千 葉 県	260-0801	千葉市中央区仁戸名町666-2	Tel043(263)3891
東 京 都	110-0004	東京都台東区下谷1-1-3	Tel03(3842)0946
	156-0057	東京都世田谷区上北沢2-1-7 東京都立中部総合精神保健福祉センター	Tel03(3302)7575
	206-0036	東京都多摩市中沢2-1-3 東京都立多摩総合精神保健福祉センター	Tel042(376)1111
神奈川県	233-0006	横浜市港南区芹が谷2-5-2	Tel045(821)8822

川 崎 市	210-0005	川崎市川崎区東田町8　パレール川崎川崎区役所内 川崎市役所健康福祉局こころの相談所	Tel044(201)3241
山 梨 県	400-0005	甲府市北新1-2-12　山梨県福祉プラザ3階	Tel055(254)8644
長 野 県	380-0928	長野市若里1570-1　社会福祉総合センター2階	Tel026(227)1810
静 岡 県	420-0949	静岡市与一4-1-1　こころの医療センター内	Tel054(271)1135
愛 知 県	460-0001	名古屋市中区三の丸3-2-1	Tel052(962)5371
名古屋市	453-0024	名古屋市中村区名楽町4-7-18	Tel052(483)2095
岐 阜 県	500-8385	岐阜市下奈良2-2-1　福祉農業会館3階	Tel058(273)1111
三 重 県	514-1101	久居市明神町2501-1　三重県こころの健康センター内	Tel059(255)2151
滋 賀 県	525-0072	草津市笠山8-4-25	Tel077(567)5001
京 都 府	612-8416	京都市伏見区竹田流池町120 京都府立精神保健総合センター内	Tel075(641)1810
京 都 市	604-8845	京都市伏見区壬生東高田町1-15 京都市こころの健康増進センター内	Tel075(314)0355
奈 良 県	633-0062	桜井市粟殿1000	Tel0744(43)3131
和歌山県	643-8319	和歌山市2-1-2　県立交流プラザ和歌山ビッグ愛2階	Tel073(435)5194
大 阪 府	558-0056	大阪市住吉区万代東3-1-46 大阪府立こころの健康総合センター内	Tel06(6691)2811
大 阪 市	545-0051	大阪府大阪市阿倍野区旭町1-2-7 あべのメディックス4階401　大阪市こころの健康センター内	Tel06(6636)7870
兵 庫 県	652-0032	神戸市兵庫区荒田町2-1-29	Tel078(511)6581
神 戸 市	652-0897	神戸市兵庫区駅南通5-1-2-300　健康ライフプラザ3階	Tel078(672)6500
岡 山 県	700-8278	岡山市古京町1-1-10-101	Tel086(272)8835
広 島 県	731-4311	安芸郡坂町北新地2-3-77	Tel082(884)1051
広 島 市	730-0043	広島市中区富士見町11-27	Tel082(245)7731
鳥 取 県	680-0901	鳥取市絵津318-1	Tel085(721)3031
島 根 県	690-0882	松江市大輪町420　松江健康福祉センター内	Tel0852(23)1313
山 口 県	755-0241	宇部市大字東岐波東小沢4004-2	Tel0836(58)3480
香 川 県	760-0068	高松市松島町1-17-28	Tel087(831)3151
徳 島 県	770-0855	徳島市新蔵町3-80	Tel088(625)0610
高 知 県	780-0850	高知市丸の内2-4-1	Tel088(823)8609
愛 媛 県	790-0003	松山市三番町8-234　愛媛県生活保健ビル2階	Tel089(921)3880
福 岡 県	816-0804	春日市原町3-1-7　南側2階	Tel092(582)7500
北九州市	802-0001	北九州市小倉北区馬借1-7-1 北九州市総合保健福祉センター「アシスト」21　5階	Tel093(522)8729
福 岡 市	810-0073	福岡市中央区舞鶴2-5-1「あんれふ」6階	Tel092(737)8825
佐 賀 県	845-0001	小城郡小城町178-9	Tel0952(73)5060
長 崎 県	856-0825	大村市西三城町12	Tel0957(54)9124
大 分 県	870-1155	大分市大字玉沢字平石908	Tel097(541)6290
熊 本 県	860-0844	熊本市水道町9-16	Tel096(356)3629
宮 崎 県	880-0032	宮崎市霧島1-2　宮崎県総合保健センター内	Tel0985(27)5663
鹿児島県	890-0065	鹿児島市郡元3-3-5	Tel099(255)0617
沖 縄 県	901-1104	島尻郡南風原町宮平212	Tel098(888)1443

索　引

事項索引　　　　　　　　889
欧文事項索引　　　　　　921
欧文略記号一覧　　　　　932
人名索引　　　　　　　　936
主要人名原綴一覧　　　　943

索 引

事項索引

あ

ああ体験　488r
愛　1l,205l,470l,569l
　異性愛　408l
　受身的対象愛　19l
　器官愛　407r
　肛門愛　229r
　自己愛　275r,408l
　自体愛　276l
　小児愛症　400r
　対象愛　276l
　他者の愛　505l
　同性愛　89l,400l,408l,**490l**,712r
　恋愛　**712r**
　『愛するということ』(フロム)　516r
　『愛と嫉妬』(倉持弘)　299r
アイギストス(『エレクトラ』)　81r
愛情　1l,475r
　所有欲のない愛情　685l
愛情欠損性精神病質　605r
愛情の絆　2l
愛情欲求　35l
『愛するということ』(フロム)　516r
愛他性　316r
愛着　2l,9l,24r(→「アタッチメント」も参照)
　脱愛着　605r
愛着行動　9r,515l
愛着欲求　515l
ITPA 日本語版　200r
アイデンティティ　3l,19l,137r,204r,241l,268l,272l,290l,368l,379r,403r,443r,455r,469r,625l,639r,648l,659l,667r(→「自我同一性」も参照)
　ジェンダー・アイデンティティ　400l,401l
アイデンティティの喪失　5l,428r
アイデンティティの拡散　**4r**,380l
　同一性(アイデンティティ)拡散症状(症状群)　240l,268l
アイデンティティの危機　268l
『愛と嫉妬』(倉持弘)　299r
IPR トレーニング　473l
アウェアネス　188l
アウシュヴィッツ　532l(→「強制収容所」も参照)
赤ずきん　77r

アガペー　2l
アガメムノン(『エレクトラ』)　81r
アーキタイプ　646r
あきらめ　429l
悪性関節リュウマチ　510r
アクセプタンス　**5r**,321l
アクティブ・リスニング　**6r**
『悪について』(フロム)　516r
悪夢　712r
アーゲイジア　390r
アサーション・トレーニング　193r
麻酔い　642l
アセスメント　**7r**
アセタゾールアミド　597r
アセチルコリン　64r
遊び　**8r**,124l
　自由遊び　305l
　睡眠薬遊び　642l
　遊戯分析　305r
　遊戯療法　9l,305l,593l,**668l**
　『遊戯療法』(アクスライン)　668r
アタッチメント　**9l**,605r(→「愛着」も参照)
あだ名　687r
『新しい女性の創造』(フリーダン)　586l
圧縮　671l
アトピー性皮膚炎　**11r**,27l
アートマン　464r
後戻り　442l
アドラーの療法　**13r**
アドラー派　356l,717l
アドレナリン　332r
アナフィラキシー　27l
アニマ　**15l**,197l,244l,315l,328l,604r,609r
アニマル・セラピー　141l
アニミズム　615l
アニムス　**15l**,197l,244l,315l,328l,604r,609r
アノミー　**16l**
『「あの世」からの帰還』(セイボム)　704r
アパシー　**17l**(→「無気力」も参照)
　スチューテント・アパシー　17l,380l,439l
アパシー・シンドローム　240l
アヘン　307r,591l,641r,642r

甘え　18l,31l,236l,505l
「甘えの構造」　277l
アミタール・ソーダ　448l
アミトリプチリン　349r
アミロイド　26l
アメニティ　19l
アラティーン　422l
アラノン　422l
ありのままの自己　**20l**
『ある5歳男子の恐怖症の分析』(S.フロイト)　174l
在ること　36l
アルコホーリック・アノニマス(AA)　24r,86l,422l
アルコール　69r,209r,362r,591l
アルコール依存症　10l,22r,55l,91l,136r,149r,259r,422l,504r,701r
アルコール症　**22r**,444l
　胎児性アルコール症候群　22r
　慢性アルコール症　209l
アルコール性嫉妬　299r
アルコール中毒　22l,149l,281l
アルコール乱用　23l
『アルジャーノンに花束を』(キース)　105l
アルツハイマー型知情意低下症　237l
アルツハイマー病　**25l**,149l,572l
α 胎児性タンパク　320l
α 派　533l
在るべき姿　581r
アルミニウム　26l
あるものからの自由　718l
あるものへの自由　718l
アレキシサイミア　362r
アレクサンダー・テクニーク　517r
アレルギー　**27l**,446l
アレルゲン　27l
暗示　**28l**,257l
　自己暗示　376l
　自己暗示法　283l
　被暗示性　28l,105l
　『意識的自己暗示による自己支配』(クーエ)　283r
安静練習　338l
安全欲求　34r
安定感への欲求　285r,525r
安定帰属　153r
アンドロゲン　89lr,382r,385r,490l
アンドロジェン不適応症候群　383l

事項索引

アンドロジナス論　648*l*
『アンネの日記』　271*l*
アンビヴァレンス　**30***l*,181*r*,479*l*,506*r*
アンフェタミン　446*r*,500*r*,591*l*
安楽死　**31***l*
安楽死協会　700*r*

い

いいかえ　637*l*
いい子（良い子）　10*r*,17*r*,43*l*,362*r*,425*l*
言い間違い　201*r*,254*l*
言い訳　230*r*
家　118*r*
家制度　118*l*
イオカステ（『オイディプス』）　76*l*
怒り　686*r*
イーガン・アプローチ　416*l*
生きがい　17*r*,**32***l*,150*r*,240*l*,285*r*,325*l*
生きがいの要素　**34***l*
生きがいの欲求　368*r*
生きがい療法　53*l*,141*l*
生き方　53*l*
生き方の質　**179***l*
意義への意志　717*r*
イー・キュー（EQ）　**36***r*
生きられる時空　667*l*
生きられる世界　203*l*
生き〔てい〕る価値（意味）　33*r*,240*l*,243*l*
生きること　538*l*
いけにえの羊　314*l*（→「スケープ・ゴート」も参照）
池袋児童の村小学校　600*l*
移行対象（対象物）　507*l*,515*l*
意志　53*l*,284*l*
　意味への意志　205*r*
　権力への意志　603*r*,710*r*,717*r*
意志訓練公式　339*l*
意志決定　38*l*
意志決定能力　164*l*
意志決定モデル　**38***r*
意志薄弱　44*l*
意志力　50*l*
意地　236*l*
『石狩平野』（船山馨）　686*l*
意識　**37***l*,675*r*
　外界意識の離人症　697*l*
　自分の意識　604*l*
　純粋意識　202*r*
　身体意識の離人症　696*l*
　前意識　38*l*,391*l*,553*l*,651*l*
　潜在意識　568*r*

超越意識　654*l*
表面意識　568*r*
変成意識　654*l*
臨死意識　265*l*
意識化　158*l*,317*l*
意識覚醒（CR）　586*r*
意識障害　436*l*
意識状態　503*r*
『意識的自己暗示による自己支配』（クーエ）　283*r*
意識の志向性　202*r*
石原表　270*l*
いじめ　**40***l*,131*l*,225*l*,437*l*
E 尺度　196*l*
異常人格　**41***l*
『異常心理学』（サラソン夫妻）　26*r*
『異常心理の発見』（アレン）　105*l*,556*l*
移植コーディネーター　264*l*
泉橋慈善病院　55*l*
異性愛　408*l*
異性装症　400*l*
異性装症的フェティシズム　584*l*
急げ急げ病　449*l*
依存　9*r*
　共依存　10*l*
　身体的依存〔性〕　500*r*,591*l*,643*l*
　精神的依存　500*r*,591*l*
　絶対的依存期　515*l*
　相互依存　518*r*
　物質依存　**591***l*
依存性　**43***l*,502*l*
　アルコール依存症　10*l*,22*r*,55*l*,91*l*,136*l*,194*r*,259*r*,422*l*,504*r*,701*l*
　ギャンブル依存症　136*l*
　薬物依存症　55*l*
　薬物依存症者（NA）　422*l*
依存的人格障害　**44***l*
痛み　51*l*
一元論　680*l*
一次強化子　496*l*
一次的動因（力動的心理学）　693*r*
一次的抑圧　681*r*
一次的欲求　683*l*
一時保護　303*l*
一面提示　418*r*
一卵性双生児　491*l*
一過性脳虚血発作（TIA）　530*r*
一歳六カ月健診　260*r*
一者関係　446*l*
一寸法師　716*r*
一対一のセッション　560*r*
一体感　689*l*
逸脱行動　687*l*
一致性　277*l*
1.57 ショック　309*r*

一般健康調査質問紙法（GHQ）　8*l*
一般システム理論　124*r*,293*l*,629*l*,694*l*
一般生物体システム理論　124*r*
逸話　81*l*
偽りの自己　**45***l*
遺伝か環境か　548*l*
イド　**75***l*,104*l*,391*r*
移動　671*l*
意図的面接　634*l*
イニシエーション　328*l*
遺尿　667*l*
いのちの電話　151*r*,481*l*,623*r*
『イブの3つの顔』（セグペン，クレックレイ）　314*l*
異文化間カウンセリング　**47***r*
異文化間ストレス　**47***r*
異文化の移行体験　138*l*
異邦人　639*l*
今－ここで　**49***l*,146*l*,159*l*,188*l*,473*l*,481*l*,507*l*
今，ここでの気づき　183*r*
今，ここでの体験　145*l*
意味記憶　148*r*
意味づけ　279*r*,684*l*
意味に気づく　172*l*
意味の反映　637*l*
意味への意志　205*r*
イミプラミン　349*r*,447*l*,554*r*,597*r*,668*l*
移民　639*l*
イメージ　357*l*,505*l*,604*r*
　ボディ・イメージ　414*l*,575*r*,**624***l*
イメージ暗示　29*r*
イメージ法　158*l*
　論理療法的イメージ技法（REI）　723*l*
イメージ・リハーサル法　257*l*
イメージ療法　28*l*,**50***r*,141*l*
癒す力　**51***r*
意欲　477*r*
　学習意欲　325*l*
意欲減退候群　17*r*,439*l*
イラショナル・ビリーフ（iBs）　**54***l*,193*l*,722*r*
いらだち気分　332*l*
医療ソーシャル・ワーカー（MSW）　**55***l*,311*l*,313*l*
医療費　461*r*
医療費公費負担　326*l*
医療費補助　326*l*
医療保険　102*l*,312*l*
医療保護　618*r*
医療保障　313*l*
イルマの夢（フロイト）　672*l*
飲酒　24*l*,238*l*

事項索引

飲酒運転　22r
陰性エディプス・コンプレックス　76r
陰性症状　485r
陰性転移　479l
陰性のストローク　368r
インセスト・タブー　177r
インター・セクシュアル　369r
インタビュー　634l
インテーク　56l
インテグリティ・グループ（I. G.）　86l
インド哲学　680l
インナー・チャイルド　11r, 57l
インピラーゼ　67r
インフォームド・コンセント　58r, 264l, 319r, 409r, 701l
インポテンス　60l, 712r

う

ヴァーチャル・ドクター　410l
ヴェジテセラピー　539l
ヴェーダ　464l
『ヴェニスに死す』　276r
ウイルス保有者　65r
ウィルソン病　64r
ウィロビー人格評定表　187l
ウィーン第三学派　297r
ウェクスラー式知能検査　8l
ウェルカム・ホーム　138l
ウェルニッケ失語　295r
ウェルニッケ病　209l
受身の対象愛　19l
『失われし自我を求めて』（メイ）　511r
『失われた私』（シュライバー）　105l
内気　375l
打ち消し　615r
内田クレペリン〔精神作業〕検査　8l, 373r
うつ状態　26r, 62l, 136r, 226r, 239r
　大うつ状態　62r
　神経症的うつ状態　344r
うつ病　23l, 61l, 136l, 141r, 213l, 523r, 596r
　季節うつ病　62r
　出産後うつ病　640r
　昇進うつ病　124l
　初老期うつ病　226r
　躁うつ病　96l
うつ病説　594r
右脳　608l
ウパニシャド哲学　464l
産む性　274l
ウロボロス　452l

運転酔い　535l
運動性構音障害　63r, 84l
運動酔い　535l

え

英国カウンセリング協会（BAC）　365l
英国対象関係論　445r
エイズ（AIDS）　31r, 65l, 67r, 69l, 71l, 612l, 628l（→「後天性免疫不全症候群」も参照）
エイズ関連症候群（ARC）　72l
エイズ予防　69l
衛生委員会　499r
衛生教育　618r
映像模倣法　658l
HIV感染経路別の危険性　70l
HTP法　97l
栄養　531r
栄養失調　149r, 175r, 532l
A-S尺度　196l
笑顔（乳児）　514l
易怒性　524r
エゴ　104r, 201l
エゴグラム　73l, 374l, 376r
エス　75l, 104l, 267r, 391l, 467l, 677l
エスの抵抗　475l
SR理論　122r, 613l
SAT法　608l
STグループ　144r
エストリオール　320l
エストロジェン　89r, 226r
エスノグラフィ　603l
エスリン研究所　183l, 215r
『エチコイ・カラクテレス』（テオフラストス）　371r
エディプス期　457r
エディプス・コンプレックス　1l, 30r, 76l, 178r, 196l, 299l, 458r, 479l, 614r, 674r, 681r
エドワーズの性格検査（EPPS）　373r
NK細胞　52r
エネルギー　537l
　衝動エネルギー　700l
　心的エネルギー　201r, 699r
　生体エネルギー法　681l
　性的エネルギー　1l, 538l, 700l
　生命エネルギー　538l
　バイオエネルギー　538l
ABC分析　613l
A-B-C〔-D-E〕理論　72r, 722r
エピソード記憶　148r, 149l
エポケー　202r
絵本　77r

『絵本と童話のユング心理学』（山中康裕）　78r
エミー・フォン・N（フロイトの患者）　705r
『エミール』（ルソー）　290l
MRI派　125l
MSSM＋C法　80l
エラノス会議　675l
選ぶ自由　477r
エリクソン法　80r
エリザベト・フォン・R（フロイトの患者）　705r
Lトリヨードサイロニン　63r
『エレクトラ』（ソフォクレス，エウリピデス）　81l
エレクトラ（『エレクトラ』）　81r
エレクトラ・コンプレックス　77l, 81r, 479l
エロス　134l, 408l
エロスの原理　15r
『エンカウンター・グループ』（ロジャース）　720r
エンカウンター・グループ（EG）　49l, 82r, 85r, 145l, 182r, 183r, 637r, 720r
エンカウンター・グループ・ワークショップ　522l
エンカウンター・セラピー　471r
円環的因果律　127l
嚥下障害　83r
塩酸リドカイン　446r
遠視　269r
遠城寺式乳幼児分析的発達検査法　200r
援助者　610l
援助的人間関係　85l, 610lr
エンゼルプラン　304r, 309r
エンテロキナーゼ　555r
煙突掃除療法　283r
エンパシー　526l
エンパワーメント　86l
塩分　530r
延命治療　59l

お

老い　236l, 717l
追い込み要因　661r
『オイディプス』（ソフォクレス）　76r
『老いのソウロロギー（魂学）』（山中康裕）　236l
黄金の三日月地帯　501l
黄体形成ホルモン　491r
応答技法　85r
応答行動　359r
応答反応　484r

事項索引　892

応答法　154*l*
応用行動分析　221*r*
大うつ状態　62*r*
オーガズム　413*l*, 640*r*
オーガズム期（相）　385*l*, 412*r*
オーガズム障害（不全）　385*l*, 405*l*
置き換え　88*l*, 91*r*, 614*r*, 615*l*
　衝動置き換え　91*r*
オージオメータ　465*r*
オージオロジスト　465*r*
お茶大式言語能力発達質問紙　200*l*
おとぎ噺　77*r*
男と女　709*l*
男の脳　89*l*, 382*r*
大人　377*l*
オナニー　639*r*
オペラント行動　90*l*, 221*r*, 245*l*, 359*r*, 497*l*, 612*r*
オペラント行動理論　359*r*, 360*r*
オペラント条件づけ　90*l*, 123*l*, 221*r*, 484*r*, 505*l*, 540*r*
オペラント条件づけ（ヨーガ式）　680*l*
オペラント法　154*l*
思い込み　72*r*, 73*l*
『思い出・夢・思想』（ユング）　673*r*
親　40*r*, 475*r*
　親権　695*l*
　父親喪失　459*r*
　父親なき社会　459*r*
　父親の存在　515*l*
　父親不在　240*l*, 459*r*, 595*l*
　母親　351*l*, 444*r*
　母親役割の終焉　137*l*
　批判的親（CP）　231*r*, 376*r*
　養育的な親（NP）　231*r*, 376*r*
　両親　2*l*, 18*l*, 369*l*, 475*l*
親の自我状態（P）　231*r*
親業　92*l*
親子心中　562*r*
親代償　215*r*
親離れ　696*l*
オラヌール実験　539*l*
オリエンタリズム批判　602*r*
オリエンテーション　229*r*
オルゴン療法　539*l*
オルタナティブ・スクール　599*l*
オールドカマー　97*l*
俺も族　137*r*
『音楽』（三島由紀夫）　671*l*
音楽療法　93*r*, 185*r*
音声障害　94*l*
女の脳　89*l*, 382*r*
女らしさ　647*r*

か

外因的一般的帰属　154*l*
外界意識の離人症　697*l*
絵画語彙発達検査（PVT）　200*r*
絵画療法　96*l*, 185*r*
快感原則　75*r*, 201*r*（→「快楽原理」も参照）
『快感原則の彼岸』（S. フロイト）　134*l*, 506*r*
快感消失　332*l*
外向型　275*r*, 373*l*
外国人子女　131*r*
外国人労働者　97*l*, 639*r*
介護支援専門員　99*l*, 102*l*
介護者の負担　459*l*
介護認定審査会　102*l*
介護費用　102*r*
介護福祉士　100*l*, 309*l*
　社会福祉士及び介護福祉士法　100*r*, 234*r*, 311*l*, 434*r*
介護保険　101*r*, 312*r*
介護保険制度　99*r*
介護保険法　99*l*, 101*r*, 234*r*, 309*l*, 310*l*
外在化　278*r*, 509*l*
解催眠暗示　29*l*
快擦症　400*l*
概日リズム　446*l*
会社人間　123*r*
外傷後健忘　208*r*, 349*l*
外傷後ストレス障害　348*r*
外傷体験　347*l*
階層論　210*r*
解体　441*l*
外的客我　268*r*
快適さ　19*l*
概念的理論　122*r*
海馬　149*l*, 208*r*, 346*l*, 436*l*
開発カウンセリング　215*l*（→「予防・開発的カウンセリング」も参照）
回避－回避型（葛藤）　133*r*, 507*r*
回避型人格障害　103*l*
回避訓練　484*r*
快・不快　104*l*
回復困難な損傷　329*l*
外部志向型　246*r*
解放　58*r*
解放システム　125*r*
『かいまみた死後の世界』（ムーディ）　704*l*
解明　603*l*
潰瘍性大腸炎　510*r*
快楽原理　104*l*（→「快感原則」も参照）

解離性〔自己同一性〕障害　104*r*, 455*r*, 697*l*
解離のメカニズム　455*r*
カイロ会議　703*l*
カイン・コンプレックス　299*l*
カウチ　317*r*
カウプ指数　575*l*
カウンセラー　105*r*, 259*l*
　カウンセリング学会認定カウンセラー　107*r*
　学校カウンセラー　107*r*
　キャリア・カウンセラー　107*r*
　教師カウンセラー　361*l*
　産業カウンセラー　527*l*
　スクールカウンセラー　107*l*, 361*l*, 437*l*
　セックス・カウンセラー　411*r*
　認定キャリア・カウンセラー　165*r*
　パラ・カウンセラー　559*l*
カウンセラーの資格認定　107*l*
カウンセラーの自己評価　108*l*
カウンセリング　14*l*, 109*r*, 356*l*
　異文化間カウンセリング　46*r*
　開発カウンセリング　215*l*
　家族カウンセリング　184*l*, 629*l*
　キャリア・カウンセリング　164*r*, 259*l*
　グループ・カウンセリング　183*l*
　系統的折衷的カウンセリング　416*r*
　結婚カウンセリング　193*l*
　行動カウンセリング　218*l*
　行動主義的カウンセリング　218*l*
　行動療法的カウンセリング　218*l*
　高齢者のカウンセリング　235*r*
　コ・カウンセリング　256*l*
　婚前カウンセリング　695*l*
　再評価カウンセリング　256*l*
　産業カウンセリング　259*l*
　システム論的家族カウンセリング　292*l*
　集団行動カウンセリング　184*l*
　職業カウンセリング　259*l*
　新婚期カウンセリング　696*l*
　精神分析的カウンセリング　392*r*
　セックス・カウンセリング　411*l*
　折衷的カウンセリング　416*l*
　セルフ・カウンセリング　420*r*
　相互カウンセリング　256*l*
　第一次予防カウンセリング　437*l*
　第二次予防カウンセリング　437*l*
　多重カウンセリング　14*r*
　脱会カウンセリング　140*l*
　電話カウンセリング　481*l*
　統合的カウンセリング　487*l*
　人間学的〔・実存的〕カウンセリング　518*r*

事項索引

パストラル・カウンセリング 546r,**623l**
発達的折衷的カウンセリング 416r
パラ・カウンセリング 111l,610r,635r
ピア・カウンセリング 47l,85r,111l,156l,**559l**,610r
悲嘆カウンセリング **570l**
フェミニスト・カウンセリング 87l
ヘルス・カウンセリング **607r**
牧会カウンセリング 111l,**623l**
マイクロカウンセリング〔技法〕 71r,282l,417l,**634l**
マリッジ・カウンセリング **644r**
ミニ・カウンセリング **649r**
予防・開発的カウンセリング 130r,215l,**403l**,437l
来談者中心カウンセリング 284r
ライン・カウンセリング 111l,610r
臨床的カウンセリング 431r
カウンセリング学会認定カウンセラー 107r
カウンセリング心理学 110r
カウンセリングの理解 402l
「カウンセリングと心理療法」(ロジャース) 6r
カウンセリングにおける人間関係 **112r**
カウンセリングの起源 431l
カウンセリングの種類 111l
カウンセリング・プロセス **113r**
カウンセリング・マインド **115r**
カウンセリング理論 110r
カウンセリング・ワークショップ 517l
科学主義 222l
科学的学習理論 122l
化学物質過敏症(CR) **117l**
かかわり行動 636r
書く 420l
核家族 **118l**
核磁気共鳴画像 **78r**
学習 287l,359r
　強化学習 123l
　生涯学習 324l,661l
　体験学習 587r,721l
　代理学習 656r
　弁別学習 246l
　奉仕等体験学習 589l
学習意欲 325l
学習障害〔児〕(LD) 81r,**119l**,142l,200r,437l
学習障害児の教育 121l
学習性無力感 652l
『学習能力の障害』(マイクルバスト) 119l

「学習の理論は必要か」(スキナー) 122r
学習理論 **122l**,373l
　社会的認知学習理論 223l
拡充法 677r
覚醒暗示 29l
覚醒剤 500l,591l,641r
覚醒障害 665l
学生無気力症 17l(→「アパシー」「無気力」「無気力症」も参照)
拡大代替コミュニケーション 201l
隔離 615l
額涼感練習 338r
影 197l,244l,**313l**,315r,482r,604l
掛川市(静岡県) 324r
過呼吸 554r
仮死状態 704l
過剰適応 **123l**
過剰適応症候群 124l
過食 575r
　大食症 597l
　神経性大食症 413r,415l
過食症者 422l
臥褥期 660r
カセクシス 699r
仮説演繹システム 122l
家族 55l,118l,687l
　核家族 118l
　機能不全家族 10r,58l
　源家族モデル 456r
家族カウンセリング 184l,629l
　システム論的家族カウンセリング **292l**
家族画法 97l,490l
家族関係図 **265r**
家族システムの機能不全 57r
家族システム理論 **124l**,129l,629l
家族図 129l
家族布置 14l
家族ライフ・サイクル **127r**
家族療法 124l,**128r**,508r,629l
　構造論的家族療法 129l
　システム論的(システミック)家族療法 125l,**292l**
　多世代家族療法 **456l**
家族療法家の実態調査 293l
可塑性 447r
課題画法 96r
課題達成 478l
カタプレキシー 597l
　ナルコレプシー・カタプレキシー 597l,712r
語ること 538l
カタルシス 9l,96l,**129l**,186l,210l,316l,348r,705r(→「浄化」も参照)

価値観 161l,255r,274r
価値づけ 279r
価値低下 369l
画期的健忘 208r
学校 678l
　家庭学校 301r
　高等学校 130r
　盲学校 494r
　養護学校 494l,**678l**
　聾学校 466r,494r
　オルタナティブ・スクール 599l
　クロンララ・スクール 599r
　サマーヒル・スクール 599r
　チャーター・スクール 600l
　フリー・スクール 430l,**599l**
　マグネット・スクール 600l
学校カウンセラー 107r
学校教育法 175l,678l,707r
学校恐怖症 430l
「学校恐怖症」(ジョンソン) 594l
学校現場 662r
学校心理士 107r
学校における特別活動 **130r**
学校への外国人受け入れ **131r**
学校臨床心理士 107l,**361l**
葛藤 24r,40l,**133l**,231l,442r,507r,639r
　感情的葛藤 479l
家庭学校 301r
家庭環境 210r
家庭裁判所 332r,333l
過程尺度 115r
家庭内暴力(DV) 124l,**134l**,439r
家庭内離婚 695l
家庭不和 24l
家庭奉仕員 102l
カテコールアミン 686r
ガドリニウム 79r
金縛り 438l,596l,711r
悲しみ 180r
カナ拾いテスト 237r
カナマイシン 466l
過敏症 27l
　化学物質過敏症(CR) **117l**
過敏性大腸症候群 **135r**
過敏性膀胱 230l,580l
カフェイン 554l,591l
過保護 175r
過補償 229r,710r
噛みつき 213r
仮面 →「ペルソナ」参照
仮面うつ病 342r
空の巣 137r
空の巣症候群 124l,**136r**,272r
カリニ肺炎 65l
カルチャー・ショック 46r,**137r**

893

事項索引

逆カルチャー・ショック 48r, 152l
カルト 139l
カルバマゼピン 63r
加齢 429l
加齢による人格変化 717l
過労死 228r
かわい子ちゃん 688r
勘 147l
ガン 31r, 50r, 53l, 59l, 91r, **140**l
　子宮ガン 273r
　乳ガン 462l
眼圧異常 270l
感音難聴 465r, 622l
感化院 301r
感覚覚醒 517r
感覚覚醒グループ 183r
感覚刺激 142l
感覚障害 119l
感覚統合訓練 **142**l
感覚統合障害 142l
感覚統合療法 **142**l
感覚登録器 148r
感覚入力 142l
環境決定論 190r
環境世界 408r, 409l, 518r
関係集団 **322**l
関係性 80r, 125r
関係の世界 518r
関係のもち方 393r
還元主義 122l
看護師 **143**l
　訪問看護師 102l
感作 27l
　系統的脱感作法 123l, **186**r, 218r,
　　222r, 316l, 363r
　現実脱感作 187r
　集団脱感作療法 183r
　接触脱感作法 658l
観察効果（集団心理療法） 316r
感謝 505l
ガンジャ 501l
患者の権利 59l
感受期 367l
感受性 146r
感受性訓練 82r, **144**r, 182r, 183r,
　　472r, 637r
感情 **145**r, 329l, 331r
　共同感情 347r
　失感情症 146r, 346r
　性的感情 76r
　不快感情 256r
　抑圧された感情 537l
感情移入 267r, 526l
感情移入的理解 410r, 685r
感情過程 115r
感情交換 514r

感情失禁 209l, 238r
感情的葛藤 479l
感情的ストレス 686r
感情的洞察 488r
感情転移 599l
感情の反映 637l
感情の変化 52r
感情表現 146r
感情表出 146r
感情表出困難症 332l
肝障害 23l
関心 279r
　積極的関心 1r, 5r, **410**l, 685l
　無条件の肯定的な関心（配慮）
　　321l, 410r, 666r, 684r, 685l, 719r
　無条件の積極的関心 216r, 410l,
　　711r
感性 **147**l
感性教育研究会 147r
間接暗示 29r
間接的伝達法 154l
完全主義者 17r
完全癖 424r
肝臓機能検査値 213l
カンディード（ヴォルテールの詩編の
　　主人公） 653l
鑑定人 389l
感動 331r
カンナビス 591l
観念 576r
　心的観念 428r
観念〔運動〕失行 448l
観念上の悪循環 660r
ガンマハイドロキシブチレイト
　（GHB） 597r
かん黙 494l
緩和ケア 31r
緩和ケア病棟 620r

き

記憶 428r
　意味記憶 148r
　エピソード記憶 148r, 149l
　作動記憶 149l
　宣言的記憶 148l
　短期記憶 148r, 208l
　長期記憶 148r, 208l
　手続きの記憶 148r
記憶障害 25r, **147**r, 149l, 460r, 524r,
　　573l
記憶喪失 148l
記憶違い 201l
記憶の記号化・暗号化法 209l
記憶力低下 65r
飢餓 **149**r

機械論的モデル 123l
器官愛 407r
器官言語 328l
器官システム 125l, 126
気管支喘息 27l
危機 3r, 492l, 662l, 687r
　アイデンティティの危機 268l
　『青年と危機』（E. H. エリクソン）
　　4l
　中年期危機 137r
危機介入 151l, 481l, 662l
企業 351r, 527r
企業戦士 449l
起源神経症 479l
記号 197r
　記憶の記号化・暗号化法 209l
機構システム 125l, 126
気功法 653r
帰国子女 **152**l, 639l
既視感 697l
気質 371l
　執着気質 374l
　分裂気質 507l
　『４気質説』 373l
技術 6r
記述心理学 278l
記述精神医学 694l
記述的理論 123l
気性 371l
絆（きずな） 1r, 195l
　愛の絆 2l
　心の絆 289l
　心の絆療法 **242**l
『奇跡の人』（ヘレン・ケラー） 467r
季節うつ病 62r
帰属 153r
帰属療法 **153**l
期待効用理論 39l
期待不安 718r
喫煙防止 **154**l
吃音 **156**r
気遣い 279r
気づき 49l, **158**l, 188r, 473l, 517l
拮抗条件づけ 245l
キッチン・ドリンカー 136r
基底不安 525l
機能刺激説 694r
機能主義 537r
機能障害 325r
機能性大腸 135r
機能的構音障害 159r
機能的作業療法 258r
機能不全家族（家庭） 10r, 58l
きのくに子どもの村学園 600l
揮発性有機化合物（VOC）（揮発物質）
　　294r, 591l

事項索引

気分　329*l*, 331*r*
気分動揺　332*l*
技法的折衷　487*l*
『希望の革命』(フロム)　516*r*
基本家族　118*l*
基本の構え　73*r*
基本的信頼感　1*l*
基本的なかかわり技法　634*r*
基本的不安　475*r*
基本的欲求　683*l*
基本的出会い　83*l*
客我　267*r*
逆カルチャー・ショック　48*r*, 152*r*
逆制止　186*r*
逆説志向　489*l*
逆説睡眠　349*l*, 596*l*, 597*r*, 711*r*
逆説的思考　718*r*
逆説的性障害　299*r*
虐待　10*l*, 455*l*
　児童虐待　105*r*
　身体的虐待　564*l*
　精神的虐待　564*l*
　性的虐待　105*l*, 178*l*, 455*l*, 564*l*
　被虐待児　303*l*, 562*r*
　幼児虐待　11*l*, 78*l*, 134*l*, 455*l*
客体水準　673*r*
逆転移　167*l*, 217*r*, 286*l*, 442*r*
脚本の母ణ　161*l*
脚本分析　73*r*, 161*l*, 231*l*, 232*l*
客観主義　222*l*
客観的アプローチ　220*r*
客観的世界　684*l*
客観的理解　401*r*
逆行健忘　208*r*
キャラクター　372*l*
キャリア・エデュケーション　162*l*
キャリア・ガイダンス　163*r*
キャリア・カウンセラー　107*l*
キャリア・カウンセリング　164*r*, 259*l*
キャリア教育奨励法　162*r*
キャリア・プランニング　164*l*
ギャンブル依存症　136*l*
ギャンブル中毒者　422*l*
急性一酸化炭素中毒　436*l*
急性ストレス反応(ASD)　561*r*
急性悲嘆反応　151*l*
急速眼球運動(運動期)　670*r*, 711*l*, 596*l*
球マヒ　64*l*
教育　603*r*
　衛生教育　618*l*
　学習障害児の教育　121*l*
　感性教育研究会　147*r*
　キャリア教育奨励法　162*r*
　矯正教育　333*l*

心の教育　131*l*, 437*r*
個別教育プログラム　120*l*
心理教育(サイコ・エデュケイション)　131*l*, 437*r*
死への準備教育　307*r*
社会福祉教育　589*l*
生涯教育　324*l*
障害児教育　494*l*
初等教育の欠如　579*l*
進路教育　162*r*
全障害児教育法　120*l*
早期教育　427*r*, 454*r*
特殊教育　494*l*, 678*l*
人間中心の教育を実現化する会　517*l*
悲嘆教育　308*l*
福祉教育　588*r*
訪問教育　495*l*
ボランティア教育　631*l*
マザリング教育　565*l*
メンタルヘルス教育　177*r*, 437*l*
教育援助　437*l*
教育心理学　166*l*
教育相談室　430*l*
教育達成度　579*l*
教育分析　167*l*, 442*r*
共依存　10*r*
鏡映的自己　268*l*
強化　359*l*
　反動強化　559*l*
教会　308*l*
　キリスト教会　623*l*
　プロテスタント教会　623*l*
境界人　638*l*
境界人格障害(境界パーソナリティ障害)　168*l*
境界説(家族療法)　129*l*
境界例　168*l*
強化学習　123*l*
強化子　90*l*, 612*r*
　一次強化子　496*r*
　条件強化子　497*l*
　二次強化子　497*l*
　般性条件強化子　496*r*, 497*l*
　無条件強化子　496*r*, 497*l*
強化刺激　90*l*, 612*r*
強化随伴性　612*r*
　三項強化随伴性　613*lr*
強化スケジュール法　219*r*
強化遅延　497*l*
強化法　218*r*
　内潜正強化法　505*r*
　内潜負強化法　505*r*
　二次的強化訓練　484*l*
共感　719*l*
共感覚　169*l*, 514*l*

共感的理解　110*l*, **170***l*, 402*l*, 410*r*, 522*l*, 684*r*, 685*l*, 719*r*
共感能力　204*l*
教護院　**301***l*
恐慌障害　553*l*
恐慌状態　332*l*
教師　358*l*, 565*l*
教師カウンセラー　361*r*
教師学　93*l*
教師期待効果　**565***l*
共時性　171*l*, 252*r*, 315*l*, 675*l*
教授　287*l*
狭心症　449*r*
共生　17*l*
共生(家族療法)　129*l*
矯正院　333*l*
矯正院法　301*l*
矯正教育　333*l*
強制収容所(アウシュヴィッツ)　179*r*, 349*l*, 362*r*, 532*l*
強制わいせつ　709*r*
鏡像段階　276*l*
共通感覚　697*r*
共同感情　347*l*
共同作業所　**172***l*
共同的言語システム　509*l*
共働的対話　509*l*
強迫症状　344*r*
強迫神経症　173*r*, 229*r*, 424*l*, 559*l*, 606*r*, 659*l*
強迫〔型〕性格　17*r*, 237*r*, 440*l*
恐怖　177*l*, 186*r*, 255*l*
　視線恐怖　174*r*, 661*l*
　死の恐怖　660*l*
　醜貌恐怖　174*r*
　接触恐怖　174*r*
　尖端恐怖　344*r*
　体臭恐怖　174*r*
　刃物恐怖　174*r*
　不潔恐怖　174*r*, 580*r*
恐怖症　23*r*, **173***r*, 344*r*, 424*l*, 606*l*
　社会恐怖症　23*r*
　症状性恐怖症　174*l*
　赤面恐怖〔症〕　173*r*, 174*r*, 344*r*, 661*l*
　尖鋭恐怖〔症〕　174*r*, **424***l*
　対人恐怖〔症〕　174*r*, 290*l*, 661*l*
　動物恐怖〔症〕　174*r*, 614*r*
　独居恐怖〔症〕　606*l*
　ハンスの動物恐怖症　614*r*
　広場恐怖〔症〕　173*r*, 174*r*, 606*lr*
　閉所恐怖〔症〕　174*r*, **606***l*
恐怖〔性〕障害　171*l*, 174*r*
恐怖神経症　174*l*
恐怖対抗行動　559*l*
共鳴動作　514*l*

極小化　58*l*
局所論的観点　391*r*
虚弱児　**174*r***
虚弱児施設　175*r*
去勢コンプレックス　82*l*
去勢不安　77*l*, 458*l*
虚無　595*r*
『ギリシア語通訳』（ドイル「シャーロック・ホームズ」）　626*l*
キリスト教会　623*l*
起立性調節障害　**176*l***, 535*r*
切り離し　58*l*
『疑惑と行動』（フロム）　516*r*
筋萎縮性側索硬化症（ALS）　64*r*, 511*l*
キンカチョウ　89*r*
緊急反応　332*r*
緊急反応説　345*l*
筋緊張性頭痛　541*l*
均衡化　123*l*
近視　269*l*
筋弛緩　187*l*, 363*r*
筋弛緩法　176*l*, 187*l*, 222*r*, 375*l*
禁止令（交流分析）　161*l*
近親相姦　**177*l***, 323*l*
キンゼイ研究所　640*l*
『キンゼイ・リポート』　640*l*
近代的学習理論　122*r*
禁断症状　22*r*, 500*l*, 591*l*, 642*l*
緊張解消　316*r*
筋肉の鎧　537*r*, 539*l*
禁欲規則　394*l*

く

空間認知　383*l*
空間恐怖〔症〕　23*r*, 174*r*
空間分割法　96*r*
空腹　150*r*
クオリティ・オブ・ライフ（QOL）　67*r*, 72*l*, 143*r*, **179*l***, 701*l*（→「生命の質」も参照）
九月病　239*r*
薬の治療効果　446*r*
苦痛　539*r*
虞犯少年　333*l*
クモ膜下出血　531*l*
『供養する女たち』（アイスキュロス）　81*l*
クライエント　188*r*, 719*l*
クライエント観察技法　637*l*
クライエント中心療法　486*r*
クライネ・レヴィン症候群　597*l*
クライン派　506*l*
グラウンディング　537*r*, 539*l*
クラス法　183*l*

クラック　69*r*, 501*r*, 642*l*, 643*l*
クリアリング・スペース　588*l*
クリキシバン　67*r*
グリーフ・ワーク　11*r*, 58*r*, **180*r***, 516*r*, 607*r*, 691*l*（→「悲嘆の仕事」も参照）
グリム童話　81*l*
クリュタイメストラ（『エレクトラ』）　81*l*
グループ・アプローチ　**182*l***
グループ・エンカウンター　284*l*
　構成的グループ・エンカウンター　215*l*, 437*r*
グループ・女の人権と性　703*l*
グループ・カウンセリング　**183*l***
グループ・ダイナミックス　184*l*
グループ・トレーニング法　472*l*
グループホーム　496*l*
グループ・ワーク　182*r*
車酔い　**535*l***
クレチン病　213*r*
グレート・マザー　78*l*, 178*r*, 244*l*, 315*l*, 450*r*, 451*r*（→「太母」も参照）
グロース・センター　182*l*
クロルディアゼポキシド　306*r*
クロンララ・スクール　599*r*
訓練公式　338*l*
訓練精神分析医　167*r*

け

ケアハウス　496*r*
ケア・プラン　99*lr*
ケア・マネージャー　99*l*, 102*r*
ケア・ワーカー　**100*l***
経験価値　205*l*
経口避妊薬　531*l*
経済的　538*r*
経済論的観点　392*l*
芸術　323*r*
芸術療法　9*l*, 96*l*, **185*r***
軽傷うつ病　342*r*
傾聴　481*l*
　積極的傾聴　**6*r***
系統的自己分析　286*r*
系統的折衷的カウンセリング　416*r*
系統的脱感作法　123*l*, **186*r***, 218*r*, 222*r*, 316*l*, 363*r*
軽費老人ホーム　496*l*
けいれん性大腸　135*l*
ケーゲル運動　386*r*
ケシ　642*l*
ゲシュタルト・グループ　183*r*
ゲシュタルト療法　158*l*, **187*r***, 215*r*, 227*r*

ゲシュタルト理論　708*r*
ケース　188*r*
ケース・カンファレンス　57*l*
ケースワーカー　**188*r***
ケースワーク　188*r*, **190*l***
解脱　464*r*
血圧　516*l*
　高血圧　238*l*, 530*r*, 540*r*
血液・脳関門　26*l*
月経　597*l*
　初潮　451*l*
　初潮年齢　291*l*
月経困難症　192*l*
月経随伴症状　192*l*
　生理痛　273*r*
月経前緊張症　**191*r***
結婚　55*l*, **192*r***, 350*l*, 644*r*, 695*l*, 696*l*
　国際結婚　**240*r***, 542*r*, 543*l*, 639*l*
　『地球家族づくり国際結婚』（石川幸子）　241*l*
　再婚の儀式　137*l*
　未婚の母　**647*l***
　離婚　118*l*, **695*l***
　離婚率　695*l*
結婚カウンセリング　193*r*
　婚前カウンセリング　695*r*
　新婚期カウンセリング　696*l*
『結婚革命』（ロジャース）　720*r*
結実要因　661*r*
欠神　480*r*
結膜炎　27*l*
ゲーム　273*l*, 536*l*
　『人生ゲーム入門』（バーン）　73*r*, 194*l*
　心理ゲーム　232*r*
ゲーム分析　73*r*, **194*l***, 231*l*, 232*l*
権威〔主義〕的態度　45*l*, **195*l***, 401*r*
検閲　671*l*, 672*l*, 673*r*
検閲作用　474*l*
嫌悪刺激　90*r*
幻覚剤　591*l*
幻覚発現薬　591*l*
源家族モデル　456*l*
元型　171*r*, **196*r***, 252*r*, 275*l*, 285*l*, 315*l*, 327*l*, 347*r*, 604*l*, 646*r*, 671*l*, 675*l*, 715*l*
元型夢　677*r*
健康指導　499*l*
健康心理士　108*r*
健康相談　608*l*
健康相談法　607*r*
健康測定　499*l*
健康づくりスタッフ　500*l*
健康な人格　204*l*
健康な退行　441*l*
健康保険　101*r*, 102*l*

健康保持増進活動計画（THP） **499***l*
言語機能　447*r*
言語障害　25*r*,**197***r*,383*l*,494*r*,524*r*
言語障害〔児〕学級　**198***r*,494*l*
言語性学習障害児　121*l*
言語聴覚士　84*l*,94*l*,95*r*,419*r*,465*r*,622*lr*
言語的コミュニケーション　522*l*
言語的表現　321*l*
言語発達遅滞　**199***r*
言語連想実験〔テスト〕　253*l*,651*l*
言語連想法　483*l*
顕在夢　671*lr*,673*l*
原始心象　328*l*
現実吟味　**201***r*
現実原則　111*r*
現実検討　**201***r*,316*r*
現実原理　104*l*
現実思考サンプリング法　154*l*
現実脱感作　187*r*
現実との生ける接触の喪失　485*l*
現象学　49*l*,**202***l*,520*l*
『精神現象学』（ヘーゲル）　432*l*
現象学的還元　202*r*
現象学的・実存的アプローチ　409*l*
現象学的心理学　296*r*
現象学的世界　50*l*,206*r*
現象学的人間論　207*l*
現象学的理論　373*l*
現象論的自己論　268*r*
健診　260*r*
健全なパーソナリティ　**203***r*
現存　205*r*
現存在（ダーザイン）　**205***r*,206*l*,207*r*,408*r*,409*l*,428*l*
現存在分析　**207***l*
現存在分析論　203*l*,207*l*
現存性　50*l*
限定連想　317*l*
見当識　**208***r*
　失見当〔識〕　149*l*,458*r*
見当識喪失　26*r*,209*l*,237*l*
言難学級　494*l*
健忘　148*l*,**208***l*,460*r*
　催眠後健忘　257*r*
　健忘失語　573*l*
言友会　157*r*
嫌リスク　39*l*
権力への意志　603*r*,710*r*,717*r*

こ

抗アンドロゲン作用　491*l*
行為化　**217***l*
抗うつ薬　63*l*,136*l*,447*l*
構音障害　64*l*
運動性構音障害　63*r*,84*l*
機能的構音障害　**159***r*
後悔理論　39*l*
口蓋裂　**214***r*
強姦　**709***l*
交感神経〔系〕　385*l*,449*l*
抗議　429*l*
公共職業安定所　334*r*
合計特殊出生率　99*l*,304*r*,309*l*
攻撃衝動　323*r*
攻撃性　**210***l*
高血圧　238*l*,530*r*,540*r*
抗原　27*l*
高校中退　**210***l*
交互作用アプローチ　182*r*
恍惚〔感〕　280*r*,332*l*,643*l*
『恍惚の人』（有吉佐和子）　25*r*,236*l*
交叉感作　27*l*
公式（自律訓練法）　338*l*
高脂血症　530*r*
高次神経回路　556*r*
口実　230*r*
公衆衛生　87*r*,313*l*
恒常性の原理　104*l*
甲状腺機能低下〔症〕　**212***r*,238*l*
甲状腺ホルモン　212*l*
甲状腺ホルモン剤　213*r*
口唇期　30*r*,**213***r*,441*l*,445*l*
口唇性格　44*r*
口唇愛　**214***l*
向性検査　402*l*
構成失行　448*l*
抗精神病薬　486*r*
向精神薬　501*l*
構成的 EG（エンカウンター・グループ）　643*r*
構成的グループ・エンカウンター　**215***l*,437*l*
厚生年金　101*r*
構成法　215*l*
構成法（グループ・エンカウンター）　215*l*,216*l*
合成麻薬　642*l*
厚生労働省精神保健課　656*l*
構造化連想法（SAT）　608*l*
構造主義的発達理論　551*r*
構造派　125*l*
構造分析　73*r*,231*l*
構造論的家族療法　129*l*
構造論的観点　391*r*
抗体　27*l*
交替（再評価カウンセリング）　256*l*
肯定的ストローク　368*r*
肯定的尊重　**216***r*
肯定的同一性　444*l*
肯定的な配慮　410*r*

公的年金　101*r*
公的扶助　191*l*,312*r*
後天性免疫不全症候群　65*l*（→「エイズ」も参照）
行動の四角形　92*r*
行動の障害　524*l*
行動化　**217***l*,306*l*
行動化への手ほどき技法　85*r*
行動カウンセリング　**218***l*
高等学校　130*r*
　高校中退　**210***l*
行動観察　303*r*
行動検査　402*l*
行動修正　123*l*,**218***l*
行動主義　46*l*,**220***l*
　古典的行動主義　122*l*
　徹底的行動主義　221*l*
　方法論的行動主義　221*l*
行動主義心理学　1*l*,359*r*,502*l*,521*l*
行動主義的カウンセリング　218*l*
行動主義的集団療法　183*r*
行動主義理論　518*l*
行動随伴性　221*r*
行動制限療法　415*l*
行動的アプローチ　123*l*
行動的コミュニティ心理学　219*l*
行動派　125*l*
行動分析　122*l*,612*r*
　応用行動分析　221*r*
　実験的行動分析　221*r*
行動分析学　**221***l*
行動変容　505*l*
行動療法　114*r*,123*l*,186*r*,**222***l*,284*l*,356*l*,375*l*,417*l*,496*r*,505*l*,508*r*
行動療法的カウンセリング　218*l*
『行動療法と神経症』（アイゼンク）　222*l*
『行動療法入門』（祐宗省三他）　222*l*
行動連鎖　123*l*,497*l*
高度経済成長　118*r*
校内暴力　131*l*,**223***l*
更年期　137*l*,274*l*
更年期障害　**226***l*
更年期不定愁訴症候群　**226***l*
高年齢出産　453*l*
広汎性発達障害　200*r*
抗不安薬　136*l*,209*l*,362*r*,591*l*
幸福　**227***l*,654*r*
『幸福論』（アラン）　227*l*
『幸福論』（ヒルティー）　227*l*
『幸福論』（ラッセル）　227*l*
興奮相　412*r*
公平さ　456*r*
硬膜下血腫　562*r*
公民権運動　559*r*

事項索引

肛門愛　229r
肛門期　229l, 441r
肛門期固着　229r
肛門性格　229r
高揚気分　332l
合理化　230l, 598r, 615r
好リスク　39l
合理づけ　230l
合理的な考え方　722r
交流（生涯学習）　325r
交流パターン分析　73r
交流分析（TA）　57l, 73l, 161l, 187r, 194l, 231l, 272l, 368l, 369l, 376r
高齢化社会　99l, 233l
高齢化率　309l
高齢者　25r, 691l, 716r
高齢者のカウンセリング　235r
高齢者の知意意低下症　236r
　知意意低下症高齢者の介護　458r
高齢者介護　234l
　知意意低下症高齢者の介護　458r
高齢者保健福祉推進十カ年戦略　100r
　（→「ゴールドプラン」も参照）
高齢社会　99l, 233l, 309l
凍りついた凝視　563l
コカ　641r
コカイン　69r, 76l, 500r, 591l, 601r, 641r, 643l
コ・カウンセリング　256l
五月病　239l
「コカについて」（S. フロイト）　601r
コギト　202r
呼吸調整練習　338r
呼吸法　537l
刻印づけ　366r
国際緊急電話相談連盟（IFOTES）　481r
国際結婚　240r, 542r, 543l, 639l
国際障害者インターナショナル　534r
国際障害者年　172r, 327l
国際障害者年行動計画　534r
国際人権規約　131r
国際人口・開発会議　87l, 703l
国際精神分析協会　167r
国際電信電話株式会社　259r
国際平和　720r
国際ボランティア貯金（郵政省）　631r
国際労働機関（ILO）　334l
告白　603r
『国民生活白書』（経済企画庁）　647r
国民年金　579l
国立精神衛生研究所　656l
国立防疫センター　71l
国リハ式（S-S 法）言語発達遅滞検査　200r

国連　534r, 578r
国連エイズ計画　65l
国連世界社会開発サミット　578r
国連人間環境会議　20l
心とからだの健康づくり運動　351g
心と心のふれ合い　471l
『心と肉体』（ダンバー）　345l
心の絆　289l
心の絆療法　242l
心の教育　131l, 437r
心の健康対策の実施状況　656l
心の健康を守る運動　655l
心の構造　275l
心の像　244l
『心の旅路』（映画）　209l
心の働き（ブレンターノ）　279l
心の発達　393l
心の四つの窓　336l
固執　450r, 598l
個人心理学　347r
個人的世界　409r
個人的無意識　347l, 604r, 677l
個性化　193l, 204r, 243r, 244r, 275l, 284r, 285l, 351l, 604r, 671l, 675r
『個性化過程の経験について』（ユング）　675l
個性化の過程　197l
個性化の達成　244l
子育て　137l, 585r
子育ての終焉　137l
誇大気分　331r
誇大自己　276r
5段階説（グリーフ・ワーク）　265l
国家喫煙コントロール・プログラム　155l
骨粗鬆症　226l
固定制　331l
コデイン　597l
古典的行動主義　122l
古典的条件づけ　123l, 244r
古典的レイプ　709l
孤独　246l
孤独なエディプス時代　567r
孤独な群衆　246r
孤独感肯定説　247l
孤独感否定説　247l
ことばきこえの学級　494l
ことばによるストローク　368r
ことばの遅れ　199r
ことばの壁　132l
ことばの教室　160l, 199l
『子供たちは森に消えた』（カレン）　105l
子ども
　自由な子ども（FC）　231r, 377l
　順応した子ども（AC）　231r, 377l

順応した子どもの自我状態（AC）　231r, 377l, 57l
問題行動（子どもの）　662r
子どもの権利条約　304l
子どもの自我状態（C）　231r
子どもの社会化　118l
『子どもの劣等感』　710r
子ども110番　640l
コネティカット精神衛生会　655r
『五番目のサリー』（キース）　105l
コーヒー　463r
コーピング　211l
個別教育プログラム　120r
個別指導　190r
個別法　96l
コミュニケーション　118l, 193r, 197r, 247l, 513l
　拡大代替コミュニケーション　201l
　言語的コミュニケーション　522l
　説得的コミュニケーション　418r
　非言語的コミュニケーション　566l, 625r
コミュニケーション障害　306l
コミュニケーション・トレーニング　138l
コミュニケーション派　125l
コミュニケーション理論　129l
コミュニティ・オーガニゼイション　309l
コミュニティ・ケア　309l
コミュニティ心理学　249l
　行動的コミュニティ心理学　219l
コ・メディカルスタッフ　419r
固有我　268r, 275l
固有の内的世界　518r
雇用就業　334l
雇用保険　312r
コラージュ　80l
孤立　16r
互療会　422l
コルサコフ症候群（症状）　149l, 209l
コルチコトロピン　414r
ゴールドプラン　99l, 100r, 309r, 495l
　新ゴールドプラン　99l, 100r, 102r, 234r, 309r, 312r, 495l
コレステロール（値）　213l, 530r
婚姻　192r（→「結婚」も参照）
コングルエンス　250l, 277l（→「自己一致」も参照）
混血児　639l
コンサルテーション　249r, 251l, 366l, 692l
コンサルテーション精神医学　690l
今昔物語　606l
昏睡　530l
コンステレーション　252l

事項索引

婚前カウンセリング　695r
コンテクスト　503r
コンテント　503r
コンドーム　70l
コンパニオン・アニマル　141l
コンピュータ　19r
コンピュータ過剰適応型　124l
コンピュータ〔連動〕断層撮影法（装置）（CT）　78r, **300l**, 530r
コンプリメンタル　24r
コンプレックス　38l, 40r, 197l, **253l**, 275l, 315r, 317l, 347l, 348l, 604l
　陰性エディプス・コンプレックス　76r
　エディプス・コンプレックス　1l, 30r, **76l**, 178r, 196l, 299l, 458r, 479l, 614r, 674l, 681r
　エレクトラ・コンプレックス　77l, **81r**, 479l
　カイン・コンプレックス　299l
　去勢コンプレックス　82l
　シンデレラ・コンプレックス　348r, 713l
　乳房コンプレックス　**462l**
　ナポレオン・コンプレックス　299l
　陽性エディプス・コンプレックス　76r
　劣等コンプレックス　711l
コンプレックス指標　253r
コンプレックス心理学　674r
『コンプレックス総論』（C. G. ユング）　252l

さ

罪悪感　**255l**, 640l
サイアミン　209l
サイキロシン　213r
再決断療法　162l
サイコ・エデュケイション（心理教育）　131l, 437l
『サイコセラピーとパーソナリティの変化』（ロジャーズ）　719l
「サイコセラピーの過程」（ロジャーズ）　20l
サイコドラマ　**351r**
サイコヒストリー　553l
再婚の儀式　137l
再体験　58r
在宅支援サービス　99r
在宅〔介護〕支援センター　102l, 496l
『最低生活研究』（ロウントリー）　686l
最適化　123l
再統合　58r
サイバネティクス（理論）　124r, 508r, 629l

再評価　256l
再評価カウンセリング　**256l**
細胞システム　125l, 126
催眠　28l, 38l, 80r, 176r, 348r, 425l
　解催眠暗示　29r
　自己催眠　**283l**
　知覚催眠　438l
催眠技能士　108l
催眠後健忘　257r
催眠術　474r
催眠浄化法　130l, 283l
催眠誘導暗示　29l
催眠療法　28l, **256r**, 438r
　集団催眠療法　536r
催眠作用　209r
サイロキシン　63r
ザイン（存在）　206l
サイン・ゲシュタルト理論　122r
サウンド・スペクトログラフ　94r
サーカディアン・リズム　446r
サキナビル　67r
作業期　660r
作業検査（検査法）　8l, 373r
作業同盟　394r
作業療法　**257r**
　機能的作業療法　258r
　支持的作業療法　258r
作業療法士（OT）　84l, 258l, 419r
錯語　295r
作話　149r, 237r
ささえあい医療人権センター（COML）　410l
坐禅（座禅）　423l, 653lr
サッフォーの夢（フロイト）　672l
査定　7r
サディズム　195r, 401l, 583r
　性的サディズム　**400r**, 401l
サディズム的欲動　229r
作動記憶　149l
悟り　158l
差
　階層差　210r
　左右差　448l
　性差　210r, 370l, **382l**
　性差心理学　382r
差別　327l, **611l**
　障害者差別禁止法　327l
サポート・グループ　560r
サマーヒル・スクール　599r
サマリタンズ　481l
左右差　448l
サラゲート　413l
さわり　400l
三角モデル　569l
三環系抗うつ薬　597l
産業カウンセラー　527l

産業カウンセリング　**259l**
〔日本〕産業カウンセリング学会　165r
産業カウンセリング協会　165r
産業化の進展　118r
三項強化随伴性　613lr
三歳児健診　**260l**
三次元の世界　409r
産児制限　2r
産褥期精神障害　641l
酸素　649l
3段階方式　661r
サンドイッチ症候群　124l
サンド・プレー　483l
残尿感　273r
参与観察　602r

し

死　235l, **264l**, 277l
　安楽死　**31l**
　仮死状態　704l
　過労死　228l
　自死　23l, 168r, 169l, 239l, **288l**, 328r, 662l
　自死防止　242l, 288l
　死別　181l
　死亡率　686l
　尊厳死　**31l**, 700l
　日本尊厳死協会　700r
　乳幼児突然死症候群　515r
　入浴中突然死症候群　516r
　脳死　31l, 264l, 436r, **528l**
　臨死体験　426l, 438l, **704l**
　『かいまみた死後の世界』（ムーディ）　704l
　『尊厳死』（日本尊厳死協会）　700r
　『人は死ぬ時何を見るのか』（オシス，ハラルドソン）　704l
　「老人の死生観」（土居健郎）　236r
死の恐怖　660l
死の3兆候　528l
死の体験　328r
死の本能　134l, 445l
死の欲動　210l
死への準備教育　**307r**
地　159l, 708r
ジアセチルモルヒネ　501l
詩歌療法　185r
自意識過剰　229r
シェアリング（心理劇）　352r
ジェスター　625l
『ジェニーの中の400人』（スペンサー）　105l
ジェノグラム　**265r**
シェーピング　90r

事項索引　900

シェルター　135*l*, 627*r*
ジェンダー　369*r*
　トランス・ジェンダー　369*r*
ジェンダー・アイデンティティ　400*l*, 401*l*
支援体制　242*r*
自我　46*l*, 75*r*, 76*l*, 201*r*, 229*l*, 231*l*, 253*r*, **267***lr*, 290*l*, 323*r*, 347*l*, 391*r*, 445*l*, 446*l*, 467*l*, 681*r*, 696*r*
　親の自我状態（P）　231*r*
　順応した子どもの自我状態（AC）　231*r*, 377*l*, 57*l*
　成人の自我状態（A）　231*r*, 377*l*
　精神分析的自我心理学　267*r*
　超自我　75*r*, 76*l*, 77*l*, 178*r*, 267*r*, 391*r*, **467***l*
　超自我の抵抗　475*l*
　パーソン自我　445*r*
　補助自我　352*l*
『失われし自我を求めて』（メイ）　511*r*
『自我とエス』（S.フロイト）　75*r*, 134*l*
『自我と自己』（サイモンズ）　267*r*
『自我と防衛』（A.フロイト）　88*r*, 323*r*
自我の成熟　384*r*
自我の発達　507*r*
自我意識　267*r*
自我状態の分析　231*r*
自我心理学　392*r*, 445*l*
自我同一性　379*r*, 443*l*, 659*l*（→「アイデンティティ」も参照）
自我優越説　373*l*
視覚失調　270*r*
視覚失認　270*l*
視覚〔系の〕障害　**269***l*, 494*l*
視覚障害者　**270***r*
視覚性注意障害　270*r*
自覚的障害単位　187*l*
歯科検診　618*r*
シカゴ精神分析研究所　526*l*
時間の構造化　73*r*, 161*r*, 232*r*, **272***l*, 368*r*
色覚異常　270*l*
〔核〕磁気共鳴画像（診断装置）（MRI）　**78***r*, 119*l*, 306*r*, 530*r*
色彩失認　270*l*
色彩象徴法（CST）　483*l*
色彩心像視練習　338*l*
色聴　169*r*
子宮ガン　273*r*
子宮筋腫　273*r*
子宮欠如　273*r*
子宮全摘症候群　273*r*
子宮喪失　273*r*

支給限度額　102*r*
『ジキル博士とハイド氏』（スティーブンソン）　104*r*, 314*l*
視空間失認　25*r*
刺激性制御　613*r*
刺激等価性　614*l*
刺激般化　246*l*
刺激-反応（SR）理論　122*r*, 613*l*
始源児　716*l*
次元的存在　297*r*
自己　20*r*, 45*l*, 46*l*, 197*l*, 244*r*, 267*r*, **274***r*, 275*l*, 315*r*, 604*r*, 646*r*, 716*l*
　ありのままの自己　20*r*
　偽りの自己　45*l*
　解離性〔自己同一性〕障害　104*r*, 455*r*, 697*l*
　過大自己像説　594*r*
　鏡映的な自己　268*l*
　現象論的自己論　268*l*
　誇大自己　276*l*
　社会的自己論　268*l*
　真の自己　45*r*, 50*r*
　全体的な自己　46*l*
　断片的自己　276*r*
　不動の自己　537*r*
　有機体的自己制御機能　188*l*
『自我と自己』（サイモンズ）　267*r*
自己の可能性　518*r*
自己の身体の空間像　625*l*
自己への気づき　517*r*
自己愛　275*r*, 408*l*
自己愛の内向　615*r*
自己愛パーソナリティ障害　276*r*
自己暗示　376*l*
『意識的自己暗示による自己支配』（クーエ）　283*r*
自己暗示法　283*l*
自己意識　577*r*
自己意識の離人症　696*r*
自己一致　46*l*, 110*l*, **250***l*, 277*l*, 410*r*, 522*l*, 684*r*, 719*r*（→「コングルエンス」も参照）
自己開示　110*l*, **281***l*, 337*r*, 482*l*, 522*r*
自己概念　20*r*, 250*l*, 577*r*, 684*lr*
自己確知　189*l*
自己吟味　522*r*
自己訓練法　338*l*
自己形成史分析　420*r*
自己肯定的　246*l*
自己再統合　138*l*
自己催眠　283*l*
自己弛緩法　177*l*
『自己弛緩法』（原野広太郎）　177*l*
自己実現　21*l*, 33*r*, 34*r*, 35*r*, 109*r*, 116*r*, 124*l*, 163*r*, 204*l*, 227*r*, 243*r*,

244*r*, 255*l*, 268*r*, **284***l*, 324*r*, 477*l*, 503*r*, 517*l*, 521*r*, 525*r*, 587*l*, 604*r*, 646*r*, 675*r*, 684*l*, 716*r*
自己実現の過程　197*l*, 275*l*
『自己実現の闘い』（ホーナイ）　285*r*
自己実現傾向　109*r*
自己実現欲求　35*l*, 694*l*
自己受容　53*l*, 110*l*, 113*l*, 116*l*
自己心理学　694*r*
自己選択　116*l*
自己対決　113*l*
自己探求（探索）　522*r*, 611*l*
自己治癒的　544*l*
自己治癒〔能〕力　51*l*, 53*r*, 186*l*, 329*l*, 541*l*, 668*r*
『自己治癒力を高める』（川村則行）　51*r*
自己洞察　286*r*, 488*r*
自己内面の変革　471*l*
自己発見　49*r*, 116*l*
自己発見法　420*r*
自己評価　4*l*
　カウンセラーの自己評価　108*l*
自己表現　522*r*
自己不一致　684*r*
自己不全感　103*l*
自己分化　456*r*
自己分析　**285***r*
　系統的自己分析　286*r*
　随時的自己分析　286*r*
自己変容　337*r*
自己防衛　255*r*
自己崩壊　138*l*
自己理解　587*r*
自己理論　547*r*
視交叉上核（SCN）　446*l*
志向性　202*r*, **278***r*, 297*l*
　意識の志向性　202*r*
志向的内在　279*l*
指向性　204*l*
至高体験　280*l*, 654*l*
自国中心主義　196*l*
仕事　363*l*
仕事のしすぎ　24*l*
自殺　→「自死」
『自殺論』（デュルケム）　16*r*
時差ボケ　447*l*
支持　287*l*
自死　2*r*, 16*r*, 23*l*, 168*r*, 169*l*, 239*l*, **288***l*, 328*r*, **662***r*
　集団自死　139*l*
自死防止　242*l*, **288***l*
四肢温感練習　338*l*
四肢重感練習　338*l*
支持的作業療法　258*r*
支持的精神療法　287*l*

事項索引

支持的態度　287r
指示的方法　419l
指示物　197r
死者の書　265l
思春期　40l, **289r**, 379r, 658r
思春期食欲不振症　240l, 290l
思春期内閉　595l
思春期妊娠　**290**l
自助グループ　11l, **421r**
自信喪失者　44l
静かなる革命　720r
システミック家族療法　125l
システム理論　508r, 645l
　一般システム理論　124l, 293l, 629l, 694l
　一般生物体システム理論　124l
　家族システム理論　**124**r, 129l, 629l
システム論的家族カウンセリング　**292**l
システム論的家族療法　**292**l
ジストニー　64r
死生観　265l
自然科学的アプローチ　519l
視線恐怖　174r, 661l
自然システムモデル　456l
慈善組織協会　434r
自然治癒力　284l, 338l, 423l
自然的態度　202r
ジゾイド　507l
思想改造　139l
自尊心欠如　103l
自体愛　276l
肢体不自由　494r
肢体不自由学級　493r
失外套症候群　436l
失感情　146r, 346r
シックハウス症候群　19l, 117r, **293**l
実現傾向　521r, 720l
実験的行動分析　221l
失見当〔識〕　149l, 458r
失行　461l
　観念〔運動〕失行　448r
　構成失行　448r
失語症　**294**r, 447l, 531l, 542r
　ウェルニッケ失語　295l
　小児失語　200r
　超皮質性感覚失語　573l
　ブローカ失語　295l
失算　461l
実質所得　579l
実生活上の悪循環　660r
失声症　94r
実存　50l, 206l
『実存』(メイ他編)　203l
実存主義　205r, 296r, 690l
実存主義者　114r, 115r

実存主義的心理療法　187r
実存〔主義, 的〕心理学　203l, 206r, **296**r, 473r, 518l, 520l
実存的アプローチ　49l, 279r
　現象学的・実存的アプローチ　409l
　人間学的・実存的アプローチ　321r, 518l, 520l
実存的空虚　718l
実存的欲求不満　718l
実存〔主義〕哲学　146l, 203l, 206l
実存分析　489l, 718l
実存分析療法　**297**r, 717r
嫉妬　**298**r
『嫉妬の時代』(岸田秀)　299l
失認　461l
　視覚失認　270l
　色彩失認　270l
　視空間失認　25l
　手指失認　448r
　相貌失認　270l, 448r
　聴覚失認　448r
　半側空間失認　448r
　半側身体失認　448r
　物体失認　270l
失明　649l
中途失明者　271r
質問紙法　8l, 373l
　お茶大式言語能力発達質問紙　200r
　津守・稲毛乳幼児精神発達質問紙　200r
質問紙法エゴグラム　73r
CDC分類　71l
児童虐待　105l
児童権利宣言　304r
児童自立支援施設　**301**r
児童相談所　**302**r, 333l, 354l
指導の助言　364r, 366r
自動人形的同調　195r
児童福祉　304l, 590l
児童福祉司　303l
児童福祉施設　301l
児童福祉事務所　191l
児童福祉法　175r, 301l, 302r, 304r, 354l, 513r, 589r
児童分析　**305**l
『児童分析入門』(A. フロイト)　305r
児童養護施設　175l
シナノン　422l
シナノン・グループ　183r, 643r
シナプス　531l
シニフィアン　197l
シニフィエ　197l
支配的なストーリー　509r
自発行動　359r
自発的回復　245r
慈悲　505l

ジフェニルヒダントイン　63r
事物心像視練習　338r
シプロテロン　491l
自分の意識　604r
自閉　330l
自閉症　91l (→「自閉的障害」参照)
　幼児自閉症　306l
自閉的障害　306l, 550l
自閉的障害児　121r, 550r, 670r
死別　181l
司法保護委員　619l
死亡率　686l
シームレス・ケア　531l
視野　270l
社会化　568l
　子どもの社会化　118r
社会恐怖症　23r
社会構成主義　508l
社会参加　325r
社会事件事業　190r
社会システム　125l, 126
社会精神医学　390l
社会手当　193l
社会的技能訓練　193l
社会的規範　492l
『社会的空間における実験』(レヴィン)　184r
社会的再適応評価尺度　686l
社会的自己論　268l
社会的性格　229r
社会的成熟　384l
社会的知能　625r
社会的治療　190l
社会的適応　330l
社会的認知学習理論　223l
社会的認知能力　121l
社会的不利　325r, 329r
社会的模倣　656l
社会的欲求　683r
社会福祉　**308**r
社会福祉教育　589l
社会福祉協議会　**309**l, 632l
社会福祉士　309r, **311**l, 434r (→「ソーシャル・ワーカー」も参照)
社会福祉士及び介護福祉士法　100r, 234r, 311l, 434l
社会福祉事業法　589l
社会福祉主事　590l
『社会分業論』(デュルケム)　16l
社会変革アプローチ　182r
社会保険　101l, 312r
社会保障　**312**l
『社会理論と社会構造』(マートン)　17l
社協　→「社会福祉協議会」参照
弱視　269r

事項索引

弱視学級　493r
若年妊婦　336l
斜頸　541l
ジャーゴン　295r
斜視　269r
写真療法　185r
シャドウ　244l, **313l**, 482r
シャブ　500l
ジャメ・ヴュ　697l
シャーロック・ホームズ物語　626l
自由遊び　305l
自由画法　96r
自由な子ども（FC）　231r, 377l
『自由からの逃走』（フロム）　195r, 516r
『自由への教育』（ロジャース）　720l
宗教　241r, 503l, 315l
従業員援助活動（EAP）　661r
従業員援助制度　259r
充血期　385l
集合〔的〕無意識　171r, 207r, **314r**, 609l, 646r, 671l, 674r
重症筋無力症　511l
重曹　501r
集団訓練プログラム（ラ・ホイヤ・プログラム）　82l
集団行動カウンセリング　184l
集団催眠療法　536r
集団自死　139r
集団システム　125l, 126
集団心理療法　182l, **315r**, 351l
集団脱感作療法　183l
集団法　96r
集団力学　**184l**
集団療法　356l
　行動主義的集団療法　183l
　分析的集団療法　183l
　母子同席集団療法　292r
執着気質　374l
集中的グループ経験　182l, 183r
集中内観　504r
習得的欲求　683l
周辺人　**638r**
醜貌恐怖　174r
終末期医療　31r （→「ターミナル・ケア」「ホスピス」「末期医療」も参照）
終末期宣言　701l
収奪主義　286l
自由連想　286l
自由連想法　167r, 305l, **317l**, 347l, 348l, 394r, 478r, 601l, 705r
主我　267r, 268l
主観的効用理論　39l
主観的世界　684l
『修行道地経』　423r

熟年ボケ　**236r**
授産所　173l
手指失認　448l
『ジュスティーヌ』（サド侯爵）　401l
主題解釈テスト（TAT）　8l, 43r, 373r, 483l, 490l
主体水準　673r
主体性　3l
主題統覚検査（TAT）　8l, 43r, 373r, 483l, 490l
手段としての反応　484r
主張訓練　183r, 437l
主張訓練法　193r, 218r, 223l, **318l**, 376l
恤救規則　377r
出産　451l, 462r, 702r
　高年齢出産　453l
　産む性　274l
産児制限　2r
産褥期精神障害　641l
助産　335l
助産師　**335l**
代理妻　413l
出産後うつ病　**640r**
出生前診断　**319r**
受動的構え　44r
受動的注意集中　338l
授乳　214l
ジュネーブ宣言　304r
シュメール文化　452l
樹木画　490l
樹木画法　96l
受容　5r, 110l, 181l, **321l**, 522l, 666r, 685l
　自己受容　53l, 110l, 113l, 116l
『ジュリエット』（サド侯爵）　401l
受理面接　56l
手話　566r
循環器疾患　516l
準拠集団　**322l**
準拠枠　322l
純粋意識　202r
純粋失読　270r, 448l
純粋性　277l, 410r, 685l, 719l
順応　476r
順応した子ども（AC）　231r, 377l
順応した子どもの自我状態（AC）　231r, 377l, 57l
昇華　88r, 231l, **323l**, 598r, 615l
浄化（感情浄化）　96l, **129l**, 186l, 256l, 316r （→「カタルシス」も参照）
浄化法　129r
　催眠浄化法　130l, 283l
生涯学習　**324l**, 661l
生涯学習審議会（文部省）　631r

生涯学習振興法　324l
生涯学習推進センター　324l
生涯学習全国ネットワーク集会　324l
生涯教育　324l
生涯教育センター　324l
障害児
　学習障害（学習障害児）（LD）　81r, **119l**, 142r, 200r, 437l
　学習障害児の教育　**121l**
　言語性学習障害児　121l
　自閉的障害児　121r, 550r, 670l
　情緒障害児短期治療施設　328r
　全障害児教育法　120l
　非言語性学習障害児　121l
障害児教育　494r
障害者　**325r** （→「身体障害者」「知的障害者」も参照）
　国際障害者年　172r, 327l
　国際障害者年行動計画　534r
　視覚障害者　270r
　精神障害者　325r, 612l
　内部障害者　510l
障害者の権利宣言　327l, 534l
障害者インターナショナル　327l
　国際障害者インターナショナル　534r
障害者差別禁止法　327l
障害者職業センター　334r
障害者自立センター（CIL）　560l
障害者福祉　534l
　精神保健及び精神障害者福祉に関する法律　399l
生涯未婚率　192r
小家族　118l
『正気の世界』（フロム）　516r
『正気に戻った心』（ピアス）　655r
消去　245r
消極的アピール　418r
消極的優しさ　667l
条件強化子　497l
条件刺激　245r
　無条件刺激　245r
条件性弁別　614l
条件づけ療法　**221l**
条件反射　221r, 556r
『条件反射学』（パブロフ）　556r
『条件反射による動物高次神経活動（行動）の客観的研究20年』（パブロフ）　557l
『条件反射療法』（ソルター）　318l
条件反応　245r
少子傾向　309l
少子・高齢社会　312r
照準づけ　**587r**
症状性恐怖症　174l
上昇相　412r

事項索引

上昇停止症候群　124*l*
昇進うつ病　124*l*
情操　329*l*
焦燥感　332*l*
消退期（相）　385*l*,412*r*
情態性　146*l*
庄太郎（『夢十夜』）　313*r*
上智大学カウンセリング研究所　473*l*
情緒　329*l*,**331*r***
情緒的　43*r*
情緒的成熟　384*l*
情緒障害　54*l*,**328*r**,494*r*,550*r*
情緒障害〔特殊〕学級　**330*l***,430*l*,
　　494*r*,593*l*
情緒障害児短期治療施設　328*r*
象徴　38*l*,46*r*,207*r*,**327*r**,676*r*
　『リビドーの変容と象徴』（ユング）
　　674*r*
　色彩象徴法（CST）　483*l*
象徴化　327*r*,**356*r**,671*l*,672*r*
象徴的　327*r*
象徴的実現の方法　328*r*
象徴的・体験的モデル　456*l*
焦点当て方技法　282*l*
焦点合わせ　**587*r***
焦点づけ　115*r*
焦点のあてかた　637*l*
衝動　693*l*
　攻撃衝動　323*r*
　性衝動　323*r*,583*r*
衝動エネルギー　700*l*
衝動置き換え　91*r*
衝動行為　462*r*
情動　145*r*,278*l*,329*l*,**331*r***
　論理情動療法　722*l*
情動指数　**36*r***
情動障害　329*l*
情動性下痢　135*r*
情動性欲求　683*l*
情動中心マリッジ療法　645*r*
情動脳　346*l*
浄土真宗　504*l*
小児愛症　400*r*
小児失語　200*r*
小児性欲　367*r*
承認の欲求　272*l*,368*r*
少年院　301*r*,**332*r***
少年院法　301*r*
少年法　332*r*
勝負なし法　93*l*
性分　371*l*
情報処理理論　123*l*
情報提供法　154*l*
症例検討会　366*l*
初回面接　56*l*
所記　197*l*

処遇　190*l*
職業カウンセリング　259*l*
職業指導運動　259*l*
職業選択　431*l*
職業適性　477*r*
職業的同一性　379*l*
職業的リハビリテーション　**334*l***
職業倫理　112*l*
褥婦　335*r*
植物状態　31*l*,528*r*
触法少年　333*l*
食糧農業機関（FAO）　149*r*
書痙　541*l*,661*l*
助言　14*l*
　指導的助言　364*r*,366*r*
　被助言者　364*l*
初婚年齢　192*r*
助産　335*l*
助産師　335*l*
女子の就労　687*l*
女性　350*l*,382*r*,450*r*,451*l*,702*r*
　『新しい女性の創造』（フリーダン）
　　586*l*
　世界女性会議　87*l*,703*l*
　若い女性と老婆　709*l*
　ショッピング・バッグ・レディ
　　627*l*
女性解放運動　350*l*
女性ホルモン　274*l*,383*l*
初潮　451*l*
初潮年齢　291*l*
ショッピング・バッグ・レディ　627*l*
初等教育の欠如　579*l*
ショート・ステイ　461*l*,495*r*（→「老
　　人期入所施設」も参照）
徐波睡眠　596*l*,712*l*
ジョハリの窓　**336*r***
除反応　129*l*,316*r*,706*l*
所有欲のない愛情　685*l*
初老期うつ病　226*r*
初老期知情意低下症　149*l*
白雪姫　78*l*,81*l*
自立訓練　284*l*
自律訓練法　28*l*,176*r*,177*r*,187*l*,
　　338*l*,424*l*,465*l*
自立性　**340*l***
自立生活運動　559*l*
自律神経　536*l*
自律神経失調症　176*l*,**339*l***,554*l*
自律反応　540*r*
シルバー産業　100*l*
白い影　314*l*
心因性健忘　148*l*,209*l*
心因性遁走　148*l*
人格　297*l*,341*l*,372*r*,384*l*,519*l*
　異常人格　**41*r***

ウィロビー人格評定表　187*l*
加齢による人格変化　717*r*
健康な人格　204*l*
神経症的人格　384*l*
多重人格　104*r*,105*l*,148*l*,**454*r***
統合性の高い人格　15*r*
二重人格　104*r*,314*l*,455*l*
『治療により人格変化が生じるため
　の必要かつ十分な諸条件』（ロジャ
　　ース）　719*r*
『二重人格の少年』（中村古峡）　456*l*
『人格と社会との出会い』（オルポート）
　　511*l*
人格形成　688*l*
人格主義　297*l*
人格障害　**41*r***
　依存的人格障害　44*l*
　回避型人格障害　103*r*
　境界人格障害（境界パーソナリティ
　　障害）　168*l*
　多重人格性障害　104*r*,105*l*,148*l*,
　　454*r*
　幼児型人格障害　168*l*
人格心理学　372*r*
人格の関わり　287*l*
人格的成熟　384*l*
人格的相互関係　1*r*
人格的統合　297*l*
人格発達　30*r*,49*r*
心気症　276*r*,342*l*,**344*r**,659*r*
心筋梗塞　346*l*,449*r*,516*l*
シングル・マザー　647*l*
神経細胞　531*l*
神経伝達物質　63*r*
神経質　659*l*
　森田神経質〔症〕　342*r*,**659*l***
神経質症　659*l*
神経症　30*r*,34*l*,45*r*,54*l*,96*l*,246*l*,
　　281*l*,285*r*,328*l*,**343*l**,479*l*,525*r*,
　　538*r*,660*l*,718*r*
　起源神経症　479*l*
　強迫神経症　173*r*,229*l*,424*l*,559*l*,
　　606*r*,659*l*
　恐怖神経症　174*l*
　心臓神経症　554*l*
　精神因性神経症　718*r*
　戦争神経症　151*l*
　退却神経症　17*r*,439*l*
　転移神経症　479*l*
　日曜神経症　124*l*
　不安神経症　136*r*,426*l*,554*l*,659*l*
　普通神経症　342*r*
　『行動療法と神経症』（アイゼンク）
　　222*l*
神経症症状　130*l*

神経症性大腸　135r
神経症的異常　343l
神経症的うつ状態　344r
神経症的人格　384l
神経症的登校拒否　430l
神経衰弱　342r, 344r
神経性胃炎　135r
神経性食欲不振症　413r, 414l, 575r
神経性大食症　413r, 415l
神経性膀胱　230l
神経伝達物質　52l
親権　695l
人権主義　602r
親交　273l
人工肛門　422r
人工呼吸　529l
進行性限局性脳萎縮　572r
人工内耳　621r
新ゴールドプラン　99l, 100r, 102r, 234r, 309r, 312r, 495r
ゴールドプラン　99l, 100r, 309r, 495r
新婚期カウンセリング　696r
真実の自分　525r
真実性　277l
心象　357l
　原始心象　328l
心身症　176r, 284l, 343l, **345l**, 449l
人生　53l
人生の質　**179l**（→「クオリティ・オブ・ライフ」も参照）
人生観　73l
『人生ゲーム入門』（バーン）　73r, 194l
新生児　335r
新生児集中治療室（NICU）　468r
新造語　295r
心臓神経症　554l
心臓調整練習　338r
心臓病　686r
深層心理学　**346r**, 601r
深層心理学の方法　391r
心像視　338r
心像法　154l
身体意識の離人症　696r
身体障害者　172r, 325r, 590r
身体障害者更正相談所　354r
身体障害者雇用促進法　334l
身体障害者雇用納付金制度　334r
身体障害者雇用率制度　334l
身体障害者授産施設　334r
身体障害者手帳　510l
身体障害者認定　327l, 510l
身体障害者福祉工場　334l
身体障害者福祉司　590l
身体障害者福祉法　270l, 589l

身体像　428r
身体の依存〔性〕　500r, 591l, 643l
身体の虐待　564l
診断起因説　157l
心的エネルギー　201r, 699r
心的外傷　216l, **348l**, 455l, 608r（→「心理的外傷」「トラウマ」「心的外傷後ストレス障害」「PTSD」も参照）
心的外傷風景連想法　608r
心的観念　428r
心的現実　445l
心的複合体　**253l**（→「コンプレックス」も参照）
心的理論　122r
シンデレラ・コンプレックス　**350l**, 713l
シンナー　501l, 591l, 642l
真の自己　45r, 50r
真の生　472l
伸発（吃音）　156r
神秘主義　537r
人物画法（描画法）　96r, 490l
人物心像視練習　338r
シンボル　357l
じんましん　27l
親密　273l
シンメトリカル　24r
信頼　340r
信頼感　1l, 53l, 232l, 514r
　基本的信頼感　1l
信頼関係　1r, 116r, 287r, 393r
信頼性　418r
信頼の対人関係　189r
心理学
　カウンセリング心理学　110r
　記述心理学　278l
　教育心理学　**166l**
　現象学的心理学　296r
　行動主義心理学　1l, 359r, 502r, 521l
　行動的コミュニティ心理学　219l
　個人心理学　347r
　コミュニティ心理学　**249l**
　コンプレックス心理学　674r
　自我心理学　392r, 445l
　自己心理学　694r
　実存〔主義、的〕心理学　203l, 206r, **296r**, 473r, 518l, 520l
　人格心理学　372r
　深層心理学　**346r**, 601r
　性格心理学　372r
　性差心理学　382r
　精神分析的自我心理学　267r
　青年心理学　403r
　相談心理学　431l

　トランスパーソナル心理学　502r, 538l, 654l
　乳児心理学　513r
　人間学的心理学　275r, 518l, 520l
　人間性心理学　296r, 473r, 502r, 503l, **520r**, 719r
　認知心理学　523l
　発達心理学　548l
　ビジョン心理学　568r
　ニューマニスティック心理学会　520r
　フェミニスト心理学　584l
　分析心理学　171l, 347l, **603r**, 674r
　ユング心理学　77r, 171l, 193l, 313l, 503l, 646r, 676r
　力動の心理学　692r
　臨床心理学　705l
　老年心理学　716r
『異常心理学』（サラソン夫妻）　26r
『天才の心理学』（クレッチマー）　552r
『心理学原論』（W. ジェームス）　332l
心理劇　182l, 183l, 185r, 316l, **351l**, 437r, 483l, 489l
心理ゲーム　232r
心理検査〔法〕　7r, 478l（→「心理テスト」も参照）
心理‐社会的な発達　3l
心理社会的の理論　551l
心理相談員　**351r**, 500l
心理相談学会　260l
心理相談担当者　351r
心理測定学　7r
心理的外傷　10l, 209l（→「心的外傷」「トラウマ」「PTSD」も参照）
心的外傷後ストレス障害（PTSD）（外傷後ストレス障害）　10r, **348l**, 561r（→「心的外傷」「心理的外傷」「トラウマ」「PTSD」も参照）
心理的ストローク　368r
心理的対処行動　364l
心理的欲求　694l
心理テスト　705r（→「心理検査」も参照）
心理判定員　303r, **354l**
心理療法　1r, 110l, **111l**, 355l, 431l, 508r
　実存主義的心理療法　187r
　集団心理療法　182l, 315r, 351l
　統合的心理療法　487l
　非言語的心理療法　185r
「カウンセリングと心理療法」（ロジャース）　6r
『パーソナリティと心理療法』（ミラー, ドラード）　693l
心理療法過程　440r

事項索引

『心理療法序説』(河合隼雄)　716r
人類　602l
進路教育　**162r**
進路指導　**163r**,**357r**
進路相談　**164r**
神話　77r,315l,452r

す

図　159l,708r
随時的自己分析　286r
水準均衡方式　378l
垂直の忠誠心　456r
水平の忠誠心　456r
睡眠　349l,596l,670l,711r
　逆説睡眠　349r,596l,597r,711r
　徐波睡眠　596l,712l
　速波睡眠　711r
　ノンレム睡眠　439l,596l,711r
　パラ睡眠　349l,596l,711r
　賦活睡眠　711r
　レム睡眠　439l,533l,596l,670l,**711r**
睡眠時異常行動　665l
睡眠遮断法　63r
睡眠周期　446r,712l
睡眠障害　597l
睡眠中無呼吸症候群　597r
睡眠導入剤　209r
睡眠薬　591l
睡眠薬遊び　642l
吸う　213r
図がらと地づら　708l
スキナー箱　484r
スキンシップ　514r
スクイッグル法　80l,96r
スクウィーズ法　61r
スクリプト・チェック法　162l
スクリブル法　80l,96r
スクリーン陽性　320l
スクールカウンセラー　107l,**361l**,437l
スクール・サイコロジスト　437l
スケープ・ゴート　10r,130l,314r
筋書き脚本　161l
図式　548l
図地反転　159l
スタンフォード・ビネー式知能検査　8l,705r
頭痛　712r
　筋緊張性頭痛　541l
スティグマ　611r
スチューテント・アパシー　17l,380l,439l,(→「学生無気力症」「大学生無気力症」も参照)
ステロイドホルモン　491l

ストランズ　115lr
ストーリー　508l
ストレス　12l,13l,52l,89r,140r,148l,177l,237r,259r,339l,345l,**362l**,385r,427l,491l,575r
　異文化間ストレス　**47r**
　感情的ストレス　686r
　急性ストレス反応 (ASD)　561r
　心的外傷後ストレス障害 (PTSD)　10r,**348r**,561r
　テクノストレス　364l
ストレス状態　449l
ストレス説　345l
ストレス対処行動　211r
ストレス値　686r
ストレッサー　362l
ストレプトマイシン　466r
ストローク　73r,195l,232l,272l,**368l**
ストローク節約の法則　369l
ストローク欲求　368r
ストロボ連続発光　533l
スーパーヴィジョン　168l,**364r**,366l
スーパー・エゴ　104l
スパゲッティー症候群　31r
スピーチ・セラピスト　198l
スピード　500r
スピードボール　501r
スピリチュアリティ　569l
スポーツ　323r
墨田区生涯学習センター　324r
スランプ状態　656r
刷り込み (行動)　**366r**
　性的刷り込み　367l
スリーパー効果　418r

せ

性　369r,702r
性の革命　347r
性の型づけ　406r
生育歴　**370r**
性格　**371l**,372lr,546r
　強迫〔型〕性格　17r,237r,440l
　口唇性格　44r
　肛門性格　229lr
　社会的性格　229r
　魅力的性格　374r
　『体格と性格』(クレッチマー)　552r
性格の鎧　539l
性格形成　682r
性格検査　373r,402l
　エドワーズの性格検査 (EPPS)　373r
　東大版総合性格検査 (TPI)　373r
　ミネソタ多面人格検査 (MMPI)　43r,373r

モーズレイ性格検査 (MPI)　8l,373r
谷田部‐ギルフォード (Y-G) 性格検査　8l,373r
『性格構造の身体的力学』(ローエン)　539l
性格心理学　372r
性格抵抗　538l
『性格分析』(S. フロイト)　538l
性格分析的ヴェジトセラピー　538l
性格変容　372l,**373r**
性格類型論 (ユング)　**675r**
生活習慣病　576l
生活大事件　364l,**685r**
生活適応指導　132l
生活の質　72l,**179l** (→「クオリティ・オブ・ライフ」も参照)
生活の発見会　661l
生活保護　191l,313l,**377r**,590l
生活保護法　377r,589r,590l
性感染症 (STD)　69r
性感帯　700l
性器期　30r,**378r**
性機能障害　404r
性〔機能〕不全　385l,**404r**
「聖クリストファー」　716l
聖クリストファー・ホスピス　620l
性嫌悪〔症〕　61r,404r
性交　274r,291r
性交の経験年齢　291r
性交痛　**381l**
性交疼痛症 (障害)　381l,405l
性行為　69l
性行動障害　714r
成功の恐れ　350r
性差　210r,370l,**382l**
性差心理学　382r
生産の構え　227r
性シェマ理論　584r
政治・経済的保守主義尺度　196l
『制止・症状・不安』(S. フロイト)　474r,605l,614l
成熟　204l,246r,278r,**383l**
　内的成熟　442l
　人間的成熟　36r
　幼児成熟　→「ネオテニー」参照
青春期　379l
性障害の診断分類　60l
性障害の治療　**385l**
成城小中学校　600l
性衝動　323r,583r
生殖　702r
精神医学ソーシャル・ワーク　**387l**
精神医学ソーシャル・ワーカー (精神保健福祉士, PSW)　309r,311l,387l (→「PSW」も参照)

事項索引　906

精神医学の第三革命　249*l*
精神異常発現物質　591*l*
精神因性神経症　718*l*
精神因性ノイローゼ　240*l*
精神運動性焦燥感　332*l*
精神衛生　654*r*, 655*r*
精神衛生運動　259*r*
精神衛生法　398*r*
精神鑑定　**388***r*
『精神現象学』（ヘーゲル）　432*l*
精神厚生会　656*l*
成人識字率　579*l*
精神障害者　325*r*, 612*l*
精神神経免疫学　141*l*
精神衰弱　173*r*
精神性注視マヒ　270*r*
精神生物学　**390***l*, 694*r*
精神性欲理論　551*r*
精神操作　**139***l*
精神測定運動　259*l*
精神遅滞（児）　119*r*, 121*r*, 325*r*, 460*l*
精神的依存　500*r*, 591*l*
精神的虐待　564*l*
精神的緊張　23*r*
精神年齢　8*l*
成人の自我状態（A）　231*r*, 377*l*
精神薄弱　354*l*, 461*l*
精神薄弱者福祉法　589*r*
精神病　42*l*
『日常生活における精神病理』（S. フロイト）　601*l*
精神病院　398*l*
　日本精神病院協会　655*r*, 656*l*
精神病質　41*l*
　愛情欠損性精神病質　605*r*
精神病者看護法　398*l*
精神病者慈善救治会　655*r*
精神分析学　346*r*, 521*l*, 694*r*
精神分析　114*r*, 227*r*, 327*r*, 346*r*, 348*l*, **391***l*, 417*l*, 502*r*, 506*l*, 508*r*, 601*r*
　シカゴ精神分析研究所　526*r*
『禅と精神分析』（フロム）　516*r*
『精神分析概説』（S. フロイト）　201*r*
『精神分析入門』（S. フロイト）　134*l*, 315*r*, 348*r*
精神分析医　286*l*
　訓練精神分析医　167*r*
精神分析的アプローチ　49*r*
精神分析的カウンセリング　**392***r*
精神分析的自我心理学　267*r*
精神分析派　125*l*
精神分析療法　355*l*, 356*l*, **394***l*, 474*r*, 478*r*
精神分析理論　373*l*, 518*l*

『精神分析理論叙述の試み』（ユング）　81*l*
精神分裂症　485*l*
精神保健　654*r*
精神保健及び精神障害者福祉に関する法律　399*l*
精神保健学　654*r*
精神保健福祉士　309*l*, 311*l*, 387*l*, 395*l*, 435*l*
精神保健福祉士法　311*l*, 395*r*
精神保健福祉センター　**397***l*
精神保健福祉法　**398***l*
精神保健法　398*l*
精神免疫学　52*l*
精神力動療法　114*r*
精神力動理論　551*l*
精神療法　355*l*
　支持的精神療法　287*l*
　非言語的精神療法　96*l*
精神歴史学　553*l*
精巣決定遺伝子（TDF）　369*r*
生存充実感　34*l*
生存の質　179*l*
生存目標　33*r*
生体エネルギー法　681*l*
生体システム　125*l*, 126
性脱常　**399***r*
性中枢　407*r*
成長　119*l*
　人格的成長　7*r*, 277*r*, 297*l*, **341***l*, 384*l*
　内面的成長技法　610*r*
　人間の成長　522*r*
　霊的成長　25*l*
　成長させる質　278*l*
性治療　412*r*
性的エネルギー　1*l*, 538*l*, 700*l*
性的偏り　91*l*, **399***r*, 413*l*, 492*l*
性的感情　76*r*
性的虐待　105*l*, 178*l*, 455*l*, 564*l*
性的興奮　404*r*
性的サディズム　**400***r*, 401*l*
性的刷り込み　367*l*
性的成熟　291*l*, 384*l*
性的脱常　401*l*
性的同一性　379*l*, 380*r*
性的二形核（SDN-POA）　382*r*
性的マゾヒズム　400*l*
性的欲求　404*r*
性転換　383*l*
性倒錯　**399***r*
生得的欲求　683*l*
生徒理解　**401***l*
『性に関する三つの論文』　378*r*
青年　639*l*
『青年と危機』（E. H. エリクソン）　4*l*

青年の発達段階　379*l*
青年期　177*l*, 378*r*, 379*r*, 507*r*, 624*r*, 658*r*, 711*l*
『青年期』（ホール）　403*r*
青年期の発達課題　404*l*
青年心理学　403*r*
生の本能　134*l*, 445*l*
生の欲望　34*l*, 659*r*
性反応　385*l*
西部行動科学研究所（WBSI）　522*l*, 720*r*
生物学的欲求　694*l*
性分化　369*r*, 490*l*
性分化の臨界期　490*r*
性別しつけ　406*r*
性ホルモン　89*l*, 383*l*, 407*l*, 490*r*
生命エネルギー　538*l*
生命の質　179*l*, 620*r*（→「クオリティ・オブ・ライフ」も参照）
生命倫理　265*r*
性役割　369*r*, **406***l*
性欲（性欲求）　204*l*, **407***l*, 683*l*, 699*l*
　小児性欲　367*r*
　精神性欲理論　551*r*
　幼児性欲説　407*r*
性欲低下症　60*l*, 61*l*
『性欲論三篇』（S. フロイト）　229*r*
生来的欲求　683*l*
生理学的理論　122*r*
生理痛　273*r*
生理的欲求　34*r*
『性理論に関する三つの論文』（S. フロイト）　514*r*
性労働者　542*l*
「世界開発報告」（世界銀行）　579*l*
世界技法　544*l*
世界銀行　579*l*
「世界行動計画」（国連）　534*r*
世界児童憲章　304*l*
世界女性会議　87*l*, 703*l*
世界精神保健連盟（WFMH）　654*l*
世界テスト　544*l*
世界内存在　206*r*, 207*l*, 208*l*, **408***r*
世界保健機関（WHO）　19*l*, 42*l*, 67*r*, 154*r*, 325*r*, 329*r*, 343*l*, 460*r*, 479*r*, 515*r*, 654*r*, 702*r*
　WHO 国際疾病分類（ICD）　343*l*（→「ICD-9」「ICD-10」参照）
セカンド・オピニオン　59*r*, 409*r*
セカンドレイプ　710*l*
責任への自由　718*l*
赤面恐怖〔症〕　173*r*, 174*r*, 344*r*, 661*l*
セクシズム　647*r*
セクシュアリティ　369*r*, 407*r*, 538*r*, 648*l*
セクルージョン　595*l*

積極技法　282*l*,634*r*,637*l*
積極的アピール　418*r*
積極的関心　1*r*,5*r*,**410*l***,685*l*
積極的傾聴　**6*r***
積極的条件づけ技法　246*l*
接近‐回避型〔葛藤〕　133*l*,507*r*
接近‐接近型〔葛藤〕　133*l*,507*r*
セックス・カウンセラー　411*r*
セックス・カウンセリング　**411*l***
セックス・セラピー　55*l*,**412*r***
セックス・セラピスト　411*r*
セックスの平等　585*l*
セックス・ワーカー（CSW）　97*r*,98*l*,542*l*
窃視症　400*r*
接触慰安説　514*r*
接触恐怖　174*r*
摂食訓練　85*l*
摂食障害（摂食行動異常）　91*l*,**413*r***,575*r*,625*l*
接触脱感作法　658*l*
接触の欲求　272*l*,368*l*
絶対的依存期　515*l*
絶対的無意識　**314*r***
折衷的カウンセリング　**416*l***
折衷的カウンセリングの技術　**417*r***
折衷的・統合的アプローチ　723*l*
窃盗　492*l*
説得　**418*l***
説得的コミュニケーション　418*r*
説得法　154*l*
絶望　140*r*
セツルメント　434*r*
セラピー　14*l*
　アニマル・セラピー　141*r*
　ヴェジトセラピー　538*r*,539*l*
　エンカウンター・セラピー　471*r*
　セックス・セラピー　55*l*,**412*r***
　トランスパーソナル・セラピー　503*r*
　ナラティヴ・セラピー　**508*l***
　フェミニスト・セラピー　318*r*,**586*l***
　ヘルパー・セラピー原則　422*r*
　ロゴセラピー　**297*r***,**717*r***
　『サイコセラピーとパーソナリティの変化』（ロジャース）　719*l*
　「サイコセラピーの過程」（ロジャース）　20*l*
　『ニュー・セックス・セラピー』　413*l*
セラピスト　**419*r***
　スピーチ・セラピスト　198*l*
　セックス・セラピスト　411*r*
セルフ　50*r*,244*l*,267*l*,646*l*,716*l*
セルフ・カウンセリング　**420*l***
セルフ・コントロール　50*r*,123*l*,131*l*,218*r*,680*r*
セルフ・プレジャー　640*r*
セルフ・ヘルプ・グループ　86*l*,184*l*,**421*r***
セロトニン　63*r*,227*l*
禅　**423*l***
『禅と精神分析』（フロム）　516*r*
禅宗　653*r*
禅病　654*l*
前意識　38*l*,391*r*,553*l*,651*l*
尖鋭恐怖（症）　174*r*,**424*l***（→「尖端恐怖」も参照）
前エディプス期　445*l*
1970年勧告　312*l*
宣言的記憶　148*l*
先行刺激　122*r*,148*r*
潜在意識　568*r*
潜在的可能性　502*r*
潜在的ファシズム　196*l*
潜在的問題児　663*r*
潜在能力　86*r*,285*r*
潜在の夢　671*lr*,673*l*
潜在力開発運動　503*r*,522*l*
センサリー・アウェアネス　517*r*
センシティヴィティ・トレーニング　183*r*
全障害児教育法　120*r*
染色体異常　320*l*,453*l*
全身性エリトマトーデス　511*l*
漸進的〔筋〕弛緩法　176*r*,187*l*
漸成　3*r*
前世療法　**425*l***
戦争　390*l*
戦争神経症　151*l*
全体性　125*l*
全体対象　506*r*
全体的な自己　46*l*
全体として機能する人間　517*r*
選択主義　416*l*
選択的セロトニン再取り込み阻害薬（SSRI）　554*r*
選択的退却　17*r*
蝉脱　595*l*
尖端恐怖　344*r*（→「尖鋭恐怖」も参照）
先天性副腎過形成症　89*r*
先入観　255*r*
洗脳　139*lr*
全能感　276*l*
全般性不安障害　24*l*,**426*r***
全米 LD 合同委員会（NJCLD）　120*l*
全米職業指導協会　110*r*
全米ソーシャル・ワーカー協会（NASW）　387*r*,435*l*
全米フリー・スクール連合（NCACS）　600*l*
羨望　299*l*
せん妄　592*l*
戦略派　125*l*

そ

躁うつ病　96*l*
臓器移植　264*l*,528*r*
早期回想　14*l*
早期教育　**427*r***,454*r*
臓器提供　529*l*
相互依存　518*r*
相互カウンセリング　256*l*
相互関係理論　142*r*
相互作用アプローチ（INREAL）　201*l*
相互受容　321*r*
操作反応　484*r*
喪失　2*r*,**428*l***
　アイデンティティの喪失　5*l*,428*r*
　記憶喪失　148*l*
　現実との生ける接触の喪失　485*l*
　見当識喪失　26*r*,209*l*,237*r*
　子宮喪失　**273*r***
　自信喪失者　44*l*
　対象喪失　180*r*,428*r*,571*r*,607*r*
　父親喪失　**459*r***
　父権喪失　240*l*,459*r*
喪失体験　137*l*,570*l*,571*lr*
創造価値　36*r*,205*l*
創造的退行　553*l*
想像力　50*r*
相談学級　**429*l***,593*l*
相談心理学　**431*l***
相談心理学者　431*r*
早朝覚醒　62*r*
早発痴呆　485*l*
相貌失認　270*l*,448*r*
相補の関係　645*l*
早漏　60*l*,61*l*
挿話性〔特定〕健忘　208*r*
疎外　170*l*,**432*l***,579*l*
速波睡眠　711*r*
ソシオグラム　433*r*
ソシオマトリックス　433*l*
ソシオメトリー　182*l*,402*r*,**433*l***
ソーシャル・ケースワーカー　190*r*
ソーシャル・ケースワーク　190*r*
ソーシャル・サポート・ネットワーク　527*l*
ソーシャル・スキル・トレーニング　193*r*
ソーシャル・ワーカー　190*r*,**311*l***,378*l*,434*r*（→「社会福祉士」も参照）
ソーシャル・ワーク　182*r*,390*l*,434*l*

事項索引

蘇生後脳症　436*l*
蘇生処置　528*r*
啐啄　595*l*
ソフト神経学的症状　463*r*
ソープランド　542*l*
ソーホー（SOHO）　19*r*
空飛ぶ円盤　252*l*
ゾルゲ　279*r*
尊敬欲求　35*l*
尊厳死　31*l*, 700*l*
『尊厳死』（日本尊厳死協会）　700*r*
存在（ザイン）　206*l*
『存在と時間』（ハイデガー）　206*l*
存在証明　3*l*
存在論　24*r*
ソンディ・テスト　483*l*

た

代案のストーリー　509*r*
第一言語　367*r*
第1号被保険者　101*r*
第一志向　278*l*
第一次サイバネティックス　508*l*
第一次分野（ケースワーク）　191*l*
第一次予防（エイズ）　66*r*
第一次予防（コミュニティ心理学）　249*r*
第一次予防（メンタル・ヘルス）　655*l*
第一次予防カウンセリング　437*l*
第一勢力　502*r*
第一反抗期　340*r*
体外経験　438*l*
体外離脱　438*l*
怠学　594*l*
退学　211*l*
　中途退学　225*l*
大学生無気力症　439*l*（→「アパシー」「無気力」「無気力症」も参照）
『体格と性格』（クレッチマー）　552*r*
大家族　118*l*
体感　684*l*
退却神経症　17*r*, 439*r*
対決　634*r*, 637*l*
対決のわたしメッセージ　93*l*
体験学習　587*l*, 721*l*
体験価値　36*r*
体験過程　115*r*, 278*r*, 440*r*, 720*r*
体験されていること　637*r*
体験の結合　583*r*
大悟　488*l*
退行　92*l*, 151*r*, 229*l*, 241*l*, 598*l*, 615*l*, 669*r*
対抗転移　395*r*, 442*l*
対抗同一性　443*r*

第三次予防（コミュニティ心理学）　249*r*
第三次予防（メンタル・ヘルス）　655*l*
第三勢力　187*r*, 296*r*, 502*l*, 520*l*
胎児性アルコール症候群　22*r*
体臭恐怖　174*r*
対象　506*l*
　特定疾患治療研究対象疾患　510*l*
　悪い対象　445*l*
対象を失った部分　429*r*
対象を失っていく部分　429*r*
対象愛　276*l*
　受身の対象愛　19*l*
対象関係　506*l*
　内的対象関係　506*l*
対象関係論（理論）　30*r*, 392*r*, 444*r*, 457*l*
対象希求的　507*l*
対象喪失　180*l*, 428*l*, 571*r*, 607*l*
代償　92*l*
　親代償　215*r*
代償作用　9*l*
代償の補償　711*l*
対称的関係　645*l*
対称的な生き方　24*l*
退職準備プログラム　164*r*
大食症　597*l*
対人関係学派　694*r*
対人関係療法　587*l*
対人恐怖〔症〕　174*r*, 290*l*, 661*l*
対人サービス　534*l*
対人の回避行動　103*r*
対人の欲求　683*r*
耐性　642*l*
　多剤耐性ウイルス　68*l*
　欲求不満耐性　210*r*
耐性上昇　22*r*, 502*l*
滞続言語　573*lr*
態度　6*r*, 106*l*, 278*l*, 371*l*
　権威〔主義〕的態度　45*l*, 195*l*, 401*r*
　支持的態度　287*r*
　自然的態度　202*r*
　中立的態度　442*r*
態度価値　36*r*, 205*l*
体得　488*r*
体内時計　446*l*
ダイナミック・メディティション　653*r*, 681*l*
第2号被保険者　101*r*
第二志向　278*l*
第二次サイバネティックス　508*r*
第二次性徴　289*r*
第二次分野（ケースワーク）　191*l*
第二次予防（エイズ）　67*l*
第二次予防（コミュニティ心理学）　249*r*

第二次予防（メンタル・ヘルス）　655*l*
第二次予防カウンセリング　437*l*
第二勢力　502*r*
『第二の性』（ボーヴォワール）　350*l*, 647*r*
第二の誕生　403*r*
第二反抗期　290*l*, 340*r*
大脳半球　447*l*, 531*r*
『大脳皮質と内臓器官』（ブイコフ）　345*l*
大脳皮質の奇形　306*r*
大脳辺縁系　346*l*
体罰　223*r*, 225*l*
タイプA　346*l*, 363*l*, 374*l*, 449*l*
タイプB　449*r*, 450*l*
太母　78*l*, 178*r*, 197*l*, 244*l*, 315*l*, 328*l*, 450*r*, 451*r*, 604*r*（→「グレート・マザー」も参照）
大麻　500*l*, 501*l*, 642*r*
大麻草　642*l*
タイム・アウト　91*l*
退薬症状　22*r*, 500*l*, 591*l*, 642*l*
代用貨幣　496*r*
第四勢力　502*r*
代理学習　656*r*
代理妻　413*l*
代理的学習法　154*r*
大量飲酒　24*l*
第六感　147*l*
対話　519*l*, 578*l*
　共働的対話　509*l*
　治療的対話　508*l*, 509*l*
対話プロセス　509*l*
対話分析　231*l*
ダウン症〔候群〕　319*r*, 453*l*
多義図形　708*l*
タキストスコープ　448*l*
竹内基準　528*l*
多幸　332*l*
多剤耐性ウイルス　68*l*
ダーザイン　205*r*, 206*l*, 207*r*（→「現存在」も参照）
他者の愛　505*l*
他者表象　603*l*
多重カウンセリング　14*r*
多重人格〔多重人格性障害〕　104*r*, 105*l*, 148*l*, 454*l*
多世代家族療法　456*l*
立ちくらみ　176*l*
脱愛着　605*r*
脱会カウンセリング　140*l*
脱水状態　530*r*
脱抑制　245*r*
脱落訓練　485*l*

多動　462r
多動性障害（ADHD）　**462r**
タナトス　134l, 210l
他人志向型〔人間〕　246r, 43l
タバコ　591l
多発性硬化症　64r
多発性骨折　562r
多発脳梗塞　238l
タブー　177r, 640l
ダブル（心理劇）　352l
WHO 国際疾病分類（ICD）　343l（→「ICD-9」「ICD-10」参照）
ダブルバインド　24l
玉川学園　600l
ターミナル・ケア　59l（→「終末期医療」「ホスピス」「末期医療」も参照）
だめな子　10r
単一家族　118l
単一被験体法　221r
ターン・オフ　60r
タンカ　646l
短期記憶　148r, 208l
短期貯蔵庫　148l
短期療法（BT）　125l, 292l
断行訓練法　**318l**
男根期（段階）　76r, **457r**
男根羨望　458l
炭酸飲料　536l
炭酸ガス　554l
炭酸ガス過敏性　554r
炭酸リチウム　63r
男女の違い　382l
ダンス・ムーブメント療法　185r
男性　382r, 451l
男性ホルモン　89l, 382r, 385r
断片的自己　276r
短命　579l

ち

地域精神医学　390l
チェック・リスト　375r
遅延聴覚フィードバック（DAF）　157l
チオリダジン　61l
知覚催眠　438r
地球温暖化京都会議　20l
『地球家族づくり国際結婚』（石川幸子）　241r
逐次改良理論　39r
知情意低下症　25r
知情意低下症高齢者の介護　**458r**
地図　14l
知性化（集団心理療法）　316r
知性化（防衛機構）　615l
乳　214l

乳房　445l
乳房コンプレックス　**462l**
乳ガン　462r
母乳保育　462r
父親喪失　459r（→「父権喪失」も参照）
父親なき社会　459l
父親の存在　515l
父親不在　240l, **459l**, 595l
チック　91l, 177l, 217l, 255l, 329l, 345r, 494l, 541l
膣痙　386r, 405l
膣内射精障害　60lr
知的障害　22r, 262r, 325r, 354r, **460r**, 461r, 494r
知的障害学級　493l
知的障害者　172r, 590r
知的障害者更正相談所　354r
知的障害者福祉司　590l
知的障害者福祉法　589r
知的洞察　488r
知的能力の障害　524l
知能検査（テスト）　8l, 262r, 402l, 431l
知能障害　461l
知能発達　9r
乳房　445l
　乳ガン　462r
乳房コンプレックス　**462l**
チベット仏教　265l
痴呆　236r, **458r**
嫡出子　647l
チャーター・スクール　600l
チャプレン　623r
チャンス相談　358r
注意　524l
　視覚性注意障害　270r
　受動的注意集中　338l
注意欠陥〔症〕　136l, **462l**
注意欠陥・多動性障害（ADHD）　**462r**
注意集中困難　462r
中央児童相談所　302r
中央労働災害協会　260r
中核性別同一性　367r
『中学校・高等学校進路指導の手引き』（文部省）　163r
中国引き揚げ者　131r
注釈的方法　287l
中性刺激　244r, 245r
忠誠心　456r
中絶　291l, 292l, 320lr
中阻（吃音）　156r
中毒　591r
中途失聴者　623l
中途失明者　271r
中途退学　225l

昼尿　667l
中年期危機　137r
中立的態度　442r
超越意識　654l
超越の機能　357r
超越瞑想（瞑想法）　**464l**, 681l
『超越瞑想法入門』（マハリシ）　464l
超音波診断　320r
聴覚訓練法　160r
聴覚失認　448r
聴覚障害　200r, **465l**, 494r
聴覚マスキング　157r
長期記憶　148r, 208r
長期貯蔵庫　148l
超個人的無意識　**314r**
超国家システム　125l, 126
超自我　75r, 76l, 77l, 178r, 267r, 391r, **467l**
超自我の抵抗　475l
超皮質性感覚失語　573l
重複障害　271l, **467r**
長老　716r
直接的因果律　127l
貯蔵的オリエンテーション　229r
直系家族　118l
チラーヂンS　213r
治療　114r
　延命治療　59l
　薬の治療効果　446r
　社会的治療　190l
　性障害の治療　**385l**
　性治療　412r
『治療により人格変化が生じるための必要かつ十分な諸条件』（ロジャース）　719l
治療〔過程〕スケール　114r
治療過程方程式　114r
治療契約　482l
治療社会　188r
治療的退行　441r, 479l, 553l
治療的対話　508r, 509l
治療同盟　393r, 394l
治療モデル　182l
鎮痛薬　591l
沈黙　469l
『沈黙の言語』（E.ホール）　567l

つ

通級学級　120l
通級制　330r
痛風療法　129l
継ぎ目（シナプス）　532l
伝え返し　720l
包みこむ　450r
罪を自覚　505l

事項索引

爪嚙み **470***l*
津守・稲毛式乳幼児精神発達質問紙 200*r*

て

出会い 2*l*, 36*l*, 183*r*, 207*r*, 247*l*, **471***l*, 689*r*
　基本的出会い 83*l*
　『人格と社会との出会い』(オルポート) 511*l*
　出会いの質 1*r*
『出会いへの道』(ロジャース，映画) 720*r*
TM 法 681*l*
『TM がよくわかる本』(マハリシ総合研究所) 465*l*
定期健診 260*r*
T グループ 49*l*, 82*r*, 144*r*, 182*r*, 183*r*, 472*r*, 637*r*
定型夢 672*r*
抵抗 217*l*, 393*r*, **473***r*, 677*r*
　性格抵抗 538*l*
抵抗力 51*l*
デイ・サービス 495*r*
ディスカウント 232*l*
ディスカッション・グループ 472*r*
ティーチング・マシン 360*l*
DV 防止法 135*l*
敵意 26*r*, **475***l*, 686*r*
適応 **476***r*
　アンドロジェン不適応症候群 383*l*
　過剰適応 **123***r*
　過剰適応症候群 124*l*
　コンピュータ過剰適応型 124*l*
　社会的再適応評価尺度 686*r*
　社会的適応 330*l*
　生活適応指導 132*r*
　汎適応反応 346*l*
適応機制 628*r*
適応指導教室 430*l*, 593*r*
適応主義 685*l*
適応性 478*l*
適応論的観点 392*l*
適格性 478*l*
適合性 277*r*
適性 **477***l*
テクノストレス 364*l*
デジャ・ヴュ 697*l*
テストステロン 385*r*, 490*r*
テストステロン欠乏症 385*r*
手続きの記憶 148*r*
徹底的行動主義 221*l*
デート・レイプ 709*l*
転移 130*l*, 217*lr*, 393*r*, 394*r*, 442*r*, 474*r*, **478***l*, 482*l*, 489*r*

感情転移 599*l*
逆転移 167*l*, 217*r*, 286*l*, **442***r*
対抗転移 395*r*, **442***r*
陽性転移 305*r*, 479*l*
『転移の力動論について』(S. フロイト) 30*l*
転移神経症 479*r*
転移抵抗 475*l*
伝音難聴 465*r*, 466*l*, 622*r*
転嫁 91*l*, 489*r*
てんかん 149*l*, 307*l*, **479***l*, 533*r*
　難治てんかん 481*l*
転換 58*l*, 345*l*
天才 552*r*
『天才の心理学』(クレッチマー) 552*r*
『天使と話す子』(E. ワトスン) 78*r*
転倒 615*l*
転導性 119*r*
電話 243*l*
電話カウンセリング 481*l*
電話相談 151*l*
　いのちの電話 151*l*, 481*r*, 623*l*
　国際緊急電話相談連盟 (IFOTES) 481*r*
　日本いのちの電話連盟 481*r*

と

トイレット・トレーニング 230*l*, 559*l*, 580*r*, 667*r*
同一化 15*r*, 19*l*, 92*l*, 489*r*, 598*r*
　母子同一化 587*l*
同一性 **3***l* (→「アイデンティティ」も参照)
　解離性〔自己同一性〕障害 **104***r*, 455*r*, 697*l*
　肯定的同一性 444*l*
　自我同一性 379*l*, 443*r*, 659*l*
　職業的同一性 379*l*
　性的同一性 379*r*, 380*r*
　対抗同一性 **443***r*
　中核性別同一性 367*r*
　通りすぎる同一性 444*l*
　否定的同一性 444*l*
同一性〔アイデンティティ〕拡散症状〔群〕 4*r*, 240*l*, 268*l*, 380*l*, 444*l*
統一的予防法 68*r*
動因 483*r*, 682*r*, 693*r*
動因葛藤論 693*r*
投影 91*l*, **489***r*, 598*r*, 615*r*
投影法 8*l*, 373*r*, **482***l*
　描画投影法 582*l*
動機 521*r*, 692*r*
動機づけ **483***r*
東京国際大学人間関係学研究所 473*l*

東京シューレ 600*l*
道具存在 408*r*
道具的 43*l*, 484*r*
道具的条件づけ **484***l*
道化 314*r*
登校強迫 594*l*
登校拒否 **592***l*, 594*l* (→「不登校」も参照)
　神経症的登校拒否 430*l*
統合失調症 30*l*, 31*l*, 96*l*, 169*l*, 328*r*, **485***l*
統合(折衷)主義〔的〕 416*l*, 635*l*
　技法の折衷 487*l*
　折衷的・統合的アプローチ 723*l*
　理論的統合 487*r*
統合性 538*l*
統合性の高い人格 15*r*
統合的 HTP 法 97*l*
統合的カウンセリング **487***l*
　系統的折衷的カウンセリング 416*r*
　折衷的カウンセリング **416***l*
　折衷的カウンセリングの技術 417*r*
　発展的折衷的カウンセリング 416*r*
統合的心理療法 487*l*
統裁 379*l*
動作訓練法 28*l*
洞察 22*l*, 96*r*, 158*l*, 256*r*, 394*l*, **488***l*
洞察説 166*r*
投射 **489***r*
等終局性 125*r*
同性愛 89*l*, 400*l*, 408*l*, **490***l*, 712*r* (→「レズビアン」も参照)
同性愛傾向 276*l*
東大版総合性格検査 (TPI) 373*r*
動的家族画法 97*l*
道徳性 492*r*, 552*l*
逃避 598*r*
逃避のメカニズム 195*r*
逃避〔・回避〕訓練 90*l*, 484*r*
動物恐怖〔症〕 174*r*, 614*r*
動物行動学 366*r*
動物磁気 689*l*
盗癖 **491***l*
童話 **77***r*
通りすぎる同一性 444*r*
特異な発達障害 120*l*
ドクサ 202*r*
特殊学級 120*l*, 198*r*, 330*l*, **493***l*, 494*r*
特殊教育 **494***r*, 678*l*
特殊練習 338*r*
特性論 371*r*, 373*l*, 547*l*
特定疾患 509*r*
特定疾患治療研究対象疾患 510*l*
特定非営利活動促進法 310*r*
特別教室 120*r*
特別児童扶養手当 303*r*

特別養護老人ホーム（特養） 235*l*,
　　495*r*
トークン 90*r*, **496*r***
トークン・エコノミー〔法〕 91*l*,
　　218*r*, 219*r*, 223*l*
閉じられた質問 **498*l***, 577*l*, 637*l*
兎唇 214*r*
トータル・ファンクショニング 517*l*
トータル・ヘルス・プロモーション・
　　プラン（THP） 351*r*, **499*l***
独居恐怖〔症〕 606*l*
トップドッグとアンダードッグ 188*r*
ドナー 264*l*
ドナー・カード 529*l*
ドメスティック・バイオレンス 135*l*
共に在る世界 408*r*, 409*l*
吃り 156*r*
トラウマ 10*l*, 57*l*, 58*l*, 104*l*, 105*r*,
　　209*l*, **348*l***, 455*l*, 608*l*（→「心的外
　　傷」「心理的外傷」「心的外傷後ス
　　トレス障害」「PTSD」も参照）
捕らえておく 450*r*
ドラッグ **500*l***（→「麻薬」も参照）
『ドーラの症例』（S. フロイト） 345*l*
ドラマ三角形 195*l*
トランス 28*l*, 283*l*, 425*r*
トランス状態 438*r*
トランス・ジェンダー 369*r*
トランス・セクシュアル 369*r*
トランスパーソナル 720*r*
トランスパーソナル心理学 **502*r***,
　　538*l*, 654*l*
トランスパーソナル心理学会 502*r*
トランスパーソナル・セラピー 503*r*
トランスフォーメーション 629*l*
トランセンデンタル・メディティショ
　　ン **464*l***
トリアゾラム 209*r*
取り入れ 615*l*
取り出し授業 132*l*
トリックスター 314*r*, 315*l*, 328*l*
トリプル・マーカー試験 319*r*
トリヘキシフェニジール 486*r*
ドリーム・ワーク 188*r*（→「夢の作
　　業（仕事）」も参照）
努力逆転の法則 283*r*
トルエン 294*l*
トレーナー 83*l*, 145*l*, 473*l*, 638*l*, 721*l*
トレーニング・グループ 472*l*

な

内因的個人的帰属 153*r*
内観 220*l*, 504*l*
内観〔療〕法 38*l*, 183*r*, 286*r*, **504*l***
内向型 275*l*, 373*l*

自己愛的内界 615*l*
内省 158*r*
内潜消去法 505*r*
内潜正強化法 505*r*
内潜増感法 505*r*
内潜的条件づけ **505*l***
内潜的な過程 505*l*
内潜負強化法 505*r*
内潜モデリング法 506*l*
内臓脳 346*l*
内的客我 268*l*
内的成熟 442*l*
内的対象 507*l*
内的対象関係 **506*l***
内的欲求 683*r*
内部環境 628*r*
内部障害者 510*l*
内閉性 485*l*
内閉論 593*l*
内面的成長技法 610*r*
なぐり描き法 96*r*, 130*l*
ナショナル・トレーニング・ラボラト
　　リー（NTL） 82*r*, 145*l*
ナース **143*l***
ナチス 314*r*, 526*r*
ナチズム 195*l*
何かの感じ 588*l*
ナポレオン・コンプレックス 299*l*
名前がない病気 586*l*
悩み 507*r*
ナラティヴ・セラピー **508*l***
ナルコレプシー・カタプレキシー
　　597*l*, 712*r*
ナルトレキソン 307*r*
ナロキソン 307*r*
喃語 200*l*
ナンシー学派 283*r*
難治てんかん 481*l*
難聴 199*l*, 226*l*, 621*l*
　　感音難聴 465*l*, 622*l*
　　伝音難聴 465*r*, 466*l*, 622*l*
難聴学級 494*l*
難発（吃音） 156*r*
難病 326*l*, **509*l***
難病対策要綱 509*l*
難病認定 327*l*
難民 150*l*, 628*l*

に

憎しみ 511*l*
肉体的ストローク 368*r*
2言語使用 **542*l***
二元性 538*l*
二元論 203*l*
二次加工 671*lr*

二次強化子 497*l*
二次的強化訓練 484*l*
二次的疾病 394*l*
二次的動因（力動的心理学） 693*r*
二次的抑圧 681*l*
二次的欲求 683*l*
二次的レイプ 710*l*
二次障害 531*l*, 667*l*
二次被害（二次受傷） 561*r*, 710*l*
二者関係 446*l*
21番染色体 453*l*
「21世紀福祉ビジョン」（厚生省） 234*l*
二重拘束 24*l*, **512*l***
二重人格 104*r*, 314*l*, 455*l*
『二重人格の少年』（中村古峡） 456*l*
二重貯蔵モデル 148*l*
『24人のビリー・ミリガン』（キース）
　　105*l*
にせ薬 136*l*
偽理想主義 229*l*
『日常生活における合理化』（F. ジョー
　　ンズ） 230*l*
『日常生活における精神病理』（S. フロ
　　イト） 601*l*
日常生活動作（ADL） 534*r*
日常内観 504*r*
日曜神経症 124*l*
日記 660*r*
ニトラゼパム 665*r*
日本いのちの電話連盟 481*r*
日本カウンセリング学会 107*r*
日本看護協会 143*r*, 335*l*
日本患者同盟 422*l*
日本グループ・ダイナミックス学会
　　185*r*
日本語指導 132*l*
日本産業カウンセラー協会 260*l*
日本心理臨床学会 362*l*
日本進路指導学会 107*r*, 165*l*
日本性科学会 411*l*
日本精神医学ソーシャルワーカー協会
　　395*l*
日本精神衛生会 656*l*
日本精神衛生学会 656*l*
日本精神病院協会 655*r*, 656*l*
日本尊厳死協会 700*l*
日本ダウン症協会 320*l*
日本電信電話公社 259*l*
日本病跡学会 553*r*
日本臨床心理士会 362*l*
日本臨床心理士資格認定協会 107*l*,
　　362*l*, 706*r*, 707*l*
二面提示 418*r*
乳ガン 462*r*
乳酸ソーダ 554*l*
乳児 513*r*

乳児心理学　**513r**
入眠時幻覚　438r
乳幼児
　「乳幼児の精神衛生」（ボウルビィ）605l
　遠城寺式乳幼児分析的発達検査法　200r
　津守・稲毛式乳幼児精神発達質問紙　200r
乳幼児健診　260l
乳幼児死亡率　149r
乳幼児突然死症候群　515r
乳幼児保健指導　618r
入浴中突然死症候群　516r
ニュー・エイジ運動　503l
ニュー・カウンセリング・ワークショップ　517r
ニューカマー　97l
『ニュー・セックス・セラピー』　413l
ニュー・ディール政策　312l
ニューラルネット　123l
ニュー・レリジョン運動　503l
尿失禁　667l
2要素説（情動）　332r
二卵性双生児　491r
人間　50l
　援助的人間関係　**85l**,610r
　会社人間　123r
　カウンセリングにおける人間関係　**112r**
　現象学的人間論　207l
　国連人間環境会議　20l
　全体として機能する人間　517l
　他人志向型〔人間〕　246r,43l
　東京国際大学人間関係学研究所　473l
　プロテウス的人間　380r
　モラトリアム人間　380r,404l,659l
人間の成長　522r
人間の存在様式　264l
『人間の勝利を求めて』（フロム）　516r
『人間の性反応』（マスターズ，ジョンソン）　412r
『人間の性不全』（マスターズ，ジョンソン）　412r
『人間の潜在力』（ロジャース）　720r
『人間育成の基礎』（ニイル）　599r
人間開発指数（HDI）　579l
人間開発プログラム　183r
『人間開発報告書1997』（国連）　578r
人間学的カウンセリング　**518l**
人間学的・実存的アプローチ　321r,518l,520l
人間学的・実存的カウンセリング　518l
人間学的心理学　275r,518l,520l

人間観　116l,**519l**
人間研究（科学）センター（CSP）　82r,522r,720r
人間性　324l
人間性開発運動　182r,472r
人間性回復運動　183r
人間精神　46r
人間性心理学　296r,473r,502r,503l,**520l**,719r
人間中心のアプローチ　522l
人間中心の教育を現実化する会　517l
人間中心療法　**522l**
人間的成熟　36r
人間的発達　384l
人間貧困　579l
人間貧困指数（HPI）　579l
人現会　517l
妊産婦保健指導　618r
認識の仕方　37l
認識論　24l
妊娠　291,336r,702r
　思春期妊娠　**290l**
認知　514l,**522l**
　空間認知　383l
　社会的認知学習理論　223l
　社会的認知能力　121l
認知科学　523l
認知〔機能〕障害　448r,523r
認知心理学　523l
認知的アプローチ　123l
認知的不一致　137l
認知発達モデル　584l
認知リハビリテーション　**523r**
認知療法　153l,508l
認定キャリア・カウンセラー　165r
妊婦　22r,335r,336l,466l,532r
　若年妊婦　336l
妊産婦保健指導　618r

ぬ

ヌミノーゼ　677l
濡れ落ち葉族　137r

ね

ネオテニー　382r
ネオ・フロイディアン　267r,356l
ネオ・フロイディズム　**525l**
願い続ける　93l
ネグレクト　303l
『ねずみ男』（S. フロイト）　30r
ネットワーク　**527l**
　生涯学習全国ネットワーク集会　324l
　ソーシャル・サポート・ネットワーク　527l
粘液性大腸炎　135r
年金保険　312r

の

ノイローゼ　244l
脳　89l,427l,447r,490r,628r
　一過性脳虚血発作（TIA）　530r
　右脳　608l
　男の脳　**89l**,382r
　女の脳　**89l**,382r
　血液・脳関門　26l
　情動脳　346r
　進行性局所性脳萎縮　572r
　洗脳　139l
　蘇生後脳症　**436l**
　大脳半球　**447r**,531r
　『大脳皮質と内臓器官』（ブイコフ）　345l
　大脳皮質の奇形　306r
　大脳辺縁系　346l
　多発脳梗塞　238l
　内臓脳　346l
　辺縁系脳炎　436l
　臨時脳死及び臓器移植調査会　264l
　半球優位性　447l
　左半球　542l
　右半球　542l
脳の発達　531r
『脳の反射』（セーチェノフ）　554r,556r
脳科学　528l
脳幹　528l
脳血管型知情意低下症　238l
脳血管障害　237r,238l
脳梗塞　530l
脳死　31l,264l,436l,**528l**
脳出血　530l
脳障害　436l,479l
脳性マヒ　64l,262r,**529l**
　アメリカ脳性マヒ学会　529l
脳卒中　**530l**
脳波　532l
脳微細機能障害　463l
脳梁　447r,448l
能記　197r
能動的想像　715r
能力
　意志決定能力　164l
　お茶大式言語能力発達質問紙　200r
　『学習能力の障害』（マイクルバスト）　119r
　共感能力　204l
　社会的認知能力　121l
　潜在能力　86r,285r

知的能力の障害　524*l*
　免疫力（能力）　26*l*,52*l*,686*l*
　問題解決能力　164*l*
能力の不全　329*r*
能力開発　131*l*
能力低下　325*r*
ノエシス的　697*r*
ノエマ的　697*r*
のぞき　400*r*
ノーマライゼイション　172*r*,309*l*,
　　312*r*,327*l*,462*l*,**534***l*,535*l*
のみこむ　214*l*
乗り物酔い　255*l*,**535***l*
ノルアドレナリン　63*r*,362*r*,554*l*
ノンレム睡眠　439*l*,596*l*,711*r*

は

ハイ　501*r*
バイアグラ　60*r*
敗因転換　153*l*
バイオエナジェティックス　**537***l*,
　　681*l*
『バイオエナジェティックス』（菅靖彦）
　　537*l*
バイオエナジェティックス分析協会
　　539*l*
バイオエネルギー　538*r*
バイオフィードバック法　223*l*,**540***l*,
　　681*l*
バイオリズム　346*r*
徘徊　26*r*
背景（地）　159*l*,708*r*
売春防止法　541*r*
排除　**681***l*
排泄の自立　229*l*
バイタリズム　701*l*
「はい，でも」　194*r*
排尿痛　273*l*
売買春　**541***r*
排便　441*r*
ハイミナール　642*l*
配慮　279*r*,685*l*
　肯定的な配慮　410*r*
　無条件の肯定的な関心（配慮）
　　321*l*,410*r*,666*r*,684*r*,685*l*,719*l*
バイリンガリズム　**542***l*
バウムテスト　96*r*
『破壊』（フロム）　516*l*
破壊性　195*r*
パーキンソン病（症候群）　64*r*,511*l*
パークウェイ・プログラム　599*r*
白内障　270*l*
はげしい　637*l*
箱庭　315*l*,483*l*
箱庭療法　185*r*,**544***l*

恥　255*l*
ハシッシュ　501*l*
橋本病　213*l*
場所論的観点　391*r*
パストラル・カウンセリング　**623***l*
派生的欲求　683*l*
バセドウ病　212*r*
パソコン　360*l*
パーソナリティ　341*l*,372*r*,391*l*,
　　467*l*,477*l*,**546***l*
　境界人格障害（境界パーソナリティ
　　障害）　168*l*
　健やかなパーソナリティ　**203***r*
　自己愛パーソナリティ障害　276*l*
　『サイコセラピーとパーソナリティ
　　の変化』（ロジャース）　719*l*
　『パーソナリティと心理療法』（ミラー，
　　ドラード）　693*l*
パーソン自我　445*r*
パーソン・センタード・アプローチ
　　（PCA）　82*r*,522*l*,684*l*,720*r*
「裸の16時間」　643*r*
パターナリズム　608*l*
八戸市（青森県）　324*r*
罰訓練　90*r*,485*l*
罰子　612*r*
罰刺激　612*r*
発症遅延　349*l*
発声発語　94*r*
発生的洞察　488*r*
発達　**547***l*
　遠城寺式乳幼児分析的発達検査法
　　200*l*
　お茶大式言語能力発達質問紙　200*r*
　絵画語彙発達検査（PVT）　200*r*
　国リハ式（S-S法）言語発達遅滞検
　　査　200*r*
　構造主義的発達理論　551*r*
　心の発達　393*l*
　自我の発達　507*r*
　人格発達　30*r*,49*l*
　心理－社会的な発達　3*l*
　知能発達　9*r*
　津守・稲毛式乳幼児精神発達質問紙
　　200*l*
　人間的発達　384*l*
　認知発達モデル　584*r*
　脳の発達　**531***r*
発達加速現象　550*l*
発達課題　128*l*,**549***l*
　青年期の発達課題　404*r*
発達障害　**550***l*
　広汎性発達障害　200*l*
　特異的発達障害　120*l*
発達心理学　548*r*
発達性計算障害　120*l*

発達性読書障害　120*l*
発達性表出性書字障害　120*l*
発達段階　**551***l*
　青年の発達段階　379*l*
発達遅滞　605*r*,665*l*
　言語発達遅滞　199*r*
発達的アプローチ　182*r*
発達論的観点　392*l*
発展的折衷的カウンセリング　416*r*
パトグラフィ　**552***r*
パニック障害　**553***l*
パニック発作　60*l*
場の理論　82*r*,133*l*,145*l*,373*l*
母親　351*l*,444*r*
　ほどよい母　515*l*
　未婚の母　**647***l*
母親役割の終焉　137*l*
場面心像視練習　338*r*
刃物恐怖　174*r*
パラ・カウンセラー　559*l*
パラ・カウンセリング　111*l*,610*r*,
　　635*r*
パラサイト・シングル　309*l*
パラ睡眠　349*l*,596*l*,711*l*
パラノイア性嫉妬　299*r*
パラフィリア　399*r*,401*l*,413*l*,583*l*
パラメディカル・スタッフ　87*l*
バラモン教　653*r*
バロアルト派　125*l*
バーン・アウト・シンドローム　**656***r*
半陰陽者　369*r*
般化　613*r*
　刺激般化　246*l*
般化勾配　246*l*
般化刺激　246*l*
半側空間失認　448*r*
半側空間無視　270*r*
半側身体失認　448*r*
半球優位性　447*r*
反響言語　573*l*
『手巾』（芥川龍之介）　626*l*
反抗期　229*r*
晩婚化　192*r*
犯罪者更正法　619*r*
犯罪少年　333*l*
反射　720*l*
『脳の反射』（セーチェノフ）　554*r*,
　　556*l*
反社会的行動　91*l*,**557***r*,663*r*
ハンス（S. フロイトの患者）　323*l*,
　　615*r*
『ハンスの症例』（S. フロイト）　30*l*
ハンスの動物恐怖症　614*r*
般性条件強化子　496*r*,497*r*
反省除去　489*l*,718*r*
判断　279*l*

事項索引

汎適応反応　346*l*
反転図絵　708*l*
反動強化　559*l*
反動形成　92*l*,**558***r*,599*l*,615*l*
ハンド・リガード　514*l*
反内覚的傾向　196*l*
反応形成　90*r*
反応遮断化理論　123*l*
反応率　497*l*
反復強迫　58*l*,217*r*,475*l*
反ユダヤ主義尺度　195*r*

ひ

悲哀感　332*l*
ピア・カウンセリング　47*l*,85*r*,111*l*,156*l*,**559***l*,610*r*
被暗示性　28*l*,105*l*
B-E 形式　682*r*
PEC 尺度　196*l*
非生産的構え　432*r*
冷え性　226*l*
PF スタディ　373*l*,483*l*
ヒエラルキー　3*r*
鼻炎　27*l*
被援助者　610*l*
被害者　**561***r*
被害妄想　26*r*
引きこもり　272*r*,475*l*
被虐待児　303*r*,**562***l*
備給　699*r*
ピグマリオン　565*l*
ピグマリオン効果　565*l*,688*l*
ひめゆ　710*l*
非言語性学習障害児　121*l*
非言語的コミュニケーション　**566***l*,625*r*
非言語的心理療法　185*r*
非言語的精神療法　96*l*
非言語的表現　113*l*,321*l*
非行少年　444*l*
非構成的 EG（エンカウンター・グループ）　643*r*
非構成法　215*r*
非指示的　522*l*
非指示的アプローチ　719*l*
非指示的療法　6*r*,522*l*
非社会的行動　**567***r*,663*r*
非嫡出子　647*l*
被助言者　364*r*
ビジョン心理学　**568***r*
ヒステリー　323*l*,328*l*,344*l*,346*r*,348*r*,455*l*,479*l*
　不安ヒステリー　174*l*
『ヒステリー研究』（S. フロイト，ブロイエル）　253*l*,345*l*,347*l*,348*l*,

601*r*,706*l*
非政府国際機関 (NGO)　534*r*
ビタミン B₁　209*l*
左半球　542*r*
悲嘆　2*r*,181*l*,429*l*
悲嘆の仕事　**180***r*（→「グリーフ・ワーク」も参照）
悲嘆カウンセリング　**570***l*
悲嘆教育　308*l*
悲嘆代理者　571*r*
悲嘆段階　181*l*
悲嘆反応　570*l*,**571***l*,605*r*
　急性悲嘆反応　151*l*
ピック細胞　573*l*
ピック小体　573*l*
ピック病　**572***l*
ヒッピー　444*l*
否定　91*l*
　孤独感否定説　247*l*
否定期　229*l*
否定的ストローク　368*r*
否定的同一性　444*l*
PTSD に対するカウンセリング　**573***r*
人柄　33*r*
『人さまざま』（テオフラストス）　371*l*,372*r*
ヒト絨毛性性腺刺激ホルモン　320*l*
『人は死ぬ何を見るのか』（オシス，ハラルドソン）　704*r*
ヒト免疫不全ウイルス　65*l*,67*r*,69*l*,**71***l*,579*l*
否認　58*l*
　幼児の否認　681*l*
避妊　291*r*
　経口避妊薬　531*l*
ビネー式知能検査　8*l*
　スタンフォード・ビネー式知能検査　8*l*,705*l*
ビネー・シモン式知能検査　705*r*
批判的親 (CP)　231*r*,376*r*
被放任児　303*l*
ヒポコンドリー　**342***l*,659*l*
ヒポコンドリー基調　659*r*,660*l*
肥満　91*l*,175*r*,**575***l*,625*l*
日雇い労働者　628*l*
ニューマニスティック心理学会　520*l*
ヒューマニスティック・サイコロジー　215*r*
『ヒューマニスティック心理学会雑誌』　520*l*
ヒューマン・アニマル・ボンド　141*l*
ヒューマン・グロース・センター　472*r*
ヒューマン・ポテンシャル・ムーブメント（運動）　503*lr*

ヒューリスティック　139*r*
評価　**7***r*
　カウンセラーの自己評価　**108***l*
　再評価　256*l*
　再評価カウンセリング　**256***l*
　自己評価　4*l*
　社会の再適応評価尺度　686*l*
描画投影法　582*l*
描画表現　96*l*
描画法　483*l*,490*l*
　人物画法（描画法）　96*r*,490*l*
病弱虚弱　494*l*
病弱・身体虚弱学級　493*r*
標準練習　338*r*
表象　278*l*,**576***r*
　他者表象　603*l*
病跡学　**552***r*
病的酒乱　23*l*
病的退行　441*r*
平等　534*l*
表面意識　568*r*
日和見感染　65*r*
開かれた質問　498*l*,**577***r*,637*l*
広場恐怖〔症〕　173*r*,174*r*,606*lr*
ヒロポン　446*r*,500*l*,591*l*,592*l*,642*l*
敏感期　367*l*
敏感性　146*r*
貧血　273*r*
貧困　**578***r*,686*r*
貧困との闘い　249*l*
『貧困の研究』（ロウントリー）　686*r*
貧困ライン　578*r*
ヒンターコック法　587*r*
頻尿　226*l*,273*r*,**579***r*

ふ

5 DAY'S PLAN　155*r*
ファシズム　347*l*
ファシズム尺度　196*l*
ファシリテーター　83*l*,145*r*,215*r*,517*r*,574*r*
ファミリー・リサーチ研究所　178*l*
不安　23*r*,45*r*,141*r*,177*l*,186*r*,246*r*,255*l*,285*r*,332*l*,475*r*,**581***l*,614*r*
　期待不安　718*r*
　基底不安　525*r*
　基本的不安　475*l*
　去勢不安　77*l*,458*l*
　抗不安薬　136*l*,209*l*,362*r*,591*l*
　不特定不安感　332*l*
　分離不安　214*l*,**605***l*
　別離不安　44*l*
　母子分離不安　594*r*
　予期不安　489*l*
『制止・症状・不安』（S. フロイト）

事項索引

474r, 605l, 614l
『分離不安』(ボウルビイ) 605l
「分離不安に対する文献評論」(ボウルビイ) 605l
不安階層表 187l
不安障害 174r, 424r, 574l
　全般性不安障害 24l, **426r**
不安状態 344l
不安神経症 136l, 426r, 554l, 659l
不安ヒステリー 174l
フィオリナール 306r
フィードバック 337l, 522r, 628r, 638l, 721l
　遅延聴覚フィードバック (DAF) 157l
　バイオフィードバック法 223l, **540l**, 681l
フィードバック・メンタル・リハーサル 536r
フィレモン 715r, 716r
フィンガー・ペインティング 130l, 185r, 483l
風景画法 97l
風景構成法 97l, 582l
夫婦 695l
夫婦家族 118l
夫婦関係 644r
夫婦療法 292l
フェイディング 123l, 219r
フェティシスト 583l
フェティシズム 400l, 492l, **583l**
フェティッシュ 583l
フェネルジン 349l
フェミニスト・カウンセリング 87l
『フェミニスト・カウンセリング』(河野貴代美) 586l
フェミニスト心理学 584l
フェミニスト・セラピー 318r, **586l**
フェルト・シフト 588l
フェルト・センス 588l
フェンサイクリディン 591l
フォーカサー 587l
フォーカシング 115r, **587r**, 720r
フォルマント 94r
不快感情 256r
賦活睡眠 711r
不感症 60l, 381l, 386r
不機嫌 331l
複合 253l
複合家族 118l
副交感神経 385l
福祉教育 **588r**
　社会福祉教育 589l
　福祉事務所 191l, **589l**
　児童福祉事務所 191l
福祉人材確保法 234r

福祉的就業 334l
福祉六法 313l, 589r
服従 44r
副腎皮質ホルモン 686r
腹部温感練習 338r
服薬 238l
服薬時間 446r
不潔恐怖 174r, 580r
父権主義 608l
父権喪失 240l, 459r (→「父親喪失」「父親不在」も参照)
不合理な思い込み 722r
父子家庭 119l
不信感 203r
二つの椅子法 376r
布置 252l
普通気分 331r
普通神経症 342r
復帰ショック 138l
仏教 21l, 423l, 653r
物質依存 591l
物質的資源の欠乏 579l
物体失認 270l
不定愁訴 339l, 500l
不登校 2r, 330l, 429r, 430l, 437l, 452r, 592l, 594l, 663l, 679l (→「登校拒否」も参照)
不動の自己 537l
舞踏病 64r
不特定不安感 332l
負のラベリング 688r
部分対象 506r
不平タイプ 44r
普遍化 (集団心理療法) 316r
普遍的無意識 314r, 347r, 357l, 604l, 609l, 677l
『踏みにじられた魂』(ケイシー) 105l
不眠 226l
不眠症 **596l**
プライミング効果 148r, 149l
ブラインド・ウォーク 188l
プラーク 26l
フラストレーション 210l, 441l, 442l, 598l, 682r
フラストレーション−攻撃説 210l
フラストレーション・トレランス 210l
フラッシュ・バック 502l
ブラフマン 464r
プラン 548l
フランクフルト大学社会研究所 526r
フリー・スクール 430l, 599l
フリー・スペース 599l
プリティ・ウーマン 688r
フルオキセチン 554r
プレダー病 89l

プレマリン 491r
フロイト派 356l, 390l (→「ネオ・フロイディアン」も参照)
浮浪者 627l
ブローカ桂変法 575l
ブローカ失語 295r
プロジェクト法 166l
プロスタグランジン 60r
プロスペクト理論 39l
プロセス 503r
　カウンセリング・プロセス **113r**
　対話プロセス 509l
プロセス・スケール 114r
プロソディー 63r, 64l, 529r
プロテアーゼ阻害剤 67r
プロテウス的人間 380r
プロテスタント教会 623l
プロトリプチリン 597l
分界条床核 383l
分化条件づけ技法 246l
文化人類学 46r, **602l**, 635l
文章完成法 (テスト) (SCT) 8r, 373r, 483l, 490l
分析心理学 171l, 347l, **603r**, 674r
分析的集団療法 183r
文脈モデル 456l
文明 348l
分離不安 214l, **605l**
『分離不安』(ボウルビイ) 605l
「分離不安に対する文献評論」(ボウルビイ) 605l
分裂 217r
分裂気質 507l

へ

平均寿命 99l, 233r, 237l, 579l
閉経 381r
閉合 188l
並行面接 306r
米国応用心理学会 706l
米国学校カウンセラー協会 (ASCA) 361l
米国看護師協会 (ANA) 143r
米国心理学協会 (APA) 110r
米国心理学会 (APA) 461r, 705l
米国精神医学ソーシャル・ワーカー協会 (AAPSW) 387l
米国精神医学会編『精神障害の診断と統計マニュアル』(精神障害分類) →〈各「DSM」参照〉
米国精神遅滞学会 461l
米国脳性マヒ学会 529l
閉所恐怖〔症〕 174r, **606l**
平和の祈り 25l
ベーシック・エンカウンター・グルー

プ(ベーシック EG)　183r, 215r, 522l, 643r
ベータ・アドレナリン　554l
β派　533l
ペット　141l, 238l
ペット・ロス・クライシス　607l
ヘッドスタート計画　249l
別離不安　44l
ベトナム戦　349r
ペニシリン　306r
ペニス羨望　82l
〜へ向かう　279l
ペモリン　597r
ヘラクレス　716r
ヘルス・カウンセリング　607r
ペルソナ(仮面)　15l, 197l, 315l, 372r, 546r, 604l, 609l
『ペルソナと2つの本性について』(ボエティウス)　609l
ヘルパー　85r, 610l
ヘルパー・セラピー原則　422r
ベル・パッド法　222r
ヘルピー　85r, 610l
ヘルピング　85l, 417l
ヘルピング・モデル　610l
ヘロイン　69r, 500r, 641r, 642r
便意切迫　135r
辺縁系脳炎　436l
偏見　611r
変成意識　654l
変性意識状態　438r
変遷　629l
ベンゾディアゼピン　209l, 345l, 349r, 554r, 665r
『変態心理の研究』(中村古峡)　105l, 456l
ベンダー・ゲシュタルト・テスト　483l
ベンデクチン　306r
弁別　246l, 613r
　条件性弁別　614l
弁別学習　246l
弁別刺激　90l, 221r, 497l, 612r
変容　109r, 603r, 604l
　行動変容　505l
　自己変容　337l
　性格変容　372l, 373l
『リビドーの変容と象徴』(ユング)　674l

ほ

保育所政策　304r
防衛　323r, 614l
　自己防衛　255l
　『自我と防衛』(A. フロイト)　88r, 323r
防衛の壁　537r
防衛機制(機構)　45r, 91l, 231l, 254l, 276r, 343l, 598r, 615l, 628r, 681l
防衛反応　559l
防衛分析　305r
ボウエン理論　125l
暴行　709r
方向オンチ　383l
方向決定　204l
奉仕等体験学習　589l
報酬訓練　90r, 484r
方法論的行動主義　221l
訪問介護ステーション　102l
訪問看護師　102l
訪問教育　495l
牧師　623lr
ボケ　208r, 213l
　時差ボケ　447l
　熟年ボケ　236r
保健師　616l
保健師助産師看護師法　335l
保健室登校　616r
保健指導　608l
保健所　260r, 618l
保健所法　618l
母原病　585r
保健福祉センター　618l
保護観察　619r
保護観察官　619r
保護雇用　334l
保護司　610r
保護　619l
保護処分　333r, 619l
母国語　367r
母子衛生　618l
母子及び寡婦福祉法　589r
母子家庭　119l, 579r, 627r, 695l
母子関係　1l, 9r, 462r
『母子関係の理論』(ボウルビイ)　605l
母子感染　70l
母子手帳　260r
母子同一化　587l
母子同席集団療法　292r
母子福祉法　589r
母子分離　605r
母子分離不安　594r
母子保健　703r
母子保健法　260l
母子寮　590r
補償　598r, 673r, 677l, 710r
　過補償　229r, 710r
　代償的補償　711l
保護看法　335l
補助自我　352l
ポスト・モダニズム　508r
ボストン女の健康集団　586r
ボストン職業指導所　110r
ホスピス　141l, 620l(→「終末期医療」「ターミナル・ケア」「末期医療」も参照)
　聖クリストファー・ホスピス　620l
母性　214l, 451r
ホーソン研究　259r
補聴器　621l
牧会カウンセリング　111l, 623l
勃起障害　60l
ホット・シート　188l
ボディ・イメージ　414l, 575r, 624l
ボディ・ランゲージ　321l, 566r, 625l
ボディ・ワーク　188l
ボトキン研究所　555l
ポートフォリオ理論　39l
ほどよい母　515l
母乳保育　462r
ホームズ(ドイル『シャーロック・ホームズ』)　626l
ホーム・スクーラー　599r
ホームヘルパー　101l, 102l, 234l
ホーム・ヘルプ・サービス　496l
ホームレス　627l
ホメオスタシス　628l, 682r
ホメオスターシス説　345l
ホメオスタシス性欲求　683l
ホモセクシュアル　490l
ホモ・ルーデンス　9l
ボランタリズム　630r
ボランティア　481r
　国際ボランティア貯金(郵政省)　631r
ボランティア活動　310l, 588r, 630l
ボランティア教育　631r
ボランティア協会　632r
ボランティア・センター　632l
ボランティア保険　631l
ポリ塩化ビフェニール(PCB)　20l
ポリュポス(『オイディプス』)　76r
ボルダー会議　706l
ホルムアルデヒド　294l
ホルモン　52l, 339r
　黄体形成ホルモン　491r
　甲状腺ホルモン　212r
　甲状腺ホルモン剤　213l
　女性ホルモン　274l, 383l
　ステロイドホルモン　491l
　性ホルモン　89l, 383l, 407l, 490l
　男性ホルモン　89r, 382r, 385r
　ヒト絨毛性性腺刺激ホルモン　320l
　副腎皮質ホルモン　686r
ホルモン異常　491r
ホルモン分泌　191r, 641l
ホルモン〔補充〕療法　226r, 274l
梵我一如　464l
本質存在 - 事実存在　205r

本当の自分（自己）　244*l*, 285*l*
『ほんとうの豊かさとは』　228*l*
『本能とその運命』（S. フロイト）
　　30*r*, 511*l*
本能二元論　30*r*

ま

間　588*l*
『まあだだよ』（黒沢明）　236*l*
マイクロ・カウンセリング〔技法〕
　　71*r*, 282*l*, 417*l*, **634*l***
『マイクロカウンセリング』（アイビイ）
　　634*l*
マイクロ技法　634*l*, **635*l***
マイクロ技法階層表　636*r*
マイクロ・ラボラトリー・トレーニング　473*l*, **637*l***
マインド・コントロール　**139*l***
マグネット・スクール　600*l*
枕たたき法　376*r*
マサチューセッツ総合病院　395*l*
マザリング　371*l*, 587*l*, 648*l*
マザリング教育　565*l*
マジック・ミラー　365*l*
マージナル・パーソン　152*r*, 241*l*, **638*r***
マージナル・マン　**638*r***
マスターベイション　61*r*, 386*r*, 583*l*, **639*r***
マゾヒズム　195*l*, 401*l*, 583*l*
　性的マゾヒズム　400*r*
マタニティ・ブルー　335*l*, **640*r***
末期医療　265*r*（→「終末期医療」「ターミナル・ケア」「ホスピス」も参照）
マッサージ　537*l*
マッチング　39*l*
マッチング理論　123*l*
窓　595*r*
マネジャー病　124*l*
マハリシ研究所　464*r*
間引き　562*r*
麻薬　500*l*, 591*l*, **641*r***（→「ドラッグ」も参照）
麻薬新条約　502*l*
マラソン・エンカウンター・グループ　**643*l***
マリファナ（マリファナ）　69*r*, 501*l*, 591*l*
マリッジ・カウンセラー協会　644*r*
マリッジ・カウンセリング　**644*r***
マルクス主義　347*r*, 526*r*
マルチ・カルチャー　48*r*
マルと家族画法　97*l*
『マン・ウォッチング』（モリス）　625*r*

み

慢性アルコール症　209*l*
マンダラ（曼荼羅，曼陀羅）　252*r*, **646*l***
マントラ　464*l*
万引き　492*l*

み

ミオクロニー発作　480*r*
ミオクローヌス　597*l*
右半球　542*r*
未婚の母　**647*l***
未視感　697*l*
未熟児　175*l*, 649*l*
未熟児網膜症　649*l*
身調べ　504*r*
見せかけの行動　188*l*
みつくち　214*r*
見通し　488*l*
ミトラス教　315*r*
南カリフォルニア感覚統合検査（SCSIT）　142*r*
ミニ・カウンセリング　**649*r***
ミニ脚本　162*l*
ミネソタ学派　287*l*
ミネソタ多面人格検査（MMPI）　43*l*, 373*l*
見本合わせ課題　614*l*
耳　535*l*
耳鳴り　465*l*
ミラノ派　125*l*, 292*r*
魅力的性格　374*r*
民族誌　603*l*

む

無為　524*r*
無意識　28*l*, 38*l*, 285*r*, 327*r*, 346*r*, 391*r*, 393*l*, 568*r*, 601*l*, **650*r***, 671*l*, 677*l*
　個人的無意識　347*l*, 604*l*, 677*l*
　集合〔的〕無意識　171*r*, 207*r*, 314*r*, 609*l*, 646*r*, 671*l*, 674*r*
　絶対的無意識　**314*r***
　超個人的無意識　**314*r***
　普遍的無意識　314*r*, 347*l*, 357*l*, 604*l*, 609*l*, 677*l*
無意識的空想　507*l*
無意識的な関与　252*r*
『無意識の構造』（ユング）　609*l*
『無意識の心理』（ユング）　315*l*
無意識の抵抗　475*l*
『昔話の深層』（河合隼雄）　78*r*, 178*l*
『昔話の魔力』（B. ベッテルハイム）　78*l*
無気力　226*l*, **651*r***（→「アパシー」も

参照）
無気力症　**17*l***, 439*r*
　学生無気力症　17*l*
　大学生無気力症　**439*r***
無視　562*r*
　半側空間無視　270*r*
無重力症状群　124*l*
無条件強化子　496*r*, 497*r*
無条件刺激　245*r*
無条件の肯定的な関心（配慮）　321*lr*, 410*r*, 666*r*, 684*r*, 685*l*, 719*r*
無条件の積極的関心　216*r*, 410*l*, 711*r*
無条件の積極的尊重　720*l*
無条件反応　245*r*
無症状キャリア（無症候性キャリア）（AC）　65*r*, 71*lr*
夢中遊行　665*l*
無表情　563*l*
無欲状態　332*l*
ムラート　639*l*
無力感　3*l*

め

眼　269*l*
名称独占　100*r*, 311*r*
瞑想　11*r*, 376*l*, **653*l***
　超越瞑想　464*l*, 681*l*
『超越瞑想法入門』（マハリシ）　464*r*
瞑想センター　464*r*
瞑想法　464*lr*
瞑想練習　338*r*
眼鏡　269*r*
メスアンフェタミン　500*l*, 592*l*
メソポタミア　452*l*
メタ欲求　502*r*
メチルフェニデイト　463*r*, 597*l*
メトアンフェタミン　642*l*
めまい　226*l*
メランコリー型　62*r*
免疫グロブリン　26*l*, 27*l*
免疫グロブリンE（IgE）　12*l*
免疫系　362*r*
免疫反応　27*l*
免疫力（能力）　26*l*, 52*l*, 686*l*
面接法　8*r*
メンタル・トレーニング　131*l*
メンタル・フレンド　303*r*
メンタル・ヘルス　65*l*, 87*l*, 131*l*, 355*l*, 450*r*, 645*l*, **654*l***
メンタル・ヘルス教育　177*r*, 437*r*
メンタル・ヘルス・ケア　353*r*, 500*l*
メンタル・ヘルス対策　259*r*, 260*l*
メンタル・リハーサル〔法〕　257*r*, 536*r*

も

喪　445r
喪の仕事（作業）　607r,691l
盲学校　494r
蒙古症　453l
妄想　231l,485r
　被害妄想　26r
妄想・分裂ポジション（態勢）　445l,
　506r
燃えつき症候群　**656r**
黙想　653l
目的発見的洞察　488r
目的論的モデル　123r
目標　256r
　生存目標　33r
モーズレイ性格検査（MPI）　8l,373r
モチベーション　165l
モデリング　210r,218r,316r,**657r**
モデリング法　223l
　内潜モデリング法　506r
物語　508l
物言語　567l
模倣　200l
　映像模倣法　658l
　社会的模倣　656r
モーメント理論　39l
桃太郎　716r
モラトリアム　4r,380r,404r,440l,
　658r,667l（→「猶予期間」も参照）
モラトリアム人間　380r,404r,659l
森田神経質〔症〕　342r,**659l**
森田療法　52r,424l,**660l**
モルヒネ　591l,641r
モンゴリズム　453l
問題解決介入　**661l**
問題解決能力　164r
問題行動（子どもの）　**662r**
問題児　**663l**
モンテッソーリ方式　428l

や

夜間狭心症　712r
夜驚症　**665l**
薬物依存症（中毒）　55l,444l
薬物依存症者（NA）　422l
薬物乱用　169l
役割交換　352l
役割転換法　182l
役割論　460l
優しい人　667l
優しさ　**666l**
養い育てる　450r
谷田部‐ギルフォード（Y-G）性格検査　8l,373r
夜尿〔症〕　91l,246l,257l,**667l**
八幡製鉄所　259l
ヤブユム　646r
やりとり分析　231l
やる気　17r,259l

ゆ

友愛訪問員　190r
誘意性　133l
有意味語　200l
誘因　329r,483r
優越感　482r,711l
有害大気汚染物質　294l
有機体的自己制御機能　188l
勇気づけ　14l
遊戯分析　305r
遊戯療法　9l,305l,593r,**668l**
『遊戯療法』（アクスライン）　668r
有限性　247r
友人　255r
幽体離脱　438l
優等生　595l
誘導的な質問　498l
有能感　683r
誘発刺激　221r,613l
優美　539l
猶予期間　**658r**（→「モラトリアム」も参照）
ユダヤ人　130l,314r,601l,612r,640l
ユネスコ　324l
指しゃぶり　441r,470l,**669l**
指文字　566r
夢　207l,315l,327r,356r,394r,604r,
　670l,673l
　悪夢　712r
　イルマの夢（フロイト）　672l
　元型夢　677r
　顕在夢　671r,673l
　サッフォーの夢（フロイト）　672l
　潜在夢　671r,673l
　定型夢　672l
　『思い出・夢・思想』（ユング）　673r
　『夢』（黒沢明）　236l
夢の作業（仕事）　671r,673r（→「ドリーム・ワーク」も参照）
夢解釈　473r
『夢の解釈』（S.フロイト）　88r
『夢十夜』（夏目漱石）　244l,313r,
　671r
夢判断　671l,**673l**
『夢判断』（S.フロイト）　76l,133r,
　201l,347l,601l,671l,673l,674l,
　706l
『夢判断のメタ心理学的補遺』（S.フロ

イト）　201r
夢分析（ユング派）　**676r**
『ユング』（ストー）　715r
ユング心理学　77r,171l,193l,313l,
　503l,646r,676r
ユング派　77r,356l,676r

よ

良い子（いい子）　10r,17r,43l,362r,
　425l
養育的な親（NP）　231r,376r
養育費　695l
要介護者　99l
要介護度　102l
要介護〔度〕認定　99r,102l
養護学校　494r,**678l**
養護教諭　617l
養護老人ホーム　496l
　特別養護老人ホーム（特養）　235l,
　495l
養子縁組　303l
幼児がえり　441l,669l
幼児型人格障害　168r
幼児期　470l
『幼児期と社会』（E. H. エリクソン）
　3l,687l
幼児虐待　11l,78l,134r,455r
幼児自閉症　306l
幼児性健忘　209l
幼児成熟　→「ネオテニー」参照
幼児性欲説　407l
幼児体験　203r
幼児の決断　161r
幼児の否認　681r
羊水検査　319r
陽性エディプス・コンプレックス　76l
陽性症状　485r
陽性転移　305r,479l
陽性のストローク　368r
要約　637l
ヨーガ　423r,537r,653r
ヨーガ療法　**679l**
『ヨーガ・スートラ』　679r
良きサマリア人　481l
予期不安　489l
抑圧　91l,254r,474r,598r,615l,**681l**
抑圧された感情　537l
抑圧抵抗　475l
抑うつポジション（態勢）　445l,506l
抑制　91l
　脱抑制　245r
欲動　75r
　サディズム的欲動　229r
　死の欲動　210l
欲望相　385l

欲求　**682***l*,**693***r*
　愛情欲求　35*l*
　愛着欲求　515*l*
　安全欲求　34*r*
　安定感への欲求　285*r*,525*r*
　生きがいの欲求　368*r*
　自己実現欲求　35*l*,**694***l*
　実存的欲求不満　718*l*
　承認の欲求　272*l*,368*r*
　心理的欲求　694*l*
　ストローク欲求　368*r*
　性的欲求　404*r*
　生物学的欲求　694*l*
　性欲（性欲求）　204*l*,**407***l*,683*l*,
　　699*l*
　生理的欲求　34*r*
　接触の欲求　272*l*,368*l*
　尊敬の欲求　35*l*
　メタ欲求　502*r*
欲求の階層論　502*r*
欲求の5段階説　34*r*
欲求 - 圧力理論　682*r*
欲求段階説　521*l*
欲求不満　**598***l*
　実存的欲求不満　718*l*
欲求不満耐性　210*r*
予防医学　655*l*,680*r*
〔予防・〕開発的カウンセリング
　130*r*,215*l*,403*l*,437*l*
予防精神医学　151*l*
『予防精神医学』（カプラン）　249*l*
より糸　115*r*
『4気質説』　373*l*

ら

ライオス（『オイディプス』）　76*r*
来談者中心カウンセリング　284*r*
来談者中心療法　82*r*,114*r*,115*r*,208*l*,
　275*r*,282*l*,316*l*,417*l*,508*r*,522*l*,
　684*l*,719*r*
『来談者中心療法』（ロジャース）　719*r*
ライフ・イヴェンツ　364*l*,**685***r*
ライフ・サイクル　3*l*,137*l*,203*r*,
　548*l*,551*r*,**686***l*
ライフ・サイクル論　443*r*,549*l*
ライフ・スタイル　13*r*,20*l*,233*r*,576*l*
ライフ・タスク　14*l*
ライフ・ライン　481*l*
ライン・カウンセリング　111*l*,610*r*
ラケット　195*l*
ラショナル・ビリーフ（*rB*）　54*l*
ラブ・ドラッグ　502*l*
ラベリング　**687***r*
ラ・ホイヤ　720*l*
ラ・ホイヤ・プログラム（集団訓練プログラム）　82*r*
ラボラトリー・トレーニング　49*l*,
　145*l*,146*l*,182*l*,183*r*,472*r*
ラボラトリー・メソッド　145*l*
ラポール　21*l*,189*r*,**689***l*
乱視　269*l*
卵巣摘出　274*l*
乱用　591*l*
　アルコール乱用　23*l*
　薬物乱用　169*l*

り

リ・インテグレーション・プログラム
　98*r*,639*r*
リウマチ　724*l*
リエゾン精神医学　**690***l*
リエゾン精神看護　**691***l*
リエゾン・ナース　691*r*
理学療法士　419*r*
力動的因子　693*l*
力動的心理学　**692***r*
力動的精神医学　694*r*
力動的洞察　30*l*,488*l*
力動論的観点　392*l*
離婚　118*r*,**695***l*
　家庭内離婚　695*l*
離婚率　695*l*
リスク・リダクション　68*r*
理性喚情療法　**722***l*
理想的異性像　671*l*
理想の（化された）自分　285*r*,525*r*
リソース・パーソン　163*l*
リソース・ルーム　120*r*
リーダーシップ　568*r*
離脱　429*l*,438*l*
リタリン　463*r*
リットル氏病　529*l*
リード　418*l*
離乳　214*l*
離人症　**696***r*
離人症状　344*l*
リハーサル　148*r*
　イメージ・リハーサル法　257*l*
　フィードバック・メンタル・リハーサル　536*l*
　メンタル・リハーサル〔法〕　257*r*,
　　536*r*
リハビリテーション　185*r*,327*l*,531*l*,
　698*l*
　職業的リハビリテーション　**334***l*
　認知リハビリテーション　523*l*
リハビリテーション医学　419*r*
リハビリテーション医療　690*r*
リビドー　1*l*,77*l*,229*l*,276*l*,347*l*,
　378*r*,392*l*,445*l*,538*l*,551*r*,682*r*,
　699*l*
『リビドーの変容と象徴』（ユング）
　674*r*
リビドー説　373*l*
リビドー論　507*l*
リビング・ウィル　32*l*,**700***l*
リビング・ダイイング・プロジェクト
　265*l*
リファー　417*l*,**701***r*
リファレンス・グループ　322*l*
リフレイミング　81*l*
リプロダクティブ・ヘルス　**702***r*
リプロダクティブ・ライツ　702*r*
龍穏寺　661*l*
硫酸インジナビル　67*r*
療育手当　303*r*
療育手帳　461*r*
両価価値　30*l*
両価性　30*l*,181*r*,217*r*,332*l*
『両価性についての講演』（P. E. ブロイラー）　30*l*
両価的転移　479*l*
両耳分離能　448*l*
両親　2*l*,18*l*,369*l*,475*l*（→「親」も参照）
良心　267*r*,492*r*
療法士　**419***r*
　作業療法士（OT）　84*l*,258*l*,419*r*
緑内障　270*l*
リラクセイション　353*l*,500*l*,536*r*,
　653*r*
リラクセイション法　177*r*
リラクセイション・トレーニング
　316*l*
リラックス　53*r*,176*r*
リレーションシップ　569*l*
理論的統合　487*r*
臨界期　367*l*,491*r*
臨死意識　265*l*
臨死体験　426*l*,438*l*,**704***l*
臨時脳死及び臓器移植調査会　264*l*
臨床言語士（ST）　198*l*,295*r*
臨床心理学　**705***l*
臨床心理士　107*l*,**707***l*
臨床的カウンセリング　431*r*
臨床的理解　401*r*
リンビック・システム　346*l*
倫理　416*r*

る

類型論　371*r*,373*l*,546*r*,**675***l*
　性格類型論（ユング）　675*r*
ルビンの盃　159*l*,**708***l*
ルール（家族療法）　129*l*
ルルドの泉　51*r*

事項索引　　　　　　　　　　920

れ

冷感症　60l,194r
霊的成長　25l
レイノー症状　541l
レイプ　210l,**709l**
レクリエーション療法　96l
レシピエント　264l
レズビアン　490l(→「同性愛」も参照)
レスポンデント行動　90l,221r,245l,613r
レスポンデント条件づけ　484r
レックリングハウゼン病　511l
劣等感　253l,482r,666l,**710r**
　『子どもの劣等感』　710r
劣等コンプレックス　711l
レム睡眠　439l,533r,596l,670l,**711r**
恋愛　**712r**
連想　252l
　言語連想実験（テスト）　253l,651l
　言語連想法　483l
　限定連想　317l
　構造化連想法（SAT）　608l
　自由連想　286l
　自由連想法　167l,305r,**317l**,347l,348r,394r,478r,601l,705r
　心的外傷風景連想法　608r
連帯（再評価カウンセリング）　256l
連発（吃音）　156r

ろ

老化　277l,429l,717l

聾学校　466r,494r
老眼　269r
老賢者（老賢人）　197l,244l,315l,604r
老後保障　101r
労災保険　312r
『老子』　715r
老人介護支援センター　235l
老人短期入所施設　496l(→「ショート・ステイ」も参照)
「老人の死生観」（土居健郎）　236r
老人福祉　590r
老人福祉主事　590l
老人福祉法　100r,589r
老人保健　618r
老人保健施設　235l
労働安全衛生法　351r,499l
老年心理学　**716r**
老齢年金　101r
6 段階モデル　128r
ロゴスの原理　15r
ロゴス発見的洞察　488r
ロゴセラピー　**297r**,**717r**
『ロジャーズ全集』　517l
ロジャース派　634r
露出症　400l
路上生活者　**627l**
ロベリン　597l
ロールシャッハ検査（テスト）　8l,208l,373r,483l,490l
ロール・プレイング（ロールプレイ）　182l,319l,352r,437l,**721l**
ローレル指数　575l
論駁法　723l

論理情動療法　**722l**
論理の非論理　58l
論理療法（RET）　54l,55l,72r,154l,187r,316r,363r,417l,476l,523l,**722l**
論理療法的イメージ技法（REI）　723l

わ

若い女性と老婆　709l
『若い人々への手紙』（パブロフ）　557l
ワーカホリック　10r,124l
ワークショップ　472r
　エンカウンター・グループ・ワークショップ　522r
　カウンセリング・ワークショップ　517l
　ニュー・カウンセリング・ワークショップ　517r
枠づけ法　96r
『私という他人』（ディグペン他）　105l
和田法　448r
笑い　51r,**724l**
悪い対象　445l
ワルテッグ・テスト　483l
我‐それ　689r
我‐汝　2l,689r
『我と汝』（ブーバー）　471r
ワンダー・チャイルド　57r

欧文事項索引

A

A Mind That Found Itself (C. W. Beers) 655*r*
AA (Alcoholics Anonymous) 422*l*
AAAP 706*l*
AAMR (American Academy of Mental Retardation) 461*l*
AAPSW (American Association of Psychiatric Social Workers) 387*r*
abreaction 129*r*
absentee father 459*r*
abused child 562*r*, 563*r*
AC (Asymptomatic Career) 71*l*
academic skills disorder 120*lr*
acceptance 5*r*, 189*l*, 287*r*, 321*l*, 410*l*, 666*r*, 668*r*, 669*l*, 685*l*
acceptance attitude 116*l*
achievement of individu [aliz] ation 244*l*
acquired 69*l*
acquired immunodeficiency syndrome 65*l*
acquisition amnesia 208*r*
acting out 217*l*, 306*l*
action 188*l*
Action for Mental Health 559*r*
activating event (A) 72*r*, 722*r*
active imagination 715*r*
active listening 6*r*
actualizing tendency 720*l*
acute distress 605*r*
AD (Alzheimer's Disease) 25*l*
ADA (Americans for Disabilities Act) 327*l*
adaptation 476*r*
adaptational aspect 392*l*
adapted child 231
ADHD (Attention Deficit - Hyperactivity Disorder) 121*r*, 462*r*, 463*l*
adjustment 476*r*
Adlerian therapy 13*r*
adolescence 379*r*
adult 231
adult-children 10*l*
affect 331*r*
affect labile 42*r*
affection 1*l*
affectional 43*r*
affectionate 666*l*
affectionless psychopathy 605*r*
affective 42*l*
Affekt 331*r*
aged country 233*l*
aged people 458*r*
aged society 233*l*
aggression 210*l*
aggressive 210*l*
aggressivity 210*l*
aging society 233*l*
agitation 332*l*
agoraphobia 173*r*, 174*r*, 606*l*
aichmophobia 424*l*
AIDS 65*l*, 67*r*, 69*l*
Alcoholics Anonymous 422*l*
alcoholism 22*l*
alexi[-]thymia 146*r*, 332*l*, 346*r*
alienation 432*l*
allergy 27*l*
allopsychic depersonalization 697*l*
allos 27*l*
alone 246*r*
alternative school 599*l*
alternative story 509*r*
Alzheimer's disease 25*l*
ambivalence 30*r*, 332*l*
Ambivalenz 30*l*
amenity 19*lr*
American Academy of Mental Retardation 461*l*
American Association of Psychiatric Social Workers 387*l*
American Journal of Insanity 655*r*
American Journal of Sociology 639*l*
Americans for Disabilities Act 327*l*
amiable 666*r*
amnesia 208*l*
amour 712*r*
amplification 677*r*
anal phase (stage) 229*l*, 408*l*
analytical psychology 603*r*
analytically oriented counseling 392*l*
anankastic 42*l*
anhedonia 332*l*
anima 15*l*, 197*l*, 604*r*
animus 15*l*, 197*l*, 604*r*
anomy 16*l*
anonia 16*l*
anorexia nervosa 413*r*, 414*l*
antecedent 613*l*
anterograde amnesia 208*r*
anti-semitism scale 196*l*
antisocial 42*r*
antisocial behavior 557*r*
antisocial personality disorder 42*r*
anxiety 332*l*, 581*l*
anxiety disorder 424*r*
anxiety hierarchy 187*l*
anxiety states 344*l*
apathy 17*l*, 332*l*
apathy syndrome 17*r*
aphasia 294*r*
apoplexy 530*r*
applied behavior analysis 221*r*
approach-approach conflict 133*r*
approach-avoidance conflict 133*r*
aptitude 477*l*
archetypal dream 677*r*
archetype 196*r*, 285*l*
art therapy 9*l*, 96*l*
Arthus 27*r*
arts therapy 185*r*
asocial behavior 567*r*
assertion training 318*l*
assertiveness training 318*l*
assessment 7*r*
assignment 413*l*
asthenic 42*l*
asthenische 42*l*
asymptomatic career 71*l*
atopic 27*r*
atopic dermatitis 11*r*, 27*r*
atopy 27*r*
attachment 9*l*, 605*r*
attention 279*l*
attention deficit - hyperactivity disorder 462*l*
attention memory type 120*l*
attitude 278*l*
attribution theory 153*r*
attribution therapy 153*l*
attributional style 154*l*
Aufforderungscharakter 133*l*
authoritarian attitude 195*l*
authorization of counselor's license

(certification) 107*l*
autistic disorder 306*l*
autogenic training 176*r*, 338*l*
autohypnosis 283*l*
autonomic dysregulation 339*l*
autopsychic depersonalization 696*r*
avoidance-avoidance conflict 133*r*
avoidant neurosis 17*r*
avoidant personality disorder 103*l*, 42*r*
awareness 49*r*, 158*l*, 188*l*
AZT 72*l*

B

background 38*l*
backward chaining 219*l*
basic encounter group 182*r*
battered child 562*r*
battered child syndrome 563*r*
Befindlichkeit 146*l*
Begegnung 471*l*
behavior 613*l*
behavior analysis 221*l*
behavior chain 497*l*
behavior modification 218*r*
behavioral community psychology 219*l*
behavioral construct 43*r*
behavioral contingencies 221*r*
behavioral counseling 218*l*
behavioral education 219*l*
behavioral medicine 219*l*
behavioral therapy 222*l*
behaviorism 220*l*
being alone 246*r*, 247*l*
being lonely 246*r*
being-in-the-world 408*r*
being-there 205*r*
belief system (B) 722*r*
beliefs 72*r*
Besorgen 408*r*
Bestimmung 204*l*
bilingualism 542*r*
bioenergetic therapy 537*l*
bioenergetics 537*l*
biofeedback 540*l*
biological clock 446*l*
blunted affect 331*r*
BMI (Body Mass Index) 575*l*
body image 428*r*, 624*l*
body language 625*r*
body mass index 575*l*
borderline personality disorder 42*r*, 168*l*
brain death 528*l*

breasts-complex 462*l*
Brief Therapy 292*r*
BT (Brief Therapy) 292*r*
bulimia nervosa 414*l*
bullying 40*l*
burn out syndrome 656*r*

C

ça 75*l*
cancer 140*l*
carcinoma 140*l*
care 623*l*
care manager 99*l*
care worker 100*l*
career 162*r*
career counseling 164*r*
career education 162*r*, 357*r*
career guidance 163*r*, 357*r*
caring 685*l*
case conference 56*r*, 366*l*
casework 190*l*
caseworker 188*r*
catathymic amnesia 208*r*
catharsis 129*l*
cathartical-method 129*r*
CCEM (Comprehensive Career Education Model) 163*l*
CCT (Client-Centered Therapy) 720*l*
Œdipus complex 76*l*
Cell System 126
Center for Disease Control 71*l*
Center for the Mental Health and Welfare 397*l*
Center for the Studies of the Person 522*r*
cerebral hemisphere 447*r*
cerebral palsy 529*l*
certified care worker 100*l*
certified clinical psychologist 707*l*
chaining 219*l*
character 41*r*, 371*l*, 372*r*, 546*r*
Charity Organization Society 434*r*
charter school 600*l*
child 231
child abuse syndrome 563*r*
child analysis 305*l*
child guidance center 302*r*
child welfare 304*l*
children returned from foreign countries 152*l*
children's books 77*r*
choice 38*r*
Cinderella-complex 350*l*
classical conditioning 244*r*

claustrophobia 606*l*
cleft lip 214*r*
cleft palate 214*r*
client-centered therapy 275*r*, 684*l*, 719*l*, 720*l*
climacteric disorders 226*l*
clinical psychologist 707*l*
clinical psychology 705*l*
clinical social work 387*r*
Clonlara school 599*r*
closed question 498*l*
  employer-based model 163*l*
cochlear implant 621*r*
co-counseling 256*l*
Cogito 523*l*
cognition 522*r*, 523*l*
coital pain 381*l*
collaborative conversation 509*l*
collective unconscious 314*r*, 347*l*, 604*l*
combined impairment 467*r*
co-medical 419*r*
COML (Consumer Organization for Medicine and Law) 410*l*
communication 247*r*
community psychology 249*l*
community workshops for disabled persons 172*l*
competence 683*r*
complex 253*l*
complex indicator 253*r*
comprehensive career education model 163*l*
computed tomography 300*l*
concept of self 20*r*
conditional discrimination 614*l*
conditioned reinforcer 497*l*
confession 603*r*
conflict 133*l*
congruence 250*l*, 277*lr*, 278*lr*, 410*r*, 684*r*
congruent 277*r*
conjugal family 118*l*
conscious mind 604*l*
consciousness 37*r*
consciousness-raising 586*r*
consequence 72*r*, 613*l*
consequence 722*r*
constancy principle 104*r*
constellation 252*l*
constricted affect 331*r*
consultation 251*l*, 366*l*, 708*l*
Consumer Organization for Medicine and Law 410*l*
contact desensitization 658*l*
contingency contract 219*r*

continuous amnesia 208*r*
control against the smoking 154*r*
controlled association 317*l*
convenience 19*r*
coping behavior 364*l*
core gender identity 367*r*
corticotropin releasing factor 414*r*
council of social welfare 309*r*
counsel 110*r*
counsel[l]or 105*r*
counseling 109*r*
counseling by telephone 481*l*
counseling for the aged 235*r*
counseling for the HIV-infected and the AIDS patient 71*l*
counseling process 113*r*
counseling psychology 431*l*
counseling relating to the attachment 2*l*
counseling-mind 115*r*
counselling-supervision 366*l*
counter identity 443*r*
counter-transference 442*r*
covert conditioning 505*l*
covert extinction 505*r*
covert modeling 506*l*
covert negative reinforcement 505*r*
covert process 505*l*
covert sensitization 505*r*
CR (Consciousness-Raising) 586*r*
CRF (Corticotropin Releasing Factor) 414*r*
crisis intervention 151*l*, 707*r*
critical parent 231
critical period 367*l*
cross-cultural counseling 46*l*
CS (excessive Chemical Sensitivity) 117*l*
CSP (Center for the Studies of the Person) 522*r*
CT (Computed Tomography) 300*l*
cultural anthropology 602*l*
culture shock 137*r*

D

daintiness 666*l*
Dasein 205*r*, 206*l*, 207*r*, 408*r*
Daseinsanalytik 207*l*
dd I 72*l*
déjà-ve 697*l*
death 264*l*
death education 307*r*
defense 614*l*
defense mechanism 254*r*, 615*l*
deficiency 69*l*
delayed development of the speech and language 199*r*
delicacy 666*l*
delicate 666*l*
delicate child 174*r*
demence 458*r*
dementia praecox 485*l*
denial 681*r*
dependency (dependancy) 43*l*
dependent personality disorder 42*r*, 44*l*
depersonalization 696*r*
depersonalization syndrome 344*r*
depression 62*l*
depressive 42*l*
depressive position 445*l*, 506*r*
depth-psychology 346*r*
descriptive psychiatry 694*l*
despair 605*r*
detachment 429*l*, 605*r*
development 547*r*
development of the brain 531*r*
development of the personality 341*l*
developmental acceleration 550*l*
developmental approach 182*r*
developmental aspect 392*l*
developmental disorders 550*l*
developmental history 370*r*
developmental psychology 548*r*
developmental stages 551*l*
developmental tasks 549*l*
diagnostic interview 56*l*
didactic analysis 167*l*
differential reinforcement of high rate 219*r*
differential reinforcement of incompatible behavior 219*l*
differential reinforcement of low rate 219*r*
differential reinforcement of other behaviors 219*r*
differentiation of self 456*r*
difficult child 663*r*
diffusion of the identity 4*r*
disability 325*r*, 699*l*
disabled international 534*r*
disabled peoples' international 327*l*
disclosure of feeling 146*r*
discovery of self and others 215*r*
discrimination 611*r*, 613*r*
discrimination training 219*r*
discriminative stimulus 221*r*, 612*r*
displacement 88*l*
dispute 722*r*
disputing 72*r*, 723*l*

dissociative identity disorder 104*r*, 455*r*
divorce 695*l*
domestic violence 134*l*
dominant story 509*r*
double bind 512*r*
Down's syndrome 453*l*
DPI (Disabled Peoples' International) 327*l*
dream analysis (Jungian) 676*r*
dream work 671*r*
dream-interpretation 673*l*
DRH (Differential Reinforcement of High rate) 219*r*
DRI (Differential Reinforcement of Incompatible behavior) 219*r*
drive 682*r*, 693*r*
DRL (Differential Reinforcement of Low rate) 219*r*
DRO (Differential Reinforcement of Other behaviors) 219*r*
drug 500*l*
DSM-III 486*r*
DSM-III-R (1987) 306*l*, 343*lr*, 463*l*, 486*l*
DSM-III-RT 463*l*
DSM-IV (1994) 42*r*, 44*l*, 103*r*, 168*r*, 174*r*, 342*r*, 381*l*, 385*l*, 399*r*, 401*l*, 404*r*, 424*r*, 427*l*, 455*r*, 461*r*, 550*r*, 561*r*, 574*l*, 591*r*
DSM-IV-TR (2000) 62*r*, 348*l*, 414*lr*, 463*l*, 486*l*
DV (Domestic Violence) 134*l*
dynamic 693*l*
dynamic aspect 392*l*
dynamic factor 693*l*
dynamic insight 488*r*
dynamic psychology 692*r*, 694*r*
Dynamic Psychology (R.S. Woodworth) 693*r*
Dynamogenese 694*r*
dysarthria 63*r*
dyspareunia 381*l*, 400*r*
dysphagia 83*r*
dysphoric mood 331*r*

E

EAP (Employee Assistance Program) 259*r*
early education 427*r*
eating disorders 413*r*
eclectic counseling 416*l*, 417*l*
economic aspect 392*l*
economic support for living 377*r*
economy 585*l*

ecstasy 332*l*,591*l*
education 585*l*,603*r*
education for social welfare 588*r*
Education of All Handicapped Children Act 120*r*
educational psychology 166*l*
EEG (electroencephalogram) 532*r*
effect 72*r*,722*r*
EG (Encounter Group) 82*r*
ego 45*r*,75*r*,76*l*,267*lr*,268*r*,347*l*,467*l*
ego alien 217*l*
ego identity 268*l*,379*r*,403*r*
ego integration 236*r*
ego syntonic 217*l*
egogram 73*l*
ego-related 246*r*
ego-unrelated 247*l*
EigenWelt 206*r*,409*l*,518*r*
Einfall 317*l*
Einsicht 488*l*
Electra complex 81*r*
electroencephalogram 532*r*
elementary family 118*l*
elevated mood 332*l*
elicit 221*l*
eliciting stimulus 221*r*
elucidation 603*r*
emit 221*r*
emitted behavior 359*r*
emotion 36*r*,145*r*,146*l*,329*l*,331*r*
emotional 43*r*
emotional abuse 564*l*
emotional disturbance 328*r*,329*l*
emotional intelligence 36*r*
emotional quotient 36*r*
emotional reflexions 668*r*
emotionally focused marital therapy 645*r*
emovere 146*l*
empathic understanding 170*l*,410*r*,684*l*
empathy 287*r*,669*l*
employee assistance program 259*r*
empowerment 86*r*
empty nest syndrome 136*r*
enabling 86*r*
encephalopathia after revification (resuscitation) 436*l*
encounter 471*l*,689*r*
encounter group 82*r*
enjoying privacy 246*r*
Entfremdung 432*l*
envy 298*r*
epigenesis 3*r*
epilepsy 479*r*

episodic amnesia 208*r*
epochal amnesia 208*r*
EPPS (Edwards Personal Preference Schedule) 43*r*
EQ (Emotional Quotient) 36*r*
equifinality 125*r*
ergasia 390*r*
ergo sum 523*l*
ergon 27*l*
Erikson's method 80*r*
es 45*r*,75*lr*,267*r*,467*l*
Esalen Institute 183*l*,215*r*
essentia-exisitentia 205*r*
ethnocentrism scale 196*l*
ethology 366*r*
euphoria 332*l*
euthanasia 31*l*
euthymic mood 331*r*
evaluative attitude 116*l*
excessive chemical sensitivity 117*l*
exhibitionism 400*r*
exisitentia 205*r*,206*l*
existence 50*l*,297*l*
existential analysis 207*l*
existential psychology 296*r*,473*r*,518*l*
existentialphilosophie 206*l*
Existenz 206*l*
existere 50*l*,297*l*
expansive mood 331*r*
experience 440*r*
experiencing 114*r*,115*r*,278*r*,440*r*
experiential learning 721*l*
experimental analysis of behavior 221*r*
explosive 42*l*
expression of feeling 146*r*
expulsion from high school 211*l*
EXT (extinction) 219*r*
extensionality 278*r*
externalization 507*l*,509*l*
extinction 219*r*
extra-somatic experience 438*l*

F

factors for the worthwhile life 34*l*
fading 219*r*
fairness 456*r*
false self 45*l*
family [psycho-] therapy by system theory 292*l*
family counseling by system theory 292*l*
family life cycle 127*r*
family systems theory 124*r*,125*l*

family therapy 128*r*
fanatische 42*l*
fantasy 188*l*
fascism scale 196*l*
feeblemindedness 461*l*
fee-floating anxiety 332*l*
feel 440*r*
feeling 36*r*,145*r*,329*l*
feeling isolated 246*r*
feeling lonely 246*r*
feeling of permissiveness 668*r*
felt process 440*r*
felt shift 588*l*
female brain 89
Feminine Mystique 586*l*
feminist psychology 584*l*
feminist therapy 586*l*
fetishism 400*r*,583*l*
figure 38*l*,708*r*
first preventive counseling 437*l*
flat affect 331*r*
focus[s]ing 115*r*,587*r*
Forsorgen 409*l*
forward chaining 219*l*
free association 317*l*
free child 231
free school 599*l*
free space 599*l*
freedom for 718*l*
freedom from 718*l*
freier Einfall 317*l*
frequent urination 579*r*
friendly visitor 190*r*
friendship task 14*l*
frigidity 60*l*
frotteurism 400*l*
frozen watchfulness 563*l*
frustration 598*l*
fully-functioning person 278*r*,684*l*
functional articulation disorders 159*r*

G

gefühlsbetonter Komplex 253*l*
geltungsbedurfiige 42*l*
game analysis 194*l*
gemütlose 42*l*
gender 369*r*
gender identity disorders 400*r*
general living systems theory 124*r*
general system theory 124*r*
generalization 613*r*
generalized anxiety disorder 426*r*
generalized conditioned reinforcer 496*r*

genetic insight　488*r*
genital phase (stage)　**378*r***
genogram　**265*r***
gentle　666*l*
gentleness　666*l*
genuineness　277*l*,410*r*,685*l*
Gestalt therapy　**187*r***
genuine　277*r*,278*l*
give and take　282*r*
giving up and given up-complex　429*r*
giving-up part　429*r*
global type　120*l*
goblet-profile figure　**708*l***
good enough mothering　515*l*
grace　666*l*
graceful　539*r*,666*l*
great mother　197*l*,**450*r*,451*r***,604*r*
grief　180*r*,332*l*,429*l*
grief counseling　**570*l***
grief reaction　**571*r***
grief work　**180*r***
ground　708*r*
group approach　**182*l***
group counseling　**183*l***
group designs　221*r*
group dynamics　**184*r***
group for advancement of psychiatry　293*l*
group psychotherapy　182*l*,**315*r***
group system　126
growth center　**182*r***
growth-promotion quality　278*l*
guiltiness　**255*l***

H

habit reversal　219*r*
hand regard　514*l*
handicap　325*r*,699*l*
handicapped people　**325*r***
happiness　**227*l***
hatred　**511*l***
Hawthorne study　259*r*
HDI (Human Development Index)　579*l*
health　19*r*
Health and Welfare Center　**618*l***
health checkups for three-year-olds　**260*l***
health consulting　607*r*
health counseling　**607*r***
healthy personality　**203*r***
hearing aid　**621*r***
hearing impairment　**465*l***
helping　85*l*

helping model　**610*l***
here and now　49*l*,507*l*
heterosexuality　408*l*
heuristic insight　488*r*
hierarchy　3*r*
histrionic personality disorder　42*r*
HIV (Human Immunodeficiency Virus)　65*l*,69*l*,71*l*
home for resocialization minors　**301*l***
home schooler　599*r*
home-based model　163*l*
homeless　**627*l***
homeostasis　**628*l***
homosexuality　408*l*,**490*l***
hormone replacement therapy　226*r*
hospice　**620*l***
hostility　**475*l***
HPI (Human Poverty Index)　579*l*
HRT (Hormone Replacement Therapy)　226*r*
human development index　579*l*
Human Growth Center　472*r*
human immunodeficiency virus　65*l*,69*l*,71*l*
human potential movement　182*r*,472*r*,522*r*,694*l*
human poverty index　579*l*
human relation in the counseling　**112*r***
human service　534*l*
humanistic counseling　**518*l***
humanistic psychology　296*r*,473*r*,518*l*,**520*r***
hunger　**149*r***
hyperthymishe　42*l*
hypnagogic hallucination　438*r*
hypno-catharsis　130*l*
hypnotherapy　**256*r***
hypochondria[sis]　**342*l***,344*r*,**659*r***
hypothireoidism　**212*r***
hysteria　344*l*
hysterical　42*l*

I

I　275*l*
iBs　**54*l***
IBS (Irritable Bowel Syndrome)　**135*r***
ICD-9　343*l*,463*l*
ICD-10　344*l*,461*r*,550*r*
Ich　46*l*,**267**
Ich Vorstellung　267*r*
ICIDH (International Classification of Impairments, Disabilities, and Handicaps)　460*r*
id　**75*lr***
idea　**576*r***
identification　19*l*
identified patient　125*r*,293*r*
identity　3*l*
IG (Integrity Group)　86*l*
IgE　27*lr*
IgG　27*r*
IgM　27*r*
image therapy　**50*r***
imitation　657*r*
immune　69*l*
impairment　325*r*,329*r*,699*l*
impotence　**60*l***
imprinting　**366*r***
IMR (Infant Mortality Rate)　149*r*
inappropriate affect　331*r*
incest　**177*r***
incongruence　684*r*
inconscient collectif　**314*r***
incurable diseases　**509*r***
independency　**340*l***
independent living movement　559*r*
In-der-Welt-sein　206*r*,408*r*
individu[aliz]ation　189*l*,**243*r*,**244*r*,285*l*
individuality　21*l*
individualized educational plan　120*r*
individuation process　604*r*
industrial counseling　**259*l***
infant mortality rate　149*r*
infant psychology　**513*r***
infantile amnesia　208*r*
infantile sexuality　407*r*
inferiority feeling　**710*r***
informed consent　**58*r***,701*l*
infusion　163*l*
initial interview　56*l*
inner child　**57*l***
insight　**488*l***
insomnia　**596*l***
instruction　219*l*
instrumental　43*r*
instrumental conditioning　**484*l***
insurance for the aged-care　**101*r***
intake　**56*l***
intake conference　56*r*
intake interview　56*l*
intake worker　56*r*
integrated　277*r*
integrative counseling　**487*l***
integrative psychotherapy　**487*l***
integrity group　86*l*
intelligence quotient　36*r*

intendere 279*l*
intensive group experience 182*l*
intentio 279*l*
intentio primo 279*l*
intentio secundo 279*l*
intentional formula 339*l*
Intentionalität 202*r*
intentionality 278*r*,297*l*
intermodality 170*l*
internal object 507*l*
internalized object relation 506*l*
International Classification of Diseases (ICD) 343*l*,461*r*
International Classification of Impairments, Disabilities, and Handicaps 460*r*
international marriage 240*r*
interpersonal 111*r*,457*r*
Interpersonal Relationship Training 473*l*
interpretative attitude 116*l*
interpretative method 287*l*
intrapersonal 111*r*
intrapsychic 457*r*
introspection 504*l*
intuition 488*l*
invivo desensitization 187*r*
IP (Identified Patient) 125*r*,293*r*
IQ (Intelligence Quotient) 36*r*
irrational belief 54*l*,72*r*,73*l*,722*r*
irritable bowel syndrome 135*r*
irritable mood 332*l*
isolation 246*r*,433*l*

J

JACA 11*r*
JAHE (Japan Association for Humanistic Education) 517*l*
jamais-vu 697*l*
Japan Association for Humanistic Education 517*l*
jealousy 298*r*
Johari's window 336*r*
joint family 118*l*
Journal of Transpersonal Psychology (JTP) 502*r*
judgement 38*r*
Jung's psychology 77*r*

K

kind 666*l*
kindly 666*l*
kinetosis 535*l*
kleptomaia 491*l*

Körperlich 267*r*
kollektives Unbewußtes 314*r*
kompensatorisch 46*l*
Krebs 140*l*

L

labeling 687*r*
labile affect 331*r*
lacunar amnesia 208*r*
landscape montage technique 582*l*
language therapist 160*r*
latent problem child 663*r*
laughter 724*l*
law of reversed effort 283*r*
LD (Learning Disabilities) 119*l*
leading question 498*r*
learning disabilities 119*lr*
learning disabilities : Educational Principles and Practices. 119*r*
learning 287*l*
learning theory 122*l*
Lebensqualität 179*l*
liaison 691*r*
liaison psychiatry 690*l*
libido 699*l*
Liebe 712*r*
life cycle 686*r*
life history 370*r*
life-events 685*r*
life-long education (learning) 324*l*
liking 410*l*
line counseling 610*r*
living will 700*l*
LMT (Landscape Montage Technique) 582*l*
logotherapy 298*l*,717*r*
loneliness 246*r*
lonely 246*r*
long-term memory 208*r*
lose of the uterus 273*r*
loss 428*l*
loss of initiative 651*r*
love 1*l*,712*r*
love task 14*l*
loyalty 456*r*
LSD 500*r*
LSD-25 641*r*,643*l*

M

magnet school 600*l*
magnetic resonance imaging 78*r*
main complaint 56*r*
major depressive episode 62*r*
male brain 89

maltreatment syndrome 564*l*
mandala 646*l*
MAPS 483*l*
marathon encounter group 643*l*
marginal pan 638*r*
marginal person 638*r*
marriage 192*r*
marriage counseling 644*r*
masturbation 639*r*
match 277*r*
matching 123*l*
matching to sample 614*l*
maternal care and mental health 605*l*
maternity blue 640*r*
maturation 383*l*
mature 278*r*
maturity 278*r*,383*l*
May sickness 239*l*
MBD (Minimal Brain Dysfunction) 463*l*
MDA (Methylene Dioxy Amphetamine) 502*l*
MDMA (Methylene Dioxy Meth Amphetamine) 591*l*,641*r*,643*l*
me 267*r*,275*l*
meaninglessness 432*r*
mechanisms of defence 91*l*
medical social worker 55*l*
meditation 653*l*
meditative exercise 338*r*
meek 666*l*
meekness 666*l*
melioration 39*l*
memory disorders 147*r*
mental handicap 460*r*
mental health 654*r*
mental health and welfare act 398*l*
mental health movement 655*r*
mental hygiene 654*r*,655*r*
Mental Hygiene (G. Cook) 655*r*
Mental Hygiene (I. Ray) 655*r*
mental intaker 352*r*
Mental Research Institute 292*r*
mental retardation 461*l*
mentalistic 122*r*
mentor 366*r*
methodological behaviorism 221*r*
Mew Men 407*l*
microcounseling 634*l*
micro-laboratory training 473*l*, 637*r*
microskills 634*l*,635*l*
microskills hierarchy 636
midlife crisis 137*r*
midwife 335*l*

mild 666*l*
mildness 666*l*
mini-counseling **649*r***
minimal brain dysfunction 463*l*
Mitwelt 206*r*,408*r*,409*l*,518*r*
MLT (Micro-Laboratory Training) 473*l*,**637*r***
modality 170*l*
modeling 219*l*,406*r*,**657*r***
models of decision making **38*r***
modification of character **373*r***
moi **267**
moment 39*l*
mongolism 453*l*
mood 329*l*,331*r*
mood swings 332*l*
moratorium **658*r***
Morita's neurosis **659*l***
Morita's therapy **660*l***
motion 146*l*
motivation **483*r***
motivational construct 43*r*
mourning 180*r*,332*l*,445*r*
move 146*l*
MP (Multiple Personality) 104*r*,**454*l***
MRI (Magnetic Resonance Imaging) **78*r***
MRI (Mental Research Institute) 292*r*
MSW (Medical Social Worker) **551*r***
mulatto 639*l*
multiple personality 104*r*,**454*l***
multiple personality disorder 455*r*
muscle-relaxation training **176*l***
musicotherapy **93*l***
mutual scribble story making with collage thechnique **80*l***

N

nail-biting **470*l***
narcissism **275*r***,408*l*
narcissistic personality disorder 42*r*
narcotics **641*r***
narrative 508*l*
narrative therapy **508*l***
NASW (National Association of Social Workers) 387*r*,435*l*
national training laboratory 145*l*,472*r*
NCW (New Counseling Workshop) 517*r*
NDE (Near-Death Experience)

704*l*
nearing death awareness 265*l*
necessary sufficient condition of therapeutic personality change. 277*r*
need **682*l***
need-press theory 682*r*
negative 206*l*
negative punishment 219*r*
negative reinforcement 219*l*
negative stroke 368*r*
negativistic amnesia 208*r*
neglect 562*r*
neo-Freudism **525*l***
network **527*l***
neurasthenia 344*r*
neuropsychological rehabilitation **523*r***
neurosis **343*l***
neurotic depression 344*r*
neurotic disorders 343*l*
neurotic school refusal 430*l*
new counseling **517*l***
new counseling workshop 517*r*
NICU (Neonatal Intensive Care Unit) 468*l*
night terrors **665*l***
nightmare **665*l***
nocturnal enuresis **667*l***
nonattendance at school **592*l***
non-possessive love 685*r*
non-REM sleep 711*r*
nonverbal communication **566*l***
nonverbal psychotherapy 96*l*,185*r*
nonverbal type 120*l*
normalization **534*l***
normlessness 432*l*
NTL (National Training Laboratory) 145*l*,472*r*
nuclear family **118*l***
nurse **143*l***
nursing for elderly people **233*r***
nurturing parent 231

O

obesity **575*l***
object loss 428*r*
object relational thinking **444*r***
object relationship theory **444*r***
object seeking 445*r*
observational learning 657*r*
obsessive compulsive personality disorder 42*r*
obsessive-compulsive disorders 344*r*

occupational therapist 258*l*,419*r*
occupational therapy **257*r***
OD (orthostatic dysregulation) **176*l***
OK 369*l*
one on one session 560*r*
ontoanalysis **207*l***
onychophagia **470*l***
open question 577*r*
openness to experience 278*r*
operant 359*r*
operant behavior 90*l*,221*r*
operant conditioning **90*l***,221*r*
operate 359*r*
oral phase (stage) 213*r*,408*l*
organ system 126
organ-erotism 407*r*
organic amnesia 208*r*
organism 684*l*,693*l*
organismic experiencing 684*l*
organismic system 126
organizational system 126
organizational behavior management 219*l*
organ-specific formula 339*l*
orgasmic disorder 405*l*
orthostatic dysregulation **176*l***
OT (occupational therapist) 258*l*,419*r*
Our Bodies, ourselves 586*r*
over-adjustment **123*r***
overcorrection 219*r*

P

palliative care unit **620*l***
panic 332*l*
panic disorder **553*r***
para counseling 610*r*
paranoid 42*l*
paranoid personality disorder 42*r*
paranoid schizoid position 445*l*,506*r*
paraphilia **399*r***,**400*r***
parataxic 526*r*
parent 231
parent effectiveness training **92*l***
parkway program 599*r*
part object 506*r*
partial amnesia 208*r*
participation 252*r*
passion 146*l*,332*l*
passive concentration 338*l*
past life therapy **425*l***
pastoral counseling **623*l***
pathography **552*r***

pattern behavior 604r
PCU (Palliative Care Unit) 620l
peak experience 280l
pedophilia 400r
peer counseling 559l, 610r
people living with AIDS 68l
perceptual system 20r
performance management 219l
permissive attitude 116l
person 341l
person-centered approach 82r, 522l, 684l
persona 197l, 341l, 372r, 546r, 604l, 609l
personal unconscious 347l, 604l
personality 41r, 341l, 371l, 372r, 546r
Personality and Psychotherapy (N. E. Miller, J. Dollard) 693r
personality change 111r
personality disorders 41r
person-ego 445r
persuasion 418l
PET (Parent Effectiveness Training) 92l
P. E. T. ; *Parent Effectiveness Training*. 92l
pet-loss crisis 607l
phallic phase (stage) 408l, 457r
phallus 457r
phenomenology 202l
phobia 173r
phobic disorders 344r
physical abuse 564l
physical guidance 219l
physical therapist 419r
Pick's disease 572r
picture books 77r
plan 548r
play 8r
play therapy 9l, 668l
play-acting 188l
playroom 668l
pleasure principle 104l
PLWA (People Living With AIDS) 68l
politico-economic conservatism scale 196l
pollakiuria 579r
portfolio 39l
position 445l
positive 206l
positive practice 219r
positive punishment 219r
positive regard 287r, 410lr
positive reinforcement 219l

positive respect 216r
positive stroke 368r
posthypnotic amnesia 208r
post-parental period 137r
postpartum depression 640r
post-traumatic amnesia 208r
post-traumatic stress disorder 348r
poverty 578r
powerlessness 432r
Pragung 366r
predicament intervention 151l, 661l
pregnancy in the puberty 290r
prejudice 611r
premarital counseling 695r
premenstrual tension 191r
prenatal diagnosis 319r
presentation 576r
presentness 159l
preventive education against the AIDS 69l
primal repression 681r
primary reinforcer 496r
primary setting 191l
Principle of Psychology 332l
privacy 246r
probing attitude 116l
problem child 663r
problematic behavior 662r
problem-solving 111r
problem that has no name 586l
professional helper 112l
professional identity 379r
professional psychology 112l
professional rehabilitation 334l
professional relationship 189l
progressive relaxation 176r
progressive school 599r
projection 445l, 489r
projective methods 482r
projective technique 482r
prompt 219l
proprium 268r, 275l
prostitution 541r
protest 429l, 605r
prototaxic 526r
pseudoneurotic type 697l
PSM (Psychosocial Maturity) 383r
PSW (Psychiatric Social Worker) 387l
psyche 15l
psychiatric expert testimony 388r
psychiatric liaison clinical nurse specialist 691r
psychiatric liaison nursing 691r
psychiatric social work 387l, 395l

psychiatric social worker 395l, 387l
psychic reality 445l
psychic trauma 348l
psychoanalysis 391l
psychoanalystic therapy 394l
psychobiology 390l
psychodrama 182l, 351r
psychogenous amnesia 209l
psychological adjustment 278r
psychological assessment 707r
psychological diagnostician 354l
psychologie existentielle 296r
psychologische Beratung 109r
psychologischer Berater 105r
psychology of adolescence 403r
psychology of character (personality) 372r
psychology of old age 716r
psychology of vision 568r
psychometrics 7r
psychomotor agitation 332l
psychopathic personalities 41r
psychopathische konstitution 42l
psychopathische minderwertigkeit 42l
psychopathische Persönlichkeit 42l
psychopathy 41r
psychosocial maturity 383r
psychosomatic diseases 345l
psychotherapy 355l, 668l
psychotherapy by the existential analysis 297r
PT (Physical Therapist) 419r
PTSD (Post-Traumatic Stress Disorder) 352r, 573l
puberty 289r
public health nurse 616l
punisher 612r
punishing stimulus 612r
punishment 219r
Pygmalion effect 565l

Q

QOL (Quality Of Life) 179l, 620r, 701l
qualité de vie 179l
quality of life 179l, 620r
quite 666l
quitting from high school 211l

R

radical behaviorism 221l
RAI (Resident Assessment Instru-

ment) 496*l*
rape 709*l*
rapid eye movements 533*r*, 670*l*, 711*r*
rapport 668*r*, 689*l*
rational belief 73*l*, 722*r*
rational emotive therapy 476*r*, 722*lr*
rational therapy 722*r*
rational-emotive imagery 723*l*
rationalization 230*l*
rB 54*l*
RC (Re-evaluation Counseling) 256*l*
reaction formation 558*r*
real 685*l*
real person 21*l*
real self 20*r*, 268*r*
reality-testing 201*r*
realness 277*l*
reciprocal approach 182*r*
reciprocal inhibition 186*r*
reduction 202*r*
re-evaluation counseling 256*l*
reexperience 58*r*
refer 701*r*
refer directly 115*r*
reference group 322*l*
reflected or looking glass self 268*l*
reflection 720*l*
refusal of bringing up 564*l*
regression 441*l*
regret 39*l*
rehabilitation 698*l*
REI (Rational-Emotive Imagery) 723*l*
reinforcement 219*l*
reinforcement schedules 219*lr*
reinforcer 612*r*
reinforcing stimulus 612*r*
reintegration 58*r*
relationship 125*r*
REM sleep 711*r*
REM (Rapid Eye Movements) 533*r*, 670*l*
remedial model 182*r*
rencontre 471*l*
representation 576*r*
repression 681*l*
repression proper 681*r*
repressive amnesia 208*r*
reproductive health 702*r*
reproductive rights 702*r*
Resident Assessment Instrument 496*l*
residential home 495*r*

resistance 217*l*, 473*r*, 677*r*
resource person 163*l*
resource room for children with emotional disturbance 330*l*
respect 410*l*
respondent behavior 90*l*, 221*r*, 359*r*
respondent conditioning 221*r*, 245*l*
response cost 219*r*
response deprivation 123*l*
restitution 219*r*
restricted affect 331*r*
RET (Rational Emotive Therapy) 476*r*, 722*lr*
retinopathy of prematured infant 649*l*
retreat room for children with neurotic school refusal 429*r*
retrograde amnesia 208*r*
reverse culture shock 48*r*
reversible figure 708*l*
R. H. (Reproductive Health) 702*r*
risk averse 39*l*
risk prone 39*l*
risk taking 39*l*
role-playing 721*l*
Rorschach test 8*l*
R. R. (Reproductive Rights) 702*r*
RT (Rational Therapy) 722*r*
rural-residential model 163*l*

S

safety 19*r*
sand play technique 544*l*
Sandplay therapy 545
sandspiel 544*l*
SAT (Structured Association Technique) 608*l*
scheme 548*r*
schizoid 42*l*
schizoid personality disorder 42*r*
schizophrenia 485*l*
schizophrenie 485*r*
schizotypal personality disorder 42*r*
school counselor 361*l*
school non-attendant 594*l*
school phobia 594*l*
school psychologist 361*l*
school refusal 592*l*, 594*l*
school vandalism 223*r*
school violence 223*r*
schooling at the health care room in the school 616*r*
SCN (Suprachiasmatic Nuclei) 446*r*

scribble 80*l*, 96*r*
script analysis 161*l*
secession of ectoplasm 438*l*
seclusion theory 594*l*
second opinion 409*r*
second rape 710*l*
secondary reinforcer 497*l*
secondary repression 681*r*
secondary setting 191*l*
Selbst 46*l*, 274*r*
Selbstaktualisierung 284*l*
Selbst-hilfe-gruppen 421*r*
selbstunischere 42*l*
Selbstverwirklichung 284*l*
self 197*l*, 267*r*, 274*r*, 604*r*
self awareness 517*r*
self concept 684*l*
self help 86*l*
self-actualization 284*l*
self-analysis 285*r*
self-assessment of the counselor 108*l*
self-awareness 189*l*
self-concept 163*r*
self-congruence 250*l*, 277*l*, 684*l*
self-counseling 420*l*
self-determination 189*l*
self-disclosure 281*l*
self-esteem 342*r*
self-estrangement 433*l*
self-help groups 421*r*
self-hypnosis 283*l*
self-incongruence 684*r*
self-realization 243*r*, 284*l*, 604*r*
senile demence 236*r*
sensation 146*l*
sense of guilty 255*l*
sensibility 146*r*, 147*l*
sensitive period 367*l*
sensitivity 146*r*
sensitivity training 144*r*
sensitivity training in human relationship 182*r*, 472*r*
sensory awareness 517*r*
sensory integration therapy (training) 142*l*
sensus communis 697*r*
sentence completion test 8*r*
sentiment 146*l*, 329*l*
separation anxiety 594*r*, 605*l*
sex 369*r*, 585*l*
sex counseling 411*l*
sex drive 407*l*
sex role 406*l*
sex therapy 412*r*
sex-differentiated discipline 406*r*

sex-typing 406*r*
sexual abuse 564*l*
sexual arousal disorder 404*r*
sexual desire 407*l*
sexual desire disorder 404*r*
sexual deviation 399*r*
sexual difference 382*l*
sexual dysfunction 400*r*,404*r*
sexual identity 379*r*
sexual imprinting 367*l*
sexual intercourse by money 541*r*
sexual masochism 400*r*
sexual pain disorder 405*l*
sexual sadism 400*r*,401*l*
sexual status 412*r*
sexuality 369*r*
sexually transmitted diseases 69*r*
shadow 197*l*,313*l*,604*l*
shaping 219*l*
shopping bag ladies 627*l*
short-term memory 208*r*
sickhouse syndrome 293*r*
SIDS (Sudden Infant Death Syndrome) 515*r*
sign 676*r*
significant 197*r*
signifié 197*r*
silence 469*l*
simple family 118*l*
single mother 647*l*
single-subject designs 221*r*
skills 278*l*
small office, home office 19*r*
social case worker 188*r*
social change approach 182*r*
social constructionism 508*r*
social group work 182*r*
social intelligence 625*r*
social security 312*l*
social welfare 308*r*
social welfare office 589*r*
social work 434*r*
social worker 311*l*
socially unreasonable handling 564*l*
Societal System 126
society without the father 459*r*
sociometry 433*l*
soft 666*l*
soi 274*r*
solitude 246*l*
somatopsychic depersonalization 697*l*
Sorge 279*r*
Sorgen 409*l*
sorrow 180*r*

soul image 244*l*
soul (Seele) 15*l*
special activities in school 130*r*
special class for children with emotional disturbance 330*l*
special class for children with neurotic school refusal 429
special class for children with speech and language disorders 198*r*
special class for handicapped children 493*l*
special education 494*r*
special school for physically and mentally handicapped children 678*l*
specific 119*r*
specific developmental disorder 120*l*
specific phobia 174*r*
speech and language disorders 197*r*
speech therapist 160*r*,295*r*,419*r*
split 445*l*
splitting 169*l*,217*r*
spoiled 18*l*
Squiggle 80*l*,96*r*
ST (Speech Therapist) 160*r*,295*r*, 419*r*
stand by 469*l*
standard exercise 338*r*
starvation 149*r*
STD (Sexually Transmitted Diseases) 69*r*
stem family 118*l*
Stimmung 146*l*
stimmungslabile 42*l*
stimulus control 613*r*
stimulus equivalence 614*l*
story 508*l*
strands 115*l*
strange 27*r*
stress 362*l*
stress between different culture 47*r*
stroke 368*l*
structural aspect 391*r*
structured association technique 608*l*
structured group encounter 215*l*
student apathy 17*l*,439*l*
stuttering 156*r*
suave 666*l*
subjective felt referent 278*r*
subjective unit of disturbance 187*l*
substance dependence 591*l*
successful defense 323*r*
SUD (Subjective unit of disturbance)

187*l*
sudden death syndrome in the bathtab 516*r*
sudden infant death syndrome 515*r*
suffering 507*r*
suggestion 28*l*
suicide 288*l*,662*r*
Summerhill school 599*r*
super ego 45*r*,75*r*,76*l*,267*l*,467*l*
supernational system 126
supervisee 364*r*
super[-]vision 364*r*,366*l*
support 287*l*
supportive attitude 116*l*,287*r*
supportive psychotherapy 287*l*
sur-moi 467*l*
survivor 561*r*
sweet 666*l*
symbol 327*r*
symbol-formation 603*r*
symbolization in psychotherapy 356*l*
symmetrical relationship 645*l*
sympathy 410*l*
symptomatic action 217*l*
synchronicity 171*l*
syndrome 69*l*
synesthesia 169*l*
syntaxic 526*r*
systematic desensitization 186*r*
system-ego 446*l*

T

TA (Transactional Analysis) 73*l*,231*l*,272*l*
teacher effectiveness training 93*l*
teaching 287*l*
technique of role-reversal 182*l*
techniques 278*l*
teleological arrangement 603*r*
tend 279*r*
tendency 279*l*
tender 666*l*
tendere 279*l*
tenderness 666*l*
tension 279*l*,332*l*
T-group 472*r*
thematic apperception test 8*l*
therapeutic alliance 393*r*
therapeutic community 188*r*
therapeutic interview 56*l*
therapist 668*l*
therapy by yoga 679*l*
therapy for the sexual disorders 385*l*

there and then 49*l*
thought control by a cult **139*l***
THP(Total Health Promotion Plan) **499*l***
thumb sucking **669*r***
time-out 219*r*
time-structuring **272*lr***
TM (Transcendental Meditation) **464*l***, 653*r*
togetherness 689*r*
token 496*r*
token economy 219*r*
topographical aspect 391*r*
topos 27*r*
total amnesia 208*r*
total health promotion plan **499*l***
total task presentation 219*l*
training analysis **167*l***
training group 144*r*, **472*r***
training laboratory in group dynamics 182*r*
transaction 231*r*
transactional analysis **231*l***, 272*l*
transcendental meditation **464*l***, 653*r*
transference 130*l*, **478*r***, 692*l*
transformation 603*r*
transgenerational family therapy **456*l***
transitional experience 138*l*
transpersonal psychology **502*r***
transvestic fetishism 400*r*
Trauerarbeit 180*r*
truancy 594*l*
turn off mechanism 60*r*

type A **449*l***
typology by Jung **675*r***

U

Über-ich **467*l***
Umwelt 206*r*, 408*r*, 409*l*, 518*r*
unconditional positive regard 216*r*, 410*lr*, 684*r*
unconditioned reinforcer 496*r*
unconscious phantasy 507*l*
unconscious[ness] **650*r***
uncontractioning 187*l*
understanding attitude 116*l*
understanding on a child in the school **401*r***
unmarried mother **647*l***
unsuccessful defense 323*r*

V

vaginismus 382*l*, 405*l*
valence 133*l*
variable ratio 219*r*
vegeto 539*l*
verbal psychotherapy 185*r*
verbal type 120*l*
verbalization 217*l*
victim **561*r***
view of human being (view of life) **519*r***
visual disturbance **269*l***
visual handicapped **270*r***
vitalism 701*l*
vocation 162*r*

voice disorders **94*l***
voluntarism 630*r*
volunteer action center **632*r***
volunteer activity **630*l***
volunteer education **631*r***
volunteer probation officer **619*l***
voyeurism 400*r*
VR (Variable Ratio) 219*r*

W

warmth 410*l*
weak child **174*r***
well-being 654*r*, 602*r*
Wesen-Dasein 205*r*
whole 277*r*
whole object 506*r*
wholeness 125*r*
willenlose 42*l*
wise old man 197*l*, 604*r*, **715*l***
withdrawal neurosis 17*r*
work task 14*l*
workers from foreign countries **97*l***
world technique 544*l*
world test 544*l*
worry **507*r***
worth living **32*l***
worthwhile life **32*l***

Z

zen **423*l***
zu den Sachen selbst 49*r*, 202*r*
Zuhandensein 408*r*

欧文略記号一覧

（矢印（→）とともに日本語が記されているものは「事項索引」、それ以外は「欧文事項索引」を参照）

A

A	Adult →成人の自我状態	
AA	Alcoholics Anonymous →アルコホーリック・アノニマス	
AAAP	→米国応用心理学会	
AAMR	American Academy of Mental Retardation →米国精神遅滞学会	
AAPSW	American Association of Psychiatric Social Workers →米国精神医学ソーシャル・ワーカー協会	
AC	Adalt Children →アダルト・チルドレン	
AC	Adapted Child →順応した子ども	
AC	Asymptomatic Career →無症状〔症候性〕キャリア	
AD	Alzheimer's disease →アルツハイマー病	
ADA	Americans for Disabilities Act →障害者差別禁止法	
ADHD	Attention-Deficit/Hyperactivity Disorder →注意欠陥・多動性障害	
ADL	Activity of Daily Living →日常生活動作	
AIDS	Acquired Immunodeficiency Syndrome →エイズ	
ALS	Amyotrophic Lateral Sclerosis →筋萎縮性側索硬化症	
ANA	American Nurses Association →米国看護師協会	
APA	American Psychological Assosiation →米国心理学会	
ARC	AIDS-Related Complex →エイズ関連症候群	
ASCA	American School Counselor Association →米国学校カウンセラー協会	
ASD	Acute Stress Disorder →急性ストレス反応	

B

BA	Bulimia Association →過食症者	
BAC	The British Association for Counselling →英国カウンセリング協会	
BMI	Body Mass Index（体格指数）	
BT	Brief Therapy →短期療法	

C

C	Child →子どもの自我状態	
CCEM	Comprehensive Career Education Model（学校を基盤とする総合教育モデル）	
CCT	Client-Centered Therapy →来談者中心療法	
CIL	Center for Independent Living →障害者自立センター	
COML	Consumer Organization for Medicine and Law →ささえあい医療人権センター	
CP	Critical Parent →批判的親	
CR	Consciousness Raising →意識覚醒	
CRF	Corticortropin Releasing Factor（コルチコトロピン放出因子）→コルチコトロピン	
CS	Chemical Sensitivity →化学物質過敏症	
CSP	the Center for Studies of the Person →人間研究（科学）センター	
CST	Color Symbolism Test →色彩象徴法	
CSW	Commercial Sex Worker →セックス・ワーカー	
CT	Computed Tomography →コンピュータ〔連動〕断層撮影法（装置）	

D

DAF	Delayed Auditory Feedback →遅延聴覚フィードバック	
DPI	Disabled Peoples' International →障害者インターナショナル	

DRH	Differential Reinforcement of High rate（高率分化強化）	
DRI	Differential Reinforcement of Incompatible behavior（非両立行動分化強化）	
DRL	Differential Reinforcement of Low rate（低率分化強化）	
DRO	Differential Reinforcement of Other behaviors（他行動分化強化）	
DSM-Ⅲ	Diagnostic and Statistical Manual of Mental Disorders-Ⅲ（1980）	
DSM-Ⅲ-R	Diagnostic and Statistical Manual of Mental Disorders-Ⅲ-R（1987）	
DSM-Ⅲ-RT	Diagnostic and Statistical Manual of Mental Disorders-Ⅲ-RT	
DSM-Ⅳ	Diagnostic and Statistical Manual of Mental Disorders-Ⅳ（1994）	
DSM-Ⅳ-TR	Diagnostic and Statistical Manual of Mental Disorders-Ⅳ-TR（Text Revision）（2000）	
DV	Domestic Violence →家庭内暴力	

E

EAP	Employee Assistance Program →従業員援助活動（米国）
EEG	electroencephalogram →脳波
EG	Encounter Group →エンカウンター・グループ
EPPS	Edwards Personal Preference Schedule →エドワーズの性格検査
EQ	Emotional Quotient →情動指数
EXT	extinction

F

FAO	Food and Agriculture Organization →食糧農業機関
FC	Free Child →自由な子ども

G

GA	Gamblers Anonymous →ギャンブル中毒者
GHB	γ-hydrox butilate →ガンマハイドロキシブチレイト
GHQ	General Health Questionnaire →一般健康調査質問紙法

H

HDI	Human Development Index →人間開発指数
HIV	Human Immunodeficiency Virus →ヒト免疫不全ウイルス
HPI	Human Poverty Index →人間貧困指数
HRT	Hormone Replacement Therapy →ホルモン〔補充〕療法

I

iBs	Irrational Belief →イラショナル・ビリーフ
IBS	Irritable Bowel Syndrome →過敏性大腸症候群
ICD-9	International Statistical Classification of Diseases and Related Health Problems-9（1978）
ICD-10	International Statistical Classification of Diseases and Related Health Problems-10（1990）
ICIDH	International Classification of Impairments, Disabilities, and Handicaps（国際障害分類試案）
IFOTES	International Federation of Telephonic Emergency Services イフォテース →国際緊急電話相談連盟
IG	Integrity Group →インテグリティ・グループ
IgE	Immune globulin E →免疫グロブリンE
ILO	International Labor Organization →国際労働機関
IMR	Infant Mortality Rate →乳幼児死亡率
IP	Identified Patient（患者とみなされている人）
IQ	Intelligence Quotient（知能指数）

欧文略記号一覧

J

JAHE	Japan Association for Humanistic Education →人間中心の教育を現実化する会

L

LD	learning disability →学習障害〔児〕
LMT	Landscape Montage Technique →風景構成法
LSD	Lysergic Acid Diethylamide (リセルグ酸ジエチルアミド)

M

MBD	Minimal Brain Dysfunction →脳微細機能障害
MDA	Methylene Dioxy Amphetamine (3,4-メチレンジオキシアンフェタミン)
MDMA	Methylene Dioxy Meth Amphetamine →アンフェタミン
MLT	Micro-Laboratory Training →マイクロ・ラボラトリー・トレーニング
MMPI	Minnesota Multiphasic Personality inventory →ミネソタ多面人格検査
MP	Multiple Personality →多重人格
MPI	Maudsley Personality Inventory →モーズレイ性格検査
MRI	Magnetic Resonance Imaging →核磁気共鳴画像〔診断装置〕
MRI	Mental Research Institute
MSW	Medical Social Worker →医療ソーシャル・ワーカー

N

NA	Narcotics Anonymous →薬物依存症者
NASW	National Association of Social Workers →全米ソーシャル・ワーカー協会
NCACS	National Coalition of Alternative Community Schools →全米フリー・スクール連合
NCW	New Counseling Workshop →ニュー・カウンセリング・ワークショップ
NDE	Near-Death Experience →臨死体験
NGO	Non-Governmental Organization →非政府国際機関
NICU	Neonatal Intensive Care Unit →新生児集中治療室
NJCLD	National Joint Committee on Learning Disabilities →全米LD合同委員会
NP	Nurturing Parent →養育的な親
NTL	National Training Laboratory →ナショナル・トレーニング・ラボラトリー

O

OD	Orthostatic Dysregulation →起立性調節障害
OT	Occupational Therapist →作業療法士

P

P	Parent →親の自我状態
PCB	Polychlorinated Biphenyl →ポリ塩化ビフェニール
PCR	Person Centered Approach →パーソン・センタード・アプローチ
PCU	Palliative Care Unit →緩和ケア病棟
PET	Parent Effectiveness Training →親業
PLWA	People Living With AIDS
PSM	Psychosocial Maturity (心理社会的成熟)
PSW	Psychiatric Social Worker →精神医学ソーシャル・ワーカー
PT	Physical Therapist →理学療法士
PTSD	Post-Traumatic Stress Disorder →心的外傷後ストレス障害

Q

QOL	Quality of Life →クオリティ・オブ・ライフ

R

RAI	Resident Assessment Instrument
rB	Rational Belief →ラショナル・ビリーフ
RC	Re-evaluation Counseling →再評価カウンセリング
REI	Rational-Emotive Imagery →論理療法的イメージ技法
REM	Rapid Eye Movements（レム）→レム睡眠
RET	Rational Emotive therapy →論理療法
RH	Reproductive Health →リプロダクティブ・ヘルス
RR	Reproductive Rights →リプロダクティブ・ライツ
RT	Rational Therapy（論理療法の旧称）→論理療法

S

SAT	Structured Association Technique →構造化連想法
SCN	Suprachiasmatic Nuclei →視交叉上核
SCT	Sentence Completion Test →文章完成法（テスト）
SDN-POA	→性的二形核
SIDS	Sudden Infant Death Syndrome →乳幼児突然死症候群
SOHO	Small Office, Home Office
SSRI	Selective Serotonin Reuptake Inhibitor →選択的セロトニン再取り込み阻害薬
ST	Speech Therapist →臨床言語士
STD	Sexually Transmitted Diseases →性感染症
SUD	Subjective unit of disturbance →自覚的障害単位

T

TA	Transactional Analysis →交流分析
TAT	Thematic Apperception Test →主題統覚検査，主題解釈テスト
TDF	Testis-Determining Factor →精巣決定遺伝子
THP	Total Health Promotion plan →トータル・ヘルス・プロモーション・プラン
TIA	Transient Ischemic Attack →一過性脳虚血発作
TM	Transcendental Meditation →超越瞑想
TPI	→東大版総合性格検査

V

VOC	Volatile Organic Compounds →揮発性有機化合物
VR	Variable Ratio（変動比率強化）

W

WBSI	Western Behavioral Science Institute →西部行動科学研究所
WFMH	World Federation For Mental Health →世界精神保健連盟
WHO	World Health Organization →世界保健機関

Y

Y-G	→谷田部‐ギルフォード性格検査

人名索引

あ

アイスキュロス 81*r*
アイゼンク，H. J. 222*l*,373*l*
アイゼンステイン 292*r*
アイゼンバーグ，L. 594*r*
アイビイ，A. E. 71*l*,417*l*,634*l*,
　635*l*,636
アイベス-フェルト，I. 625*r*
秋田雨雀 271*l*
秋山さと子 313*r*,716*r*
アクィナス，T. 609*l*
アクスライン，V. M. 305*l*,316*l*,
　668*r*
芥川龍之介 553*l*,626*l*
アグラス，S. 594*r*
朝賀ふさ 55*r*
アサジョーリー，R. 503*l*
アスクレピオス 158*l*,670*r*
アセリンスキー，E. 670*l*,711*l*
アーチャー，D. 625*r*
アッカーマン，N. W. 124*r*,125*l*,
　293*lr*
アックス，A. F. 332*r*
アッシュ，S. E. 185*l*
アドラー，A. 13*l*,138*l*,299*l*,347*l*,
　373*l*,584*l*,598*l*,602*l*,603*l*,694*l*,
　710*r*
アドルノ，T. W. 195*r*
アーノルド，M. B. 332*r*
アブラハム，K. 30*r*,44*l*,213*r*,
　229*l*,445*l*,525*l*
アブラハム 292*r*
阿部達夫 339*l*
新井康允 89*l*
アラン 227*l*
アリストテレス 93*r*,147*l*,372*r*,
　697*l*,724*l*
有吉佐和子 25*r*,236*l*
アルツハイマー，A. 25*l*
アルトシュラー，I. 93*r*
アルバン，J. 93*r*
アレキサンダー，F. 694*l*
アレン，C. 105*l*,556*l*
アレン，F. H. 305*l*
アロンソン，E. 185*l*
アンギアル，A. 694*l*
アンジュー，D. 351*l*
アンダーソン，H. 508*r*

い

安藤延男 249*r*

イェイツ，J. 450*l*
イーガン，G. 416*l*,661*r*
池田由紀江 453*r*
池見酉次郎 73*r*
石川幸子 241*r*
石川中 681*l*
石川弘義 625*r*
石隈利紀 437*l*
伊丹仁朗 53*l*,141*l*
伊東博 517*l*
伊藤正孝 612*l*
伊藤義美 522*r*
稲村博 242*l*,440*l*
井上昌次 712*l*
井上孝代 47*l*
岩井寛 73*r*,97*l*
インガム，H. 336*r*

う

ヴァロン 292*r*
ヴァン・デン・ベルグ，J. H. 296*r*
ヴィコフ，K. M. 245*r*
ヴォルテール 653*l*
ヴォルフ，C. 205*r*
ヴォーン，F. 503*l*
ヴント，W. 166*l*,267*r*
ウィークランド，J. 125*l*
ウィタカー，C. 456*l*
ウィトマー，L. 705*r*
ウィナー，N. 124*l*
ウィニコット，D. W. 9*l*,80*l*,392*r*,
　445*l*,506*r*,507*l*,515*l*
ウィリアムソン，E. G. 110*r*
ウィリアムソン，G. 287*l*
ウィルバー，K. 503*l*
ウィン，L. 125*l*
ウェクスラー，D. 36*l*
ウェストファール，K. F. O. 173*r*,
　606*l*
ウェスレー，J. 623*r*
上野一彦 120*l*
ウェルウッド，J. 503*l*
ウェルナー，H. 169*r*,514*l*
ウェルニッケ，C. 295*l*,447*l*
ウォイティッツ 11*l*

ウォーカー，E. A. 136*l*
ウォーカー，アラン 481*l*
ウォーティス 167*r*
ウォルシュ，R. N. 503*l*
ウォルシュ，W. B. 262*r*
ウォルターズ，P. A., Jr. 17*l*,439*r*
ウォルピ，J. 177*l*,184*l*,186*r*,245*l*,
　316*l*,318*r*,412*r*
ウォルフ 346*l*
ウォーレン，J. E. W. 705*r*
内田光子 47*l*
内山喜久雄 222*l*,663*r*
ウッド 624*l*
ウッドワース，R. S. 483*r*,693*l*
梅垣 593*l*
梅津耕作 246*l*
ウルフ，B. 35*r*

え

エアーズ，A. J. 142*l*
エイロン，T. 497*r*
エウリピデス 81*l*,82*l*
エドワーズ，A. L. 43*r*
エプストン，D. 508*r*
エラスムス，D. 166*l*
エリオット，ヘレン 719*l*
エリクソン，E. H. 1*l*,3*l*,4*r*,17*r*,
　19*l*,128*r*,151*r*,181*r*,214*l*,229*l*,
　236*l*,240*l*,268*l*,276*r*,286*l*,347*l*,
　373*l*,379*l*,380*l*,403*r*,443*r*,460*l*,
　519*l*,548*r*,549*r*,551*r*,553*l*,567*r*,
　584*r*,658*r*,667*l*,687*l*,694*l*
エリクソン，M. H. 80*l*,81*l*
エリス，A. 54*l*,153*l*,187*r*,287*l*,
　417*l*,476*lr*,722*l*
エリス，H. 640*l*
エリソン，F.-S. 282*r*
エレン，M. 564*r*
エロシェンコ，V. Y. 271*r*
エンゲル 540*r*
エンジェル，G. 429*l*
遠藤友麗 147*l*

お

大川 491*l*
大島渚 612*l*
大谷藤郎 655*l*
大塚義孝 361*l*

人名索引

大野清志　257*r*
大原健士郎　288*l*
大宮録郎　695*r*
岡堂哲雄　629*l*
岡本太郎　147*r*
オカン　662*l*
沖正弘　681*l*
小栗将江　55*r*
小此木啓吾　181*r*,247*lr*,275*r*,276*r*,277*l*,379*l*,380*r*,428*l*,581*l*,582*r*,659*l*
小沢一　190*r*
オシス　704*r*
オスラー，W.　529*l*
オットー，ルドルフ　677*l*
オールセン，M.M.　416*l*
オールデンドーフ　300*l*
オルポート，G.W.　204*l*,268*l*,275*r*,296*r*,341*l*,372*r*,373*l*,384*r*,511*l*,518*l*,520*r*,521*r*,546*r*,547*l*,656*l*,711*l*

か

カイル　166*r*
カウフマン，S.H.　97*l*
カーカフ，R.R.　85*l*,417*l*,610*l*
カーク，S.K.　119*r*
角永武夫　179*r*
笠原嘉　17*r*,186*l*,439*l*
カズイン，A.E.　506*l*
ガストン，T.　94*l*
カスパー，J.L.　173*r*
カズンズ，ノーマン　51*r*
カーター，B.　128*r*
桂戴作　376*r*
加藤隆勝　549*r*
カナー，L.　306*l*,329*l*,567*r*
カーネマン，D.　39*l*
ガーフィンケル，P.E.　415*l*
カープマン　195*l*
カプラ，F.　503*l*
カプラン，G.　151*l*,249*l*,251*l*
カプラン，H.I.　331*r*
カプラン，H.S.　60*r*,386*l*,413*l*
カミヤ，J.　681*l*
神谷美恵子　32*r*,34*l*,653*l*
ガリレオ　444*l*
ガル，W.W.　414*l*
カルフ，D.　544*l*,545*r*
ガレノス　258*l*,373*l*
カレン，R.　105*l*
河合隼雄　78*r*,109*r*,252*r*,340*l*,355*l*,356*l*,380*l*,477*l*,482*l*,544*l*,545*r*,715*r*,716*l*
河野貴代美　586*l*

川村則行　51*r*
ガンジー　553*l*
カント，I.　724*r*
ガントリップ，H.　246*r*,445*r*
カーンバーグ，O.F.　168*r*,276*r*,446*l*

き

ギアツ，C.　46*r*
岸田博　522*l*,649*r*
岸田劉生　277*l*
キージング，F.M.　46*r*
キース，D.　105*l*
北大路魯山人　277*l*
キッペス，W.　289*l*
キム，Y.Y.　138*l*
木村周　165*l*
木村敏　697*r*
キャッテル，R.B.　341*r*,373*l*
キャノン，W.B.　332*r*,345*l*,628*l*,683*l*
キャフィー，J.　562*r*
キャラナン，M.　265*l*
キャンベル，S.　446*r*
キューピー，L.　553*l*
キューブラ＝ロス，E.　141*l*,181*l*,265*l*
キリスト　444*l*
キルケゴール，S.A.　146*l*,206*l*,296*l*,432*l*
ギルフォード，J.P.　373*l*
キーン，J.E.　279*r*
キンゼイ，A.　408*l*,490*l*
キンブル　484*r*

く

クインティリアヌス　625*r*
クーエ，E.　283*r*
久木田純　87*l*
クシュナー，M.G.　23*r*
クック　27*r*
クック，G.　655*r*
グッゲンビュール-クレイグ，A.　193*l*
グッドイナフ，F.L.　97*l*
工藤純　453*r*
国永史子　540*l*
クーパー，C.L.　518*r*
クームズ　27*l*
クライトマン，N.　670*l*,711*r*
クライン，M.　30*r*,305*l*,392*r*,445*l*,506*r*
グラッサー，W.　184*l*
クラパレード，E.　710*l*
クラフト-エビング，R.F.von　299*l*

倉持弘　299*r*
クーリー，C.H.　268*l*
クリアンスキー，J.　713*l*
グーリシャン，H.　508*r*
クリス，E.　553*l*
クリスチャンセン，L.W.　490*r*
グリナッカー，P.　217*r*
栗原彬　32*r*
グリム兄弟　77*r*,78*l*
グリンカー　169*l*
グリーンソン，R.　217*r*,525*r*
グリーンベルガー，E.　384*r*
クルー　166*r*
グールディング，M.M.　161*l*
グールディング，R.G.　161*l*
クルンボルツ，J.O.　218*l*,658*l*
呉秀三　655*r*
クレックレイ，H.　314*l*
クレッチマー，E.　373*l*,374*l*,546*r*,552*l*
クレペリン，E.　42*l*,166*l*,174*l*,299*r*,390*r*,485*l*
黒沢明　236*r*
グロデック，G.　75*r*
グロフ，S.　503*l*
桑山紀彦　241*r*

け

ケイ，E.　304*l*
ケイシー，J.F.　105*l*
ゲヴィルツ，J.L.　43*r*
ケクレ　671*l*
ゲゼル，A.L.　548*l*
ゲーツ，A.　166*r*,476*r*
ゲッツ　491*l*
ゲーテ，J.W.von　228*r*,552*l*
ゲープザッテル，V.E.von　583*r*
ケメニー，M.　52*r*
ケーラー，W.　166*r*,488*r*
ケラー，H.　271*r*,467*r*
ケリー　265*l*
ゲル　27*l*
ケンプ，C.H.　562*r*

こ

コカ　12*l*,27*r*
古賀春江　553*l*
國分康孝　82*r*,215*l*,416*r*,712*r*,715*l*
ゴースキー，R.　382*r*
ゴッフマン，E.　611*r*
コッホ，J.L.A.　42*l*
コッホ，K.　96*r*
コーテラ，J.R.　505*l*

人名索引

ゴードン, T. 92*l*
小林純一 1*r*,108*l*,216*r*,248*l*,278*l*, 279*r*,321*l*,384*l*,409*l*,411*l*,498*r*, 637*r*,689*l*
小林司 46*l*,82*r*
コフカ, K. 166*r*
コフート, H. 276*r*,525*l*,694*r*
コーマック 300*l*
コラー, C. 601*r*
コルジニ, R.J. 316*r*
ゴルスキー, P.A. 490*l*
ゴールドシュタイン, K. 244*l*,284*r*, 581*r*,694*l*
ゴールトン 651*l*
コールバーグ, L. 552*l*
ゴールマン, D. 37*l*,503*l*
コレイ, G. 106*l*
近藤裕 193*l*
コーンマン, J. 178*l*

さ

サイード, E. 602*r*
斉藤次郎 225*l*
斎藤学 10*l*
サイモンズ, P.M. 267*r*
坂本龍生 142*lr*
相良守次 683*l*
桜井賢樹 69*r*
佐々木徳子 121*l*
サティア, V. 125*l*,129*l*,292*r*,293*l*
佐藤悦子 193*l*,695*l*
佐藤修作 595*l*
サド侯爵 401*l*
サドック, B.J. 331*r*
サベージ, L.J. 39*l*
サマーズ, F. 561*l*
サラソン, B.R. 26*l*
サラソン, I.G. 26*l*
サリヴァン, H.S. 183*r*,186*l*,356*l*, 392*r*,424*r*,525*l*,526*l*,587*l*,694*l*, 719*r*
サルズマン, L. 424*r*
サルトル, J.-P. 146*l*,203*l*,279*l*, 432*l*
サルモン, T.W. 151*l*
ザンダー, A. 185*l*
サンフォード, R.N. 196*l*

し

シアーズ, W.W. 94*l*
シェイクスピア, W. 349*l*,553*l*
ジェイコブソン 276*l*
ジェイコブソン, E.H. 176*r*,187*l*
シェパード, M. 643*r*

シェーファー 553*l*
ジェファーソン 553*l*
ジェームス, M. 273*l*
ジェームス, W. 4*l*,166*l*,267*r*, 268*l*,275*l*,332*l*,483*r*,693*l*
シェリフ, M. 185*l*,268*r*,322*l*
シェリング, F.W.J. 206*l*
シェリントン, C.S. 186*r*,556*l*
シェルドン, W.H. 373*l*
ジェンドリン, E.T. 115*r*,278*r*, 440*r*,518*r*,587*r*,720*r*
竺法護 423*l*
ジノット, H.G. 316*l*
シフネオス 346*l*
島崎敏樹 146*l*
しまようこ 340*r*
シーマン, M. 432*r*
下坂幸三 77*r*,414*r*
シモンズ, M. 414*r*
ジャキンス, H. 256*l*
ジャクソン, D. 125*l*,292*r*
ジャクソン, D.D. 292*r*
ジャクソン, J.H. 441*l*
ジャクソン, J.M. 185*l*
ジャコブソン, L. 565*r*
ジャネ, P. 105*l*,173*r*,174*l*,424*r*, 606*r*,651*l*
シャハター, S. 332*r*
シャピロ, D. 503*l*
シャルコー, J.M. 576*r*,600*r*,694*l*
ジャーレット 387*l*
シュヴールー 651*l*
シュタイナー, R. 599*l*
シュテーケル, W. 602*l*,673*r*
シュナイダー, K. 42*l*,697*l*
シュプランガー, E. 403*r*
シュライバー, F.R. 105*l*
ジュラード, S.M. 281*r*
シュリング, F.W.J. 202*r*
シュルツ, D. 656*l*
シュルツ, J.H. 187*l*,204*l*, 283*r*,338*l*
シュルツ-ヘンケ, H. 583*r*
シュレーバー 276*l*
聖徳太子 670*r*
ショーペンハウエル, A. 650*r*,724*l*
ジョーンズ, E. 167*r*,222*l*,601*l*
ジョーンズ, F. 230*l*
ジョーンズ, M.C. 186*r*
ジョンソン 594*r*
ジョンソン, D.J. 119*r*
ジョンソン, L.B. 249
ジョンソン, V.E. 385*l*,412*r*
ジョンソン, W. 157*l*
白井幸子 264*r*,368*r*
シルダー, P. 697*l*

シンガー, E. 443*l*
シンガー, J. 332*r*
ジンバルドー, P.G. 375*r*
ジンメル, G. 639*l*
親鸞 670*r*

す

スウィーツアー, W. 655*r*
末松弘行 415*l*
菅靖彦 537*l*
杉渓一言 695*r*
杉田峰康 73*r*
スキナー, B.F. 46*l*,90*l*,122*l*,166*r*, 184*l*,221*lr*,222*l*,223*l*,235*l*,**359***r*, 484*r*,719*r*
祐宗省三 222*l*
鈴木敏城 211*r*
鈴木二郎 611*r*
鈴木善幸 541*r*
鈴木大拙 423*l*
鈴木康明 47*l*
スタイナー, C. 161*l*,369*l*
スタンダル, S. 410*r*
スティー 511*l*
スティーヴンソン, R.J. 104*l*
スティーブンソン, I. 426*l*
ストー, A. 715*r*
ストーチ, E. 697*l*
ストラップ, H.H. 106*l*
ストルヒ, A. 472*l*
スニッグ, D. 203*l*
スパルディング, D.A. 366*r*
スピーゲル 53*l*
スペザーノ, C. 568*r*
スペンサー, H. 724*l*
スペンサー, L. 105*l*
スラブソン, S.R. 183*r*,316*l*
ズルツバーガー 27*r*

せ

セイボム, M.B. 704*l*
ゼウス 298*r*
セガン, E.E.O. 166*l*
関計夫 145*r*,711*l*
セグペン, C.H. 314*l*
セシュエー, M.-A. 328*r*
セーチェノフ, I.M. 554*r*
セリエ, H. 345*l*,449*l*
セリグマン, H.E.P. 652*l*
セン, A. 579*l*

そ

ソアセン, C.E. 218*l*,658*l*

ソイロン, L. 246*l*
ソープ, J.G. 246*l*
ソフォクレス 76*r*, 81*r*
ソルター, A. 318*l*
ソーン, F.C. 689*l*
ソーンダイク, E.L. 166*r*, 222*l*, 259*l*, 548*r*
ソンダース, C. 620*l*

た

ダイアモンド, M. 383*l*
タイラー, G.R. 640*l*
タイラー, L.E. 262*r*
ダ・ヴィンチ, L. 276*l*, 277*l*, 553*l*
ダーウィン, C.R. 548*l*
ダウリング, C. 350*l*
ダウン, L. 453*l*
高木隆雄 595*l*
高島平三郎 166*r*
高橋恵子 43*l*
高橋徹 174*l*
高橋祥友 288*l*
高村光太郎 553*l*
高山辰雄 236*r*
竹内愛二 190*r*
竹内一夫 528*l*
竹内常一 223*r*
太宰治 168*r*, 553*l*
ダックス, M. 295*l*, 447*r*
タート, C. 503*l*
田所作太郎 209*l*
ダーナー, G. 491*l*
ダナー, G. 89*r*
田中熊次郎 657*r*
田中冨久子 382*r*
谷合侑 271*l*
田畑治 522*r*
ターマン, L.M. 8*l*, 705*r*
タラチョウ, S. 217*r*
ダラード, J. 373*l*
達磨 423*l*
ダンテ 50*r*
タンナー, I.J. 581*l*
ダンバー, F. 345*l*

ち

近田輝行 383*r*, 384*r*
チキン, G. 125*l*

つ

ツィーエン, T. 42*l*
ツィオン 554*r*
辻本好子 409*r*, 410*l*

都留春夫 82*r*
鶴見俊輔 611*r*

て

ディークストラ 288*l*
ティグペン, C.H. 105*l*
ディケンズ, C. 349*l*
ティソー, S.A. 640*l*
テイラー, E.B. 670*l*
ディーン, D. 433*l*
テオフラストス 371*r*, 372*r*
デカルト, R. 202*r*, 267*l*, 296*r*, 523*l*, 650*r*
出口なお 444*l*
デーケン, A. 181*l*, 165*l*, 308*l*
出村博 414*r*
デメント, W.C. 670*l*
デューイ, J. 93*l*, 166*l*, 410*l*, 599*r*, 693*l*
デュセイ, J.M. 73*r*, 376*r*
デュルケム, E. 16*l*
テレンバッハ, H. 471*l*

と

土居健郎 18*r*, 31*l*, 236*l*, 277*l*, 380*l*, 553*l*
ドイッチ, H. 648*r*
ドイッチ, M. 185*l*
ドイル, A.C. 626*l*
トゥバルスキー, A. 39*l*
トゥムリルツ, O. 166*r*
トゥルアクス, C. 411*l*
土岐善麿 36*l*
時田光人 352*r*
徳田茂 453*l*
徳田良仁 97*l*
ドストエフスキー 553*l*
ドボルザーク 277*l*
ドラード, J. 210*l*, 693*l*
トラメール 654*r*
トリアンディス 46*r*
トールマン, E.C. 122*l*
ドレー, J. 552*r*

な

ナヴラン, L. 43*r*
ナウンベーグ, M. 80*l*
中井久夫 80*l*, 97*l*, 380*l*, 582*l*
中沢二郎 661*r*
中沢洋一 597*l*
中西信男 276*l*
中村喜久子 649*r*
中村古峡 105*l*

中村希明 708*r*
中村光夫 32*l*
中村雄二郎 147*l*
ナージ, I.B. 456*l*
なだいなだ 247*l*
夏目漱石 244*l*, 313*r*, 553*l*, 671*r*
成田善弘 169*l*
ナルキッソス 275*r*
成瀬悟策 256*r*, 338*r*

に

ニイル, A.S. 599*r*
西尾和美 11*r*
西村文夫 701*l*
ニーチェ, F.W. 75*r*, 296*r*, 650*r*
ニューカム, T.M. 322*r*
ニューマン, C.F. 487*l*
ニルジェ, B. 534*l*
楡木満生 649*l*

の

ノイマン, E. 451
ノイマン 491*l*
ノークロス, J.C. 487*r*

は

ハー, E.L. 165*l*
ハイダー, F. 153*r*
ハイデガー, M. 146*l*, 203*l*, 205*r*, 206*l*, 207*l*, 279*lr*, 296*r*, 408*r*, 432*r*, 581*r*
ハイデンハイン 555*l*
バイブン, J. 306*r*
ハイマン, H.H. 322*l*
ハインロート, O. 366*r*
ハヴィガースト, R.J. 404*l*, 549*l*
パウエル, J. 184*r*
ハウンスフィールド, G.N. 300*l*
バーガー, H.F. 656*r*
バーガー, H. 532*r*
パーク, R.E. 639*l*
白隠慧鶴 34*r*
橋本策 213*l*
パースン, F. 431*l*
パーソンズ, F. 259*l*
パーソンズ, T. 118*r*, 460*l*
パターソン, G. 125*l*
パタンジャリ 653*r*
バック, J.N. 97*l*
ハッケル 166*r*
バード, P. 332*r*
ハドソン, W.C. 94*l*
馬場謙一 82*l*

人名索引

パブロフ, I. P. 166r, 222l, 223l, 245l, 359r, 484r, 540r, **554r**
パペーズ, J. 332r
ハヤカワ, S. I. 205l
パラー, チャド 481l
パラツォーリ, M. 125l
原野広太郎 177l
ハラルドソン 704r
パリント, M. 19l
ハル, C. L. 112l, 693r
パールズ, F. S. 159l, 187r, 188r, 205l, 215r, 656r, 674l
ハルトマン 151l, 392r, 694r
パールマン, H. H. 191l
バレット=レナード, G. T. 170r
ハーロウ, H. F. 214l, 514r
パロウ, T. L. 183l, 315r
バーン, E. 73l, 161r, 187r, 194l, 195l, 231lr, 272l
バーンズ, R. C. 97l
バンデューラ, A. 223l, 460l, 548l, 658l
ハント, J. M. 694l
ハンフリー 137r

ひ

ピアジェ, J. 427r, 515r, 548l, 551r, 576r, 694l
ピアズ, C. W. 110r, 259r, 655r
ビアード, G. M. 606l
ピエラコス, ジョン 539r
ピオン, W. R. 445r
東山魁夷 236r
ピカソ 147l
ピカート, M. 469l
樋口恵子 193l
日暮眞 453l
ピーターズ, U. H. 694r
ピック, A. 572r
ヒッツィヒ 555l
ピトー, A. 184r, 277l
ピネー, A. 8l, 36r, 105l, 110r, 166l, 576r, 583lr
ピネル, P. 249l
ヒポクラテス 173l, 258l, 447r
ビューゲンタール, J. F. T. 519l
ビューラー, C. B. 544l
ビューラー 204l, 518r
平木典子 629l, 696l
平山正実 264r
ヒルガード, E. R. 245l, 484l
ピルケ, C. von 27l
ビールズ, R. L. 137l
ヒルティー, C. 227l
ヒルマン, J. 716r

ビルンバウム, K. 42l
ビンスワンガー, L. 203l, 206r, 207l, 296r, 297l, 519l, 602l

ふ

ファーソン, R. E. 6r
ファン・カーム, A. 206r, 296r, 519l
ファーンズワース, D. L. 17l
フイコフ, K. M. 345l
フィヒテ, J. G. 202r
フェアバーン, W. R. D. 445r, 457l, 506r, 507l
フェダーン, P. 276r
フェニックス, C. H. 490r
フェニッケル, O. 323r, 606r
フェヒナー 104r
フェヒネル, G. T. 694r
フェルプス, W. M. 529l
フェレンツィ 167r
フォークト, O. 338l
フォン・ノイマン, J. 39l
深田幸仁 320r
深町建 415l
深谷和子 668r
福井康之 229r, 380r
福島章 124l, 367r, 443r, 444l, 492r
福永光司 715r
ブーゲンタール, J. F. T. 296r
ブース, C. 686r
フッサール, E. 202r, 203l, 207l, 279l, 296r, 520l
船山馨 686l
ブーバー, M. 2l, 36l, 471r, 578l, 689r, 719r
ブラウン, D. 503l
ブラウン-セカール, C.-E. 694r
プラタ, G. 125l
プラット, J. H. 182l, 315r
プラット, J. S. 183l
プラトン 93r, 129r, 724l
フラモ, J. 456l
フランク, J. D. 106l
フランク, L. K. 483l
フランク, R. T. 192r
フランクル, V. E. 1l, 36l, 124l, 205l, 240l, 296r, 297l, 519l, 656l, 717r
ブラント, J. S. 557l
ブラントン 167r
フリース, W. 167r, 286l, 323l
フリーダン, B. 351l, 586l
フリッシュ 555l
フリードマン, M. 449l
ブリュッケ, E. 600l
ブリル, A. A. 317l, 694l
プリンス, モートン 105l

ブルック 625l
ブルーナー 577l
ブレナ, S. F. 679r
フレネ, C. 599l
フレンケル=ブルンスウィック, E. 196l
ブレンターノ, F. 202r, 279l, 296l
ブロイアー, J. 317r, 601r
ブロイエル, J. 129l, 130l, 253l, 283r, 348l
フロイト, A. 88r, 151r, 230r, 290l, 305l, 323r, 392r, 601l, 605l, 614r, 681r
フロイト, S. 1l, 3l, 8r, 19l, 30l, 45l, 46l, 58l, 75r, 76l, 77l, 82l, 88l, 91l, 93r, 104l, 130l, 133l, 145l, 166r, 167l, 171r, 174l, 178r, 180r, 181r, 183r, 184l, 190r, 197l, 201l, 207r, 210l, 213r, 217r, 229l, 230l, 231l, 243r, 249l, 253l, 254l, 267r, 275r, 276l, 283r, 285r, 286l, 299l, 314r, 315r, 317r, 323l, 327r, 343l, 345l, 346r, 348l, 356r, 373l, 378r, 391l, 392r, 394l, 407r, 412r, 425r, 426r, 441r, 442r, 443r, 444r, 457r, 459r, 467l, 473r, 478r, 483r, 489r, 502r, 506r, 511l, 514r, 525l, 538l, 547l, 548r, 551r, 558r, 577l, 580r, 581r, 583r, 584r, 598l, **600r**, 603r, 605l, 614r, 615r, 623r, 626l, 640l, 650r, 671r, 673l, 674l, 676r, 681l, 682r, 693r, 694l, 699r, 705r, 724l
ブロイラー, M. 414r
ブロイラー, P. E. 30l, 485l, 602l
ブローカ, P. 295l, 447l
ブロード 364l
ブロードウィン, I. T. 594l
フロム, E. 36l, 44r, 195l, 204r, 227r, 229r, 243r, 247l, 356l, 432r, 526lr, 602l, 656l, 674l
フロム-ライヒマン, F. 247l, 525l
ブロンデル, C. 552r

へ

ベイトソン, G. 24r, 125l, 292r, 512r, 645l
ヘイリー, J. 125l
ベイリー, M. 491r
ヘーゲル, G. W. F. 202r, 205r, 296r, 432l
ヘザース, G. 43r
ヘス, W. R. 210l
ペスタロッチ, J. H. 166l, 301l
ペック, S. J. 153l
ヘッセ, H. 168l

人名索引

ベッテルハイム，B. 78r
ヘットカンプ，ルツ 481r
ベニス，W.G. 145r
ペネベイカー 52r
ヘラ 298r
ベラー，E.K. 43r, 340l
ベリー，J.W. 138l
ベル 626l
ベルタランフィ，L. von 124r, 125l, 293l, 694l
ベルナイス，M. 601l
ベルナール，C. 345l, 628l
ベルヌーイ，D. 39l
ベルネーム 694r
ヘルバルト，J.F. 267r, 577l, 694l
ペレティエ，ルイス，G. 539r
ヘロン 247r

ほ

ボアズ，F. 602r
ホイットン，J.L. 425r
ホヴランド，C.I. 418r
ボーヴォワール，S. de 236l, 350l, 351l, 382r, 647l
ボウエン，M. 124r, 125l, 129l, 265r, 292r, 456l
ボウルビイ，J.M. 2l, 9l, 180r, 214l, 429l, 515l, 571r, 605l
ボエティウス，A.M.S. 609l
ボス，M. 206r, 207l, 296r, 297r, 602l, 674l
ボスコロ，L. 125l
ポーター，H.E. 116r, 287r
ホップス，N. 316l
ホップス，T. 724l
ボトキン，S.P. 555l
バートレット，H.M. 435l
ホーナー，マティナ 350r
ホーナイ，K. 44r, 285l, 286l, 351l, 356l, 392r, 475l, 525lr, 584r, 719l
ボナパルト 601l
ホフマン，L. 642l
ホームズ，T.H. 364l, 685l, 686l
ポランニー，M. 652l
堀本久美子 454r
堀淑昭 247l
ホール，E. 567l
ホール，G.S. 403r, 548l, 602l
ホール,マーシャル 555r
ホール，N.R. 141l
ポルトマン，A. 514l
ホワイト，M. 508r
ホワイト，W.A. 525l, 694l

ま

マイクルバスト，H.R. 119r
マイネルト，T. 600r
マイヤー，A. 390l, 525l, 526l, 694r
マイルズ，A. 191l
マウラー O.H. 86l, 246l
マーキス，D.G. 245l
牧田清志 557r
マクゴールドリック，M. 128r
マザー・テレサ 147l
マスターズ，W.H. 385l, 412r
マスロー，A.H. 21l, 34r, 116l, 204r, 255r, 268r, 280l, 285l, 296r, 341r, 502r, 519l, 520r, 521l, 654l, 656l, 694l, 719r
町沢静夫 168r
マチャド，M.A. 471l
マックダニエル，S.W. 518r
マッサーマン，J.H. 694r
マッハ，E. 267r
松原達哉 656l
松村常雄 395l
マードック，G.P. 118l
マートン，R.K. 17l, 322r
マノーニ，O. 602l
マハリシ・マヘーシュ・ヨーギー 464l, 653r, 681l
マーラー，M. 243r
マーランド，S.P. 162r
マリノウスキー，B. 602r
丸井文男 17r, 439r
マルクス，K.H. 432l, 612l
マルクーゼ，H. 347r, 602l
マルセル 471l
マレー，H.A. 682r
マン，T. 276r

み

三井田惇郎 536r
ミケランジェロ 553l
三島由紀夫 277l, 671r
ミッケルセン，B. 534l
ミッチャーリヒ，A. 204l, 460l
ミード，M. 406l, 460r
南博 73r
ミニューチン，S. 125l, 129l, 292r
三宅和夫 549r
三宅鉱一 655r
宮沢賢治 553l
宮田幹夫 117r
宮本信也 120r
三好邦雄 593r

ミラー 540r
ミラー，Alice 58l
ミラー，Arthur 612l
ミラー，J. 124r
ミラー，N.E. 373l, 681l, 693l
ミラー，S.B. 246l
ミルズ，J. 185l
ミンコフスキー，E. 203l

む

ムスターカス，C.E. 247l, 469r
ムーディ，R.A. 704l
宗像恒次 607r
村瀬嘉代子 669l
村瀬孝雄 719r
村山正治 643r
室伏君士 236l

め

メイ，R. 203l, 206r, 279r, 296r, 409l, 469r, 511r, 518r, 519l, 520r, 719r
メイヤー，N.R.F. 154l
メスマー，F.A. 182l, 283r, 689l
メニンガー，K.A. 443l, 694l
メビュウス，P.J. 552r
メルロ=ポンティ，M. 203l, 279l, 296r
メンミ 612l

も

森崇 230l, 379r
モリス，D. 625r
森武夫 492l
森田正馬 174r, 342r, 659l, 660l
森本哲郎 32r
モル,A. 699r
モレノ，J.L. 182l, 183l, 292r, 316l, 351l, 433l
モレノ，Z.T. 351r
モロー・ドゥ・トゥール，J.-J. 695l
モンゲンシュテルン，O. 39l
モンゴメリー，P. 600l
モンタギュー，A. 382r
モンテッソーリ，M. 427r, 599l

や

ヤスパース，K. 205r, 247l, 267l, 296r, 432l, 552r
安原正博 516r
ヤノフ 158l
山上敏子 222r
山極勝三郎 140r

人名索引

山崎正　681*l*
山下勲　454*l*
山中康裕　78*r*, 80*l*, 594*l*
山本和郎　249*lr*, 250*l*, 251*l*
山本雅代　542*r*
ヤンツァリク, W.　694*r*

ゆ

ユング, C.G.　8*r*, 15*l*, 30*l*, 45*r*, 46*l*, 50*r*, 57*r*, 81*l*, 82*l*, 137*l*, 166*r*, 171*l*, 178*r*, 196*l*, 197*l*, 204*r*, 207*r*, 243*r*, 244*r*, 252*l*, 253*l*, 254*l*, 267*r*, 274*r*, 275*l*, 280*r*, 284*r*, 285*l*, 313*l*, 314*r*, 318*l*, 328*l*, 347*l*, 356*r*, 357*l*, 373*l*, 374*l*, 392*r*, 442*r*, 450*r*, 482*r*, 544*l*, 577*r*, 602*l*, 603*r*, 609*l*, 646*r*, 651*l*, 656*l*, 670*r*, 671*l*, 673*l*, **674*l***, 675*r*, 676*l*, 694*l*, 700*l*, 715*l*
ユング, E.　15*r*

よ

横山貞子　236*r*
横山哲夫　166*l*
吉田禎吾　46*r*
吉本伊信　504*l*
依田新　43*r*

ら

ライクロフト, C.　317*l*
ライヒ, A.　443*l*
ライヒ, W.　347*r*, 379*l*, 392*r*, 537*l*, 602*l*
ライプニッツ, G.W.　650*r*
ラガーシュ　299*r*
ラガルス, A.A.　416*l*
ラカン, J.　276*l*, 602*l*
ラザルス, A.A.　222*l*, 316*l*, 318*l*
ラージニーシ　653*r*, 681*l*
ラター, L.M.　605*r*
ラッカー, H.　443*l*
ラッギ, A.　606*l*
ラッセル　177*r*
ラッセル, B.A.W.　227*l*
ラドクリフ-ブラウン, A.R.　602*l*

ラパポート, D.　391*r*, 700*l*
ラフト, J.　336*r*
ラ・ロシュフコー, D. de　228*r*, 650*l*
ランク, O.　243*r*, 373*l*, 602*l*, 719*r*
ランゲ, C.　332*l*
ランゲ=アイヒバウム, W.　552*l*
ランベルト, J.H.　202*r*

り

リー, マージョリー　643*r*
リーヴィット, H.J.　185*l*
リーヴェンバーク　283*l*
リエボー, A.A.　283*r*
リーゴン, M.　518*r*
リースマン, D.　43*l*, 246*l*
リッチモンド, M.　190*r*, 191*l*
リッツ, T.　124*l*, 125*l*
リットル, W.J.　529*l*
リップス, J.K.　118*r*
リップス, T.　267*r*
リピット, R.O.　185*l*
リンチ　247*l*
リンデマン, E.　151*l*

る

ルイス　661*r*
ルヴェンソール, T.　594*r*
ルソー, J.J.　166*l*, 290*l*
ルター, M.　444*r*, 553*l*, 623*r*
ルーテ, W.　283*r*, 338*l*
ルードウィヒ　555*l*
ルービン　350*r*
ルビン, E.　708*l*
ルペイ, S.　490*r*

れ

レイ, I.　655*r*
レイ, R.H.　364*l*, 686*l*
レイナー, R.　246*l*
レイミー, V.C.　20*r*
レヴィ=ストロース, C.　46*r*, 602*l*
レヴィン, K.　82*r*, 133*l*, 145*l*, 182*r*, 183*r*, 184*l*, 196*r*, 373*l*, 403*r*, 442*l*, 507*r*, 693*l*

レジス, E.　173*r*
レスコーラ, R.A.　123*l*
レーニン　556*r*

ろ

老子　715*l*
ロウントリー　686*r*
ローウェン, A.　537*l*, 681*l*
ローエンフェルト, M.　544*l*
ロキーチ, M.　196*r*
ロジャース, C.R.　1*r*, 5*r*, 6*lr*, 7*l*, 20*r*, 21*l*, 45*l*, 46*l*, 82*r*, 83*l*, 106*l*, 109*r*, 110*r*, 111*r*, 112*l*, 114*r*, 145*l*, 170*l*, 182*r*, 183*r*, 184*l*, 203*l*, 204*l*, 208*l*, 215*r*, 216*r*, 227*r*, 243*r*, 250*l*, 275*r*, 277*r*, 280*r*, 282*l*, 284*r*, 285*l*, 287*r*, 296*r*, 305*l*, 316*r*, 321*r*, 356*l*, 373*l*, 410*r*, 411*l*, 419*l*, 431*r*, 472*l*, 488*r*, 517*l*, 518*r*, 519*l*, 520*r*, 521*l*, 522*l*, 547*r*, 623*r*, 643*r*, 656*l*, 666*r*, 668*r*, 684*l*, 694*l*, 706*l*, **719*l***
ロジャース, N.　351*l*
ローゼンサール, R.　565*r*
ローゼンバーグ, B.　316*r*
ローゼンマン, R.H.　449*l*
ローレンツ, K.　366*r*
ロンブローゾ, C.　552*l*

わ

ワイス, B.L.　425*l*
ワイツ, T.　267*r*
若林慎一郎　594*l*
ワグナー, A.R.　123*l*
ワシリエブナ, セラフィーマ　555*l*
渡辺三枝子　6*l*, 165*l*
渡辺康麿　420*r*
和田迪子　369*l*
ワツラウィック, P.　125*l*
ワード　491*l*
ワトソン, E.　78*r*
ワトソン, J.B.　122*l*, 166*r*, 174*l*, 220*l*, 222*l*, 246*l*, 547*l*, 548*l*
ワレン, H.C.　476*l*

主要人名原綴一覧 (数字は生年と死亡年)

アイゼンク　Hans Jurgen Eysenck　1916～1994
アイビィ　Allen E. Ivey
アドラー　Alfred Adler　1870～1937
アドルノ　Theodor W. Adorno　1903～1969
アブラハム　Karl Abraham　1877～1925
ヴァン・デン・ベルグ　Jan H. Van Den Berg　1914～
ウィトマー　L. Witmer
ウィニコット　D. W. Winnicott　1896～1971
ウォルピ　Joseph Wolpe　1915～1997
ヴント　Wilhelm Wundt　1832～1920
エリクソン　Erik H. Erikson　1902～1994
エリクソン　Milton H. Erickson　1910～1980
エリス　Albert Ellis　1913～
オルポート　Gordon W. Allport　1897～1967
ガントリップ　Harry Guntrip　1901～1975
キャノン　Walter B. Cannon　1871～1945
キルケゴール　Sören Aabye Kierkegaard　1813～1855
キンブル　Gregory A. Kimble　1917～
クライン　Melanie Klein　1882～1960
クレッチマー　Ernst Kretschmer　1888～1964
ゲゼル　Arnold Lucius Gesell　1880～1961
コーテラ　J. R. Cautela
ゴールドシュタイン　Kurt Goldstein　1878～1965
サイモンズ　Percival M. Symonds　1893～1960
サティア　Virginia Satir　1916～1988
サリヴァン　Harry S. Sullivan　1892～1949
サルトル　Jean-Paul Sartre　1905～1980
ジェームス　William James　1842～1910
ジェンドリン　Eugen T. Gendlin　1926～
シモンズ　M. Simmons
ジャクソン　John H. Jackson　1835～1911
ジャネ　Pierre Janet　1859～1947
シュテーケル　Wilhelm Stekel　1868～1940
シュルツ　Johannes H. Schultz　1884～1970
ショーペンハウエル　Arthur Schopenhauer　1788～1860
ジョーンズ　Ernest Johns　1879～1958
スキナー　Burrhus F. Skinner　1904～1990

セリエ　Hans Selye　1907～1982
ソーン　Fredrik C. Thorne　1909～
ソーンダイク　Edward L. Thorndike　1874～1949
ダンバー　Flanders Dunbar　1920～
デカルト　René Descartes　1596～1650
デューイ　John Dewey　1859～1952
ニーチェ　Friedrich W. Nietzsche　1844～1900
ハイデガー　Martin Heidegger　1889～1976
パースン　Frank Parson
パーソンズ　Talcot Parsons　1902～1979
パブロフ　Ivan Petorovich Pavlov　1849～1936
バリント　Michael Balint　1896～1970
パールズ　Frederick S. Perls　1893～1970
ハルトマン　Heinz Hartmann　1894～1970
ハーロウ　Harry Frederick Harlow　1905～1981
バーン　Eric Berne　1910～1970
バンデューラ　Albert Bandura　1925～
ピアジェ　Jean Piaget　1896～1980
ビアズ　C. W. Beers　1876～1943
ビオン　Wilfred R. Bion　1897～1979
ビネー　Alfred Binet　1857～1911
ビューラー　C. B. Bühler　1893～1974
ビューラー　K. Bühler　1879～1963
ビンスワンガー　Ludwig Binswanger　1881～1916
フェアバーン　W. Ronald D. Fairbairn　1889～1964
フッサール　Edmund Husserl　1859～1938
ブーバー　Martin Buber　1878～1965
フランクル　Victor E. Frankl　1905～1997
ブレンターノ　Franz Brentano　1838～1917
ブロイエル　Joseph Breuer　1841～1925
フロイト　Sigmund Freud　1856～1939
フロイト　Anna Freud　1895～1982
ブロイラー　Eugen Bleuler　1857～1939
ブロイラー　Manfred Bleuler　1903～
フロム　Erich Fromm　1900～1980
フロム゠ライヒマン　Frieda Fromm-Reichmann　1889～1957

ヘーゲル　Georg Wilhelm Friedrich Hegel　1770〜1831
ベルナール　Claud Bernard　1813〜1878
ヘルバルト　Johan F. Herbart　1776〜1841
ボウルビイ　John M. Bowlby　1907〜1990
ボス　Medard Boss　1903〜1990
ホーナイ　Karen Horney　1885〜1952
マイヤー　Adolf Meyer　1866〜1950
マスロー　Abraham H. Maslow　1908〜1970
マッハ　Ernst Mach　1838〜1916
マルセル　Gabriel Marcel　1889〜1973
マルクーゼ　Herbert Marcuse　1898〜1979
マルクス　Karl H. Marx　1818〜1883
ミッチャーリヒ　Alexander Mitcherlich　1908〜1982
ミード　Margaret Mead　1901〜1978
メイ　Rollo May　1909〜1994
メスマー　Franz A. Mesmer　1734〜1815
メルロ゠ポンティ　Maurice Merleau-Ponty　1908〜1961
森田正馬（まさたけ）　1874〜1938
モレノ　Jacob L. Moreno　1892〜1974
ヤスパース　Karl Jaspers　1883〜1969
ユング　Carl Gustav Jung　1875〜1961
ライヒ　Wilhelm Reich　1897〜1957
ライプニッツ　Gottfried W. Leibniz　1646〜1716
ラカン　Jacques Lacan　1901〜1981
ラパポート　D. Rapaport　1911〜1960
ラ・ロシュフコー　Duc de la Rochefoucauld　1613〜1680
リースマン　David Riesman　1909〜
レヴィン　Kurt Lewin　1890〜1947
ローエンフェルト　M. Lowenfeld　1890〜1973
ロジャース　Carl Ransom Rogers　1902〜1987
ワトソン　John B. Watson　1878〜1958
ワレン　Howard Crosby Warren　1867〜1934

小林　司（こばやし　つかさ）

1929	青森県弘前市に生まれる
1959	東京大学大学院博士課程修了，医博
1959～1962	フルブライト研究員として滞米
1981～1991	上智大学カウンセリング研究所教授
1992～	メンタル・ヘルス国際情報センター所長，精神科医，作家

主要著作
『新精神薬理学』（医学書院，667p.，1968，編），『精神医療と現代』（日本放送出版協会，234p.，1973），『出会いについて』（日本放送出版協会，258p.，1983），『心にはたらく薬たち』（筑摩書房，245p.，1985／新版：人文書院，232p.，1993），『脳を育てる　脳を守る』（日本放送出版協会，241p.，1987），『性格を変えたいと思ったとき読む本』（PHP研究所，233p.，1988），『患者の心をひらく』メヂカル・フレンド社，215p.，1988，共著），『「生きがい」とは何か』（日本放送出版協会，238p.，1989），『英独仏ラ‐和　精神医学・行動科学辞典』（医学書院，860p.，1993，共編），『愛とは何か』（NHKブックス，日本放送出版協会，277p.，1997），『心の謎を解く150のキーワード』（ブルーバックス，講談社，313p.，2000），『入門こころの科学　知りたい自分の心・わかりたい他人の心』（あすなろ書房，221p.，2001）

主要訳書
『異常心理の発見』（アレン著，角川書店，369p.，1983），『マンガ脳科学入門』（ゲラトゥリ＆サラーティ著，ブルーバックス，講談社，204p.，2001），『超図説　目からウロコのユング心理学入門——心のタイプ論，夢分析から宗教，錬金術まで』（ハイド著，マクギネス画，Kodansha sophia books，講談社，190p.，2003），『超図説　目からウロコの精神分析学入門——進化した解釈から最新の精神療法まで』（ワード著，サラーティ画，Kodansha sophia books，講談社，189p.，2003），『フロイト最後の日記』（フロイト著，モルナール解説・注，日本教文社，350p.，2004）

カウンセリング大事典

初版第1刷発行　2004年7月15日©

編　者	小林　司
発行者	堀江　洪
発行所	株式会社　新曜社

〒101-0051　東京都千代田区神田神保町2-10
電話（03）3264-4973（代）・FAX（03）3239-2958
URL　http://www.shin-yo-sha.co.jp/
E-mail　info@shin-yo-sha.co.jp

印刷　星野精版印刷　　Printed in Japan
製本　難波製本
ISBN4-7885-0902-4　C1011

■新曜社の本

アメリカ精神分析学会
精神分析事典

B. E. ムーア・B. D. ファイン編／
福島　章監訳

A 5判上製368頁
4500円

フロイト，ユングらの古典的術語から最新の理論・概念までをカバーし，アメリカの精神分析学会が総力をあげて編集した，精神分析の用語と概念の共通かつ正確な理解をめざした読む事典。

キーワードコレクション
発達心理学　改訂版

子安増生・二宮克美編

A 5判並製248頁
2400円

これ1冊で発達心理学の全体像を把握できる用語集。方法，理論上の最重要事項，誕生から死に至るまでの要点を50のキーワードで解説。近年の発展に即して全面的に改訂。

統計用語辞典

芝　祐順・渡部　洋・
石塚智一編

A 5判上製386頁
4500円

統計学の予備知識がなくても理解できる平易で適切な解説。項目も豊富で，基本概念から最新の用語まで項目総数1057。略記法・同義語ほか，基礎数学，実験計画法，数理モデル等の関連用語も収録し，概念間の関連は異同も明快に解説。

医療のなかの心理臨床
こころのケアとチーム医療

成田善弘監修／
矢永由里子編

A 5判上製304頁
3800円

未開拓の現場で苦闘するカウンセラーの報告と今後の展望を小児医療，高齢者介護，精神疾患，終末期医療といった広い領域からすくい上げる。クオリティ・オブ・ライフを追求し，医師・看護師との協力はいかにすべきか？　老年期やホスピスに求められることとは？

うつ病者からの手紙

あい子・時枝　武著

四六判並製320頁
2400円

思春期に発病したあい子氏は現在40代前半。過食症・解離性人格障害も併せて負う。自死念慮のさなか彼女は同病者時枝氏の著書に出会い，魂の交流が始まった。愛と悲しみの往復書簡が二人の生を支えるピア・カウンセリングの姿。

成人期のADHD
病理と治療

P. H. ウェンダー著／
福島　章・延与和子訳

A 5判上製296頁
4500円

大人になれば自然に治ると見なされてきたADHD。実際には大人になっても症状が持続し，本人にも社会にも大きな問題を引き起こしている。治療と診断基準作成のパイオニアである著者が，病因から治療法までを余すところなく詳述。

インターネット・セラピーへの招待
心理療法の新しい世界

田村　毅著

四六判並製264頁
2200円

インターネットを用いるセラピーの特徴や利点はなにか？　そのコミュニケーション上の問題やネット依存，仮想世界と現実との関係などをどう捉えるのか？　著者の豊富な経験と実際例にもとづいて，利点のほか疑問点などにも言及しながら，セラピーの新しい可能性を考える。

表示価格は税を含みません。